2022



# SOLDADO DO CORPO DE BOMBEIROS MILITAR DA BAHIA – CBM-BA

EDITORA
AlfaCon
Concursos Públicos

**Diretor Geral:** Evandro Guedes

**Diretor de TI:** Jadson Siqueira

**Diretor Editorial:** Javert Falco

**Gerente Editorial:** Mariana Passos

**Editor Responsável:** Mateus Ruhmke Vazzoller

**Coordenação de Editoração:** Alexandre Rossa

**Diagramação:** Emilly Lazarotto

**Língua Portuguesa**
Pablo Jamilk

**Redação**
Rachel Ribeiro

**Raciocínio Lógico**
Daniel Lustosa

**Ciências Naturais**
Caio Fábio, Cesar Creca e André Callegari, Elvira Sampaio

**Informática**
João Paulo

**Igualdade Racial e de Gênero**
Guilherme de Luca, Lilian Novakoski, Adriane Fauth, Rafael Medeiros, Eduardo Labruna

**Direito Constitucional**
Daniel Sena, Nilton Matos

**Direito Administrativo**
Evandro Guedes

**Direito Penal Militar**
André Adriano

**Direitos Humanos**
Nilton matos, Adriane Fauth

Dados Internacionais de Catalogação na Publicação (CIP)
Jéssica de Oliveira Molinari CRB-8/9852

**S668**

**Soldado corpo de bombeiros militar da Bahia : CBM-BA / Equipe de professores Alfacon. -- 1. ed. -- Cascavel, PR : AlfaCon, 2022.**

**724 p.**

**Bibliografia**

**ISBN 9 78-65-5918-434-7**

**1. Serviço público - Concursos – Brasil 2. Soldado – Bombeiros - Militar – Bahia 3. Língua portuguesa 4. Redação 5. Raciocínio lógico 6. Informática 7. Igualdade racial e de gênero 8. Direito**

**22-4208** **CDD 351.81076**

Índices para catálogo sistemático:
1. Serviço público - Brasil - Concursos

**Dúvidas?**
**Acesse: www.alfaconcursos.com.br/atendimento**
**Núcleo Editorial:**
Rua: Paraná, nº 3193, Centro - Cascavel/PR
CEP: 85.810-010
**Núcleo Comercial/Centro de Distribuição:**
Rua: Dias Leme, nº 489, Mooca - São Paulo/SP
CEP: 03118-040
SAC: (45) 3037-8888

Data de fechamento 1ª impressão: 03/08/2022

EDITORA AlfaCon Concursos Públicos
www.alfaconcursos.com.br/apostilas

# APRESENTAÇÃO

A chance de fazer parte do Serviço Público chegou, e a oportunidade está no concurso para **Soldado do Corpo de Bombeiros Militar da Bahia.** Neste universo dos concursos públicos, estar bem-preparado faz toda a diferença e para ingressar nesta carreira, é fundamental que esteja preparado com os conteúdos que o AlfaCon julga mais importante cobrados na prova:

Aqui, você encontrará os conteúdos básicos de

- Língua Portuguesa
- Redação
- Raciocínio Lógico
- Ciências Naturais
- Informática
- Igualdade Racial e de Gênero
- Direito Constitucional
- Direito Administrativo
- Direito Penal Militar
- Direitos Humanos

O AlfaCon preparou todo o material com explicações, reunindo os principais conteúdos relacionados a prova, dando ênfase aos tópicos mais cobrados. ESTEJA ATENTO AO CONTEÚDO ONLINE POR MEIO DO CÓDIGO DE RESGATE, para que você tenha acesso a todo conteúdo do solicitado pelo edital.

Desfrute de seu material o máximo possível, estamos juntos nessa conquista!

**Bons estudos e rumo à sua aprovação!**

EDITORA
AlfaCon
Concursos Públicos

# COMO ESTUDAR PARA UM CONCURSO PÚBLICO!

AlfaCon Concursos Públicos

Para se preparar para um concurso público, não basta somente estudar o conteúdo. É preciso adotar metodologias e ferramentas, como plano de estudo, que ajudem o concurseiro em sua organização.

As informações disponibilizadas são resultado de anos de experiência nesta área e apontam que estudar de forma direcionada traz ótimos resultados ao aluno.

## CURSO ON-LINE GRATUITO

- Como montar caderno
- Como estudar
- Como e quando fazer simulados
- O que fazer antes, durante e depois de uma prova!

Ou pelo link: alfaconcursos.com.br/cursos/material-didatico-como-estudar

## ORGANIZAÇÃO

Organização é o primeiro passo para quem deseja se preparar para um concurso público.

Conhecer o conteúdo programático é fundamental para um estudo eficiente, pois os concursos seguem uma tendência e as matérias são previsíveis. Usar o edital anterior - que apresenta pouca variação de um para outro - como base é uma boa opção.

Quem estuda a partir desse núcleo comum precisa somente ajustar os estudos quando os editais são publicados.

## PLANO DE ESTUDO

Depois de verificar as disciplinas apresentadas no edital, as regras determinadas para o concurso e as características da banca examinadora, é hora de construir uma tabela com seus horários de estudo, na qual todas as matérias e atividades desenvolvidas na fase preparatória estejam dispostas.

## PASSO A PASSO

**VEJA AS ETAPAS FUNDAMENTAIS PARA ORGANIZAR SEUS ESTUDOS**

| PASSO 1 | PASSO 2 | PASSO 3 | PASSO 4 | PASSO 5 |
|---|---|---|---|---|
| Selecionar as disciplinas que serão estudadas. | Organizar sua rotina diária: marcar pontualmente tudo o que é feito durante 24 horas, inclusive o tempo que é destinado para dormir, por exemplo. | Organizar a tabela semanal: dividir o horário para que você estude 2 matérias por dia e também destine um tempo para a resolução de exercícios e/ou revisão de conteúdos. | Seguir rigorosamente o que está na tabela, ou seja, destinar o mesmo tempo de estudo para cada matéria. Por exemplo: 2h/dia para cada disciplina. | Reservar um dia por semana para fazer exercícios, redação e também simulados. |

*Esta tabela é uma sugestão de como você pode organizar seu plano de estudo. Para cada dia, você deve reservar um tempo para duas disciplinas e também para a resolução de exercícios e/ou revisão de conteúdos. Fique atento ao fato de que o horário precisa ser determinado por você, ou seja, a duração e o momento do dia em que será feito o estudo é você quem escolhe.*

AlfaCon Concursos Públicos

## TABELA SEMANAL

| SEMANA | SEGUNDA | TERÇA | QUARTA | QUINTA | SEXTA | SÁBADO | DOMINGO |
|---|---|---|---|---|---|---|---|
| 1 | | | | | | | |
| 2 | | | | | | | |
| 3 | | | | | | | |
| 4 | | | | | | | |

# SUMÁRIO

## Sumário

SUMÁRIO

# Sumário

## SUMÁRIO

SUMÁRIO

# SUMÁRIO

# LÍNGUA PORTUGUESA

# 1. NÍVEIS DE ANÁLISE DA LÍNGUA

Vamos começar o nosso estudo fazendo uma distinção entre quatro níveis de análise da Língua Portuguesa, afinal, você não pode confundir-se na hora de estudar. Fique ligado nessa diferença:

→ **Nível Fonético / Fonológico:** estuda a produção e articulação dos sons da língua.

→ **Nível Morfológico:** estuda a estrutura e a classificação das palavras.

→ **Nível Sintático:** estuda a função das palavras dentro de uma sentença.

→ **Nível Semântico:** estuda as relações de sentido construídas entre as palavras.

Na Semântica, estudaremos, entre outras coisas, a diferença entre linguagem de sentido denotativo (ou literal, do dicionário) e linguagem de sentido conotativo (ou figurado).

Ex: Rosa é uma flor.

**01.** Morfologia:

Rosa: substantivo;

Uma: artigo;

É: verbo ser;

Flor: substantivo

**02.** Sintaxe:

Rosa: sujeito;

É uma flor: predicado;

Uma flor: predicativo do sujeito.

**03.** Semântica:

Rosa pode ser entendida como uma pessoa ou como uma planta, depende do sentido.

Vamos, a partir de agora, estudar as classes de palavras.

# 2. MORFOLOGIA CLASSES DE PALAVRAS

Antes de mergulhar nas conceituações, vamos fazer uma lista para facilitar o nosso estudo: classe e exemplo.

**Artigo**: o, a, os, as, um, uma, uns, umas.

**Adjetivo**: Legal, interessante, capaz, brasileiro, francês.

**Advérbio**: Muito, pouco, bem, mal, ontem, certamente

**Conjunção**: Que, caso, embora.

**Interjeição**: Ai! Ui! Ufa! Eita.

**Numeral**: Sétimo, vigésimo, terço.

**Preposição**: A, ante, até, após, com, contra, de, desde, em, entre.

**Pronome**: Cujo, o qual, quem, eu, lhe.

**Substantivo**: Mesa, bicho, concursando, Pablo, José.

**Verbo**: Estudar, passar, ganhar, gastar.

## 2.1 Substantivos

Os substantivos são palavras que nomeiam seres reais ou imaginários, objetos, lugares ou estados de espírito.

Eles podem ser:

→ Comuns: quando designam seres da mesma espécie.

gato, mulher, árvore

→ Próprios: quando se referem a um ser em particular.

Bahia, Clarice Lispector, Japão

→ Concretos: que designam seres reais no mundo ou na mente.

menino, bolo, jacaré, duende

→ Abstratos: que designam sentimentos, qualidades, estados ou ações dos seres.

saudade, tristeza, dor, sono (sensações)

beleza, destreza (qualidades)

vida, morte (estados)

estudo, trabalho, luta (ações)

→ Simples: que são formados por um único radical.

garrafa, porta, camiseta, neve

→ Compostos: que são formados por mais de um radical.

passatempo, guarda-chuva

→ Primitivos: que não derivam de outra palavra da língua portuguesa.

pulso, dente

→ Derivados: que derivam de outra palavra.

pulseira, dentista

→ Coletivos: que nomeiam seres da mesma espécie.

alcateia, arquipélago, biblioteca

Há a possibilidade de que palavras de outras classes gramaticais tenham função de substantivo em uma frase, oração ou período, e quando isso ocorre são chamadas Palavras Substantivadas. Para isso, o artigo precede a palavra.

Ainda não sei o porquê do livro não ter sido devolvido.

## 2.2 Artigo

O artigo é a palavra variável que tem por função individualizar algo, ou seja, possui como função primordial indicar um elemento, por meio de definição ou indefinição da palavra que, pela anteposição do artigo, passa a ser substantivada. Os artigos se subdividem em:

**Artigos definidos**: **o, a, os, as** - porque definem o substantivo a que se referem.

Hoje à tarde, falaremos sobre **a** aula da semana passada.

Na última aula, falamos **do** conteúdo programático.

**Artigos indefinidos**: **um, uma, uns, umas** - porque indefinem o substantivo a que se referem.

Assim que eu passar no concurso, eu irei comprar **um** carro.

Pela manhã, papai, apareceu **um** homem da loja aqui.

É importante ressaltar que os artigos podem ser contraídos com algumas preposições essenciais, como demonstraremos na tabela a seguir:

| Preposições | Artigo | | | | | | | |
|---|---|---|---|---|---|---|---|---|
| | Definido | | | | Indefinido | | | |
| | o | a | os | as | um | uma | uns | umas |
| A | ao | à | aos | às | - | - | - | - |
| De | do | da | dos | das | dum | duma | duns | dumas |
| Em | no | na | nos | nas | num | numa | nuns | numas |
| Per | pelo | pela | pelos | pelas | - | - | - | - |
| Por | polo | pola | polos | polas | - | - | - | - |

O artigo é utilizado para substantivar um termo. Ou seja, quer transformar algo em um substantivo? Coloque um artigo em sua frente.

"Cantar alivia a alma." (Verbo)

"O cantar alivia a alma." (Substantivo)

**Emprego do artigo com a palavra "todo":**

Quando inserimos artigos ao lado do termo "todo", em geral, o sentido da expressão passa a designar totalidade. Como no exemplo abaixo:

Pobreza é um problema que acomete todo país.

(todos os países)

Pobreza é um problema que acomete todo o país.

(o país em sua totalidade).

## 2.3 Pronome

Os pronomes são palavras que determinam ou substituem substantivos, indicando a pessoa do discurso – que é quem participa ou é objeto do ato comunicativo .

Os pronomes podem ser pessoais, possessivos, demonstrativos, indefinidos, relativos ou interrogativos.

### Pronomes substantivos e adjetivos

É chamado pronome substantivo quando um pronome substitui um substantivo.

É chamado pronome adjetivo quando determina o substantivo com o qual se encontra.

### Pronomes pessoais

Pronomes pessoais representam as pessoas do discurso, substituindo o substantivo.

Existem três pessoas do discurso – ou gramaticais:

> 1ª pessoa: eu, nós
> 2ª pessoa: tu, vós
> 3ª pessoa: ele, ela, eles, elas

Os pronomes pessoais podem ser:

→ Retos: têm função, em regra, como sujeito da oração.
→ Oblíquos: têm função de objeto ou complemento.

## 2.4 Pronomes de Tratamento

Estes são os pronomes utilizados para nos referirmos às pessoas. Eles podem ser cerimoniosos ou familiares, dependendo da pessoa com a qual falamos; considera-se a idade, o cargo e o título, dentre outros, para escolher o tratamento adequado.

É importante ressaltar que as abreviaturas devem, de modo geral, ser evitadas.

Exemplos de pronomes de tratamento:

Você: tratamento informal

Senhor, senhora: tratamento de respeito

Vossa Excelência: altas autoridades

Vossa Reverendíssima: para sacerdotes

Vossa Alteza: para príncipes, princesas e duques

### Pronomes possessivos

São os pronomes que atribuem posse de algo às pessoas do discurso.

Eles podem estar em:

> 1ª pessoa do singular: meu, minha, meus, minhas
> 2ª pessoa do singular: teu, tua, teus, tuas
> 3ª pessoa do singular: seu, sua, seus, suas
> 1ª pessoa do plural: nosso, nossa, nossos, nossas
> 2ª pessoa do plural: vosso, vossa, vossos, vossas
> 3ª pessoa do plural: seu, sua, seus, suas

### Pronomes demonstrativos

São os que indicam lugar, posição ou identidade dos seres, relativamente às pessoas do discurso.

São eles:

este(s), esta(s), esse(s), essa(s), aquele(s), aquela(s), aqueloutro(s), aqueloutra(s), mesmo(s), mesma(s), próprio(s), própria(s), tal, tais, semelhante(s).

### Pronomes relativos

São palavras que representam substantivos já citados, com os quais estão relacionadas.

Eles podem ser:

→ Variáveis:
> Masculino: o qual, os quais, cujo, cujos, quanto, quantos.
> Femininos: a qual, as quais, cuja, cujas, quanta, quantas.

→ Invariáveis: quem, que, onde.

Os pronomes relativos podem unir duas orações como em:

Da árvore caíram maçãs, que foram recolhidas.

### Pronomes indefinidos

São os pronomes que se referem, de forma imprecisa e vaga, à 3ª pessoa do discurso.

Eles podem ser:

→ Pronomes indefinidos substantivos

Têm função de substantivo: alguém, algo, nada, tudo, ninguém.

→ Pronomes indefinidos adjetivos

Têm função de adjetivo: cada, certo(s), certa (s).

→ Que variam entre pronomes adjetivos e substantivos

Variam de acordo com o contexto: algum, alguma, bastante, demais, mais, qual etc.

## Locuções pronominais indefinidas

Cada qual, cada um, seja qual for, tal qual, um ou outro etc.

## Pronomes interrogativos

São os pronomes utilizados em frases interrogativas e, assim como os pronomes indefinidos, não imprecisos para com a 3ª pessoa do plural.

Exemplos:

Quem foi?

Quantos professores vieram hoje?

Lutar contra quê?

## Verbo

O verbo é uma palavra que exprime um estado, uma ação, um fato ou um fenômeno.

Ele possui diferentes formas, por suas flexões, para indicar a pessoa do discurso, o número, o tempo, o modo e a voz.

## Pessoa e número

O verbo pode variar indicando a pessoa e o número:

> 1ª pessoa: eu ando (singular) / nós andamos

> 2ª pessoa: tu anda (singular) / vós andais

> 3ª pessoa: ele anda (singular) / eles andam

## Tempos verbais

Os tempos têm a função de situar uma ação ou um acontecimento e podem ser:

→ Presente: Agora eu escrevo.

→ Pretérito (passado):

> Imperfeito: Depois de ler, ele fechava o livro.

> Perfeito: Ele fechou o livro.

> Mais-que-perfeito: Quando vi, ele já fechara o livro.

→ Futuro:

> Do presente: Indiara ganhará o presente.

> Do pretérito: Indiara ganharia o presente.

## Modos verbais

Existem três modos de um fato se realizar:

→ Indicativo: Exprime um fato certo e positivo.

→ Imperativo: Exprime uma ordem, proibição, pedido, conselho.

→ Subjuntivo: Enuncia um fato hipotético, possível.

## Formas nominais

As formas nominais enunciam, de forma imprecisa, vaga e impessoal, um fato.

São elas:

→ Infinitivo: prender, vender.

→ Gerúndio: prendendo, vendendo.

→ Particípio: prendido, vendido.

Além disso, o infinitivo pode ser pessoal ou impessoal, sendo:

→ Pessoal: quando tem sujeito.

→ Impessoal: quando não tem sujeito.

Também pode ser flexionado ou não flexionado

→ Flexionado: comeres tu, comermos nós, comerdes vós, comerem eles.

→ Não flexionado: comer eu, comer ele.

## Verbos auxiliares

São os que se unem a uma forma nominal de outro verbo para formar voz passiva, tempos compostos e locuções verbais.

Principais verbos auxiliares: ter, haver, ser, estar.

## Voz

Quanto à voz, os verbos podem ser classificados em:

→ Ativos

→ Passivos

→ Reflexivos

## Conjugações

Podem-se agrupar os verbos em três conjugações, de acordo com a terminação do infinitivo.

> 1ª conjugação: terminados em -ar: cantar

> 2ª conjugação: terminados em -er: bater

> 3ª conjugação: terminados em -ir: fingir

As conjugações são caracterizadas pelas vogais temáticas A, E e I.

## Elementos estruturais do verbo

É necessário identificar o radical, o elemento básico, e a terminação, que varia indicando tempo e modo, e pessoa e número.

Exemplo: dançar | danç- (radical) -ar (terminação)

Na terminação é encontrada ao menos um dos seguintes elementos:

→ Vogal temática: que caracteriza a conjugação.

→ Desinência modo-temporal: indica o modo e o tempo do verbo.

→ Desinência número pessoal: indica se seria a 1ª, 2ª ou 3ª pessoa e se seria do plural ou do singular.

## Tempos primitivos e derivados

Os tempos podem ser divididos em primitivos e derivados, que podem ser:

- Presente do infinitivo:
  Exemplo: reclamar
  - Pretérito imperfeito do indicativo: reclamava, reclamavas.
  - Futuro do presente: reclamarei, reclamarás.
  - Futuro do pretérito: reclamaria, reclamarias.
  - Infinitivo pessoal: reclamar, reclamares.
  - Gerúndio: reclamando.
  - Particípio: reclamado.
- Presente do indicativo:
  Exemplo: guardo, guardas, guardais
  - Presente do subjuntivo - guardo: guarda, guardas, guarda, guardamos, guardais, guardam
  - Imperativo afirmativo - guardas: guarda, guardais
- Pretérito perfeito do indicativo:
  Exemplo: guardaram
  - Pretérito mais que perfeito do indicativo: guardara, guardaras
  - Pretérito imperfeito do subjuntivo: guardasse, guardasses
  - Futuro do subjuntivo: guardares

## Modo imperativo

O imperativo se dá de duas formas:

- Imperativo afirmativo:
  - 2ª pessoa do singular e a 2ª pessoa do plural: derivam das pessoas equivalentes do presente do indicativo e suprime-se o s final.
  - demais pessoas: continuam como no presente do subjuntivo, sem alteração.
- Imperativo negativo: as pessoas são iguais às equivalentes do presente do subjuntivo.

## Tempos compostos

- Da voz ativa: é formado pelo particípio do verbo principal, precedido pelos verbos auxiliares ter ou haver.
- Da voz passiva: é formado quando o verbo principal, no particípio, é precedido pelos auxiliares ter (ou haver) e ser, de forma conjunta.
- Locuções verbais: são formadas por um verbo principal, no gerúndio ou infinitivo, precedido por um verbo auxiliar.

## Verbos regulares, irregulares e defectivos

A conjugação dos verbos pode ser dividida em:

- Regular: são os que seguem um modelo comum de conjugação, mantendo o radical invariável
- Irregular: são os que são alterados no radical e/ou nas terminações.
- Defectiva: são os que não são usados em certos modos por não terem a conjugação completa.

## Emprego do verbo haver

O verbo haver é utilizado, principalmente, para expressar ter ou existir, mas pode indicar, também, estar presente, decorrer, fazer, recuperar, julgar, acontecer, comportar-se, entender-se e o ato de ter existência. Além disso, ele possui diversas particularidades na conjugação.

O verbo haver é um verbo irregular, que passa por alterações tanto no seu radical, quanto nas suas terminações, quando conjugado.

- Presente do indicativo:
  - (eu) hei
  - (tu) hás
  - (ele) há
  - (nós) havemos
  - (vós) haveis
  - (eles) hão

No pretérito perfeito do indicativo, no pretérito mais-que-perfeito do indicativo, no pretérito imperfeito do subjuntivo e no futuro do subjuntivo, o radical hav- se transformará em houv-.

- Pretérito perfeito do indicativo
  - (eu) houve
  - (tu) houveste
  - (ele) houve
  - (nós) houvemos
  - (vós) houvestes
  - (eles) houveram
- Futuro do subjuntivo
  - (quando eu) houver
  - (quando tu) houveres
  - (quando ele) houver
  - (quando nós) houvermos
  - (quando vós) houverdes
  - (quando eles) houverem

Nos demais tempos verbais, o radical hav- passa a ser haj-, no presente do subjuntivo e no imperativo.

- Presente do subjuntivo
  - (que eu) haja
  - (que tu) hajas
  - (que ele) haja
  - (que nós) hajamos
  - (que vós) hajais
  - (que eles) hajam

Quando o verbo haver é utilizado para indicar tempo ou com o sentido de existir, ele será impessoal e sem sujeito, sendo conjugado apenas na 3ª pessoa do singular.

> Presente do indicativo: há

> Pretérito perfeito do indicativo: houve

> Pretérito imperfeito do indicativo: havia

> Pretérito mais-que-perfeito do indicativo: houvera

> Futuro do presente do indicativo: haverá

> Futuro do pretérito do indicativo: haveria

> Presente do subjuntivo: que haja

> Pretérito imperfeito do subjuntivo: se houvesse

> Futuro do subjuntivo: quando houver

Esse verbo pode ser, também, verbo auxiliar na formação de tempos compostos. Para tal, ele substitui o verbo ter, apresentando ainda o mesmo sentido, e pode ser conjugado em todas as pessoas verbais.

→ Pretérito mais-que-perfeito composto do indicativo

> (Eu) havia + particípio do verbo principal

> (Tu) havias + particípio do verbo principal

> (Ele) havia + particípio do verbo principal

> (Nós) havíamos + particípio do verbo principal

> (Vós) havíeis + particípio do verbo principal

> (Eles) haviam + particípio do verbo principal

→ Haver ou a ver

Para referir-se a algo que possui relação para com alguma coisa, a expressão correta é a ver.

## 2.5 Adjetivo

É a palavra variável que expressa uma qualidade, característica ou origem de algum substantivo ao qual se relaciona.

Meu terno é azul, elegante e italiano.

**Analisando, entendemos assim:**

Azul: característica.

Elegante: qualidade.

Italiano: origem.

Estrutura e a classificação dos adjetivos. Com relação à sua formação, eles podem ser:

**Explicativos:** quando a característica é comum ao substantivo referido.

Fogo **quente**, Homem **mortal**. (Todo fogo é quente, todo homem é mortal)

**Restritivos:** quando a característica não é comum ao substantivo, ou seja, nem todo substantivo é assim caracterizado.

Terno **azul**, Casa **grande**. (Nem todo terno é azul, nem toda casa é grande)

**Simples:** quando possui apenas uma raiz.

amarelo, brasileiro, competente, sagaz, loquaz, inteligente, grande, forte etc.

**Composto:** quando possui mais de uma raiz.

amarelo-canário, luso-brasileiro, verde-escuro, vermelho-sangue etc.

**Primitivo:** quando pode dar origem a outra palavra, não tendo sofrido derivação alguma.

bom, legal, grande, rápido, belo etc.

**Derivado:** quando resultado de um processo de derivação, ou seja, oriundo de outra palavra.

bondoso (de bom), grandioso (de grande), maléfico (de mal), esplendoroso (de esplendor) etc.

Os adjetivos que designam origem de algum termo são denominados adjetivos pátrios ou gentílicos.

**Uma lista de adjetivos pátrios de estado:**

| Adjetivos Pátrios | |
|---|---|
| Acre | Acriano |
| Alagoas | Alagoano |
| Amapá | Amapaense |
| Aracaju | Aracajuano ou Aracajuense |
| Amazonas | Amazonense ou Baré |
| Belém(PA) | Belenense |
| Belo Horizonte | Belo-horizontino |
| Boa Vista | Boa-vistense |
| Brasília | Brasiliense |
| Cabo Frio | Cabo-friense |
| Campinas | Campineiro ou Campinense |
| Curitiba | Curitibano |
| Espírito Santo | Espírito-santense ou Capixaba |
| Fernando de Noronha | Noronhense |
| Florianópolis | Florianopolitano |
| Fortaleza | Fortalezense |
| Goiânia | Goianiense |
| João Pessoa | Pessoense |
| Macapá | Macapaense |
| Maceió | Maceioense |
| Manaus | Manauense |
| Maranhão | Maranhense |
| Marajó | Marajoara |
| Natal | Natalense ou Papa-jerimum |
| Porto Alegre | Porto Alegrense |
| Ribeirão Preto | Ribeiropretense |
| Rio de Janeiro(Estado) | Fluminense |
| Rio de Janeiro(Cidade) | Carioca |
| Rio Branco | Rio-branquense |
| Rio grande do Norte | Rio-grandense-do-norte, Norte-riograndense ou Potiguar |

| | |
|---|---|
| Rio grande do Sul | Rio-grandense-do-sul, Sul-rio-grandense ou Gaúcho |
| Rondônia | Rondoniano |
| Roraima | Roraimense |
| Salvador | Salvadorense ou Soteropolitano |
| Santa Catarina | Catarinense. ou Barriga-verde |
| Santarém | Santarense |
| São Paulo (Estado) | Paulista |
| São Paulo (Cidade) | Paulistano |
| Sergipe | Sergipano |
| Teresina | Teresinense |
| Tocantins | Tocantinense |

| Países | |
|---|---|
| Croácia | Croata |
| Costa rica | Costarriquense |
| Curdistão | Curdo |
| Estados Unidos | Estadunidense, norte-americano ou ianque |
| El Salvador | Salvadorenho |
| Guatemala | Guatemalteco |
| Índia | Indiano ou hindu (os que professam o hinduísmo) |
| Israel | Israelense ou israelita |
| Irã | Iraniano |
| Moçambique | Moçambicano |
| Mongólia | Mongol ou mongólico |
| Panamá | Panamenho |
| Porto Rico | Porto-riquenho |
| Somália | Somali |

## Adjetivos pátrios compostos

Na formação de adjetivos pátrios compostos, o primeiro elemento aparece na forma reduzida e, normalmente, erudita.

**Observe alguns exemplos:**

| Adjetivos Pátrios Compostos | |
|---|---|
| África | Afro-/Cultura afro-americana |
| Alemanha | Germano- ou teuto-/Competições teutoinglesas |
| América | Américo-/Companhia américo-africana |
| Ásia | Ásio-/Encontros ásio-europeus |
| Áustria | Austro-/Peças austro-búlgaras |
| Bélgica | Belgo-/Acampamentos belgo-franceses |
| China | Sino-/Acordos sino-japoneses |
| Espanha | Hispano-/Mercado hispano-português |
| Europa | Euro-/Negociações euro-americanas |
| França | Franco- ou galo-/Reuniões franco-italianas |
| Grécia | Greco-/Filmes greco-romanos |
| Índia | Indo-/Guerras indo-paquistanesas |
| Inglaterra | Anglo-/Letras anglo-portuguesas |
| Itália | Ítalo-/Sociedade ítalo-portuguesa |
| Japão | Nipo-/Associações nipo-brasileiras |
| Portugal | Luso-/Acordos luso-brasileiros |

## Locução adjetiva

Expressão que tem valor adjetival, mas que é formada por mais de uma palavra. Geralmente, concorrem para sua formação uma preposição e um substantivo. Veja alguns exemplos.

| Locução Adjetiva | Adjetivo |
|---|---|
| de águia | Aquilino |
| de aluno | Discente |
| de anjo | Angelical |
| de ano | Anual |
| de aranha | Aracnídeo |
| de asno | Asinino |
| de baço | Esplênico |
| de bispo | Episcopal |
| de bode | Hircino |
| de boi | Bovino |
| de bronze | Brônzeo ou êneo |
| de cabelo | Capilar |
| de cabra | Caprino |
| de campo | Campestre ou rural |
| de cão | Canino |
| de carneiro | Arietino |
| de cavalo | Cavalar, equino, equídeo ou hípico |
| de chumbo | Plúmbeo |
| de chuva | Pluvial |
| de cinza | Cinéreo |
| de coelho | Cunicular |
| de cobre | Cúprico |
| de couro | Coriáceo |
| de criança | Pueril |
| de dedo | Digital |
| de diamante | Diamantino ou adamantino |
| de elefante | Elefantino |
| de enxofre | Sulfúrico |
| de estômago | Estomacal ou gástrico |
| de falcão | Falconídeos |
| de fera | Ferino |
| de ferro | Férreo |
| de fígado | Figadal ou hepático |

| | |
|---|---|
| de fogo | Ígneo |
| de gafanhoto | Acrídeo |
| de garganta | Gutural |
| de gelo | Glacial |
| de gesso | Gípseo |
| de guerra | Bélico |
| de homem | Viril ou humano |
| de ilha | Insular |
| de intestino | Celíaco ou entérico |
| de inverno | Hibernal ou invernal |
| de lago | Lacustre |
| de laringe | Laríngeo |
| de leão | Leonino |
| de lebre | Leporino |
| de lobo | Lupino |
| de lua | Lunar ou selênico |
| de macaco | Simiesco, símio ou macacal |
| de madeira | Lígneo |
| de marfim | Ebúrneo ou ebóreo |
| de Mestre | Magistral |
| de monge | Monacal |
| de neve | Níveo ou nival |
| de nuca | Occipital |
| de orelha | Auricular |
| de ouro | Áureo |
| de ovelha | Ovino |
| de paixão | Passional |
| de pâncreas | Pancreático |
| de pato | Anserino |
| de peixe | Písceo ou ictíaco |
| de pombo | Columbino |
| de porco | Suíno ou porcino |
| de prata | Argênteo ou argírico |
| de quadris | Ciático |
| de raposa | Vulpino |
| de rio | Fluvial |
| de serpente | Viperino |
| de sonho | Onírico |
| de terra | Telúrico, terrestre ou terreno |
| de trigo | Tritício |
| de urso | Ursino |
| de vaca | Vacum |
| de velho | Senil |
| de vento | Eólico |
| de verão | Estival |
| de vidro | Vítreo ou hialino |
| de virilha | Inguinal |
| de visão | Óptico ou ótico |

## Flexão do adjetivo

O adjetivo pode ser flexionado em gênero, número e grau.

**Flexão de gênero (Masculino / Feminino)**

Com relação ao gênero, os adjetivos podem ser classificados de duas formas:

Biformes: quando possuem uma forma para cada gênero.

Homem **belo** / mulher **bela**

Contexto **complicado** / questão **complicada**

Uniformes: quando possuem apenas uma forma, como se fossem elementos neutros.

Homem **fiel** / mulher **fiel**

Contexto **interessante** / questão **interessante**

**Flexão de número (Singular / Plural)**

Os adjetivos simples seguem a mesma regra de flexão que os substantivos simples, portanto essas regras serão descriminadas no quadro de número dos substantivos. Serão, por regra, flexionados os adjetivos compostos que, em sua formação, possuírem dois adjetivos. A flexão ocorrerá apenas no segundo elemento da composição.

Guerra greco-**romana** - Guerras greco-**romanas**

Conflito **socioeconômico** - Análises **socioeconômicas**

Por outro lado, se houver um substantivo como elemento da composição, o adjetivo fica invariável.

Blusa **amarelo-canário** - Blusas **amarelo-canário**

Mesa **verde-musgo** - Mesas **verde-musgo**

O caso em questão também pode ocorrer quando um substantivo passa a ser, por derivação imprópria, um adjetivo, ou seja, também serão invariáveis os "substantivos adjetivados".

Terno cinza -Ternos cinza

Vestido rosa -Vestidos rosa

E também:

surdo mudo - surdos mudos

pele vermelha - peles vermelhas

Azul- marinho e azul-celeste são invariáveis.

**Flexão de grau (Comparativo e Superlativo)**

Há duas maneiras de se estabelecer o grau do adjetivo: por meio do grau comparativo e por meio do grau superlativo.

Vejamos como isso ocorre.

**Grau comparativo**: estabelece um tipo de comparação de características, sendo estabelecido de três maneiras:

**Inferioridade**: O açúcar é **menos** doce (do) **que** os teus olhos.

**Igualdade**: O meu primo é **tão** estudioso **quanto** o meu irmão.

**Superioridade**: Gramática **é mais legal** (do) **que** Matemática.

**Grau superlativo**: reforça determinada qualidade em relação a um referente. Pode-se estabelecer o grau superlativo de duas maneiras:

**Relativo:** em relação a um grupo.

**De superioridade**: José é o **mais** inteligente dos alunos.

**De inferioridade**: O presidente foi o **menos** prestigiado da festa.

**Absoluto**: sem relações, apenas reforçando as características

**Analítico** (com auxílio de algum termo)

Pedro é muito magro.

Pedro é magro, magro, magro.

**Sintético** (com o acréscimo de – íssimo ou –érrimo)

Pedro é macérrimo.

Somos todos estudiosíssimos.

Veja, agora, uma tabela de superlativos sintéticos.

| Superlativos | |
|---|---|
| Grau normal | Superlativos |
| Ágil | Agilíssimo |
| Agradável | Agradabilíssimo |
| Agudo | Acutíssimo ou Agudíssimo |
| Alto | Altíssimo, Sumo ou Supremo |
| Amargo | Amaríssimo ou Marguíssimo |
| Amável | Amabilíssimo |
| Amigo | Amicíssimo |
| Antigo | Antiquíssimo |
| Atroz | Atrocíssimo |
| Baixo | Baixíssimo ou Ínfimo |
| Bom | Ótimo ou Boníssimo |
| Capaz | Capacíssimo |
| Célebre | Celebérrimo |
| Cheio | Cheíssimo |
| Comum | Comuníssimo |
| Cristão | Cristianíssimo |
| Cruel | Crudelíssimo |
| Doce | Dolcíssimo ou Docíssimo |
| Difícil | Dificílimo |
| Eficaz | Eficacíssimo |
| Fácil | Facílimo |
| Feliz | Felicíssimo |
| Feroz | Ferocíssimo |
| Fiel | Fidelíssimo |
| Frágil | Fragílimo |
| Frio | Frigidíssimo ou Friíssimo |
| Geral | Generalíssimo |
| Grande | Grandíssimo ou Máximo |
| Horrível | Horribilíssimo |
| Honorifíco | Honorificentíssimo |
| Humilde | Humílimo ou Humildíssimo |
| Inimigo | Inimicíssimo |
| Inconstitucional | Inconstitucionalíssimo |
| Jovem | Juveníssimo |
| Livre | Libérrimo e Livríssimo |
| Louvável | Laudabilíssimo |
| Magnífico | Magnificentíssimo |
| Magro | Macérrimo ou Magríssimo |
| Mau | Péssimo ou malíssimo |
| Miserável | Miserabilíssimo |
| Mísero | Misérrimo |
| Miúdo | Minutíssimo |
| Notável | Notabilíssimo |
| Pequeno | Mínimo ou Pequeníssimo |
| Pessoal | Personalíssimo |
| Pobre | Paupérrimo ou Pobríssimo |
| Precário | Precaríssimo ou Precariíssimo |
| Próspero | Prospérrimo |
| Provável | Probabilíssimo |
| Sábio | Sapientíssimo |
| Sério | Seríssimo |
| Simpático | Simpaticíssimo |
| Simples | Simplíssimo ou Simplicíssimo |
| Tenaz | Tenacíssimo |
| Terrível | Terribilíssimo |
| Vão | Vaníssimo |
| Voraz | Voracíssimo |
| Vulgar | Vulgaríssimo |
| Vulnerável | Vulnerabilíssimo |

Atente à mudança de sentido provocada pela alteração de posição do adjetivo.

Homem **grande** (alto, corpulento)

**Grande** homem (célebre)

Mas isso nem sempre ocorre. Se você analisar a construção "giz azul" e "azul giz", perceberá que não há diferença semântica.

## 2.6 Advérbio

É a palavra invariável que se relaciona ao verbo, ao adjetivo ou a outro advérbio para atribuir-lhes uma circunstância.

Os alunos saíram **apressadamente**.

O caso era muito **interessante**.

Resolvemos **muito bem** o problema.

É importante decorar essa lista de advérbios para que você consiga reconhecê-los na sentença.

→ Classificação do Advérbio:

**Afirmação:** sim, certamente, efetivamente etc.

**Negação:** não, nunca, jamais.

**Intensidade:** muito, pouco, assaz, bastante, mais, menos, tão, tanto, quão etc.

**Lugar:** aqui, ali, aí, aquém, acima, abaixo, atrás, dentro, junto, defronte, perto, longe, algures, alhures, nenhures etc.

**Tempo:** agora, já, depois, anteontem, ontem, hoje, jamais, sempre, outrora, breve etc.

**Modo:** assim, adrede, bem, mal, depressa, devagar, melhor, pior e a maior parte das palavras formadas de um adjetivo, mais a terminação "mente" (leve + mente = levemente; calma + mente = calmamente).

**Inclusão:** também, inclusive.

**Designação:** eis.

**Interrogação:** onde, como, quando, por que.

Também existem as chamadas locuções adverbiais que vêm quase sempre introduzidas por uma preposição: à farta (= fartamente), às pressas (= apressadamente), à toa, às cegas, às escuras, às tontas, às vezes, de quando em quando, de vez em quando etc.

Existem casos em que utilizamos um adjetivo como forma de advérbio. É o que chamamos de adjetivo adverbializado.

Aquele orador fala **belamente**.
advérbio de modo

Aquele orador fala **bonito**.
adjetivo adverbializado que tenta designar modo

## 2.7 Conjunção

É a palavra invariável que conecta elementos em algum encadeamento frasal. A relação em questão pode ser de natureza lógico-semântica (relação de sentido) ou apenas indicar uma conexão exigida pela sintaxe da frase.

### Coordenativas

São as conjunções que conectam elementos que não possuem dependência sintática, ou seja, as sentenças que são conectadas por meio desses elementos já estão com suas estruturas sintáticas (sujeito / predicado / complemento) completas.

**Aditivas:** e, nem (= e não), também, que, não só... mas também, não só... como, tanto ... como, assim... como etc.

José não foi à aula **nem** fez os exercícios.

Devemos estudar **e** apreender os conteúdos.

**Adversativas:** mas, porém, contudo, todavia, no entanto, entretanto, senão, não obstante, aliás, ainda assim.

Os países assinaram o acordo, **mas** não o cumpriram.

A menina cantou bem, **contudo** não agradou ao público.

**Alternativas:** ou... ou, já ... já, seja... seja, quer... quer, ora... ora, agora... agora.

**Ora** diz sim, **ora** diz não.

**Ou** está feliz, **ou** está no ludibriando.

**Conclusivas:** logo, pois (depois do verbo), então, portanto, assim, enfim, por fim, por conseguinte, conseguintemente, consequentemente, donde, por onde, por isso.

O **concursando** estudou muito, **logo**, deverá conseguir seu cargo.

É professor, **por conseguinte** deve saber explicar o conteúdo.

**Explicativas:** Isto é, por exemplo, a saber, ou seja, verbi gratia, pois (antes do verbo), pois bem, ora, na verdade, depois, além disso, com efeito, que, porque, ademais, outrossim, porquanto etc.

Deve ter chovido, **pois** o chão está molhado.

O homem é um animal racional, **porque** é capaz de raciocinar.

Não converse agora, **que** eu estou explicando.

### Subordinativas

São as conjunções que denotam uma relação de subordinação entre orações, ou seja, a conjunção subordinativa evidencia que uma oração possui dependência sintática em relação a outra. O que se pretende dizer com isso é que uma das orações envolvidas nesse conjunto desempenha uma função sintática para com sua oração principal.

### Integrantes

Que, se

Sei **que** o dia do pagamento é hoje.

Vejamos **se** você consegue estudar sem interrupções.

### Adverbiais

**Causais:** indicam a causa de algo.

Já que, porque, que, pois que, uma vez que, sendo que, como, visto que, visto como, como etc.

Não teve medo do perigo, **já que** estava protegido.

Passou no concurso, **porque** estudou muito.

**Comparativas:** estabelecem relação de comparação:

Como, tal como, mais...(do)que, menos...(do)que, tão como, assim como, tanto quanto etc.

**Tal como** procederes, receberás o castigo.

Alberto é aplicado **como** quem quer passar.

**Concessivas (concessão):** estabelecem relação de quebra de expectativa com respeito à sentença à qual se relacionam.

Embora, ainda que, dado que, posto que, conquanto, em que, quando mesmo, mesmo que, por menos que, por pouco que, apesar de (que).

**Embora** tivesse estudado pouco, conseguiu passar.

**Conquanto** estudasse, não conseguiu aprender.

**Condicionais:** estabelecem relação de condição.

Se, salvo se, caso, exceto se, contanto que, com tal que, caso, a não ser que, a menos que, sem que etc.

**Se** tudo der certo, estaremos em Portugal amanhã.

**Caso** você tenha dúvidas, pergunte a seu professor.

**Consecutivas:** estabelecem relação de consequência.

Tanto que, de modo que, de sorte que, tão...que, sem que etc.

O aluno estudou **tanto que** morreu.

Timeto Amon era **tão** feio **que** não se olhava no espelho.

**Conformativas:** estabelecem relação de conformidade.

Conforme, consoante, segundo, da mesma maneira que, assim como, como que etc.

Faça a prova **conforme** teu pai disse.

Todos agem **consoante** se vê na televisão.

**Finais:** estabelecem relação de finalidade.

Para que, a fim de que, que, porque.

Estudou muito **para que** pudesse ter uma vida confortável.

Trabalhei **a fim de que** o resultado seja satisfatório.

**Proporcionais:** estabelecem relação de proporção.

À proporção que, à media que, quanto mais... tanto mais, quanto menos... tanto menos, ao passo que etc.

**À medida que** o momento de realizar a prova chegava, a ansiedade de todos aumentava.

**Quanto mais** você estudar, **tanto mais** terá a chance de ser bem sucedido.

**Temporais:** estabelecem relação de tempo.

Quando, enquanto, apenas, mal, desde que, logo que, até que, antes que, depois que, assim que, sempre que, senão quando, ao tempo que, apenas que, antes que, depois que, sempre que etc.

**Quando** todos disserem para você parar, continue.

**Depois que** terminar toda a lição, poderá descansar um pouco.

**Mal** chegou, já quis sair.

## 2.8 Interjeição

É o termo que exprime, de modo enérgico, um estado súbito de alma. Sem muita importância para a análise a que nos propomos, vale apenas lembrar que elas possuem uma classificação semântica[1]:

**Dor**: ai! ui!

**Alegria**: ah! eh! oh!

**Desejo**: oxalá[2]! tomara!

**Admiração**: puxa! cáspite! safa! quê!

**Animação**: eia! sus! coragem!

**Aplauso**: bravo! apoiado!

**Aversão**: ih! chi! irra! apre!

**Apelo**: ó, olá! psit! pitsiu! alô! socorro!

**Silêncio**: psit! psiu! caluda!

**Interrogação, espanto**: hem!

Há, também, locuções interjeitivas: **Minha nossa! Meu Deus!**

A despeito da classificação acima, o que determina o sentido da interjeição é o seu uso.

## 2.9 Numeral

É a palavra que indica uma quantidade, multiplicação, fração ou um lugar numa série. Os numerais podem ser divididos em:

**Cardinais**: quando indicam um número básico: um, dois, três, cem mil...

**Ordinais**: quando indicam um lugar numa série: primeiro, segundo, terceiro, centésimo, milésimo...

**Multiplicativos**: quando indicam uma quantidade multiplicativa: dobro, triplo, quádruplo...

**Fracionários**: quando indicam parte de um inteiro: meio, metade, dois terços...

| Algarismo | | Cardinais | Ordinais |
|---|---|---|---|
| Romanos | Arábicos | | |
| I | 1 | um | primeiro |
| II | 2 | dois | segundo |
| III | 3 | três | terceiro |
| IV | 4 | quatro | quarto |
| V | 5 | cinco | quinto |
| VI | 6 | seis | sexto |
| VII | 7 | sete | sétimo |
| VIII | 8 | oito | oitavo |
| IX | 9 | nove | nono |
| X | 10 | dez | décimo |
| XI | 11 | onze | undécimo ou décimo primeiro |
| XII | 12 | doze | duodécimo ou décimo segundo |
| XIII | 13 | treze | décimo terceiro |
| XIV | 14 | quatorze ou catorze | décimo quarto |
| XV | 15 | quinze | décimo quinto |
| XVI | 16 | dezesseis | décimo sexto |
| XVII | 17 | dezessete | décimo sétimo |
| XVIII | 18 | dezoito | décimo oitavo |
| XIX | 19 | dezenove | décimo nono |
| XX | 20 | vinte | vigésimo |
| XXI | 21 | vinte e um | vigésimo primeiro |
| XXX | 30 | trinta | trigésimo |
| XXXL | 40 | quarenta | quadragésimo |
| L | 50 | cinquenta | quinquagésimo |

1 Segundo Napoleão Mendes de Almeida.

2 Curiosamente, esses elementos podem ser concebidos, em algumas situações, como advérbios de dúvida.

| LX | 60 | sessenta | sexagésimo |
|---|---|---|---|
| LXX | 70 | setenta | septuagésimo ou setuagésimo |
| LXXX | 80 | oitenta | octogésimo |
| XC | 90 | noventa | nonagésimo |
| C | 100 | cem | centésimo |
| CC | 200 | duzentos | ducentésimo |
| CCC | 300 | trezentos | trecentésimo |
| CD | 400 | quatrocentos | quadringentésimo |
| D | 500 | quinhentos | quingentésimo |
| DC | 600 | seiscentos | seiscentésimo ou sexcentésimo |
| DCC | 700 | setecentos | septingentésimo |
| DCCC | 800 | oitocentos | octingentésimo |
| CM | 900 | novecentos | nongentésimo ou noningentésimo |
| M | 1.000 | mil | milésimo |
| X' | 10.000 | dez mil | dez milésimos |
| C' | 100.000 | cem mil | cem milésimos |
| M' | 1.000.000 | um milhão | milionésimo |
| M'' | 1.000.000.000 | um bilhão | bilionésimo |

**Lista de numerais multiplicativos e fracionários:**

| Algarismos | Multiplicativos | Fracionários |
|---|---|---|
| 2 | duplo, dobro, dúplice | meio ou metade |
| 3 | triplo, tríplice | terço |
| 4 | quádruplo | quarto |
| 5 | quíntuplo | quinto |
| 6 | sêxtuplo | sexto |
| 7 | sétuplo | sétimo |
| 8 | óctuplo | oitavo |
| 9 | nônuplo | nono |
| 10 | décuplo | décimo |
| 11 | undécuplo | onze avos |
| 12 | duodécuplo | doze avos |
| 100 | cêntuplo | centésimo |

**Para realizar a leitura dos cardinais:**

É necessário colocar a conjunção "e" entre as centenas e dezenas, assim como entre as dezenas e a unidade. Ex.: 3.068.724 = três milhões sessenta e oito mil setecentos e vinte e quatro. Quanto à leitura do numeral ordinal, há duas possibilidades: Quando é inferior a 2.000, lê-se inteiramente segundo a forma ordinal. 1766º = milésimo septingentésimo sexagésimo sexto. Acima de 2.000, lê-se o primeiro algarismo como cardinal e os demais como ordinais. Hodiernamente, entretanto, tem-se observado a tendência a ler os números redondos segundo a forma ordinal.

2.536º = dois milésimos quingentésimo trigésimo sexto.

8 000º = oitavo milésimo.

**Para realizar a leitura do fracionário:**

O numerador de um numeral fracionário é sempre lido como cardinal. Quanto ao denominador, há dois casos:

Primeiro: se for inferior ou igual a 10, ou ainda for um número redondo, será lido como ordinal 2/6 = dois sextos; 9/10 = nove décimos; centésimos (se houver).

São exceções: 1/2 = meio; 1/3 = um terço.

Segundo: se for superior a 10 e não constituir número redondo, é lido como cardinal, seguido da palavra "avos".

1/12 = um doze avos; 4/25 = quatro vinte e cinco avos.

Ao se fazer indicação de reis, papas, séculos, partes de uma obra, usam-se os numerais ordinais até décimo. A partir daí, devem-se empregar os cardinais. Século V (século quinto), século XX (vinte), João Paulo II (segundo), Bento XVI (dezesseis).

## 2.10 Preposição

É a palavra invariável que serve de ligação entre dois termos de uma oração ou, às vezes, entre duas orações. Costuma-se denominar "regente" o termo que exige a preposição e "regido" aquele que recebe a preposição:

Ele comprou um livro **de** poesia.

Ele tinha medo **de** ficar solitário.

Como se vê, a preposição "de", no primeiro caso, liga termos de uma mesma oração; no segundo, liga orações.

### Preposições essenciais

São aquelas que têm como função primordial a conexão das palavras: a, ante, até, após, com contra, de, desde, em,entre, para, per, perante, por, sem, sob, sobre, trás. Veja o emprego de algumas preposições:

Os manifestantes lutaram **contra** a polícia.

O aluno chegou **ao** salão rapidamente.

Aguardo sua decisão **desde** ontem.

**Entre** mim e ti, não há qualquer problema.

### Preposições acidentais

São palavras que pertencem a outras classes, empregadas, porém, eventualmente como preposições: conforme, consoante, durante, exceto, fora, agora, mediante, menos, salvante, salvo, segundo, tirante.

O emprego das preposições acidentais é mais comum do que parece:

Todos saíram da sala, **exceto** eu.

**Tirante** as mulheres, o grupo que estava na sala parou de falar.

Escreveu o livro **conforme** o original.

### Locuções prepositivas

Além das preposições simples, existem também as chamadas locuções prepositivas, que terminam sempre por uma preposição simples: abaixo de, acerca de, acima de, a despeito de, adiante de, a fim de, além de, antes de, ao lado de, a par de, apesar de, a respeito de, atrás de, através de, de acordo com, debaixo de, de cima de, defronte de, dentro de, depois de, diante de, embaixo de, em cima de, em frente de(a), em lugar de, em redor de, em torno de, em vez de, graças a, junto a (de), para baixo de, para cima de, para com, perto de, por baixo de, por causa de, por cima de, por detrás de, por diante de, por entre, por trás de.

CONECTIVOS

Os conectivos têm a função de ligar palavras ou orações e eles podem ser coordenativos (ligam orações coordenadas) ou subordinativos (ligam orações subordinadas).

## Coordenativos

→ Conjunções coordenativas:

Iniciam orações coordenadas:

Aditivas: e

Adversativas: mas

Alternativas: ou

Conclusivas: logo

Explicativas: pois

## Subordinativos

→ Pronomes relativos:

Iniciam orações adjetivas:

que

quem

cujo/cuja

o qual/a qual

→ Conjunções subordinativas:

Iniciam orações adverbiais:

Causais: porque

Comparativas: como

Concessivas: embora

Condicionais: se

Conformativas: conforme

Consecutivas: (tão) que

Finais: para que

Proporcionais: à medida que

Temporais: quando

**Iniciam orações substantivas:**

**Integrantes: que, se**

## Formas variantes

Algumas palavras possuem mais de uma forma, ou seja, junto à forma padrão existem outras formas variantes.

Em algumas situações, é irrelevante a variação utilizada, mas em outros deve-se escolher a variação mais generalizada.

Exemplos:

Assobiar, assoviar

Coisa, cousa

Louro, loiro

Lacrimejar, lagrimejar

Infarto, enfarte

Diabete, diabetes

Transpassar, traspassar, trespassar

# 3. PRONOMES

Em uma definição breve, podemos dizer que pronome é o termo que substitui um substantivo, desempenhando, na sentença em que aparece, uma função coesiva. Podemos dividir os pronomes em sete categorias, são elas: pessoais, tratamento, demonstrativos, relativos, indefinidos, interrogativos, possessivos.

Antes de partir para o estudo pormenorizado dos pronomes, vamos fazer uma classificação funcional deles quando empregados em uma sentença:

**Pronomes substantivos:** são aqueles que ocupam o lugar do substantivo na sentença.

**Alguém** apareceu na sala ontem.

**Nós** faremos todo o trabalho.

**Pronomes adjetivos:** são aqueles que acompanham um substantivo na sentença.

**Meus** alunos são os mais preparados.

Pessoa **alguma** fará tal serviço por **esse** valor.

## 3.1 Pessoais

**Referem-se às pessoas do discurso:**

Quem fala (1ª pessoa);

Com quem se fala (2ª pessoa);

De quem se fala (3ª pessoa).

Classificação dos Pronomes Pessoais (caso **Reto** x caso **Oblíquo**)

| Pessoa Gramatical | Retos | Oblíquos | |
|---|---|---|---|
| | | Átonos | Tônicos |
| 1ª Singular | eu | me | mim, comigo |
| 2ª Singular | tu | te | ti, contigo |
| 3ª Singular | ele, ela | o, a, lhe, se | si, consigo |
| 1ª Plural | nós | nos | nós, conosco |
| 2ª Plural | vós | vos | vós, convosco |
| 3ª Plural | eles, elas | os, as, lhes, se | si, consigo |
| Função | Sujeito | Complemento/Adjunto | |

Emprego de alguns pronomes (**Certo** X **Errado**)

### Eu e tu x mim e ti

**1ª regra:** depois de preposição essencial, usa-se pronome oblíquo.

**Entre** mim e ti, não há acordo.

**Sobre** Manoel e ti, nada se pode falar.

Devo **a** ti esta conquista.

O presente é **para** mim.

Não saia **sem** mim.

Comprei um livro **para** ti.

Observe a preposição essencial destacada nas sentenças.

**2ª regra:** se o pronome utilizado na sentença for sujeito de um verbo, deve-se empregar os do caso RETO.

Não saia sem **eu** deixar.

Comprei um livro para **tu** leres.

O presente é para **eu** desfrutar.

Observe que o pronome desempenha a função de sujeito do verbo destacado.

Ou seja: "mim" não faz nada!

Não vá se confundir com as sentenças em que a ordem frasal está alterada. Deve-se, nesses casos, tentar pôr a sentença na ordem direta.

Para mim, fazer exercícios é muito bom. → Fazer exercícios é muito bom para mim.

Não é tarefa para mim realizar esta revisão. → Realizar esta revisão não é tarefa para mim.

**Com causativos e sensitivos:**

Regra com verbos causativos (mandar, fazer, deixar) ou sensitivos (ver, ouvir, sentir).

Quando os pronomes oblíquos átonos são empregados com verbos causativos ou sensitivos, pode haver a possibilidade de desempenharem a função de sujeito de uma forma verbal próxima. Ex.:

Fiz **Juliana** chorar. (sentença original)

Fi-**la** chorar. (sentença reescrita com a substituição do termo Juliana pelo pronome oblíquo)

**E**m ambas as situações, a "Juliana é a chorona". Isso quer dizer que o termo feminino que está na sentença é sujeito do verbo chorar. Pensando dessa maneira, entenderemos a primeira função da forma pronominal "la" que aparece na sentença reescrita.

Outro fator a ser considerado é que o verbo "fazer" necessita de um complemento, portanto, é um verbo transitivo. Bem, ocorre que o complemento do verbo "fazer" não pode ter outro referente senão "Juliana". Então, entendemos que, na reescrita da frase, a forma pronominal "la" funciona como complemento do verbo "fazer" e sujeito do verbo "chorar".

### Si e consigo

Estes pronomes somente podem ser empregados se se referirem ao sujeito da oração, pois possuem função reflexiva:

Alberto só pensa em si.
("Si" refere-se a "Alberto": sujeito do verbo "pensar")

O aluno levou as apostilas consigo.
("consigo" refere-se ao termo "aluno")

Estão erradas, portanto, frases como estas:

Creio muito em si, meu amigo.

Quero falar consigo.

Corrigindo:

Creio muito em **você**, meu amigo.

Quero falar **contigo**.

## Conosco e convosco

Se vierem seguidos de uma expressão complementar, geralmente a palavra "todos", desdobram-se em "com nós" e "com vós":

Este trabalho é com nós mesmos.

## Ele(s), ela(s) x o(s), a(s)

É muito comum ouvirmos frases como: "Vi ***ela*** na esquina", "Não queremos ***eles*** aqui". Então, é errado falar ou escrever assim, pois o pronome em questão está sendo utilizado fora de seu emprego original, ou seja, como um complemento (ao passo que deveria ser apenas sujeito). O certo é: "Vi-***a*** na esquina", "Não ***os*** queremos aqui".

## "O" e "a"

São complementos diretos, ou seja, são utilizados juntamente aos verbos transitivos diretos, ou nos bitransitivos, como no exemplo a seguir:

Comprei **um carro** para minha namorada = Comprei-**o** para ela. (Ocorreu a substituição do Objeto Direto)

É importante lembrar que há uma especificidade em relação à colocação dos pronomes "o" e "a" depois de algumas palavras:

> Se a palavra terminar em R, S ou Z: tais letras devem ser suprimidas e o pronome há de ser empregado como **lo**, **la**, **los**, **las**.

Fazer as tarefas = fazê-**las**

Querer o dinheiro = querê-**lo**.

> Se a palavra terminar com **ão**, **õe** ou **m**: tais letras devem ser mantidas e o pronome há de ser empregado como **no**, **na**, **nos**, **nas**.

Compraram a casa = compraram-**na**

Compõe a canção = compõe-**na**.

## Lhe

É um complemento indireto, equivalente a "a ele" ou "a ela": ou seja, é empregado juntamente a um verbo transitivo indireto ou a um verbo bitransitivo, como no exemplo:

Comprei um carro **para minha namorada** = comprei-**lhe** um carro. (Ocorreu a substituição do objeto indireto)

Muitas bancas gostam de trocar as formas "o" e "a" por "lhe", o que não pode ser feito sem que a sentença seja totalmente reelaborada.

# 3.2 De Tratamento

São pronomes de tratamento você, senhor, senhora, senhorita, fulano, sicrano, beltrano e as expressões que integram o quadro seguinte:

| Pronome | Abreviatura Singular | Abreviatura Plural |
|---|---|---|
| Vossa Excelência(s) | V.Ex.ª | V.Ex.as |
| Usa-se para: | | |
| Presidente (sem abreviatura), ministro, embaixador, governador, secretário de Estado, prefeito, senador, deputado federal e estadual, juiz, general, almirante, brigadeiro e presidente de câmara de vereadores; | | |
| **Pronome** | **Abreviatura Singular** | **Abreviatura Plural** |
| Vossa(s) Magnificência(s) | V.Mag.ª | V.Mag.as |
| Usa-se para: | | |
| Reitor de universidade para o qual também se pode usar V. Ex.ª; | | |
| **Pronome** | **Abreviatura Singular** | **Abreviatura Plural** |
| Vossa(s) Senhoria(s) | V.Sª | V.S.as |
| Usa-se para: | | |
| Qualquer autoridade ou pessoa civil não citada acima; | | |
| **Pronome** | **Abreviatura Singular** | **Abreviatura Plural** |
| Vossa(s) Santidade(s) | V.S | VV.SS. |
| Usa-se para: | | |
| Papa; | | |
| **Pronome** | **Abreviatura Singular** | **Abreviatura Plural** |
| Vossa(s) Eminência(s) | V.Em.ª | V.Em.as |
| Usa-se para: | | |
| Cardeal; | | |
| **Pronome** | **Abreviatura Singular** | **Abreviatura Plural** |
| Vossa(s) Excelência(s) Reverendíssima(s) | V.Exª.Rev.ma | V.Ex.as.Rev.mas |
| Usa-se para: | | |
| Arcebispo e bispo; | | |
| **Pronome** | **Abreviatura Singular** | **Abreviatura Plural** |
| Vossa(s) Reverendíssima(s) | V.Rev.ma | V.Rev.mas |
| Usa-se para: | | |
| Autoridade religiosa inferior às acima citadas; | | |
| **Pronome** | **Abreviatura Singular** | **Abreviatura Plural** |
| Vossa(s) Reverência(s) | V.Rev.ª | V.Rev.mas |
| Usa-se para: | | |
| Religioso sem graduação; | | |
| **Pronome** | **Abreviatura Singular** | **Abreviatura Plural** |
| vossa(s) majestade(s) | v.m. | vv.mm. |
| Usa-se para: | | |
| Rei e imperador; | | |
| **Pronome** | **Abreviatura Singular** | **Abreviatura Plural** |
| Vossa(s) Alteza(s) | V.A. | VV.AA. |
| Usa-se para: | | |
| Príncipe, arquiduque e duque. | | |

Todas essas expressões se apresentam também com SUA para cujas abreviaturas basta substituir o "V" por "S".

**Emprego dos pronomes de tratamento**

**Vossa Excelência** etc. x **Sua Excelência** etc.

Os pronomes de tratamento iniciados com "Vossa(s)" empregam-se em uma relação direta, ou seja, indicam o nosso interlocutor, pessoa com quem falamos:

Soube que V. Ex.ª, Senhor Ministro, falou que não estava interessado no assunto da reunião.

Empregaremos o pronome com a forma "Sua" quando a relação não é direta, ou seja, quando falamos SOBRE a pessoa:

A notícia divulgada é de que Sua Excelência, o Presidente da República, foi flagrado em uma boate.

**Utilização da 3ª pessoa**

Os pronomes de tratamento são de 3ª pessoa; portanto, todos os elementos relacionados a eles devem ser empregados também na 3ª pessoa, para que se mantenha a uniformidade:

É preciso que V. Ex.ª **diga** qual será o **seu** procedimento no caso em questão, a fim de que seus assessores possam agir a tempo.

**Uniformidade de Tratamento**

No momento da escrita ou da fala, não é possível ficar fazendo "dança das pessoas" com os pronomes. Isso quer dizer que se deve manter a uniformidade de tratamento. Para tanto, se for utilizada 3ª pessoa no início de uma sentença, ela deve permanecer ao longo de todo o texto. Preste atenção para ver como ficou estranha a construção abaixo:

Quando **você** chegar, eu **te** darei o presente.

"Você" é de 3ª pessoa e "te" é de 2ª pessoa. Não há motivo para cometer tal engano. Tome cuidado, portanto. Podemos corrigir a sentença:

Quando tu chegares, eu te darei o presente.

Quando você chegar, eu lhe darei o presente.

## 3.3 Demonstrativos

São os que localizam ou identificam o substantivo ou uma expressão no espaço, no tempo ou no texto.

| 1ª Pessoa | |
|---|---|
| Masculino | Este(s) |
| Feminino | Esta(s) |
| Neutro | Isto |
| No Espaço | Com o falante |
| No tempo | Presente |
| No Texto | O que se pretende dizer ou o imediatamente retomado |
| **2ª Pessoa** | |
| Masculino | Esse(s) |
| Feminino | Essa(s) |
| Neutro | Isso |
| No Espaço | Pouco afastado |
| No tempo | Passado ou futuro próximos |
| No Texto | O que se disse anteriormente |
| **3ª Pessoa** | |
| Masculino | Aquele(s) |
| Feminino | Aquela(s) |
| Neutro | Aquilo |
| No Espaço | Muito afastado |
| No tempo | Passado ou futuro distantes |
| No Texto | O que se disse há muito ou o que se pretende dizer |

Quando o pronome retoma algo já mencionado no texto, dizemos que ele possui função **Anafórica**. Quando aponta para algo que será dito, dizemos que possui função **Catafórica**. Essa nomenclatura começou a ser cobrada em algumas questões de concurso público, portanto, é importante ter esses conceitos na ponta da língua.

Exemplos de emprego dos demonstrativos:

Veja este livro que eu trouxe, é muito bom.

Você deve estudar mais! Isso é o que eu queria dizer.

Vê aquele mendigo lá na rua? Terrível futuro o aguarda.

Há outros pronomes demonstrativos:

**O**, **a**, **os**, **as**, quando antecedem o relativo Que e podem ser permutados por: Aquele (s), Aquela (s), Aquilo:

Não entendi o que disseste. (Não entendi aquilo que disseste.)

Esta rua não é a que te indiquei. (Esta rua não é aquela que te indiquei.)

**Tal**: quando puder ser permutado por qualquer demonstrativo: Não acredito que você disse **tal** coisa. (aquela coisa)

**Semelhante**: quando puder ser permutado por qualquer demonstrativo: Jamais me prestarei a **semelhante** canalhice. (esta canalhice)

**Mesmo**: quando modificar os pronomes eu, tu, nós e vós: Eu **mesmo** investiguei o caso.

De modo análogo, classificamos o termo "**próprio**". (eu próprio, ela própria)

Mesmo pode ainda funcionar como pronome neutro em frases como: "é o mesmo", "vem a ser o mesmo".

Vejamos mais alguns exemplos:

**José** e **João** são alunos do ensino médio. Este gosta de matemática, **aquele** gosta de português.

Veja que a verdadeira relação estabelecida pelos pronomes demonstrativos focaliza, por meio do "este" o elemento mais próximo, por meio do "aquele" o elemento mais afastado.

**Esta** sala precisa de bons professores. / Gostaria de que esse órgão pudesse resolver meu problema.

**Este(s)**, **esta(s)**, **isto** indicam o local de onde escrevemos. **Esse(s)**, **essa(s)**, **isso** indicam o local em que se encontra o nosso interlocutor.

## 3.4 Relativos

São termos que relacionam palavras em um encadeamento. Os relativos da Língua Portuguesa são:

**Que:** Quando puder ser permutado por "o qual" ou um de seus termos derivados. Utiliza-se o pronome "que" para referências a pessoas ou coisas.

**O Qual:** Empregado para referência a coisas ou pessoas.

**Quem:** É equivalente, segundo o mestre Napoleão Mendes de Almeida, a dois pronomes – aquele e que.

**Quanto:** Será relativo quando seu antecedente for o termo "tudo".

**Onde:** É utilizado para estabelecer referência a lugares, sendo permutável por "em que" ou "no qual" e seus derivados.

**Cujo:** Possui um sentido possessivo. Não permite permuta por outro relativo. Também é preciso lembrar que o pronome cujo não admite artigo, pois já é variável (cujo / cuja, jamais cujo o, cuja a).

O peão a **que** me refiro é Jonas.

A casa n**a qual** houve o tiroteio foi interditada.

O homem para **quem** se enviou a correspondência é Alberto.

Não gastes tudo **quanto** tens.

O estado para **onde** vou é Minas Gerais.

Cara, o pedreiro em **cujo** serviço podemos confiar é Marcelino.

A preposição que está relacionada ao pronome é, em grande parte dos casos, oriunda do verbo que aparece posteriormente na sentença. As bancas costumam cobrar isso!

## 3.5 Indefinidos

São os que determinam o substantivo de modo vago, de maneira imprecisa.

| Variáveis | | | | Invariáveis |
|---|---|---|---|---|
| Masculino | | Feminino | | |
| Singular | Plural | Singular | Plural | |
| Algum | Alguns | Alguma | Algumas | Alguém |
| Certo | Certos | Certa | Certas | Algo |
| Muito | Muitos | Muita | Muitas | Nada |
| Nenhum | Nenhuns | Nenhuma | Nenhumas | Ninguém |
| Outro | Outros | Outra | Outras | Outrem |
| Qualquer | Quaisquer | Qualquer | Quaisquer | Cada |
| Quando | Quantos | Quanta | Quantas | |
| Tanto | Tantos | Tanta | Tantas | |
| Todo | Todos | Toda | Todas | Tudo |
| Vário | Vários | Vária | Várias | |
| Pouco | Poucos | Pouca | Poucas | |

Fique bem atento para as alterações de sentido relacionadas às mudanças de posição dos pronomes indefinidos.

**Alguma pessoa** passou por aqui ontem.

**Pessoa alguma** passou por aqui ontem.

**Alguma pessoa** = ao menos uma pessoa.

**Pessoa alguma** = ninguém.

## 3.6 Interrogativos

Chamam-se interrogativos os pronomes **que**, **quem**, **qual** e **quanto**, empregados para formular uma pergunta direta ou indireta:

**Que** conteúdo estão estudando?

Diga-me **que** conteúdo estão estudando.

**Quem** vai passar no concurso?

Gostaria de saber **quem** vai passar no concurso.

**Qual** dos livros preferes?

Não sei **qual** dos livros preferes.

**Quantos** de coragem você tem?

Pergunte **quanto** de coragem você tem.

## 3.7 Possessivos

Com eles relacionamos a coisa possuída à pessoa gramatical possuidora. No quadro abaixo, estão relacionados aos pronomes pessoais.

| Pessoais | Possessivos |
|---|---|
| eu | meu, minha, meus, minhas |
| tu | teu, tua, teus, tuas |
| ele, você, v.ex.ª. etc. | seu, sua, seus, suas |
| nós | nosso, nossa, nossos, nossas |
| vós | vosso, vossa, vossos, vossas |
| eles | seu, sua, seus, suas |

**Emprego**

→ **Ambiguidade**: "Seu", "sua", "seus" e "suas" são os reis da ambiguidade (duplicidade de sentido)

O policial prendeu o maconheiro em **sua** casa.
(casa de quem?)

Meu pai levou meu tio para casa em seu carro.
(no carro de quem?)

Corrigindo:

O policial prendeu o maconheiro na casa deste.

Meu pai, em seu carro, levou meu tio para casa.

→ Emprego especial - Não se usam os possessivos em relação às partes do corpo ou às faculdades do espírito. Devemos, pois, dizer:

Machuquei a mão. (E não "a minha mão")

Ele bateu a cabeça. (E não "a sua cabeça")

Perdeste a razão? (E não "a tua razão")

# 4. SUBSTANTIVO

É a palavra variável que designa qualidades, sentimentos, sensações, ações etc.

Quanto a sua classificação, o substantivo pode ser:

**Primitivo** (sem afixos): pedra.

**Derivado** (com afixos): pedreiro/ empedrado.

**Simples** (1 núcleo): guarda.

**Composto** (mais de 1 núcleo): guarda-roupas.

**Comum** (designa ser genérico): copo, colher.

**Próprio** (designa ser específico): Maria, Portugal.

**Concreto** (existência própria): cadeira, lápis.

**Abstrato** (existência dependente): glória, amizade.

### Os substantivos concretos

Designam seres de existência própria, como: padre, político, carro e árvore. Os substantivos abstratos nomeiam qualidades ou conceitos de existência dependente, como: beleza, fricção, tristeza e amor.

### Os substantivos próprios

São sempre concretos e devem ser grafados com iniciais maiúsculas. Porém, alguns substantivos próprios podem vir a se tornar comuns, pelo processo de derivação imprópria que, geralmente, ocorre pela anteposição de um artigo e a grafia do substantivo com letra minúscula. (um judas = traidor / um panamá = chapéu). As flexões dos substantivos podem se dar em gênero, número e grau.

### Gênero dos substantivos

Quanto à distinção entre masculino e feminino, os substantivos podem ser:

**Biformes:** quando apresentam uma forma para o masculino e outra para o feminino - gato, gata, homem, mulher.

**Uniformes:** quando apresentam uma única forma para ambos os gêneros. Nesse caso, eles estão divididos em:

**Epicenos:** usados para animais de ambos os sexos (macho e fêmea) - besouro, jacaré, albatroz;

**Comum de dois gêneros:** aqueles que designam pessoas. Nesse caso, a distinção é feita por um elemento ladeador (artigo, pronome) - terrícola, estudante, dentista, motorista;

**Sobrecomuns:** apresentam um só gênero gramatical para designar seres de ambos os sexos - indivíduo, vítima, algoz.

Em algumas situações, a mudança de gênero altera também o sentido do substantivo:

O cabeça (líder) / A cabeça (parte do corpo).

## 4.1 Número dos Substantivos

Tentemos resumir as principais regras de formação do plural nos substantivos.

| Terminação | Variação | Exemplo |
|---|---|---|
| vogal ou ditongo | acréscimo do 's' | barco - barcos |
| m | ns | pudim - pudins |
| ão (primeiro caso) | ões | ladrão - ladrões |
| ão (segundo caso) | ães | pão - pães |
| ão (terceiro caso) | s | cidadão - cidadãos |
| r | es | mulher - Mulheres |
| z | es | cartaz - cartazes |
| n | es | abdômen - Abdômenes |
| s (oxítonos) | es | inglês - ingleses |
| al, el, ol, ul | is | tribunal - tribunais |
| il (oxítonos) | s | barril - barris |
| il (paroxítonos) | eis | fóssil - fósseis |
| zinho, zito | s | anelzinho - aneizinhos |

Alguns substantivos são grafados apenas no plural: alvíssaras, anais, antolhos, arredores, belas-artes, calendas, cãs, condolências, esponsais, exéquias, fastos, férias, fezes, núpcias, óculos, pêsames.

Grau do substantivo:

**Aumentativo / Diminutivo**[1]

**Analítico:** quando se associam os adjetivos ao substantivo: carro grande, pé pequeno;

**Sintético:** quando se adiciona ao substantivo sufixos indicadores de grau, carrão, pezinho.

**Sufixos:**

**Aumentativos:** -ázio, -orra, -ola, -az, -ão, -eirão, -alhão, -arão, -arrão, -zarrão;

**Diminutivos:** -ito, -ulo-, -culo, -ote, -ola, -im, -elho, -inho, -zinho (o sufixo -zinho é obrigatório quando o substantivo terminar em vogal tônica ou ditongo: cafezinho, paizinho);

O aumentativo pode exprimir tamanho (casarão), desprezo (sabichão, ministraço, poetastro) ou intimidade (amigão); enquanto o diminutivo pode indicar carinho (filhinho) ou ter valor pejorativo (livreco, casebre), além das noções de tamanho (bolinha).

1 Quando não flexionamos o substantivo em algum grau, dizemos que ele está no grau normal.

# 5. VERBO

É a palavra com que se expressa uma ação (cantar, vender), um estado (ser, estar), mudança de estado (tornar-se) ou fenômeno da natureza (chover).

Quanto à noção que expressam, os verbos podem ser classificados da seguinte maneira:

**Verbos Relacionais:** exprimem estado ou mudança de estado. São os chamados verbos de ligação.

| Verbo de ligação |
|---|
| ser |
| estar |
| continuar |
| andar |
| parecer |
| permanecer |
| ficar |
| tornar-se |

**Verbos Nocionais:** exprimem ação ou fenômeno da natureza. São os chamados verbos significativos.

Os Verbos Nocionais podem ser classificados da seguinte maneira:

**VI (Verbo Intransitivo):** diz-se daquele que não necessita de um complemento para que se compreenda a ação verbal. Exemplos: morrer, cantar, sorrir, nascer, viver.

**VT (Verbo Transitivo):** diz-se daquele que necessita de um complemento para expressar o afetado pela ação verbal. Divide-se em três tipos:

**Diretos:** não possuem preposição para ligar o complemento verbal ao verbo. São exemplos os verbos querer, comprar, ler, falar etc.

**Indiretos:** possuem preposição para ligar o complemento verbal ao verbo. São exemplos os verbos gostar, necessitar, precisar, acreditar etc.

**Diretos e Indiretos, ou Bitransitivos:** possuem dois complementos, um não-preposicionado, outro com preposição. São exemplos os verbos pagar, perdoar, implicar etc.

Preste atenção na dica que segue:

João **morreu**.

(quem morre, morre. Não é preciso um complemento para entender o verbo).

Eu **quero** um aumento.

(quem quer, quer alguma coisa. É preciso um complemento para entender o sentido do verbo).

Eu **preciso** de um emprego.

(quem precisa, precisa "de" alguma coisa. Deve haver uma preposição para ligar o complemento ao seu verbo).

Mário **pagou** a conta ao padeiro.

(quem paga, paga algo a alguém. Há um complemento com preposição e um complemento sem preposição).

## 5.1 Estrutura e Conjugação dos Verbos

Os verbos possuem:

**Raiz:** o que lhes guarda o sentido (**cant**ar, **corr**er, **sorr**ir).

**Vogal temática:** o que lhes garante a família conjugacional. (**A**R, **E**R, **I**R).

**Desinências:** o que ajuda a conjugar ou nominalizar o verbo. (canta**ndo**, cantá**vamos**).

Os verbos apresentam três conjugações, quer dizer, três famílias conjugacionais. Em função da vogal temática, podem-se criar três paradigmas[2] verbais. De acordo com a relação dos verbos com esses paradigmas, obtém-se a seguinte classificação:

**Regulares:** seguem o paradigma verbal de sua conjugação sem alterar suas raízes (amar, vender, partir).

**Irregulares:** não seguem o paradigma verbal da conjugação a que pertencem. As irregularidades podem aparecer na raiz ou nas desinências (ouvir - ouço/ouve, estar - estou/estão).

**Anômalos:** apresentam profundas irregularidades. São classificados como anômalos em todas as gramáticas os verbos ser e ir.

**Defectivos:** não são conjugados em determinadas pessoas, tempo ou modo, portanto, apresentam algum tipo de "defeito" (falir - no presente do indicativo só apresenta a 1ª e a 2ª pessoa do plural). Os defectivos distribuem-se em grupos:

» impessoais;

» unipessoais (vozes ou ruídos de animais, só conjugados nas 3ªs pessoas);

» antieufônicos (a sonoridade permite confusão com outros verbos) - demolir; falir, abolir etc.

**Abundantes:** apresentam mais de uma forma para uma mesma conjugação.

Existe abundância conjugacional e participial. A primeira ocorre na conjugação de algumas formas verbais, como, por exemplo, o verbo "haver", que admite "nós havemos/hemos", "vós haveis/heis". A segunda ocorre com as formas nominais de particípio. A seguir segue uma lista dos principais abundantes na forma participial.

| Verbos | Particípio regular – empregado com os auxiliares TER e HAVER | Particípio irregular – empregado com os auxiliares SER, ESTAR e FICAR |
|---|---|---|
| aceitar | aceitado | aceito |
| acender | acendido | aceso |
| benzer | benzido | bento |
| eleger | eegido | eleito |
| entregar | entregado | entregue |
| enxugar | enxugado | enxuto |
| expressar | expressado | expresso |

2 Paradigma é o modo como se dá a conjugação.

| | | |
|---|---|---|
| expulsar | expulsado | expulso |
| extinguir | extinguido | extinto |
| matar | matado | morto |
| prender | prendido | preso |
| romper | rompido | roto |
| salvar | salvado | salvo |
| soltar | soltado | solto |
| suspender | suspendido | suspenso |
| tingir | tingido | tinto |

## 5.2 Flexão Verbal

Relativamente à flexão verbal, anotamos:

**Número:** singular ou plural;

**Pessoa gramatical:** 1ª, 2ª ou 3ª;

**Tempo**: referência ao momento em que se fala (pretérito, presente ou futuro). O modo imperativo só tem um tempo, o presente;

**Voz:** ativa, passiva, reflexiva e recíproca (que trabalharemos mais tarde);

**Modo:** indicativo (certeza de um fato ou estado), subjuntivo (possibilidade ou desejo de realização de um fato ou incerteza do estado) e imperativo (expressa ordem, advertência ou pedido).

## 5.3 Formas Nominais do Verbo

As três formas nominais do verbo (infinitivo, gerúndio e particípio) não possuem função exclusivamente verbal.

**Infinitivo:** assemelha-se ao substantivo, indica algo atemporal - o nome do verbo, sua desinência característica é a letra R: ama**r**, realça**r**, ungi**r** etc.

**Gerúndio:** equipara-se ao adjetivo ou advérbio pelas circunstâncias que exprime de ação em processo. Sua desinência característica é -**NDO**: ama**ndo**, realça**ndo**, ungi**ndo** etc.

***Particípio*:** tem valor e forma de adjetivo - pode também indicar ação concluída, sua desinência característica é -**ADO** ou -**IDO** para as formas regulares: am**ado**, realç**ado**, ung**ido** etc.

## 5.4 Tempos Verbais

Dentro do **Modo Indicativo**, anotamos os seguintes tempos:

**Presente do indicativo:** indica um fato real situado no momento ou época em que se fala;

Eu amo, eu vendo, eu parto.

**Pretérito perfeito do indicativo:** indica um fato real cuja ação foi iniciada e concluída no passado;

Eu amei, eu vendi, eu parti.

**Pretérito imperfeito do indicativo:** indica um fato real cuja ação foi iniciada no passado, mas não foi concluída ou era uma ação costumeira no passado;

Eu amava, eu vendia, eu partia.

**Pretérito mais-que-perfeito do indicativo:** indica um fato real cuja ação é anterior a outra ação já passada;

Eu amara, eu vendera, eu partira.

**Futuro do presente do indicativo:** indica um fato real situado em momento ou época vindoura;

Eu amarei, eu venderei, eu partirei.

**Futuro do pretérito do indicativo:** indica um fato possível, hipotético, situado num momento futuro, mas ligado a um momento passado.

Eu amaria, eu venderia, eu partiria.

Dentro do **Modo Subjuntivo**, anotamos os seguintes tempos:

**Presente do subjuntivo:** indica um fato provável, duvidoso ou hipotético, situado no momento ou época em que se fala. Para facilitar a conjugação, utilize a conjunção "que";

Que eu ame, que eu venda, que eu parta.

**Pretérito imperfeito do subjuntivo:** indica um fato provável, duvidoso ou hipotético, cuja ação foi iniciada, mas não concluída no passado. Para facilitar a conjugação, utilize a conjunção "se";

Se eu amasse, se eu vendesse, se eu partisse.

**Futuro do subjuntivo:** indica um fato provável, duvidoso, hipotético, situado num momento ou época futura. Para facilitar a conjugação, utilize a conjunção "quando".

Quando eu amar, quando eu vender, quando eu partir.

## 5.5 Tempos Compostos da Voz Ativa

Constituem-se pelos verbos auxiliares **ter** ou **haver** + particípio do verbo que se quer conjugar, dito principal.

No **modo Indicativo**, os tempos compostos são formados da seguinte maneira:

**Pretérito perfeito:** presente do indicativo do auxiliar + particípio do verbo principal (Tenho amado);

**Pretérito mais-que-perfeito:** pretérito imperfeito do indicativo do auxiliar + particípio do verbo principal (Tinha amado);

**Futuro do presente:** futuro do presente do indicativo do auxiliar + particípio do verbo principal (Terei amado);

**Futuro do pretérito:** futuro do pretérito indicativo do auxiliar + particípio do verbo principal (Teria amado).

No **modo Subjuntivo** a formação se dá da seguinte maneira:

**Pretérito perfeito:** presente do subjuntivo do auxiliar + particípio do VP (Tenha amado);

**Pretérito mais-que-perfeito:** imperfeito do subjuntivo do auxiliar + particípio do VP (Tivesse amado);

**Futuro composto:** futuro do subjuntivo do auxiliar + particípio do VP (Tiver amado).

Quanto às **formas nominais**, elas são formadas da seguinte maneira:

**Infinitivo composto:** infinitivo pessoal ou impessoal do auxiliar + particípio do verbo principal (Ter vendido / Teres vendido);

**Gerúndio composto:** gerúndio do auxiliar + particípio do verbo principal (Tendo partido).

## 5.6 Vozes Verbais

Cuidado com esse conteúdo, costuma ser muito cobrado em provas de concursos públicos.

Quanto às vozes, os verbos apresentam voz:

**Ativa:** sujeito é agente da ação verbal;

(**O corretor** vende casas)

**Passiva:** sujeito é paciente da ação verbal;

(Casas são vendidas **pelo corretor**)

**Reflexiva:** o sujeito é agente e paciente da ação verbal.

(A garota feriu-**se** ao cair da escada)

**Recíproca:** há uma ação mútua descrita na sentença.

(Os amigos entreolh**aram-se**)

**A voz passiva:** sua característica é possuir um sujeito paciente, ou seja, que é afetado pela ação do verbo.

## 5.7 Tipos de Voz Passiva

**Analítica**: verbo auxiliar + particípio do verbo principal. Isso significa que há uma locução verbal de voz passiva.

Casas **são vendidas** pelo corretor

Veja mais alguns exemplos:

Ele fez o trabalho - O trabalho **foi feito** por ele (mantido o pretérito perfeito do indicativo)

O vento ia levando as folhas - As folhas iam **sendo levadas** pelo vento (mantido o gerúndio do verbo principal em um dos auxiliares).

Vereadores entregarão um prêmio ao gari - Um prêmio **será entregue** ao gari por vereadores (veja como a flexão do futuro se mantém na locução).

**Sintética:** verbo apassivado pelo termo "se" (partícula apassivadora) + sujeito paciente.

Roubou-se **o dinheiro do povo**.

Fez-se **o trabalho** com pressa.

É comum observar, em provas de concurso público, questões que mostram uma voz passiva sintética como aquela que é proveniente de uma ativa com sujeito indeterminado.

Alguns verbos da língua portuguesa apresentam **problemas de conjugação**. A seguir, **temos uma lista**, seguida de comentários sobre essas dificuldades de conjugação.

Compraram um carro novo (ativa);

Comprou-se um carro novo (passiva sintética).

## 5.8 Verbos com a Conjugação Irregular

**Abolir:** Defectivo - não possui a 1ª pessoa do singular do presente do indicativo, por isso não possui presente do subjuntivo e o imperativo negativo. (= banir, carpir, colorir, delinquir, demolir, descomedir-se, emergir, exaurir, fremir, fulgir, haurir, retorquir, urgir).

**Acudir:** Alternância vocálica o/u - presente do indicativo - acudo, acodes... e pretérito perfeito do indicativo - com u (= bulir, consumir, cuspir, engolir, fugir).

**Adequar:** Defectivo - só possui a 1ª e a 2ª pessoa do plural no presente do indicativo.

**Aderir:** Alternância vocálica e/i - presente do indicativo - adiro, adere... (= advertir, cerzir, despir, diferir, digerir, divergir, ferir, sugerir).

**Agir:**

Acomodação gráfica g/j - presente do indicativo - ajo, ages... (= afligir, coagir, erigir, espargir, refulgir, restringir, transigir, urgir).

**Agredir:**

Alternância vocálica e/i - presente do indicativo - agrido, agrides, agride, agredimos, agredis, agridem (= prevenir, progredir, regredir, transgredir).

**Aguar:**

Regular - presente do indicativo - águo, águas..., - pretérito perfeito do indicativo - aguei, aguaste, aguou, aguamos, aguastes, aguaram (= desaguar, enxaguar, minguar).

**Prazer:**

Irregular - presente do indicativo - aprazo, aprazes, apraz... / pretérito perfeito do indicativo - aprouve, aprouveste, aprouve, aprouvemos, aprouvestes, aprouveram.

**Arguir:**

Irregular com alternância vocálica o/u - presente do indicativo - arguo (ú), arguis, argui, arguimos, arguis, arguem - pretérito perfeito - argui, arguiste...

**Atrair:**

Irregular - presente do indicativo - atraio, atrais... / pretérito perfeito - atraí, atraíste... (= abstrair, cair, distrair, sair, subtrair).

**Atribuir:**

Irregular - presente do indicativo - atribuo, atribuis, atribui, atribuímos, atribuís, atribuem - pretérito perfeito - atribuí, atribuíste, atribuiu... (= afluir, concluir, destituir, excluir, instruir, possuir, usufruir).

**Averiguar:**

Alternância vocálica o/u - presente do indicativo - averiguo (ú), averiguas (ú), averigua (ú), averiguamos, averiguais, averiguam (ú) - pretérito perfeito - averiguei, averiguaste... - presente do subjuntivo - averigue, averigues, averigue... (= apaziguar).

**Cear:**

Irregular - presente do indicativo - ceio, ceias, ceia, ceamos, ceais, ceiam - pretérito perfeito indicativo - ceei, ceaste, ceou, ceamos, ceastes, cearam (= verbos terminados em -ear: falsear, passear... - alguns apresentam pronúncia aberta: estreio, estreia...).

**Coar:**

Irregular - presente do indicativo - coo, côas, côa, coamos, coais, coam - pretérito perfeito - coei, coaste, coou... (= abençoar, magoar, perdoar).

**Comerciar:**

Regular - presente do indicativo - comercio, comercias... - pretérito perfeito - comerciei... (= verbos em -iar , exceto os seguintes verbos: mediar, ansiar, remediar, incendiar, odiar).

**Compelir:**

Alternância vocálica e/i - presente do indicativo - compilo, compeles... - pretérito perfeito indicativo - compeli, compeliste...

**Compilar:**

Regular - presente do indicativo - compilo, compilas, compila... - pretérito perfeito indicativo - compilei, compilaste...

**Construir:**

Irregular e abundante - presente do indicativo - construo, constróis (ou construís), constrói (ou construí), construímos, construís, constroem (ou construem) - pretérito perfeito indicativo - construí, construíste...

**Crer:**

Irregular - presente do indicativo - creio, crês, crê, cremos, credes, creem - pretérito perfeito indicativo - cri, creste, creu, cremos, crestes, creram - imperfeito indicativo - cria, crias, cria, críamos, críeis, criam.

**Falir:**

Defectivo - presente do indicativo - falimos, falis - pretérito perfeito indicativo - fali, faliste... (= aguerrir, combalir, foragir-se, remir, renhir)

**Frigir:**

Acomodação gráfica g/j e alternância vocálica e/i - presente do indicativo - frijo, freges, frege, frigimos, frigis, fregem - pretérito perfeito indicativo - frigi, frigiste...

**Ir:**

Irregular - presente do indicativo - vou, vais, vai, vamos, ides, vão - pretérito perfeito indicativo - fui, foste... - presente subjuntivo - vá, vás, vá, vamos, vades, vão.

**Jazer:**

Irregular - presente do indicativo - jazo, jazes... - pretérito perfeito indicativo - jazi, jazeste, jazeu...

**Mobiliar:**

Irregular - presente do indicativo - mobílio, mobílias, mobília, mobiliamos, mobiliais, mobíliam - pretérito perfeito indicativo - mobiliei, mobiliaste...

**Obstar:**

Regular - presente do indicativo - obsto, obstas... - pretérito perfeito indicativo - obstei, obstaste...

**Pedir:**

Irregular - presente do indicativo - peço, pedes, pede, pedimos, pedis, pedem - pretérito perfeito indicativo - pedi, pediste... (= despedir, expedir, medir).

**Polir:**

Alternância vocálica e/i - presente do indicativo - pulo, pules, pule, polimos, polis, pulem - pretérito perfeito indicativo - poli, poliste...

**Precaver-se:**

Defectivo e pronominal - presente do indicativo - precavemo-nos, precaveis-vos - pretérito perfeito indicativo - precavi-me, precaveste-te...

**Prover:**

Irregular - presente do indicativo - provejo, provês, provê, provemos, provedes, provêem - pretérito perfeito indicativo - provi, proveste, proveu...

**Reaver:**

Defectivo - presente do indicativo - reavemos, reaveis - pretérito perfeito indicativo - reouve, reouveste, reouve... (verbo derivado do haver, mas só é conjugado nas formas verbais com a letra v).

**Remir:**

Defectivo - presente do indicativo - remimos, remis - pretérito perfeito indicativo - remi, remiste...

**Requerer:**

Irregular - presente do indicativo - requeiro, requeres... - pretérito perfeito indicativo - requeri, requereste, requereu... (derivado do querer, diferindo dele na 1ª pessoa do singular do presente do indicativo e no pretérito perfeito do indicativo e derivados, sendo regular)

**Rir:**

Irregular - presente do indicativo - rio, rir, ri, rimos, rides, riem - pretérito perfeito indicativo - ri, riste... (= sorrir)

**Saudar:**

Alternância vocálica - presente do indicativo - saúdo, saúdas... - pretérito perfeito indicativo - saudei, saudaste...

**Suar:**

Regular - presente do indicativo - suo, suas, sua... - pretérito perfeito indicativo - suei, suaste, sou... (= atuar, continuar, habituar, individuar, recuar, situar)

**Valer:**

Irregular - presente do indicativo - valho, vales, vale... - pretérito perfeito indicativo - vali, valeste, valeu...

Também merecem atenção os seguintes verbos irregulares:

→ **Pronominais:** Apiedar-se, dignar-se, persignar-se, precaver-se

**Caber**

**Presente do indicativo:** caibo, cabes, cabe, cabemos, cabeis, cabem;

**Presente do subjuntivo:** caiba, caibas, caiba, caibamos, caibais, caibam;

**Pretérito perfeito do indicativo:** coube, coubeste, coube, coubemos, coubestes, couberam;

**Pretérito mais-que-perfeito do indicativo:** coubera, couberas, coubera, coubéramos, coubéreis, couberam;

**Pretérito imperfeito do subjuntivo:** coubesse, coubesses, coubesse, coubéssemos, coubésseis, coubessem;

**Futuro do subjuntivo:** couber, couberes, couber, coubermos, couberdes, couberem.

**Dar**

**Presente do indicativo:** dou, dás, dá, damos, dais, dão;

**Presente do subjuntivo:** dê, dês, dê, demos, deis, deem;

**Pretérito perfeito do indicativo:** dei, deste, deu, demos, destes, deram;

**Pretérito mais-que-perfeito do indicativo:** dera, deras, dera, déramos, déreis, deram;

**Pretérito imperfeito do subjuntivo:** desse, desses, desse, déssemos, désseis, dessem;

**Futuro do subjuntivo:** der, deres, der, dermos, derdes, derem.

**Dizer**

**Presente do indicativo:** digo, dizes, diz, dizemos, dizeis, dizem;

**Presente do subjuntivo:** diga, digas, diga, digamos, digais, digam;

**Pretérito perfeito do indicativo:** disse, disseste, disse, dissemos, dissestes, disseram;

**Pretérito mais-que-perfeito do indicativo:** dissera, disseras, dissera, disséramos, disséreis, disseram;

**Futuro do presente:** direi, dirás, dirá etc.;

**Futuro do pretérito:** diria, dirias, diria etc.;

**Pretérito imperfeito do subjuntivo:** dissesse, dissesses, dissesse, disséssemos, dissésseis, dissessem;

**Futuro do subjuntivo:** disser, disseres, disser, dissermos, disserdes, disserem;

**Estar**

**Presente do indicativo:** estou, estás, está, estamos, estais, estão;

**Presente do subjuntivo:** esteja, estejas, esteja, estejamos, estejais, estejam;

**Pretérito perfeito do indicativo:** estive, estiveste, esteve, estivemos, estivestes, estiveram;

**Pretérito mais-que-perfeito do indicativo:** estivera, estiveras, estivera, estivéramos, estivéreis, estiveram;

**Pretérito imperfeito do subjuntivo:** estivesse, estivesses, estivesse, estivéssemos, estivésseis, estivessem;

**Futuro do subjuntivo:** estiver, estiveres, estiver, estivermos, estiverdes, estiverem;

**Fazer**

**Presente do indicativo:** faço, fazes, faz, fazemos, fazeis, fazem;

**Presente do subjuntivo:** faça, faças, faça, façamos, façais, façam;

**Pretérito perfeito do indicativo:** fiz, fizeste, fez, fizemos, fizestes, fizeram;

**Pretérito mais-que-perfeito do indicativo:** fizera, fizeras, fizera, fizéramos, fizéreis, fizeram;

**Pretérito imperfeito do subjuntivo:** fizesse, fizesses, fizesse, fizéssemos, fizésseis, fizessem;

**Futuro do subjuntivo:** fizer, fizeres, fizer, fizermos, fizerdes, fizerem.

Seguem esse modelo desfazer, liquefazer e satisfazer.

**Os particípios desses verbos e seus derivados são irregulares:** Feito, desfeito, liquefeito, satisfeito, etc.

**Haver**

**Presente do indicativo:** hei, hás, há, havemos, haveis, hão;

**Presente do subjuntivo:** haja, hajas, haja, hajamos, hajais, hajam;

**Pretérito perfeito do indicativo:** houve, houveste, houve, houvemos, houvestes, houveram;

**Pretérito mais-que-perfeito do indicativo:** houvera, houveras, houvera, houvéramos, houvéreis, houveram;

**Pretérito imperfeito do subjuntivo:** houvesse, houvesses, houvesse, houvéssemos, houvésseis, houvessem;

**Futuro do subjuntivo:** houver, houveres, houver, houvermos, houverdes, houverem.

**Ir**

**Presente do indicativo:** vou, vais, vai, vamos, ides, vão;

**Presente do subjuntivo:** vá, vás, vá, vamos, vades, vão;

**Pretérito imperfeito do indicativo:** Ia, ias, ia, íamos, íeis, iam;

**Pretérito perfeito do indicativo:** fui, foste, foi, fomos, fostes, foram;

**Pretérito mais-que-perfeito do indicativo:** fora, foras, fora, fôramos, fôreis, foram;

**Pretérito imperfeito do subjuntivo:** fosse, fosses, fosse, fôssemos, fôsseis, fossem;

**Futuro do subjuntivo:** for, fores, for, formos, fordes, forem.

**Poder**

**Presente do indicativo:** posso, podes, pode, podemos, podeis, podem;

**Presente do subjuntivo:** possa, possas, possa, possamos, possais, possam;

**Pretérito perfeito do indicativo:** pude, pudeste, pôde, pudemos, pudestes, puderam;

**Pretérito mais-que-perfeito do indicativo:** pudera, puderas, pudera, pudéramos, pudéreis, puderam;

**Pretérito imperfeito do subjuntivo:** pudesse, pudesses, pudesse, pudéssemos, pudésseis, pudessem;

**Futuro do subjuntivo:** puder, puderes, puder, pudermos, puderdes, puderem.

**Pôr**

**Presente do indicativo:** ponho, pões, põe, pomos, pondes, põem;

**Presente do subjuntivo:** ponha, ponhas, ponha, ponhamos, ponhais, ponham;

**Pretérito imperfeito do indicativo:** punha, punhas, punha, púnhamos, púnheis, punham;

**Pretérito perfeito do indicativo:** pus, puseste, pôs, pusemos, pusestes, puseram;

**Pretérito mais-que-perfeito do indicativo:** pusera, puseras, pusera, puséramos, puséreis, puseram;

**Pretérito imperfeito do subjuntivo:** pusesse, pusesses, pusesse, puséssemos, pusésseis, pusessem;

**Futuro do subjuntivo:** puser, puseres, puser, pusermos, puserdes, puserem.

Todos os derivados do verbo pôr seguem exatamente esse modelo: Antepor, compor, contrapor, decompor, depor, descompor, dispor, expor, impor, indispor, interpor, opor, pospor, predispor, pressupor, propor, recompor, repor, sobrepor, supor, transpor são alguns deles.

**Querer**

**Presente do indicativo:** quero, queres, quer, queremos, quereis, querem;

**Presente do subjuntivo:** queira, queiras, queira, queiramos, queirais, queiram;

**Pretérito perfeito do indicativo:** quis, quiseste, quis, quisemos, quisestes, quiseram;

**Pretérito mais-que-perfeito do indicativo:** quisera, quiseras, quisera, quiséramos, quiséreis, quiseram;

**Pretérito imperfeito do subjuntivo:** quisesse, quisesses, quisesse, quiséssemos, quisésseis, quisessem;

**Futuro do subjuntivo:** Quiser, quiseres, quiser, quisermos, quiserdes, quiserem;

**Saber**

**Presente do indicativo:** sei, sabes, sabe, sabemos, sabeis, sabem;

**Presente do subjuntivo:** saiba, saibas, saiba, saibamos, saibais, saibam;

**Pretérito perfeito do indicativo:** soube, soubeste, soube, soubemos, soubestes, souberam;

**Pretérito mais-que-perfeito do indicativo:** Soubera, souberas, soubera, soubéramos, soubéreis, souberam;

**Pretérito imperfeito do subjuntivo:** Soubesse, soubesses, soubesse, soubéssemos, soubésseis, soubessem;

**Futuro do subjuntivo:** souber, souberes, souber, soubermos, souberdes, souberem.

**Ser**

**Presente do indicativo:** Sou, és, é, somos, sois, são;

**Presente do subjuntivo:** Seja, sejas, seja, sejamos, sejais, sejam;

**Pretérito imperfeito do indicativo:** Era, eras, era, éramos, éreis, eram;

**Pretérito perfeito do indicativo:** Fui, foste, foi, fomos, fostes, foram;

**Pretérito mais-que-perfeito do indicativo:** Fora, foras, fora, fôramos, fôreis, foram;

**Pretérito imperfeito do subjuntivo:** Fosse, fosses, fosse, fôssemos, fôsseis, fossem;

**Futuro do subjuntivo:** For, fores, for, formos, fordes, forem.

As segundas pessoas do imperativo afirmativo são: Sê (tu) e sede (vós).

**Ter**

**Presente do indicativo:** Tenho, tens, tem, temos, tendes, têm;

**Presente do subjuntivo:** Tenha, tenhas, tenha, tenhamos, tenhais, tenham;

**Pretérito imperfeito do indicativo:** Tinha, tinhas, tinha, tínhamos, tínheis, tinham;

**Pretérito perfeito do indicativo:** Tive, tiveste, teve, tivemos, tivestes, tiveram;

**Pretérito mais-que-perfeito do indicativo:** Tivera, tiveras, tivera, tivéramos, tivéreis, tiveram;

**Pretérito imperfeito do subjuntivo:** Tivesse, tivesses, tivesse, tivéssemos, tivésseis, tivessem;

**Futuro do subjuntivo:** Tiver, tiveres, tiver, tivermos, tiverdes, tiverem.

Seguem esse modelo os verbos: Ater, conter, deter, entreter, manter, reter.

**Trazer**

**Presente do indicativo:** Trago, trazes, traz, trazemos, trazeis, trazem;

**Presente do subjuntivo:** Traga, tragas, traga, tragamos, tragais, tragam;

**Pretérito perfeito do indicativo:** Trouxe, trouxeste, trouxe, trouxemos, trouxestes, trouxeram;

**Pretérito mais-que-perfeito do indicativo:** Trouxera, trouxeras, trouxera, trouxéramos, trouxéreis, trouxeram;

**Futuro do presente:** Trarei, trarás, trará, etc.;

**Futuro do pretérito:** Traria, trarias, traria, etc.;

**Pretérito imperfeito do subjuntivo:** Trouxesse, trouxesses, trouxesse, trouxéssemos, trouxésseis, trouxessem;

**Futuro do subjuntivo:** Trouxer, trouxeres, trouxer, trouxermos, trouxerdes, trouxerem.

**Ver**

**Presente do indicativo:** Vejo, vês, vê, vemos, vedes, veem;

**Presente do subjuntivo:** Veja, vejas, veja, vejamos, vejais, vejam;

**Pretérito perfeito do indicativo:** Vi, viste, viu, vimos, vistes, viram;

**Pretérito mais-que-perfeito do indicativo:** Vira, viras, vira, víramos, víreis, viram;

**Pretérito imperfeito do subjuntivo:** Visse, visses, visse, víssemos, vísseis, vissem;

**Futuro do subjuntivo:** Vir, vires, vir, virmos, virdes, virem.

Seguem esse modelo os derivados antever, entrever, prever, rever. Prover segue o modelo acima apenas no presente do indicativo e seus tempos derivados; nos demais tempos, comporta-se como um verbo regular da segunda conjugação.

**Vir**

**Presente do indicativo:** Venho, vens, vem, vimos, vindes, vêm;

**Presente do subjuntivo:** Venha, venhas, venha, venhamos, venhais, venham;

**Pretérito imperfeito do indicativo:** Vinha, vinhas, vinha, vínhamos, vínheis, vinham;

**Pretérito perfeito do indicativo:** Vim, vieste, veio, viemos, viestes, vieram;

**Pretérito mais-que-perfeito do indicativo:** Viera, vieras, viera, viéramos, viéreis, vieram;

**Pretérito imperfeito do subjuntivo:** Viesse, viesses, viesse, viéssemos, viésseis, viessem;

**Futuro do subjuntivo:** Vier, vieres, vier, viermos, vierdes, vierem;

**Particípio e gerúndio:** Vindo.

### Emprego do infinitivo

Apesar de não haver regras bem definidas, podemos anotar as seguintes ocorrências:

→ Usa-se o impessoal:

Sem referência a nenhum sujeito: É proibido **estacionar** na calçada;

Nas locuções verbais: Devemos **pensar** sobre a sua situação;

Se o infinitivo exercer a função de complemento de adjetivos: É uma questão fácil de **resolver**;

Se o infinitivo possuir valor de imperativo – O comandante gritou: "**marchar**!"

→ Usa-se o pessoal:

Quando o sujeito do infinitivo é diferente do sujeito da oração principal: Eu não te culpo por seres um imbecil;

Quando, por meio de flexão, se quer realçar ou identificar a pessoa do sujeito: Não foi bom agires dessa forma;

# 6. SINTAXE BÁSICA DA ORAÇÃO E DO PERÍODO

Sintaxe é a parte da Gramática que estuda a função das palavras ou das expressões em uma oração ou em um período.

**Definições importantes:**

Frase, oração e período (conceitos essenciais)

**Frase**: qualquer sentença dotada de sentido.

**Ex.:** Eu adoro estudar Português!

**Ex.:** Fogo! Socorro!

**Oração**: frase organizada em torno de uma forma verbal.

Os alunos farão a prova amanhã!

**Período**: conjunto de orações;

> Período simples: 1 oração.

Estudarei Português.

> Período composto: mais de 1 oração.

Estudarei Português e farei a prova.

## 6.1 Período simples (oração)

A oração é dividida em termos. Assim, o estudo fica organizado e impossibilita a confusão. São os termos da oração:

Essenciais;

Integrantes;

Acessórios.

### Termos essenciais da oração

Sujeito e Predicado: são chamados de essenciais, porque são os elementos que dão vida à oração. Quer dizer, sem um deles (o predicado, ao menos) não se pode formar oração.

O **Brasil** caminha para uma profunda transformação social.
(sujeito) (predicado)

### Sujeito

Sujeito é o termo sintático sobre o qual se declara ou se constata algo. Deve-se observar que há uma profunda relação entre o verbo que comporá o predicado e o sujeito da oração. Usualmente, o sujeito é formado por um substantivo ou por uma expressão substantivada.

**Classificação do Sujeito:**

Simples;

Composto;

Oculto, elíptico ou desinencial;

Indeterminado;

Inexistente;

Oracional.

**Sujeito simples:** aquele que possui apenas um núcleo.

**O país** deverá enfrentar difíceis rivais na competição.

**A perda de fôlego de algumas das grandes economias** também já foi notada por outras gigantes do setor.

> **Sujeito composto:** é aquele que possui mais de um núcleo.

**Rigoberto e Jacinto** são amigos inseparáveis.

**Eu**, meus **amigos** e todo o **resto** dos alunos faremos a prova.

**Sujeito oculto, elíptico ou desinencial:** aquele que não se encontra expresso na oração, porém é facilmente subentendido pelo verbo apresentado.

Acord**amos** cedo naquele dia. (Quem acordou? Nós)

Ab**ri** o blusão, tirei o 38, e perguntei com tanta raiva que uma gota de meu cuspe bateu na cara dele.(R. Fonseca)

Vanderlei caminhou pela manhã. À tarde pass**eou** pelo lago municipal, onde encont**rou** a Anaconda da cidade.

Perceba que o sujeito não está grafado na sentença, mas é facilmente recuperável por meio da terminação do verbo.

**Sujeito indeterminado:** ocorre quando o verbo não se refere a um núcleo determinado. São situações de indeterminação do sujeito:

Terceira pessoa do plural sem um referente:

Nunca lhe **deram** nada.

**Fizeram** comentários maldosos a seu respeito.

Com verbos transitivos indiretos, intransitivo e relacionais (de ligação) acompanhados da partícula "se" que, no caso, será classificada como índice de indeterminação de sujeito.

**Vive-se** muito bem.

**Precisa-se** de força e coragem na vida de estudante.

Nem sempre **se está** feliz na riqueza.

**Sujeito inexistente ou oração sem sujeito:** ocorre em algumas situações específicas.

Com verbos impessoais (principalmente os que denotam fenômeno da natureza).

Em setembro **chove** muito.

**Nevava** em Palotina.

Com o verbo haver, desde que empregado nos sentidos de existir, acontecer ou ocorrer.

**Há** poemas perfeitos, não **há** poetas perfeitos.

**Deveria haver** soluções para tais problemas.

Com os verbos ir, haver e fazer, desde que empregado fazendo alusão a tempo transcorrido.

**Faz** um ano que não viajo. (verbo "fazer" no sentido de "tempo transcorrido")

**Há** muito tempo que você não aparece. (verbo "haver" no sentido de "tempo")

**Vai** para dois meses que não recebo salário. (verbo "ir" no sentido de "tempo")

Com os verbos ser ou estar indicando tempo.

**Era** noite fechada.

**É** tarde, eles não vêm!

Com os verbos bastar e chegar indicando cessamento.

**Basta** de tanta corrupção no Senado!

**Chega** de ficar calado quando a situação aperta!

Com o verbo ser indicando data ou horas.

**São** dez horas no relógio da torre.

Amanhã **serão** dez de dezembro.

**Sujeito oracional:** ocorre nas análises do período composto, quando se verifica que o sujeito de um verbo é uma oração.

É preciso **que você estude Língua Portuguesa**.

## Predicado

É o termo que designa aquilo que se declara acerca do sujeito. É mais simples e mais prudente para o aluno buscar identificar o predicado antes do sujeito, pois, se assim o fizer, terá mais concretude na identificação do sujeito.

**Classificação do predicado:**

> Nominal;

> Verbal;

> Verbo-nominal.

**Predicado Nominal**: o predicado nominal é formado por um verbo relacional (de ligação) + predicativo.

Lembre os principais verbos de ligação: ser, estar, permanecer, continuar, ficar, parecer, andar e torna-se.

A economia da Ásia parecia derrotada após a crise.

O deputado, de repente, virou patriota.

Português é legal.

**Predicado Verbal:** o predicado verbal tem como núcleo um verbo nocional.

Empresários **investirão R$ 250 milhões em novo berço para Porto de Paranaguá**.

**Predicado Verbo-nominal:** ocorre quando há um verbo significativo (nocional) + um predicativo do sujeito.

O trem chegou atrasado. ("atrasado" é uma qualidade do sujeito que aparece após o verbo, portanto, é um predicativo do sujeito).

Pedro Paladino já nasceu rico.

Acompanhei a indignação de meus alunos preocupado.

**Predicativo**

O predicativo é um termo componente do predicado. Qualifica sujeito ou objeto.

Josefina era **maldosa**, **ruim**, **sem valor**. (pred. do sujeito)

Leila deixou o garoto **louco**. (pred. do objeto)

O diretor nomeou João **chefe da repartição**. (pred. do objeto)

## Termos integrantes da oração

Objeto Direto (complemento verbal);

Objeto Indireto (complemento verbal);

Complemento Nominal;

Agente da Passiva.

**Objeto Direto:** é o complemento de um verbo transitivo direto.

Os bons cidadãos cumprem **as leis**. (quem cumpre, cumpre algo)

Em resumo: ele queria **uma mulher**. (quem quer, quer algo)

**Objeto Indireto:** é o complemento de um verbo transitivo indireto.

Os bons cidadãos obedecem **às leis**. (quem obedece, obedece a algo)

Necessitamos **de manuais mais práticos** nos dias de hoje. (quem necessita, necessita de algo)

**Complemento Nominal:** é o complemento, sempre preposicionado, de adjetivos, advérbios e substantivos que, em determinadas circunstâncias, pedem complemento, assim como os verbos transitivos indiretos.

O filme era impróprio para crianças.

Finalizou-se a construção do prédio.

Agiu favoravelmente ao réu.

**Agente da Passiva:** É o complemento que, na voz passiva, designa o ser praticante da ação sofrida ou recebida pelo sujeito.

Ex. de voz ativa: O zagueiro executou a jogada.

Ex. de voz passiva: A jogada foi executada **pelo zagueiro**. (Agente da passiva)

Conversas foram interceptadas pela **Polícia Federal**. (Agente da passiva)

## Termos acessórios da oração

Adjunto Adnominal;

Adjunto Adverbial ;

Aposto;

Vocativo.

**Adjunto Adnominal:** a função do adjunto adnominal é desempenhada por qualquer palavra ou expressão que, junto de um substantivo ou de uma expressão substantivada, modifica o seu sentido. Vejamos algumas palavras que desempenham tal função.

**Artigos: as** alunas serão aprovadas.

**Pronomes adjetivos: aquela** aluna será aprovada.

**Numerais adjetivos: duas** alunas serão aprovadas.

**Adjetivos:** aluno **estudioso** é aprovado.

**Locuções adjetivas:** aluno **de gramática** passa no concurso.

**Adjunto Adverbial:** o Adjunto Adverbial é o termo acessório (que não é exigido por elemento algum da sentença) que exprime circunstância ao verbo e, às vezes, ao adjetivo ou mesmo ao advérbio.

**Advérbios:** os povos antigos trabalhavam mais.

**Locuções Adverbiais:** Li vários livros **durante as férias**.

**Alguns tipos de adjuntos adverbiais:** Tempo: **Ontem**, choveu muito.

Lugar: Gostaria de que me encontrasse **na esquina da padaria**.

Modo: Alfredo executou a aria **fantasticamente**.

Meio: Fui para a escola **a pé**.

Causa: **Por amor**, cometem-se loucuras.

Instrumento: Quebrou a **vidraça com uma pedra**.

Condição: **Se estudar muito**, será aprovado.

Companhia: Faremos sucesso **com essa banda.**

**Aposto:** o aposto é o termo sintático que, possuindo equivalência semântica, esclarece seu referente. Tipos de Aposto:

**Explicativo:** Alencar, **escritor romântico**, possui uma obra vastíssima.

**Resumitivo ou recapitulativo:** Estudo, esporte, cinema, **tudo** o chateava.

**Enumerativo:** Preciso de duas coisas: **saúde e dinheiro**.

**Especificativo:** A notícia foi publicada na revista **Veja**.

**Distributivo:** Havia grupos interessados: **o da direita e o da esquerda**.

**Oracional:** Desejo só uma coisa: **que vocês passem no concurso**.

**Vocativo:** O Vocativo é uma interpelação, é um chamamento. Normalmente, indica com quem se fala.

**Ó mar**, por que não me levas contigo?

Vem, **minha amiga**, abraçar um vitorioso.

## 6.2 Período Composto

Nesse tópico, você deverá realizar a análise de mais de uma oração, portanto, atenção! Há dois processos de composição de período em Língua Portuguesa. São eles: coordenação e subordinação.

**Coordenação:** ocorre quando são unidas orações independentes sintaticamente. Ou seja, são autônomas do ponto de vista estrutural. Vamos a um exemplo.

Altamiro pratica esportes e estuda muito.

**Subordinação:** ocorre quando são unidas orações que possuem dependência sintática. Ou seja, não estão completas em sua estrutura. O processo de subordinação ocorre de três maneiras:

**Substantiva:** quando a oração desempenhar a função de um substantivo na sentença (**sujeito, predicativo, objeto direto, objeto indireto, complemento nominal ou aposto**).

**Adjetiva:** quando a oração desempenhar a função de adjunto adnominal na sentença.

**Adverbial:** quando a oração desempenhar a função de adjunto adverbial na sentença.

Eu quero **que vocês passem no concurso**. (oração subordinada substantiva objetiva direta – a função de objeto direto está sendo desempenhada pela oração)

O Brasil, **que é um belíssimo país**, possui vegetação exuberante. (oração subordinada adjetiva explicativa)

**Quando José entrou na sala**, Manoel saiu. (oração subordinada adverbial temporal)

### Processo de coordenação

Há dois tipos de orações coordenadas: **assindéticas** e **sindéticas**.

**Assindéticas:**

O nome vem da palavra grega *sýndetos*, que significa conjunção, união. Ou seja, oração que não possui conjunção quando está colocada ao lado de outra.

Valdevino **correu (OCA)**, **correu (OCA)**, **correu (OCA)** o dia todo.

Perceba que não há conjunções para ligar os verbos, ou seja, as orações estão colocadas uma ao lado da outra sem síndeto, portanto, são **Orações Coordenadas Assindéticas**.

**Sindéticas:**

Contrariamente às assindéticas, as sindéticas possuem conjunção para exprimir uma relação lógico-semântica. Cada oração recebe o nome da conjunção que a introduz. Por isso é necessário decorar as conjunções.

**Aditivas:** São introduzidas pelas conjunções e, nem, mas também, também, como (após "não só"), como ou quanto (após "tanto"), mais etc., dando a ideia de adição à oração anterior.

A seleção brasileira venceu a Dinamarca/ **e empatou com a Inglaterra**. (Oração Coordenada Assindética / **Oração Coordenada Sindética Aditiva**)

**Adversativas:** São introduzidas pelas conjunções mas, porém, todavia, contudo, entretanto, no entanto, não obstante, senão, apesar disso, embora etc., indicando uma relação de oposição à sentença anterior.

O time batalhou muito, / **mas não venceu o adversário.** (Oração Coordenada Assindética / **Oração Coordenada Sindética Adversativa**)

**Alternativas:** São introduzidas pelas conjunções ou... ou, ora... ora, já... já, quer... quer, seja... seja, nem... nem etc., indicando uma relação de alternância entre as sentenças.

Ora estuda, / ora trabalha,: (Oração Coordenada Sindética Alternativa / Oração Coordenada Sindética Alternativa)

**Conclusivas:** São introduzidas pelas conjunções pois (posposto ao verbo), logo, portanto, então, por conseguinte, por consequência, assim, desse modo, destarte, com isso, por isto, consequentemente, de modo que, indicando uma relação de conclusão do período anterior.

Comprei a carne e o carvão, / **portanto podemos fazer o churrasco**. (Oração Coordenada Assindética / **Oração Coordenada Sindética Conclusiva**)

Estou muito doente, / **não posso, pois, ir à aula**. (Oração Coordenada Assindética/ **Oração Coordenada Sindética Conclusiva**)

**Explicativas:** São introduzidas pelas conjunções que, porque, porquanto, por, portanto, como, pois (anteposta ao verbo), ou seja, isto é, indicando uma relação de explicação para com a sentença anterior.

Não converse, / **pois estou estudando**. (OCA / **Oração Coordenada Sindética Explicativa**)

### Processo de subordinação

**Orações Subordinadas Substantivas:** dividem-se em 6 tipos, introduzidas, geralmente, pelas conjunções "**que**" e "**se**".

**Subjetiva (O.S.S.S.):** Exerce função de sujeito do verbo da oração principal.

É interessante / **que todos joguem na loteria**. (Oração Principal / **Oração subordinada substantiva subjetiva**)

**Objetiva Direta (O.S.S.O.D.):** Exerce função de objeto direto.

Eu quero / **que você entenda a matéria**. - Quem quer, quer algo ou alguma coisa - (Oração Principal / **Oração subordinada substantiva Objetiva Direta**)

**Objetiva Indireta (O.S.S.O.I.)**: Exerce função de objeto indireto.

Os alunos necessitam / **de que as explicações fiquem claras**. - Quem necessita, necessita de algo - (Oração Principal / **Oração subordinada substantiva Objetiva Indireta**)

**Predicativa (O.S.S.P.):** Exerce função de predicativo.

O bom é / **que você faça exercícios todos os dias**. (Oração Principal / **Oração subordinada substantiva Predicativa**)

**Completiva Nominal (O.S.S.C.N.):** Exerce função de complemento nominal de um nome da oração principal.

Jonas tem vontade / **de que alguém o mande calar a boca**. (Oração Principal / **Oração subordinada substantiva Completiva Nominal**)

**Apositivas (O.S.S.A.):** Possuem a função de aposto da sentença principal, geralmente são introduzidas por dois-pontos (:).

Eu quero apenas isto: / **que você passe no concurso**. (Oração Principal / **Oração subordinada substantiva Apositiva**)

**Orações Subordinadas Adjetivas:** dividem-se em dois tipos. Quando desenvolvidas, são introduzidas por um pronome relativo.

O nome Oração Subordinada Adjetiva se deve ao fato de ela desempenhar a mesma função de um adjetivo na oração, ou seja, a função de adjunto adnominal. Na Gramática de Portugal, são chamadas de Orações Relativas pelo fato de serem introduzidas por pronome relativo.

**Restritivas:** Restringem a informação da oração principal. Não possuem vírgulas.

O homem / **que mora ao lado** / é mal-humorado. (Oração Principal / **Oração subordinada Adjetiva Restritiva** / Oração Principal)

Para entender basta perguntar: qualquer homem é mal-humorado? Não. Só o que mora ao lado.

**Explicativas:** Explicam ou dão algum esclarecimento sobre a oração principal.

João, / **que é o ex-integrante da comissão**, / chegou para auxiliar os novos contratados. (Oração Principal / **Oração Subordinada Adjetiva Explicativa** /Oração Principal)

**Orações Subordinadas Adverbiais:** dividem-se em nove tipos. Recebem o nome da conjunção que as introduz. Nesse caso, teremos uma principal (que não está negritada) e uma subordinada adverbial (que está em negrito).

Essas orações desempenham a função de Adjunto Adverbial da oração principal.

**Causais:** Exprimem a causa do fato que ocorreu na oração principal. Introduzidas, principalmente, pelas conjunções porque, visto que, já que, uma vez que, como que, como.

**Ex.: Já que precisamos de dinheiro**, vamos trabalhar.

**Comparativas:** Representam o segundo termo de uma comparação. Introduzidas, na maior parte dos casos, pelas conjunções que, do que, como, assim como, (tanto) quanto.

**Ex.:** Tiburcina fala **como uma gralha** (fala - o verbo está elíptico).

**Concessivas:** Indica uma concessão entre as orações. Introduzidas, principalmente, pelas conjunções embora, a menos que, ainda que, posto que, conquanto, mesmo que, se bem que, por mais que, apesar de que. Fique de olho na relação da conjunção com o verbo.

**Ex.: Embora não tivesse tempo disponível**, consegui estudar.

**Condicionais:** Expressa ideia de condição. Introduzidas, principalmente, pelas conjunções se, salvo se, desde que, exceto, caso, desde, contanto que, sem que, a menos que.

**Ex.: Se ele não se defender**, acabará como "boi-de-piranha" no caso.

**Conformativas:** Exprimem acordo, concordância entre fatos ou ideias. Introduzidas, principalmente, pelas conjunções como, consoante, segundo, conforme, de acordo com etc.

**Ex.:** Realize as atividades **conforme eu expliquei**.

**Consecutivas:** Indicam a consequência ou o efeito daquilo que se diz na oração principal. Introduzidas, principalmente, pelas conjunções que (precedida de tal, tão, tanto, tamanho), de sorte que, de modo que.

**Ex.:** Estudei tanto, **que saiu sangue dos olhos**.

**Finais:** Exprimem finalidade da ação primeira. Introduzidas, em grande parte dos casos, pelas conjunções para que, a fim de que, que e porque.

**Ex.:** Estudei muito **para que pudesse fazer a prova**.

**Proporcionais:** Expressa uma relação de proporção entre as orações. Introduzidas, principalmente, pelas conjunções (locuções conjuntivas) à medida que, quanto mais....mais, à proporção que, ao passo que, quanto mais.

**Ex.:** José piorava, **à medida que abandonava seu tratamento**.

**Temporais:** Indicam circunstância de tempo. Introduzidas, principalmente, pelas conjunções quando, antes que, assim que, logo que, até que, depois que, mal, apenas, enquanto etc.

**Ex.: Logo que iniciamos o trabalho** os alunos ficaram mais tranquilos.

Você viu que não é difícil. Na verdade, só é preciso estudar muito e decorar o sentido das conjunções.

# 7. CONCORDÂNCIA VERBAL E NOMINAL

Trata-se do processo de flexão dos termos a fim de se relacionarem harmoniosamente na frase. Quando se pensa sobre a relação do verbo com os demais termos da oração, o estudo focaliza a concordância verbal. Quando a análise se volta para a relação entre pronomes, substantivos, adjetivos e demais termos do grupo nominal, diz-se que o foco é concordância nominal.

Fique de olho aberto para a relação do sujeito com o verbo. Uma boa noção de Sintaxe é importantíssima para entender esse segmento do conteúdo.

## 7.1 Concordância Verbal

### Regra geral

O verbo concorda com o sujeito em número e pessoa.

O **primeiro-ministro** russo **acusou** seus inimigos.

Dois **parlamentares rebateram** a acusação.

**Contaram**-se **mentiras** no telejornal.

**Vós sois** os responsáveis por vosso destino.

### Regras para sujeito composto[1]

Anteposto (colocado antes do verbo): o verbo vai para o plural:

**Eu e meus irmãos vamos** à praia.

Posposto (colocado após o verbo): o verbo concorda com o mais próximo ou vai para o plural:

**Morreu (morreram)**, no acidente, **o prefeito e o vereador**.

Formado por pessoas (gramaticais) diferentes: plural da predominante.

Eu, você e os alunos **estudaremos** para o concurso. (a primeira pessoa é a predominante, por isso, o verbo fica na primeira pessoa do plural)

Com núcleos em correlação: concorda com o mais próximo ou fica no plural:

O professor assim como o monitor auxilia(m) os estudantes.

**Ligado por NEM:** verbo concordará:

No singular: se houver exclusão.

*Nem Josias nem Josué* **percebeu** o perigo iminente.

No singular: quando se pretende individualizar a ação, aludindo a um termo em específico.

*Nem os esportes nem a leitura* **o entretém**.

No plural: quando não houver exclusão, ou seja, quando a intenção for aludir ao sujeito em sua totalidade.

*Nem a minha rainha nem o meu mentor* **serão** tão convincentes a ponto de me fazerem mudar de ideia.

**Ligado por COM:** verbo concorda com o antecedente do COM ou vai para o plural:

*O vocalista com os demais integrantes da banda* **realizaram (realizou)** o show.

1 As gramáticas registram um sem-número de regras de concordância. Selecionamos as mais relevantes para o universo do concurso público.

**Ligado por OU:** verbo no singular (se houver exclusão) ou no plural (se não houver exclusão):

*Ou Pedro Amorim ou Jurandir Leitão* **será** eleito vereador da cidade.

*O aviso ou o ofício* **deveriam** ser expedidos antes da data prevista.

**Se o sujeito for construído com os termos:**

Um e outro, nem um nem outro: verbo no singular ou plural, dependendo do sentido pretendido.

Um e outro **passou (passaram)** no concurso.

Um ou outro: verbo no singular.

Um ou outro fez a lição.

**Expressões partitivas seguidas de nome plural**: verbo no singular ou plural.

A maior parte das pessoas **fez (fizeram)** o exercício recomendado.

**Coletivo geral**: verbo no singular.

O cardume **nadou** rio acima.

**Expressões que indicam quantidade aproximada seguida de numeral**: Verbo concorda com o substantivo.

Aproximadamente 20 % dos eleitores compareceram às urnas.

Aproximadamente 20% do eleitorado **compareceu** às urnas.

**Pronomes (indefinidos ou interrogativos) seguidos dos pronomes "nós" e/ou "vós"**: verbo no singular ou plural.

**Ex.:** Quem de nós **fará (faremos)** a diferença?

**Palavra QUE (pronome relativo)**: verbo concorda com o antecedente do pronome "que".

**Ex.:** Fui eu que **fiz** a diferença.

**Palavra QUEM**: verbo na 3ª pessoa do singular.

**Ex.:** Fui eu *quem* **fez** a diferença.

Pela repetida utilização errônea, algumas gramáticas já toleram a concordância do verbo com a pessoa gramatical distinta da terceira, no caso de se utilizar um pronome pessoal como antecedente do "quem".

**Um dos que**: verbo no singular ou plural.

Ele foi *um dos que* **fez** (**fizeram**) a diferença.

**Palavras sinônimas**: verbo concorda com o mais próximo ou fica no plural.

**Ex.:** *A ruindade, a maldade, a vileza* **habita** (**habitam**) a alma do ser humano.

**Quando os verbos estiverem acompanhados da palavra "SE":** fique atento à função da palavra "SE".

SE - na função de pronome apassivador: verbo concorda com o sujeito paciente.

**Vendem-se** casas e sobrados em Alta Vista.

**Presenteou**-se o aluno aplicado com uma gramática.

SE - na função de índice de indeterminação do sujeito: verbo fica sempre na 3ª pessoa do singular.

**Precisa-se** de empregados com capacidade de aprender.

**Vive**-se muito bem na riqueza.

A dica é ficar de olho na transitividade do verbo. Se o verbo for VTI, VI ou VL, o termo "SE" será índice de indeterminação do sujeito.

**Casos de concordância com o verbo "ser":**

**Quando indicar tempo ou distância**: Concorda com o predicativo.

Amanhã **serão** 7 de fevereiro.

**São** 890 quilômetros daqui até Florianópolis.

**Quando houver sujeito que indica quantidade e predicativo que indica suficiência ou excesso**: Concorda com o predicativo.

Vinte milhões **era** muito por aquela casa.

Sessenta centavos **é** pouco por aquele lápis.

**O verbo dar, no sentido de bater ou soar, acompanhado do termo hora(s):** concorda com o sujeito.

**Deram** cinco horas no relógio do juiz.

**Deu** cinco horas o relógio juiz.

**Verbo "parecer" - Concordância estranha.**

**Verbo "parecer" somado a infinitivo:** Flexiona-se um dos dois.

Os alunos **pareciam** estudar novos conteúdos.

Os alunos **parecia estudarem** novos conteúdos.

**Quando houver sujeito construído com nome no plural:** com artigo no singular ou sem artigo: o verbo fica no singular.

*Memórias Póstumas de Brás Cubas* **continua** sendo lido por jovens estudantes.

*Minas Gerais* **é** um lindo lugar.

Com artigo plural: o verbo fica no plural.

*Os Estados Unidos* **aceitaram** os termos do acordo assinado.

# 7.2 Concordância Nominal

A concordância nominal está relacionada aos termos do grupo nominal. Ou seja, entram na dança o substantivo, o pronome, o artigo, o numeral e o adjetivo. Vamos à regra geral para a concordância.

## Regra geral

O artigo, o numeral, o adjetivo e o pronome adjetivo devem concordar com o substantivo a que se referem em gênero e número.

**Meu belíssimo** e **antigo** carro **amarelo** quebrou, ontem, em **uma** rua **estreita.**

Os termos destacados acima, mantém uma relação harmoniosa com o núcleo de cada expressão. Relação tal que se estabelece em questões de gênero e de número.

A despeito de a regra geral dar conta de grande parte dos casos de concordância, devemos considerar a existência de casos particulares, que merecem atenção.

## Casos que devem ser estudados

Dependendo da intencionalidade de quem escreve, pode-se realizar a concordância atrativa, primando por concordar com apenas um termo de uma sequência ou com toda a sequência. Vejamos:

Vi um carro e uma **moto** *vermelha*. (concordância apenas com o termo "moto")

Vi um carro e uma **moto** *vermelhos*. (concordância com ambos os elementos)

## Bastante ou bastantes?

Se "bastante" é pronome adjetivo, será variável; se for advérbio (modificando o verbo), será invariável, ou seja, não vai para o plural.

Há *bastantes* **motivos** para sua ausência. (adjetivo)

Os alunos **falam** *bastante*. (advérbio)

Troque a palavra "bastante" por "muito". Se "muito" for para o plural, "bastante" também irá.

**Anexo, incluso, apenso, obrigado, mesmo, próprio:** são adjetivos que devem concordar com o substantivo a que se referem.

O *relatório* segue **anexo** ao documento.

Os *documentos* irão **apensos** ao relatório.

A expressão "em anexo" é invariável (não vai para plural nem para o feminino).

As planilhas irão **em anexo.**

**É bom, é necessário, é proibido, é permitido:** variam somente se o sujeito vier antecedido de um artigo ou outro termo determinante.

Maçã **é bom** para a voz. / A maçã **é boa** para a voz.

É necessário **aparecer** na sala. / É necessária **sua aparição** na sala.

**Menos / alerta. São sempre invariáveis, contanto que respeitem sua classe de origem - advérbio:** se forem derivadas para substantivo, elas poderão variar.

Encontramos **menos** alunos na escola. / Encontramos **menos** alunas na escola.

O policial ficou **alerta**. / Os policiais ficaram **alerta**.

**Só / sós. Variam apenas quando forem adjetivos:** quando forem advérbios, serão invariáveis.

Pedro apareceu **só** (sozinho) na sala. / Os meninos apareceram **sós** (sozinhos) na sala. (adjetivo)

Estamos **só** (somente) esperando sua decisão. (advérbio)

A expressão "a sós" é invariável.

A menina ficou **a sós** com seus pensamentos.

Troque "só" por "sozinho" (vai para o plural) ou "somente" (fica no singular).

# 8. ACENTUAÇÃO GRÁFICA

Antes de começar o estudo, é importante que você entenda quais são os padrões de tonicidade da Língua Portuguesa e quais são os encontros vocálicos presentes na Língua. Assim, fica mais fácil entender quais são as regras e como elas surgem.

**Padrões de Tonicidade**

**Palavras oxítonas:** última sílaba tônica (*sofá*, *café*, *jiló*)

**Palavras paroxítonas:** penúltima sílaba tônica (fer**ru**gem, a**du**bo, sa**ú**de)

**Palavras proparoxítonas:** antepenúltima sílaba tônica (**â**nimo, **ví**tima, **á**timo)

**Encontros Vocálicos**

**Hiato (encontro vocálico que se separa):**

> Pi - **a** - no; sa - **ú** - de.

**Ditongo (encontro vocálico que permanece unido na sílaba):**

> cha - p**éu**; to - n**éis**.

**Tritongo (encontro vocálico que permanece unido na sílaba):**

> sa - g**uão**; U - ru - g**uai**.

## 8.1 Regras Gerais

**Quanto às Proparoxítonas**

Acentuam-se todas as palavras:

**Ví**tima, **â**nimo, Hiper**bólico**

**Quanto às Paroxítonas**

Não se acentuam as terminadas em A, E, O (seguidas ou não de S) M e ENS.

Cas**te**lo, gra**na**da, pa**ne**la, pe**pi**no, **pa**jem, i**ma**gens etc.

Acentuam-se as terminadas em R, N, L, X, I ou IS, US, UM, UNS, PS, Ã ou ÃS e DITONGOS.

Susten**tá**vel, **tó**rax, **hí**fen, **tá**xi, **ál**bum, **bí**ceps, prin**cí**pio etc.

Fique de olho em alguns casos particulares, como as palavras terminadas em OM / ON / ONS

**Iân**dom; **pró**ton, **nêu**trons etc.

Nova Ortografia – olho aberto! Deixam de se acentuarem as paroxítonas com OO e EE

"Voo, enjoo, perdoo, magoo."

"Leem, veem, deem, creem."

**Quanto às Oxítonas**

São acentuadas as terminadas em:

**A** ou **AS**: So**fá**, Pa**rá**;

**E** ou **ES**: Ra**pé**, Ca**fé**;

**O** ou **OS**: A**vô**, Ci**pó**;

**EM** ou **ENS**: Tam**bém**, Para**béns**.

**Acentuação de Monossílabos**

Acentuam-se os monossílabos tônicos terminados em **A**, **E** e **O**, seguidos ou não de **S**.

Pá, pó, pé, já, lá, fé, só.

**Acentuação dos Hiatos**

Acentuam-se os hiatos quando forem formados pelas letras **I** ou **U**, sozinhas ou seguidas de **S**:

Sa**ú**va, Ba**ú**, Bala**ús**tre, Pa**ís**.

Exceções:

Seguidas de **NH**: **Tainha**

Paroxítonas antecedidas de ditongo: Fe**i**ura

Com o **i** duplicado: Xi**i**ta

**Ditongos Abertos**

Serão acentuados os ditongos abertos **ÉU**, **ÉI** e **ÓI**, com ou sem **S**, quando forem oxítonos ou monossílabos.

Chap**éu**, R**éu**, Ton**éis**, Her**ói**, Past**éis**, Hot**éis**, Lenç**óis**.

Novo Acordo Ortográfico – fique de olho! Caiu o acento do ditongo aberto em posição de paroxítona.

"Ideia, Onomatopeia, Jiboia, Paranoia, Heroico etc."

**Formas Verbais com Hífen**

Para saber se há acento em uma forma verbal com hífen, deve-se analisar o padrão de tonicidade de cada bloco da palavra:

Aju**dá**-lo (oxítona terminada em "a" / monossílabo átono)

Con**tar**-lhe (oxítona terminada em "r" / monossílabo átono)

Convi**dá**-la-íamos. (oxítona terminada em "a" / proparoxítona)

**Verbos "*ter*" e "*vir*"**

Quando escritos na 3ª pessoa do singular, não serão acentuados:

Ele tem / ele vem.

Quando escritos na **3ª pessoa do plural**, receberão o **acento circunflexo**:

Eles **têm** / **vêm**

Nos verbos derivados das formas acima:

Acento agudo para singular - Contém / convém.

Acento circunflexo para o plural - Contêm / convêm.

**Acentos Diferenciais**

Alguns permanecem:

pôde / pode (pretérito perfeito / presente simples);

pôr / por (verbo / preposição);

fôrma[1] / forma (substantivo / verbo ou ainda substantivo).

Caiu o acento diferencial de:

para - pára (preposição / verbo);

pelo - pêlo (preposição + artigo / substantivo);

polo - pólo (preposição + artigo / substantivo);

pera - pêra (preposição + artigo / substantivo).

1 Nesse caso, é facultativo o acento.

# 9. COLOCAÇÃO PRONOMINAL

Esta parte do conteúdo é relativa ao estudo da posição dos pronomes oblíquos átonos em relação ao verbo. Antes de iniciar o estudo, trate de memorizar os pronomes em questão, do contrário, você não progredirá.

| Pronomes Oblíquos Átonos |
|---|
| me |
| te |
| o, a, lhe, se |
| nos |
| vos |
| os, as, lhes, se |

Quatro casos de colocação:

**Próclise** (anteposto ao verbo)

Nunca **o** vi.

**Mesóclise** (medial em relação ao verbo)

Dir-te-ei algo.

**Ênclise** (posposto ao verbo)

Passa-**me** a resposta.

**Apossínclise** (intercalação de uma ou mais palavras entre o pronome e o verbo)

Talvez tu **me** já não creias.

## 9.1 Regras de Próclise

Palavras ou expressões negativas:

Não **me** deixe aqui neste lugar!

Ninguém **lhe** disse que seria fácil.

Pronomes relativos:

O material de que **me** falaste é muito bom.

Eis o conteúdo que **me** causa nojo.

Pronomes indefinidos:

Alguém **me** disse que você vai ser transferido.

Tudo **me** parece estranho.

Conjunções subordinativas:

Confiei neles, assim que **os** conheci.

Disse que **me** faltavam palavras.

Advérbios:

Sempre **lhe** disse a verdade.

Talvez **nos** apareça a resposta para essa questão.

Pronomes interrogativos:

Quem **te** contou a novidade?

Que **te** parece essa situação?

"Em + gerúndio"

Em **se** tratando de Gramática, eu gosto muito!

Nesta terra, em **se** plantando, tudo há de nascer.

Particípio

Ele havia avisado-**me** (errado)

Ele **me** havia avisado (certo)

Sentenças optativas

Deus **lhe** pague!

Deus **o** acompanhe!

## 9.2 Regras de Mesóclise

Emprega-se o pronome oblíquo átono no meio da forma verbal, quando ela estiver no futuro do presente ou no futuro simples do pretérito do indicativo.

Chamar-**te**-ei, quando ele chegar.

Se houver tempo, contar-**vos**-emos nossa aventura.

Contar-**te**-ia a novidade.

## 9.3 Regras de Ênclise

Não se inicia sentença, em Língua Portuguesa, por pronome oblíquo átono. Ou seja, não coloque o pronome átono no início da frase.

Formas verbais:

Do **infinitivo impessoal** (precedido ou não da preposição "a");

Do **gerúndio**;

Do **imperativo afirmativo**;

Alcança-**me** o prato de salada, por favor!

Urge obedecer-**se** às leis.

O garoto saiu da sala desculpando-**se**.

Tratando-**se** desse assunto, não gosto de pensar.

Dá-**me** motivos para estudar.

Se o gerúndio vier precedido da preposição "em", deve-se empregar a próclise.

Em **se** tratando de Gramática, eu gosto muito.

## 9.4 Casos Facultativos

Sujeito expresso, próximo ao verbo.

O menino se machucou **(-se)**.

Eu **me** refiro **(-me)** ao fato de ele ser idiota.

Infinitivo antecedido de "não" ou de preposição.

Sabemos que não se habituar **(-se)** ao meio causa problemas.

O público o incentivou a se jogar **(-se)** do prédio.

# 10. REGÊNCIA VERBAL E NOMINAL

Regência é a parte da Gramática Normativa que estuda a relação entre dois termos, verificando se um termo serve de complemento a outro e se nessa complementação há uma preposição.

Dividimos a Regência em:

Regência Verbal (ligada aos verbos).

Regência Nominal (ligada aos substantivos, adjetivos ou advérbios).

## 10.1 Regência Verbal

Deve-se analisar, nesse caso, a necessidade de complementação, a presença ou ausência da preposição e a possibilidade de mudança de sentido do texto.

Vamos aos casos:

**Agradar e desagradar:** São transitivos indiretos (com preposição a) nos sentidos de satisfazer, contentar:

A biografia de Aníbal Machado **agradou/desagradou** à maioria dos leitores.

A criança **agradava** ao pai por ser muito comportada.

**Agradar:** Pode ser transitivo direto (sem preposição) se significar acariciar, afagar:

**Agradar** a esposa.

Pedro passava o dia todo **agradando** os seus gatos.

**Agradecer:** Transitivo direto e indireto, com a preposição a, no sentido de demonstrar gratidão a alguém:

**Agradecemos** a Santo Antônio o milagre alcançado.

**Agradecemos-lhes** a benesse concedida.

O verbo em questão também pode ser transitivo direto no sentido de mostrar gratidão por alguma coisa:

**Agradeço** a dedicação de todos os estudantes.

Os pais **agradecem** a dedicação dos professores para com os alunos.

**Aspirar:** É transitivo indireto (preposição "a") nos sentidos de desejar, pretender ou almejar:

Sempre **aspirei** a um cargo público.

Manoel **aspirava** a ver novamente a família na Holanda.

**Aspirar:** É transitivo direto na acepção de inalar, sorver, tragar, ou seja, mandar para dentro:

**Aspiramos** o perfume das flores.

Vimos a empregada **aspirando** a poeira do sofá.

**Assistir:** É transitivo direto no sentido de ajudar, socorrer etc:

O professor **assistia** o aluno.

Devemos **assistir** os mais necessitados.

**Assistir:** É transitivo indireto (complemento regido pela preposição "a") no sentido de ver ou presenciar:

**Assisti** ao comentário da palestra anterior.

Você deve **assistir** às aulas do professor!

**Assistir:** É transitivo indireto (complemento regido pela preposição "a") no sentido de "ser próprio de", "pertencer a":

O direito à vida **assiste** ao ser humano.

Esse comportamento **assiste** às pessoas vitoriosas.

**Assistir:** É intransitivo no sentido de morar ou residir:

Maneco **assistira** em Salvador.

**Chegar:** É verbo intransitivo e possui os adjuntos adverbiais de lugar introduzidos pela preposição "a":

**Chegamos** a Cascavel pela manhã.

Este é o ponto a que pretendia **chegar**.

Caso a expressão indique posição em um deslocamento, admite-se a preposição em:

**Cheguei** no trem à estação.

Os verbos ir e vir têm a mesma regência de chegar:

Nós **iremos** à praia amanhã.

Eles **vieram** ao cursinho para estudar.

**Custar:** Ter valor ou preço: verbo transitivo direto:

O avião **custa** 100 mil reais.

Ter como resultado certa perda ou revés: verbo transitivo direto e indireto:

Essa atitude **custou**-lhe a vida.

Ser difícil ou trabalhoso: intransitivo:

**Custa** muito entender esse raciocínio.

Levar tempo ou demorar: intransitivo:

**Custa** a vida para aprender a viver.

**Esquecer / lembrar:** Possuem a seguinte regra - se forem pronominais, terão complemento regido pela preposição "de"; se não forem, não haverá preposição:

Lembrei-**me de** seu nome. / Esqueci-me de seu nome.

Lembrei seu nome. / Esqueci seu nome.

**Gostar:** É transitivo indireto no sentido de apreciar (complemento introduzido pela preposição "de"):

**Gosto** de estudar.

Gosto muito de minha mãe.

**Gostar:** Como sinônimo de experimentar ou provar é transitivo direto:

**Gostei** a sobremesa apenas uma vez e já adorei.

**Gostei** o chimarrão uma vez e não mais o abandonei.

**Implicar:** pode ser:

**Transitivo direto** (sentido de acarretar):

Cada escolha **implica** uma renúncia.

**Transitivo direto e indireto** (sentido de envolver alguém em algo):

**Implicou** a irmã no crime.

**Transitivo indireto** (sentido de rivalizar):

Joana estava **implicando** com o irmão menor.

O verbo informar é bitransitivo, ou seja, é transitivo direto e indireto. Quem informa, informa:

» Algo a alguém: **Informei** o acontecido para Jonas.

» Alguém de algo: **Informei**-o do acontecido.

» Alguém sobre algo: **Informei**-o sobre o acontecido.

**Morar / Residir:** Verbos intransitivos (ou, como preconizam alguns dicionários, transitivo adverbiado), cujos adjuntos adverbiais de lugar são introduzidos pela preposição "em":

José **mora** em Alagoas.

Há boas pessoas **residindo** em todos os estados do Brasil.

**Obedecer:** É um verbo transitivo indireto:

Os filhos **obedecem** aos pais.

**Obedeça** às leis de trânsito.

Embora transitivo indireto, admite forma passiva:

"Os pais são obedecidos pelos filhos."

O antônimo "desobedecer" também segue a mesma regra.

**Perdoar:** É transitivo direto e indireto, com objeto direto de coisa e indireto de pessoa:

Jesus **perdoou** os pecados aos pecadores.

**Perdoava**-lhe a desconsideração.

Perdoar admite a voz passiva:

"Os pecadores foram perdoados por Deus."

**Precisar:** É transitivo indireto (complemento regido pela preposição de) no sentido de "necessitar":

**Precisaremos** de uma nova Gramática.

**Precisar:** É transitivo direto no sentido de indicar com precisão:

Magali não soube **precisar** quando o marido voltaria da viagem.

**Preferir** É um verbo bitransitivo, ou seja, é transitivo direto e indireto, sempre exigindo a preposição a (preferir alguma coisa a outra):

**Ex.:** Adelaide **preferiu** o filé ao risoto.

**Ex.: Prefiro** estudar a ficar em casa descansando.

**Ex.: Prefiro** o sacrifício à desistência.

É incorreto reforçar o verbo "preferir" ou utilizar a locução "do que".

**Proceder:** É intransitivo na acepção de "ter cabimento":

Suas críticas são vazias, não **procedem**.

**Proceder:** É também intransitivo na acepção de "portar-se":

Todas as crianças **procederam** bem ao lavarem as mãos antes do lanche.

**Proceder:** No sentido de "ter procedência" é utilizado com a preposição de:

Acredito que a dúvida **proceda** do coração dos curiosos.

**Proceder:** É transitivo indireto exigindo a preposição a no sentido de "dar início":

Os investigadores **procederam** ao inquérito rapidamente.

**Querer:** É transitivo direto no sentido de "desejar":

Eu **quero** um carro novo.

**Querer:** É transitivo indireto (com o complemento de pessoa) no sentido de "ter afeto":

**Quero** muito a meus alunos que são dedicados.

**Solicitar:** É utilizado, na maior parte dos casos, como transitivo direto e indireto. Nada impede, entretanto, que se construa como transitivo direto:

O juiz **solicitou** as provas ao advogado.

**Solicito** seus documentos para a investidura no cargo.

**Visar:** É transitivo direto na acepção de mirar:

O atirador **visou** o alvo e disparou um tiro certeiro.

**Visar:** É transitivo direto também no sentido de "dar visto", "assinar":

O gerente havia **visado** o relatório do estagiário.

**Visar:** É transitivo indireto, exigindo a preposição a, na acepção de "ter em vista", "pretender", "almejar":

Pedro **visava** ao amor de Mariana.

As regras gramaticais **visam** à uniformidade da expressão linguística.

## 10.2 Regência Nominal

Alguns nomes (substantivos, adjetivos e advérbios) são comparáveis aos verbos transitivos indiretos: precisam de um complemento introduzido por uma preposição.

Acompanhemos os principais termos que exigem regência especial.

| Substantivo | | |
|---|---|---|
| Admiração a, por | Devoção a, para, com, por | Medo a, de |
| Aversão a, para, por | Doutor em | Obediência a |
| Atentado a, contra | Dúvida acerca de, em, sobre | Ojeriza a, por |
| Bacharel em | Horror a | Proeminência sobre |
| Capacidade de, para | Impaciência com | Respeito a, com, para com, por |
| Exceção a | Excelência em | Exatidão de, em |
| Dissonância entre | Divergência com, de, em, entre, sobre | Referencia a |
| Alusão a | Acesso a | Menção a |

| Adjetivos | | |
|---|---|---|
| Acessível a | Diferente de | Necessário a |
| Acostumado a, com | Entendido em | Nocivo a |
| Afável com, para com | Equivalente a | Paralelo a |
| Agradável a | Escasso de | Parco em, de |
| Alheio a, de | Essencial a, para | Passível de |
| Análogo a | Fácil de | Preferível a |

| | | |
|---|---|---|
| Ansioso de, para, por | Fanático por | Prejudicial a |
| Apto a, para | Favorável a | Prestes a |
| Ávido de | Generoso com | Propício a |
| Benéfico a | Grato a, por | Próximo a |
| Capaz de, para | Hábil em | Relacionado com |
| Compatível com | Habituado a | Relativo a |
| Contemporâneo a, de | Idêntico a | Satisfeito com, de, em, por |
| Contíguo a | Impróprio para | Semelhante a |
| Contrário a | Indeciso em | Sensível a |
| Curioso de, por | Insensível a | Sito em |
| Descontente com | Liberal com | Suspeito de |
| Desejoso de | Natural de | Vazio de |
| Distinto de, em, por | Dissonante a, de, entre | Distante de, para |

| Advérbios | | |
|---|---|---|
| Longe de | Perto de | Relativamente a |
| Contemporaneamente a | Impropriamente a | Contrariamente a |

É provável que você encontre um grande número de listas com palavras e suas regências, porém a maneira mais eficaz de se descobrir a regência de um termo é fazer uma pergunta para ele e verificar se, na pergunta, há uma preposição. Havendo, descobre-se a regência.

**Ex.:** A descoberta era **acessível** a todos.

Faz-se a pergunta: algo que é acessível é acessível? (a algo ou a alguém). Descobre-se, assim, a regência de acessível.

# 11. CRASE

O acento grave é solicitado nas palavras quando há a união da preposição "a" com o artigo (ou a vogal dependendo do caso) feminino "a" ou com os pronomes demonstrativos (aquele, aquela, aquilo e "a").

**Ex.:** Mário foi **à** festa ontem.

Tem-se o "a" preposição e o "a" artigo feminino.

Quem vai, vai a algum lugar / festa é palavra feminina, portanto, admite o artigo "a".

Chegamos **àquele** assunto (a + aquele).

A gravata que eu comprei é semelhante **à** que você comprou (a + a).

Decore os casos em que não ocorre crase, pois a tendência da prova é perguntar se há crase ou não. Sabendo os casos proibitivos, fica muito fácil.

## 11.1 Crase Proibitiva

Não se pode usar acento grave indicativo de crase:

Antes de palavras masculinas.

**Ex.:** Fez uma pergunta **a** Mário.

Antes de palavras de sentido indefinido.

**Ex.:** Não vai **a** festas, **a** reuniões, **a** lugar algum.

Antes de verbos.

**Ex.:** Todos estão dispostos **a** colaborar.

De pronomes pessoais.

**Ex.:** Darei um presente **a ela**.

De nomes de cidade, estado ou país que não utilizam o artigo feminino.

**Ex.:** Fui **a** Cascavel. / Vou **a** Pequim.

Da palavra "casa" quando tem significado de próprio lar, ou seja, quando ela aparecer indeterminada na sentença.

**Ex.:** Voltei a casa, pois precisava comer algo.

Quando houver determinação da palavra casa, ocorrerá crase.

"Voltei à casa de meus pais"

Da palavra "terra" quando tem sentido de solo;

**Ex.:** Os tripulantes vieram a terra.

A mesma regra da palavra "casa" se aplica à palavra terra.

De expressões com palavras repetidas;

Dia a dia, mano a mano, face a face, cara a cara etc.

Diante de numerais cardinais referentes a substantivos que não estão determinados pelo artigo:

**Ex.:** Irei assistir a duas aulas de Língua Portuguesa.

No caso de locuções adverbiais que exprimem hora determinada e nos casos em que o numeral estiver precedido de artigo, acentua-se:

"Chegamos às oito horas da noite."

"Assisti às duas sessões de ontem."

No caso dos numerais, há uma dica para facilitar o entendimento dos casos de crase. Se houver o "a" no singular e a palavra posterior no plural, não ocorrerá o acento grave. Do contrário, ocorrerá.

## 11.2 Crase Obrigatória

Locução adverbial feminina.

**Ex.:** À noite, à tarde, às pressas, às vezes, à farta, à vista, à hora certa, à esquerda, à direita, à toa, às sete horas, à custa de, à força de, à espera de, à vontade, à toa.

Termos femininos ou masculinos com sentido da expressão "à moda de" ou "ao estilo de".

**Ex.:** Filé à milanesa, servir à francesa, brigar à portuguesa, gol à Pelé, conto à Machado de Assis, discurso à Rui Barbosa etc.

Locuções conjuntivas proporcionais.

**Ex.:** À medida que, à proporção que.

Locuções prepositivas.

**Ex.:** À procura de, à vista de, à margem de, à beira de, à custa de, à razão de, à mercê de, à maneira de etc.

Para evitar ambiguidade: receberá o acento o termo afetado pela ação do verbo (objeto direto preposicionado).

**Ex.:** Derrubou a menina **à panela**.

**Ex.:** Matou a vaca **à cobra**.

Diante da palavra distância quando houver determinação da distância em questão:

**Ex.:** Achava-se à **distância de cem** (ou de alguns) **metros**.

Antes das formas de tratamento "senhora", "senhorita" e "madame" = não há consenso entre os gramáticos, no entanto, opta-se pelo uso.

**Ex.:** Enviei lindas flores **à senhorita**.

**Ex.:** Josias remeteu uma carta **à senhora**.

## 11.3 Crase Facultativa

Após a preposição até:

As crianças foram até **à escola**.

Antes de pronomes possessivos femininos:

Ele fez referência **à nossa causa!**

Antes de nomes próprios femininos:

Mandei um SMS **à Joaquina**.

Antes da palavra Dona.

Remeti uma carta à **Dona Benta**.

Não se usa crase antes de nomes históricos ou sagrados:

"O padre fez alusão a Nossa Senhora."

"Quando o professor fez menção a Joana D'Arc, todos ficaram entusiasmados."

# 12. PONTUAÇÃO

A pontuação assinala a melodia de nossa fala, ou seja, as pausas, a ênfase etc.

## 12.1 Principais Sinais e Usos

### Vírgula

É o sinal mais importante para concurso público.

Usa-se a vírgula para:

Separar termos que possuem mesma função sintática no período:

**José**, **Maria**, **Antônio** e **Joana** foram ao mercado. (função de núcleo do sujeito)

Isolar o vocativo:

Então, **minha cara**, não há mais o que se dizer!

Isolar um aposto explicativo (cuidado com essa regra, veja que não há verbo no aposto explicativo):

O João, **ex-integrante da comissão**, veio fazer parte da reunião.

Isolar termos antecipados, como: complemento, adjunto ou predicativo:

**Na semana passada**, comemos camarão no restaurante português. (antecipação de adjunto adverbial)

Separar expressões explicativas, conjunções e conectivos:

isto é, ou seja, por exemplo, além disso, pois, porém, mas, no entanto, assim etc.

Separar os nomes dos locais de datas:

Cascavel, 02 de maio de 2012.

Isolar orações adjetivas explicativas (pronome relativo + verbo + vírgula):

O Brasil, **que é um belíssimo país**, possui ótimas praias.

Separar termos de uma enumeração:

Vá ao mercado e traga **cebola**, **alho**, **sal**, **pimenta e coentro**.

Separar orações coordenadas:

Esforçou-se muito, **mas não venceu o desafio**. (oração coordenada sindética adversativa)

Roubou todo o dinheiro, **e ainda apareceu na casa**. (oração coordenada sindética aditiva).

A vírgula pode ser utilizada antes da conjunção aditiva "e" caso se queira enfatizar a oração por ela introduzida.

Omitir um termo, elipse (no caso da elipse verbal, chamaremos "zeugma"):

De dia era um anjo, de noite um **demônio**. (omissão do verbo "ser")

Separar termos de natureza adverbial deslocado dentro da sentença:

**Na semana passada**, trinta alunos foram aprovados no concurso. (locução adverbial temporal)

**Se estudar muito**, você será aprovado no concurso. (oração subordinada adverbial condicional)

### Ponto final

Usa-se o ponto final:

Ao final de frases para indicar uma pausa total; é o que marca o fim de um período:

Depois de passar no concurso, comprarei um carro.

Em abreviaturas:

Sr., a. C., Ltda., num., adj., obs., máx., *bat., brit. etc.*

### Ponto e vírgula

Usam-se ponto e vírgula para:

Separar itens que aparecem enumerados:

Uma boa dissertação apresenta:

Coesão;

Coerência;

Progressão lógica;

Riqueza lexical;

Concisão;

Objetividade;

Aprofundamento.

Separar um período que já se encontra dividido por vírgulas:

Não gostava de trabalhar; queria, no entanto, muito dinheiro no bolso.

Separar partes do texto que se equilibram em importância:

Os pobres dão pelo pão o trabalho; os ricos dão pelo pão a fazenda; os de espíritos generosos dão pelo pão a vida; os de nenhum espírito dão pelo pão a alma.(Vieira).

O capitalismo é a exploração do homem pelo homem; o socialismo é exatamente o contrário.

### Dois Pontos

São usados dois pontos quando:

Se vai fazer uma citação ou introduzir uma fala:

José respondeu:

- Não, muito obrigado!

Se quer indicar uma enumeração:

Quero apenas uma coisa: que vocês sejam aprovados no concurso!

### Aspas

São usadas aspas para indicar:

Citação presente no texto. Ex.:

"Há distinção entre categorias do pensamento" - disse o filósofo.

Expressões estrangeiras, neologismos, gírias. Ex.:

Na parede, haviam pintado a palavra "love". (expressão estrangeira)

Ficava "bailarinando", como diria Guimarães. (neologismo)

"Velho", esconde o "cano" aí e "deixa baixo". (gíria)

### Reticências

São usadas para indicar supressão de um trecho, interrupção na fala, ou dar ideia de continuidade ao que se estava falando. Ex.:

(...) Profundissimamente hipocondríaco Este ambiente me causa repugnância Sobe-me à boca uma ânsia análoga à ânsia Que se escapa pela boca de um cardíaco(...)

Eu estava andando pela rua quando...

Eu gostei da nova casa, mas da garagem...

### Parênteses

São usados quando se quer explicar melhor algo que foi dito ou para fazer simples indicações. Ex.:

Foi o homem que cometeu o crime (o assassinato do irmão).

### Travessão

Indica a fala de um personagem:

Ademar falou. Ex.:

- Amigo, preciso contar algo para você.

Isola um comentário no texto. Ex.:

O estudo bem realizado - **diga-se de passagem, que quase ninguém faz** - é o primeiro passo para a aprovação.

Isola um aposto na sentença. Ex.:

A Semântica – **estudo sobre as relações de sentido** - é importantíssima para o entendimento da Língua.

Reforçar a parte final de um enunciado. Ex.:

Para passar no concurso, é preciso estudar muito — **muito mesmo.**

### Trocas

A Banca, eventualmente, costuma perguntar sobre a possibilidade de troca de termos, portanto, atenção!

» Vírgulas, travessões e parênteses, quando isolarem um aposto, podem ser trocadas sem prejuízo para a sentença;

» Travessões podem ser trocados por dois pontos, a fim de enfatizar um enunciado.

### Regra de ouro

Na ordem natural de uma sentença, é proibido:

→ Separar Sujeito e Predicado com vírgulas:

"Aqueles maravilhosos velhos ensinamentos de meu pai foram de grande utilidade. (certo) Aqueles maravilhosos velhos ensinamentos de meu pai, foram de grande utilidade. (errado)."

→ Separar Verbo de Objeto:

"O presidente do maravilhoso país chamado Brasil assinou uma lei importante. (certo) O presidente do maravilhoso país chamado Brasil assinou, uma lei importante. (errado)"

# 13. TIPOLOGIA TEXTUAL

O conteúdo relativo à tipologia textual é, deveras, fácil. Precisamos, apenas, destacar alguns elementos estruturantes a cada tipo de texto. Dessa forma, você conseguirá responder quaisquer questões relacionadas a essa temática.

O primeiro item que se deve ter em mente na hora de analisar um texto segundo sua tipologia é o caráter da predominância. Isso quer dizer que um mesmo agrupamento textual pode possuir características de diversas tipologias distintas, porém as questões costumam focalizar qual é o "tipo" predominante, o que mais está evidente no texto. Um pouco de bom-senso e uma pequena dose de conhecimento relativo ao assunto são necessários para obter sucesso nesse conteúdo.

Trabalharemos com três tipologias básicas: **narração, dissertação e descrição.** Vamos ao trabalho:

## 13.1 Narração

Facilmente identificável, a tipologia narrativa guarda uma característica básica: contar algo, transmitir a ocorrência de fatos e/ou ações que possuam um registro espacial e temporal. Quer dizer, a narração necessita, também, de um espaço bem marcado e de um tempo em que as ações narradas ocorram. Discorramos sobre cada aspecto separadamente.

**São elementos de uma NARRAÇÃO:**

**Personagem:** Quem pratica ação dentro da narrativa, é claro. Deve-se observar que os personagens podem possuir características físicas (altura, aparência, cor do cabelo etc.) e psicológicas (temperamento, sentimentos, emoções etc.), as quais podem ser descritas ao longo do texto.

**Espaço:** Trata-se do local em que a ação narrativa ocorre.

**Tempo:** É o lapso temporal em que a ação é descrita. Não se engane, o tempo pode ser enunciado por um simples "era uma vez".

**Ação:** Não existe narração sem ação! Ou seja, os personagens precisam fazer algo, ou sofrer algo para que haja ação narrativa.

**Narrador:** Afinal, como será contada uma estória sem uma voz que a narre? Portanto, este é outro elemento estruturante da tipologia narrativa. O narrador pode estar inserido na narrativa ou apenas "observar" e narrar os acontecimentos.

Note-se que, na tipologia narrativa, os verbos flexionados no pretérito são mais evidentes.

Eis um exemplo de narração, tente observar os elementos descritos acima, no texto:

**Um Apólogo**

Machado de Assis

Era uma vez uma agulha, que disse a um novelo de linha:

— Por que está você com esse ar, toda cheia de si, toda enrolada, para fingir que vale alguma cousa neste mundo?

— Deixe-me, senhora.

— Que a deixe? Que a deixe, por quê? Porque lhe digo que está com um ar insuportável? Repito que sim, e falarei sempre que me der na cabeça.

— Que cabeça, senhora? A senhora não é alfinete, é agulha. Agulha não tem cabeça. Que lhe importa o meu ar? Cada qual tem o ar que Deus lhe deu. Importe-se com a sua vida e deixe a dos outros.

— Mas você é orgulhosa.

— Decerto que sou.

— Mas por quê?

— É boa! Porque coso. Então os vestidos e enfeites de nossa ama, quem é que os cose, senão eu?

— Você? Esta agora é melhor. Você é que os cose? Você ignora que quem os cose sou eu e muito eu?— Você fura o pano, nada mais; eu é que coso, prendo um pedaço ao outro, dou feição aos babados...

— Sim, mas que vale isso? Eu é que furo o pano, vou adiante, puxando por você, que vem atrás obedecendo ao que eu faço e mando...

— Também os batedores vão adiante do imperador.

— Você é imperador?

— Não digo isso. Mas a verdade é que você faz um papel subalterno, indo adiante; vai só mostrando o caminho, vai fazendo o trabalho obscuro e ínfimo. Eu é que prendo, ligo, ajunto...

Estavam nisto, quando a costureira chegou à casa da baronesa. Não sei se disse que isto se passava em casa de uma baronesa, que tinha a modista ao pé de si, para não andar atrás dela. Chegou a costureira, pegou do pano, pegou da agulha, pegou da linha, enfiou a linha na agulha, e entrou a coser. Uma e outra iam andando orgulhosas, pelo pano adiante, que era a melhor das sedas, entre os dedos da costureira, ágeis como os galgos de Diana — para dar a isto uma cor poética. E dizia a agulha:

— Então, senhora linha, ainda teima no que dizia há pouco? Não repara que esta distinta costureira só se importa comigo; eu é que vou aqui entre os dedos dela, unidinha a eles, furando abaixo e acima...

A linha não respondia; ia andando. Buraco aberto pela agulha era logo enchido por ela, silenciosa e ativa, como quem sabe o que faz, e não está para ouvir palavras loucas. A agulha, vendo que ela não lhe dava resposta, calou-se também, e foi andando. E era tudo silêncio na saleta de costura; não se ouvia mais que o plic-plic-plic-plic da agulha no pano. Caindo o sol, a costureira dobrou a costura, para o dia seguinte. Continuou ainda nessa e no outro, até que no quarto acabou a obra, e ficou esperando o baile.

Veio a noite do baile, e a baronesa vestiu-se. A costureira, que a ajudou a vestir-se, levava a agulha espetada no corpinho, para dar algum ponto necessário. E enquanto compunha o vestido da bela dama, e puxava de um lado ou outro, arregaçava daqui ou dali, alisando, abotoando, acolchetando, a linha para mofar da agulha, perguntou-lhe:

— Ora, agora, diga-me, quem é que vai ao baile, no corpo da baronesa, fazendo parte do vestido e da elegância? Quem é que vai dançar com ministros e diplomatas, enquanto você volta para a caixinha da costureira, antes de ir para o balaio das mucamas? Vamos, diga lá.

Parece que a agulha não disse nada; mas um alfinete, de cabeça grande e não menor experiência, murmurou à pobre agulha:

— Anda, aprende, tola. Cansas-te em abrir caminho para ela e ela é que vai gozar da vida, enquanto aí ficas na caixinha de costura. Faze como eu, que não abro caminho para ninguém. Onde me espetam, fico.

Contei esta história a um professor de melancolia, que me disse, abanando a cabeça:

— Também eu tenho servido de agulha a muita linha ordinária!

## 13.2 Dissertação

O texto dissertativo, também chamado por alguns de informativo, possui a finalidade de discorrer sobre determinado assunto, apresentando fatos, opiniões de especialista, dados quantitativos ou mesmo informações sobre o assunto da dissertação. É preciso entender que nem sempre a dissertação busca persuadir o seu interlocutor, ela pode simplesmente transmitir informações pertinentes ao assunto dissertado.

Quando a persuasão é objetivada, o texto passa a ter também características argumentativas. A rigor, as questões de concurso público focalizam a tipologia, não seus interstícios, portanto, não precisa ficar desesperado com o fato de haver diferença entre texto dissertativo-expositivo e texto dissertativo-argumentativo. Importa saber que ele é dissertativo.

Toda boa dissertação possui a ***Introdução*** do tema, o ***Desenvolvimento*** coeso e coerente, que está vinculado ao que se diz na introdução, e uma ***Conclusão*** lógica do texto, evidenciando o que se permite compreender por meio da exposição dos parágrafos de desenvolvimento.

A tipologia dissertativa pode ser facilmente encontrada em editoriais, textos de divulgação acadêmica, ou seja, com caráter científico, ensaios, resenhas, artigos científicos e textos pedagógicos.

**Exemplo de dissertação:**

**Japão foi avisado sobre problemas em usinas dois anos antes, diz Wikileaks**

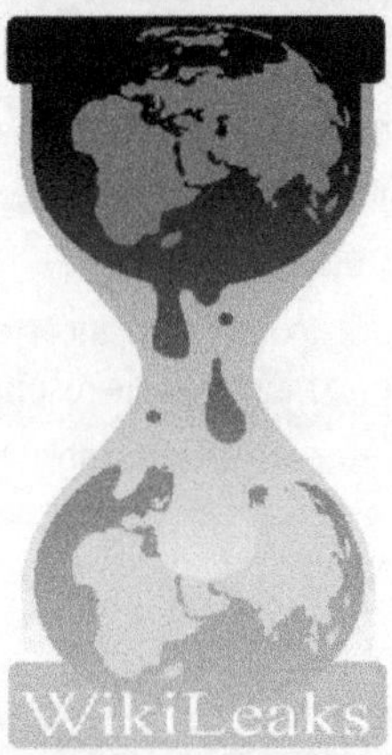


O Wikileaks, site de divulgação de informações consideradas sigilosas, vazou um documento que denuncia que o governo japonês já havia sido avisado pela vigilância nuclear internacional que suas usinas poderiam não ser capazes de resistir a terremotos. O relatório, assinado pelo embaixador Thomas Schieffer obtido pelo WikiLeaks foi publicado hoje pelo jornal britânico, The Guardian.

O documento revela uma conversa de dezembro de 2008 entre o então deputado japonês, Taro Kono, e um grupo diplomático norte-americano durante um jantar. Segundo o relatório, um membro da Agência Internacional de Energia Atômica (AIEA) disse que as normas de segurança estavam obsoletas para aguentar os fortes terremotos, o que significaria "um problema grave para as centrais nucleares". O texto diz ainda que o governo do Japão encobria custos e problemas associados a esse ramo da indústria.

Diante da recomendação da AIEA, o Japão criou um centro de resposta de emergência em Fukushima, capaz de suportar, apenas, tremores até magnitude 7,0.

## 13.3 Descrição

Em um texto descritivo, faz-se um tipo de retrato por escrito de um lugar, uma pessoa, um animal ou um objeto. Os adjetivos são abundantes nessa tipologia, uma vez que a sua função de caracterizar os substantivos é extremamente exigida nesse contexto. É possível existir um texto descritivo que enuncie características de sensações ou sentimentos, porém não é muito comum em provas de concurso público. Não há relação temporal na descrição. Os verbos relacionais são mais presentes, para poder evidenciar aspectos e características. Significa "criar" com palavras uma imagem.

**Exemplo de texto descritivo:**

**Texto extraído da prova do BRB (2010) – Banca CESPE/UnB**

***Nome científico****: Ginkgo biloba L.*
***Nome popular****: Nogueira-do-japão*
***Origem****: Extremo Oriente*
***Aspecto****: as folhas dispõem-se em leque e são semelhantes ao trevo; a altura da árvore pode chegar a 40 metros; o fruto lembra uma ameixa e contém uma noz que pode ser assada e comida*

# 14. COMPREENSÃO E INTERPRETAÇÃO DE TEXTOS

É bastante comum e compreensível que os concursandos tenham algum tipo de dificuldade nas questões de compreensão e interpretação de textos. Isso é oriundo do próprio histórico de leituras que o candidato possui, uma vez que grande parte dos concursandos querem gabaritar uma prova, ou mesmo conseguir um cargo público, sem possuir o menor hábito de leitura. Ou seja você precisa adquirir (se ainda não possui) o bom costume de ler.

Por "ler", entende-se buscar os meandros de um texto, de uma canção, de qualquer coisa com que entremos em contato. Mesmo um discurso ou um diálogo podem ser "lidos". O grande problema fica a cargo de que o bom brasileiro gosta de fazer qualquer coisa, menos de ler. Parece até que aquilo que era uma diversão, um bom entretenimento virou um pesadíssimo "fardo". Você não pode pensar desse modo. Ler deve ser uma prática constante.

**E na hora do concurso? Como proceder?**

Há três elementos fundamentais para boa interpretação:

Eliminação dos vícios de leitura ;

Organização;

"Malandragem".

### Vícios de leitura

A pior coisa que pode acontecer com o concursando, quando recebe aquele texto "capetótico" para ler e interpretar, é cair num vício de leitura. Veja se você possui algum deles. Caso possua, tente eliminar o quanto antes.

**O Movimento:**

Como tudo inicia. O indivíduo pega o texto para ler e não para quieto. Troca a maneira de sentar, troca a posição do texto, nada está bom, nada está confortável. Em casa, senta para estudar e o que acontece? Fome. Depois? Sede. Então, a pessoa fica se mexendo para pegar comida, para tomar água, para ficar mais sossegado e o fluxo de leitura vai para o espaço. FIQUE QUIETO! O conceito é militar! Sente-se e permaneça assim até acabar a leitura, do contrário, vai acabar com a possibilidade de entender o que está escrito. Estudar com televisão, rádio, *msn* e qualquer coisa dispersiva desse gênero só vai atrapalhar você.

**O Apoio:**

Não é aconselhável utilizar apoios para a leitura, tais como: réguas, acompanhar a linha com a caneta, ler em voz baixa, passar o dedo pelo papel etc. Basta pensar que seus olhos são muito mais rápidos que qualquer movimento ou leitura em voz alta. Gaguejou, escorregou no papel, dançou.

**O Garoto da Borboleta:**

Se você possui os vícios "a" e "b", certamente é um "garoto da borboleta" também. Isso quer dizer que é um desatento que fica facilmente (fatalmente) disperso. Tudo chama sua atenção: caneta batendo na mesa, o concorrente barulhento, a pessoa estranha que está em sua frente, o tempo passando etc. Você vai querer ficar voltando ao início do texto porque não conseguiu compreender nada e, finalmente, vai perder as questões de interpretação.

### Organização da leitura

Para que ocorra organização, é necessário compreender que todo texto possui:

**Posto:** aquilo que é dito no texto. O conteúdo expresso.

**Pressuposto:** aquilo que não está dito, mas que é facilmente compreendido.

**Subentendido:** o que se pode interpretar por uma soma de dito com não-dito.

Veja um exemplo:

Alguém diz: "felizmente, meu tio parou de beber." É certo que o dito se compõe pelo conteúdo da mensagem: o homem parou de beber. O não-dito, ou pressuposto, fica a cargo da ideia de que meu tio "bebia", agora, não bebe mais. Por sua vez, o subentendido pode ser abstraído como "meu tio possuía problemas com a bebida e eu assumo isso por meio da sentença que profiro". Não é difícil! É necessário, no entanto, possuir uma certa "malandragem linguística" para perceber isso de início. Veremos isso ao longo do texto.

As dicas de organização não são novas, mas são eficazes, vamos lá:

**Ler mais de uma vez o texto (quando for curtinho, é lógico):**

A primeira leitura é para tomar contato com o assunto, a segunda, para observar como o texto está articulado.

Ao lado de cada parágrafo, escreva a principal ideia (tópico frasal) ou argumento mais forte do trecho. Isso ajuda você a ter clareza da temática e como ela está sendo desenvolvida.

Se o texto for muito longo, recomenda-se ler primeiro a questão de interpretação, para, então, buscá-la na leitura.

**Observar as relações entre parágrafos:**

Observar que há relações de exemplificação, oposição, causalidade entre os parágrafos do texto, por isso, tente compreender as relações intratextuais nos parágrafos.

Ficar de olho aberto para as conjunções adversativas: no entanto, contudo, entretanto, etc.

**Atentar para o comando da questão:**

Responda àquilo que foi pedido.

» **Dica**: entenda que modificar e prejudicar o sentido não são a mesma coisa.

**Palavras de alerta (polarizadoras):**

Sublinhar palavras como: erro, incorreto, correto e exceto, para não se confundir no momento de responder à questão.

Inaceitável, incompatível e incongruente também podem aparecer.

**Limitar os horizontes:**

Não imaginar que você sabe o que o autor quis dizer, mas sim entender o que ele disse: o que ele escreveu. Não extrapolar a significação do texto. Para isso, é importante prestar atenção no significado das palavras.

Pode até ser coerente o que você concluiu, mas se não há base textual, descarte.

» **Ex.**: O homem **pode** morrer de infarto. / O homem **deve** morrer de infarto.

**Busque o tema central do texto:**

Geralmente aparece no primeiro parágrafo do texto.

**Desenvolvimento:**

Se o enunciado mencionar a argumentação do texto, você deve buscar entender o que ocorre com o desenvolvimento dos parágrafos.

Verificar se o desenvolvimento ocorre por:

» Causa e consequência;
» Enumeração de fatos;
» Retrospectiva histórica;
» Fala de especialista;
» Resposta a um questionamento;
» Sequência de dados;
» Estudo de caso;
» Exemplificação.

**Relatores:**

Atentar para os pronomes relativos e demonstrativos no texto. Ele auxiliam o leitor a entender como se estabelece a coesão textual.

Alguns deles:

» Que;
» Cujo;
» O qual;
» Onde;
» Esse;
» Este;
» Isso;
» Isto.

**Entender se a questão é de interpretação ou de compreensão**:

Interpretação

Parte do texto para uma conclusão. As questões que solicitam uma inferência apresentam as seguintes estruturas:

» É possível entender que...
» O texto possibilita o entendimento de que...
» O texto encaminha o leitor para...
» O texto possibilita deduzir que...
» Depreende-se do texto que...
» Com apoio no texto, infere-se que...
» Entende-se que...
» Compreende-se que...

Compreensão

Buscam-se as informações solicitadas pela questão no texto. As questões dessa natureza possuem as seguintes estruturas:

» De acordo com o texto, é possível afirmar....
» Segundo o texto...
» Conforme o autor...
» No texto...
» Conforme o texto...

**Tomar cuidado com as generalizações.**

Na maior parte das vezes, o elaborador da prova utiliza a generalização para tornar a questão incorreta.

Atenção para as palavras "sempre, nunca, exclusivamente, unicamente, somente".

**O que você não deve fazer!**

***"Viajar" no texto***: interpretar algo para além do que o texto permite.

***Ser "mão-de-vaca":*** interpretar apenas um trecho do texto.

***Dar uma de "Zé Mané" e entender o contrário:*** fique atento a palavras como "pode", "não", "deve" etc.

**"Malandragem da banca"**

Talvez seja essa a característica mais difícil de se desenvolver no concursando, pois ela envolve o conhecimento do tipo de interpretação e dos limites estabelecidos pelas bancas. Só há uma maneira de ficar "malandro" estudando para concurso público: realizando provas! Pode parecer estranho, mas depois de resolver 200 questões da mesma banca, você já consegue prever como será a próxima questão. Prever é garantir o acerto! Então, faça exercícios até cansar e, quando cansar, faça mais um pouco. Assim você fica "malandro" na banca!

Vamos trabalhar com alguns exemplos agora:

**Exemplo I**

Entre os maiores obstáculos ao pleno desenvolvimento do Brasil, está a educação. Este é o próximo grande desafio que deve ser enfrentado com paciência, mas sem rodeios. É a bola da vez dentro das políticas públicas prioritárias do Estado. Nos anos 90 do século passado, o país derrotou a inflação — que corroía salários, causava instabilidade política e irracionalidade econômica. Na primeira década deste século, os avanços deram-se em direção a uma agenda social, voltada para a redução da pobreza e da desigualdade estrutural. Nos próximos anos, a questão da melhoria da qualidade do ensino deve ser uma obrigação dos governantes, sejam quais forem os ungidos pelas decisões das urnas.

Jornal do Brasil, Editorial, 21/1/2010 (com adaptações).

Agora o mesmo texto, devidamente marcado.

Entre **os maiores obstáculos** ao pleno desenvolvimento do Brasil, está a educação. Este é o **próximo grande desafio** que deve ser enfrentado com paciência, mas sem rodeios. É a **bola da vez** dentro das políticas públicas prioritárias do Estado. **Nos anos 90 do século passado,** o país derrotou a inflação — que corroía salários, causava instabilidade política e irracionalidade econômica. **Na primeira década deste século**, os avanços deram-se em direção a uma agenda social, voltada para a redução da pobreza e da desigualdade estrutural. **Nos próximos anos**, a questão da melhoria da qualidade do ensino deve ser uma **OBRIGAÇÃO DOS GOVERNANTES**, sejam quais forem os ungidos pelas decisões das urnas.

**Comentário:** Observe que destacamos para você elementos que podem surgir, posteriormente como questões. O texto inicia falando que há mais obstáculos além da educação. Também argumenta, posteriormente, que já houve outros desafios além desse que ele chama de "próximo grande desafio". Utilizando uma expressão de sentido **Conotativo** (bola da vez), o escritor anuncia que a educação ocupa posição de destaque quando o assunto se volta para as políticas públicas prioritárias do Estado.

No decorrer do texto, que se desenvolve por um tipo de retrospectiva histórica (veja o que está sublinhado), o redator traça um panorama dessas políticas públicas ao longo da história do país, fazendo uma previsão para os anos vindouros (o que foi destacado em caixa alta).

### Exemplo II

Um passo fundamental para que não nos enganemos quanto à **natureza do capitalismo contemporâneo** e o significado das políticas empreendidas pelos países centrais para enfrentar a recente **crise econômica** é problematizarmos, com cuidado, o termo **neoliberalismo**: "começar pelas palavras talvez não seja coisa vã", escreve Alfredo Bosi em Dialética da Colonização.

**A partir da década de 1980**, buscando exprimir a natureza do capitalismo contemporâneo, muitos, principalmente os críticos, utilizaram esta palavra que, por fim, se generalizou. Mas o que, de fato, significa? O prefixo neo quer dizer novo; portanto, novo liberalismo. Ora, durante o século **XIX DEU-SE A CONSTRUÇÃO DE UM LIBERALISMO** que viria encontrar a sua crise definitiva na I Guerra Mundial em 1914 e na crise de 1929. Mas desde o período entre guerras e, sobretudo, depois, com o término da II Guerra Mundial, em 1945, tomou corpo um novo modelo, principalmente na Europa, que de certa forma se contrapunha ao velho liberalismo: era **O MUNDO DA SOCIALDEMOCRACIA**, da presença do Estado na vida econômica, das ações políticas inspiradas na reflexão teórica do economista britânico John Keynes, um crítico do liberalismo econômico clássico que viveu na primeira metade do século XX. Quando esse modelo também entrou em crise, no princípio da década de 1970, surgiu a perspectiva de **RECONSTRUÇÃO DA ORDEM LIBERAL**. Por isso, novo liberalismo, neoliberalismo.

(Grupo de São Paulo, disponível em http://www.correiocidadania.com.br/content/view/5158/9/, acesso em 28/10/2010)

### Exemplo III

#### Em Defesa do Voto Obrigatório

O voto, direito duramente conquistado, **deve ser considerado um dever** cívico, sem o exercício do qual o **direito se descaracteriza ou se perde**, afinal liberdade e democracia são fins e não apenas meios. Quem vive em uma comunidade política não pode estar **DESOBRIGADO** de opinar sobre os rumos dela. Nada contra a desobediência civil, recurso legítimo para o protesto cidadão, que, no caso eleitoral, se pode expressar no voto nulo (cuja tecla deveria constar na máquina utilizada para votação). Com o **voto facultativo**, o direito de votar e o de não votar ficam inscritos, em pé de igualdade, no corpo legal. Uma parte do eleitorado deixará voluntariamente de opinar sobre a constituição do poder político. O desinteresse pela política e a descrença no voto são registrados como mera "escolha", sequer como desobediência civil ou protesto. **A consagração da alienação política** como um direito legal interessa aos conservadores, reduz o peso da soberania popular e desconstitui o sufrágio como universal.

Para o **cidadão ativo,** que, além de votar, se organiza para garantir os direitos civis, políticos e sociais, o enfoque é inteiramente outro. O tempo e o **TRABALHO DEDICADOS AO ACOMPANHAMENTO CONTINUADO DA POLÍTICA NÃO SE APRESENTAM COMO RESTRITIVOS DA LIBERDADE INDIVIDUAL.** Pelo contrário, são obrigações auto-assumidas no esforço de construção e aprofundamento da democracia e de vigília na defesa das liberdades individuais e públicas. A ideia de que a democracia se constrói nas lutas do dia a dia se contrapõe, na essência, ao modelo liberal. O cidadão escolado na disputa política sabe que a liberdade de não ir votar é uma armadilha. Para que o sufrágio continue universal, para que todo poder emane do povo e não, dos donos do poder econômico, o voto, além de ser um direito, **deve conservar a sua condição de dever cívico.**

### Exemplo IV

#### Madrugada na aldeia

Madrugada na aldeia nervosa,
com as glicínias escorrendo orvalho,
os figos prateados de orvalho,
as uvas multiplicadas em orvalho,
as últimas uvas miraculosas.

O silêncio está sentado pelos corredores,
encostado às paredes grossas,
de sentinela.

E em cada quarto os cobertores peludos envolvem o sono:
poderosos animais benfazejos, encarnados e negros.
Antes que um sol luarento
dissolva as frias vidraças,
e o calor da cozinha perfume a casa
com lembrança das árvores ardendo,
a velhinha do leite de cabra desce as pedras da rua
antiquíssima, antiquíssima,
e o pescador oferece aos recém-acordados
os translúcidos peixes,
que ainda se movem, procurando o rio.

(Cecília Meireles. Mar absoluto, in Poesia completa. Rio de Janeiro: Nova Aguilar, 1994, p.311)

# 15. PARÁFRASE UM RECURSO PRECIOSO

Parafrasear, em sentido lato, significa reescrever uma sequência de texto sem alterar suas informações originais. Isso quer dizer que o texto resultante deve apresentar o mesmo sentido do texto original, modificando, evidentemente, apenas a ordem frasal ou o vocabulário. Há algumas exigências para uma paráfrase competente. São elas:

Usar a mesma ordem das ideias que aparecem no texto original.

Em hipótese alguma é possível omitir informações essenciais.

Não tecer comentários acerca do texto original, apenas parafrasear, sem frescura.

Usar construções sintáticas e vocabulares que, apesar de manterem o sentido original, sejam distintas das do texto base.

**Os passos da paráfrase**

Vamos entender que há alguns recursos para parafrasear um texto. Apresentarei alguns com a finalidade de clarear mais o assunto em questão.

A utilização de termos sinônimos.

O presidente assinou o documento, **mas** esqueceu-se de pegar sua caneta. / O presidente assinou o documento, **contudo** esqueceu-se de pegar sua caneta.

O uso de palavras antônimas, valendo-se de palavra negativa.

José era um **covarde.**

José **não** era um **valente.**

Emprego de termos anafóricos.

São Paulo e Palmeiras são dois times brasileiros. O São Paulo venceu o Palmeiras na semana passada. / São Paulo e Palmeiras são dois times brasileiros. **Aquele** (São Paulo) venceu **este** (Palmeiras) na semana passada.

Permuta de termo verbal por nominal, e vice-versa.

É importante que chegue cedo. / **Sua chegada** é importante.

Deixar termos elípticos.

Eu preciso da colaboração de todos. / Preciso da colaboração de todos.

Alteração da ordem frasal.

Adalberto venceu o último desafio de sua vida ontem. / Ontem, Adalberto venceu o último desafio de sua vida.

Transposição de voz verbal.

Joel cortou a seringueira centenária. / A seringueira centenária foi cortada por Joel.

Troca de discurso.

Naquela manhã, Oséas dirigiu-se ao pai dizendo: "Cortarei a grama sozinho." (discurso direto).

Naquela manhã, Oséas dirigiu-se ao pai dizendo que cortaria a grama sozinho. (discurso indireto).

Troca de palavras por expressões perifrásticas.

**O Rei do Futebol** esteve presente durante as celebrações. / **Pelé** esteve presente durante as celebrações.

Troca de locuções por palavras de mesmo sentido:

A turma **da noite** está comprometida com os estudos. / A turma **noturna** está mais comprometida com os estudos.

# 16. ORTOGRAFIA

A ortografia é a parte da Gramática que estuda a escrita correta das palavras. O próprio nome da disciplina já designa tal função. É oriunda das palavras gregas ***ortho*** que significa "correto" e ***graphos*** que significa "escrita". Neste capítulo, vamos estudar alguns aspectos da correta grafia das palavras: o emprego de algumas letras que apresentam dificuldade para os falantes do Português.

Atualmente, há um confusão a respeito do sistema ortográfico vigente. O último sistema foi elaborado em 1990, com base em um sistema de 1986, e será implantado em todos os países de língua lusófona. No Brasil, a adesão ao acordo se deu em 2009 e, como leva 4 anos para ser implantado, teríamos dois sistemas oficiais até 31 de dezembro de 2013. Bem, seria isso, se não houvesse a prorrogação do prazo até o ano de 2016. A partir de então, vale apenas o Novo Acordo Ortográfico.

Por certo, dúvidas pairam pela cabeça do aluno: que sistema devo usar? Qual sistema devo aprender? O melhor é estudar o sistema antigo, aprendendo quais foram as atualizações, assim, garante-se que não errará pela novidade ou pela tradição. A banca deve avisar no edital do concurso ou no comando da questão qual sistema ortográfico está levando em consideração. Como as maiores alterações estão no terreno de acentuação e emprego do hífen (para o Português falado no Brasil, evidentemente), não teremos grandes surpresas neste capítulo. Vamos ao trabalho.

### O Alfabeto

As letras K, W e Y foram inseridas no alfabeto devido a uma grande quantidade de palavras que são grafadas com tais letras e não podem mais figurar como termos exóticos em relação ao português. Eis alguns exemplos de seu emprego:

Em abreviaturas e em símbolos de uso internacional:

**Kg** - quilograma / **w** - watt /

Em palavras estrangeiras de uso internacional, nomes próprios estrangeiros e seus derivados:

Kremlin, Kepler, Darwin, Byron, byroniano.

O alfabeto, também conhecido como abecedário, é formado (a partir do novo acordo ortográfico) por 26 letras.

| Forma Maiúscula | | Forma Minúscula | |
|---|---|---|---|
| A | B | a | b |
| C | D | c | d |
| E | F | e | f |
| G | H | g | h |
| I | J | i | j |
| K | L | k | l |
| M | N | m | n |
| O | P | o | p |
| Q | R | q | r |
| S | T | s | t |
| U | V | u | v |
| W | X | w | x |
| Y | Z | y | z |

### O emprego da letra "H"

A letra H demanda um pouco de atenção. Apesar de não possui verdadeiramente sonoridade, utilizamo-la, ainda, por convenção histórica. Seu emprego, basicamente, está relacionado às seguintes regras:

No início de algumas palavras, por sua origem:

**Ex.:** Hoje, hodierno, haver, Helena, helênico.

No fim de algumas interjeições:

Ah! Oh! Ih! Uh!

No interior de palavra compostas que preservam o hífen, nas quais o segundo elemento se liga ao primeiro:

Super-homem, pré-história, sobre-humano.

Nos dígrafos NH, LH e CH:

Tainha, lhama, chuveiro.

### O emprego de "E" e "I"

Existe uma curiosidade a respeito do emprego dessas letras nas palavras que escrevemos: o fato de o "e", no final da palavra, ser pronunciado como uma semivogal faz com que muitos falantes sintam aquela vontade de grafar a palavra com "i". Bem, veremos quais são os principais aspectos do emprego dessas letras.

Escreveremos com "e"

Palavras formadas com o prefixo ante- (que significa antes, anterior):

Antebraço, antevéspera, antecipar, antediluviano etc.

A sílaba final de formas conjugadas dos verbos terminados em -OAR e -UAR (quando estiverem no subjuntivo). Ex.:

Abençoe (abençoar)

Continue (continuar)

Pontue (pontuar)

Algumas palavras, por sua origem: arrepiar, cadeado, creolina, desperdiçar, desperdício, destilar, disenteria, empecilho, indígena, irrequieto, mexerico, mimeógrafo, orquídea, quase, sequer, seringa, umedecer etc.

Escreveremos com "i"

Palavras formadas com o prefixo anti- (que significa contra). Ex.:

Antiaéreo, anticristo, antitetânico, anti-inflamatório.

A sílaba final de formas conjugadas dos verbos terminados em -AIR, -OER e -UIR:

Cai (cair)

Sai (sair)

Diminui (diminuir)

Dói (doer)

Os ditongos AI, OI, ÓI, UI:

Pai

Foi

Herói

Influi.

As seguintes palavras: aborígine, chefiar, crânio, criar, digladiar, displicência, escárnio, implicante, impertinente, impedimento, inigualável, lampião, pátio, penicilina, privilégio, requisito etc.

Vejamos alguns casos em que o emprego das letras "E" e "I" pode causar uma alteração semântica:

| Escrito com "e" |
|---|
| Arrear = pôr arreios |
| Área = extensão de terra, local |
| Delatar = denunciar |
| Descrição = ação de descrever |
| Descriminação = absolver |
| Emergir = vir à tona |
| Emigrar = sair do país ou do local de origem |
| Eminente = importante |

| Escrito com "i" |
|---|
| Arriar = abaixar, desistir |
| Ária = peça musical |
| Dilatar = alargar, aumentar |
| Discrição = qualidade do discreto |
| Discriminar = separar, estabelecer diferença |
| Imergir = mergulhar |
| Imigrar = entrar em um país estrangeiro |
| Iminente = próximo, prestes e ocorre |

O Novo Acordo Ortográfico explica que, agora, escreve-se com "i" antes de sílaba tônica. Veja alguns exemplos: acriano (admite-se, por ora, acreano), rosiano (de Guimarães Rosa), camoniano, nietzschiano (de Nietzsche) etc.

### O emprego de O e U

Vejamos como empregar essas letras, a fim de que não mais possamos errar.

Apenas por exceção, palavras em Português com sílabas finais átonas (fracas) terminam por us; o comum é que se escreva com o ou os. Veja os exemplos: carro, aluno, abandono, abono, chimango etc.

Exemplos das exceções a que aludimos: bônus, vírus, ônibus etc.

Em palavras proparoxítonas ou paroxítonas com terminação em ditongo, são comuns as terminações –UA, -ULA, -ULO:

Tábua, rábula, crápula, coágulo.

As terminações –AO, -OLA, -OLO só aparecem em algumas palavras: mágoa, névoa, nódoa, agrícola[1], vinícola, varíola etc.

Fique de olho na grafia destes termos:

Com a letra O: abolir, boate, botequim, bússola, costume, engolir, goela, moela, moleque, mosquito etc.

Com a letra U: bulício, buliçoso, bulir, camundongo, curtume, cutucar, jabuti, jabuticaba, rebuliço, urtiga, urticante etc.

1 Em razão da construção íncola (quem vive, habitante), por isso, silvícola, terrícola etc.

### O emprego de G e J

Essas letras, por apresentarem o mesmo som eventualmente, costumam causar problemas de ortografia. Vamos tentar facilitar o trabalho: a letra "g" só apresenta o som de "j" diante das letras "e" e "i": gesso, gelo, agitar, agitador, agir, gíria.

#### Escreveremos com "G"

Palavras terminadas em - AGEM, -IGEM, -UGEM. Ex.:

Garagem, vertigem, rabugem, ferrugem, fuligem etc.

***Exceções:*** pajem, lambujem (doce ou gorjeta), lajem (pedra da sepultura).

As palavras terminadas em –ÁGIO, ÉGIO, ÍGIO, ÓGIO, ÚGIO:

Contágio, régio, prodígio, relógio, refúgio.

As palavras derivadas de outras que já possuem a letra "g".

***Viagem*** - viageiro

***Ferrugem*** - ferrugento

***Vertigem*** - vertiginoso

***Regime*** - regimental

***Selvagem*** - selvageria

***Regional*** - regionalismo

Em geral, após a letra "r"

**Ex.:** Aspergir, divergir, submergir, imergir etc.

As palavras:

De origem latina: agir, gente, proteger, surgir, gengiva, gesto etc.

De origem árabe: álgebra, algema, ginete, girafa, giz etc.

De origem francesa: estrangeiro, agiotagem, geleia, sargento etc.

De origem italiana: gelosia, ágio etc.

Do castelhano: gitano.

Do inglês: gim.

#### Escreveremos com "J"

Os verbos terminados em –JAR ou –JEAR e suas formas conjugadas:

**Gorjear:** gorjeia (lembre-se das "aves"), gorjeiam, gorjearão.

***Viajar:*** viajei, viaje, viajemos, viajante.

Cuidado para não confundir os termos viagem (substantivo) com viajem (verbo "viajar"). Vejamos o emprego.

"Ele fez uma bela viagem."

"Tomara que eles viajem amanhã."

Palavras derivadas de outras terminadas em –JA.

***Granja:*** granjeiro, granjear.

***Loja:*** lojista, lojinha.

***Laranja:*** laranjal, laranjeira.

***Lisonja:*** lisonjeiro, lisonjeador.

***Sarja:*** sarjeta.

Palavras cognatas (raiz em comum) ou derivadas de outras que possuem o "j".

***Laje:*** lajense, lajedo.

***Nojo:*** nojento, nojeira.

***Jeito:*** jeitoso, ajeitar, desajeitado.

Nas palavras: conjetura, ejetar, injeção, interjeição, objeção, objeto, objetivo, projeção, projeto, rejeição, sujeitar, sujeito, trajeto, trajetória, trejeito.

Palavras de origem ameríndia (geralmente tupi-guarani) ou africana: canjerê, canjica, jenipapo, jequitibá, jerimum, jia, jiboia, jiló, jirau, Moji, pajé, pajéu.

Nas palavras: berinjela, cafajeste, jeca, jegue, Jeremias, jerico, jérsei, majestade, manjedoura, ojeriza, pegajento, rijeza, sujeira, traje, ultraje, varejista.

**Orientações sobre a grafia do fonema /s/**

Podemos representar o fonema /s/ por:

S: ânsia, cansar, diversão, farsa.

SS: acesso, assar, carrossel, discussão.

C, Ç: acetinado, cimento, açoite, açúcar.

SC, SÇ: acréscimo, adolescente, ascensão, consciência, nasço, desça

X: aproximar, auxiliar, auxílio, sintaxe.

XC: exceção, exceder, excelência, excepcional.

Como se grafa, então?

**Escreveremos com s:**

A correlação nd - ns:

***Pretender*** - pretensão, pretenso;

***Expandir*** - expansão, expansivo.

A correlação rg - rs:

***Aspergir*** - aspersão;

***Imergir*** - imersão;

***Emergir*** - emersão .

A correlação rt - rs:

***Divertir*** - diversão;

***Inverter*** - inversão.

O sufixo - ense:

paranaense;

cearense;

londrinense.

**Escreveremos com ss:**

A correlação ced - cess:

***Ceder*** - cessão;

***Interceder*** - intercessão;

***Retroceder*** - retrocesso .

A correlação gred - gress

***Agredir*** - agressão, agressivo;

***Progredir*** - progressão, progresso.

A correlação prim - press

***Imprimir*** - impressão, impresso;

***Oprimir*** - opressão, opressor;

***Reprimir*** - repressão, repressivo.

A correlação meter - miss

***Submeter*** - submissão;

***Intrometer*** - intromissão.

**Escreveremos com c ou com "Ç"**

Palavras de origem tupi ou africana. Ex.:

Açaí, araçá, Iguaçu, Juçara, muçurana, Paraguaçu, caçula, cacimba.

**O "ç" só será usado antes das vogais a, o, u.**

Com os sufixos:

***aça:*** barcaça;

***ação:*** armação;

***çar:*** aguçar;

***ecer:*** esmaecer;

***iça:*** carniça;

***nça:*** criança;

***uça:*** dentuça.

Palavras derivadas de verbos terminados em –ter (não confundir com a regra do –meter / s):

***Abster*** -> abstenção;

***Reter*** -> retenção;

***Deter*** -> detenção.

Depois de ditongos:

Feição;

louça;

traição.

Palavras de origem árabe:

açúcar;

açucena;

cetim;

muçulmano.

**Emprego do SC**

Escreveremos com sc palavras que são termos emprestados do latim:

adolescência;

ascendente;

consciente;

crescer;

descer;

fascinar;

fescenino.

### Grafia da letra s com som de "Z"

Escreveremos com "S":

Terminações –ês, -esa, -isa, que indicam nacionalidade, título ou origem:

***Japonês*** - japonesa;

***Marquês*** - marquesa;

***Camponês*** - camponesa.

Após ditongos:

causa;

coisa;

lousa;

Sousa.

As formas dos verbos pôr e querer e de seus compostos:

Eu pus, nós pusemos, pusésseis etc.

Eu quis, nós quisemos, quisésseis etc.

As terminações –oso e –osa, que indicam qualidade:

gostoso;

garboso;

fervorosa;

talentosa.

O prefixo trans-:

transe;

transação;

transoceânico.

Em diminutivos cujo radical termine em "***S***":

***Rosa*** - rosinha;

***Teresa*** - Teresinha;

***Lápis*** - lapisinho.

A correlação "***d***" - "***s***":

***Aludir*** - alusão, alusivo;

***Decidir*** - decisão, decisivo;

***Defender*** - defesa, defensivo.

Verbos derivados de palavras cujo radical termina em s:

***Análise*** - analisar;

***Presa*** - apresar;

***Êxtase*** - extasiar.

***Português*** - aportuguesar

Os substantivos com os sufixos gregos –esse, isa, -ose:

catequese;

diocese;

poetisa;

virose.

(obs.: "catequizar" com "z")

Os nomes próprios:

Baltasar;

Heloísa;

Isabel;

Isaura;

Luísa;

Sousa;

Teresa.

As palavras:

análise;

cortesia;

hesitar;

reses;

vaselina;

avisar;

defesa;

obséquio;

revés;

vigésimo;

besouro;

fusível;

pesquisa;

tesoura;

colisão;

heresia;

querosene;

vasilha.

### Emprego da letra "Z"

Escreveremos com "z"

As terminações - ez, -eza de substantivos abstratos derivados de adjetivos:

***Belo*** - beleza;

***Rico*** - riqueza;

***Altivo*** - altivez;

***Sensato*** - sensatez.

Os verbos formados com os sufixo - izar e palavras cognatas:

balizar;

inicializar;

civilizar.

As palavras derivadas em:

***zal:*** cafezal, abacaxizal;

***zeiro:*** cajazeiro, açaizeiro;

***zito:*** avezita.

***zinho:*** cãozinho, pãozinho, pezinho

Os derivados de palavras cujo radical termina em z:

Cruzeiro;

Esvaziar.

As palavras:

azar;
aprazível;
baliza;
buzina;
bazar;
cicatriz;
ojeriza;
prezar;
proeza;
vazamento;
vizinho;
xadrez;
xerez.

**Emprego do X e do CH**

A letra X pode representar os seguintes fonemas:

***/ch/:*** xarope;
***/cx/:*** sexo, tóxico;
***/z/:*** exame;
***/ss/:*** máximo;
***/s/:*** sexto.

**Escreveremos com "X"**

Em geral, após um ditongo:

Caixa, peixe, ameixa, rouxinol, caixeiro (exceções: recauchutar e guache)

Geralmente, depois de sílaba iniciada por -em:

enxada;
enxerido;
enxugar;
enxurrada.

Encher (e seus derivados); palavras que iniciam por ch e recebem o prefixo en- "encharcar, enchumaçar, enchiqueirar, enchumbar". "Enchova" também é uma exceção.

Em palavras de origem indígena ou africana:

abacaxi;
xavante;
xará;
orixá;
xinxim.

Após a sílaba me no início da palavra:

mexerica;
mexerico;
mexer;
mexida.
(exceção: mecha de cabelo)

Nas palavras:

bexiga;
bruxa;
coaxar;
faxina;
graxa;
lagartixa;
lixa;
praxe;
vexame;
xícara;
xale;
xingar;
xampu.

**Escreveremos com "CH"**

→ As seguintes palavras, em razão de sua origem:

chave;
cheirar;
chuva;
chapéu;
chalé;
charlatão;
salsicha;
espadachim;
chope;
sanduíche;
chuchu;
cochilo;
fachada;
flecha;
mecha;
mochila;
pechincha.

**Atente para a divergência de sentido com os seguintes elementos**

| | |
|---|---|
| bucho - estômago | buxo - espécie de arbusto |
| cheque - ordem de pagamento | xeque - lance do jogo de xadrez |
| tacha - pequeno prego | taxa - imposto |

# 17. ACORDO ORTOGRÁFICO DA LÍNGUA PORTUGUESA

O Novo Acordo Ortográfico busca simplificar as regras ortográficas da Língua Portuguesa e unificar a nossa escrita e a das demais nações de língua portuguesa: Portugal, Angola, Moçambique, Cabo Verde, Guiné-Bissau, São Tomé e Príncipe e Timor-Leste.

Sua implementação no Brasil passou por algumas etapas:

> 2009 – vigência ainda não obrigatória

> 2010 a 2015: adaptação completa às novas regras

> A partir de 1º de janeiro de 2016: emprego obrigatório, o novo acordo ortográfico passa a ser o único formato da língua reconhecido no Brasil.

Entre as mudanças na língua portuguesa decorrentes da reforma ortográfica, podemos citar o fim do trema, alterações da forma de acentuar palavras com ditongos abertos e que sejam hiatos, supressão dos acentos diferencias e dos acentos tônicos, novas regras para o emprego do hífen e inclusão das letras w, k e y ao idioma.

Entre a proposta (em 1990) e a entrada em vigor (2016) são 16 anos. Esse processo foi longo porque era necessário que fossem alcançadas as três decisões para que o acordo fosse cumprido. Em 2006, São Tomé e Príncipe e Cabo Verde se uniram ao Brasil e ratificaram o novo acordo. Em maio de 2008, Portugal também ratificou o acordo para unificar a ortografia em todas as nações de língua portuguesa.

## 17.1 Trema

Não se usa mais o trema (¨), sinal colocado sobre a letra u para indicar que ela deve ser pronunciada nos grupos gue, gui, que, qui.

aguentar, bilíngue, cinquenta, delinquente, eloquente, ensanguentado, frequente, linguiça, quinquênio, sequência, sequestro, tranquilo.

***Obs.:*** o trema permanece apenas nas palavras estrangeiras e em suas derivadas. Exemplos: Müller, mülleriano.

## 17.2 Regras de Acentuação

### Ditongos abertos em paroxítonas

Não se usa mais o acento dos ditongos abertos éi e ói das palavras paroxítonas (palavras que têm acento tônico na penúltima sílaba).

alcateia, androide, apoia, apoio (verbo), asteroide, boia, celuloide, claraboia, colmeia, Coreia, debiloide, epopeia, estoico, estreia, geleia, heroico, ideia, jiboia, joia, odisseia, paranoia, paranoico, plateia, tramoia.

***Obs.:*** a regra é somente para palavras paroxítonas. Assim, continuam a ser acentuadas as palavras oxítonas e os monossílabos tônicos terminados em éi(s), ói(s). Exemplos: papéis, herói, heróis, dói (verbo doer), sóis etc.

A palavra ideia não leva mais acento, assim como heroico. Mas o termo herói é acentuado.

### I e u tônicos depois de um ditongo

Nas palavras paroxítonas, não se usa mais o acento no i e no u tônicos quando vierem depois de um ditongo.

baiuca, bocaiuva (tipo de palmeira), cauila (avarento)

***Obs.:***

> *se a palavra for oxítona e o i ou o u estiverem em posição final (ou seguidos de s), o acento permanece. Exemplos: tuiuiú, tuiuiús, Piauí;*

> *se o i ou o u forem precedidos de ditongo crescente, o acento permanece. Exemplos: guaíba, Guaíra.*

### Hiatos ee e oo

Não se usa mais acento em palavras terminadas em eem e oo(s).

abençoo, creem, deem, doo, enjoo, leem, magoo, perdoo, povoo, veem, voos, zoo

### Acento diferencial

Não se usa mais o acento que diferenciava os pares pára/para, péla(s)/pela(s), pêlo(s)/pelo(s), pólo(s)/polo(s) e pêra/pera.

**Exs.:**

Ele para o carro.

Ele foi ao polo Norte.

Ele gosta de jogar polo.

Esse gato tem pelos brancos.

Comi uma pera.

***Obs.:***

> *Permanece o acento diferencial em pôde/pode. Pôde é a forma do passado do verbo poder (pretérito perfeito do indicativo), na 3ª pessoa do singular. Pode é a forma do presente do indicativo, na 3ª pessoa do singular.*

Ontem, ele não pôde sair mais cedo, mas hoje ele pode.

> Permanece o acento diferencial em pôr/por. Pôr é verbo. Por é preposição. Exemplo: Vou pôr o livro na estante que foi feita por mim.

> Permanecem os acentos que diferenciam o singular do plural dos verbos ter e vir, assim como de seus derivados (manter, deter, reter, conter, convir, intervir, advir etc.).

**Exs.:**

Ele tem dois carros. / Eles têm dois carros.

Ele vem de Sorocaba. / Eles vêm de Sorocaba.

Ele mantém a palavra. / Eles mantêm a palavra.

Ele convém aos estudantes. / Eles convêm aos es tudantes.

Ele detém o poder. / Eles detêm o poder.

Ele intervém em todas as aulas. / Eles intervêm em todas as aulas.

> É facultativo o uso do acento circunflexo para diferenciar as palavras forma/fôrma. Em alguns casos, o uso do acento deixa a frase mais clara. Veja este exemplo: Qual é a forma da fôrma do bolo?

### Acento agudo no u tônico

Não se usa mais o acento agudo no u tônico das formas (tu) arguis, (ele) argui, (eles) arguem, do presente do indicativo dos verbos arguir e redarguir.

## 17.3 Hífen com Compostos

### Palavras compostas sem elementos de ligação

Usa-se o hífen nas palavras compostas que não apresentam elementos de ligação.

guarda-chuva, arco-íris, boa-fé, segunda-feira, mesa-redonda, vaga-lume, joão-ninguém, porta-malas, porta-bandeira, pão-duro, bate-boca.

***Exceções:*** Não se usa o hífen em certas palavras que perderam a noção de composição, como girassol, madressilva, mandachuva, pontapé, paraquedas, paraquedista, paraquedismo.

### Compostos com palavras iguais

Usa-se o hífen em compostos que têm palavras iguais ou quase iguais, sem elementos de ligação.

reco-reco, blá-blá-blá, zum-zum, tico-tico, tique-taque, cri-cri, glu-glu, rom-rom, pingue-pongue, zigue-zague, esconde-esconde, pega-pega, corre-corre.

### Compostos com elementos de ligação

Não se usa o hífen em compostos que apresentam elementos de ligação.

pé de moleque, pé de vento, pai de todos, dia a dia, fim de semana, cor de vinho, ponto e vírgula, camisa de força, cara de pau, olho de sogra.

***Obs.:*** Incluem-se nesse caso os compostos de base oracional.

maria vai com as outras, leva e traz, diz que diz que, deus me livre, deus nos acuda, cor de burro quando foge, bicho de sete cabeças, faz de conta.

***Exceções:*** água-de-colônia, arco-da-velha, cor-de-rosa, mais-que-perfeito, pé-de-meia, ao deus-dará, à queima-roupa.

### Topônimos

Usa-se o hífen nas palavras compostas derivadas de topônimos (nomes próprios de lugares), com ou sem elementos de ligação.

**Exs.:**

Belo Horizonte: belo-horizontino

Porto Alegre: porto-alegrense

Mato Grosso do Sul: mato-grossense-do-sul

Rio Grande do Norte: rio-grandense-do-norte

África do Sul: sul-africano

## 17.4 Uso do Hífen com Palavras Formadas por Prefixos

### Casos gerais

#### Antes de h

Usa-se o hífen diante de palavra iniciada por h.

**Exs.:**

anti-higiênico

anti-histórico

macro-história

mini-hotel

proto-história

sobre-humano

super-homem

ultra-humano

### Letras iguais

Usa-se o hífen se o prefixo terminar com a mesma letra com que se inicia a outra palavra.

**Exs.:**

micro-ondas

anti-inflacionário

sub-bibliotecário

inter-regional

### Letras diferentes

Não se usa o hífen se o prefixo terminar com letra diferente daquela com que se inicia a outra palavra.

**Exs.:**

autoescola

antiaéreo

intermunicipal

supersônico

superinteressante

agroindustrial

aeroespacial

semicírculo

***Obs.:*** Se o prefixo terminar por vogal e a outra palavra começar por r ou s, dobram-se essas letras.

**Exs.:**

minissaia

antirracismo

ultrassom

semirreta

## Casos particulares

### Prefixos sub e sob

Com os prefixos sub e sob, usa-se o hífen também diante de palavra iniciada por r.

**Exs.:**

sub-região

sub-reitor

sub-regional

sob-roda

### Prefixos circum e pan

Com os prefixos circum e pan, usa-se o hífen diante de palavra iniciada por m, n e vogal.

**Exs.:**

circum-murado

circum-navegação

pan-americano

### Outros prefixos

Usa-se o hífen com os prefixos ex, sem, além, aquém, recém, pós, pré, pró, vice.

**Exs.:**

além-mar

além-túmulo

aquém-mar

ex-aluno

ex-diretor

ex-hospedeiro

ex-prefeito

ex-presidente

pós-graduação

pré-história

pré-vestibular

pró-europeu

recém-casado

recém-nascido

sem-terra

vice-rei

### Prefixo co

O prefixo co junta-se com o segundo elemento, mesmo quando este se inicia por o ou h. Neste último caso, corta-se o h. Se a palavra seguinte começar com rou s, dobram-se essas letras.

**Exs.:**

coobrigação

coedição

coeducar

cofundador

coabitação

coerdeiro

corréu

corresponsável

cosseno

### Prefixos pre e re

Com os prefixos pre e re, não se usa o hífen, mesmo diante de palavras começadas por e.

**Exs.:**

preexistente

preelaborar

reescrever

reedição

### Prefixos ab, ob e ad

Na formação de palavras com ab, ob e ad, usa-se o hífen diante de palavra começada por b, d ou r.

**Exs.:**

ad-digital

ad-renal

ob-rogar

ab-rogar

## Outros casos do uso do hífen

### Não e quase

Não se usa o hífen na formação de palavras com não e quase.

**Exs.:**

(acordo de) não agressão

(isto é um) quase delito

### Mal

Com mal*, usa-se o hífen quando a palavra seguinte começar por vogal, h ou l.

**Exs.:**

mal-entendido

mal-estar

mal-humorado

mal-limpo

***Obs.:*** Quando mal significa doença, usa-se o hífen se não houver elemento de ligação.

**Exs.:**

mal-francês.

Se houver elemento de ligação, escreve-se sem o hífen.

mal de lázaro, mal de sete dias.

### Tupi-guarani

Usa-se o hífen com sufixos de origem tupi-guarani que representam formas adjetivas: açu, guaçu, mirim.*:*

**Exs.:**

capim-açu

amoré-guaçu

anajá-mirim

### Combinação ocasional

Usa-se o hífen para ligar duas ou mais palavras que ocasionalmente se combinam, formando não propriamente vocábulos, mas encadeamentos vocabulares.

**Exs.:**

ponte Rio-Niterói

eixo Rio-São Paulo

### Hífen e translineação

Para clareza gráfica, se no final da linha a partição de uma palavra ou combinação de palavras coincidir com o hífen, ele deve ser repetido na linha seguinte.

**Exs.:**

Na cidade, conta-

- **s**e que ele foi viajar.

O diretor foi receber os ex-

-alunos.

guarda-

-chuva

Por favor, diga-

-nos logo o que aconteceu.

## 17.5 Síntese das Principais Regras do Hífen

| | Síntese do Hífen | |
|---|---|---|
| Letras diferentes | Não use hífen | Infraestrutura, extraoficial, supermercado |
| Letras iguais | Use hífen | Anti-inflamatório, contra-argumento, inter-racial, hiper-realista |
| Vogal + r ou s | Não use hífen (duplique r ou s) | Corréu, cosseno, minissaia, autorretrato |
| Bem | Use hífen | Bem-vindo, bem-humorado |

## 17.6 Quadro Resumo do Emprego do Hífen com Prefixos

| Prefixos | Letra que inicia a palavra seguinte |
|---|---|
| Ante-, Anti-, Contra-, Entre-, Extra-, Infra-, Intra-, Sobre-, Supra-, Ultra- | H / VOGAL IDÊNTICA À QUE TERMINA O PREFIXO<br>Exemplos com H: ante-hipófise, anti-higiênico, anti-herói, contra-hospitalar, entre-hostil, extra-humano, infra-hepático, sobre-humano, supra-hepático, ultra-hiperbólico.<br>Exemplos com vogal idêntica: anti-inflamatório, contra-ataque, infra-axilar, sobre-estimar, supra-auricular, ultra-aquecido. |
| Ab-, Ad-, Ob-, Sob- | B - R - D (Apenas com o prefixo "Ad")<br>Exemplos: ab-rogar (pôr em desuso), ad-rogar (adotar) ob-reptício (astucioso), sob-roda ad-digital |
| Circum-, Pan- | H / M / N / VOGAL<br>Exemplos: circum-meridiano, circum-navegação, circum-oral, pan-americano, pan-mágico, pan-negritude. |
| Ex- (no sentido de estado anterior), Sota-, Soto-, Vice-, Vizo- | DIANTE DE QUALQUER PALAVRA<br>Exemplos: ex-namorada, sota-soberania (não total), soto-mestre (substituto), vice-reitor, vizo-rei. |
| Hiper-, Inter-, Super- | H / R<br>Exemplos: hiper-hidrose, hiper-raivoso, inter-humano, inter-racial, super-homem, super-resistente. |
| Pós-, Pré-, Pró- (tônicos e com significados próprios) | DIANTE DE QUALQUER PALAVRA<br>Exemplos: pós-graduação, pré-escolar, pró-democracia.<br>Obs.: se os prefixos não forem autônomos, não haverá hífen. Exemplos: predeterminado, pressupor, pospor, propor. |
| Sub- | B - H - R<br>Exemplos: sub-bloco, sub-hepático, sub-humano, sub-região.<br>Obs.: "subumano" e "subepático" também são aceitas. |
| Pseudoprefixos (diferem-se dos prefixos por apresentarem elevado grau de independência e possuírem uma significação mais ou menos delimitada, presente à consciência dos falantes.)<br>Aero-, Agro-, Arqui-, Auto-, Bio-, Eletro-, Geo-, Hidro-, Macro-, Maxi-, Mega, Micro-, Mini-, Multi-, Neo-, Pluri-, Proto-, Pseudo-, Retro-, Semi-, Tele- | H / VOGAL IDÊNTICA À QUE TERMINA O PREFIXO<br>Exemplos com H: geo-histórico, mini-hospital, neo-helênico, proto-história, semi-hospitalar.<br>Exemplos com vogal idêntica: arqui-inimigo, auto-observação, eletro-ótica, micro-ondas, micro-ônibus, neo-ortodoxia, semi-interno, tele-educação. |

01. Não se utilizará o hífen em palavras iniciadas pelo prefixo 'co-'.

    **Ex.:** coadministrar, coautor, coexistência, cooptar, coerdeiro corresponsável, cosseno.

*02. Prefixos des- e in- + segundo elemento sem o "h" inicial.*

    **Ex.:** *desarmonia, desumano, desumidificar, inábil, inumano, etc.*

03. Não se utilizará o hífen com a palavra não.

    **Ex.:** não violência, não agressão, não comparecimento.

04. Não se utiliza o hífen em palavras que possuem os elementos "bi", "tri", "tetra", "penta", "hexa", etc.

    **Ex.:** bicampeão, bimensal, bimestral, bienal, tridimensional, trimestral, triênio, tetracampeão, tetraplégico, pentacampeão, pentágono, etc.

05. Em relação ao prefixo "hidro", em alguns casos pode haver duas formas de grafia.

    **Ex.:** hidroelétrica e hidrelétrica

06. No caso do elemento "socio", o hífen será utilizado apenas quando houver função de substantivo (= de associado).

    **Ex.:** sócio-gerente / socioeconômico

# 18. INTERPRETAÇÃO DE TEXTOS

## 18.1 Ideias Preliminares sobre o Assunto

Independentemente de quem seja o professor de Língua Portuguesa, é muito comum ele ouvir alguns alunos falando que até gostam da matéria em questão, mas que possuem muita dificuldade com a interpretação dos textos. Isso é algo totalmente normal, principalmente porque costumamos fazer algo terrível chamado de "leitura dinâmica" que poderia ser traduzido da seguinte maneira: procedimento em que você olha as palavras mas não entende o significado do que está lá escrito.

Para interpretar um texto, o indivíduo precisa de muita atenção e de muito treino. Interpretar pode ser comparado com disparar uma arma: apenas temos chance de acertar o alvo se treinarmos muito e soubermos combinar todos os elementos externos ao disparo: velocidade do ar, direção, distância etc.

Quando o assunto é texto, o primordial é estabelecer uma relação contextual com aquilo que estamos lendo. Montar o contexto significa associar o que está escrito no texto base com o que está disposto nas questões. Lembre-se de que há uma questão montada com a intenção de testar você, ou seja, deve ficar atento para todas as palavras e para todas as possibilidades de mudança de sentido que possa haver nas questões.

É preciso, para entender as questões de interpretação de qualquer banca, buscar o raciocínio que o elaborador da questão emprega na redação da questão. Usualmente, objetiva-se a depreensão dos sentidos do texto. Para tanto, destaque os itens fundamentais (as ideias principais contidas nos parágrafos) para poder refletir sobre tais itens dentro das questões.

## 18.2 Semântica ou Pragmática?

Existe uma discussão acadêmica sobre o que possa ser considerado como semântica e como pragmática. Em que pese o fato de os universitários divergirem a respeito do assunto, vamos estabelecer uma distinção simples, apenas para clarear nossos estudos.

> **Semântica**: disciplina que estuda o significado dos termos. Para as questões relacionadas a essa área, o comum é que se questione acerca da troca de algum termo e a manutenção do sentido original da sentença.
>
> **Pragmática**: disciplina que estuda o sentido que um termo assume dentro de determinado contexto. Isso quer dizer que a identificação desse sentido depende do entorno linguístico e da intenção de quem exprime a sentença.

Para exemplificar essa situação, vejamos o exemplo abaixo:

**Pedro está na geladeira.**

Nesse caso, é possível que uma questão avalie a capacidade de o leitor compreender que há, no mínimo, dois sentidos possíveis para essa sentença: um deles diz respeito ao fato de a expressão "na geladeira" poder significar algo como "ele foi até a geladeira buscar algo", o que – coloquialmente – significaria uma expressão indicativa de lugar. O outro sentido diz respeito ao fato de "na geladeira" significar que "foi apartado de alguma coisa para receber algum tipo de punição".

A questão sobre semântica exigiria que o candidato percebesse a possibilidade de trocar a palavra "geladeira" por "refrigerador" – havendo, nesse caso, uma relação de sinonímia.

A questão de pragmática exigiria que o candidato percebesse a relação contextualmente estabelecida, ou seja, a criação de uma figura de linguagem (um tipo de metáfora) para veicular um sentido particular.

## 18.3 Questão de Interpretação?

Como se faz para saber que uma questão de interpretação é uma questão de interpretação? É uma mera intuição que surge na hora da prova ou existe uma "pista" a ser seguida para a identificação da natureza da questão?

Respondendo a essa pergunta, entende-se que há pistas que identificam a questão como pertencente ao rol de questões para interpretação. Os indícios mais precisos que costumam aparecer nas questões são:

> Reconhecimento da intenção do autor.
>
> Ponto de vista defendido.
>
> Argumentação do autor.
>
> Sentido da sentença.

Apesar disso, não são apenas esses os indícios de que uma questão é de intepretação. Dependendo da banca, podemos ter a natureza interpretativa distinta, principalmente porque o critério de intepretação é mais subjetivo que objetivo. Algumas bancas podem restringir o entendimento do texto; outras podem extrapolá-lo.

## 18.4 Tipos de Texto - O Texto e suas Partes

Um texto é um todo. Um todo é constituído de diversas partes. A interpretação é, sobremaneira, uma tentativa de reconhecer as intenções de quem comunica recompondo as partes para uma visão global do todo.

Para podermos interpretar, é necessário termos o conhecimento prévio a respeito dos tipos de texto que, fortuitamente, podemos encontrar em um concurso. Vejamos quais são as distinções fundamentais com relação aos tipos de texto.

## 18.5 O Texto Dissertativo

Nas acepções mais comuns do dicionário, o verbo "dissertar" significa "discorrer ou opinar sobre algum tema". O texto dissertativo apresenta uma ideia básica que começa a ser desdobrada em subitens ou termos menores. Cabe ressaltar que não existe apenas um tipo de dissertação, há mais de uma maneira de o autor escrever um texto dessa natureza.

Conceituar, polemizar, questionar a lógica de algum tema, explicar ou mesmo comentar uma notícia são estratégias dissertativas. Vamos dividir essa tipologia textual em dois tipos essencialmente diferentes: o **dissertativo-expositivo** e o **dissertativo-argumentativo**.

## Padrão dissertativo-expositivo

A característica fundamental do padrão expositivo da dissertação é utilizar a estrutura da prosa não para convencer alguém de alguma coisa, e sim para apresentar uma ideia, apresentar um conceito. O princípio do texto expositivo não é a persuasão, é a informação e, justamente por tal fato, ficou conhecido como informativo. Para garantir uma boa interpretação desse padrão textual, é importante buscar a ideia principal (que deve estar presente na introdução do texto) e, depois, entender quais serão os aspectos que farão o texto progredir.

**Onde posso encontrar esse tipo de texto?** Jornais revistas, sites sobre o mundo de economia e finanças. Diz-se que esse tipo de texto focaliza a função referencial da linguagem.

**Como costuma ser o tipo de questão relacionada ao texto dissertativo-expositivo?** Geralmente, os elaboradores questionam sobre as informações veiculadas pelo texto. A tendência é que o elaborador inverta as informações contidas no texto.

**Como resolver mais facilmente?** Toda frase que mencionar o conceito ou a quantidade de alguma coisa deve ser destacada para facilitar a consulta.

## Padrão dissertativo-argumentativo

No texto do padrão dissertativo-argumentativo, existe uma opinião sendo defendida e existe uma posição ideológica por detrás de quem escreve o texto. Se analisarmos a divisão dos parágrafos de um texto com características argumentativas, perceberemos que a introdução apresenta sempre uma tese (ou hipótese) que é defendida ao longo dos parágrafos.

Uma vez feito isso, o candidato deve entender qual é a estratégia utilizada pelo produtor do texto para defender seu ponto de vista. Na verdade, agora é o momento de colocar "a mão na massa" para valer, uma vez que aqueles enunciados que iniciam com "infere-se da argumentação do texto", "depreende-se dos argumentos do autor" serão vencidos caso se observem os fatores de interpretação corretos.

Quais são esses fatores, então?

A conexão entre as ideias do texto (atenção para as conjunções).

Articulação entre as ideias do texto (atenção para a combinação de argumentos).

Progressão do texto.

**Os Recursos Argumentativos:**

Quando o leitor interage com uma fonte textual, deve observar - tratando-se de um texto com o padrão dissertativo-argumentativo - que o autor se vale de recursos argumentativos para construir seu raciocínio dentro do texto. Vejamos alguns recursos importantes:

**Argumento de autoridade**: baseado na exposição do pensamento de algum especialista ou alguma autoridade no assunto. Citações, paráfrases e menções ao indivíduo podem ser tomadas ao longo do texto. Tome cuidado para não cair na armadilha: saiba diferenciar se a opinião colocada em foco é a do autor ou se é a do indivíduo que ele cita ao longo do texto.

**Argumento com base em consenso**: parte de uma ideia tomada como consensual, o que "carrega" o leitor a entender apenas aquilo que o elaborador mostra. Sentenças do tipo todo mundo sabe que, é de conhecimento geral que identificam esse tipo de argumentação.

**Argumento com fundamentação concreta**: basear aquilo que se diz em algum tipo de pesquisa ou fato que ocorre com certa frequência.

**Argumento silogístico (com base em um raciocínio lógico)**: do tipo hipotético - Se...então.

**Argumento de competência linguística**: consiste em adequar o discurso ao panorama linguístico de quem é tido como possível leitor do texto.

**Argumento de exemplificação**: utilizar casos, ou pequenos relatos para ilustrar a argumentação do texto.

# 19. DEMAIS TIPOLOGIAS TEXTUAIS

## 19.1 O Texto Narrativo

Em uma definição bem simplista, "narrar" significa "sequenciar ações". É um dos gêneros mais utilizados e mais conhecidos pelo ser humano, quer no momento de relatar algum evento para alguém – em um ambiente mais formal -, quer na conversa informal sobre o resumo de um dia de trabalho. O fato é que narramos, e o fazemos de maneira praticamente instintiva. É importante, porém, conhecer quais são seus principais elementos de estruturação.

Os operadores do texto narrativo são:

**Narrador**: é a voz que conduz a narrativa.

**Narrador-protagonista**: narra o texto em primeira pessoa.

**Narrador-personagem (testemunha)**: nesse caso, quem conta a história não participou como protagonista, no máximo como um personagem adjuvante da história.

**Narrador onisciente**: narrador que está distanciado dos eventos e conhece aquilo que se passa na cabeça dos personagens.

**Personagens**: são aqueles que efetivamente atuam na ordem da narração, ou seja, a trama está atrelada aos comportamentos que eles demonstram ao longo do texto.

**Tempo**: claramente, é o lapso em que transcorrem as ações narradas. Segundo a classificação tradicional, divide-se o tempo da narrativa em: Cronológico, Psicológico e Da narrativa.

**Espaço**: é o local físico em que as ações ocorrem.

**Trama**: é o encadeamento de ações propriamente dito.

## 19.2 O Texto Descritivo

O texto descritivo é o que levanta características para montar algum tipo de panorama. Essas características, mormente, são físicas, entretanto, não é necessário ser sempre desse modo. Podemos dizer que há dois tipos de descrição:

**Objetiva**: em que surgem aspectos sensoriais diretos, ou seja, não há uma subjetividade por parte de quem escreve. Veja um exemplo:

***Nome científico:*** *Ginkgo biloba L.*
***Nome popular:*** *nogueira-do-japão.*
***Origem:*** *Extremo Oriente.*

Aspecto: as folhas dispõem-se em leque e são semelhantes ao trevo.

A altura da árvore pode chegar a 40 metros; o fruto lembra uma ameixa e contém uma noz que pode ser assada e comida.

**Subjetiva**: em que há impressões particulares do autor do texto. Há maior valorização dos sentimentos insurgentes daquilo que se contempla. Veja um exemplo:

## 19.3 Conotação X Denotação

É interessante, quando se estuda o conteúdo de interpretação de texto, ressaltar a distinção conceitual entre o sentido conotativo e o sentido denotativo da linguagem. Vejamos como se opera essa distinção:

**Sentido conotativo**: figurado, ou abstrato. Relaciona-se com as figuras de linguagem.

Adalberto **entregou sua alma a Deus**.

A ideia de entregar a alma a Deus é figurada, ou seja, não ocorre literalmente, pois não há um serviço de entrega de almas. Essa é uma figura que convencionamos chamar de **metáfora**.

**Sentido denotativo**: literal, ou do dicionário. Relaciona-se com a função referencial da linguagem.

Adalberto **morreu**.

Quando dizemos função referencial, entende-se que o falante está preocupado em transmitir precisamente o fato ocorrido, sem apelar para figuras de pensamento.

## 19.4 Figuras de Linguagem

Apenas para ilustrar algumas das mais importantes figuras de linguagem que podem ser cobradas em algumas provas, observe a lista:

**Metáfora**: uma figura de linguagem, que consiste na comparação de dois termos sem o uso de um conectivo.

Seus olhos **são dois oceanos**. (Os olhos possuem a profundidade do oceano, a cor do oceano etc.)

**Comparação**: comparação direta com o elemento conectivo.

O vento é como uma mulher.

**Metonímia**: figura de linguagem que consiste utilização de uma expressão por outra, dada a semelhança de sentido ou a possibilidade de associação lógica entre elas.

**Vá ao mercado e traga um Nescau**. (achocolatado em pó).

**Antítese**: figura de linguagem que consiste na exposição de ideias opostas.

*"**Nasce** o Sol e não dura mais que um **dia***
*Depois da **Luz** se segue à **noite** escura*
*Em tristes **sombras morre** a formosura,*
*Em contínuas **tristezas e alegrias**."*

(Gregório de Matos)

Os termos em negrito evidenciam relações semânticas de distinção (oposição). Nascer é o contrário de morrer, assim como sombra é o contrário de luz. Essa figura foi muito utilizada na poesia brasileira, em especial pelo autor dos versos acima: Gregório de Matos Guerra.

**Paradoxo**: expressão que contraria o senso comum. Ilógica.

*"Amor é fogo que **arde sem se ver**;*
*É ferida que **dói e não se sente**;*
*É um **contentamento descontente**;*
*É **dor que desatina sem doer**."*

(Luís de Camões)

A construção semântica acima é totalmente ilógica, pois é impossível uma ferida doer e não ser sentida, assim como não é possível o contentamento ser descontente.

**Perífrase**: expressão que tem por função substituir semanticamente um termo:

**A última flor do Lácio** anda muito judiada. (Português é a última flor do Lácio)

**Eufemismo:** figura que consiste em atenuar uma expressão desagradável:

José **pegou emprestado sem avisar**; (roubou).

**Disfemismo**: contrário ao Eufemismo, é a figura de linguagem que consiste em tornar uma expressão desagradável em algo ainda pior.

O homem **abotoou o paletó de madeira**. (morreu).

**Prosopopeia**: atribuição de características animadas a seres inanimados.

O vento sussurrou em meus ouvidos.

**Hipérbole**: exagero proposital de alguma característica.

**Estou morrendo de rir.**

**Sinestesia**: confusão dos sentidos do corpo humano para produzir efeitos expressivos.

Ouvi uma **voz suave** saindo do quarto.

## 19.5 Funções da Linguagem

Deve-se a Roman Jakobson a discriminação das seis funções da linguagem na expressão e na comunicação humanas, conforme o realce particular que cada um dos componentes do processo de comunicação recebe no enunciado. Por isso mesmo, é raro encontrar em uma única mensagem apenas uma dessas funções, ou todas reunidas em um mesmo texto. O mais frequente é elas se superporem, apresentando-se uma ou outra como predominante.

Em que pese tal fato, é preciso considerar que há particularidades com relação às funções da linguagem, ou seja, cada função descreve algo em particular. Com isso, pretendo dizer que, antes de o estudante se ater às funções em si, é preciso que ele conheça o sistema que é um pouco mais amplo, ou seja, o ato comunicativo. Afinal, a teoria de Roman Jakobson se volta à descrição do ato comunicativo em si.

Em um livro chamado Linguística e comunicação, o linguista Roman Jakobson, pensando sobre o ato comunicativo e seus elementos, identifica seis funções da linguagem.

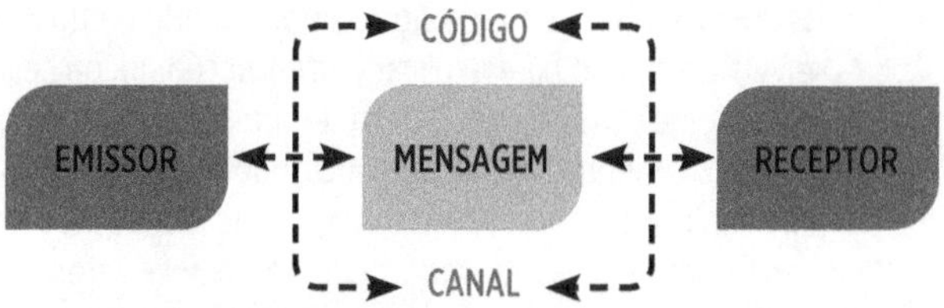


→ Nesse esquema, identificamos:

> **Emissor**: quem enuncia.
> **Mensagem**: aquilo que é transmitido pelo emissor.
> **Receptor**: quem recebe a mensagem.
> **Código**: o sistema em que a mensagem é codificada. O código deve ser comum aos polos da comunicação.
> **Canal**: meio físico por que ocorre a comunicação.

Pensando sobre esses elementos, Jakobson percebeu que cada função da linguagem está centrada em um elemento específico do ato comunicativo. É o que veremos agora.

**As Funções da Linguagem são:**

> **Referencial**: centrada na mensagem, ou seja, na transmissão do conteúdo. Como possui esse caráter, a objetividade é uma constante para a função referencial. É comum que se busque a imparcialidade quando dela se faz uso. É também conhecida como função denotativa. Como a terceira pessoa do singular é predominante, podem-se encontrar exemplos de tal função em textos científicos, livros didáticos, textos de cunho apenas informativo etc.

**Emotiva**: centrada no emissor, ou seja, em quem enuncia a mensagem. Basicamente a primeira pessoa predomina quando o texto se apoia sobre a função emotiva. É muito comum a observarmos em depoimentos, discursos, em textos sentimentais, e mesmo em textos líricos.

**Apelativa**: centrada no receptor, ou seja, em quem recebe a mensagem. As características comuns a manifestações dessa função da linguagem são os verbos no modo imperativo, a tentativa de persuadir o receptor, a utilização dos pronomes de tratamento que tangenciem o interlocutor. É comum observar a função apelativa em propaganda, em discursos motivacionais etc.

**Poética**: centrada na transformação da mensagem, ou seja, em como modificar o conteúdo da mensagem a fim de torná-lo mais expressivo. As figuras de linguagem são abundantes nessa função e, por sua presença, convencionou-se chamar, também, função poética de função conotativa. Textos literários, poemas e brincadeiras com a mensagem são fontes em que se pode verificar a presença da função poética da linguagem.

**Fática**: centrada no canal comunicativo. Basicamente, busca testar o canal para saber se a comunicação está ocorrendo. Expressões como "olá", "psiu" e "alô você" são exemplos dessa função.

**Metalinguística**: centrada no código. Quando o emissor se vale do código para explicar o próprio código, ou seja, num tipo de comunicação autorreferente. Como exemplo, podemos citar um livro de gramática, que se vale da língua para explicar a própria língua; uma aula de didática (sobre como dar aula); ou mesmo um poema que se refere ao processo de escrita de um poema. O poema a seguir é um ótimo exemplo de função metalinguística.

**Catar feijão**

*Catar feijão se limita com escrever:*
*jogam-se os grãos na água do alguidar*
*e as palavras na da folha de papel;*
*e depois, joga-se fora o que boiar.*
*Certo, toda palavra boiará no papel,*
*água congelada, por chumbo seu verbo:*
*pois para catar esse feijão, soprar nele,*
*e jogar fora o leve e oco, palha e eco.*
*Ora, nesse catar feijão entra um risco:*
*o de que entre os grãos pesados entre*
*um grão qualquer, pedra ou indigesto,*
*um grão imastigável, de quebrar dente.*
*Certo não, quando ao catar palavras:*
*a pedra dá à frase seu grão mais vivo:*
*obstrui a leitura fluviante, flutual,*
*açula a atenção, isca-a com risco.*

MELO NETO, João Cabral de. Obra completa.
Rio de Janeiro: Nova Aguilar, 1995.

# 20. INTERPRETAÇÃO DE TEXTO POÉTICO

Cada vez mais comum em provas de concursos públicos, o texto poético possui suas particularidades. Nem todas as pessoas possuem a capacidade de ler um texto poético, quanto mais interpretá-lo. Justamente por esse fato, ele tem sido o predileto dos examinadores que querem dificultar a vida dos candidatos.

Antes de passar à interpretação propriamente dita, é preciso identificar a nomenclatura das partes de um poema. Cada "linha" do poema é chamada de "**verso**", o conjunto de versos é chamado de "**estrofe**". A primeira sugestão para quem pretende interpretar um poema é segmentar a interpretação por estrofe e anotar o sentido trazido ao lado e cada trecho.

Geralmente as bancas pecam ao diferenciar **autor** de **eu-lírico**. O primeiro é realmente a pessoa por detrás da pena, ou seja, é quem efetivamente escreve o texto; o segundo é a "voz" do poema, a "pessoa" fictícia, abstrata que figura como quem traz o poema para o leitor.

Outro problema muito comum na hora de fazer algo dessa natureza é a leitura do texto. Como o texto está em uma disposição que não é mais tão usual, as pessoas têm dificuldade para realizar a leitura. Eis uma dica fundamental: só interrompa a leitura quando chegar a um ponto ou a uma vírgula, porque é dessa maneira que se lê um texto poético. Além disso, é preciso que, mesmo mentalmente, o indivíduo tente dar ênfase na leitura, pois isso pode ajudar na intepretação.

Comumente, o vocabulário do texto poético não é acessível e, em razão disso, costuma haver notas explicativas com o significado das palavras, jamais ignore essa informação! Pode ser a salvação para a interpretação do texto lido.

Veja um exemplo:

**Nel mezzo del camin (Olavo Bilac)**

*"Cheguei. Chegaste. Vinhas fatigada*
*E triste, e triste e fatigado eu vinha.*
*Tinhas a alma de sonhos povoada,*
*E a alma de sonhos povoada eu tinha...*

*E paramos de súbito na estrada*
*Da vida: longos anos, presa à minha*
*A tua mão, a vista deslumbrada*
*Tive da luz que teu olhar continha.*

*Hoje, segues de novo... Na partida*
*Nem o pranto os teus olhos umedece,*
*Nem te comove a dor da despedida.*
*E eu, solitário, volto a face, e tremo,*
*Vendo o teu vulto que desaparece*
*Na extrema curva do caminho extremo."*

Existe outro fator extremamente importante na hora de tentar entender o conteúdo de um texto poético: o **título**! Nem todo poema possui um título, é claro, mas os que possuem ajudam, e muito, na compreensão do "assunto" do poema.

É claro que ter conhecimento do autor e do estilo de escrita por ele adotado é a ferramenta mais importante para que o candidato compreenda com profundidade o que está sendo veiculado pelo texto, porém, como grande parte das bancas ainda não chegou a esse nível de aprofundamento interpretativo, apenas o reconhecimento da superfície do texto já é suficiente para responder às questões.

Vejamos alguns textos para explanar melhor:

**Bem no fundo (Paulo Leminski)**

*No fundo, no fundo,*
*Bem lá no fundo,*
*A gente gostaria*
*De ver nossos problemas*
*Resolvidos por decreto*

*A partir desta data,*
*Aquela mágoa sem remédio*
*É considerada nula*
*E sobre ela – silêncio perpétuo*

*Extinto por lei todo o remorso,*
*Maldito seja quem olhar pra trás,*
*Lá pra trás não há nada,*
*E nada mais*

*Mas problemas não se resolvem,*
*Problemas têm família grande,*
*E aos domingos saem todos passear*
*O problema, sua senhora*
*E outros pequenos probleminhas*

**Interpretação**: por mais que trabalhemos para resolvermos nossos problemas, a única certeza é a de que eles continuarão, pois é isso que nos move.

## 20.1 Tradução de Sentido

As questões de tradução de sentido costumam ser o "calcanhar de Aquiles" dos candidatos. Nem sempre aparecem nas provas, mas quando surgem, é celeuma garantida. A maneira mais eficaz de resolvê-las é buscar relações de sinonímia em ambos os lados da sentença. Com isso, fica mais fácil acertar a questão.

Consideremos a relação de sinonímia presente entre "alegria" e "felicidade". Esses dois substantivos não significam, rigorosamente, a mesma coisa, mas são considerados sinônimos contextuais, se considerarmos um texto. Disso, entende-se que o sinônimo é identificado contextualmente e não depende, necessariamente, do conhecimento do sentido de todas as palavras.

Seria bom se fosse sempre dessa maneira. Ocorre que algumas bancas tentam selecionar de maneira não rigorosa os candidatos que acabam por cobrar o chamado "conhecimento que não é básico" dos candidatos. O melhor exemplo é pedir o significado da palavra "adrede", o qual pouquíssimas pessoas conhecem.

## 20.2 Organização de Texto (Texto Embaralhado)

Em algumas bancas, é comum haver questões que apresentam um texto desordenado, para que o candidato o reordene, garantido a coesão e a coerência. Além disso, não é raro haver trecho de texto com lacunas para preencher com alguns parágrafos. Para que isso ocorra, é mister saber o que significa coesão e coerência. Vamos a algumas definições simples.

**Coesão** é o conjunto de procedimentos e mecanismos que estabelecem conexão dentro do texto, o que busca garantir a progressão daquilo que se escreve nas sentenças. Pronomes, perífrases e sinônimos estão entre os mecanismos de coesão que podem ser empregados na sentença.

**Coerência** diz respeito à organização de significância do texto, ou seja, o sentido daquilo que se escreve. A sequência temporal e o princípio de não contradição são os dispostos mais emergentes da coerência.

Em questões dessa natureza, busque analisar as sequências de entrada e saída dos textos. Veja se há definições e conectivos que encerram ideias, ou se há pronomes que buscam sequenciar as sentenças. Desse modo, fica mais fácil acertar a questão.

## 20.3 Significação das Palavras

### Compreensão, interpretação, intelecção

O candidato que é concurseiro de longa data sabe que, dentre as questões de interpretação de texto, é muito comum surgirem nomenclaturas distintas para fenômenos não tão distintos assim. Quer dizer que se no seu edital há elementos como leitura, compreensão, intelecção ou interpretação de texto, no fundo, o conceito é o mesmo. Ocorre que, dentro desse processo de interpretação, há elementos importantes para a resolução dos certames.

**O que se diz e o que se pode ter dito:**

Sempre que há um momento de enunciação, o material linguístico serve de base para que os interlocutores negociem o sentido daquilo que está na comunicação. Isso ocorre por meio de vários processos, sendo que é possível destacar alguns mais relevantes:

**Dito**: consiste na superfície do enunciado. O próprio material linguístico que se enuncia.

**Não-dito**: consiste naquilo que se identifica imediatamente, quando se trabalha com o que está posto (o dito).

**Subentendido**: consiste nos sentidos ativados por um processo inferencial de análise e síntese do material linguístico somado ao não-dito.

» Vejamos isso em uma sentença para compreendermos a teoria.

» "A eleição de Barack Obama não é um evento apenas americano."

Dito: é o próprio conteúdo da sentença – o fato de a eleição em questão não ser um evento apenas americano.

Não-dito: alguém poderia pensar que a eleição teria importância apenas para os americanos.

Subentendido: pode-se concluir que a eleição em questão terá grandes repercussões, a um nível global.

## 20.4 Inferência

Assunto muitíssimo delicado e ainda não resolvido na linguística. Não vou me dispor a teorizar sobre isso, pois seria necessário o espaço de um livro para tanto. Para a finalidade dos concursos públicos, vamos considerar que a inferência é o resultado do processamento na leitura, ou seja, é aquilo que se pode "concluir" ou "depreender" da leitura de um texto.

No momento de responder a uma questão dessa natureza, recomenda-se prudência. Existe um conceito que parece fundamental para facilitar a resolução dessas questões. Ele se chama **ancoragem lexical.** Basicamente, entende-se como A. L. a inserção de algum elemento que dispara pressuposições e fomenta inferências, ou seja, se alguma questão pedir se é possível inferir algo, o candidato só poderá responder afirmativamente, se houve uma palavra ou uma expressão (âncora lexical) que permita associar diretamente esses elementos.

### Semântica (sentido)

Evidentemente, o conteúdo relativo à significação das palavras deve muito a uma boa leitura do dicionário. Na verdade, o vocabulário faz parte do histórico de leitura de qualquer pessoa: quanto mais você lê, maior é o número de palavras que você vai possuir em seu "HD" mental. Como é impossível receitar a leitura de um dicionário, podemos arrolar uma lista com palavras que possuem peculiaridades na hora de seu emprego. Falo especificamente de **sinônimos, antônimos, homônimos e parônimos**. Mãos à obra!

**Sinônimos**:

Sentido aproximado: não existem sinônimos perfeitos:

Feliz (Alegre / Contente).

Palavra (Vocábulo).

Professor (Docente).

**Professor** Mário chegou à escola. O **docente** leciona matemática.

**Antônimos:**

Oposição de sentido:

Bem (Mal).

Bom (Mau).

Igual (Diferente).

**Homônimos:**

Homônimos são palavras com escrita ou pronúncia iguais (semelhantes), porém com significado (sentido) diferente:

Adoro comer **manga** com sal.

Derrubei vinho na **manga** da camisa.

Há três tipos de homônimos: homógrafos, homófonos e homônimos perfeitos.

**Homógrafos** – palavras que possuem a mesma grafia, mas o som é diferente.

O meu **olho** está doendo.

Quando eu **olho** para você, dói.

**Homófonos** – apresentam grafia diferente, mas o som é semelhante.

A **cela** do presídio foi incendiada.

A **sela** do cavalo é novinha.

**Homônimos perfeitos** – possuem a mesma grafia e o mesmo som.

O **banco** foi assaltado.

O **banco** da praça foi restaurado ontem.

Ele não **para** de estudar.

Ele olhou **para** a prova.

**Parônimos:**

Parônimos – são palavras que possuem escrita e pronúncia semelhantes, mas com significado distinto.

O professor fez a **descrição** do conteúdo.

Haja com muita **discrição**, Marivaldo.

Aqui vai uma lista para você se precaver quanto aos sentidos desses termos:

Ascender (subir).

Acender (pôr fogo, alumiar).

Quando Nero **ascendeu** em Roma, ele **acendeu** Roma.

Acento (sinal gráfico).

Assento (lugar de sentar-se).

O **acento** grave indica crase.

O **assento** 43 está danificado.

Acerca de (a respeito de).

Cerca de (aproximadamente).

Há cerca de (faz aproximadamente).

Falamos **acerca de** Português ontem.

José mora **cerca de** mim.

**Há cerca de** 10 anos, leciono Português.

Afim (semelhante a).

A fim de (com a finalidade de).

Nós possuímos ideias **afins**.

Nós estamos estudando **a fim** de passar.

Aprender (instruir-se).

Apreender (assimilar).

Quando você **apreender** o conteúdo, saberá que **aprendeu** o conteúdo.

Área (superfície).

Ária (melodia, cantiga).

O tenor executou a ária.

A polícia cercou a área.

Arrear (pôr arreios).

Arriar (abaixar, descer).

Precisamos **arrear** o cavalo.

Joaquim **arriou** as calças.

Caçar (apanhar animais).

Cassar (anular).

O veado foi **caçado**.

O deputado teve sua candidatura **cassada**.

Censo (recenseamento).

Senso (raciocínio).

Finalizou-se o **censo** no Brasil.

Argumentou com bom-**senso**.

Cerração (nevoeiro).

Serração (ato de serrar).

Nos dias de chuva, pode haver **cerração**.

Rolou a maior **serração** na madeireira ontem.

Cerrar (fechar).

Serrar (cortar).

**Cerrou** os olhos para a verdade.

Marina **serrou**, acidentalmente, o nariz na serra.

Cessão (ato de ceder).

Seção (divisão).

Secção (corte).

Sessão (reunião).

O órgão pediu a **cessão** do espaço.

Compareça à **seção** de materiais.

Fez-se uma **secção** no azulejo.

Assisti à **sessão** de cinema ontem. Passava "A Lagoa Azul".

Concerto (sessão musical).

Conserto (reparo).

Vamos ao **concerto** hoje.

Fizeram o **conserto** do carro.

Mal (antônimo de bem).

Mau (antônimo de bom).

O homem **mau** vai para o inferno.

O **mal** nunca prevalece sobre o bem.

Ratificar (confirmar).

Retificar (corrigir).

O documento **ratificou** a decisão.

O documento **retificou** a decisão.

Tacha (pequeno prego, mancha).

Taxa (imposto, percentagem).

Comprei uma tacha.

Paguei outra taxa.

Continuação da lista:

**Bucho (estômago)**

**Buxo (arbusto)**

Calda (xarope)

Cauda (rabo)

**Cela (pequeno quarto)**

**Sela (arreio)**

Chá (bebida)

Xá (Título do soberano da Pérsia, atual Irã, antes da revolução islâmica)

**Cheque (ordem de pagamento)**

**Xeque (lance do jogo de xadrez)**

Comprimento (extensão)

Cumprimento (saudação)

**Conjetura (hipótese)**

**Conjuntura (situação)**

Coser (costurar)

Cozer (cozinhar)

**Deferir (costurar)**

**Diferir (distinguir-se)**

Degredado (desterrado, exilado)

Degradado (rebaixado, estragado)

**Descrição (ato de descrever)**

**Discrição (reserva, qualidade de discreto)**

Descriminar (inocentar)

Discriminar (distinguir)

**Despensa (lugar de guardar mantimentos)**

**Dispensa (isenção, licença)**

Despercebido (não notado)

Desapercebido (desprovido, despreparado)

**Emergir (vir à tona)**

**Imergir (mergulhar)**

Eminente (notável, célebre)

Iminente (prestes a acontecer)

**Esbaforido (ofegante, cansado)**

**Espavorido (apavorado)**

Esperto (inteligente)

Experto (perito)

**Espiar (observar)**

**Expiar (sofrer castigo)**

Estada (ato de estar, permanecer)

Estadia (permanência, estada por tempo limitado)

**Estático (imóvel)**

**Extático (pasmo)**

Estrato (tipo de nuvem)

Extrato (resumo)

**Flagrante (evidente)**

**Fragrante (perfumado)**

Fluir (correr)

Fruir (gozar, desfrutar)

**Incidente (episódio)**

**Acidente (acontecimento grave)**

Incipiente (principiante)

Insipiente (ignorante)

**Inflação (desvalorização do dinheiro)**

**Infração (violação, transgressão)**

Infligir (aplicar castigo)

Infringir (transgredir)

**Intercessão (ato de interceder)**

**Interseção ou intersecção (ato de cortar)**

Laço (nó)

Lasso (frouxo)

**Mandado (ordem judicial)**

**Mandato (período político)**

Ótico (relativo ao ouvido)

Óptico (relativo à visão)

**Paço (palácio)**

**Passo (passada)**

Peão (empregado / peça de xadrez)

Pião (brinquedo)

**Pequenez (pequeno)**

**Pequinês (ração de cão, de Pequim)**

Pleito (disputa)

Preito (homenagem)

**Proeminente (saliente)**

**Preeminente (nobre, distinto)**

Prescrição (ordem expressa)

Proscrição (eliminação, expulsão)

**Prostrar-se (humilhar-se)**

**Postar-se (permanecer por muito tempo)**

Ruço (grisalho, desbotado)

Russo (da Rússia)

**Sexta (numeral cardinal)**

**Cesta (utensílio)**

**Sesta (descanso depois do almoço)**

Sortido (abastecido)

Surtido (produzido, causado)

**Sortir (abastecer)**

**Surtir (efeito ou resultado)**

Sustar (suspender)

Suster (sustentar)

Tilintar (soar)

Tiritar (tremer)

**Tráfego (trânsito)**

**Tráfico (comércio ilícito)**

Vadear (passa a pé ou a cavalo, atravessar o rio)

Vadiar (vagabundear)

**Viagem (substantivo)**

**Viajem (verbo)**

Vultoso (volumoso, grande vulto)

Vultuoso (inchado)

# 21. ESTRUTURA E FORMAÇÃO DE PALAVRAS

## 21.1 Estrutura das Palavras

Para compreender os termos da Língua Portuguesa, deve-se observar, nos vocábulos, a presença de algumas estruturas como raiz, desinências e afixos:

**Raiz ou Radical** (morfema lexical): parte que guarda o sentido da palavra.

**Pedr**eiro

**Pedr**ada

Em**pedr**ado

**Pedr**egulho.

**Desinências** (fazem a flexão dos termos)

**Nominais:**

Gênero: Jogador / Jogadora.

Número: Aluno / Alunos.

Grau: Cadeira / Cadeirinha.

**Verbais:**

Modo-tempo: Cantá**va**mos / Vendê**ra**mos.

Número-pessoa: Fize**mos** / Compra**stes**

**Afixos (conectam-se às raízes dos termos)**

» Prefixos: colocados antes da raiz

**In**feliz, **des**fazer, **re**tocar.

» Sufixos: colocados após a raiz

Feliz**mente**, capaci**dade**, igual**dade.**

Também é importante ficar atento aos termos de ligação. São eles:

**Vogal de ligação:**

Gas**ô**metro / Bar**ô**metro / Cafe**i**cultura / Carn**í**voro

**Consoante de ligação:**

Gira**s**sol / Cafe**t**eira / Pau**l**ada / Cha**l**eira

## 21.2 Radicais Gregos e Latinos

O conhecimento sobre a origem dos radicais é, muitas vezes, importante para a compreensão e memorização de inúmeras palavras.

### Radicais gregos

Os radicais gregos têm uma importância expressiva para a compreensão e fácil memorização de diversas palavras que foram criadas e vulgarizadas pela linguagem científica.

Podemos observar que esses radicais se unem, geralmente, a outros elementos de origem grega e, frequentemente, sofrem alterações fonéticas e gráficas para formarem palavras compostas.

Seguem algumas palavras e seus respectivos radicais:

**ácros, alto**: acrópole, acrobacia, acrofobia

**álgos, dor**: algofilia, analgésico, nevralgia

**ánthropos, homem**: antropologia, antropófago, filantropo

**astér, astéros, estrela**: asteroide, asterisco

**ástron, astro**: astronomia, astronauta

**biblíon, livro**: biblioteca, bibliografia, bibliófilo

**cir-, quiro- (de chéir, cheirós, mão)**: cirurgia, cirurgião, quiromante

**chlorós, verde**: cloro, clorofila, clorídrico

**chróma, chrómatos, cor**: cromático, policromia

**dáktylos, dedo**: datilografia, datilografar

**déka, dez**: decálogo, decâmetro, decassílabo

**gámos, casamento**: poligamia, polígamo, monogamia

**gastér, gastrós, estômago**: gastrite, gastrônomo, gástrico

**glótta, glóssa, língua**: poliglota, epiglote, glossário

**grámma, letra, escrito**: gramática, anagrama, telegrama

**grápho, escrevo**: grafia, ortografia, caligrafia

**heméra, dia**: herneroteca, hernerologia, efêmero

**hippos, cavalo**: hipódromo, hipismo, hipopótamo

**kardía, coração**: cardíaco, cardiologia, taquicardia

**mésos, meio, do meio**: mesocarpo, mesóclise, mesopotâmia

**mnemo- (de mnéme, memória, lembrança)**: mnemônico, amnésia, mnemoteste

**morphé, forma**: morfologia, amorfo, metamorfose

nekrós, morto, necrotério, necropsia, necrológio

**páis, paidós, criança**: pedagogia, pediatria, pediatra

**pyr, pyrós, fogo**: pirosfera, pirotécnico, antipirético

**rino- (ele rhis, rhinós, nariz)**: rinite, rinofonia, otorrino

**theós, deus**: teologia, teólogo, apoteose

**zóon, animal**: zoologia, zoológico, zoonose

### Radicais latinos

Outras palavras da língua portuguesa possuem radicais latinos. A maioria delas entrou na língua entre os séculos XVIII e XX. Seguem algumas das que vieram por via científica ou literária:

ager, agri, campo: agrícola, agricultura

ambi- (de ambo, ambos): ambidestro, ambíguo

argentum, argenti, prata: argênteo, argentífero, argentino

capillus, capilli, cabelo: capilar, capiliforme, capilaridade

caput, capitis, cabeça: capital, decapitar, capitoso

cola-, (de colo, colere, habitar, cultivar): arborícola, vitícola

cuprum, cupri, cobre: cúpreo, cúprico, cuprífero

ego, eu: egocêntrico, egoísmo, ególatra

equi-, (de aequus, igual): equivalente, equinócio, equiângulo

-fero (de fero, ferre, levar, conter): aurífero, lactífero, carbonífero

fluvius, rio: fluvial, fluviômetro

frigus, frigoris, frio: frigorífico, frigomóvel

lapis, lapidis, pedra: lápide, lapidificar, lapidar

lex, legis, lei: legislativo, legislar, legista

noceo, nocere, prejudicar, causar mal: nocivo, inocente, inócuo

pauper, pauperis, pobre: pauperismo, depauperar

pecus, rebanho: pecuária, pecuarista, pecúnia

pluvia, chuva: pluvial, pluviômetro

radix, radieis, raiz: radical, radicar, erradicar

sidus, sideris, astro: sideral, sidéreo, siderar

stella, estrela: estelar, constelação

triticum, tritici, trigo: triticultura, triticultor, tritícola

vinum, vini, vinho: vinicultura, vinícola

vitis, videira: viticultura, viticultor, vitícola

volo, volare, voar: volátil, noctívolo

vox, vocis, voz: vocal, vociferar

## 21.3 Origem das Palavras de Língua Portuguesa

As palavras da língua portuguesa têm múltiplas origens, mas a maioria delas veio do latim vulgar, ou seja, o latim que era falado pelo povo duzentos anos antes de Cristo.

No geral, as palavras que formam o nosso léxico podem ser de origem latina, de formação vernácula ou de importação estrangeira.

Quanto às palavras de origem latina, sabe-se que algumas datam dos séculos VI e XI, aproximadamente, e outras foram introduzidas na língua por escritores e letrados, ao longo do tempo, sobretudo no período áureo, o século XVI, e de forma ainda mais abundante durante os séculos que o seguiram, por meios literário e científico. As primeiras, as formas populares, foram grandemente alteradas na fala do povo rude, mas as formas eruditas tiveram leves alterações.

Houve, ao longo desses séculos, com incentivo do povo luso-brasileiro, a criação de palavras que colaboraram para enriquecer o vocabulário. Essas palavras são chamadas criações vernáculas.

Desde os primórdios da língua, diversos termos estrangeiros entraram em uso, posteriormente enriquecendo definitivamente o patrimônio léxico, porque é inevitável que palavras de outros idiomas adentrem na língua por meio das relações estabelecidas entre os povos e suas culturas.

Devido a isso, encontramos, no vocabulário português, palavras provenientes:

→ Do grego

por influência do cristianismo e do latim literário: anjo, bíblia, clímax

por criação de sábios e cientistas: nostalgia, microscópio

→ Do hebraico

veiculadas pela Bíblia: aleluia, Jesus, Maria, Sábado

→ Do alemão

guerra, realengo, interlância

→ Do árabe

algodão, alfaiate, algema

→ Do japonês

biombo, micado, samurai

→ Do francês

greve, detalhe, pose

→ Do inglês

bife, futebol, tênis

→ Do turco

lacaio, algoz

→ Do italiano

piano, maestro, lasanha

→ Do russo

vodca, esputinique

→ Do tupi

tatu, saci, jiboia, pitanga

→ Do espanhol

cavalheiro, ninharia, castanhola

→ De línguas africanas

macumba, maxixe, marimbondo

Atualmente, o francês e o inglês são os idiomas com maior influência sobre a língua portuguesa.

## 21.4 Processos de Formação de Palavras

Há dois processos mais fortes (presentes) na formação de palavras em Língua Portuguesa: a composição e a derivação. Vejamos suas principais características.

**Composição**: é muito mais uma criação de vocábulo. Pode ocorrer por:

**Justaposição** (sem perda de elementos):

» Guarda-chuva, girassol, arranha-céu etc.

**Aglutinação** (com perda de elementos):

» Embora, fidalgo, aguardente, planalto, boquiaberto etc.

**Hibridismo** (união de radicais oriundos de línguas distintas:

» Automóvel (latim e grego); Sambódromo (tupi e grego).

**Derivação**: é muito mais uma transformação no vocábulo. Pode ocorrer das seguintes maneiras:

Prefixal (prefixação)

» Reforma, anfiteatro, cooperação

Sufixal (sufixação)

» Pedreiro, engenharia, florista

Prefixal – sufixal

» Infelizmente, ateísmo, desordenamento

Parassintética: prefixo e sufixo simultaneamente, sem a possibilidade de remover umas das partes.

» Avermelhado, anoitecer, emudecer, amanhecer

Regressão (regressiva) ou deverbal: advinda de um verbo.

» Abalo (abalar), luta (lutar), fuga (fugir)

Imprópria (conversão): mudança de classe gramatical.

O jantar, um não, o seu sim, o pobre.

**Estrangeirismo**

Pode-se entender como um empréstimo linguístico

**Com aportuguesamento**: abajur (do francês "abat-jour"), algodão (do árabe "al-qutun"), lanche (do inglês "lunch") etc.

**Sem aportuguesamento**: networking, software, pizza, show, shopping etc.

**Acrônimo ou Sigla**

**Silabáveis**: podem ser separados em sílabas.

Infraero (Infraestrutura Aeroportuária), **Petrobras** (Petróleo Brasileiro) etc.

Não-silabáveis: não podem ser separados em sílabas.

FMI, MST, SPC, PT, INSS, MPU etc.

**Onomatopeia ou reduplicação**

**Onomatopeia**: tentativa de representar um som da natureza.

Pow, paf, tum, psiu, argh.

**Reduplicação**: repetição de palavra com fim onomatopaico.

Reco-reco, tique-taque, pingue-pongue.

**Redução ou abreviação**

Eliminação do segmento de alguma palavra

Fone (telefone), cinema (cinematógrafo), pneu (pneumático) etc.

## 22. FIGURAS DE LINGUAGEM

Para iniciar o estudo deste capítulo, é importante, retomar alguns conceitos: ao falar de figuras de linguagem, estamos, também, falando de **funções da linguagem** e de **semântica**.

As figuras de linguagem (também chamadas de figuras de pensamento) são construções que se relacionam com a função **poética da linguagem**, ou seja, estão articuladas em razão de modificar o código linguístico para dar ênfase no sentido de uma frase.

É comum vermos exemplos de figuras de linguagem em propagandas publicitárias, poemas, músicas etc. Essas figuras estão presentes em nossa fala cotidiana, principalmente na fala de registro **informal**.

O registro dito informal é aquele que não possui grande preocupação com a situação comunicativa, uma vez que não há tensão para a comunicação entre os falantes. Gírias, erros de concordância e subtração de termos da frase são comuns nesse baixo nível de formalidade comunicativa. Até grandes poetas já escreveram textos sobre esse assunto, veja o exemplo do escritor Oswald de Andrade, que discute a norma gramatical em relação à fala popular do brasileiro:

**Pronominais**

*Dê-me um cigarro*
*Diz a gramática*
*Do professor e do aluno*
*E do mulato sabido*
*Mas o bom negro e o bom branco*
*Da Nação Brasileira*
*Dizem todos os dias*
*Deixa disso camarada*
*Me dá um cigarro*

Oswald de Andrade
(1890-1954)

Os Cem Melhores Poemas Brasileiros do Século - Seleção e Organização de Ítalo Moriconi, Editora Objetiva, Rio de Janeiro, 2001 (In Pau-Brasil - Poesia - Oswald de Andrade, São Paulo, Globo)

### 22.1 Conotação X Denotação

É interessante, quando se estuda o conteúdo de figuras de linguagem, ressaltar a distinção conceitual entre o sentido conotativo e o sentido denotativo da linguagem. Vejamos como se opera essa distinção:

**Sentido CONOTATIVO**: figurado, ou abstrato. Relaciona-se com as figuras de linguagem.

Adalberto **entregou sua alma a Deus**.

A ideia de entregar a alma a Deus é figurada, ou seja, não ocorre literalmente, pois não há um serviço de entrega de almas. Essa é uma figura que convencionamos chamar de **metáfora**.

**Sentido DENOTATIVO**: literal, ou do dicionário. Relaciona-se com a função **referencial** da linguagem.

Adalberto **morreu**.

Quando dizemos função referencial, entende-se que o falante está preocupado em transmitir precisamente o fato ocorrido, sem apelar para figuras de pensamento. Essa frase do exemplo serviu para mostrar o sinônimo da figura de linguagem anterior.

Vejamos agora algumas das principais figuras de linguagem que costumam ser cobradas em provas de concursos públicos:

**Metáfora**: uma figura de linguagem, que consiste na comparação de dois termos sem o uso de um conectivo.

> Rosa **é uma flor**. (A pessoa é como uma flor: perfumada, delicada, bela etc.)
> Seus olhos **são dois oceanos**. (Os olhos possuem a profundidade do oceano, a cor do oceano etc.)
> João **é fera**. (João é perito em alguma coisa, desempenha determinada tarefa muito bem etc.)

**Metonímia**: figura de linguagem que consiste utilização de uma expressão por outra, dada a semelhança de sentido ou a possibilidade de associação lógica entre elas.

Há vários tipos de metonímia, vejamos alguns deles:

**Efeito pela causa:**

O carrasco ergueu **a morte**. (O efeito é a morte, a causa é o machado).

**Marca pelo produto:**

**Vá ao mercado e traga um Nescau**. (achocolatado em pó).

**Autor pela obra:**

**Li Camões com entusiasmo.** (Quem leu, leu a obra, não o autor).

**Continente pelo conteúdo:**

**Comi dois pratos de feijão**. (Comeu o feijão, ou seja, o conteúdo do prato)

**Parte pelo todo:**

Peço sua **mão em casamento**. (Pede-se, na verdade, o corpo todo).

**Possuidor pelo possuído:**

Mulher, vou **ao médico**. (Vai-se ao consultório que pertence ao médico, não ao médico em si).

**Antítese**: figura de linguagem que consiste na exposição de ideias opostas.

*"**Nasce** o Sol e não dura mais que um **dia***
*Depois da **Luz** se segue à **noite** escura*
*Em tristes sombras morre a formosura,*
*Em contínuas **tristezas** e **alegrias**."*

(Gregório de Matos)

Os termos em negrito evidenciam relações semânticas de distinção (oposição). Nascer é o contrário de morrer, assim como sombra é o contrário de luz. Essa figura foi muito utilizada na poesia brasileira, em especial pelo autor dos versos acima: Gregório de Matos Guerra.

**Paradoxo**: expressão que contraria o senso comum. Ilógica.

*"Amor é fogo que **arde sem se ver**;*
*É ferida que **dói e não se sente**;*
*É um **contentamento descontente**;*
*É **dor que desatina sem doer**."*

(Luís de Camões)

A construção semântica acima é totalmente ilógica, pois é impossível uma ferida doer e não ser sentida, assim como não é possível o contentamento ser descontente.

**Perífrase**: expressão que tem por função substituir semanticamente um termo:

**A última flor do Lácio** anda muito judiada. (Português é a última flor do Lácio)

**O país do futebol** é uma grande nação. (Brasil)

**O Bruxo do Cosme Velho** foi um grande escritor. (Machado de Assis era conhecido como o Bruxo do Cosme Velho)

**O anjo de pernas tortas** foi o melhor jogador do mundo. (Garrincha)

**Eufemismo**: figura que consiste em atenuar uma expressão desagradável:

José **pegou emprestado sem avisar**; (roubou).

Maurício **entregou a alma a Deus**; (morreu).

Coitado, só porque **é desprovido de beleza**. (feio)

**Disfemismo**: contrário ao Eufemismo, é a figura de linguagem que consiste em tornar uma expressão desagradável em algo ainda pior.

O homem **abotoou o paletó de madeira**. (morreu)

**Está chupando cana pela raiz**. (morreu)

**Sentou no colo do capeta**. (morreu)

**Prosopopeia**: atribuição de características animadas a seres inanimados.

**O vento sussurrou em meus ouvidos**.

Parecia que a **agulha odiava o homem**.

**Hipérbole**: exagero proposital de alguma característica.

**Estou morrendo de rir.**

**Chorou rios de lágrimas.**

**Hipérbato**: inversão sintática de efeito expressivo.

**Ouviram do Ipiranga as margens plácidas**
**De um povo heroico o brado e retumbante.**

**Colocando na ordem direta:**

*As margens plácidas do Ipiranga ouviram o brado retumbante de um povo heroico.*

**Da minha família, ninguém fala!**

**Gradação**: figura que consiste na construção de uma escala de termo que fazem parte do mesmo campo semântico.

Plantou **a semente**, zelou pelo **broto**, regou a **planta** e colheu o **fruto**. (A gradação pode ser do campo semântico da palavra semente - broto, planta e fruto - ou da palavra plantar - zelar, regar, colher)

**Ironia**: figura que consiste em dizer o contrário do que se pensa.

**Lamento por ter sido eu o vencedor dessa prova.** (Evidentemente a pessoa não lamenta ser o vencedor de alguma coisa)

**Onomatopeia**: tentativa de representar um som da natureza. Figura muito comum em histórias em quadrinhos.

Pof, tic-tac, click, bum, vrum!

**Sinestesia**: confusão dos sentidos do corpo humano para produzir efeitos expressivos.

Ouvi uma **voz suave** saindo do quarto.

O seu **perfume doce** é extremamente inebriante.

## 22.2 Vícios de Linguagem

Em um âmbito geral, vício de linguagem é toda expressão contrária à lógica da norma gramatical. Vejamos quais são os principais deslizes que se transformam em vícios.

**Pleonasmo vicioso**: consiste na repetição desnecessária de ideias.

**Subir para cima.**

**Descer para baixo.**

**Entrar para dentro.**

**Cardume de peixes.**

**Enxame de abelhas.**

**Elo de ligação.**

**Fato real.**

Observação: pode existir o plágio expressivo em um texto poético. Na frase "ele penetrou na escura treva" há pleonasmo, mas não é vicioso.

**Ambiguidade**: ocorre quando a construção frasal permite que a sentença possua dois sentidos.

Tenho que buscar **a cadela da sua irmã**.

A empregada disse para o chefe que o cheque estava sobre **sua mesa**.

**Como você**, também estou cansado. (conjunção "como" ou verbo "comer")

**Cacofonia**: ocorre quando a pronúncia de determinadas palavras permite a construção de outra palavra.

Dei um beijo na bo**ca dela**.

Nos**so hino** é belo.

Na **vez passada**, escap**ei de** uma.

**Barbarismo**: é um desvio na forma de falar ou grafar determinada palavra.

Mortandela (em vez de mortadela).

Poblema (em vez de problema).

Mindingo (em vez de mendigo).

Salchicha (em vez de salsicha).

Esse conteúdo costuma ser simples para quem pratica a leitura de textos poéticos, portanto devemos sempre ler poesia. Passemos à resolução de algumas questões.

# REDAÇÃO

# 1. REDAÇÃO PARA CONCURSOS PÚBLICOS

A questão discursiva (redação) assusta muitos candidatos. Afinal, escrever de acordo com a norma culta da Língua Portuguesa, respeitando as inúmeras regras gramaticais, é tarefa que exige muita atenção. Além disso, é necessário que o candidato apresente bons argumentos dentro de uma estrutura na qual as ideias tenham coesão e façam sentido (coerência). Por isso, é importante que a redação seja estudada e treinada ao longo da preparação para o concurso almejado.

## 1.1 Por Que tenho que me Preparar com Antecedência para a Redação?

Quando a redação (questão discursiva) é solicitada, em geral, é uma etapa eliminatória (se o candidato não alcançar a nota mínima, é eliminado do concurso). Então, por ter peso significativo, podendo colocá-lo na lista de classificação ou tirá-lo dela, merece atenção especial.

Entretanto, não se pode dar início ao estudo para concurso pela redação. É necessário que o aluno tenha conhecimento das regras gramaticais, da estrutura sintática das orações e dos períodos, dos elementos de coesão textual, ou seja, é essencial uma maturidade para, então, produzir um texto. Além do domínio da norma culta, deve-se dedicar à disciplina de Atualidades, que, muitas vezes, já vem prevista no edital. Quem tem conhecimento do assunto se sente mais confortável para escrever.

## 1.2 Os Primeiros Passos

Antes de começar a praticar a produção de textos, é importante ler o edital de abertura do concurso (quando já tiver sido publicado; quando não, leia o último) para entender os critérios de avaliação da sua prova discursiva e sobre qual assunto o tema versará.

Veja aguns exemplos:

| CONCURSO | EDITAL - PROVA DISCURSIVA | ASSUNTO COBRADO - TEMA | A PROPOSTA |
|---|---|---|---|
| DEPEN - 2015 | A prova discursiva valerá 20,00 pontos e consistirá da redação de texto dissertativo, de até 30 linhas, acerca de tema de atualidades, constantes do subitem 22.2 deste edital. | Os assuntos que o tema pode abordar foram disponibilizados no edital. Atualidades: 1 Sistema de justiça criminal. 2 Sistema prisional brasileiro. 3 Políticas públicas de segurança pública e cidadania. | **SEGURANÇA PÚBLICA: POLÍCIA E POLÍTICAS PÚBLICAS**<br><br>Ao elaborar seu texto, faça o que se pede a seguir.<br><br>> Disserte a respeito da segurança como condição para o exercício da cidadania. [valor: 25,50 pontos]<br>> Dê exemplos de ação do Estado na luta pela segurança pública. [valor: 25,50 pontos]<br>> Discorra acerca da ausência do poder público e a presença do crime organizado. [valor: 25,00 pontos] |
| PC-PR - 2018 | A Redação, com no mínimo 15 e no máximo 25 linhas, versará sobre um tema da atualidade | Tema da atualidade, ou seja, pode ser cobrado qualquer assunto. | Com base na coletânea e nos conhecimentos sobre o tema, redija um texto dissertativo-argumentativo que coloque em discussão **a importância da correta emissão e decodificação da mensagem, bem como o repasse dessa mensagem ao interlocutor, seja na modalidade escrita ou oral.** |
| PF-2018 PERITO CRIMINAL | Para o cargo de Perito Criminal Federal, a prova discursiva, de caráter eliminatório e classificatório, valerá 13,00 pontos e consistirá da redação de texto dissertativo, de até 30 linhas, a respeito de temas relacionados aos conhecimentos específicos para cada cargo/área. | O tema tratará das matérias de conhecimentos específicos do cargo, ou seja, será um assunto do conteúdo programático. | Considerando que o texto precedente tem caráter unicamente motivador, redija um texto dissertativo acerca do **impacto da LRF na gestão pública**, abordando, necessariamente, os seguintes aspectos:<br>1. o processo de planejamento; [valor: 4,10 pontos]<br>2. as receitas e a renúncia fiscal; [valor: 4,10 pontos]<br>3. as despesas com pessoal. [valor: 4,20 pontos] |

| | | | |
|---|---|---|---|
| PRF - 2018 | A prova discursiva valerá 20,00 pontos e consistirá da redação de texto dissertativo, de até 30 linhas, a respeito de temas relacionados aos objetos de avaliação. | O tema tratará de algum assunto relacionado ao conteúdo programático. | **O COMBATE ÀS INFRAÇÕES DE TRÂNSITO NAS RODOVIAS FEDERAIS BRASILEIRAS**<br>Ao elaborar seu texto, aborde os seguintes aspectos:<br>1. medidas adotadas pela PRF no combate às infrações; [valor: 7,00 pontos]<br>2. ações da sociedade que auxiliem no combate às infrações; [valor: 6,00 pontos]<br>3. atitudes individuais para a diminuição das infrações. [valor: 6,00 pontos] |
| PM-SP – 2019 - SOLDADO | Prova Dissertativa (Parte II), de caráter eliminatório e classificatório, visa avaliar a capacidade do candidato de produzir uma redação que atenda ao tema e ao gênero/ tipo de texto propostos, além de seu domínio da norma culta da língua portuguesa e dos mecanismos de coesão e coerência textual; | Não foi informado o tema nem o tipo de texto (dissertativo, narrativo, descritivo). | A popularização da internet ameaça o poder de influência da televisão? |

A partir disso, o aluno deve direcionar a sua leitura para temas da atualidade, para matéria do conteúdo programático (conhecimentos específicos) ou para assunto relacionado ao cargo ou à instituição a que está concorrendo. É crucial que conheça a banca examinadora e que tenha contato com as provas anteriores a fim de observar o perfil das propostas de redação.

Em geral, as bancas de concursos públicos exigem textos dissertativos e apontam qual assunto o tema abordará (atualidades ou conteúdo programático). Quando isso não ocorrer, deve-se levar em consideração o perfil da banca e as provas anteriores para o mesmo cargo.

## 1.3 Orientações para o Texto Definitivo

a) Não use a 1ª pessoa do singular: os textos formais exigem a impessoalização da linguagem. Isso significa que, às vezes, é necessário omitir os agentes do discurso e as diversas vozes que compõem um texto. Então, empregue a terceira pessoa do singular ou do plural.

Ex.: **Eu acredito** que a pena de morte deve ser aplicada em casos de crimes hediondos. (Incorreto)

**Acredita-se** que a pena de morte deve ser aplicada em casos de crimes hediondos. (Correto)

**Devemos analisar** alguns fatores que contribuem para esse problema. (incorreto)

Alguns fatores que contribuem para esse problema devem ser analisados. (Correto)

**Atenção!** A primeira pessoa do plural deve ser um sujeito socialmente considerado, como em "Nós (brasileiros) devemos entender que o voto é uma importante ferramenta para se alcançar uma mudança." Não empregue de forma indiscriminada.

**Como impessoalizar a linguagem do texto dissertativo-argumentativo?**

→ **Oculte o agente**:

Para deixar o discurso mais objetivo, prefira por ocultar o agente sempre que possível. Isso pode ser feito por meio de expressões como: é importante, é preciso, é indispensável, é urgente, é crucial, é necessário, já que elas não revelam o agente da ação:

Ex.: É necessário discutir alguns aspectos relacionados a essa temática.

É essencial investir em educação para minimizar tais problemas.

→ **Indetermine o sujeito**:

Indeterminar o sujeito também é uma estratégia de ocultar o agente da ação verbal. A melhor forma de empregar essa técnica é por meio do pronome indeterminador do sujeito (se).

Ex.: Muito **se** tem discutido sobre a redução da maioridade penal.

Acredita-se que a desigualdade social contribui para o aumento da violência.

→ **Empregue a voz passiva**:

Na voz passiva, o sujeito da oração torna-se paciente, isto é, ele sofre a ação expressa pelo fato verbal. Empregá-la é um recurso que também oculta o agente da ação.

Ex.: Devem ser analisados alguns fatores que contribuem para o aumento da violência.

Medidas devem ser tomadas para a pacificação da sociedade.

a) Jamais se dirija ao leitor: o leitor é o examinador e o candidato não deve estabelecer um diálogo com ele.

b) Não use gírias; clichês, provérbios e citações sem critério. você pode acabar errando o autor da expressão (o que pega muito mal), ou até mesmo usá-la fora de contexto, o que pode direcionar a sua redação para um lado que você não quer. Os ditados populares empobrecem o texto. Os examinadores não gostam de ver o senso comum se repetindo.

**Ex.:** Desde os primórdios da humanidade; fechar com chave de ouro.

a) Evite a construção de períodos longos: pode prejudicar a clareza textual. Além disso, procure escrever na ordem direta.

b) Respeite as margens da folha de redação: não ultrapasse o limite estipulado na folha do texto definitivo.

c) Não use corretivo: se errar alguma palavra, risque (com um traço penas) e prossiga. Não use parênteses nem a palavra "digo".

**Ex.:** A ~~sociadade~~ sociedade deve se conscientizar do seu papel.

a) Evite algarismos, a não ser que se trate de anos, décadas, séculos ou referências a textos legais (artigos, decretos, etc.).

b) A letra deve ser legível: pode ser letra cursiva ou de imprensa. Não se esqueça de fazer a distinção entre maiúscula e minúscula.

c) Cuidado com a separação silábica.

**Translineação:** é a divisão das palavras no fim da linha. Eva em conta não apenas critérios de correção gramatical, mas também recomendações estilísticas (estética textual).

1) Não se isola sílaba forma apenas por uma vogal;

2) Não se isola elemento cacofônico;

3) Na partição de palavras hifenizadas, recomenda-se repetir o hífen na linha seguinte.

> Maria foi secretária, ministra e era muito **a-**<br>
> miga do antigo presidente. Quando entrou na dis-<br>
> **puta** eleitoral, todos nós esperávamos que, lançando-<br>
> **se** candidata, facilmente ganharia as eleições.<br>
> INADEQUADO

> Maria foi secretária, ministra e era muito<br>
> **amiga** do antigo presidente. Quando entrou na **disputa**<br>
> eleitoral, todos nós esperávamos que, lançando-<br>
> **-se** candidata, facilmente ganharia as eleições.<br>
> ADEQUADO

a) Não use as palavras generalizadoras, afinal sempre há uma exceção, um exemplo contrário ou algo assim.

**Ex.:** "Todos jogam lixo no chão" ou "Ninguém faria isso" ou "Isso jamais vai acontecer, é impossível."

b) Não invente dados estatísticos, pesquisas, mentiras convincentes.

c) Não use a ironia. A ironia é uma figura de linguagem que não deve ser utilizada no texto dissertativo argumentativo. Nele nada deve ficar subentendido. A escrita deve ser sempre clara, sem nada oculto, sem gracinha e de forma argumentativa.

d) Não é uma boa ideia usar palavras rebuscadas. Seu texto pode ficar sem fluência e clareza, dificultando a compreensão do corretor. Lembre-se: linguagem formal não é sinônimo de linguagem complicada.

**Ex.:** Hodiernamente, mister, mormente, dessarte, etc.

a) Evite estrangeirismo: empregar palavras estrangeiras em meio à nossa língua de forma desnecessária. Não é necessário fazer isso se há no português uma palavra correspondente que pode ser usada.

**Ex.:** Stress em vez de estresse

b) Não se utilize de pergunta retórica.

Pergunta retórica: é uma interrogação que não tem como objetivo obter uma resposta, mas sim estimular a reflexão do indivíduo sobre determinado assunto.

## 1.4 Temas e Textos Motivadores

Os textos motivadores - um grupo de textos apresentados junto à proposta de redação - têm a função de situar o candidato acerca do tema proposto, fornecendo elementos que possam ajudá-lo a refletir sobre o assunto abordado. Tais textos servem para estimular ideias para o desenvolvimento do tema e são úteis por ajudar a manter o foco temático.

O papel dos textos motivadores da prova de redação é o de motivar, inspirar e contextualizar o candidato em relação ao tema proposta.

Esses textos não estão ali por acaso, então devem ser utilizados, e podem evitar que o candidato escreva uma redação genérica. Contudo, não podem ser copiados, pois as provas que contêm cópias terão as linhas desconsideradas e podem, quando em excesso, levar à nota zero.

Então, a intenção não é que o aluno reproduza as informações contidas nos textos motivadores. O que se deseja é que o candidato leia os textos, interprete-os e reelabore-os, interligando-os à sua discussão. Assim sendo, o ideal é retirar de cada texto motivador as ideias principais e que podem ser utilizadas na sua produção escrita.

Leia todos com atenção e não se esqueça de procurar estabelecer uma relação entre eles, ou seja, busque os pontos em comum, e os conecte de uma maneira que defina argumentos consistentes para sua redação. Escreva as principais ideias em forma de tópicos e com as suas palavras.

### Tipos de textos motivadores

Os textos motivadores podem ser de vários tipos

→ Matérias jornalísticas/ Reportagens

Um dos tipos mais comuns de textos motivadores são as matérias jornalísticas. Para que haja maior entendimento sobre elas, análise:

O que acontece?

Com quem acontece?

Em que lugar acontece?

Quando acontece?

De que modo acontece?

Por que acontece?

Para que acontece?

→ Charges/Tirinhas

As charges ou as tirinhas são uma forma curta e, muitas vezes, descontraída de apresentar informações relevantes para a produção do texto. Repare nelas:

Os personagens;

O ambiente;

O assunto principal;

A linguagem utilizada (formal, informal, com figuras de linguagem ou não, com marcas de regionalismo ou não etc.).

→ Gráficos

Os gráficos possibilitam uma leitura mais ágil das informações. Ao se deparar com eles, observe o seguinte:

O título;

As informações na horizontal e na vertical;

A forma como os índices foram representados (colunas, fatias etc.);

O uso de cores diferentes (caso haja);

A fonte da qual as informações foram coletadas.

→ Imagens

Muitas vezes as imagens podem vir sem nenhuma palavra. Se isso ocorrer, note:

O que é a imagem (foto, quadro etc.)?

Quem é o autor dela?

Qual é o assunto principal?

O que está sendo retratado?

Há marcas temporais ou regionais na imagem?

Se o aluno não souber nada sobre a temática apresentada, os textos motivadores podem ser um ótimo suporte. Além dos dados expostos, tais textos também provocam a reflexão sobre outros aspectos do problema e jamais devem ser ignorados.

## 1.5 Título

O título só é obrigatório se for solicitado nas instruções da prova de redação.

Pode ser que a Banca examinadora deixe o espaço para o título, nesse caso, ele também é obrigatório.

Se puser o título e não for obrigatório (não for exigido), não receberá mais pontos por isso e só terá pontos descontados se contiver algum erro nele.

Caso se esqueça de colocar título quando for obrigatório, a redação não será anulada, mas poderá ter pontos (poucos) descontados.

Dicas:

> Nunca utilize tema como título;

> Não coloque ponto final;

> Não escreva todas as palavras com letra maiúscula;

> Não pule linha depois do título;

> Construa-o quando terminar o texto.

## 1.6 O Texto Dissertativo

Dissertar significa expor algum assunto. Dependendo da maneira como o esse assunto seja abordado, a dissertação poder ser **expositiva** ou **argumentativa**.

→ **Dissertação expositiva**: apresenta informações sobre assuntos, expõe, explica, reflete ideias de modo objetivo, imparcial. O autor é o porta-voz de uma opinião, ou seja, a intenção é expor fatos, dados estatísticos, informações científicas, argumentos de autoridades etc. Este tipo de texto pode ter duas abordagens: Estudo de Caso (em que é apresentada uma solução para a situação hipotética apresentada) e Questão Teórica (em que é preciso apresentar conceitos, normas, regras, diretrizes de um determinado conteúdo).

Vejamos um exemplo do tipo expositivo.

A forma temporária como tratam os vídeos criados reflete outro aspecto característico desses apps. Em oposição à noção de que tudo o que é postado na internet fica registrado para a eternidade (e tem potencial de se transformar em viral), os aplicativos querem passar a sensação de efêmero. Quem não viu a transmissão ao vivo dificilmente terá nova chance. Nisso, eles se assemelham a outro app de sucesso, o Snapchat, serviço de troca de mensagens pelo qual o conteúdo é destruído segundos após ser recebido pelo destinatário.

(VE JA, 2015, p. 98)

→ **Dissertação argumentativa**: defende uma tese (ideia, ponto de vista) por meio de estratégias argumentativas. Tem a intenção de persuadir (convencer) o interlocutor. Em geral, há o predomínio da linguagem denotativa, de conectores de causa-efeito, de verbos no presente.

Vejamos agora um exemplo do tipo argumentativo.

Fazer pesquisa crítica envolve difíceis decisões de cunho ético e político a fim de que, não importa quais sejam os resultados de nossos estudos, nosso compromisso com os sujeitos pesquisados seja mantido. A questão é complexa por causa das múltiplas realidades dos múltiplos participantes envolvidos na pesquisa naturalística da visa social. Por exemplo, no projeto de pesquisa de referência neste artigo, havia um componente que envolvia a observação participante da sala de aula, isto é, a observação à procura das unidades e elementos significativos para os próprios participantes da situação.

(KLEIMAN, 2001, p. 49)

Quando o texto dissertativo se dedica mais a expor ideias, a fazer que o leitor/ouvinte tome conhecimento de informações ou interpretações dos fatos, tem caráter expositivo e podemos classificá-lo como expositivo. Quando as interpretações expostas pelo texto dissertativo vão mais além nas intenções e buscam explicitamente convencer o leitor/ouvinte sobre a validade dessas explicações, classifica-se o texto como argumentativo (COROA , 2008b, p. 121).

Vale mencionar que, muitas, vezes, nos editais, não fica claro se o texto será expositivo ou argumentativo. Quando isso ocorrer, o candidato deve analisar as provas anteriores para traçar o perfil da banca examinadora. Mas não se preocupe, pois a estrutura de ambos é igual, ou seja, os dois tipos de texto devem conter introdução, desenvolvimento e conclusão. Além disso, no primeiro parágrafo, deve haver a apresentação da ideia central que será desenvolvida.

Veja as propostas a seguir:

Foi recentemente publicado no Americam Journal of Preventive Medicine um estudo com adultos jovens, de 19 a 32 anos de idade, apontando que quanto maior o tempo dispendido em mídias sociais de relacionamento, maior a sensação de solidão das pessoas. Além disso, esse estudo demonstrou também que quanto maior a frequência de uso, maior a sensação de isolamento social.

(Adaptado de: ESCOBAR, Ana. Disponível em: http://g1.globo.com)

Com base nas ideias do texto acima, redija uma dissertação sobre o tema:

Isolamento social na era da comunicação virtual

A partir da proposta apresentada, pode-se inferir que o examinador quer saber o ponto de vista (opinião) do candidato em relação ao assunto. A intenção é que seja apontado o que ele pensa a respeito do tema, e não que ele apresente de forma objetiva informações a fim de esclarecer determinado assunto. Então, resta claro que a dissertação terá caráter argumentativo.

Agora veja a proposta seguinte:

A segurança jurídica tem muita relação com a ideia de respeito à boa-fé. Se a administração adotou determinada interpretação como a correta e a aplicou a casos concretos, não pode depois vir a anular atos anteriores, sob o pretexto de que os mesmos foram praticados com base em errônea interpretação. Se o administrado teve reconhecido determinado direito com base em interpretação adotada em caráter uniforme para toda a administração, é evidente que a sua boa-fé deve ser respeitada. Se a lei deve respeitar o direito adquirido, o ato jurídico perfeito e a coisa julgada, por respeito ao princípio da segurança jurídica, não é admissível que os direitos do administrado fiquem flutuando ao sabor de interpretações jurídicas variáveis no tempo.

Maria Sylvia Zanella Di Pietro. Direito administrativo. p. 85 (com adaptações).

Considerando que o texto apresentado tem caráter estritamente motivador, elabore uma dissertação a respeito dos atos administrativos e da segurança jurídica no direito administrativo brasileiro, abordando, necessariamente, os seguintes aspectos:

1. os elementos de validade do ato administrativo e os critérios para sua convalidação; [valor: 14,00 pontos]

2. distinção entre ato administrativo nulo, anulável e inexistente; [valor: 10,00 pontos]

3. o controle exercido de ofício pela administração pública sobre os seus atos e o dever de agir e de prestar contas. [valor: 14,00 pontos]

Considerando o tema proposto e os tópicos apresentados, pode-se perceber que o candidato deve, necessariamente, produzir um texto expositivo, já que o examinador avaliará o conhecimento técnico dele sobre o assunto, e não o seu ponto de vista, a sua opinião. Para isso, deverá fundamentar suas ideias por meio de leis, doutrina, jurisprudência, citação de uma autoridade no assunto.

## 1.7 Estrutura do Texto Dissertativo

Não há dúvida de que todo texto dissertativo (expositivo ou argumentativo) deve ter início, meio e fim, ou seja, introdução, desenvolvimento e conclusão.

→ **Introdução:** a importância da introdução é evidente, pois é ela que determina o tom do texto, o encaminhamento do desenvolvimento e sua estrutura. Então, ela deve ser vista como um compromisso que o autor assume com o restante do desenvolvimento. Nela haverá a contextualização do assunto que será desenvolvido ao longo do texto, ou seja, apresentação da ideia que será defendida (argumentação) ou esclarecida (exposição).

→ **Desenvolvimento**: é a parte da redação em que há o desenvolvimento da ideia apresentada no primeiro parágrafo. Vai ocorrer a comprovação da tese por meio de argumentos – texto argumentativo – ou a exposição de informações a fim de esclarecer um assunto – texto expositivo.

**Estrutura dos parágrafos de desenvolvimento**:

Tópico frasal: apresentação da ideia-núcleo que será desenvolvida(introdução);

Comprovação da ideia-núcleo (desenvolvimento);

Fechamento do parágrafo (conclusão).

Jamais construa parágrafos com apenas um período. Os parágrafos de desenvolvimento devem ter, no mínimo, três períodos.

→ **Conclusão**: consiste no fechamento das ideias apresentadas. Não podem ser expostos argumentos novos nesse parágrafo. O que ocorre é a retomada da ideia central (tese ou tema) e a apresentação das considerações finais.

# 2. DISSERTAÇÃO EXPOSITIVA E ARGUMENTATIVA

## 2.1 Dissertação Expositiva

A dissertação expositiva tende à simples exposição de ideias, de informações, de definições e de conceitos, sem necessidade de um forte convencimento do leitor.

Quando o texto dissertativo se dedica mais a expor ideias, a fazer que o leitor/ouvinte tome conhecimento de informações ou interpretações dos fatos, tem caráter expositivo e podemos classificá-lo como expositivo. (COROA , 2008b, p. 121).

## 2.2 Estrutura do Texto Dissertativo-Expositivo

Na introdução, há a apresentação do tema (parágrafo mais curto). Como não há tese, o candidato deve fazer a apresentação do tema (ideia central do texto).

- → Tipos de introdução:
  - > Definição: tem por objetivo expor uma definição, uma ideia, uma expressão. Para isso, é importante ter como referência os sentidos expostos em dicionários, leis, doutrinas, etc.
  - > Paráfrase: é uma reescritura do tema e dos tópicos apresentados na proposta de redação. Não pode haver alteração de sentido e deve ser respeitada a simetria (paralelismo) sintático e semântico.
  - > Citações e estatísticas: neste tipo de introdução, o candidato traz uma frase (citação) de algum especialista no assunto, ou estatísticas a respeito do tema. Importante tomar cuidado para não trazer citações "vazias", que não sejam relacionadas ao assunto, e também se preocupar em fazer uma análise a respeito das estatísticas trazidas, para que elas não fiquem deslocadas.
- → No desenvolvimento, há a apresentação de informações sobre assuntos, exposição, explicação de ideias de modo objetivo, fundamentação por meio de leis, citação de autores, exemplos etc. Segundo fulano de tal, ...; Segundo a Lei Tal,..., Conforme entendimento do STF, ... Em outras palavras, há presença de dados polifônicos. Não há opinião do candidato aqui, e sim apresentação do seu conhecimento técnico sobre determinado assunto.

**ELEMENTOS COESIVOS PARA INICIAR OS PARÁGRAFOS DE DESENVOLVIMENTO**

| | | |
|---|---|---|
| A primeira delas...<br>A primeira dessas questões ...<br>O primeiro desses pontos ...<br>Em primeiro lugar, ... | → | 1º PARÁGRAFO DE DESENVOLVIMENTO |
| Outra questão importante é...<br>Também é de suma importância ...<br>O segundo dos aspectos ...<br>Além disso, ...<br>Em segundo lugar, ... | → | 2º PARÁGRAFO DE DESENVOLVIMENTO |
| Há de se considerar também, ...<br>Há de se considerar, por último, ...<br>O terceiro dos aspectos, ... | → | 3º PARÁGRAFO DE DESENVOLVIMENTO |

- → Na conclusão, ocorrerá a retomada da ideia central.

  Tipos de conclusão:
  - > Síntese: consiste em sintetizar as ideias que foram abordadas ao longo da dissertação, confirmando a ideia central que aparece na introdução do texto.
  - > Proposta de intervenção: elaborar uma sugestão para solucionar o problema posto em debate na proposta de redação. Essas sugestões precisam ter três características muito importantes. Em primeiro lugar, é preciso que elas sejam aplicáveis ao tema e ao que foi dito no texto. Além disso, as sugestões precisam ser detalhadas. A proposta bem elaborada deve conter um detalhamento do que fazer, como fazer, os meios e os participantes da proposta. Por último, proposta apresentada deve ser executável, ou seja, possível de ser realizada. Não adianta apresentar soluções utópicas e fantasiosas, pois elas não serão realizadas.
  - > Dedução: trata-se de um processo de raciocínio em que a conclusão é alcançada a partir de um conjunto de premissas abordadas em uma afirmação e que constroem um pensamento lógico. Isso se chama "regras de inferência". O candidato vai explorar nos parágrafos dedicados ao desenvolvimento da dissertação, tudo aquilo que sabe sobre o tema, fazer as devidas relações e, no momento da conclusão, manifestar o que se pode deduzir dessas informações.

**ELEMENTOS COESIVOS PARA INICIAR O ÚLTIMO PARÁGRAFO**

Por fim, ...

Por último, ...

Finalmente, ...

Em último lugar, ...

## 2.3 Propostas de Dissertação Expositiva

**PROPOSTA I**

A remição de pena, ou seja, o direito do condenado de abreviar o tempo imposto em sua sentença penal, pode ocorrer mediante trabalho, estudo e, de forma mais recente, pela leitura, conforme disciplinado pela Recomendação n.º 44/2013 do CNJ. A remição de pena, prevista na Lei de Execução Penal, está relacionada ao direito constitucional de individualização da pena. Dessa forma, as penas devem ser justas e proporcionais, além de particularizadas, levando-se em conta a aptidão à ressocialização demonstrada pelo apenado por meio do estudo ou do trabalho.

A possibilidade de remir a pena por meio da leitura já é realidade em diversos presídios do país. De acordo com a Recomendação n.º 44/2013 do CNJ, deve ser estimulada a remição pela leitura como forma de atividade complementar, especialmente para apenados aos quais não sejam assegurados os direitos ao trabalho, à educação e à qualificação profissional. Para isso, há necessidade de elaboração de um projeto pela autoridade penitenciária estadual ou federal com vistas à remição pela leitura, assegurando-se, entre outros critérios, a participação voluntária do preso e a existência de um acervo de livros dentro da unidade penitenciária. Segundo a norma, o preso deve ter o prazo de 21 a 30 dias para a leitura de uma obra, apresentando, ao final do período, uma resenha a respeito do assunto, que deverá ser avaliada pela comissão organizadora do projeto. Cada obra lida possibilita a remição de quatro dias de pena, com o limite de doze obras por ano, ou seja, no máximo 48 dias de remição por leitura a cada doze meses.

Internet: <www.cnj.jus.br> (com adaptações).

A Assembleia Legislativa do Ceará aprovou projeto de lei que altera o art. 4.º da Lei n.º 15.718/2014, elaborada conforme recomendação do CNJ. O projeto de lei torna expressa a possibilidade da leitura de livros religiosos proporcionarem a remição da pena em execução penal. Segundo a Secretaria de Administração Penitenciária (SAP), atualmente, no projeto Livro Aberto, são 5.100 detentos que leem mensalmente em 17 unidades prisionais do Ceará. O preso escolhe, a cada mês, uma obra literária dentre os títulos selecionados para a leitura, o que agora poderá incluir livros religiosos. Em seguida, o apenado redigirá relatório de leitura ou resenha — a ser elaborados de forma individual, presencial e em local adequado —, devendo atingir nota igual ou superior a 6,0 para ser aprovado pela Secretaria de Educação do Estado do Ceará (SEDUC). Depois, isso é levado para a vara judicial, para ser avaliada a redução da pena.

Internet: <www.ceara.gov.br> (com adaptações).

É indiscutível que a obra literária tem o poder de reorganizar a nossa visão de mundo, nossa mente e nossos sentimentos, tocando nosso espírito por meio das palavras, que não são apenas a forte presença do nosso código; elas comunicam sempre alguma coisa que nos toca, porque obedece a certa ordem. O caos originário dá lugar à ordem e, por conseguinte, a mensagem pode atuar. Uma boa notícia é que toda obra literária pressupõe essa superação do caos, determinada por um arranjo especial das palavras, fazendo uma proposta de sentido.

Maria Luzineide P. da C. Ribeiro e Maria do Rosário C. Rocha. Olhando pelo avesso: reflexões sobre a remição de pena pela leitura e a escolarização nas prisões brasileiras. In: Fernanda Marsaro dos Santos et al. (Org.). Educação nas prisões. 1.ª ed. Jundiaí: Paco, 2019, p. 203 (com adaptações).

A leitura é um poderoso instrumento de ascensão social, de amadurecimento do ser em relação à sua função dentro de uma complexa sociedade, de absorção da sua cultura ao redor (...) é uma atividade essencial a qualquer área do conhecimento e mais essencial ainda à própria vida do ser humano.

Fernanda M. dos Santos, Gesuína de F. E. Leclerc e Luciano C. Barbosa. Leitura que liberta: uma experiência para remição de pena no Distrito Federal. In: Fernanda Marsaro dos Santos et al. (Org.). Educação nas prisões. 1.ª ed. Jundiaí: Paco, 2019, p. 21.

Considerando que os textos anteriormente apresentados têm caráter unicamente motivador, redija um texto dissertativo abordando os seguintes aspectos acerca da remição de pena pela leitura.

1 A remição de pena pela leitura como forma de ressocialização. [valor: 9,50 pontos]

2 A importância da leitura como forma de reorganização da visão de mundo do detento. [valor: 9,50 pontos]

3 Possibilidades e desafios da implementação de projetos de leitura no sistema prisional brasileiro. [valor: 9,50 pontos]

**Padrão de resposta da banca**

O candidato deve redigir um texto dissertativo em que aborde os aspectos propostos, acerca da remição de pena pela leitura, de maneira clara e coerente, empregando mecanismos de coesão textual. O candidato deve demonstrar conhecer a atualidade do tema da remição de pena pela leitura como forma de ressocialização, bem como discorrer sobre a importância da leitura como possibilidade de ampliação da visão de mundo do participante do projeto dentro do estabelecimento prisional. Para tanto, pode, por exemplo, mencionar a Jornada da Leitura no Cárcere, evento cuja primeira edição ocorreu em fevereiro de 2020, com apoio do CNJ, a fim de identificar, refletir e disseminar as boas práticas de leitura no sistema carcerário. Por fim, o candidato deve discorrer sobre possibilidades de projetos de leitura que podem ser implementados no sistema penitenciário brasileiro e os desafios para que projetos dessa natureza sejam colocados em prática.

**PROPOSTA II**

Lei n.º 12.305, de 2 de agosto de 2010

Art. 6.º São princípios da Política Nacional de Resíduos Sólidos:

(...)

VI – a cooperação entre as diferentes esferas do poder público, o setor empresarial e demais segmentos da sociedade;

VII – a responsabilidade compartilhada pelo ciclo de vida dos produtos;

VIII – o reconhecimento do resíduo sólido reutilizável e reciclável como um bem econômico e de valor social, gerador de trabalho e renda e promotor de cidadania;

IX – o respeito às diversidades locais e regionais;

(...).

Internet: <mma.gov.br> (com adaptações).

**Média da composição gravimétrica dos resíduos sólidos gerados no Brasil resíduos participação**

| Resíduos | Participação (%) | Quantidade (t por dia) |
|---|---|---|
| Material reciclável | 31,9 | 58.527,40 |
| metais | 2,9 | 5.293,50 |
| aço | 2,3 | 4.213,70 |
| alumínio | 0,6 | 1.079,90 |
| papel, papelão e tetrapak | 13,1 | 23.997,40 |
| plástico total | 13,5 | 24.847,90 |
| plástico firme | 8,9 | 16.399,60 |
| plástico rígido | 4,6 | 8.449,30 |
| vidro | 2,4 | 4.388,60 |
| material orgânico | 51.4 | 94.335,10 |
| outros | 16,7 | 30.618,90 |
| total | 100 | 183.481,50 |

Internet: <www.politize.com.br> (com adaptações).

À proporção em que aumenta o número de habitantes nas cidades, cresce a geração de lixo. Observa-se que as cidades, cada vez mais, apresentam dificuldades para implantar, ordenar e gerenciar de modo sustentável os resíduos por elas gerados. Nesse contexto, em 12/8/2010, foi instituída a Política Nacional de Resíduos Sólidos (PNRS), pela Lei n.º 12.305/2010, que definiu princípios, objetivos, instrumentos e diretrizes relativos à gestão e ao gerenciamento de resíduos sólidos, incluídos os perigosos, em âmbito nacional.

Entre os conceitos introduzidos está o de responsabilidade compartilhada pelo ciclo de vida dos produtos: "conjunto de atribuições individualizadas e encadeadas dos fabricantes, importadores, distribuidores e comerciantes, dos consumidores e dos titulares dos serviços públicos de limpeza urbana e de manejo dos resíduos sólidos, para minimizar o volume de resíduos sólidos e rejeitos gerados, bem como para reduzir os impactos causados à saúde humana e à qualidade ambiental decorrentes do ciclo de vida dos produtos, nos termos desta Lei". Isso quer dizer que a lei exige que as empresas assumam o retorno de seus produtos descartados e cuidem da adequada destinação ao final de seu ciclo de vida útil.

Internet: <oeco.org.br> (com adaptações).

Cerca de 80% do impacto de um produto na natureza está relacionado ao seu design e a toda a cadeia logística. Assim, torna-se necessário rever os tipos de materiais produzidos e repensar suas formas de produção, para que seu destino final seja o começo de um novo ciclo, e não os aterros sanitários e os oceanos. O principal objetivo da economia circular é acabar com os resíduos, ou seja, não gerar desperdício.

Internet: <positiva.eco.br> (com adaptações).

Considerando que os fragmentos de texto precedentes têm caráter motivador, redija um texto dissertativo sobre o seguinte tema.

**O DESCARTE DE RESÍDUOS SÓLIDOS NO BRASIL NO SÉCULO XXI**

Ao elaborar seu texto, responda aos seguintes questionamentos.

1. Por que o modelo de descarte de resíduos sólidos predominante até o início do século XXI deve ser substituído? [valor: 9,50 pontos]

2. Em que consistem a economia circular e a responsabilidade compartilhada e de que forma esses novos conceitos podem impactar a economia do país? [valor: 19,00 pontos]

**Padrão de resposta da banca**

Com relação ao aspecto 1, o candidato pode mencionar que o modelo de descarte de resíduos sólidos predominante até o início do século XXI acarreta as consequências como as mencionadas a seguir:

– para o meio ambiente: nos lixões, os resíduos são depositados a céu aberto, sem tratamento ou controle ambiental, o que contribui para o aumento da poluição; há agravamento do efeito estufa em razão da produção de gás metano e contaminação do lençol freático por meio do chorume que é produzido;

– para a saúde pública: os lixos expostos atraem animais vetores de doenças; os catadores de lixo, nos lixões, ficam expostos ao contato direto com agentes físicos, químicos e biológicos potencialmente nocivos; o sentimento de marginalização dos indivíduos que sobrevivem do descarte alheio é intensificado, o que agrava os problemas sociais existentes;

– para a economia: parte da população marginalizada do mercado formal busca a sobrevivência nos restos produzidos pela sociedade; com isso, prejudica-se a economia que gira em torno do mercado formal e aumentam-se os gastos públicos para a recuperação da saúde das pessoas submetidas a essas condições de insalubridade.

Por essas e por outras razões, o modelo de descarte de resíduos sólidos predominante até o início do século XXI precisa ser substituído por outro, que seja sustentável para o planeta.

Com relação ao aspecto 2, o candidato deve explicitar em que consiste a economia circular e a responsabilidade compartilhada. Pode mencionar, por exemplo, que a economia circular visa ao máximo aproveitamento dos materiais, de forma que se produza o mínimo de resíduos (diferentemente da economia linear, em que algo é produzido, consumido e descartado), e que a responsabilidade compartilhada, que envolve o recolhimento de um produto pela empresa fabricante após o seu ciclo de uso, para que se dê a destinação adequada a ele, favorece o reaproveitamento de materiais e a diminuição da produção de resíduos. Assim, a economia circular e a responsabilidade compartilhada impactam o modo de fabricação de produtos, uma vez que visam cada vez mais ao reaproveitamento dos materiais que já existem e cada vez menos ao emprego de novas matérias-primas, o que se reverte em menos danos ao meio ambiente. A economia circular e a responsabilidade compartilhada impactam, ainda, o modo como um produto é consumido e a valorização de suas características: um produto de vida útil mais longa, fabricado com materiais que podem ser reaproveitados ou que se decompõem mais rapidamente, é mais valorizado, em detrimento daquele que não compartilha dessas características, como o produto gerado sob condição de obsolescência programada, por exemplo.

**PROPOSTA III**

O Estado, como pessoa jurídica, é um ser intangível. Somente se faz presente no mundo jurídico por meio de seus agentes, pessoas físicas cuja conduta é a ele imputada. O Estado, por si só, não pode causar danos a ninguém. Segundo o direito positivo, o Estado é civilmente responsável pelos danos que seus agentes causarem a terceiros. Sendo-o, incumbe-lhe reparar os prejuízos causados, mediante obrigação de pagar as devidas indenizações.

José dos Santos Carvalho Filho. Manual de direito administrativo. 32.ª ed. São Paulo: Atlas, 2018 (com adaptações).

Considerando que o fragmento de texto anteriormente apresentado tem caráter unicamente motivador, redija um texto dissertativo acerca da responsabilidade civil do Estado, abordando, necessariamente, os seguintes tópicos:

1 a teoria da responsabilidade civil do Estado atualmente aplicada no direito brasileiro; [valor: 9,00 pontos]

2 requisitos da responsabilidade civil; [valor: 20,00 pontos]

3 direito de regresso. [valor: 9,00 pontos]

**Padrão de resposta da banca**

1 A teoria da responsabilidade civil do Estado aplicada atualmente no direito brasileiro é a teoria da responsabilidade objetiva

do Estado. Ela dispensa o fator culpa em relação ao fato danoso, ou seja, a culpa é desconsiderada com pressuposto da responsabilidade. Esta teoria é informada pela teoria do risco administrativo e pela teoria do risco integral. Na primeira, é possível aplicar as causas excludentes da responsabilidade do Estado (culpa da vítima, culpa de terceiros ou força maior). Na segunda, não.

2 Os requisitos da responsabilidade civil do Estado são: a) fato administrativo, que é considerado qualquer conduta, comissiva ou omissiva, legítima ou ilegítima, singular ou coletiva, atribuída ao poder público; b) dano, pois não há responsabilidade sem que haja o dano, seja material, seja moral; e c) nexo causal, pois somente haverá responsabilidade se houver uma relação de causalidade entre o fato administrativo e o dano. Ao lesado cabe demonstrar que o prejuízo sofrido se originou da conduta estatal.

3 O direito de regresso é garantido ao Estado no sentido de dirigir sua pretensão indenizatória contra o agente responsável pelo dano, se ele tiver agido com dolo ou culpa, conforme dispõe o § 6.º do art. 37 da Constituição Federal de 1988: "Art. 37. (...) § 6.º As pessoas jurídicas de direito público e as de direito privado prestadoras de serviços públicos responderão pelos danos que seus agentes, nessa qualidade, causarem a terceiros, assegurado o direito de regresso contra o responsável nos casos de dolo ou culpa".

**PROPOSTA IV**

Art. 215. O Estado garantirá a todos o pleno exercício dos direitos culturais e acesso às fontes da cultura nacional, e apoiará e incentivará a valorização e a difusão das manifestações culturais. § 1.º O Estado protegerá as manifestações das culturas populares, indígenas e afro-brasileiras, e das de outros grupos participantes do processo civilizatório nacional.

Brasil. Constituição da República Federativa do Brasil. Brasília - DF: Senado Federal, 1988.

Os direitos culturais protegem o potencial que cada pessoa possui — individualmente, em comunidade com outros e como grupo de pessoas — para desenvolver e expressar sua humanidade e visão de mundo, os significados que atribui a sua experiência e a maneira como o faz. Os direitos culturais podem ser considerados como algo que protege o acesso ao patrimônio e aos recursos culturais que permitem a ocorrência desses processos de identificação e de desenvolvimento.

Entrevista com Farida Shaheed, da ONU. In: Revista Observatório Itaú Cultural, n.º 11, jan.-abr./2011 (com adaptações).

Integrar os direitos culturais ao rol de direitos humanos — ou seja, considerá-los direitos inerentes ao ser humano — traz consequências importantes ao tratamento desses direitos, que não podem, por exemplo, sofrer nenhum tipo de distinção de raça, cor, sexo, língua, religião, opinião política, origem social ou nacional ou condição de nascimento ou riqueza. Tais direitos incorporam, ainda, outras características dos direitos humanos: são fundados no respeito pela dignidade e no valor de cada pessoa; são universais, ou seja, são aplicados de forma igual e sem discriminação a todas as pessoas; são inalienáveis, de modo que ninguém pode ser privado de seus direitos humanos (apesar de eles poderem ser limitados em situações específicas); são indivisíveis, inter-relacionados e interdependentes, já que não é suficiente respeitar apenas parte dos direitos humanos; e devem ser vistos como de igual importância entre si.

*Nicolas Allen. Os direitos culturais como direitos humanos: breve sistematização de tratados internacionais. Internet: <http://institutodea.com> (com adaptações).*

Considerando que os fragmentos de textos apresentados anteriormente têm caráter unicamente motivador, redija um texto dissertativo abordando:

1 a importância da cultura para a formação integral do ser humano; [valor: 14,00 pontos]

2 a relação entre cultura e cidadania; [valor: 12,00 pontos]

3 o dever do Estado de garantir o acesso à cultura bem como incentivar a difusão e preservação das manifestações culturais. [valor: 12,00 pontos]

**Padrão de resposta da banca**

Espera-se que o candidato seja capaz de apresentar argumentos coerentes e determinantes para a defesa do importante papel das manifestações culturais na formação integral do ser humano, mostrando como a cultura é um meio essencial de enriquecimento da maneira como o sujeito enxerga a si mesmo e ao mundo que o cerca. Também se espera que o candidato seja capaz de relacionar a cultura à cidadania, mostrando, mediante argumentos e exemplos consistentes, que fazer da cultura um aspecto de destaque nas sociedades é relevante para a convivência social e para o pleno exercício dos direitos dos cidadãos. Por fim, espera-se que o candidato seja capaz de discorrer acerca do dever do Estado de garantir o acesso à cultura bem como incentivar a difusão e preservação das manifestações culturais, como forma de assegurar o pleno exercício da cidadania pelo povo.

**PROPOSTA V**

A Lei n.º 11.705/2008, conhecida como Lei Seca, por reduzir a tolerância com motoristas que dirigem embriagados, colocou o Brasil entre os países com legislação mais severa sobre o tema. No entanto, a atitude dos motoristas pouco mudou nesses dez anos. Um levantamento, por meio da Lei de Acesso à Informação, indicou mais de 1,7 milhão de autuações, com crescimento contínuo desde 2008. O avanço das infrações nos últimos cinco anos ficou acima do aumento da frota de veículos e de pessoas habilitadas: o número de motoristas flagrados bêbados continua crescendo, em vez de diminuir com o endurecimento das punições ao longo desses anos.

Internet: <g1.globo.com> (com adaptações).

Nas estradas federais que cortam o estado de Pernambuco, durante o feriadão de Natal, a PRF registrou cento e três acidentes de trânsito, com cinquenta e dois feridos e sete mortos. Segundo a corporação, seis motoristas foram presos por dirigir bêbados e houve oitenta e sete autuações pela Lei Seca. Os números são parte da Operação Integrada Rodovia, deflagrada pela PRF. Em 2017, foram registrados noventa acidentes. No ano passado, a ação da polícia teve um dia a menos.

Internet: <g1.globo.com> (com adaptações).

Considerando que os fragmentos de texto acima têm caráter unicamente motivador, redija um texto dissertativo acerca do seguinte tema.

**O COMBATE ÀS INFRAÇÕES DE TRÂNSITO NAS RODOVIAS FEDERAIS BRASILEIRAS**

Ao elaborar seu texto, aborde os seguintes aspectos:

1 medidas adotadas pela PRF no combate às infrações; [valor: 7,00 pontos]

2 ações da sociedade que auxiliem no combate às infrações; [valor: 6,00 pontos]

3 atitudes individuais para a diminuição das infrações. [valor: 6,00 pontos]

**Padrão de resposta da banca**

Quanto ao desenvolvimento do tema, o candidato deve, a partir dos textos motivadores, abordar o tema e os aspectos propostos, de maneira clara e coerente, empregando os mecanismos de coesão textual. A abordagem dada ao tema pode variar, mas o candidato deve demonstrar conhecer a atualidade do tema das infrações nas rodovias, que vitimam inúmeras pessoas, além dos próprios ilícitos cometidos.

Com relação ao aspecto 1, espera-se que o candidato aborde medidas que podem ser implementadas ou que já são adotadas pela Polícia Rodoviária Federal no combate às infrações nas rodovias, como o aumento de efetivo, a ampliação do uso de equipamentos eletrônicos, o incremento de operações integradas no combate aos ilícitos, as campanhas institucionais, entre outras.

No aspecto 2, espera-se que o candidato aborde ações que podem ser feitas pela sociedade para diminuição das infrações, como campanhas de iniciativa privada para aumento da conscientização da conduta a ser praticada, palestras em entidades privadas com ampla divulgação, envolvimento com escolas públicas e privadas em busca da conscientização da sociedade, entre outras.

No que se refere ao aspecto 3, espera-se que o candidato aborde atitudes que o indivíduo pode realizar para combater as infrações, como a própria conscientização da conduta correta a ser praticada, a participação de atividades educativas de trânsito, o envolvimento em atividades de ajuda a vítimas de trânsito, entre outras.

Observação: foram citadas algumas medidas, ações e atitudes neste padrão de resposta apenas como exemplos.

## 2.4 Dissertação Argumentativa

A dissertação argumentativa tem o objetivo de convencer o leitor sobre uma tese, por meio de fortes articulações lógicas entre os significados.

Quando as interpretações expostas pelo texto dissertativo vão mais além nas intenções e buscam explicitamente convencer o leitor/ouvinte sobre a validade dessas explicações, classifica-se o texto como argumentativo (COROA , 2008b, p. 121).

## 2.5 Estrutura do Texto Dissertativo-Argumentativo

Na Introdução, deve haver a contextualização do tema. Em seguida, deve ser apresentada a tese que será desenvolvida (ponto de vista). Por fim, podem ser apresentados os argumentos para a defesa dessa opinião (opcional).

**Tipos de introdução**

- O candidato pode utilizar a definição ou citações e estatísticas, mas deve, em seguida, apresentar a tese (opinião).
- Roteiro: tem por objetivo apresentar ao leitor o roteiro que será seguido durante o desenvolvimento do seu texto tese + argumentos); assim, ao citar o roteiro na introdução, o autor deve segui-lo até o final, para que não haja incoerências.
- Exemplo: Em virtude da onda de conservadorismo que o Brasil vive na atualidade, tornam-se comuns as discussões sobre direitos coletivos. Nesse cenário, é importante analisar as causas do conservadorismo moderno e os reflexos dele nos direitos da coletividade.
- Alusão histórica: representa um tipo de introdução em que um fato passado se relaciona de algum modo a um fato presente, servindo de ponto de reflexão ou ela semelhanças entre eles, ou pelas diferenças. Após a contextualização, deve ser apresentada a tese.
- Exemplo: Por ter pecado nos excessos do liberalismo, a Revolução Francesa foi talvez a que mais contribuiu com o surgimento do conservadorismo. Do mesmo modo, no Brasil esse mesmo processo volta a emergir depois de anos de governo liberal no poder.

→ O desenvolvimento é o parágrafo em que serão desenvolvidos argumentos para comprovar a tese exposta na introdução. Na primeira frase do parágrafo, ou seja, no tópico frasal é apresentada a ideia central do parágrafo (o argumento). Depois do tópico frasal (introdução), há a comprovação dessa ideia (desenvolvimento) e, por fim, o fechamento do parágrafo (conclusão).

Os diversos argumentos deverão ser sustentados com exemplos e provas que os validem, tornando-os indiscutíveis, como:

- Exemplos;
- Enumeração de fatos;
- Causa e efeito;
- Dados estatísticos;
- Citações de autores renomados;
- Depoimentos de personalidades renomadas;
- Alusões históricas.

→ Na conclusão há a retomada e a reafirmação da tese inicial, já defendida pelos diversos argumentos apresentados no desenvolvimento.

→ Retomada da tese: a melhor forma de fazer isso é parafraseando a sua tese, ou seja, passando exatamente a mesma ideia, mas com outras palavras.

→ Os mesmos tipos de conclusão do texto expositivo podem ser usados aqui.

## 2.6 Propostas de Dissertação Argumentativa

**PROPOSTA I**

A partir da leitura do Texto Motivador abaixo e com base em seu conhecimento de mundo, escolha um dos temas e desenvolva um texto dissertativo-argumentativo. Seu texto deverá ser produzido em prosa e conter no mínimo 20 e no máximo 30 linhas.

**TEMA: O excesso de imagens e sua relação com a realidade**

O mundo das imagens

Talvez se possa dizer que o que predomina na mídia mundial é a imagem. Com frequência, as outras "linguagens" aparecem de maneira complementar [...] ou propriamente subordinada à imagem. Tanto assim que a mídia apresenta aspectos e fragmentos das configurações e movimentos da sociedade global como se fosse um vasto espetáculo de videoclipe [...] Ao lado da montagem, colagem, bricolagem, simulacro e virtualidade, muitas vezes combinando tudo isso, a mídia parece priorizar o espetáculo do videoclipe. Tanto é assim que guerras e genocídios parecem festivais pop, departamentos do shopping center global, cenas da Disneylândia mundial. Os mais graves e dramáticos acontecimentos da vida de indivíduos e coletividades aparecem, em geral, como um videoclipe eletrônico informático, desterritorializado entretenimento de todo o mundo.

Fonte: IANNI, Octávio. O mundo do trabalho. In: FREITAS, Marcos Cezar de. (Org.).A reinvenção do futuro. São Paulo: Cortez, 1996. p. 39

**PROPOSTA II**

A partir da leitura do Texto Motivador abaixo e com base em seu conhecimento de mundo, escolha um dos temas e desenvolva um texto dissertativo-argumentativo. Seu texto deverá ser produzido em prosa e conter no mínimo 20 e no máximo 30 linhas.

**Tema: O cuidado com o corpo e com a mente e sua relação com o trabalho**

Cuidar do corpo e da mente

Conciliar trabalho, estudo, rotina doméstica e os cuidados com o corpo e a mente pode, à primeira vista, parecer impossível. Por isso, o G1 conversou com especialistas para apontar passos essenciais para quem quer levar uma vida mais equilibrada. Eles concordaram em três pontos: fazer exercícios, comer bem, cuidar da saúde mental e buscar acompanhamento médico.

[...] Faça exercícios físicos. Fazer exercícios é a primeira recomendação. É simples: mexa-se. "Só de você não ser sedentário já está mil pontos à frente da pessoa sedentária", diz o clínico geral e médico de família Alfredo Salim Helito, do Hospital Sírio-Libanês, em São Paulo. "Se você tiver a opção entre ser magro e fazer atividade física, escolha a atividade física. O sedentarismo não pode acompanhar o ser humano", frisa.

Alimente-se bem. A alimentação saudável e equilibrada também é essencial. A alimentação foi outro ponto de consenso entre os especialistas ouvidos pelo G1 como chave para uma vida melhor. E a primeira dica de como nutrir melhor o corpo é: beber água.[...]

Cuide da saúde mental. Terapias, tradicionais ou alternativas, ajudam a melhorar a saúde mental. As intervenções tradicionais — como a psicoterapia ou a psicanálise — podem ajudar a prestar mais atenção às próprias emoções, pensamentos ou padrões de comportamento. Para a psicóloga Gláucia Flores, que atende em Brasília, o momento de buscar ajuda profissional é quando a pessoa percebe que está tendo prejuízos na vida.

"Vamos pensar nossa vida como uma pizza: uma fatia é o trabalho, uma é a família, uma é o casamento, os filhos, o lazer. Quando a gente dá mais importância pra uma do que pra outra, essa balança fica desigual. É importante, sim, que a gente encontre prazer no trabalho, mas também ter outros interesses para também aprender outras coisas", analisa Gláucia.

Vá ao médico. Encontrar um médico de confiança também é essencial. Além de adotar bons hábitos, fazer um acompanhamento médico pelo menos uma vez por ano também é recomendável, explica a clínica geral Sílvia Souto, da Aliança Instituto de Oncologia, em Brasília. Para começar, ela recomenda procurar, primeiro, um médico generalista.

Fonte: https://g1.globo.com/ciencia-e-saude/vivavoce/noticia/2019/02/01/cuidar-do-corpo-e-da-mente-veja-4-passos-paralevar-uma-vida-saudavel-e-equilibrada.ghtml. Adaptado. Acessado em 06/12/19

**PROPOSTA III**

Motivado pela leitura dos textos seguintes, sem, contudo, copiá-los ou parafraseá-los, redija um texto DISSERTATIVO-ARGUMENTATIVO com, no mínimo, 20 e, no máximo, 30 linhas, em modalidade e limites solicitados.

**Tema: DESAFIOS DAS POLÍTICAS DE SEGURANÇA PÚBLICA PARA COMBATER A VIOLÊNCIA NA SOCIEDADE.**

TEXTO 1

Constituições Federais e contexto político-institucional

O termo segurança "pública" parece ter sido usado pela primeira vez na Constituição Federal (CF) de 1937. Em outras Constituições, como a de 1934, aparece o termo segurança "interna" para tratar com matérias atinentes ao controle da ordem, fato que irá gerar vários dilemas organizacionais no país e em seu pacto federativo. É interessante constatar que, na CF de 1937, cabia exclusivamente à União a competência de regular a matéria e garantir "o bemestar, a ordem, a tranquilidade e a segurança públicas, quando o exigir a necessidade de uma regulamentação uniforme" (artigo 16, inciso V).

Nota-se aqui uma primeira tensão conceitual e que terá impacto direto nos mandatos e atribuições das polícias brasileiras. A Lei nº 192, de 17 de janeiro de 1936 regulava as atividades das polícias militares e as vinculava às unidades da federação, cabendo à União apenas um papel de supervisão e controle, por meio do Exército. Por essa lei, as polícias militares eram as responsáveis pela segurança "interna", enquanto a CF de 1937 fala de segurança "pública", atividade que formalmente não foi assumida por nenhuma instituição até a CF de 1988. O significativo é que essa lei só foi revogada pelo Decreto-Lei nº 317, de 13 de março de 1967, que regulamentou a CF de 1967 no que tange à atuação das polícias. O conceito criado pela CF de 1937 parece não ter conseguido se institucionalizar e não teve força para mudar, mesmo após o Estado Novo, as estruturas que organizavam as polícias estaduais. E ainda mais emblemático dessa dificuldade é que a CF de 1967 restabeleceu a competência das polícias militares para a "manutenção da ordem e segurança interna nos Estados, nos Territórios e no Distrito Federal" (grifo nosso).

Será somente a CF de 1988 que irá resgatar o conceito de 1937 e trará um capítulo específico sobre segurança "pública", não obstante repetir a CF de 1937 e não definir o significado desse conceito. A CF de 1988, em seu artigo 144, definirá tão somente quais são as instituições públicas encarregadas de prover segurança "pública" (LIMA, 2011). Em suma, nossa atual Constituição não define o que vem a ser segurança pública, apenas delimita quais organizações pertencem a esse campo.

Disponível em: <http://www.scielo.br/pdf/rdgv/v12n1/1808-2432-rdgv-12-10049.pdf> Acesso em: 20 de junho de 2019. Texto adaptado

TEXTO 2

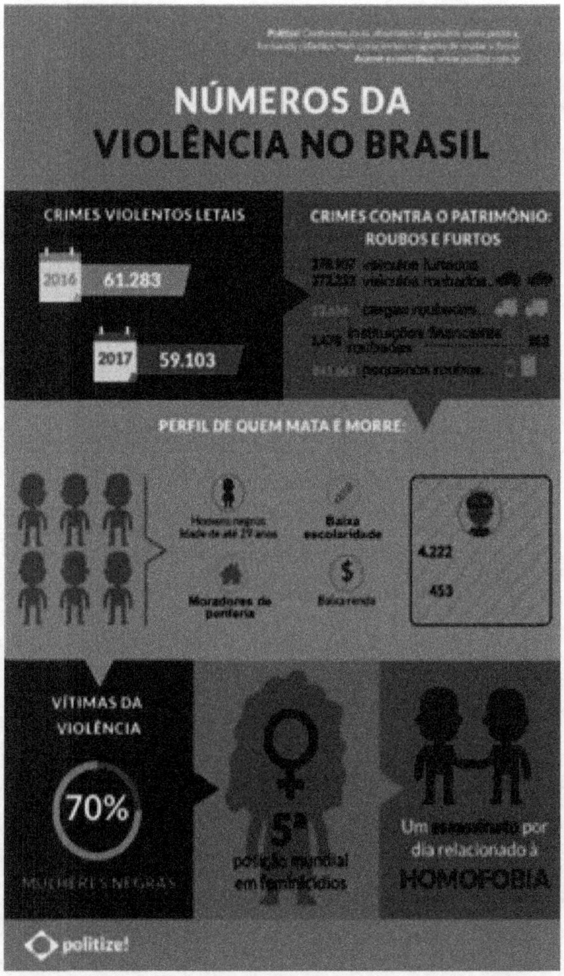


Disponível em: https://www.politize.com.br/seguranca-publica-brasileiraentenda. Acesso em 20 de junho de 2019. Texto adaptado.

**PROPOSTA IV**

Texto 01

Pela primeira vez, a população deve consumir mais conteúdo midiático na internet do que pela TV, de acordo com relatório da agência de mídia Zenith. Conforme a previsão, já em 2019 as pessoas devem passar mais horas navegando pela internet, fazendo compras, assistindo a filmes, séries e vídeos, conversando ou ouvindo música, do que assistindo à televisão.

("Internet irá ultrapassar TV já em 2019, indica relatório", 18.06.2018. https://epocanegocios.globo.com. Adaptado)

Texto 02

De acordo com estudo divulgado pela empresa Morrison Foster, as pessoas passam, em média, sete horas por dia nas redes sociais. E é exatamente esse o local ocupado pelos influenciadores, que também estão conectados e produzindo conteúdos para seus seguidores a todo tempo. Segundo uma outra pesquisa, publicada pela Sprout Social, 74% dos consumidores guiam suas decisões de compra com base nas redes sociais. Ou seja, o público está atento às opiniões da internet e, principalmente, aos depoimentos de canais influentes e de credibilidade.

("A contribuição dos influenciadores digitais para a decisão de compra". 02.02.2018. https://franpress.com.br. Adaptado)

Texto 03

Nos últimos 10 anos, o tempo médio de consumo domiciliar de televisão passou de 8h18 para 9h17. Um crescimento de 12%. Vale ressaltar que esse foi um período de forte ascensão da internet como plataforma de distribuição de conteúdo. Os conteúdos da TV, além de entreter e informar, também exercem um papel importante na dinâmica social. Eles influenciam a pauta de conversas tanto com material que gera engajamento entre os telespectadores, como com publicidades criativas. O levantamento da Kantar IBOPE Media aponta que 51% das pessoas acham que a propaganda na TV é interessante e proporciona assunto para conversar. E, entre os que acessam a internet enquanto veem TV, 23% comentam nas redes sociais o que assistem – mostrando que a televisão segue marcando presença no dia a dia do brasileiro.

(João Paulo Reis. "Televisão: a abrangência e a influência do meio mais presente na vida dos brasileiros", 24.12.2018. https://observatoriodatelevisao.bol.uol.com.br. Adaptado)

Com base nas informações dos textos e em seus próprios conhecimentos, escreva um texto dissertativo, de acordo com a norma-padrão da língua portuguesa, sobre o tema:

**A popularização da internet ameaça o poder de influência da televisão?**

**PROPOSTA V**

Em visita aos Estados Unidos, em 1970, Margaret Thatcher fez o seguinte pronunciamento:

"Uma das razões por que valorizamos indivíduos não é porque sejam todos iguais, mas porque são todos diferentes. Permitamos que nossos filhos cresçam, alguns mais altos que outros, se tiverem neles a capacidade de fazê-lo. Pois devemos construir uma sociedade na qual cada cidadão possa desenvolver plenamente seu potencial, tanto para seu próprio benefício quanto para o da comunidade como um todo."

A premissa crucial que leva a afirmação de Thatcher a parecer quase evidente em si mesma – a suposição de que a "comunidade como um todo" seria adequadamente servida por todo cidadão dedicado a seu "próprio benefício" – acabou por ser admitida como ponto pacífico. Assim, no fim do século passado, tornou-se aceita a noção de que, ao agir egoisticamente, de algum modo as pessoas beneficiariam as outras.

(Adaptado de: ZYGMUNT, Bauman. A riqueza de poucos beneficia todos nós? Rio de Janeiro: Zahar, 2015, p.30)

II

Segundo a ortodoxia econômica, uma boa dose de desigualdade leva a economias mais eficientes e crescimento mais rápido. Isso se dá porque retornos mais altos e impostos menores no topo da escala – segundo afirmam – fomentariam o empreendedorismo e engendrariam um bolo econômico maior.

Assim, terá dado certo a experiência de fomento da desigualdade? Os indícios sugerem que não. A disparidade de riqueza atingiu dimensões extraordinárias, mas sem o progresso econômico prometido.

(Adaptado de: LANSEY, Stewart apud ZYGMUNT, Bauman. A riqueza de poucos beneficia todos nós? Rio de Janeiro: Zahar, 2015, p.24-25)

Considerando os textos acima, escreva uma dissertação argumentativa em que você discuta a seguinte questão:

**A realização individual fomentaria maior igualdade social?**

## 2.7 Elementos de Coesão

**Prioridade, relevância**: em primeiro lugar, antes de mais nada, antes de tudo, em princípio, primeiramente, acima de tudo, principalmente, primordialmente, sobretudo.

**Tempo**: atualmente, hoje, frequentemente, constantemente às vezes, eventualmente, por vezes, ocasionalmente, sempre, raramente, não raro, ao mesmo tempo, simultaneamente, nesse ínterim, enquanto, quando, antes que, depois que, logo que, sempre que, assim que, desde que, todas as vezes que, cada vez que, então, enfim, logo, logo depois, imediatamente, logo após, a princípio, no momento em que, pouco antes, pouco depois, anteriormente, posteriormente, em seguida, afinal, por fim, finalmente, agora.

**Semelhança, comparação, conformidade**: de acordo com, segundo, conforme, sob o mesmo ponto de vista, tal qual, tanto quanto, como, assim como, como se, bem como, igualmente, da mesma forma, assim também, do mesmo modo, semelhantemente, analogamente, por analogia, de maneira idêntica, de conformidade com.

**Condição, hipótese**: se, caso, desde que, eventualmente.

**Adição, continuação**: além disso, demais, ademais, outrossim, ainda mais, por outro lado, também, e, nem, não só ... mas também, não só... como também, não apenas ... como também, não só ... bem como, com, ou (quando não for excludente).

**Dúvida**: talvez, provavelmente, possivelmente, quiçá, quem sabe, é provável, não é certo, se é que.

**Certeza, ênfase**: certamente, decerto, por certo, inquestionavelmente, sem dúvida, inegavelmente, com toda a certeza.

**Ilustração, esclarecimento**: por exemplo, só para ilustrar, só para exemplificar, isto é, quer dizer, em outras palavras, ou por outra, a saber, ou seja, aliás.

**Propósito, intenção, finalidade**: com o fim de, a fim de, com o propósito de, com a finalidade de, com o intuito de, para que, a fim de que, para.

**Resumo, recapitulação, conclusão**: em suma, em síntese, em conclusão, enfim, em resumo, portanto, assim, dessa forma, dessa maneira, desse modo, logo, dessa forma, dessa maneira, assim sendo.

**Explicação**: por consequência, por conseguinte, como resultado, por isso, por causa de, em virtude de, assim, de fato, com efeito, tão (tanto, tamanho)... que, porque, porquanto, pois, já que, uma vez que, visto que, como (= porque), portanto, logo, que (= porque), de tal sorte que, de tal forma que, haja vista.

**Contraste, oposição, restrição**: pelo contrário, em contraste com, salvo, exceto, menos, mas, contudo, todavia, entretanto, no entanto, embora, apesar de, apesar de que, ainda que, mesmo que, posto que, conquanto, se bem que, por mais que, por menos que, só que, ao passo que, por outro lado, em contrapartida, ao contrário do que se pensa, em compensação.

**Contraposição**: é possível que... no entanto... É certo que... entretanto... É provável que ... porém...

**Sequenciação dos parágrafos**: em primeiro lugar ..., em segundo ..., por último ...; por um lado ..., por outro ...; primeiramente, ...,em seguida, ..., finalmente, ....

**Enumeração**: é preciso considerar que ...; Também não devemos esquecer que ...; Não podemos deixar de lembrar que...

**Reafirmação/Retomada**: compreende-se, então, que ... É bom acrescentar ainda que ... É interessante reiterar ...

## 2.8 Critérios de Avaliação das Bancas

**Banca Cespe**

Aspectos Macroestruturais

1. Apresentação (legibilidade, respeito às margens e indicação de parágrafos) e estrutura textual (organização das ideais em texto estruturado).

2. Desenvolvimento do tema: tópicos da proposta

Aspectos Microestruturais

Ortografia

Morfossintaxe

Propriedade vocabular

Quando forem apresentados tópicos, deve-se construir 1 (um) parágrafo para cada tópico.

**Banca FCC**

O candidato deverá desenvolver texto dissertativo a partir de proposta única, sobre assunto de interesse geral. Considerando que o texto é único, os itens discriminados a seguir serão avaliados em estreita correlação:

→ Conteúdo: até 40 (quarenta) pontos:

perspectiva adotada no tratamento do tema;

capacidade de análise e senso crítico em relação ao tema proposto;

consistência dos argumentos, clareza e coerência no seu encadeamento.

Obs.: A nota será prejudicada, proporcionalmente, caso ocorra abordagem tangencial, parcial ou diluída em meio a divagações e/ou colagem de textos e de questões apresentados na prova.

→ Estrutura: até 30 (trinta) pontos:

respeito ao gênero solicitado;

progressão textual e encadeamento de ideias;

articulação de frases e parágrafos (coesão textual).

→ Expressão: até 30 (trinta) pontos:

→ A avaliação da expressão não será feita de modo estanque ou mecânico, mas sim de acordo com sua estreita correlação com o conteúdo desenvolvido. A avaliação será feita considerando-se:

desempenho linguístico de acordo com o nível de conhecimento exigido para o cargo/área/especialidade;

adequação do nível de linguagem adotado à produção proposta e coerência no uso;

domínio da norma culta formal, com atenção aos seguintes itens: estrutura sintática de orações e períodos, elementos coesivos; concordância verbal e nominal; pontuação; regência verbal e nominal; emprego de pronomes; flexão verbal e nominal; uso de tempos e modos verbais; grafia e acentuação.

**Banca Cesgranrio**

A Redação será avaliada conforme os critérios a seguir:

- adequação ao tema proposto;
- adequação ao tipo de texto solicitado;
- emprego apropriado de mecanismos de coesão (referenciação, sequenciação e demarcação das partes do texto);
- capacidade de selecionar, organizar e relacionar de forma coerente argumentos pertinentes ao tema proposto; e
- pleno domínio da modalidade escrita da norma-padrão (adequação vocabular, ortografia, morfologia, sintaxe de concordância, de regência e de colocação).

**Banca Vunesp**

Na avaliação da Prova Dissertativa (Parte II), serão considerados os critérios a seguir:

- Tema: considera-se se o texto do candidato atende ao tema proposto. A fuga completa ao tema proposto é motivo suficiente para que a redação não seja corrigida em qualquer outro de seus aspectos, recebendo nota 0 (zero);
- Estrutura (gênero/tipo de texto e coerência): consideram-se aqui, conjuntamente, os aspectos referentes ao gênero/tipo de texto proposto e à coerência das ideias. A fuga completa ao gênero/tipo de texto é motivo suficiente para que a redação não seja corrigida em qualquer outro de seus aspectos, recebendo nota 0 (zero). Avalia-se aqui como o candidato sustenta sua tese em termos argumentativos e como essa argumentação está organizada, considerando-se a macroestrutura do texto dissertativo (introdução, desenvolvimento e conclusão). No gênero/tipo de texto, avalia-se também o tipo de interlocução construída: por se tratar de uma dissertação, deve-se prezar pela objetividade, sendo assim, o uso de primeira pessoa do singular e de segunda pessoa (singular e plural) poderá ser penalizado. Será considerado aspecto negativo a referência direta à situação imediata de produção textual (ex.: como afirma o autor do primeiro texto/da coletânea/do texto I; como solicitado nesta prova/proposta de redação). Na coerência, será observada, além da pertinência dos argumentos mobilizados para a defesa do ponto de vista, a capacidade do candidato de encadear as ideias de forma lógica e coerente (progressão textual). Serão considerados aspectos negativos a presença de contradições entre as ideias, a falta de partes da macroestrutura dissertativa, a falta de desenvolvimento das ideias ou a presença de conclusões não decorrentes do que foi previamente exposto;
- Expressão (coesão e modalidade): consideram-se neste item os aspectos referentes à coesão textual e ao domínio da norma-padrão da língua portuguesa. Na coesão, avalia-se a utilização dos recursos coesivos da língua (anáforas, catáforas, substituições, conjunções etc.) de modo a tornar a relação entre frases e períodos e entre os parágrafos do texto mais clara e precisa. Serão considerados aspectos negativos as quebras entre frases ou parágrafos e o emprego inadequado de recursos coesivos. Na modalidade, serão examinados os aspectos gramaticais como ortografia, morfologia, sintaxe e pontuação, bem como a escolha lexical (precisão vocabular) e o grau de formalidade/informalidade expressa em palavras e expressões.

**Banca IBFC**

Para o desenvolvimento da Redação, o candidato deverá redigir, observando os critérios de correção estabelecidos no quadro abaixo:

Critérios de Correção

1 Conhecimento do tema (cobertura dos tópicos apresentados: domínio e interrelação entre os conceitos centrais do tema proposto);

2 Habilidade argumentativa (atualização, originalidade e relevância das informações);

3 Sequência lógica e de organização do pensamento (introdução, desenvolvimento e considerações finais);

4 Coerência e Coesão (pontuação, continuidade e progressão de ideias, uso apropriado de articuladores);

5 Morfossintaxe (relação entre as palavras, concordância verbal e nominal, regência verbal e nominal, organização e estruturação dos períodos e orações, emprego dos tempos e modos verbais e colocação de pronome);

6 Acentuação e ortografia.

**Banca FGV**

Na avaliação da Prova Escrita Discursiva, a redação será corrigida segundo os critérios a seguir:

PARTE 1 – ESTRUTURA TEXTUAL GLOBAL

(A) ABORDAGEM DO TEMA

Considera a capacidade de o candidato selecionar argumentos convenientes, dentro do perfil esperado, assim como a boa seleção desses argumentos.

(B) PROGRESSÃO TEXTUAL

Considera a capacidade de o candidato mostrar coesão e coerência entre os parágrafos componentes do texto por ele redigido, assim como a distribuição do tema por uma evolução adequada de suas partes.

PARTE 2 – CORREÇÃO GRAMATICAL

A correção gramatical será considerada sob o aspecto da melhor expressão escrita do ponto de vista comunicativo, ou seja, de sua adequação à situação comunicativa.

(A) SELEÇÃO VOCABULAR

Considera problemas de inadequação vocabular, troca entre parônimos, emprego de palavras gerais por específicas, emprego de vocábulos de variação linguística inadequada, marcas de oralidade.

(B) NORMA CULTA

Considera problemas gerais de construção frasal do ponto de vista comunicativo.

# RACIOCÍNIO LÓGICO

# 1. PROPOSIÇÕES

## 1.1 Definições

Proposição é uma **declaração** (sentença declarativa - afirmação ou negação - com sujeito "definido", verbo e sentido completo - sentença fechada) que pode ser **classificada** OU em Verdadeiro OU em Falso.

São exemplos de proposições:

**p:** Danilo tem duas empresas

**Q:** Susana comprou um carro novo

**a:** Beatriz é inteligente

**B:** 2 + 7 = 10

As letras "p", "Q", "a", "B", servem para representar (simbolizar) as proposições.

### Valores lógicos das proposições

Uma proposição só pode ser classificada em dois valores lógicos, que são ou o **Verdadeiro (V)** ou o **Falso (F)**, não admitindo outro valor.

As proposições têm três princípios básicos, sendo um deles o princípio fundamental que é:

**Princípio da não contradição:** diz que uma proposição não pode ser verdadeira e falsa ao mesmo tempo.

Os outros dois são:

**Princípio da identidade:** diz que uma proposição verdadeira sempre será verdadeira e uma falsa sempre será falsa.

**Princípio do terceiro excluído:** diz que uma proposição só pode ter dois valores lógicos, ou o de verdadeiro ou o de falso, **não existindo** um terceiro valor.

Interrogações, exclamações e ordens não são proposições.

**Exs.:**

Que dia é hoje?
Que maravilha!
Estudem muito.

### Sentenças abertas e quantificadores lógicos

Existem algumas "sentenças abertas" que aparecem com com incógnitas (termo desconhecido) ou com sujeito indefinido, como por exemplo: "x + 2 = 5", não sendo consideradas proposições, já que não se pode classificá-las sem saber o o valor de x ou se ter a definição do sujeito, porém com o uso dos **quantificadores lógicos**, elas tornam-se proposições, uma vez que esses quantificadores passam a dar valor ao "x" ou definir o sujeito.

Os quantificadores lógicos são:

$\forall$: para todo; qualquer que seja; todo;

$\exists$: existe; existe pelo menos um; algum;

$\nexists$: não existe; nenhum.

**Ex.:**

x + 2 = 5 (sentença aberta - não é proposição)

p: $\exists$x, x + 2 = 5 (lê-se: existe x tal que, x + 2 =5). Agora é proposição, uma vez que agora é possível classificar a proposição como verdadeira, já que sabemos que tem um valor de "x" que somado a dois é igual a cinco.

### Negação de proposição (modificador lógico)

Negar uma proposição significa modificar o seu valor lógico, ou seja, se uma proposição é verdadeira, a sua negação será falsa, e se uma proposição for falsa, a sua negação será verdadeira.

Os símbolos da negação são (~) ou (¬) antes da letra que representa a proposição.

**Ex.: p:** 3 é ímpar;

**~p:** 3 **não** é ímpar;

**¬p:** 3 é **par** (outra forma de negar a proposição).

**~p: não é verdade** que 3 é ímpar (outra forma de negar a proposição).

**¬p: é mentira** que 3 é ímpar (outra forma de negar a proposição).

**Lei da dupla negação:**

**~(~p) = p**, negar uma proposição duas vezes significa voltar para própria proposição:

**q:** 2 é par;

**~q:** 2 não é par;

**~(~q):** 2 **não** é **ímpar**;

portanto;

**q:** 2 é par.

### Tipos de proposição

**Simples ou atômica:** são únicas, com apenas um verbo (ação), não pode ser dividida/separada (fica sem sentido) e não tem conectivo lógico.

**Ex.:** Na proposição "João é professor" tem-se uma única informação, com apenas um verbo, não sendo possível separá-la e sem conectivo.

**Composta ou molecular:** tem mais de uma proposição simples unidas pelos conectivos lógicos, podem ser divididas/separadas e tem mais de um verbo (pode ser o mesmo verbo referido mais de uma vez).

**Ex.:** "Pedro é advogado e João é professor". É possível separar em duas proposições simples: "Pedro é advogado" e "João é professor".

| Simples (atômicas) | Compostas (moleculares) |
|---|---|
| Não têm conectivo lógico | Têm conectivo lógico |
| Não podem ser divididas | Podem ser divididas |
| 1 verbo | + de 1 verbo |

### Conectivo lógico

Serve para unir as proposições simples, formando proposições compostas. São eles:

**e:** conjunção ($\wedge$)

**ou:** disjunção ($\vee$)

**ou..., ou:** disjunção exclusiva ($\veebar$)

**se..., então:** condicional ($\rightarrow$)

**se..., e somente se:** bicondicional ($\leftrightarrow$)

Alguns autores consideram a negação (~) como um conectivo, porém aqui não faremos isso, pois os conectivos servem para formar proposição composta, e a negação faz apenas a mudança do valor das proposições.

O "e" possui alguns sinônimos, que são: "mas", "porém", "nem" (nem = e não) e a própria vírgula. O condicional também tem alguns sinônimos que são: "portanto", "quando", "como" e "pois" (pois = condicional invertido. Ex.: A, pois B = B → A).

**Ex.:**

**a:** Maria foi à praia

**b:** João comeu peixe

**p:** Se Maria foi a praia, então João comeu peixe

**q:** ou 4 + 7 = 11 ou a Terra é redonda

## 1.2 Tabela Verdade e Conectivos Lógicos

A tabela verdade nada mais é do que um mecanismo usado para dar valor às proposições compostas (que também serão ou verdadeiras ou falsas), por meio de seus respectivos conectivos.

A primeira coisa que precisamos saber numa tabela verdade é o seu número de linhas, e que esse depende do número de proposições simples que compõem a proposição composta.

**Número de linhas = $2^n$**

Em que "**n**" é o número de proposições simples que compõem a proposição composta. Portanto se houver 3 proposições simples formando a proposição composta então a tabela dessa proposição terá 8 linhas ($2^3 = 8$). Esse número de linhas da tabela serve para que tenhamos todas as relações possíveis entre "V" e "F" das proposições simples. Veja:

| P | Q | R |
|---|---|---|
| V | V | V |
| V | V | F |
| V | F | V |
| V | F | F |
| F | V | V |
| F | V | F |
| F | F | V |
| F | F | F |

Observe que temos todas as relações entre os valores lógicos das proposições, que sejam: as 3 verdadeiras (1ª linha), as 3 falsas (última linha), duas verdadeiras e uma falsa (2ª, 3ª e 5ª linhas), e duas falsas e uma verdadeira (4ª, 6ª e 7ª linhas). Nessa demonstração, temos uma forma prática de como se pode organizar a tabela, sem se preocupar se foram feitas todas relações entres as proposições.

Para o correto preenchimento da tabela, devemos seguir algumas regras:

- Comece sempre pelas proposições simples e suas negações, se houver;
- Resolva os parênteses, colchetes e chaves, respectivamente (igual à expressão numérica), se houver;
- Faça primeiro as conjunções e disjunções, depois os condicionais e por último os bicondicionais;
- numa proposição composta com mais de um conectivo o conectivo principal será o que for resolvido por último (muito importante saber o conectivo principal).
- A última coluna da tabela deverá ser sempre a da proposição toda, conforme as demonstrações adiante.

O valor lógico de uma proposição composta depende dos valores lógicos das proposições simples que a compõem assim como do conectivo utilizado, e é o que veremos a partir de agora.

**Valor lógico de uma proposição composta por conjunção (e) = tabela verdade da conjunção ($\wedge$).**

**Conjunção "e":** Sejam p e q proposições, a conjunção das proposições p e q, denotada por $p \wedge q$, só será verdadeiro quando p e q forem verdadeiras simultaneamente (se p ou q for falso $p \wedge q$ será falso).

**Ex.:** $P \wedge Q$

| P | Q | P∧Q |
|---|---|---|
| V | V | V |
| V | F | F |
| F | V | F |
| F | F | F |

Representando por meio de conjuntos, temos: $P \wedge Q$

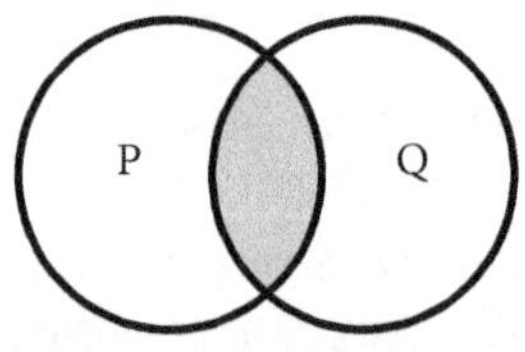


**Valor lógico de uma proposição composta por disjunção (ou) = tabela verdade da disjunção ($\vee$).**

**Disjunção "ou":** Sejam p e q proposições, a disjunção das proposições p e q, denotada por $p \vee q$, só será falsa quando p e q forem falsas simultaneamente (se p ou q for verdadeiro $p \vee q$ será verdadeiro).

**Ex.:** $P \vee Q$

| P | Q | P∨Q |
|---|---|---|
| V | V | V |
| V | F | V |
| F | V | V |
| F | F | F |

Representando por meio de conjuntos, temos: $P \vee Q$

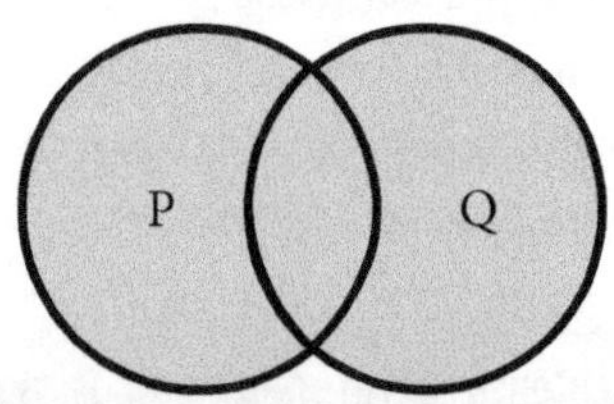


**Valor lógico de uma proposição composta por disjunção exclusiva (ou, ou) = tabela verdade da disjunção exclusiva ($\underline{\vee}$).**

**Disjunção Exclusiva "ou ..., ou ...":** Sejam p e q proposições, a disjunção exclusiva das proposições p e q, denotada por $p \veebar q$, será verdadeiro quando p e q tiverem valores diferentes/contrários (se p e q tiverem valores iguais $p \veebar q$ será falso).

**Ex.:** $P \veebar Q$

| P | Q | $P \veebar Q$ |
|---|---|---|
| V | V | F |
| V | F | V |
| F | V | V |
| F | F | F |

Representando por meio de conjuntos, temos: $P \veebar Q$

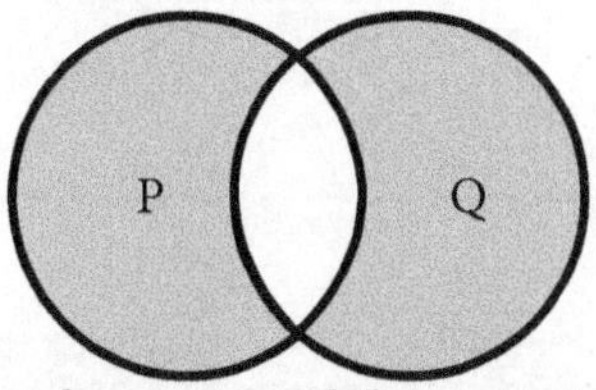


**Valor lógico de uma proposição composta por condicional (se, então) = tabela verdade do condicional ($\rightarrow$).**

**Condicional "Se p,então q":** Sejam p e q proposições, a condicional de p e q, denotada por $p \rightarrow q$ onde se lê "p condiciona q" ou "se p, então q", é a proposição que assume o valor falso somente quando p for verdadeira e q for falsa. A tabela para a condicional de p e q é a seguinte:

**Ex.:** $P \rightarrow Q$

| P | Q | $P \rightarrow Q$ |
|---|---|---|
| V | V | V |
| V | F | F |
| F | V | V |
| F | F | V |

Atente-se bem para esse tipo de proposição, pois é um dos mais cobrados em concursos.

Dicas:

P é antecedente e Q é consequente = $P \rightarrow Q$

P é consequente e Q é antecedente = $Q \rightarrow P$

P é suficiente e Q é necessário = $P \rightarrow Q$

P é necessário e Q é suficiente = $Q \rightarrow P$

Representando por meio de conjuntos, temos: $P \rightarrow Q$

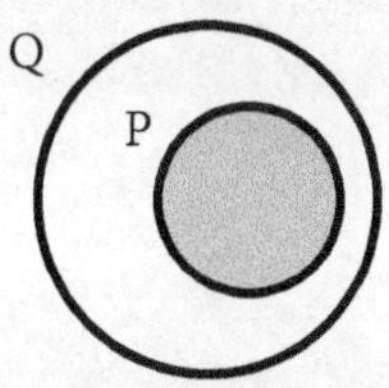


**Valor lógico de uma proposição composta por bicondicional (se e somente se) = tabela verdade do bicondicional ($\leftrightarrow$).**

**Bicondicional "se, e somente se":** Sejam p e q proposições, a bicondicional de p e q, denotada por $p \leftrightarrow q$, onde se lê "p bicondicional q", será verdadeira quando p e q tiverem valores iguais (se p e q tiverem valores diferentes $p \leftrightarrow q$ será falso).

No bicondicional, "P" e "Q" são ambos suficientes e necessários ao mesmo tempo.

**Ex.:** $P \leftrightarrow Q$

| P | Q | $P \leftrightarrow Q$ |
|---|---|---|
| V | V | V |
| V | F | F |
| F | V | F |
| F | F | V |

Representando por meio de conjuntos, temos: $P \leftrightarrow Q$

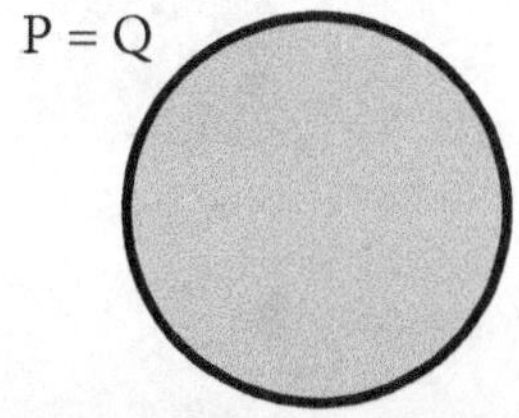


| Proposição composta | Verdadeira quando... | Falsa quando... |
|---|---|---|
| $P \wedge Q$ | P e Q são verdadeiras | Pelo menos uma falsa |
| $P \vee Q$ | Pelo menos uma verdadeira | P e Q são falsas |
| $P \veebar Q$ | P e Q têm valores diferentes | P e Q têm valores iguais |
| $P \rightarrow Q$ | P = verdadeiro, q = verdadeiro ou P = falso | P = verdadeiro e Q = falso |
| $P \leftrightarrow Q$ | P e Q têm valores iguais | P e Q têm valores diferentes |

## 1.3 Tautologias, Contradições e Contingências

**Tautologia:** proposição composta que é **sempre verdadeira** independente dos valores lógicos das proposições simples que a compõem.

**$(P \wedge Q) \rightarrow (P \vee Q)$**

| P | Q | $P \wedge Q$ | $P \vee Q$ | $(P \wedge Q) \rightarrow (P \vee Q)$ |
|---|---|---|---|---|
| V | V | V | V | V |
| V | F | F | V | V |
| F | V | F | V | V |
| F | F | F | F | V |

**Contradição:** proposição composta que é **sempre falsa**, independente dos valores lógicos das proposições simples que a compõem.

**$\sim(P \vee Q) \wedge P$**

| P | Q | $P \vee Q$ | $\sim(P \vee Q)$ | $\sim(P \vee Q) \wedge P$ |
|---|---|---|---|---|
| V | V | V | F | F |
| V | F | V | F | F |
| F | V | V | F | F |
| F | F | F | V | F |

**Contingência:** ocorre quando não é tautologia nem contradição. **$\sim(P \underline{\vee} Q) \leftrightarrow P$**

| P | Q | $P \underline{\vee} Q$ | $\sim(P \underline{\vee} Q)$ | $\sim(P \underline{\vee} Q) \leftrightarrow P$ |
|---|---|---|---|---|
| V | V | F | V | V |
| V | F | V | F | F |
| F | V | V | F | V |
| F | F | F | V | F |

## 1.4 Equivalências Lógicas

Duas ou mais proposições compostas são ditas equivalentes quando são formadas pelas mesmas proposições simples e suas tabelas verdades (resultado) são iguais.

> Atente-se para o princípio da equivalência. A tabela verdade está aí só para demonstrar a igualdade.

Seguem algumas demonstrações das mais importantes:

**$P \wedge Q = Q \wedge P$:** basta trocar as proposições de lugar – também chamada de **recíproca**.

| P | Q | $P \wedge Q$ | $Q \wedge P$ |
|---|---|---|---|
| V | V | V | V |
| V | F | F | F |
| F | V | F | F |
| F | F | F | F |

**$P \vee Q = Q \vee P$**: basta trocar as proposições de lugar – também chamada de **recíproca**.

| P | Q | $P \vee Q$ | $Q \vee P$ |
|---|---|---|---|
| V | V | V | V |
| V | F | V | V |
| F | V | V | V |
| F | F | F | F |

**$P \underline{\vee} Q = Q \underline{\vee} P$**: basta trocar as proposições de lugar - também chamada de **recíproca**.

**$P \underline{\vee} Q = \sim P \underline{\vee} \sim Q$**: basta negar as proposições – também chamada de **contrária**.

**$P \underline{\vee} Q = \sim Q \underline{\vee} \sim P$:** troca as proposições de lugar e nega-as – também chamada de **contra-positiva**.

**$P \underline{\vee} Q = (P \wedge \sim Q) \vee (\sim P \wedge Q)$:** observe aqui a exclusividade dessa disjunção.

| P | Q | $\sim P$ | $\sim Q$ | $P \wedge \sim Q$ | $\sim P \wedge Q$ | $P \underline{\vee} Q$ | $Q \underline{\vee} P$ | $\sim P \underline{\vee} \sim Q$ | $\sim Q \underline{\vee} \sim P$ | $(P \wedge \sim Q) \vee (\sim P \wedge Q)$ |
|---|---|---|---|---|---|---|---|---|---|---|
| V | V | F | F | F | F | F | F | F | F | F |
| V | F | F | V | V | F | V | V | V | V | V |
| F | V | V | F | F | V | V | V | V | V | V |
| F | F | V | V | F | F | F | F | F | F | F |

**$P \leftrightarrow Q = Q \leftrightarrow P$:** basta trocar as proposições de lugar - também chamada de **recíproca**.

**$P \leftrightarrow Q = \sim P \leftrightarrow \sim Q$:** basta negar as proposições – também chamada de contrária.

**$P \leftrightarrow Q = \sim Q \leftrightarrow \sim P$:** troca as proposições de lugar e nega-as – também chamada de contra- positiva.

**$P \leftrightarrow Q = (P \rightarrow Q) \wedge (Q \rightarrow P)$:** observe que é condicional para os dois lados, por isso bicondicional.

| P | Q | $\sim P$ | $\sim Q$ | $P \rightarrow Q$ | $Q \rightarrow P$ | $P \leftrightarrow Q$ | $Q \leftrightarrow P$ | $\sim P \leftrightarrow \sim Q$ | $\sim Q \leftrightarrow \sim P$ | $(P \rightarrow Q) \wedge (Q \rightarrow P)$ |
|---|---|---|---|---|---|---|---|---|---|---|
| V | V | F | F | V | V | V | V | V | V | V |
| V | F | F | V | F | V | F | F | F | F | F |
| F | V | V | F | V | F | F | F | F | F | F |
| F | F | V | V | V | V | V | V | V | V | V |

> A disjunção exclusiva e o bicondicional são as proposições com o maior número de equivalências.

**$P \rightarrow Q = \sim Q \rightarrow \sim P$:** troca as proposições de lugar e nega-se – também chamada de **contra-positiva**.

**$P \rightarrow Q = \sim P \vee Q$:** nega-as o antecedente OU mantém o consequente.

| P | Q | $\sim P$ | $\sim Q$ | $P \rightarrow Q$ | $\sim Q \rightarrow \sim P$ | $\sim P \vee Q$ |
|---|---|---|---|---|---|---|
| V | V | F | F | V | V | V |
| V | F | F | V | F | F | F |
| F | V | V | F | V | V | V |
| F | F | V | V | V | V | V |

**Equivalências mais importantes e mais cobradas em concursos.**

## Negação de proposição composta

São também equivalências lógicas; vejamos algumas delas:

**$\sim(P \wedge Q) = \sim P \vee \sim Q$** (Leis De Morgan)

Para negar a conjunção, troca-se o conectivo e ($\wedge$) por ou ($\vee$) e nega-se as proposições que a compõem.

| P | Q | $\sim P$ | $\sim Q$ | $P \wedge Q$ | $\sim(P \wedge Q)$ | $\sim P \vee \sim Q$ |
|---|---|---|---|---|---|---|
| V | V | F | F | V | F | F |
| V | F | F | V | F | V | V |
| F | V | V | F | F | V | V |
| F | F | V | V | F | V | V |

$\sim(P \vee Q) = \sim P \wedge \sim Q$ (Leis De Morgan)

Para negar a disjunção, troca-se o conectivo **ou** ($\vee$) por **e** ($\wedge$) e negam-se as proposições simples que a compõem.

| P | Q | ~P | ~Q | $P \vee Q$ | $\sim(P \veebar Q)$ | $\sim P \wedge \sim Q$ |
|---|---|---|---|---|---|---|
| V | V | F | F | V | F | F |
| V | F | F | V | V | F | F |
| F | V | V | F | V | F | F |
| F | F | V | V | F | V | V |

$\sim(P \rightarrow Q) = P \wedge \sim Q$

Para negar o condicional, mantém-se o antecedente E nega-se o consequente.

| P | Q | ~Q | $P \rightarrow Q$ | $\sim(P \rightarrow Q)$ | $P \wedge \sim Q$ |
|---|---|---|---|---|---|
| V | V | F | V | F | F |
| V | F | V | F | V | V |
| F | V | F | V | F | F |
| F | F | V | V | F | F |

$\sim(P \veebar Q) = P \leftrightarrow Q$

Para negar a disjunção exclusiva, faz-se o bicondicional ou nega-se a disjuncao exclusiva com a propria disjuncao exclusiva, mas negando apenas uma das proposicoes que a compõe.

| P | Q | $P \veebar Q$ | $\sim(P \veebar Q)$ | $P \leftrightarrow Q$ |
|---|---|---|---|---|
| V | V | F | V | V |
| V | F | V | F | F |
| F | V | V | F | F |
| F | F | F | V | V |

$\sim(P \leftrightarrow Q) = (P \veebar Q)$.

Para negar a bicondicional, faz-se a disjunção exclusiva ou nega-se o bicondicional com o proprio bicondicional, mas negando apenas uma das proposicoes que o compõe.

| P | Q | $P \leftrightarrow Q$ | $\sim(P \leftrightarrow Q)$ | $P \veebar Q$ |
|---|---|---|---|---|
| V | V | V | F | F |
| V | F | F | V | V |
| F | V | F | V | V |
| F | F | V | F | F |

## 1.5 Relação entre Todo, Algum e Nenhum

Também conhecidos como **quantificadores lógicos**, eles têm entre si algumas relações que devemos saber, são elas:

**"Todo A é B"** equivale a **"nenhum A não é B"**, e vice-versa.

"todo amigo é bom = nenhum amigo não é bom."

**"Nenhum A é B"** equivale a **"todo A não é B"**, e vice-versa.

"nenhum aluno é burro = todo aluno não é burro."

**"Todo A é B"** tem como negação **"algum A não é B"** e vice-versa.

**Ex.:** ~(todo estudante tem insônia) = algum estudante não tem insônia.

**"Nenhum A é B"** tem como negação **"algum A é B"** e vice-versa.

**Ex.:** ~(algum sonho é impossível) = nenhum sonho é impossível.

Temos também a representação em forma de conjuntos, que é:

**TODO A é B:**

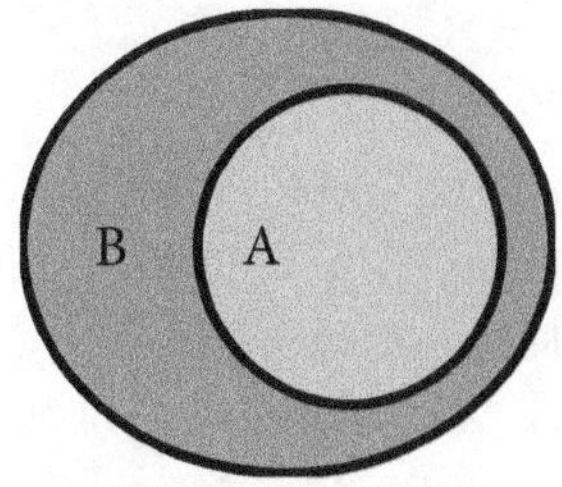


**ALGUM A é B:**

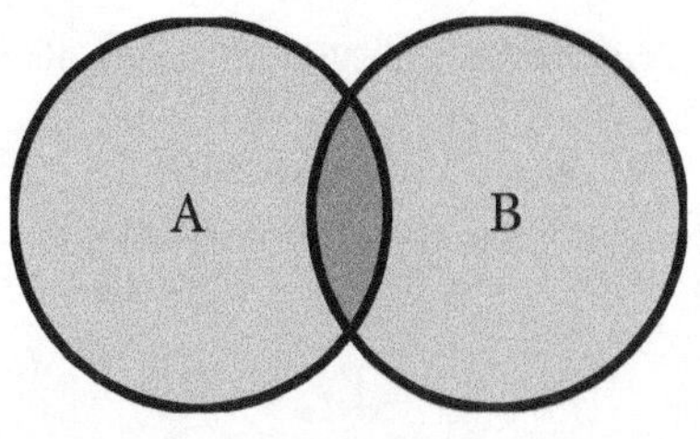


**NENHUM A é B:**

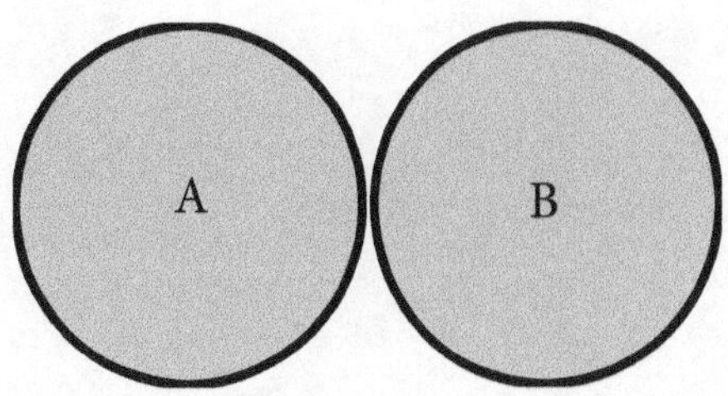


| Relação de Equivalência: | Relação de Negação: |
|---|---|
| > Todo A é B = Nenhum A não é B.<br>Ex.: Todo diretor é bom ator. = Nenhum diretor é mau ator. | > Todo A é B = Algum A não é B.<br>Ex.: Todo policial é honesto. = Algum policial não é honesto. |
| > Nenhum A é B = Todo A não é B.<br>Ex.: Nenhuma mulher é legal. = Toda mulher não é legal. | > Nenhum A é B = Algum A é B.<br>Ex.: Nenhuma ave é mamífera. = Alguma ave é mamífera. |

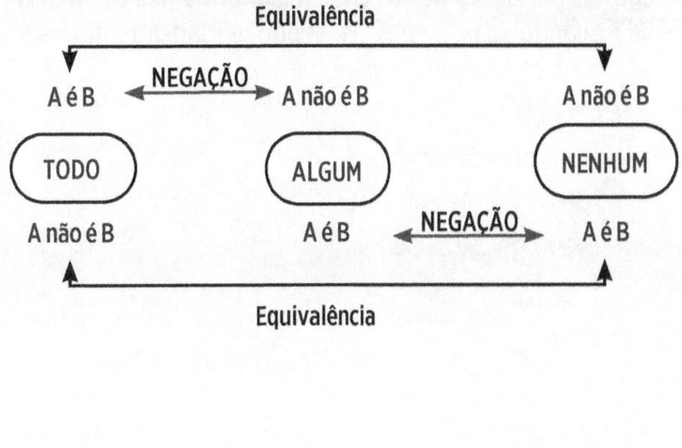

# 2. ARGUMENTOS

Os argumentos são uma extensão das proposições, mas com algumas características e regras próprias. Vejamos isso a partir de agora.

## 2.1 Definições

Argumento é um conjunto de proposições, divididas em premissas (proposições iniciais - hipóteses) e conclusões (proposições finais - teses).

**Ex.:**

$p_1$: Toda mulher é bonita.

$p_2$: Toda bonita é charmosa.

$p_3$: Maria é bonita.

c: Portanto, Maria é charmosa.

$p_1$: Se é homem, então gosta de futebol.

$p_2$: Mano gosta de futebol.

c: Logo, Mano é homem.

$p_1, p_2, p_3, p_n$, correspondem às premissas, e "c" à conclusão.

### Representação dos argumentos

Os argumentos podem ser representados das seguintes formas:

$$\begin{array}{c} P_1 \\ P_2 \\ P_3 \\ \cdots \\ \underline{P_n} \\ C \end{array}$$

*ou*

$$P_1 \wedge P_2 \wedge P_3 \wedge \cdots \wedge P_n \rightarrow C$$

ou

$$P_1, P_2, P_3, \cdots, Pn \vdash C$$

### Tipos de argumentos

Existem vários tipos de argumento. Vejamos alguns:

### Dedução

O argumento dedutivo parte de situações gerais para chegar a conclusões particulares. Esta forma de argumento é válida quando suas premissas, sendo verdadeiras, fornecem uma conclusão também verdadeira.

**Ex.:**

$p_1$: Todo professor é aluno.

$p_2$: Daniel é professor.

c: Logo, Daniel é aluno.

### Indução

O argumento indutivo é o contrário do argumento dedutivo, pois parte de informações particulares para chegar a uma conclusão geral. Quanto mais informações nas premissas, maiores as chances da conclusão estar correta.

**Ex.:**

$p_1$: Cerveja embriaga.

$p_2$: Uísque embriaga.

$p_3$: Vodca embriaga.

c: Portanto, toda bebida alcoólica embriaga.

### Analogia

As analogias são comparações (nem sempre verdadeiras). Neste caso, partindo de uma situação já conhecida verificamos outras desconhecidas, mas semelhantes. Nas analogias, não temos certeza.

**Ex.:**

$p_1$: No Piauí faz calor.

$p_2$: No Ceará faz calor.

$p_3$: No Paraná faz calor.

c: Sendo assim, no Brasil faz calor.

### Falácia

As falácias são falsos argumentos, logicamente inconsistentes, inválidos ou que não provam o que dizem.

**Ex.:**

$p_1$: Eu passei num concurso público.

$p_2$: Você passou num concurso público.

c: Logo, todos vão passar num concurso público.

### Silogismos

Tipo de argumento formado por três proposições, sendo duas premissas e uma conclusão. São em sua maioria dedutivos.

**Ex.:**

$p_1$: Todo estudioso passará no concurso.

$p_2$: Beatriz é estudiosa.

c: Portanto, Beatriz passará no concurso.

### Classificação dos argumentos

Os argumentos só podem ser classificados em, ou válidos, ou inválidos:

### Válidos ou bem construídos

Os argumentos são válidos sempre que as premissas garantirem a conclusão, ou seja, sempre que a conclusão for uma consequência obrigatória do seu conjunto de premissas.

**Ex.:**

$p_1$: Toda mulher é bonita.

$p_2$: Toda bonita é charmosa.

$p_3$: Maria é mulher.

c: Portanto, Maria é bonita e charmosa.

Veja que, se Maria é mulher, e toda mulher é bonita, e toda bonita é charmosa, então Maria só pode ser bonita e charmosa.

## Inválidos ou mal construídos

Os argumentos são inválidos sempre que as premissas **não** garantirem a conclusão, ou seja, sempre que a conclusão **não** for uma consequência obrigatória do seu conjunto de premissas.

**Ex.:**

$p_1$: Todo professor é aluno.

$p_2$: Daniel é aluno.

c: Logo, Daniel é professor.

Note que, se Daniel é aluno, nada garante que ele seja professor, pois o que sabemos é que todo professor é aluno, não o contrário.

Alguns argumentos serão classificados apenas por meio desse conceito (da GARANTIA). Fique atento para não perder tempo.

# 2.2 Métodos para Classificar os Argumentos

Os argumentos nem sempre podem ser classificados da mesma forma, por isso existem os métodos para sua classificação, uma vez que dependendo do argumento, um método ou outro, sempre será mais fácil e principalmente mais rápido.

**1º método:** diagramas lógicos (ou método dos conjuntos).

Utilizado sempre que no argumento houver as expressões: **todo**, **algum** ou **nenhum**, e seus respectivos sinônimos.

Representaremos o que for dito em forma de conjuntos e verificaremos se a conclusão está correta (presente nas representações).

Esse método é muito utilizado por diversas bancas de concursos e tende a confundir o concurseiro, principalmente nas questões em que temos mais de uma opção de diagrama para o mesmo enunciado. Lembrando que quando isso ocorrer (mais de um diagrama para o mesmo argumento), a questão só estará correta se a conclusão estiver presente em todas as representações se todos os diagramas corresponderem à mesma condição.

**As representações genéricas são:**

**TODO A é B:**

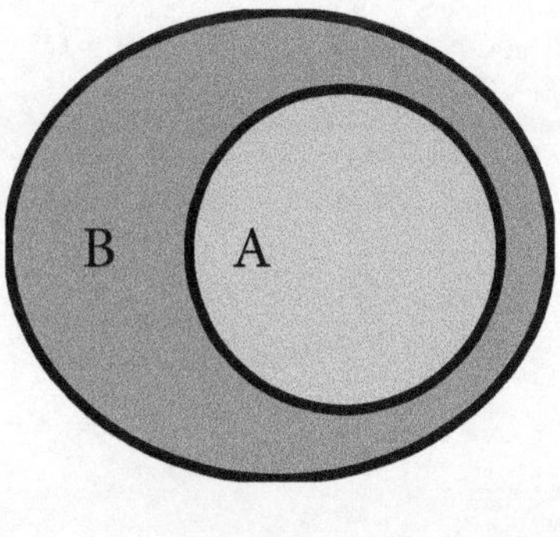


**ALGUM A é B:**

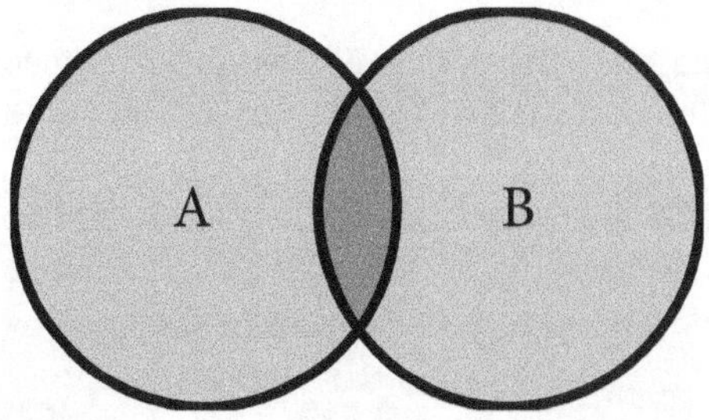


**NENHUM A é B:**

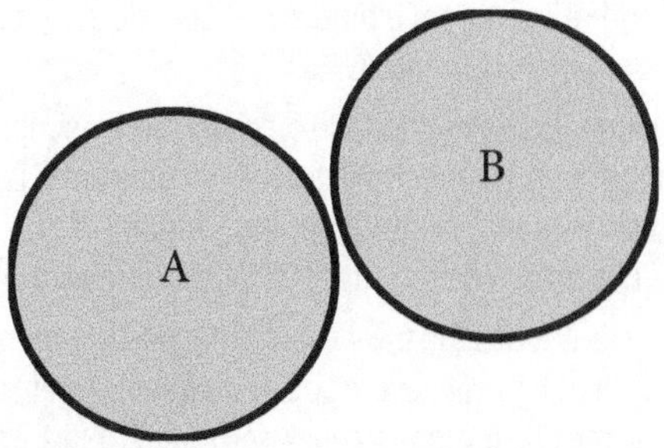


**2º método:** premissas verdadeiras (proposição simples ou conjunção).

Utilizado sempre que não for possível os diagramas lógicos e quando nas premissas houver uma proposição simples ou uma conjunção.

A proposição simples ou a conjunção serão os pontos de partida da resolução, já que teremos que considerar todas as premissas verdadeiras e elas – proposição simples ou conjunção – só admitem um jeito de serem verdadeiras.

O método consiste em, considerar todas as premissas como verdadeiras, dar valores às proposições simples que as compõem e no final avaliar a conclusão; se a conclusão também for verdadeira o argumento é válido, porém se a conclusão for falsa o argumento é inválido.

Premissas verdadeiras e conclusão verdadeiras = argumento válido.

Premissas verdadeiras e conclusão falsa = argumento inválido.

**3º método:** conclusão falsa (proposição simples, disjunção ou condicional).

Utilizado sempre que não for possível um dos "dois" métodos citados anteriormente e quando na conclusão houver uma proposição simples, uma disjunção ou um condicional.

A proposição simples, a disjunção ou o condicional serão os pontos de partida da resolução, já que teremos que considerar a conclusão como sendo falsa e elas – proposição simples, disjunção e condicional – só admitem um jeito de serem falsas.

O método consiste em: considerar a conclusão como falsa, dar valores às proposições simples, que a compõem, e supor as premissas como verdadeiras, a partir dos valores das proposições simples da conclusão e atribuir os valores das proposicoes simples das premissas. No final, se assim ficar – a conclusão falsa e as premissas verdadeiras – o argumento será inválido; porém se uma das premissas mudar de valor, então o argumento passa a ser válido.

Conclusão falsa e premissas verdadeiras = argumento inválido.

Conclusão falsa e pelo menos 1 (uma) premissa falsa = argumento válido.

Para esses dois métodos (2º método e 3º método), podemos definir a validade dos argumentos da seguinte forma:

| PREMISSAS | CONCLUSÃO | ARGUMENTO |
|---|---|---|
| Verdadeiras | Verdadeira | Válido |
| Verdadeiras | Falsa | Inválido |
| Pelo menos 1 (uma) falsa | Falsa | Válido |

**4º método:** tabela verdade.

Método utilizado em último caso, quando não for possível usar qualquer um dos anteriores.

Dependendo da quantidade de proposições simples que tiver o argumento, esse método fica inviável, pois temos que desenhar a tabela verdade. No entanto, esse método é um dos mais garantidos nas resoluções das questões de argumentos.

Consiste em desenhar a tabela verdade do argumento em questão e avaliar se nas linhas em que as premissas forem todas verdadeiras – ao mesmo tempo – a conclusão também será toda verdadeira. Caso isso ocorra, o argumento será válido, porém se em uma das linhas em que as premissas forem todas verdadeiras a conclusão for falsa, o argumento será inválido.

Linhas da tabela verdade em que as premissas são todas verdadeiras e conclusão, nessas linhas, também todas verdadeiras = argumento válido.

Linhas da tabela verdade em que as premissas são todas verdadeiras e pelo menos uma conclusão falsa, nessas linhas = argumento inválido.

# 3. PSICOTÉCNICOS

Questões psicotécnicas são todas as questões em que não precisamos de conhecimento adicional para resolvê-las. As questões podem ser de associações lógicas, verdades e mentiras, sequências lógicas, problemas com datas – calendários, sudoku, entre outras.

Neste capítulo, abordaremos inicialmente as questões mais simples do raciocínio lógico para uma melhor familiarização com a matéria.

Não existe teoria, somente prática e é com ela que vamos trabalhar e aprender.

**01.** (FCC) Considere que os dois primeiros pares de palavras foram escritos segundo determinado critério.

Temperamento ⟶ totem

Traficante ⟶ tetra

Massificar ⟶ ?

De acordo com esse mesmo critério, uma palavra que substituiria o ponto de interrogação é:

**a)** ramas.

**b)** maras.

**c)** armas.

**d)** samar.

**e)** asmar.

**RESPOSTA: C.**

Analisando os dois primeiros pares de palavras, vemos que a segunda palavra de cada par é formada pela última sílaba + a primeira sílaba da primeira palavra do par, logo, seguindo esse raciocínio, teremos AR + MAS = armas.

**02.** (FCC) Observe atentamente a disposição das cartas em cada linha do esquema seguinte. A carta que está oculta é:

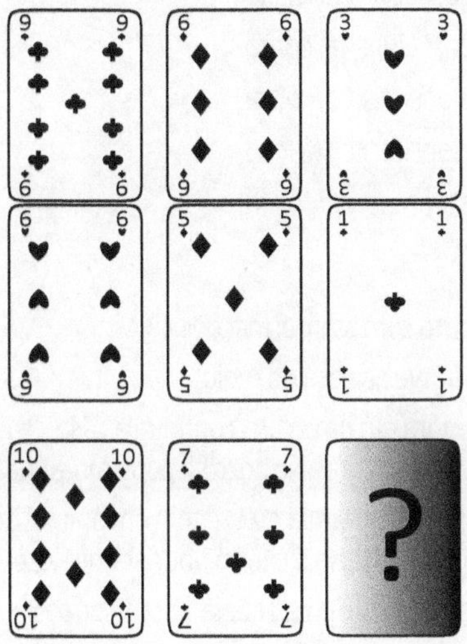

**a)** 

**b)** 

**c)** 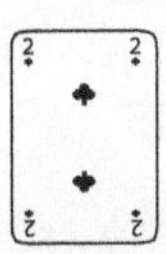

**d)** 

**e)** 

**RESPOSTA: A.**

Observando cada linha (horizontal), temos nas duas primeiras os três mesmos naipes (copas, paus e ouros, só mudando a ordem) e a terceira carta é o resultado da subtração da primeira pela segunda; portanto, a carta que está oculta tem que ser o "3 de copas", pois 10 – 7 = 3 e o naipe que não apareceu na terceira linha foi o de copas.

**03.** (FCC) Considere a sequência de figuras abaixo. A figura que substitui corretamente a interrogação é:

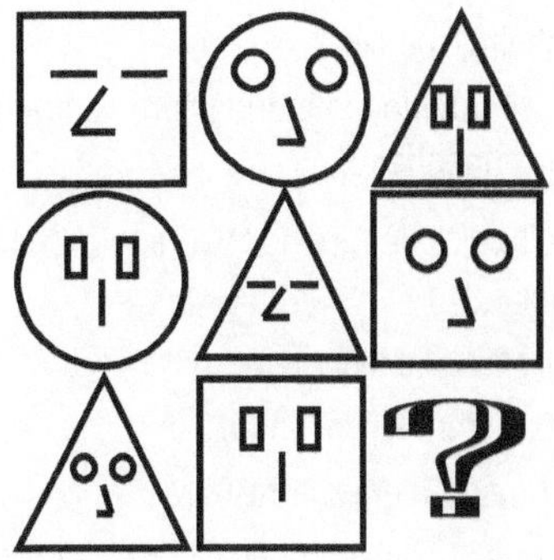

**a)** 

**b)** 

**c)** 

**d)** 

**e)** 

**RESPOSTA: A.**

Veja que em cada fila (linha ou coluna) temos sempre um círculo, um triângulo e um quadrado fazendo o contorno da careta; os olhos são círculos, quadrados ou tiras; o nariz é reto, para direita ou para esquerda; sendo assim, no ponto de interrogação o que está faltando é a careta redonda com o olhos em tiras e o nariz para a esquerda.

**04.** (Esaf - Adaptada) Mauro, José e Lauro são três irmãos. Cada um deles nasceu em um estado diferente: um é mineiro, outro é carioca, e outro é paulista (não necessariamente nessa ordem). Os três têm, também, profissões diferentes: um é engenheiro, outro é veterinário, e outro é psicólogo (não necessariamente nessa ordem). Sabendo que José é mineiro, que o engenheiro é paulista, e que Lauro é veterinário, conclui-se corretamente que:

**a)** Lauro é paulista e José é psicólogo.

**b)** Mauro é carioca e José é psicólogo.

**c)** Lauro é carioca e Mauro é psicólogo.

**d)** Mauro é paulista e José é psicólogo.

**e)** Lauro é carioca e Mauro não é engenheiro.

**RESPOSTA: D.**

É a única resposta possível após o preenchimento da tabela e análise das alternativas.

Vamos construir uma tabela para facilitar a resolução da questão:

| Nome | Estado | Profissão |
|---|---|---|
| José | Mineiro | Psicólogo |
| Mauro | Paulista | Engenheiro |
| Lauro | Carioca | Veterinário |

De acordo com as informações:

José é mineiro;

O engenheiro é paulista;

Lauro é veterinário, note que Lauro não pode ser paulista, pois o paulista é engenheiro.

**05.** (FGV) Certo dia, três amigos fizeram, cada um deles, uma afirmação:

Aluísio: Hoje não é terça-feira.

Benedito: Ontem foi domingo.

Camilo: Amanhã será quarta-feira.

Sabe-se que um deles mentiu e que os outros dois falaram a verdade. Assinale a alternativa que indique corretamente o dia em que eles fizeram essas afirmações.

**a)** Sábado.
**b)** Domingo.
**c)** Segunda-feira.
**d)** Terça-feira.
**e)** Quarta-feira.

**RESPOSTA: C.**

Baseado no que foi dito na questão, Benedito e Camilo não podem, os dois, estarem falando a verdade, pois teríamos dois dias diferentes. Então, conclui-se que Aluísio falou a verdade; com isso, o que Camilo esta dizendo é mentira e, portanto Benedito também está falando a verdade. Logo, o dia em que foi feita a afirmação é uma segunda-feira.

**06.** (FUMARC) Heloísa, Bernardo e Antônio são três crianças. Uma delas tem 12 anos a outra tem 10 anos e a outra 8 anos. Sabe-se que apenas uma das seguintes afirmações é verdadeira:

Bernardo tem 10 anos.

Heloísa não tem 10 anos.

Antônio não tem 12 anos.

Considerando estas informações é correto afirmar que:

**a)** Heloísa tem 12 anos, Bernardo tem 10 anos e Antônio tem 8 anos.
**b)** Heloísa tem 12 anos, Bernardo tem 8 anos e Antônio tem 10 anos.
**c)** Heloísa tem 10 anos, Bernardo tem 8 anos e Antônio tem 12 anos.
**d)** Heloísa tem 10 anos, Bernardo tem 12 anos e Antônio tem 8 anos.

**RESPOSTA: D.**

Como a questão informa que só uma afirmação é verdadeira, vejamos qual pode ser esta afirmação: se "I" for a verdadeira, teremos Bernardo e Heloísa, os dois, com 10 anos, o que pelo enunciado da questão não é possível; se "II" for a verdadeira, teremos, mais uma vez, Bernardo e Heloísa, agora ambos com 8 anos, o que também não é possível; se "III" for a verdadeira, teremos Heloísa com 10 anos, Bernardo com 12 anos e Antônio com 8 anos.

**07.** (FCC) Na sentença seguinte falta a última palavra. Você deve escolher a alternativa que apresenta a palavra que MELHOR completa a sentença.

Devemos saber empregar nosso tempo vago; podemos, assim, desenvolver hábitos agradáveis e evitar os perigos da;

**a)** Desdita.
**b)** Pobreza.
**c)** Ociosidade.
**d)** Bebida.
**e)** Doença.

**RESPOSTA: C.**

Qual dessas alternativas tem a palavra que mais se relaciona com tempo vago? Agora ficou claro! Assim a palavra é OCIOSIDADE.

**08.** (ESAF) Três meninos, Zezé, Zozó e Zuzu, todos vizinhos, moram na mesma rua em três casas contíguas. Todos os três meninos possuem animais de estimação de raças diferentes e de cores também diferentes. Sabe-se que o cão mora em uma casa contígua à casa de Zozó; a calopsita é amarela; Zezé tem um animal de duas cores - branco e laranja; a cobra vive na casa do meio. Assim, os animais de estimação de Zezé, Zozó e Zuzu são respectivamente:

**a)** Cão, cobra, calopsita.
**b)** Cão, calopsita, cobra.
**c)** Calopsita, cão, cobra.
**d)** Calopsita, cobra, cão.
**e)** Cobra, cão, calopsita.

**RESPOSTA: A.**

De acordo com as informações:

A cobra vive na casa do meio;

O cão mora em uma casa contígua à casa de Zozó; contígua quer dizer vizinha, e para isso Zozó só pode morar na casa do meio;

A calopsita é amarela e Zezé tem um animal de duas cores - branco e laranja; com isso o cão só pode ser de Zezé;

Vamos construir uma tabela para ficar melhor a resolução da questão:

| | Casa | Casa | Casa |
|---|---|---|---|
| Nome | Zezé | Zozó | Zuzu |
| Animal | Cão | Cobra | Calopsita |

No livro Alice no País dos Enigmas, o professor de matemática e lógica Raymond Smullyan apresenta vários desafios ao raciocínio lógico que têm como objetivo distinguir-se entre verdadeiro e falso. Considere o seguinte desafio inspirado nos enigmas de Smullyan.

Duas pessoas carregam fichas nas cores branca e preta. Quando a primeira pessoa carrega a ficha branca, ela fala somente a verdade, mas, quando carrega a ficha preta, ela fala somente mentiras. Por outro lado, quando a segunda pessoa carrega a ficha branca, ela fala somente mentira, mas, quando carrega a ficha preta, fala somente verdades.

Com base no texto acima, julgue o item a seguir.

**09.** (CESPE) Se a primeira pessoa diz "Nossas fichas não são da mesma cor" e a segunda pessoa diz "Nossas fichas são da mesma cor", então, pode-se concluir que a segunda pessoa está dizendo a verdade.

**RESPOSTA: CERTO.**

Analisando linha por linha da tabela, encontramos contradições nas três primeiras linhas, ficando somente a quarta linha como certa, o que garante que a segunda pessoa está falando a verdade.

| 1ª pessoa: "Nossas fichas não são da mesma cor" | 2ª pessoa: "Nossas fichas são da mesma cor" |
|---|---|
| Ficha branca (verdade) | Ficha branca (mentira) |
| Ficha branca (verdade) | Ficha preta (verdade) |
| Ficha preta (mentira) | Ficha branca (mentira) |
| Ficha preta (mentira) | Ficha preta (verdade) |

**10.** (CESPE) O quadro abaixo pode ser completamente preenchido com algarismos de 1 a 6, de modo que cada linha e cada coluna tenham sempre algarismos diferentes.

| | | | | | |
|---|---|---|---|---|---|
| 1 | | | | 3 | 2 |
| | | 5 | 6 | | 1 |
| | 1 | 6 | | 5 | |
| 5 | 4 | | | 2 | |
| | 3 | 2 | 4 | | |
| 4 | | | 2 | | 3 |

**RESPOSTA: CERTO.**

Vamos preencher o quadro, de acordo com o que foi pedido:

| | | | | | |
|---|---|---|---|---|---|
| 1 | 6 | 4 | 5 | 3 | 2 |
| 3 | 2 | 5 | 6 | 4 | 1 |
| 2 | 1 | 6 | 3 | 5 | 4 |
| 5 | 4 | 3 | 1 | 2 | 6 |
| 6 | 3 | 2 | 4 | 1 | 5 |
| 4 | 5 | 1 | 2 | 6 | 3 |

# 4. ANÁLISE COMBINATÓRIA

As primeiras atividades matemáticas da humanidade estavam ligadas à contagem de objetos de um conjunto, enumerando seus elementos.

Vamos estudar, aqui, algumas técnicas para a descrição e contagem de todos os casos possíveis de um acontecimento.

## 4.1 Definição

A análise combinatória é utilizada para descobrir o **número de maneiras possíveis** de realizar determinado evento, sem que seja necessário demonstrar todas essas maneiras.

**Ex.:** Quantos são os pares formados pelo lançamento de dois **"dados"** simultaneamente?

No primeiro dado, temos 6 possibilidades – do 1 ao 6 – e, no segundo dado, também temos 6 possibilidades – do 1 ao 6. Juntando todos os pares formados, temos 36 pares (6 . 6 = 36).

(1,1), (1,2), (1,3), (1,4), (1,5), (1,6),
(2,1), (2,2), (2,3), (2,4), (2,5), (2,6),
(3,1), (3,2), (3,3), (3,4), (3,5), (3,6),
(4,1), (4,2), (4,3), (4,4), (4,5), (4,6),
(5,1), (5,2), (5,3), (5,4), (5,5), (5,6),
(6,1), (6,2), (6,3), (6,4), (6,5), (6,6);

Logo, temos **36 pares**.

Não há necessidade de expor todos os pares formados, basta que saibamos quantos pares são.

Imagine se fossem 4 dados e quiséssemos saber todas as quadras possíveis, o resultado seria 1296 quadras. Um número inviável de ser representado. Por isso utilizamos a Análise Combinatória.

Para resolver as questões de Análise Combinatória, utilizamos algumas técnicas, que veremos a partir de agora.

## 4.2 Fatorial

É comum, nos problemas de contagem, calcularmos o produto de uma multiplicação cujos fatores são números naturais consecutivos. Fatorial de um número (natural) é a multiplicação deste número por todos os seus antecessores, em ordem, até o número 1.

$n! = n(n-1)(n-2)...3.2.1$, *sendo* $n \in N$ e $n > 1$.

**Por definição, temos:**

→ $0! = 1$

→ $1! = 1$

**Ex.:** $4! = 4 \cdot 3 \cdot 2 \cdot 1 = 24$

$6! = 6 \cdot 5 \cdot 4 \cdot 3 \cdot 2 \cdot 1 = 720$

$8! = 8 \cdot 7 \cdot 6 \cdot 5 \cdot 4 \cdot 3 \cdot 2 \cdot 1 = 40320$

Observe que:

$6! = 6 \cdot 5 \cdot 4!$

$8! = 8 \cdot 7 \cdot 6!$

Para n = 0, teremos: 0! = 1.

Para n = 1, teremos: 1! = 1.

**Ex.:** *Qual deve ser o valor numérico de n para que a equação (n + 2)! = 20 . n! seja verdadeira?*

O primeiro passo na resolução deste problema consiste em escrevermos **(n + 2)!** em função de **n!**, em busca de uma equação que não mais contenha fatoriais:

(n+2) (n+1) n! = 20n!, dividindo por n!,temos:

(n+2) (n+1) = 20, fazendo a distributiva

$n^2 + 3n + 2 = 20 \Rightarrow n^2 + 3n - 18 = 0$

Rapidamente concluímos que as raízes procuradas são **-6** e **3**, mas como não existe fatorial de números negativos, já que eles não pertencem ao conjunto dos números naturais, ficamos apenas com a raiz igual a **3**.

Portanto:

O valor numérico de n, para que a equação seja verdadeira, é igual a 3.

## 4.3 Princípio Fundamental da Contagem (PFC)

É uma das técnicas mais importantes e uma das mais utilizadas nas questões de Análise Combinatória.

O PFC é utilizado nas questões em que os elementos podem ser repetidos **ou** quando a ordem dos elementos fizer diferença no resultado.

**Atenção**

Esses "elementos" são os dados das questões, os valores envolvidos.

Consiste de dois princípios: o **multiplicativo** e o **aditivo**. A diferença dos dois consiste nos termos utilizados durante a resolução das questões.

**Multiplicativo:** usado sempre que na resolução das questões utilizarmos o termo "**e**". Como o próprio nome já diz, faremos multiplicações.

**Aditivo:** usado quando utilizarmos o termo "**ou**". Aqui realizaremos somas.

**Ex.:** Quantas senhas de 3 algarismos são possíveis com os algarismos 1, 3, 5 e 7?

Como nas senhas os algarismos podem ser repetidos, para formar senhas de 3 algarismos temos a seguinte possibilidade:

SENHA = Algarismo E Algarismo E Algarismo

Nº de SENHAS = 4 . 4 . 4 (já que são 4 os algarismos que temos na questão, e observe o princípio multiplicativo no uso do "e"). Nº de SENHAS = 64.

**Ex.:** Quantos são os números naturais de dois algarismos que são múltiplos de 5?

Como o zero à esquerda de um número não é significativo, para que tenhamos um número natural com dois algarismos, ele deve começar com um dígito de 1 a 9. Temos, portanto, 9 possibilidades.

Para que o número seja um múltiplo de 5, ele deve terminar em 0 ou 5, portanto temos apenas 2 possibilidades. A multiplicação de 9 por 2 nos dará o resultado desejado. Logo: São 18 os números naturais de dois algarismos que são múltiplos de 5.

## 4.4 Arranjo e Combinação

Duas outras técnicas usadas para resolução de problemas de análise combinatória, sendo importante saber quando usa cada uma delas.

**Arranjo**: usado quando os elementos (envolvidos no cálculo) não podem ser repetidos E quando a ordem dos elementos faz diferença no resultado

A fórmula do arranjo é:

$$A_{n,p} = \frac{n!}{(n-p)!}$$

Sendo:

**n** = todos os elementos do conjunto;

**p** = os elementos utilizados.

**Ex.:** pódio de competição.

**Combinação**: usado quando os elementos (envolvidos no cálculo) não podem ser repetidos E quando a ordem dos elementos não faz diferença no resultado.

A fórmula da combinação é:

$$C_{n,p} = \frac{n!}{p! \cdot (n-p)!}$$

Sendo:

**n** = a todos os elementos do conjunto;

**p** = os elementos utilizados.

**Ex.:** salada de fruta.

## 4.5 Permutação

### Permutação simples

Seja E um conjunto com n elementos. Chama-se permutação simples dos n elementos, qualquer agrupamento (sequência) de n elementos distintos de E em outras palavras, permutacao é a ORGANIZACAO de TODOS os elementos. Em outras palavras, permutação a ORGANIZAÇÃO de TODOS os elementos

Podemos, também, interpretar cada permutação de **n** elementos como um arranjo simples de **n** elementos tomados **n** a **n**, ou seja, p = n.

Nada mais é do que um caso particular de arranjo cujo p = n.

Logo:

Assim, a fórmula da permutação é:

$$P_n = n!$$

**Ex.:** Quantos anagramas têm a palavra prova?

A palavra **prova** tem 5 letras, e nenhuma repetida, sendo assim **n** = 5, e:

$P_5 = 5!$

$P_5 = 5.4.3.2.1$

$P_5 = 120$ anagramas

**Atenção**

As permutações são muito usadas nas questões de anagramas.

Anagramas: todas as palavras formadas com todas as letras de uma palavra, quer essas novas palavras tenham sentido ou não na linguagem comum.

### Permutação com elementos repetidos

Na permutação com elementos repetidos, usa-se a seguinte fórmula:

$$P_n^{k,y,\dots,w} = \frac{n!}{k! \cdot y! \cdot \dots \cdot w!}$$

Sendo:

**n** = o número total de elementos do conjunto;

**k, y, w** = as quantidades de elementos repetidos.

**Ex.:** Quantos anagramas têm a palavra concurso?

Observe que na palavra **CONCURSO** existem duas letras repetidas, o "C" e o "O", e cada uma duas vezes, portanto n = 8, k = 2 e y = 2, agora:

$$P_8^{2,2} = \frac{8!}{2! \cdot 2!}$$

$$P_8^{2,2} = \frac{8 \cdot 7 \cdot 6 \cdot 5 \cdot 4 \cdot 3 \cdot 2!}{2 \cdot 1 \cdot 2!} \text{ (Simplificando o 2!)}$$

$$P_8^{2,2} = \frac{20.160}{2}$$

$$P_8^{2,2} = 10.080 \text{ anagramas}$$

**Resumo:**

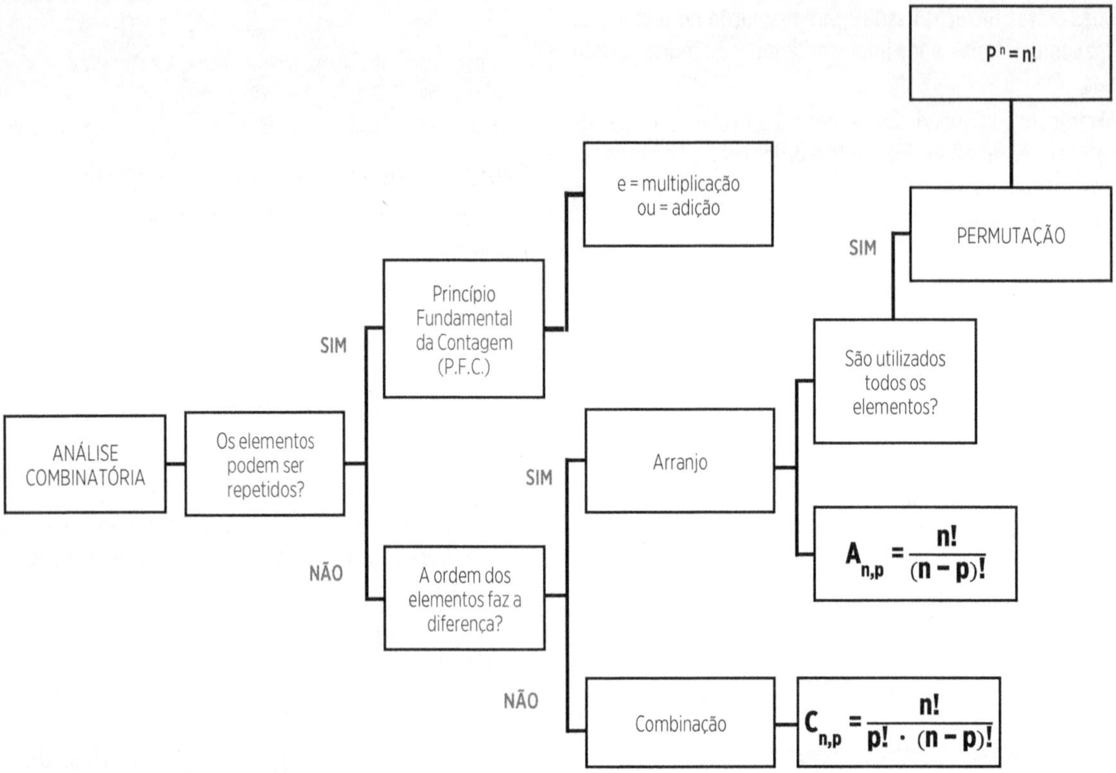


Para saber qual das técnicas utilizar basta fazer duas, no máximo, três perguntas para a questão, veja:

**Os elementos podem ser repetidos?**

Se a resposta for sim, deve-se trabalhar com o PFC; se a resposta for não, passe para a próxima pergunta;

**A ordem dos elementos faz diferença no resultado da questão?**

Se a resposta for sim, trabalha-se com arranjo; se a resposta for não, trabalha-se com as combinações (todas as questões de arranjo podem ser feitas por PFC).

**(Opcional): vou utilizar todos os elementos para resolver a questão?**

Para fazer a 3ª pergunta, depende, se a resposta da 1ª for não e a 2ª for sim; se a resposta da 3ª for sim, trabalha-se com as permutações.

## Permutações circulares e combinações com repetição

### Casos especiais dentro da análise combinatória

**Permutação Circular**: usada quando houver giro horário ou anti-horário. Na permutação circular o que importa são as posições, não os lugares.

$$Pc(n) = (n-1)!$$

Sendo:

**n** = o número total de elementos do conjunto;

**Pc** = permutação circular.

**Combinação com Repetição**: usada quando $p > n$ ou quando a questão deixar subentendido que pode haver repetição.

$$C_{r(n,p)} = C_{(n+p-1,p)} = \frac{(n+p-1)!}{p! \cdot (n-1)!}$$

Sendo:

**n** = o número total de elementos do conjunto;

**p** = o número de elementos utilizados;

**Cr** = combinação com repetição.

# 5. TEORIA DOS CONJUNTOS

Frequentemente, usa-se a noção de conjunto. O principal exemplo de conjunto são os conjuntos numéricos, que, advindos da necessidade de contar ou quantificar as coisas ou objetos, foram adquirindo características próprias que os diferem. Os componentes de um conjunto são chamados de elementos. Costuma-se representar um conjunto nomeando os elementos um a um, colocando-os entre chaves e separando-os por vírgula; é o que chamamos de representação por extensão. Para nomear um conjunto, usa-se geralmente uma letra maiúscula. Exemplos:

**A = {1,2,3,4,5} → conjunto finito**

**B = {1,2,3,4,5,...} → conjunto infinito**

## 5.1 Definições

**Ex.:** Se quisermos montar o conjunto das vogais do alfabeto, os ***elementos*** serão a, e, i, o, u.

A nomenclatura dos conjuntos é formada pelas letras maiúsculas do alfabeto.

**Ex.:** Conjunto dos estados da região Sul do Brasil: A = {Paraná, Santa Catarina, Rio Grande do Sul}.

### Representação dos conjuntos

Os conjuntos podem ser representados tanto em **chaves** como em **diagramas**.

ATENÇÃO! Quando é dada uma propriedade característica dos elementos de um conjunto, diz-se que ele está representado por compreensão. Vejamos:

**A = {x |x é um múltiplo de dois maior que zero}**

### Representação em chaves

Conjuntos dos estados brasileiros que fazem fronteira com o Paraguai:

**B** = {Paraná, Mato Grosso do Sul}.

### Representação em diagramas

**Ex.:** Conjuntos das cores da bandeira do Brasil:

### Elementos e relação de pertinência

Quando um elemento está em um conjunto, dizemos que ele pertence a esse conjunto. A relação de pertinência é representada pelo símbolo $\in$ (pertence).

**Ex.:** Conjunto dos algarismos pares: **G** = {2, 4, 6, 8, 0}.

Observe que:

$4 \in G$

$7 \notin G$

### Conjunto unitário, conjunto vazio e conjunto universo

**Conjunto unitário**: possui um só elemento.

**Ex.:** Conjunto da capital do Brasil: K = {Brasília}

**Conjunto vazio**: simbolizado por Ø ou {}, é o conjunto que não possui elemento.

**Ex.:** Conjunto dos estados brasileiros que fazem fronteira com o Chile: M = Ø.

**Conjunto universo:** Em inúmeras situações é importante estabelecer o conjunto U ao qual pertencem os elementos de todos os conjuntos considerados. Esse conjunto é chamado de conjunto universo. Assim:

- Quando se estuda as letras, o conjunto universo das letras é o Alfabeto
- Quando se estuda a população humana, o conjunto universo é constituído de todos os seres humanos.

Para descrever um conjunto A por meio de uma propriedade característica p de seus elementos, deve-se mencionar, de modo explícito ou não, o conjunto universo U no qual se está trabalhando:

**Ex.:** A = {x ∈ R | x>2}, onde U = R → forma explícita

A = {x | x > 2} → forma implícita.

## 5.2 Subconjuntos

Diz-se que B é um subconjunto de A se, e somente se, todos os elementos de B pertencem a A.

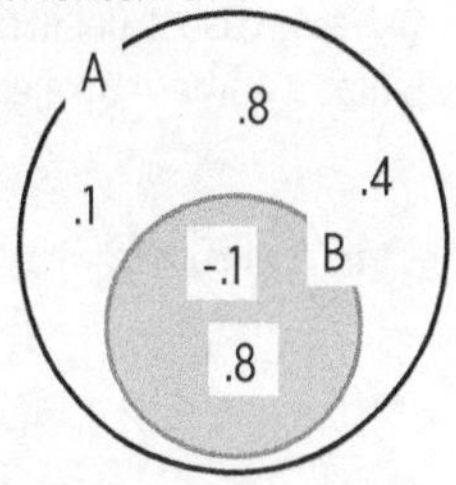


**Deve-se notar que A = {-1,0,1,4,8} e B = {-1,8}, ou seja, todos os elementos de B também são elementos do conjunto A.**

Nesse caso, diz-se que B está contido em A ou B é subconjunto de A. (B ⊂ A). Pode-se dizer também que A contém B. (A ⊃ B).

OBSERVAÇÕES:

- Se A ⊂ B e B ⊂A , então A = B.
- Os símbolos ⊂ (contido), ⊃ (contém), ⊄ (não está contido) e ⊅ (não contém) são utilizados para relacionar conjuntos.
- Para todo conjunto A, tem-se A ⊂ A.
- Para todo conjunto A, tem-se Ø ⊂ A, onde Ø representa o conjunto vazio.
- Todo conjunto é subconjunto de si próprio (D ⊂ D);
- O conjunto vazio é subconjunto de qualquer conjunto (Ø ⊂ D);
- Se um conjunto A possui "p" elementos, então ele possui $2^p$ subconjuntos;

> O conjunto formado por todos os subconjuntos de um conjunto A, é denominado conjunto das partes de A. Assim, se A = {4, 7}, o conjunto das partes de A, é dado por {∅, {4}, {7}, {4, 7}}.

## 5.3 Operações com Conjuntos

**União de conjuntos**: a união de dois conjuntos quaisquer será representada por "A ∪ B" e terá os elementos que pertencem a A "ou" a B, ou seja, TODOS os elementos.

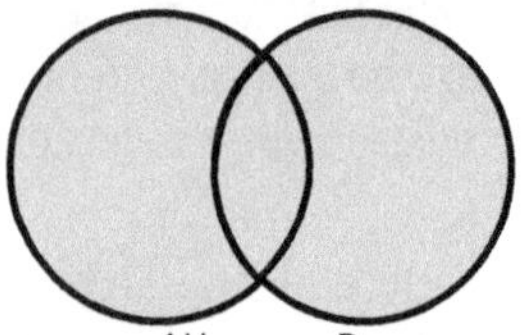

AU B

**Interseção de conjuntos**: a interseção de dois conjuntos quaisquer será representada por "A ∩ B". Os elementos que fazem parte do conjunto interseção são os elementos COMUNS aos dois conjuntos.

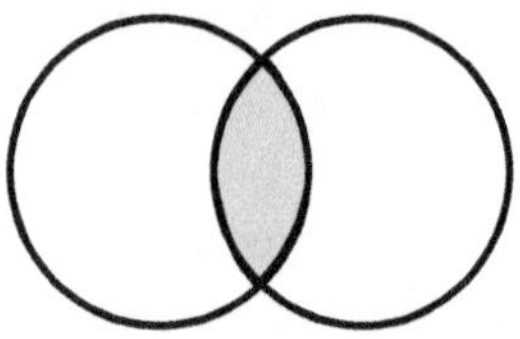

A ∩ B

**Conjuntos disjuntos:** Se dois conjuntos não possuem elementos em comum, diz-se que eles são disjuntos. Simbolicamente, escreve-se A ∩ B = ∅. Nesse caso, a união dos conjuntos A e B é denominada união disjunta. O número de elementos A ∩ B nesse caso é igual a zero.

**n (A ∩ B) = 0.**

**Ex.:**

Seja A = {1, 2, 3, 4, 5}, B = {1, 5, 6, 3}, C = {2, 4, 7, 8, 9} e D = {10, 20}. Tem-se:

A ∪ B = {1,2,3,4,5,6}

B ∪ A = {1,2,3,4,5,6}

A ∩ B = {1,3,5}

B ∩ A = {1,3,5}

A ∪ B ∪ C = {1,2,3,4,5,6,7,8,9} e

A ∩ D = ∅.

É possível notar que A, B e C são todos disjuntos com D, mas A, B e C não são dois a dois disjuntos.

**Diferença de conjuntos**: a diferença de dois conjuntos quaisquer será representada por "A – B" e terá os elementos que pertencem somente a A, mas não pertencem a B, ou seja, que são EXCLUSIVOS de A.

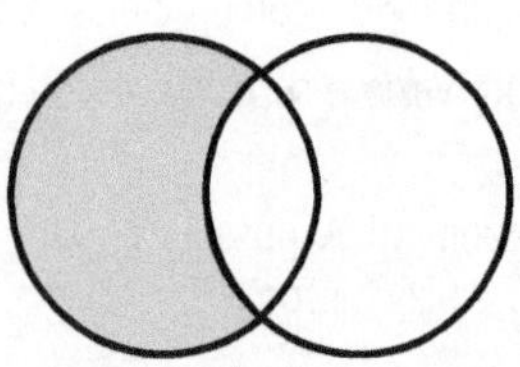

A - B

**Complementar de um conjunto**: se A está contido no conjunto universo U, o complementar de A é a diferença entre o conjunto universo e o conjunto A, será representado por "$C_U^{(A)}$ =U - A" e terá todos os elementos que pertencem ao conjunto universo, menos os que pertencem ao conjunto A.

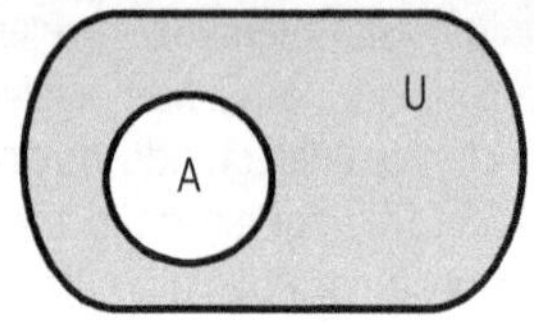


$C_p(A)$

# 6. CONJUNTOS NUMÉRICOS

Os números surgiram da necessidade de contar ou quantificar coisas ou objetos. Com o passar do tempo, foram adquirindo características próprias.

## 6.1 Números Naturais

É o primeiro dos conjuntos numéricos. Representado pelo símbolo ℕ. É formado pelos seguintes elementos:

ℕ = {0, 1, 2, 3, 4, 5, 6, 7, 8, 9, 10, 11, 12, 13, ... + ∞}

O símbolo ∞ significa infinito, o + quer dizer positivo, então +∞ quer dizer infinito positivo.

## 6.2 Números Inteiros

Esse conjunto surgiu da necessidade de alguns cálculos não possuírem resultados, pois esses resultados eram negativos.

Representado pelo símbolo ℤ, é formado pelos seguintes elementos:

ℤ = {- ∞, ..., -3, -2, -1, 0, 1, 2, 3, ..., + ∞}

### Operações e propriedades dos números naturais e inteiros

As principais operações com os números naturais e inteiros são: adição, subtração, multiplicação, divisão, potenciação e radiciação (as quatro primeiras são também chamadas operações fundamentais).

### Adição

Na adição, a soma dos termos ou parcelas resulta naquilo que se chama **total**.

**Ex.:** 2 + 2 = 4

As propriedades da adição são:

**Elemento Neutro:** qualquer número somado ao zero tem como total o próprio número.

**Ex.:** + 0 = 2

**Comutativa:** a ordem dos termos não altera o total.

**Ex.: 2 + 3 = 3 + 2 = 5**

**Associativa:** o ajuntamento de parcelas não altera o total.

**Ex.:** 2 + 0 = 2

### Subtração

Operação contrária à adição, também conhecida como diferença.

Os termos ou parcelas da subtração, assim como o total, têm nomes próprios:

M – N = P; em que M = minuendo, N = subtraendo e P = diferença ou resto.

**Ex.:** 7 – 2 = 5

Quando o subtraendo for maior que o minuendo, a diferença será negativa.

### Multiplicação

Nada mais é do que a soma de uma quantidade de parcelas fixas. Ao resultado da multiplicação chama-se produto. Os símbolos que indicam a multiplicação são o **"x"** (sinal de vezes) ou o **"·"** (ponto).

**Exs.:** 4 x 7 = 7 + 7 + 7 + 7 = 28

7 . 4 = 4 + 4 + 4 + 4 + 4 + 4 + 4 = 28

As propriedades da multiplicação são:

**Elemento Neutro**: qualquer número multiplicado por 1 terá como produto o próprio número.

**Ex.:** 5 . 1 = 5

**Comutativa**: ordem dos fatores não altera o produto.

**Ex.:** 3 · 4 = 4 · 3 = 12

**Associativa**: o ajuntamento dos fatores não altera o resultado.

**Ex.:** 2 · (3 · 4) = (2 · 3) · 4 = 24

**Distributiva**: um fator em evidência multiplica todas as parcelas dentro dos parênteses.

**Ex.:** 2 · (3 + 4) = (2 · 3) + (2 · 4) = 6 + 8 = 14

**Atenção**

Na multiplicação existe "jogo de sinais", que fica assim:

| Parcela | Parcela | Produto |
|---|---|---|
| + | + | + |
| + | - | - |
| - | + | - |
| - | - | + |

Exs.: 2 . -3 = -6

-3 . -7 = 21

### Divisão

É o inverso da multiplicação. Os sinais que a representam são: "÷", ":", "/" ou a fração.

**Exs.:** 14 ÷ 7 = 2

25 : 5 = 5

36/12 = 3

**Atenção**

Por ser o inverso da multiplicação, a divisão também possui o "jogo de sinal".

## 6.3 Números Racionais

Com o passar do tempo alguns cálculos não possuíam resultados inteiros, a partir daí surgiram os números racionais, que são representados pela letra ℚ e são os números que podem ser escritos sob forma de frações.

ℚ = $\frac{a}{b}$ (com "b" diferente de zero → b ≠ 0); em que "a" é o numerador e "b" é o denominador.

Fazem parte desse conjunto também as dízimas periódicas (números que apresentam uma série infinita de algarismos decimais, após a vírgula) e os números decimais (aqueles que são escritos com a vírgula e cujo denominador são as potências de 10).

Toda fração cujo numerador é menor que o denominador é chamada de fração própria.

## Operações com os números racionais

### Adição e subtração

Para somar frações deve-se estar atento se os denominadores das frações são os mesmos. Caso sejam iguais, basta repetir o denominador e somar (ou subtrair) os numeradores, porém se os denominadores forem diferentes é preciso fazer o M.M.C. (assunto que será visto adiante) dos denominadores, constituir novas frações equivalentes às frações originais e, assim, proceder com o cálculo.

$$\frac{2}{7}+\frac{4}{7}=\frac{6}{7}$$

$$\frac{2}{3}+\frac{4}{5}=\frac{10}{15}+\frac{12}{15}=\frac{22}{15}$$

### Multiplicação

Para multiplicar frações basta multiplicar numerador com numerador e denominador com denominador.

$$\frac{3}{4}\cdot\frac{5}{7}=\frac{15}{28}$$

### Divisão

Para dividir frações basta fazer uma multiplicação da primeira fração com o inverso da segunda fração.

$$\frac{2}{3}\div\frac{4}{5}=\frac{2}{3}\cdot\frac{5}{4}=\frac{10}{12}=\frac{5}{6}\text{(Simplificando por 2)}$$

Toda vez que for possível deve-se simplificar a fração até sua fração irredutível (aquela que não pode mais ser simplificada).

### Potenciação

Se a multiplicação é soma de uma quantidade de parcelas fixas, a potenciação é a multiplicação de uma quantidade de fatores fixos, tal quantidade indicada no expoente que acompanha a base da potência.

A potenciação é expressa por: **a**n, cujo "a" é a base da potência e o "n" é o expoente.

**Ex.:** $4^3 = 4 \cdot 4 \cdot 4 = 64$

As propriedades das potências são:

$a^0 = 1$

$3^0 = 1$

$a^1 = a$

$5^1 = 5$

$a^{-n} = 1/a^n$

$2^{-3} = \frac{1}{2^3} = 1/8$

$a^m \cdot a^n = a^{(m+n)}$

$3^2 \cdot 3^3 = 3^{(2+3)} = 3^5 = 243$

$a^m : a^n = a^{(m-n)}$

$4^5 : 4^3 = 4^{(5-3)} = 4^2 = 16$

$(a^m)^n = a^{m \cdot n}$

$(2^2)^4 = 2^{2 \cdot 4} = 2^8 = 256$

$a^{m/n} = \sqrt[n]{a^m}$

$7^{2/3} = \sqrt[3]{7^2} = \sqrt[3]{49}$

Não confunda: (am)n ≠ am n

Não confunda também: (-a)n ≠ -an.

### Radiciação

É a expressão da potenciação com expoente fracionário.

A representação genérica da radiciação é: $\sqrt[n]{a}$; cujo "n" é o índice da raiz, o "a" é o radicando e "$\sqrt{\ }$" é o radical.

Quando o índice da raiz for o 2 ele não precisa aparecer e essa raiz será uma raiz quadrada.

As propriedades das "raízes" são:

→ $\sqrt[n]{a^m} = (\sqrt[n]{a})^m = a^{m/n}$

→ $\sqrt[m]{\sqrt[n]{a}} = {}^{m \cdot n}\sqrt{a}$

→ $\sqrt[m]{a^m} = a$ = am/m = a1 = a

**Racionalização**: se uma fração tem em seu denominador um radical, faz-se o seguinte:

$$\frac{1}{\sqrt{a}}=\frac{1}{\sqrt{a}}\cdot\frac{\sqrt{a}}{\sqrt{a}}=\frac{\sqrt{a}}{\sqrt{a^2}}=\frac{\sqrt{a}}{a}$$

## Transformando dízima periódica em fração

Para transformar dízimas periódicas em fração, é preciso atentar-se para algumas situações:

- Verifique se depois da vírgula só há a parte periódica, ou se há uma parte não periódica e uma periódica.
- Observe quantas são as "casas" periódicas e, caso haja, as não periódicas. Lembrado sempre que essa observação só será para os números que estão depois da vírgula.
- Em relação à fração, o denominador será tantos "9" quantos forem as casas do período, seguido de tantos "0" quantos forem as casas não periódicas (caso haja e depois da vírgula). Já o numerador será o número sem a vírgula até o primeiro período "menos" toda a parte não periódica (caso haja).

**Exs.:** $0,6666... = \frac{6}{9}$

$0,36363636... = \frac{36}{99}$

$0,123333... = \frac{123-12}{900} = \frac{111}{900}$

$2,8888... = \frac{28-2}{9} = \frac{26}{9}$

$3,754545454... = \frac{3754-37}{990} = \frac{3717}{990}$

## Transformando número decimal em fração

Para transformar número decimal em fração, basta contar quantas "casas" existem depois da vírgula; então o denominador da fração será o número 1 acompanhado de tantos zeros quantos forem o número de "casas", já o numerador será o número sem a "vírgula".

**Exs.:** $0{,}3 = \frac{3}{10}$

$2{,}45 = \frac{245}{100}$

$49{,}586 = \frac{49586}{1000}$

## 6.4 Números Irracionais

São os números que não podem ser escritos na forma de fração.

O conjunto é representado pela letra $\mathbb{I}$ e tem como elementos as dízimas não periódicas e as raízes não exatas.

## 6.5 Números Reais

Simbolizado pela letra $\mathbb{R}$, é a união do conjunto dos números racionais com o conjunto dos números irracionais.

Representado, tem-se:

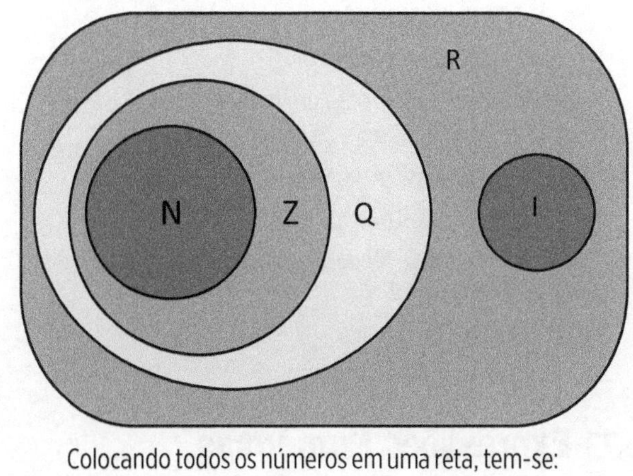


Colocando todos os números em uma reta, tem-se:

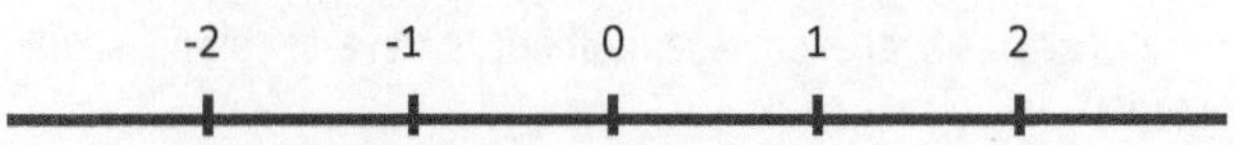


As desigualdades ocorrem em razão de os números serem maiores ou menores uns dos outros.

**Os símbolos das desigualdades são:**

$\geq$ maior ou igual a;

$\leq$ menor ou igual a;

$>$ maior que;

$<$ menor que.

Dessas desigualdades surgem os intervalos, que nada mais são do que um espaço dessa reta, entre dois números.

Os intervalos podem ser abertos ou fechados, depende dos símbolos de desigualdade utilizados.

Intervalo aberto ocorre quando os números não fazem parte do intervalo e os sinais de desigualdade são:

$>$ maior que;

$<$ menor que.

Intervalo fechado ocorre quando os números fazem parte do intervalo e os sinais de desigualdade são:

$\geq$ maior ou igual a;

$\leq$ menor ou igual a.

## 6.6 Intervalos

Os intervalos numéricos podem ser representados das seguintes formas:

**Com os Símbolos** $<, >, \leq, \geq$

Quando forem usados os símbolos $<$ ou $>$, os números que os acompanham não fazem parte do intervalo real. Já quando forem usados os símbolos $\leq$ ou $\geq$ os números farão parte do intervalo real.

**Exs.:**

$2 < x < 5$: o 2 e o 5 não fazem parte do intervalo.

$2 \leq x < 5$: o 2 faz parte do intervalo, mas o 5 não.

$2 \leq x \leq 5$: o 2 e o 5 fazem parte do intervalo.

**Com os Colchetes**

Quando os colchetes estiverem voltados para os números, significa que farão parte do intervalo. Porém, quando os colchetes estiverem invertidos, significa que os números não farão parte do intervalo.

**Exs.:**

]2;5[: o 2 e o 5 não fazem parte do intervalo.

[2;5[: o 2 faz parte do intervalo, mas o 5 não faz.

[2;5]: o 2 e o 5 fazem parte do intervalo.

**Sobre uma Reta Numérica**

Intervalo aberto $2<x<5$:

Em que 2 e 5 não fazem parte do intervalo numérico, representado pela marcação aberta (sem preenchimento - O).

Intervalo fechado e aberto $2\leq x<5$:

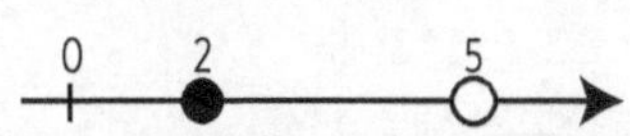


Em que 2 faz parte do intervalo, representado pela marcação fechada (preenchida - ●) em que 5 não faz parte do intervalo, representado pela marcação aberta (O).

Intervalo fechado $2\leq x\leq 5$:

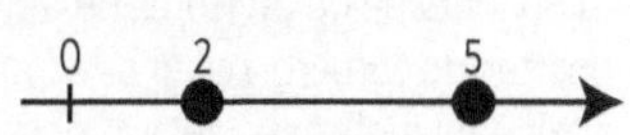


Em que 2 e 5 fazem parte do intervalo numérico, representado pela marcação fechada (●).

## 6.7 Múltiplos e Divisores

Os múltiplos são resultados de uma multiplicação de dois números naturais.

**Ex.:** Os múltiplos de 3 são: 0, 3, 6, 9, 12, 15, 18, 21, 24, 27, 30... (os múltiplos são infinitos).

Os divisores de um "número" são os números cuja divisão desse "número" por eles será exata.

**Ex.:** Os divisores de 12 são: 1, 2, 3, 4, 6, 12.

**Atenção**

Números quadrados perfeitos são aqueles que resultam da multiplicação de um número por ele mesmo.

Ex.: $4 = 2 \cdot 2$
$25 = 5 \cdot 5$

## 6.8 Números Primos

São os números que têm apenas dois divisores, o 1 e ele mesmo (alguns autores consideram os números primos aqueles que tem 4 divisores, sendo o 1, o -1, ele mesmo e o seu oposto - simétrico).

Veja alguns números primos:

2 (único primo par), 3, 5, 7, 11, 13, 17, 19, 23, 29, 31, 37, 41, 43, 47, 53, 59, ...

Os números primos servem para decompor outros números.

A decomposição de um número em fatores primos serve para fazer o MMC (mínimo múltiplo comum) e o MDC (máximo divisor comum).

## 6.9 MMC e MDC

O MMC de um, dois ou mais números é o menor número que, ao mesmo tempo, é múltiplo de todos esses números.

O MDC de dois ou mais números é o maior número que pode dividir todos esses números ao mesmo tempo.

Para calcular, após decompor os números, o MMC de dois ou mais números será o produto de todos os fatores primos, comuns e não comuns, elevados aos maiores expoentes. Já o MDC será apenas os fatores comuns a todos os números elevados aos menores expoentes.

**Exs.:** $6 = 2 \cdot 3$

$18 = 2 \cdot 3 \cdot 3 = 2 \cdot 3^2$

$35 = 5 \cdot 7$

$144 = 2 \cdot 2 \cdot 2 \cdot 2 \cdot 3 \cdot 3 = 2^4 \cdot 3^2$

$225 = 3 \cdot 3 \cdot 5 \cdot 5 = 3^2 \cdot 5^2$

$490 = 2 \cdot 5 \cdot 7 \cdot 7 = 2 \cdot 5 \cdot 7^2$

$640 = 2 \cdot 2 \cdot 2 \cdot 2 \cdot 2 \cdot 2 \cdot 2 \cdot 5 = 2^7 \cdot 5$

MMC de 18 e 225 = $2 \cdot 3^2 \cdot 5^2 = 2 \cdot 9 \cdot 25 = 450$

MDC de 225 e 490 = 5

Para saber a quantidade de divisores de um número basta, depois da decomposição do número, pegar os expoentes dos fatores primos, somar "+1" e multiplicar os valores obtidos.

**Exs.:** $225 = 3^2 \cdot 5^2 = 3^{2+1} \cdot 5^{2+1} = 3 \cdot 3 = 9$

Nº de divisores = $(2 + 1) \cdot (2 + 1) = 3 \cdot 3 = 9$ divisores. Que são: 1, 3, 5, 9, 15, 25, 45, 75, 225.

## 6.10 Divisibilidade

As regras de divisibilidade servem para facilitar a resolução de contas, para ajudar a descobrir se um número é ou não divisível por outro. Veja algumas dessas regras.

**Divisibilidade por 2**: para um número ser divisível por 2 basta que o mesmo seja par.

**Exs.:** 14 é divisível por 2.

17 não é divisível por 2.

**Divisibilidade por 3**: para um número ser divisível por 3, a soma dos seus algarismos tem que ser divisível por 3.

**Exs.:** 174 é divisível por 3, pois 1 + 7 + 4 = 12

188 não é divisível por 3, pois 1 + 8 + 8 = 17

**Divisibilidade por 4**: para um número ser divisível por 4, ele tem que terminar em 00 ou os seus dois últimos números devem ser múltiplos de 4.

**Exs.:** 300 é divisível por 4.

532 é divisível por 4.

766 não é divisível por 4.

**Divisibilidade por 5**: para um número ser divisível por 5, ele deve terminar em 0 ou em 5.

**Exs.:** 35 é divisível por 5.

370 é divisível por 5.

548 não é divisível por 5.

**Divisibilidade por 6**: para um número ser divisível por 6, ele deve ser divisível por 2 e por 3 ao mesmo tempo.

**Exs.:** 78 é divisível por 6.

576 é divisível por 6.

652 não é divisível por 6.

**Divisibilidade por 9**: para um número ser divisível por 9, a soma dos seus algarismos deve ser divisível por 9.

**Exs.:** 75 é não divisível por 9.

684 é divisível por 9.

**Divisibilidade por 10**: para um número ser divisível por 10, basta que ele termine em 0.

**Exs.:** 90 é divisível por 10.

364 não é divisível por 10.

## 6.11 Expressões Numéricas

Para resolver expressões numéricas, deve-se sempre seguir a ordem:

> Resolva os (parênteses), depois os [colchetes], depois as {chaves}, nessa ordem;

> Dentre as operações resolva primeiro as potenciações e raízes (o que vier primeiro), depois as multiplicações e divisões (o que vier primeiro) e por último as somas e subtrações (o que vier primeiro).

**Calcule o valor da expressão:**

**Ex.:** 8 - {5 - [10 - (7 - 3 . 2)] ÷ 3}

Resolução:

8 - {5 - [10 - (7 - 6)] ÷ 3}

8 - {5 - [10 - (1)] ÷ 3}

8 - {5 - [9] ÷ 3}

8 - {5 - 3}

8 - {2}

6

# 7. SISTEMA LEGAL DE MEDIDAS

## 7.1 Medidas de Tempo

A unidade padrão do tempo é o segundo (s), mas devemos saber as seguintes relações:

**1 min = 60 s**

**1h = 60 min = 3600 s**

**1 dia = 24 h = 1440 min = 86400 s**

30 dias = 1 mês

2 meses = 1 bimestre

6 meses = 1 semestre

12 meses = 1ano

10 anos = 1 década

100 anos = 1 século

**Exs.:** 5h47min18seg + 11h39min59s = 26h86min77s = 26h87min17s = 27h27min17s= 1dia3h27mim17s;

8h23min – 3h49min51seg = 7h83min – 3h49min51seg = 7h82min60seg – 3h49min51seg = 4h33min9seg.

Cuidado com as transformações de tempo, pois elas não seguem o mesmo padrão das outras medidas.

## 7.2 Sistema Métrico Decimal

Serve para medir comprimentos, distâncias, áreas e volumes. Tem como unidade padrão o metro (m). Veremos agora seus múltiplos, variações e algumas transformações.

**Metro** (m):

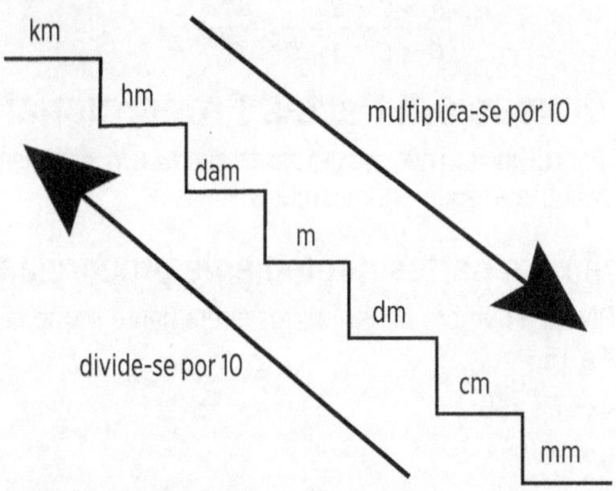


Para cada degrau descido da escada, multiplica-se por 10, e para cada degrau subido, divide-se por 10.

**Exs.:** Transformar 2,98km em cm = 2,98 · 100.000 = 298.000cm (na multiplicação por 10 ou suas potências, basta deslocar a "vírgula" para a direita);

Transformar 74m em km = 74 ÷ 1000 = 0,074km (na divisão por 10 ou suas potências, basta deslocar a "vírgula" para a esquerda).

| Atenção |
|---|
| O grama (g) e o litro (l) seguem o mesmo padrão do metro (m). |

**Metro quadrado** ($m^2$):

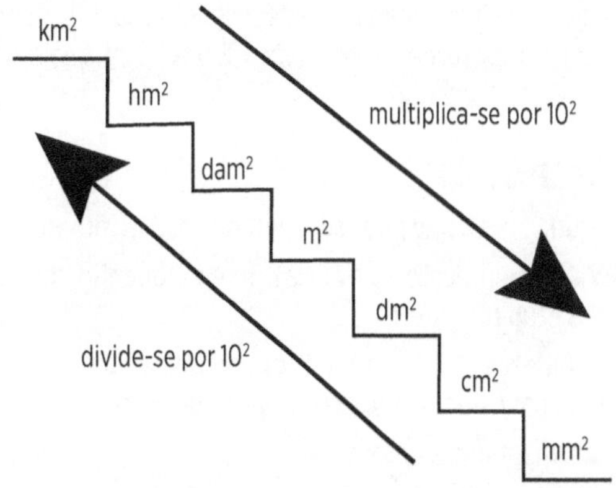


Para cada degrau descido da escada multiplica por $10^2$ ou 100, e para cada degrau subido divide por $10^2$ ou 100.

**Exs.:** Transformar 79,11$m^2$ em $cm^2$ = 79,11 · 10.000 = 791.100$cm^2$;

Transformar 135$m^2$ em $km^2$ = 135 ÷ 1.000.000 = 0,000135$km^2$.

**Metro cúbico** ($m^3$):

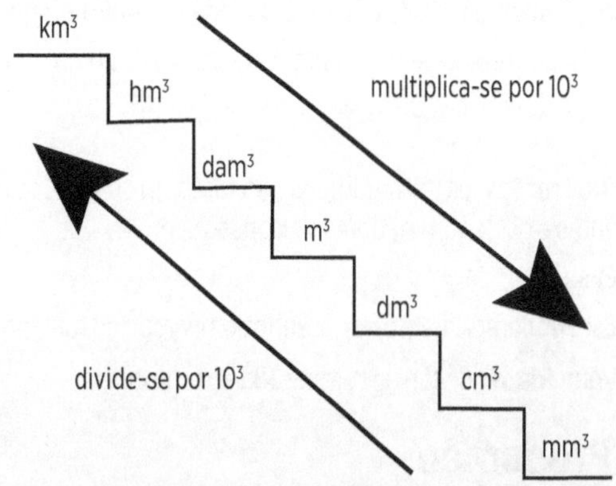


Para cada degrau descido da escada, multiplica-se por $10^3$ ou 1000, e para cada degrau subido, divide-se por $10^3$ ou 1000.

**Exs.:** Transformar 269$dm^3$ em $cm^3$ = 269 · 1.000 = 269.000$cm^3$

Transformar 4.831$cm^3$ em $m^3$ = 4.831 ÷ 1.000.000 = 0,004831$m^3$

O metro cúbico, por ser uma medida de volume, tem relação com o litro (l), e essa relação é:

1$m^3$ = 1000 litros

1$dm^3$ = 1 litro

1$cm^3$ = 1 mililitro

# 8. RAZÕES E PROPORÇÕES

Neste capítulo, estão presentes alguns assuntos muito incidentes em provas: razões e proporções. É preciso que haja atenção no estudo desse conteúdo.

## 8.1 Grandeza

É tudo aquilo que pode ser contado, medido ou enumerado.

**Ex.:** Comprimento (distância), tempo, quantidade de pessoas e/ou coisas, etc.

**Grandezas Diretamente Proporcionais**: são aquelas em que o aumento de uma implica o aumento da outra.

**Ex.:** Quantidade e preço.

**Grandezas Inversamente Proporcionais**: são aquelas em que o aumento de uma implica a diminuição da outra.

**Ex.:** Velocidade e tempo.

## 8.2 Razão

É a comparação de duas grandezas. Essas grandezas podem ser de mesma espécie (com a mesma unidade) ou de espécies diferentes (unidades diferentes). Nada mais é do que uma fração do tipo $\frac{a}{b}$, com $b \neq 0$.

Nas razões, os numeradores são também chamados de antecedentes e os denominadores de consequentes.

**Exs.:**

**Escala:** comprimento no desenho comparado ao tamanho real.

**Velocidade:** distância comparada ao tempo.

## 8.3 Proporção

Pode ser definida como a igualdade de razões.

$$\frac{a}{b}=\frac{c}{d}$$

Dessa igualdade, tiramos a propriedade fundamental das proporções: "o produto dos meios igual ao produto dos extremos" (a chamada "multiplicação cruzada").

$$\boxed{b \cdot c = a \cdot d}$$

É basicamente essa propriedade que ajuda resolver a maioria das questões desse assunto.

Dados três números racionais a, b e c, não nulos, denomina-se quarta proporcional desses números um número x tal que:

$$\frac{a}{b}=\frac{c}{x}$$

Proporção contínua é toda proporção que apresenta os meios iguais.

De um modo geral, uma proporção contínua pode ser representada por:

$$\frac{a}{b}=\frac{b}{c}$$

As outras propriedades das proporções são:

Numa proporção, a soma dos dois primeiros termos está para o 2º (ou 1º) termo, assim como a soma dos dois últimos está para o 4º (ou 3º).

$$\frac{a+b}{b}=\frac{c+d}{d} \text{ ou } \frac{a+b}{a}=\frac{c+d}{c}$$

Numa proporção, a diferença dos dois primeiros termos está para o 2º (ou 1º) termo, assim como a diferença dos dois últimos está para o 4º (ou 3º).

$$\frac{a-b}{b}=\frac{c-d}{d} \text{ ou } \frac{a-b}{a}=\frac{c-d}{c}$$

Numa proporção, a soma dos antecedentes está para a soma dos consequentes, assim como cada antecedente está para o seu consequente.

$$\frac{a+c}{b+d}=\frac{c}{d}=\frac{a}{b}$$

Numa proporção, a diferença dos antecedentes está para a diferença dos consequentes, assim como cada antecedente está para o seu consequente.

$$\frac{a-c}{b-d}=\frac{c}{d}=\frac{a}{b}$$

Numa proporção, o produto dos antecedentes está para o produto dos consequentes, assim como o quadrado de cada antecedente está para quadrado do seu consequente.

$$\frac{a \cdot c}{b \cdot d}=\frac{a^2}{b^2}=\frac{c^2}{d^2}$$

A última propriedade pode ser estendida para qualquer número de razões.

$$\frac{a \cdot c \cdot e}{b \cdot d \cdot f}=\frac{a^3}{b^3}=\frac{c^3}{d^3}=\frac{e^3}{f^3}$$

## 8.4 Divisão em Partes Proporcionais

Para dividir um número em partes direta ou inversamente proporcionais, basta seguir algumas regras:

### Divisão em partes diretamente proporcionais

Divida o número 50 em partes diretamente proporcionais a 4 e a 6.

$4x + 6x = 50$

$10x = 50$

$x = \frac{50}{10}$

$x = 5$

x = constante proporcional

Então, $4x = 4 \cdot 5 = 20$ e $6x = 6 \cdot 5 = 30$

Logo, a parte proporcional a 4 é o 20 e a parte proporcional ao 6 é o 30.

### Divisão em partes inversamente proporcionais

Divida o número 60 em partes inversamente proporcionais a 2 e a 3.

$$\frac{x}{2}+\frac{x}{3}=60$$

$$\frac{3x}{6}+\frac{2x}{6}=$$

$$60$$

$$5x = 60 \cdot 6$$

$$5x = 360$$

$$x = \frac{360}{5}$$

$$x = 72$$

x = constante proporcional

Então, $\frac{x}{2}=\frac{72}{2}=36\ e\ \frac{x}{3}=\frac{72}{3}=24$

Logo, a parte proporcional a 2 é o 36 e a parte proporcional ao 3 é o 24.

Perceba que, na divisão diretamente proporcional, quem tiver a maior parte ficará com o maior valor. Já na divisão inversamente proporcional, quem tiver a maior parte ficará com o menor valor.

## 8.5 Regra das Torneiras

Sempre que uma questão envolver uma "situação" que pode ser feita de um jeito em determinado tempo (ou por uma pessoa) e, em outro tempo, de outro jeito (ou por outra pessoa), e quiser saber em quanto tempo seria se fosse feito tudo ao mesmo tempo, usa-se a regra da torneira, que consiste na aplicação da seguinte fórmula:

$$t_T = \frac{t_1 \cdot t_2}{t_1 + t_2}$$

**Em que** "t" é o tempo.

Quando houver mais de duas "situações", é melhor usar a fórmula:

$$\frac{1}{t_T} = \frac{1}{t_1} + \frac{1}{t_2} + ... + \frac{1}{t_n}$$

**Em que** "n" é a quantidade de situações.

Uma torneira enche um tanque em 6h. Uma segunda torneira enche o mesmo tanque em 8h. Se as duas torneiras forem abertas juntas quanto tempo vão levar para encher o mesmo tanque?

$$t_T = \frac{t_1 \cdot t_2}{t_1 + t_2}$$

$$t_T = \frac{6 \cdot 8}{6+8} = \frac{48}{14} = 3h\ 25min\ e\ 43s$$

## 8.6 Regra de Três

Mecanismo prático e/ou método utilizado para resolver questões que envolvem razão e proporção (grandezas).

### Regra de três simples

Aquela que só envolve duas grandezas.

**Ex.:** Durante uma viagem um carro consome 20 litros de combustível para percorrer 240km, quantos litros são necessários para percorrer 450km?

Primeiro, verifique se as grandezas envolvidas na questão são direta ou inversamente proporcionais, e monte uma estrutura para visualizar melhor a questão.

| Distância | Litro |
|---|---|
| 240 | 20 |
| 450 | x |

Ao aumentar a distância, a quantidade de litros de combustível necessária para percorrer essa distância também vai aumentar, então, as grandezas são diretamente proporcionais.

$$\frac{20}{x} = \frac{240}{450}$$

Aplicando a propriedade fundamental das proporções:

240x = 9000

$$x = \frac{9000}{240} = 37,5\ litros$$

### Regra de três composta

Aquela que envolve mais de duas grandezas.

**Ex.:** Dois pedreiros levam nove dias para construir um muro com 2m de altura. Trabalhando três pedreiros e aumentando a altura para 4m, qual será o tempo necessário para completar esse muro?

Neste caso, deve-se comparar uma grandeza de cada vez com a variável.

| Dias | Pedreiros | Altura |
|---|---|---|
| 9 | 2 | 2 |
| x | 3 | 4 |

Note que, ao aumentar a quantidade de pedreiros, o número de dias necessários para construir um muro diminui, então as grandezas pedreiros e dias são inversamente proporcionais. No entanto, se aumentar a altura do muro, será necessário mais dias para construí-lo. Dessa forma as grandezas muro e dias são diretamente proporcionais. Para finalizar, basta montar a proporção e resolver, lembrando que quando uma grandeza for inversamente proporcional à variável sua fração será invertida.

$$\frac{9}{x} = \frac{3}{2} \cdot \frac{2}{4}$$

$$\frac{9}{x} = \frac{6}{8}$$

**Ex.:** Aplicando a propriedade fundamental das proporções:

$6x = 72$

$$X = \frac{72}{6} = 12\ dias$$

# 9. PORCENTAGEM E JUROS

O presente capítulo trata de uma pequena parte da matemática financeira, e também do uso das porcentagens, assuntos presentes no dia a dia de todos.

## 9.1 Porcentagem

É a aplicação da taxa percentual a determinado valor.

**Taxa percentual:** é o valor que vem acompanhado do símbolo %.

Para fins de cálculo, usa-se a taxa percentual em forma de fração ou em números decimais.

**Ex.:** 3% = 3/100 = 0,03

15% = 15/100 = 0,15

34% de 1200 = 34/100 . 1200 = 40800/100 = 408

65% de 140 = 0,65 . 140 = 91

## 9.2 Lucro e Prejuízo

Lucro e prejuízo são resultados de movimentações financeiras.

**Custo (C):** "Gasto".

**Venda (V):** "Ganho".

**Lucro (L):** quando se ganha mais do que se gasta.

$$L = V - C$$

**Prejuízo (P):** quando se gasta mais do que se ganha.

$$P = C - V$$

Basta substituir no lucro ou no prejuízo o valor da porcentagem, no custo ou na venda.

**Ex.:** Um computador foi comprado por R$ 3.000,00 e revendido com lucro de 25% sobre a venda. Qual o preço de venda?

Como o lucro foi na venda, então L = 0,25V:

L = V – C

0,25V = V – 3.000

0,25V – V = -3.000

-0.75V = -3.000 (-1)

0,75V = 3.000

$$V = \frac{3000}{0,75} = \frac{300000}{75} = 4.000$$

Logo, a venda se deu por R$ 4.000,00.

## 9.3 Juros Simples

**Juros:** atributos (ganhos) de uma operação financeira.

**Juros simples:** os valores são somados ao capital apenas no final da aplicação. Somente o capital rende juros.

Para o cálculo de juros simples, usa-se a seguinte fórmula:

$$J = C \cdot i \cdot t$$

**Atenção**

Nas questões de juros, as taxas de juros e os tempos devem estar expressos pela mesma unidade.

> J = juros;
> C = capital;
> i = taxa de juros;
> t = tempo da aplicação.

**Ex.:** Um capital de R$ 2.500,00 foi aplicado a juros de 2% ao trimestre durante um ano. Quais os juros produzidos?

Em 1 ano há exatamente 4 trimestres, como a taxa está em trimestre, agora é só calcular:

J = C . i . t

J = 2.500 . 0,02 . 4

J = 200

## 9.4 Juros Compostos

Os valores são somados ao capital no final de cada período de aplicação, formando um novo capital, para incidência dos juros novamente. É o famoso caso de juros sobre juros.

Para o cálculo de juros compostos, usa-se a seguinte fórmula:

$$M = C \cdot (1 + I)^t$$

> M = montante;
> C = capital;
> i = taxa de juros;
> t = tempo da aplicação.

Um investidor aplicou a quantia de R$ 10.000,00 à taxa de juros de 2% a.m. durante 4 meses. Qual o montante desse investimento?

Aplicando a fórmula, já que a taxa e o tempo estão na mesma unidade:

**Ex.:** M = C · (1 + i)t

M = 10.000 · (1 + 0,02)4

M = 10.000 · (1,02)4

M = 10.000 · 1,08243216

M = 10.824,32

## 9.5 Capitalização

Capitalização: acúmulo de capitais (capital + juros).

Nos juros simples, calcula-se por: M = C + J.

Nos juros compostos, calcula-se por: J = M – C.

Em algumas questões terão que ser calculados os montantes do juro simples ou os juros do juro composto.

# 10. PROBABILIDADE

A que temperatura a água entra em ebulição? Se largarmos uma bola, com que velocidade ela atinge o chão? Conhecidas certas condições, é perfeitamente possível responder a essas duas perguntas, antes mesmo da realização desses experimentos.

Esses experimentos são denominados determinísticos, pois neles os resultados podem ser previstos.

Considere agora os seguintes experimentos:

> No lançamento de uma moeda, qual a face voltada para cima?

> No lançamento de um dado, que número saiu?

> Uma carta foi retirada de um baralho completo. Que carta é essa?

Mesmo se esses experimentos forem repetidos várias vezes, nas mesmas condições, não poderemos prever o resultado.

Um experimento cujo resultado, mesmo que único, é imprevisível, é denominado experimento aleatório. E é justamente ele que nos interessa neste estudo. Um experimento ou fenômeno aleatório apresenta as seguintes características:

> Pode se repetir várias vezes nas mesmas condições;

> É conhecido o conjunto de todos os resultados possíveis;

> Não se pode prever o resultado.

A teoria da probabilidade surgiu para nos ajudar a medir a "chance" de ocorrer determinado resultado em um experimento aleatório.

## 10.1 Definições

Para o cálculo das probabilidades, temos que saber primeiro 3 (três) conceitos básicos acerca do tema:

| Atenção |
|---|
| Maneiras possíveis de se realizar determinado evento (análise combinatória) |
| ≠ (diferente) |
| Chance de determinado evento ocorrer (probabilidade). |

**Experimento Aleatório**: é o experimento em que não é possível GARANTIR o resultado, mesmo que esse seja feito diversas vezes nas mesmas condições.

**Ex.: Lançamento de uma moeda**: ao lançarmos uma moeda os resultados possíveis são o de cara e o de coroa, mas não tem como garantir qual será o resultado desse lançamento.

**Ex.: Lançamento de um dado**: da mesma forma que a moeda, não temos como garantir qual o resultado (1, 2, 3, 4, 5 e 6) desse lançamento.

**Espaço Amostral - (Ω) ou (U)**: é o conjunto de todos os resultados possíveis para um experimento aleatório.

**Ex.: Na moeda**: o espaço amostral na moeda é Ω = 2, pois só temos dois resultados possíveis para esse experimento, que é ou CARA ou COROA.

**Ex.: No "dado"**: o espaço amostral no "dado" é U = 6, pois temos do 1 (um) ao 6 (seis), como resultados possíveis para esse experimento.

**Evento**: Qualquer subconjunto do espaço amostral é chamado evento. No lançamento de um dado, por exemplo, em relação à face voltada para cima, podemos ter os eventos:

> O número par: {2, 4, 6}.

> O número ímpar: {1, 3, 5}.

> Múltiplo de 8: { }.

## 10.2 Fórmula da Probabilidade

Considere um experimento aleatório em que para cada um dos n eventos simples, do espaço amostral U, a chance de ocorrência é a mesma. Nesse caso o calculo da probabilidade de um evento qualquer dado pela fórmula:

$$P(A) = \frac{n(A)}{n(U)}$$

Na expressão acima, **n (U)** é o número de elementos do espaço amostral **U** e **n (A)**, o número de elementos do evento **A**.

$$P = \frac{\textbf{evento}}{\textbf{espaço amostral}}$$

Os valores da probabilidade variam de 0 (0%) a 1 (100%).

Quando a probabilidade é de 0 (0%), diz-se que o evento é impossível.

**Ex.:** Chance de você não passar num concurso.

Quando a probabilidade é de 1 (100%), diz-se que o evento é certo.

**Ex.:** Chance de você passar num concurso.

Qualquer outro valor entre 0 e 1, caracteriza-se como a probabilidade de um evento.

Na probabilidade também se usa o PFC, ou seja sempre que houver duas ou mais probabilidades ligadas pelo conectivo "e" elas serão multiplicadas, e quando for pelo "ou", elas serão somadas.

## 10.3 Eventos Complementares

Dois eventos são ditos **complementares** quando a chance do evento ocorrer somado à chance de ele não ocorrer sempre dá 1 (um).

$$P(A) + P(\bar{A}) = 1$$

Sendo:

**P(A)** = a probabilidade do evento ocorrer;

**P(Ā)** = a probabilidade do evento não ocorrer.

## 10.4 Casos Especiais de Probabilidade

A partir de agora veremos algumas situações típicas da probabilidade, que servem para não perdermos tempo na resolução das questões.

### Eventos independentes

Dois ou mais eventos são independentes quando não dependem uns dos outros para acontecer, porém ocorrem simultaneamente. Para calcular a probabilidade de dois ou mais eventos independentes, basta multiplicar a probabilidade de cada um deles.

**Ex.:** Uma urna tem 30 bolas, sendo 10 vermelhas e 20 azuis. Se sortearmos 2 bolas, 1 de cada vez e repondo a sorteada na urna, qual será a probabilidade de a primeira ser vermelha e a segunda ser azul?

Sortear uma bola vermelha da urna não depende de uma bola azul ser sorteada e vice-versa, então a probabilidade da bola ser vermelha é $\frac{10}{30}$, e para a bola ser azul a probabilidade é $\frac{20}{30}$. Dessa forma, a probabilidade de a primeira bola ser vermelha e a segunda azul é:

$$P = \frac{20}{30} \cdot \frac{10}{30}$$

$$P = \frac{200}{900}$$

$$P = \frac{2}{9}$$

### Probabilidade condicional

É a probabilidade de um evento ocorrer sabendo que já ocorreu outro, relacionado a esse.

A fórmula para o cálculo dessa probabilidade é:

$$P_{A/B} = \frac{P_{(A \cap B)}}{P_B}$$

$$P = \frac{\text{probabilidade dos eventos simultâneos}}{\text{probabilidade do evento condicional}}$$

### Probabilidade da união de dois eventos

Assim como na teoria de conjuntos, faremos a relação com a fórmula do número de elementos da união de dois conjuntos. É importante lembrar que "ou" significa união.

A fórmula para o cálculo dessa probabilidade é:

$$P(A \cup B) = P(A) + P(B) - P(A \cap B)$$

**Ex.:** Ao lançarmos um dado, qual é a probabilidade de obtermos um número primo ou um número ímpar?

Os números primos no dado são 2, 3 e 5, já os números ímpares no dado são 1, 3 e 5, então os números primos e ímpares são 3 e 5. Aplicando a fórmula para o cálculo da probabilidade fica:

$$P_{(A \cup B)} = \frac{3}{6} + \frac{3}{6} - \frac{2}{6}$$

$$P_{(A \cup B)} = \frac{4}{6}$$

$$P_{(A \cup B)} = \frac{2}{3}$$

### Probabilidade binomial

Essa probabilidade é a chamada probabilidade estatística e será tratada aqui de forma direta e com o uso da fórmula.

A fórmula para o cálculo dessa probabilidade é:

$$P = C_{n,s} \cdot P^{s}_{sucesso} \cdot P^{f}_{fracasso}$$

Sendo:

**C** = o combinação;

**n** = o número de repetições do evento;

**s** = o números de "sucessos" desejados;

**f** = o número de "fracassos".

# 11. SEQUÊNCIAS NUMÉRICAS

Neste capítulo, será possível verificar a formação de uma sequência e também do que trata a P.A. (Progressão Aritmética) e a P.G. (Progressão Geométrica).

## 11.1 Conceitos

**Sequências**: conjuntos de elementos organizados de acordo com certo padrão, ou seguindo determinada regra. O conhecimento das sequências é fundamental para a compreensão das progressões.

**Progressões**: as progressões são sequências numéricas com algumas características exclusivas.

Cada elemento das sequências e/ou progressões são denominados termos.

Sequência dos números quadrados perfeitos: (1, 4, 9, 16, 25, 36, 49, 64, 81, 100...);

Sequência dos números primos: (2, 3, 5, 7, 11, 13, 17, 19, 23, 29, 31, 37, 41, 43, 47, 53...).

Veja que na sequência dos números quadrados perfeitos a lei que determina sua formação é: $a_n = n^2$.

## 11.2 Lei de Formação de uma Sequência

Para determinarmos uma sequência numérica, precisamos de uma lei de formação. A lei que define a sequência pode ser a mais variada possível.

**Ex.:** A sequência definida pela lei $a_n = n^2 + 1$, com "n" $\in$ N, cujo $a_n$ é o termo que ocupa a n-ésima posição na sequência é: 0, 2, 5, 10, 17, 26... Por esse motivo, $a_n$ é chamado de termo geral da sequência.

## 11.3 Progressão Aritmética (P.A.)

Progressão aritmética é uma sequência numérica em que cada termo, a partir do segundo, é igual ao anterior adicionado a um número fixo, chamado razão da progressão (r).

Quando r > 0, a progressão aritmética é crescente; quando r < 0, decrescente e quando r = 0, constante ou estacionária.

- (2, 5, 8, 11, ... ), temos r = 3. Logo, a P.A. é crescente.
- (20, 18, 16, 14, ... ), temos r = -2. Logo, a P.A. é decrescente.
- (5, 5, 5, 5, ... ), temos r = 0. Logo, a P.A. é constante.

A representação matemática de uma progressão aritmética é:

$(a_1, a_2, a_3, ..., a_n, a_{n+1}, ...)$ na qual: $\begin{cases} a_2 = a_1 + r \\ a_3 = a_2 + r \\ a_4 = a_3 + r \\ \vdots \end{cases}$

Se a razão de uma PA é a quantidade que acrescentamos a cada termo para obter o seguinte, podemos dizer que ela é igual à diferença entre qualquer termo, a partir do segundo, e o anterior. Assim, de modo geral, temos:

$$r = a_2 - a_1 = a_3 - a_2 = \cdots = a_{n+1} - a_n$$

Para encontrar um termo específico, a quantidade de termos ou até mesmo a razão de uma P.A., dispomos de uma relação chamada termo geral de uma P.A.: an = a1 + (n-1) r, onde:

- $a_n$ é o termo geral;
- $a_1$ é o primeiro termo;
- n é o número de termos;
- r é a razão da P.A.

Propriedades:

**$P_1$.** Em toda P.A. finita, a soma de dois termos equidistantes dos extremos é igual à soma dos extremos.

1 3 5 7 9 11

5 + 7 = 12

3 + 9 = 12

1 + 11 = 12

OBS.: Dois termos são equidistantes quando a distância entre um deles para o primeiro termo da P.A. é igual a distância do outro para o último termo da P.A.

**$P_2$.** Uma sequência de três termos é P.A. se, e somente se, o termo médio é igual à média aritmética entre os outros dois, isto é: (a,b,c) é P.A. $\Leftrightarrow b = \frac{(a+c)}{2}$

**Ex.:** seja a P.A. (2, 4, 6), então, $4 = \frac{2+6}{2}$

**$P_3$.** Em uma P.A. com número ímpar de termos, o termo médio é a média aritmética entre os extremos.

**Ex.:** (3, 6, 9, 12, 15, 18, 21, 24, 27, 30, 33, 36, 39), $21 = \frac{3+39}{2}$

**$P_4$.** A soma $S_n$ dos n primeiros termos da PA ($a_1$, $a_2$, $a_3$,...an) é dada por:

$$S_n = \frac{(a_1 + a_n)}{2} . n$$

**Ex.:** Calcule a soma dos temos da P.A. (1, 4, 7, 10, 13, 16, 19, 22, 25).

**Resolução**:

$a_1 = 1$; $a_n = 25$; n = 9

$$S_n = \frac{(a_1 + a^n) \cdot n}{2}$$

$$S_n = \frac{(1 + 25) \cdot 9}{2}$$

$$S_n = \frac{(26) \cdot 9}{2}$$

$$S_n = \frac{234}{2}$$

$$S_n = 117$$

## Interpolação aritmética

Interpolar significa inserir termos, ou seja, interpolação aritmética é a colocação de termos entre os extremos de uma P.A. Consiste basicamente em descobrir o valor da razão da P.A. e, com, isso inserir esses termos.

Utiliza-se a fórmula do termo geral para a resolução das questões, em que "**n**" será igual a "$\mathbf{k+2}$", cujo "$\mathbf{k}$" é a quantidade de termos que se quer interpolar.

**Ex.:** Insira 5 termos em uma P.A. que começa com 3 e termina com 15.

**Resolução**:

$a_1 = 3; a_n = 15; k = 5$ e $n = 5 + 2 = 7$

$a_n = a_1 + (n - 1) \cdot r$

$15 = 3 + (7 - 1) \cdot r$

$15 = 3 + 6r$

$6r = 15 - 3$

$6r = 12$

$r = \frac{12}{6}$

$r = 2$

Então, P.A. (3, 5, 7, 9, 11, 13, 15)

## 11.4 Progressão Geométrica (P.G.)

Progressão geométrica é uma sequência de números não nulos em que cada termo, a partir do segundo, é igual ao anterior multiplicado por um número fixo, chamado razão da progressão (q).

A representação matemática de uma progressão geométrica é $(a_1, a_2, a_3,...,a_{n-1}, an)$, na qual $a_2 = a_1 . q$, $a_3 = a_2 . q$,... etc. De modo geral, escrevemos: $a_{n+1} = a_n . q, \forall n \in N^*$ e $q \in R$.

Em uma P.G., a razão q é igual ao quociente entre qualquer termo, a partir do segundo, e o anterior. Exemplo:

→ (4, 8, 16, 32, 64)

$q = \frac{8}{4} = \frac{16}{8} = \frac{32}{16} = \frac{64}{32} = 2$

→ (6,-18,54,-162)

$q = \frac{186}{6} = \frac{54}{-18} = \frac{-162}{54} = -3$

Assim, podemos escrever:

$\frac{a_2}{a_1} = \frac{a_3}{a_2} = \cdots = \frac{a_{n+1}}{a_n} = q$, sendo q a razão da P.G.

Podemos classificar uma P.G. como:

→ Crescente:

> Quando $a_1 > 0$ e $q > 1$

(2,6,18,54,...) é uma P.G. crescente com $a_1 = 2$ e $q = 3$

> Quando $a_1 < 0$ e $0 < q < 1$

(-40, -20, -10,...) é uma P.G. crescente com $a_1 = -40$ e $q = 1/2$

→ Decrescente:

> Quando $a_1 > 0$ e $0 < q < 1$

(256, 64, 16,...) é uma P.G. decrescente,com $a_1 = 256$ e $q = 1/4$

> Quando $a_1 < 0$ e $q > 1$

(-2, -10, -50,...) é uma P.G. decrescente,com $a_1 = -2$ e $q = 5$

→ Constante:

> Quando q=1

(3, 3, 3, 3, 3,...) é uma P.G. constante,com $a_1 = 3$ e $q = 1$

→ Alternada:

> Quando $q < 0$

(2,-6,18,-54) é uma P.G. alternada,com $a_1 = 2$ e $q = -3$

A fórmula do termo geral de uma PG nos permite encontrar qualquer termo da progressão.

$$a_n = a_1 . q^{n-1}$$

Propriedades:

**$P_1$** Em toda P.G. finita, o produto de dois termos equidistantes dos extremos é igual ao produto dos extremos.

1    3    9    27    81    243

9 . 27= 243

3 . 81= 243

1 .243= 243

OBS.: Dois termos são equidistantes quando a distância de um deles para o primeiro termo P.G. é igual a distância do outro para o último termo da P.G.

**$P_2$** Uma sequência de três termos, em que o primeiro é diferente de zero, é uma P.G. se, e somente, sem o quadrado do termo médio é igual ao produto dos outros dois, isto é, sendo $a \neq 0$.

**Ex.:** (a, b, c) é P.G. $\Leftrightarrow b^2 = ac$

$(2, 4, 8) \Leftrightarrow 4^2 = 2 . 8 = 16$

**$P_3$** Em uma P.G. com número ímpar de termos, o quadrado do termo médio é igual ao produto dos extremos.

**Ex.:** (2, 4, 8, 16, 32, 64, 128, 256, 512), temos que $32^2 = 2 \cdot 512 = 1024$.

**$P_4$** Soma dos n primeiros termos de uma P.G. $S_n = \frac{a_1(q^n - 1)}{q - 1}$

**$P_5$** Soma dos termos de uma P.G. infinita:

**Ex.:** $S_\infty = \frac{a_1}{1 - q}$, se $-1 < q < 1$

OBS.:

$S_\infty = +\infty$, se $q > 1$ e $a_1 > 0$

$S_\infty = -\infty$, se $q > 1$ e $a_1 < 0$

## Interpolação geométrica

Interpolar significa inserir termos, ou seja, interpolação geométrica é a colocação de termos entre os extremos de uma P.G. Consiste basicamente em descobrir o valor da razão da P.G. e, com isso, inserir esses termos.

Utiliza-se a fórmula do termo geral para a resolução das questões, em que "**n**" será igual a "**p + 2**", cujo "**p**" é a quantidade de termos que se quer interpolar.

**Ex.:** Insira 4 termos em uma P.G. que começa com 2 e termina com 2048.

**Resolução**:

$a_1 = 2$; $a_n = 2048$; p = 4 e n = 4 + 2 = 6

$$a_n = a_1 \cdot q^{(n-1)}$$

$$2048 = 2 \cdot q^{(6-1)}$$

$$2048 = 2 \cdot q^5$$

$$q^5 = \frac{2048}{2}$$

$$q^5 = 1024 \quad (1024 = 4^5)$$

$$q^5 = 4^5$$

$$q = 4$$

P.G. (2, **8**, **32**, **128**, **512**, 2048).

## Produto dos termos de uma p.G.

Para o cálculo do produto dos termos de uma P.G., basta usar a seguinte fórmula:

$$P_n = \sqrt{(a_1 \cdot an)^n}$$

Qual o produto dos termos da P.G. (5, 10, 20, 40, 80, 160).

**Resolução**:

$a_1 = 5$; $a_n = 160$; n = 6

$$P_n = \sqrt{(a_1 \cdot a_n)^n}$$

$$P_n = \sqrt{(5 \cdot 160)^6}$$

$$P_n = (5 \cdot 160)^3$$

$$P_n = (800)^3$$

$$P_n = 512000000$$

# CIÊNCIAS NATURAIS

# 1. INTRODUÇÃO À FÍSICA

A Física (a palavra "física", do grego *physis,* significa natureza) é a ciência que se preocupa em descrever e explicar os fenômenos naturais. Para isso, cria modelos idealizados das situações reais, em que apenas os fatores que interessam são considerados. A partir de conclusões sobre o comportamento de um modelo, generaliza o resultado de forma a explicar a situação real, e é capaz de prever circunstâncias futuras para o mesmo fenômeno.

## 1.1 Sistemas de Unidades

Para medir uma grandeza, devemos compará-la com um padrão arbitrariamente escolhido, o qual denominamos *unidade*. O número resultante dessa comparação é chamado de *valor numérico.*

**Ex.:** 12 Newtons ou, usando o símbolo N, 12 N. Nesse caso, 12 é o valor numérico da força, e Newton é a unidade.

### O sistema internacional de unidades

#### Sete unidades de base

| Unidade | Símbolo | Grandeza |
|---|---|---|
| metro | m | comprimento |
| quilograma | kg | massa |
| segundo | s | tempo |
| ampère | A | corrente elétrica |
| kelvin | K | temperatura termodinâmica |
| mol | mol | quantidade metéria |
| candela | cd | insensidade luminosa |

#### Unidades derivadas

| Unidade | Símbolo | Grandeza |
|---|---|---|
| metro por segundo | m/s | velocidade |
| newton | N | força |
| joule | J | trabalho |
| ohm | Ω | resistência elétrica |
| lúmen | lm | fluxo luminoso |
| pascal | Pa | pressão |

#### Múltiplos e submúltiplos decimais das unidades

| Nome | Símbolo | Fator |
|---|---|---|
| exa | E | $10^{18}$ = 1.000.000.000.000.000.000 |
| peta | P | $10^{15}$ = 1.000.000.000.000.000 |
| tera | T | $10_{12}$ = 1.000.000.000.000 |
| giga | G | $10^{9}$ = 1.000.000.000 |
| mega | M | $10^{6}$ = 1.000.000 |
| quilo | k | $10^{3}$ = 1.000 (Obs. letra k minúscula) |
| hecto | h | $10^{2}$ = 100 |
| deca | da | 10 |
| deci | d | $10^{-1}$ = 0,1 |
| centi | c | $10^{-2}$ = 0,01 |
| mili | m | $10^{-3}$ = 0,001 |
| micro | μ | $10^{-6}$ = 0,000,001 |
| nano | n | $10^{-9}$ = 0,000,000,001 |
| pico | p | $10^{-12}$ = 0,000,000,000,001 |
| femto | f | $10^{-15}$ = 0,000,000,000,000,001 |
| atto | a | $10^{-18}$ = 0,000,000,000,000,000,001 |

## 1.2 Grandezas Escalares e Vetoriais

Escalares: ficam totalmente definidas por um número, que fornece a medida, e por uma unidade.

**Ex.:** massa, tempo e energia.

Vetoriais: necessitam, além de medida e unidade, de uma orientação para ficarem totalmente definidas. A orientação é estabelecida por um direção e um sentido.

**Ex.:** velocidade, força e campo elétrico.

## 1.3 Notação Científica

Uma maneira prática de manipular números com grande quantidade de zeros é a notação científica, na qual se utiliza a potência de 10.

Qualquer número real K pode ser escrito como o produto de um número a, cujo módulo está entre 1 e 10 (incluindo o 1), por outro, que é uma potência de 10 com expoente inteiro ($10^n$):

$$K = a \cdot 10^n,\ \text{sendo } 1 \leq |a| < 10$$

**Ex.:** colocar 2.000 na notação científica é escrevê-lo como $2 \cdot 10^3$

colocar 0,0052 na notação científica é escrevê-lo como $5,2 \cdot 10^{-3}$

## 1.4 Ordem de Grandeza

Determinar a ordem de grandeza de uma medida consiste em fornecer, como resultado, a potência de 10 mais próxima do valor encontrado para a grandeza.

Como obter a ordem de grandeza (OG)?

**Regra prática:**

$a \geq \sqrt{10}$ ($\approx$ 3,162) $\rightarrow$ ordem de grandeza: $10^{n+1}$

$a < \sqrt{10}$ ($\approx$ 3,162) $\rightarrow$ ordem de grandeza: $10^{n}$

**Ex.:** a ordem de grandeza do raio da Terra ($6,37 \cdot 10^6$ m).

$6,37 > \sqrt{10}$, aordem de grandeza do raio da Terra é dada por: $10^{6+1}$m = 107

**Ex.:** a ordem de grandeza da distância da Terra ao Sol ($1,49 \cdot 10^{11}$ m)

$1,49 < \sqrt{10}$, a ordem de grandeza da distância da Terra ao Sol é dada por: $10^{11}$ m

## 1.5 Algarismos Significativos

Imagine que você esteja realizando uma medida qualquer, como, por exemplo, a medida do comprimento de uma barra (ver figura). Observe que a menor divisão da régua utilizada é de 1 mm. Ao tentar expressar o resultado dessa medida, você percebe que ela está compreendida entre 14,3 cm e 14,4 cm. A fração de milímetro que deverá ser acrescentada a 14,3 cm terá de ser avaliada, pois a régua não apresenta divisões inferiores a 1 mm.

Para fazer essa avaliação, você deverá imaginar o intervalo entre 14,3 cm e 14,4 cm, subdividido em 10 partes iguais, e com isso, a fração de milímetros, que deverá ser acrescentada a 14,3 cm, poderá ser obtida com razoável aproximação. Na figura podemos avaliar a fração mencionada como sendo 5 décimos de milímetros, e o resultado da medida poderá ser expresso como 14,35 cm.

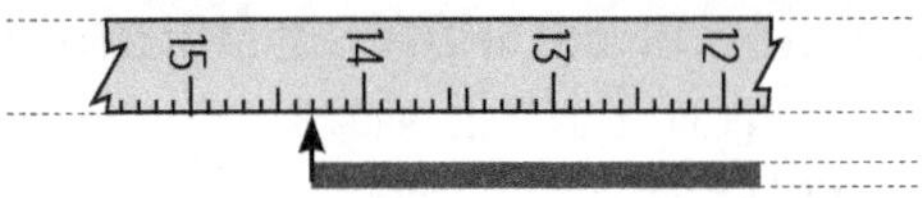


Observe que estamos seguros em relação aos algarismos 1, 4 e 3, pois eles foram obtidos por meio das divisões inteiras da régua, ou seja, eles são algarismos corretos. Entretanto, o algarismo 5 foi avaliado, isto é, você não tem muita certeza sobre seu valor e outra pessoa poderia avaliá-lo como sendo 4 ou 6, por exemplo. Por isso, esse algarismo avaliado é denominado de duvidoso ou algarismo inCerto..

Algarismos significativos de uma medida são os algarismos corretos e o primeiro algarismo duvidoso.

## Operações com algarismos significativos

Na **adição** e na **subtração**, o resultado deve conter um número de casas decimais igual ao da parcela com menos casas decimais.

3,32 + 3,1 = 6,42 → apresentamos o resultado com apenas uma casa decimal: 6,4.

3,37 + 3,1 = 6,47 → apresentamos o resultado com uma casa decimal e, levando em conta a regra do arredondamento, obtemos: 6,5.

Na **multiplicação** ou na **divisão**, devemos apresentar o resultado com o número de algarismos significativos igual ao do fator que possui o menor número de algarismos significativos.

2,31 . 1,4 = 3,234 → apresentamos o resultado com dois algarismos significativos: 3,2.

OBS: como se faz o arredondamento?

Sendo o primeiro algarismo abandonado menor que 5, mantemos o valor do último algarismo significativo; ou se o primeiro algarismo a ser abandonado for maior ou igual a 5, acrescentamos uma unidade ao último algarismo significativo.

# 2. CINEMÁTICA ESCALAR

## 2.1 Bases da Cinemática Escalar

### Movimento ou repouso?

Ao iniciarmos o estudo de Mecânica, devemos ter em mente que precisamos ter um referencial para dizer se o corpo está em movimento ou repouso.

Nota-se que o motorista do automóvel está em movimento em relação ao policial e, simultaneamente, em repouso em relação ao automóvel.

Como isso pode cair em sua prova, envolvendo cálculos?

**Exemplo 1:** Em relação a M, qual a velocidade de F?

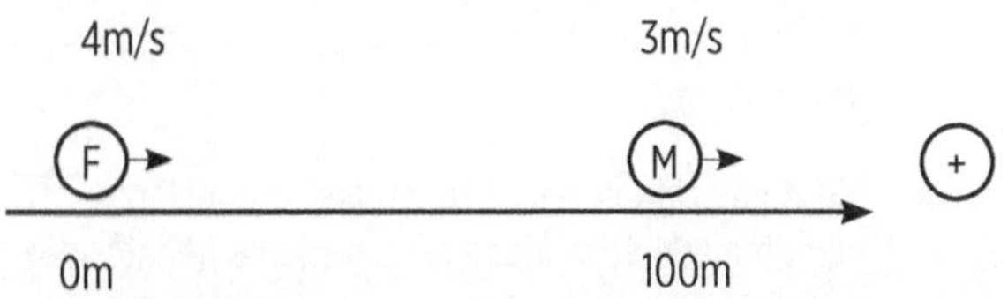


Temos que "parar" M, então subtraímos 3 m/s.

$V_{M/M} = 3\ m/s - 3\ m/s = 0\ m/s$

Como subtraímos 3 m/s no M, subtraímos 3 m/s no F, isso está dizendo que estamos passando o referencial que antes era a Terra e agora é o M. É uma forma rápida e prática de mudar o referencial.

$V_{F/M} = 4\ m/s - 3\ m/s = 1\ m/s$

Qual é o significado desse resultado? O carro F se aproxima com 1 m/s do carro M.

Mas em relação à Terra, a velocidade de F é 4 m/s e de M é 3 m/s.

**Conclusão:** para estar em movimento ou em repouso, depende do referencial!

**Exemplo 2:** Dois carros de corrida A e B estão num trecho retilíneo de uma pista, andando juntos, lado a lado, durante uma prova.

Sobre essa situação, seguem as afirmativas abaixo:

Item I. Ambos os carros estão em movimento.

Errado.. Ao dizer que os dois carros estão em movimento ou repouso sem falar "em relação a algo", a questão se torna errada. Não existe movimento absoluto ou repouso absoluto. Como poderia reescrever? Ambos os carros estão em movimento em relação à Terra.

Item II. Os pilotos dos carros A e B estão em repouso um em relação ao outro.

Certo.. Estão com as mesmas velocidades em relação ao outro. A velocidade relativa entre eles é zero.

### Trajetória

A linha determinada pelas diversas posições que o corpo ocupa no decorrer do tempo é chamada de trajetória.

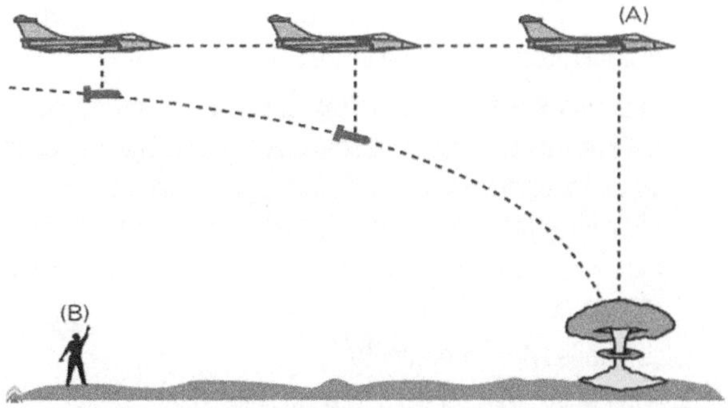


No referencial (A) do piloto, a bomba descreve uma trajetória retilínea; porém, no referencial (B) do observador no solo, a bomba descreve uma trajetória curvilínea.

### Conceitos básicos

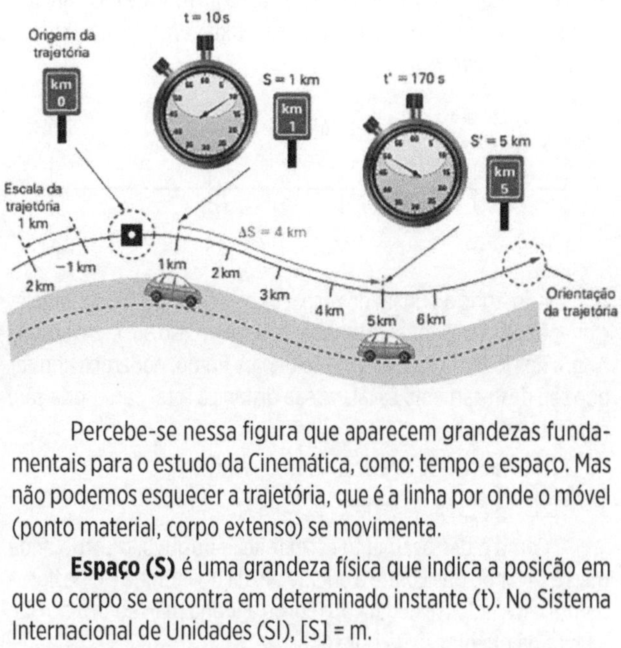


Percebe-se nessa figura que aparecem grandezas fundamentais para o estudo da Cinemática, como: tempo e espaço. Mas não podemos esquecer a trajetória, que é a linha por onde o móvel (ponto material, corpo extenso) se movimenta.

**Espaço (S)** é uma grandeza física que indica a posição em que o corpo se encontra em determinado instante (t). No Sistema Internacional de Unidades (SI), [S] = m.

**Intervalo de tempo** ($\Delta t = t_{final} - t_{inicial}$) é definido como a diferença entre dois instantes. No Sistema Internacional de Unidades (S.I.), $[\Delta t] = s$.

Unidades de tempo:

Minuto (min): 1 min = 60 s;

Hora (h): 1 h = 60 min = 3600 s;

Dia: 1 dia = 24 h = 86.400 s.

**Deslocamento escalar** ($\Delta s = s_{final} - s_{inicial}$) é definido como a diferença entre dois espaços. No Sistema Internacional de Unidades (S.I.), $[\Delta s] = m$.

**Distância efetivamente percorrida** ($d = |\Delta s_1| + |\Delta s_2| + \cdots + |\Delta s_n|$) (é definida como a soma algébrica de todos os deslocamentos escalares efetuados, não considerando deslocamentos escalares negativos. No Sistema Internacional de Unidades (S.I.), [d] = m.

Observação: o deslocamento escalar é zero quando o corpo avança e, em seguida, recua, voltando ao ponto de partida, seguindo a mesma trajetória.

**Exemplo A**: uma esfera é atirada verticalmente para cima: ela sobe 1,0 m, para, desce 1,0 m e retorna ao ponto de partida. A distância total percorrida foi de 2,0 m, porém $\Delta s = 0$.

**Exemplo B**: se o móvel voltar ao ponto de partida, através de uma trajetória fechada, sem inverter o sentido de seu movimento, então $\Delta s$ não será nulo, e sim igual ao perímetro. Se, por exemplo, a trajetória fechada for uma circunferência, percorrida sempre no mesmo sentido, ao completar uma volta, teremos $\Delta s = 2 \cdot \pi \cdot R$.

Unidades de comprimento:

Quilômetro (km): 1 km = 1000 m = $10^3$ m.

Centímetro (cm): 1 cm = 0,01 m = $10^{-2}$ m.

Milímetro (mm): 1 mm = 0,001 m = $10^{-3}$ m.

**Exemplo**:

O esquema a seguir representa algumas saídas da rodovia BR-101, também conhecida nesse trecho como rodovia Rio - Santos. As distâncias, em quilômetros, estão medidas em relação à cidade do Rio de Janeiro.

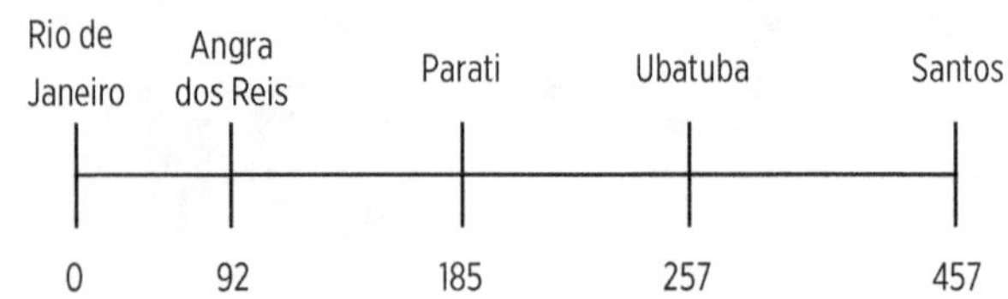


Adotando a origem dos espaços na cidade do Rio de Janeiro e orientando a trajetória no sentido de Santos, caso um carro saia de Angra dos Reis, vá até Santos e volte para Parati, podemos afirmar que seu deslocamento escalar e sua distância total percorrida são, respectivamente:

A definição de deslocamento escalar é:

$\Delta s = s_{Parati} - s_{0Angra} = 185 - 92 = 93$ km

Como o deslocamento escalar ficou positivo, o corpo anda mais a favor do que contra a orientação da trajetória. Se o deslocamento escalar fosse negativo, o corpo andaria mais contra do que a favor da orientação da trajetória.

Já a distância total percorrida (distância efetivamente percorrida) é:

$\Delta s_{(Angra\text{-}Santos)} = 457 - 92 = 365$ km

$\Delta s_{(Santos\text{-}Parati)} = 185 - 457 = -272$ km

$d = |\Delta s_{(Angra\text{-}Santos)}| + |\Delta s_{(Santos\text{-}Parati)}| = 365 + 272 = 637$ km

## Velocidade escalar média ($v_m$)

Para qualquer movimento, a velocidade escalar média é definida como:

$$V_m = \frac{\Delta s}{\Delta t} = \frac{s - s_0}{t - t_0};\ [V_m] = \frac{m}{s}\ (s.i.)$$

**Dividi por 3.6**

km/h → m/s

m/s → km/h

**Multiplica por 3,6**

Velocidades Notáveis – As que mais são cobradas!

108 km/h → 30 m/s

90 km/h → 25 m/s

72 km/h → 20 m/s

54 km/h → 15 m/s

18 km/h → 5 m/s

Observações sobre $\frac{\Delta s}{\Delta t}$:

> A expressão $v_m = \frac{\Delta s}{\Delta t}$ pode ser empregada para qualquer tipo de movimento.

> Se a velocidade é constante, o quociente $\frac{\Delta s}{\Delta t}$ é também constante e denominado velocidade escalar do movimento.

> Se a velocidade não é constante, o quociente $\frac{\Delta s}{\Delta t}$ é denominado velocidade escalar média no intervalo de tempo $\Delta t$.

> Em um intervalo de tempo muito pequeno, a velocidade média é praticamente igual à velocidade em qualquer instante do intervalo (velocidade instantânea). Um exemplo disso é o controle da velocidade nas estradas. Os radares dos policiais rodoviários medem as velocidades instantânea (velocidade medida naquele instante de tempo). É comum o estudante confundir com velocidade média, cuidado!

**Exemplo 1:**

Numa competição, Felipe nadou 6,0 km e, em seguida, correu outros 6,0 km. Na etapa de natação, conseguiu uma velocidade escalar média de 4,0 km/h. Na corrida, sua velocidade escalar média foi de 12,0 km/h.

a) Calcule o tempo gasto por Felipe para nadar os 6 km.

Pela definição, temos.

$$v_m = \frac{\Delta s}{\Delta t} \rightarrow 4 = \frac{6}{t} \therefore t = 1,5\ h$$

b) Calcule a velocidade escalar média de Felipe no percurso total da prova.

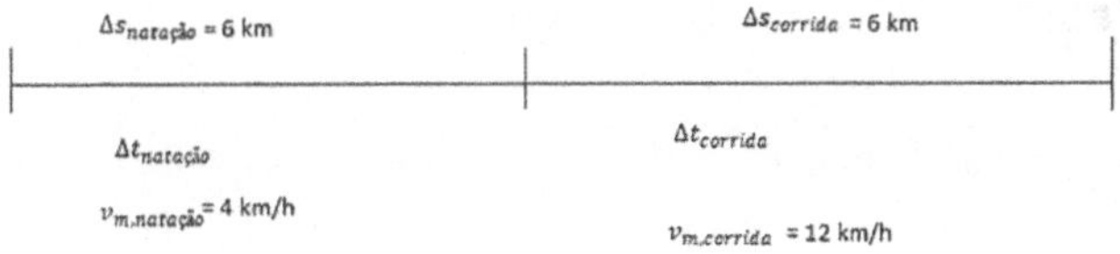


Pela definição, temos.

$$v_m = \frac{\Delta s}{\Delta t} = \frac{\Delta s_{natação} + \Delta s_{corrida}}{\Delta t_{natação} + \Delta t_{corrida}} = \frac{\Delta s_{natação} + \Delta s_{corrida}}{\frac{\Delta s_{natação}}{v_{m,natação}} + \frac{\Delta s_{corrida}}{v_{m,corrida}}} = \frac{6+6}{\frac{6}{4}+\frac{6}{12}} = 6\frac{km}{h}$$

**OBS:** a velocidade escalar média não é a média aritmética das velocidades!

**Exemplo 2**: uma estrada de 500 km de extensão nos leva de uma cidade A para outra cidade B. Uma família saiu de carro da cidade A exatamente às 10 h da manhã. Pelo caminho, pararam duas vezes: 15 minutos para abastecer e depois 45 minutos para um lanchinho. Finalmente, às 18 h, chegaram à cidade B. Determine a velocidade escalar média.

O tempo de parada já está incluso entre $\Delta t$ = 18 h - 10 h = 8 h, portanto não é necessário somar mais o tempo de parada.

Pela definição, temos:

$$v_m = \frac{\Delta s}{\Delta t} = \frac{500\,km}{8\,h} = 62{,}5\,km/h$$

**Exemplo 3**: da lavoura a um restaurante de estrada, um caminhão percorre 84 km com velocidade média de 70 km/h. Após uma pausa de 48 minutos para o lanche do motorista, a viagem é retomada, sendo percorridos 120 km/ com velocidade média de 60 km/h, até a chegada ao porto.

A velocidade média de toda a viagem é, em km/h:

**a)** 75
**b)** 65
**c)** 60
**d)** 51
**e)** 48

Pela leitura atenta do enunciado, fazemos esse croqui....

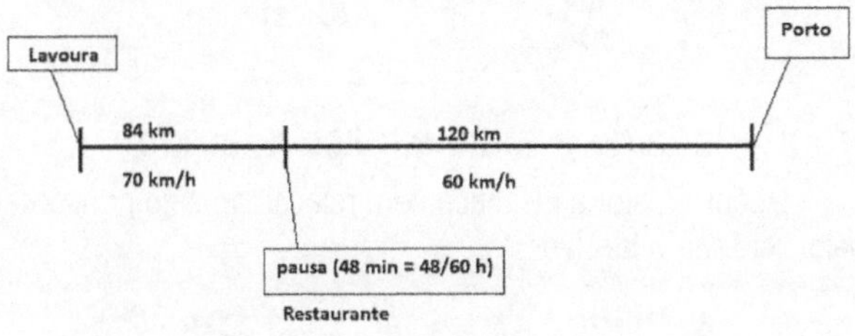


Neste caso, o tempo de parada nós contamos; ele não está incluso como no exemplo 2.

Pela definição, temos:

$$v_m = \frac{\Delta s}{\Delta t} = \frac{84+120}{\frac{84}{70}+\frac{120}{60}+\frac{48}{60}} = 51\,km/h$$

Gabarito D.

## Aceleração escalar média ($a_m$)

A aceleração é uma taxa que mede a variação da velocidade pelo tempo.

Exemplo: quando afirmamos que o carro aumenta 30 km/h a cada segundo, nada mais é do que a aceleração. E quando diminui 5 m/s a cada segundo, nada mais é do que aceleração.

A definição de aceleração escalar média é:

$$a_m = \frac{\Delta v}{\Delta t} = \frac{v - v_0}{t - t_0};\ [a_m] = \frac{m/s}{s} = \frac{m}{s^2}\ (S.I.)$$

**Exemplo: (IME - Adaptado – 2008)**

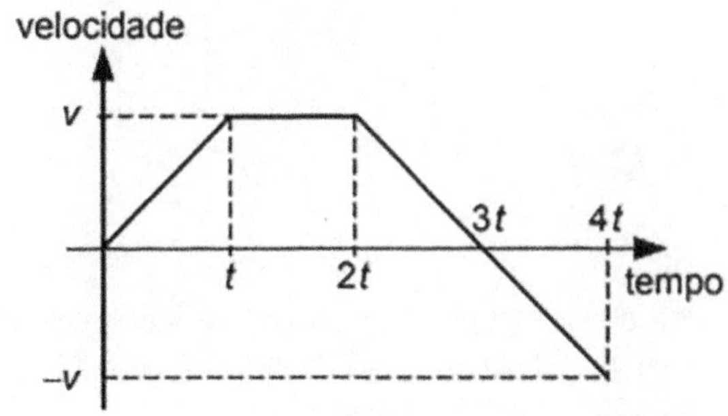


O gráfico acima apresenta a velocidade de um objeto em função do tempo. A aceleração média do objeto no intervalo de tempo de 0 a 4 t é $\frac{v}{4.t}$.

Pela definição de aceleração escalar média, temos:

$$a_m = \frac{v - v_0}{t - t_0} = \frac{-v - 0}{4.t - 0} \therefore a_m = -\frac{v}{4.t}$$

Gabarito.: Errado.

## Movimento acelerado e movimento retardado

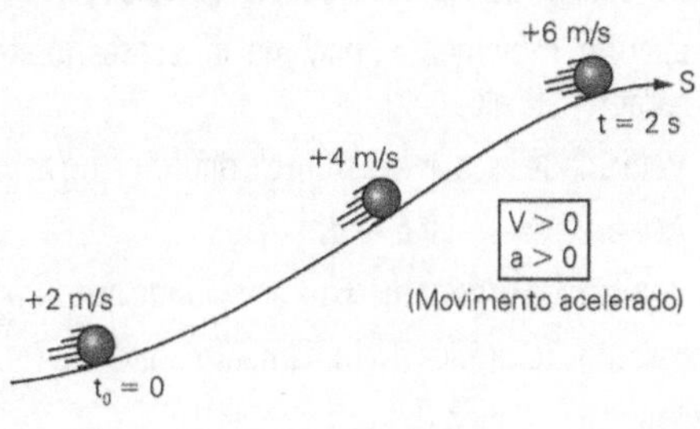


01.

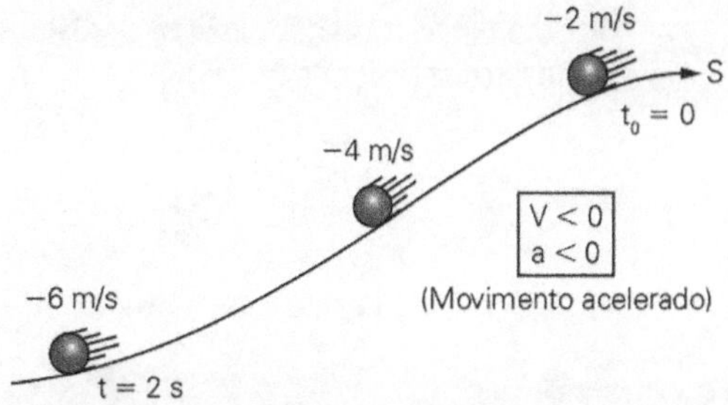


02.

03. 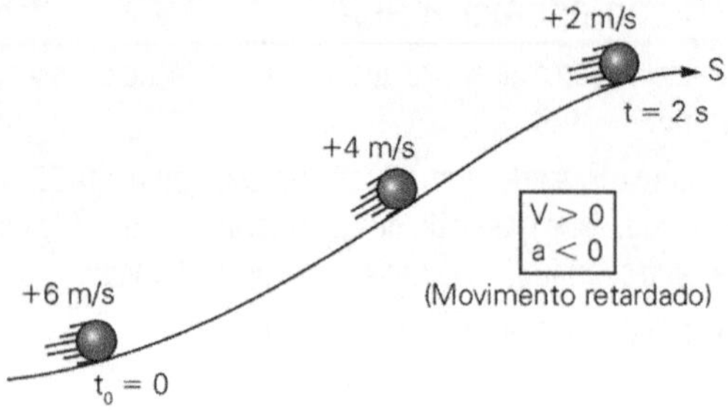


04. 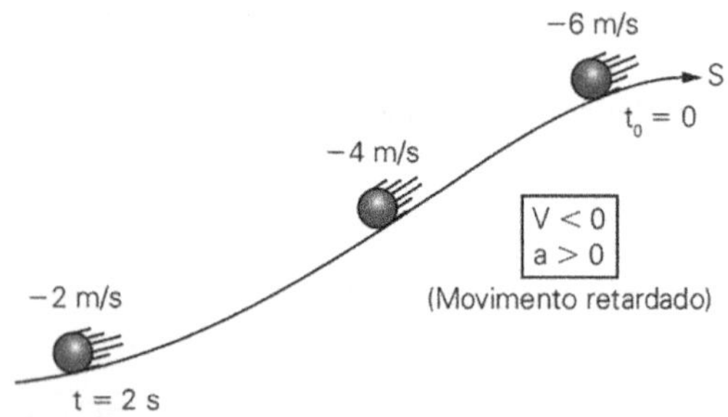


**OBS:**

Não olhe apenas para a aceleração para dizer se é um movimento acelerado ou retardado; deve-se olhar sempre para as duas grandezas em conjunto.

> Quando velocidade e aceleração têm sinais iguais, o movimento é acelerado.

> Quando velocidade e aceleração têm sinais opostos, o movimento é retardado.

> A análise realizada acima também é válida para movimentos em que a aceleração escalar não é constante.

> A velocidade depende do referencial adotado para ser positiva (mov. progressivo) ou negativa (mov. retrógrado).

## 2.2 Movimento Uniforme (M.U.)

Para ser um movimento uniforme, é necessário atender às seguintes características:

> Velocidade escalar constante e diferente de zero.

> Aceleração escalar é zero.

> Velocidade escalar média = velocidade instantânea.

Representação gráfica do movimento uniforme (M.U.):

Movimento Retilíneo Uniforme (M.R.U.)

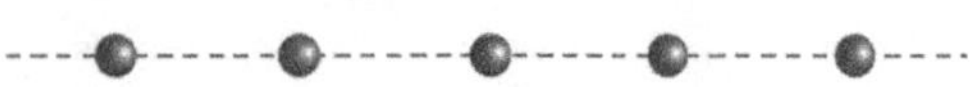

Movimento Circular Uniforme (m.c.u.)

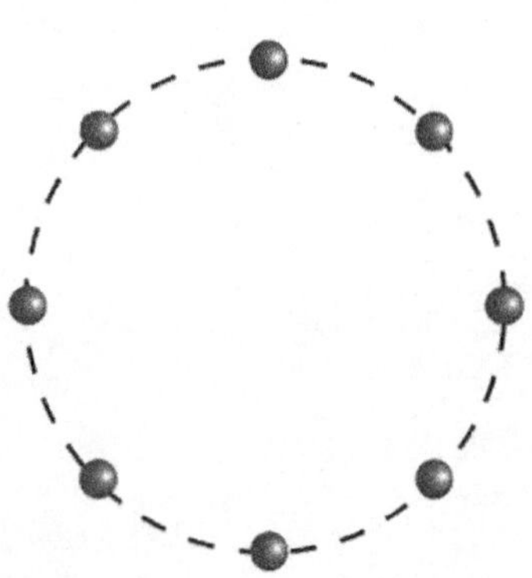

### Função horária do espaço

$s = s_0 + v.(t-t_0)$

Se $t_0 = 0$, então:

$s = s_0 + v.(t)$

$s_0$: espaço inicial.

$v_m = v$ (Se a velocidade instantânea - basta observarmos o velocímetro para sabermos o valor de sua velocidade instantânea. - for a mesma em todos os instantes, ela vai coincidir com a velocidade escalar média).

$t - t_0$: intervalo de tempo,na grande parte dos exercícios $t_0 = 0$.

### Gráficos do movimento uniforme (m.U.)

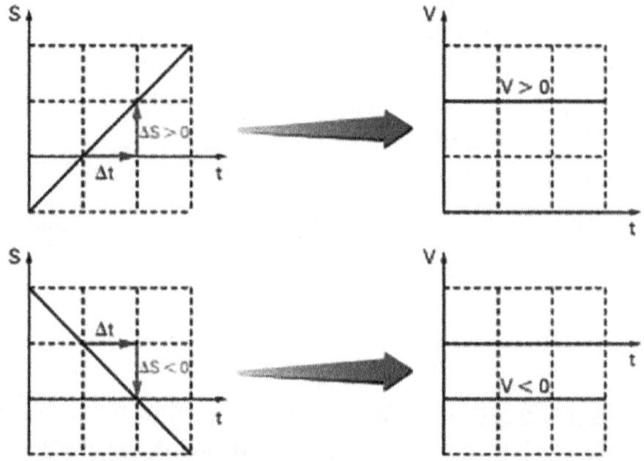


### Propriedade do gráfico velocidade x tempo

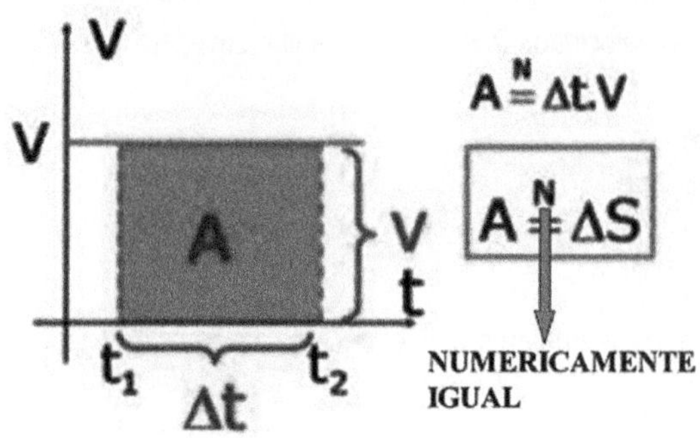


### Propriedade do gráfico espaço x tempo

Quanto maior a inclinação em relação ao eixo horizontal maior será sua velocidade.

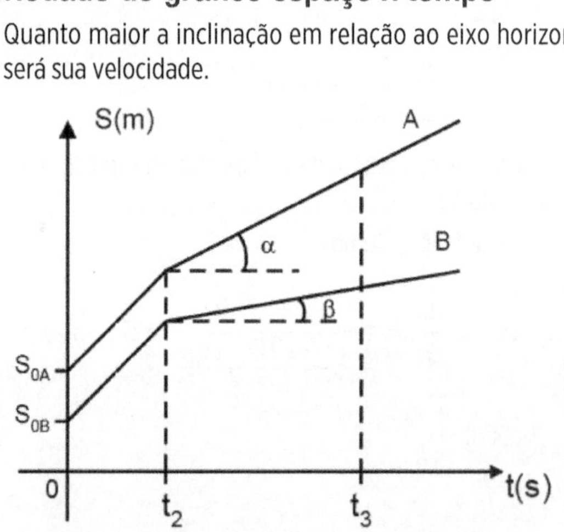

- Entre 0 e t2 a velocidade do móvel A e B são iguais, pois as retas são paralelas.
- Entre t2 e t3 a velocidade escalar do móvel A e maior que o móvel B.

**Exemplo 1:**

**(CESPE – SEDUC – PA)** Considere que dois automóveis separados a uma distância de 375 km inicialmente, deslocam-se um ao encontro do outro com velocidades constantes e iguais a 60 km/h e 90 km/h, respectivamente. Nessa situação, os automóveis se encontrarão após

**a)** 1 h.

**b)** 1 h e 30 min.

**c)** 2 h.

**d)** 2 h e 30 min.

Resolução: D.

Ao reproduzir o que se lê e ao marcar o referencial positivo para a direita, temos:

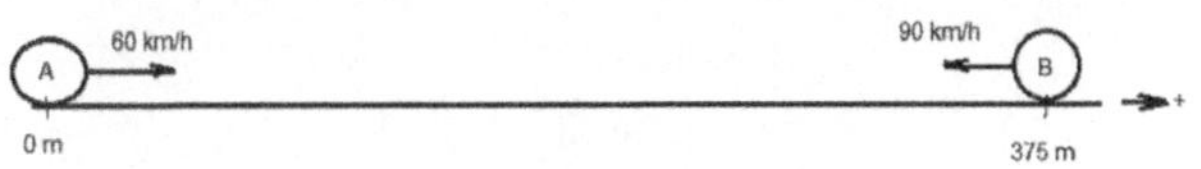


Para haver encontro, temos uma condição:

$s_A = s_B$

Como os dois carros estão executando movimento uniforme, usamos:

$s = s_0 + v \cdot (t)$

$s_{0;A} + v_A \cdot t = s_{0;B} + v_B \cdot t \rightarrow 0 + 60 \cdot t = 375 - 90 \cdot t$

$60 \cdot t = 375 - 90 \cdot t \rightarrow t = 2{,}5$ h ou 2 horas e 30 minutos

Muitos estudantes perguntam: “posso fazer por velocidade relativa?”

Sim! Mas é preciso ter um cuidado: fazer por **velocidade relativa** só é possível quando o **movimento for uniforme**.

$$v_{relativa} = \frac{\Delta s_{relativo}}{\Delta t} \rightarrow 60 + 90 = \frac{375}{\Delta t} \therefore \Delta t = 2{,}5\ h$$

**Exemplo 2:**

**(FUNDATEC – Técnico em Perícias – 2017)** Durante uma ultrapassagem de um ônibus por uma camionete, um físico que anda de carona neste veículo pega o seu cronômetro e mede o tempo de duração dessa ultrapassagem. Do instante em que a frente da camionete está alinhada com a traseira do ônibus até que a traseira da camionete se alinhe com a frente do ônibus, passam-se 10 segundos. Sabendo que a velocidade registrada pelo velocímetro da camionete é constante e de 90 km/h durante toda a ultrapassagem e que os comprimentos da camionete e do ônibus são, respectivamente, 5 metros e 20 metros, qual a velocidade do ônibus? (Suponha o trecho de estrada retilíneo durante a ultrapassagem).

**a)** 63 km/h.

**b)** 72 km/h.

**c)** 81 km/h.

**d)** 90 km/h.

**e)** 99 km/h.

Resolução: C.

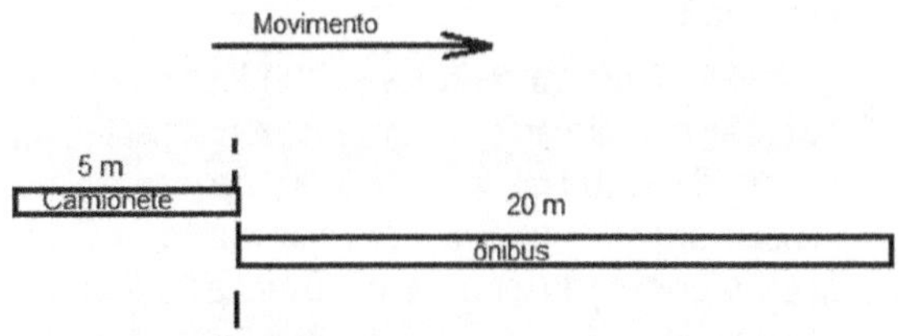


Este é um problema de corpo extenso, e as dimensões importam para o problema.

É preciso transformar em algo que sabemos resolver, o que seria um ponto material.

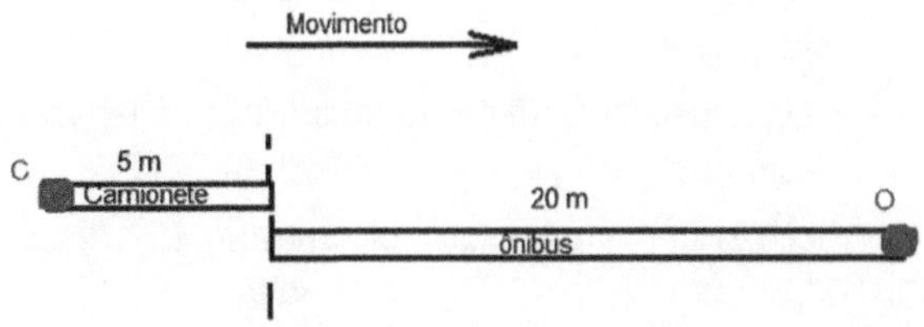


Se o ponto C, quando encontrar com o ponto O, você concorda que a camionete ultrapassou por completo o ônibus?

Essa é uma dica!

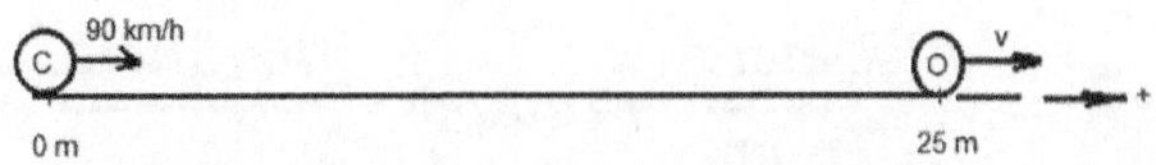


Para haver encontro, temos uma condição:

$s_C = s_O$

Como os dois carros estão executando movimento uniforme, usamos:

$s = s_0 + v \cdot (t)$

$s_{0;C} + v_C \cdot t = s_{0;O} + v_O \cdot t \rightarrow 0 + 25 \cdot t = 25 + v_O \cdot t$

“Do instante em que a frente da camionete está alinhada com a traseira do ônibus, até que a traseira da camionete se alinhe com a frente do ônibus, passam-se **10 segundos.”**

Conclusão: o tempo de ultrapassagem consiste em 10 segundos.

$$25.10 = 25 + v_O.10 \therefore v_O = 22{,}5\frac{m}{s}\ ou\ 81\frac{km}{h}$$

Mas poderia fazer por velocidade relativa?

Pode, sim, porque é um M.U.

$$v_{relativa} = \frac{\Delta s_{relativo}}{\Delta t} \rightarrow 25 - v_O = \frac{25}{10} \therefore v_O = 22{,}5\frac{m}{s}\ ou\ 81\frac{km}{h}$$

Você pode estar se perguntando: por que fizemos 25 – v, e não v – 25? É sempre o maior menos o menor. E, nesse caso, o menor é quem está na frente, porque queremos o encontro.

**Exemplo 3:**

**(NUCEPE – Professor de Física – 2015)** João, que é um atleta de tiro ao alvo, dispara um projétil horizontalmente com uma velocidade de 200 m/s em direção a um alvo. João escuta o impacto do projétil no alvo, 2,7 s depois do disparo. Sabendo que a velocidade do som no ar é 340 m/s, a distância de João ao alvo é de

a) 74 m.
b) 125 m.
c) 200 m.
d) 340 m.
e) 540 m.

Resolução: D.

A questão conta com um aspecto particular: a interpretação. Vejamos:

"João escuta o impacto do projétil no alvo, 2,7 s depois do disparo."

Isso quer dizer que o $t_{projétil} + t_{som} = 2{,}7$.

$t_{projétil}$: O tempo que o projétil demora para atingir a parede.

$t_{som}$: O tempo que a onda sonora demora para se propagar da parede até o aparelho auditivo.

Lembrando:

$$v = \frac{distância}{tempo} \rightarrow tempo = \frac{distância}{v}$$

Temos:

$$\frac{d}{v_p} + \frac{d}{v_{som}} = 2{,}7 \rightarrow \frac{d}{200} + \frac{d}{340} = 2{,}7 \therefore d = 340\,m$$

## 2.3 Movimento Uniformemente Variado (M.U.V.)

As características do movimento uniformemente variado são:

> Velocidade escalar variável.
> Aceleração escalar constante e diferente de zero.
> Aceleração escalar média = aceleração instantânea.

O corpo apresenta variações iguais de velocidade (v) em iguais intervalos de tempo (t).

Representação gráfica do movimento uniformemente variado (M.U.V.).

**Movimento uniformemente acelerado**

**Movimento uniformemente retardado**

**Retardado na subida e acelerado na descida**

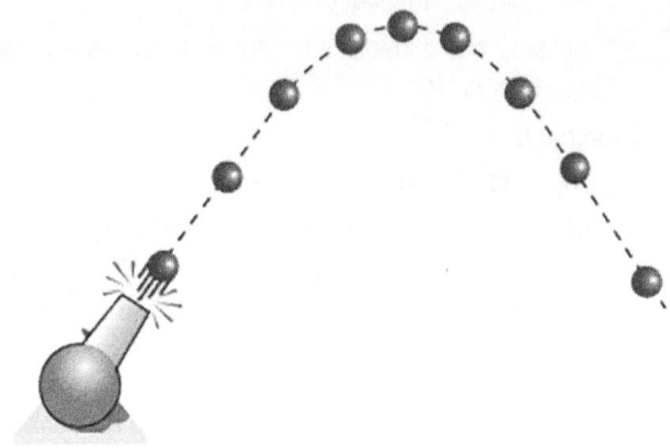

**Função horária dos espaços (S) para o M.U.V.**

$$s = s_0 + v_0.(t - t_0) + \frac{a}{2}.(t - t_0)^2$$

Para $t_0 = 0$, temos:

$$s = s_0 + v_0.(t) + \frac{a}{2}.(t)^2$$

**Função horária das velocidades (V) para o M.U.V.**

$$v = v_0 + a \cdot (t - t_0)$$

Para $t_0 = 0$, temos:

$$v = v_0 + a \cdot (t)$$

**Gráficos do espaço (S), da velocidade (V) e da aceleração (a) em função do tempo (t)**

Para a > 0:

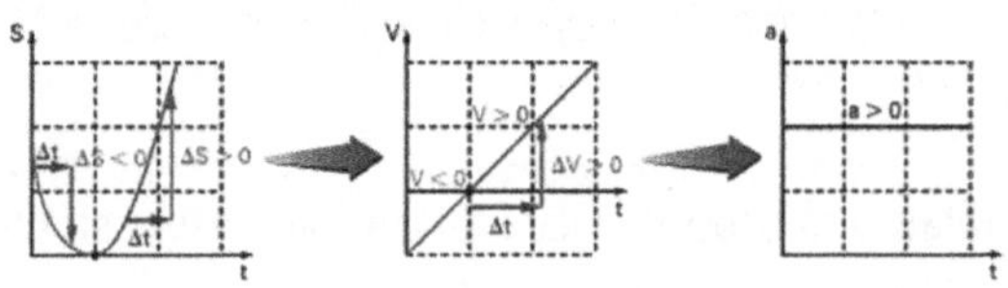

Para a < 0:

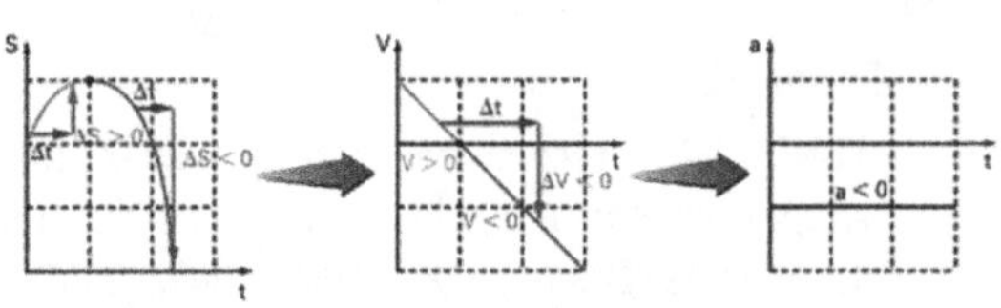

**Equação de Torricelli para o M.U.V.**

$$v^2 = v_0^2 + 2.a.(s - s_0) \rightarrow v^2 = v_0^2 + 2.a.(\Delta s)$$

**Equação Auxiliar – Quando não temos a variável "aceleração"**

$$v_m = \frac{v_1 + v_2}{2} \rightarrow \frac{\Delta s}{\Delta t} = \frac{v_1 + v_2}{2}$$

**Propriedade Gráfica para M.U. e M.U.V.**

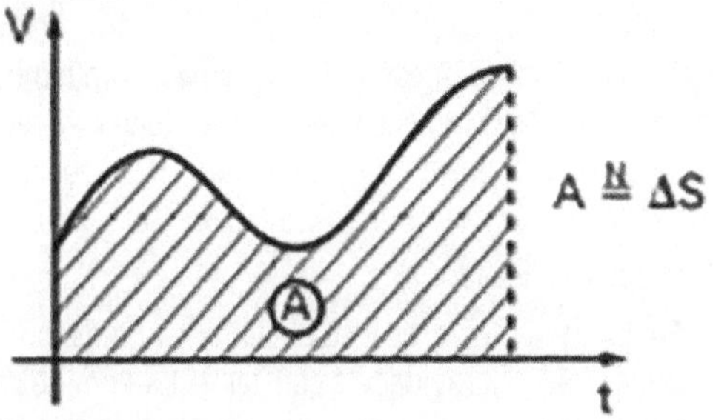


OBS:

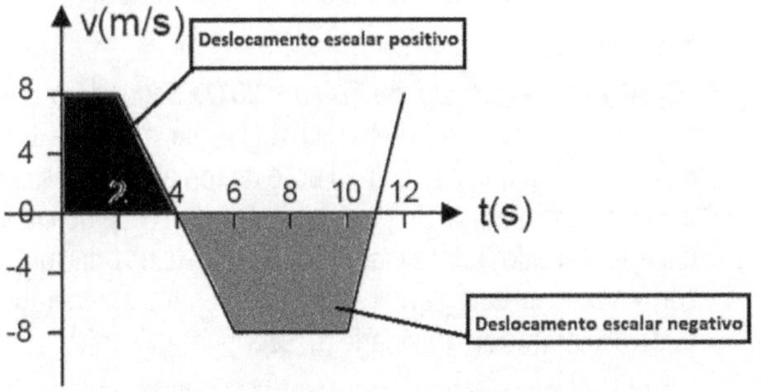


**Exemplo 1:** um objeto tem a sua posição (x) em função do tempo (t) descrito pela parábola, conforme o gráfico.

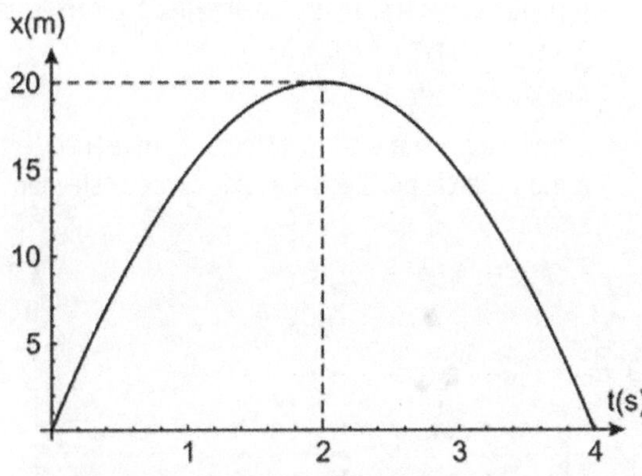


Analisando-se esse movimento, a razão entre o módulo da velocidade inicial e da aceleração é divisor de 6.

Resolução: Certo.

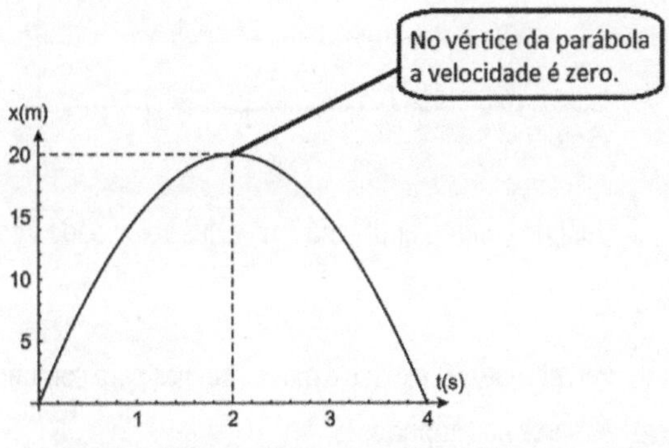


Como o gráfico (s x t) é um arco de parábola, o movimento é uniformemente variado. Podemos utilizar a expressão abaixo:

$$v_m = \frac{v_1 + v_2}{2} \to \frac{\Delta s}{\Delta t} = \frac{v_1 + v_2}{2} \to \frac{20}{2} = \frac{v_0 + 0}{2} \therefore v_0 = 20 \text{ m/s}$$

Como a concavidade é para baixo, o valor da aceleração é negativo.

$$v = v_0 + a.t \to 0 = 20 - 2.a \therefore a = 10 \text{ m/s}^2$$

A razão é $\frac{v_0}{a} \to \frac{20}{10} = 2$, que é divisor de 6.

**Exemplo 2:** um dos grandes problemas descritos pela legislação brasileira para a renovação da Carteira Nacional de Habilitação (CNH) para idosos, acima de 65 anos, refere-se ao seu tempo de reação. Como sabemos, o tempo médio de reação de um motorista é da ordem de 0,7 s (tempo de reação é o intervalo entre a percepção do sinal vermelho, por exemplo, e o momento de apertar os freios). Se um automóvel pode ser desacelerado à razão de 5 $m/s^2$, a distância percorrida entre a percepção do sinal vermelho e a parada do carro que vinha com uma velocidade de 36 km/h é 17,0 m.

Resolução: Certo.

Este é um problema que envolve dois tipos de movimento: M.U. e M.U.V. no mesmo problema.

Resolvemos problemas assim usando o método gráfico (v x t)! Vejamos:

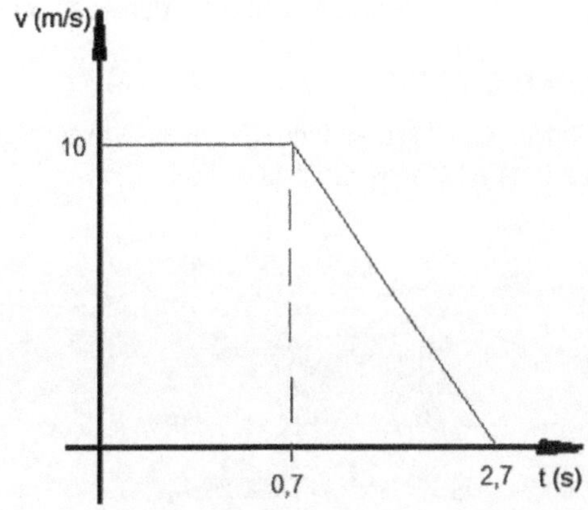


Como marcamos os valores no gráfico?

A partir da leitura atenta do enunciado e ao observar 0,7 s, nota-se que se está desenvolvendo um M.U. A partir daí se tem uma desaceleração de 5 $m/s^2$.

Agora, o valor de 2,7 s encontramos assim....

$$v = v_0 + a.(t - t_0) \to 0 = 10 - 5.(t - 0{,}7) \therefore t = 2{,}7\ s$$

Para descobrir quanto foi o deslocamento escalar, temos que calcular a área do gráfico.

$$\Delta s = \frac{(2{,}7 + 0{,}7).10}{2} = 17\ m$$

## Queda – livre

Quando o corpo é abandonado no vácuo (despreza-se qualquer influência do ar).

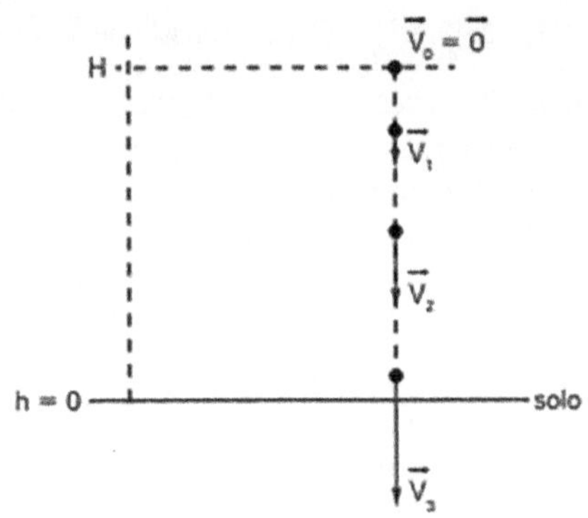


Corpo abandonado de uma altura H acima do solo.

Qualquer corpo que esteja caindo em queda livre, isto é, caindo sob ação exclusiva do seu próprio peso, deverá se mover com a mesma aceleração g, característica de cada planeta. Essa aceleração independe da massa m do corpo que está caindo.

## Lançamento vertical

O lançamento vertical difere da queda livre somente por apresentar uma velocidade inicial na vertical.

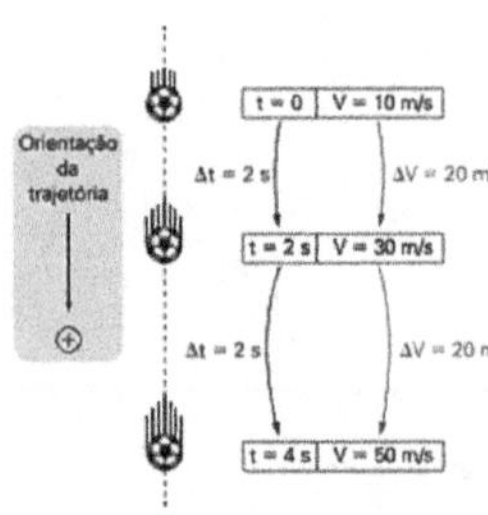


Um corpo lançado verticalmente e para baixo executa MUV.

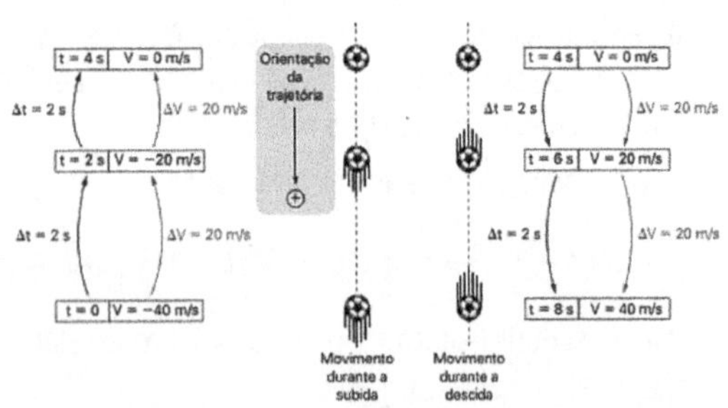


Um corpo lançado verticalmente e para cima executa MUV, ocorrendo inversão no sentido do movimento.

**OBS 1:** tanto no lançamento vertical como na queda livre, apresentam aceleração (denominada aceleração da gravidade "g"), portanto, usamos as equações do movimento uniformemente variado (M.U.V).

**OBS 2:** corpos abandonados num mesmo local e na mesma altura em relação ao solo demoram o mesmo intervalo de tempo para chegar ao solo, não importando suas massas.

**OBS 3:** quando o corpo chega à altura máxima, a velocidade é zero!

**Exemplo 1:**

**(CESPE – UNB/FUNAI – 2017)** Se duas pedras de pesos diferentes forem arremessadas para cima e com a mesma velocidade, então, por causa de seu peso maior, a pedra mais pesada atingirá uma altura menor que a alcançada pela pedra mais leve.

Resolução: Errado.

Em lançamento vertical cujo efeito do ar é desprezível e a aceleração da gravidade é constante, independe da massa do objeto lançado, apenas da velocidade inicial. Portanto, nesse caso, as duas pedras atingem a mesma altura.

**Exemplo 2:**

**(QUADRIX – Professor de Física – 2017)** Segundo o princípio da conservação da energia, a energia mecânica total de um sistema que não sofre a ação de forças externas permanece constante. Assim, a energia é conservada quando a energia mecânica total é inalterada. Com base no princípio da conservação da energia, julgue o item a seguir, considerando que a aceleração da gravidade (g) seja igual a 10 m/s².

Uma bola de 380 g foi arremessada verticalmente, de baixo para cima, com velocidade inicial de módulo igual a 10 m/s. A altura máxima (h), em metros, que a bola atinge, supondo que a resistência do ar seja desprezível, está situada no intervalo 4,8 m < h < 5,1 m.

Resolução: Certo.

O importante é marcar o sistema de referência, e tentar sempre marcar positivo para onde o corpo está indo.

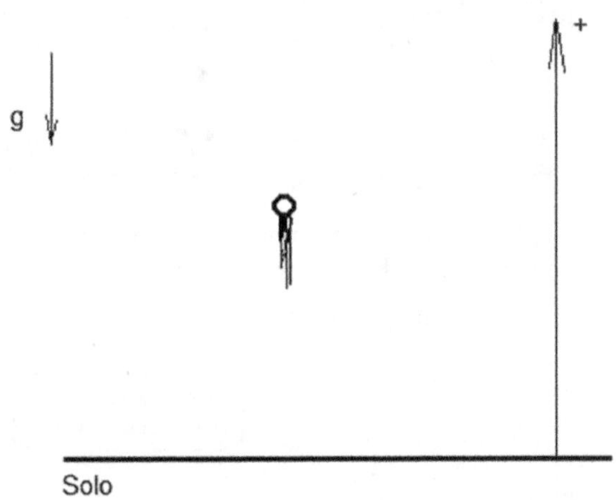


Quando atinge a altura máxima, a sua velocidade é zero.

$$v^2 = v^2_0 + 2.a.\Delta s \rightarrow (0)^2 = (10)^2 + 2.(-10).h_{máx} \rightarrow h_{máx} = \frac{100}{20} = 5\ m$$

Percebe-se que ele deu a massa, apenas para confundir!

A massa não importa.

# 3. CINEMÁTICA VETORIAL

## 3.1 Vetores

Há dois tipos de grandezas físicas: grandezas escalares e grandezas vetoriais.

*Grandezas escalares:* quando o número com a respectiva unidade de medida já satisfaz.

**Exemplo:** Temperatura → 27°C; apenas esse dado já diz tudo.

*Grandeza vetorial*: para estudá-la, foi criado o conceito de vetor.

Vetor é um segmento de reta orientado, não nulo. Para caracterizar um vetor, é preciso ter sentido, direção e módulo (intensidade ou valor).

**Exemplo**: um corpo se desloca 2 m na direção horizontal e para direita.

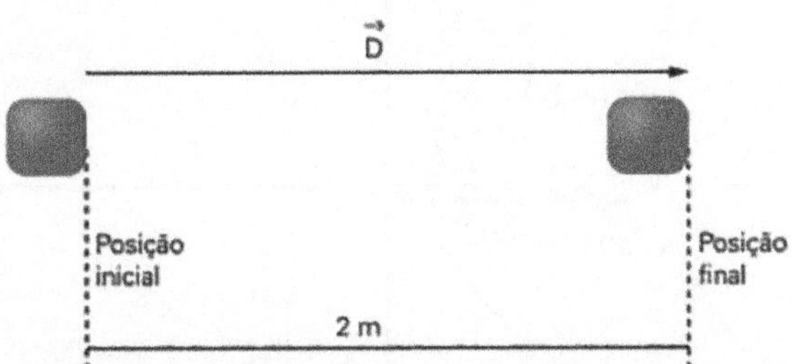


Característica $\vec{D}$ (vetor deslocamento):

**Módulo**: D = 2 m **Sentido**: Para direita **Direção**: Horizontal

### Operações com vetores – soma vetorial

A adição vetorial segue o processo indicado na figura:

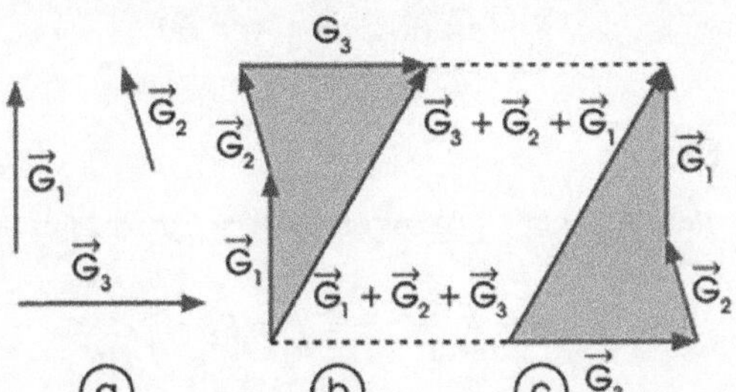


Observe que a soma vetorial é comutativa.

### Multiplicação de um número real por um vetor

Consideremos uma grandeza escalar **n** e uma grandeza vetorial $\vec{E}$.

A multiplicação **n**$\cdot \vec{E}$ tem como resultado uma grandeza vetorial $\vec{F} = \mathbf{n} \cdot \vec{E}$ com as seguintes características:

$F = n \cdot E$

Direção: a mesma de $\vec{E}$.

Sentido: depende do sinal de n.

n > 0: mesmo sentido de $\vec{E}$.

n < 0: sentido oposto ao de $\vec{E}$.

### Vetores opostos e vetores iguais

Dado um vetor $\vec{a_1}$, define-se *vetor oposto* a $\vec{a_1}$ como sendo um vetor $\vec{a_2}$ que resulta do produto do número –1 pelo vetor $\vec{a_1}$:

$\vec{a_1} = (-1) \cdot \vec{a_2} = -\vec{a_2}$

Dois *vetores* são *iguais* quando apresentarem o mesmo módulo, a mesma direção e o mesmo sentido ( $\vec{a} = \vec{b}$ )

### Operação com vetores – subtração de vetores

A subtração entre dois vetores, $\vec{v_2}$ e $\vec{v_1}$, pode ser transformada em uma adição:

$\Delta \vec{v} = \vec{v_2} - \vec{v_1} = \vec{v_2} + (-\vec{v_1})$

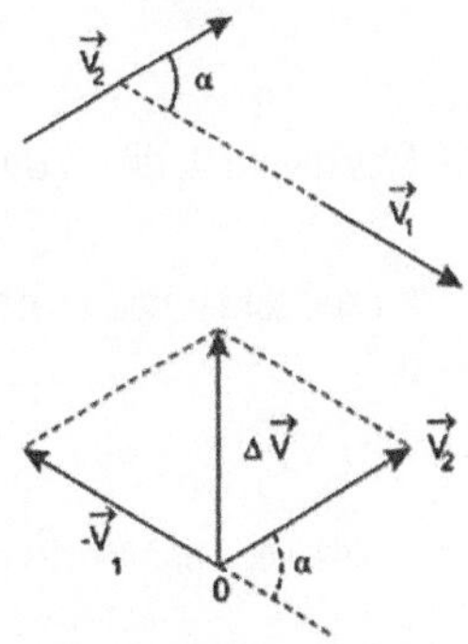


### Decomposição de vetores

Toda representação vetorial, como estamos vendo, está pautada em um sistema de referências. Sendo assim, podemos decompor um vetor em dois outros, cuja soma vetorial é o vetor original. Essa decomposição será feita em nosso estudo apenas em direções perpendiculares, apesar de não ser essa uma condição necessária.

**Exemplo I.**

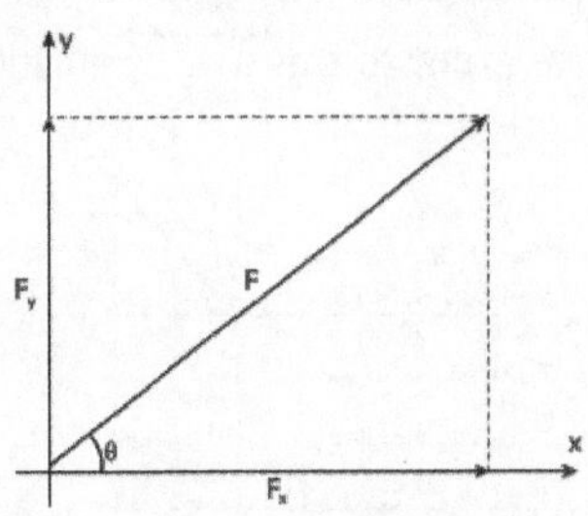


Na direção x, o módulo da projeção é: $Fx = F \cdot \cos\theta$.

Na direção y, o módulo da projeção é: $Fy = F \cdot \text{sen}\theta$.

Inversamente, se temos as projeções, podemos obter o módulo do vetor resultante pelo Teorema de Pitágoras.

$F^2 = F_x^2 + F_y^2$

**Exemplo II.**

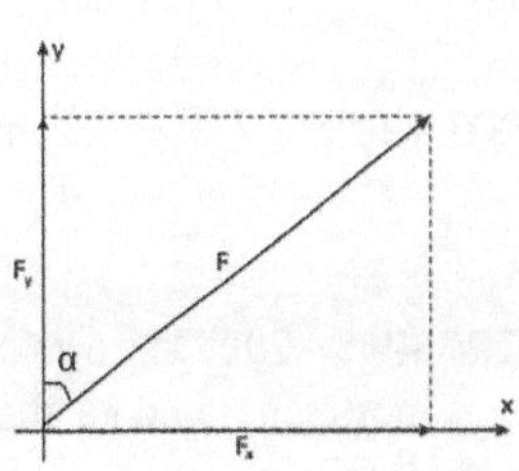


Na direção x, o módulo da componente é: $F_x = F \cdot \text{sen}\alpha$.

Na direção y, o módulo da componente é: $F_y = F \cdot \cos\alpha$.

Inversamente, se temos as projeções, podemos obter o módulo do vetor resultante pelo Teorema de Pitágoras.

$F^2 = F_x^2 + F_y^2$

## Propriedade do polígono fechado de vetores

Se n vetores, dispostos em série, um após o outro, formam um polígono fechado, então a resultante desses vetores é nula (está em equilíbrio).

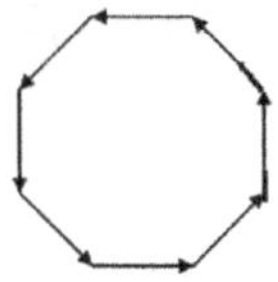

**OBS:**

Equilíbrio dinâmico – Movimento Retilíneo Uniforme – $\vec{R} = \vec{0}$ – polígono fechado.

Equilíbrio estático – O corpo está parado em relação à Terra – $\vec{R} = \vec{0}$ – polígono fechado.

## Versor

Todo vetor de módulo 1 (vetor unitário) recebe o nome de vetor.

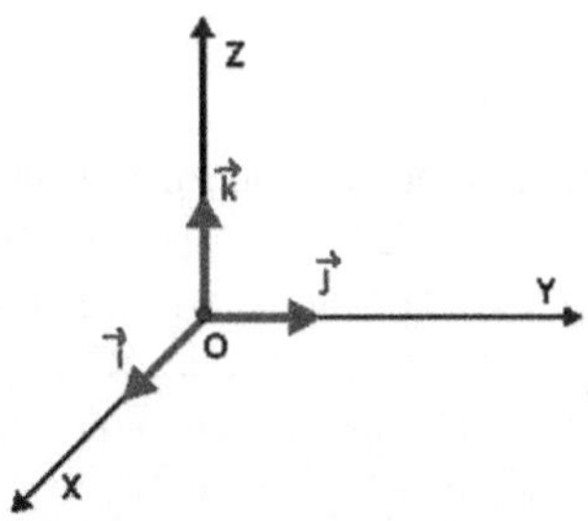


Perceba como trabalhar essa notação chamada de versor.

Determine as expressões de $\vec{a}$ e $\vec{b}$ em função de $\vec{i}$ e $\vec{j}$.

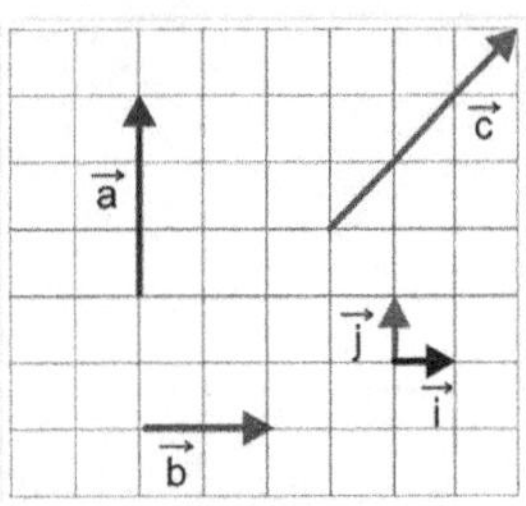


$\vec{a} = 3\vec{j}$

$\vec{b} = 2\vec{i}$

$\vec{c} = 3\vec{i} + 3\vec{j}$

Cujo o módulo de $\vec{a}$, $\vec{b}$ e $\vec{c}$ é:

a = 3 unidades b = 2 unidades

$$c = \sqrt{(3)^2 + (3)^2} = \sqrt{18} = 3\sqrt{2}\ unidades$$

**Exemplo:**

**(CESPE – PETROBRAS – 2007)** Se o vetor resultante do sistema de vetores mostrado na figura abaixo é o vetor nulo, então: $|\vec{F}_1| = 2.|\vec{F}_2|$.

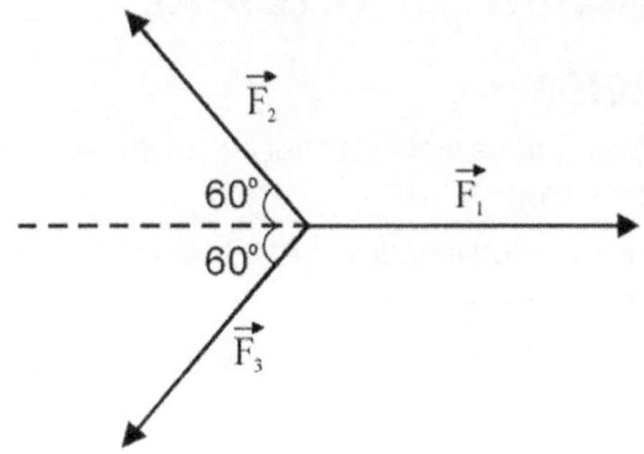


Resolução: Errado.

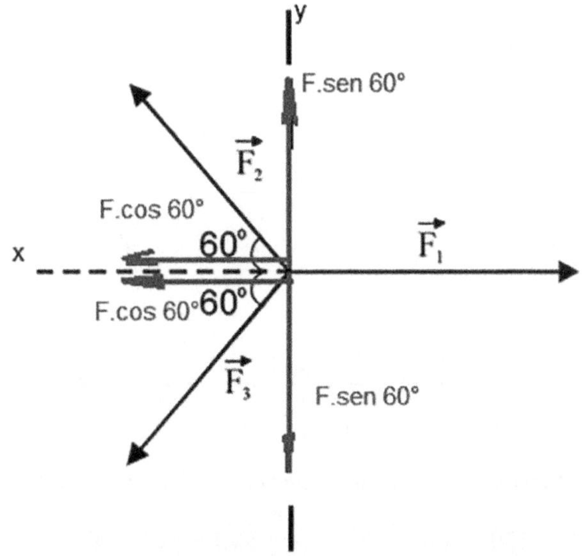


Em y:

$$F_2.sen\ 60° = F_3.sen\ 60°$$
$$\therefore\ F_2 = F_3 = F$$

Em x:

$$F_1 = F.\cos 60° + F.\cos 60° \rightarrow F_1 = 2.F.\cos 60° \rightarrow$$

$$F_1 = 2.F.\frac{1}{2}\ \therefore F_1 = F = F_2 = F_3$$

Dica importante: cos --- **C**om o ângulo

sen ---- **S**em o ângulo

## 3.2 Introdução à Cinemática Vetorial

Nos movimentos estudados até o momento – cinemática escalar -, as grandezas deslocamento, velocidade e aceleração foram tratadas como grandezas escalares. A direção dos movimentos foi considerada no instante em que se conheceu a trajetória, sendo ela a própria direção do movimento. Isso significa que, ao dizermos que um automóvel se move sobre a Via Dutra, do Rio de Janeiro para São Paulo, a 90 km/h, direção e sentido já estavam determinados.

Neste tópico, deslocamento, velocidade e aceleração são caracterizados como grandezas vetoriais.

## Deslocamento vetorial e velocidade vetorial média

O deslocamento escalar é o caminho "real" que o móvel percorre, já o deslocamento vetorial é o "atalho" que o móvel percorre, que seria um segmento de reta ligando as duas cidades.

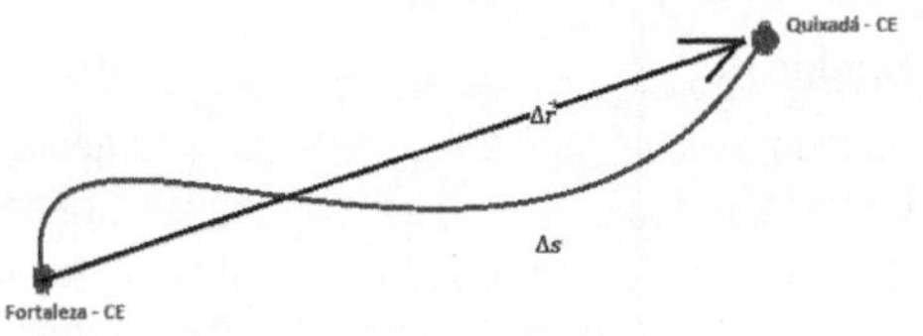


A velocidade vetorial média é definida por:

$$\vec{v}_m = \frac{\Delta\vec{r}}{\Delta t}$$

OBS: como $\Delta t >$, o vetor $\vec{v_m}$ deve ter a mesma direção e o mesmo sentido de $\Delta\vec{r}$.

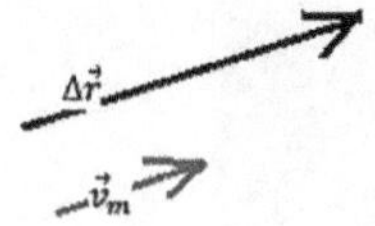


**Exemplo:**

**(UESC – 2011)** Considere um móvel que percorre a metade de uma pista circular de raio igual a 10,0m em 10,0s. Adotando-se $\sqrt{2}$ como sendo 1,4 e $\pi$ igual a 3, é correto afirmar:

**a)** O espaço percorrido pelo móvel é igual a 60,0m.

**b)** O deslocamento vetorial do móvel tem módulo igual a 10,0m.

**c)** A velocidade vetorial média do móvel tem módulo igual a 2,0m/s.

**d)** O módulo da velocidade escalar média do móvel é igual a 1,5m/s.

**e)** A velocidade vetorial média e a velocidade escalar média do móvel têm a mesma intensidade.

Resolução: C.

A figura mostra os deslocamentos escalar e vetorial em meia volta.

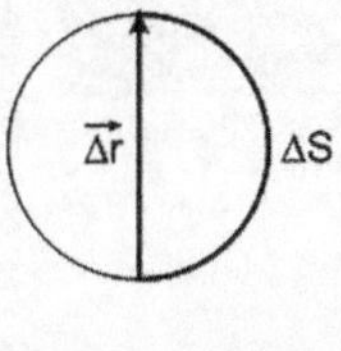


$$\Delta S = \pi R = 30m \rightarrow V_m = \frac{\Delta S}{\Delta t} = \frac{30}{10} = 3{,}0m/s$$

$$|\vec{\Delta r}| = 2R = 20m \rightarrow |\vec{V}_m| = \frac{|\vec{\Delta r}|}{\Delta t} = \frac{20}{10} = 2{,}0m/s$$

## Velocidade vetorial instantânea (velocidade vetorial ou velocidade)

A velocidade vetorial $\vec{v}$ apresenta as seguintes características:

*Intensidade ou módulo*: igual ao valor absoluto da velocidade escalar.

*Direção:* a mesma da reta que tangencia a trajetória na posição do móvel.

*Sentido:* coincidente com o sentido do movimento.

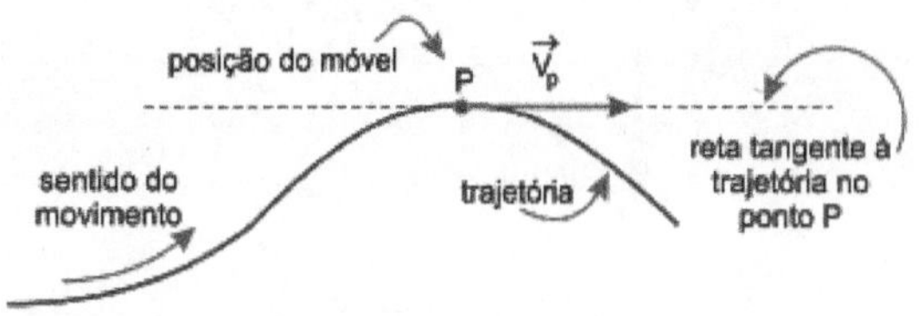


**OBS:**

A velocidade vetorial de uma partícula em movimento somente será constante se o movimento for retilíneo e uniforme.

Se o movimento for uniforme, em trajetória curva, a velocidade vetorial terá módulo constante, porém direção variável.

## Aceleração vetorial média

A aceleração vetorial média entre os instantes $t_1$ e $t_2$ é definida por:

$$\vec{a}_m = \frac{\Delta\vec{v}}{\Delta t} = \frac{\vec{v}_2 - \vec{v}_1}{t_2 - t_1}$$

**Exemplo:**

**(AFA – 2010)** Um carro percorre uma curva circular com velocidade linear constante de 15 m/s, completando-a em $5\sqrt{2}$ s, conforme figura abaixo:

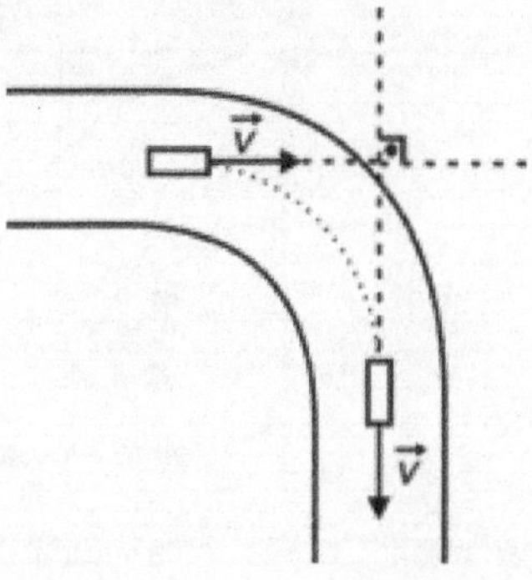


É correto afirmar que o módulo da aceleração média experimentada pelo carro nesse trecho, em $m/s^2$, é:

**a)** 0.

**b)** 3,0.

**c)** 1,8.

**d)** 5,3.

Resolução: B.

$$\vec{a}_m = \frac{\vec{v}_{final} - \vec{v}_{inicial}}{\Delta t} = \frac{\vec{v}_{final} + (-\vec{v}_{inicial})}{\Delta t} = \frac{\vec{v} + (-\vec{v'})}{\Delta t}$$

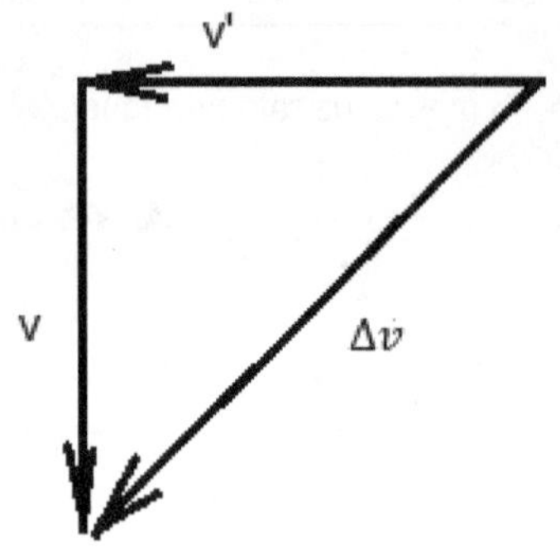


$$\Delta v^2 = (v')^2 + (v)^2 \to \Delta v = \sqrt{(15)^2 + (15)^2} \therefore \Delta v = \sqrt{450}\, m/s$$

$$a_m = \frac{\Delta v}{\Delta t} = \frac{\sqrt{450}}{5\sqrt{2}} = 3\, m/s^2$$

## Aceleração vetorial instantânea (aceleração vetorial ou aceleração)

O conceito de aceleração está sempre ligado à ideia de variação de velocidade.

Qualquer alteração na velocidade vetorial ($\vec{v}$), seja em módulo, seja em orientação (direção e sentido), implicará a existência de uma aceleração vetorial ($\vec{a}$).

Para facilidade de estudo, deve-se considerar que a aceleração vetorial ($\vec{a}$) é decomposta em duas parcelas, que são denominadas aceleração tangencial ($\vec{a}_t$) e aceleração centrípeta ($\vec{a}_{cp}$).

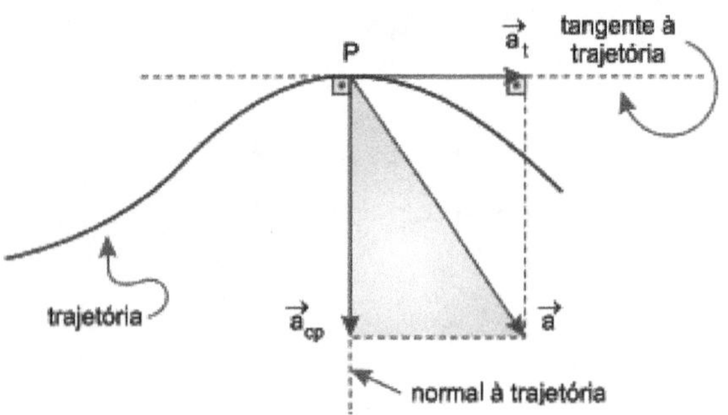


A aceleração vetorial ($\vec{a}$) é a soma vetorial de suas componentes tangencial e centrípeta:

$$\vec{a} = \vec{a}_t + \vec{a}_{cp}$$

Aplicando-se o Teorema de Pitágoras no triângulo indicado na figura, podemos relacionar as intensidades da aceleração vetorial e de suas componentes:

$$a^2 = a_t^2 + a_{cp}^2$$

## Aceleração tangencial ($\vec{a}_t$)

A componente tangencial $\vec{a}_t$ da aceleração vetorial está ligada à variação do módulo da velocidade vetorial $\vec{v}$, isto é, está ligada ao ato de acelerar ou frear o móvel. A aceleração tangencial $\vec{a}_t$ está presente nos movimentos variados e é nula nos movimentos uniformes, não importando a trajetória descrita pelo móvel.

### Módulo

O módulo da aceleração tangencial é igual ao valor absoluto da aceleração escalar.

### Direção

A aceleração tangencial tem direção tangente à trajetória, isto é, é paralela à velocidade vetorial.

### Sentido

Quando o movimento é acelerado ($|\vec{v}|$ aumenta), a aceleração tangencial tem o mesmo sentido da velocidade vetorial. Quando o movimento é retardado ($|\vec{v}|$ diminui), a aceleração tangencial tem sentido oposto ao da velocidade vetorial.

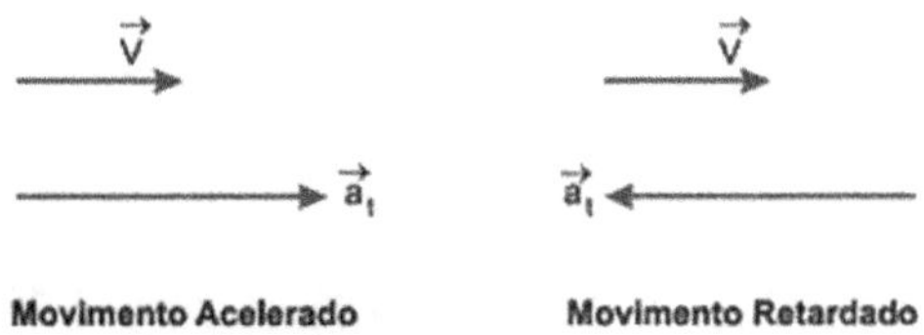

*Se a trajetória do foguete for retilínea e o seu movimento for acelerado, ele estará sujeito apenas a uma aceleração tangencial.*

## Aceleração centrípeta ($\vec{a}_{cp}$)

A componente centrípeta da aceleração vetorial ($\vec{a}_{cp}$) está ligada à variação da direção da velocidade vetorial $\vec{v}$, isto é, está ligada ao ato de curvar a trajetória. A aceleração centrípeta ($\vec{a}_{cp}$) está presente nos movimentos com trajetória curva e é nula nos movimentos retilíneos.

*Quando um corpo descreve uma curva, a direção de sua velocidade vetorial varia e o corpo está sujeito a uma aceleração centrípeta.*

### Módulo

Sendo v a velocidade escalar e R o raio de curvatura da trajetória, o módulo da aceleração centrípeta é dado por:

$$a_{cp} = \frac{v^2}{R}$$

### Direção

A aceleração centrípeta tem a direção da reta normal à trajetória, isto é, perpendicular à velocidade vetorial.

### Sentido

A aceleração centrípeta é dirigida para o centro da curva descrita pelo móvel.

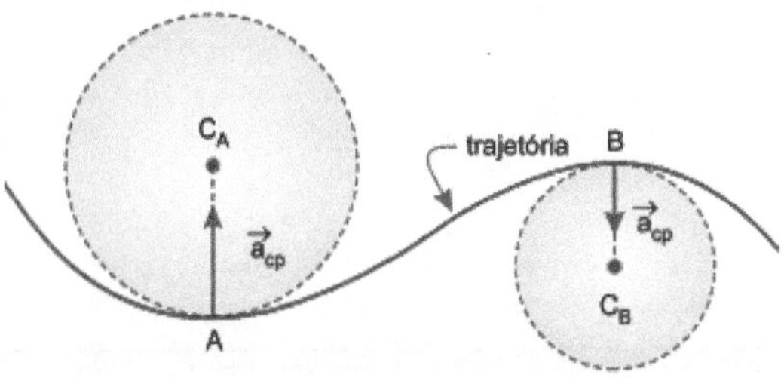


Na figura, representamos as circunferências que "tangenciam" a trajetória nos pontos A e B. Os raios dessas circunferências são os raios de curvatura da trajetória nos pontos A e B.

A aceleração centrípeta é dirigida para o centro da circunferência que "tangencia" a trajetória.

Análise vetorial dos principais movimentos:

**MRU:** Movimento Retilíneo e Uniforme.

**MRV:** Movimento Retilíneo e Variado.

**MCU:** Movimento Curvo e Uniforme.

**MCV:** Movimento Curvo e Variado.

| Movimento | $\vec{V}$ | $\vec{a}_t$ | $\vec{a}_{cp}$ |
|---|---|---|---|
| MRU | Módulo: constante<br>Direção: constante | nula | nula |
| MRV | Módulo: variável<br>Direção: constante | não nula | nula |
| MCU | Módulo: constante<br>Direção: variável | nula | não nula |
| MCV | Módulo: variável<br>Direção: variável | não nula | não nula |

**Exemplo:**

**(FGV - PC - RJ - Perito - 2012)** A figura mostra a posição ocupada por uma partícula que está percorrendo uma trajetória circular de centro em C e de raio R, no instante em que sua velocidade e sua aceleração fazem um ângulo de 30°.

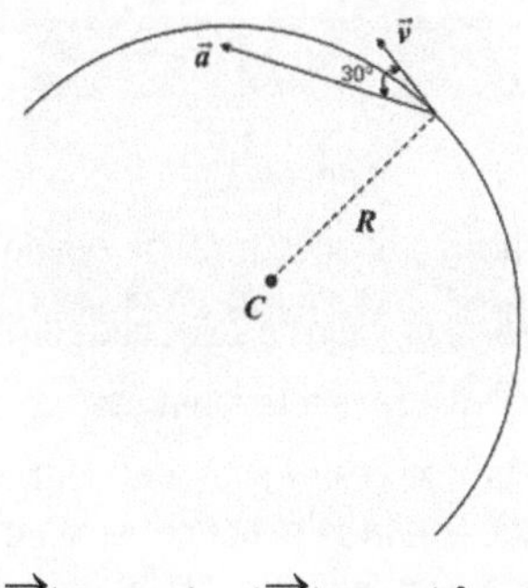


Sendo $|\vec{v}|$ 4, 0 m/s e $|\vec{a}|$ 40 m/s², o raio R da trajetória vale:

a) 20cm

b) 40cm

c) 50cm

d) 60cm

e) 80cm

Resolução: E.

$$a_t = 40.\cos 30° = 40.\frac{\sqrt{3}}{2} = 20\sqrt{3}\frac{m}{s^2}$$

Mesmo sentido e mesma direção que a velocidade – movimento acelerado.

$$a_c = 40.sen\ 30° = 40\ .\frac{1}{2} = 20\ m/s^2$$

Direção radial e sentido para o centro.

$$a_c = \frac{v^2}{R} \rightarrow 20 = \frac{(4{,}0)^2}{R}\ \therefore R = 0{,}8\ m\ ou\ 80\ cm$$

## 3.3 Composição de Movimento

Nos problemas de Cinemática analisados até agora, temos em geral utilizado um único referencial: a Terra. No entanto, já vimos que em Física as características de um movimento dependem do referencial usado para descrevê-lo. Vamos agora considerar algumas situações em que o movimento de um corpo é analisado por observadores em diferentes referenciais.

Devido à frequência com que aparecem problemas de composição de movimento envolvendo barcos atravessando rios, aviões que percorrem regiões com vento e pessoas andando na chuva, convém estudar esses casos separados e cuidadosamente.

**Caso 1: "Descer o rio" significa "ir a favor da correnteza", isto é, $\vec{v}_c$ e $\vec{v}_b$ têm o mesmo sentido. (Podemos dizer também que o barco vai a jusante).**

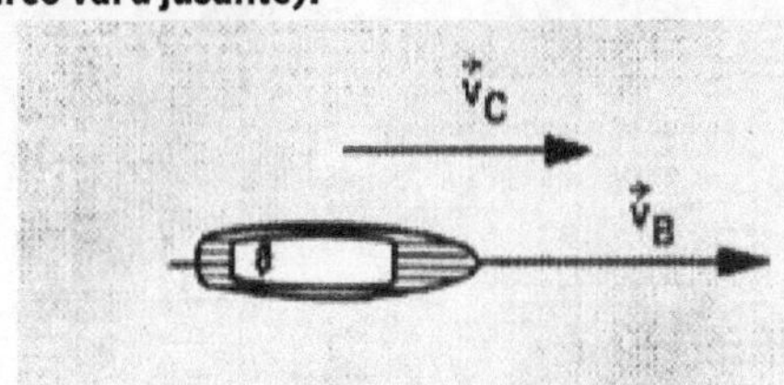


$V_{barco/Terra} = V_{barco/correnteza} + V_{correnteza/Terra}$

Alguns autores representam desta outra forma:

$V_{Resultante} = V_{Relativa} + V_{Arrastamento}$

**Caso 2: "Subir o rio" significa "ir contra a correnteza", isto é, $\vec{v}_c$ e $\vec{v}_b$ têm sentidos opostos. (Para afirmar que o barco sobe o rio, podemos dizer que o barco vai a montante).**

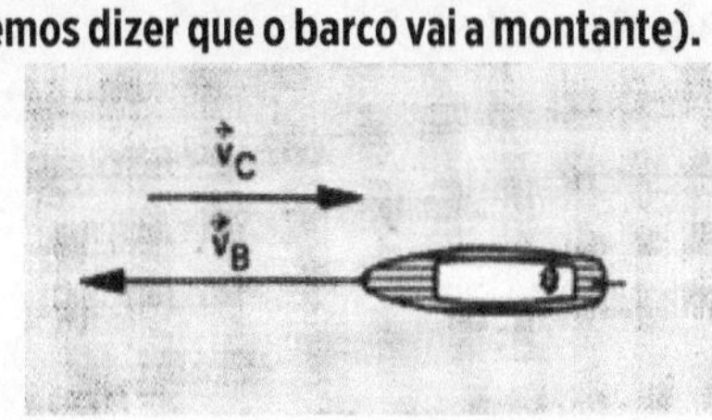


$V_{barco/Terra} = V_{barco/correnteza} - V_{correnteza/Terra}$

Alguns autores representam desta outra forma:

$V_{Resultante} = V_{Relativa} - V_{Arrastamento}$

**Caso 3: Tempo mínimo – Velocidade relativa (velocidade do barco em relação à correnteza) é perpendicular à velocidade da correnteza.**

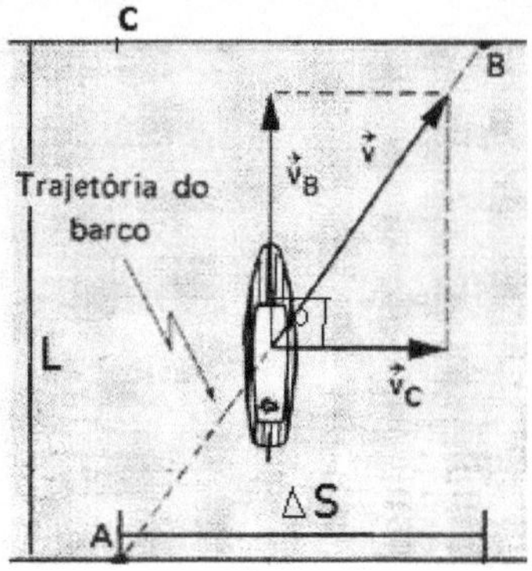


**OBS:** os dois movimentos, do barco em relação à correnteza e da correnteza em relação à margem, são simultâneos, isto é, ocorrem ao mesmo tempo. Assim, o tempo que o barco demora para travessar o rio, de A até B, é o mesmo tempo que ele demoraria para ir de A até C se não houvesse correnteza. Nesse mesmo tempo, a correnteza produz o deslocamento do barco de C para B.

$$\Delta t_{AB} = \Delta t_{AC} = \Delta t_{CB}$$

**Caso 4: A menor distância possível – velocidade resultante (velocidade do barco em relação à Terra) é mantida perpendicular à velocidade da correnteza.**

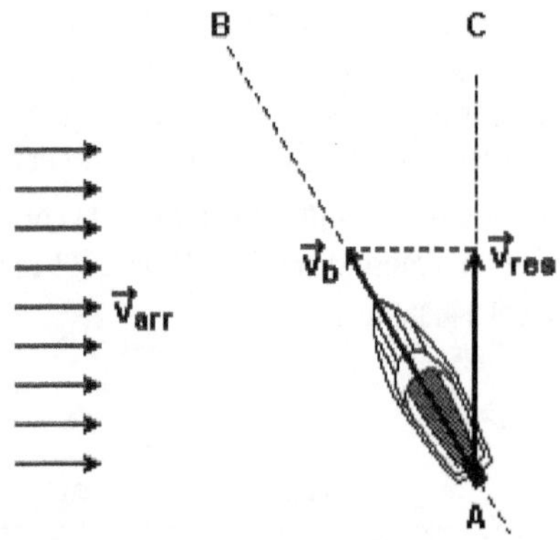


**OBS:**

Nesse caso, o tempo de travessia é dado por: $\Delta t = \frac{\Delta s_{AC}}{v_{res}}$.

Aqui o tempo de travessia é maior do que a situação anterior, em que o barco atravessa o rio mantendo sua velocidade em relação à água perpendicular à correnteza.

## Rolamento

Movimentos de corpos que rolam sem escorregar são chamados de rolamento puro. Exemplos que podemos citar são os movimentos das rodas de uma bicicleta ou de um automóvel.

A composição do movimento, tanto o movimento de translação como de rotação, é apresentado na figura abaixo:

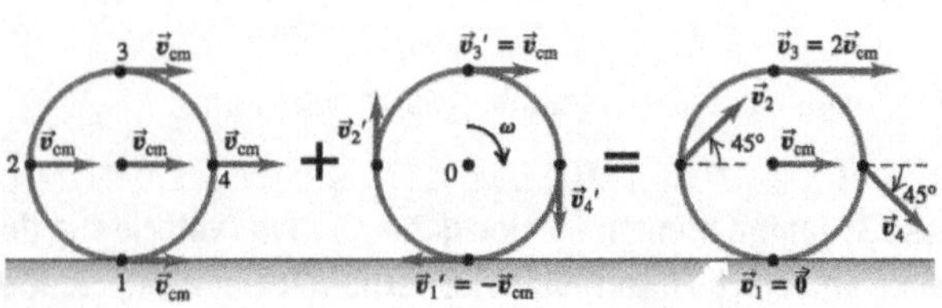

Resumindo, temos:

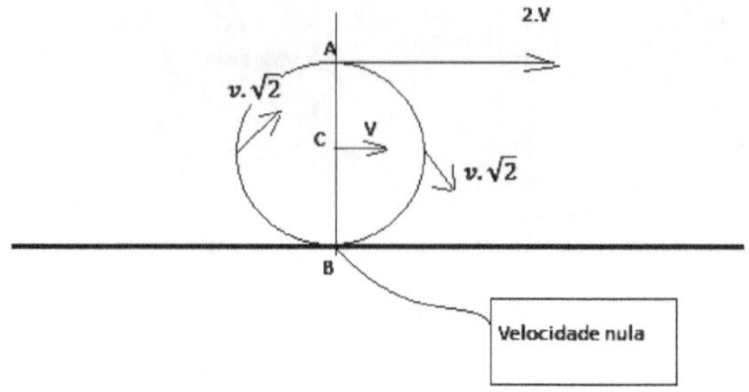


Aplicação na Prática

Se o automóvel estiver trafegando com velocidade de 110 km/h, lançará gotas d'água a partir do ponto mais alto dos pneus, com velocidade de intensidade 220 km/h.

## Lançamento oblíquo

É um movimento composto nas direções horizontal (x) e vertical (y), sob ação exclusiva da força peso, no qual a velocidade inicial tem direção horizontal e vertical.

$V_{0,x} = V_0 \cdot \cos\alpha$ (componente da velocidade da direção x)

$V_{0,y} = V_0 \cdot \text{sen}\alpha$ (componente da velocidade na direção y)

$v = \sqrt{(v_{0,x}^2 + v_{0,y}^2)}$ O módulo da velocidade de lançamento

Observando a figura anterior, temos:

> Movimento vertical sujeito à aceleração constante da gravidade e, portanto, uniformemente variado – utilizaremos as expressões do M.U.V.

$s = s_0 + V_0 \cdot \text{sen}\alpha \cdot t + g \cdot t^2/2$

$V_y = V_0 \cdot \text{sen}\alpha + g \cdot t$

$V_y^2 = (V_0 \cdot \text{sen}\alpha)^2 + 2 \cdot g \cdot \Delta s$

> Movimento horizontal livre de acelerações e, portanto, uniforme - utilizaremos a expressão do M.U.

$s = s_0 + v \cdot \cos\alpha \cdot t$

A trajetória descrita pelo projétil lançado obliquamente em campo gravitacional uniforme, sem influência do ar, é realmente parabólica.

Observe a seguir a equação da trajetória:

$$y = tg\alpha . x - \frac{g}{2.v_0^2.cos^2\alpha}.x^2$$

Obs.:

Se o ângulo formado entre a horizontal e a velocidade de lançamento for de 45°, o alcance é máximo.

A = 4 · Hmáx

Na altura máxima há velocidade (componente x).

A aceleração da gravidade é constante (diferente de zero) em toda a trajetória. Na maioria das questões, a intensidade da aceleração gravitacional é 10 $m/s^2$.

## Lançamento horizontal

É um movimento composto nas direções horizontal (x) e vertical (y), sob ação exclusiva da força peso, em que a velocidade inicial tem direção horizontal, a velocidade na direção vertical é zero.

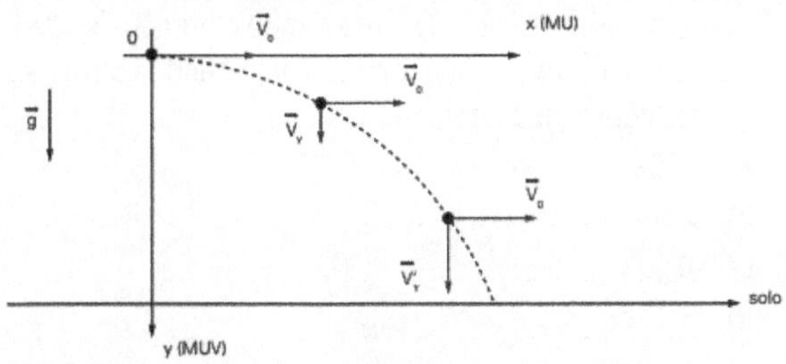

Corpo lançado horizontalmente de uma altura H acima do solo.

**Exemplo 1:**

**(CEFET – MG - 2013)** Uma pedra é lançada para cima a partir do topo e da borda de um edifício de 16,8m de altura a uma velocidade inicial $v_0$ = 10 m/se faz um ângulo de 53,1° com a horizontal. A pedra sobe e em seguida desce em direção ao solo. O tempo, em segundos, para que a mesma chegue ao solo é

f) 2,8.
g) 2,1.
h) 2,0.
i) 1,2.

Resolução: A.

Dados: $v_0$ = 10m/s; θ = 53,1°; senθ = 0,8; cosθ = 0,6; h = 16,8m.

Adotando referencial no solo e orientando o eixo y para cima, conforme a figura, temos: $y_0$ = h = 16,8 m.

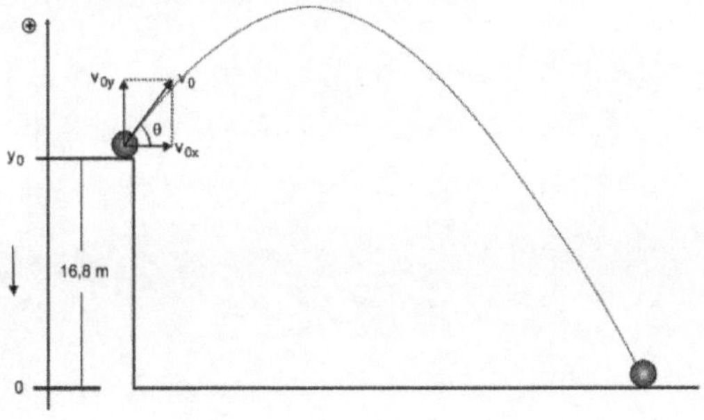

Calculando as componentes da velocidade inicial:

$$\begin{cases} v_{0x} = v_0 \cos\theta = 10(0,6) \Rightarrow v_{0x} = 6 \text{ m/s}. \\ v_{0y} = v_0 \text{ sen}\theta = 10(0,8) \Rightarrow v_{0y} = 8 \text{ m/s}. \end{cases}$$

Equacionando o movimento no eixo y e destacando quando a pedra atinge o solo y = 0, temos:

$$y = y_0 + v_{0y}\, t - \frac{g}{2}t^2 \Rightarrow y = 16,8 + 8\,t - 5\,t^2 \Rightarrow 0 = 16,8 + 8\,t - 5\,t^2 \Rightarrow 5\,t^2 - 8\,t - 16,8 = 0.$$

$$t = \frac{8 \pm \sqrt{64 + 4\cdot 5\cdot 16,8}}{2\cdot 5} \Rightarrow t = \frac{8 \pm 20}{10} \Rightarrow t = 2,8 \text{ s}.$$

**Exemplo 2:**

**(PUC – RJ – 2010)** Um superatleta de salto em distância realiza o seu salto procurando atingir o maior alcance possível. Se ele se lança ao ar com uma velocidade cujo módulo é 10 m/s, e fazendo um ângulo de 45° em relação a horizontal, é correto afirmar que o alcance atingido pelo atleta no salto é de:

(Considere g = 10 $m/s^2$)

a) 2 m.
b) 4 m.
c) 6 m.
d) 8 m.
e) 10 m.

Resolução: E.

Dados: $\mathbf{v_0}$ = 10 m/s; θ = 45°; **g** = 10 $ms/^2$.

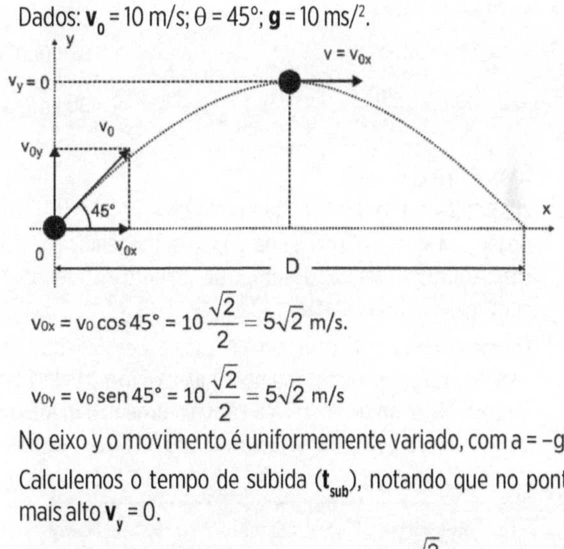

$$v_{0x} = v_0 \cos 45° = 10\frac{\sqrt{2}}{2} = 5\sqrt{2} \text{ m/s}.$$

$$v_{0y} = v_0 \text{ sen } 45° = 10\frac{\sqrt{2}}{2} = 5\sqrt{2} \text{ m/s}$$

No eixo y o movimento é uniformemente variado, com a = –g.

Calculemos o tempo de subida ($\mathbf{t_{sub}}$), notando que no ponto mais alto $\mathbf{v_y}$ = 0.

$$v_y = v_{0y} - g\,t \Rightarrow 0 = 5\sqrt{2} - 10\,t_{sub} \Rightarrow t_{sub} = \frac{\sqrt{2}}{2}\text{ s}.$$

Como o tempo de subida é igual ao de descida, o tempo total ($\mathbf{t_T}$) é:

$$t_T = 2\,t_{sub} = \sqrt{2} \text{ s}.$$

No eixo x, o movimento é uniforme, com velocidade igual a $\mathbf{v_{0x}}$. O alcance horizontal (**D**) é:

$$D = v_{0x}\,t_T = 5\sqrt{2} \times \sqrt{2} \Rightarrow D = 10 \text{ m}$$

**Exemplo 3:**

**(UFAL – 2010)** De dentro de um automóvel em movimento retilíneo uniforme, numa estrada horizontal, um estudante olha pela janela lateral e observa a chuva caindo, fazendo um ângulo ($\theta$) com a direção vertical, com sen ($\theta$) = 0,8 e cos ($\theta$) = 0,6.

Para uma pessoa parada na estrada, a chuva cai verticalmente, com velocidade constante de módulo v. Se o velocímetro do automóvel marca 80,0 km/h, pode-se concluir que o valor de v é igual a:

a) 48,0 km/h
b) 60,0 km/h
c) 64,0 km/h
d) 80,0 km/h
e) 106,7 km/h

Resolução: B.

Dados: $\mathbf{v}_{aut}$ = 80 km/h; sen$\theta$ = 0,8 e cos$\theta$ = 0,6.

A figura mostra o automóvel e as velocidades do automóvel $(\vec{\mathbf{v}}_{aut})$ e da chuva ( $\vec{\mathbf{v}}$ ), para a pessoa parada na beira da estrada. O diagrama vetorial mostra a composição dessas velocidades para o estudante.

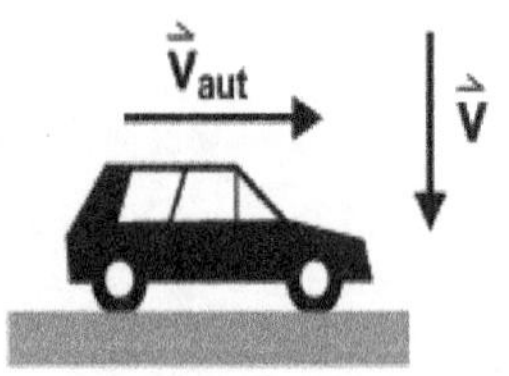


Referencial estrada

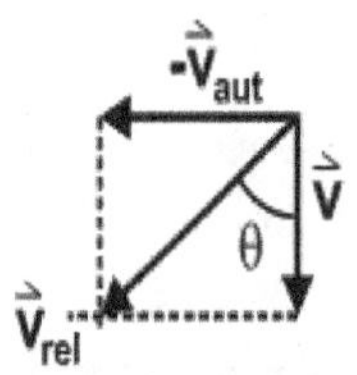


Referencial estudantel

$$tg\,\theta = \frac{V_{aut}}{V} \Rightarrow \frac{sen\theta}{cos\theta} = \frac{V_{aut}}{V} \Rightarrow \frac{0,8}{0,6} = \frac{80}{v} \Rightarrow v = 60\ km/h$$

**Exemplo 4:**

**(ESPCEX – 2011)** Um bote de assalto deve atravessar um rio de largura igual a 800m, numa trajetória perpendicular à sua margem, num intervalo de tempo de 1 minuto e 40 segundos, com velocidade constante.

Considerando o bote como uma partícula, desprezando a resistência do ar e sendo constante e igual a 6 m/s a velocidade da correnteza do rio em relação à sua margem, o módulo da velocidade do bote em relação à água do rio deverá ser de:

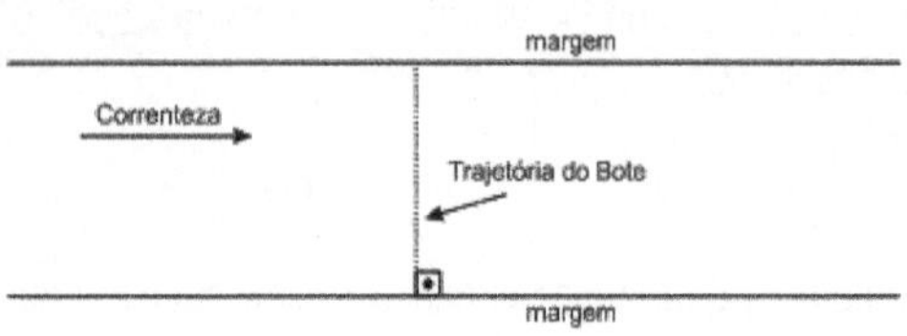


Desenho Ilustrativo

a) 4 m/s
b) 6 m/s
c) 8 m/s
d) 10 m/s
e) 14 m/s

Resolução: D.

A figura mostra as velocidades do barco em relação ao rio, do rio em relação à margem e a resultante das duas.

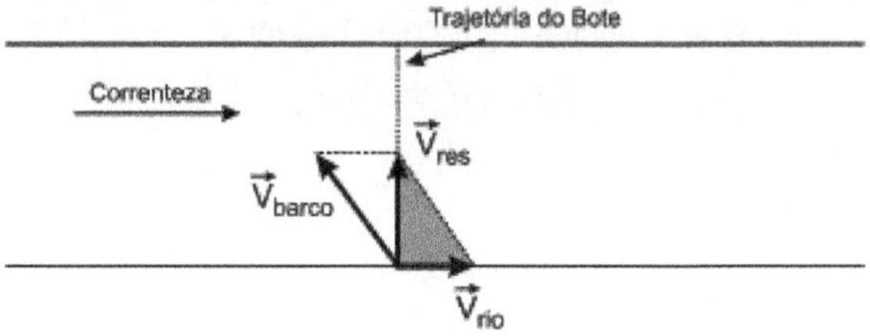


$$V_{Resultante} = \frac{\Delta S}{\Delta t} = \frac{800}{100} = 8,0m/s$$

Aplicando Pitágoras ao triângulo sombreado, temos:

$$V_B^2 = 8^2 + 6^2 = 100 \rightarrow V_B = 10m/s$$

**Exemplo 5:**

**(UFJF)** Um homem parado numa escada rolante leva 10 s para descê-la em sua totalidade. O mesmo homem leva 15 s para subir toda a escada rolante de volta, caminhando contra o movimento dela. Quanto tempo o homem levará para descer a mesma escada rolante, caminhando com a mesma velocidade com que subiu?

a) 5,00 s
b) 3,75 s
c) 10,00 s
d) 15,00 s
e) 7,50 s

Resolução: B.

Levando-se em conta que a velocidade relativa constante é igual à razão entre a distância percorrida e o intervalo de tempo correspondente, ou seja, v = d/t, teremos:

Descendo com a velocidade da escada:

u = d/10

Subindo contra a escada:

v - u = d/15

Usando a primeira expressão na segunda:

v - d/10 = d/15 ==> v = d/10 + d/15 = d/6

Na descida com a escada:

v + u = d/t ==> d/6 + d/10 = d/t

1/6 + 1/10 = 1/t ==> (5 + 3)/30 = 1/t

t = 30/8 = 3,75 s

# 4. MOVIMENTO CIRCULAR

Estudaremos aqui os movimentos circulares, isto é, aqueles em que as trajetórias dos pontos são circunferências. Esses movimentos merecem uma atenção especial por terem grande importância prática, principalmente quando são uniformes.

## 4.1 Movimento Circular Uniforme (M.C.U.)

No movimento circular uniforme, o corpo descreve uma trajetória que é uma circunferência de raio R, com velocidade escalar constante, ou seja, seu vetor velocidade tem módulo constante, mas é variável em direção, conforme mostra a figura.

Como o módulo da velocidade do corpo é constante, a aceleração tangencial é nula. No entanto, como a direção dessa velocidade varia, o movimento circular uniforme apresenta aceleração centrípeta, de módulo constante $a_c = \frac{v^2}{r}$ e direção variável, com sentido para o centro da circunferência.

A velocidade vetorial $\vec{V}$ da partícula é variável em direção, mas seu módulo é constante.

**Grandezas básicas na descrição do M.C.U.:**

Período (T): Intervalo de tempo para uma volta ser completada (unidade de tempo: segundos, horas etc.)

Frequência (f): Número de voltas por unidade de tempo (unidade: rpm – rotação por minuto; rps = Hz (hertz) – rotação por segundo)

1 Hz = 60 rpm

Relação T com f → $T = \frac{1}{f}$ ou $f = \frac{1}{T}$

Velocidade angular (ω): Razão entre o deslocamento angular e o intervalo de tempo.

$$\omega = \frac{\Delta\varphi}{\Delta t}$$

Unidade no sistema internacional (SI): rad/s.

Velocidade escalar = velocidade linear = velocidade tangencial (v): Razão entre o deslocamento escalar e o intervalo de tempo.

$$v = \frac{\Delta s}{\Delta t}$$

Unidade no sistema internacional (SI): m/s.

**Relações importantes:**

$v = \frac{\Delta s}{\Delta t} = \frac{2.\pi.r}{T}$ para 1 volta em uma circunferência

$\omega = \frac{\Delta\varphi}{\Delta t} = \frac{2.\pi}{T}$ para 1 volta em uma circunferência

Lembrando que π rad = 180°.

Relação entre velocidade linear e velocidade angular: v = ω ·r

**OBS:** no M.C.U. existe aceleração! – aceleração centrípeta.

## 4.2 Transmissão do Movimento Circular: Acoplamento de Polias e de Engrenagens

**Acoplamento de polias por correias:**

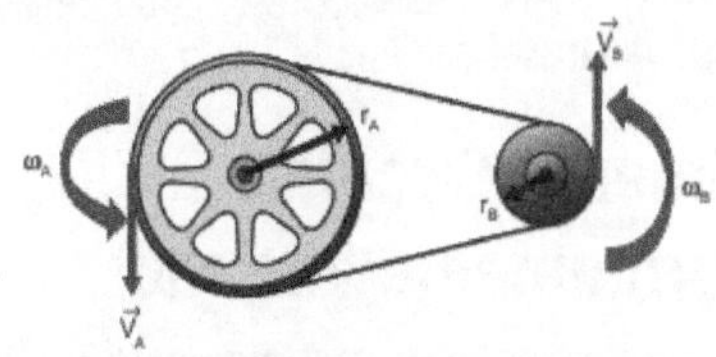

As polias giram no mesmo sentido.

A maior polia gira mais lentamente: $\omega_A < \omega_B$ e $f_A < f_B$.

Velocidade escalar dos pontos periféricos: $V_A = V_B$.

Relação entre as velocidades angulares: $\omega_A \cdot r_A = \omega_B \cdot r_B$.

**Acoplamento de engrenagens por dentes em contato:**

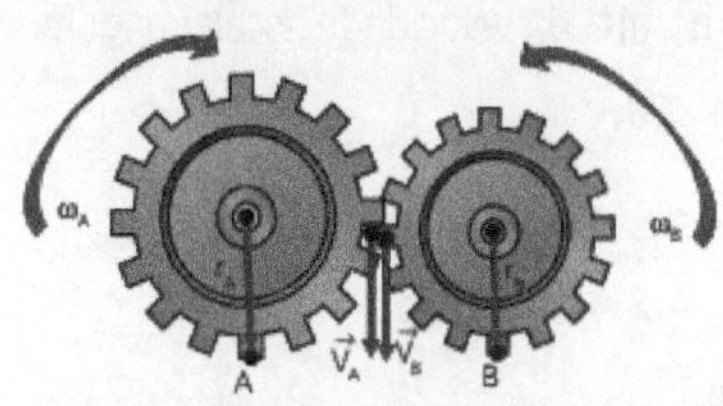

As engrenagens giram em sentidos opostos.

A maior engrenagem gira mais lentamente: $\omega_A < \omega_B$ e $f_A < f_B$.

Velocidade escalar dos pontos periféricos: $V_A = V_B$.

Relação entre as velocidades angulares: $\omega_A \cdot r_A = \omega_B \cdot r_B$.

**Acoplamento de engrenagens ou polias por eixo comum:**

As polias giram no mesmo sentido.

As polias giram juntas e possuem a mesma frequência angular: $\omega_A = \omega_B$ e $f_A = f_B$.

Velocidade escalar dos pontos periféricos: $V_A > V_B$.

Relação entre as velocidades escalares: $\frac{v_A}{r_A} = \frac{v_B}{r_B}$

## 4.3 Transmissão do M.C.U. e o Funcionamento da Bicicleta/motocicleta

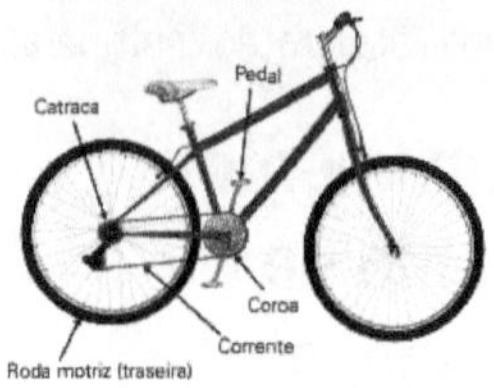


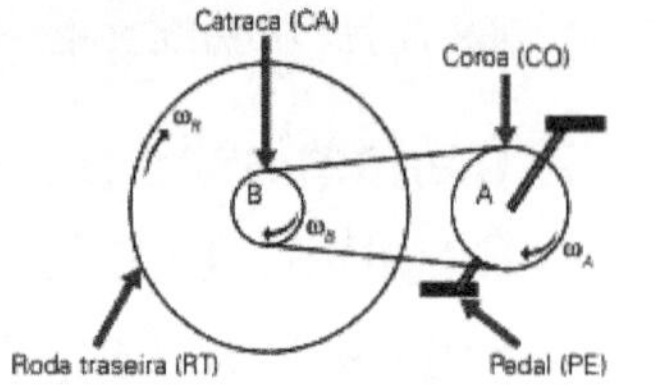


Sobre o movimento da bicicleta: pedais (PE), coroa (CO), catraca (CA) e roda traseira (RT) giram no mesmo sentido.

Transmissão de movimento da coroa para a catraca: $\omega_A \cdot r_A = \omega_B \cdot r_B$.

Transmissão de movimento da catraca para a roda traseira: $\omega_A = \omega_R$.

Cálculo da velocidade da bicicleta: $v_{bicicleta} = \omega_R \cdot r_R$, em que $r_R$ é o raio da roda traseira.

## 4.4 Movimento Circular Uniformemente Variado

Este movimento não é um movimento periódico, pois o módulo de sua velocidade varia e, portanto, o tempo de cada volta na circunferência é variável.

Função horária do espaço angular

$$\varphi = \varphi_0 + \omega_0 . t + \gamma . \frac{t^2}{2}$$

Função horária da velocidade escalar angular

$$\omega = \omega_0 + \gamma . t$$

Equação de Torricelli angular

$$\omega^2 = \omega_0^2 + 2 . \gamma . \Delta\varphi$$

**Exemplo 1:**

**(UFU – 2018)** Assuma que as dimensões das engrenagens e do pneu de uma bicicleta sejam as indicadas abaixo.

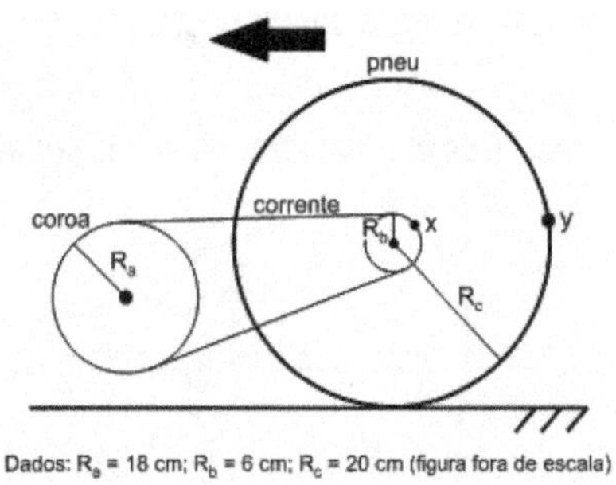


Dados: $R_a$ = 18 cm; $R_b$ = 6 cm; $R_c$ = 20 cm (figura fora de escala)

**a)** Considerando-se os pontos x e y indicados na figura, qual deles terá menor velocidade linear?

**b)** Pedalando em uma bicicleta com as dimensões descritas, um ciclista foi instruído de que, para vencer uma corrida, deve se manter à velocidade constante de 65 km/h durante toda a prova.

Qual o número de pedaladas por segundo que ele deve dar para manter a velocidade indicada?

Resolução:

a) Os pontos x e y encontram-se sobre discos que giram com a mesma velocidade angular por terem o mesmo eixo de rotação. Sendo assim:

$$\omega_b = \omega_c \Rightarrow \frac{v_b}{R_b} = \frac{v_c}{R_c}$$

Como $R_c > R_b \Rightarrow v_c > v_b$. Portanto, o ponto y terá maior velocidade linear.

b) Da relação anterior, temos:

$$\frac{v_b}{R_b} = \frac{v_c}{R_c} \Rightarrow \frac{v_b}{6} = \frac{65/3{,}6}{20}$$

$$v_b = v_a \cong 5{,}42 \text{ m/s}$$

$$v_a = 2\pi f_a R_a \Rightarrow 5{,}42 = 2 \cdot 3{,}14 \cdot f_a \cdot 0{,}18$$

$$\therefore f_a \cong 4{,}8 \text{ Hz}$$

**Exemplo 2:**

**(UNESP – 2016)** Um pequeno motor a pilha é utilizado para movimentar um carrinho de brinquedo. Um sistema de engrenagens transforma a velocidade de rotação desse motor na velocidade de rotação adequada às rodas do carrinho. Esse sistema é formado por quatro engrenagens, A, B, C e D, sendo que A está presa ao eixo do motor, B e C estão presas a um segundo eixo e D a um terceiro eixo, no qual também estão presas duas das quatro rodas do carrinho.

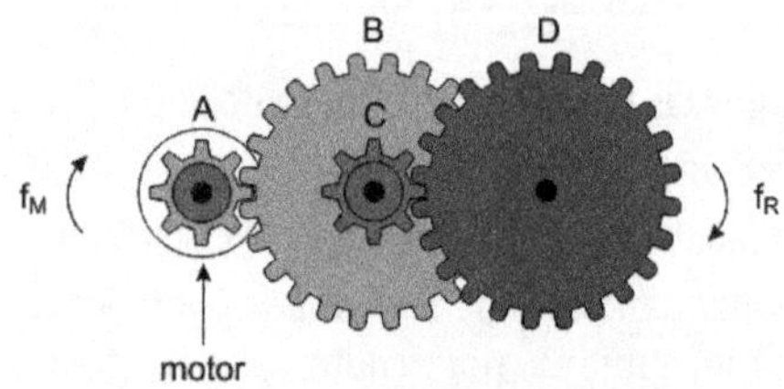


(www.mecatronicaatual.com.br. Adaptado.)

Nessas condições, quando o motor girar com frequência $f_M$, as duas rodas do carrinho girarão com frequência $f_R$. Sabendo que as engrenagens A e C possuem 8 dentes, que as engrenagens B e D possuem 24 dentes, que não há escorregamento entre elas e que $f_M$ = 13,5 Hz, é correto afirmar que $f_R$, em Hz, é igual a

**a)** 1,5
**b)** 3,0
**c)** 2,0
**d)** 1,0
**e)** 2,5

Resolução: A.

Os raios das engrenagens (R) e os números de dentes (n) são diretamente proporcionais. Assim:

$$\frac{R_A}{R_B} = \frac{R_C}{R_D} = \frac{n_A}{n_B} = \frac{8}{24} = \frac{1}{3}$$

- A e B estão acopladas tangencialmente:

$$v_A = v_B \Rightarrow 2\pi f_A R_A = 2\pi f_B R_B \Rightarrow f_A R_A = f_B R_B$$

Mas: $f_A = f_M \Rightarrow f_M R_A = f_B R_B \Rightarrow f_B = f_M \frac{R_A}{R_B} = f_M \frac{1}{3} \Rightarrow f_B = \frac{f_M}{3}$

- B e C estão acopladas coaxialmente:

$$f_C = f_B = \frac{f_M}{3}$$

- C e D estão acopladas tangencialmente:

$$v_C = v_D \Rightarrow 2\pi f_C R_C = 2\pi f_D R_D \Rightarrow f_C R_C = f_D R_D$$

Mas: $f_D = f_R \Rightarrow f_C R_C = f_R R_D \Rightarrow f_R = f_C \frac{R_C}{R_D} \Rightarrow$

$$F_R = \frac{13,5}{9} \Rightarrow \boxed{f_R = 1,5 \text{ Hz.}}$$

**Exemplo 3:**

**(AFA – 2013)** A figura 1 abaixo apresenta um sistema formado por dois pares de polias coaxiais, AB e CD, acoplados por meio de uma correia ideal e inextensível e que não desliza sobre as polias C e B, tendo respectivamente raios $R_A$ = 1 m, $R_B$ = 2 m , $R_C$ = 10 m e $R_D$ = 0,5 m.

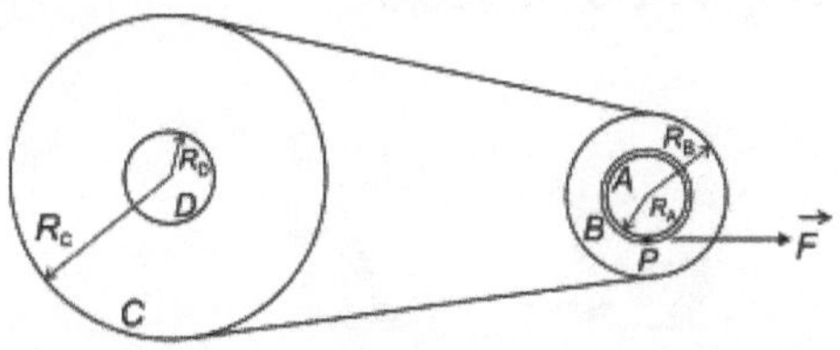


Figura 1

A polia A tem a forma de um cilindro no qual está enrolado um fio ideal e inextensível de comprimento L = 10π m em uma única camada, como mostra a figura 2.

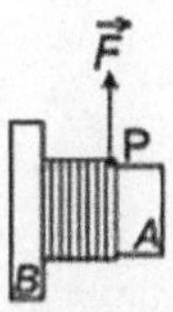


Figura 2

Num dado momento, a partir do repouso, o fio é puxado pela ponta P, por uma força $\vec{F}$ constante que imprime uma aceleração linear *a*, também constante, na periferia da polia A, até que o fio se solte por completo desta polia. A partir desse momento, a polia C gira até parar após n voltas, sob a ação de uma aceleração angular constante, de tal forma que o gráfico da velocidade angular da polia D em função do tempo é apresentado na figura 3.

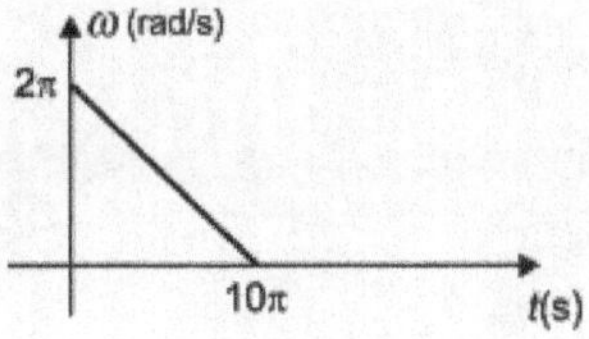


Figura 3

Nessas condições, o número total de voltas dadas pela polia A até parar e o módulo da aceleração a, em m/s², são, respectivamente,

**a)** 5n, π

**b)** 5n, 5π

**c)** 2(n - 1), 3π

**d)** 5( n+ 1), 5π

Resolução: D.

Dados: L = 10π m, $R_A$ = 1m, $R_B$ = 2m, $R_C$ = 10m e $R_D$ = 0,5m.

De início, destaquemos que:

> para acoplamentos coaxiais, as grandezas **angulares** correlatas são iguais ($\omega_D = \omega_C$; $\omega_B = \omega_A$ e $\alpha_D = \alpha_C$; $\alpha_B = \alpha_A$);

> e, para acoplamentos tangenciais, as grandezas **lineares** correlatas são iguais (**$v_C = v_B$; $a_C = a_C$**).

O número de voltas dadas pela polia *A* (**$n_1$**) nessa primeira etapa de aceleração é:

$$n_1 = \frac{L}{2\pi R_A} = \frac{10\pi}{2\pi(1)} \Rightarrow n_1 = 5$$

Na etapa de desaceleração, após o fio se soltar por completo, a polia *C* dá **n** voltas. Fazendo as sucessivas correlações, calculemos no número de voltas (**$n_2$**) dadas pela polia *A* nessa segunda etapa.

$$n_C R_C = n_B R_B \Rightarrow n(10) = n_B(2) \Rightarrow n_B = 5 \ n$$

$$n_2 = n_B \Rightarrow n_2 = 5 \ n.$$

O número total de voltas ($N_A$) dadas pela polia *A* é:

$$N_A = n_2 + n_1 = 5 \ n + 5 \Rightarrow N_A = 5(n+1)$$

Na primeira etapa, a velocidade angular inicial das quatro polias é nula (**$\omega_0 = 0$**); a velocidade angular final de cada uma delas é igual à inicial da segunda etapa. O gráfico mostra que, para a polia *D*, a velocidade angular inicial da segunda etapa é **$\omega = 2\pi$** rad/s.

Fazendo novamente as sucessivas correlações:

$$\omega_C = \omega_D = 2\pi.$$

$$\omega_C R_C = \omega_B R_B \Rightarrow 2\pi(10) = \omega_B (2) \Rightarrow \omega_B = 10\pi.$$

$$\omega_A = \omega_B = 10\pi \text{ rad/s.}$$

$$v_A = \omega_A R_A = 10\pi(1) \Rightarrow v_A = 10\pi \text{ m/s.}$$

Aplicando a Equação de Torricelli para a etapa de aceleração, até o fio se soltar por completo:

$$v_A^2 = v_0^2 + 2 \ a \ L \Rightarrow (10\pi)^2 = 2 \ a \ (10\pi) \Rightarrow a = \frac{100\pi^2}{20\pi} \Rightarrow$$

$$a = 5\pi \text{ m/s}^2.$$

# 5. DINÂMICA

## 5.1 Os Princípios Fundamentais da Dinâmica

**Conceito de força**: Força é uma grandeza vetorial que caracteriza a ação (puxão, empurrão, esfregação, atração, repulsão) de um corpo sobre outro e que tem como efeito a deformação e/ou alteração da velocidade do corpo ao qual está aplicada. Em homenagem a Isaac Newton, a unidade de força no Sistema Internacional de Unidades (SI) é o *Newton*, cujo símbolo é dado pela letra N (maiúscula). O instrumento que permite determinar a intensidade de uma força é o dinamômetro. O nosso objeto de estudo corresponde às causas do movimento.

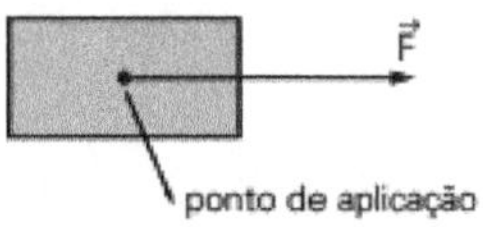


$\vec{F}$ representa a força aplicada ao corpo e não a força que ele aplica.

**OBS:**

Inércia: Capacidade que os corpos têm de resistir a mudanças de velocidades. Inércia - Não depende do tamanho, mas sim da massa do corpo.

Massa (propriedade do corpo): medida quantitativa da inércia de um corpo.

Massa ≠ Peso (Interação gravitacional entre a Terra e o corpo)

1 kgf ≅ 10 N

## 5.2 Tipos de Forças

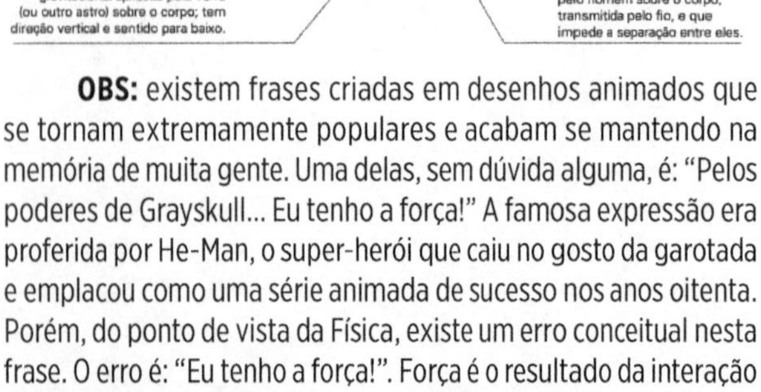


**OBS:** existem frases criadas em desenhos animados que se tornam extremamente populares e acabam se mantendo na memória de muita gente. Uma delas, sem dúvida alguma, é: "Pelos poderes de Grayskull... Eu tenho a força!" A famosa expressão era proferida por He-Man, o super-herói que caiu no gosto da garotada e emplacou como uma série animada de sucesso nos anos oitenta. Porém, do ponto de vista da Física, existe um erro conceitual nesta frase. O erro é: "Eu tenho a força!". Força é o resultado da interação entre um par de corpos. Assim é incorreto dizer que um corpo possui força.

## 5.3 Plano Inclinado

Uma possível maneira de estudar o movimento de um corpo sobre plano inclinado é decompondo a força peso nas direções paralela (x) e perpendicular (y) ao plano.

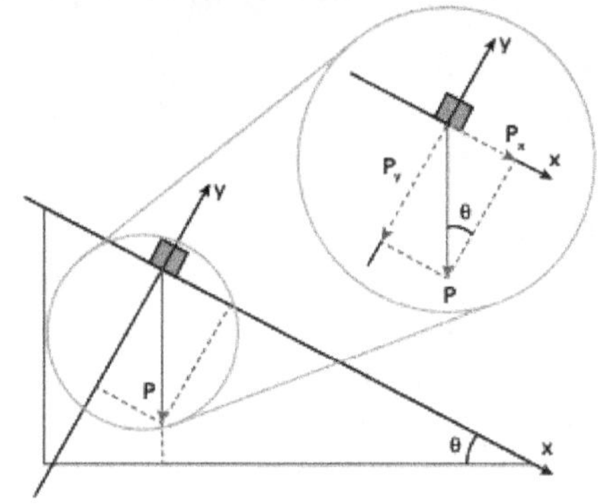


## 5.4 Forças de Tração

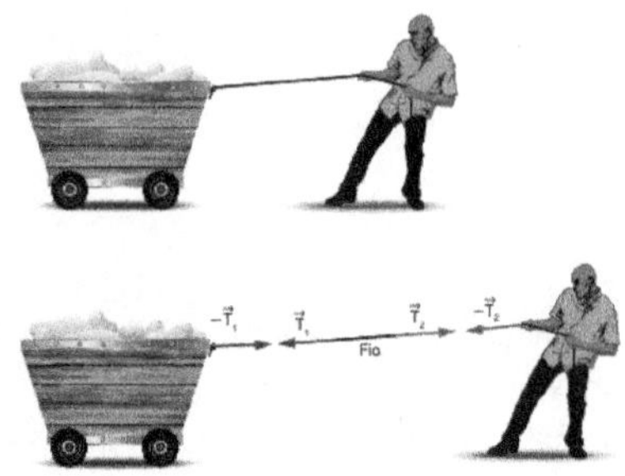


Fio ideal

Tem massa desprezível.

É inextensível, independentemente do quanto for tracionado.

Apenas transmite a força de tração aplicada a ele sem alterar sua intensidade ($T_1 = T_2$).

## 5.5 Polias Ideais

Polias ideais têm massa desprezível e não apresentam atrito em seu eixo ao girar.

A resultante das forças aplicadas às polias ideais é nula.

O fio em contato com a polia aplica-lhe forças de intensidade igual à da tração transmitida por ele.

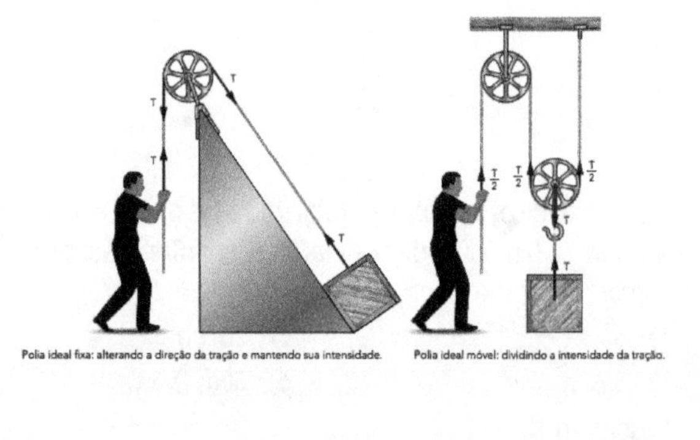

Polia ideal fixa: alterando a direção da tração e mantendo sua intensidade. Polia ideal móvel: dividindo a intensidade da tração.

## 5.6 Força Elástica

Aparecerá uma força elástica ($\vec{F}_{el}$) quando houver uma deformação na mola.

Em regime elástico, a deformação sofrida por uma mola é diretamente proporcional à intensidade da força que a provoca.

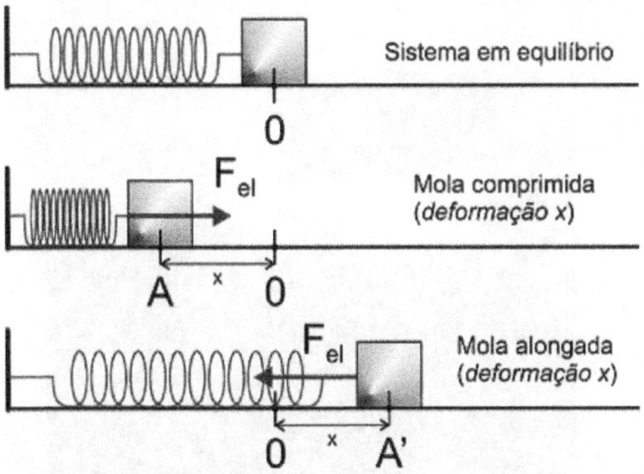


A expressão matemática da Lei de Hooke é dada a seguir:

$F_{el} = K \cdot \Delta x$

Em que:

F: é a intensidade da força elástica (força deformadora).

K: é a constante de proporcionalidade – depende do material de que é feita a mola e das dimensões que ela possui.

x: deformação – alongamento ou encurtamento sofrido pela mola.

**Exemplo:**

**(UFAL – 2010)** Um corpo desliza sem atrito ao longo de uma trajetória circular no plano vertical (*looping*), passando pelos pontos, 1,2,3 e 4, conforme figura a seguir. Considerando que o corpo não perde contato com a superfície, em momento algum, é correto afirmar que os diagramas que melhor representam as direções e sentidos das forças que agem sobre o corpo nos pontos 1,2,3 e 4, são apresentados na alternativa:

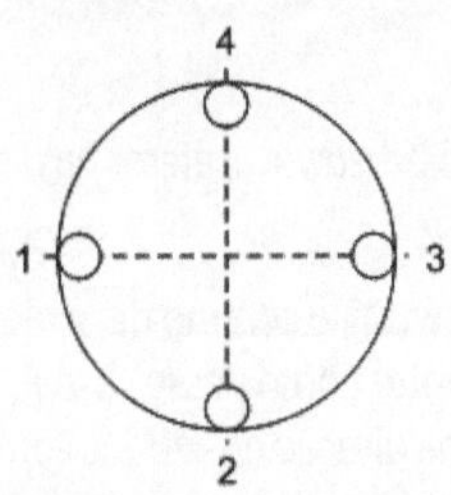


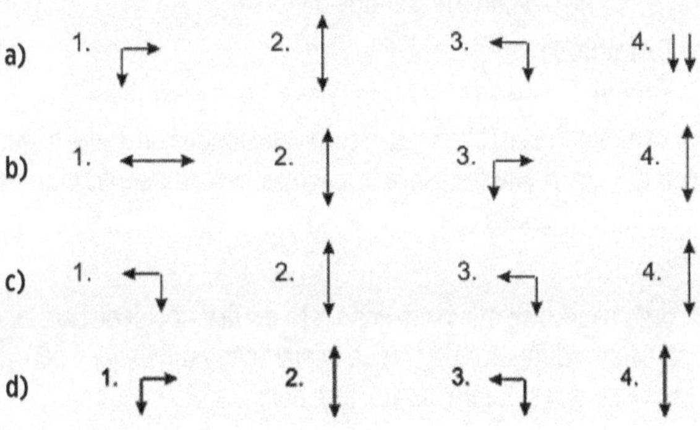


Resolução: A.

Se não há atrito, as únicas forças que agem sobre o corpo são seu próprio peso ($\vec{P}$), vertical para baixo, e a normal ($\vec{N}$), perpendicular à trajetória em cada ponto.

A figura a seguir ilustra essas forças em cada um dos pontos citados.

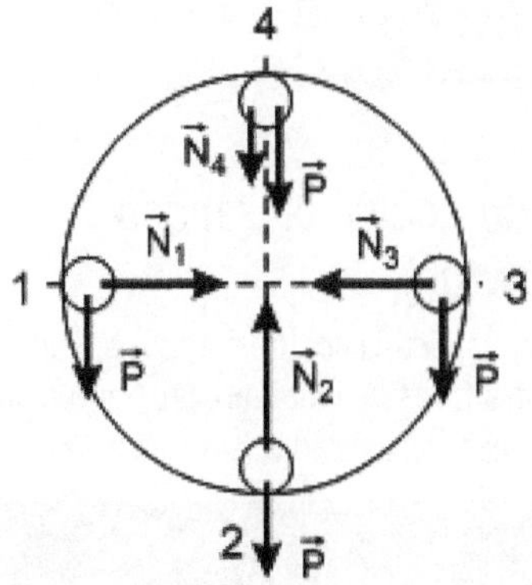


## 5.7 Leis de Newton

### Princípio da inércia (1ª lei de newton)

Caso a resultante das forças atuantes sobre o corpo seja nula, o corpo mantém-se em repouso ou em movimento retilíneo uniforme, ou seja, sua velocidade vetorial é constante.

$$\vec{R} = \vec{0} \rightarrow \vec{v} = constante$$

**Exemplo:**

Ao analisar a situação representada na tirinha acima, quando o motorista freia subitamente, o passageiro tende a continuar em movimento e colide contra o para-brisa.

Todo corpo em repouso tende a continuar em repouso; todo corpo em movimento tende a continuar em movimento retilíneo e uniforme, desde que a resultante das forças aplicadas sobre ele seja nula.

Uma observação importante nesse caso, que o CESPE pode abordar, é o fato de o cinto de segurança e o *airbag* estarem relacionados com a 1° Lei de Newton.

### Princípio fundamental da dinâmica (2ª lei de newton)

Consideremos uma partícula submetida à ação de uma resultante de forças. O que devemos esperar que aconteça com essa partícula? Ela adquirirá uma aceleração, isto é, experimentará variações de velocidade com o decorrer do tempo.

$$\vec{R} = m.\vec{a}$$

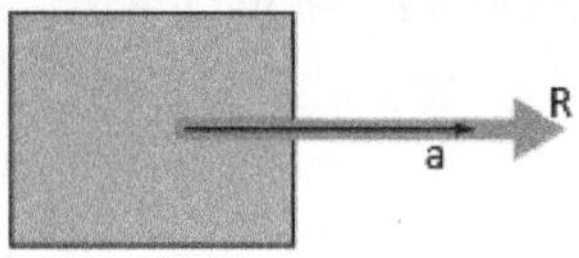


## O princípio da ação e da reação (3ª lei de newton)

A toda força aplicada por um corpo A em um corpo B (ação) corresponde outra força de igual direção e intensidade, mas em sentido oposto (reação), aplicada pelo corpo B no corpo A.

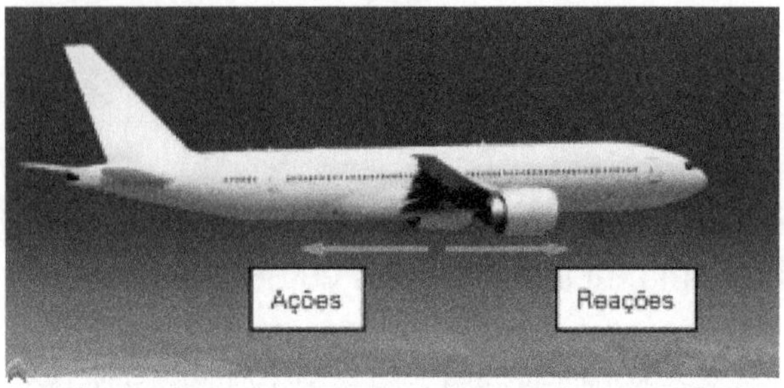


As turbinas empurram o ar para trás e o avião é empurrado para a frente.

**Exemplo:**

A figura abaixo ilustra um vaso apoiado sobre uma mesa e todas as forças associadas às interações vaso com a mesa e vaso com a Terra. À interação com a mesa associa-se a normal aplicada no vaso (e sua reação, aplicada na mesa) e, à interação com a Terra, associa-se o peso do vaso (e sua reação, aplicada no centro da Terra). Para fins didáticos, as interações entre a mesa e a Terra foram omitidas.

> Atenção: a normal não é a reação do peso ou vice-versa.

**OBS:**

Ação e reação são forças sempre de mesma natureza (ambas elétricas, ou ambas gravitacionais, ou ambas de contato etc.) e agem em corpos distintos. Logo, não tem sentido físico dizer que ação e reação se equilibram.

Ação e reação ocorrem sempre simultaneamente.

**OBS:**

Um fato curioso é: como pode ser que o carro tenha mais deformação que o caminhão, se as forças que são trocadas são iguais em módulos, como prevê a 3ª Lei de Newton?

O fato de o carro ter um estrago maior se deve ao fato de ele ter uma massa menor (menor inércia), portanto ele tem uma tendência menor de manter o seu estado natural. Mas uma coisa é certa: a 3ª Lei de Newton é respeitada sempre!

**Exemplo 1:**

**(CESPE – UNB/FUNAI – 2017)** Considere que as forças $F_1$, $F_2$ e $F_3$, de mesma intensidade, sejam aplicadas sobre um barco, conforme mostra a figura a seguir.

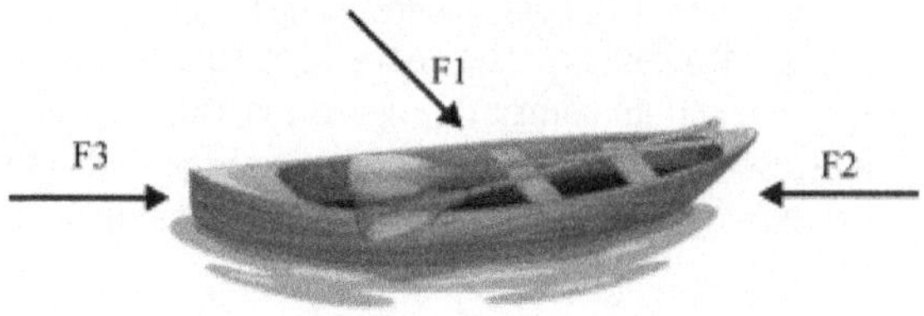


Nessa situação, o barco vai acelerar na direção da força $F_1$.

Resolução: Certo.

Pela 2ª Lei de Newton, o sentido da aceleração é o mesmo que o sentido resultante. Como nesse caso $F_3$ e $F_2$ têm a mesma intensidade, mesma direção e sentidos contrários, a soma desses vetores é nula. Portanto, a resultante é $F_1$, com isso, o barco vai acelerar na direção e no sentido da força $F_1$.

**Exemplo 2:**

**(CESPE – UNB/FUNAI – 2017)** Considere que um carro esteja se movendo em linha reta e com velocidade constante e igual a 100 km/h. Nesse caso, a força resultante que atua sobre esse carro é igual a zero.

Resolução: Certo.

Como o carro se move em linha reta e sua velocidade escalar é constante diferente de zero, a aceleração tangencial é zero e, com isso, a resultante das forças é nula.

## 5.8 Força de Atrito

O atrito surge quando um corpo apoiado sobre uma superfície, comprimindo-a, escorrega ou tende a escorregar em relação a ela.

Se não fosse o atrito, seria impossível caminhar sobre o solo, bem como seria impraticável o movimento de um carro convencional sobre o asfalto.

O atrito deve-se às rugosidades das duas superfícies em contato (corpo e apoio) que se interpenetram, dificultando o escorregamento.

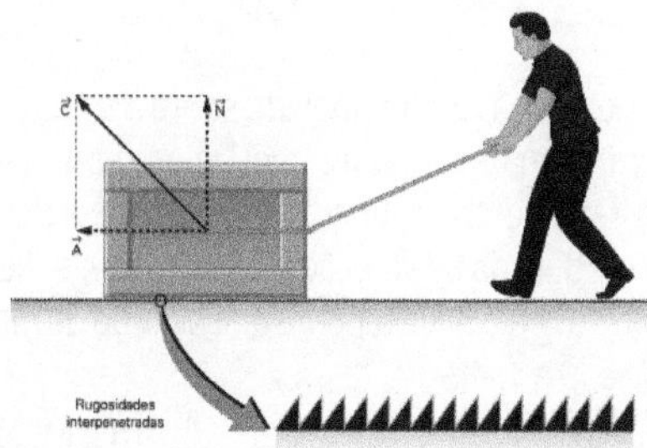


Atrito estático: quando não há deslizamento de uma superfície em relação à outra.

O módulo (intensidade) da força de atrito estático ($f_{at;e}$)

$$f_{at;e} \leq N.\mu_{estático}$$

Atrito cinético (ou dinâmico): quando há deslizamento entre a superfície em relação à outra.

O módulo (intensidade) da força de atrito cinético ($f_{at;c}$)

$$f_{at;c} = N.\mu_{cinético}$$

Direção é sempre paralela à superfície de apoio.

Sentido é contrário à tendência de escorregamento.

N: Intensidade da força normal.

$\mu$: Coeficiente de atrito – depende da natureza das superfícies em contato e do seu estado de polimento - mas não da área de contato. Para o mesmo par de superfícies, geralmente $\mu_e > \mu_c$.

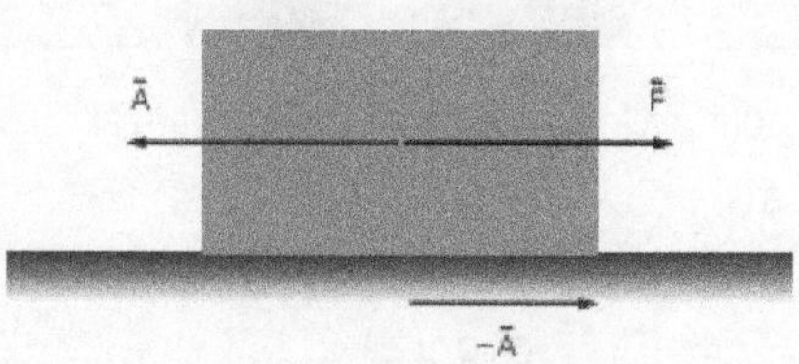


A força solifitadora $\vec{F}$ é aplicada ao corpo. Com a tendência ao escorregamento, o corpo empurra o apoio para a direita, aplicando-lhe uma força de atrito. Conforme o Princípio da Ação e Reação, o Apoio aplica-lhe também uma força de atrito, na mesma direção, mas em sentido oposto.

**Gráfico da intensidade da força de atrito**

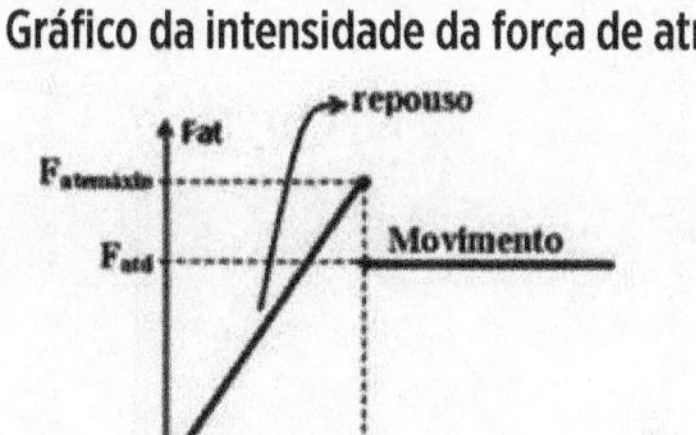


**OBS:** os freios ABS são uma importante medida de segurança no trânsito, os quais funcionam para impedir o travamento das rodas do carro quando o sistema de freios é acionado, liberando as rodas quando estão no limiar do deslizamento. Quando as rodas travam, a força de frenagem é governada pelo atrito cinético. As representações esquemáticas da força de atrito $f_{at}$ entre os pneus e a pista, em função da pressão p aplicada no pedal de freio, para carros sem ABS e com ABS, respectivamente, são:

Para o carro sem ABS, freios comuns, a força de atrito estático aumenta linearmente com o aumento da pressão, até atingir o seu valor máximo na iminência de escorregamento; ao travar as rodas, os pneus deslizam e o atrito passa a ser cinético, com valor constante e menor que o atrito estático máximo, graficamente:

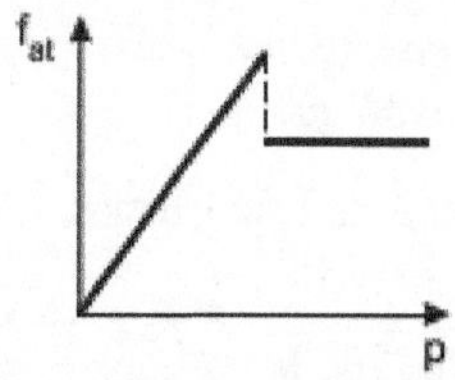


Para o carro com ABS, o comportamento inicial é o mesmo do carro sem ABS, até atingir a iminência de deslizamento. Porém, como não há travamento das rodas, o atrito continua estático, variando seu módulo com valores próximos ao do atrito estático máximo, graficamente:

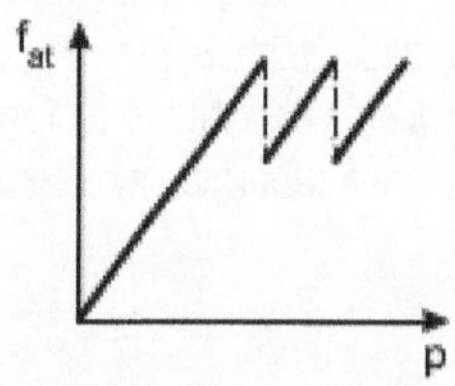


**Exemplo 1:**

**(CESPE - PM - MA -2017)**

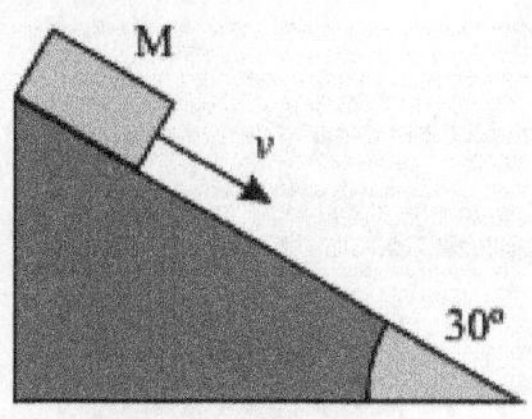


Figura I

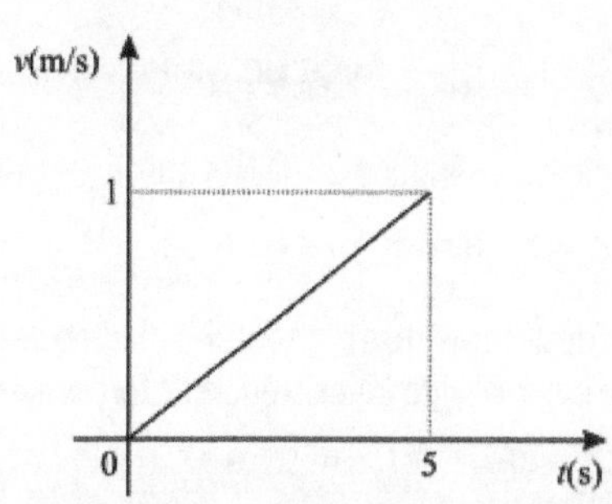


Figura II

A figura I precedente ilustra um bloco de massa M que parte do repouso e desliza sobre um plano inclinado de 30°, com atrito, durante 5 s, até atingir sua base. A figura II mostra o gráfico do módulo da velocidade, v, do bloco nesse intervalo de tempo. Com base nas informações e nas figuras apresentadas, julgue a questão abaixo, considerando que o seno de 30° é igual a 0,5.

**Exemplo 2:**

**(CESPE – PM – MA -2017)** Ao se dobrar a massa desse bloco, a força de atrito atuante também será dobrada.

Resolução: Certo.

Antes de dobrar a massa:

$$fat = N.\mu = Pcos30°.\mu$$
$$fat = m.g.cos30°.\mu$$

Após dobrar a massa:

$$fat = N.\mu = P.cos30°.\mu$$
$$fat' = 2.m.g.cos30°.\mu$$

Ao dividirmos a expressão 2 por 1, temos:

$$\frac{fat'}{fat} = \frac{2.m.g.cos30°.\mu}{m.g.cos30°.\mu} \therefore fat' = 2.fat$$

**Exemplo 3:**

**(PUC – RS – 2016)** Sobre uma caixa de massa 120 kg, atua uma força horizontal constante F de intensidade 600 N. A caixa encontra-se sobre uma superfície horizontal em um local no qual a aceleração gravitacional é 10 m/s². Para que a aceleração da caixa seja constante, com módulo igual a 2 m/s² e tenha a mesma orientação da força F, o coeficiente de atrito cinético entre a superfície e a caixa deve ser de:

a) 0,1
b) 0,2
c) 0,3
d) 0,4
e) 0,5

Resolução:

Diagrama de corpo livre: C.

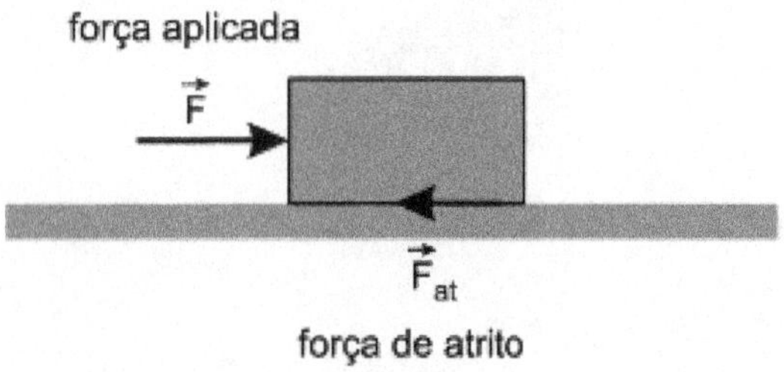


Aplicando-se a Segunda Lei de Newton: $F_{res} = m \cdot a$

$$F - F_{at} = m \cdot a \Rightarrow F - \mu \cdot N = m \cdot a$$

Como o deslocamento é horizontal, o módulo da força normal é igual ao peso, devido à inexistência de forças extras na vertical.

$$F - \mu \cdot P = m \cdot a \Rightarrow F - \mu \cdot m \cdot g = m \cdot a$$

Isolando o coeficiente de atrito cinético e substituindo os valores fornecidos, ficamos com:

$$\mu = \frac{F - m \cdot a}{m \cdot g} \Rightarrow \mu = \frac{600\ N - 120\ kg \cdot 2\ m/s^2}{120\ kg \cdot 10\ m/s^2} \therefore \mu = 0{,}3$$

**Exemplo 4:**

**(Mackenzie 2016)**

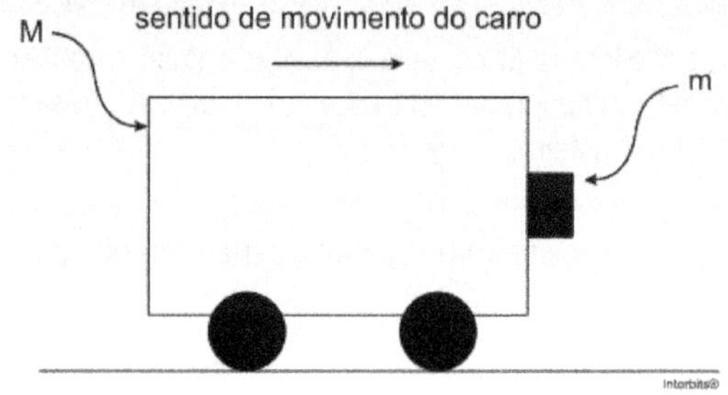


Um corpo de massa m está apoiado sobre a superfície vertical de um carro de massa M, como mostra a figura. O coeficiente de atrito estático entre a superfície do carro e a do corpo é μ. Sendo g o módulo da aceleração da gravidade, a menor aceleração (a) que o carro deve ter para que o corpo de massa m não escorregue é

a) $a \geq \frac{m}{M} \cdot \frac{g}{\mu}$
b) $a \geq \frac{M}{m} \cdot \frac{g}{\mu}$
c) $a \geq \frac{g}{\mu}$
d) $a \geq \frac{m+M}{m} \cdot \frac{g}{\mu}$
e) $a \geq \frac{m}{m+M} \cdot \frac{g}{\mu}$

Resolução: C.

Para o corpo apoiado na superfície vertical do carro, o diagrama de corpo livre abaixo mostra as forças envolvidas na situação:

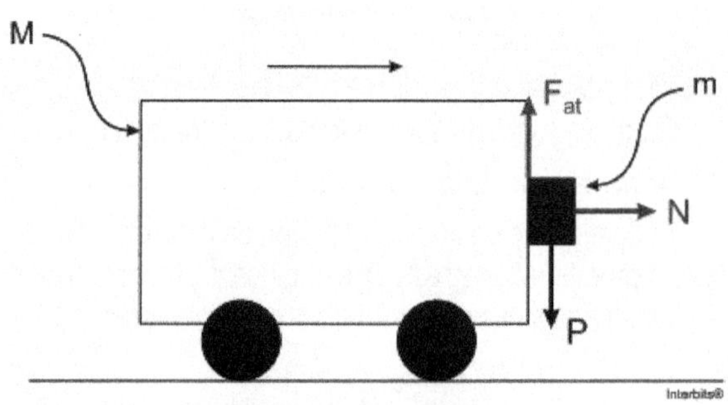


Na horizontal, a força resultante é a força normal:

$N = m \cdot a$ (1)

Na vertical, temos que:

$$F_{at} = P \Rightarrow F_{at} = m \cdot g \quad (2)$$

Mas para que o corpo permaneça equilibrado na vertical, é necessário que o atrito estático não seja ultrapassado.

$$F_{at} \leq \mu \cdot N \quad (3)$$

Combinando as equações (1) e (2) em (3):

$$\cancel{m}g \leq \mu \cdot \cancel{m}a$$

$$a \geq \frac{g}{\mu}$$

# 5.9 Leis de Newton e Suas Aplicações

## Problemas de elevadores

- A força que a pessoa aplica na balança de mola é uma normal, e não seu peso.
- A indicação balança de mola é a intensidade da normal.
- A normal e o peso da pessoa podem ou não ter a mesma intensidade.
- A leitura da balança sempre difere da intensidade do peso da pessoa quando o elevador apresenta aceleração.

## Um corpo empurrando outro corpo

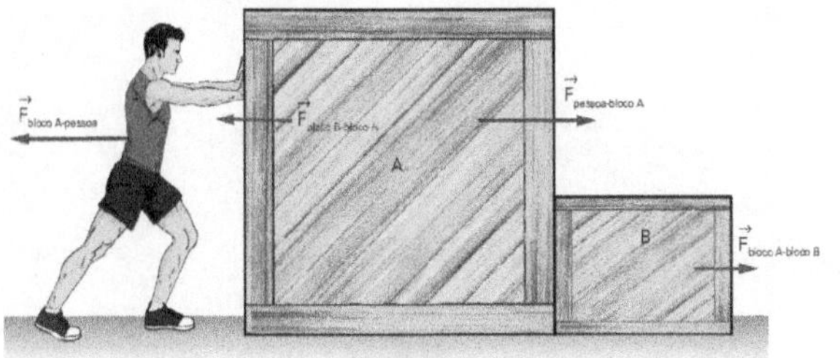


## Dinâmica do movimento circular e uniforme

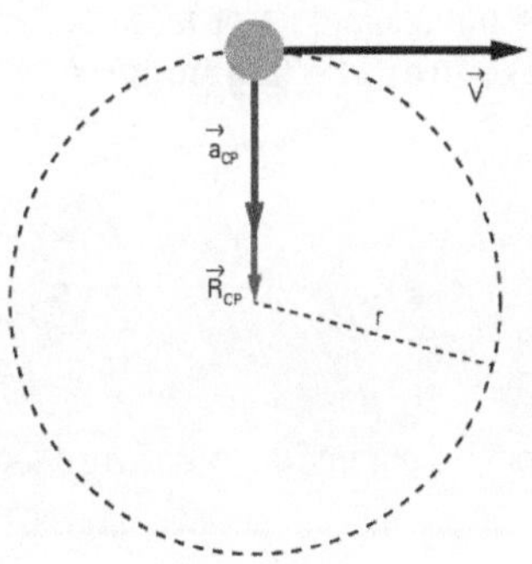


Intensidade: $R_{cp} = m.a_{cp} = m.\frac{v^2}{R} = m.\omega^2$

**Exemplo 1:**

**(FAMERP - 2018)** Em um autódromo, cuja pista tem 5.400 m de comprimento, há uma curva de raio 120 m, em superfície plana inclinada, na qual a borda externa é mais elevada que a interna, como mostra a figura. O ângulo de inclinação θ é tal que senθ = 0,60.

**a)** Supondo que um carro de competição desenvolva uma velocidade média de 216 km/h, determine o intervalo de tempo, em segundos, em que ele completa uma volta nessa pista.

**b)** Considere que a massa do carro seja igual a 600 kg, que sua velocidade na curva inclinada seja 30 m/s e que a componente horizontal desta velocidade seja igual à resultante centrípeta. Determine a intensidade da força normal, em Newtons, aplicada pela pista sobre o carro, nessa curva.

Resolução:

a) Cálculo do intervalo de tempo por meio da velocidade média:

$$v_m = \frac{\Delta s}{\Delta t} \Rightarrow \Delta t = \frac{\Delta s}{v_m} \Rightarrow \Delta t = \frac{5400\ m}{\dfrac{216\ km/h}{3{,}6\ \dfrac{km/h}{m/s}}} = \frac{5400\ m}{60\ m/s} \therefore \boxed{\Delta t = 90\ s}$$

b) Sendo a componente horizontal a resultante centrípeta, conforme a figura a seguir, podemos determinar um triângulo retângulo e, a partir deste, resolver o problema com o auxílio da trigonometria:

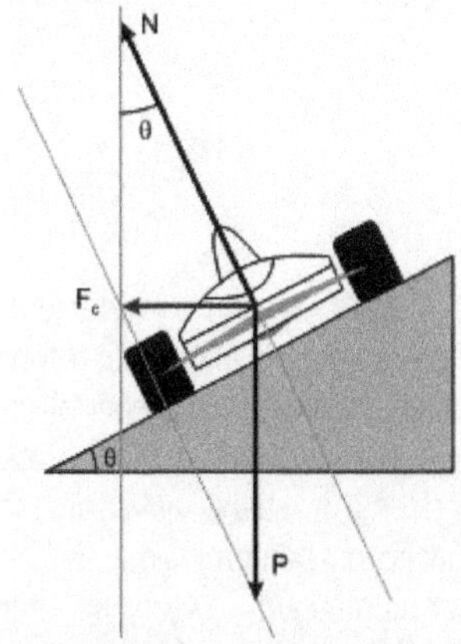


Assim, pelo triângulo retângulo, obtemos:

$$\text{sen}\ \theta = \frac{\text{cateto oposto}}{\text{hipotenusa}} = \frac{F_c}{N} \Rightarrow N = \frac{F_c}{\text{sen}\ \theta}$$

Como a resultante centrípeta é: $F_c = \frac{m \cdot v^2}{r}$ então:

$$N = \frac{\dfrac{m \cdot v^2}{r}}{\text{sen}\ \theta} \Rightarrow N = \frac{600\ kg \cdot (30\ m/s)^2}{120\ m \cdot 0{,}60} \therefore \boxed{N = 7500\ N}$$

**Exemplo 2:**

**(UFRGS - 2015)** Dois blocos, 1 e 2, são arranjados de duas maneiras distintas e empurrados sobre uma superfície sem atrito, por uma mesma força horizontal F. As situações estão representadas nas figuras I e II abaixo.

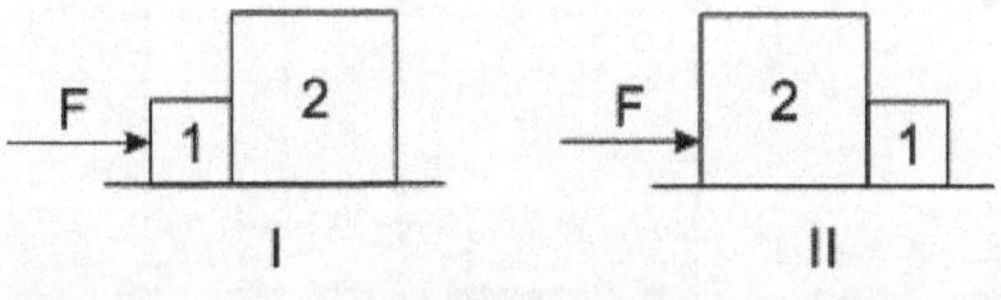


Considerando que a massa do bloco 1 é $m_1$ e que a massa do bloco 2 é $m_2 = 3m_1$, a opção que indica a intensidade da força que atua entre blocos, nas situações I e II, **é**, respectivamente,

**a)** F/4 e F/4

**b)** F/4 e 3F/4

c) F/2 e F/2

d) 3F/4 e F/4

e) F e F

Resolução: E.

Nos dois casos, a aceleração tem mesmo módulo:

$$F = (m_1 + m_2)a \Rightarrow F = (m_1 + 3m_1)a \Rightarrow F = 4m_1 a \Rightarrow a = \frac{F}{4m_1}$$

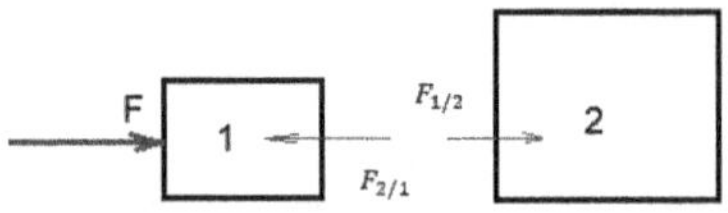


Calculando as forças de contato:

$$\begin{cases} F_{12} = m_2 a \Rightarrow F_{12} = 3m_1 \dfrac{F}{4m_1} \Rightarrow \boxed{F_{12} = \dfrac{3F}{4}.} \\ F_{21} = m_1 a \Rightarrow F_{21} = m_1 \dfrac{F}{4m_1} \Rightarrow \boxed{F_{21} = \dfrac{F}{4}.} \end{cases}$$

**Exemplo 3:**

**(UPF - 2015)** A queda de um elevador em um prédio no centro de Porto Alegre no final de 2014 reforçou as ações de fiscalização nesses equipamentos, especialmente em relação à superlotação. A partir desse fato, um professor de Física resolve explorar o tema em sala de aula e apresenta aos alunos a seguinte situação: um homem de massa 70 kg está apoiado numa balança calibrada em Newtons no interior de um elevador que desce à razão de 2 m/s². Considerando g = 10 m/s², pode-se afirmar que a intensidade da força indicada pela balança será, em Newtons, de:

a) 560

b) 840

c) 700

d) 140

e) 480

Resolução: A.

A figura abaixo ilustra a situação física:

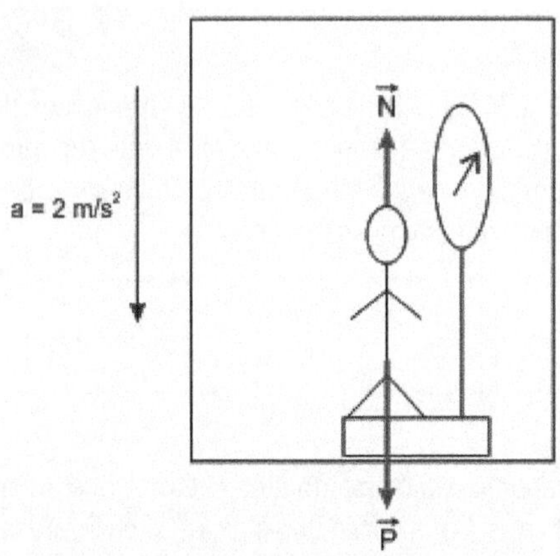


Como o diagrama de corpo livre nos mostra, a força resultante a pessoa é:

$F_R = P - N$

Usando o Princípio Fundamental da Dinâmica (2ª Lei de Newton):

$F_R = m{\cdot}a$

Igualando as duas equações e isolando a força normal, temos:

$P - N = m{\cdot}a$

$N = m(g - a)$

$N = 70\ kg(10\ m/s^2 - 2\ m/s^2) = 560\ N$

**Exemplo 4:**

**(CEFET – MG - 2018)** A figura abaixo ilustra uma máquina de Atwood.

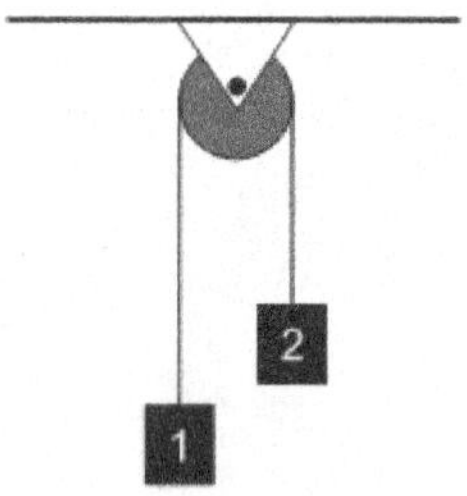


Supondo-se que essa máquina possua uma polia e um cabo de massas insignificantes e que os atritos também são desprezíveis, o módulo da aceleração dos blocos de massas iguais a $m_1 = 1{,}0$ kg e $m_2 = 3{,}0$ kg em m/s² é

a) 20.

b) 10.

c) 5,0.

d) 2,0.

Resolução: C.

De acordo com o diagrama de corpo livre a seguir:

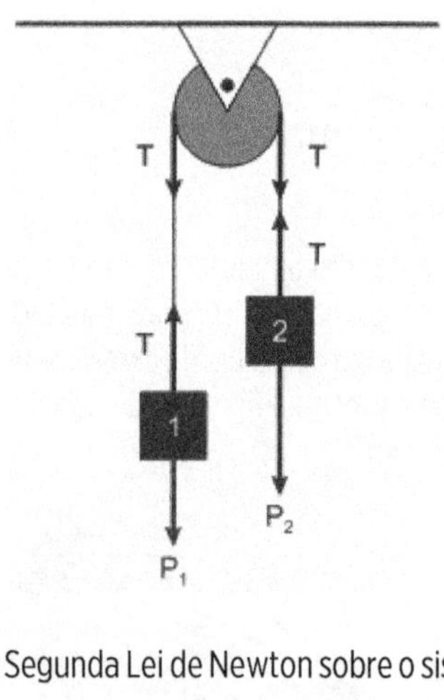


Aplicando a Segunda Lei de Newton sobre o sistema, temos:

$$F_R = m \cdot a \Rightarrow P_2 - P_1 = (m_1 + m_2) \cdot a$$

Como $P = m{\cdot}g \rightarrow P_1 = 10$ N e $P_2 = 30$ N, substituindo na equação acima:

$$P_2 - P_1 = (m_1 + m_2) \cdot a \Rightarrow 30 - 10 = (1 + 3) \cdot a \Rightarrow a = \frac{20}{4} \therefore a = 5{,}0\ m/s^2$$

# 5.10 Trabalho e Potência

## Trabalho de uma força constante

Medida de transformação, transferência e variação de energia.

Como calcular o trabalho de uma força constante?

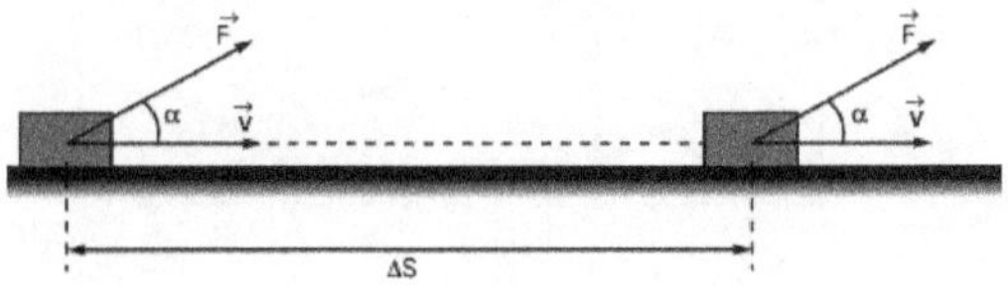

$$\tau_F = F.\Delta s.cos\alpha$$

> Se $\alpha = 0°$ o trabalho é o maior possível.
> Se $0 < \alpha$ 90° o trabalho é positivo.
> Se $90° < \alpha \leq 180°$ o trabalho é negativo.

**OBS:** sempre que uma $\vec{F}$ for perpendicular à velocidade, seu trabalho será nulo – resultante centrípeta (na sua prova pode aparecer "força centrípeta") nunca realiza trabalho; seu trabalho é sempre nulo.

Como calcular o trabalho de uma força constante em direção, mas de intensidade variável?

O sinal do trabalho pode ser associado ao fato de a área calculada estar "acima" ou "abaixo" do eixo S.

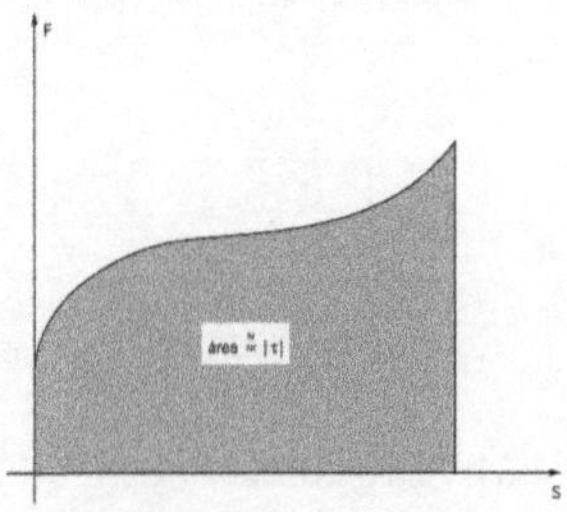

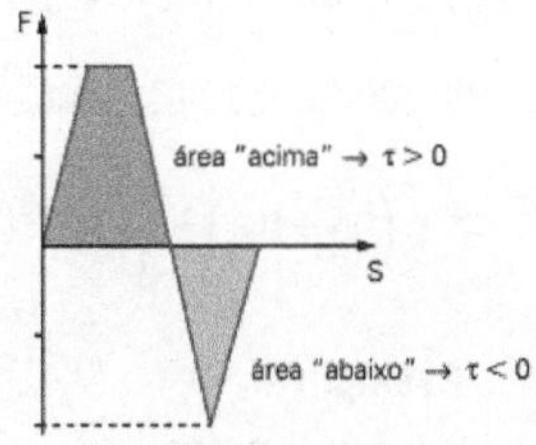


## Trabalho da força peso ($\tau_{peso}$)

É uma força conservativa, portanto, o trabalho de uma força conservativa não depende da trajetória descrita.

$$\tau_{peso} = m.g.h$$

## Trabalho da força elástica ($\tau_{elást.}$)

É uma força conservativa, portanto, o trabalho de uma força conservativa não depende da trajetória descrita.

$$\tau_{elást.} = \frac{k.x^2}{2}$$

**OBS:**

Na natureza existem apenas 3 tipos de forças conservativas, que são: força peso, força elástica e força elétrica.

Para as forças conservativas, o trabalho realizado ao longo de um trajeto fechado é nulo.

Forças não conservativas: o trabalho dessas forças depende da trajetória.

Não podem ser associadas a uma energia potencial.

## O teorema da energia cinética (tec)

Usamos o TEC para situações que envolvem as variáveis: força, deslocamento, mudança de velocidade sem envolver tempo.

$$\tau_{resultante} = \frac{m.v^2{}_{final}}{2} - \frac{m.v^2{}_{inicial}}{2} = E_{cin.}^{final} - E_{cin.}^{inicial} = \Delta E_{cin.}$$

## Potência e rendimento

### Potência

A rapidez com que essa transferência ou transformação de energia ocorrem.

Definição de potência média: $P_m = \frac{\Delta E}{\Delta t} = \frac{\tau_F}{\Delta t}$

O sistema preferencial de unidades utilizado é o SI. Nesse sistema, tem-se:

$$[P] = \frac{J}{s} = W\ (watt)$$

Em algumas situações podem ser utilizados múltiplos dessa unidade, por exemplo:

1 kW (quilowatt) = $10^3$ W

1MW (megawatt) = $10^6$ W

1GW (gigawatt) =$10^9$ W

Duas unidades usuais de potência utilizadas:

Cavalo-vapor (CV): 1 CV = 735,5 W

Horse power (HP): 1 HP = 745,7 W

## Rendimento

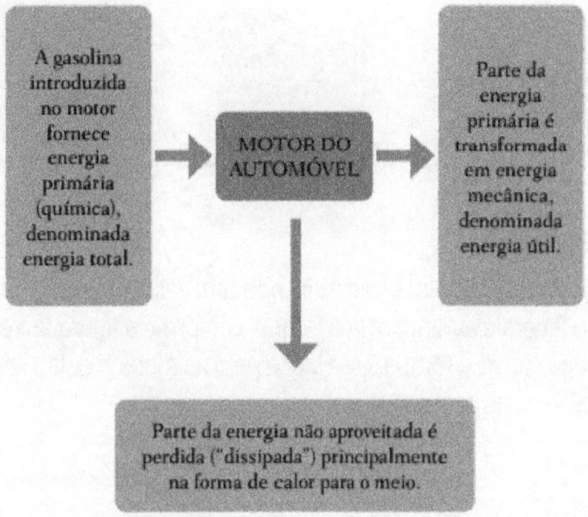


A energia total associa-se à potência total.

A energia não aproveitada associa-se à potência dissipada.

A energia aproveitada na forma mecânica, proporcionando o movimento do veículo, associa-se à potência útil.

O princípio da conservação da energia permite escrever a seguinte relação:

$$P_t = P_u + P_d$$

Pode-se avaliar o índice de aproveitamento ou eficiência desse motor por meio de uma grandeza denominada rendimento, definido como:

$$\eta = \frac{P_u}{P_t}$$

## Potência de uma máquina, força constante e velocidade

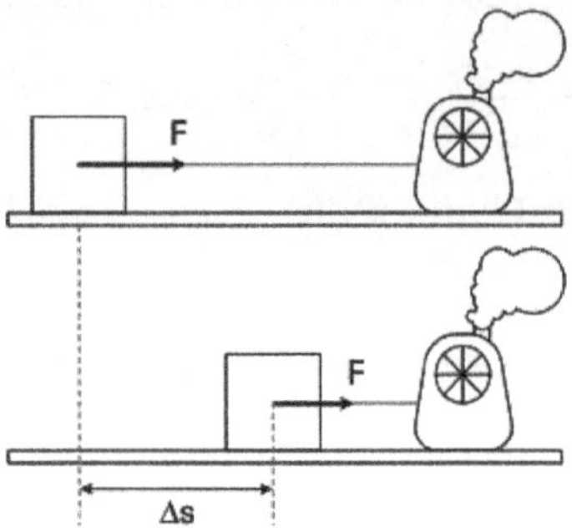


$$P = \frac{\Delta E}{\Delta t} = \frac{\tau_F}{\Delta t} = \frac{F.\Delta s.\cos\alpha}{\Delta t}$$

Sabendo que: $v_m = \frac{\Delta s}{\Delta t}\ (I)$

$$\therefore F.v_m.\cos\alpha$$

É possível utilizar a expressão (I) para intervalos de tempo muito pequenos, tão pequenos que tendem a um Certo. instante (velocidade instantânea).

$$P = F.v.\cos\alpha$$

Potência de uma força de intensidade variável – A área do gráfico é numericamente o trabalho da força.

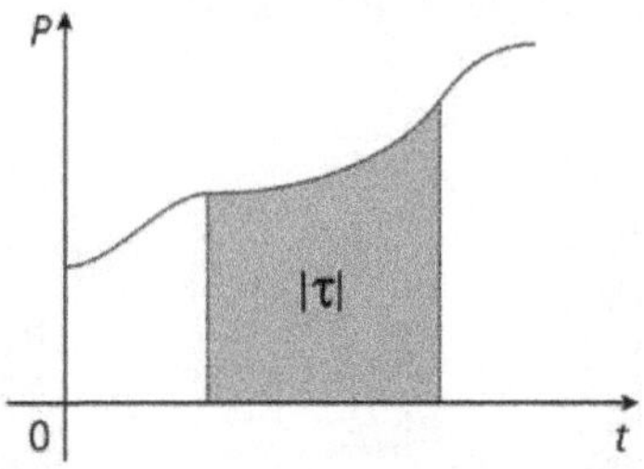


**Exemplo 1:**

**(AFA – 2016)** Um bloco é lançado com velocidade o $v_0$ no ponto P paralelamente a uma rampa, conforme a figura. Ao escorregar sobre a rampa, esse bloco para na metade dela, devido à ação do atrito.

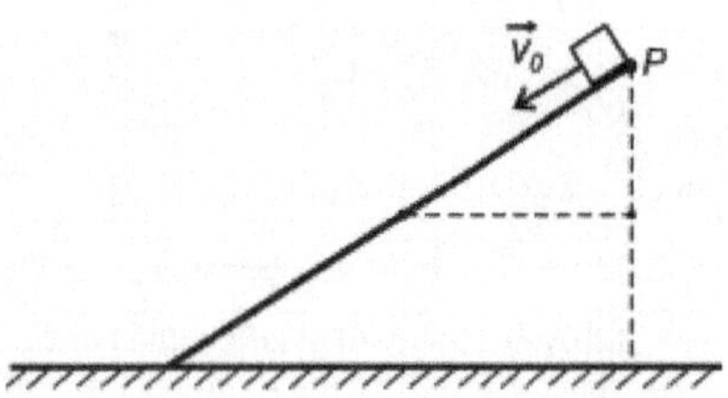


Tratando o bloco como partícula e considerando o coeficiente de atrito entre a superfície do bloco e da rampa, constante ao longo de toda descida, a velocidade de lançamento para que este bloco pudesse chegar ao final da rampa deveria ser, no mínimo,

a) $v_0 \cdot \sqrt{2}$.
b) $2 \cdot v_0$.
c) $2 \cdot \sqrt{2} \cdot v_0$.
d) $4 \cdot v_0$.

Resolução: A.

A figura a seguir destaca apenas o trecho BC.

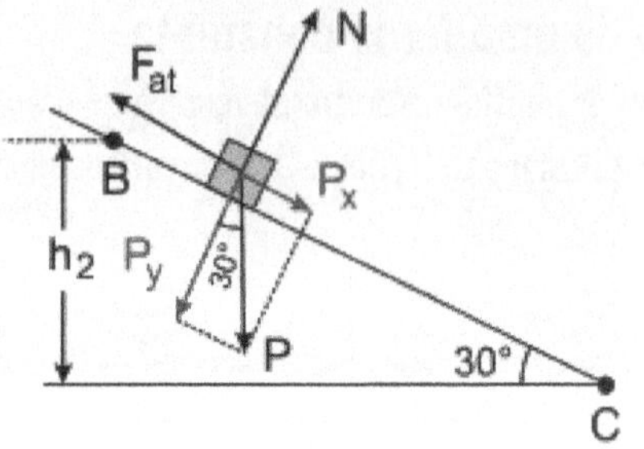


Analisando-a:

$$\begin{cases} \text{sen}\,30° = \frac{h_2}{\Delta S_{BC}} \Rightarrow \frac{1}{2} = \frac{h_2}{\Delta S_{BC}} \Rightarrow \Delta S_{BC} = 2h_2 \quad (I) \\ N = P_y \Rightarrow N = P\cos 30° \Rightarrow N = mg\frac{\sqrt{3}}{2} \quad (II) \end{cases}$$

A intensidade da força de atrito cinética é:

$$F_{at} = \mu N = \frac{\sqrt{3}}{2} \cdot P\frac{\sqrt{3}}{2} \Rightarrow F_{at} = \frac{3}{4}mg \quad (III)$$

Como o corpo parte do repouso em A e chega a C com velocidade nula, a variação da energia cinética do bloco entre esses pontos é nula. Aplicando o Teorema da Energia Cinética ao longo do trecho ABC:

$$W_{res}^{ABC} = \Delta E_{cin}^{ABC} \Rightarrow W_{\vec{P}} + W_{\vec{F}at} + W_{\vec{N}} = 0 \Rightarrow mg(h_1 + h_2) - F_{at}\Delta S_{BC} = 0$$

Utilizando (I) e (III), temos:

$$\cancel{m}\cancel{g}(h_1 + h_2) - \frac{3}{4}\cancel{m}\cancel{g}(2h_2) = 0 \Rightarrow \boxed{\frac{h_1}{h_2} = \frac{1}{2}.}$$

**Exemplo 2:**

**(UFRGS - 2018)** A figura mostra três trajetórias, 1, 2 e 3, através das quais um corpo de massa m, no campo gravitacional terrestre, é levado da posição inicial i para a posição final f, mais abaixo.

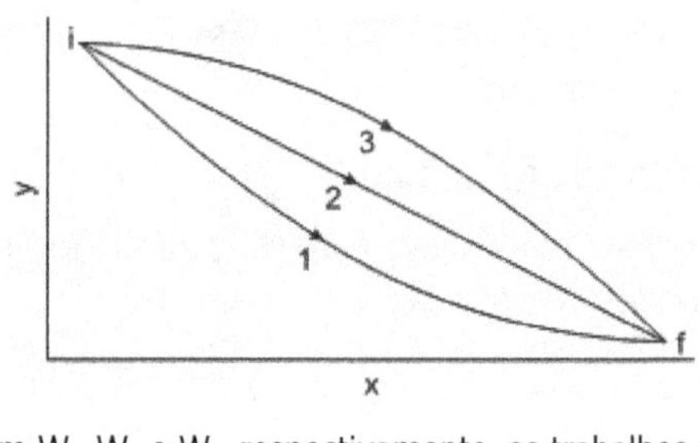


Sejam $W_1$, $W_2$ e $W_3$, respectivamente, os trabalhos realizados pela força gravitacional nas trajetórias mostradas.

Assinale a alternativa que correlaciona corretamente os trabalhos realizados.

a) $W_1 < W_2 < W_3$
b) $W_1 < W_2 = W_3$
c) $W_1 = W_2 = W_3$
d) $W_1 = W_2 > W_3$
e) $W_1 > W_2 > W_3$

Resolução: D.

Como o ponto inicial dos três trajetos coincide e o ponto final também, os trabalhos da força gravitacional para os três trajetos são exatamente iguais, pois o trabalho depende apenas dos estados inicial e final, independendo do caminho realizado.

**Exemplo 3:**

**(FAMERP - 2018)** A figura mostra o deslocamento horizontal de um bloco preso a uma mola, a partir da posição A, até atingir a posição C.

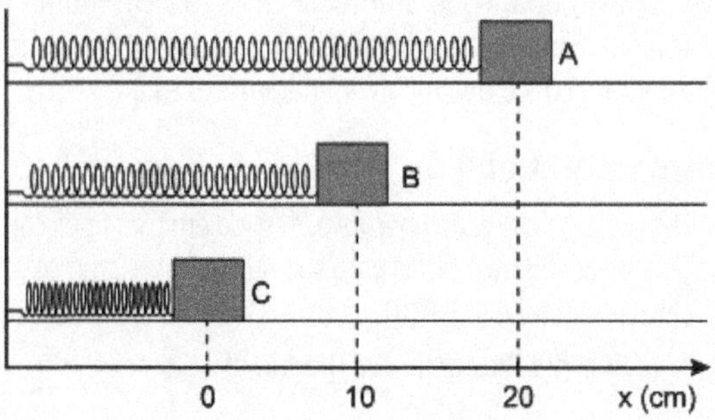


(www.mundoeducacao.bol.uol.br. Adaptado.)

O gráfico representa o módulo da força que a mola exerce sobre o bloco em função da posição deste.

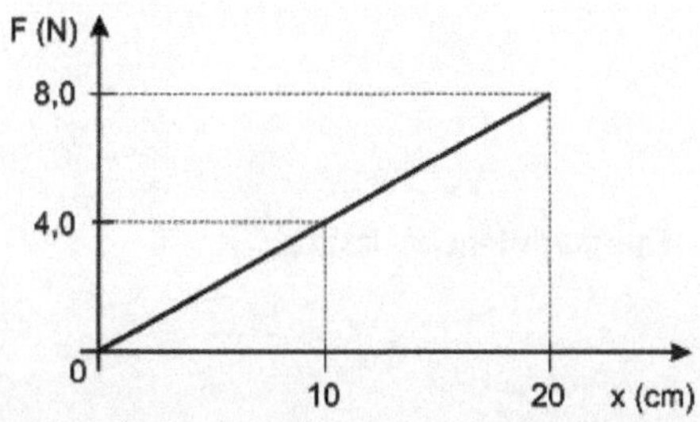


O trabalho realizado pela força elástica aplicada pela mola sobre o bloco, quando este se desloca da posição A até a posição B, é

**a)** 0,60 J.

**b)** -0,60 J.

**c)** -0,30 J.

**d)** 0,80 J.

**e)** 0,30 J.

Resolução: A.

O trabalho realizado pela força elástica será a área sob a curva entre o deslocamento da posição A até a posição B, de acordo com o gráfico a seguir:

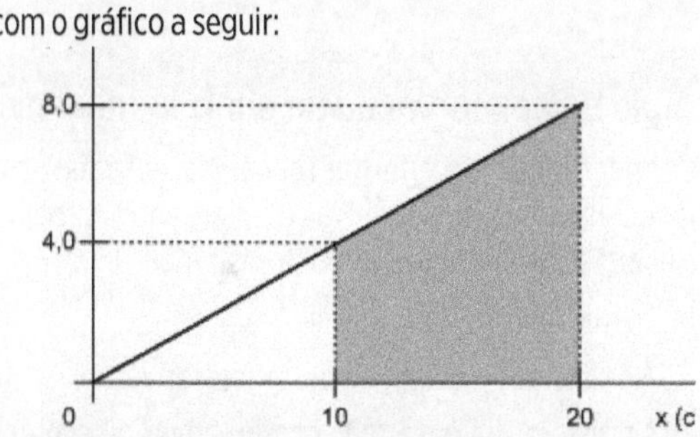


A área hachurada é de:

$$W = \text{Área} = (8+4)\text{N} \cdot \frac{(0{,}20 - 0{,}10)\text{ m}}{2} \therefore W = 0{,}60 \text{ J}$$

**Exemplo 4:**

**(ESPCEX – 2017)** Um prédio em construção, de 20 m de altura, possui, na parte externa da obra, um elevador de carga com massa total de 6 ton, suspenso por um cabo inextensível e de massa desprezível.

O elevador se desloca, com velocidade constante, do piso térreo até a altura de 20 m, em um intervalo de tempo igual a 10 s. Desprezando as forças dissipativas e considerando a intensidade da aceleração da gravidade igual a 10 m/s$^2$, podemos afirmar que a potência média útil desenvolvida por esse elevador é:

**a)** 120 KW.

**b)** 180 KW.

**c)** 200 KW.

**d)** 360 KW.

**e)** 600 KW.

Resolução: A.

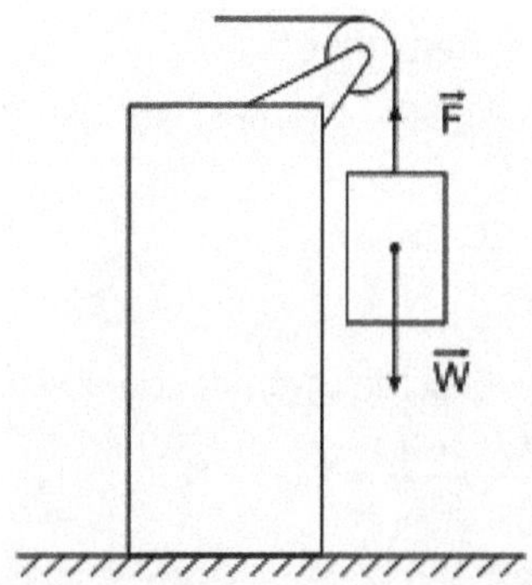


Seja o plano térreo o nível de referência para a energia potencial. As forças atuantes sobre a carga do elevador são as forças de tração $\vec{F}$ e peso $\vec{W}$.

Sendo $\vec{R} = \vec{F} + \vec{W}$ a resultante das forças sobre a carga do elevador, então:

$\tau_R = \tau_F + \tau_W$ (I)

com $\tau_R$ sendo o trabalho da força resultante $\vec{R}$, $\tau_F$ o trabalho da força $\vec{F}$ e $\tau_W$ o trabalho da força peso $\vec{W}$.

O teorema do trabalho e energia diz que o trabalho realizado pela força resultante sobre um corpo é igual à variação da energia cinética do corpo, ou seja,

$\tau_R = \Delta E_C = E_{C_f} - E_{C_0}$ (II)

Como o elevador subiu a uma velocidade $v_0$ constante da equação (II), tem-se que:

$$\tau_R = E_{C_f} - E_{C_0} = \frac{m_{elev}\, v_0^2}{2} - \frac{m_{elev}\, v_0^2}{2} = 0$$

ou seja, não houve variação da energia cinética e $\tau_R = 0$.

Aplicando-se esse resultado na equação (I), tem-se que:

$\tau_F + \tau_W = \tau_R = 0 \rightarrow \tau_F = -\tau_W$ (III)

Como $\vec{W}$ é uma força conservativa (a única força conservativa), então:

$\tau_W = E_{P_0} - E_{P_f} = 0 - m_{elev}gh = -m_{elev}gh$ (IV)

sendo $m_{elev}$ a massa da carga do elevador, g a aceleração da gravidade e h a altura percorrida pelo elevador.

Outra forma de calcular $\tau_W$, nesse caso particular, por definição:

$$\tau_W = |\vec{W}||\vec{d}|\cos\theta$$

sendo $\vec{d}$ o vetor deslocamento da carga e θ o ângulo entre o vetor deslocamento e a força $\vec{W}$

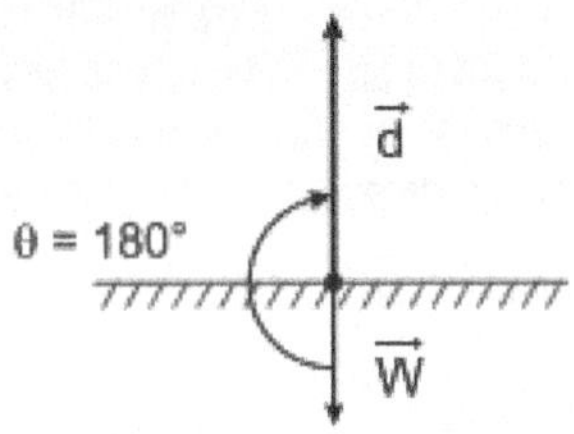


Assim, $\tau_W = |\vec{W}||\vec{d}|\cos\theta = (m_{elev}g)\, h\cos 180°$ ou seja,

$$\tau_W = -mgh$$

que foi o mesmo resultado em (IV).

Das equações (III) e (IV), conclui-se que:

$$\tau_F = -\tau_W = -(-m_{elev}gh) = m_{elev}gh$$

$$\tau_F = 6\times10^3[kg]\times10[m/s^2]\times20[m]$$

$$\tau_F = 1{,}2\times10^6\,J$$

A potência média útil desenvolvida pelo elevador é:

$$P_{útil} = \frac{\tau_F}{\Delta t} = \frac{1{,}2\times10^6[J]}{10[s]} = 1{,}2\times10^5 N$$

ou seja,

$P_{útil}$ = 120 kw.

## 5.11 Energia Mecânica e Suas Conservações

### Energia

Energia é uma grandeza que permanece constante em qualquer processo físico, químico ou biológico. Essa grandeza não pode ser criada ou destruída, mas sim transformada ou transferida.

Unidade utilizada no sistema internacional é joule (J).

### Formas de energia

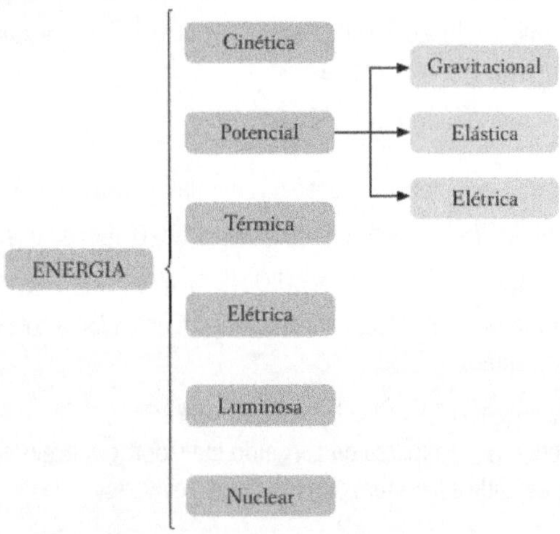


O que é relevante para sua prova é a energia cinética e a energia potencial.

### Energia cinética ($e_{cin}$)

Qualquer corpo ou conjunto de corpos em movimento tem energia, denominada energia cinética ou energia de movimento.

$$E_{cin} = \frac{m.v^2}{2}$$

Convém notar que a energia cinética está intimamente relacionada com o movimento. Quanto mais movimento (velocidade) o corpo desenvolver, maior a energia cinética.

### Energia potencial ($e_{pot}$)

Essa modalidade de energia é dividida em três tipos (gravitacional, elástica e elétrica), mas para sua prova, abordaremos apenas duas (gravitacional e elástica).

> **Energia Potencial Gravitacional**

$$E_{pot;grav} = m.g.h$$

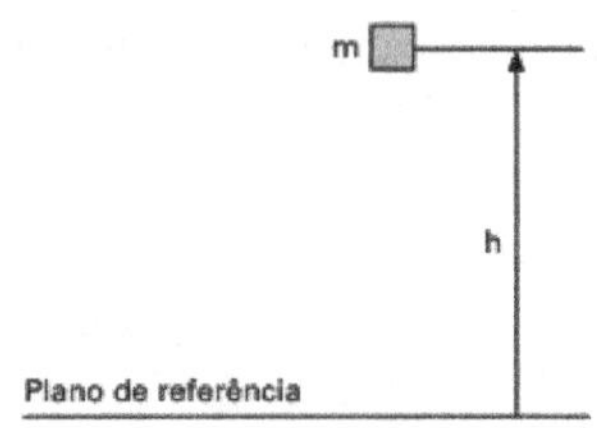


> **Energia Potencial Elástica**

$$E_{pot;elást} = \frac{k.x^2}{2}$$

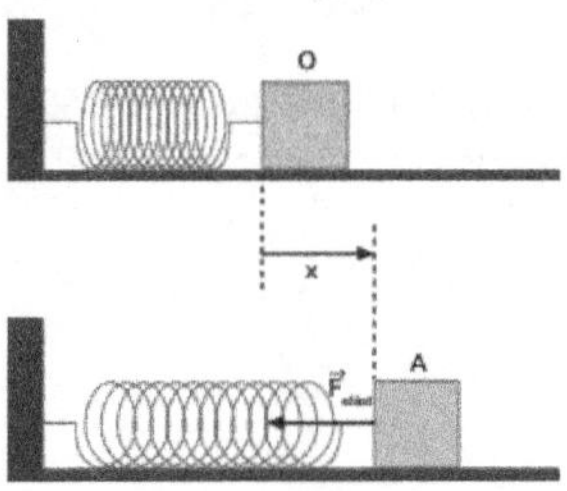

O arco, na iminência de lançar a flecha, possui energia potencial elástica.

### Energia mecânica ($e_{mec}$)

Define-se a energia mecânica como a soma da energia potencial com a energia cinética.

$$E_{mec} = E_{cin} + E_{pot}$$

### O princípio da conservação da energia mecânica

A conservação da energia mecânica está associada à capacidade das forças conservativas de realizarem trabalho sem alterar a energia mecânica (ou total) do sistema.

Há 3 situações em que $E_{mec}^{inicial} = E_{mec}^{final}$:

> No sistema só atuam forças conservativas.

> No sistema há forças não conservativas presentes, mas elas não realizam trabalho.

> No sistema existem forças não conservativas, elas realizam trabalho, uns positivos, outros negativos que, quando somados, se anulam.

**OBS:**

As forças não conservativas são as responsáveis pelo aumento ou pela diminuição da $E_{mec}$ do sistema.

**Exemplo 1:**

**(ESPCEX – 2017)** Uma esfera, sólida, homogênea e de massa 0,8 kg é abandonada de um ponto a 4 m de altura do solo em uma rampa curva.

Uma mola ideal de constante elástica k = 400 N/m é colocada no fim dessa rampa, conforme desenho abaixo. A esfera colide com a mola e provoca uma compressão.

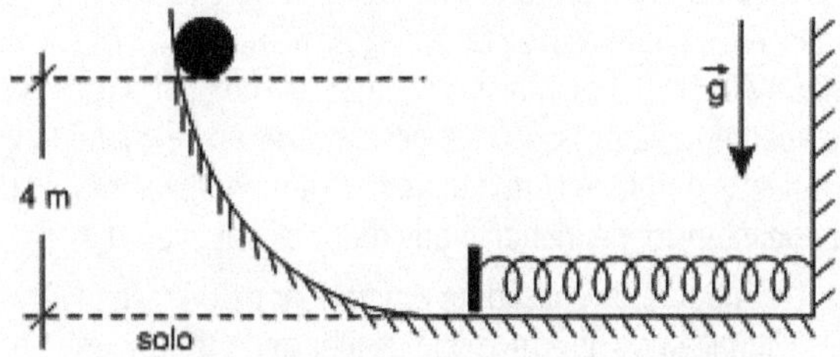


DESENHO ILUSTRATIVO FORA DE ESCALA

Desprezando as forças dissipativas, considerando a intensidade da aceleração da gravidade g = 10 m/s² e que a esfera apenas desliza e não rola, a máxima deformação sofrida pela mola é de:

a) 8 cm
b) 16 cm
c) 20 cm
d) 32 cm
e) 40 cm

Resolução: E.

Seja $t_1$ o instante em que a esfera é abandonada, a uma altura de 4 m sobre a rampa, e $t_2$ o instante em que ocorre a máxima compressão da mola pela esfera.

Como as forças dissipativas foram desprezadas, então:

$E_{M_1} = E_{M_2}$ (1)

sendo $E_{M_1}$ a energia mecânica do sistema no instante $t_1$, e $E_{M_2}$ a energia mecânica do sistema no instante $t_2$.

Em $t_1$, $E_{M_1} = E_{P_1}$ = mgh, pois a velocidade da esfera $v_1 = 0$ (a energia mecânica é apenas a potencial gravitacional).

Em $t_2$, $E_{M_2} = \frac{kx^2}{2}$ ou seja, a energia mecânica do sistema constitui-se apenas da energia potencial elástica acumulada na mola deformada.

Substituindo as expressões de $E_{M_1}$ e $E_{M_2}$ na equação (1), tem-se que:

$$mgh = \frac{kx^2}{2} \Rightarrow$$

$$\Rightarrow x^2 = \frac{2mgh}{k} = \frac{2 \times 0{,}8 \times 10 \times 4}{400} = 0{,}16$$

$$\Rightarrow x = \sqrt{0{,}16} = 0{,}4 \text{ m} = 40 \text{ cm}$$

**Exemplo 2:**

**(MACKENZIE – 2018)** Um corpo de massa 2,00 kg é abandonado de uma altura de 50,0 cm, acima do solo. Ao chocar-se com o solo, ocorre uma perda de 40% de sua energia. Adotando a aceleração da gravidade local igual a 10 m/s², a energia cinética do corpo logo após o choque parcialmente elástico com o solo é

a) 2,00 J.
b) 4,00 J.
c) 6,00 J.
d) 8,00 J.
e) 10,00 J.

Resolução: C.

Usando o princípio da conservação de energia mecânica para o ponto inicial (A) e para o ponto final (B):

$$E_A = E_B \Rightarrow E_{pg} = E_c + E_d \Rightarrow E_c = E_{pg} - E_d$$

$$E_c = E_{pg} - 0{,}4 \cdot E_{pg} \Rightarrow E_c = 0{,}6 \cdot E_{pg} = 0{,}6 \cdot m \cdot g \cdot h \Rightarrow$$

$$E_{pg} = 0{,}6 \cdot 2 \text{ kg} \cdot 10 \text{ m/s}^2 \cdot 0{,}5 \text{ m} \therefore E_{pg} = 6 \text{ J}$$

## 5.12 Quantidade de Movimento e Sua Conservação

### Impulso de uma força

Quando aplicamos uma força a um corpo, o efeito produzido depende de dois fatores:

> as características da força;

> o tempo de aplicação da força.

Para estudarmos o efeito da força, levando-se em consideração o tempo de aplicação, foi criada a grandeza vetorial de nome IMPULSO.

O IMPULSO DEPENDE da força aplicada e do tempo de aplicação.

### Impulso de uma força constante ( $\vec{i}_f$ )

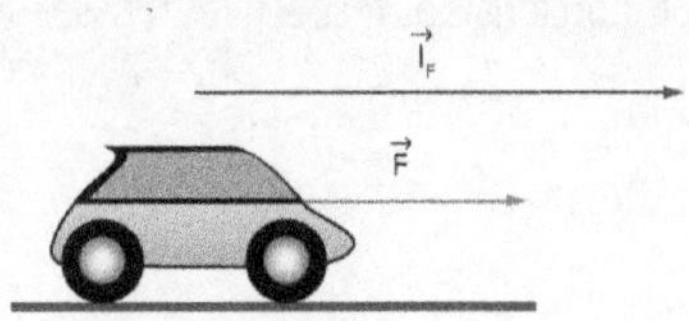


**Intensidade:** $I_F = F \cdot \Delta t$
**Direção:** a mesma de $\vec{F}$
**Sentido:** o mesmo de $\vec{F}$
**No SI:** [I] = N · s

### Impulso de uma força variável ( $\vec{i}_f$ )

O valor algébrico do impulso pode ser medido pela área sob o gráfico. Área é igual numericamente ao impulso.

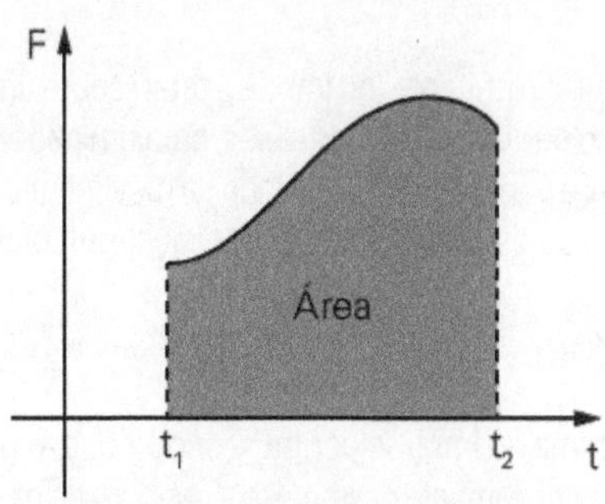

## Quantidade de movimento (momento linear ou *momentum*) ($\vec{q}$)

Quantidade de movimento é uma grandeza vetorial e instantânea, isto é, definida para um dado instante, ao passo que o impulso é uma grandeza definida para um Certo. intervalo de tempo, isto é, entre dois instantes.

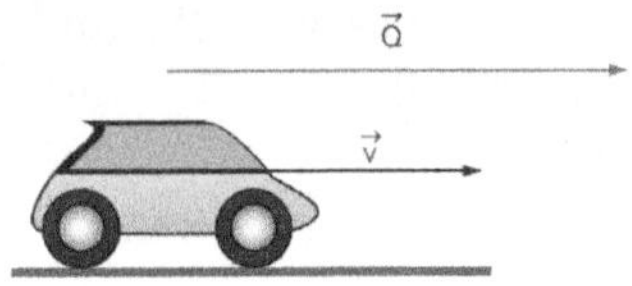


**Intensidade:** $Q = m \cdot v$
**Direção:** a mesma de $\vec{v}$
**Sentido:** o mesmo de $\vec{v}$
**No SI:** $[Q] = kg \cdot \frac{m}{s}$

Quanto maior for a intensidade da quantidade de movimento de um corpo, maior será seu "poder de impacto".

**Ex.:** imaginemos um caminhão a 50 km/h que vai colidir frontalmente com um poste: esse veículo provocará um dano muito maior ao poste. Se fosse um carro popular igualmente rígido, à mesma velocidade, o dano seria menor ao poste. O caminhão tem maior "poder de impacto".

## Relação entre energia cinética e o módulo da quantidade de movimento

$$Q = m.v \rightarrow v = \frac{Q}{m} \ (I) \ e \ E_{cin} = \frac{m.v^2}{2} \ (II)$$

Substituindo (I) em (II), temos:

$$E_{cin} = \frac{Q^2}{2.m}$$

Em particular, se duas partículas, A e B, tiverem quantidades de movimento com o mesmo módulo ($Q_A = Q_B$), então suas energias cinéticas serão inversamente proporcionais às respectivas massas.

$$Q_A = Q_B \rightarrow \frac{E_{cin;A}}{E_{cin;B}} = \frac{m_A}{m_B}$$

## Teorema do impulso (ti)

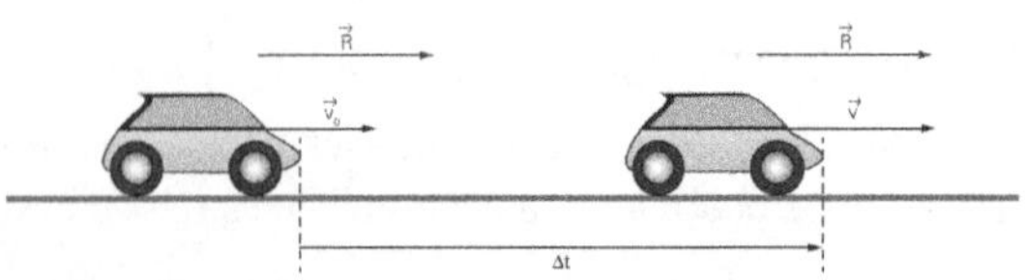


O impulso resultante (ou impulso total) sobre uma partícula, corpo extenso ou sistema de partículas, para um dado intervalo de tempo, é igual à variação da quantidade de movimento da partícula, corpo extenso ou sistema de partículas, naquele intervalo de tempo.

$$\vec{R}.\Delta t = m.\vec{v} - m.\vec{v}_0 \rightarrow \vec{I}_{total(ou\ resultante)} = \Delta\vec{Q}$$

O Teorema do Impulso permite concluir que as unidades N.s e Kg.m/s, respectivamente de impulso e quantidade de movimento, são equivalentes. Isso ocorre porque essas grandezas têm as mesmas dimensões físicas.

Aplicação: *Airbag*

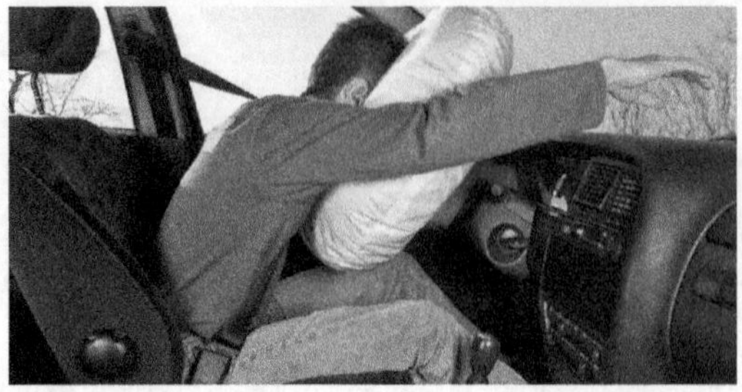

No instante do impacto, o *airbag* é inflado, diminuindo os efeitos da inércia do movimento inerente aos corpos de dentro do automóvel. A proteção proporcionada pelo equipamento se dá porque, em contato com ele, a frenagem fica suavizada, ocorrendo em intervalo de tempo maior do que aquele no qual ocorreria sem o equipamento. Com isso, uma mesma variação de quantidade de movimento, obtida em um intervalo de tempo maior, requer uma força de intensidade menor, o que reduz os possíveis danos.

O impacto da colisão de um veículo a 80 km/h contra um muro é igual ao de um carro que despenca do 10º andar ao bater no chão.

Como isso pode ser cobrado na prova?

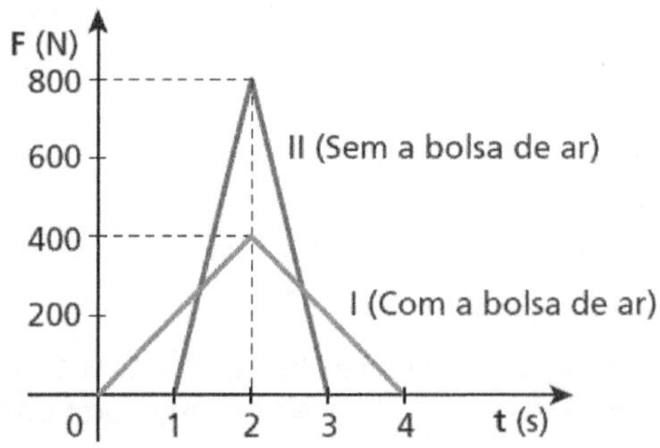


Percebe-se que a área que corresponde ao impulso é igual para os dois, portanto, a bolsa aumenta o intervalo de tempo da desaceleração da cabeça do motorista, diminuindo, portanto, a intensidade da força média que atua sobre a cabeça.

## O conceito de sistema

Todos os corpos que estejam livres para se mover, que não estejam travados nem possuam massa infinitamente grande, comparada aos demais corpos do sistema.

## Sistemas mecanicamente isolados

Um sistema é denominado mecanicamente isolado quando a resultante das forças externas é nula ou a intensidade das forças externas é tal que pode ser desprezada no fenômeno em estudo. Considerando os patinadores como sendo o sistema de corpos a ser estudado, a normal e o peso são considerados forças externas (se equilibram), e o empurrão que A faz em B e B faz em A são forças internas.

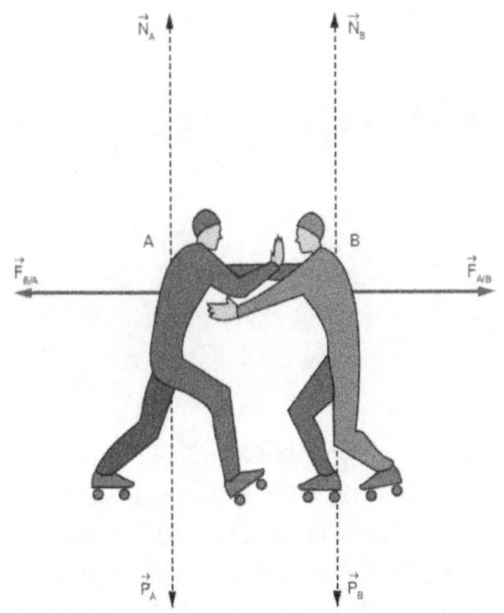


## Conservação da quantidade de movimento

$$\vec{R} = \vec{0} \quad - Resultante\ das\ forças\ externas\ é\ nula.$$

Consequentemente:

$$\vec{I}_{Resultante\ (ou\ total)} = \vec{0}$$

Mas:

$$\vec{I}_{total} = \Delta\vec{Q} \rightarrow \Delta\vec{Q} = \vec{0} \rightarrow \vec{Q}_{após} - \vec{Q}_{antes} = \vec{0}$$

Portanto:

$$\vec{Q}^{após}_{sistema} = \vec{Q}^{antes}_{sistema}$$

Logo, em um sistema em que a resultante de forças é nula, a quantidade de movimento total é constante.

## Centro de massa

O ponto onde se admite concentrada, para efeito de cálculo, toda a sua massa.

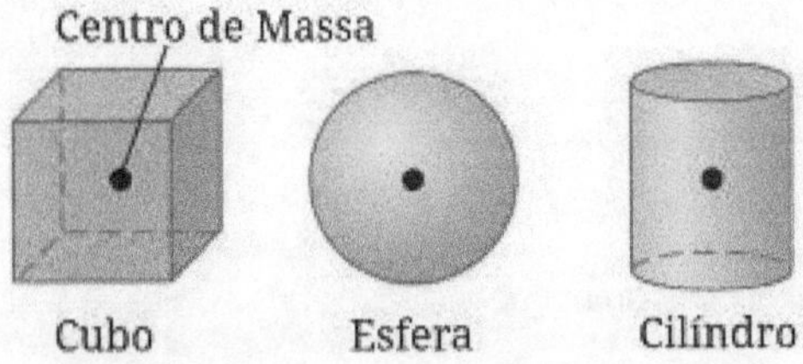


Como determinar a posição do centro de massa?

$$x_{cm} = \frac{m_1.x_1 + m_2.x_2 + m_3.x_3 + \cdots + m_n.x_n}{m_1 + m_2 + \cdots + m_n}$$

Como determinar a velocidade do centro de massa?

$$\vec{v}_{cm} = \frac{m_1.\vec{v}_1 + m_2.\vec{v}_2 + m_3.\vec{v}_3 + \cdots + m_n.\vec{v}_n}{m_1 + m_2 + m_3 + \cdots + m_n}$$

Convém lembrar que o produto massa pela velocidade corresponde à quantidade de movimento. Assim:

$$\vec{v}_{cm} = \frac{\vec{Q}_1 + \vec{Q}_2 + \vec{Q}_3 + \cdots + \vec{Q}_n}{m_1 + m_2 + \cdots + m_n} = \frac{\vec{Q}_{total}}{M_{total}}$$

O centro de massa de um sistema isolado tem velocidade vetorial constante, permanecendo em repouso ou em movimento retilíneo uniforme - forças externas são nulas.

Como determinar a aceleração do centro de massa?

$$\vec{a}_{cm} = \frac{m_1.\vec{a}_1 + m_2.\vec{a}_2 + m_3.\vec{a}_3 + \cdots + m_n.\vec{a}_n}{m_1 + m_2 + m_3 + \cdots + m_n} = \frac{\vec{F}_1 + \vec{F}_2 + \vec{F}_3 + \cdots + \vec{F}_n}{m_1 + m_2 + m_3 + \cdots + m_n}$$

Portanto:

$$\vec{a}_{cm} = \frac{\vec{F}_{externa}}{M_{total}}$$

**Exemplo 1:**

Um canhão, juntamente com o carrinho que lhe serve de suporte, tem massa M. Com o conjunto em repouso, dispara-se obliquamente um projétil de massa m, que, em relação ao solo, desliga-se do canhão com uma velocidade de módulo $v_0$, inclinada de um ângulo θ com a horizontal. A figura abaixo retrata o evento:

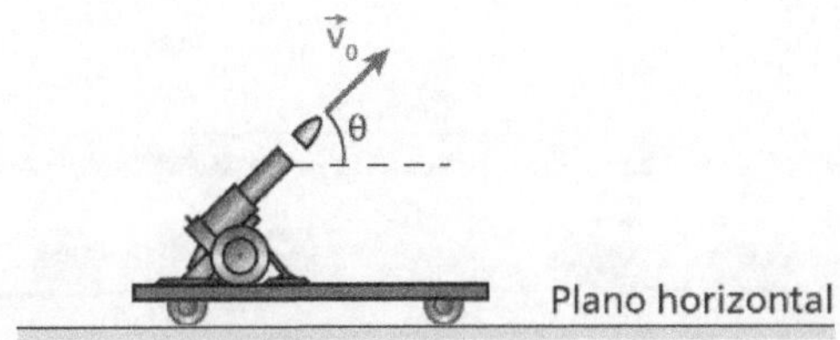


Desprezando os atritos, determine o módulo da velocidade de recuo do conjunto canhão-carrinho.

Resolução:

Quem faz parte do sistema? Projétil e canhão + carrinho.

Quem não faz parte do sistema? Terra.

A direção y não interessa para o problema, pois sistema canhão-projétil não é isolado de forças externas (força peso).

$$Q^{antes}_{sist;x} = Q^{apóes}_{sist,x} \rightarrow 0 + 0 = m.v_0.\cos\theta - M.v' \therefore v' = \frac{m.v_0.\cos\theta}{M}$$

**Exemplo 2:**

O esquema seguinte representa dois carrinhos A e B, que percorrem uma reta orientada com as velocidades indicadas:

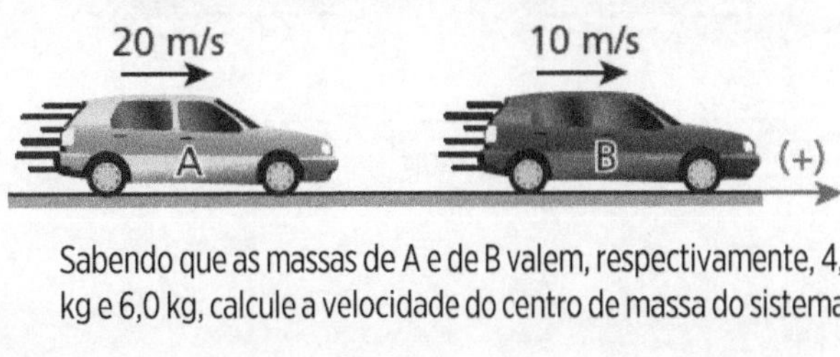


Sabendo que as massas de A e de B valem, respectivamente, 4,0 kg e 6,0 kg, calcule a velocidade do centro de massa do sistema.

Resolução:

Como os movimentos têm a mesma direção, podemos raciocinar em termos escalares:

$$v_{cm} = \frac{v_A . m_A + v_B . m_B}{m_A + m_B} = \frac{20.(4) + 10.(6)}{4+6} = 14\frac{m}{s}$$

## 5.13 Colisões

Uma interação entre dois corpos é uma colisão ou choque, quando a interação ocorre em um intervalo de tempo relativamente curto.

Em qualquer tipo de colisão mecânica, a quantidade de movimento total do sistema mantém-se constante. A quantidade de movimento imediatamente após a interação é igual à quantidade de movimento imediatamente antes:

$$\vec{Q}^{após}_{sistema} = \vec{Q}^{antes}_{sistema}$$

### Coeficiente de restituição numa colisão

Fator que avalia o grau de elasticidade de uma colisão. Além de depender dos materiais de que são feitos os corpos, o coeficiente de restituição depende também da forma dos corpos.

$$e = \frac{|v_{relativa-após}|}{|v_{relativa-antes}|}$$

**Colisão 1**

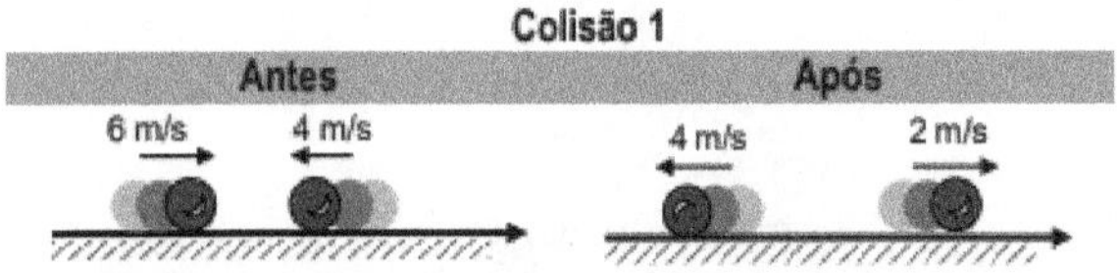


$$e = \frac{|v_{relativa-após}|}{|v_{relativa-antes}|} = \frac{4+2}{6+4} = 0,6$$

**Colisão 2**

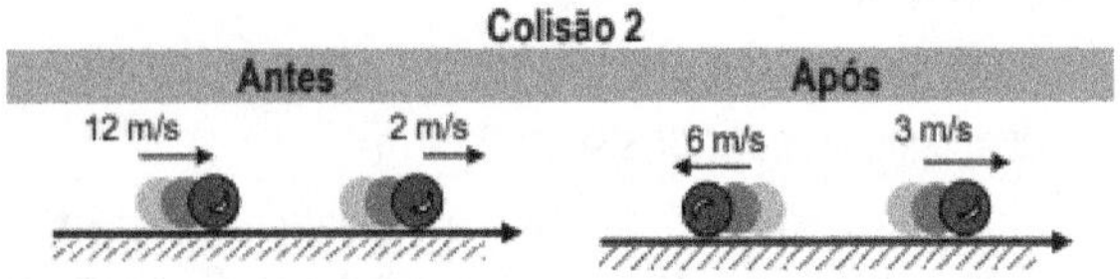


$$e = \frac{|v_{relativa-após}|}{|v_{relativa-antes}|} = \frac{6+3}{12-2} = 0,9$$

**Colisão 3**

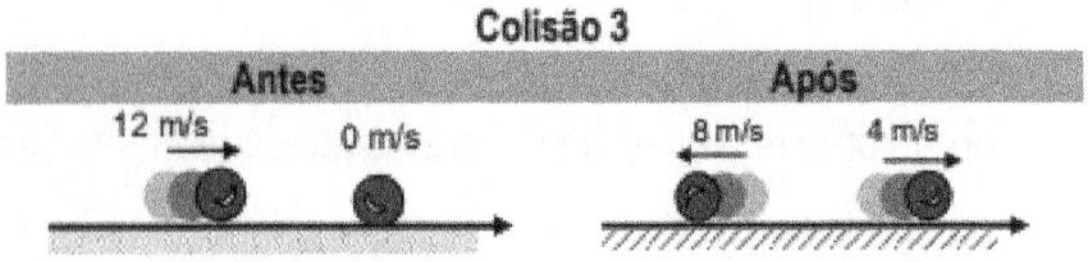


$$e = \frac{|v_{relativa-após}|}{|v_{relativa-antes}|} = \frac{8+4}{12-0} = 1$$

O quadro a seguir resume as principais propriedades das colisões:

| Tipo de colisão | Quantidade de movimento | Energia mecânica | Coeficiente de restituição (e) |
|---|---|---|---|
| Inelástica | se conserva | não conversa | e = 0 |
| Parcialmente elástica | se conserva | não conserva | 0 < e < 1 |
| Elástica | se conserva | se conserva | e = 1 |

**Exemplo 1:**

**(VUNESP – PC-SP – Perito)** Dois veículos, movendo-se ao centro de duas vias perpendiculares de mesma largura, chocaram-se no centro de um cruzamento, mantendo-se unidos após o choque. Sabe-se que o veículo A tinha o dobro da massa do veículo B, e que o veículo A movia-se com a metade da velocidade do veículo B.

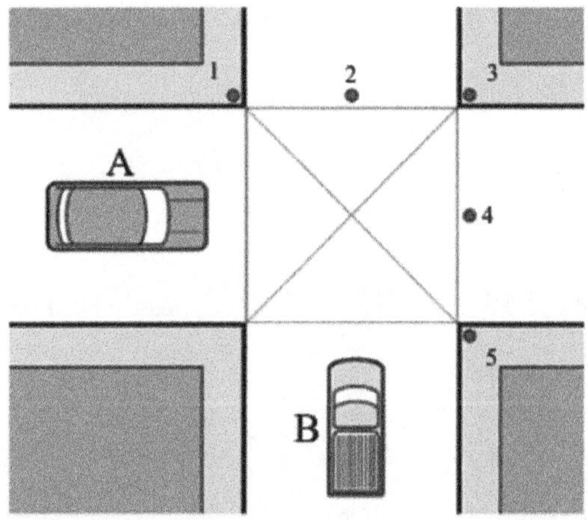


Após o choque, desconsiderando o atrito e outras forças resistentes ao movimento, e admitindo que os carros possam ser associados a pontos materiais, a direção do movimento dos veículos unidos tem sentido orientado para

a) 2.

b) 5.

c) 1.

d) 3.

e) 4.

Resolução: D.

Quando afirmamos que

$$\vec{Q}^{antes}_{sist.} = \vec{Q}^{após}_{sist.}$$

- > Têm mesmo módulo.
- > Têm mesma direção.
- > Têm mesmo sentido.

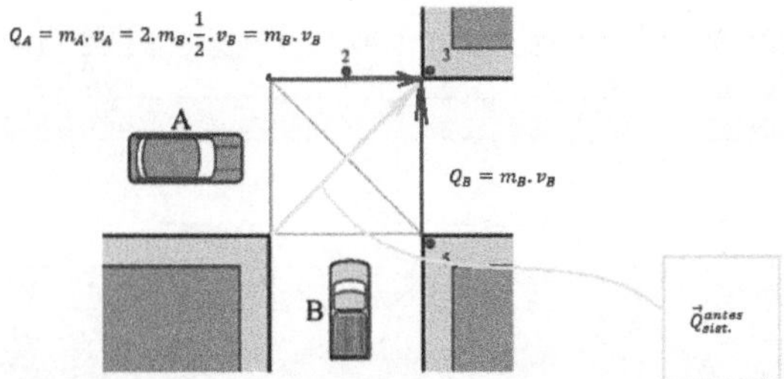


A direção do movimento só pode ser na posição 3.

**Exemplo 2:**

A figura representa a situação imediatamente anterior à colisão unidimensional entre duas partículas A e B:

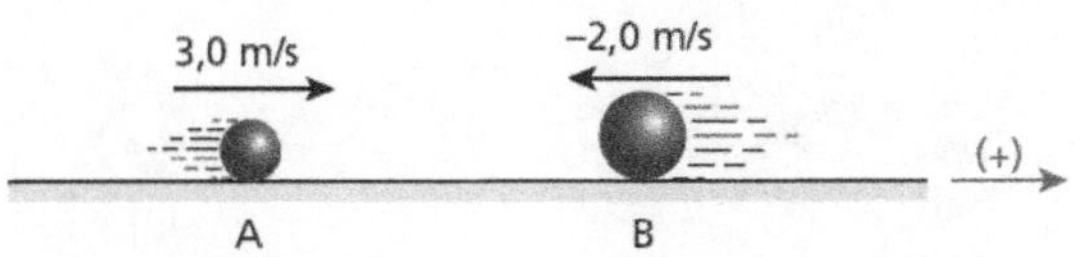


Sabendo que a massa de B é o dobro da de A e que o coeficiente de restituição da colisão vale 0,8, calcule as velocidades escalares de A e B imediatamente após o choque.

Resolução:

Deve-se usar o princípio da conservação da quantidade de movimento.

Como os movimentos têm a mesma direção, podemos raciocinar em termos escalares:

$$Q_{sist.}^{antes} = Q_{sist.}^{após}$$

$$m_A.(3) + m_B.(-2) = m_B.(v'_B) + m_A.(-v'_A) \quad (I)$$

O sinal negativo na segunda etapa foi um "chute".

$$0{,}8 = \frac{v'_A + v'_B}{3+2} \rightarrow v'_A + v'_B = 4 \ (II)$$

Resolvendo as equações I e II, temos:

$$v'_A + v'_B = 4$$

$$2.m_A.v'_B - m_A.v'_A = 3.m_A - 2.(2.m_A) \rightarrow 2.v'_B - v'_A = -1$$

$$v'_B = 1\frac{m}{s} \ e \ v'_A = 3\frac{m}{s}$$

Observa-se que, imediatamente depois da colisão, A se moverá para a esquerda e B, para a direita. Repare que o meu "chute" foi certeiro.

# 6. LEIS DE KEPLER E GRAVITAÇÃO UNIVERSAL

## 6.1 Leis de Kepler

### 1ª lei – lei das órbitas

Em relação a um referencial no Sol, os planetas movimentam-se descrevendo órbitas elípticas, ocupando o Sol um dos focos da elipse.

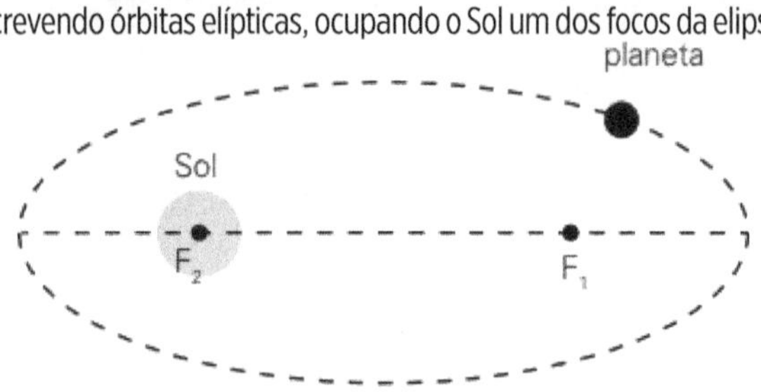


### 2ª lei – lei das áreas

O segmento imaginário que une o Sol ao planeta descreve áreas proporcionais aos tempos gastos em percorrê-las.

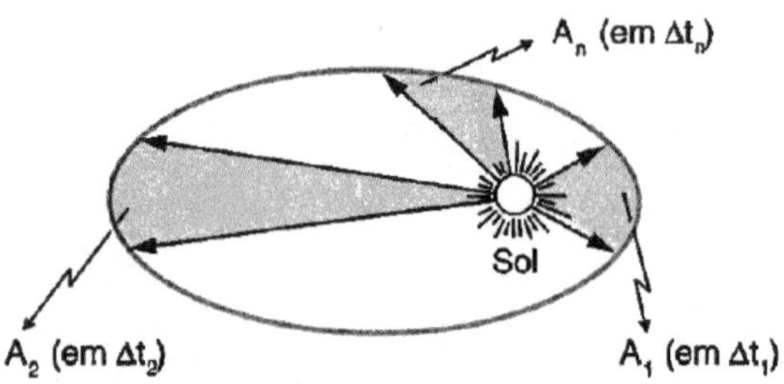


$$\frac{A_1}{\Delta_1} = \frac{A_2}{\Delta t_2} = \ldots = \frac{A_n}{\Delta t_t}$$

Decorre que, se duas áreas são iguais, elas certamente são varridas em intervalos de tempos iguais.

Uma consequência da Lei das Áreas é que a velocidade de translação do planeta nas proximidades do Sol é maior do que em pontos mais afastados.

$$V_{periélio} > V_{afélio}$$

### 3ª lei – lei dos períodos

Para qualquer planeta do Sistema Solar, é constante o quociente do cubo do raio médio da órbita, $R^3$, pelo quadrado do período de revolução (ou translação), $T^2$, em torno do Sol.

$$\frac{R^3}{T^2} = K \text{ (constante de kepler)}$$

A seguir, uma tabela mostra as massas dos planetas em relação à da Terra, os raios médios das órbitas e o período de translação ao redor do Sol. As três Leis de Kepler são válidas para quaisquer sistemas em que corpos gravitam em torno de um corpo central, tais como planetas em torno de uma estrela, a Lua em torno da Terra, satélites artificiais em torno da Terra.

| Planeta | Massa relativa | Raio médio (UA) | Período |
|---|---|---|---|
| Mercúrio | 0,055 | 0,387 | 88,0 dias |
| Vênus | 0,815 | 0,713 | 224,6 dias |
| Terra | 1,0 | 1,00 | 365,2 dias |
| Marte | 0,108 | 1,52 | 1,88 ano |
| Júpiter | 317,9 | 5,20 | 11,8 anos |
| Saturno | 95,2 | 9,54 | 29,6 anos |
| Urano | 14,6 | 19,2 | 84,0 anos |
| Netuno | 17,2 | 30,1 | 165 anos |
| Plutão | 0,1 | 39,4 | 248 anos |

## 6.2 Gravitação Universal

Entre dois corpos quaisquer, pelo simples fato de terem massa, existe uma força de atração, denominada força gravitacional.

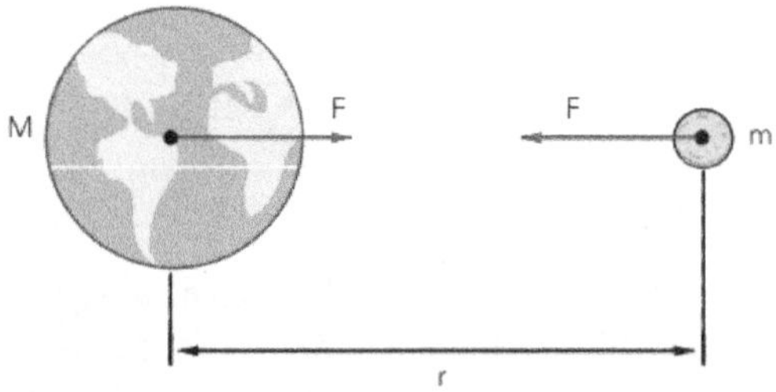


A força gravitacional entre dois pontos materiais tem intensidade diretamente proporcional ao produto de suas massas e inversamente proporcional ao quadrado da distância que os separa.

$$F = \frac{G.M.m}{r^2}$$

$$G = 6{,}7.10^{-11}N.\frac{m^2}{kg^2} \cong \frac{20}{3}.10^{-11}N.\frac{m^2}{kg^2}$$

### Campo gravitacional

Um corpo colocado nas proximidades da Terra fica sujeito a uma força de atração gravitacional.

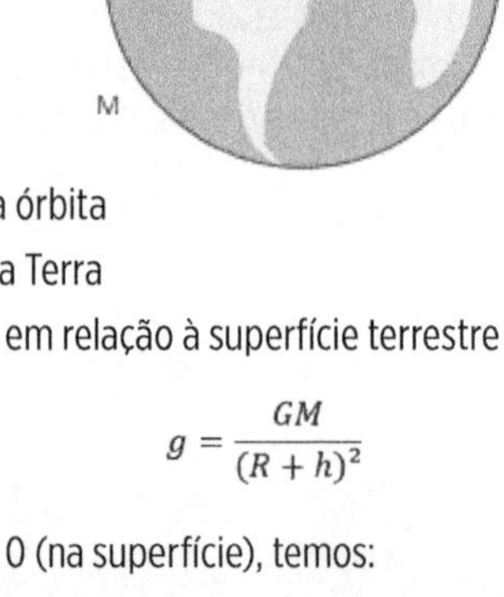


r: raio da órbita

R: raio da Terra

h: altura em relação à superfície terrestre

$$g = \frac{GM}{(R+h)^2}$$

Para h = 0 (na superfície), temos:

$$g_0 = \frac{GM}{R^2}$$

# 7. ESTÁTICA

## 7.1 Estática dos Corpos Rígidos

De maneira geral, a estática é o ramo da física que estuda e analisa a estabilidade e o equilíbrio dos corpos.

Para fins didáticos, a Estática divide-se em:

### Estática do ponto material (dimensões desprezíveis em comparação com as distâncias envolvidas)

Não há possibilidade de movimento de rotação.

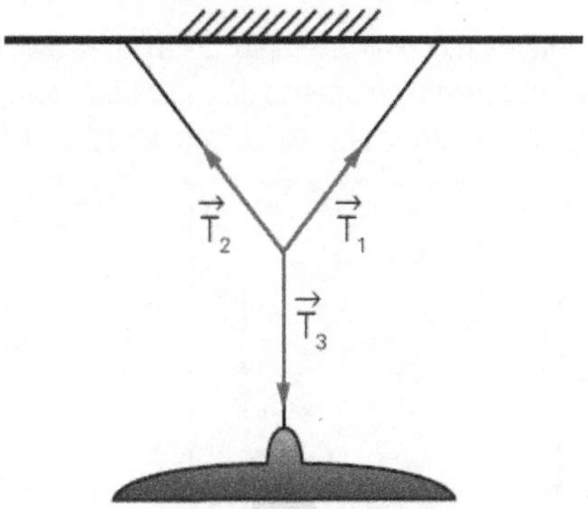


Para que um ponto material esteja em equilíbrio, a resultante das forças deve ser nula. Logo,

$$\vec{R} = \vec{0}$$

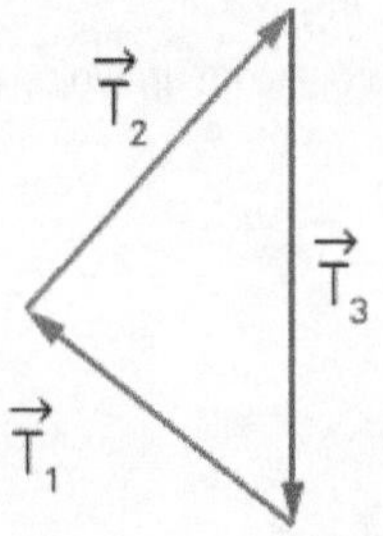


$$\vec{T_1} + \vec{T_2} + \vec{T_3} = \vec{0}$$

Como, para equilíbrio, a resultante das forças deve ser nula, o polígono de forças deve ser fechado.

### Estática do corpo extenso (dimensões relevantes no problema considerado) – existe a possibilidade de rotação.

O corpo extenso, por sua vez, pode apresentar tanto o movimento de translação como o de rotação, por esse motivo apresento a vocês a grandeza física – Momento de uma força (ou torque).

O momento, ou torque, de uma força expressa a capacidade que uma força tem de imprimir uma rotação em um corpo. Imagine uma barra de comprimento L que pode girar em torno do polo O, como mostrado na figura abaixo.

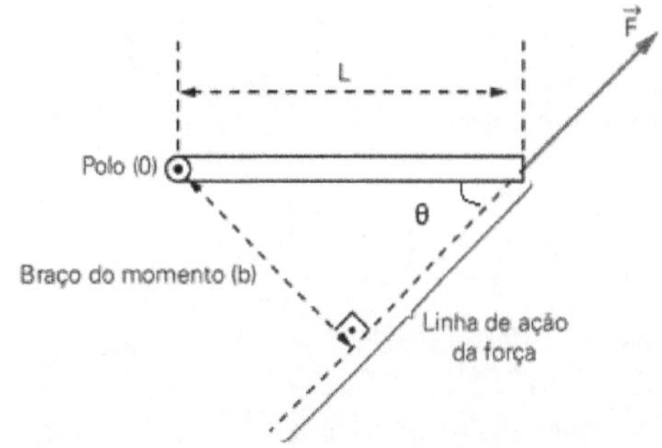


Define-se momento de uma força o produto da intensidade da força perpendicular pelo braço do momento.

Algebricamente: $M_o = F.b\ (I)$

$$sen\ \theta = \frac{b}{L}\ \therefore\ b = sen\ \theta\ .\ L\ (II)$$

Substituindo (II) em (I), temos:

$$M_o = F.sen\ \theta\ .\ L$$

Momento máximo: Quando a força fizer um ângulo de 90° com a barra.

Momento mínimo: Quando a força fizer um ângulo de 0° com a barra.

$$[M] = N.m\ (sistema\ internacional - S.I)$$

Aplicação: A porta se abre mais facilmente onde o momento da força aplicada é maior.

Condição de equilíbrio de um corpo extenso:

$\Sigma M = 0$ (Rotação - A soma dos momentos de todas as forças externas atuantes no corpo, em relação a qualquer polo, é nula.)

$\vec{R}_{externas} = \vec{0}$ (Translação - A resultante de todas as forças externas atuantes no corpo é nula.)

**Exemplo 1:**

**(UERJ - 2018)** Uma luminária com peso de 76N está suspensa por um aro e por dois fios ideais. No esquema, as retas AB e BC representam os fios, cada um medindo 3 m, e D corresponde ao ponto médio entre A e C.

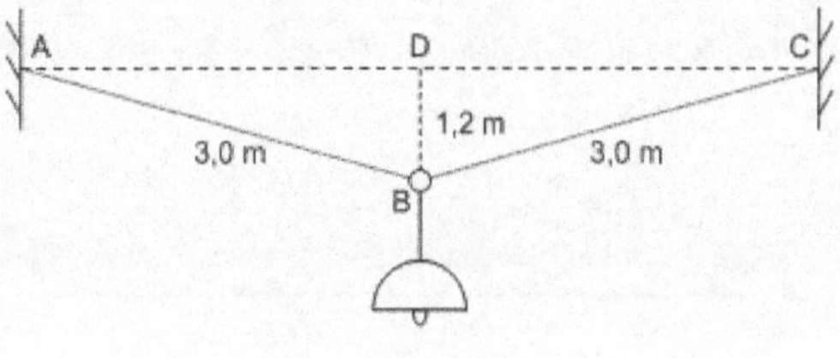


Sendo BC = 1,2 m e A, C e D pontos situados na mesma horizontal, a tração no fio AB, em Newtons, equivale a:

a) 47,5

b) 68,0

c) 95,0

d) 102,5

Resolução:

Decompondo as trações nos eixos vertical e horizontal, de acordo com o diagrama abaixo, temos:

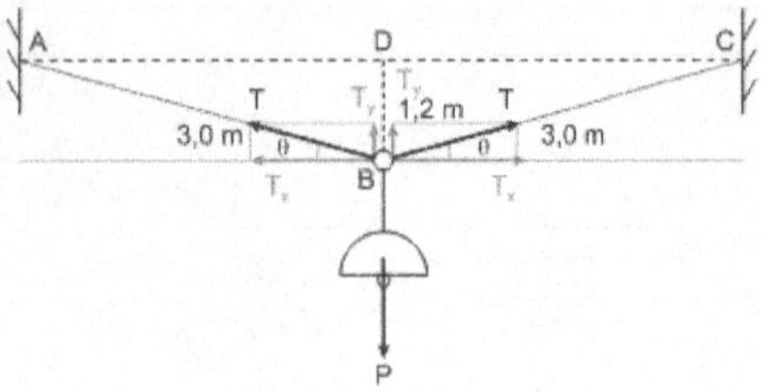


$$2\,T_y = P \Rightarrow T_y = \frac{76\ N}{2} \therefore T_y = 38\ N$$

Pela trigonometria sabemos que sen $\theta = \frac{1,2}{3}$ e que $Ty = T \cdot sen\,\theta$, assim:

$$T_y = T \cdot sen\,\theta \Rightarrow T = \frac{T_y}{sen\,\theta} = \frac{38\ N}{\frac{1,2}{3}} \therefore T = 95\ N$$

**Exemplo 2:**

**(MACKENZIE – 2016)** A barra homogênea, de peso desprezível, está sob a ação de três forças de intensidades $F_1 = 20$ N, $F_2 = 40$ N e $F_3 = 60$ N. A rotação produzida na barra em torno do ponto x é:

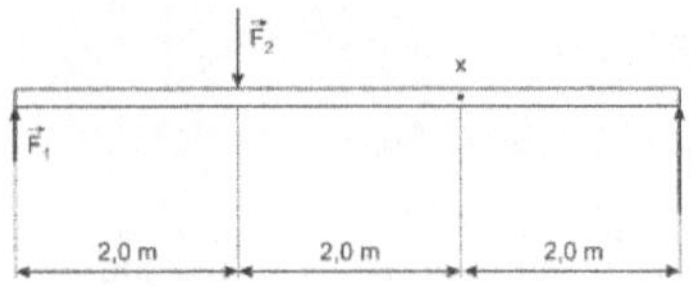


**a)** no sentido anti-horário com um momento resultante de $1,2 \cdot 10^2$ N · m.

**b)** no sentido horário com um momento resultante de $1,2 \cdot 10^2$ N · m.

**c)** no sentido anti-horário com um momento resultante de $1,6 \cdot 10^2$ N · m.

**d)** no sentido horário com um momento resultante de $1,6 \cdot 10^2$ N · m.

**e)** Inexistente.

Resolução:

O momento resultante, usando a convenção de sinais para os momentos conforme figura abaixo, será:

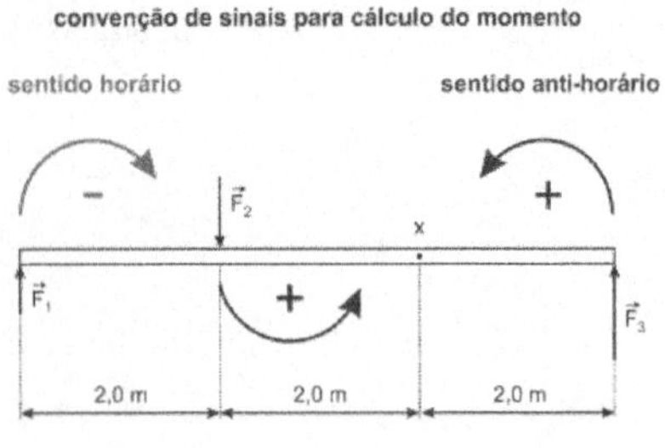


$$M_{resultante} = M_{F_1} + M_{F_2} + M_{F_3} = -F_1 \cdot d_1 + F_2 \cdot d_2 + F_3 \cdot d_3$$

$$M_{resultante} = -20\ N \cdot 4\ m + 40\ N \cdot 2\ m + 60\ N \cdot 2\ m \Rightarrow M_{resultante} = -80\ Nm + 200\ Nm$$

$$M_{resultante} = 120\ Nm = 1,2 \cdot 10^2\ Nm\ \text{(anti-horário)}$$

## 7.2 Estática dos Fluidos

### Massa específica (ou densidade absoluta) de uma substância x densidade de um corpo

A forma de calcular parecem iguais, mas os conceitos são diferentes, vamos lá...

Massa específica de uma substância – É calculada dividindo-se a massa de uma porção dessa substância pelo volume que ela ocupa. Não são considerados os espaços vazios.

Algebricamente:

$$\mu = \frac{m}{V}$$

Densidade de um corpo – É calculada dividindo-se a massa de um corpo (mesmo que composto por vários materiais de diferentes massas específicas) pelo volume total que ele ocupa (incluindo espaços vazios).

$$d = \frac{m}{V}$$

Considere o seguinte exemplo: determine a densidade de um bloco maciço, constituído apenas da substância ferro, de 15 kg de massa e que ocupa um volume de 2 L, como mostra a figura a seguir:

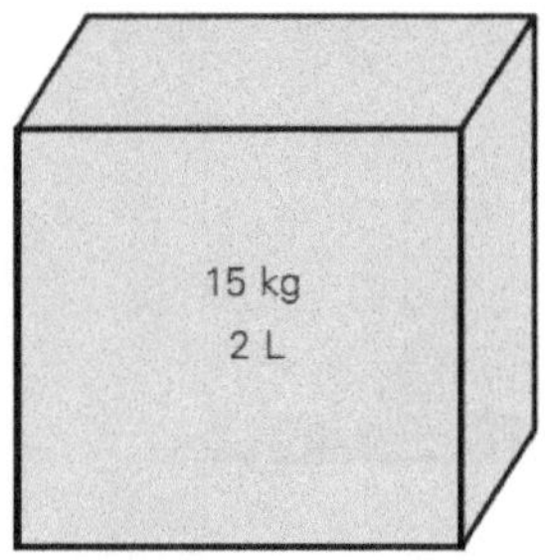


$$d = \mu = \frac{15\ kg}{2\ L} = 7{,}5\ kg/L$$

O fato de o corpo ser constituído apenas com a substância ferro e ser maciço, a densidade do bloco de ferro coincide com a massa específica da substância ferro.

Considere agora uma esfera oca com um volume vazio de 28 L em seu interior.

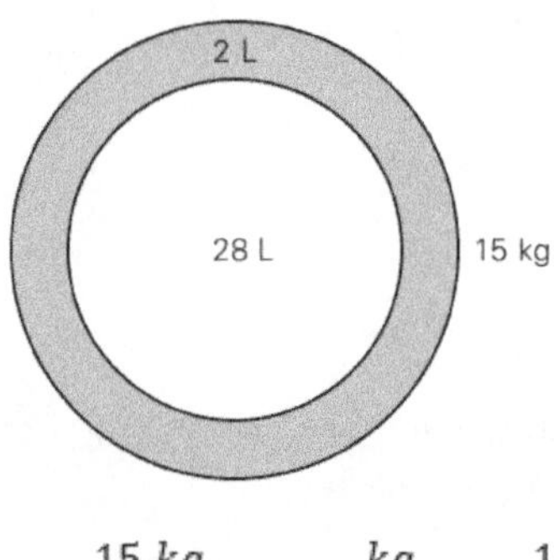


$$d = \frac{15\ kg}{(28+2)L} = 0{,}5\frac{kg}{L};\ \mu = \frac{15\ kg}{2\ L} = 7{,}5\ kg/L$$

A massa específica da substância ferro e a densidade da esfera neste caso, devido aos espaços vazios, não coincidem.

Unidades usadas – $\frac{kg}{L}$; $\frac{g}{cm^3}$; $\frac{kg}{m^3}$

No sistema internacional → kg/m³

1 $m^3$ = 1000 L 1 tonelada = 1000 kg

1 $cm^3$ = 1 mL 1 kg = 1000 g

1 L = 1000 $cm^3$

1 $g/cm^3$ = 1 kg/L = 1000 $kg/m^3$

## Pressão

Grandeza física escalar definida pela razão entre a intensidade da força (F) exercida perpendicularmente sobre uma superfície de contato e a área (A) dessa superfície:

$$P = \frac{F}{A}$$

No SI, a unidade de medida de pressão é $N/m^2$ ou Pascal (símbolo Pa).

$1\ N/m^2 = 1\ Pa$

$1\ bar = 10^5\ Pa$

$1\ atm = 1{,}01.10^5\ Pa$

$1\ psi \cong 7.10^3\ Pa$

$Patm = 1\ atm = 760\ mm\ Hg \cong 10^5\ Pa$

## Teorema de stevin

O teorema de Stevin (ou lei de Stevin por razões históricas) permite calcular a diferença de pressão entre dois pontos x e y de um líquido em equilíbrio, conhecendo o desnível vertical h entre eles.

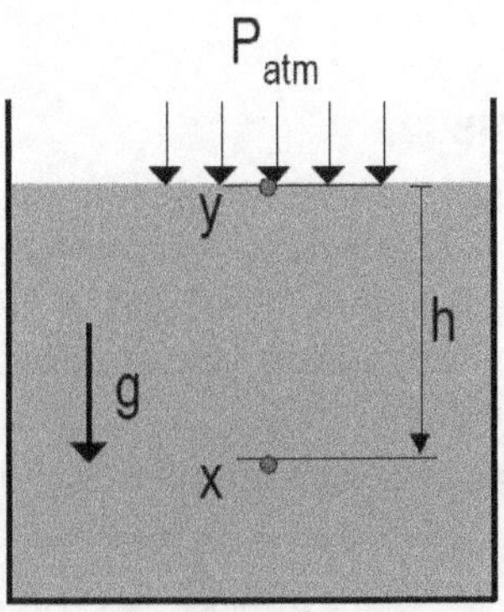


$$P_x = P_y + d.g.h$$

No caso apresentado na figura, temos:

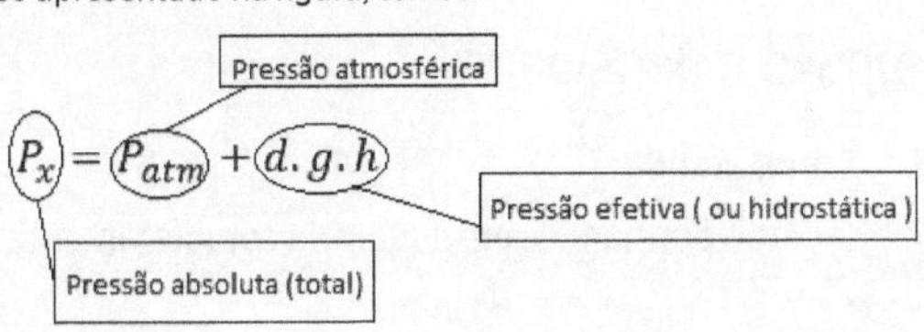


A pressão, no interior de um líquido, aumenta linearmente com a profundidade.

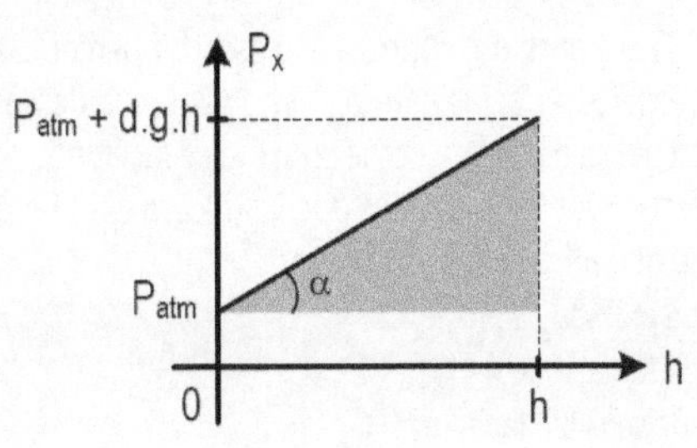


Todos os pontos de um líquido em equilíbrio sob a ação da gravidade, situados em um mesmo nível horizontal, suportam a mesma pressão, constituindo uma região isobárica.

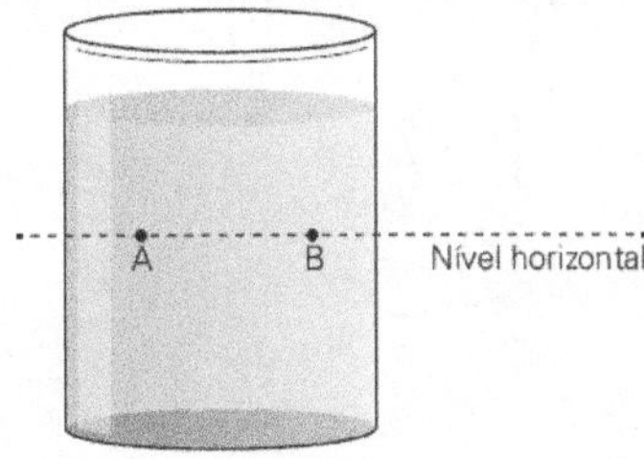


## Aplicação do teorema de stevin:

Considere um tubo em U (vaso comunicante) contendo dois líquidos não miscíveis (água e óleo, por exemplo). Neste caso, considerando a situação em equilíbrio, pode-se verificar que o líquido na camada inferior é mais denso que o líquido da camada superior.

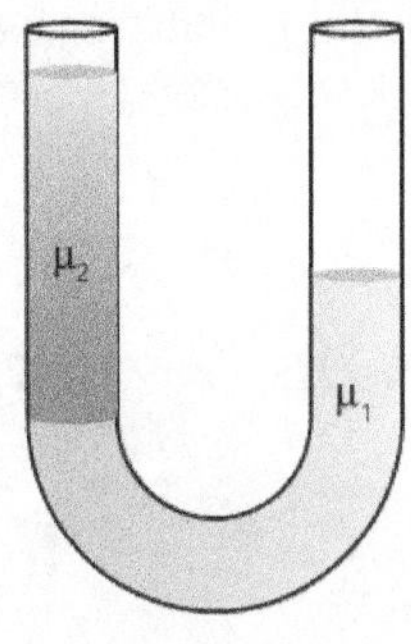


$\mu_1 > \mu_2$

Utilizando-se como nível horizontal de referência a superfície de separação dos dois líquidos, verifica-se que as duas colunas devem exercer a mesma pressão nos pontos A e B. Observe:

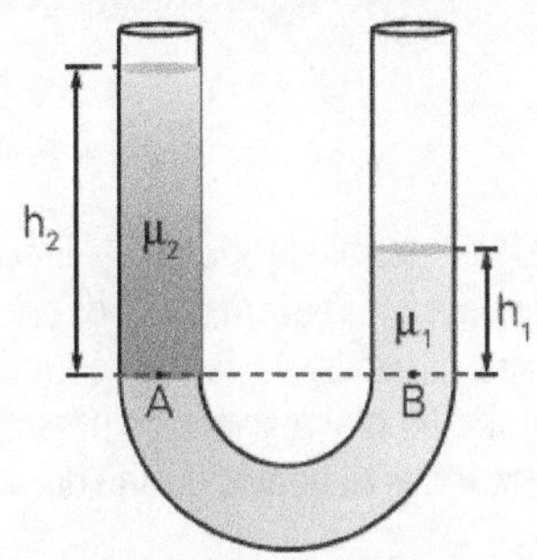


Segundo o teorema de Stevin, a pressão no ponto A é igual à do ponto B, pois se encontram no mesmo líquido na mesma horizontal. Logo,

$$P_A = P_B \rightarrow P_{atm} + \mu_2.g.h_2 = P_{atm} + \mu_1.g.h_2 \therefore \mu_2.h_2 = \mu_1.h_1$$

sifão

Simplificando o desenho...

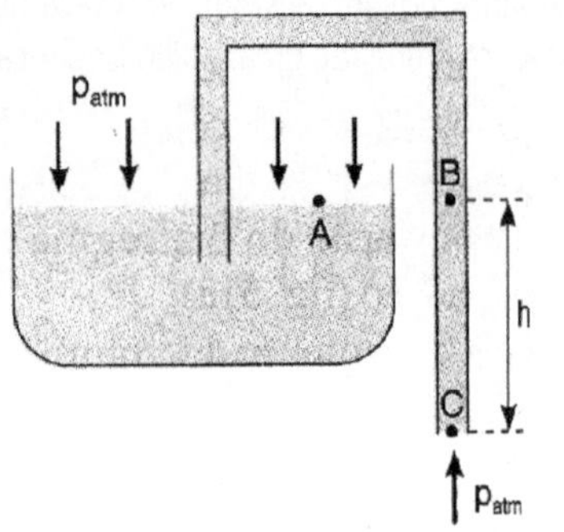


$$P_C = P_B + d.g.h = P_{atm} + d.g.h > P_{atm}$$

## O princípio de pascal

A variação de pressão provocada em um ponto de um líquido em equilíbrio se transmite integralmente a todos os pontos do líquido e das paredes do recipiente que o contém.

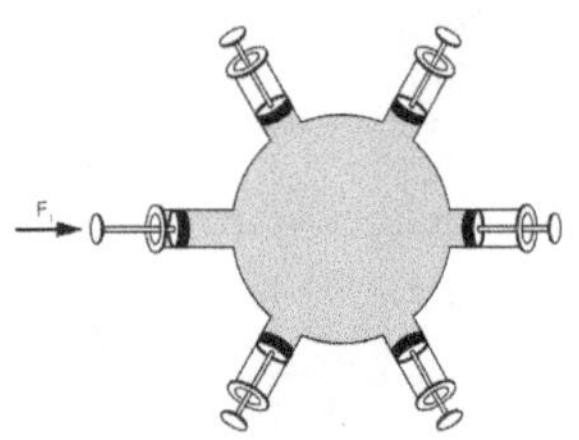

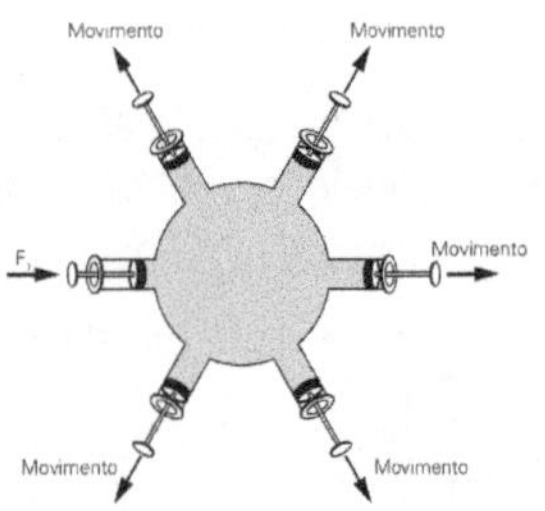


A força não foi transmitida apenas na direção aplicada, uma vez que aplicamos uma força em uma certa direção e a transmissão se deu em diversas direções. Portanto, segundo o princípio de Pascal, observa-se que o acréscimo de pressão é transmitido integralmente para todos os pontos do líquido.

## Aplicações do princípio de pascal

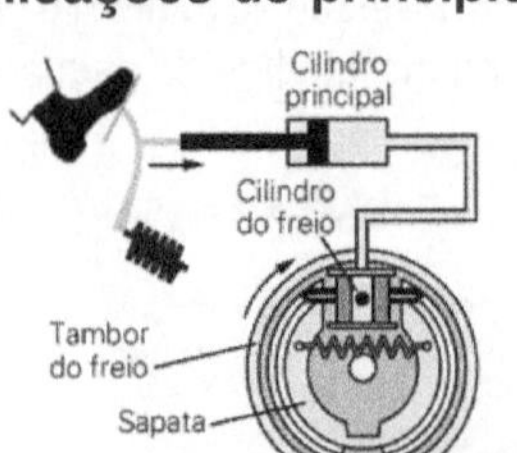


Sistema de freios

Macaco hidráulico

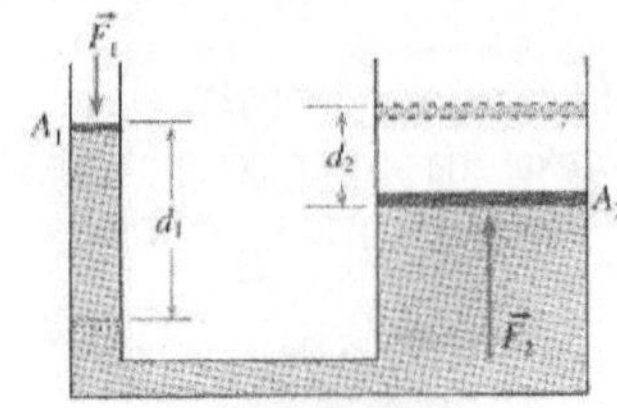


Prensa hidráulica

De acordo com o princípio de Pascal:

$$\Delta p_1 = \Delta p_2 \rightarrow \frac{F_1}{A_1} = \frac{F_2}{A_2}$$

Vantagem mecânica:

$$V_M = \frac{F_2}{F_1} = \frac{A_2}{A_1}$$

Conservação do trabalho:

Em uma prensa hidráulica, o trabalho da força aplicada ao êmbolo menor é igual ao trabalho da força transmitida ao êmbolo maior.

$$F_B.d_B = F_A.d_A$$

## O princípio de arquimedes

Quando um corpo é imerso total ou parcialmente em um fluido em equilíbrio sob a ação da gravidade, ele recebe do fluido uma força denominada empuxo. Tal força tem sempre direção vertical, sentido de baixo para cima e intensidade igual à do peso do fluido deslocado pelo corpo.

$$Empuxo = Peso\ do\ líquido\ deslocado\ pelo\ corpo$$

$$E = M_{Líquido\ deslocado} \cdot g$$

$$E = densidade_{líquido\ deslocado} . Volume_{líquido\ deslocado} \cdot g$$

$$\therefore E = d_{líquido} \cdot V_{submerso} \cdot g$$

## Empuxo e densidade

**01. Corpo afunda -** $P > E;\ d_{corpo} > d_{líquido}$

**02. O corpo permanece em equilíbrio completamente imerso -** $P = E;\ d_{corpo} = d_{líquido}$

**03. O corpo acelera para cima e passa a boiar -** $P < E;\ d_{corpo} < d_{líquido}$

**Exemplo 1:**

**(UPF - 2018)** Durante um churrasco, o assador percebe que a faca está "sem fio" e decide afiá-la. Como resultado desse processo, a faca passa a cortar a carne com maior facilidade com o mesmo esforço. Dentre as razões que justificam esse fenômeno, está a de que afiar a faca resulta em

**a)** redução de pressão.
**b)** redução de força.
**c)** aumento de sensibilidade.
**d)** redução de área de contato.
**e)** aumento de força.

Resolução:

Temos, neste caso, um aumento da pressão por redução da área de contato, pois o esforço para as duas situações é o mesmo, ou seja, a força aplicada para cortar a carne é a mesma. A expressão que relaciona essas grandezas é dada por:

$p = \frac{F}{A}$, onde:

p = pressão;

F = força;

A = área de contato.

Assim, para a mesma força nas duas situações, após a faca ser afiada temos uma redução da área de contato e uma maior pressão, facilitando o corte.

**Exemplo 2:**

**(UEPB - 2013)** Os precursores no estudo da Hidrostática propuseram princípios que têm uma diversidade de aplicações em inúmeros "aparelhos" que simplificam as atividades extenuantes e penosas das pessoas, diminuindo muito o esforço físico, como também encontraram situações que evidenciam os efeitos da pressão atmosférica. A seguir, são apresentadas as situações-problema que ilustram aplicações de alguns dos princípios da Hidrostática.

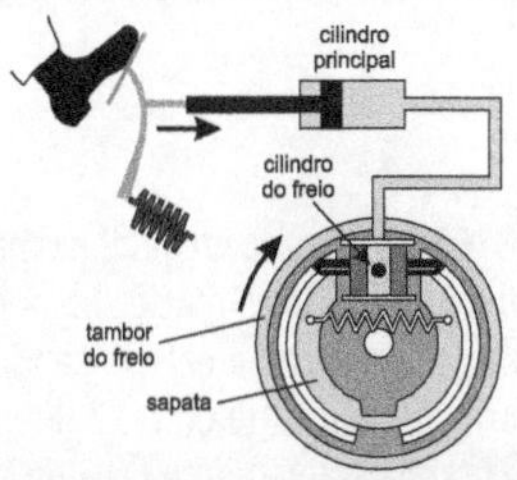


**Situação I** – Um sistema hidráulico de freios de alguns carros, em condições adequadas, quando um motorista aciona o freio de um carro, este para após alguns segundos, como mostra figura acima.

**Situação II** – Os pedreiros, para nivelar dois pontos em uma obra, costumam usar uma mangueira transparente, cheia de água. Observe a figura acima, que mostra como os pedreiros usam uma mangueira com água para nivelar os azulejos nas paredes.

**Situação III** – Ao sugar na extremidade e de um canudo, você provoca uma redução na pressão do ar em seu interior. A pressão atmosférica, atuando na superfície do líquido, faz com que ele suba no canudinho.

Assinale a alternativa que corresponde, respectivamente, às aplicações dos princípios e do experimento formulados por:

a) Arquimedes (Situação I), Pascal (Situação II) e Arquimedes (Situação III)

b) Pascal (Situação I), Arquimedes (Situação II) e Stevin (Situação III)

c) Stevin (Situação I), Torricelli (Situação II) e Pascal (Situação III)

d) Pascal (Situação I), Stevin (Situação II) e Torricelli (Situação III)

e) Stevin (Situação I), Arquimedes (Situação II) e Torricelli (Situação III).

Resolução:

**Situação I** – aplicação do freio hidráulico, baseado no princípio de Pascal: qualquer acréscimo de pressão efetuado num ponto de um líquido em repouso é transmitido integralmente aos demais pontos desse líquido.

**Situação II** – aplicação do princípio de Stevin: pontos de um mesmo líquido que estão na mesma horizontal estão sob mesma pressão.

**Situação III** – Princípio de Torricelli: (já explicado no texto).

**Exemplo 3:**

**(UDESC - 2017)** A figura abaixo mostra um tubo aberto em suas extremidades, contendo um único líquido em equilíbrio.

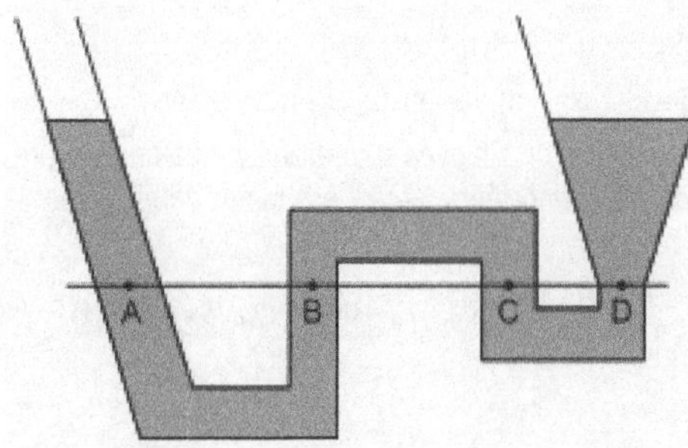


Assinale a alternativa **correta** com relação às pressões $P_A$, $P_B$, $P_C$ e $P_D$ nos pontos A, B, C e D situados sobre a mesma linha horizontal, conforme mostra a figura acima.

a) $P_A = P_B = P_C < P_D$

a) $P_A = P_B = P_C = P_D$

a) $P_A > P_B = P_C = P_D$

a) $P_A = 2P_B = 3P_C = 4P_D$

a) $4P_A = 3P_B = 2P_C = P_D$

Resolução:

Pelo Teorema de Stevin, pontos de um mesmo líquido em equilíbrio que estejam no mesmo nível têm a mesma pressão.

**Exemplo 4:**

**(UNESP - 2013)** O sifão é um dispositivo que permite transferir um líquido de um recipiente mais alto para outro mais baixo, por meio, por exemplo, de uma mangueira cheia do mesmo líquido. Na figura, que representa, esquematicamente, um sifão utilizado para transferir água de um recipiente sobre uma mesa para outro no piso, R é um registro que, quando fechado, impede o movimento da água. Quando o registro é aberto, a diferença de pressão entre os pontos A e B provoca o escoamento da água para o recipiente de baixo.

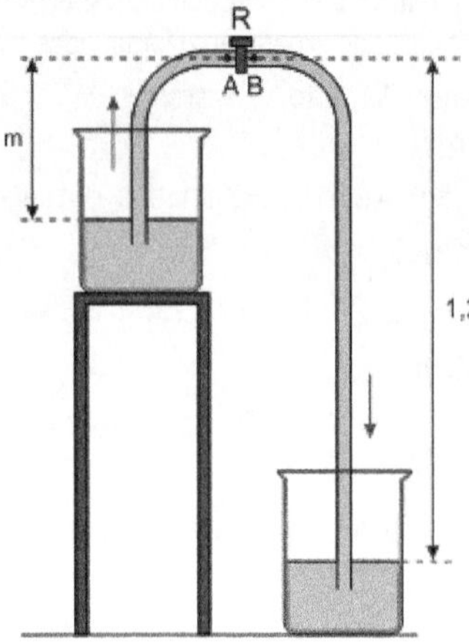


Considere que os dois recipientes estejam abertos para a atmosfera, que a densidade da água seja igual a $10^3$ kg/m³ e que g = 10 m/s². De acordo com as medidas indicadas na figura, com o registro R fechado, a diferença de pressão $P_A$ - $P_B$, entre os pontos A e B, em Pascal, é igual a

a) 4 000.

b) 10 000.

c) 2 000.

d) 8 000.

e) 12 000.

Resolução:

Dados: d = $10^3$ kg/m³; $h_A$ = 0,4 m; $h_B$ = 1,2 m; g = 10 m/s².

Nas extremidades do sifão, na superfície livre da água, a pressão é igual à pressão atmosférica. Então, nos ramos da esquerda e da direita, temos:

$$\begin{cases} \text{Esquerda}: P_A + d\,g\,h_A = P_{at} \\ \text{Direita}: P_B + d\,g\,h_B = P_{at} \end{cases} \Rightarrow P_A - P_B = d\,g(h_B - h_A) = 10^3 \times 10 \times (1{,}2 - 0{,}4) \Rightarrow$$

$P_A - P_B = 8.000$ Pa.

**Exemplo 5:**

**(UFPR - 2016)** Uma esfera homogênea e de material pouco denso, com volume de 5,0 cm³, está em repouso, completamente imersa em água. Uma mola, disposta verticalmente, tem uma de suas extremidades presa ao fundo do recipiente e a outra à parte inferior da esfera, conforme figura abaixo. Por ação da esfera, a mola foi deformada em 0,1 cm, em relação ao seu comprimento quando não submetida a nenhuma força deformadora. Considere a densidade da água como 1,0 g/cm³, a aceleração gravitacional como 10 m/s² e a densidade do material do qual a esfera é constituída como 0,1 g/cm³.

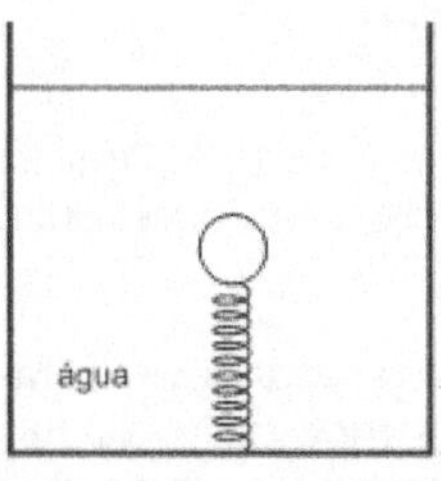


Com base nas informações apresentadas, assinale a alternativa que apresenta a constante elástica dessa mola.

a) 0,45 N/cm.

b) 4,5 N/cm.

c) 45 N/cm.

d) 450 N/cm.

e) 4500 N/cm.

Resolução:

Dados:

$V = 5\,cm^3 = 5\times10^{-6}\,m^3;\ x = 0{,}1\,cm = 10^{-3}\,m;\ d_a = 1\,g/cm^3;\ d_c = 0{,}1\,g/cm^3 = 10^{-2}\,kg/m^3.$

A figura mostra as forças agindo na esfera: peso $(\vec{P})$; empuxo $(\vec{E})$ e força elástica $(\vec{F})$.

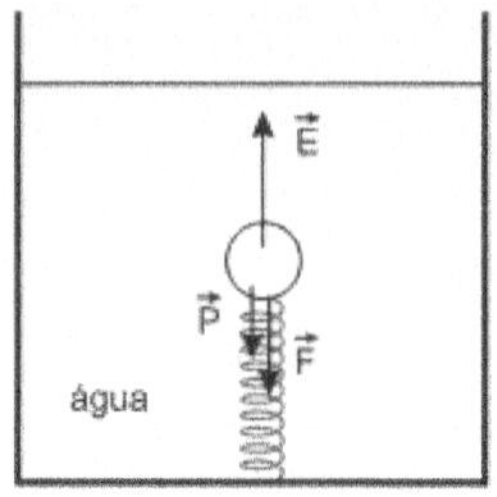


Como a esfera é homogênea, sua densidade é igual à do material que a constitui. Assim, ela é menos densa que a água, portanto, sua tendência é flutuar, provocando na mola uma distensão. Por isso a força elástica na esfera é para baixo.

Do equilíbrio de forças:

$$F + P = E \Rightarrow F = E - P \Rightarrow F = d_a V g - d_c V g \Rightarrow kx = (d_a - d_c)Vg \Rightarrow$$

$$k = \frac{(d_a - d_c)Vg}{x} = \frac{(10^3 - 10^2)\times 5\times10^{-6}\times 10}{10^{-3}} = 9\times10^2\times5^{-2} \Rightarrow k = 45\ N/m \Rightarrow$$

$\boxed{k = 0{,}45\ N/cm.}$

**Exemplo 6:**

**(ESPCEX - 2016)** Uma corda ideal AB e uma mola ideal M sustentam, em equilíbrio, uma esfera maciça homogênea de densidade ñ e volume V através da corda ideal BC, sendo que a esfera encontra-se imersa em um recipiente entre os líquidos imiscíveis 1 e 2 de densidade $ñ_1$ e $ñ_2$, respectivamente 60% do volume da esfera está contido no líquido 1 e 40% no líquido 2, Considerando o módulo da aceleração da gravidade igual a g, a intensidade da força de tração na corda AB é

Dados:

$\text{sen}\,60° = \cos 30° = \frac{\sqrt{3}}{2}$

$\text{sen}\,30° = \cos 60° = \frac{1}{2}$

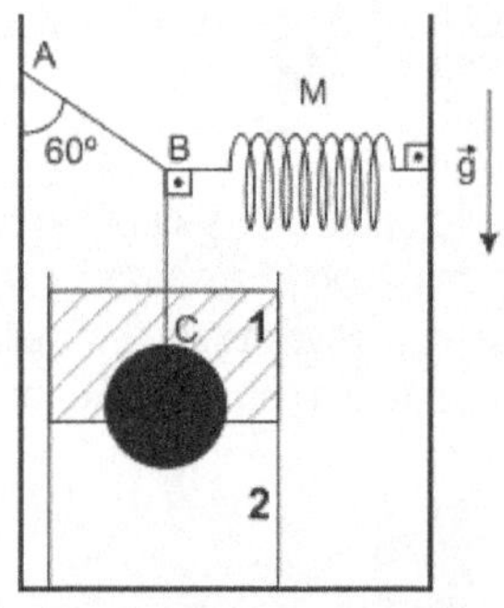


desenho ilustrativo - fora de escala

a) $\sqrt{3}Vg(ñ - 0{,}6ñ_1 - 0{,}4ñ_2)$

b) $\sqrt{3}Vg(ñ - 0{,}6ñ_2 - 0{,}4ñ_1)$

c) $2Vg(ñ - 0{,}6ñ_2 - 0{,}4ñ_1)$

d) $\frac{\sqrt{3}}{3}Vg(ñ - 0{,}6ñ_1 - 0{,}4ñ_2)$

e) $2Vg(ñ - 0{,}6ñ_1 - 0{,}4ñ_2)$

Resolução:

Decompondo a tração do fio, temos que:

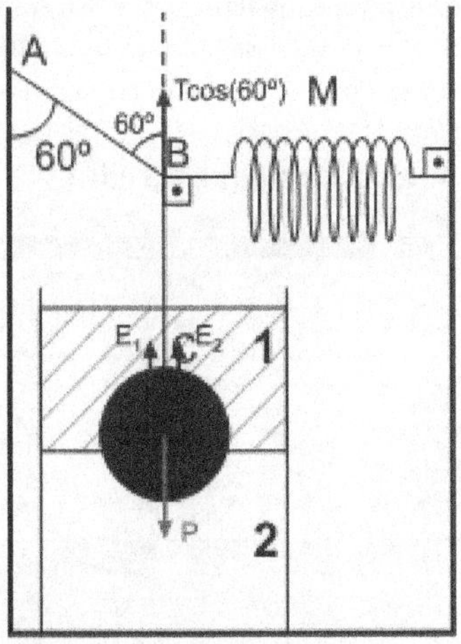


Assim, para o equilíbrio de forças na vertical, temos que:

$$T \cdot \cos(60°) + E_1 + E_2 = P$$

$$T \cdot \cos(60°) + (\tilde{n}_1 \cdot V_1 \cdot g) + (\tilde{n}_2 \cdot V_2 \cdot g) = m \cdot g$$

Como, $m = \tilde{n} \cdot g$; $V_1 = 0{,}6V$, $V_2 = 0{,}4V$. Temos:

$$\frac{T}{2} + (\tilde{n}_1 \cdot (0{,}6V) \cdot g) + \tilde{n}_2 \cdot (0{,}4V) \cdot g = \tilde{n} \cdot V \cdot g$$

$$T = 2(\tilde{n} \cdot V \cdot g - 0{,}6 \cdot \tilde{n}_1 \cdot V \cdot g - 0{,}4 \cdot \tilde{n}_2 \cdot V \cdot g)$$

$$T = 2 \cdot V \cdot g(\tilde{n} - 0{,}6 \cdot \tilde{n}_1 - 0{,}4 \cdot \tilde{n}_2)$$

**Exemplo 7:**

**(UEL - 2011)** A figura a seguir apresenta um vaso preenchido com dois fluidos diferentes não miscíveis. O fluido 1 apresenta densidade de 1 g/cm³ e o fluido 2, densidade de 0,7 g/cm³.

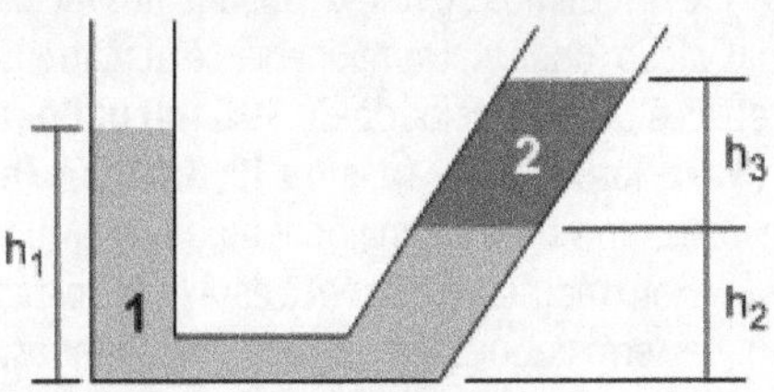


Sendo $h_1 = h + h_2$, qual a razão $h/h_3$?

**a)** 0,7

**b)** 1

**c)** 5

**d)** 3,2

**e)** 100

Resolução:

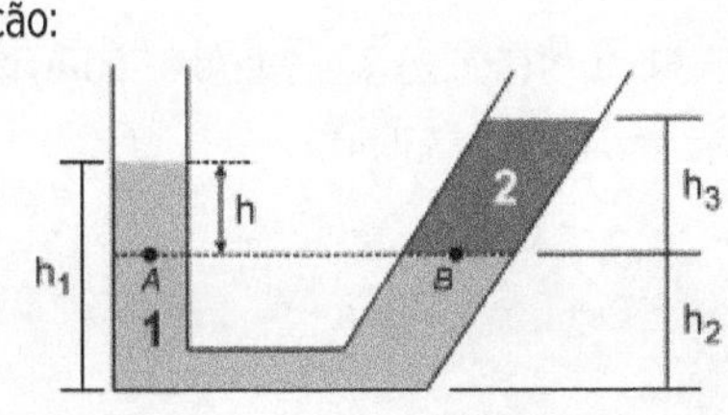


Pelo teorema de Stevin, as pressões nos pontos *A* e *B* são iguais.

Então:

$$d_1 h = d_2 h_3 \Rightarrow \frac{h}{h_3} = \frac{d_2}{d_1} = \frac{0{,}7}{1} \Rightarrow \frac{h}{h_3} = 0{,}7.$$

**Exemplo 8:**

**(UECE - 2010)** No elevador mostrado na figura a seguir, o carro no cilindro à esquerda, na posição E, tem uma massa de 900 kg, e a área da secção transversal do cilindro é 2500 cm². Considere a massa do pistão desprezível e a aceleração da gravidade igual a 10 m/s². A área da secção transversal do cilindro, na posição D, é 25 cm², e o pistão tem massa desprezível.

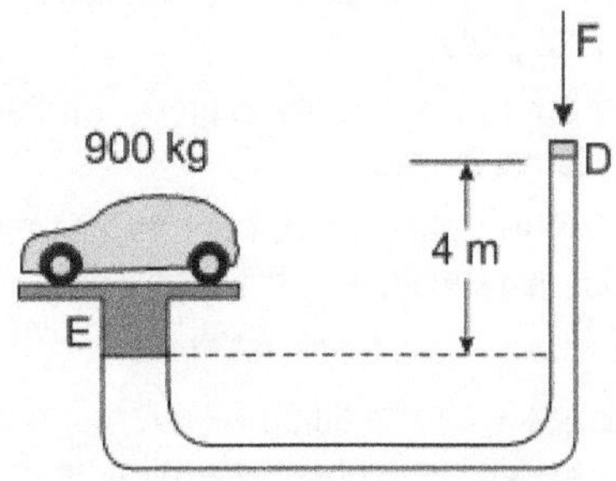


Se o elevador for preenchido com óleo de densidade 900 kg/m³, a força mínima *F*, em Newton, necessária para manter o sistema em equilíbrio será

**a)** 0.

**b)** 10.

**c)** 800.

**d)** 900.

Resolução:

Dados: **m** = 900 kg; $\mathbf{A_1}$ = 2.500 cm² = 25 ´ 10⁻² m² ; $\mathbf{A_2}$ = 25 cm² = 25 ´ 10⁻⁴ m²; $\mathbf{d_{óleo}}$ = 900 kg/m³; **h** = 4m.

De acordo com o teorema de Stevin, pontos de um mesmo líquido em repouso que estão na mesma horizontal suportam a mesma pressão.

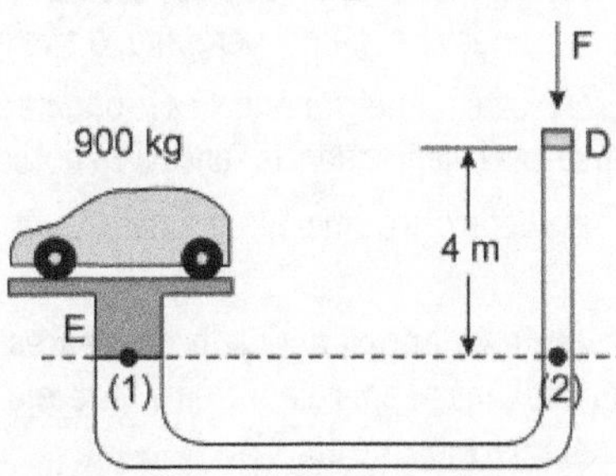


A pressão no ponto (1) provocada pelo peso do carro é igual à pressão no ponto (2) provocada pela força $\vec{F}$, somada à da coluna líquida.

$$p_1 = p_2 \text{ þ } \frac{m\ g}{A_1} = \frac{F}{A_2} + d_{óleo}\ g\ h$$

$$\text{þ } \frac{9.000}{25 \times 10^{-2}} = \frac{F}{25 \times 10^{-4}} + 900 \times 10 \times 4 \text{ þ}$$

$$36.000 - 36.000 = \frac{F}{25 \times 10^{-4}}$$

$$\frac{F}{25 \times 10^{-4}} = 0 \text{ þ } F = 0$$

# 8. ÓPTICA GEOMÉTRICA

## 8.1 O Que Vem a Ser Óptica?

Nós interagimos com o mundo à nossa volta por meio dos nossos sentidos, e por meio dos tempos, o sentido da visão se fixou no homem como o mais valioso. Por exemplo, lemos com muito mais rapidez do que ouvimos uma pessoa falando. A ciência reservou uma posição de destaque à óptica e isso nos faz sentido porque nossa concepção de Universo saiu das trevas com o surgimento dos telescópios, a biologia derrubou várias barreiras com advento do microscópio, a qualidade de vida deu um salto com aprimoramento dos óculos.

A palavra óptica tem origem no grego **optike** e significa basicamente "**relativo à visão**".

Por uma forma didática, a óptica apresentada em concursos é dividida em óptica geométrica, óptica física e óptica fisiológica.

Veremos a diferença entre os três tipos:

**Óptica Geométrica**: É a parte da óptica que, por meio de conceitos geométricos simples, consegue explicar inúmeros fenômenos, como sombras, formação de imagens, entre outros fenômenos.

**Óptica Física**: É a parte que estuda os fenômenos que a óptica geométrica não explica e que é necessário para o entendimento da natureza ondulatória e eletromagnética da luz. Fenômenos como interferência da luz, por exemplo, são fenômenos explicados pela óptica física.

**Óptica Fisiológica**: É a parte que estudo o funcionamento óptico do olho (instrumento óptico).

## 8.2 Ondas Eletromagnéticas

No tópico acima vimos o que vem a ser óptica e como a dividimos, mas o papel principal para que seja possível nós vermos algo é devido à luz. Daí faço a seguinte pergunta, o que é luz?

Concurseiros, luz é a energia que se propaga através de ondas eletromagnéticas cuja frequência sensibiliza nosso olho.

Eu sei que essa definição é um pouco formal, vamos entender esse processo:

A energia pode se apresentar sob diferentes formas, exemplo, energia mecânica, energia térmica, energia elétrica, energia química, energia radiante etc.

O transporte de energia entre dois pontos de um sistema se dá por meio de ondas. Existem dois tipos de natureza de onda:

→ **Mecânica: para haver propagação é necessário meio (matéria)**

→ **Eletromagnética: para se propagar não necessita de meio, ela se propaga no vácuo.**

Assim, por exemplo, a energia mecânica de uma pedra que atinge a água de um lago é transmitida por toda a superfície desse lago pelas ondas de natureza mecânica.

Já no estudo da óptica, o que nos interessa é um tipo específico de transporte de energia, aquele feito pelas chamadas ondas eletromagnéticas (natureza da onda), cujos exemplos mais conhecido são: onda de rádio, micro-ondas, raio X, radiações infravermelha, visível e ultravioleta.

O que nos diferencia de não enxergarmos ondas de rádio, raio X, radiações infravermelhas etc. é as diferentes frequências com que essas ondas vibram. Assim, "a turmas da física" reuniram o conjunto de todas as frequências das ondas eletromagnéticas que damos o nome de **espectro eletromagnético**.

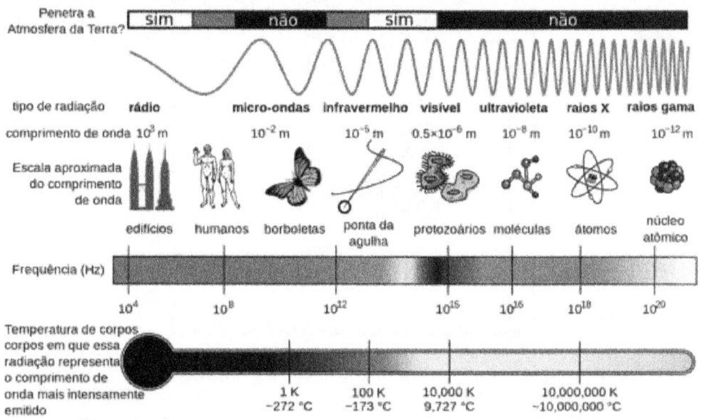


É isso mesmo que você está pensando, a luz (radiação visível) é a única coisa que conseguimos enxergar.

> *A propagação de ondas eletromagnéticas no vácuo ocorre com a mesma velocidade, independentemente de suas frequências.*

## 8.3 Velocidade da Luz

A luz que recebemos do Sol se propaga nos meios materiais e também no vácuo (onda eletromagnética) e percorre 150 milhões de quilômetros a uma velocidade de **300 mil quilômetros por segundo (3.10$^5$ km/s, 3.10$^8$ m/s ou 10,8.10$^8$ km/h)** que é a velocidade da luz no vácuo e a maior atingida na natureza identificada. Nesse exato momento que você está lendo esta apostila, a luz vai chegar a Terra daqui a 8 minutos e 20 segundos.

Todas as ondas eletromagnéticas possuem a mesma velocidade quando estão propagando-se no vácuo.

## 8.4 Ano-luz

É uma unidade de comprimento, como metros, quilômetros etc. Por causa dos extensos números entre os astros foi conveniente criar uma unidade de medida para distâncias astronômicas.

**Ano-luz é a distância percorrida pela luz no vácuo em 1 ano.**

1 ano = $3{,}15.10^7$ s (365,25 dias. 24h/dia.3600s/h)

1 ano-luz = $3.10^8$ m/s. $3{,}15.10^7$ s = $9{,}45.10^{15}$ m

# 8.5 Óptica Geométrica

## Conceitos iniciais

**Representação geométrica da trajetória da luz.**

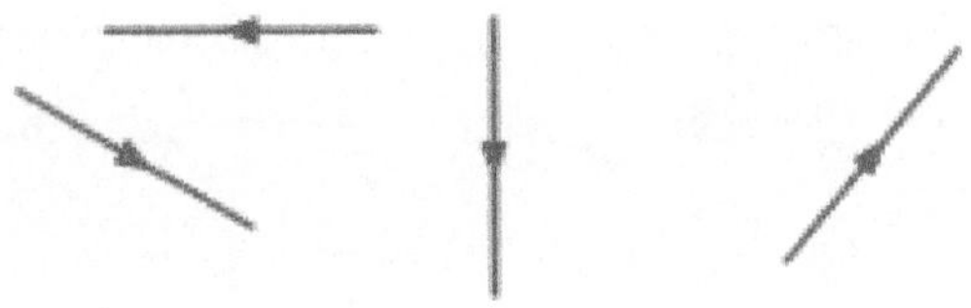

**Nomenclaturas dos feixes de luz**

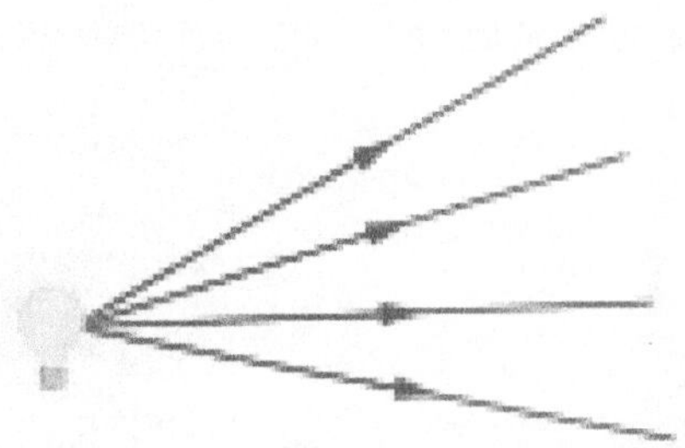

Feixe ou pincel divergente

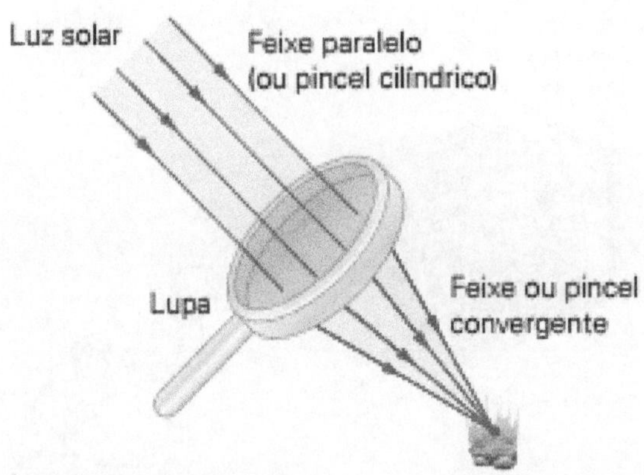


## Fontes de luz

Todos os corpos que enviam luz são chamados de fonte de luz. Isso quer dizer que qualquer corpo que podemos observar e fotografar é uma fonte de luz.

Existem corpos que enviam a luz que **eles produzem**: são os **corpos luminosos ou fontes primárias**.

**Exemplo**: Sol, estrelas, lâmpadas elétricas quando acesa e chama de vela.

Os corpos que **enviam uma parcela da luz que recebem de outros corpos (fontes primárias)** são denominados corpos iluminados ou **fonte secundária**.

**Exemplo**: A Lua envia à Terra a luz que recebe do Sol, nós mesmos, roupas etc.

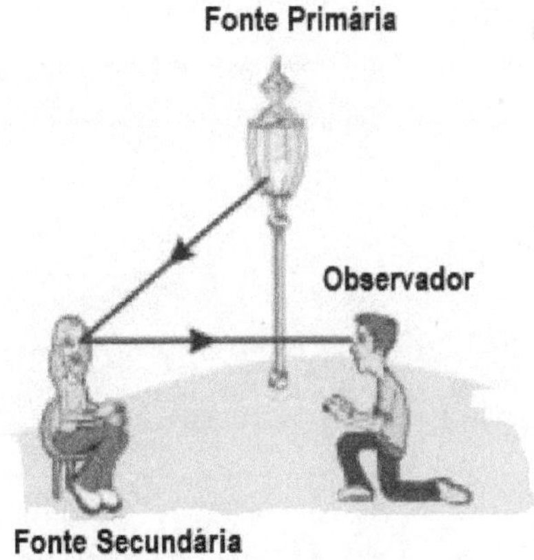


## Classificação dos meios

→ **Meios transparentes:** são aqueles que permitem que a luz os atravesse descrevendo trajetórias regulares e bem definidas.

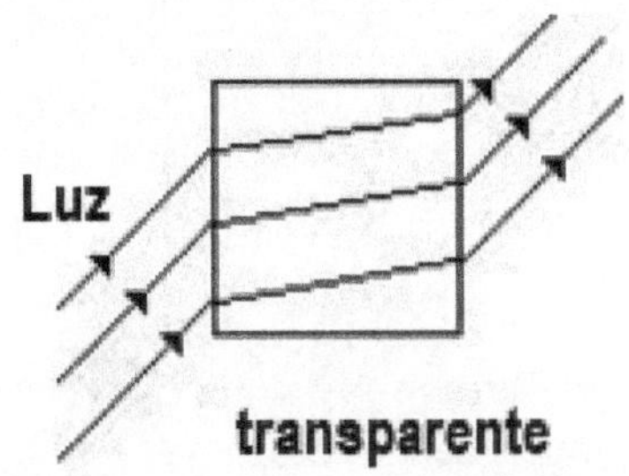


**Exemplo**: Água Pura.

→ **Meios translúcidos:** são aqueles em que a luz descreve trajetórias irregulares com intensa difusão (espalhamento aleatório), provocada pelas partículas desses meios. Exemplo: Papel manteiga

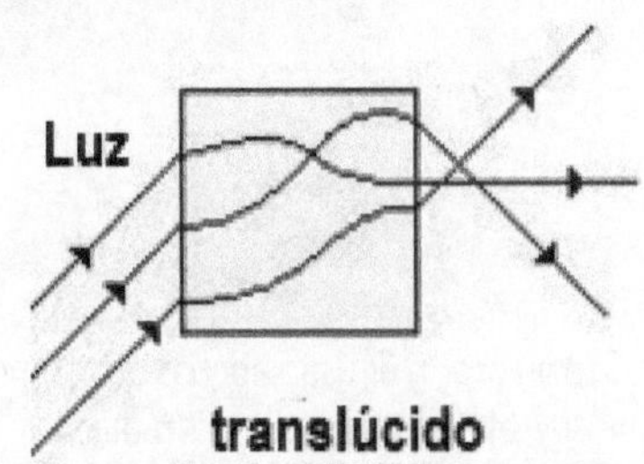


→ **Meios opacos:** são aqueles através dos quais a luz não se propaga.

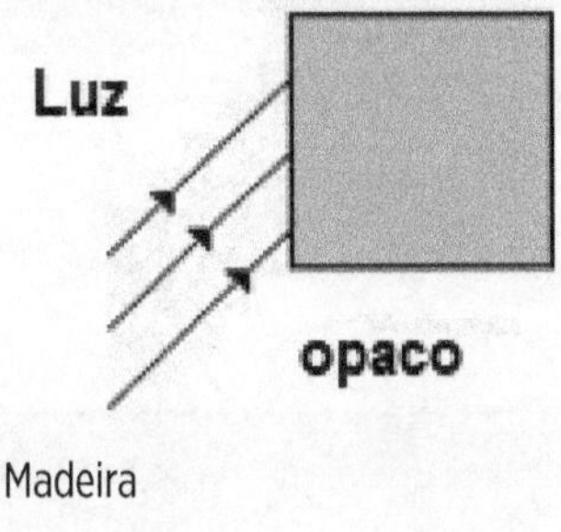


**Exemplo**: Madeira

## Fenômenos da óptica geométrica

A seguir, vamos descrever alguns fenômenos que ocorrem com a luz quando esta atinge determinada superfície.

### Reflexão

→ **Regular**

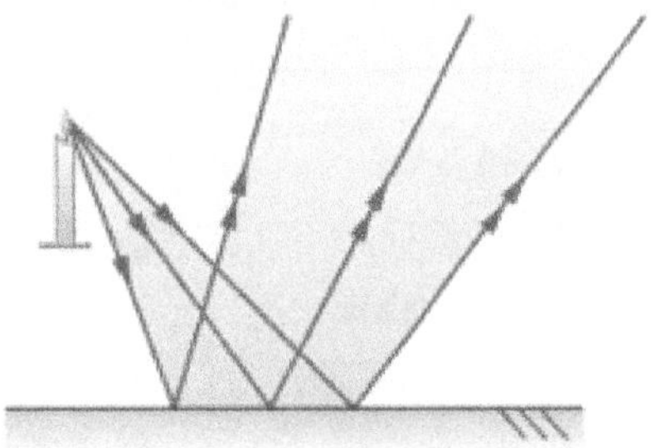

→ **Difusa**

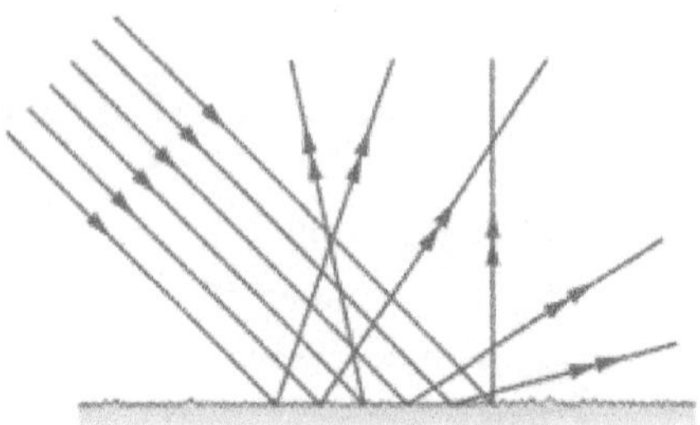

Exemplo/Aplicação: A cor dos corpos

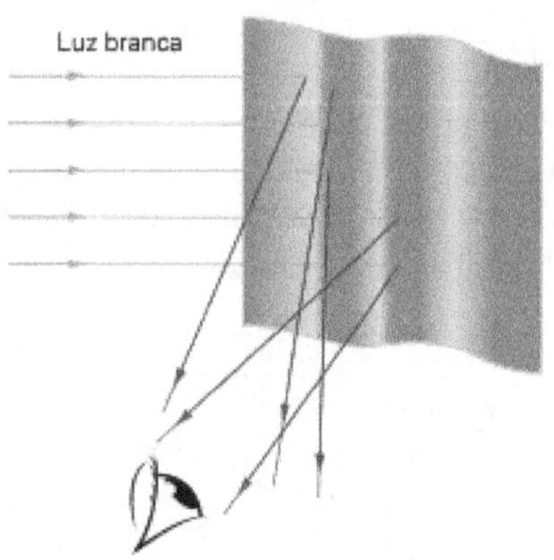


No tecido azul ocorre difusão apenas da componente azul do espectro luminoso e absorção das demais radiações. Essa absorção de grande parte da energia luminosa é transformada em energia térmica, elevando a temperatura do corpo.

→ **Refração**

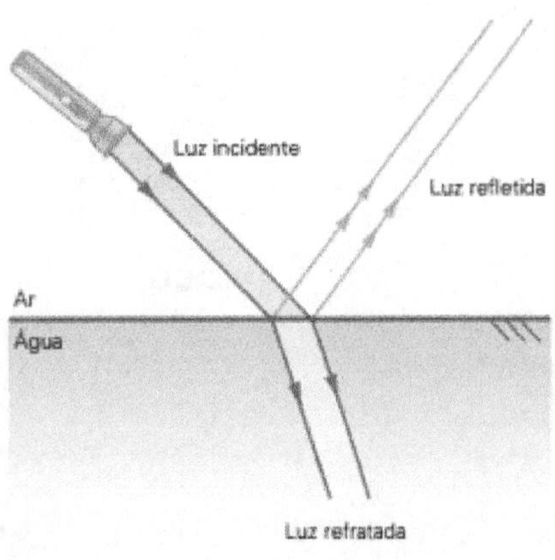


→ **Absorção**

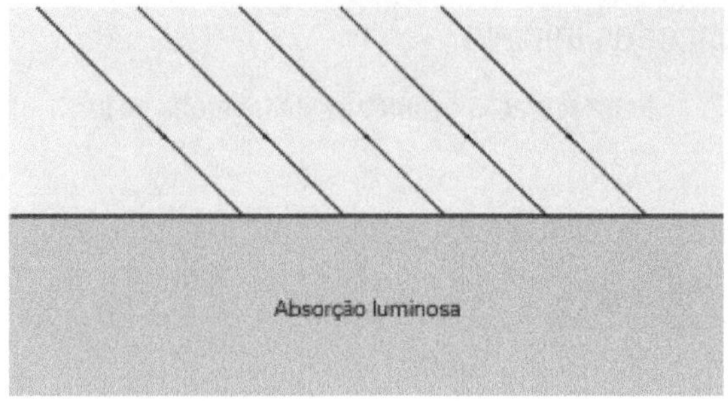


## Princípios da óptica geométrica

### Princípio da propagação retilínea

Meios homogêneos e transparentes, a luz se propaga em linha reta.

**Aplicações**

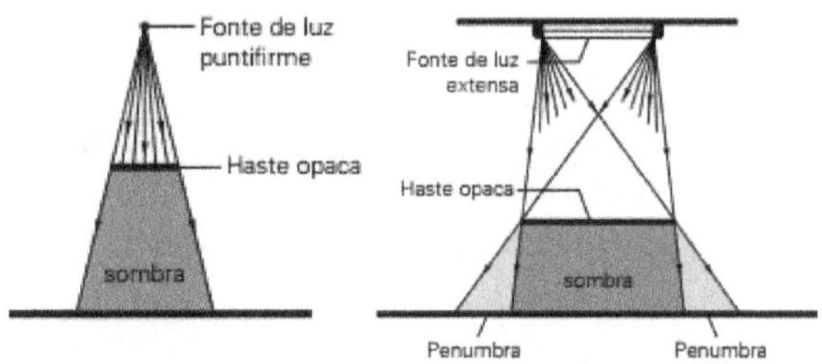


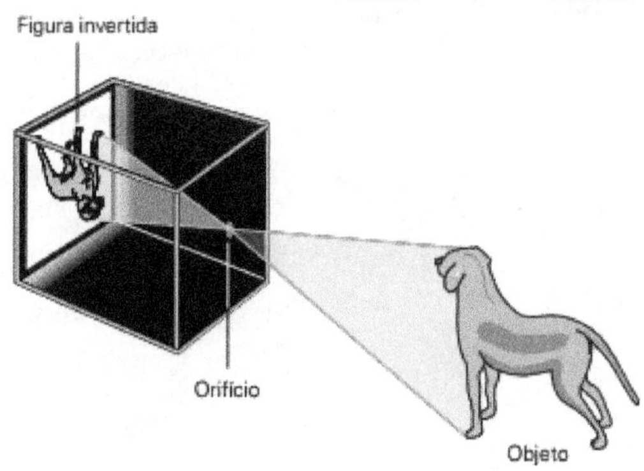


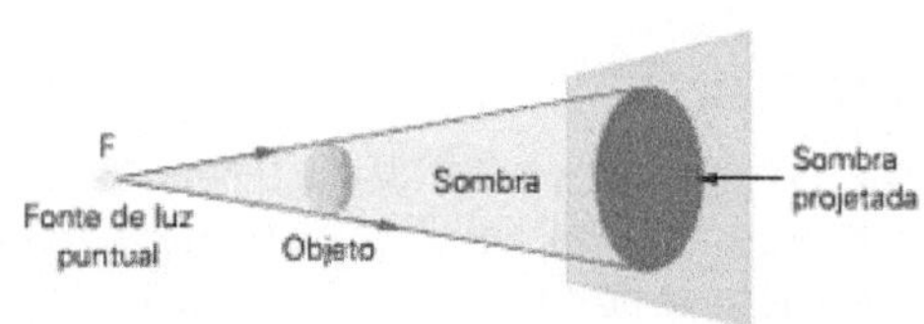


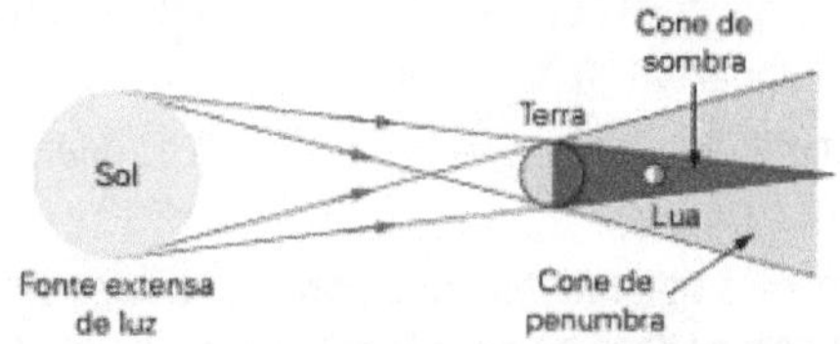


### Princípio da independência dos raios luminosos

Quando vários feixes luminosos são emitidos, simultaneamente, por fontes diferentes, cada um deles se comporta como se os outros não existissem.

### Aplicações

## Princípio da reversibilidade dos raios luminosos

A trajetória de um raio de luz não depende do seu sentido. Quando você faz um problema de óptica geométrica, na verdade, você faz dois.

### Aplicações

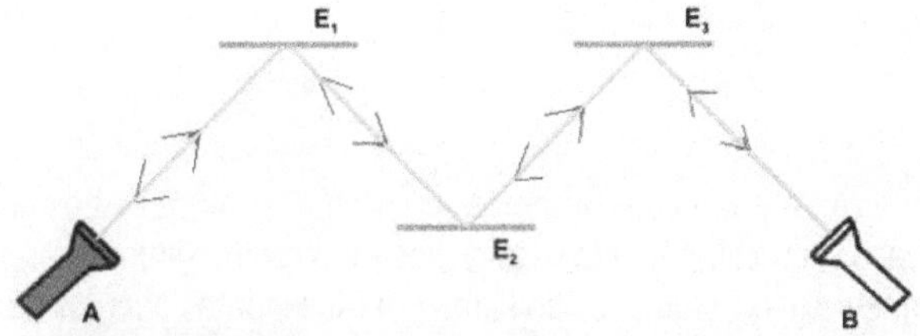


**Exemplo 1:**

**(UFTM - 2012)** Uma câmara escura de orifício reproduz uma imagem de de altura de uma árvore observada. Se reduzirmos em a distância horizontal da câmara à árvore, essa imagem passa a ter altura de

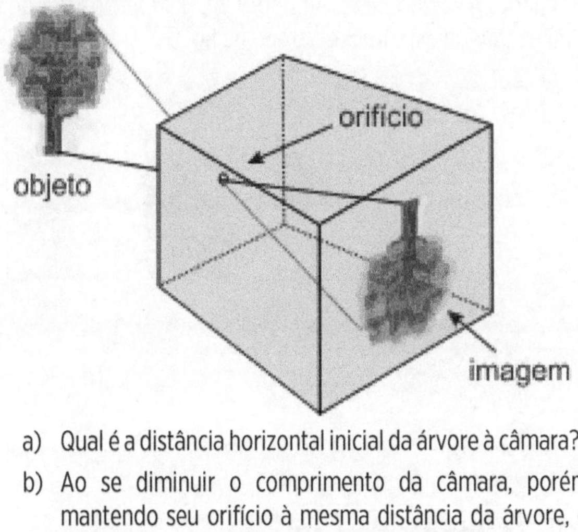


a) Qual é a distância horizontal inicial da árvore à câmara?

b) Ao se diminuir o comprimento da câmara, porém mantendo seu orifício à mesma distância da árvore, o que ocorre com a imagem formada? Justifique.

Resolução:

a) ANTES:

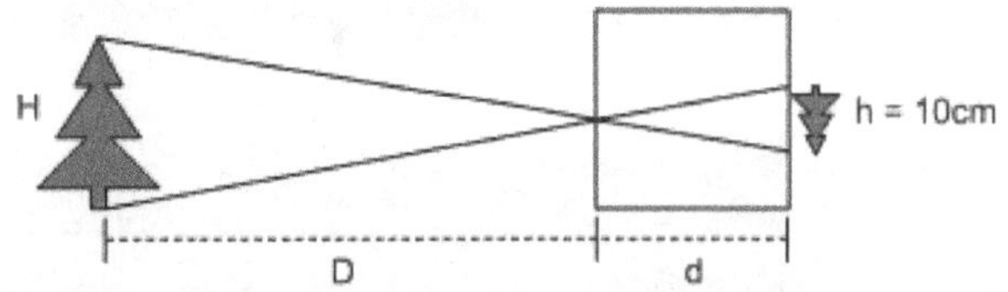


DEPOIS:

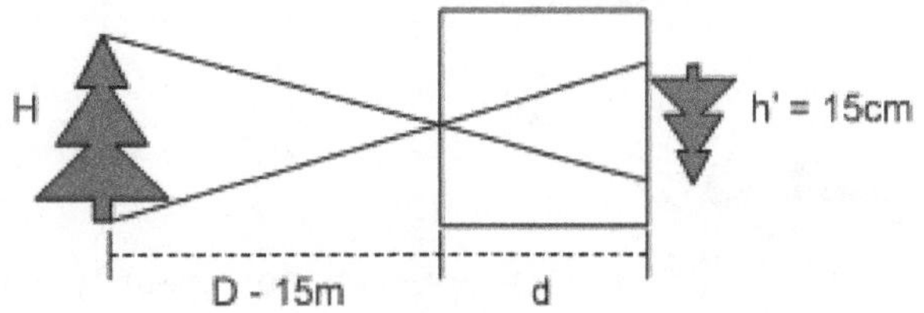


$$\left.\begin{matrix} H \rightarrow 10cm \\ D \rightarrow d \end{matrix}\right\} H.d = 10D$$

$$\left.\begin{matrix} H \rightarrow 15cm \\ D - 15m \rightarrow d \end{matrix}\right\} H.d = 15(D + 15)$$

$$10D = 15(D - 15)$$

$$10D = 15D - 225$$

$$5D = 225$$

$$\therefore \boxed{D = 45m}$$

b) A imagem irá diminuir. Observe a justificativa:

$$\left.\begin{matrix} H \rightarrow h \\ D \rightarrow d \end{matrix}\right\} H.d = h.D$$

$$h = \frac{H.d}{D}$$

Note que, para "H" e "D" constantes, a "h" é diretamente proporcional a "d", ou seja, se "d" diminui "h" também diminui. Vale salientar que, apesar da imagem diminuir, ela ficará mais nítida sobre a tela, uma vez que a mesma intensidade luminosa será projetada em uma área menor, aumentado a nitidez.

**Exemplo 2:**

**(FUVEST – 2012)** Uma determinada montagem óptica é composta por um anteparo, uma máscara com furo triangular e três lâmpadas, L1, L2 e L3, conforme a figura a seguir. L1 e L3 são pequenas lâmpadas de lanterna e L2, uma lâmpada com filamento extenso e linear, mas pequena nas outras dimensões. No esquema, apresenta-se a imagem projetada no anteparo com apenas L1 acesa.

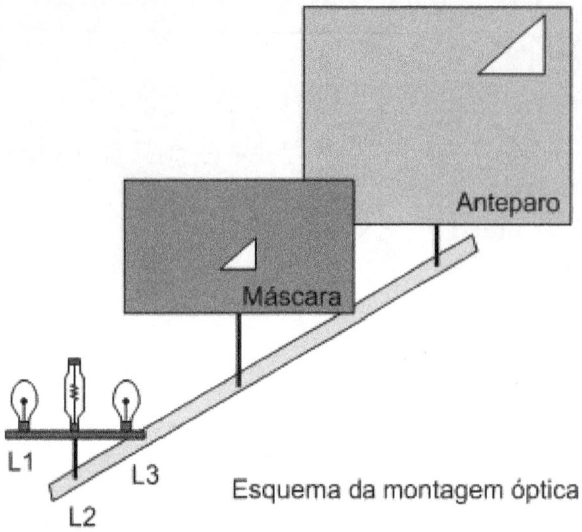


O esboço que melhor representa o anteparo iluminado pelas três lâmpadas acesas é

a) 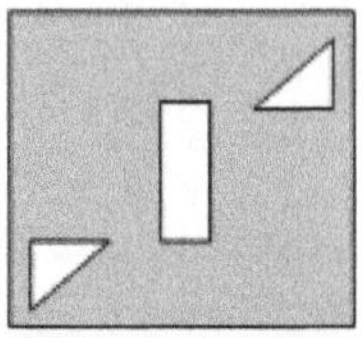

b) 

c) 

d) 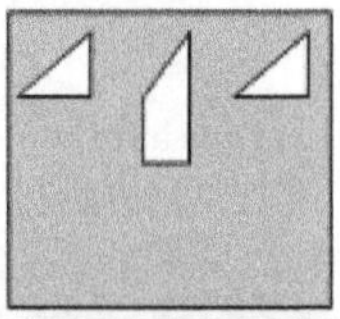

e) 

Resolução: D.

As lâmpadas L1 e L3 são consideradas fontes puntiformes, iluminando regiões de mesma forma, semelhantes ao triângulo da máscara e de mesma orientação, conforme ilustrado nas figuras abaixo.

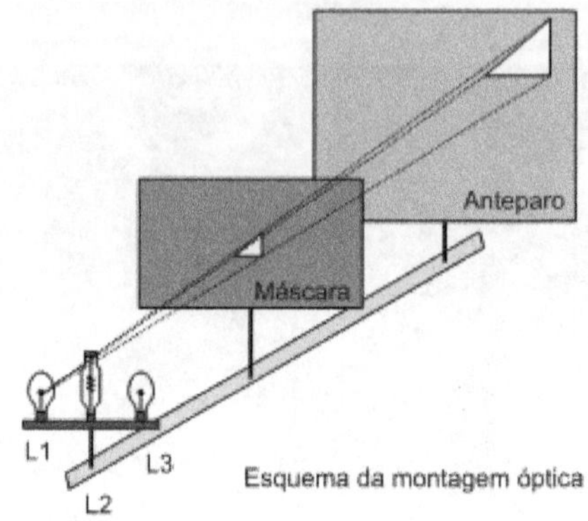


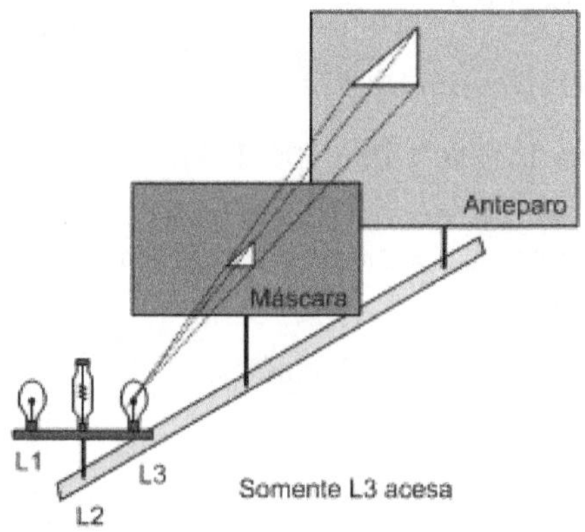


A Lâmpada L2 comporta-se como uma fonte extensa na direção vertical. A fig.1 (a seguir) mostra as regiões iluminadas se somente a extremidades do filamento (duas fontes puntiformes, Fa e Fb) estivessem acesas.

A fig.2 mostra o filamento como se várias fontes puntiformes fossem intercaladas entre Fa e Fb.

Como uma fonte extensa é, na verdade, um conjunto de infinitas fontes puntiformes, cada uma delas forma um triângulo iluminado. A região iluminada por L2 é a superposição desses infinitos triângulos, como mostrado na fig.3.

fig. 1 fig. 2 fig. 3

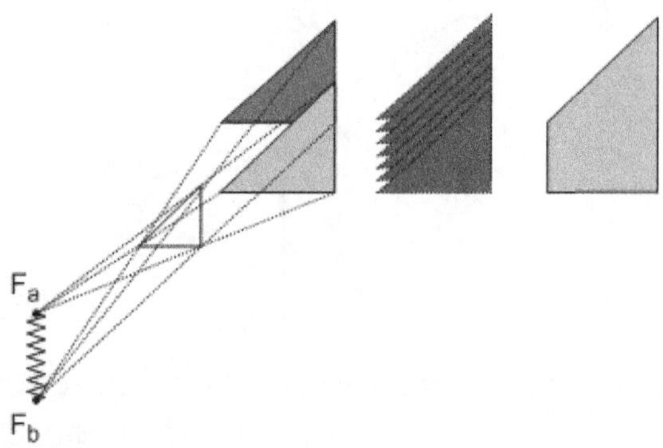


## 8.6 Reflexão da Luz

### Conceitos iniciais

Reflexão é o fenômeno que consiste no fato de a luz voltar a se propagar no meio de origem, após incidir na superfície de separação desse meio com outro, e é regido por duas leis, veremos:

1ª Lei. O raio incidente, o raio refletido e a reta normal estão no mesmo plano (coplanar).

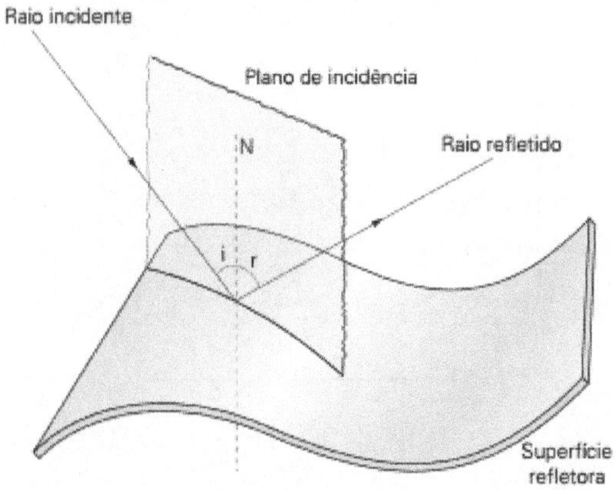


2ª Lei. A medida do ângulo de reflexão é igual à medida do ângulo de incidência (i = r).

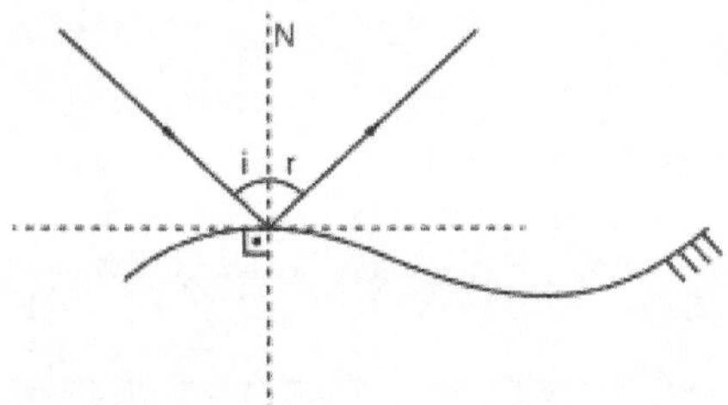


## Reflexão regular

Se a luz atingir uma superfície S metálica, lisa e polida, ocorre a reflexão da luz, um fenômeno regular.

Exemplo/Aplicação: Espelho plano.

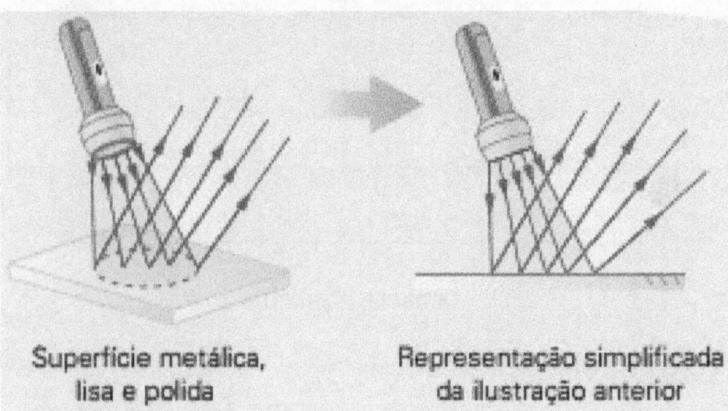


## Reflexão difusa

Quando a luz incide em uma superfície clara e rugosa.

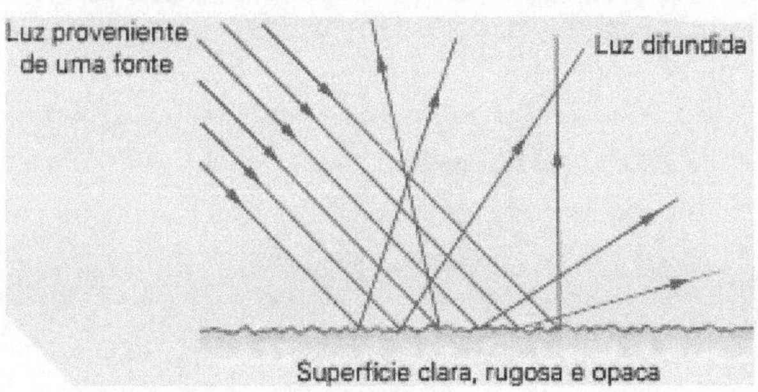


Exemplo/Aplicação: A cor dos corpos

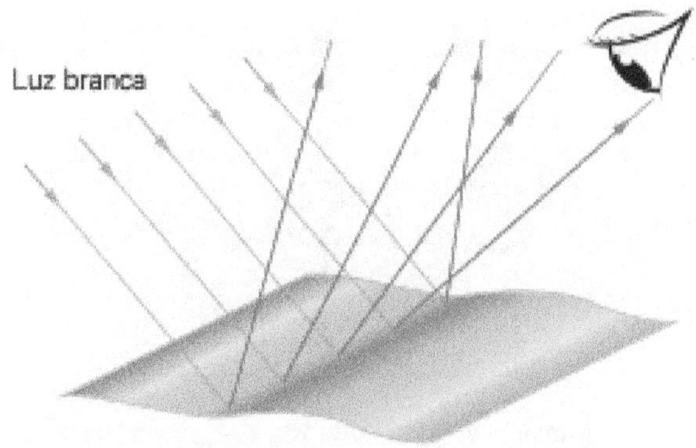


Nesse exemplo, no tecido estão ocorrendo a reflexão difusa da radiação verde e a absorção das demais radiações.

## Ponto objeto e ponto imagem

### Ponto objeto – incide luz

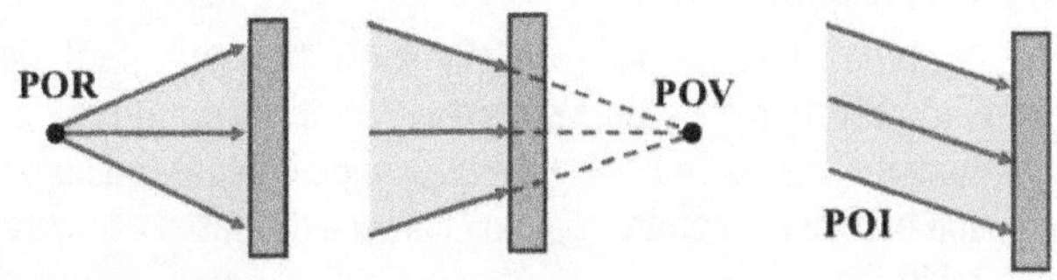


### Ponto imagem – emerge luz

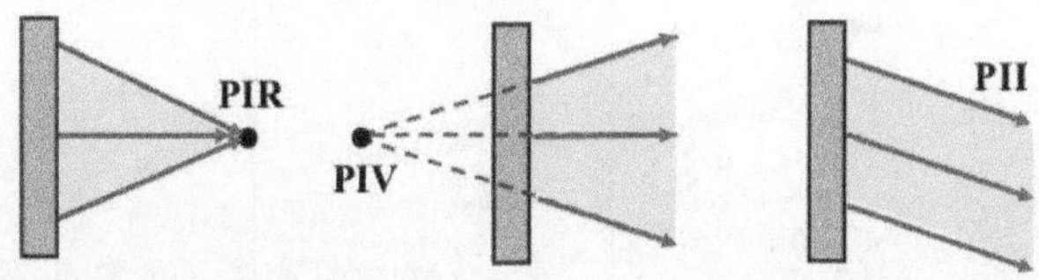


## Sistemas ópticos

Em geral, há dois tipos principais de sistema óptico que veremos: os refletores (espelhos planos e esféricos, superfície de um lago tranquilo) e os refratores (lentes e prismas).

## Ângulo visual – tamanho aparente

Como isso é possivel? O nome que damos a isso é o ângulo visual. Observe a figura abaixo.

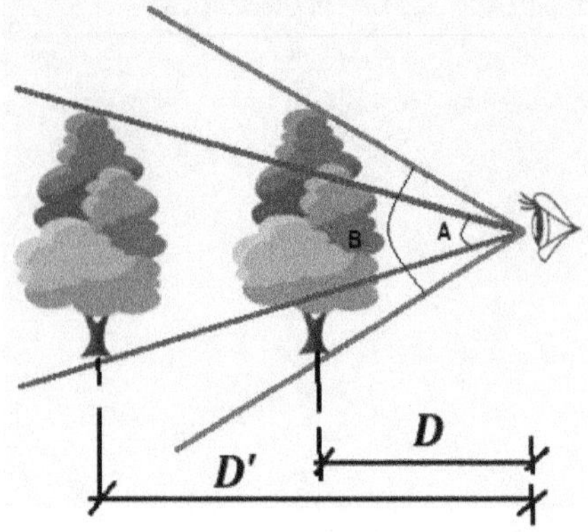


É fácil notar que, se você se afasta da árvore, o ângulo dimui em relação ao ângulo quando estava mais próximo da árvore. Sendo assim, o que define o tamanho aparente de um objeto é o ângulo visual a partir do qual ele é observado.

## 8.7 Espelho Plano

### Conceitos iniciais

É uma superfície refletora plana. De maneira geral, os espelhos são feitos de uma superfície metálica bem polida. Comumente, usa-se uma placa de vidro onde é depositada uma camada bem fina de prata ou alumínio numa das fases a outra é o espelho.

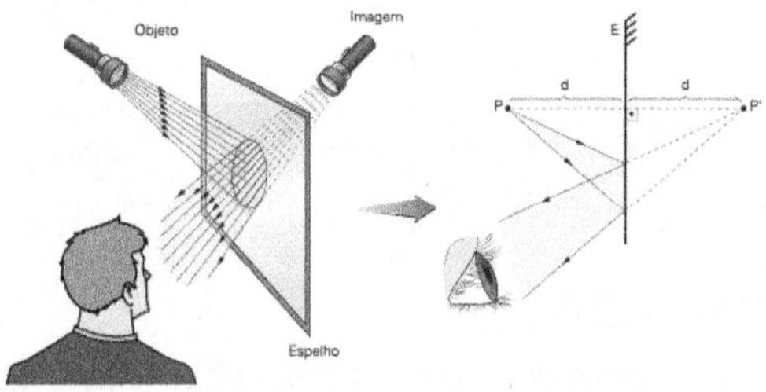


P': Ponto Imagem Virtual (PIV)

P: Ponto Objeto Real (POV)

### Tamanho, simetria e reversão

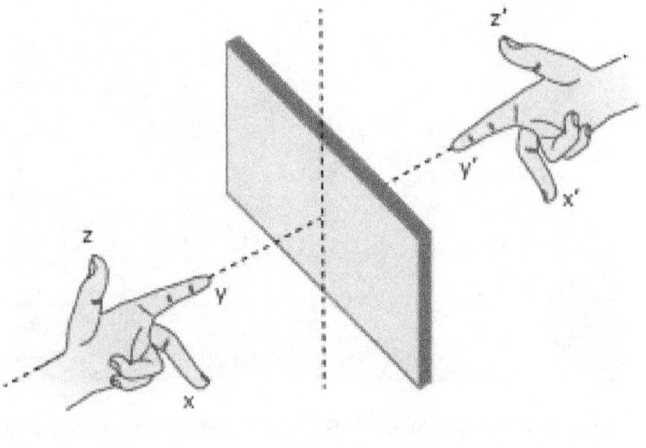


Reversão

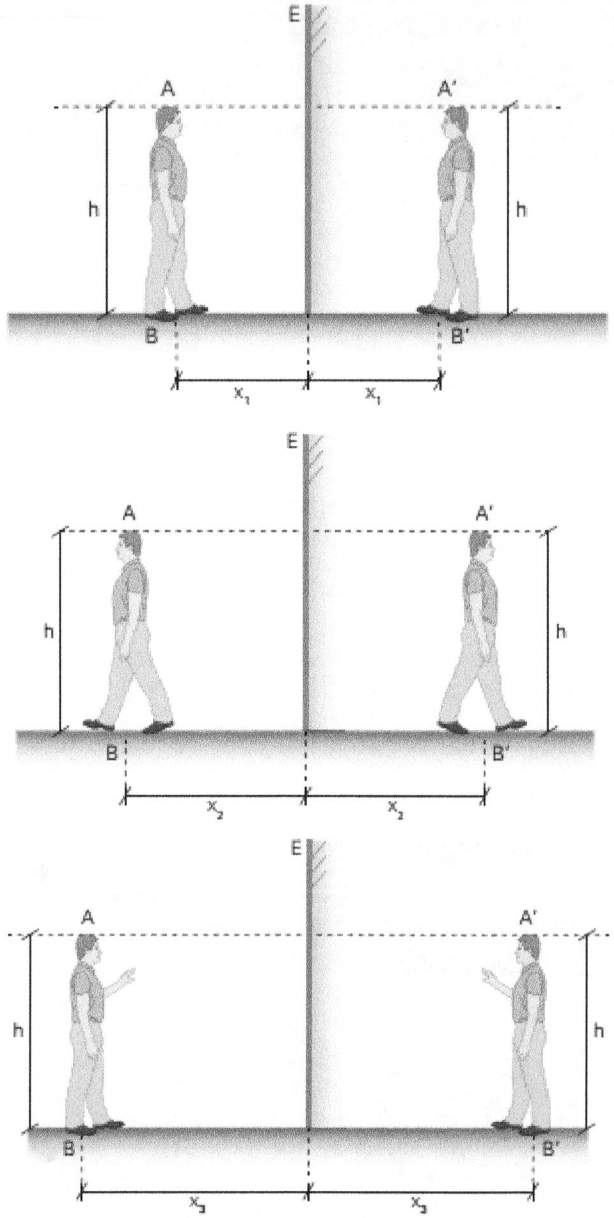


Tamanho / Simetria

### Campo visual

A região do espaço que enxergamos por meio de reflexão em um espelho.

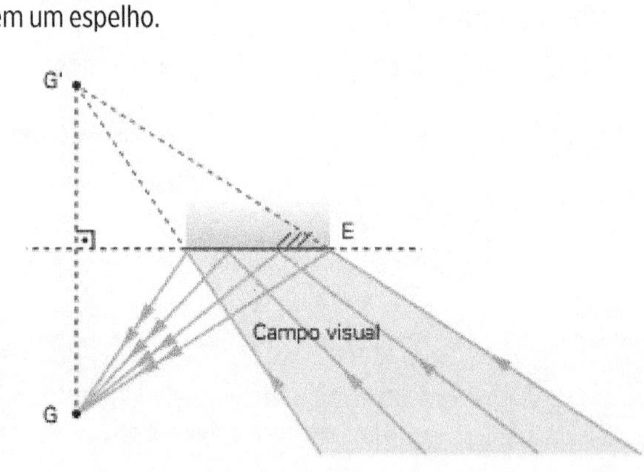

## Translação do espelho plano

Mantendo fixo o observador e deslocando apenas o espelho plano, vamos encontrar uma relação entre a velocidade do espelho com a velocidade da imagem do observador.

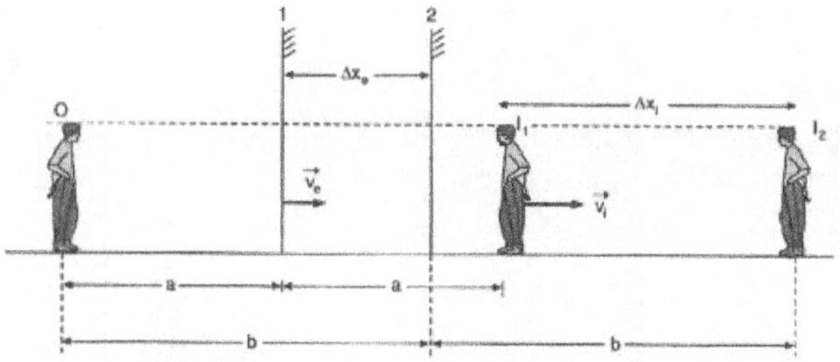

$b = a + \Delta x_e$ (I)

$a - \Delta x_e + \Delta x_i = b$ (II)

Igualando as equações:

$a - \Delta x_e + \Delta x_i = a + \Delta x_e \therefore \Delta x_i = 2.\Delta x_e$

O deslocamento da imagem é o dobro do deslocamento do espelho.

Dividindo-se, membro a membro, a expressão anterior por $\Delta t \neq \mathbf{0}$, que é o intervalo de tempo gasto para os deslocamentos simultâneos do espelho e da imagem, tem-se:

$$\frac{\Delta x_i}{\Delta t} = 2.\frac{\Delta x_e}{\Delta t} \therefore v_i = 2.v_e$$

Velocidade da imagem é o dobro da velocidade do espelho.

## Rotação do espelho plano

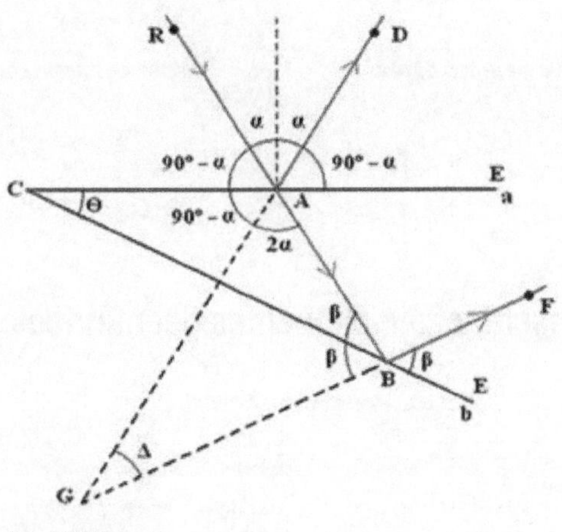

No $\Delta$CAB:

$$\theta + 90° - \alpha + 2\alpha + \beta = 180° \rightarrow \theta + \beta + \alpha = 90° \text{ (i)}$$

No $\Delta$GAB:

$$\Delta + 2\alpha + 2\beta = 180° \rightarrow \Delta + 2(\alpha + \beta) = 180° \text{ (ii)}$$

Substituindo $\beta + \alpha = 90° - \theta$ em (ii), temos:

$$\Delta + 2(\alpha + \beta) = 180° \rightarrow \Delta + 2.(90° - \theta) = 180° \therefore \Delta = 2.\theta$$

Conclusão:

Ao rotacionarmos um espelho plano com velocidade angular $\omega$, em torno de um ponto O, a imagem será totacionada com o dobro da velocidade de rotação do espelho.

**Exemplo 1:**

**(IFPE - 2018)** Um coreógrafo está ensaiando um número de frevo e deseja obter uma filmagem com dezesseis imagens de passistas, porém, ele dispõe de apenas 4dançarinos. Com dois grandes espelhos planos e os quatro dançarinos entre os espelhos, o coreógrafo consegue a filmagem da forma desejada.

Qual foi o ângulo de associação entre os dois espelhos planos para que o público, ao assistir à gravação, veja 16 passistas em cena?

a) 45°

b) 60°

c) 90°

d) 30°

e) 120°

Resolução: C.

São apenas 4 passistas, mas na cena aparecem 16 Então, 4 são objetos e 12 são imagens. Isso significa que cada passista gera 3 imagens. Aplicando a expressão que dá o número de imagens formada por cada objeto numa associação de espelhos planos, vem:

$$n = \frac{360°}{\alpha} - 1 \Rightarrow 3 = \frac{360°}{\alpha} - 1 \Rightarrow \frac{360°}{\alpha} = 4 \Rightarrow \boxed{\alpha = 90°.}$$

**Exemplo 2:**

**(EFOMM – 2016)** Um espelho plano vertical reflete, sob um ângulo de incidência de 10°, o topo de uma árvore de altura H, para um observador O, cujos olhos estão a 1,50 m de altura e distantes 2,00m do espelho. Se a base da árvore está situada 18,0m atrás do observador, a altura H, em metros, vale

Dados: sen(10°) = 0,17; cos(10°) = 0,98; tg(10°) = 0,18

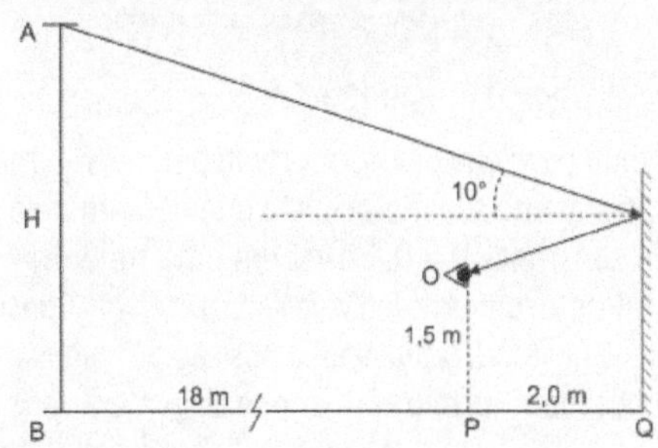


a) 4,0

b) 4,5

c) 5,5

d) 6,0

e) 6,5

Resolução: C.

Usando a simetria da posição do observador, encontramos um triângulo retângulo da figura:

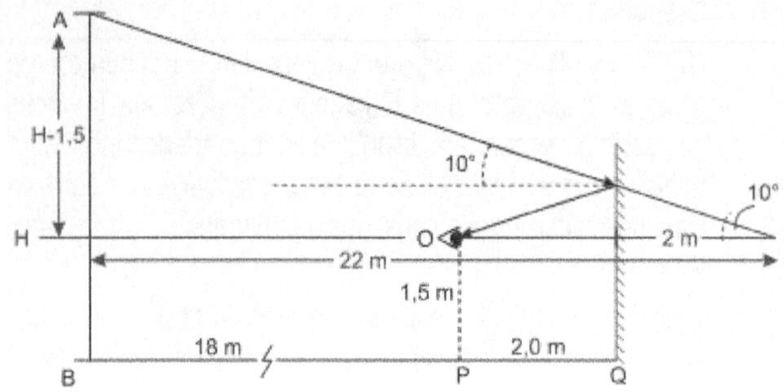


Pela trigonometria:

$$tg\,10° = \frac{H-1,5}{22} \Rightarrow 0,18 \cdot 22 = H - 1,5 \therefore H = 5,46 \text{ m} \approx 5,5 \text{ m}$$

**Exemplo 3:**

**(UNESP - 2014)** Uma pessoa está parada numa calçada plana e horizontal diante de um espelho plano vertical E pendurado na fachada de uma loja. A figura representa a visão de cima da região.

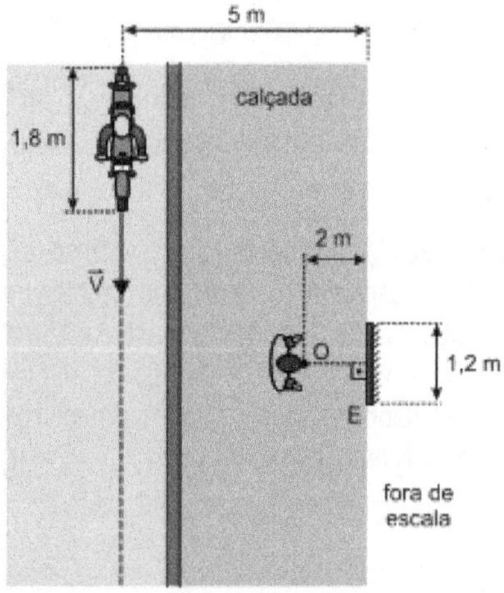


Olhando para o espelho, a pessoa pode ver a imagem de um motociclista e de sua motocicleta que passam pela rua com velocidade constante V = 0,8 m/s, em uma trajetória retilínea paralela à calçada, conforme indica a linha tracejada. Considerando que o ponto O na figura represente a posição dos olhos da pessoa parada na calçada, é correto afirmar que ela poderá ver a imagem por inteiro do motociclista e de sua motocicleta refletida no espelho durante um intervalo de tempo, em segundos, igual a

a) 2.

b) 3.

c) 4.

d) 5.

e) 1.

Resolução: B.

A figura mostra a pessoa observando a passagem do motociclista.

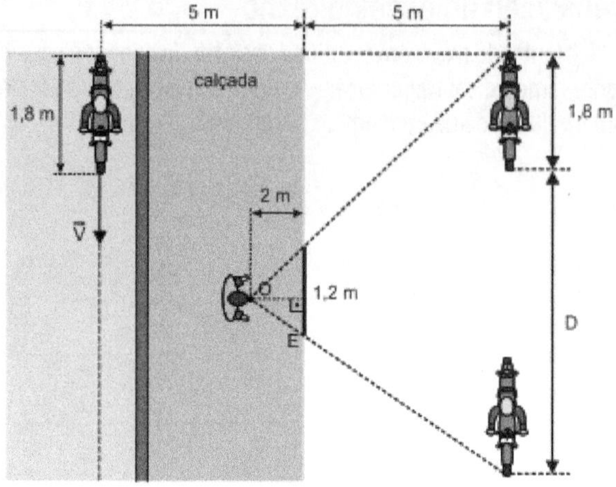


Por semelhança de triângulos:

$$\frac{D+1,8}{5+2} = \frac{1,2}{2} \Rightarrow D = 7 \cdot 0,6 - 1,8 \Rightarrow D = 2,4 \text{ m.}$$

$$t = \frac{D}{v} = \frac{2,4}{0,8} \Rightarrow t = 3 \text{ s.}$$

## 8.8 Reflexão da Luz nos Espelhos Esféricos

### Conceitos iniciais

É aquele onde a superfície refletora é um pedaço de uma esfera oca (calota esférica).

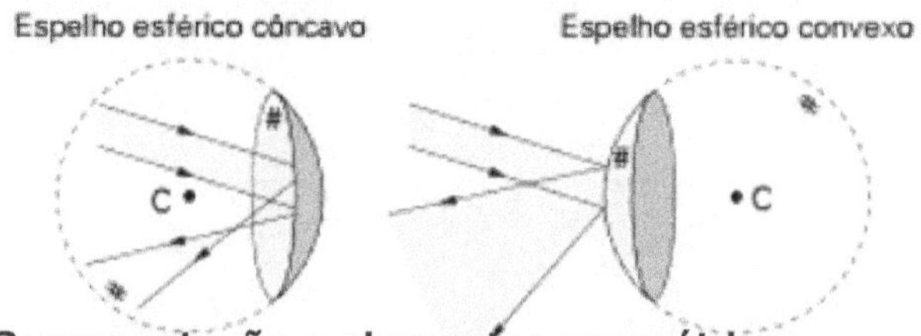


### Representação e elementos geométricos

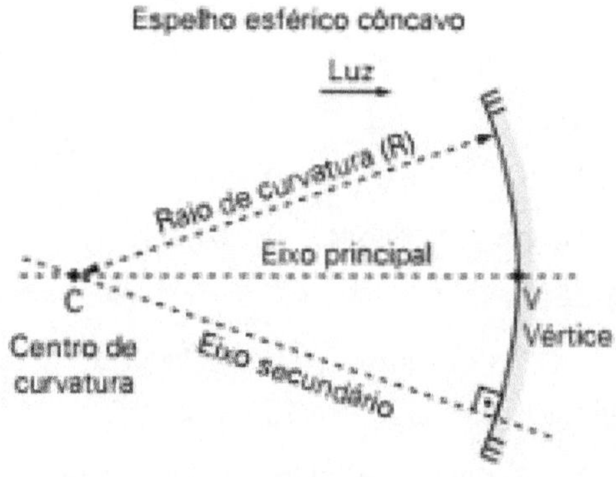

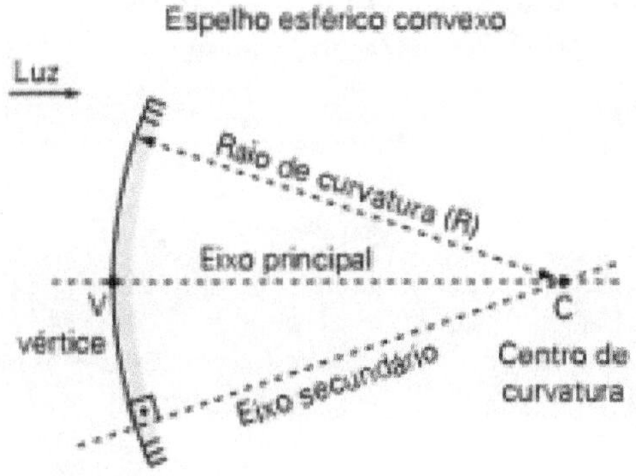


## Centro de curvatura

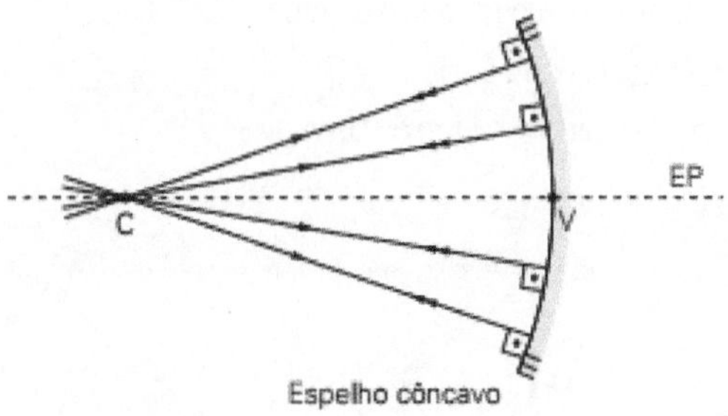


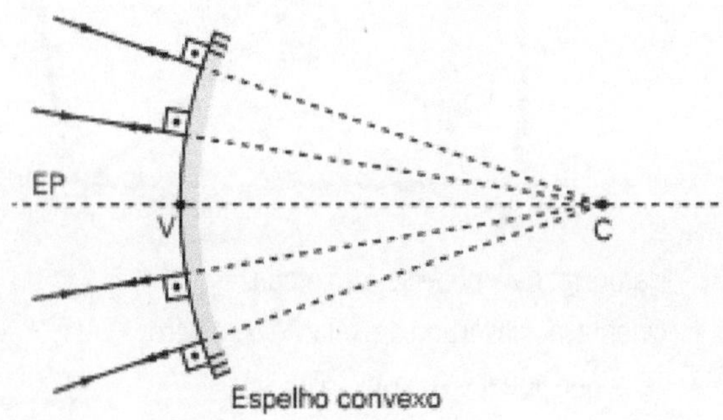


## Condições nitidez de gauss

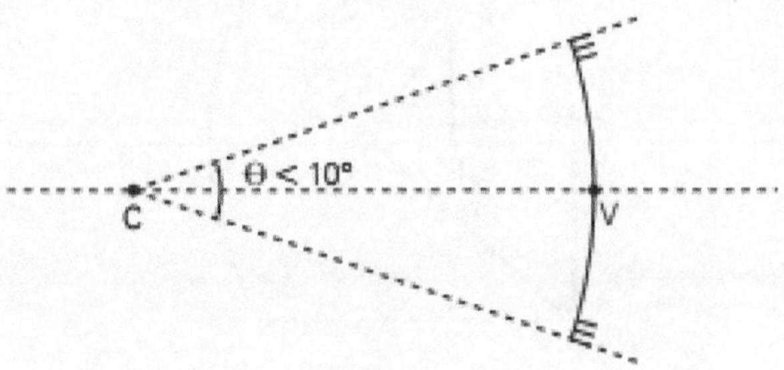


→ **Os raios incidentes devem ser paralelos ou pouco inclinados em relação ao eixo principal.**

→ **Os raios incidentes devem estar próximos ao eixo principal.**

**OBS**: Todo este curso é realizado dentro destas condições (salvo aviso em contrário). Portanto, os espelhos que obedecem a estas condições são denominados espelhos esféricos de Gauss.

## Foco principal

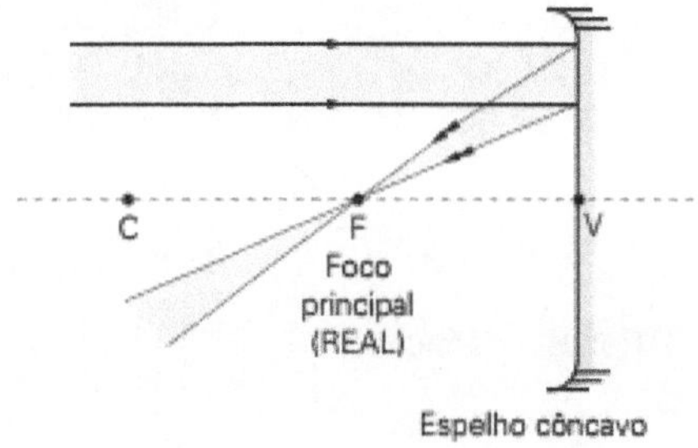


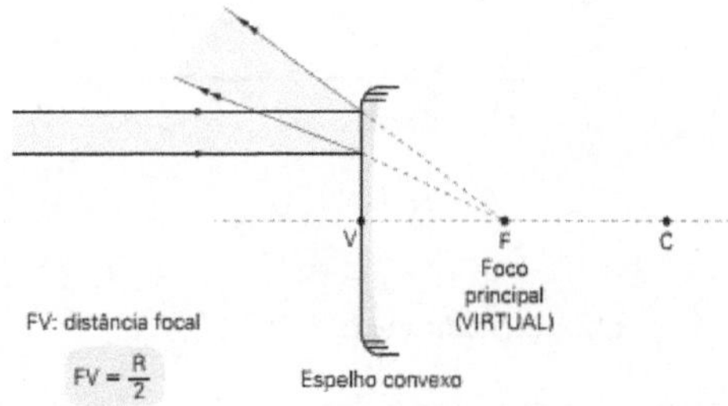


## Raios notáveis

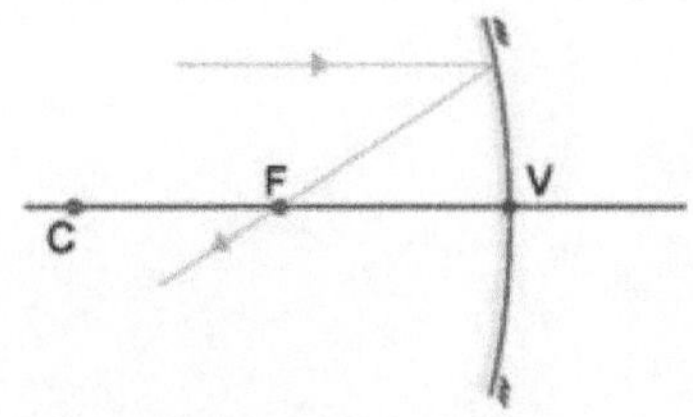


**Espelho Côncavo**

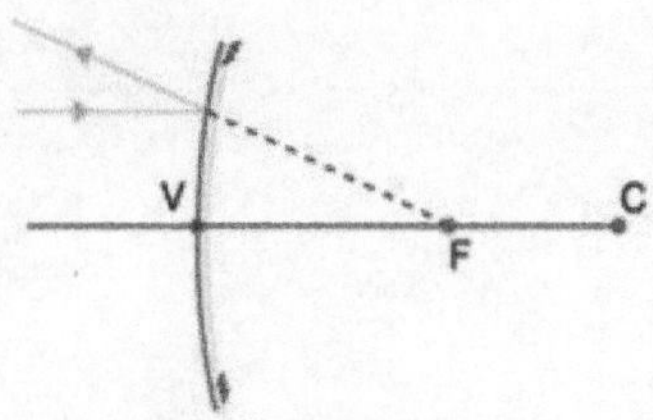


**Espelho Convexo**

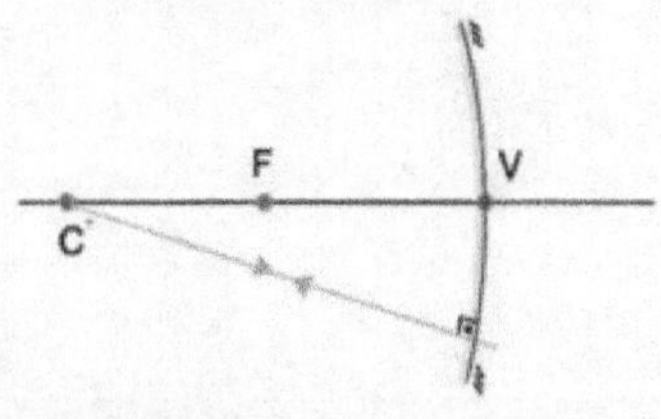


**Espelho Côncavo**

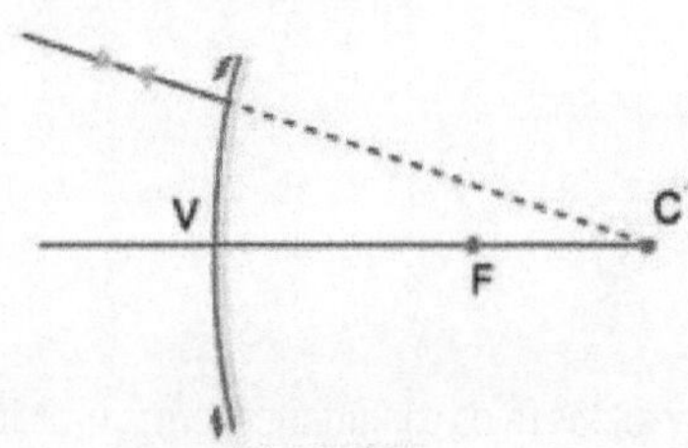


**Espelho Convexo**

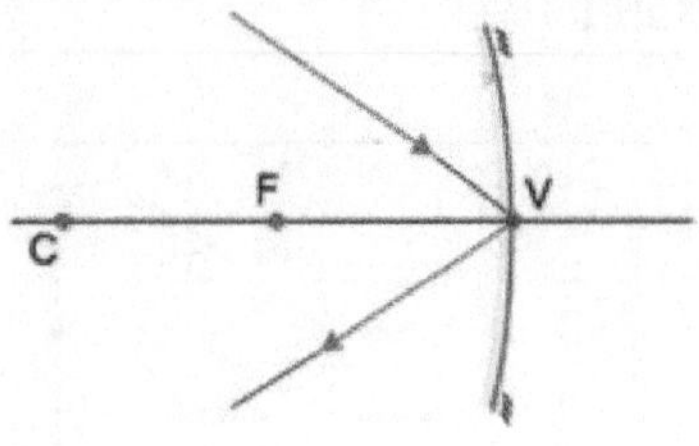


**Espelho Côncavo**

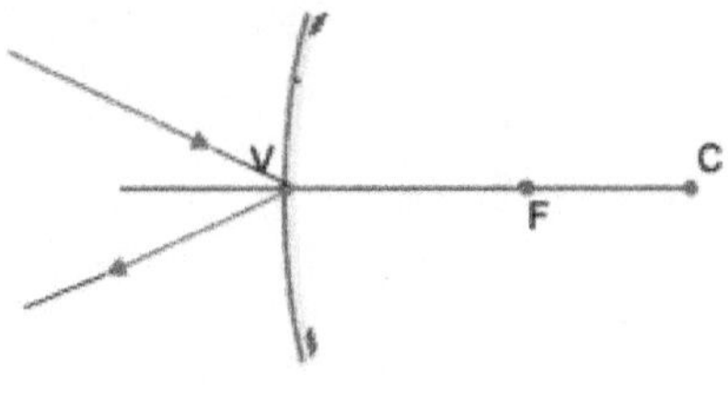


**Espelho Convexo**

## Determinação de imagens

Para construir a imagem de um ponto conjugada por um sistema óptico, necessitamos de pelo menos dois raios incidentes.

Exemplo:

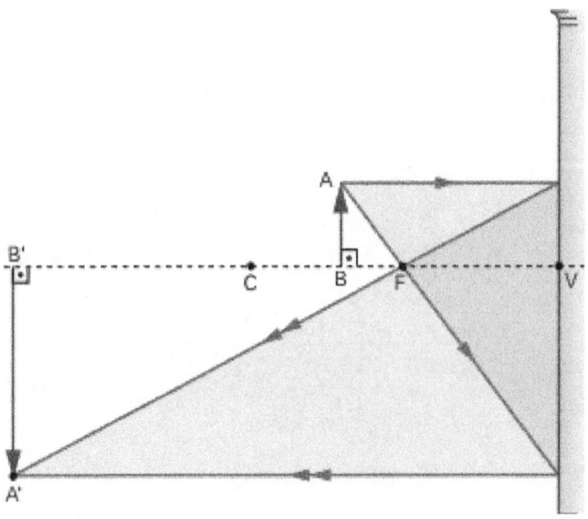


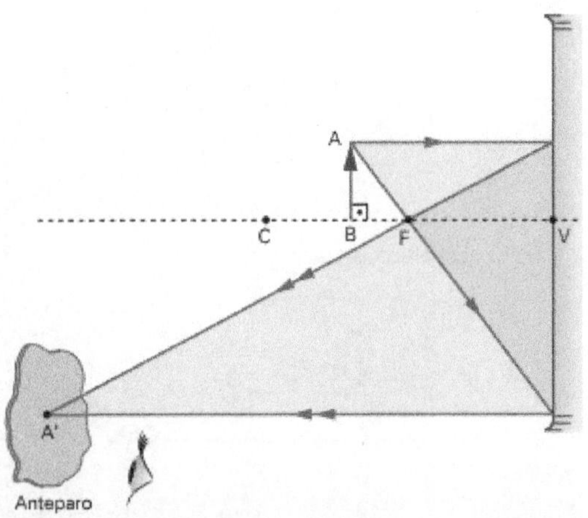


O encontro dos raios conjugados forma uma imagem sobre um anteparo. Lembrando, este é um caso de espelho esférico côncavo, há 5 casos. Já no espelho esférico convexo há apenas 1 caso.

## Espelho esférico côncavo (5 casos)

> Objeto além do centro de curvatura C

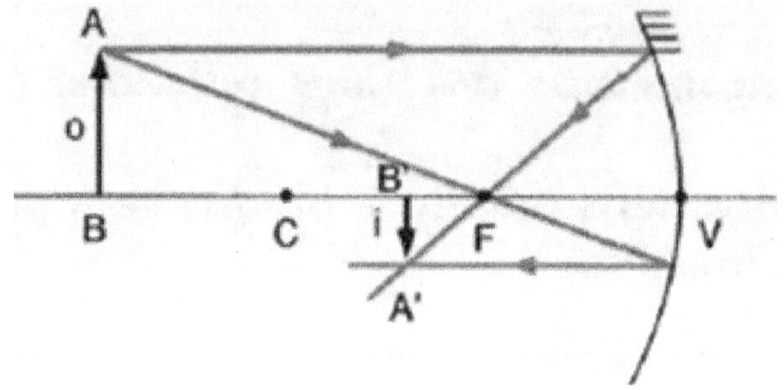


Natureza: real, pode ser projetada.

Orientação: invertida em relação ao objeto.

Tamanho: menor que o objeto.

Posição: entre C e F.

> Objeto no centro de curvatura C

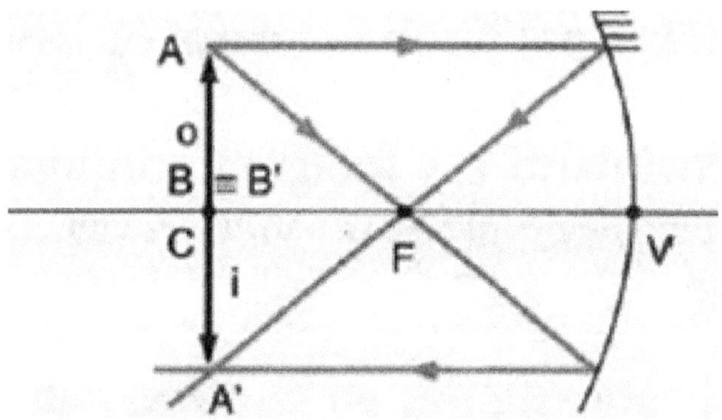


Natureza: real, pode ser projetada.

Orientação: invertida em relação ao objeto.

Tamanho: igual ao do objeto.

Posição: no centro de curvatura.

> Objeto entre O centro de curvatura C e o foco principal F

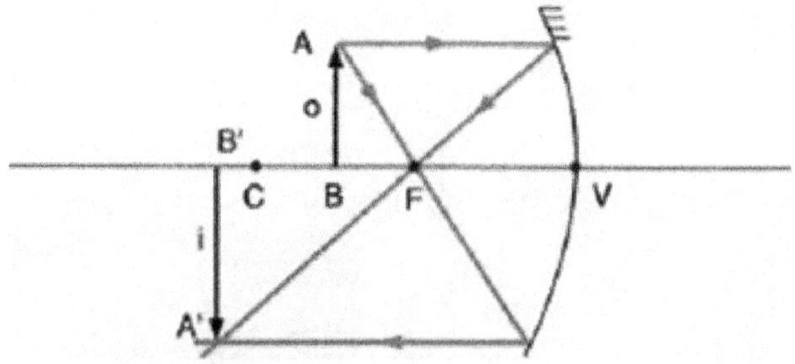


Natureza: real, pode ser projetada.

Orientação: invertida em relação ao objeto.

Tamanho: maior que o objeto.

Posição: antes do centro de curvatura.

> Objeto no foco principal F

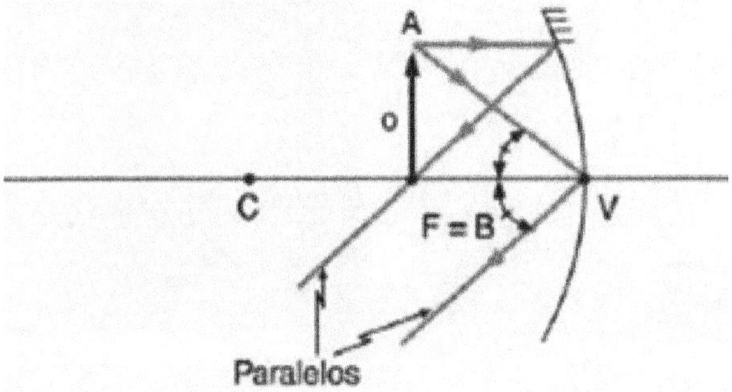


Imprópria (no infinito)

> Objeto entre o foco principal F e o vértice v

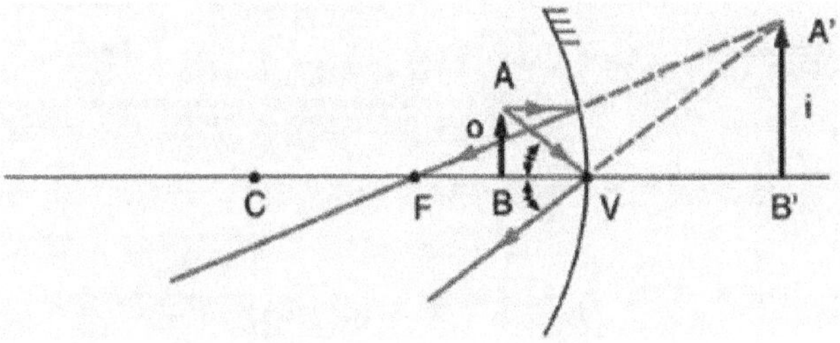


Natureza: virtual, não pode ser projetada.

Orientação: direita em relação ao objeto.

Tamanho: maior que o objeto.

Posição: atrás do espelho.

> Espelho esférico convexo (1 caso)

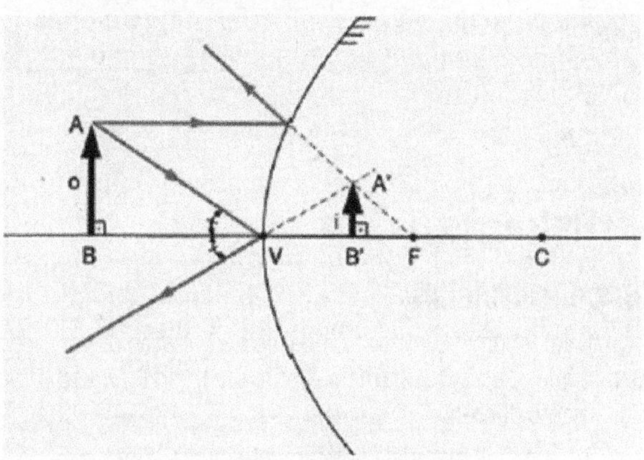


Natureza: virtual, não pode ser projetada.

Orientação: direita em relação ao objeto.

Tamanho: menor que o objeto.

Posição: atrás do espelho.

## Equação fundamental dos espelhos esféricos

Respeitando o referencial gaussiano, que nada mais é que um sistema cartesiano constituído de dois eixos orientados perpendicularmente entre si, com origem no vértice V do espelho.

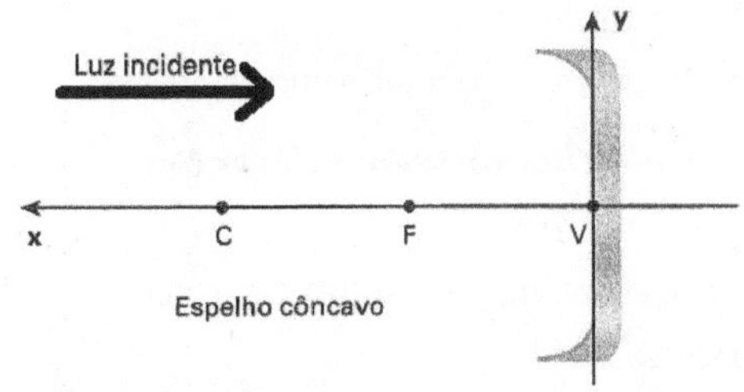


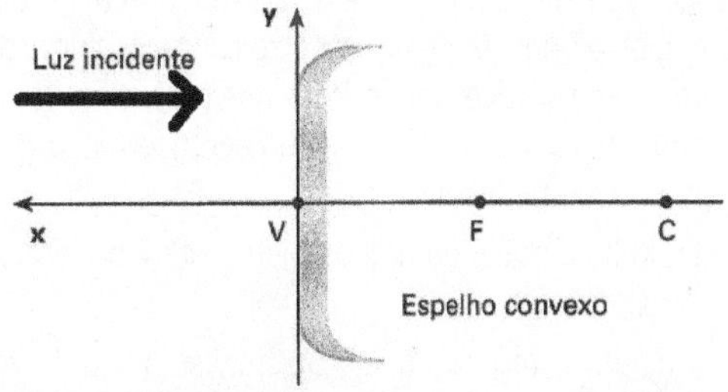


Elementos **reais** (objetos ou imagens situadas na frente do espelho): abscissa **positiva**.

Elementos **virtuais** (objetos ou imagens situados atrás do espelho): abscissa **negativa**.

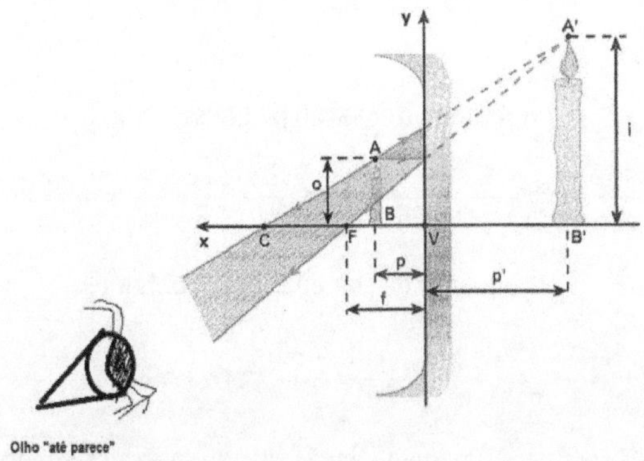


Considerando o referencial gaussiano, temos, nesse caso:

→ **p > 0 (objeto real)**

→ **p' < 0 (imagem virtual)**

→ **f > 0 ( no espelho côncavo, o foco principal é real)**

→ **o > 0 e i > 0**

A simbologia adotada nesse exemplo será utilizada também nas próximas situações:

→ **p = abscissa do objeto**

→ **p' = abscissa da imagem**

→ **f = abscissa focal**

→ **o = ordenada do objeto**

→ **i = ordenada da imagem**

Equação de Gauss

$$\frac{1}{f} = \frac{1}{p} + \frac{1}{p'}$$

Aumento linear transversal

$$A = \frac{i}{o} = \frac{-p'}{p}$$

**Aumento Positivo (A > 0)**

a) Imagem é direita
b) Objeto e a imagem têm naturezas opostas

**Aumento Negativo (A< 0)**

a) Imagem é invertida
b) Objeto e a imagem têm a mesma natureza

**Exemplo 1:**

**(EEAR - 2019)** Uma árvore de natal de de altura foi colocada sobre o eixo principal de um espelho côncavo, a uma distância de de seu vértice. Sabendo-se que o espelho possui um raio de curvatura de com relação a imagem formada, pode-se afirmar corretamente que:

a) É direita e maior do que o objeto, estando a do vértice do espelho.
b) É direita e maior do que o objeto, estando a do vértice do espelho.
c) É invertida e maior do que o objeto, estando a do vértice do espelho.
d) É invertida e do mesmo tamanho do objeto, estando a do vértice do espelho.

Resolução: D.

**Aplicando a equação de Gauss, vem:**

$$\frac{1}{f}=\frac{1}{p}+\frac{1}{p'}\Rightarrow\frac{1}{25/2}=\frac{1}{25}+\frac{1}{p'}\Rightarrow\frac{2}{25}-\frac{1}{25}=\frac{1}{p'}\Rightarrow p'=25\text{ cm}$$

**Pela equação do aumento linear, obtemos:**

$$\frac{i}{o}=\frac{-p'}{p}\Rightarrow\frac{i}{50}=\frac{-25}{25}\Rightarrow i=-50\text{ cm}$$

Portanto, a imagem é invertida, do mesmo tamanho do objeto e está a do espelho.

**Exemplo 2:**

**(FAMERP - 2017)** Uma calota esférica é refletora em ambas as faces, constituindo, ao mesmo tempo, um espelho côncavo e um espelho convexo, de mesma distância focal, em módulo. A figura 1 representa uma pessoa diante da face côncava e sua respectiva imagem, e a figura 2 representa a mesma pessoa diante da face convexa e sua respectiva imagem.

Figura 1

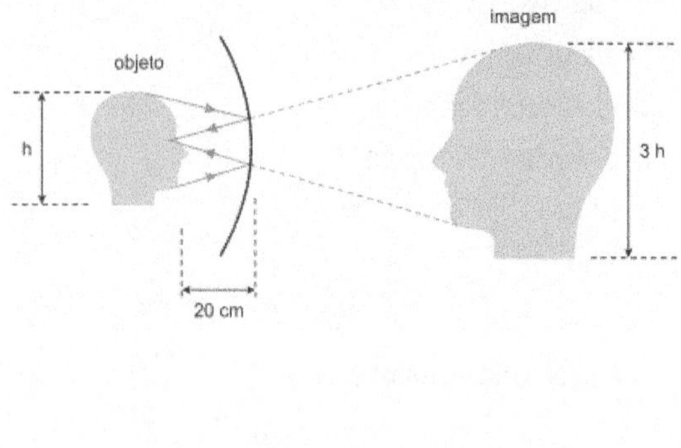


Figura 2 fora de escala

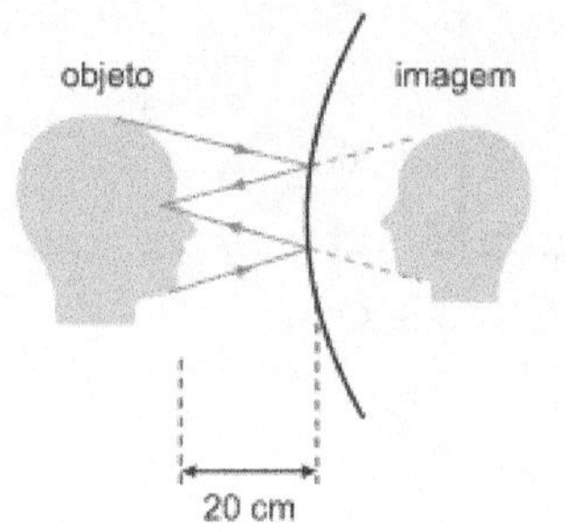


a) Considerando as informações contidas na figura 1, calcule o módulo da distância focal desses espelhos.
b) Na situação da figura 2, calcule o aumento linear transversal produzido pela face convexa da calota.

Resolução:

a) Da figura 1, obtemos:

$$\frac{i_1}{o}=-\frac{p_1'}{p_1}\Rightarrow\frac{3h}{h}=-\frac{p_1'}{20}\Rightarrow p_1'=-60\text{ cm}$$

$$\frac{1}{f_1}=\frac{1}{p_1}+\frac{1}{p_1'}\Rightarrow\frac{1}{f_1}=\frac{1}{20}-\frac{1}{60}\Rightarrow\frac{1}{f_1}=\frac{3-1}{60}=\frac{1}{30}$$

$$\therefore f_1=30\text{ cm}$$

b) Para a face convexa, $f_2$ = - 30cm logo:

$$\frac{1}{f_2}=\frac{1}{p_2}+\frac{1}{p_2'}\Rightarrow-\frac{1}{30}=\frac{1}{20}+\frac{1}{p_2'}\Rightarrow\frac{1}{p_2'}=\frac{-2-3}{60}\Rightarrow$$

$$\Rightarrow\frac{1}{p_2'}=-\frac{1}{12}\Rightarrow p_2'=-12\text{ cm}$$

$$A=-\frac{p_2'}{p_2}=\frac{12}{20}$$

$$\therefore A=0{,}6$$

# 8.9 Refração da Luz

## Conceitos iniciais

É um fenômeno óptico, no qual ocorre variação da velocidade quando a luz passa de um meio A para um meio B (vice e versa), opticamente diferentes.

Teria meios materiais opticamente iguais? Sim!!

Que nós chamamos de **continuidade óptica** entre os meios.

Exemplo: tetracloreto de carbono e o vidro, eles possuem o mesmo índice de refração!

**Opticamente diferentes** **Opticamente iguais**

## Índice de refração

O que vem a ser índice de refração? O quanto a velocidade da luz difere da sua velocidade no vácuo.

Você percebe que é uma comparação, e se é comparação é uma razão, vejamos:

$$n = \frac{c}{v_{meio}}$$

Exemplo: A velocidade da luz no diamante é 124.000 km/s e a velocidade da luz no vácuo é 300.000 km/s, o índice de refração $n = \frac{300.000}{124.000}$ =**2,42**, para o vácuo, **n=1**.

Quando a luz passa do ar para o diamante tem uma diminuição da velocidade, quanto mais longe do 1, menor vai ser a velocidade. Isso nos diz que maior é a interferência à propagação da luz naquele meio.

Quanto maior/menor o índice de refração maior/menor é a **refringência** daquele meio.

Observações acerca do índice de refração:

→ n é adimensional (não tem unidade);

→ para o vácuo: $n_{vácuo}=1$;

→ para o ar, $n_{ar} \cong 1$;

→ para cálculos, $n_{ar}=1$;

→ para os demais meios, n>1;

→ n depende da cor da radiação utilizada. Por exemplo: para o vidro, $n_{vermelho} \neq n_{azul}$.

Um exemplo que o n depende da cor da radiação utilizada é:

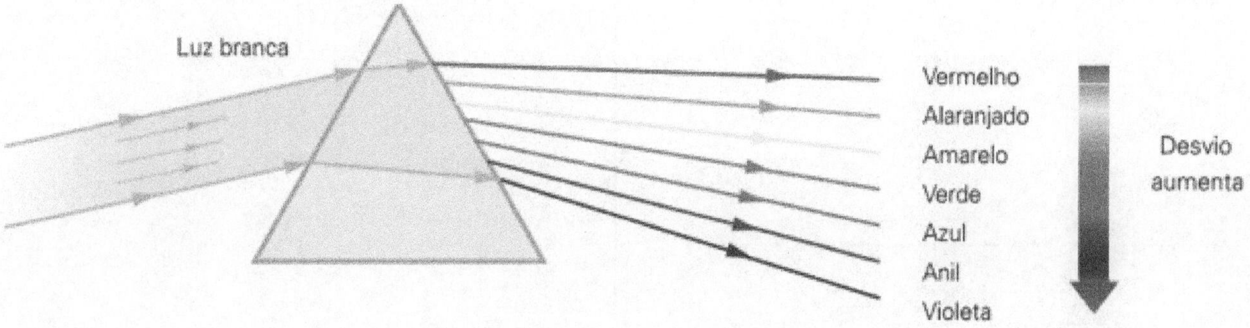


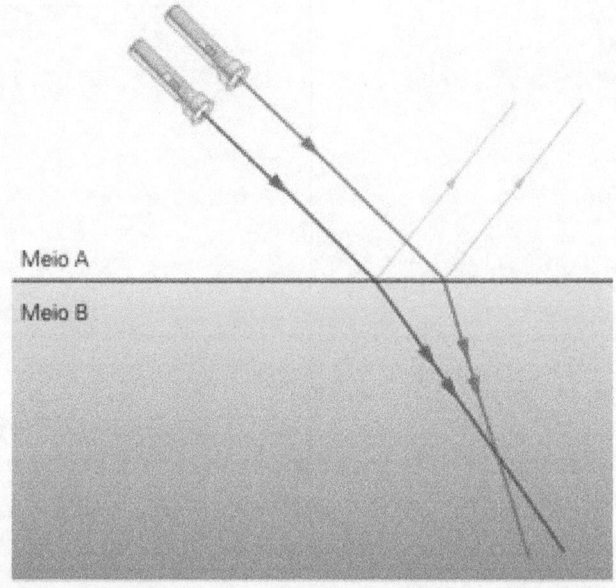

## Leis de refração da luz

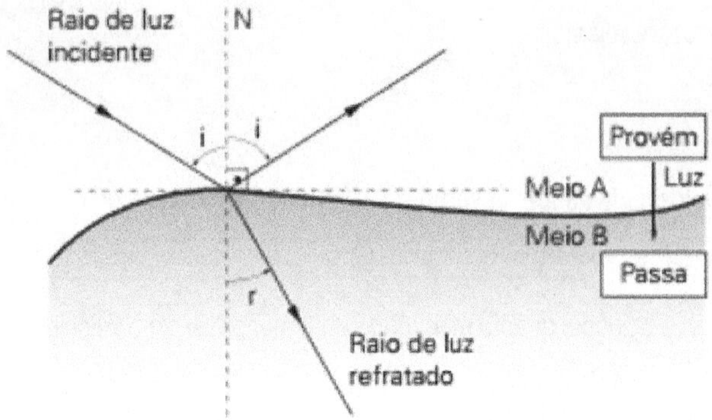


1ª Lei: O raio refratado, o raio incidente e a reta normal são coplanares (pertencem ao mesmo plano).

2ª Lei (**Lei de Snell-Descartes**):

$$\frac{sen\, i}{sen\, r} = \frac{n_{passa}}{n_{provém}} = \frac{v_{provém}}{v_{passa}}$$

**Casos possíveis de refração:**

Caso 1: Incidência normal

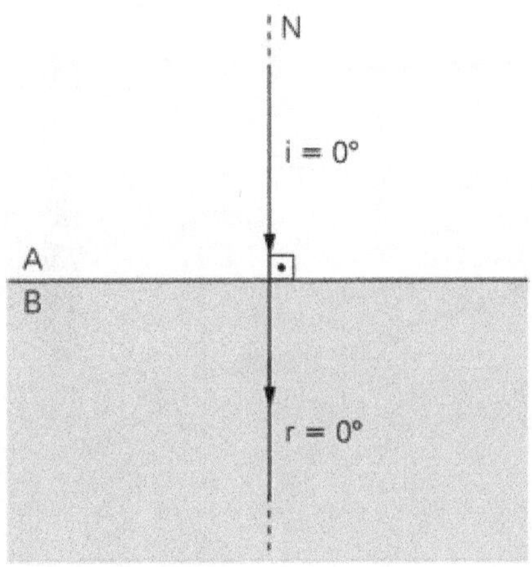


Caso 2: Incidência Oblíqua

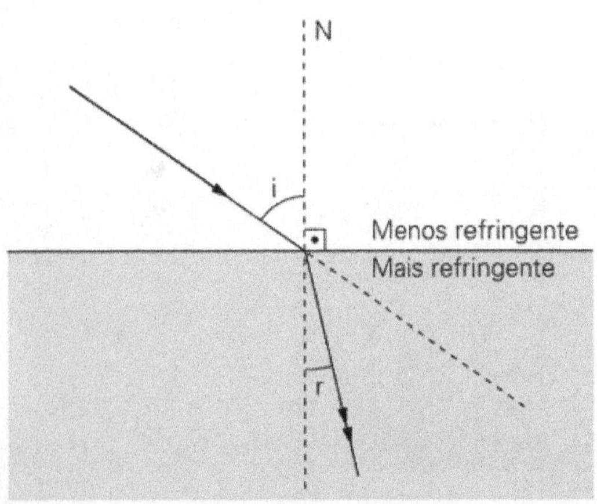


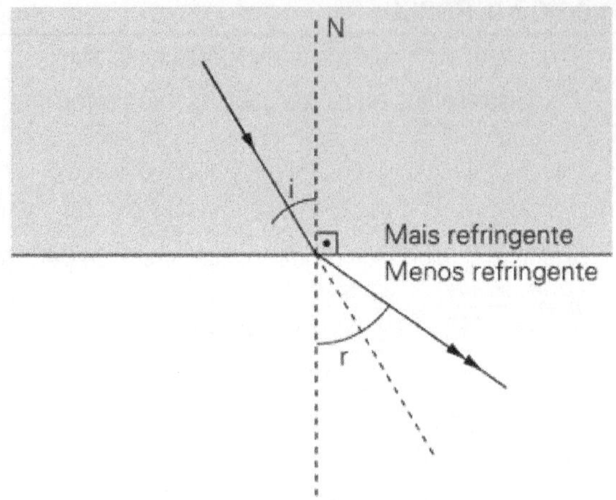


## Ângulo limite e reflexão total

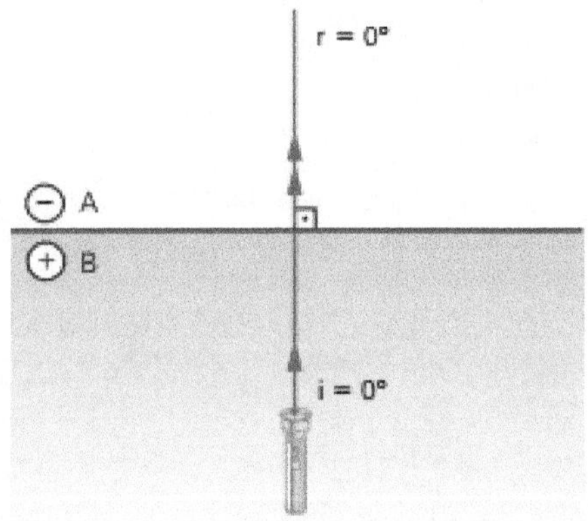


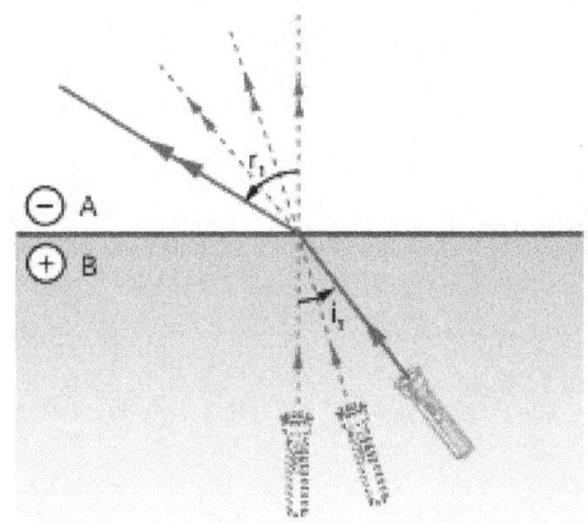


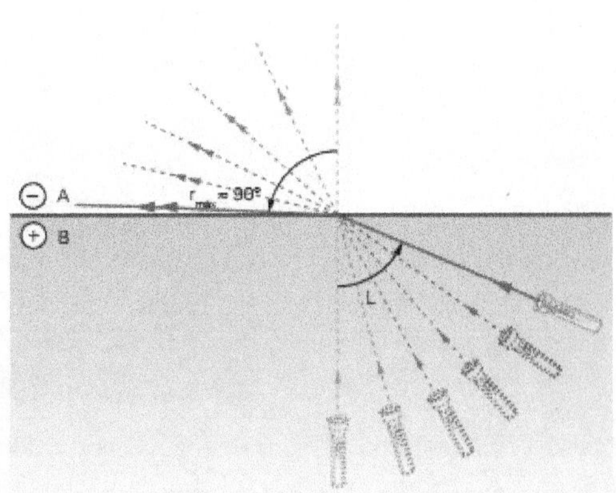

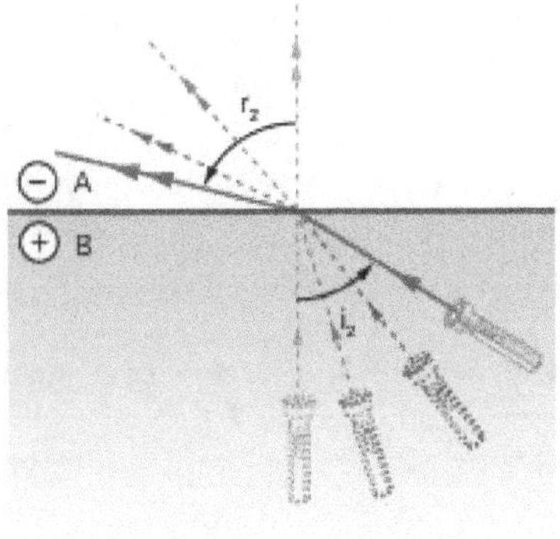


Para ocorrência da reflexão total:

01. **A luz incidente deve estar propagando-se do meio mais refringente para o menos refringente.**
02. **O ângulo de incidência deve ser maior que o ângulo limite (i > L).**

Para encontrar o ângulo de incidência, aplicamos Snell-Descartes:

$$\frac{n_{passa}}{n_{provém}} = \frac{sen\ i}{sen\ r} \rightarrow \frac{n_{menor}}{n_{maior}} = \frac{sen\ L}{sen\ 90°} \therefore \boldsymbol{sen\ L} = \frac{n_{menor}}{n_{maior}}$$

Uma aplicação direta desse fenômeno é a **fibra óptica**.

**Miragem** também é uma aplicação de reflexão total, e é bastante aplicada na vida do cotidiano.

O ar atmosférico bem próximo à superfície da Terra pode ser considerado homogêneo. No entanto, em regiões quentes, como nos desertos, a camada de ar diretamente em contato com a superfície terrestre (areia) é muito mais quente que a restante. Na superfície de separação dessas duas camadas de ar, uma mais quente (menor densidade -menor índice de refração) e outra menos quente (maior densidade - maior índice de refração), ocorre reflexão total da luz proveniente de um ponto P, longe do observador O, que vê a imagem aparente P' invertida, conforme a figura. Por esse mesmo motivo, as pessoas têm a impressão de ver poças d'água no asfalto da estrada em dias quentes.

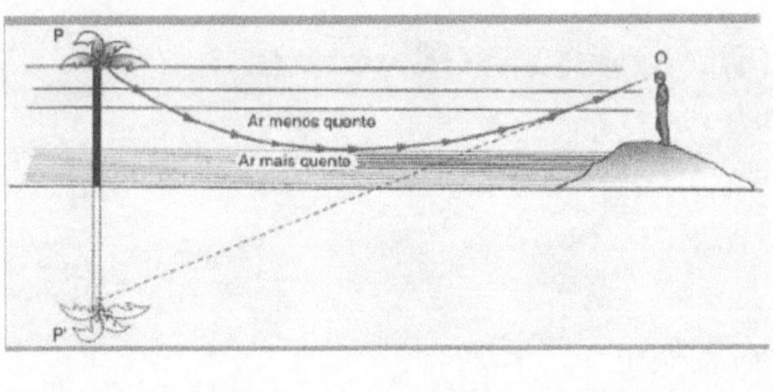

## Dioptro (fronteira) plano

Todo sistema óptico constituído por uma superfície plana separando os dois meios distintos (opticamente diferentes).

Exemplo: ar e água

**Caso A**: luz sendo refratada do meio mais refringente para o meio menos refringente

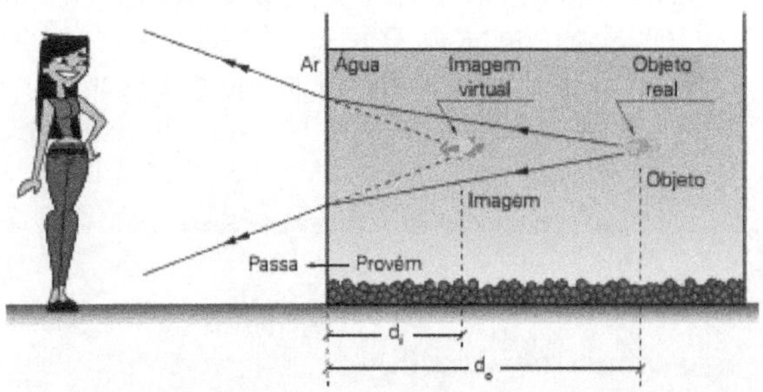


**Caso B**: luz refratada do meio menos refringente para o meio mais refringente

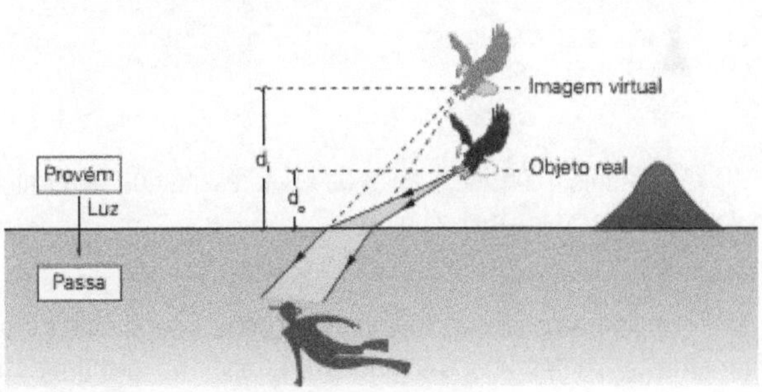


## Equação do dioptro plano

Para ângulos de observação pequenos (θ < 10°), temos:

$$\frac{d_i}{d_o} = \frac{n_{passa}}{n_{provém}}$$

## Lâminas de faces paralelas

Na lâmina de faces paralelas envolvida por um único meio, o raio emergente é paralelo ao raio incidente. Assim, o raio emergente não apresenta desvio em relação ao raio incidente, mas apenas um deslocamento lateral.

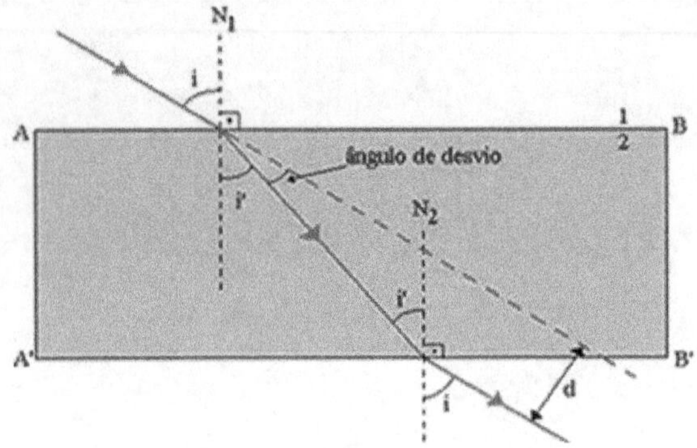


Cálculo do deslocamento lateral

$$d = \frac{e.sen(\theta_1 - \theta_2)}{cos\theta_2}$$

**Exemplo 1:**

**(UFPR - 2018)** Um feixe de luz incide num espelho plano fazendo um ângulo $\theta_1 = 60°$ com a normal ao espelho, propagando-se pelo ar (meio 1). O feixe refletido propaga-se no meio 1 e incide na interface entre o meio 1 e o meio 2, onde sofre refração. O feixe refratado sai com ângulo $\theta_2$ com relação à normal à interface, conforme mostra a figura a seguir. As duas normais são perpendiculares entre si. Sabe-se que o índice de refração do ar vale $n_1 = 1$, que $sen30° = cos60° = \frac{1}{2}$, que $sen60° = cos30° = \frac{\sqrt{3}}{2}$ e que $sen\theta_2 = \frac{1}{5}$ e $cos\theta_2 = \frac{2\sqrt{6}}{5}$. Além disso, a velocidade da luz no meio 1 é $c = 3{,}0 \times 10^{8}$ m/s.

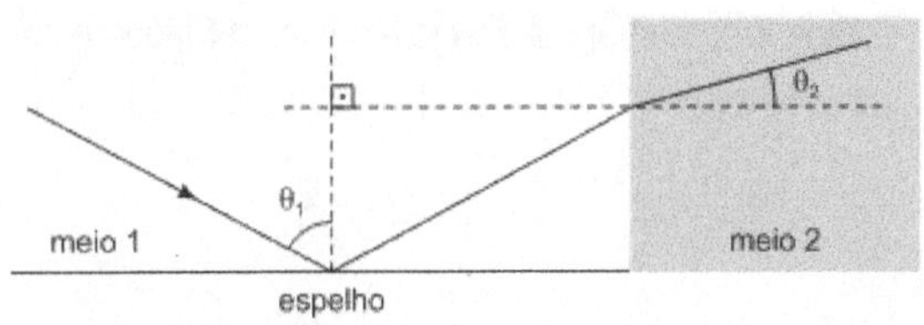


Levando em consideração os dados apresentados, determine o valor da velocidade da luz no meio 2.

Resolução:

No diagrama abaixo, foi utilizado conhecimentos de trigonometria para determinar o ângulo de incidência do raio luminoso do meio 1 para o meio 2.

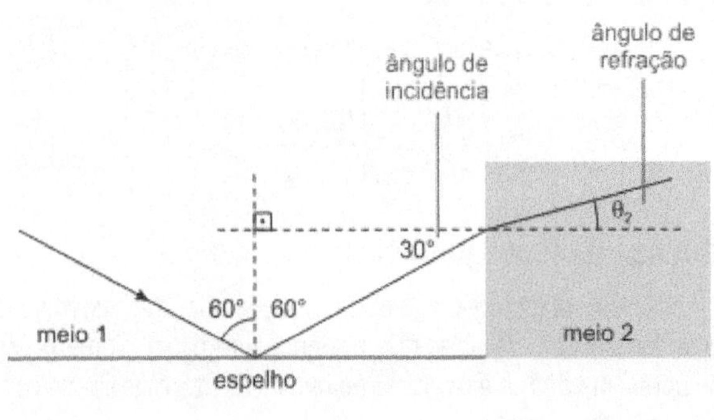


Usando a Lei de Snell juntamente com a definição de índice de refração, podemos relacionar as velocidades da luz em cada meio:

$$\begin{Bmatrix} n_1 \cdot sen\,\theta_1 = n_2 \cdot sen\,\theta_2 \\ n = \frac{c}{v} \end{Bmatrix}$$

$$\Rightarrow \frac{sen\,\theta_1}{v_1} = \frac{sen\,\theta_2}{v_2} \therefore v_2 = \frac{v_1 \cdot sen\,\theta_2}{sen\,\theta_1}$$

Assim, substituindo os valores:

$$v_2 = \frac{v_1 \cdot sen\,\theta_2}{sen\,\theta_1} = \frac{3 \cdot 10^8\ m/s \cdot \frac{1}{5}}{\frac{1}{2}} \therefore v_2 = 1{,}2 \cdot 10^8\ m/s$$

**Exemplo 2:**

**(ESPCEX - 2017)** Um raio de luz monocromática propagando-se no ar incide no ponto na superfície de um espelho, plano e horizontal, formando um ângulo de com sua superfície.

Após ser refletido no ponto desse espelho, o raio incide na superfície plana e horizontal de um líquido e sofre refração. O raio refratado forma um ângulo de com a reta normal à superfície do líquido, conforme o desenho abaixo.

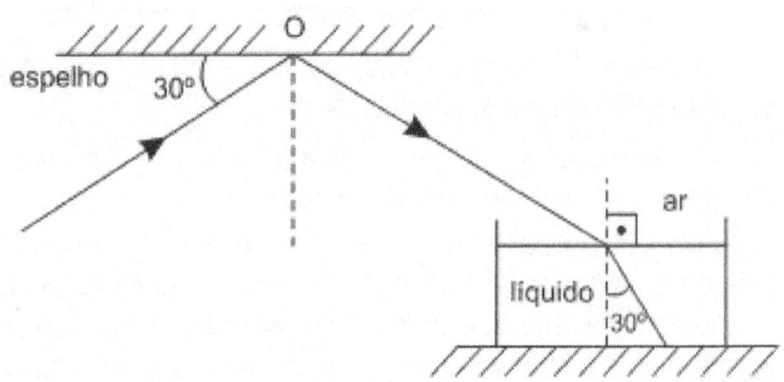


DESENHO ILUSTRATIVO FORA DE ESCALA

Sabendo que o índice de refração do ar é o índice de refração do líquido é:

Dados: $sen\,30° = 1/2$ e $cos60° = 1/2$; $sen60° = \frac{\sqrt{3}}{2}$ e $cos30° = \frac{\sqrt{3}}{2}$.

a) $\frac{\sqrt{3}}{3}$

b) $\frac{\sqrt{3}}{2}$

c) $\sqrt{3}$

d) $\frac{2\sqrt{3}}{3}$

e) $2\sqrt{3}$

Resolução: C.

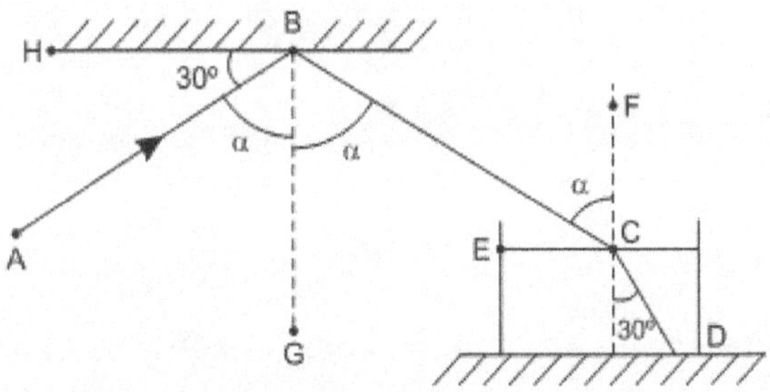


Pela geometria, pode-se afirmar que:

$$H\hat{B}A + A\hat{B}G = 90°$$

Logo,

$$\alpha = A\hat{B}G = 90° - H\hat{B}A = 90° - 30° = 60°$$

Quando uma luz incide sobre uma superfície plana reflexiva, o ângulo de incidência é igual ao ângulo de reflexão. Disso se conclui que:

$$\alpha = A\hat{B}G = G\hat{B}C$$

Como os segmentos $\overline{GB}$ e $\overline{FC}$ são paralelos e o segmento $\overline{BC}$ é transversal aos dois segmentos anteriores, pode-se afirmar que os ângulos $G\hat{B}C$ e $B\hat{C}F$ são alternos internos, do que se conclui que:

$$B\hat{C}F = G\hat{B}C = \alpha$$

Aplicando-se a lei de Snell para refração, tem-se que:

$$n_1 \operatorname{sen} \alpha = n_2 \operatorname{sen} 30°$$

Sendo, $\alpha$ o ângulo de incidência sobre a superfície do líquido, o ângulo de refração igual a 30°, $n_1$ corresponde ao índice de refração do ar e $n_2$ o índice de refração do líquido.

Substituindo-se os valores dos parâmetros conhecidos na equação da lei de Snell, tem-se que:

$$1 \times \operatorname{sen} 60° = n_2 \operatorname{sen} 30°$$

$$\frac{\sqrt{3}}{2} = n_2 \frac{1}{2}$$

$$\boxed{n_2 = \sqrt{3}}$$

## 8.10 Lentes Esféricas

### Conceitos iniciais

Denomina-se lente esférica todo sistema óptico constituído de três meios homogêneos e transparentes, separados dois a dois, por duas superfícies esféricas ou por uma superfície esférica e outra plana, chamadas de face.

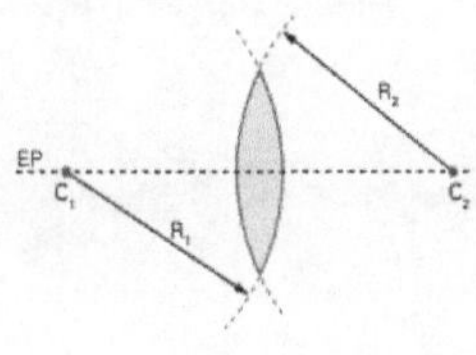


Biconvexa

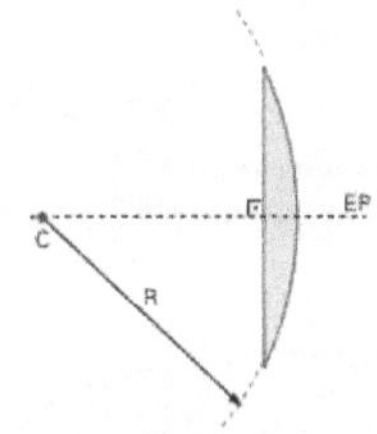


Plano-convexa

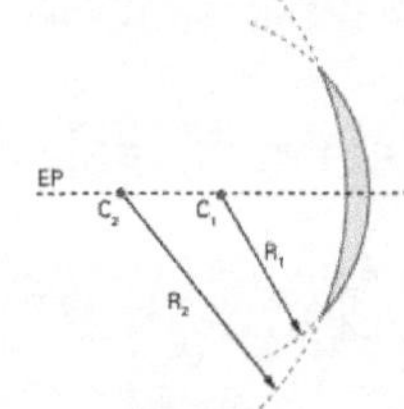


Côncavo-convexa

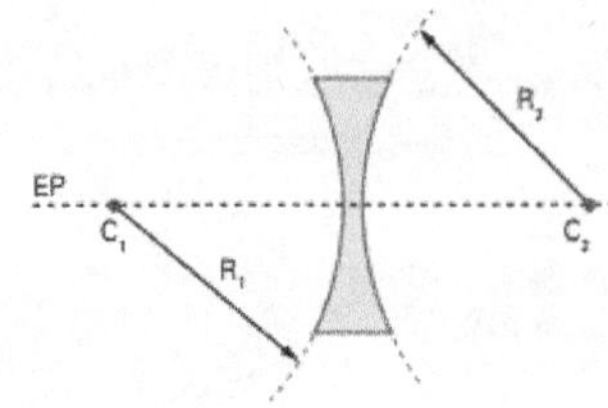


Bicôncava

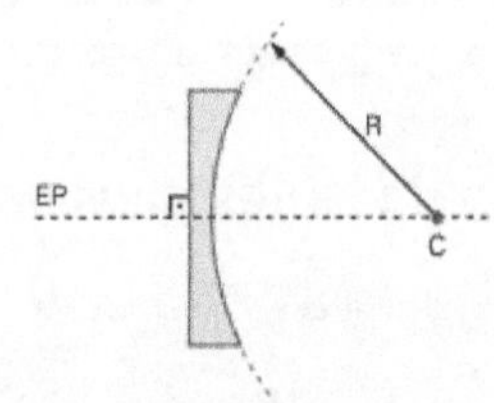


Plano-côncava

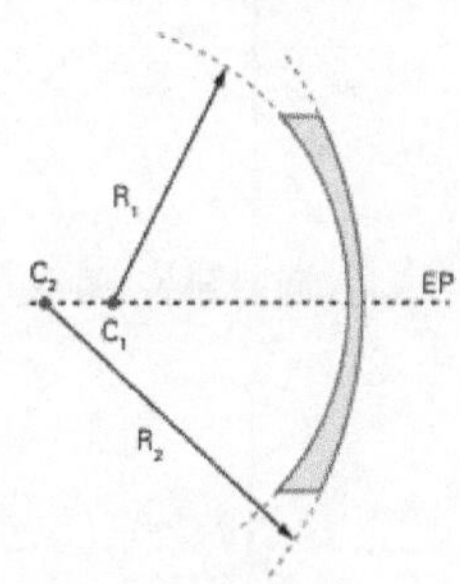


Convexo-côncava

### Comportamento óptico

### Lentes imersas em meio menos refringente (por exemplo, o ar)

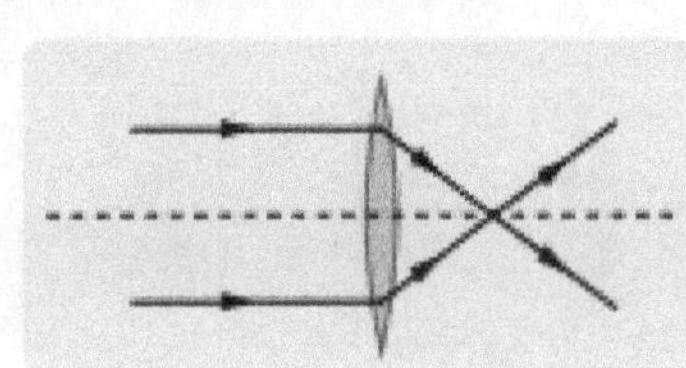

Bordas finas: convergente

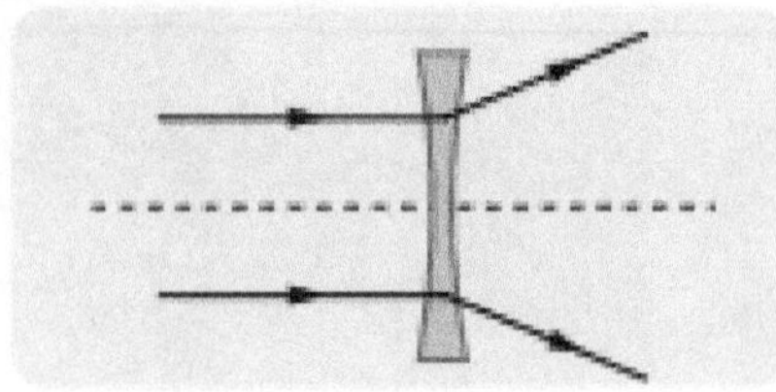

Bordas grossas: divergente

## Lentes imersas em meio mais refringente

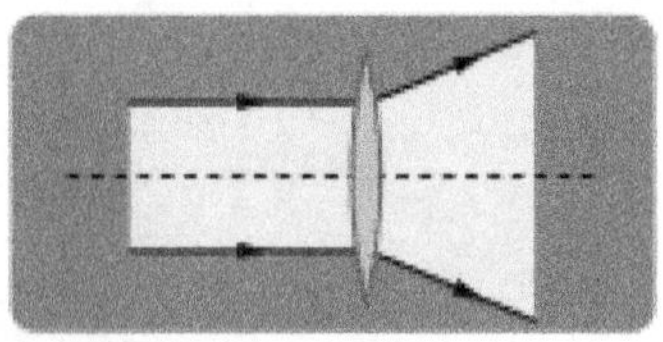

Bordas finas: divergente

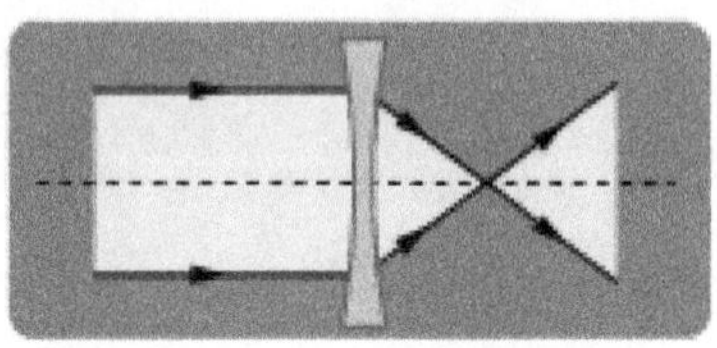

Bordas grossas: convergente

## Representação de lentes gaussianas

Lentes de bordas finas

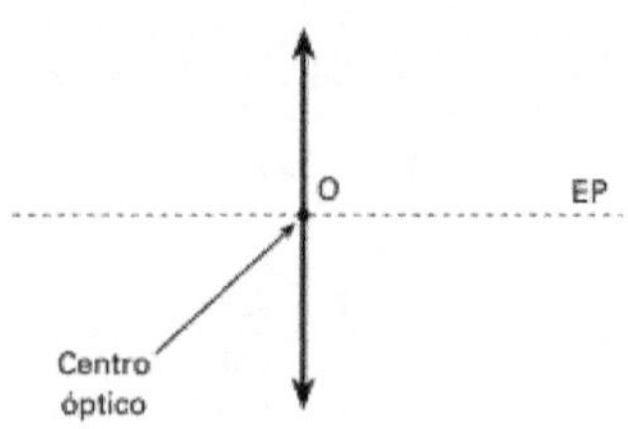


Lentes de bordas grossas

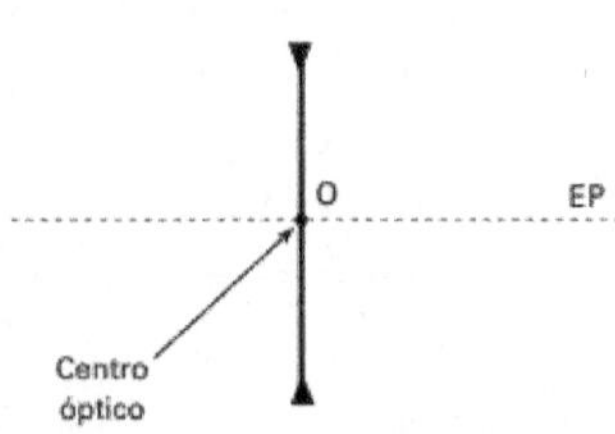


## Raios notáveis

Lente convergente

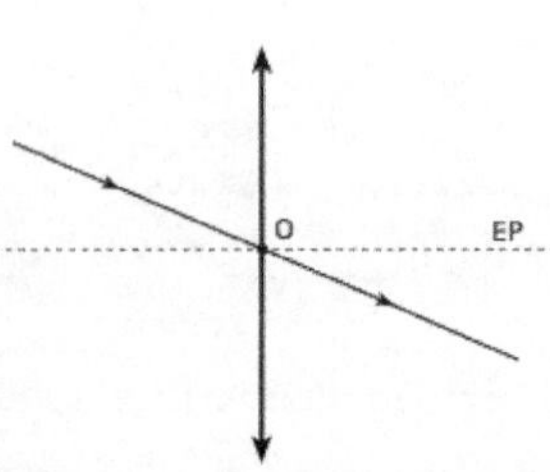


Lente divergente

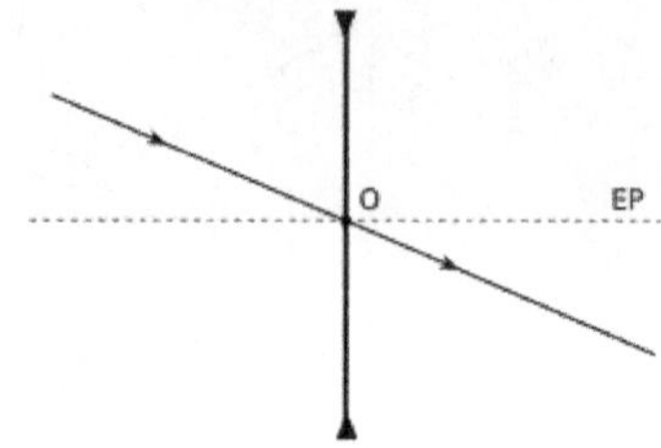


Foco principal imagem ($F_i$)

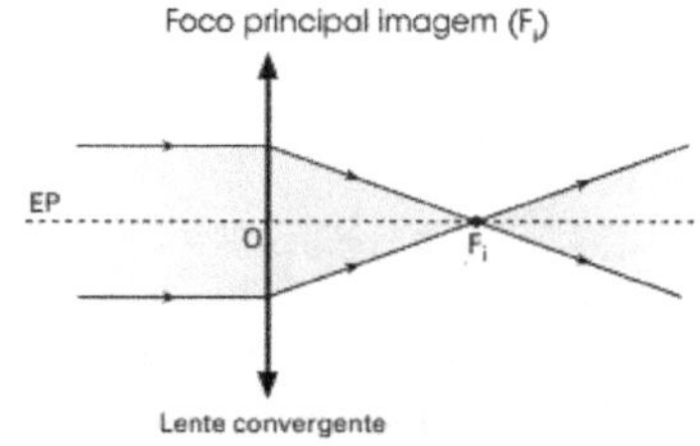


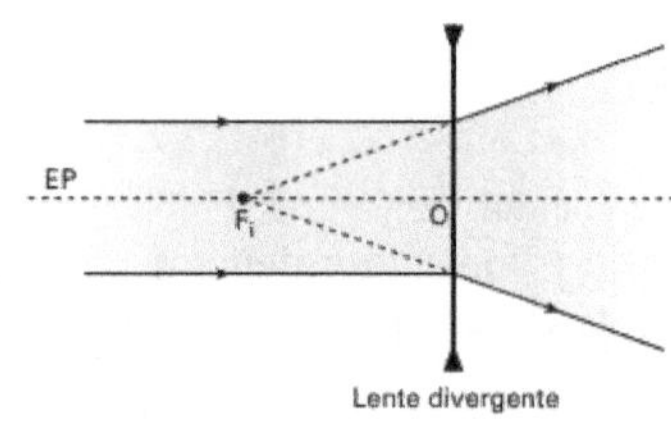


Foco principal imagem ($F_o$)

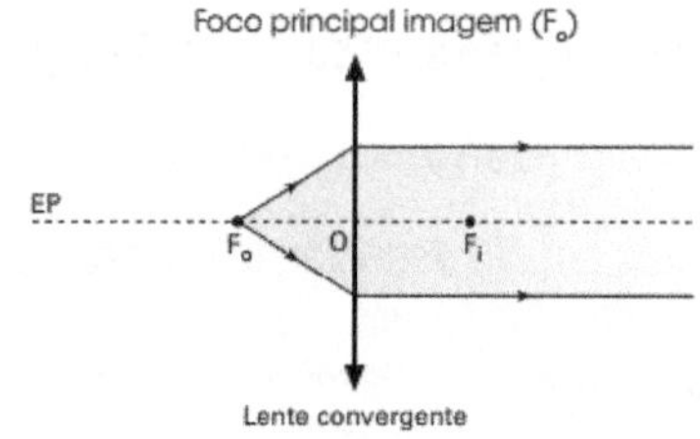


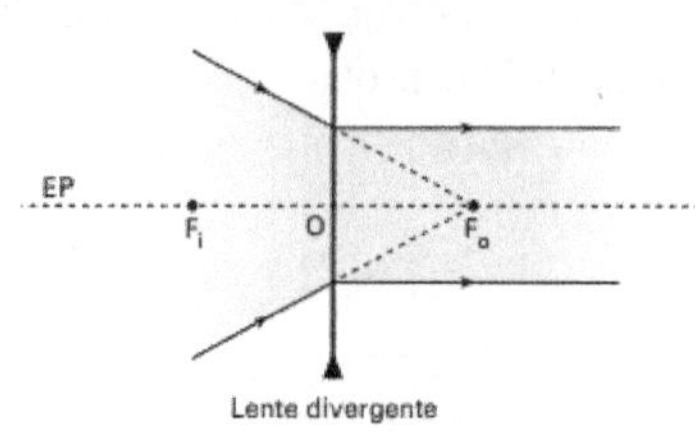


Antiprincipal objeto ($A_o$) e antiprincipal imagem ($A_i$)

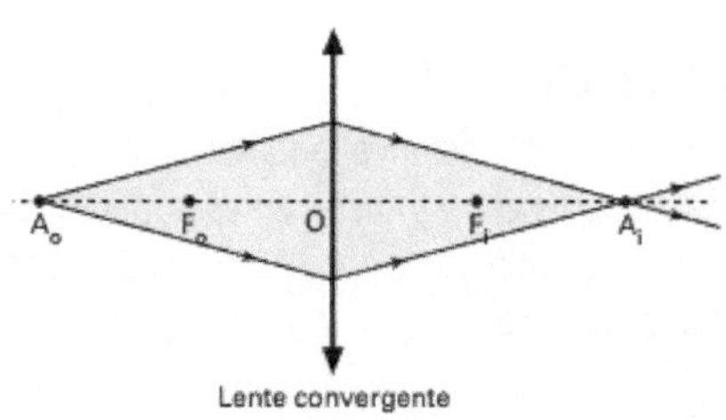

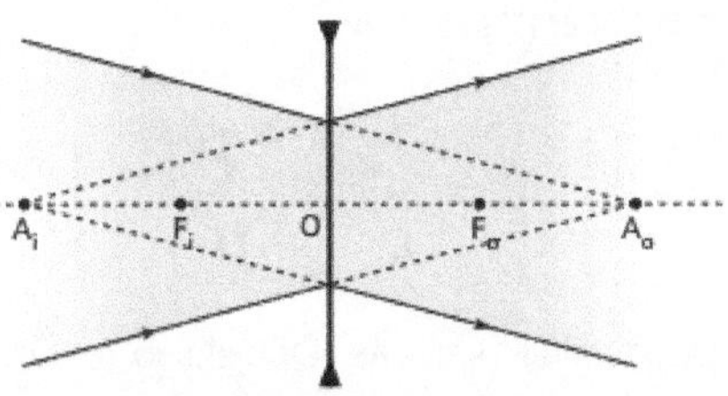


Lente divergente

## Construção gráfica das imagens em lentes esféricas

De modo análogo ao que fizemos nos espelhos esféricos, para construir a imagem de um ponto, conjugada por um sistema óptico, necessitamos de pelo menos dois raios incidentes.

Exemplo:

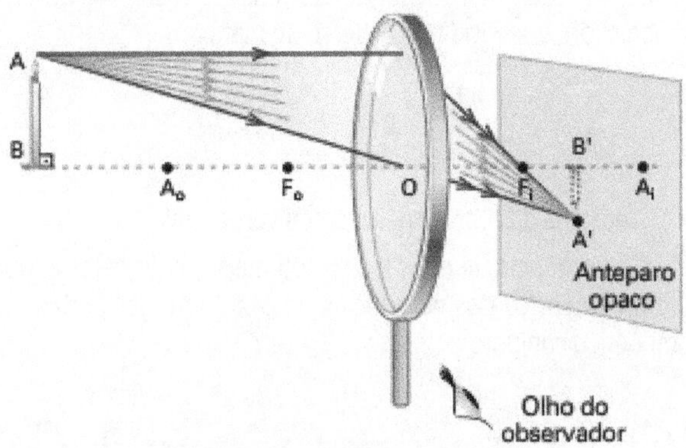


## Lentes convergentes (5 casos)

> Objeto além do ponto antiprincipal objeto A:

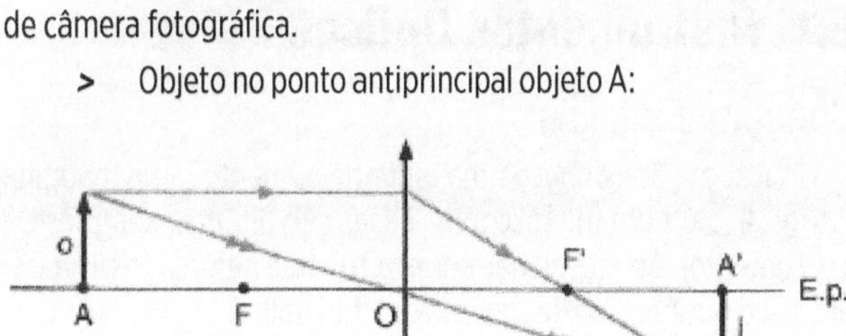


Real, invertida e menor – Exemplo: vista humana e objetiva de câmera fotográfica.

> Objeto no ponto antiprincipal objeto A:

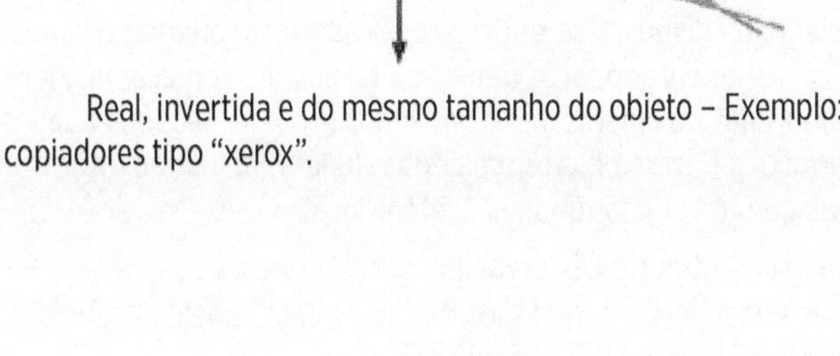


Real, invertida e do mesmo tamanho do objeto – Exemplo: copiadores tipo "xerox".

> Objeto entre o ponto antiprincipal objeto A e o foco objeto F:

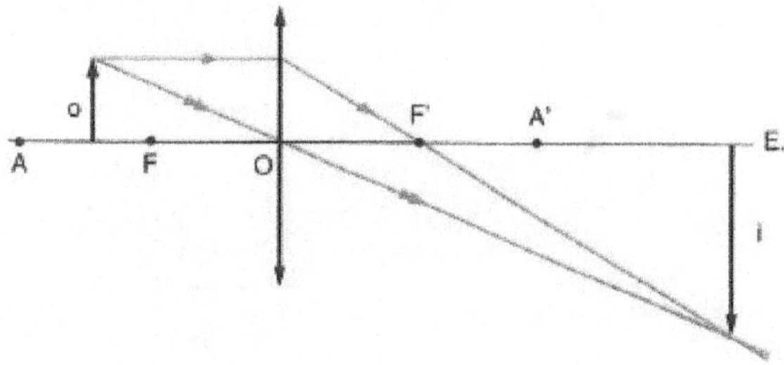


Real, invertida e maior – Exemplo: projetor de slides ou filmes.

> Objeto no foco objeto F:

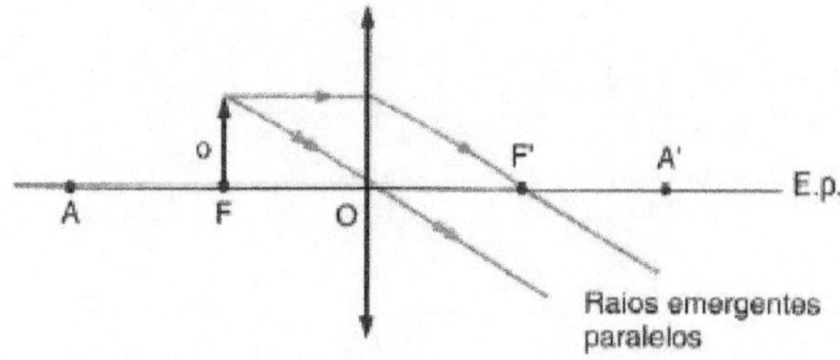


Imagem imprópria – Exemplo: holofotes.

> Objeto entre o foco objeto F e o centro óptico O:

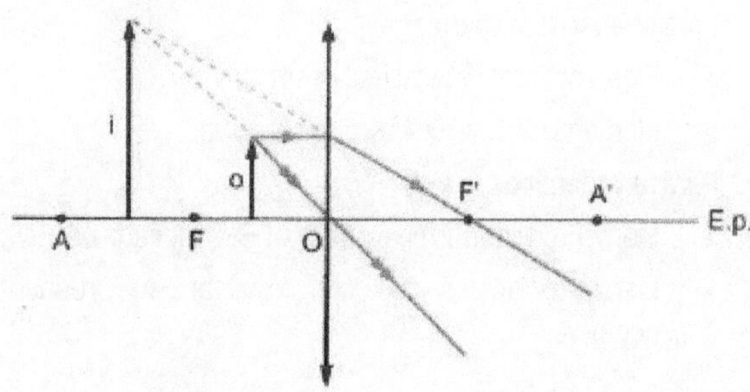


Virtual, direita e maior – Exemplo: uso da lente convergente com uma lente de aumento (lupa) e correção da hipermetropia.

## Lente divergente (1 caso)

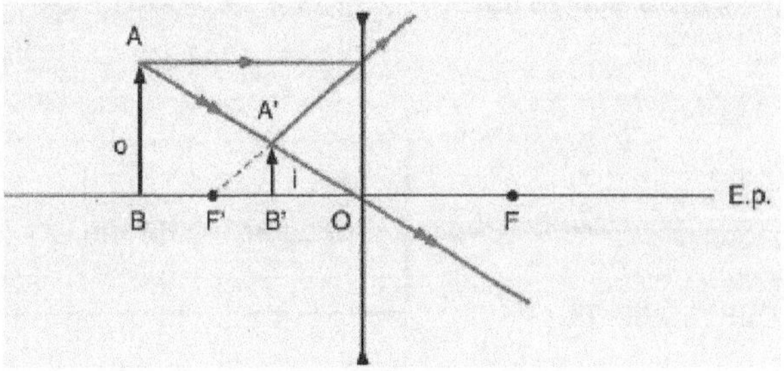


Virtual, direita e menor – Exemplo: correção da miopia.

## Estudo analítico das lentes esféricas

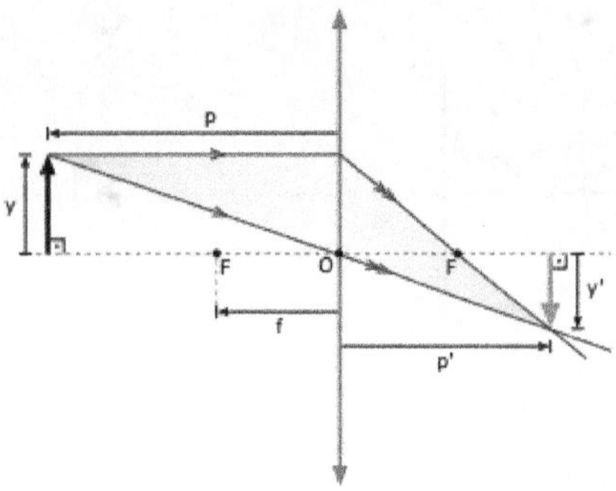


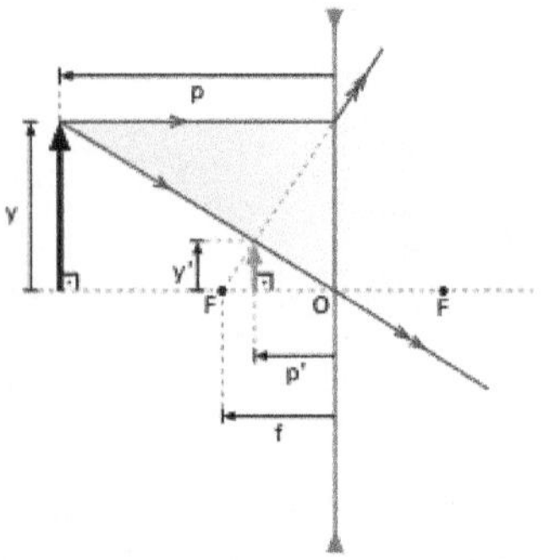


→ **Para as abscissas (p e p')**

> Elemento real → Abscissa positiva;

> Elemento virtual → Abscissa negativa.

→ **Para as ordenadas (y e y')**

> Elemento acima do eixo principal → Ordenada positiva;

> Elemento abaixo do eixo principal → Ordenada negativa.

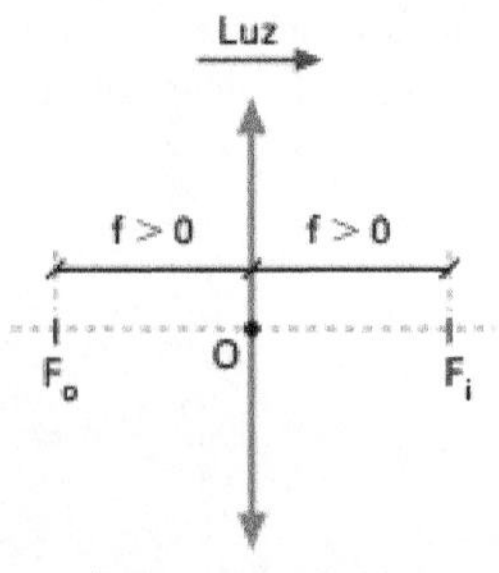


Lente convergente

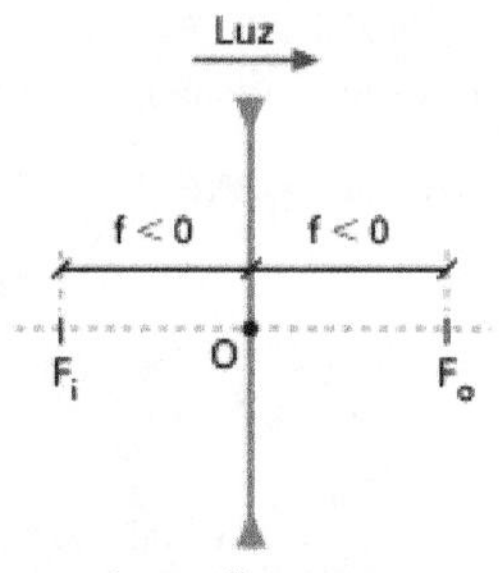


Lente divergente

### Equação de gauss

$$\frac{1}{f} = \frac{1}{p} + \frac{1}{p'}$$

→ **Aumento linear transversal**

$$A = \frac{i}{o} = \frac{-p'}{p}$$

Imagem direita em relação ao objeto ⇔ A > 0

Imagem invertida em relação ao objeto ⇔ A < 0

### Convergência/vergência ("grau") de uma lente

O inverso da sua distância focal em metros, ou seja:

$$V = \frac{1}{f(metros)}$$

A unidade mais usual de vergência, no S.I., é a dioptria (símbolo: di), que resulta do inverso do metro:

$$\frac{1}{m} = 1\,m^{-1} = 1\,di$$

→ **Teorema das Convergências (ou vergência)**

A vergência de duas lentes (ou mais) justapostas é igual à soma algébrica das vergências de cada uma das lentes que compõem o conjunto.

$$C_{conj} = C_1 + C_2 + \cdots + C_n$$

### Equação dos fabricantes de lentes (equação de halley)

$$\frac{1}{f} = \left(\frac{n_L}{n_m} - 1\right) \cdot \left(\frac{1}{R_1} + \frac{1}{R_2}\right)$$

Faces convexas: raios de curvatura positiva (R > 0);

Faces côncavas: raios de curvatura negativos (R < 0).

## 8.11 Instrumentos Ópticos

### Conceitos iniciais

Quem não conhece uma lente de aumento, uma máquina fotográfica ou um microscópio? Esses são alguns exemplos de instrumentos ópticos. Quem nunca foi ao cinema assistir a um filme? Lá também existe um instrumento óptico.

Denomina-se instrumento óptico toda combinação conveniente de dispositivos ópticos como espelhos, prismas e lentes. Os instrumentos ópticos têm como finalidade: Fornecer imagens ampliadas de objetos muito pequenos (microscópio) ou imagens aproximadas de objetos afastados (luneta) ou, então, registrar imagens de objetos (máquina fotográfica).

**Instrumentos de Observação**: aqueles que os conjuntos imagens finais virtuais, que são vitais diretamente pelo observador, como na lupa, no microcóspio e na luneta.

**Instrumentos de Projeção**: aqueles que conjugam imagens finais reais, que são vistas pelo observador, projetadas num anteparo, como na máquina fotográfica e nos projetores em geral.

## Lupa ou microscópio simples

Lupa ou lente de aumento é o mais simples dos instrumentos ópticos de observação. É constituída apenas por uma lente convergente (distância focal em ordem de centímetros), que conjuga uma imagem virtual, direita e maior que o objeto, desde que ele esteja colocado entre o seu foco e o centro óptico.

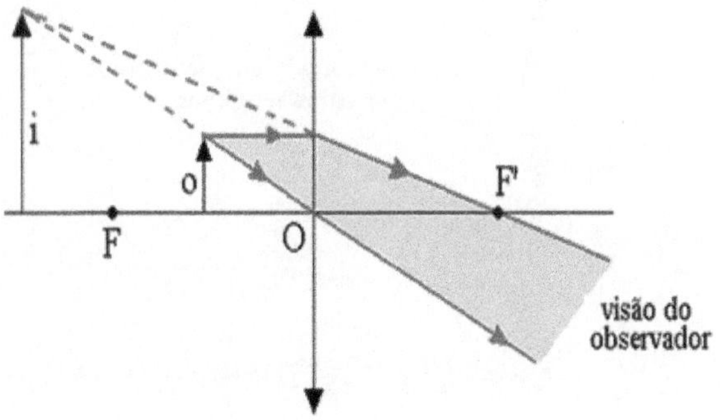


## Microscópio composto

Formado por duas lentes convergentes: uma objetiva (lente voltada para o objeto), com distância focal de milímetros, e uma ocular (lente voltada para o observador), de distância focal de alguns centímetros, que amplia a imagem formada pela objetiva, funcionando como uma lupa.

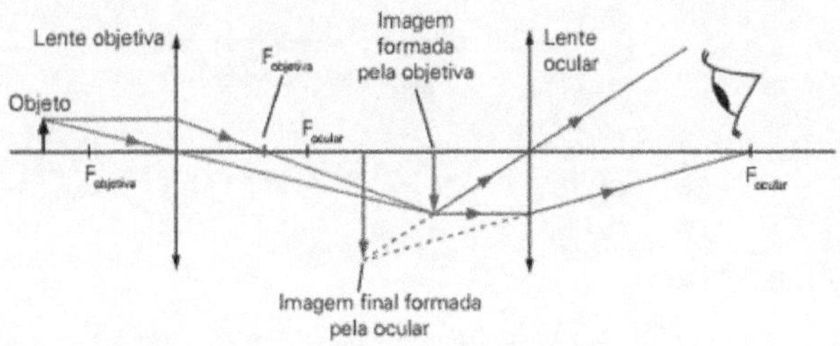


$$A_{micr} = A_{OB} \cdot A_{OC} \ (\textit{ampliação total})$$

## Luneta astronômica

A luneta astronômica é um instrumento óptico utilizado para observar astros. Basicamente, trata-se de uma associação coaxial de duas lentes convergentes colocadas dentro de um tubo cujo interior é pintado de preto. A lente voltada para o astro se chama objetiva, enquanto a que fica junto ao olho do observador é denominada ocular.

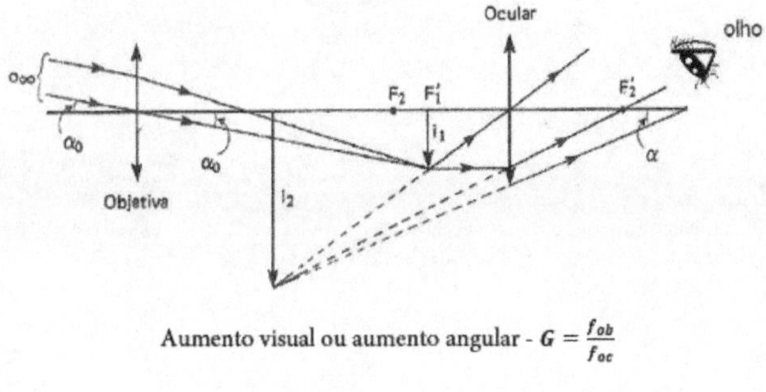


Aumento visual ou aumento angular - $G = \frac{f_{ob}}{f_{oc}}$

## Projetor

O projetor, através de uma lente convergente (objetiva), fornece imagens reais, invertidas e maiores que o objeto (filme ou slide). Como as imagens são projetadas numa tela e vistas por espectadores, é conveniente colocar o objeto invertido no projetor para se ter imagem direita, conforme ilustra a figura.

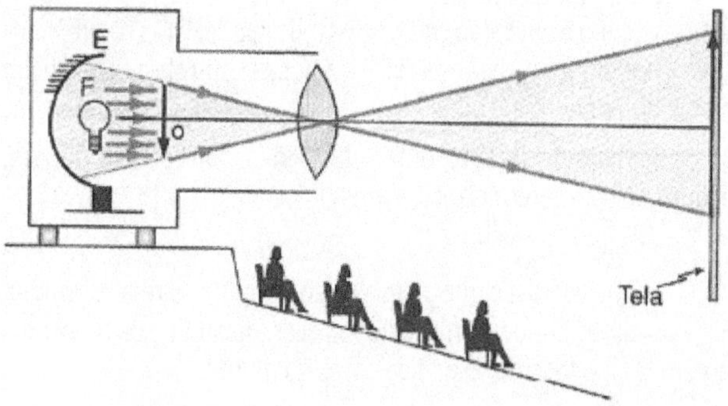


## Máquina fotográfica

A máquina fotográfica é um instrumento óptico de projeção, onde o anteparo que capta e grava a imagem real é um filme fotossensível, isto é, que propicia uma reação química entre os sais que compõem a película e a luz incidente.

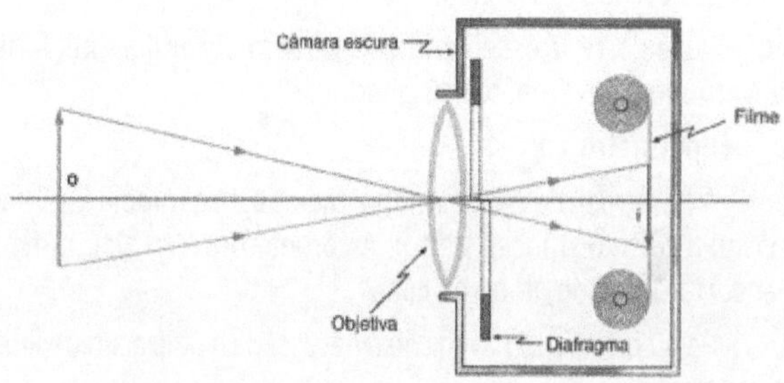


A lente é denominada objetiva da máquina e tem um mecanismo para afastá-la ou aproximá-la do filme, para que a imagem seja nítida. Esse processo é chamado de focalização.

Quando se "dispara" a máquina, o diafragma se abre por uma fração de segundo, permitindo a entrada da luz e a sensibilização do filme.

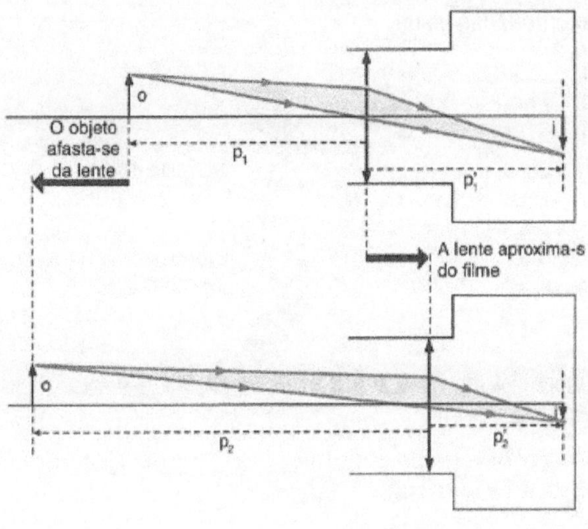

## Óptica da visão

Olho humano

O ser humano é dotado de cinco sentidos e um deles é a visão, podendo este ser considerado o mais importante. O olho é divido em: retina, cristalino, músculos ciliares e pupila.

O cristalino tem a função de lente convergente (tipo biconvexa), a retina é responsável por receber as imagens formadas pelo cristalino e enviar ao cérebro, os músculos ciliares são responsáveis por alterar a distância focal e a pupila controla a quantidade de luz que penetra no olho.

A visão pode apresentar alterações, sendo elas: miopia, astigmatismo, hipermetropia e presbiopia.

→ **Miopia:**

É uma condição que afeta a visão de longa distância (longe). Esta condição atinge os músculos ciliares, deixando-os relaxados e, com isso, o foco da visão fica antes da retina.

Para corrigir este defeito é necessária a utilização de lentes divergentes.

→ **Astigmatismo:**

É uma condição em que a córnea é irregular (possui imperfeições), tornando assim o raio de curvatura diferente de acordo com a secção selecionada. Devido a isso a refração da luz é diferente em cada secção selecionada.

Para corrigir essa condição podem ser utilizadas lentes convergentes, divergentes ou cilíndricas.

→ **Hipermetropia:**

A hipermetropia é uma condição oposta à miopia, afetando a visão a curta distância (perto). A córnea sofre um achatamento e encurtamento do globo ocular.

Para corrigir essa condição é necessária a utilização de lentes convergentes.

→ **Presbiopia:**

Também conhecida como "vista cansada", é uma condição em que o cristalino perde a capacidade de acomodação, condição causada pelo envelhecimento.

A condição pode ser corrigida tal como a hipermetropia, com a utilização de lentes convergentes.

## Acomodação visual

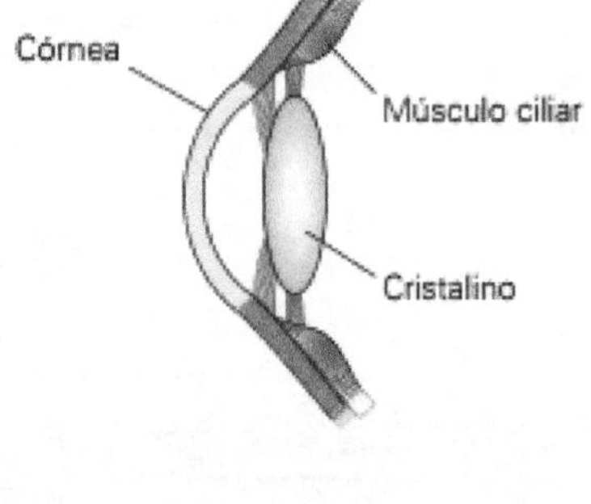


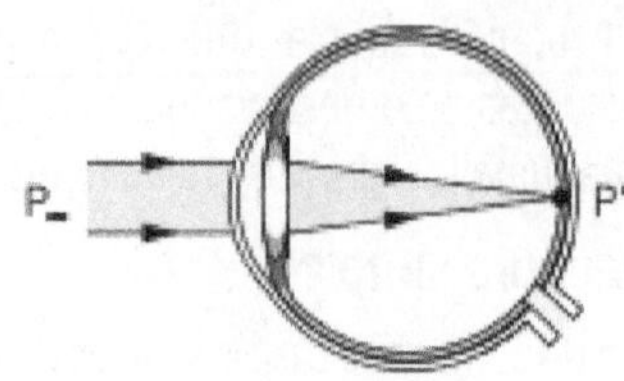


Vista relaxada
(sem acomodação)

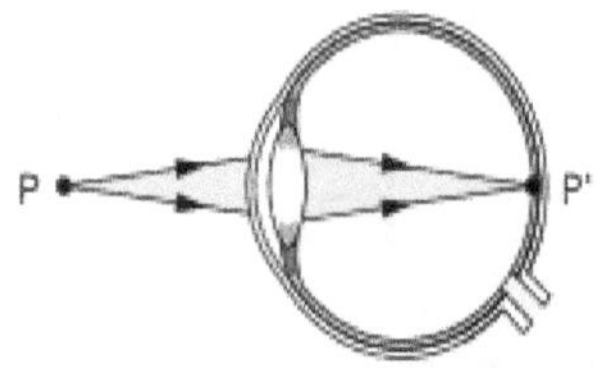


Vista contraída
(com acomodação)

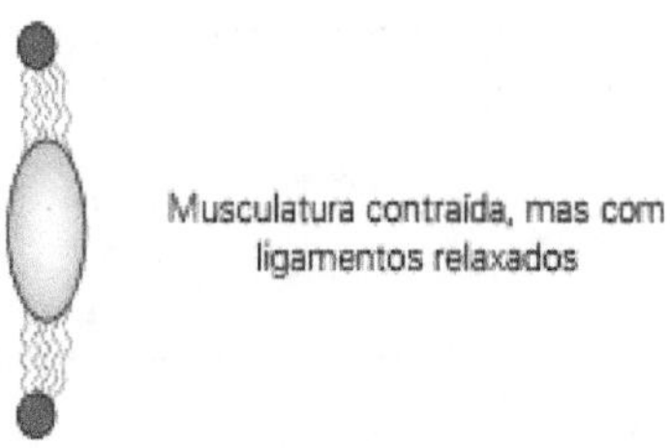


## Ametropias

**Vista relaxada**

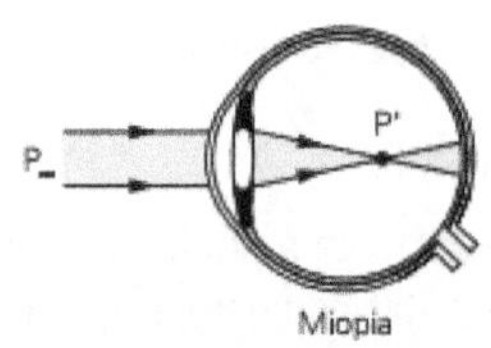


Miopia

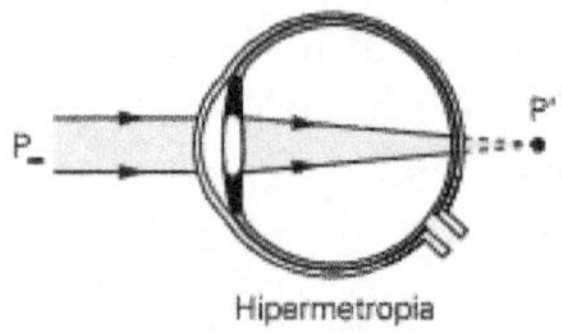


Hipermetropia

## Correções

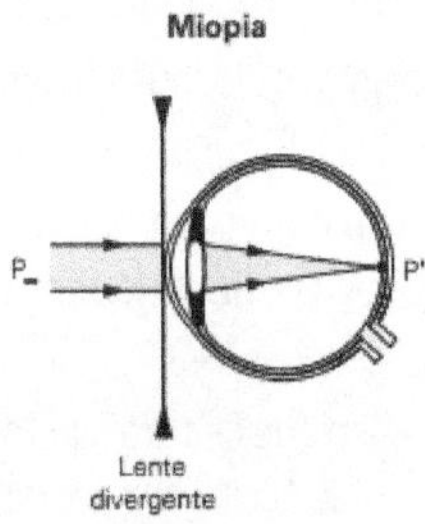


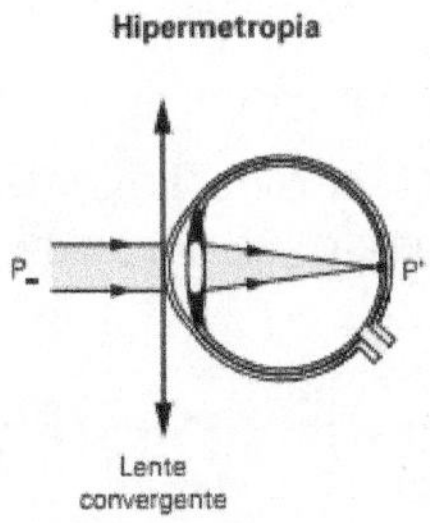


**Exemplo 1:**

**(UFSC - 2019)** Entre os cinco sentidos humanos, a visão é um dos mais importantes, por isso deve-se cuidar muito bem dos olhos. Ainda assim, defeitos visuais como miopia, hipermetropia e astigmatismo aparecem no decorrer da vida. Mas nada está perdido, pois os óculos são alternativas acessíveis e satisfatórias na melhoria da qualidade visual dos indivíduos. Considere o esquema do olho abaixo para responder aos itens da questão.

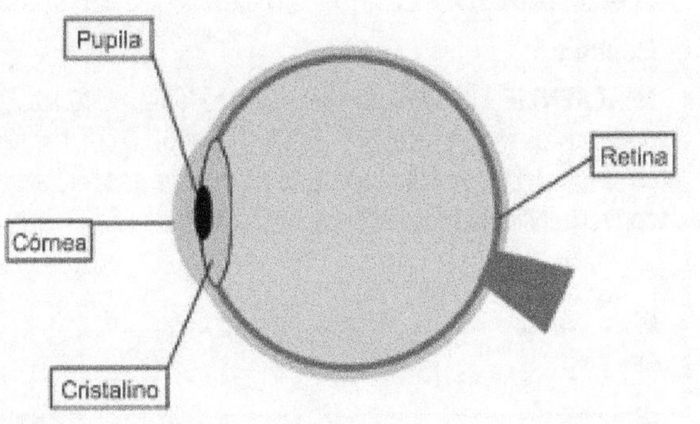


<u>**Dados**</u>:

$$A = \frac{i}{O} = \frac{-P'}{P}; \quad \frac{1}{f} = \frac{1}{P} + \frac{1}{P'}; \quad n = \frac{C}{v}; \quad n_1 \cdot \text{sen}\,\theta_1 = n_2 \cdot \text{sen}\,\theta_2$$

a) Com base no esquema do olho abaixo, desenhe a imagem do objeto (seta) formada em um olho hipermetrope.

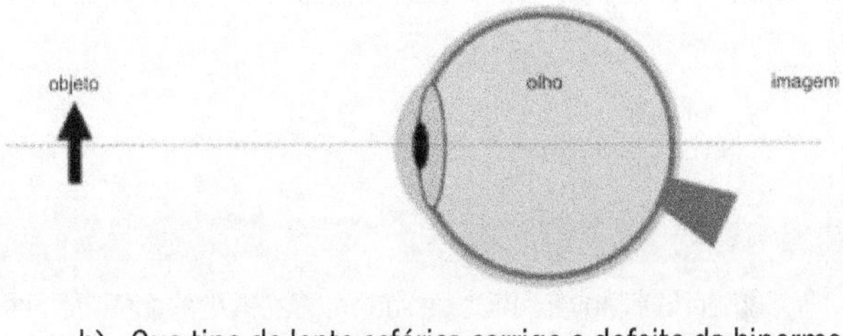


b) Que tipo de lente esférica corrige o defeito da hipermetropia e que fenômeno óptico explica o funcionamento de uma lente esférica?

c) Considere uma pessoa hipermetrope capaz de enxergar nitidamente quando seu ponto próximo é de 1,0 m. Nesse caso, qual a vergência da lente corretiva para conjugar a imagem de um objeto no ponto próximo, se esse objeto estiver a do olho?

Resolução

a) Abaixo a construção da imagem para um olho hipermetrope.

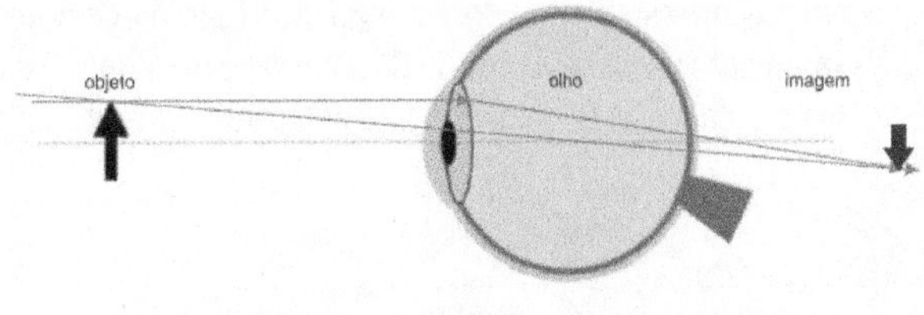


b) Para solucionar o problema do olho hipermetrope, devemos usar uma lente convergente. O fenômeno óptico que explica o funcionamento das lentes esféricas é a refração.

c) A distância focal (f) corretiva par o olho hipermetrope é dada pela equação de Gauss, onde a distância da imagem (p') deve ser de 25 cm (ponto próximo do olho normal) e a distância do objeto (p) deve ser de -1 m (ponto próximo do hipermetrope). A vergência (v) da lente corretiva é o inverso da distância focal.

$$\frac{1}{f} = \frac{1}{P} + \frac{1}{P'} \Rightarrow \frac{1}{f} = \frac{1}{0{,}25\ m} - \frac{1}{1\ m} \therefore \frac{1}{f} = V = 3\ di$$

$$f = \frac{1}{3}\ m = 33{,}3\ cm$$

**Exemplo 2:**

**(UEM - 2018)** Uma luneta astronômica é composta essencialmente de duas lentes: a objetiva e a ocular. Sobre as características desse instrumento óptico, assinale o que for correto.

**a)** A imagem fornecida pela objetiva é real e invertida.

**b)** A imagem fornecida pela objetiva é objeto para a ocular.

**c)** A imagem fornecida pela ocular é virtual e direita.

**d)** Se a objetiva e a ocular apresentam distâncias focais de 2m e 5m respectivamente, então o aumento visual da luneta em condições normais de observação será igual a 40

**e)** A objetiva é convergente, e a ocular é divergente.

Resolução:

Para a luneta astronômica, temos o seguinte esquema:

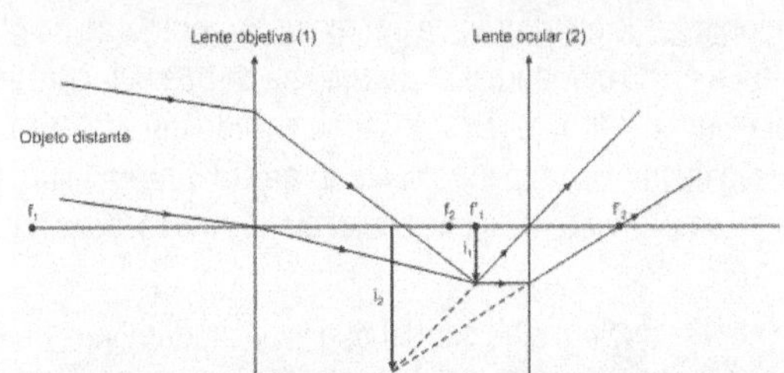


**a)** Verdadeiro. A lente objetiva fornece uma imagem real e invertida.

**b)** Verdadeiro. A imagem fornecida pela objetiva funciona como objeto para a ocular.

c) Verdadeiro. A imagem fornecida pela ocular é virtual e direita.

d) Falso. Nesse caso, o aumento será de:

e) Falso. Ambas as lentes são convergentes.

**Exemplo 3:**

**(EEAR - 2018)** Um objeto é colocado perpendicularmente ao eixo principal e a de uma lente divergente estigmática de distância focal igual a A imagem obtida é virtual, direita e apresenta de altura. Quando essa lente é substituída por outra convergente estigmática de distância focal igual a e colocada exatamente na mesma posição da anterior, e mantendo-se o objeto a da lente, a imagem agora apresenta uma altura de

_____

a) 2,5

b) 4,0

c) 5,0

d) 10,0

Resolução: A.

Dados do enunciado:

$$p = 20\text{ cm} \qquad f_2 = 4\text{ cm}$$
$$f_1 = -5\text{ cm} \qquad i_2 = ?$$
$$i_1 = 2\text{ cm}$$

Posição da imagem para a lente divergente:

$$\frac{1}{f_1} = \frac{1}{p} + \frac{1}{p_1'} \Rightarrow -\frac{1}{5} = \frac{1}{20} + \frac{1}{p_1'} \Rightarrow p_1' = -4\text{ cm}$$

Altura do objeto:

$$\frac{i_1}{o} = -\frac{p_1'}{p} \Rightarrow \frac{2}{o} = -\frac{(-4)}{20} \Rightarrow o = 10\text{ cm}$$

Posição da imagem para a lente convergente:

$$\frac{1}{f_2} = \frac{1}{p} + \frac{1}{p_2'} \Rightarrow \frac{1}{4} = \frac{1}{20} + \frac{1}{p_2'} \Rightarrow p_2' = 5\text{ cm}$$

Altura da segunda imagem:

$$\frac{i_2}{o} = -\frac{p_2'}{p} \Rightarrow \frac{i_2}{10} = -\frac{5}{20} \quad \therefore i_2 = -2{,}5\text{ cm}$$

Portanto, a nova imagem apresentará uma altura de 2,5 cm

**Exemplo 4:**

**(EBMSP - 2018)** A miopia é um defeito de refração, bastante frequente, caracterizado por afetar a visão à distância. A miopia surge em função de um maior comprimento do globo ocular ou do aumento na curvatura da córnea. A hipermetropia é um defeito de refração caracterizado por afetar mais a visão de perto. A hipermetropia surge em função de um menor comprimento do globo ocular ou de uma menor curvatura da córnea.

Sabe-se que um olho normal pode ver, nitidamente, objetos situados desde o infinito até 25,0 cm do olho.

Desprezando-se a distância entre a lente e o olho, sobre miopia e hipermetropia e suas correções é correto afirmar:

a) A lente dos óculos de um míope com ponto remoto situado a 75,0 cm do olho tem vergência igual a -1,5 dioptrias.

b) A imagem visual é formada em uma região anterior à retina no olho de um paciente com hipermetropia.

c) O defeito refrativo que causa a miopia pode ser corrigido utilizando-se óculos com lentes plano-convexas.

d) A lente dos óculos de um hipermétrope com o ponto próximo a 100,0 cm do olho tem vergência igual a 3,0 dioptrias.

e) O defeito refrativo que causa a hipermetropia pode ser corrigido utilizando-se óculos com lentes convexo-côncava.

Resolução: D.

Análise das alternativas:

A) Falsa. A lente de correção deve ter a distância focal em módulo exatamente igual a distância do ponto remoto, portanto:

$$|f| = D \Rightarrow |V| = \frac{1}{D} \Rightarrow |V| = \frac{1}{0{,}75\text{ m}} \therefore |V| = 1{,}33 \xrightarrow{\text{divergente}} V = -1{,}33\text{ dioptrias}$$

B) Falsa. A imagem é formada depois da retina, necessitando de uma lente convergente para a correção.

C) Falsa. A correção para a miopia é feita com lentes divergentes.

D) Verdadeira. A partir da equação de Gauss para os pontos próximos normal e hipermetrope, temos:

$$V = \frac{1}{d_N} - \frac{1}{d_H} = \frac{1}{0{,}25\text{ m}} - \frac{1}{1\text{ m}} \therefore V = 3\text{ dioptrias}$$

E) Falsa. A hipermetropia pode ser corrigida com o uso de lentes convergentes.

**Exemplo 5:**

**(MACKENZIE - 2017)** Considere quatro lentes esféricas delgadas de distância focal $f_1$ = + 5,0 cm, $f_2$ = -100,0 cm, $f_3$ = +20,0 cm e $f_4$ =-40,0 cm. A justaposição de duas lentes terá a maior convergência quando associarmos as lentes

a) 1 e 2

b) 2 e 3

c) 1 e 3

d) 2 e 4

e) 1 e 4

Resolução: C.

$$C = \frac{1}{f}$$
$$C_1 = \frac{1}{5 \cdot 10^{-2}} \Rightarrow C_1 = 20\text{ di}$$
$$C_2 = \frac{1}{-10 \cdot 10^{-2}} \Rightarrow C_2 = -10\text{ di}$$
$$C_3 = \frac{1}{20 \cdot 10^{-2}} \Rightarrow C_3 = 5\text{ di}$$
$$C_4 = \frac{1}{-40 \cdot 10^{-2}} \Rightarrow C_4 = -2{,}5\text{ di}$$

Somando a convergência de cada alternativa, encontraremos que $C_1 + C_3$ =25di será a maior convergência.

# 9. TERMOFÍSICA

## 9.1 Conceitos Fundamentais de Termologia e Termometria

### Temperatura

Um conceito primitivo associado ao nível médio de agitação das partículas que compõem um corpo.

### Equilíbrio térmico

Diz a respeito à questão de as temperaturas dos corpos serem iguais.

### Calor

Energia térmica transferida entre sistemas (corpos), por existir entre eles uma diferença de temperatura.

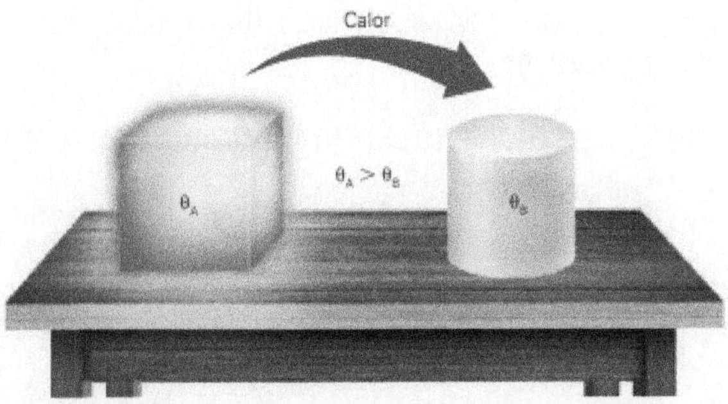


### Escalas termométricas

Uma escala termométrica é um conjunto de valores numéricos (de temperaturas), cada um associado a um determinado estado térmico preestabelecido.

### Escala kelvin (escala absoluta)

Tem sua origem no zero absoluto ( -273, 15°C)

Ponto de vapor: 373,15 K

Ponto de gelo: 273,15 K

### Escala celsius

Ponto de vapor 100°C (nível do mar)

Ponto de gelo 0°C

### Escala fahrenheit

Ponto de vapor 212°F

Ponto de gelo 32°F

### Equações de conversão

$$\frac{\theta_C}{5} = \frac{\theta_F - 32}{9} = \frac{\theta_K - 273}{5}$$

### Variação de temperatura

$$\frac{\Delta\theta_C}{5} = \frac{\Delta\theta_F}{9} \qquad \Delta\theta_C = \Delta\theta_K$$

**Exemplo 1:**

**(UEPG - 2010)** A temperatura é uma das grandezas físicas mais conhecidas dos leigos. Todos os dias boletins meteorológicos são divulgados anunciando as prováveis temperaturas máxima e mínima do período. A grande maioria da população conhece o termômetro e tem o seu próprio conceito sobre temperatura. Sobre temperatura e termômetros, assinale o que for correto.

**a)** A fixação de uma escala de temperatura deve estar associada a uma propriedade física que, em geral, varia arbitrariamente com a temperatura.

**b)** Grau arbitrário é a variação de temperatura que provoca na propriedade termométrica uma variação correspondente a uma unidade da variação que esta mesma propriedade sofre quando o termômetro é levado do ponto de fusão até o ponto de ebulição da água.

**c)** Temperatura é uma medida da quantidade de calor de um corpo.

**d)** A água é uma excelente substância termométrica, dada a sua abundância no meio ambiente.

**e)** Dois ou mais sistemas físicos, colocados em contato e isolados de influências externas, tendem para um estado de equilíbrio térmico, que é caracterizado por uma uniformidade na temperatura dos sistemas.

Resolução:

a) Errada. É necessário haver uma lei bem definida relacionando a grandeza física com a temperatura. Procuram-se geralmente grandezas que variam linearmente com a temperatura, como, por exemplo, o comprimento de uma coluna de mercúrio.

b) Correta. Pode-se estipular qualquer divisão para o intervalo entre os pontos fixos adotados. O intervalo entre duas divisões é o grau termométrico para a escala escolhida.

c) Errada. Temperatura é a medida da energia cinética média das partículas.

d) Errada. A água tem comportamento anômalo quanto à sua dilatação térmica, não servindo como substância termométrica.

e) Correta. Corpos colocados em contato térmico, isolados de outros corpos, trocam calor, tendendo para a temperatura de equilíbrio.

**Exemplo 2:**

**(UFPB - 2010)** Durante uma temporada de férias na casa de praia, em certa noite, o filho caçula começa a apresentar um quadro febril preocupante. A mãe, para saber, com exatidão, a temperatura dele, usa um velho termômetro de mercúrio, que não mais apresenta com nitidez os números referentes à escala de temperatura em graus Celsius. Para resolver esse problema e aferir com precisão a temperatura do filho, a mãe decide graduar novamente a escala do termômetro usando como pontos fixos as temperaturas do gelo e do vapor da água. Os valores que ela obtém são: 5 cm para o gelo e 25 cm para o vapor. Com essas aferições em mãos, a mãe coloca o termômetro no filho e observa que a coluna de mercúrio para de crescer quando atinge a marca de 13 cm.

Com base nesse dado, a mãe conclui que a temperatura do filho é de:

a) 40,0 °C
b) 39,5 °C
c) 39,0 °C
d) 38,5 °C
e) 38,0 °C

Resolução: A.

A figura mostra os dados.

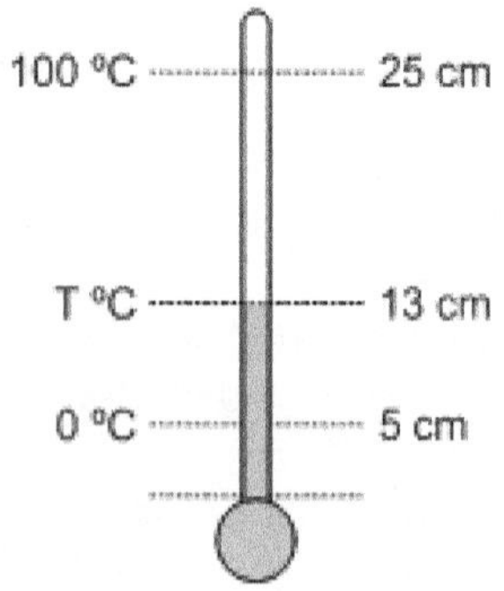


$$\frac{T-0}{100-0} = \frac{13-5}{25-5} \Rightarrow \frac{T}{100} = \frac{8}{20} \Rightarrow 20T = 800 \Rightarrow$$

$T = 40\ °C$.

## 9.2 Calorimetria

O estudo da Calorimetria é dividido em trocas de calor causando mudanças de temperatura e trocas de calor causando mudança de estado.

### Trocas de calor causando mudança de temperatura

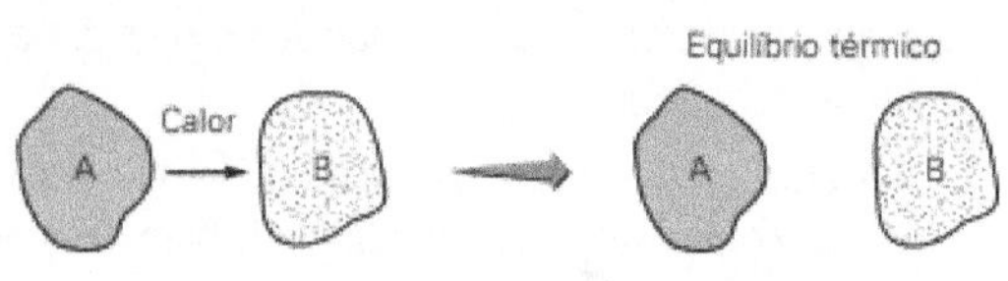


$T_{inicial;A} = T_{inicial;B}$ $\qquad$ $T_A = T_B = T_{equilíbrio}$

### Quantidade de calor sensível (q)

$$Q = C.\Delta T \; ou \; Q = m.c.\Delta T$$

Q: Quantidade de calor.

c: Calor específico – característica da substância.

C: Capacidade térmica ou capacidade calorífica do corpo (C = m.c).

m: Massa do corpo.

**Interpretação dos sinais:**

Q > 0 – O corpo recebe calor.

Q < 0 – O corpo cede calor.

### Equivalente em água

Chama-se equivalente em água de um corpo a massa de água cuja capacidade térmica é igual à capacidade térmica do corpo.

Exemplo: seja C = 250 cal/°C a capacidade térmica de um corpo. Sendo o calor específico da água igual a 1 cal/g.°C, concluímos que o equivalente em água do corpo é 250 g.

O estudo da Calorimetria é dividido em trocas de calor causando mudanças de temperatura e trocas de calor causando mudança de estado.

### Trocas de calor causando mudanças de estado

→ **Diagrama de fases:**

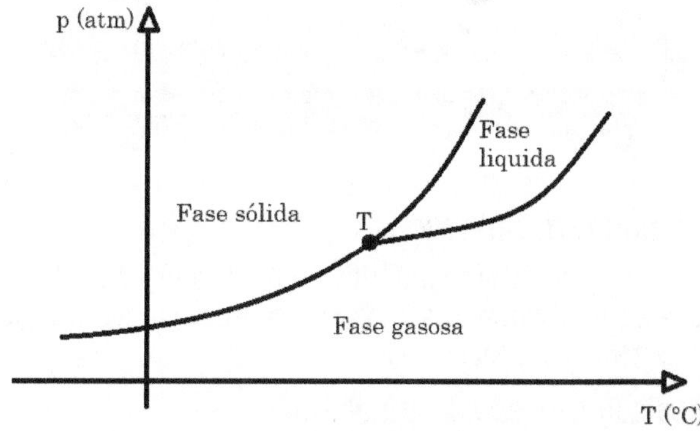


**O diagrama de fases é o gráfico utilizado para mostrar os três diferentes estados da matéria, sendo eles: sólido, líquido e gasoso.**

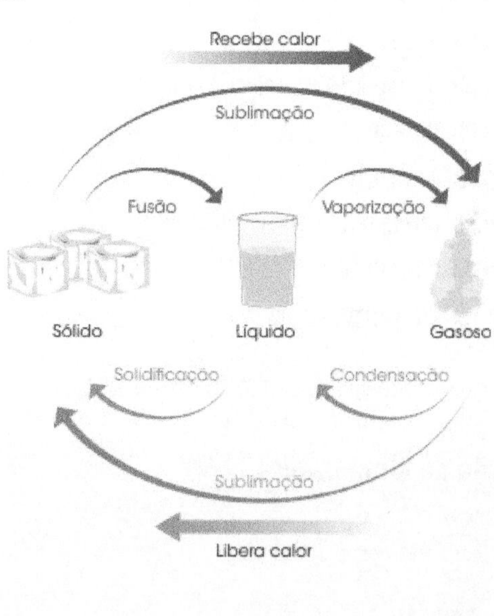

A dada pressão, a temperatura em que ocorre a fusão (ou solidificação) ou vaporização (ou liquefação) de uma substância pura é constante e determinada.

A mudança de estado de líquido para vapor pode ocorrer por evaporação (passagem lenta que ocorre a qualquer temperatura) ou por ebulição (passagem rápida que só ocorre a certa pressão e a certa temperatura).

## Quantidade de calor latente (q)

$$Q = m.L$$

Q: Quantidade de calor.

L: Calor latente de mudança de estado.

m: Massa do corpo que efetivamente muda de estado físico.

Interpretação dos sinais:

Q > 0 – O corpo recebe calor.

Q < 0 – O corpo cede calor.

## Sistema termicamente isolado

Não troca energia térmica com o meio externo, sua energia térmica total permanece constante.

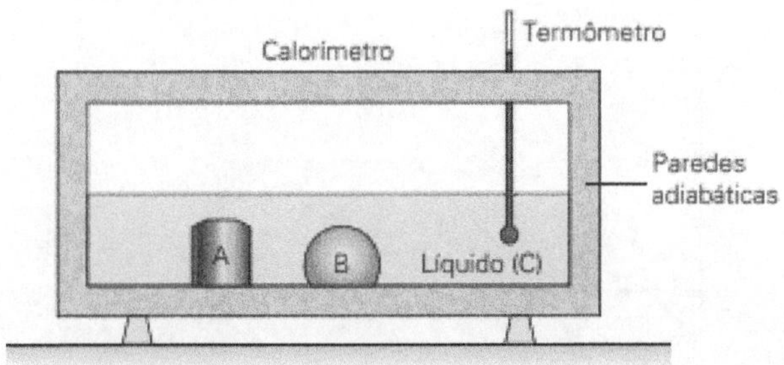


$$Q_A + Q_B + Q_C + Q_{calorímetro} = 0$$

OBS: calorímetro ideal – capacidade térmica desprezível.

$$Q_{calorímetro} = 0$$

## Mecanismos de transferência de calor

> Transmissão de calor por condução

Condução de calor é o mecanismo de transferência de energia térmica por meio de sucessivas colisões entre as partículas dos corpos, sem que haja transporte de matéria.

**Lei de Fourier**

A lei de Fourier estabelece que o fluxo de calor por meio de uma barra (parede, chapa), por exemplo, é diretamente proporcional à área da seção transversal S, e a diferença de temperatura ($T_a$ - $T_b$) entre suas extremidades é inversamente proporcional ao seu comprimento L.

Fala-se de regime estacionário quando as extremidades do meio no qual ocorre a condução térmica são mantidas em temperaturas constantes.

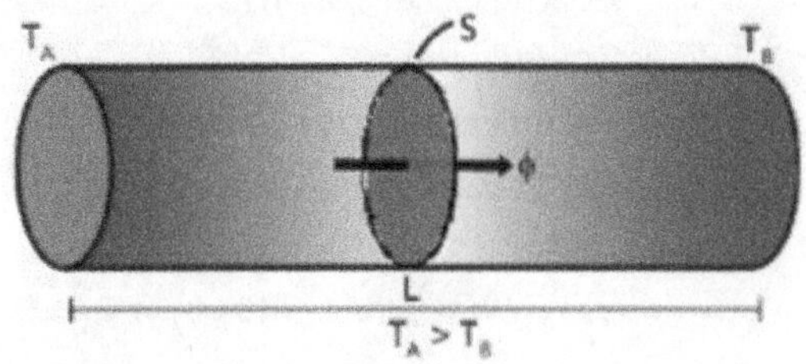


Analiticamente, a Lei de Fourier da condução térmica pode ser expressa por:

$$\varphi = \frac{Q}{\Delta t} = K.\frac{S.(T_A - T_B)}{L}$$

K: A constante de proporcionalidade é característica de cada substância e é denominada coeficiente de condutibilidade térmica.

> Transferência de calor por convecção

Convecção é a transferência de calor que ocorre devido à movimentação de porções de matéria que apresentam temperaturas diferentes.

> Transferência de calor por irradiação

A transferência de energia térmica do Sol para nosso planeta ocorre mediante a propagação das ondas eletromagnéticas emitidas por essa estrela, que se propagam no vácuo. Esse processo de transmissão de calor é denominado *irradiação* ou *radiação.*

**Exemplo 1:**

**(EFOMM - 2019)** Dona Marize, numa noite fria de inverno, resolveu fazer café. Entretanto, percebeu que não havia água para fazer o café. Dona Marize teve uma ideia, pegou cubos de gelo do congelador de massa total 1,5 kg a -8°C e com o calor fornecido por um ebulidor, transformou-os em água a 90 °C, num intervalo de tempo de 700 s. O ebulidor foi ligado a uma fonte de tensão contínua de 150 V. Determine o valor da resistência elétrica do ebulidor em ohms, supondo que 60% da potência elétrica dissipada no resistor seja aproveitada para a realização do café.

**a)** 2,26

**b)** 4,45

c) 6,63

d) 8,62

e) 10,40

Resolução: D.

Dados:

1 cal = 4,2 J

Calor específico da água = 1 cal/g . K.

Calor específico do gelo = 0,5 cal/g . K.

Calor latente de fusão do gelo = 80 cal/g.

Quantidade de calor necessário para:

Aquecer o gelo a 0 °C:

$$Q_1 = m \cdot c_{gelo} \cdot \Delta\theta_1 = 1500 \cdot 0,5 \cdot (0+8) \Rightarrow Q_1 = 6000 \text{ cal}$$

Derreter o gelo:

$$Q_2 = m \cdot L = 1500 \cdot 80 \Rightarrow Q_2 = 120000 \text{ cal}$$

Esquentar a água a 90 °C:

$$Q_3 = m \cdot c_{água} \cdot \Delta\theta_3 = 1500 \cdot 1 \cdot (90-0) \Rightarrow Q_3 = 135000 \text{ cal}$$

Logo, o calor total foi de:

$$Q_T = Q_1 + Q_2 + Q_3 = 6000 + 120000 + 135000 \Rightarrow Q_T = 261000 \text{ cal}$$

Potência necessária para o aquecimento:

$$0,6P = \frac{Q}{\Delta t} = \frac{261000 \cdot 4,2}{700} \Rightarrow P = 2610 \text{ W}$$

Portanto, a resistência elétrica do ebulidor é de:

$$P = \frac{U^2}{R} \Rightarrow R = \frac{U^2}{P} = \frac{150^2}{2610}$$
$$\therefore R = 8,62\,\Omega$$

**Exemplo 2:**

**(Fuvest 2019)** Em uma garrafa térmica, são colocados 200g de água à temperatura de 30 °C e uma pedra de gelo de 50 g, à temperatura de - 10 °C Após o equilíbrio térmico,

Note e adote:

- calor latente de fusão do gelo = 80 cal/g;

- calor específico do gelo = 0,5 cal/g °C;

- calor específico da água = 1,0 cal/g °C.

a) todo o gelo derreteu e a temperatura de equilíbrio é 7 °C.

b) todo o gelo derreteu e a temperatura de equilíbrio é 0,4 °C.

c) todo o gelo derreteu e a temperatura de equilíbrio é 20 °C.

d) nem todo o gelo derreteu e a temperatura de equilíbrio é 0 °C.

e) o gelo não derreteu e a temperatura de equilíbrio é -2 °C.

Resolução: A.

Calor necessário para que todo o gelo atinja 0 °C e derreta:

$$Q_1 = m_g c_g \Delta\theta_g + m_g L$$
$$Q_1 = 50 \cdot 0,5 \cdot (0-(-10)) + 50 \cdot 80$$
$$Q_1 = 4250 \text{ cal}$$

Calor necessário para que a água atinja 0 °C:

$$Q_2 = m_a c_a \Delta\theta_a$$
$$Q_2 = 200 \cdot 1 \cdot (0-30)$$
$$Q_2 = -6000 \text{ cal}$$

Portanto, não é possível que a água esfrie até 0 °C. Sendo $\theta_e$ a temperatura de equilíbrio, temos que:

Calor necessário para que o gelo derretido (agora água) atinja o equilíbrio:

$$Q_3 = 50 \cdot 1 \cdot (\theta_e - 0)$$
$$Q_3 = 50\theta_e$$

Calor necessário para que a água a 30 °C atinja o equilíbrio:

$$Q_4 = 200 \cdot 1 \cdot (\theta_e - 30)$$
$$Q_4 = 200\theta_e - 6000$$

Portanto, é necessário que:

$$Q_1 + Q_3 + Q_4 = 0$$
$$4250 + 50\theta_e + 200\theta_e - 6000 = 0$$
$$250\theta_e = 1750$$
$$\therefore \theta_e = 7\text{ °C}$$

**Exemplo 3:**

**(EEAR - 2019)** A figura a seguir mostra a curva de aquecimento de uma amostra de 200 g de uma substância hipotética, inicialmente a 15 °C, no estado sólido, em função da quantidade de calor que esta recebe.

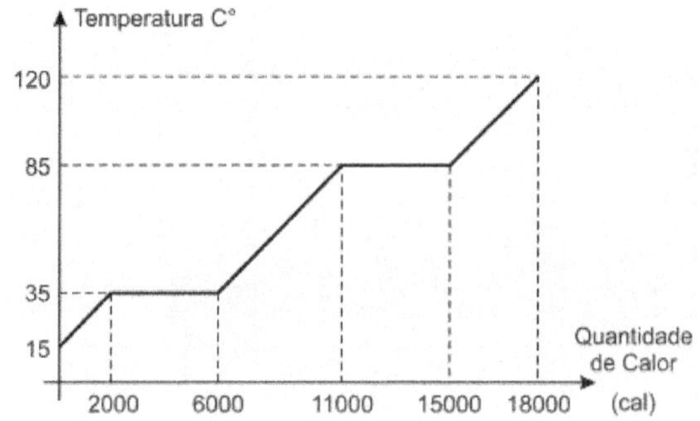


Determine o valor aproximado do calor latente de vaporização da substância, em cal/g.

a) 10

b) 20

c) 30

d) 40

Resolução: B.

Quantidade de calor trocada durante a vaporização (na temperatura de 85 °C)

$$Q = 15000 \text{ cal} - 11000 \text{ cal} = 4000 \text{ cal}$$

Sendo assim:

$$Q = mL$$
$$4000 = 200L$$
$$\therefore L = 20 \text{ cal/g}$$

# 9.3 Dilatação Térmica dos Sólidos e dos Líquidos

## Para os sólidos

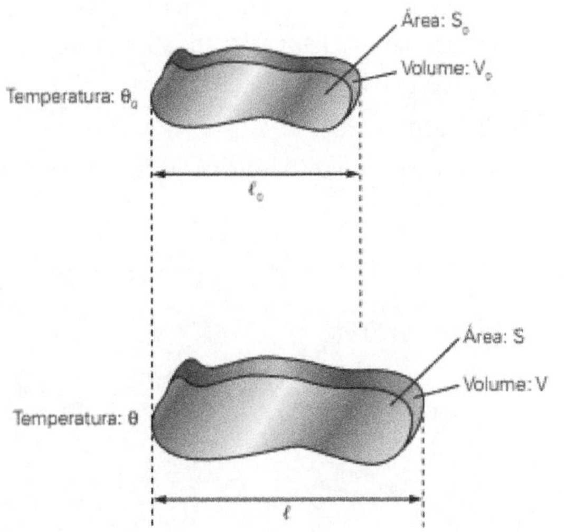


Linear - $\Delta l = l_0 . \alpha . \Delta\theta$

Superficial - $\Delta S = S_0 . \beta . \Delta\theta$

Volumétrica - $\Delta V = V_0 . \gamma . \Delta\theta$

$\beta = 2.\alpha \, \gamma = 3.\alpha$

## Para os líquidos

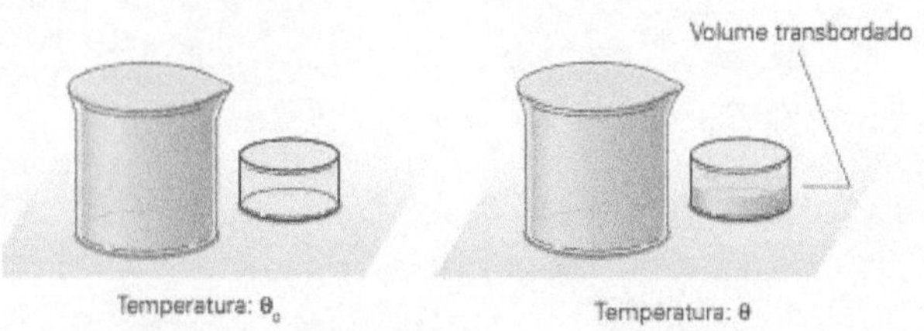


$$\Delta V_{líquido} = \Delta V_{recipiente} + \Delta V_{transbordado}$$

$$\downarrow \qquad \downarrow \qquad \downarrow$$

$$\Delta V_{real} = \Delta V_{recipiente} + \Delta V_{aparente}$$

## Dilatação anômala da água

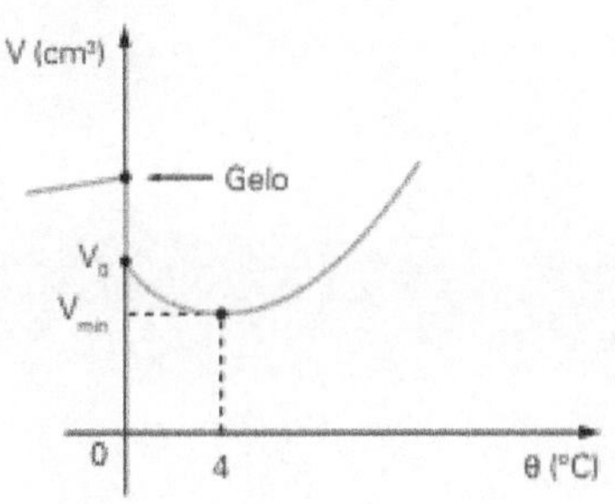


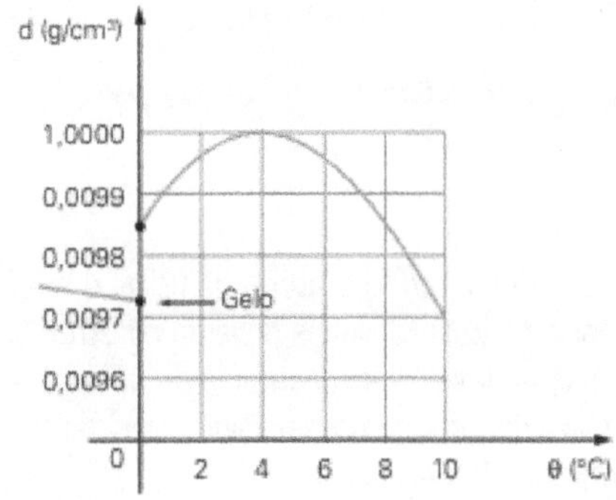


**Exemplo 1:**

**(UERJ - 2016)** Fenda na Ponte Rio-Niterói é uma junta de dilatação, diz CCR.

De acordo com a CCR, no trecho sobre a Baía de Guanabara, as fendas existem a cada 400 metros, com cerca de 13 cm de abertura.

oglobo.com, 10/04/2014.

Admita que o material dos blocos que constituem a Ponte Rio-Niterói seja o concreto, cujo coeficiente de dilatação linear é igual a $1 \times 10^{-5}$ °C$^{-1}$.

Determine a variação necessária de temperatura para que as duas bordas de uma das fendas citadas na reportagem se unam.

Resolução:

Em uma dilatação linear, a variação de comprimento é dada por:

$$\Delta L = L_0 \cdot \alpha \cdot \Delta\theta$$

$$\Delta\theta = \frac{\Delta L}{L_0 \cdot \alpha}$$

Utilizando os dados fornecidos no enunciado, pode-se escrever:

$$\Delta\theta = \frac{0{,}13}{(400) \cdot \left(1 \cdot 10^{-5}\right)}$$

$$\Delta\theta = 32{,}5\ °C$$

**Exemplo 2:**

**(UFG - 2010)** Deseja-se acoplar um eixo cilíndrico a uma roda com um orifício circular. Entretanto, como a área da seção transversal do eixo é 2,0 % maior que a do orifício, decide-se resfriar o eixo e aquecer a roda. O eixo e a roda estão inicialmente à temperatura de 30 °C. Resfriando-se o eixo para -20 °C, calcule o acréscimo mínimo de temperatura da roda para que seja possível fazer o acoplamento. O eixo e a roda são de alumínio, que tem coeficiente de dilatação superficial de $5{,}0 \times 10^{-5}$ °C$^{-1}$.

Resolução:

Dados: $\beta = 5 \times 10^{-5}$ °C$^{-1}$; $\Delta T_{eixo} = -50$ °C; área inicial do orifício $= A_0$; área inicial da secção do eixo $= 1{,}02 A_0$.

A expressão da dilatação superficial é: $A = A_0 (1 + \beta\Delta T)$.

Como As áreas finais terão que ser iguais:

$A_{eixo} = A_{orif} \Rightarrow 1{,}02A_0[(1+5\times10^{-5})(-50)] = A_0(1+5\times10^{-5})\Delta T \Rightarrow$

$\Rightarrow 1{,}02 - 2{,}55\times10^{-3} = 1 + 5\times10^{-5}\Delta T \Rightarrow$

$$\Rightarrow \Delta T = \frac{0{,}02 - 2{,}55\times10^{-3}}{5\times10^{-5}} \Rightarrow \Delta T = 349\ °C.$$

**Exemplo 3:**

**(AFA - 2017)** Em um laboratório de física, é proposta uma experiência na qual os alunos deverão construir um termômetro, o qual deverá ser constituído de um bulbo, um tubo muito fino e uniforme, ambos de vidro, além de álcool colorido, conforme a figura abaixo.

O bulbo tem capacidade de 2,0 $cm^3$, o tubo tem área de secção transversal de 1,0 . $10^2$ $cm^2$ e comprimento de 25 cm.

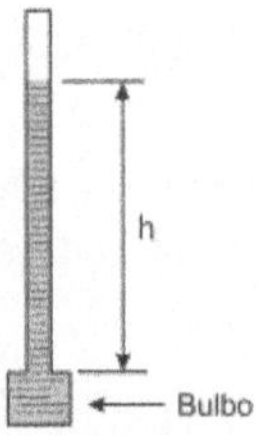


No momento da experiência, a temperatura no laboratório é 30 °C, e o bulbo é totalmente preenchido com álcool até a base do tubo. Sabendo-se que o coeficiente de dilatação do álcool é 11 . $10^{-4}$ $°C^{-1}$ e que o coeficiente de dilatação do vidro utilizado é desprezível comparado ao do álcool, a altura h, em cm, atingida pelo líquido no tubo, quando o termômetro for utilizado em um experimento a 80 °C, é

**a)** 5,50
**b)** 11,0
**c)** 16,5
**d)** 22,0

Resolução: B.

Dados:

$V_0 = 2cm^3;\ \gamma = 11\times10^{-4};\ A = 1\times10^{-2}\,cm^2;\ \theta_0 = 30\ °C;\ \theta = 80\,°C.$

Aplicando a expressão da dilatação volumétrica:

$$\Delta V = V_0\,\gamma(\theta-\theta_0) \Rightarrow A\,h = V_0\,\gamma(\theta-\theta_0) \Rightarrow h = \frac{V_0\,\gamma(\theta-\theta_0)}{A} = \frac{2\cdot11\times10^{-4}(80-30)}{1\times10^{-2}} \Rightarrow \boxed{h = 11\,cm.}$$

**Exemplo 4:**

**(UFOP - 2010)** Um recipiente, cujo volume é exatamente 1.000 $cm^3$, à temperatura de 20 °C, está completamente cheio de glicerina a essa temperatura. Quando o conjunto é aquecido até 100 ºC, são entornados 38,0 $cm^3$ de glicerina.

Dado: coeficiente de dilatação volumétrico da glicerina = 0,5 x $10^{-3}$ $ºC^{-1}$.

Calcule:

**a)** a dilatação real da glicerina;
**b)** a dilatação do frasco;
**c)** o valor do coeficiente de dilatação volumétrica do recipiente.

Resolução:

a) Dados: $\mathbf{V_0}$ = 1.000 $cm^3$; $\mathbf{\Delta T}$ = 100 – 20 = 80 °C; $\gamma_G$ = = $0{,}5\times10^{-3}\ °C^{-1}$.

A dilatação real da glicerina é:

$\Delta V_G = V_0\gamma_G\Delta T = 1.000(0{,}5\times10^{-3})(80) \Rightarrow \Delta V_G = 40\ cm^3.$

b) Dado: $\Delta \mathbf{V}_{ap}$ = 38 $cm^3$.

O volume de glicerina extravasado corresponde à dilatação aparente ($\Delta \mathbf{V}_{ap}$) da glicerina. A dilatação do frasco ($\mathbf{V}_F$) corresponde à diferença entre a dilatação real e a aparente.

$\Delta V_F = \Delta V_G - \Delta V_{ap} = 40 - 38 \Rightarrow$

$\Delta V_F = 2\ cm^3.$

c) Calculando a o coeficiente de dilatação volumétrica do recipiente (frasco):

$$\Delta V_F = V_0\,\gamma_F\,\Delta T \Rightarrow \gamma_F = \frac{\Delta V_F}{V_0\,\Delta T} = \frac{2}{1.000\ (80)}$$

$\Rightarrow V_F = 2{,}5\text{x}10^{-5}\ °C^{-1}.$

# 10. GASES IDEAIS (OU PERFEITOS)

As suas moléculas não exercem força umas sobre as outras, exceto quando colidem.

OBS: o comportamento de um gás real aproxima-se do comportamento de gás ideal quando submetido a altas temperaturas e baixas pressões.

## 10.1 Variáveis de Estado de Uma Amostra Gasosa

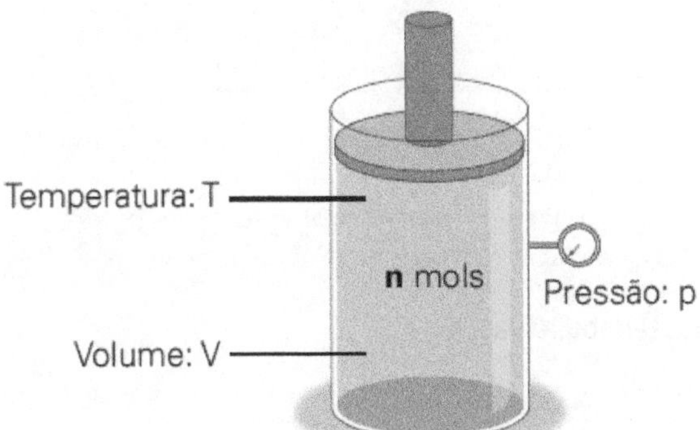


Pressão: deve-se exclusivamente às forças trocadas durante as colisões das partículas do gás com essas paredes.

Volume: corresponde ao volume do recipiente que contém a amostra de gás.

Temperatura: está relacionada à energia cinética média das partículas do gás.

Número de mols (n): n = m/M

## 10.2 Equação de Clapeyron

$$p.V = n.R.T$$

R: constante universal dos gases perfeitos ou constante de Clapeyron.

R = 0,082 atm.l/mol.K

R = 8,31 J/mol.K

## 10.3 Transformações de Um Gás

Dizemos que uma dada massa de gás passa por uma transformação quando pelo menos uma de suas variáveis de estado sofre alteração.

Uma observação importante: no estudo que faremos sobre as transformações, admitiremos que a massa da amostra gasosa que está sofrendo a transformação permaneça constante, isto é, não ocorre vazamento nem acréscimo de gás ao sistema (o número de mols n da amostra permanece constante).

$$\frac{p.V}{T} = \frac{p'.V'}{T'} = \cdots = constante$$

**Transformação ISOTÉRMICA (Lei de Boyle e Mariotte)**

Ocorre à temperatura constante . A pressão e o volume variam.

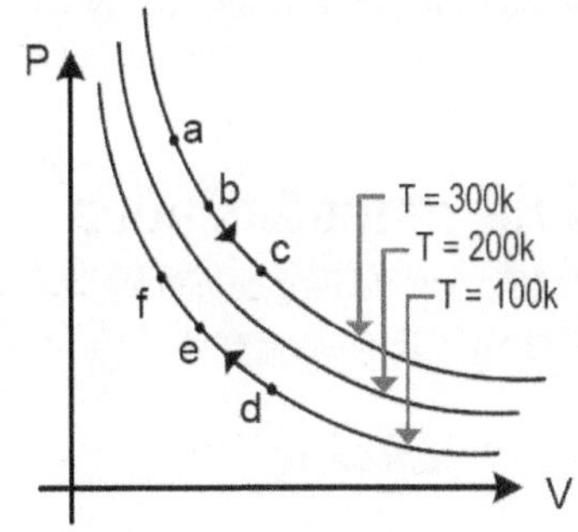


$$p.V = constante$$

**Transformação ISOBÁRICA (Lei de Gay – Lussac)**

Ocorre à pressão constante . A temperatura e o volume variam.

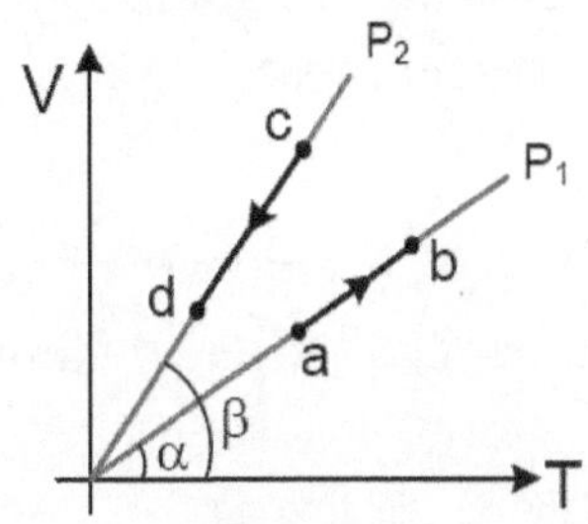


$$p_1 > p_2 \quad \frac{V}{T} = constante$$

**Transformação ISOMÉTRICA (ou Isocórica) (Lei de Charles)**

Ocorre a volume constante. A pressão e a temperatura variam.

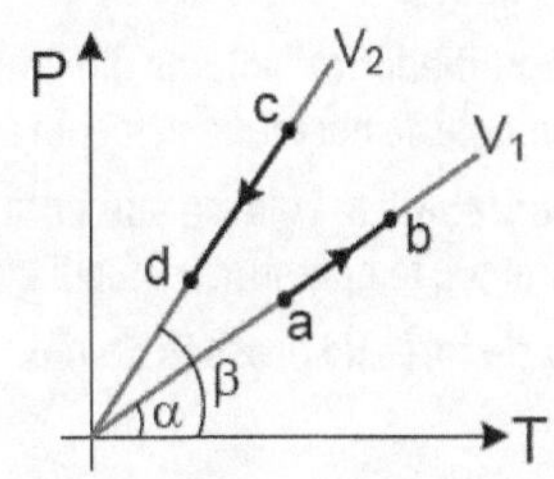


$$V_1 > V_2 \quad \frac{p}{T} = constante$$

# 11. TERMODINÂMICA

A transformação de energia térmica (calor) em energia mecânica (trabalho) e vice-versa exige sempre um sistema físico intermediário. Nas provas que cobram Termodinâmica, esse sistema intermediário será um gás perfeito.

## 11.1 1ª Lei da Termodinâmica

O primeiro princípio da Termodinâmica nada mais é que o princípio da conservação da energia aplicado à Termodinâmica.

$$\Delta U = Q - \tau$$

$\Delta U = U_{final} - U_{inicial}$: *Variação de energia interna*

O que é energia interna? Chamamos de energia interna de um sistema a energia, sob qualquer forma, que ele tem armazenada dentro de si.

A energia interna de um dado número de mols de um gás perfeito depende exclusivamente da temperatura (Lei de Joule).

OBS: independe do caminho.

- $\Delta U > 0 \Rightarrow$ o gás esquenta (T aumenta).
- $\Delta U < 0 \Rightarrow$ o gás esfria (T diminui).

Q: quantidade de calor trocada

- $Q > 0 \Rightarrow$ o gás recebe energia térmica do meio.
- $Q < 0 \Rightarrow$ o gás cede energia térmica ao meio.

OBS: transformações adiabáticas, não há trocas de calor com o meio (Q = 0).

**Compressão adiabática**: volume diminui, recebe trabalho, energia interna aumenta, temperatura aumenta e pressão aumenta.

**Expansão adiabática**: volume aumenta, realiza trabalho, energia interna diminui, temperatura diminui e pressão diminui.

**τ: Trabalho da força de pressão do gás**

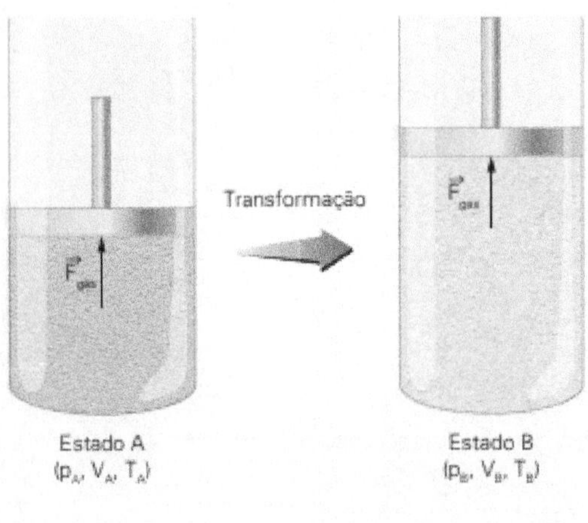


**Transformação isobárica -**

$$\tau = p.(V_{final} - V_{inicial}) \rightarrow \tau_{AB}^{\vec{F}_{gás}} = p.\Delta V$$

**Transformação qualquer**

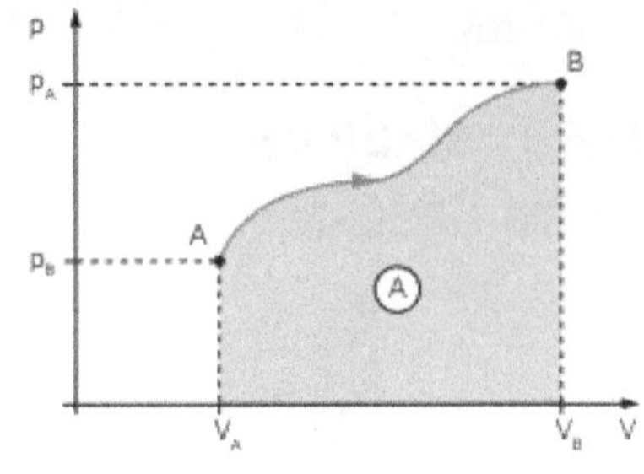


$|\tau| \overset{N}{=} \text{Área A}$

- $\tau > 0$: expansão $\Rightarrow$ o gás cede energia mecânica ao meio.
- $\tau < 0$: compressão $\Rightarrow$ o gás recebe energia mecânica do meio.

**Ciclos termodinâmicos**

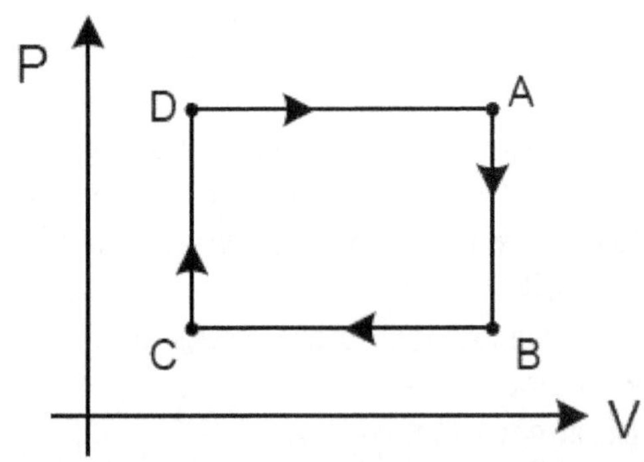


> Sempre que um ciclo termodinâmico for percorrido no sentido horário $\tau_{ciclo} > 0$.

> $\Delta U_{ciclo} = 0$

## 11.2 2ª Lei da Termodinâmica

**É impossível construir uma máquina que trabalhe com rendimento 100%**

A Máquina Térmica tira proveito da espontaneidade do fluxo térmico de calor entre uma fonte quente e uma fonte fria, desviando parte dessa energia a fim de utilizá-la na forma de trabalho mecânico, visando, por exemplo, a mover uma locomotiva a vapor.

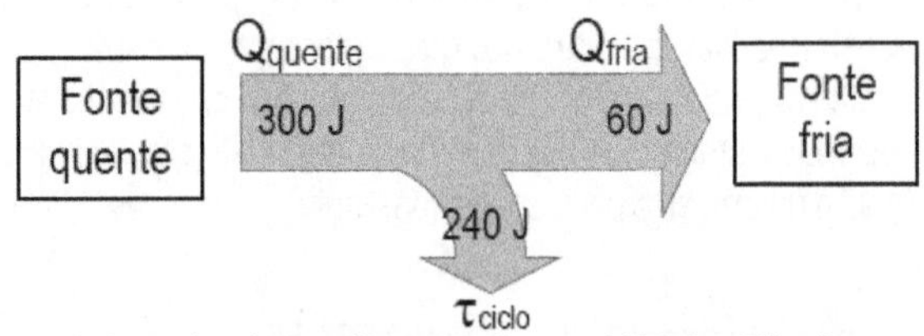


O Conceito de Rendimento de uma Máquina Térmica -

$$\eta = 1 - \frac{Q_{fria}}{Q_{quente}}$$

## O ciclo de carnot

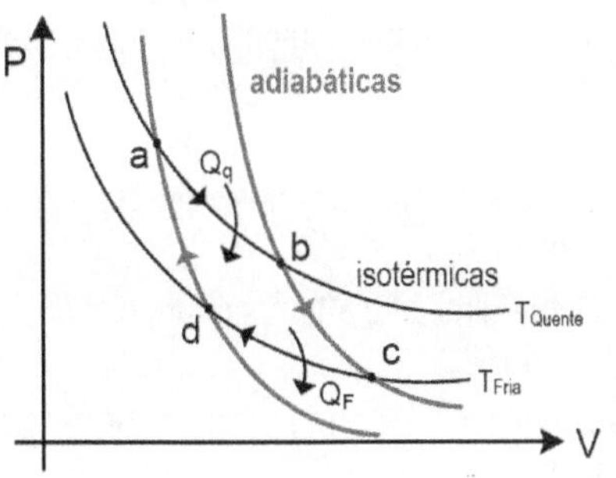


$$\frac{Q_{quente}}{T_{quente}} = \frac{Q_{fria}}{T_{fria}}$$

*(Expressão exclusiva de Carnot)*

**Rendimento da máquina de Carnot:**

$$\eta_{Carnot} = 1 - \frac{T_{fria}}{T_{quente}}$$

**Exemplo 1:**

**(AFA - 2015)** Uma amostra de n mols de gás ideal sofre as transformações AB (isovolumétrica), BC (isobárica) e CD (isotérmica) conforme representação no diagrama pressão (p) x volume (V), mostrado a seguir.

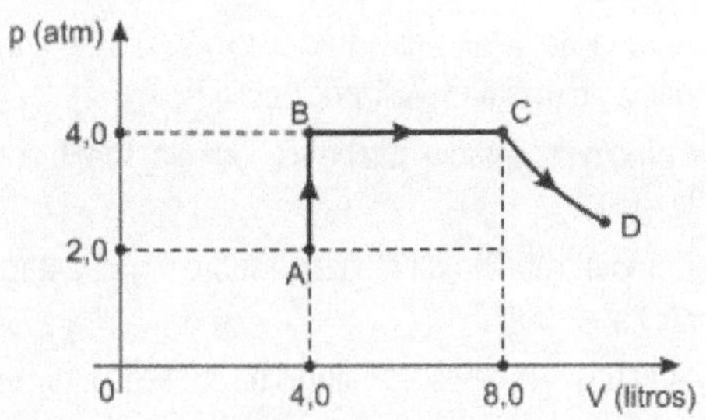


Sabendo-se que a temperatura do gás no estado A é 27 °C, pode-se afirmar que a temperatura dele, em °C, no estado D é

**a)** 108

**b)** 327

**c)** 628

**d)** 927

Resolução: D.

Como o processo de C para D é isotérmico, as temperaturas correspondentes são idênticas, logo podemos usar a equação geral dos gases ideais entre os estados A e C:

$$\frac{P_A V_A}{T_A} = \frac{P_C V_C}{T_C}$$

Passando a temperatura em A para Kelvin:

$$T_A = 27 + 273 \rightarrow T_A = 300\ K$$

$$\frac{2\ atm \cdot 4\ L}{300\ K} = \frac{4\ atm \cdot 8\ L}{T_C}$$

$$T_C = 1200\ K$$

Passando para a escala Celsius:

$$T_C = 1200 - 273 \rightarrow T_C = 927\ °C$$

**Exemplo 2:**

**(AFA - 2014)** Considere um gás ideal que pode ser submetido a duas transformações cíclicas reversíveis e não simultâneas, 1 e 2, como mostrado no diagrama PV abaixo.

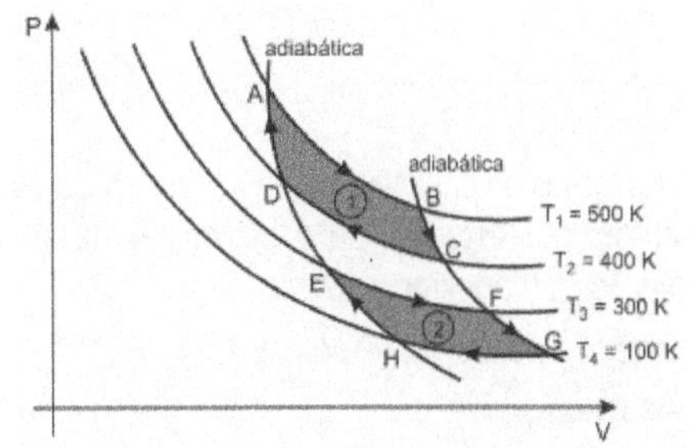


Na transformação 1 o gás recebe uma quantidade de calor quantidade de calor $Q_1$ para a fonte fria à temperatura $T_2$. Enquanto que, na transformação 2, as quantidades de calor recebida, $Q'_1$, e cedida, $Q'_2$, são trocadas respectivamente com duas fontes às temperaturas $T_3$ e $T_4$.

Nessas condições, é correto afirmar que:

**a)** a variação da entropia nas transformações BC, DA, FG e HE é não nula.

**b)** nas transformações AB e EF, a variação da entropia é negativa, enquanto que, nas transformações CD e GH, é positiva.

**c)** na transformação 1, a variação da entropia é não nula e $Q_1 = \frac{5}{4} Q_2$.

**d)** na transformação 2, a variação da entropia é nula e $Q'_1 = 3Q'_2$.

Resolução: D.

[A] Falsa, pois a variação da entropia nas transformações BC, DA, FG e HE é nula por serem adiabáticas, isto é, Q = 0 e $\Delta S = 0$ devido à variação da entropia ser dada por: ÄS = $\frac{Q}{T}$.

[B] Falsa, devido às transformações AB e EF receberem calor da fonte quente, sendo $\Delta Q > 0$, e, portanto, $\Delta S > 0$. Já em relação às transformações CD e GH, temos a situação inversa, havendo rejeito de calor, $\Delta Q < 0$ e $\Delta S < 0$.

[C] Falsa, pois no ciclo a variação da entropia é nula. $\Delta S = 0$.

[D] Verdadeira, pois no ciclo a variação da entropia é nula e a relação entre as temperaturas das fontes quente e fria e seus calores no ciclo de Carnot é dada por:

$$\frac{Q_1'}{Q_2'} = \frac{T_3}{T_4} \Rightarrow Q_1' = \frac{300}{100} \cdot Q_2' \therefore Q_1' = 3Q_2'$$

**Exemplo 3:**

**(AFA - 2012)** Um motorista calibra os pneus de seu carro com uma pressão de 30 libras/pol² a uma temperatura de 27 °C. Após uma viagem, a temperatura deles subiu para 47 °C. Desprezando-se a variação de volume dos pneus e sabendo-se que 10% da massa de ar contida em um dos pneus escapou pela válvula durante a viagem, a pressão do ar neste pneu, ao término desta viagem, em libras/pol², é de aproximadamente

a) 25

b) 26

c) 29

d) 32

Resolução: C.

Observamos no enunciado uma transformação gasosa. Ao analisarmos o estado inicial e final do gás, de acordo com a Equação de Clapeyron, teremos:

– Estado inicial do gás ( $P_i.V_i = n_i.R.T_i$ )

$P_i = 30$ libras/pol$^2$

$V_i$

$n_i$

$R$

$T_i = 27°C = 300K$

– Estado final do gás ( $P_f.V_f = n_f.R.T_f$ )

$P_f = ?$

$V_f$

$n_f = 0,9.n_i$

$R$

$T_f = 47°C = 320K$

Dividindo as duas equações, teremos:

$$\frac{P_i.V_i}{P_f.V_f} = \frac{n_i.R.T_i}{n_f.R.T_f}$$

Como o volume não varia, $V_f = V_i$, ou seja:

$$\frac{P_i.V_i}{P_f.V_f} = \frac{n_i.R.T_i}{n_f.R.T_f} \rightarrow \frac{P_i}{P_f} = \frac{n_i.T_i}{n_f.T_f} \text{ (Eq.1)}$$

O enunciado informa que 10% da massa do gás escapou, e, como $n = \frac{m}{M}$, concluímos que:

$$n_i = \frac{m_i}{M} \rightarrow M = \frac{m_i}{n_i}$$

$$n_f = \frac{m_f}{M} \rightarrow M = \frac{m_f}{n_f}$$

$$M = M \rightarrow \frac{m_i}{n_i} = \frac{m_f}{n_f}$$

$$m_f = 90\%.m_i \rightarrow m_f = 0,9.m_i$$

$$\frac{m_i}{n_i} = \frac{m_f}{n_f} \rightarrow \frac{m_i}{n_i} = \frac{0,9.m_i}{n_f} \rightarrow n_f = 0,9.n_i$$

Substituindo na Eq.1:

$$\frac{P_i}{P_f} = \frac{n_i.T_i}{n_f.T_f} \rightarrow \frac{P_i}{P_f} = \frac{n_i.T_i}{0,9.n_i.T_f} \rightarrow \frac{30}{P_f} = \frac{300}{0,9.320} \rightarrow P_f = 28,8 \text{ libras/pol}^2$$

**Exemplo 4:**

**(ESPCEX – 2017)** Durante um experimento, um gás perfeito é comprimido, adiabaticamente, sendo realizado sobre ele um trabalho de 800 J. Em relação ao gás, ao final do processo, podemos afirmar que:

a) o volume aumentou, a temperatura aumentou e a pressão aumentou.

b) o volume diminuiu, a temperatura diminuiu e a pressão aumentou.

c) o volume diminuiu, a temperatura aumentou e a pressão diminuiu.

d) o volume diminuiu, a temperatura aumentou e a pressão aumentou.

e) o volume aumentou, a temperatura aumentou e a pressão diminuiu.

Resolução:

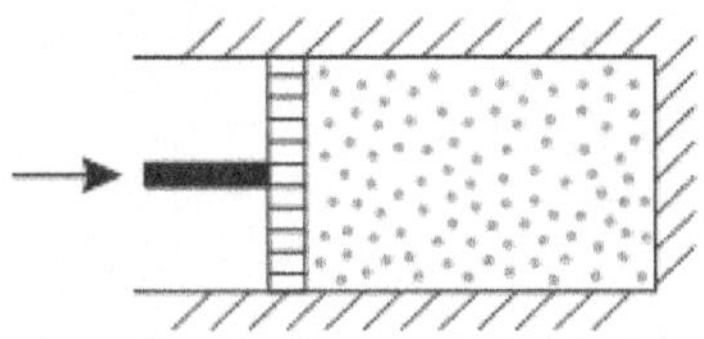

Partindo da 1ª Lei da Termodinâmica, tem-se que:

$\Delta U = Q - \tau$ (1)

Sendo $\Delta U$

a variação da energia interna do gás, Q o calor inserido no gás e $\tau$ o trabalho realizado pelo gás.

Como o processo é adiabático, ou seja, sem troca de calor, $Q = 0$ J.

Como o trabalho foi realizado sobre o gás, então $\tau < 0$, ou seja, $\tau = -800$ J.

Substituindo-se esses valores na equação 1, tem-se que:

$\Delta U = 0 - (-800) = 800$ J

$\Delta U = 800$ J

Para gases perfeitos, é válida a seguinte relação:

$$\Delta U = \frac{3}{2} n R \Delta T \quad (2)$$

Sendo n o número de moles do gás, R a constante universal dos gases e $\Delta T$ a variação da temperatura do gás.

Como $\Delta U = 800$ J $> 0$, então, pela equação 2, $\Delta T > 0$,

Como o trabalho está sendo realizado sobre o gás, ou seja, o mesmo está sendo comprimido, então $\Delta V < 0$, quer dizer, o gás reduz de volume.

Da equação de Clapeyron para gases perfeitos:

$$pV = nRT \Rightarrow p = \frac{nRT}{V} \quad (3)$$

E, considerando que T aumentou ($\Delta T > 0$) e V diminuiu ($\Delta V < 0$), conclui-se da equação 3 que p aumentou ($\Delta p > 0$).

Logo, o volume diminuiu, a temperatura aumentou e a pressão aumentou.

**Exemplo 5:**

**(AFA - 2017)** Um sistema termodinâmico constituído de n mols de um gás perfeito monoatômico desenvolve uma transformação cíclica ABCDA representada no diagrama a seguir:

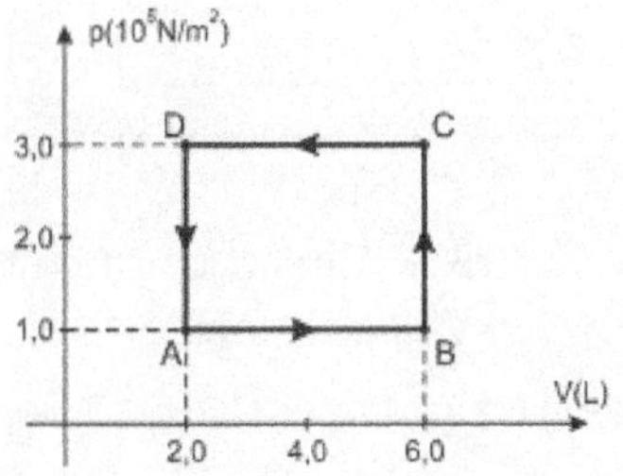


De acordo com o apresentado, pode-se afirmar que

**a)** o trabalho em cada ciclo é de 800 J e é realizado pelo sistema.

**b)** o sistema termodinâmico não pode representar o ciclo de uma máquina frigorífica, uma vez que o mesmo está orientado no sentido anti-horário.

**c)** a energia interna do sistema é máxima no ponto D e mínima no ponto B.

**d)** em cada ciclo o sistema libera 800 J de calor para o meio ambiente.

Resolução:D.

Deve-se notar que o ciclo é anti-horário e que o volume está expresso em litros ($1\,L = 10^{-3}\ m^3$), tratando-se de um ciclo refrigerador.

O trabalho (W) recebido a cada ciclo é calculado pela área interna do ciclo:

$$W = -(6-2)\times 10^{-3}\times(3-1)\times 10^{5} \Rightarrow W = -800\ J.$$

Como numa transformação cíclica a variação da energia interna é nula, aplicando a Primeira Lei da Termodinâmica ao ciclo, temos:

$$Q = \Delta U + W \Rightarrow Q = 0 + (-800) \Rightarrow \boxed{Q = -800\ J.}$$

O sinal negativo indica calor liberado para o meio ambiente.

# 12. ONDULATÓRIA

## 12.1 Movimento Harmônico Simples

Um ponto material efetua um movimento harmônico simples quando oscila periodicamente em torno de uma posição de equilíbrio sob a ação de uma força cuja intensidade é proporcional à distância do ponto à posição de equilíbrio. Essa força é sempre orientada para a posição de equilíbrio e chama-se força restauradora.

No movimento periódico, definem-se:

a) Período (T): o menor intervalo de tempo para a repetição do fenômeno.

b) Frequência (f): o número de vezes que a mesma situação é repetida por unidades de tempo.

A uma relação entre (f) e (T):

$$f = \frac{1}{T}$$

### Cinemática do mhs

### Funções horárias do movimento harmônico simples

A descrição matemática do MHS baseia-se numa relação fundamental que este movimento tem com o movimento circular uniforme (MCU).

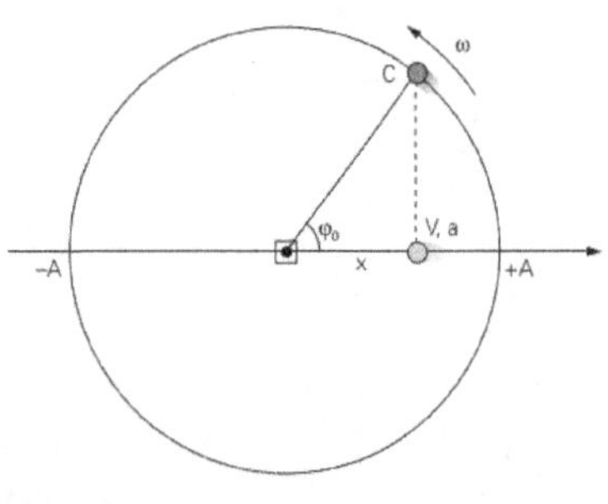


Quando uma partícula executa um movimento circular uniforme (MCU), sua projeção sobre o diâmetro da trajetória executa um movimento harmônico simples (MHS).

a) Função horária da elongação:

$$x(t) = A.\cos(\theta_0 + \omega.t)$$

b) Função horária da velocidade:

$$v(t) = -\omega.A.sen(\theta_0 + \omega.t)$$

c) Função horária da aceleração:

$$a(t) = -\omega^2.A.\cos(\theta_0 + \omega.t)$$

Lembrando que a velocidade angular é:

$$\omega = \frac{2\pi}{T}$$

Velocidade escalar no MHS em função da elongação:

$$v^2 = \omega^2(A^2 - x^2)$$

A figura a seguir ilustra uma partícula de massa m presa a uma mola de constante elástica k, realizando um MHS, de amplitude a, com extremos A e B. O ponto C é um ponto intermediário qualquer.

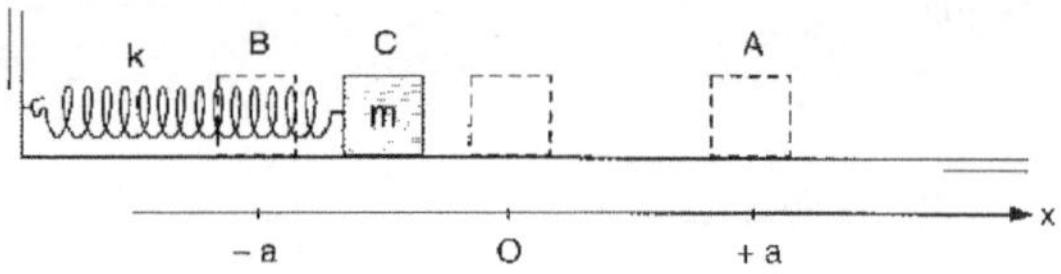


> Pontos A e B: Aceleração máxima → $|a_{máx}| = \omega^2.A$ Velocidade mínima

> Ponto O: Velocidade máxima → $|v_{máx}| = \omega.A$

### Dinâmica do mhs

Certo.s movimentos oscilatórios e periódicos, são movimentos harmônicos simples (MHS), cuja força resultante, denominada força restauradora, obedece a à seguinte relação:

$$F_{restauradora} = -k.x$$

### Massa - mola

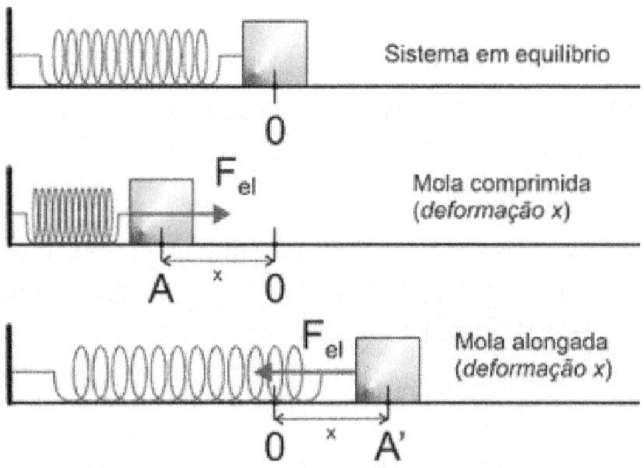


Pela 2° lei Lei de Newton, temos:

$$R = m.a \rightarrow -kx = m.a \therefore a = -\frac{kx}{m}$$

Esse movimento obedece à propriedade fundamental das oscilações harmônicas, pois a aceleração é proporcional à elongação com sinal trocado. Temos, portanto, um M.H.S. Combinando a última equação com a propriedade fundamental das oscilações harmônicas, obtemos:

$$a_{máx} = -\omega^2.x \rightarrow \frac{kx}{m} = \omega^2.x \therefore \omega = \sqrt{\frac{k}{m}}$$

Dessa expressão, podemos obter o período do sistema massa – mola:

$$T = \frac{2\pi}{\omega} \rightarrow T = 2\pi\sqrt{\frac{m}{k}}$$

### Associação de molas

Às vezes um corpo pode executar um MHS associado a duas (ou mais) molas. Sendo $k_1$ e $k_2$ as constantes elásticas das molas, estas podem estar associadas em série ou em paralelo.

a) Associação em série:

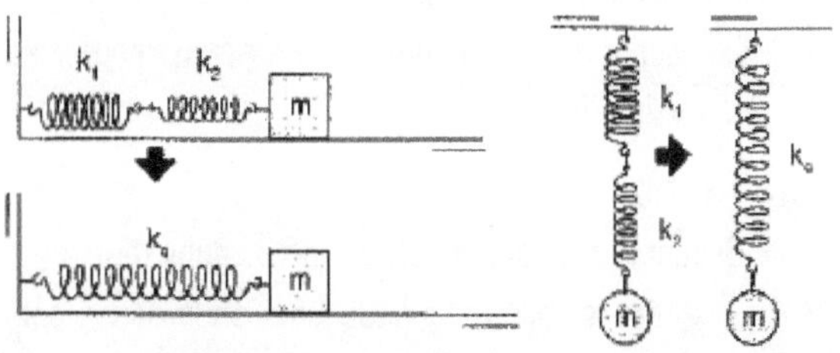

Demonstra-se que a mola equivalente, neste caso, tem constante elástica $k_{eq}$ expressa por:

$$\frac{1}{k_{eq}} = \frac{1}{k_1} + \frac{1}{k_2} + \cdots + \frac{1}{k_n}$$

b) Associação em paralelo:

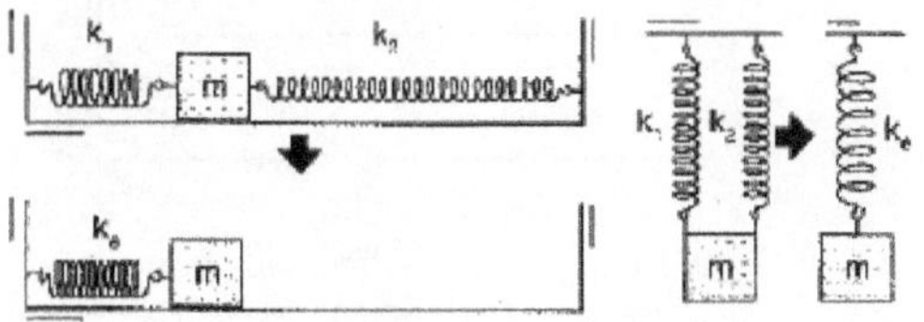

Demonstra-se que a mola equivalente, neste caso, tem constante elástica $k_{eq}$ expressa por:

$$k_{eq} = k_1 + k_2 + \cdots + k_n$$

Qualquer que seja o tipo de associação, o período de oscilação do MHS é dado por:

$$T = 2\pi\sqrt{\frac{m}{k_{eq}}}$$

## Pêndulo simples

O pêndulo simples é constituído por um fio ideal fixado verticalmente e por um corpo, preso em sua extremidade.

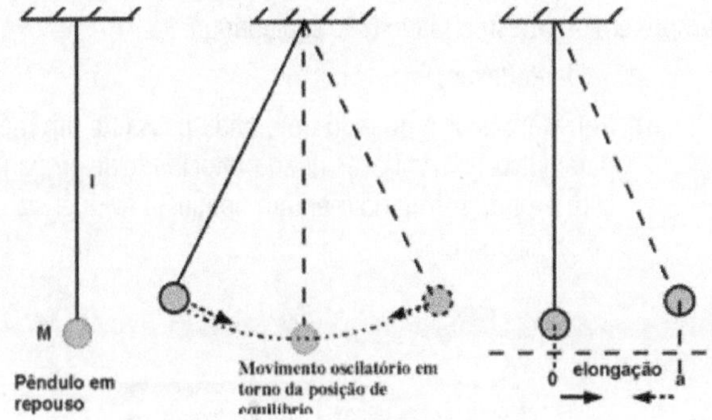


Para pequenas oscilações, ou seja, para um ângulo $\alpha$ de, no máximo, 10°, temos que $tg\alpha \cong sen\ \alpha \cong \alpha$ em radianos.

O período do pêndulo simples:

$$T = 2\pi\sqrt{\frac{L}{g}}$$

## Energia mecânica no mhs

Dado um sistema mola-partícula, pela Conservação da Energia, sabe-se que a energia mecânica total é a soma das energias cinética ($Ec_{in}$) e potencial ($E_{pot}$), ou seja:

$$E_{mec} = E_{cin} + E_{pot}$$

Dessa maneira, o diagrama das energias em função da abscissa x, fica assim:

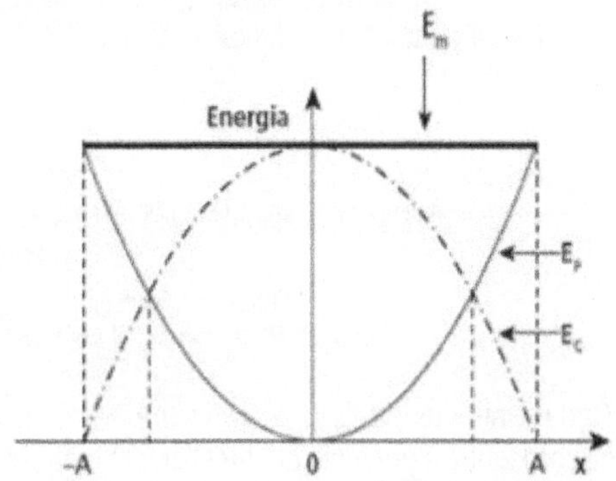


Quanto maior é a energia mecânica total cedida ao sistema, maior é a amplitude MHS.

$$E_{mec} = \frac{KA^2}{2}$$

# 12.2 Ondas

São movimentos oscilatórios (perturbações) que se propagam num em um meio. Nesses movimentos, há apenas transporte de:

- energia;
- quantidade de movimento.

## Natureza das ondas

As ondas podem ter natureza mecânica ou eletromagnética.

Ondas Mecânicas: resultam de deformações provocadas em meios materiais elásticos, transportando apenas energia mecânica. Por isso, as ondas mecânicas não se propagam no vácuo, mas apenas na matéria.

**Exs.:** Ondas ondas em cordas, ondas na superfície de um líquido, ondas sonoras etc.

Ondas Eletromagnéticas: Resultam resultam de vibrações de cargas elétricas, transportando energia sob a forma de *quanta* ("pacotes" de energia). Por isso, as ondas eletromagnéticas propagam-se no vácuo e em alguns meios materiais.

**Exs.:** ondas luminosas (luz), ondas de rádio ou TV, microondasmicro-ondas, raios X, raios cósmicos etc.

## Tipos e classificações das ondas

Ondas Transversais: aquelas em que a direção do movimento vibratório é perpendicular à direção de propagação.

Exemplo: ondas propagando-se numa em uma corda.

Ondas Longitudinais: aquelas em que a direção ao movimento vibratório coincide com a direção de propagação.

Exemplo: ondas sonoras propagando-se no ar.

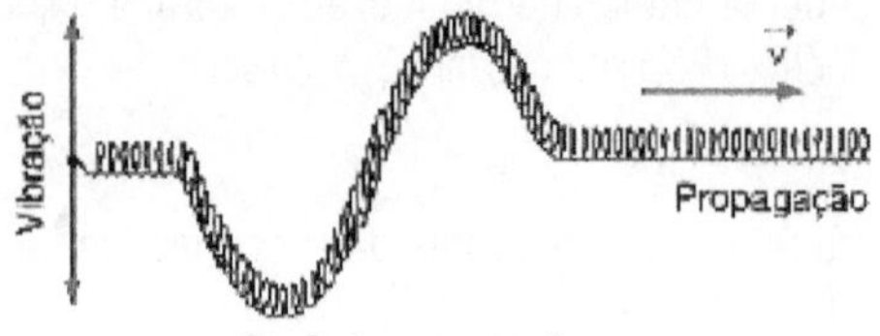


**Onda transversal**
Propagando-se numa mola helicoidal

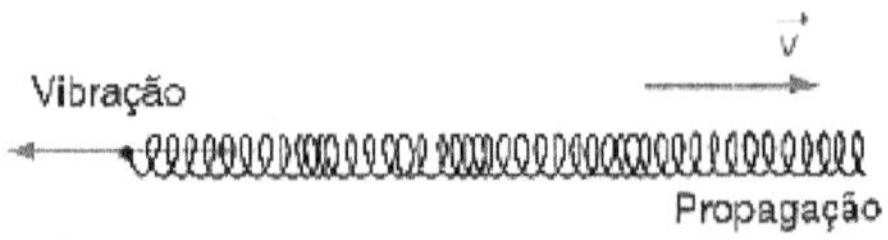


**Onda longitudinal**
Propagando-se numa mola helicoidal

Ondas Unidimensionais: a energia propaga-se linearmente, como na corda, que é um meio unidimensional.

Caso que pode aparecer emna sua prova....:

Considerando-se um pulso (meia onda) que se propaga numa em uma corda esticada, verifica-se experimentalmente que a velocidade de propagação (v) depende da intensidade da força (T) que a traciona, e da densidade linear, conforme a fórmula de Taylor:

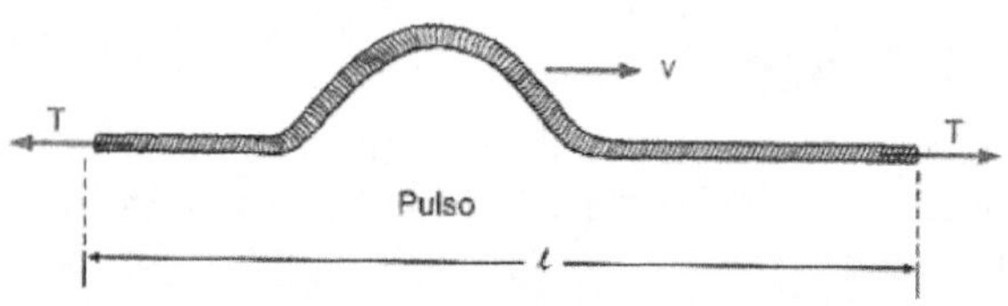


$$v = \sqrt{\frac{T}{\mu}}\ ; sendo\ \mu = \frac{m}{l}\ (densidade\ linear)$$

Ondas Bidimensionais: a energia propaga-se superficialmente, como na superfície da água, que é um meio bidimensional.

Ondas Tridimensionais: a energia propaga-se no espaço, que é um meio tridimensional, como as ondas sonoras e as ondas luminosas (eletromagnéticas).

## Elementos de uma onda e equação fundamental da ondulatória

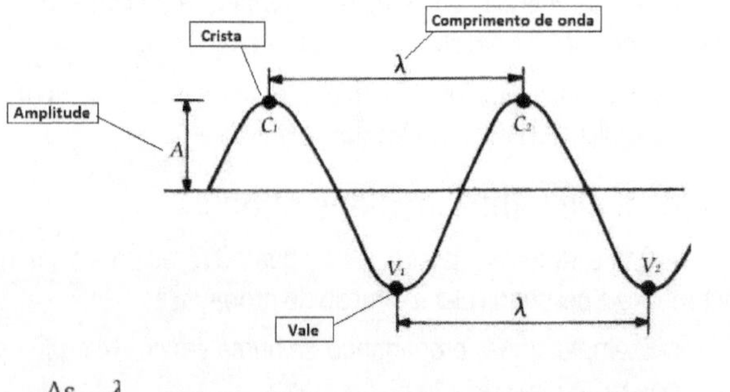


$$v = \frac{\Delta s}{\Delta t} = \frac{\lambda}{T} = \lambda.f\ (Equação\ fundamental\ da\ oOndulatória)$$

> A velocidade v de propagação de uma onda depende do meio de propagação.

> A frequência f de uma onda é determinada pela fonte geradora.

## Fenômenos ondulatórios

Os fenômenos ondulatórios mais comuns são:

a) Reflexão: ocorre quando uma onda incide sobre um obstáculo e retoma ao meio original de propagação. A onda refletida mantém todas as características da onda incidente.

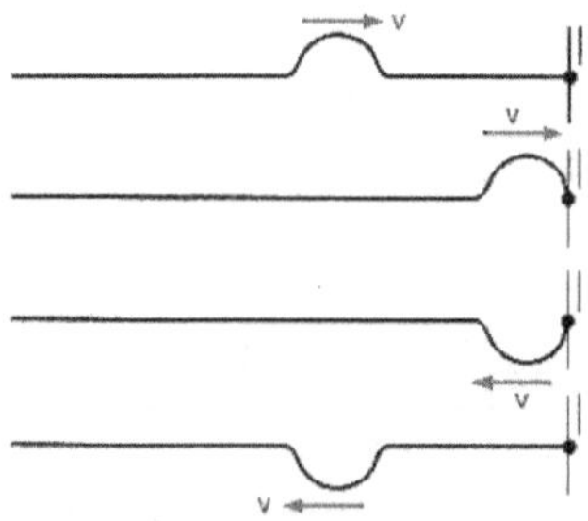


**Figura 1 -** Corda com extremidade fixa (pulso refletido com inversão de fase)

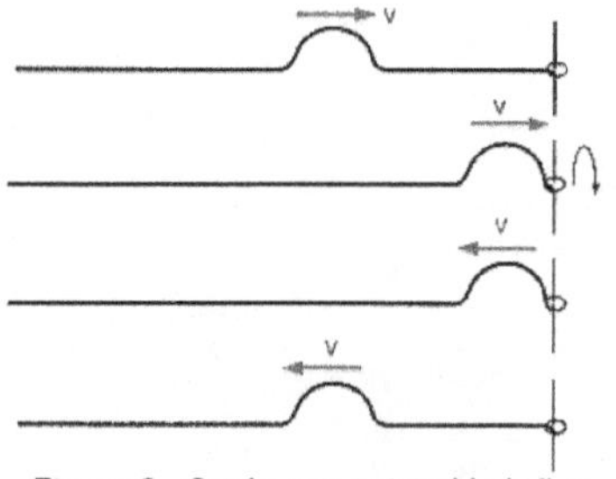


**Figura 2 -** Corda com extremidade livre (pulso refletido sem inversão de fase)

1ª Lei da Reflexão: O o raio incidente, o raio refletido e a reta normal à superfície refletora no ponto de incidência estão contidos sempre em um mesmo plano (são coplanares).

2ª Lei da Reflexão: i = r

b) Refração: ocorre quando uma onda passa de um meio para outro, com variação na sua velocidade de propagação. A onda refratada mantém apenas a frequência da onda incidente.

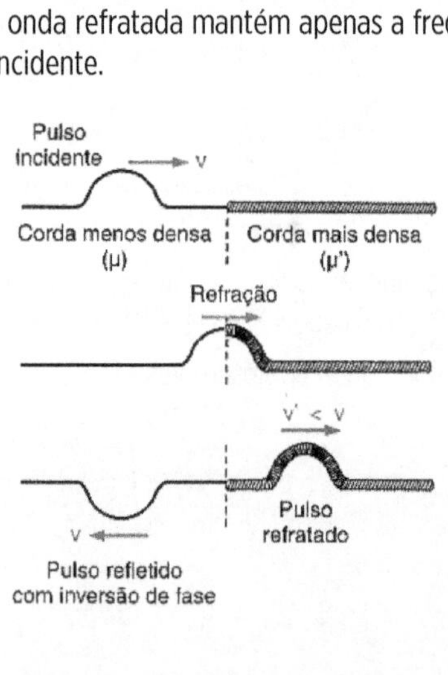

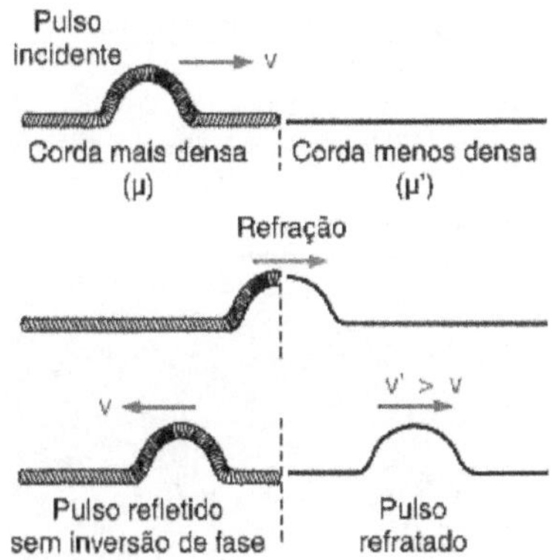


1ª Lei da Refração: o raio incidente, a normal à fronteira no ponto de incidência e o raio refratado estão contidos no mesmo plano (são coplanares).

2ª Lei da refraçãoLei da Refração – Também também denominada Lei de Snell:

$$\frac{sen\,\theta_1}{sen\,\theta_2} = \frac{v_1}{v_2} = \frac{\lambda_1}{\lambda_2}$$

A velocidade de propagação da onda é maior nas regiões profundas do que nas rasas, como se observa na onda do mar ao atingir a praia – Esse esse é um fenômeno da refração.

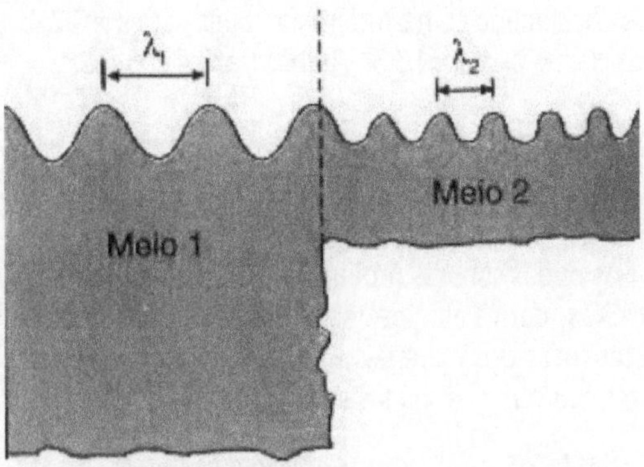


c) Difração: ocorre quando uma onda consegue contornar um obstáculo (ou uma abertura).

Assim, as ondas AM difratam com maior facilidade, já que seu comprimento de onda é da ordem da dimensão de prédios e montanhas. As ondas FM difratam menos.

d) Polarização: ocorre quando uma onda transversal, vibrando em várias direções, passa a fazê-lo em apenas uma.

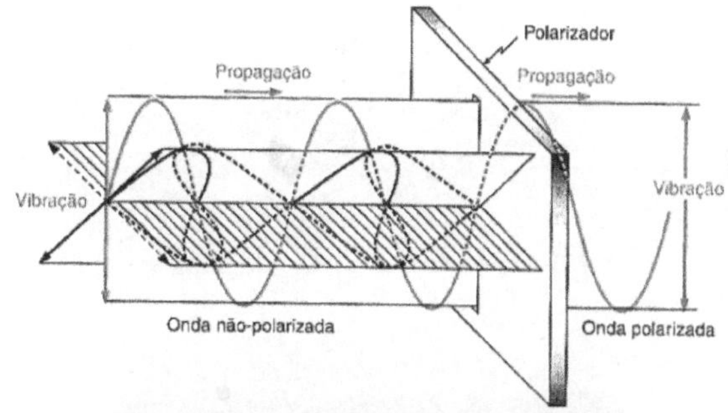

OBS: Somente somente as ondas transversais podem ser polarizadas.

e) Interferência: ocorre quando duas ondas se encontram e se superpõem.

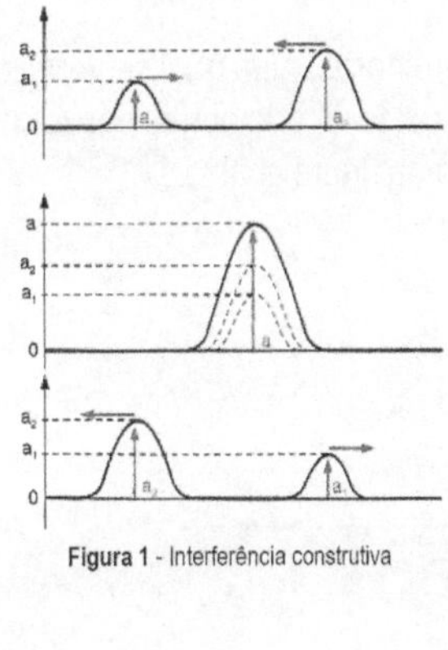

**Figura 1** - Interferência construtiva

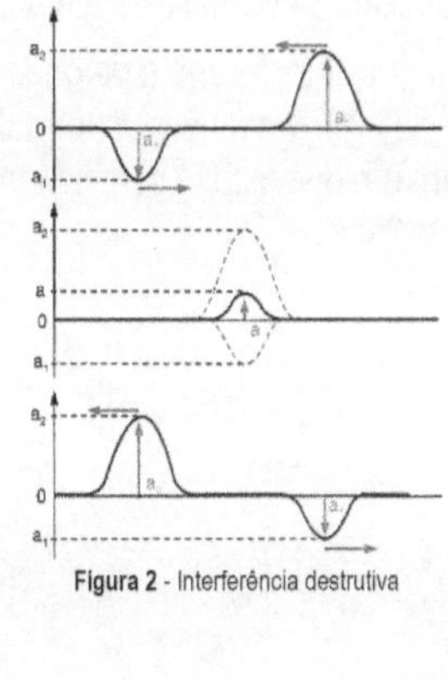

**Figura 2** - Interferência destrutiva

## Como prever o tipo de interferência

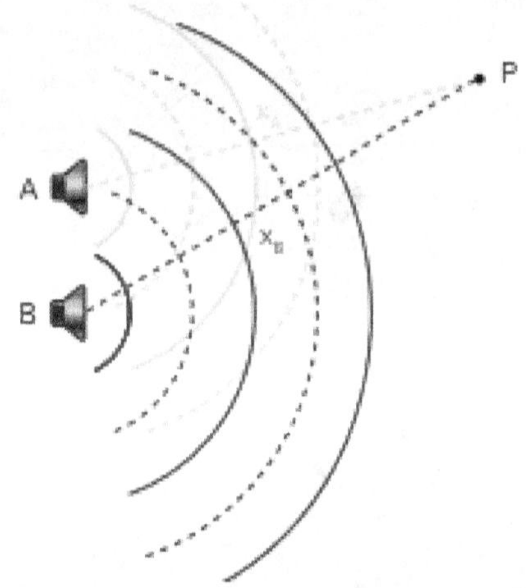


- $x_A$ é a distância entre a fonte A de ondas e o ponto P.
- $x_B$ é a distância entre a fonte B de ondas e o ponto P.
- $\Delta x = |x_A - x_B| \Rightarrow$ diferença de caminho.

I. A e B oscilam na mesma frequência: $f_A = f_B = f$.
II. Ondas no mesmo meio: $V_A = V_B = V$.
Logo: $\lambda_A = \lambda_B = \lambda$.
III. A e B estão em concordância de fase.

$$\Delta x = \boldsymbol{k}.\frac{\lambda}{2}$$

k ímpar: interferência destrutiva.

k par: interferência construtiva.

OBS: Se se A e B estão em oposição de fase, temos:

k ímpar: interferência construtiva.

k par: interferência destrutiva.

## A experiência de young da dupla fenda

Thomas Young (1773 – 1829), médico e físico inglês, foi o primeiro a demonstrar a teoria ondulatória da luz com sólida base experimental. Suas descobertas reforçaram as teorias de Huygens, publicadas no final do século XVII.

A interferência de ondas luminosas, pela qual se verificou que a luz é um fenômeno ondulatório, foi obtido obtida por Young, com um dispositivo semelhante ao da figura abaixo.

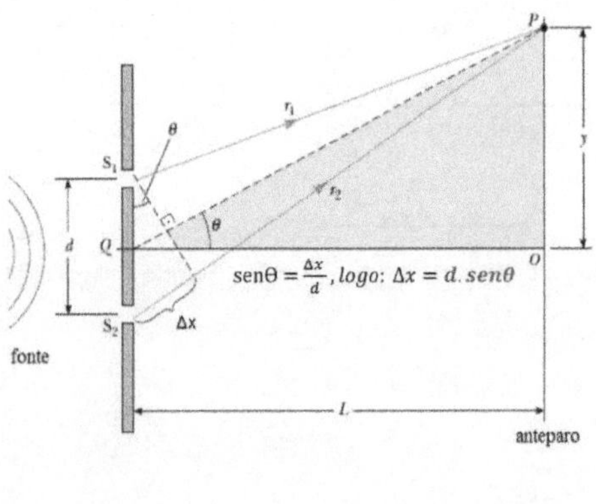


Essa diferença de caminho pode ser calculada:

$$\Delta x = n.\frac{\lambda}{2} = d\,.\text{sen}\theta$$

($L >> d$). Neste caso, podemos aproximar:

$$\text{sen}\theta \sim \text{tg}\theta = \frac{y}{L}$$

$$sen\,\theta = \frac{\Delta x}{d}\; e\; tg\,\theta = \frac{y}{L}$$

No desenho que representa a experiência de Young, podemos observar que, sendo a distância d entre as fendas muito menor que a distância L entre os anteparos, o ângulo $\theta$ é pequeno o suficiente para que seja válida a relação: $sen\,\theta \cong tg\,\theta$.

$$\frac{\Delta x}{d} = \frac{y}{L} \rightarrow \frac{k.\lambda}{2.d} = \frac{y}{L} \therefore y = \frac{k.\lambda.L}{2.d}$$

Observe que y é a distância entre a franja considerada e o máximo central ( a distância entre duas franjas claras ou entre duas franjas escuras consecutivas é a mesma), d é o espaçamento entre as duas fendas, L é a distância entre os anteparos e k é um número inteiro relacionado com a ordem da franja: para k = 0,2,4,... temos franjas claras; para k = 1,3,5 ... temos franjas escuras.

# 12.3 Ondas Sonoras

## Definições

As ondas sonoras propagam-se em meios sólidos, líquidos e gasosos, com velocidades que dependem das diferentes características dos materiais. De um modo geral, as velocidades maiores ocorrem nos sólidos e as menores, nos gases.

$$v_{sólidos} > v_{líquida} > v_{gás}$$

A velocidade é diretamente proporcional à raiz quadrada da sua temperatura absoluta. No ar, a 15°C, $V_{som}$ = 340 m/s.

Representação da onda sonora:

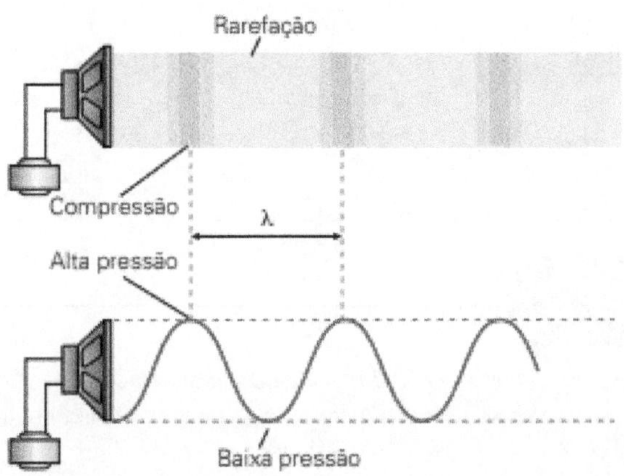

## Qualidades fisiológicas do som

A orelha humana distingui distingue no som três qualidades diversas, denominadas qualidades fisiológicas.

- Altura;
- Intensidade auditiva (ou sonoridade);
- Timbre.

a) Altura → Qualidade que permite diferenciar um som grave de um som agudo.

Som baixo (grave) => baixa frequência.

Som alto (agudo) => alta frequência.

Comparação de duas ondas sonoras de diferentes frequências que se propagam em um mesmo meio. Na figura, o som A é mais agudo que o som B.

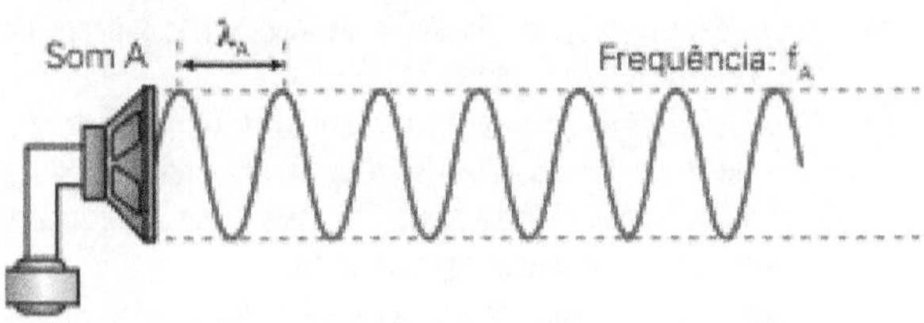


$$\lambda_A < \lambda_B \Rightarrow f_A > f_B$$

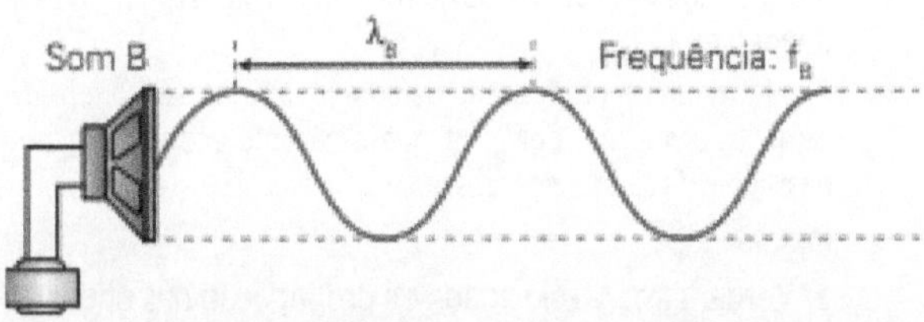


b) Intensidade auditiva (ou sonoridade) → Qualidade que permite diferenciar um som forte de um som fraco.

Som fraco => pequena intensidade.

Som forte => grande intensidade.

Comparação de duas ondas sonoras de mesma frequência e amplitudes distintas.

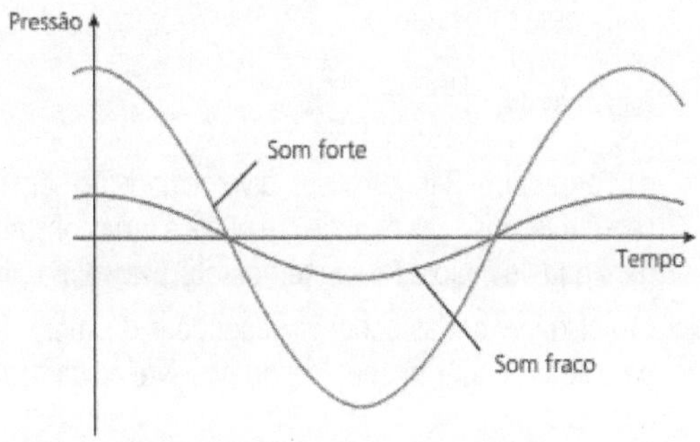


Lei de Weber – Fechner

*"A magnitude da sensação auditiva (nível do som) é função do 1.º grau do longaritmologaritmo do agente excitador."*

$$N = 10.\log\frac{I}{I_0}\ (decibel - dB)$$

Sendo, $I_0 = 10^{-12} W/m^2$.

c) Timbre → É a qualidade que permite distinguir sons de mesma altura e intensidade, emitidos por fontes diferentes. Uma mesma nota musical emitida por um piano e por um violão diferencia-se pelo timbre.

Na figura, a flauta e o trompete emitem ondas sonoras de frequências e amplitudes praticamente iguais. A diferença da forma de onda está relacionada ao timbre de cada som emitido.

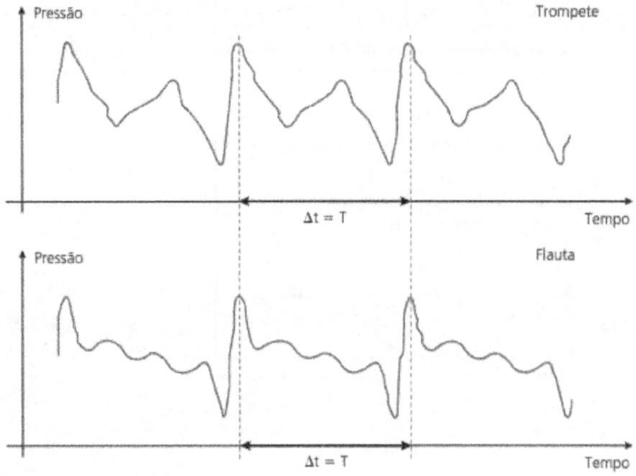


## Cordas sonoras

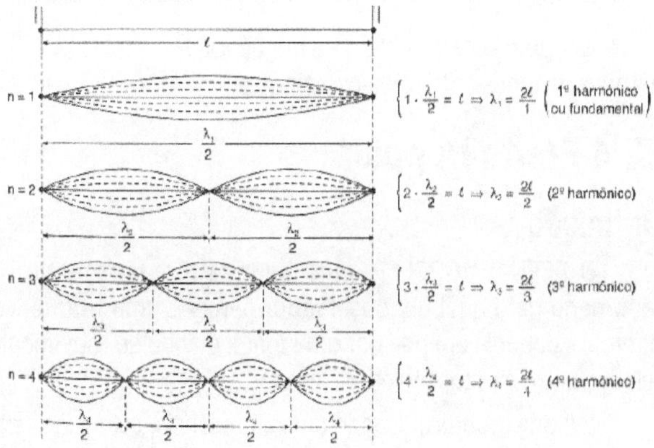


$$f_n = n.\frac{v}{2.L}; n = 1, 2, 3, ...$$

## Tubos sonoras sonoros

### Tubos abertos

As três primeiras possíveis configurações de ondas estacionárias são:

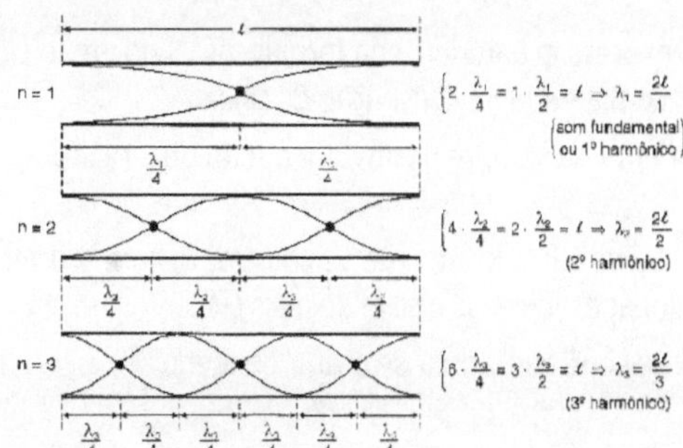


$$f_n = \frac{nv}{2L}; n = 1, 2, 3, ...$$

No tubo aberto, obtêm-se frequências naturais de todos os harmônicos (como na corda vibrante).

## Tubos fechados

As três primeiras possíveis configurações de ondas estacionárias são:

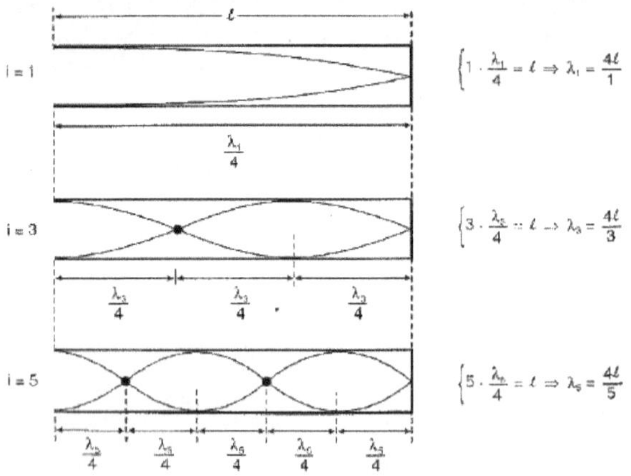


$$f_i = \frac{i.v}{4.L}; i = 1,3,5,...$$

No tubo fechado, obtêm-se frequências naturais de todos os harmônicos ímpares.

# 12.4 Efeito Doppler

## Definição

O EFEITO DOPPLER, para ondas sonoras, constitui o fenômeno pelo qual um observador percebe uma frequência diferente daquela emitida por uma fonte, devido ao movimento relativo entre eles (observador e fonte).

É o que acontece quando uma ambulância, com sua sirene ligada, passa por um observador (parado ou não). Enquanto a ambulância se aproxima, a frequência por ele percebida é maior que a real (mais aguda); mas, à medida que ela se afasta, a frequência percebida é menor (mais grave).

Determina-se a fórmula geral para se calcular a frequência aparente percebida pelo observador, da seguinte forma:

$$f_{ap} = f_0 . \left( \frac{v_{som} \pm v_{obs}}{v_{som} \pm v_{fonte}} \right)$$

A expressão anterior, a da fórmula geral do efeito Doppler, é válida, com a seguinte convenção de sinais:

Orienta-se sempre positivamente do observador O para a fonte F:

Caso os sentidos de $v_0$ e $V_F$ coincidam com a orientação convencionada, adota-se o sinal de mais (+).

Caso contrário, adota-se o sinal de menos (-).

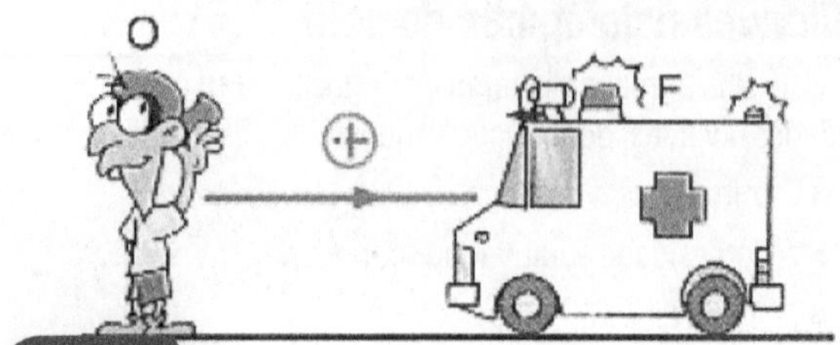


*Observa-se o efeito Doppler tanto para ondas mecânicas quanto para ondas eletromagnéticas.*

**Exemplo 1:**

**(UEM - 2018)** Em relação a ondas sonoras, assinale o que for correto.

a) A velocidade de propagação das ondas sonoras não depende da velocidade da fonte emissora.

b) A velocidade de propagação do som em sólidos é menor do que a velocidade de propagação do som em gases, porque os sólidos oferecem uma resistência à passagem das ondas sonoras maior do que a resistência oferecida pelos gases.

c) A frequência das ondas sonoras depende da velocidade da fonte emissora.

d) A velocidade de propagação do som em um gás depende da sua temperatura.

e) A velocidade de propagação do som no ar e no vácuo é praticamente a mesma, pois o ar quase não oferece resistência à passagem das ondas sonoras.

Resolução:

a) Verdadeiro. A velocidade de propagação das ondas sonoras dependem depende apenas das condições do meio em que se encontram.

b) Falso. A velocidade do som se dá da seguinte forma nos diferentes meios (devido à intensidade de vibração das partículas nesses meios):

$v_{sólidos} > v_{líquidos} > v_{gases}$

c) Verdadeiro. Pela equação do efeito Doppler, é possível notar essa esta relação:

$$f_{obs} = f_{fonte} \left( \frac{v_{som} \pm v_{obs}}{v_{som} \pm v_{fonte}} \right)$$

d) Verdadeiro. Para os gases, a velocidade do som obedece a à relação: $v = \sqrt{kT}$, onde em que k é uma constante que depende do meio e T a sua temperatura absoluta.

e) Falso. As ondas sonoras dependem de meio material para se propagarem, não sendo possível a sua ocorrência no vácuo.

**Exemplo 2:**

**(Unioeste - 2018)** O Conselho Nacional de Trânsito (CONTRAN) recentemente alterou a resolução que regulamentava o valor do nível sonoro permitido que poderia ser emitido por um veículo automotor. A norma antiga, no seu artigo primeiro, dizia o seguinte:

*"A utilização, em veículos de qualquer espécie, de equipamento que produza som só será permitida, nas vias terrestres abertas à circulação, em nível sonoro não superior a 80 decibéis, medido a 7 metros de distância do veículo"* (BRASIL, 2006).

Considerando-se um alto-falante como uma fonte pontual e isotrópica de som, que emite ondas sonoras esféricas, assinale a alternativa CORRETA que indica a potência mínima que ele deve possuir para produzir um nível sonoro de 80 decibéis a 7 metros de distância.

Dados: Limiar de audibilidade $I_0 = 10^{-12}\ W/m^2$ e $\pi = 3$.

Fonte: BRASIL, Min. das Cidades. CONTRAN - Conselho Nacional de Trânsito. Resolução nº 204, de 20-10-2006 regulamenta o volume e a frequência dos sons produzidos por equipamentos utilizados em veículos. p. 1-4, out. 2006.

a) $5{,}88 \times 10^{-2}$ W.

b) $11{,}76 \times 10^{-2}$ W.

c) $2{,}94 \times 10^{-2}$ W.

d) $3{,}14 \times 10^{-2}$ W.

e) $5{,}60 \times 10^{-2}$ W.

Resolução: A.

Com a expressão para o nível sonoro ($\beta$), em decibéis, calculamos a intensidade da fonte sonora:

$\beta = 10 \cdot \log\left(\frac{I}{I_0}\right)$, onde:

$\beta$ = nível sonoro em decibéis;

I = intensidade da fonte em W/m²;

$$\beta = 10 \cdot \log\left(\frac{I}{I_0}\right) \Rightarrow 80 = 10 \cdot \log\left(\frac{I}{10^{-12}}\right) \Rightarrow 8 = \log\left(\frac{I}{10^{-12}}\right) \Rightarrow 10^8 = \frac{I}{10^{-12}} \therefore I = 10^{-4}\ W/m^2$$

Agora, sabendo que a intensidade é a razão entre a potência e a área, calculamos a potência da fonte sonora a 7 metros de distância.

$$I = \frac{P}{A} \Rightarrow P = I \cdot A$$

$$P = 10^{-4}\ W/m^2 \cdot 4\pi \cdot (7\ m)^2 \therefore P = 5{,}88 \cdot 10^{-2}\ W$$

**Exemplo 3:**

**(ENEM - 2017)** O trombone de Quincke é um dispositivo experimental utilizado para demonstrar o fenômeno da interferência de ondas sonoras. Uma fonte emite ondas sonoras de determinada frequência na entrada do dispositivo. Essas ondas se dividem pelos dois caminhos (ADC e AEC) e se encontram no ponto C, a saída do dispositivo, onde se posiciona um detector. O trajeto ADC pode ser aumentado pelo deslocamento dessa parte do dispositivo. Com o trajeto ADC igual ao AEC, capta-se um som muito intenso na saída. Entretanto, aumentando-se gradativamente o trajeto ADC, até que ele fique como mostrado na figura, a intensidade do som na saída fica praticamente nula. Desta forma, conhecida a velocidade do som no interior do tubo (320 m/s). é possível determinar o valor da frequência do som produzido pela fonte.

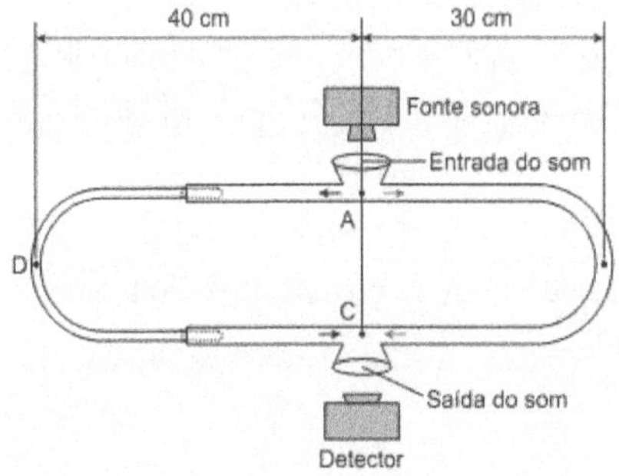


O valor da frequência, em hertz, do som produzido pela fonte sonora é

a) 3 200.

b) 1600.

c) 800.

d) 640.

e) 400.

Resolução: C.

Como a intensidade do som foi de muito intensa para nula, a interferência no ponto C foi de construtiva para destrutiva, sendo a condição para esta última dada por:

$$d_{ADC} - d_{AEC} = \frac{\lambda}{2}$$

Logo, o comprimento de onda deverá ser de:

$$2(40 - 30) = \frac{\lambda}{2} \Rightarrow \lambda = 40\ cm = 0{,}4\ m$$

Pela Equação Fundamental da Ondulatória, obtemos a frequência pedida:

$$v = \lambda f$$

$$320 = 0{,}4f$$

$$\therefore f = 800\ Hz$$

**Exemplo 4:**

**(Fuvest - 2014)** O Sr. Rubinato, um músico aposentado, gosta de ouvir seus velhos discos sentado em uma poltrona. Está ouvindo um conhecido solo de violino quando sua esposa Matilde afasta a caixa acústica da direita ($C_d$) de uma distância *l*, como visto na figura abaixo.

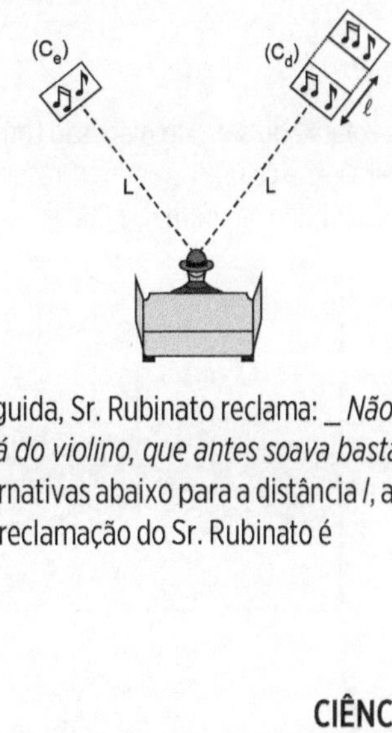


Em seguida, Sr. Rubinato reclama: _ *Não consigo mais ouvir o Lá do violino, que antes soava bastante forte!* Dentre as alternativas abaixo para a distância *l*, a única compatível com a reclamação do Sr. Rubinato é

Note e adote:

O mesmo sinal elétrico do amplificador é ligado aos dois alto-falantes, cujos cones se movimentam em fase.

A frequência da nota Lá é 440 Hz.

A velocidade do som no ar é 330 m/s.

A distância entre as orelhas do Sr. Rubinato deve ser ignorada.

a) 38 cm
b) 44 cm
c) 60 cm
d) 75 cm
e) 150 cm

Resolução:A.

Dados: v = 330 m/s; f = 440 Hz.

Se o Sr. Rubinato não está mais ouvindo o Lá, é porque está ocorrendo interferência destrutiva. Para que ocorra tal fenômeno, é necessário que a diferença de percurso entre o ouvinte e as duas fontes (no caso, $\ell$) seja um número ímpar (i) de meios comprimentos de onda. O menor valor de $\ell$ é para i = 1.

$$\ell = \frac{\lambda}{2} \Rightarrow \ell = \frac{v/f}{2} \Rightarrow \ell = \frac{330}{2 \cdot 400} \Rightarrow \ell = 0{,}375 \text{ m} \Rightarrow$$

$$\ell = 38 \text{ cm.}$$

**Exemplo 5:**

**(EFOMM - 2016)** Um diapasão com frequência natural de 400 Hz é percutido na proximidade da borda de uma proveta graduada, perfeitamente cilíndrica, inicialmente cheia de água, mas que está sendo vagarosamente esvaziada por meio de uma pequena torneira na sua parte inferior. Observa-se que o volume do som do diapasão torna-se mais alto pela primeira vez quando a coluna de ar formada acima d'água atinge uma certa altura h. O valor de h, em centímetros, vale

Dado: velocidade do som no ar $V_{Som}$ = 320 m/s

a) 45
b) 36
c) 28
d) 20
e) 18

Resolução: D.

Quando o volume do som do diapasão torna-se mais alto pela primeira vez, a coluna de água corresponde ao primeiro harmônico obtido na coluna de água.

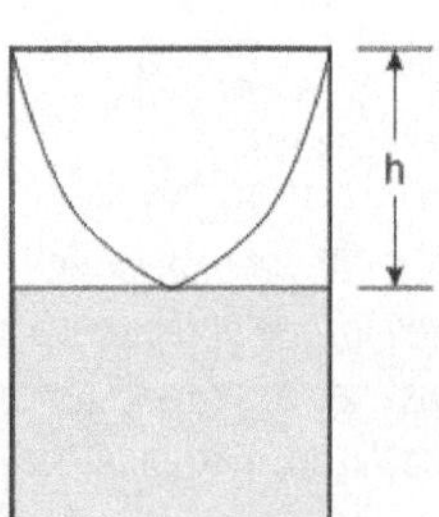


Logo, de acordo com o desenho, a altura de líquido h é a quarta parte do comprimento da onda sonora.

$$h = \frac{\lambda}{4} \therefore \lambda = 4h$$

E a expressão da velocidade da onda com a frequência e o comprimento de onda é dada por:

$$v = \ddot{e} \cdot f \Rightarrow v = 4\,hf \therefore h = \frac{v}{4f}$$

$$h = \frac{320 \text{ m/s}}{4 \cdot 400 \text{ Hz}} \Rightarrow h = 0{,}2\text{m} = 20 \text{ cm}$$

**Exemplo 6:**

**(PUC/PR - 2015)** Em uma atividade experimental de Física, um dispositivo conhecido como sistema massa-mola foi montado sobre uma superfície sem atrito, conforme ilustra a figura a seguir. Os blocos, M e m, possuem massas respectivamente iguais a 9 kg e 1 kg. Ao ser deslocado de sua posição de equilíbrio (O), o sistema comporta-se como um oscilador harmônico simples sem que haja deslizamento do bloco M em relação ao m. Durante essa atividade, um estudante verificou que o sistema realiza 10 oscilações em 20 segundos, com amplitude de 30 cm.

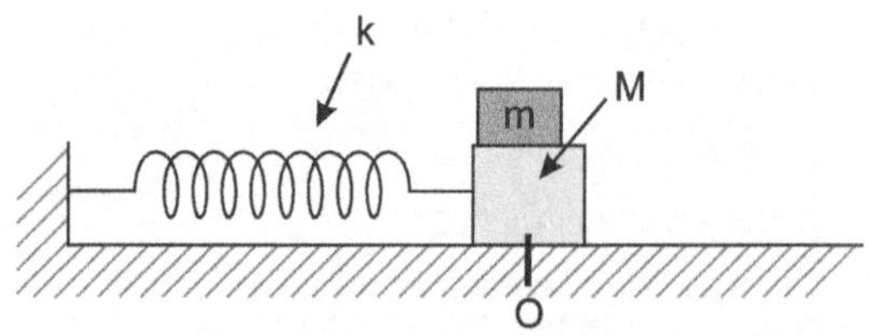


Fonte: <http://instruct.math.lsa.umich.edu/lecturedemos/ma216/docs/3_4/spring.png> [adaptado].

Para efeito de cálculos, considere $\pi = 3$ e $g = 10 \text{ m/s}^2$.

Para que não ocorra deslizamento entre os blocos por conta do movimento harmônico simples (MHS), o coeficiente de atrito estático entre as superfícies desses blocos é igual a:

a) 0,11.
b) 0,24.
c) 0,30.
d) 0,27.
e) 0,90.

Resolução: D.

Para o movimento harmônico simples (MHS), o período de oscilação (T) de um sistema massa-mola sem atrito com a superfície é dado por:

$$T = 2\pi\sqrt{\frac{m}{k}} \quad (1)$$

Onde:

m = massa do conjunto em quilogramas (kg);

T = período da oscilação em segundos (s);

k = constante elástica da mola em $\left(\frac{N}{m}\right)$.

Foi dado que o tempo para 10 oscilações foi de 20 segundos, então o tempo de cada oscilação é de 2 s, que justamente é o período (T):T = 2s.

Tendo o período de oscilação, calculamos o valor da constante elástica k a partir da equação (1) elevada ao quadrado e isolando k:

$$k = \frac{4\pi^2 m}{T^2} \Rightarrow k = \frac{4 \cdot 3^2 \cdot 1\,kg}{2^2\,s^2} = 9\frac{N}{m}$$

A Força força resultante é dada pela soma vetorial entre a força elástica e a força de atrito entre o bloco pequeno e o bloco maior e, portanto, no plano horizontal, para os módulos das forças, temos:

$$\left|\vec{F}_e\right| = \left|\vec{F}_{at}\right| \quad (2)$$

Onde,

$F_e$ = força elástica em Newtons (N) dada pela Lei de Hooke $\vec{F}_e = -k \cdot \vec{x}$ (3)

$F_{at}$ = força de atrito estático entre o bloco maior e o bloco menor em Newtons (N): $\vec{F}_{at} = \mu_e \cdot \vec{N}$ (4)

Como o movimento é dado no plano horizontal, o módulo da força normal $|\vec{N}|$ é igual ao módulo da força peso.

$$|\vec{N}| = |\vec{P}| = m \cdot |\vec{g}| = m \cdot g \quad (5)$$

Substituindo o valor do módulo da força normal em (5) na equação (4), temos:

$$\left|\vec{F}_{at}\right| = \mu_e \cdot m \cdot g \quad (6)$$

Compondo as equações (3) e (6) na equação (2):

$$k \cdot x = \mu_e \cdot m \cdot g \quad (7)$$

Em que o alongamento da mola (x) é dado pela amplitude de 0,30 m.

Sendo assim, o coeficiente de atrito estático $\mu_e$ será:

$$\mu_e = \frac{k \cdot x}{m \cdot g} = \frac{9\frac{N}{m} \cdot 0{,}3m}{1kg \cdot 10\frac{m}{s^2}} = \frac{2{,}7N}{10N} = 0{,}27$$

**Exemplo 7:**

**(UPE-2015)** Um pêndulo ideal de massa m=0,5kg e comprimento L = 1,0 m é liberado do repouso a partir de um ângulo θ muito pequeno. Ao oscilar, ele interage com um obstáculo em forma de cubo, de aresta d, que está fixado ao teto.

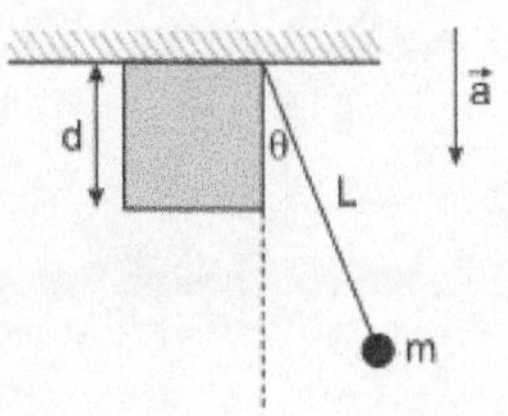


Sabendo que o período de oscilação do pêndulo é igual a T = 1,5s e que a aceleração da gravidade no local do experimento tem módulo a = $\pi^2$m/s², determine o valor de d em metros.

a) 0,25 m
b) 0,50 m
c) 0,75 m
d) 1,00 m
e) 1,50 m

Resolução: C.

Neste caso, temos dois pêndulos de períodos e comprimentos diferentes. Seus comprimentos são: L e L - d.

As expressões dos períodos de cada pêndulo são:

$$T_1 = 2\pi\sqrt{\frac{L}{g}} \text{ e } T_2 = 2\pi\sqrt{\frac{L-d}{g}}$$

O período total do pêndulo misto é formado pela soma das duas metades de cada pêndulo

$$\frac{T_1}{2} + \frac{T_2}{2} = T_{tot}$$

Então, $T_1 + T_2 = 2 \cdot T_{tot}$

$$2\pi\sqrt{\frac{L}{g}} + 2\pi\sqrt{\frac{L-d}{g}} = 2 \cdot T_{tot}$$

Usando os valores de $T_{tot} = 1{,}5$ s, $L = 1$ m e $g = \pi^2$ m/s²

$$\pi\sqrt{\frac{1}{\pi^2}} + \pi\sqrt{\frac{1-d}{\pi^2}} = 1{,}5$$

$$\sqrt{1} + \sqrt{1-d} = 1{,}5$$

$$\sqrt{1-d} = 1{,}5 - 1$$

$$1 - d = (0{,}5)^2$$

$$d = 0{,}75 \text{ m}$$

**Exemplo 8:**

**(Cefet/MG - 2015)** Um estudante utilizou uma mola de constante elástica k e um bloco de massa m para montar dois experimentos, conforme ilustra a figura:

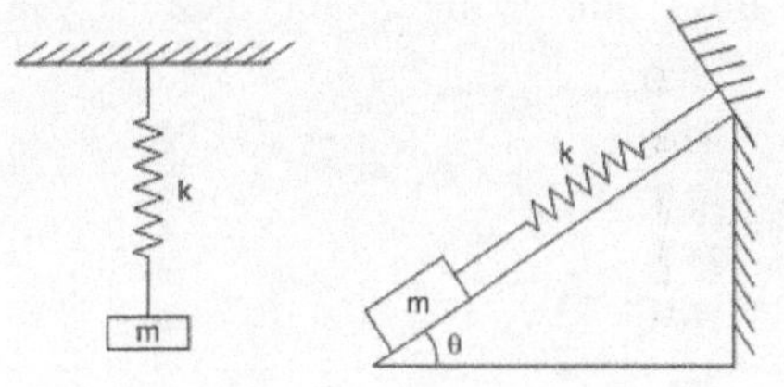


Inicialmente, o sistema foi colocado para oscilar na vertical e a frequência observada foi f. Ao Montar o sistema no plano inclinado e com atrito desprezível, a frequência de oscilação observada foi

a) f.
b) $f \cdot tg\theta$
c) $f \cdot sen\theta$
d) $f \cdot cos^2\theta$
e) $f \cdot sen^2\theta$

Resolução: A.

Em um sistema massa-mola em MHS, o período do movimento é dado por:

$$T = 2\pi\sqrt{\frac{m}{k}}$$

Ou seja, o período (e consequentemente a frequência) do movimento depende somente da massa do bloco e da constante da mola.

Como nos dois casos a mola é a mesma, assim como a massa do bloco, é fácil observar que a frequência de oscilação será a mesma em ambos o os casos.

**Exemplo 9:**

**(Espcex – 2012)** Um objeto preso por uma mola de constante elástica igual a 20 N/M executa um movimento harmônico simples em torno da posição de equilíbrio. A energia mecânica do sistema é de 0,4 J e as forças dissipativas são desprezíveis. A amplitude de oscilação do objeto é de:

a) 0,1 m
b) 0,2 m
c) 1,2 m
d) 0,6 m
e) 0,3 m

Resolução: B.

A energia mecânica (potencial) armazenada em uma mola é dada por: $E = \frac{k.x^2}{2}$

Analisando o enunciado e fazendo as devidas substituições, teremos:

$E = \frac{k.x^2}{2} \rightarrow 0,4 = \frac{20.x^2}{2} \rightarrow x^2 = 0,04 \rightarrow x = 0,2m$, em que x representa a amplitude de oscilação do objeto que se encontra em M.H.S.

# 13. ELETROSTÁTICA

## 13.1 Carga Elétrica, Princípios da Eletrostática, Processos de Eletrização

### Modelo atômico

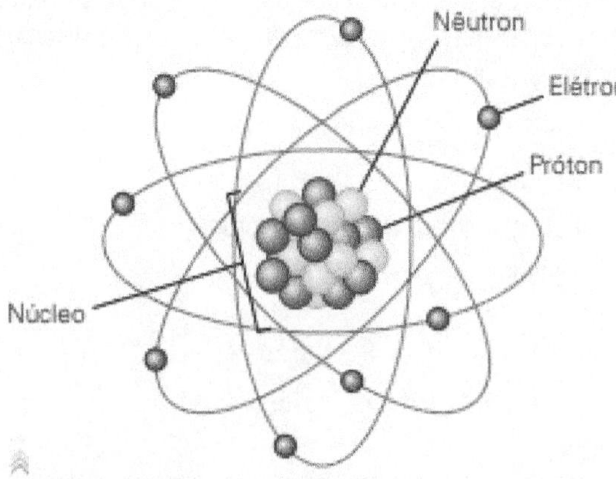


Modelo simplificado de um átomo.

### Carga elétrica

Aos prótons e elétrons atribui-se a propriedade de possuírem carga elétrica. Quanto aos nêutrons, estes têm carga elétrica nula.

Por convenção, estabelece-se que a carga elétrica do próton é positiva, e a carga do elétron é negativa.

No Sistema Internacional de Unidades, adota-se o coulomb (C) como unidade de carga elétrica.

### Carga elementar (e)

Foi determinada experimentalmente pela primeira vez pelo físico norte-americano Robert Andrews Millikan (1868 – 1953):

$e = 1{,}6 \,.\, 10^{-19}\ C$

Temos, então:

Carga elétrica do próton = +e

Carga elétrica do elétron = - e

Carga elétrica do nêutron = 0

### Quantização da carga elétrica (q)

A carga elétrica de um corpo é quantizada, isto é, ela sempre é um múltiplo inteiro da carga elétrica elementar. Isso é verdade porque um corpo, ao ser eletrizado, recebe ou perde um número inteiro de elétrons.

$$Q = (N_p - N_e).e \rightarrow Q = n.e;\ (n = 1.2,3,\dots)$$

### Princípio da atração e repulsão

Partículas eletrizadas com cargas de sinais iguais se repelem, enquanto as eletrizadas com cargas de sinais opostos se atraem.

### Princípio da conservação das cargas elétricas

A soma algébrica das cargas elétricas existentes em um sistema eletricamente isolado é constante, em qualquer instante.

### Condutores e isolantes

Um material é chamado de condutor elétrico quando há nele grande quantidade de portadores de carga elétrica que podem se movimentar com grande facilidade. Caso contrário, ele será denominado isolante elétrico ou dielétrico.

### Processos de eletrização

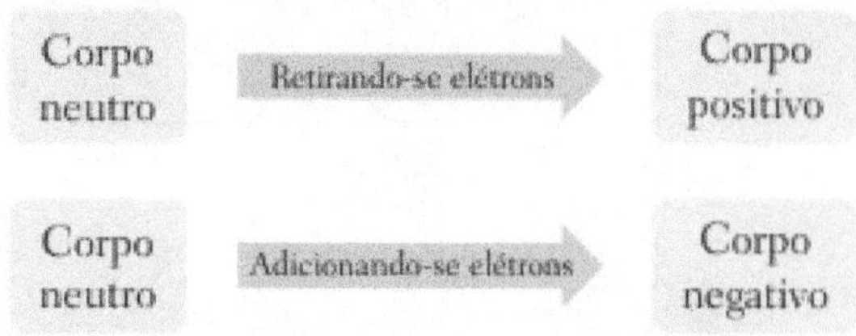


### Eletrização por atrito

Atritando dois corpos neutros com afinidades eletrônicas diferentes, ambos adquirem cargas de mesmo valor absoluto e sinais opostos. Tal processo é bastante eficiente na eletrização de materiais isolantes.

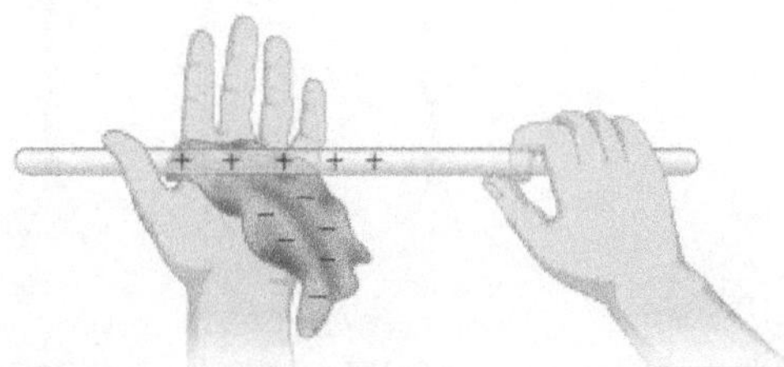

Atrito entre vidro e seda.

### Eletrização por contato

Se um corpo eletrizado é posto em contato com um corpo neutro, parte da carga pode ser transferida de um para outro. Para que o processo seja eficiente, os corpos envolvidos devem ser condutores.

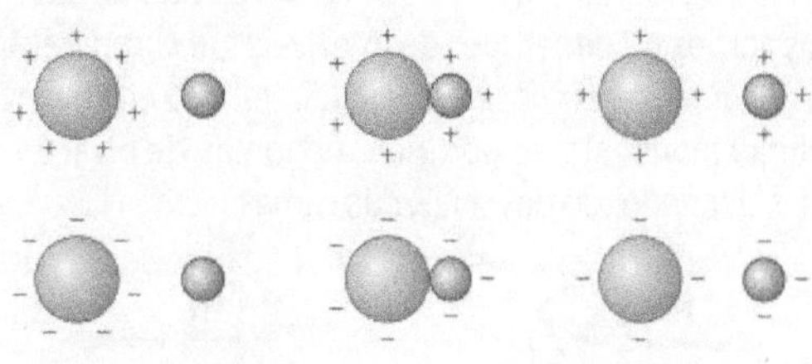

Eletrização por contato.

### Indução eletrostática

Denomina-se indução eletrostática o fenômeno da separação de cargas que ocorre na superfície de um condutor (induzido) quando colocado próximo de um corpo eletrizado (indutor).

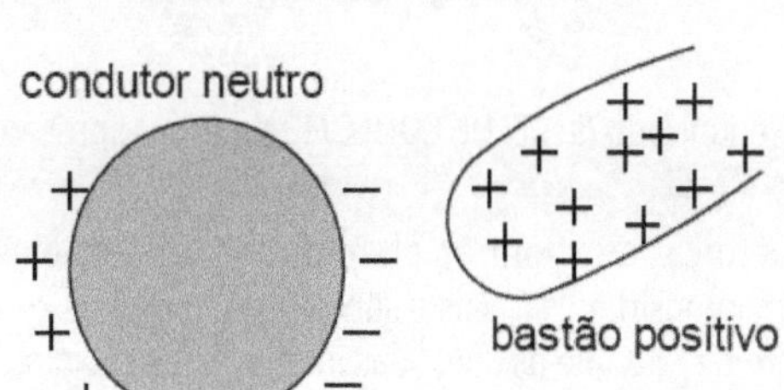

Eletroscópio

Para saber se determinado corpo está ou não eletrizado, sem alterar sua possível carga, usamos um aparelho denominado eletroscópio.

Usando pêndulo eletrostático

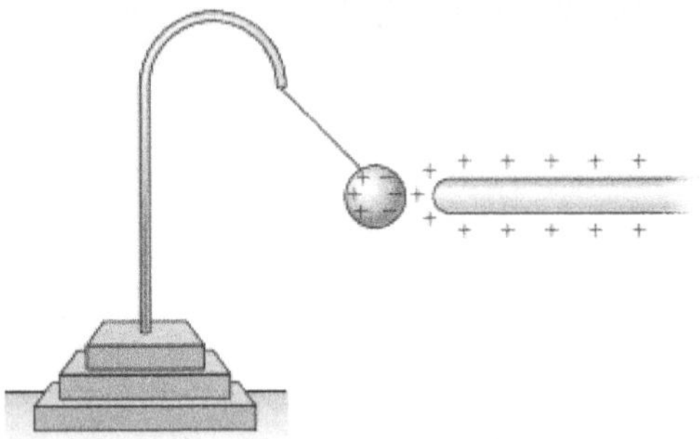

Usando o eletroscópio de folhas

Eletroscópio fora da influência de carga. | Eletroscópio sob a influência de carga negativa. | Eletroscópio sob a influência de carga positiva.

## 13.2 Força Elétrica

### Lei de coulomb

Foi o francês Charles Augustin de Coulomb (1736-1806) quem descobriu, em 1785, a lei que rege as interações entre partículas eletrizadas. Recordemos que se deve entender por partículas os corpos de dimensões desprezíveis em comparação com as demais dimensões consideradas. A interação entre partículas eletrizadas manifesta-se por meio de forças de atração ou de repulsão, dependendo dos sinais das cargas.

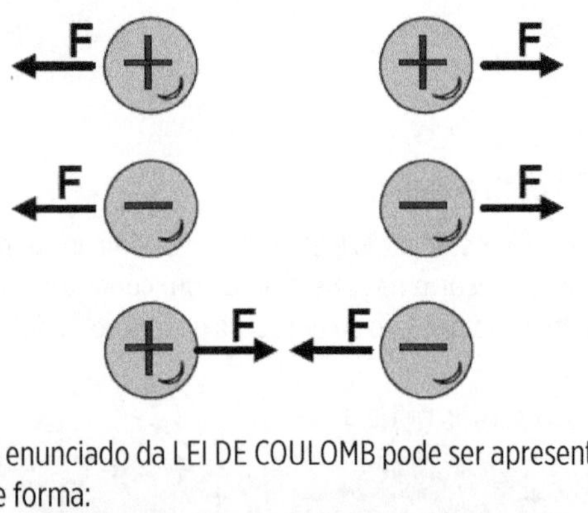


O enunciado da LEI DE COULOMB pode ser apresentado da seguinte forma:

As forças de interação entre duas partículas eletrizadas possuem intensidades iguais e são sempre dirigidas segundo o segmento de reta que as une. Suas intensidades são diretamente proporcionais ao módulo do produto das cargas e inversamente proporcionais ao quadrado da distância entre as partículas.

Intensidade:

$$F = \frac{k.|Q.q|}{d^2}$$

A constante de proporcionalidade (k), denominada constante eletrostática do meio, depende do meio onde se encontram os corpos e do sistema de unidades. No vácuo, para o Sistema Internacional, temos:

$$k_0 = 9.10^9\ N.m^2/C$$

Direção:

Reta que une os centros dos corpos.

Sentido:

$$Q \cdot q > 0 \Rightarrow \text{Repulsão}$$
$$Q \cdot q < 0 \Rightarrow \text{Atração}$$

Representação gráfica

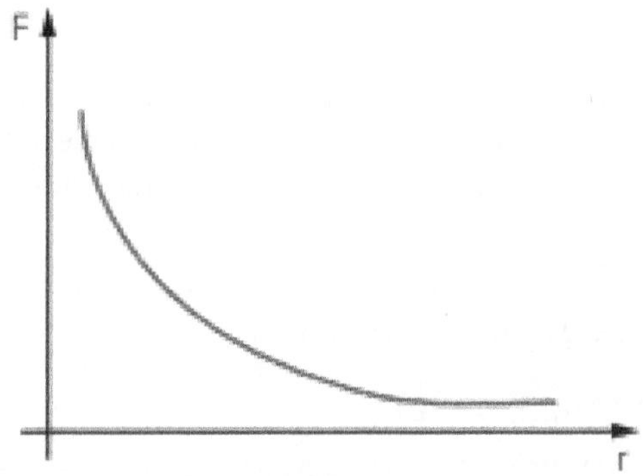


Intensidade da força elétrica em função da distância entre cargas puntiformes.

## 13.3 Potencial Elétrico

Define-se potencial elétrico uma grandeza escalar, associado ao ponto A, como o quociente entre a energia potencial elétrica e o valor da carga elétrica da partícula colocada em A.

$$V_A = \frac{E_{pot;A}}{q}$$

Unidade de potencial elétrico no sistema de unidades internacional.

$$[V] = \frac{J}{C} = volt\ (V)$$

**Ex.:** Uma bateria de 1,5 volts fornece 1,5 joules de energia a cada 1 coulomb de carga que atravessa a bateria.

O potencial elétrico em um ponto do campo elétrico gerado por uma carga fonte Q:

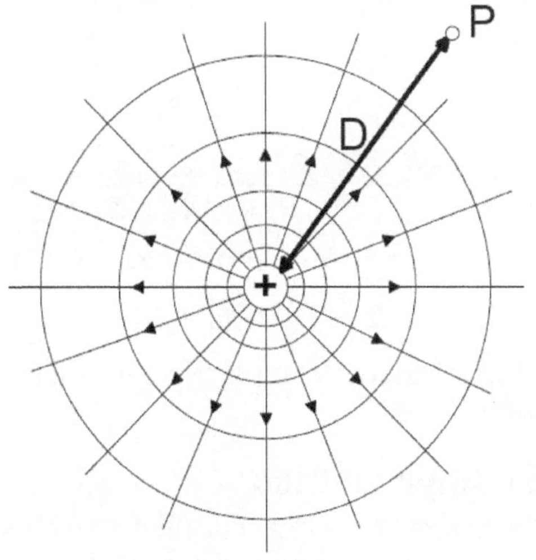


$$V_P = \frac{E_{pot;P}}{q} = \frac{\frac{k.Q.q}{D}}{q} \therefore V_P = \frac{k.Q}{D}$$

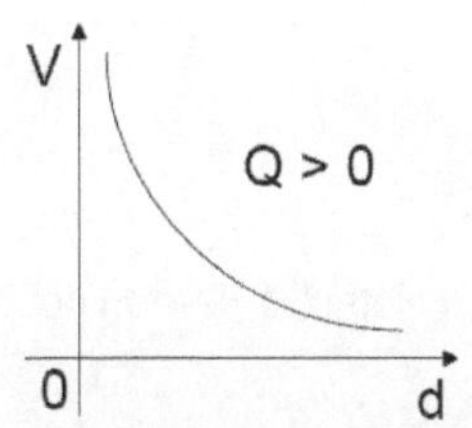


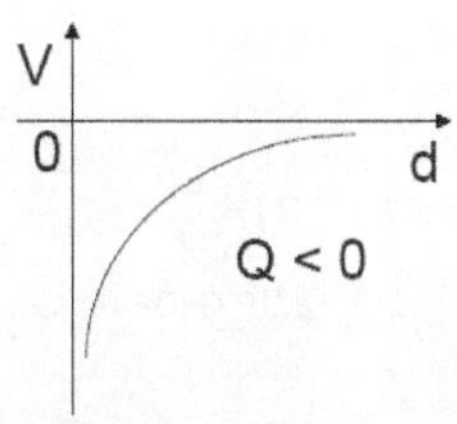


# 13.4 Trabalho da Força Elétrica, Energia Potencial Elétrica, Potencial Elétrico, Condutores em Equilíbrio Eletrostático

## Trabalho de uma força elétrica

No campo de uma carga puntiforme fixa +Q, consideremos dois pontos, A e B, distantes, respectivamente, $d_A$ e $d_B$ de +Q. Durante esse deslocamento, a força elétrica que atua sobre a carga de prova +q é dada pela Lei de Coulomb, e sua intensidade diminui desde o valor inicial $F_A$ até o valor final $F_B$.

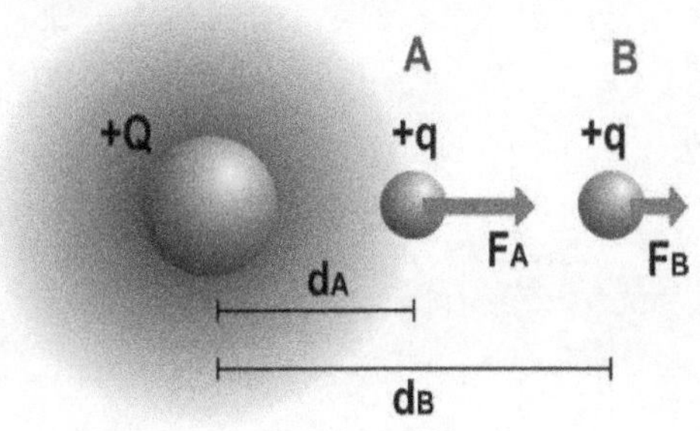


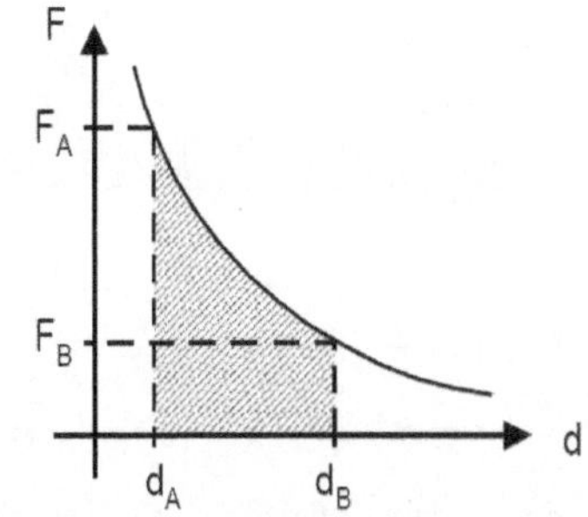


A área dessa região hachurada é o trabalho da força elétrica. O estudante não precisa se preocupar em calcular essa figura geométrica, pois a técnica matemática capaz de calcular a área sob o gráfico de qualquer função chama-se *Integração* (ferramenta matemática do nível superior).

O cálculo da figura hachurada é:

$$\tau_{força\ elétrica} = \frac{k.Q.q}{d_A} - \frac{k.Q.q}{d_B}$$

Unidade de energia no sistema de unidades internacional:

$$[\tau_{força\ elétrica}] = joule\ (J)$$

OBS: a expressão será válida ainda que os pontos não estejam alinhados com a carga Q, pois a força elétrica é conservativa, e seu trabalho não depende da trajetória.

## Energia potencial elétrica

É importante lembrar que a força elétrica é uma força conservativa, por isso utilizaremos o Teorema da Energia Potencial.

$$\tau_{forças\ conservativas} = -\Delta E_{pot} = -(E_{pot;final} - E_{pot;inicial}) = E_{pot;inicial} - E_{pot;final}$$

O resultado da integração é:

$$\tau_{força\ elétrica} = \frac{k.Q.q}{d_A} - \frac{k.Q.q}{d_B}$$

Percebe-se que a energia potencial elétrica para determinado ponto é:

$$E_{pot} = \frac{k.Q.q}{d}$$

Unidade de energia no sistema de unidades internacional:

$$[E] = joule\ (J)$$

OBS: a energia potencial depende do ponto de referência escolhido para seu cálculo.

## Trabalho da força elétrica em função da diferença de potencial elétrico (ddp)

$$\tau_{força\ elétrica} = q.(V_A - V_B)$$

## Superfícies equipotenciais (s.E.)

As linhas de campo (L.C.) e as superfícies equipotenciais (S.E.) são sempre perpendiculares entre si.

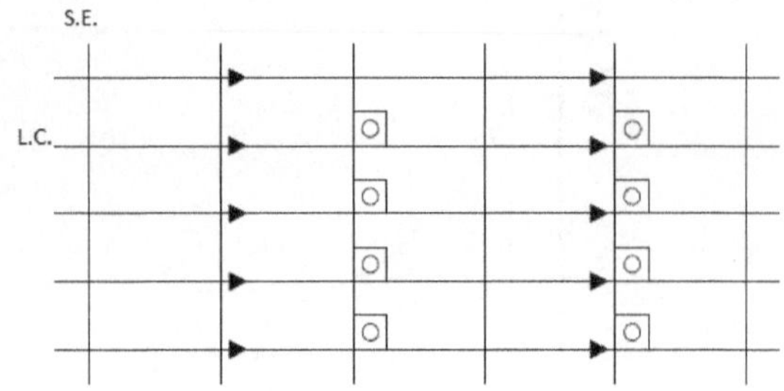


Ao longo de uma linha de campo, no seu sentido, o potencial elétrico diminui.

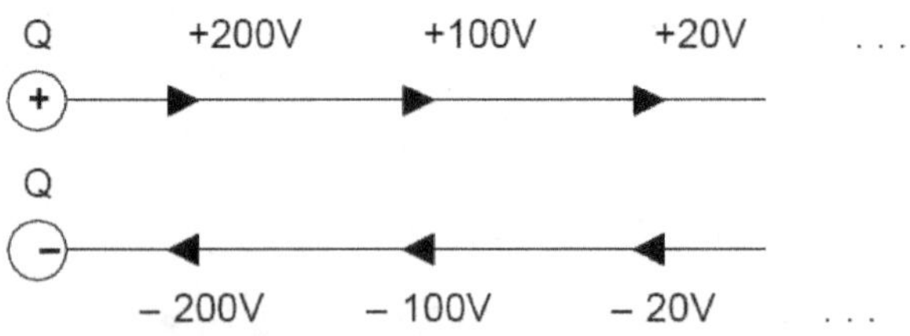


## Condutores em equilíbrio eletrostático

Quando em equilíbrio, as cargas elétricas se distribuem na superfície externa de um condutor da seguinte forma:

- condutor esférico: a distribuição é uniforme por toda a superfície;
- condutor não esférico: a distribuição de cargas não é uniforme, apresentando maior concentração nas pontas (poder das pontas – princípio do funcionamento do para-raios).

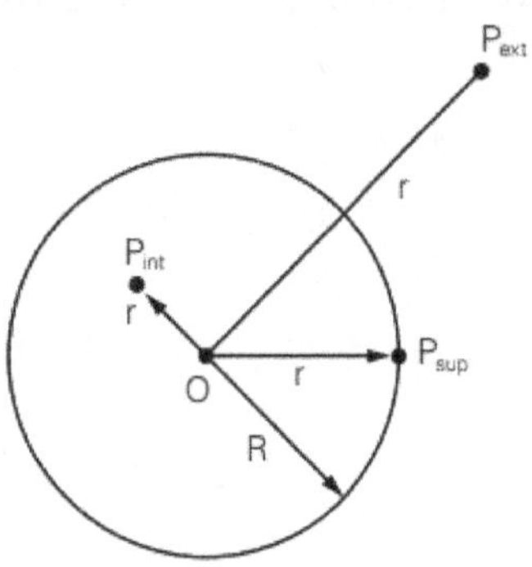


## Contato entre condutores esféricos eletrizados

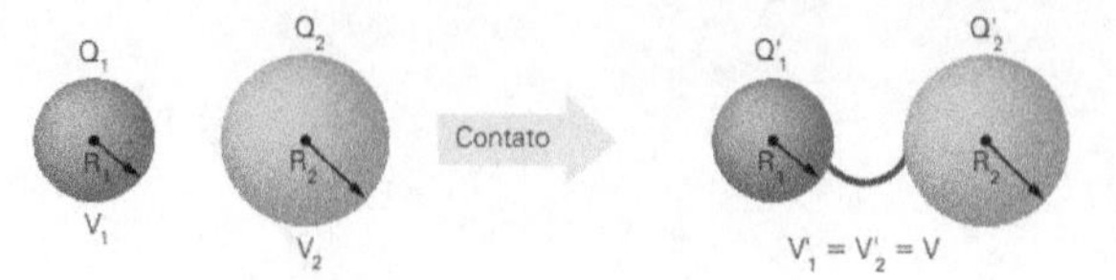


$$\frac{k.Q_1'}{R_1} = \frac{k.Q_2'}{R_2} \rightarrow \frac{Q_1'}{R_1} = \frac{Q_2'}{R_2}$$

Pelo princípio da conservação das cargas elétricas, temos:

$$Q_1 + Q_2 = Q_1' + Q_2'$$

A carga total será distribuída pelas esferas na razão direta de seus raios.

## 13.5 Campo Elétrico

Um campo elétrico existe, em um ponto, se uma carga teste nesse momento experimenta uma força elétrica.

Define-se campo elétrico como:

$$\vec{E} = \frac{\vec{F}}{q}$$

Intensidade:

$$E = \frac{F}{|q|}$$

No SI, a unidade do campo elétrico é Newton por coulomb (N/C).

Direção e sentido em relação a $\vec{F}$.

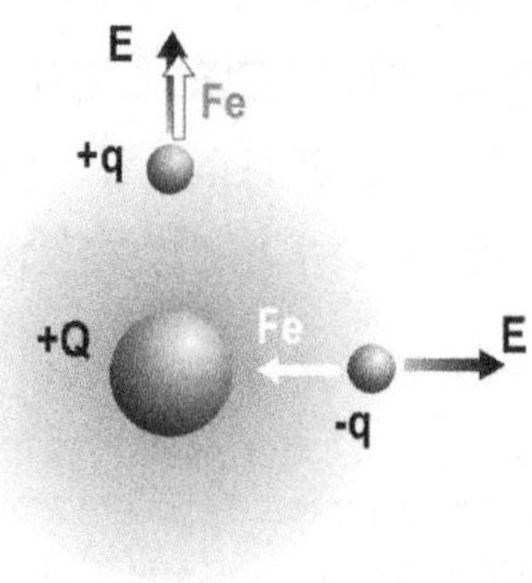


| Grandeza física | Ponto interno (r < R) | Ponto na superfície (r = R) | Ponto externo (r > R) |
|---|---|---|---|
| Intensidade do campo elétrico | $E_{int} = 0$ | $E_{sup} = \frac{1}{2} \cdot \frac{k \cdot \lvert Q \rvert}{R}$ | $E_{ext} = \frac{k \cdot \lvert Q \rvert}{r}$ |
| Intensidade do potencial elétrico | $V_{int} = \frac{k \cdot Q}{R}$ | $V_{sup} = \frac{k \cdot Q}{R}$ | $V_{ext} = \frac{k \cdot Q}{r}$ |

## Campo elétrico devido a uma carga puntiforme fixa (q)

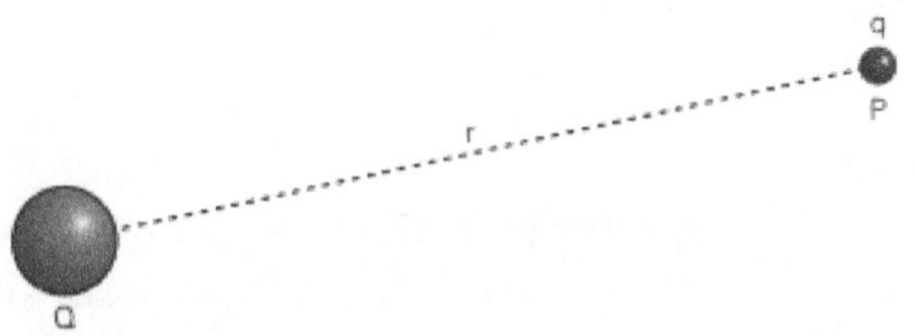


Intensidade:

$$E = \frac{K.|Q|}{d^2}$$

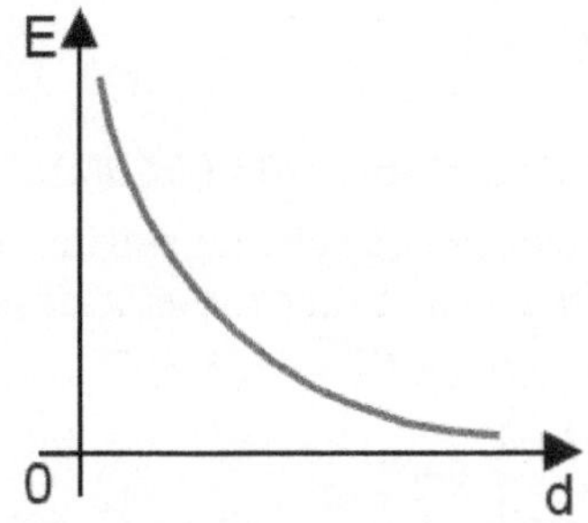


O gráfico representa o módulo do vetor campo E, criado por uma partícula eletrizada com carga **Q**, em função da distância **d**.

Direção:

A mesma da reta que passa pela carga Q e pelo ponto P.

Sentido:

Q > 0 ⇒ "Afastamento"

Q < 0 ⇒ "Aproximação"

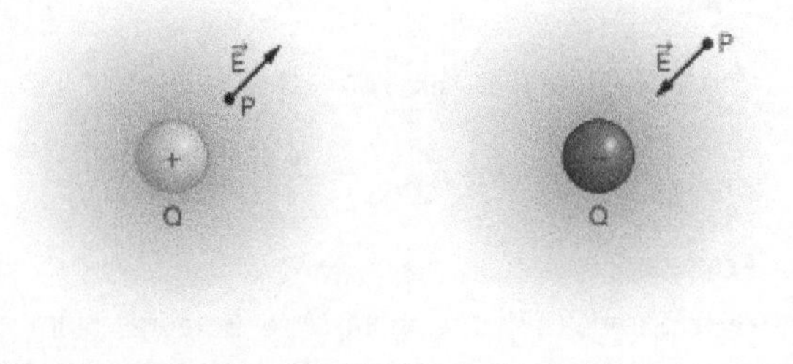


## PO elétrico devido a várias cargas puntiformes fixas

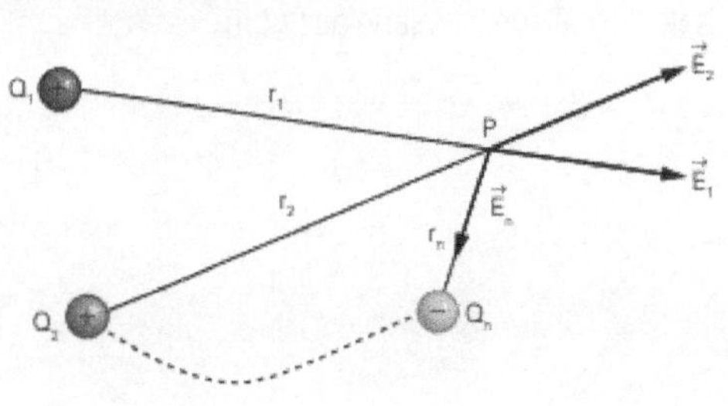

$$\overrightarrow{E_R} = \overrightarrow{E_1} + \overrightarrow{E_2} + \cdots + \overrightarrow{E_n}$$

## Linhas de campos elétricos

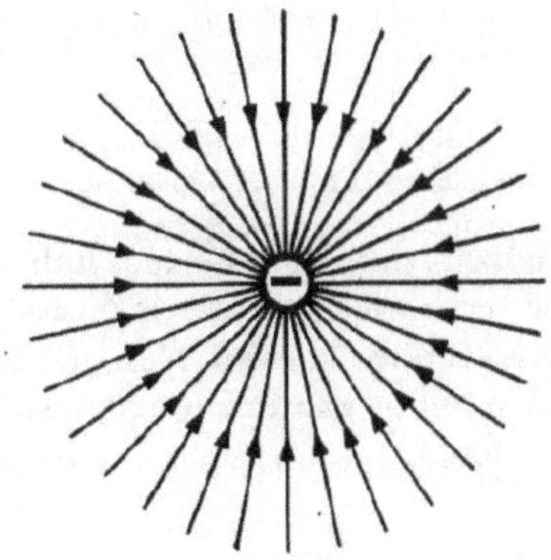

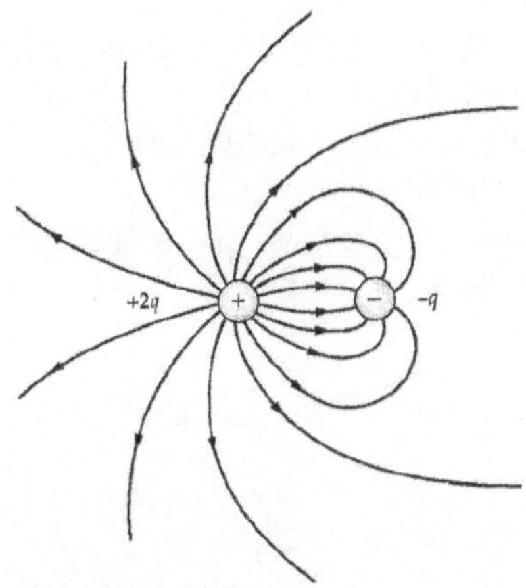


## Campo elétrico uniforme (c.E.U.)

Se, em uma região, o vetor campo elétrico é o mesmo em todos os pontos, ou seja, possui a mesma intensidade, direção e sentido, diz-se que em tal região o campo é uniforme.

CAMPO ELÉTRICO UNIFORME

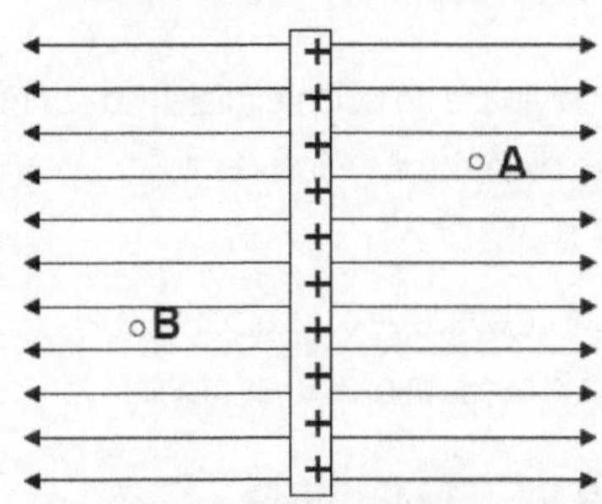


# 13.6 Capacidade Elétrica, Associação de Capacitores, Energia Armazenada nos Capacitores

## Capacidade elétrica (ou capacitância)

À medida que fornecemos cargas elétricas (elétrons) a um condutor qualquer, inicialmente neutro, o valor absoluto do potencial elétrico vai aumentando e, com isso, torna-se progressivamente mais difícil a colocação de mais elétrons, pois os novos sofrerão a repulsão dos já existentes.

A cada quantidade de carga existente no condutor, há, em correspondência, um potencial elétrico, proporcional a essa quantidade de carga. Denomina-se capacitância (C), ou capacidade eletrostática.

A capacitância de um capacitor depende de sua geometria (da forma e do tamanho dele), bem como do dielétrico (substância isolante) colocado entre as suas armaduras.

Define-se capacitância como:

$$C = \frac{Q}{U}$$

No SI, a unidade de capacitância (C/V) = farad (F).

## Capacitor

Chama-se capacitor ou condensador o dispositivo que armazena a carga elétrica e consequentemente a energia elétrica.

Na prática são usados 3 modelos: capacitor plano, o capacitor esférico e o capacitor cilíndrico.

O que costuma cair em provas de concursos para nível médio é o capacitor plano.

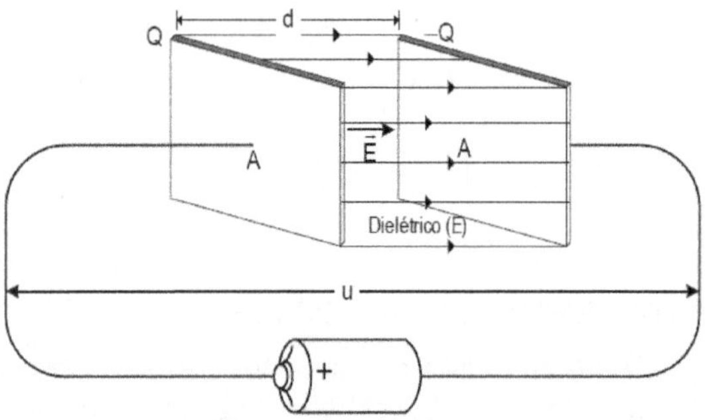


A capacitância do capacitor plano é:

$$C = \frac{\varepsilon . A}{d}$$

$\varepsilon$: permissividade do isolante (dielétrico) entre as placas.

Quando o dielétrico é o vácuo, temos:

$$\varepsilon_0 = 8{,}85 \, . \, 10^{-12} F/m$$

A: área de uma face de cada placa.

d: distância que separa as duas placas.

## Associação de capacitores

As associações de capacitores podem ser de dois tipos: série ou paralelo.

a) Associação em paralelo

Em paralelo, todos os capacitores estão sob a mesma ddp.

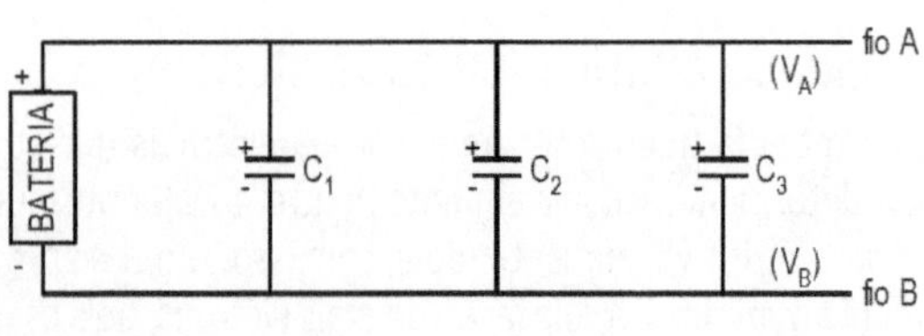


$$C_{equivalente} = C_1 + C_2 + C_3$$

A carga total Q armazenada pelo sistema é a soma das cargas de cada capacitor.

$$Q = Q_1 + Q_2 + Q_3$$

b) Associação em série

Em série, todos os capacitores terão cargas iguais.

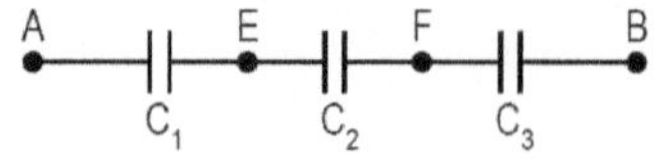


$$\frac{1}{C_{equivalente}} = \frac{1}{C_1} + \frac{1}{C_2} + \frac{1}{C_3}$$

A tensão total U suportada pela associação é a soma das tensões individuais de cada capacitor (ou condensador).

$$U = U_1 + U_2 + U_3$$

## Energia armazenada nos capacitores

A energia potencial elétrica armazenada no capacitor carregado corresponde ao trabalho realizado pela força elétrica no deslocamento dos portadores de carga.

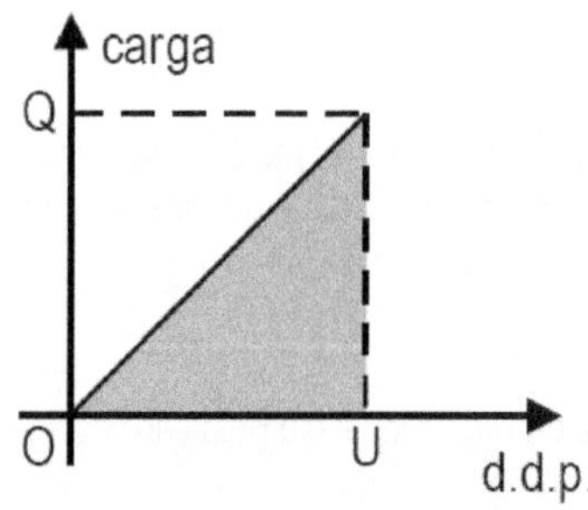


A energia potencial elétrica é numericamente a área do triângulo hachurado.

$$E_{pot} = \frac{Q.U}{2}$$

Em função da capacitância do capacitor, temos:

$$E_{pot} = \frac{C.U^2}{2} \; ou \; E_{pot} = \frac{Q^2}{2.C}$$

**Exemplo 1:**

**(FUVEST - 2018)** Na figura, A e B representam duas placas metálicas; a diferença de potencial entre elas é $V_B - V_A = 2{,}0 \times 10^4$ V.

As linhas tracejadas 1 e 2 representam duas possíveis trajetórias de um elétron, no plano da figura.

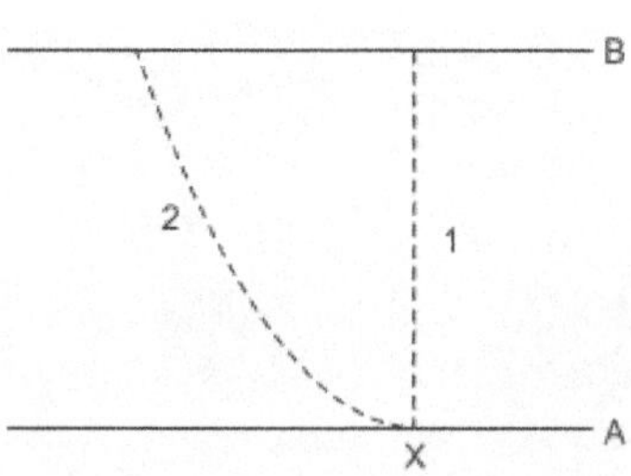

Considere a carga do elétron igual a $-1{,}6 \times 10^{-19}$ C e as seguintes afirmações com relação à energia cinética de um elétron que sai do ponto X na placa A e atinge a placa B:

**I.** Se o elétron tiver velocidade inicial nula, sua energia cinética, ao atingir a placa B. será $3{,}2 \times 10^{-15}$ J.

**II.** A variação da energia cinética do elétron é a mesma, independentemente de ele ter percorrido as trajetórias 1 ou 2.

**III.** O trabalho realizado pela força elétrica sobre o elétron na trajetória 2 é maior do que o realizado sobre o elétron na trajetória 1.

Apenas é correto o que se afirma em:

**a)** I.
**b)** II.
**c)** III.
**d)** I e II.
**e)** I e III.

Resolução: D.

[I] Correta. Desconsiderando a ação de outras forças, a força elétrica é a resultante. Então, pelo Teorema da Energia Cinética, temos:

$$W_{\vec{F}_{el}} = E^B_{cin} - E^A_{cin} \Rightarrow q(V_A - V_B) = E^B_{cin} - 0 \Rightarrow E^B_{cin} = -1{,}6 \times 10^{-19}\left(-2 \times 10^4\right) \Rightarrow$$

$$\boxed{E^B_{cin} = 3{,}2 \times 10^{-15}\ \text{J.}}$$

[II] Correta. A força elétrica é conservativa e, de acordo com o Teorema da Energia Potencial, o trabalho de forças conservativas independe da trajetória.

[III] Incorreta. O trabalho é o mesmo, independentemente da trajetória, como já justificado.

**Exemplo 2:**

**(MACKENZIE - 2018)**

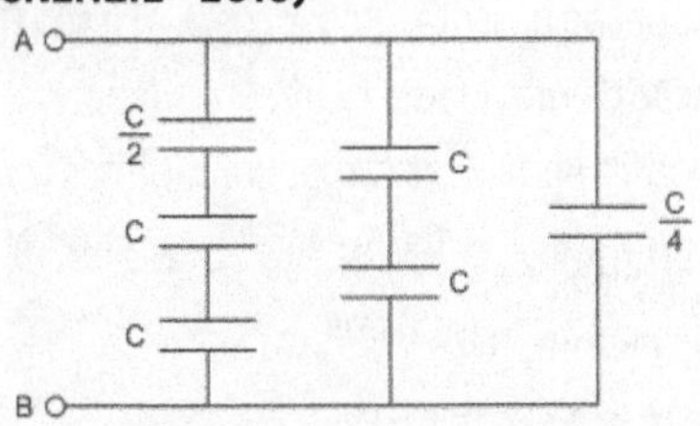


Na associação de capacitores, esquematizada acima, a capacitância está indicada na figura para cada um dos capacitores. Assim, a capacitância equivalente, entre os pontos A e B no circuito, é

**a)** C.
**b)** 2C.
**c)** 3C.
**d)** 4C.
**e)** 8C.

Resolução: A.

Cálculo das capacitâncias em série:

$$\frac{1}{C_1} = \frac{2}{C} + \frac{1}{C} + \frac{1}{C} = \frac{4}{C} \therefore C_1 = \frac{C}{4}$$

$$\frac{1}{C_2} = \frac{1}{C} + \frac{1}{C} = \frac{2}{C} \therefore C_2 = \frac{C}{2}$$

Cálculo da capacitância em paralelo (capacitância equivalente):

$$C_{eq} = \frac{C}{4} + \frac{C}{2} + \frac{C}{4} = \frac{C + 2C + C}{4} = \frac{4C}{4} \therefore C_{eq} = C$$

**Exemplo 3:**

**(EFOMM - 2018)** Na figura a seguir, temos um capacitor de placas paralelas de área A separadas pela distância d.

Inicialmente, o dielétrico entre as placas é o ar e a carga máxima suportada é $Q_a$.

Para que esse capacitor suporte uma carga máxima $Q_b$, foi introduzida uma placa de porcelana de constante dielétrica k e espessura d/2.

Considerando que seja mantida a diferença de potencial entre as placas, determine a razão entre as cargas $Q_b$ e $Q_a$.

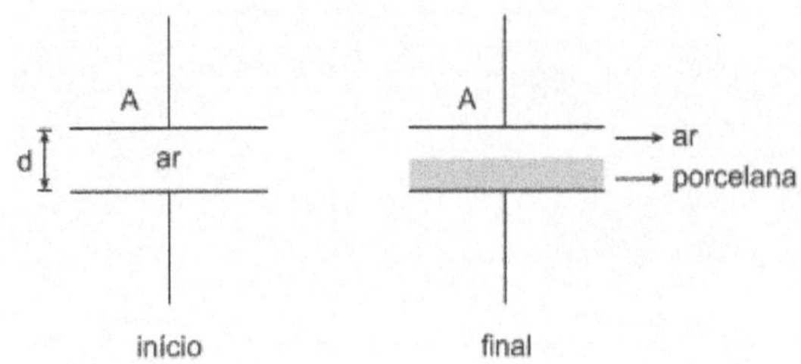


**a)** $\dfrac{2k}{k+1}$

**b)** $\dfrac{2k}{5k+3}$

**c)** $\dfrac{2k\varepsilon_0 A}{d(k+1)}$

**d)** $\dfrac{k\varepsilon_0 A}{dk}$

**e)** $\dfrac{2k\varepsilon_0}{d(k+1)}$

Resolução: A.

Capacitâncias do início $C_a$ e do fim $C_b$ (com $k_{ar} = 1$):

$$C_a = \frac{k_{ar}\varepsilon_0 A}{d} \Rightarrow C_a = \frac{\varepsilon_0 A}{d}$$

$$\frac{1}{C_b} = \frac{1}{\frac{1 \cdot \varepsilon_0 A}{d/2}} + \frac{1}{\frac{k\varepsilon_0 A}{d/2}} \Rightarrow C_b = \frac{2k\varepsilon_0 A}{d(k+1)}$$

Como Q = CU, temos:

$$Q_a = \frac{\varepsilon_0 AU}{d} \quad \text{e} \quad Q_b = \frac{2k\varepsilon_0 AU}{d(k+1)}$$

$$\therefore \frac{Q_b}{Q_a} = \frac{2k}{k+1}$$

**Exemplo 4:**

**(UNESP - 2017)** Três esferas puntiformes, eletrizadas com cargas elétricas $q_1 = q_2 = +Q$ e $q_3 = 2Q$, estão fixas e dispostas sobre uma circunferência de raio r e centro C, em uma região onde a constante eletrostática é igual a $K_0$, conforme representado na figura.

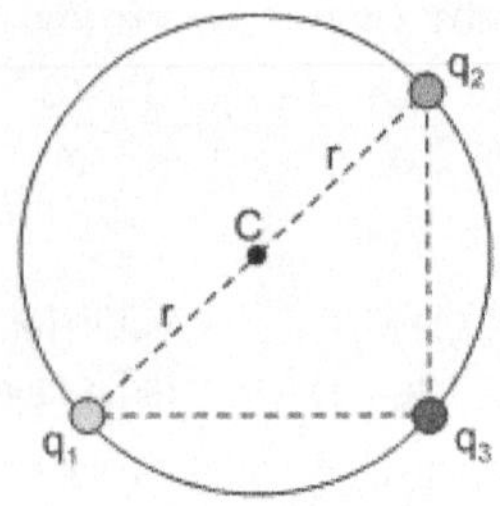


Considere $V_c$ o potencial eletrostático e $E_c$ o módulo do campo elétrico no ponto C devido às três cargas. Os valores de $V_c$ e $E_c$ são, respectivamente,

a) zero e $\frac{4\cdot k_0\cdot Q}{r^2}$

b) $\frac{4\cdot k_0\cdot Q}{r}$ e $\frac{k_0\cdot Q}{r^2}$

c) zero e zero $\frac{2\cdot k_0\cdot Q}{r}$

d) $\frac{2\cdot k_0\cdot Q}{r^2}$

e) zero e $\frac{2\cdot k_0\cdot Q}{r^2}$

Resolução: E.

O potencial elétrico de uma carga puntiforme é uma grandeza escalar, dado pela expressão:

$$V = \frac{k_0\cdot Q}{r}.$$

Assim, o potencial elétrico resultante no centro C da circunferência é:

$$V_C = \frac{k_0\cdot Q}{r} + \frac{k_0\cdot Q}{r} + \frac{k_0\cdot(-2Q)}{r} \Rightarrow \boxed{V_C = 0}$$

A figura mostra o vetor campo elétrico no centro C da circunferência, devido a cada uma das cargas.

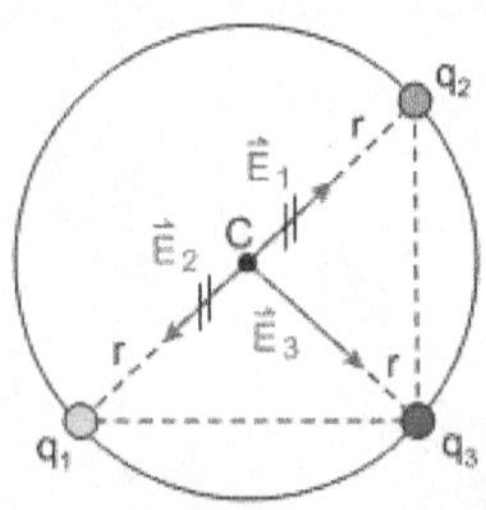


A intensidade do vetor campo elétrico resultante nesse ponto é:

$$E_C = E_3 = \frac{k_0\cdot |q_3|}{r^2} = \frac{k_0\cdot |-2Q|}{r^2} \Rightarrow \boxed{E_C = \frac{2\cdot k_0\cdot Q}{r^2}}$$

**Exemplo 5:**

**(FUVEST - 2018)** Um grupo de alunos, em uma aula de laboratório, eletriza um canudo de refrigerante por atrito, com um lenço de papel. Em seguida, com o canudo, eles eletrizam uma pequena esfera condutora, de massa 9 g, inicialmente neutra, pendurada em um fio de seda isolante, de comprimento L, preso em um ponto fixo P.

No final do processo, a esfera e o canudo estão com cargas de sinais opostos.

**a)** Descreva as etapas do processo de eletrização da esfera.

Em seguida, os alunos colocam a esfera eletrizada ($E_1$) em contato com outra esfera ($E_2$), idêntica à primeira, eletricamente neutra e presa na extremidade de outro fio de seda isolante, também de comprimento L, fixo no ponto P.

O sistema adquire a configuração ilustrada na figura, sendo d = 8 cm.

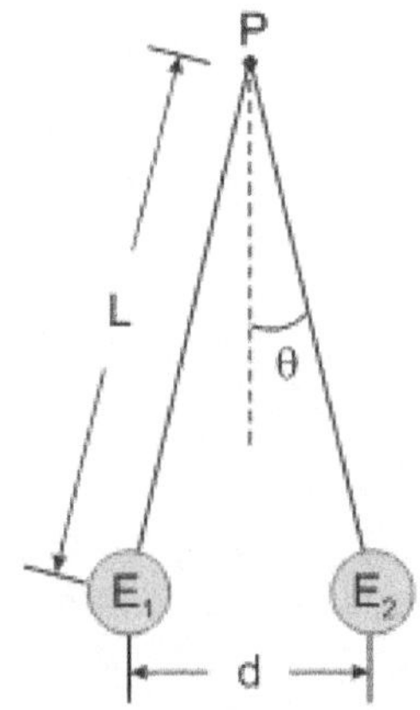


Para o sistema em equilíbrio nessa configuração final, determine:

**b)** o módulo da tensão $\vec{T}$ em um dos fios isolantes;

**c)** o módulo da carga $q_2$ da esfera $E_2$;

**d)** a diferença N entre o número de elétrons e de prótons na esfera $E_2$ após a eletrização.

Note e adote:

Para a situação descrita, utilize: cos θ = 1 e sen θ = 1.

Aceleração da gravidade: 10 m/s².

Força elétrica entre duas cargas puntiformes $Q_1$ e $Q_2$, distantes r uma da outra: $K\,Q_1\,Q_2/r^2$ $K = 9\times10^9\ \text{N m}^2/\text{C}^2$.

Carga do elétron: $1{,}6\times10^{-19}$ C.

Ignore a massa dos fios.

Resolução:

a) O canudo eletrizado é aproximado da esfera sem que haja contato; esta é então atraída por ele por indução eletrostática, com as cargas de sinal contrário às do canudo concentradas no lado próximo a ele. Em seguida, aterra-se o lado oposto da esfera, fazendo com que ela perca ou receba elétrons. Após rompida a ligação, afasta-se o canudo, ficando ele e a esfera eletrizados com cargas de sinais opostos.

b) Na situação de equilíbrio, para uma das esferas, temos:

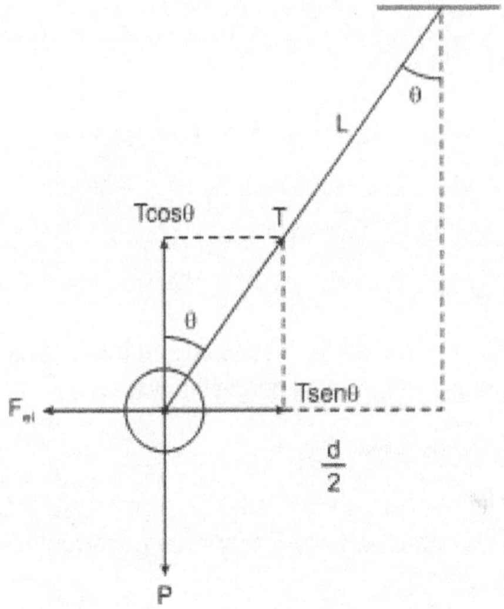


$$T\cos\theta = P$$

$$T \cdot 1 = 9 \cdot 10^{-3} \cdot 10$$

$$\therefore T = 9 \cdot 10^{-2}\ N$$

c) Teremos:

$$F_{el} = T\,\text{sen}\,\theta$$

$$\frac{k|q_1||q_2|}{d^2} = T\,\text{sen}\,\theta$$

$$\frac{9 \cdot 10^9 \cdot |q_2|^2}{\left(8 \cdot 10^{-2}\right)^2} = 9 \cdot 10^{-2} \cdot 0{,}1 \quad \left(|q_1| = |q_2|\right)$$

$$\therefore |q_2| = 8 \cdot 10^{-8}\ C$$

d) Teremos:

$$|q_2| = N \cdot e$$

$$8 \cdot 10^{-8} = N \cdot 1{,}6 \cdot 10^{-19}$$

$$\therefore N = 5 \cdot 10^{11}$$

**Exemplo 6:**

**(IFCE - 2019)** Um aluno do IFCE dispõe de quatro objetos esféricos idênticos eletrizados, conforme mostra a figura a seguir.

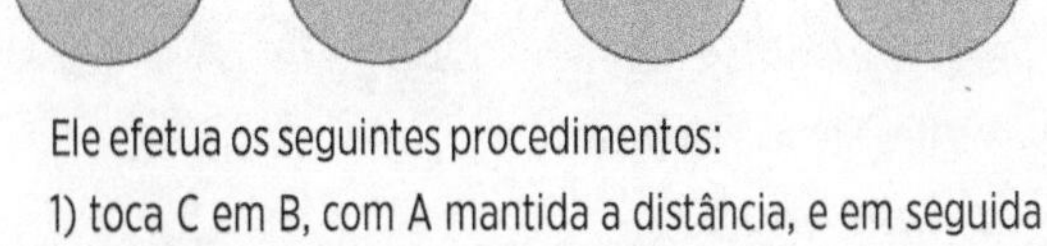


Ele efetua os seguintes procedimentos:

1) toca C em B, com A mantida a distância, e em seguida separa C de B;

2) toca C em A, com B mantida a distância, e em seguida separa C de A;

3) toca A em B, com C mantida a distância, e em seguida separa A de B.

É correto afirmar que a carga final das esferas A e D e a soma das cargas das quatro esferas após os procedimentos realizados pelo aluno valem, respectivamente,

**a)** +Q/2; Q/2; zero; -7Q e -8Q.

**b)** -Q/2; -Q/2; zero; -7Q e -8Q.

**c)** -Q/4; Q/2; zero; -7Q e -8Q.

**d)** -Q/4; Q/2; zero; 7Q e 8Q.

**e)** Q/4; Q/4; zero; -7Q e -8Q.

Resolução: B.

1) toca C em B:

$$Q_C' = Q_B' = \frac{-6Q + 4Q}{2} \Rightarrow Q_C' = Q_B' = -Q.$$

2) toca C em A:

$$Q_C'' = Q_A' = \frac{-Q + Q}{2} \Rightarrow Q_C'' = Q_A' = 0.$$

3) toca A em B:

$$Q_A'' = Q_B'' = \frac{0 - Q}{2} \Rightarrow Q_A'' = Q_B'' = -\frac{Q}{2}.$$

Portanto, as cargas finais e a soma das cargas são: -Q/2; -Q/2; zero; -7Q e -8Q.

# 14. ELETRODINÂMICA

## 14.1 Corrente Elétrica, Potência, Energia na Corrente Elétrica, Resistores, Resistência Elétrica e Associação de Resistores

### Corrente elétrica

Movimento ordenado de partículas portadoras de carga elétrica.

### Intensidade média de corrente elétrica ($i_m$)

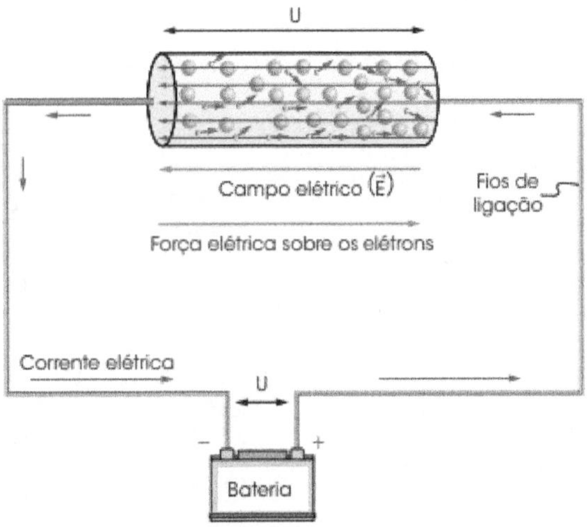


$$i_m = \frac{|\Delta q|}{\Delta t} \; com \; |\Delta q| = n.e$$

Unidade de corrente elétrica no sistema internacional: C/s = ampère (A).

Adotamos o sentido da corrente elétrica como o sentido do movimento das cargas positivas ou o oposto das negativas.

A corrente elétrica também pode ocorrer em outros tipos de condutor, como nas soluções eletrolíticas e em gases ionizados.

### Propriedade gráfica

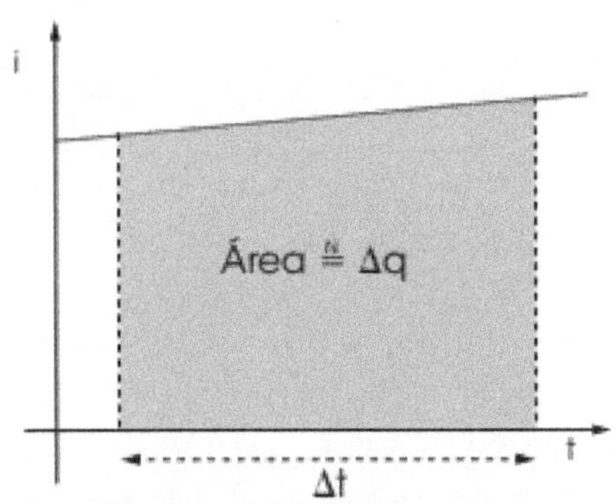


### Potência elétrica consumida

A energia transferida corresponde ao trabalho da força elétrica quando deslocamos certa quantidade de carga ($\Delta q$) entre dois pontos (A e B), cuja diferença de potencial seja U.

$$P_{elétrica} = \frac{\tau_{elétrica}}{\Delta t} = \frac{q.(V_A - V_B)}{\Delta t} = \frac{q.U}{\Delta t} \therefore P_{elétrica} = U.i = R.i^2 = \frac{U^2}{R}$$

### Energia elétrica

$$P_{elétrica} = \frac{\Delta E}{\Delta t} \rightarrow \Delta E = P_{elétrica}.\Delta t$$

A unidade de energia no sistema internacional é joule (J).

A unidade de energia usual é kWh.

### Resistor

É todo elemento de circuito cuja função exclusiva é transformar energia elétrica em energia térmica.

### Resistência elétrica

Define-se resistência elétrica (R) de um resistor como sendo o quociente entre a ddp U e a intensidade de corrente elétrica i que o atravessa:

$$R = \frac{U}{i}$$

A unidade de resistência elétrica no sistema internacional é ohm ($\Omega$).

### 1° lei de ohm

Para alguns materiais, mantidos a uma temperatura constante, a sua resistência é constante.

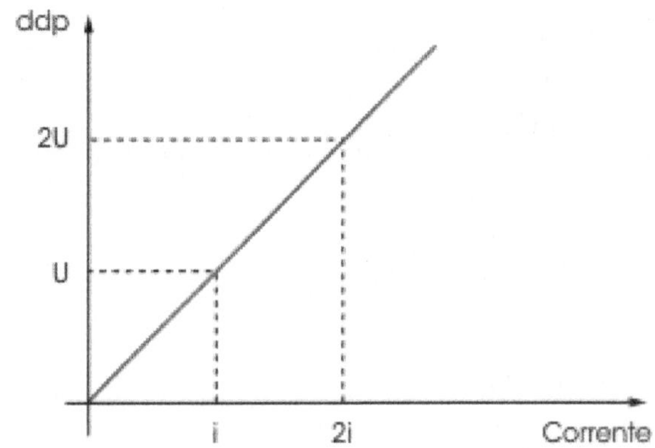


### 2° lei de ohm

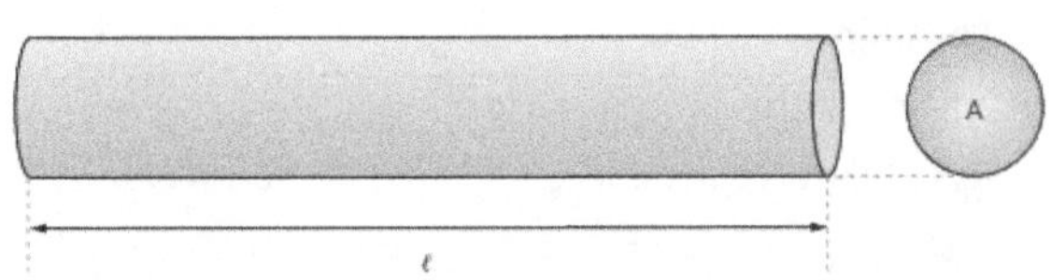


$$R = \frac{\rho.l}{A}$$

*R*: Resistência elétrica.

*ρ*: Resistividade.

*l*: Comprimento.

*A*: Secção transversal.

## Associação de resistores

### Resistores em série

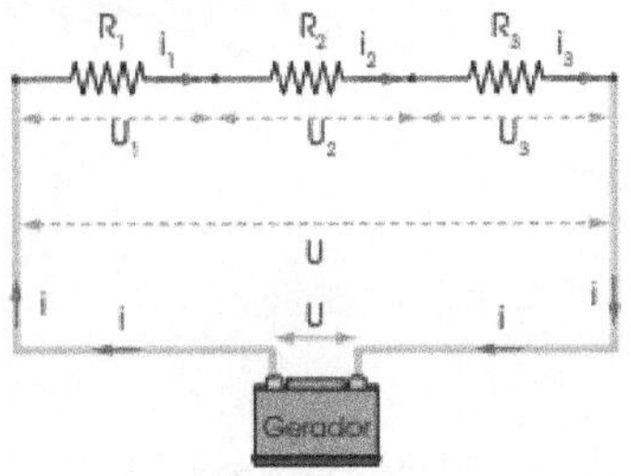


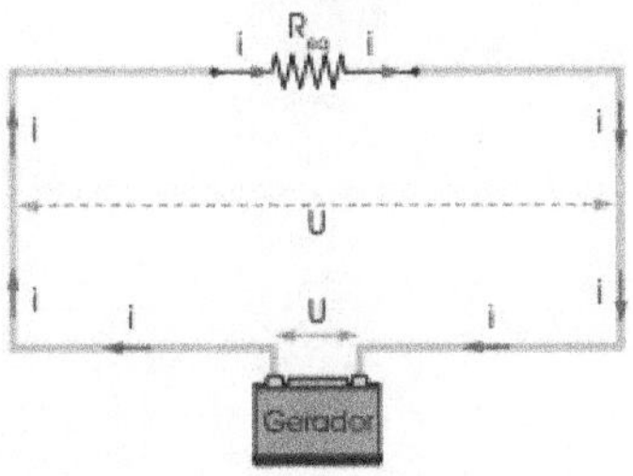


$R_{equivalente} = R_1 + R_2 + R_3$

$U = U_1 + U_2 + U_3$

$i_1 = i_2 = i_3$

### Resistores em paralelo

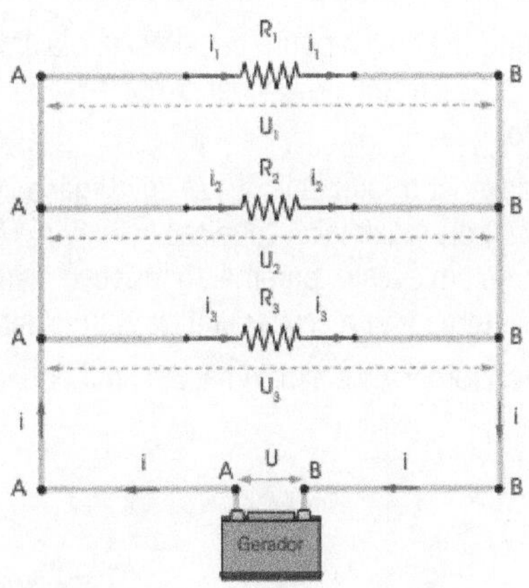


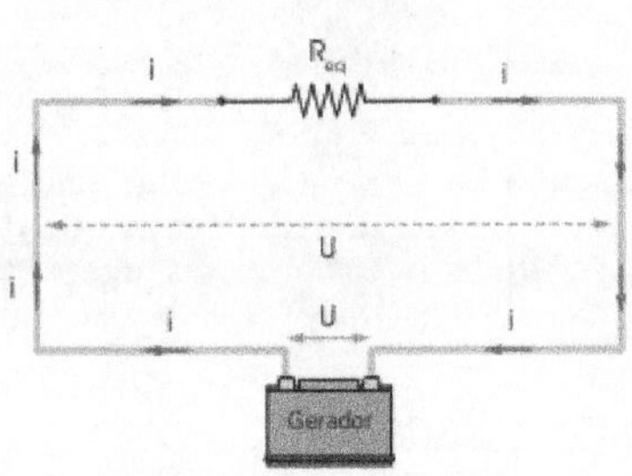


$$\frac{1}{R_{equivalente}} = \frac{1}{R_1} + \frac{1}{R_2} + \frac{1}{R_3}$$

$$U = U_1 = U_2 = U_3$$

$$i = i_1 + i_2 + i_3$$

# 14.2 Aparelhos de Medição Elétrica e Leis de Kirchhoff

## Aparelhos de medição elétrica

### Amperímetro

Instrumento destinado a medir intensidade de corrente. Sua resistência interna é muito pequena em relação aos valores habituais de resistências. Um amperímetro é considerado ideal quando sua resistência interna é nula. Ele é colocado em série com o elemento de circuito cuja corrente se quer medir.

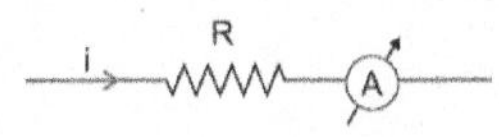

### Voltímetro

Instrumento destinado a medir tensão elétrica entre dois pontos de um circuito elétrico. Sua resistência elétrica é muito grande em relação aos valores habituais de resistências. Um voltímetro é considerado ideal quando sua resistência interna é infinita. Ele é colocado em paralelo com o elemento de circuito cuja tensão se quer medir.

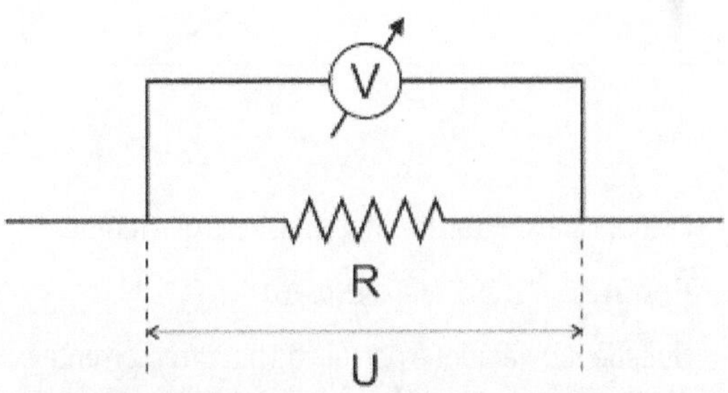

## Leis de kirchhoff

As Leis de Kirchhoff são importantes ferramentas para o cálculo de correntes e tensões em circuitos elétricos.

### 1ª lei de kirchhoff – lei dos nós

A soma das intensidades das correntes que chegam a um nó é igual à soma das intensidades das correntes que dele saem.

### 2ª lei de kirchhoff – lei das malhas

Percorrendo uma malha em Certo. sentido, partindo de um ponto e chegando ao mesmo ponto, a soma algébrica das ddp é nula.

# 14.3 Geradores e Receptores Elétricos

## Geradores elétricos

São dispositivos que convertem qualquer forma de energia em energia elétrica. Como exemplo, podemos citar geradores hidrelétricos e geradores nucleares. Os primeiros convertem energia mecânica em energia elétrica, e os últimos convertem energia nuclear em energia elétrica.

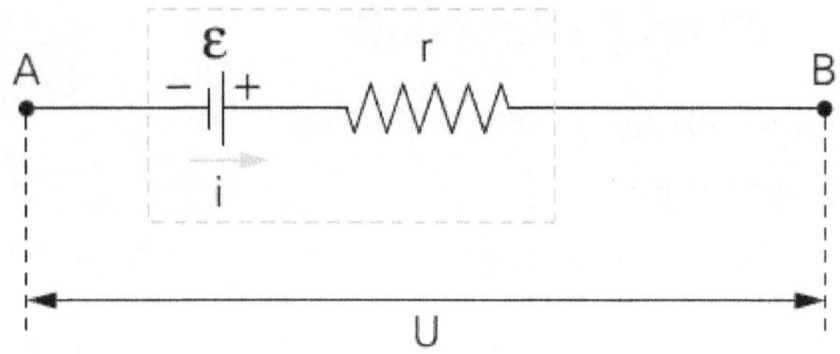


Equação característica do gerador elétrico:

$U = \varepsilon - r \cdot i$

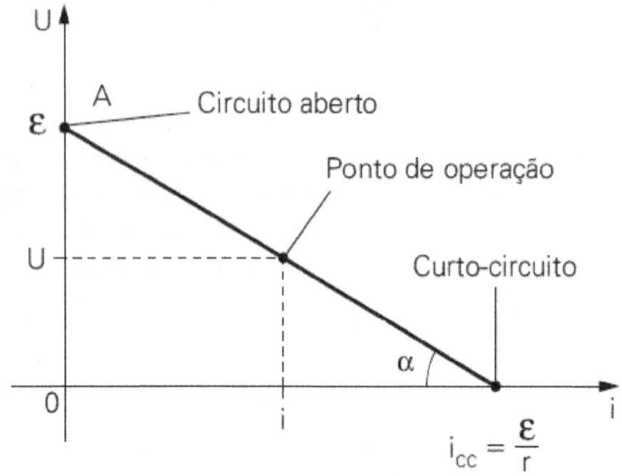


Do princípio da transformação de energia, temos:

$P_{total} = P_{útil} + P_{dissipada}$

Quando um gerador é percorrido por uma corrente i, existe uma potência elétrica total ($P_{total}$) que o gerador pode fornecer, dada por: $P_t = \varepsilon \cdot i$.

Na resistência interna do gerador, parte da potência é dissipada ($P_{dissipada}$), tal que: $P_d = r \cdot i^2$.

A potência útil ou disponível ($P_{útil}$) relacionada com a ddp U nos terminais do circuito, dada por: $P_u = U \cdot i$.

## Rendimento de um gerador elétrico

$$\eta = \frac{P_u}{P_t} = \frac{U.i}{\varepsilon.i} = \frac{U}{\varepsilon}$$

## Receptores elétricos

São dispositivos que convertem energia elétrica em outra forma de energia que não seja exclusivamente térmica. Um exemplo seria o rádio, que converte energia elétrica em sonora.

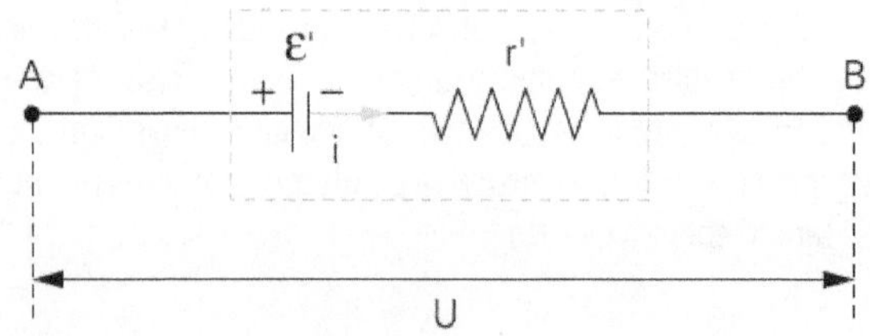


Equação característica do receptor elétrico:

$$U = \varepsilon' + r'.i$$

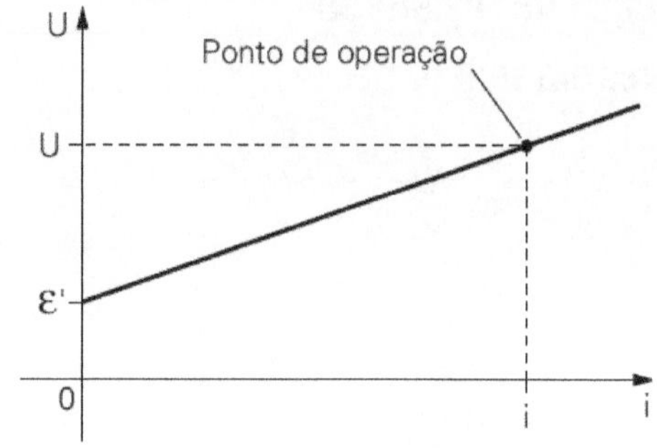


Do princípio da transformação de energia, temos:

$P_{recebida} = P_{útil} + P_{dissipada}$

Portanto, temos:

$P_r = U.i$

$P_u = \varepsilon'.i$

$P_d = r'.i^2$

## Rendimento do receptor elétrico

$$\eta_{receptor} = \frac{P_u}{P_r} = \frac{\varepsilon'.i}{U.i} = \frac{\varepsilon'}{U}$$

## Máxima potência elétrica fornecida pelo gerador

Para que se atinja o ponto de potência máxima, a corrente que atravessa o circuito deve ser a metade da corrente de curto-circuito.

Qual deve ser o valor de R que se deve ligar ao gerador para que a potência seja máxima? A condição de máxima transferência de potência em um circuito puramente resistivo é aquela em que a resistência interna e é igual à resistência equivalente do circuito.

Potência fornecida é a máxima, o rendimento é 50 %.

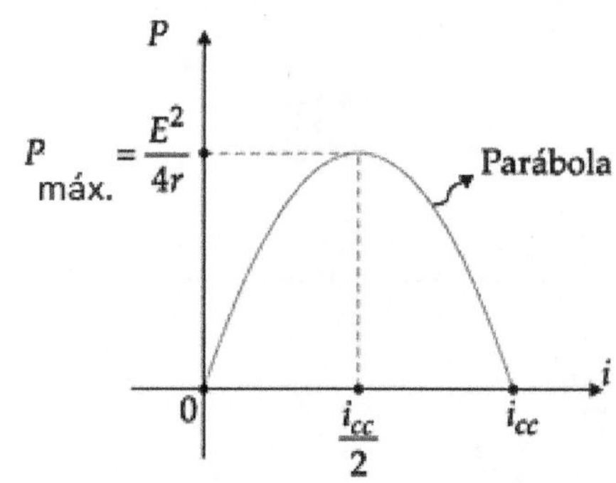


## Associação de geradores

### Associação em série

Os geradores estão associados em série quando os polos dos elementos da associação estão ligados aos polos opostos dos elementos que antecedem e o sucedem.

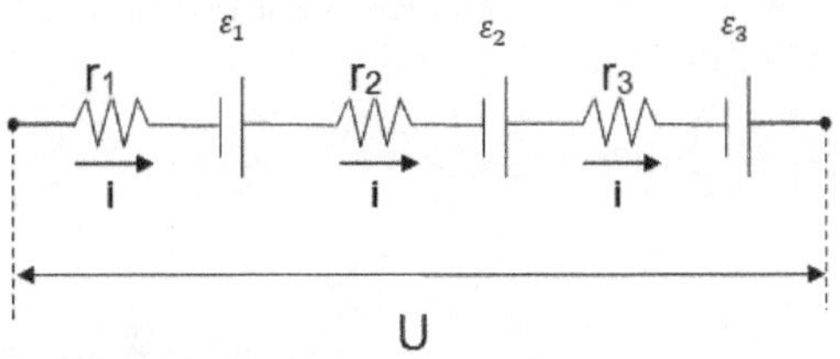


$$\varepsilon_{equivalente} = \varepsilon_1 + \varepsilon_2 + \varepsilon_3$$

$$r_{equivalente} = r_1 + r_2 + r_3$$

O objetivo de uma associação em série é aumentar a potência fornecida ao circuito por meio do aumento da fem do sistema.

## Associação em paralelo

Analisaremos apenas o caso em que os geradores associados são iguais.

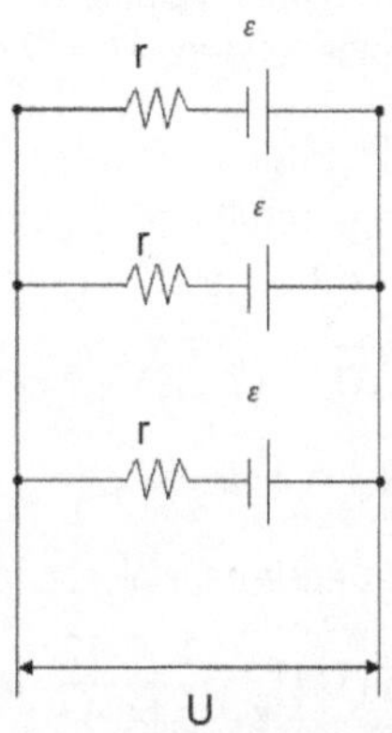


$$\varepsilon_{equivalente} = \varepsilon \quad r_{equivalente} = \frac{r}{n}$$

O objetivo de uma associação em paralelo é aumentar a potência fornecida ao sistema, porém, através do aumento da corrente que circula por ele.

**Exemplo 1:**

**(EEAR - 2018)** Em uma aula de laboratório, o professor montou um circuito com 3 resistores ôhmicos $R_1$, $R_2$ e $R_3$ associados a uma fonte de alimentação ideal (Vt) conforme o circuito a seguir. E solicitou ao aluno que, usando um amperímetro ideal, medisse o valor da intensidade de corrente elétrica que flui através de $R_2$.

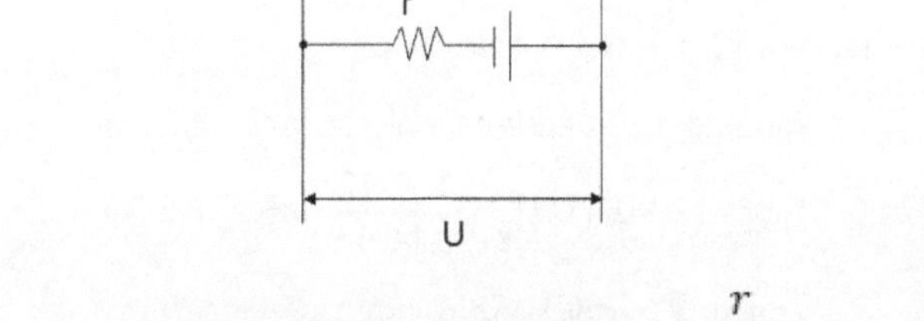


O aluno, porém fez a ligação do amperímetro (A) da maneira indicada na figura a seguir. Com base nisso, assinale a alternativa que representa o valor indicado, em ampères, no amperímetro.

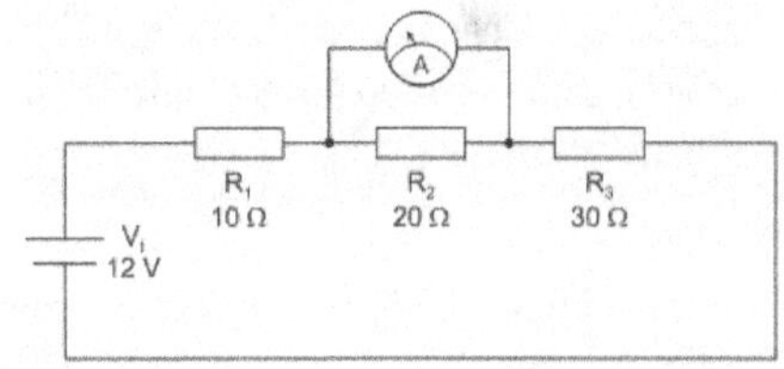


a) 0,0
b) 0,2
c) 0,3
d) 0,4

Resolução: C.

Como o amperímetro ideal possui resistência nula, é como se $R_2$ estivesse em curto nesse caso. Portanto:

$$R_{eq} = R_1 + R_3 = 10 + 30 \Rightarrow R_{eq} = 40\,\Omega$$

$$V_t = R_{eq} \cdot i \Rightarrow 12 = 40 \cdot i$$

$$\therefore i = 0{,}3\ A$$

**Exemplo 2:**

**(UDESC - 2018)** O circuito, apresentado na figura a seguir, mostra uma pequena lâmpada (L) que deve operar sob tensão de 3,0 V e com uma corrente elétrica de 0,50 A.

Para isso, devem-se ligar dois resistores, $R_1$ e $R_2$, com o mesmo valor de resistência, conforme a figura.

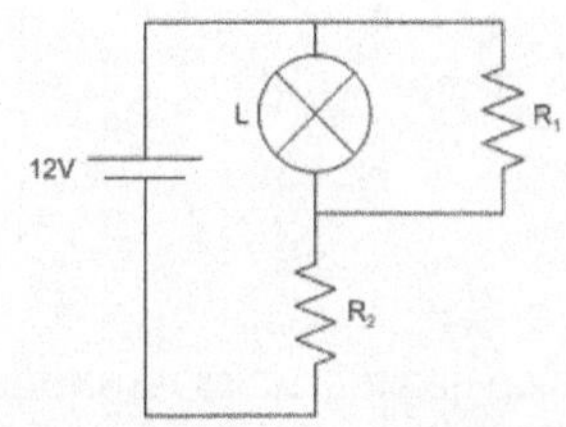


Assinale a alternativa que corresponde ao valor desta resistência.

a) 4,0 Ω
b) 6,0 Ω
c) 12 Ω
d) 10 Ω
e) 8,0 Ω

Resolução: C.

Usando a Lei das Malhas de Kirchhoff na malha 1 da figura abaixo e a informação que as resistências são iguais, temos a equação:

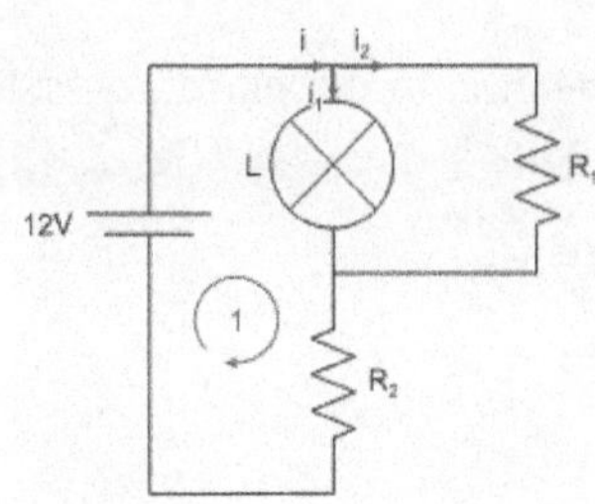


$12 - i1 \cdot RL - i \cdot R = 0$

Como foi informada a diferença de potencial da lâmpada, então:

$i_1 \cdot R_L = 3$

Assim:

$12 - 3 - i \cdot R = 0$

$i \cdot R = 9\ (1)$

Sabendo que a lâmpada e a resistência $R_1$ estão associadas em paralelo, então a tensão no ramo da resistência é igual à tensão no ramo da lâmpada.

$i_2 \cdot R = 3 \ (2)$

A corrente $i_2$ pode ser substituída pela corrente total e $i_1$ fornecida:

$i_2 = i - i_1$

$i_2 = i - 0{,}5 \ (3)$

Juntando as equações (2) e (3), temos:

$(i - 0{,}5) \cdot R = 3 \Rightarrow i \cdot R - 0{,}5 \cdot R = 3 \ (4)$

Substituindo a equação (1) na equação (4), obtemos:

$9 - 0{,}5 \cdot R = 3 \Rightarrow 6 = 0{,}5 \cdot R \therefore R = 12\,\Omega$

**Exemplo 3:**

**(UEFS - 2018)** Um circuito elétrico é constituído por um gerador de força eletromotriz E e resistência interna $r = 2\Omega$ e por um resistor ôhmico de resistência R. Se por esse circuito circular uma corrente elétrica de intensidade $i = 2A$, a diferença de potencial entre os pontos A e B será 16 V.

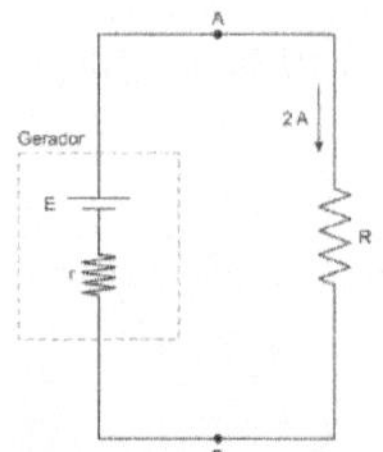


Considerando desprezíveis as resistências dos fios e das conexões utilizados na montagem desse circuito, os valores de E e de R são

a) 20 V e 8Ω.
b) 10 V e 8Ω.
c) 32 V e 8Ω.
d) 32 V e 10Ω.
e) 20 V e 10Ω.

Resolução: A.

Para a força eletromotriz do gerador, temos:

$$E = U_{AB} + r \cdot i$$
$$\Rightarrow E = 16\ V + 2\Omega \cdot 2\ A$$
$$\therefore E = 20\ V$$

Usando a Primeira Lei de Ohm para o resistor:

$$U_{AB} = R \cdot i$$
$$\Rightarrow R = \frac{U_{AB}}{i} = \frac{16\ V}{2\ A}$$
$$\therefore R = 8\Omega$$

**Exemplo 4:**

**(EFOMM - 2018)** O sistema abaixo se constitui em um gerador fotovoltaico alimentando um circuito elétrico com 18 V.

Determine o rendimento do gerador na situação em que a razão dos valores numéricos da tensão e da corrente medidos, respectivamente, pelo voltímetro V (em volts) e pelo amperímetro A (em ampères) seja igual a 2.

Sabe-se que a potência luminosa solicitada na entrada do gerador é de 80 W.

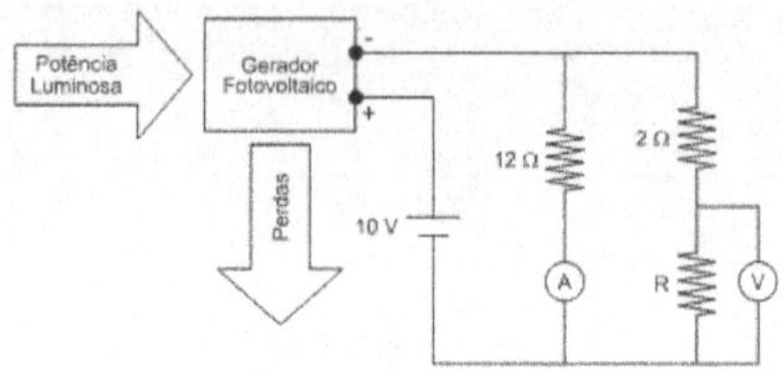


a) 60%
b) 70%
c) 80%
d) 90%
e) 100%

Resolução: D.

Sendo $i_1$ e $i_2$, respectivamente, as correntes nos ramos com o amperímetro e com o voltímetro, se igualarmos as tensões nesses ramos, teremos: $12i_1 = (2 + R)i_2$

Mas: $V = Ri_2 \Rightarrow i_2 = \frac{V}{R}$

Substituindo este resultado na primeira equação e lembrando que $V/i_1 = 2$, temos:

$$12i_1 = (2+R) \cdot \frac{V}{R} \Rightarrow 12R = (2+R) \cdot \frac{V}{i_1} \Rightarrow 12R = (2+R) \cdot 2 \Rightarrow$$
$$\Rightarrow 12R = 4 + 2R \Rightarrow R = 0{,}4 \text{ Ù}$$

Portanto, a resistência equivalente do circuito será:

$$R_{eq} = (2 + 0{,}4) // 12 = \frac{2{,}4 \cdot 12}{14{,}4} \Rightarrow R_{eq} = 2\Omega$$

Valor de V (por divisão de tensão):

$$V = \frac{0{,}4}{2} \cdot 10 \Rightarrow V = 2\ V$$
$$V = Ri_2 \Rightarrow 2 = 0{,}4i_2 \Rightarrow i_2 = 5\ A$$

Como a tensão é igual nos ramos, devemos considerar que:

$$12i_1 = 2{,}4i_2 \Rightarrow i_1 = 1\ A$$

Logo, a corrente total no circuito é de:

$$i_t = i_1 + i_2 = 1 + 5 \Rightarrow i_t = 6\ A$$

Potência útil do circuito:

$$P_u = R_{eq} \cdot i_t^2 = 2 \cdot 6^2 \Rightarrow P_u = 72\ W$$

Portanto, o rendimento do gerador é de:

$$\eta = \frac{72}{80} = 0{,}9$$
$$\therefore \eta = 90\%$$

**Exemplo 5:**

**(FMP - 2018)** Suponha uma bateria ideal que é capaz de manter uma diferença de potencial constante entre seus terminais independentemente das resistências conectadas a ela, e considere três resistores idênticos, cada um com uma resistência R.

Podem ser feitas as diferentes montagens mostradas na figura abaixo, usando um, dois ou três desses resistores.

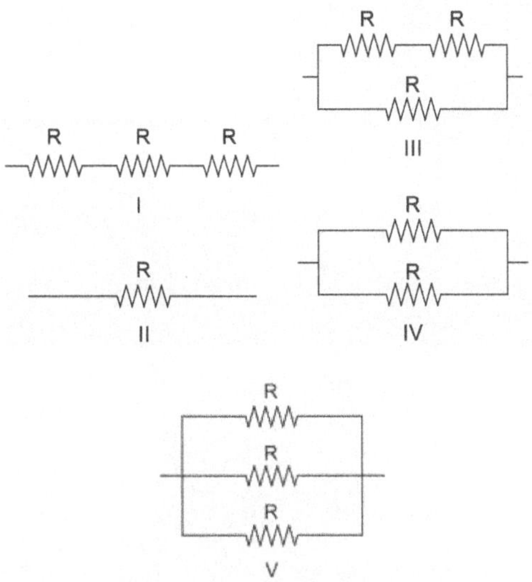


Uma dessas montagens será posta no lugar em que se encontra o símbolo "?" da figura abaixo para aquecer a água do recipiente.

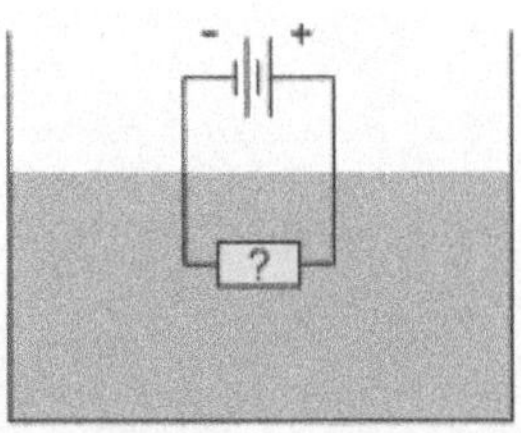


Qual das montagens produzirá o aquecimento mais rápido da água?

**a)** V

**b)** IV

**c)** I

**d)** II

**e)** III

Resolução: A.

O aquecimento será tão mais rápido, quanto maior for o calor (Q) dissipado e, consequentemente, quanto maior for a potência dissipada. A potência dissipada depende da tensão (U) e da resistência equivalente ($R_{eq}$).

$$P = \frac{Q}{\Delta t} \Rightarrow \Delta t = \frac{Q}{P} \Rightarrow \Delta t = \frac{Q}{U^2/R_{eq}} \Rightarrow \boxed{\Delta t = \frac{Q}{U^2} R_{eq}.}$$

Essa expressão mostra que o tempo de aquecimento é diretamente proporcional à resistência equivalente.

Para uma associação de **n** resistores idênticos associados em série e em paralelo, as resistências equivalentes são, respectivamente:

$$\begin{cases} \text{Paralelo: } R_P = \dfrac{R}{n} \\ \text{Série: } R_S = nR \end{cases}$$

Comparando, então, os tempos de aquecimento, para as associações em série e em paralelo:

$$\left.\begin{cases} \Delta t_P = \dfrac{Q}{U^2}\dfrac{R}{n} \\ \Delta t_S = \dfrac{Q}{U^2} nR \end{cases}\right\rangle \div \Rightarrow \frac{\Delta t_P}{\Delta t_S} = \frac{R/n}{nR} = \frac{1}{n^2} \Rightarrow \boxed{\Delta t_P = \frac{\Delta t_S}{n^2}.}$$

Concluindo: o **menor** tempo de aquecimento é para os três resistores associados em paralelo, como na montagem V e, o maior é para os resistores associados em série, como na montagem I. Nas associações mistas, o tempo de aquecimento é um valor intermediário.

**Exemplo 6:**

**(ACAFE - 2018)** Até pouco tempo os chuveiros elétricos residenciais variavam de potências entre 2.400 W a 4.800 W.

que contavam com a proteção de disjuntores de até 25 ampères e redes com fios de bitolas (grossura) específicos para essa corrente. Atualmente, no mercado encontramos chuveiros de 7.700 W que são usados nas mesmas redes antigas de 220 V projetadas para os chuveiros anteriormente citados.

Considerando o exposto, assinale a alternativa **correta** que completa as lacunas da frase a seguir.

Para se usar os chuveiros atuais de 7.700 W deve-se substituir o disjuntor por um de __________ ampères e __________ a fiação com bitola __________ da rede elétrica antiga.

**a)** 40 - trocar - maior que

**b)** 35 - trocar - maior que

**c)** 40 - manter - igual a

**d)** 35 - trocar - menor que

Resolução: A.

Cálculo da corrente elétrica através da potência:

$$P = U \cdot i$$
$$i = \frac{P}{U}$$
$$i = \frac{7700\ W}{220\ V}$$
$$i = 35\ A$$

Essa corrente calculada é a necessária para funcionar o chuveiro elétrico. Assim, o disjuntor deve ser limitado a um valor um pouco maior, isto é, 40 A de acordo com as alternativas apresentadas.

Pela Primeira Lei de Ohm, com o aumento da corrente elétrica, sendo constante a tensão, a resistência deve ser menor.

$$U = \downarrow R \cdot i \uparrow$$

A resistência em função da bitola do fio e de seu comprimento é avaliada pela Segunda Lei de Ohm, na qual:

$$R = ñ\frac{\ell}{A}$$

Observa-se que a resistência é inversamente proporcional à área da seção transversal do fio condutor (bitola), então:

$$\downarrow R = ñ\frac{\ell}{\uparrow A}$$

Logo, devemos **trocar** a fiação para uma bitola **maior**, evitando assim os possíveis danos do efeito Joule, cujo aquecimento na fiação pode provocar curtos-circuitos e incêndios.

**Exemplo 7:**

**(PUC – SP - 2018)** Determine, em ohm, o valor da resistência do resistor equivalente da associação abaixo:

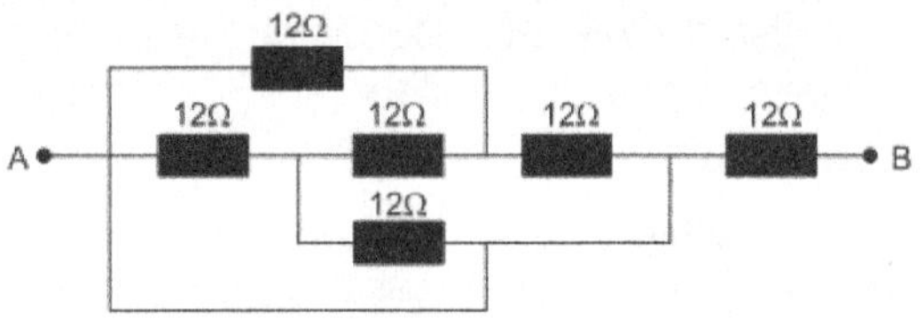


a) 0
b) 12
c) 24
d) 36

Resolução: B.

A corrente elétrica se divide em associação paralela, sendo que cada ramo da associação, como possui a mesma diferença de potencial, é percorrida pela corrente de acordo com a Primeira Lei de Ohm. Ou seja, quanto menor a resistência elétrica do ramo, maior a corrente elétrica que o percorre. Assim, no circuito encontramos correntes de curto-circuito, onde não há resistências, como mostram as setas da figura a seguir, em que somente temos um resistor por onde circula a corrente. Portanto, a resistência equivalente do circuito todo é o valor dessa resistência de 12 Ω.

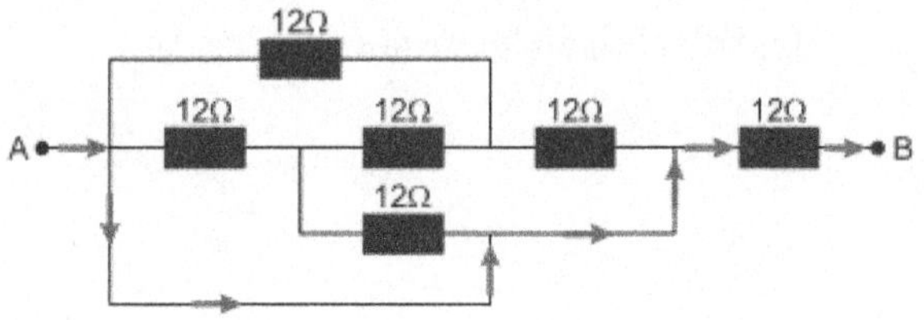

# 15. ELETROMAGNETISMO

## 15.1 Conceitos Iniciais de Magnetismo e Campo Magnético

### Conceitos iniciais de magnetismo

Há mais de 2000 anos, sabiam os gregos que certas pedras da região da Magnésia eram capazes de atrair pedaços de ferro. Essas pedras são, hoje, conhecidas como *magnetita*, que constitui um ímã natural.

### Polos de um ímã

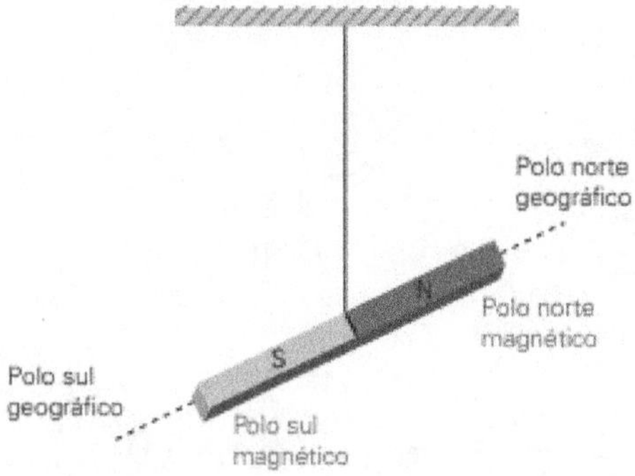


### Atração e repulsão de ímãs

Polos de mesmo nome repelem-se.

Polos de nomes contrários atraem-se.

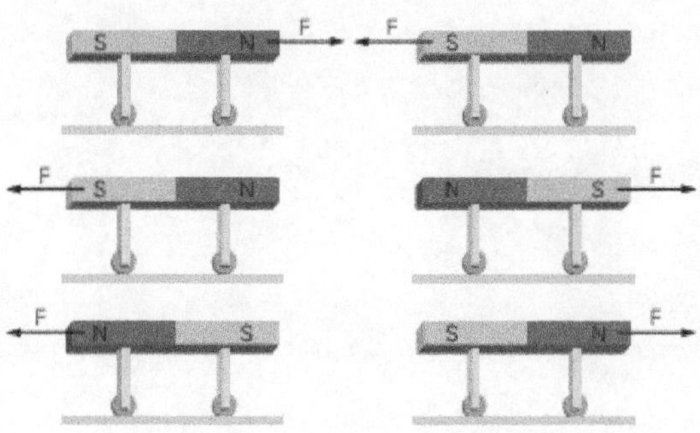


### Campo magnético terrestre

A Terra pode ser considerada um ímã gigantesco.

### Inseparabilidade dos polos

Os polos norte e sul de um ímã são inseparáveis.

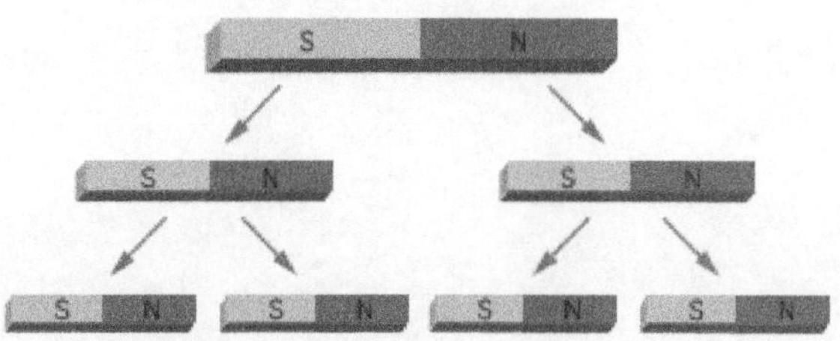


### Campo magnético de um ímã

O ímã cria, à sua volta, uma região de influências, denominada de campo magnético, isto é, o campo que transmite a força magnética.

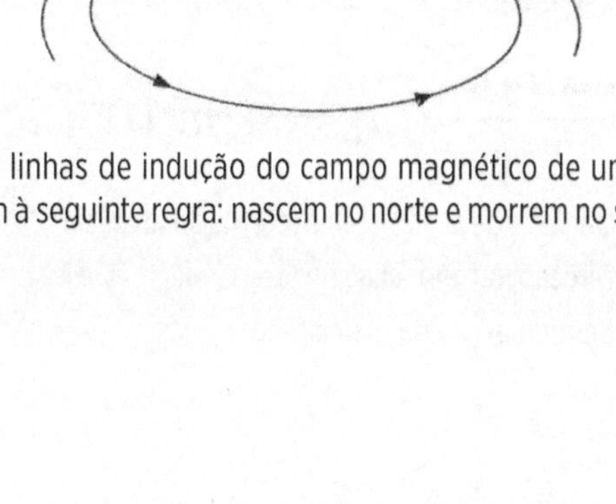


*As linhas de indução do campo magnético de um ímã obedecem à seguinte regra: nascem no norte e morrem no sul.

## Comportamento de ímãs colocados em locais nos quais há campo magnético

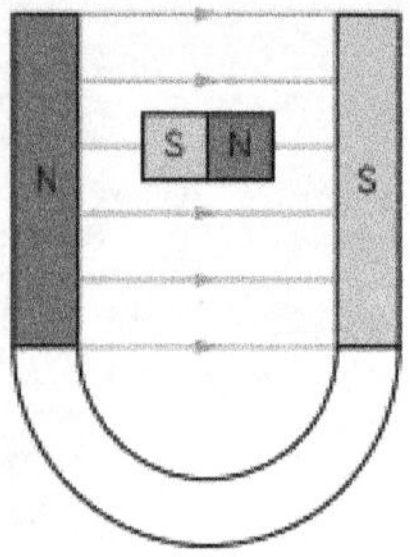


O ímã com formato de ferradura estabelece um campo magnético uniforme, temos $\vec{B}$ constante em módulo, direção e sentido.

## Campo magnético devido à corrente elétrica

### Em fio reto

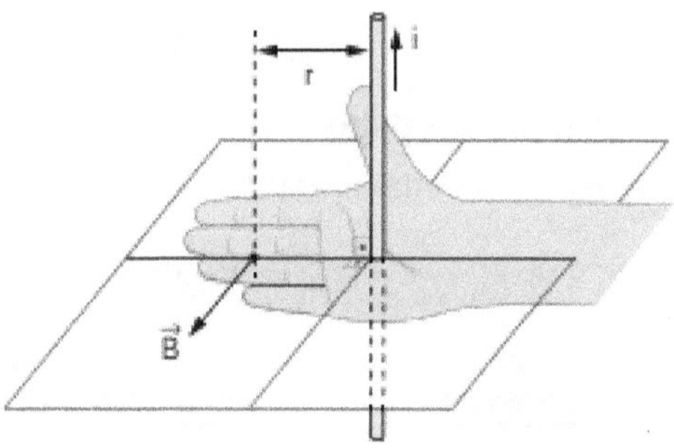


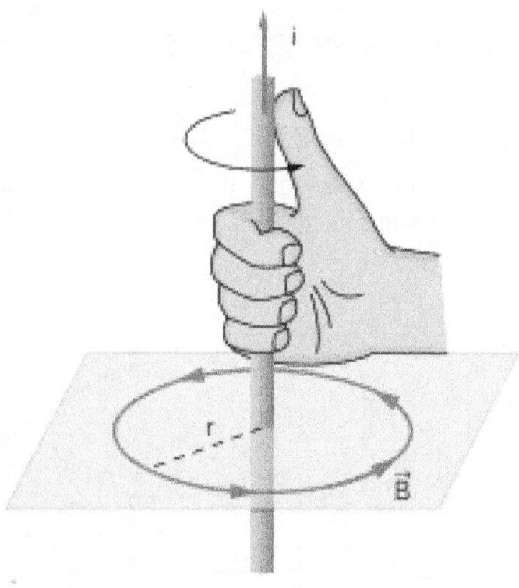


Intensidade:

$$B = \frac{\mu_0 . i}{2 . \pi . r}; \ \mu_0 = 4 . \pi . 10^{-7} T . m/A$$

Unidade de B no sistema internacional: tesla (T).

Direção: ortogonal ao fio.

Sentido: regra da mão direita.

### Em espira circular

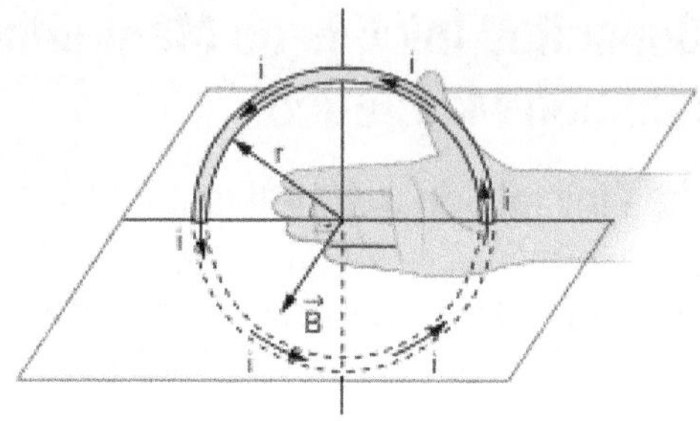


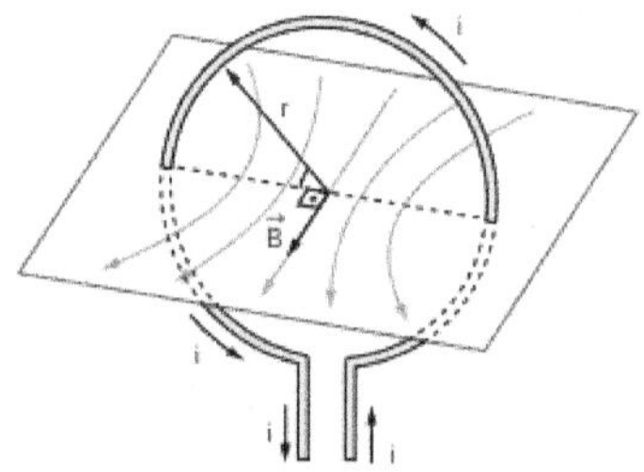


Intensidade:

$$B = \frac{\mu_0 . i}{2 . r}; \ \mu_0 = 4 . \pi . 10^{-7} T . m/A$$

Unidade de B no sistema internacional: tesla (T)

Direção: perpendicular ao plano da espira.

Sentido: regra da mão direita.

Representação de grandeza vetorial:

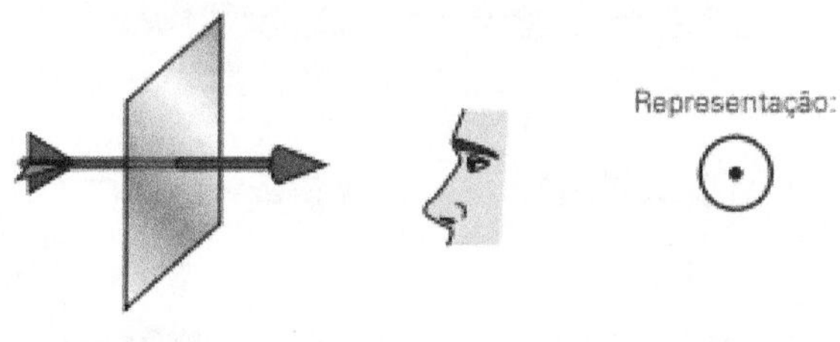


Representação de grandeza vetorial "saindo" do plano do papel.

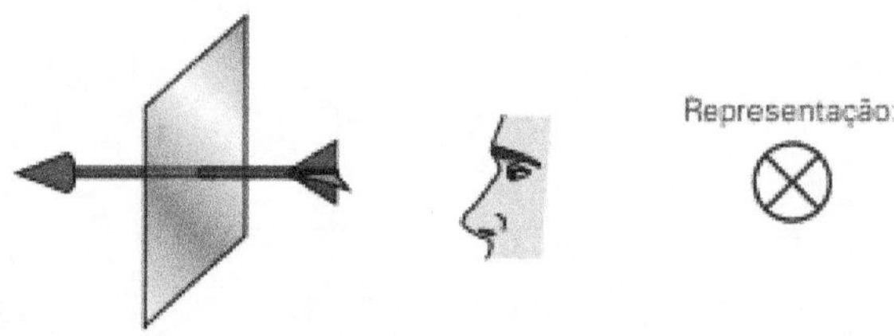


Representação de grandeza vetorial "entrando" no plano do papel.

# 15.2 Força Magnética e Indução Magnética

## Força magnética

### Força magnética sobre cargas elétricas

A força magnética depende da velocidade, do campo e de como é lançada essa partícula.

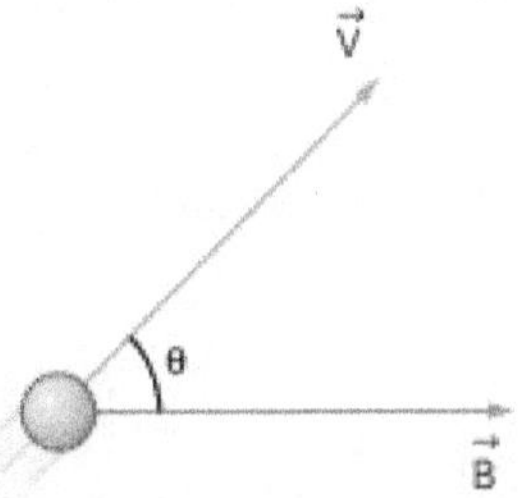


Uma diferença entre campo magnético e campo elétrico é: o campo magnético não atua sobre uma carga elétrica em repouso.

Quando a velocidade da carga tem a mesma direção do campo magnético, não há força magnética atuando na carga.

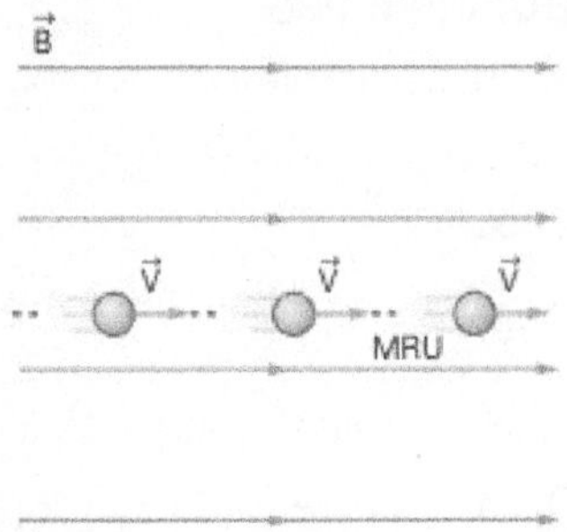


Quando existe força magnética, esta é simultaneamente perpendicular a $\vec{V}$ e a $\vec{B}$.

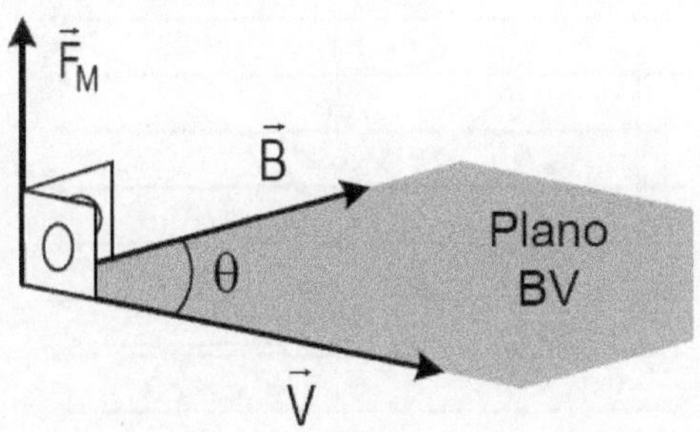


É importante lembrar que força é uma grandeza vetorial, portanto, temos:

Intensidade: $F_M = |q|.V.B.sen\theta$.

Direção: simultaneamente perpendicular a $\vec{V}$ e a $\vec{B}$.

Sentido: regra da mão direita.

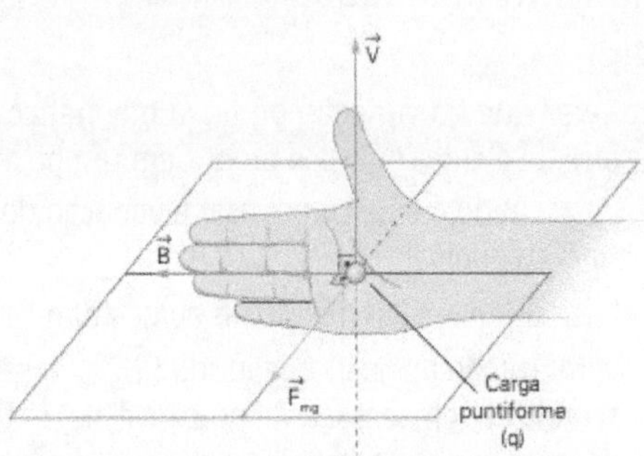


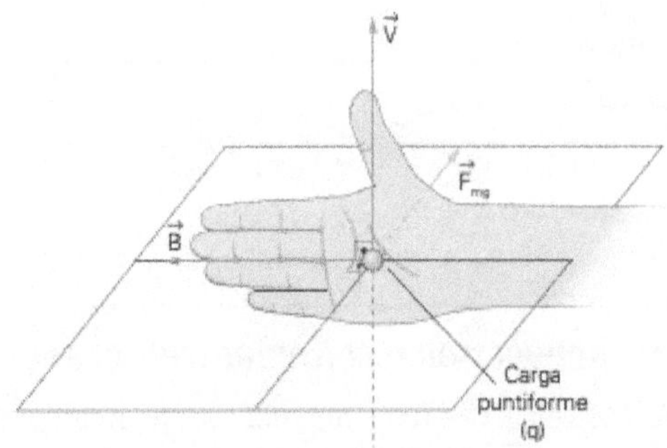


## Movimentação de uma carga elétrica sob a ação de um campo magnético uniforme

Um caso bastante frequente em provas é quando a partícula é lançada perpendicularmente com o campo (θ = 90°). Nesse caso, a partícula executa um M.C.U.

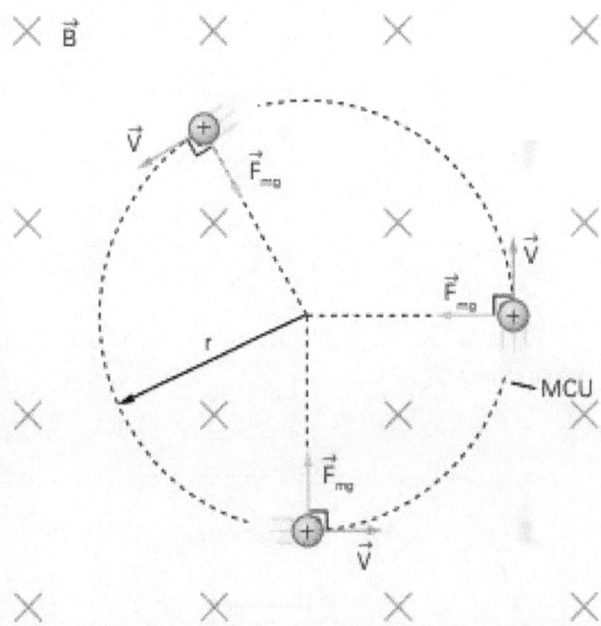


O examinador costuma pedir o raio da trajetória. Como o encontraremos?

Pela Segunda Lei de Newton, temos:

$$R_c = m.a_c$$

Assim:

$$F_M = m.a_c \rightarrow |q|.B.V.sen90° = m.\frac{V^2}{R} \rightarrow |q|.B.V.1 = m.\frac{V^2}{R} \therefore R = \frac{m.V}{|q|.B}$$

Tendo o raio, podemos calcular o período do movimento:

$$T = \frac{2.\pi.R}{V} \rightarrow T = \frac{2.\pi.m}{|q|.B}$$

*O período e, consequentemente, a frequência não dependem na velocidade.*
*A força magnética não realiza trabalho.*

## Força magnética sobre correntes elétricas

Vamos calcular a força magnética que atua em um fio que transporta corrente elétrica e está sob a ação de um campo magnético uniforme. Sabemos que a corrente elétrica no fio pode ser considerada, para todos os efeitos, como sendo constituída por cargas positivas em movimento.

Então, o campo magnético B atuará sobre essas cargas móveis, exercendo em cada uma a pequena força f.

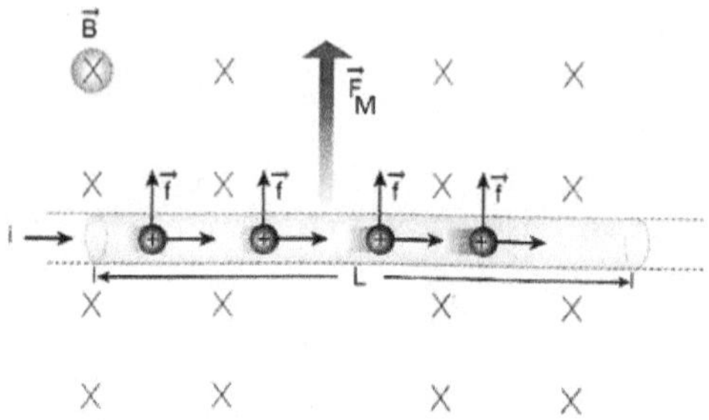


Somando todas as $\vec{f}$ obtemos a força magnética sobre a corrente elétrica $(\vec{F}_M)$.

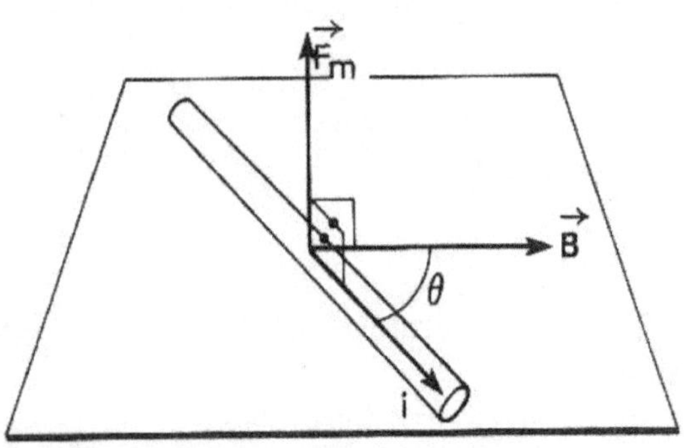


Intensidade: $F_M = B.i.L.sen\,\theta$

Direção: perpendicular a $\vec{B}$ e ao fio simultaneamente.

Sentido: regra da mão direita.

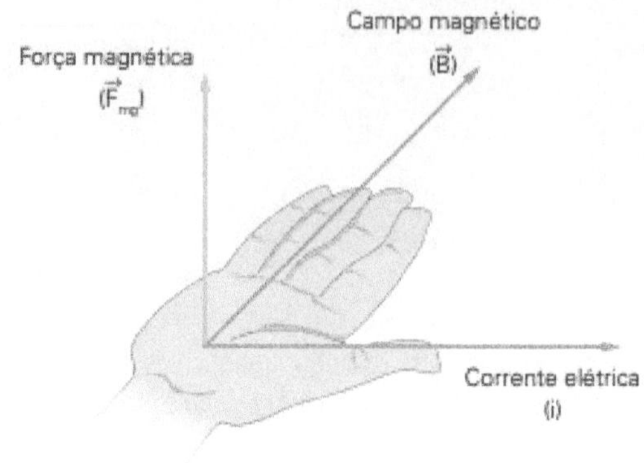


## Indução eletromagnética

Surgimento de uma corrente induzida devido à variação de fluxo magnético.

### Fluxo magnético

O número de linhas de indução que atravessa a superfície considerada.

O fluxo magnético é definido pela expressão:

$$\varphi = B.A.cos\alpha$$

Unidade de fluxo no sistema internacional – Wb (weber)

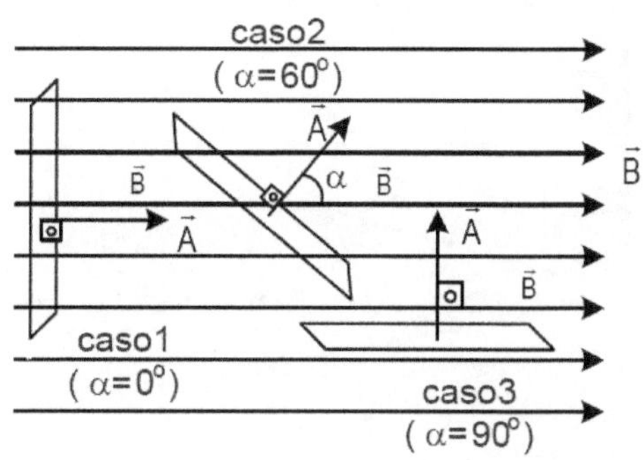


Caso 1: o fluxo é máximo - $\varphi = B.A.\cos 0° = B.A$

Caso 2: $\varphi = B.A.\cos 60° = B.A.0{,}5$

Caso 3: o fluxo é mínimo - $\varphi = B.A.\cos 90° = 0$

## Indução eletromagnética

**Lei de Lenz**

Toda vez que há variação de fluxo magnético em uma espira, a corrente elétrica induzida produz um campo magnético $(\vec{B}_{ind})$ cujo sentido é o de compensar a variação do fluxo do campo magnético original.

> Caso o fluxo eletromagnético aumente, o sentido do vetor campo magnético induzido $(\vec{B}_{ind})$ (sempre no sentido de compensar a variação de fluxo) será contrário ao campo magnético original.

> Caso o fluxo eletromagnético diminua, o sentido do vetor campo magnético induzido $(\vec{B}_{ind})$ (sempre no sentido de compensar a variação de fluxo) será o mesmo do campo magnético original.

**Lei de Faraday- Neumann**

Podemos obter a força eletromotriz induzida $\varepsilon_{ind}$ por meio da Lei de Faraday-Neumann.

$$\varepsilon_{ind} = \frac{\Delta\varphi}{\Delta t}$$

Essa expressão mostra que a força eletromotriz induzida, bem como a corrente induzida se o condutor constituir um circuito fechado, é tanto mais intensa quanto mais rápida é a variação do fluxo indutor.

**Aplicação da lei de Faraday-Neumann**

(Espira retangular de área variável)

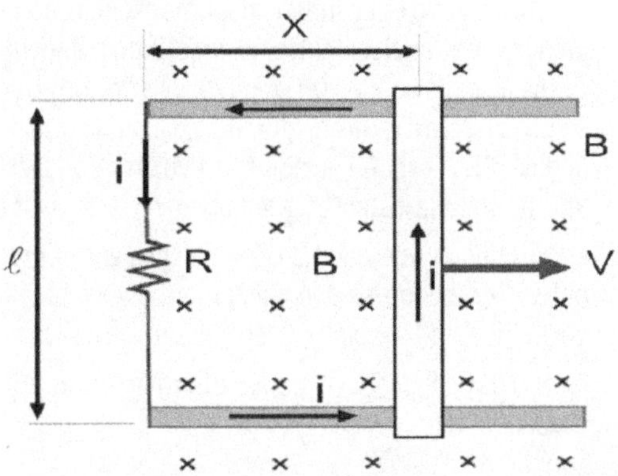


$$\varphi = B.A.\cos 0^\circ = B.A$$

$$\Delta\varphi = \varphi_f - \varphi_i = B.A_f - B.A_i = B.(l.x_f - l.x_i) = B.l.\Delta x$$

Segundo a Lei de Faraday-Neumann, temos:

$$\varepsilon_{ind} = \frac{\Delta\varphi}{\Delta t} = \frac{B.l.\Delta x}{\Delta t} = B.l.V$$

*Consideramos que o operador (agente externo) está puxando a barra com velocidade constante.*
*A barra móvel está comportando-se como uma bateria, já que é uma fonte de fem $E_{ind} = B \cdot l \cdot V$.*

# 15.3 Corrente Alternada e Transformadores

## Corrente alternada (ca)

A designação "alternada" significa que a corrente muda de sentido, alternando periodicamente de um sentido para o outro.

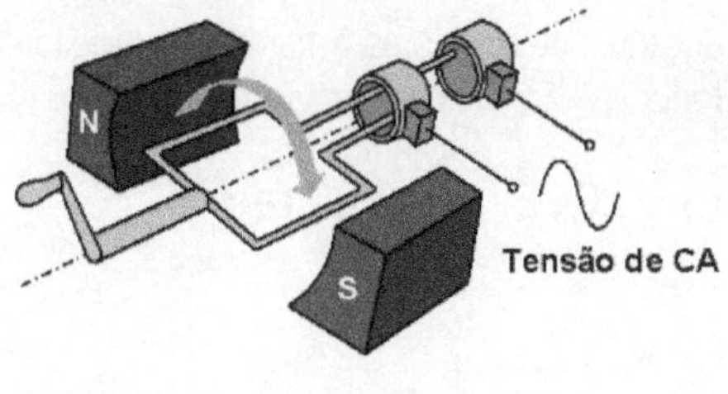


Durante a rotação, vai ocorrendo uma variação do fluxo de indução através da espira. Consequentemente, surge entre os terminais uma força eletromotriz induzida.

Essa força eletromotriz induzida varia com tempo, de acordo com a função:

$$\varepsilon = B.A.\omega.sen\ \omega t \quad (1)$$

Em que $\varepsilon_{máx.} = B.A.\omega$ é o valor máximo (ou valor de pico). Vejamos a representação gráfica dessa função.

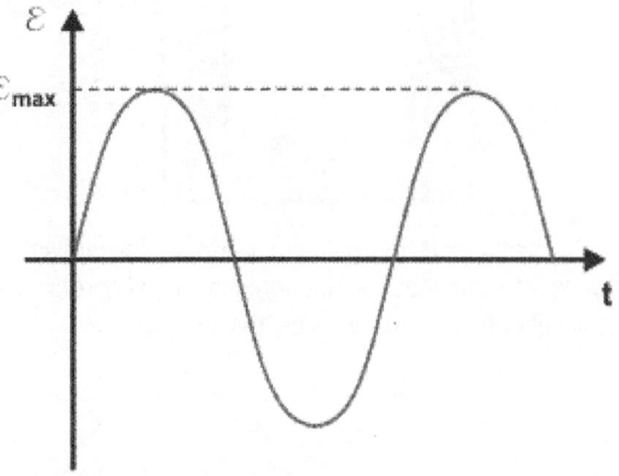


Dividindo por R a eq (1), temos:

$$\frac{\varepsilon}{R} = \frac{B.A.\omega}{R}.sen\ \omega t \rightarrow i = i_{máx} sen\ \omega t$$

Em que $i_{máx} = \frac{B.A.\omega}{R}$ é o valor máximo.

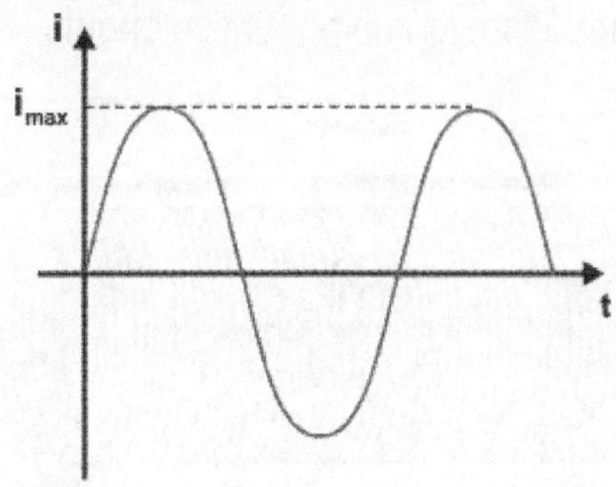


## Valor eficaz

O valor eficaz é achar o valor de uma tensão ou corrente contínuas, que dissiparia a mesma potência da corrente alternada em um resistor.

Valor eficaz da corrente alternada periódica:

$$i_{ef} = \frac{i_{máx}}{\sqrt{2}}$$

Valor eficaz à tensão alternada:

$$\varepsilon_{ef} = \frac{\varepsilon_{máx}}{\sqrt{2}}$$

## Transformadores

Denomina-se transformador todo dispositivo capaz de converter corrente alternada de baixa tensão em corrente alternada de alta tensão, ou vice-versa.

Primário é o enrolamento nos terminais do qual aplicamos a tensão alternada de entrada, e secundário é o enrolamento nos terminais do qual obtemos a tensão de saída.

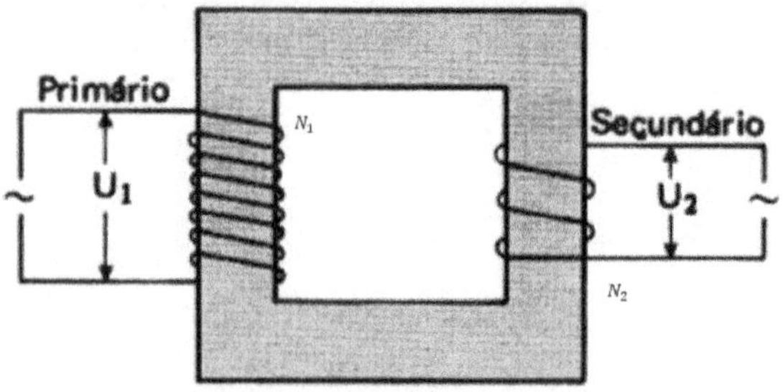


Chamando de $N_1$ e $N_2$ o número de espiras dos enrolamentos primários e secundários e admitindo que não há perdas, vale a seguinte relação, chamada razão de transformação.

$$\frac{U_1}{U_2} = \frac{N_1}{N_2} = \frac{I_2}{I_1}$$

$$N_1 > N_2 \rightarrow redutor\ de\ tensão$$

$$N_1 < N_2 \rightarrow amplificador\ de\ tensão$$

OBS:

## Campo magnético gerado por um solenoide

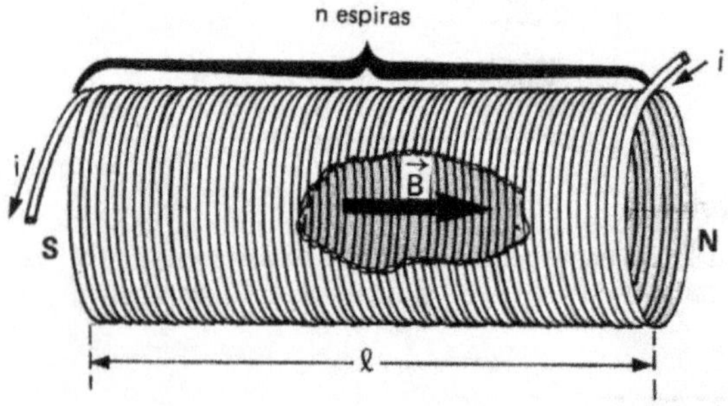


$$B = \frac{\mu . n . i}{l}$$

*(campo uniforme B no interior de um solenoide)*

**Exemplo 1:**

**(AFA - 2015)** A figura a seguir representa um dispositivo usado para medir a velocidade angular ω de uma roda, constituída de material eletricamente isolante.

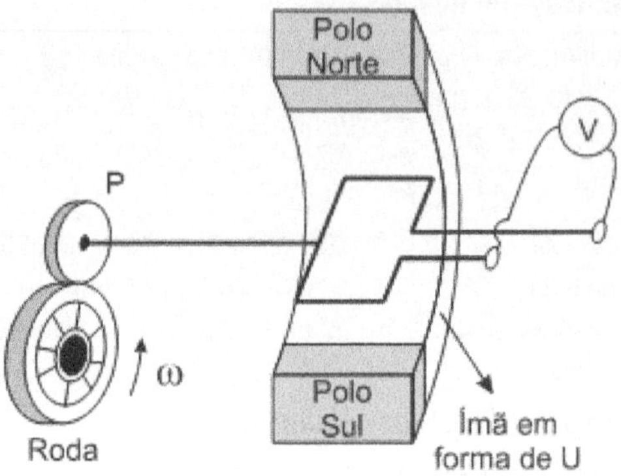


Este dispositivo é constituído por uma espira condutora de área 0,5 m² e imersa dentro de um campo magnético uniforme de intensidade 1,0 T. A espira gira devido ao contato da polia P com a roda em que se deseja medir a velocidade angular ω. A espira é ligada a um voltímetro ideal V que indica, em cada instante t, a voltagem nos terminais dela.

Considerando que não há deslizamento entre a roda e a polia P e sabendo-se que o voltímetro indica uma tensão eficaz igual a 10 V e que a razão entre o raio da roda (R) e o raio (r) da polia é $\frac{R}{r} = \sqrt{2}$, pode-se afirmar que ω, em rad/s, é igual a

a) 5
b) 15
c) 20
d) 25

Resolução: C.

A tensão eficaz ($V_{ef}$) é obtida dividindo-se a tensão de pico ($V_{pico}$) por $\sqrt{2}$.

$$V_{ef} = \frac{V_{pico}}{\sqrt{2}} \Rightarrow V_{pico} = 10\sqrt{2}\ V$$

Usando a Lei de Faraday da indução eletromagnética, relaciona-se a variação do fluxo magnético com o tempo e por sua vez com a força eletromotriz:

$$\varphi = BA\omega\cos\theta \Rightarrow \varepsilon = -\frac{d\varphi}{dt} \Rightarrow \varepsilon = B \cdot A \cdot \omega_p$$

Sabendo que $\varepsilon = V_{pico}$

$$\omega_p = \frac{\varepsilon}{B \cdot A} \Rightarrow \omega_p = \frac{10\sqrt{2}\ V}{1\ T \cdot 0{,}5\ m^2} = 20\sqrt{2}\ rad/s$$

Mas a polia e a roda têm a mesma velocidade linear: $v_p = v_r$.
E, com a relação entre a velocidade linear v e a velocidade angular ω, ficamos com:

$v = \omega R$

Então, $\omega_p r = \omega R$

Substituindo os valores, achamos a velocidade angular da roda:

$$\omega = 20\sqrt{2} \cdot \frac{1}{\sqrt{2}} = 20\ rad/s$$

**Exemplo 2:**

**(UNESP - 2019)** Em um equipamento utilizado para separar partículas eletrizadas, atuam dois campos independentes, um elétrico, $\vec{E}$, e um magnético, $\vec{B}$, perpendiculares entre si. Uma partícula de massa $m = 4 \times 10^{-15}$ kg e carga $q = 8 \times 10^{-6}$ C parte do repouso no ponto P, é acelerada pelo campo elétrico e penetra, pelo ponto Q, na região onde atua o campo magnético, passando a descrever uma trajetória circular de raio R, conforme a figura.

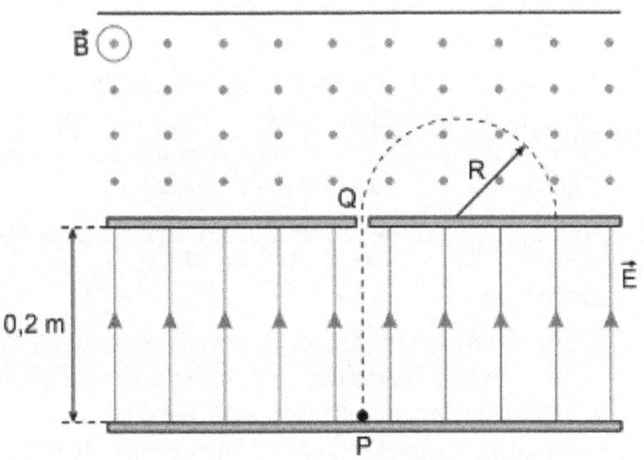


Sabendo que entre os pontos P e Q existe uma diferença de potencial de 40 V, que a intensidade do campo magnético é $B = 10^{-3}$ T e desprezando ações gravitacionais sobre a partícula eletrizada, calcule:

**a)** a intensidade do campo elétrico $\vec{E}$, em N/C.

**b)** o raio R, em m, da trajetória circular percorrida pela partícula na região em que atua o campo magnético $\vec{B}$.

Resolução:

a) Para o campo elétrico uniforme, temos:

$V = E \cdot d$

$40 = E \cdot 0{,}2$

$\therefore E = 200\ N/C$

b) Aplicando o teorema da energia cinética para determinar a velocidade da partícula, temos:

$\tau_{PQ} = Ec_Q - Ec_P$

$$qV = \frac{mv_Q^2}{2} - \frac{mv_P^2}{2}$$

$$8 \cdot 10^{-6} \cdot 40 = \frac{4 \cdot 10^{-15} \cdot v_Q^2}{2} - 0$$

$v_Q = 4 \cdot 10^5\ m/s$

Na região do campo magnético, verificamos que:

$F_{mg} = F_{cp}$

$$B|q|v_Q = \frac{mv_Q^2}{R}$$

$$R = \frac{mv_Q}{B|q|} = \frac{4 \cdot 10^{-15} \cdot 4 \cdot 10^5}{10^{-3} \cdot 8 \cdot 10^{-6}}$$

$\therefore R = 0{,}2\ m$

**Exemplo 3:**

**(EFOMM - 2019)** Um tenente da EFOMM construiu um dispositivo para o laboratório de Física da instituição. O dispositivo é mostrado na figura a seguir. Podemos observar que uma barra metálica, de 5 m de comprimento e 30 kg, está suspensa por duas molas condutoras de peso desprezível, de constante elástica 500 N/m e presas ao teto. As molas estão com uma deformação de 100 mm e a barra está imersa num campo magnético uniforme da intensidade 8,0 T.

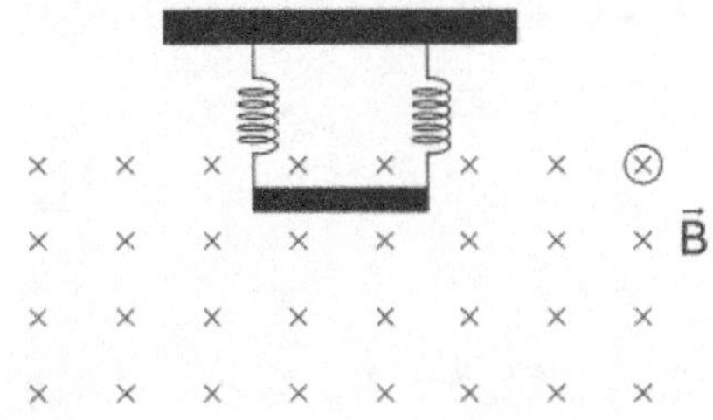


Determine a intensidade e o sentido da corrente elétrica real que se deve passar pela barra para que as molas não alterem a deformação.

**a)** 2,5 A, esquerda

**b)** 2,5 A, direita

**c)** 5A, esquerda

**d)** 5A, direita

**e)** 10 A,direita

Resolução: C.

Módulo da força elástica em cada mola:

$$F_{el} = kx = 500 \cdot 0{,}1 \Rightarrow F_{el} = 50\ N$$

Sendo assim, pela figura a seguir, podemos perceber que deverá surgir uma força magnética de intensidade 200 N para cima de modo a manter as molas no estado descrito:

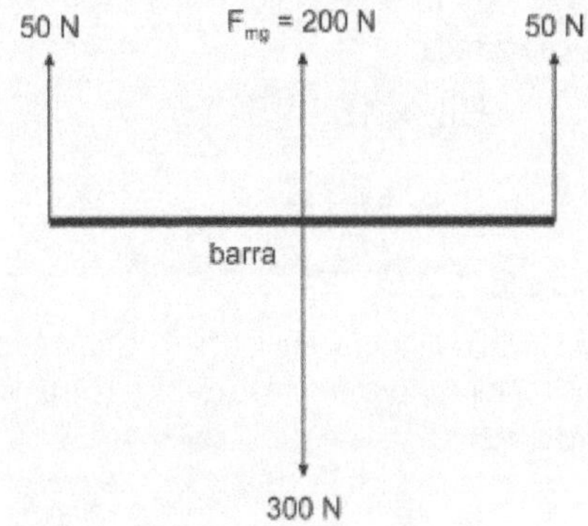


Portanto:

$F_{mg} = BiL \Rightarrow 200 = 8 \cdot i \cdot 5$

$\therefore i = 5\ A$

E, pela regra da mão direita, a corrente deve percorrer a barra da direita para a esquerda.

**Observação:** o exercício pede o sentido real da corrente, que é contrário ao convencional.

**Exemplo 4:**

**(EFOMM - 2019)** Um condutor retilíneo PT, de resistência R = 20,0 Ω, está em contato com um condutor de resistência desprezível e dobrado em forma de U, como indica a figura. O conjunto está imerso em um campo de indução magnética $\vec{B}$, uniforme, de intensidade 15,0 T, de modo que $\vec{B}$ é ortogonal ao plano do circuito. Seu Demi, um operador, puxa o condutor PT, de modo que este se move com velocidade constante $\vec{v}$, como indica a figura, sendo V = 4,0 m/s.

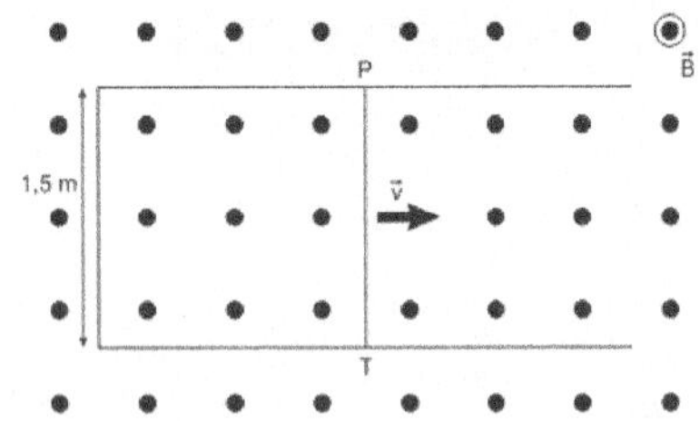


Determine a forma eletromotriz induzida no circuito e o valor da força aplicada por seu Demi ao condutor PT.

a) 45 V e 80,45 N
b) 65 V e 90,10 N
c) 80 V e 100,65 N
d) 90 V e 101,25 N
e) 100,85 V e 110,95 N

Resolução: D.

Força eletromotriz induzida:

$$\text{å} = BLv = 15\cdot 1{,}5\cdot 4$$
$$\therefore \text{å} = 90\ V$$

Corrente elétrica no condutor:

$$i = \frac{\text{å}}{R} = \frac{90\ V}{20\ \text{Ù}} = 4{,}5\ A$$

Força aplicada:

$$F_{mg} = BiL = 15\cdot 4{,}5\cdot 1{,}5$$
$$\therefore F_{mg} = 101{,}25\ N$$

**Exemplo 5:**

**(UEG - 2018)** A figura a seguir descreve uma região do espaço que contém um vetor campo elétrico $\vec{E}$ e um vetor campo magnético $\vec{B}$.

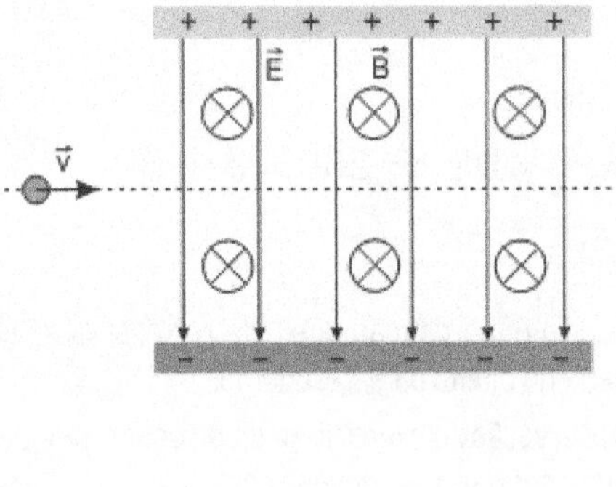


Mediante um ajuste, percebe-se que, quando os campos elétricos e magnéticos assumem valores de 1,0 x $10^3$ N/C e 2,0 x $10^{-2}$ T, respectivamente, um íon positivo, de massa desprezível, atravessa os campos em linha reta. A velocidade desse íon, em m/s, foi de

a) 5,0 x $10^4$
b) 1,0 x $10^5$
c) 2,0 x $10^3$
d) 3,0 x $10^3$
e) 1,0 x $10^4$

Resolução: A.

A partícula ultrapassa a região de campo elétrico e magnético sem sofrer desvios porque suas forças derivadas, quando somadas vetorialmente, anulam-se. Assim, temos que a força elétrica é igual à força magnética:

$$F_e = F_m \Rightarrow E\cdot \not{q} = B\cdot v\cdot \not{q}\cdot \text{sen } 90° \xrightarrow{\text{sen } 90°=1} v = \frac{E}{B} = \frac{1\cdot 10^3}{2\cdot 10^{-2}} \therefore v = 5\cdot 10^4\ m/s$$

**Exemplo 6:**

**(UEFS - 2018)** A figura representa um ímã em forma de barra, seus dois polos magnéticos norte e sul e algumas linhas de indução, contidas no plano da figura, do campo magnético criado pelo ímã. Sobre essas linhas estão assinalados os pontos de A até H.

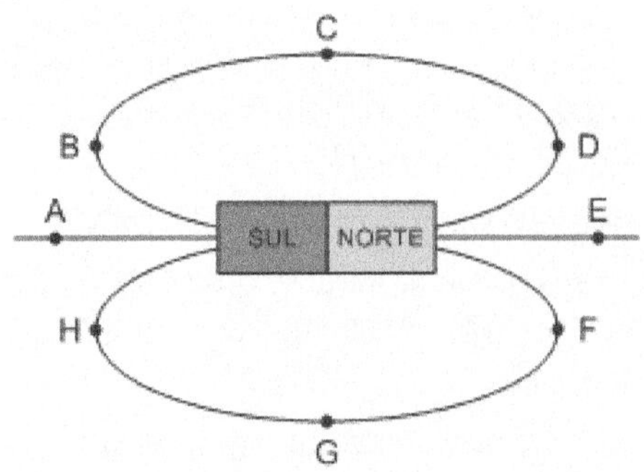


Desprezando a ação de quaisquer outros campos magnéticos, o vetor campo magnético criado por esse ímã tem a mesma direção e o mesmo sentido em

a) B e H.
b) B e D.
c) E e G.
d) A e C.
e) D e H.

Resolução: E.

O vetor campo magnético criado por esse ímã em cada ponto está representado na figura a seguir:

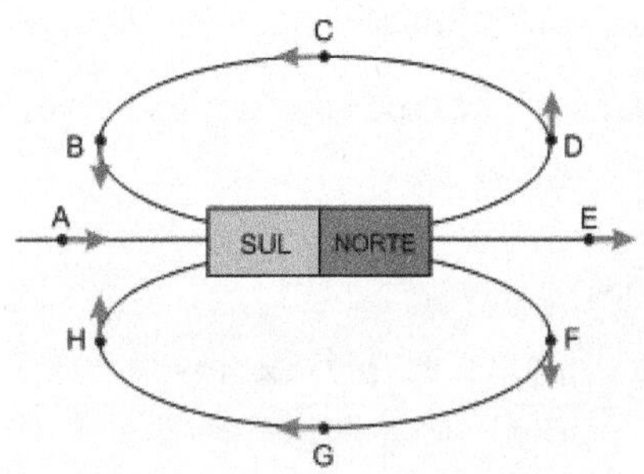

Logo, a mesma direção e o sentido do vetor campo magnético estão representados em D e H, A e E, B e F e finalmente em C e G.

**Exemplo 7:**

**(FUVEST - 2018)** Uma espira quadrada, de lado L, constituída por barras rígidas de material condutor, de resistência elétrica total R, se desloca no plano xy com velocidade $\vec{v}$ constante, na direção do eixo x. No instante t = 0, representado na figura, a espira começa a entrar em uma região do espaço, de seção reta quadrada, de lado 2L, onde há um campo magnético $\vec{B}$ perpendicular a $\vec{v}$; a velocidade da espira é mantida constante por meio da ação de um agente externo. O campo $\vec{B}$ é uniforme, constante e tem a direção do eixo z, entrando no plano xy.

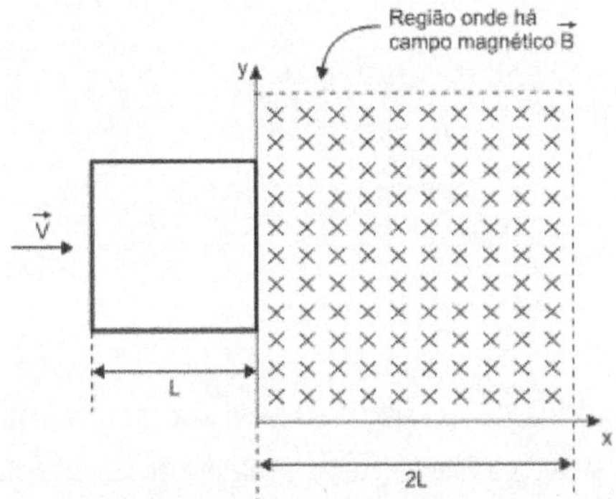


**a)** A figura abaixo representa a situação para o instante $t_1 = L/(2v)$.

Indique nessa figura o sentido da corrente elétrica $i_1$ que circula pela espira e determine o seu valor.

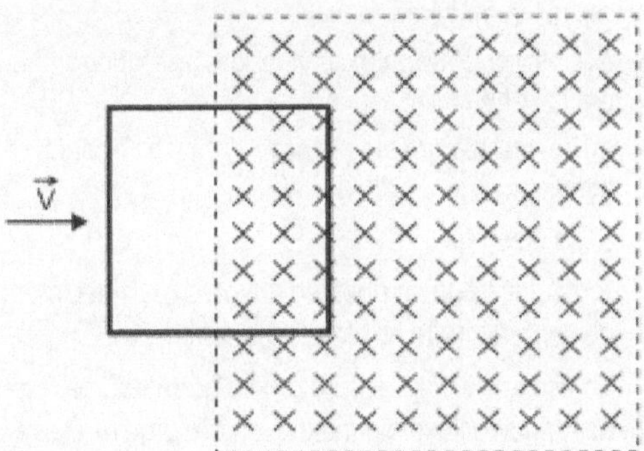


**b)** Determine a corrente $i_2$ na espira para o instante $t_2 = (3L)/(2v)$.

**c)** Determine a força eletromagnética $\vec{F}$ (módulo, direção e sentido) que atua na espira no instante $t_3 = (5L)/(2v)$.

Note e adote:

Força eletromotriz na espira parcialmente imersa no campo magnético: $\varepsilon = L\,B\,v$

Resolução:

a) A distância percorrida pela espira na região onde há campo magnético para o instante $t_1 = \frac{L}{2v}$:

$$d_1 = v \cdot t_1 = v \cdot \frac{L}{2v} \Rightarrow d_1 = \frac{L}{2}$$

Como, nesse momento, a espira está entrando na região do campo magnético, o fluxo magnético que a atravessa está aumentando, o que causa um campo induzido de mesma direção e sentido oposto ao campo original (de acordo com a Lei de Lenz). Sabendo que o campo induzido deve ter a direção do eixo z e saindo do plano xy, pela regra da mão direita, a corrente elétrica $i_1$ deve ter o sentido anti-horário.

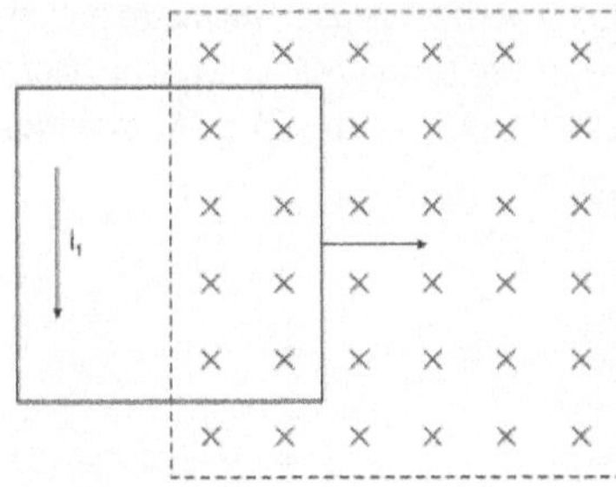


O valor de $i_1$ será dado por:

$$i_1 = \frac{\varepsilon}{R} \quad (\text{com } \varepsilon = LBv)$$

$$\therefore i_1 = \frac{LBv}{R}$$

b) Distância $d_2$ percorrida pela espira para o instante $t_2 = \frac{3L}{2v}$:

$$d_2 = v \cdot t_2 = v \cdot \frac{3L}{2v} \Rightarrow d_2 = \frac{3L}{2}$$

Para esta distância percorrida, a espira encontra-se totalmente imersa na região de campo magnético, não havendo variação no fluxo magnético. Nessas condições, não há corrente induzida. Portanto: $i_2 = 0$.

c) Distância percorrida pela espira no instante $t_3 = \frac{5L}{2v}$:

$$d_3 = v \cdot t_3 = v \cdot \frac{5L}{2v} \Rightarrow d_3 = \frac{5L}{2}$$

A espira estará agora saindo da região de campo magnético. Analogamente ao item **a**, pela Lei de Lenz, o campo magnético induzido terá a mesma direção e sentido do campo original, e a corrente percorrerá a espira no sentido horário.

Utilizando novamente a regra da mão direita, desta vez para a força magnética, temos a figura que indica a sua direção e sentido (nas barras horizontais, as forças se anulam):

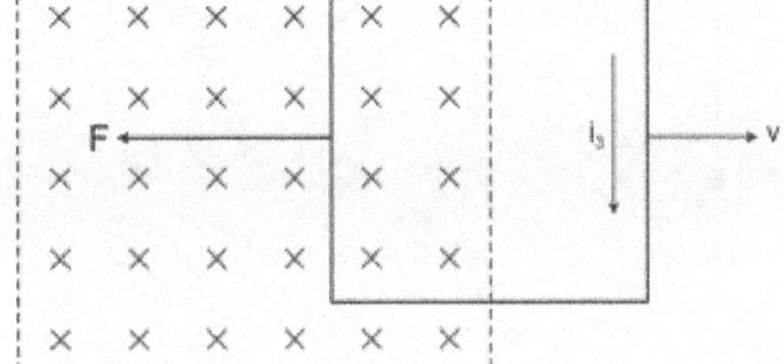

A intensidade dessa força magnética será:

$$F = B \cdot i_3 \cdot L = B \cdot \frac{LBv}{R} \cdot L$$

$$\therefore F = \frac{B^2L^2v}{R}$$

**Exemplo 8:**

**(Fac. Albert Einstein - Medicina 2018)** Dois fios condutores retos, muito compridos, paralelos e muito próximos entre si, são percorridos por correntes elétricas constantes, de sentidos opostos e de intensidades 2A e 6A, conforme esquematizado na figura.

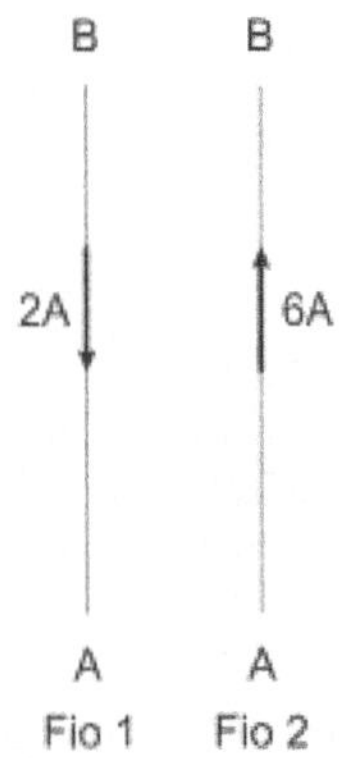


A razão entre os módulos das forças magnéticas de um fio sobre o outro e o tipo de interação entre essas forças é igual a:

a) 1, repulsiva

b) 3, atrativa

c) 12, atrativa

d) a resultante das forças será nula, portanto, não haverá interação entre elas.

Resolução: A.

Aplicando as regras práticas do eletromagnetismo, montaram-se as figuras a seguir.

A FIG I mostra que na linha em que está o fio 2, o vetor indução magnética $(\vec{B}_1)$ devido ao fio 1, é dirigido para fora da página e que a força magnética que o fio 1 exerce sobre o fio 2 $(\vec{F}_{1,2})$ é orientada para a direita.

A FIG II mostra que na linha em que está o fio 1, o vetor indução magnética $(\vec{B}_2)$ devido ao fio 2, é dirigido para fora da página e que a força magnética que o fio 2 exerce sobre o fio 1 $(\vec{F}_{2,1})$ é orientada para a esquerda. Conclusão: essas forças são repulsivas, conforme mostra a FIG III.

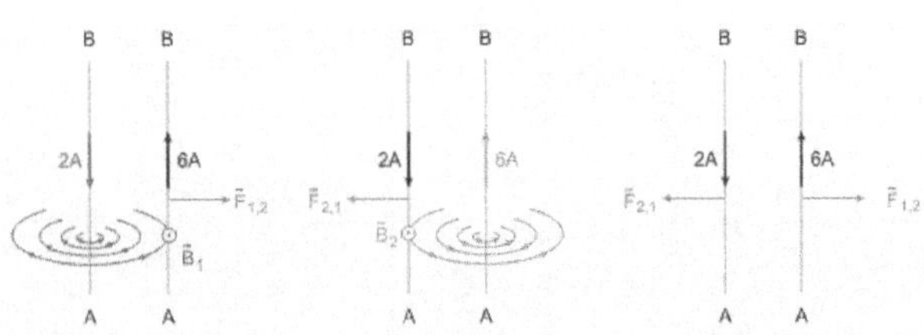


FIG I FIG II FIG III

Como essas forças se comportam como um par ação-reação, elas têm mesma intensidade. Então:

$$\frac{F_{1,2}}{F_{2,1}} = 1.$$

**Exemplo 9:**

**(UFRGS - 2017)** O observador, representado na figura, observa um ímã que se movimenta em sua direção com velocidade constante. No instante representado, o ímã encontra-se entre duas espiras condutoras, 1 e 2, também mostradas na figura.

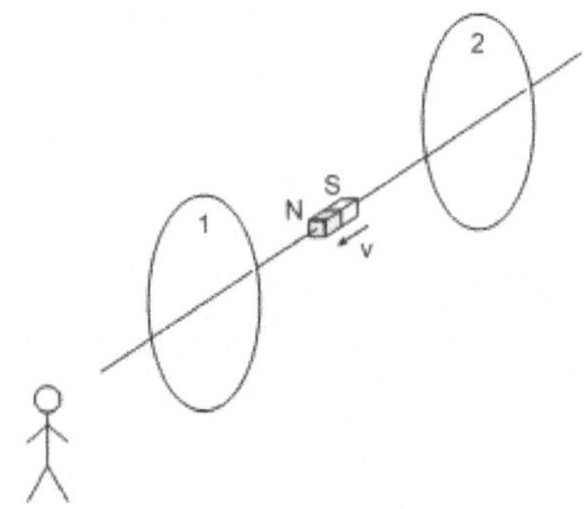


Examinando as espiras, o observador percebe que

a) existem correntes elétricas induzidas no sentido horário em ambas espiras.

b) existem correntes elétricas induzidas no sentido anti-horário em ambas espiras.

c) existem correntes elétricas induzidas no sentido horário na espira 1 e anti-horário na espira 2.

d) existem correntes elétricas induzidas no sentido anti-horário na espira 1 e horário na espira 2.

e) existe apenas corrente elétrica induzida na espira 1, no sentido horário.

Resolução: C.

A resolução desta questão envolve o conhecimento da Lei de Lenz, da indução eletromagnética.

Na espira 1, ao aproximar o polo norte do ímã, estamos aumentando o fluxo magnético, então surge na espira uma corrente induzida no sentido horário que se opõe ao aumento do fluxo magnético na espira, produzindo um campo magnético contrário ao do ímã. Para a espira 2, ocorre o contrário, surgindo uma corrente induzida no sentido anti-horário.

**Exemplo 10:**

**(UEPG - 2016)** Sobre o fenômeno da magnetização, assinale o que for correto.

01) Um ímã pode perder sua magnetização se tiver sua temperatura elevada até um valor conhecido como ponto Curie, o que faz cair drasticamente sua magnetização.

02) O ferro é um material ferromagnético, o que faz com que corpos constituídos deste material, sob a ação de um campo magnético externo, tornem-se ímãs.

04) Os corpos constituídos de materiais paramagnéticos, quando na presença de campos magnéticos externos, sofrem um alinhamento parcial de seus ímãs elementares. Deste modo, estes corpos são fracamente atraídos por ímãs.

08) Uma agulha de ferro em contato com um ímã é magnetizada e passa a interagir com agulhas de mesmo material próximas a ela, atraindo-as.

Resolução:

01 + 02 + 04 + 08 = 15.

[01] Verdadeiro. O ponto de Curie é o ponto crítico para a queda de magnetização com o aumento da temperatura.

[02] Verdadeiro. Descrição correta de materiais ferromagnéticos.

[04] Verdadeiro. Descrição correta de materiais paramagnéticos.

[08] Verdadeiro. Por ser a agulha feita de ferro (material ferromagnético), após magnetizada, torna-se ímã.

[16] Falso. A orientação se dá no sentido contrário ao do campo magnético aplicado.

# 16. QUÍMICA GERAL

## 16.1 Matéria e Substância: Propriedades Gerais e Específicas

No Universo, podemos dizer, de modo mais simplista, que tudo é matéria ou energia. A energia se apresenta de várias formas, como a energia mecânica, química, potencial, elétrica, nuclear, magnética, entre outras. Podemos transformar a energia de uma forma em outra, sendo obedecido o princípio da conservação, ou seja, a energia não pode ser criada ou destruída. Matéria é tudo que possui massa e ocupa lugar no espaço. A matéria possui propriedades, chamadas gerais e específicas.

Propriedades gerais: são próprias de todos os tipos de matéria, sendo elas:

- Massa – todo corpo tem massa, que é a quantidade de matéria que um corpo possui.
- Extensão – os corpos ocupam um lugar no espaço.
- Divisibilidade – é possível dividir os corpos em partes cada vez menores.
- Impenetrabilidade – um mesmo lugar do espaço não pode ser ocupado por dois corpos ao mesmo tempo.
- Elasticidade – existe a tendência dos corpos de retornarem à sua forma e volumes originais, assim que cesse a causa que os deformou.
- Compressibilidade – corpos podem diminuir de tamanho, quando estão sob ação de forças externas.
- Volume – é o espaço que uma matéria ocupa independentemente do seu espaço físico.
- Pressão – relação entre uma determinada força e sua área de distribuição.
- Propriedades organolépticas – ligadas aos cincos sentidos humanos: paladar, audição, visão, tato e olfato.
- Propriedades funcionais – ácidos, bases e sais.
- Solubilidade – característica que determinada matéria apresenta de dissolver outra.
- Densidade – é a relação entre a massa da matéria e o espaço (volume) que ele ocupa.
- Temperatura – indicativo que pode ser natural ou induzido, onde a alteração da mesma num determinado tempo proporciona movimentação aos átomos e, por consequência, alteração dos estados físicos da matéria.

Para tipos particulares de matéria existem propriedades específicas. As principais são:

- Propriedades organolépticas – estão relacionadas com os órgãos dos sentidos. São o sabor, odor, cor, textura.
- Propriedades físicas – são os pontos de fusão, ebulição, densidade.
- Propriedades químicas – são as reações químicas que podem ocorrer.

## 16.2 Estados Físicos da Matéria, Caracterização e Propriedades

A matéria essencialmente se apresenta sob três estados físicos, o sólido, o líquido e o gasoso. Basicamente o que define o estado físico da matéria são as forças que atuam entre as estruturas atômicas e moleculares que a compõe.

- Sólido – grande força de atração entre as partículas que compõem a matéria, o que faz com que a forma e o volume do corpo sejam praticamente constantes. As partículas apresentam baixíssima energia cinética, possuindo vibração.
- Líquido – força de atração mais fraca que nos sólidos. As partículas estão mais livres, tem movimento, mas não estão completamente soltas. A forma é variável e o volume constante. Possuem energia cinética alta.
- Gasoso – Força de atração entre as partículas muito fraca, quase inexistente, ficando, portanto, completamente livres. A energia cinética das partículas gasosas é altíssima, ocorrendo vários choques entre elas.

Esquematicamente representamos a mudança dos estados físicos da matéria:

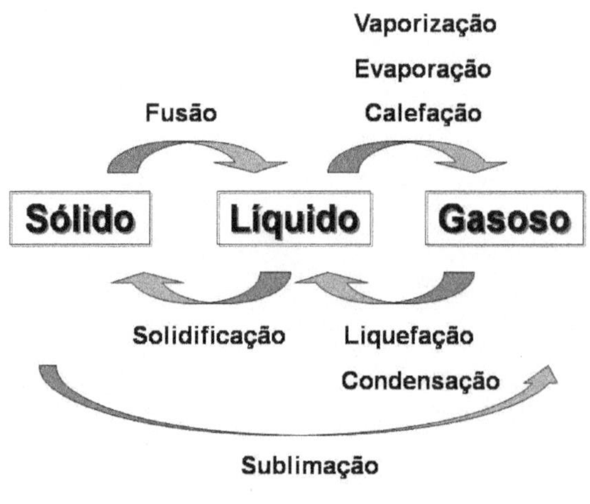


## 16.3 Misturas, Sistemas, Fases e Separação de Fases; Substâncias Simples e Compostas; Substâncias Puras

### Substâncias

São os diferentes tipos de moléculas em interação. Podem ser classificadas como:

- Pura – apresenta um único tipo de molécula.
- Simples – apresenta um único tipo de elemento químico.
- Composta – apresenta dois ou mais tipos de elemento químico.

## Misturas

> Mistura homogênea:

- » Substância pura.
- » Solução.
- » Apresenta uma única fase.

Exemplo: a água mineral. Enquanto, visualmente, temos a impressão de estar diante de uma única substância, ali estão misturados/presentes outros compostos, porém não os identificamos por estarem totalmente dissolvidos devido à temperatura ambiente.

> Mistura heterogênea:

- » Substância pura em mudança de fase.
- » Apresenta duas ou mais fases.

Exemplo: um copo com água. Quando adicionamos óleo vegetal, percebemos a divisão entre as duas substâncias pela diferença de polaridades.

## Alotropia

Alótropos são substâncias puras simples diferentes, formadas por um mesmo elemento químico. Apresentam as mesmas propriedades químicas e, por possuírem estruturas diferentes, suas propriedades físicas são diferentes. Será mais estável a estrutura alotrópica menos energética e que é a que existe em maior quantidade na natureza. Para o carbono existem dois alótropos, o grafite e o diamante, sendo a diferença entre eles o seu arranjo cristalino. O diamante possui uma forma espacial e o grafite são placas hexagonais sobrepostas.

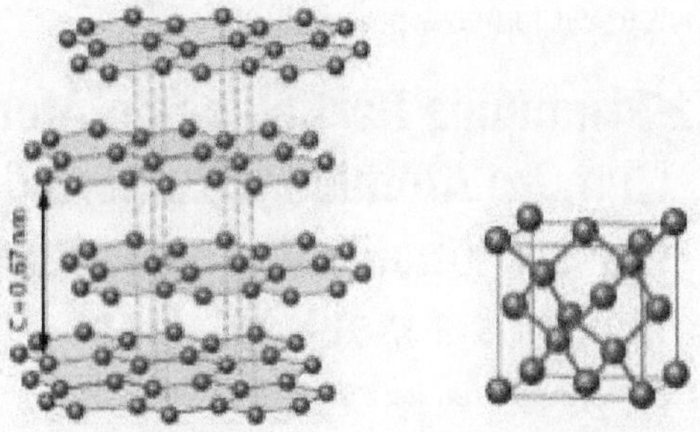


**Grafite** **Diamante**

O oxigênio apresenta duas formas alotrópicas, o oxigênio comum ($O^2$) e o ozônio ($O^3$), sendo o primeiro mais estável. A diferença entre estes alótropos é a atomicidade da molécula. Também o enxofre possui dois alótropos, o enxofre rômbico (ou enxofre $\alpha$, $S^8$, mais estável) e o enxofre monoclínico (enxofre $\beta$). O fósforo apresenta duas formas alotrópicas.

# 17. ESTRUTURA ATÔMICA MODERNA

## 17.1 Evolução dos Modelos Atômicos; Elementos Químicos

As primeiras ideias sobre a constituição da matéria foram filosóficas. Demócrito e Leucipo, filósofos gregos, imaginaram dividir a matéria até não mais ser possível. Este último pedaço da divisão, não mais divisível, foi chamado átomo (a *tomos* - não divisão). Aristóteles imaginou que o universo era constituído por quatro elementos - água, terra, fogo e ar.

Das pesquisas realizadas por Lavoisier, Dalton criou um modelo para definir o átomo. Para ele, o átomo era uma esfera maciça indivisível e indestrutível. Para Dalton, um átomo não poderia ser transformado em outro átomo, o que hoje sabemos ser incorreto. Era o chamado modelo da bola de bilhar. Assim, ele elaborou seus postulados:

> Todo elemento é constituído de estruturas muito pequenas, indivisíveis, indestrutíveis, chamadas átomos.

> Átomos de um mesmo elemento são todos iguais.

> Os compostos são formados pelo arranjo de átomos de diferentes elementos.

> As reações químicas são arranjos e rearranjos dos átomos dos compostos que reagem, sem a criação ou destruição destes.

Com as pesquisas feitas no final do século XIX, Thomson descobre o elétron, partícula do átomo com carga elétrica negativa (1897). Como o átomo é um sistema eletricamente neutro, faltava uma partícula positiva, descoberta posteriormente por Goldstein.

Thomson, então, propõe o modelo atômico chamado pudim de passas. Partículas positivas e negativas em uma esfera.

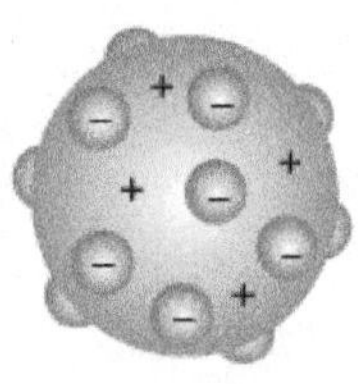

Em pesquisas com radioatividade, Rutherford (1911) propõe que o átomo possui um núcleo, onde, estão, os prótons e orbitando ao redor deste, os elétrons, criando, assim, o modelo planetário.

Este modelo não se sustentou na medida em que os elétrons a cada volta ao redor do núcleo deveriam perder energia, o que os levaria a "cair" no núcleo.

Em 1913, Niels Bohr propõe um aperfeiçoamento do modelo de Rutherford. São os chamados postulados de Bohr.

> Os elétrons descrevem órbitas circulares, chamadas níveis de energia, ao redor do núcleo. Cada nível possui um determinado valor de energia. São os chamados estados estacionários.

> Os elétrons só poderão ocupar os níveis com uma determinada quantidade de energia.

> É possível um elétron saltar de um nível para outro mais externo, absorvendo uma quantidade de energia, o quantum.

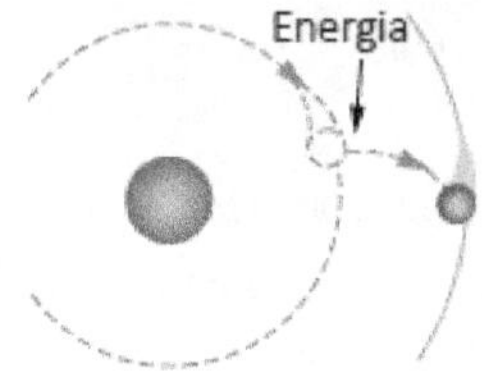


> Quando o elétron retorna ao nível mais interno, a energia absorvida é liberada, na forma de luz, com cores definidas. Este é o princípio dos fogos de artifício.

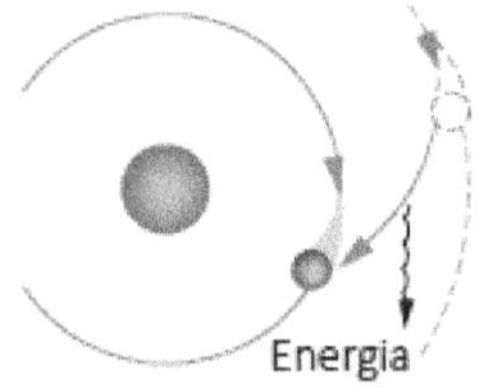


> Cada órbita ou camada dos elétrons são denominadas estado estacionário, nomeados pelas letras K, L, M, N, O e P. A cada elemento novo descoberto, acrescemos mais elétrons. O que nos leva a novas camadas no futuro, Q, R etc. Cada camada pode apresentar uma quantidade de elétrons: K = 2, L = 8, M = 18, N = 32, O = 32, P = 18 e Q = 8

Chadwick descobre o nêutron (1932), partícula sem carga elétrica no núcleo do átomo.

Os elétrons não descrevem órbitas circulares, pois, por meio de equações matemáticas, Schröedinger descreve os orbitais dos elétrons e suas formas espaciais.

## 17.2 Principais Partículas do Átomo, Número Atômico e Número de Massa, Íons, Isóbaros, Isótonos, Isótopos e Isoeletrônicos

As partículas fundamentais dos átomos são:

| | Próton | Nêutron | Elétron |
|---|---|---|---|
| Carga relativa | +1 | 0 | –1 |
| Massa relativa | 1 | 1 | 1/1 836 |

Os prótons e nêutrons em um núcleo com carga elétrica positiva e onde está concentrada toda a massa do átomo e os elétrons na eletrosfera, região imensamente maior que o núcleo com carga elétrica negativa.

Definimos como número atômico (Z) o número de prótons que o átomo possui em seu núcleo. Quando dizemos que o número atômico do Lítio é 3 (Z = 3), dizemos que este elemento possui 3 prótons em seu núcleo.

O que define um elemento químico é o número de prótons que ele possui em seu núcleo. Portanto, todos os átomos de hidrogênio possuem 1 próton, os de hélio possuem dois prótons, os de lítio possuem 3 prótons e assim por diante.

Os elementos são representados por símbolos, constituídos por uma letra maiúscula e, se necessário, para diferenciar uma segunda letra, esta minúscula.

Alguns símbolos importantes:

Hidrogênio – H

Hélio – He

Lítio – Li

Sódio – Na

Potássio – K

Berílio – Be

Magnésio – Mg

Cálcio – Ca

Alumínio – $A\ell$

Carbono – C

Nitrogênio – N

Fósforo – P

Oxigênio – O

Enxofre – S

Flúor – F

Cloro – $C\ell$

Bromo – Br

Iodo – I

Observe que as partículas que possuem massa no átomo estão concentradas no núcleo. A massa do elétron é muito pequena. Assim, chamamos de número de massa (A) a soma dos prótons e dos neutros de um átomo.

Representamos estes números em um elemento.

$${}^{A}_{Z}X$$

Observe o elemento argônio (Ar) e seu número atômico e de massa.

$${}^{40}_{18}Ar$$

Podemos concluir:

Z = 18

Logo, possui 18 prótons ($p^+ = 18$)

Como o átomo é um sistema eletricamente neutro, o número de prótons é igual ao número de elétrons.

O argônio possui 18 elétrons ($e^- = 18$).

A = 40

Sendo A o número de prótons mais o número de nêutrons, se tiramos da massa (A) o número atômico (Z), temos o número de nêutrons.

n = A – Z

para o argônio,

n = 40 – 18 = 32

Íons são espécies químicas em que o número de prótons não é igual ao número de elétrons.

Se um átomo perde elétrons, sobram prótons, cargas positivas em seu núcleo. Ao íon positivo chamamos cátion.

Observe o cátion Zinco

$${}^{65}_{30}Zn^{2+}$$

Sua carga +2 indica que ele perdeu 2 elétrons, logo:

Z = 30

A = 65

$p^+ = 30$

$e^- = 28$ (perdeu 2 elétrons)

n = 35 (65 – 30)

Quando um átomo recebe elétrons, ele adquire carga elétrica negativa e passa a ser chamado de ânion. Verifique o ânion bromo

$${}^{80}_{35}Br^{-}$$

Sua carga negativa (–1) indica que ele recebeu 1 elétron, logo:

Z = 35

A = 80

$p^+ = 35$

$e^- = 36$ (recebeu 1 elétron)

n = 45 (80 – 35)

Algumas vezes encontramos um mesmo elemento com diferentes números de massa, pois possuem diferentes números de nêutrons em seu núcleo. São chamados de isótopos.

A seguir, os três isótopos do hidrogênio – prótion, deutério e trítio.

$${}^{1}_{1}H \quad {}^{2}_{1}H \quad {}^{3}_{1}H$$

Isótopos → Z = e A ≠

Se um grupo de elementos possui um mesmo número de massa (A) e diferentes números atômicos (Z, elementos diferentes), chamamos de isóbaros.

$${}^{40}_{18}Ar \quad {}^{40}_{19}K \quad {}^{40}_{20}Ca$$

Isóbaros → A = e Z ≠

O grupo de elementos que possui o mesmo número de nêutrons, mas diferentes números atômicos (Z) e de massa (A), chamamos de isótonos.

$${}^{11}_{5}B \quad {}^{12}_{6}C$$

Isótonos → A ≠ e Z ≠ n =

Chamamos de isoeletrônicos o grupo de átomos ou íons que possuem o mesmo número de elétrons.

No exemplo que segue, todos possuem 18 elétrons.

$^{40}_{18}Ar \quad ^{40}_{19}K^{+} \quad ^{40}_{20}Ca^{2+}$

## Teoria do octeto

Teoria proposta por Newton Lewis ao observar a interação entre os átomos. Esta interação acontece para que os elementos químicos busquem a estabilidade eletrônica semelhante à de um gás nobre, ou seja, oito elétrons na camada de valência. No entanto, em alguma molécula acontece o que conhecemos como expansão ou contração do octeto, isto é, o átomo central estabelece mais ou menos ligações previstas. Alguns compostos conseguem estabilizar-se com mais ou menos de oito elétrons na camada de valência, como por exemplo o hidrogênio.

O fósforo (P) e o enxofre (S) são átomos relativamente grandes e possuem o subnível "$d^{10}$". Nesse caso, os átomos comportam mais de oito elétrons na sua última camada. Observe a estrutura da molécula do hexafluoreto de enxofre ($SF_6$):

Nesse caso apresentado, o elemento central ficou com 12 elétrons, excedendo o necessário para a estabilização. Nesse caso, ocorreu expansão do octeto.

Contração do octeto acontece, por exemplo, com o boro (B), berílio (Be) e alguns óxidos de nitrogênio. Veja o trifluoreto de boro ($BF_3$):

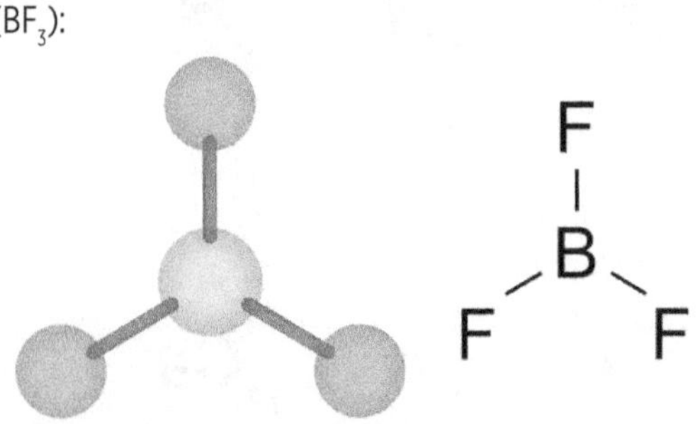

Nele, os átomos de flúor adquirem oito elétrons para estabilizar-se por compartilhamento eletrônico com o boro, respeitando a teoria do octeto, porém o átomo central (boro) não se estabiliza com seus elétrons, ocorrendo, então, a contração do octeto.

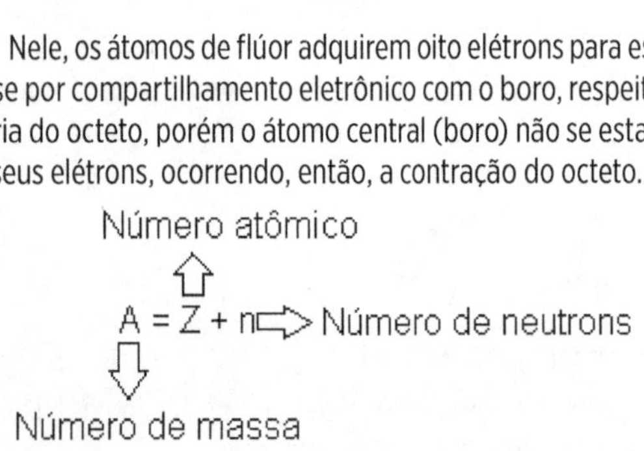


Seja qual for a grandeza trabalhada, a fórmula pode ser aplicada. Por exemplo, vejamos um exercício da FUCMT-MT:

**01.** (FUCMT-MT) O íon de $^{1123}$Na+ contém:

**a)** 11 prótons, 11 elétrons e 11 nêutrons.
**b)** 10 prótons, 11 elétrons e 12 nêutrons.
**c)** 23 prótons, 10 elétrons e 12 nêutrons.
**d)** 11 prótons, 10 elétrons e 12 nêutrons.
**e)** 10 prótons, 10 elétrons e 23 nêutrons.

Resposta: D.

Os prótons são apresentados no canto inferior esquerdo do símbolo do elemento, ou seja, 11, o mesmo número que Z (número atômico).

No estado fundamental, temos que prótons = elétrons, ou seja, havia 11 elétrons, mas a carga +1 indica que o átomo perdeu um elétron, ficando com 10. Visto que o número de massa (A) fica do lado superior esquerdo do símbolo do elemento sabemos que é igual a 23. Aplicando a fórmula:

$A = Z + n$

$23 = 11 + n$

$n = 23 - 11 = 12.$

## 17.3 Configuração Eletrônica: Diagrama de Pauling, Regra de Hund (Princípio de Exclusão de Pauli) e Números Quânticos

Números quânticos são sequências numéricas que indicam propriedades associadas aos elétrons.

São quatro os números quânticos. Principal (n), secundário ($\ell$), magnético ($m_\ell$) e spin (s ou $m_s$).

Vimos, anteriormente, que os níveis ou camadas da eletrosfera dos elementos conhecidos atualmente são sete. Em cada camada temos uma quantidade de elétrons prevista. A última camada da eletrosfera é chamada de camada de valência.

Às camadas da eletrosfera associamos um número quântico chamado de principal e representado pela letra n.

| Camada | n |
|---|---|
| K | 1 |
| L | 2 |
| M | 3 |
| N | 4 |
| O | 5 |
| P | 6 |
| Q | 7 |

Um elétron que está na segunda camada da eletrosfera de seu átomo terá n = 2. Do mesmo modo, ao dizermos que um elétron possui n = 3, estamos indicando que este elétron está na terceira camada.

As camadas da eletrosfera estão divididas em subcamadas. São elas **s**, **p**, **d** e **f**. Com a descoberta de novos elementos e, portanto, com a adição de novos elétrons à eletrosfera, teremos novos subníveis, **g**, **h** etc.

Cada subnível comporta uma quantidade máxima de elétrons.

| subnível | elétrons |
|---|---|
| s | 2 |
| p | 6 |
| d | 10 |
| f | 14 |

Os subníveis estão associados ao número quântico secundário ($\ell$). O subnível s tem forma esférica e o p forma de halteres.

| subnível | $\ell$ |
|---|---|
| s | 0 |
| p | 1 |
| d | 2 |
| f | 3 |

Se um elétron está no subnível s, então, seu número quântico secundário será $\ell = 0$.

Do mesmo modo, dizer que para um elétron $\ell = 2$, é dizer que ele está no subnível d.

Resumindo, temos

| Camada | n | Elétrons | Subníveis |
|---|---|---|---|
| K | 1 | 2 | $s^2$ |
| L | 2 | 8 | $s^2p^6$ |
| M | 3 | 18 | $s^2p^6d^{10}$ |
| N | 4 | 32 | $s^2p^6d^{10}f^{14}$ |
| O | 5 | 32 | $s^2p^6d^{10}f^{14}$ |
| P | 6 | 18 | $s^2p^6d^{10}$ |
| Q | 7 | 8 | $s^2p^6$ |

Ao associarmos as informações dos níveis e dos subníveis, podemos construir um diagrama que permite distribuir os elétrons na eletrosfera de um átomo em ordem crescente de energia. É o chamado diagrama de Linus Pauling.

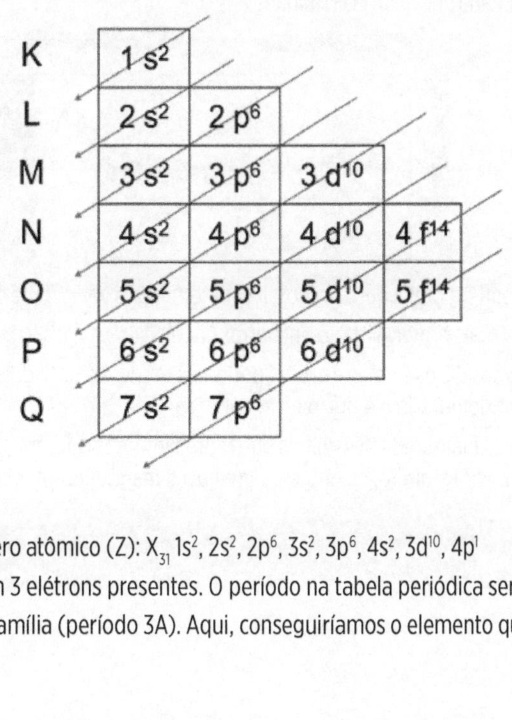


Analise o exemplo a seguir:

Um átomo "X" possui 31 como número atômico (Z): $X_{31}$ $1s^2$, $2s^2$, $2p^6$, $3s^2$, $3p^6$, $4s^2$, $3d^{10}$, $4p^1$

Observe que a última casa é a 4 com 3 elétrons presentes. O período na tabela periódica será indicado pelo nível encontrado (4), enquanto o subnível é o indicativo para a família (período 3A). Aqui, conseguiríamos o elemento químico gálio:

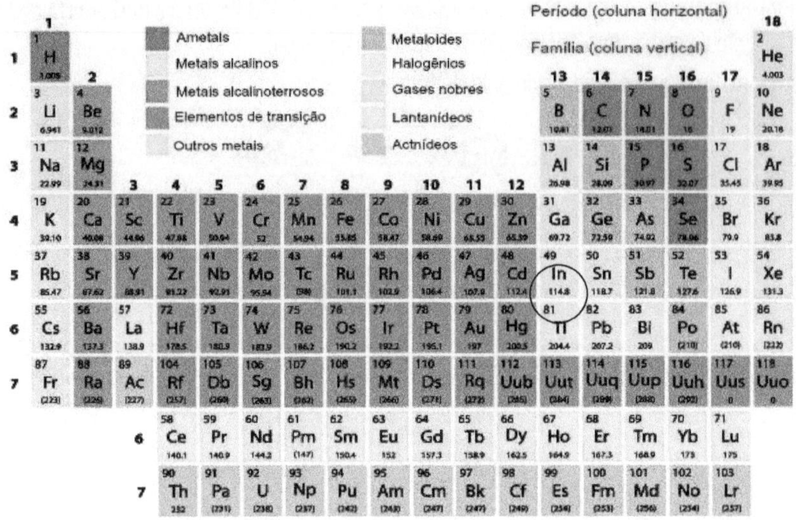


O esquema a seguir demonstra o subnível em cada área do diagrama e o número de elétrons que haverá em cada caso:

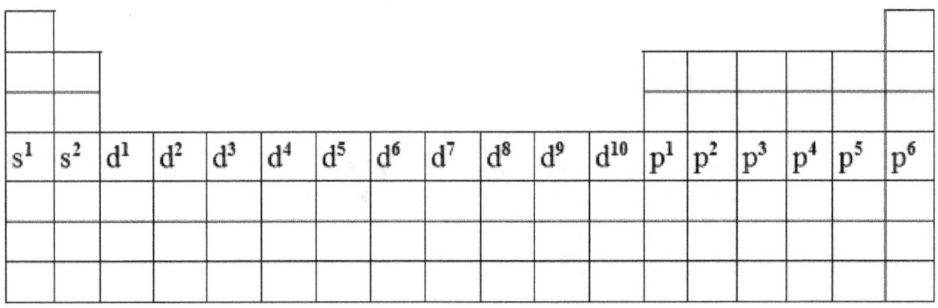


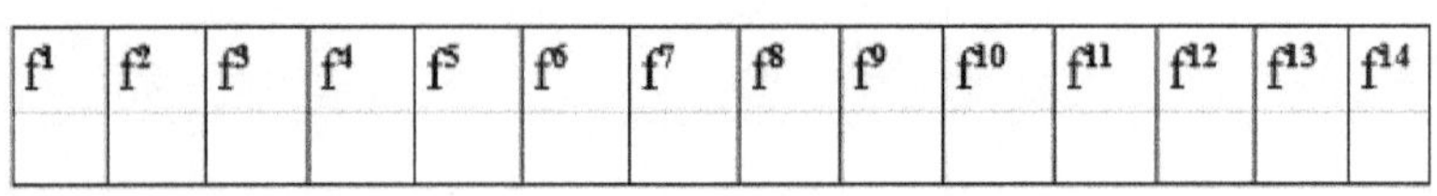


- Família "A": camada de valência terminada em "s" e "p".
- Família "B": camada de valência terminada em "d".
- Actinídeos e lantanídeos: camada de valência terminada em "f".

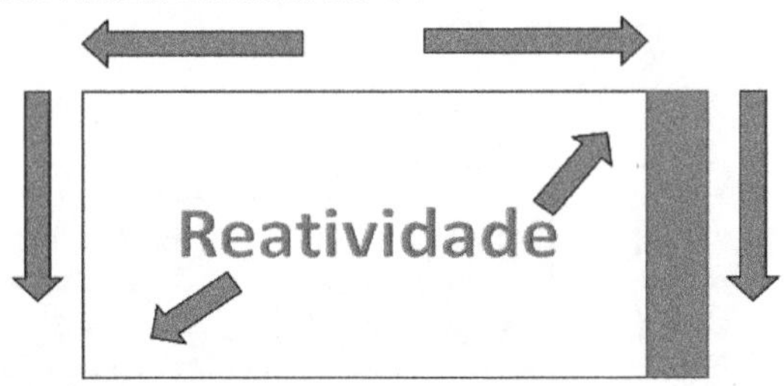


O princípio da incerteza de Heisenberg prevê que é impossível determinar a velocidade e a posição de um elétron simultaneamente.

Definimos orbital como a região mais provável de se encontrar um elétron.

O princípio de exclusão de Pauli nos diz que em um orbital podemos ter no máximo dois elétrons, com spins (giro ao redor do eixo) contrários. Um deles deve girar no sentido horário e o outro no anti-horário.

Os subníveis terão, portanto, uma quantidade de orbitais que representamos por um quadrado. Ao quadrado do meio indicamos o número quântico magnético ($m_\ell$) zero. Para a direta, os números quânticos magnéticos positivos e para a esquerda os negativos.

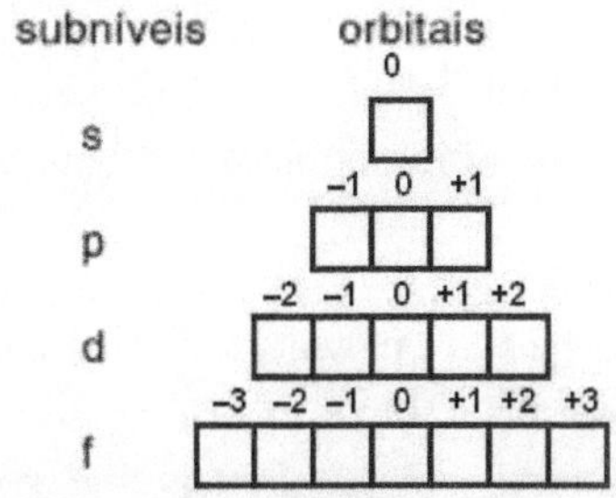


O princípio de Hund nos diz que, ao colocarmos os elétrons nos orbitais de um subnível, não podemos pôr o segundo elétron antes de preenchermos todos os orbitais com o primeiro elétron. O primeiro elétron do orbital terá número quântico spin (s ou $m_s$) −½ e o segundo +½. Mas isto depende de convenção. É possível encontrarmos esses valores invertidos.

Vamos determinar os quatro números quânticos do elétron mais energético do átomo de cromo.

$_{24}Cr \rightarrow 1s^2, 2s^2, 2p^6, 3s^2, 3p^6, 4s^2, 3d^4$

O elétron mais energético é o $3d^4$

n = 3 (camada 3)

$\ell$ = 2 (subnível d)

$m_\ell$ = +1

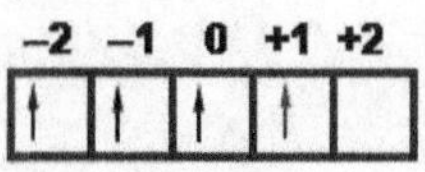


$m_s$ = −½ ( ou +½)

# 18. CLASSIFICAÇÕES PERIÓDICAS

## 18.1 Histórico da Classificação Periódica

Com o avanço da Química, os cientistas necessitaram de uma padronização da classificação dos elementos. Foram propostos vários tipos de classificação. Algumas delas são mais relevantes e, apesar de suas falhas, foram passos importantes, tais como:

> Tríades de Dobeirener – organizou os elementos em grupos de três em três de acordo com a sua massa.
> Parafuso telúrico de Chancourtois – os elementos foram organizados ao redor de um cone, como a rosca de um parafuso, em ordem crescente de massa.
> Oitavas de Newlands – comparou-se a organização dos elementos com a escala das notas musicais. Assim foram formados grupos de sete elementos, em que o oitavo repetia as propriedades do primeiro.

Quem promoveu uma organização que vai influenciar a atual classificação foi Mendeleyev. Ele organizou a sua tabela de elementos em ordem crescente de massa. Seu maior mérito foi deixar espaços vazios na tabela, prevendo a descoberta de novos elementos. Na época em que foi feita a organização de Mendeleyev, ainda não se conheciam as partículas fundamentais.

A classificação periódica dos elementos atualmente usada foi baseada na tabela de Mendeleyev e reorganizada por Moseley.

A lei da periodicidade das propriedades dos elementos é baseada nos números atômicos destes. Assim, a lei periódica diz que *"as propriedades dos elementos químicos são uma função periódica do número atômico"*.

## 18.2 Grupos e Períodos

Os 118 elementos atualmente conhecidos (podemos ter mais elementos em breve, pelo avanço das pesquisas), muitos deles produzidos em laboratório, com vidas efêmeras, durando fração de segundo, estão organizados na chamada Tabela Periódica dos Elementos.

Uma visão geral nos mostra os elementos organizados em metais, semimetais e não metais.

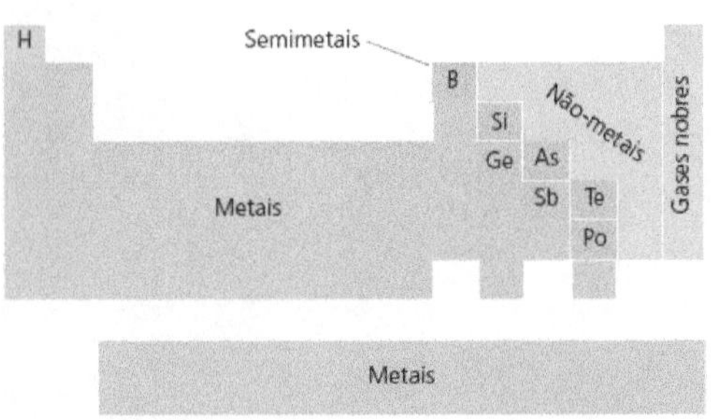


Estão distribuídos em linhas e colunas. (vide tabela periódica ao final desse capítulo)

As linhas chamam-se períodos e estão associadas às camadas da eletrosfera dos elementos nela contidos. Um elemento que está no segundo período tem duas camadas em sua eletrosfera.

As colunas são os grupos. Atualmente, os grupos são numerados sequencialmente (grupo 1, 2, 3 até 18), na chamada notação ACS.

Na classificação anterior, mas ainda usada, existiam dois grandes grupos: A e B.

É pela distribuição eletrônica por subníveis que vamos organizar os grupos.

Os grupos A (1A, 2A, 3A até o 7A, além do grupo 0) eram formados por elementos representativos, terminando a sua distribuição eletrônica em s ou p.

| Famílias | Nomes das famílias | Elementos | Camada de valência |
|---|---|---|---|
| 1A ou 1 | Hidrogênio e metais alcalinos | H Li Na K Rb Cs Fr | $ns^1$ |
| 2A ou 2 | Metais alcalinoterrosos | Be Mg Ca Sr Ba Ra | $ns^2$ |
| 6A ou 16 | Calcogênios | O S Se Te Po | $ns^2\ np^4$ |
| 7A ou 17 | Halogênios | F Cℓ Br I At | $ns^2\ np^5$ |
| 0 ou 18 | Gases nobres ou inertes | He Ne Ar Kr Xe Rn | $ns^2$ ou $ns^2\ np^6$ |

Os grupos B (1B, 2B, 3B até o 8B), elementos de transição com sua distribuição terminando em d (transição interna) ou f (transição externa).

Assim, podemos esquematizar a tabela periódica pela terminação da distribuição eletrônica:

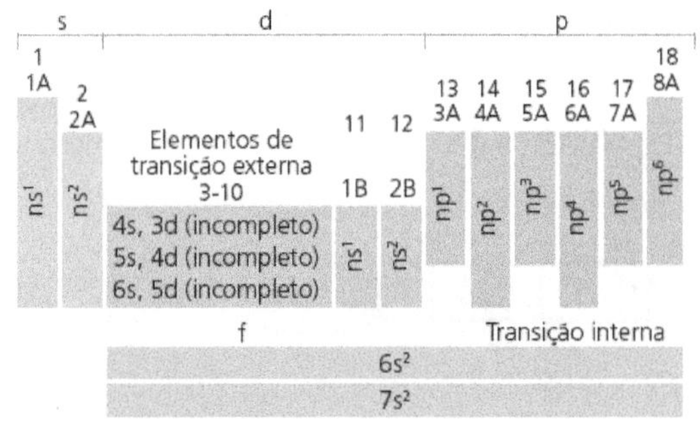


## 18.3 Propriedades Periódicas: Raio Atômico, Energia de Ionização, Afinidade Eletrônica, Eletropositividade e Eletronegatividade

As propriedades dos elementos dispostos na tabela dos elementos se repetem. Assim, existem propriedades periódicas, que se repetem periodicamente em função do aumento dos números atômicos. Temos também as propriedades aperiódicas, que só aumentam com o aumento do número atômico, tais como o calor específico e a massa atômica.

São propriedades periódicas importantes:

### Raio atômico

É o raio do átomo, ou seja, a distância do núcleo e o limite da sua eletrosfera. Como é muito difícil realizar esta medição em átomos isolados, utilizamos para esta medida a metade da distância entre dois núcleos vizinhos, sem ligação química entre eles.

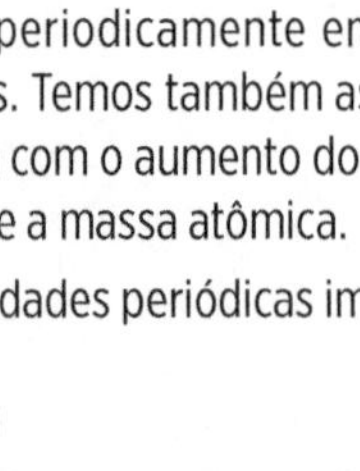


$$r = \frac{D}{2}$$

Em um grupo, analisando da parte superior da tabela para a inferior, aumentam o número de camadas da eletrosfera, aumentando assim o raio do átomo. Em um mesmo período, quanto mais à direita, mais prótons (cargas positivas) terá o núcleo atômico, atraindo, assim, a eletrosfera com mais força e deixando sua extensão menor. Resumidamente, temos as setas indicando o aumento do raio atômico:

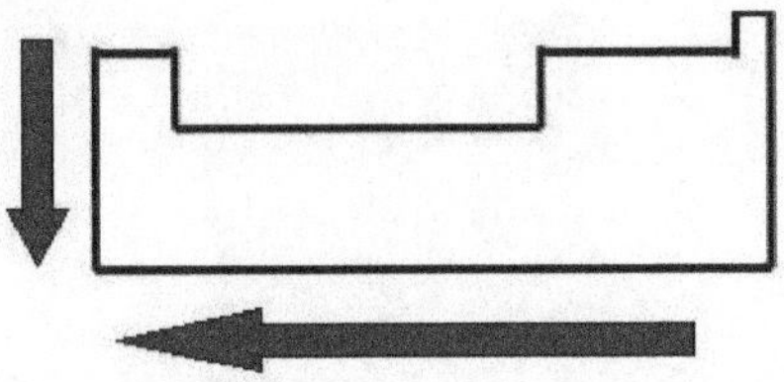

Devemos lembrar que, para os íons, o raio sofrerá alterações. O raio do ânion (átomo recebeu elétrons) será maior que o raio do átomo original. Mesmo raciocínio para o raio do cátion (átomo perdeu elétrons) que deve ser menor que o átomo original.

## Eletropositividade

Também chamada caráter metálico, é a tendência que o átomo tem de perder elétrons de sua eletrosfera. Quanto maior o raio do átomo, mais fraca a força de atração do núcleo e mais facilmente o átomo pode perder seus elétrons. Esquematicamente, temos:

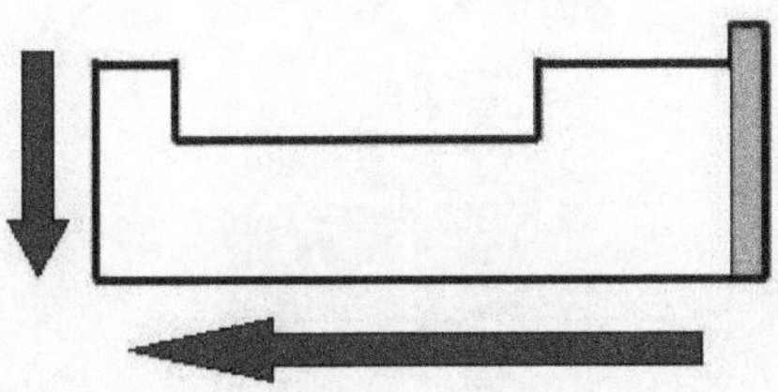

## Eletronegatividade

É a tendência do átomo de atrair elétrons para si. É o contrário da eletropositividade. Quanto menor for o raio do átomo, mais próxima está a eletrosfera da força de atração do núcleo e maior será a tendência de atrair elétrons. Esquematicamente, temos:

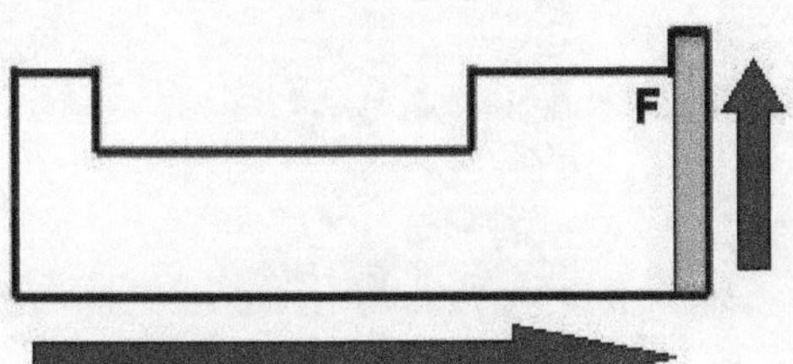


A escala de eletronegatividade de Linus Pauling prevê a seguinte sequência:

**F > O > N = Cℓ > Br > I = S = C > P = H**

## Afinidade eletrônica ou eletroafinidade

Quando a um átomo neutro, isolado, no estado gasoso, adicionamos um elétron, libera-se energia. Quanto maior a eletronegatividade do átomo, maior a sua eletroafinidade. Esquematicamente temos:

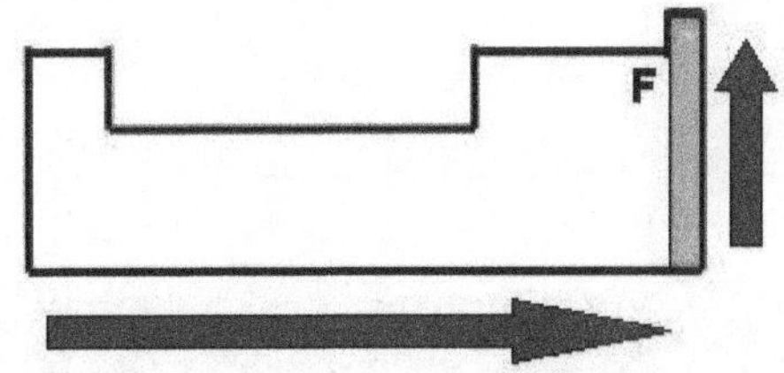


É importante salientar que os gases nobres estão estabilizados em suas eletrosferas e não possuem tendência a receber ou ceder elétrons. Portanto, gases nobres não possuem eletronegatividade, eletropositividade ou afinidade eletrônica.

## Energia de ionização

Energia de ionização ou potencial de ionização é a energia que necessitamos para retirar um elétron de um átomo isolado no estado gasoso. Percebe-se que, para isso, necessitamos quebrar a força de atração do núcleo sobre o elétron. Átomos com raio atômico menor têm tendência de atrair elétrons mais fortemente, o que fará com que precisemos de maior energia para tirar um de seus elétrons. Os gases nobres, pela sua estabilidade, também irão exigir energias muito maiores para retirada de seus elétrons. Esquematicamente, temos.

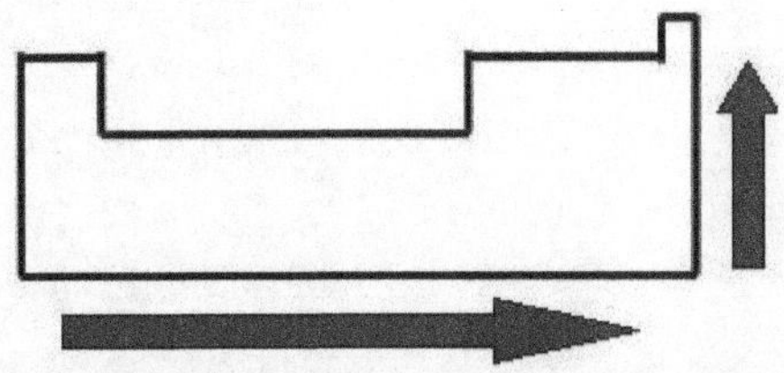

Importante lembrar que, após a retirada do primeiro elétron da eletrosfera de um átomo, a energia para retirar o segundo elétron será maior. Isto se deve ao fato de que, com um elétron a menos, sobra uma carga positiva no núcleo atômico, o que irá atrair os elétrons restantes com muito mais força, dificultando a retirada do segundo elétron, do terceiro e assim por diante.

# TABELA PERIÓDICA DOS ELEMENTOS

| | | | | | | | | | | | | | | | | | |
|---|---|---|---|---|---|---|---|---|---|---|---|---|---|---|---|---|---|
| 1<br>**H**<br>Hidrogênio | | | | | | | | | | | | | | | | | 2<br>**He**<br>Hélio |
| 3<br>**Li**<br>Lítio | 4<br>**Be**<br>Berílio | | | | | | | | | | | 5<br>**B**<br>Boro | 6<br>**C**<br>Carbono | 7<br>**N**<br>Nitrogênio | 8<br>**O**<br>Oxigênio | 9<br>**F**<br>Flúor | 10<br>**Ne**<br>Neônio |
| 11<br>**Na**<br>Sódio | 12<br>**Mg**<br>Magnésio | | | | | | | | | | | 13<br>**Al**<br>Alumínio | 14<br>**Si**<br>Silício | 15<br>**P**<br>Fósforo | 16<br>**S**<br>Enxofre | 17<br>**Cl**<br>Cloro | 18<br>**Ar**<br>Argônio |
| 19<br>**K**<br>Potássio | 20<br>**Ca**<br>Cálcio | 21<br>**Sc**<br>Escândio | 22<br>**Ti**<br>Titânio | 23<br>**V**<br>Vanádio | 24<br>**Cr**<br>Cromo | 25<br>**Mn**<br>Manganês | 26<br>**Fe**<br>Ferro | 27<br>**Co**<br>Cobalto | 28<br>**Ni**<br>Níquel | 29<br>**Cu**<br>Cobre | 30<br>**Zn**<br>Zinco | 31<br>**Ga**<br>Gálio | 32<br>**Ge**<br>Germânio | 33<br>**As**<br>Arsênio | 34<br>**Se**<br>Selênio | 35<br>**Br**<br>Bromo | 36<br>**Kr**<br>Criptônio |
| 37<br>**Rb**<br>Rubídio | 38<br>**Sr**<br>Estrôncio | 39<br>**Y**<br>Ítrio | 40<br>**Zr**<br>Zircônio | 41<br>**Nb**<br>Nióbio | 42<br>**Mo**<br>Molibdênio | 43<br>**Tc**<br>Tecnécio | 44<br>**Ru**<br>Rutênio | 45<br>**Rh**<br>Ródio | 46<br>**Pd**<br>Paládio | 47<br>**Ag**<br>Prata | 48<br>**Cd**<br>Cádmio | 49<br>**In**<br>Índio | 50<br>**Sn**<br>Estanho | 51<br>**Sb**<br>Antimônio | 52<br>**Te**<br>Telúrio | 53<br>**I**<br>Iodo | 54<br>**Xe**<br>Xenônio |
| 55<br>**Cs**<br>Césio | 56<br>**Ba**<br>Bário | 57<br>**La***<br>Lantânio | 72<br>**Hf**<br>Háfnio | 73<br>**Ta**<br>Tântalo | 74<br>**W**<br>Tungstênio | 75<br>**Re**<br>Rênio | 76<br>**Os**<br>Ósmio | 77<br>**Ir**<br>Irídio | 78<br>**Pt**<br>Platina | 79<br>**Au**<br>Ouro | 80<br>**Hg**<br>Mercúrio | 81<br>**Tl**<br>Tálio | 82<br>**Pb**<br>Chumbo | 83<br>**Bi**<br>Bismuto | 84<br>**Po**<br>Polônio | 85<br>**At**<br>Ástato | 86<br>**Rn**<br>Rádon |
| 87<br>**Fr**<br>Frâncio | 88<br>**Ra**<br>Rádio | 89<br>**Ac****<br>Actínio | 104<br>**Rf**<br>Rutherfórdio | 105<br>**Db**<br>Dúbnio | 106<br>**Sg**<br>Seabórgio | 107<br>**Bh**<br>Bóhrio | 108<br>**Hs**<br>Hássio | 109<br>**Mt**<br>Meitnério | 110<br>**Ds**<br>Darmstácio | 111<br>**Rg**<br>Roentgênio | 112<br>**Cn**<br>Copernício | 113<br>**Nh**<br>Nihonium | 114<br>**Fl**<br>Fleróvio | 115<br>**Mc**<br>Moscóvio | 116<br>**Lv**<br>Livermório | 117<br>**Ts**<br>Tenesso | 118<br>**Og**<br>Oganesson |

| | | | | | | | | | | | | | | |
|---|---|---|---|---|---|---|---|---|---|---|---|---|---|---|
| * | 58<br>**Ce**<br>Cério | 59<br>**Pr**<br>Praseodímio | 60<br>**Nd**<br>Neodímio | 61<br>**Pm**<br>Promécio | 62<br>**Sm**<br>Samário | 63<br>**Eu**<br>Európio | 64<br>**Gd**<br>Gadolínio | 65<br>**Tb**<br>Térbio | 66<br>**Dy**<br>Disprósio | 67<br>**Ho**<br>Hólmio | 68<br>**Er**<br>Érbio | 69<br>**Tm**<br>Túlio | 70<br>**Yb**<br>Itérbio | 71<br>**Lu**<br>Lutécio |
| ** | 90<br>**Th**<br>Tório | 91<br>**Pa**<br>Protactínio | 92<br>**U**<br>Urânio | 93<br>**Np**<br>Neptúnio | 94<br>**Pu**<br>Plutônio | 95<br>**Am**<br>Amerício | 96<br>**Cm**<br>Cúrio | 97<br>**Bk**<br>Berquélio | 98<br>**Cf**<br>Califórnio | 99<br>**Es**<br>Einstênio | 100<br>**Fm**<br>Férmio | 101<br>**Md**<br>Mendelévio | 102<br>**No**<br>Nobélio | 103<br>**Lr**<br>Laurêncio |

| METAIS | | | | | | SEMIMETAIS | NÃO METAIS | | | DESCONHECIDOS |
|---|---|---|---|---|---|---|---|---|---|---|
| Metais alcalinos | Metais alcalinoterrosos | Actinídios | Lantanídios | Metais de transição | Metais representativos | Semimetais | Não metais | Halogênios | Gases nobres | desconhecidos |

# 19. LIGAÇÕES QUÍMICAS

Os gases nobres, pela sua estabilidade, encontram-se na natureza na forma atômica e os demais átomos se ligam entre si. As ligações entre elementos ocorrem sempre na busca pela estabilidade. Esta estabilidade é representada pelos oito elétrons na última camada – camada de valência – que apresentam os gases nobres, exceção ao Hélio. Baseando-se nessa observação, formulou-se a teoria do octeto:

Átomos de diferentes elementos químicos ligam-se entre si cedendo, recebendo ou compartilhando elétrons visando adquirir a estabilidade do um gás nobre mais próximo, representada pela sua camada de valência.

## 19.1 Ligações Iônicas ou Eletrovalentes

Esta ligação ocorre entre íons, através de forças eletrostáticas intensas. Os íons formam-se quando se transferem elétrons de um átomo ligante para outro. As cargas elétricas contrárias, formadas no processo de transferência de elétrons, promovem a atração dos íons entre si.

Átomos com 1, 2 ou 3 elétrons tem tendência de ceder elétrons. Os átomos com 5, 6 ou 7 elétrons devem receber elétrons (eletronegatividade e eletropositividade)

Vamos realizar a ligação entre o sódio e o cloro.

$_{11}Na \rightarrow 1s^2\,2s^2\,2p^6\,3s^1 \rightarrow$ 1 elétron na camada de valência

$_{17}C\ell \rightarrow 1s^2\,2s^2\,2p^6\,3s^2\,3p^5 \rightarrow$ 7 elétrons na camada de valência

O sódio deve ceder seu elétron ao cloro

Formam-se íons

$$\left.\begin{matrix} Na^+ \\ C\ell^- \end{matrix}\right\} NaC\ell$$

Estes íons atraem-se entre si, formando uma estrutura de NaC.

Fórmula de Lewis ou representação de Lewis

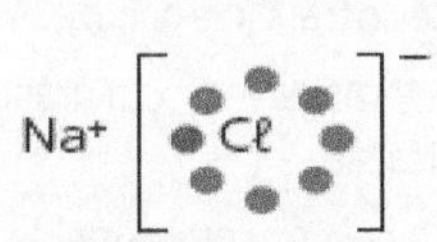


Fórmula de Lewis

Vamos agora realizar a ligação entre o Magnésio e o Bromo

$_{12}Mg \rightarrow 1s^2\,2s^2\,2p^6\,3s^2 \rightarrow$ 2 elétrons na camada de valência

$_{35}Br \rightarrow 1s^2\,2s^2\,2p^6\,3s^2\,3p^6\,4s^2\,3d^{10}\,4p^5 \rightarrow$ 7 elétrons na camada de valência

O magnésio cede dois elétrons e o bromo recebe somente um, assim, dois átomos de bromo receberão elétrons.

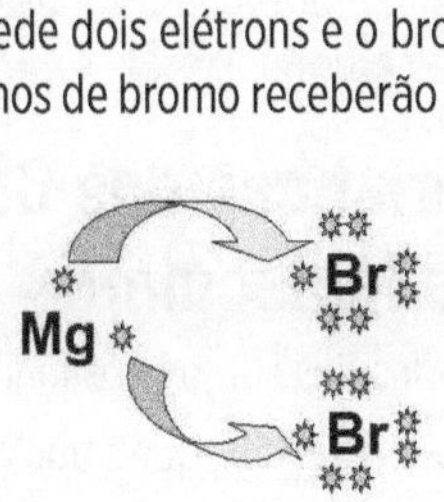


A estrutura formada tem fórmula $MgBr_2$

## 19.2 Ligações Covalentes

Os átomos ligantes possuem alta eletronegatividade, o que impede a transferência. Assim, os átomos irão compartilhar elétrons de sua eletrosfera.

Esta ligação ocorre entre:

Não metal e não metal

Não metal e hidrogênio

Hidrogênio e hidrogênio

Vamos ligar o átomo de hidrogênio com o átomo de cloro

$_1H \rightarrow 1s^1 \rightarrow$ 1 elétron de valência

$_{17}C\ell \rightarrow 1s^2\,2s^2\,2p^6\,3s^2\,3p^5 \rightarrow$ 7 elétrons na camada de valência

Compartilhando o elétron

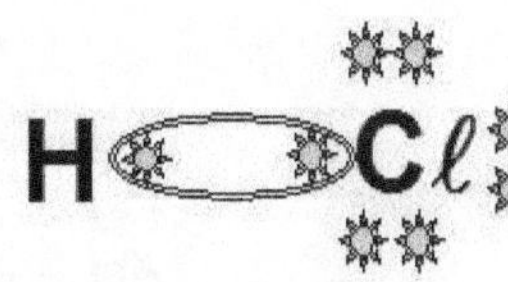


Fórmula eletrônica ou de Lewis

Fórmula estrutural plana

H – Cℓ

Fórmula molecular

HCℓ

A ligação única que ocorreu é chamada de ligação simples.

Nesta ligação ocorre uma interpenetração do orbital esférico s do hidrogênio com o orbital halteres p do cloro. Esta ligação por interpenetração de orbitais chama-se ligação sigma (σ). No caso temos uma ligação covalente σ (s – p).

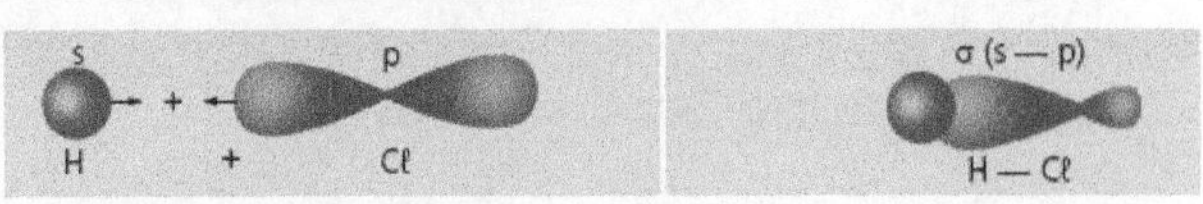


Na ligação entre dois átomos de hidrogênio teremos a interpenetração de dois orbitais s.

Neste caso temos uma ligação covalente σ (s – s).

Façamos a ligação entre dois átomos de oxigênio

$_8O \rightarrow 1s^2\,2s^2\,2p^4 \rightarrow$ 6 elétrons de valência

Efetuando a ligação

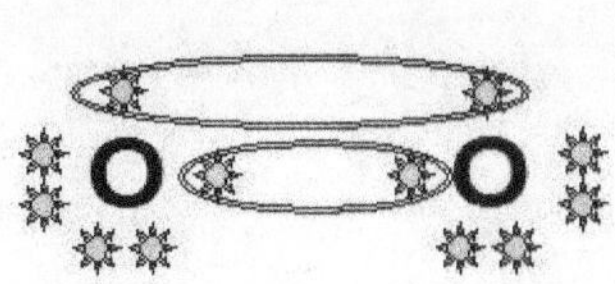

Fórmula eletrônica

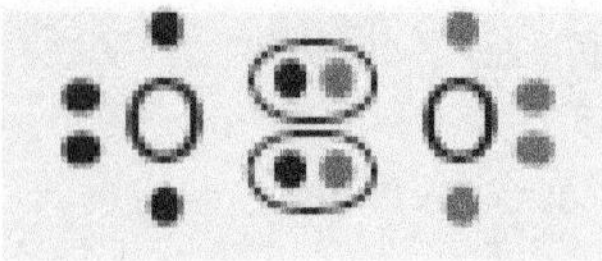

Fórmula estrutural plana

O = O (ligação dupla)

Fórmula molecular

$O_2$

Na ligação entre os dois átomos de oxigênio, teremos a interpenetração de dois orbitais p, formando uma ligação σ (p – p). Percebe-se, também, que outros dois orbitais ligantes p (halteres) ficam em paralelo, formando uma ligação covalente pi (π).

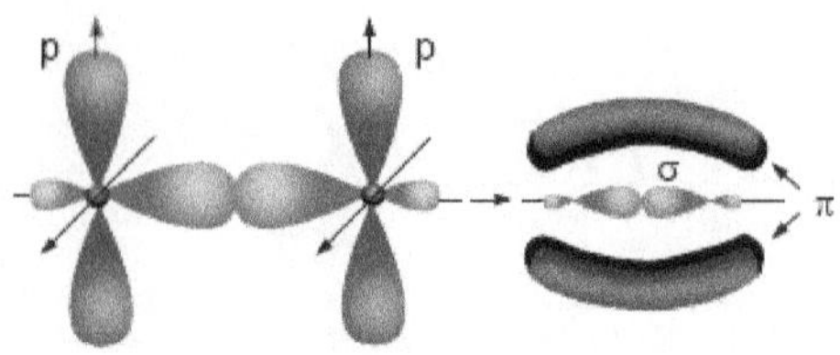


Na estrutura do gás oxigênio, $O_2$, temos uma ligação covalente σ(p – p) e uma ligação π.

Quando ligamos dois átomos de nitrogênio, teremos:

${}_7N \rightarrow 1s^2\, 2s^2\, 2p^3 \rightarrow$ 7 elétrons de valência

Ligando os átomos

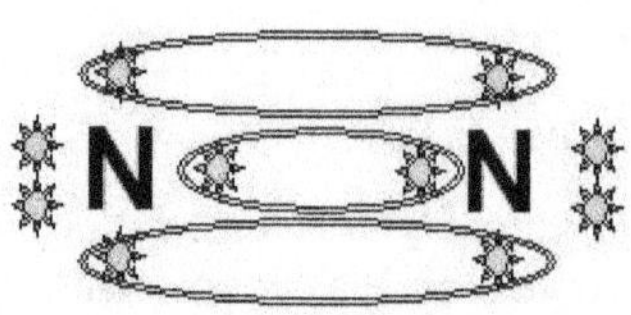

Fórmula molecular

$N_2$

Fórmula estrutural

N ≡ N

Observe que neste composto teremos uma ligação covalente σ (p – p) e duas ligações covalentes π.

Há uma possibilidade na ligação covalente, de compartilhamento de par de elétrons proveniente de um único átomo. Esta ligação chama-se ligação covalente coordenada.

Observemos a ligação entre um átomo de enxofre e dois átomos de oxigênio:

${}_{32}S \rightarrow 1s^2\, 2s^2\, 2p^6\, 3s^2\, 3p^6\, 4s^2\, 3d^{10}\, 4p^4 \rightarrow$ 6 elétrons na camada de valência

${}_8O \rightarrow 1s^2\, 2s^2\, 2p^4 \rightarrow$ 6 elétrons de valência

Ligação entre os átomos

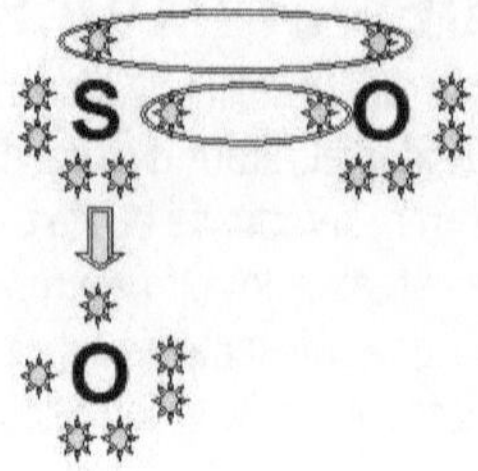

A ligação covalente extra é a ligação covalente coordenada, chamada antigamente de ligação dativa.

Assim, as ligações existentes no $SO_2$ (fórmula molecular) são:

1 ligação σ (p – p)

1 ligação π

1 ligação coordenada.

Fórmula estrutural

S=O
↓
O

A seta indica a ligação coordenada, por convenção do menos para o mais eletronegativo.

## 19.3 Ligação Metálica

Metais têm tendência a ceder elétrons pela sua baixa energia de ionização, formando cátions. Possuem também orbitais vazios na camada de valência, o que permite mobilidade de elétrons. Baseando-se nisso, concebeu-se a teoria das nuvens eletrônicas ou mar de elétrons, que, com sua força, manterá unidos os átomos dos metais. Percebe-se, portanto, que os elétrons da nuvem não estão ligados a nenhum átomo, ficando livres entre eles.

São propriedades dos metais:

> Seus pontos de fusão e ebulição são altos.

> São ótimos condutores de corrente elétrica.

> São sólidos em condições ambientes, com exceção do mercúrio, césio frâncio e gálio.

> São dúcteis e maleáveis com grandes densidades e resistência a tração.

> Refletem luz pelo seu brilho metálico.

Para alterarmos e melhorarmos as propriedades dos metais, recorremos à mistura de diferentes metais, produzindo ligas que os tornam mais apropriados ao uso. São as chamadas ligas metálicas. Um exemplo é o amálgama, usado pelos dentistas, que é a liga formada por prata e mercúrio. O ouro que é um metal muito mole é misturado com cobre e prata para confecção de joias, além do aço, liga entre ferro e carbono.

## 19.4 Características dos Compostos Iônicos e Moleculares

São propriedades dos compostos iônicos:

> São sólidos cristalinos, quebradiços e duros nas condições ambientes.

> Possuem altos pontos de fusão e ebulição.
> Conduzem corrente elétrica em solução aquosa ou quando fundidos.

São características dos compostos covalentes:

> Possuem baixas temperaturas de fusão e de ebulição tendo, portanto, baixa resistência ao calor.
> Apresentam-se nos três estados físicos.
> Quando puros, são maus condutores de corrente elétrica (exceção ao grafite). Alguns ácidos fortes, em solução aquosa, sofrerão ionização (formarão íons), o que torna a solução (ácido e água) condutora de corrente elétrica.

## 19.5 Geometria Molecular: Polaridade das Moléculas; Forças Intermoleculares; Polaridade e Solubilidade

Em uma molécula, os átomos que se ligam distribuem-se ao redor do átomo central. Isto forma uma estrutura no espaço, a qual chamamos de geometria espacial da molécula. Conhecer estas formas moleculares nos ajuda a entender as propriedades físicas dos compostos. Os pares eletrônicos do átomo central da molécula repelem-se para manterem o maior afastamento possível.

Para sabermos qual a estrutura espacial que determinada molécula apresenta, observe:

> Faça a fórmula eletrônica do composto.
> Determine quantos pares eletrônicos existem ao redor do núcleo do elemento central.
> Cada ligação – simples, dupla, tripla ou coordenada – é um par de elétrons.
> Os pares de elétrons não ligantes são retirados da geometria.
> Todos os pares de elétrons se repelem.

Esquematicamente temos:

| Nuvens | Orientação | Geometria | | Estrutura | Fórmula |
|---|---|---|---|---|---|
| 1 | H••H | linear | H••H | H — H | $H_2$ |
| 2 | :— X —: | linear | :C̈ℓ••Be••C̈ℓ: | Cℓ — Be — Cℓ | $BeC\ell_2$ |
| 3 | 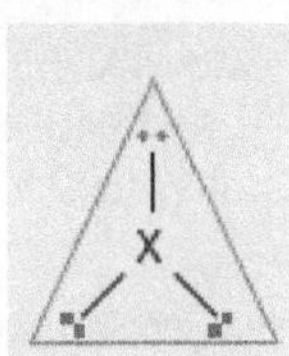 | angular | 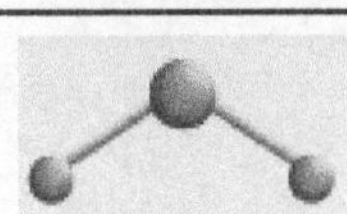 | 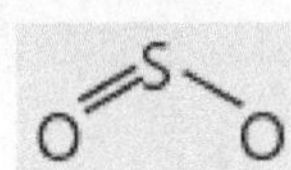 | $SO_2$ |
| | | trigonal plana | 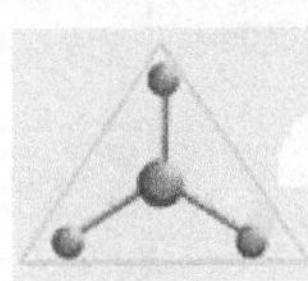 | 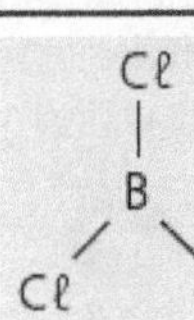 | $BC_3$ |
| 4 | 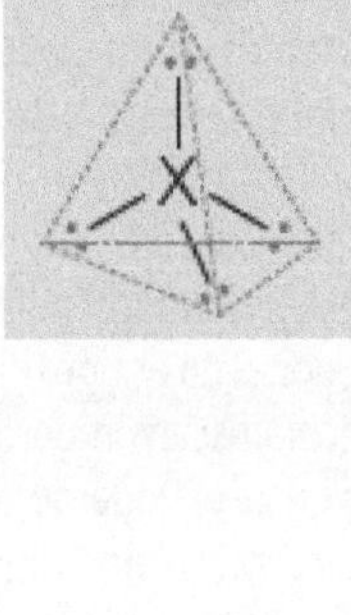 | angular | 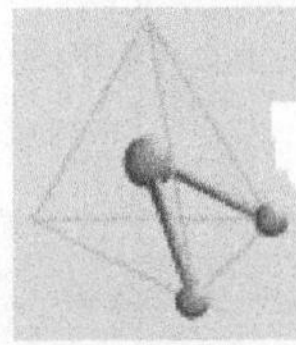 | 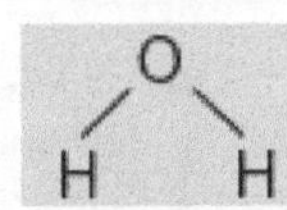 | $H_2O$ |
| | | piramidal | 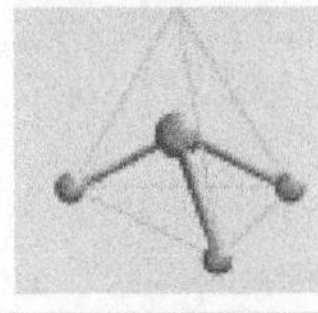 | 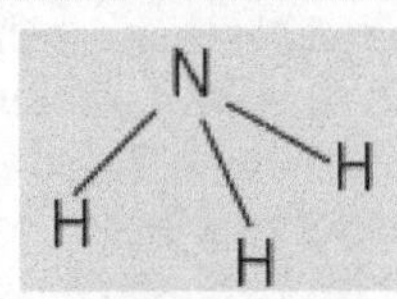 | $NH_3$ |
| | | tetraédrica | 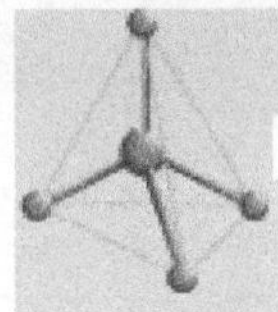 | 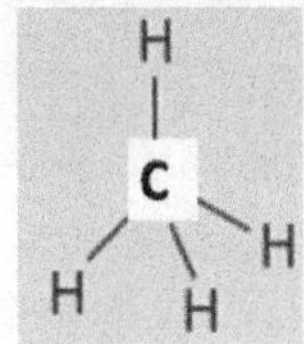 | $CH_4$ |

É a geometria molecular que vai determinar a polaridade da molécula.

Inicialmente, verifique a polaridade da ligação covalente.

Uma ligação covalente é apolar quando os ligantes possuem a mesma eletronegatividade.

F O N Cl Br I S C P H

← Eletronegatividade crescente

Uma ligação é covalente polar quando seus ligantes possuem eletronegatividades diferentes.

Ligação covalente apolar

$H_2$ ou H – H

Ligação covalente polar

HC$\ell$ ou H – C$\ell$

Cria-se um vetor de polaridade ( $\vec{\mu}$ ), pois sendo o cloro mais eletronegativo, ele atrai o par de elétrons para ele.

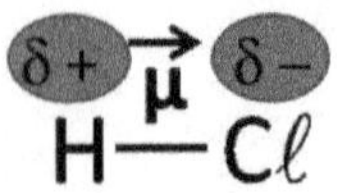

A polaridade de uma molécula será determinada pela resultante dos vetores $\vec{\mu}$.

Moléculas diatômicas de mesmo elemento são apolares.

H – H, C$\ell$ – C$\ell$, N ≡ N

Quando a resultante dos vetores for igual a zero, será apolar.

O = C = O, 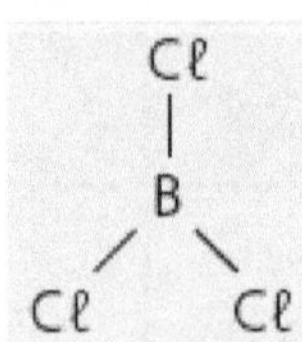

Quando a resultante dos vetores for diferente de zero, a molécula tende a deslocar a nuvem de elétrons para uma região da estrutura que ficará mais negativa que a outra.

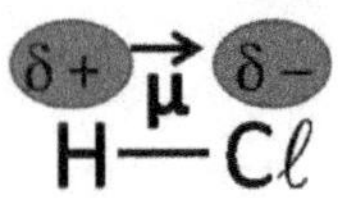

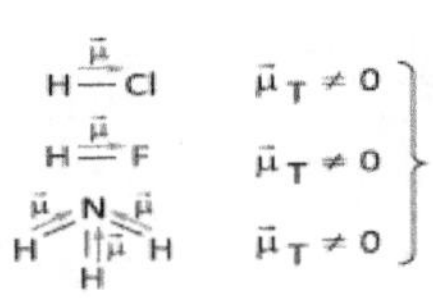


As cargas criadas nas estruturas tendem a unir as moléculas. São as chamadas forças intermoleculares. Quanto maior esta força, maior a tendência do composto se apresentar no estado sólido ou líquido. Como as moléculas apolares ou polares fracas não promovem atração entre as moléculas do composto, este deve se apresentar no estado gasoso. As principais forças intermoleculares são:

> Forças de van der Walls

Forças de London ou dipolo induzido-dipolo induzido.

É uma força de atração muito fraca que atua em estruturas apolares. Aparece em determinadas condições e desaparece quando estas cessam. É a força que mantém as moléculas de $CO_2$ (dióxido de carbono, apolar) no estado sólido, na forma de gelo seco.

Forças dipolo permanente – dipolo permanente

São as forças que atuam entre moléculas polares, ocorrendo atração devido às cargas elétricas.

**Ligações Hidrogênio**

Também chamada de pontes de hidrogênio ou associação hidrogênio intermolecular, ocorrem entre moléculas altamente polarizadas. É a força de atração entre o hidrogênio de uma molécula e o flúor, ou oxigênio ou nitrogênio de outra.

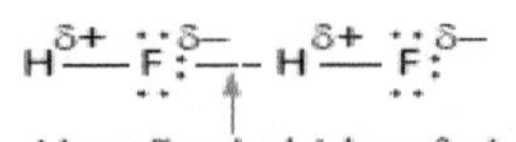


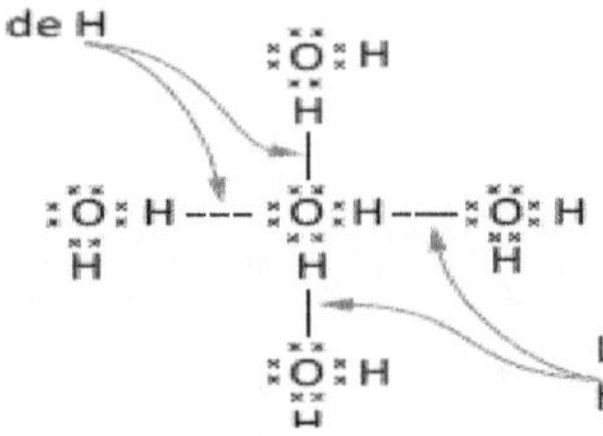


São estas forças intermoleculares que irão determinar as propriedades físicas das substâncias.

> Solubilidade

A regra que determina a solubilidade é "semelhante dissolve semelhante". Assim, substâncias apolares como o óleo ou gasolina irão dissolver substâncias apolares como a graxa.

A água é uma molécula muito polarizada (associação hidrogênio) que irá dissolver bem moléculas com pontes de hidrogênio melhor que moléculas com dipolo – dipolo. Cabe salientar que, quanto maior a molécula, menor é a sua solubilidade em água. O álcool etílico, por exemplo, tem uma molécula pequena é mais solúvel que álcool n-hexílico.

> Ponto de fusão e ebulição

Os fatores que mais influenciam os pontos de fusão (PF) e ebulição (PE) são as forças intermoleculares e a massa molecular. Quanto maior estes dois fatores, força e massa, maior os seus PF e PE. Para passar do estado sólido para o líquido, a temperatura irá aumentar o grau de agitação molecular, deixando as forças intermoleculares mais fracas. Quando a agitação atinge um grau muito alto, as forças intermoleculares se rompem e as moléculas passam para o estado gasoso. Podemos dizer que, se as moléculas têm massas moleculares muito próximas, o que determina seus PF e PE será a força intermolecular.

| Molécula apolar | Molécula polar | Molécula com ponte de hidrogênio |
|---|---|---|

PF e PE crescentes →

Já se as forças são muito próximas é a massa molecular que irá determinar a diferença de PF e PE. Assim, quando comparamos o metanol com o etanol, este último terá maiores PF e PE, pois sua massa molecular é maior.

$CH_3 - OH$ (metanol) < $CH_3 - CH_2 - OH$ (etanol)

## 19.6 Isomeria

Característica em determinadas moléculas que, apesar de possuírem a mesma fórmula molecular, possuem propriedades ou estruturas diferenciadas.

Veja o composto $C_2H_6O$:

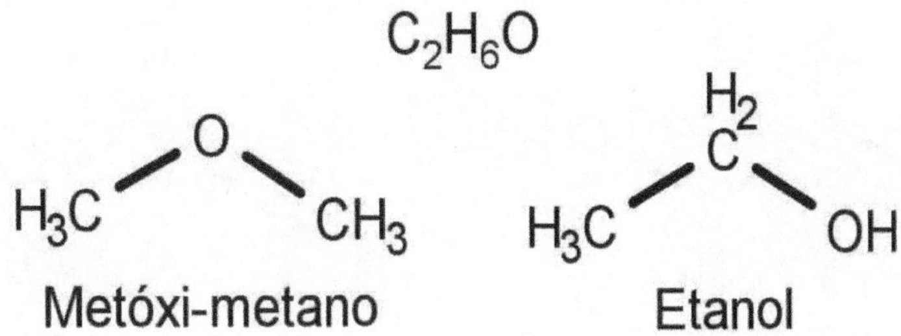


### Classificação dos isômeros

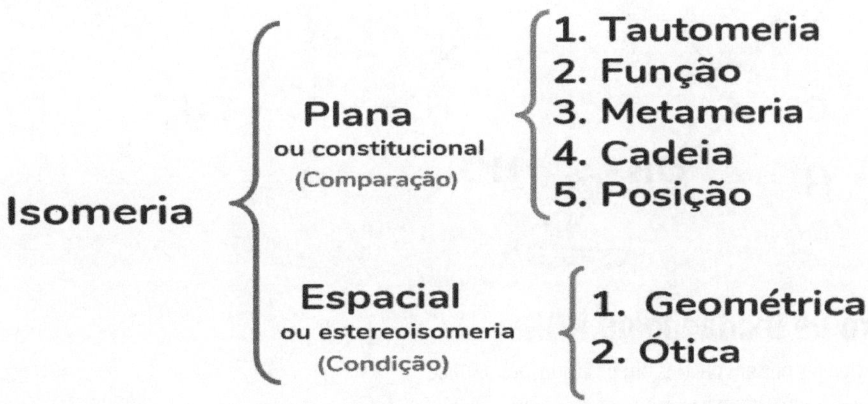


> Isometria plana ou constitucional: leva em consideração a fórmula estrutural plana das moléculas.
  » De função: diferença nos grupos funcionais.

| Éster | Ácido Carboxílico |
|---|---|
| 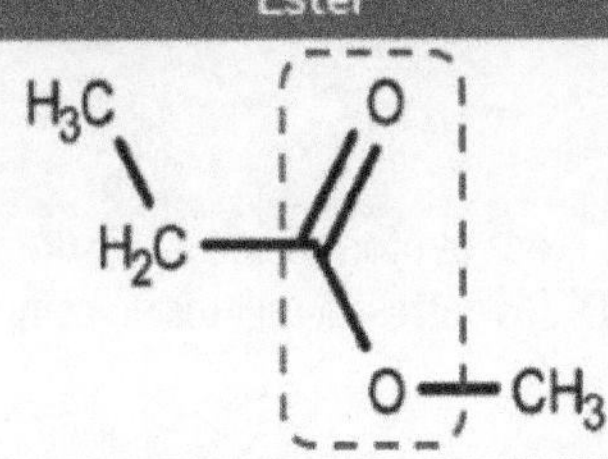 | 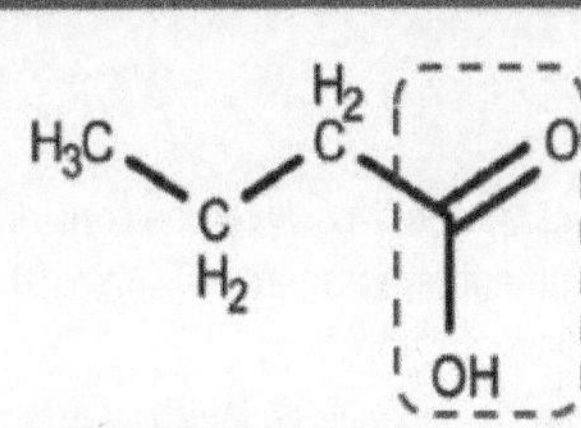 |
| Fórmula Molecular: $C_4H_8O_2$ | |

  » De cadeia: a diferença encontra-se na cadeia carbônica.

| Cadeia Ramificada | Cadeia Normal |
|---|---|
| 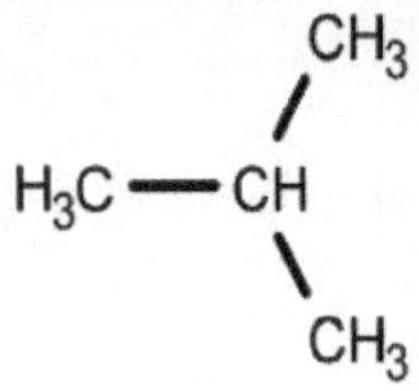 | 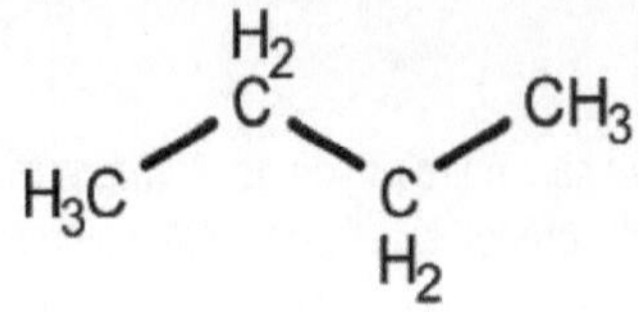 |
| Fórmula Molecular: $C_4H_{10}$ | |

» De posição: a posição de algum componente da molécula é diferente.

$$C_5H_{10}$$

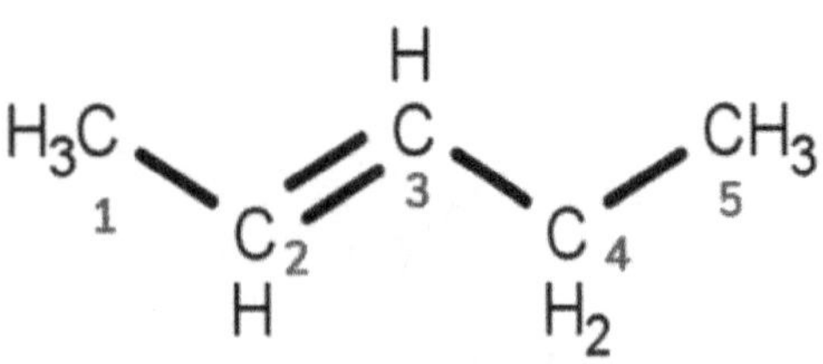

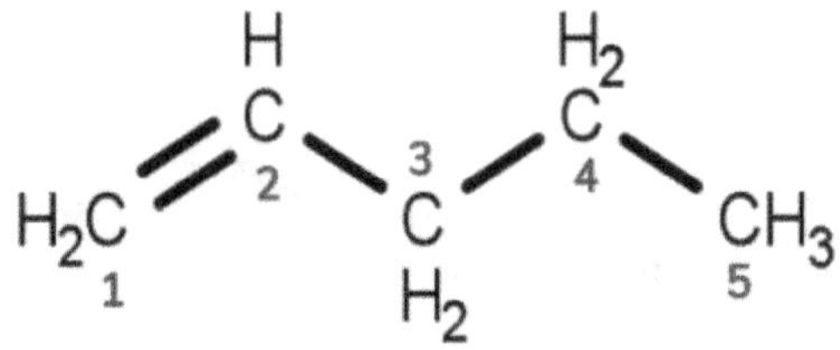

» Óptica: também podem ser conhecidos como enantiômeros. São a imagem especular um do outro; logo, esses isômeros possuem estruturas idênticas, com exceção quando estão espelhados, não sendo sobreponíveis.

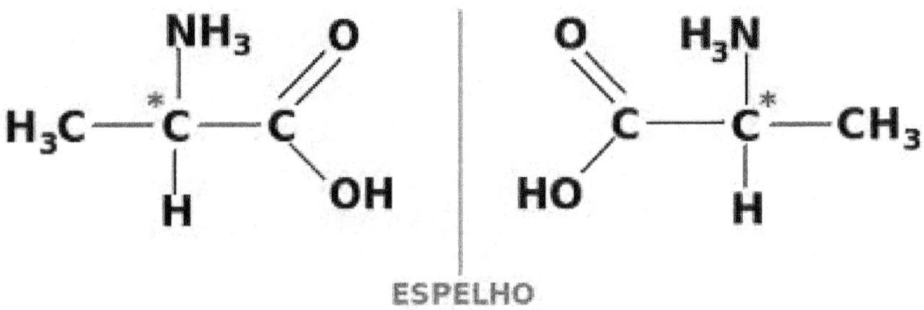


## 19.7 Número de Oxidação ou NOX

É o número de elétrons envolvidos em uma ligação química.

Regra para determinação do NOX de um elemento:

> Para substâncias simples, o NOX é sempre zero.

O oxigênio no $O_3$ (Ozônio) tem NOX zero

O nitrogênio no $N_2$ tem NOX zero

> Em um íon, o NOX é sua carga.

$Na^+$, Na = +1

$Cl^-$, Cl = –1

> Para substâncias compostas, devemos considerar que a soma dos NOX de todos os átomos que a constituem é sempre igual a zero. Alguns elementos possuem NOX fixo. Isto nos permite calcular o NOX dos outros elementos do composto, que possuem NOX variável. Devemos lembrar:

Elementos do grupo 1A da tabela periódica e a Ag => +1

Elementos do grupo 2A da tabela periódica e o Zn => +2

B e Aℓ => +3

Possuem NOX variável, mas são importantes no cálculo do NOX:

O = —2

Menos quando, na forma de peróxido (como água oxigenada, $H_2O_2$), vale —1

Superóxido (como superóxido de hidrogênio $H_2O_4$), quando vale —½

Fluoreto de oxigênio $OF_2$ em que vale +1

H = +1

Menos na forma de hidreto metálico, NaH, KH, em que vale —1

Observe estes exemplos:

Qual o NOX do enxofre no $Na_2SO_4$?

Montar o esquema com os NOX dos elementos conhecidos e com as quantidades destes elementos. O elemento desconhecido, deixar em branco.

**Na = + 1  x 2 = + 2**

**S =  x 1 = + 6**

**O = – 2  x 4 = – 8**

**0**

Que valor deve ser atribuído ao enxofre para terminar a conta?

S = +6

Outro exemplo. Determinar o NOX do elemento central do $Mg(NO_3)_2$

Montar o esquema

**Mg = + 2  x 1 = + 2**

**N =  x 2 = + 10**

**O = – 2  x 6 = – 12**

**0**

O valor que atribuímos ao nitrogênio para fechar o esquema é +5, logo, o NOX é N = +5.

> Para íons compostos, a soma dos NOX é igual a carga do íon.

São os mesmos raciocínios que utilizamos para calcular o NOX para substâncias compostas. A diferença é que a soma dos NOX não é zero e sim a carga do íon.

Qual o NOX do fósforo no $HPO_4^-$?

Montar o esquema

**H = + 1  x 1 = + 1**

**P =  x 1 = + 5**

**O = – 2  x 4 = – 8**

**– 2**

P = +5

# 20. FUNÇÕES INORGÂNICAS

## 20.1 Ácidos; Nomenclaturas, Reações, Propriedades, Formulação e Classificação

Por definição, segundo a teoria de Arrhenius, ácidos são compostos que, em solução aquosa, ionizam, produzindo como único íon positivo $H_3O^+$ (hidrônio ou hidroxônio).

Observe a ionização do HC.

$HC\ell + H_2O \rightarrow H_3O^+ + C\ell^-$

Outro exemplo:

$H_2SO_4 + 2\,H_2O \rightarrow 2\,H_3O^+ + SO_4^{2-}$

Podemos classificar os ácidos pela presença ou não de oxigênio em sua molécula:

> Hidrácidos: ácidos sem oxigênio na molécula - $HC\ell$, HF, $H_2S$

> Oxiácidos: ácidos com oxigênio na molécula - $H_2SO_4$, $H_3PO_4$, $HNO_3$

Quanto ao número de hidrogênios ionizáveis, classificamos os ácidos:

> Monoácidos: $HNO_3$, $HC\ell$

> Diácidos: $H_2S$, $H_2SO_4$

> Triácidos: $H_3PO_4$

> Poliácidos: $H_4P_2O_7$

Os ácidos do fósforo possuem em sua estrutura hidrogênios não ionizáveis.

Para classificar estes ácidos, verifique o número de oxigênios menos 1.

> $H_3PO_4 \rightarrow 4 - 1 = 3 \rightarrow$ triácido

> $H_3PO_3 \rightarrow 3 - 1 = 2 \rightarrow$ diácido

> $H_3PO_2 \rightarrow 2 - 1 = 2 \rightarrow$ monoácido

Quanto à volatilidade, temos

> Ácidos fixos: altos pontos de ebulição - $H_2SO_4$, $H_3BO_3$

> Ácidos voláteis: baixos pontos de ebulição - $HNO_3$, $HC\ell$, HCN, $H_2S$

Força dos ácidos:

A força dos ácidos é dada pelo grau de ionização ($\alpha$), que é o resultado da divisão do número de moléculas ionizadas pelo número de moléculas dissolvidas.

$$\alpha = \frac{\text{nº de moléculas ionizadas}}{\text{nº de moléculas dissolvidas}}$$

Conforme o resultado, temos:

$\alpha > 50\% \Rightarrow$ ácido forte ($HC\ell O_4$, $HC\ell$, $HNO_3$, $H_2SO_4$)

$50\% > \alpha > 5\%$ e $\Rightarrow$ ácido moderado (HF, $H_3PO_4$)

$\alpha < 5\% \Rightarrow$ ácido fraco ($H_2CO_3$, $H_3BO_3$, HCN)

De um modo mais prático, podemos saber a força:

Para os hidrácidos:

> Fortes – HI, HBr, $HC\ell$

> Moderados – HF

> Fracos – HCN, $H_2S$

Para os oxiácidos: fazer número de oxigênios menos o número de hidrogênios ionizáveis. Conforme o resultado, temos:

> Muito forte – $HC\ell O_4$

> Forte – $HC\ell O_3$, $H_2SO_4$, $HNO_3$

> Moderado – $HC\ell O_2$, $H_2SO_3$, $HNO_2$

> Fraco – $HC\ell O$, $H_2SO_2$

> Cuidado – $H_2CO_3$ é um ácido fraco

Nomenclatura dos ácidos:

> Para os hidrácidos: ácido + nome do elemento + terminação ídrico.

Exemplos:

HF: ácido fluorídrico;

$HC\ell$: ácido clorídrico;

HBr: ácido bromídrico;

HI: ácido iodídrico;

$H_2S$: ácido sulfídrico;

HCN: ácido cianídrico.

> Para os oxiácidos :calcule o NOX do elemento central. De acordo com o resultado, temos:

| Elementos | N<br>Cl<br>Br<br>I | P<br>As<br>Sb | S<br>Cr<br>Mn |
|---|---|---|---|
| Nº de H no ácido →<br>Nome do ácido ↓ | H | $H_3$ | $H_2$ |
| Hipo..................oso | +1 | | — |
| ..........................oso | +3 | | +4 |
| ..........................ico | +5 | | +6 |
| Per......................ico | +7 | | +7 |

Exemplo

$HC\ell O_3$ NOX do $C\ell = +5 \rightarrow$ ácido clórico

$HC\ell O_2$ NOX do $C\ell = +3 \rightarrow$ ácido cloroso

$HC\ell O$ NOX do $C\ell = +1 \rightarrow$ ácido hipocloroso

$HC\ell O_4$ NOX do $C\ell = +7 \rightarrow$ ácido perclórico

$H_2SO_4$ NOX do $S = +6 \rightarrow$ ácido sulfúrico

$H_2SO_3$ NOX do $S = +4 \rightarrow$ ácido sulfuroso

Alguns ácidos fogem à regra e devemos memorizar:

$H_2Cr_2O_7 \rightarrow$ ácido dicrômico

$HMnO_4 \rightarrow$ ácido permangânico

$H_2CO_3 \rightarrow$ ácido carbônico

$H_3BO_3 \rightarrow$ ácido bórico

As propriedades dos ácidos são:

> Quando em presença de indicadores ácido-base:

Tornassol – avermelhado.

Fenolftaleína – incolor.

> Produzem íons em solução aquosa, conduzindo, portanto, corrente elétrica (são eletrólitos).

> Possuem sabor azedo (nunca experimente!!!).

- Liberam gás hidrogênio ($H_2$) no cátodo (polo +) por eletrólise.

Alguns ácidos importantes:

- HF - ácido fluorídrico - derrete vidro, utilizado para marcar número do chassi do automóvel nos vidros, desenhos em copos.
- $HC\ell$ - ácido clorídrico - ácido muriático.
- $H_2S$ - ácido sulfídrico - cheiro de ovo podre.
- HCN - ácido cianídrico - gás da câmera de gás.
- $H_2CO_3 \rightarrow$ ácido carbônico - gás do refrigerante.
- $H_2SO_4 \rightarrow$ indústria química, bateria de automóveis.
- $H_3PO_4 \rightarrow$ fabricação de fertilizantes.
- $HNO_3 \rightarrow$ fabricação de fertilizantes e explosivos.

## 20.2 Bases; Nomenclaturas, Reações, Propriedades, Formulação e Classificação

Bases ou hidróxidos são compostos que em solução aquosa, produzem como único ânion (íon negativo) $OH^-$ (hidroxila ou oxidrila).

Ionização do NaOH: $NaOH + H_2O \rightarrow Na^+ + OH^-$

Outro exemplo: $Ca(OH)_2 + H_2O \rightarrow Ca^{2+} + 2\,OH^-$

Classificamos as bases de acordo com o número de hidroxilas em sua estrutura.

- Monobase: 1 $OH^-$ no composto - NaOH, KOH, $NH_4OH$.
- Dibase:- 2 $OH^-$ no composto - $Ca(OH)_2$, $Mg(OH)_2$, $Fe(OH)_2$.
- Tribase: 3 $OH^-$ no composto - $A\ell(OH)_3$, $Fe(OH)_3$.
- Polibase; mais que 3 $OH^-$ no composto - $Pb(OH)_4$.

Quanto à força e solubilidade em água das bases, temos:

- Fortes e solúveis: Bases de metais alcalinos e alguns alcalino-terrosos (Ca, Sr e Ba) - NaOH, KOH, $Ca(OH)_2$.
- Fracas e insolúveis: demais bases - $A\ell(OH)_3$, $Pb(OH)_4$, $Zn(OH)_2$.

*$NH_4OH$ é fraca, porém,, solúvel em água.*

Para a nomenclatura das bases, verifique o elemento ligante à hidroxila ($OH^-$).

- Elementos com NOX fixo (grupo 1A ,2A, $A\ell$) e $NH_4^+$:

Hidróxido de + nome do elemento:

NaOH: hidróxido de sódio.

KOH: hidróxido de potássio.

$NH_4OH$ - hidróxido de amônio.

$Ca(OH)_2$ - hidróxido de cálcio.

$Mg(OH)_2$ - hidróxido de magnésio.

$A\ell(OH)_3$ - hidróxido de alumínio.

- Elementos com NOX variável

NOX dos cátions:

| NOX | Elemento |
|---|---|
| +1 e +2 | Cu, Hg |
| +1 e +3 | Au |
| +2 e +3 | Fe, Cr, Co, Ni |
| +2 e +4 | Pb, Pt, Sn, Mn |
| +3 e +5 | Sb, As |

Hidróxido de + nome do elemento + NOX do elemento em algarismos romanos:

CuOH - hidróxido de cobre I.

$Fe(OH)_2$ - hidróxido de ferro II.

$Pb(OH)_2$ - hidróxido de chumbo II.

$Fe(OH)_3$ - hidróxido de ferro III.

Uma outra nomenclatura usa, após o cátion, terminação ICO para o maior NOX do elemento e OSO para o menor:

$Fe(OH)_2$ - hidróxido ferroso.

$Fe(OH)_3$ - hidróxido férrico.

$Pb(OH)_2$ - hidróxido plumboso.

$Pb(OH)_4$ - hidróxido de plúmbico.

São características das bases:

- Por serem compostos iônicos, sofrem dissociação em solução aquosa, conduzindo, portanto, corrente elétrica (são eletrólitos).
- Possuem sabor adstringente (nunca experimente!!!!!).
- Quando em presença de indicadores ácido-base.
- Tornassol - azul.
- Fenolftaleína - rosa.
- Liberam gás oxigênio ($O_2$) no ânodo (polo -) por eletrólise.

São bases importantes:

- NaOH - hidróxido de sódio (soda cáustica - sabão, celulose).
- KOH - hidróxido de potássio (potassa).
- $NH_4OH$ - hidróxido de amônio (amoníaco).
- $Ca(OH)_2$ - hidróxido de cálcio (cal extinta).
- $Mg(OH)_2$ - hidróxido de magnésio (antiácido).
- $Al(OH)_3$ - hidróxido de alumínio (antiácido).

## 20.3 Sais; Nomenclaturas, Reações, Propriedades, Formulação e Classificação

Teoricamente, um sal é o produto da reação de neutralização de um ácido por uma base.

Ácido + Base $\rightarrow$ Sal + Água

Reagindo ácido clorídrico com hidróxido de sódio:

$HC\ell + NaOH \rightarrow NaC\ell + H_2O$

Ou neutralizando ácido sulfúrico com hidróxido de cálcio:

$H_2SO_4 + Ca(OH)_2 \rightarrow CaSO_4 + 2\,H_2O$

Perceba que todos os hidrogênios ionizáveis do ácido reagiram com todas as hidroxilas da base, transformando-se em água. Cada hidrogênio ionizável do ácido necessita de uma hidroxila da base para neutralização, produzindo água.

Quando ocorre a neutralização de todos os hidrogênios ionizáveis por todas as hidroxilas, dizemos que ocorreu uma neutralização total.

Observe a neutralização total do ácido nítrico pelo hidróxido de magnésio:

$2\,HNO_3 + Mg(OH)_2 \rightarrow Mg(NO_3)_2 + 2\,H_2O$

O sal obtido pela neutralização total é chamado de sal normal ou neutro.

Uma neutralização será parcial quando nem todos os hidrogênios ionizáveis ou hidroxilas forem neutralizados. Vamos produzir sais ácidos ou sais básicos nestas reações.

Neutralização parcial do ácido:

$1\,H_3PO_4 + 1\,Be(OH)_2 \rightarrow BeHPO_4 + 2\,H_2O$

Nesta reação temos um sal ácido ou hidrógeno sal.

Neutralização parcial da base:

$1\,H_2S + 1\,A\ell(OH)_3 \rightarrow A\ell(OH)S + 2\,H_2O$

Foi produzido um sal básico neste processo ou hidróxi sal.

Existem, também, em casos especiais de neutralização, sais duplos quanto ao cátion ou ao ânion.

$H_2SO_4 + NaOH + KOH\ NaKSO_4 + 2\,H_2O$

O sal produzido é duplo quanto ao cátion.

$HC\ell + HNO_3 + Ca(OH)_2 \rightarrow CaC\ell NO_3 + 2\,H_2O$

O sal formado é duplo quanto ao ânion.

São propriedades dos sais:

- Sais são sólidos cristalinos a temperatura ambiente.
- Possuem altos pontos de ebulição e fusão.
- Conduzem corrente elétrica quando em solução aquosa ou quando fundidos
- Absorvem umidade do ar, são higroscópicos. Alguns sais absorvem muita umidade do ar e dissolvem-se nela. São chamados sais deliquescentes.
- Bem poucos sais são comestíveis, sendo a maioria veneno.

Alguns sais são chamados hidratados, como o $CuSO_4.5H_2O$, que possui uma quantidade de água definida em seu retículo, chamada água de cristalização.

Os sais apresentam solubilidade em água variável.

- São solúveis:

  Sais do grupo 1A e $NH_4^+$, $NO^-_3$ e $NO_2$ são todos solúveis em água.

  $C\ell$ e Br (menos de Ag, Pb e Hg)

  I (menos de Ag, Pb, Hg e Bi)

  $SO_4$ (menos de Ca, Ba, Sr e Pb)

- São insolúveis:

  Sulfetos (S) são insolúveis (menos os do grupo 1A e $NH_4^+$, Ca, Ba, Sr)

  Todos os demais ânions são insolúveis (menos grupo 1A e $NH_4^+$)

Como os sais são derivados dos ácidos, seus nomes também são. Para se dar nome a um sal, verifica-se o ácido de origem e converte-se a terminação.

| Terminação do nome do ácido | Terminação do nome do sal |
|---|---|
| ídrico | eto |
| oso | ito |
| ico | ato |

Assim, temos, para os cátions de NOX fixo:

$NaC\ell \rightarrow$ derivado do ácido clorídrico, logo o sal é cloreto de sódio

$A\ell(C\ell O_3)_3$ NOX do $C\ell$ = +5 $\rightarrow$ derivado do ácido clórico, logo o sal é clorato de alumínio

$Ca(C\ell O_2)$ NOX do $C\ell$ = +3 $\rightarrow$ derivado do ácido cloroso, logo o sal é clorito de cálcio

$KC\ell O$ NOX do $C\ell$ = +1 $\rightarrow$ derivado do ácido hipocloroso, logo o sal é hipoclorito de potássio

$NaC\ell O_4$ NOX do $C\ell$ = +7 $\rightarrow$ derivado do ácido perclórico, logo o sal é perclorato de sódio

$(NH_4)_2SO_4$ NOX do S = +6 $\rightarrow$ derivado do ácido sulfúrico, logo o sal é sulfato de amônio

$SrSO_3$ NOX do S = +4 $\rightarrow$ derivado do ácido sulfuroso, logo o sal é sulfito de estrôncio

Para os sais de cátions de NOX variável, vamos seguir a mesma regra que já usamos para as bases

$Fe(NO_3)_2$ NOX do N = +5 $\rightarrow$ ferro com NOX +2, derivado do ácido nítrico, logo o sal é nitrato de ferro II ou nitrato ferroso

$Fe(NO_3)_3$ NOX do N = +5 $\rightarrow$ ferro com NOX +3, derivado do ácido nítrico, logo o sal é nitrato de ferro III ou nitrato férrico

$Cu_3PO_4$ NOX do P = +5 $\rightarrow$ cobre com NOX +1, derivado do ácido fosfórico, logo o sal é fosfato de cobre I ou fosfato cuproso

$Cu_3(PO_4)_2$ NOX do P = +5 $\rightarrow$ cobre com NOX +2, derivado do ácido fosfórico, logo o sal é fosfato de cobre II ou fosfato cúprico

$Ni(C\ell O_2)_2$ NOX do $C\ell$ = +3 $\rightarrow$ níquel com NOX +2, derivado do ácido cloroso, logo o sal é clorito de níquel II ou clorito niqueloso

$Ni(C\ell O_2)_3$ NOX do $C\ell$ = +3 $\rightarrow$ níquel com NOX +3, derivado do ácido cloroso, logo o sal é clorito de níquel III ou clorito niquélico

Para um sal ácido ou básico, temos

$BeHPO_4 \rightarrow$ NOX do P = +5 $\rightarrow$ derivado do ácido fosfórico, logo o sal é fosfato ácido de berílio

$Li(OH)_2S \rightarrow$ derivado do ácido sulfídrico, logo o sal é o sulfeto dibásico de lítio.

No caso de um sal duplo, temos

$NaKSO_2$ → NOX do S = +2 → derivado do ácido hiposulfuroso, logo o sal é hiposulfito duplo de sódio e potássio

$CuSO_4.5H_2O$ NOX do S = +6 → cobre com NOX +2, derivado do ácido sulfúrico, logo o sal é sulfato de cobre II penta hidratado ou sulfato cúprico penta hidratado.

Alguns sais importantes:

$NaC\ell$ – cloreto de sódio – sal de cozinha

$NaNO_3$ – nitrato de sódio – salitre do Chile

$CaCO_3$ – carbonato de cálcio – calcário, agricultura, mármore branco

$NaHCO_3$ – carbonato ácido de sódio – bicarbonato de sódio

$KA\ell(SO_4)_2.12\ H_2O$ → sulfato de alumínio e potássio dodecahidratado – pedra hume

## 20.4 Óxidos; nomenclaturas, reações, propriedades, formulação e classificação

Definem-se os óxidos como compostos binários em que o elemento mais eletronegativo é o oxigênio.

De acordo com o comportamento de um óxido em presença de água, ácidos ou bases, podemos classificá-los:

### Óxidos ácidos ou anidridos

São óxidos com caráter covalente, em que o ligante do oxigênio possui NOX $\geq$ +4.

**Reagem com água produzindo ácidos.**

$SO_3 + H_2O \rightarrow H_2SO_4$ (chuva ácida)

$CO_2 + H_2O \rightarrow H_2CO_3$ (produção do gás do refrigerante)

**Reagem com bases minerais.**

$SO_2 + Ca(OH)_2 \rightarrow CaSO_3 + H_2O$

$CO_2 + Ca(OH)_2 \rightarrow CaCO_3 + H_2O$

**A nomenclatura dos óxidos ácidos informa:**

quantas vezes óxido + de + quantas vezes o elemento

ou

anidrido + nome do ácido que irá originar por reação com água

$SO_2$ → dióxido de carbono ou anidrido sulfuroso

$SO_3$ → trióxido de enxofre ou anidrido sulfúrico

$CO_2$ → dióxido de carbono ou anidrido carbônico

### Óxidos básicos

Um óxido possui caráter iônico, no qual o ligante do oxigênio possui NOX $\leq$ +3.

Estes óxidos reagem com água produzindo bases.

$CaO + H_2O \rightarrow Ca(OH)_2$ (cal virgem queimada produz cal extinta)

$Na_2O + H_2O \rightarrow 2\ NaOH$

Reagem com ácidos minerais.

$K_2O + 2\ HC\ell \rightarrow 2\ KC\ell + H_2O$

$MgO + 2\ HNO_3 \rightarrow Mg(NO_3)_2 + H_2O$

A nomenclatura dos óxidos básicos, se o cátion tem NOX fixo é:

Óxido de + nome do cátion

$Na_2O$ → óxido de sódio

$CaO$ → óxido de cálcio

$MgO$ → óxido de magnésio

Se o cátion tem NOX variável, adotamos a nomenclatura que já utilizamos nas bases e nos sais.

$FeO$ → óxido de ferro II ou óxido ferroso

$Fe_2O_3$ → óxido de ferro III ou óxido férrico

### Óxidos neutros

São óxidos covalentes e não reagem com água, ácidos ou bases – CO, NO, $N_2O$

Seus nomes são monóxido de carbono, monóxido de nitrogênio e monóxido de dinitrogênio, respectivamente.

### Óxidos anfóteros

Comportam-se como ácidos em presença de bases e como bases em presença de ácidos – $A\ell_2O_3$ ZnO, SnO, $SnO_2$, PbO e $PbO_2$

Observe o comportamento do óxido de zinco.

$ZnO + HC\ell \rightarrow ZnC\ell_2 + H_2O$ (reage com ácido)

$ZnO + 2\ NaOH \rightarrow Na_2ZnO_2O + H_2$ (reagiu com base)

### Óxidos mistos, duplos ou salinos

Estes óxidos têm comportamento como se fossem formados por dois óxidos de um mesmo elemento.

$Fe_3O_4$ – $Fe_2O_3.FeO$ → perceba que o NOX do ferro é + 8/3

$Pb_3O_4$ – $Pb_2O_3.PbO$ → perceba que o NOX do chumbo é + 8/3

### Peróxidos e superóxidos

Peróxidos são óxidos em que o oxigênio apresenta NOX igual −1, e nos superóxidos o oxigênio tem NOX igual – ½

$H_2O_2$ – oxigênio com NOX = – 1

$H_2O_4$ – oxigênio com NOX = – ½

Alguns óxidos importantes:

CaO – óxido de cálcio – cal virgem

$NaC\ell O$ – hipoclorito de sódio – água sanitária, desinfetante

$A\ell_2O_3$ – óxido de alumínio – alumina

$H_2O_2$ – peróxido de hidrogênio – água oxigenada

$Fe_3O_4$ – óxido férrico ferroso – magnetita

# 21. REAÇÕES QUÍMICAS

## 21.1 Tipos de Reações Químicas

Classificamos as reações minerais em quatro grupos:

### Reações de síntese ou adição

São reações em que dois ou mais compostos reagem e produzem um único produto.

Existe a síntese total, quando partimos de substâncias simples

$H_2 + ½ O_2 \rightarrow H_2O$

Existe a síntese parcial, quando partimos de pelo menos uma substância composta

$SO_3 + H_2O \rightarrow H_2SO_4$

### Reações de análise ou decomposição

Ocorre quando o reagente único se decompõe em duas ou mais substâncias. Algumas reações de decomposição recebem nomes particulares:

> Pirólise - decomposição pelo calor:

$CaCO_3 \rightarrow CaO + CO_2$ (reação de produção de cal virgem a partir do calcário)

$\Delta$

> Fotólise - decomposição pela luz:

luz

$2 AgBr \rightarrow Ag + Br_2$

> Eletrólise - decomposição por ação de corrente elétrica:

$2 H_2O \rightarrow 2 H_2 + O_2$

### Reações de simples troca ou deslocamento

São reações em que o elemento de uma substância simples desloca um elemento de uma substância composta. São basicamente reações do tipo:

$A + BC \rightarrow AC + B$

ou

$A + BC \rightarrow BA + C$

Observe os exemplos:

**$K + AgC\ell \rightarrow KC\ell + Ag$**

**$Zn + 2 HC\ell \rightarrow ZnC\ell_2 + H_2$**

**$C\ell_2 + CaI_2 \rightarrow CaC\ell_2 + I_2$**

### Reações de dupla troca

Nestas reações, duas substâncias compostas reagem trocando seus cátions.

São basicamente reações do tipo:

$AB + CD \rightarrow AD + CB$

Observe o exemplo:

**$NaC\ell + AgNO_3 \rightarrow AgC\ell + NaNO_3$**

## 21.2 Previsão de Ocorrência das Reações Químicas

Nem sempre a mistura de substâncias produz uma reação química. Além do contato entre os reagentes, é necessário que os produtos a serem formados sejam mais estáveis que os reagentes.

### Condições para ocorrência de reações de deslocamento

A substância simples deve ser mais reativa que o cátion ou o ânion da substância composta.

> Deslocamento do cátion.

Observa-se a ordem de reatividade:

K > Ba > Ca > Na > Mg > Al > Zn > Fe > H > Cu > Hg > Ag > Au

Metais alcalinos e alcalinoterrosos — Metais comuns — Metais nobres

Reatividade crescente ou eletropositividade crescente

São exemplos:

$Na + AgC\ell \rightarrow NaC\ell + Ag$

$Ag + NaC\ell \rightarrow$ não ocorre (Ag é menos reativo que o Na)

Alguns deslocamentos com o hidrogênio da água merecem atenção.

Os metais alcalinos reagem explosivamente com a água, liberando hidrogênio e grandes quantidades de energia.

$2 Na + 2 H_2O \rightarrow 2 NaOH + H_2$

Metais comuns reagem com a água aquecida, liberando gás hidrogênio e formando óxido.

$Zn + H_2O \rightarrow ZnO + H_2$

$\Delta$

Metais nobres não reagem com a água.

$Au + H_2O \rightarrow$ não ocorre

$\Delta$

> Deslocamento do ânion

Observar a ordem de reatividade dos não metais

F > O > N > Cl > Br > I = S = C > P = H

Reatividade crescente

São exemplos

$2 KI + C\ell_2 \rightarrow 2 KC\ell + I_2$

$2 KC\ell + I_2 \rightarrow$ não ocorre (I é menos reativo que $C\ell$)

### Condições para ocorrência de reações de dupla troca

As condições básicas para que ocorra uma dupla troca são:

> Formação de um composto insolúvel - precipitado:

Observar que:

- Ácidos minerais são, de modo geral, solúveis.

- Bases do grupo 1A (metais alcalinos), 2A (alcalino terrosos, Ca, Sr e Ba) e amônio ($NH_4$) são solúveis. As demais são insolúveis.

- Sais do grupo 1A e $NH_4^+$, $NO^-_3$ e $NO^-_2$ são todos solúveis em água.

- Os cloretos ($Cl^-$), brometos ($Br^-$) e iodetos ($I^-$) são solúveis, exceto: $Ag^+$, $Hg_2^{2+}$ e $Pb^{2+}$.

- Os sulfatos são solúveis, exceto: $Ca^{2+}$, $Sr^{2+}$, $Ba^{2+}$ e $Pb^{2+}$.

- Os sulfetos ($S^{2-}$) são insolúveis, exceto: alcalinos, $NH_4^+$, $Ca^{2+}$, $Sr^{2+}$ e $Ba^{2+}$.

- Outros sais são insolúveis, exceto: alcalinos e $NH_4^+$.

Assim, observamos:

$AgNO_{3(aq)} + NaC\ell_{(aq)} \rightarrow AgC\ell_{(s)} + NaNO_{3(aq)}$ a reação ocorre, pois o cloreto de prata formado é insolúvel em água e precipitou.

$AgC\ell_{(aq)} + NaNO_{3(aq)} \rightarrow AgNO_{3(aq)} + NaC\ell_{(aq)}$ a reação não ocorre, pois os dois sais que seriam formados são solúveis em água.

> Formação de um eletrólito fraco:

A formação de um ácido fraco ou base fraca é condição para que uma dupla troca ocorra.

Lembrando a força e solubilidade das bases

- Fortes e solúveis – Bases de metais alcalinos e alguns alcalino-terrosos (Ca, Sr e Ba) – NaOH, KOH, $Ca(OH)_2$

- Fracas e insolúveis – demais bases – $Al(OH)_3$, $Pb(OH)_4$, $Zn(OH)_2$

- Importante: $NH_4OH$ é fraca, porém, solúvel em água.

Lembrando a força dos ácidos

- Hidrácidos: $HC\ell$, HBr, HI são fortes; HF moderado; demais são fracos

- Oxiácidos: fazer número de oxigênios da fórmula menos número de hidrogênios ionizáveis. Resultado 3 é um ácido muito forte ($HC\ell O_4$), 2 é forte ($HC\ell O_3$), 1 é moderado ($HC\ell O_2$) e 0 é fraco ($HC\ell O$). O ácido $H_2CO_3$ é fraco e instável, decompondo-se em $CO_2$ e $H_2O$.

Observe o exemplo:

$H_2SO_{4(aq)} + 2\ NaNO_{2(aq)} \rightarrow Na_2SO_{4(aq)} + 2\ HNO_{2(aq)}$ reação ocorre, pois o ácido formado ($HNO_2$) é mais fraco que o ácido inicial ($H_2SO_4$)

> Formação de água: reações que formam água são espontâneas.

$HC\ell_{(aq)} + NaOH_{(aq)} \rightarrow NaC\ell_{(aq)} + H_2O_{(\ell)}$

> Formação de uma substância mais volátil: nesta condição, o ponto de ebulição de um dos produtos formados deve ser baixo. Como a substância volátil evapora, ela sai do processo encerrando a reação.

São voláteis

Ácidos – HF, $HC\ell$, HBr, HI, $H_2S$, HCN, $HNO_3$

Alguns ácidos se decompõem: $H_2CO_3$ e $H_2SO_3$

$H_2CO_3 \rightarrow H_2O_{(\ell)} + CO_{2(g)}$

Bases – $NH_4OH$ amoníaco

$NH_4OH \rightarrow NH_3 \uparrow + H_2O$

Um exemplo clássico, muito utilizado em provas é

$H_2SO_{4(aq)} + 2\ NaC\ell_{(aq)} \rightarrow Na_2SO_{4(s)} + 2\ HC\ell_{(g)} \uparrow$

## Reações de oxirredução

São reações em que um ou mais elementos sofrem variação de NOX, ou seja, no reagente, o elemento apresenta um NOX e no produto, outro.

Verifique que:

> Elementos que entram na reação no meio de uma fórmula ($HNO_3$) e saem na ponta ($NO_2$) sofreram variação de NOX.

> Elementos que entraram como substância simples ($C\ell_2$) e saíram como composta ($HC\ell$) variaram o NOX.

$Zn + 2\ HC\ell \rightarrow ZnC\ell_2 + H_2$

Nesta reação, Zn e H variaram o NOX.

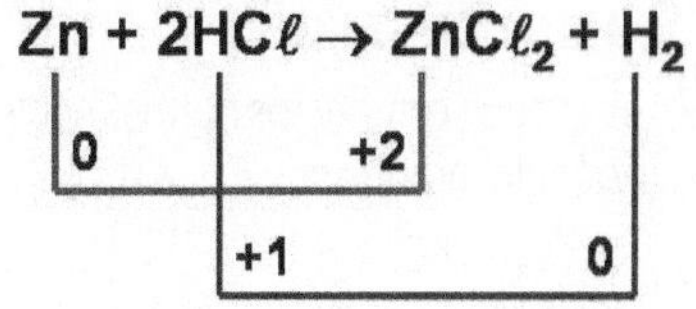


Esta é, portanto, uma reação de oxirredução.

Quando um elemento aumenta o NOX, dizemos que sofreu oxidação, que perdeu elétrons.

O elemento que diminui o NOX sofreu redução, recebeu elétrons.

No exemplo

Zn → sofreu oxidação, cedeu elétrons no processo.

H → sofreu redução, recebeu elétrons.

A substância que possui o elemento que sofreu oxidação é chamada de agente redutor e a substância que possui o elemento que sofreu a redução, agente oxidante.

Zn → sofreu oxidação, cedeu elétrons no processo → Zn é o agente redutor.

H → sofreu redução, recebeu elétrons → $HC\ell$ é o agente oxidante.

# 21.3 Balanceamento de Equações pelo Método da Tentativa e Oxirredução

Uma reação química é representada na forma escrita por uma equação química. Nesta encontramos reagentes e produtos. Balancear uma reação significa acertar os coeficientes, de tal modo que a quantidade de elementos reagentes seja igual à quantidade de elementos produtos. Existem dois modos de se balancear uma reação. Para equações químicas pequenas, em que não ocorra variação de NOX dos elementos participantes, usamos o método da tentativa e erro. Para equações químicas em que ocorre variação de NOX dos elementos participantes, usamos o método da oxirredução ou redox.

O método de balanceamento de reações por tentativa e erro consiste em acertar os elementos participantes, de reagentes e produtos, como o nome diz, tentando e errando.

## Para reações ácido-base

Observe o exemplo:

$H_2SO_4 + A\ell(OH)_3 \rightarrow A\ell_2(SO_4)_3 + H_2O$

Número de hidrogênios do ácido para a base

$H_2SO_4 + 2\,A\ell(OH)_3 \rightarrow A\ell_2(SO_4)_3 + H_2O$

Agora número de OH da base para o ácido

$3\,H_2SO_4 + 2\,A\ell(OH)_3 \rightarrow A\ell_2(SO_4)_3 + H_2O$

Lembre que, se juntarmos um H e um OH, temos um $H_2O$

Logo, 6 H + 6 OH temos 6 $H_2O$

$3\,H_2SO_4 + 2\,A\ell(OH)_3 \rightarrow A\ell_2(SO_4)_3 + 6\,H_2O$

Confira os elementos que sobraram. Como sugestão, você pode considerar grupos inteiros ($SO_4$, $NO_3$, etc) como se fossem uma coisa só.

## Para reações de combustão

São reações em que compostos normalmente com carbono combinam com oxigênio, produzindo $CO_2$ e $H_2O$.

$C_4H_{10} + O_2 \rightarrow CO_2 + H_2O$

Acerte o número de carbonos

$C_3H_8 + O_2 \rightarrow 3\,CO_2 + H_2O$

Acerte o número de hidrogênios

$C_3H_8 + O_2 \rightarrow 3\,CO_2 + 4\,H_2O$

Acerte o número de oxigênios

$C_3H_8 + 5\,O_2 \rightarrow 3\,CO_2 + 4\,H_2O$

## Outras reações

$Na + HC\ell O_4 \rightarrow NaC\ell O_4 + H_2$

Considerando $C\ell O_4$ como uma coisa só, o elemento que tem maior atomicidade é o H. passar para ele mesmo do outro lado.

$Na + 2\,HC\ell O_4 \rightarrow NaC\ell O_4 + H_2$

Com isto, temos 2 grupos $C\ell O_4$, logo

$Na + 2\,HC\ell O_4 \rightarrow 2\,NaC\ell O_4 + H_2$

Acertando a quantidade de sódios

$2\,Na + 2\,HC\ell O_4 \rightarrow 2\,NaC\ell O_4 + H_2$

Para reações em que elementos participantes sofrem variação de NOX, usamos o método da

oxirredução.

Vamos acertar os coeficientes das substâncias na reação:

$KMnO_4 + HC\ell \rightarrow KC\ell + MnC\ell_2 + H_2O + C\ell_2$

Verifique quem está variando o NOX → Mn e $C\ell$. Calcule os NOX.

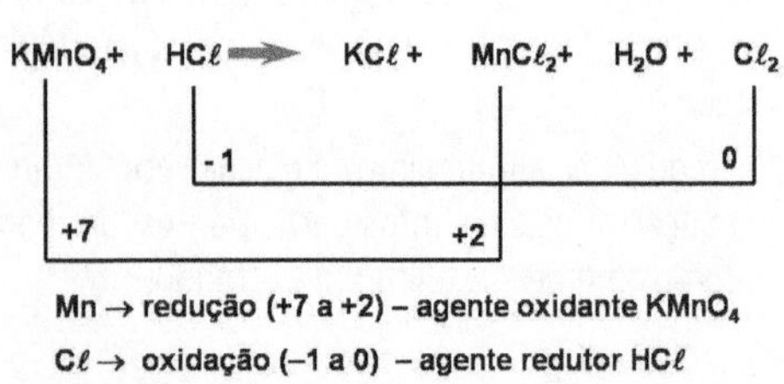


**Mn → redução (+7 a +2) – agente oxidante $KMnO_4$**

**$C\ell$ → oxidação (–1 a 0) – agente redutor $HC\ell$**

Este processo consiste em verificar que a quantidade de elétrons doados deve ser igual àquantidade de elétrons recebidos.

Verifique a variação de NOX de quem sofre oxidação e redução.

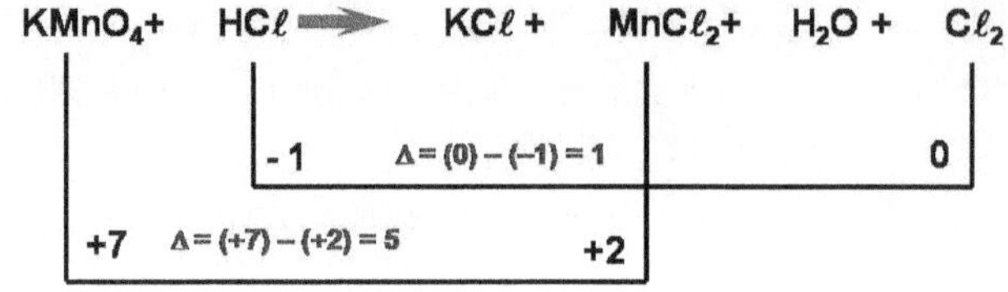


Dos elementos que variam, verifique qual possui maior atomicidade. Nesta reação temos o $C\ell_2$. Multiplique o outro elemento que varia por esta atomicidade.

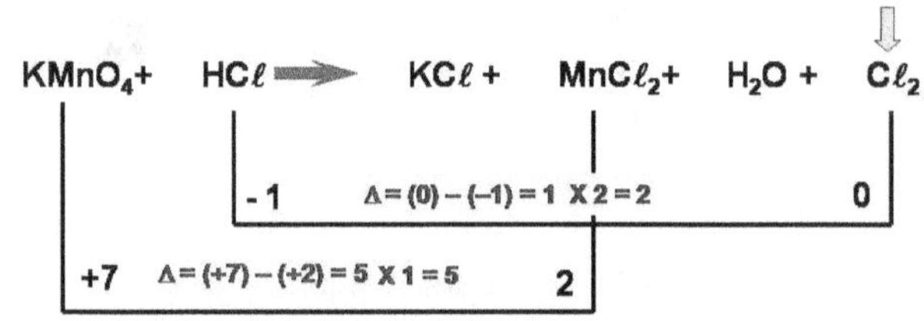


Passe a variação de um como coeficiente para o outro.

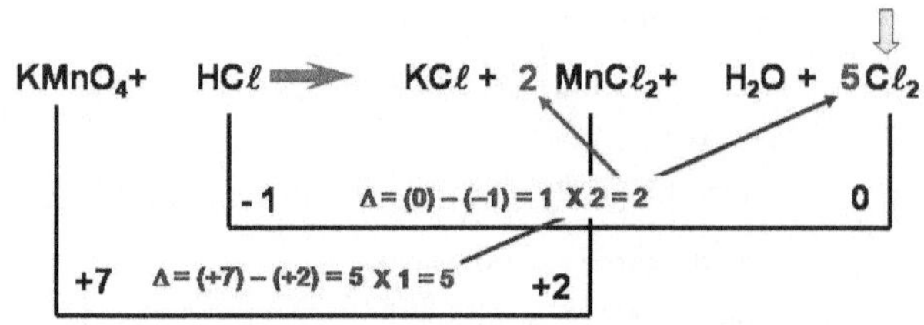


Acerte os demais coeficientes.

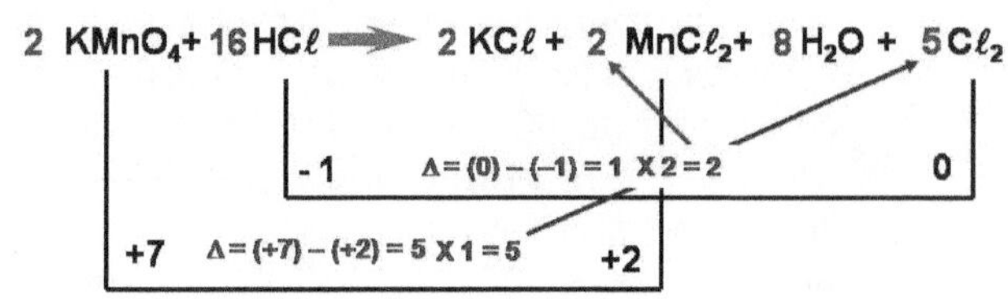

# 22. GRANDEZAS QUÍMICAS

## 22.1 Massas Atômicas e Moleculares

Para determinarmos a massa de estruturas tão pequenas como os átomos e as moléculas, adotamos como massa padrão de referência, 1/12 do isótopo do $C^{12}$. Esta unidade chamamos de unidade de massa atômica. A massa atômica de um elemento indica quantas vezes ele é maior que uma unidade de massa atômica (1 u).

Exemplos:

$Na^{23}$ massa igual a 23 u

$Fe^{56}$ massa igual a 56 u

Os elementos químicos apresentam isótopos (mesmo elemento com diferentes massas) com percentuais diferentes de abundância na natureza. A massa de um elemento será a média ponderada das massas dos isótopos deste elemento.

$C\ell^{35}$ com 75% de abundância.

$C\ell^{37}$ com 25% de abundância.

Calculando a média ponderada, temos

$$MA_{Cl} = \frac{35 \cdot 75 + 37 \cdot 25}{100} = 35,50u$$

Ao nos referirmos à massa de uma molécula, esta será a soma das massas de todos os átomos que a constitui.

Calculando a massa molecular do $HNO_3$

$$H = 1 \times 1 = 1$$
$$N = 14 \times 1 = 14$$
$$O = 16 \times 3 = 48$$
$$63$$

Assim, dizemos que a massa molecular do $HNO_3$ é 63u o que significa que uma molécula do $HNO_3$ possui 63 vezes mais massa que 1/12 $C^{12}$.

## 22.2 Quantidade de Matéria e Número de Avogadro, Massa Molar

Em uma balança, um átomo de sódio ($Na^{23}$) não irá acusar massa nenhuma, pois sua massa é muito pequena. No entanto, se conseguirmos colocar uma grande quantidade de átomos de sódio, a balança irá acusar alguma massa. A quantidade padrão, para que a massa seja igual à massa atômica ou massa molecular, chama-se constante de Avogadro e é igual a $6,02 \times 10^{23}$. A esta quantidade de matéria chamamos mol e a massa de um mol é a massa molar.

**1 mol = $6,02 \times 10^{23}$**

Assim, para o $Na^{23}$, temos as massas de:

1 átomo = 23u

1 mol de átomos = 23g ($6,02 \times 10^{23}$ átomos) – massa molar

Para o $HNO_3$, já calculado anteriormente, temos as massas:

1 molécula = 63u

1 mol de moléculas = 63g ($6,02 \times 10^{23}$ moléculas)

Vejamos alguns exemplos

Calcule a massa molecular e molar do $H_2SO_4$

$$H = 1 \times 2 = 2$$
$$S = 32 \times 1 = 32$$
$$O = 16 \times 4 = 64$$
$$98$$

Massa molecular = 98u

Massa molar = 98g → 1 mol de moléculas $6,02 \times 10^{23}$ moléculas

Quando trabalhamos com gases, nas CNTP, condições normais de temperatura (0°C = 273K) e pressão (1 atm = 760 mmHg ), o volume ocupado por 1 mol é de 22,4L

Assim, temos:

1 mol = $6,02 \times 10^{23}$ = .......g = 22,4 L (gás nas CNTP)

Observe estes problemas.

> Quantos mols existem em 49g de $H_2SO_4$?
>
> Calculada a massa molecular do $H_2SO_4$ = 98u
>
> Montando uma regra de três, temos
>
> 98g --------------- 1 mol
>
> 49g --------------- x mol
>
> X = 0,5 mol

> Qual a massa de $3,01 \times 10^{23}$ moléculas de NaOH?
>
> Calculada a massa molecular do NaOH = 40u
>
> Montando uma regra de três
>
> $6,02 \times 10^{23}$ moléculas ---------- 40g
>
> $3,01 \times 10^{23}$ moléculas ---------- x g
>
> X = 20g

> Quantas moléculas de $CH_4$ existem em 32g deste gás?
>
> Calculada a massa molecular do $CH_4$ = 16u
>
> Montando uma regra de três
>
> 16g ---------------- $6,02 \times 10^{23}$ moléculas
>
> 32g ---------------------------- x moléculas
>
> X = $12,04 \times 10^{23}$ moléculas ou $1,204 \times 10^{24}$ moléculas

## 22.3 Relações de Massa (Estequiometria): Aspectos Quantitativos das Reações Químicas; Cálculos Estequiométricos; Reagente Limitante de uma Reação

Relações de massa ou estequiometria são os cálculos que realizamos para prever quantidades de matéria, massas e volumes em reações químicas. Para tanto, usamos a relação já utilizada no módulo anterior.

1 mol = $6,02 \times 10^{23}$ = .......g = 22,4 L (gás nas CNTP)

Para resolver exercícios deste assunto, observe:

> Escreva a equação balanceada da reação do problema.
> Efetue o balanceamento da equação da reação.
> Verifique o dado do problema e a pergunta.
> Monte uma regra de três.

Observe o problema a seguir:

> Quando misturamos pó de mármore com ácido sulfúrico, obtemos gesso. Qual a quantidade de gesso obtida quando reagimos 500 g de pó de mármore?

A equação da reação do problema

$CaCO_3 + H_2SO_4 \rightarrow CaSO_4 + CO_2 + H_2O$

Verifique que a reação já está balanceada corretamente.

Dado do problema → 500g de mármore ($CaCO_3$)

Pergunta do problema → ? g de gesso ($CaSO_4$)

Vamos precisar das massas molares dos envolvidos no problema.

Massa do $CaCO_3$

**Ca = 40 x 1 = 40**

**C = 12 x 1 = 12**

**O = 16 x 3 = 48**

**100**

Massa do $CaSO_4$

**Ca = 40 x 1 = 40**

**S = 32 x 1 = 32**

**O = 16 x 4 = 64**

**136**

Calculando a massa de gesso obtida

$CaCO_3$ ------------ $CaSO_4$

100 g ------------- 136 g

500 g ------------- x g

X = 680 g

Muitas vezes os reagentes que utilizamos não são puros, apresentam impureza que devem ser desconsideradas no cálculo do problema. Devemos desconsiderar as impurezas utilizando uma regra de três antes de iniciar o problema.

Observe o exemplo:

> O fabrico de cal virgem para a construção civil consiste na queima, calcinação, do calcário. Calcule a massa de cal obtida a partir de 200 kg de calcário com 80% de pureza.

A equação da reação do problema

$CaCO_3 \xrightarrow{\Delta} CaO + CO_2$

Verifique que a reação já está balanceada corretamente

Dado do problema → 160 kg de calcário ($CaCO_3$)

Pergunta do problema → ? kg de cal (CaO)

Pureza do reagente → calcário 80%

Calculando a massa pura de calcário que irá reagir

200 kg -------------- 100%

X kg -------------- 80%

X= 160 kg

Vamos precisar das massas molares dos envolvidos no problema.

Massa do $CaCO_3$

**Ca = 40 x 1 = 40**

**C = 12 x 1 = 12**

**O = 16 x 3 = 48**

**100**

Massa do CaO

**Ca = 40 x 1 = 40**

**O = 16 x 1 = 16**

**56**

Calculando a massa de cal obtida

$CaCO_3$ ------------ CaO

100 g ------------- 56 g

160 kg ------------- x kg

X = 89,6 kg

Nas reações que ocorrem na natureza ou laboratório, nem todos reagentes irão se converter em produtos. Parte deles não reagem ou originam produtos secundários. A isto chamamos de rendimento de uma reação. Para efetuarmos este cálculo, recomendamos que se calcule o que se pede como se o rendimento fosse de 100% e depois, com uma regra de três, corrija o resultado.

Vejamos um exemplo.

> Ao borbulharmos $SO_{3(g)}$ em água em determinadas condições, obtemos $H_2SO_4$. Supondo o rendimento do processo igual a 50%, qual a massa de ácido sulfúrico obtida a partir de 40g de anidrido sulfúrico?

A equação da reação do problema

$SO_3 + H_2O\ H_2SO_4$

Verifique que a reação já está balanceada corretamente

Dado do problema → 40 g de $SO_3$

Pergunta do problema → ? g de $H_2SO_4$

Rendimento do processo → 50%

Vamos precisar das massas molares dos envolvidos no problema.

$SO_3$ = 80g

$H_2SO_4$ = 98g

Calculando a massa de ácido obtida

$SO_3$ ------------ $H_2SO_4$

80 g ------------ 98 g

40 g ------------ x g

X = 49 g

Calculando o rendimento da reação

49 g --------------- 100% rendimento

X g --------------- 50% rendimento

X = 24,5 g

Alguns problemas de estequiometria nos fornecem dados de dois ou mais reagentes o que não quer dizer que eles estejam corretos. É normal que algum deles se encontre em excesso. São os coeficientes da reação química que irão me mostrar qual deles se encontra em menor proporção, pois é ele que irá dizer as quantidades obtidas no final. Este reagente em menor proporção chama-se reagente limitante. O outro reagente que se encontra em excesso terá somente a parte proporcional reagindo, ficando o excesso no meio reacional.

Observemos o exemplo:

> Reagimos 100 g de ácido sulfúrico com 80 g de soda cáustica, segundo a reação:

$H_2SO_4 + 2\,NaOH \rightarrow Na_2SO_4 + 2\,H_2O$

Qual a massa de sulfato de sódio obtido, o reagente em excesso e qual o excesso?

A reação está corretamente balanceada.

Dados do problema

Massa do $H_2SO_4 \rightarrow$ 100 g

Massa do NaOH $\rightarrow$ 80 g

Pergunta do problema $\rightarrow$ ? g $Na_2SO_4$

Calculadas as massas molares

$H_2SO_4$ = 98 g

NaOH = 40 g

$Na_2SO_4$ = 142 g

Determinando a massa em excesso:

1 mol de $H_2SO_4$ ----------- 2 mols de NaOH

1 x 98 g = 98 g ------------- 2 x 40 g = 80 g

Percebe-se que, para 80 g de soda, necessitamos 98 g de ácido. Como temos 100 g deste, ele está em excesso.

100g – 98 g = 2 g de excesso de $H_2SO_4$

O reagente limitante do processo é o NaOH, 80g

Calculando a massa de sulfato obtida

2 NaOH ----------- $Na_2SO_4$

2 . 40 g ------------ 142 g

80 g ------------ x g

X = 142 g

## 22.4 Leis Químicas (Leis Ponderais)

Foi no final do século XVIII, com as pesquisas de Lavoisier, que a Química passa a ter conotação científica. Lavoisier em seus experimentos, anotava, repetia, analisava, estudava, previa. Em suas observações, cuidadosamente anotava as massas de reagentes e produtos. Percebeu que, em um sistema fechado, numa transformação química, a soma das massas dos compostos reagentes era igual a soma das massas dos produtos. A isto chamamos de Lei da conservação das massas ou Lei de Lavoisier.

Observe a reação de síntese da água.

Hidrogênio + Oxigênio $\rightarrow$ Água

10g 80g 90g

Reagentes = 90 g

Produto = 90 g

A ele foi atribuída a frase: Na natureza, nada se cria, nada se perde, tudo se transforma.

Outro pesquisador importante foi Proust. Em seu trabalho com água proveniente de vários lugares, decompostas por eletrólise, ele percebeu que se usasse 90 g de água, obtinha 10 g de hidrogênio e 80 g de oxigênio. Quando utilizou 9 g de água, obteve 1 g de hidrogênio e 8 g de oxigênio. A proporção das massas de hidrogênio e oxigênio produzida pela eletrólise da água é sempre 1 : 8.

Proust conclui que, independente da origem de uma substância pura, ela é formada pelos mesmos elementos químicos, em proporções definidas. Esta foi chamada de Lei de Proust ou Lei das proporções definidas.

Cabe a Gay-Lussac a observação do comportamento dos gases em reações químicas. Ele percebe que na reação entre hidrogênio e oxigênio produzindo água, as proporções de volumes, quando medidos nas mesmas condições de pressão e temperatura, obedecem a uma proporção constante de números inteiros e pequenos.

$2\,H_{2(g)} + O_{2(g)} \rightarrow 2\,H_2O_{(g)}$

2 L 1 L 2 L

4 L 2 L 4 L

6 L 3 L 6 L

Simplificando-se os volumes, obtemos a proporção:

2:1:2

# 23. GASES

## 23.1 Equação Geral dos Gases Ideais

Dos estados físicos da matéria, estudadas no Ensino Médio, o sólido possui forma e volume constantes. O estado líquido possui forma variável (forma do recipiente) e volume constante. Já o estado gasoso possui forma e volume variáveis. Considerando a energia cinética média das moléculas verificamos que esta aumenta do sólido para o líquido e do líquido para o gás. É baseado nesta alta energia cinética das estruturas dos gases, com seu contínuo movimento desordenado, que se originou a chamada Teoria Cinética dos Gases:

- As moléculas dos gases chocam-se entre si e com as paredes do recipiente que as contém, sem perda de energia, em choques perfeitamente elásticos, descrevendo movimentos retilíneos e ocupando todo o volume do recipiente.
- Não existem forças significativas que atraiam as moléculas dos gases e, portanto, elas se comportam como se estivessem isoladas.

Podemos caracterizar um gás sob três aspectos ou variáveis de estado: volume, temperatura e pressão.

- A pressão de um gás é definida como o a soma de todas as colisões das moléculas do gás por unidade de área:

Pressão = força / área

O equipamento utilizado para medir a pressão chama-se manômetro e as unidades mais usadas são a atmosfera (atm), torricelli (torr), centrímetros de mercúrio (cmHg), milímetros de mercúrio (mmHg)

1 atm = 760 mmHg

1 atm = 760 torr

1 mmHg = 1 torr

- Temperatura é a medida do grau de agitação térmica das moléculas do gás. A unidade de medida utilizada é a escala absoluta, escala kelvin. É importante lembrar que a nossa escala de temperatura utilizada no Brasil é a Celsius, que é uma escala relativa. Nos problemas é frequente que a temperatura apresentada seja em Celsius e devemos converter para kelvin:

T(K) = T(C) + 273

- Volume de um gás é na realidade o volume do recipiente que o contém. As unidades mais utilizadas são litro (L), mililitro (mL), metro cúbico ($m^3$) e centímetro cúbico ($cm^3$):

1 L = 1000 mL

1 L = 1000 $cm^3$

1 $m^3$ = 1000 L

1 $dm^3$ = 1 L

Para estudarmos os gases, nas mesmas variáveis de estado, fixamos a pressão em 1 atm (760 mmHg) e a temperatura em 273 K (0°C). São as chamadas Condições Normais de Temperatura e Pressão → CNTP. O volume ocupado por 1 mol de um gás nestas condições é chamado volume molar e é 22,4L.

Já nas condições ambientes (CA), a pressão é de 1 atm (760 mmHg) e a temperatura é de 298 K (25°C). É possível encontrarmos problemas em que a temperatura ambiente é 300 K (27°C). Nas CA, o volume ocupado por 1 mol é de 24,6 L.

Em nossos estudos, utilizamos o comportamento dos gases como se fossem perfeitos. É o que chamamos de gás ideal. Assim, um gás é ideal quando obedece de forma rigorosa às leis físicas dos gases em quaisquer condições de temperatura e pressão.

Se um sistema gasoso sofre uma transformação com mudanças em pelo menos uma de suas três variáveis de estado, usamos uma relação matemática para os cálculos destas transformações.

$$\frac{P_1.V_1}{T_1} = \frac{P_2.V_2}{T_2}$$

Em que, para certa massa de gás,

$$\frac{P.V}{T} = \textbf{constante}$$

A temperatura em que vamos trabalhar deve obrigatoriamente estar em kelvin.

## 23.2 Leis de Boyle e de Gay-Lussac

Os experimentos das transformações gasosas foram um avanço considerável na química. Foi a partir destes estudos que muitas descobertas de Dalton e Lavoisier ocorreram.

- Transformação isotérmica - Lei de Boyle-Mariotte: a uma temperatura constante, uma determinada massa de um gás ocupa um volume inversamente proporcional à pressão exercida sobre ele.

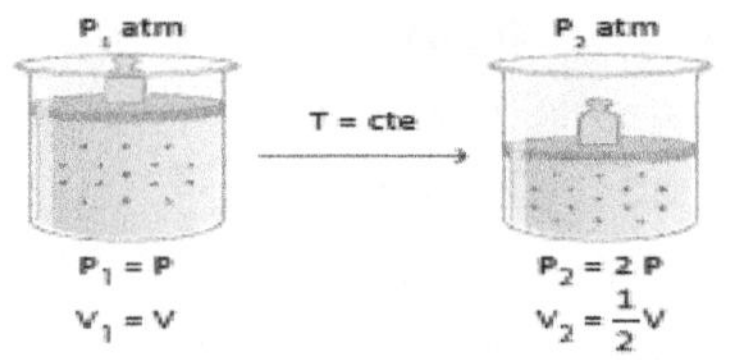


Representando graficamente temos:

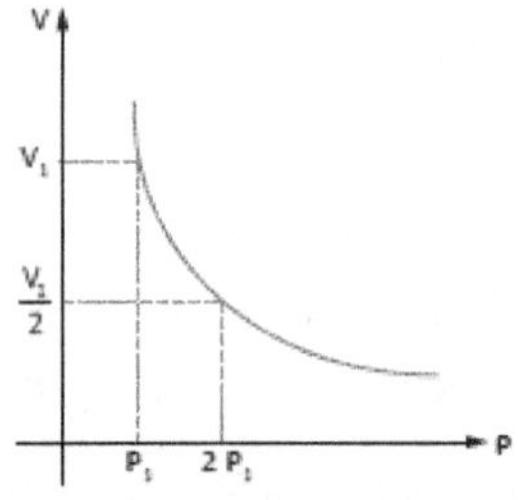


A descrição matemática das transformações isotérmicas é:

$P_1 . V_1 = P_2 . V_2$

- Transformação isobárica – Lei de Charles / Gay-Lussac: nestas transformações, mantemos a pressão constante.

Assim, a uma pressão constante, o volume ocupado por certa massa fixa de gás é diretamente proporcional à temperatura absoluta.

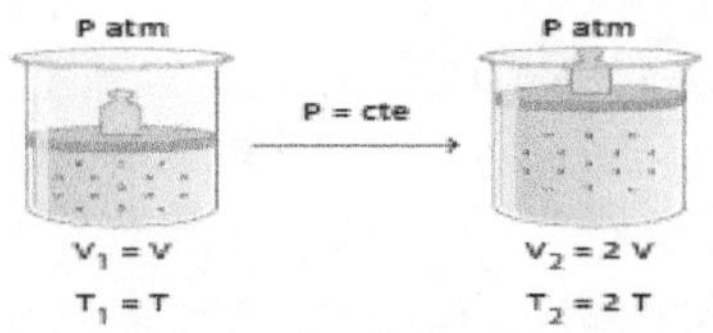

Na representação gráfica, temos:

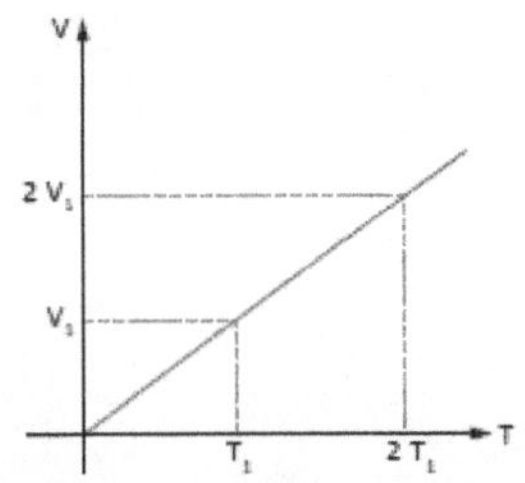


Podemos analisar as transformações gasosas isobáricas pela representação matemática

$$\frac{V_1}{T_1} = \frac{V_2}{T_2}$$

> Transformação isovolumétrica ou isocórica – Lei de Charles / Gay-Lussac: também chamada isométrica, nesta transformação o volume é mantido constante. Assim, nas transformações gasosas, a um volume constante de certa massa fixa de um gás, a pressão exercida é diretamente proporcional à temperatura absoluta.

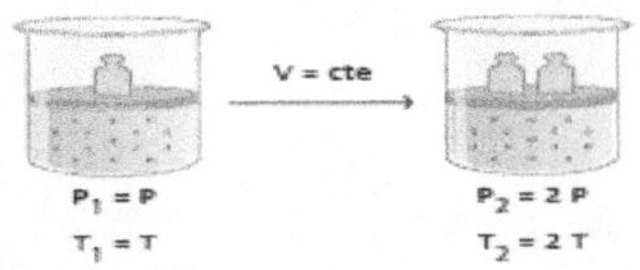


Representando graficamente:

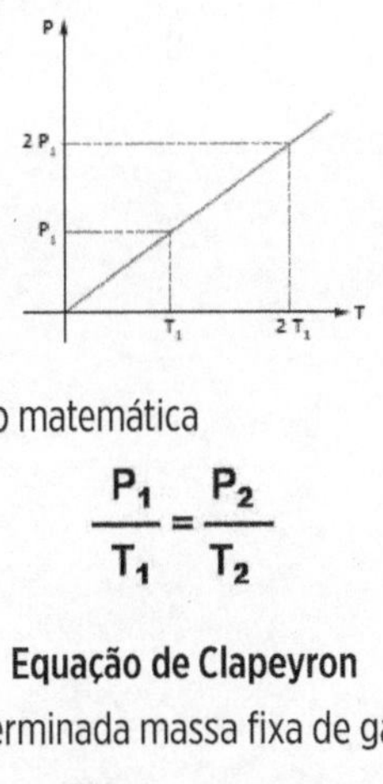


Representação matemática

$$\frac{P_1}{T_1} = \frac{P_2}{T_2}$$

**Equação de Clapeyron**

Para uma determinada massa fixa de gás, temos

$$\frac{P.V}{T} = \text{constante}$$

Esta constante depende da quantidade de mols do gás em questão (n) ajustada por uma constante, conhecida como constante universal dos gases (R). Assim, temos a chamada equação de Clapeyron

$P \cdot V = n \cdot R \cdot T$

Em que:

> P é a pressão, podendo ser em atm ou mmHg.

> V é o volume em litros.

> n é o número de mols do gás. É a relação entre a massa de gás e sua massa molar.

$$n = \frac{m}{M}$$

> R é a constante universal para os gases, sendo

$R = 0{,}082\ atm \cdot L \cdot mol^{-1} \cdot K^{-1}$ quando trabalhamos com a pressão em atm

$R = 62{,}3\ mmHg \cdot L \cdot mol^{-1} \cdot K^{-1}$ quando trabalhamos com a pressão em mmHg

> T é a temperatura sempre em K

## 23.3 Princípio de Avogrado e Energia Cinética Média

Se tivermos dois gases em mesmas condições de temperatura e pressão, então eles irão ocupar o mesmo volume e terão a mesma quantidade de moléculas.

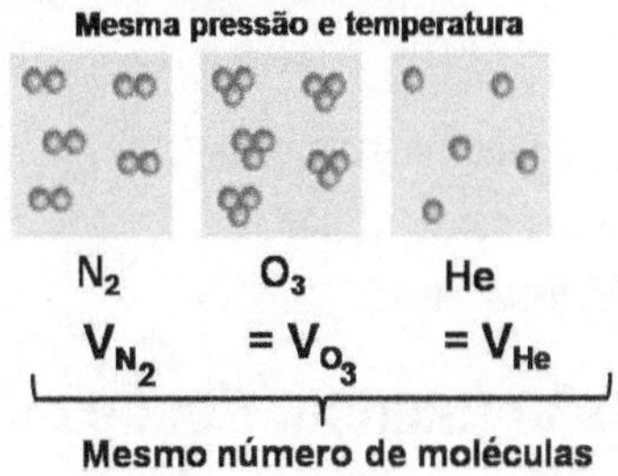


É possível prevermos que, nestas condições, a energia cinética média das moléculas deste sistema é constante.

## 23.4 Misturas Gasosas, Pressão Parcial e Lei de Dalton

Quando misturamos gases diferentes, sem que ocorra reação química entre eles, cada componente da mistura gasosa irá se comportar como se o outro componente não existisse. Importante lembrar que as distâncias entre as moléculas do gás são infinitamente grandes em relação ao tamanho destas.

Assim, a *quantidade total de moléculas gasosas no recipiente em que foi feita a mistura é igual à soma das quantidades de moléculas gasosas de cada um dos gases. Logo, o número de mols da mistura é a soma do número de mols de cada gás participante (gás 1, gás 2, ...)*

$n_{total} = n_1 + n_2 + ....$

Assim, temos matematicamente que:

$$\frac{P \cdot V}{T} = \frac{P_1 . V_1}{T_1} + \frac{P_2 . V_2}{T_2}$$

Sendo cada gás, 1,2, ... em seus estados iniciais.

Assim é o enunciado da Lei de Dalton:

A pressão total do sistema será a soma das pressões parciais de cada gás.

$P = p_1 + p_2 + ...$

A partir da pressão total, podemos então calcular a pressão parcial de cada gás de uma mistura, a partir da fração molar de cada um deles.

Fração molar é a relação entre o número de mols do gás e a soma do número de mols de todos os gases do sistema.

$$x_1 = \frac{n_1}{\Sigma n} \quad e \quad x_2 = \frac{n_2}{\Sigma n}$$

Em que

$$\Sigma n = n_1 + n_2 + \ldots$$

Devemos lembrar que a soma das frações molares da mistura é sempre 1

$x_1 + x_2 + \ldots = 1$

uma vez que cada fração molar x é uma parte da fração molar do total do sistema.

Fração molar é adimensional, não possui unidade.

Assim, temos

$p_1 = P \cdot x_1$

$p_2 = P \cdot x_2$

P é a pressão total do sistema

$p_1$ é a pressão parcial do gás

$x_1$ = fração molar do gás.

## 23.5 Difusão Gasosa, Noções de Gases Reais e Liquefação

Difusão gasosa é propriedade que os gases têm de se dissiparem por toda a extensão do volume de outro gás quando misturado. É devido a esta propriedade que as misturas gasosas serão homogêneas. É esta propriedade que faz com que o perfume de seu amor seja sentido "caminhando" pela atmosfera.

Chamamos de efusão gasosa a capacidade que os gases têm de escapar de seu recipiente por pequenos orifícios, sempre da maior para a menor pressão.

Coube a Graham enunciar a lei que prevê o comportamento dos gases nestas situações:

"As velocidades de difusão e efusão gasosas são inversamente proporcionais às raízes quadradas de suas massas específicas, quando submetidos os gases à mesma pressão e temperatura".

Matematicamente, temos:

$$\frac{v_A}{v_B} = \sqrt{\frac{d_B}{d_A}} = \sqrt{\frac{M_B}{M_A}}$$

Os gases reais somente se comportam como gases ideais quando trabalhamos a temperaturas muito elevadas e a pressões muito baixas.

Por exemplo. Observamos que quando um gás qualquer sofre uma transformação isotérmica, tendo sua pressão dobrada, o volume calculado deveria ser a metade do volume original, mas não é realmente assim. Como as moléculas do gás ficam muito próximas, o volume será afetado, não dando exatamente o resultado previsto.

Substâncias no estado gasoso podem se apresentar como vapor ou gás. A diferença é que o gás se liquefaz por aumento da pressão e redução da temperatura. O vapor, por sua vez, é liquefeito por compressão isotérmica. Assim, todo vapor se transforma em gás quando se atinge uma chamada temperatura crítica.

# 24. TERMOQUÍMICA

## 24.1 Reações Endotérmicas e Exotérmicas

Na termoquímica, estudamos os conteúdos energéticos relacionados com as reações químicas.

Muitas reações químicas liberam calor, como a combustão. São chamadas reações exotérmicas. Outras reações como a fotossíntese absorvem calor. São as reações endotérmicas. Para realizarmos as medidas dos calores das reações usamos um aparelho chamado calorímetro.

As unidades de medidas dos calores das reações químicas são o Joule (J) ou a caloria (cal)

1 cal = 4,18 J

Usa-se muito kcal ou kJ nos cálculos

1 kcal = 1000 cal

1 kJ = 1000 J

Chamamos entalpia (H) a energia global de um sistema a pressão constante.

A variação de entalpia nos é dada por

$\Delta H = H_{produtos} - H_{reagentes}$

### Reação exotérmica

Uma reação exotérmica tem mais energia nos reagentes que nos produtos. Esta energia excedente é liberada na forma de calor. Este calor é perdido para o meio ambiente.

$\Delta H < 0$

Nas reações virá representado como

$A + B \rightarrow C + D$ $\Delta H = -$ ____ kcal

Graficamente temos

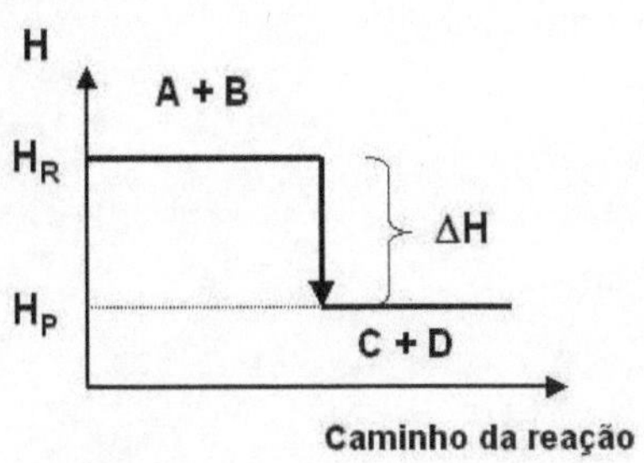


### Reação endotérmica

Uma reação endotérmica tem mais energia nos produtos que nos reagentes. Esta energia faltante é absorvida pela reação do meio ambiente na forma de calor.

$\Delta H < 0$

Nas reações virá representado como

$A + B \rightarrow C + D$ $\Delta H = +$ ____ kcal

Graficamente temos

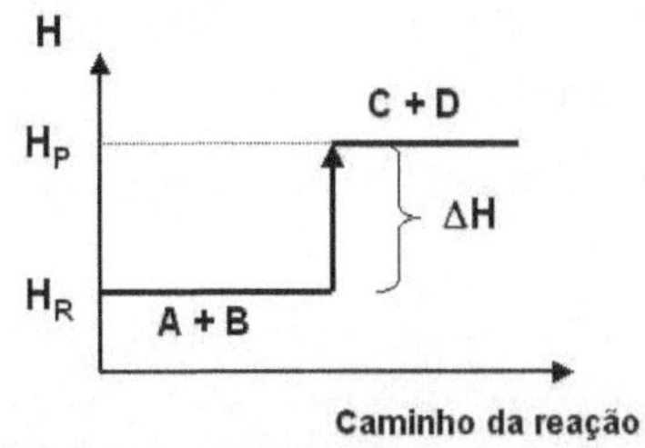


## 24.2 Tipos de Entalpia; Lei de Hess, Determinação da Variação de Entalpia e Representações Gráficas

Alguns casos de entalpia recebem o nome do processo que ele representa. É importante para nossos cálculos conhecer

### Entalpia de formação

Entalpia padrão de formação é o conteúdo energético para formarmos um mol de uma substância a partir de reagentes no estado padrão.

O estado padrão dos reagentes refere-se a substâncias simples, seu alótropo mais estável (se houver) e nas condições ambientes (25°C e 1 atm). A estas substâncias convencionamos $H^0 = 0$ (entalpia igual a zero).

Quando nos exercícios, vem um dado como

Entalpia padrão de formação da água líquida

$\rightarrow \Delta H_f^0 = -68{,}3$ kcal.mol$^{-1}$

Temos que escrever:

$H_{2(g)} + \frac{1}{2} O_{2(g)}\ H_2O_{(\ell)}$ $\Delta H_f^0 = 68{,}3$ kcal.mol$^{-1}$

Outros exemplos comuns

Entalpia padrão de formação do dióxido de carbono gasoso

$\rightarrow \Delta H_f^0 = -94{,}1$ kcal.mol$^{-1}$

$C_{grafite} + O_{2(g)} \rightarrow CO_{2(g)}$ $\Delta H_f^0 = -94{,}1$ kcal.mol$^{-1}$

Entalpia padrão de formação do ácido clorídrico gasoso

$\rightarrow \Delta H_f^0 = -22{,}1$ kcal.mol$^{-1}$

$\frac{1}{2} H_{2(g)} + \frac{1}{2} C\ell_{2(g)} \rightarrow HC\ell_{(g)}$ $\Delta H_f^0 = 22{,}1$ kcal.mol$^{-1}$

### Entalpia de combustão

A entalpia de combustão é a energia liberada pela combustão de um mol de uma substância no estado padrão. Para compostos formados por carbono, hidrogênio e oxigênio, o produto da combustão total é $CO_{2(g)}$ e $H_2O_{(g)}$.

A combustão total do etanol é representada por

$C_2H_6O_{(\ell)} + 3\ O_{2(g)} \rightarrow 2\ CO_{2(g)} + 3\ H_2O_{(g)}$ $\Delta H = 327{,}3$ kcal.mol$^{-1}$

A combustão total do butano é

$C_4H_{10(g)} + 13/2\ O_{2(g)} \rightarrow 4\ CO_{2(g)} + 5\ H_2O_{(g)}$ $\Delta H = 545{,}5$ kcal.mol$^{-1}$

De acordo com o químico Hess, a variação de entalpia não depende de como a reação se processa e sim apenas dos estados inicial e final.

Verifiquemos, como exemplo, a combustão do carbono grafite

O processo em etapas é representado:

$C_{(grafite)} + \frac{1}{2} O_{2(g)} \rightarrow CO_{(g)}$ sendo $\Delta H_1 = -26{,}4$ kcal/mol

$CO_{(g)} + \frac{1}{2}\,O_{2(g)}\ \ CO_{2(g)}$ sendo $\Delta H_2 = -67{,}7$ kcal/mol

Graficamente temos

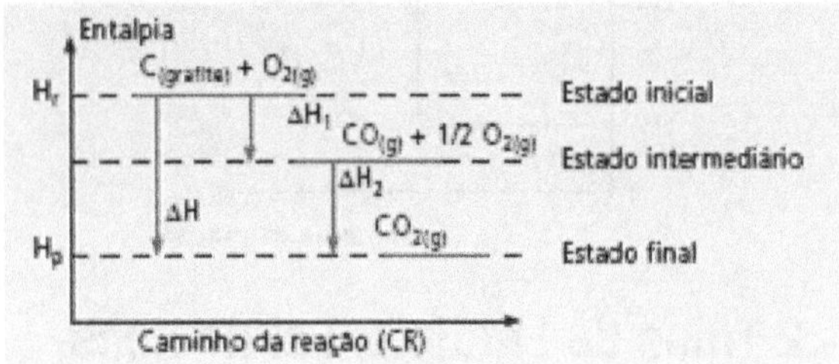


Analisando o gráfico, temos

$\Delta H = \Delta H_1 + \Delta H_2$

$\Delta H = (-67{,}7) + (-26{,}4)$

$\Delta H = -94{,}1\ kcal.mol^{-1}$

## 24.3 Cálculos Envolvendo Entalpia

Processos que envolvem cálculos de $\Delta H$ podem ser resolvidos sem gráficos. Basta montarmos as reações dadas e a reação problema e somar os $\Delta H$. É outra forma de aplicarmos a Lei de Hess.

Observe a reação de combustão do grafite, exemplo que já analisamos graficamente anteriormente. Para o cálculo de $\Delta H$ da combustão do grafite, temos duas reações base.

$C_{(grafite)} + \frac{1}{2}\,O_{2(g)} \rightarrow CO_{(g)}$ sendo $\Delta H_1 = -26{,}4$ kcal/mol

$CO_{(g)} + \frac{1}{2}\,O_{2(g)}\ \ CO_{2(g)}$ sendo $\Delta H_2 = -67{,}7$ kcal/mol

E a reação que queremos descobrir o $\Delta H$

$C_{grafite} + O_{2(g)} \rightarrow CO_{2(g)}\quad \Delta H = ?$

Montando o esquema pela Lei de Hess, temos

$$\begin{array}{llll} & C_{(grafite)} + 1/2\ O_{2(g)} & \longrightarrow \cancel{CO_{(g)}} & \Delta H_1 = -26{,}4\ kcal \\ + & \cancel{CO_{(g)}} + 1/2\ O_{2(g)} & \longrightarrow CO_{2(g)} & \Delta H_2 = -67{,}7\ kcal \\ \hline & C_{(grafite)} + O_{2(g)} & \longrightarrow CO_{2(g)} & \Delta H = -94{,}1\ kcal \end{array}$$

Pela Lei de Hess, podemos

> Inverter uma reação química, invertendo também o valor de $\Delta H$:

$C_{grafite} + O_{2(g)} \rightarrow CO_{2(g)}\qquad \Delta H_f^0 = -94{,}1\ kcal.mol^{-1}$

$CO_{2(g)} \rightarrow C_{grafite} + O_{2(g)}\qquad \Delta H_f^0 = +94{,}1\ kcal.mol^{-1}$

> Multiplicar ou dividir uma reação, multiplicando ou dividindo o $\Delta H$ pelo mesmo fator:

$C_{grafite} + O_{2(g)} \rightarrow CO_{2(g)}\qquad \Delta H_f^0 = -94{,}1\ kcal.mol^{-1}$

$2\,C_{grafite} + 2\,O_{2(g)} \rightarrow 2\,CO_{2(g)}\qquad \Delta H_f^0 = -188{,}2\ kcal.mol^{-1}$

Outro exemplo, o da produção de sílica para a fabricação de vidro, a partir das equações termoquímicas no estado padrão.

01. $Si_{(s)} + O_{2(g)} \rightarrow SiO_{2(s)}\quad \Delta H = -911{,}0$ kJ/mol

02. $Si_{(s)} + 2\,H_{2(g)} \rightarrow SiH_{4(g)}\quad \Delta H = -34{,}0$ kJ/mol

03. $H_{2(g)} + \frac{1}{2}\,O_{2(g)} \rightarrow H_2O_{(\ell)}\quad \Delta H = -286$ kJ/mol

Para calcularmos o $\Delta H$ da reação

$SiH_{4(g)} + 2\,O_{2(g)} \rightarrow 2\,H_2O_{(\ell)} + SiO_{2(s)}\quad \Delta H = ?$

Para montarmos o esquema, obedecendo a Lei de Hess, precisamos:

$SiH_4$ no reagente significa que devemos inverter a equação II e inverter o sinal do $\Delta H$.

Duas moléculas de água no produto significa que devemos multiplicar a reação III por dois e o seu $\Delta H$ também.

O $SiO_2$ no produto, mantemos a equação I e o seu $\Delta H$.

$$\begin{array}{ll} SiH_4 \rightarrow Si + 2\,H_2 & \Delta H = +\,34\ kJ/mol \\ 2H_2 + O_2 \rightarrow 2\,H_2O & \Delta H = -\,572\ kJ/mol \\ Si + O_2 \rightarrow SiO_2 & \Delta H = -\,911\ kJ/mol \\ \hline & \Delta H = -\,1449\ kJ/mol \end{array}$$

Também podemos calcular o $\Delta H$ de uma reação a partir das energias de ligações químicas. As reações químicas ocorrem rompendo ligações químicas nos reagentes e formando nos produtos.

Para rompermos uma ligação química entre dois átomos, devemos fornecer energia, logo, $\Delta H$ será sempre positivo (+), endotérmico.

Para formarmos ligações ocorre liberação de energia, $\Delta H$ negativo (–), exotérmico.

Um exemplo:

Sabendo-se as energias de ligação

$H - H \rightarrow 436$ kJ

$C\ell - C\ell \rightarrow 242{,}6$ kJ

$H - C\ell \rightarrow 431{,}8$ kJ

Determine o $\Delta H$ da reação $H_2 + C\ell_2 \rightarrow 2\,HC\ell$

Reescreva a reação mostrando as ligações

$H - H + C\ell - C\ell \rightarrow 2\,H - C\ell$

Ligações reagentes → rompidas → $\Delta H$ +

Ligações produtos → formadas → $\Delta H$ –

Temos, então, que

$H—H\ \ + C\ell—C\ell \rightarrow 2\,H—C\ell$

$+\,436\ kJ\ \ +\,242{,}6\ kJ\ \ \ -2(431{,}8\ kJ)$

$+\,678{,}6\ kJ - 863{,}6\ kJ$

$\Delta H = -\,185\ kJ/mol$

# 25. SOLUÇÕES

## 25.1 Definição e Classificação das Soluções; Tipos de Soluções, Solubilidade

Uma solução é a mistura de duas ou mais substâncias resultando em um sistema homogêneo. Geralmente, dizemos que nesta mistura o composto de maior quantidade é o solvente e os de menor são o soluto.

Solução = Soluto (s) + Solvente

A água é o solvente mais utilizado na química mineral.

Classificamos soluções:

> Quanto à natureza do soluto:

Solução molecular – compostos covalentes.

Solução iônica – compostos iônicos.

> Quanto à condutibilidade elétrica

Solução eletrolítica – conduz corrente elétrica, possui íons.

Solução não eletrolítica – não conduz corrente elétrica.

Nem toda a quantidade de soluto que é misturada na solução consegue dissolver. Lembre-se de que, se você coloca muito açúcar no café, pode ocorrer de parte dele ficar no fundo da xícara sem dissolver. A este solvente que não se dissolveu e se encontra no fundo do recipiente chamamos de corpo de fundo.

À capacidade de um soluto se dissolver chamamos de solubilidade. Para uma mesma quantidade de solvente, a uma mesma temperatura, solutos diferentes possuem solubilidades diferentes. Em 100g de água e a 50°C, por exemplo, é possível dissolver aproximadamente 40g de cloreto de potássio (KCℓ) e 80g de brometo de potássio (KBr).

É possível dissolvermos, sem reação, gases em um solvente como a água. Isto depende da temperatura e da pressão no sistema. O gás oxigênio está dissolvido na água dos rios, lagos e mares, daí a preocupação com o aumento da temperatura do planeta que está provocando a diminuição da quantidade de gás oxigênio na água.

Podemos classificar uma solução pela relação entre quantidade de soluto e de solvente a uma determinada temperatura.

> Solução insaturada: a quantidade de soluto está abaixo da sua solubilidade, sendo possível ainda adicionar mais deste sem precipitação (formação de precipitado ou mesmo de corpo de fundo).

> Solução saturada → quando a quantidade de soluto na solução está no limite.

> Solução supersaturada → a mistura cuidadosa de qualquer quantidade acima do limite de saturação produz este tipo de solução. O sistema formado é altamente instável e qualquer perturbação irá produzir precipitado ou até corpo de fundo.

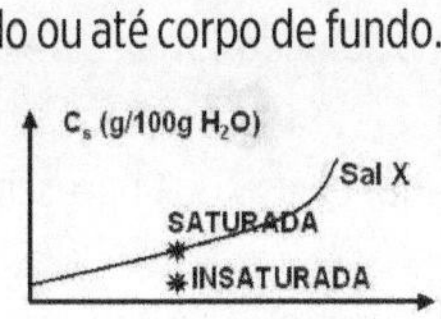


A quantidade que pode ser dissolvida sem precipitação a uma determinada temperatura é chamada de coeficiente de solubilidade. A variação de temperatura modifica o coeficiente de solubilidade. A representação gráfica dos coeficientes de solubilidade em função da temperatura é chamada de curva de solubilidade, conforme o gráfico a seguir.

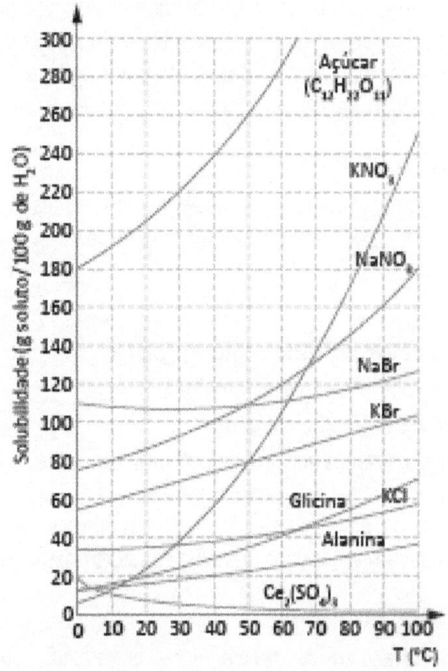


Observe que:

> O gráfico trabalha com soluções e seus coeficientes de solubilidade para 100g de água.

> O sulfato de cério ($Ce_2(SO_4)_3$) diminui a sua solubilidade com o aumento da temperatura.

> O nitrato de potássio ($KNO_3$) aumenta a solubilidade com o aumento da temperatura.

> A 30°C uma solução de 40g de nitrato de potássio é saturada.

> A 60°C uma solução de 32g de brometo de potássio é insaturada.

> A 40°C a adição cuidadosa de 40g de cloreto de potássio (KCℓ) produzirá uma solução supersaturada.

> A 40°C uma solução de 25g de alanina, se houver um choque brusco com a bancada de trabalho, precipitará 5g desta.

> Quando no gráfico ocorre aumento do coeficiente de solubilidade com o aumento da temperatura, a solubilização é endotérmica, ou seja, absorve energia. Observe que a maioria dos solutos se comportam assim.

> Quando a curva do coeficiente de solubilidade indica que ocorre diminuição desta com o aumento da temperatura, é porque a solubilização é exotérmica, ou seja, que libera energia. Um exemplo no gráfico é o sulfato de cério ($Ce_2(SO_4)_3$.

## 25.2 Aspectos Quantitativos das Soluções; Concentração Comum; Concentração Molar ou Molaridade, Título, Densidade

As diferentes formas de representar as concentrações das soluções nos mostram as relações entre o tipo de soluto, suas quantidades em massa ou volume e as quantidades de solvente, em massa ou volume. Das representações, as mais usadas são:

### Concentração comum

Concentração comum (C) é a relação entre a massa de soluto em gramas ($m_1$) e o volume da solução em litros (V).

$$C = \frac{m}{V}$$

m ou $m_1$ é a massa do soluto em gramas

V é o volume da solução em litros

C é a concentração em g/L

Quando dizemos que uma solução tem concentração de 350g por litro, informamos que foram dissolvidos 350g de soluto em 1 litro de solução. Logo, por regra de três, podemos afirmar que em meio litro desta solução iremos encontrar 175g de soluto e assim por diante.

### Concentração molar

Concentração molar (*m*) é a relação entre o número de mols de soluto ($n_1$) e o volume da solução (V)

Como o número de mols n é a relação entre a massa do soluto e a massa molar deste, temos

$$m = \frac{m}{M \cdot V}$$

Em que

m ou $m_1$ é a massa do soluto

M é a massa molar do soluto

V é o volume em litros de solução

*m* é a concentração molar da solução em mol/L

Dizer que uma solução tem concentração molar de 1 mol/L é dizer que nesta solução encontramos 1 mol do soluto dissolvido em 1 L de solução. No mesmo raciocínio, para 200 mL de solução deste soluto, temos 0,2 mol dissolvidos.

Se estivermos trabalhando com soluções iônicas ou ionizadas, a concentração dos íons segue o raciocínio da equação de ionização ou dissociação iônica.

Para uma solução 1 mol/L de cloreto de sódio, temos

$$NaC\ell_{(aq)} \rightarrow Na^{+}_{(aq)} + C\ell^{-}_{(aq)}$$

**1 mol/L 1mol/L 1 mol/L**

Para uma solução de concentração de 1 mol/L de sulfato de alumínio, temos

$$A\ell_2(SO_4)_{3\,(aq)} \rightarrow 2\,A\ell^{3+}_{(aq)} + 3\,SO_4^{2-}{}_{(aq)}$$

**1 mol/L 2 mol/L 3 mol/L**

### Título

Título (τ) é a relação entre a massa de soluto e a massa da solução (título em massa).

$$\tau = \frac{m_1}{m}$$

ou

$$\tau = \frac{m_1}{m_1 + m_2}$$

Em que

τ é o título

$m_1$ é a massa do soluto

m é a massa total da solução

$m = m_1 + m_2$

onde $m_2$ é a massa de solvente.

Título não tem unidade, mas pode vir expresso em porcentagem (%).

$$\tau\% = \tau m \cdot 100$$

Podemos trabalhar também com o título em volume que é a relação entre o volume do soluto e o volume da solução.

$$\tau = \frac{V_1}{V}$$

Em que

$V_1$ é o volume do soluto

V é o volume da solução

Sendo $V = V_1 + V_2$

$V_2$ é o volume do solvente.

Para expressar o título em volume em percentual, usamos

$$\tau\% = \tau v \cdot 100$$

### Densidade

A densidade (d) de uma solução indica quantos gramas ($m_1$) de soluto existem em um volume (V) de 1 mL de solução.

$$d = \frac{m}{V}$$

Sendo

m ou $m_1$ a massa em gramas de soluto

V o volume em mL ou $cm^3$. Existem casos em que o volume pode vir em litros.

d a densidade em g/mL ou g/L (caso o volume esteja expresso em L)

## 25.3 Relação Entre Grandezas de Concentrações: Diluição e Misturas de Soluções

Relacionamos as diferentes concentrações de soluções, usando a equação a seguir.

$$C = m\,M = \tau . d . 1000 = NE$$

Se tivermos uma solução 1 mol/L de $HNO_3$, qual seria sua concentração comum?

Usando a parte da relação que necessitamos

$$C = m\,M$$

Calculamos a massa molar do $HNO_3$ = 63g

$C = 1 \cdot 63 = 63$

A concentração comum é de 63g/L

A diluição de soluções, por acréscimo de solvente, altera a concentração da solução final, diminuindo-a. Existe a possibilidade de retirada de solvente da solução por evaporação, por exemplo.

As relações entre a solução original e a solução diluída são:

$$\mathfrak{m}_1 \cdot V_1 = \mathfrak{m}_2 \cdot V_2$$

$$C_1 \cdot V_1 = C_2 \cdot V_2$$

Onde

$m_1$ é a concentração molar da solução inicial $m_2$ é a concentração molar da solução diluída.

$C_1$ é a concentração comum da solução inicial e $C_2$ é a concentração comum da solução diluída.

$V_1$ é o volume da solução inicial

$V_2 = V_1 + V_a$

$V_2$ é o volume final da solução diluída, sendo a soma do volume inicial mais o volume de solvente adicionado ($V_a$)

Quando misturamos duas soluções de mesmo soluto, temos as relações

$$C_3 \cdot V_3 = C_1 \cdot V_1 + C_2 \cdot V_2$$

$$\mathfrak{m}_3 \cdot V_3 = \mathfrak{m}_1 \cdot V_1 + \mathfrak{m}_2 \cdot V_2$$

$m_1$ e $m_2$ são as concentrações molares iniciais das soluções misturadas e $m_3$ é a concentração molar da solução final

$C_1$ e $C_2$ são as concentrações comuns iniciais das soluções misturadas e $C_3$ é a concentração comum da solução final.

$V_3 = V_1 + V_2$

A mistura de soluções diferentes sem reação química faz com que a concentração de uma seja diluída pelo solvente da outra. Usamos o raciocínio da diluição de soluções.

Se houver reação na mistura de soluções, devemos resolver por estequiometria (relação de massas). Para tanto:

> Montar a equação que represente a reação química.
> Efetue o acerto dos coeficientes da reação (balanceamento).
> Determine as quantidades de mols dos reagentes.
> Efetue as proporções em mols de reagentes e produtos.

Observe o exemplo:

Misturamos 0,5 L de uma solução 1 mol/L de $HC\ell$ com 1 L de uma solução 2 mol/L de NaOH. Qual a concentração molar da solução final do sal formado. Esta solução é básica, neutra ou ácida?

Montando a reação

$HC\ell_{(aq)} + NaOH_{(aq)} \rightarrow NaC\ell_{(aq)} + H_2O_{(\ell)}$

A reação está balanceada

Proporção entre a quantidade de mols de reagentes e produtos

$HC\ell_{(aq)} + NaOH_{(aq)} \rightarrow NaC\ell_{(aq)} + H_2O_{(\ell)}$

1 mol 1 mol 1 mol 1 mol

Determinamos as quantidades em mols de cada soluto nas soluções misturadas.

Para o $HC\ell$

$V = 0{,}5L$ e $m = 1$ mol/L

Como a relação é

$$\mathfrak{m} = \frac{n}{V}$$

Precisamos do número de mols (n)

$n = m \cdot V$

$n = 1 \cdot 0{,}5$

$n = 0{,}5$ mol

Para o NaOH

$V = 1$ L e $m = 2$mol/L

$n = m \cdot V$

$n = 2 \cdot 1$

$n = 2$ mols

Como a proporção fixa da reação é

$HC\ell_{(aq)} + NaOH_{(aq)} \rightarrow NaC\ell_{(aq)} + H_2O_{(\ell)}$

1 mol 1 mol 1 mol 1 mol

Da mistura temos

$HC\ell_{(aq)} + NaOH_{(aq)} \rightarrow NaC\ell_{(aq)} + H_2O_{(\ell)}$

1 mol 1 mol 1 mol 1 mol

0,5 mol 2 mol

O limitante da reação é 0,5 mol do $HC\ell$

Logo, temos

$HC\ell_{(aq)} + NaOH_{(aq)} \rightarrow NaC\ell_{(aq)} + H_2O_{(\ell)}$

0,5 mol 0,5 mol 0,5 mol

Percebemos que sobrou 1,5 mol de NaOH sem reagir. Concluímos que a solução final será básica

Para sabermos a concentração molar final do sal formado temos:

n = 0,5 mol de sal formado

Quanto ao volume final, ele é a soma dos volumes das soluções misturadas.

$V = V_{HC\ell} + V_{NaOH}$

$V = 0{,}5 + 1$

$V = 1{,}5$ litros

Assim

$$\mathfrak{m} = \frac{n}{V} = \frac{0{,}5}{1{,}5} \rightarrow \mathfrak{m} = 0{,}33 \text{ mol/L}$$

## 25.4 Análise Volumétrica (Titulometria)

Titulometria ou titulação é uma sequência de procedimentos que utilizamos para determinar a concentração de uma solução desconhecida a partir de uma solução de concentração conhecida. No laboratório usamos um equipamento representado a seguir.

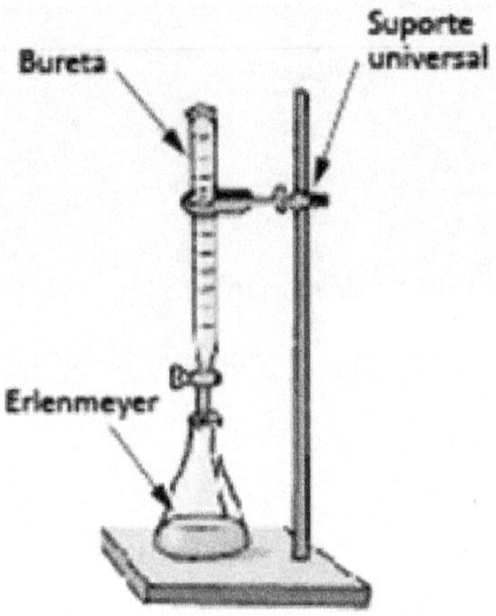


Colocamos na bureta a solução-padrão (a de concentração conhecida) e misturamos gota a gota na solução-problema (a de concentração desconhecida) que está no erlenmeyer. Colocamos na solução-problema algumas gotas de indicador, para, em virtude da mudança de cor que ocorre nela, determinar o final da titulação. Chamamos esta mudança de cor de ponto de viragem.

A reação de titulometria ocorre entre quantidades iguais de número de equivalentes dos reagentes.

$$e_A = e_B$$

Onde o número de equivalentes é dado por

$$e = \frac{m}{E}$$

Nesta fórmula, E é o equivalente grama do composto da solução

$$E = \frac{M}{x}$$

x na fórmula é

Para ácidos → número de $H^+$

Para bases → número de $OH^-$

Para sais → carga total do cátion

# 26. CINÉTICA QUÍMICA

## 26.1 Velocidade das Reações

O estudo das velocidades das reações é chamado de cinética química.

Dizemos que a velocidade de uma reação é a medida do consumo dos reagentes ou da formação dos produtos.

Na medida em que o tempo da reação passa, os reagentes são consumidos e os produtos são formados, o que representamos graficamente por:

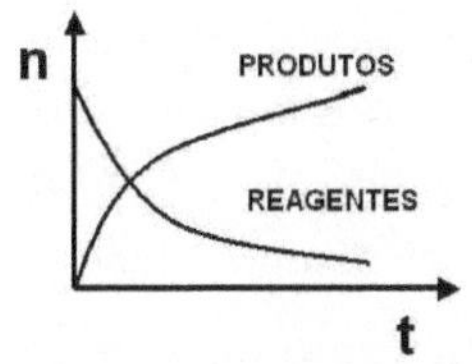


A velocidade média de uma reação é dada pela relação entre a variação da concentração e a variação do tempo.

$$V_m = \frac{\Delta[\ ]}{\Delta t}$$

Considerar:

A representação [ ] indica concentração em mol/L.

$\Delta t$ é o tempo da reação.

A variação $\Delta$ para reagentes será negativa, pois estes têm sua concentração final menor que a inicial.

A variação $\Delta$ para os produtos é positiva, pois a concentração final é maior que a inicial.

Em uma reação

$N_2 + 3\ H_2 \rightarrow 2\ NH_3$

temos

$$v_m \text{ de consumo de } N_2 = -\frac{\Delta[N_2]}{\Delta t} \text{ ou } \frac{|\Delta[N_2]|}{\Delta t}$$

$$v_m \text{ de consumo de } H_2 = -\frac{\Delta[H_2]}{\Delta t} \text{ ou } \frac{|\Delta[H_2]|}{\Delta t}$$

$$v_m \text{ de formação de } NH_3 = \frac{\Delta[NH_3]}{\Delta t}$$

A velocidade média global da reação é dada pela divisão da velocidade média de formação ou consumo pelo coeficiente da reação.

Na reação em análise temos

$N_2 + 3\ H_2 \rightarrow 2\ NH_3$

$$v_m \text{ da reação} = \frac{v_m\ N_2}{1} = \frac{v_m\ H_2}{2} = \frac{v_m\ NH_3}{3}$$

Para que uma reação ocorra, há a necessidade de:

> contato entre os reagentes.
> afinidade química.
> colisão entre as moléculas dos reagentes.
> as colisões devem ser favoráveis, com ângulos adequados, pois nem todas as colisões são efetivas e originam produtos.

Após o choque favorável entre os reagentes, forma-se um composto intermediário, que dará origem aos produtos.

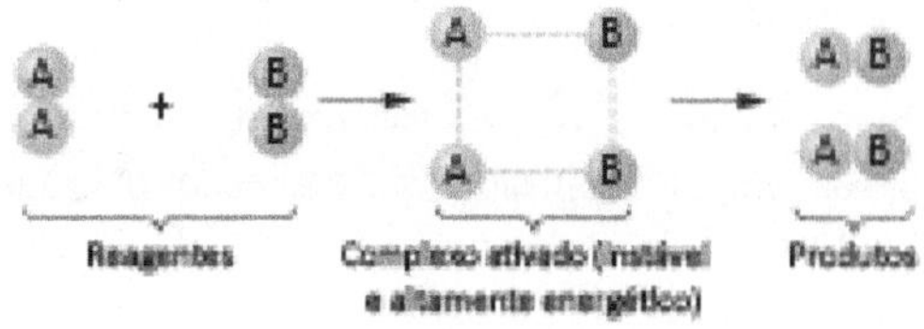

Para a formação do complexo ativado necessitamos de energia, chamada energia de ativação.

Na reação

$A + B \rightarrow C + D$

Temos graficamente a representação da energia de ativação.

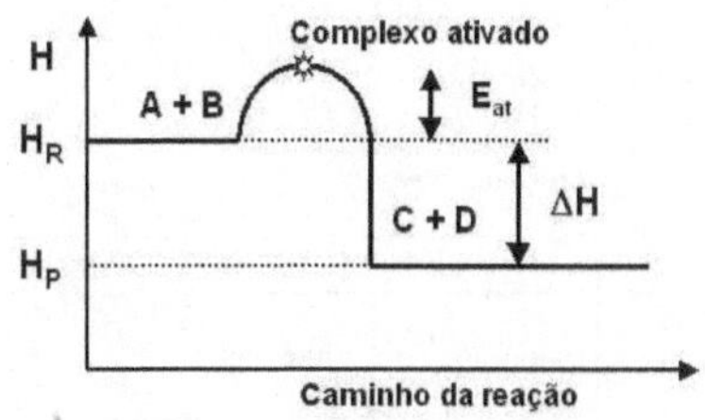


Assim, todas as reações, endotérmicas ou exotérmicas, necessitam desta energia mínima para formar o complexo ativado – a energia de ativação.

## 26.2 Fatores que Afetam a Velocidade das Reações

Alguns fatores externos podem alterar a velocidade das reações.

### Superfície de contato

Em um reagente no estado sólido, a superfície de contato é fundamental para determinar a velocidade da reação. O exemplo clássico da oxidação de um bloco de ferro, que é lento, e da oxidação de lã de ferro ou palha de aço que é mais rápida. Na palha de aço, a superfície de contato com o ar é muito maior e a reação mais rápida.

### Temperatura

O aumento da temperatura produz o aumento da energia cinética das moléculas dos reagentes, ou seja, aumenta a agitação molecular. Isto propicia que se atinja a energia de ativação antes do tempo normal e se auemnte a velocidade da reação.

### Concentração dos reagentes

Quando aumentamos a concentração dos reagentes, aumenta-se também a possibilidade de choques efetivos, aumentando a velocidade.

### Pressão

Em reações gasosas, o aumento da pressão favorece reações em que há contração de volume.

Na reação de produção de amônia a partir de gás hidrogênio e gás nitrogênio, temos 4 volumes de reagentes e 2 volumes de produtos, houve contração.

$N_2 + 3\ H_2 \rightarrow 2\ NH_3$

O aumento da pressão irá aumentar a velocidade da reação e a diminuição da pressão irá diminuir a velocidade.

## Luz

Reações como a decomposição do brometo de prata (princípio da fotografia com filme) são aceleradas pelo aumento da luminosidade.

## Catalisador

Catalisadores são compostos que aumentam a velocidade de uma reação, não sendo produto final. Ele é regenerado no fim da reação.

Basicamente o catalisador diminui a energia de ativação, ele não fornece energia à reação. Catalisadores também não alteram a variação de entalpia da reação ($\Delta H$).

Graficamente, temos:

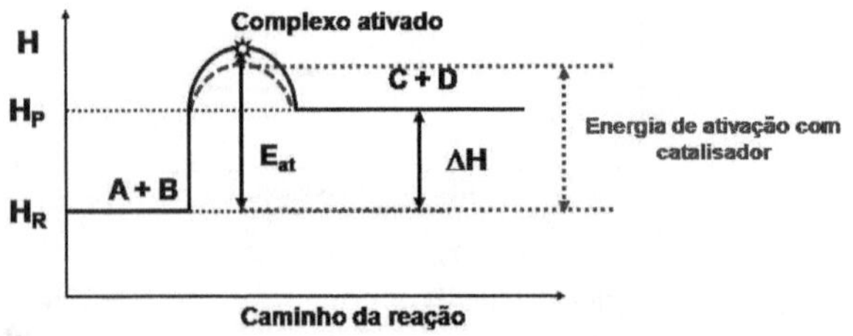


Existe a catálise homogênea, em que o catalisador e os reagentes estão no mesmo estado físico e a catálise heterogênea, quando estão em estados físicos diferentes.

Autocatalisadores são catalisadores produzidos pela reação durante o processo.

Promotores catalíticos são substâncias que atuam potencializando os catalisadores.

Venenos catalíticos são compostos que anulam a atuação dos catalisadores.

# 26.3 Cálculos Envolvendo Velocidade da Reação

Dizemos que a velocidade da reação é proporcional às concentrações molares dos reagentes elevados a expoentes iguais aos respectivos coeficientes da reação química. Chamamos esta relação de Lei da ação das massas de Guldberg-Waage.

Em uma reação genérica

$aA + bB \rightleftarrows cC + dD$

a velocidade é dada por

$v = k \cdot [A]^a \cdot [B]^b$

em que

v é a velocidade da reação

k é a constante cinética da reação

[A] é a concentração molar do reagente A

[B] é a concentração molar do reagente B

a é o coeficiente do reagente A na reação

b é o coeficiente do reagente B na reação

se A e B forem gasosos,

$v = k \cdot p_A^{\,a} \cdot p_B^{\,b}$

para reações que se processam em temperaturas muito baixas, existe a Lei de van't Hoff que diz que uma elevação de temperatura de 10°C em uma reação duplica a velocidade.

# 27. EQUILÍBRIO QUÍMICO

## 27.1 Sistemas em Equilíbrio

Quando se reage, por exemplo, A e B, formando X e Y, temos

$aA + bB \rightleftharpoons xX + yY$

No entanto, na medida em que X e Y se formam, eles também reagem entre si, regenerando A e B. Assim, dizemos que esta é uma reação reversível. Existe uma velocidade para o sentido de reação direta, e uma velocidade da reação inversa. Representamos esta reação:

$$aA + bB \underset{V_2}{\overset{V_1}{\rightleftharpoons}} xX + yY$$

Quando a velocidade da reação direta ($v_1$) for igual à velocidade da reação inversa ($v_2$), a reação atingiu o equilíbrio. A representação gráfica do processo é:

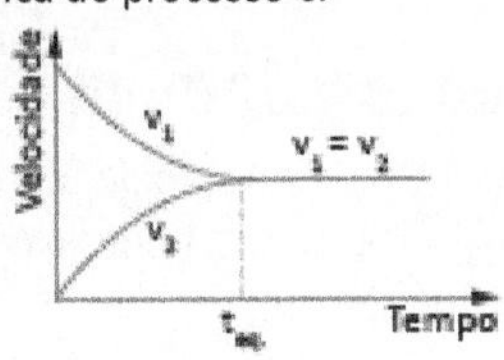


Experimentalmente, para que o estado de equilíbrio possa ser atingido, é necessário que:

> a temperatura permaneça constante.

> o sistema se encontre num recipiente fechado;

Podemos classificar o equilíbrio químico em:

> Homogêneo: quando todas as substâncias que fazem parte do equilíbrio estão no mesmo estado físico.

> Heterogêneo: quando pelo menos uma das substâncias do equilíbrio se encontra em estado físico diferente dos demais.

## 27.2 Constante de Equilíbrio

Em uma reação reversível

$$aA + bB \underset{V_2}{\overset{V_1}{\rightleftharpoons}} xX + yY$$

Pela lei da ação das massas de Gulberg-Waage, temos

- para a reação direta

$v_1 = k_1 \cdot [A]^a \cdot [B]^b$

- para a reação inversa

$v_2 = k_2 \cdot [C]^c \cdot [D]^d$

Sendo o equilíbrio:

$v_1 = v_2$

$k_1 \cdot [A]^a \cdot [B]^b = k_2 \cdot [C]^c \cdot [D]^d$

$k_1$ e $k_2$ são constantes. Dividindo-se uma constante por outra, obtemos outra constante, chamada de $K_c$. Temos então

$$Kc = \frac{[C]^c \cdot [D]^d}{[A]^a \cdot [B]^b}$$

Ou simplificadamente

$$Kc = \frac{[\text{produtos}]}{[\text{reagentes}]}$$

Importante:

01. A constante de equilíbrio Kc varia com a temperatura.
02. Devemos salientar que componentes sólidos tem ordem de reação zero e não são representados na equação da constante de equilíbrio.
03. Quanto maior o $k_c$, maior o rendimento da reação, pois indica que a concentração dos produtos é maior que dos reagentes.
04. A unidade de $k_c$ depende da estrutura da equação que representa a reação. Algumas reações tem $k_c$ sem unidade.

## 27.3 Princípio de Le Chatelier

Quando uma reação química atinge o equilíbrio, qualquer fator que altere este equilíbrio e as velocidades $v_1$ e $v_2$ sejam diferentes, o sistema tenta recompor o equilíbrio. Este é o chamado princípio da fuga ante a força ou princípio de Le Chatelier: o equlíbrio será deslocado na direção contrária à força que o alterou.

É muito importante sabermos que os catalisadores não alteram o equilíbrio, pois aumentam as velocidades $v_1$ e $v_2$. O equilíbrio é atingido mais rapidamente.

São fatores que alteram o equilíbrio:

> Quando se aumenta a concentração de um dos compostos participantes do equilíbrio, há a tendência de se "gastar" o que foi colocado a mais, deslocando o equilíbrio no sentido oposto ao que foi adicionado.

Na reação de esterificação/hidrólise de ésteres

Ácido + Álcool $\rightleftharpoons$ Éster + Água

Se aumentarmos a concentração de álcool, vamos deslocar o equilíbrio no sentido de produzir mais éster e água.

Se adicionarmos éster ao equilíbrio, deslocamos o equilíbrio para a esquerda, aumentando a produção de ácido e álcool.

> A retirada de um composto do equilíbrio faz com que se desloque no sentido de repor o que foi retirado.

Utilizando novamente o exemplo da reação de esterificação/hidrólise de ésteres

Ácido + Álcool $\rightleftharpoons$ Éster + Água

A adição de um agente desidratante desloca o equilíbrio no sentido de repor a água que foi retirada, aumentando a produção de éster.

Do mesmo modo, a adição de uma base mineral como hidróxido de sódio consome o ácido e aumenta a produção de álcool.

> O aumento de temperatura do sistema desloca o equilíbrio no sentido que absorve calor, ou seja, no sentido endotérmico. Já a retirada de calor desloca o equilíbrio no sentido exotérmico.

Observe a reação de síntese da amônia.

$N_{2(g)} + 3H_{2(g} \rightleftharpoons 2\,NH_{3(g)}$ sendo $\Delta H = -26{,}2$ kcal

Um aumento na temperatura desloca o equilíbrio para a esquerda (no sentido da reação endotérmica).

Uma diminuição na temperatura desloca o equilíbrio para a direita (no sentido da reação exotérmica).

> O aumento da pressão em equilíbrios gasosos desloca no sentido da contração de volume. A diminuição desloca no sentido da expansão do volume.

Observe novamente a reação de síntese da amônia.

$N_{2(g)} + 3H_{2(g)} \rightleftarrows 2\,NH_{3(g)}$

1 V + 3 V 2 V

Na reação ocorre contração do volume dos gases. Se aumentarmos a pressão no sistema, deslocamos no sentido da contração, aumentando a produção de $NH_3$.

Se diminuirmos a pressão, o equilíbrio se desloca no sentido da expansão, da produção de $N_2$ e $H_2$.

## 27.4 Constante de Ionização

Neste caso, analisamos o equilíbrio em soluções aquosas de ácidos ou bases fracas em que temos em equilíbrio as moléculas e os íons.

Temos a solução aquosa

$AB \rightleftarrows A^+ + B^-$

$$K_i = \frac{[A^+] \cdot [B^-]}{[AB]}$$

Reforçando que $K_i$ varia com a temperatura.

Valores de $K_i$ altos nos indicam eletrólitos fortes → ácidos ou bases fortes

Valores de $K_i$ baixos nos mostram eletrólitos fracos → ácidos ou bases fracas

Di, tri ou poli ácidos sofrem ionização em etapas, sendo que cada etapa terá o seu $K_i$. o $K_i$ da primeira etapa é sempre maior que da segunda etapa de ionização.

Para ácidos podemos chamar $K_i$ de $K_a$ e para bases de $K_b$

## 27.5 Grau de Equilíbrio

Grau de equilíbrio ($\alpha$) é a razão entre o número de mols consumidos de reagentes e o seu número de mols inicial sendo que ele pode variar de 0 a 1.

$0 < \alpha < 1$

A relação de $\alpha$ é

$$\alpha = \frac{\text{Mols consumidos}}{\text{Mols iniciais}}$$

Verifique o equilíbrio na reação de decomposição de $SO_3$

$2\,SO_{3(g)} \rightleftarrows 2\,SO_{2(g)} + O_{2(g)}$

| | $2\,SO_{3(g)}$ | $2\,SO_{2(g)}$ | $O_{2(g)}$ |
|---|---|---|---|
| Início | 10 mols | 0 | 0 |
| Proporção | Gasta 6 mols | Produz 6 mols | Produz 3 mols |
| Equilíbrio | 4 mols | 6 mols | 3 mols |

Você percebe que consumimos 6 mols do $SO_3$ dos 10 mols iniciais, logo

$$\alpha = \frac{6}{10}$$

$\alpha$ = 0,6 ou 60%

## 27.6 Grau de Ionização

O grau de ionização de um eletrólito é a relação entre o número de mols ionizados e o número de mols dissolvidos.

$$\alpha = \frac{\text{quantidade de mols ionizados}}{\text{quantidade inicial de mols dissolvidos}}$$

Se no início temos n mols, então

$$\alpha = \frac{\text{número de mols ionizados}}{n}$$

Logo,

Número de mols ionizados = $\alpha \cdot n$

Coube a Ostwald relacionar em uma expressão matemática $K_i$, concentração molar e grau de ionização.

$$K_i = \frac{\alpha^2}{(1-\alpha)} \cdot m$$

Como trabalhamos com ácido ou bases muito fracos, $\alpha$ será muito pequeno.

Logo $1 - \alpha \cong 1$

Então

$$K_i = m \cdot \alpha^2$$

## 27.7 Efeito do Íon Comum

Quando aplicamos o princípio da "Fuga ante a força - Le Chatelier" para equilíbrios iônicos, temos o que convencionamos chamar de efeito do íon comum.

Vamos introduzir ao equilíbrio iônico uma substância 100% ionizável e que possua um íon, cátion ou ânion, já presente na solução.

Observe a ionização do ácido cianídrico, eletrólito muito fraco

$HCN_{(aq)} \rightleftarrows H^+_{(aq)} + CN^-_{(aq)}$

Se a este equilíbrio adicionarmos KCN, sal 100% ionizável, temos:

$KCN_{(aq)} \rightleftarrows K^+_{(aq)} + CN^-_{(aq)}$

Adicionamos, portanto, ao sistema um íon $CN^-$, que irá deslocar o equilíbrio no sentido do ácido HCN, diminuindo a sua ionização.

## 27.8 Hidrólise

A água pura ioniza em quantidades muito pequenas

$H_2O_{(\ell)} + H_2O_{(\ell)} \rightleftarrows H_3O^+_{(aq)} + OH^-_{(aq)}$

Sendo que

$[H^+] = [OH^-] = 10^{-7}\ mol\ L^{-1}$

Considerando a água a 25°C, temos a constante de ionização da água expressa por

$K_w = [H^+] \cdot [OH^-]$

$K_w = 10^{-14}$

Chamamos hidrólise salina a reação entre um sal e água produzindo o ácido e a base correspondentes. A hidrólise do sal é, portanto, a reação inversa da neutralização. A constante de hidrólise chama-se $K_h$.

Na hidrólise de sais, devemos observar na equação iônica a força dos eletrólitos.

### Sal de ácido fraco e base forte

Na reação

$NaCN + H_2O \rightleftarrows HCN + NaOH$

Como o NaOH é uma base forte, sua dissociação é muito alta e a equação iônica é.

$CN^- + H_2O \rightleftarrows OH^- + HCN$

Sendo $K_h$:

$$K_h = \frac{[HCN] \cdot [OH^-]}{[CN^-] \cdot [H_2O]}$$

E

Como $K_h = K \cdot [H_2O]$

Temos

$$K_h = \frac{[HCN] \cdot [OH^-]}{[CN^-]}$$

A presença de íons $OH^-$ na solução lhe confere caráter básico.

## Sal de ácido forte e base fraca

Observe a reação

$NH_4C\ell + H_2O \rightleftarrows HC\ell + NH_4OH$

Como o $HC\ell$ é um ácido forte, sua ionização é muito grande, logo, a equação iônica do processo é

$NH_4^+ + H_2O \rightleftarrows H^+ + NH_4OH$

Os íons livres $H^+$ presentes dão caráter ácido à solução.

Sendo

$$K_h = \frac{[NH_4OH] \cdot [H^+]}{[NH_4^+] \cdot [H_2O]}$$

Como $K_h = K \cdot [H_2O]$

Temos

$$K_h = \frac{[NH_4OH] \cdot [H^+]}{[NH_4^+]}$$

## Sal de ácido fraco e base fraca

Como a base e o ácido são eletrólitos fracos, não existem íons livres. A solução ficará básica, ácida ou neutra, dependendo da constante de ionização do ácido ou da base.

## Sal de ácido forte e base forte

Como os dois eletrólitos são fortes, não há hidrólise e o caráter da solução é neutro.

Existe uma relação entre $K_a$, $K_b$ e $K_h$.

> Para ácido forte e base fraca:

$$K_h = \frac{K_w}{K_b}$$

> Para base forte e ácido fraco:

$$K_h = \frac{K_w}{K_a}$$

> Para ácido e base fracas:

$$K_h = \frac{K_w}{K_a \cdot K_b}$$

# 27.9 pH e pOH

Para não trabalharmos com números muito pequenos ou potencias negativas, aplicamos o cálculo de logaritmo para facilitar. Assim, as medidas de acidez e basicidade de soluções são expressas por

$pH = -\log [H^+]$

$pOH = -\log [OH^-]$

Só podemos calcular pH para soluções ácidas e pOH para soluções básicas.

Para transformarmos uma na outra usamos

$pH + pOH = 14$

A escala de pH diz que

$pH < 7$ é ácido

$pH = 7$ é neutro

$pH > 7$ é básico

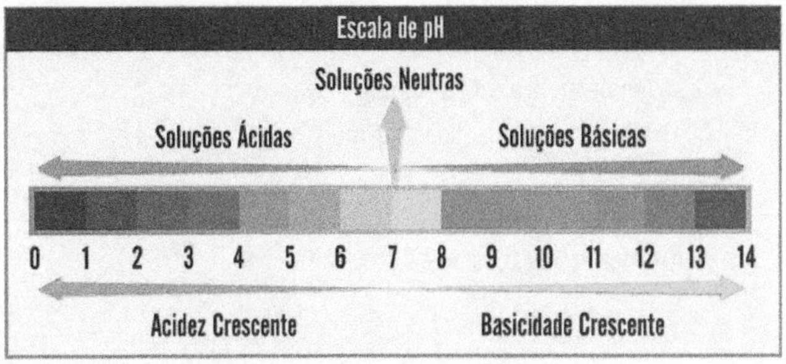


# 27.10 Produto de Solubilidade

Em um sistema constituído de uma solução saturada de um sal com corpo de fundo, existe um equilíbrio entre os íons da solução e o corpo de fundo. A velocidade de precipitação é igual a velocidade de dissolução.

No caso de um sal genérico

$A_aB_b$

A expressão para o produto de solubilidade ($K_s$, $K_{ps}$ ou PS) deste sal é:

$K_s = [A]^a \cdot [B]^b$

Um exemplo

A solubilidade do fosfato de cálcio a 25ºC é $10^{-6}$ mol/L. qual o produto de solubilidade deste sal?

Equação e proporções

$Ca_3(PO_4)_2 \rightleftarrows 3\,Ca^{2+}_{(aq)} + 2\,PO_{4\,(aq)}^{3-}$

| 1 mol | 3 mols | 2 mols |
|---|---|---|
| $10^{-6}$ mol | $3.10^{6}$ mol | $2.10^{-6}$ mol |

$K_s = [A]^a \cdot [B]^b$

$K_s = [Ca^{2+}]^3 \cdot [PO_4^{-3}]^2$

$K_s = (3 \cdot 10^{-6})^3 \cdot (2 \cdot 10^{-6})^2$

$K_s = 1{,}08 \cdot 10^{-28}$

# 27.11 Reações Envolvendo Gases e Líquidos

Quando todas as substâncias do equilíbrio são substâncias gasosas, podemos expressar a constante em função de suas pressões parciais ($K_p$).

Na reação

$Aa_{(g)} + bB_{(g)} \rightleftarrows cC_{(g)} + dD_{(g)}$

A constante de equilíbrio será.

$$K_c = \frac{[C]^c . [D]^d}{[A]^a . [B]^b}$$

Como todos os envolvidos são gases, temos

$$K_p = \frac{[pC]^c . [pD]^d}{[pA]^a . [pB]^b}$$

Para equilíbrios em sistema heterogêneo, o estado sólido (por apresentar ordem de reação zero) não participa das expressões de Kp e de Kc; o estado líquido participa somente de Kc, e o estado gasoso participa das duas expressões.

Existe uma relação entre $K_c$ e $K_p$ que é dada por:

$K_p = K_c . (RT)^{\Delta n}$

Em que

R é a constante universal dos gases

R = 0,082 atm.L/mol.K

Ou

R = 62,3 mmHg.L/mol.K

T é a temperatura em K (absoluta)

$\Delta n$ é a variação da quantidade de mols

$\Delta n = n_{prod} - n_{reag}$

Em sistemas heterogêneos em equilíbrio, sólidos e líquidos apresentam concentração constante e a relação

$$\frac{n}{V}$$

Portanto, será sempre a mesma.

Devemos salientar que o fato de sólidos puros ou líquidos não estarem na expressão de $K_c$ não quer dizer que não sejam importantes no processo químico.

Na decomposição do carbonato de cálcio, temos:

$CaCO_{3(s)} \rightleftharpoons CaO_{(s)} + CO_{2(g)}$

Na constante teremos somente o dióxido de carbono

$K_p = p_{CO2}$

# 28. ELETROQUÍMICA

## 28.1 Conceito de Ânodo, Cátodo e Polaridade dos Eletrodos

Corrente elétrica pode produzir reações químicas e algumas reações químicas produzem corrente elétrica. Estudamos estes processos na eletroquímica. A pilha é um processo espontâneo em que uma reação química produz corrente elétrica. Já a eletrólise ocorre quando a corrente elétrica produz reações.

Um eletrodo usado na eletrólise são barras de metal mergulhadas em soluções com cátions deste mesmo metal. Um eletrodo de zinco é:

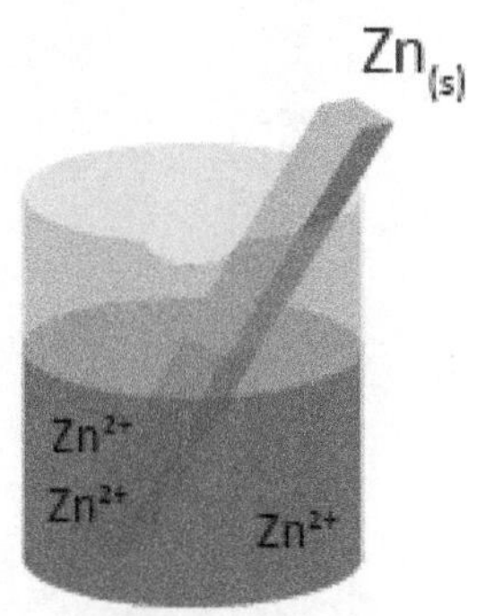


$ZnSO_{4(aq)}$
(eletrodo de zinco)

Quando mergulhamos um eletrodo de zinco em uma solução de sulfato de zinco percebemos que o zinco da lâmina tem a tendência de perder elétrons e deslocar-se para a solução na forma de Zn2+. Este processo não avança, pois a barra do eletrodo fica sobrecarregada de elétrons que não tem para onde ir. Um eletrodo de cobre mergulhado em uma solução de sulfato de cobre tem a tendência oposta. Quer sair da solução, deixar a forma de cátion Cu2+ e passar a forma de metal (Cu0) na barra. Para isto precisa de elétrons que não estão disponíveis na barra de cobre.

Se unirmos por um fio condutor os dois eletrodos, o excesso de elétrons da barra de zinco irá pelo fio até a barra de cobre que precisa de elétrons. O caminho dos elétrons pelo fio é chamado de corrente elétrica. Este equipamento é uma pilha.

O polo positivo da pilha chama-se cátodo e o polo negativo chama-se ânodo.

## 28.2 Processos de Oxidação e Redução, Equacionamento e Identificação das Espécies Redutoras e Oxidantes

Percebe-se que este processo em que tivemos a transferência de elétrons é uma reação de oxidorredução. A reação que ocorre é:

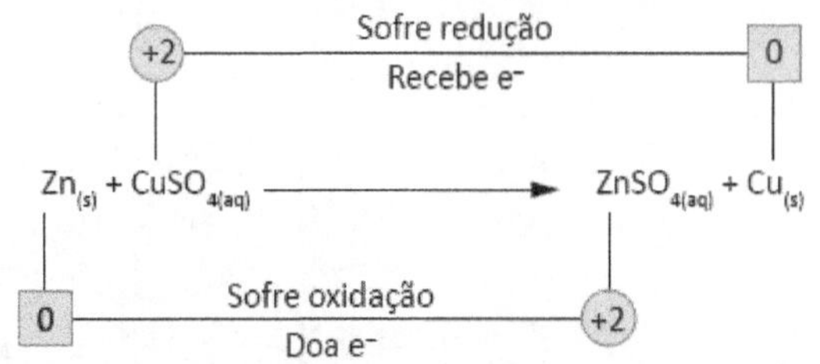


Devemos lembrar que, no processo de oxidorredução, sofre oxidação quem perde elétrons e é o agente redutor. Quem recebe os elétrons sofre redução e é o agente oxidante.

O eletrodo de onde saem os elétrons é o polo negativo, chamado de ânodo e é onde ocorre a oxidação na pilha.

O eletrodo aonde chegam os elétrons é o polo negativo, chamado de cátodo e é onde ocorre a redução na pilha.

O esquema mais completo da pilha é:

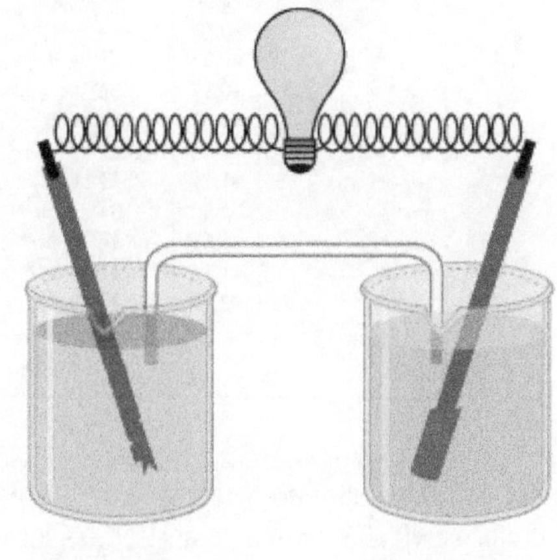

| | |
|---|---|
| – Menor $E_{red}$ | – Maior $E_{red}$ |
| – Eletrodo que cede $e^-$ | – Eletrodo que recebe $e^-$ |
| – Polo ⊖ | – Polo ⊕ |
| – Ânodo | – Cátodo |
| – Oxidação | – Redução |

## 28.3 Aplicação da Tabela de Potenciais Padrão

Esta tendência de doar ou receber elétrons por parte das substâncias de uma pilha chama-se potencial. É a diferença de potencial que faz com que seja produzida corrente elétrica. Vimos que, neste exemplo, o zinco tem um maior potencial de oxidação e o cobre um maior potencial de redução.

$$Zn_{(s)} + CuSO_{4(aq)} \rightarrow ZnSO_{4(aq)} + Cu_{(s)}$$
(lâmina) (solução) (solução) (lâmina)

Estes potenciais são medidos tendo por base a comparação com um eletrodo de hidrogênio que terá valor zero por convenção.

Com estes dados, temos a tabela de potenciais.

**POTENCIAIS PADRÃO DE ELETRODO**

| Potencial de oxidação em volts | Oxidantes | | Redutores | Potencial de redução ($E^0$) em volts |
|---|---|---|---|---|
| +3,04 | $\overline{e} + Li^+$ | ⇄ | Li | −3,04 |
| +2,92 | $\overline{e} + K^+$ | ⇄ | K | −2,92 |
| +2,90 | $2\overline{e} + Ba^{2+}$ | ⇄ | Ba | −2,90 |
| +2,87 | $2\overline{e} + Ca^{2+}$ | ⇄ | Ca | −2,87 |
| +2,71 | $\overline{e} + Na^+$ | ⇄ | Na | −2,71 |
| +2,36 | $2\overline{e} + Mg^{2+}$ | ⇄ | Mg | −2,36 |
| +1,66 | $3\overline{e} + Al^{3+}$ | ⇄ | Al | −1,66 |
| +1,18 | $2\overline{e} + Mn^{2+}$ | ⇄ | Mn | −1,18 |
| +0,76 | $2\overline{e} + Zn^{2+}$ | ⇄ | Zn | −0,76 |
| +0,74 | $3e^- + Cr^{3+}$ | ⇄ | Cr | −0,74 |
| +0,48 | $2\overline{e} + S$ | ⇄ | $S^{2-}$ | −0,48 |
| +0,44 | $2\overline{e} + Fe^{2+}$ | ⇄ | Fe | −0,44 |
| +0,41 | $\overline{e} + Cr^{3+}$ | ⇄ | $Cr^{2+}$ | −0,41 |
| +0,28 | $2\overline{e} + Co^{2+}$ | ⇄ | Co | −0,28 |
| +0,25 | $2\overline{e} + Ni^{2+}$ | ⇄ | Ni | −0,25 |
| +0,14 | $2\overline{e} + Sn^{2+}$ | ⇄ | Sn | −0,14 |
| +0,13 | $2\overline{e} + Pb^{2+}$ | ⇄ | Pb | −0,13 |
| 0,00 | $2\overline{e} + 2\,H^+$ | ⇄ | $H_2$ | 0,00 |
| −0,14 | $2\overline{e} + 2\,H^+ + S$ | ⇄ | $H_2S$ | +0,14 |
| −0,15 | $2\overline{e} + Sn^{4+}$ | ⇄ | $Sn^{2+}$ | +0,15 |
| −0,34 | $2\overline{e} + Cu^{2+}$ | ⇄ | Cu | +0,34 |
| −0,40 | $2\overline{e} + H_2O + 1/2\,O_2$ | ⇄ | $2\,OH^-$ | +0,40 |
| −0,52 | $\overline{e} + Cu^+$ | ⇄ | Cu | +0,52 |
| −0,54 | $2\overline{e} + I_2$ | ⇄ | $2\,I^-$ | +0,54 |
| −0,68 | $2\overline{e} + 2\,H^+ + O_2$ | ⇄ | $H_2O_2$ | +0,68 |
| −0,77 | $\overline{e} + Fe^{3+}$ | ⇄ | $Fe^{2+}$ | +0,77 |
| −0,80 | $\overline{e} + Ag^+$ | ⇄ | Ag | +0,80 |
| −0,80 | $2\overline{e} + 4\,H^+ + 2\,NO_3^-$ | ⇄ | $2\,H_2O + 2\,NO_2$ | +0,80 |
| −0,85 | $2\overline{e} + Hg^{2+}$ | ⇄ | Hg | +0,85 |
| −0,96 | $3e^- + 4\,H^+ + NO_3^-$ | ⇄ | $2\,H_2O + NO$ | +0,96 |
| −1,07 | $2\overline{e} + Br_2$ | ⇄ | $2\,Br^-$ | +1,07 |
| −1,33 | $6\overline{e} + 14\,H^+ + CrO^{2}{}_{7}^{-}$ | ⇄ | $2\,Cr^{3+} + 7\,H_2O$ | +1,33 |
| −1,36 | $2\overline{e} + Cl_2$ | ⇄ | $2\,Cl^-$ | +1,36 |
| −1,50 | $3\overline{e} + Au^{3+}$ | ⇄ | Au | +1,50 |
| −1,51 | $5\overline{e} + 8\,H^+ + MnO_4^-$ | ⇄ | $Mn^{2+} + 4\,H_2O$ | +1,51 |
| −1,78 | $2\overline{e} + 2\,H^+ + H_2O_2$ | ⇄ | $2\,H_2O$ | +1,78 |
| −2,87 | $2\overline{e} + F_2$ | ⇄ | $2F^-$ | +2,87 |

Aumento da força oxidante

OXIDAÇÃO

REDUÇÃO

Aumento da força redutora

Observa-se, consultando a tabela, que o potencial de oxidação do zinco é +0,76 V e o seu potencial de redução é −0,76 V. isto nos mostra que, ao invertermos o sentido de uma reação de oxidorredução, o sinal do potencial se inverte. Se multiplicamos ou dividimos uma semirreação por qualquer número, o potencial não se altera.

| | | |
|---|---|---|
| Oxidação | $Zn^0 \rightarrow Zn^{2+} + 2\overline{e}$ | E = +0,76 V |
| Redução | $Zn^{2+} + 2\,\overline{e} \rightarrow Zn^0$ | E = −0,76 V |

## 28.4 Pilhas e Baterias

Chamamos de pilha ao equipamento ou aparelho que, por reação de oxidorredução, espontaneamente produz corrente elétrica. Uma pilha clássica, muito utilizada em exercícios, é a pilha de Daniell, a que já vínhamos usando como exemplo. Esta pilha é montada colocando-se em um recipiente um eletrodo de zinco em uma solução 1 mol/L de $ZnSO_4$. Em outro recipiente colocamos um eletrodo de cobre mergulhado em solução de $CuSO_4$. Unimos os eletrodos por um fio condutor e percebemos que a lâmpada colocada no fio acende. Isto nos mostra que está havendo produção de energia elétrica.

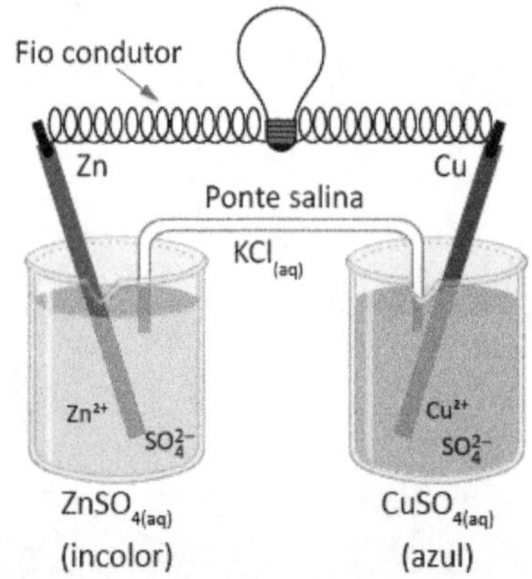


Na medida em que o tempo passa, os átomos de zinco saem do eletrodo (estado metálico) para a solução (cátion $Zn^{2+}$). A lâmina de zinco vai se desgastando e a solução de $ZnSO_4$ vai ficando concentrada. No outro recipiente, o cobre na solução (cátion $Cu^{2+}$) vai se aderindo ao eletrodo pela tendência de receber elétrons, tornando se um metal ($Cu^0$). A lâmina de cobre pela deposição irá ficar mais grossa e a solução mais diluída, perdendo sua coloração azul inicial.

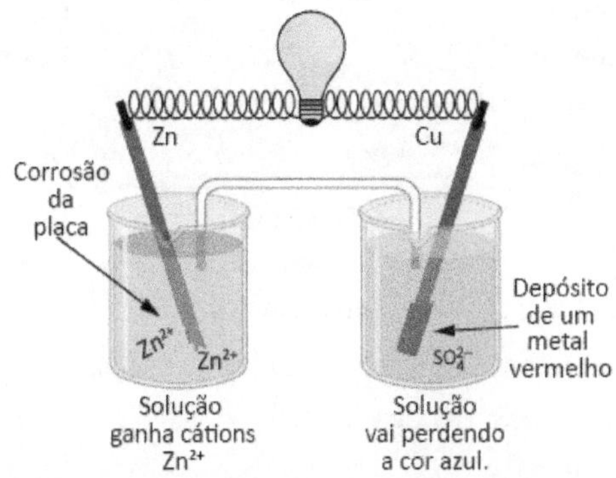


Neste processo, os íons sulfatos ($SO_4^{2-}$) começam a faltar no recipiente do zinco e a sobrar no recipiente do cobre o que vai prejudicar o funcionamento da pilha.

Colocamos, então, uma ponte salina unindo os dois recipientes, com a função de permitir a passagem dos íons sulfato de um para outro.

As semirreações que ocorrem são:

Eletrodo de zinco

$Zn_{(s)} \rightarrow Zn_{(aq)}^{2+} + 2\,e^-$

Eletrodo de cobre

$Cu_{(aq)}^{2+} + 2\,e^- \rightarrow Cu_{(s)}$

Reação global da pilha

$Zn_{(s)} + Cu_{(aq)}^{2+} \rightarrow Zn_{(aq)}^{2+} + Cu_{(s)}$

O esquema que melhor representa de uma pilha de Daniell é:

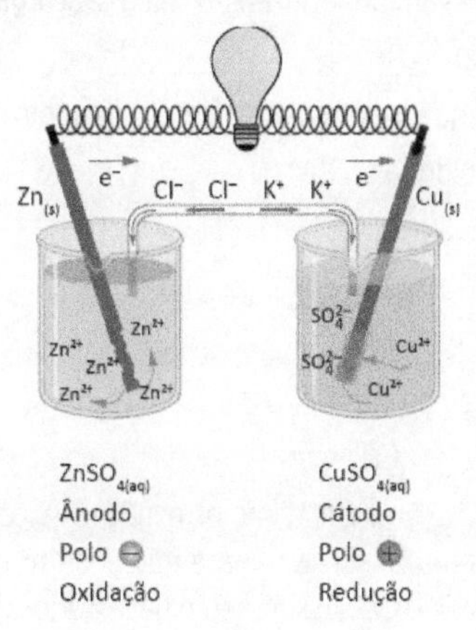


Também representamos uma pilha de Daniell de forma escrita como:

$Zn_{(s)} / Zn_{(aq)}^{2+} // Cu_{(aq)}^{2+} / Cu_{(s)}$

Medimos a ddp de uma pilha utilizando um voltímetro. Podemos calcular esta ddp, consultando a tabela de potenciais e usando a relação:

$ddp = E^0_{red\,maior} - E^0_{red\,menor}$

Para a pilha de Daniell, temos

$ddp = (+0,76) - (-0,34) = 1,10\ V$

## 28.5 Equação de Nernst

Trabalhamos as pilhas tendo por base que as concentrações das soluções é de 1 mol/L e a pressão parcial é de 1 atm se forem gases ou seja, pilhas no estado padrão e potenciais padrão. Os eletrodos nem sempre estarão em seus estados padrão. Assim, o químico alemão Walther H. Nernst, por meio de sua equação, mostra-nos como corrigir os potenciais em outras situações.

Partindo de uma equação de oxidorredução genérica:

$aA + bB \rightleftharpoons cC + dD$

pela equação de Nernst, temos:

$$\Delta E = \Delta E^0 - \frac{0,0591}{n} \cdot \log Q$$

Em que

$\Delta E$ é a nova ddp corrigida pelas diferenças do estado padrão

$\Delta E^0$ é a ddp calculada no estado padrão

n é o número de elétrons trocados na soma das semirreações

Q é calculado pela lei da ação das massas no equilíbrio

$$Q = \frac{[C]^c \cdot [D]^d}{[A]^a \cdot [B]^b}$$

Lembrar que sólidos e líquidos puros não aparecem no equilíbrio e as concentrações dos gases serão expressas por suas pressões parciais.

Aplicando a pilha de Daniell, temos

$Zn_{(s)} + Cu_{(aq)}^{2+} \rightarrow Zn_{(aq)}^{2+} + Cu_{(s)}$

$\Delta E^0 = 1,10\ V$

Dois elétrons foram transferidos na soma das semirreações, logo n = 2.

$Zn_{(s)}$ e $Cu_{(s)}$.não aparecem no quociente do equilíbrio

$$\Delta E = 1,10 - \frac{0,0591}{2} \cdot \log \frac{[Zn^{2+}_{(aq)}]}{[Cu^{2+}_{(aq)}]}$$

Calculando para uma situação em que

$$\frac{[Zn^{2+}_{(aq)}]}{[Cu^{2+}_{(aq)}]} = 10^{-4}$$

Temos, então,

$$\Delta E = 1,10 - \frac{0,0591}{2} \cdot 10^{-4}$$

$\Delta E = 0,98\ V$

Corrosão

O processo de corrosão de um metal é uma oxidorredução. Ele irá perder elétrons, podendo combinar-se com o oxigênio atmosférico. Quando vemos uma estátua de bronze em uma praça, quase sempre ela está esverdeada. Os metais da estátua, principalmente o cobre, perdem elétrons formando a película verde. Quando a estátua estiver completamente revestida pela pátina verde o processo para. É a corrosão que está protegendo o metal de futura corrosão. No entanto, a chuva ácida, produzida pela poluição em excesso nas cidades, irá remover a pátina protetora e reiniciar o processo de corrosão.

Para protegermos um metal, podemos por pintura revesti-lo de tinta ou até mesmo revesti-lo com óleo ou graxa. Isto impede o contato com o meio e não há oxidação. Revestir a superfície do metal com outro metal por eletrólise ou provocar uma oxidação e criar uma pátina (alumínio anodizado) ou até mesmo usar um metal mais reativo chamado metal de sacrifício.

A folha de flandres é um exemplo de revestimento de um metal por outro. Os produtos enlatados estão em embalagens de ferro revestido de estanho que impede de ficar em contato com o produto e exposto ao ar. O potencial de redução de ferro (–0,44V) é menor que o do estanho (–0,14). Assim, o ferro irá perder elétrons com mais facilidade. É exatamente por causa disto que não devemos comprar enlatados com a lata amassada. Naquele ponto o estanho não irá proteger o ferro.

No casco dos navios o ferro perde elétrons sofrendo corrosão, o que irá destruir o navio com o tempo. Para evitar a corrosão, usa-se colocar placas de zinco. Em cercas de arame, oleodutos ou tanques de combustível, por exemplo, colocam-se placas de magnésio. Qual a finalidade? O zinco e o magnésio nestes casos atuam como metais de sacrifício. Como seus potenciais de redução são menores que o do ferro (logo os potenciais de oxidação serão maiores), eles terão maior tendência de perder elétrons, preservando, assim, o ferro da corrosão.

Para entender quimicamente o que acontece, precisamos inicialmente saber que uma reação de deslocamento de metais é espontânea quando seu $\Delta E$ é positivo, pois não existe ddp negativa.

A reação $Mg^{2+}_{(aq)} + Ni_{(s)} \rightarrow Mg_{(s)} + Ni^{2+}_{(aq)}$ é espontânea?

As duas semirreações do processo são

$Mg^{2+}_{(aq)} + 2e^- \rightarrow Mg_{(s)}$

$Ni_{(s)} \rightarrow Ni^{2+}_{(aq)} + 2e^-$

Consultando a tabela de potenciais, temos

Para o magnésio, redução $\rightarrow$ –2,38 V

Para o níquel, oxidação $\rightarrow$ +0,25 V

$\Delta E = E^0_{oxi\ Ni} - E^0_{red\ Mg2+}$

$\Delta E = (+0,25) - (-2,38) = -2,13$ V

Como o $\Delta E$ é negativo, a reação não é espontânea.

## 28.6 Eletrólise e Leis de Faraday

O processo inverso da pilha e não espontâneo chamamos de eletrólise. A corrente elétrica irá produzir reações químicas. Para que o processo ocorra em uma cuba eletrolítica, há a necessidade de que existam íons produzidos a partir de dissociação, ionização ou fusão de compostos iônicos.

O esquema de uma eletrólise é: dois eletrodos inertes ligados a um gerador, unidos por fio condutor. O gerador leva elétrons do eletrodo que fica positivo (ânodo) para o eletrodo que fica negativo (cátodo). Os íons presentes na cuba eletrolítica serão atraídos por estes eletrodos, depositando-se. Os íons negativos são atraídos pelo polo positivo (ânodo), onde irão perder elétrons (oxidação). Estes elétrons cedidos ao polo positivo migram através do circuito externo até o polo negativo (cátodo). No polo negativo ocorrerá redução.

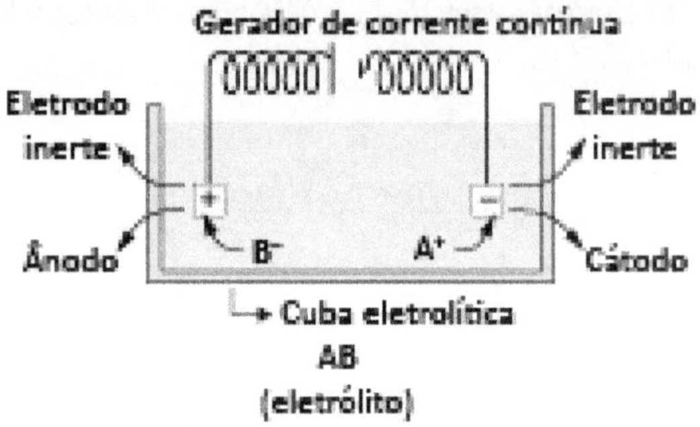


As semirreações que ocorrem nos polos são:

Semirreação catódica

$A^+ + e^- \rightarrow A^0$

Semirreação anódica

$B^- \rightarrow B^0 + e^-$

Reação global

$A^+ + B^- \rightarrow A^0 + B^0$

Quanto ao método de obtenção dos íons, temos dois tipos de eletrólise, a ígnea e a aquosa.

> Eletrólise ígnea: compostos iônicos produzem íons quando fundidos e conduzem corrente elétrica.

A fusão do composto produz íons

$AB \rightarrow A^+ + B^-$

Os íons são atraídos pelos eletrodos e serão descarregados:

Polo – (cátodo) atrai cátions para descarga:

$A^+ + e^- \rightarrow A^0$

Polo + (ânodo) atrai ânions para descarga:

$B^- - e^- \rightarrow B^0$

Verifique a eletrólise do cloreto de sódio ($NaC\ell$)

Fusão do sal

$NaC\ell \rightarrow Na^+ + C\ell^-$

Reação no cátodo:

$Na^+ + e^- \rightarrow Na^0$

Reação no ânodo:

$C\ell - e^- \rightarrow C\ell^0$

O cloro é um não metal e não é encontrado isolado na natureza. Ele se liga então a outro átomo de cloro formando $C\ell_2$. Assim, serão necessários dois $NaC\ell$.

As reações serão

$2\,NaC\ell \rightarrow 2\,Na^+ + 2\,C\ell^-$

Cátodo:

$2\,Na^+ + 2\,e^- \rightarrow 2\,Na^0$

Ânodo:

$2\,C\ell - 2\,e^- \rightarrow C\ell_2$

Reação global:

$2\,Na^+ + 2\,C\ell^- \rightarrow 2\,Na + C\ell_2$

- Eletrólise aquosa: os íons são produzidos por dissolução em água ocorrendo dissociação ou ionização;

Dissociação ocorre em compostos iônicos. Os íons que já existem somente separam-se.

Ionização ocorre em compostos moleculares, os íons não existem e são produzidos pela dissolução em água.

É importante ressaltar que a água também sofre dissociação e participa do processo

$H_2O \rightarrow H^+ + OH^-$

Esta dissociação é muito pequena, mas devemos considerá-la.

Como funciona esta eletrólise:

Dissolvemos um composto molecular em água

$AB \rightarrow A^+ + B^-$

A água também se dissocia:

$H_2O \rightarrow H^+ + OH^-$

Observe que temos dois cátions e dois ânions a serem atraídos pelos polos. Somente um pode ser descarregado de cada vez. Assim, existe uma fila de preferência de descarga nos polos que devemos usar para saber quem tem preferência.

Para os cátions:

Atração para o polo negativo (cátodo)

Elementos do grupo 1 ($IA^+$) < 2 ($IIA^{2+}$) < $A\ell^{3+}$ < $H^+$ < demais cátions

Descarregam primeiro →

Para os ânions:

Atração para o polo positivo (ânodo)

$F^-$ < ânions oxigenados $(SO_4^{2-}, NO_3^-, PO_4^{3-})$, < $OH^-$ < ânions não oxigenados

Descarregam primeiro →

Vejamos a eletrólise aquosa do cloreto de sódio ($NaC\ell$)

$NaC\ell \rightarrow Na^+_{(aq)} + C\ell^-_{(aq)}$

$H_2O \rightarrow H^+_{(aq)} + OH^-_{(aq)}$

Observando a ordem de descarga, temos

Cátodo: $H^+ > Na^+$

$2\,H^+ + 2\,e^- \rightarrow H_{2(g)}$

Ânodo: $C\ell^- > OH^-$

$2\,C\ell^- - 2\,e^- \rightarrow C\ell_{2(g)}$

Sobra em solução

$Na^+ + OH^-$

Reação global

$2\,NaC\ell + 2\,H_2O \rightarrow H_{2(g)} + C\ell_{2(g)} + 2\,Na^+_{(aq)} + 2\,OH^-_{(aq)}$

É possível calcularmos as quantidades produzidas no processo da eletrólise. Usamos as relações de Faraday para esses cálculos.

Um mol de elétrons transporta uma carga elétrica de 96500 C. Esta carga elétrica chamamos de 1 F (1 faraday).

$A^+ + e^-$ -----→ $A^0$

1 mol   1 mol

1 faraday

Da física, eletricidade, temos:

$Q = i \cdot t$

Onde

Q é a carga elétrica em C (coulombs)

i é a corrente elétrica em A (ampères)

t é o tempo em s (segundos)

Vejamos um exemplo:

Qual a massa de zinco depositada em um processo de eletrólise, quando utilizamos uma corrente de 0,5 A durante 30 minutos, sendo a massa molar do zinco igual a 65 $g.mol^{-1}$

i = 0,5 A

t = 30 minutos = 30 . 60 = 1800 s

Q = i . t

Q = 0,5 . 1800

Q = 900 C

Zn -------→ $Zn^{2+} + 2\,e^-$

1 mol -------------------- 2 mols

65 g -------------------- 2 . 96500

x g -------------------- 900 C

x = 0,303 g de zinco

# 29. RADIOATIVIDADE

## 29.1 Origem e Propriedade das Principais Radiações

A radioatividade é um fenômeno do núcleo do átomo e sua instabilidade. Buscando estabilidade, estes núcleos irão quebrar-se ou emitir partes dele, formando novos núcleos mais estáveis.

Foi na universidade de Sourbone que Marie Curie, Pierre Curie e Henri Becquerel, em pesquisas com sais de urânio, descobriram que estes emitiam raios e impressionavam chapas fotográficas no escuro. A quantidade de radiação dependia da quantidade de urânio presente na amostra. Ao analisarem outra amostra, apesar da mesma quantidade de urânio, este sal emitia muito mais radiação. Foi então que em um trabalho exaustivo de meses, o casal Curie, a partir de uma tonelada de sal isolou alguns decigramas do novo elemento. Estava descoberto o Polônio (homenagem ao país de origem de Marie). Alguns meses depois descobriram o Radio.

Anos depois, coube a Rutherford, em sua pesquisa com o bombardeamento de uma lâmina de ouro com partículas alfa, a descoberta do núcleo do átomo. Nestas pesquisas ele descobre também que o material radioativo realiza três emissões, que ele chamou de alfa ($\alpha$), beta ($\beta$) e gama ($\gamma$).

### Radiação ou partícula alfa

É semelhante ao núcleo de um átomo de hélio. É formado por 2 prótons e 2 nêutrons. Viaja a velocidades não superiores a 20.000 km/s, perdem muito rápido sua energia pela colisão com os gases da atmosfera e podem ser detidas por uma folha de papel.

### Radiação ou partícula beta

Um nêutron de um núcleo instável se quebra, produzindo um próton, um neutrino e um elétron. É exatamente o feixe destes elétrons que constitui a radiação beta. Sendo a massa dos elétrons quase desprezível a velocidade desta radiação é próxima a 95% da velocidade da luz, conferindo, portanto, um alto poder de penetração. É necessária uma lâmina de chumbo para interceptá-la. A radiação beta provoca queimaduras na pele, mas não chega a tingir órgãos internos. Por tratar-se de um elétron em sua essência, a radiação beta é altamente ionizante.

Uma constatação importante das pesquisas de Enrico Fermi, físico italiano responsável por muitas descobertas na área da radioatividade, é que a quebra do núcleo emitindo beta, produz além do próton e do elétron (radiação beta), em neutrino e radiação gama. O neutrino é uma partícula subatômica, de massa desprezível e carga elétrica zero.

Nêutron → próton + radiação beta + radiação gama + neutrino

### Radiação gama

É uma onda eletromagnética (não possui massa), viajando à velocidade da luz. Possui elevado poder de penetração sendo que para interceptá-la necessitamos de uma placa de chumbo. Atravessa com facilidade o corpo humano, destruindo células.

## 29.2 Leis da Radioatividade

### Lei de soddy – 1ª lei da radioatividade

Quando um núcleo de um elemento radioativo emite uma partícula alfa, seu número atômico diminui em duas unidades e sua massa atômica em quatro. Forma-se, portanto, um novo elemento químico.

$$^{A}_{Z}X \longrightarrow ^{A-4}_{Z-2}Y + ^{4}_{2}\alpha$$

Observe:

$$^{239}_{94}Pu \longrightarrow ^{235}_{92}U + ^{4}_{2}\alpha$$

### Lei de soddy, fajans e russel – 2ª lei da radioatividade

Ao emitir uma partícula beta, um núcleo de um elemento radioativo perde um nêutron que se transforma em próton, mantendo sua massa constante. Logo, seu número atômico aumenta em uma unidade e sua massa não se altera.

$$^{A}_{Z}X \longrightarrow ^{A}_{Z+1}Y + ^{0}_{-1}\beta$$

Veja o exemplo.

$$^{14}_{6}C \longrightarrow ^{14}_{7}N + ^{0}_{-1}\beta$$

## 29.3 Cinética das Radiações e Constantes Radioativas

A radioatividade é um fenômeno estatístico sendo impossível prever quando um determinado átomo irá se desintegrar. Mas é possível estimar quando e quanto por análise estatística.

Chamamos período de meia-vida ou de semidesintegração (P ou $t_{1/2}$) o tempo necessário para que metade dos núcleos radioativos de um elemento se desintegrem, reduzindo à metade a amostra deste material.

O decaimento se processa para a massa e consequentemente para o número de mols da amostra radioativa. A cada período P, a amostra se reduz à metade.

$$100\% \xrightarrow{P} 50\% \xrightarrow{P} 25\% \xrightarrow{P} 12{,}5\% \xrightarrow{P} 6{,}25\%$$

Representamos graficamente o decaimento radioativo por uma curva exponencial.

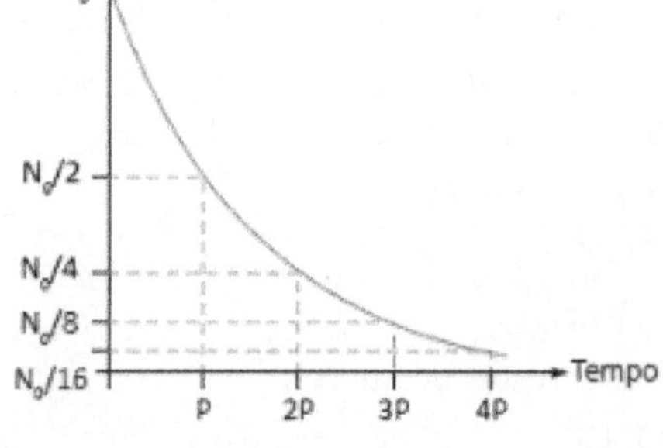

Para calcularmos massas e número de mols nestes decaimentos, usamos a fórmula.

$$m = \frac{m_0}{2^x}$$

Onde

m é a massa ou número de mols final

$m_0$ é a massa inicial da amostra radioativa

x é o número de períodos de semidesintegração que passaram

Observe que

t = x . P

em que

t é o tempo total transcorrido

P é o período de semidesintegração do elemento

## 29.4 Transmutações de Elementos Naturais

Chamamos transmutação ao processo em que núcleos de elementos naturais são bombardeados com partículas, subpartículas ou átomos, produzindo novos elementos.

Bombardeamos com uma partícula $\alpha$ um átomo de nitrogênio e obtemos um átomo de oxigênio (O-17)

$${}^{14}_{7}N + {}^{4}_{2}\alpha \rightarrow {}^{17}_{8}O + {}^{1}_{1}p$$

A transmutação do berílio em boro, quando este é bombardeado por deutério (isótopo H-2 do hidrogênio).

$${}^{9}_{4}Be + {}^{2}_{1}H \rightarrow {}^{10}_{5}B + {}^{1}_{0}n$$

A descoberta do nêutron por Chadwick foi pelo bombardeamento de átomos de berílio por partículas $\alpha$, produzindo átomos de carbono e liberando nêutrons.

$${}^{9}_{4}Be + {}^{4}_{2}\alpha \rightarrow {}^{12}_{6}C + {}^{1}_{0}n$$

## 29.5 Fissão e Fusão Nuclear

A energia nuclear vem da conversão de matéria em energia e vice-versa, pela relação proposta por Einstein

$E = m . c^2$

E é a energia

m =e a massa

c é a velocidade da luz (300.000 km/s)

Toda esta energia é proveniente de processos de fusão ou fissão nuclear.

> Fissão nuclear consiste na quebra ou desintegração de núcleos de átomos, liberando grandes quantidades de energia. Um núcleo grande é bombardeado por nêutrons, quebrando este núcleo em outros menores e liberando outros nêutrons. Estes irão bombardear novos núcleos e a reação prossegue. Isto é a chamada reação de fissão em cadeia.

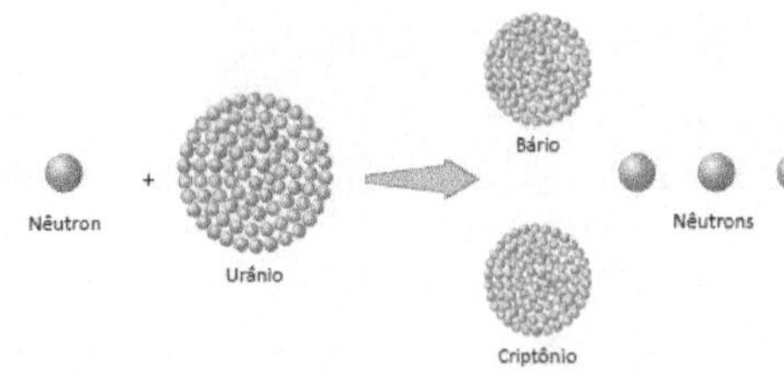


É o processo que das bombas atômicas , como as tristemente utilizadas em Hiroshima e Nagasaki. Também este é o processo dos reatores nucleares para produção de energia elétrica. Um grande inconveniente destes processos para produção de energia elétrica é o lixo produzido.

> O processo de fusão nuclear é o oposto. Núcleos de elementos pequenos fundem-se produzindo núcleos maiores e liberando colossais quantidades de energia. É a reação nuclear que ocorre nas estrelas, como o nosso Sol. Esta reação, para ocorrer nas estrelas, necessita de certa massa crítica (massa mínima para acontecer a reação) e uma temperatura próxima a 10 milhões de graus Célsius. Também é o processo que ocorre na bomba de hidrogênio. Para que se atinja a temperatura das estrelas e inicie a reação, usa-se uma bomba atômica como disparador da bomba de hidrogênio.

## 29.6 Uso de Isótopos Radioativos

Um radioisótopo muito conhecido e assunto de muitos problemas em provas é a datação de fósseis por carbono-14. Plantas e animais quando vivos incorporam o $C^{14}$. Este isótopo do carbono se desintegra segundo a reação

$${}^{14}_{6}C \longrightarrow {}^{14}_{7}N + {}^{0}_{-1}\beta$$

Estes carbonos radioativos presentes nos seres vivos estão se desintegrando, mas sendo repostos. Quando o ser morre, ele para de repor o carbono-14 e este passa somente a se desintegrar. A taxa de C-14 nos ossos é constante. A meia vida deste radioisótopo é de aproximadamente 5600 anos. Quando encontramos um osso que tem somente 6,25% do C-14 que deveria ter quando vivo, podemos calcular a idade deste osso.

$$100\% \xrightarrow{P} 50\% \xrightarrow{P} 25\% \xrightarrow{P} 12{,}5\% \xrightarrow{P} 6{,}25\%$$

Cada período P é de 5600 anos. Foram 4 períodos, o que indica uma idade aproximada de 22400 anos.

Outros elementos radioativos usados para datação são o K-40 e o H-3 (trítio).

Na medicina nuclear usamos também:

> Cr-51 para determinação do volume total de sangue e do volume das hemácias.

> I-131 para exames de tireoide

> Na-24 para detectarmos obstruções na circulação do sangue.

> Tc-99 em exames de imagem

> Co-60 para o tratamento do câncer

## 29.7 Efeitos das Radiações

O efeito das radiações provenientes do decaimento de algum radioisótopo depende de sua meia vida. Elementos com meia vida pequena não se fixam na vegetação, solo ou água, pois quase não há tempo. São os radioisótopos de meia vida longa que causam problemas.

Não podemos nos esquecer dos nêutrons liberados nos processos radioativos que irão bombardear outros elementos e produzirão outros átomos também radioativos.

Um elemento radioativo muito perigoso é o $Sr^{90}$, pois ele pode se fixar no organismo pela substituição do cálcio dos ossos.

O $Cs^{137}$, do acidente de Goiânia, pode substituir o potássio em nosso organismo, além dos efeitos devastadores da sua radiação.

As radiações em sua totalidade têm a propriedade de retirar elétrons de outros átomos produzindo assim cátions. Estes alteram o metabolismo celular e também o material genético, o que aumenta significativamente a possibilidade de desenvolvimento de alguns tipos de câncer.

# 30. PRINCÍPIOS DA QUÍMICA ORGÂNICA

## 30.1 Carbono: Tetravalência, Hibridização de Orbitais, Propriedades Fundamentais do Átomo de Carbono

Química orgânica é a parte da química que estuda os compostos do carbono.

As principais diferenças entre compostos orgânicos e minerais são:

| | ORGÂNICOS | MINERAIS |
|---|---|---|
| ligação química | covalente | iônica |
| polaridade | apolares | polares |
| solubilidade em água | insolúveis | solúveis |
| Condutibilidade elétrica | isolantes | condutores |
| Pontos de Fusão e Ebulição | baixos | altos |
| Velocidade de suas reações | lentos | rápidos |
| Elementos formadores | C,H,O,N | toda a tabela periódica |
| número de compostos | mais de 7 milhões | em torno de 500 mil |

Segundo Kekulé, as propriedades do elemento carbono explicam o seu sucesso na natureza:

- > O carbono é tetravalente constante, isto é, faz sempre quatro ligações.
- > Pode ligar-se a elementos eletropositivos ou eletronegativos. A isto chamamos caráter anfótero. Seu NOX varia de +4 a −4.
- > Átomos de carbono podem ligar-se entre si formando cadeias carbônicas.

O carbono pela sua distribuição eletrônica faria somente duas ligações covalentes.

$1s^2, 2s^2, 2p^2$

No entanto, a sua eletrosfera sofre um rearranjo dos orbitais, o que chamamos de hibridação. O carbono possui uma eletrosfera hibridizada, fundindo orbitais, o que permite que ele faça diferentes tipos de ligação. Assim o carbono que apresenta somente simples ligações está hibridizado na forma $sp^3$, o ângulo entre suas ligações é de 109°28' e sua estrutura é espacial tetraédrica. Observe a tabela a seguir, em que encontramos os tipos de hibridização do carbono.

| Hibridação | Carbono | Tipo de ligação | Geometria | Ângulo entre as ligações |
|---|---|---|---|---|
| $sp^3$ | 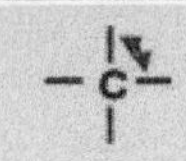 | Simples ligações | Tetraédrica | 109°28' |
| $sp^2$ | 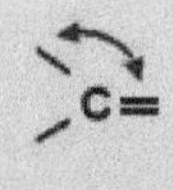 | Dupla ligação | Trigonal plana | 120° |
| Sp | 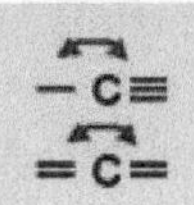 | Tripla ou duas duplas ligações | Linear | 180° |

Atenção:

- > Alguns compostos que contêm carbono são estudados na Química Mineral, tais como o calcário (carbonato de cálcio, $CaCO_3$), ácido carbônico ($H_2CO_3$), entre outros.
- > Existem muitos compostos com características de orgânicos que são minerais. São chamados compostos de transição. Por exemplo: HCN, $CO_2$, CO e HNC.

Os carbonos em uma cadeia carbônica podem ser classificados de acordo com a quantidade de vizinhos carbonos que ele possui.

| | | |
|---|---|---|
| Primário | 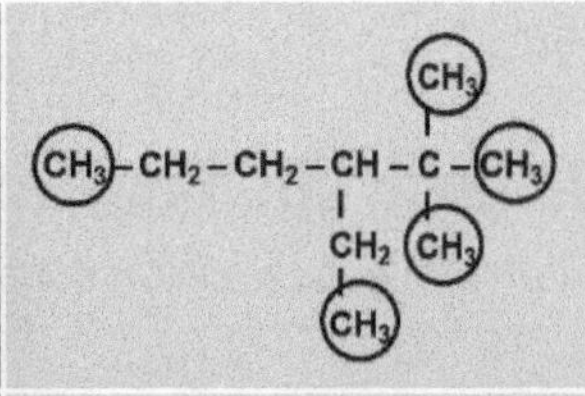 | Um vizinho carbono |
| Secundário | 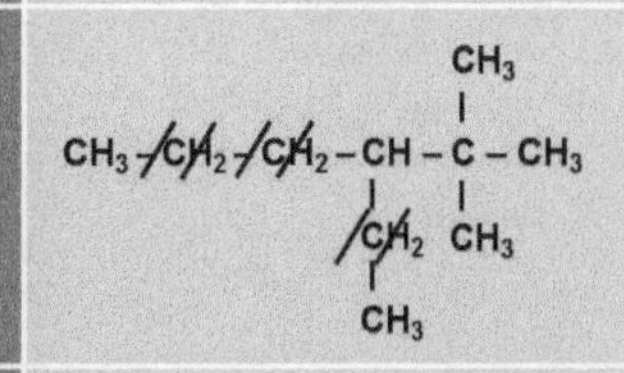 | Dois vizinhos carbono |
| Terciário | 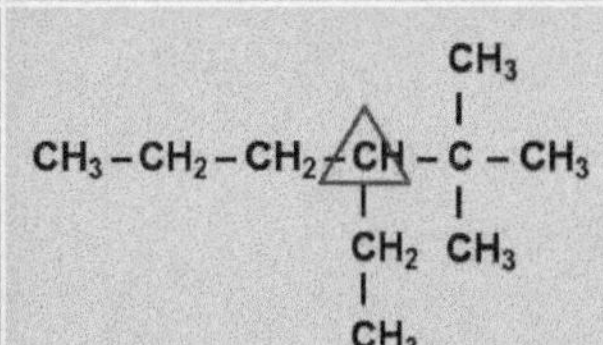 | Três vizinhos carbono |
| Quaternário | 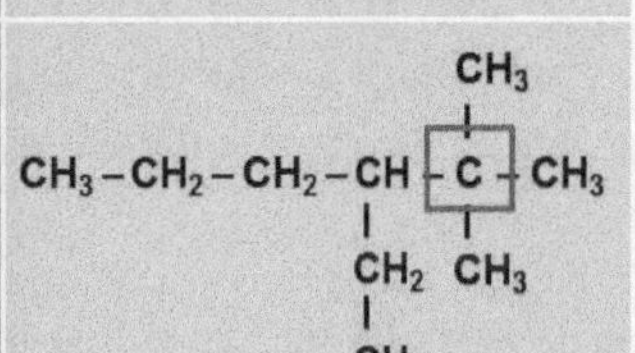 | Quatro vizinhos carbono |

## 30.2 Tipos de Fórmulas; Séries

Fórmulas são os diferentes modos de representar um composto químico.

- > Fórmula molecular: representa os elementos que constituem um composto e suas quantidades. Observe o composto:

  $C_4H_{10} \rightarrow$ formado por 4 carbonos e 10 hidrogênios.

- > Fórmula estrutural plana: representa a estrutura do composto, com seus elementos e suas ligações químicas. Na química orgânica, a fórmula molecular não nos ajuda muito. Para o exemplo anterior, temos dois compostos com esta fórmula.

Butano

$CH_3 - CH_2 - CH_2\ CH_3$

e

Metil-propano

$H_3C - CH - CH_3$
        |
      $CH_3$

> Outra fórmula que representa bem os compostos orgânicos é a que indica por linhas as ligações e no encontro destas, colocamos carbonos. É a chamada fórmula de bastão.

Observe os exemplos:

$C_3H_8$ ou $CH_3 - CH_2 - CH_3$

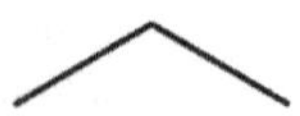

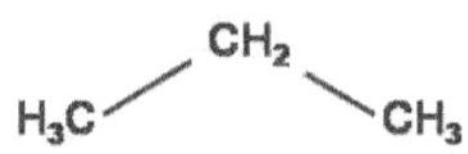

$C_4H_{10}$ ou

$H_3C - CH - CH_3$
        |
      $CH_3$

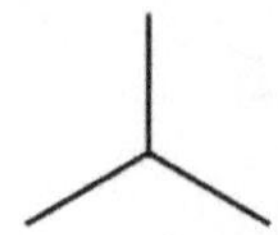

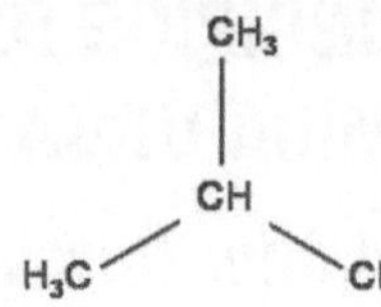

$C_3H_6$ ou $CH_3 - CH = CH_2$

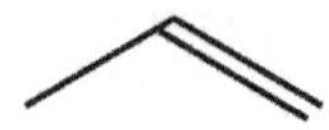

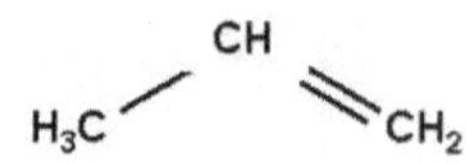

$C_3H_8O$ ou $C_3H_7OH$

      OH
        |
$CH_3 - CH - CH_3$

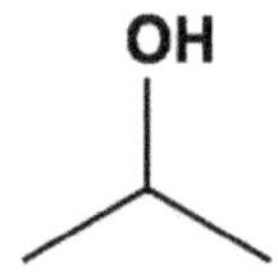

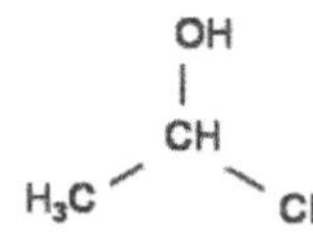

> A fórmula mínima indica a proporção em que os elementos estão em um composto.

Para o composto $C_4H_{10}$ sua fórmula mínima é $CH_2$.

## 30.3 Classificação das Cadeias Carbônicas e Ligações

A classificação das cadeias carbônicas nos ajuda a entender alguns processos que os compostos orgânicos participam.

| | | | |
|---|---|---|---|
| Abertas ou alifáticas | Quanto à saturação – tipo de ligações entre carbonos | Saturadas<br>$H_3C - CH_2 - CH_2 - CH_3$<br>Somente simples ligações entre carbonos. | Insaturadas<br>$H_3C - CH = CH - CH_3$<br>Duplas ou triplas ligações entre carbonos |
| | Quanto à ramificação | Normal<br>$H_3C - CH_2 - CH_2 - CH_3$<br>Somente carbonos primários e secundários. | Ramificada<br>$H_3C - CH_2 - CH - CH_3$<br>\| (no CH) $CH_3$<br>Possui carbono terciário e ou quaternário. |
| | Quanto à natureza | Homogênea<br>$H_3C - CH_2 - CH_2 - CH_3$ | Heterogênea<br>$H_3C - CH_2 - N - CH_3$<br>\| (no N) $CH_3$<br>Possui heteroátomo, ou seja, elemento que não seja o carbono entre carbonos. |
| Fechadas ou cíclicas | Alicíclicas | Saturadas<br>$CH_2 - CH_2$<br>\|   \|<br>$CH_2 - CH_2$ | Insaturadas<br>$CH_2 - CH$<br>\|   ‖<br>$CH_2 - CH$<br>Duplas ou triplas ligações entre carbonos do ciclo |
| | | Homogênea ou homocíclica<br>$CH_2 - CH_2$<br>\|   \|<br>$CH_2 - CH_2$ | Heterogênea ou heterocíclica<br>$CH_2 - NH$<br>\|   \|<br>$CH_2 - CH_2$<br>Possui heteroátomo,<br>elemento que não seja o carbono entre carbonos do ciclo |
| | Aromáticas | Mononucleares<br>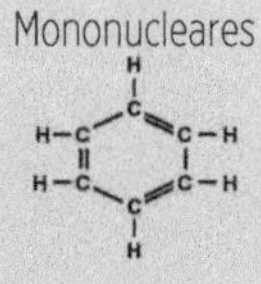<br>ou<br>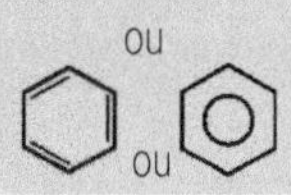 | Polinucleares Condensados<br>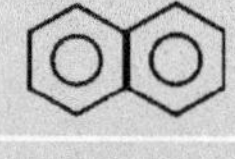<br>Polinucleares Isolados<br>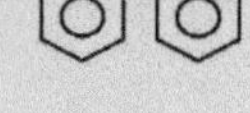 |

## 30.4 Análise Orgânica Elementar: Determinação de Fórmulas Moleculares

Para cálculos em problemas da físico-química, muitas vezes é necessária a determinação da fórmula molecular de um composto orgânico. A princípio isto é fácil, mas merece atenção quando aparecem fórmulas com anel benzênico e do tipo bastão.

Quando a fórmula apresentada é estrutural plana, a tarefa é mais simples

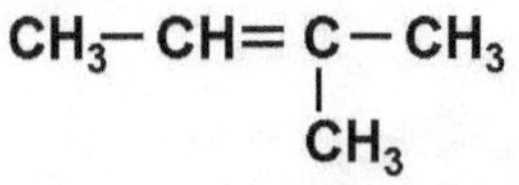

Sua fórmula molecular é: $C_5H_{10}$

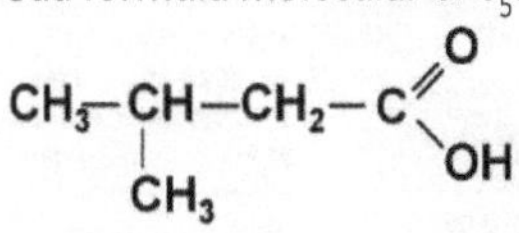

$C_5H_{10}O_2$

Ou separando o grupo funcional

$C_4H_9COOH$

Nosso maior cuidado será com o anel benzênico, que pode vir representado em três formas:

 ou  ou 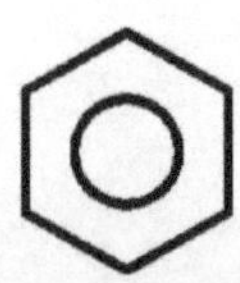

A segunda e a terceira representações são as mais utilizadas. Quando uma delas aparece, devemos observar que, em cada canto da figura tem um carbono e cada carbono tem um hidrogênio, menos onde houver um radical ligado ao anel. Neste ponto não há hidrogênio, pois ele foi retirado para se ligar a ramificação. Sua fórmula molecular é $C_6H_6$.

Observe um caso com ramificação

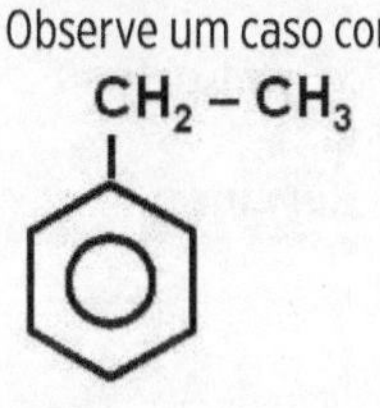

$C_8H_{10}$

Para as fórmulas de bastão,

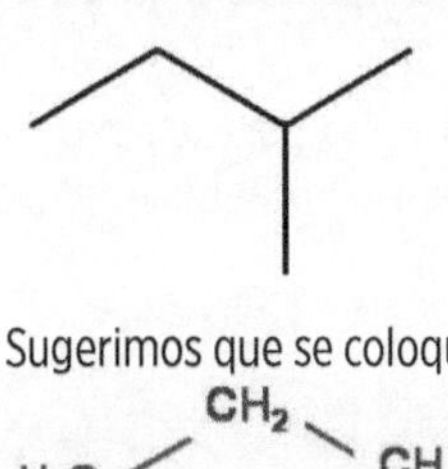

Sugerimos que se coloquem os carbonos e os hidrogênios

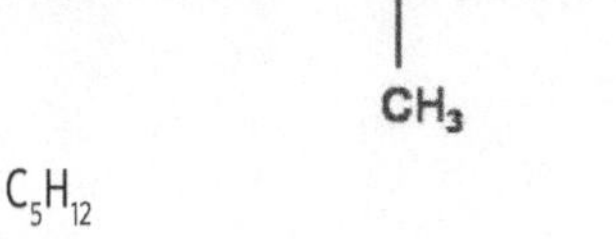

$C_5H_{12}$

Um exemplo com molécula grande. Observe a fórmula estrutural do ácido acetil salicílico (AAS)

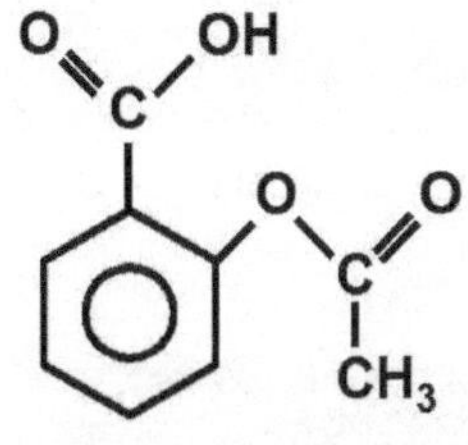

Sua fórmula molecular é $C_9H_8O_4$

## 30.5 Radicais Dirigentes no Anel Benzênico

Se no anel aromático já houver um átomo ou grupo de átomos (G) ligado ao anel benzênico, todo o restante das substituições seguintes será influenciado pela posição dele, ou seja, considera-se que a posição desse grupo orienta a substituição de hidrogênio desse anel. Veja:

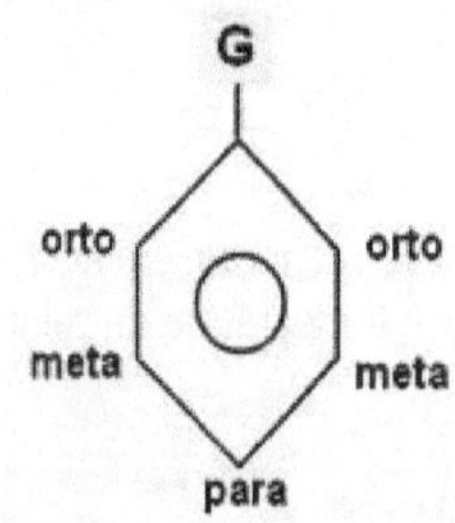


A orientação pode ser meta ou orto-para-dirigente.

> **Radical meta-dirigente**: é aquele que geralmente apresenta ligações duplas, triplas ou dativas. Esses radicais também são denominados desativantes. Esses grupos dificultam a reação e designam a entrada do próximo grupo para a posição meta, como demonstrado no exemplo da monocloração do nitrobenzeno:

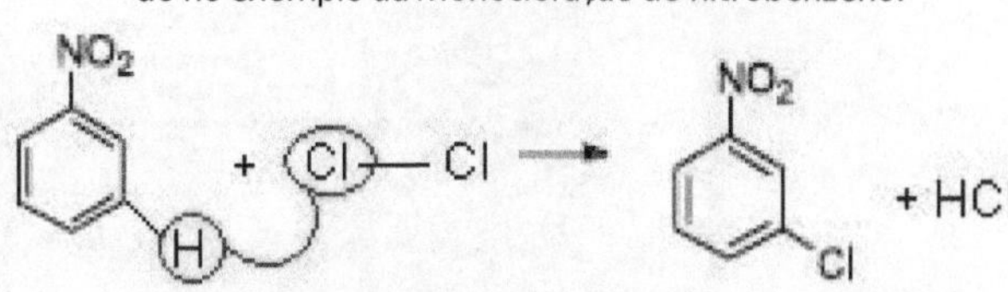

> **Radical orto-para-dirigente**: ocorre a formação de dois produtos: um em orto e outro para. Esses grupos facilitam a reação e orientam a estrada de outro grupo para as posições orto e para. A exceção são os halogênios que, embora sejam orientadores orto e para, dificultam a entrada de outro grupo substituinte no anel aromático, exemplificado na cloração do tolueno (metil=benzeno):

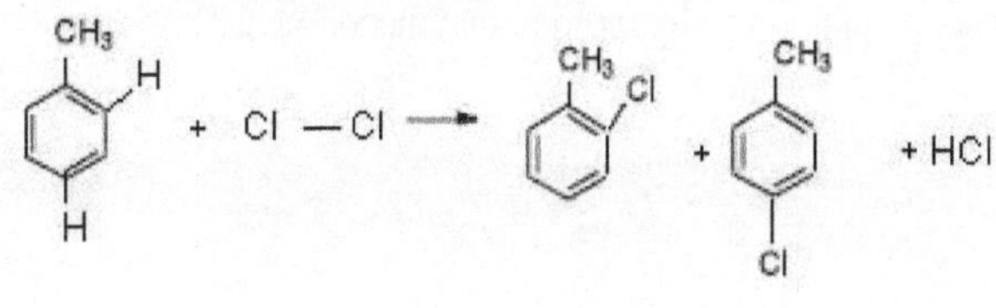

## 30.6 Combustíveis

### Petróleo

Matéria prima fóssil formada na Terra há milhões de anos, a partir da decomposição de pequenos animais marinhos, plâncton e vegetação típica de regiões alagadiças. Acumula-se junto ao gás de petróleo, formando bolsões entre rochas impermeáveis ou impregnando rochas de origem sedimentar.

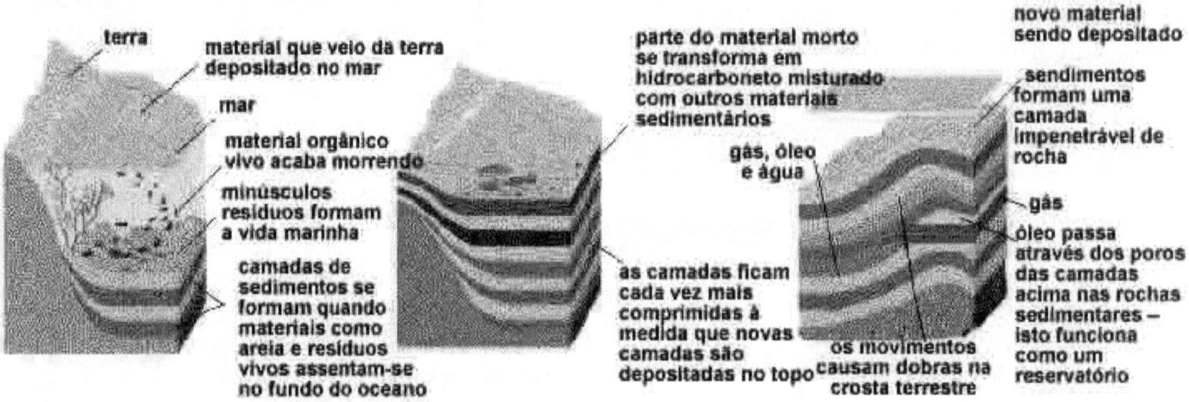


Fonte: http://sanagua.com.br/noticias/como-o-petroleo-e-extraido--173.html#!

Ocorrendo sua extração, o petróleo é encaminhado para as refinarias, onde seus compostos são separados por meio de processos de destilação fracionada.

Inicialmente, será aquecido em um forno, sendo parcialmente vaporizado e direcionado para uma coluna de fracionamento provida de várias bandejas. A temperatura da coluna varia com a altura, sendo o topo a menor temperatura.

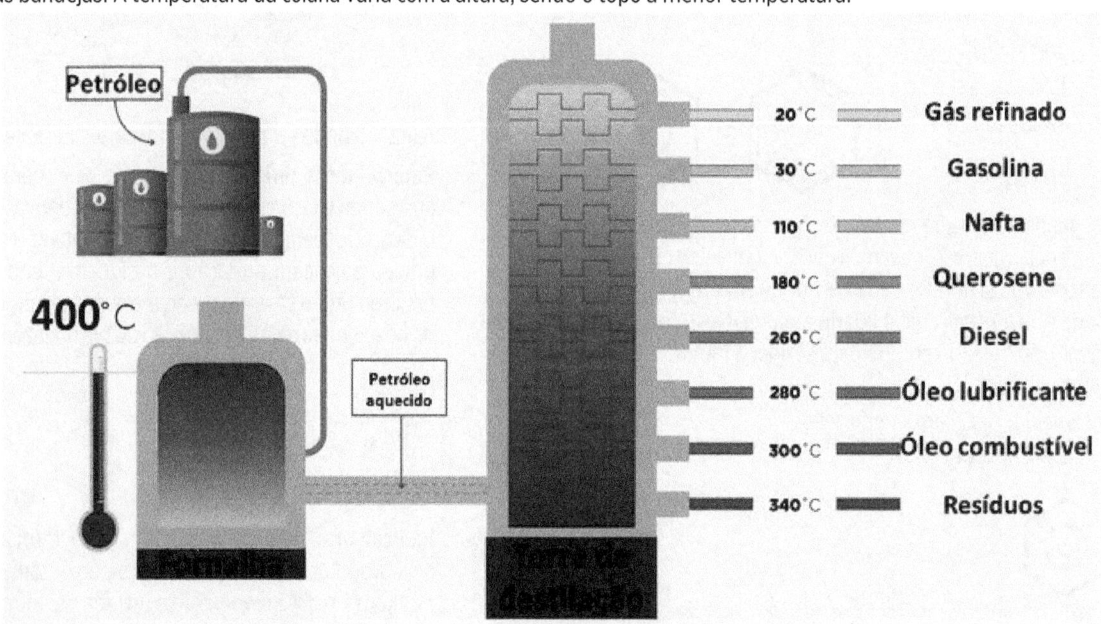


Fonte: https://www.gov.br/mme/pt-br/assuntos/secretarias/petroleo-gas-natural-e-biocombustiveis/abastece-brasil/subcomites/Oficio0302020ASMIRGComiteAbastece-Brasil.pdf

Os derivados do petróleo são hidrocarbonetos, sendo os mais leves formados por pequenas moléculas, como, por exemplo, o metano ($CH_4$), e os mais pesados contendo até 70 átomos de carbono. A destilação acontece por essa diferença no tamanho das moléculas, quanto menor a molécula de hidrocarboneto, menor é a sua densidade e temperatura de evaporação.

## Biocombustíveis

O biocombustível surgiu como uma alternativa econômica e ambiental aos combustíveis fósseis. São fontes de energia consideradas alternativas, por serem de caráter renovável e apresentarem baixos índices de emissão de poluentes para a atmosfera na queima da biomassa. A biomassa é tida como qualquer material de constituição orgânica que pode ser empregada para algum tipo de produção de energia. Em geral, essas fontes de energia costumam ser extraídas de produtos agrícolas ou vegetais, como por exemplo mamona, girassol, milho e cana-de-açúcar. Os principais tipos de biocombustíveis atualmente utilizados são o etanol e o biodiesel. Costumam ser utilizados tanto para a locomoção de veículos quanto para a geração de energia através de geradores.

## Etanol

A fabricação desse combustível acontece, principalmente, a partir da cana-de-açúcar. Tal escolha deve-se, principalmente, à viabilidade do seu plantio, além de atender a interesses econômicos dos grandes produtores nacionais. Apesar disso, o Brasil também é um dos líderes em pesquisas de fontes alternativas de produção de álcool como forma de combustível.

## Biodiesel

Enquanto o etanol é utilizado para veículos e equipamentos de motores leves, o biodiesel é um biocombustível utilizado para veículos pesados (caminhões e ônibus). A sua fabricação ocorre a partir da transformação de óleos vegetais e gorduras, sendo considerada, assim, uma fonte de energia renovável e com baixos índices de poluição.

Assim como o etanol visa à substituição da gasolina, o biodiesel é utilizado para substituir o diesel comum, que é produzido a partir do petróleo.

As vantagens dos biocombustíveis são várias: pequeno índice de poluição com sua queima e processamento; podem ser cultivados e, portanto, são renováveis; geram empregos, além de aumentarem os índices de exportações do país, favorecendo a balança comercial.

Possuem como desvantagens: necessidade de grandes áreas agricultáveis, podendo intensificar o desmatamento; pressão sobre o preço dos alimentos, entre outros fatores.

De toda forma, a produção de biocombustíveis se dá de maneira favorável para países que possuem uma larga extensão territorial e grandes espaços produtivos, capazes de produzirem uma imensa quantidade de matérias primas para serem processadas e convertidas em óleos e combustíveis. Esse cenário favorece, especialmente, o Brasil e os Estados Unidos, líderes mundiais na produção e no consumo dessas fontes energéticas.

# 31. FUNÇÕES ORGÂNICAS

## 31.1 Regras de Nomenclatura

Quem determina as regras de nomenclatura para os compostos orgânicos foi o IUPAC – International Union of Pure and Applied Chemistry (União Internacional de Química Pura e Aplicada).

Segundo a regra pela IUPAC, os nomes dos compostos orgânicos são divididos em três partes:

Número de Carbonos + Tipo de ligação entre carbonos + Terminação da função química a que pertence o composto

Os nomes que obedecem à regra são chamados sistemáticos (antigamente chamados oficiais).

Além destes nomes sistemáticos ou oficiais, existem também os nomes usuais ou substitutivos, que não tem uma regra geral e serão trabalhados na sequência em cada função.

Compomos os nomes, usando a tabela a seguir:

| Número de carbonos | Tipo de ligação | Terminação da função |
|---|---|---|
| 1 - met | | |
| 2 - et | | Hidrocarboneto O |
| 3 - prop | — an | Álcool OL |
| 4 - but | | Aldeído AL |
| 5 - pent | = en | Cetona ONA |
| 6 - hex | | Ácido carboxílico |
| 7 - hept | ≡ in | ÓICO |
| 8 - oct | | Éster OATO |
| 9 - non | | |

Trabalharemos os nomes quando do estudo de cada função. Vamos a alguns exemplos para conhecer como funciona o uso da tabela.

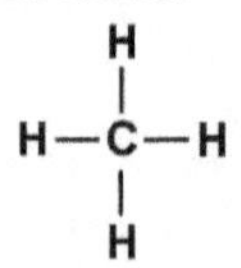

1 carbono = MET

Simples ligações = AN

Hidrocarboneto = O (na sequência você saberá por que é um hidrocarboneto, por enquanto vamos lhe dizendo)

Nome → metano

$CH_3 — CH = CH_2$

3 carbonos = prop

Dupla ligação = EN

Hidrocarboneto = O

Nome → propeno

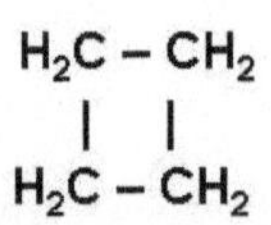

4 carbonos = but

Simples ligações = AN

Hidrocarboneto = O

Para indicarmos que é um composto cíclico, colocamos ciclo na frente do nome.

Nome → ciclobutano

Muitas vezes, o nome indica a posição de algo. No nome 1-propanol temos

3 carbonos (prop), simples ligações (AN), é um álcool (OL) e o número 1 indica a posição do carbono 1 para o grupo álcool (OH).

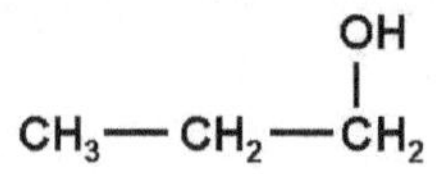

## 31.2 Radicais

Radicais são estruturas altamente instáveis, formadas pela perda por ruptura homolítica de uma ou mais ligações, normalmente entre carbonos e hidrogênios

Esta estrutura resultante apresenta um ou mais elétrons desemparelhados, aos quais chamamos de valências livres.

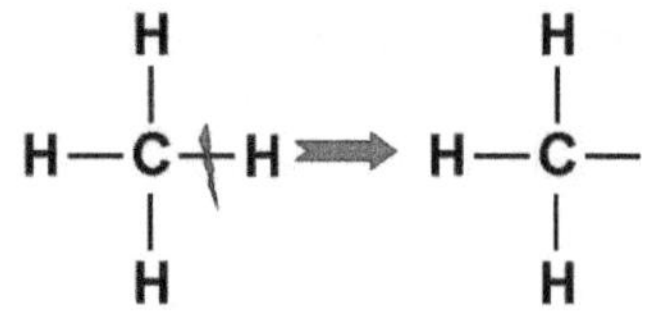

Como os radicais livres são muito instáveis, eles precisam ligar-se a outras estruturas ou entre si. Saber que a terminação IL que aparece no nome dos radicais indica valência livre. Abaixo, os principais radicais.

| Classe | Radical | Nome |
|---|---|---|
| **Alquilas**<br>Radicais que apresentam uma valência livre em carbono saturado | $CH_3-$ | metil |
| | $CH_3-CH_2-$ | etil |
| | $CH_3-CH_2-CH_2-$ | n-propil (1-propil) |
| | $H_3C-\underset{\vert}{CH}-CH_3$ | iso-propil (2-propil) |
| | $CH_3-CH_2-CH_2-CH_2-$ | n- butil (1-butil) |
| | $H_3C-\underset{\underset{CH_3}{\vert}}{CH}-CH_2-$ | iso-butil (2-metil-1-propil) |
| | $CH_3-CH_2-\underset{\vert}{CH}-CH_3$ | sec-butil (2-butil) |
| | $H_3C-\overset{\vert}{\underset{\underset{CH_3}{\vert}}{C}}-CH_3$ | terc-butil (2-metil-2-propil) |
| | $CH_2=CH-CH_2-$ | alil (prop-2-en-1-il) |
| | $CH\equiv C-CH_2-$ | propargil (prop-2-in-1-il) |
| | 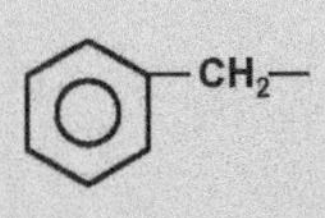 | benzil |
| **Arilas**<br>Radicais que apresentam uma valência livre em carbono de anel benzênico | 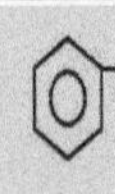 fenil | fenil |
| | 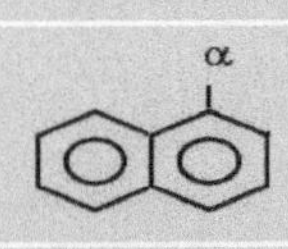 | α-naftil (1-naftil) |
| | 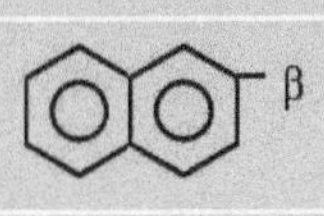 | β-naftil (2-naftil) |
| | 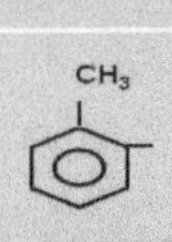 Orto-toluil | orto-toluil |
| | 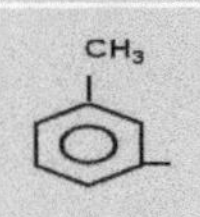 Meta-toluil | meta-toluil |
| | 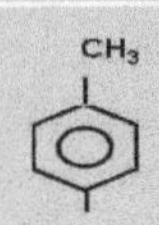 Para-toluil | para-toluil |
| **Alcenilas**<br>Radicais que apresentam uma valência livre em carbono insaturado por dupla ligação | $CH_2=CH-$ | etenil ou vinil |
| | $CH_3-CH=CH-$ | n-propenil (prop-1-en-1-il) |
| | $CH_3-C=CH_2$ | iso-propenil (prop-1-en-2-il) |
| **Alcinilas**<br>Radicais que apresentam uma valência livre em carbono insaturado por tripla ligação | $CH\equiv C-$ | etinil |
| **Alcoilenos**<br>Radicais que apresentam dupla valência livre em carbonos saturados | $-CH_2-CH_2-$ | etileno |

## 31.3 Hidrocarbonetos

Hidrocarbonetos são compostos formados unicamente por carbono e hidrogênio. É a maior das funções orgânicas e podemos obter as demais funções a partir desta. Está dividida em subfunções: alcanos (ou parafinas), alcenos (ou olefinas), alcinos (ou acetilênicos), alcadienos (ou diolefinas), ciclanos, ciclenos, aromáticos.

Nomenclatura sistemática ou oficial:

Número de carbonos + tipo de ligação + terminação O

Nomenclatura usual ou substitutiva:

Nomes consagrados pelo uso

> Alcanos: hidrocarbonetos somente com simples ligações entre carbonos.

$CH_4$

Metano

Gás natural, GNV, gás do lixo, gás do biodigestor, gás grisu

$CH_3 - CH_3$

Etano

$CH_3 - CH_2 - CH_3$

Propano

$CH_3 - CH_2 - CH_2 - CH_3$

Butano

Misturado ao propano constitui o gás de cozinha (GLP)

Quando temos cadeias longas ramificadas, devemos

- » tirar a cadeia principal, que é a maior sequência de carbonos possível.
- » carbonos que estão fora da cadeia principal são radicais.
- » numerar a cadeia carbônica a partir da extremidade mais próxima do radical.
- » se tivermos dois ou mais radicais, sendo dois deles equidistantes, numerar a partir do radical com menor ordem alfabética.
- » obter sempre os menores números possíveis.

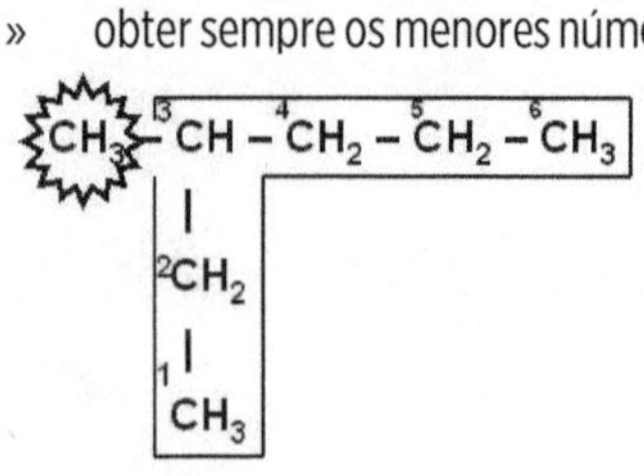

3-metil-hexano

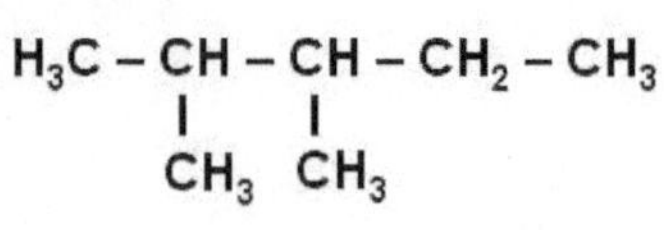

2,3-dimetil-pentano

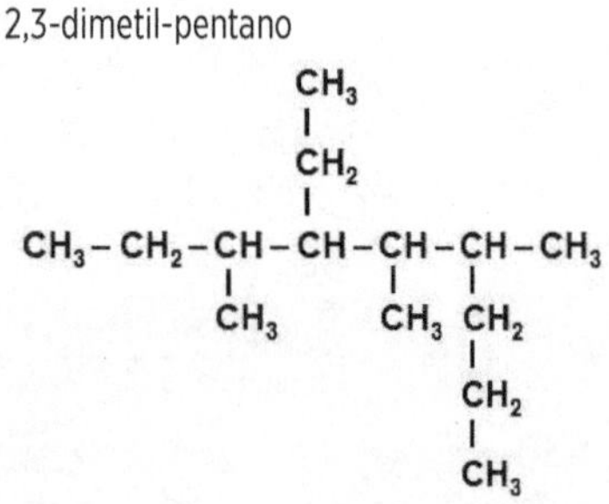

4-etil-3,5,6-trimetil-nonano

> Alcenos: hidrocarbonetos com uma dupla ligação entre carbonos.

$CH_2 = CH_2$

Eteno

Fabricação de plásticos, gás do craqueamento do petróleo, amadurecimento de frutas

$$H_2C = CH - CH_2 - CH_3$$

1-buteno

A dupla ligação está entre os carbonos 1 e 2, vale o menor número.

Para alcenos de cadeias longas ramificadas, temos:

- » Tirar a cadeia principal, que é a maior sequência de carbonos possível, que contenha a dupla ligação. A dupla deve estar na cadeia principal mesmo que a cadeia fique menor que sem esta.
- » Numerar a cadeia carbônica a partir da extremidade mais próxima da dupla ligação.
- » Se a dupla ligação estiver no meio da cadeia, numerar a partir da extremidade mais próxima do radical. Se existirem mais de um radical equidistantes, numerar a partir do radical de menor ordem alfabética.

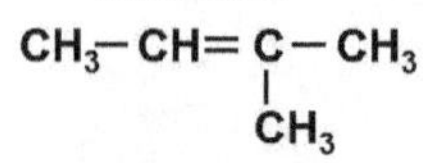

2-metil-2-buteno

> Alcinos: hidrocarbonetos com uma tripla ligação entre carbonos.

Os alcinos podem ser

- » Verdadeiros, com a tripla ligação na extremidade da cadeia ($R - C \equiv CH$)
- » Falsos, em que a tripla ligação está no meio da cadeia carbônica ($R - C \equiv C - R$)

$CH \equiv CH$

Etino

Gás acetileno, maçarico de solda, gás do carbureto.

Para alcinos de cadeias longas ramificadas, temos:

- » Tirar a cadeia principal, que é a maior sequência de carbonos possível, que contenha a tripla ligação. Esta tripla deve estar na cadeia principal mesmo que a cadeia fique menor que sem esta.
- » Numerar a cadeia carbônica a partir da extremidade mais próxima da tripla ligação.
- » Se a tripla ligação estiver no meio da cadeia, numerar a partir da extremidade mais próxima do radical. Se existirem mais de um radical equidistantes, numerar a partir do radical de menor ordem alfabética.

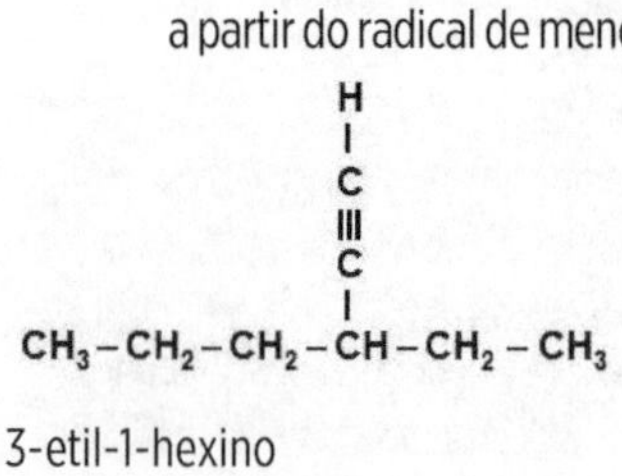

3-etil-1-hexino

- Alcadienos: hidrocarbonetos com duas duplas ligações entre carbonos.

Classificamos os dienos como:

- » acumulados → R – C = C = C – R
- » conjugados → R – C = CH – CH = C – R
- » isolados → R – C = C – $CH_2$ – ..... – C = C – R

$H_2C = C = CH_2$

Propadieno

$H_2C = CH - CH = CH_2$

1,3-butadieno

Eritreno

Fabricação de borracha sintética

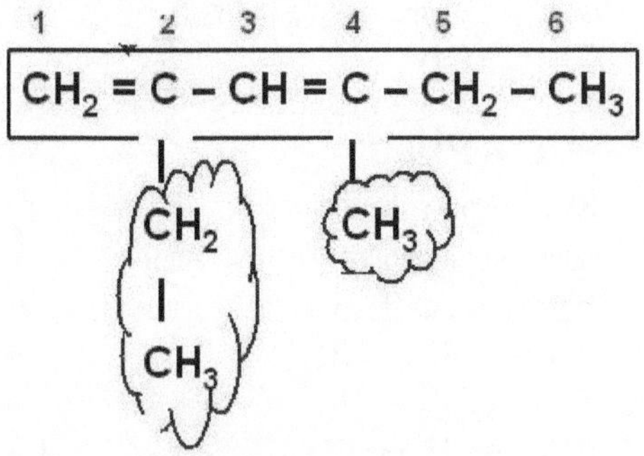


2-etil-4-metil-1,3-hexadieno

2-etil-4-metil-hexa-1,3-dieno

- Ciclanos: hidrocarbonetos cíclicos somente com simples ligações entre carbonos.

Ciclopropano

Ciclobutano

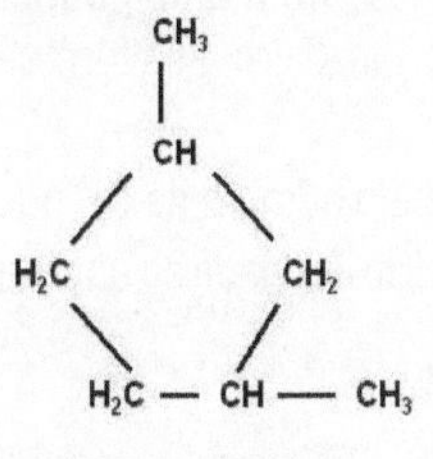


ou

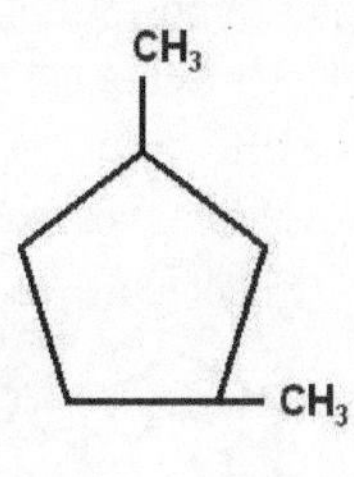


1,3-dimetilpentano

- Ciclenos: hidrocarbonetos cíclicos com uma dupla ligação entre carbonos.

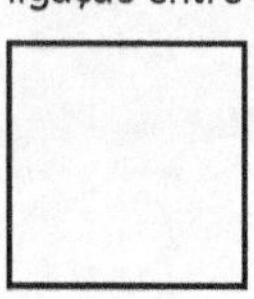

Ciclobuteno

Para a numeração do ciclo, considerar os carbonos 1 e 2 como os carbonos da dupla ligação, dando sentido para o radical mais próximo.

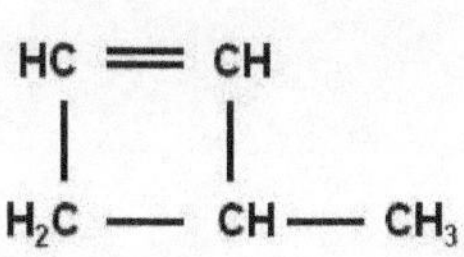


ou

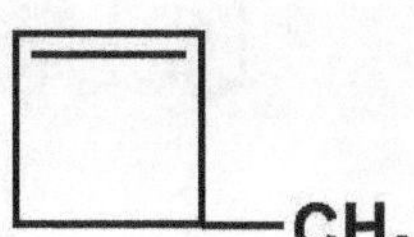


3-metilciclobuteno

- Aromáticos: hidrocarbonetos que possuem pelo menos um anel benzênico

São os hidrocarbonetos que apresentam um ou mais anéis benzênicos

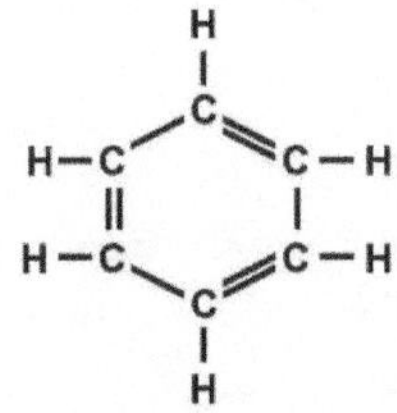


ou

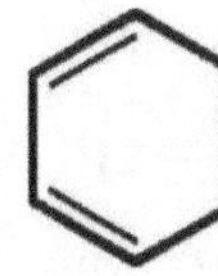

ou

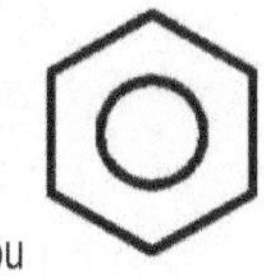

Benzeno

Solvente orgânico

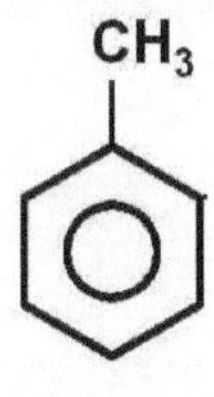


Metilbenzeno

Tolueno

Solvente da cola de sapateiro

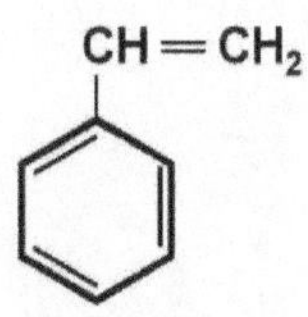


Vinil benzeno

Estireno, monômero do isopor

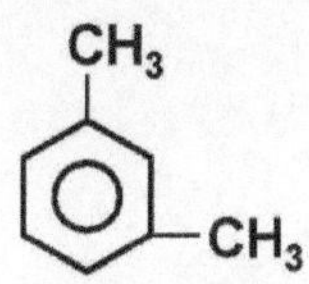


1,3-dimetilbenzeno

Meta-dimetilbenzeno

m-xileno

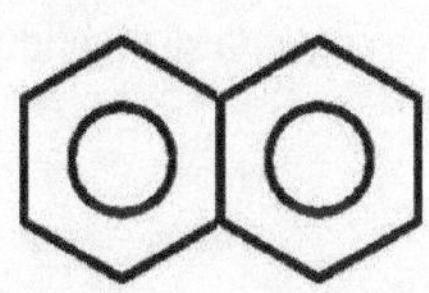

Naftaleno

Naftalina

## 31.4 Álcoois

São compostos que apresentam o grupo hidroxila (OH) ligado a carbono saturado (simples ligação). Sua representação geral é:

R – OH

Quanto ao número de hidroxilas, classificamos os álcoois em:

- Monoálcool – uma hidroxila

$$\begin{array}{c} \quad\quad\quad\quad\quad\quad\quad OH \\ \quad\quad\quad\quad\quad\quad\quad | \\ H_3C - CH_2 - CH - CH_3 \end{array}$$

> Diálcool – duas hidroxilas

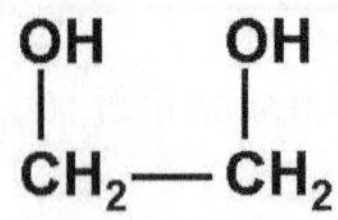

> Triálcool – três hidroxilas

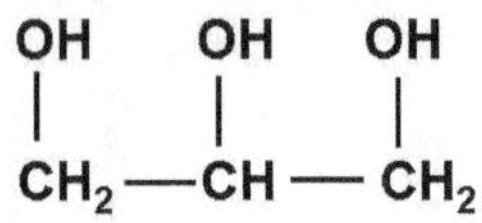

Com mais de três hidroxilas, chamamos de poliálcool

Os monoálcoois classificam-se pelo carbono em que se encontra ligado a hidroxila.

> Álcool primário – OH ligado a carbono primário

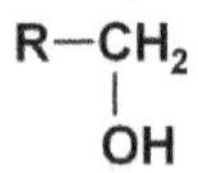

Em que R é um radical

> Álcool secundário – OH ligado a carbono secundário

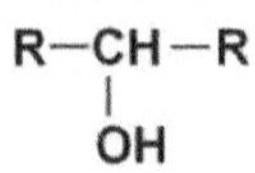

> Álcool terciário – OH ligado a carbono terciário

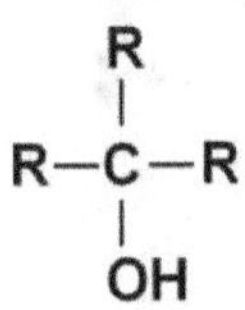

Nomenclatura sistemática – IUPAC

Número de carbonos + tipo de ligação + terminação OL

Nomenclatura usual

Álcool + radical ligado ao OH

Exemplos:

$CH_3 - OH$

Sistemático → Metanol

Usual → Álcool metílico

Álcool da madeira provoca cegueira se ingerido, podendo ser fatal.

$CH_3 - CH_2 - OH$

Sistemático → etanol

Usual → álcool etílico

Álcool combustível dos automóveis, para limpeza das bebidas.

A graduação alcoólica utilizada é o °GL (grau Gay-Lussac) que indica qual o percentual de álcool.

O álcool vendido no supermercado é 48 °GL (48% álcool).

A cerveja tem 5 °GL, 5% álcool.

Chamamos álcool absoluto o álcool 100 °GL, 100% álcool. Como o álcool que sai do destilador não passa de 96 °GL, para consegui-lo puro, adiciona-se cal virgem que reage com os 4% de água, restando somente álcool puro.

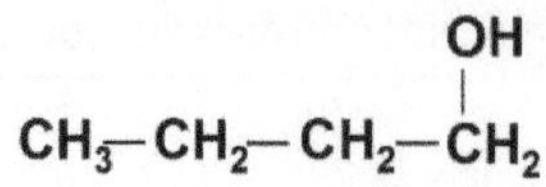

Sistemático → 1-butanol

Usual → álcool n-butílico

Se tivermos um radical na cadeia, indicamos a posição deste numerando a cadeia principal a partir da extremidade mais próxima do grupo OH.

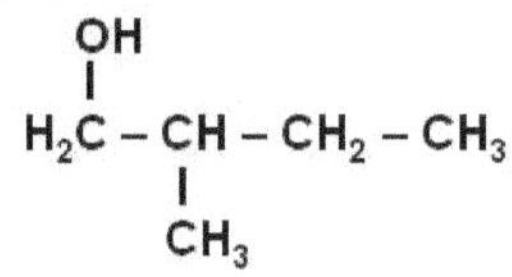

Sistemático → 2-metil-1-butanol

Usual → álcool 2-metil-1-butílico

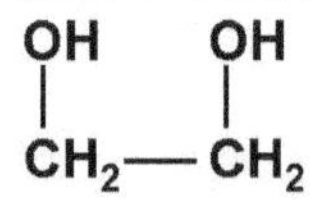

Sistemático → Etanodiol

Usual → Etilenoglicol

Aditivo da água do radiador dos automóveis

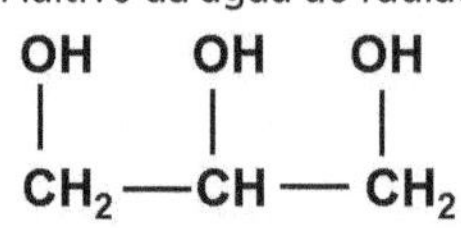

Sistemático → Propanotriol

Usual → Glicerina

Indústria da panificação, umectante, hidratante, fabricação de explosivos, fabricação de cosméticos

## 31.5 Fenóis

São compostos que apresentam uma ou mais hidroxilas ligadas diretamente a um anel benzênico. Sua fórmula geral é:

Ar – OH

Classificamos os fenóis pelo número de OH que possui.

> Monofenol – uma hidroxila ligada ao anel benzênico

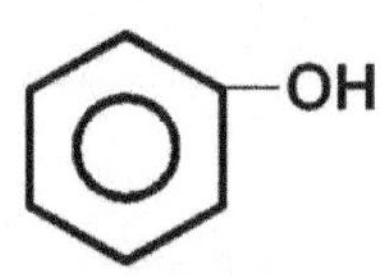

> Difenol – duas hidroxilas ligadas ao anel benzênico

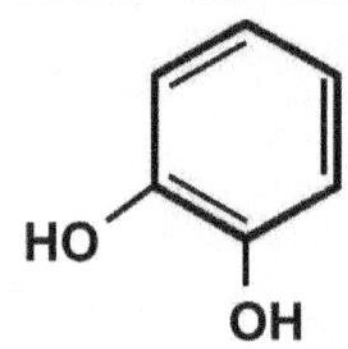

> Polifenol – três ou mais hidroxilas ligadas ao anel benzênico

Nomenclatura sistemática

Hidróxi + nome do aromático

Nomenclatura usual

São nomes de uso nos laboratórios há muito tempo

Exemplos

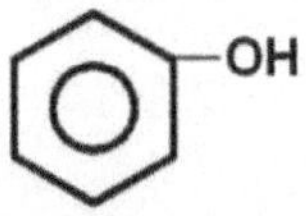

Nome sistemático → hidróxi benzeno

Nome usual → fenol comum ou ácido fênico

Desinfetante,

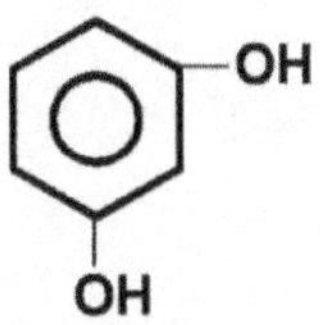

Nome sistemático → 1,3-dihidroxibenzeno

Nome usual → m-dihidroxibenzeno ou resorcinol

Creolina, desinfetante

Observação: o o-dihidroxibenzeno (posição 1,2) é chamado catecol e o p-dihidróxibenzeno (posição 1,4) é chamado hidroquinona.

## 31.6 Éteres

Éteres são compostos que apresentam dois radicais derivados dos hidrocarbonetos ligados a um mesmo oxigênio. Sua fórmula geral é:

R - O - R

Se os dois radicais são iguais, dizemos que é um éter simétrico.

$H_3C - O - CH_3$

Se forem diferentes, o éter é assimétrico.

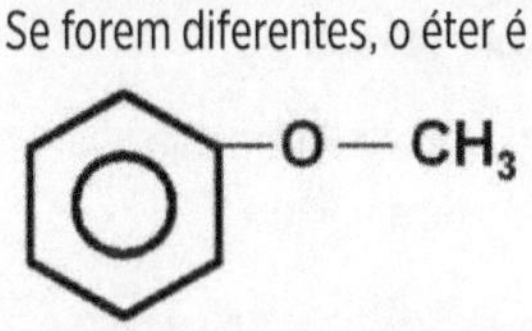

A nomenclatura sistemática para os éteres é

Radical menor com terminação OXI + cadeia maior como hidrocarboneto

A nomenclatura usual

Éter + radical menor + radical maior terminação ÍLICO

Observe:

$H_3C - CH_2 - O - CH_2 - CH_3$

Etóxi etano

Éter dietílico

Éter hospitalar, anestésico

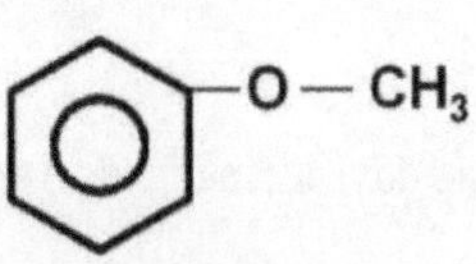

Metóxi benzeno

Éter metil fenílico

Anisol, essência de anis

$H_3C - CH_2 - CH_2 - O - CH_3$

1-metóxi propano

Éter metil n-propílico

## 31.7 Ácidos Carboxílicos

São compostos que apresentam o grupo funcional carboxila

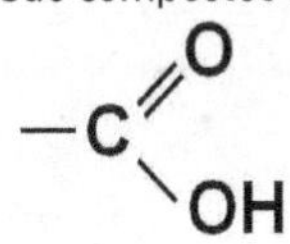

Sendo seu caráter ácido devido à perda do hidrogênio ligado ao oxigênio.

Classificamos os ácidos carboxílicos quanto ao número de carboxilas na estrutura

> Ácido monocarboxílico - monoácido - Um grupo carboxila

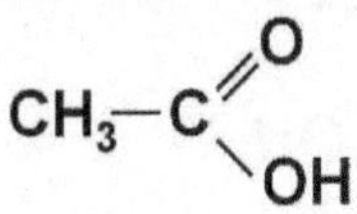

> Ácido dicarboxílico - diácido - Dois grupos carboxila

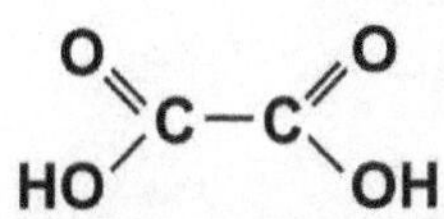

> Ácido policarboxílico - poliácido - três ou mais grupos carboxila

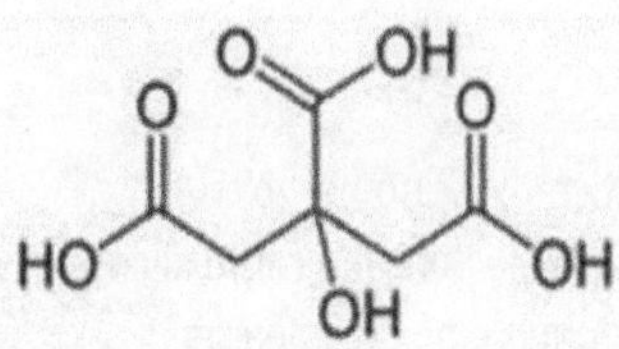

(ácido cítrico)

A nomenclatura dos ácidos é muito importante, pois outras funções orgânicas possuem compostos com nomes derivados dos nomes dos ácidos.

Nome sistemático ou oficial

Ácido + Número de carbonos + tipo de ligação + terminação ÓICO

Nome usual

Ácido + fonte da natureza de onde pode ser obtido

Nome sistemático → Ácido metanóico

Nome usual → Ácido fórmico

Ácido da formiga, encontrado também na urtiga

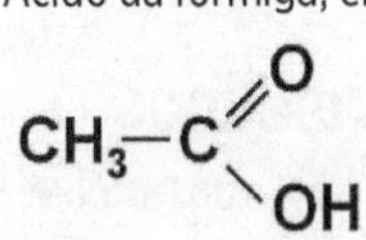

Nome sistemático → Ácido etanóico

Nome usual → Ácido acético

Vinagre (solução), quando puro chama-se glacial

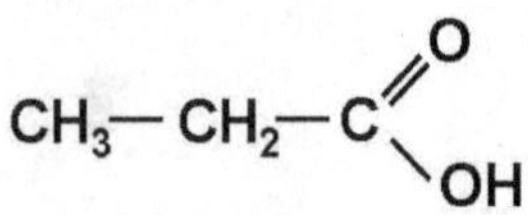

Nome sistemático → Ácido propanoico
Nome usual → Ácido propiônico
Gordura rançosa

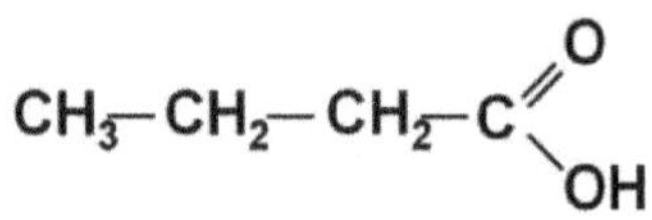

Nome sistemático → Ácido butanoico
Nome usual → Ácido butírico
Manteiga rançosa, queijo velho, chulé

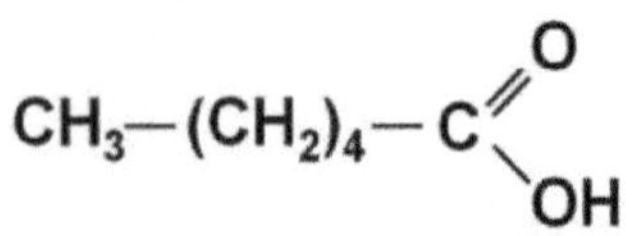

Nome sistemático → Ácido hexanoico
Nome usual → Ácido capróico
Suor humano, cheiro dos caprinos

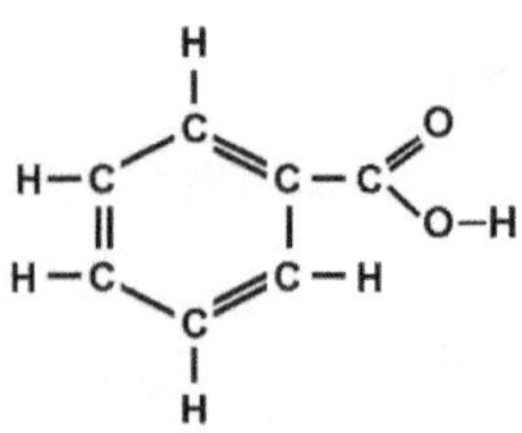

Nome sistemático → Ácido benzoico
Nome usual → Ácido benzeno carboxílico
Fabrico de perfumes e medicamentos

Para ácidos ramificados, na nomenclatura usual, o primeiro carbono depois da carboxila chama-se carbono $\alpha$. O segundo $\beta$ e assim por diante.

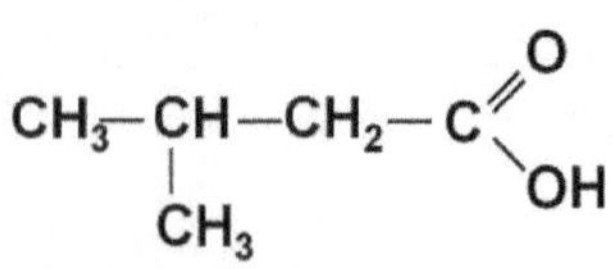

Nome sistemático → Ácido 3-metil butanoico
Nome usual → Ácido $\beta$-metil butírico

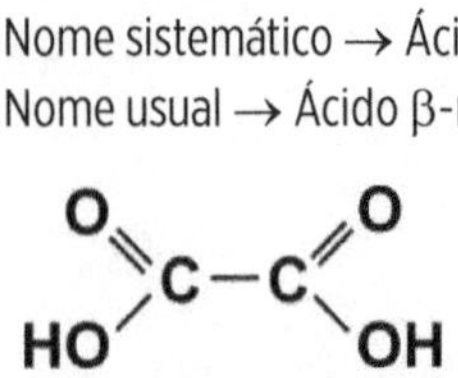

Nome sistemático → Ácido etanodioico
Nome usual → Ácido oxálico

## 31.8 Sais de ácidos carboxílicos

Sais orgânicos são compostos derivados dos ácidos carboxílicos pela reação com bases minerais. Sua fórmula geral:

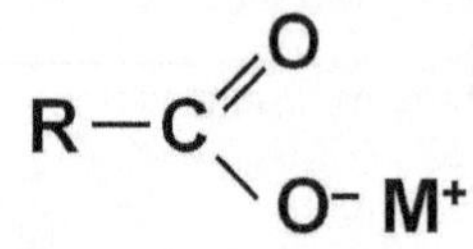

Em que M é um cátion. Perceba a presença de ligação iônica.

Nomenclatura sistemática ou oficial

Sendo derivado de ácido com terminação ICO, assim como nos sais minerais a terminação será ATO.

Número de carbonos + tipo de ligação + terminação OATO + de + cátion

Nomenclatura usual

Nome usual do ácido com terminação ATO + de + cátion

Veja estes exemplos

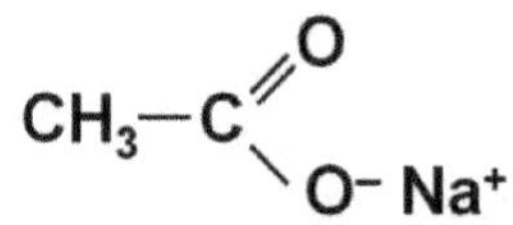

Nome sistemático → Etanoato de sódio
Nome usual → Acetato de sódio

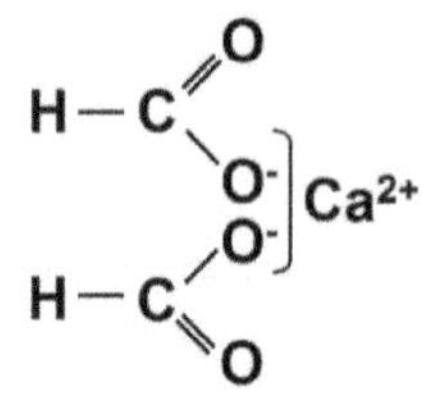

Nome sistemático → metanoato de cálcio
Nome usual → formiato de cálcio

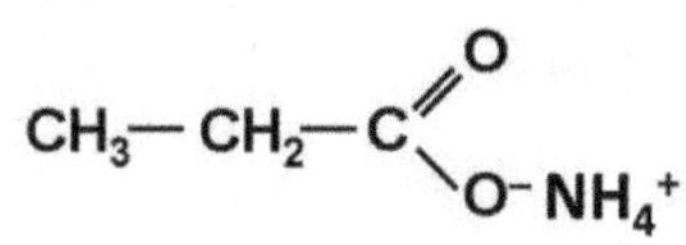

Nome sistemático → propanoato de amônio
Nome usual → propionato de amônio

## 31.9 Ésteres

Os ésteres são derivados de ácidos carboxílicos pela reação:

Ácido + álcool $\rightleftarrows$ éster + água

Sua fórmula geral é:

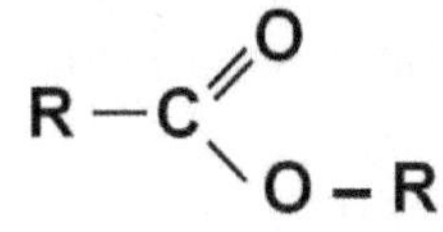

Existem ésteres minerais, em que a reação foi entre um ácido mineral e álcool. Um exemplo é a nitroglicerina.

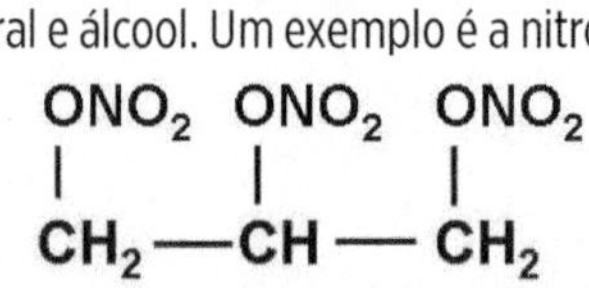

Sua nomenclatura é igual ao dos sais, mudando o nome do cátion para nome do radical

Nomenclatura sistemática ou oficial

Número de carbonos + tipo de ligação + terminação OATO + de + radical

Nomenclatura usual

Nome usual do ácido com terminação ATO + de + radical

Observe:

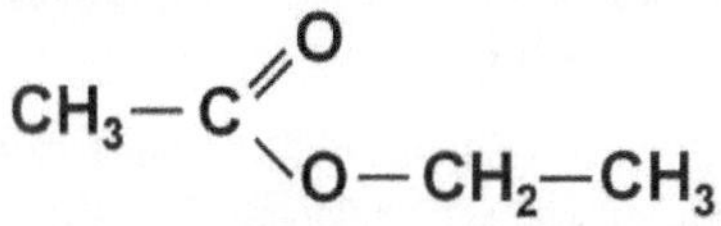

Nome sistemático → etanoato de etila

Nome usual → acetato de etila

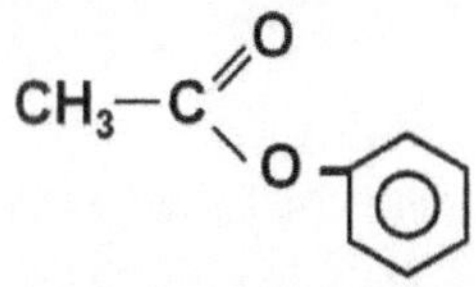

Nome sistemático → etanoato de fenila

Nome usual → acetato de fenila

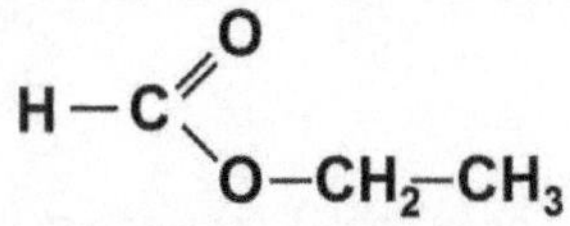

Nome sistemático → metanoato de etila

Nome usual → formiato de etila

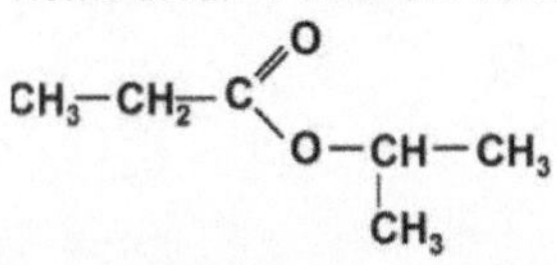

Nome sistemático → propanoato de isopropila

Nome usual → propionato de isopropila

Um grupo de ésteres importantes são os óleos ou gorduras. A representação geral dos ésteres de óleos ou gorduras é:

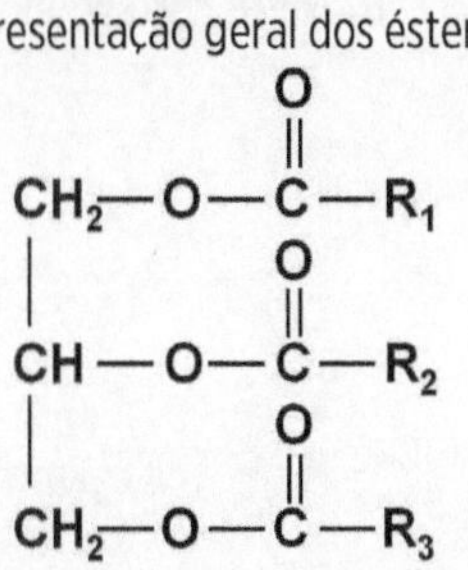

Em que as cadeias $R_1$, $R_2$ e $R_3$ é que irão dizer que tipo de óleo ou gordura é. Óleos possuem uma ou mais insaturações na cadeia. As gorduras são saturadas.

Os ésteres estão também associados às essências.

## 31.10 Aldeídos

Aldeídos e cetonas são compostos do grupo dos carbonílicos, ou seja, que apresentam o grupo carbonila.

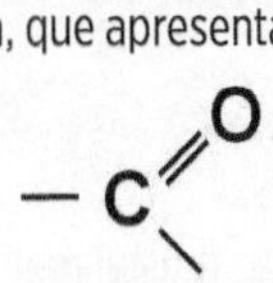

Se tivermos pelo menos um hidrogênio ligado à carbonila temos um aldeído, e esta é sua representação geral.

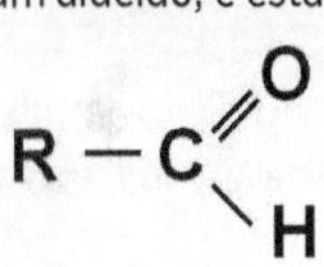

O grupo funcional dos aldeídos é chamado aldoxila ou formila.

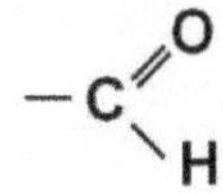

Podemos classificar os aldeídos em:

- Monoaldeído – um grupo aldoxila

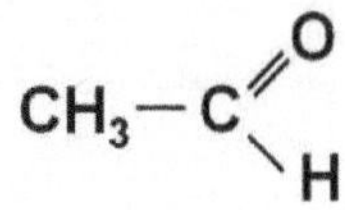

- Dialdeído – dois grupos aldoxila

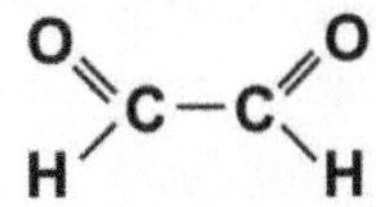

- Polialdeído – três ou mais grupos aldoxila

A nomenclatura oficial dos aldeídos é

Número de carbonos + tipo de ligação + terminação AL

Nomenclatura usual

Nome usual do ácido com terminação ALDEÍDO

Os aldeídos por oxidação produzem ácidos carboxílicos, daí o uso dos nomes dos ácidos.

Observe estes exemplos:

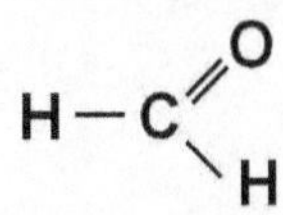

Nome sistemático → metanal

Nome usual → aldeído fórmico, aldeído metanóico, metanaldeído, formaldeído, formal ou formol

Utilizado como desinfetante e na conservação de peças para estudo anatômico (formalina, 37% formol em água). Fabricação de polímeros (plásticos)

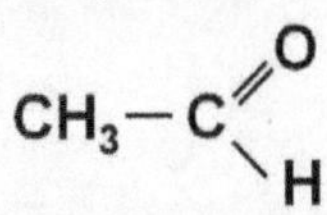

Nome sistemático → etanal

Nome usual → acetaldeído

Fabricação do inseticida DDT

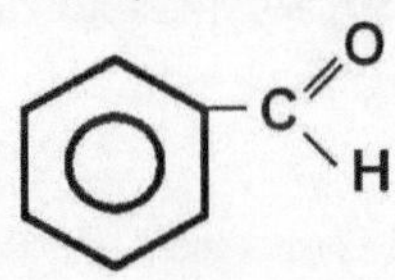

Nome sistemático → aldeído benzoico

Nome usual → benzaldeído

Fabricação de perfumes e medicamentos

## 31.11 Cetonas

Se tivermos dois radicais ligados à carbonila, temos uma cetona, com a sua fórmula geral.

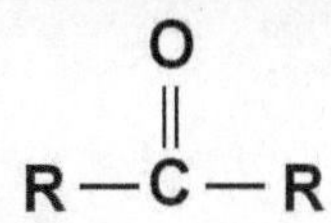

Classificamos as cetonas pelo número de grupos carbonila na estrutura

> Monocetona - um grupo carbonila

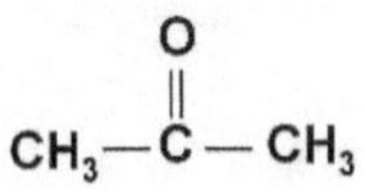

> Dicetona - dois grupos carbonila

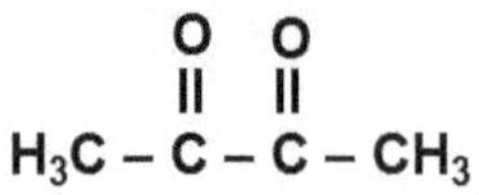

A nomenclatura sistemática ou oficial das cetonas é

Número de carbonos + tipo de ligação + terminação ONA

Os nomes usuais das cetonas são

Radical menor + radical maior + cetona

Alguns exemplos

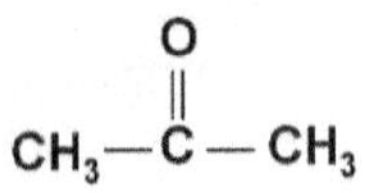

Nome sistemático → propanona

Nome usual → dimetil cetona

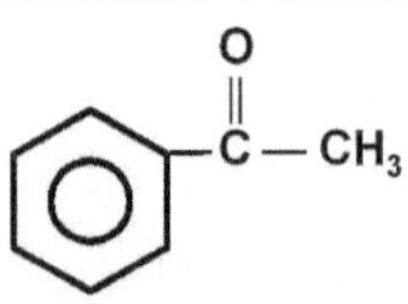

Nome sistemático → metilfenilcetona

Nome usual → acetofenona

Fabricação de tintas

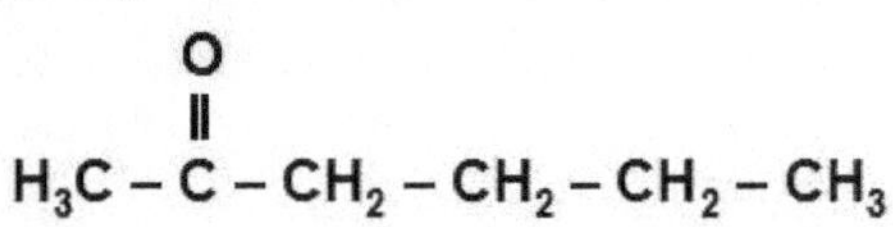

Nome sistemático → 2-hexanona

Nome usual → metil n-butil cetona

## 31.12 Amidas

São compostos derivados do $NH_3$ pela substituição de um ou mais hidrogênios por radicais acila. Fórmula geral:

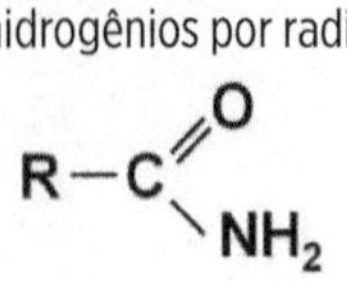

Observação - Radical acila:

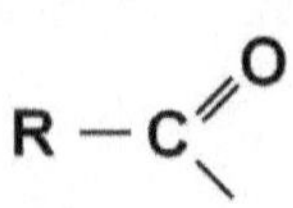

Classificamos uma amida quando ao número de grupos amida:

> Monoamida - 1 grupo amida

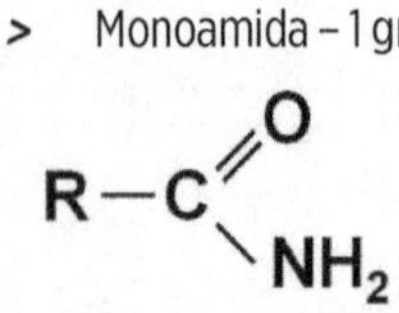

> Diamida - 2 grupos amida

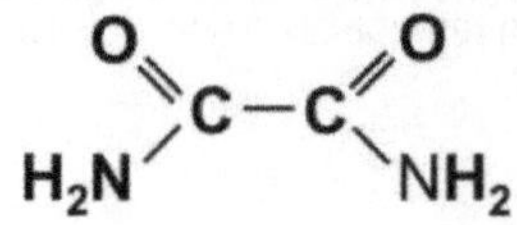

É possível classificarmos uma amida primária, quanto ao número de hidrogênios do $NH_3$ substituídos.

> Amida primária - 1 grupo acila ligado ao nitrogênio

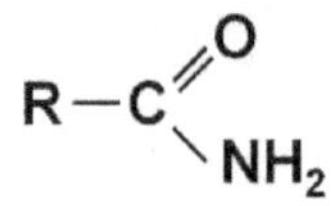

> Amida secundária - 2 grupos acila ligados ao nitrogênio

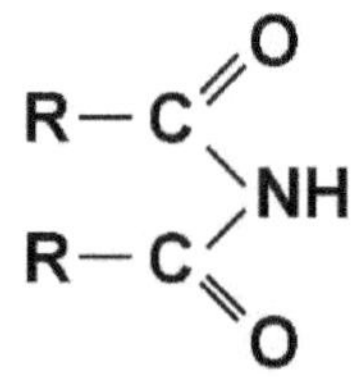

> Amida terciária - 3 grupos acila ligados ao nitrogênio

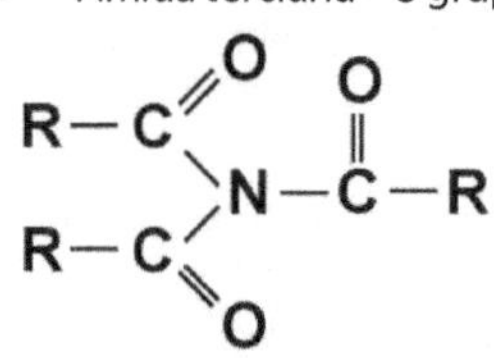

Nomenclatura sistemática

Número de carbonos + tipo de ligação + terminação AMIDA

Nomenclatura usual

Nome substitutivo do ácido carboxílico correspondente + terminação amida

Exemplos:

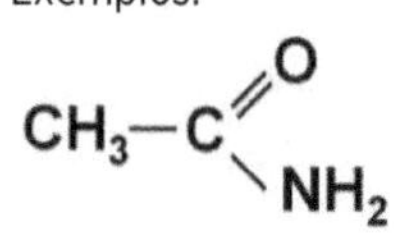

Nome sistemático → etanamida

Nome usual → acetamida

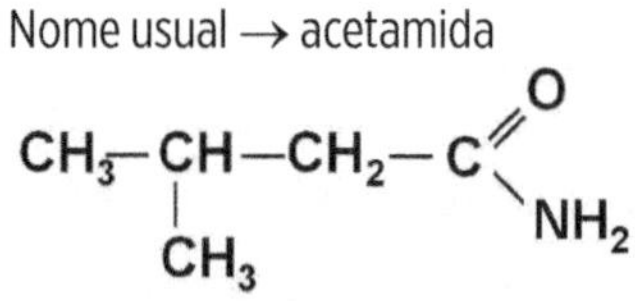

Nome sistemático → 3-metil-butanamida

Nome usual → β-metil-butiramida

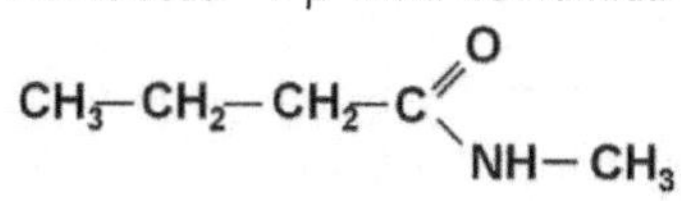

Nome sistemático → N-metil-butanamida

Nome usual → N-metil-butiramida

Perceba que o N do nome se refere ao radical metil ligado ao Nitrogênio

## 31.13 Aminas

Aminas são compostos derivados do $NH_3$ pela substituição de um ou mais de seus hidrogênios por radicais. Sua representação geral é:

$R - NH_2$

É possível classificar uma amina quanto ao número de hidrogênios do $NH_3$ substituídos:

> Amina primária – 1 radical ligado ao nitrogênio

$CH_3 - NH_2$

> Amina secundária – 2 radicais ligados ao nitrogênio

$H_3C - CH_2 - NH - CH_2 - CH_3$

> Amina terciária – 3 radicais ligados ao nitrogênio

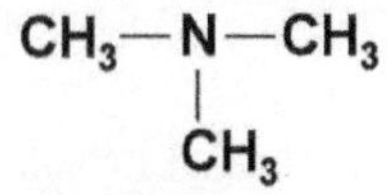

Nomenclatura

Radicais ligados ao Nitrogênio + amina

Exemplo:

$CH_3 - NH_2$

Metilamina, cheiro do peixe podre

$CH_3 - NH - CH_2 - CH_3$

Metiletilamina

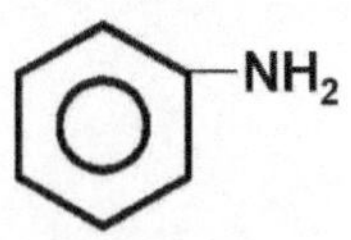

Fenilamina, anilina, corante

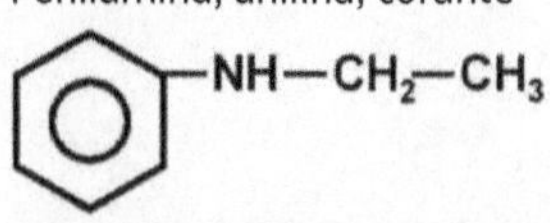

Etilfenilamina, PEA, composto da paixão

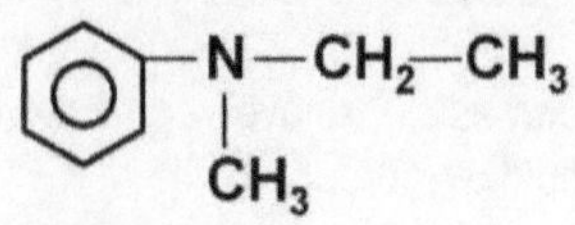

Metiletilfenilamina

## 31.14 Nitrocompostos

São compostos que apresentam o grupo nitro ($NO_2$) ligado à cadeia carbônica. Sua representação geral é:

$R - NO_2$

Sua nomenclatura sistemática é:

Nitro + hidrocarbeneto

Exemplos:

$CH_3 - NO_2$

Nitrometano

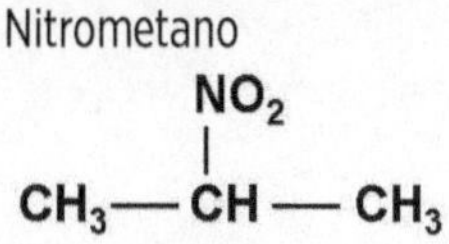

2-nitrometano

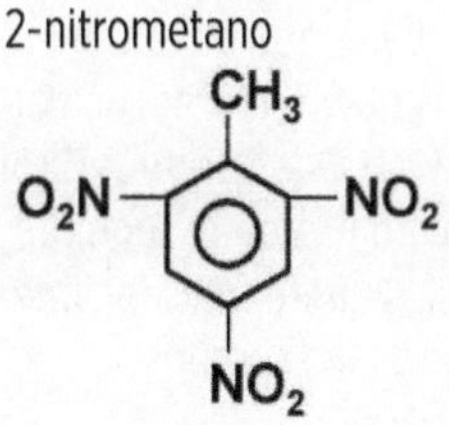

2,4,6-trinitro tolueno ou TNT, explosivo

# 32. PROPRIEDADES FÍSICAS E QUÍMICAS

## 32.1 Ponto de Fusão

O comportamento das propriedades físicas de compostos orgânicos depende das forças intermoleculares que atuam entre as moléculas do composto analisado.

As forças que atuam entre moléculas são:

Forças de van der Waals → dipolo induzido – dipolo induzido ou London. É a mais fraca das forças e atua entre moléculas apolares. Ocorre nos hidrocarbonetos principalmente.

Forças de van der Waals → dipolo – dipolo. Atua entre moléculas polares. Atua entre moléculas de aldeídos, cetonas, ésteres e éteres, aminas terciárias, por exemplo.

Ligação hidrogênio → ou pontes de hidrogênio são as mais fortes das forças intermoleculares. Atuam entre o hidrogênio ligado a um flúor ou oxigênio ou nitrogênio de uma molécula e o flúor ou oxigênio ou nitrogênio de outra. Atua entre moléculas de álcoois, fenóis, ácido carboxílicos, aminas e amidas, por exemplo.

As forças das ligações iônicas não são intermoleculares, mas, para efeito de comparação com as demais, podemos esquematizar

Força iônica >>>>> ligação hidrogênio > dipolo – dipolo > dipolo induzido – dipolo induzido

Quanto mais forte a força, mais as estruturas do composto estarão unidas no estado sólido e mais temperatura vai necessitar para "soltar" as suas moléculas, ou seja, maior o ponto de fusão. Ao mesmo tempo, quanto maior a massa molecular, maior a temperatura de fusão.

## 32.2 Ponto de Ebulição

Assim como o ponto de fusão, o ponto de ebulição dos compostos orgânicos também vai depender das forças intermoleculares e da massa molecular da substância.

Assim, o ácido acético (ponte de hidrogênio) tem ponto de ebulição maior que o etanal (dipolo - dipolo)

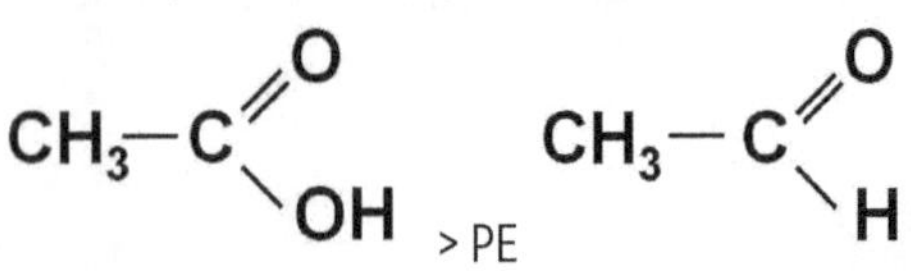

PH DD

Já quando comparamos dois compostos com mesma força, o maior ponto de ebulição será do composto de maior massa molecular. Logo, entre o 1-propanol e o etanol, o ponto de ebulição do 1-propanol será maior, pois este tem maior massa molecular.

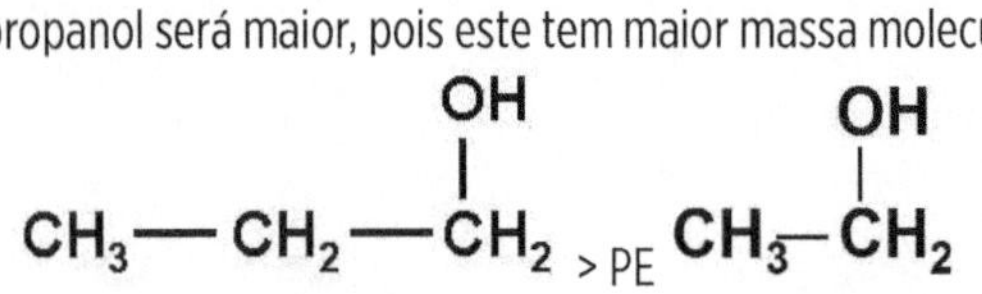

1-propanol (MM = 60) etanol (MM = 46)

## 32.3 Solubilidade

A regra maior de solubilidade entre compostos é:

Semelhante dissolve semelhante.

Logo,

Solvente polar (água) dissolve substância polar (PH>DD)

Solvente apolar (hidrocarbonetos, $CC\ell_4$) dissolve substância apolar (hidrocarbonetos)

A solubilidade em água de substâncias que se unem por ligações hidrogênio, será maior quanto maior for a quantidade de ligações hidrogênio que a molécula pode fazer.

Quanto maior a cadeia carbônica, menos a solubilidade em água.

Compostos orgânicos que apresentam ligação iônica, tendo por cátion um elemento do grupo 1 (1A) ou amônio ($NH_4$) são solúveis em água.

Uma questão interessante a ser avaliada é a solubilidade de vitaminas.

> Vitaminas hidrossolúveis – solúveis em solventes polares como a água.

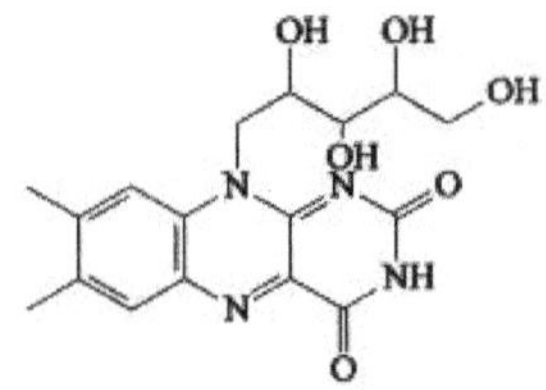

Vitamina $B_2$ - (-)-riboflavina

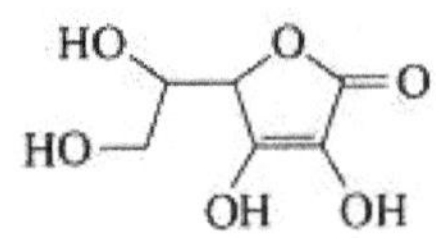

Vitamina C - ácido L-ascórbico

> Vitaminas lipossolúveis – solúveis em solventes apolares como os lipídios (gorduras).

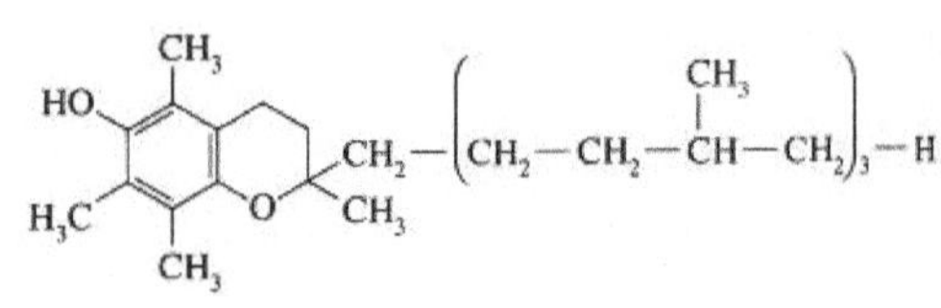

Vitamina E - α-tocoferol

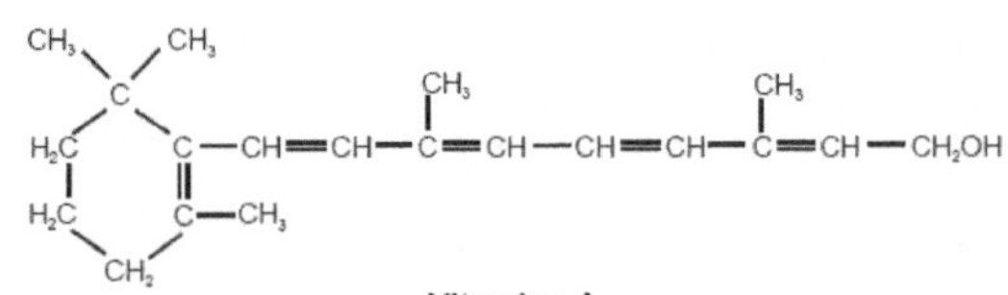

Vitamina A

## 32.4 Acidez

As teorias modernas ácido-base nos dizem que ácidos, segundo Arrhenius, são compostos que, em presença de água, liberam como único íon positivo $H^+$ ($H_3O^+$). Segundo Brönsted-Lowry são substâncias que doam um próton e, segundo Lewis, podem receber um par de elétrons. Quanto mais facilmente ele libera o seu hidrogênio ($H^+$), mais ácido é o composto.

Os ácidos da química orgânica são

Ácido carboxílico > fenol > álcool > alcinos verdadeiros

Ácidos reagem com bases, mas, dependendo da força, a reação pode não ocorrer.

| | Ácido | Fenol | Álcool |
|---|---|---|---|
| Na<br>Sódio metálico | Reage | Reage | Reage |
| NaOH<br>Soda cáustica | Reage | Reage | Não reage |
| $NaHCO_3$<br>Bicarbonato de sódio | Reage | Não reage | Não reage |

Existem alguns efeitos eletrônicos que atuam nas cadeias carbônicas dos compostos, que aumentam ou diminuem a acidez e a basicidade. São estes efeitos:

> Os efeitos eletro atraentes aumentam a facilidade de liberação do $H^+$ e, portanto, a acidez. Os grupos eletro atraentes são:

$-NO_2 > -F > -Cl > -Br > -I > -OH >$ 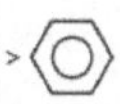 $> CH_2 = CH > H$

> Os efeitos eletro repelentes dificultam a liberação do $H^+$ e diminuem, portanto, a acidez do composto. São grupos eletro repelentes:

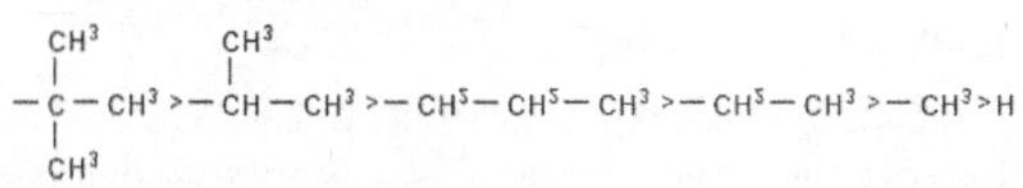

Observe:

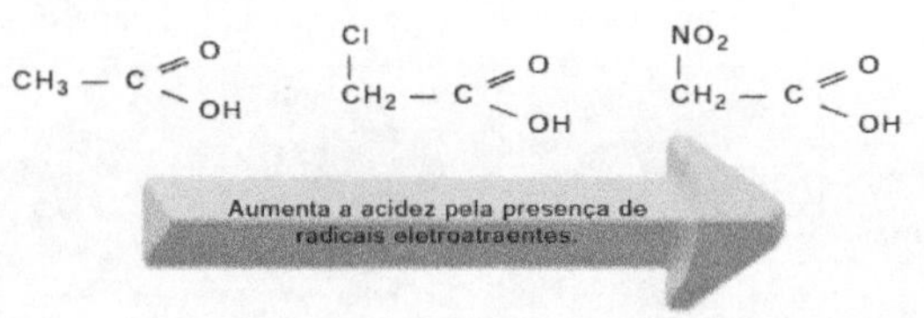


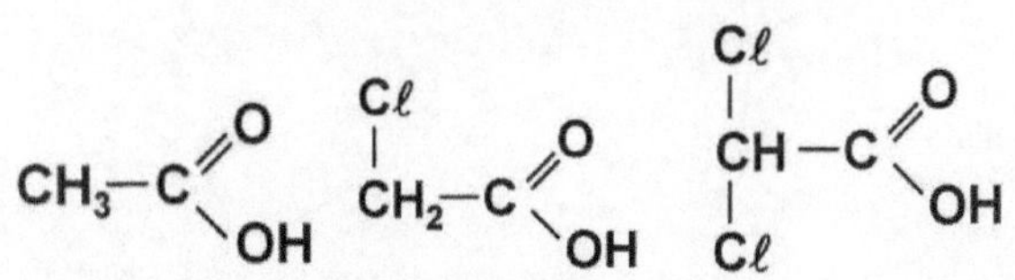

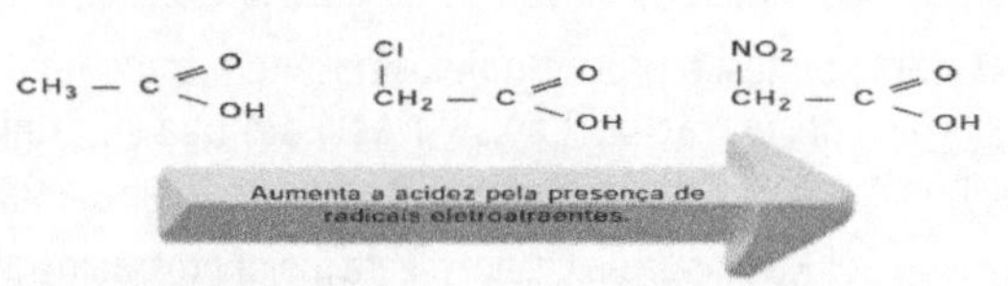


## 32.5 Basicidade

Segundo as modernas teorias ácido-base, bases, segundo Arrhenius, são compostos que, em presença de água, liberam como único íon negativo $OH^-$. Segundo Brönsted-Lowry são substâncias que recebem um próton e, segundo Lewis, podem doar um par de elétrons.

Na química orgânica, aminas e éteres possuem um par de elétrons disponível, sendo, portanto, bases de Lewis.

A ordem decrescente de basicidade em aminas é:

Amina secundária > amina primária > $NH_3$ > amina terciária > amina aromática

$H_3C-CH_2-NH-CH_2-CH_3$ mais básica que $CH_3-NH_2$

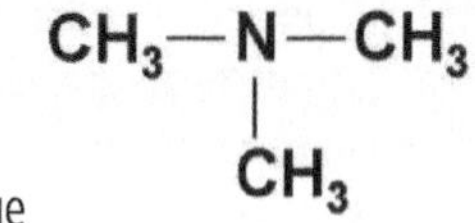

$NH_3$ mais básico que

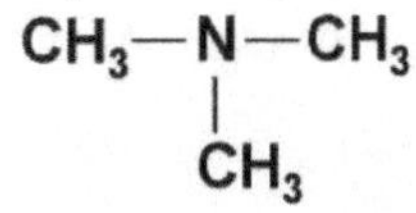

mais básico que

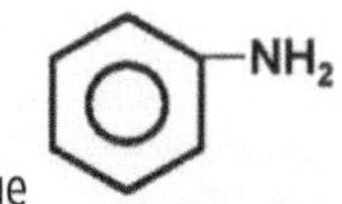

$CH_3-CH_2-NH_2$ mais básico que $CH_3-NH_2$ (quanto maior a cadeia carbônica, maior o efeito indutivo que disponibiliza o par de elétrons.

# 33. PROPRIEDADES COLIGATIVAS

São quatro propriedades coligativas (ebulioscopia, tonoscopia, crioscopia e osmoscopia) que ocorrem quando um soluto não volátil é adicionado e dissolvido em um determinado solvente.

Tratando especificamente da tonoscopia, essa propriedade estuda a diminuição da pressão máxima de vapor de um solvente após a adicionar um soluto não volátil.

## 33.1 Tonoscopia

Quando adicionamos um soluto não volátil a um solvente, ao dissolver-se, o soluto eleva o ponto de ebulição do solvente, diminuindo, por consequência, a pressão máxima de vapor.

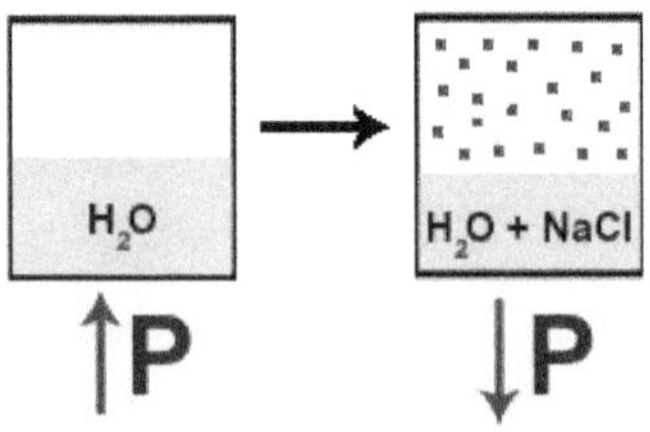


Veja a exemplificação no gráfico, onde a curva da solução (B) é sempre mais afastada do eixo y do que a curva do solvente (A), confirmando assim a redução da pressão máxima de vapor do solvente.

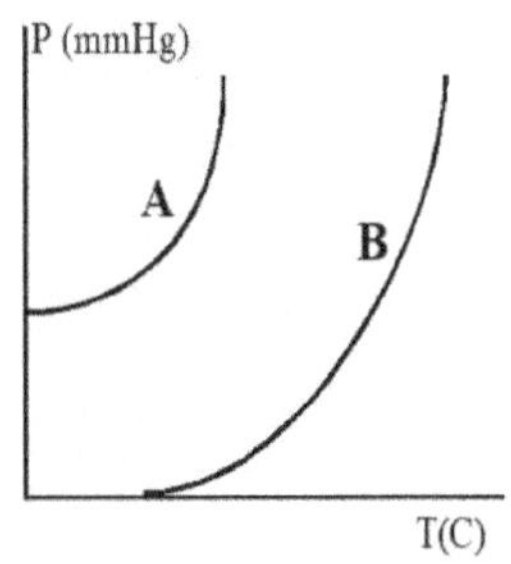


### Tipos de solutos

Existem dois tipos de solutos que podem ser adicionados ao solvente, sendo que o efeito tonoscópico promovido por eles não é o mesmo:

> Soluto molecular

Não sofre ionização ou dissociação quando dissolve. Por isso, o número de partículas adicionadas será igual ao número de moléculas dissolvidas.

> Soluto iônico

Sofre ionização ou dissociação ao dissolver. Em razão disso, o número de partículas adicionadas é menor que o número de partículas dissolvidas.

Assim, podemos concluir que, se o soluto for iônico, o efeito tonoscópico promovido no solvente será maior, ou seja, menor será a pressão máxima de vapor.

Processos passivos de transporte (ou transportes passivos) através da membrana plasmática são os processos em que substâncias atravessam a membrana plasmática sem gasto energético. A osmose é o movimento de água que ocorre dentro das células através de uma membrana semipermeável.

## 33.2 Osmose

As moléculas de água ($H_2O$) partem de um meio menos concentrado para um meio mais concentrado. Portanto, a osmose serve para equilibrar os dois lados da membrana, fazendo com que o meio rico em soluto seja diluído pelo solvente, que é a água.

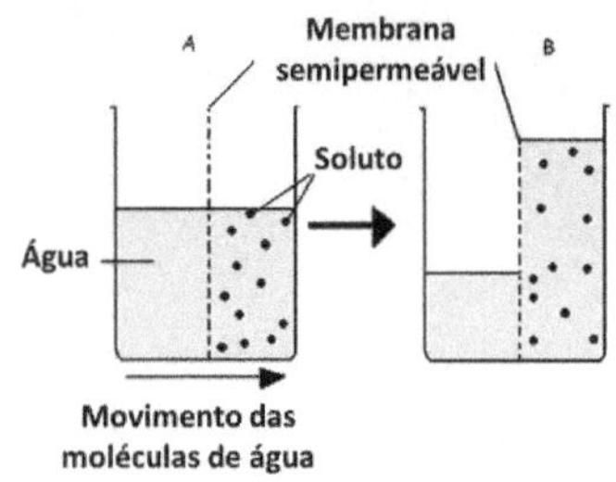


A passagem da água de um meio para outro é feita nas células com o auxílio de proteínas transportadoras na membrana (aquaporinas). O resultado da osmose é usado nos processos de troca de nutrientes das células animais e vegetais.

A passagem de solvente pela membrana plasmática modifica o volume da solução interna da célula. Nas células tal resultado aumenta ou diminui o volume citoplasmático, podendo assim comprometer a vida celular.

A consequência da osmose para as células animais não é a mesma para células vegetais adultas. Observe a seguir:

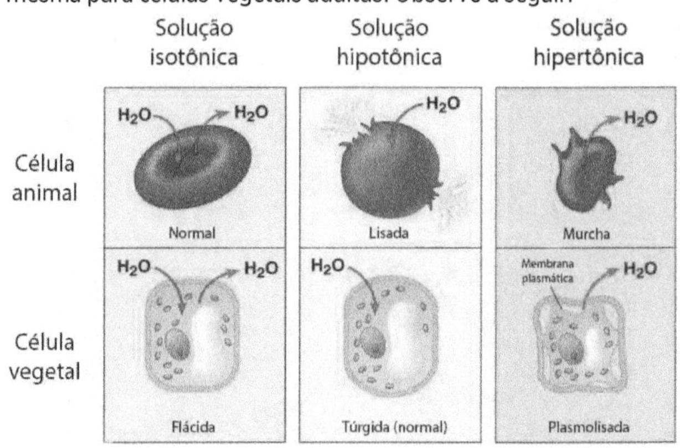


Como vimos, o processo de osmose tem como finalidade igualar as concentrações das soluções, até que se atinja um equilíbrio. Sendo assim, apresentará os seguintes tipos de solução:

> Solução hipertônica: apresenta maior pressão osmótica e concentração de soluto.

> Solução hipotônica: apresenta menor pressão osmótica e concentração de soluto.

> Solução isotônica: a concentração de soluto e a pressão osmótica são iguais, atingindo assim o equilíbrio.

Na osmose reversa, o soluto é forçado a passar para o meio de menor concentração. Isso só é possível graças à pressão exercida, fazendo com que a membrana semipermeável permita somente a passagem da água ($H_2O$), retendo então o soluto. Porém, para que isso aconteça, é necessária a aplicação de uma pressão maior do que a pressão osmótica comum.

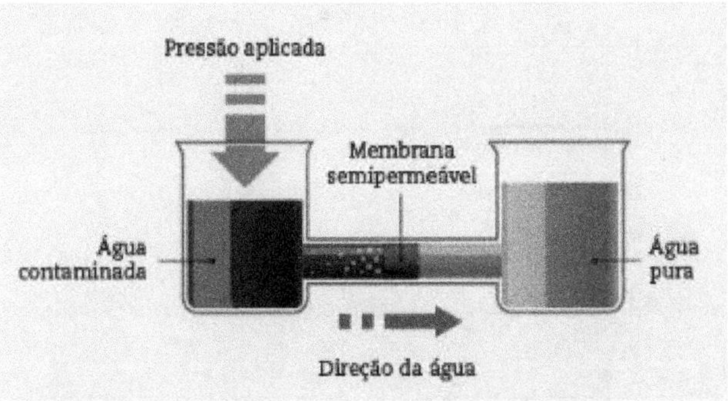


Durante a osmose reversa, quase 100% dos solutos de baixo peso molecular são retidos. Podem ser isolados bactérias, vírus e outros tipos de sólidos dissolvidos, purificando a água. A osmose reversa também é muito utilizada em indústrias. Dentre outras de suas aplicações estão irrigações, fabricação de bebidas e máquinas de hemodiálise.

A pressão osmótica é a pressão externa a ser aplicada ao solvente ou a uma solução mais concentrada para evitar a sua diluição por osmose. Quanto mais concentrada for à solução ou quanto maior for a diferença de concentração entre as duas soluções que estão separadas por uma membrana semipermeável, maior será a pressão osmótica que deverá ser exercida para que a osmose não ocorra.

Compreendendo que a pressão osmótica muda de acordo com a concentração da solução, qual seria o seu valor?

O físico e químico holandês Jacobus Henricus Van't Hoff (1852-1911) observou que a pressão osmótica dependia das mesmas variáveis que participam da Equação de Estado dos Gases (Equação de *Clapeyron*). Sabemos que a pressão osmótica depende da concentração em quantidade de matéria (em mol/L), que é dada por:

**Concentração em quantidade de matéria (mol/L) = quantidade de matéria do soluto (mol) por volume da solução (L) ou** $\frac{M}{V} = n_1$

A Temperatura (T) influencia na pressão osmótica. Observe que aparecem as seguintes grandezas: Pressão (P), Volume (V), quantidade de matéria (n) e Temperatura (T), ou seja, as mesmas variáveis da equação de Clapeyro:

$$P . V = n . R . T$$

A pressão osmótica é simbolizada por $\pi$. Substituindo a pressão na equação:

$$\pi . V = n . R . T$$

$$\pi = \frac{n}{V} . R . T$$

Considerando que $\frac{M}{V} = n$, podemos então considerar essa equação da seguinte maneira:

$$\pi = M . R . T$$

Lembrando que R é a constante universal dos gases perfeitos, cujo valor é 0,082 atm . L . $K^{-1}$ . $mol^{-1}$ ou 62,3 mmHg . L . $K^{-1}$ . $mol^{-1}$. Essa é, então, a fórmula que pode ser usada para calcular a pressão osmótica ($\pi$) para soluções moleculares.

No caso de soluções iônicas, devemos acrescentar o fator de Van't Hoff (i), que é a relação feita entre o número total de partículas finais em relação às iniciais nas soluções iônicas.

Por exemplo, se adicionarmos 2 mols de NaCl na água ($H_2O$), teremos no final 2 mol de partículas de $Na^+$ e 2 mol de partículas de $Cl^-$ :

$NaCl \rightarrow Na^+_{(aq)} + Cl^-_{(aq)}$

2 mols $\rightarrow$ 2 mol + 2 mol = 4 mols

Se o grau de ionização é de 100%, então o fator de Van't Hoff é igual a 4 nesse caso.

Sendo assim, a equação final fica do seguinte modo:

$$\pi = M . R . T . i$$

**Exercício**: Eventualmente, a solução de glicose 0,3 mol/L é utilizada em injeção intravenosa, pois tem pressão osmótica próxima à do sangue. Qual é a pressão osmótica, em atmosferas, dessa solução a 37°C? Dado: R = 0,082 atm . L . $K^{-1}$ . $mol^{-1}$.

**Resolução**:

Dados:

M = 0,3 mol/L

R = 0,082 atm . L . $K^{-1}$ . $mol^{-1}$

T = 37°C (temos que passar para graus kelvin, pois a constante universal dos gases perfeitos, R, está nessa unidade. Para tal, basta somar a temperatura em graus Celsius com 273) = 310 K.

$\pi$ = ?

$\pi = M . R . T$

$\pi$ = (0,3 mol/L). (0,082 atm . L . $K^{-1}$ . $mol^{-1}$) . (310 K)

$\pi$ =7,63 atm

## 33.3 Crioscopia

Estuda a diminuição do ponto de congelamento de um líquido causado pelo soluto não volátil. A fórmula que permite calcular essa propriedade é:

$\Delta tc = Tc2 - Tc$

Onde:

Tc = temperatura de congelamento da solução

Tc2 = temperatura de congelamento do solvente

Quando acrescentamos um soluto não volátil a um solvente, as partículas deste soluto dificultam a cristalização do solvente, dando origem à propriedade descrita. Por exemplo, o ponto de congelamento da água pura é superior ao da água poluída, devido ao fato desta possuir partículas não voláteis que dificultam o congelamento deste líquido.

As propriedades coligativas, em geral, se originam a partir da redução do potencial químico do solvente em contato com o soluto, que causa o aumento da temperatura de ebulição e a diminuição do ponto de fusão.

**Exercício**: (MACK-SP) A solução aquosa bem diluída que possui menor temperatura de solidificação é a de:

**a)** NaCl 0,01 M.

**b)** $MgCl_2$ 0,01 M.

**c)** $NaNO_3$ 0,02 M.

**d)** NaCl 0,1 M.

**e)** $C_{12}H_{22}O_{11}$ (sacarose) 0,01 M.

Resposta: D.

A menor temperatura de solidificação depende do número de partículas presentes na solução, multiplicado pela concentração. Observe cada caso:

a) NaCl 0,01 M. NaCl → $Na^+$ + $Cl^-$: 2 partículas . 0,01 = 0,02

b) $MgCl_2$ 0,01 M. $MgCl_2$ → $Mg^+$ + 2 $C?^-$: 3 partículas . 0,01 = 0,03

c) $NaNO_3$ 0,02 M. $NaNO_3$→ $Na^+$ + $NO_3^-$: 2 partículas . 0,02 = 0,04

d) NaCl 0,1 M. NaCl → $Na^+$ + $Cl^-$: 2 partículas . 0,1 = 0,2

e) $C_{12}H_{22}O_{11}$ (sacarose) 0,01 M. $C_{12}H_{22}O_{11}$ → $C_{12}H_{22}O_{11}$ (é molecular): 1 partícula . 0,01 = 0,01

A menor temperatura de solidificação é a da solução da alternativa D, pois quanto mais soluto não volátil estiver dissolvido no solvente, isto é, quanto maior for a concentração da solução, menor será o seu ponto de fusão.

## 33.4 Ebulioscopia

É a propriedade que estuda a elevação da temperatura de ebulição do solvente em uma solução.

A fórmula usada para o cálculo é:

$\Delta te = Te2 - Te$, onde:

Te = temperatura de ebulição da solução

Te2 = temperatura de ebulição do solvente

No preparo do café, por exemplo, quando adicionamos açúcar na água que estava prestes a entrar em ebulição, os cristais de açúcar, antes de serem dissolvidos pelo aquecimento, constituem partículas que retardam o ponto de ebulição da água.

Quando o ponto de ebulição de um líquido é elevado pela presença de um soluto não volátil, o novo valor é diretamente proporcional ao número de mols da solução. Esta é a relação entre o efeito ebulioscópico e a concentração da solução, mais conhecida como Lei de Raoult.

**Exercício**: (PUC-RS) Dois recipientes iguais contêm líquidos em contínua ebulição. O recipiente 1 tem água pura e o recipiente 2 tem água do mar. O gráfico que melhor representa a variação das temperaturas dos líquidos em função do tempo é:

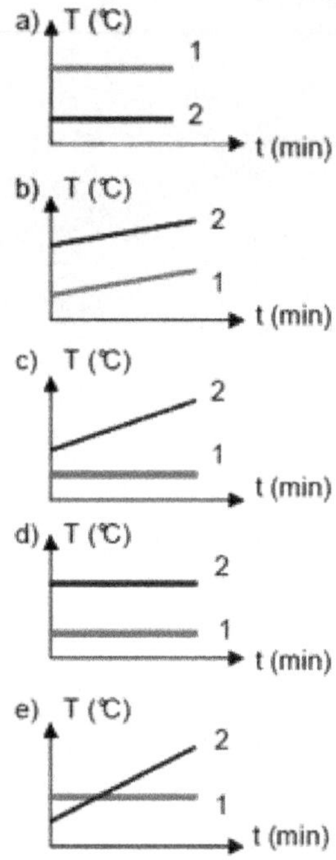


O recipiente 1 contém água pura; o seu ponto de ebulição é menor do que o do recipiente 2, que contém água do mar rica em íons. Além disso, a água pura atinge o seu ponto de ebulição a 100°C ao nível do mar e suas moléculas passam para o estado de vapor. Portanto, o líquido atinge 100°C e permanece constante, até que todas as moléculas de água saiam do estado líquido. Já no caso da solução de água do mar, quando inicia a sua ebulição, com o passar do tempo, o solvente começa a evaporar, o que torna a solução mais concentrada. Assim, à medida em que a ebulição avança, o ponto de ebulição continua a subir.

Resposta: C.

# 34. REAÇÕES ORGÂNICAS

Todas as reações orgânicas são classificadas como:

> Reações de adição.

> Reações de eliminação.

> Reações de substituição.

Algumas reações recebem nomes particulares:

> Reações de oxidação.

> Reações de redução.

> Reações de análise.

> Reações de síntese.

Toda reação começa com a ruptura de ligações:

Esta ruptura (cisão) pode ser de dois tipos:

> Cisão homolítica → homólise, criação de radicais livres.

> Cisão heterolítica → heterólise, criação de íons, carbocátion (íon positivo do carbono) ou carbânion (íon negativo do carbono).

De acordo com o mecanismo em que a reação se processa, podemos ter:

> Reação eletrofílica.

> Reação nucleofílica.

> Reação via radicais livres.

## 34.1 Reações de Adição Eletrofílica

Neste processo, adicionam-se grupos a um composto orgânico, por meio de ataque de ácidos de Brönsted. Quem realiza o ataque à ligação pi é o H⁺ do ácido, ou um grupo positivo gerado por cisão heterolítica.

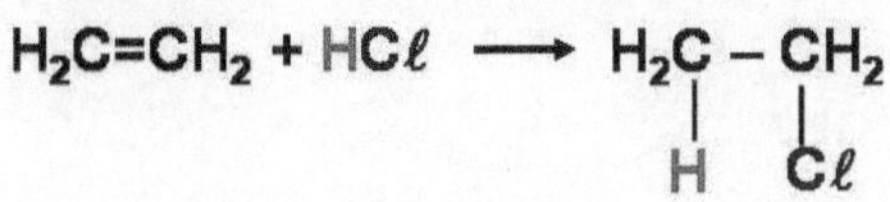

Pela regra de Markovnikoff, o hidrogênio adiciona (ataca) preferencialmente o carbono mais hidrogenado.

> Adição de ácidos ($HC\ell$, HBr, HI):

> Adição de água (hidratação):

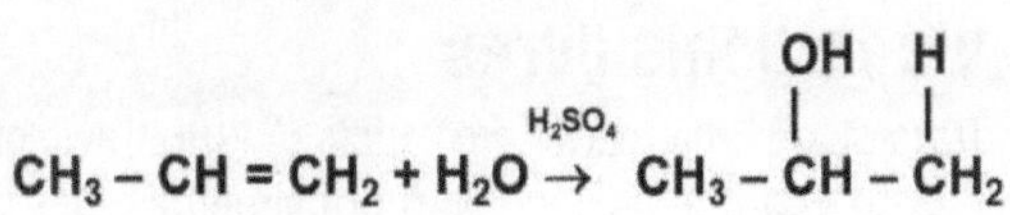

> Halogenação ($C\ell$, Br, I):

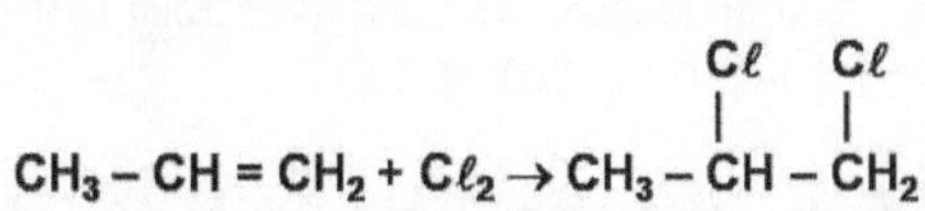

> Adição 1-4 a dienos conjugados:

$$CH_2 = CH - CH = CH_2 + HC\ell \rightarrow$$

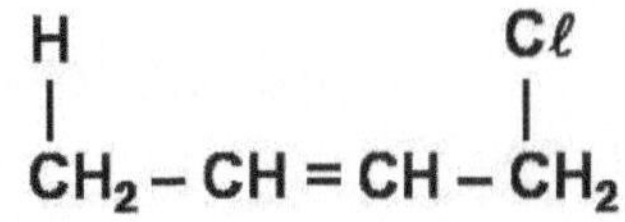

## 34.2 Reações de Adição Nucleofílica

No processo de adição nucleofílica que faz o ataque é uma base de Lewis. A reação clássica deste grupo é entre carbonílicos (aldeídos e cetonas) e ácido cianídrico, onde o grupo $CN^-$ realiza o ataque à dupla ligação do grupo carbonila. Observe a reação entre o etanal e o ácido cianídrico.

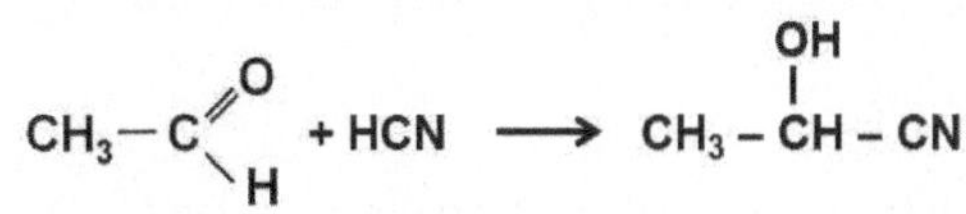

## 34.3 Reações de Adição Via Radicais Livres

Trata-se de um caso muito particular de adição de ácido bromídrico a alcenos, em presença de peróxido (peróxido de benzoíla normalmente). Nesta reação, o $H^+$ do ácido ataca o peróxido, deixando livre o Br na forma de radical para atacar a dupla ligação do alceno. Neste caso, a reação é antimarkovnikoff, o hidrogênio irá para o carbono menos hidrogenado. Chamamos esta reação de Kharash.

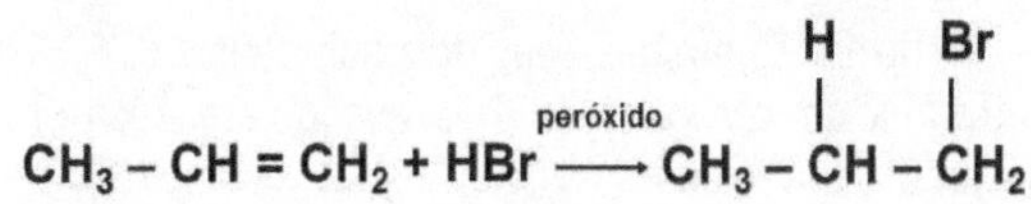

## 34.4 Reações de Eliminação

### Desidratação de álcool

Nesta reação ocorre a retirada da hidroxila do álcool e do hidrogênio do carbono vizinho. Se existirem duas possibilidades de retirar este hidrogênio, usamos a regra de Saytzeff, em que o hidrogênio sai preferencialmente do carbono menos hidrogenado, formando um alceno.

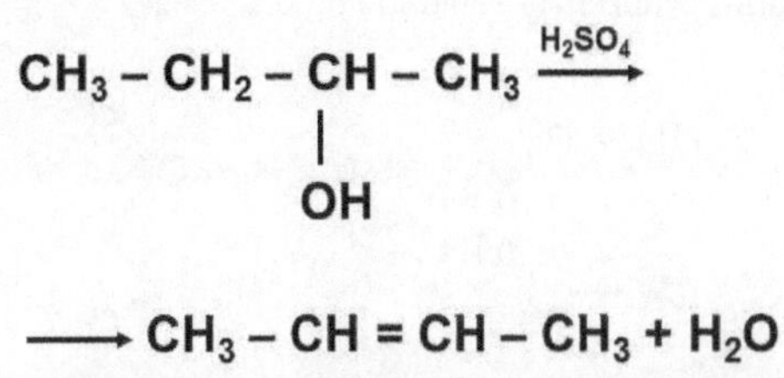

Nestas reações, devemos observar a temperatura em que ela ocorre, pois a 170°C a desidratação é intramolecular, ocorrendo eliminação em uma molécula de álcool.

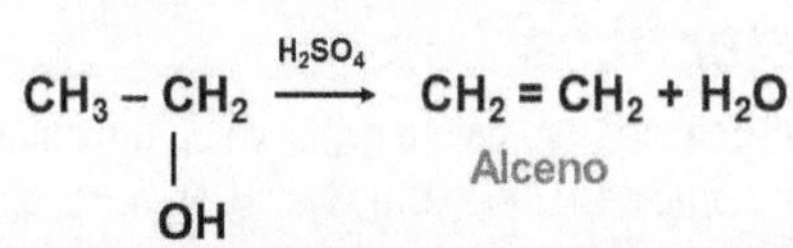


Se a temperatura do processo for de 140°C, a desidratação é intermolecular, ou seja, ocorre entre duas moléculas de álcool. Neste caso temos uma substituição produzindo um éter.

$$\begin{matrix} CH_3-CH_2-OH \\ CH_3-CH_2-OH \end{matrix} \xrightarrow{H_2SO_4} \underset{\text{Éter}}{H_3C-CH_2-O-CH_2-CH_3}$$

> Haletos orgânicos com potassa cáustica em presença de álcool

Nesta reação ocorre a eliminação do halogênio (Cℓ, Br ou I) do haleto orgânico e do hidrogênio do carbono vizinho. No caso de duas possibilidades de retirada do hidrogênio, usamos a regra de Saytzeff já citada na desidratação de álcoois.

$$CH_3-\underset{\displaystyle C\ell}{\underset{|}{CH_2}} + KOH \xrightarrow{\text{álcool}} CH_2=CH_2 + KC\ell + H_2O$$

Outro exemplo aplicando a regra de Saytzeff

$$CH_3-CH_2-\underset{\displaystyle C\ell}{\underset{|}{CH}}-CH_3 + KOH \xrightarrow{\text{álcool}}$$

$$\longrightarrow CH_3-CH=CH-CH_3 + KC\ell + H_2O$$

## Di-haletos vicinais com zinco em pó

Um di-haleto em que seus dois halogênios (Cℓ, Br ou I) encontram-se em carbonos vizinhos, quando atacado por zinco em pó, produz um alceno

$$\overset{\displaystyle C\ell}{\overset{|}{CH_3}}-\overset{\displaystyle C\ell}{\overset{|}{CH_2}} + Zn \longrightarrow CH_2=CH_2 + ZnC\ell_2$$

## Desidratação de ácidos carboxílicos

Duas moléculas de ácidos carboxílicos ou uma de um diácido carboxílico com mais de quatro carbonos (instabilidade do produto formado), aquecidas em presença de pentóxido de di fósforo como catalizador, produzem um anidrido orgânico.

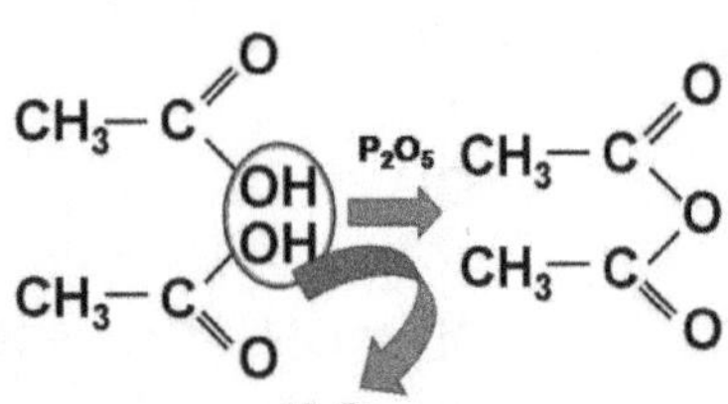

## 34.5 Reações de Substituição Nucleofílica

Nestas reações, um haleto orgânico ou um haleto de ácido é atacado por uma base forte como NaOH, NaO – $CH_3$ ou $NaNH_2$.

Ocorre a substituição do halogênio do haleto orgânico ou de ácido pelo grupo básico → $OH^-$, $NH_2^-$ ou $CH_3-O^-$.

> Haletos orgânicos com bases fortes

$$CH_3-CH_2-C\ell + NaOH \longrightarrow CH_3-CH_2-OH + NaC\ell$$

$$CH_3-CH_2-C\ell + NaNH_2 \longrightarrow CH_3-CH_2-NH_2 + NaC\ell$$

$$CH_3-CH_2-C\ell + NaOCH_3 \longrightarrow CH_3-CH_2-O-CH_3 + NaC\ell$$

## Haletos de ácidos com bases fortes

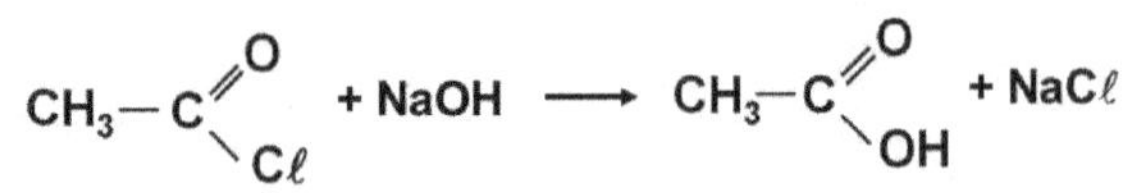

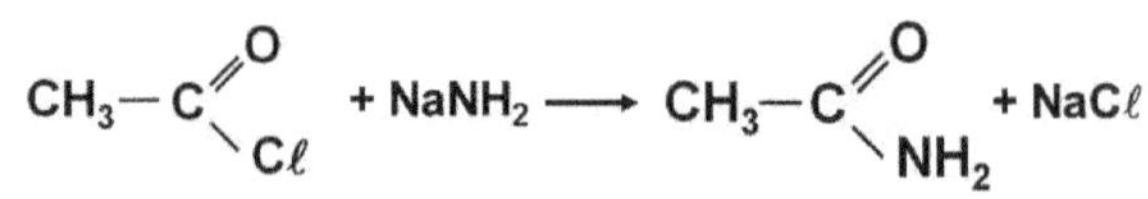

Uma das reações mais importantes deste grupo é a esterificação ou seu processo inverso, a hidrólise do éster, catalisada por ácido sulfúrico.

$$\text{ÁCIDO} + \text{ÁLCOOL} \rightleftharpoons \text{ÉSTER} + H_2O$$

$$H_3C\text{-}COOH + HO\text{-}CH_3 \rightleftharpoons H_3C\text{-}COO\text{-}CH_3 + H_2O$$

> Esterificação

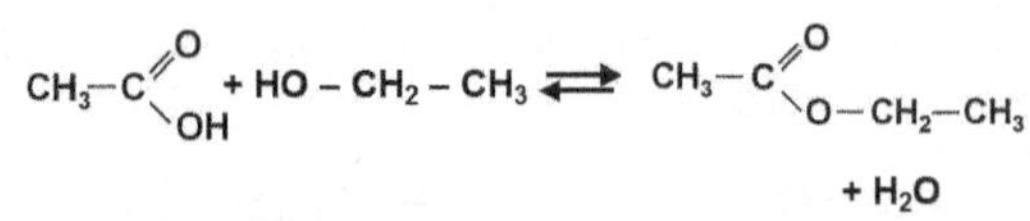

> Hidrólise

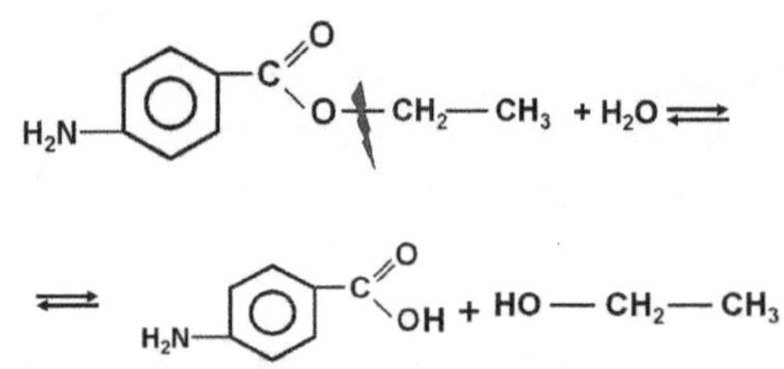

## 34.6 Reações de substituição via radicais livres

Trata-se de uma reação em cadeia. A luz ultravioleta e o aquecimento excitam o halogênio (normalmente o gás cloro), produzindo um radical livre. Este radical halogênio rouba um hidrogênio do alcano produzindo um radical orgânico que irá atacar outra molécula de haleto e assim por diante.

$$CH_4 + C\ell_2 \xrightarrow[\Delta]{\text{Luz}} HC\ell + H_3C-C\ell$$

Quando há possibilidade de mais de um hidrogênio do alcano para ser retirado, usa-se a preferência do hidrogênio: carbono terciário > secundário >primário.

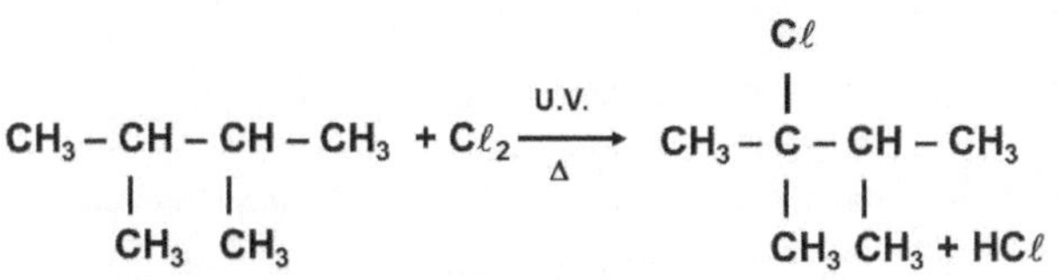


## 34.7 Reações de Substituição Eletrofílica

Nestas reações, ocorre o ataque de um ácido (ou catalisado por um ácido de Lewis - $A\ell C\ell_3$, por exemplo) a um anel benzênico. O hidrogênio do benzeno é substituído por um grupamento proveniente do ácido. A estas reações chamamos de substituição eletrofílica aromática.

> Nitração do benzeno:

Reação com ácido nítrico → $HNO_3$

Fica mais fácil trabalhar com o ácido nítrico na forma $HO - NO_2$

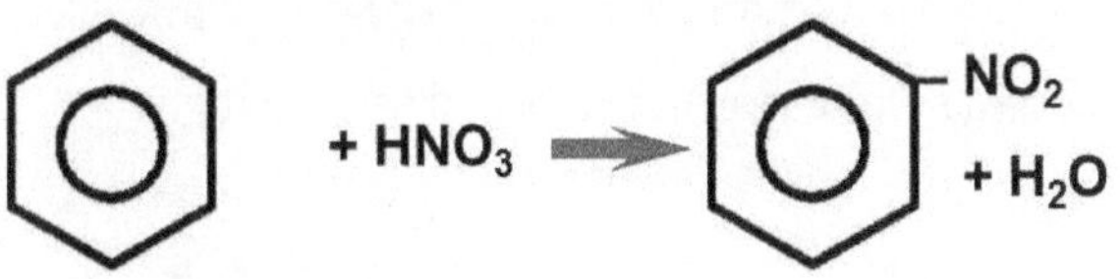


> Sulfonação do benzeno:

Reação com ácido sulfúrico → $H_2SO_4$

Fica mais fácil trabalhar com o ácido nítrico na forma $HO - SO_3H$

> Alquilação do benzeno (Friedel-Crafts):

Processos de Friedel-Crafts consistem na reação de um haleto orgânico, de ácido ou gás cloro com o anel aromático, em presença de um ácido de Lewis, como o $A\ell C\ell_3$ ou $FeC\ell_3$. O halogênio retira o hidrogênio do anel aromático e o restante substitui no anel.

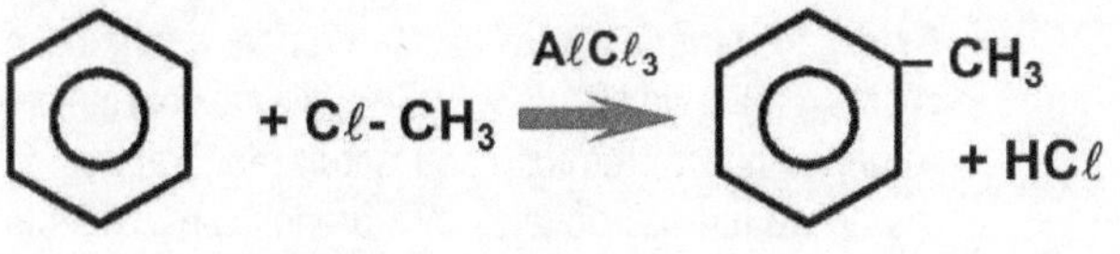


> Acilação do benzeno (Friedel-Crafts):

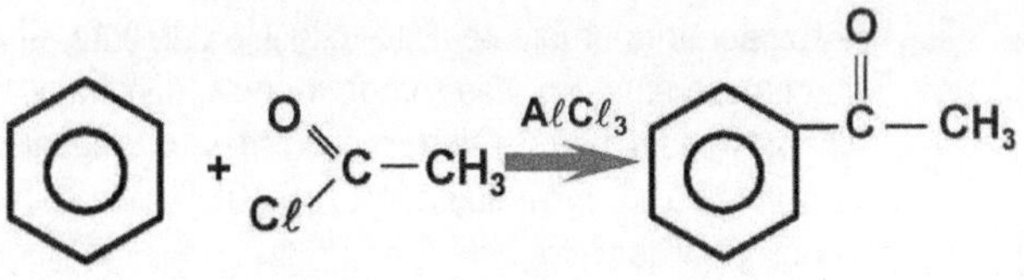


> Cloração do benzeno (Friedel-Crafts):

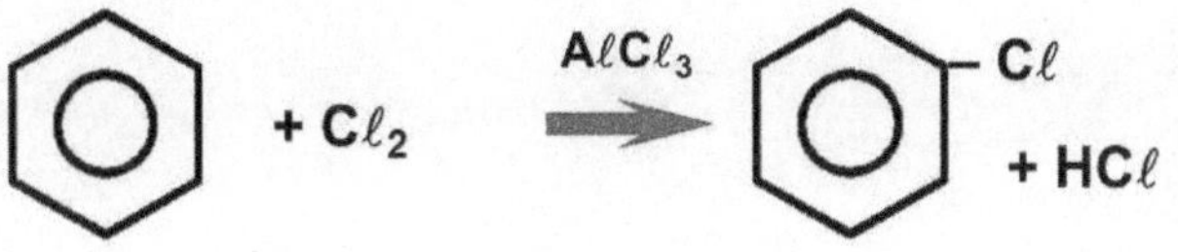


Devemos tomar muito cuidado, pois esta mesma reação em presença de luz e calor vai produzir uma adição do cloro às duplas ligações.

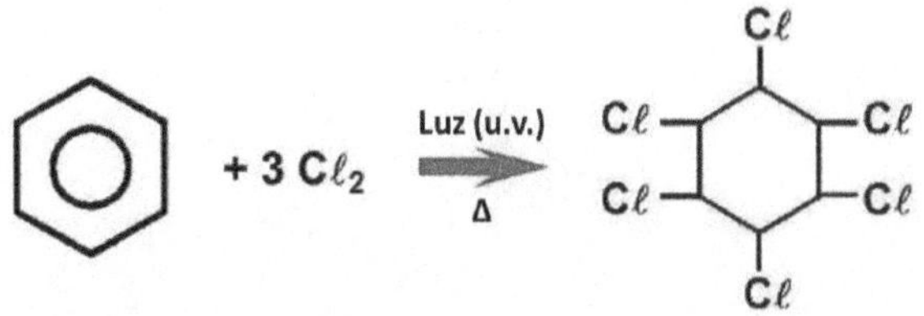


O composto formado é o 1,2,3,4,5,6-hexaclorocicloexano ou benzeno hexaclorado (BHC), usado como inseticida por muitos anos até ser proibido.

No caso destas mesmas reações com anéis substituídos, devemos observar o grupo substituinte do anel, pois é ele que irá orientar o grupo que ataca o anel em que posição ele deve entrar. Temos dois grupos de orientadores:

Orto/Para → que orienta a substituição para as posições 2 ou 4, a partir do ligante ao anel.

Meta → que orienta a substituição para a posição 3, a partir do ligante ao anel.

> São orientadores orto/para os grupos ligados ao anel:

$NH_2$, -OH, -R, -X (Cℓ, Br ou I)

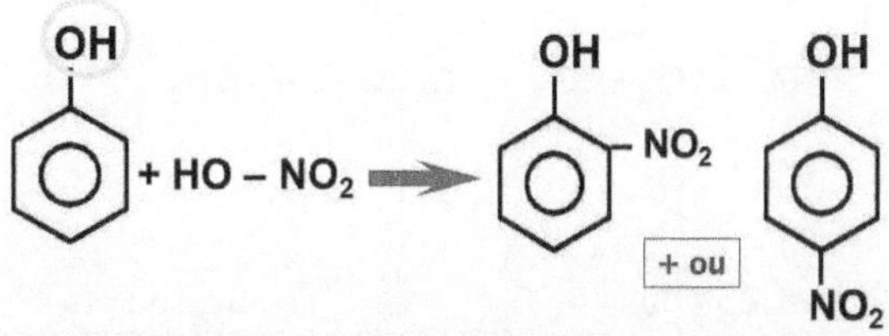


O produto formado é uma mistura de compostos na posição orto com outros na posição para (maior percentual formado)

> São orientadores meta os grupos ligados ao anel:

Insaturados ou com ligação dativa e possuem valência livre no elemento mais eletropositivo.

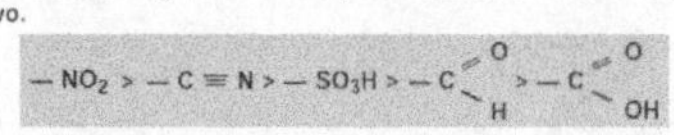


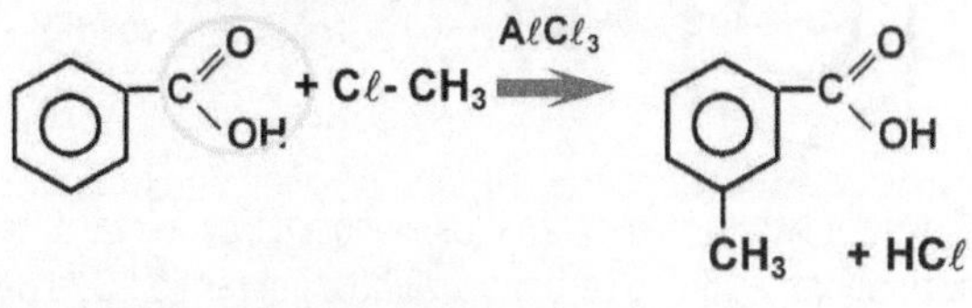


## 34.8 Outras Reações

### Reações de oxidação

> **Combustão total**: Reação entre um composto orgânico e uma mistura rica de oxigênio atmosférico. Esta reação irá produzir $CO_2$ e $H_2O$

$CH_3 - CH_2 - CH_2 - CH_2 - CH_3 + 16\ O_2 \rightarrow 5\ CO_2 + 6\ H_2O$

$CH_3 - CH_2 - OH + 3\ O_2 \rightarrow 2\ CO_2 + 3\ H_2O$

> **Combustão parcial**: Neste tipo de combustão, a mistura de gás oxigênio é pobre e nem todos os carbonos serão transformados em $CO_2$. Assim serão formados C (negro de fumo ou fuligem) CO (fatal se inalado em quantidade), $CO_2$ e $H_2O$.

- **Ozonólise de alcenos**: A reação do alceno com uma dupla ligação em presença de zinco em pó irá produzir uma mistura de carbonílicos (aldeídos e cetonas).

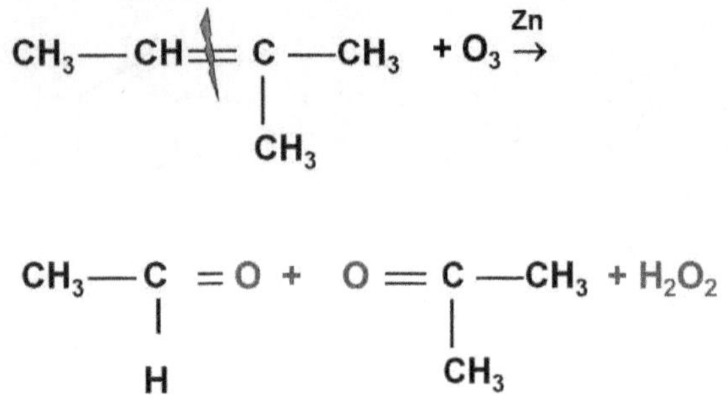


- **Oxidação enérgica**: É a reação de oxidação utilizando oxigênio nascente, produzido a partir de permanganato de potássio ($KMnO_4$) em meio ácido concentrado ($H_2SO_4$) a quente. Este processo produz ácidos carboxílicos e cetonas.

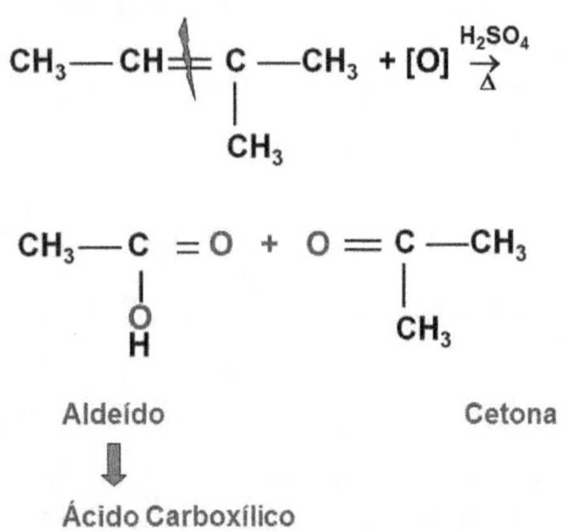


A oxidação de aromáticos tem a particularidade de não atacar o anel.

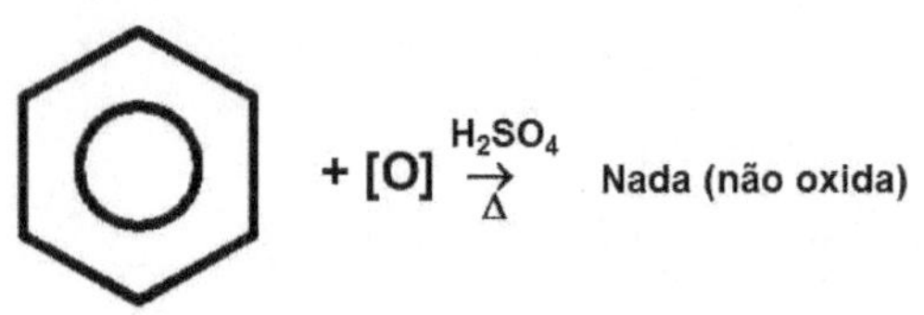


No entanto, se houver ramificação no anel, esta será atacada. Produzindo um ácido no carbono vizinho e liberando $CO_2$ a partir dos carbonos restantes (exceção à oxidação do cumeno)

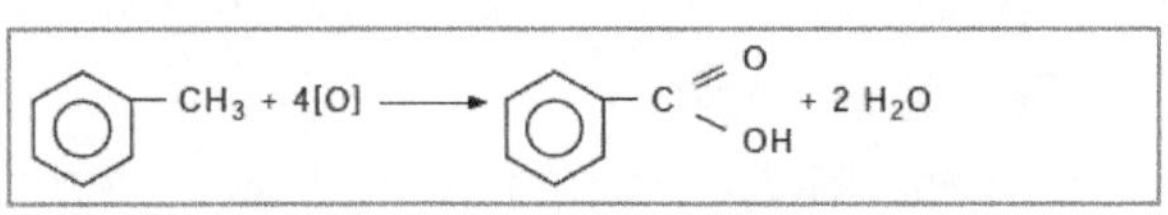

O cumeno oxidado não forma ácido nem libera $CO_2$

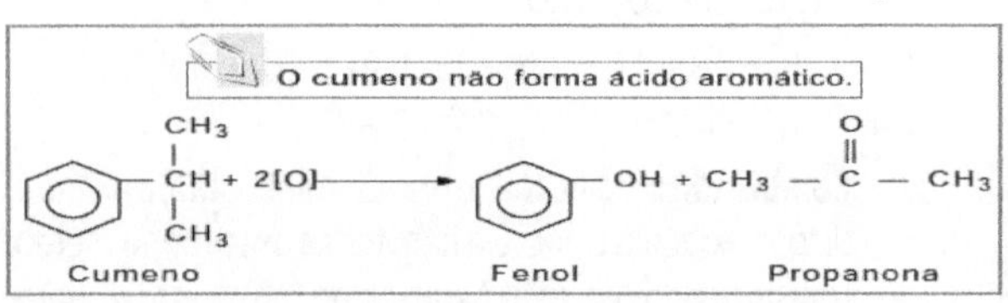


- **Oxidação de aldeídos**: Aldeídos oxidam produzindo ácidos carboxílicos correspondentes

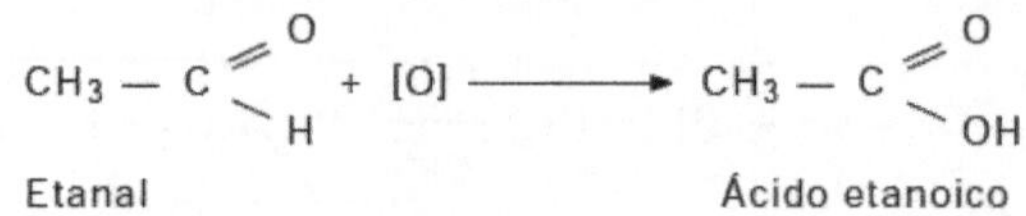


- **Oxidação de álcoois**: Um álcool primário por oxidação irá produzir um aldeído que, por sua vez, produzirá um ácido carboxílico

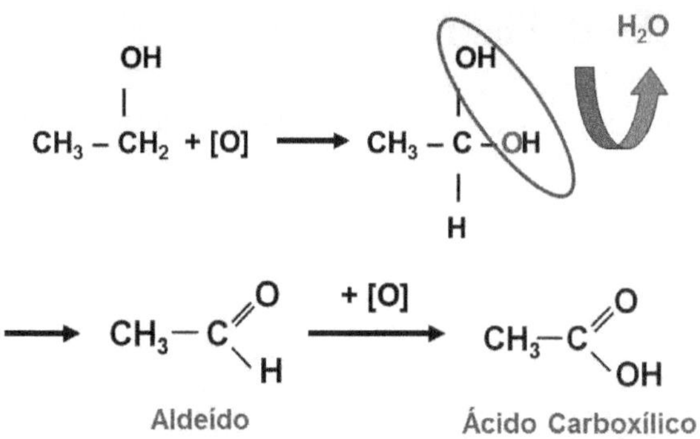


Já um álcool secundário produz uma cetona

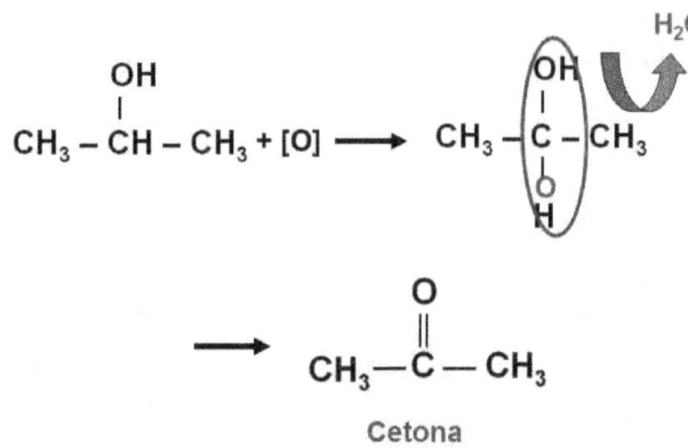


Um álcool terciário não oxida. Em condições extremas, sofrerá combustão total.

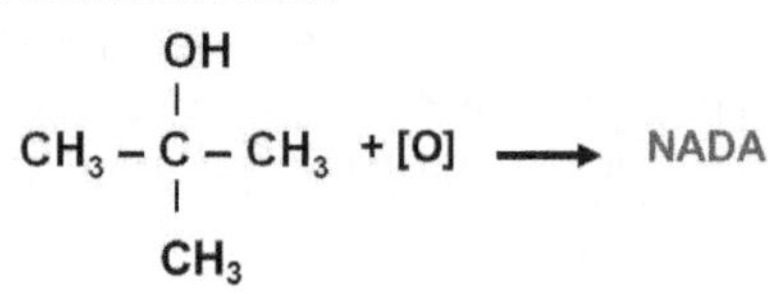


- **Oxidação branda**: A oxidação branda também se chama reativo violeta de Baeyer. É utilizado para indicar se um composto tem ou não insaturação. Trata-se da reação de hidrocarbonetos insaturados com oxigênio nascente, produzido a partir de permanganato de potássio ($KMnO_4$) em meio básico ou neutro, aquoso e temperatura ambiente. Este oxigênio nascente, diferente do enérgico, não rompe a dupla, dividindo o composto em partes. Nestas condições, o oxigênio nascente irá adicionar duas hidroxilas (OH) a ligação pi da insaturação.

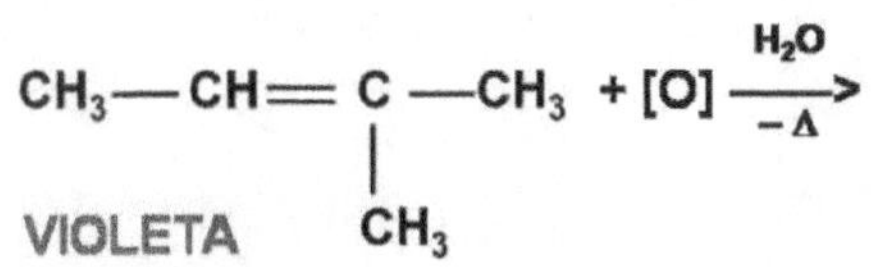


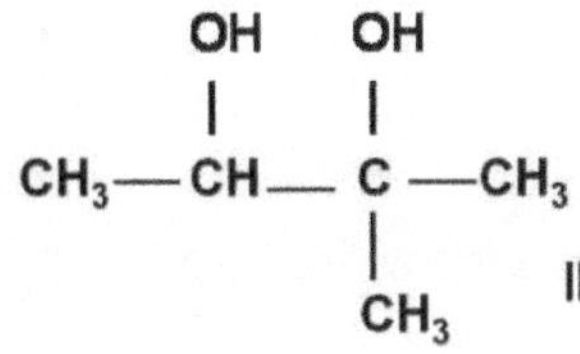


**Reações de redução**

> Redução de aldeídos: a reação de aldeídos com hidrogênio, catalisado por Ni, Pd ou Pt, produz álcoois primários

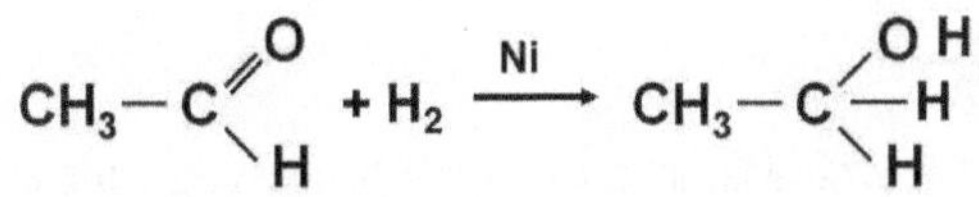

$$CH_3 - CH_2 - OH$$

Álcool primário

> Redução de ácidos carboxílicos: reagindo-se um ácido carboxílico com hidrogênio, vamos obter aldeído. Este por sua vez reduz-se a álcool primário

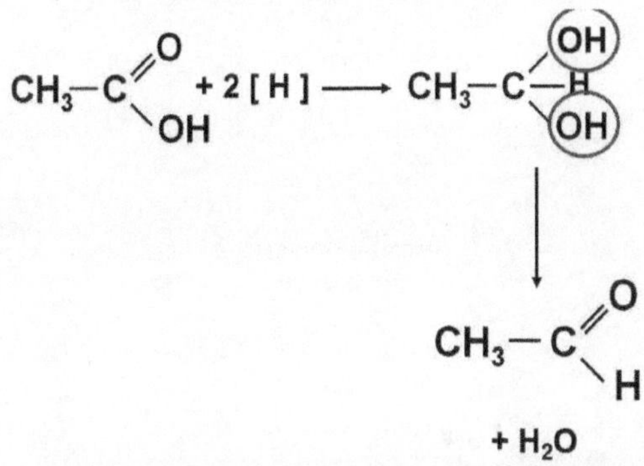

> Redução de cetonas: a redução de cetonas por reação destas com hidrogênio produz álcoois secundários

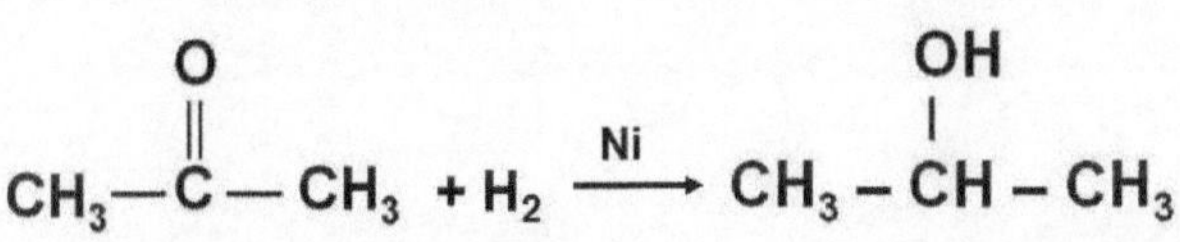

Álcool secundário

Percebe-se que este processo é inverso ao da oxidação. Podemos esquematizar as reações de oxidação/redução:

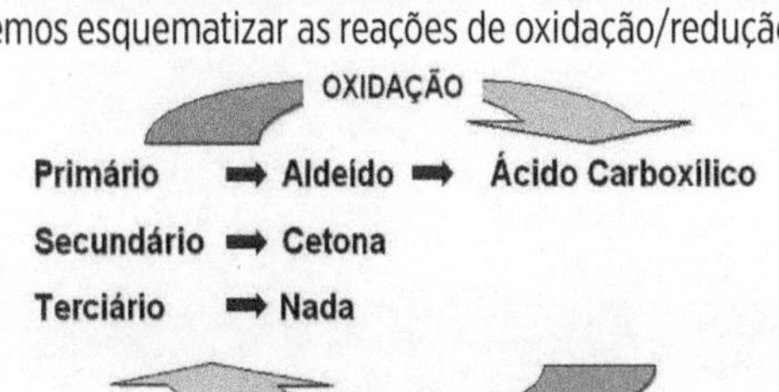


> Hidrogenação de alcenos e alcinos – Sabatier: a redução de alcinos produz alcenos, pela reação com hidrogênio ($H_2$) catalisada por Ni, Pd ou Pt. Este método chama-se reação de Sabatier. Os alcenos, por sua vez, irão produzir alcanos.

$$CH \equiv CH + H_2 \xrightarrow{Ni} CH_2 = CH_2$$

$$CH_2 = CH_2 + H_2 \xrightarrow{Ni} CH_3 - CH_3$$

A redução de um anel benzênico produz cicloexano

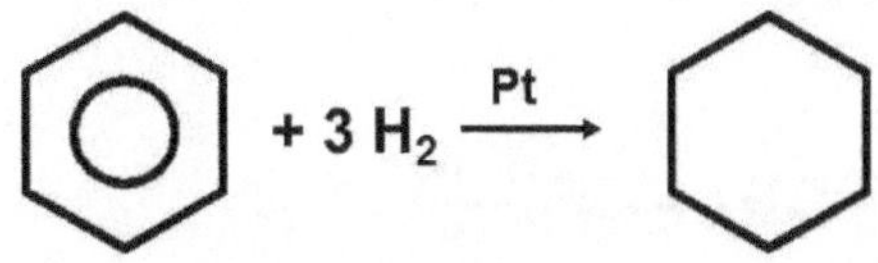

> Redução de álcool – método de Berthelot: consiste na reação de um álcool com ácido iodídrico, obtendo-se alcano. Este processo é chamado de método de Berthelot.

$$CH_3 - CH_2 - OH + 2\,HI \rightarrow CH_3 - CH_3 + H_2O + I_2$$

## 34.9 Polimerização por Adição

Polímeros são compostos formados pela união de muitos monômeros (unidade básica). Existem polímeros naturais como a celulose, o amido, as proteínas e outros. Os polímeros sintéticos são popularmente conhecidos como plásticos. São usados dois processos de polimerização:

> Adição → em que um monômero que possui uma dupla ligação, liga-se a ele mesmo muitas vezes.

> Condensação → os monômeros ao ligarem-se entre si, perdem uma molécula formada por partes deles, normalmente água ou ácido clorídrico

Conforme as unidades de polimerização, também temos os copolímeros, quando usamos ligar mais de um monômero no processo.

São polímeros por adição importantes:

### Polietileno

Polímero do etileno, utilizado na fabricação de sacolas (não degradáveis), toalhas, cortinas, garrafas

$$n\,(CH_2 = CH_2) \rightarrow -CH_2 - CH_2 - CH_2 - CH_2 - CH_2 - CH_2 -$$

A representação mais comum para os polímeros indica o monômero repetido n vezes.

$$\left[ CH_2 - CH_2 \right]_n$$

### Policloreto de vinila

Tubos para encanamentos, filme para alimentos, sapatos

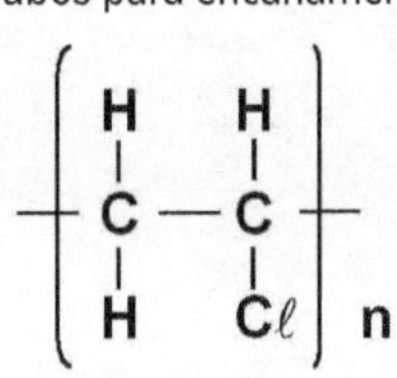

## Poliestireno

Pratos, xícaras, quando aerado é o isopor

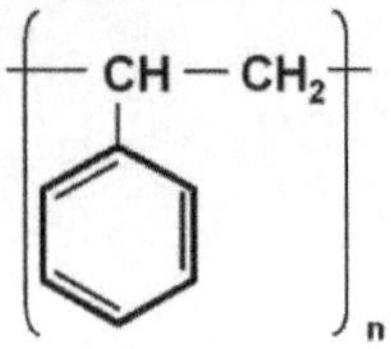

## Teflon ou ptfe

Revestimento de panelas, revestimento de cabos condutores de eletricidade

$$\left[ CF_2 - CF_2 \right]_n$$

## Orlon

Tapetes, cobertores

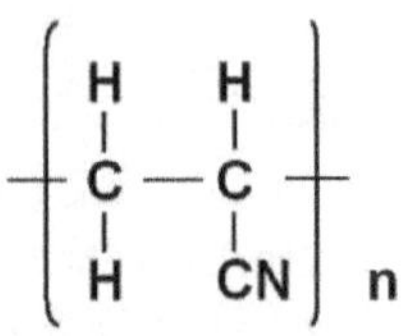

## Borracha natural

Polímero de adição 1,4

$$n\,(CH_2 = \underset{\displaystyle CH_3}{\underset{|}{C}} - CH = CH_2) \rightarrow (- CH_2 - \underset{\displaystyle CH_3}{\underset{|}{C}} = CH - CH_2 -)_n$$

## Buna n ou nbr

Borracha sintética

$$n\ CH_2 = CH - CH = CH_2 + n\ H_2C = \underset{\displaystyle CN}{\underset{|}{CH}}$$

1,3-butadieno — acrilonitrila

$$\downarrow$$

$$-(- CH_2 - CH = CH - CH_2 - CH_2 - \underset{\displaystyle CN}{\underset{|}{CH}})_n -$$

Observe que este polímero é formado por dois monômeros sendo, portanto, um copolímero.

# 34.10 Polimerização por Condensação

## Poliéster

Tecidos

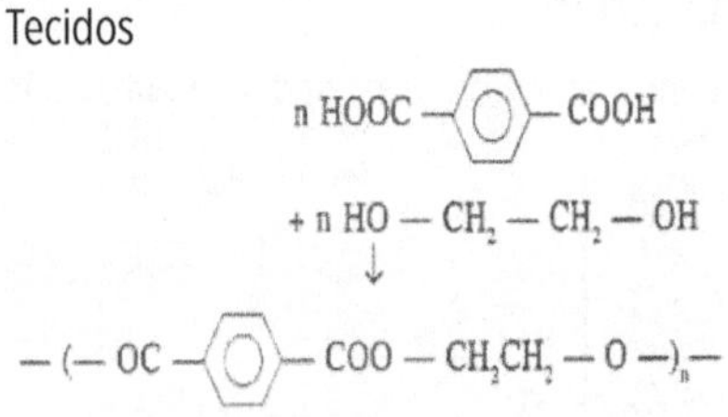

Podendo vir representado simplesmente por

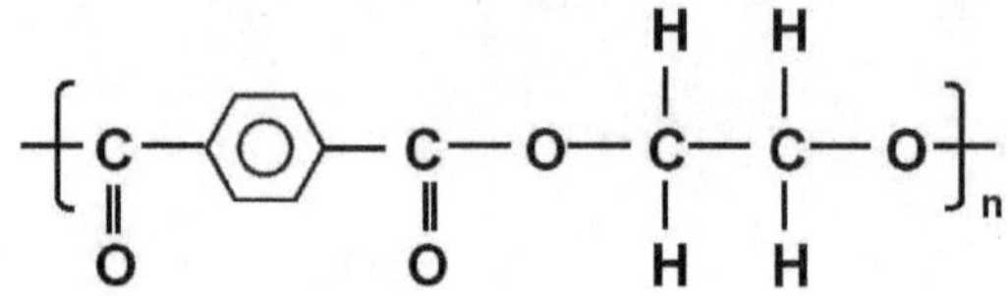

## Nylon 66

Jaquetas, barracas, meias, tecidos

$$n\ HO - \underset{\displaystyle O}{\underset{||}{C}} - (CH_2)_4 - \underset{\displaystyle O}{\underset{||}{C}} - O + n\ H_2N - (CH_2)_6 - NH_2$$

$$\downarrow$$

$$-(- \underset{\displaystyle O}{\underset{||}{C}} - (CH_2)_4 - \underset{\displaystyle O}{\underset{||}{C}} - O - NH - (CH_2)_6 - NH -)_n -$$

## Kevlar

Peças de aviação, colete balístico, peças de automóveis

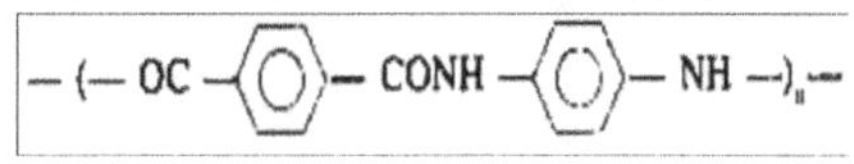

# 35. BIOQUÍMICA

## 35.1 Composição Química da Matéria Viva

Os seres vivos são constituídos por componentes inorgânicos (água e sais minerais) e componentes orgânicos (carboidratos, lipídios, proteínas e ácidos nucleicos).

### Compostos inorgânicos

#### Água

Composto mais abundante da matéria viva, a água tem como funções: realizar reações de hidrólise, controlar a temperatura corporal (sudorese), atravessar a membrana celular (osmose) e servir de meio para reações químicas (citoplasma).

#### Sais Minerais

Encontrado em pequenas quantidades e na forma iônica, os sais minerais têm como funções:

**Conferir Rigidez aos Ossos -** o íon cálcio e o íon fosfato endurecem a matriz óssea;

**Participar de Reações Químicas -** o íon cálcio participa da coagulação sanguínea e da contração muscular; o íon sódio e o íon potássio são responsáveis pelo impulso nervoso;

**Compor Moléculas Orgânicas -** o íon ferro faz parte da molécula de hemoglobina; o íon magnésio entra na constituição da molécula de clorofila; o iodo é importante para a produção dos hormônios da glândula tireoidea.

### Compostos orgânicos

#### Carboidratos

São compostos energéticos, estruturais e de reserva. Conhecidos também como açúcares são classificados como:

**Monossacarídeos -** com 5 carbonos são pentoses (ribose e desoxirribose); com 6 carbonos são hexoses (glicose, frutose e galactose).

**Dissacarídeos -** combinação de dois monossacarídeos com perda de uma molécula de água: sacarose (glicose + frutose), lactose (glicose + galactose), maltose (glicose + glicose).

**Polissacarídeos -** formados por muitas moléculas de monossacarídeos: amido, substância de reserva vegetal; glicogênio, substância de reserva dos animais e dos fungos; celulose, que compõe a parede celular dos vegetais; quitina, compõem o exoesqueleto dos insetos.

#### Lipídios

São reservas energéticas (combustíveis para músculos e nervos), atuam como isolante térmico (estruturam o tecido adiposo nos animais e o súber nos vegetais) e como isolante elétrico (compõem a bainha de mielina nos neurônios).

Os glicerídios, compostos por ácidos graxos e álcool, podem ser saturados (se as ligações entre os carbonos da cadeia de ácidos graxos forem simples - gorduras) ou insaturados (quando apresentarem dupla ligação - óleos).

#### Proteínas

São os compostos orgânicos encontrados em maior quantidade na matéria viva; têm função estrutural (formam os seres vivos); de defesa (compõem os anticorpos); catalítica (são enzimas - aceleram reações químicas). Compostas por aminoácidos unidos por ligações peptídicas, as proteínas são sensíveis às mudanças de temperatura e pH, perdem a forma e a função, em um processo conhecido como desnaturação.

As enzimas são proteínas especiais, que facilitam as reações químicas que ocorrem nos seres vivos, aumentando intensamente a velocidade delas. São catalisadores biológicos, que atuam diminuindo a energia de ativação das reações biológicas. Os reagentes de uma reação catalisada por enzimas são denominados substratos e podem ser carboidratos, lipídios, proteínas e ácidos nucleicos. Uma característica importante das enzimas é a especificidade que apresentam em relação ao substrato em que atuam. Isso acontece graças ao centro ativo da enzima que favorece o encaixe específico do substrato, em função do mecanismo "chave-fechadura".

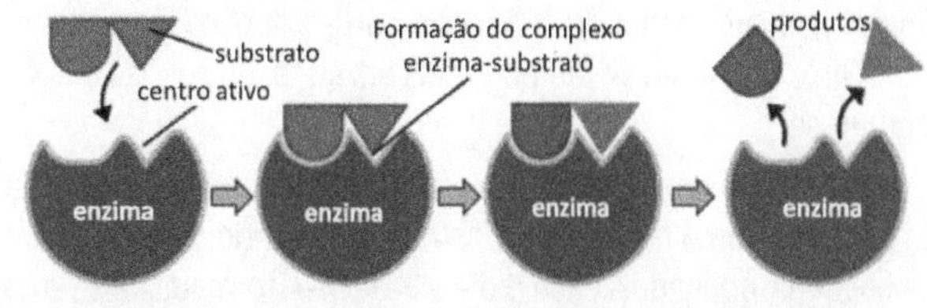


Ação da Enzima

Produzidas pelas células, as enzimas são nomeadas acrescentando-se a terminação ase ao nome da reação ou do substrato sobre o qual ela atua (substrato maltose - enzima maltase).

*Por permanecerem inalteradas após a reação e devido a sua alta eficiência, os seres vivos apresentam pequenas quantidades de enzimas.*

#### Ácidos nucleicos

Estão relacionados à hereditariedade e à síntese proteica; são compostos por nucleotídeos (ácido fosfórico + pentose + base nitrogenada) e podem ser:

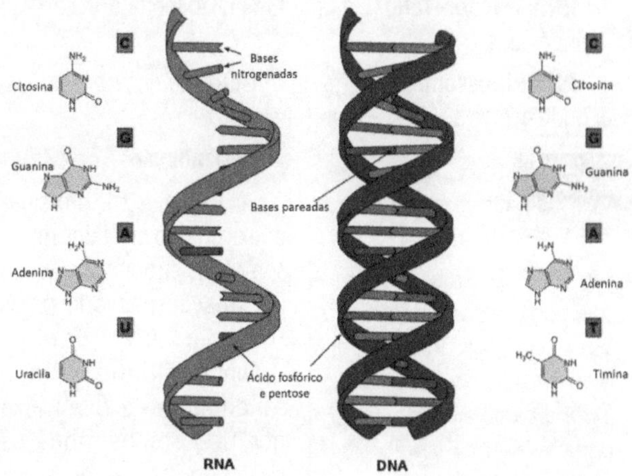

## Estrutura e funções dos ácidos nucleicos

O DNA, ácido desoxirribonucleico é encontrado no núcleo, no citoplasma, nas mitocôndrias, nos cloroplastos e nos centríolos. É ele que controla as atividades celulares, a hereditariedade e a produção do RNA. A molécula de DNA tem seus nucleotídeos constituídos por:

**Ácido Fosfórico**

**Desoxirribose**

**Bases Nitrogenadas:** bases púricas - Adenina (A) e Guanina (G); bases pirimídicas - Citosina (C) e Timina (T).

Estruturalmente a molécula é constituída por duas fitas em forma de hélice, constituídas pelo ácido fosfórico e pela desoxirribose e unidas pelas bases nitrogenadas que são complementares: adenina forma par com timina, por duas pontes de hidrogênio; guanina pareia com citosina, por três pontes de hidrogênio.

**Replicação**

O DNA tem a capacidade de criar cópias, antes de cada divisão celular, garantindo em todas as células do indivíduo cópias idênticas da molécula. A replicação é a duplicação do DNA, que ocorre através da ação de várias enzimas, entre elas a DNA polimerase.

Durante a replicação a molécula de DNA se abre e, para cada fita separada, uma nova fita é construída, seguindo o pareamento das bases nitrogenadas. Cada molécula de DNA formada apresenta no final, uma fita do DNA original - que serviu de molde, e uma fita nova, recém-criada, o que faz o processo ser denominado de replicação semiconservativa.

**Transcrição**

Ocorre quando o DNA produz a molécula de RNA, o ácido ribonucleico. Utilizando a enzima RNA polimerase, o DNA é aberto e um segmento de uma de suas fitas serve de molde para produzir uma molécula de RNA. O RNA é uma fita única e seus nucleotídeos apresentam ácido fosfórico, o açúcar ribose e as bases nitrogenadas A, G, C e uracila (no lugar da timina). Existem três tipos de RNA:

**RNA Mensageiro -** é a fita que contém as informações para a síntese da proteína na forma de códons (a informação contida na trinca de DNA).

**RNA Transportador -** é uma fita enrodilhada que carrega os aminoácidos.

**RNA Ribossômico -** entra na constituição dos ribossomos, local onde ocorre a síntese de proteínas.

MUTAÇÃO - *é a alteração que pode ocorrer nas bases do DNA fazendo com que uma informação incorreta seja passada para o RNAm. Esse erro induzirá a produção de uma proteína incorreta.*

**Tradução**

É a síntese de proteínas que ocorre ao nível dos ribossomos, no citoplasma, com a informação passada pelas trincas do DNA, para os códons do RNAm. O RNAm sai do núcleo e se encaixa nos ribossomos, onde os seus códons servem para que o RNAt, ao identificá-los com os anticódons, proceda ao encaixe dos respectivos aminoácidos. A cada códon "lido", o ribossomo se move cobrindo o códon seguinte, até que todas as informações permitam a confecção da proteína pedida.

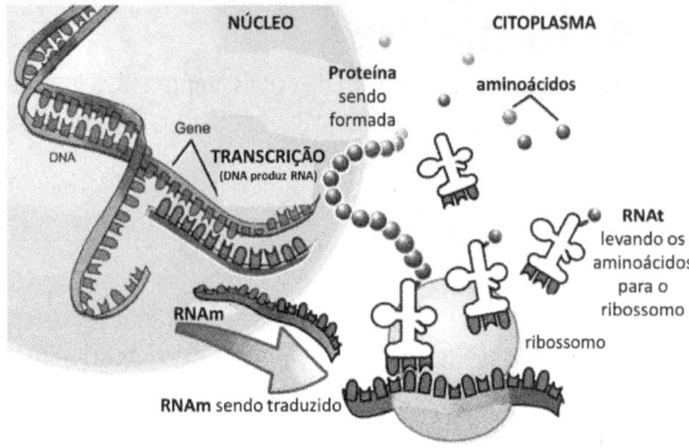


http://wikiciencias.casadasciencias.org/wiki/index.php/Tradu%C3%A7%C3%A3o

Um único RNAm pode ser lido por baterias de ribossomos, produzindo várias proteínas iguais, simultaneamente.

## Código genético

Todos os 20 aminoácidos são identificados pelos códons do RNAm e, para alguns aminoácidos, ocorre mais de um códon, daí se dizer que o códon genético é degenerado.

Nunca um mesmo códon identifica mais de um aminoácido e, o códon de início é sempre o AUG, que também identifica o aminoácido metionina. Os códigos que assinalam o final da síntese são: UAA, UAG e UGA.

**Código Genético**

| | U | | C | | A | | G | | |
|---|---|---|---|---|---|---|---|---|---|
| U | UUU | Fenilalanina (Fen) | UCU | Serina (Ser) | UAU | Tirosina (Tir) | UGU | Cisteina (Cis) | U |
| | UUC | | UCC | | UAC | | UGC | | C |
| | UUA | Leucina (Leu) | UCA | | UAA | Codões de finalização | UGA | Codões de finalização | A |
| | UUG | | UCG | | UAG | | UGG | Triptofano (Trp) | G |
| C | CUU | Leucina (Leu) | CCU | Prolina (Pro) | CAU | Histidina (His) | CGU | Arginina (Arg) | U |
| | CUC | | CCC | | CAC | | CGC | | C |
| | CUA | | CCA | | CAA | Glutamina (Glu) | CGA | | A |
| | CUG | | CCG | | CAG | | CGG | | G |
| A | AUU | Isoleucina (Ile) | ACU | Treonina (Tre) | AAU | Asparagina (Asn) | AGU | Serina (Ser) | U |
| | AUC | | ACC | | AAC | | AGC | | C |
| | AUA | | ACA | | AAA | Lisina (Lis) | AGA | Arginina (Arg) | A |
| | AUG | Metionina (Met) Codão de iniciação | ACG | | AAG | | AGG | | G |
| G | GUU | Valina (Val) | GCU | Alanina (Ala) | GAU | Ácido aspártico (Asp) | GGU | Glicina (Gli) | U |
| | GUC | | GCC | | GAC | | GGC | | C |
| | GUA | | GCA | | GAA | Ácido glutâmico (Glu) | GGA | | A |
| | GUG | | GCG | | GAG | | GGG | | G |

# 35.2 Níveis de Organização da Matéria Viva

Os seres vivos são classificados de acordo com sua organização celular em: acelulares e celulares (procariontes ou eucariontes).

## Acelulares

São os vírus, parasitas intracelulares, específicos e obrigatórios. Constituídos por uma cápsula de proteína (o capsídeo) envolvendo uma molécula de ácido nucleico (RNA ou DNA) os vírus são considerados seres vivos por apresentarem reprodução (montagem), mutação e capacidade de adaptação. Os adenovírus são vírus de DNA; os retrovírus, um dos tipos de vírus de RNA, apresentam a enzima transcriptase reversa que permite a produção de DNA virótico dentro da célula parasitada.

## Células procariontes

São células simples que apresentam o nucleoide - núcleo sem membrana, com o material difuso no citoplasma; material nucleico representado pela molécula de DNA; e ausência de organelas membranosas, apresentando apenas ribossomos no citoplasma. Os organismos do Reino Monera, bactérias e cianobactérias, apresentam células procariontes. Nas bactérias, pequenos anéis de DNA ficam no citoplasma são responsáveis pela resistência a antibióticos. Chamados de plasmídeos eles são muito utilizados na Engenharia Genética, na produção de organismos transgênicos.

> *Os citomegalovírus são os únicos a apresentarem DNA e RNA e provocam doenças nos seres humanos e em animais.*

## Células eucariontes

São as células mais sofisticadas, apresentando núcleo com membrana nuclear envolvendo a cromatina, combinação de DNA com proteínas; no citoplasma dessas células ocorrem organelas membranosas que realizam as funções celulares. Essas células ocorrem nos Reinos Protoctista, Fungi, Animalia e Plantae. Nos animais as células têm como organelas típicas os centríolos e os lisossomos; nos vegetais as células se caracterizam por apresentar parede celular, cloroplastos e vacúolo de suco celular.

> *Em algumas bactérias a membrana plasmática forma dobras internas denominadas mesossomos, que podem conter enzimas respiratórias; nas cianobactérias as moléculas de clorofila se acham dispersas em lâminas no citoplasma, sem a presença de cloroplastos.*

# 36. CITOLOGIA

## 36.1 Envoltórios Celulares

Todas as células apresentam, envolvendo sua estrutura, uma membrana plasmática delicada e elástica; nas células vegetais, além da membrana plasmática, um envoltório mais resistente e espesso aparece externamente, a parede celular. Algumas células animais, como as do tecido epitelial, podem apresentar um material gelatinoso sobre a membrana plasmática, o glicocálix.

### Membrana plasmática

É encontrada em todas as células e se apresenta visível apenas ao M.E., já que tem de espessura apenas 75Å (angstrom); com composição lipoproteica, tem sua estrutura demonstrada pelo modelo do mosaico fluido: duas camadas de fosfolipídios intercalados por proteínas, algumas encaixadas na dupla camada de lipídios (integrais) e outras aderidas superficialmente (periféricas). Muitas proteínas se movimentam paralelamente ao plano da membrana. Aderidas às proteínas da membrana podem ser encontradas moléculas de açúcar que constituem o glicocálix, revestimento que permite a identificação celular (rejeição de transplantes).

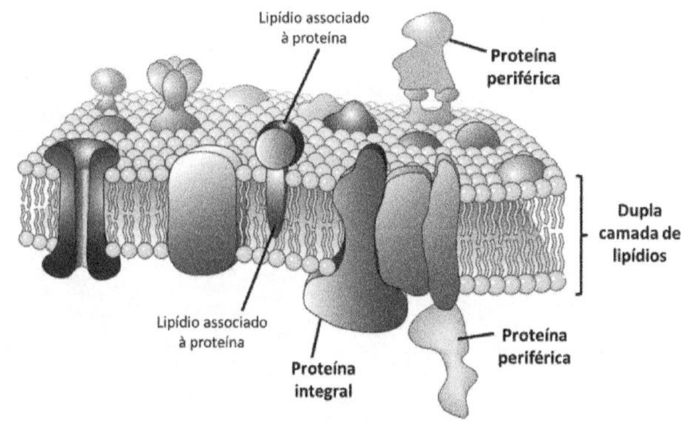


Modelo do Mosaico Fluido

A membrana plasmática apresenta modificações que geralmente são encontradas nas células epiteliais. Entre essas modificações encontramos:

**Interdigitações:** que permitem o encaixe das células que estão lado a lado, aumentando sua fixação.

**Desmossomos:** regiões de aderência que fixam as células.

**Microvilosidades:** saliências e reentrâncias que aumentam a superfície de absorção.

Entre as funções da membrana plasmática estão a proteção do conteúdo celular e o controle do transporte das substâncias que transitam entre o meio e a célula. Os transportes que ocorrem pela membrana são:

**Transportes Passivos**

**Difusão:** Ocorre sem gasto de energia, com as substâncias atravessando a membrana de onde estão mais concentradas para onde é menor a concentração (gases e sais minerais);

**Difusão Facilitada:** glicose e aminoácidos se deslocam através de proteínas especiais, as permeases, quando entram na célula;

Osmose: quando a água se desloca do meio menos concentrado (hipotônico) para o mais concentrado (hipertônico). Quando a água sai da célula, dizemos que ocorreu plasmólise e ela murcha; quando a água entra na célula, dizemos que ocorreu desplasmólise e ela fica túrgida (cheia de água). A turgidez nas células animais pode provocar a morte da célula.

**Transporte Ativo**

Ocorre com gasto de energia e é usado pela célula para controlar sua concentração salina, já que permite o movimento de substâncias contra o gradiente de concentração.

**Transporte de Massa**

Envolve substâncias volumosas que para entrar ou sair da célula precisam de situações especiais: fagocitose é a entrada de sólidos com a utilização de pseudópodes (leucócitos e amebas); pinocitose é a entrada de líquidos através de pequenos canais; clasmatose é a defecação celular (protozoários).

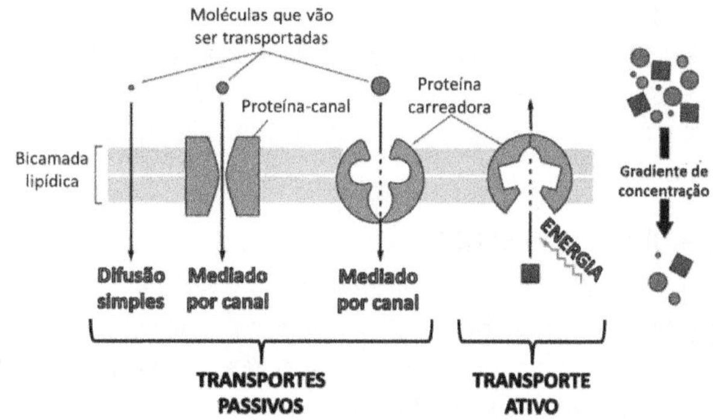


Transportes pela Membrana Plasmática

### Parede celular

É típica das células vegetais, sendo formada a partir da divisão celular, com a produção da Lamela Média (pectina). À medida que as divisões celulares cessam, cada célula produz polissacarídeos e os coloca pelo lado de dentro da lamela média, formando a Parede Primária, que pode acompanhar o crescimento celular com a deposição de moléculas de celulose na sua estrutura. Finalmente, a rigidez da membrana ocorre quando, internamente à parede primária, além de celulose podem ser depositadas moléculas de lignina e suberina constituindo a Parede Secundária.

## 36.2 Hialoplasma

É o citoplasma químico, que se apresenta como uma solução coloidal. Nele se encontram as organelas celulares compondo o citoplasma diferenciado. No hialoplasma ocorre a maior parte das reações químicas da célula: síntese de proteínas e primeira etapa da respiração aeróbica.

Para que a comunicação entre as células continue, depois da parede celular pronta, a parede primária e a secundária sofrem perfurações, as pontuações por onde passam pontes citoplasmáticas chamadas de plasmodesmos..

## Citoesqueleto

Típico das células eucariontes, ele é formado por filamentos e tubos proteicos que se distribuem no hialoplasma. Atua determinando o formato da célula, permitindo a adesão entre células e facilitando o deslocamento de materiais no interior da célula.

# 36.3 Organelas Celulares

Nas células, as organelas membranosas ou não, executam todas as funções necessárias à sobrevivência: movimentos e divisão celular, síntese, armazenamento, secreção e digestão de substâncias.

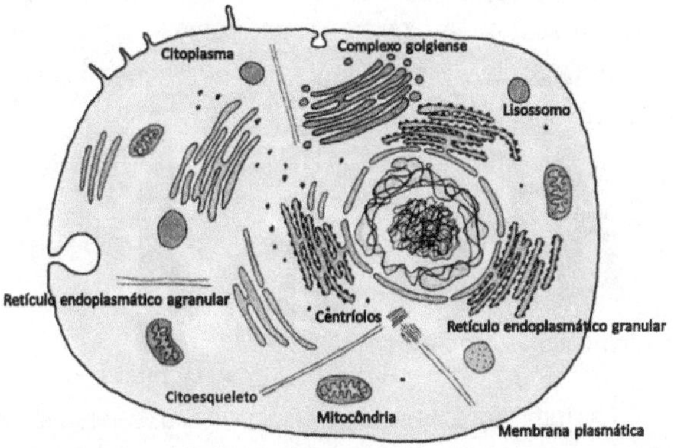


Agindo em perfeito sincronismo e interdependência, essas peças podem ser assim descritas:

## Centríolos

São formados por dois cilindros de proteínas constituídos por nove trincas de microtúbulos, que formam ângulo de 90º entre si.

Os centríolos estão relacionados às movimentações de células (constituem cílios e flagelos) e de partes da célula (cromossomos durante a divisão celular). São organelas típicas das células animais.

## Ribossomos

São organelas sem membrana, responsáveis pela síntese de proteínas em todas as células (eucariontes e procariontes) e que aparecem como dois novelos de RNAr associado à proteínas.

Quando livres no citoplasma, produzem proteínas para uso da célula; quando associados às membranas do retículo endoplasmático, as proteínas produzidas são para exportação.

## Retículos endoplasmáticos

> Polirribossomos são associações de ribossomos, produzindo várias proteínas iguais e simultaneamente.

Maior rede de membranas internas da célula; pode se apresentar só com membranas constituindo o R.E. Liso, responsável pela síntese de lipídios (hormônios e vitaminas); ou pode se apresentar com ribossomos aderidos às membranas, constituindo o R.E. Rugoso, responsável pela síntese de proteínas.

As proteínas e lipídios produzidos nos retículos são materiais de exportação, já que atuam em outras células ou tecidos.

## Complexo golgiense

Formado por bolsas e sáculos achatados e superpostos, o Complexo Golgiense recebe o material produzido nos retículos, armazena, empacota e libera-os pela secreção celular, para que possam atuar em outros locais.

Além do comando da secreção, o Complexo Golgiense está relacionado à produção da lamela média (nas células vegetais), do acrossomo (que protege a cabeça do espermatozoide) e de mucopolissacarídeos (que compõem o glicocálix).

## Lisossomos

São vesículas com enzimas digestivas (hidrolases ácidas), típicas das células animais e capazes de digerir qualquer substância orgânica em seu interior, são produzidos pelo R.E. Rugoso e pelo Complexo Golgiense.

A digestão intracelular que os lisossomos fazem pode ser por:

**Heterofagia:** onde são digeridas substâncias estranhas que entraram na célula por pinocitose ou fagocitose. Os fagossomos ou pinossomos formam com o lisossomo primário (vesícula com as enzimas digestivas) um vacúolo digestivo e, depois que a célula absorve os nutrientes, o que resta caracteriza o corpo residual e é eliminado por clasmatose (defecação celular).

**Autofagia:** onde são digeridas organelas velhas da célula, dentro de um vacúolo autofágico. Os restos acumulados no corpo residual são eliminados por clasmatose.

## Mitocôndrias

> Apoptose: é a morte celular programada e não tem relação com os lisossomos. Ocorre de forma ordenada, utilizando energia e se caracteriza por uma autodestruição celular. A ocorrência de apoptose é comum durante desenvolvimento embrionário e na renovação de células.

Elas são responsáveis pela liberação de ATP durante a respiração aeróbica. A molécula de ATP – trifosfato de adenosina – acumula a energia liberada pelos alimentos.

As mitocôndrias são organelas envolvidas por dupla membrana, sendo que a membrana interna apresenta dobras denominadas cristas mitocondriais, onde estão algumas das enzimas utilizadas em uma das fases da respiração aeróbica; preenchendo o espaço interno da organela, um líquido enzimático denominado matriz mitocondrial que também contém DNA, RNA e ribossomos mitocondriais. A presença desses compostos garante à mitocôndria independência dentro da célula, podendo essa organela se multiplicar e produzir todas as proteínas que necessita, sem depender do DNA nuclear, reforçando a ideia da teoria endossimbiótica: as mitocôndrias teriam sido seres vivos que passaram a ter relação mutualística com as células.

## Cloroplastos

São organelas membranosas encontradas nas células vegetais e responsáveis pelo processo de fotossíntese.

Os cloroplastos também estão relacionados à regeneração de ATP, que é feita utilizando a energia luminosa. Todo ATP produzido pelos cloroplastos é dirigido à produção de nutrientes orgânicos pelas plantas.

São envolvidos por duas membranas, sendo que a membrana interna apresenta longas dobras, as lamelas, onde ocorre parte da clorofila; sobre as lamelas se organizam membranas ricas em clorofila, os tilacoides, que aparecem empilhados constituindo o granum; o espaço interno é preenchido pelo estroma, uma matriz lipídica, onde se encontra DNA, RNA e ribossomos próprios, o que garante ao cloroplasto sua independência da célula (teoria endossimbiótica).

### Vacúolo de suco celular

Abundantes nas células vegetais têm o suco celular envolvido por uma membrana chamada tonoplasto. Servem para armazenamento de substâncias como látex, pigmentos e nutrientes e para controlar a quantidade de água dentro da célula.

## 36.4 Núcleo

O núcleo celular pode ser estudado em dois momentos: na interfase, quando não se encontra em divisão, e durante as divisões celulares, quando sua estrutura aparece bem alterada.

> *Nos protozoários (amebas e paramécios) o excesso de água que entra por osmose é eliminada pelo vacúolo pulsátil.*

### Núcleo interfásico

Comanda todas as atividades celulares e apresenta-se constituído por:

**Carioteca ou Envoltório Nuclear:** dupla, porosa e com ribossomos do lado externo;

**Cariolinfa:** líquido que preenche seu interior;

**Nucléolo:** esfera constituída de RNAr e proteínas, ligada à produção de ribossomos;

**Cromatina**: enovelado de DNA e proteínas que em algumas regiões é bem condensada formando a heterocromatina (DNA inativo) e em outras aparece mais esticada constituindo a eucromatina (DNA ativo).

### Núcleo em divisão

Quando inicia a divisão celular, a carioteca e o nucléolo desintegram, a cariolinfa se mistura ao citoplasma e a cromatina solta os filamentos de DNA e proteína que constituirão os cromossomos.

### Cromossomos

No início da divisão celular observa-se que os cromossomos se apresentam com: centrômero, região de grande estrangulamento no corpo do cromossomo e que prende as cromátides, cada um dos fios duplicados do cromossomo. O centrômero tem como função auxiliar a movimentação dos cromossomos e também impedir que eles se percam durante a divisão.

Alguns cromossomos apresentam na ponta uma região esférica denominada satélite, associada à produção do nucléolo.

Cada extremidade cromossômica é denominada telômero que está relacionado à determinação da idade da célula.

De acordo com a posição do centrômero os cromossomos podem ser:

**Telocêntricos**: com centrômero terminal é encontrado apenas nos vegetais;

**Acrocêntricos**: com centrômero quase na extremidade, um exemplo é o cromossomo Y;

**Submetacêntricos**: com centrômero deslocado, um braço maior que o outro, o exemplo é o cromossomo X;

**Metacêntricos:** com centrômero central têm cromossomos com braços iguais.

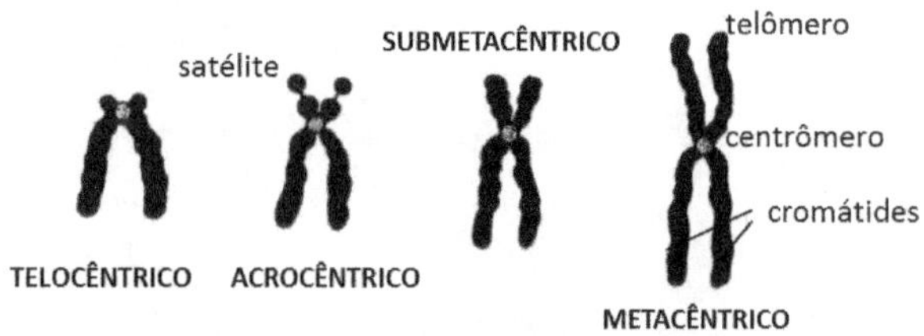


Os cromossomos aparecem geralmente aos pares, formados por cromossomos que apresentam o mesmo tamanho, formato e estrutura genética. Os cromossomos de cada par são denominados homólogos e surgem durante a fecundação, quando o novo indivíduo recebe metade dos cromossomos da mãe e a outra metade do pai. Assim, a célula-ovo tem cromossomos homólogos e origina a maioria das células do corpo, as células somáticas, que apresentam esse número cromossômico denominado de diploide e representado por 2N. Nas células sexuais, apenas um cromossomo do par aparece, daí serem ditas haploides e representadas por N.

O total de genes contidos em um conjunto haploide de cromossomos é denominado genoma.

| Tipo de célula | Ser humano | Drosophila sp. | Trigo |
|---|---|---|---|
| Somática (2N) | 46 | 8 | 42 |
| Gametas (N) | 23 | 4 | 21 |

Chamamos de cariótipo a observação dos cromossomos ao microscópio óptico, que nos permite ver o tamanho, o formato e a quantidade deles. Quando o estudo dos cromossomos precisa que eles sejam organizados em pares, por tamanho e formato, fazemos um ideograma.

## 36.5 Fisiologia Celular

### Respiração aeróbica

A respiração aeróbica é o processo energético que preferencialmente retira íons de hidrogênio das moléculas de glicose que chegam à célula. À medida que os H+ são retirados, a energia é liberada para recarregar moléculas de ADP, transformando-as em ATP. Ao final da respiração, o gás carbônico é liberado.

$C6H12O6 + 6O2 \rightarrow 6CO2 + 6H2O + ENERGIA$

**ARespiração Aeróbica ocorre em três etapas:**

**Glicólise**

Esta fase ocorre no hialoplasma, onde a glicose é desidrogenada (perde hidrogênios) e produz duas moléculas de ácido pirúvico, 4 moléculas de ATP (com gasto de duas durante o processo) e duas moléculas de NADH.

**Ciclo de Krebs**

Também chamado de ciclo dos ácidos cítricos, nele o ácido pirúvico entra na matriz mitocondrial e é ligado à coenzima A (Coa), formando a acetil-Coa. Durante o ciclo, a acetil-Coa se liga ao ácido oxaloacético formando o ácido cítrico que é gradativamente decomposto até a reconstituição do ácido oxaloacético inicial. Durante esse processo são produzidas moléculas de NADH, uma molécula de FADH2, duas de gás carbônico e 2 ATP.

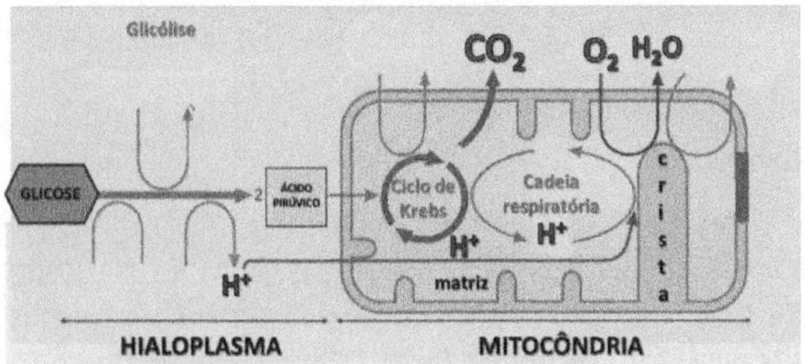


**Respiração Aeróbica**

**Cadeia Respiratória**

Também chamada de fosforilação oxidativa ela ocorre nas cristas mitocondriais, quando os elétrons dos H+ retirados na glicólise e no ciclo de Krebs são transportados por várias moléculas intermediárias até o oxigênio, formando água e grande quantidade de ATP. Para que esta etapa ocorra, o oxigênio tem que ser continuamente fornecido à célula.

## Respiração anaeróbica

Alguns organismos podem obter energia da glicose, sem usar oxigênio ou mitocôndrias e realizando apenas a glicólise. A respiração anaeróbica produz pouca energia e os aceptores de H+ são substâncias inorgânicas como nitratos, sulfatos e carbonatos. Neste processo o rendimento energético é bem inferior ao da respiração aeróbica.

> Na passagem dos elétrons pela cadeia respiratória, podem ser formados até 26 moléculas de ATP, que somadas aos dois ATPs produzidos na glicólise e aos dois formados no ciclo de Krebs, caracterizam o rendimento máximo da respiração celular em 30 moléculas de ATP por molécula de glicose.

## Fermentação

É o principal processo anaeróbico de produção de ATP. Ocorre em microrganismos como bactérias e fungos, que oxidam de modo incompleto a glicose, sem utilizar oxigênio.

Nesta respiração só ocorre a etapa de glicólise, o que faz com que a produção energética se resuma a 4 ATPs, dos quais 2 são gastos nas reações. Como também não utiliza mitocôndrias, ao final das reações sobram resíduos que podem ser utilizados na indústria de bebidas ou alimentos.

Na fermentação, os hidrogênios retirados da glicose não são levados para o oxigênio, sendo depositados em fragmentos da glicose.

Na fermentação láctica, realizado por lactobacilos (bactérias), o ácido pirúvico é transformado em ácido láctico e provoca a coagulação das proteínas do leite formando a coalhada.

Na fermentação alcoólica, o ácido pirúvico é transformado em álcool etílico e gás carbônico pela levedura Saccharomyces cerevisae. Esse fungo é utilizado na fabricação de pães, vinhos, cervejas e aguardentes.

Na fermentação acética, bactérias crescem espontaneamente no vinho e transformam o álcool em ácido acético (vinagre).

> Os organismos que só conseguem viver na presença de oxigênio são os aeróbios obrigatórios; os anaeróbios são organismos que não precisam de oxigênio para viver, como muitas bactérias; os anaeróbios ou aeróbios facultativos, algumas bactérias, alguns fungos, moluscos e anelídeos, vivem tanto na presença como na ausência de oxigênio; os anaeróbios obrigatórios não suportam a presença de oxigênio, como algumas bactérias que morrem na presença desse gás.

## Fotossíntese

Durante a fotossíntese, uma série de reações químicas ocorre para transformar as moléculas de gás carbônico e água em moléculas orgânicas como a de glicose. Para que isso aconteça, a luz é utilizada como fonte de energia e, ao ser absorvida pela clorofila, é convertida em energia química com a produção de moléculas de ATP.

O ATP produzido vai ser utilizado na produção das substâncias orgânicas em um processo que pode ser demonstrado com a equação simplificada:

$$6CO_2 + 12H_2O \xrightarrow[\text{CLOROFILA}]{\text{LUZ}} C_6H_{12}O_6 + 6O_2 + 6H_2O$$

Participam da fotossíntese os seguintes pigmentos: clorofila, que absorve luz (comprimento de onda vermelho e azul) e é capaz de desencadear as reações químicas; caroteno, que funciona como pigmento acessório, aumentando a absorção de luz.

A fotossíntese ocorre em duas etapas, sendo que uma é estritamente relacionada à presença de luz, motivo pelo qual é considerada a etapa energética da fotossíntese: etapa fotoquímica; a outra, por ocorrer de maneira independente da presença de luz, é considerada a etapa enzimática do processo: etapa química.

Etapa Fotoquímica

Também chamada de fase luminosa, ocorre nos tilacoides e nas lamelas, onde a luz é absorvida pelas moléculas de clorofila e sua energia é utilizada para produzir moléculas de ATP; durante essas reações, as moléculas de água são quebradas pela luz – fotólise da água.

O oxigênio obtido da água sai da reação (é o que utilizamos na respiração) e os hidrogênios são capturados pelo NADP, que os transporta para a etapa química onde serão utilizados.

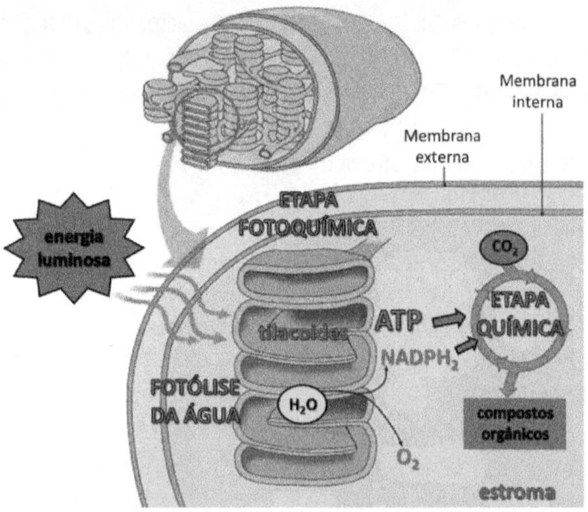


**Etapa Química**

Ocorre no estroma, pouco tempo depois da planta ser iluminada e ter iniciado a etapa fotoquímica. Nessa etapa o ATP e o NADPH2, obtidos na primeira etapa, serão utilizados na conversão do gás carbônico em um composto orgânico (glicose geralmente).

**A Fotossíntese é influenciada por:**

**Luz:** forte/fraca; o excesso de luz bloqueia as reações – saturação luminosa;

**Temperatura:** 10°C para iniciar a reação; 35°C, ótimo para regiões temperadas;

**Concentração de Gás Carbônico:** ideal: 0,2%, embora o ar ofereça apenas 0,03%.

Ao analisarmos o metabolismo vegetal, verificamos que as plantas em determinado momento do dia, equilibram as trocas gasosas da respiração com as da fotossíntese, de modo que as duas reações se completam. É o ponto de compensação fotótico.

Quando os vegetais passam do ponto de compensação, a fotossíntese passa a ser mais eficiente que a respiração, representando um ganho em substâncias de reserva para o vegetal. Abaixo do ponto de compensação, as plantas consomem mais na respiração, utilizando para isso os conteúdos armazenados. O ponto de compensação varia de uma planta para outra.

## Metabolismo bacteriano

Fotossíntese Bacteriana

Realizada pelas bactérias sulfurosas (verdes e púrpuras), esta fotossíntese utiliza gás sulfídrico como doador de hidrogênio, liberando ao final das reações, enxofre em vez de oxigênio. Participam dessa fotossíntese clorofilas especiais, as bacterioclorofilas, diferentes das clorofilas das plantas.

Quimiossíntese

As bactérias que realizam quimiossíntese utilizam a energia obtida das reações de oxidação de substâncias, para obterem energia e produzirem substâncias orgânicas. Podem oxidar amônia, sais de ferro ou enxofre, na terra ou na água.

Divisões Celulares

Quando as células se dividem, o ser vivo está crescendo ou então se reproduzindo. A divisão celular que permite o crescimento dos pluricelulares e a reprodução assexuada dos unicelulares é a mitose; a produção de células sexuais ou esporos (nas plantas superiores) estão relacionados com a meiose.

Para que qualquer uma dessas divisões ocorra, a célula se prepara através de uma interfase, período que antecede a mitose e a meiose. Nesse processo a célula passa por 3 fases:

Fase G1, em que ela aumenta de tamanho e realiza a síntese de proteínas;

Fase S, em que ela duplica o DNA do núcleo e dos centríolos(é a fase mais importante da interfase);

Fase G2, em que ocorre o término das atividades iniciadas em G1.

## Mitose

Nesta divisão, as células produzem duas células-filhas geneticamente iguais à célula que se dividiu. É uma divisão que ocorre em células diploides (2N) e haploides (N), servindo ao crescimento dos pluricelulares e como forma de reprodução assexuada aos unicelulares. Durante a mitose, as células passam por quatro momentos: prófase, metáfase, anáfase e telófase.

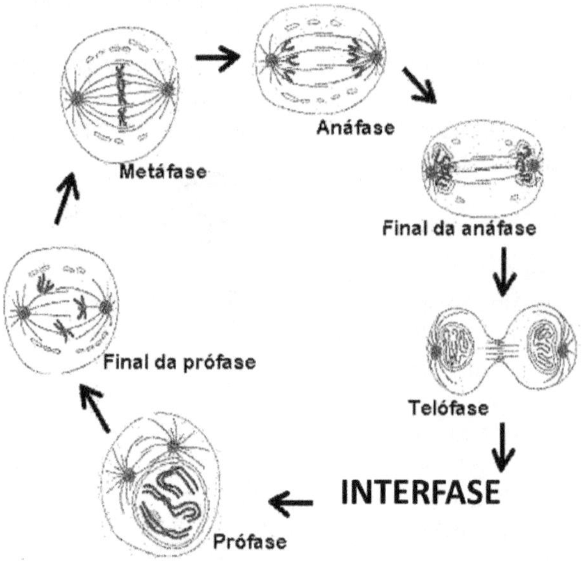


**Prófase**

Desaparecem a membrana nuclear e o nucléolo; a cromatina se condensa originando os cromossomos; no citoplasma os centríolos duplicados começam a organizar o fuso acromático: juntos, centríolos e fibras do fuso constituem o aparelho mitótico.

**Metáfase**

Sem a membrana nuclear, os cromossomos se prendem pelos centrômeros às fibras do fuso acromático e ficam bem condensados. Presos às fibras, eles se movimentam para chegar ao centro da célula e constituírem a placa equatorial. Por estarem bem condensados é nesta fase que se estudam os cromossomos e se visualizam as cromátides, o cromossomo duplicado.

### Anáfase

O centrômero se duplica e as cromátides se individualizam formando novos cromossomos; as fibras do fuso acromático encurtam e tracionam os cromossomos em direção aos polos – movimento anafásico.

### Telófase

Ao chegarem aos polos celulares, cada conjunto de cromossomo ganha uma nova membrana nuclear e um novo nucléolo, originando dois novos núcleos – termina a cariocinese, a divisão do núcleo. Inicia a citocinese, divisão do citoplasma, que nas células animais ocorrem por estrangulamento, citocinese centrípeta; nas células vegetais a citocinese é centrífuga, a lamela média é formada de dentro para fora.

## Meiose

É uma divisão mais complexa e longa que a mitose, ocorrendo apenas em células diploides de linhagem sexual. Caracteriza-se por apresentar duas divisões seguidas do citoplasma e do núcleo, com apenas uma divisão cromossômica; ao final, quatro células haploides são formadas – gametas ou esporos.

### Primeira Divisão da Meiose

Nesta primeira divisão, também chamada de divisão reducional, eventos importantes com os cromossomos podem ocorrer.

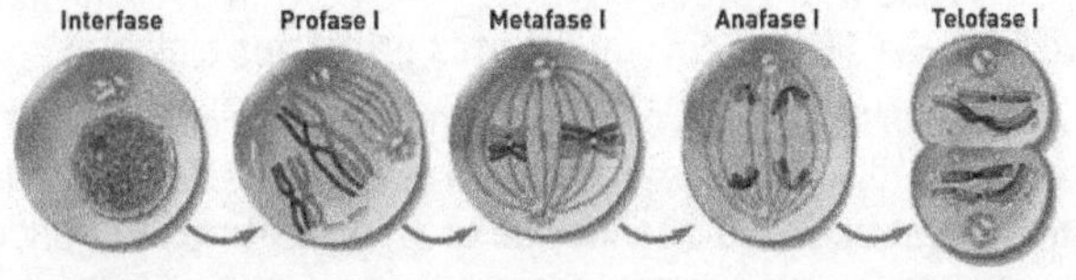


### Prófase I

É a fase mais longa da meiose, daí se subdividida em: leptóteno – quando inicia o desaparecimento da membrana nuclear e do nucléolo, nesta subfase os cromossomos começam a se condensar; zigóteno – dois a dois os cromossomos se aproximam e formam pares de homólogos; paquíteno – mais espessados, os cromossomos podem sofrer quebras e trocas de segmentos quando tentam se separar, é o crossing-over; diplóteno – nos cromossomos que sofreram crossing-over, esse evento fica visível através dos quiasmas; diacinese – terminam os quiasmas e a membrana nuclear e o nucléolo desaparecem por completo.

### Metáfase I

Os cromossomos homólogos se organizam no centro do fuso acromático formando a placa equatorial.

### Anáfase I

As fibras do fuso acromático encurtam e separam os pares de homólogos, levando os cromossomos duplicados para os polos da célula: disjunção meiótica.

### Telófase I

Ao chegarem aos polos, os dois conjuntos de cromossomos duplicados são envolvidos por uma nova membrana nuclear, formando dois novos núcleos; o citoplasma divide-se e formam-se duas células-filhas haploides.

### Segunda Divisão da Meiose

Também chamada de divisão equacional, nela o número haploide de cromossomos caracteriza as quatro células formadas.

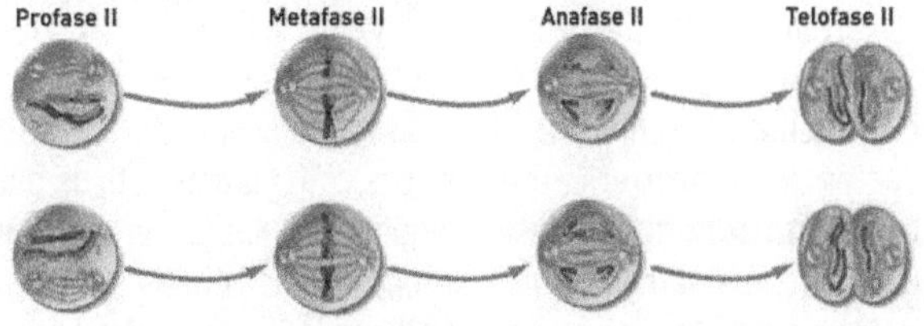


Ocorre simultaneamente nas duas células-filhas haploides, originadas na primeira divisão.

A Prófase II é muito rápida, porque as células acabaram de se dividir, de modo que as primeiras observações são da Metáfase II, onde em cada célula os cromossomos aparecem na placa equatorial. Anáfase II – é a fase mais importante dessa segunda divisão, porque nela os centrômeros se duplicam e os cromossomos-filhos são levados para os polos da célula – movimento anafásico. A única divisão cromossômica da meiose ocorre nesta fase.

Na Telófase II, nas duas células-filhas, os núcleos são reconstituídos sobre o conjunto de cromossomos e o citoplasma se divide originando as quatro células-filhas haploides.

### Diferenças entre a Mitose e a Meiose

| Mitose | Meiose |
|---|---|
| Tem uma divisão do citoplasma, do núcleo e dos cromossomos. | Tem duas divisões do citoplasma e do núcleo e uma divisão dos cromossomos. |
| Pode ocorrer em todas as células diploides e haploides. | Ocorre apenas nas células diploides. |
| Os cromossomos ficam individualizados. | Os cromossomos formam pares. |
| Não há "crossing over". | Pode ocorrer "crossing over". |

# 37. EMBRIOLOGIA

## 37.1 Gametogênese

Uma combinação de mitoses e meiose é a responsável pela produção de gametas masculinos - espermatogênese e femininos - ovulogênese, nos animais. Nos dois sexos, a gametogênese se caracteriza por ocorrer em três etapas com características bem nítidas: **multiplicação** - fase em que as células sofrem mitoses sucessivas; **crescimento** - fase em que as células param as mitoses e aumentam de volume; **maturação** - as células crescidas iniciam a meiose.

### Espermatogênese

A espermatogênese masculina começa a ocorrer no início da puberdade, na parede dos **túbulos seminíferos** e dura entre 64 e 74 dias. Uma vez iniciado o processo vai até o final da vida do homem, com as células que participam do mecanismo sendo nutridas pelas **células de Sertoli**. As **células de Leidig**, também nos testículos, secretam a testosterona, hormônio masculino.

**Eventos da Espermatogênese**

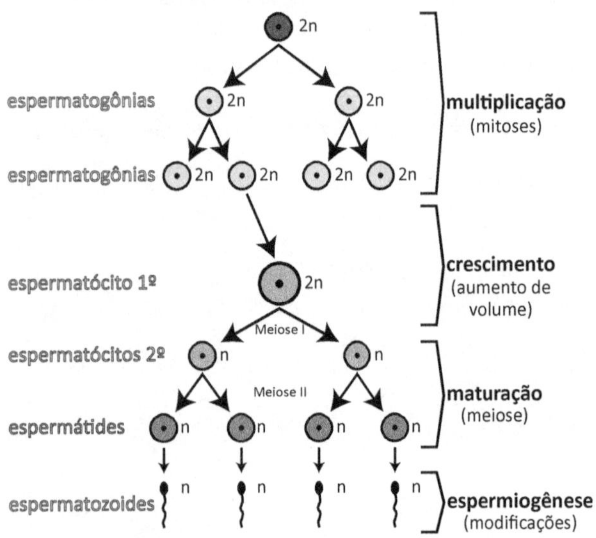


**Multiplicação:** as **espermatogônias**, células diploides, iniciam mitoses sucessivas que vão ocorrer da puberdade até o final da vida do homem;

**Crescimento:** as espermatogônias que param de fazer mitose crescem e se diferenciam em **espermatócitos primários**, também diploides.

**Maturação:** os espermatócitos primários iniciam a meiose: ao final da Meiose I, são formados dois **espermatócitos secundários**, haploides; ao final da Meiose II, são formados **quatro espermátides** também haploides; cada espermátide passa por uma **espermiogênese**, onde seu formato é alterado para a estrutura de **espermatozoide**. No final do processo temos quatro espermatozoides haploides produzidos para cada espermatócito primário que entrou em meiose.

### Ovulogênese

A ovulogênese inicia antes da menina nascer, nos ovários femininos, **parando e recomeçando** apenas na puberdade, em algumas células. Isso provoca uma grande diferença com o processo masculino no tocante à **duração**, além de também existirem diferenças quanto ao **número de gametas produzidos** e ao tamanho de células formadas.

**Eventos da Ovulogênese**

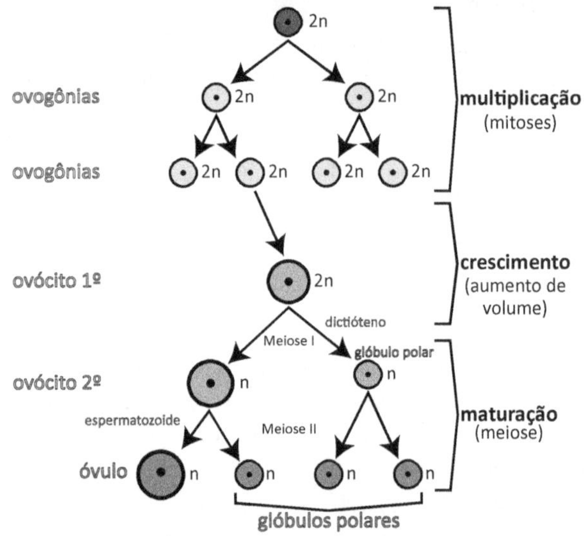


**Multiplicação:** as **ovogônias**, células diploides do ovário, iniciam mitoses sucessivas, ainda durante a gestação da menina;

**Crescimento:** todas as ovogônias param de se dividir, crescem e se diferenciam em **ovócitos primários** diploides.

**Maturação:** os ovócitos primários (2N) iniciam a Meiose I e param ainda em Prófase I, ficando a assim até a maturidade da menina; esse período é conhecido como **dictióteno**. Entrando na puberdade, uma vez por mês, um ovócito primário termina a Meiose I e origina um **ovócito secundário** haploide (grande) e um **glóbulo polar** (pequeno) que pode ou não degenerar. Quando o ovócito secundário é liberado pelo ovário e entra na tuba uterina temos a **ovulação**. Mensalmente, caso não haja fecundação é essa a célula que a mulher elimina antes da menstruação. Caso o ovócito secundário seja penetrado pelo espermatozoide, ele e o glóbulo polar realizam a Meiose II formando um **óvulo** haploide (que já contém o núcleo masculino no seu interior) e **três glóbulos polares** haploides, que degeneram.

É importante observar que **o final da meiose feminina só ocorre se o ovócito secundário for estimulado pela penetração do espermatozoide**. Portanto as mulheres quando ovulam estão liberando ovócitos secundários, que na maior parte das vezes não terminam a divisão meiótica e são liberados mensalmente durante o ciclo menstrual.

### Ciclo menstrual

Ele tem início no primeiro dia da menstruação e dura, em média, 28 dias.

Na **fase folicular**, os folículos se desenvolvem e produzem quantidades crescentes do hormônio estrógeno.

No 14º dia ocorre a ovulação e o folículo vazio se transforma em corpo amarelo (corpo lúteo), iniciando a **fase luteal**. Nela diminui a produção de estrógenos e aumenta a produção de progesterona. Os estrógenos e a progesterona tornam o endométrio mais espesso e vascularizado, preparando-o para receber o embrião caso ocorra fecundação.

Caso ocorra fecundação, os níveis de progesterona e estrógenos se mantêm altos; se não ocorrer fecundação, os níveis dos dois hormônios cai bruscamente, o endométrio se desprende e é eliminado como **menstruação**.

## Fecundação

Quando o ovócito 2º está na tuba uterina, durante o período fértil da mulher, pode ocorrer a fusão com o espermatozoide. Embora sejam lançados milhões de gametas masculinos em uma ejaculação, poucos conseguem chegar ao ovócito 2º.

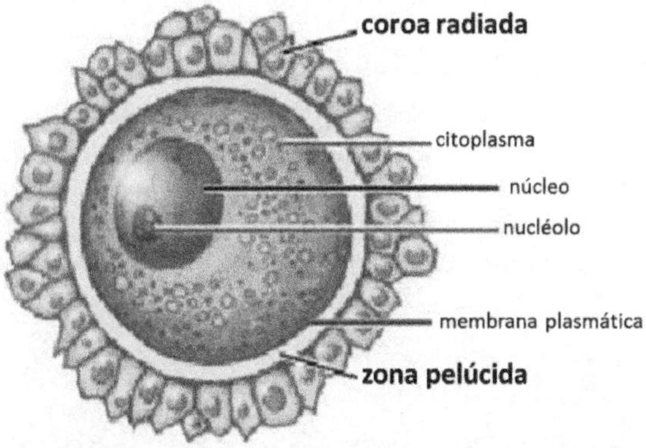


Junto do ovócito 2º, os espermatozoides passam pela **coroa radiada** e aderem ao gameta feminino pela **zona pelúcida**.

Nessa região, a cabeça do espermatozoide estimula a liberação de enzimas digestivas presentes no acrossomo, que dissolvem a zona pelúcida permitindo a fusão com a membrana plasmática do ovócito 2º. A meiose II é finalizada no ovócito 2º, assim que ocorre a penetração do espermatozoide e é desencadeada a reação cortical, onde grânulos presentes na periferia do óvulo liberam seu conteúdo e alteram a zona pelúcida. Isso evita a entrada de outros espermatozoides no óvulo. Após a formação da membrana de fecundação ocorre a **cariogamia** ou **anfimixia**, onde o núcleo do espermatozoide se funde ao núcleo do óvulo.

# 37.2 Desenvolvimento Embrionário

A Embriologia estuda o ser vivo a partir da fecundação e da formação do zigoto, até o momento do nascimento. Após a fusão do núcleo do espermatozoide com o núcleo do óvulo, tem início uma série de eventos que provocam o desenvolvimento do embrião.

## Tipos de zigoto

Esta classificação leva em conta a quantidade de **vitelo** (nutrientes) e sua distribuição no citoplasma do zigoto.

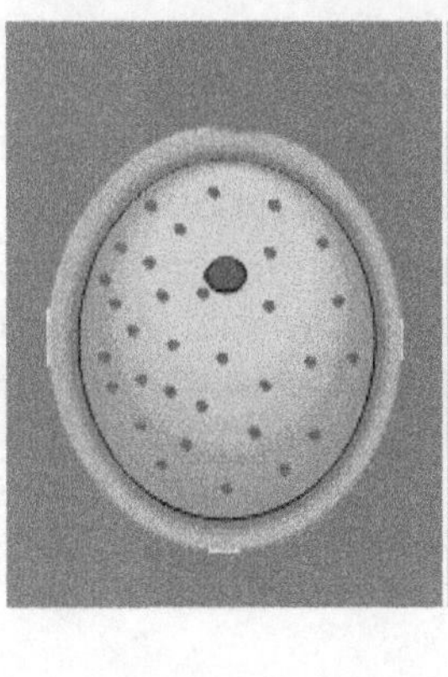

OVO ISOLÉCITO (oligolécito) - tem pouco vitelo uniformemente distribuído no citoplasma; é encontrado em poríferos, celenterados, cordados, anelídeos, equinodermos, nematódeos e platelmintos.

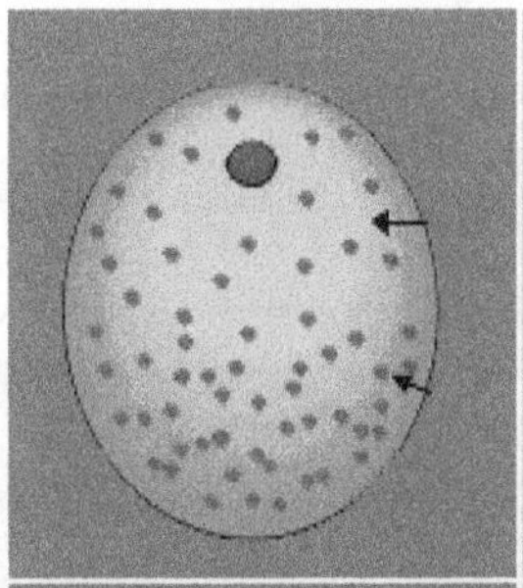

OVO HETEROLÉCITO - com quantidade média de vitelo distribuída de maneira irregular: mais no polo vegetativo e menos no polo animal; é encontrado em anfíbios.

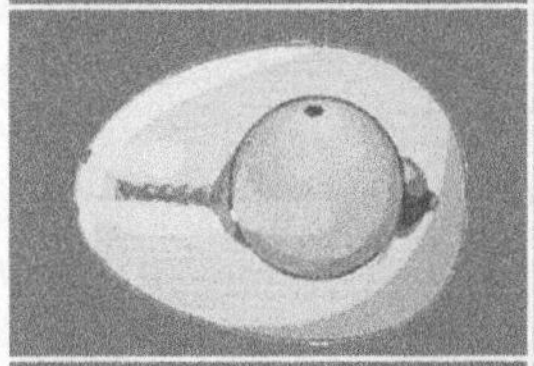

OVO TELOLÉCITO - com grande quantidade de vitelo ocupando quase todo o ovo; o citoplasma fica limitado a um disco na região superior do ovo; é encontrado em peixes, répteis e aves e moluscos (polvos e lulas).

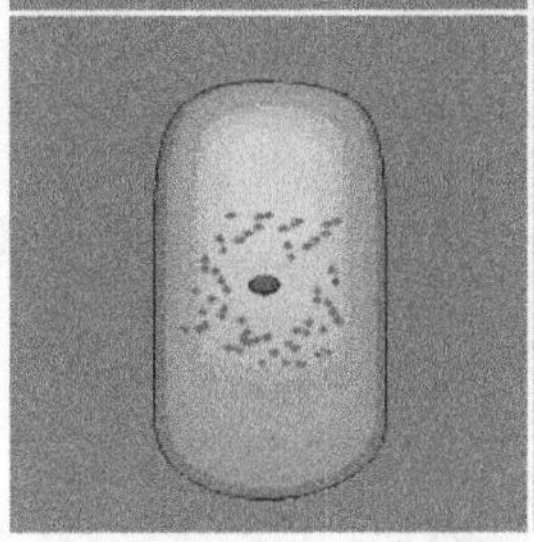

OVO CENTROLÉCITO - ovo rico em vitelo disposto na região central e envolvido pelo citoplasma; é encontrado em artrópodes.

## Tipos de segmentação ou clivagem

após 24 horas da fertilização, o zigoto começa a sofrer **várias mitoses sucessivas**, originando células cada vez menores denominadas **blastômeros**, que ficam envoltos por uma membrana gelatinosa – a zona pelúcida. Durante essas divisões **não ocorre aumento de volume**, conservando o conjunto de células formadas o volume inicial do ovo. Com aproximadamente 16 blastômeros e bastante compacto, o embrião é denominado **mórula**.

> Em mamíferos a quantidade de vitelo é tão reduzida que eles são chamados de alécitos (a = negação).

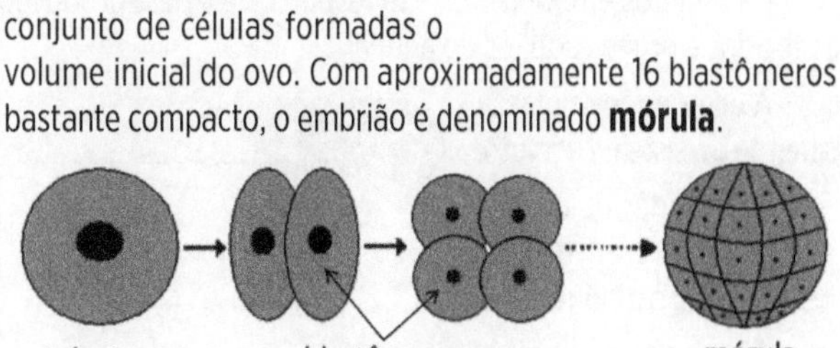


**Segmentação Holoblástica:** o zigoto divide por inteiro. Pode ser igual, se todos os blastômeros tiverem o mesmo tamanho (ovos isolécitos) ou desigual, se forem formados blastômeros de tamanho diferente (ovos heterolécitos): macrômeros (maiores, no polo vegetativo) e micrômeros (menores, no polo animal).

**Segmentação Meroblástica:** quando apenas a região sem vitelo sofre as divisões; pode ser discoidal, se a clivagem ocorrer no disco germinativo (ovos telolécitos) ou superficial, se o citoplasma se dividir depois do núcleo, deixando intacto o vitelo central (ovos centrolécitos).

## Formação da blástula

Por volta do quarto dia, a mórula alcança o útero e passa a armazenar fluido em seu interior e aumentar de volume, já que as células mais internas se movem em direção à periferia. A figura embrionária que surge é a **blástula**, em que o embrião é constituído por uma camada de células - a blastoderme, envolvendo uma cavidade - a blastocele.

O embrião de mamífero faz durante a fase de blástula a nidação: procura um lugar para se fixar dentro do útero. Por volta do sexto dia após a fecundação, a região do **embrioblasto** se adere à **mucosa uterina**, os trofoblastos proliferam e invadem o endométrio formando a **placenta.**

> Nos mamíferos a blástula é chamada de blastocisto e apresenta algumas diferenças: a camada externa de células é denominada de trofoblasto e o conjunto de células que fica no interior da cavidade é o embrioblasto e originam o embrião. As células do embrioblastos são utilizadas em pesquisa como células-tronco embrionárias.

## Gastrulação

Durante a gastrulação começa a ser formada uma nova cavidade no embrião, o **arquêntero** ou intestino primitivo, que se comunica através do blastóporo, orifício que poderá originar a boca ou o ânus do animal. Nesta fase o embrião é denominado **gástrula** (pequeno estômago), também se observa a formação dos primeiros tecidos do embrião ou folhetos embrionários: **ectoderma mais externo, endoderma mais interno e entre eles a mesoderme**.

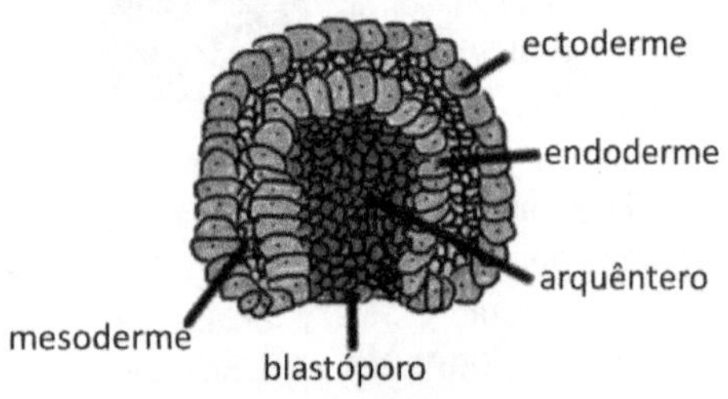


Os folhetos embrionários são responsáveis pela produção dos tecidos e órgãos adultos do animal.

A ectoderme origina: a epiderme e o sistema nervoso;

A mesoderme origina os ossos, o sangue, os músculos e as cartilagens;

A endoderme formará o revestimento interno dos sistemas digestório e respiratório e algumas glândulas como fígado e pâncreas.

> Animais que têm a boca originada do blastóporo são chamados de protostômios (moluscos, anelídeos e artrópodes); os que têm o blastóporo originando o ânus são os deuterostômios (equinodermos e cordados).

## Neurulação

A partir do 21º dia, o embrião é uma nêurula. Nela a ectoderme origina o tubo neural - o sistema nervoso primitivo do embrião. Enquanto isso, a mesoderme constitui a notocorda - primeiro eixo de sustentação do embrião e que poderá ser substituído pela coluna vertebral. Das laterais do arquêntero, a mesoderme origina as bolsas do celoma, que abrigarão os órgãos internos: na face voltada para a endoderme, temos a esplancnopleura e na face voltada para a ectoderme temos a somatopleura.

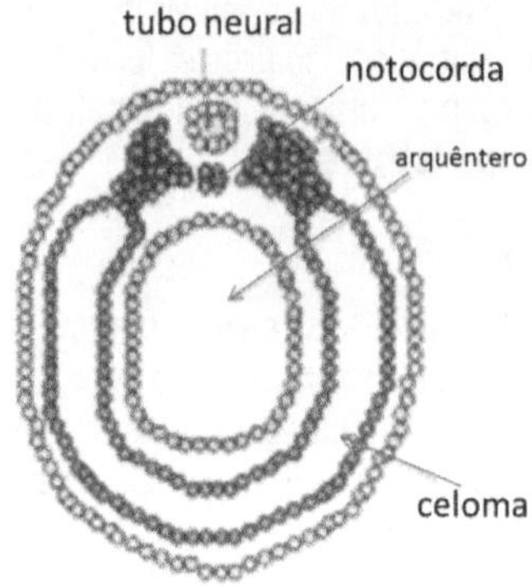


## Anexos embrionários

A partir do nono dia após a fecundação, o embrião começa a produzir uma série de bolsas que permitem sua sobrevivência até o completo desenvolvimento, os **anexos embrionários.** Nos animais terrestres a presença dos anexos embrionários permitiu o desenvolvimento dos filhotes fora da água, sendo importante caráter evolutivo.

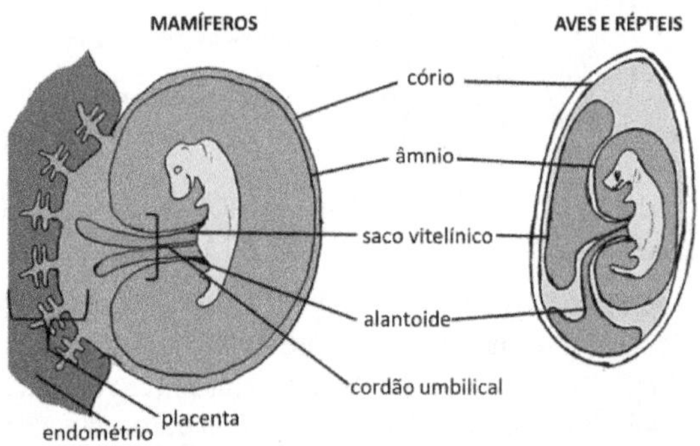


**Saco Vitelínico**: bolsa que contém o vitelo, utilizado para alimentar o filhote durante o estágio embrionário. É o único anexo de peixes, aparece em répteis e aves e em mamíferos é atrofiado.

**Alantoide:** bolsa responsável pelas trocas gasosas e pelo acúmulo de resíduos produzidos pelos rins do embrião. Atua também na ossificação, retirando cálcio da casca para os ossos. Ocorre em répteis e aves, sendo atrofiado em mamíferos.

**Âmnio:** bolsa contendo o líquido amniótico, que cobre o embrião evitando desidratação e traumatismos, além de fazer a manutenção da temperatura em répteis, aves e mamíferos.

**Cório:** bolsa que envolve o embrião e todos os anexos, servindo para a proteção. Associado ao alantoide facilita a troca de gases respiratórios e ocorre em répteis e aves; nos mamíferos entra na constituição da placenta.

> Nos animais terrestres a presença dos anexos embrionários permitiu o desenvolvimento dos filhotes fora da água, sendo importante caráter evolutivo

**Placenta:** é uma estrutura de origem mista, formada em parte pelo cório e em parte pelo endométrio uterino, sendo exclusiva dos mamíferos. A comunicação da placenta com o filhote é feita pelo cordão umbilical. A placenta é um anexo completo, pois permite a troca de substâncias entre o organismo materno e o fetal, além de produzir hormônios, substâncias de defesa e fazer a nutrição, a respiração e a excreção para o filhote.

# 38. HISTOLOGIA ANIMAL

A **Histologia Animal** estuda os tecidos animais. **Tecidos** são conjuntos de células que podem apresentar formas e funções variadas, mas suas estruturas devem ter a mesma origem. Nos animais, os tecidos são originados a partir dos folhetos embrionários (tecidos embrionários): **ectoderme, endoderme e mesoderme**.

**Constituição dos Tecidos**

Encontram-se nos tecidos: **células**, de forma e função variadas; **substância intersticial**, que preenche os espaços intercelulares; **líquido intersticial**, que distribui nutrientes, gases e água para as células e recolhe resíduos.

> *São considerados multicelulares os organismos formados por agrupamentos de células que não constituem tecidos (esponjas). Os organismos pluricelulares têm suas células organizadas em tecidos..*

**Tipos de Tecidos**

Os animais apresentam quatro tipos de tecidos: **epitelial, conjuntivo, muscular e nervoso**.

O **tecido epitelial** apresenta pouca ou nenhuma substância intercelular; os **tecidos conjuntivos** são ricos em substância intercelular; os **tecidos musculares** apresentam células que permitem o movimento de órgãos e ossos; o **tecido nervoso** está relacionado com as sensações, colocando o animal em contato com o ambiente.

## 38.1 Tecido Epitelial

Pode ser originado por qualquer um dos três folhetos embrionários e tem como função o revestimento do corpo ou dos órgãos e a secreção de substâncias.

O tecido epitelial apresenta suas células coesas, sem substância intercelular ou com muito pouco, constituindo a **glicocálix**. A adesão entre as células é feita pelos desmossomos e interdigitações; em órgãos que fazem absorção, as células epiteliais apresentam microvilosidades. Esse tecido é avascular (não apresenta vasos sanguíneos) e tem terminações nervosas, sendo encontrado no revestimento do corpo, de órgãos ou de cavidades corporais como epitélio de revestimento, ou produzindo e secretando substâncias como suor, saliva, lágrimas e hormônios, como epitélio de secreção.

### Epitélio de revestimento

Por não apresentar vasos sanguíneos, o tecido epitelial se associa ao tecido conjuntivo, que é vascular e inervado. A comunicação entre os dois se dá pela lâmina basal, camada responsável pela difusão de nutrientes, gases e resíduos entre o tecido epitelial e os vasos sanguíneos do tecido conjuntivo.

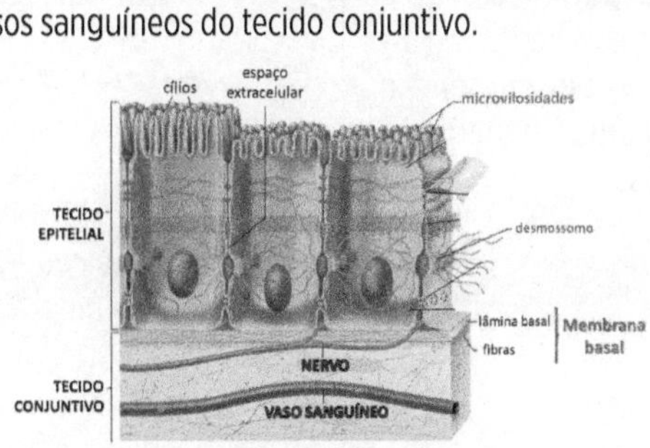


Classificação dos Epitélios de Revestimento

**Quanto ao Número de Camadas Celulares:** epitélios simples (uniestratificados) quando formados por uma única camada de células (revestimento do estômago); estratificados, quando formados por mais de uma camada de células (pele humana); pseudoestratificado, quando apresentarem uma camada de células, mas os núcleos delas se distribuem em diferentes alturas dando a impressão de mais de uma camada de células (revestimento da traqueia).

**Quanto ao Formato das Células:** pavimentoso (células achatadas); cúbicos (células com formato de cubo); colunares (células alongadas).

### Pele humana

É formada por três camadas de tecidos: superficialmente a **epiderme**, formada pelo tecido epitelial de revestimento estratificado queratinizado (queratina é um impermeabilizante); logo abaixo o tecido conjuntivo que constitui a **derme**, onde ocorrem vasos sanguíneos e os nervos. Embaixo da pele fica a **tela subcutânea** ou **hipoderme**, formada pelo tecido adiposo, que ajuda a controlar a temperatura corporal.

> *O epitélio da bexiga urinária tem células cúbicas, mas elas podem ficar achatadas quando submetidas ao estiramento provocado pelo acúmulo de urina. Nesse caso é denominado de epitélio de transição ou urotélio, que também ocorre em outros órgãos do sistema urinário*

### Tecido epitelial glandular

É produzido pelo tecido epitelial de revestimento e as glândulas são classificadas de acordo pelo modo com que eliminam suas secreções.

**Glândulas Exócrinas:** têm canal para liberar suas secreções para fora do adenômero (porção secretora da glândula): glândulas sudoríparas, sebáceas, lacrimais, salivares, mamárias.

**Glândulas Endócrinas:** não têm canal e liberam suas secreções, hormônios, diretamente no sangue: hipófise, tireoidea, paratireoideas e suprarrenais.

**Glândulas Anfícrina ou Mistas:** realizam os dois tipos de secreção: exócrina e endócrina. O pâncreas pela porção exócrina produz e elimina enzimas digestivas e pela porção endócrina, produz e elimina insulina e glucagon; os testículos e os ovários pela porção exócrina produzem e eliminam gametas e pela porção endócrina produzem e eliminam hormônios sexuais.

### Tecidos conjuntivos

São tecidos originados pela mesoderme e que se caracterizam por apresentarem abundante substância intercelular. As funções desempenhadas pelos tecidos conjuntivos são variadas e servem para classificá-lo em:

**Propriamente Dito (pp dito):** que faz preenchimento, defesa e ligação entre outros tecidos

**Adiposo:** faz reserva energética e isolamento térmico

**Cartilaginoso:** dá sustentação com flexibilidade

**Ósseo:** dá sustentação com rigidez

**Hematopoiético:** produz o sangue.

Tecido Conjuntivo PP Dito

É constituído pela substância intercelular formada por uma **parte amorfa** (gelatinosa) e uma **parte fibrosa** (fibras colágenas e elásticas), entre um grande número de **tipos celulares**.

**Tipos de Fibras:** colágenas (resistência e firmeza) e elásticas (flexibilidade)

**Tipos de Células - fibroblasto:** célula jovem que serve à cicatrização de ferimentos; **macrófago:** célula que faz defesa através da fagocitose; **plasmócito:** célula que faz defesa produzindo anticorpos; **mastócito:** produz heparina (anticoagulante) e histamina (substância vasoconstritora).

## Tecido conjuntivo pp dito frouxo

Formado por uma rede frouxa de fibras, ele faz preenchimento e é encontrado na derme. Um tipo especial deste tecido é o **tecido adiposo**, onde as células adiposas ou adipócitos armazenam lipídios e constituem a tela subcutânea ou hipoderme.

## Tecido conjuntivo pp denso

**Não modelado:** apresenta fibras colágenas entrelaçadas em três direções e é resistente e elástico, protegendo órgãos como rins, fígado, baço e testículos.

**Modelado:** tem as fibras colágenas paralelas e compactadas e é resistente e pouco elástico, constituindo os tendões (ligam músculos aos ossos) e os ligamentos (que ajustam os ossos de uma articulação).

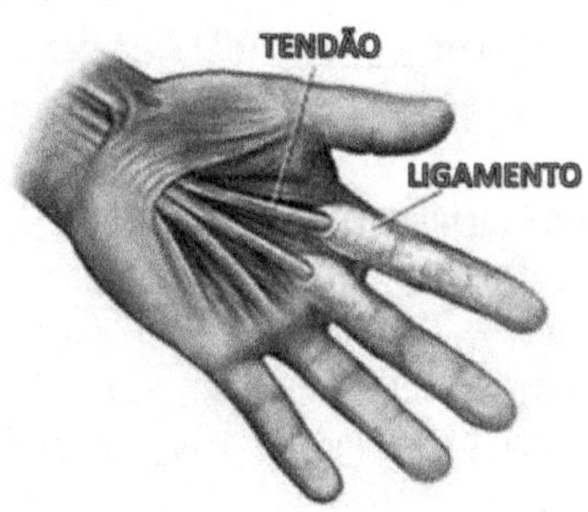


# 38.2 Tecido Cartilaginoso

É um tecido de sustentação que apresenta **flexibilidade**, permitindo que peças como as articulações, a orelha e o nariz apresentem certa maleabilidade. O tecido cartilaginoso não apresenta vasos sanguíneos e não é inervado, sendo revestido pelo **pericôndrio** (tecido conjuntivo) que é responsável pela sua manutenção.

**O tecido Cartilaginoso apresenta**:

**Condroblasto**, célula jovem que produz a cartilagem; **condrócito**, a célula adulta.

**Matriz Cartilaginosa**, com fibras colágenas e elásticas em quantidades variadas.

**Cartilagem Hialina**

É translúcida e com poucas fibras colágenas, sendo encontrada nas articulações, na ponta do nariz e na ligação das costelas com o esterno.

**Cartilagem Elástica**

Com fibras colágenas e elásticas entrelaçadas, apresenta mais elasticidade e é encontrada no pavilhão da orelha, na epiglote e no septo nasal.

**Cartilagem Fibrosa**

Apresenta grande quantidade de fibras colágenas, sendo a cartilagem mais resistente à torção e ao peso, daí ser encontrada nos meniscos e nos discos intervertebrais.

# 38.3 Tecido Ósseo

É um tecido de sustentação rígido, com grande quantidade de vasos sanguíneos e nervos. O tecido ósseo, além de dar sustentação esquelética ao corpo, também serve como um reservatório de cálcio para o organismo e como local de produção de glóbulos sanguíneos.

## O tecido ósseo é constituído por:

**Osteoblasto:** célula que produz a matriz óssea, inicialmente proteica e depois rígida graças à deposição de sais minerais; **osteócito**, célula adulta do osso; **osteoclasto**, célula responsável pela remodelagem óssea, reconstituição do osso depois de fraturas e durante o crescimento, através da reabsorção óssea (retirada de sais minerais da matriz).

**Matriz Óssea:** região rígida, impermeável e morta do tecido ósseo, localizada entre as células ósseas.

**Canais de Havers** e de **Volkmann**: ocorrem no tecido ósseo adulto, permitindo a passagem de vasos sanguíneos e nervos.

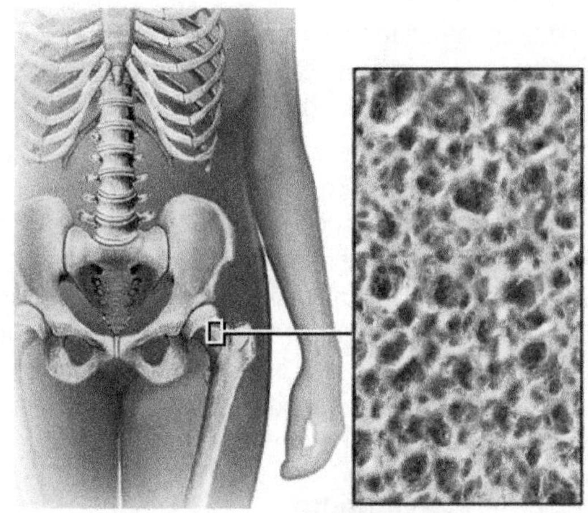

Nos ossos longos as extremidades ósseas são chamadas **epífises** e o corpo do osso é a **diáfise**. No osso adulto o **periósteo** faz o revestimento externo e, internamente o osso apresenta o **canal medular**, onde fica a medula óssea.

No interior dos ossos longos existem cavidades onde se aloja a medula óssea vermelha, responsável pela produção de diversos glóbulos sanguíneos; a medula óssea amarela, encontrada em alguns ossos, apresenta-se rica em células adiposas (tutano dos ossos).

## 38.4 Tecido Hematopoiético

É o tecido formador do sangue e que apresenta a variedade **mieloide**, a medula vermelha do osso, que produz as hemácias, as plaquetas, os leucócitos granulócitos e monócitos (leucócito agranulócito); a variedade **linfoide**, representada pelas amígdalas, pelo timo, pelo baço e pelos gânglios linfáticos, concentram linfócitos (leucócito agranulócito) em formação ou amadurecimento.

### Componentes do sangue humano

**Plasma:** substância intercelular do sangue, constituído por água, sais, açúcar, proteínas (fibrinogênio) e gás carbônico, que é transportado como íon bicarbonato.

*Os glóbulos brancos são dotados de grande mobilidade e podem sair dos vasos sanguíneos, passando entre as células da parede dos capilares. Esse processo conhecido como diapedese, facilita o combate aos agentes infecciosos fora dos vasos sanguíneos.*

**Glóbulos sanguíneos:** **hemácias**: glóbulos vermelhos, ricos em hemoglobina, que servem à oxigenação do sangue (hematose); **leucócitos**: glóbulos brancos relacionados com a defesa corporal por fagocitose (neutrófilos e monócitos); com a defesa contra vermes parasitas (eosinófilos); com inflamações e respostas alérgicas (basófilos); pela produção de anticorpos (linfócitos); **plaquetas**: são acelulares e se relacionam com a coagulação sanguínea.

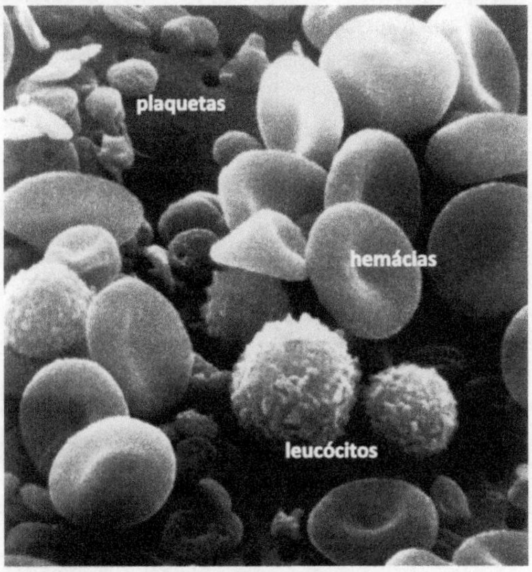


## 38.5 Tecidos Musculares

São tecidos que permitem os movimentos dos ossos, das vísceras e da pele. Suas células são alongadas e ricas em **miofibrilas**: proteínas contráteis do tipo miosina e actina.

A distribuição das miofibrilas permite classificarmos os músculos em: **músculo não estriado ou liso** e **músculos estriados**.

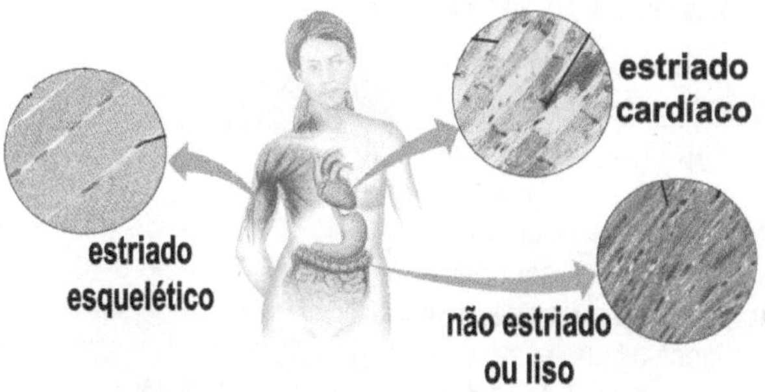


### Músculo não estriado ou liso

Apresenta fibras fusiformes e uninucleadas. Seu movimento é involuntário e está associado às vísceras ocas como estômago, esôfago, intestinos e bexiga urinária.

Músculo Estriado Esquelético

É formado por fibras espessas e plurinucleadas, originadas da fusão de várias células (sincício). Seu movimento é voluntário e está ligado aos ossos pelos tendões.

### Músculo estriado cardíaco

Suas fibras estriadas apresentam um ou dois núcleos, são anastomosadas e conectadas por discos intercalares. Seu movimento é involuntário e é encontrado apenas no coração.

### Contração muscular

No músculo estriado esquelético, a unidade funcional e contrátil é o **sarcômero**, situado entre duas **linhas Z**. Nele se distribuem as proteínas **actina** (clara, fina e móvel) e a **miosina** (escura, espessa e imóvel).

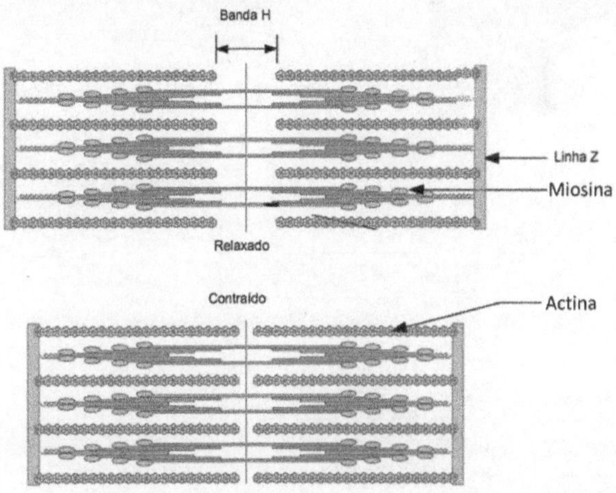


Durante a contração, íons de cálcio são liberados dentro do sarcômero e permitem a ligação da miosina com os blocos de actina.

Utilizando a energia do ATP, a miosina traciona os blocos de actina que deslizam em direção ao centro do sarcômero. Com isso o sarcômero encurta e contrai, diminuindo a banda H.

Quando a miosina solta os blocos de actina eles voltam ao normal, também utilizando energia do ATP.

## 38.6 Tecido Nervoso

Com o tecido nervoso podemos receber estímulos e responder a eles com atividade muscular ou glandular. Este tecido, o mais sofisticado dos animais, é composto pelo **neurônio**, que comanda o impulso nervoso e pelas **células da glia** ou **neuroglia**, que sustentam e protegem os neurônios.

> Em um exercício físico intenso, a quantidade de oxigênio que chega aos músculos pode não ser suficiente para as necessidades das fibras musculares. Nesse caso, as fibras musculares passam a produzir ATP pela fermentação láctica. Embora a produção de energia seja bem menor, garante a produção de ATP durante algum tempo. A consequência desse processo é a produção de ácido láctico, que, ao se acumular nos músculos, causa dor e intoxicação, a cãibra.

### Estrutura do neurônio

O neurônio apresenta um **corpo celular**, onde fica o citoplasma e o núcleo e de onde saem pequenas ramificações denominadas **dendritos** e um **axônio**, projeção citoplasmática coberta pela **bainha de mielina**, produzida pelas **células de Schwann** e com pequenas interrupções chamadas de **nó neurofibroso** (nódulos de Ranvier). Na extremidade livre do axônio, ramificações denominadas **telodendros** têm vesículas com hormônios neurotransmissores (adrenalina, acetilcolina).

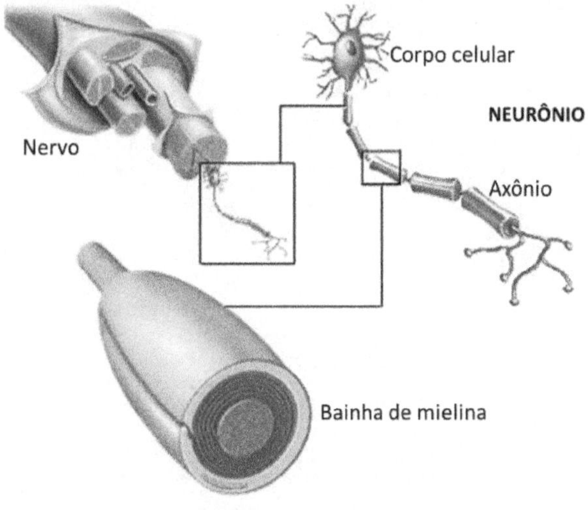


### O impulso nervoso

O neurônio é responsável pela passagem das informações nervosas, processo denominado de impulso nervoso.

Sentido do Impulso Nervoso

O estímulo entra pelo dendrito e percorre o neurônio ao longo do axônio, de onde vai para o dendrito do neurônio seguinte. Sempre o impulso nervoso segue a direção dendrito → axônio.

O Impulso Nervoso na Membrana do Neurônio

A membrana do neurônio é positiva por fora (acúmulo de Na+) e negativa por dentro (graças ao K+) e isso é chamado de potencial de repouso. Quando o neurônio é estimulado, ocorre um rápido desequilíbrio elétrico (potencial de ação) provocado pela entrada e saída de Na+ e K+ que ocasionam uma inversão de cargas elétricas na membrana, que percorre o neurônio até chegar às vesículas do telodendro. Estas liberam então os neurotransmissores.

### O impulso nervoso entre dois neurônios

A região de proximidade entre a extremidade de um axônio e a célula vizinha, por onde se dá transmissão do impulso nervoso é chamada sinapse.

**Sinapse elétrica:** embora rara, ela ocorre entre células da musculatura não estriada e entre células da musculatura cardíaca. Nesse tipo de sinapse, as membranas das células que se comunicam se unem por junções que permitem a transmissão do impulso elétrico de uma célula para outra.

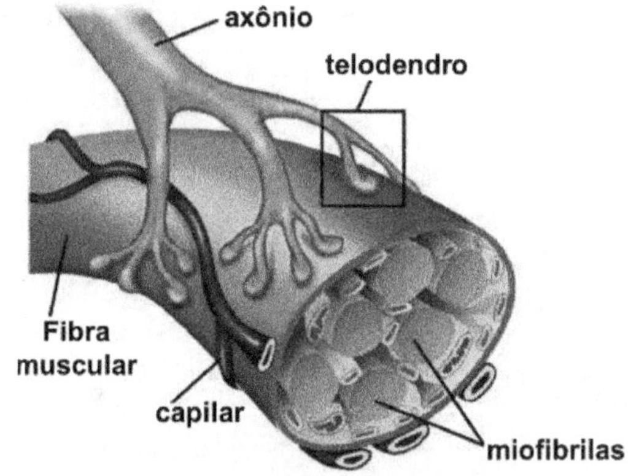


**Sinapse química:** é a sinapse mais comum, nela os neurônios não se tocam, não apresentam contato físico. Quando estimulados eles liberam das vesículas os hormônios neurotransmissores e estes provocam o desequilíbrio elétrico na membrana dos dendritos do neurônio seguinte. Assim a passagem de informação entre dois neurônios é hormonal.

# 39. FISIOLOGIA HUMANA

## 39.1 Nutrientes

Os tipos e as quantidades de alimentos que ingerimos compõem nossa dieta, que deve ter nutrientes energéticos, que fornecem energia para as funções vitais e nutrientes plásticos, que estruturam nosso corpo. Carboidratos (pães, massas e mel) e lipídios (carnes gordas, soja, óleos e manteiga) são nutrientes energéticos e as proteínas (carnes, ovos, soja e feijão) são nutrientes plásticos.

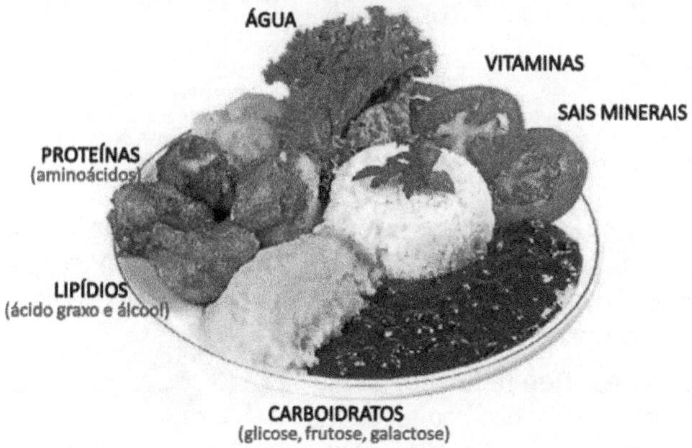


O sistema digestório humano funciona como um processador de alimentos, pois grande parte do que ingerimos tem que ser modificado para que o organismo possa aproveitar.

Assim, excetuando água e sais minerais que são utilizados como são ingeridos, os outros componentes da nossa dieta alimentar são transformados:

> Amido (carboidrato) é digerido até monossacarídeos;
> Proteínas são modificadas até aminoácidos;
> Lipídios são processados até ácidos graxos e álcool;
> Ácidos nucleicos são utilizados na forma de nucleotídeos.

## 39.2 Sistema Digestório

Diferentes regiões do sistema digestório atuam na digestão ou em partes dela, permitindo o máximo dos nutrientes possam ser utilizados.

Nosso sistema digestório é formado por:

> Órgãos digestórios como boca, faringe, esôfago, estômago, intestino delgado e intestino grosso;
> Órgãos acessórios como glândulas salivares, dentes, língua, fígado, vesícula biliar e pâncreas.

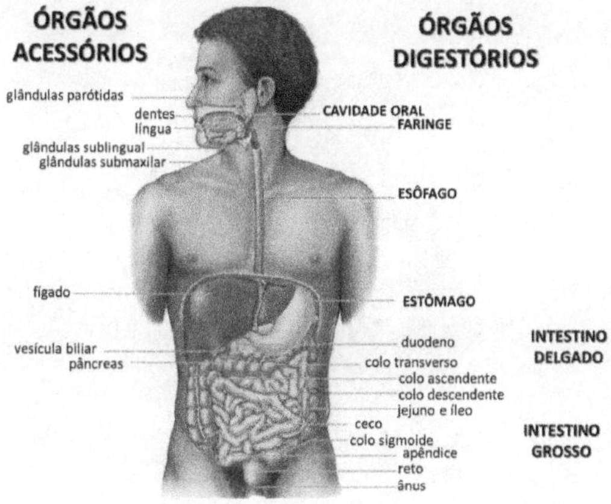


### Digestão dos alimentos

**Digestão na Boca**

Na boca o alimento é triturado, movimentado pela língua e insalivado pelas glândulas salivares. A fragmentação do alimento em pequenos pedaços é feito com os dentes incisivos que cortam, os caninos que rasgam, os pré-molares e mo[illegible]am e amassam.

> Células secretoras da língua secretam uma lipase lingual que provavelmente está relacionada à percepção do gosto dos lipídios.

A saliva, contendo a enzima amilase salivar ou ptialina, atua sobre parte do amido e do glicogênio ingerido, decompondo-os em moléculas de maltose (dissacarídeo).

Pela deglutição a porção do amido que não foi digerido, as maltoses e o restante do alimento mastigado vão em direção ao esôfago, onde iniciam os movimentos peristálticos. Como ondas, o material deglutido se desloca dentro do tubo digestório.

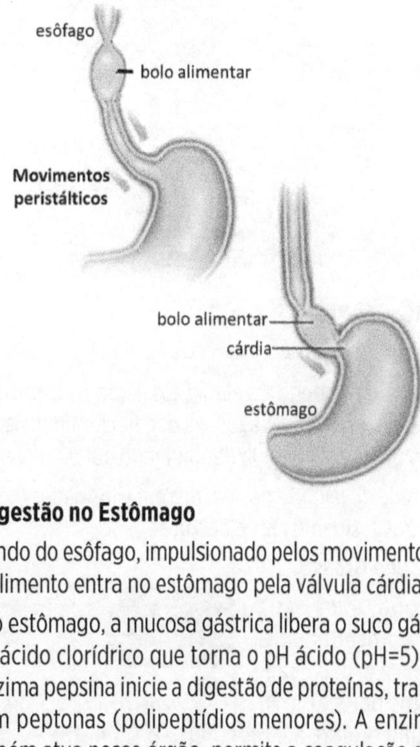


**Digestão no Estômago**

Vindo do esôfago, impulsionado pelos movimentos peristálticos, o alimento entra no estômago pela válvula cárdia.

No estômago, a mucosa gástrica libera o suco gástrico, que contém: ácido clorídrico que torna o pH ácido (pH=5) e permite que a enzima pepsina inicie a digestão de proteínas, transformando-as em peptonas (polipeptídios menores). A enzima renina, que também atua nesse órgão, permite a coagulação da caseína, proteína do leite, fazendo com que ela permaneça mais tempo no estômago e seja bem digerida.

Ao sair do estômago pela válvula piloro, o alimento é uma massa ácida e esbranquiçada denominada quimo.

**Digestão no Intestino Delgado**

A chegada do quimo ácido no duodeno (início do intestino delgado) provoca irritação na mucosa duodenal e estimula a secreção do pâncreas e do fígado sobre a massa alimentar.

O pâncreas secreta o suco pancreático com bicarbonato de sódio, que corrige o pH para básico e dá condições para a ação das enzimas:

> Amilase pancreática: que digere o amido e o glicogênio restante até maltose;

- Nucleases: que digerem os ácidos nucleicos em nucleotídeos;
- Tripsina e quimotripsina: que transformam as proteínas e peptonas em moléculas menores, com poucos aminoácidos.

Para a digestão das gorduras, a vesícula biliar secreta a bile que emulsiona os lipídios (quebra as gotas de gordura em gotículas microscópicas) e facilita a ação da lipase pancreática.

No final do duodeno, o suco entérico libera enzimas responsáveis pelos estágios finais da digestão:

- Maltase: que digere a maltose até glicoses;
- Sacarase: que digere a sacarose até glicose e frutose;
- Peptidases: que liberam os aminoácidos.

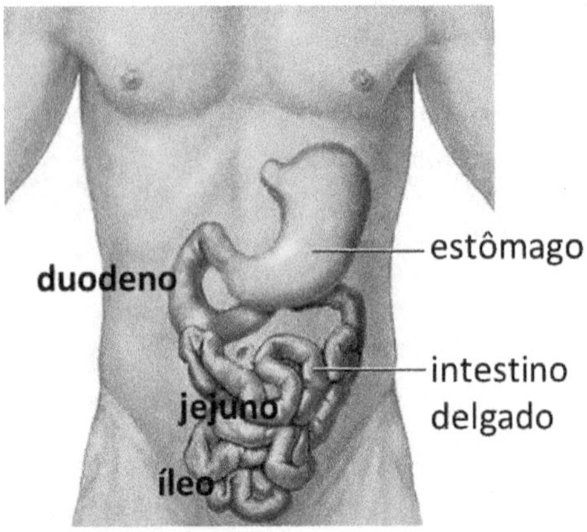


## Absorção dos nutrientes

### Intestino Delgado

Ao sair do duodeno, os alimentos estão transformados em monossacarídeos, ácidos graxos, álcool, nucleotídeos e aminoácidos, como uma pasta líquida denominada quilo.

A parede do jejuno e do íleo, rica em vilosidades (dobras que contêm microvilosidades) faz a absorção.

### Intestino Grosso

A água e os sais são agora aproveitados, à medida que se deslocam (movimentos peristálticos) pelo intestino grosso, até o ânus para a defecação.

> Apenas álcool etílico, água e alguns sais são absorvidos no estômago. Aminoácidos, glicídios, glicerol e ácidos graxos são absorvidos no intestino delgado.

Dentro do intestino grosso, bactérias mutualísticas, que compõem a flora intestinal, produzem algumas vitaminas (K e B12, tiamina e riboflavina) e mantêm o pH.

## Controle hormonal da digestão

O controle das secreções que permitem a transformação dos alimentos é feito sob a ação de nervos e hormônios.

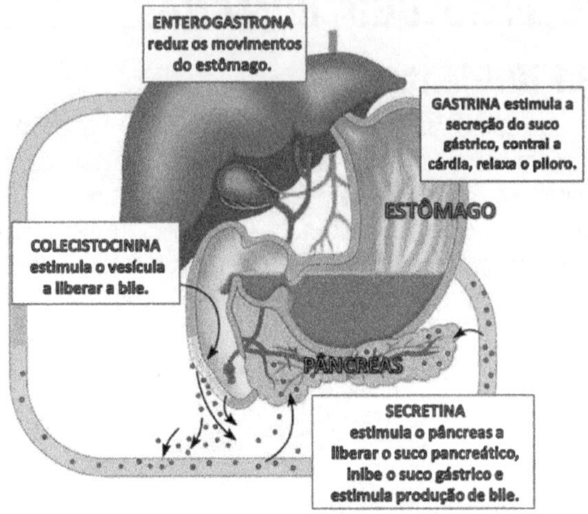


**No Estômago:** o contato do alimento com a parte final do estômago ativa suas células a produzirem gastrina, hormônio que, lançado no sangue, passa a estimular a secreção do suco gástrico e contrai a cárdia.

**No Duodeno:** quando o quimo chega ao duodeno, sua acidez estimula a produção da secretina, hormônio que estimula o pâncreas a liberar o suco pancreático rico bicarbonato de sódio, estimula a produção da bile, reduz a motilidade intestinal e induz a secreção do suco entérico; da colecistocinina, que estimula a secreção do suco pancreático e estimula a vesícula biliar a eliminar a bile; da enterogastrona, que diminui as contrações da parede estomacal.

> Cerca de 30% da parte sólida das fezes é composta de bactérias vivas e mortas; os outros 70% são compostos por sais, muco, fibras de celulose e outros componentes não digeridos..

## 39.3 Sistema Cardiovascular

O sistema cardiovascular permite o deslocamento do sangue para distribuição de alimentos, gases e hormônios, além de permitir a coleta de resíduos de forma rápida e eficiente, em todas as regiões do corpo.

### Coração

É um órgão oco localizado no meio do peito, com a extremidade inferior ligeiramente à esquerda. O coração possui quatro câmaras internas: 2 átrios, para entrada de sangue e 2 ventrículos, para a saída de sangue.

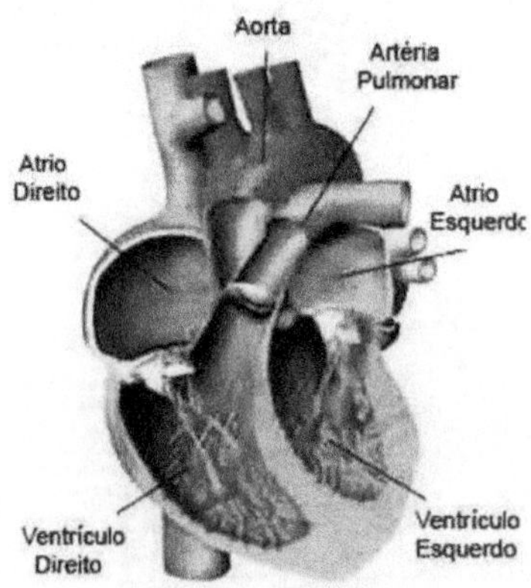

O movimento de sangue rico em $CO_2$ se faz do lado direito (átrio e ventrículo direito); o movimento do sangue rico em $O_2$ se faz do lado esquerdo (átrio e ventrículo esquerdo).

Os átrios comunicam com os ventrículos através de válvulas que impedem o refluxo e mantêm o sangue circulando sempre no mesmo sentido. Entre o átrio direito e o ventrículo direito, ocorre a valva tricúspide; entre o átrio esquerdo e o ventrículo esquerdo está a valva bicúspide ou mitral. Ao passar por essas valvas, o sangue sai do átrio e entra no ventrículo, com a valva fechando e impedindo a volta do sangue.

Na passagem dos ventrículos para as artérias, ficam as valvas semilunares (aórtica e pulmonar). O som que escutamos o coração fazer, nada mais é que o som emitido pelas válvulas quando se fecham.

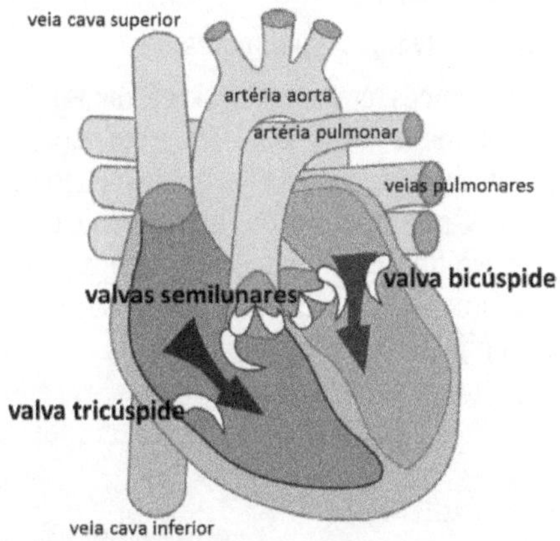


**Movimentos Cardíacos**

Funcionando como uma bomba, o coração contrai e relaxa sistematicamente. Seus movimentos são:

> **Sístole:** o momento de contração da musculatura cardíaca;

> **Diástole:** o momento de relaxamento da musculatura cardíaca.

Denomina-se ciclo cardíaco a duração dos movimentos cardíacos de sístole e diástole.

As contrações cardíacas estão relacionadas a um grupo de células musculares especiais, denominadas de nó sinoatrial ou marca-passo, situado na parte superior do átrio direito, que gera impulsos elétricos e determina o ritmo das contrações. O impulso elétrico provoca a contração dos átrios e estimula outro grupo de células musculares especiais, o nó atrioventricular que, situado na base do átrio direito, estimula os ventrículos a se contraírem repassando o estímulo pelo feixe de His e as fibras de Purkinje.

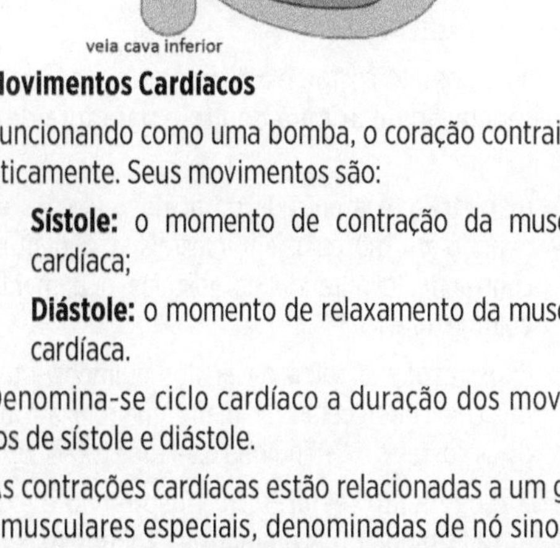


## Artérias

São vasos de grande calibre, com parede espessa formada por camadas musculares grossas, que lhes permitem suportar a pressão sanguínea decorrente da sístole ventricular, já que pelas artérias o sangue sai do coração. À medida que o sangue se afasta do coração, a pressão sanguínea vai diminuindo.

## Veias

São vasos de menor diâmetro e com parede menos musculosa que a das artérias, servindo para o sangue voltar ao coração. Esse retorno é auxiliado pela contração dos músculos esqueléticos e por válvulas venosas, que só se abrem no sentido da volta do sangue ao coração.

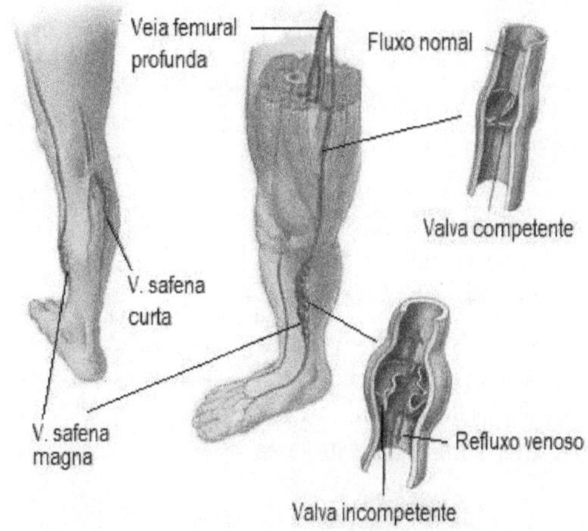


**Capilares**

São vasos de pequeno calibre, que ligam pequenas artérias (arteríolas) a pequenas veias (vênulas), nos tecidos do corpo. Pelos capilares extravasa líquido sanguíneo que banha as células próximas, nutrindo-as e oxigenando-as. As células, por sua vez, eliminam nesse liquido $CO_2$ e resíduos que são reabsorvidos pelos capilares e reincorporados ao sangue.

Às vezes as válvulas não funcionam com eficiência e o sangue empoça nas veias, provocando deformação, inchaço e alterações na sensibilidade da pele, as varizes. Episódios de maior gravidade podem ocorrer tanto por dilatação das veias profundas quanto das superficiais. Nesses casos de insuficiência venosa pode surgir edema persistente nos pés, úlceras nas pernas e alterações na pigmentação da pele.

## Circulação sanguínea

**Circulação Pulmonar**

Começa quando o sangue rico em $CO_2$ sai do ventrículo direito e, pelas artérias pulmonares, chega aos pulmões, onde é oxigenado. O retorno do sangue rico em $O_2$ é feito pelas veias pulmonares até o átrio esquerdo.

**Circulação Sistêmica**

Começa quando o sangue rico em $O_2$ sai do ventrículo esquerdo pela artéria aorta e vai a todo o corpo. O retorno com $CO_2$ é feito pelas veias cavas, chegando ao átrio direito.

## 39.4 Sistema Linfático

É formado por uma ampla rede de vasos linfáticos que se distribuem pelo corpo todo. Os vasos linfáticos são um pouco maior que os capilares sanguíneos e terminam em uma extremidade fechada. Sua função é captar o líquido que extravasou dos capilares e reconduzi-los à circulação. Caso isso não aconteça, o líquido fica acumulado entre as células e causa inchaços conhecidos como edemas.

### Linfa

É um fluido esbranquiçado que difere do sangue por não conter hemácias e sim uma grande quantidade de linfócitos.

> Quando os nódulos linfáticos aumentam de tamanho e formam inchaços, conhecidos como ínguas, é sinal que o corpo foi invadido por microrganismos. Nesse caso, os leucócitos dos linfonodos mais próximos do local da invasão identificaram o invasor, multiplicaram-se e o estão combatendo

### Linfonodos

Os nódulos (gânglios) linfáticos estão presentes ao longo dos vasos linfáticos, em posições estratégicas como pescoço, axilas, baço e virilha. São responsáveis por filtrar a linfa que vem de diferentes partes do corpo e, com seus leucócitos, identificar e destruir substâncias estranhas.

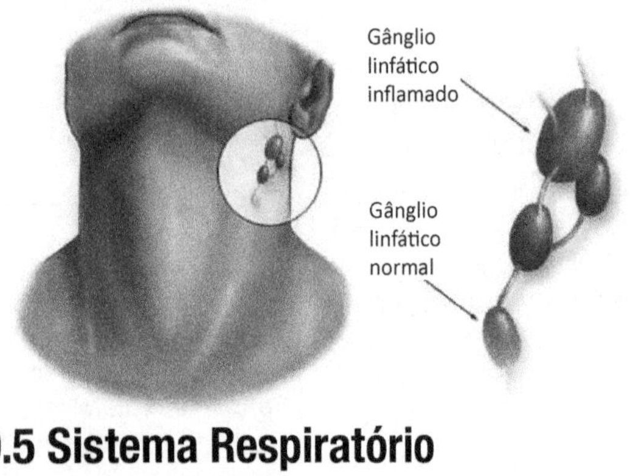


## 39.5 Sistema Respiratório

Este sistema permite que o ar seja capturado, levado por canais aos pulmões até chegar às células. Os movimentos ventilatórios, que permitem a movimentação do ar para dentro e para fora do corpo, são regulados pelo bulbo (encéfalo) e influenciados pela concentração de gases.

### O caminho do ar

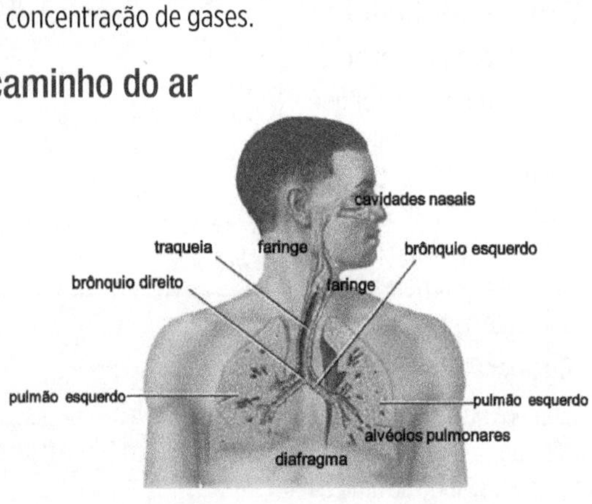


**Cavidades Nasais, Faringe e Laringe**

O ar entra pelas fossas nasais, onde é aquecido, filtrado, umedecido e chega à faringe, espaço compartilhado com o sistema digestório. Da faringe vai até a laringe, onde estão as pregas vocais. Na entrada da laringe, está a glote, que possui a epiglote, válvula que controla a deglutição, evitando que o alimento penetre nas vias respiratórias.

**Traqueia, Brônquios e Bronquíolos**

A traqueia é um tubo permanentemente aberto, sustentado por anéis cartilaginosos e revestido internamente por cílios e glândulas mucosas, que auxiliam a limpeza do ar.

Quando a traqueia, no meio do peito, se ramifica, origina dois brônquios que se ramificam intensamente em canais microscópicos, denominados bronquíolos.

**Pulmões e Alvéolos Pulmonares**

Os dois pulmões têm consistência esponjosa e estão localizados na caixa torácica. O pulmão direito é um pouco maior que o esquerdo. Duas membranas, as pleuras, envolvem os pulmões e o líquido entre elas permite que deslizem durante os movimentos respiratórios. No final de cada bronquíolo nos pulmões, estão os alvéolos pulmonares, recobertos por uma rede de capilares sanguíneos, onde ocorre a hematose (oxigenação do sangue). Abaixo dos pulmões, uma membrana musculosa e resistente, o diafragma, que separa a cavidade pulmonar da abdominal.

### Ventilação pulmonar

Os músculos intercostais e o diafragma são os responsáveis pela movimentação de ar para dentro e para fora do sistema respiratório.

- **Inspiração**: é a entrada de ar nos pulmões e ocorre quando os músculos intercostais e o diafragma se contraem, levantando as costelas e aumentando o volume torácico.
- **Expiração:** é a saída de ar dos pulmões, quando os músculos intercostais e o diafragma relaxam, abaixando as costelas e diminuindo o volume torácico.

Cada movimento respiratório (inspiração e expiração) movimenta 1/2 litro de ar nos pulmões. O volume máximo de ar que pode ser movimentado em uma respiração intensa é chamado de capacidade pulmonar vital e fica entre 4 a 5 litros. Mesmo em uma expiração forçada, 1,5 litro de ar permanece nos pulmões e é chamado de ar residual. A frequência respiratória em repouso fica entre 12 a 15 movimentos respiratórios por minuto.

### Controle da respiração

O bulbo encefálico e a medula espinal são os centros nervosos que controlam a respiração. A cada 5 segundos, no organismo em repouso, o sistema nervoso emite impulsos que estimulam a contração dos músculos intercostais e do diafragma, provocando a inspiração. Durante o exercício físico, aumenta a necessidade de oxigênio pelas células e a quantidade de gás carbônico liberado. O gás carbônico combina com a água, formando ácido carbônico, e torna o sangue mais ácido. Essa acidez é detectada pelos quimiorreceptores da aorta e da carótida, que avisam os centros nervosos para aumentar a frequência respiratória.

## Transporte dos gases

Na hematose que ocorre nos alvéolos pulmonares, o oxigênio difunde-se para os capilares sanguíneos e penetra nas hemácias para se combinar com a hemoglobina, formando a oxiemoglobina. Assim, o oxigênio é distribuído a todas as células do corpo.

O gás carbônico liberado pelas células difunde-se no líquido intersticial e é absorvido pelos capilares. Uma pequena parte do gás carbônico permanece dissolvido no plasma sanguíneo (5-7%); outra parte combina com a hemoglobina, formando a carboemoglobina (23%). A maior parte do gás carbônico (aproximadamente 70%) reage com a água dentro das hemácias e forma ácido carbônico que, rapidamente, se dissocia em H+ e íons bicarbonato, reação catalisada pela enzima anidrase carbônica: os H+ ficam associados à hemoglobina e os íons bicarbonato saem das hemácias e vão para o plasma, onde controlam o pH do sangue.

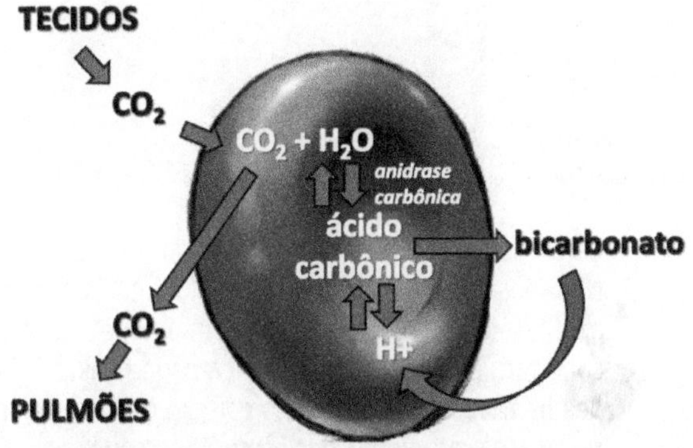


Quando chegam aos pulmões, nos alvéolos, os íons bicarbonato entram nas hemácias e novamente combinam com os H+ restaurando o ácido carbônico para, em seguida, recompor o gás carbônico que é expirado e eliminado para o ar.

# 39.6 Sistema Urinário

O sistema urinário, além de eliminar ureia e ácido úrico, serve para manter o equilíbrio de sais no corpo humano; manter o pH do sangue; regular o volume de líquido corporal; eliminar excesso de medicamentos e antibióticos ingeridos; produzir hormônios como a eritropoetina que estimula a produção de hemácias e eleva a pressão arterial.

## Componentes do sistema urinário

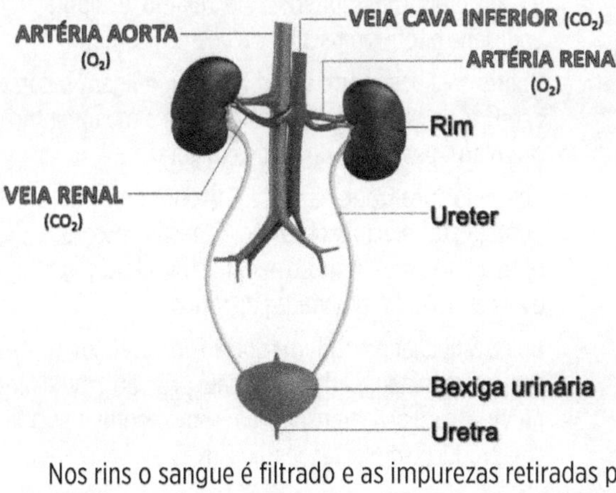


Nos rins o sangue é filtrado e as impurezas retiradas para serem eliminadas pela urina; esta sai dos rins por dois canais chamados ureteres e vai em direção à bexiga urinária, bolsa musculosa que acumula urina até o momento da excreção pela uretra, canal que nos homens atravessa o pênis e que nas mulheres termina na vulva.

## Néfrons

Cada rim é composto por milhões de néfrons, as unidades filtradoras. Cada néfron é uma unidade tubular microscópica que apresenta:

> Cápsula renal, onde ocorre a filtragem do sangue que chega pelo novelo de capilares denominado glomérulo renal;

> Túbulo néfrico, com três regiões: túbulo contorcido proximal, alça néfrica e túbulo contorcido distal, onde ocorre a produção da urina

> Ducto coletor, que lança a urina nos cálices renais.

## Formação da urina

Ocorre em duas etapas: filtração e reabsorção.

### Filtração

O sangue que chega aos glomérulos renais vem com grande pressão e isso permite que parte do plasma passe para a cápsula renal, caracterizando a filtração.

As substâncias que extravasam para a cápsula constituem o filtrado glomerular, que tem composição química semelhante à do sangue: água, sais, moléculas orgânicas simples e ureia. Glóbulos sanguíneos e grandes proteínas do plasma não passam para a cápsula renal. Diariamente passam pelos rins de uma pessoa 2 mil litros de sangue, formando-se 160 litros de filtrado glomerular.

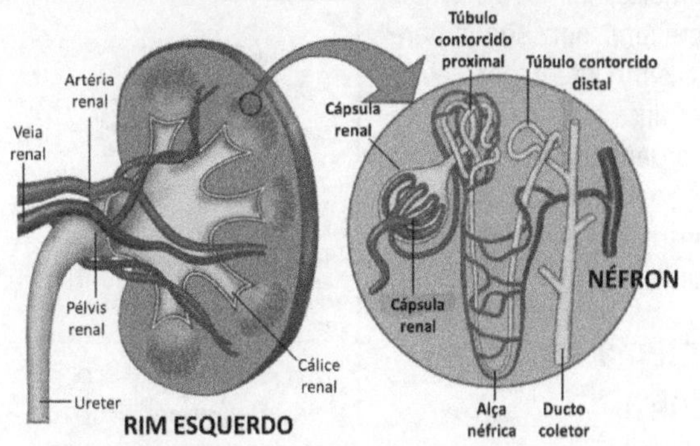


### Reabsorção

Ocorre ao longo de todo o túbulo renal. A água e as substâncias úteis filtradas pela cápsula renal são reabsorvidas e voltam ao sangue. Na alça néfrica ocorre principalmente reabsorção de água do filtrado, que vai ficando cada vez mais concentrado. Na região do túbulo contorcido distal, suas paredes absorvem ativamente ácido úrico e amônia dos capilares próximos e lançam na urina que está sendo produzida.

Mais de 89% da urina é composta por água; as outras substâncias eliminadas pelos rins dependem da dieta alimentar e podem ser: ácido fosfórico, ureia, sódio, cloro, potássio, ácido úrico. A eficiência dos túbulos renais em reduzir o desperdício de água reaproveitando-a, chega a aproximadamente 99%. A ureia, que não pode ser reabsorvida pelos túbulos do néfron é o principal constituinte da urina.

## Controle da função renal

> Atuam nessa regulagem dois hormônios:

> ADH (antidiurético ou vasopressina), produzido pelo hipotálamo e secretado pela neuroipófise, que controla a reabsorção de água nos rins. Caso a pessoa ingira pouca água, o corpo desidrata e a concentração do sangue aumenta. O ADH é liberado e aumenta a reabsorção de água pelos túbulos renais, a urina fica mais concentrada e diminui a perda de água. A ingestão de muita água diminui a concentração do sangue e estimula a diminuir a liberação de ADH, produzindo maior quantidade de urina bem diluída.

> Aldosterona, um hormônio mineralocorticoide, produzido pelo córtex das glândulas suprarrenais que controla a quantidade de sódio no sangue. Quando a quantidade de sódio no sangue baixa, aumenta a secreção de aldosterona que estimula os túbulos contorcidos distais e os ductos coletores a aumentar a reabsorção de sódio do filtrado glomerular. A secreção de aldosterona é regulada pela enzima renina que catalisa a formação de uma proteína chamada de angiotensina. Esta diminui o calibre dos vasos sanguíneos e provoca aumento da pressão arterial, estimulando a secreção de aldosterona.

## 39.7 Sistema Nervoso

O sistema nervoso funciona com órgãos receptores, que recebem os estímulos internos e externos e enviam mensagens para um centro integrador, que as decodifica, interpreta e analisa. As ordens são enviadas para órgãos efetores, que as transmitem para músculos e glândulas.

*Quando o volume de sangue aumenta, há expansão dos átrios do coração e ele libera um hormônio conhecido como peptídio natriurético atrial (PNA). Esse hormônio inibe a secreção de renina, aldosterona e ADH, aumentando a excreção de sódio e o fluxo de urina.*

### Sistema nervoso central

O Sistema Nervoso Central (SNC) recebe, analisa e integra as informações recebidas pelo corpo, sendo o local onde ocorrem as decisões e o envio de ordens. Constituído pelo encéfalo e a medula espinal, apresenta os corpos celulares da maioria dos neurônios.

Envolvendo todo o SNC estão as meninges, três películas protetoras. Distribuindo células, anticorpos e protegendo o encéfalo e a medula espinal de traumatismos e choques temos o líquido cefalorraquidiano ou líquor.

### Encéfalo

É a maior região integradora do SNC, agindo como principal centro de coordenação do corpo. Nele, os corpos celulares, que têm coloração acinzentada, localizam-se na região externa, constituindo a substância cinzenta; enquanto que os axônios e dendritos, que são esbranquiçados devido à presença da bainha de mielina, localizam-se na região interna, formando a substância branca.

O encéfalo é constituído por:

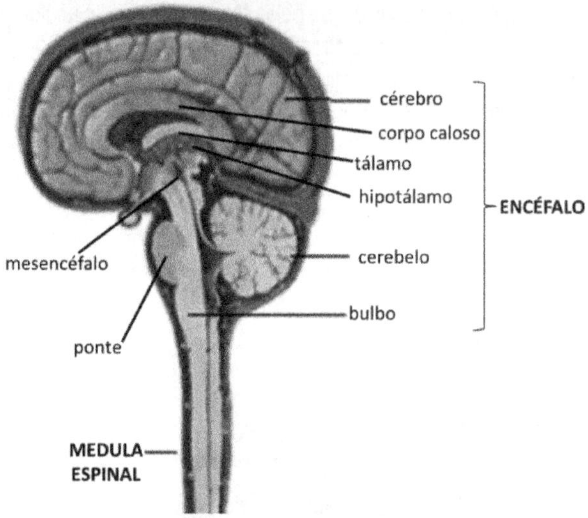


> Cérebro: formado por dois hemisférios cerebrais que coordena as atividades nervosas como raciocínio, aprendizado, pensamento, fala e memória e que se conectam pelo corpo caloso. A camada mais externa dos hemisférios cerebrais é o córtex cerebral. Alguns sulcos mais profundos dos hemisférios cerebrais delimitam regiões específicas como: lobo frontal (controla os músculos esqueléticos, o pensamento, a fala e o olfato); lobos parietais (relacionados às sensações da pele, dos músculos, juntas e tendões); lobos parietais (ligados à audição); lobos occipitais (ligados à visão).

> Tálamo: encaixado na base do cérebro, por ele passam as informações sensoriais que chegam ao córtex cerebral e as respostas que este envia para os músculos e as glândulas;

> Hipotálamo: localizado embaixo do tálamo, controla a fome e a saciedade, a sede, a manutenção da temperatura, o equilíbrio fisiológico do sangue, o metabolismo de gorduras e açúcares, além de regular o sono.

> Mesencéfalo: na sequência do tálamo e hipotálamo, coordena o tônus muscular e a postura corporal.

> Ponte: saliência onde estão fibras que ligam o córtex cerebral ao cerebelo, está relacionada à movimentação dos olhos, pescoço e do corpo em geral.

> Cerebelo: localizado na parte posterior do cérebro e da ponte, está relacionado à coordenação motora, à manutenção do equilíbrio ao andar de bicicleta, jogar tênis e ao controle das atividades de rotina.

> Bulbo raquidiano: é a última porção do encéfalo e contém centros reguladores da respiração, pressão arterial, frequência cardíaca, transpiração, movimentos peristálticos, produção de secreções digestivas e vômito.

## Medula espinal

As informações que o encéfalo recebe e as ordens que envia geralmente passam pela medula espinal. Ela sai do crânio e passa dentro do canal medular, formado pelas vértebras superpostas. Estruturalmente a medula espinhal apresenta a substância cinzenta (corpos celulares) internamente, envolvida pela substância branca (axônios e dendritos).

Os axônios que saem da medula formam os 31 pares de nervos periféricos ou raquidianos, responsáveis pela movimentação e sensibilidade do corpo.

## Sistema nervoso periférico

O Sistema Nervoso Periférico (SNP) controla ações voluntárias (andar ou escrever) e involuntárias (produção de suco gástrico), sendo constituído pelo sistema nervoso:

> Somático, que conduz ao SNC os estímulos vindos do corpo e do ambiente externo e leva aos músculos esqueléticos impulsos nervosos vindos do SNC.

> Autônomo ou visceral regula o ambiente interno do corpo – estimula ações que mobilizam energia, permitindo responder a situações de estresse (produção de suor, batimento cardíaco) com o sistema simpático, que coloca o organismo em alerta utilizando o hormônio noradrenalina; faz o organismo voltar à calma e estimula a digestão com o sistema parassimpático, que utiliza o hormônio acetilcolina. Esses sistemas funcionam em antagonismo: quando um sistema estimula o órgão, o outro inibe.

## Ato reflexo

A medula também está relacionada à passagem de impulsos que não estão ligados ao comando do cérebro. Chamadas de atos reflexos, eles envolvem poucos neurônios e são extremamente rápidos.

Os atos reflexos são realizados com o neurônio sensitivo ou aferente, que recebe o estímulo e o transmite para o neurônio associativo (na medula), que por sua vez repassa para o neurônio motor ou eferente, que provoca o movimento ou secreção.

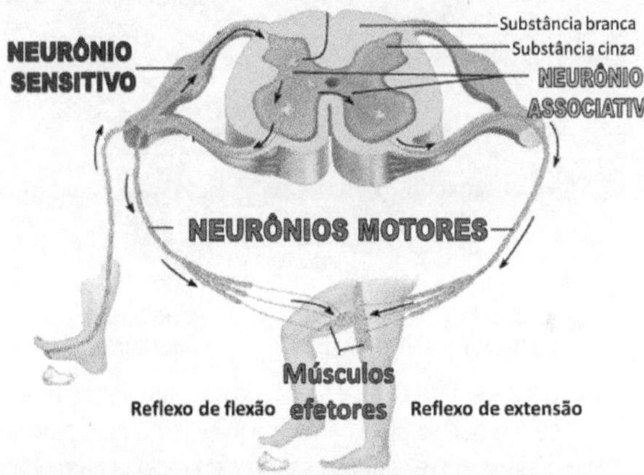


## Ação de drogas no sistema nervoso

Drogas são substâncias que podem alterar o estado de consciência e acostumar o cérebro a recompensas. Em geral podem ser sintéticas ou naturais, agindo como substâncias estimulantes ou depressoras ou perturbadoras do Sistema Nervoso Central.

**Drogas Estimulantes**

São substâncias que costumam aumentar a atividade cerebral, reforçando a atenção, o tempo de vigília e acelerando o pensamento, o que geralmente leva à euforia. A cafeína e a nicotina são estimulantes naturais legalizados. As anfetaminas, que com receita médica são utilizadas como moderadores de apetite, são estimulantes. Cocaína e crack, consumidos por aspiração ou de forma injetável tornam facilmente o usuário dependente das sensações que provocam.

**Drogas Depressoras**

São as que diminuem a atividade do cérebro e têm propriedades analgésicas. Os usuários desse tipo de droga apresentam movimentos lerdos, têm a atenção reduzida e pouco tempo de vigília. O álcool é uma substância lícita dessa categoria, mas seu consumo frequente e prolongado leva ao vício e a doenças graves. Benzodiazepínicos, que atuam como tranquilizantes, são usados no tratamento de distúrbios emocionais, tensões e ansiedades, mas podem causar efeitos colaterais graves e rápida dependência. Opiáceos naturais, como os extraídos da papoula ou semissintéticos, produzidos a partir da morfina, como a heroína e sintéticos como a meperidina, provocam dependência e são usados pela medicina como analgésicos e sedativos. Lança-perfume, benzina e alguns tipos de cola, clorofórmio e éter são utilizados por inalação e provocam tonturas e relaxamento muscular, com o usuário perdendo a percepção de tempo e espaço.

**Drogas Alucinógenas**

Provocam perturbações no usuário, alterando os sentidos e causando ilusões visuais. A atividade cerebral não é modificada, mas o órgão funciona de maneira diferente. São todas substâncias ilegais e apenas a maconha tem uso clínico. A mescalina tem efeitos psicodélicos semelhantes, mas menos intensos que os do LSD. A maconha causa alterações cognitivas e de humor, aumenta o apetite e, às vezes, provoca quadros agudos de paranoia e pânico. O chá do Santo Daime leva a crises psicóticas; o ecstasy (sintético e derivado da anfetamina) apresenta atividades estimulantes e alucinógenas, afetando o sistema que controla o humor e os impulsos.

Texto adaptado de http://saude.ig.com.br/drogas/ Acesso em 12/08/2014 as 20h00.

# 39.8 Órgãos dos Sentidos

Os órgãos dos sentidos permitem que estímulos ambientais sejam detectados e informações sejam transmitidas aos centros controladores do sistema nervoso.

Os órgãos receptores são estruturas que ficam excitadas aos estímulos ambientais com sons, aromas e luz, gerando impulsos nervosos que chegam ao cérebro para serem interpretados, fornecendo as sensações.

## Receptores da pele

A pele é rica em estruturas sensoriais capazes de perceber modificações do ambiente ou permitir interações com o meio. São receptores cutâneos os mecanorreceptores, capazes de perceber variações de pressão e detectar o toque.

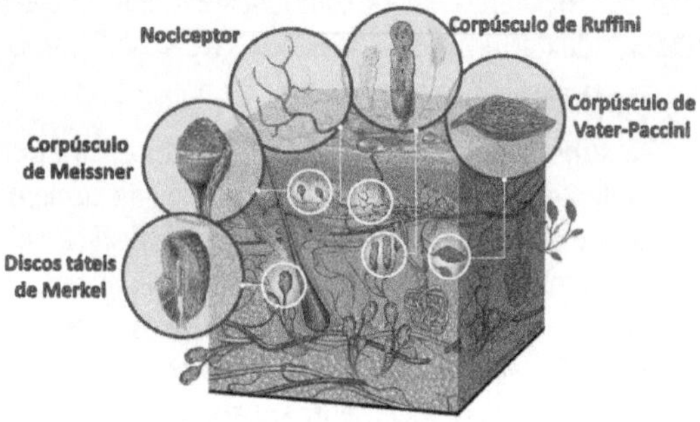


> Corpúsculo de Ruffini: percebe pressão prolongada.
> Corpúsculo de Vater-Paccini: detecta pressão e vibrações.
> Corpúsculo de Meissner: percebe toques leves.
> Discos táteis de Merkel: para percepção de toque e pressão prolongados.
> Nociceptor: para sensações de toque, pressão e estiramento da pele.
> Terminações livres: especializadas na detecção de dor.

## Quimiorreceptores

São receptores que se excitam com substâncias químicas como as papilas gustatórias, concentradas na língua. As papilas circunvaladas, fungiformes e foliáceas percebem os sabores: doce, salgado, azedo e amargo; a papila filiforme está associada apenas a sensações táteis.

A percepção de substâncias voláteis presentes no ar é feita pelo epitélio olfatório, que está no teto das cavidades nasais. Os quimiorreceptores do olfato têm prolongamentos sensíveis e, quando moléculas dispersas no ar se difundem em seu muco, atingem os prolongamentos sensoriais e geram impulsos nervosos que são conduzidos até o bulbo olfatório.

## Fotorreceptores

Estão presentes nos bulbos dos olhos, que se movimentam por três pares de músculos em forma de cinta. Cada bulbo ocular é revestido pela conjuntiva e, sob ela, três camadas de tecido formam a parede do bulbo do olho:

*O sabor dos alimentos é produzido pela estimulação das células gustatórias e pela estimulação de células olfatórias, já que esses dois sentidos atuam em conjunto para a percepção do sabor.*

Esclera (parte branca do olho) mantém o formato esférico do olho e na parte anterior apresenta uma área transparente à luz, a córnea.

Corioide, abaixo da esclera é pigmentada e rica em vasos sanguíneos que nutrem as células do olho. Sob a córnea a corioide forma a íris (disco colorido do olho), onde fica a pupila, orifício regulável por onde luz penetra no olho. Atrás da íris fica a lente, estrutura proteica com forma de lente biconvexa, que pode ter formato alterado por ação de músculos ciliares e que é responsável pela nitidez das imagens que vemos.

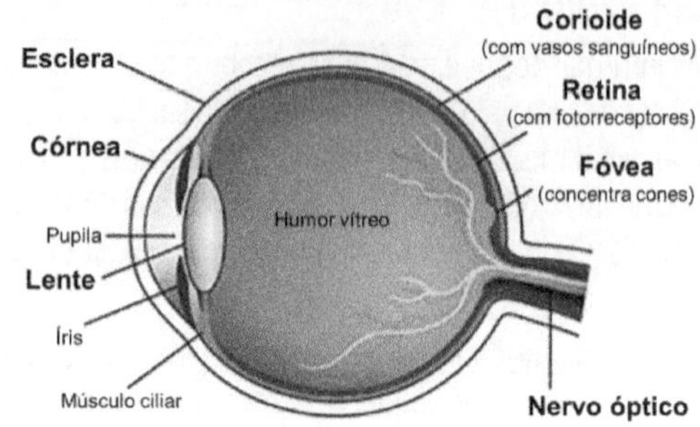


Retina, que reveste internamente a câmara ocular e apresenta dois tipos de células fotorreceptoras: bastonetes, que são sensíveis à luz permitindo visão noturna e cones, que possibilita a visão de cores e dão nitidez à imagem. Estas células se acumulam na fóvea, região da retina onde a imagem do objeto é formada com nitidez; no ponto cego, local de onde sai o nervo óptico, não há fotorreceptores.

*O conjunto de fibras nervosas que compõem o nervo óptico sai da retina e conduz os estímulos captados pelos fotorreceptores até os centros da visão na região occipital de cada hemisfério cerebral. Cada hemisfério cerebral recebe informação dos dois olhos, analisam as diferenças e estimam a distância do objeto focado. Essa superposição de imagens, vistas de ângulos diferentes por cada um dos olhos, permite a visão binocular.*

O preenchimento do espaço abaixo da córnea é feito pelo humor aquoso e, a câmara atrás da lente é preenchida pelo corpo vítreo, um líquido viscoso e transparente.

## Fonorreceptores

É pela orelha que percebemos os sons e equilibramos nosso corpo.

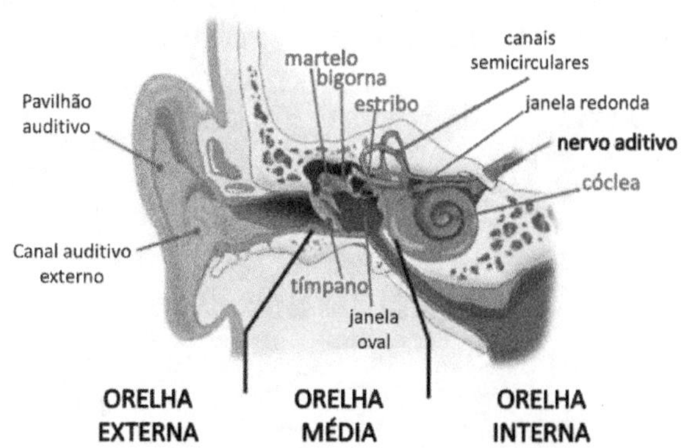


> Orelha externa, canal revestido por epitélio secretor de cera e que se abre para o meio externo pelo pavilhão auditivo. Este capta os sons e os direciona para o final do canal auditivo onde está o tímpano, película que separa a orelha externa da orelha média.

> Orelha média, canal estreito e cheio de ar onde estão três ossículos: martelo, bigorna e estribo. A vibração do ar, provocada pelas ondas sonoras faz a membrana timpânica vibrar, movimentando os três ossículos, que transmitem essa vibração para a orelha interna.

> Orelha interna, formada pelo aparelho vestibular, onde estão: a cóclea, responsável pela audição (com formato de uma concha de caracol e preenchida por líquido) e os órgãos responsáveis pelo equilíbrio e posição da cabeça: sáculo, utrículo e canais semicirculares.

A tuba auditiva comunica a orelha média à garganta e auxilia a equilibrar a pressão no interior da orelha com a pressão no meio externo.

A percepção dos sons começa quando o osso estribo faz vibrar a janela oval (na cóclea) e provoca movimento do líquido coclear. Este, ao se movimentar, estimula os cílios das células sensoriais localizadas no órgão espiral e gera impulsos nervosos que são conduzidos pelo nervo auditivo ao cérebro que os descodifica.

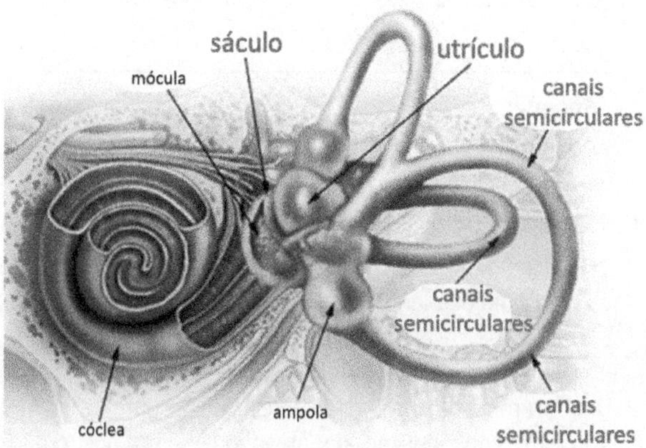


A correção da posição da cabeça é feito pelos canais semicirculares, três tubos curvos e preenchidos por um líquido, localizados sobre o utrículo. Na base de cada canal existe uma ampola com células sensoriais ciliadas. Quando movimentamos a cabeça, o movimento do líquido sobre os cílios gera impulsos nervosos, que são transmitidos ao encéfalo.

# 39.9 Sistema Endócrino

Grande parte do funcionamento do nosso organismo depende da comunicação entre as células por meio de hormônios produzidos pelo sistema endócrino.

Hormônios são substâncias químicas que produzidos por glândulas e distribuídos pelo sangue, controlam nossas principais atividades metabólicas. As glândulas produtoras de hormônios podem ser endócrinas, quando só produzem hormônios ou anfícrina ou mistas, quando produzem outras substâncias além de hormônios.

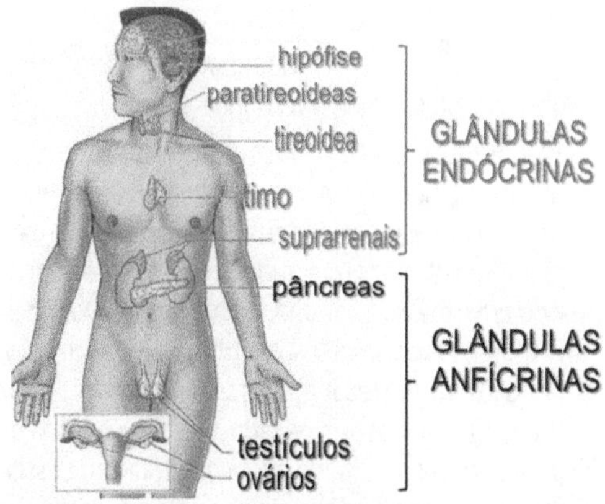


**Regulação do Sistema Hormonal**

Muitas glândulas produtoras de hormônios são reguladas por hormônios produzidos por outras glândulas. Assim, uma glândula controla o funcionamento da outra, estimulando ou inibindo, em um processo denominado de feedback. Isso permite que o funcionamento das glândulas seja harmonioso e, por consequência, o do organismo também.

## Glândulas endócrinas

**Adenohipófise**

Esta glândula corresponde à porção anterior da hipófise (situada no centro do crânio) e é capaz de produzir todos os hormônios que secreta.

> STH ou somatotrofina: é o hormônio que estimula o crescimento das cartilagens e dos ossos, determinando o aumento do tamanho corporal. O excesso desse hormônio provoca gigantismo e sua deficiência causa o nanismo. Em adultos, se a produção do hormônio não for reduzida naturalmente, os ossos das mãos, dos pés e da cabeça aumentam de tamanho provocando a acromegalia.

**Prolactina**: hormônio que atua sobre os ovários estimulando a secreção de progesterona e estimulando a produção e secreção de leite nas mulheres.

> TSH ou hormônio tireotrófico: regula a atividade da glândula tireoidea.

> ACTH ou hormônio adrenocorticotrófico: estimula a produção de hormônios pelo córtex da glândula suprarrenal.

> FSH ou hormônio folículo estimulante: atua nos testículos e ovários estimulando a produção de gametas.

> LH ou hormônio luteinizante: atua nos testículos e ovários estimulando a produção de hormônios sexuais.

**Neuroipófise**

Esta glândula corresponde à parte posterior da hipófise e os hormônios que secreta são produzidos pelo hipotálamo.

> Oxitocina: hormônio que acelera as contrações uterinas para o parto e provoca a contração da musculatura lisa das glândulas mamárias, facilitando a saída do leite.

> ADH ou hormônio antidiurético: controla a perda de água pela urina. A produção de pequena quantidade desse hormônio provoca muita sede e desidratação, caracterizando o diabetes insípido.

**Tireoidea**

Esta glândula está localizada no pescoço, logo abaixo da laringe e sobre a traqueia. Seus hormônios são:

> **Triiodotironina e tiroxina:** que estimulam e mantém os processos metabólicos, mantendo a pressão sanguínea, o ritmo cardíaco, o tônus muscular e as funções sexuais. O hipertireoidismo ocorre quando esse hormônio é produzido em excesso, ocasionando aumento da temperatura corporal, sudorese intensa, perda de peso, irritabilidade e pressão alta. Em casos graves a glândula incha e os olhos ficam arregalados provocando o bócio exoftálmico. O hipotireoidismo resulta da pequena produção desses hormônios e provoca apatia, deixa a pele ressecada, diminui a pressão arterial e tendência para engordar. A falta de iodo na alimentação também pode provocar o inchaço da glândula e caracterizar o bócio carencial ou endêmico.

> **Calcitonina:** atua diminuindo a quantidade de cálcio no sangue. Junto com o hormônio das glândulas paratireoideas é mantido a concentração adequada de cálcio no sangue.

> **Paratireoideas**: são quatro glândulas localizadas atrás da tireoidea e que produzem o paratormônio, responsável pelo aumento do nível de cálcio no sangue, junto com a calcitonina.

> **Paratormônio**: retira cálcio dos ossos e coloca no sangue, aumenta a absorção de cálcio dos alimentos e aumenta a reabsorção de cálcio da urina, fazendo com que o nível desse sal aumente no sangue. Pessoas que apresentam redução da função das paratireoideas têm diminuição de cálcio no sangue e apresentam contrações convulsivas da musculatura esquelética, a tetania.

> **Suprarrenais**: Localizadas sobre os rins, essas glândulas apresentam dois tecidos secretores: um que forma a medula (porção interna da glândula) e outro que forma o córtex (porção externa da glândula).

> Medula: produz dois hormônios: adrenalina, que contrai os vasos sanguíneos da pele provocando palidez, concentra sangue nos músculos e órgãos internos e permite reações em situações de estresse; noradrenalina, que é liberada em doses relativamente constantes para manter a pressão sanguínea normal.

> Córtex: produz os hormônios corticosteroides: glicocorticoides como o cortisol, que atua na produção de glicose a partir de proteínas e gorduras em situações de estresse; mineralocorticoides como a aldosterona, que aumenta a retenção de íons de sódio pelos rins e aumentando a pressão sanguínea; andrógenos, hormônios masculinos ligados ao desenvolvimento da massa muscular.

## Glândulas anfícrinas

**Pâncreas**

A porção endócrina do pâncreas é formada pelas ilhotas pancreáticas que apresentam dois tipos de células: células-beta, que representam 70% de cada ilhota e que produzem o hormônio insulina e células-alfa, que produzem o hormônio glucagon.

> Insulina: este hormônio é hipoglicemiante, retirando glicose do sangue e facilitando sua absorção pelos músculos esqueléticos, fígado e células de gordura.

> Glucagon: é um hormônio hiperglicemiante, aumentando o nível de glicose no sangue a partir da transformação de glicogênio em glicose no fígado.

A insulina está relacionada ao diabetes melito, doença em que a pessoa apresenta alta taxa de glicose no sangue, glicosúria (glicose na urina), emagrecimento, fraqueza e sede intensa. O diabetes tipo I (juvenil) desenvolve antes dos 40 anos de idade e é causado pela diminuição das células-beta nas ilhotas, necessitando de injeções de insulina diárias. O diabetes tipo II (diabetes tardio), desenvolve depois dos 30 anos de idade, provocado pela redução de receptores de insulina nas membranas das células musculares e adiposa, pode ser controlado com dieta alimentar.

**Gônadas**

Os hormônios controlam os processos reprodutivos, influenciam a formação da genitália (característica sexual primária) e as diferenças entre fêmeas e machos (característica sexual secundária).

> **Estrógeno**: hormônio produzido pelas células do folículo ovariano e que determina o aparecimento das características sexuais secundárias na mulher: desenvolvimento das mamas, alargamento dos quadris, acúmulo de gordura em determinadas partes do corpo feminino, indução do amadurecimento dos órgãos sexuais femininos e promoção do impulso sexual.

> **Progesterona:** produzida pelo corpo amarelo, atua junto com o estrógeno na preparação da parede uterina para receber o embrião.

> Testosterona: hormônio masculino produzido pelas células intersticiais do testículo. É responsável pela aparição das características sexuais secundárias masculinas: barba, voz grave, desenvolvimento muscular, amadurecimento dos órgãos sexuais e promoção do impulso sexual.

Por ser produzida na fase embrionária, a testosterona determina o desenvolvimento dos órgãos sexuais masculinos. Na ausência desse hormônio ou na falta de receptores para ele, o embrião se desenvolve com sexo feminino.

# 40. CLASSIFICAÇÃO BIOLÓGICA

## 40.1 Reinos dos Seres Vivos

Na classificação dos seres vivos há diferentes opiniões entre os cientistas e essa polêmica é saudável para o desenvolvimento científico. Há muito ainda a se descobrir e avançar até que as divergências sobre classificações sejam diminuídas.

Na metade do século XX, os seres vivos foram classificados, de acordo com a estrutura celular, em: procarióticos ou eucarióticos. Isso fez com que as bactérias passassem a constituir o Reino Monera, por serem formadas por células procarióticas.

Em 1960, o biólogo norte-americano, Copeland, sugeriu a divisão dos seres vivos em quatro reinos: Animalia (animais), Plantae (plantas ou vegetais), Protistas (protozoários, algas microscópicas e fungos) e Monera (bactérias). Em 1969, Robert Whittaker reconheceu essa classificação e ampliou as propostas sugerindo que, além dos quatro reinos, os fungos fossem separados em um Reino Fungi.

Na década de 1980, as biólogas Lynn Margulis e Karlene Schwartz, reconheceram a proposta de Whittaker e tentaram definir melhor os limites do reino Protista, que passaria a ser chamado de Protoctista e incluiria também as algas, independentemente de seu tamanho.

Recentemente, outras classificações têm proposto a divisão dos seres vivos em três grandes domínios ou superreinos: Bacteria, que inclui as bactérias verdadeiras; Archaea, que agrupa as bactérias primitivas que vivem em ambientes extremos; Eukarya, que compreende todos os seres eucarióticos.

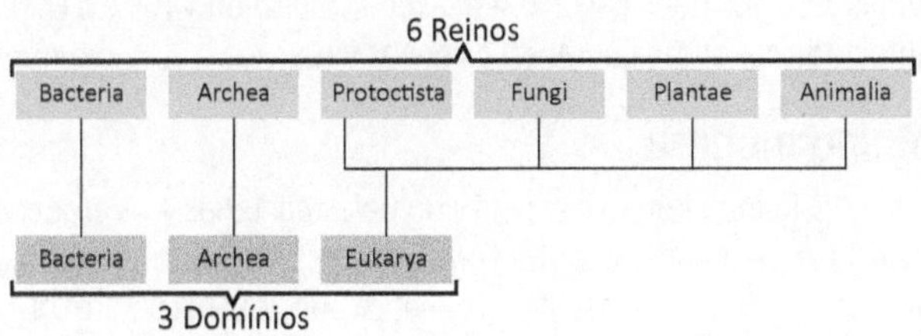


**Domínios e Reinos**

Independentemente do sistema de classificação utilizado, é importante identificar as principais características de cada Reino em que se encontram distribuídos os seres vivos.

### Reino monera

Agrupa os organismos procariontes, aqueles em que a célula não apresenta membranas internas nem separação entre o material nuclear e o citoplasma. Pertencem ao Reino Monera: as Arqueas, organismos encontrados em fontes termais, tubos digestórios de animais, lagos de grande salinidade ou fendas vulcânicas no fundo do mar; as Bactérias, com as mesmas características citológicas, mas reconhecidas com organismos mais sofisticados.

### Reino protoctista

Neste Reino estão incluídos organismos eucariontes, unicelulares e heterótrofos como os protozoários e organismos eucariontes, uni ou multicelulares e autótrofos como as algas. Pertencem também a este reino os mixomicetos, que antes eram classificados como fungos.

### Reino fungi

Estão nesse Reino os organismos eucariontes, uni ou multicelulares e heterótrofos como os cogumelos, os bolores e leveduras.

### Reino plantae

Agrupa as plantas, seres eucariontes, multi e pluricelulares, autótrofos fotossintetizantes. Musgos, samambaias, pinheiros e plantas frutíferas compõem esse Reino.

### Reino animalia

Todos os organismos eucarióticos, multi e pluricelulares, heterótrofos são agrupados nesse Reino, desde os animais mais simples como as esponjas, até os mais sofisticados, como os cordados.

## 40.2 Categorias Taxonômicas

O botânico Carl Von Linné ou Lineu (1707-1778) elaborou um sistema para classificar plantas, animais e minerais. No seu sistema, a espécie é considerada o táxon básico da classificação.

O sistema de Lineu foi aprimorado e, atualmente, as categorias taxonômicas começam com espécie e, logo acima dela, fica o gênero, reunindo espécies com características semelhantes; a família reúne gêneros com características semelhantes e as ordens, famílias semelhantes; as classes agrupam ordens e são reunidas em filos que compõem um reino.

> *Atualmente considera-se espécie uma comunidade reprodutiva de populações (indivíduos semelhantes), reprodutivamente isolada de outras (férteis entre si e estéreis com outras espécies), que ocupa um nicho ecológico (alimento, abrigo, comportamento) específico na natureza.*

**Categorias Taxonômicas**

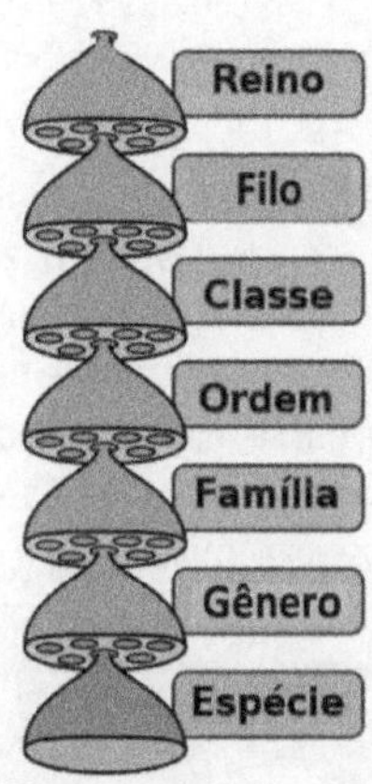


## 40.3 Nomenclatura Binominal

Lineu associou à classificação dos seres vivos um sistema para lhes dar nomes. O nome científico de todas as espécies de seres vivos seria sempre composto de duas palavras: a primeira indicaria o Gênero e a segunda a Espécie. Observe no nome científico da minhoca:

*Pheretima hawaiiana*
gênero — espécie

Entre as regras da nomenclatura binominal deve-se observar:

Os nomes científicos devem ser escritos em latim ou latinizados;

A primeira letra do nome do gênero deve ser maiúscula e a da espécie deve ser minúscula.

O nome científico deve ser destacado no texto, ou em itálico ou grifado. Pheretima hawaiiana ou Pheretima hawaiiana.

Caso não seja necessário nomear a espécie, acrescentamos a abreviatura "sp" depois do nome do gênero: Pheretima sp.

Em um texto, depois de mencionarmos uma vez a Pheretima hawaiiana, podemos citá-la como P. hawaiiana.

## 40.4 Vírus

Os vírus não estão incluídos em nenhum dos seres vivos por serem organismos acelulares. Formados por moléculas de ácidos nucléicos, envolvidos por moléculas de proteínas, os vírus são parasitas intracelulares. Fora da célula hospedeira os vírus são inertes; dentro da célula que parasitam, usam o aparato enzimático e estrutural do hospedeiro para se reproduzirem.

Os genes contidos no ácido nucleico do vírus são informações para a produção de novos vírus e seu conjunto forma o genoma viral.

### Vírus de rna

São classificados em três tipos:

Vírus de cadeia - (negativa): ao penetrar na célula hospedeira, a cadeia de RNA viral é ativada e serve de molde para a síntese de moléculas de RNA complementares. Parte delas é usada para produzir proteínas virais e a outra parte é utilizada como molde para a síntese de novos vírus (vírus da gripe).

Vírus de cadeia + (positiva): a molécula de RNA viral é ativada e serve de molde para a síntese de moléculas de RNA complementares, que atuam como molde para a produção de RNA+ idênticos ao original do vírus. Algumas cadeias + são utilizadas como RNAm e comandam a síntese de proteínas virais; outras são envolvidas por proteínas virais e serão o genoma de novos vírus (vírus da dengue).

Retrovírus: Contém uma cadeia simples de RNA genômico associada à enzima transcriptase reversa, que catalisa uma molécula de DNA complementar à molécula de RNA viral. À medida que sintetiza a cadeia de DNA, a transcriptase reversa degrada o RNA que serviu de molde e, em seguida, comanda a produção de uma cadeia de DNA complementar à primeira. Esse DNA de cadeia dupla será utilizado para transcrever moléculas de RNAm que orientam a síntese das proteínas virais e novos RNA virais (HIV, vírus da AIDS).

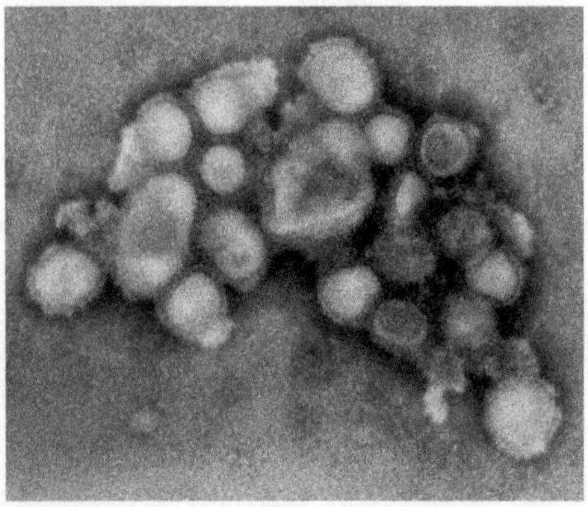

Vírus H1N1

### Vírus de dna

Este vírus consegue replicar seu genoma e fazer RNAm para ser traduzido em proteínas utilizando a estrutura de tradução da célula hospedeira: aminoácidos, nucleotídeos e ribossomos. As enzimas do núcleo da célula hospedeira são utilizadas no processo de replicação do DNA (bacteriófago, adenovírus).

Envoltórios Virais

O ácido nucleico viral é revestido por um envoltório proteico, o capsídio. Juntos, capsídio e ácido nucleico compõem o núcleo capsídio. Alguns vírus ainda apresentam, sobre o capsídio, uma membrana lipoproteica, o envelope viral, formada quando a partícula viral é expelida pela célula hospedeira. Além dessas proteínas e lipídios de origem celular, também existem algumas proteínas virais específicas em alguns envelopes (vírus do herpes).

### Ciclos reprodutivos dos vírus

Os vírus apresentam dois tipos de ciclos reprodutivos, o ciclo lítico e o ciclo lisogênico.

Ciclo lisogênico: o vírus insere na célula hospedeira seu DNA, que se incorpora ao DNA da célula infectada. A célula continua suas atividades normais, mas, durante a divisão celular, o material genético da célula e o do vírus, que foi incorporado sofrem replicação e são distribuídos entre as células-filhas. Assim, a célula infectada transmitirá o vírus sempre que fizer uma mitose, produzindo células infectadas.

Ciclo lítico: o vírus invade a bactéria e interrompe suas funções vitais, enquanto replica e comanda a síntese das proteínas virais. Os capsídeos envolvem o ácido nucleico do vírus e a célula infectada se rompe liberando os novos vírus.

### Reino monera

O Reino Monera é constituído pelas bactérias e as arqueas, que têm em comum a estrutura unicelular e procarionte. A célula não tem membrana sobre o material genético que fica em contato com o citoplasma formando o nucleoide; não tem organelas membranosas e o material nucleico é formado pela molécula de DNA.

### Bactérias

a célula das bactérias apresenta um envoltório externo rígido, a parede celular constituída por peptidoglicano (aminoácidos e carboidratos). Algumas bactérias têm uma cobertura gelatinosa sobre a parede celular, chamada de cápsula. Em bactérias patogênicas a cápsula dificulta sua fagocitose e permite à bactéria sobreviver no hospedeiro. Internamente à parede celular está a membrana plasmática idêntica às das células eucariontes. No citoplasma, estão milhares de ribossomos responsáveis pela síntese de proteínas. O material genético é uma molécula circular de DNA, que constitui seu cromossomo. Pequenos anéis de DNA chamados plasmídios estão no citoplasma e contêm genes para a defesa contra antibióticos.

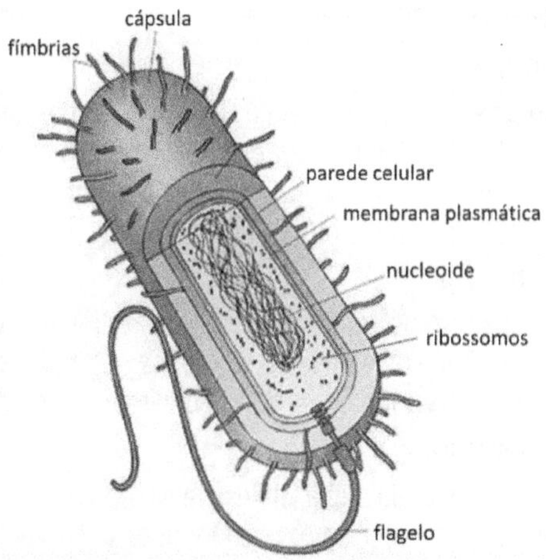


Célula Bacteriana

Muitas bactérias têm flagelos ligados à parede celular e à membrana plasmática. Os flagelos bacterianos têm em sua base um rotor móvel que gira dentro de um anel fixo, sendo diferentes dos flagelos das células eucariontes.

> As fímbrias são prolongamentos curtos e numerosos que auxiliam na adesão das bactérias ao substrato e que também são utilizadas na reprodução sexuada.

Formato das Bactérias

Podemos classificar as bactérias, de acordo com o formato de suas células, em: coco, quando são esféricas; bacilos, quando são alongadas; espirilo, bactérias espiraladas; vibrião, quando têm forma de vírgula.

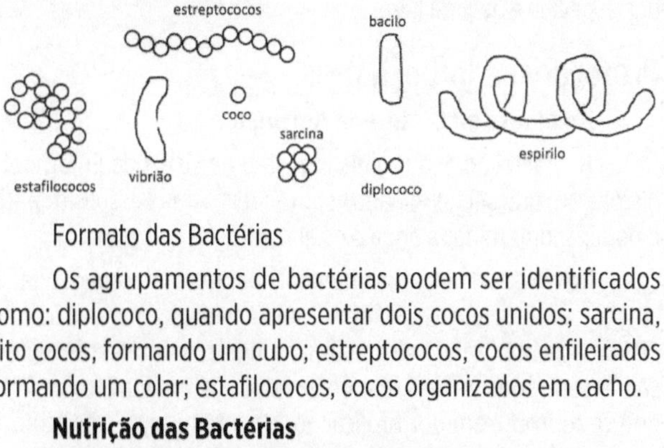


Formato das Bactérias

Os agrupamentos de bactérias podem ser identificados como: diplococo, quando apresentar dois cocos unidos; sarcina, oito cocos, formando um cubo; estreptococos, cocos enfileirados formando um colar; estafilococos, cocos organizados em cacho.

**Nutrição das Bactérias**

Quanto à nutrição, esses microrganismos podem ser:

**Fotoautotróficos**: quando são fotossintetizantes; neste caso usam como doador de hidrogênio o gás sulfídrico e liberam no final o enxofre.

**Foto-heterotróficos**: utilizam luz, mas compostos orgânicos absorvidos do ambiente (álcool, açúcar, ácidos graxos) fornecem carbono para as reações.

**Quimioautotróficos**: quando oxidam substâncias inorgânicas para obter energia e com ela produzir substâncias orgânicas.

**Saprofágicos**: obtêm alimento a partir de matéria orgânica de cadáveres, fezes ou substâncias em decomposição.

**Parasitas:** quando obtêm alimento de outros seres vivos, geralmente causando doenças.

**Reprodução das Bactérias**

As bactérias reproduzem-se assexuadamente por divisão binária, onde uma bactéria por mitose origina duas novas bactérias. A divisão binária forma clones, pois as bactérias originadas são idênticas à bactéria que iniciou o processo.

> As bactérias podem ser classificadas como Gram-positivas ou Gram-negativas, para um teste que analisa a capacidade das paredes celulares reterem o corante cristal violeta no citoplasma durante determinado tratamento. A retenção do corante depende da espessura, densidade, porosidade e integridade das paredes celulares bacterianas.

Em condições adversas (temperatura elevada ou falta de água), as bactérias desidratam e formam uma parede grossa e resistente em torno do citoplasma desidratado. Essa estrutura é chamada endósporo e pode sobreviver muitos anos com a atividade metabólica suspensa.

Embora não apresentem reprodução sexuada, as bactérias podem fazer recombinação genética, combinando genes entre organismos diferentes. Esse processo é muito utilizado na biotecnologia e pode ser feito por:

**Transformação:** quando a bactéria absorve fragmentos de DNA dispersos no ambiente e combina com seu próprio DNA.

**Transdução:** quando um vírus transfere, de uma bactéria para outra, fragmentos de DNA. A bactéria infectada incorpora os fragmentos ao seu próprio DNA.

**Conjugação:** usando as fimbrias sexuais (pelos sexuais ou pilli), fragmentos de DNA de uma bactéria passam para outra, que os incorpora ao seu próprio material genético.

## Arqueas

Nesses microrganismos a sequência gênica é muito parecida com a das células eucariontes, embora a constituição de sua parede celular seja feita com polissacarídeos ou com proteínas. As arqueas vivem em águas com grande salinidade, ou em fontes termais com temperatura entre 60 e 80°C ou fendas vulcânicas. As arqueas metanogênicas vivem em pântanos ou no tubo digestório de animais herbívoros ou cupins, liberando metano.

> As algas microscópicas que ficam na superfície dos mares e lagos constituem o fitoplâncton, sendo importantes para a cadeia alimentar aquática e responsáveis pela maior taxa fotossintética do planeta.

# 40.5 Reino Protoctista

Este reino inclui as algas, organismos fotossintetizantes que podem ser uni ou multicelulares e os protozoários, que são unicelulares e heterótrofos.

## Algas

Diferentes das plantas, por não apresentarem embriões que sejam dependentes do organismo materno para nutrição, as algas vivem em ambientes aquáticos ou úmidos. Nas espécies multicelulares forma-se um talo que lembra a estrutura de vegetais superiores. A maior parte das algas tem parede celular com celulose e combinações com ágar, carragenina e carbonato de cálcio. Muitas delas têm importância econômica sendo utilizadas na indústria de sorvetes, de filtros e isolantes e na culinária. As algas têm reprodução assexuada e sexuada.

## Protozoários

Protozoários são seres organismos microscópicos, eucariontes e unicelulares, que podem habitar variados ambientes (água, solo). Podem viver livres ou associados a outros seres vivos, em colônias, como parasitas, comensais ou mutualísticos.

Em alguns protozoários, além da membrana celular, podem ocorrer carapaças minerais (amebas e foraminíferos). O citoplasma apresenta uma região externa mais fluida, o ectoplasma e outra, mais interna e granulosa, contendo as organelas citoplasmáticas, o endoplasma.

As partículas alimentares podem ser englobadas por pseudópodes ou por aberturas na membrana celular, o citóstoma. O material alimentar é digerido e os resíduos eliminados pelo citopígio ou citoprocto.

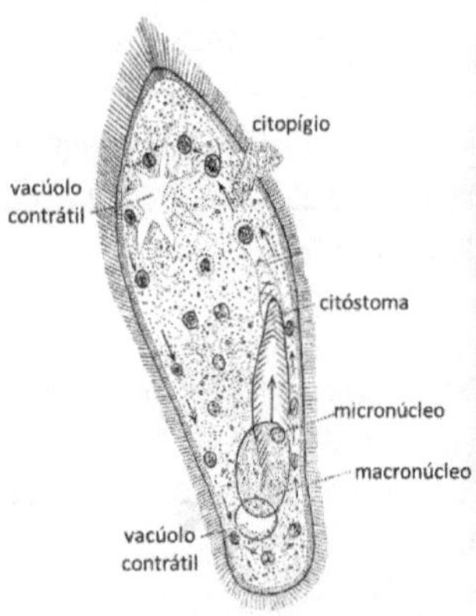


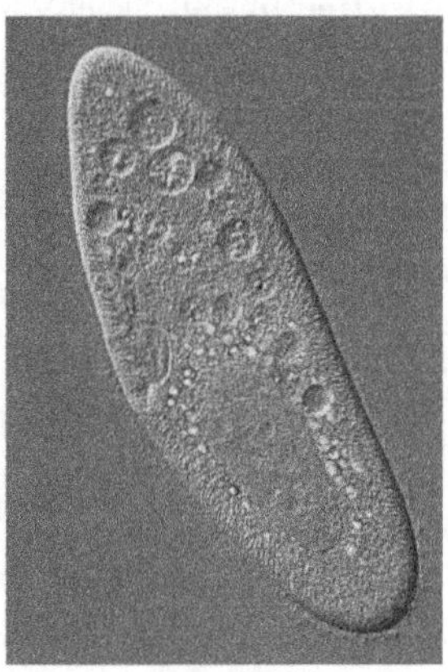

Célula de Paramecium sp.

A respiração e a excreção ocorrem por difusão, havendo nos protozoários de água doce o vacúolo contrátil, que recolhe o excesso de água absorvido pela célula, expulsando-a de tempos em tempos por uma contração brusca.

Geralmente apresentam reprodução assexuada por cissiparidade, mas em algumas espécies a reprodução sexuada ocorre com a união de gametas ou por conjugação (ciliados), com troca de material genético entre indivíduos, aumentando a variabilidade genética.

Quando parasitas, podem ser: monóxenos, quando utilizam um único hospedeiro para nutrição e reprodução; heteróxenos, quando têm dois hospedeiros: o hospedeiro intermediário, onde o parasita se reproduz assexuadamente e o hospedeiro definitivo, onde o parasita faz a reprodução sexuada.

## Filos de protozoários

**Rhizopoda**

São as amebas, com célula flexível e sem estruturas de sustentação; locomovem-se e capturam alimentos com pseudópodes; podem ser de vida livre ou parasitas (Entamoeba histolytica, que parasita o intestino humano).

**Actinopoda**

Apresentam pseudópodes finos. Os radiolários têm uma cápsula central de sustentação e são todos marinhos. Os heliozoários não têm cápsula central e a maioria tem hábitat dulcícola.

**Foraminífera**

Possuem, fora da célula, um esqueleto perfurado de quitina ou carbonato de cálcio, com os pseudópodes saindo pelos furos. Grande parte deles é marinha.

**Apicomplexa**

Antigamente chamados de esporozoários, não têm estruturas locomotoras e são todos parasitas. Em alguma fase da vida apresentam um complexo apical que facilita a penetração no hospedeiro. Encontram-se aqui os parasitas humanos: Plasmodium vivax que causa a malária e o Toxoplasma gondii, que causa a toxoplasmose.

**Zoomastigophora**

Neste grupo, os protozoários apresentam flagelos para locomoção ou captura de alimentos. Há espécies de vida livre e parasitas, como o Trypanosoma cruzi, que causa a doença de Chagas.

**Ciliophora**

Aqui estão os protozoários que apresentam cílios para locomoção ou captura de alimentos. Nas células dos ciliados existem dois núcleos: macronúcleo, que controla as funções vitais e micronúcleo, que controla os processos reprodutivos. A maioria das espécies é de vida livre.

## Protozooses importantes

**Amebíase ou Disenteria Amebiana**

A infestação ocorre pela ingestão de cistos da Entamoeba histolytica, que são eliminados com as fezes das pessoas doentes e podem contaminar a água e os alimentos.

Rompidos no intestino humano, os cistos liberam pequenas amebas, que atacam as células da mucosa intestinal e se alimentam de hemácias, causando ulcerações e sangramento. Nessas regiões são encontradas formas maiores e ativas, chamadas trofozoítos, que se reproduzem por bipartição. No intestino grosso (cólon), alguns trofozoítos se transformam em cistos e são expelidos com as fezes do doente.

Sintomas: cólicas, diarreia com sangue e anemia.

Profilaxia: hábitos de higiene pessoal, construção de sanitários adequados, rede de esgoto e tratamento da água.

**Doença de Chagas**

É causada pelo Trypanosoma cruzi, protozoário flagelado, que é transmitido por percevejos triatomíneos (Triatoma infestans, Panstrongylus megistus), conhecidos como barbeiros ou chupanças. Esse inseto barbeiro vive e se reproduz nas frestas das paredes de casas de pau-a-pique, de onde sai à noite para se alimentar de sangue.

O barbeiro contrai o protozoário de animais silvestres, que são reservatórios naturais (tatu, o gambá e o macaco) ou de uma pessoa doente. O protozoário sai com as fezes do inseto e penetra pelo orifício deixado pela picada ou pela ferida feita na pele, quando a pessoa se coça. De início, o tripanossomo aloja-se na pele, perde o flagelo e reproduz-se por divisão binária.

Os indivíduos resultantes dessas divisões - as leishmanias, se dirigem com o sangue para o coração e o fígado, onde provocam lesões. Nem todos os infectados desenvolvem a doença que pode matar o homem por insuficiência cardíaca – doença de Chagas.

Sintomas: cansaço, febre, aumento do fígado e do baço, inchaço dos linfonodos, insuficiência cardíaca crônica.

Profilaxia: substituir as casas de pau-a-pique por casas de alvenaria, instalação de cortinados sobre as camas e telas de proteção em portas e janelas.

**Malária**

Doença tropical causada pelo Apicomplexo Plasmodium sp (parasita heteróxeno), que se manifesta com febre alta e calafrios em ciclos de 48 horas – febre terçã maligna provocada pelo Plasmodium falciparum. Caso os ciclos de febre ocorram a cada 72 horas – febre quartã, forma mais benigna da doença, o Plasmodium malariae é o agente; o Plasmodium vivax provoca a febre terçã benigna, com ciclos a cada 48 horas.

> A reprodução sexuada do Plasmodium sp caracteriza o mosquito como hospedeiro definitivo do protozoário.

No ser humano: as formas infestantes do protozoário são transmitidas pela picada da fêmea do mosquito-prego (Anopheles sp) e entram no sangue da pessoa contaminada; quando chegam ao fígado e ao baço, se reproduzem assexuadamente, evoluindo para merozoítos. Os merozoítos, no sangue, invadem as hemácias e se reproduzem assexuadamente, formando novos merozoítos que, ao saírem das hemácias, liberam toxinas e provocam os tremores e as febres, sintomas típicos da malária. Alguns merozoítos se reproduzem na medula óssea humana, e formam gametas masculinos e femininos que são liberados no sangue humano.

No mosquito: os gametas são sugados por outro mosquito e, dentro do estômago do inseto ocorre a fecundação. O zigoto formado atravessa a parede do tubo digestivo e forma o oocisto, onde, por esporulação, são formados numerosos esporozoítos. Os esporozoítos migram para a corrente sanguínea do mosquito e chegam às glândulas salivares, podendo ser injetados em novos hospedeiros, reiniciando o ciclo.

Profilaxia: medidas de saneamento para erradicação do inseto; uso do quinino para pessoas que vivem onde a doença é endêmica; uso de cortinados e telas nas janelas e portas para diminuir o ataque dos insetos.

> A reprodução do esporozoário, no interior do organismo humano, é sempre assexuada, caracterizando o ser humano como hospedeiro intermediário.

## 40.6 Reino Fungi

Os fungos são organismos eucariontes, heterotróficos, uni ou multicelulares. Vivem no solo, na água ou no corpo de outros seres vivos, sendo conhecidos como bolores, podridões e mofos. Têm importante papel ecológico porque atuam como decompositores e, assim, atuam na reciclagem de substâncias no ambiente.

### Estrutura dos fungos

Os fungos multicelulares têm as células organizadas em filamentos denominados hifas, cuja parede celular é composta por quitina. O conjunto de hifas entrelaçadas que forma o corpo do fungo é o micélio.

As hifas podem ser cenocíticas quando não existirem as separações transversais entre as células e septadas, quando paredes transversais limitarem as células da hifa.

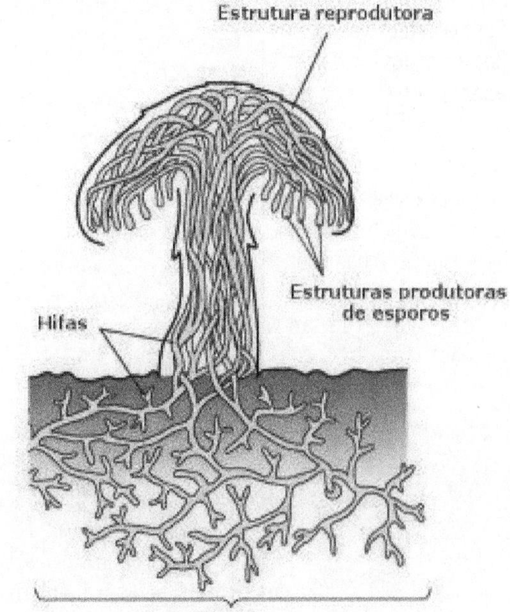


Estrutura dos Fungos

Em muitos fungos hifas especiais constituem os corpos de frutificação conhecidos como cogumelos e orelhas-de-pau, que servem à reprodução sexuada.

Os fungos são heterótrofos e comportam-se como:

Sapróbios, nutrindo-se de restos de outros organismos.

Parasitas, causando doenças em plantas e animais (micoses).

Quando se alimentam, os fungos liberam enzimas digestivas e fazem digestão extracelular, absorvendo apenas os nutrientes obtidos nesse processo.

A reprodução pode ser assexuada por brotamento ou gemulação nas leveduras ou por esporulação, onde células haploides especiais em condições favoráveis podem germinar. A reprodução sexuada ocorre pela fusão de hifas, a plasmogamia, que produz zigotos diploides.

Muitos fungos são utilizados na alimentação e na preparação de alimentos (pão) e bebidas fermentadas (cerveja, vinho). Na indústria farmacêutica esses organismos fornecem antibióticos e outros medicamentos.

## Filos dos fungos

Chytridiomycota ou quitridiomicetos: unicelulares ou filamentosos, apresentam flagelos em pelo menos uma etapa da vida.

Zigomycota ou zigomicetos: com hifas cenocíticas e esporos sexuados, chamados zigósporos; não têm corpo de frutificação (bolor negro do pão).

Ascomycota ou ascomicetos: têm hifas septadas e esporos sexuados formados em bolsas chamadas ascos (lêvedo de cerveja).

Basidiomycota ou basidiomicetos: com hifas septadas e esporos sexuados formados em células especiais chamadas basídios; alguns apresentam corpo de frutificação (champignon).

Vírus, bactérias e fungos são classificados em quatro grupos de risco, conforme o nível de risco infeccioso que apresentam e a possibilidade de prevenção e tratamento.

Grupo de risco 1: agentes biológicos com baixa probabilidade de causar doenças no ser humano.

Grupo de risco 2: podem causar doenças e constituir perigo; tem pouca probabilidade de propagação e existem meios de profilaxia ou tratamentos eficazes.

Grupo de risco 3: agentes biológicos que causam doenças graves e constituem grave risco; podem se propagar, mas existem meios de profilaxia ou tratamento eficaz.

Grupo de risco 4: agentes que causam doenças graves e constituem grande risco; tem elevado risco de propagação e não existem meios de profilaxia ou tratamentos eficazes.

# 41. REINO ANIMALIA

## 41.1 Filos dos Animais

Porifera ou poríferos: são as esponjas, animais aquáticos, de estrutura simples, pois não apresentam tecidos nem órgãos; geralmente são marinhos e vivem fixos.

Cnidaria ou celenterados: são animais aquáticos, de consistência gelatinosa (diblásticos); a maioria é marinha e apresentam formas nadantes, as medusas e formas fixas no substrato, os pólipos: água-viva, corais, caravelas.

Alguns Invertebrados

Platyhelminthes ou platelmintos: reúne animais que têm o corpo achatado dorsoventralmente, que vivem na água, em ambiente úmido (planária) ou parasitando outros animais (tênia e esquistossomo).

Nematoda ou nematódeos: são animais de corpo cilíndrico, que vivem em vários ambientes livremente ou como parasitas de animais e plantas (lombrigas e ancilóstomos).

Mollusca ou moluscos: caracterizam-se pelo corpo mole, geralmente protegido por uma concha calcária; são encontrados no mar, na água doce e em terra úmida (caracóis, mexilhões, lesmas, polvos e lulas).

Annelida ou anelídeos: apresentam o corpo cilíndrico dividido em segmentos transversais (minhocas); vivem na água doce ou salgada e em solo úmido.

Arthropoda ou artrópodes: é o filo com maior diversidade de formas, hábitats e comportamentos; todos apresentam um exoesqueleto rígido de quitina, que deve ser substituído periodicamente para o animal poder crescer; a presença de apêndices articulados (peças bucais, pernas, antenas, olhos, asas) também identifica esse filo (crustáceos, aracnídeos, insetos, quilópodes e diplópodes).

Echinodermata ou equinodermos: são todos marinhos, e apresentam endoesqueleto calcário com espinhos e saliências; a presença de tubos e ampolas acionados por água do mar, o sistema hidrovascular e a simetria pentarradiada caracterizam o grupamento: estrela-do-mar, bolacha-de-praia e pepino-do-mar.

> Embriologicamente, os animais protostômios são aqueles em que o blastóporo dá origem à boca (moluscos, anelídeos e artrópodes); os deuterostômios são os que o blastóporo dá origem ao ânus (equinodermos e cordados).

Chordata ou cordados: reúne todos os animais que apresentam, pelo menos durante o desenvolvimento embrionário, notocorda, tubo neural e fendas branquiais. Bem diversificado, este filo apresenta os protocordados (cordados que não apresentam crânio nem coluna vertebral - anfioxo), os agnatos (peixes sem mandíbula) e os gnatostomata (animais com mandíbula - peixes cartilaginosos e ósseos, anfíbios, répteis, aves e mamíferos).

## 41.2 Fisiologia Animal Comparada

Grande parte da diversidade animal pode ser observada nas adaptações para obtenção e digestão dos alimentos, captação de oxigênio e eliminação de dióxido de carbono na respiração, distribuição de nutrientes pelos líquidos corporais, eliminação de resíduos e coordenação nervosa. Nos animais invertebrados e vertebrados existem estruturas anatômicas e fisiologicamente especializadas para realizar essas funções e facilitar a sobrevivência.

### Sistema digestório

Os animais são heterótrofos, precisam de substâncias orgânicas obtidas de outros organismos, vivos ou não, para sobreviver. Para transformar essas substâncias em nutrientes que possam ser assimilados, desenvolveram o sistema digestório.

### Sistema digestório incompleto

Nesse tipo de sistema digestório, há apenas uma abertura, a boca, que serve tanto para a ingestão do alimento como para a eliminação dos restos não digeridos: cnidários e platelmintos. Nos poríferos a digestão ocorre dentro dos coanócitos e amebócitos.

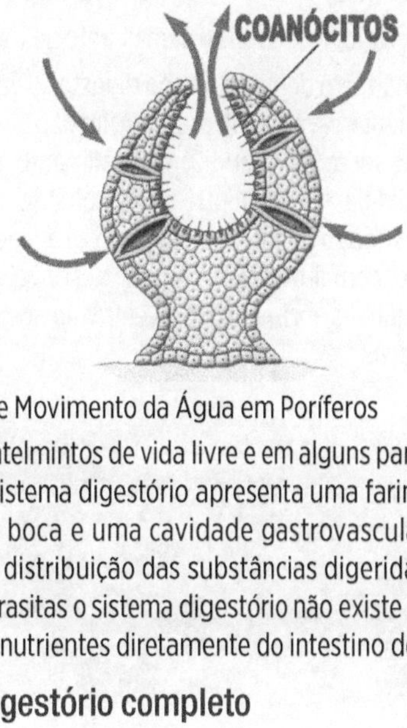


Célula e Movimento da Água em Poríferos

Nos platelmintos de vida livre e em alguns parasitas (esquistossomo), o sistema digestório apresenta uma faringe musculosa embutida na boca e uma cavidade gastrovascular ramificada, que facilita a distribuição das substâncias digeridas para todo o corpo; nos parasitas o sistema digestório não existe (tênias), já que absorvem os nutrientes diretamente do intestino do hospedeiro.

### Sistema digestório completo

É típico dos moluscos, nematódeos, anelídeos, artrópodes, equinodermos e cordados, onde o tubo digestório apresenta duas aberturas: a boca por onde o alimento entra e o ânus, por onde são eliminados os restos alimentares que não foram digeridos.

Nos nematódeos - o tubo digestório termina em cloaca (abertura comum para o tubo digestório, sistema excretor e reprodutor).

Nos anelídeos, uma prega longitudinal, o tiflossole, percorre a porção superior e final do intestino, aumentando a superfície de contato com os alimentos e de absorção.

Excetuando os moluscos bivalves, os outros têm na boca uma placa com dentes quitinosos, a rádula, que funciona como uma língua raladora. Os bivalves, como são animais filtradores, retiram da água partículas orgânicas e organismos microscópios usando um sifão inalante; o sifão exalante elimina água e resíduos.

Nos artrópodes existem diferentes tipos de aparelhos bucais e nos aracnídeos a digestão é extracorpórea.

Os equinodermos têm sistema digestório completo, com a boca geralmente situada na região voltada para o substrato e o ânus na região oposta. No ouriço-do-mar, a boca apresenta cinco dentes calcários em uma armação muscular chamada lanterna-de-aristóteles.

## Sistema digestório de vertebrados

Nos peixes cartilaginosos a boca é ventral e apresenta várias fileiras de dentes semelhantes às escamas (tubarões); o intestino apresenta uma prega espiralada na região interna, chamada válvula espiral, que aumenta a superfície de absorção de nutrientes. O tubo digestório é completo e termina em cloaca.

Os peixes ósseos têm o tubo digestório completo, com a boca frontal; após o estômago há cecos pilóricos e o fígado é bem desenvolvido e produz bile para facilitar a digestão de gorduras.

Nos anfíbios a língua é protrátil, presa à boca pela parte anterior e projeta-se para fora, com velocidade, na captura de alimento; o intestino grosso é curto e termina na cloaca.

O sistema digestório dos répteis é semelhante ao dos anfíbios.

As aves não têm dentes e o tubo digestório varia de acordo com a dieta alimentar; aves herbívoras têm um papo, região dilatada do esôfago, que serve de reservatório de alimento; o estômago é dividido em duas partes: proventrículo (estômago químico) onde o alimento é misturado às enzimas digestivas e à moela (estômago mecânico), que, com a parede muscular desenvolvida, tritura o alimento enquanto as enzimas do proventrículo agem. O intestino termina na cloaca.

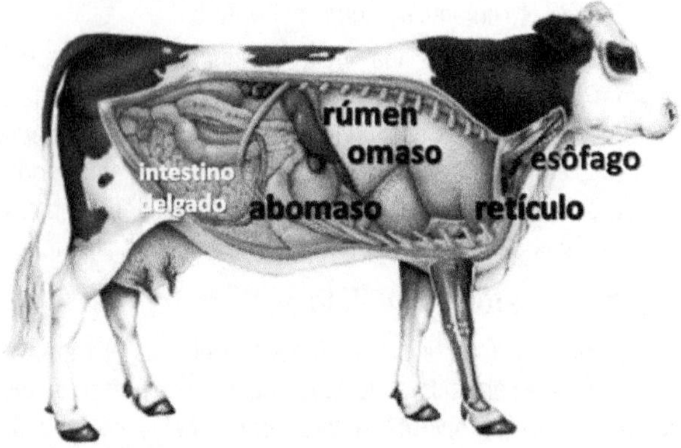


Estômago de Ruminantes

O tubo digestório é semelhante em todos os mamíferos. Nos ruminantes, o estômago é dividido em quatro compartimentos e contém enorme quantidade de microrganismos fermentadores de celulose. Ao ingerir alimentos, os ruminantes mastigam parcialmente e engolem, enviando o alimento direto para o rúmen e depois para o retículo, onde sofrem ação dos microrganismos. Do retículo o alimento é regurgitado de volta à boca, sofrendo uma mastigação mais aprimorada; engolido novamente, retorna ao retículo para nova atividade dos microrganismos. Com consistência semilíquida, o alimento vai para o omaso, onde o conteúdo líquido é separado do sólido, com vigorosas contrações. No abomaso, que corresponde ao estômago dos mamíferos não ruminantes, há secreção de enzimas digestivas (proteases). O restante do processo tem as mesmas etapas dos outros mamíferos.

# Sistema respiratório

Para obter energia para suas atividades, os animais realizam o processo de respiração e, para a captação e eliminação dos gases envolvidos nesse processo, desenvolveram o sistema respiratório.

## Sistema respiratório de invertebrados

Os poríferos, cnidários, platelmintos e nematódeos não apresentam órgãos respiratórios e, como são organismos aquáticos ou de ambiente úmido, as trocas gasosas ocorrem por difusão através das células: respiração cutânea.

A maior parte dos moluscos realiza respiração branquial, onde lâminas ricamente vascularizadas, quando em contato com a água, retiram dela o oxigênio dissolvido e eliminam gás carbônico; nos moluscos as brânquias estão na cavidade do manto. Nos moluscos terrestres (caracóis), a cavidade do manto é ricamente vascularizada, funcionando como um pulmão rudimentar; nas lesmas a respiração é cutânea.

Os anelídeos terrestres (minhocas) realizam respiração cutânea e, por isso, têm a superfície corporal sempre umedecida; os aquáticos fazem respiração branquial.

Entre os insetos, quilópodes (lacraia) e diplópodes (piolho-de-cobra) a respiração é traqueal: as traqueias são tubos ocos com aberturas no tórax e abdome, os espiráculos, por onde o ar entra atingem todas as células; quelicerados (aranhas, carrapatos e escorpiões) respiram por filotraqueias ou pulmões foliáceos formados por lâminas de tecido onde circula a hemolinfa, aberturas na superfície corporal; os crustáceos fazem respiração branquial.

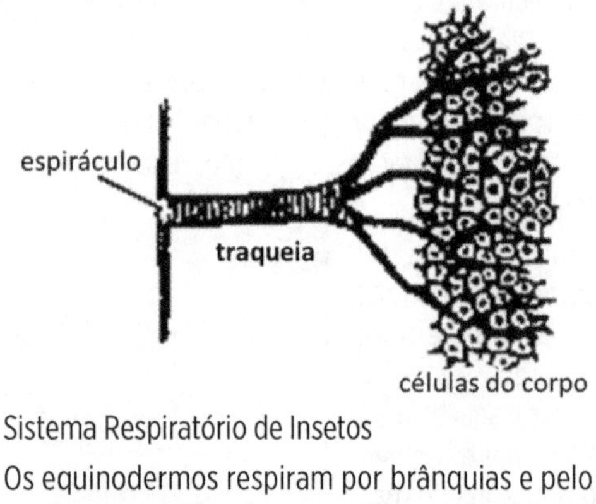


Sistema Respiratório de Insetos

Os equinodermos respiram por brânquias e pelo sistema hidrovascular; nas estrelas-do-mar, papilas respiratórias, expansões entre os espinhos do corpo, funcionam como as brânquias; nas holotúrias (pepino-do-mar), a árvore respiratória, conjunto de tubos ramificados, realiza a respiração e a excreção do animal.

## Sistema respiratório de vertebrados

Os peixes cartilaginosos (tubarões e raias) respiram por cinco a sete pares de arcos branquiais, com as brânquias expostas em fendas branquiais nas laterais da cabeça; para que as trocas gasosas aconteçam, a água entra pela boca do peixe e banha as brânquias, onde o sangue passa pelos milhares de vasos sanguíneos e realiza a retirada do oxigênio que está dissolvido na água e eliminação de gás carbônico. O espiráculo dos peixes cartilaginosos também permite a entrada de água em direção às brânquias.

De maneira semelhante aos peixes cartilaginosos, os peixes ósseos respiram por quatro arcos branquiais, protegidos por uma tampa óssea denominada opérculo. Os peixes ósseos dipnoicos utilizam a bexiga natatória como um pulmão primitivo e conseguem respirar fora da água.

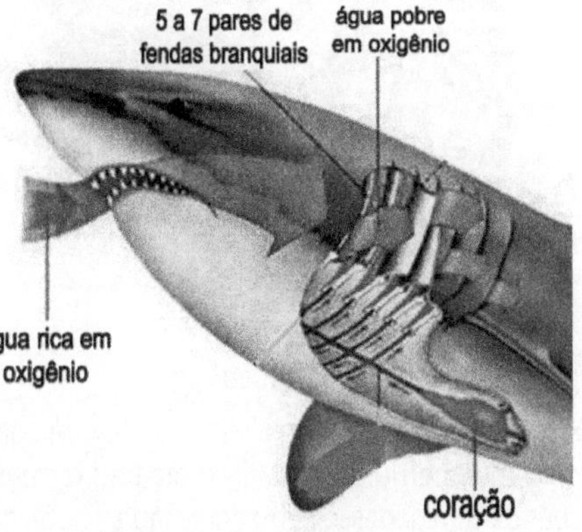


Fendas Branquiais em Tubarão

Anfíbios têm respiração branquial na fase larval e respiram por pulmões e pela pele quando adultos.

Os répteis respiram por pulmões bem desenvolvidos e com muitas dobras internas. Algumas serpentes apresentam apenas um pulmão.

Os pulmões das aves apresentam projeções chamadas sacos aéreos, que aumentam a renovação de ar e permitem hematose, facilitam também a perda de calor e compensam a ausência de glândulas sudoríparas. A siringe, modificação da traqueia das aves, é destinada ao canto desses animais.

Nos mamíferos a presença do diafragma, separando o tórax do abdome, serve para auxiliar os movimentos respiratórios; a laringe apresenta pregas vocais que modulam os sons emitidos permitindo latir, relinchar, uivar, grunhir, rosnar, canto das baleias e o falar.

> Cavidades corporais – os platelmintos têm o corpo maciço, não possuem cavidades corporais além da cavidade digestória, são acelomados; os nematódeos têm um espaço no corpo, revestido em parte por mesoderma e em parte por endoderma, são pseudocelomados (o pseudoceloma é preenchido por líquido e serve para alojar vários órgãos desses animais); todos os outros animais são celomados, pois têm uma cavidade corporal completamente revestida por mesoderma, o celoma.

## Sistema circulatório

É vital para os animais que os nutrientes obtidos na digestão sejam distribuídos para todas as células, assim como os resíduos sejam recolhidos. O sistema cardiovascular realiza essas funções, além de também fazer o transporte dos gases envolvidos na respiração.

### Sistema circulatório de invertebrados

Poríferos, cnidários, platelmintos e nematódeos não apresentam sistema circulatório.

Em poríferos, a água circulando pelos canais corporais distribui nutrientes e gases;

Em celenterados, a distribuição de gases é feita pela cavidade gastrovascular.

Os nematódeos absorvem e eliminam gases por difusão simples pela superfície corporal e distribuem nutrientes provenientes da digestão pelo líquido do pseudoceloma.

Os moluscos apresentam sistema circulatório aberto, lançando a hemolinfa (sangue) em cavidades entre os tecidos, as hemocelas. Neste tipo de circulação, onde não há contato direto entre o sangue e as células, o sistema circulatório é denominado aberto ou lacunar. Nos cefalópodes a circulação é fechada, com o sangue movimentando-se sempre dentro de vasos sanguíneos.

## Sistema circulatório de artrópodes

Em artrópodes a circulação é aberta, com o sangue sendo bombeado pelo coração dorsal, para dentro de vasos sanguíneos curtos que terminam abertos em lacunas ou hemocelas. Com predomínio da parte líquida e impulsionado por movimentos contráteis dos vasos sanguíneos, a hemolinfa (amarelada ou esverdeada) tem poucas células dispersas e movimento lento. Nos crustáceos, a hemolinfa contém hemocianina e nos insetos e quelicerados (aranhas e escorpiões), o sangue só transporta nutrientes.

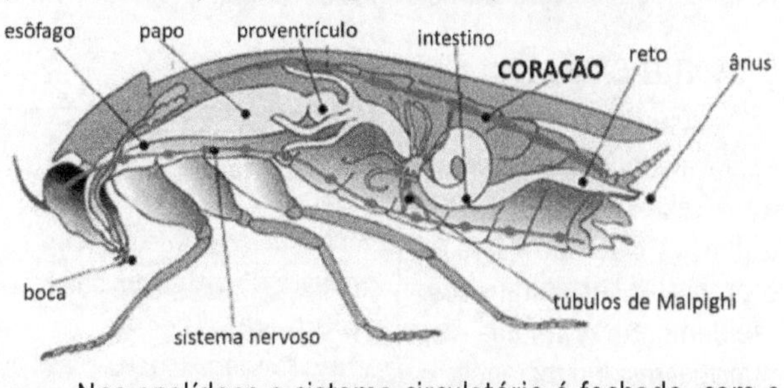


Nos anelídeos o sistema circulatório é fechado, com o sangue circulando sempre em vasos sanguíneos. O sangue tem cor vermelha graças à hemoglobina e é impulsionado por contrações de grandes vasos e 4 vasos laterais funcionam como corações. O fluxo de sangue é rápido e torna mais eficiente a distribuição de gases respiratórios.

Não há sistema circulatório em equinodermos. Terminada a digestão, os nutrientes são absorvidos pelo tubo digestório e passam para o celoma, de onde se distribuem para todo o corpo.

### Sistema circulatório de vertebrados

Nos peixes cartilaginosos e ósseos o coração tem duas cavidades: 1 átrio e 1 ventrículo, por onde passa apenas o sangue venoso – circulação simples e fechada. O sangue sai do coração sobre alta pressão, e vai às brânquias para a hematose; parte da pressão é dissipada nas brânquias e permanece assim enquanto circula pelo corpo. Por não ocorrer mistura entre o sangue oxigenado e o rico em gás carbônico, essa circulação é completa.

Nos anfíbios o coração possui três cavidades: dois átrios (o átrio direito recebe sangue venoso que vem do corpo e o átrio esquerdo recebe o sangue arterial que vem dos pulmões) e um ventrículo (onde os dois tipos de sangue são misturados e bombeados juntos para os pulmões e o corpo). É uma circulação fechada, dupla e incompleta, fazendo o sangue chegar aos tecidos com grande pressão.

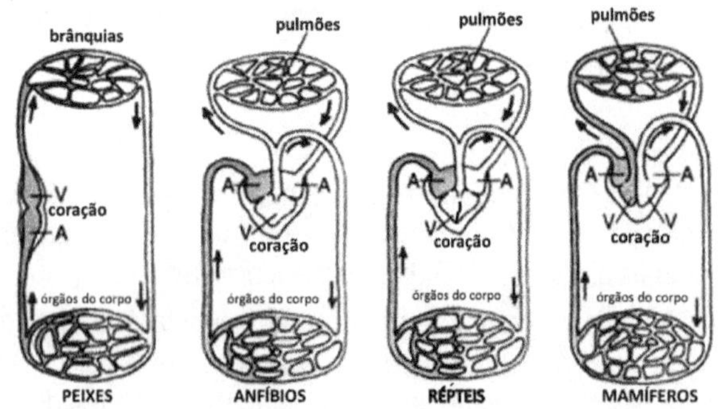


Evolução do Sistema Circulatório de Vertebrados

Répteis apresentam coração com dois átrios e um ventrículo parcialmente dividido, onde ocorre mistura de sangue oxigenado com sangue rico em gás carbônico. O sangue bombeado do ventrículo para a grande circulação é mais rico em oxigênio do que o dos anfíbios. Nos jacarés e crocodilos o coração já se apresenta com quatro cavidades: dois átrios e dois ventrículos, mas a mistura dos dois tipos de sangue ocorre fora do coração, por um orifício denominado forâmen de Panizza, que comunica as artérias que saem dos ventrículos. A circulação é fechada, dupla e incompleta.

Em aves e mamíferos a circulação é fechada, dupla e completa, feita com alta pressão por um coração com quatro câmaras, sem mistura dos dois tipos de sangue.

## Sistema excretor

As células produzem, ao final do metabolismo, uma série de compostos químicos que são tóxicos e precisam ser eliminados rapidamente. A amônia é o principal resíduo metabólico das células animais, obtida da degradação de proteínas e ácidos nucleicos. Todos os animais apresentam um sistema excretor e as únicas exceções são os poríferos e os cnidários que não dispõem de um sistema excretor ou urinário, fazendo a eliminação de resíduos diretamente na água por difusão.

> *A diferença entre a circulação de aves e de mamíferos é anatômica: a aorta das aves faz curvatura acentuada para a direita, indo para a cauda; nos mamíferos a curvatura da aorta é para a esquerda.*

### Sistema excretor de invertebrados

Nos platelmintos, os protonefrídios coletam os resíduos, geralmente amônia e água, diretamente do líquido intercelular. O movimento desse material, dentro dos tubos, se dá pelas células-flama, que o empurram para fora do corpo.

Entre os nematódeos existem dois canais excretores longitudinais, nas laterais do corpo para recolher os resíduos iônicos e eliminá-los por um poro que fica atrás da boca. Os dois canais são formados por uma única célula, a renete, que tem o formato da letra H. As excreções nitrogenadas são eliminadas por difusão, pela parede do corpo.

Nos moluscos, os metanefrídios têm os nefróstomas abertos na cavidade onde está o coração, removendo os resíduos do líquido pericárdico eliminando-os em poros abertos na superfície corporal.

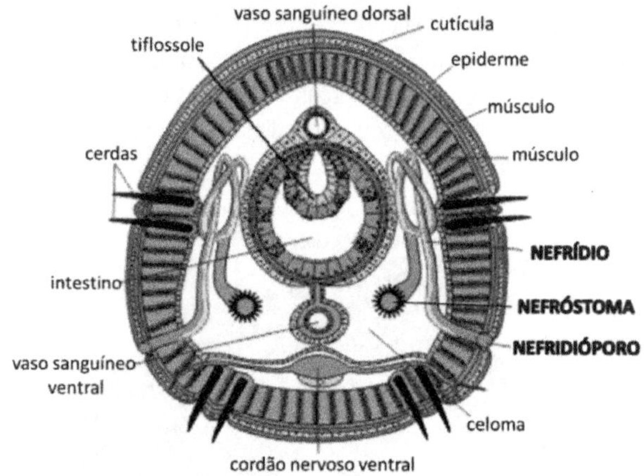


Corte Transversal de Minhoca

Os anelídeos apresentam o sistema excretor constituído por nefrídios ou metanefrídios. Cada nefrídio tem formato de tubo e uma de suas extremidades, o nefróstoma, abre na cavidade corporal e, com batimentos ciliares, impulsiona o liquido celomático com resíduos para dentro do tubo; a outra extremidade abre na superfície corporal, o nefridióporo, para fazer a eliminação dos resíduos. O túbulo é envolvido por vasos sanguíneos que reabsorvem algumas das substâncias antes da excreção.

Os artrópodes eliminam resíduos que não precisam ser diluídos em água e que são liberados por: túbulos de Malpighi dos insetos, diplópodes e quilópodes; glândulas coxais nos aracnídeos; glândulas verdes ou antenais nos crustáceos.

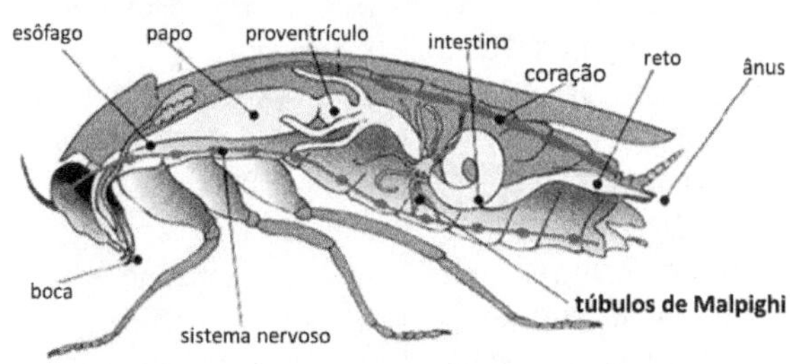


Sistema Excretor de Insetos

Os equinodermos eliminam resíduos pelas brânquias, diretamente na água.

### Sistema excretor de vertebrados

Nesses animais os rins são os órgãos urinários e sua unidade funcional é o néfron. Durante a evolução biológica esse sistema sofreu nítidas mudanças:

Rim pronefro é encontrado nos peixes agnatos na região anterior do corpo e é segmentado. Seus vários tubos têm o nefróstoma aberto dentro do celoma, onde ficam os capilares sanguíneos. Nesse tipo de rim não há filtragem do sangue.

Rim mesonefro está localizado na região torácica, não tem segmentação nítida e alguns de seus néfrons apresentam a cápsula renal sobre os capilares sanguíneos. É típico dos peixes e anfíbios.

Rim metanefro está localizado na região posterior do corpo, junto às vértebras lombares e é formado por muitos néfrons, filtrando o sangue na cápsula renal. É o tipo de rim mais evoluído, encontrado em répteis, aves e mamíferos.

Substâncias Excretadas

De acordo com as substâncias excretadas, os animais podem ser classificados em:

> Os túbulos de Malpighi apresentam uma extremidade fechada para absorver os resíduos na hemocele e uma extremidade aberta na parede do intestino. A urina sai misturada com as fezes.

Amoniotélicos: excretam amônia (altamente tóxica e bastante solúvel em água). Os cnidários só eliminam amônia e os anelídeos, moluscos, crustáceos, equinodermos e peixes ósseos eliminam bastante amônia e pouca ureia; os peixes cartilaginosos eliminam pouca amônia e maior quantidade de ureia.

Ureotélicos: excretam ureia (menos tóxica, mas por ser muito solúvel exige a eliminação de grandes volumes de água). Os anfíbios e as tartarugas, além da uréia, também excretam pouca amônia, como os peixes cartilaginosos; os mamíferos eliminam bastante ureia e pouco ácido úrico.

Uricotélicos: excretam ácido úrico (pouco tóxica e pouco solúvel em água) os insetos, os lagartos, as serpentes e as aves.

## Sistema nervoso

Os poríferos não apresentam sistema nervoso, mas, a partir deles e ao longo da evolução, os órgãos sensoriais e as células nervosas passaram a se concentrar na região anterior do corpo. Essa cefalização ocorreu acompanhada pelo aumento da sensibilidade e rapidez de respostas aos estímulos ambientais.

> Animais aquáticos, por terem mais facilidade em absorver água, excretam amônia em maior quantidade (exceção para os peixes cartilaginosos); animais terrestres excretam mais ureia ou ácido úrico.

## Sistema nervoso de invertebrados

Os cnidários possuem sistema nervoso difuso, com distribuição uniforme das células nervosas; diferentes dos neurônios essas células comunicam-se por contato e os impulsos são levados em vários sentidos.

Os platelmintos têm sistema nervoso ganglionar, com os dois gânglios cerebrais concentrando os neurônios e dois cordões nervosos longitudinais. Nas planárias, os ocelos são receptores de luminosidade.

Nos nematódeos, dois cordões nervosos, dorsal e ventral, saem de um anel nervoso que está em volta da faringe e vão até o final do corpo.

Gânglios cerebrais, gânglios pedais e gânglios viscerais ligados por cordões nervosos compõem o sistema nervoso dos moluscos. Nos bivalves ocorrem receptores de toque e pressão; em algumas espécies existem receptores para análise das condições químicas da água. Gastrópodes (caracóis) têm receptores de luminosidade e Cefalópodes (polvos e lulas) têm olhos desenvolvidos que formam imagens.

Os anelídeos apresentam um par de gânglios cerebrais sobre a faringe e dois cordões nervosos ventrais, com um par de gânglios em cada anel do corpo. Células epidérmicas especializadas captam estímulos mecânicos, químicos, luminosos e térmicos e estão concentradas na parte anterior do corpo.

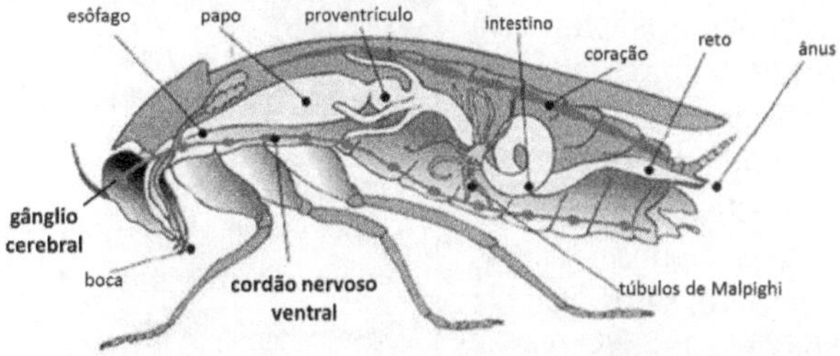


Nos artrópodes o sistema nervoso apresenta um gânglio cerebral e um cordão nervoso ventral de onde partem pequenos nervos. Esses animais têm órgãos dos sentidos bem desenvolvidos para tato, olfato, paladar, audição e visão.

Seguindo a simetria pentarradiada, os equinodermos têm um anel nervoso em torno da boca, do qual saem cinco nervos radiais que se ramificam pelo corpo todo. A percepção de sensações químicas e táteis se faz por receptores ao redor da boca e nos pés ambulacrários.

## Sistema nervoso de vertebrados

Peixes cartilaginosos têm encéfalo complexo e os lobos olfativos são muito desenvolvidos. Nas narinas existem quimiorreceptores para captar odores; dois finos canais nas laterais do corpo, as linhas laterais, permitem detectar variações de pressão na água e na cabeça apresentam as ampolas lorenzianas que captam correntes elétricas geradas pelos músculos de suas presas.

Os osteíctes têm o sistema nervoso desenvolvido com a medula espinal captando recebendo informações dos órgãos dos sentidos e levando ao cérebro para processamento. Geralmente o sentido do olfato é o mais desenvolvido; as linhas laterais permitem identificar movimentos dentro da água; quimiorreceptores para paladar e olfato se localizam na s narinas, na boca e em outras partes do corpo.

O sistema nervoso dos anfíbios é semelhante ao dos peixes, mas tem algumas especializações: olhos bem desenvolvidos que enxergam objetos em movimento; boa audição e linhas laterais nas larvas para percepção de vibrações na água.

As inovações do sistema nervoso dos répteis estão relacionadas à visão que é muito boa; o olfato que é bem desenvolvido e que nas serpentes permite sentir pelo ar usando os órgãos de Jacobson e os movimentos da língua para dentro e para fora; a surdez das serpentes é compensada pela habilidade de perceber vibrações do solo por meio dos ossos do crânio.

O encéfalo das aves é mais desenvolvido que o dos répteis; a visão e a audição são muito boas; nas aves migratórias a capacidade de orientação é excelente.

Os mamíferos apresentam o encéfalo mais desenvolvido e no córtex cerebral ocorre o processamento das informações captadas pelos órgãos dos sentidos.

## Reprodução e desenvolvimento

### Reprodução e desenvolvimento de invertebrados

Os poríferos fazem reprodução assexuada por brotamento, mas apresentam grande capacidade de regeneração. Hermafroditas ou monoicos (um único indivíduo tem os dois sexos), os poríferos formam gametas de ambos os sexos; algumas espécies dioicas (sexos separados) fazem fecundação cruzada: os espermatozoides são produzidos pela transformação de coanócitos e os óvulos pela modificação de amebócitos. Liberados na água, os espermatozoides fecundam o óvulo que está no corpo da esponja.

> A fecundação cruzada ocorre entre gametas produzidos por indivíduos diferentes (monoicos ou dioicos); na autofecundação, indivíduos hermafroditas ou monoicos podem utilizar seus próprios gametas masculinos e femininos para a fecundação. O desenvolvimento dos animais pode ser direto, com o filhote já nascendo com as características dos pais ou indireto, quando ocorrem estágios larvais.

Todos os cnidários apresentam reprodução assexuada que pode ser por brotamento (pequenos brotos se formam na lateral do indivíduo e, quando se soltam são novos organismos) ou estrobilização, quando os pólipos se dividem transversalmente originando medusas.

Brotamento e Estrobilização em Cnidários

A reprodução sexuada é feita por espécies monoicas ou dioicas e geralmente a fecundação é externa: espermatozoides e óvulos se encontram na água. O desenvolvimento desses animais pode ser direto ou indireto.

> Grande parte dos cnidários se reproduz por metagênese ou alternância de gerações. Nessas espécies, as medusas são sexuadas e depois da fecundação é formada uma larva chamada plânula, que é livre nadante. Quando a larva se fixa, origina um pólipo, que mais tarde se reproduz assexuadamente formando medusas. Assim, a cada geração o animal apresenta uma das formas de cnidários: pólipo(assexuado)ou medusa(sexuada).

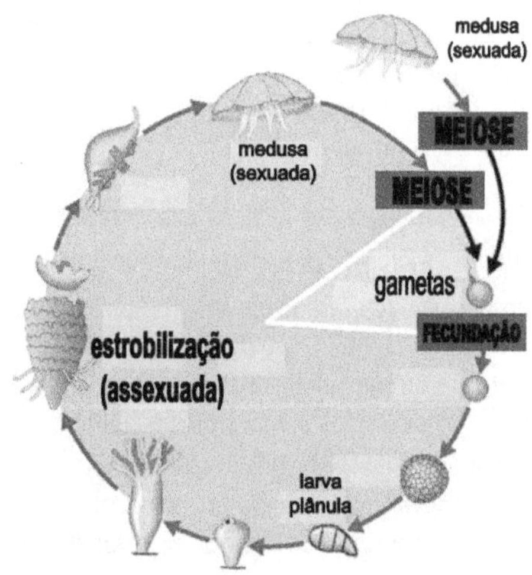


Metagênese de Cnidários

Em platelmintos de vida livre, como a planária, a reprodução pode ser assexuada por fissão transversal e regeneração: fragmentam-se e regeneram as partes perdidas; a reprodução sexuada nesses animais monoicos é por fecundação cruzada e interna e o desenvolvimento é direto. A reprodução nos esquistossomos que são dioicos e fazem fecundação cruzada e interna e têm desenvolvimento indireto pode ser observado no ciclo desses animais.

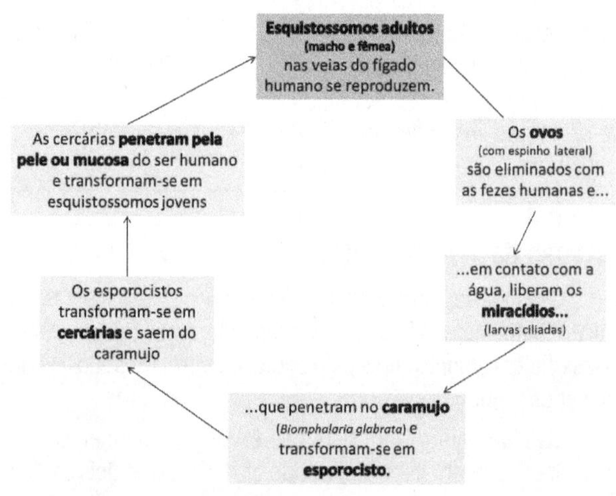


1Ciclo do Schistosoma mansoni

O Schistosoma mansoni é um parasita heteróxeno que causa a esquistossomose ou barriga d'água. O macho de esquistossomo mede cerca de 1 cm e possui duas ventosas e um sulco ao longo do corpo, o canal ginecóforo, no qual abriga a fêmea durante a cópula. Os vermes completam seu desenvolvimento no sistema de veias que ligam o intestino ao fígado do ser humano – sistema porta-hepático. O ciclo do verme começa com os ovos, postos pela fêmea nas veias e capilares da parede do intestino, provocando uma inflamação que facilita a passagem destes para a cavidade intestinal, onde são eliminados junto com as fezes. Se chegarem até a água, os ovos se rompem e liberam uma larva ciliada, o miracídio. Para sobreviver, o miracídio precisa penetrar em um caramujo da família dos planorbídeos, do gênero Biomphalaria, que vive em lagoas. O caramujo funciona como hospedeiro intermediário, e nele o miracídio se transforma em uma bolsa com centenas de células reprodutoras, os esporocistos que, por reprodução assexuada, formam outros esporocistos; destes últimos surgem larvas cercárias. A cercária abandona o caramujo e pode viver até dois dias livremente na água. Com duas ventosas, cauda bifurcada e glândulas que auxiliam a penetração através da pele ou das mucosas do homem, quando este entra em contato com a água contaminada.

Sintomas: coceira, vermelhidão e dor no local da infestação; problemas no fígado, no baço e no intestino, com diarreias, dores abdominais e emagrecimento com acúmulo de líquido no abdômen (ascite) que aumenta o volume da barriga.

Profilaxia: além de tratar as pessoas afetadas, investimentos em saneamento básico, educação sanitária e controle biológico do caramujo.

As tênias são monoicas e em cada anel do corpo, há um sistema reprodutor completo, onde ocorre autofecundação.

Os hospedeiros intermediários das tênias são o porco, na Taenia solium e o boi na Taenia saginata. As tênias têm o corpo, denominado estróbilo, formado por uma repetição de segmentos ou anéis, os proglotes, que se multiplicam a partir da região anterior do verme. No escólex (cabeça) existem ventosas e, às vezes, uma coroa de espinhos denominada rostelo, que servem para prender o parasita na parede intestinal. A autofecundação ocorre entre proglotes diferentes.

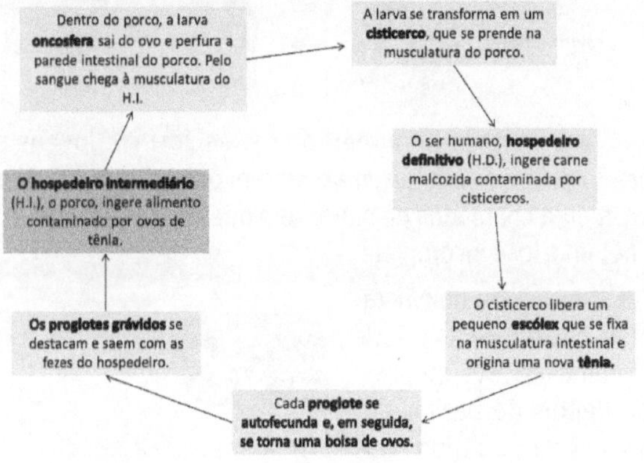


Ciclo da Taenia solium

Com as fezes depositadas no solo, os ovos podem contaminar água e verduras, que são ingeridas pelo boi ou pelo porco. No estômago destes animais, o ovo libera a oncosfera, que fura a parede do intestino e se aloja nos músculos do animal. A oncosfera cresce e se transforma em cisticerco, bolsa com um pequeno escólex invaginado. Ao comer carne crua ou mal passada contendo cisticercos, o homem se contamina; os cisticercos no intestino delgado soltam o escólex, se prendem na mucosa intestinal e alcançam a idade adulta.

> Caso os ovos da tênia sejam ingeridos por uma pessoa, ela será a hospedeira intermediária do verme. As oncosferas saem dos ovos e podem atingir a musculatura ou o cérebro da pessoa, transformando-se em cisticercos. Quando se aloja no cérebro, os cisticercos provocam convulsões e a doença é chamada de cisticercose humana.

Sintomas: Dor abdominal, perda de peso e dor de cabeça são sintomas comuns da teníase.

Profilaxia: tratamento das pessoas afetadas; investimentos em saneamento básico; educação sanitária; inspeção em frigoríficos e abatedouros de animais.

Quase todos os nematódeos são dioicos e apresentam dimorfismo sexual (machos diferentes das fêmeas), com os machos mais curtos que as fêmeas e com a cauda recurvada com ganchos para a cópula.

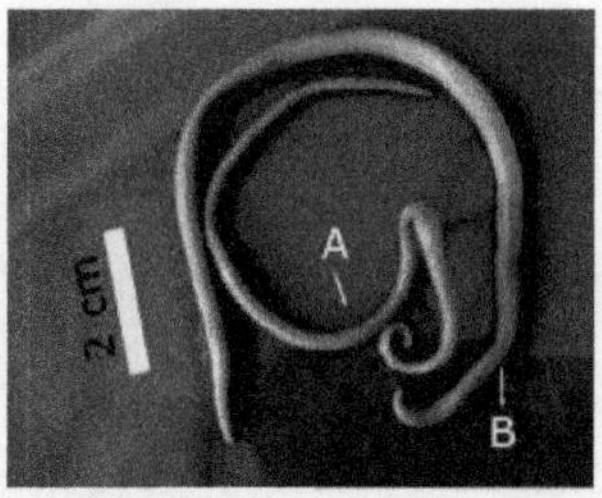


A - macho, B - fêmea

O Ascaris lumbricoides é um parasita monóxeno (um hospedeiro) e os vermes adultos medem entre 15 cm e 40 cm. O desenvolvimento da parasitose é no intestino delgado, onde macho e fêmea acasalam e provocam a ascaridíase.

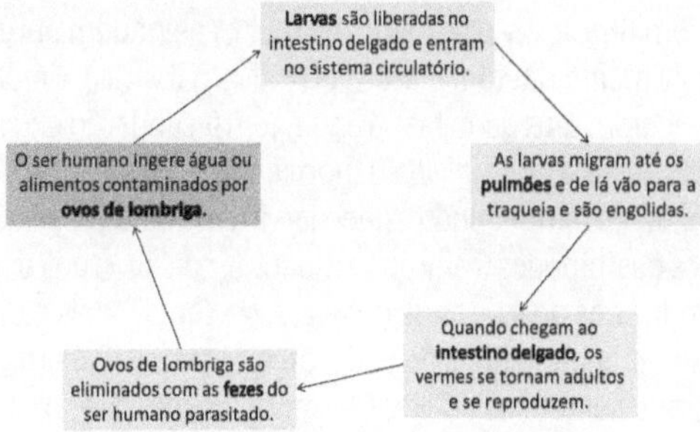


Os ovos saem com as fezes da pessoa parasitada e desenvolvem em seu interior a larva rabditoide. Quando os ovos são ingeridos com a água ou alimentos contaminados, eclodem no intestino e libertam essas larvas. Enquanto migram pelo corpo humano, as larvas sofrem várias mudas. Atravessam a parede intestinal e, pelos vasos linfáticos e veias, chegam ao coração; em seguida são levadas para os pulmões, sobem pelos brônquios e, pela traqueia, chegam à laringe. Da laringe vão ao estômago e, já adultas, se fixam definitivamente no intestino delgado. São necessários 2 a 3 meses para os vermes começarem a postura de ovos e chegam a viver até 2 anos, em média.

Sintomas: obstrução intestinal, reações alérgicas, urticária, cólicas, prisão de verte, tosse seca e chiado, quando os vermes passam pelo pulmão.

Profilaxia: tratamento das pessoas parasitadas com medicamentos que eliminam os vermes; construção de rede de esgotos; fossas sépticas; hábitos de higiene pessoal.

O Ancylostoma duodenale ou Necator americanus também são parasitas monóxenos que provocam o amarelão. Os dois vermes apresentam placas ou dentes cortantes que rasgam a parede intestinal do hospedeiro para se alimentarem de sangue.

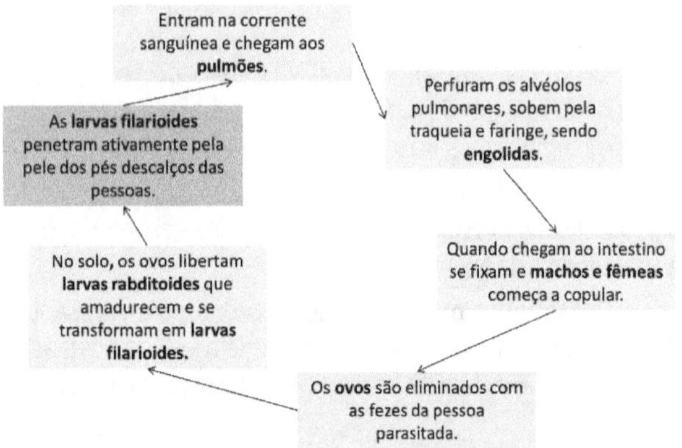


Os ovos saem do intestino com as fezes da pessoa parasitada e, em condições favoráveis, desenvolvem a larva rabditoide, que passa a ter vida livre no solo para, depois de 5 a 8 dias, transformar-se em uma larva infestante, a filarioide, que penetra pela pele dos pés descalços da pessoa, migrando para os vasos linfáticos, passando para os vasos sanguíneos e sendo levadas para diversos órgãos até alcançarem o intestino delgado, onde se tornam adultas e se reproduzem.

Sintomas: anemia, palidez, cansaço, tontura, desânimo e dores musculares.

Profilaxia: construção de instalações sanitárias; higiene pessoal; tratamento da água e uso de calçados.

Com reprodução sexuada, os moluscos podem apresentar desenvolvimento direto (caracóis) ou indireto (ostras). Geralmente dioicos, liberam seus gametas na água, com fecundação externa. Do zigoto surge uma larva ciliada denominada trocófora que pode se transformar em um segundo estado larval chamado véliger. Grande parte dos gastrópodes (caracóis) é monoica, com uma única gônada para produzir os dois tipos de gametas. Na cópula, dois indivíduos fazem simultaneamente a fecundação e os ovos originam gastrópodes semelhantes aos adultos (desenvolvimento direto).

Os anelídeos têm reprodução sexuada. Os poliquetos (muitas cerdas) marinhos são dioicos e têm fecundação externa com desenvolvimento indireto pela larva trocófora. Os oligoquetos (poucas cerdas – minhocas) e os hirudíneos (sem cerdas – sanguessuga) são monoicos e têm desenvolvimento direto.

Inseminação Cruzada em Minhocas

Nas minhocas, a reprodução ocorre com os dois animais emparelhados trocando espermatozoides, mas a fecundação é externa, dentro dos casulos formados pelas minhocas.

> As fêmeas de aracnídeos tecem um casulo de seda chamado ovissaco, onde os ovos são colocados. Algumas aranhas carregam o ovissaco e outras o prendem em galhos ou na teia.

Entre os artrópodes, os crustáceos geralmente são dioicos, podendo ser o desenvolvimento direto ou indireto, com vários estágios larvais; os aracnídeos também são dioicos, com fecundação interna e sempre com desenvolvimento direto.

Os insetos são dioicos e fazem fecundação interna. O desenvolvimento pode ser direto ou indireto. Quando têm desenvolvimento direto, os insetos são ametábolos (traça-de-livros) e, quando o desenvolvimento é indireto, são denominados metábolos, pois os filhotes passam por transformações antes de atingir a forma adulta.

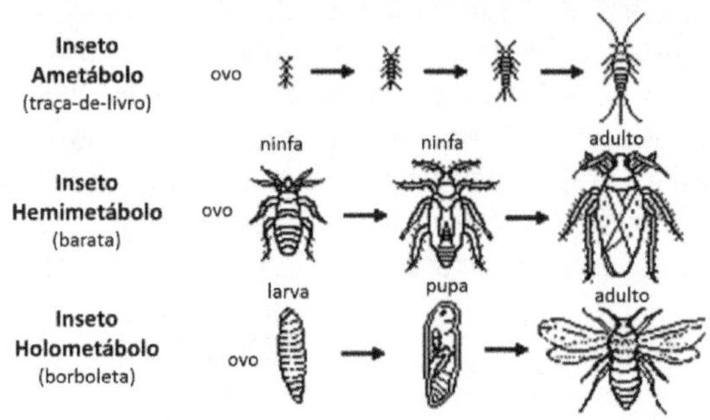


Nos insetos hemimetábolos, as formas jovens são parecidas com as adultas, mas passam por estágios de desenvolvimento chamados de ninfas, em que as asas são formadas – metamorfose incompleta.

Nos insetos holometábolos, quando o ovo eclode livra uma larva vermiforme que depois de passar por várias mudas, transforma-se em uma pupa; esta sofre profundas mudanças até a formação do inseto adulto ou imago – metamorfose completa.

> Algumas fêmeas de insetos têm uma projeção no final do abdome chamada ovipositor, que permite perfurar o solo, frutas ou o corpo de outros animais para depositar os ovos.

Os equinodermos são dioicos e seus gametas são

eliminados na água do mar, onde ocorre a fecundação externa. O desenvolvimento é indireto com uma ou várias formas larvais. Os animais desse grupo apresentam grande capacidade de regeneração, podendo ser uma forma de reprodução assexuada em algumas espécies.

## Reprodução e desenvolvimento de vertebrados

Nos condrictes, peixes cartilaginosos, a reprodução é sexuada e os animais são dioicos com fecundação interna. Os machos de tubarões apresentam órgãos de copulação, os cláspers, nas nadadeiras pélvicas. Algumas espécies são ovíparas, com os ovos desenvolvendo-se na água de maneira direta; em outras, as fêmeas retêm os ovos no corpo até o final do desenvolvimento embrionário, são ovovivíparas.

Os peixes ósseos são dioicos com fecundação externa geralmente precedida por ritos nupciais. O desenvolvimento é direto, embora em algumas espécies os filhotes, chamados alevinos, nasçam com um grande saco vitelínico ligado ao abdome.

Dioicos e geralmente ovíparos, os anfíbios colocam seus ovos na água, envolvidos por uma massa gelatinosa. Em algumas espécies a fêmea prende ao corpo seus ovos e em outras, os embriões são retidos pela fêmea que os alimenta com secreções nutritivas. Na época da reprodução os machos "cantam" para atrair as fêmeas e marcar seu território. Quase todos os anfíbios têm desenvolvimento indireto, com uma fase larval aquática (nos sapos, o girino) e uma fase adulta terrestre.

> Algumas fêmeas de tubarão nutrem os filhotes por meio de uma estrutura semelhante à placenta – são vivíparas.

Os répteis são dioicos, têm fecundação interna e são ovíparos, embora em algumas espécies os ovos fiquem retidos no corpo da fêmea até a eclosão (ovovivíparas) e em poucas serpentes possa ocorrer viviparidade (a fêmea alimenta o filhote até o nascimento). Nesse grupo os ovos são adaptados ao ambiente terrestre, sendo protegidos por casca calcária e a presença de anexos embrionários como cório, alantoide, âmnio e saco vitelínico garantem sua sobrevivência. Dificilmente cuidam dos filhotes e geralmente a choca dos ovos se faz com o calor do ambiente.

> Em algumas salamandras as larvas não passam por metamorfose e são capazes de se reproduzir, caracterizando um fenômeno chamado de neotenia.

Todas as aves são dioicas e ovíparas, com desenvolvimento direto. Os ovos têm casca calcária e são expelidos pela cloaca. Quase todas as aves chocam seus ovos e o calor do corpo é fundamental para o desenvolvimento do embrião. As aves têm dimorfismo sexual, com diferenças acentuadas entre machos e fêmeas.

Assim como os demais vertebrados, os mamíferos são dioicos, têm fecundação interna e geralmente apresentam dimorfismo sexual. O tipo de desenvolvimento embrionário varia e serve para diferenciar três grupos: prototheria ou monotremados são ovíparos, a fêmea choca os ovos e alimenta os filhotes com leite produzido por glândulas mamárias (ornitorrinco); metatheria ou marsupiais iniciam o desenvolvimento embrionário no útero materno e terminam o processo em uma bolsa chamada marsúpio, onde se localizam as glândulas mamárias (canguru, gambá); eutheria ou placentários têm o desenvolvimento embrionário inteiro no interior do útero materno, ligados à placenta.

# 42. GRANDES GRUPOS VEGETAIS

Pertencem ao Reino Planta e os organismos eucariontes, pluricelulares e autótrofos. A capacidade de fazer fotossíntese é uma das características mais marcantes desse reino, que apresenta representantes em praticamente todos os ambientes do planeta.

Atualmente as plantas estão agrupadas em quatro grandes grupos:

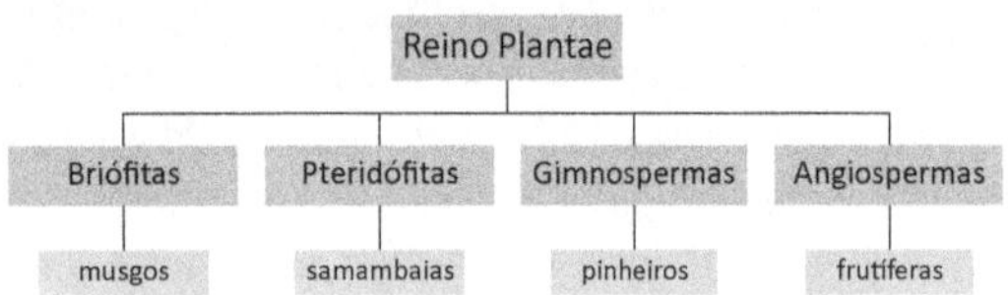


- Briófitas, que incluem os musgos e as hepáticas;
- Pteridófitas, que incluem as samambaias.
- Gimnospermas, que incluem os pinheiros.
- Angiospermas, que incluem todas as plantas com frutos.

Briófitas e Pteridófitas são classificadas como plantas Criptógamas, pois não apresentam flores e têm seus órgãos reprodutivos em urnas. Gimnospermas e Angiospermas são plantas Fanerógamas (têm flores) ou Espermatófitas (têm sementes).

Todas essas plantas apresentam ciclo reprodutivo com alternância de fases. Um único indivíduo tem uma fase sexuada e haploide chamada de gametófito e uma fase assexuada e diploide chamada de esporófito.

## 42.1 Briófitas

São vegetais avasculares, não possuem vasos condutores de seiva, tendo que transportar os nutrientes célula a célula lentamente, daí apresentarem pequeno porte.

Todas são clorofiladas, com estruturas que se assemelham a raízes, os rizoides, cuja principal função é a fixação da briófita no solo. Uma pequena haste de sustentação é o cauloide e as lâminas verdes e delgadas são os filoides. As briófitas só vivem em ambiente úmido e sombreado, porque têm dificuldade para controlar a transpiração. Estão incluídos nesse grupo os musgos, os antocerotas e as hepáticas.

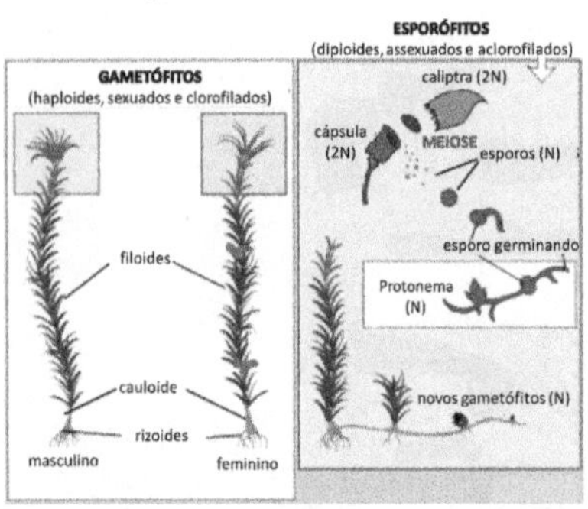


Ciclo Reprodutivo dos Musgos

O esporófito, fase aclorofilada, diploide, assexuada e de curta duração dos musgos, apresenta na extremidade uma cápsula onde ocorre meiose e são produzidos esporos haploides. Estes, ao serem liberados em solo úmido, germinam e, por mitoses sucessivas, formam um talo denominado protonema (N), que cresce rente ao chão.

Sobre o protonema brotam os gametófitos de briófita, fase em que a planta é clorofilada, haploide e sexuada. Na extremidade do gametófito masculino está o anterídio, bolsa onde são produzidos os anterozoides, gametas masculinos (N); na extremidade do gametófito feminino fica o arquegônio e, no seu interior, a oosfera, gameta feminino (N).

Quando chove, os gametas masculinos conseguem alcançar o arquegônio e fecundar a oosfera, originando um embrião (2N). Este se desenvolve sobre o gametófito feminino, formando um novo esporófito (2N).

A fase mais importante e persistente das briófitas é o gametófito.

> As briófitas, assim como os liquens, são organismos muitos sensíveis à poluição atmosférica. Em áreas com dióxido de enxofre, poluente originado das atividades industriais, esses dois vegetais não se desenvolvem. Graças a essa sensibilidade, briófitas e liquens são considerados bioindicadores da qualidade do ar.

## 42.2 Pteridófitas

São plantas de médio ou grande porte, vasculares (com vasos condutores de seiva) e que apresentam órgãos verdadeiros: raiz, caule subterrâneo e folhas. Podem viver em ambientes variados, pois controlam a transpiração, mas ainda dependem da água para a reprodução, como as briófitas. Fazem parte desse grupo as samambaias, as avencas e as cavalinhas.

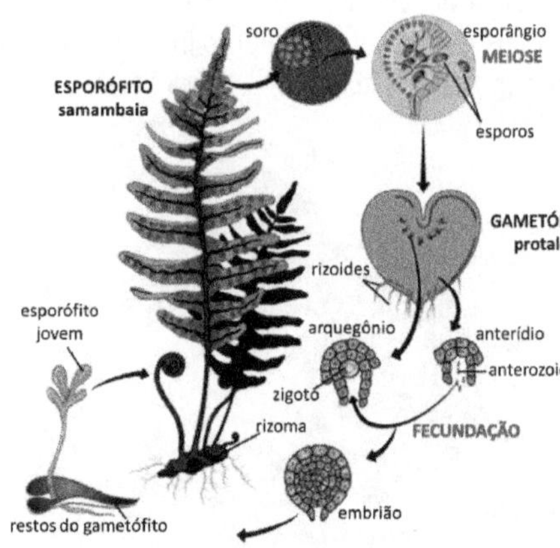


Ciclo Reprodutivo das Samambaias

O esporófito (2N) de samambaia produz em suas folhas os soros, conjuntos de esporângios, bolsas que contêm os esporos. Dentro de cada esporângio ocorre meiose e são formados os esporos (N). Estes, ao caírem no solo úmido, germinam e originam o gametófito (N) de samambaia, que é denominado protalo. Com formato semelhante a um coração, o protalo é uma folha microscópica e clorofilada, que tem na região superior os arquegônios com o gameta feminino, a oosfera (N) e, na região inferior, as estruturas masculinas, os anterídios com os anterozoides (N).

Quando chove e a água acumula sobre o protalo, os anterozoides se movem e fecundam a oosfera, originando o zigoto (2N). Do zigoto evolui um esporófito jovem (2N), uma nova samambaia. O esporófito é a fase persistente e mais importante das pteridófitas.

## 42.3 Gimnospermas

São plantas de grande porte, que não apresentam fruto, deixando suas sementes desprotegidas. A ausência de fruto está associada à ausência de ovário na flor.

Pertencem a este grupo os pinheiros, as sequoias, as cicas e os cedros. As Gimnospermas são plantas monoicas (Pinus) ou dioicas (Araucária) e suas flores, que têm polinização anemófila, são denominadas estróbilos (pinhas).

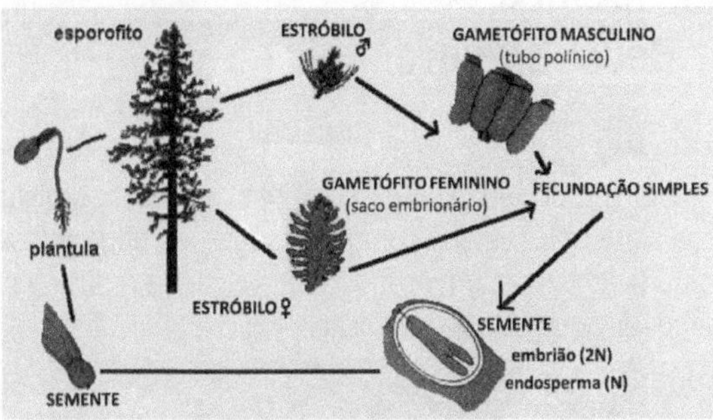


Ciclo Reprodutivo de Gimnospermas

A fase mais duradoura e dominante das gimnospermas é a de esporófito (2N), a árvore propriamente dita. O gametófito (N) é representado pelo tubo polínico (masculino) e pelo saco embrionário (feminino), que duram apenas o tempo da reprodução sexuada acontecer.

Em Gimnospermas, a fecundação é simples, formando apenas o embrião (2N), já que o endosperma, substância de reserva da semente, forma-se antes da fecundação e é haploide.

## 42.4 Angiospermas

São as plantas frutíferas, que apresentam ovário nas flores e, por isso, têm suas sementes protegidas dentro de frutos. As Angiospermas são as plantas mais evoluídas e, assim como as Gimnospermas, não necessitam de água para a reprodução, já que os gametas masculinos se movimentam pelo tubo polínico.

A grande dispersão destas plantas está associada à estratégia de reprodução: suas flores atraem os animais com o colorido vistoso e a oferta de néctar. Em contrapartida, pássaros, morcegos e insetos carregam os grãos-de-pólen, facilitando e aumentando a possibilidade da fecundação acontecer. As Angiospermas apresentam três classes de vegetais: Magnoliídeas (com dois orifícios nos grãos-de-pólen) como a canela e o jaborandi; Monocotiledôneas (cujas sementes têm um cotilédone) como o milho, o arroz e o lírio; Eudicotiledôneas (com três orifícios no grão de pólen, suas sementes têm dois cotilédones), como o feijão, o abacate e amendoim.

> *O cotilédone é uma folha de reserva nutritiva que faz parte do embrião da semente. Nas primeiras etapas da germinação, até que possa fazer fotossíntese, a plântula é mantida pelas substâncias do cotilédone.*

# 43. HISTOLOGIA VEGETAL

A histologia vegetal difere da histologia animal porque as plantas apresentam, mesmo depois de adultas, tecidos de crescimento junto dos tecidos adultos.

Os tecidos de crescimento dos vegetais, também chamados meristemas, caracterizam-se por apresentarem células pequenas, de núcleo grande, e estarem constantemente fazendo divisões mitóticas. Já os tecidos adultos são originados dos tecidos embrionários, quando estes perdem a capacidade de fazer divisões celulares e passam a ter funções específicas.

## 43.1 Tecidos Meristemáticos

São tecidos embrionários responsáveis pelo crescimento dos vegetais. Começam a atuar durante a germinação das sementes e vão, até o final da vida da planta, permitindo seu crescimento e originando todos os tecidos adultos. Podem ser classificados em:

### Meristemas primários

Encontram-se nas regiões apicais dos caules, galhos e na região próxima da extremidade das raízes. São responsáveis pelo crescimento em comprimento das plantas.

> **Protoderme ou Dermatogênio:** suas células originam a epiderme das plantas.

> **Meristema Fundamental ou Periblema:** responsável pela formação da casca.

> **Procâmbio ou Pleroma:** forma o cilindro central, onde ficam os vasos condutores de seiva.

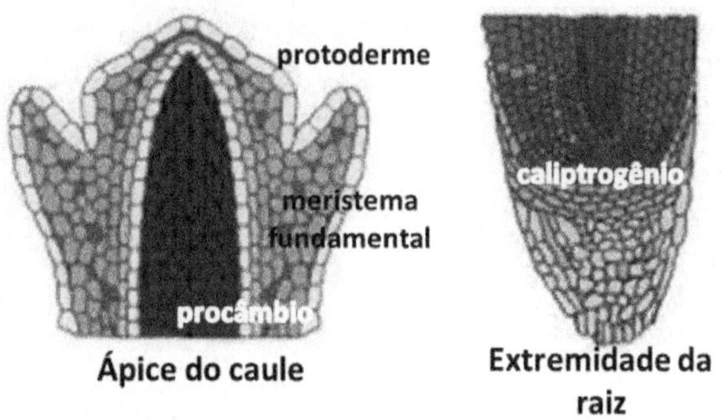


Meristemas Primários

Nas raízes, o meristema caliptrogênio origina a coifa, um capuz de mucilagem que protege a extremidade da raiz do atrito com o solo.

Os meristemas primários ocorrem nas Gimnospermas (pinheiros) e nas Angiospermas eudicotiledôneas (macieira) e monocotiledôneas (bambu).

### Meristemas secundários

Formam-se nas regiões mais velhas da raiz e do caule, quando algumas células adultas se desdiferenciam, isto é, voltam a fazer divisões celulares. Os meristemas secundários são responsáveis pelo crescimento em espessura das plantas.

> **Felogênio**: que ocorre na casca das raízes e caules e origina: o súber (para fora) e a feloderme (para dentro).

> **Câmbio:** que ocorre no cilindro central e origina os novos vasos condutores de seiva: floema (para fora) e xilema (para dentro).

Os meristemas secundários ocorrem nas Gimnospermas (pinheiros) e nas Angiospermas eudicotiledôneas (figueira).

A maior parte das Angiospermas monocotiledôneas só crescem em comprimento, não apresentando o meristema secundário.

## 43.2 Tecidos de Revestimento

### Epiderme

É um tecido adulto formado por células vivas, aclorofiladas e coesas. Nos órgãos aéreos, como folhas e caules, pode apresentar na superfície externa uma cutícula, que auxilia a reduzir a perda de vapor de água pela transpiração.

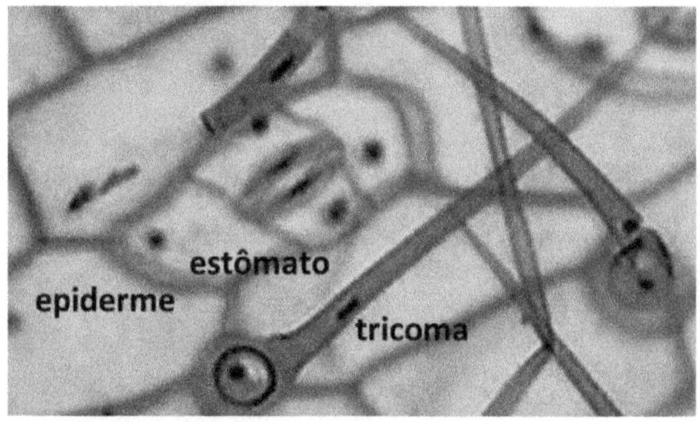


Epiderme e Anexos

**Anexos da Epiderme**

> **Tricomas ou Pelos:** são projeções de células da epiderme que servem para absorção e proteção. Podem ser unicelulares (pelos da raiz) e pluricelulares (pelos secretores).

> **Estômatos**: formados por duas células-guardas que circundam um orifício chamado ostíolo; esses anexos são responsáveis pela transpiração do vegetal. Os movimentos de abrir e fechar do ostíolo são controlados pela quantidade de água que as células-guardas recebem das células anexas (células da epiderme).

> **Acúleos:** são formações pontiagudas da epiderme que servem para defesa da planta (roseira, paineira).

### Súber

Tecido adulto constituído por células mortas pela impregnação de suberina. O súber é a casca escura das árvores e serve como isolante térmico.

**Anexos do Súber**

> Lenticelas: são orifícios permanentemente abertos, que servem ao arejamento da casca.

> Ritidoma: surge a partir do crescimento em espessura da planta. À medida que a planta aumenta de diâmetro, pedaços da casca velha são destacados e constituem o ritidoma.

## 43.3 Tecidos de Preenchimento

São os parênquimas, tecidos adultos formados por células vivas e que podem ser:

> **De reserva:** quando acumulam substâncias nutritivas em raízes, caules e frutos.

> **Aquífero:** quando nas plantas xerófitas (cactos) acumulam água em suas células.

> **Aerífero:** entre suas células é armazenado o ar que facilita a flutuação das plantas aquáticas como o aguapé.

> **Clorofiliano:** quando suas células são ricas em cloroplastos. O parênquima clorofiliano paliçádico tem células perpendiculares e faz fotossíntese; o parênquima clorofiliano lacunoso faz fotossíntese e, pelos espaços entre suas células, permite a passagem de gases. Esses parênquimas são típicos das folhas.

## 43.4 Tecidos de Sustentação

São tecidos adultos relacionados à sustentação, flexibilidade e rigidez das diferentes partes da planta. São de dois tipos:

### Colênquima

É um tecido vivo, às vezes apresentando cloroplastos e com as células apresentando depósitos de celulose em suas paredes. Sua principal função está associada à flexibilidade de órgãos verdes da planta, folhas e caules.

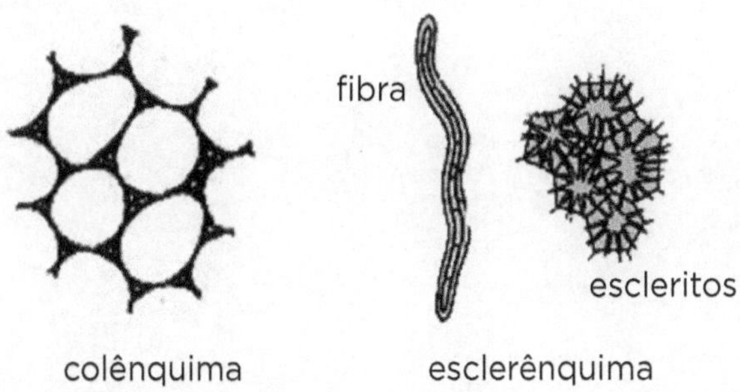


Tecidos de Sustentação

### Esclerênquima

É um tecido formado por células mortas graças à impregnação de lignina em suas paredes. Este tecido está associado à rigidez e sustentação do vegetal e é encontrado com fibras em volta dos vasos condutores de seiva e como células pétreas nos caroços de frutos.

## 43.5 Tecidos de Secreção

São tecidos adultos que produzem e eliminam substâncias nas plantas.

### Nectários

Encontrados geralmente nas flores e em algumas folhas, os nectários secretam um líquido açucarado que atrai os animais à polinização dos vegetais.

### Glândulas insetívoras

Ocorre em algumas folhas modificadas para a captura e digestão de insetos. As glândulas digestivas produzem e secretam enzimas proteolíticas utilizadas para a digestão de proteínas.

> As plantas insetívoras são verdes e fotossintetizantes, mas não têm capacidade de absorver nitrogênio, daí terem que digerir proteínas de animais para obterem aminoácidos.

### Tubos laticíferos

Produzem e acumulam em seus vacúolos um líquido esbranquiçado com função cicatrizante, o látex.

### Vasos resiníferos

Em Gimnospermas (pinheiros) os vasos resiníferos produzem a resina, uma secreção antisséptica que protege a casca desses vegetais.

### Hidatódios

Ocorrem em folhas e são responsáveis pela eliminação do excesso de água e sais absorvidos pela raiz. Esse processo, chamado de gutação, geralmente ocorre na primavera, quando a planta tem dificuldade para transpirar e o solo está muito úmido.

## 43.6 Tecidos de Condução

Esses tecidos adultos são responsáveis pelo deslocamento de água e sais (seiva inorgânica ou bruta) e água e açúcares (seiva orgânica ou elaborada) pelo corpo da planta.

### Xilema

É formado pelos vasos lenhosos (tubos mortos e ocos), fibras e parênquima lenhoso. Está relacionado com o transporte de seiva inorgânica (água e sais) no sentido ascendente. Os vasos lenhosos podem ser do tipo traqueídes, quando apresentarem pequenos orifícios para a passagem da seiva (Gimnospermas) ou elementos de vaso ou traqueias, quando tiverem diâmetro maior (Angiospermas). Quando os vasos lenhosos ficam velhos, doentes ou quebram, são tampados definitivamente por projeções do parênquima lenhoso chamadas tilas. Essa situação provoca o surgimento de dois tipos de xilema: o cerne, no centro da planta, formado pelos vasos lenhosos velhos, doentes ou quebrados e que são inativos; o alburno, formado pelos vasos lenhosos que estão ativos.

> Nas plantas, xilema e floema se associam formando os feixes vasculares. A disposição desses feixes permite a identificação de raízes e caules.

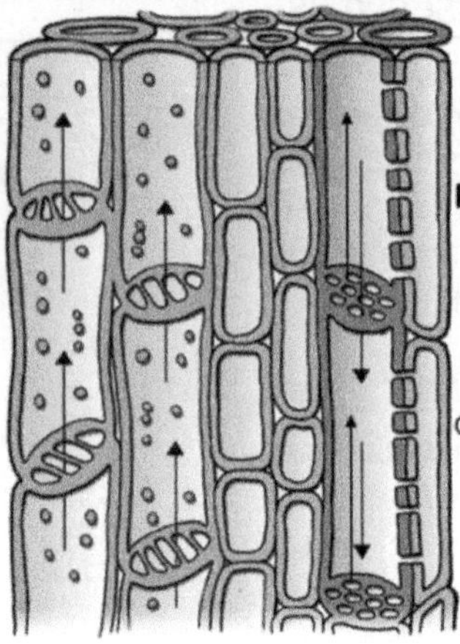


Vasos Condutores

## Floema

É formado pelos vasos liberianos (tubos vivos e anucleados), fibras e parênquima liberiano. Esse tecido está relacionado com o transporte de seiva orgânica (água e açúcar) no sentido ascendente e descendente.

Como são anucleadas, as células liberianas têm seu metabolismo controlado por células dispostas lateralmente, as células companheiras. Entre as células liberianas, pequenos orifícios, chamados de crivos, permitem a passagem da seiva.

Durante o inverno, plantas que perdem suas folhas (plantas caducifólias) têm os crivos tampados temporariamente pelo depósito de um açúcar chamado calose, que forma o callus.

# 44. ORGANOLOGIA E FISIOLOGIA DAS ANGIOSPERMAS

## 44.1 Raiz

A raiz é o órgão responsável pela fixação e absorção de nutrientes do solo, servindo também à reserva de substâncias. A raiz normal é originada da radícula da semente, enquanto que a raiz adventícia é formada por caules ou folhas.

Partes da raiz: coifa, que protege a região dos meristemas primários; zona lisa, onde estão os meristemas primários; zona pilífera, com pelos absorventes, é onde ocorre a absorção de água e sais minerais; zona suberosa, região mais velha da raiz e onde surgem as radicelas, ramificações da raiz principal; colo, coleto ou nó vital, zona de transição entre raiz e caule.

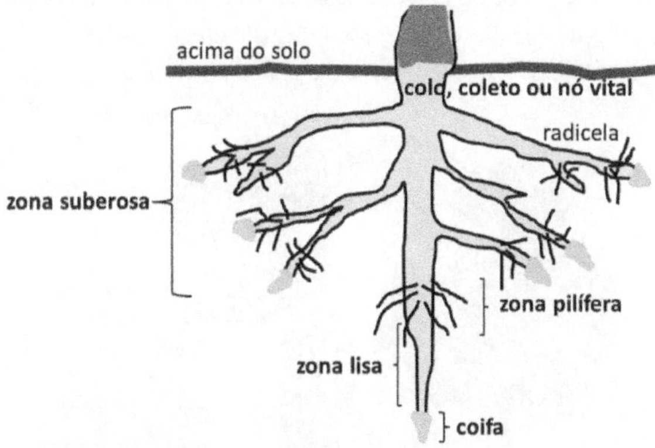


Partes da Raiz

### Anatomia da raiz

a raiz apresenta a casca espessa, coberta com a rizoderme (epiderme), com pelos absorventes, um parênquima cortical que pode fazer reserva de nutrientes e é bem desenvolvido e a endoderme, onde estão as estrias de Caspary que controlam a passagem de seiva para o cilindro central. No cilindro central, a primeira camada de células forma o periciclo, responsável pela formação das radicelas (camada rizógena); no centro, o xilema tem formato de cruz ou estrela e entre seus braços ficam os vasos do floema, formando um feixe radial. Preenchendo o cilindro central há um parênquima medular. Nas raízes que crescem em espessura, o felogênio surge na casca e o câmbio aparece pelo lado de fora do xilema e pelo lado de dentro do floema, mantendo inicialmente o formato de estrela ou cruz e formando um feixe radial.

### Tipos de raízes

**Subterrâneas:**

**Axiais ou Pivotantes:** têm uma raiz principal (eudicotiledôneas e gimnospermas);

**Fasciculadas ou Cabeleira:** várias ramificações iguais (monocotiledôneas);

**Tuberosas:** guardam nutrientes (mandioca, cenoura).

**Aéreas:**

> pneumatóforos ou respiratórias: nas plantas de mangue;

> haustórios ou sugadoras: nas plantas parasitas;

> cinturas: nas epífitas;

> escoras: no milho e plantas de mangue;

> rampiformes: em plantas trepadeiras.

**Aquáticas**: com coifa dupla, sem pelos absorventes e com parênquima aerífero (aguapé).

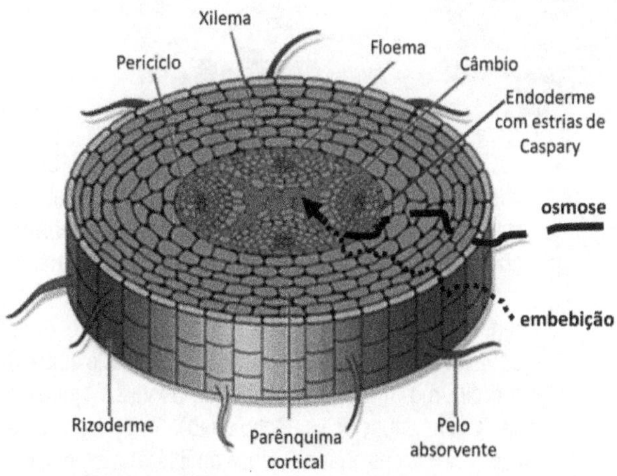


Fisiologia da Raiz

A raiz é adaptada à absorção de água e sais minerais do solo. A entrada de água se dá por transporte passivo e a entrada dos sais minerais por transporte ativo.

**Transporte Passivo**: A água entra por osmose e chega aos vasos lenhosos passando pelo citoplasma das células ou simplasto, desde que exista diferença de concentração: o solo deve ser hipotônico em relação à raiz, que deve ser hipertônica. Simultaneamente, menor quantidade de água se desloca umedecendo gradativamente as paredes celulares da raiz ou apoplasto. Esse processo de embebição vai até a endoderme, onde as estrias de Caspary impedem a embebição das paredes celulares e a água tem que chegar aos vasos lenhosos por osmose.

**Transporte Ativo:** consumindo energia, as células da raiz absorvem os sais minerais. Acredita-se que na membrana plasmática dessas células existam transportadores proteicos que identificam e carregam os sais do solo para dentro da célula, consumindo ATP.

## 44.2 Caule

Além das funções de sustentação e translocação de seiva, os caules podem guardar substâncias nutritivas e fazer fotossíntese. Os caules são formados pelo caulículo e pela gêmula, partes do embrião da semente.

**Partes do Caule -** caracterizado pela presença de nós (pontos de saída de folhas ou galhos) e internos (espaço entre folhas e galhos), os caules apresentam gemas, regiões de meristemas primários responsáveis pelo brotamento.

**Anatomia do Caule**

> nas monocotiledôneas o caule apresenta-se preenchido por um parênquima e tem os feixes condutores dispersos, caracterizando a estrutura atactostélica. Todos os feixes são colaterais fechados (sem câmbio).

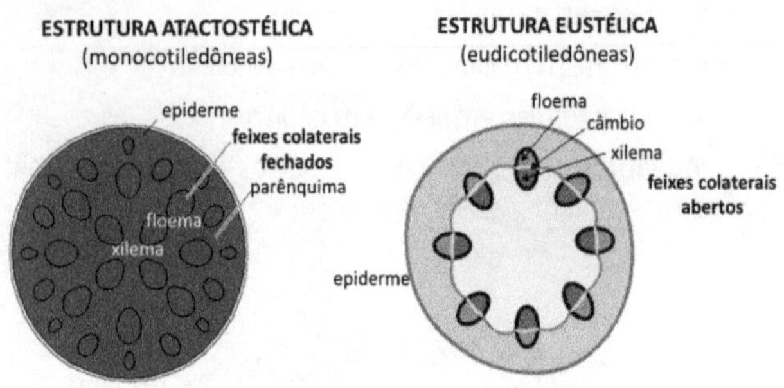


- nas eudicotiledôneas e gimnospermas, a estrutura é eustélica, apresentando nítida separação entre caule e cilindro central e tendo os feixes condutores colaterais abertos (com câmbio). Nesses caules, o crescimento secundário promove a formação no xilema de duas regiões bem nítidas: o cerne, no centro do caule, onde os vasos lenhosos são velhos e fechados (lenho inativo) e o alburno, mais periférico, onde os vasos lenhosos são jovens e funcionais (lenho ativo). A endoderme do caule armazena amido (bainha amilífera) e o periciclo pode formar raízes adventícias (camada rizógena).

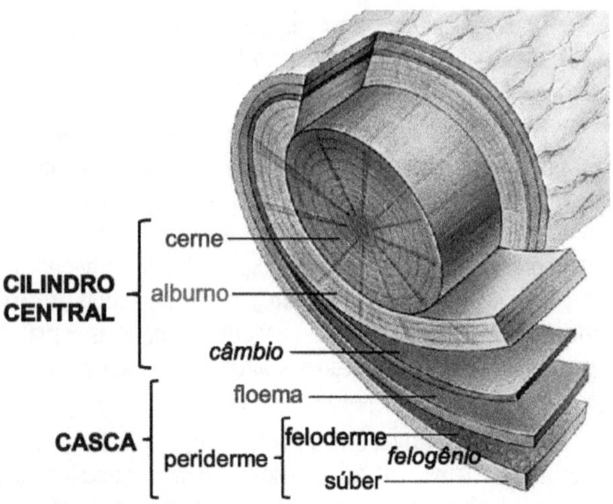


**Tipos de Caule**

**Aéreos:**

- tronco, caule lenhoso (figueira);
- haste, caule herbáceo (couve);
- estipe, caule sem galhos (coqueiro);
- colmo, caule segmentado (bambu);
- trepador volúvel, que se enrola no suporte (tomateiro);
- trepador sarmentoso com estruturas de fixação (chuchu e maracujá);
- rastejante, caule de melancia; e
- estolão, caule rastejante usado para reprodução vegetativa (grama e morango).

**Subterrâneos**:

- rizoma, com folhas, flores e frutos aéreos (bananeira);
- tubérculo, caule que acumula nutrientes (batatinha);
- bulbo, caule achatado formando o prato (cebola).

**Modificações Caulinares**

- cladódio, caule suculento e fotossintetizante (cactos);
- espinho, galho atrofiado para defesa (laranjeira);
- gavinha, galho modificado para fixação (chuchu, videira e maracujá).

**Fisiologia do Caule**

O caule é um órgão adaptado à translocação de seivas.

**Translocação de Seiva Inorgânica (Bruta):** é feita pelos vasos lenhosos, tubos finos, longos e mortos que vão da raiz até as folhas. Essa seiva pode ser transportada com pressão positiva da raiz, quando a água, ao ser absorvida pelas raízes, é empurrada para cima, deslocando-se para locais onde a concentração de substâncias orgânicas é maior. Esse fenômeno ocorre geralmente na primavera, quando o solo está encharcado e a umidade atmosférica elevada, sendo responsável pela gutação. Plantas de pequeno porte poderiam transportar seiva inorgânica dessa maneira, mas as de grande porte, não.

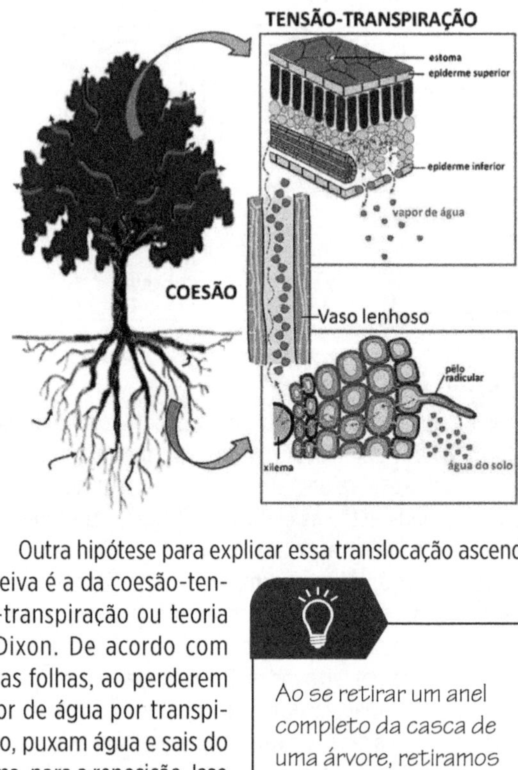


Outra hipótese para explicar essa translocação ascendente de seiva é a da coesão-tensão-transpiração ou teoria de Dixon. De acordo com ela, as folhas, ao perderem vapor de água por transpiração, puxam água e sais do xilema, para a reposição. Isso provoca o deslocamento de uma coluna contínua de água e sais em estado de coesão. Dentro dos vasos lenhosos a seiva inorgânica é submetida a duas forças opostas, tensão: a das folhas que transpiram e da gravidade. Enquanto a transpiração for mais eficiente, a seiva se desloca no sentido ascendente.

> Ao se retirar um anel completo da casca de uma árvore, retiramos junto os vasos do floema. Após algumas semanas, a região acima do corte torna-se mais volumosa pelo acúmulo de seiva elaborada na região. Como o xilema não foi afetado, a circulação de seiva inorgânica continua inalterada, mas a de seiva orgânica para a raiz é bloqueada, matando esse órgão. Essa prática é chamada de anel de Malpighi.

Translocação de seiva orgânica: água e substâncias orgânicas movem-se das folhas para o caule, para as raízes e para as regiões de crescimento e brotamento. O transporte pelo floema é feito no sentido descendente e ascendente, desde que ocorra diferença de concentração de soluto entre as folhas (mais concentradas) e os outros tecidos das plantas (menos concentrados). Essa diferença de concentração provoca um fluxo contínuo de seiva em direção aos locais menos concentrados, base da teoria de Münch ou hipótese do fluxo de massa.

## 44.3 Folha

As folhas são órgãos vegetais associados à absorção de luz para a fotossíntese e às trocas gasosas, principalmente o controle da transpiração vegetal. Produzidas a partir das gemas foliares do caule, as folhas completas apresentam: limbo, a lâmina foliar, estrutura obrigatória; pecíolo, haste de fixação da folha no caule; bainha, alargamento do pecíolo na região onde ele se une ao caule; estípulas, estruturas opcionais, são ligadas à proteção ou à fotossíntese.

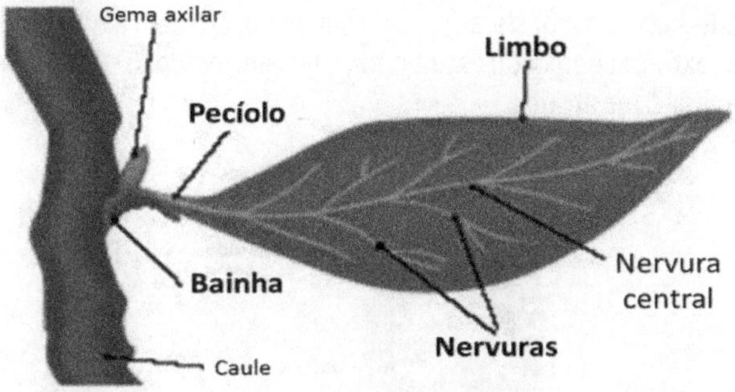


As folhas incompletas podem ser: sésseis, se só apresentarem o limbo (fumo) ou invaginantes, se apresentarem bainha e limbo, faltando o pecíolo, como nas folhas de monocotiledôneas (grama, milho); ócreas, se a bainha for ampla e envolver o caule.

Anatomia Foliar

As folhas apresentam duas epidermes (superior e inferior), que protegem um mesófilo, constituído por parênquimas clorofilianos (paliçádico e lacunoso) e feixes vasculares envolvidos por colênquima, formando as nervuras (paralelas em monocotiledôneas e variadas em eudicotiledôneas).

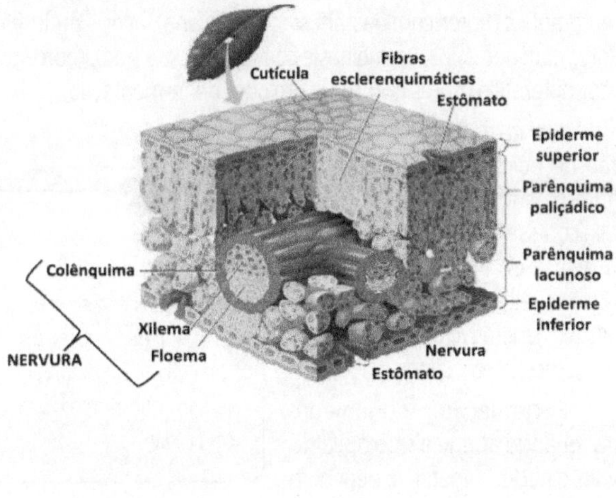


Anatomia da Folha

A distribuição dos parênquimas clorofilianos no mesófilo permite a classificação em: mesófilo assimétrico, quando tem o parênquima paliçádico na metade superior e o parênquima lacunoso na metade inferior (eudicotiledôneas); mesófilo simétrico, quando as duas metades do mesófilo apresentam parênquimas paliçádico e lacunoso (algumas monocotiledôneas); mesófilo indiferenciado, quando apresentam apenas um tipo de parênquima clorofiliano, sem caracterização especial (monocotiledôneas).

> Partes de plantas prensadas, secas em estufa e fixadas em cartolina, etiquetadas com informações sobre o vegetal (local de coleta, nome científico e popular, datada coleta, nome do coletor e do botânico que identificou a amostra), chama-se exsicatas. Com fins botânicos e guardadas em um herbário, as exsicatas são feitas com folhas, flores e frutos, mas plantas de grande porte podem ser coletas e preparadas até com a raiz.

**Tipos de Folhas**

- Cotilédones, folhas embrionárias;
- Catáfilos, folhas dos bulbos (cebola);
- Folhas coletoras, de plantas epífitas (bromélias);
- Brácteas, folhas coloridas que substituem as pétalas (coroa-de-cristo);
- Espata, lâmina foliar que protege inflorescências do tipo espiga (copo-de-leite e antúrio);
- Espinhos, modificações para proteção e redução de transpiração (cactos);
- Gavinhas, para fixação (ervilha); esporófilos, as folhas das samambaias;
- Glumas protegem as flores de gramíneas (espiga do trigo);
- Trofófilos, folhas de samambaias que fazem fotossíntese;
- Folhas insetívoras para digestão de proteínas animais (dionea-papa-mosca);
- Antófilos, formam as peças da flor (pétalas).

## 44.4 Flor

É o órgão responsável pela reprodução sexuada das Angiospermas, podendo se apresentar como inflorescências (várias flores em um mesmo ramo) ou individualizadas. Sua estrutura é fixada ao caule pelo pedúnculo ou eixo floral; na extremidade do pedúnculo há uma pequena dilatação, denominada receptáculo, onde as peças da flor se dispõem em círculos concêntricos, formando os verticilos florais.

> As plantas insetívoras são verdes e fazem fotossíntese. Como têm dificuldade em absorver nitrogênio para produzirem seus ácidos nucleicos e proteínas, eventualmente digerem proteínas animais. Para isso apresentam odores e cores atrativas e glândulas digestivas com enzimas proteolíticas.

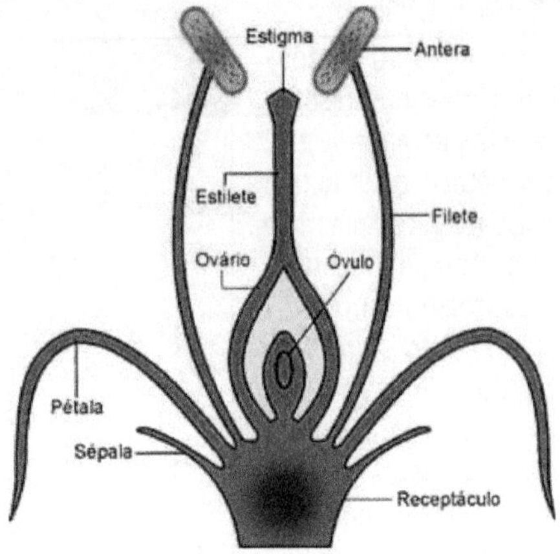


Os verticilos de proteção são: cálice, formado por sépalas verdes, protege o botão floral; corola, formada geralmente por pétalas coloridas, serve de atração para os animais. Cálice e corola compõem o perianto ou clamídeo da flor e podem ter peças unidas (gamossépalas ou gamopétalas) ou separadas (dialissépalas ou dialipétalas).

Os verticilos de reprodução são: androceu, órgão masculino, formado pelos estames (cada estame apresenta um filete que sustenta a antera, onde se formam os grãos-de-pólen); gineceu, órgão feminino formado pelos carpelos (o estigma é ligado pelo estilete ao ovário, onde estão os óvulos).

De acordo com a presença do perianto, as flores podem ser:

> Periantada: que apresenta cálice e corola.

> Aperiantada (aclamídea): que não apresenta cálice ou corola.

> Monoperiantada (monoclamídea): que apresenta cálice ou corola.

> Perigônio: nas flores de monocotiledôneas, onde o cálice é igual à corola; todas as peças são chamadas tépalas.

Quanto ao sexo, as flores são classificadas em:

> Díclinas: unissexuadas (masculinas ou femininas), encontradas em plantas dioicas e monoicas.

> Monóclinas: hermafroditas (masculinas e femininas), encontradas em plantas monoicas.

## Androceu

**Conjunto de Estames.** Cada estame tem uma antera sustentada pelo filete. Dentro da antera jovem, as células-mãe do grão de pólen se alimentam do tapetum (camada nutritiva) e fazem meiose, originando o grão-de-pólen. Quando a antera está madura, ela se abre pelo endotécio (camada mecânica).

**Grão-de-Pólen** – apresenta duas membranas: exina (externa e rígida) e intina (interna e flexível), protegendo o citoplasma e, nele, dois núcleos haploides, o vegetativo, que produz o tubo polínico e o generativo, que origina os dois gametas masculinos.

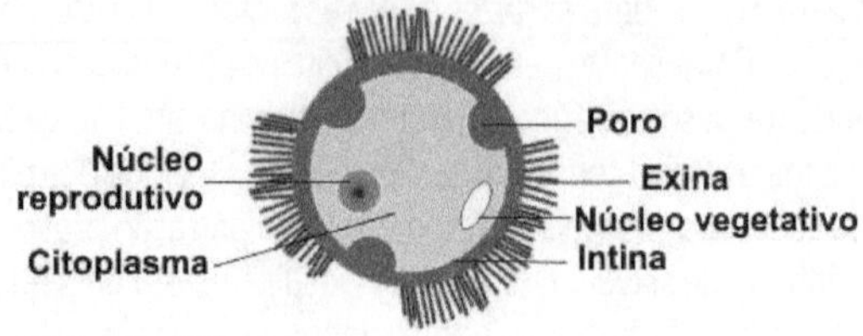


Grão-de-Pólen

## Gineceu

Formado pelos carpelos, apresenta o estigma (que recebe o grão-de-pólen), o estilete (por onde cresce o tubo polínico) e o ovário, base alargada com os óvulos.

**Óvulo** – conjunto de células que protegem o gameta feminino dentro do ovário; é recoberto pelo tegumento, formado por duas membranas (primina e secundina) que apresentam um pequeno orifício denominado micrópila; dentro do óvulo, o saco embrionário contém 7 células e 8 núcleos haploides: duas sinérgides ladeiam a oosfera (gameta feminino), próximo à micrópila; no extremo oposto, três antípodas; no centro, o mesocisto com dois núcleos polares.

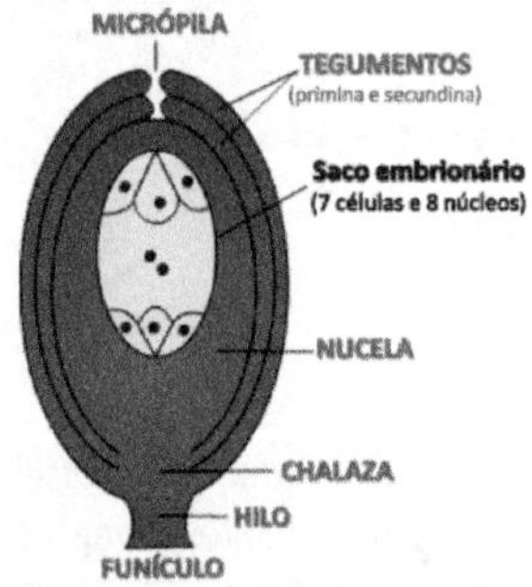


Óvulo Vegetal

## Reprodução das angiospermas

Nas Angiospermas a reprodução sexuada é realizada em três etapas:

**Polinização:** é o transporte dos grãos-de-pólen da antera até o estigma da flor. Esse transporte pode ocorrer através do vento – anemofilia (flores com anteras expostas e estigmas grandes); insetos – entomofilia (flores com nectários e forma plana); aves – ornitofilia (flores com nectários, vermelhas e com formato de sino); morcegos – quiropterofilia (flores noturnas com odor de fermentação).

**Germinação:** quando o grão-de-pólen germina e extravasa sobre o estigma, forma-se o tubo polínico. Esse tubo cresce em direção ao ovário da flor, orientado pelo núcleo vegetativo; um pouco atrás vai o núcleo generativo que produzirá os dois gametas masculinos.

> *Depois da fecundação, o óvulo forma a semente que, por estimulação hormonal, provoca o desenvolvimento do ovário em fruto.*

**Fecundação** propriamente dita: quando atinge a micrópila do óvulo, o núcleo vegetativo degenera e uma das sinérgides permite a entrada dos dois núcleos masculinos no saco embrionário. Um dos núcleos masculinos une-se à oosfera e forma o embrião diploide

(2N); o outro núcleo masculino une-se aos núcleos polares e forma o endosperma triploide (3N), caracterizando uma dupla fecundação.

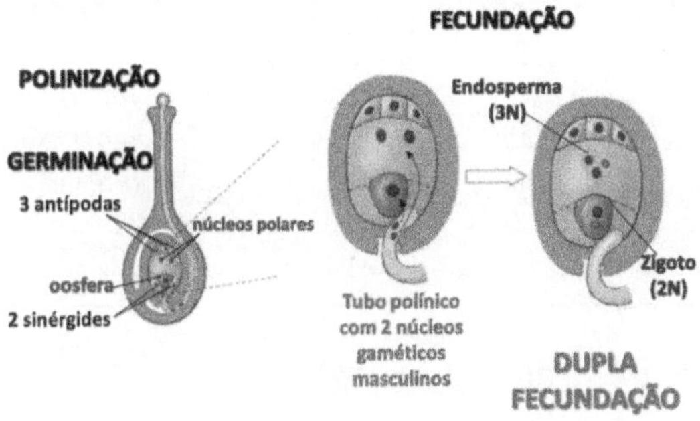


Etapas da Reprodução Sexuada das Angiospermas

## 44.5 Fruto

É formado pelo ovário da flor desenvolvido após a fecundação. O fruto ou pericarpo apresenta: o epicarpo (casca), mesocarpo (porção intermediária) e endocarpo (junto da semente). Nos frutos como pêssego e manga, o endocarpo cresce junto com a semente e fica endurecido, formando o caroço.

### Tipos de frutos

Os frutos podem ter pericarpo seco ou carnoso e, em algumas plantas, o pericarpo, quando maduro, consegue romper sozinho para liberar as sementes: são os frutos deiscentes; os que não conseguem se abrir sozinhos para liberar as sementes são denominados frutos indeiscentes.

**Frutos Secos Deiscentes:** legume, quando maduro se abre por duas deiscências (vagem, feijão e amendoim); cápsula, quando apresenta vários tipos de deiscência: poricida (papoula), pixidiária ou transversal (eucalipto), longitudinal (algodão).

**Frutos Secos Indeiscentes**: aquênio, com uma semente parcialmente presa ao fruto (caju, morango); cariopse, a semente é totalmente presa ao fruto (milho, arroz, trigo), típico das monocotiledôneas; sâmara, fruto alado (pau d'alho);

Partes do Fruto

**Frutos Carnosos Indeiscentes:** drupa, o endocarpo é rígido e envolve a semente formando o caroço (pêssego, ameixa, azeitona, coco-da-baía); baga, com uma ou várias sementes que ficam soltas dentro do fruto maduro (melancia, abacate, mamão, limão).

Nos frutos em que não são encontradas sementes, o desenvolvimento do pericarpo ocorre antes da fecundação, sendo chamados de frutos partenocárpicos (banana). Quando a parte comestível não é originada pelo ovário da flor, temos os pseudofrutos simples: na maçã e na pera, a parte comestível é o receptáculo; pseudofrutos compostos, originados de diversos ovários de uma flor, como no morango; pseudofrutos múltiplos, formados por diversas partes de uma inflorescência, como no abacaxi, na amora, na jaca.

## 44.6 Semente

É formada a partir do óvulo fecundado e abriga o embrião da nova planta, recobrindo-o com duas películas que formam seu tegumento. A parte interna da semente, denominada amêndoa, é constituída pelo embrião (2N) e pelo endosperma (3N).

### Estrutura do tegumento

O tegumento é formado por duas películas: testa (externa) e tégmen (interna). Na testa é comum a presença de anexos como arilo (gelatinoso - romã) e carúncula (rígido - mamona); cicatrizes como: micrópila (deixada pela micrópila do óvulo), hilo (deixada pelo hilo do óvulo) e rafe (deixada pelo funículo do óvulo).

### Estrutura da amêndoa

Nas sementes de eudicotiledôneas, a amêndoa é composta apenas pelo embrião, formado por: radícula, a raiz embrionária; caulículo, o caule embrionário; gêmula, o meristema primário que irá promover o crescimento da plântula e formar as folhas e ramificações; dois cotilédones, que durante a germinação ficarão suspensos acima do solo caracterizando a germinação epígea.

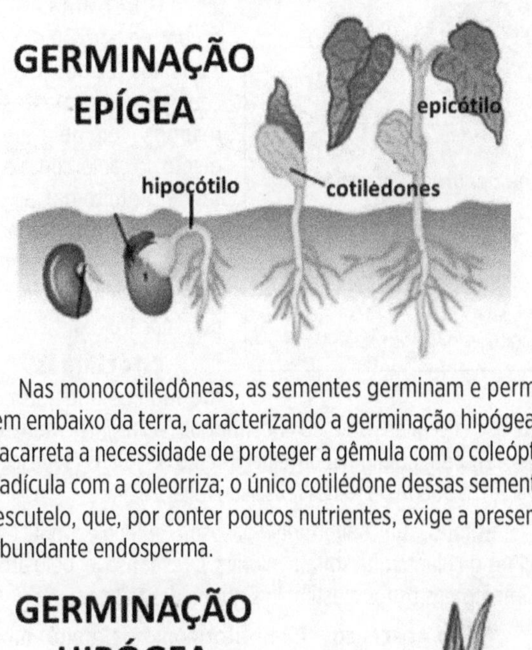


Nas monocotiledôneas, as sementes germinam e permanecem embaixo da terra, caracterizando a germinação hipógea, o que acarreta a necessidade de proteger a gêmula com o coleóptile e a radícula com a coleorriza; o único cotilédone dessas sementes é o escutelo, que, por conter poucos nutrientes, exige a presença de abundante endosperma.

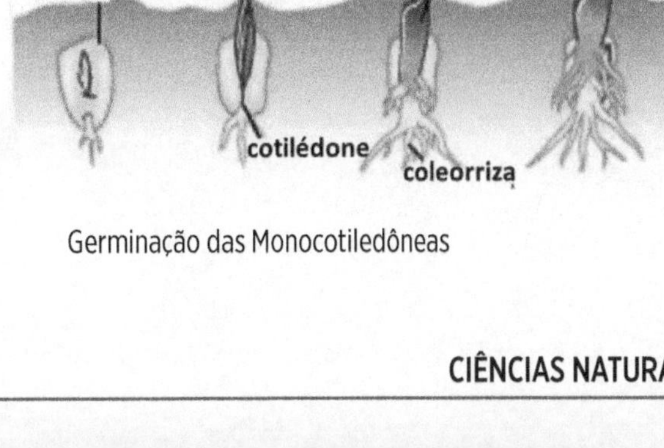


Germinação das Monocotiledôneas

### Dispersão de sementes

As sementes podem ser levadas pelo vento quando apresentarem pelos ou membranas como as do algodão (anemocoria); pela água, quando flutuarem, como o coco-da-baía (hidrocoria) e por animais, quando apresentarem a superfície rugosa ou com ganchos e espinhos como o carrapicho (zoocoria).

### Germinação de sementes

Para que a semente germine, alguns fatores extrínsecos (ambientais) são necessários: solo umedecido; luminosidade (dependendo da semente); temperatura adequada; nutrientes (solo rico em sais minerais). Os fatores intrínsecos, que dependem da semente, são: tipo, boa constituição, maturidade, boas reservas nutritivas.

## 44.7 Fitormônios

São substâncias produzidas pelas plantas para regularem seu crescimento e desenvolvimento.

Auxinas - o ácido indolilacético ou AIA é o principal fitormônio, sendo produzido na gema apical dos caules e galhos, atuando no crescimento das raízes e caules; na curvatura de galhos, caules e folhas em direção da luz (fototropismo) ou de raízes em direção da terra (geotropismo); na dominância apical ao inibir o desenvolvimento de gemas laterais em certas plantas; estimulando o desenvolvimento de frutos; inibindo a queda de folhas e frutos.

> A poda, técnica usada em pomares, consiste na quebra da dominância apical promovida pela auxina, ao extirpar a gema apical do caule e permitir a formação de novos galhos na planta.

Giberelinas - são grupos de hormônios produzidos nos tecidos jovens de caules e nas sementes. São responsáveis pelo alongamento do caule, complementando o efeito das auxinas; pela quebra de dormência de sementes e gemas; estimulam o desenvolvimento de frutos partenocárpicos.

**Citocininas** - são fitormônios que estimulam as divisões celulares, sendo encontrados nas regiões meristemáticas; também atrasam o envelhecimento de folhas (senescência) e inibem a queda de folhas (abscisão foliar).

**Etileno** - único fitormônio gasoso, o etileno é produzido em regiões da planta que sofram injúrias. É responsável pelo amadurecimento dos frutos e estimula a queda das folhas.

**Ácido Abscísico** - é um fitormônio de efeito inibidor, impedindo a germinação das sementes e o desenvolvimento de gemas em épocas desfavoráveis e induzindo o fechamento dos estômatos quando as plantas estão sobre estresse hídrico (falta de água).

> Os fitormônios são usados para cultivo de tecidos vegetais a partir do calo, fragmento de tecido vegetal que pode ser de raiz, de folha, de embrião ou de parênquimas. Em contato com os fitormônios, o calo forma uma massa de células não diferenciadas e estas, com balanço hormonal e nutrientes adequados, formam o corpo de novos vegetais.

## 44.8 Fotoperiodismo

É o conjunto de respostas que as plantas dão à duração dos períodos de claridade e escuridão dos dias e noites. Essas respostas são na forma de floração, desenvolvimento e germinação de sementes.

Nas angiospermas, a regulação dessas respostas é feita por um pigmento chamado fitocromo que, na forma R, absorve luz vermelho-curto (660 nm) e se transforma em F, que absorve luz vermelho-longo (730 nm).

No escuro ou na presença de luz vermelho- longo, o fitocromo F, que dá respostas de desenvolvimento, converte para fitocromo R, que é inativo. Sabe-se que a duração do período escuro é o que influencia as plantas.

De acordo com a influência do fotoperíodo na floração, as plantas podem ser:

- **Plantas de Dia Longo:** as que florescem quando o período noturno é menor que o diurno; são plantas de primavera e verão (trigo, alface).
- **Plantas de Dia Curto:** as que florescem quando o período noturno é maior que o diurno; são plantas de outono/inverno (crisântemos).
- **Plantas Neutras:** não são influenciadas pelas horas em que ficam no escuro ou no claro (milho).

Quando uma planta cresce na ausência de luz, seu caule fica mais longo que o normal, as folhas são pequenas, amarelas e a extremidade apical tem forma de gancho. Esse conjunto de sintomas caracteriza o estiolamento. Plantas que se desenvolvem no solo de florestas utilizam o estiolamento para rapidamente encontrar espaços com luz, para então começarem a crescer normalmente.

# 45. GENÉTICA

É a parte da Biologia que estuda os mecanismos da hereditariedade, a transmissão de características de pais para filhos e que teve grande avanço no século XX.

> Gene: segmento de DNA que orienta a produção de uma proteína.
> Caráter: efeito do gene (gene A determina pele normal - caráter do gene A).
> Alelos: são as variações do gene que determinam as variações do caráter (gene A, alelos A e a determinam pele normal e pele albina, respectivamente).
> Homozigoto: quando o indivíduo tem dois alelos iguais para o caráter (AA ou aa).
> Heterozigoto: quando o indivíduo tem alelos diferentes para o caráter (Aa).

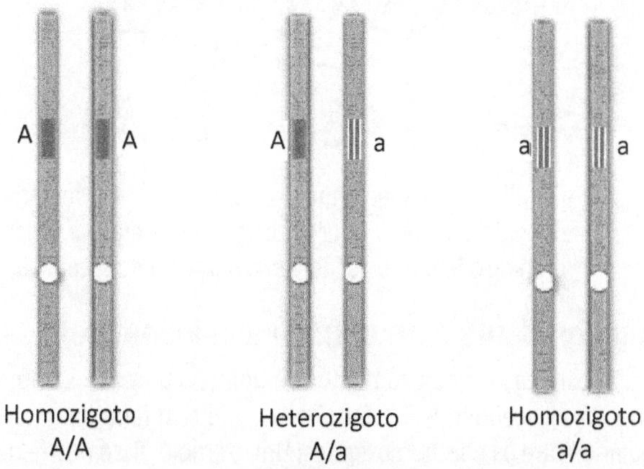


> Caráter dominante: aquele que "aparece" no heterozigoto (Aa tem pele normal - caráter dominante).
> Caráter recessivo: aquele que "não aparece" no heterozigoto (Aa - o alelo a não se manifesta).

## 45.1 Gregor Mendel

Gregor Mendel, monge austríaco, elaborou duas leis básicas da Genética no século XIX. Por 35 anos suas leis ficaram esquecidas, mas no início do século XX, três biólogos, De Vries (holandês), Correns (alemão) e Tschermak-Seysenegg (austríaco), trabalhando em separado, chegaram a conclusões que mais tarde descobriram que já tinham sido descritas por Mendel.

O trabalho de Mendel foi feito com cruzamentos de ervilha (Pisum sativum), porque essa planta é fácil de cultivar, tem características fáceis de serem observadas, seu ciclo de vida é curto e pode ser polinizada artificialmente.

## 45.2 Primeira Lei de Mendel

Mendel fazia seus cruzamentos com linhagens puras para os caracteres estudados. Assim, para um cruzamento entre plantas de ervilha de semente amarela com plantas de ervilha com sementes verdes, a geração parental ou P tinha que ser pura para cor das sementes: a planta com semente amarela só podia produzir plantas com sementes amarelas e a planta com semente verde, só podia produzir plantas com sementes verdes. Para que isso acontecesse, ele autofecundava várias vezes as plantas para ter certeza disso.

Plantas puras de sementes amarelas, quando cruzadas com plantas puras de sementes verdes produziam apenas plantas com sementes amarelas, a primeira geração ou F1.

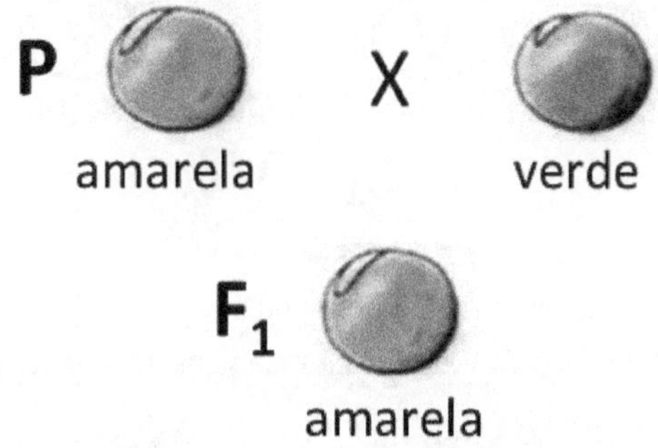


Em seguida, cruzamentos entre as plantas com sementes amarelas obtidas em F1 foram realizados e os resultados apontaram, na segunda geração ou F2:

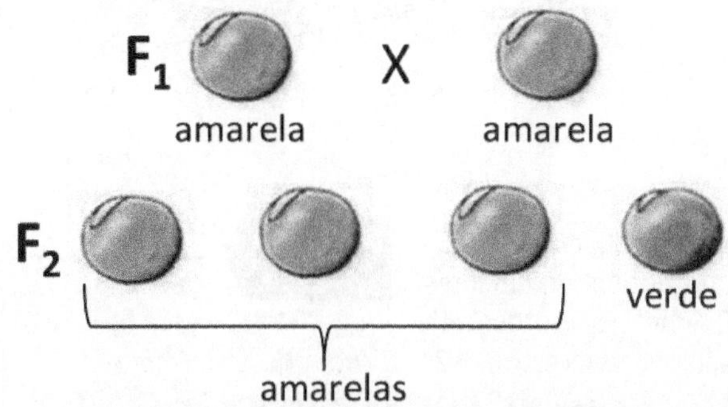


Com esse resultado, Mendel determinou que o caráter verde, que desaparecia na F1 e reaparecia no segundo cruzamento era um caráter recessivo e que o caráter amarelo, que aparecia também na F2 seria o caráter dominante. Além disso, para cada cruzamento feito entre as plantas de F1, os resultados eram: 3 plantas com sementes amarelas para 1 planta de semente verde, com poucas variações. Os números obtidos acenavam para uma proporção de 3:1 ou ¾ : ¼.

Para explicar esses resultados, Mendel determinou que as características hereditárias são determinadas por dois fatores herdados do pai e da mãe, em quantidades equivalentes; que esses fatores segregam (separam) durante a produção de gametas (se o indivíduo é puro, todos os seus gametas terão o mesmo fator, se o indivíduo é híbrido, serão produzidos dois tipos de gametas).

A primeira lei de Mendel trata da herança de um caráter determinado por apenas um par de alelos - herança monogênica ou monoibridismo - e pode ser assim enunciada:

"Cada caráter é condicionado por dois fatores. Esse par de fatores segrega no momento da formação dos gametas, que são puros com relação a cada fator".

### Monoibridismo com dominância

Hoje se sabe que os dois fatores a que Mendel se referia era o par de alelos de um gene, situados em cromossomos homólogos. A segregação mencionada por ele na produção de gametas é o que conhecemos como a separação dos cromossomos homólogos durante a Meiose I.

Atualizada, os cruzamentos de Mendel seriam assim representados.

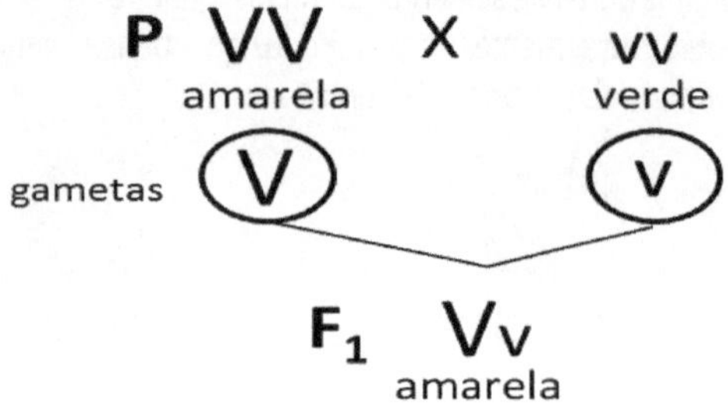


Genótipo de F1 – 100% heterozigotos

Fenótipo de F1 – 100% plantas de sementes amarelas

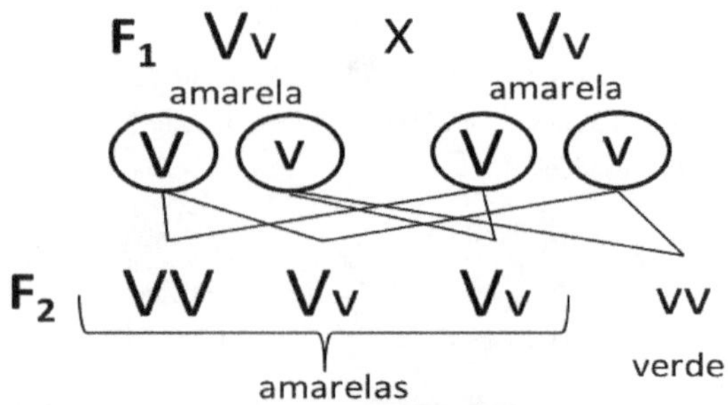


Genótipo de F2 – 25% homozigotos dominantes; 50% heterozigotos; 25% homozigotos recessivos. 1:2:1

Fenótipo de F2 – 75% plantas de sementes amarelas; 25% de plantas de sementes verdes. 3:1

> Monoibridismo com Dominância
>
> a) Os cruzamentos analisam apenas um caráter de cada vez.
>
> b) Nos cruzamentos com dominância, todos os indivíduos da geração F1 têm característica dominante.
>
> c) A autofecundação desses indivíduos produz ¾ de indivíduos dominantes e ¼ com a característica recessiva. Proporção fenotípica de F2 = 3 : 1.
>
> d) A proporção genotípica é de ¼ homozigoto dominante; 2/4 heterozigoto e ¼ homozigoto recessivo. Proporção genotípica de F2 = 1 : 2 : 1

## Cruzamento-teste

Para descobrir se um indivíduo, portador de um caráter dominante, é homozigoto ou heterozigoto, podemos fazer seu cruzamento com um indivíduo homozigoto recessivo. Podemos deduzir dos resultados:

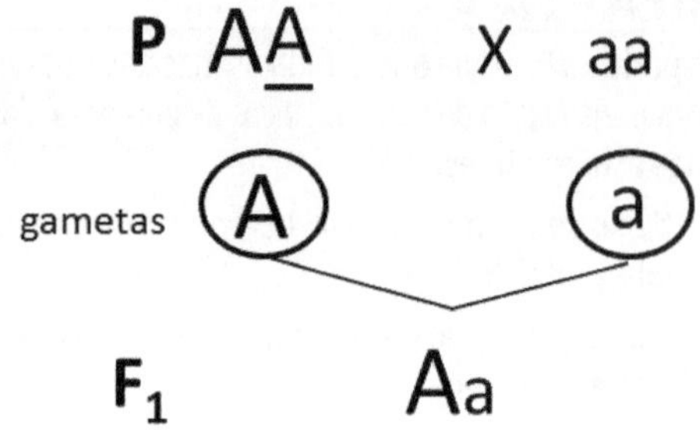


> O indivíduo é homozigoto dominante para o caráter: se todos os descendentes tiverem o fenótipo dele.

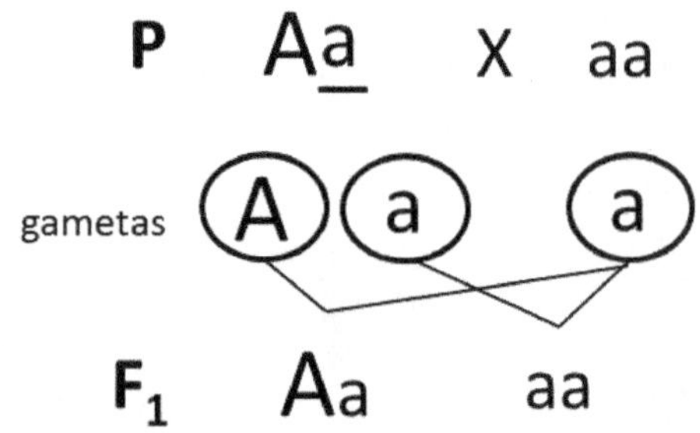


> O indivíduo é heterozigoto para o caráter: se metade dos descendentes tiverem o fenótipo dele e a outra metade o fenótipo do indivíduo homozigoto recessivo.

## Monoibridismo com dominância incompleta

Neste caso, os cruzamentos da geração parental sempre fornecem descendentes heterozigotos, que têm fenótipo intermediário entre os pais homozigotos. Um exemplo disso ocorre no cruzamento da planta maravilha (Mirabilis jalapa), onde o gene C representa a cor das flores e, no sobrescrito, a letra V indica o alelo para vermelho e a letra B o alelo para branco. Indivíduos de flores vermelhas homozigotas quando cruzados com indivíduos de flores brancas, também homozigotos, na descendência as plantas têm flores cor-de-rosa, evidenciando o fenótipo intermediário entre os pais.

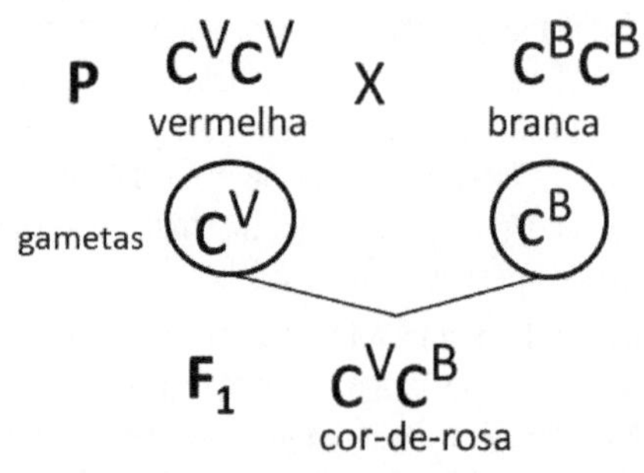


Nas plantas com flores cor-de-rosa, a quantidade de pigmentos vermelhos é a metade da encontrada em flores vermelhas. No cruzamento das plantas obtidas em F1, observamos:

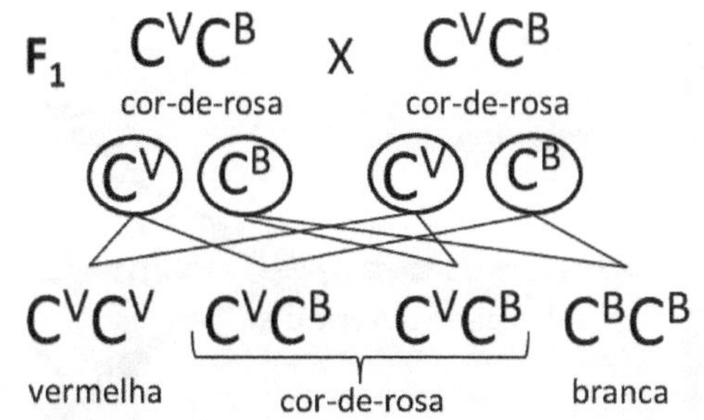


Os fenótipos da geração F2 são: 25% de flores vermelhas, 50% de flores cor-de-rosa e 25% de flores brancas, com proporção de 1:2:1.

## Monoibridismo com codominância

Neste caso o indivíduo heterozigoto apresenta o efeito dos dois alelos diferentes de um mesmo gene, simultaneamente. No gado leiteiro, o cruzamento de indivíduos brancos com indivíduos pretos origina descendentes malhados de branco e preto, o fenótipo intermediário.

Na espécie humana, a herança do sistema MN do sangue é um exemplo. Esse sistema apresenta três grupos sanguíneos: M, MN e N, determinados pela combinação dos alelos AgM e AgN. Os indivíduos M apresentam genótipo AgMAgM e são homozigotos; os indivíduos N são AgNAgN, também homozigotos; os indivíduos MN são Ag1AgN.

## Heredograma

Com símbolos, as relações de parentesco entre indivíduos de uma família podem ser representadas pelo heredograma ou genealogia (árvore genealógica). O heredograma auxilia no estudo de como um determinado caráter é herdado, bem como permite descobrir se determinado fenótipo é ou não hereditário.

Para a confecção dos heredogramas, os símbolos mais utilizados são:

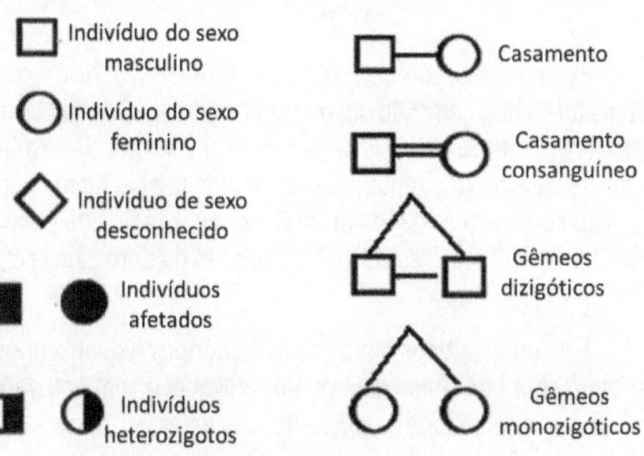


As linhas horizontais no heredograma são identificadas por algarismos romanos e representam as gerações; cada indivíduo, em cada geração, recebe um algarismo arábico para ser reconhecido.

# 45.3 Probabilidade em Genética

Quando lançamos um dado, a possibilidade dele cair com a face do número 3 é uma em seis. Isso é probabilidade, a possibilidade de ocorrer determinado evento entre vários possíveis. A fórmula matemática para o cálculo de probabilidade é:

$$P = nd/np$$

Onde P é a probabilidade, nd representa o número de eventos desejáveis e np o número de eventos possíveis.

Cada vez que lançamos o dado, a probabilidade de cair um dos seis lados é a mesma, isto é, cada lançamento é um evento aleatório. Na formação dos gametas, a distribuição das quatro cromátides entre os gametas também é um evento aleatório: qualquer gameta pode receber qualquer uma das cromátides. Nos homozigotos, todas as cromátides têm o mesmo alelo, por isso já sabemos qual alelo os gametas carregam, mas nos heterozigotos, os gametas podem receber o alelo recessivo ou o dominante e a chance de um e de outro é a mesma, ou seja: ½.

**Regra do "E"**

Desejamos saber a chance de um casal onde a mulher é albina (homozigota recessiva) e o pai heterozigoto para albinismo terem o primeiro e o segundo filho com albinismo.

Todos os gametas maternos são recessivos, carregarão o alelo a; metade dos gametas paternos carregarão o alelo A e a outra metade o alelo a. As possibilidades de fecundação são:

> Gameta paterno a fecunda gameta materno a – filho albino aa.

> Gameta paterno A fecunda gameta materno a – filho normal Aa.

A probabilidade de nascer um filho albino é ½. Como cada fecundação é um evento independente, aplicamos a regra do "e": a probabilidade de o primeiro e o segundo filho nascerem com albinismo é ½ x ½ = ¼;

**Regra do "Ou"**

Um casal de indivíduos heterozigotos para albinismo quer saber a probabilidade de o primeiro filho ser homozigoto dominante ou heterozigoto. Agora o pai e a mãe produzem gametas com o alelo dominante A e com o alelo recessivo a na proporção ½ : ½ . As combinações possíveis são:

> Gameta paterno A fecunda o gameta materno A – filho AA (homozigoto dominante).

> Gameta paterno A fecunda o gameta materno a – filho Aa (heterozigoto).

> Gameta paterno a fecunda o gameta materno A – filho Aa (heterozigoto).

> Gameta paterno a fecunda o gameta materno a – filho aa (homozigoto recessivo).

A probabilidade de o casal ter um filho homozigoto dominante é 1/4; a probabilidade de o casal ter um filho heterozigoto é 2/4. A probabilidade de gerar um filho homozigoto dominante ou heterozigoto é: 1/4 + 2/4 = ¾.

## Genes letais

São os que causam a morte de seus portadores. Surgem por mutações e podem ser dominantes, quando apenas um alelo causa a morte ou, recessivos, quando são necessários dois alelos para matar. Nos camundongos, um alelo letal afeta a cor da pelagem desses animais: o alelo Ay é mutante e determina pelos amarelos quando aparece em heterozigose (AyA), mas é letal quando em homozigose (AyAy). No cruzamento de dois camundongos amarelos obtemos uma prole menor que a esperada, pois os homozigotos AyAy morrem antes de nascer.

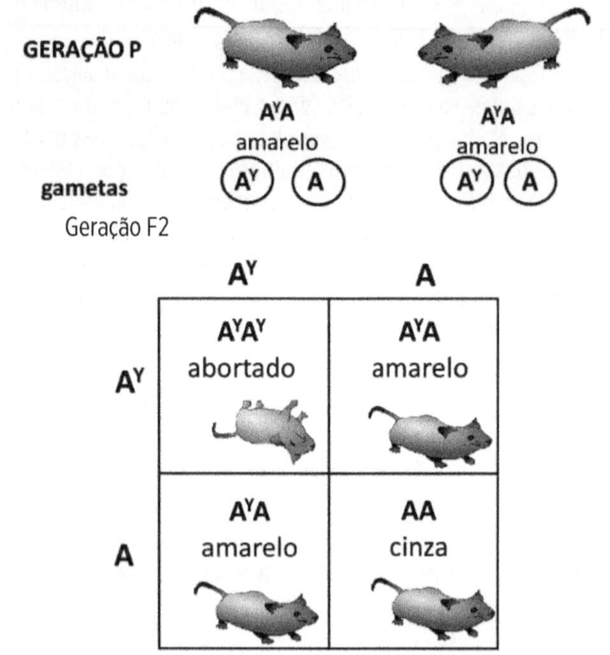


Na espécie humana os genes letais podem se manifestar antes do nascimento, na infância ou na idade adulta.

> Fibrose cística (distrofia muscular de Duchenne) se manifesta na infância e provoca a degeneração da bainha de mielina dos axônios.

> Doença de Huntington se manifesta na vida adulta e deteriora o tecido nervoso provocando perda de memória, movimentos involuntários e desequilíbrio emocional.

> Acrondroplasia é uma forma de nanismo condicionada por um alelo dominante que prejudica o crescimento dos ossos durante o desenvolvimento. Pessoas com acondroplasia são heterozigotas (Dd) e as normais são homozigotas recessivas (dd). O alelo D em homozigose (DD) é letal e o indivíduo morre no início do desenvolvimento embrionário.

*Quadrado de Punnet - quando dois heterozigotos são cruzados, podemos utilizar uma tabela com três colunas para obter o resultado. Na primeira linha horizontal ficam os gametas de um dos pais; na primeira linha vertical ficam os gametas do outro pai. Nos espaços em branco fazemos as combinações entre os alelos e obtemos os genótipos dos descendentes.*

## Pleiotropia

Ocorre quando um único gene é responsável ou influencia várias características do indivíduo. Nas ervilhas, Mendel observou que o gene que condicionava a cor da casca da semente, também influenciava a cor da flor e a presença de uma mancha avermelhada na folha, era um gene pleiotrópico.

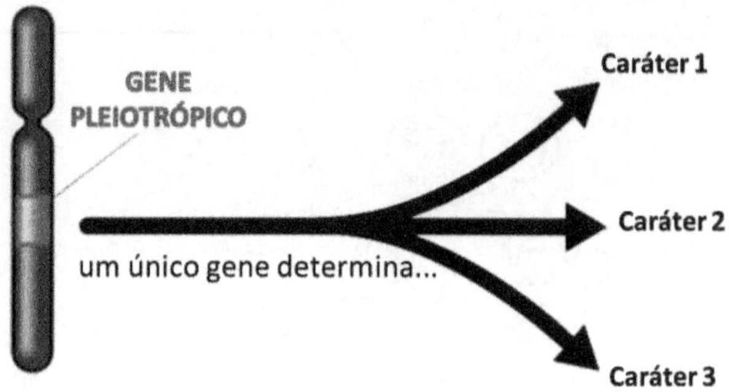


Na espécie humana, o gene que provoca a síndrome de Marfan (dedos longos, finos e curvos), também causa anomalias ósseas e problemas nos olhos, coração e pulmões.

## Alelos múltiplos

Organismos diploides apresentam dois alelos de cada gene, um em cada cromossomo do par, sendo um de origem materna e o outro de origem paterna.

Alguns genes, no entanto, apresentam mais de dois alelos e, nesse caso, temos alelos múltiplos, onde várias combinações podem ser feitas.

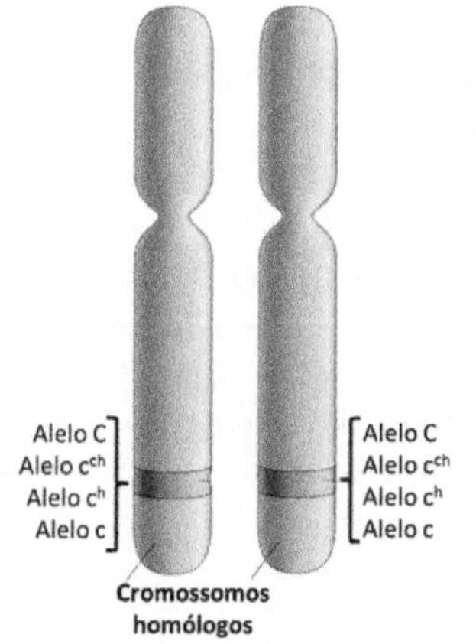


Em coelhos, alelos múltiplos estão envolvidos com a coloração da pelagem. São quatro formas alélicas: C que determina pelagem aguti ou selvagem (castanha); cch que determina a pelagem chinchila (cinzenta); ch que determina a pelagem himalaia (branco com extremidades pretas) e c que condiciona pelagem albina (branco). Entre esses alelos a relação de dominância é:

C > cch > ch > c

Existem dez tipos possíveis de genótipos e quatro tipos de fenótipos para os coelhos, já que os alelos ocorrem aos pares e podem ser combinados de diferentes maneiras.

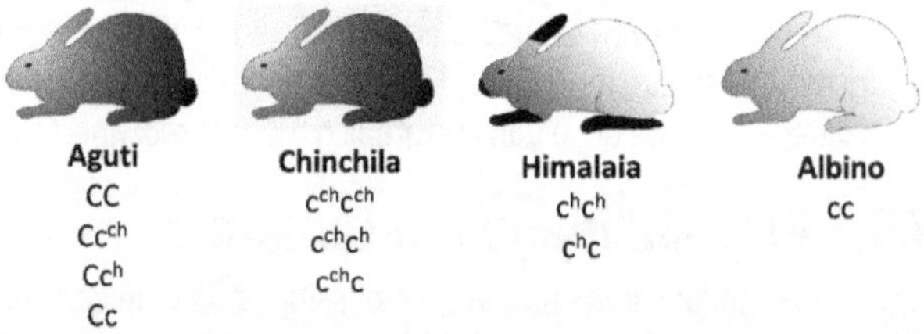


Na espécie humana, a herança dos grupos sanguíneos do sistema ABO é determinada por alelos múltiplos.

## penetrância e expressividade

a maneira como os genes se manifestam pode sofrer variação. A penetrância é definida como a porcentagem de indivíduos que têm o genótipo e manifestam o fenótipo correspondente. Por exemplo: na espécie humana a polidactilia se caracteriza pela presença de um dedo extra na mão ou no pé, determinado pela presença de um alelo dominante. Esse alelo nem sempre se manifesta, daí considerarmos sua penetrância incompleta.

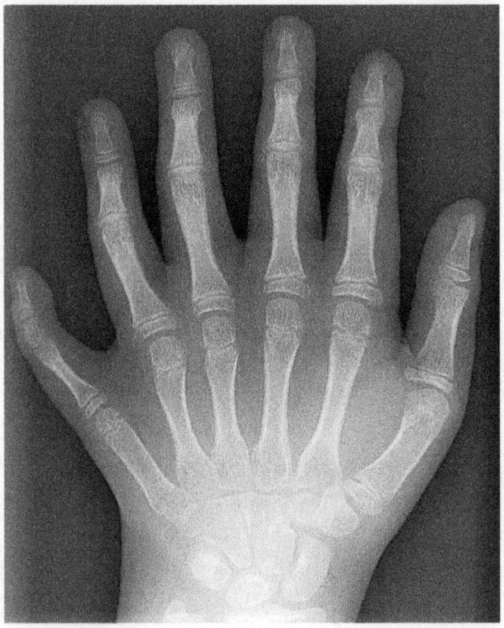

**Polidactilia**

A expressividade de um gene é definida pelo fenótipo que ele manifesta. Dependendo do indivíduo portador do gene é o fenótipo apresentado, por exemplo: o gene da polidactilia quando se expressa, pode determinar o surgimento de um dedo completo, ou de um dedo sem estrutura óssea ou de uma saliência na lateral da mão. Diz-se que o gene de polidactilia tem expressividade variável.

## Herança dos grupos sanguíneos

O médico austríaco Karl Landsteiner, no início do século XX, observou que amostras de sangue misturadas, em muitos casos formavam aglomerados, perdendo o aspecto normal. Na ocasião ele achou que isso talvez explicasse a incompatibilidade sanguínea entre algumas pessoas, que muitas vezes causava a morte do receptor, depois de uma transfusão.

As pesquisas de Landsteiner com seus pesquisadores levaram à descoberta de quatro tipos sanguíneos no ser humano. Esses quatro tipos caracterizariam o sistema ABO: A, B, AB e O (chamado inicialmente de zero).

Para Landsteiner, a incompatibilidade sanguínea estava associada a uma reação imunológica entre substâncias do plasma sanguíneo e substâncias existentes nas hemácias. As substâncias do plasma ele chamou de aglutininas e classificou em aglutinina A e aglutinina B; as substâncias das hemácias foram denominadas aglutinogênios e classificadas em aglutinogênio A e aglutinogênio B.

Hoje sabemos que as aglutininas são os anticorpos e os aglutinogênios os antígenos. Assim no plasma temos as aglutininas anti-A e anti-B e nas hemácias aglutinogênio A e aglutinogênio B, permitindo que os tipos sanguíneos sejam assim determinados:

| Hemácia (aglutinogênio) | Tipo de sangue | Plasma (aglutinina) |
|---|---|---|
| Aglutinogênio A | A | Anti-B |
| Aglutinogênio B | B | Anti-A |
| Aglutinogênios A e B | AB | Sem aglutininas |
| Sem aglutinogênios | O | Anti-A e anti-B |

A descoberta dos grupos sanguíneos revolucionou o processo de transfusão de sangue, diminuindo a ocorrência de reações de incompatibilidade.

**Transfusões Compatíveis**

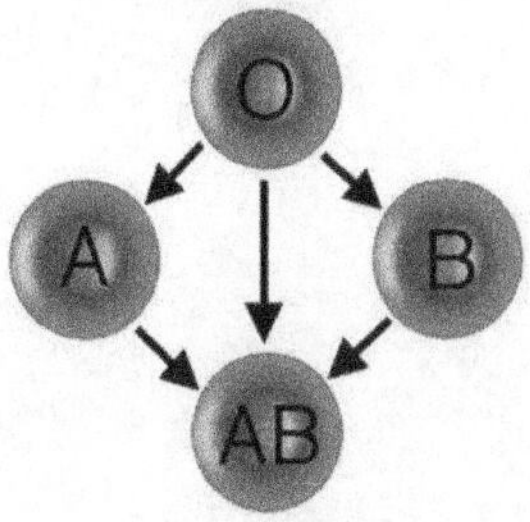


**Para o sistema ABO:**

- Pessoas do tipo AB, que não têm aglutininas, podem receber transfusão de sangue tipo A, tipo B, tipo AB e tipo O, sendo consideradas receptoras universais.
- Pessoas do tipo A, que têm anti-B no plasma, só podem receber sangue do tipo A e do tipo O.
- Pessoas do tipo B, que têm anti-B no plasma, só podem receber sangue do tipo B e do tipo O.
- Pessoas do tipo O, que têm anti-A e anti-B no plasma, só recebem sangue do tipo O, mas podem doar para o todos os tipos sanguíneos do sistema ABO, sendo consideradas doadoras universais.

Fenótipo Bombaim – o alelo IA codifica uma enzima capaz de catalisar a produção do aglutinogênio A a partir da substância H; o alelo IB codifica uma enzima diferente, que transforma a substância H em aglutinogênio B; o alelo i é inativo. A produção da substância H depende de um alelo dominante H; os homozigotos hh não produzem a substância H e, sem ela, não há produção dos aglutinogênios A e B, mesmo que a pessoa tenha os alelos IA e IB. Essas pessoas são classificadas como pertencentes ao tipo O..

Herança do Sistema ABO

Os quatro tipos sanguíneos do sistema ABO são determinados por três alelos múltiplos: IA, IB e i. O alelo IA codifica a produção do aglutinogênio A; o alelo IB determina a produção do aglutinogênio B; o alelo i não codifica a produção de nenhum aglutinogênio.

Entre os três alelos, o alelo i é recessivo para os outros dois e entre os alelos IA e IB há um caso de codominância.

IA = IB > i

Fenótipos

| | Tipo A | Tipo B | Tipo AB | Tipo O |
|---|---|---|---|---|
| Nas hemácias | Aglutinogênio A | Aglutinogênio B | Aglutinogênios A e B | Sem aglutinogênios |
| No plasma | Anti-B | Anti-A | Sem aglutininas | Com anti-A e anti-B |
| Genótipos | IAIA ou IAi | IBIB ou IBi | IAIB | ii |

## 45.4 Sistema MN

Descoberto também por Landsteiner e seus colaboradores, esse sistema sanguíneo não oferece restrição às transfusões sanguíneas. Determinado pelos antígenos M e N, seus tipos sanguíneos são:

| Fenótipos (antígeno nas hemácias) | Genótipos |
|---|---|
| Tipo M | AgMAgM |
| Tipo N | AgNAgN |
| Tipo MN | AgMAgN |

## 45.5 Sistema Rh

Estudando o sangue dos macacos do gênero Rhesus (atualmente Macaca mulata), Landsteiner e seus pesquisadores descobriram que este, ao ser injetado em coelhos, provocava a produção de anticorpos nessas cobaias.

As pesquisas levaram à descoberta de um antígeno no sangue do macaco, que foi denominado fator Rh. No plasma sanguíneo dos coelhos foram encontrados anticorpos específicos para o fator Rh, que receberam o nome de anti-Rh.

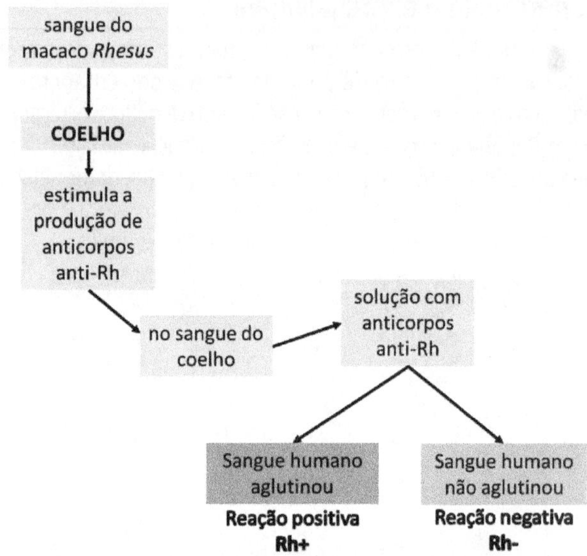


Os testes com os anti-Rh produzidos no plasma dos coelhos, em amostras de sangue humano, demostraram que eles eram capazes de aglutinar 85% das hemácias. Nas outras amostras (15%) não apresentavam reação. As conclusões foram:

- As hemácias humanas que eram aglutinadas apresentavam o mesmo antígeno do macaco, o fator Rh, com o qual os anticorpos dos coelhos reagiam.
- As pessoas cujo sangue era aglutinado foram chamadas de Rh positivas (Rh+), tinham o fator Rh e reagiam positivamente com o anti-Rh.
- As pessoas cujo sangue não era aglutinado foram chamadas de Rh negativas (Rh-), não tinham o fator Rh (como o coelho), mas seriam capazes de produzi-lo a partir de uma transfusão de sangue Rh+ ou de uma gravidez.

## Determinação genética do rh

Os grupos sanguíneos do sistema Rh são determinados por dois alelos com dominância completa, R e r (que podem ser chamados também de D e d). O Rh+ é determinado pelos alelos RR ou Rr; o Rh- pela combinação dos alelos rr.

| Tipos | Genótipos | Hemácias | Anticorpos |
|---|---|---|---|
| Rh+ | RR ou Rr (DD ou Dd) | com fator Rh | Não produz |
| Rh- | rr (dd) | sem fator Rh | Pode produzir o anti-Rh |

**Transfusões Sanguíneas**

- O sangue Rh-, como não apresenta anticorpos, pode ser doado para os sangues Rh+ e Rh-, sem problema.
- Sangue Rh+ só deve ser doado para indivíduos Rh+, pois apresenta o antígeno fator Rh que quando doado para pessoas Rh-, estimula a produção do anti-Rh.

> Quando uma pessoa Rh- recebe, em uma emergência, sangue Rh+, dizemos que ela ficará sensibilizada, pois passará a produzir o anti-Rh. Uma segunda transfusão que essa pessoa receba, de sangue Rh+, provocará todos os problemas de incompatibilidade sanguínea.

## Eritroblastose fetal

É uma forma de anemia que pode ocorrer em crianças recém-nascidas que são Rh+, filhas de pai Rh+ e mãe Rh-.

Durante a gravidez, pequenas hemorragias da placenta fazem com que hemácias Rh+ do feto entrem em contato com o organismo materno (Rh-). Essa situação provoca a produção, por parte da mãe, dos anti-Rh. Na primeira gravidez a quantidade desses anticorpos é pequena e não causam problemas no bebê, apenas deixam a mãe Rh- sensibilizada.

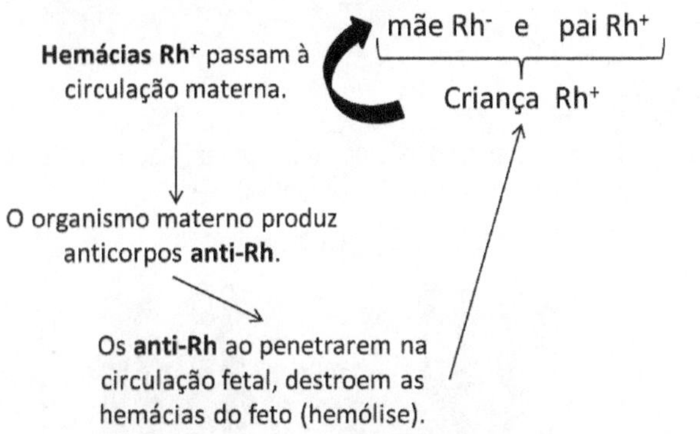


Em outra gravidez de uma criança Rh+, os anti-Rh da mãe, agora em maior quantidade, passam pela placenta e atacam as hemácias fetais, provocando os sintomas da Eritroblastose fetal ou Doença Hemolítica do Recém-Nascido: anemia, icterícia (acúmulo de bilirrubina, produzida a partir da hemoglobina das hemácias destruídas), sangue com muitos eritroblastos (hemácias imaturas lançadas no sangue).

> É importante guardar que: a primeira gravidez de feto Rh+ sensibiliza a mãe, que passa a produzir o anti-Rh. A segunda gravidez de feto Rh+ em uma mãe sensibilizada, os anticorpos da mãe atacam as hemácias do feto.

## 45.6 Segunda Lei de Mendel

Mendel também estudou a transmissão simultânea de mais de uma característica, nas plantas de ervilha. Em um de seus experimentos observou a herança da cor e da textura da casca das sementes de ervilha. Plantas de sementes amarelas de casca lisa, puras para os dois caracteres (dominantes), foram cruzadas com plantas de sementes verdes de casca rugosa, puras para os dois caracteres (recessivos).

Na geração F1 obtida, todas as plantas eram híbridas, tinham sementes de casca amarela e lisa. Elas foram autocruzadas e os resultados obtidos foram: 9/16 amarelas e lisas, 3/16 amarelas e rugosas; 3/16 verdes e lisas; 1/16 verdes e rugosas.

A proporção de 9 : 3 : 3 : 1 fez com que Mendel achasse que na formação dos gametas das plantas híbridas os alelos para cor da semente segregavam de maneira independente dos alelos para textura da casca. A chance de um gameta receber um alelo para a cor amarela seria a mesma de receber um alelo para a cor verde; a chance de cada um combinar com um alelo para textura lisa ou textura rugosa também é a mesma.

Representando com V os alelos de cor: V para cor amarela e v para cor verde; representando com R os alelos para textura: R para liso e r para rugoso, teremos nos dois cruzamentos:

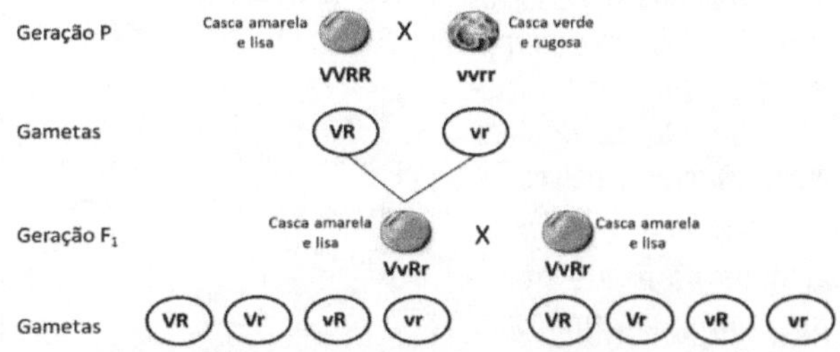


Geração F2

| | VR | Vr | vR | vr |
|---|---|---|---|---|
| VR | VVRR | VVRr | VvRR | VvRr |
| Vr | VVRr | VVrr | VvRr | Vvrr |
| vR | VvRR | VvRr | vvRR | vvRr |
| vr | VvRr | Vvrr | vvRr | vvrr |

→ **Fenótipos:**

> 9/16 – amarelas e lisas
> 3/16 – amarelas e rugosas
> 3/16 – verdes e lisas
> 1/16 – verde e rugosa

"Os fatores para duas ou mais características segregam-se no híbrido, distribuindo-se independentemente para os gametas, onde se combinam ao acaso."

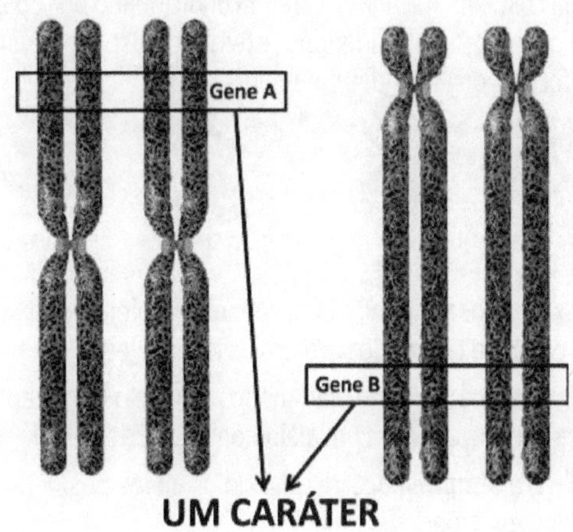

No início do século XX foi contatado que a segregação independente ocorre durante a meiose, quando os cromossomos homólogos maternos e paternos separam-se e fazem com que os genes neles situados, separem-se também.

## 45.7 Interação Gênica

Há casos em que os genes localizados ou não no mesmo par de cromossomos homólogos agem determinando uma mesma característica. Quando isso acontece, temos a interação gênica.

Nesse efeito, dois ou mais pares de genes controlam uma mesma característica e a melhor maneira de identificar sua ocorrência é pelas proporções diíbridas alteradas. A proporção clássica da segregação independente em F2, que é 9 : 3 : 3 : 1 pode aparecer como 9 : 7 ou 9 : 3 : 4 ou 12 : 3 : 1.

Dependendo do tipo de interação que ocorre entre os genes envolvidos podemos ter genes complementares, epistasia e herança multifatorial ou poligenia.

> Segunda Lei de Mendel – Segregação Independente
> Na formação dos gametas, dois ou mais pares de alelos segregam independentemente porque estão em cromossomos diferentes.
> Cada híbrido (heterozigoto) F1 AaBb segregando independentemente os quatro alelos, forma 4 combinações gaméticas possíveis e em igual proporção: ¼ AB; ¼ Ab; ¼ aB; ¼ ab.
> Observar que combinações existentes na geração parental e F1 aparecem na geração F2, além de combinações novas.
> A proporção 9 : 3 : 3 : 1 é típica para o cruzamento entre dois diíbridos (heterozigotos para dois caracteres).

### Genes complementares

Ocorre quando os alelos de um gene complementam os efeitos dos alelos de outro gene.

Gene A COMBINA Gene B ⟶ 1 caráter

Em 1905, Bateson e seus colaboradores descobriram que a forma da crista em galinhas é caráter condicionado por dois genes (R e E) que segregam independentemente e se manifestam de quatro formas distintas determinando:

| CRISTA ROSA | CRISTA NOZ | CRISTA SIMPLES | CRISTA ERVILHA |
|---|---|---|---|
| R_ee | R_E_ | rree | rrE_ |

**Crista Rosa:** quando pelo menos um alelo dominante do gene R combina com alelos recessivos de E: R_ee

**Crista Noz:** quando pelo menos um alelo dominante de R combina com pelo menos um alelo dominante de E: R_E_

**Crista Simples:** ocorre quando os alelos dos genes R e E são recessivos: rree.

**Crista Ervilha:** quando alelos recessivos do gene R combinam com pelo menos um alelo dominante do gene E: rrE_.

Observe um cruzamento entre aves de crista rosa e crista ervilha.

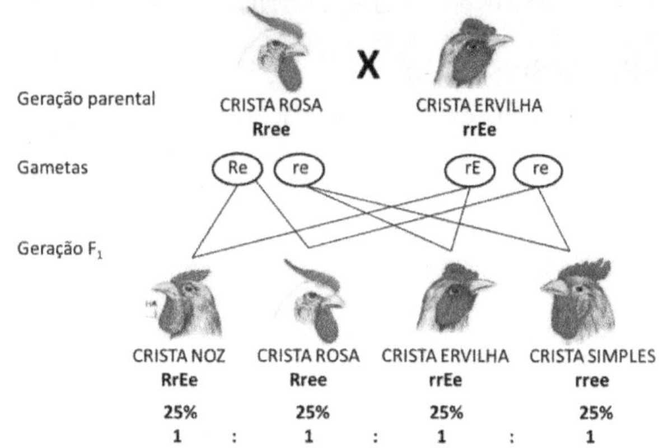


### Epistasia

Ocorre quando os alelos de um gene inibem os alelos do outro gene, impedindo-os de se manifestarem.

Gene A INIBE Gene B ⊠ 1 caráter

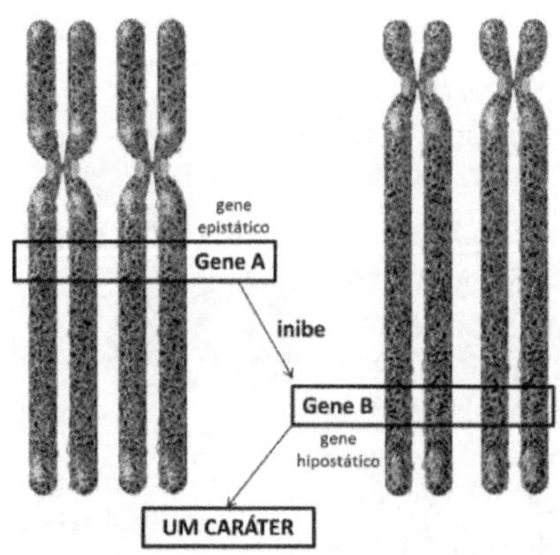


O gene inibidor é chamado de epistático e o que fica inibido é o hipostático. Quando o alelo epistático (inibidor) atua em dose simples, a epistasia é dominante; quando o efeito aparece determinado por alelos em dose dupla dizemos que a epistasia é recessiva.

**Epistasia Dominante:** um exemplo é a determinação da cor do fruto de abóbora (cor abóbora, branca ou verde) que é catalisada por duas enzimas, como aparece no esquema.

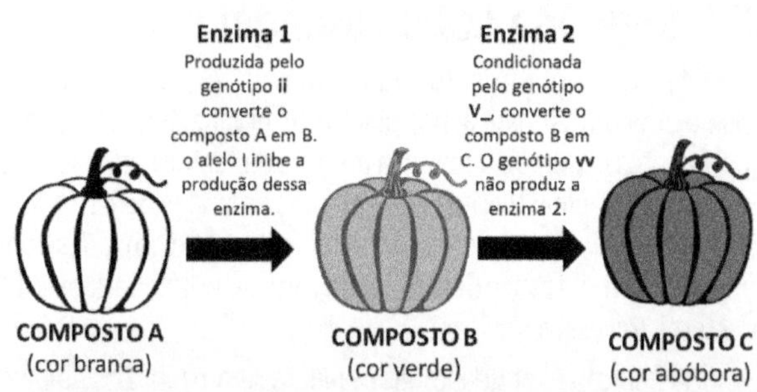


Um alelo epistático I condiciona a cor branca e inibe o alelo hipostático V que condiciona as cores de abóbora e verde. Os genótipos e fenótipos possíveis são:

| cor branca | cor verde | cor abóbora |
|---|---|---|
| IIVV | iivv | iiVV |
| IIVv | | iiVv |
| IiVV | | |
| IiVv | | |
| IIvv | | |
| Iivv | | |

Em um cruzamento entre plantas de abóbora de cor branca (heterozigotas para os dois genes) obteremos 12/16 plantas com frutos brancos, 3/16 plantas com frutos cor de abóbora e 1/16 plantas com frutos verdes.

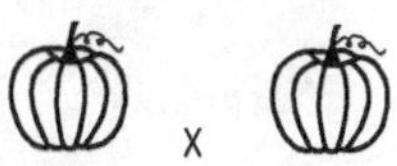

**IiVv** x **IiVv**

| Gametas | IV | Iv | iV | iv |
|---|---|---|---|---|
| IV | IIVV | IIVv | IiVV | IiVv |
| Iv | IIVv | IIvv | IiVv | Iivv |
| iV | IiVV | IiVv | iiVV | iiVv |
| iv | IiVv | Iivv | iiVv | iivv |

Observe que a proporção de 12 : 3 : 1 é diferente do obtido nos cruzamentos da segunda lei de Mendel para plantas duplamente heterozigotas, que é de 9 : 3 : 3 : 1.

**Epistasia Recessiva:** na cor dos pelos dos camundongos, um alelo A fornece o padrão aguti (marrom) e, o alelo a determina pelo preto uniforme. A presença de outro gene não alelo C é condição para que se forme qualquer pigmento; o alelo c em dose dupla é epistático sobre A e a, havendo formação de pelo albino. Camundongos aguti devem ser C_A_ e os animais ccAA, ccAa e ccaa são albinos. Quando os camundongos pretos CCaa são cruzados com os albinos ccAA a descendência se apresenta 100% aguti, CcAa. Quando esses camundongos aguti da geração F1 cruzam entre si, sua descendência é 9/16 aguti, 3/16 pretos e 4/16 albinos, com proporção de 9 : 3 : 4.

Geração F1

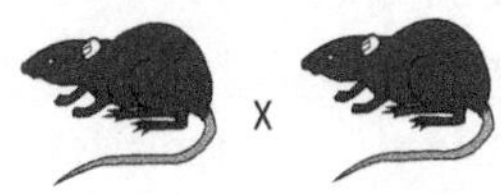

**CcAa** x **CcAa**

| Gametas | CA | Ca | cA | ca |
|---|---|---|---|---|
| CA | CCAA | CCAa | CcAA | CcAa |
| Ca | CCAa | CCaa | CcAa | Ccaa |
| cA | CcAA | CcAa | ccAA | ccAa |
| ca | CcAa | Ccaa | ccAa | ccaa |

Este resultado ocorre porque a formação dos pigmentos nos pelos dos ratos depende da presença do alelo C que condiciona a síntese da enzima necessária para produzir os precursores da melanina. O alelo c em homozigose estimula a produção de uma enzima que bloqueia a produção dos precursores do pigmento, agindo como epistático.

## Herança multifatorial

Também chamada de poligenia ou polimeria, a herança multifatorial caracteriza-se pela soma dos efeitos de dois ou mais genes que interagem, permitindo uma séria de fenótipos gradativamente diferentes entre si.

**Gene A SOMA Gene B → 1 caráter**

Os caracteres que apresentam variação contínua, caracteres quantitativos, caracterizam as variações de massa, altura e cor da pele nos seres humanos; litros de leite produzidos pelo gado; tamanho de ovos produzidos por aves; quantidade de gordura em porcos e etc.

Nessa herança, os genes não apresentam dominância e os fenótipos surgem da quantidade de alelos dominantes ou recessivos que o genótipo apresenta. No trigo, a cor da semente é condicionada por dois genes, cada um com dois alelos (A e a; B e b), que segregam independentemente e determinam:

- Semente vermelho-escuro: quatro alelos dominantes (AABB)
- Semente vermelho-médio: três alelos dominantes e um recessivo (AaBB ou AABb)
- Semente vermelho: dois alelos dominantes e dois recessivos (AaBb ou AAbb ou aaBB)

- Semente vermelho-claro: um alelo dominante e três alelos recessivos (Aabb ou aaBb)
- Semente branca: quatro alelos recessivos (aabb)

No cruzamento de plantas de trigo com sementes brancas aabb e plantas de trigo com sementes vermelho-escura AABB, a F1 surge com sementes vermelhas. Na F2 obtida do cruzamento das plantas da F1, os resultados obtidos são: 1/16 vermelho-escuro; 4/16 vermelho-médio; 6/16 vermelho; 4/16 vermelho-claro; 1/16 branco. A proporção 1 : 4: 6 : 4 : 1 indica que se trata de um caso de herança multifatorial.

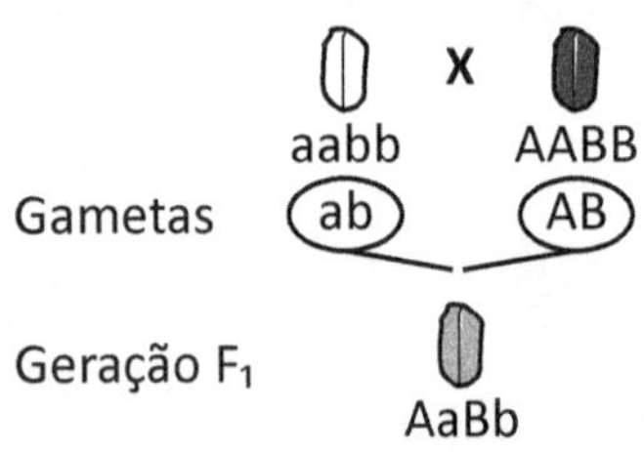


Geração F2

| Gametas | AB | Ab | aB | ab |
|---|---|---|---|---|
| AB | AABB | AABb | AaBB | AaBb |
| Ab | AABb | AAbb | AaBb | Aabb |
| aB | AaBB | AaBb | aaBB | aaBb |
| ab | AaBb | Aabb | aaBb | aabb |

Em todos os casos da herança multifatorial, o cruzamento entre dois híbridos resulta em ampla e gradativa variação de fenótipos, representados por uma curva normal ou de Gauss.

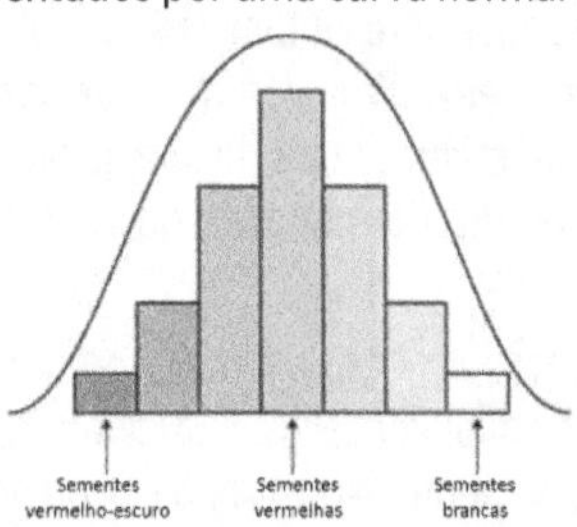


## 45.8 Herança em Cromossomos Sexuais

O fenótipo sexual de um organismo está relacionado ao tipo de gameta por ele produzido. Muitas espécies apresentam dois fenótipos sexuais: macho e fêmea. Na maior parte das espécies, a determinação sexual é feita pelo sistema XY, onde os machos têm um cromossomo X e um cromossomo Y, são XY e as fêmeas apresentam dois cromossomos X, são XX.

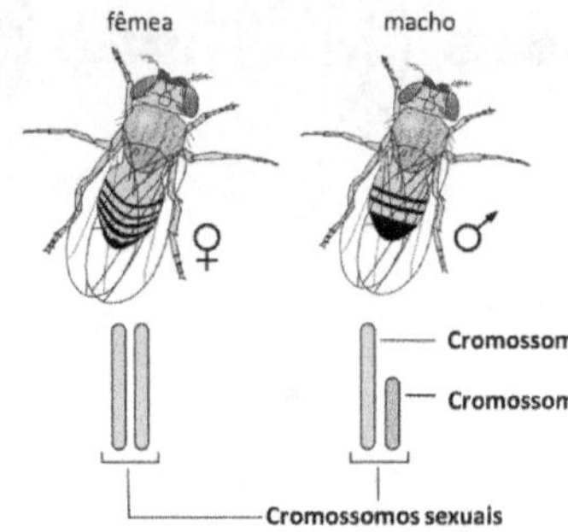


Determinação do Sexo em Drosófila

Os machos do sistema XY são heterogaméticos (formando dois tipos de gametas): 50% dos gametas têm o cromossomo X e 50% têm o cromossomo Y; as fêmeas do sistema XY são homogaméticas (todos os gametas são iguais): 100% de gametas com o cromossomo X.

Os cromossomos X e Y formam um par sexual, mas são diferentes no tamanho e no formato: o cromossomo X é submetacêntrico e maior que o cromossomo Y que é acrocêntrico.

> Em gafanhotos a determinação sexual é feita pelo sistema XO, onde o macho é XO (heterogamético) e as fêmeas são XX (homogaméticas); em aves a determinação sexual é feita pelo sistema ZW, onde o macho é ZZ (homogamético) e a fêmea é ZW (heterogamética).

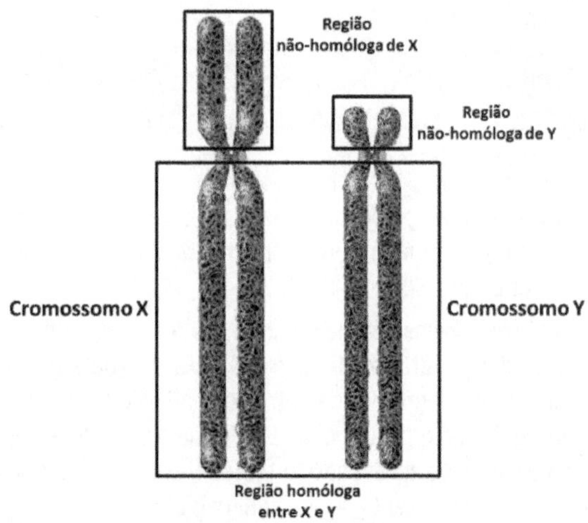


Dependendo da região onde se encontra o gene, a herança nos cromossomos sexuais pode ser:

- Herança ligada ao X ou herança ligada ao sexo, quando os genes estiverem na porção não-homóloga de X (a região de X que não pareia com Y), sendo encontrados apenas no cromossomo X (hemofilia e daltonismo).

- Herança restrita ao sexo ou herança holândrica, quando os genes estiverem na porção não-homóloga de Y (a região em que Y não pareia com X). Os fenótipos determinados por essa herança ocorrem apenas em indivíduos do sexo masculino, sendo transmitidos de pai para filho (hipertricose auricular-pelos nas orelhas).
- Herança parcialmente ligada ao sexo, quando os genes estiverem na região homóloga entre X e Y, afetando machos e fêmeas com igual probabilidade, manifestando-se de maneira semelhante a uma herança autossômica (ictiose).

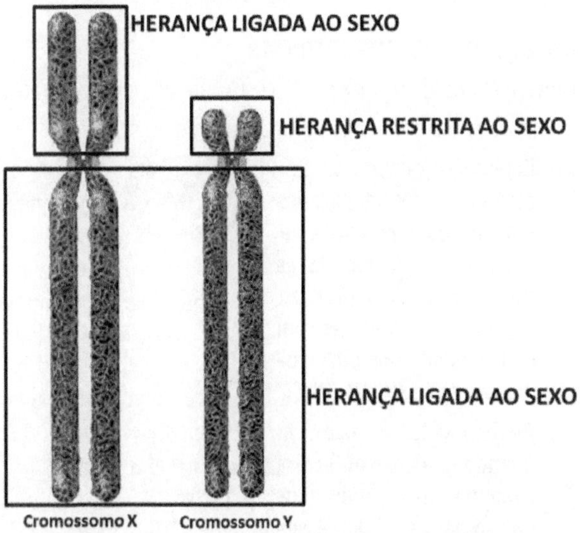


## Herança ligada ao x

Também chamada de herança ligada ao sexo, os genes com essa determinação estão no cromossomo X. As fêmeas para esses genes podem ser homozigóticas ou heterozigóticas, pois têm dois cromossomos X, enquanto que os machos são hemizigóticos, pois têm apenas um cromossomo X.

## Daltonismo

É um tipo de cegueira para cores, que torna as pessoas incapazes de distinguir entre as cores vermelha e verde. Aproximadamente 8% dos homens e somente 0,5% das mulheres apresentam essa característica, determinada por um alelo recessivo (d) ligado ao cromossomo X.

Os homens, por terem apenas um cromossomo X ou têm visão normal XDY ou são daltônicos XdY. As mulheres por apresentarem dois cromossomos X podem ser normais XDXD (homozigotas), normais portadoras XDXd (heterozigotas) e daltônicas XdXd.

| | Daltônico | Normal |
|---|---|---|
| Homens | XdY | XDY |
| Mulheres | XdXd | XDXD ou XDXd* |

*mulher normal portadora (heterozigota)

A maior proporção de daltonismo nos homens é justificada porque o pai transmite seu cromossomo X a todas as filhas e a nenhum de seus filhos; enquanto que a mãe passa um dos seus cromossomos X para cada um dos seus descendentes. Caso uma mulher daltônica tenha filhos com um homem de visão normal, seus filhos serão daltônicos e suas filhas serão normais portadoras.

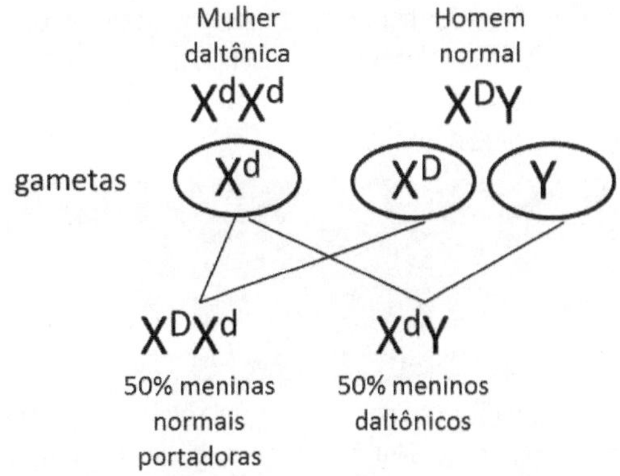


As mulheres portadoras casadas com homens de visão normal para as cores terão todas as filhas com visão normal, mas espera-se que metade dos filhos sejam daltônicos e a outra metade tenha visão normal.

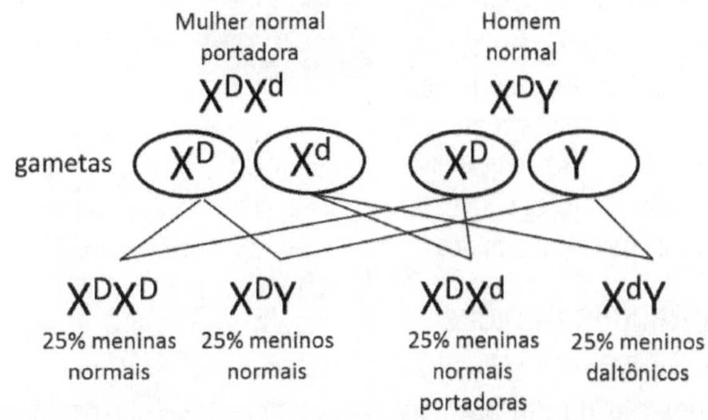


## Hemofilia

É uma doença hereditária que se caracteriza pelo retardo no tempo de coagulação do sangue, devido à deficiência na produção do fator VIII. Essa proteína é codificada pelo alelo dominante H e não é produzida quando o alelo recessivo h aparece em dose dupla. Os alelos H e h estão localizados no cromossomo X.

Homens com genótipo XhY e mulheres XhXh são hemofílicos. Os homens normais têm genótipo XHY e as mulheres normais são XHXH e as normais portadoras são XHXh.

| | Hemofilia | Normal |
|---|---|---|
| Homens | XhY | XHY |
| Mulheres | XhXh | XHXH ou XHXh* |

*mulher normal portadora (heterozigota)

A transmissão da hemofilia segue o padrão básico da herança ligada ao sexo recessiva: afeta mais homens que mulheres; a mãe passa o caráter para seus filhos; pula uma geração quando os alelos são transmitidos por mulheres portadoras.

## Herança influenciada pelo sexo

Os hormônios sexuais podem influenciar a expressão de alguns genes, caracterizando a herança influenciada pelo sexo, que é determinada por cromossomos autossômicos (não sexuais). Um exemplo dessa herança é a calvície na espécie humana, que pode ocorrer em consequência de fatores ambientais (doenças) ou por hereditariedade.

Na presença dos hormônios masculinos o alelo C da calvície se expressa como dominante e, na ausência desses hormônios tem efeito recessivo. Por isso, a presença de um alelo para calvície (C_) já é suficiente para que o homem seja calvo.

| Homens | Genótipos | Mulheres |
|---|---|---|
| Calvos | CC | Calvas |
| Calvos | Cc | Com cabelos |
| Com cabelos | cc | Com cabelos |

Nas mulheres são necessários dois alelos (CC) para que o fenótipo se manifeste. Mulheres heterozigotas (Cc) têm cabelos, demonstrando que nelas o alelo de calvície comporta-se como recessivo.

## 45.9 Mutações

As mutações são alterações permanentes na molécula de DNA, que podem ocorrer em células somáticas (câncer de pele) ou germinativas. As mutações podem ser gênicas ou cromossômicas.

*O nascimento de uma menina daltônica ocorre se um homem daltônico casar com uma mulher, no mínimo, portadora (XDXd) para o daltonismo. Visto que as mulheres portadoras ou daltônicas e os homens daltônicos são pouco frequentes na população, esses casamentos são raros.*

### Mutações gênicas

As mutações gênicas alteram a posição de um ou mais nucleotídeos na molécula de DNA, podendo ocorrer por substituição ou deleção.

Substituição de nucleotídeos: esta mutação altera a sequência de nucleotídeos na molécula de DNA e pode levar à substituição de um aminoácido por outro, alterando a proteína codificada. No exemplo abaixo, vemos o processo de síntese de proteína.

trincas de nucleotídeos

DNA - **ATC TCC GAA CTA CCC AAA TTT GCA**

códons

RNAm – **UAG AGG CUU GAU GGG UUU AAA CGU**

sequência de aminoácidos

proteína – **aa1 - aa2 - aa3 - aa4 - aa5 - aa6 - aa7 - aa8**

Caso essa molécula de DNA sofra uma mutação por substituição do nucleotídeo de adenina por um nucleotídeo de timina, o RNAm terá um códon mutante que transcreverá o erro para a proteína.

MUTAÇÃO

DNA - **ATC TCC GAT CTA CCC AAA TTT GCA**

códon mutante

RNAm – **UAG AGG CUA GAU GGG UUU AAA CGU**

proteína – **aa1 - aa2 - aaX - aa4 - aa5 - aa6 - aa7 - aa8**

Proteína modificada

Mutações por deleção e inserção: quando a mutação ocorre por deleção (perda) ou inserção (ganho) de um nucleotídeo, toda a sequência de códons é alterada e, por consequência, os aminoácidos identificados são diferentes do que a proteína necessitava.

DELEÇÃO

DNA - **ATC TCC GA CTA CCC AAA TTT GCA**

códon mutante

RNAm – **UAG AGG CUG AUG GGU UUA AAC GU**

proteína – **aa1 - aa2 - aaX - aaY - aaZ - aaT - aaQ - aaR**

Proteína modificada

### Mutações cromossômicas

Ocorrem alterando o número ou a estrutura dos cromossomos.

As mutações cromossômicas numéricas podem ser:

→ **Euploidias: quando os cromossomos são duplicados em células que não conseguem se dividir. Essas mutações podem produzir organismos poliploides com mais de dois conjuntos cromossômicos (3N, 4N, 5N...).**

→ **Aneuploidias: ocorrem quando há perda ou acréscimo de um ou mais cromossomos na célula. Esses erros ocorrem durante a distribuição dos cromossomos durante as divisões celulares e podem acarretar o ganho ou a perda de cromossomos:**

> nulissomia: quando o par inteiro de cromossomos é perdido (2N – 2);

> monossomia: quando o organismo perde um dos cromossomos do par (2N – 1);

> trissomia: quando o organismo ganha um cromossomo a mais para o par (2N + 1).

*Algumas mutações por substituição podem gerar códons que identificam o aminoácido original. Nesse caso são chamadas de mutações silenciosas, pois não alteram a proteína formada.*

As mutações cromossômicas estruturais podem ser por:

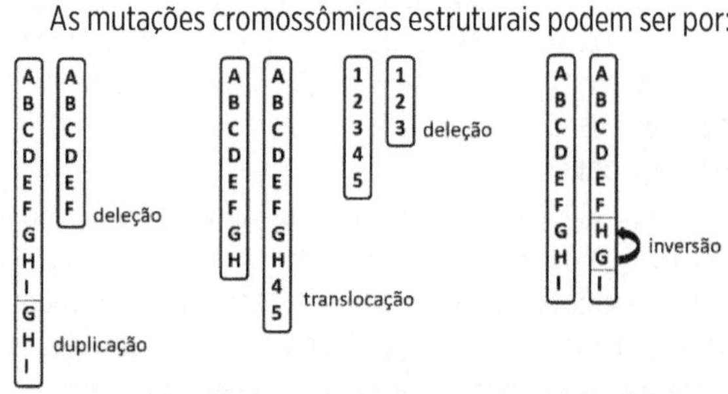


→ **Deleção: quando ocorre a perda de um segmento do cromossomo e, por consequência, dos genes que ali estavam (provoca algumas síndromes).**

→ **Duplicação: quando em um par de cromossomos um sofre deleção e o pedaço perdido é acrescentado ao outro, duplicando os genes ali contidos (não causa problemas).**

→ **Translocação: quando o segmento de um cromossomo se liga a um cromossomo de outro par (provoca algumas síndromes).**

→ **Inversão: um cromossomo sofre duas fraturas e o pedaço fraturado faz um giro e encaixa no mesmo local, invertendo a posição dos genes que carrega (não causa problemas).**

## Aneuploidias na espécie humana

a síndrome de Down é um caso de trissomia do cromossomo 21 que pode ocorrer em meninos ou meninas, já que afeta um cromossomo autossômico (não-sexual). Os portadores dessa síndrome têm 47 cromossomos e apresentam um conjunto de alterações observáveis em todos os afetados: cabeça menor, baixo coeficiente intelectual, fenda palpebral oblíqua (aspecto amendoado), boca pequena e protusa (para fora), pescoço e dedos curtos, prega única nas palmas das mãos e dentição irregular. Para melhor inclusão e acolhida dos portadores dessa síndrome na sociedade, os pais de crianças com síndrome de Down devem procurar ajuda especializada assim que o problema seja diagnosticado, iniciando a estimulação física e mental precocemente.

A síndrome de Turner ocorre em mulheres que apresentam monossomia sexual: perdem um cromossomo X e têm apenas 45 cromossomos. É uma síndrome sexual que se manifesta com estatura baixa, órgãos sexuais infantis, amenorreia (falta de menstruação), infertilidade e desenvolvimento de pregas de pele nas laterais do pescoço (pescoço alado).

A síndrome de Klinefelter afeta homens que apresentam trissomia do par de cromossomos sexuais e são XXY. Todos têm 47 cromossomos e problemas no desenvolvimento dos órgãos genitais, infertilidade e retardo mental leve.

# 45.10 Biotecnologia

O gene é a unidade de informação hereditária que se expressa determinando uma característica.

A descoberta que eles agem regulando eventos químicos definidos (1941) determinou que essa afirmação fosse atualizada para "um gene, uma enzima". Para cada mutação que um gene sofre, uma determinada enzima se torna inoperante e uma via metabólica é prejudicada.

A generalização dessa afirmação ocorreu quando se descobriu que os genes estavam associados à produção de todas as proteínas e que, qualquer alteração em sua estrutura, provoca a produção de proteínas defeituosas. Na anemia falciforme, a alteração de um único aminoácido na cadeia polipeptídica desencadeia os sintomas.

O fluxo da informação genética segue as duas etapas da síntese de proteínas:

→ **Transcrição, onde a informação codificada no DNA é repassada para o RNAm. Como um molde, o DNA transcreve sua sequência de bases (ACG TTA CAC) para o RNAm como (UGC AAU GUG).**

Lembrando aqui que no vírus HIV (Aids) a informação contida no RNA é repassada ao DNA durante a transcrição reversa.

→ **Tradução, quando a molécula de RNAm sintetizada durante a transcrição é traduzida como uma sequência de aminoácidos, com a participação dos ribossomos. Nesse processo trabalham: o RNAm como a fita a ser lida, o RNAt que leva os aminoácidos e os coloca na posição em que devem estar na proteína e o RNAr que associado à proteínas compõem os ribossomos.**

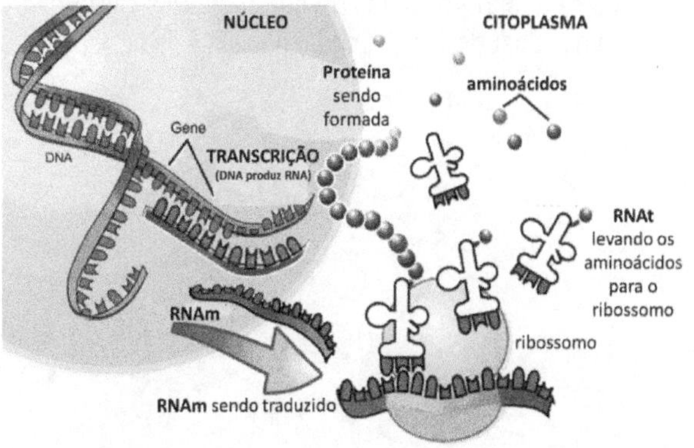


### Ação Gênica

Nem todas as regiões de um gene são traduzidas em sequências de aminoácidos. Essas regiões são denominadas introns e as regiões conhecidas como exons são as que aparecem traduzidas em sequências proteicas. Durante a transcrição é produzido um pré-RNA mensageiro contendo introns e exons. Ainda dentro do núcleo, essa molécula passa por várias modificações, com a retirada dos introns, processo denominado splicing que significa "corte e emenda". Com os introns retirados, os exons são unidos entre si e o RNAm sai do núcleo para ser traduzido em proteína.

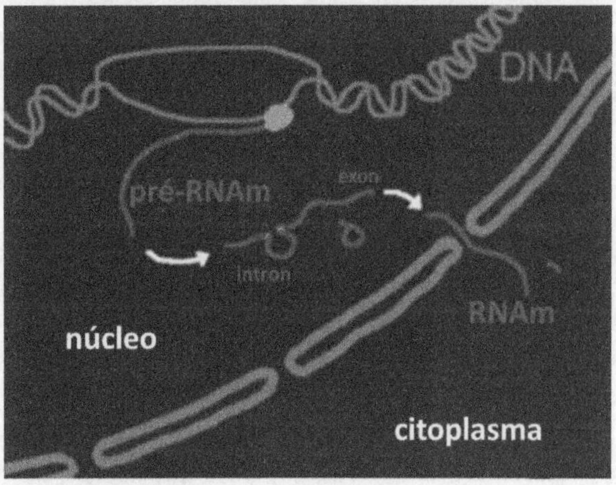


Exons e Introns

## Melhoramento genético

Seleciona e aprimora as qualidades das espécies que têm interesse econômico. Inicialmente feito de maneira intuitiva, o agricultor selecionava os grãos de melhor aparência para plantar ou o criador escolhia os animais mais desenvolvidos para procriar.

Com o desenvolvimento da genética, a agricultura e a pecuária passaram a ter informações seguras de como selecionar e melhorar as características de animais e plantas.

O maior problema que as técnicas de melhoramento podem acarretar é a diminuição da variabilidade genética, dificultando a sobrevivência da criação em casos de modificações ambientais. A história relata vários casos de monoculturas que, atacadas por fungos ou mudanças ambientais drásticas foram totalmente perdidas.

Quanto maior a variabilidade genética das culturas, maior a chance de se preservar parte da produção, caso ocorra seca, enchente ou praga.

**Heterose ou Vigor Híbrido**

Ocorre quando os filhos de determinados cruzamentos apresentam melhor desenvolvimento que a média de seus pais.

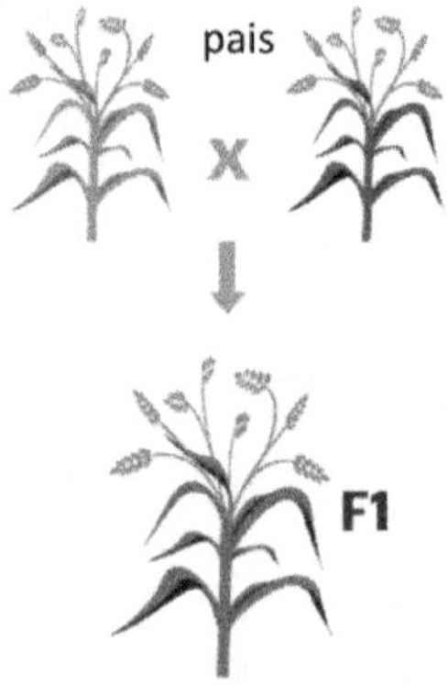


**Vigor do Híbrido**

Quanto mais diferentes geneticamente forem os organismos envolvidos, mais pronunciada a heterose será. Conhecendo a heterose o produtor pode escolher o tipo de cruzamento mais interessante para sua propriedade.

Enxertia

É uma maneira de propagar plantas de interesse econômico usando um implante da parte vida de uma planta em outra. A enxertia é muito empregada em plantas frutíferas (laranjeiras, videiras, macieiras).

Cultura de Tecidos

Nesta técnica um fragmento de tecido vivo da planta é cultivado em meio nutritivo contendo hormônios e fatores de crescimento. As células vegetais nessa situação voltam a se dividir e podem originar plantas completas, iguais à planta que cedeu os tecidos. A vantagem da cultura de tecidos está na quantidade de plantas idênticas que podem ser produzidas.

Autofecundação

Em algumas espécies ela ocorre facilmente, mas pode ser feita também de maneira artificial. Pela autofecundação os genes da espécie são mantidos e não existe possibilidade de combinações com alelos diferentes. Caso ocorra recombinação gênica, a autofecundação pode originar descendentes com variabilidade genética.

Endogamia

Ocorre quando cruzamentos selecionados são feitos por várias gerações, objetivando produzir descendentes homogêneos. Os descendentes desse processo tendem a ter maior conjunto de alelos em homozigose e são muito parecidos aos pais, constituindo raças puras.

## Genética molecular

Foi a partir de 1970 que foram descobertas enzimas bacterianas capazes de cortar as moléculas de DNA em pontos específicos, produzindo fragmentos de tamanhos determinados. Essas enzimas, endonucleases de restrição ou enzimas de restrição permitiram análises mais aprofundadas e detalhadas do DNA.

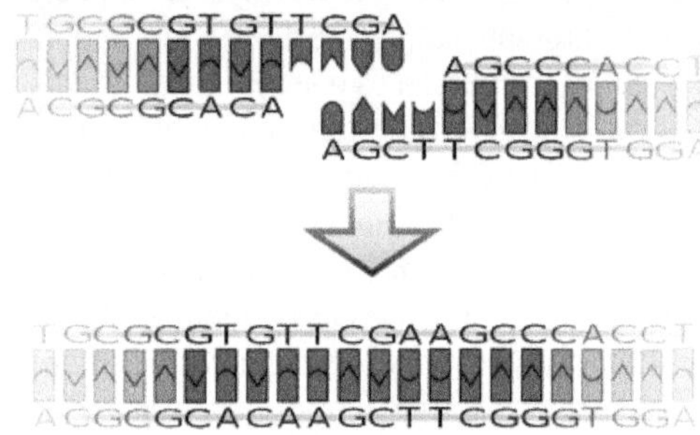


Como Atuam as Enzimas de Restrição

Os fragmentos de DNA obtidos pelo corte das enzimas de restrição podem ser separados por eletroforese. Nesse processo, uma solução com os fragmentos de DNA é colocada em uma placa de gel e, em seguida, um campo elétrico passa pelo material. Os pedaços de DNA se movem para o polo positivo e quanto menor o fragmento, mais rápido seu deslocamento. Quando a corrente elétrica é desligada, fragmentos de mesmo tamanho param juntos, posicionados na placa de gel formando uma faixa. A placa e o material nela são tratados com brometo de etídio, que se adere às moléculas de DNA. Quando raios ultravioletas passam pela placa, visualizam-se as faixas formadas pelos fragmentos de DNA.

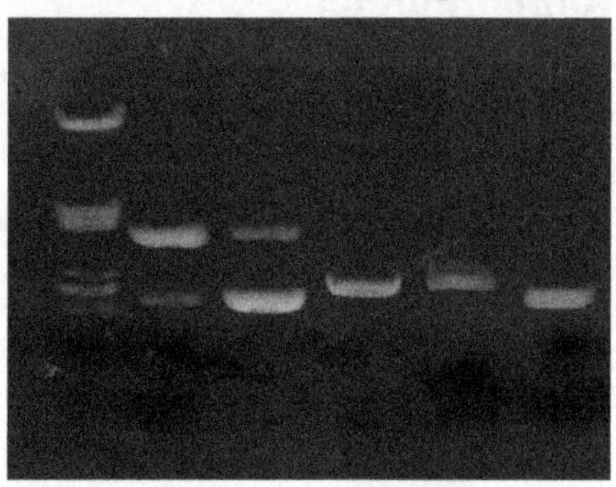

Eletroforese do DNA

Fotografias desse material permitem a análise da posição de cada banda e, pela medida da distância entre elas, pode ser calculado o peso molecular e o tamanho dos fragmentos de DNA que as constituem.

> Essa metodologia é usada para identificar pessoas, em investigações criminais e em processos judiciais. Como as pessoas têm material genético diferente, o DNA dela produzirá fragmentos característicos, como um código de barras, para os quais não existe cópia.

## Clonagem de dna

A multiplicação de fragmentos de DNA pode ser feita usando a seguinte metodologia:

- O DNA dos plasmídios (fragmentos circulares de DNA em bactérias) é cortado por enzimas de restrição;
- O fragmento cortado é colado em outro DNA por meio da enzima ligase.
- O DNA recombinante produzido é então colocado na bactéria para ser multiplicado.
- À medida que ele se multiplica, o fragmento de DNA inserido vai sendo copiado também.

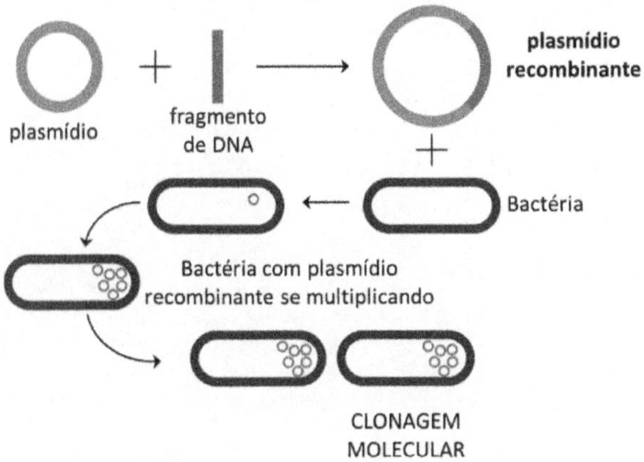


A aplicação dessa metodologia permitiu a produção de diversas proteínas humanas de interesse médico como a insulina, o hormônio de crescimento, o fator VIII de coagulação sanguínea.

As moléculas de DNA produzidas durante a multiplicação dentro da bactéria são iguais à que foi introduzida, constituindo clones moleculares.

Para otimizar esse processo, após a fragmentação das moléculas de DNA com o uso das enzimas de restrição e seu reconhecimento pela eletroforese, a multiplicação pode ser feita com a PCR – reação em cadeia da polimerase.

O processo é feito em tubos de ensaio e utiliza o DNA que se quer clonar, os primers (pequenas fitas de DNA que se ligam ao início do DNA que vai ser clonado) e a enzima DNA polimerase que faz a replicação da molécula. Quando vai ser clonada, a molécula de DNA deve ser aquecida para que as duas fitas sejam separadas e sirvam de molde para duplicação. Em seguida, são resfriadas para que os primers formem pontes de hidrogênio com as sequências do DNA. Finalmente a DNA polimerase adiciona nucleotídeos em cada primer. No primeiro ciclo do processo obtêm-se 2 cópias de DNA, no segundo ciclo são quatro moléculas produzidas e no terceiro ciclo obtêm-se 8 moléculas.

## Microssatélites de dna

São repetições de pares de bases do DNA (timina-adenina; guanina-citosina) que podem ser utilizadas como marcador genético para estudo de parentesco. Como apresentam altas taxas de mutação em relação a outras partes do DNA, são perfeitos para estudo da ancestralidade humana. Podem ser encontrados no DNA nuclear e no DNA das mitocôndrias. São usados como marcadores, determinando onde certo gene é encontrado na molécula. Por sua abundância e por estarem em todas as células do corpo, são extremamente eficientes.

## Organismos transgênicos

Chamados também de organismos geneticamente modificados - OGM, eles receberam e incorporaram genes de outras espécies visando melhorar sua estrutura ou produzir substâncias químicas. A produção de organismos transgênicos é feita com:

- O isolamento de um fragmento de DNA contendo um ou mais genes de interesse econômico.
- Esse fragmento é introduzido em um óvulo fecundado ou incorporado a plasmídios (que depois são colocados em células bacterianas).
- As enzimas ligases unem os fragmentos formando um DNA recombinante.
- O gene inserido, ao se expressar no organismo que o recebeu, produzirá uma proteína que ele não era capaz de produzir e será copiado para outras células durante a mitose.

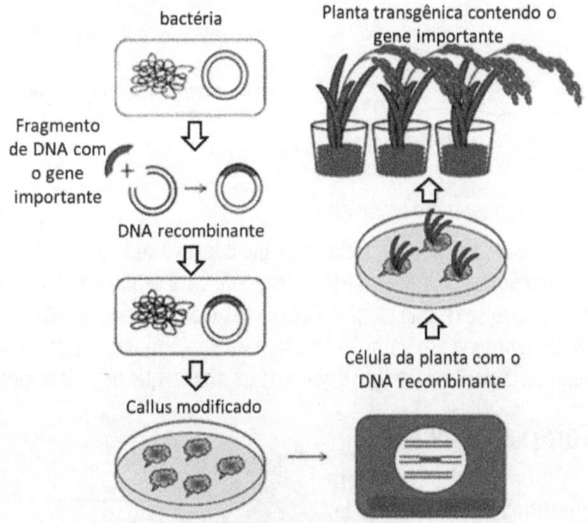


Produção de uma Planta Transgênica

O DNA recombinante é uma forma de melhoramento genético que pode ser feito de maneira rápida, controlada e envolvendo várias características importantes como: plantas resistentes a doenças, a seca e a geada, frutos maiores e mais saborosos, cereais mais nutritivos, plantas que funcionam como inseticidas, reduzindo a necessidade de se aplicar agrotóxicos.

No Brasil, a Empresa Brasileira de Agropecuária (Embrapa), produz transgênicos para o feijão (resistente a vírus) e o algodão (resistente a insetos e tolerante a herbicidas).

Paralelamente a essas vantagens, existem alguns problemas causados por essa metodologia: as plantas transgênicas são mais resistentes que as variedades normais e, por isso, acabam reduzindo a população dessas; por polinização, plantas não-transgênicas podem ganhar essa característica, contribuindo para a extinção das variedades normais; plantas inseticidas podem eliminar insetos importantes para o ambiente.

## Clonagem de seres vivos

A clonagem pode ser utilizada em plantas, obtendo cópias de características de interesse como resistência à doenças ou a mudanças ambientais; em animais, fornecendo indivíduos capazes de fornecer mais leite ou carne; em humanos, produzindo tecidos e órgãos para transplantes, evitando assim um dos maiores problemas nessa área, a rejeição.

As técnicas usadas na clonagem de animais são mais sofisticadas que as usada na clonagem de plantas.

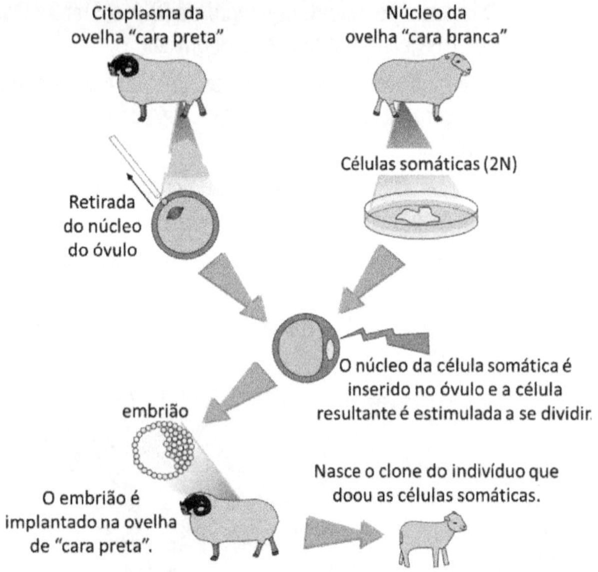


Clonagem de Mamíferos

Usa-se o citoplasma de um óvulo que teve seu núcleo previamente eliminado, para inserir o núcleo de uma célula somática do animal que se deseja clonar. A célula resultante é estimulada a se dividir e origina um embrião que será implantado em uma mãe de aluguel. O clone nasce com o genoma do animal que doou o núcleo.

## Terapia gênica

É uma estratégia que utiliza a tecnologia do DNA recombinante para alterar o genoma da pessoa que precisa ser curada. Ao reparar as deficiências do gene ou inibir a expressão de certos genes, corrigimos os problemas. Normalmente esse tipo de terapia pode substituir um gene doente por um normal; eliminar um gene que não esteja funcionando; introduzir uma cópia do gene normal; acrescentar um gene que esteja faltando.

*Genoma é o conjunto de todo o DNA de um organismo, que contém as informações necessárias para mantê-lo. Nos seres humanos o genoma apresenta mais de 3 bilhões de pares de DNA e está dentro do núcleo celular.*

Para esse tipo de tratamento, os vetores utilizados pelos pesquisadores para a transferência dos genes são vírus e bactérias.

# 46. EVOLUÇÃO BIOLÓGICA

O estudo da Evolução permite entender as mudanças que os seres vivos sofreram através dos tempos, até originarem as espécies atuais.

Várias foram as ideias que tentaram explicar a Evolução biológica e através delas podemos conhecer o pensamento dos evolucionistas antigos e acompanhar a evolução do pensamento humano sobre esses acontecimentos.

## 46.1 Ideias Evolucionistas

Até meados de XIX, o criacionismo dominava as explicações sobre a origem das espécies, determinando que os seres vivos fossem criados por um ato divino e com a aparência e estrutura que conhecemos hoje.

Por se tratar de uma crença religiosa, o criacionismo não é científico e sim uma teoria de fé, fundamentado em dogmas, isto é, ideias consideradas certas e indiscutíveis, verdades que não admitem questionamentos.

Desde o século XVIII, a ideia de que os seres vivos se modificavam ao longo do tempo começou a ganhar força. Estudos de Anatomia, Taxonomia ou Sistemática e Embriologia sugeriam a possibilidade dos seres vivos terem um ancestral comum.

Assim, começa a se difundir a Evolução dos organismos e a surgir diversas teorias para explicar como as espécies se transformavam ao longo do tempo, originando novas espécies.

### Ideias de lamarck

Jean Baptiste Lamarck (1744-1829) foi o primeiro a tentar explicar a evolução com ideias que se baseavam em dois princípios, denominados leis:

- lei do uso e desuso, segundo a qual o uso desenvolve um órgão ou uma parte do corpo, enquanto que o desuso os atrofia;
- lei da herança dos caracteres adquiridos, segundo a qual as estruturas desenvolvidas pelo uso ou atrofiada pelo desuso seriam hereditárias.

Para ilustrar suas ideias, Lamarck usava como exemplo a origem do pescoço longo das girafas.

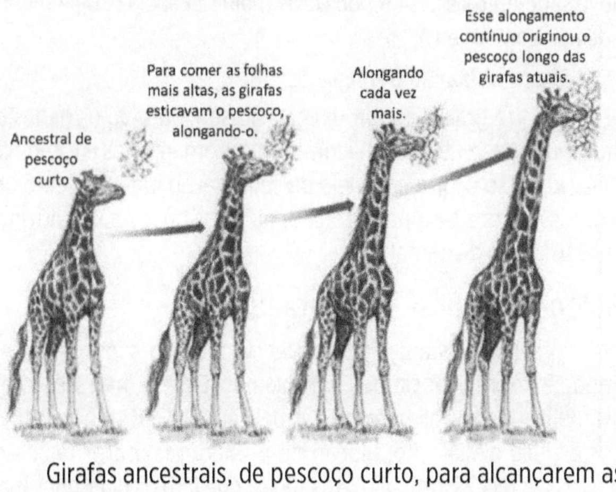


Girafas ancestrais, de pescoço curto, para alcançarem as folhas mais altas das árvores, esticavam o pescoço. Isso provocou o alongamento desse órgão (lei do uso e desuso) e a transmissão dessa característica a suas proles (transmissão de características adquiridas). A cada geração, as girafas nasceriam com o pescoço mais longo que a geração anterior, até terem o aspecto com o qual as conhecemos atualmente.

**Críticas a Lamarck**

Somente podem ser hereditárias as modificações que ocorrem no DNA das células reprodutoras, que ocorrem independentemente de seu valor adaptativo.

A atrofia ou o desenvolvimento de um órgão só ocorre dentro dos limites determinados pelo genótipo do indivíduo e não são eventos hereditários.

> Lamarck foi o primeiro a emitir ideias evolucionistas e seu trabalho despertou a atenção de Darwin, que mais tarde elabora uma teoria sobre evolução biológica.

### Ideias de darwin

Charles Darwin, naturalista inglês (1809-a 1882), depois de uma viagem ao redor do mundo a bordo do Beagle, elaborou sua teoria de evolução, baseando-se em fenômenos e processos que podiam ser observados no cotidiano de todos.

Defendendo uma ancestralidade comum para as espécies e a ação da natureza sobre os indivíduos vivos, a teoria evolucionista de Darwin se contrapõe às ideias de Lamarck.

A teoria de Darwin era fundamentada em quatro situações observadas na natureza:

**01. As populações naturais tendem a crescer rapidamente graças à capacidade reprodutiva dos seres vivos.**

**02. O tamanho das populações, apesar da enorme capacidade reprodutiva de seus membros, se mantém constante e controlado pelo espaço, pela oferta de alimento, por parasitas e predadores.**

**03. Entre os indivíduos de uma população ocorrem diferenças significativas que influenciam a sua capacidade de procurar e obter alimento ou ter sucesso na reprodução.**

**04. Grande parte das características de uma geração é herdada de seus pais.**

Segundo Darwin, o mecanismo evolutivo poderia ter alguma semelhança com a seleção artificial, processo em que o ser humano seleciona para reprodução, espécies animais e vegetais com características desejáveis, desprezando as demais.

Os indivíduos com mais oportunidades de sobrevivência seriam aqueles com características apropriadas para enfrentar condições ambientais adversas e também teriam maior probabilidade de se reproduzir e deixar descendentes férteis.

A essa preservação de variações favoráveis e rejeição de variações desfavoráveis Darwin denominou de seleção natural.

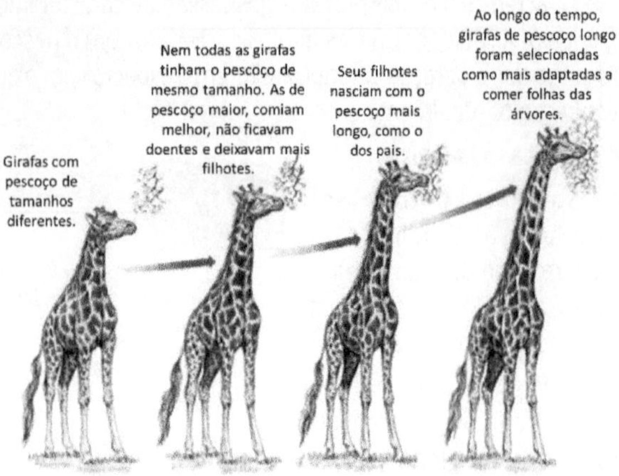


Para Darwin, a origem do pescoço longo das girafas estava relacionada ao fato das girafas ancestrais terem pescoço de vários comprimentos. As que tinham pescoço mais longo alimentavam-se melhor e deixavam mais descendentes que as de pescoço curto. Ao longo do tempo, a altura das folhas nas árvores (seleção natural) agiu sobre as girafas, facilitando a sobrevivência e a reprodução das mais adaptadas, as de pescoço longo e eliminando as menos adaptadas, as de pescoço curto.

**Críticas a Darwin**

A teoria de Darwin não explicava a origem e a transmissão das variações, visto que genes, mutação e recombinação gênica não eram conhecidos na época. Darwin também não conseguiu responder satisfatoriamente as críticas que recebia, pois desconhecia as leis da hereditariedade e os princípios da transmissão de genes alelos, dos pais às gerações seguintes.

*O evolucionista percebeu claramente que a transformação das espécies é gradual e que a diversificação de novas espécies é feita a partir de uma espécie ancestral. Além disso, concluiu ao final de seu trabalho, que o ambiente tem papel fundamental no processo evolutivo, ao atuar sobre as espécies selecionando os mais adaptados.*

## Neodarwinismo

Ou Teoria Sintética da Evolução é a que mais se aceita atualmente para explicar o processo. Ela associa as ideias de Darwin, que envolvem a seleção natural, com as descobertas sobre a hereditariedade que ocorreram no início do século XX.

Os conceitos da Genética que auxiliam no estudo da Evolução são: mutação, variabilidade genética isolamento geográfico e reprodutivo.

O neodarwinismo admite que o estudo da evolução deva ser feito dentro de uma população, considerada a unidade evolutiva.

Dentro da população ocorrem modificações hereditárias (mutação e recombinação gênica) que alteram o perfil genético de seus componentes, aumentando a variabilidade.

Sobre esses genótipos age a seleção natural, preservando os que são mais vantajosos para espécie, os mais adaptados e eliminando os que não possuem tão boas adaptações. Agindo assim, a seleção natural direciona a evolução.

Bases do Neodarwinismo

**Mutações Gênicas**

São alterações do código genético, modificando as bases do DNA. Caso a modificação produzida por um alelo mutante fornecer vantagens ao seu possuidor, a seleção natural vai preservar a mutação e aumentar sua frequência na população.

As mutações gênicas podem ocorrer de maneira espontânea ou podem ser induzidas por agentes externos como radiações ionizantes, radiação ultravioleta, raios X, raios gama ou certas substâncias químicas. Podem ocorrer por:

> Substituição temporária de uma base nitrogenada por outra: uma citosina (C) de uma das fitas do DNA sofre uma perda espontânea do grupo amina e se transforma em uma uracila (U). Caso isso aconteça, na fita complementar o pareamento, que deveria ser com uma guanina (G), passa a ser feito com uma adenina (A). Quando o DNA mutante replica, produz cópias idênticas e a mutação é repassada. Esse tipo de mutação altera o aminoácido que será usado na produção da proteína.

> Perda ou adição de um ou mais pares de nucleotídeos no DNA: são mutações drásticas, pois afetam todos os aminoácidos da proteína a partir do ponto onde a mutação ocorreu.

Apesar do número de bases nitrogenadas no DNA ser de 3 bilhões, a taxa de mutação é pequena (0,000002%), graças a um eficiente sistema de reparo que corrige os erros.

Esse mecanismo de reparo de erros no DNA utiliza enzimas que reconhecem o DNA alterado, ligam- se a ele, para em seguida cortar e eliminar a cadeia defeituosa. Outras enzimas sintetizam um novo segmento de DNA tendo como molde a cadeia complementar que não contém erro.

**Recombinação Gênica**

Ocorre graças à reprodução sexuada, quando os genes de indivíduos diferentes são misturados. Nos organismos eucarióticos esse processo ocorre por meio da segregação independente dos cromossomos e pela permutação, ou crossing-over, produzindo diversos tipos de gametas.

## Seleção natural e adaptação

A seleção natural é consequência das restrições que o meio impõe à sobrevivência dos organismos. Essas condições são a disponibilidade de alimento, a competição com outros organismos por espaço e alimento, a ação de predadores, parasitas e etc. Nessas condições, os mais aptos são os que têm os genótipos mais favoráveis à sobrevivência e à reprodução.

Assim, o alvo da seleção natural são os genes e sua capacidade de fornecer aos organismos fenótipos bem adaptados a determinado ambiente.

**Tipos de Seleção Natural**

**Seleção Estabilizadora:** favorece os fenótipos intermediários, diminuindo a frequência de indivíduos com fenótipos extremos. Exemplo: a anemia falciforme é uma doença hereditária em que os indivíduos normais são homozigotos recessivos; os heterozigotos têm a doença, mas são imunes ao parasita que causa a malária; os homozigotos dominantes morrem antes de se reproduzir. Na África, no Oriente Médio e na Índia, onde esse alelo tem frequência alta e também é alta a frequência da malária, grande parte dos indivíduos são heterozigotos, pois esse genótipo não é letal e impede a incidência da malária.

> Os seres vivos se adaptam ao se ajustarem individualmente às condições ambientais. A adaptação evolutiva ocorre quando uma população se ajusta ao ambiente, ao longo de várias gerações, muitas vezes como resultado da seleção natural.

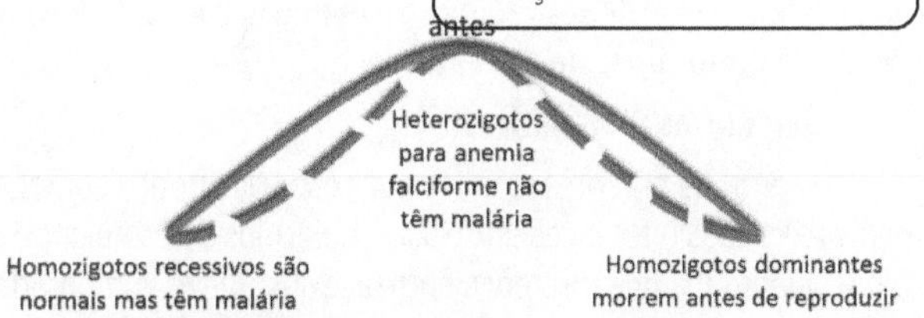


**Seleção Direcional:** favorece um dos fenótipos extremos. Exemplo: as bactérias capazes de resistir a antibióticos. Na ausência dessas substâncias na cultura, as bactérias resistentes não têm nenhuma vantagem. Se o antibiótico for adicionado à cultura, as bactérias mutantes sobreviverão e as outras não.

**Seleção Disruptiva ou Diversificadora:** favorece a frequência de indivíduos com os dois fenótipos extremos, diminuindo a frequência de intermediários. Exemplo: algumas plantas se desenvolvem bem em solo contaminado e outras só se desenvolvem em solo não contaminado. Quando trocamos o solo, elas não se desenvolvem, mostrando que esse tipo de seleção levou à formação de duas espécies de plantas.

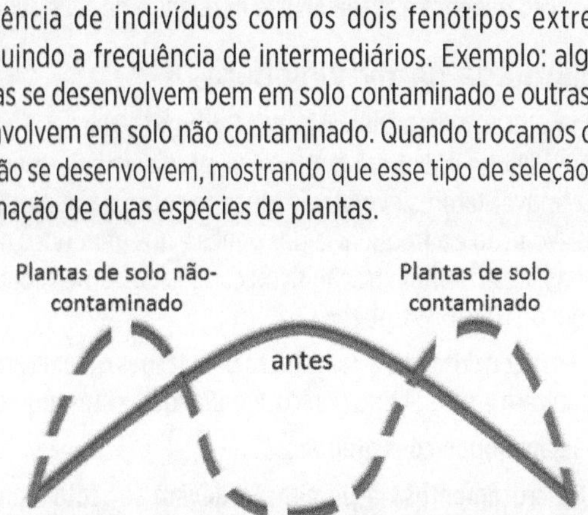


- Seleção sexual: geralmente as fêmeas escolhem para o acasalamento parceiros portadores de determinadas características como: cor da plumagem, agressividade e força física, tamanho, canto e etc. Assim, machos bem dotados têm maiores chances de se reproduzir e passar os seus genes.

## Evidências da evolução

As evidências da evolução biológica são fornecidas pelo estudo dos fósseis, da adaptação dos seres vivos a seus ambientes, das semelhanças anatômicas, fisiológicas e bioquímicas entre seres vivos.

**Fósseis**

Com o estudo dos fósseis podemos descobrir a aparência, peso e tamanho que um animal ou uma planta tinham em épocas passadas. A análise dos dentes e das fezes permite ter uma ideia dos alimentos que determinado animal ingeria e do período da história da Terra essa espécie viveu.

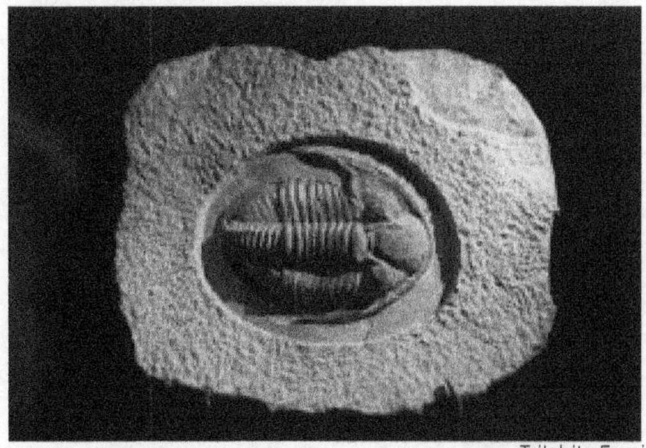

Trilobita Fossilizado

Para que ocorra a fossilização é necessário que os restos de um organismo sejam cobertos por sedimentos (areia, argila) em ambientes alagados. Com o decorrer do tempo, o depósito de sedimentos compacta e origina o que chamamos de rocha sedimentar. No interior da rocha, os vestígios do organismo podem se manter preservados por:

> A meia-vida de isótopos radioativos permite determinar a idade de fósseis ou de rochas sedimentares que os abrigam. Sabendo quanto de 14C existe no animal ao morrer, poderemos calcular o tempo que transcorreu, medindo o 14C que restou.

- Contramolde: quando há preenchimento por minerais que se solidificam e formam uma cópia dura do organismo original.
- Permineralização: quando as substâncias orgânicas dos restos são gradualmente substituídas por minerais trazidos pela água. Com o tempo, essa substituição preserva todos os detalhes do organismo original, embora não existam mais compostos orgânicos.
- Impressões: quando marcas ou pegadas deixadas em terreno mole, que mais tarde se solidifica e forma uma rocha, servem como moldes para o estudo da evolução.

**Adaptação ao Ambiente**

Em resposta à seleção natural, em determinados ambientes os indivíduos portadores de características favoráveis à sobrevivência têm mais chance de sobreviver e deixar descendentes. Com o tempo, as características favoráveis a esse ambiente tendem a se perpetuar e se acentuar ao longo das gerações, como uma adaptação aquele ambiente.

A camuflagem, quando um ser vivo apresenta cor ou forma do ambiente onde vive (camaleões) e o mimetismo, quando o ser vivo imita outro para ter vantagem, são exemplos dessa adaptação (cobra coral falsa).

**Embriologia Comparada**

As fases embrionárias de um ser vivo apresentam semelhanças com as de seus ancestrais. Quanto mais precoce o estágio embrionário observado, maiores as semelhanças também. À medida que o embrião se desenvolve, as características que diferenciam um grupo do outro se tornam mais evidentes e as semelhanças diminuem.

Com a embriologia comparada podemos descobrir o parentesco entre espécies que, quando adultas, são muito diferentes entre si.

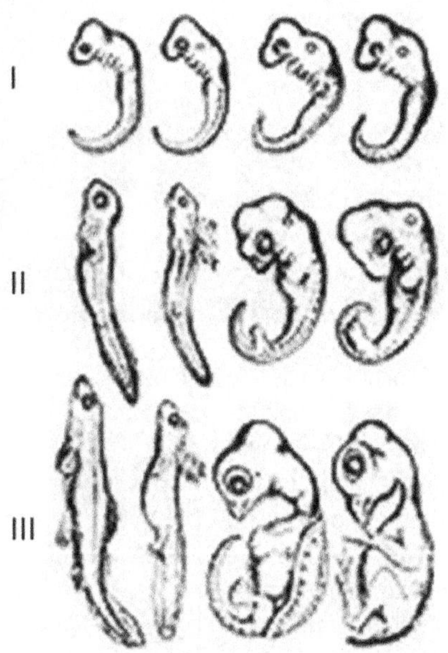


Embriologia Comparada

**Evidências Anatômicas**

Órgãos de mesma origem embrionária e com semelhanças anatômicas podem sinalizar para uma mesma origem evolutiva e são chamados de homólogos. O processo que origina órgãos homólogos (os que têm funções diferentes, mas a mesma origem embrionária), denomina-se irradiação adaptativa.

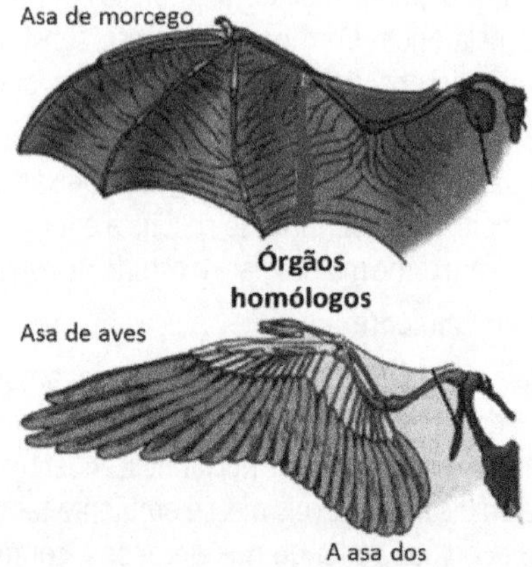


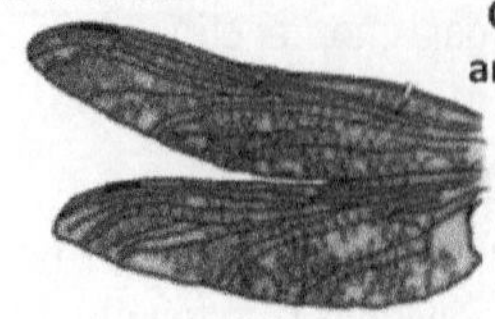


Homologia e Analogia

Quando os órgãos apresentam a mesma função, mas têm origem embrionária e evolutiva diferente, são chamados órgãos análogos. É o caso das asas dos insetos e das aves: embora as duas estejam adaptadas ao voo, as asas das aves apresentam estrutura interna com ossos, músculos e nervos; as asas dos insetos são apenas estruturas de quitina, que cresceram a partir do revestimento do corpo do animal. Esse tipo de processo que leva organismos pouco aparentados a apresentarem estruturas semelhantes é denominado convergência adaptativa.

**Órgãos Vestigiais**

São estruturas atrofiadas, que não apresentam função evidente, mas que também são consideradas provas evolutivas. Um exemplo bem conhecido é a presença do apêndice, que em nossos ancestrais herbívoros era fundamental para auxiliar a digestão e, que em nós deixou de ser vantajoso e regrediu, com o desenvolvimento de outros tipos de dietas alimentares.

**Evidências Bioquímicas**

O grau de parentesco entre duas espécies pode ser aferido pela análise das diferenças entre suas moléculas de proteínas e de DNA. Quanto maior a diferença entre as substâncias comparadas, mais distante evolutivamente as espécies são.

## 46.2 Genética de Populações

Estuda as mudanças na composição genética de uma população ao longo das gerações. Essas mudanças podem ser provocadas pela seleção natural, deriva genética e migração e aparecem como variação na frequência dos genes da população.

No neodarwinismo consideramos a população a unidade evolutiva, com seus membros compartilhando e repassando genes pela reprodução sexuada. Chamada de população mendeliana, sua composição genética é avaliada pela frequência de seus genes.

### Equilíbrio de hardy-weinberg

Em 1908, o matemático inglês Godfrey H. Hardy e o médico alemão Wilhelm Weinberg demonstraram matematicamente que se não houver fatores evolutivos atuando sobre a população, não ocorre evolução e a frequência dos genes e dos genótipos não são alteradas. Essa demonstração ficou conhecida como teorema ou princípio de Hardy-Weinberg.

Essa conclusão só é válida para populações mendelianas que se encontrem em equilíbrio gênico, atendendo a estes requisitos:

**01. Sejam populações grandes.**

**02. Os cruzamentos na população devem ser totalmente ao acaso, daí ela ser chamada de população panmítica.**

**03. Não pode estar ocorrendo seleção natural, migrações ou mutações.**

A ausência de seleção natural dá a todos os indivíduos a mesma possibilidade de sobrevivência e reprodução. A ausência de migrações impede a entrada e saída de indivíduos da população. A ausência de mutações mantém o conjunto gênico original.

**Binômio de Hardy-Weinberg**

Uma população composta por 10 mil indivíduos, que se reproduzem ao acaso, tem os alelos de certo gene assim distribuídos: 3600 indivíduos homozigotos dominantes (AA); 4800 indivíduos heterozigotos (Aa) e 1600 indivíduos homozigotos recessivos (aa).

As frequências genotípicas dessa população são:

$$f(\text{AA}) = {}^{n(AA)}/_{N} = {}^{3600}/_{10000} = 0{,}36$$

$$f(\text{Aa}) = {}^{n(Aa)}/_{N} = {}^{4800}/_{10000} = 0{,}48$$

$$f(\text{aa}) = {}^{n(aa)}/_{N} = {}^{1600}/_{10000} = 0{,}16$$

As frequências gênicas dessa população são:

$$f(\text{A}) = {}^{n(AA)x\,2+n(Aa)}/_{2N} = {}^{3600\ x\ 2\ +\ 4800}/_{20000} = 0{,}6$$

$$f(\text{a}) = {}^{n(aa)x\,2+n(Aa)}/_{2N} = {}^{1600\ x\ 2\ +\ 4800}/_{20000} = 0{,}4$$

A soma das frequências genotípicas e das frequências gênicas é igual a 1 nessa primeira geração.

Para sabermos quais frequências genotípicas e gênicas, podemos esperar para a segunda geração; supondo que os indivíduos dessa geração se encontrem e acasalem de maneira casual, temos que considerar:

> a probabilidade de espermatozoide A fecundar um óvulo A;

> a probabilidade de um espermatozoide a fecundar um óvulo a;

> a probabilidade de um espermatozoide A ou a fecundar um óvulo A ou a.

Simbolizando a frequência de A por p e a de a por q, teremos a expressão p + q = 1. A probabilidade de um gameta A é igual à frequência do alelo A na população: 0,6 ou 6%; a probabilidade de um gameta a é igual à frequência do alelo a na população: 0,4 ou 4%.

A probabilidade, nessa população, de um espermatozoide A fecundar um óvulo A é 0,6 x 0,6 = 0,36 = p2.

A probabilidade, nessa população, de um espermatozoide a fecundar um óvulo a é 0,4 x 0,4 = 0,16 = q2.

A probabilidade, nessa população, de um espermatozoide A fecundar um óvulo a; ou de um espermatozoide a fecundar um óvulo A é 0,6 x 0,4 + 0,6 x 04 = 0,48 = 2pq.

Pode-se observar que as frequências genotípicas e gênicas não mudaram da primeira para a segunda geração, sendo igual a 1.

$f$(A) + $f$(a) = 1, ou **p + q = 1**

$f$(AA) + $f$(Aa) + $f$(aa) = 1 ou $\mathbf{p^2 + 2pq + q^2 = 1}$

Essa equação é a expressão matemática de Hardy-Weinberg e sua aplicação permite verificar se uma população está em equilíbrio gênico, comparando com resultados anteriores. Se o resultado obtido for igual ao anterior, a população não está evoluindo; se o resultado obtido for diferente do resultado anterior, houve mudança gênica e a população está em evolução. Na natureza as populações sempre estão evoluindo, isto é, estão sofrendo seleção natural, mutação, migração e deriva genética.

**Seleção Natural**

Atua sobre todas as frequências gênicas e genotípicas das populações, eliminando os genótipos não adaptativos e preservando genótipos interessantes para a espécie.

**Mutação**

São geralmente mudanças espontâneas que ocorrem nos genes, que aumentam a variabilidade genética da população ao acrescentar alelos ao conjunto gênico. Um alelo A sofre mutação para alelo a e altera a frequência gênica e genotípica da população onde esse fenômeno aconteceu.

**Migração**

Ou fluxo gênico, permite que os indivíduos de uma população dispersem e combinem seus alelos com outras populações, alterando a frequência genotípica e gênica original. Uma população de maioria AA recebe imigrantes com muitos genótipos aa, alterando a frequência do alelo A na população.

**Deriva Genética**

São mudanças totalmente ao acaso, que ocorrem com efeitos drásticos em populações pequenas. É o que acontece em terremotos, tsunamis, acidentes em que muitos organismos morrem mudam rapidamente a frequência gênica, independentemente da seleção natural. Esses eventos diminuem consideravelmente a variabilidade genética da população, que pode perder um dos alelos.

> Efeito do fundador: ocorre quando alguns membros de uma população iniciam uma nova população, levando para ela o alelo A em uma frequência maior ou menor do que existia na população original. A nova população vai apresentar frequência genotípica e gênica diferente da população inicial.

> Efeito gargalo de garrafa: ocorre quando uma população sofre redução drástica e, quando recupera seu número inicial, com a reprodução dos sobreviventes, alguns alelos desapareceram e outros aumentaram sua frequência.

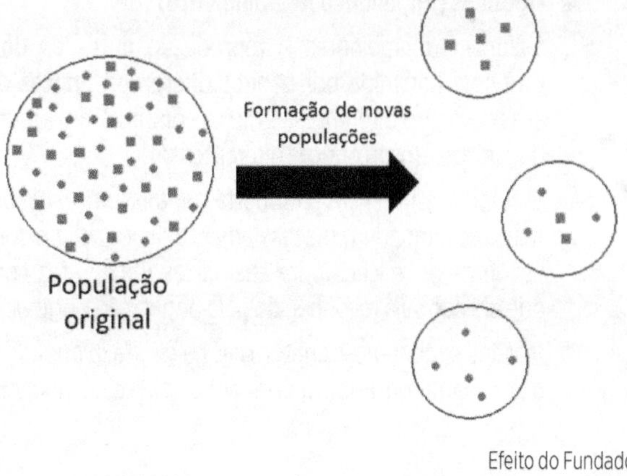


Efeito do Fundador

# 46.3 Especiação

Uma espécie se caracteriza por apresentar indivíduos com potencial natural para se cruzarem e gerarem descendentes férteis.

Uma espécie pode ser dividida em várias populações que, por não estarem próximas, não conseguem se cruzar: coelhos brasileiros e coelhos europeus não se cruzam porque estão em locais muito distantes.

Portanto, alguns fatores são necessários para que ocorra a formação de novas espécies, a especiação.

As explicações mais aceitas para explicar a especiação descrevem a necessidade de:

> Parte da população imigrar para outro ambiente.

> Nesse novo ambiente, barreiras geográficas dificultem o contato sexual com a população original.

> No novo local, sem contato sexual com a população original, a nova população sofre mutações e a ação da seleção natural.

Quando a nova população é aproximada da população original, duas situações podem ocorrer:

01. **Elas se cruzam e produzem descendentes férteis, indicando que as diferenças que apresentam não alteraram o conjunto gênico e elas ainda pertencem à mesma espécie.**
02. **Elas não se cruzam, machos e fêmeas não se reconhecem, indicando que as mudanças no conjunto gênico foram grandes e elas não são mais da mesma espécie.**

A migração, a seleção natural e os isolamentos geográfico e reprodutivo são fatores importantes na formação de novas espécies.

## Isolamento geográfico

Ocorre quando uma barreira geográfica divide uma população em duas subpopulações. Essa barreira geográfica pode ser provocada pela mudança de curso de um rio, por uma cadeia de montanhas, por um vale ou qualquer acidente geográfico que dificulte o contato entre os indivíduos que foram separados.

## Isolamento reprodutivo

As barreiras geográficas eficientes levam ao isolamento reprodutivo, barreira biológica que evita o fluxo gênico.

São mecanismos de isolamento reprodutivo:

01. **Pré-Zigóticos (Impedem o Acasalamento)**

> Sazonal ou ambiental: a reprodução entre os dois grupos é impedida por hábitos diferentes, épocas de acasalamento diferentes. É muito comum em vegetais que florescem em épocas diferentes.

> Etológico: diferenças comportamentais entre os organismos impedem o acasalamento. Mudança no som usado pelos machos para chamar as fêmeas faz com que ele não seja reconhecido pela população original.

> Mecânico: diferenças anatômicas na genitália impedem o acasalamento. Pode ocorrer em plantas e em animais.

02. **Pós-Zigóticos (Inviabilizam a Descendência)**

> Inviabilidade dos gametas: os espermatozoides não sobrevivem no organismo feminino e inviabilizam a reprodução.

> Mortalidade do zigoto: o zigoto morre logo após a fecundação.

> Inviabilidade do híbrido: o zigoto desenvolve um embrião, mas ele não sobrevive.

> Esterilidade do híbrido: o híbrido se desenvolve, mas é estéril ou origina descendentes inviáveis.

Tipos de Especiação

Novas espécies podem ser formadas por alopatria, quando uma barreira geográfica impede o acasalamento da nova população com a população original. Por mutações e com a ação da seleção natural diversificam o conjunto gênico e originam uma nova espécie.

Por simpatria, as novas espécies surgiriam sem a ocorrência de isolamento geográfico, mas com a ocorrência de mutações e a ação da seleção disruptiva.

A especiação por peripatria originaria novas espécies a partir do isolamento de indivíduos da população original em áreas marginais.

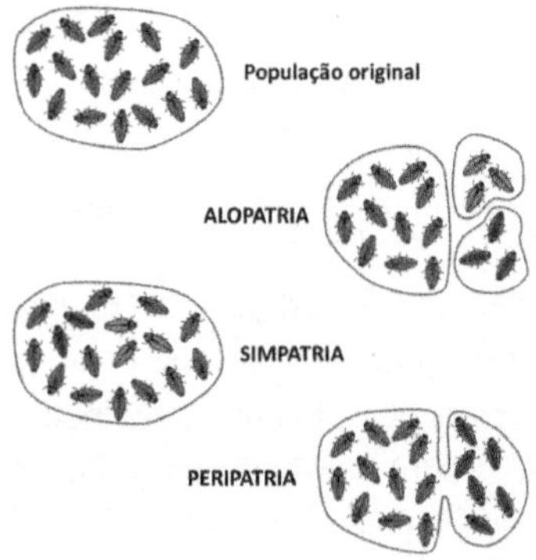


Processos de Especiação

# 46.4 Evolução Humana

A evolução humana é um longo processo de mudança pelo qual surgimos de ancestrais símios. A evidência científica mostra que os traços físicos e comportamentais compartilhados por todos os seres humanos são provenientes de ancestrais símios e que evoluíram em um período de seis milhões de anos.

Entre as características humanas mais antigas está a habilidade de andar sobre duas pernas, um grande e complexo cérebro, capacidade de fazer e usar ferramentas e a capacidade de linguagem desenvolvida mais recentemente.

Os seres humanos são primatas e evoluíram primeiramente na África. As mãos dos primatas são capazes de agarrar objetos com força e precisão, graças à presença do polegar oponível, que permite o movimento de pinça para agarrar, com a aproximação frontal de qualquer outro dedo. A visão binocular ou estereoscópica, com os dois olhos capazes de mirar o mesmo objeto, permite ao cérebro calcular por triangulação a distância dos objetos. A vida familiar, o cuidado com a prole também nos aproxima dos outros primatas.

Atualmente os cientistas discutem sobre como identificar e classificar espécies dos primeiros seres humanos e sobre que fatores influenciaram a evolução e extinção de cada espécie.

## Australopithecus sp

Surgiram na África há 4 milhões de anos atrás, adaptados às savanas arbóreas, aos campos na orla das florestas tropicais que estavam em retração. Sua dieta básica era composta de frutas, sementes e raízes com restos de carne obtidos de carcaças abandonadas de animais.

**Australopithecus afarensis**

Viveu no leste da África entre 3,9 milhões a 2,8 milhões de anos atrás. Tinha 1m a 1,5m de altura, os machos maiores que as fêmeas e pesava em torno de 70 kg. O corpo era leve e os membros flexíveis, provavelmente parecidos com os de um chimpanzé. Com testa curta e oblíqua e a face projetada para frente e prega óssea sobre os olhos saliente, seu crânio tinha entre 400 a 500 cm3 de volume.

Australopithecus africanus

Existiu no sul da África entre 2,8 e 2,3 milhões de anos atrás. Sua estatura não passava de 1,4 m (machos maiores que as fêmeas) e sua massa corporal ficava em torno de 60 kg. Com postura mais próxima da humana, tinha corpo leve e braços longos. A testa era mais larga e alta, a face mais curta e a prega supraorbital menos saliente. O volume craniano ficava entre 400 e 500 cm3.

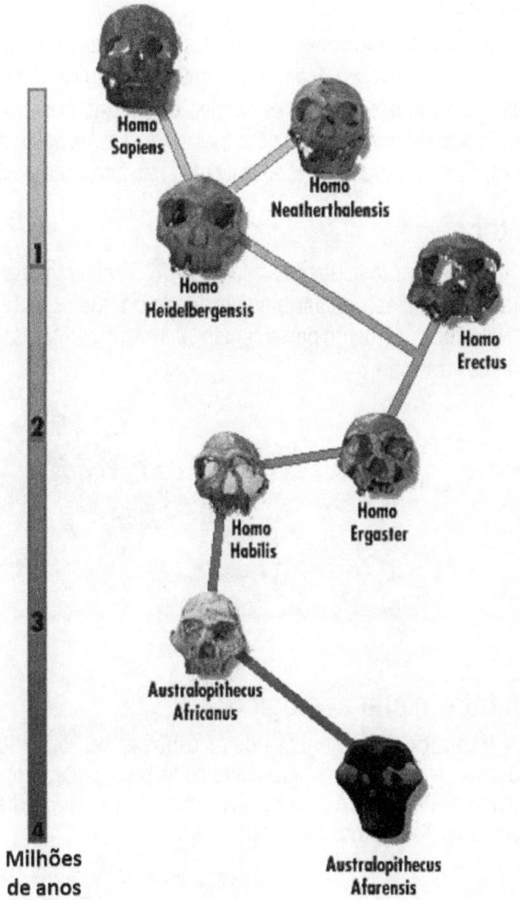


Evolução Humana

## Homo habilis

Este hominídeo surgiu e viveu na África há cerca de 2,4 milhões de anos, sendo considerado por alguns cientistas uma das últimas espécies de australopitecos.

Tinha capacidade craniana entre 456 e 600 cm3 e usava alguns mecanismos de defesa como pedras ou armas primitivas feitas de madeira. Foi o primeiro ancestral humano a apresentar coluna vertebral ereta.

## Homo erectus

Tinha postura ereta e mandíbula menos proeminente. Eram mais altos, chegava até 1,60 m, com peso entre 55 e 85 kg. A testa era baixa com grandes pregas supraorbitais, características herdadas do parentesco com símios. Seu crânio variava entre 850 a 1000 cm3, mostrando aumento significativo no tamanho do encéfalo. Foi o primeiro a dominar e a usar o fogo: as fogueiras eram feitas em cavernas, sendo usadas para aquecer, cozinhar a carne e trabalhar a pedra. As ferramentas que usava eram mais complexas feitas com a combinação de pedra e pedaços de pau; tudo indica que caçavam em grupos.

## Homo sapiens

Surgiram há 500 mil anos atrás, na África, e daí irradiaram colonizando outros continentes. Originou duas subespécies: o Homo sapiens neanderthalensis e o Homo sapiens sapiens. Deste último, o representante mais conhecido é o homem de Cro-Magnon, que fabricava ferramentas como facas, lanças, arco e flecha e tinha habilidades artísticas: suas cavernas apresentavam pinturas que retratam cenas de caçadas. Há 12 mil anos atrás, o homem passava de caçador a agricultor, surgindo assim as primeiras civilizações.

# 47. ECOLOGIA

É a parte da Biologia que estuda as relações entre os seres vivos e destes com o ambiente em que vivem. Este conceito é um pouco intuitivo, já que sabemos que os seres vivos sempre mantêm relacionamento com outros organismos, da mesma espécie ou de outras. Também sabemos que o ambiente influencia os seres vivos, daí existirem trocas de influências contínuas entre os organismos vivos e o meio em que vivem.

## 47.1 Noções Básicas de Ecologia

### População biológica

Conjunto de organismos da mesma espécie que vivem juntos, durante certo período de tempo, em determinada área geográfica, se reproduzindo e dando origem a descendentes férteis (as formigas no formigueiro ou um grupo de ratos constituem uma população).

### Comunidade biológica

Também chamada de biocenose, é constituída por indivíduos de diferentes espécies que vivem em um mesmo lugar, se relacionando geralmente pelo alimento (as aves e as plantas que as alimentam constituem uma comunidade biológica).

Os componentes vivos de uma comunidade, os **fatores bióticos**, se relacionam com os componentes não vivos do ambiente, os **fatores abióticos**. Estes compreendem os aspectos físicos e químicos do ambiente onde a comunidade está – o **biótopo**. Em um campo, o biótopo corresponde ao solo, a luz, a temperatura, aos nutrientes e gases que são fornecidos à comunidade.

### Ecossistema

Esse conceito envolve o conjunto das relações que ocorrem entre os seres vivos e o ambiente em que eles estão. Um ecossistema sempre caracteriza as interações entre os fatores bióticos e abióticos que permitem manter o ambiente estável. A noção de ecossistema é muito ampla. Uma gota de água sobre uma folha, com todos os microrganismos que a habitam é um ecossistema, assim como uma floresta, uma ilha, um aquário, onde seres vivos e biótopo se relacionem mantendo o sistema estável.

> *Os fatores físicos que atuam sobre o biótopo constituem o clima, uma combinação de luminosidade, pressão, temperatura, ventos, umidade e regime de chuvas.*

### Biomas

São as paisagens da Terra. Nelas, os seres vivos estão perfeitamente adaptados às condições ambientais, formando um conjunto típico do local. O cerrado, o pantanal, os campos do sul e a caatinga, com suas condições climáticas e seus animais e plantas típicos, constituem tipos de bioma.

### Biosfera

É formada pelo conjunto de todos os ecossistemas da Terra (aquáticos e terrestres). É a maior unidade ecológica que existe. Constituem a biosfera todos os ambientes em que existem seres vivos. Os ecossistemas de água doce (rios e lagos), os de água salgada (mares) e os terrestres (florestas, mangues, savanas, campos).

### Ecótone

Identifica a zona de transição entre dois ambientes. Normalmente a ecótone tem maior biodiversidade do que os ambientes que ela separa, visto que nessa região, animais e plantas dos dois ambientes transitam.

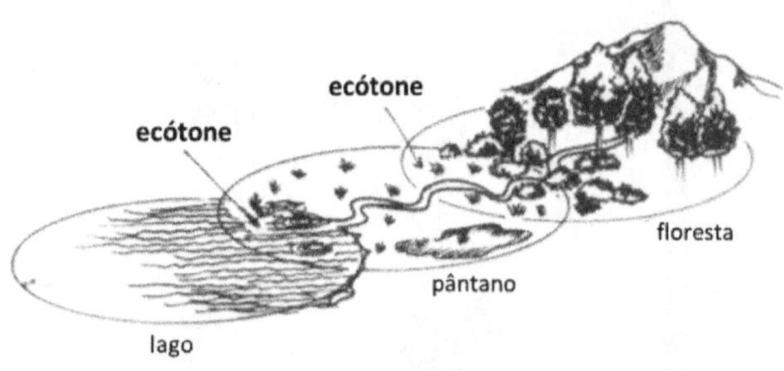


### Habitat e nicho ecológico

**Habitat** é o ambiente onde as espécies ou comunidades biológicas vivem. Ele é caracterizado pelas propriedades físicas e bióticas, por exemplo: a espécie vive em um buraco na pedra ou a espécie vive nos últimos galhos da árvore.

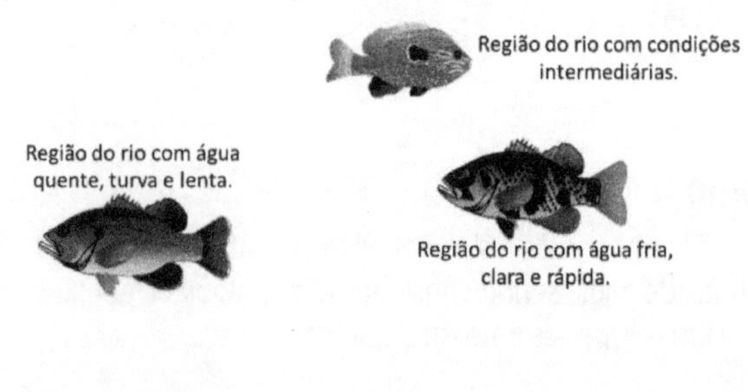

Já o **nicho ecológico** abrange as atividades que o ser vivo desempenha no lugar onde mora: do que ele se alimenta, a que horas tem atividade, como consegue o parceiro sexual ou cuida dos filhotes.

Um fator importante, que deve ser considerado quando falamos de habitat é que, na natureza, os organismos vivos podem partilhar o habitat entre si (várias espécies podem viver no mesmo lugar), mas não podem partilhar o mesmo nicho ecológico: duas espécies diferentes, que comam o mesmo vegetal, vão disputá-lo gerando uma competição, que não é benéfica para nenhuma delas.

A noção de habitat pode ser associada com o endereço do ser vivo no ambiente e a de nicho ecológico pode ser associada com a profissão dele no ambiente.

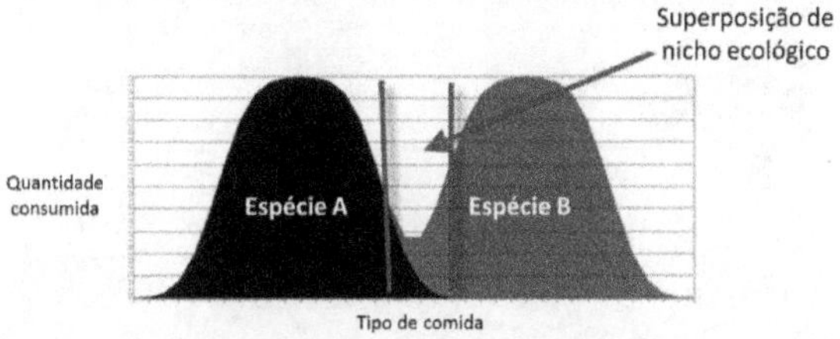

Competição por Alimento

## 47.2 Ecossistema

A comunidade e o biótopo constituem dois elementos inseparáveis que reagem um sobre o outro, produzindo um sistema mais ou menos estável que recebem o nome de **Ecossistema**.

Na estrutura do ecossistema, temos os **fatores abióticos**, representados pela luminosidade, água, temperatura, pressão (altitude e profundidade) e salinidade; e os **fatores bióticos**, representados pelos organismos vivos que compõem a comunidade.

Em 1934 o cientista russo Gause verificou que populações do protozoário Paramecium caudatum e Paramecium aurelia cultivadas em tubos de ensaio separados se desenvolviam normalmente. Quando eram colocados no mesmo tubo de cultivo, a população de P. caudatum desaparecia rapidamente, eliminada pela competição com P. aurelia. A conclusão, chamada de princípio da exclusão competitiva foi que se duas ou mais espécies ocupam o mesmo nicho ecológico, ocorre uma competição tão intensa entre elas que a convivência será impossível.

### Fatores abióticos

Representados pelos componentes físico-químicos do ambiente, o estudo dos fatores abióticos permite a observação de como os seres vivos se adaptam ou não às mudanças ambientais e determinando seu **fator limitante**.

Para cada fator ecológico, as espécies costumam ser divididas em: **euriécia**, quando têm grande capacidade de adaptação às mudanças ambientais; **estenoécia**, quando existe pequena capacidade de adaptação às mudanças ambientais.

### Influência da Temperatura

A temperatura influencia diretamente o ser vivo regulando o seu metabolismo. De acordo com esse fator ecológico, os seres vivos podem ser: **euritérmicos**, quando suportam grandes variações da temperatura ambiental, como o camelo; ou **estenotérmicos**, quando têm dificuldade em suportar as alterações térmicas ambientais, como alguns tipos de peixes.

Os organismos que são capazes de manter a temperatura corporal constante, apesar de alterações na temperatura ambiental, são chamados de **homotermos** ou **endotérmicos** (sangue quente - aves e mamíferos), enquanto aqueles que alteram a temperatura corporal quando a temperatura ambiental é modificada, denominamos **heterotérmicos** ou **ectotérmicos** (sangue frio - invertebrados, peixes, anfíbios e répteis).

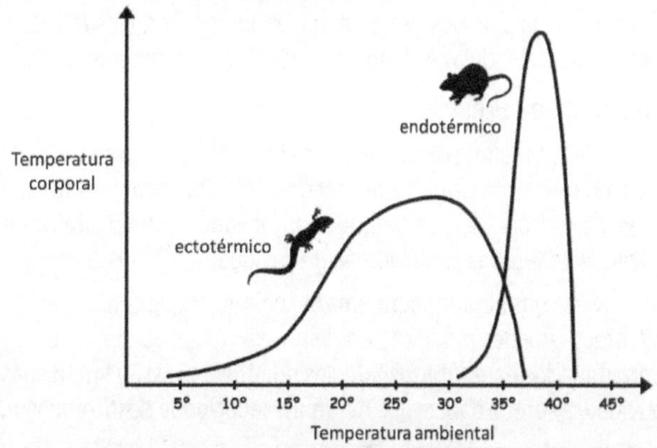

Temperatura Ambiental x Temperatura Corporal

A **Hibernação** é uma redução drástica do metabolismo, permitindo que no frio intenso e com escassez de alimento, o animal mantenha-se vivo. Esse procedimento caracteriza os heterotérmicos, embora alguns homotérmicos o apresentem (morcegos, roedores, beija-flor).

A **Estivação** também acontece com uma redução metabólica no animal, provocada pela elevação da temperatura ambiental, sendo característica dos animais heterotérmicos.

### Influência da Luz

A luz permite regular o ritmo biológico de animais e plantas: germinação, floração, crescimento, reprodução e migração.

De acordo com a capacidade de se adaptar às modificações desse fator abiótico, os organismos vivos podem ser: **estenófotos**, se suas atividades forem limitada pela luz (hábito noturno ou hábito diurno); **eurífotos**, quando a capacidade de adaptação à luz for grande, permitindo que as atividades vitais ocorram sem a interferência desse fator.

Quando, durante o inverno, o animal alterna períodos de sono com períodos de atividade, denominamos de sono hibernal (ursos).

Organismos que apreciam ambientes mal iluminados são denominados **umbrófilos** (fungos). As espécies que suportam a exposição direta ao sol são denominadas de **heliófilas** (cactos).

### Influência da Água

Sem água os seres vivos não sobrevivem, daí encontrarmos seres vivos tipicamente aquáticos como os **hidrófilos**, peixes e algumas plantas; **higrófilos**, quando só sobreviverem em ambientes úmidos como os anfíbios e os musgos; **mesófilos**, quando são capazes de suportar estações secas e úmidas como a maioria dos animais e plantas; **xerófilas**, quando são adaptadas a sobreviverem em locais muito secos, como os animais do deserto e da caatinga.

De acordo com a capacidade de suportar variações na quantidade de água disponível, as espécies podem ser **eurídricas** quando suportam grandes mudanças no suprimento de água (mesófilas) e **estenoídricas**, quando só sobrevivem com um suprimento de água constante (hidrófilas, xerófilas e algumas higrófilas).

Plantas xerófitas apresentam cutícula grossa, reduzem o número de folhas e aumentam a superfície da raiz, para poderem absorver o máximo possível de água; os animais xerófilos reduzem o número de glândulas sudoríparas e a urina é bastante concentrada.

### Influência da Pressão

Para a maioria dos organismos terrestres, a pressão atmosférica não exerce grandes limitações. No ambiente aquático, a pressão hidrostática exige que o organismo tenha proteínas e enzimas adaptadas e não apresente cavidades ocas no corpo.

São considerados **euríbaros** os seres vivos que conseguem se adaptar a grandes modificações de pressão (aves de rapina) e, são denominados **estenóbaros** aqueles em que a pressão limita suas atividades (protozoários, que perdem a capacidade de locomoção).

### Influência da Salinidade

A salinidade afeta mais os seres vivos nas regiões onde os rios desaguam no mar, nos estuários e nos mangues.

As espécies **eurialinas** são as que suportam essa variação, sendo capazes de mudar da água doce para a salgada, ou vice-versa, como o robalo. Neste caso, as espécies apresentam mecanismos de adaptação como: pele impermeável, capacidade de fechar as conchas, os osmorregulação e presença de glândulas excretoras de sal.

As espécies **estenoalinas** não suportam grandes variações de salinidade, tendo que viver em concentrações salinas mais ou menos constantes (a maioria dos peixes de água doce).

> Peixes como o salmão, que se reproduzem e nascem na água doce e migram para a água salgada onde vivem até a maturidade sexual são considerados anádromos. As enguias, que fazem o processo inverso, se reproduzem e nascem no mar, migrando para viver na água doce até a maturidade sexual são chamadas de catádromos.

## Fatores bióticos

São representados pelos seres vivos, classificados pelo tipo de alimentação em **níveis tróficos**:

- **Produtores** são os organismos autótrofos, capazes de produzir seu próprio alimento por fotossíntese (todos vegetais clorofilados).
- **Consumidores** são os organismos heterotróficos, incapazes de produzir seu próprio alimento, nutrindo-se do que retiram do ambiente (animais); podem ser consumidores primários (herbívoros), consumidores secundários, terciários e quaternários (carnívoros).
- **Decompositores** são os que obtêm nutrientes a partir da matéria orgânica morta dos produtores e consumidores. Ao fazer a decomposição, **fungos e bactérias** participam da reciclagem dos átomos de elementos químicos que podem voltar a fazer parte de outros seres vivos.

# 47.3 Relações Alimentares

A cadeia alimentar é uma sequência linear de seres vivos, onde um serve de alimento para outro, sucessivamente.

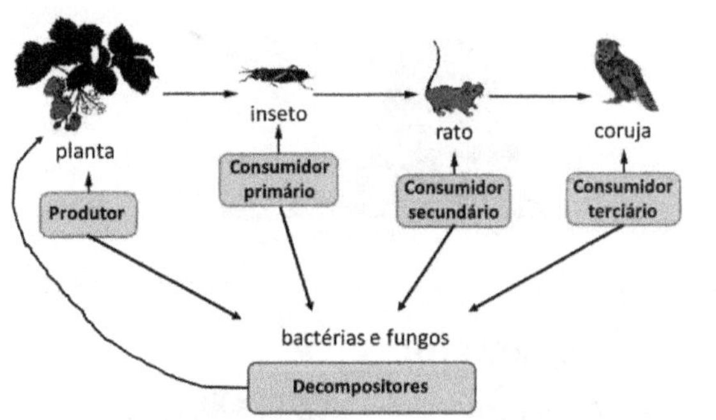


Cadeia Alimentar de Campo

Em uma cadeia alimentar ocorre transferência de matéria e energia, de um organismo para outro, sob a forma de alimento. Observar a cadeia alimentar permite entender toda a sequência de alimentação dos seres que vivem em determinado ecossistema. Essa prática permite equilibrar ou controlar o ecossistema de forma a evitar, por exemplo, o uso de pesticidas que possam provocarem longo prazo, sérias reações nos animais e até nos seres humanos que dela dependem.

## Componentes da cadeia alimentar

A cadeia alimentar distribui seus componentes de acordo com os níveis tróficos a que eles pertencem.

Os organismos **produtores** sempre iniciam a cadeia alimentar, representados pelas plantas clorofiladas e algas do fitoplâncton. Esses organismos são capazes de fotossintetizar e, com isso, repassar a todos os outros componentes da cadeia alimentar, a energia necessária para a sobrevivência.

Os organismos **consumidores** são representados pelos animais herbívoros (consumidores primários) e carnívoros (consumidores 2o, 3o e 4o).

Os organismos **decompositores** são representados por bactérias e fungos e compõem o último elo da cadeia alimentar.

## Importância da cadeia alimentar

O equilíbrio do ecossistema depende da realização de todas as etapas da cadeia alimentar. A retirada ou a inclusão de componentes dessa trama pode resultar no aumento ou diminuição de alguns componentes, ocasionando escassez ou extinção de algumas espécies.

## Magnificação trófica

Ocorre quando produtos não biodegradáveis e tóxicos como DDT (dimetil-difenil-tricloroetano) e o mercúrio são despejados no ambiente.

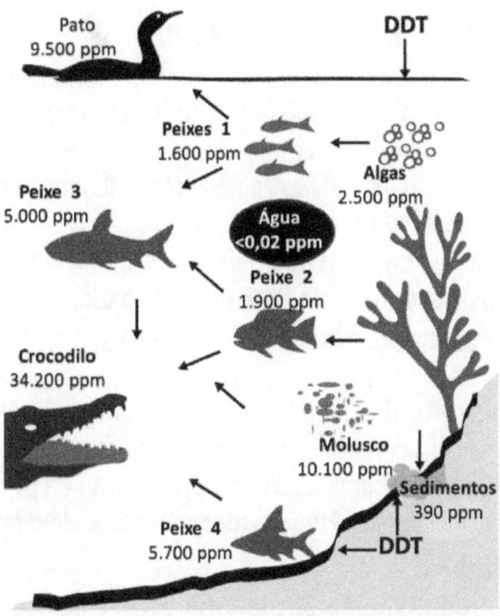


Magnificação Trófica de um Lago por DDT

Como não são eliminados pelos seres vivos, passam para os produtores e destes para os consumidores e vão contaminando de modo acumulativo toda a cadeia alimentar. O último consumidor da cadeia é o mais contaminado pelo produto.

## Teia alimentar

É o fluxo de matéria e energia que passa, num ecossistema, dos produtores aos consumidores por numerosos caminhos opcionais que se cruzam. A teia alimentar representa o máximo de relações entre os componentes de uma comunidade, já que é representada por várias cadeias alimentares que se interligam.

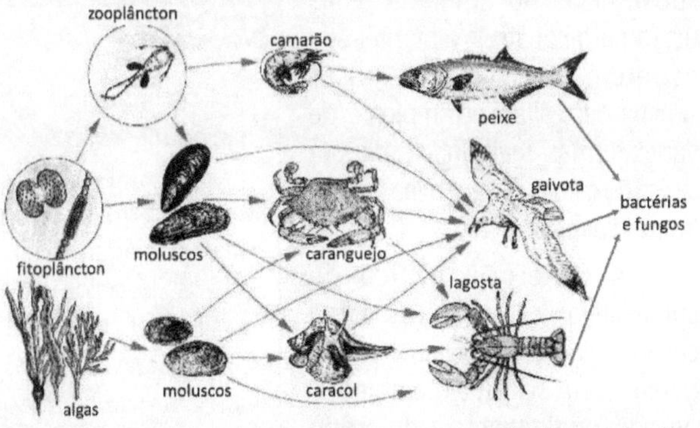


Teia Alimentar Aquática

# 47.4 Pirâmides Ecológicas

O ecossistema é estudado de maneira qualitativa quando identificamos todas as relações alimentares envolvidas na teia alimentar. Porém, uma abordagem quantitativa também é interessante, pois ela mostra como os diferentes níveis tróficos estão ocupados.

> Os únicos elos indispensáveis na manutenção da teia alimentar são o dos produtores e dos decompositores.

A representação gráfica de uma cadeia alimentar é feita graficamente através da construção das **pirâmides ecológicas.**

As pirâmides ecológicas representam as variações de número, biomassa e energia dentro de uma cadeia alimentar.

## Pirâmide de números

É usada para demonstrar quantos indivíduos participam de determinado nível trófico de uma cadeia alimentar. Para tanto utilizamos retângulos superpostos e centralizados, que têm a mesma altura, mas a largura é proporcional à quantidade de indivíduos.

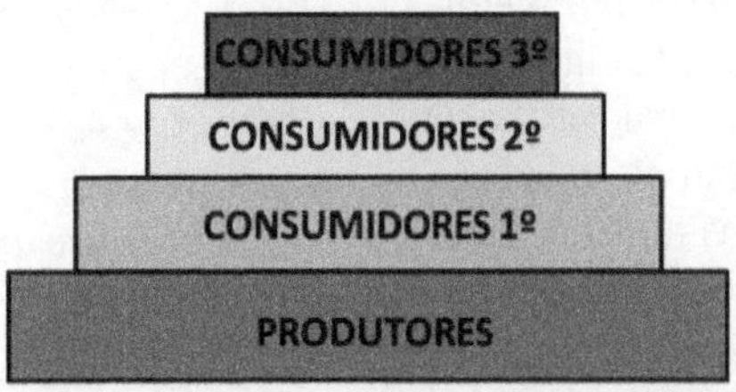


O retângulo da base representa sempre os produtores, onde o alimento é fabricado; sobre o retângulo do produtor fica o dos consumidores primários (herbívoros), seguido pelos retângulos que simbolizam os consumidores terciários e quaternários (carnívoros). Desta forma, os indivíduos dos retângulos superiores alimentam-se dos que ficam nos retângulos inferiores.

Os decompositores não aparecem na pirâmide porque se alimentam dos restos de todos os níveis, podendo ser acrescentado um retângulo ao lado da pirâmide para representá-los.

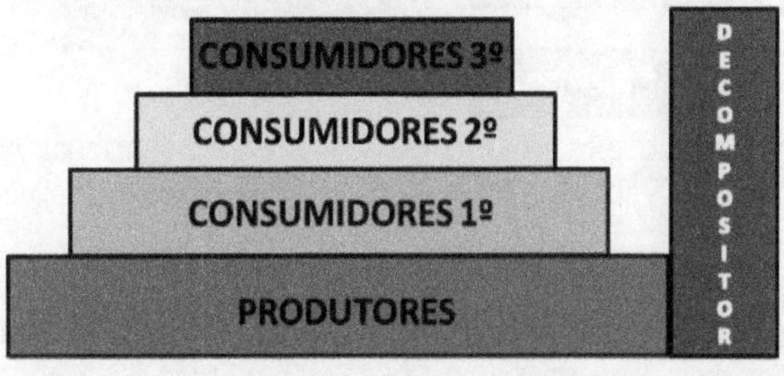


A pirâmide de números pode ser invertida ou ter formato diferente, quando o produtor for de grande porte, o que garante que ele alimente uma porção grande de herbívoros, por exemplo: uma árvore pode alimentar muitos de insetos que, por sua vez, alimentam um número menor de aves insetívoras.

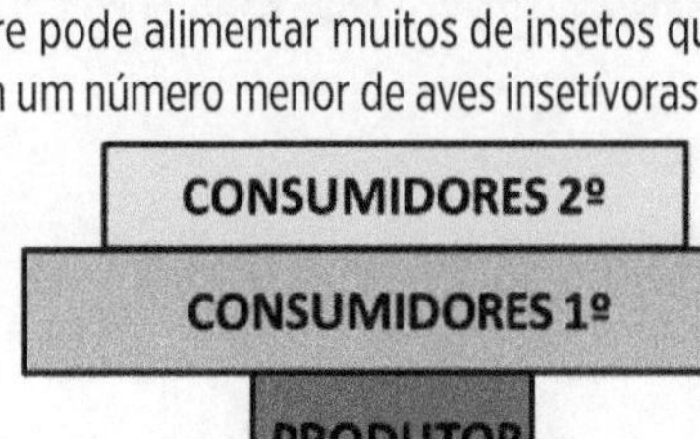

## Pirâmide de biomassa

representa a massa de indivíduos que compõem os diversos níveis tróficos, exemplo: uma onça adulta pesa 150 kg (0,15 T) e consome, ao longo de um ano, mais de duas toneladas de carne, que equivale a cerca de oito bois, que consomem por ano, 170 T de capim.

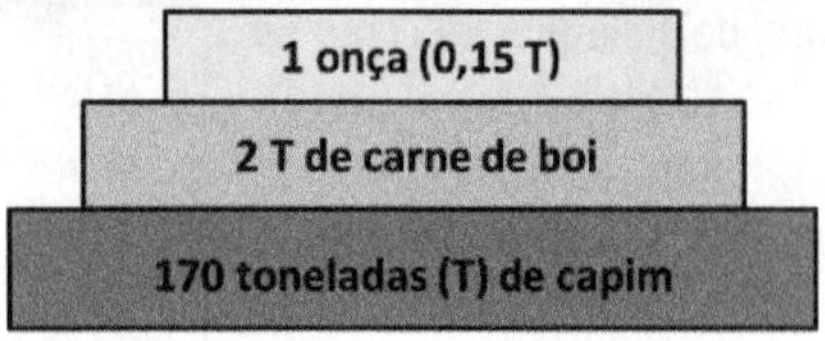


## pirâmide de energia

é construída para mostrar o fluxo energético na cadeia alimentar, que é unidirecional. Começa com a captação de energia luminosa pelos produtores e termina com a ação dos decompositores. Em cada um dos níveis trófico, parte da energia armazenada nas moléculas orgânicas é empregada para a realização de trabalho e liberada na forma de calor. Em uma cadeia alimentar, a quantidade de energia presente em um nível trófico é sempre maior que a quantidade de energia capaz de ser transferida para o nível seguinte.

> A pirâmide de biomassa no ecossistema marinho pode ser invertida, com a massa dos produtores sendo menor que a de consumidores primários. Isso acontece porque o fitoplâncton se reproduz mais rápido que o zooplâncton que delas se alimentam.

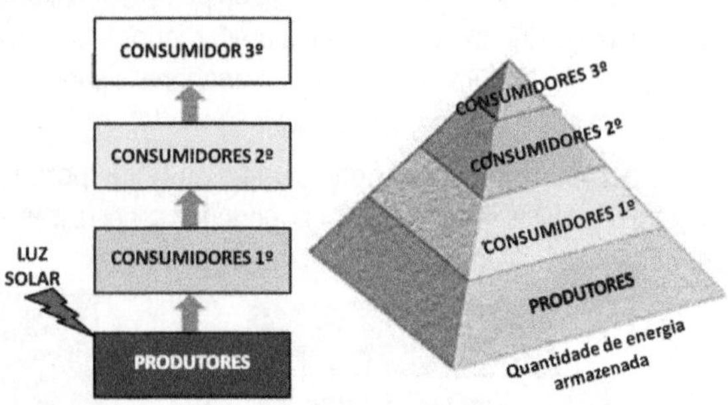


Para que os ecossistemas se mantenham funcionando, é obrigatória a absorção constante da energia luminosa do Sol pelos produtores.

Apesar da pirâmide de energia constituir uma das melhores maneiras para se representar a transferência de energia nas cadeias alimentares, elas não representam os decompositores, a matéria orgânica armazenada e o intercâmbio de energia e matéria que existe com outras cadeias alimentares. Para a representação de todos esses fatores, é utilizado o **fluxo energético**.

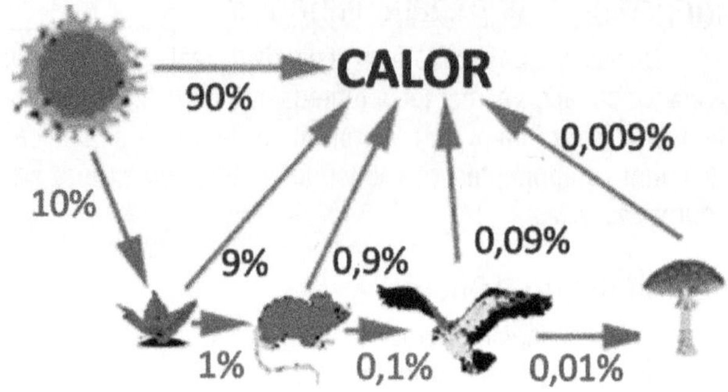


Fluxo Energético no Ecossistema

## Produtividade do ecossistema

Quanto menor a cadeia alimentar, menor a dissipação de energia entre os níveis tróficos. O estudo dessa transferência de energia entre os seres vivos é importante, porque os seres humanos participam de muitas cadeias alimentares e, quando mais energia puder ser obtida com o alimento, melhor.

O aproveitamento da energia por um nível trófico, para produzir biomassa é chamada de **produtividade**.

A **Produtividade Primária Bruta (PPB)** de um ecossistema é medida a partir da quantidade de matéria orgânica acumulada pelas plantas em certo intervalo de tempo e por determinada área (ou volume). Se considerarmos que uma parte dessa matéria orgânica produzida será consumida durante a respiração da planta **(R)**, o restante é considerado **Produtividade Primária Líquida (PPL).**

**PPL = PPB - R**

A **Produtividade Secundária** está relacionada com a quantidade de matéria orgânica acumulada pelos consumidores, durante certo tempo e em relação à área (ou volume).

A produtividade pode ser expressa em:

- **gramas (g) ou quilogramas (kg)** de matéria orgânica seca por metro quadrado por ano ou por dia;
- **quilocalorias (kcal)** por metro quadrado por ano ou por dia, quando for medida a energia absorvida ou transferida para determinado nível da cadeia alimentar.

## 47.5 Ciclos Biogeoquímicos

Os seres vivos assimilam substâncias do ambiente e as usam para construir e manter sua estrutura. Ao morrerem, essas substâncias voltam ao ambiente, de várias formas, realizando uma rota cíclica na natureza, denominada **ciclo biogeoquímico**.

A trajetória cíclica de substâncias e elementos como carbono, oxigênio, água e nitrogênio, entre ser vivo e ambiente, que deveria acontecer de modo equilibrado, por ação do ser humano acaba sendo alterado e provoca os chamados desequilíbrios ambientais.

> O clima influencia a produtividade de um ecossistema. Ecossistemas situados na região equatorial, são os de maior produtividade – florestas tropicais. À medida que nos afastamos dessa região, a produtividade vai diminuindo: florestas temperadas, taiga, tundra.

## Ciclo do carbono

Liberado na **respiração celular**, na **decomposição** realizada por bactérias e fungos e pela **queima de combustíveis fósseis**, o gás carbônico (CO2) é colocado no ambiente e só vai ser retirado pelos organismos autótrofos (plantas clorofiladas), durante a **fotossíntese**.

*O gás carbônico é um dos gases do efeito estufa, processo pelo qual a Terra mantém a temperatura adequada para o desenvolvimento e a sobrevivência dos seres vivos.*

Encontrado em pequenas concentrações na atmosfera (0,03%), o gás carbônico é incorporado pelos organismos heterotróficos através da matéria orgânica obtida com a alimentação.

Reservas naturais de carbono, na forma de carbonatos, são encontrados em recifes de corais, conchas de moluscos e esqueletos de alguns animais. Os combustíveis fósseis também são grande reserva de carbono, utilizada atualmente como principal recurso energético pela população humana. E é pela da queima de combustíveis fósseis que aumentou nos últimos anos a concentração de CO2 na atmosfera, provocando o **aquecimento global.**

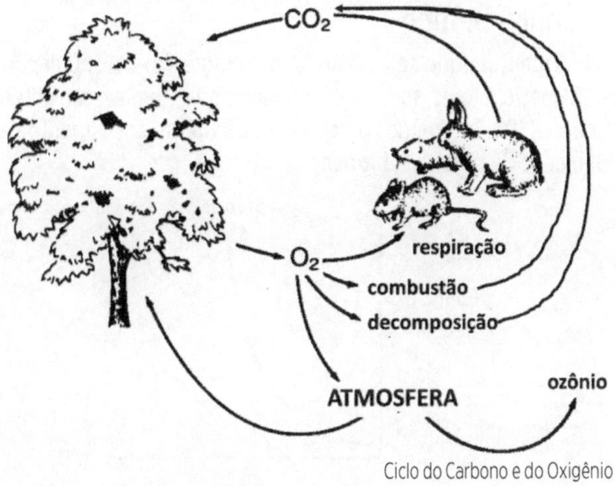


Ciclo do Carbono e do Oxigênio

## Ciclo do oxigênio

Este ciclo está relacionado ao do gás carbônico, já que os dois gases participam dos processos de fotossíntese e respiração.

O gás oxigênio é encontrado na atmosfera terrestre em concentração aproximada de 21%, sendo utilizado pelos seres vivos na respiração aeróbica e nas combustões, já que é um gás que alimenta as chamas. Apesar do uso intenso desse gás nas atividades dos seres vivos, a única forma dele ser reposto na atmosfera é através da **fotossíntese**.

*A liberação do gás CFC (clorofluorcarbono) e de outros gases liberados durante as queimadas vêm provocando a formação de buracos na camada de ozônio e, com isso, aumentando a quantidade de raios U.V. que chegam à Terra.*

A poluição das águas, o desmatamento, as queimadas e o uso intenso de combustíveis fósseis, vêm consumindo mais oxigênio do que as plantas conseguem repor. Isso acarretou, nas camadas mais altas da atmosfera, uma diminuição na espessura da **camada de ozônio**, protetor natural contra as radiações ultravioleta (U.V.), que são altamente mutagênicas.

## Ciclo da água

Ao contrário do que acontece com os ciclos do carbono e do oxigênio, que são controlados exclusivamente pela fotossíntese, o ciclo da água apresenta vários caminhos, com ou sem a participação dos seres vivos.

No **Ciclo Curto** (geoquímico) não observamos a participação de animais e plantas. As águas dos oceanos, lagos e rios **evaporam** e nas camadas mais altas da atmosfera se **condensa** formando as nuvens. Estas, quando se tornam mais volumosas, **precipitam** na forma de chuva e repõem a água evaporada.

No **Ciclo Longo** (biogeoquímico) os seres vivos também participam. Além das massas de água que evaporam dos rios e lagos, as nuvens formadas pela condensação da água se juntam a outras, pelo movimento provocado pelos **ventos**.

Quando a chuva precipita, uma parte da água penetra profundamente no solo, indo constituir os **lençóis de água subterrâneos**.

A água que penetra superficialmente vai ser **absorvida** e incorporada pelas plantas. Outra parte forma **enxurradas** e retorna aos rios e aos lagos, repondo o que tinha evaporado.

Os animais obtêm água por ingestão ou através da alimentação e, assim como as plantas, fazem com que ela retorne ao ambiente através da **transpiração**.

## Ciclo do nitrogênio

Embora 78% do ar que respiramos seja constituído por nitrogênio (N2) e que ele seja um gás imprescindível para a produção de aminoácidos e ácidos nucléicos, os seres vivos não conseguem absorver esse gás diretamente da atmosfera.

Uma parte do nitrogênio atmosférico pode sofrer **fixação abiótica** por descargas elétricas durante as tempestades, que provocam reações químicas capazes de produzir nitrito e nitrato, que chegam ao solo com a água da chuva.

A fixação biótica do nitrogênio atmosférico é mais eficiente e se dá em três etapas:

Como a água apresenta vários caminhos no ambiente, os problemas que temos com falta de água começam, geralmente, com alterações na qualidade da água que utilizamos: chuvas ácidas, esgotos, agrotóxicos e lixo na água dos rios e lagos, tornam necessário o tratamento da água antes dela ser usada. Durante esse tratamento, grande quantidade de água é desperdiçada, aumentando o seu déficit.

### Fixação Biológica

As eubactérias *Azotobacter sp* e as cianobactérias são os únicos organismos capazes de fixar nitrogênio molecular, retirando-o diretamente do ar e produzindo com ele energia e amônia.

A amônia é transformada em nitrito, pelas bactérias *Nitrosomonas sp* e as bactérias *Nitrobacter sp* transformam o nitrito em nitrato, que é colocado no ambiente. Na forma de nitrato, o nitrogênio é absorvido pelos vegetais que o incorporam e o passam aos animais através da alimentação.

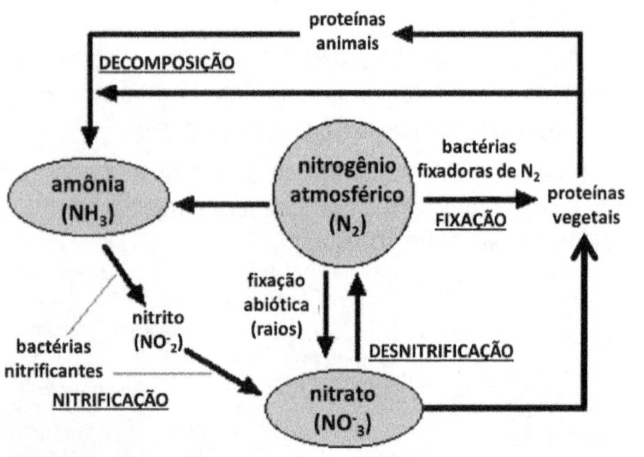


### Nitrificação

Animais e plantas quando morrem, têm suas proteínas transformadas em **amônia** pelos decompositores. Bactérias nitrificantes atuam sobre a amônia transformando-a em nitrito e nitrato e permitindo sua reutilização pelos vegetais. Dessa forma o nitrogênio circula entre ambiente, animais e plantas.

### Desnitrificação

O nitrogênio retorna à atmosfera pela ação das **bactérias desnitrificantes**, que podem utilizar os nitritos e nitratos disponíveis no ambiente e convertê-los em N2, através da quimiossíntese, realizada em condições anaeróbicas.

Algumas bactérias fixadoras de nitrogênio *(Rhizobium sp)* se associam com raízes de plantas leguminosas de, e fixam nitrogênio, fornecendo-o diretamente a essas plantas. Como a fixação é realizada em nódulos da raiz da leguminosa, em condições ideais, o excedente de nitrato que as plantas não utilizam é descarregado no solo, servindo de adubo para a próxima cultura. O uso de leguminosas e bactérias para adubar o solo é uma técnica ecológica conhecida como **adubação verde**.

## 47.6 Estudo das Populações

As populações são constituídas por conjuntos de indivíduos da mesma espécie, que ocupam determinado ambiente durante certo intervalo de tempo. Como são formadas por seres vivos, as populações estão constantemente variando a distribuição, a quantidade e a idade de seus indivíduos.

Saber como as populações crescem, diminuem ou se mantém estáveis, bem como o que pode interferir nesse dinamismo é objeto de estudo da **dinâmica de populações**.

### Crescimento das populações

O tamanho da população varia de acordo com a espécie, suas características biológicas e suas necessidades de sobrevivência. A análise do crescimento de uma população é feita pela densidade, onde o número de indivíduos no espaço é relacionado à área ou volume ocupado por eles.

$$\textbf{Densidade populacional} = \frac{\text{número de indivíduos}}{\text{área ou volume}}$$

Para que o tamanho da população seja determinado, utilizamos quatro fatores: **natalidade e imigração**, que atuam aumentando o número de indivíduos na população; **mortalidade e emigração**, que diminuem o número de indivíduos na população.

### Potencial biótico

Qualquer que seja a variação do tamanho da população, esses quatro fatores, somados à influência do ambiente, são determinantes. Denominamos a capacidade inata de crescimento da população de **potencial biótico**.

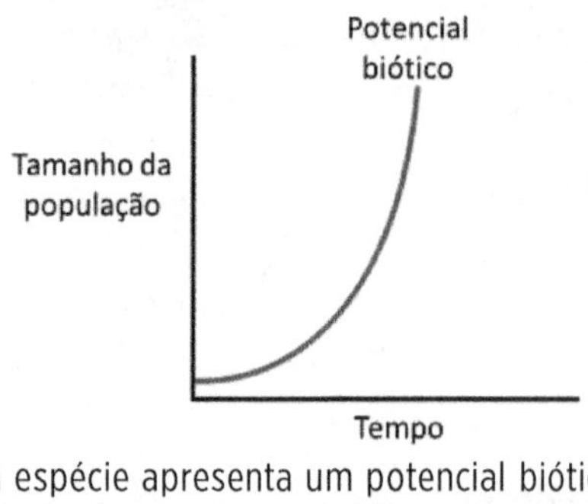


Cada espécie apresenta um potencial biótico característico, determinado por: número de filhos originados pela fêmea; número de vezes que são gerados filhos durante a vida; idade da primeira reprodução. De um modo geral, o tamanho populacional de diferentes seres vivos na natureza, independentemente da sua capacidade reprodutiva, tende a se manter dentro de certos limites, com pequenas variações. Isso acontece porque se a capacidade natural de se proliferar não sofrer alguma limitação, as populações cresceriam indefinidamente e o caos se instalaria no ambiente.

### Curvas de crescimento

A curva de crescimento de uma população, em condições ideais de espaço e alimento, é representada por uma curva sigmoide (curva em S), indicando que a população cresce com grande velocidade, de acordo com seu potencial biótico. Na natureza, só em ocasiões especiais, como quando uma espécie invade um novo ambiente onde não encontra inimigo natural, esse crescimento se verifica.

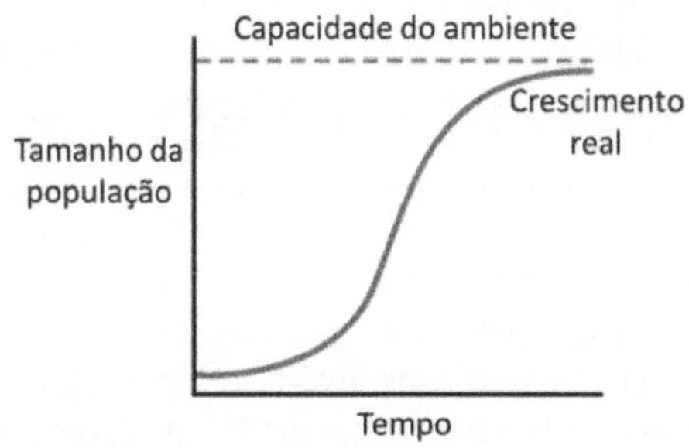


Apesar de muitas espécies apresentarem um potencial biótico elevado, como insetos, peixes, ostras entre outras, ao longo do tempo, à medida que a população aumenta, a **resistência ambiental** começa a interferir e a frear a velocidade de crescimento.

**Resistência Ambiental** é o nome que se dá ao conjunto de fatores que se opõem ao crescimento, podendo ser indicada pela diferença entre o crescimento máximo possível – **potencial biótico** – e o crescimento real da população nas condições naturais.

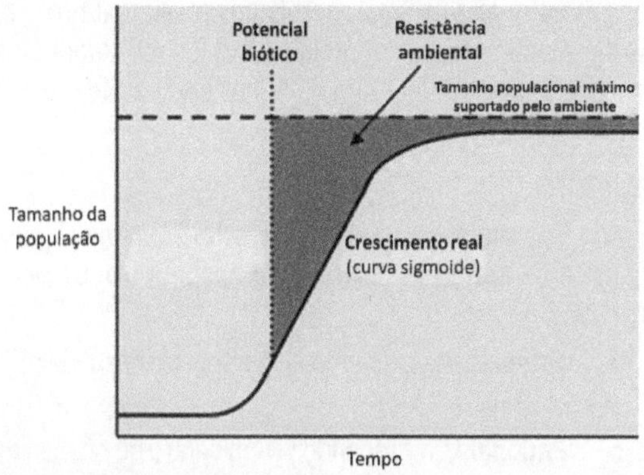


## controle do crescimento

*A resistência ambiental impede que a população cresça exponencialmente, permanecendo estável (com pequenas flutuações), quando atinge a capacidade de sustentação do ambiente.*

O crescimento populacional é controlado pela sua densidade; pelo clima e sua influência na oferta de alimento e água; pela ação de predadores, parasitas e pela competição entre indivíduos da mesma espécie ou entre espécies diferentes. Esses fatores compõem a **carga biótica máxima**, o tamanho máximo da população que o ambiente pode suportar.

→ **Densidade: para algumas espécies, quando a população aumenta além do limite, a natalidade diminui e a mortalidade aumenta. Isso é consequência do aumento da competição alimentar entre os membros da população e da competição entre os casais por locais de procriação.**

→ **Condições Climáticas: em ocasiões em que ocorrem secas ou enchentes, o número de indivíduos das populações afetadas tende a diminuir, voltando ao normal quando as condições ambientais se restabelecem.**

→ **Predadores: quando o número de presas aumenta, os predadores conseguem mais comida e seu número aumenta; esse aumento provoca crescimento na mortalidade das presas, que diminuem de número; com isso fica escasso o alimento do predador e a população dele volta ao normal.**

→ **Parasitas: quanto maior a densidade de uma população, maior a proximidade entre os indivíduos, maior a facilidade de disseminação de parasitas, que afetam a capacidade reprodutiva, tornam o indivíduo suscetível à predação ou levam o hospedeiro à morte.**

→ **Competição: a disputa pelo nicho ecológico ou por parceiros sexuais pode afetar a população, limitando seu crescimento.**

## 47.7 Relações Ecológicas

As associações envolvendo seres vivos podem ocorrer de maneira:

> **Harmônica**, com todos os envolvidos se beneficiando ou, pelo menos, não tendo prejuízos;

> **Desarmônica**, quando um indivíduo, para se beneficiar, provoca danos ao outro.

Essas relações, também denominadas **cenoses**, podem ser **intraespecíficas**, quando realizadas entre indivíduos da mesma espécie ou **interespecíficas**, quando ocorrem entre indivíduos de espécies diferentes.

### Relações intraespecíficas harmônicas

#### Colônias

Ocorrem quando os participantes apresentam ligações anatômicas, sendo obrigatória a vida juntos, com os indivíduos atuando em conjunto. Podem ser: **isomorfas** - quando não apresentam divisão de trabalho, tendo semelhança morfológica e fisiológica (corais); **heteromorfas**, em que há divisão de trabalho e os indivíduos diferenciam-se morfológica e fisiologicamente (organismos locomotores, digestivos e de defesa formam o cnidário caravela)

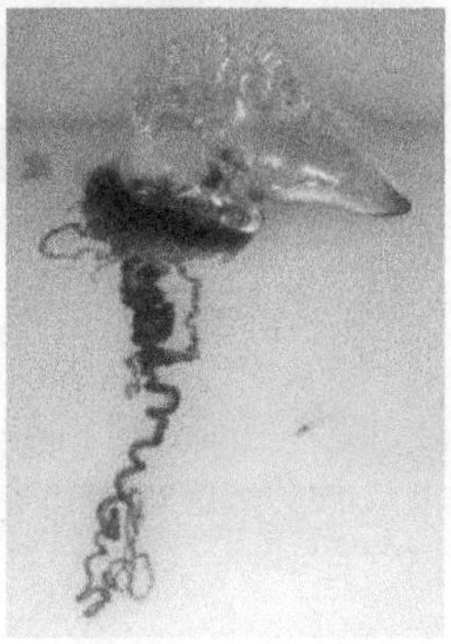

Colônia Heteromorfa

#### Sociedades

Associações que não são obrigatórias, mas permitem que a vida se torne mais fácil (lobos, seres humanos); nos insetos sociais a relação apresenta distribuição de classes sociais ou **castas**, com nítida divisão de trabalho, agindo cooperativamente (cupins, abelhas e formigas)

## Relações intraespecíficas desarmônicas

### Competição Intraespecífica

Ocorre quando indivíduos disputam um ou mais recursos do ambiente. Dependendo da espécie, essa competição pode ser por água, alimento, luz, locais para construção dos ninhos, parceiros para reprodução: machos que disputam o território e as fêmeas. A disputa por sais minerais, água ou luminosidade é muito comum entre populações de plantas.

## Relações interespecíficas harmônicas

### Mutualismo

É um tipo de relação obrigatória, onde os organismos para sobreviverem têm que estar intimamente associados. O mutualismo é permanente e indispensável à sobrevivência dos organismos associados: algas associadas a fungos formam os líquens; bactérias fixadoras de nitrogênio associadas às raízes de leguminosas; protozoários que digerem celulose associados a cupins.

As micorrizas, associações entre certos fungos e raízes de plantas, são também um exemplo de mutualismo. Os fungos facilitam a absorção de sais do solo e se nutrem das substâncias fabricadas pelas plantas.

### Protocooperação

Também chamada de cooperação ou mutualismo facultativo, esta associação não é obrigatória e, quando ocorre, os organismos passam a ter mais vantagens adaptativas: anu com o gado; caranguejo-eremita com as anêmonas-do-mar; flores e insetos polinizadores.

### Comensalismo

Nesta relação, apenas um dos envolvidos é beneficiado (indivíduo comensal), enquanto o outro é indiferente, não obtém vantagem nem prejuízo: rêmora e tubarão; abutres que se alimentam dos restos deixados por animais carnívoros.

### Inquilinismo

Quando uma espécie vive sobre ou no interior de outra sem prejudicá-la: orquídeas, cipós e bromélias se apoiam sobre galhos de árvores sem parasitar.

### Foresia

Quando estruturas reprodutivas de uma espécie são disseminadas por outra espécie: frutos carnosos atraem macacos que acabam disseminando suas sementes; hospedeiros carregam e espalham os ovos do parasita.

O termo **Simbiose** pode ser utilizado para designar relações ecológicas intimas e interdependentes, harmônicas ou desarmônicas como: inquilinismo, comensalismo, mutualismo e parasitismo.

## Relações interespecíficas desarmônicas

### Competição Interespecífica

É a disputa pelo nicho ecológico, onde duas espécies disputam os mesmos recursos ambientais. Essa relação pode levar ao desaparecimento ou à emigração de uma das espécies envolvidas: várias espécies de herbívoros disputando o pasto.

### Predatismo

Nesta relação, o **predador** caça e mata a **presa** para dela se alimentar. Além de caracterizar a cadeia alimentar, do ponto de vista ecológico é uma relação importante para o controle populacional das espécies: o leão que caça a zebra.

### Herbivoria

Ocorre quando animais herbívoros se alimentam de partes vivas das plantas, causando prejuízo. O gado, os gafanhotos e as lagartas quando se alimentam de folhas em grande quantidade, causando danos aos vegetais.

### Parasitismo

Tipo de simbiose em que o **parasita** sobrevive à custa do alimento e do abrigo fornecido pelo **hospedeiro**. Os parasitas podem ser:

> **Ectoparasitas**, quando vivem sobre o hospedeiro (carrapatos);

> **Endoparasitas**, quando vivem dentro do hospedeiro (tênia)

> **Hemiparasitas**, vegetais parasitas que retiram seiva inorgânica da planta hospedeira (erva-de-passarinho)

> **Holoparasitas**, vegetais parasitas que retiram seiva orgânica da planta hospedeira (cipó-chumbo).

### Amensalismo

Ocorre quando um organismo produz e elimina substâncias tóxicas que interferem no desenvolvimento de outra espécie, podendo inclusive matá-la: antibióticos produzidos por fungos matam bactérias.

A tendência é que a relação entre parasita e hospedeiro se torne, ao longo do tempo, cada vez mais equilibrada. O parasita se adapta ao hospedeiro e este ao parasita, evidenciando um processo de coevolução.

## 47.8 Sucessão Ecológica

É o processo de colonização de um ambiente, de forma organizada e gradativa, alterando a composição das comunidades ao longo do tempo.

Em um terreno descampado, as primeiras espécies que se instalam são as pioneiras, que suportam condições ambientais severas e sobrevivem em locais inóspitos, preparando o lugar para a chegada das outras espécies. Nessa fase, chamada de **ecese**, líquens e gramíneas são os organismos pioneiros e sobrevivem em locais com pouca água e quente. A instalação das pioneiras modifica as características originais do lugar: a temperatura se torna mais estável, ocorre sombreamento e aumenta a umidade. O material orgânico proveniente da decomposição das espécies pioneiras aumenta a oferta de nutrientes e enriquece o solo. As raízes das gramíneas impedem que o vento provoque erosão no solo.

Essas novas condições favorecem a chegada de outras plantas e de animais que se instalam na região. As espécies que se adaptam, ficam no local; as que não se adaptam são substituídas. É a etapa de **sere** ou **série**, e a competição entre as espécies que chegam e as pioneiras provoca substituições e muda a paisagem. Durante as séries observa-se nitidamente a ação da seleção natural.

Com o tempo, o solo vai se tornando cada vez mais rico em nutrientes e umidade. Isso favorece a instalação de comunidades cada vez mais complexas, condicionadas pelas características físicas e climáticas do local. É a **comunidade clímax**, estágio final da sucessão ecológica, com a formação de uma comunidade estável e com grande biodiversidade.

### Durante uma sucessão ecológica

- Aumenta o número de nichos ecológicos.
- Aumenta a biomassa local.
- Aumentam as relações alimentares que evoluem de cadeias para teias alimentares.
- Aumenta a biodiversidade.
- Diminui a taxa respiratória, que na ecese e nas séries é menor que a taxa de fotossíntese (F>R) e na comunidade clímax se iguala a ela (F=R).

### Tipos de sucessão ecológica

A **Sucessão Ecológica Primária** acontece em ambiente anteriormente desabitado e, ao longo do tempo, as comunidades biológicas vão alterando sua composição e paisagem (dunas de areia, pedras antes submersas).

A **Sucessão Ecológica Secundária** acontece em ambiente que já foi habitado e teve sua comunidade eliminada do local pelo desmatamento ou pela realização de queimadas. Esse tipo de sucessão é mais rápida que a sucessão primária.

## 47.9 Biomas da Terra

O clima de uma região, representado pela temperatura, luminosidade, umidade, latitude e longitude, determina as grandes formações vegetais e, por consequência, a fauna do planeta.

Essas formações ou paisagens terrestres são denominadas de **biomas**: tundra, taiga, florestas temperadas, florestas tropicais pluviais, campos e desertos. As variações de flora e fauna encontradas dentro do mesmo bioma, devidas a pequenas diferenças do solo, da topografia e da disponibilidade de água são os **biótopos**.

As regiões habitadas do planeta, que constituem a **biosfera** podem ser divididas em **biociclos**:

### Talassociclo

É biociclo dos mares, o maior dos ambientes da Terra, que é bem habitado, mas apresenta pouca biodiversidade graças à pequena influência do clima.

Com uma estabilidade e homogeneidade marcante, a principal característica do talassociclo é a salinidade, que fica em cerca de 3, 5 g/L de sais.

A luz penetra e ilumina bem a água do mar até 80 metros de profundidade, caracterizando a **zona eufótica**, onde se concentram quase todos os organismos marinhos. De 80 a 200 metros a água é mal iluminada e são poucos os organismos que sobrevivem na **zona disfótica**. Abaixo de 200 metros, o ambiente é escuro e caracteriza a **zona afótica**.

Os seres vivos que habitam o talassociclo são classificados em:

- **plâncton**, pequenos organismos que vivem na superfície da água, sendo deslocados pelas ondas do mar (fitoplâncton – algas microscópicas; zooplâncton – protozoários, larvas, microcrustáceos);
- **nécton**, formado pelos organismos que se deslocam sozinhos (peixes, focas, baleias, crustáceos, moluscos);
- **bênton**, caracteriza os seres vivos que são fixos ou que se deslocam no fundo do mar (linguado, camarões, lagostas, corais).

Corais (bentônicos)

## Limnociclo

É o biociclo das águas doces, o menor e mais pobre ambiente da Terra, constituído pelas **águas lóticas** (rios e cachoeiras) e pelas **águas lênticas** (lagos e represas).

Nas águas lóticas o plâncton é pobre e os habitantes geralmente são algas presas às pedras e moluscos, insetos e peixes que se alimentam nas margens.

Nas águas lênticas, o plâncton é abundante e a maior parte dos habitantes são os peixes.

## epinociclo

o biociclo terrestre é o que apresenta a maior biodiversidade do planeta, graças a grande influência do clima nessa região. Os principais biomas terrestres são:

### Tundra

Situada nas proximidades do polo Ártico, a tundra é permanentemente fria, apresenta o solo congelado a maior parte do tempo, ambiente úmido, escuro e com chuvas moderadas. Apesar de estarem em solo encharcado, as plantas não conseguem absorver água com facilidade, visto que ela está congelada (seca fisiológica).

Essas condições extremas determinam sua pequena biodiversidade: herbáceas, liquens e musgos são encontrados no verão de três meses e atraem a lebre, a raposa do ártico, o lemingue, o boi almiscarado e o urso polar.

### Taiga

A floresta de coníferas é encontrada no Canadá, nos Estados Unidos e na Europa. Muito úmida, com chuvas moderadas, esse ambiente apresenta duas estações do ano: inverno e verão muito frios.

O solo raso e pedregoso reduz a biodiversidade: árvores perenifólias (coníferas) e arbustos, com animais que apresentam pelo denso e longo: alces, renas, martas, linces e ursos pardos.

### Floresta Temperada

Encontrada no leste dos Estados Unidos e da Ásia, ao oeste da Europa e sul do Brasil e da América do Sul, locais onde as quatro estações do ano são bem marcantes.

Com terreno fértil, pluviosidade homogênea e moderada que garantem maior biodiversidade, a floresta temperada é caracterizada pelas árvores caducifólias e pela fauna rica em invertebrados, anfíbios, répteis e mamíferos: esquilos, veados, gambás, pumas, linces e raposas.

### Floresta Tropical Pluvial

Está localizada na região tropical do planeta, em parte da América Central, norte da América do Sul, sul da Ásia, ilhas do Pacífico e Austrália.

Em ambiente muito úmido graças à grande quantidade de chuva na região, a floresta tropical pluvial é quente o ano todo.

O solo da região é pobre, mas enriquecido pela alta taxa de decomposição que o clima e a luminosidade permitem, garantindo a mais alta biodiversidade do planeta: árvores perenes, arbustos, cipós e epífitas; macacos, pássaros, lagartos, preguiças, cobras e insetos constituem a fauna da região.

### Savana

É encontrada na África, na Ásia, na Europa, na Austrália e nas Américas, com arbustos e árvores de pequeno porte e gramíneas. A fauna é caracterizada por herbívoros de grande porte (zebras, girafas, rinocerontes, elefantes), grandes carnívoros (leões, leopardos e guepardos), aves corredoras como a avestruz.

> No Brasil, um tipo de savana é o cerrado.

### Campo

Também chamado de pradaria, ocorre em certas áreas da América do Norte e da América do Sul, sendo que a flora é representada por gramíneas. A fauna apresenta roedores (marmotas), carnívoros (lobos, coiotes e raposas) e insetos.

### Deserto

É caracterizado por regiões áridas que ocupam mais de um terço da superfície da Terra e pode ser quente ou frio.

Os **Desertos Quentes**, cuja temperatura diurna fica em torno de 50oC e à noite chega a 0oC, estão situados na África, nos Estados Unidos, no México e na Austrália. Muitos foram formados após a destruição da vegetação pela ação do ser humano. Têm solo pobre onde são encontrados arbustos e cactos. A fauna é representada por animais de pequeno porte com adaptações para sobreviverem com pouca água: hamster, rato-canguru, répteis, insetos, aracnídeos e algumas aves como as corujas.

Os **Desertos Frios** ficam longe dos oceanos e em regiões de cordilheiras, daí apresentarem temperatura média anual em torno de 18oC, podendo ficar abaixo de 0oC e até nevar. O deserto de Gobi (Mongólia), o de Atacama (Chile), na Grande Bacia nos EUA e nas Montanhas Rochosas são os exemplos. Roedores, águias e o leopardo-das-neves, lobos e camelos são alguns representantes da fauna. Plantas com reserva de água, gramíneas e arbustos com distribuição muito esparsa caracteriza a flora da região.

## Biomas brasileiros

Uma das maiores biodiversidades da Terra, grandes reservas de água doce e um terço das florestas tropicais que ainda existem no planeta pertencem ao Brasil.

Os principais biomas brasileiros são: Floresta Amazônica, Caatinga, Pampa, Cerrado, Mata Atlântica, Pantanal mato-grossense, Zona Costeira ou Manguezal e Mata de Araucárias.

### Floresta Amazônica

Ocupa a maior parte do território amazônico e é uma das três grandes florestas tropicais do planeta. A vista aérea da floresta mostra uma camada contínua de copas de árvores situadas a até 50 metros de um solo pobre, com uma fina camada de nutrientes.

O grande desenvolvimento vegetal na região está relacionado à intensa decomposição e a rapidez com que o material reciclado é aproveitado pela vegetação.

A fauna é composta de animais arborícolas: mamíferos (macacos), aves (tucanos), roedores e marsupiais (gambás).

### Caatinga

É encontrada nos estados do Maranhão, Piauí, Ceará, Rio Grande do Norte, Paraíba, Pernambuco, Alagoas, Sergipe, Bahia e parte de Minas Gerais. Nesse bioma o clima é semiárido, com poucas chuvas irregulares e estações do ano pouco definidas.

A vegetação é adaptada ao clima seco (xeromórficas), com as plantas apresentando acúmulo de água e raízes bem ramificadas: cactáceas como o mandacaru e o xiquexique. A fauna é representada por anfíbios, répteis, aves e mamíferos. Alguns animais dessa região estão em extinção: ararinha azul e veado-catingueiro.

### Floresta de Cocais

Está localizada nos estados do Maranhão e Piauí, com grande quantidade da palmeira babaçu.

O índice pluviométrico no babaçual é elevado e a temperatura média anual é 26oC. O solo é úmido e o lençol freático é pouco profundo.

### Pampa

Estão localizados no Sul do Brasil e têm vegetação herbácea constituída por arbustos, gramíneas e poucas árvores, deixando o solo desprotegido. O clima é ameno e o regime de chuvas é constante.

> Essa floresta tem importância econômica na região, pois das sementes da palmeira extrai-se óleo e das folhas faz-se coberturas para casas e utensílios domésticos.

A fauna é representada por roedores de pequeno porte, carnívoros (lobos e raposas), aves de rapina e siriema, répteis e insetos.

### Cerrado

Localizado nos estados de Minas Gerais, Goiás, Tocantins, Mato Grosso, Mato Grosso do Sul, Bahia, Piauí, Maranhão, São Paulo e Paraná, tem verões chuvosos e invernos secos.

> A maior parte da vegetação do pampa foi destruída para dar lugar à agricultura e pecuária.

Semelhante à savana, o cerrado tem vegetação de arbustos e árvores de até 5 metros de altura e lenhosos, além de gramíneas e outras ervas. Bioma sujeito a queimadas sazonais e espontâneas, nele as plantas costumam ter troncos e galhos retorcidos, cascas grossas para proteção contra o fogo e raízes profundas, para extrair água na época de seca.

A fauna apresenta o tamanduá-bandeira, a anta, o lobo-guará, o tatu-bola, a ariranha, a lontra e o cervo.

### Mata Atlântica

Segunda floresta tropical úmida do Brasil, a mata atlântica conserva atualmente menos de 85% de sua extensão original. Este bioma acompanha todo o litoral e apresenta vários padrões climáticos dependendo de sua localização. A floresta fica em uma das áreas mais sujeitas à precipitação pluvial.

A vegetação é exuberante e tipicamente de local úmido: briófitas, pteridófitas, cipós, bromélias e orquídeas.

A fauna é formada por anfíbios, mamíferos e aves das mais diversas espécies.

### Pantanal Mato-grossense

Situado no sul do Mato Grosso, noroeste do Mato Grosso do sul, além de englobar o norte do Paraguai e o leste da Bolívia. Tem clima quente e úmido no verão e seco e frio no inverno.

De outubro a abril a planície pantaneira é inundada pelas águas de vários rios e a paisagem muda radicalmente, servindo de abrigo para numerosos peixes, jacarés, capivaras e outras espécies.

A vegetação é tipicamente hidrófila e representada por gramíneas, mas em algumas áreas encontra-se a vitória-régia, planta típica da floresta amazônica.

### Manguezal

Fica na região costeira e segue toda a costa brasileira, embora a especulação imobiliária venha destruindo esse bioma gradativamente.

O que caracteriza o manguezal é ficar coberto por água salgada na maré cheia e servir como foz de rios na maré baixa, o que garante um suprimento rico em materiais em decomposição. Essa riqueza de nutrientes torna o manguezal um local procurado pelas espécies marinhas para desova e criação de seus filhotes.

As plantas do mangue são adaptadas à salinidade, expulsando o excesso de sal por glândulas situadas nas folhas. Muitas árvores, como o mangue vermelho, têm raízes escoras para auxiliar na fixação em terreno pantanoso e raízes respiratórias, como as que aparecem na *Avicennia sp*, permitem a respiração fora da água.

Caranguejos, peixes, moluscos e garças compõem a fauna do manguezal.

### Mata de Araucária

Floresta de pinheiros típica do sul do Brasil, encontrada nos estados do Paraná, Santa Catarina e Rio Grande do Sul, em regiões com temperatura muito baixa no inverno. Além do pinheiro-do-paraná, árvores como a canela, a imbuia, a erva-mate e samambaias arborescentes cujos troncos são formados por rizomas secos e compactados, que compõem o xaxim.

A gralha-azul, o sabiá e o tatu, que se alimentam do pinhão (semente do pinheiro), são também responsáveis pela sua dispersão.

A maior parte da mata de araucária já foi destruída por indústrias de móveis e de papel e muitas espécies estão em extinção.

# 48. DESEQUILÍBRIOS AMBIENTAIS

Quando estudamos a interferência do homem na natureza, percebemos que ele está no centro de todos os processos de poluição. Lançando substâncias no ambiente ou exagerando na extração dos recursos naturais, o homem desequilibra o frágil limite que a natureza apresenta.

Para estudarmos os desequilíbrios ambientais, é necessário que os **poluentes** possam ser identificados como:

> **Quantitativos**, quando existem no ambiente, mas a atividade humana aumenta sua quantidade na Terra (gás carbônico);

> **Qualitativos**, quando não existem no ambiente e o homem acaba por colocá-los (esgoto nos rios);

> **Biodegradável**, o poluente que pode ser decomposto por bactérias e fungos (restos de comida);

> **Não-biodegradável**, quando não sofrem ação dos decompositores (vidro).

Várias são as formas de poluição que nosso planeta sofre. A poluição do ar, da água e do solo, são as mais conhecidas, mas não podemos deixar de lembrar que a **poluição radioativa**, a **caça** e a **pesca predatória** também representam um grave desequilíbrio ambiental.

## 48.1 Poluição Atmosférica

A partir da Revolução Industrial, com as indústrias despejando poluentes na atmosfera, começou a poluição do ar. Atualmente, quase todas as grandes cidades do mundo sofrem os efeitos danosos desse desequilíbrio ambiental.

### Principais poluentes do ar

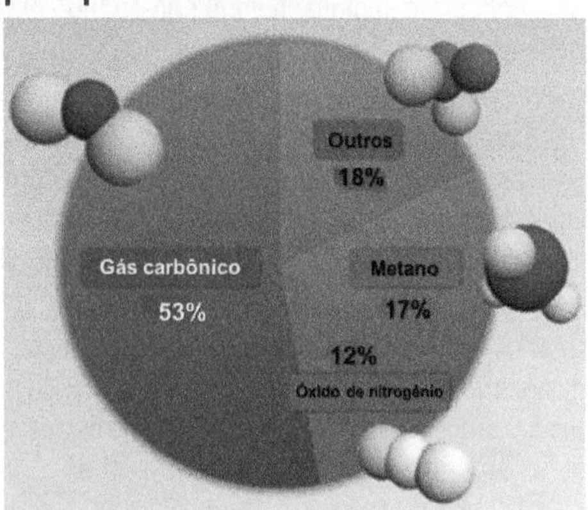


> **Monóxido de Carbono (CO),** liberado na queima de combustíveis fósseis por fábricas e automóveis, combina-se com a hemoglobina e impede o transporte de oxigênio, provocando asfixia e morte;

> **Dióxido de Nitrogênio (NO2) e Dióxido de Enxofre (SO2),** produzidos por veículos e fábricas que utilizam derivados de petróleo, prejudicam as vias aéreas e os pulmões, irritam os olhos, o nariz e a garganta;

> **Hidrocarbonetos**, emitidos por veículos e fábricas na queima de combustíveis, são mutagênicos e cancerígenos;

> **Partículas em Suspensão**, poeira e fuligem, irritam os olhos e provocam e agravam doenças respiratórias.

### Principais problemas com o ar

#### Intensificação do Efeito Estufa

O aumento gradativo da temperatura da Terra, que está 4oC acima do esperado, está relacionado ao volume de gás carbônico eliminado pelas atividades humanas, nos últimos tempos.

A combustão de madeira, carvão, petróleo e gás natural, contribuem para formar mais CO2 e aumenta o acúmulo desse gás na atmosfera.

O depósito excessivo do dióxido de carbono dificulta a dispersão da radiação infravermelha e é responsável pelas alterações climáticas (enchentes, secas), descongelamento de geleiras (aumento do nível das águas do mar), extinção de espécies (mais sensíveis ao calor, os corais estão desaparecendo).

→ **Possíveis soluções: controle sobre a emissão de gás carbônico; implantação de áreas verdes; controle da qualidade dos combustíveis; substituição da gasolina e do diesel por biocombustíveis.**

#### Buracos na Camada de Ozônio

O ozônio é produzido pela radiação ultravioleta e age protegendo o planeta contra esses mesmos raios. O gás freon (CFC-clorofluorcarbono), liberado pelos aerossóis, isopores, refrigeradores e ar condicionado, combina com o ozônio e vai diminuindo a espessura da camada e, em alguns locais, forma os "buracos". Estes permitem que os raios UV cheguem a Terra em quantidade capaz de provocar câncer de pele, cegueira (catarata), albinismo em plantas e destruição do fitoplâncton.

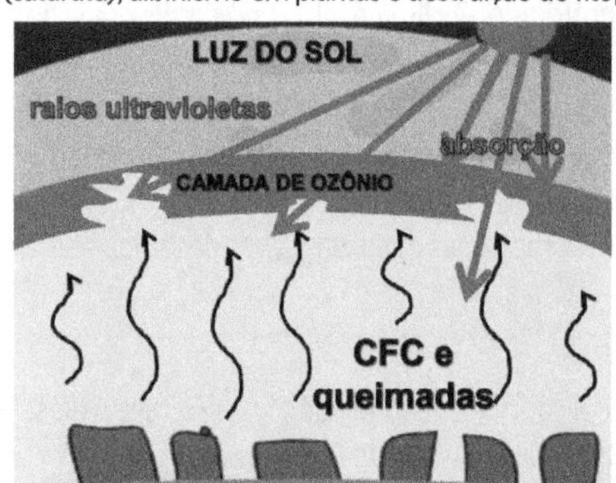


Apesar da redução do uso dos CFCs, atualmente os gases liberados pelas queimadas são os maiores responsáveis pelos danos que ocorrem na camada de ozônio.

→ **Possíveis soluções: controle no uso de CFCs; controle das queimadas e sua proibição; aumento de áreas verdes.**

### Inversão Térmica

Em situação normal, as camadas de ar que ficam sobre o solo são aquecidas, menos densas e, por correntes de convecção, esse ar quente sobe, provocando a descida de ar frio. Isso facilita a dispersão de poluentes nas grandes cidades, pois o ar quente ao subir, leva com ele grande parte da poluição atmosférica.

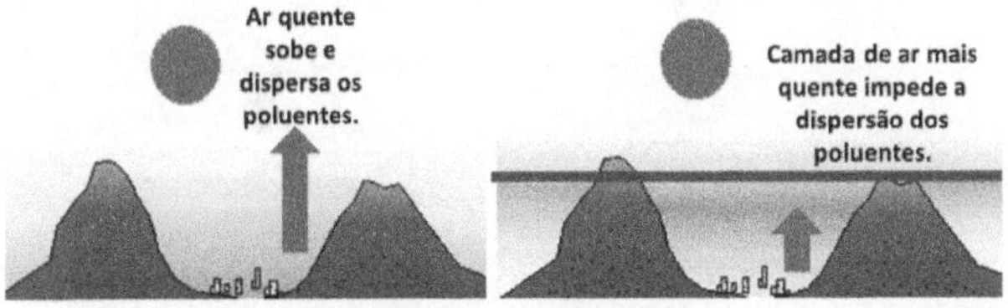


No inverno, o ar próximo ao solo pode se tornar mais frio do que o das camadas superiores. Com isso, esse ar mais quente impede a dispersão dos poluentes, mantendo-os sobre as cidades e afetando o sistema respiratório de seus habitantes. Esse processo, chamado de inversão térmica, é grave em locais industrializados ou em áreas com grande circulação de automóveis.

→ **Possíveis soluções: instalação de antipoluentes nas indústrias e automóveis; fiscalização e multa em veículos com motor desregulado; investimento em transportes coletivos; controle do tráfego no centro das cidades; monitoramento dos níveis de poluição atmosférica; utilização de biocombustíveis; implantação de áreas verdes.**

## 48.2 Poluição da Água e do Solo

A poluição da água está relacionada com as alterações das suas características naturais de modo a torná-la inadequada ao consumo ou provocar danos ao ecossistema aquático.

A liberação de **esgotos e agrotóxicos**, a ocorrência de **chuvas ácidas**, a eliminação de **resíduos de indústrias** em águas de rios e lagos, os **derrames de petróleo** no mar e na água doce, representam os problemas com a disponibilidade dela para consumo no planeta.

### Principais problemas com a água

### Eutrofização

A chegada de fertilizantes ou esgotos em águas de rios e lagos provoca o aumento na quantidade de algas que, sem espaço, morrem em quantidades grandes também. Bactérias aeróbicas começam decomposição, aumentam o consumo de oxigênio no ambiente e acabam por provocar a mortalidade dos organismos aeróbicos do local.

Rios e lagos eutrofizados passam a apresentar somente organismos anaeróbicos.

→ **Possíveis soluções: preservação dos mananciais de água; fiscalização de curtumes e plantações; estações de tratamento de esgoto; monitoração dos rios e lagos.**

### Maré Vermelha

Ocorre quando as condições ambientais favorecem a proliferação de dinoflagelados na água do mar. Esse evento costuma matar milhares de peixes pela competição com os protozoários pelo oxigênio dissolvido na água e pela intoxicação com substâncias liberadas pelos dinoflagelados.

### Maré Negra

Vazamentos de petróleo ou acidentes com navios que carregam esse produto são responsáveis pelos maiores acidentes ambientais que ocorrem na Terra.

Na água, o petróleo forma uma camada impermeável que diminui a passagem de luz e impede a troca gasosa necessária à fotossíntese e respiração dos organismos aquáticos, provocando sua morte; aderido às brânquias dos peixes, às penas das aves e aos pelos dos mamíferos, provoca problemas respiratórios, térmicos e a morte dos seres vivos.

→ **Possíveis soluções: monitoramento da tubulação de petróleo nas refinarias; fiscalização dos navios petroleiros; equipes treinadas para ações rápidas de controle no caso de vazamentos.**

### Chuvas Ácidas

A queima de carvão e de combustíveis fósseis e os poluentes industriais lançam dióxido de enxofre e de nitrogênio na atmosfera. Esses gases combinam com o hidrogênio presente na atmosfera sob a forma de vapor de água, caindo como ácido sulfúrico e ácido nítrico. O resultado são as chuvas ácidas.

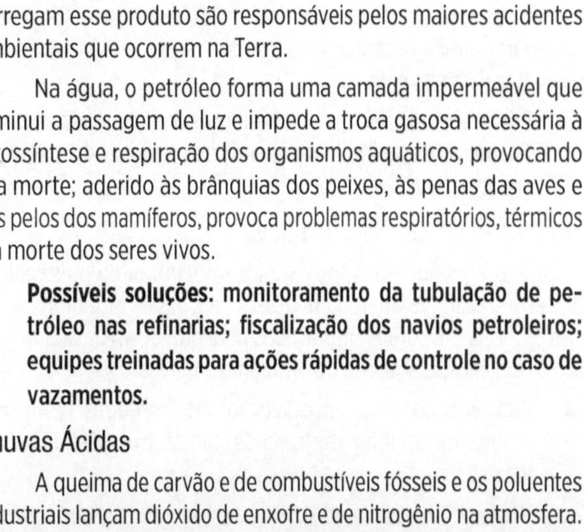


As águas da chuva, assim como a geada, a neve e a neblina ficam carregadas dessas substâncias que, ao chegarem à superfície terrestre: alteram a composição química do solo e das águas; atingem as cadeias alimentares; destroem florestas e lavouras; atacam estruturas, monumentos e edificações.

→ **Possíveis soluções: controle da poluição atmosférica; instalação de filtros e equipamentos antipoluentes em indústrias e veículos; gerenciamento do tráfego em grandes cidades; estímulo ao uso de transportes coletivos.**

## Principais problemas com o solo

### lixo

O lixo urbano causa intenso impacto ambiental, quando os resíduos da decomposição do lixo orgânico constituem o chorume, líquido negro que contamina os rios e o solo. Depositado em terrenos baldios, sem qualquer cuidado, o lixão atrai insetos, ratos e parasitas que são transmitidos às pessoas que do lixo tiram seu sustento.

→ **Possíveis soluções: educação ambiental; desestímulo ao consumismo; coleta seletiva; reciclagem; construção de aterros sanitários.**

### Desmatamento e Erosão

A destruição gradativa das matas e florestas nativas, para a agricultura, obtenção de madeira e minérios e para especulação imobiliária, diminui a proteção natural contra a erosão, o que acelera o esgotamento do solo.

→ **Possíveis soluções: estimular o consumo de madeira certificada; proteção da mata nativa; uso racional do solo para construções.**

### Introdução de Espécies Exóticas

Os seres humanos ao se deslocarem por diferentes regiões da Terra trazem, deliberadamente ou não, espécies biológicas de outros locais. Ao serem introduzidas aqui provocam desequilíbrios na cadeia alimentar afetando ambientes nativos.

→ **Possíveis soluções: fiscalização nas fronteiras; educação ambiental; impedir a entrada de animais e plantas de outros locais;**

Para proteger a biodiversidade é necessário preservar o ambiente natural em que vivem as espécies selvagens, combater a biopirataria, impedindo o contrabando de animais e plantas para o exterior, onde serão usados na extração e pesquisa de medicamentos, cosméticos e outros produtos. Fiscalizar e regulamentar o desmatamento, o uso de agrotóxicos e a exploração comercial das espécies, com a proibição da caça, da pesca e da utilização comercial de organismos em extinção, com campanhas educativas de respeito à natureza.

# 48.3 Controle Biológico

Para evitar o uso de produtos químicos, que são agentes poluidores, para controlar as pragas da lavoura, o controle biológico assume grande importância.

Empregando organismos parasitas, predadores ou patógenos que atacam as pragas essa estratégia é muito utilizada nos sistemas agroecológicos, mas também pode ser usada na agricultura convencional.

Em comparação ao controle químico, o controle biológico tem as vantagens de ser atóxico, não provocar desequilíbrios ambientais e não possuir contraindicações, permitindo um tratamento mais extenso e eficiente. Em compensação, tem efeito lento, não é de fácil aquisição, nem sempre pode ser aplicado o ano todo e geralmente é caro.

# INFORMÁTICA

# 1. WORD 2016

## 1.1 Tela de Abertura

Assim como o MS Office 2013, o MS Office 2016 exibe uma tela de abertura ao iniciar algum programa da suíte, em vez de iniciar diretamente com um documento em branco. Vejamos a figura a seguir.

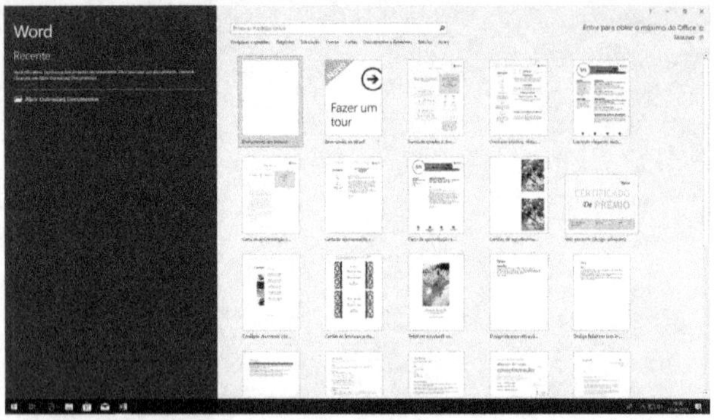


Nessa janela, o usuário tem acesso à lista dos documentos abertos recentemente no programa, bem como pode criar um novo documento: ou um documento em branco, ou a partir de um modelo a ser baixado da Internet.

Os modelos disponíveis são atualizados, em sua maioria, pelos próprios usuários. Para facilitar a localização de um modelo que seja mais adequado à necessidade do usuário, há opção para pesquisa, assim como sugestões de categorias.

## 1.2 Janela do Programa

A figura abaixo ilustra a janela do Microsoft Word 2016 com um documento em branco em edição.

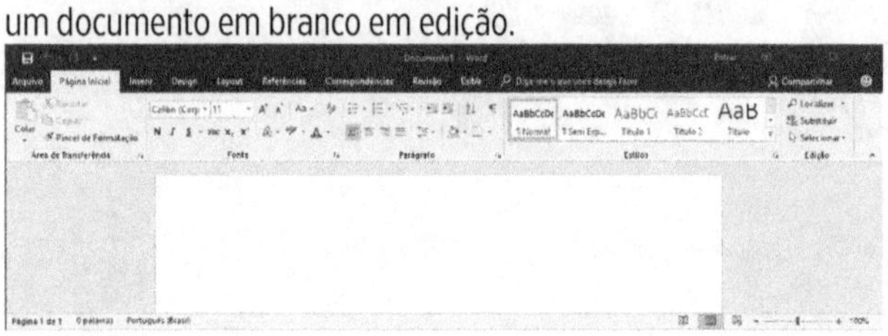

Janela Word 2016, aba Página Inicial.

A janela do Word 2016 apresenta pequenas mudanças nas opções da janela de edição em comparação com a versão anterior:

> **Cor das guias inativas**: agora a cor segue o padrão de cores escolhido. Existem 3 temas que podem ser usados: Colorido; Cinza-Escuro e Branco. Na figura acima é ilustrado o padrão (Colorido), a seguir os demais.

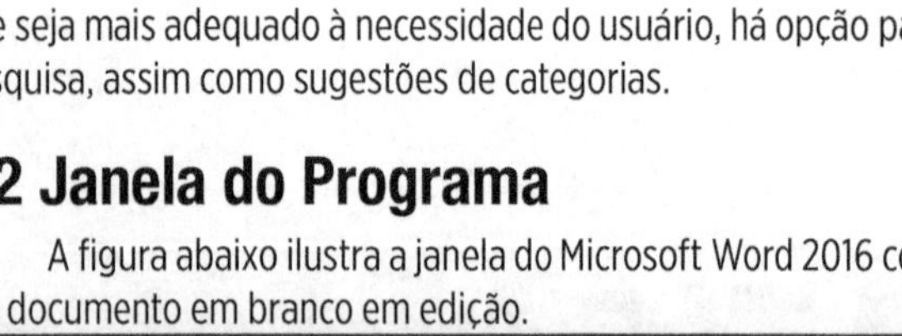

Janela do Word 2016, tema Cinza Escuro.

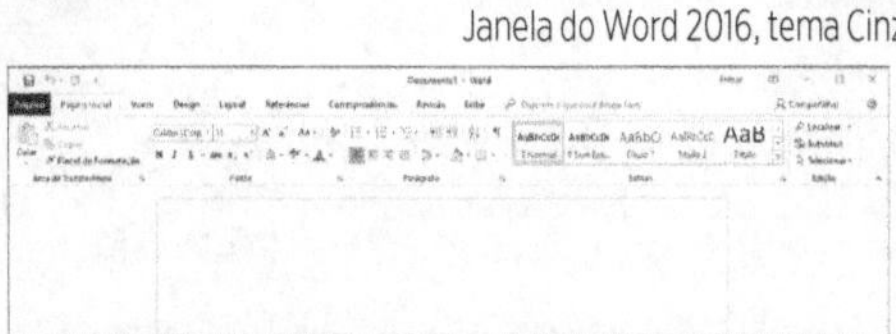

Janela Word 2016, tema Branco.

> **Diga-me o que você deseja fazer**: note que ao lado da guia Exibir existe um espaço para digitar, que não existia no 2016. Ele serve para acessar as ferramentas e opções; sua finalidade é facilitar a localização de ferramentas que o usuário não lembra em que aba estão. Conforme o usuário digita, vão sendo sugeridas opções relacionadas aos caracteres inseridos.

> **Opção Entrar**: foi movida para a barra de títulos; antes ficava onde aparece a carinha feliz (smile). Esse smile é o feedback ou também chamado de comentários, porém para a Microsoft, serve para o usuário contar sobre sua experiência em usar o MF Office 2016.

> **Guias**: no 2013 os títulos eram todos em caixa alta (maiúsculas) e a guia Layout era Layout de Página.

Assim como no 2013, o usuário pode logar com sua conta da Microsoft (Hotmail ou Outlook). Uma vez logado, o nome do usuário é imediatamente associado às propriedades do documento como seu autor. Observe a parte mais à direta da barra de títulos da janela ilustrada na primeira figura deste tópico. Ao efetuar o login, o nome do usuário é representado no lugar da expressão "Entrar".

Observe e faça as anotações das partes da janela indicadas na figura acompanhando a aula.

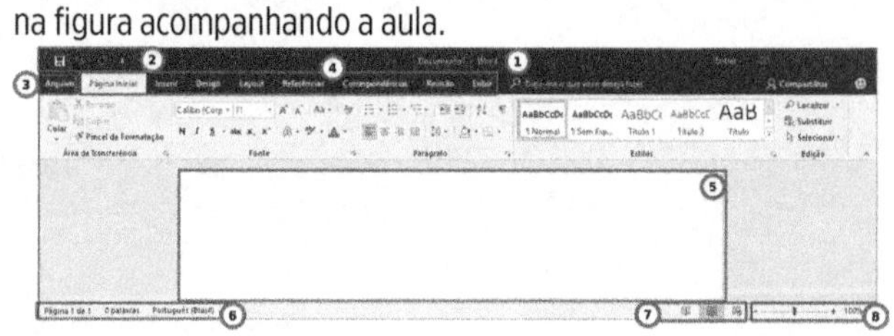


Janela do Word 2016, itens enumerados.

01. **Barra de título**: nesta barra são apresentadas as informações sobre o nome do documento em edição e seu formato, bem como o nome do programa que no caso da figura indica Microsoft Word. Também se observa na figura que não há a indicação do formato do arquivo. Isso significa que o documento em questão ainda não foi salvo em disco.
02. **Barra de Ferramentas de Acesso Rápido**: apresenta as opções mais frequentemente usadas, principalmente por meio das teclas de atalho. Por padrão mostra as opções Salvar, Desfazer e a opção que se alterna entre Repetir e Refazer. A opção ( ) Repetir repete a última ação executada; corresponde a utilizar a tecla de atalho: F4, como também CTRL + R quando esta opção está exibida na barra. Já a opção Refazer ( ) é como um desfazer para a ação Desfazer.
03. **Menu Arquivo**: a versão 2016 utiliza a mesma forma do menu Arquivo que a versão 2013, ou seja, mantém a interface Backstage view que exibe as opções do menu Arquivo, de modo que ocupem toda a tela da janela do programa.
04. **Faixa de Opções**: é possível aumentar a área útil da tela, fazendo com que as opções só sejam exibidas quando clicado na opção na Faixa de opções; basta utilizar o clique duplo do mouse sobre uma das Guias. O Word 2013 acrescentou ainda duas opções (botões) para poder alterar entre os modos de exibição das guias, um ao lado esquerdo do botão Minimizar,

conforme ilustra a figura a seguir, e outro logo acima da barra de rolagem vertical (dentro da faixa de opções). Este último é uma seta para cima, que lembra o sinal gráfico ^ (acento circunflexo). Essas características se mantêm no 2016.

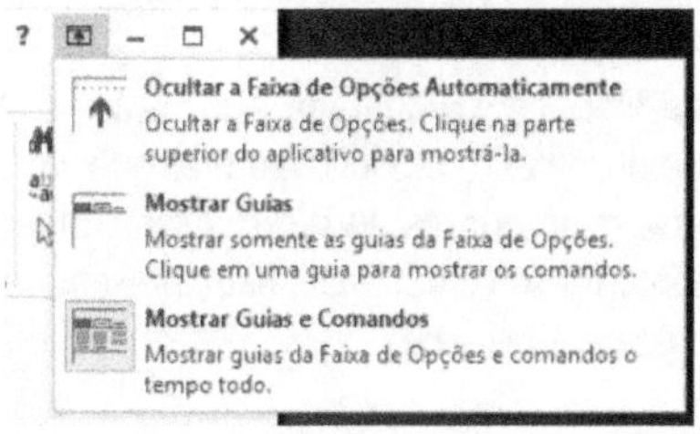


Modos de Exibição da Faixa de Opções em destaque.

05. **Página do Documento** em edição.
06. **Barra de Status**: nela são apresentadas algumas informações como número da página atual e total, total de palavras selecionadas e no documento inteiro.
07. **Modos de Exibição**: apenas três dos modos de exibição que o Word oferece estão dispostos nesse espaço para acesso rápido.
08. **Zoom**: o zoom também pode ser alterado utilizando-se a combinação da roda do mouse (scroll), enquanto se mantém pressionada a tecla CTRL.

## Barra de ferramentas de acesso rápido

A figura abaixo destaca a Barra de Ferramentas de acesso Rápido, na qual se encontram por padrão os botões Salvar, Desfazer e Repetir/Refazer.

Barra de Ferramentas de Acesso Rápido.

O botão Desfazer  permite voltar uma ou mais ações realizadas no programa, cuja tecla de atalho é a famosa combinação CTRL + Z. Note que há uma seta à sua direita, é possível desfazer um conjunto de ações de uma única vez.

O botão Repetir  repete a última ação realizada, como aplicar negrito a um texto, ou mudar a cor de uma fonte. A combinação de teclas de atalho para esta opção é CTRL + R no Word 2013.

O Botão Refazer  somente é exibido quando o Desfazer é acionado, permitindo retroceder uma ação desfeita. As teclas de atalho são as mesmas do botão Repetir, até porque aparece no lugar dele.

# 1.3 Menu Arquivo

O menu Arquivo do Office 2016 utiliza a interface BackStage, que ocupa toda a tela do programa e oferece vários recursos integrados.

Por padrão, ao abrir o menu Arquivo, ele apresenta selecionada a opção Informações, a qual oferece dois conjuntos de opções: ferramentas de geração de documento e as propriedades do documento em edição.

## Opção informações

A Figura 9 apresenta a opção Informações do menu Arquivo do Office 2016 e suas opções.

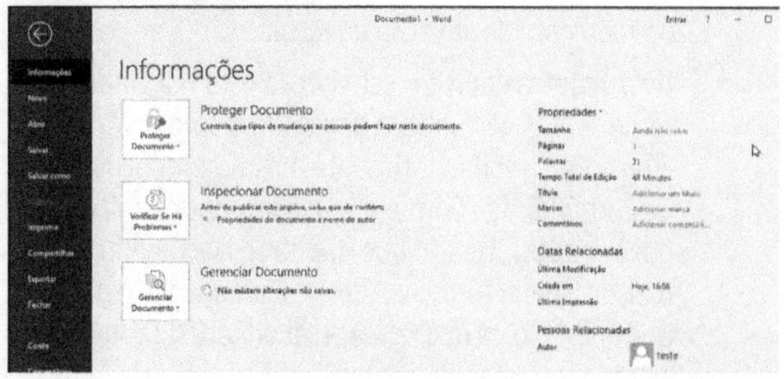


Menu Arquivo.

Na janela de informações, temos acesso a um dos conjuntos de opções mais importantes (em termos de concurso) do menu Arquivo. Também se deve observar o painel de propriedades à direta da janela.

## Opção proteger documento

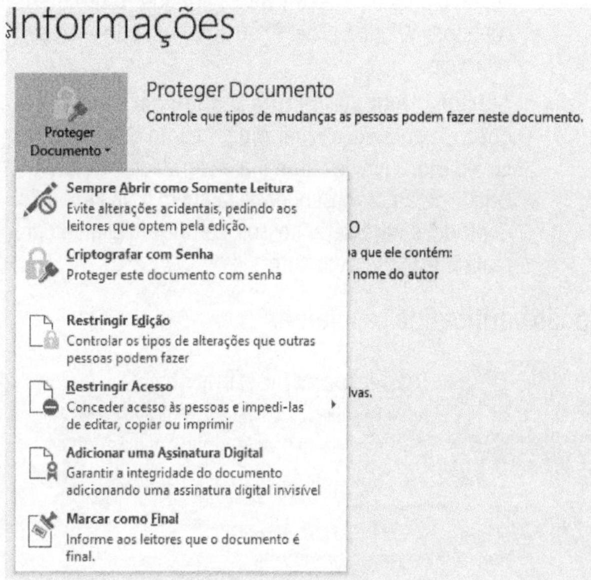


Opção Proteger Documento, a partir do menu Arquivo.

Marcar Como Final: a opção serve para salvar o arquivo como Somente leitura, assim ajuda a evitar que sejam feitas alterações no arquivo, ou seja, desabilita ou desativa a inserção de texto, a edição e as marcas de controle. Além disso, define o "Status" do documento como Final. Contudo, o comando Marcar como Final não é um recurso de segurança, pois basta que o usuário remova o Status Marcar como Final para que possa editar novamente o arquivo.

O Recurso Marcar como Final só tem efeito se o documento for aberto pela mesma versão do Ms Office; se for aberto por versões anteriores, como no 2003, abrirá normalmente, permitindo ao usuário alterar o arquivo.

Criptografar com Senha: por meio desta opção, é possível

definir uma senha para que o documento possa ser acessado. Contudo, vale ressaltar que a criptografia realizada pela opção Criptografar com Senha não tem relação com Certificação Digital.

> **Restringir Edição**: por intermédio da opção Restringir Edição, é possível escolher dentre três opções de ação:

> **Restrições de Formatação**: pela qual é possível limitar as opções de formatação, permitindo apenas que seja escolhido dentre um conjunto de estilos selecionados no momento da ativação do recurso.

> **Restrições de edição**: esta opção está relacionada às ferramentas de controle de edição, como controle de alterações e comentários, até mesmo preenchimento de formulários. Com ela o usuário pode limitar que opções outro usuário que acessar o documento pode realizar. Ainda é possível determinar apenas partes do documento para que possam ser editadas, protegendo assim o resto das alterações.

> **Aplicar proteção**: depois de configuradas as opções de um ou ambos os itens acima, a opção Sim, Aplicar Proteção fica habilitada. Com isso, será aberta uma janela para determinar uma senha ou para que seja utilizado um ID (e-mail) de usuários.

> **Restringir Permissão por Pessoas**: esta opção permite limitar o acesso ao documento utilizando como critério contas do Windows Live ID ou uma conta do Microsoft Windows.

> **Adicionar uma Assinatura Digital**: por meio desta opção, é possível assinar digitalmente o documento em edição, a fim de garantir a Integridade e a Autenticidade dele, por consequência também o Não Repúdio. Contudo, é necessário possuir Certificado Digital para realizar este procedimento.

## Opção verificando problemas

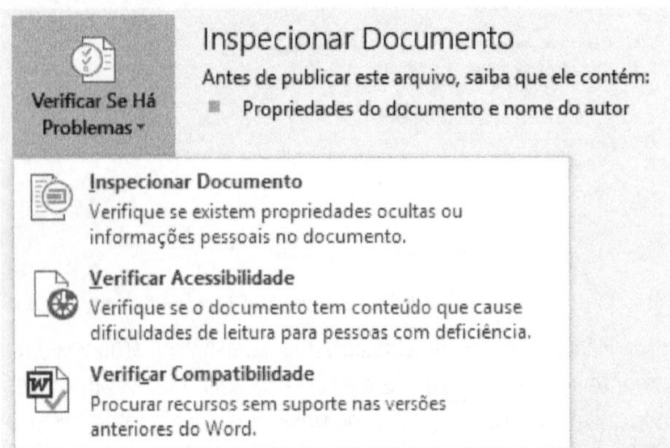


Opção Verificando Se Há Problemas.

> **Inspecionar Documento**: esta opção também pode ser citada como Inspetor do documento, que possibilita diversas opções, com a finalidade de buscar no documento por dados pessoais, informações ocultas, marcas, comentários, estruturas de controle, dentre outras, para que possam ser facilmente removidas, com o auxílio desta opção.

> **Verificar Acessibilidade**: permite verificar se a estrutura do elemento possui recursos ou formatações que dificultem a leitura por pessoas com deficiência, por exemplo, documentos que serão lidos por leitores de telas, utilizados por pessoas com baixa visão ou ausência dela.

> **Verificar Compatibilidade**: esta opção permite verificar se o documento possui estruturas que não existem nas versões anteriores do Word. Assim, quando o documento for salvo em .DOC, não apresentará problemas de compatibilidade.

## Opção novo

Já a opção Novo abre no próprio menu Arquivo as opções de criação de um novo documento, conforme figura a seguir.

Note que, além de criar um simples documento em branco, podemos criar um arquivo com base em um modelo da Internet.

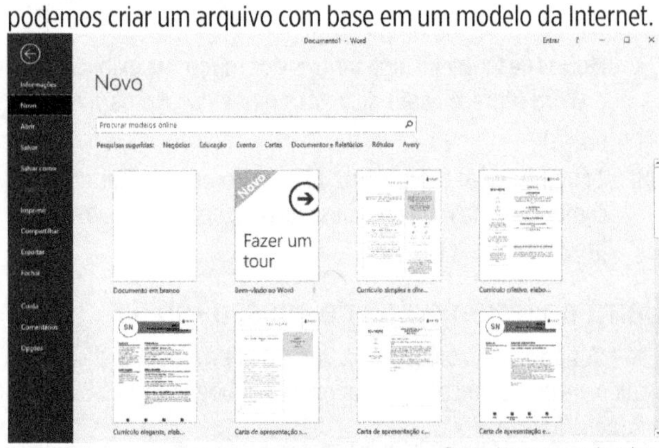


Opção Novo, menu Arquivo.

## Opção imprimir

O Word 2016 apresenta diretamente no menu Arquivo → Imprimir as propriedades da Impressão, que também podem ser acessadas por meio da combinação de teclas CTRL+P. Com isso, uma etapa é reduzida no procedimento para impressão, o que torna a ação mais simples e direta. Nesta mesma opção, é ilustrada a pré-visualização do documento a ser impresso.

Vale observar que desde o Word 2013 a opção Configurar Página também é encontrada no menu Arquivo, exatamente na opção imprimir. A figura a seguir representa estas observações.

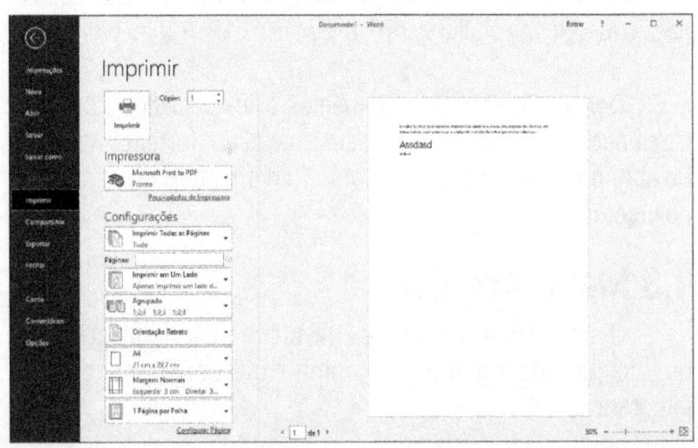


Opção Imprimir.

Outro fato importante é a pré-visualização, que também é ilustrada junto à opção imprimir.

## Opção salvar e enviar

Opção Salvar Como.

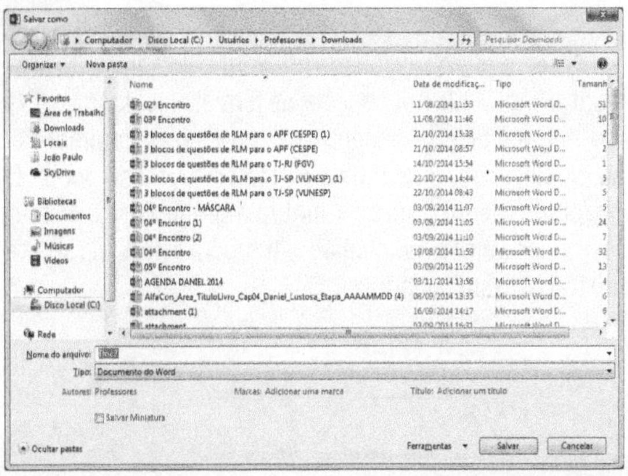

Janela para Salvar Documento.

Devemos dar ênfase no que diz respeito à integração com o Microsoft OneDrive. Uma vez logado na contra do MS Office, consequentemente o usuário estará logado com sua conta do OneDrive, assim possibilitando salvar o arquivo diretamente em sua conta na Nuvem.

## 1.4 Aba Página Inicial

Na Aba Página Inicial do Word 2013, encontramos as opções divididas nos blocos: Área de Transferência; Fonte; Parágrafo; Estilo; Edição, conforme ilustra a figura a seguir.

## Bloco área de transferência

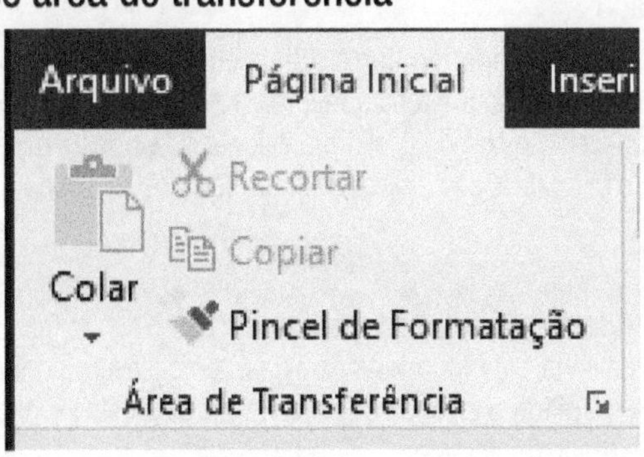


A Área de Transferência é uma área temporária, onde são colocadas as estruturas (textos, imagens etc.) que são copiadas de algum lugar, seja um documento, página da Internet, ou mesmo do Sistema Operacional, para que possam ser coladas.

A Área de Transferência do Word possui 24 posições, conforme figura a seguir, de forma que armazena não apenas a última informação copiada, mas sim as 24 últimas. Com isso, é possível colar trechos copiados ou recortados em momentos anteriores. Vale lembrar que a área de transferência fica em memória RAM, portanto quando o computador é desligado, ela é esvaziada.

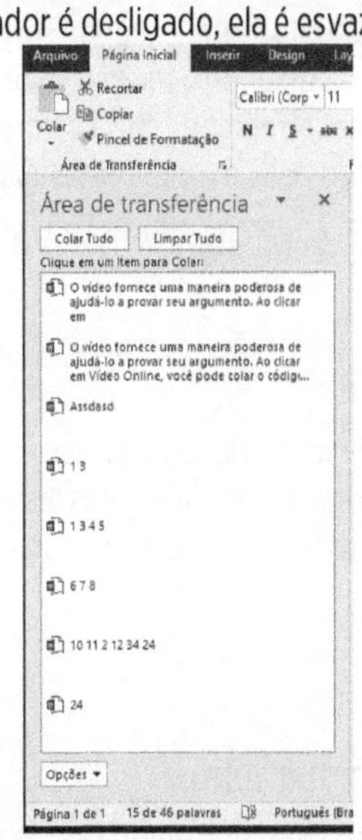


## Opção colar

No bloco Transferência, encontra-se a opção Colar. Deve-se atentar ao detalhe do botão que, quando sobreposto pelo mouse, apresenta uma divisão, como ilustrado na sequência, ou seja, executa duas ações diferentes: ao clicar na parte superior, é colado o dado que foi colocado por último na área de transferência de forma equivalente a utilizar as teclas de atalho CTRL + V; já ao clicar na parte inferior, o Word exibe uma lista de opções de colagem, bem como dá acesso à opção Colar Especial.

## Pincel de formatação

O Pincel de Formatação, ilustrado a seguir, permite realizar a cópia de formatação de um trecho de texto previamente selecionado e aplicar em outro trecho de texto a ser selecionado *a posteriori*, clique no botão Pincel.

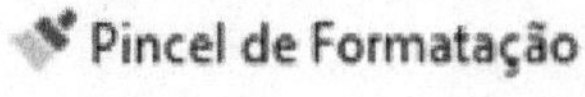


## Bloco fonte

Neste bloco, são encontradas as ferramentas mais usadas durante a edição de um documento, as opções relacionadas à formatação de Fonte. A figura a seguir ilustra as opções existentes neste bloco, que analisaremos na sequência.

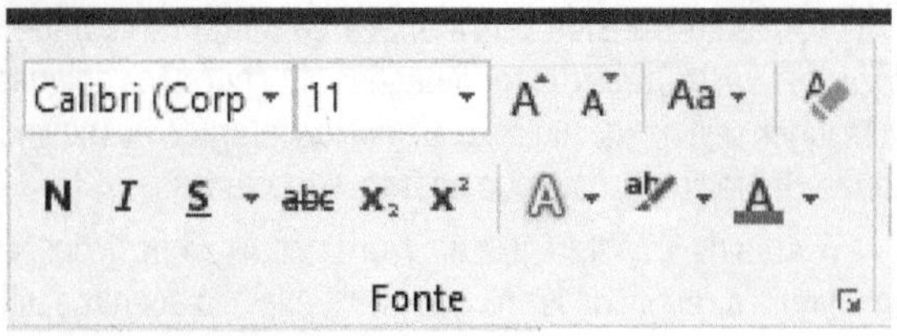


## Tipo/nome da fonte

Esta opção permite alterar a grafia da fonte, ou seja, o seu traço. Ao alterar o tipo da fonte, ela pode sofrer alteração no seu tamanho, no entanto mantendo o mesmo valor numérico de tamanho de fonte. A figura a seguir destaca o campo; por padrão, no estilo normal do Word 2013, a fonte predefinida é a Calibri.

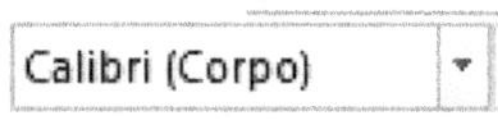


## Tamanho da fonte

A opção de tamanho de fonte oferece um campo, ilustrado na sequência, para definir o tamanho das letras de um texto selecionado. É possível também selecionar o tamanho pela alça.

## Aumentar e diminuir fonte

Também é possível controlar o tamanho das fontes pelos botões Aumentar Fonte, à esquerda da figura a seguir, e Diminuir Fonte, à direita da figura a seguir, que alteram o tamanho da fonte de um texto previamente selecionado, de acordo com os valores da lista disponibilizada na alça Tamanho da Fonte. Também se podem acionar estas opções por meio das teclas de atalho CTRL + SHIFT + > para aumentar o tamanho da fonte como CTRL + SHIFT + < para diminuir o tamanho da fonte.

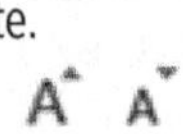

## Maiúsculas e minúsculas

A opção, ilustrada acima, permite alterar o trecho selecionado entre letras maiúsculas e minúsculas, de acordo com as opções ilustradas a seguir.

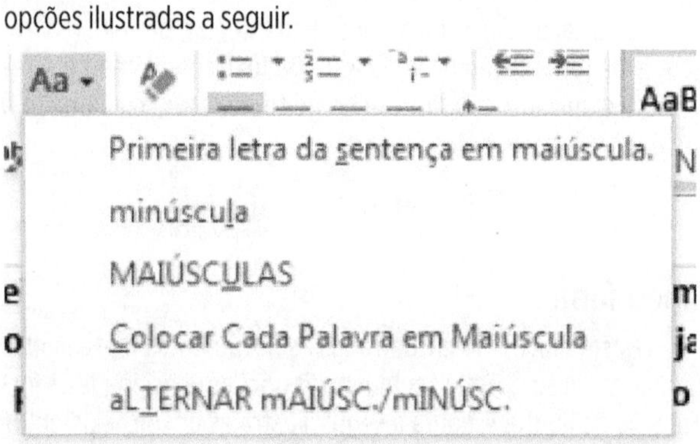


## Limpar Formatação

A opção acima é útil quando se deseja limpar a formatação de um texto de forma rápida e prática, como um texto extraído da Internet, que possui fontes grandes, fundo e letras coloridas. Basta que o usuário selecione o trecho no qual deseja limpar a formatação e, em seguida, clique no botão.

## Estilos de Fonte

Cuidado para não confundir o efeito de texto com o estilo de fonte, ou ainda com os estilos de formatação. As opções de efeito de fonte são a opção de **Negrito**, *Itálico* e Sublinhado, conforme ilustrado na figura a seguir. As teclas de atalho para estas funções são, respectivamente, CTRL + N, CTRL + I, CTRL + S.

Observe que o sublinhado no Word 2013 apresenta uma seta para baixo, indicando mais opções de formatação do traço do sublinhado, permitindo escolher entre o traço simples (padrão) e outros como: duplo, espesso, pontilhado, tracejado, traço/ponto, traço/ponto/ponto, dentre outros. A figura a seguir ilustra o resultado de se acionar a alça do sublinhado. Também é possível se alterar a cor do traço do sublinhado.

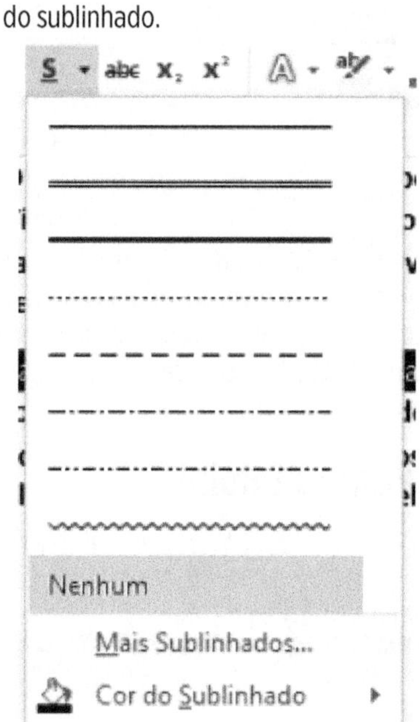


## Tachado

A propriedade Tachado é comumente utilizada em textos de lei e resoluções, sobre itens que foram revogados e que, contudo, permanecem no corpo da lei. Para acionar esta opção, basta selecionar o texto desejado e clicar no botão Tachado, ilustrado a seguir.

O efeito proporcionado por esta opção é o de um traço à meia altura da linha, sobrepondo às palavras, como o exemplo. ~~Também é possível utilizar o tachado duplo por meio da janela Propriedades de Fonte, como exemplo.~~

## Subscrito e Sobrescrito

Por vezes, desejamos escrever um texto com estruturas diferenciadas, ou mesmo indicar numerais de forma reduzida, como primeiros = 1$^{os}$. Para colocar as letras "os" com fonte reduzida na parte superior da linha, basta clicar no botão Sobrescrito, que o cursor de texto será posicionado no topo, digitar o texto desejado, e clicar novamente no Sobrescrito. O botão Sobrescrito fica à direita do botão Subscrito, conforme figura a seguir, que permite escrever um texto com fonte reduzida na parte inferior da linha, como utilizado em algumas equações químicas, por exemplo: texto normal texto subscrito.

## Efeitos de Texto

O Office 2007 inovou nos recursos de efeitos de texto. Essas propriedades e ferramentas foram mantidas e melhoradas no Office 2013; para o 2016 não houve mudanças na ferramenta. Os efeitos de texto permitem formatar os caracteres de texto de maneira mais chamativa visualmente, a fim empregar destaque a um texto, como exemplo.

Para utilizar este recurso, basta selecionar o texto desejado e clicar no botão Efeitos de Texto no bloco Fonte, indicado por um A com efeito de brilho azul ao redor, ilustrado no canto superior esquerdo da figura a seguir.

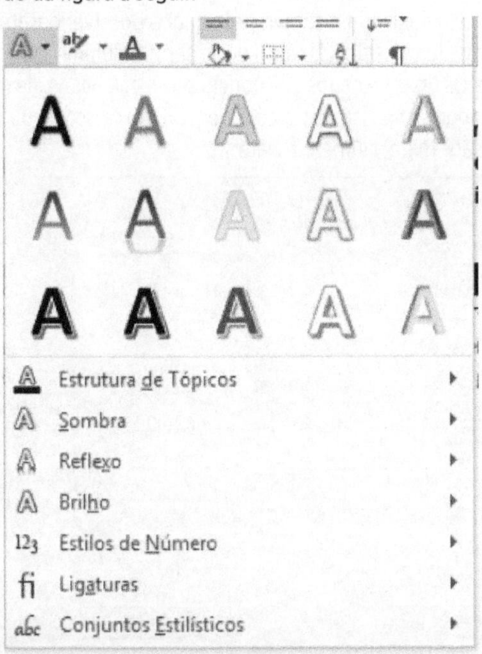


Este recurso ainda permite trabalhar as características de formatação de maneira separada, como a sombra, o reflexo e o brilho do caractere dado à cor escolhida.

## Realce

A ferramenta Realce é uma opção que aplica um resultado similar ao obtido por uma caneta marca-texto. Inclusive, o conjunto de cores disponibilizado é bem limitado; apenas algumas cores estão disponíveis, como ilustra a figura a seguir.

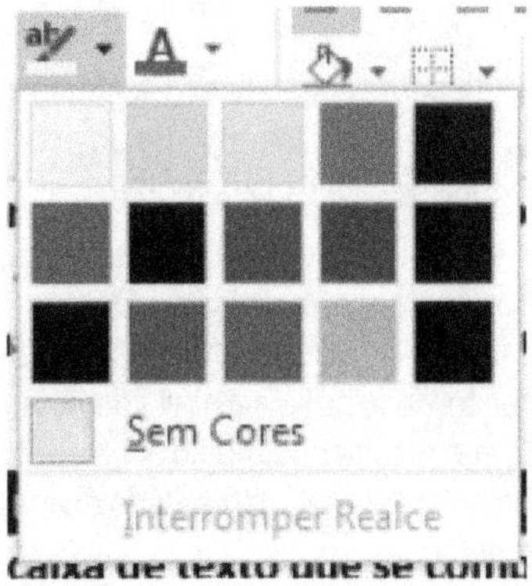


## Cor da Fonte

Já quando falamos nas cores que podem ser aplicadas ao caractere (fonte), por exemplo, estas abrangem um conjunto maior, também citado nas provas como Paleta de Cores do MS Office.

O botão que corresponde a esta opção é a letra A com uma barra abaixo, que indica a última cor utilizada, como ilustrado no canto superior esquerdo da figura a seguir.

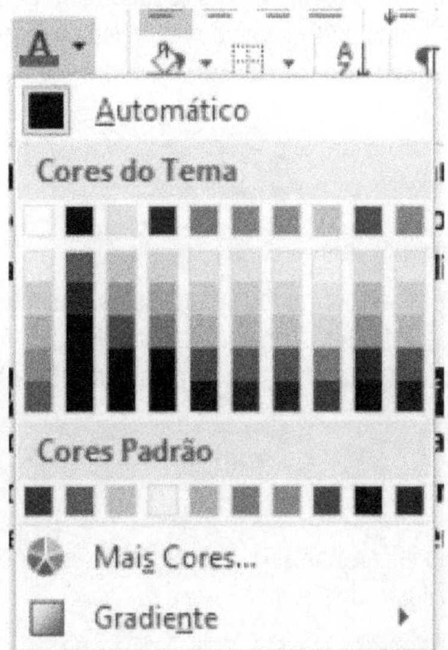


Observe que o botão Cor da Fonte apresenta uma ligeira divisão da seta à sua direita. Isso deve ser levado em conta na resolução das questões, pois se apenas o A for indicado como clicado, significa que será aplicada diretamente sobre o texto selecionado a última cor utilizada; enquanto que se for indicada a seta para baixo também, significa que foi clicado sobre ela, assim a alça exibe mais opções de cores e gradientes.

# Bloco parágrafo

Na aba Página Inicial encontram-se também as opções de formatação de parágrafo mais utilizadas, como ilustrado a seguir. Algumas opções menos frequentemente usadas estão no bloco Parágrafo da aba Layout de Página.

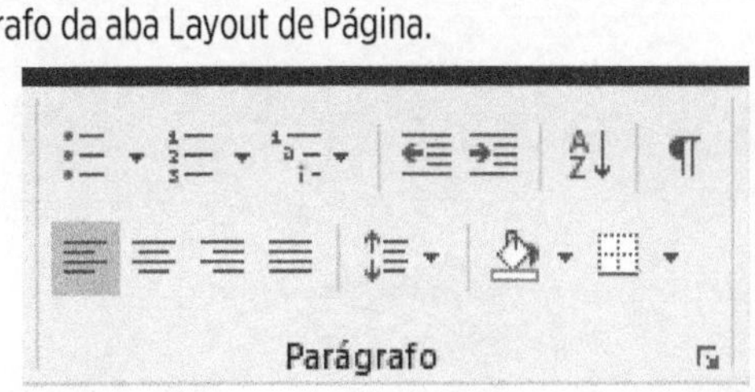

## Marcadores

A opção Marcadores permite acrescentar símbolos, caracteres ou mesmo imagens, como uma foto do usuário, como itens de marcação de tópicos para cada parágrafo.

A figura a seguir ilustra o botão Marcadores, que como pode ser observado apresenta uma sutil divisão. Desse modo, se a figura apresentada nas questões de prova for igual à figura a seguir, significa que o clique foi dado na seta à direta do botão, o que remete a mais opções, como escolher o símbolo que se deseja utilizar. Mas caso seja apresentado sem a seta, o resultado é a inserção do último marcador utilizado.

## Numeração

Cuidado com a diferença entre os marcadores e a numeração. A finalidade de ambos é similar, porém a Numeração segue uma sequência que pode ser numérica, utilizando-se números romanos maiúsculos ou minúsculos, letras maiúsculas ou minúsculas ou ainda números arábicos. A figura a seguir ilustra o botão Numeração que, de forma equivalente ao botão Marcadores, apresenta seta à direta apontando para baixo.

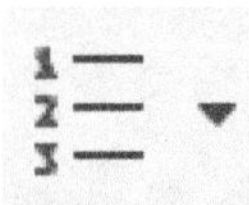

## Lista de Vários Níveis

Permite gerenciar e atribuir marcadores diferentes para níveis diferentes, mas de forma a manter a relação entre eles como de título, subtítulo e tópico. A figura a seguir ilustra o botão Lista de Vários Níveis.

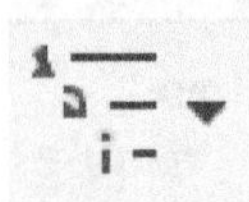

Quando clicado na seta à direita, um menu Dropdown é aberto, como ilustrado a seguir.

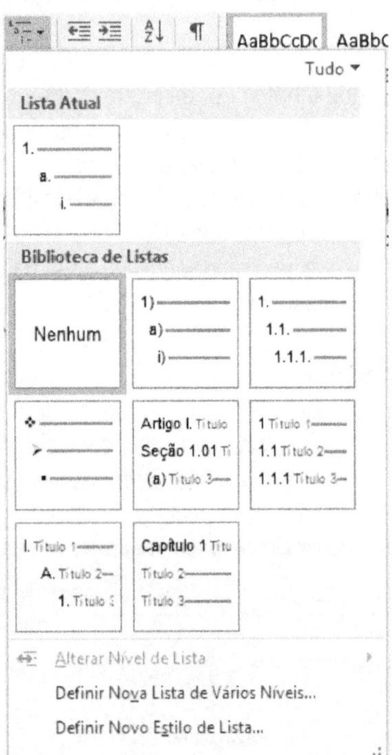


Além dos formatos de listas sugeridos pelo Word, é possível que o usuário crie a sua própria configuração de lista. Esta configuração pode ser criada para ser utilizada apenas no documento em edição, como também pode ser atribuída ao programa de forma que fique disponível para a criação e edição de outros documentos.

## Diminuir e Aumentar Recuo

As opções de Diminuir e Aumentar o Recuo estão relacionadas ao recuo esquerdo do parágrafo selecionado. Ao aumentar o recuo, com o botão da direita na figura a seguir, é aumentado inclusive o recuo da primeira linha na mesma proporção. O espaço acrescido é o mesmo de uma tabulação, ou seja, o mesmo de quando pressionada a tecla TAB (1,25 cm por padrão).

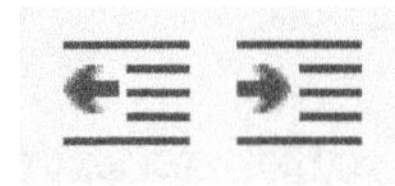

## Classificar

Esta opção pode parecer estanha ao pensá-la no grupo de opções do bloco Parágrafo. Contudo, com isso, demonstra-se que é possível ordenar os textos de parágrafos, e não apenas dados em tabelas.

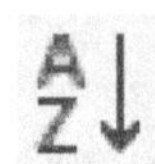

Uma vez clicado no botão classificar ilustrado acima, é aberta uma janela ilustrada a seguir, pela qual é possível parametrizar as regras de classificação, que pode ser por colunas em caso de tabelas. Os tipos de dados que podem ser selecionados, de maneira que o programa possa classificá-los em ordem crescente ou decrescente, são: Texto, Número e Data.

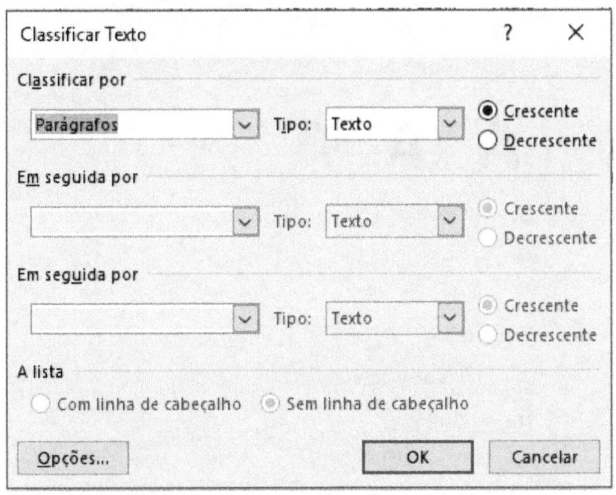


## Mostrar Tudo

A opção Mostrar Tudo, ilustrada a seguir, é responsável por exibir os caracteres não imprimíveis, que auxiliam na edição de um documento ao exibir marcas de edição, espaços e marcações de parágrafos. Esta opção é muito importante para que se possa definir onde inicia e onde termina um parágrafo no texto.

O trecho a seguir ilustra o que é apresentado quando tal opção é selecionada.

Exemplo·de·texto·para·a·vídeo·aula·do·professor·João·Paulo·de·Informática·com·o·botão·Mostrar·Tudo·habilitado.¶

Segundo·parágrafo...¶

.........Quebra de página.........¶

Muitas pessoas entram em pânico quando, sem querer, ativam esta opção e cometem o equívoco de utilizar o Desfazer com a esperança de remover tais símbolos e acabam perdendo informações ou formatações executadas. No entanto, para remover tais marcas, basta desabilitar a opção, clicando-se novamente no botão. Alinhamentos de Parágrafo

Muito cuidado com as opções de alinhamento, pois existe também o alinhamento de Tabulação, que oferece opções diferentes das do alinhamento de parágrafo, porém com fins similares.

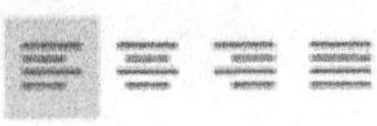

A figura anterior ilustra os quatro únicos alinhamentos de parágrafo: Esquerdo, Centralizado, Direito e Justificado. Também é possível acionar tais opções por meio das respectivas teclas de atalho: CTRL+Q, CTRL+E, CTRL+G, CTRL+J.

### Espaçamento entre Linhas

A opção Espaçamento entre Linhas, disponível no bloco Parágrafo, apresenta alguns valores que não são ilustrados diretamente na janela Propriedades de Parágrafo, como 1,15. Contudo é possível chegar a ela de maneira manual, como selecionar a opção Múltiplos e, em seguida, digitar o valor 1,15.

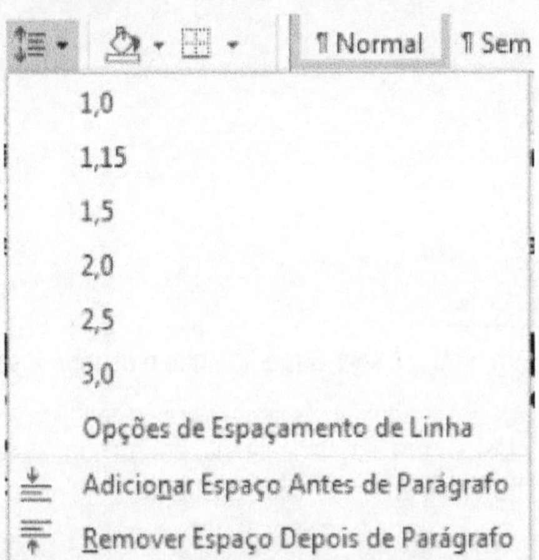


A figura anterior ilustra o botão Espaçamento entre Linhas aberto. Ele é apresentado no canto superior esquerdo da figura. Convém perceber que, por meio dele, é possível também alterar o espaçamento antes e depois do parágrafo.

### Sombreamento

A opção Sombreamento permite atribuir uma cor ao plano de fundo de um parágrafo.

Exemplo: mesmo o parágrafo sendo menor que a linha, toda ela - espaço de margem a margem - é preenchida com a cor selecionada.

A figura a seguir ilustra o botão Sombreamento - balde de yinta - selecionado pela alça, assim ilustrando a paleta de cores do Word para que seja determinada a cor desejada.

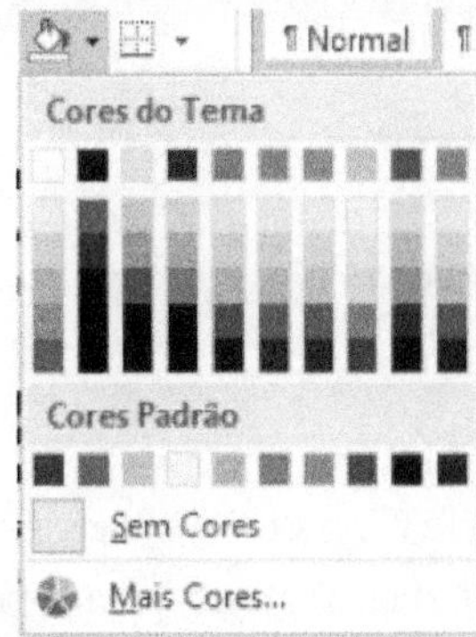


### Bordas

Também é possível se atribuir uma borda a um parágrafo, como também à página do documento. A opção Bordas, apresentada a seguir, pode ser utilizada tanto para aplicar uma borda a um parágrafo como a uma tabela, caso esteja selecionada.

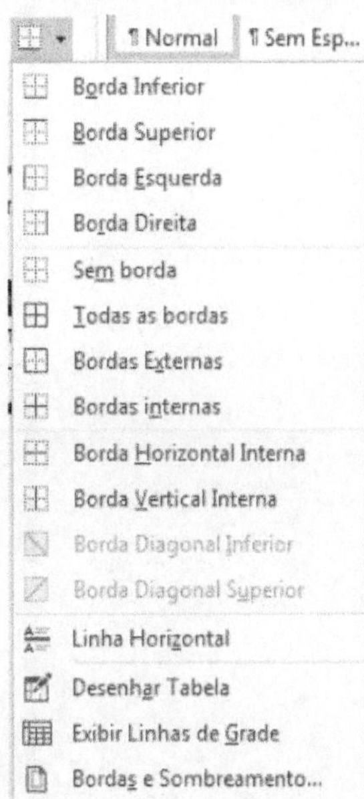


## Bloco estilos

Os estilos de formatação são uma importante ferramenta que auxiliam e otimizam o processo de edição de documentos que devam obedecer a padrões de formatação, além de serem necessários para a inserção de sumário automático.

O Office 2007 inovou muitos estilos, como também melhorou alguns, estes foram mantidos no Office 2013. O estilo padrão apresentado é o estilo Normal, que define, por exemplo, a fonte como Calibri, tamanho 11, espaçamento entre linhas múltiplo de 1,15 e espaço após o parágrafo de 10 pt.

A figura a seguir ilustra o bloco Estilo com vários dos estilos de formatação. Para sumário, devem-se utilizar os estilos de título.

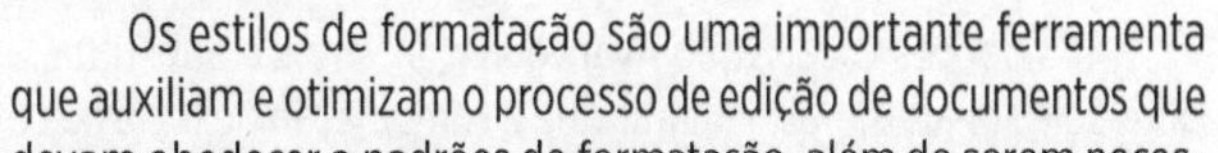

## Bloco edição

O bloco Edição é o bloco no qual foram disponibilizadas as opções que estavam no menu Editar do Office 2003, e ficaram perdidas, pode-se assim dizer. A figura a seguir ilustra o bloco com suas opções.

Localizar

A opção Localizar oferece três opções quando se clica na seta: Localizar, Localização Avançada... e Ir Para....

Clicar direto no botão Localizar é o mesmo que clicar na opção que ele oferece como Localizar. O Word abre um painel à esquerda da janela do programa, ilustrada na sequência. O mesmo painel pode ser acionado por opção encontrada na aba Exibir.

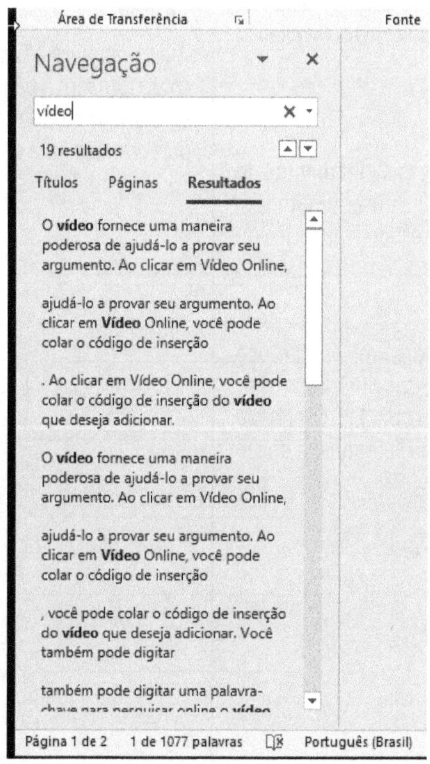


Por meio deste painel, é possível realizar uma busca rápida de forma incremental, ou seja, à medida que o usuário insere o texto no campo de busca, o Word vai filtrando no texto as ocorrências.

As opções Localização Avançada..., Ir Para... e Substituir, ao serem acionadas, abrem a mesma janela, porém com as respectivas abas selecionadas. Vale lembrar que a combinação de teclas de atalho CTRL + U no Word abre a opção Substituir.

# 1.5 Aba Inserir

A aba Inserir é alvo de várias questões capciosas, então é preciso ter muita atenção com relação às suas opções. A figura a seguir ilustra as opções da Guia.

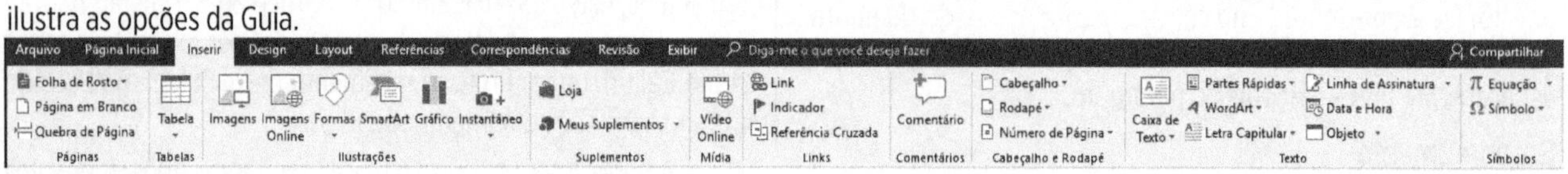


## Bloco páginas

No Bloco Páginas, ilustrado a seguir, é onde se encontra uma das Quebras possíveis de se inserir em um documento, e justamente a que pode ser alvo de questões que visem confundir o candidato, pois na Aba Inserir é encontrada apenas a opção Quebra de Página; as demais ficam na aba Layout de Página.

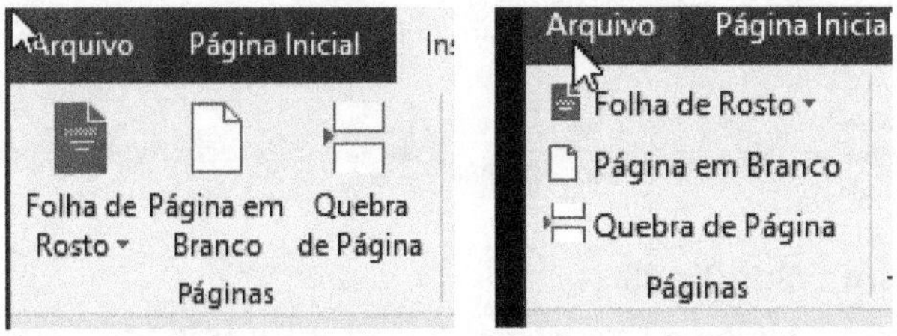


Bloco Páginas, Aba Inserir (à direita com forma reduzida).

A opção Folha de Rosto é uma opção para inserir uma página no documento em edição com mais recursos gráficos com o intuito de dar uma ênfase ao documento.

A opção Página em Branco permite inserir uma página em branco no documento a partir da posição do cursor de texto.

## Bloco tabelas

No bloco Tabelas é disponibilizada apenas a opção Tabela, ilustrada a seguir, por meio da qual podemos tanto inserir uma Tabela no documento em edição como uma Planilha.

### Opção Tabela

Ao clicar na opção Tabela, é aberto o menu Dropdown, ilustrado a seguir, no qual se pode observar a opção Planilha, que permite inserir uma planilha no documento. Mas, cuidado: a estrutura de planilhas é diferente de uma tabela.

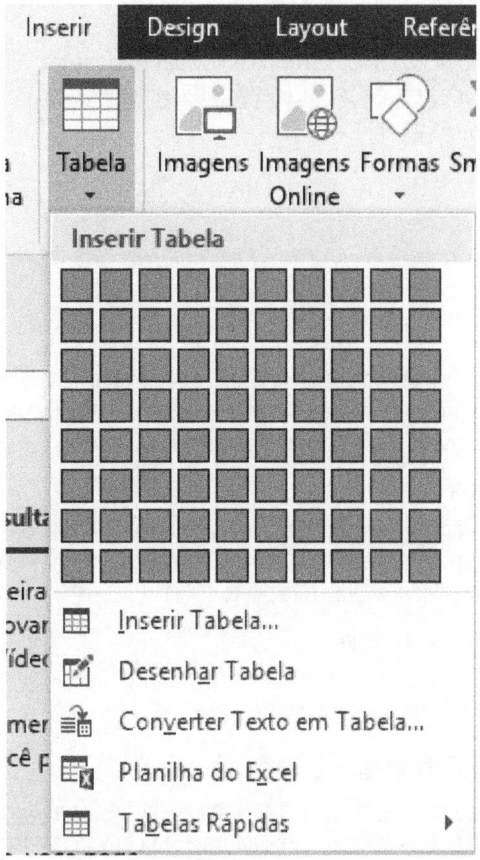


## Bloco ilustrações

A figura abaixo ilustra o bloco Ilustrações. Esta figura, como as demais deste material, foi obtida por meio da ferramenta Instantâneo.

Outra funcionalidade apresentada no MS Office 2013 e mantida no 2016 é a possibilidade de incorporar recursos de aplicativos disponíveis na Windows Store, como também a opção Vídeo Online.

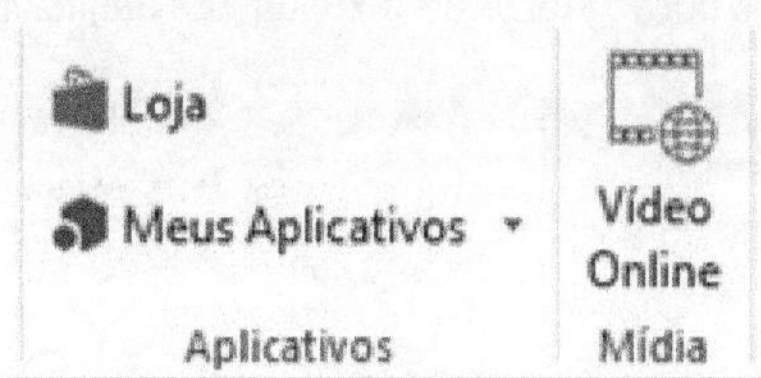


Mas devemos tomar cuidado com a opção Comentário, que, além de existir na aba Revisão, também é apresentada na aba Inserir.

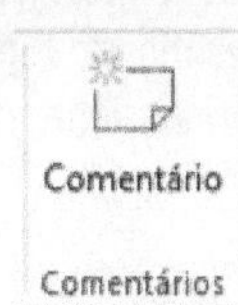

## Bloco links

No bloco Links, são disponibilizadas três opções: Hiperlink, Indicador e Referência Cruzada. A opção Hiperlink tem como tecla de atalho a combinação CTRL+K.

### Hiperlink

A respeito da opção Hiperlink, é importante ressaltar que é possível linkar um site da Internet como arquivos da Internet, bem como arquivos do computador do usuário.

### Indicador

A opção Indicador serve para criar um link para um ponto do documento em edição. Assim, é possível criar um link por meio da opção Hiperlink para este ponto.

### Referência Cruzada

Esta opção permite criar referências para citações, como figuras, tabelas, quadros, entre outros.

## Bloco cabeçalho e rodapé

A estrutura de cabeçalho e rodapé é utilizada principalmente quando se deseja inserir uma informação em várias páginas de um documento, como numeração de páginas ou uma figura. Mas, cuidado: em um mesmo documento é possível utilizar cabeçalhos e rodapés diferentes, pois essas estruturas são as mesmas para todas as páginas da mesma seção.

## Bloco texto

No bloco Texto devemos destacar a opção WordArt e Linha de Assinatura.

A opção WordArt , desde o Office 2010, mudou sua forma de formatação e estrutura; ela gera agora resultado similar ao obtido pela opção Efeitos de Texto da Aba Página Inicial.

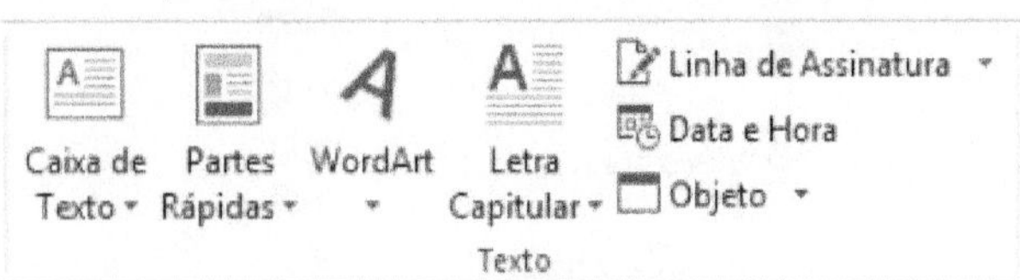


Já a opção Linha de Assinatura  permite inserir uma assinatura digital no documento em edição. Contudo, para isso, é necessário possuir um Certificado Digital. Esta opção também pode ser utilizada para inserir as linhas normalmente usadas para posterior assinatura manual.

Observe a diferença sutil entre o botão Caixa de Texto  e o botão Letra Capitular .

## Bloco símbolos

O bloco Símbolos oferece as opções Equação e Símbolo, conforme figura a seguir. A opção Equação auxilia a escrever, em um documento de texto, funções complexas. Entretanto, ela não resolve as equações, apenas desenha; por exemplo, inserir um somatório.

Já a opção Símbolo permite que sejam inseridos símbolos, como caracteres especiais, em meio ao texto.

# 1.6 Aba Design

A Aba Design surge no Word 2013 como uma forma de liberar espaço para as opções que, no 2010, estavam na guia Layout da Página.

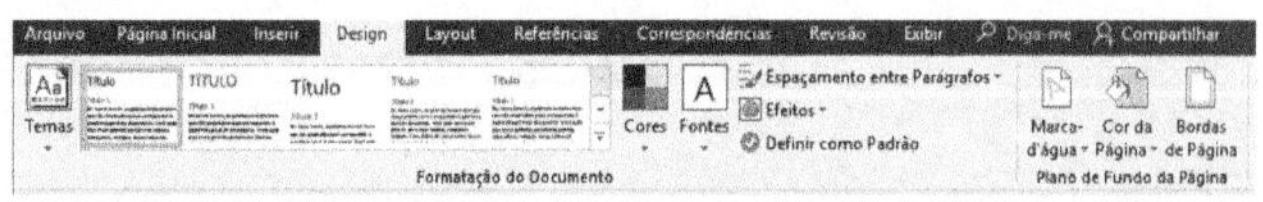

Além de possibilitar a escolha do tema de cores e estilo de formatação que será utilizado no documento, o bloco Plano de Fundo da Página merece ser destacado dentre as opções da guia, pois são comuns as questões capciosas a respeito de suas opções.

Quanto a este tema, a opção que mais tem gerado confusão em provas é a Marca d'Água, pois para "inserir" uma marca d'água, a opção específica encontra-se na guia Design, diferentemente do que a ideia de ação produz.

# 1.7 Aba Layout

A aba Layout é muito importante durante a edição de um documento, pois concentra as ferramentas de formatação de páginas.

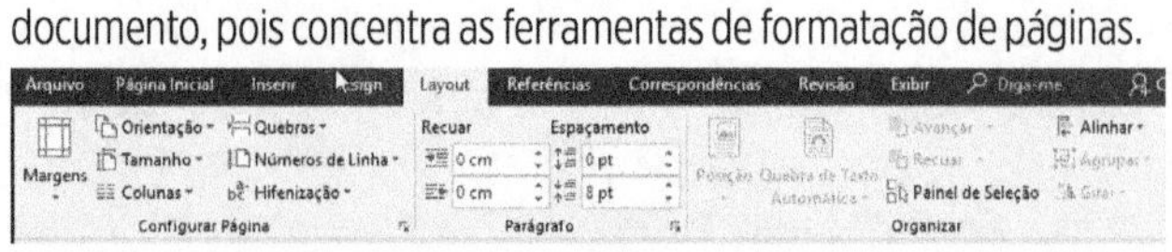

Na Aba Layout são disponibilizados os blocos: Configurar Página; Parágrafo e Organizar, conforme ilustrado na figura a seguir.

Muito cuidado com as provas que podem apresentar o termo Leiaute, o qual não está errado.

## Bloco configurar página

O bloco Configurar Página é um dos principais blocos da Aba Layout de Página. Por meio dele, podemos alterar as configurações de: Margens; Orientação; Tamanho; Colunas; Quebras; Números de Linhas e Hifenização. A figura a seguir ilustra estas opções.

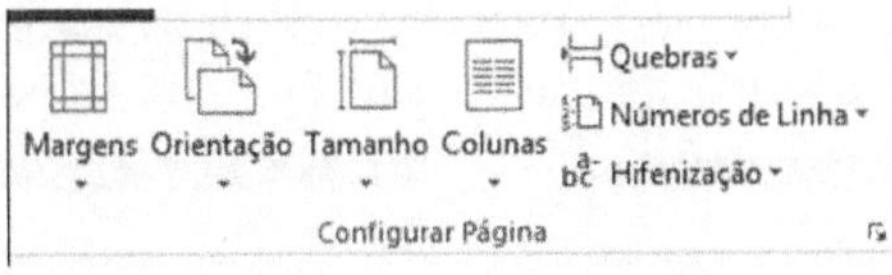


Vale ressaltar que as configurações de página podem ser diferentes em um mesmo documento, pois a configuração é aplicada à seção. Assim, é possível em um mesmo documento trabalhar com páginas na orientação retrato e paisagem intercaladas.

### Quebras

As quebras permitem empurrar para a próxima estrutura os dados, como também criar divisões dentro de um documento para que se possam utilizar formatações de página distintas no mesmo arquivo.

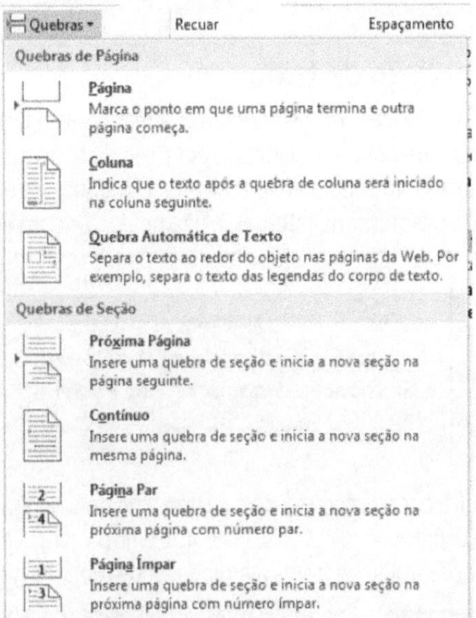


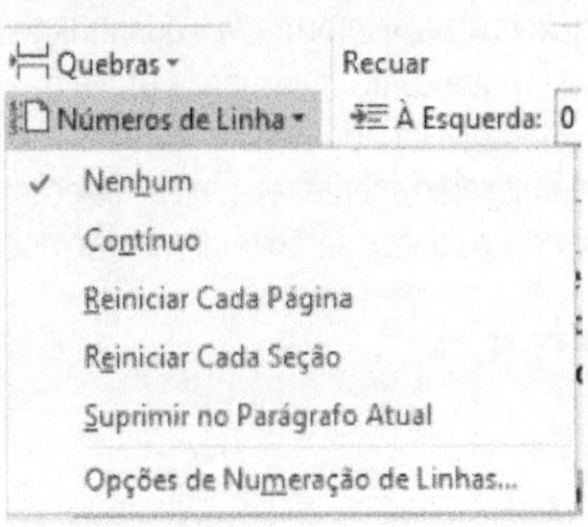


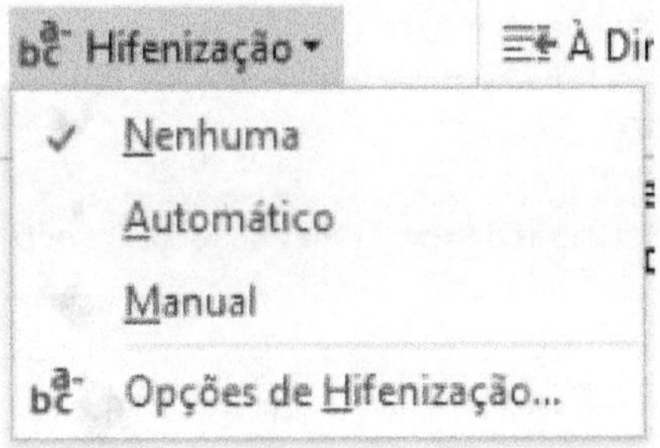


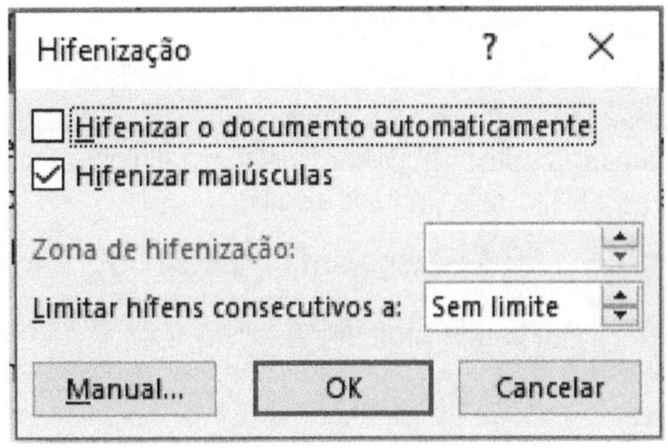


## 1.8 Aba Referências

A guia Referências dispõe os blocos: Sumário; Notas de Rodapé; Citações e Bibliografia; Legendas; Índice e Índice de Autoridades, conforme ilustrado a seguir.

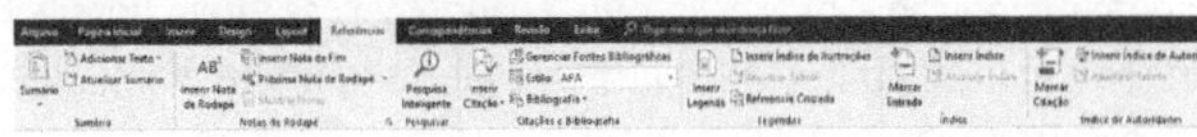

### Bloco sumário

Por meio do Bloco Sumário, pode-se ter acesso à opção Sumário para a inserção do Sumário Automático no documento em edição. Lembrando que o sumário depende da utilização dos estilos de formatação de título ao longo do documento para poder listar tais títulos e as referidas páginas em que aparecem.

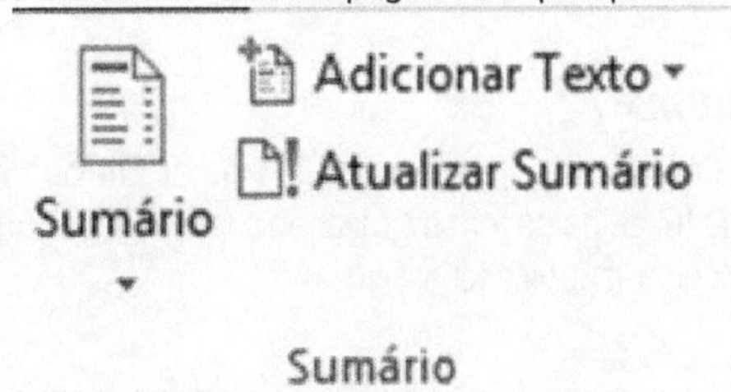


Se novos títulos forem adicionados no documento após a inserção do sumário, o sumário deverá ser atualizado por inteiro; caso apenas sejam mudadas as páginas em que os títulos estavam, pode-se atualizar o sumário por meio da opção Atualizar Apenas Números de Páginas.

### Bloco notas de rodapé

Por meio do bloco Notas de Rodapé, é possível inserir tanto notas de rodapé como notas de fim. A diferença é que as notas de rodapé são exibidas no rodapé das páginas em que são citadas, já as notas de fim podem ser configuradas para aparecerem no fim da seção ou no fim do documento.

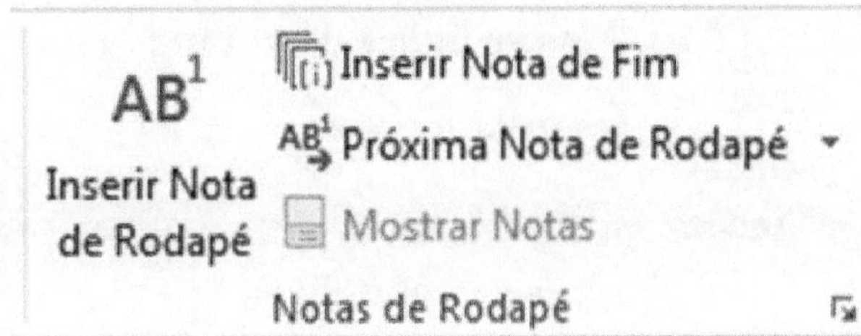

### Bloco citações e bibliografia

O Word oferece opções de criar um cadastro de fontes bibliográficas para uso facilitado. Assim, quando desejar citar alguma referência, basta utilizar a opção Inserir Citação, disponível no Bloco Citações e Bibliografia, ilustrado a seguir.

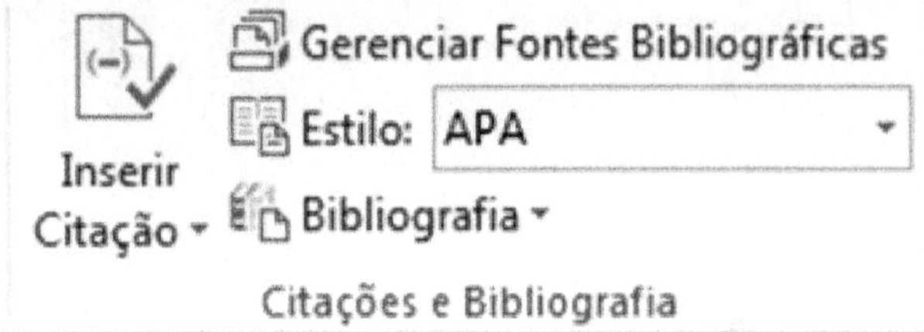


### Bloco legendas

O bloco Legenda permite inserir legendas acima ou abaixo das figuras, tabelas, quadros e outras estruturas inseridas no documento em edição, de maneira que, quando necessário, é possível inserir um índice automático que indique cada figura e a página em que é citada.

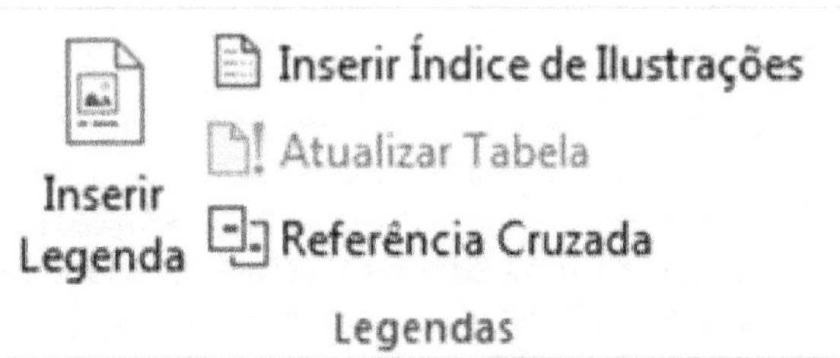


### Bloco índice

O Bloco Índice oferece a opção Marcar Entrada e Inserir Índice, que funciona de forma similar ao sumário, mas com a finalidade de criar um índice remissivo.

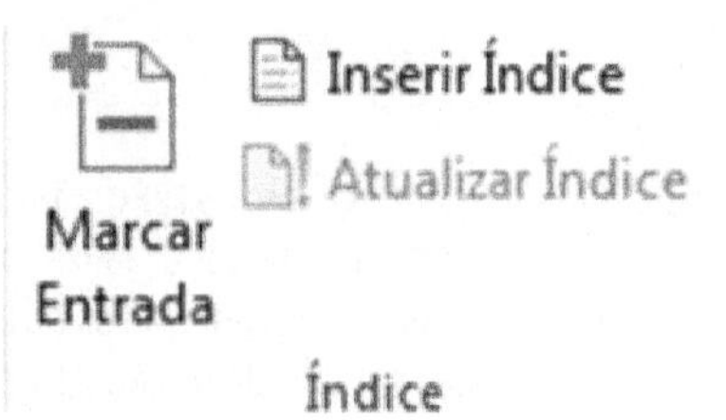


### Bloco índice de autoridades

Os Índices de Autoridades são novidade no Word 2013. Por meio destas opções, podem-se criar listas de leis, artigos, resoluções, dentre outras estruturas da legislação que sejam citadas em meio ao documento.

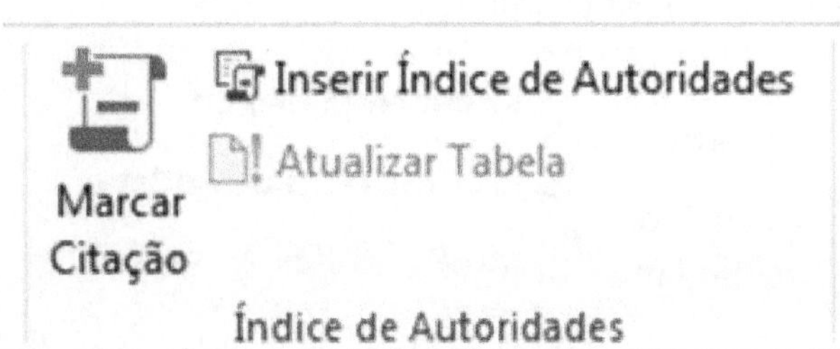


## 1.9 Aba Correspondências

A aba Correspondências é bastante utilizada por escritórios, pois é nela que encontramos as opções de trabalhar com Mala Direta para a geração de envelopes e etiquetas, de forma facilitada e dinâmica. Mas, atenção: é comum se questionar sobre como montar a lista de "contatos" para se trabalhar com a mala direta; para isso, é possível criar a lista utilizando o Excel ou o Access.

## 1.10 Aba Revisão

A aba Revisão oferece opções de correção e controle do conteúdo do documento, por meio dos blocos: Revisão de Texto; Idioma; Comentários; Controle; Alterações; Comparar e Proteger, conforme ilustrado a seguir.

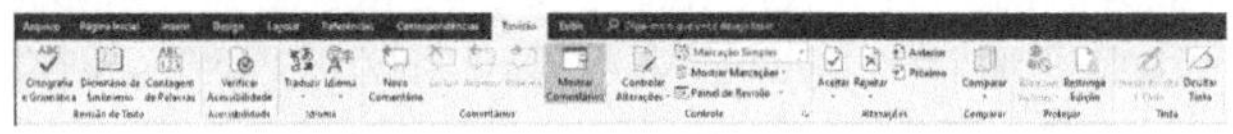

### Bloco revisão de texto

Neste Bloco é que se encontra a ferramenta Ortografia e Gramática, que pode ser acionada por meio da tecla de atalho F7. Há também a ferramenta Pesquisar. Mas, cuidado: esta ferramenta serve para pesquisar na Internet, e não no documento em edição.

Outra opção interessante é o Dicionário de Sinônimos, que se torna muito útil quando é preciso encontrar uma palavra diferente para se referenciar a algo de forma a fugir de ter de repetir algum termo.

A ferramenta Contar Palavras, ao ser acionada, abre a janela ilustrada a seguir, na qual é informada a quantidade de palavras em várias situações. O que conta mais para a prova é saber que, se um trecho do texto foi selecionado previamente à seleção da opção, os dados apresentados serão apenas referentes à seleção; porém, se nada estiver selecionado, os dados serão referentes ao documento inteiro.

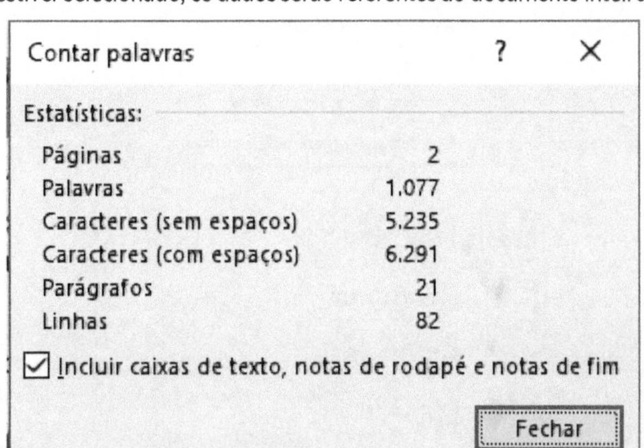

## Bloco idioma

Uma novidade também no Word 2013 é a opção Traduzir, disponível no bloco Idioma, que permite traduzir um texto selecionado utilizando a ferramenta de tradução online da Microsoft. Obviamente observa-se a necessidade de estar conectado à Internet.

Muitas vezes, precisamos digitar trecho ou textos inteiros em outro idioma e ficamos em dúvida se as palavras estão corretas, pois aparecem sublinhadas em vermelho indicando erro. Porém, o MS Word é mais inteligente, uma vez que busca detectar o idioma automaticamente, de forma a se autoajustar. Contudo, às vezes precisamos definir manualmente o idioma de algumas palavras, para isso podemos utilizar a opção Idioma do Bloco Idioma.

## Bloco comentários

É possível inserir comentários no documento em edição, principalmente com a finalidade de explicar alguma alteração realizada.

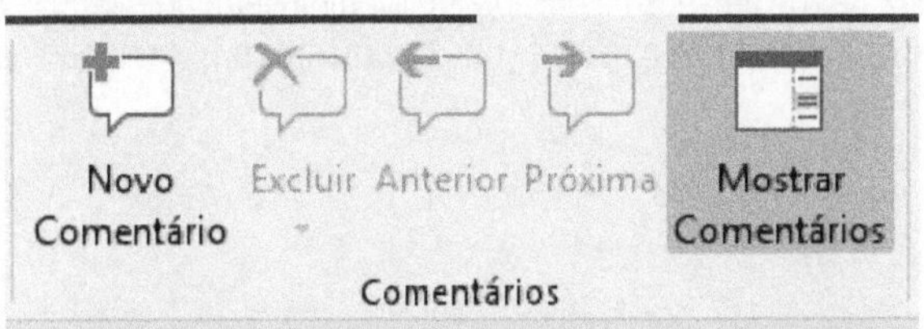


Cuidado: embora a aba Inserir apresente a opção Comentários, as demais ferramentas e opções relacionadas aos comentários e à correção de texto se encontram na aba Revisão.

## Bloco controle

O bloco Controle é uma excelente ferramenta para a correção de documentos, de forma que o escritor, ao terminar sua parte, ativa a opção Controlar Alterações e salva o documento, e envia-o para um corretor, que simplesmente apaga trechos do texto, insere novas estruturas, porém estas ações apenas são marcadas no documento, como ilustrado na sequência, de forma que o corretor, ao terminar, salva novamente o documento e o envia ao escritor para que aceite ou não as alterações realizadas.

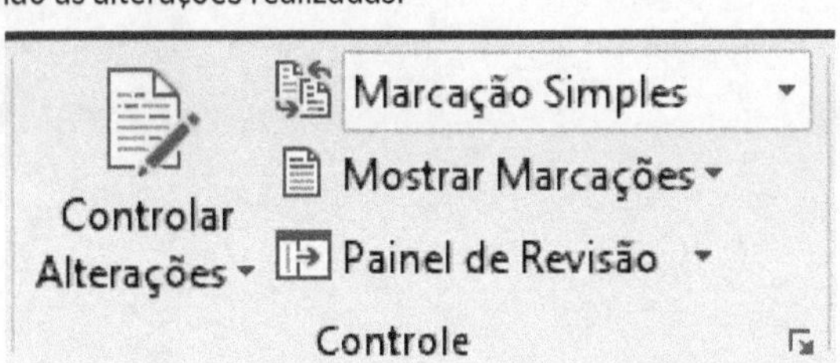


~~Texto a ser excluído~~ Inserir este texto do documento, para o exemplo.¶

## Bloco alterações

Ao receber o documento com as sugestões de alteração, o escritor apenas tem o trabalho de aceitar ou rejeitar as sugestões realizadas.

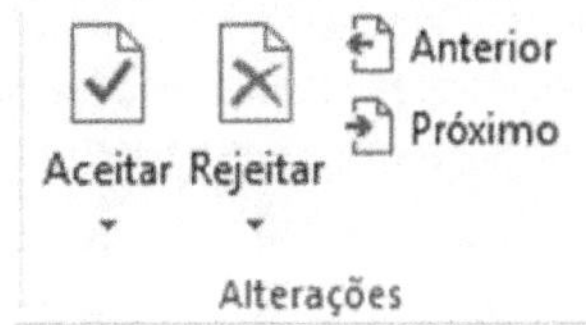


## Bloco comparar

O bloco Comparar oferece a opção Comparar pela qual é possível escolher dentre as opções: Comparar... ou Combinar...

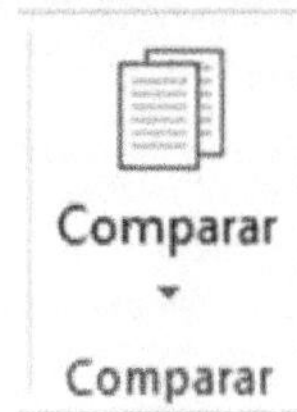


A opção Comparar... permite comparar versões diferentes de um mesmo documento, a fim de destacar as diferenças. Já a opção Combinar... serve para combinar as diferentes sugestões de alteração que várias pessoas fizeram com base no mesmo documento.

## Bloco proteger

A opção Restringir Edição, disponível no Bloco Proteger, é a mesma apresentada no menu Arquivo.

# 1.11 Aba Exibir

Note que no Word 2013 o nome da aba era Exibição; na versão 2016 ficou mais sucinta. As opções encontradas nesta Guia estão relacionadas a itens que se remetem à forma de apresentação da janela, do zoom, entre outas visões. A figura a seguir ilustra a aba que é composta pelos blocos: Modos de Exibição de Documento; Mostrar; Zoom; Janela e Macros.

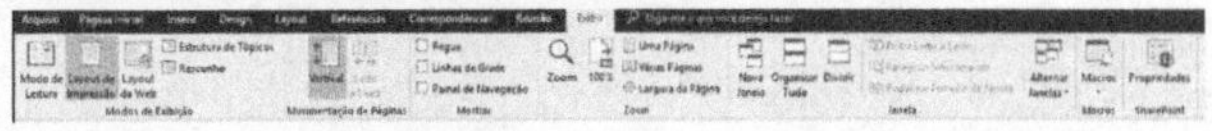

## Bloco modos de exibição

Trata-se de um dos principais blocos da aba Exibição, em relação à cobrança nas provas, pois neste bloco são disponibilizados os cinco modos de exibição da janela do Word: Layout de Impressão; Leitura em Tela Inteira; Layout da Web; Estrutura de Tópicos e Rascunho, conforme ilustra a figura a seguir.

O modo Layout de impressão é o padrão. Quando ele esta ativado, é possível se visualizar os limites das páginas, e as réguas são exibidas tanto da horizontal como da vertical.

O modo Leitura em Tela Inteira oferece uma visualização na qual o tamanho da fonte é aumentado, bem como os espaçamentos, proporcionando assim uma melhor visualização do texto.

No Layout da Web não há a divisão em páginas, e apenas aparece a régua da horizontal.

A Estrutura de Tópicos exibe o texto com um marcador para cada parágrafo, como ilustrado a seguir.

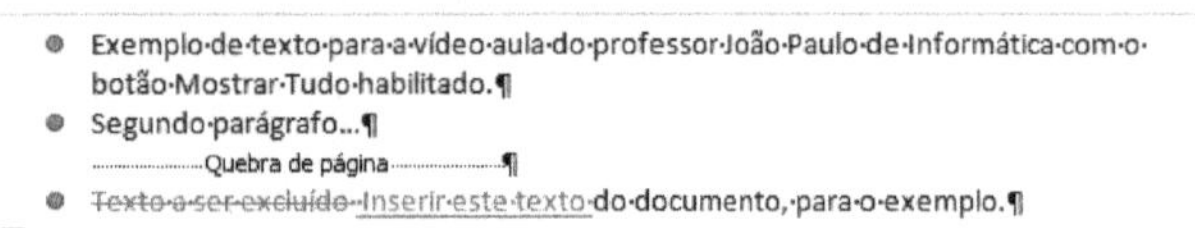


O modo Rascunho é o mais simples, as figuras são omitidas, e apenas o texto é exibido.

## Bloco mostrar

Por meio deste bloco é possível se exibir ou ocultar algumas estruturas do Word, como: a Régua, as Linhas de Grade e o Painel de Navegação, conforme a figura a seguir.

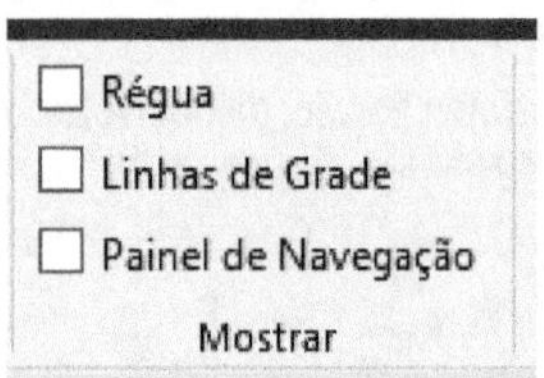


A opção Régua, por padrão, é habilitada; mas, ao desativá-la, apenas são ocultadas as réguas da janela.

Já a opção Linhas de Grade exibe o reticulado, a fim de auxiliar na edição do documento como ilustrado a seguir.

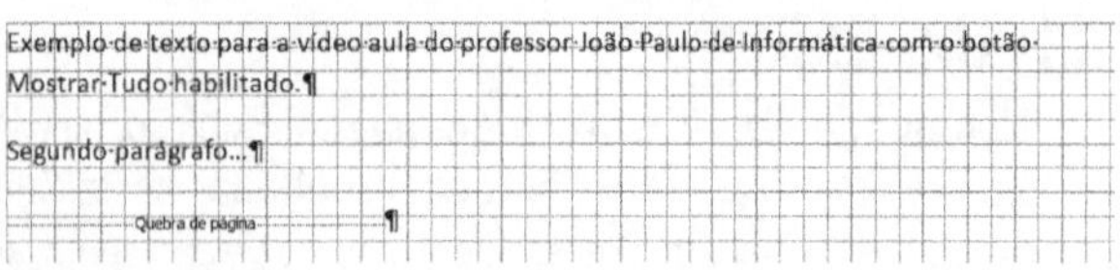


A opção Painel de Navegação habilita a exibição ao lado esquerdo da janela do Word, um painel no qual são exibidos os títulos do documento, como ilustrado a seguir. Ao se clicar em um título, o cursor de texto é disposto na posição do título clicado, também é possível se reorganizar o documento clicando e mantendo clicado, arrastar o arquivo para o local desejado.

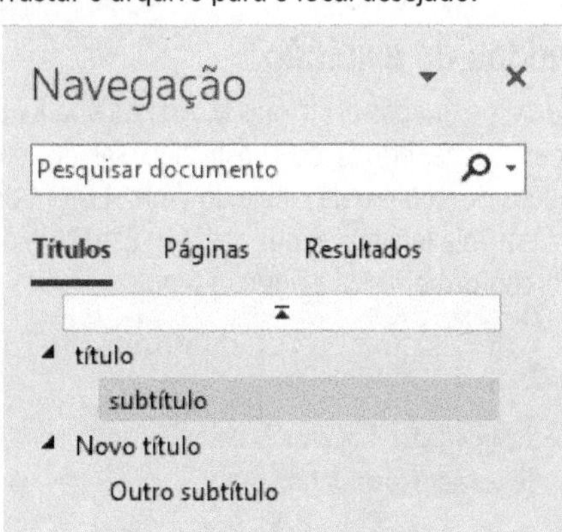


## Bloco zoom

Por meio deste bloco, ilustrado a seguir, é possível se alternar entre os diversos níveis de zoom do documento.

## Bloco janela

As opções deste bloco estão associadas à visualização da janela do programa.

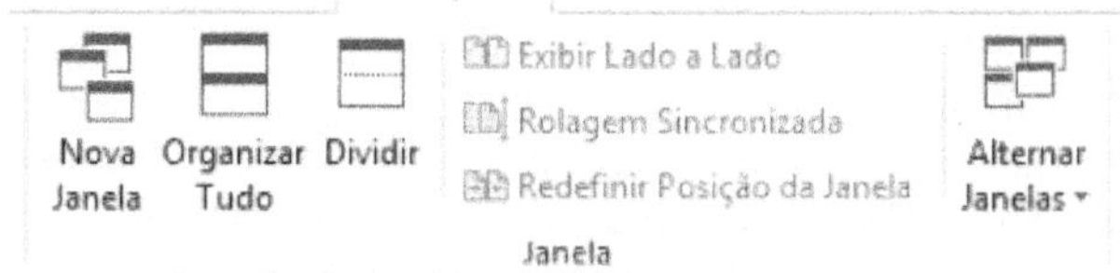


A opção mais usual é a opção Dividir, que permite dividir a tela em duas, de forma a possibilitar a visualização de duas partes distantes de um mesmo documento simultaneamente, como ver a primeira e a última página de um documento com várias páginas.

# 2. EXCEL 2016

## 2.1 Janela Inicial

Assim como no Word e no PowerPoint 2016, o Excel inicia, por padrão, com a tela que exibe os documentos recentes e modelos, disponíveis online, como sugestões para iniciar um novo documento.

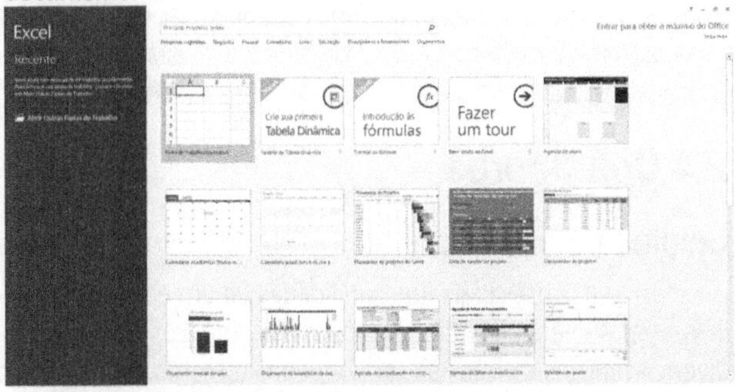


## 2.2 Formatos de Arquivos

Um arquivo do Excel é uma Pasta de Trabalho, composta por uma ou mais Planilhas.

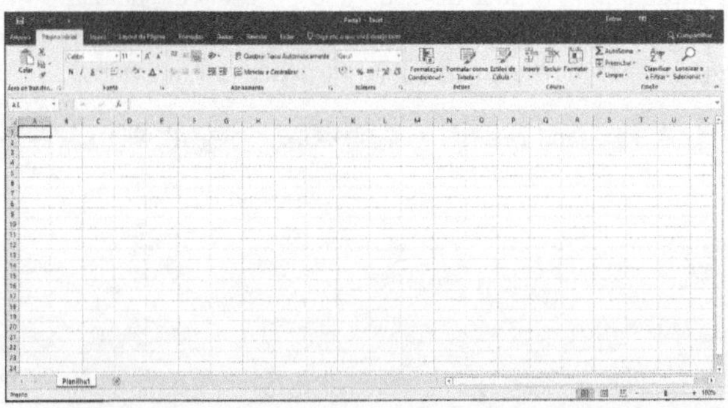

Note que, na versão 2016, o nome padrão das planilhas não é mais Plan1, e sim Planilha1, similar ao BrOffice/LibreOffice Calc.

| Formato | Excel 2003 | Excel 2007 e 2010 | *Excel 2013 e 2016* | Calc |
|---|---|---|---|---|
| Pasta de trabalho | XLS | XLSX | XLSX | ODS |
| Modelo | XLT | XLTX | XLTX | OTS |
| Demais formatos | csv e CML | XLS, ODS, csv e XML | XLS, ODS, csv e XML | XLSX, XLS, csv e XML |
| PDF | Não trabalha com | SALVA em PDF | Exporta em PDF | Exporta em PDF |

Nota: cada pasta de Trabalho agora opera em uma janela diferente. Assim, torna-se possível utilizar recursos como o AERO SNAP para exibir duas janelas do Excel lado a lado na tela.

Em uma tabela, o comportamento é diferente do comportamento de uma planilha. Em uma planilha, as células possuem endereços que podem ser referenciados em fórmulas e funções.

Ainda comparando tabela com planilha, ao inserir uma tabela são desejadas as células já com suas bordas em evidência, e a quantia de linhas e colunas pode ser inserida na tabela indefinidamente, ao contrário das planilhas que ao criar uma planilha ela exibe apenas suas linhas de grade e não suas bordas, tanto que se visualizarmos a impressão irá aparecer uma página em branco.

| | Nº de Linhas | Nº Colunas |
|---|---|---|
| Excel 2003 | 65.536 | 256 |
| Excel 2007 → 2016 | 1.048.576 = $2^{20}$ | 16.384 = $2^{14}$ |
| Calc | 1.048.576 | 1.024 = $2^{10}$ |

Contudo, as planilhas já são criadas com um número específico de linhas e colunas. Este número é fixo, ou seja, não podemos criar novas linhas ou colunas muito menos excluí-las. Neste ponto você deve estar se perguntando: mas o Excel tem uma opção para inserir linhas e colunas. É... infelizmente você acabou de descobrir que o programa está lhe enganando.

## 2.3 Novidades

Uma das maiores novidades (pelo menos para efeito de provas em concursos) do Excel 2016 são os novos gráficos disponíveis.

Note, na figura a seguir, que os minigráficos continuam a existir no 2016, e ainda são apresentados separadamente dos gráficos tradicionais, por conta da forma que são representados. Os minigráficos são limitados ao tamanho de uma célula, enquanto os gráficos tradicionais podem ser incorporados como figuras ou como uma guia de planilha.

No Excel 2016, recomenda-se selecionar os dados antes de inserir um gráfico, pois o programa busca apresentar primeiramente os gráficos recomendados de acordo com o conjunto de dados selecionados. Por exemplo, se apenas uma linha, ou apenas uma coluna for selecionada o mais indicado será um gráfico de Pizza, ou sua variação Rosca. A figura a seguir representa os gráficos disponíveis no programa.

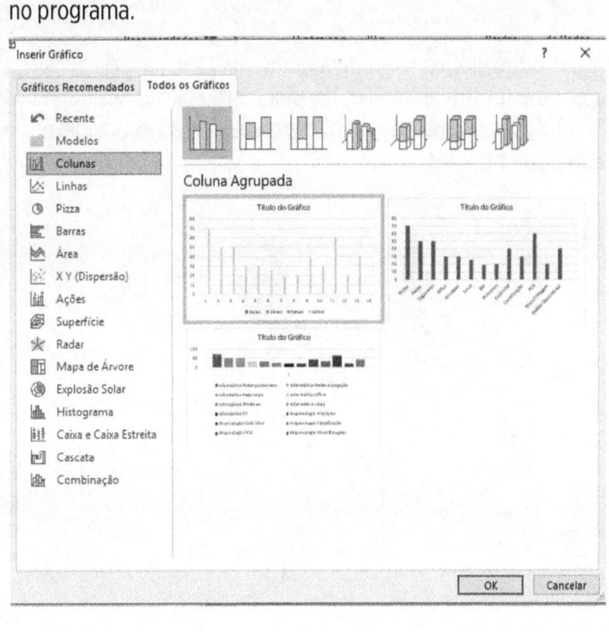

Dos gráficos disponíveis são novos, ou seja, não existiam na versão anterior, os seguintes:

> Mapa de Árvore;
> Explosão Solar;
> Histograma;
> Caixa e Caixa Estreita (boxplot);
> Cascata;
> Funil.

Os demais gráficos já existiam na versão anterior:

> Coluna (Agrupada ou empilhadas - 2D e 3D);
> Barra (Agrupada ou empilhadas - 2D e 3D);
> Linha;
> Pizza;
> Rosca (é uma variação de pizza);
> Área;
> X Y (também chamado de Dispersão);
> Bolhas (variação de dispersão);
> Ações;
> Superfície;
> Combinação (inserido no Excel 2013);
> Radar.

A seguir consta um exemplo do gráfico de explosão solar. Veja que é possível, e necessário, usar mais que duas colunas, ou linhas. Este gráfico permite analisar dados categorizados e sua participação (%) dentro de cada categoria.

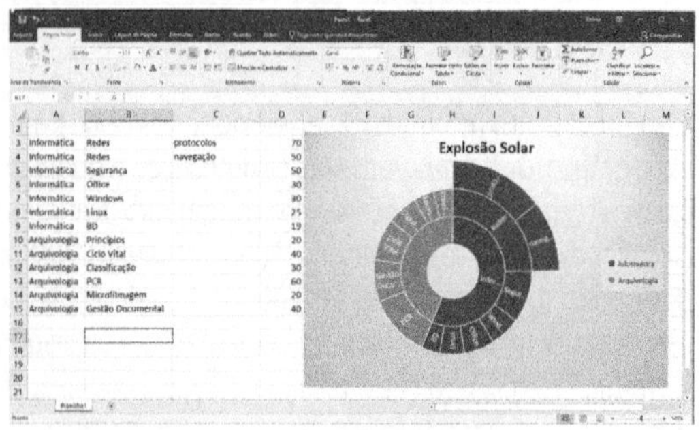


Outro gráfico, excepcional, adicionado que auxilia e muito a área de estatística é o gráfico boxplot (Caixa) que apresenta várias informações estatísticas, como máximos e mínimos, média entre outras informações.

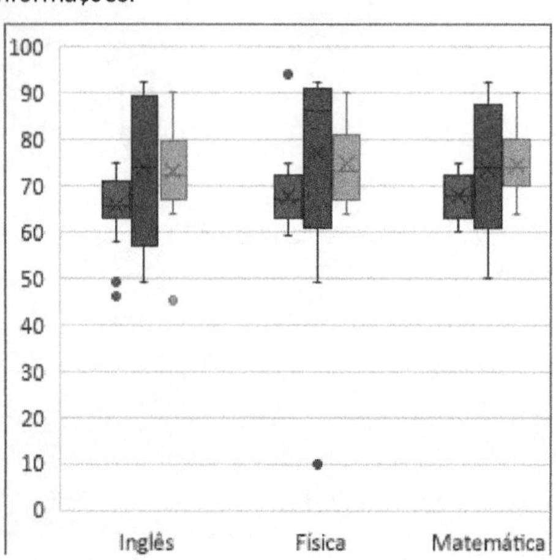


Um gráfico caixa e caixa estreita mostra a distribuição dos dados em quartis, realçando a média e as exceções. As caixas podem ter linhas estendendo-se verticalmente chamadas de "caixa estreita". Essas linhas indicam variabilidade fora do quartis superiores e inferiores e qualquer ponto fora dessas linhas ou caixas estreitas é considerado uma exceção (Microsoft).

Os gráficos de caixa estreita são frequentemente usados na análise estatística. Por exemplo, você poderia usar um gráfico de caixa estreita para comparar os resultados de avaliações médicas ou as pontuações de teste de professores (Microsoft).

## 2.4 Operadores

### Células de absorção

Uma das principais funcionalidades de um editor de planilhas é permitir a realização de cálculos matemáticos e operar com diversas funções lógicas não somente com números, mas também com textos. Contudo, é necessário informar ao programa quando temos a intenção de realizarmos alguma destas operações. Para isso, devemos utilizar um indicador antes das fórmulas e funções.

Dentre os símbolos utilizados para iniciar uma Fórmula ou Função o mais conhecido e cobrado é o sinal de igualdade "=", porém ele não é o único que pode ser utilizado Na tabela a seguir estão descritos os demais sinais que podem ser utilizados.

| Fórmulas | Exemplo | Funções | Exemplo |
|---|---|---|---|
| = | =5+5 | = | =SOMA(A1:A5) |
| + | +5+5 | + | +SOMA(A1:A5) |
| - | -5+5 | - | -SOMA(A1:A5) |
| | | @ | @SOMA(A1:A5) |

A observação sobre estes sinais está relacionada à origem do Excel. Nas primeiras versões do programa era utilizado o símbolo "@" (arroba) para indicar ao programa o início de uma função, enquanto para fórmulas se utilizava o "=", Como forma de padronizar, a Microsoft alterou o programa para que as funções também aceitassem o sinal de igualdade como indicar de início. Portanto o @ só funciona associado a funções no Excel.

Você deve estar se perguntando neste momento qual a diferença entre Fórmula e Função. Entenda por fórmula aquelas operações que envolvem os operadores matemáticos, as sentenças aritméticas, ou mesmo operações que envolvem mais de uma função.

Não podemos dizer que uma fórmula pode iniciar pelo sinal "@" pelo fato de que existe situação em que ele não funciona, como por exemplo, se for inserido em uma célula o seguinte "@5+5" Excel apresentará erro; mas se o que for inserido, por exemplo, "@B3+C3" o Excel também apresentará erro. Porém após fechar a caixa da mensagem de erro ele traz o trecho "@B3" selecionado. Assim quando o usuário clicar em alguma célula o trecho selecionado será substituído pelo sinal "=" seguido do endereço da célula selecionada.

Contudo, algumas bancas como CESPE e FCC consideraram em provas anteriores que o sinal "@" pode ser utilizado tanto para indicar o início de Fórmulas como também Funções. E, na prova o que considerar? Considere a forma correta, pois se a banca considerar o diferente utilize o exemplo dado, da situação que ocorre o erro, para anular a questão.

## Operadores Aritméticos

Quando trabalhamos com expressões aritméticas ou fórmulas, utilizamos constantemente os operadores, e, por este fato, muitas bancas colocam cobram questões a respeito. Os principais operadores são ilustrados na tabela a seguir.

| Operador | Ação | Exemplo | Resultado |
|---|---|---|---|
| + | Soma | =5+5 | 10 |
| - | Subtração | =5-5 | 0 |
| * | Multiplicação | =5*5 | 25 |
| / | Divisão | =5/5 | 1 |
| % | Percentagem | =200 * 10% | 20 |
| ^ | Potenciação | =2^3 | 8 |

Quando uma célula estiver selecionada no Excel e se pressionar a tecla "/", o menu Arquivo será selecionado no Excel 2003 e, a partir do 2007, irá exibir as letras de cada guia da faixa de opções, ou seja, no Excel a barra faz o mesmo que a tecla Alt. Para iniciar o conteúdo de uma célula com a barra, deve-se posicionar o cursor de texto dentro da célula.

*O operador % equivale a uma divisão por 100.*

## Operador de texto

O operador de texto é o & que realiza a operação de concatenação, ou seja, junta os dados das células indicadas na célula em que foi inserida a fórmula.

| | A |
|---|---|
| 1 | AB |
| 2 | 7 |
| 3 | =A2&A1 |
| 4 | =A3&A2 |
| 5 | =A4&A3 |
| 6 | |

| | A |
|---|---|
| 1 | AB |
| 2 | 7 |
| 3 | 7AB |
| 4 | 7AB7 |
| 5 | 7AB77AB |
| 6 | |
| 7 | |

Outros exemplos:

| | A | B | C | D |
|---|---|---|---|---|
| 1 | 10 | 40 | =A1&B1 | =C1+1 |
| 2 | AB | CD | =B2&A2 | |
| 3 | =A1&A2 | =B2&B1 | | |
| 4 | | | | |

Resultados:

| | A | B | C | D | E |
|---|---|---|---|---|---|
| 1 | 10 | 40 | 1040 | 1041 | |
| 2 | AB | CD | CDAB | | |
| 3 | 10AB | CD40 | | | |
| 4 | | | | | |

## 2.5 Operadores de referência

Em conjunto com o uso de funções, necessitamos utilizar um indicador para especificar os valores que devem ser considerados em uma função. A presença desses indicadores é tão importante, que houve questões nas quais o erro era justamente o uso incorreto desses sinais. A tabela a seguir mostra o sinal e como o devemos ler em uma expressão.

| | | |
|---|---|---|
| ; | E | União |
| : | Até | Intervalo |

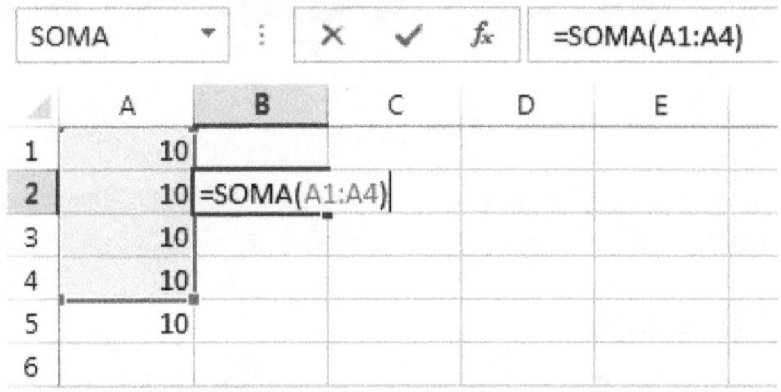

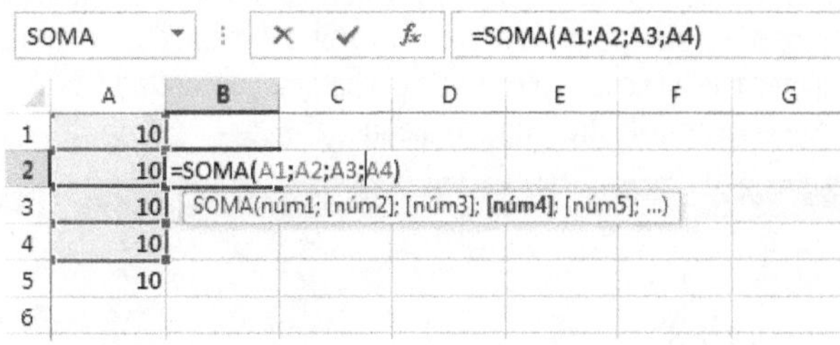

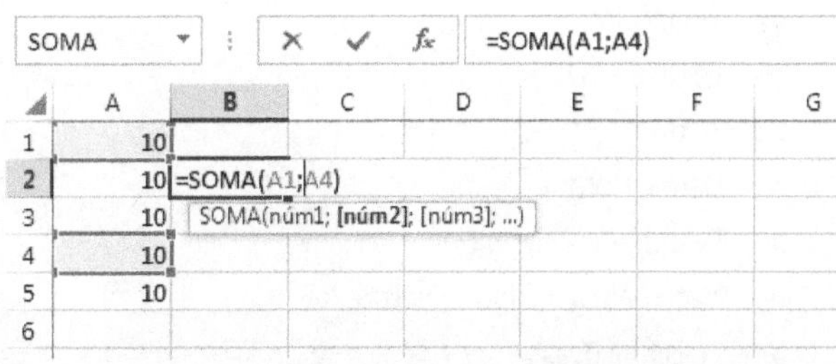

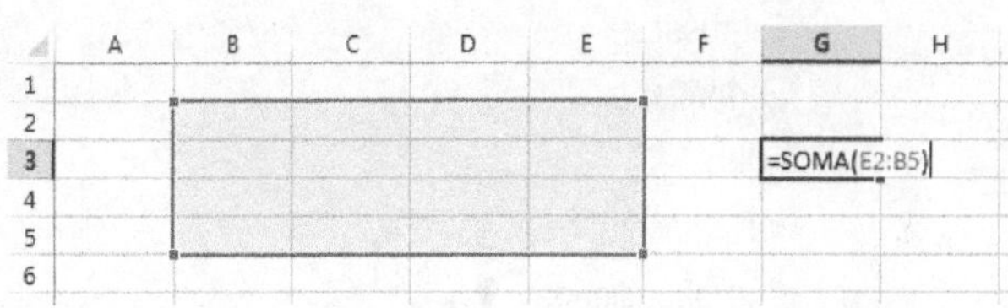

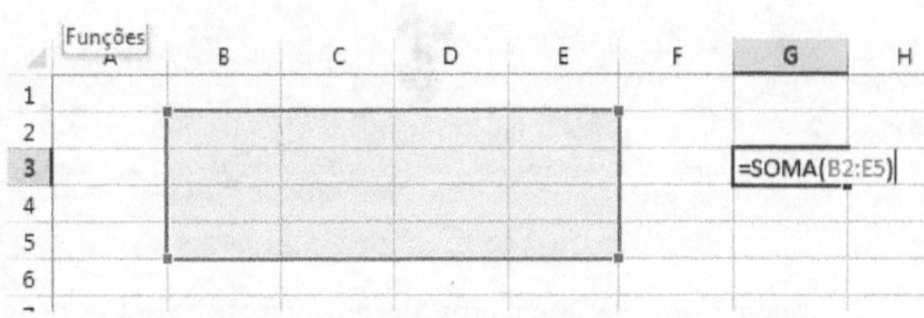

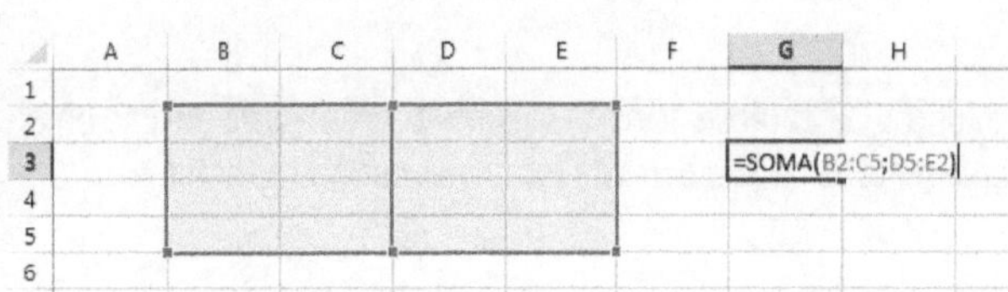

O sinal de ponto e vírgula ainda pode ser entendido como operador de união, e o sinal dois-pontos define um intervalo.

Ex.: dadas as funções

=SOMA(A3:A6)

=SOMA(A3;A6)

Na primeira função será apresentado o resultado da soma dos valores das células A3, A4, A5 e A6, enquanto que na segunda será apenas calculada a soma dos valores das células A3 e A6.

## Operador de comparação

| Operador | Símb. | Exemplo de uso | Resultado |
|---|---|---|---|
| Menor que | < | =7<10 | VERDADEIRO |
| Maior que | > | =7>10 | FALSO |
| Igual à | = | =7=10 | FALSO |
| Maior ou igual à | >= | =7>=10 | FALSO |
| Menor ou igual à | <= | =7<=10 | VERDADEIRO |
| Diferente de | <> | =7<>10 | VERDADEIRO |

## 2.6 Funções

O Excel oferece diversas funções para a realização de operações e cálculos. Para auxiliar o usuário a encontrar a função necessária, o programa as separa em grupos, separadas em uma biblioteca de funções. O recurso citado pode ser encontrado na aba Fórmulas, como ilustra a figura a seguir.

### Categorias

- Financeira;
- Lógica;
- Texto;
- Data e Hora;
- Pesquisa e Referência;
- Matemática e Trigonométrica;
- Mais funções:
  - Estatística;
  - Engenharia;
  - Cubo;
  - Informações;
  - Compatibilidade
  - Web.

Também é possível inserir uma função por meio do botão Inserir Função  presente nesta mesma aba, como pelo mesmo botão representado na aba barra de fórmulas ilustrada a seguir.

Dentre as tantas funções existentes no programa, vamos destacar as principais, ou seja, as que têm maior probabilidade de serem cobradas nas provas.

### Soma

A função Soma apresenta o resultado da soma dos valores contidos nas células indicadas no espaço de parâmetros da mesma.

Logo, tomando o recorte da planilha abaixo, e seus dados, ao inserir a função =SOMA(A1:A5), obtemos como resposta o valor 20.

| | A | B | C |
|---|---|---|---|
| 1 | 7 | 3 | |
| 2 | 3 | 7 | |
| 3 | | 7 | |
| 4 | 7 | 3 | |
| 5 | 3 | 5 | |
| 6 | | | |
| 7 | | | |

### Média

O cálculo da média é a obtenção do resultado da soma de um conjunto de valores e dividir essa soma pelo total de elementos desse conjunto.

A sintaxe da função é

=MÉDIA(<parâmetros>)

Em que: os <parâmetros> são o conjunto de endereços das células que serão consideradas. Dada a figura anterior, consideremos a função: =MÉDIA(A1:A5). O resultado dessa função será 20, pois a função Média ignora células vazias.

| | A | B | C |
|---|---|---|---|
| 1 | 7 | 3 | |
| 2 | 3 | 7 | |
| 3 | | 7 | |
| 4 | 7 | 3 | |
| 5 | 3 | 5 | |
| 6 | | | |
| 7 | | | |

### Mediana

A mediana calcula o elemento central de um conjunto de dados. Mas, cuidado: devemos lembrar que esta é uma função estatística que considera os valores ordenados. Assim, ao aplicar a função:

#### =MED(B1:B5)

Obteremos como resposta o valor 5, pois se encontra no centro do conjunto de dados. Já no caso de aplicar a função:

#### =MED(A1:A5)

A resposta será também 5, porque quando o conjunto de dados possui uma quantidade par de elementos, a mediana corresponde à média dos dois elementos centrais do conjunto.

### Mod

A função MOD calcula o resto de uma divisão inteira. Dessa forma, ao aplicar a função:

=MOD(A1;A2) teremos como resposta 1, uma vez que o número 7 dividido por 3 resulta em 2 e sobra 1.

## Potência

Esta função calcula um valor elevado a outro. Sua sintaxe é a seguinte:

=POTÊNCIA(<número>;<potência>)

Como exemplo, temos:

=POTÊNCIA(2;3)

que resulta em 8.

Ainda, podemos comparar com o uso do operador de potenciação:

=2^3

## Máximo

A função Máximo retorna o valor mais alto do conjunto de dados especificados, ao aplicar a função para o conjunto de dados inicial.

=MÁXIMO(B1:B5)

A resposta será 7.

## Maior

A função maior possui dois campos em sua sintaxe.

=MAIOR(<intervalo>;<Número de Ordem>)

Ao aplicar

=MAIOR(B1:B5;3)

Podemos entender como a busca pelo terceiro maior número de B1 até B5.

## Mínimo

Esta função resulta no valor mais baixo de um conjunto de dados. Logo ao aplicar:

=MÍNIMO(B1:B5)

a resposta obtida será 3.

## Menor

Assim como a função Maior a função menor possui dois campos obrigatórios, seja o exemplo:

=MENOR(B1:B5;4)

Em que se lê: quarto menor número de B1 até B5, que resulta em 7.

## Agora

Outro grupo de funções é o das funções de data, no caso específico a função Agora é um exemplo.

Esta função não recebe parâmetros, apenas é escrita:

=AGORA( )

Seu resultado é a expressão da data e da hora atual, ou seja, do momento em que foi inserida. Cuidado: por padrão, o resultado desta função não se atualiza automaticamente. No entanto, ao inserir uma outra função ou cálculo em outra célula e teclar Enter, os dados da função Agora serão atualizados.

## Hoje

A função Hoje retorna apenas a Data atual. Para usá-la, basta inserir =HOJE( ) e a data será impressa na célula.

## Dias

A função DIAS retorna a diferença entre duas datas.

=DIAS(<data_Final> ; <data_Inicial>)

## Cont.Núm

Esta função realiza a contagem de células cujo conteúdo é um valor numérico. Sua sintaxe apresenta-se da seguinte forma:

=CONT.NÚM(A1:A5)

Para o conjunto de dados inicial, a resposta será 4, pois uma célula está vazia.

## Cont.Se

Enquanto a função Cont.Núm contabiliza a quantidade de células de conteúdo numérico, a função Cont.Se conta a quantidade de células que possuem conteúdo que atendam a um critério fornecido como parâmetro.

=CONT.SE(<intervalo>;<Critério>)

Assim, se aplicarmos:

=CONT.SE(B1:B5; "=7")

A resposta obtida será 2, pois existem apenas duas células com conteúdo igual a 7. Observe atentamente a necessidade do uso das aspas duplas.

## SomaSe

Por meio da função SomaSe, podemos realizar a soma apenas das células que interessam.

Sua sintaxe é apresentada de seguinte forma:

=SOMASE(<intervalo a ser comparado> ; <critério> ; <intervalo a ser somado>)

Para isso, utilizaremos o conjunto de dados a seguir:

| | A | B | C | D |
|---|---|---|---|---|
| 1 | 7 | 3 | A | |
| 2 | 3 | 7 | A | |
| 3 | | 3 | B | |
| 4 | 7 | 7 | C | |
| 5 | 3 | 5 | A | |
| 6 | | 5 | C | |
| 7 | | | | |

Ao utilizar a função:

=SOMASE(C1:C6; "=A"; B1:B6)

A resposta será 15, pois corresponde à soma das células presentes na coluna B, que estão na mesma linha das células da coluna C, que tem como conteúdo o texto comparado "A".

## SE

A função SE também é conhecida como condicional. Esta função é utilizada para a tomada de decisões, pois permite analisar os dados e realizar uma ação de acordo com o que for encontrado.

A sintaxe da função possui por padrão três campos:

=SE(<teste lógico> ; <ação caso teste verdadeiro> ; <ação caso teste falso>)

Assim, dado o exemplo:

=SE(7>5;"verdade";"falso")

A resposta será verdade, pois é o texto expresso na ação, caso a condição seja verdadeira. Como 7 é maior do 5, isso se confirma.

=SE(7<5; "verdade"; "falso")

Como 7 não é menor do que 5, a condição é falsa; o que leva ao resultado Falso.

### E

A função E retorna o resultado do tipo lógico, sendo verdadeiro somente quando todas as expressões sejam verdadeiras. A seguir consta a sintaxe desta função:

=E(expressão1; Expressão2; Expressão n)

### Ou

A função OU retorna o resultado do tipo lógico, sendo falso somente quando todas as expressões sejam falsas. A seguir consta a sintaxe desta função:

=OU(expressão1; Expressão2; Expressão n)

### Não

A função Não é a negação. Ela aceita apenas um parâmetro e inverte o resultado deste. Assim, se o valor da expressão resulta em verdadeiro, a resposta gerada por ela é falso e vice-versa. A seguir consta a sintaxe desta função:

=Não(Expressão)

### Ou exclusivo

A função XOR retorna o resultado lógico verdadeiro apenas quando o número de proposições verdadeiras for ímpar.

=XOR(Expressão1 ; Expressão2; Expressão n)

### Maiúsculas

No Excel, ao contrário do Word, para formatar um texto para letras maiúsculas não existe uma ferramenta, mas apenas a função Maiúsculas . A seguir consta a sintaxe desta função:

=MAIÚSCULA("texto")

O resultado será TEXTO.

### Minúsculas

Assim como para formatar como maiúsculas, também é possível utilizar a função Minúsculas. A seguir consta a sintaxe desta função:

=MINÚSCULA("TexTo")

O resultado será texto.

## 2.7 Seleção de células

Durante a edição de uma planilha, podemos usar um comando do teclado para navegar entre as células. Dentre uma das ações mais comuns está o uso da tecla ENTER que, em uma planilha, seleciona a célula abaixo da célula em edição, enquanto que em uma tabela do Word é inserido um novo parágrafo na nova linha dentro da mesma célula.

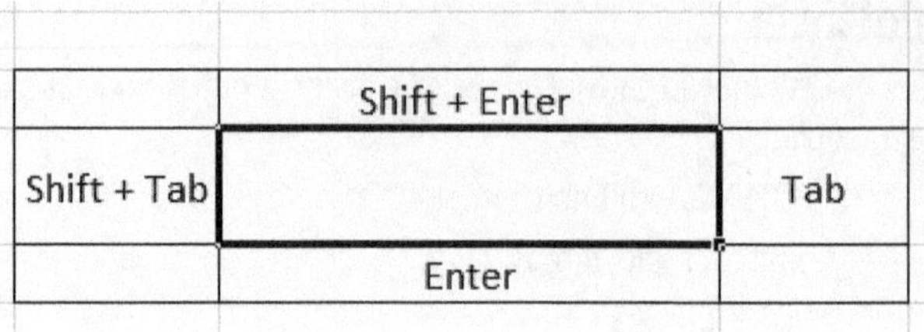


Já a tecla Tab produz o mesmo resultado tanto em uma Planilha como em uma tabela no Word. Ao teclar TAB, a célula à direita da célula em uso será selecionada.

O uso da tecla HOME tanto no Word como no Excel posiciona o cursor na primeira posição da linha atual. No caso das planilhas, a primeira posição trata-se da primeira célula.

Ao utilizar a combinação CTRL + HOME, a primeira célula é selecionada, ou seja, a célula A1.

A combinação CTRL + END seleciona a última posição do documento; esta, por sua vez, é a célula do encontro da última coluna com a última linha com conteúdo.

De modo geral, também podemos realizar a seleção de um conjunto de células.

## 2.8 Alça de preenchimento

A alça de preenchimento é um dos recursos que mais possui possibilidades de uso e, por consequência, respostas diferentes.

Antes de entendê-la vamos ver quem é ela. Veja a figura a seguir.

Observe que, quando uma ou mais células estão selecionadas, sempre no canto inferior direito é ilustrado um quadrado um pouco mais destacado; essa é a alça de preenchimento.

Ela possui esse nome porque é utilizada para facilitar o preenchimento de dados que obedeçam a uma regra ou padrão.

Quando uma única célula está selecionada e o seu conteúdo é um valor numérico, ao clicar sobre a alça de preenchimento e arrastar, seja na horizontal ou vertical, em qualquer sentido, exceto diagonal, no Excel o valor presente na célula é copiado para as demais sobre as quais foi arrastada a alça. A figura a seguir ilustra tal comportamento.

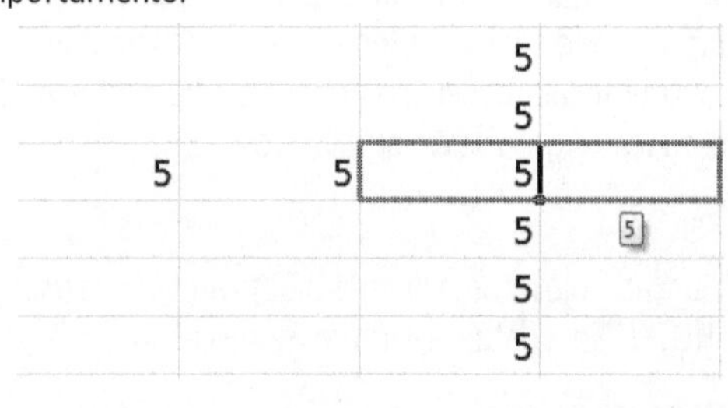

Já em uma situação em que existem duas células adjacentes selecionadas contendo valores numéricos diferentes entre si, ao se arrastar pela alça de preenchimento as células serão preenchidas com uma PA, cuja razão é a diferença entre os dois valores selecionados. A figura a seguir ilustra esse comportamento. Podemos observar que o valor que irá ser exibido na célula B6 será o número 30. Com isso observamos que a célula B4 receberá o valor 20, enquanto que B5 receberá 25, conforme vemos na figura da direita.

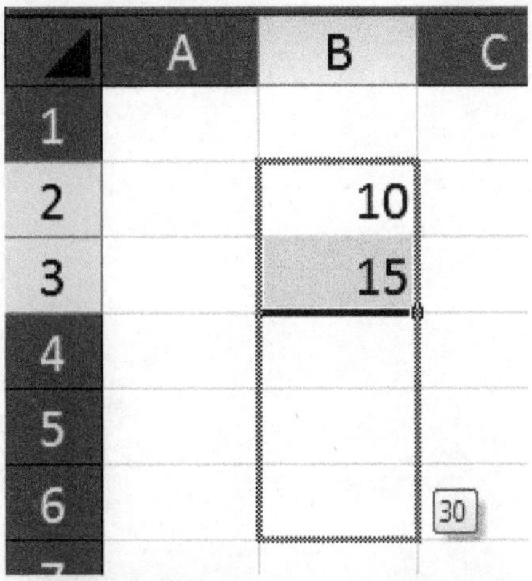


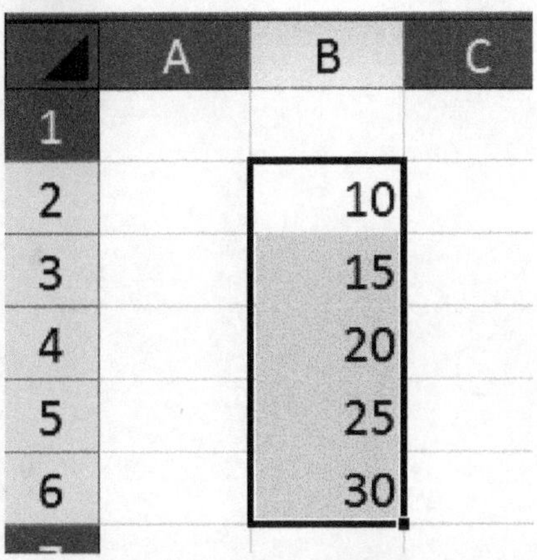


Mas devemos nos lembrar da exceção do Excel, em que se forem duas células selecionadas uma abaixo da outra, ao arrastar na horizontal as células são preenchidas com o mesmo valor; caso sejam duas células uma ao lado da outra as selecionadas, ao arrastar na vertical também apenas será copiado o valor das células selecionadas. Veja a figura a seguir ilustrando esse comportamento.

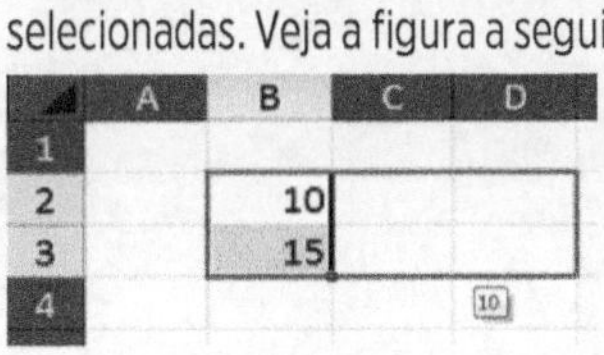


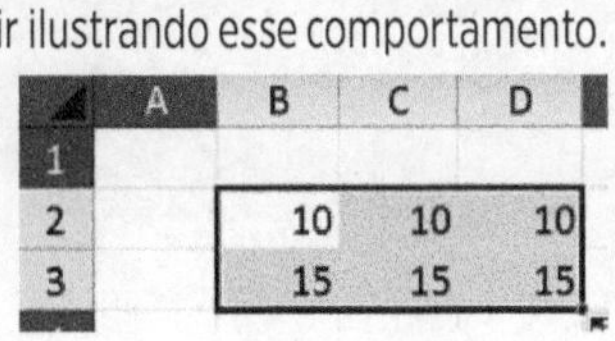


Quando o conteúdo de uma única célula selecionada for um texto, esse será copiado para as demais células. Mas se o conteúdo, mesmo sendo um texto, fizer parte de uma série conhecida pelo programa, as células serão preenchidas com o próximo valor da série. Por exemplo, se Janeiro for o conteúdo inserido na célula, então ao arrastar pela alça de preenchimento para a direita ou para baixo, a célula adjacente será preenchida com Fevereiro. Por outro lado, se for arrastado para cima ou para a esquerda, a célula adjacente será preenchida com Dezembro. O mesmo vale para as sequências Jan, Seg e Segunda-feira. Atenção: A, B, C não são conhecidos como série nos programas, mas o usuário pode criá-las.

Já na situação em que haja duas células que contenham textos diferentes selecionadas, ao arrastar será preenchido com o padrão encontrado. Veja o exemplo abaixo.

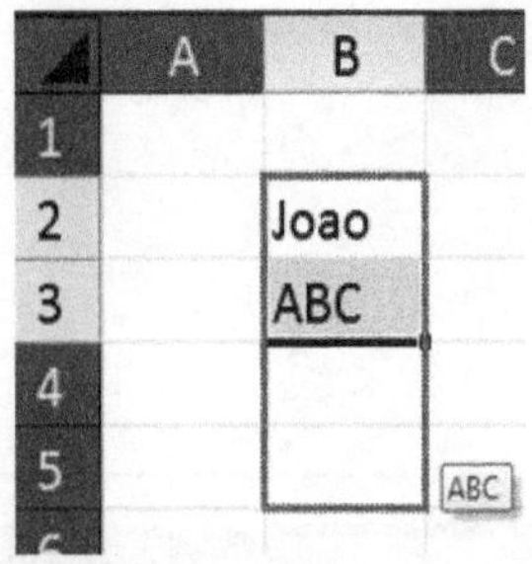


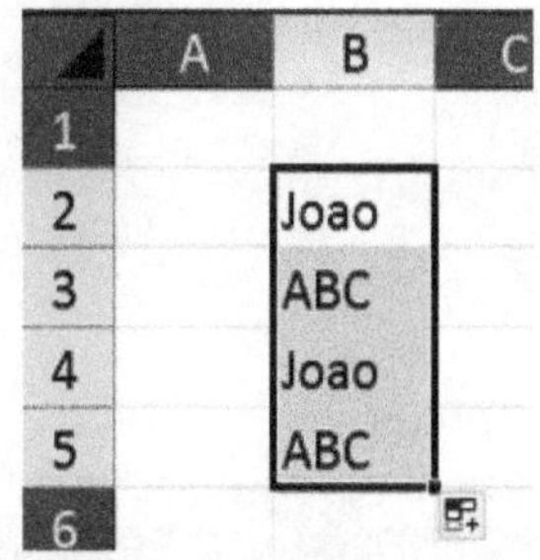


## 2.9 Endereçamento de células

Para endereçar uma célula, podemos utilizar 3 modos diferentes: Relativo, Misto e Absoluto.

Os modos de endereçamento não mudam em nada o valor ou qual célula está sendo utilizada, apenas influenciam a ação de copiar a célula com um endereço para outra célula.

| Relativo | Misto | | Absoluto |
|---|---|---|---|
| Coluna Linha | $Coluna Linha | Coluna $Linha | $Coluna$Linha |
| CL | $CL | C$L | $C$L |
| A2 | $A2 | A$2 | $A$2 |

### Endereçamento relativo

### Fórmulas

| *Deslocamento* | |
|---|---|
| *Origem* | *Destino* |
| | |
| *L=* | |
| *C=* | |

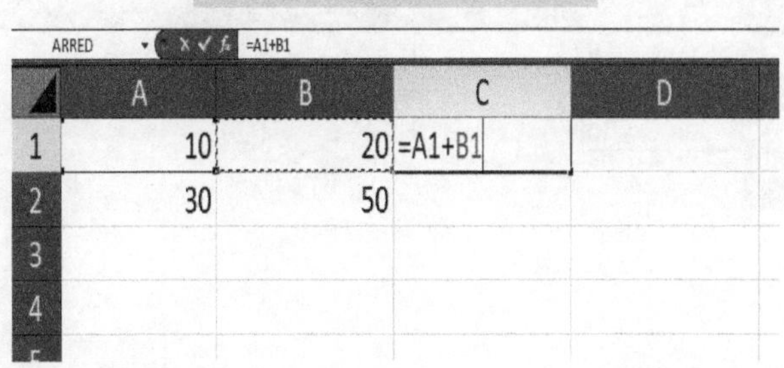


### Resultados

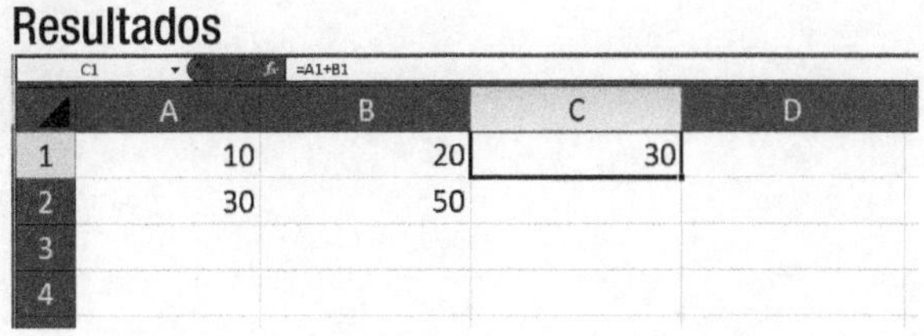

## Endereçamento misto

| *Deslocamento* | |
|---|---|
| *Origem* | *Destino* |
| | |
| *L=* | |
| *C=* | |

### Fórmulas

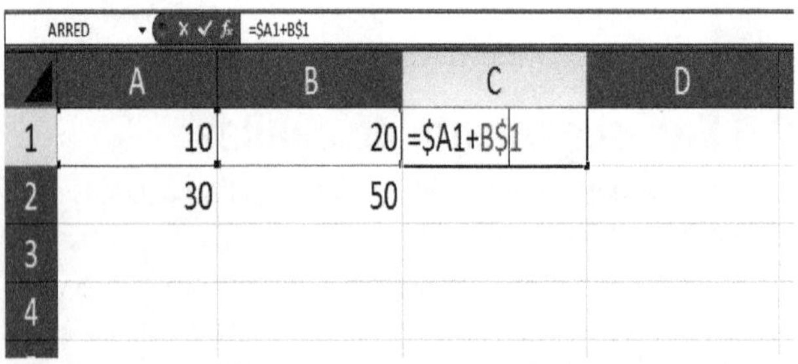


### Resultados

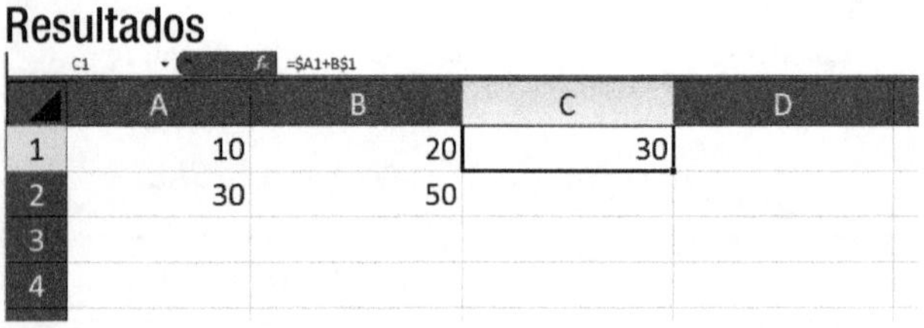


## Endereçamento absoluto

### Fórmulas

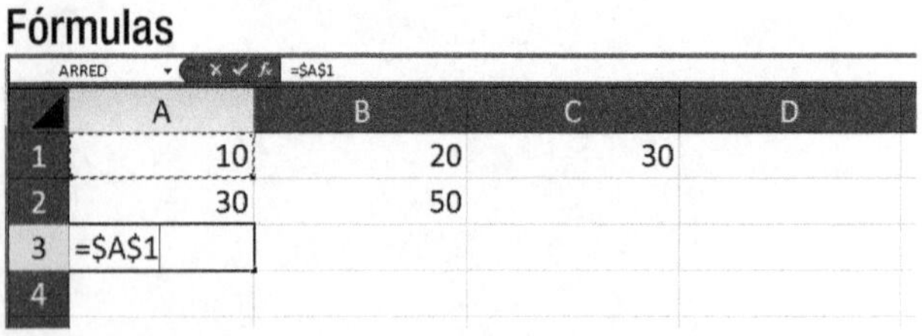


### Resultados

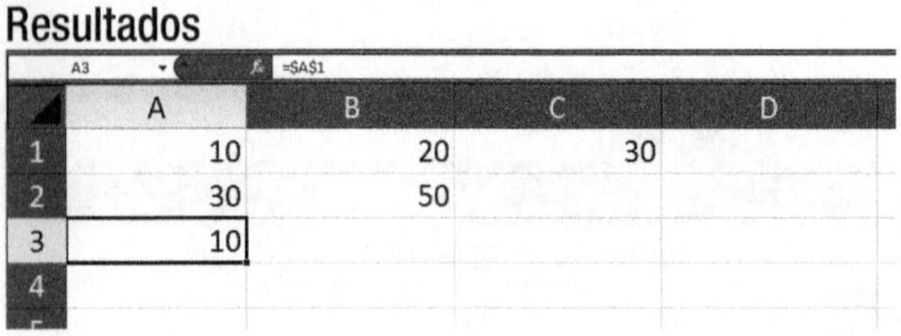

# 3. POWERPOINT 2016

O PowerPoint é o editor de Apresentações de Slides da Microsoft.

> Algumas provas podem citar o termo slides em português: eslaide.

## 3.1 Tela de Abertura

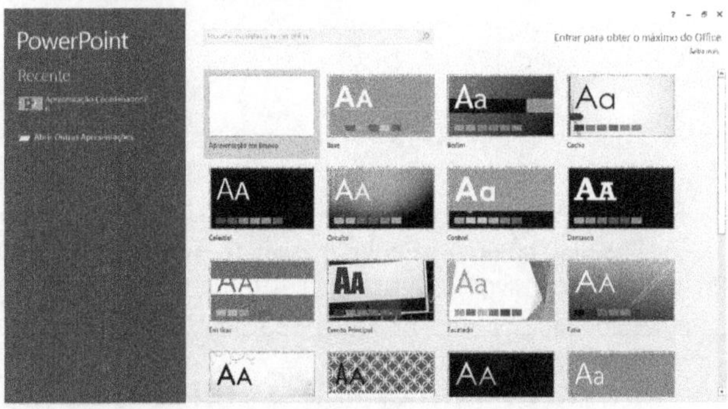


## 3.2 Tela de Edição

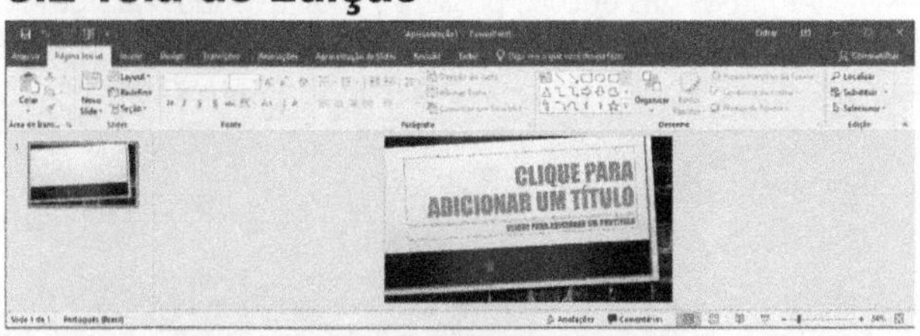


## 3.3 Formato de arquivo

O PowerPoint possui dois formatos principais: um relacionado à edição dos slides (PPTX), e outro que abre diretamente no modo de exibição (PPSX).

## 3.4 Aba Página Inicial

Ao comparar a Página Inicial do Word com o PowerPoint, é possível notar algumas diferenças, como o bloco Slides e o Bloco Desenho, como também algumas diferentes opções nos Blocos Fonte e Parágrafo. A figura a seguir ilustra esta aba.

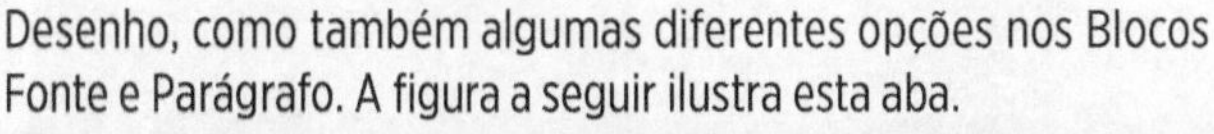

### Bloco Slides

Este é um dos blocos mais utilizados. Atente à opção Novo Slide na figura a seguir, ela apresenta uma seta para baixo, o que significa que um menu Dropdown será aberto, conforme ilustra a figura da sequência, permitindo que seja selecionado o layout do slide a ser inserido.

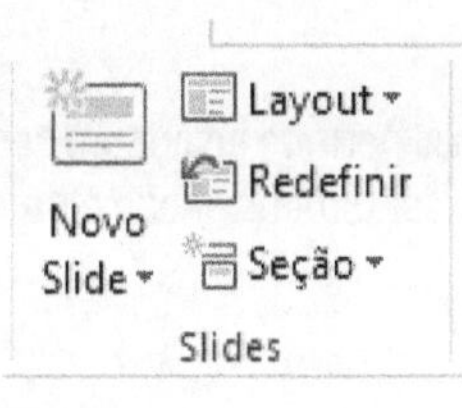

Contudo, é possível mudar o Layout (organização) de um slide mesmo após sua inserção, bastando para tanto selecionar o slide desejado e alterar seu layout pela opção Layout.

Já a opção Redefinir possibilita reestabelecer às configurações padrões de posicionamento, tamanho e formatação dos espaços reservados de um slide.

### Bloco Fonte

O bloco Fonte apresenta as opções: sombra de texto e espaçamento entre caracteres que não aparecem no Word, como ilustra a figura a seguir.

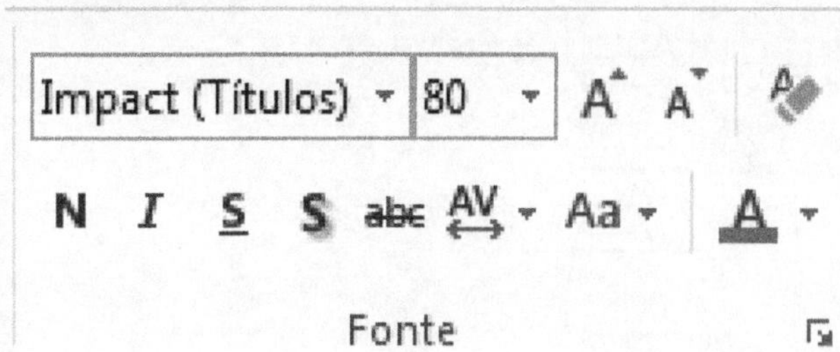


A opção Sombra indicada pela letra S mais espessa, conforme ilustrado a seguir, permite aplicar um efeito de sombra que confere um destaque ao texto, dando a impressão de volume.

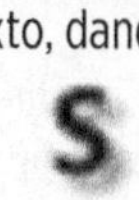


No PowerPoint também é possível alterar o espaço entre os caracteres de texto, a fim de distribuir melhor um texto em um slide. Para isso, basta selecionar o texto e a opção desejada junto à alça da opção Espaçamento Entre Caracteres, ilustrada a seguir.

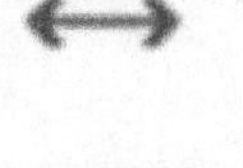

## Bloco Parágrafo

Neste bloco há novas funcionalidades, como: colunas, Direção do Texto, Alinhar Texto e Converter em SmartArt, como pode ser visualizado na figura a seguir.

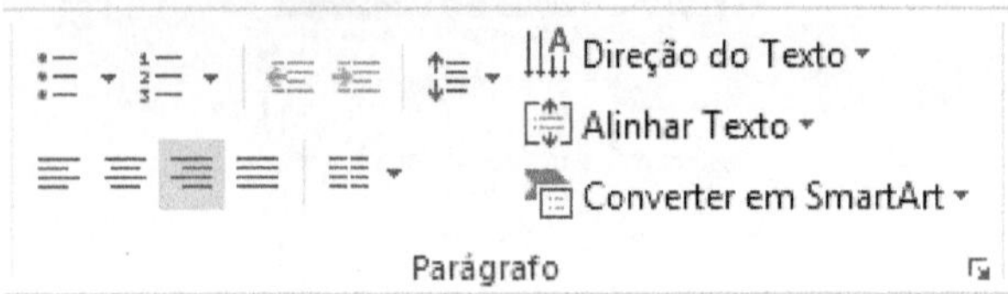


A opção Colunas permite formatar uma caixa de texto selecionada para que exiba seu texto em diversas colunas. Para isso, pode-se utilizar a opção ilustrada a seguir.

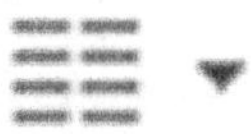

A opção Direção do Texto permite alterar a forma como um texto é exibido no PowerPoint, a fim de causar um efeito mais chamativo. A opção Direção do Texto é ilustrada a seguir.

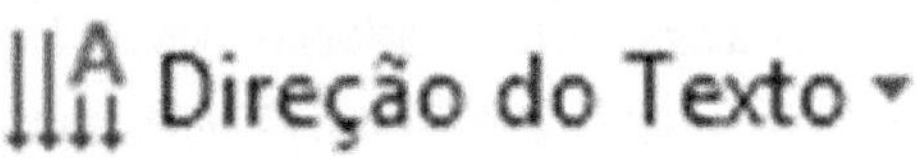


As opções encontradas ao clicar na opção Direção do Texto são: Horizontal; Girar em 90º; Girar em 270º e Empilhado, conforme ilustrado na sequência.

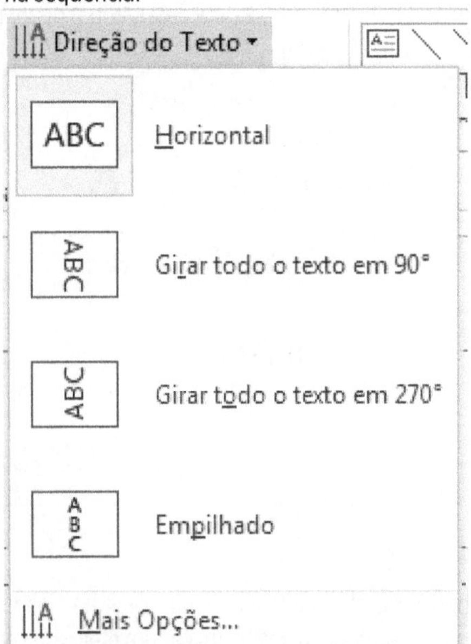


Também é possível alinhar o texto verticalmente na caixa de texto. Para isso, pode-se utilizar a opção Alinhar Texto, representada pela figura que se segue.

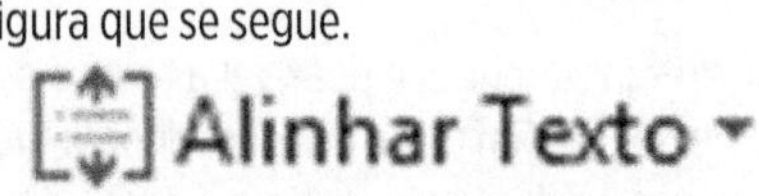


As opções são: Em Cima, no Meio e Embaixo.

O recurso SmartArt também existe no Word, contudo no PowerPoint é possível converter uma estrutura de um texto, em parágrafo ou tópicos, em um esquema do SmartArt.

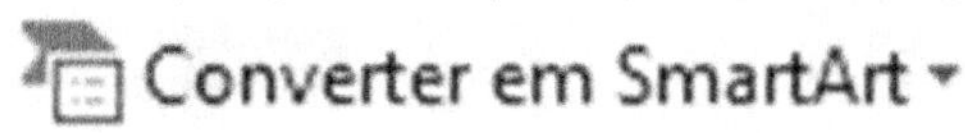


Algumas das opções possíveis são ilustradas na figura a seguir.

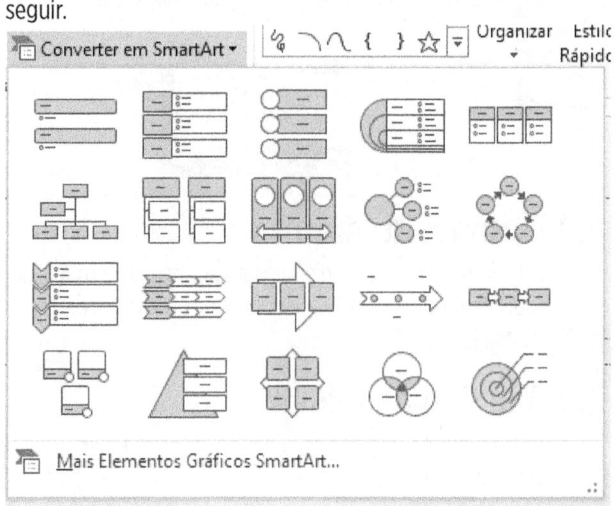


## Bloco Desenho

O bloco Desenho é o substituto da barra de ferramentas de desenho encontrada no Microsoft Office 2003. Nele encontramos as mesmas opções e algumas a mais. A figura a seguir ilustra o bloco.

## Formas

A opção Formas permite inserir um desenho no documento em edição que pode ser dimensionado e preenchido.

Algumas das opções de formas são ilustradas na figura a seguir.

## Organizar

A opção Organizar oferece recursos de posicionamento dos objetos em relação a outros, como ordená-los um à frente do outro, ou seja, controlar a sobreposição dos itens. Como também podemos agrupar os itens para movimentá-los e dimensioná-los de maneira uniforme.

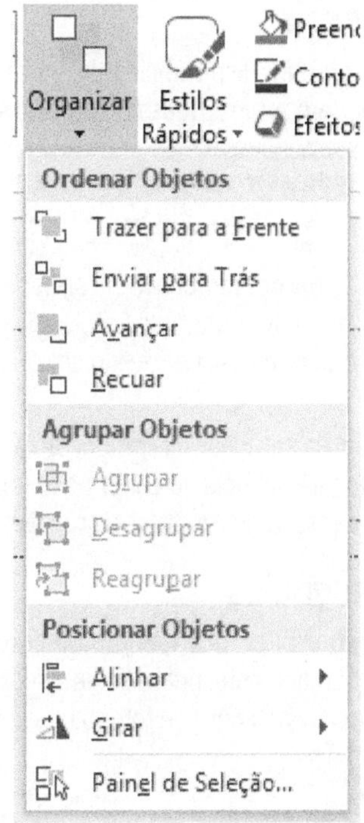


## Efeitos

Os efeitos são recursos do Office 2007 que permitem atribuir mais vida às estruturas, como a possibilidade de formatar uma imagem de modo que ela pareça um botão utilizando o efeito Bisel.

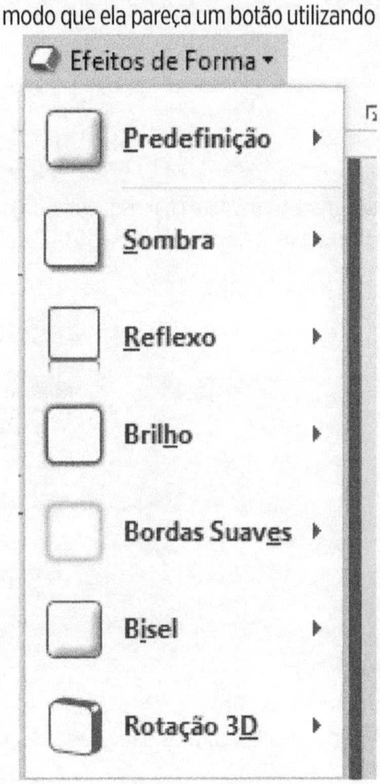


## Bloco Edição

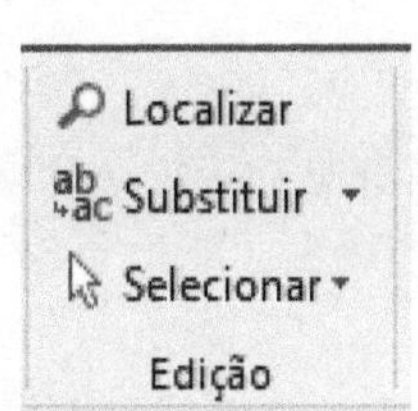

## 3.5 Aba Inserir

Na aba Inserir são disponibilizadas inúmeras opções de estruturas que podem ser inseridas na apresentação em edição, conforme ilustrado a seguir.

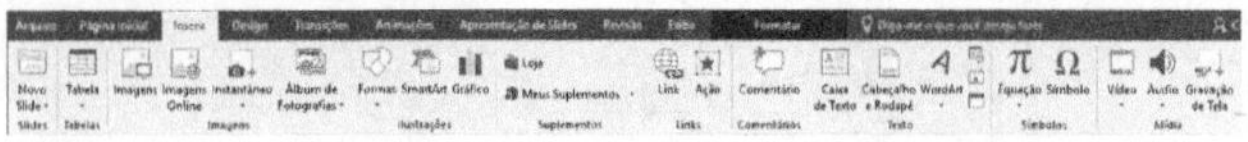

A maioria das opções também é encontrada no Word, todavia, as opções Novo Slide, Álbum de Fotografias, Ação, número do Slide, Vídeo e Áudio são específicas do editor de apresentação de slides.

Vale também destacar que a estrutura de cabeçalho e rodapé de um slide é diferente daquela do editor de texto. Observe que o botão apresenta a característica das duas funções em um.

### Álbum de fotografias

Pode-se enfatizar a opção Álbum de Fotografias, opção que permite criar rapidamente, por meio da seleção de uma pasta contendo as imagens um álbum de fotos, colocando apenas uma foto por slide ou mais.

### SmartArt

O recurso SmartArt permite criar esquemas organizacionais; tal recurso passou a existir a partir da versão 2007 do Ms Office

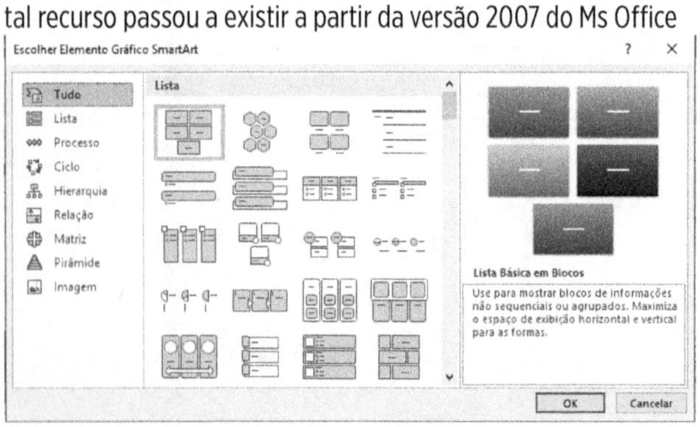


### Gráficos

Com relação aos gráficos, apenas lembre-se de que eles necessitam de uma planilha com os dados que serão representados no gráfico.

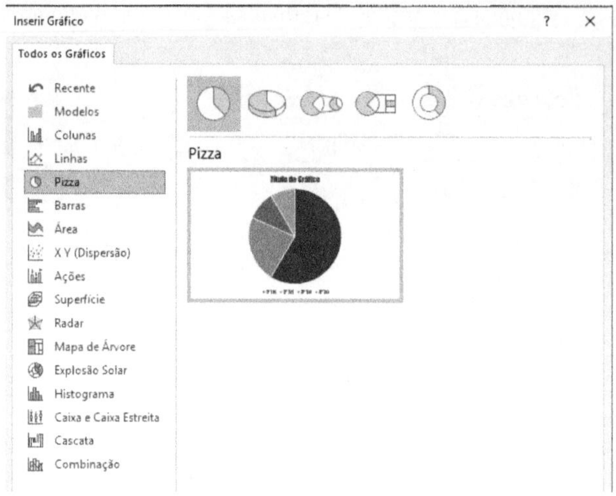


### Ação

Por meio do botão Ação, podemos criar interações em meio à apresentação de slides, como navegar de modo aleatório entre os slides.

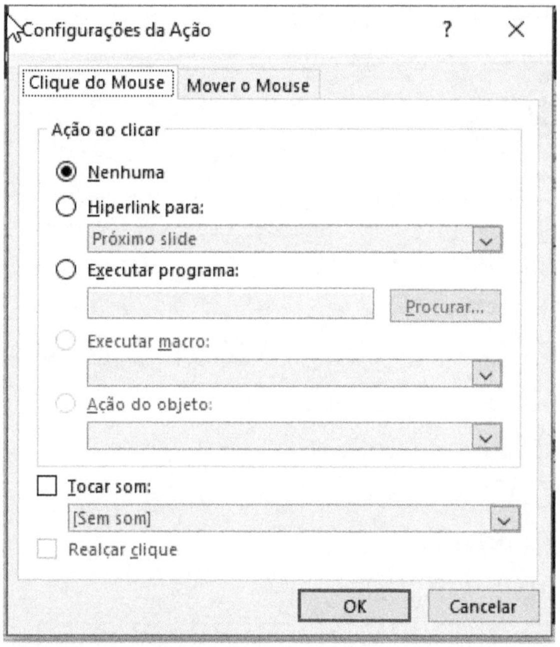


### Cabeçalho e rodapé

Cuidado com a estrutura de cabeçalho e rodapé, pois no Word ela opera de modo diferente do que no PowerPoint. Nos slides também podemos trabalhar com rodapé, mas não cabeçalhos, apesar de a ferramenta possuir este nome. Na verdade, é porque o cabeçalho pode ser inserido no formato das anotações e folhetos, como mostra a segunda figura que ilustra a aba **Anotações e Folhetos**.

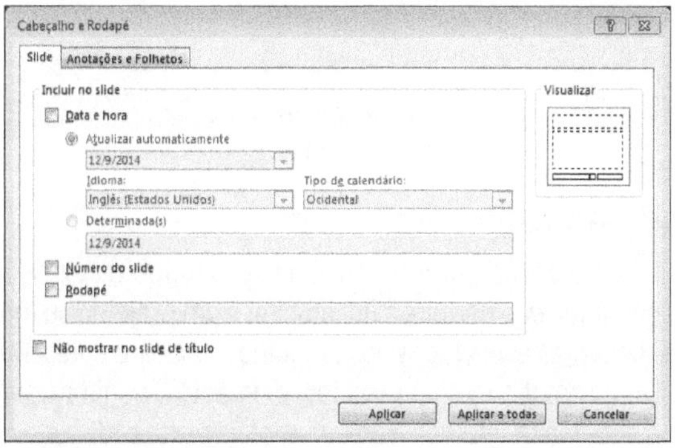


Observe ainda que existem espaços específicos para cada campo: o canto esquerdo inferior é reservado para a Data e Hora, enquanto que o rodapé ocupa o espaço ao centro e o número de slide à direita.

Contudo, este posicionamento pode variar de acordo com o Design usado na apresentação, ou seja, de acordo com a formatação do Slides Mestre.

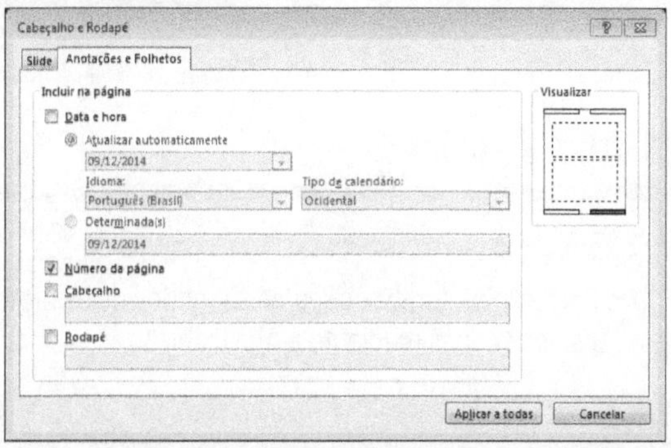


Já nos folhetos e anotações, o cabeçalho ocupa o canto superior esquerdo, enquanto que o rodapé usa o campo inferior esquerdo. Na posição superior direita, podemos exibir a data e a hora, enquanto que no canto inferior direto, temos o espaço para o número da página.

## Bloco Mídia

Aqui, notamos que é possível inserir em uma apresentação de slides um filme. como também um arquivo de áudio.

Uma outra novidade da versão 2016 é a opção Gravação de Tela, que permite gravar a tela inteira ou apenas uma área selecionada. Incluindo ou não o ponteiro do mouse e som, normalmente alguma narração.

# 3.6 Aba Design

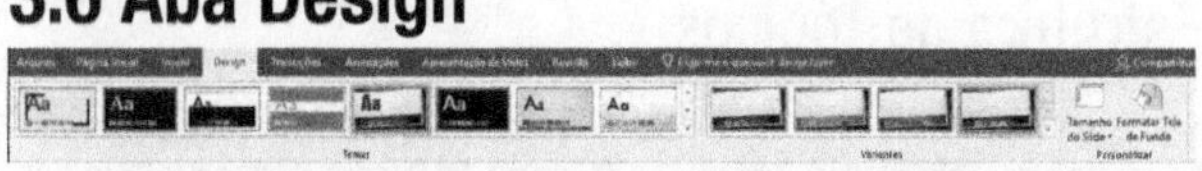

Por meio desta aba, é possível mudar a configuração de um slide, colocando-o com orientação diferente do padrão, paisagem, ou mesmo mudar suas dimensões, bem como alterar o conjunto de cores de fundo e fontes por meio dos temas.

# 3.7 Aba Transações

Na Aba Transições, encontram-se as opções referentes à troca dos slides durante a apresentação. No Office 2016, não há novas transições se comparado à versão anterior. Contudo, a renderização passou por melhorias para que os efeitos possuam uma melhor qualidade visual. Também é possível configurar tempos para cada slide e para o efeito de transição, por meio das opções disponibilizadas no bloco Intervalo.

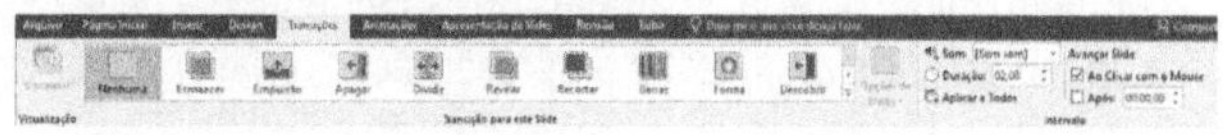

## Efeitos de transição

# 3.8 Aba Animações

Já na aba animações são encontradas opções que podem ser aplicadas a elementos em um slide, como figuras e textos. Da mesma maneira que é possível configurar o tempo de uma troca de slides, é possível configurar a duração de uma animação.

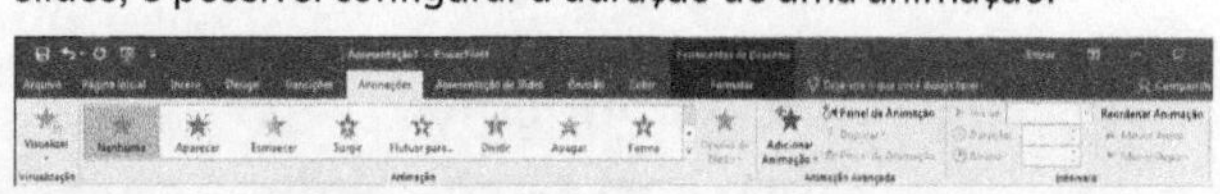

## Efeitos de animações

Os efeitos de animação são organizados em 4 grupos: Entrada, Ênfase, Saída e Caminhos de Animação, sendo os 3 primeiros os principais.

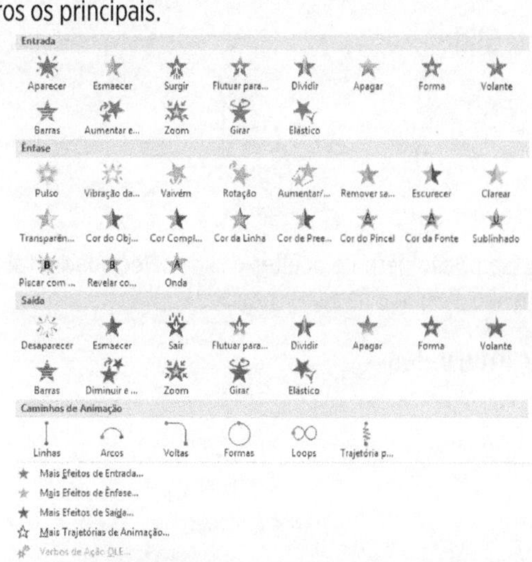


É possível utilizar mais de um efeito por objeto, porém é necessário usar a opção Adicionar Animação caso já tenha aplicado alguma ao elemento, pois se for apenas selecionada outra animação, ela irá substituir o efeito selecionado anteriormente.

## 3.9 Aba Apresentação de Slides

Na Aba apresentação podemos configurar a apresentação como um todo.

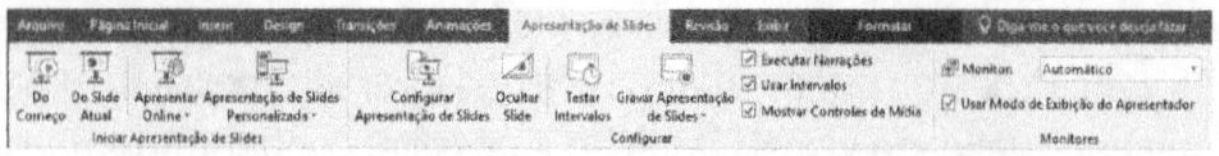

A opção do começo exibe a apresentação de slides a partir do primeiro Slide. A tecla de atalho correspondente é a tecla F5, já a opção do Slide atual exibe a apresentação a partir do slide selecionado, a tecla de atalho para esta opção é SHIFT + F5.

O PowerPoint 2016 é integrado com recursos Online, como a opção Apresentar Online, que possibilita disponibilizar uma apresentação de slides para que possa ser visualizada via Internet enquanto é exibida. Para tanto, é necessário utilizar uma Windows Live ID.

Outra opção Interessante é a opção Modo de Exibição de apresentador, que permite a um monitor e um projetor, ou mesmo dois monitores conectados ao computador, exibir a apresentação em um (normalmente no projetor) e no outro monitor uma tela de acompanhamento que exibe as anotações de cada slide, a sua miniatura e o tempo decorrido do início da apresentação.

### Bloco Configurar Apresentação

### Configurar Apresentação de Slides

A configuração de uma apresentação permite definir se a apresentação será exibida em tela inteira ou na forma de janela, bem como a forma de avanço dos slides e quais serão os slides.

### Ocultar Slide

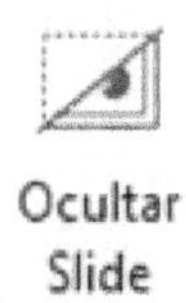


Essa opção permite ocultar o slide selecionado; tal slide também não é exibido na apresentação.

### Testar Intervalos

Esse recurso é muito utilizado para animações com textos com transição automática. Uma vez acionada essa função, a apresentação de slides é iniciada e, a cada vez que um slide é avançado, o tempo é gravado a fim de que esse tempo seja usado na exibição dos slides.

### Modo Apresentador

Outra opção Interessante é a opção modo de exibição de apresentador, que permite a um monitor e um projetor, ou mesmo dois monitores conectados ao computador, exibir a apresentação em um (normalmente no projetor) e no outro monitor uma tela de acompanhamento que exibe as anotações de cada slide, a sua miniatura e o tempo decorrido do início da apresentação.

## 3.10 Aba Revisão

A aba Revisão do PowerPoint apresenta as mesmas opções que o Word. Portanto, a probabilidade é que, seja cobrada alguma função em questões sobre o editor de texto, por conta da sua relevância.

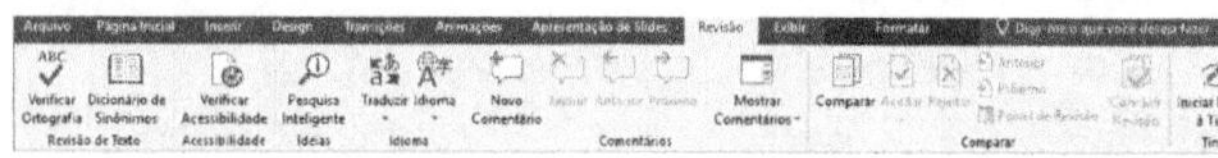

## 3.11 Aba Exibir

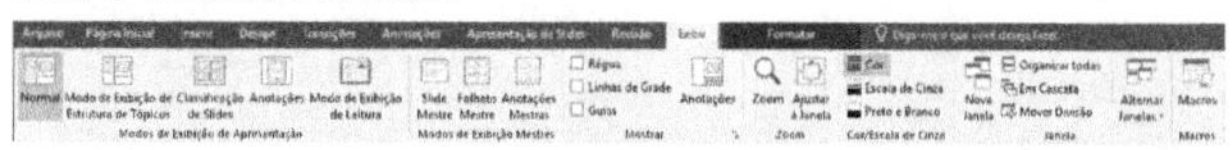

No PowerPoint, temos os seguintes modos de exibição que podem ser selecionados mediante a Aba Exibição.

### Normal

O modo normal é o modo padrão de edição. Neste modo, a finalidade é a edição dos slides. Na lateral esquerda são exibidas as miniaturas dos slides em edição. É importante notar que há uma linha bem sutil abaixo do slide principal (em edição) que se encontra com a linha que separa as miniaturas. Essa linha pode ser movida para cima, a fim de exibir o espaço das anotações do slide. Também é possível clicar na opção Anotações que está na barra de status.

### Estrutura de Tópicos

A principal característica desse modo é não apresentar características visuais, como imagens ou plano de fundo. Observe que esse modo altera apenas a visualização do painel à esquerda. Nele são indicados os slides e cada parágrafo é apresentado como um tópico.

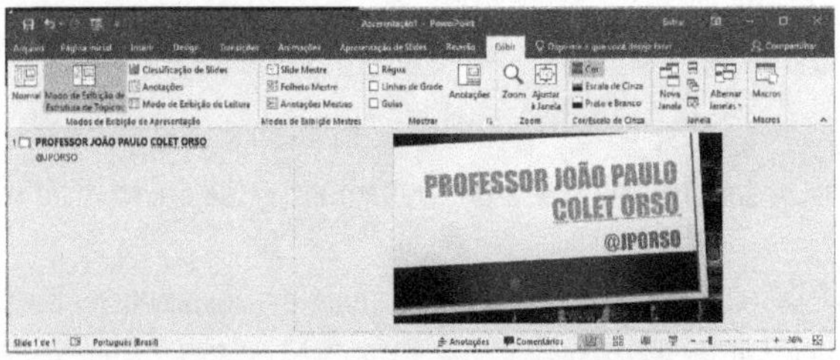


## Classificação de Slides

Este modo de visualização é útil para reordenar os slides da apresentação, visualizando-os em miniatura.

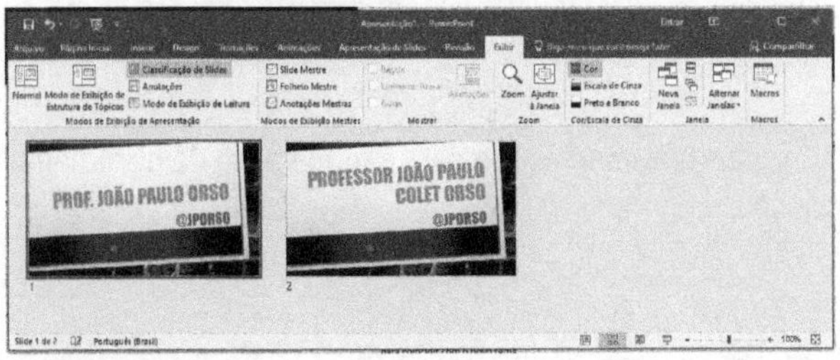


## Anotações

Esta opção permite que sejam inseridas anotações que podem ser impressas, porém que não aparecem no momento da apresentação de slides.

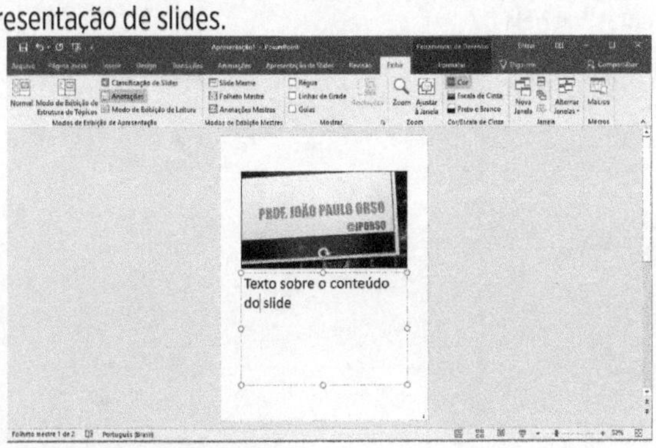


## 3.12 Slide Mestre

Por meio do **Slide Mestre** é possível alterar os espaços reservados para os slides, os cabeçalhos e os rodapés.

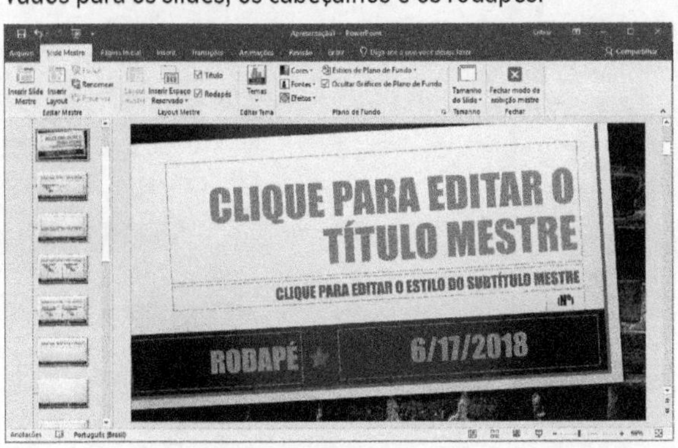


Mediante o **Folheto Mestre**, é possível alterar cabeçalhos e rodapés.

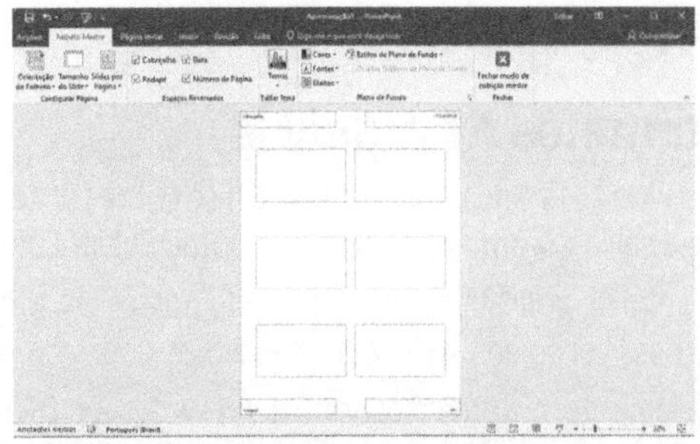

Já nas **Anotações Mestras podemos alterar os espaços reservados para os slides, as anotações, os cabeçalhos e** os rodapés.

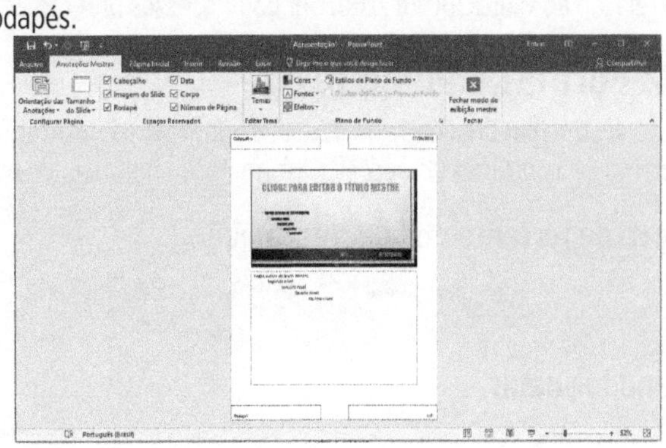

# 4. BROFFICE WRITER

## 4.1 Formatos de arquivos

Quando se fala nos editores do BrOffice (Libre Office), devemos conhecer seus formatos de arquivos padrões, ou seja, o formato com o qual será salvo um arquivo ao acionar a opção **Salvar Como.**

A suíte de aplicativos como um todo possui um formato genérico ODF (Open Document File – Formato de Documento Aberto). Assim, é possível no editor de texto, salvar neste formato, bem como no Calc e Impress.

No entanto, o formato específico do Writer é o ODT (Open Document Text). As provas costumam relacionar os formatos com as versões dos editores. Então, vale lembrar que o Word2003 não consegue trabalhar com esse formato de arquivo. Mas, pelo Writer, é possível salvar um documento de modo que ele possa ser aberto pelo Word 2003, ou seja, é possível salvar nos formatos DOC e DOCX. Em relação ao Word 2007 e 2010, por padrão, esses programas conseguem abrir e salvar arquivos no formato ODT.

## 4.2 Formatação de texto

A principal finalidade do Writer é editar textos. Portanto, suas principais ferramentas são para a formatação de documentos. Podemos encontrar essas opções de formatação por meio de quatro caminhos:

### Barra de ferramentas de formatação

### Menu formatar

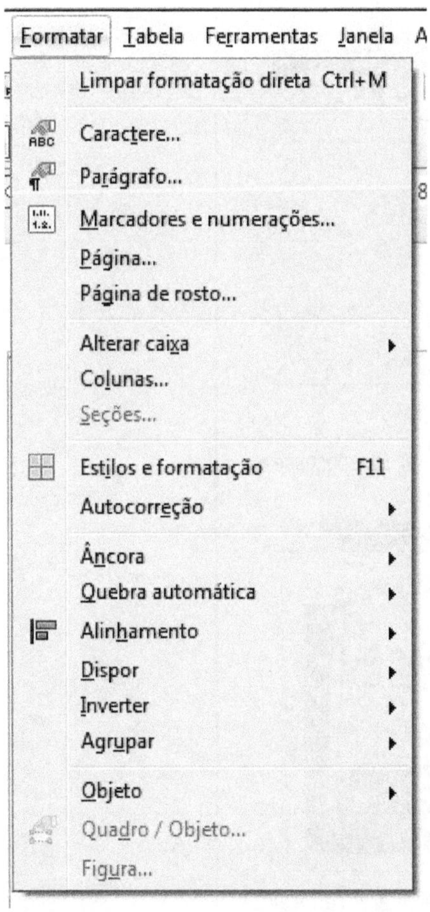

### Atalhos

### Botão direito do mouse

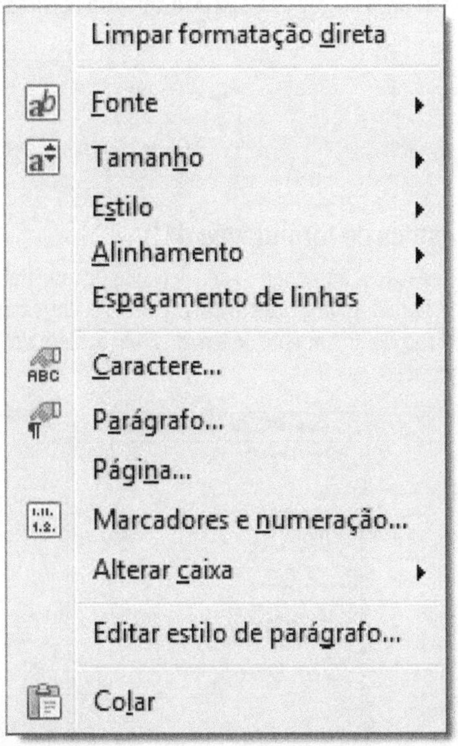


## Menu formatar

### Caractere

Ao acionar esta opção, será aberta a janela ilustrada a seguir, por meio da qual podemos formatar as propriedades de fonte, como tipo/nome, estilo e tamanho e, pela aba Efeitos de Fonte, alterar a cor da fonte.

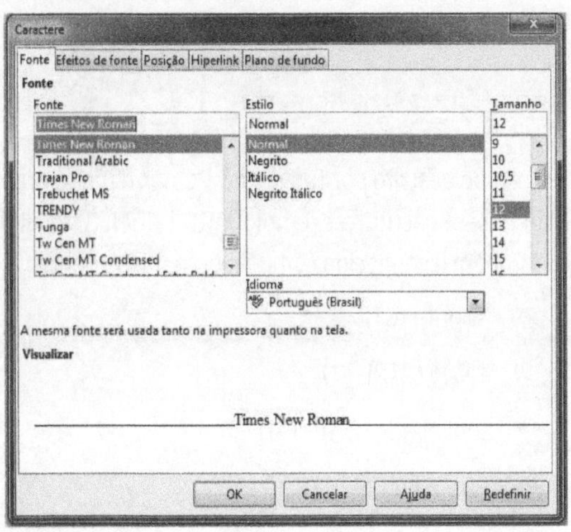


### Parágrafo

As propriedades de Parágrafo englobam opções como recuos, espaçamento e alinhamentos, conforme ilustrado nas figuras na sequência:

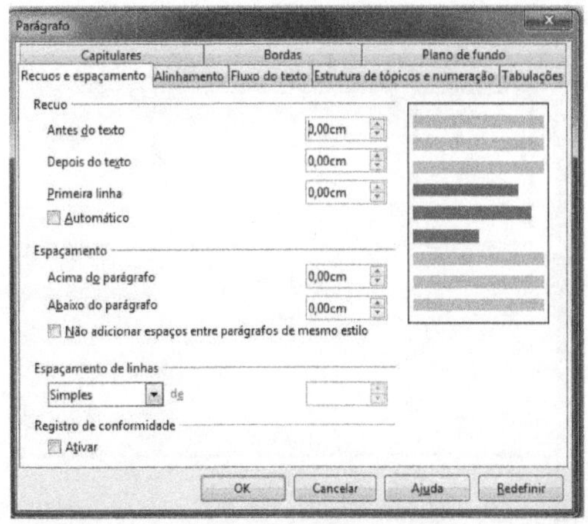


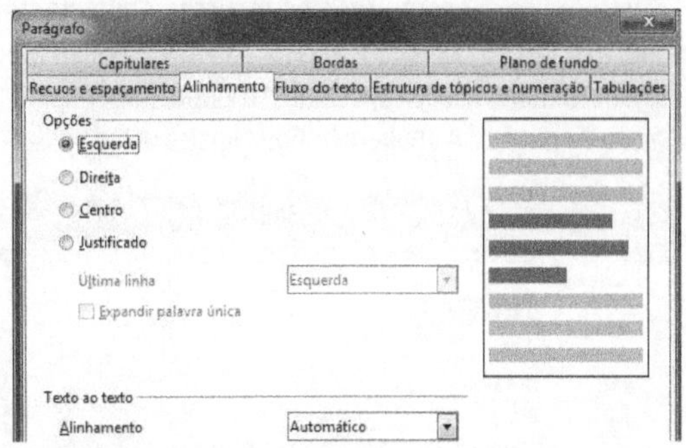


### Marcadores e numeração

Fique atento à identificação de uso deste recurso, pois, pelo menu Formatar, elas estão descritas em conjunto. Porém, na barra de Ferramentas padrão elas são apresentadas em dois botões separados.

Ao acionar a opção pelo menu Formatar, a janela aberta apresenta os Marcadores em uma guia e a numeração em outra, conforme ilustram as duas figuras da sequência:

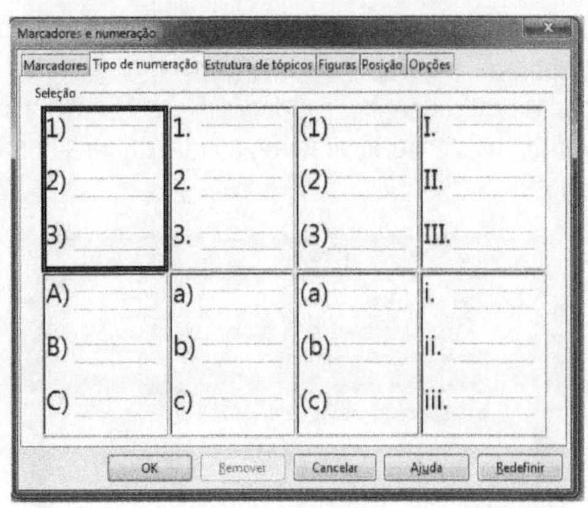

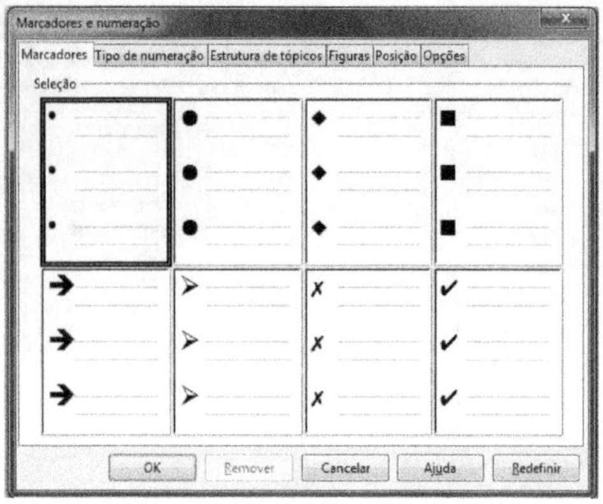


## Página

Nesta opção, encontramos os recursos equivalentes aos encontrados na opção Configurar Página do Word, como dimensões das margens, dimensões de cabeçalho e rodapé, tamanho do papel e orientação da página. A imagem a seguir ilustra parte dessa janela:

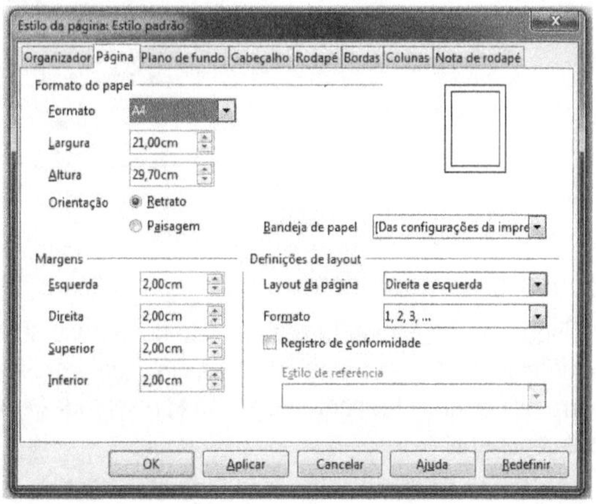


## Página de rosto

Por meio deste recurso, é possível inserir páginas em uma seção separada, para que, de uma forma mais simples, sejam trabalhadas com cabeçalhos e rodapés diferentes em um mesmo documento, mais especificamente, no que tange à numeração de páginas.

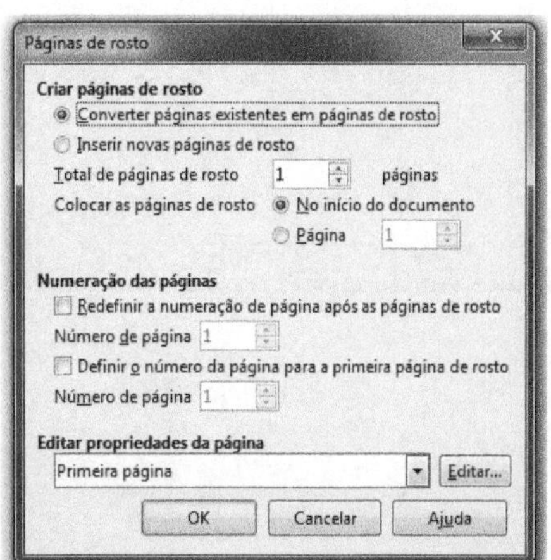


## Alterar caixa ►

Equivalente à opção Maiúsculas e Minúsculas do Word, essa opção permite alterar a forma do caractere de texto. É importante conhecer as cinco opções desse recurso, conforme ilustrado a seguir:

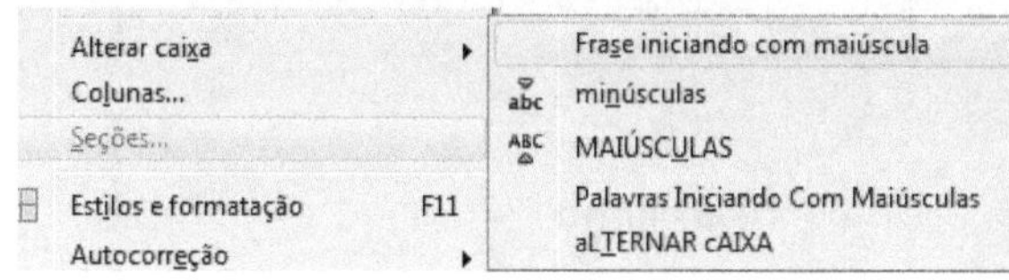


## estilos de formatação (f11)

Por essa opção, podemos definir estilos de formatação para o texto selecionado, como título 1, título 2, título 3, entre outros, para que a edição do documento seja mais prática, além de favorecer a padronização.

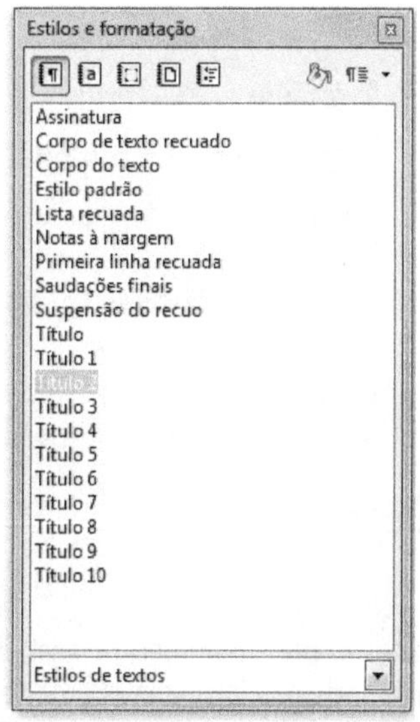


## Ferramentas de formatação

## Caractere

O campo descrito por Times New Roman define a grafia com que o texto será escrito, a exemplo: ARIAL, TIMES, Vivaldi. Este campo também é conhecido como Tipo/Nome da Fonte.

- Negrito (CTRL + B)
- Itálico (CTRL + I)
- Sublinhado (CTRL + U)
- Cor da fonte
- Realçar (exemplo do efeito)

## Parágrafo

- Alinhamento à Esquerda (CTRL + L)
- Alinhamento Centralizado (CTRL + E)

Alinhamento à Direita (CTRL + R)

Alinhamento Justificado (CTRL + J)

Ativar/Desativar Numeração (F12)

Ativar/Desativar Marcadores (Shift + F12)

Diminuir o Recuo

Aumentar o Recuo

## Tabulações

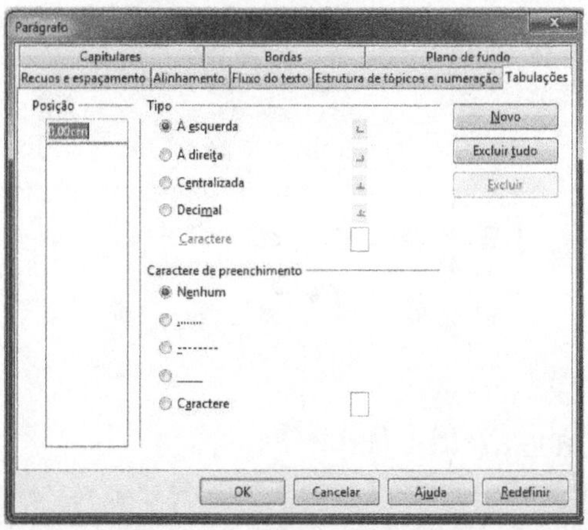


## Caracteres não imprimíveis (ctrl + f10)

Exibe as marcas de edição, que, como o próprio nome já informa, não aparecem na impressão. Essas marcações são úteis para um maior controle do documento em edição, como ilustrado a seguir. Os pontos à meia altura da linha representam um espaço e o mesmo símbolo do botão indica o final de um parágrafo. Assim, no exemplo a seguir, existem dois parágrafos.

Exemplo·de·exibição·de·caracteres·não·imprimíveis·no·Writer¶
¶

## Cor do plano de fundo

Atenção para não confundir a cor do fundo do parágrafo com a ferramenta Realçar, pois a função Realçar aplica uma cor ao fundo do texto selecionado, enquanto que a opção do Plano de Fundo aplica ao parágrafo, mesmo que tenha sido selecionada apenas uma palavra.

## Estilos e formatação (f11)

Por meio deste botão ou pela tecla de atalho, é exibido o painel de estilos que oferece diversos estilos para a formatação do texto, por exemplo: Título 1, título 2, título 3, entre outros. A imagem a seguir ilustra o painel:

Além desse painel, também é possível escolher e aplicar um estilo por meio do Campo Estilos, ilustrado a seguir, presente na barra de ferramentas de formatação logo à esquerda do campo do tipo da fonte.

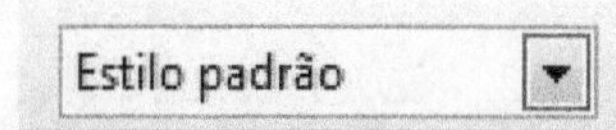


Os estilos de formatação são importantes estruturas na edição de um texto, principalmente se for necessário trabalhar com sumário, pois para utilizar o recurso de sumário, de forma que ele seja automático, é necessário utilizar os estilos de título.

## Pincel de estilo

A ferramenta de Pincel de Estilo serve para copiar apenas a formatação. Ela não copia textos, apenas as suas características, como cor da fonte, tamanho, tipo de fonte entre outras, com o intuito de aplicar em outro trecho de texto.

O funcionamento da ferramenta parte de uma seleção prévia do trecho de texto que possui a formatação desejada, clicar no botão pincel de estilo, na sequência selecionar o trecho de texto ao qual se deseja aplicar as mesmas formatações, como que pintando a formatação. Ao terminar a seleção o texto selecionado já estará formatado tal qual o selecionado inicialmente, e o mouse volta ao normal para a edição.

# 4.3 Ferramentas

## Exportar diretamente como pdf

O BrOffice como um todo possui este recurso que permite gerar um arquivo PDF a partir do documento em edição. A janela aberta por este botão é muito similar à janela de Salvar Como, em que se deve apontar o local onde o arquivo será salvo e com qual nome se deseja salvá-lo.

### Imprimir arquivo diretamente

Este é um recurso diferente da impressão habitual pelo atalho CTRL+P. Essa ferramenta de impressão direta manda o arquivo diretamente para a impressora que estiver definida, pelo painel de controle, como padrão, usando as propriedades padrão de impressão.

### Visualizar página

Este é simplesmente o recurso de visualizar o que será impresso, útil para ter uma maior noção de como ficarão distribuídas as informações no papel.

### Ortografia e gramática (f7)

Essa ferramenta exibe uma janela, ilustrada a seguir, por meio da qual é possível corrigir as palavras "erradas" no texto. Erradas porque na verdade, são indicadas as palavras não conhecidas pelo dicionário do programa. Uma vez que ela esteja correta, é possível acrescentá-la ao dicionário.

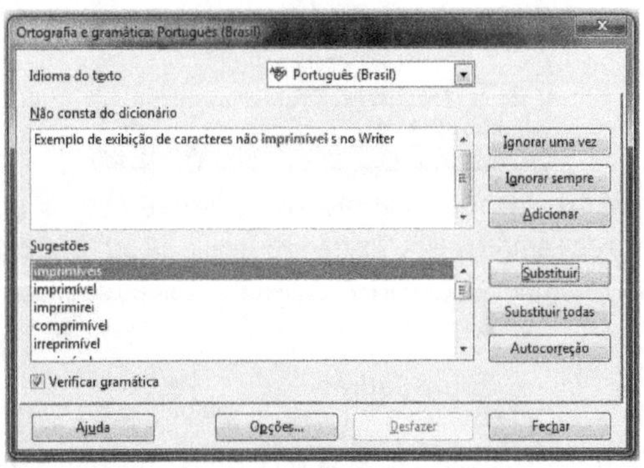


### autoverificação ortográfica

A Autoverificação é uma ferramenta presente apenas no BrOffice, cuja finalidade é apenas habilitar ou desabilitar a exibição do sublinhado vermelho das palavras desconhecidas.

### navegador (f5)

O Navegador tem aparecido nas provas apenas a título de conhecimento de seu nome, associado ao símbolo e atalho. Essa ferramenta é um recurso para navegar no texto, a partir das suas estruturas, como títulos, tabelas, figuras e outros itens que podem ser visualizados na figura a seguir:

Exemplo de exibição de caracteres não imprimíveis no Writer.

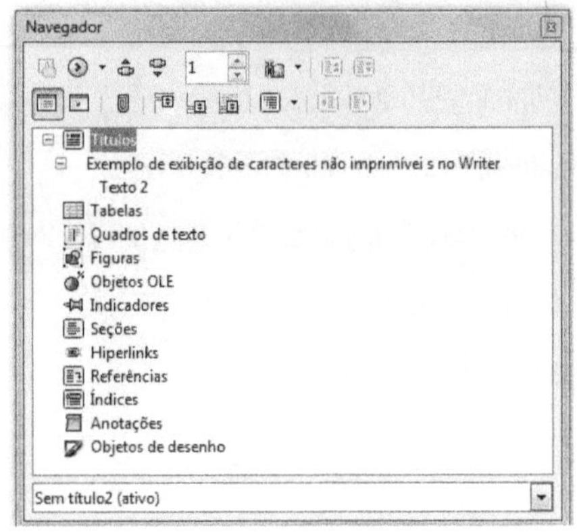


### Galeria

O recurso Galeria tem peso similar ao Navegador nas provas. Acionar essa ferramenta resulta na exibição do painel ilustrado a seguir, por meio do qual é possível inserir, em meio ao documento, estruturas de navegação Web, como botões, sons e outros itens.

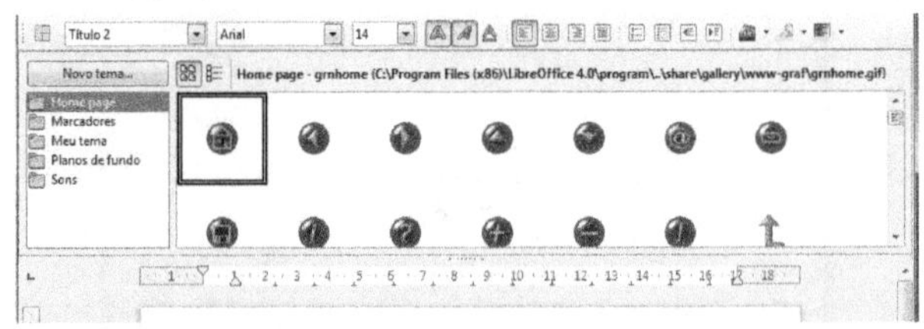


### tabela (ctrl + f12)

O botão Tabela pode ser usado de duas maneiras. Clicando no desenho da tabela, é aberta a janela ilustrada a seguir. Caso seja clicado na flecha, é exibido um reticulado, pelo qual é possível selecionar a quantidade de células que se deseja criar em uma tabela.

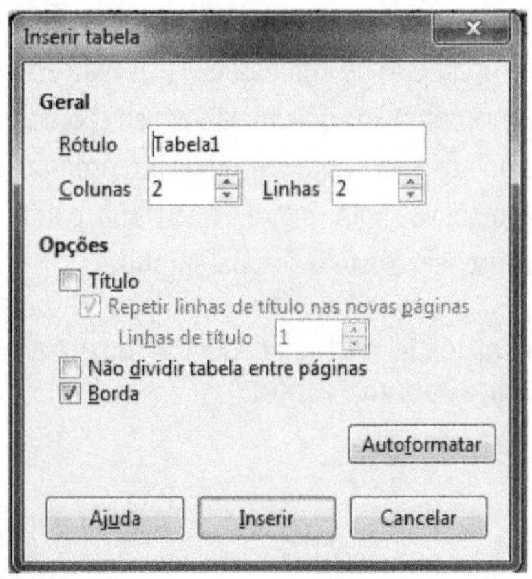


## Formatar → página

### Aba página

A aba Página é a principal da janela de formatação de página. A figura a seguir ilustra essa aba. Observe que as margens estão definidas por padrão em 2 cm, e que o tamanho do papel padrão é o A4. Também é possível determinar a orientação da página. Vale lembrar que, em um mesmo documento, é possível intercalar páginas com orientações diferentes. Para isso, devem ser utilizadas seções.

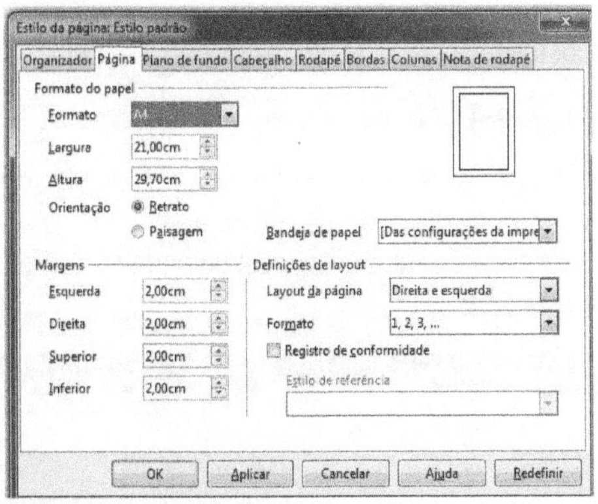


## 4.4 Barra de Menus

A seguir, é ilustrada a Barra de Menus e, por meio dela, temos acesso a quase todas as funcionalidades do programa. Observe que cada menu possui uma letra sublinhada. Por exemplo, o menu Arquivo possui a letra A sublinhada, essa letra sublinhada é a letra que pode ser utilizada após pressionar a tecla ALT, com o intuito de abrir o devido menu. Não é uma combinação necessariamente simultânea. Ela pode ser sequencial, ou seja, teclar ALT soltar e então pressionar a letra.

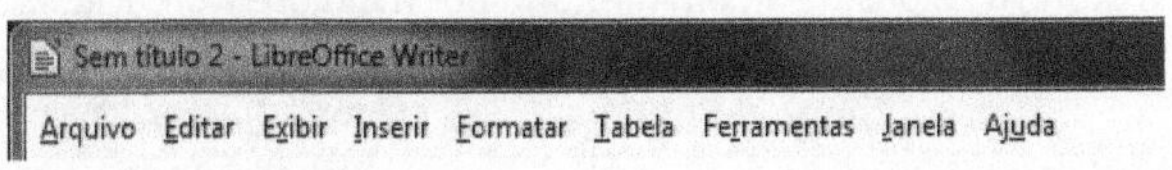


### Menu arquivo

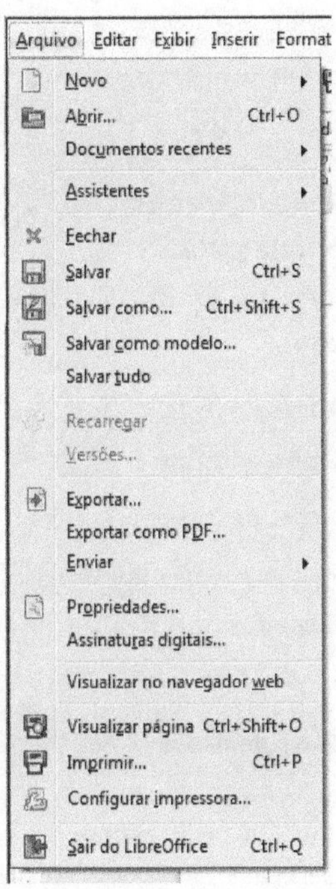


### Novo ►

Dentre as opções do menu Arquivo, damos destaque para a opção Novo. Ela aponta a característica do BrOffice de ser uma suíte de aplicativos integrada, pois, mesmo estando no Writer, é possível criar uma planilha do Calc. No entanto, ao escolher na opção Novo, uma planilha será criada no Calc. Porém, ao realizar o acesso por meio deste caminho, o Calc é carregado mais rapidamente do que se o BrOffice estivesse fechado.

Para criar um Novo Documento em Branco podemos também utilizar a opção do atalho CTRL + N.

### Abrir (ctrl + o)

Permite abrir um arquivo existente em uma unidade de armazenamento, navegando entre os arquivos e pastas.

### Documentos recentes ►

Exibe a lista com os últimos documentos abertos, como também aqueles salvos, no Writer, com o intuito de fornecer um acesso mais rápido a eles.

### Assistentes ►

Conforme ilustrado a seguir, existem vários assistentes no BrOffice. Eles são nada mais do que procedimentos realizados em etapas, a fim de auxiliar na criação ou estruturação de informações.

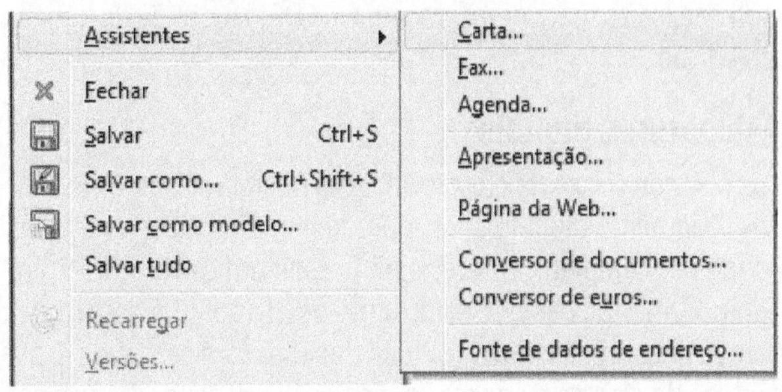


### Fechar

A opção Fechar serve para fechar apenas o documento em edição, mantendo o programa aberto. Tem como teclas de atalho CTRL+W ou CTRL + F4.

### Salvar

A opção Salvar apenas se preocupa em salvar as últimas alterações realizadas em um documento em edição. Seu atalho é CTRL + S no Writer. Mas essa opção possui uma situação de exceção, quando o arquivo em edição é novo, ou seja, que nunca tenha sido salvo. Essa opção salvar corresponde à opção Salvar Como.

### Salvar como

Esse recurso tem como princípio gerar um novo arquivo. Assim, se um arquivo for aberto e sejam realizadas várias alterações, sem salvar, e utilizar o comando Salvar Como, será aberta uma janela em que se solicita o local desejado e o nome do arquivo. Também é possível alterar o tipo de documento, após salvá-lo. O documento que fica em edição é o que acabou de ser salvo. O arquivo aberto inicialmente é apenas fechado, sem nenhuma alteração.

### Salvar como modelo

Podemos criar um documento-base para outros documentos, utilizando formatações específicas. Assim, essa opção é a utilizada para salvar este arquivo, de modo que possa ser utilizado para esse fim.

## Salvar tudo

Essa ferramenta aplica o comando salvar todos os documentos em edição no BrOffice, até mesmo os que estiverem em edição no Calc.

## Recarregar

Ao acionar essa opção, a última versão salva do documento é restaurada. Com isso, as alterações não salvas serão perdidas.

## Exportar

É possível pelo BrOffice exportar o documento de texto para outros formatos utilizados por outros programas como: XML, HTML, HTM ou mesmo o PDF.

## Exportar como pdf

A opção Exportar como PDF é basicamente um caminho mais curto e explícito para gerar um arquivo PDF, a partir do documento em edição.

## Assinaturas digitais

Assim como o Microsoft Office no BrOffice, é possível assinar um documento digitalmente. Claro que, para utilizar a funcionalidade por completo, é necessário possuir um certificado digital. Contudo, mesmo não possuindo um, é possível utilizar esse recurso para assinar um documento. Porém, apenas será garantida a integridade do mesmo e apenas no próprio computador do usuário.

## Visualizar no navegador web

Já que podemos criar páginas da Internet, é interessante que, no mínimo, possamos visualizar como ela ficaria no navegador. Diante disso, ao acionar essa ferramenta, será aberto o navegador de Internet (Browser) padrão exibindo como página o documento em edição.

## Sair

Em comparação com a opção Fechar, a opção Sair fecha o programa inteiro, podendo utilizar, para isso, os atalhos ALT+F4 ou CTRL + Q.

# Menu editar

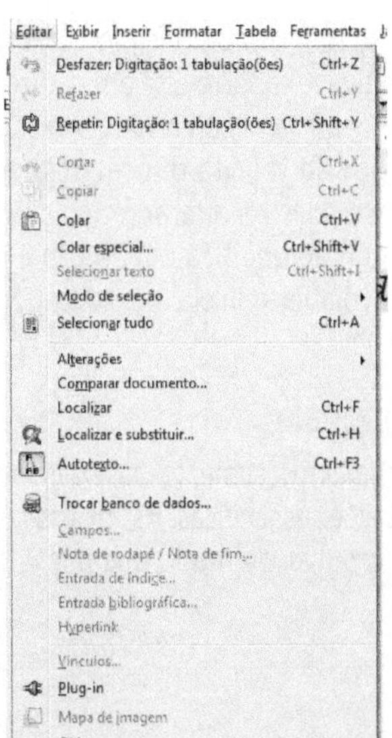


Do menu Editar anteriormente ilustrado, podemos destacar duas opções principais:

## Colar especial

Esse recurso permite colar um determinado dado de acordo com a necessidade de formatação, ou seja, é possível manter a formatação igual à do local de onde foi copiado ou não utilizar formatação.

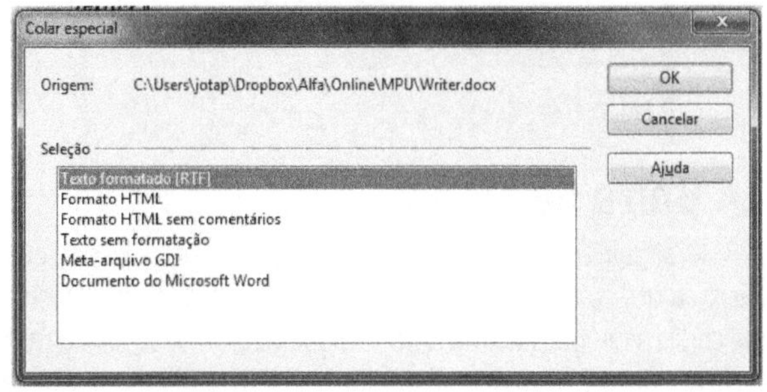


## Selecionar tudo

A opção Selecionar Tudo tem como observação a sua tecla de atalho CTRL + A, que é a mesma utilizada para selecionar todos os arquivos e pastas de um diretório por meio dos gerenciadores de arquivos.

# Menu exibir

Do menu Exibir devemos conhecer os modos de exibição, bem como alguns itens importantes, listados a seguir. Mas, de modo geral, podemos pensar que as opções que normalmente encontramos nesse menu são coisas que não vemos e gostaríamos de ver, ou que estamos vendo, mas não desejamos mais ver.

## Modos de exibição

São dois os Modos de Exibição: Layout de Impressão (Padrão) e Layout da Web. Contudo, poderíamos até considerar, dependendo da situação, a opção Tela Inteira como um modo de exibição.

## Barra de ferramentas

A principal Barra de Ferramentas questionada nas provas é a barra de Desenho, que existe também no Writer e Calc, mas que é exibida por padrão apenas no Impress. A figura a seguir ilustra as barras disponíveis:

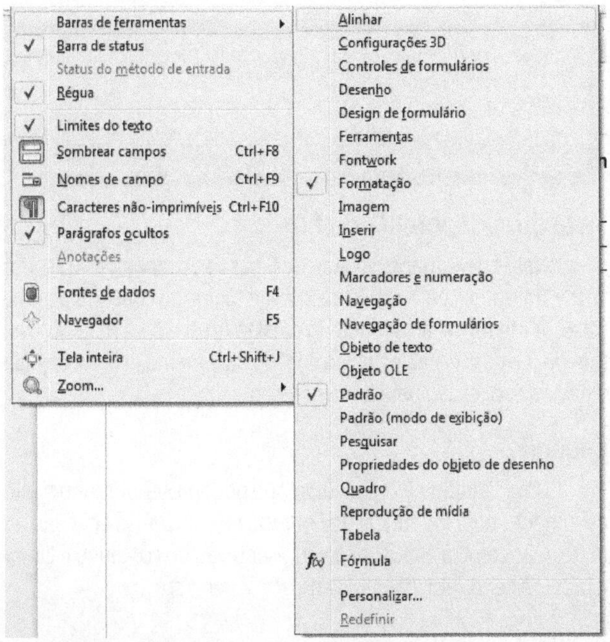


## Barra de *status*

Essa é a barra que aparece por padrão nos editores. Ela fica localizada no fim da janela, ou seja, é a última barra dentro do programa. Nela encontramos informações como número da página atual e total de páginas do documento, idioma em uso e a ferramenta de zoom à direita.

## Régua

Para ocultar a régua, basta desabilitar essa opção.

## Limites de texto

Os Limites de Texto que são exibidos por padrão são, na verdade, as linhas que indicam as margens da página, ou seja, a área útil do documento.

## Caracteres não imprimíveis (ctrl + f10)

Os caracteres não imprimíveis também podem ser ativados pelo menu Exibir, como pelas teclas de atalho.

## Navegador (f5)

O Navegador, anteriormente citado, também é encontrado no menu Exibir.

## Tela inteira (ctrl + shift + j)

Modo de exibição que oculta as barras e ferramentas, objetivando a leitura do documento.

## Zoom

Também podemos alterar o zoom utilizando o scroll do mouse, combinado com a tecla CTRL.

Menu Inserir

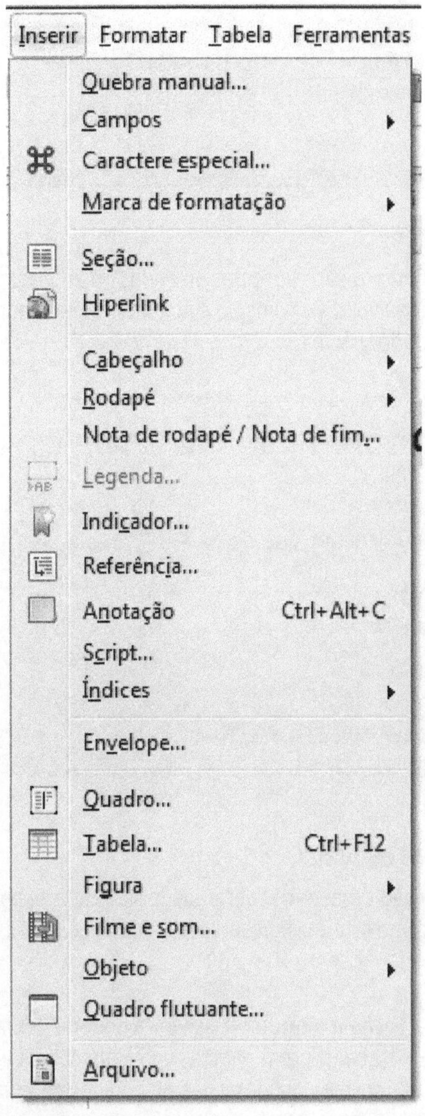


## Quebra manual

Este recurso permite utilizar estruturas que sejam auto-organizadas, como as quebras de página. Existem três quebras de texto possíveis, além das quebras de seção.

**Quebra de Linha** (SHIFT + ENTER)

Faz com que o conteúdo, após a quebra, seja iniciado na próxima linha.

**Quebra de Coluna** (CTRL + SHIFT + ENTER)

Faz com que o conteúdo, após a quebra, seja iniciado na próxima coluna.

**Quebra de Página** (CTRL + ENTER)

Faz com que o conteúdo, após a quebra, seja iniciado na próxima página.

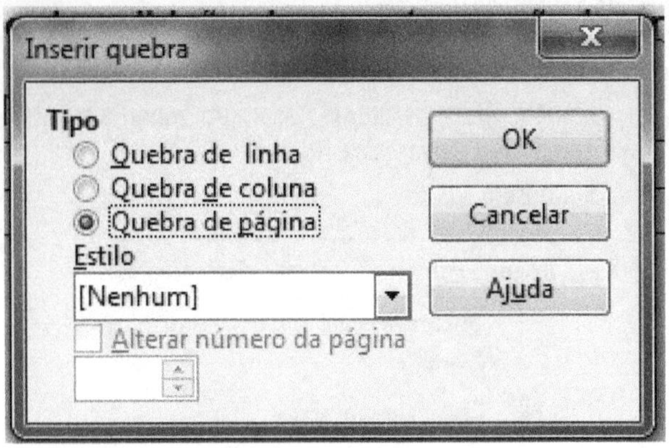


## Campos ▶

Os Campos são estruturas de dados que utilizam propriedades do arquivo como nome do autor, título, dentre outras como Data e Hora do sistema.

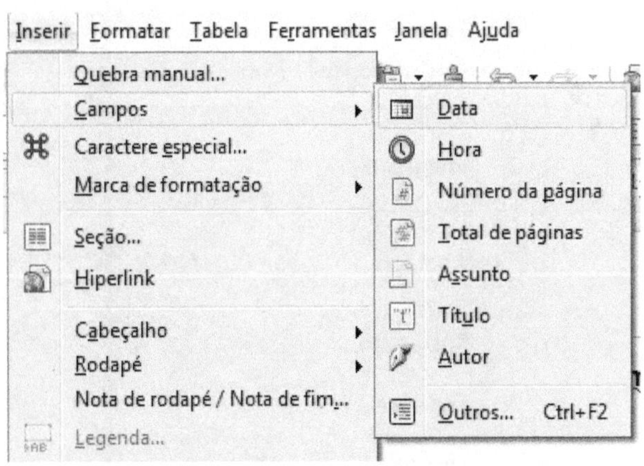


## Caractere especial

A opção Caractere Especial pode ser utilizada para inserir símbolos como este ▶ entre inúmeros outros possíveis.

## Seção

Uma Seção é o recurso-base para poder, em um mesmo documento, trabalhar com páginas com cabeçalhos e rodapés distintos, ou mesmo configurações de páginas distintas, como intercalar páginas em retrato e paisagem.

## Cabeçalho ▶

## Rodapé ▶

As estruturas de cabeçalhos e rodapés têm por princípio poupar trabalho durante a edição, de modo que o que for inserido nestas estruturas se repete nas demais páginas, não necessariamente do documento como um todo, mas em todas as páginas da mesma Seção.

## Hiperlink

Um link nada mais é do que um caminho, um atalho para algum lugar. Esse lugar pode ser uma página na Internet, ou computador, como um arquivo que esteja na Internet ou mesmo no computador local. Também é possível fazer com que um link aponte para algum ponto do mesmo documento, criando uma espécie de navegação. Contudo, para realizar esse procedimento, deve-se antes inserir Indicadores. A imagem a seguir ilustra a janela de inserir Hiperlink:

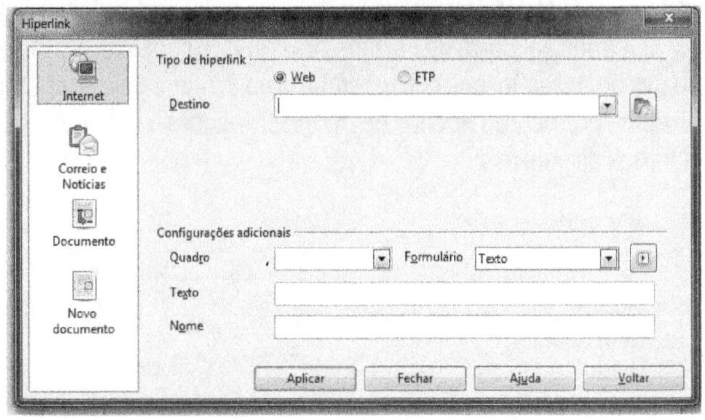


## Nota de rodapé/nota de fim

Notas de Rodapé e Notas de Fim são observações que, por vezes, utilizamos para explicar algo que fugiria ao contexto de uma frase[1]. A identificação ao lado da palavra/frase serve para que, no rodapé da mesma página ou ao final do documento, o leitor busque a devida explicação para a observação.

## Legenda

Uma Legenda é um recurso que poderia ser utilizado neste documento para identificar as figuras e referenciá-las em meio ao texto, mas como a estrutura de apresentação do conteúdo é linear e procura ser direta, não utilizamos esse recurso.

## Indicador

Um Indicador é um ponto de referência para ser apontado por um hiperlink.

## Referência

Uma Referência é uma citação pela qual utilizamos a ideia de informar algo do tipo, "conforme Figura 1". Em vez de escrever a palavra figura 1, estaria utilizando uma referência a ela, para que caso seja inserida uma nova figura antes da 1 no documento, os locais em que havia sido citado como figura 1 sejam refatorados para 2.

## Anotação

É o recurso de comentário que pode ser inserido em um documento como uma anotação do que deve ser feito.

## Índices ▶

Os Índices são os sumários e listas automáticas que podem ser inseridas em um documento, desde que se tenha utilizado os estilos de título e o recurso de legenda.

## Quadro

Um quadro, basicamente, é uma caixa de texto para que seja inserido em seu interior uma estrutura qualquer.

1 Por exemplo, aqui falaria sobre o que é uma frase.

### Tabela

É mais um caminho possível para inserir uma tabela dentro do editor, dentre as quatro formas possíveis, como o atalho CTRL + F12.

### Figura ►

O recurso Figura permite inserir imagens de diferentes formatos (PNG, GIF, JPG) em um documento.

### Filme e som

É possível inserir uma música ou um vídeo em meio a um documento de texto.

### Objeto ►

Destaque para a opção Objeto OLE (*Object Linked Embeded*) pela qual podemos inserir uma Planilha do Calc dentro de um documento de texto e ainda utilizá-la com suas características de planilha.

## Menu tabela

O menu Tabela apresenta as opções próprias de trabalho com uma tabela, como inicialmente inserir uma tabela no documento em edição. Várias opções aparecem desabilitadas, isso ocorre porque uma tabela não foi selecionada.

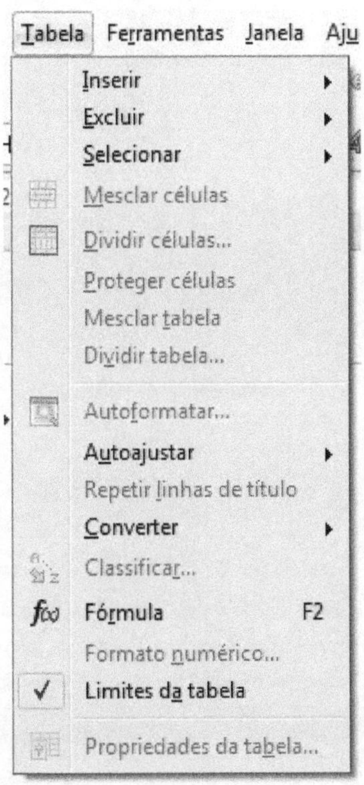


Outro caminho para se inserir uma tabela, além do menu Inserir e do atalho, dá-se por meio do menu Tabela opção Inserir e somente depois a opção Tabela.

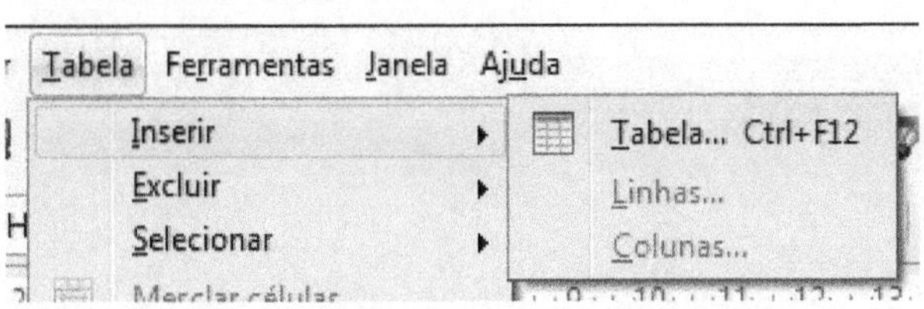


### Mesclar células

Essa ferramenta só fica habilitada quando duas ou mais células de uma tabela estão selecionadas. Ao acioná-las, as células se tornam uma, ou seja, são mescladas.

### Dividir células

Atente-se para esse recurso, pois somente em uma tabela é possível dividir células, ou seja, esse recurso não existe para planilhas.

### Proteger células

É um recurso que pode ser utilizado para bloquear as alterações em uma determinada célula e em uma tabela.

### Dividir tabela

Assim como é possível dividir uma célula, também podemos dividir uma tabela em duas ou mais, mas apenas tabelas.

### Repetir linhas de título

Quando se trabalha com tabelas muito extensas, que se distribuem em várias páginas, é difícil manter a relação do que se tem em cada coluna e linha. Para não ter que copiar manualmente os títulos, podemos utilizar o recurso repetir linhas de título.

### Converter ►

É possível converter tanto um texto em tabela como uma tabela em texto, utilizando, para isso, alguns critérios como espaços entre palavras ou tabulações, entre outros.

## Menu ferramentas

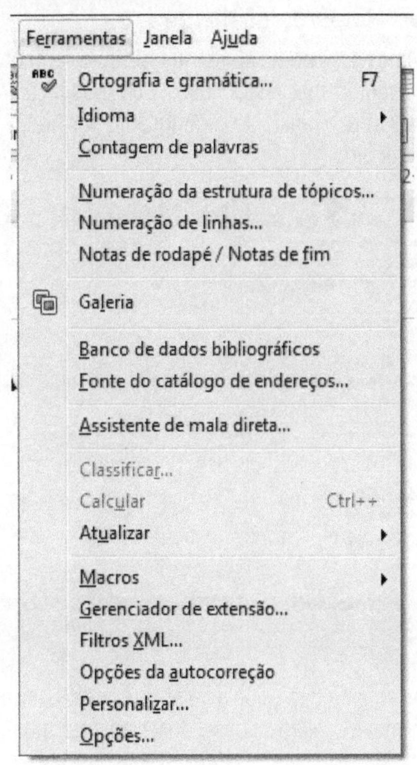

## Ortografia e gramática (f7)

Abre uma janela para verificar o documento em busca de palavras desconhecidas ao dicionário do programa.

## Idioma ►

No BrOffice Writer, podemos definir o idioma que está sendo trabalhado no texto selecionado, como no parágrafo e até para o documento de modo geral.

## Contagem de palavras

O Writer também possui recurso de contabilização de total de palavras que compõem o texto.

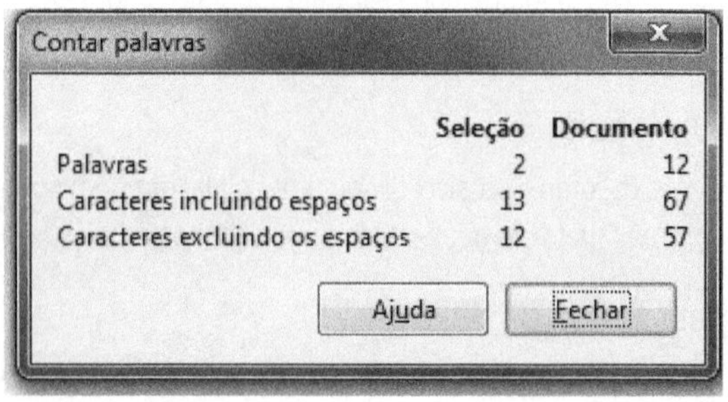


## Numeração de linhas

Este recurso é bastante utilizado nas provas de Língua Portuguesa, em que ao lado das linhas, nos textos apresentados, aparece uma numeração, que não necessita ser exibida em todas as linhas. Atenção às questões que o comparam com o recurso Numeração, usado para numerar parágrafos.

Uma forma de identificar a diferença é pela presença dos indicadores de fim de parágrafo, visíveis quando a ferramenta "caracteres não imprimíveis" está ativa.

## Notas de rodapé/notas de fim

Já vimos esse nome no menu Inserir. No entanto, são ferramentas distintas, mas relacionadas, pois esse recurso do menu Ferramentas abre a janela de configuração das notas, conforme ilustrado a seguir:

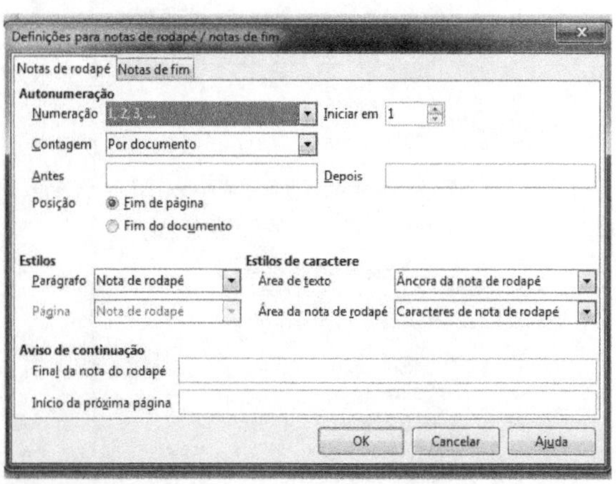


## Galeria

A ferramenta que exibe a galeria também é encontrada no menu Ferramentas, além da barra de ferramentas padrão.

## Assistente de mala direta

Uma ferramenta interessante para quem quer começar a entender o recurso de mala direta. Por meio dela, é possível criar uma mala direta passo a passo.

## Macros ►

De uma forma geral, as Macros são regras criadas para automatizar tarefas repetitivas. Por meio dessa ferramenta é possível executar as macros existentes.

## Opções de autocorreção

O recurso de Autocorreção é o responsável por corrigir palavras logo após a sua inserção, como colocar acento na palavra, caso digitada sem.

## Opções

Esse recurso concentra as opções do programa como dados do usuário e recursos.

# 5. BROFFICE CALC

O BrOffice Calc é um editor de planilhas eletrônicas pelo qual pode-se estruturar um controle de livro-caixa ou estoque, dentre inúmeras outras estruturas para atender a necessidades básicas de um escritório, por exemplo, que deseja controlar suas atividades. A figura a seguir ilustra a janela principal desse programa.

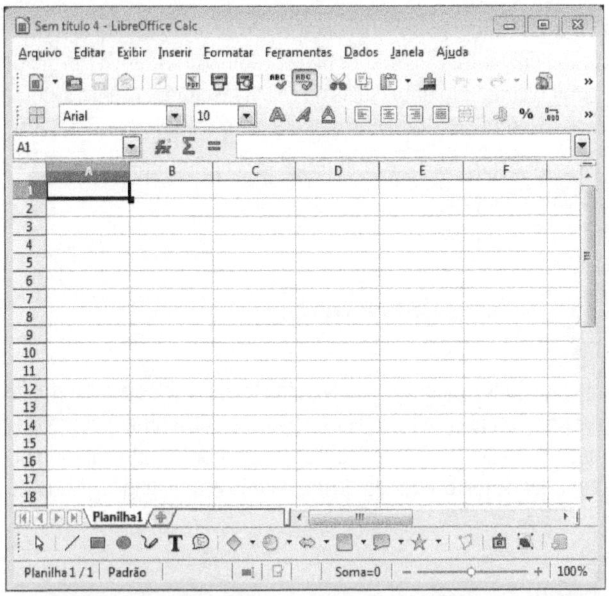

Para utilizar adequadamente esse programa, devemos entender as suas estruturas, com as quais iremos operar, como o formato de arquivo gerado.

Por padrão, um arquivo salvo no Calc é salvo no formato ODS (*Open Document Spreadsheet*), no entanto é possível por meio deste editor também salvar nos formatos padrões do Microsoft Office Excel, XLS (2003) e XLSX (2007 e 2010).

Vale lembrar que o formato ODF é o formato genérico do BrOffice, conhecido como *Open Document Format*, ou seja, Formato de Documento Aberto. Fique atento, pois o PDF (Formato de Documento Portátil) também e possível de ser gerado pelo Calc, porém por meio da opção Exportar como PDF.

## 5.1 Planilha

Uma planilha nada mais é do que um reticulado de linhas e colunas, as quais são preenchidas com dados e fórmulas com o intuito de se obter algum resultado ou estruturar alguma informação.

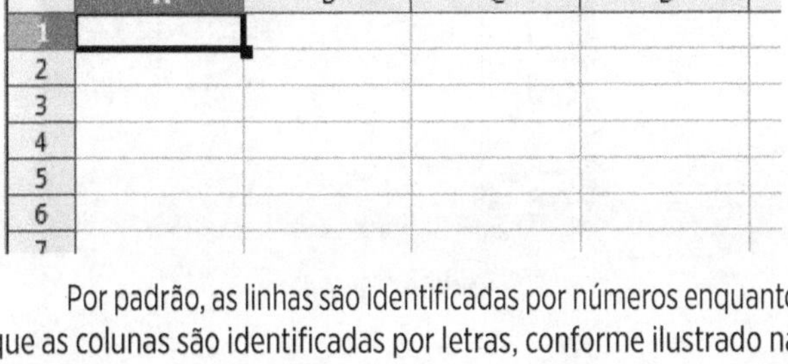

Por padrão, as linhas são identificadas por números enquanto que as colunas são identificadas por letras, conforme ilustrado na figura acima. Vale lembrar que, uma vez que existe um padrão, que existe também outra forma de se trabalhar, neste caso, é possível utilizar números para as colunas, mas é necessário alterar as opções do programa.

Uma planilha já possui um total de 1.048.576 linhas por 1024 colunas, contudo, como o alfabeto vai apenas até a letra Z, a próxima coluna é dada pela combinação AA, seguida por AB até chegar a AZ, seguida por BA, BB e assim por diante até completar as 1024 colunas, sendo a última representada pela combinação AMJ.

O mais importante a ser observado sobre essa característica é que esses valores são fixos, ou seja, uma planilha sempre terá essa estrutura, mas quando usado o recurso inserir Linhas ou Colunas, ocorre um deslocamento de conteúdo para baixo, no caso de linhas, e para a direita, no caso de colunas.

## 5.2 Célula

Uma célula é a menor unidade estrutural de um editor de planilhas, elas são dadas pelo encontro de uma coluna com uma linha. Assim são identificadas pelos títulos das colunas e das linhas que são exibidas.

A célula A1 é a primeira célula de uma planilha, ou seja, é a célula que se encontra na coluna A e na linha 1.

### Células de absorção

Dentre as características das células podemos citar as de Absorção, também conhecidas como células de resultado. Basicamente são aquelas que apresentam o resultado de algum cálculo.

Os indicadores de Células de Absorção são símbolos usados para identificar para o programa quais células devem ser calculadas. No Calc, são três os indicadores de células de absorção:

| | | |
|---|---|---|
| = | =5+5 | 10 |
| + | +5+5 | 10 |
| - | -5+5 | 0 |

### Modos de endereçamento

Os modos de endereçamento são formas de identificar o endereço de uma célula, contudo para fins de identificação os três modos de endereçamento não possuem diferença, sua aplicação é apenas para os procedimentos de copiar e colar uma célula cujo conteúdo é uma fórmula, por vezes citado pelo clicar e arrastar.

**Relativo:** no modo de endereçamento relativo apenas precisamos indicar a coluna e a linha de uma célula. Como o exemplo: B2, ou seja, a célula que se encontra na junção da linha 2 com a coluna B.

**Misto:** no modo de endereçamento misto é utilizado o símbolo $ (cifrão) para indicar que o dado que estiver imediatamente à sua direita será sempre o mesmo, ou seja, não poderá ser alterado.

Existem duas formas de endereçamento misto, em uma bloqueamos a coluna, enquanto que na outra a linha é que é bloqueada.

Quando desejamos travar a coluna, escrevemos o endereço da célula, =$B2, assim a linha pode ser alterada quando houver deslocamento, porém a coluna será sempre a coluna B.

Por outro lado, quando desejamos fixar uma linha, devemos escrever o $ antes da linha, exemplo, =B$2, dessa forma, a coluna pode ser alterada quando houver deslocamento em relação à coluna, contudo a linha será sempre a linha 2.

**Absoluto:** no endereçamento absoluto tanto a coluna quanto a linha são fixadas, assim podemos dizer que a célula será sempre a mesma.

## Endereço da planilha

**<nome da Planilha>.<endereço da célula>**

**=Planilha1.B4+Planilha2.B4**

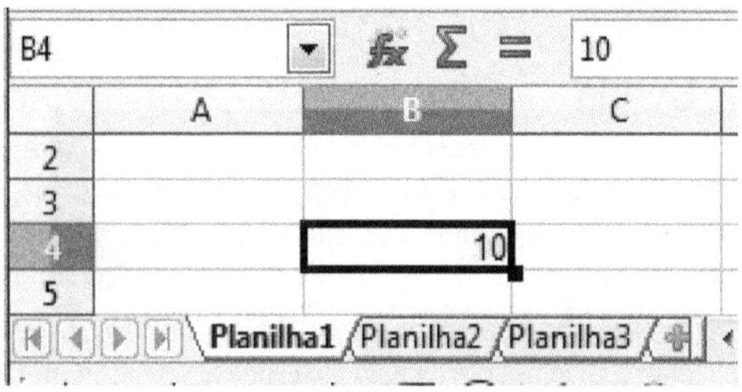


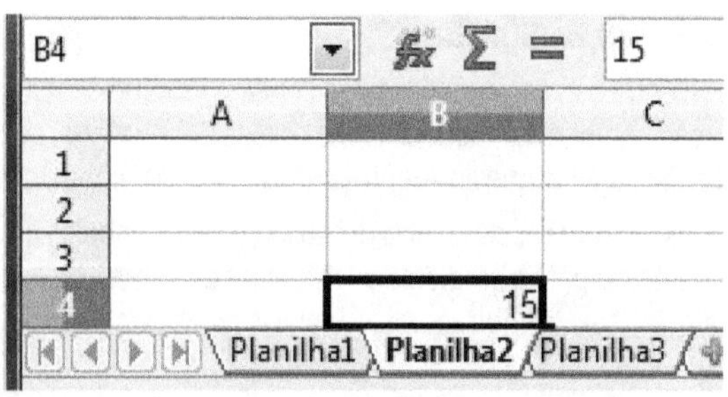


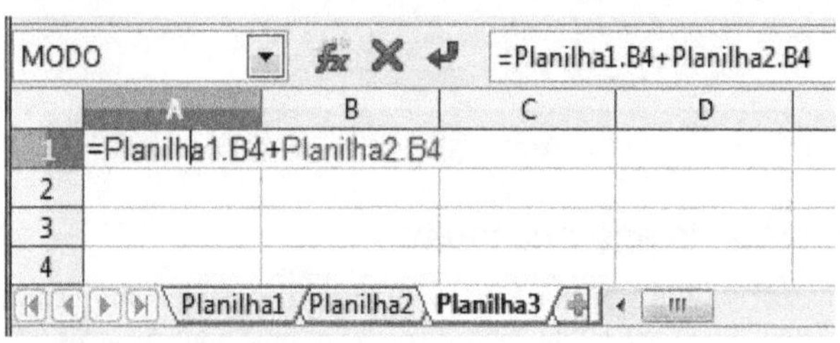


## 5.3 Operadores

No BrOffice Calc existem quatro tipos de operadores básicos: aritméticos, texto, referência e comparação, cada qual com suas peculiaridades.

### Operadores aritméticos

Sobre Operadores Aritméticos, assim como sobre Células de Absorção, a maioria das perguntas é direta, mas as questões são colocadas na matemática destes operadores, ou seja, as regras de prioridade de operadores devem ser observadas para que não seja realizado um cálculo errado.

| Operador | Símbolo | Exemplo de uso | Resultado |
|---|---|---|---|
| Adição | + | =5+5 | 10 |
| Subtração | - | =5-5 | 0 |
| Multiplicação | * | =5*5 | 25 |
| Divisão | / | =5/5 | 1 |
| Potenciação | ^ | =5^2 | 25 |
| Percentagem | % | =200*10% | 20 |

### Operador de texto

Os editores também contam com um operador que permite atuar com texto. O operador de concatenação **&** tem a função de reunir o conteúdo das células na célula resultado. Atenção, nesse caso a ordem dos operadores altera o resultado.

A figura a seguir ilustra as células com operações de concatenação.

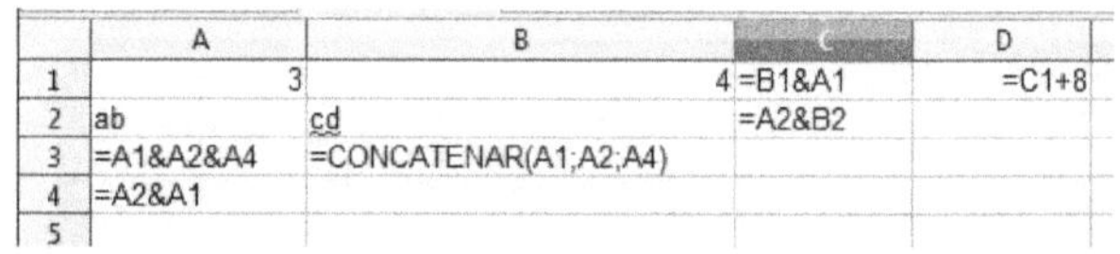


A figura a seguir mostra os resultados obtidos pelas fórmulas inseridas, atente aos resultados e perceba que a ordem dos fatores muda o resultado. Também observe que, por ter sido utilizado um operador de texto, o resultado por padrão fica alinhado à esquerda.

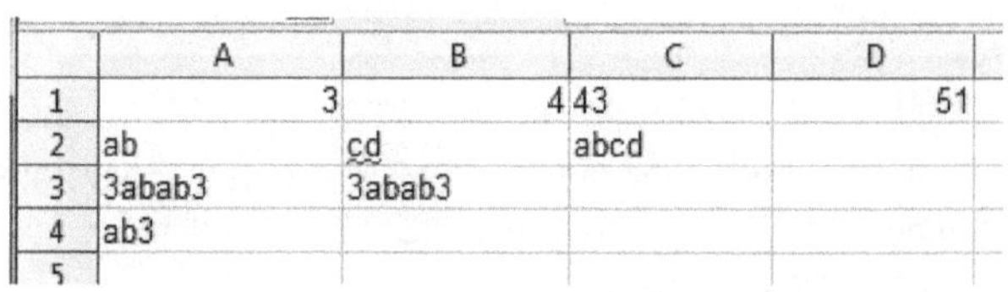


### Referência

Os operadores de referência são aqueles utilizados para definir o intervalo de dados que uma função deve utilizar.

| | | |
|---|---|---|
| ; ~ | E | União |
| : | Até | Intervalo |
| ! | | Interseção |

Considere o seguinte conjunto de dados em uma planilha em edição no Calc:

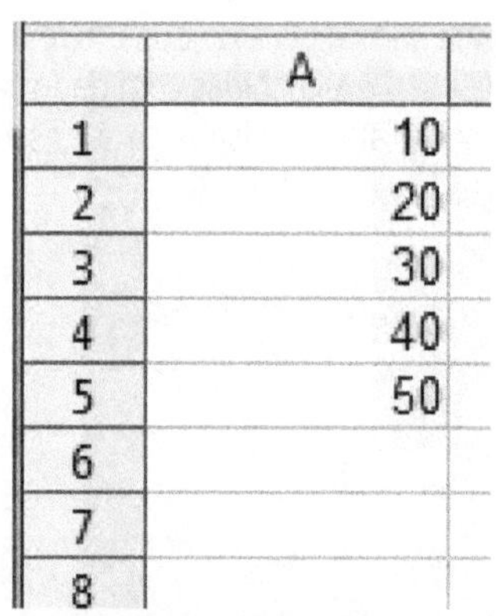


**=SOMA(A1 : A4)**

A função é lida como Soma de A1 até A4, ou seja, todas as células que estão no intervalo de A1 até A4 inclusive. No caso de exemplo o resultado = 100.

De forma equivalente pode-se escrever a função como se segue:

**=SOMA(A1 ; A2 ; A3 ; A4 )**

A qual se lê Soma de A1 e A2 e A3 e A4, assim é possível especificar células aleatórias de uma planilha para realizar um cálculo.

**=SOMA(A1 ; A4)**

Neste caso fique atento pois, a leitura é Soma de A4 e A1, ou seja, apenas estão sendo somadas as células A1 com A4 as demais não entram no conjunto especificado. Assim, o resultado seria 50.

**=SOMA(A1 : A4 ! A3 : A5)**

Já nesta última situação apresentada, deseja-se somar apenas as células que são comuns ao intervalo de A1 até A4 com A3 até A5, que no caso são as células A3 e A4, assim a soma destas células resulta em 70.

## 5.4 Elemento Fixador

O $ (cifrão) é um símbolo usado para travar alguma informação, via de regra o que estiver vinculado à direita.

As questões normalmente descrevem uma planilha e citam que uma determinada fórmula foi inserida em uma célula. Na sequência, a célula é selecionada, copiada e colada em outra célula, ou mesmo clicado pela alça de preenchimento e arrastado para outra célula.

No caso a seguir, foi inserida na célula C1 a fórmula =A1+$A2+A$2, após foi arrastada pela alça de preenchimento desta célula para a célula C2, assim a fórmula presente em C2 será:

1º de C1 para C2 foi acrescido apenas uma linha, sem alterar a coluna, assim as letras não são alteradas, mas existem modos de endereçamento misto, em que aparece $2 significa que a linha será sempre a linha 2, não podendo modificá-la.

| | A | B | C | D |
|---|---|---|---|---|
| 1 | 10 | 100 | =A1+$A2+A$2 | |
| 2 | 50 | 200 | =A2+$A3+A$2 | |
| 3 | =$A$1+A1 | | | |
| 4 | | =$A$1+B2 | | |
| 5 | | | | =B5+$A6+B$2 |
| 6 | | | | |

| | A | B | C | D |
|---|---|---|---|---|
| 1 | 10 | 100 | 110 | |
| 2 | 50 | 200 | 120 | |
| 3 | 20 | | | |
| 4 | | 210 | | |
| 5 | | | | 200 |
| 6 | | | | |

| C1 | → | C2 |
|---|---|---|
| Origem | | Destino |

| | Destino | | Origem | Deslocamento |
|---|---|---|---|---|
| Linha | 2 | - | 1 | 1 |
| Coluna | C 3ª | - | C 3ª | 0 |

| C1 | → | D5 |
|---|---|---|
| Origem | | Destino |

| | Destino | | Origem | Deslocamento |
|---|---|---|---|---|
| Linha | 5 | - | 1 | 4 |
| Coluna | D 4ª | - | C 3ª | 1 |

| A3 | → | B4 |
|---|---|---|
| Origem | | Destino |

| | Destino | | Origem | Deslocamento |
|---|---|---|---|---|
| Linha | 4 | - | 3 | 1 |
| Coluna | B 2ª | - | A 1ª | 1 |

| | → | |
|---|---|---|
| Origem | | Destino |

| | Destino | | Origem | Deslocamento |
|---|---|---|---|---|
| Linha | | - | | |
| Coluna | | - | | |

## 5.5 Alça de Preenchimento

A Alça de Preenchimento é um dos recursos que mais possui possibilidades de uso e por consequência respostas diferentes.

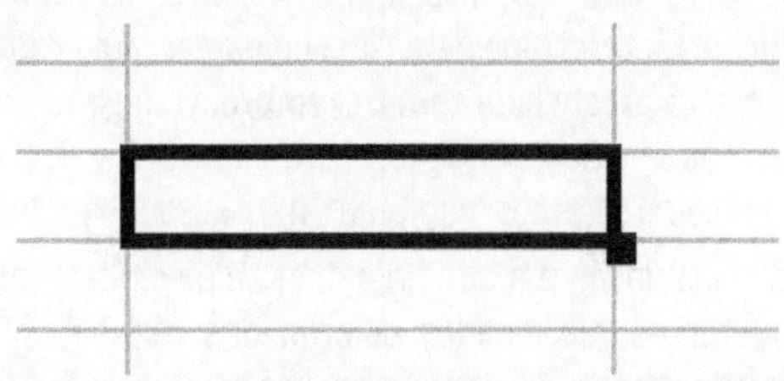

Observe que, quando uma ou mais células estão selecionadas, sempre no canto direito inferior é ilustrado um quadrado um pouco mais destacado, essa é a alça de preenchimento.

Ela possui esse nome porque é utilizada para facilitar o preenchimento de dados que obedeçam a uma regra ou padrão.

Quando uma única célula está selecionada e o seu conteúdo é um valor numérico. Ao clicar sobre a alça de preenchimento e arrastar seja na horizontal ou vertical, em qualquer sentido, exceto diagonal, será preenchido com uma Progressão Aritmética (PA) de razão 1, caso seja arrastado para esquerda ou para cima a razão é -1. A figura a seguir ilustra o comportamento.

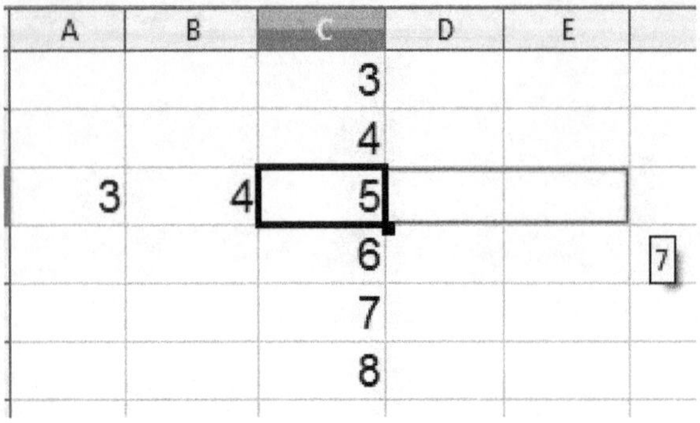


Já na situação em que existem duas células adjacentes selecionadas contendo valores numéricos diferentes entre si, ao se arrastar pela alça de preenchimento as células serão preenchidas com uma PA cuja razão é a diferença entre os dois valores selecionados. A figura a seguir ilustra esse comportamento. Podemos observar que o valor que irá ser exibido na célula B6 será o número 30, com isso a célula B4 receberá o valor 20, enquanto que a B5 receberá 25, conforme vemos na figura da direita.

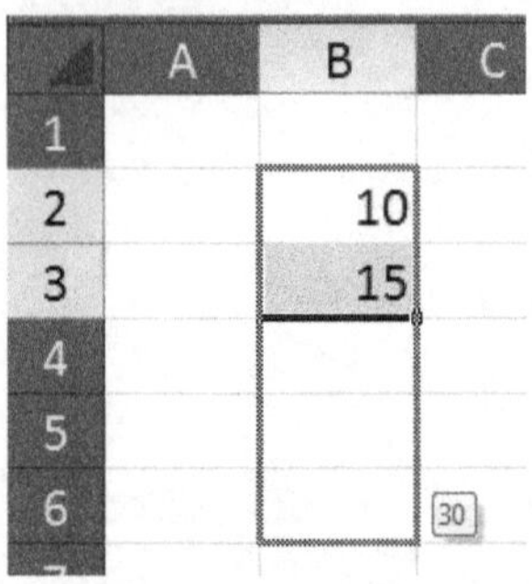


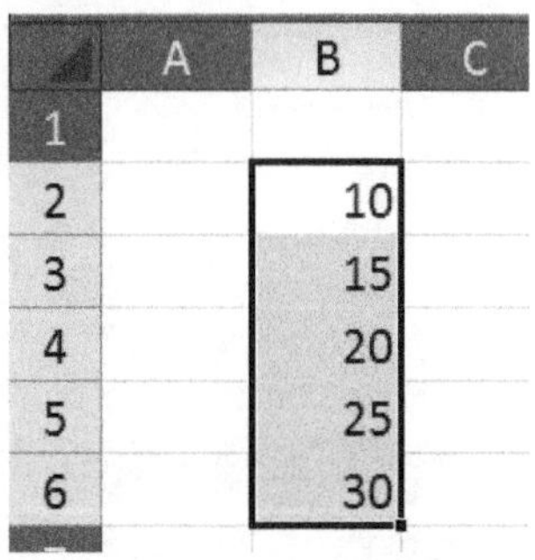


Quando o conteúdo de uma única célula selecionada for um texto esse, será copiado para as demais células. Mas se o conteúdo, mesmo sendo um texto, fizer parte de uma série conhecida pelo programa às células serão preenchidas com o próximo valor da série. Por exemplo, se **Janeiro** for o conteúdo inserido na célula, então, ao arrastar pela alça de preenchimento para a direita ou para baixo a célula adjacente será preenchida com **Fevereiro**, por outro lado se for arrastado para cima ou para a esquerda a célula adjacente será preenchida com **Dezembro**. O mesmo vale para as sequências Jan, Seg e Segunda-feira. Atenção: A, B, C não são conhecidos como série nos programas, mas o usuário pode criá-las.

Já na situação em que haja duas células que contenham textos diferentes selecionadas, ao arrastar será preenchido com o padrão encontrado, veja o exemplo abaixo.

Quando o conteúdo da célula for uma fórmula ao arrastar pela alça de preenchimento o resultado é o mesmo, ou seja, deverá ser calculada a nova fórmula de acordo com o deslocamento.

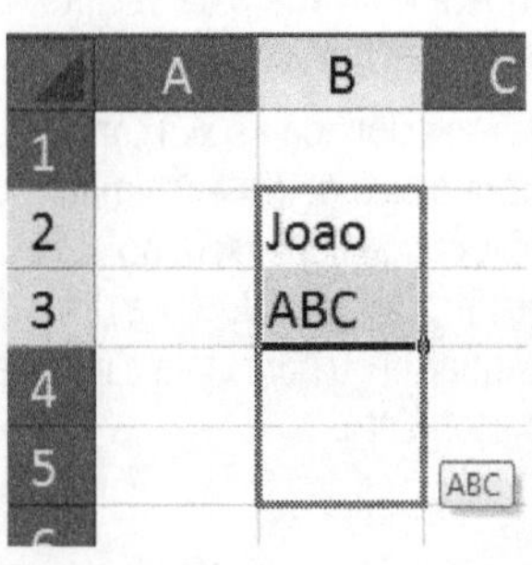


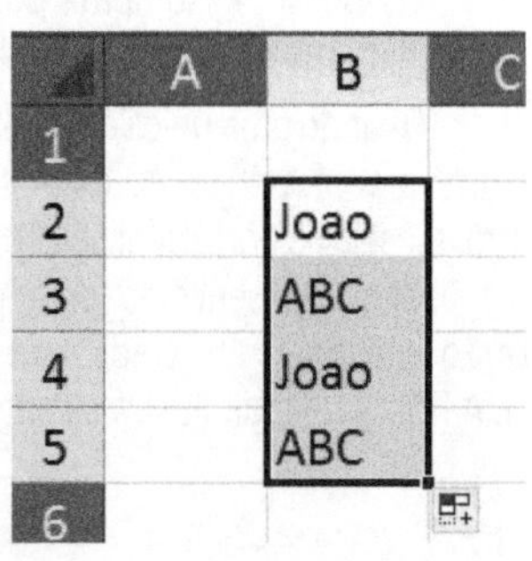


## 5.6 Funções

As funções são estruturas prontas criadas para que o usuário não se preocupe em como elas funcionam, mas apenas com que informações devem descrever para obter o resultado. Contudo, para as provas de concurso precisamos saber como elas funcionam.

A figura acima ilustra a barra de fórmulas e funções do Calc, por meio dela podemos inserir as funções, além de poder digitá-las diretamente. Essa barra também tem importante informação, pois é nela que é exibido o real conteúdo de uma célula, ou seja, se o que foi inserido foi uma fórmula ou um dado (valor) direto.

Caso ainda não conheça muito bem as funções é possível contar com o assistente de funções, que pode ser acessado pelo ícone $f_x$ presente nessa mesma barra. À direita dele encontra-se o botão SOMA, que pode ser usado para inserir a função =SOMA( ) já o sinal de igual presente na sequência é o mesmo que digitar o símbolo na célula selecionada a fim de inserir uma fórmula ou função, tanto que seu nome é Função.

### Principais funções

=SOMA( )

=MÉDIA( )

=MED( )

=MÁXIMO( )

=MAIOR( ; )

=MÍNIMO( )

=MENOR( ; )

=MODO( )

| | A | B | C | D |
|---|---|---|---|---|
| 1 | 3 | 7 | 10 | |
| 2 | 7 | 3 | 20 | |
| 3 | | 7 | 30 | |
| 4 | 3 | 3 | 40 | |
| 5 | 7 | 5 | 10 | |
| 6 | | | | |
| 7 | | | | |

### =média(a1:a5)

Calcula-se a Média de A1 até A5. O cálculo da média é a soma de um conjunto de valores dividido pelo total de valores **somados**, assim para o caso apresentado na figura acima o resultado da média de A1 até A5 é 20/4 totalizando 5, ou seja, as células vazias são ignoradas. Caso a célula A3 possua o valor 0, o resultado seria 4, pois 0 (zero) é número.

### =média(a1;a2;a3;a4;a5)

Nesta segunda forma, apenas se mudou os operadores de referência, mas o resultado será o mesmo, pois o conjunto de dados é o mesmo.

### =média(b1:b5)

O conjunto apresentado também resulta em 5.

## =soma(b1:b5)/5

Muito comum de ser usado nas provas as estruturas de funções combinadas com expressões aritméticas como somar o conjunto de B1 até B5 e na sequência dividir o resultado por 5. Atente-se, pois para o caso em questão a expressão acima calcula a média, porém não se pode dizer o mesmo para a frase, **a função =SOMA(B1:B5)/5 calcula a média dos valores de B1 até B5 qualquer que seja o valor nas células**, pois se alguma célula estiver vazia não será dividido por 5 o total somado, a fim de calcular a média.

## =b1+b2+b3+b4+b5/5

Cuidado com a expressão acima, porque ela não calcula a média, mas é bastante usada nas provas para induzir o candidato ao erro, lembre-se que os cálculos devem ser realizados respeitando as precedências de operadores. Assim, a expressão para calcular a média seria **=(B1+B2+B3+B4+B5)/5** usando os parênteses para mudar a precedência indicando que o que está entre eles é que deve ser calculado por primeiro.

## =med(b1:b5)

Atenção a essa função, pois as provas induzem o candidato a pensar que se trata da função que calcula a média, contudo o que ela calcula é a **Mediana**, que é o elemento central de um conjunto de elementos. Porém, outra questão recorrente pode ser apresentada: ocorre quando o conjunto de dados é similar ao apresentado, ou seja, com números repetidos e fora de ordem, devemos lembrar que a mediada leva em consideração os valores em ordem e que estes se repetem. Desse modo, na mediana de B1 até B5 devemos observar os valores (3, 3, 5, 7, 7), com base nesse conjunto tem-se que a mediana é 5, pois é o elemento central.

## =med(a1:a5)

Contudo, quando o conjunto possui uma quantidade par de elementos, a mediana é a média dos elementos centrais. Dado do conjunto (3, 3, 7, 7) a mediana é a média de 3 e 7, ou seja, 5.

## =máximo(b1:b5)

Essa função retorna o valor mais alto do conjunto de dados especificado.

## =maior(b1:b5;3)

Em comparação com a função Máximo, é comum aparecer a função Maior que permite identificar o enésimo termo de um conjunto.

No exemplo anterior podemos ler como o terceiro maior número do intervalo de B1 a B5.

Neste caso, como se deseja o maior valor o conjunto, deve ser considerado em ordem decrescente (7, 7, 5, 3, 3), assim o terceiro maior número é 5.

## =mínimo(b1:b5)

Enquanto que o máximo traz como resposta o valor mais alto, o mínimo retorna o mais baixo.

Para o exemplo acima a resposta é 3.

## =menor(b1:b5;1)

A função Menor exibe o enésimo menor número de um conjunto, desta forma, no exemplo dado, pede-se o primeiro menor número do intervalo de B1 a B5 (3, 3, 5, 7, 7), na função menor o conjunto de dados deve ser considerado em ordem crescente, assim o primeiro menor é 3, o mesmo que o mínimo de B1 até B5.

## =modo(a1:a5)

Esta função retorna o valor que aparece com maior frequência no conjunto especificado. No caso do exemplo, a resposta é 3.

## =modo(b1:b5)

Observe que o resultado será sempre o valor mais baixo que mais se repete, mesmo que outro valor apareça com a mesma frequência, como no segundo exemplo a resposta também é 3.

# Outras funções comuns

| | A | B | C | D | E |
|---|---|---|---|---|---|
| 1 | 3 | 7 | 10 | A | |
| 2 | 7 | 3 | 20 | B | |
| 3 | | 7 | 30 | A | |
| 4 | 3 | 3 | 40 | A | |
| 5 | 7 | 5 | 10 | B | |
| 6 | | | | | |

## =se( ; ; )

A função SE é também conhecida como condicional, por meio dela é possível definir ações a serem executadas diante de determinadas situações (condições).

Sua sintaxe é composta por três campos sendo que no primeiro é colocado um teste lógico, após o ponto e vírgula temos o campo que contém a ação a ser executada, caso o teste lógico seja verdadeiro e na sequência. No último campo, contém a ação caso o teste lógico seja falso.

## =cont.Núm( )

Esta função exibe o total de células de um intervalo que possui como conteúdo um valor numérico.

## =cont.Se( ; )

Enquanto que a função CONT.SE retorna a quantidade de células que atendem ao critério estabelecido no segundo campo.

## =somase( ; ; )

Já a função SOMASE, permite somar apenas o conteúdo das células de interesse ao montante.

Assim se aplicada a função **=SOMASE(D1:D5;"=A";C1:C5)** a resposta será o montante da soma das células da coluna C que estiverem na mesma linha das células da coluna D que possuírem a letra A como conteúdo. Assim a resposta é 80.

**Exs.:**

**=SE(C1>=10; "maior ou igual"; "Menor")**

Se o valor contido na célula C1 for maior ou igual a 10, então será escrito na célula o texto expresso no segundo campo da função. Por ser um texto, a ação desejada ele obrigatoriamente deve ser expresso entre aspas, contudo as aspas não serão exibidas na resposta.

Mas se o valor da célula C1 for menor do que então será escrito como resposta o texto **Menor**.

### =cont.Núm(a1:a5)

Como a célula A3 está vazia, a resposta desta função é 4, pois existem apenas 4 células cujo conteúdo é um número.

### =cont.Se(d1:d5; "=a")

Ao se aplicar a função acima, ela irá contar quantas células possuem o texto A, neste caso a resposta é 3.

## 5.7 Formatos de Células

Ao clicar com o botão direito do mouse sobre uma ou mais células selecionadas é aberto o menu suspenso, ilustrado a seguir. Neste momento nos interessa a opção Formatar Células que, ao ser acionada, abre a janela de formatação de células.

### Guia números

A figura a seguir ilustra a janela Formatar Células exibindo as opções da aba Números, as principais abas são as guias Número e Alinhamento.

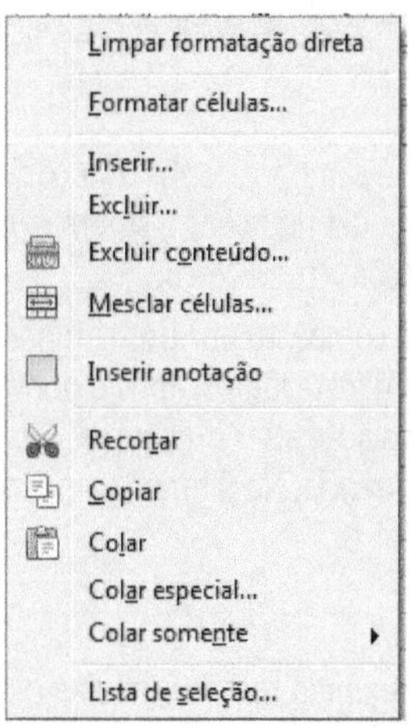


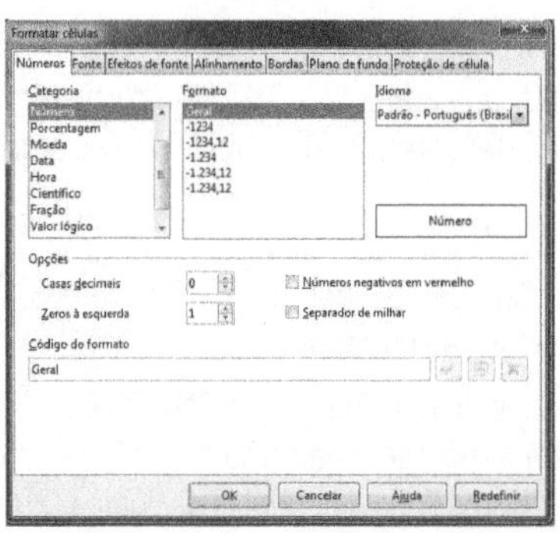


Na figura abaixo estão listados os formatos de células e exibidas as células formatadas.

| | A | B |
|---|---|---|
| 1 | Número | 5,70 |
| 2 | Porcentagem | 500,00% |
| 3 | Moeda | R$ 50,00 |
| 4 | Data | 09/04/13 |
| 5 | Hora | 23:20:00 |
| 6 | Científico | 5,00E+000 |
| 7 | Fração | 3/4 |
| 8 | Valor Lógico | VERDADEIRO |
| 9 | Texto | teste |
| 10 | | |

Os formatos Moeda e Percentagem também podem ser definidos pelas opções da barra de Ferramentas de Formatação. A figura a seguir ilustra parte desta barra com as opções citadas.

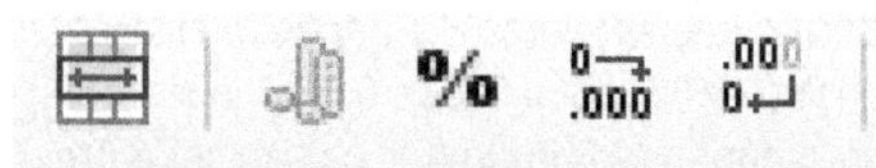

### Guia alinhamento

Por meio desta guia, podemos formatar o alinhamento vertical e/ou horizontal de uma célula bem como a orientação do texto, ou seja, sua direção aplicando um grau de inclinação.

Também encontramos a opção Quebra Automática de texto que permite distribuir o conteúdo de uma célula em várias linhas de texto dentro da mesma célula. A figura a seguir ilustra estas opções.

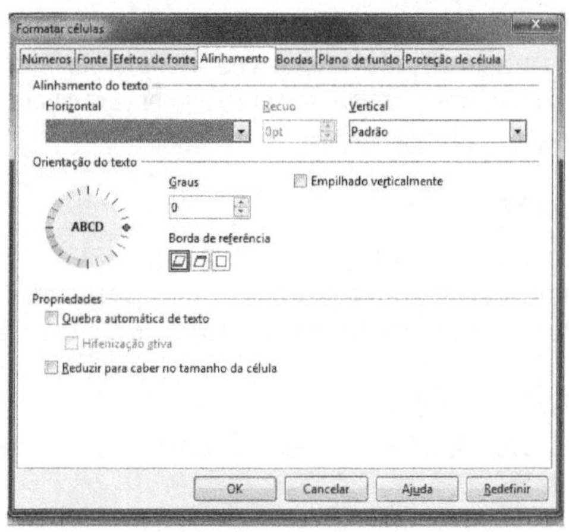


## Outras ferramentas

### Mesclar e centralizar 

A opção Mesclar e Centralizar do Calc centraliza tanto na horizontal como na vertical. Porém, é possível exibir apenas o conteúdo da célula superior esquerda, como também se pode mover o conteúdo das células selecionadas que serão ocultas para a célula superior esquerda.

A sequência de imagens a seguir ilustra a operação de mesclar em que se opta por exibir apenas a célula superior esquerda, observe que as demais células são apenas ocultas, assim seus valores são mantidos e podem ser referenciados.

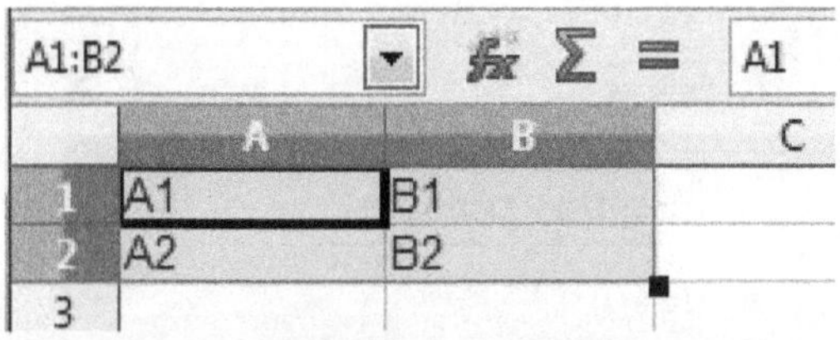

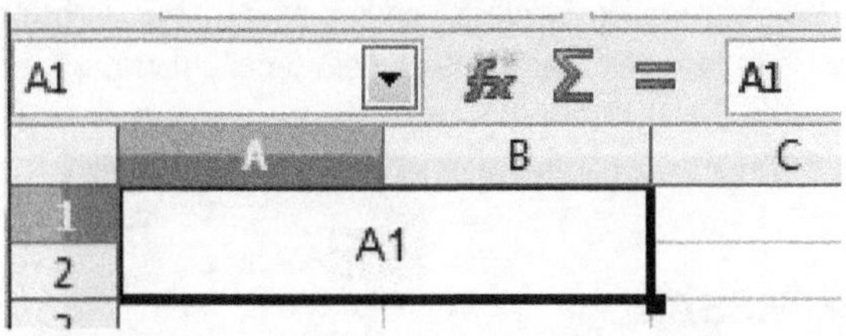


Nessa próxima sequência foi optado por mover o conteúdo para a célula superior esquerda, atente que a ordem dos dados é a mesma de leitura (esquerda para a direita e de cima para baixo).

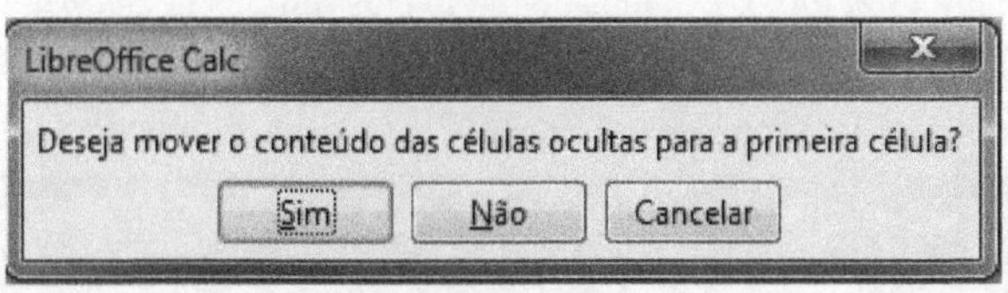


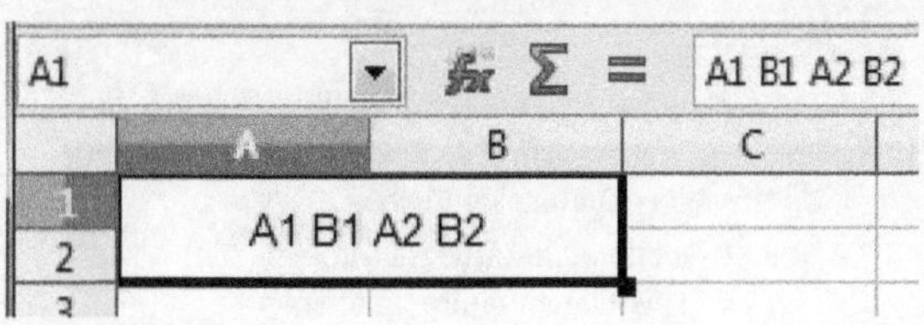


## Bordas 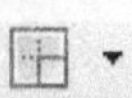

Por padrão, em uma planilha, o que vemos são as linhas de grade e não as bordas das células, tanto que se realizarmos a impressão nenhuma divisão aparece. As bordas devem ser aplicadas manualmente de acordo com a necessidade, para isso, pode-se usar o botão Bordas presente na barra de ferramentas de formatação que, ao ser acionado, exibe as opções de bordas, como: bordas externas, internas, esquerda, direita, dentre as demais que podem ser visualizadas na figura abaixo.

## Classificar 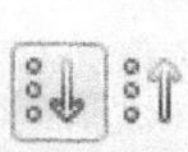

Outra opção que podemos destacar é a de classificação de dados, pela qual podemos ordenar um conjunto de dados selecionados em ordem crescente ou mesmo decrescente, por meio dos ícones acima representados, respectivamente.

# 6. BROFFICE IMPRESS

É também conhecido como editor de slides. Fique atento com as palavras expressas em português como eslaide, que aparenta ser errada, pelo fato de não ser empregada com frequência, comumente usada para induzir o candidato ao erro.

## 6.1 Janela do Programa

Devemos, primeiramente, conhecer algumas funções da Janela do Editor para melhor entender seus recursos.

A primeira barra ao topo, onde encontramos os botões Fechar, Maximizar/Restaurar e Minimizar é a chamada Barra de Título, pois expressa o nome do arquivo e o programa no qual está sendo trabalhado.

A barra logo abaixo é a Barra de Menu, onde se encontram as ferramentas do programa. Observe, à direita do menu Ferramentas, a existência de um menu diferente dos encontrados no Writer e Calc, o menu Apresentação de Slides. Nele, são encontradas as opções específicas das operações com slides como Cronometrar, Transição e Apresentação de Slides.

Na sequência, são exibidas as duas barras de ferramentas (Padrão e de Formatação). Fique atento às divisões da janela. Na lateral esquerda, está o painel Slides, nele são exibidas as miniaturas dos slides a fim de navegação na apresentação, bem como de organização. Uma vez que, para deslocar o slide, basta clicar e arrastá-lo para o local desejado.

A última é a barra de Status, por meio dela podemos visualizar em qual slide estamos, além de poder alterar o zoom do slide em edição.

Acima da barra de Status está a barra de Desenhos, ilustrada a seguir. Essa barra é comum aos demais editores (Calc e Writer). Porém, ela só aparece por padrão no Impress. Para ocultá-la ou exibi-la, basta selecionar a barra no menu Exibir → Barras de Ferramentas → Desenho.

A área central da tela é onde fica o slide em edição, também conhecida como palco, quem sabe uma associação ao espaço onde o artista expõe a sua obra.

Já à direita, é exibido o Painel de Tarefas. Essa estrutura oferece diversas opções, conforme ilustrado a seguir:

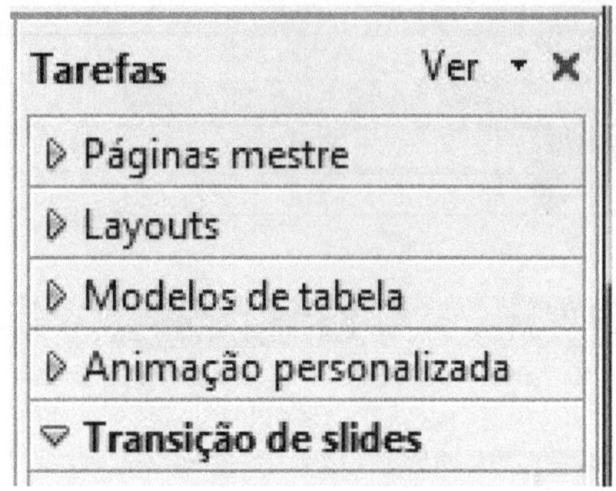


Acima do slide em edição, podem-se encontrar cinco opções, elas são modos de exibição que podem ser alternados.

## 6.2 Mestre

Um mestre é aquele que deve ser seguido, ou seja, uma estrutura base para a criação de um conjunto de slides. Por meio dele podemos criar um modelo no qual se definem estilos de título, parágrafo, tópicos, planos de fundo e os campos de data/hora, rodapé e número do slide, conforme pode ser visualizado na imagem a seguir:

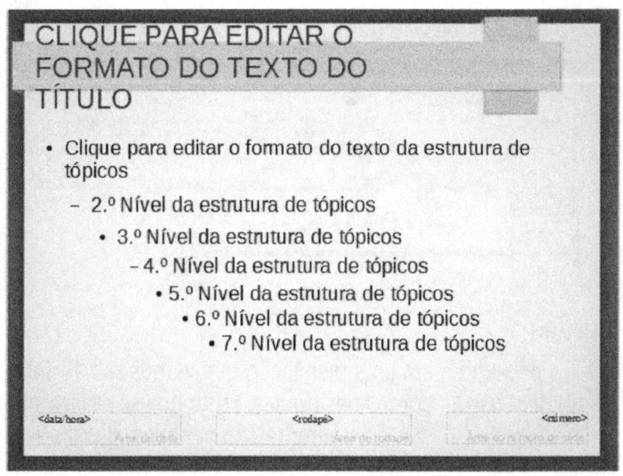


Para acionar o modo exibido, basta clicar no menu Exibir → Mestre → Slide Mestre.

A Nota Mestre serve para formatar as características das anotações (notas) que podem ser associadas a cada slide, conforme ilustrado a seguir.

Já o item Elementos do Slide Mestre, serve para indicar quais elementos devem aparecer nos slides ou notas.

No painel de Tarefas, a opção Páginas Mestre apresenta alguns modelos de Slides Mestres que podem ser utilizados pelo usuário.

## 6.3 Layouts

Também podendo ser citado como Leiaute, são as estruturas que um slide pode possuir, como slides de título, título e subtítulo, slide em branco entre outros.

A figura a seguir ilustra os diversos layouts disponíveis no Impress. Esses podem ser definidos a qualquer momento da edição, inclusive após o slide já ter sido inserido.

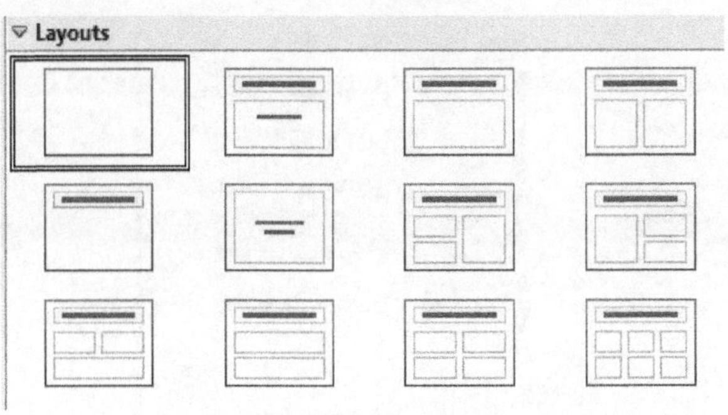


Por meio do botão Inserir Slide , presente na barra de ferramentas padrão, é possível escolher no momento da inserção o layout do slide. Após este já ter sido inserido, basta selecioná-lo no painel de slides, à esquerda, e escolher o novo layout desejado pelo botão de Layout do Slide 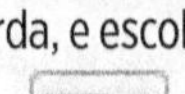 ou pelo painel de Tarefas.

## 6.4 Formatos de arquivos

O Formato de Arquivo salvo por padrão no BrOffice (LibreOffice) Impress é o ODP (*Open Document Presentation*). Contudo, é possível salvar uma apresentação no formato PTT do PowerPoint (2003) ou PTTX do PowerPoint 2007 e 2010.

Existe também um formato de arquivo PPS (2003) e PPSX (2007 e 2010). Ele é um formato de autoplay, ou seja, ao ser acionado o arquivo com esse formato ele automaticamente é exibido no modo de exibição de slides.

## 6.5 Modos de exibição

Os Modos de Exibição refletem em diferentes estruturas e não apenas formas de visualizar os slides. No Impress existem cinco modos de exibição principais, mas pode-se acrescentar também o modo de Apresentação de Slides como sendo um modo de exibição.

Para alternar entre os modos de exibição, pode-se escolher o modo desejado pelo Menu Exibir ou pelas opções presentes no topo do palco de edição.

### Normal

Este é o modo de exibição padrão para a edição dos slides, conforme ilustrado a seguir. Com esse modo, é possível alterar os textos do slide, bem como suas formatações de texto, layout e plano de fundo.

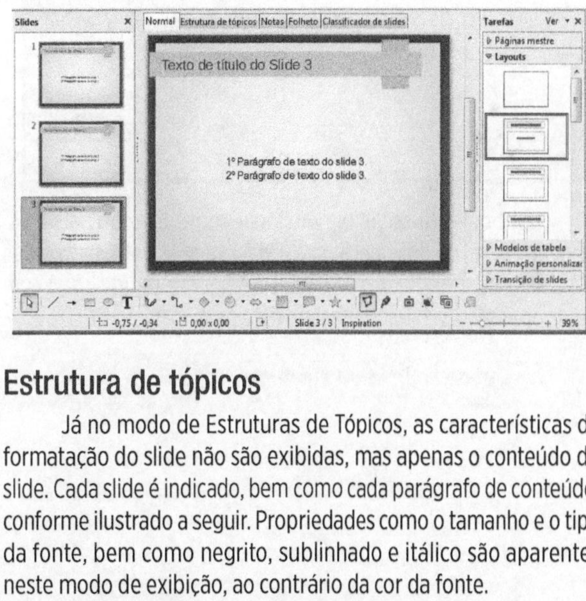


### Estrutura de tópicos

Já no modo de Estruturas de Tópicos, as características de formatação do slide não são exibidas, mas apenas o conteúdo do slide. Cada slide é indicado, bem como cada parágrafo de conteúdo, conforme ilustrado a seguir. Propriedades como o tamanho e o tipo da fonte, bem como negrito, sublinhado e itálico são aparentes neste modo de exibição, ao contrário da cor da fonte.

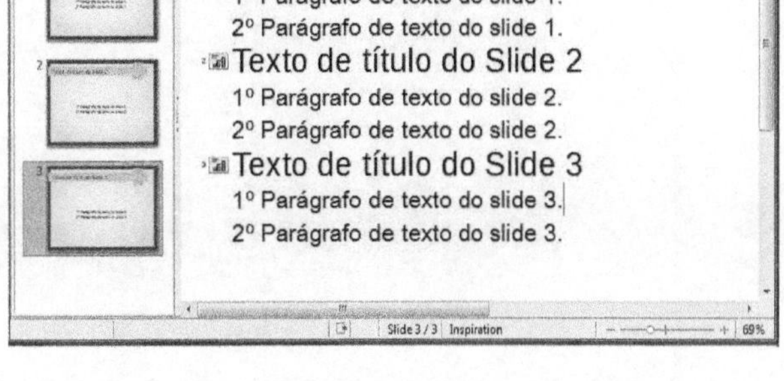

## Notas

Este modo de exibição serve para que se possa inserir as anotações sobre um slide, muitas vezes usadas para descrever o assunto, ou conteúdo do slide, ou seja, são os tópicos a serem seguidos e apontados. Assim, as notas servem como um lembrete.

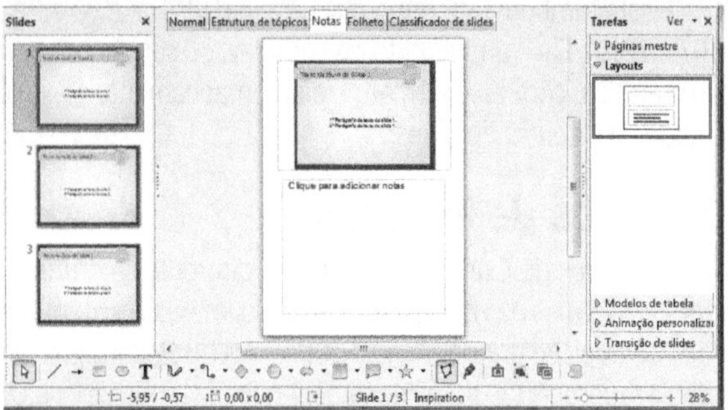


## Folhetos

O modo de exibição de Folhetos, ilustrado a seguir, tem por objetivo as estruturas de cabeçalho e rodapé do modo de impressão de folhetos, ou seja, aquele em que são impressos vários slides por página.

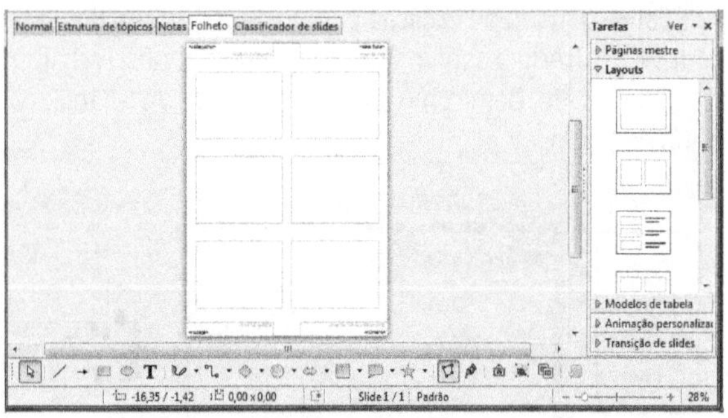


Também é possível dimensionar como ficaram os slides. Além do conteúdo do cabeçalho e rodapé, é possível inserir dados como data, hora e números de páginas. A figura a seguir ilustra com maior precisão os detalhes deste modo de exibição:

## Classificador de slides

O modo Classificador de Slides serve para organizar a sequência dos slides na apresentação, oferecendo uma interface onde são exibidas as miniaturas das telas para que, ao clicar e arrastar os slides, seja possível movê-los para às posições desejadas. Na imagem a seguir, pode-se observar sua disposição:

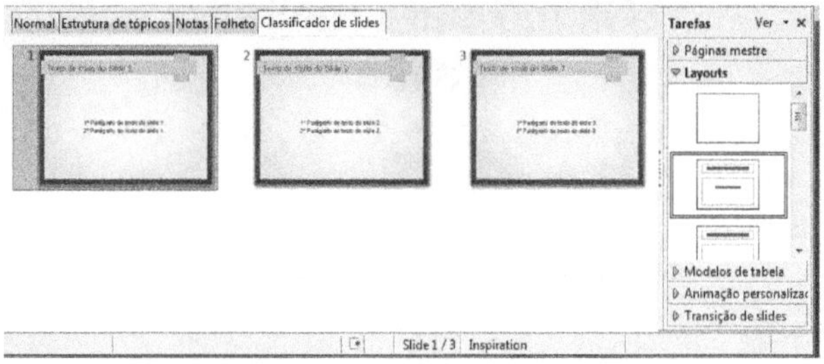


# 6.6 Inserir slide

Para inserir um slide em uma apresentação, podemos contar com o recurso Inserir Slide, que pode ser acionado a partir de três locais, dentro do editor de apresentação Impress: Menu Inserir, Botão direito do mouse e Barra de Ferramentas.

Além de poder inserir um novo slide pelo Menu Inserir, é possível duplicá-lo, ou seja, criar uma cópia do(s) slide(s) selecionado(s), conforme ilustrado a seguir.

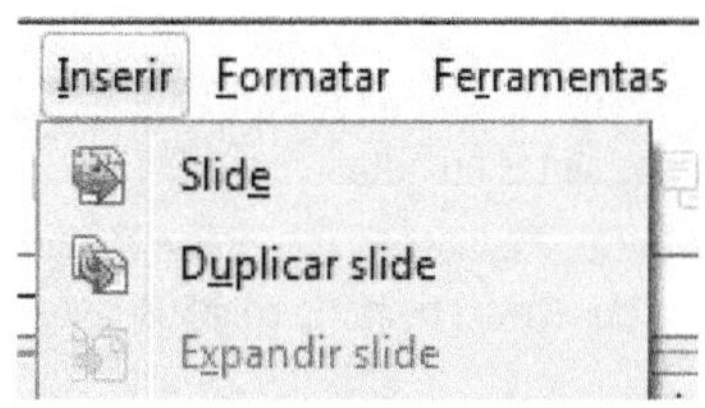


Com o clique do botão direito do mouse sobre um slide, é exibida a lista suspensa ilustrada a seguir, que possui tanto a opção de inserir novo slide, como duplicar o slide selecionado.

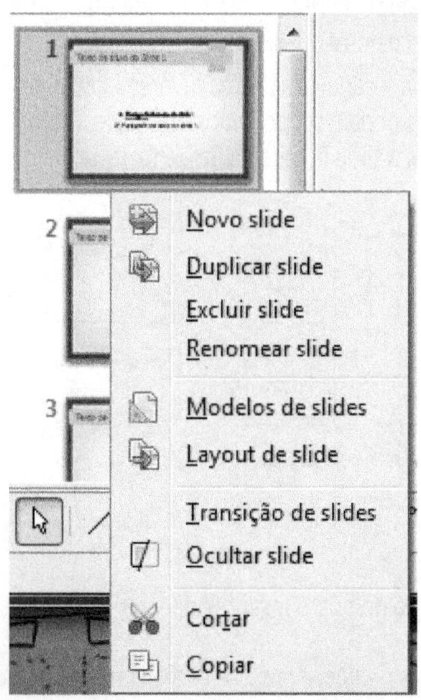


Caso o clique com o botão direito seja feito no espaço vazio, entre os slides é exibida apenas a opção Novo Slide, conforme ilustrado a seguir.

Já na barra de Ferramentas padrão, encontramos o ícone ▾ que permite a inserção de um slide. Caso seja clicado na seta à sua direita, é possível ainda escolher o layout do slide que está sendo inserido.

# 6.7 Menu Apresentação de slides

Neste menu é que se encontram as opções específicas de uma edição de apresentação de slides, como os efeitos de animação e transição de slides. Assim, se a prova citar alguma opção solicitando o menu em que ela é apresentada, se a opção tiver relação à apresentação de slides, então provavelmente estará no menu Apresentação de Slides.

Dentre os itens deste menu, podem-se destacar:

## Apresentação de Slides

É a opção que permite exibir a apresentação de slides em tela cheia, de forma a poder visualizá-la. Também é possível encontrar essa opção no Menu Exibir, assim como acioná-la por meio da tecla de atalho F5 que, no caso do Impress, sempre inicia a partir do slide selecionado.

## Configuração da apresentação de slides

Por meio desta opção é possível configurar características da exibição da apresentação como tempo de transição de slides automática e também a possibilidade padrão de trocar de slide a cada clique do mouse ou com tecla do teclado. A figura a seguir ilustra a janela de configurações de apresentação:

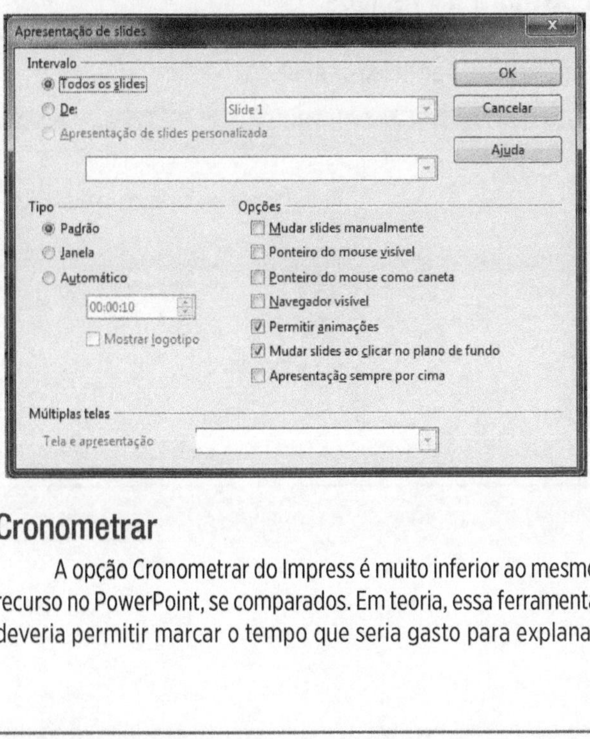


## Cronometrar

A opção Cronometrar do Impress é muito inferior ao mesmo recurso no PowerPoint, se comparados. Em teoria, essa ferramenta deveria permitir marcar o tempo que seria gasto para explanar sobre uma apresentação. Contudo, o tempo é marcado por slide e exibido apenas enquanto este está sendo exibido, após, no próximo slide, o contador é novamente zerado.

## Interação

Por meio deste recurso é possível modificar a sequência de exibição de uma apresentação, atribuindo a elementos do slide, como figuras e textos, ações como ir para determinado slide da apresentação, como que criando botões de navegação. Para isso, no entanto, faz-se necessário que algum elemento esteja selecionado.

## Animação personalizada

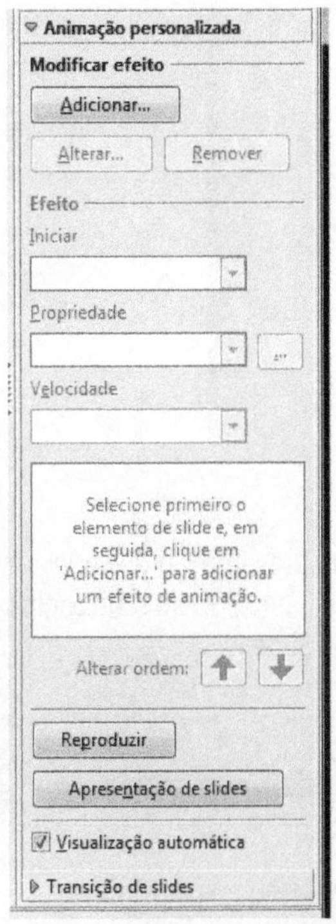


Esse recurso permite atribuir um efeito a um elemento no slide. Ao ser acionado, exibe suas opções no Painel de Tarefas à direita da tela, conforme ilustrado a seguir.

Para adicionar um efeito, é necessário selecionar algum elemento do slide, como texto ou figura e, na janela que se abre ao clicar em Adicionar (ilustrada a seguir), selecionar o efeito desejado, de acordo com categorias pré-definidas na forma de guias da janela, conforme ilustrado:

## Transição de slides

Já a opção de Transição de Slides serve para aplicar um efeito a ser executado durante a troca de slide para outro. Permite, ainda, definir tempos específicos para cada slide em uma exibição automática.

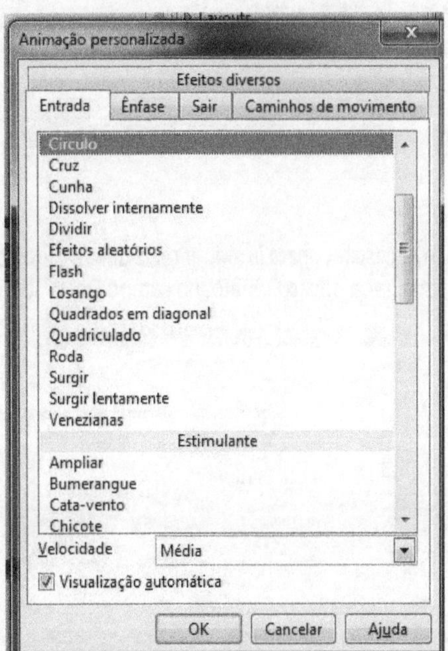

## 6.8 Impressão

É possível também imprimir a apresentação de slides de acordo com a necessidade, como imprimir um slide em cada página, como ilustrado na sequência, no modo **Slide**:

### Slide

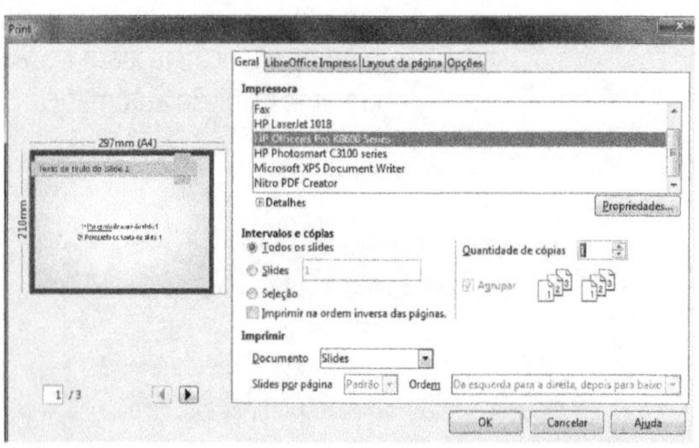


### Folhetos

Caso necessário, para imprimir mais de um slide por página, pode-se escolher a opção Folheto, no campo Documento:

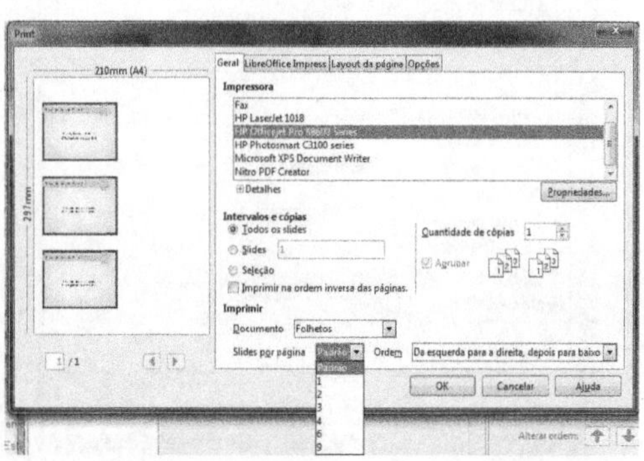


É importante observar que a janela anterior está com o número de três Slides por página, notando-se, assim, na pré-visualização à esquerda, que os slides ficam um abaixo do outro, nesta opção de impressão, enquanto que nas demais quantias os slides são distribuídos como representado a seguir, no modo de impressão de quatro slides por página:

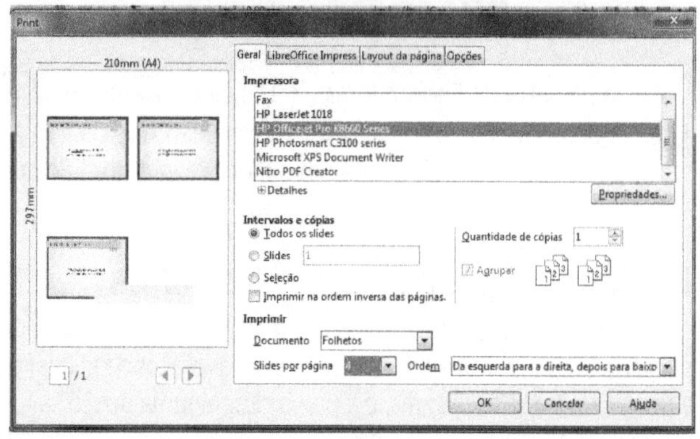


### Notas

No modo de impressão de Notas, cada folha recebe um slide e, abaixo dele, são impressas as anotações referentes a ele.

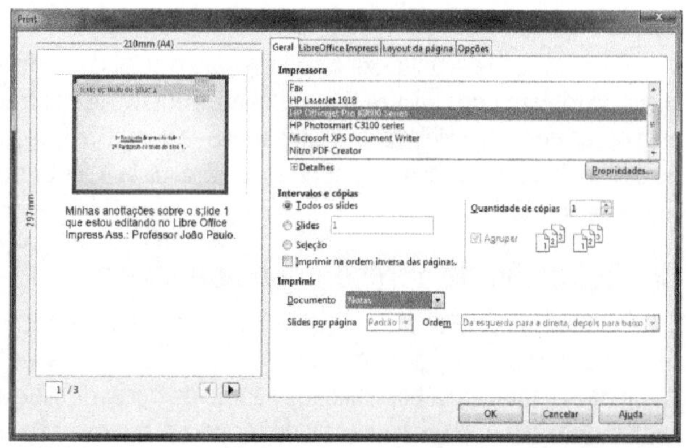


### Estrutura de Tópicos

Já na forma de impressão de Estrutura de Tópicos, a impressão fica tal qual ao modo de exibição.

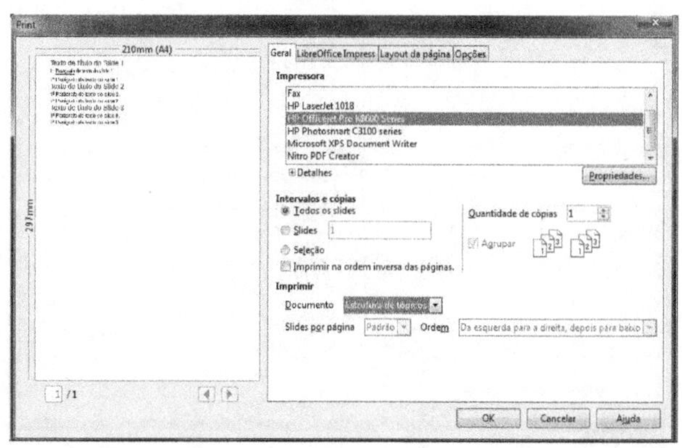

# 7. SISTEMA WINDOWS 10

O Windows 10 é um sistema operacional da Microsoft lançado em 29 de julho de 2015. Essa versão trouxe inúmeras novidades, principalmente, por conta da sua portabilidade para celulares e também tablets.

## 7.1 Requisitos Mínimos

Para instalar o Windows 10, o computador deve possuir no mínimo 1 GB de memória RAM para computadores com processador 32 bits de 1GHz, e 2GB de RAM para processadores de 32bits de 1GHz. Todavia, recomenda-se um mínimo de 4GB.

A versão 32 bits do Windows necessita, inicialmente, de 16GB de espaço livre em disco, enquanto o Windows 64 bits utiliza 20GB. A resolução mínima recomendada para o monitor é de 1024 x 768.

## 7.2 Novidades

O Windows 10 nasce com a promessa de ser o último Windows lançado pela Microsoft. Isso não significa que não será atualizado. A proposta da Microsoft é não lançar mais versões, a fim de tornar as atualizações mais constantes, sem a necessidade de aguardar para atualizar junto de uma versão enumerada. Com isso, ao passar dos anos, a empresa espera não usar mais a referência Windows 10, mas apenas Windows.

O novo sistema trouxe inúmeras novidades como também alguns retrocessos.

O objetivo do projeto do novo Windows foi baseado na interoperabilidade entre os diversos dispositivos como tablets, smartphones e computadores, de modo que a integração seja transparente, sem que o usuário precise, a cada momento, indicar o que deseja sincronizar.

A barra Charms, presente no Windows 8 e 8.1, foi removida, e a tela inicial foi fundida ao botão (menu) Iniciar.

Algumas outras novidades apresentadas pela Microsoft são:

> Xbox Live e o novo Xbox app que proporcionam novas experiências de jogo no Windows 10. O Xbox, no Windows 10, permite que jogadores e desenvolvedores acessem à rede de jogos do Xbox Live, tanto nos computadores Windows 10 quanto no Xbox One. Os jogadores podem capturar, editar e compartilhar seus melhores momentos no jogo com Game DVR, e disputar novos jogos com os amigos nos dispositivos, conectando a outros usuários do mundo todo. Os jogadores também podem disputar jogos no seu computador, transmitidos por stream diretamente do console Xbox One para o tablet ou computador Windows 10, dentro de casa.

> **Sequential Mode**: em dispositivos 2 em 1, o Windows 10 alterna facilmente entre teclado, mouse, toque e tablet. À medida que detecta a transição, muda convenientemente para o novo modo.

> **Novos apps universais**: o Windows 10 oferece novos aplicativos de experiência, consistentes na sequência de dispositivos, para fotos, vídeos, música, mapas, pessoas e mensagens, correspondência e calendário. Esses apps integrados têm design atualizado e uniformidade de app para app e de dispositivo para dispositivo. O conteúdo é armazenado e sincronizado por meio do OneDrive, e isso permite iniciar uma tarefa em um dispositivo e continuá-la em outro.

### Área de Trabalho

A barra de tarefas do Windows 10 apresenta como novidade a busca integrada.

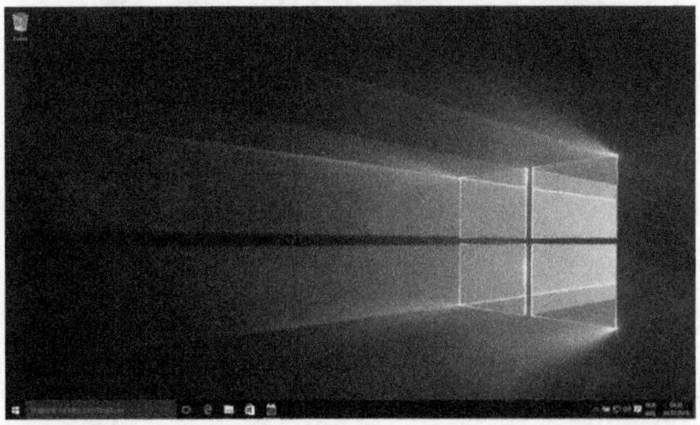

### Cortana

Tal recurso opera junto ao campo de pesquisa localizado na barra de tarefas do Windows.

Está é uma ferramenta de execução de comandos por voz. Porém, ainda não conta com versão para o Português do Brasil. Outro ponto importante é a privacidade, pois tal ferramenta guarda os dados.

### Continue de onde parou

Tal característica, presente no Windows 10, permite uma troca entre computador - tablet - celular, sem que o usuário tenha de salvar os arquivos e os enviar para os aparelhos; o próprio Windows se encarrega da sincronização.

Ao abrir um arquivo, por exemplo, em um computador e editá-lo, basta abri-lo em outro dispositivo, de modo que as alterações já estarão acessíveis (a velocidade e disponibilidade dependem da velocidade da conexão à Internet).

### Desbloqueio imediato de usuário

Trata-se de um recurso disponível, após a atualização do Windows, que permite ao usuário que possua *webcam*, devidamente instalada, usar uma forma de reconhecimento facial para *logar* no sistema, sem a necessidade de digitar senha.

### Múltiplas áreas de trabalho

Uma das novidades do Windows 10 é a possibilidade de manipular "múltiplas Áreas de Trabalho", uma característica que já estava há tempos presente no Linux e no MacOS. Ao usar o atalho Windows + Tab, é possível criar uma nova Área de Trabalho e arrastar as janelas desejadas para ela.

### Botão Iniciar

Com essa opção em exibição, ao arrastar o mouse ligeiramente para baixo, são listados os programas abertos pela tela inicial. Programas abertos dentro do desktop não aparecem na lista, conforme ilustrado a seguir:

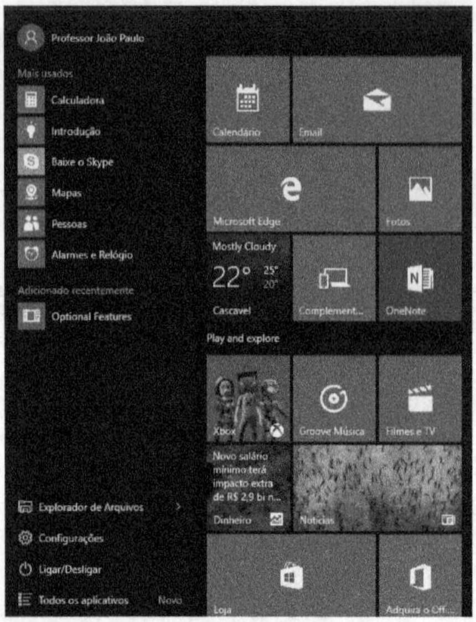

## Aplicativos

Os aplicativos podem ser listados clicando-se no botão presente na parte inferior do Botão Iniciar, mais à esquerda.

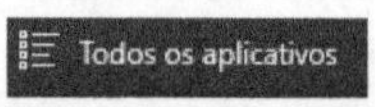


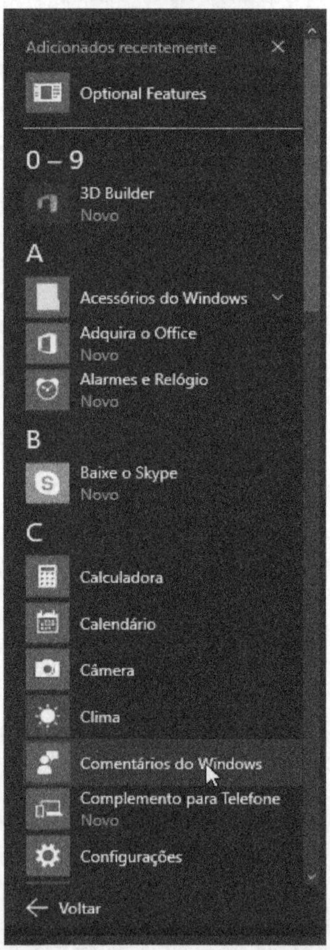


## Acessórios

O Windows 10 reorganizou seus acessórios ao remover algumas aplicações para outro grupo (sistema do Windows).

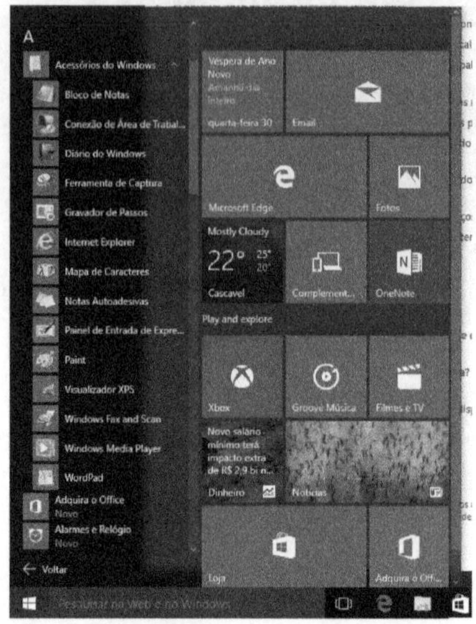

Os aplicativos listados como acessórios são, efetivamente:

- Bloco de Notas;
- Conexão de Área de Trabalho Remota;
- Diário do Windows;
- Ferramenta de Captura;
- Gravador de Passos;
- Internet Explorer;
- Mapa de Caracteres;
- Notas Autoadesivas;
- Painel de Entrada de Expressões Matemática;
- Paint;
- Visualizador XPS;
- Windows Fax and Scan;
- Windows Media Player;
- Wordpad.

## Bloco de Notas

O Bloco de Notas é um editor de texto simples, e apenas texto, ou seja, não aceita imagens ou formatações muito avançadas. A imagem a seguir ilustra a janela do programa.

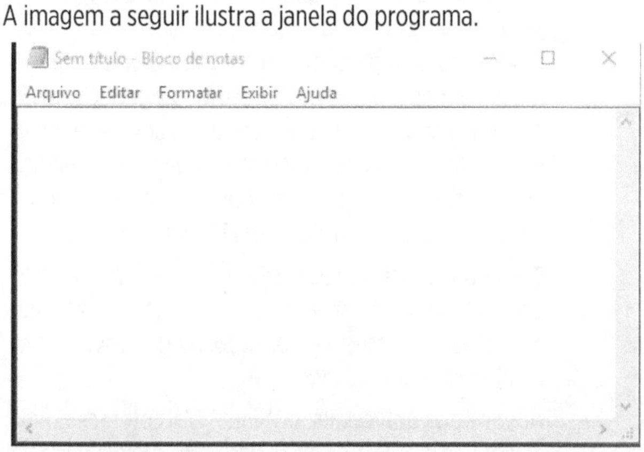


Contudo, são possíveis algumas formatações de fonte:

- Tipo/nome da fonte;
- Estilo de fonte (Negrito Itálico);
- Tamanho da fonte.

Atenção, pois a cor da fonte não é uma opção de formatação presente. A janela a seguir ilustra as opções.

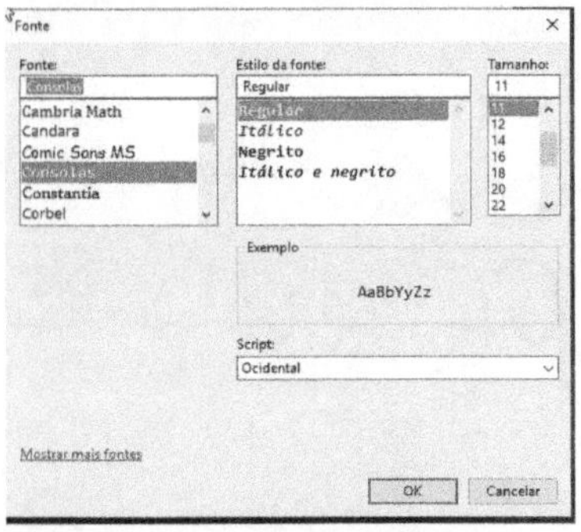


## Conexão de Área de Trabalho Remota

A conexão remota do Windows não fica ativa por padrão, por questões de segurança.

Para habilitar a conexão, é necessário abrir a janela de configuração das Propriedades do Sistema, ilustrada a seguir. Tal opção é acessível pela janela Sistema do Windows.

A conexão pode ser limitada à rede por restrição de autenticação em nível de rede, ou pela Internet usando contas de e-mail da Microsoft.

A figura a seguir ilustra a janela da Conexão de Área de Trabalho Remota.

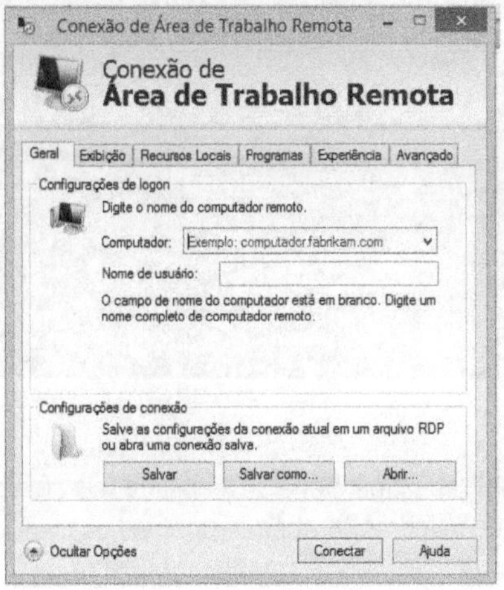


## Diário do Windows

A ferramenta Diário do Windows é uma novidade no Windows 8. Ela permite que o usuário realize anotações como em um caderno.

Os recursos de formatação são limitados, de modo que o usuário pode escrever manuscritamente ou por meio de caixas de texto.

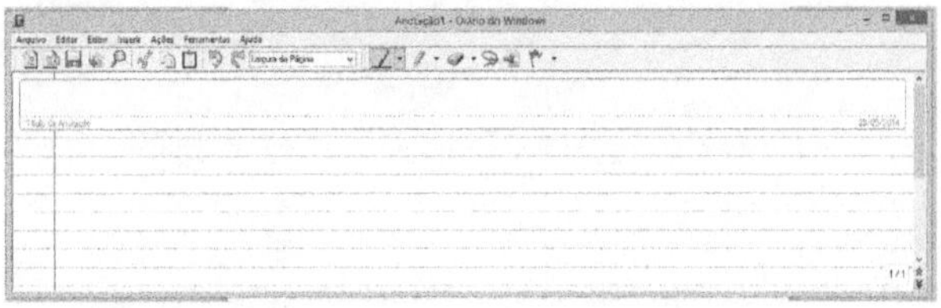

## Ferramenta de Captura

A ferramenta de captura, presente desde o Windows 7, permite a captura de partes da tela do computador. Para tanto, basta selecionar a parte desejada usando o aplicativo.

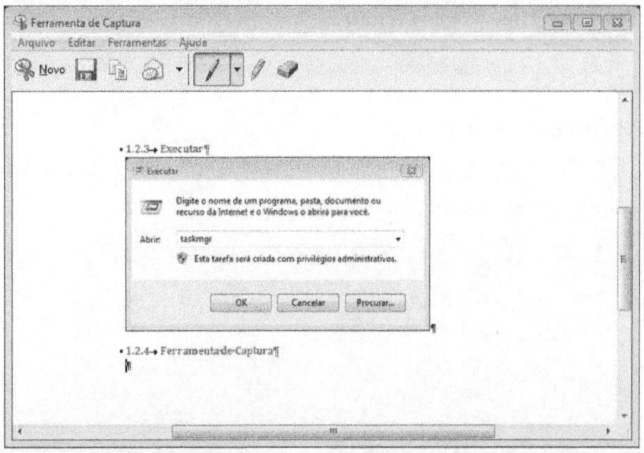


## Gravador de Passos

O Gravador de Passos é um recurso novo do Windows 8, muito útil para atendentes de suporte que precisam apresentar o passo a passo das ações que um usuário precisa executar para obter o resultado esperado.

A figura a seguir ilustra a ferramenta com um passo gravado para exemplificação.

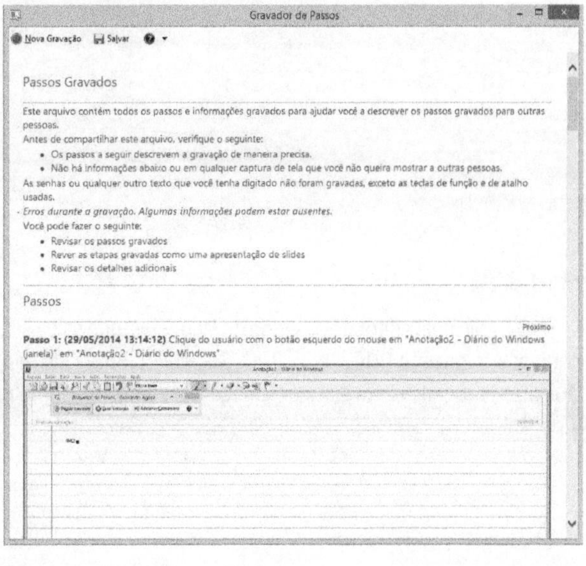

## Mapa de caracteres

Frequentemente, faz-se necessário utilizar alguns símbolos diferenciados. Esses símbolos são chamados de caracteres especiais. O Mapa de Caracteres permite listar os caracteres não presentes no teclado para cada fonte instalada no computador e copiá-los para a área de transferência do Windows.

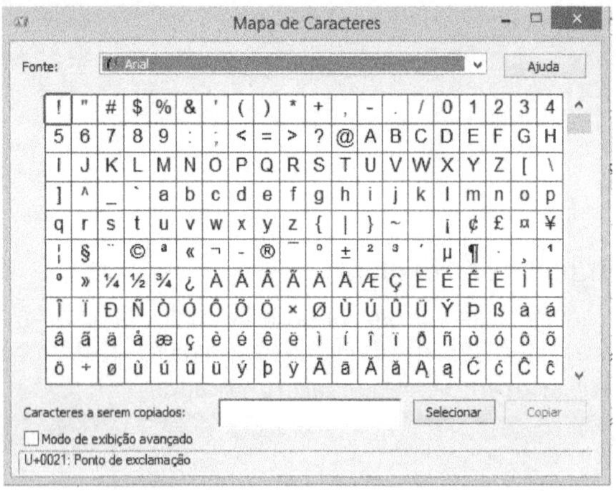


## Notas autoadesivas

Por padrão, as notas autoadesivas são visíveis na Área de Trabalho, elas se parecem com Post its.

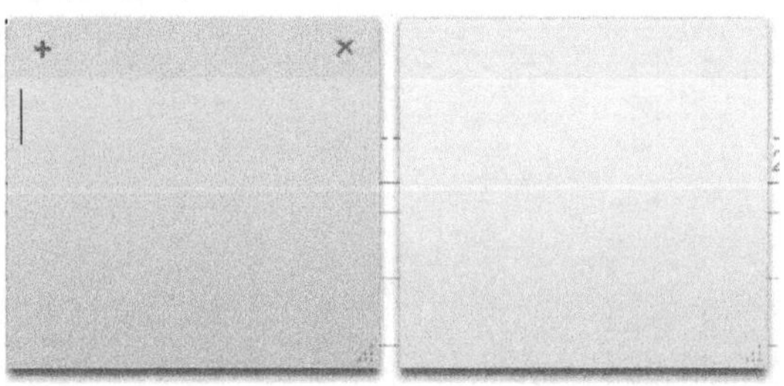

## Painel de entrada de expressões matemáticas

Esta ferramenta possibilita o usuário de desenhar, utilizando o mouse ou outro dispositivo de inserção como *tablet canetas*, fórmulas matemáticas como integrais e somatórios, e ainda colar o resultado produzido em documentos.

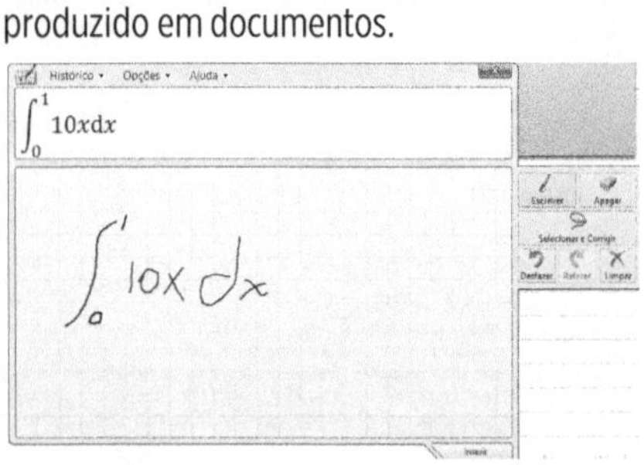

## Paint

O tradicional editor de desenho do Windows, que salva seus arquivos no formato PNG, JPEG, JPG, GIF, TIFF e BMP (Bitmap), não sofreu mudanças em comparação com a versão presente no Windows 7.

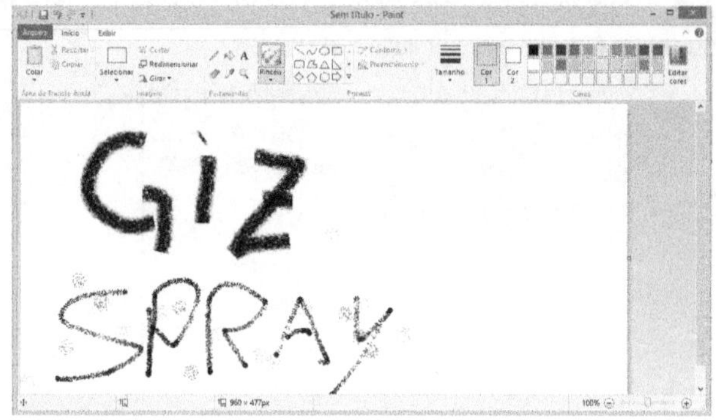


## WordPad

É um editor de texto que faz parte do Windows, ao contrário do MS Word, com mais recursos que o Bloco de Notas.

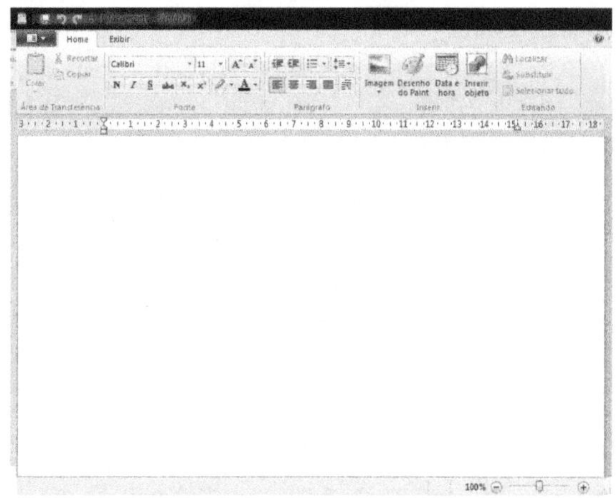

## Facilidade de acesso

Anteriormente conhecida como ferramentas de acessibilidade, são recursos que têm por finalidade auxiliar pessoas com dificuldades para utilizar os métodos tradicionais de interação com o computador.

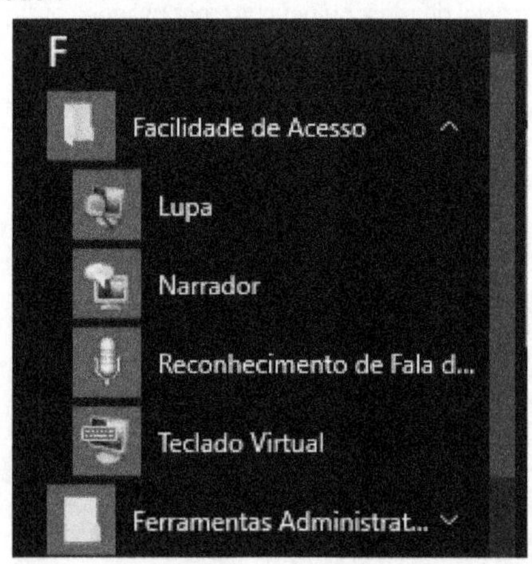


## Lupa

Ao utilizar a lupa, pode-se ampliar a tela ao redor do ponteiro do mouse, como também é possível usar metade da tela do computador exibindo a imagem ampliada da área próxima ao ponteiro.

## Narrador

O narrador é uma forma de leitor de tela que lê o texto das áreas selecionadas com o mouse.

## Teclado virtual

É preciso ter muito cuidado para não confundir o teclado virtual do Windows com o teclado virtual usado nas páginas de Internet Banking.

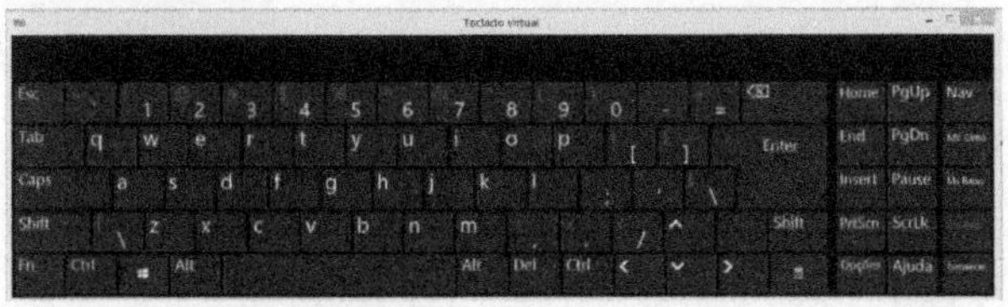

## Outras ferramentas

O Windows 10 separou algumas ferramentas a mais que o Windows 8, tais como a calculadora e o calendário.

## Calculadora

A calculadora do Windows 10 deixa de ser associada aos acessórios. Outra grande mudança é o fato de que sua janela pode ser redimensionada, bem como perde um modo de exibição, sendo eles:

- Padrão;
- Científica;
- Programador.

A calculadora do Windows 10 apresenta inúmeras opções de conversões de medidas, conforme ilustrado respectivamente ilustradas a seguir.

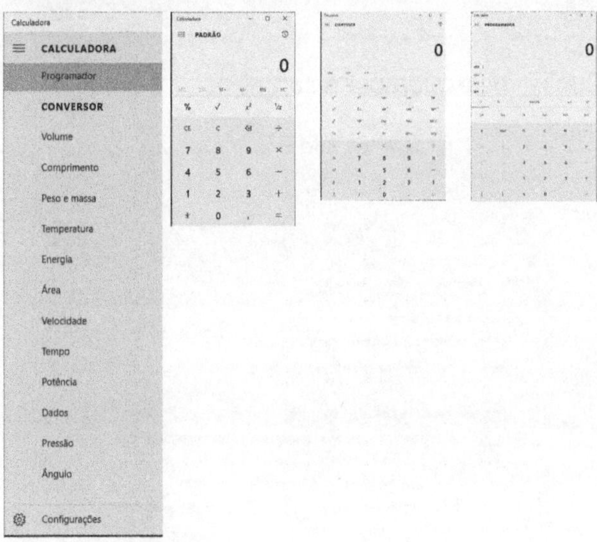


## Painel de controle

O Painel de Controle do Windows é o local onde se encontram as configurações do sistema operacional Windows.

Ele pode ser visualizado em dois modos: ícones ou categorias. As imagens a seguir representam, respectivamente, o modo ícones e o modo categorias.

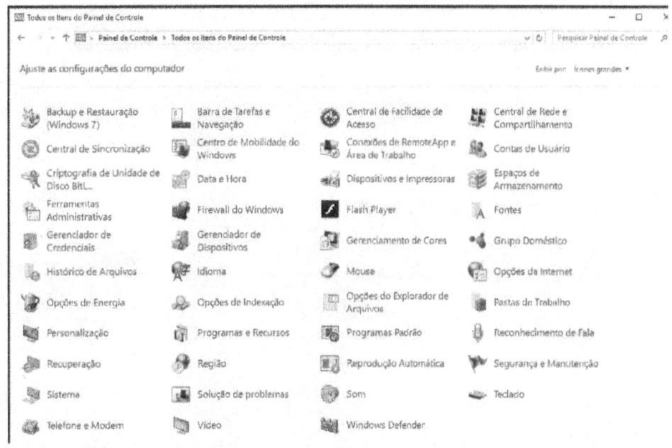

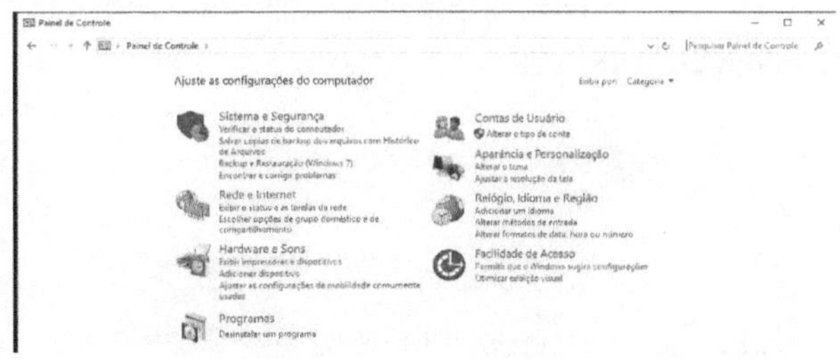

No modo Categorias, as ferramentas são agrupadas de acordo com sua similaridade, como na categoria Sistema e Segurança, que envolve o Histórico de Arquivos e a opção Corrigir Problemas.

A opção para remover um programa possui uma categoria exclusiva chamada de Programas.

Na categoria Relógio, Idioma e Região, temos acesso às opções de configuração do idioma padrão do sistema. Por consequência, é possível também o acesso às unidades métricas e monetárias, como também alterar o layout do teclado ou botões do mouse.

Algumas das configurações também podem ser realizadas pela janela de configurações acessível pelo botão Iniciar.

## Segurança e manutenção

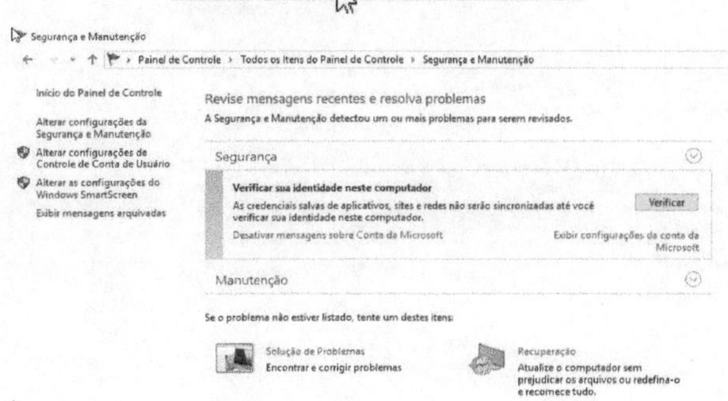


## Dispositivos e Impressoras

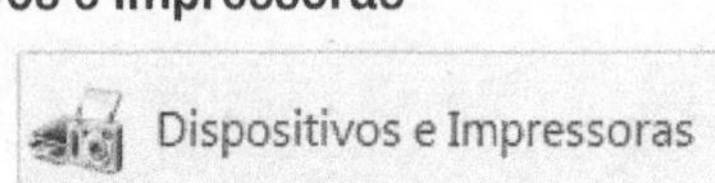

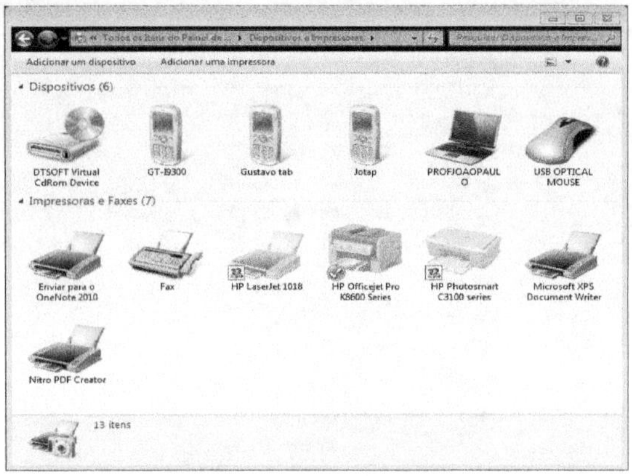

## Firewall do windows

## Data e hora

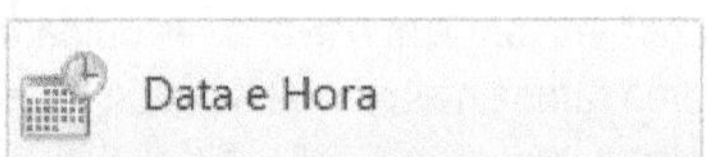

## Contas de usuário

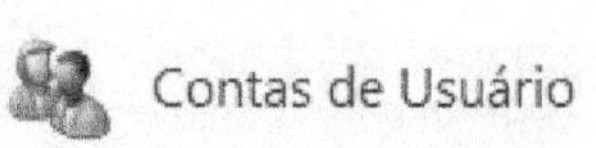


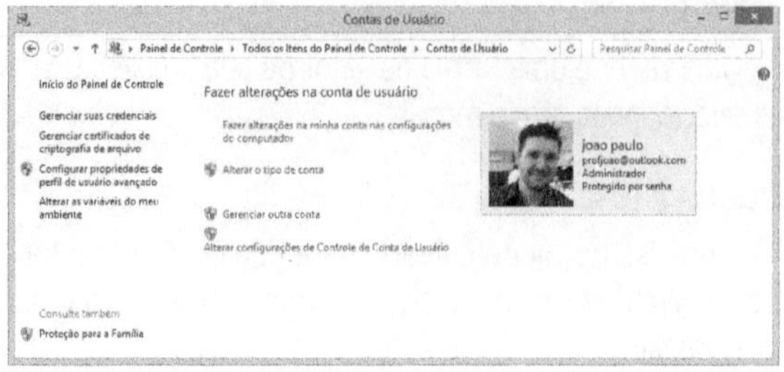

## Opções de energia

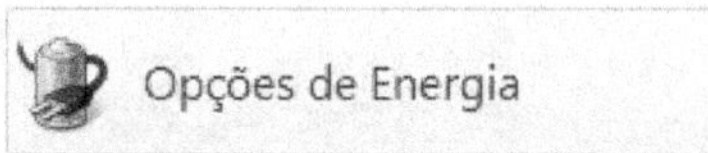


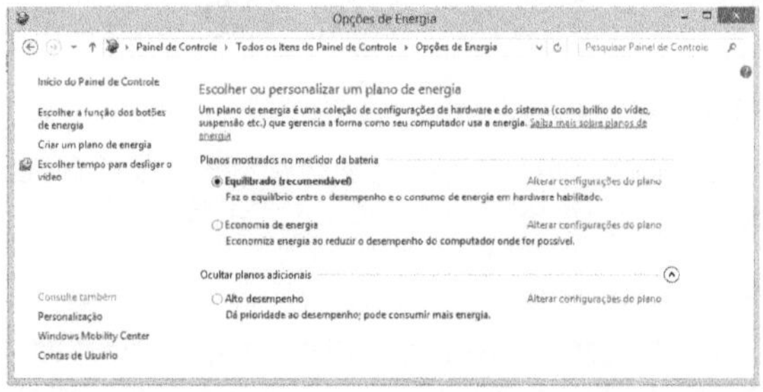

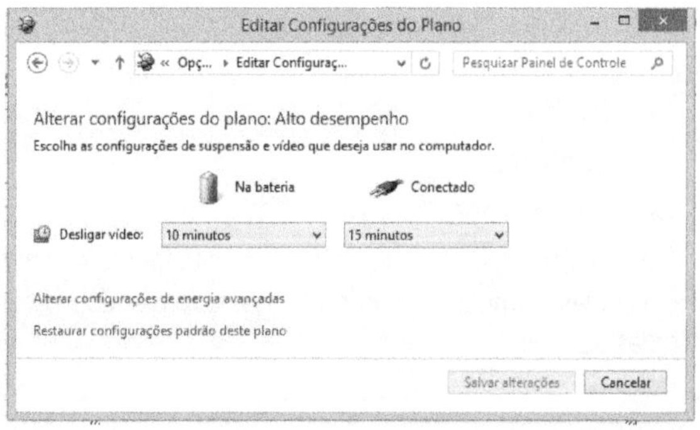


## Opções do explorador de arquivos

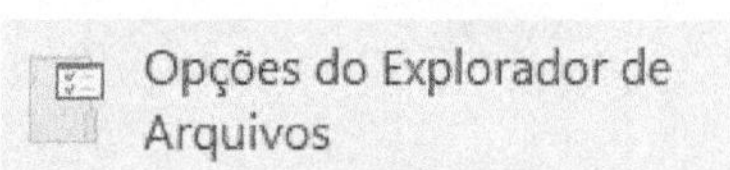


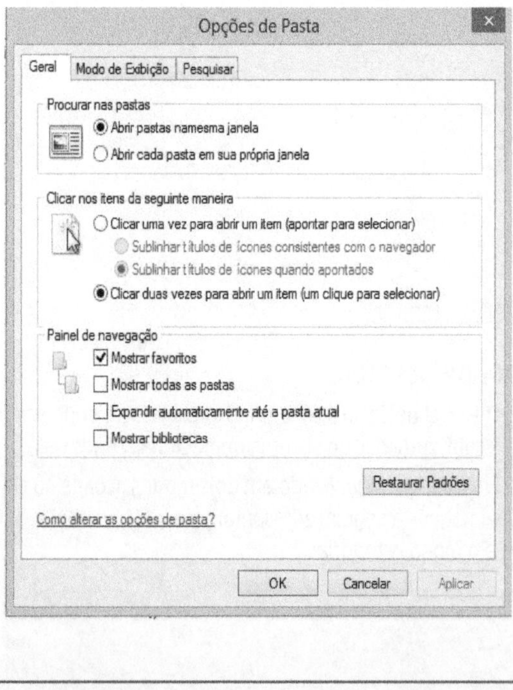

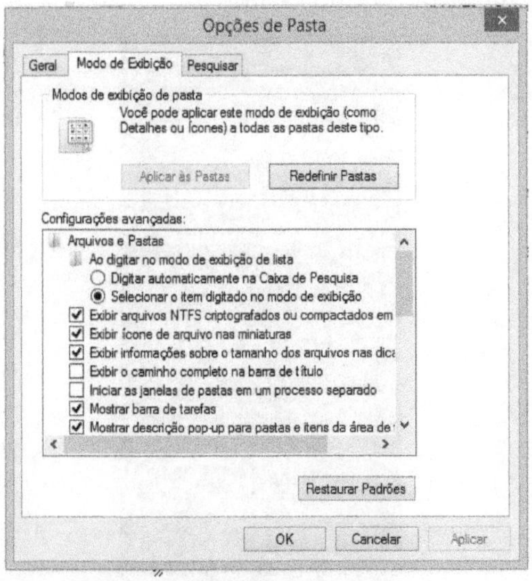


## Programas e recursos

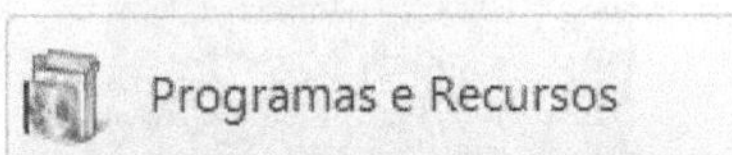


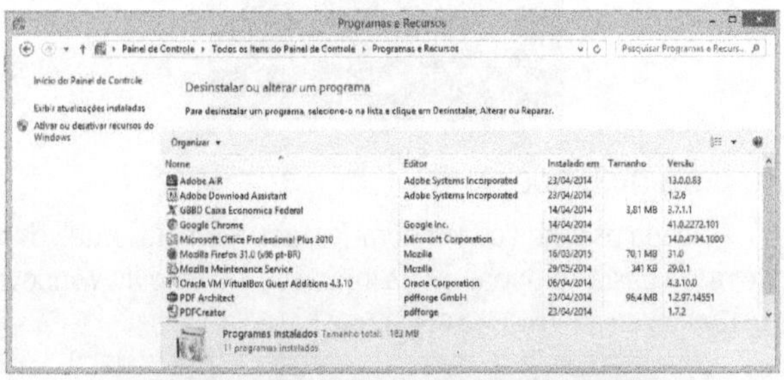

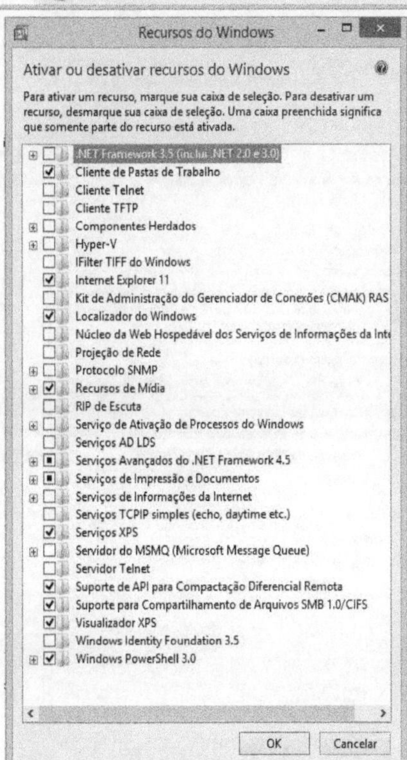


## Programas padrão

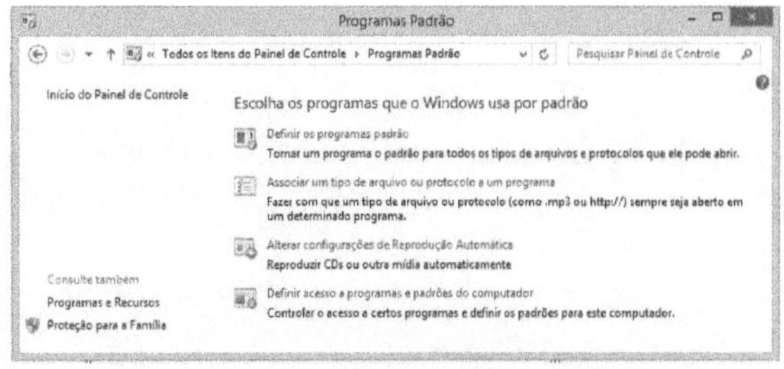


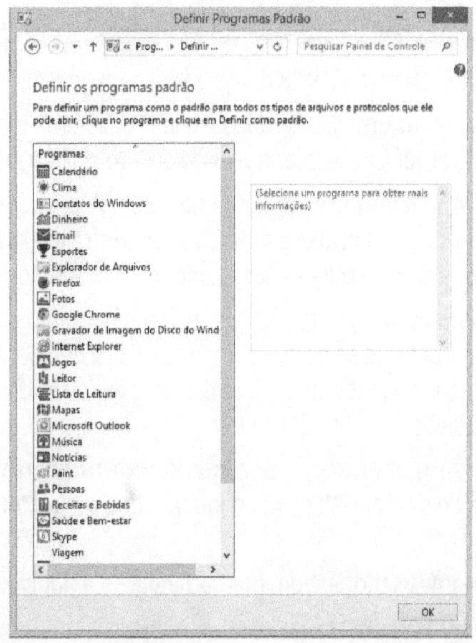


## Sistema

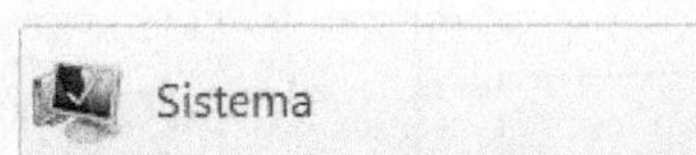


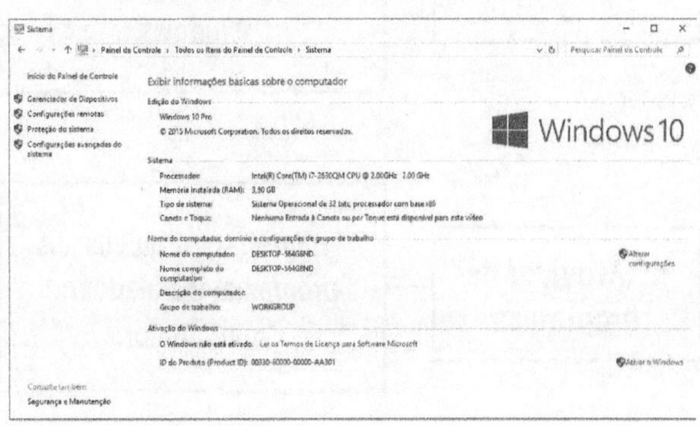


## Windows defender

No Windows 10, o Windows Defender passou a ser também antivírus além de ser antispyware.

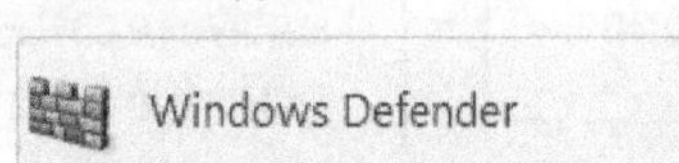

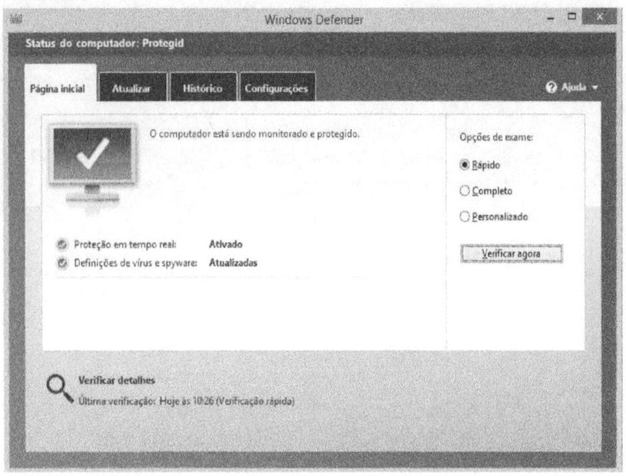


## Estrutura de diretórios

Uma estrutura de diretórios é como o Sistema Operacional organiza os arquivos, separando-os de acordo com sua finalidade.

O termo diretório é um sinônimo para pasta, que se diferencia apenas por ser utilizado, em geral, quando se cita alguma pasta Raiz de um dispositivo de armazenamento ou partição.

Quando citamos o termo Raiz, estamos fazendo uma alusão a uma estrutura que se parece com uma árvore que parte de uma raiz e cria vários ganhos, que são as pastas, e as folhas dessa árvore são os arquivos.

Dessa maneira, observamos que o **diretório Raiz do Windows** é o diretório **C:** ou **C:** enquanto que o **diretório Raiz do Linux** é o **/**.

Podemos ser questionados com relação à equivalência dos diretórios do Windows em relação ao Linux.

### Principais diretórios windows

| Diretório | Conteúdo |
|---|---|
| **C:\windows** | **Armazena os arquivos do Sistema Operacional Windows.** |
| **C:\Arquivos de Programas** | **Armazena os arquivos dos programas instalados no computador.** |
| **C:\Usuários** | **Armazena as configurações, arquivos e pastas de cada usuário do sistema.** |

## Ferramentas administrativas

### Limpeza de Disco

Apaga os arquivos temporários, por exemplo, arquivos da Lixeira, da pasta Temporários da Internet e, no caso do Windows, a partir da versão Vista, as miniaturas.

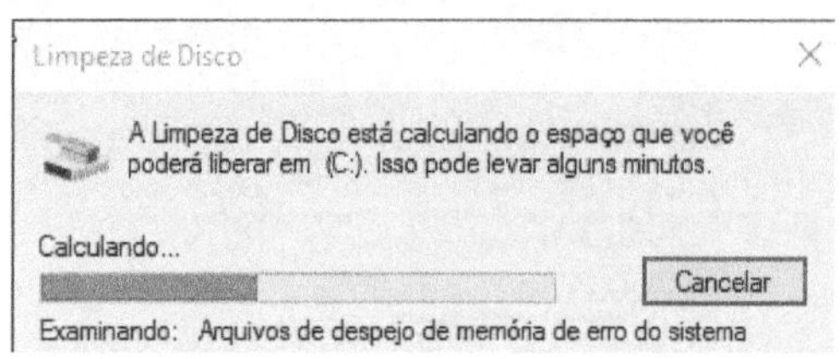


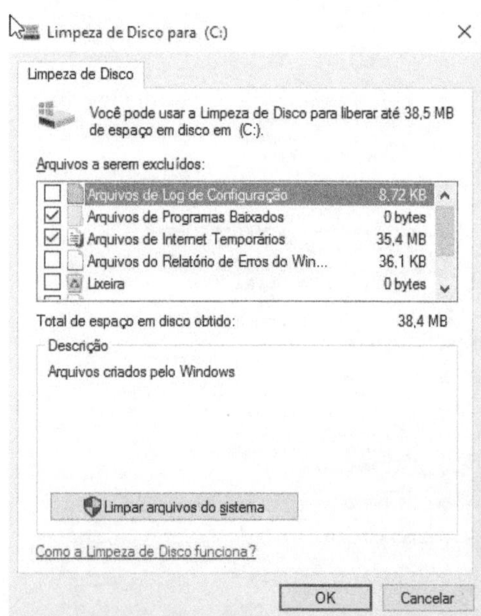

## Lixeira

A capacidade da Lixeira do Windows é calculada. Assim, para HDs de até 40 GB, a capacidade é de 10%. Todavia, para discos rígidos maiores que 40 GB, o cálculo não é tão direto. Vamos a um exemplo: caso um HD possua o tamanho de 200 GB, então é necessário descontar 40 GB, pois até 40 GB a lixeira possui capacidade de 10%; assim, sobram 160 GB. A partir desse valor, deve-se calcular mais 5%, ou seja, 8 GB. Com isso, a capacidade total da lixeira do HD de 200 GB fica com 4 GB + 8 GB = 12 GB.

É importante, ainda, destacar que a capacidade da lixeira é calculada para cada unidade de armazenamento. Desse modo, se um HD físico de 500 GB estiver particionado, é necessário calcular separadamente a capacidade da lixeira para cada unidade.

A Lixeira é um local, e não uma pasta. Ela lista os arquivos que foram excluídos, porém nem todos arquivos excluídos vão para a Lixeira. Vejamos a lista de situações em que um arquivo não será movido para a lixeira:

> arquivos maiores do que a capacidade da Lixeira;
> arquivos que estão compartilhados na rede;
> arquivos de unidades removíveis;
> arquivos que foram removidos de forma permanente pelo usuário.

## Desfragmentar e otimizar unidades

É responsabilidade do Desfragmentador organizar os dados dentro do HD de forma contínua/contígua para que o acesso às informações em disco seja realizado mais rapidamente.

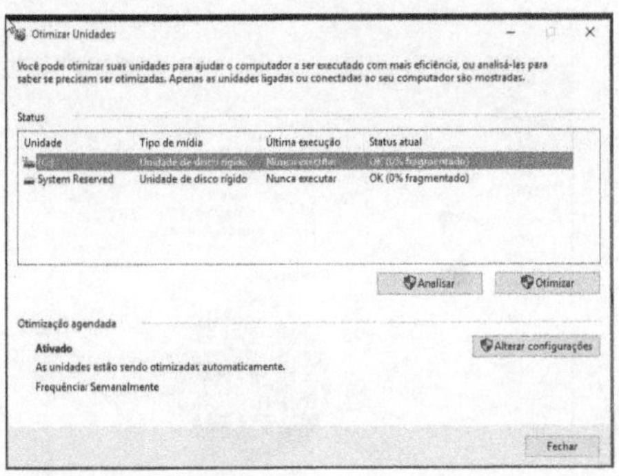


## Configuração do sistema

A Configuração do Sistema é também acessível ao ser digitado o comando msconfig na janela Executar. Permite configurar quais serviços serão carregados com o Sistema. No entanto, para configurar quais programas serão carregados junto com o sistema operacional, deve-se proceder ao acesso pelo Gerenciador de Tarefas.

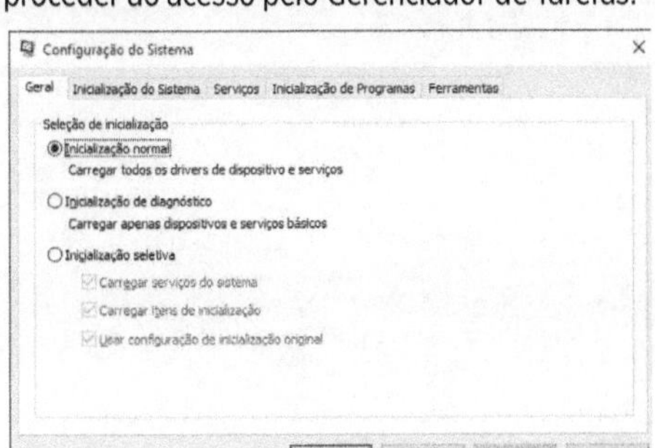


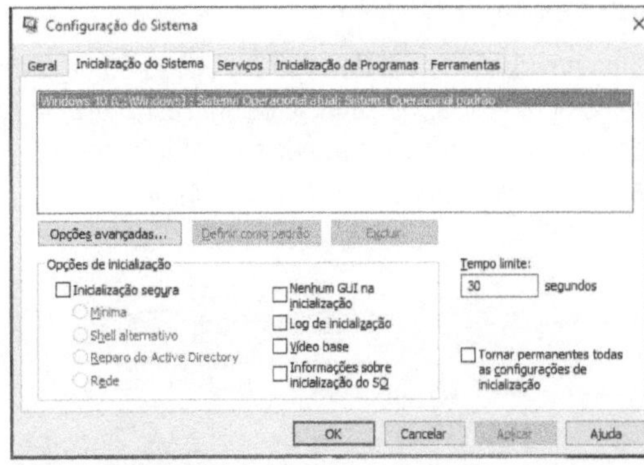


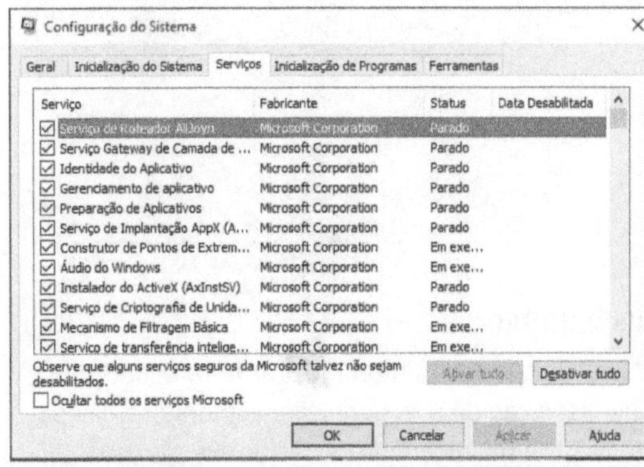


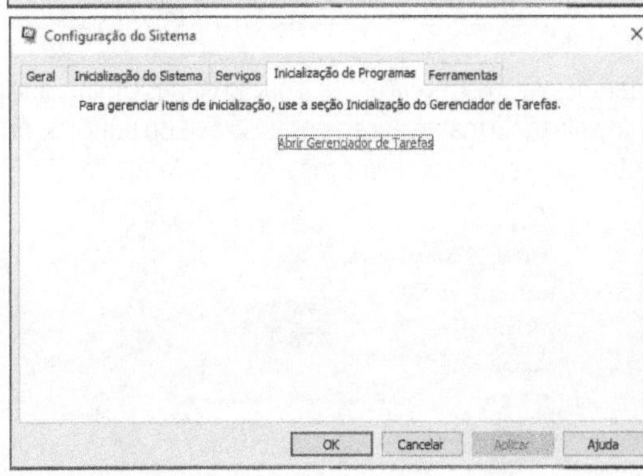


## Monitor de recursos

Permite monitorar os recursos do computador e qual o uso que está sendo realizado.

## ScanDisk

O ScankDisk é o responsável por verificar o HD em busca de falhas de disco. Às vezes, ele consegue corrigi-las.

## Configurações

Uma novidade do Windows 10 é a opção Configurações, presente no Botão Iniciar, que apresenta uma estrutura similar ao Painel de Controle, inclusive realizando a separação por categorias de ferramentas, conforme ilustra a figura a seguir.

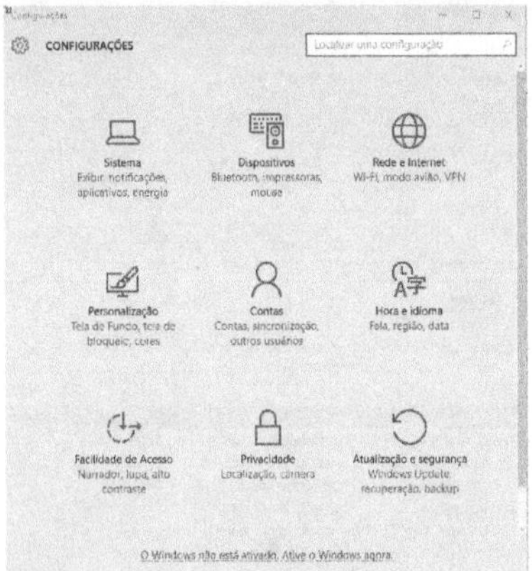


## Opção sistema

Nesta opção, são apresentadas as ferramentas de configuração de resolução de tela, definição de monitor principal (caso possua mais de um), modos de gestão de energia (mais utilizados em notebooks).

Também é possível encontrar a opção Mapas Offline, que permite o download de mapas para a pesquisa e o uso por GPS, principalmente usado em dispositivos móveis ou dotados de GPS.

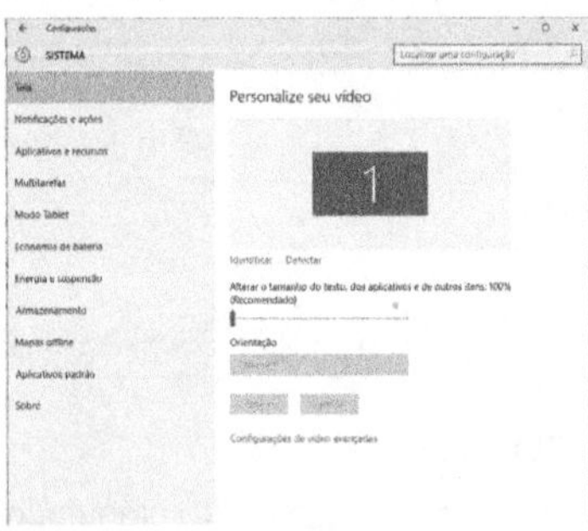


## Opção dispositivos

A opção Dispositivos lista os dispositivos que foram instalados em algum momento no sistema, como as impressoras.

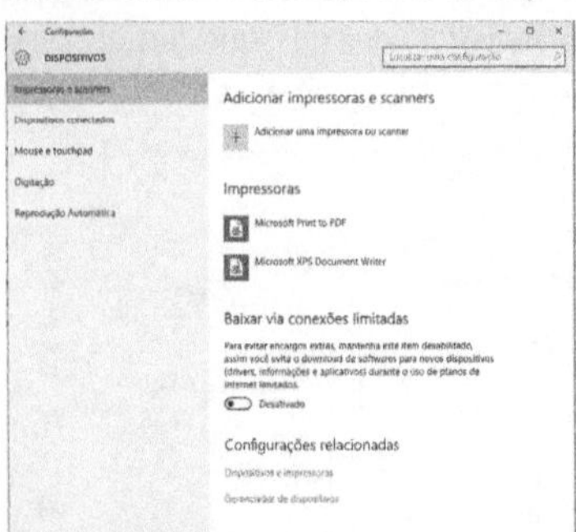


## Opção rede e internet

Para configurar rapidamente o proxy de uma rede, ou ativar/desativar a wi-fi, a opção Rede e Internet oferece tais opções com facilidade, inclusive a opção para configurar uma VPN.

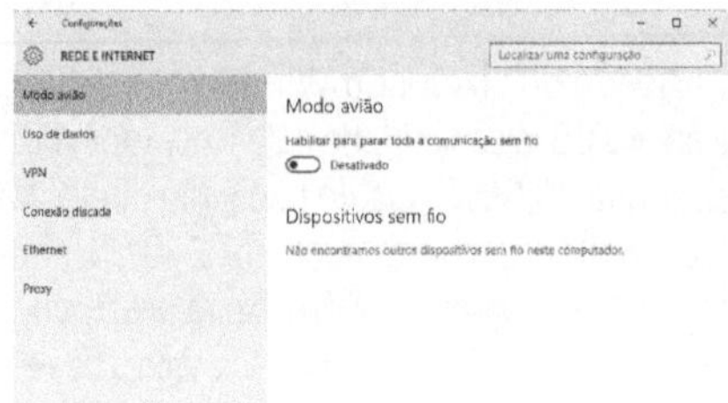


## Opção personalização

Para personalizar os temas de cores da Área de Trabalho do Windows e os papéis de parede, a opção de personalização pode ser acessada pelas Configurações. Também é possível clicar com o botão direito do mouse sobre uma área vazia da Área de Trabalho e selecionar a opção Personalizar.

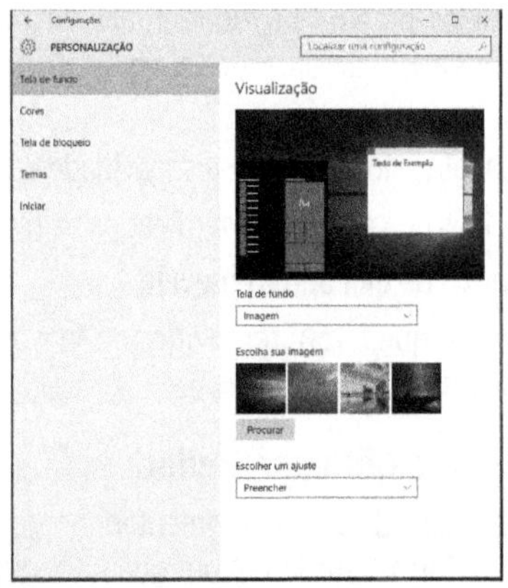


## Opção contas

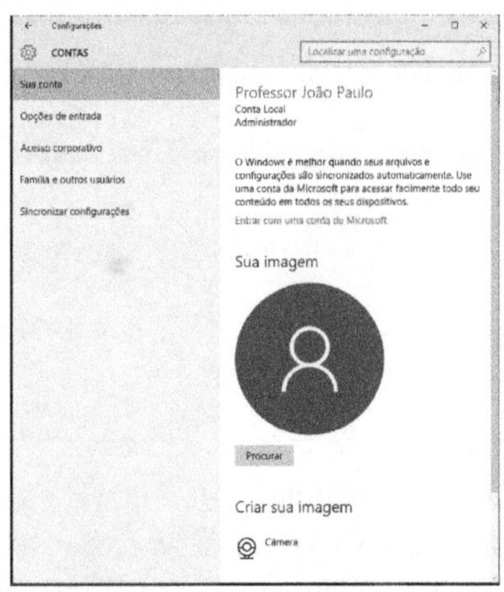


## Opção hora e idioma

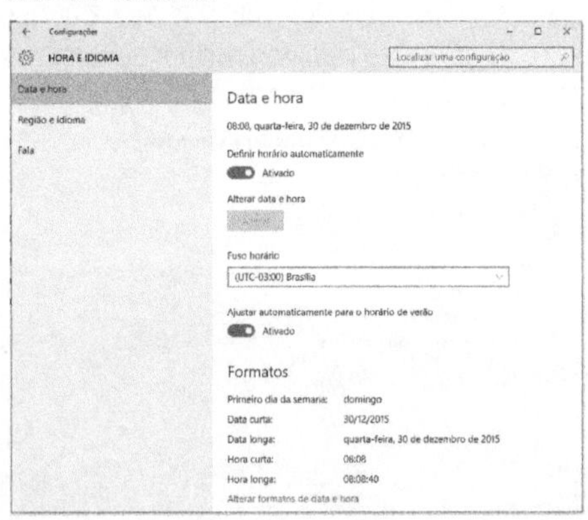

## Opção facilidade de acesso

Além de contar com as ferramentas para acessibilidade, é possível configurar algumas características com Alto Contraste para melhorar o acesso ao uso do computador.

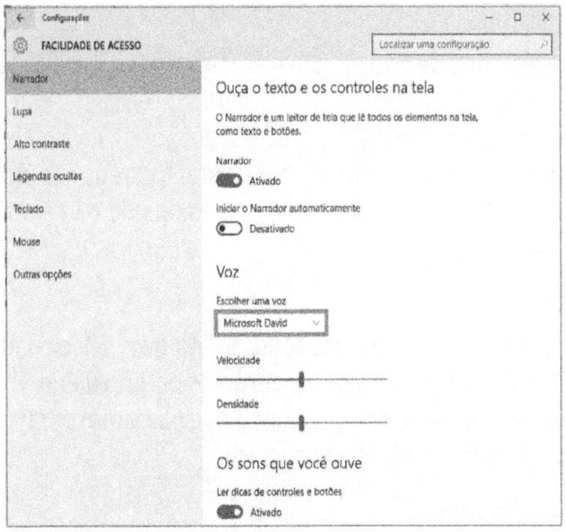


## Opção privacidade

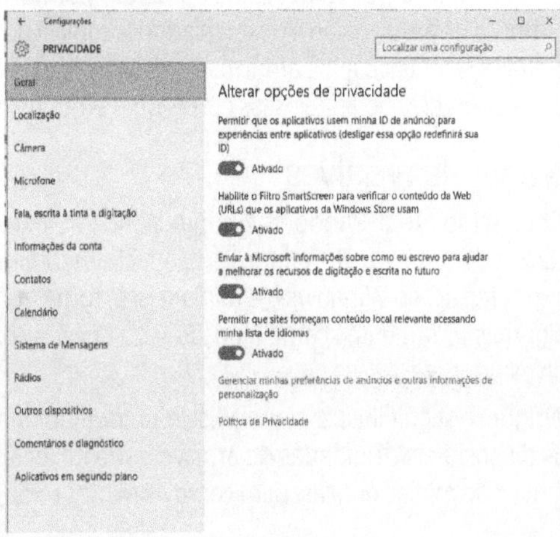


## Opção atualização e segurança

A opção Atualização e Segurança talvez seja uma das principais opções da janela de configurações, pois, como necessidade mínima para a segurança, o Sistema Operacional deve estar sempre atualizado, assim como precisa possuir um programa antivírus que também esteja atualizado.

Vale lembrar que a realização periódica de backups também é considerada como um procedimento de segurança.

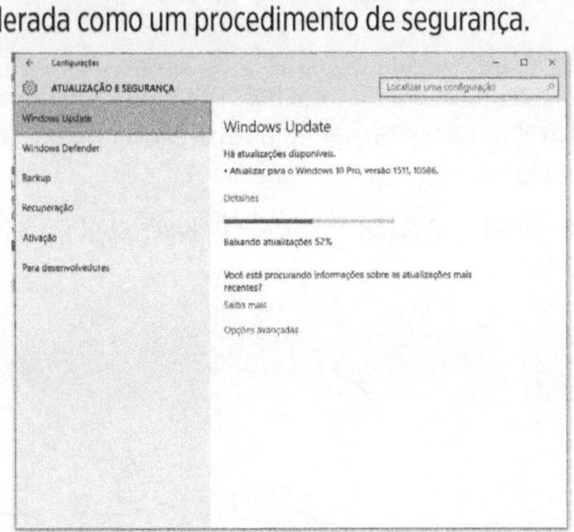


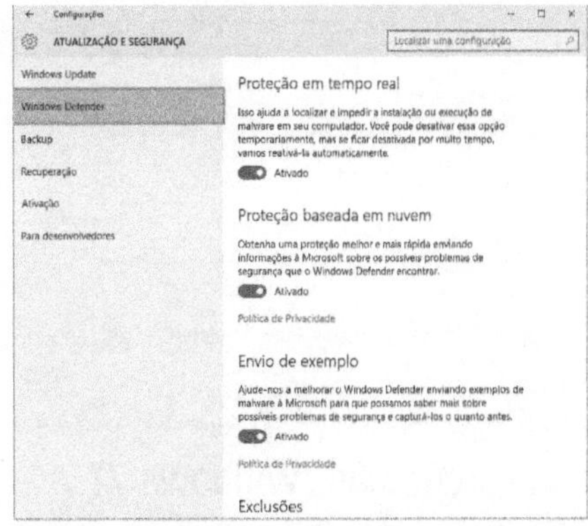


O Windows 10 realiza o backup dos arquivos usando a ferramenta Histórico de Arquivos (conforme ilustra a figura a seguir), embora ainda permita realizar backups como no Windows 7.

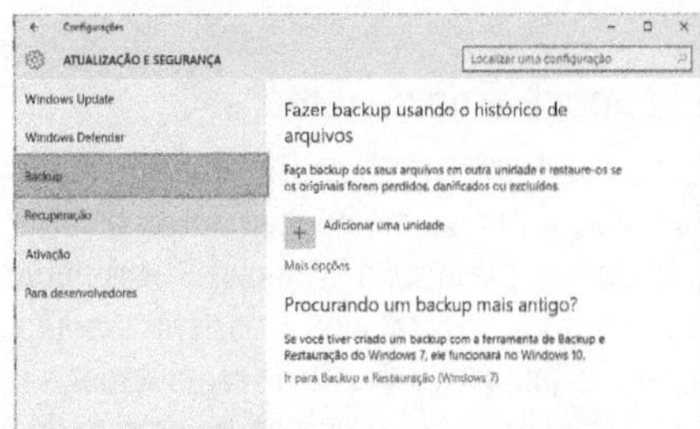


A opção Para desenvolvedores é uma novidade do Windows que assusta alguns usuários desavisados, pois, ao tentarem instalar algum aplicativo que não seja originário da Loja da Microsoft, não logram êxito. Esse impedimento ocorre por segurança. De qualquer forma, para poder instalar aplicativos "externos", basta selecionar a opção Sideload ou Modo Desenvolvedor.

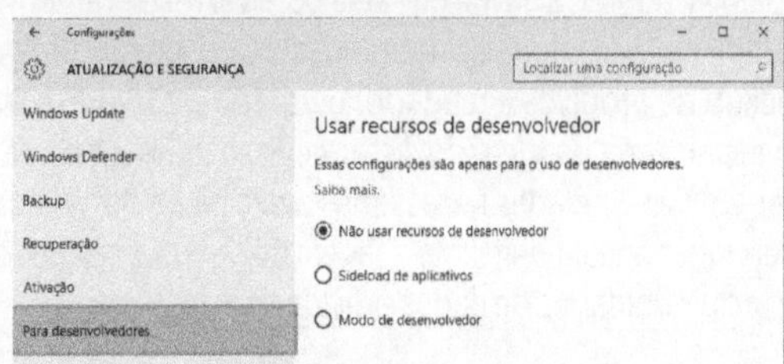


## Backup no windows 10

Um backup consiste em uma cópia de segurança dos Arquivos, que deve ser feita periodicamente, preferencialmente em uma unidade de armazenamento separada do computador.

Apesar do nome cópia de segurança, um backup não impede que os dados sejam acessados por outros usuários. Ele é apenas uma salvaguarda dos dados para amenizar os danos de uma perda.

No Windows 8 e Windows 10, o backup é gerenciado pelo Histórico de Arquivos, ilustrado a seguir.

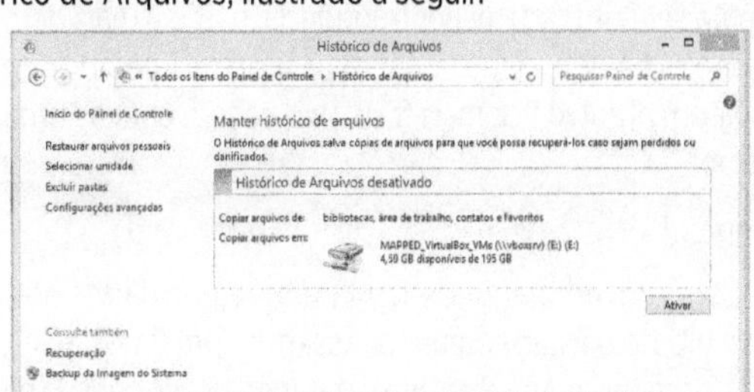

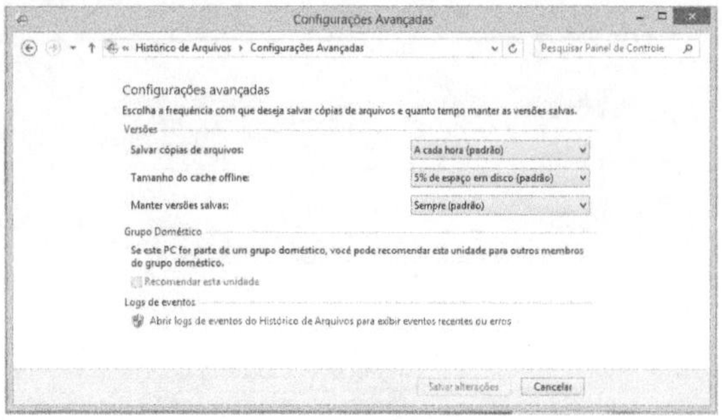

## Backup e restauração (Windows 7)

Esta ferramenta existe para manter a compatibilidade com a versão anterior de backup do Windows.

Na sequência, são citados os tipos de backup e ferramentas de backup.

### Backup da imagem do sistema

O Backup do Windows oferece a capacidade de criar uma imagem do sistema, que é uma imagem exata de uma unidade. Uma imagem do sistema inclui o Windows e as configurações do sistema, os programas e os arquivos. É possível usar uma imagem do sistema para restaurar o conteúdo do computador, se em algum momento o disco rígido ou o computador pararem de funcionar. Quando se restaura o computador a partir de uma imagem do sistema, trata-se de uma restauração completa; não é possível escolher itens individuais para a restauração, e todos os atuais programas, as configurações do sistema e os arquivos serão substituídos. Embora esse tipo de backup inclua arquivos pessoais, é recomendável fazer backup dos arquivos regularmente, usando o Backup do Windows, a fim de que seja possível restaurar arquivos e pastas individuais conforme a necessidade. Quando for configurado um backup de arquivos agendado, o usuário poderá escolher se deseja incluir uma imagem do sistema. Essa imagem do sistema inclui apenas as unidades necessárias à execução do Windows. É possível criar manualmente uma imagem do sistema, caso o usuário queira incluir unidades de dados adicionais.

### Disco de restauração

O disco de restauração armazena os dados mais importantes do sistema operacional Windows, em geral, o que é essencial para seu funcionamento. Esse disco pode ser utilizado quando o sistema vier a apresentar problemas, por vezes decorrentes de atualizações.

### Tipos de backup

#### Completo/normal

Também chamado de Backup Total, é aquele em que todos os dados são salvos em uma única cópia de segurança. Ele é indicado para ser feito com menor frequência, pois é o mais demorado para ser processado, como também para ser recuperado. Contudo, localizar um arquivo fica mais fácil, pois se tem apenas uma cópia dos dados.

#### Diferencial

Este procedimento de backup grava os dados alterados desde o último backup completo. Assim, no próximo backup diferencial, somente serão salvos os dados modificados desde o último backup completo. No entanto, esse backup é mais lento de ser processado do que o backup incremental, porém é mais rápido de ser restaurado do que o incremental, pois é necessário apenas restaurar o último backup completo e o último backup diferencial.

#### Incremental

Neste tipo de backup, são salvos apenas os dados que foram alterados após a última cópia de segurança realizada. Este procedimento é mais rápido de ser processado, porém leva mais tempo para ser restaurado, pois envolve restaurar todos os backups anteriores. Os arquivos gerados são menores do que os gerados pelo backup diferencial.

#### Backup diário

Um backup diário copia todos os arquivos selecionados que foram modificados no dia de execução do backup diário. Os arquivos não são marcados como arquivos que passaram por backup (o atributo de arquivo não é desmarcado).

#### Backup de cópia

Um backup de cópia copia todos os arquivos selecionados, mas não os marca como arquivos que passaram por backup (ou seja, o atributo de arquivo não é desmarcado). A cópia é útil caso o usuário queira fazer backup de arquivos entre os backups normal e incremental, pois ela não afeta essas outras operações de backup.

## Explorador de arquivos

Conhecido até o Windows 7 como Windows Explorer, o gerenciador de arquivos do Windows usa a chamada Interface Ribbon (por faixas) no Windows 8 e 10. Com isso, torna mais acessíveis algumas ferramentas como a opção para exibir as pastas e os arquivos ocultos.

A figura a seguir ilustra a janela Este Computador que apresenta os dispositivos e unidades de armazenamento locais como HDs e Drives de mídias ópticas, bem como as mídias removíveis.

Um detalhe interessante sobre o Windows 10 é que as bibliotecas, ilustradas na figura, não estão visíveis por padrão; o usuário precisa ativar sua exibição.

Na figura a seguir, é ilustrada a guia Exibir da janela Este Computador.

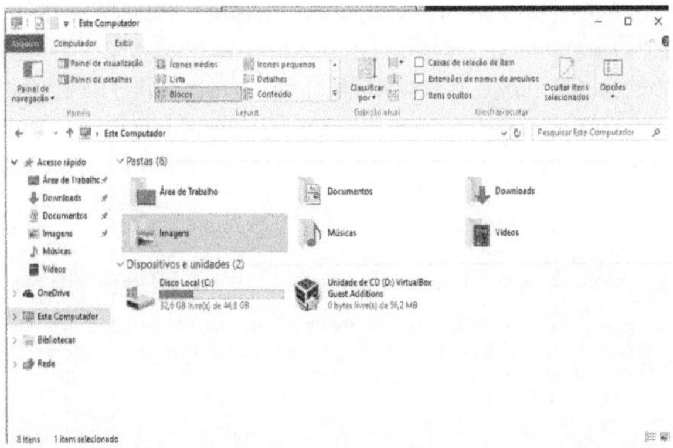

Ao selecionar arquivos ou pastas de determinados tipos, como imagens, algumas guias são exibidas como ilustra a série de figuras a seguir.

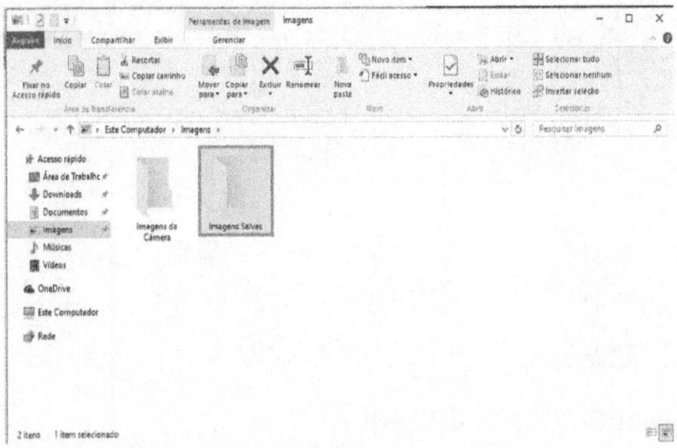

É possível notar que há opções específicas para facilitar o compartilhamento dos arquivos e pastas.

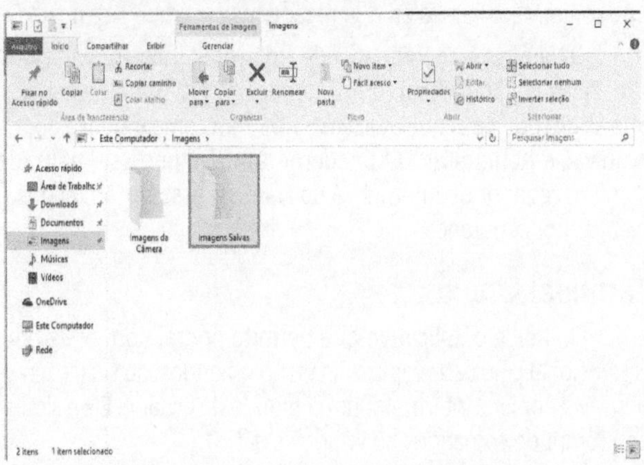

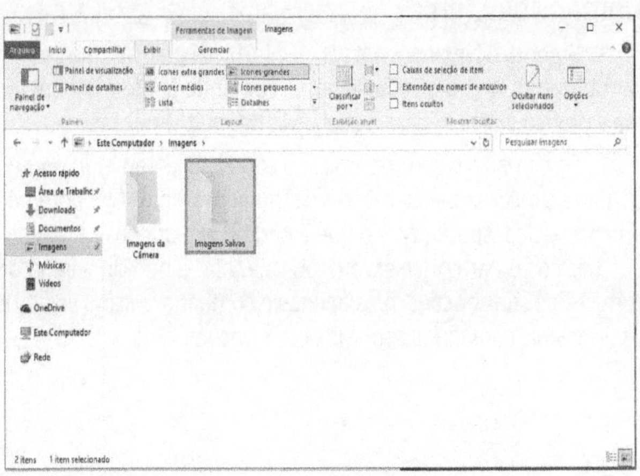

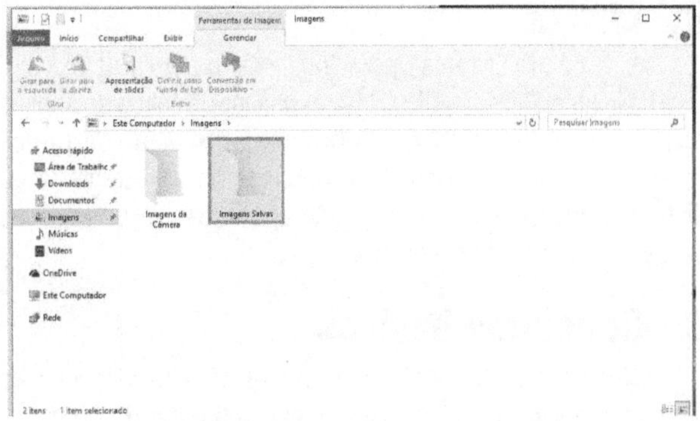

# 8. LINUX

Linux é um Sistema Operacional criado por Linus Torvald, com base na plataforma UNIX. Muitas bancas de concurso apenas o citam no edital de conteúdo programático. Uma parte dos conceitos cobrados relacionados ao Linux já foram vistos na seção Sistemas Operacionais, em que são apontadas características baseadas no seu funcionamento.

## 8.1 Conceitos Básicos

Nesta seção são abordados os demais conceitos relacionados diretamente a algumas funcionalidades e definições do Linux.

### Dual boot

É possível instalar em um mesmo computador múltiplos sistemas operacionais, de forma que, ao ligar o computador, o usuário escolhe qual sistema deseja utilizar. A etapa de escolha do sistema é controlada por gerenciadores de boot; quando se instala o Linux, ele instala automaticamente um gerenciador de boot. Os gerenciadores de boot mais populares são o GRUB e o LILO.

### Distribuições

Uma Distribuição é uma cópia modificada e compartilhada com a comunidade; o Linux possui várias distribuições diferentes. Isso se deve ao fato de ele ser um software livre e, assim, é permitido alterar uma distribuição e repassar a outras pessoas que, por sua vez, também podem efetuar as suas alterações.

No site da dristrowatch existem mais de 300 distribuições Linux registradas. As principais são:

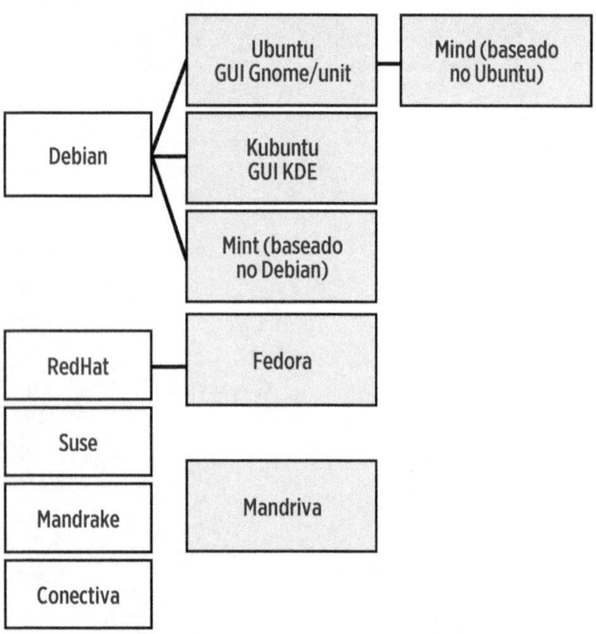


### Estrutura de diretórios

A estrutura de diretórios define quais são as pastas do Sistema e quais as suas finalidades perante os programas e o próprio sistema operacional.

As questões sobre a estrutura de diretórios do Linux assumem um formato relacional, cabendo ao concursando associar as pastas às suas finalidades.

A estrutura de diretório do Linux, assim como a do Windows, possui caráter hierárquico que toma como partida a raiz do Sistema - no caso do Linux, a raiz do SO é o diretório / (barra). O termo raiz é atribuído, pois a estrutura de diretórios observada de forma inversa apresenta características de uma árvore que, a partir da raiz, possui seus galhos, as pastas e, por fim, suas folhas, os arquivos.

| | |
|---|---|
| /dev | (devices): armazena os drivers/dev dos dispositivos. |
| /bin | (binaries): armazena os binários essenciais para o funcionamento do sistema. Como também comandos básicos do SO como rm, pwd, su, tar, entre outros. |
| /Sbin | (binaries): armazena os binários essenciais para o funcionamento do sistema que sejam vinculados ao Super Usuário (administrador). |
| /mnt | (Mount): conhecido como ponto de montagem padrão, é o local por meio do qual se tem acesso às unidades de armazenamento, CD-ROMs e Pendrives conectados no computador. |
| /etc | Armazena os arquivos de configuração do Sistema Operacional. |
| /boot | Arquivos necessários para o boot do sistema. |
| /tmp | Arquivos temporários. |
| /home | Armazena as pastas dos usuários. |
| /root | Diretório do administrador. |

### Gerenciadores de arquivos

Gerenciador de Arquivo é o programa que permite navegar entre as pastas do computador, como também realizar tarefas do tipo copiar, recortar, colar, renomear e mover arquivos e pastas.

O Nautilus é o gerenciador de arquivos utilizado nas distribuições Linux que trabalham com a interface gráfica Gnome, enquanto que as distribuições que utilizam o KDE têm como gerenciador de arquivos o Konqueror. O Konqueror também pode ser utilizado como navegador de Internet, já no Nautilus essa opção foi desabilitada por segurança.

### Terminal Linux

O Shell é o aplicativo que permite operar com o Sistema Operacional Linux através de linhas de comandos, ou seja, é o responsável por ler e interpretar um comando do usuário. Ele é similar ao Prompt de comandos no Windows (DOS).

### Comandos Linux

Embora o Linux possua várias interfaces gráficas que podem ser utilizadas, a boa e velha linha de comando ainda é o caminho mais prático e rápido para a execução de muitas tarefas.

Os comandos são cobrados no concurso justamente porque é a parte similar entre as diversas distribuições Linux. Mas você não precisa se desesperar, pois o que é pedido são apenas os comandos básicos e para que servem, ou seja, não é pedido a linha de comando e suas opções, mas apenas o comando. Assim, vejamos os principais comandos cobrados e suas ações:

| | |
|---|---|
| cd | Permite navegar entre as pastas. |
| ls | Listar arquivos e pastas do diretório atual. |
| clear | Limpa a tela. |
| exit | Sair do terminal. |
| cp | Copiar um arquivo ou pasta especificado. |
| rm | Remover um arquivo ou pasta especificado. |
| init 0 | Desliga o Computador (é necessário ser administrador para executar este comando). |
| init 6 | Reinicia o Computador (é necessário ser administrador para executar este comando). |
| chmod | Permite alterar as permissões de arquivos e pastas. |
| mv | Mover arquivos e pastas. Também pode ser utilizado para renomear um arquivo ou pasta. |
| pwd | Mostra o diretório em que você está. |
| mkdir | Criar um diretório. |
| reboot | Reinicia o Sistema Operacional. |
| tar | Empacota os arquivos e pastas em um único arquivo. (não compacta). |
| gzip | Compacta os arquivos e/ou pastas em um mesmo arquivo. |

# 9. REDES DE COMPUTADORES

Dois computadores conectados entre si já caracterizam uma rede. Contudo, ela normalmente é composta por diversificados dispositivos como: celulares, smartphones, tablets, computadores, servidores, impressoras, roteadores, switches, hubs, modens, etc. Devido à essa grande variedade de dispositivos, o nome genérico HOST é atribuído aos dispositivos conectados na rede.

Todo Host possui um endereço que o identifica na rede, o qual é o endereço IP. Mas também cada peça possui um número único de fábrica que o identifica, o MAC Address.

## 9.1 Paradigma de Comunicação

Paradigma é um padrão a ser seguido e, no caso das redes, é o modelo Cliente/Servidor. Nesse modelo, o usuário é o cliente que envia uma solicitação ao servidor; ao receber a solicitação, o servidor a analisa e, se é de sua competência, provê a informação/dado.

## 9.2 Dispositivos de Rede

Os Dispositivos de Rede são citados até mesmo em provas cujo conteúdo programático não cita a matéria de hardware. E na maioria das vezes em que aparecem questões sobre o assunto, se questiona em relação à finalidade de cada dispositivo na rede, portanto, nesta seção são descritos alguns dos principais dispositivos de rede:

| | |
|---|---|
| Modem | Modulador/demulador Responsável por converter o sinal analógico da linha telefônica em um sinal digital para o computador e vice-versa. |
| Hub | Conecta vários dispositivos em rede, mas não oferece muita segurança, pois envia as informações para todos na rede. |
| Switch | É um dispositivo que permite interligar vários dispositivos de forma mais inteligente que o Hub, pois no switch os dados são direcionados aos destinos corretos. |
| Roteador | Um roteador já trabalha no nível de rede; em um mesmo roteador podemos definir várias redes diferentes. Ele também cria uma rota para os dados. |
| Access Point | Um Ponto de Acesso opera de forma similar a um Switch, só que em redes sem fio. |
| Backbone | É a estrutura principal dentro de uma rede, na Internet é a espinha dorsal que a suporta, ou seja, as principais ligações internacionais. |

## 9.3 Topologia de Rede

Topologia diz respeito à estrutura de organização dos dispositivos em uma rede.

### Barramento

Na Topologia de Barramento, todos os dispositivos estão conectados no mesmo canal de comunicação, o que torna o tráfego de dados mais lento e, se o barramento se rompe, pode isolar parte da rede.

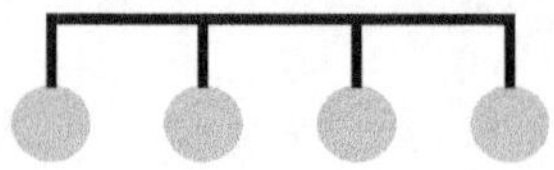

### Anel

A estrutura em Anel conecta um dispositivo no outro; para que todos os computadores estejam conectados, é necessário que estejam ligados. Se o anel for simples, ou seja, de única via de dados, um computador desligado já é suficiente para tornar a rede inoperante para algum outro computador; o problema pode ser resolvido em partes, utilizando o anel duplo, trafegando dados em duas direções da rede, porém, se dois pontos forem desconectados, pode-se chegar à situação de duas redes isoladas.

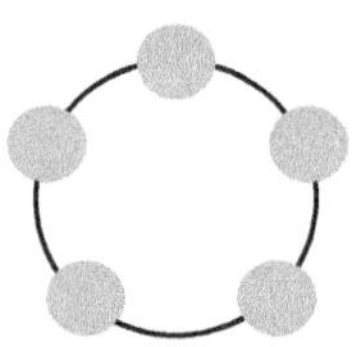

### Estrela

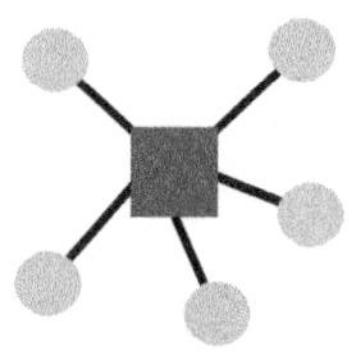

Uma rede organizada em forma de estrela possui um nó centralizador. Esse modelo é um dos mais utilizados, pois um nó pode estar desconectado sem interferir no resto da rede, porém, o centro é o ponto crítico.

### Estrela estendida

A Estrela Estendida é utilizada em situações como em uma universidade *multicampi*, em que um nó central é a conexão principal, a partir da qual se conecta com a internet, enquanto que os outros *campi* possuem centrais secundárias como conexão entre seus computadores. A estrutura entre o nó principal e as centrais secundárias é o que chamamos de Backbone dessa rede.

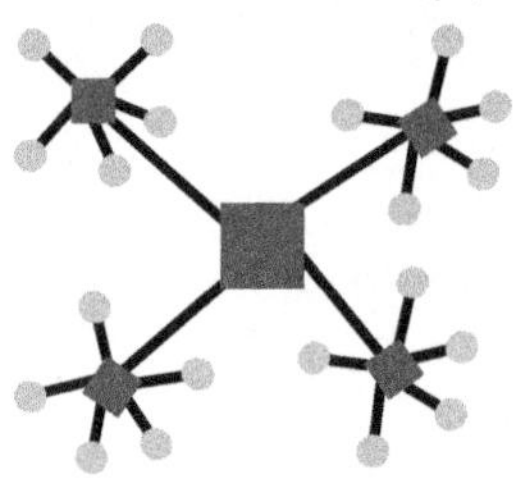

### Malha

A conexão em malha é o modelo da internet, em que encontramos vários nós principais, mas também várias ligações entre diversos nós.

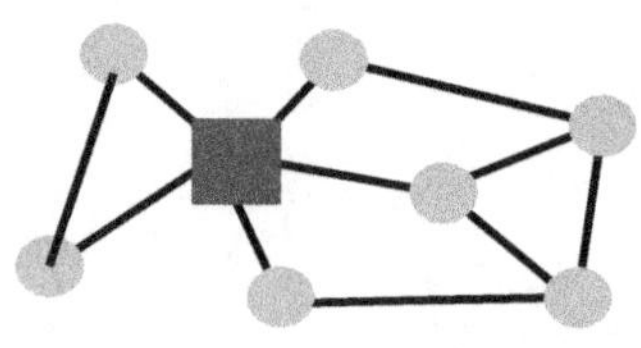

### Pilhas de protocolos

Também colocadas pelas bancas examinadoras como modelos, as pilhas de protocolos definem um conjunto de protocolos e em quais camadas de rede devem operar.

Neste tópico temos dois tipos de questões que podem ser associados na prova. Questões que fazem relação com os tipos de redes e questões que tratam da finalidade dos principais protocolos utilizados em uma navegação na Internet.

As pilhas de protocolos são:

| TCP/IP | OSI |
|---|---|

O modelo TCP/IP é o **padrão utilizado nas redes**. Mas, em redes privadas, mesmo o TCP/IP sendo padrão, pode ser implantado o modelo OSI.

Como o modelo TCP/IP é o padrão na seção seguinte são destacados os principais protocolos de navegação.

### Principais protocolos

Um protocolo é uma regra de comunicação em redes, portanto, a transferência de arquivos, mesmo entre computadores de uma mesma rede, utiliza um protocolo como forma de padronizar o entendimento entre os dois.

### HTTP

**HTTP** (*Hyper Text Transport Protocol*) é o protocolo de transferência de hipertexto. É o mais utilizado pelo usuário em uma navegação pela Internet. Hipertexto consiste em um arquivo no formato HTML (*HyperText Markup Language*) - Linguagem de Marcação de Hipertexto.

**HTML** é um arquivo que pode ser gerado por qualquer editor de texto, pois, quando é aberto no Bloco de Notas ou Wordpad, ele apresenta apenas informações de texto. No entanto, quando é aberto pelo navegador, este interpreta o código em HTML e monta o conteúdo **Multimídia** na página. Entende-se por conteúdo multimídia: textos, áudio, vídeos e imagens.

### HTTPS

**HTTPS** (*Hyper Text Transport Protocol Secure*), também conhecido como HTTP Seguro, é um protocolo que tem como diferença entre o HTTP apenas a segurança que oferece, pois, assim como o HTTP, serve para visualizar o conteúdo multimídia.

O que se questiona em relação a sua segurança é como ela é feita. O protocolo HTTPS utiliza o processo de **Criptografia** para manter sigilo sobre os dados transferidos entre o usuário e o servidor, para isso, são utilizados os protocolos **TLS** ou **SSL**.

Um detalhe muito importante é o de saber identificar se a navegação está sendo realizada por meio do protocolo HTTP ou pelo protocolo HTTPS. A forma mais confiável é observar a barra de endereços do navegador:

**Firefox 10.02**

**IE 9**

**Google Chrome**

Logo no início da barra, observamos a indicação do protocolo HTTPS, que, sempre que estiver em uso, deverá aparecer. Porém, deve-se ter muita atenção, pois, quando é utilizado o HTTP, alguns navegadores atuais têm omitido a informação no começo da barra de endereços.

Outra informação que nos ajuda a verificar se o acesso é por meio de uma conexão segura é o símbolo do cadeado fechado.

### FTP

**FTP** (File Transport Protocol) é o protocolo de transferência de arquivos utilizado quando um usuário realiza download ou upload de um arquivo na rede.

O protocolo FTP tem como diferencial o fato de operar sobre duas portas: uma para tráfego dos dados e outra para autenticação e controle.

## 9.4 Firewall

O Firewall pode ser Software, Hardware, ou ambos. Ele é o responsável por **monitorar as portas da rede/computador**, permitindo ou negando a passagem dos dados na rede, seja na entrada ou saída.

É o monitor que fica na porta olhando para uma lista na qual contém as regras que um dado tem de cumprir para passar por ela. Essa lista são os protocolos, por exemplo, o Firewall monitorando a porta 80, relativa ao protocolo HTTP, o qual só trabalha com conteúdo multimídia. Então, se um arquivo .EXE tentar passar pela porta 80, ele deve ser barrado; essa é a função do Firewall.

## 9.5 Tipos de Redes

Podemos classificar as redes de acordo com sua finalidade; neste tópico expõe-se a diferença entre as redes: Internet vs Intranet vs Extranet.

### Internet

É a rede das redes, também conhecida como rede mundial de computadores.

Muitas provas citam o sinônimo WWW (*World Wide Web*) para internet, ou por vezes apenas Web. Ela é definida como uma rede **pública** a qual todos com computador e servidor de acesso podem conectar-se.

### Intranet

É uma rede empresarial, também chamada de rede corporativa. Tem como principal característica ser uma rede **privada**, portanto, possui controle de acesso, o qual é restrito somente a pessoas autorizadas.

Uma Intranet geralmente é constituída com o intuito de compartilhar recursos entre os funcionários de uma empresa, de maneira que pessoas externas não tenham acesso a eles. Os recursos compartilhados podem ser: impressoras, arquivos, sistemas, entre outros.

### Extranet

É quando parte de uma Intranet é disponibilizada por meio da Internet.

Também dizemos que extranet é quando duas empresas com suas distintas Intranets possuem um sistema comum que acessam apenas parte de cada uma das Intranets.

### VPN

VPN é uma forma de criar uma Intranet entre localizações geograficamente distantes, com um custo mais baixo do que ligar cabos entre os pontos. Para isso, emprega-se o processo de criptografia nos dados antes de enviá-los por meio da Internet e, quando o dado chega na outra sede, passa pelo processo de descriptografia. Dessa maneira, quem está navegando na Internet não tem acesso às informações da empresa, que continuam restritas; esse processo também é chamado de tunelamento.

## 9.6 Padrões de Infraestrutura

São padrões que definem como deve ser organizada e quais critérios precisam ser seguidos para montar uma estrutura de rede de acordo com os padrões estabelecidos pelo Instituto de Engenheiros Eletricistas e Eletrônicos (IEEE).

O padrão Ethernet define as regras para uma infraestrutura cabeada, como tipos de cabos que devem ser utilizados, distância máxima, tipos e quantidade de dispositivos, entre outras. Já o padrão 802.11 define as regras para uma estrutura Wi-Fi, ou seja, para a rede sem fio.

## 9.7 Correio Eletrônico

O serviço de e-mail é outro ponto bastante cobrado nos concursos públicos. Em essência, o que se pede é se o concursando sabe sobre as diferentes formas de se trabalhar com ele.

O e-mail é uma forma de comunicação assíncrona, ou seja, no momento do envio apenas o emissor precisa estar conectado.

### Formas de acesso

Podemos ler e escrever e-mail utilizando duas formas diferentes. Na última década, o webmail ganhou mais espaço no mercado e se tornou majoritário no ramo de e-mails, mas muitas empresas utilizam ainda os clientes de e-mail.

### Webmail

O webmail é uma interface de acesso para o e-mail via Browser (navegador de Internet), ou seja, uma forma de visualizar o e-mail via uma página de web. Diante disso, é possível destacar que usamos os protocolos HTTP ou HTTPS para visualizar páginas da Internet. Dessa forma, ao acessar sites de e-mail como gmail.com, hotmail.com, yahoo.com.br e outlook.com, fazemos uso desses protocolos, sendo o HTTPS o mais usado atualmente pelos grandes serviços de e-mail, pois confere ao usuário maior segurança no acesso.

Dizemos que o webmail é uma forma de ler e escrever e-mails, dificilmente citado como forma de enviar e receber, uma vez que quem realmente envia é o servidor e não o computador do usuário.

Quando um e-mail é enviado, ele parte diretamente do servidor no qual o remetente possui conta para o servidor do serviço de e-mail do destinatário.

### Cliente de e-mail

Um cliente de e-mail é um programa específico para enviar e receber mensagens de e-mail e que é, necessariamente, instalado no computador do usuário.

**Exs.:**

Microsoft Outlook;

Mozilla Thunderbird;

Outlook Express;

Windows Live Mail.

Os programas clientes de e-mail usam protocolos específicos para envio e recebimento das mensagens de e-mail.

### Protocolos utilizados pelos clientes de e-mail

Para o envio, um cliente de e-mail utiliza o protocolo SMTP (*Simple Mail Transport Protocol* – Protocolo de transporte de mensagens simples). Como todo protocolo, o SMTP também opera sobre uma porta específica, que pode ser citada como sendo a porta 25, correspondente ao padrão, mas atualmente ela foi bloqueada para uso dos usuários, vindo a ser substituída pela 587.

Com isso, em questões de Certo e Errado, apenas a 587 é a correta, quando abordado sobre o usuário, pois entre servidores a 25 ainda é utilizada. Já nas questões de múltipla escolha, vale o princípio da menos errada, ou seja, se não tiver a 587, a 25 responde a questão.

Mesmo que a mensagem de e-mail possua arquivos anexos a ela, envia-se por SMTP; assim o protocolo FTP não é utilizado.

Já para o recebimento, o usuário pode optar em utilizar o protocolo POP ou o protocolo IMAP, contudo, deve ser observada a diferença entre os dois, pois essa diferença é ponto para muitas questões.

O protocolo POP tem por característica baixar as mensagens de e-mail para o computador do usuário, mas por padrão, ao baixá-las, elas são apagadas do servidor. Portanto, as mensagens que um usuário está lendo estão, necessariamente, em seu computador.

Por outro lado, se o usuário desejar, ele pode configurar o protocolo de forma que sejam mantidas cópias das mensagens no servidor, no entanto, a que o usuário está lendo, efetivamente, está em seu computador. Sobre essa característica são citadas questões relacionando à configuração a uma espécie de backup das mensagens de e-mail.

Atualmente o protocolo POP encontra-se na versão 3; dessa forma ele pode aparecer nos textos de questão como POP3, não afetando a compreensão da mesma. Uma vez que o usuário necessita conectar na internet apenas para baixar as mensagens, é possível que ele desconecte-se da internet e mesmo assim leia seus e-mails. E, uma vez configurado o SMTP, também é possível redigir as respostas off-line, sendo necessário, no entanto, conectar-se novamente para que as mensagens possam ser enviadas.

Ao invés de utilizar o POP, o usuário pode optar em fazer uso do protocolo IMAP, que é para acesso a mensagens de e-mail, as quais, por sua vez, residem no servidor de e-mails. Portanto, se faz necessário estar conectado à internet para poder ler o e-mail por meio do protocolo IMAP.

### Spam

Spam é uma prática que tem como finalidade divulgar propagandas por e-mail, ou mesmo utilizar-se de e-mails que chamem a atenção do usuário e o incentivem a encaminhar para inúmeros outros contatos, para que, com isso, levantem uma lista de contatos que pode ser vendida na Internet ou mesmo utilizada para encaminhar mais propagandas.

Geralmente um spammer utiliza-se de e-mail com temas como: filantropia, hoax (boatos), lendas urbanas, ou mesmo assuntos polêmicos.

## 9.8 URL (*Uniform Resource Locator*)

É um endereço que identifica um site, um serviço, ou mesmo um endereço de e-mail. A seguir, temos um exemplo de URL; observe que podemos dividi-la em várias partes.

http://www.site.com.br

Protocolo — Pasta — Domínio

### Domínio

É o nome registrado de um site para que possa ser acessado por meio da Internet. Assim como a URL, um domínio também pode ser dividido em três partes.

site.com.br

O .br indica que esse site está registrado no conjunto de domínios do Brasil, que é administrado e regulamentado pelo Registro.Br, componente do Comitê Gestor de Internet no Brasil (CGI).

O Registro.Br define várias normas em relação à criação de um domínio, como por exemplo o tamanho máximo de 26 caracteres, a limitação para apenas letras e números e recentemente a opção de criar domínios com letras acentuadas e o caractere **ç**.

Também compete ao Registro.Br a normatização da segunda parte do domínio, representado na figura pelo **.com**. Essa informação diz respeito ao ramo de atividade a que se destina o domínio, mas não nos garante qual a real finalidade do site. A última parte, por fim, é o próprio nome do site que se deseja registrar.

### Protocolo IP

Cada equipamento na rede ganha o nome genérico de Host, o qual deve possuir um endereço para que seja localizado na rede. Esse é o endereço IP.

O protocolo IP é o responsável por trabalhar com essa informação, para tanto, um endereço IP possui versões: IPv4 e IPv6.

Um IP também é um endereço, portanto, pode ser inserido diretamente na barra de endereços de um navegador.

O IPv4 é composto por até quatro grupos de três dígitos que atingem valor máximo de 255 cada grupo, suportando, no máximo, cerca de 4 bilhões (4.294.967.296) de endereços.

200.201.88.30 endereço IP da Universidade Estadual do Oeste do Paraná (Unioeste).

O IPv6 é uma proposta que está gradativamente substituindo o IPv4, justamente pela pouca quantidade de endereço que ele oferece. O IPv6 é organizado em 8 grupos de 4 dígitos hexadecimais, suportando cerca de 3,4 × 1038, aproximadamente 3,6 undecilhões de endereços IP.

0123:4567:89AB:CDEF:1011:1314:5B6C:88CC

### DNS (*domain name system*)

O Sistema de Nomes de Domínios é o responsável por traduzir (resolver por meio de consultas aos servidores Raiz da Internet) um domínio para o endereço IP do servidor que hospeda (armazena) o site desejado. Esse processo ocorre em questão de segundos e obedece uma estrutura hierárquica.

## 9.9 Navegadores

Navegadores são programas que permitem acesso às páginas da Internet, são muitas vezes citados em provas pelo termo em inglês Browser.

**Exs.:**

Internet Explorer

Mozilla Firefox

Google Chrome

Também são cobrados os conceitos dos tipos de dados de navegação que estão relacionados aos navegadores.

### Cache

É um armazenamento temporário. No caso dos navegadores, trata-se de uma pasta onde são armazenados os conteúdos multimídias como imagens, vídeos, áudio e inclusive textos, para que, no segundo momento em que o mesmo conteúdo for acessado, ele possa ser mostrado ao usuário mais rapidamente.

### Cookies

São pequenas informações que alguns sites armazenam no computador do usuário. Exemplos de informações armazenadas nos cookies: senhas, obviamente que são armazenadas criptografadas; também são muito utilizados em sites de compras, para armazenar o carrinho de compras.

### Dados de formulários

Quando preenchemos um formulário, os navegadores oferecem opção para armazenar os dados digitados em cada campo, assim, quando necessário preencher o mesmo formulário ou ainda outro formulário com campos de mesmo nome, o navegador sugere os dados já usados a fim de autocompletar o preenchimento do campo.

## 9.10 Conceitos Relacionados à Internet

Nesta seção são apresentados alguns conceitos, tecnologias e ferramentas relacionadas à Internet que são cobrados nas provas dos concursos.

### Motores de busca

Os Motores de Busca são normalmente conhecidos por buscadores. Dentre os principais estão Google, Bing (MSN) e Yahoo!.

É importante observar que, nos navegadores atuais, os motores de busca são integrados, com isso podemos definir qual se deseja utilizar, por exemplo: o Google Chrome e o Mozilla Firefox utilizam como motor de busca padrão o Google, já o Internet Explorer utiliza o Bing. Essa informação é relevante, pois é possível nesses navegadores digitar os termos buscados diretamente na barra de endereços, ao invés de acessar previamente o site do motor de busca.

## Busca avançada

Os motores de busca oferecem alguns recursos para otimizar a busca, como operadores lógicos, também conhecidos como operadores booleanos[1]. Dentre eles podemos destacar a negação (-). Ao realizar uma busca na qual se deseja encontrar resultados que sejam relacionados a determinado assunto, porém os termos usados são comuns a outro, podemos utilizar o sinal de menos precedendo o termo do assunto irrelevante, como o exemplo de uma questão que já caiu em prova: realizar a busca por leite e cão, contudo, se for inserido apenas estes termos na busca, muitos resultados serão relacionados a gatos e leite. Para que as páginas que contenham a palavra gato não sejam exibidas na lista de páginas encontradas, basta digitar o sinal de menos (-) antes da palavra gato (sem espaço entre o sinal e a palavra), assim a pesquisa a ser inserida no buscador fica **Cão Leite -Gato**.

Também é possível realizar a busca por uma frase exata, assim, somente serão listados os sites que contenham exatamente a mesma expressão. Para isso, basta digitar a frase desejada entre aspas duplas.

**Busca por/em Domínio Específico:** para buscar sites que possuam determinado termo em seu nome de domínio, basta inserir o texto site: seguido da palavra desejada, lembrando que não deve haver espaço entre site: e o termo desejado. De forma similar, também pode-se utilizar **inurl: termo** para buscar sites que possuam o termo na URL.

Quando o domínio já é conhecido, é possível realizar a busca por determinado termo apenas nas páginas do domínio. Para tanto, deve-se digitar **site:Dominiodosite termo.**

**Calculadora**: é possível, ainda, utilizar o Google como uma calculadora, bastando digitar a expressão algébrica que se deseja resolver como 2+2 e, como resultado da "pesquisa", é apresentado o resultado da operação.

**Operador**: quando não se sabe exatamente qual é a palavra para completar uma expressão, pode-se completar a lacuna com um asterisco, assim o motor de busca irá entender que naquele espaço pode ser qualquer palavra.

**Busca por tipo de arquivo:** podemos refinar as buscas a resultados que consistam apenas em determinado formato de arquivo. Para tanto, podemos utilizar o operador filetype: assim, para buscar determinado tema, mas que seja em PDF, por exemplo, pode-se digitar **filetype: pdf tema.**

## Tipos de busca

Os principais motores de busca permitem realizar as buscas de forma orientada a conteúdos gerais da web, como refinar a busca para exibir apenas imagens, vídeos ou mapas relacionados aos termos digitados.

1 Em referência à lógica de Boole, ou seja, a lógica que você estuda para o concurso.

## Chat

Um chat é normalmente citado como um bate-papo em tempo real; é a forma de comunicação em que ambos os interlocutores estão conectados (on-line) simultaneamente. Muitos chats operam com salas de bate-papo. Um chat pode ser em um site específico como o chat do UOL. Conversas pelo MSN ou Facebook podem ser consideradas como chat, desde que ambos interlocutores estejam conectados.

## Fórum

Também conhecidos como Listas de Discussão, os fóruns funcionam como debates sobre determinados assuntos. Em um fórum não é necessário que os envolvidos estejam conectados para receberem os comentários, pois estes ficam disponíveis para acesso futuro pelo usuário ou mesmo por pessoas que não estejam cadastradas no fórum, contudo, existem muitos fóruns fechados, nos quais só se entra por convite ou mediante aquisição. A maioria deles vincula o e-mail dos envolvidos a uma discussão, alertando-os assim, caso um novo comentário seja acrescentado.

## Moodle

O Moodle é uma ferramenta fortemente utilizada pelo setor público, e também privado, para dar suporte ao Ensino a Distância (EAD).

# 10. CLOUD COMPUTING

Em português, Computação na Nuvem é o nome usual para identificar o paradigma de computação em que as infraestruturas, serviços e aplicações ficam nas redes, principalmente na internet. No entanto, também pode ser empregado para distinguir serviços de processamento dos serviços de armazenamento.

Pode-se dizer que a computação na nuvem é uma forma de evolução do conceito de Mainframes.

Os mainframes são supercomputadores normalmente usados em redes privadas (intranets), os quais são responsáveis pelo trabalho pesado de processamento de informações. De forma geral, quando se emprega o uso de mainframes, associa-se o uso de thin clients pelos usuários, ou seja, terminais burros, apenas pontas para interação do usuário, pois os dados coletados e apresentados a ele são processados e armazenados nos mainframes.

A computação na nuvem é uma ideia similar a ser feito uso de computadores (servidores) localizados na Internet, otimizando assim seu uso, em vez de manter supercomputadores internamente na empresa.

A figura abaixo ilustra um serviço em que os dados são processados na nuvem e os resultados são exibidos no computador do usuário.

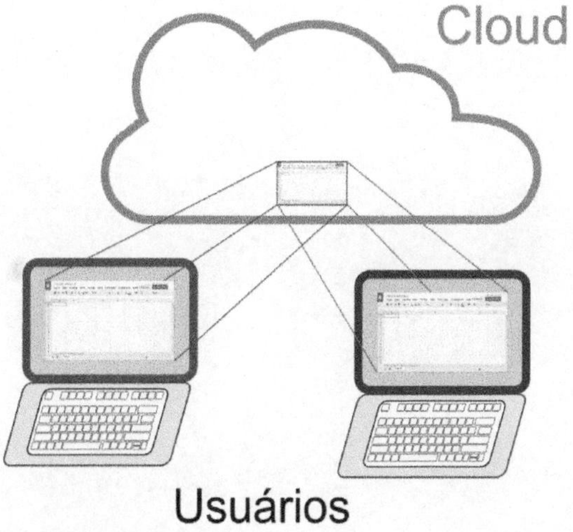


## 10.1 Características

Estuda-se, nesta seção, as características comuns tanto ao armazenamento quanto ao processamento de dados em nuvem.

Ao utilizar os serviços da nuvem não é preciso instalar aplicativos, porém, é possível. Ou seja, a instalação de aplicações relacionadas aos serviços da nuvem é apenas de caráter opcional.

Com isso, os serviços da nuvem se tornam uma prática alternativa, pois o usuário precisa do básico em seu computador para acessar aos serviços. Assim, basta ter um computador conectado à Internet e que seja dotado de um browser para utilizar os serviços da nuvem.

Contudo, uma característica negativa do serviço é a dependência frente aos servidores e provedores de serviço, pois, uma vez que não se tenha acesso à Internet ou o serviço esteja fora do ar, o usuário não tem condições de utilizar os serviços da nuvem, salvo exceção do modelo on premise.

É importante observar que, dentre os pré-requisitos básicos, o sistema operacional não foi citado, porque os serviços da nuvem independem do sistema instalado, pois normalmente são serviços que utilizam protocolos de navegação como HTTP e HTTPS, dentre outros.

Assim, como também não dependem de hardware específico para funcionar, podem inclusive ser citadas como multiplataforma, tanto no sentido de diferentes hardwares como no de diferentes sistemas operacionais. É comum usar serviços da nuvem também em tablets e smartphones, além dos computadores pessoais.

Outra característica dos serviços em nuvem diz respeito à segurança dos dados, em que o usuário não precisa se preocupar em fazer backups, controlar a segurança ou ter que realizar manutenção, pois essas são atribuições do fornecedor do serviço contratado.

A computação em nuvem também oferece praticidade no compartilhamento de informações, além de eximir o usuário de ter conhecimento sobre como funciona o serviço, possibilitando utilizá-lo sem preocupações.

Com todos esses detalhes, pode-se ainda destacar que a nuvem possibilita iniciar um trabalho em um computador e dar continuidade a ele por meio de outro computador.

### Processamento na nuvem

É o processamento realmente dito nos termos de Cloud Computing, em que os dados são processados na nuvem.

É bastante comum hoje nos aparelhos celulares, smartphones e tablets, em aplicações como o talk to text (fale para escrever). Lembre-se de que a instalação não é obrigatória, mas pode ser feita. Nos aparelhos em que o usuário pode simplesmente pronunciar próximo a eles o texto que deseja escrever, o recurso usado precisa que o aparelho esteja conectado à Internet para poder funcionar.

Isso ocorre porque os aparelhos atuais, por mais que possuam alta tecnologia e capacidade de processamento, ainda não são suficientes para processar dados como identificação de texto em falas. Com isso, a alternativa é usar servidores localizados na Internet (nuvem) que recebem o áudio que os aparelhos gravam e processam a informação, oferecendo ao usuário o resultado na forma de texto.

Outro exemplo são os serviços do Google e da Microsoft, conhecidos, respectivamente, como Google Docs e Microsoft WebApps. Mas atenção às nomeclaturas, pois Google Drive/Disco ou Skydrive/OneDrive são serviços de outra natureza.

No Google Docs WebApps, o usuário encontra recursos como editores de texto, planilhas, apresentação, formulários e desenhos on-line usando a computação em nuvem. Ao utilizar esses serviços, o usuário não precisa possuir em seu computador editores similares, uma vez que basta executar o navegador de internet e nele acessar o site do serviço; ao logar, terá acesso aos recursos.

### Armazenamento na nuvem

Já o armazenamento na nuvem, em inglês Cloud Storage, identifica os serviços que têm por característica armazenar os dados do usuário, de modo que, para acessá-los, seja necessário apenas um dispositivo (computador, smartphone ou tablet) conectado à Internet e que possua um browser. Com a ascensão desse tipo de serviço, pode-se apostar na queda da venda de dispositivos para transporte de dados como os Pendrives.

São exemplos citados nas provas o Google Drive/Disco, o Microsoft Skydrive, atualmente chamado de OneDrive, o Dropbox, Mega, Minus e Copy. A maioria deles oferece contas gratuitas com limite de armazenamento, a fim de demonstrar seus serviços. Mas, caso o usuário deseje e/ou precise, ele pode adquirir mais espaço de armazenamento.

A grande maioria dos serviços de Storage possui uma aplicação (opcional) que o usuário pode instalar em vários dispositivos, com o intuito de manter seus dados sincronizados. Ao instalar o aplicativo, ele criará uma pasta no dispositivo que estará em sincronia com a pasta on-line do usuário. Desse modo, todo arquivo salvo na referida pasta automaticamente (quando conectado à Internet) será enviado para a pasta on-line.

> Pode-se então afirmar que possuir a pasta com os arquivos locais (no dispositivo) e on-line, simultaneamente, é uma forma de backup dos dados.

O Google Drive oferece gratuitamente aos usuários 15 GB de espaço, no entanto, ele é compartilhado com a caixa de entrada de e-mails.

O One Drive também oferece 15 GB, mas inicialmente são 7 GB; para ganhar mais, o usuário deve enviar convites.

O Dropbox inicialmente oferece 2 GB gratuitos, mas, por meio de convites, o usuário pode ter até 18 GB; recebendo um convite, o usuário ganha 500 MB.

Já o Copy oferece inicialmente 20 GB gratuitos e, a cada convite enviado e recebido, o usuário ganha mais 5 GB de espaço.

# IGUALDADE RACIAL E DE GÊNERO

# 1. LEI Nº 12.288/2010 - ESTATUTO DA IGUALDADE RACIAL

## 1.1 A Relevância Histórica da Legislação de Promoção da Igualdade Racial

**A expansão europeia em direção a outros continentes**, que se iniciou junto com a chamada Idade Moderna, **foi elemento fundamental no processo histórico que levou ao surgimento do Brasil como Estado-nação**. Nesse processo, os europeus, além de entrarem em contato com as populações nativas do futuro território brasileiro, para aqui transferiram vastos contingentes humanos de outras regiões do mundo, sobretudo da África, em função, principalmente, de **necessidades de mão de obra para os empreendimentos coloniais**. Aprendemos, por isso, desde cedo, que, **a partir da contribuição inicial de portugueses, indígenas e africanos, logo acrescida pela de pessoas das mais diversas origens, formou-se o povo brasileiro**.

Da **interação entre populações com experiências históricas distintas**, que se enriqueciam pelo contato com as experiências das demais, **resultou o imenso patrimônio cultural do país**. No entanto, **o grau de desigualdade e opressão** que marcou aquele encontro inicial, decorrente de desmedida violência colonialista, deixou marcas difíceis de superar. **A hierarquia entre as populações de variada origem** que compõem a população brasileira manteve- se presente em todos os indicadores econômicos e sociais, século após século, reforçando-se pela **discriminação racial desleal** que se criou, em detrimento especialmente dos grupos humanos incorporados à sociedade nascente como escravos.

A relação entre populações assim fortemente hierarquizadas nunca deixou de ser uma questão crucial para quem refletisse sobre o Brasil. Desde sempre, **pontos de vista distintos se contrapuseram na reflexão sobre a matéria, incluindo visões intransigentemente racistas, que chegaram a postular a incapacidade do povo brasileiro para se desenvolver social e economicamente, dado o seu vício racial de origem**. Desde sempre também as contradições objetivas da realidade se expressaram em leis e em divergências e disputas sobre a forma de organização do Estado brasileiro.

Nos primeiros anos da nova nação independente, por exemplo, **o conselheiro Antônio Pereira Rebouças**, deputado negro, defendeu vigorosamente, no parlamento recém-instalado, **o direito de voto dos ex-escravos nascidos no Brasil, após adquirirem a liberdade**. Mesmo na vigência do escravismo, que introduzia uma distinção de fundo entre as pessoas que viviam no país, não haveria por que estender essa distinção para o campo dos homens livres, dizia ele. **Os brasileiros libertos eram cidadãos como quaisquer outros, não lhes podendo ser negado qualquer direito pelo simples fato de terem sido escravos. A proibição do voto dos libertos, no entanto, foi legalmente imposta**, revelando que o estigma da escravidão se estendia, sim, a todos os que haviam sido um dia escravizados.

A longa espera pela redação e promulgação do primeiro Código Civil brasileiro também expõe, embora de outro ângulo, a influência da aguda hierarquização racial sobre o processo legislativo. Nesse caso, a influência não se dava pelo conteúdo positivo da lei formulada, mas pela dificuldade de formulá-la, pela ausência da lei.

**No período em que se deu a abolição do escravismo, o sistema de predomínio mundial europeu já deixava para trás a forma propriamente colonial para adotar outras estratégias de dominação**, das quais fazia parte a consagração de hierarquias pseudocientíficas entre seres humanos, com base em critérios raciais. Assim, o Brasil, cujo processo histórico de formação o tornava terreno fértil para esse tipo de ideologia, viu-se enredado numa malha de noções espúrias, legitimadas pelo prestígio da ciência. Tais concepções mostraram toda a sua força institucional e legal nos programas governamentais de atração de mão de obra racial e culturalmente "superior" para substituir a mão de obra de origem africana.

Somente no **século XX começa a tornar-se dominante a visão positiva sobre a diversidade humana presente na construção do Brasil e a convicção de que o valor dos indivíduos e grupos não pode ser aferido por critério racial**. Estávamos, não por acaso, no século em que o predomínio europeu, construído nos quatro séculos anteriores, passava a perder força em todo o mundo.

**A nova visão a respeito do valor da diversidade racial e da importância de que indivíduos de diversa origem tenham oportunidades iguais não deixou de se expressar na organização do Estado brasileiro e em nossa legislação**. O conjunto de diplomas normativos apresentados nesta compilação já reflete essa visão, pois se estende da segunda metade do século XX aos dias atuais. Sua importância ganha ainda maior nitidez, no entanto, quando ele é observado contra o pano de fundo do processo de formação do país, que realça a centralidade da questão racial em nossa história, inclusive no aspecto institucional e legal.

**A primeira e decisiva tarefa da luta antirracista, no plano legal, foi a de coibir a discriminação racial e o racismo**. O processo, lento, começou por tornar contravenção penal a *"prática de atos resultantes de preconceitos de raça ou de cor"* (Lei nº 1.390, de 3 de julho de 1951) e culminou na determinação do artigo 5º, inciso XLII, da Constituição Federal de 1988, de que *"a prática do racismo constitui crime inafiançável e imprescritível, sujeito à pena de reclusão, nos termos da lei"*.

**Nas últimas décadas, começou a ganhar volume no debate público a noção de que cabe ao Estado não apenas combater a discriminação e o racismo, mas agir positivamente na promoção da igualdade racial efetiva**. Na Constituição Federal de 1988, a influência dessa noção aparece em formulações ainda relativamente tímidas, como, por exemplo, na referência explícita à proteção de manifestações culturais *"indígenas e afro-brasileiras" (art. 215, § 1º)* ou na norma do Ato das Disposições Constitucionais Transitórias que realça a obrigação do Estado de emitir títulos que formalizem o direito dos remanescentes das comunidades dos quilombos à propriedade definitiva das terras que estejam ocupando (art. 68).

Mais recentemente, a mudança – ou ampliação – de perspectiva ganhou relevo institucional com a **implantação de agências dentro do Estado especialmente destinadas à promoção da igualdade racial**. É assim que surgem entes como a ***Secretaria de Políticas de Promoção da Igualdade Racial da Presidência da República*** **(Seppir)** e o ***Conselho Nacional de Promoção da Igualdade Racial*** **(CNPIR)** e **iniciativas** como a ***Política Nacional de Promoção da Igualdade Racial*** **(PNPIR)** e o ***Plano Nacional de Promoção da Igualdade Racial*** **(Planapir)**. Todas essas manifestações institucionais encontram suporte normativo em decretos transcritos nesta publicação.

Mas o estágio culminante da atividade legislativa acontece quando se formam os consensos sociais e políticos indispensáveis para que o Congresso Nacional introduza um tema novo, ou o novo enquadramento de um tema antigo, na ordem legal. **A Lei nº 12.288, de 20 de julho de 2010 (Estatuto da Igualdade Racial), constitui, assim, um verdadeiro salto de qualidade no tratamento dado pelo Estado brasileiro ao tema da promoção da igualdade racial**. Com ela, passamos a dispor de um amplo enquadramento normativo da matéria, que inclui a fixação dos princípios gerais que guiam a atuação do Estado e da sociedade nessa área, a criação da base legal para a estruturação do Sistema Nacional de Promoção da Igualdade Racial (Sinapir) e o encaminhamento das ações de promoção da igualdade em diversas áreas (saúde, educação, liberdade de crença e de culto, acesso à terra e à habitação e tantas outras).

A **Lei nº 12.288**, de 2010, nos dá, também, um retrato do estágio em que se encontra o tema da promoção da igualdade racial na esfera política brasileira. Esse estágio se refletiu tanto na tramitação da matéria como no conteúdo final do diploma legal. Nem todas as questões tratadas no Estatuto chegaram ao mesmo grau de definição, mas poucas categorias de políticas públicas deixaram de ser abordadas, até porque **a promoção da igualdade racial atinge realmente nossa sociedade em todas as suas dimensões**. Ademais, os princípios que permitem desenvolver novas iniciativas nessas várias dimensões ficaram bem determinados nos primeiros artigos da lei.

**A Câmara dos Deputados**, ao possibilitar o acesso, em meio de fácil manuseio e circulação, à legislação vigente sobre matéria de tamanha relevância na história brasileira, estimula a discussão social sobre os caminhos que o país deve trilhar nessa área. Além disso, contribui para disseminar o conhecimento sobre normas fundamentais para a definição da imagem que o Brasil tem de si mesmo e de seu futuro, normas que têm significado imediato para a vida de milhões de brasileiros.

**O dia 20 de outubro de 2010** foi marcado por um acontecimento ímpar na história brasileira. Nessa data, **o Governo brasileiro, pelas mãos do presidente Lula, sancionou a Lei nº 12.288, que instituiu o Estatuto da Igualdade Racial**.

**O Estatuto da Igualdade Racial**, do ponto de vista histórico, nada mais é que o terceiro artigo que faltou à Lei Imperial nº 3.353, de 1888, que *"aboliu"* a escravidão no Brasil, a qual, com um pouco de criatividade e uma boa técnica legislativa, poderia ter incluído o artigo 1º da Lei nº 12.288, de 2010, à Lei Imperial nº 3.353, de 1888, sem provocar nenhuma incongruência. Com essa suposta modificação a Lei da Abolição teria a seguinte redação:

***Lei Imperial nº 3.353, de 1888, modificada pela Lei 12.288, de 2010 Declara extinta a escravidão no Brasil e institui o Estatuto da Igualdade Racial.***

Este exercício dá a dimensão de que a demora na aprovação dessa lei não foi apenas pelos sete anos de sua tramitação no Congresso Nacional, mas inclui os cento e vinte e dois anos passados desde a **"abolição inacabada"**, uma vez que **a Lei Imperial nº 3.353, de 1888, não criou um único mecanismo de reparação, pelos mais de trezentos e oitenta anos de escravização criminosa da população negra (africana e afrodescendente) ou qualquer outro mecanismo de promoção de igualdade racial**. Ao contrário, pelo tempo de tramitação dessa Lei no Congresso Nacional (apenas 3 dias), percebe-se que o objetivo, ao que parece, era apenas o de livrar o legislativo de uma "batata quente", ou seja, instituir uma abolição que na prática já vinha se efetivando, seja pelas alforrias e pelos quilombos, seja pelos custos de manutenção da escravização diante das fortes pressões internacionais e, com isso, livrar o País da obrigação de indenizar a população negra pelas atrocidades cometidas.

De qualquer modo, ainda que tardio, **o Estatuto da Igualdade Racial é uma realidade legal**. E, como toda lei que institui políticas públicas para as populações marginalizadas, necessita de muita mobilização social para atingir sua plena efetivação. E, mesmo assim, convém enfatizar que **o Estatuto sofreu grandes alterações durante sua tramitação na Câmara e no Senado, limitando sua abrangência e efetividade**, pontos que serão tratados adiante.

## 1.2 Dos Avanços contra o Preconceito Racial

O parágrafo único do art. 1º do Estatuto da Igualdade Racial define os conceitos fundamentais utilizados na Lei – **discriminação racial ou etnicorracial, desigualdade racial, desigualdade de gênero e raça, população negra** –, bem como as **políticas públicas que amparam as ações afirmativas**, em curso ou a serem implementadas, entendidas como os programas e medidas especiais adotados pelo Estado e pela iniciativa privada para a correção das desigualdades raciais e para a promoção da igualdade de oportunidades.

**Discriminação racial ou etnicorracial -** *toda distinção, exclusão, restrição ou preferência baseada em cor, descendência ou origem nacional ou étnica que tenha por objeto anular ou restringir o reconhecimento, gozo ou exercício, em igualdade de condições, de direitos humanos e liberdades fundamentais nos campos político, econômico, social, cultural ou em qualquer outro campo da vida privada* (BRASIL, 2010, inciso I, parágrafo único do art. 1º).

Com isso, o Estatuto da Igualdade Racial define precisamente o que se quer combater com o estabelecimento desta Lei e, ao definir que a população negra é formada pelo "conjunto de pessoas que se autodeclaram pretas e pardas, conforme o quesito cor ou raça usado pelo [...] IBGE, ou que adotam auto definição análoga" (BRASIL, 2010), pretende elucidar quem é o público-alvo das ações afirmativas.

**Do direito à saúde**

> O Estatuto assegura a constituição da Política Nacional de Saúde Integral da População Negra;

> A participação de representantes do movimento negro nos conselhos de controle social da área;

> Acesso universal e igualitário ao Sistema Único de Saúde (SUS) para promoção, proteção e recuperação da saúde da população negra.

**Do direito à educação**

> Nos estabelecimentos de ensino fundamental e de ensino médio, públicos e privados, é obrigatório o estudo da história geral da África e da história da população negra no Brasil.

- Contempla princípios que fomentam a necessidade da formação inicial e continuada de professores e de uma política de elaboração de material didático específico.
- Promoção de políticas de ação afirmativa que assegurem a ampliação do acesso da população negra ao ensino gratuito, fomentem a pesquisa e a pós-graduação, com incentivos a programas voltados para temas referentes às relações étnicas, aos quilombolas e às questões pertinentes à população negra.

**Do direito à cultura, esporte e lazer**

- O Estatuto reconhece como patrimônio histórico e cultural as sociedades negras, clubes e outras formas de manifestação coletiva da população negra, com trajetória histórica comprovada;
- **A capoeira passa a ser tratada como desporto de criação nacional**, garantindo seu registro e proteção, em todas as suas modalidades.

**Do direito à liberdade de consciência e de crença**

- Garante a plena liberdade de consciência e de crença, assegurando o livre exercício dos cultos religiosos de matriz africana e a proteção aos locais de culto e liturgia, assegurando, inclusive, o acesso aos órgãos e aos meios de comunicação para sua divulgação, bem como a assistência religiosa em hospitais ou em outras instituições de internação coletiva, inclusive àqueles submetidos à pena privativa de liberdade.

**Do acesso à terra**

- Assegura que o Poder Público elaborará e desenvolverá políticas públicas especiais para promover o acesso da população negra à terra e às atividades produtivas no campo, ampliando e simplificando o acesso ao financiamento agrícola, garantindo assistência técnica rural, educação e orientação profissional agrícola e fortalecendo a infraestrutura de logística, tanto para a comercialização da produção como para o desenvolvimento sustentável dos remanescentes das comunidades dos quilombos, respeitando as tradições de proteção ambiental das comunidades, estimulando, inclusive, a emissão dos títulos de propriedade.

**Do acesso à moradia adequada**

- Estabelece que o Poder Público assegure o direito à moradia adequada da população negra que vive em favelas, cortiços, áreas urbanas subutilizadas, degradadas ou em processo de degradação, com a garantia da infraestrutura urbana e dos equipamentos comunitários associados à função habitacional, bem como a assistência técnica e jurídica para a construção, a reforma ou a regularização fundiária da habitação em área urbana.

**Da igualdade de oportunidades no trabalho**

- Afirma que o Poder Público adotará políticas voltadas para a inclusão da população negra no mercado de trabalho, inclusive, mediante a adoção de medidas visando à promoção da igualdade nas contratações feitas pelo setor público e o incentivo à adoção de medidas similares por parte das empresas e organizações privadas.

**Dos meios de comunicação**

- Estabelece que os órgãos de comunicação devam valorizar a herança cultural e a participação da população negra na história do País, adotando a prática de conferir oportunidades de emprego para atores, figurantes e técnicos negros, vedando toda e qualquer discriminação de natureza política, ideológica, étnica ou artística.

**Do acesso à justiça e à segurança**

- A Lei impõe ao Poder Público federal a responsabilidade de instituir ouvidorias permanentes em defesa da igualdade racial, para receber e encaminhar denúncias de preconceito e discriminação com base em etnia ou cor e acompanhar a implementação de medidas para a promoção da igualdade;
- Adotar medidas especiais para coibir desde a violência policial incidente sobre a população negra até os atos de discriminação e preconceito praticados por servidores públicos.

**Do financiamento da promoção da igualdade racial**

- Estabelece a obrigatoriedade de inclusão de políticas de ações afirmativas nos programas e ações constantes dos planos plurianuais e dos orçamentos anuais da União e, por conseguinte, dos demais entes federados.

A efetividade do estatuto em questão, ao longo dos tempos, sempre visa a proteção e acima de tudo atuar em defesa de minorias, **o Brasil se efetiva em criação de leis que dificilmente são fiscalizadas e com isso, tem sua eficácia comprometida**.

Importante considerarmos que **as políticas públicas adotadas ou criada para o Brasil são ineficazes e deixam de lado as ações afirmativas**, posto que, é preciso uma política de valorização das pessoas, em questão lógica pelo próprio estatuto, o negro, que mesmo após a abolição da escravatura , com a modernização, foram e, estão marginalizados e excluídos. Quando se fala em igualdade racial, temos que incluir outras raças, como o índio, que não se vislumbra diretamente no presente Estatuto, foi restringido.

**Mas há diferença entre o legal e o real**. Nunca foi e não será através de leis que promoveremos mudanças estruturais no país. A legislação é uma ferramenta importante, mas há que se realizarem amplos processos de reestruturação do Estado democrático que resulte em desconcentração da renda, em elevação da qualidade da escola pública em todos os níveis, que forme quadros capazes de responder ao novo ciclo de desenvolvimento da nação, que crie oportunidades para todos e elimine as desigualdades salariais baseadas em cor e sexo.

**A vinda de negros africanos** foi em numeral de milhares, 4.942 porém chegaram nas américas 4.335. Os escravos africanos e seus descendentes crioulos e mestiços influenciaram em profundidade a formação cultural do País, desde a época em que este era América portuguesa. **No Brasil,** de **1864** os escravos representavam 1.715.000 pessoas, em **1874** representavam 1.540.829 pessoas, **1884** representavam 1.240.806 pessoas e em **1887** representavam 723.419 pessoas, sendo a maioria localizada na região sudeste. (IBGE – Brasil, 500 anos de povoamento, 2007, no tema PRESENÇA NEGRA: conflitos e encontros, por João José Reis).

Para entender melhor, estabelecemos um paradigma entre as seguintes leis:

Lei Eusébio de Queiroz, lei nº 581de 4 de setembro de 1850: Estabelece medidas para a repressão do tráfico de africanos neste Império Lei do Ventre Livre, nº 2.040 de 28 de setembro de 1871: No caso da Lei do Ventre Livre, *"declara de condição livre os filhos de mulher escrava que nascerem desde a data desta lei, libertos os escravos da Nação e outros, e providencia sobre a criação e tratamento daquelles filhos menores e sobre a libertação annaul de escravos"*

O que nos interessa em particular, verificando a possiblidade de aplicação das políticas afirmativa à época, será a : *"... providencia sobre a criação e tratamento daquelles filhos menores e sobre a libertação annaul de escravos..."*, ora, se avaliarmos o§1º do artigo 1º da lei, constata se uma falsa liberdade onde o menor, nascido de escrava, deve ficar aos cuidados dos "senhores" até idade de 08 (oito) anos onde este receberia uma indenização do estado Imperial ou utilizar as dos serviços deste até aos 21 (vigésimo primeiro) anos de idade. Assim, não se vislumbra tratamento as condições de libertos sendo claro o abandono.

> Lei dos Sexagenários, nº 3.270 de 28 de setembro de 1885. Regula a extinção gradual do elemento servil, não serão dados á matricula os escravos de 60 (sessenta) anos de idade em diante.

> Lei Aurea, nº 3.353 de 13 de maio de 1888: Esta lei apenas declara livre todos os escravos, nada mais orienta.

Conservadora e curta, com pouco mais de duas linhas, **a Lei nº 3.353, a chamada Lei Áurea, decretou, no dia 13 de maio de 1888, o fim legal da escravidão no Brasil**. Mas se a escravidão teve seu fim do ponto de vista formal e legal há 130 anos, a dimensão social e política está inacabada até os dias atuais. Essa é a principal crítica de estudiosos e militantes dos movimentos negros à celebração do 13 de maio como o dia do fim da escravatura.

Mesmo assim, **o Brasil foi o último país do ocidente a abolir a escravidão**. A lei áurea foi a lei mais popular e a última do Império. Um ano e meio depois da abolição, o Império acabou.

O Estatuto da Igualdade Racial soma-se a um conjunto de conquistas iniciadas no final do século XX:

> Criminalização do racismo na Constituição de 1988;

> Da Lei 7.716/89 que pune os crimes de racismo;

> Da Lei 10.639/03, que torna obrigatório o Ensino da História e da Cultura Afro-brasileira e Africana, dentre outras que quebraram o jejum desde a restrita Lei 353/1888 – a Lei Áurea.

Com base no Estatuto, **temos de garantir a aprovação do PL 3.627/04,que institui o Sistema Especial de Reserva de Vagas para estudantes egressos de escolas públicas, negros e indígenas, nas instituições públicas federais de educação superior**.

**O presidente da República**

**Faço saber que o Congresso Nacional decreta e eu sanciono a seguinte lei:**

## Disposições preliminares

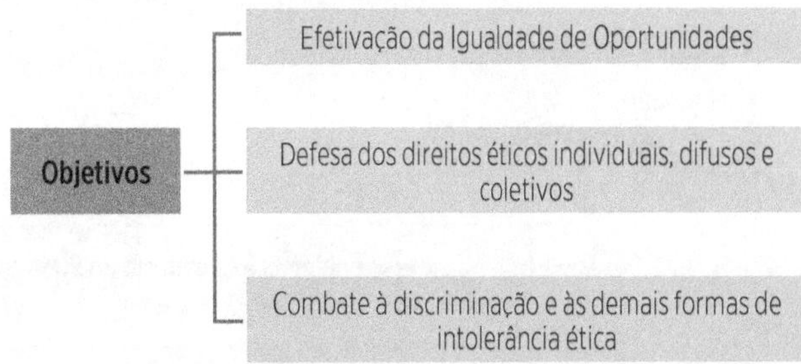


***Art. 1º*** *Esta lei institui o Estatuto da Igualdade Racial, destinado a:*

***Parágrafo único.*** *Para efeito deste estatuto, considera-se:*

***I*** *– discriminação racial ou étnico-racial: toda distinção, exclusão, restrição ou preferência baseada em raça, cor, descendência ou origem nacional ou étnica que tenha por objeto anular ou restringir o reconhecimento, gozo ou exercício, em igualdade de condições, de direitos humanos e liberdades fundamentais nos campos político, econômico, social, cultural ou em qualquer outro campo da vida pública ou privada;*

***II*** *– desigualdade racial: toda situação injustificada de diferenciação de acesso e fruição de bens, serviços e oportunidades, nas esferas pública e privada, em virtude de raça, cor, descendência ou origem nacional ou étnica;*

***III*** *– desigualdade de gênero e raça: assimetria existente no âmbito da sociedade que acentua a distância social entre mulheres negras e os demais segmentos sociais;*

***IV*** *– população negra: o conjunto de pessoas que se autodeclaram pretas e pardas, conforme o quesito cor ou raça usado pela Fundação Instituto Brasileiro de Geografia e Estatística (IBGE), ou que adotam autodefinição análoga;*

***V*** *– políticas públicas: as ações, iniciativas e programas adotados pelo Estado no cumprimento de suas atribuições institucionais;*

***VI*** *– ações afirmativas: os programas e medidas especiais adotados pelo Estado e pela iniciativa privada para a correção das desigualdades raciais e para a promoção da igualdade de oportunidades.*

## 1.3 Dos Direitos Fundamentais

### Do direito à saúde

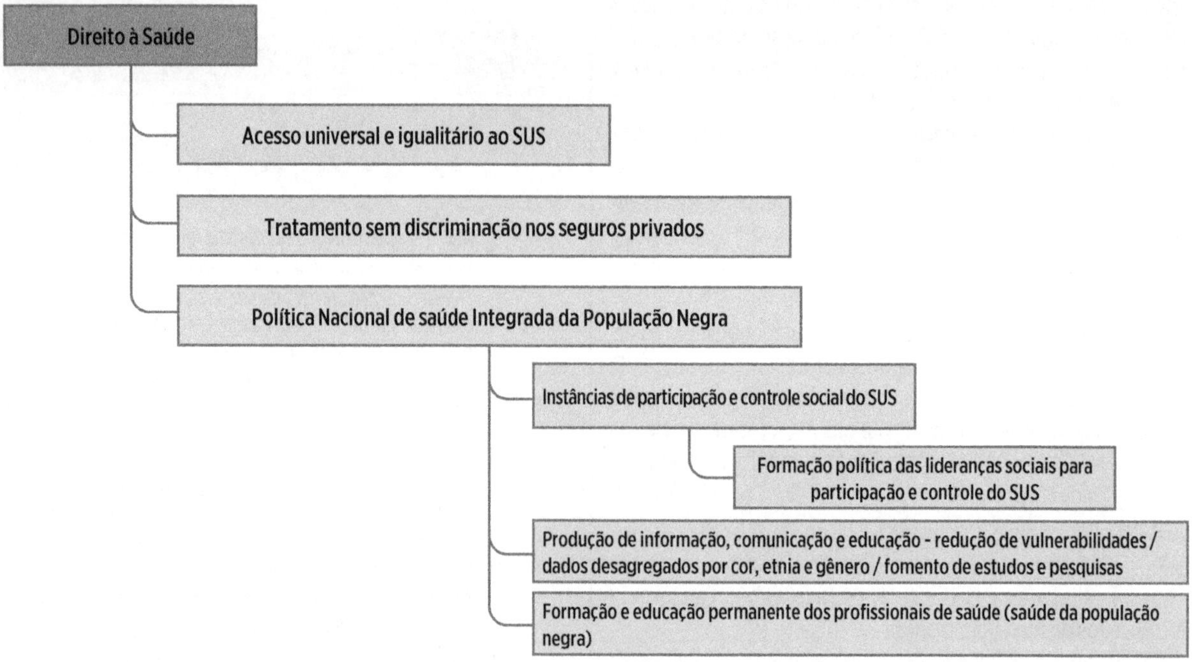


***Art. 6º*** *O direito à saúde da população negra será garantido pelo poder público mediante políticas universais, sociais e econômicas destinadas à redução do risco de doenças e de outros agravos.*

*§ 1º O acesso universal e igualitário ao Sistema Único de Saúde (SUS) para promoção, proteção e recuperação da saúde da população negra será de responsabilidade dos órgãos e instituições públicas federais, estaduais, distritais e municipais, da administração direta e indireta.*

*§ 2º O poder público garantirá que o segmento da população negra vinculado aos seguros privados de saúde seja tratado sem discriminação.*

***Art. 7º*** *O conjunto de ações de saúde voltadas à população negra constitui a Política Nacional de Saúde Integral da População Negra, organizada de acordo com as diretrizes abaixo especificadas:*

***I –*** *ampliação e fortalecimento da participação de lideranças dos movimentos sociais em defesa da saúde da população negra nas instâncias de participação e controle social do SUS;*

***II –*** *produção de conhecimento científico e tecnológico em saúde da população negra;*

***III –*** *desenvolvimento de processos de informação, comunicação e educação para contribuir com a redução das vulnerabilidades da população negra.*

***Art. 8º*** *Constituem objetivos da Política Nacional de Saúde Integral da População Negra:*

***I –*** *a promoção da saúde integral da população negra, priorizando a redução das desigualdades étnicas e o combate à discriminação nas instituições e serviços do SUS;*

***II –*** *a melhoria da qualidade dos sistemas de informação do SUS no que tange à coleta, ao processamento e à análise dos dados desagregados por cor, etnia e gênero;*

***III –*** *o fomento à realização de estudos e pesquisas sobre racismo e saúde da população negra;*

***IV –*** *a inclusão do conteúdo da saúde da população negra nos processos de formação e educação permanente dos trabalhadores da saúde;*

***V –*** *a inclusão da temática saúde da população negra nos processos de formação política das lideranças de movimentos sociais para o exercício da participação e controle social no SUS.*

***Parágrafo único.*** *Os moradores das comunidades de remanescentes de quilombos serão beneficiários de incentivos específicos para a garantia do direito à saúde, incluindo melhorias nas condições ambientais, no saneamento básico, na segurança alimentar e nutricional e na atenção integral à saúde.*

## 1.4 Qual a Diferença entre Preto, Pardo e Negro?

> **Preto:** Esse termo toma como referência a ascendência oriunda de nativos da África.

> **Pardo:** O termo pardo remete a uma miscigenação de origem preta ou indígena com qualquer outra cor ou raça.

> **Negro:** Já esse termo é definido pelo Estatuto da Igualdade Racial como:

» *"O conjunto de pessoas que se autodeclaram pretas e pardas, conforme o quesito cor ou raça usado pela Fundação Instituto Brasileiro de Geografia e Estatística (IBGE), ou que adotam autodefinição análoga".*

São conhecidas três diferentes formas de identificação da etnia parda: **autodeclaração, identificação biológica e heteroclassificação**.

## 2. LEI Nº 7.716/1989 - CRIMES RESULTANTES DE PRECONCEITO DE RAÇA OU DE COR

**PUNIÇÃO:** serão punidos, na forma desta Lei, os crimes resultantes de discriminação ou preconceito de raça, cor, etnia, religião ou procedência nacional.

**IMPEDIR OU OBSTAR O ACESSO DE ALGUÉM, DEVIDAMENTE HABILITADO, A QUALQUER CARGO DA ADMINISTRAÇÃO DIRETA OU INDIRETA, BEM COMO DAS CONCESSIONÁRIAS DE SERVIÇOS PÚBLICOS:** Pena – reclusão de 2 a 5 anos. Incorre na mesma pena quem, por motivo de discriminação de raça, cor, etnia, religião ou procedência nacional, obstar a promoção funcional.

**NEGAR OU OBSTAR EMPREGO EM EMPRESA PRIVADA:** Pena – reclusão de 2 a 5 anos. Incorre na mesma pena quem, por motivo de discriminação de raça ou de cor ou práticas resultantes do preconceito de descendência ou origem nacional ou étnica:

> *I - deixar de conceder os equipamentos necessários ao empregado em igualdade de condições com os demais trabalhadores;*
>
> *II - impedir a ascensão funcional do empregado ou obstar outra forma de benefício profissional;*
>
> *III - proporcionar ao empregado tratamento diferenciado no ambiente de trabalho, especialmente quanto ao salário.*

**PENAS DE MULTA:** ficará sujeito às penas de multa e de prestação de serviços à comunidade, incluindo atividades de promoção da igualdade racial, quem, em anúncios ou qualquer outra forma de recrutamento de trabalhadores, exigir aspectos de aparência próprios de raça ou etnia para emprego cujas atividades não justifiquem essas exigências.

**RECUSA:** recusar ou impedir acesso a estabelecimento comercial, negando-se a servir, atender ou receber cliente ou comprador. Pena – reclusão de 1 a 3 anos.

**RECUSAR, NEGAR OU IMPEDIR A INSCRIÇÃO OU INGRESSO DE ALUNO EM ESTABELECIMENTO DE ENSINO PÚBLICO OU PRIVADO DE QUALQUER GRAU:** Pena – reclusão de 3 a 5 anos.

**CRIME FOR PRATICADO CONTRA MENOR DE DEZOITO ANOS:** a pena é agravada de 1/3.

**IMPEDIR O ACESSO OU RECUSAR HOSPEDAGEM EM HOTEL, PENSÃO, ESTALAGEM, OU QUALQUER ESTABELECIMENTO SIMILAR:** Pena – reclusão de 3 a 5 anos.

**IMPEDIR O ACESSO OU RECUSAR ATENDIMENTO EM RESTAURANTES, BARES, CONFEITARIAS, OU LOCAIS SEMELHANTES ABERTOS AO PÚBLICO:** Pena – reclusão de 1 a 3 anos.

**IMPEDIR O ACESSO OU RECUSAR ATENDIMENTO EM ESTABELECIMENTOS ESPORTIVOS, CASAS DE DIVERSÕES, OU CLUBES SOCIAIS ABERTOS AO PÚBLICO:** Pena – reclusão de 1 a 3 anos.

**IMPEDIR O ACESSO OU RECUSAR ATENDIMENTO EM SALÕES DE CABELEIREIROS, BARBEARIAS, TERMAS OU CASAS DE MASSAGEM OU ESTABELECIMENTO COM AS MESMAS FINALIDADES:** Pena – reclusão de 1 a 3 anos.

**IMPEDIR O ACESSO ÀS ENTRADAS SOCIAIS EM EDIFÍCIOS PÚBLICOS OU RESIDENCIAIS E ELEVADORES OU ESCADA DE ACESSO AOS MESMOS:** Pena – reclusão de 1 a 3 anos.

**IMPEDIR O ACESSO OU USO DE TRANSPORTES PÚBLICOS, COMO AVIÕES, NAVIOS BARCAS, BARCOS, ÔNIBUS, TRENS, METRÔ OU QUALQUER OUTRO MEIO DE TRANSPORTE CONCEDIDO:** Pena – reclusão de 1 a 3 anos.

**IMPEDIR OU OBSTAR O ACESSO DE ALGUÉM AO SERVIÇO EM QUALQUER RAMO DAS FORÇAS ARMADAS:** Pena – reclusão de 2 a 4 anos.

**IMPEDIR OU OBSTAR, POR QUALQUER MEIO OU FORMA, O CASAMENTO OU CONVIVÊNCIA FAMILIAR E SOCIAL:** Pena – reclusão de 2 a 4 anos.

**PERDA DO CARGO OU FUNÇÃO PÚBLICA:** constitui efeito da condenação a perda do cargo ou função pública, para o servidor público, e a suspensão do funcionamento do estabelecimento particular por prazo não superior a 3 meses.

**EFEITOS DESTA LEI:** não são automáticos, devendo ser motivadamente declarados na sentença.

**PRATICAR, INDUZIR OU INCITAR A DISCRIMINAÇÃO OU PRECONCEITO DE RAÇA, COR, ETNIA, RELIGIÃO OU PROCEDÊNCIA NACIONAL:** Pena – reclusão de 1 a 3 anos e multa.

**FABRICAR, COMERCIALIZAR, DISTRIBUIR OU VEICULAR SÍMBOLOS, EMBLEMAS, ORNAMENTOS, DISTINTIVOS OU PROPAGANDA:** que utilizem a cruz suástica ou gamada, para fins de divulgação do nazismo. Pena – reclusão de 2 a 5 anos e multa. (Incluído pela Lei nº 9.459, de 15/05/1997)

**COMUNICAÇÃO SOCIAL OU PUBLICAÇÃO DE QUALQUER NATUREZA:** se qualquer dos crimes previstos é cometido por intermédio dos meios de comunicação social ou publicação de qualquer natureza. Pena – reclusão de 2 a 5 anos e multa. No caso, o juiz poderá determinar, ouvido o Ministério Público ou a pedido deste, ainda antes do inquérito policial, sob pena de desobediência:

> *I - o recolhimento imediato ou a busca e apreensão dos exemplares do material respectivo;*
>
> *II - a cessação das respectivas transmissões radiofônicas, televisivas, eletrônicas ou da publicação por qualquer meio;*
>
> *III - a interdição das respectivas mensagens ou páginas de informação na rede mundial de computadores.*

**EFEITO DA CONDENAÇÃO:** após o trânsito em julgado da decisão, a destruição do material apreendido.

# 3. LEI Nº 2.889/1956 - CRIMES DE GENOCÍDIO

**TIPIFICAÇÃO:** quem, com a intenção de destruir, no todo ou em parte, grupo nacional, étnico, racial ou religioso, como tal:

| TIPIFICAÇÃO | PUNIÇÃO |
|---|---|
| a) matar membros do grupo; | ***CP, art. 121.*** *Matar alguém: [...] § 2º Se o homicídio é cometido: I - mediante paga ou promessa de recompensa, ou por outro motivo torpe; II - por motivo fútil; III - com emprego de veneno, fogo, explosivo, asfixia, tortura ou outro meio insidioso ou cruel, ou de que possa resultar perigo comum; IV - à traição, de emboscada, ou mediante dissimulação ou outro recurso que dificulte ou torne impossível a defesa do ofendido; V - para assegurar a execução, a ocultação, a impunidade ou vantagem de outro crime. Pena - reclusão, de doze a trinta anos.* |
| b) causar lesão grave à integridade física ou mental de membros do grupo; | ***CP, art. 129.*** *Ofender a integridade corporal ou a saúde de outrem: [...] § 2º Se resulta: I - Incapacidade permanente para o trabalho; II - enfermidade incurável; III perda ou inutilização do membro, sentido ou função; IV - deformidade permanente; V - aborto. Pena - reclusão, de dois a oito anos.* |
| c) submeter intencionalmente o grupo a condições de existência capazes de ocasionar-lhe a destruição física total ou parcial; | ***CP, art. 270.*** *Envenenar água potável, de uso comum ou particular, ou substância alimentícia ou medicinal destinada a consumo. Pena - reclusão, de dez a quinze anos. § 1º Está sujeito à mesma pena quem entrega a consumo ou tem em depósito, para o fim de ser distribuída, a água ou a substância envenenada. Modalidade culposa: § 2º Se o crime é culposo: Pena - detenção, de seis meses a dois anos.* |
| d) adotar medidas destinadas a impedir os nascimentos no seio do grupo; | ***CP, art. 125.*** *Provocar aborto, sem o consentimento da gestante. Pena - reclusão, de três a dez anos.* |
| e) efetuar a transferência forçada de crianças do grupo para outro grupo; | ***CP, art. 148.*** *Privar alguém de sua liberdade, mediante seqüestro ou cárcere privado: Pena - reclusão, de um a três anos. § 1º A pena é de reclusão, de dois a cinco anos: I - se a vítima é ascendente, descendente, cônjuge ou companheiro do agente ou maior de 60 (sessenta) anos; II - se o crime é praticado mediante internação da vítima em casa de saúde ou hospital; III - se a privação da liberdade dura mais de quinze dias. IV – se o crime é praticado contra menor de 18 (dezoito) anos; V - se o crime é praticado com fins libidinosos. § 2º Se resulta à vítima, em razão de maus-tratos ou da natureza da detenção, grave sofrimento físico ou moral. Pena - reclusão, de dois a oito anos.* |

**Atenção!**

Associarem-se mais de 3 pessoas para prática dos crimes mencionados no quadro. Pena: metade da cominada aos crimes ali previstos.

**INCITAR, DIRETA E PUBLICAMENTE ALGUÉM A COMETER QUALQUER DOS CRIMES DO QUADRO**: pena – metade das penas ali cominadas.

**PENA PELO CRIME DE INCITAÇÃO:** será a mesma de crime incitado, se este se consumar. A pena será aumentada de 1/3 quando a incitação for cometida pela imprensa.

**AGRAVAMENTO:** a pena será agravada de 1/3 quando cometido o crime por governante ou funcionário público.

**TENTATIVA:** será punida com 2/3 das respectivas penas a tentativa dos crimes definidos nesta lei.

**Atenção!**

Os crimes de que trata esta lei não serão considerados crimes políticos para efeitos de extradição.

# 4. CONVENÇÃO INTERNACIONAL SOBRE A ELIMINAÇÃO DE TODAS AS FORMAS DE DISCRIMINAÇÃO RACIAL

(INCORPORADA PELO DECRETO Nº 65.810, DE 8 DE DEZEMBRO DE 1969)

O PRESIDENTE DA REPÚBLICA,

HAVENDO o Congresso Nacional aprovado pelo Decreto Legislativo nº 23, de 21 de junho de 1967, a Convenção Internacional sobre a Eliminação de todas as Formas de Discriminação Racial, que foi aberta à assinatura em Nova York e assinada pelo Brasil a 7 de março de 1966;

E HAVENDO sido depositado o Instrumento brasileiro de Ratificação, junto ao Secretário-Geral das Nações Unidas, a 27 de março de 1968;

E TENDO a referida Convenção entrado em vigor, de conformidade com o disposto em seu artigo 19, parágrafo 1º, a 4 de janeiro de 1969;

DECRETA que a mesma, apensa por cópia ao presente Decreto, seja executada e cumprida tão inteiramente como ela nele contém.

Brasília, 8 de dezembro de 1969; 148º da Independência e 81º da República.

EMÍLIO G. MÉDICI

Mário Gibson Barbosa

Os Estados Partes na presente Convenção,

Considerando que a Carta das Nações Unidas baseia-se em princípios de dignidade e igualdade inerentes a todos os seres humanos, e que todos os Estados Membros comprometeram-se a tomar medidas separadas e conjuntas, em cooperação com a Organização, para a consecução de um dos propósitos das Nações Unidas que é promover e encorajar o respeito universal e observância dos direitos humanos e liberdades fundamentais para todos, sem discriminação de raça, sexo, idioma ou religião.

Considerando que a Declaração Universal dos Direitos do Homem proclama que todos os homens nascem livres e iguais em dignidade e direitos e que todo homem tem todos os direitos estabelecidos na mesma, sem distinção de qualquer espécie e principalmente de raça, cor ou origem nacional,

Considerando todos os homens são iguais perante a lei e têm o direito à igual proteção contra qualquer discriminação e contra qualquer incitamento à discriminação,

Considerando que as Nações Unidas têm condenado o colonialismo e todas as práticas de segregação e discriminação a ele associados, em qualquer forma e onde quer que existam, e que a Declaração sobre a Concessão de Independência, a Partes e Povos Coloniais, de 14 de dezembro de 1960 (Resolução 1.514 (XV), da Assembleia Geral) afirmou e proclamou solenemente a necessidade de levá-las a um fim rápido e incondicional,

Considerando que a Declaração das Nações Unidas sobre eliminação de todas as formas de Discriminação Racial, de 20 de novembro de 1963, (Resolução 1.904 (XVIII) da Assembleia Geral), afirma solenemente a necessidade de eliminar rapidamente a discriminação racial através do mundo em todas as suas formas e manifestações e de assegurar a compreensão e o respeito à dignidade da pessoa humana,

Convencidos de que qualquer doutrina de superioridade baseada em diferenças raciais é cientificamente falsa, moralmente condenável, socialmente injusta e perigosa, em que, não existe justificação para a discriminação racial, em teoria ou na prática, em lugar algum,

Reafirmando que a discriminação entre os homens por motivos de raça, cor ou origem étnica é um obstáculo a relações amistosas e pacíficas entre as nações e é capaz de disturbar a paz e a segurança entre povos e a harmonia de pessoas vivendo lado a lado até dentro de um mesmo Estado,

Convencidos que a existência de barreiras raciais repugna os ideais de qualquer sociedade humana,

Alarmados por manifestações de discriminação racial ainda em evidência em algumas áreas do mundo e por políticas governamentais baseadas em superioridade racial ou ódio, como as políticas de apartheid, segregação ou separação,

Resolvidos a adotar todas as medidas necessárias para eliminar rapidamente a discriminação racial em, todas as suas formas e manifestações, e a prevenir e combater doutrinas e práticas raciais com o objetivo de promover o entendimento entre as raças e construir uma comunidade internacional livre de todas as formas de separação racial e discriminação racial,

Levando em conta a Convenção sobre Discriminação nos Emprego e Ocupação adotada pela Organização internacional do Trabalho em 1958, e a Convenção contra discriminação no Ensino adotada pela Organização das Nações Unidas para Educação a Ciência em 1960,

Desejosos de completar os princípios estabelecidos na Declaração das Nações unidas sobre a Eliminação de todas as formas de discriminação racial e assegurar o mais cedo possível a adoção de medidas práticas para esse fim,

Acordaram no seguinte:

## 4.1 Parte I

*Artigo I*

*1. Nesta Convenção, a expressão "discriminação racial" significará qualquer distinção, exclusão restrição ou preferência baseadas em raça, cor, descendência ou origem nacional ou étnica que tem por objetivo ou efeito anular ou restringir o reconhecimento, gozo ou exercício num mesmo plano, (em igualdade de condição), de direitos humanos e liberdades fundamentais no domínio político econômico, social, cultural ou em qualquer outro domínio de vida pública.*

*2. Esta Convenção não se aplicará ás distinções, exclusões, restrições e preferências feitas por um Estado Parte nesta Convenção entre cidadãos e não cidadãos.*

*3. Nada nesta Convenção poderá ser interpretado como afetando as disposições legais dos Estados Partes, relativas à nacionalidade, cidadania e naturalização, desde que tais disposições não discriminem contra qualquer nacionalidade particular.*

*4. Não serão consideradas discriminação racial as medidas especiais tomadas com o único objetivo de assegurar progresso adequado de certos grupos raciais ou étnicos ou de indivíduos que necessitem da proteção que possa ser necessária para proporcionar a tais grupos ou indivíduos igual gozo ou exercício de direitos humanos e liberdades fundamentais, contando que, tais medidas não conduzam, em consequência, à manutenção de direitos separados para diferentes grupos raciais e não prossigam após terem sido alcançados os seus objetivos.*

***Artigo II***

*1. Os Estados Partes condenam a discriminação racial e comprometem-se a adotar, por todos os meios apropriados e sem tardar uma política de eliminação da discriminação racial em todas as suas formas e de promoção de entendimento entre todas as raças e para esse fim:*

*Cada Estado Parte compromete-se a efetuar nenhum ato ou prática de discriminação racial contra pessoas, grupos de pessoas ou instituições e fazer com que todas as autoridades públicas nacionais ou locais, se conformem com esta obrigação;*

*Cada Estado Parte compromete-se a não encorajar, defender ou apoiar a discriminação racial praticada por uma pessoa ou uma organização qualquer;*

*Cada Estado Parte deverá tomar as medidas eficazes, a fim de rever as políticas governamentais nacionais e locais e para modificar, ab-rogar ou anular qualquer disposição regulamentar que tenha como objetivo criar a discriminação ou perpetrá-la onde já existir;*

*Cada Estado Parte deverá, por todos os meios apropriados, inclusive se as circunstâncias o exigirem, as medidas legislativas, proibir e por fim, a discriminação racial praticadas por pessoa, por grupo ou das organizações;*

*Cada Estado Parte compromete-se a favorecer, quando for o caso as organizações e movimentos multirraciais e outros meios próprios a eliminar as barreiras entre as raças e a desencorajar o que tende a fortalecer a divisão racial.*

*2. Os Estados Partes tomarão, se as circunstâncias o exigirem, nos campos social, econômico, cultural e outros, as medidas especiais e concretas para assegurar como convier o desenvolvimento ou a proteção de certos grupos raciais ou de indivíduos pertencentes a estes grupos com o objetivo de garantir-lhes, em condições de igualdade, o pleno exercício dos direitos do homem e das liberdades fundamentais.*

*Essas medidas não deverão, em caso algum, ter a finalidade de manter direitos grupos raciais, depois de alcançados os objetivos em razão dos quais foram tomadas.*

***Artigo III***

*Os Estados Partes especialmente condenam a segregação racial e o apartheid e comprometem-se a proibir e a eliminar nos territórios sob sua jurisdição todas as práticas dessa natureza.*

***Artigo IV***

*Os Estados Partes condenam toda propaganda e todas as organizações que se inspirem em ideias ou teorias baseadas na superioridade de uma raça ou de um grupo de pessoas de uma certa cor ou de uma certa origem étnica ou que pretendem justificar ou encorajar qualquer forma de ódio e de discriminação raciais e comprometem-se a adotar imediatamente medidas positivas destinadas a eliminar qualquer incitação a uma tal discriminação, ou quaisquer atos de discriminação com este objetivo tendo em vista os princípios formulados na Declaração universal dos direitos do homem e os direitos expressamente enunciados no artigo 5º da presente convenção, eles se comprometem principalmente:*

*a declarar delitos puníveis por lei, qualquer difusão de ideias baseadas na superioridade ou ódio raciais, qualquer incitamento à discriminação racial, assim como quaisquer atos de violência ou provocação a tais atos, dirigidos contra qualquer raça ou qualquer grupo de pessoas de outra cor ou de outra origem técnica, como também qualquer assistência prestada a atividades racistas, inclusive seu financiamento;*

*a declarar ilegais e a proibir as organizações assim como as atividades de propaganda organizada e qualquer outro tipo de atividade de propaganda que incitar a discriminação racial e que a encorajar e a declara delito punível por lei a participação nestas organizações ou nestas atividades.*

*a não permitir as autoridades públicas nem ás instituições públicas nacionais ou locais, o incitamento ou encorajamento à discriminação racial.*

***Artigo V***

*De conformidade com as obrigações fundamentais enunciadas no artigo 2º, Os Estados Partes comprometem-se a proibir e a eliminar a discriminação racial em todas suas formas e a garantir o direito de cada uma à igualdade perante a lei sem distinção de raça , de cor ou de origem nacional ou étnica, principalmente no gozo dos seguintes direitos:*

*direito a um tratamento igual perante os tribunais ou qualquer outro órgão que administre justiça;*

*direito à segurança da pessoa ou à proteção do Estado contra violência ou lesão corporal cometida que por funcionários de Governo, quer por qualquer indivíduo, grupo ou instituição.*

*direitos políticos principalmente direito de participar às eleições - de votar e ser votado - conforme o sistema de sufrágio universal e igual direito de tomar parte no Governo, assim como na direção dos assuntos públicos, em qualquer grau e o direito de acesso em igualdade de condições, às funções públicas.*

*Outros direitos civis, principalmente,*

*i) direito de circular livremente e de escolher residência dentro das fronteiras do Estado;*

*ii) direito de deixar qualquer pais, inclusive o seu, e de voltar a seu país;*

*iii) direito de uma nacionalidade;*

*iv) direito de casar-se e escolher o cônjuge;*

*v) direito de qualquer pessoa, tanto individualmente como em conjunto, à propriedade;*

*vi) direito de herdar;*

*vii) direito à liberdade de pensamento, de consciência e de religião;*

*viii) direito à liberdade de opinião e de expressão;*

*ix) direito à liberdade de reunião e de associação pacífica;*

*e) direitos econômicos, sociais culturais, principalmente:*

*i) direitos ao trabalho, a livre escolha de seu trabalho, a condições equitativas e satisfatórias de trabalho à proteção contra o desemprego, a um salário igual para um trabalho igual, a uma remuneração equitativa e satisfatória;*

*ii) direito de fundar sindicatos e a eles se afiliar;*

*iii) direito à habitação;*

*iv) direito à saúde pública, a tratamento médico, à previdência social e aos serviços sociais;*

*v) direitoàeducação e à formação profissional;*

*vi) direitoàigual participação das atividades culturais;*

*f) direito de acesso a todos os lugares e serviços destinados ao uso do público, tais como, meios de transporte hotéis, restaurantes, cafés, espetáculos e parques.*

*Artigo VI*

*Os Estados Partes assegurarão a qualquer pessoa que estiver sob sua jurisdição, proteção e recursos efetivos perante os tribunais nacionais e outros órgãos do Estado competentes, contra quaisquer atos de discriminação racial que, contrariamente à presente Convenção, violarem seus direitos individuais e suas liberdades fundamentais, assim como o direito de pedir a esses tribunais uma satisfação ou repartição justa e adequada por qualquer dano de que foi vitima em decorrência de tal discriminação.*

***Artigo VII***

*Os Estados Partes comprometem-se a tomar as medidas imediatas e eficazes, principalmente no campo de ensino, educação, da cultura e da informação, para lutar contra os preconceitos que levem à discriminação racial e para promover o entendimento, a tolerância e a amizade entre nações e grupos raciais e éticos assim como para propagar ao objetivo e princípios da Carta das Nações Unidas da Declaração Universal dos Direitos do Homem, da Declaração das Nações Unidas sobre a eliminação de todas as formas de discriminação racial e da presente Convenção.*

## 4.2 Parte II

***Artigo VIII***

*1. Será estabelecido um Comitê para a eliminação da discriminação racial (doravante denominado "o Comitê") composto de 18 peritos conhecidos para sua alta moralidade e conhecida imparcialidade, que serão eleitos pelos Estados Membros dentre seus nacionais e que atuarão a título individual, levando-se em conta uma repartição geográfica equitativa e a representação das formas diversas de civilização assim como dos principais sistemas jurídicos.*

*2. Os Membros do Comitê serão eleitos em escrutínio secreto de uma lista de candidatos designados pelos Estados Partes, Cada Estado Parte poderá designar um candidato escolhido dentre seus nacionais.*

*3. A primeira eleição será realizada seis meses após a data da entrada em vigor da presente Convenção. Três meses pelo menos antes de cada eleição, o Secretário-Geral das Nações Unidas enviará uma Carta aos Estados Partes para convidá-los a apresentar suas candidaturas no prazo de dois meses. O Secretário-Geral elaborará uma lista por ordem alfabética, de todos os candidatos assim nomeados com indicação dos Estados Partes que os nomearam, e a comunicará aos Estados Partes.*

*4. Os membros do Comitê serão eleitos durante uma reunião dos Estados Partes convocada pelo Secretário-Geral das Nações Unidas. Nessa reunião, em que o quórum será alcançado com dois terços dos Estados Partes, serão eleitos membros do Comitê, os candidatos que obtiverem o maior número de votos e a maioria absoluta de votos dos representantes dos Estados Partes presentes e votantes.*

*5.*

*a) Os membros do Comitê serão eleitos por um período de quatro anos. Entretanto, o mandato de nove dos membros eleitos na primeira eleição, expirará ao fim de dois anos; logo após a primeira eleição os nomes desses nove membros serão escolhidos, por sorteio, pelo Presidente do Comitê.*

*b) Para preencher as vagas fortuitas, o Estado Parte, cujo perito deixou de exercer suas funções de membro do Comitê, nomeará outro perito dentre seus nacionais, sob reserva da aprovação do Comitê.*

*6. Os Estados Partes serão responsáveis pelas despesas dos membros do Comitê para o período em que estes desempenharem funções no Comitê.*

*Artigo IX*

*1. Os Estados Partes comprometem-se a apresentar ao Secretário-Geral para exame do Comitê, um relatório sobre as medidas legislativas, judiciárias, administrativas ou outras que tomarem para tornarem efetivas as disposições da presente Convenção:*

*a) dentro do prazo de um ano a partir da entrada em vigor da Convenção, para cada Estado interessado no que lhe diz respeito, e posteriormente, cada dois anos, e toda vez que o Comitê o solicitar. O Comitê poderá solicitar informações complementares aos Estados Partes.*

*2. O Comitê submeterá anualmente à Assembleia Geral, um relatório sobre suas atividades e poderá fazer sugestões e recomendações de ordem geral baseadas no exame dos relatórios e das informações recebidas dos Estados Partes. Levará estas sugestões e recomendações de ordem geral ao conhecimento da Assembleia Geral, e se as houver juntamente com as observações dos Estados Partes.*

*Artigo X*

*1. O Comitê adotará seu regulamento interno.*

*2. O Comitê elegerá sua mesa por um período de dois anos.*

*3. O Secretário-Geral da Organização das Nações Unidas foi necessários serviços de Secretaria ao Comitê.*

*4. O Comitê reunir-se-á normalmente na Sede das Nações Unidas.*

***Artigo XI***

*1. Se um Estado Parte Julgar que outro Estado igualmente Parte não aplica as disposições da presente Convenção poderá chamar a atenção do Comitê sobre a questão. O Comitê transmitirá, então, a comunicação ao Estado Parte interessado. Num prazo de três meses, o Estado destinatário submeterá ao Comitê as explicações ou declarações por escrito, a fim de esclarecer a questão e indicar as medidas corretivas que por acaso tenham sido tomadas pelo referido Estado.*

*2. Se, dentro de um prazo de seis meses a partir da data do recebimento da comunicação original pelo Estado destinatário a questão não foi resolvida a contento dos dois Estados, por meio de negociações bilaterais ou por qualquer outro processo que estiver a sua disposição, tanto um como o outro terão o direito de submetê-la novamente ao Comitê, endereçando uma notificação ao Comitê assim como ao outro Estado interessado.*

*3. O Comitê só poderá tomar conhecimento de uma questão, de acordo com o parágrafo 2º do presente artigo, após ter constatado que todos os recursos internos disponíveis foram interpostos ou esgotados, de conformidade com os princípios do direito internacional geralmente reconhecidos. Esta regra não se aplicará se os procedimentos de recurso excederem prazos razoáveis.*

*4. Em qualquer questão que lhe for submetida, Comitê poderá solicitar aos Estados Partes presentes que lhe forneçam quaisquer informações complementares pertinentes.*

*5. Quando o Comitê examinar uma questão conforme o presente Artigo os Estados Partes interessados terão o direito de nomear um representante que participará sem direito de voto dos trabalhos no Comitê durante todos os debates.*

***Artigo XII***

*1.*

*a) Depois que o Comitê obtiver e consultar as informações que julgar necessárias, o Presidente nomeará uma Comissão de Conciliação ad hoc (doravante denominada "A Comissão", composta de 5 pessoas que poderão ser ou não membros do Comitê. Os membros serão nomeados com o consentimento pleno e unânime das partes na controvérsia e a Comissão fará seus bons ofícios a disposição dos Estados presentes, com o objetivo de chegar a uma solução amigável da questão, baseada no respeito à presente Convenção.*

*b) Se os Estados Partes na controvérsia não chegarem a um entendimento em relação a toda ou parte da composição da Comissão num prazo de três meses os membros da Comissão que não tiverem o assentimento dos Estados Partes, na controvérsia serão eleitos por escrutínio secreto entre os membros de dois terços dos membros do Comitê.*

*2. Os membros da Comissão atuarão a título individual. Não deverão ser nacionais de um dos Estados Partes na controvérsia nem de um Estado que não seja parte da presente Convenção.*

*3. A Comissão elegerá seu Presidente e adotará seu regimento interno.*

*4. A Comissão reunir-se-á normalmente na sede nas Nações Unidas em qualquer outro lugar apropriado que a Comissão determinar.*

*5. O Secretariado previsto no parágrafo 3º do artigo 10 prestará igualmente seus serviços à Comissão cada ver que uma controvérsia entre os Estados Partes provocar sua formação.*

*6. Todas as despesas dos membros da Comissão serão divididos igualmente entre os Estados Partes na controvérsia baseadas num cálculo estimativo feito pelo Secretário-Geral.*

*7. O Secretário-Geral ficará autorizado a pagar, se for necessário, as despesas dos membros da Comissão, antes que o reembolso seja efetuado pelos Estados Partes na controvérsia, de conformidade com o parágrafo 6º do presente artigo.*

*8. As informações obtidas e confrontadas pelo Comitê serão postas à disposição da Comissão, e a Comissão poderá solicitar aos Estados interessados de lhe fornecer qualquer informação complementar pertinente.*

***Artigo XIII***

*1. Após haver estudado a questão sob todos os seus aspectos, a Comissão preparará e submeterá ao Presidente do Comitê um relatório com as conclusões sobre todas as questões de fato relativas à controvérsia entre as partes e as recomendações que julgar oportunas a fim de chegar a uma solução amistosa da controvérsia.*

*2. O Presidente do Comitê transmitirá o relatório da Comissão a cada um dos Estados Partes na controvérsia. Os referidos Estados comunicarão ao Presidente do Comitê num prazo de três meses se aceitam ou não, as recomendações contidas no relatório da Comissão.*

*3. Expirado o prazo previsto no parágrafo 2º do presente artigo, o Presidente do Comitê comunicará o Relatório da Comissão e as declarações dos Estados Partes interessadas aos outros Estados Partes na Comissão.*

***Artigo XIV***

*1. Todo Estado Parte poderá declarar e qualquer momento que reconhece a competência do Comitê para receber e examinar comunicações de indivíduos sob sua jurisdição que se consideram vítimas de uma violação pelo referido Estado Parte de qualquer um dos direitos enunciados na presente Convenção. O Comitê não receberá qualquer comunicação de um Estado Parte que não houver feito tal declaração.*

*2. Qualquer Estado Parte que fizer uma declaração de conformidade com o parágrafo do presente artigo, poderá criar ou designar um órgão dentro de sua ordem jurídica nacional, que terá competência para receber e examinar as petições de pessoas ou grupos de pessoas sob sua jurisdição que alegarem ser vitimas de uma violação de qualquer um dos direitos enunciados na presente Convenção e que esgotaram os outros recursos locais disponíveis.*

*3. A declaração feita de conformidade com o parágrafo 1º do presente artigo e o nome de qualquer órgão criado ou designado pelo Estado Parte interessado consoante o parágrafo 2º do presente artigo será depositado pelo Estado Parte interessado junto ao Secretário-Geral das Nações Unidas que remeterá cópias aos outros Estados Partes. A declaração poderá ser retirada a qualquer momento mediante notificação ao Secretário-Geral mas esta retirada não prejudicará as comunicações que já estiverem sendo estudadas pelo Comitê.*

*4. O órgão criado ou designado de conformidade com o parágrafo 2º do presente artigo, deverá manter um registro de petições e cópias autenticada do registro serão depositadas anualmente por canais apropriados junto ao Secretário-Geral das Nações Unidas, no entendimento que o conteúdo dessas cópias não será divulgado ao público.*

*5. Se não obtiver repartição satisfatória do órgão criado ou designado de conformidade com o parágrafo 2º do presente artigo, o peticionário terá o direito de levar a questão ao Comitê dentro de seis meses.*

*6.*

*a) O Comitê levará, a título confidencial, qualquer comunicação que lhe tenha sido endereçada, ao conhecimento do Estado Parte que, pretensamente houver violado qualquer das disposições desta Convenção, mas a identidade da pessoa ou dos grupos de pessoas não poderá ser revelada sem o consentimento expresso da referida pessoa ou grupos de pessoas. O Comitê não receberá comunicações anônimas.*

*b) Nos três meses seguintes, o referido Estado submeterá, por escrito ao Comitê, as explicações ou recomendações que esclarecem a questão e indicará as medidas corretivas que por acaso houver adotado.*

*7.*

*a) O Comitê examinará as comunicações, à luz de todas as informações que forem submetidas pelo Estado Parte interessado e pelo peticionário. O Comitê só examinará uma comunicação de peticionário após ter-se assegurado que este esgotou todos os recursos internos disponíveis. Entretanto, esta regra não se aplicará se os processos de recurso excederem prazos razoáveis.*

*b) O Comitê remeterá suas sugestões e recomendações eventuais, ao Estado Parte interessado e ao peticionário.*

*8. O Comitê incluirá em seu relatório anual um resumo destas comunicações, se for necessário, um resumo das explicações e declarações dos Estados Partes interessados assim como suas próprias sugestões e recomendações.*

*9. O Comitê somente terá competência para exercer as funções previstas neste artigo se pelo menos dez Estados Partes nesta Convenção estiverem obrigados por declarações feitas de conformidade com o parágrafo deste artigo.*

***Artigo XV***

*1. Enquanto não forem atingidos os objetivos da resolução 1.514 (XV) da Assembleia Geral de 14 de dezembro de 1960, relativa à Declaração sobrea concessão da independência dos países e povos coloniais, as disposições da presente convenção não restringirão de maneira alguma o direito de petição concedida aos povos por outros instrumentos internacionais ou pela Organização das Nações Unidas e suas agências especializadas.*

*2.*

*a) O Comitê constituído de conformidade com o parágrafo 1ºdo artigo 8º desta Convenção receberá cópia das petições provenientes dos órgãos das Nações Unidas que se encarregarem de questões diretamente relacionadas com os princípios e objetivos da presente Convenção e expressará sua opinião e formulará recomendações sobre petições recebidas quando examinar as petições recebidas dos habitantes dos territórios sob tutela ou não autônomo ou de qualquer outro território a que se aplicar a Resolução 1.514 (XV) da Assembleia Geral, relacionadas a questões tratadas pela presente Convenção e que forem submetidas a esses órgãos.*

b) O Comitê receberá dos órgãos competentes da Organização das Nações Unidas cópia dos relatórios sobre medidas de ordem legislativa judiciária, administrativa ou outra diretamente relacionada com os princípios e objetivos da presente Convenção que as Potências Administradoras tiverem aplicado nos territórios mencionados na alínea "a" do presente parágrafo e expressará sua opinião e fará recomendações a esses órgãos.

3. O Comitê incluirá em seu relatório à Assembleia um resumo das petições e relatórios que houver recebido de órgãos das Nações Unidas e as opiniões e recomendações que houver proferido sobre tais petições e relatórios.

4. O Comitê solicitará ao Secretário-Geral das Nações Unidas qualquer informação relacionada com os objetivos da presente Convenção que este dispuser sobre os territórios mencionados no parágrafo 2º (a) do presente artigo.

**Artigo XVI**

As disposições desta Convenção relativas a solução das controvérsias ou queixas serão aplicadas sem prejuízo de outros processos para solução de controvérsias e queixas no campo da discriminação previstos nos instrumentos constitutivos das Nações Unidas e suas agências especializadas, e não excluirá a possibilidade dos Estados Partes recomendarem aos outros, processos para a solução de uma controvérsia de conformidade com os acordos internacionais ou especiais que os ligarem.

## 4.3 Parte III

**Artigo XVII**

1. A presente Convenção ficará aberta à assinatura de todo Estado Membro da Organização das Nações Unidas ou membro de qualquer uma de suas agências especializadas, de qualquer Estado Parte no Estatuto da Corte Internacional de Justiça, assim como de qualquer outro Estado convidado pela Assembleia Geral da Organização das Nações Unidas a torna-se parte na presente Convenção.

2. A presente Convenção ficará sujeita à ratificação e os instrumentos de ratificação serão depositados junto ao Secretário-Geral das Nações Unidas.

**Artigo XVIII**

1. A presente Convenção ficará aberta a adesão de qualquer Estado mencionado no parágrafo 1º do artigo 17.

2. A adesão será efetuada pelo depósito de instrumento de adesão junto ao Secretário-Geral das Nações Unidas.

**Artigo XIX**

1. Esta convenção entrará em vigor no trigésimo dia após a data do deposito junto ao Secretário-Geral das Nações Unidas do vigésimo sétimo instrumento de ratificação ou adesão.

2. Para cada Estado que ratificar a presente Convenção ou a ele aderir após o depósito do vigésimo sétimo instrumento de ratificação ou adesão esta Convenção entrará em vigor no trigésimo dia após o depósito de seu instrumento de ratificação ou adesão.

**Artigo XX**

1. O Secretário-Geral das Nações Unidas receberá e enviará, a todos os Estados que forem ou vierem a torna-se partes desta Convenção, as reservas feitas pelos Estados no momento da ratificação ou adesão. Qualquer Estado que objetar a essas reservas, deverá notificar ao Secretário-Geral dentro de noventa dias da data da referida comunicação, que não aceita.

2. Não será permitida uma reserva incompatível com o objeto e o escopo desta Convenção nem uma reserva cujo efeito seria a de impedir o funcionamento de qualquer dos órgãos previstos nesta Convenção. Uma reserva será considerada incompatível ou impeditiva se a ela objetarem ao menos dois terços dos Estados Partes nesta Convenção.

3. As reservas poderão ser retiradas a qualquer momento por uma notificação endereçada com esse objetivo ao Secretário-Geral. Tal notificação surgirá efeito na data de seu recebimento.

**Artigo XXI**

Qualquer Estado Parte poderá denunciar esta Convenção mediante notificação escrita endereçada ao Secretário-Geral da Organização das Nações Unidas. A denúncia surtirá efeito um ano após data do recebimento da notificação pelo Secretário-Geral.

**Artigo XXII**

Qualquer Controvérsia entre dois ou mais Estados Partes relativa à interpretação ou aplicação desta Convenção, que não for resolvida por negociações ou pelos processos previstos expressamente nesta Convenção será, pedido de qualquer das Partes na controvérsia, submetida à decisão da Corte Internacional de Justiça a não ser que os litigantes concordem em outro meio de solução.

**Artigo XXIII**

1. Qualquer Estado Parte poderá formular a qualquer momento um pedido de revisão da presente Convenção, mediante notificação escrita endereçada ao Secretário-Geral das Nações Unidas.

2. A Assembleia Geral decidirá a respeito das medidas a serem tomadas, caso for necessário, sobre o pedido.

**Artigo XXIV**

O Secretário-Geral da Organização das Nações Unidas comunicará a todos os Estados mencionados no parágrafo 1º do artigo 17 desta Convenção.

a) as assinaturas e os depósitos de instrumentos de ratificação e de adesão de conformidade com os artigos 17 e 18;

b) a data em que a presente Convenção entrar em vigor, de conformidade com o artigo 19;

c) as comunicações e declarações recebidas de conformidade com os artigos 14, 20 e 23.

d) as denúncias feitas de conformidade com o artigo 21.

**Artigo XXV**

1. Esta Convenção, cujos textos em chinês, espanhol, inglês e russo são igualmente autênticos será depositada nos arquivos das Nações Unidas.

2. O Secretário-Geral das Nações Unidas enviará cópias autenticadas desta Convenção a todos os Estados pertencentes a qualquer uma das categorias mencionadas no parágrafo 1º do artigo 17.

Em fé do que os abaixo assinados devidamente autorizados por seus Governos assinaram a presente Convenção que foi aberta a assinatura em Nova York a 7 de março de 1966.

Este texto não substitui o original publicado no Diário Oficial da União - Seção 1 de 10/12/1969

# 5. SISTEMA INTERNACIONAL DE PROTEÇÃO DOS DIREITOS HUMANOS – SISTEMAS REGIONAL AMERICANO

## 5.1 Convenção Interamericana Para Prevenir, Punir e Erradicar a Violência Contra a Mulher

***Art. 1º*** *define violência contra a mulher:*

*"Para os efeitos desta Convenção, entender-se-á por violência contra a mulher qualquer ato ou conduta baseada no gênero, que cause morte, dano ou sofrimento físico, sexual ou psicológico à mulher, tanto na esfera pública como na esfera privada'.*

*"a. ocorrida no* ***<u>âmbito da família ou unidade doméstica</u>*** *ou em qualquer relação interpessoal, quer o agressor compartilhe, tenha compartilhado ou não a sua residência, incluindo-se, entre outras formas, o estupro, maus-tratos e abuso sexual;*

***b.*** *ocorrida na* ***<u>comunidade</u>*** *e cometida por qualquer pessoa, incluindo, entre outras formas, o estupro, abuso sexual, tortura, tráfico de mulheres, prostituição forçada, sequestro e assédio sexual no local de trabalho, bem como em instituições educacionais, serviços de saúde ou qualquer outro local; e*

***c.*** *perpetrada ou tolerada pelo Estado ou seus agentes, onde quer que ocorra."*

Petições Individuais:

Caso Maria da Penha

Proteção Dos Direitos Humanos No Mercosul

Esse documento é composto apenas por nove artigos. Merecem destaque os seguintes:

"O presente Protocolo se aplicará em caso de que se registrem graves e sistemáticas violações dos direitos humanos e liberdades fundamentais em uma das Partes em situações de crise institucional ou durante a vigência de estados de exceção previstos nos ordenamentos constitucionais respectivos. A tal efeito, as demais Partes promoverão as consultas pertinentes entre si e com a Parte afetada."

RECONHECENDO que o respeito irrestrito aos direitos humanos foi consagrado na Declaração Americana dos Direitos e Deveres do Homem e na Declaração Universal dos Direitos Humanos e reafirmado em outros instrumentos internacionais e regionais;

*AFIRMANDO que a violência contra a mulher constitui violação dos direitos humanos e liberdades fundamentais e limita total ou parcialmente a observância, gozo e exercício de tais direitos e liberdades;*

*PREOCUPADOS por que a violência contra a mulher constitui ofensa contra a dignidade humana e é manifestação das relações de poder historicamente desiguais entre mulheres e homens;*

*RECORDANDO a Declaração para a Erradicação da Violência contra a Mulher, aprovada na Vigésima Quinta Assembleia de Delegadas da Comissão Interamericana de Mulheres, e afirmando que a violência contra a mulher permeia todos os setores da sociedade, independentemente de classe, raça ou grupo étnico, renda, cultura, nível educacional, idade ou religião, e afeta negativamente suas próprias bases;*

*CONVENCIDOS de que a eliminação da violência contra a mulher é condição indispensável para seu desenvolvimento individual e social e sua plena e igualitária participação em todas as esferas de vida; e*

*CONVENCIDOS de que a adoção de uma convenção para prevenir, punir e erradicar todas as formas de violência contra a mulher, no âmbito da Organização dos Estados Americanos, constitui positiva contribuição no sentido de proteger os direitos da mulher e eliminar as situações de violência contra ela,*

*CONVIERAM no seguinte:*

Entende-se que a violência contra a mulher abrange a violência física, sexual e psicológica:

Toda mulher tem direito ao reconhecimento, desfrute, exercício e proteção de todos os direitos humanos e liberdades consagrados em todos os instrumentos regionais e internacionais relativos aos direitos humanos. Estes direitos abrangem, entre outros:

O direito de toda mulher a ser livre de violência abrange, entre outros:

Os Estados-Partes condenam todas as formas de violência contra a mulher e convêm em adotar, por todos os meios apropriados e sem demora, políticas destinadas a prevenir, punir e erradicar tal violência e a empenhar-se em:

Os Estados-Partes convêm em adotar, progressivamente, medidas específicas, inclusive programas destinados a:

Os Estados poderão formular reservas a esta Convenção no momento de aprová-la, assiná-la, ratificá-la ou a ela aderir, desde que tais reservas:

EM FÉ DO QUE os plenipotenciários infra-assinados, devidamente autorizados por seus respectivos governos, assinam esta Convenção, que se denominará Convenção Interamericana para Prevenir, Punir e Erradicar a Violência contra a Mulher, "Convenção de Belém do Pará".

Considerando que o Congresso Nacional aprovou, por meio do Decreto Legislativo no 592, de 27 de agosto de 2009, o Protocolo de Assunção sobre Compromisso com a Promoção e a Proteção dos Direitos Humanos do MERCOSUL, assinado em Assunção, em 20 de junho de 2005;

***Art. 1º*** *O Protocolo de Assunção sobre Compromisso com a Promoção e a Proteção dos Direitos Humanos do MERCOSUL, apenso por cópia ao presente Decreto, será executado e cumprido tão inteiramente como nele se contém.*

***Art. 2º*** *São sujeitos à aprovação do Congresso Nacional quaisquer atos que possam resultar em revisão do referido Acordo, bem como quaisquer ajustes complementares que, nos termos do inciso I do Art. 49 da Constituição*

***Art. 3º*** *Este Decreto entra em vigor na data de sua publicação.*

*Brasília, 1º de julho de 2010; 189º da Independência e 122º da República.*

Art. 1 – Aprovar a assinatura do Protocolo de Assunção sobre Compromisso com a Promoção e Proteção dos Direitos Humanos do MERCOSUL, que consta como Anexo da presente Decisão.

Art. 2 – Esta Decisão não necessita ser incorporada ao ordenamento jurídico dos Estados-Partes, por regulamentar aspectos da organização ou do funcionamento do MERCOSUL.

REAFIRMANDO os princípios e objetivos do Tratado de Assunção e do Protocolo de Ouro Preto;

*TENDO PRESENTE a Decisão CMC Nº 40/04 que cria a Reunião de Altas Autoridades sobre Direitos Humanos do MERCOSUL;*

*REITERANDO o expressado na Declaração Presidencial de Las Leñas de 27 de junho de 1992 no sentido de que a plena vigência das instituições democráticas é condição indispensável para a existência e o desenvolvimento do MERCOSUL;*

*REAFIRMANDO o expressado na Declaração Presidencial sobre Compromisso Democrático no MERCOSUL;*

*RATIFICANDO a plena vigência do Protocolo de Ushuaia sobre Compromisso Democrático no MERCOSUL a República da Bolívia e a República do Chile;*

*REAFIRMANDO os princípios e normas contidos na Declaração Americana de Direitos e deveres do Homem, na Convenção Americana sobre Direitos Humanos e outros instrumentos regionais de direitos humanos, assim como na Carta Democrática Interamericana;*

*RESSALTANDO o expressado na Declaração e no Programa de Ação da Conferência Mundial de Direitos Humanos de 1993, que a democracia, o desenvolvimento e o respeito aos direitos humanos e liberdades fundamentais são conceitos interdependentes que se reforçam mutuamente;*

*SUBLINHANDO o expressado em distintas resoluções da Assembleia Geral e da Comissão de Direitos Humanos das Nações Unidas, que o respeito aos direitos humanos e das liberdades fundamentais são elementos essenciais da democracia;*

*RECONHECENDO a universalidade, a indivisibilidade, a interdependência e inter-relação de todos os direitos humanos, sejam direitos econômicos, sociais, culturais, civis ou políticos;*

*REITERANDO a Declaração Presidencial de Porto Iguaçu de 8 de julho de 2004 na qual os Presidentes dos Estados Partes do MERCOSUL destacaram a alta prioridade atribuída à proteção, promoção e garantia dos direitos humanos e as liberdades fundamentais de todas as pessoas que habitam o MERCOSUL;*

*REAFIRMANDO que a vigência da ordem democrática constitui uma garantia indispensável para o exercício efetivo dos direitos humanos e liberdades fundamentais, e que toda ruptura ou ameaça ao normal desenvolvimento do processo democrático em uma das Partes põe em risco o gozo efetivo dos direitos humanos;*

O presente Protocolo se aplicará em caso de que se registrem graves e sistemáticas violações dos direitos humanos e liberdades fundamentais em uma das Partes em situações de crise institucional ou durante a vigência de estados de exceção previstos nos ordenamentos constitucionais respectivos. A tal efeito, as demais Partes promoverão as consultas pertinentes entre si e com a Parte afetada.

# 6. LEI Nº 11.340/2006 - LEI MARIA DA PENHA

## 6.1 Conceitos Introdutórios

### Origem da Lei Maria da Penha

Interessantemente é o fato curioso do qual se originou a Lei nº 11.340/2006, mais conhecida por Lei Maria da Penha, a qual foi uma determinação da Comissão Interamericana de Direitos Humanos, **Renato Brasileiro Lima** (2016) explica a origem:

> *"Em data de 22 de setembro de 2006, entrou em vigor a Lei nº 11.340/06, referente à violência doméstica e familiar contra a mulher.* ***Esta lei ficou conhecida como Lei Maria da Penha em virtude da grave violência de que foi vítima Maria da Penha Maia Fernandes****: em 29 de maio de 1983, na cidade de Fortaleza, a farmacêutica Maria da Penha, enquanto dormia, foi atingida por disparo de espingarda desferido por seu próprio marido. Por força desse disparo, que atingiu a vítima em sua coluna, Maria da Penha ficou paraplégica. Porém, as agressões não cessaram. Uma semana depois, a vítima sofreu nova violência por parte de seu então marido, tendo recebido uma descarga elétrica enquanto se banhava. O agressor foi denunciado em 28 de setembro de 1984. Devido a sucessivos recursos e apelos, sua prisão ocorreu somente em setembro de 2002.*
>
> *Por conta da lentidão do processo, e por envolver grave violação aos direitos humanos, o caso foi levado à Comissão Interamericana de Direitos Humanos, que publicou o Relatório nº 54/2001, no sentido de que a ineficácia judicial a impunidade e a impossibilidade de a vítima obter uma reparação mostra a falta de cumprimento do compromisso assumido pelo Brasil de reagir adequadamente ante a violência doméstica. Cinco anos depois da publicação do referido relatório, com o objetivo de coibir e reprimir a violência doméstica e familiar contra a mulher e superar uma violência há muito arraigada na cultura machista do povo brasileiro, entrou em vigor a Lei nº 11.340/06, que ficou mais conhecida como Lei Maria da Penha.".[1] (grifo do autor)*

**Violação dos Direitos Humanos:** a lei dita que a violência doméstica e familiar contra a mulher é uma conduta que viola os Direitos Humanos (art. 6º).

> ***Art. 6º.*** *A violência doméstica e familiar contra a mulher constitui uma das formas de violação dos direitos humanos.*

### Objetivos

Os objetivos estão expostos na ementa da Lei e no seu art. 1º, quais sejam:

- Cria mecanismos para coibir e prevenir a violência doméstica e familiar contra a mulher, nos termos do §8º do art. 226 da Constituição Federal, da Convenção sobre a Eliminação de Todas as Formas de Violência contra a Mulher, da Convenção Interamericana para Prevenir, Punir e Erradicar a Violência contra a Mulher e de outros tratados internacionais ratificados pela República Federativa do Brasil;
- Dispõe sobre a criação dos Juizados de Violência Doméstica e Familiar contra a Mulher;
- Estabelece medidas de assistência e proteção às mulheres em situação de violência doméstica e familiar;
- Altera o Código de Processo Penal, o Código Penal e a Lei de Execução Penal; e
- Dá outras providências.

O referido artigo remete ao § 8º, do art. 226, da Constituição Federal; porém, a CF estabelece a proteção à família — de forma genérica (a todos que integram a família), isto é, não diretamente à mulher.[2]

### Direitos das mulheres

> ***Art. 2º.*** *Toda mulher, independentemente de classe, raça, etnia, orientação sexual, renda, cultura, nível educacional, idade e religião,* ***goza dos direitos fundamentais inerentes à pessoa humana****, sendo-lhe asseguradas as oportunidades e facilidades para viver sem violência, preservar sua saúde física e mental e seu aperfeiçoamento moral, intelectual e social.*
>
> ***Art. 3º.*** *Serão asseguradas às mulheres as condições para o exercício efetivo dos direitos à vida, à segurança, à saúde, à alimentação, à educação, à cultura, à moradia, ao acesso à justiça, ao esporte, ao lazer, ao trabalho, à cidadania, à liberdade, à dignidade, ao respeito e à convivência familiar e comunitária.*
>
> ***§1º.*** *O poder público desenvolverá políticas que visem garantir os direitos humanos das mulheres no âmbito das relações domésticas e familiares no sentido de resguardá-las de toda forma de negligência, discriminação, exploração, violência, crueldade e opressão.*
>
> ***§2º.*** *Cabe à família, à sociedade e ao poder público criar as condições necessárias para o efetivo exercício dos direitos enunciados no 'caput'.*

Não é só dever do **poder público**, mas também da **família** e da **sociedade** criar condições para o exercício efetivo dos **direitos garantidos** no caput do art. 3º, quais sejam: direitos à vida, à segurança, à saúde, à alimentação, à educação, à cultura, à moradia, ao acesso à justiça, ao esporte, ao lazer, ao trabalho, à cidadania, à liberdade, à dignidade, ao respeito e à convivência familiar e comunitária (art. 3º, §2º).

Todavia, cabe ao **poder público** (exclusivamente) desenvolver políticas a fim de garantir os **Direitos Humanos** das mulheres (art. 3º, §1º).

### Sujeitos da violência doméstica e familiar contra a mulher

> ***Art. 4º.*** *Na interpretação desta Lei serão considerados os fins sociais a que ela se destina e, especialmente, as condições peculiares* ***das mulheres*** *em situação de violência doméstica e familiar.*

1 LIMA, R. B. **Legislação Criminal Especial Comentada**. 4ª ed. Salvador: JusPodivm, 2016, p. 899, grifo do autor.

2 Art. 226, caput, CF/88: A família, base da sociedade, tem especial proteção do Estado. [...] §8º. O Estado assegurará a assistência à família na pessoa de cada um dos que a integram, criando mecanismos para coibir a violência no âmbito de suas relações.

***Sujeito passivo:*** exclusivamente a mulher — de nascença ou com *transgenitalização*[3], com a devida alteração em documento de registro civil de identificação autorizada por ordem judicial — em situação doméstica e/ou familiar.

Deve-se caracterizar o *vínculo familiar, de relação doméstica ou de afetividade*; basicamente, a existência de laços de convivência entre os sujeitos ativo (agressor) e passivo (vítima), com ou sem habitação.

> ***STJ:*** *Lei nº 11.340/06. Sujeito passivo: mulher. 'In casu', a relação de violência retratada neste feito ocorreu entre dois irmãos.* ***Inaplicabilidade****. Precedentes.4 (grifo nosso)*

Os homens não são sujeitos passivos dessa lei (travestis, homossexuais ou transexuais). Há doutrina (minoritária) no sentido de ser extensível aos transexuais sem cirurgia de mudança de sexo.

Assevera-se que também é válido para ***hermafrodita***[5] que fez procedimento médico para concluir a sua natureza feminina, conforme a jurisprudência do **TJSC:**

> ***TJSC:*** *Conflito negativo de competência. Violência doméstica e familiar. Homologação de auto de prisão em flagrante. Agressões praticadas pelo companheiro contra pessoa civilmente identificada como sendo do sexo masculino.* ***Vítima submetida à cirurgia de adequação de sexo por ser hermafrodita. Adoção do sexo feminino.*** *Presença de órgãos reprodutores femininos que lhe conferem a condição de mulher. Retificação do registro civil já requerida judicialmente.* ***Possibilidade de aplicação, no caso concreto, da Lei nº 11.340/06.*** *Competência do juízo suscitante. Conflito improcedente.*[6] *(grifo nosso)*

Segundo o **STF**, no tema nº 761 de Repercussão Geral, o transexual poderá solicitar a alteração em registro civil do nome e sexo, mesmo sem a cirurgia de transgenitalização. Todavia, sem debater o mérito de aplicação da Lei Maria da Penha a esses indivíduos (não aplicável).

> ***STF, TEMA Nº 761:*** *Possibilidade de alteração de gênero no assento de registro civil de transexual, mesmo sem a realização de procedimento cirúrgico de redesignação de sexo.*
>
> *STF, TESE FIXADA COM REPERCUSSÃO GERAL:*
>
> ***I.*** *O transgênero tem direito fundamental subjetivo à alteração de seu prenome e de sua classificação de gênero no registro civil, não se exigindo, para tanto, nada além da manifestação de vontade do indivíduo, o qual poderá exercer tal faculdade tanto pela via judicial como diretamente pela via administrativa;*
>
> ***II.*** *Essa alteração deve ser averbada à margem do assento de nascimento, vedada a inclusão do termo 'transgênero';*
>
> ***III.*** *Nas certidões do registro não constará nenhuma observação sobre a origem do ato, vedada a expedição de certidão de inteiro teor, salvo a requerimento do próprio interessado ou por determinação judicial;*
>
> ***IV.*** *Efetuando-se o procedimento pela via judicial, caberá ao magistrado determinar de ofício ou a requerimento do interessado a expedição de mandados específicos para a alteração dos demais registros nos órgãos públicos ou privados pertinentes, os quais deverão preservar o sigilo sobre a origem dos atos..*[7]

***Sujeito ativo:*** tanto o homem quanto a mulher, independentemente da opção sexual, por exemplo, em uma relação homoafetiva entre duas mulheres (art. 5º, parágrafo único).

Corrobora o STJ:

> ***STJ:*** *O sujeito passivo da violência doméstica objeto da Lei Maria da Penha é a mulher, já o sujeito ativo pode ser tanto o homem quanto a mulher, desde que fique caracterizado o vínculo de relação doméstica, familiar ou de afetividade, além da convivência, com ou sem coabitação.*[8]

## Alcance da lei

> ***Art. 5º.*** *Para os efeitos desta Lei configura violência doméstica e familiar contra a mulher qualquer ação ou omissão baseada no gênero que lhe cause morte, lesão, sofrimento físico, sexual ou psicológico e dano moral ou patrimonial: (Vide Lei Complementar nº 150, de 2015)*
>
> ***I.*** *no âmbito da unidade doméstica, compreendida como o espaço de convívio permanente de pessoas, com ou sem vínculo familiar, inclusive as esporadicamente agregadas;*
>
> ***II.*** *no âmbito da família, compreendida como a comunidade formada por indivíduos que são ou se consideram aparentados, unidos por laços naturais, por afinidade ou por vontade expressa;*
>
> ***III.*** *em qualquer relação íntima de afeto, na qual o agressor conviva ou tenha convivido com a ofendida, independentemente de coabitação.*
>
> ***Parágrafo único.*** *As relações pessoais enunciadas neste artigo independem de orientação sexual.*

Mesmo que ocorra uma agressão contra a mulher, deve-se obrigatoriamente ser **baseada no gênero** para que seja aplicada a Lei Maria da Penha (art. 5º, *caput*).

**Alcance da norma:** a eficácia da lei em estudo tem alcance limitado a três situações (art. 5º, incs. I, II e III):

→ Âmbito doméstico: coabitação, hospitalar ou empregatício, etc.

**Ex.:** a patroa que bate na empregada doméstica a qual dorme, uma ou duas vezes por semana, na residência da empregadora (sem vínculo familiar e esporadicamente agregada)[12]; ou, uma colega agride a outra, em uma república de estudantes (coabitação).

→ Âmbito familiar: parentesco consanguíneo ou por afinidade.

**Ex.:** numa perspectiva de gênero e em condições de hipossuficiência ou inferioridade física e econômica, a irmã mais velha (22 anos) agride violentamente a caçula (17 anos) durante as férias à beira-mar (irmã que bate na irmã); ou, na mesma motivação, a mãe que bate na filha e vice-versa.

→ Relação íntima de afeto: casamento, noivado, namoro ou ex-namoro/noivado, separados, divorciados, etc.

**Ex.:** uma ex-namorada agride a ex-parceira, que nunca moraram juntas (relação homoafetiva independente de coabitação).

---

3 A transgenitalização (cirurgia de mudança de sexo) é regulada pela Resolução nº 1.955/2010 do Conselho Federal de Medicina — a primeira norma que regulamentou tal procedimento foi a Resolução CFM nº 1.482/1997.

4 **STJ, HC 212.767/DF,** Rel. Min. Vasco Della Giustina (Desembargador convidado do TJRS), julgado em 13/09/2011, 6ª Turma, DJe 09/11/2011. Precedente do STJ: CC 88.027/MG.

5 **Hermafrodita**: adj. (hist. nat.): diz-se dos indivíduos ou seres que têm reunidos em si os dois sexos. Subst. m. e f.: pessoa que possui os órgãos peculiares aos dois sexos. (Fonte: Dicionário Aulete – http://www.aulete.com.br/hermafrodita)

6 **TJSC, Conflito de Jurisdição nº 2009.006461-6,** da Capital, Rel. Des. Roberto Lucas Pacheco, julgado em 23/06/2009, 3ª Câmara Criminal, *DJe* 14/08/2009.

7 **STF, RE 670.422/RS,** Rel. Min. Dias Toffoli, julgado em 15/08/2018, Tribunal Pleno, *DJe* 20/08/2019.

8 **STJ, Jurisprudência em Teses nº 41.** *Precedentes: HC 277.561/AL; HC 250.435/RJ; HC 181.246/RS; HC 175.816/RS; CC 88.027/MG; RHC 46.278/AL (Vide Inf. 551).*

**União homoafetiva e desnecessidade de coabitação:** haverá aplicação da lei em apreço mesmo que em uma relação homossexual (art. 5º, par. único) e sem coabitação (art. 5º, III).

Nesse sentido é a jurisprudência do STJ:

> ***Súmula nº 600, STJ:*** *Para a configuração da violência doméstica e familiar prevista no artigo 5º da Lei nº 11.340/2006 (Lei Maria da Penha) não se exige a coabitação entre autor e vítima.*
>
> ***STJ:*** *A violência doméstica abrange qualquer relação íntima de afeto, dispensada a coabitação.*[9]
>
> ***STJ:*** *A Lei Maria da Penha atribuiu às uniões homoafetivas o caráter de entidade familiar, ao prever, no seu artigo 5º, parágrafo único, que as relações pessoais mencionadas naquele dispositivo independem de orientação sexual.*[10]

**Rescindência de contrato de trabalho:** o contrato de trabalho poderá ser rescindido, por culpa do empregador, se ele praticar qualquer forma de violência doméstica e familiar contra a mulher prevista na Lei Maria da Penha (Lei Complementar nº 150, de 1º/6/2015).[11]

**Necessidade de demonstração de vulnerabilidade:** a doutrina tende a entender que há necessidade de demonstração de vulnerabilidade da vítima quando o <u>sujeito ativo for mulher</u>.

> **STJ:** *Para a aplicação da Lei nº 11.340/2006, há necessidade de demonstração da situação de vulnerabilidade ou hipossuficiência da mulher, numa perspectiva de gênero.*[12]

**Desnecessidade de demonstração de vulnerabilidade:** Todavia, tem-se presumida a condição de vulnerável quando o <u>sujeito ativo for homem</u>.

> **STJ:** *A vulnerabilidade, hipossuficiência ou fragilidade da mulher têm-se como presumidas nas circunstâncias descritas na Lei nº 11.340/2006.*[13]

## Formas de violência doméstica e familiar contra a mulher

> ***Art. 7º.*** *São formas de violência doméstica e familiar contra a mulher, entre outras:*
>
> ***I.*** *a violência física, entendida como qualquer conduta que ofenda sua integridade ou saúde corporal;*
>
> ***II.*** *a violência psicológica, entendida como qualquer conduta que lhe cause dano emocional e diminuição da autoestima ou que lhe prejudique e perturbe o pleno desenvolvimento ou que vise degradar ou controlar suas ações, comportamentos, crenças e decisões, mediante ameaça, constrangimento, humilhação, manipulação, isolamento, vigilância constante, perseguição contumaz, insulto, chantagem, violação de sua intimidade, ridicularização, exploração e limitação do direito de ir e vir ou qualquer outro meio que lhe cause prejuízo à saúde psicológica e à autodeterminação; (Redação dada pela Lei nº 13.772, de 19/12/2018)*
>
> ***III.*** *a violência sexual, entendida como qualquer conduta que a constranja a presenciar, a manter ou a participar de relação sexual não desejada, mediante intimidação, ameaça, coação ou uso da força; que a induza a comercializar ou a utilizar, de qualquer modo, a sua sexualidade, que a impeça de usar qualquer método contraceptivo ou que a force ao matrimônio, à gravidez, ao aborto ou à prostituição, mediante coação, chantagem, suborno ou manipulação; ou que limite ou anule o exercício de seus direitos sexuais e reprodutivos;*
>
> ***IV.*** *a violência patrimonial, entendida como qualquer conduta que configure retenção, subtração, destruição parcial ou total de seus objetos, instrumentos de trabalho, documentos pessoais, bens, valores e direitos ou recursos econômicos, incluindo os destinados a satisfazer suas necessidades;*
>
> ***V.*** *a violência moral, entendida como qualquer conduta que configure calúnia, difamação ou injúria.*

**Violência geral:** diante deste artigo, é possível perceber que os meios de violência doméstica e familiar contra a mulher são amplos, por isso a doutrina a nomeou de **violência geral:** física, psicológica, sexual, patrimonial e moral (art. 7º, incs. I a V).

Além disso, com relevância, não é qualquer ação ou omissão capaz de infligir sofrimento na mulher que se aplicará a Lei Maria da Penha, mas somente aquelas condutas que sejam algum tipo de ilícito civil ou penal (crime ou contravenção).

> A aplicação da Lei Maria da Penha está condicionada à coexistência de **três requisitos**: sujeito passivo (art. 4º), âmbito (art. 5º) e violência geral (art. 7º).

**Ex.:** Imagine que Tício, namorado de Mévia, decida terminar o relacionamento com ela, a qual fica desconsolada e chora compulsivamente por mais de 30 dias sem parar, sem se alimentar direito, nem saindo de seu quarto, sofrendo de uma forma descomunal. **Nessa situação hipotética, a Lei Maria da Penha será não será aplicada.**

## Requisitos para Aplicar a Lei Maria da Penha

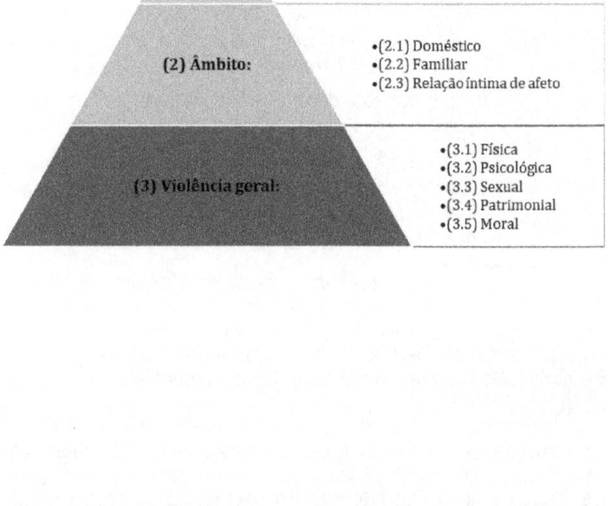


9 **STJ, Jurisprudência em Teses nº 41.** <u>Precedentes</u>: HC 280.082/RS; REsp 1.416.580/RJ; HC 181.246/RS; RHC 27.317/RJ; CC 91.979/MG; HC 179.130/SP; CC 107.238/MG; CC 105.201/MG (Vide Inf. 551).

10 **STJ, Jurisprudência em Teses nº 41.** <u>Precedentes</u>: REsp 1.183.378/RS; REsp 827.962/RS; REsp 1.026.981/RJ; REsp 1.236.524/SP.

11 **Art. 27, Parágrafo único, Lei Complementar nº 150/2015:** "O contrato de trabalho poderá ser rescindido por culpa do empregador quando: [...] VII - o empregador praticar qualquer das formas de violência doméstica ou familiar contra mulheres de que trata o art. 5º da Lei nº 11.340, de 7 de agosto de 2006.".

12 **STJ, Jurisprudência em Teses nº 41.** <u>Precedentes</u>: AgRg no REsp 1.430.724/RJ; HC 181.246/RS; HC 175.816/RS; HC 176.196/RS; CC 96.533/MG (Vide Inf. 524).

13 **STJ, Jurisprudência em Teses nº 41.** <u>Precedentes</u>: RHC 55.030/RJ; HC 280.082/RS; REsp 1.416.580/RJ (Vide Inf. 539).

## 6.2 Da Assistência à Mulher em Situação de Violência Doméstica e Familiar

### Das medidas integradas de prevenção

***Art. 8º.** A política pública que visa coibir a violência doméstica e familiar contra a mulher far-se-á por meio de um conjunto articulado de ações da União, dos Estados, do Distrito Federal e dos Municípios e de ações não-governamentais, tendo por diretrizes:*

***I.** a integração operacional do Poder Judiciário, do Ministério Público e da Defensoria Pública com as áreas de segurança pública, assistência social, saúde, educação, trabalho e habitação;*

***II.** a promoção de estudos e pesquisas, estatísticas e outras informações relevantes, com a perspectiva de gênero e de raça ou etnia, concernentes às causas, às consequências e à frequência da violência doméstica e familiar contra a mulher, para a sistematização de dados, a serem unificados nacionalmente, e a avaliação periódica dos resultados das medidas adotadas;*

***III.** o respeito, nos meios de comunicação social, dos valores éticos e sociais da pessoa e da família, de forma a coibir os papéis estereotipados que legitimem ou exacerbem a violência doméstica e familiar, de acordo com o estabelecido no inciso III do art. 1º, no inciso IV do art. 3º e no inciso IV do art. 221 da Constituição Federal;*

***IV.** a implementação de atendimento policial especializado para as mulheres, em particular nas Delegacias de Atendimento à Mulher;*

***V.** a promoção e a realização de campanhas educativas de prevenção da violência doméstica e familiar contra a mulher, voltadas ao público escolar e à sociedade em geral, e a difusão desta Lei e dos instrumentos de proteção aos direitos humanos das mulheres;*

***VI.** a celebração de convênios, protocolos, ajustes, termos ou outros instrumentos de promoção de parceria entre órgãos governamentais ou entre estes e entidades não-governamentais, tendo por objetivo a implementação de programas de erradicação da violência doméstica e familiar contra a mulher;*

***VII.** a capacitação permanente das Polícias Civil e Militar, da Guarda Municipal, do Corpo de Bombeiros e dos profissionais pertencentes aos órgãos e às áreas enunciados no inciso I quanto às questões de gênero e de raça ou etnia;*

***VIII.** a promoção de programas educacionais que disseminem valores éticos de irrestrito respeito à dignidade da pessoa humana com a perspectiva de gênero e de raça ou etnia;*

***IX.** o destaque, nos currículos escolares de todos os níveis de ensino, para os conteúdos relativos aos direitos humanos, à equidade de gênero e de raça ou etnia e ao problema da violência doméstica e familiar contra a mulher.*

### Da assistência à mulher em situação de violência doméstica e familiar

***Art. 9º.** A assistência à mulher em situação de violência doméstica e familiar será prestada de forma articulada e conforme os princípios e as diretrizes previstos na Lei Orgânica da Assistência Social, no Sistema Único de Saúde, no Sistema Único de Segurança Pública, entre outras normas e políticas públicas de proteção, e emergencialmente quando for o caso.*

***§1º.** O juiz determinará, por prazo certo, a inclusão da mulher em situação de violência doméstica e familiar no cadastro de programas assistenciais do governo federal, estadual e municipal.*

***§2º.** O juiz assegurará à mulher em situação de violência doméstica e familiar, para preservar sua integridade física e psicológica:*

***I.** acesso prioritário à remoção quando servidora pública, integrante da administração direta ou indireta;*

***II.** manutenção do vínculo trabalhista, quando necessário o afastamento do local de trabalho, por até seis meses.*

***III.** encaminhamento à assistência judiciária, quando for o caso, inclusive para eventual ajuizamento da ação de separação judicial, de divórcio, de anulação de casamento ou de dissolução de união estável perante o juízo competente. (Incluído pela Lei nº 13.894, de 29/10/2019)*

***§3º.** A assistência à mulher em situação de violência doméstica e familiar compreenderá o acesso aos benefícios decorrentes do desenvolvimento científico e tecnológico, incluindo os serviços de contracepção de emergência, a profilaxia das Doenças Sexualmente Transmissíveis (DST) e da Síndrome da Imunodeficiência Adquirida (AIDS) e outros procedimentos médicos necessários e cabíveis nos casos de violência sexual.*

***§4º.** Aquele que, por ação ou omissão, causar lesão, violência física, sexual ou psicológica e dano moral ou patrimonial a mulher fica obrigado a ressarcir todos os danos causados, inclusive ressarcir ao Sistema Único de Saúde (SUS), de acordo com a tabela SUS, os custos relativos aos serviços de saúde prestados para o total tratamento das vítimas em situação de violência doméstica e familiar, recolhidos os recursos assim arrecadados ao Fundo de Saúde do ente federado responsável pelas unidades de saúde que prestarem os serviços. (Incluído pela Lei nº 13.871, de 17/9/2019, publicada no DOU de 18/9/2019, em vigor 45 dias após a publicação)*

***§5º.** Os dispositivos de segurança destinados ao uso em caso de perigo iminente e disponibilizados para o monitoramento das vítimas de violência doméstica ou familiar amparadas por medidas protetivas terão seus custos ressarcidos pelo agressor. (Incluído pela Lei nº 13.871, de 17/9/2019, publicada no DOU de 18/9/2019, em vigor 45 dias após a publicação)*

***§6º.** O ressarcimento de que tratam os §§ 4º e 5º deste artigo não poderá importar ônus de qualquer natureza ao patrimônio da mulher e dos seus dependentes, nem configurar atenuante ou ensejar possibilidade de substituição da pena aplicada. (Incluído pela Lei nº 13.871, de 17/9/2019, publicada no DOU de 18/9/2019, em vigor 45 dias após a publicação)*

***§7º.** A mulher em situação de violência doméstica e familiar tem prioridade para matricular seus dependentes em instituição de educação básica mais próxima de seu domicílio, ou transferi-los para essa instituição, mediante a apresentação dos documentos comprobatórios do registro da ocorrência policial ou do processo de violência doméstica e familiar em curso. (Incluído pela Lei nº 13.882, de 8/10/2019)*

***§8º.** Serão sigilosos os dados da ofendida e de seus dependentes matriculados ou transferidos conforme o disposto no §7º deste artigo, e o acesso às informações será reservado ao juiz, ao Ministério Público e aos órgãos competentes do poder público. (Incluído pela Lei nº 13.882, de 8/10/2019)*

**Prioridade de remoção de servidora pública:** nos casos de violência doméstica e familiar contra a mulher que seja servidora pública da Administração Direta ou Indireta, o juiz deverá garantir prioridade na remoção desta para outro órgão a fim de garantir a integridade física e psicológica da vítima (art. 9º, §2º, I).

**Manutenção de vínculo trabalhista até 6 meses:** quando houver necessidade de afastamento da vítima, o juiz garantirá a manutenção do vínculo trabalhista por até 6 (seis) meses objetivando a incolumidade dela (art. 9º, §2º, II).

**Ressarcimento ao Sistema Único de Saúde (SUS):** a Lei nº 13.871/2019, que incluiu os §§ 4º, 5º e 6º, dispõe sobre a *responsabilidade do agressor pelo ressarcimento dos custos relacionados aos serviços de saúde prestados pelo Sistema Único de Saúde (SUS) às vítimas de violência doméstica e familiar e aos dispositivos de segurança por elas utilizados.* Todavia, tais parágrafos só terão vigência a partir de 2/11/2019 (45 dias após sua publicação no DOU).

**Matrícula de dependentes na rede de educação básica:** a Lei nº 13.882/2019, que incluiu os §§ 7º e 8º, dispõe sobre a *garantia de matrícula dos dependentes da mulher vítima de violência doméstica e familiar em instituição de educação básica mais próxima de seu domicílio.* Tais parágrafos possuem eficácia imediata, uma vez que a lei previu a sua vigência a partir do dia de sua publicação (publicado no DOU em 9/10/2019).

## Do atendimento pela autoridade policial

> ***Art. 10.*** *Na hipótese da iminência ou da prática de violência doméstica e familiar contra a mulher, à autoridade policial que tomar conhecimento da ocorrência adotará, de imediato, as providências legais cabíveis.*
>
> ***Parágrafo único.*** *Aplica-se o disposto no 'caput' deste artigo ao descumprimento de medida protetiva de urgência deferida.*

**Prioridade de atendimento policial:** o art. 10 determina a atuação imediata pela autoridade policial que tomar conhecimento da iminência ou da prática de violência doméstica e familiar contra a mulher.

> ***Art. 10-A.*** *É direito da mulher em situação de violência doméstica e familiar o atendimento policial e pericial especializado, ininterrupto e prestado por servidores — preferencialmente do sexo feminino — previamente capacitados. (Artigo acrescido pela Lei nº 13.505, de 8/11/2017)*
>
> ***§1º.*** *A inquirição de mulher em situação de violência doméstica e familiar ou de testemunha de violência doméstica, quando se tratar de crime contra a mulher, obedecerá às seguintes diretrizes:*
>
> ***I.*** *salvaguarda da integridade física, psíquica e emocional da depoente, considerada a sua condição peculiar de pessoa em situação de violência doméstica e familiar;*
>
> ***II.*** *garantia de que, em nenhuma hipótese, a mulher em situação de violência doméstica e familiar, familiares e testemunhas terão contato direto com investigados ou suspeitos e pessoas a eles relacionadas;*
>
> ***III.*** *não revitimização da depoente, evitando sucessivas inquirições sobre o mesmo fato nos âmbitos criminal, cível e administrativo, bem como questionamentos sobre a vida privada.*
>
> ***§2º.*** *Na inquirição de mulher em situação de violência doméstica e familiar ou de testemunha de delitos de que trata esta Lei, adotar-se-á, preferencialmente, o seguinte procedimento:*
>
> ***I.*** *a inquirição será feita em recinto especialmente projetado para esse fim, o qual conterá os equipamentos próprios e adequados à idade da mulher em situação de violência doméstica e familiar ou testemunha e ao tipo e à gravidade da violência sofrida;*
>
> ***II.*** *quando for o caso, a inquirição será intermediada por profissional especializado em violência doméstica e familiar designado pela autoridade judiciária ou policial;*
>
> ***III.*** *o depoimento será registrado em meio eletrônico ou magnético, devendo a degravação e a mídia integrar o inquérito.*

**Atendimento policial e pericial especializado:** a Lei nº 13.505, de 8/11/2017, que incluiu os arts. 10-A, 12-A e 12-B, dispõe sobre o *direito da mulher em situação de violência doméstica e familiar de ter atendimento policial e pericial especializado, ininterrupto e prestado por servidores — **preferencialmente do sexo feminino** — previamente capacitados.*

Veja que o dispositivo não determina o atendimento obrigatório por servidores do sexo feminino, mas sim preferencialmente, isto é, na ausência delas, poderá o atendimento ser feito por agente policial masculino.

| Diretrizes obrigatórias da inquirição (§1º): | Procedimento preferencial da inquirição (§2º): |
|---|---|
| I. Salvaguarda da integridade da depoente; | I. Recinto especial; |
| II. Ausência de contato direto com investigados, suspeitos ou pessoas relacionadas; | II. Intermediação por profissional especializado; |
| III. Não revitimização da depoente. | III. Registro em meio eletrônico ou magnético. |

> ***Art. 11.*** *No atendimento à mulher em situação de violência doméstica e familiar, a autoridade policial deverá, entre outras providências:*
>
> ***I.*** *garantir proteção policial, quando necessário, comunicando de imediato ao Ministério Público e ao Poder Judiciário;*
>
> ***II.*** *encaminhar a ofendida ao hospital ou posto de saúde e ao Instituto Médico Legal;*
>
> ***III.*** *fornecer transporte para a ofendida e seus dependentes para abrigo ou local seguro, quando houver risco de vida;*
>
> ***IV.*** *se necessário, acompanhar a ofendida para assegurar a retirada de seus pertences do local da ocorrência ou do domicílio familiar;*
>
> ***V.*** *informar à ofendida os direitos a ela conferidos nesta Lei e os serviços disponíveis, inclusive os de assistência judiciária para o eventual ajuizamento perante o juízo competente da ação de separação judicial, de divórcio, de anulação de casamento ou de dissolução de união estável. (Redação dada pela Lei nº 13.894, de 29/10/2019)*

**Providências durante o atendimento policial à mulher:** o art. 11 lista certas providências que devem ser executadas pela autoridade policial que estiver atendendo a mulher em situação de violência doméstica e familiar, as quais não estão listadas em um rol taxativo, mas sim um rol exemplificativo, por força do termo: "[...] entre outras providências: [...]".

| Providências durante o atendimento policial à mulher (art. 11): | |
|---|---|
| Garantir: | Proteção policial (quando necessário). |
| Encaminhar: | A ofendida ao hospital ou posto de saúde e ao I.M.L. |
| Fornecer: | Transporte para abrigo ou local seguro (quando houver risco de vida). |
| Acompanhar: | Para assegurar a retirada de seus pertences (se necessário). |
| Informar: | Os direitos e os serviços disponíveis. |

> ***Art. 12.*** *Em todos os casos de violência doméstica e familiar contra a mulher, feito o registro da ocorrência, deverá a autoridade policial adotar, de imediato, os seguintes procedimentos, sem prejuízo daqueles previstos no Código de Processo Penal:*
>
> ***I.*** *ouvir a ofendida, lavrar o boletim de ocorrência e tomar a representação a termo, se apresentada;*
>
> ***II.*** *colher todas as provas que servirem para o esclarecimento do fato e de suas circunstâncias;*

***III.*** *remeter, no prazo de 48 (quarenta e oito) horas, expediente apartado ao juiz com o pedido da ofendida, para a concessão de medidas protetivas de urgência;*

***IV.*** *determinar que se proceda ao exame de corpo de delito da ofendida e requisitar outros exames periciais necessários;*

***V.*** *ouvir o agressor e as testemunhas;*

***VI.*** *ordenar a identificação do agressor e fazer juntar aos autos sua folha de antecedentes criminais, indicando a existência de mandado de prisão ou registro de outras ocorrências policiais contra ele;*

*VI-A. verificar se o agressor possui registro de porte ou posse de arma de fogo e, na hipótese de existência, juntar aos autos essa informação, bem como notificar a ocorrência à instituição responsável pela concessão do registro ou da emissão do porte, nos termos da Lei nº 10.826, de 22 de dezembro de 2003 (Estatuto do Desarmamento); (Incluído pela Lei nº 13.880, de 8/10/2019)*

*VII. remeter, no prazo legal, os autos do inquérito policial ao juiz e ao Ministério Público.*

***§1º.*** *O pedido da ofendida será tomado a termo pela autoridade policial e deverá conter:*

***I.*** *qualificação da ofendida e do agressor;*

***II.*** *nome e idade dos dependentes;*

***III.*** *descrição sucinta do fato e das medidas protetivas solicitadas pela ofendida;*

***IV.*** *informação sobre a condição de a ofendida ser pessoa com deficiência e se da violência sofrida resultou deficiência ou agravamento de deficiência preexistente. (Incluído pela Lei nº 13.836, de 4/6/2019)*

***§2º.*** *A autoridade policial deverá anexar ao documento referido no §1º o boletim de ocorrência e cópia de todos os documentos disponíveis em posse da ofendida.*

***§3º.*** *Serão admitidos como meios de prova os laudos ou prontuários médicos fornecidos por hospitais e postos de saúde.*

| Procedimentos após o registro de ocorrência (art. 12): | |
|---|---|
| Ouvir, lavrar e tomar: | Ouvir a ofendida, lavrar o boletim de ocorrência e tomar a representação a termo, se apresentada; |
| Colher: | Todas as provas que servirem para o esclarecimento do fato e de suas circunstâncias; |
| Remeter: | No prazo de 48 (quarenta e oito) horas, expediente apartado ao juiz com o pedido da ofendida, para a concessão de medidas protetivas de urgência; |
| Determinar: | Que se proceda ao exame de corpo de delito da ofendida e requisitar outros exames periciais necessários; |
| Ouvir: | O agressor e as testemunhas; |
| Ordenar: | A identificação do agressor e fazer juntar aos autos sua folha de antecedentes criminais, indicando a existência de mandado de prisão ou registro de outras ocorrências policiais contra ele; |
| Verificar: | Se o agressor possui registro de porte ou posse de arma de fogo e, na hipótese de existência, juntar aos autos essa informação, bem como notificar a ocorrência à instituição responsável pela concessão do registro ou da emissão do porte, nos termos da Lei nº 10.826/03 (Estatuto do Desarmamento); |
| Remeter: | No prazo legal, os autos do inquérito policial ao juiz e ao Ministério Público. |

***Art. 12-A.*** *Os Estados e o Distrito Federal, na formulação de suas políticas e planos de atendimento à mulher em situação de violência doméstica e familiar, darão prioridade, no âmbito da Polícia Civil, à criação de Delegacias Especializadas de Atendimento à Mulher (DEAMS), de Núcleos Investigativos de Feminicídio e de equipes especializadas para o atendimento e a investigação das violências graves contra a mulher. (Artigo acrescido pela Lei nº 13.505, de 8/11/2017)*

***Art. 12-B.*** *(VETADO na Lei nº 13.505, de 8/11/2017)*

***§1º.*** *(VETADO na Lei nº 13.505, de 8/11/2017)*

***§2º*** *(VETADO na Lei nº 13.505, de 8/11/2017)*

***§3º.*** *A autoridade policial poderá requisitar os serviços públicos necessários à defesa da mulher em situação de violência doméstica e familiar e de seus dependentes. (Incluído pela Lei nº 13.505, de 8/11/2017)*

***Art. 12-C.*** *Verificada a existência de risco atual ou iminente à vida ou à integridade física da mulher em situação de violência doméstica e familiar, ou de seus dependentes, o agressor será imediatamente afastado do lar, domicílio ou local de convivência com a ofendida: (Artigo acrescido pela Lei nº 13.827, de 13/5/2019)*

***I.*** *pela autoridade judicial;*

***II.*** *pelo delegado de polícia, quando o Município não for sede de comarca; ou*

***III.*** *pelo policial, quando o Município não for sede de comarca e não houver delegado disponível no momento da denúncia.*

***§1º.*** *Nas hipóteses dos incisos II e III do 'caput' deste artigo, o juiz será comunicado no prazo máximo de 24 (vinte e quatro) horas e decidirá, em igual prazo, sobre a manutenção ou a revogação da medida aplicada, devendo dar ciência ao Ministério Público concomitantemente.*

***§2º.*** *Nos casos de risco à integridade física da ofendida ou à efetividade da medida protetiva de urgência, não será concedida liberdade provisória ao preso.*

## 6.3 Aspectos Processuais Relevantes

### Competência mista e legislações aplicáveis

***Art. 13.*** *Ao processo, ao julgamento e à execução das causas cíveis e criminais decorrentes da prática de violência doméstica e familiar contra a mulher aplicar-se-ão as normas dos Códigos de Processo Penal e Processo Civil e da legislação específica relativa à criança, ao adolescente e ao idoso que não conflitarem com o estabelecido nesta Lei.*

**Aplicação subsidiária:** por ser uma lei específica, a Lei Maria da Penha prevalece sobre a genérica naquilo que houver contradição, todavia, ainda se aplicará a lei geral quando aquela não versar sobre o assunto, por exemplo, os Códigos Processuais Penal e Civil (CPP e CPC), o Estatuto da Criança e do Adolescente (ECA), bem como o Estatuto do Idoso, entre outros.

### Juizados de violência doméstica e familiar contra a mulher

***Art. 14.*** *Os Juizados de Violência Doméstica e Familiar contra a Mulher, órgãos da Justiça Ordinária com **competência cível e criminal**, poderão ser criados pela União, no Distrito Federal e nos Territórios, e pelos Estados, para o processo, o julgamento e a execução das causas decorrentes da prática de violência doméstica e familiar contra a mulher.*

***Parágrafo único.*** *Os atos processuais poderão realizar-se em horário noturno, conforme dispuserem as normas de organização judiciária.*

**Competência cumulativa:** os juizados de violência doméstica e familiar contra a mulher possuem a cumulação de *competência civil* e *criminal*, bem como de outras causas decorrentes (art. 14, *caput*).

> ***STJ:*** *Os Juizados de Violência Doméstica e Familiar contra a Mulher* ***têm competência cumulativa para o julgamento e a execução das causas decorrentes*** *da prática de violência doméstica e familiar contra a mulher, nos termos do art. 14, da Lei nº 11.340/2006.*[14] *(grifo nosso)*

**Horário noturno:** os atos processuais relativos à Lei Maria da Penha poderão se realizar em horário noturno (art. 14, par. único).

## Opção da ofendida nos processos cíveis

> ***Art. 15.*** *É competente, por opção da ofendida, para os processos cíveis regidos por esta Lei, o Juizado:*
>
> ***I.*** *do seu domicílio ou de sua residência;*
>
> ***II.*** *do lugar do fato em que se baseou a demanda;*
>
> ***III.*** *do domicílio do agressor.*

## Audiência de retratação

> ***Art. 16.*** *Nas* ***ações penais públicas condicionadas à representação*** *da ofendida de que trata esta Lei, só será admitida a renúncia à representação perante o juiz, em audiência especialmente designada com tal finalidade,* ***antes do recebimento da denúncia*** *e ouvido o Ministério Público.*

**Retratação da representação:** nos casos de violência doméstica e familiar contra a mulher, somente será possível a retratação da representação (nos crimes de ação penal pública condicionada) antes do recebimento da denúncia.

O **art. 16 da Lei Maria da Penha** apresenta situação dilatada à regra geral descrita no CPP referente à retratação da representação (art. 25, CPP). Portanto, cuidado com esses temas em sua prova.

> **STJ:** *A audiência de retratação prevista no art. 16 da Lei nº 11.340/06 apenas será designada no caso de* **manifestação expressa ou tácita da vítima** *e desde que ocorrida* **antes do recebimento da denúncia.**[15] *(grifo nosso)*

| Retratação da representação: | |
|---|---|
| Lei Maria da Penha: | Até o **recebimento** da denúncia (por exemplo: a denúncia está em mãos do juiz, mas ainda não se iniciou o processo). |
| CPP: | Até o **oferecimento** da denúncia (por exemplo: a denúncia ainda não foi encaminhada para o juiz, mas ainda está em mãos do Ministério Público). |

## Sanções Vedadas

> ***Art. 17.*** *É vedada a aplicação, nos casos de violência doméstica e familiar contra a mulher, de penas de cesta básica ou outras de prestação pecuniária, bem como a substituição de pena que implique o pagamento isolado de multa.*

**Aplicação de pena de cesta básica ou de prestação pecuniária:** a fim de desencorajar o agressor, o legislador *proibiu* (vedou) a aplicação de penas de *cesta básica ou de prestação pecuniária* (pagamento em dinheiro à vítima), bem como a substituição de pena pelo *pagamento isolado de multa*.

**Substituição de pena privativa de liberdade por restritiva de direitos:** o STJ determinou a *impossibilidade* de substituição de *pena privativa de liberdade por restritiva de direitos*, nos casos de violência doméstica e familiar contra a mulher (Súm. 588, STJ).

> ***Súmula nº 588, STJ:*** *A prática de crime ou contravenção penal contra a mulher com violência ou grave ameaça no ambiente doméstico impossibilita a substituição da pena privativa de liberdade por restritiva de direitos.*

## Princípio da insignificância e bagatela imprópria

Não se admite o **princípio da insignificância** (bagatela própria) para a violência doméstica e familiar contra a mulher (Súm. 589, STJ).

> ***Súmula nº 589, STJ:*** *É inaplicável o princípio da insignificância nos crimes ou contravenções penais praticados contra a mulher no âmbito das relações domésticas.*

Nem mesmo a aplicação da **bagatela imprópria:**

> ***STJ: Não é possível*** *a aplicação dos* ***princípios da insignificância e da bagatela imprópria*** *nos delitos praticados com violência ou grave ameaça no âmbito das relações domésticas e familiares*[16] *(grifo nosso)*

## Vedação da lei nº 9.099/95

> ***Art. 41.*** *Aos crimes praticados com violência doméstica e familiar contra a mulher, independentemente da pena prevista, não se aplica a Lei nº 9.099, de 26 de setembro de 1995.*

Não se aplica a **Lei nº 9.099/95** (JECrim) à violência doméstica e familiar contra a mulher, em todos os sentidos: *sursis* processual (suspensão condicional do processo), transação penal, reparação dos danos, entre outros dispositivos.

> ***Súmula nº 536, STJ:*** *A suspensão condicional do processo e a transação penal não se aplicam na hipótese de delitos sujeitos ao rito da Lei Maria da Penha.*

## Lesão corporal leve e culposa

> **Súmula nº 542, STJ:** *A ação penal relativa ao crime de lesão corporal resultante de violência doméstica contra a mulher é pública incondicionada.*

Os demais crimes de ação penal pública condicionada à representação **continuarão** com a mesma regra do Código Penal ou outras Leis Penais Especiais, o que não se aplica à Lei Maria da Penha é a Lei nº 9.099/95 (JECrim)[17].

Na violência doméstica e familiar contra a mulher que gere lesão corporal leve ou culposa, a **ação penal é pública incondicionada.**

---

14 STJ, Jurisprudência em Teses nº 41. Precedentes: REsp 1.475.006/MT (Vide Inf. 550).

15 **STJ, Jurisprudência em Teses nº 41.** Precedentes: RHC 41.545/PB; HC 184.923/DF; AgRg no AREsp 40.934/DF; HC 167.898/MG; AgRg no Ag 1.380.117/SE; RHC 27.317/RJ; REsp 1.533.691/MG; AREsp 518.363/DF.

16 **STJ, Jurisprudência em Teses nº 41.** Precedentes: REsp 1.537.749/DF; AgRg no REsp 1.464.335/MS; AgRg no AREsp 19.042/DF; REsp 1.538.562/SP; AREsp 652.428/DF; HC 317.781/MS.

17 **Art. 88, Lei nº 9.099/95:** *"Além das hipóteses do Código Penal e da legislação especial, dependerá de representação a ação penal relativa aos crimes de lesões corporais leves e lesões culposas."*. **(DISPOSITIVO NÃO APLICÁVEL À VIOLÊNCIA DOMÉSTICA E FAMILIAR CONTRA A MULHER)**

Por exemplo: o **crime de ameaça** contra a mulher em situação de violência doméstica e familiar, continua a ser de **ação penal pública condicionada** à representação da vítima, conforme dispõe o art. 147, parágrafo único, do Código Penal.

> ***STJ:*** *O crime de lesão corporal, ainda que leve ou culposo, praticado contra a mulher no âmbito das relações domésticas e familiares, deve ser processado mediante ação penal pública incondicionada.*[18]

## 6.4 Medidas Protetivas de Urgência

### Disposições gerais

> ***Art. 18.*** *Recebido o expediente com o pedido da ofendida, caberá ao juiz, no prazo de 48 (quarenta e oito) horas:*
>
> ***I.*** *conhecer do expediente e do pedido e decidir sobre as medidas protetivas de urgência;*
>
> ***II.*** *determinar o encaminhamento da ofendida ao órgão de assistência judiciária, quando for o caso, inclusive para o ajuizamento da ação de separação judicial, de divórcio, de anulação de casamento ou de dissolução de união estável perante o juízo competente; (Redação dada pela Lei nº 13.894, de 29/10/2019)*
>
> ***III.*** *comunicar ao Ministério Público para que adote as providências cabíveis;*
>
> ***IV.*** *determinar a apreensão imediata de arma de fogo sob a posse do agressor. (Incluído pela Lei nº 13.880, de 8/10/2019)*

**Atendimento policial e pericial especializado:** a Lei nº 13.505, de 8/11/2017, que incluiu os arts. 10-A, 12-A e 12-B, dispõe sobre *o direito da mulher em situação de violência doméstica e familiar de ter atendimento policial e pericial especializado, ininterrupto e prestado por servidores* **— preferencialmente do sexo feminino —** *previamente capacitados.*

> ***Art. 19.*** *As medidas protetivas de urgência poderão ser concedidas pelo juiz, a requerimento do Ministério Público ou a pedido da ofendida.*
>
> ***§1º.*** *As medidas protetivas de urgência poderão ser concedidas de imediato, independentemente de audiência das partes e de manifestação do Ministério Público, devendo este ser prontamente comunicado.*
>
> ***§2º.*** *As medidas protetivas de urgência serão aplicadas isolada ou cumulativamente, e poderão ser substituídas a qualquer tempo por outras de maior eficácia, sempre que os direitos reconhecidos nesta Lei forem ameaçados ou violados.*
>
> ***§3º.*** *Poderá o juiz, a requerimento do Ministério Público ou a pedido da ofendida, conceder novas medidas protetivas de urgência ou rever aquelas já concedidas, se entender necessário à proteção da ofendida, de seus familiares e de seu patrimônio, ouvido o Ministério Público.*

**Ministério Público ou ofendida:** as medidas protetivas de urgências necessitam de autorização judicial e poderão ser concedidas por: [1] *requerimento do Ministério Público ou [2] pedido da ofendida.* Sendo assim, não cabe à autoridade policial solicitar medida protetiva de urgência, conforme a ausência legal no art. 19.

> ***Art. 20.*** *Em qualquer fase do inquérito policial ou da instrução criminal, caberá a prisão preventiva do agressor, decretada pelo juiz, de ofício, a requerimento do Ministério Público ou mediante representação da autoridade policial.*
>
> ***Parágrafo único.*** *O juiz poderá revogar a prisão preventiva se, no curso do processo, verificar a falta de motivo para que subsista, bem como de novo decretá-la, se sobrevierem razões que a justifiquem.*

**Ministério Público ou autoridade policial:** a prisão preventiva do agressor necessita de autorização judicial e poderá ser concedida: [1] *requerimento do Ministério Público ou [2] representação da autoridade policial* — no inquérito policial ou na instrução criminal (durante o processo penal poderá o juiz decretá-la de ofício).

> ***Art. 21.*** *A ofendida deverá ser notificada dos atos processuais relativos ao agressor, especialmente dos pertinentes ao ingresso e à saída da prisão, sem prejuízo da intimação do advogado constituído ou do defensor público.*
>
> ***Parágrafo único.*** *A ofendida não poderá entregar intimação ou notificação ao agressor.*

**Notificação dos atos processuais:** a ofendida deve ser "notificada" (ou "cientificada") sobre todos os atos processuais que envolverem o agressor; vedando-se, entretanto, que ela entregue intimação ou notificação ao agressor.

### Medidas protetivas de urgência que obrigam o agressor

> ***Art. 22.*** *Constatada a prática de violência doméstica e familiar contra a mulher, nos termos desta Lei, o juiz poderá aplicar, de imediato, ao agressor, em conjunto ou separadamente, as seguintes medidas protetivas de urgência, entre outras:*
>
> ***I.*** *suspensão da posse ou restrição do porte de armas, com comunicação ao órgão competente, nos termos da Lei nº 10.826, de 22 de dezembro de 2003 (Estatuto do Desarmamento);*
>
> ***II.*** *afastamento do lar, domicílio ou local de convivência com a ofendida;*
>
> ***III.*** *proibição de determinadas condutas, entre as quais:*
>
> ***a)*** *aproximação da ofendida, de seus familiares e das testemunhas, fixando o limite mínimo de distância entre estes e o agressor;*
>
> ***b)*** *contato com a ofendida, seus familiares e testemunhas por qualquer meio de comunicação;*
>
> ***c)*** *frequentação de determinados lugares a fim de preservar a integridade física e psicológica da ofendida;*
>
> ***IV.*** *restrição ou suspensão de visitas aos dependentes menores, ouvida a equipe de atendimento multidisciplinar ou serviço similar;*
>
> ***V.*** *prestação de alimentos provisionais ou provisórios.*
>
> ***§1º.*** *As medidas referidas neste artigo não impedem a aplicação de outras previstas na legislação em vigor, sempre que a segurança da ofendida ou as circunstâncias o exigirem, devendo a providência ser comunicada ao Ministério Público.*
>
> ***§2º.*** *Na hipótese de aplicação do inciso I, encontrando-se o agressor nas condições mencionadas no 'caput' e incisos do art. 6º da Lei nº 10.826, de 22 de dezembro de 2003 (Estatuto do Desarmamento), o juiz comunicará ao respectivo órgão, corporação ou instituição as medidas protetivas de urgência concedidas e determinará a restrição do porte de armas, ficando o superior imediato do agressor responsável pelo cumprimento da determinação judicial, sob pena de incorrer nos crimes de prevaricação ou de desobediência, conforme o caso.*
>
> ***§3º.*** *Para garantir a efetividade das medidas protetivas de urgência, poderá o juiz requisitar, a qualquer momento, auxílio da força policial.*
>
> ***§4º.*** *Aplica-se às hipóteses previstas neste artigo, no que couber, o disposto no 'caput' e nos §§ 5º e 6º do art. 461 da Lei nº 5.869, de 11 de janeiro de 1973 (Código de Processo Civil).*

18 **STJ, Jurisprudência em Teses nº 41.** Precedentes: REsp 1.537.749/DF; AgRg no REsp 1.442.015/MG; RHC 42.228/SP; AgRg no REsp 1.358.215/MG; RHC 45.444/MG; AgRg no REsp 1.428.577/DF; AgRg no HC 213.597/MT; HC 184.923/DF; RHC 33.881/MG; HC 242.458/DF (Vide Inf. 509).

**Medidas isoladas ou cumulativamente:** determina o *caput* do art. 22 que o juiz poderá, de imediato, aplicar as medidas protetivas de urgência isoladas ou cumulativamente, entre outras, ou seja, o rol é exemplificativo.

**Comunicação ao Ministério Público (§1º):** como o rol é exemplificativo, poderá o juiz competente aplicar outras medidas previstas na legislação em vigor, mas sempre notificando o Ministério Público.

**Agentes de segurança pública (§2º):** tratando-se de agentes de segurança previstos no rol do *caput* e incisos do art. 6º do Estatuto do Desarmamento, o juiz competente irá comunicar o órgão competente e o superior hierárquico ficará responsável pela restrição do porte do subordinado sob de pena de incorrer nos crimes de prevaricação ou desobediência, conforme o caso.

**Auxílio da força policial (§3º):** a fim de garantir a efetividade das medidas protetivas, o juiz poderá requisitar o auxílio da força policial.

| Medidas protetivas de urgência que obrigam o agressor, entre outras (art. 22): | |
|---|---|
| Suspensão de posse/porte de armas: | Com comunicação ao órgão competente, nos termos da Lei nº 10.826, de 22 de dezembro de 2003 (Estatuto do Desarmamento); |
| Afastamento do lar: | Ou local de convivência com a ofendida; |
| Proibição de condutas: | a) aproximação da ofendida, de seus familiares e das testemunhas, fixando o limite mínimo de distância entre estes e o agressor;<br>b) contato com a ofendida, seus familiares e testemunhas por qualquer meio de comunicação;<br>c) frequentação de determinados lugares a fim de preservar a integridade física e psicológica da ofendida; |
| Restrição de visitas: | Aos dependentes menores, ouvida a equipe de atendimento multidisciplinar ou serviço similar; |
| Prestação de alimentos: | Provisionais ou provisórios. |

## Medidas protetivas de urgência à ofendida

***Art. 23.*** *Poderá o juiz, quando necessário, sem prejuízo de outras medidas:*

***I.*** *encaminhar a ofendida e seus dependentes a programa oficial ou comunitário de proteção ou de atendimento;*

***II.*** *determinar a recondução da ofendida e a de seus dependentes ao respectivo domicílio, após afastamento do agressor;*

***III.*** *determinar o afastamento da ofendida do lar, sem prejuízo dos direitos relativos a bens, guarda dos filhos e alimentos;*

***IV.*** *determinar a separação de corpos;*

***V.*** *determinar a matrícula dos dependentes da ofendida em instituição de educação básica mais próxima do seu domicílio, ou a transferência deles para essa instituição, independentemente da existência de vaga. (Incluído pela Lei nº 13.882, de 8/10/2019)*

| Medidas protetivas de urgência à ofendida, entre outras (art. 23): | |
|---|---|
| Programa de proteção: | Encaminhamento da ofendida e de seus dependentes à programa oficial ou comunitário de proteção ou de atendimento; |
| Recondução ao domicílio: | Determinação de reconduzir a ofendida e seus dependentes ao respectivo domicílio, após afastamento do agressor; |
| Afastamento do lar: | Determinação de afastar a ofendida do lar, sem prejuízo dos direitos relativos a bens, guarda dos filhos e alimentos; |
| Separação matrimonial: | Determinação da separação de corpos; |
| Matrícula escolar: | Determinação de matrícula dos dependentes da ofendida em instituição de educação básica mais próxima do seu domicílio, ou a transferência deles para essa instituição, independentemente da existência de vaga. |

***Art. 24.*** *Para a proteção patrimonial dos bens da sociedade conjugal ou daqueles de propriedade particular da mulher, o juiz poderá determinar, liminarmente, as seguintes medidas, entre outras:*

***I.*** *restituição de bens indevidamente subtraídos pelo agressor à ofendida;*

***II.*** *proibição temporária para a celebração de atos e contratos de compra, venda e locação de propriedade em comum, salvo expressa autorização judicial;*

***III.*** *suspensão das procurações conferidas pela ofendida ao agressor;*

***IV.*** *prestação de caução provisória, mediante depósito judicial, por perdas e danos materiais decorrentes da prática de violência doméstica e familiar contra a ofendida.*

***Parágrafo único.*** *Deverá o juiz oficiar ao cartório competente para os fins previstos nos incisos II e III deste artigo.*

| Medidas protetivas do patrimônio da ofendida (art. 24): | |
|---|---|
| Restituição de bens: | indevidamente subtraídos pelo agressor à ofendida; |
| Proibição temporária: | para a celebração de atos e contratos de compra, venda e locação de propriedade em comum, salvo expressa autorização judicial; |
| Suspensão de procurações: | conferidas pela ofendida ao agressor; |
| Prestação de caução provisória: | mediante depósito judicial, por perdas e danos materiais decorrentes da prática de violência doméstica e familiar contra a ofendida. |

## Do crime de descumprimento de medidas protetivas de urgência

### Descumprimento de medidas protetivas de urgência

***Art. 24-A.*** *Descumprir decisão judicial que defere medidas protetivas de urgência previstas nesta Lei: (Artigo acrescido pela Lei nº 13.641, de 3/4/2018)*

***Pena*** *– detenção, de 3 (três) meses a 2 (dois) anos.*

***§1º.*** *A configuração do crime independe da competência civil ou criminal do juiz que deferiu as medidas.*

***§2º.*** *Na hipótese de prisão em flagrante, apenas a autoridade judicial poderá conceder fiança.*

***§3º.*** *O disposto neste artigo não exclui a aplicação de outras sanções cabíveis.*

Antes da Lei nº 13.641, de 3 de abril de 2018, ao agente que descumprisse medida de protetiva de urgência, o juiz poderia aplicar outras sanções previstas, como exemplo, a possibilidade de se aplicar a prisão preventiva (art. 313, III, CPP)[19]. Portanto, antigamente o seu descumprimento não configurava crime na Lei Maria da Penha nem mesmo o de desobediência (art. 330, CP).

***STJ:** O descumprimento de medida protetiva de urgência não configura o crime de desobediência, em face da existência de outras sanções previstas no ordenamento jurídico para a hipótese.*[20]

Mesmo após a vigência da Lei nº 13.641/18, não configura o delito de desobediência (art. 330, CP), mas sim o crime de **"descumprimento de medidas protetivas de urgência"** (art. 24-A, Lei nº 11.340/06) — especial modalidade de desobediência.

**Sujeito ativo:** é próprio (somente aquele que teve a medida protetiva de urgência decretada poderá cometê-lo).

**Elemento subjetivo e conduta:** é doloso (não admite a forma culposa) e comissivo (admite tentativa) ou omissivo (não admite tentativa).

**Consumação e tentativa:** trata-se de delito instantâneo (sua consumação se dá em momento certo: quando o agente *comete* a conduta proibida na decisão judicial ou *deixa* de praticar aquela que lhe foi ordenada) e; tanto é plurissubsistente (admite tentativa), *na forma comissiva;* como também, unissubsistente (não admite tentativa), *na forma omissiva.*

**Princípio da especialidade:** o crime de "descumprimento de medidas protetivas de urgência" (art. 24-A da Lei Maria da Penha) trata-se de especial modalidade de "desobediência" (art. 330 do Código Penal) e, por conseguinte, o tipo específico prevalece sobre o genérico, por força do princípio da especialidade.

**Ação penal:** é pública incondicionada, isto é, o Ministério Público deverá promover, privativamente, a ação penal pública (art. 129, I, CF/88), assim que tiver conhecimento, não podendo desistir da ação penal (art. 42, CPP).

**Inquérito policial:** mesmo que se trate de infração penal de menor potencial ofensivo, não se aplicará os institutos referentes a esta infração (art. 61, Lei nº 9.099/95), devendo, portanto, a autoridade policial instaurar inquérito policial de ofício assim que tomar conhecimento da materialidade do delito (art. 4º, caput, I, CPP).

**Competência:** é do Juizado de Violência Doméstica e Familiar Contra a Mulher (arts. 13 e 14).

**Descumprimento de medida protetiva penal ou civil (§1º):** o descumprimento de decisão judicial que defere medida protetiva de urgência prevista na Lei Maria da Penha não é somente a de cunho penal, mas também a civil, por exemplo, as impostas pelos arts. 22 a 24.

**Inadmissibilidade de fiança em sede policial (§2º):** cuidado, pois o art. 24-A da Lei Maria da Penha é *delito afiançável em sede judicial,* mas será inafiançável em sede policial. Assim, a fiança somente poderá ser decretada pelo juiz competente.

**Outras sanções (§3º):** o cometimento do crime em estudo não impede a aplicação de outras sanções cabíveis, como a prisão preventiva (art. 313, III, CPP)[21].

## Atuação do Ministério Público

> ***Art. 25.*** *O Ministério Público intervirá, quando não for parte, nas causas cíveis e criminais decorrentes da violência doméstica e familiar contra a mulher.*
>
> ***Art. 26.*** *Caberá ao Ministério Público, sem prejuízo de outras atribuições, nos casos de violência doméstica e familiar contra a mulher, quando necessário:*
>
> ***I.*** *requisitar força policial e serviços públicos de saúde, de educação, de assistência social e de segurança, entre outros;*
>
> ***II.*** *fiscalizar os estabelecimentos públicos e particulares de atendimento à mulher em situação de violência doméstica e familiar, e adotar, de imediato, as medidas administrativas ou judiciais cabíveis no tocante a quaisquer irregularidades constatadas;*
>
> ***III.*** *cadastrar os casos de violência doméstica e familiar contra a mulher.*

***"Custos legis":*** o Ministério Público, quando não for parte da ação, intervirá como fiscal da lei (art. 25).

| Competências do Ministério Público (art. 26): | |
|---|---|
| Requisitar: | força policial e serviços públicos *de saúde, de educação, de assistência social* e *de segurança,* entre outros; |
| Fiscalizar: | os estabelecimentos públicos e particulares de atendimento à mulher em situação de violência doméstica e familiar, e [...]; |
| Adotar: | de imediato, as medidas administrativas ou judiciais cabíveis no tocante a quaisquer irregularidades constatadas; |
| Cadastrar: | os casos de violência doméstica e familiar contra a mulher (no banco de dados à que se referem os art. 38 e 38-A). |

## Da assistência judiciária

> ***Art. 27.*** *Em todos os atos processuais, cíveis e criminais, a mulher em situação de violência doméstica e familiar deverá estar acompanhada de advogado, ressalvado o previsto no art. 19 desta Lei.*
>
> ***Art. 28.*** *É garantido a toda mulher em situação de violência doméstica e familiar o acesso aos serviços de Defensoria Pública ou de Assistência Judiciária Gratuita, nos termos da lei, em sede policial e judicial, mediante atendimento específico e humanizado.*

**Assistência Judiciária:** a ofendida deve estar acompanhada de advogado, caso não tenha condições para o seu pagamento, o Estado deverá lhe garantir que seja assistida pela Defensoria Pública. Tal assistência possui dois parâmetros: no inquérito policial e no processo judicial; além de atendimento específico e humanizado.

19 **Art. 313, caput, CPP:** *"Nos termos do art. 312 deste Código, será admitida a decretação da prisão preventiva: [...] III – se o crime envolver violência doméstica e familiar contra a mulher, criança, adolescente, idoso, enfermo ou pessoa com deficiência, para garantir a execução das medidas protetivas de urgência; [...]".*

20 **STJ, Jurisprudência em Teses nº 41.** *Precedentes*: AgRg no HC 305.448/RS; Ag no REsp 1.519.850/DF; HC 312.513/RS; AgRg no REsp 1454609/RS; AgRg no REsp 1.490.460/DF; HC 305.442/RS; AgRg no AREsp 575.017/DF; HC 299.165/RS; AgRg no REsp 1.482.990/MG; AgRg no REsp 1.477.632/DF (Vide Inf. 544).

21 **Art. 313, caput, CPP:** "Nos termos do art. 312 deste Código, será admitida a decretação da prisão preventiva: [...] III – se o crime envolver violência doméstica e familiar contra a mulher, criança, adolescente, idoso, enfermo ou pessoa com deficiência, para garantir a execução das medidas protetivas de urgência. [...]".

## 6.5 Da Equipe de Atendimento Multidisciplinar

***Art. 29.*** *Os Juizados de Violência Doméstica e Familiar contra a Mulher que vierem a ser criados poderão contar com uma equipe de atendimento multidisciplinar, a ser integrada por profissionais especializados nas áreas psicossocial, jurídica e de saúde.*

***Art. 30.*** *Compete à equipe de atendimento multidisciplinar, entre outras atribuições que lhe forem reservadas pela legislação local, fornecer subsídios por escrito ao juiz, ao Ministério Público e à Defensoria Pública, mediante laudos ou verbalmente em audiência, e desenvolver trabalhos de orientação, encaminhamento, prevenção e outras medidas, voltados para a ofendida, o agressor e os familiares, com especial atenção às crianças e aos adolescentes.*

***Art. 31.*** *Quando a complexidade do caso exigir avaliação mais aprofundada, o juiz poderá determinar a manifestação de profissional especializado, mediante a indicação da equipe de atendimento multidisciplinar.*

***Art. 32.*** *O Poder Judiciário, na elaboração de sua proposta orçamentária, poderá prever recursos para a criação e manutenção da equipe de atendimento multidisciplinar, nos termos da Lei de Diretrizes Orçamentárias (LDO).*

**Equipe multidisciplinar:** essa ajudará os Juizados de Violência Doméstica e Familiar Contra a Mulher que contará com profissionais específicos nas áreas psicossocial, jurídica e de saúde; devendo o Poder Judiciário prever recursos para a manutenção da equipe multidisciplinar, conforme dispõe a LDO.

## 6.6 Disposições Transitórias

***Art. 33.*** *Enquanto não estruturados os Juizados de Violência Doméstica e Familiar contra a Mulher, as varas criminais acumularão as competências cível e criminal para conhecer e julgar as causas decorrentes da prática de violência doméstica e familiar contra a mulher, observadas as previsões do Título IV desta Lei, subsidiada pela legislação processual pertinente.*

***Parágrafo único.*** *Será garantido o direito de preferência, nas varas criminais, para o processo e o julgamento das causas referidas no 'caput'.*

**Locais em que não há Juizado de Violência Doméstica e Familiar Contra a Mulher:** enquanto a comarca jurídica não possuir tais Juizados, ficará a cargo das varas criminais tais competências (cível e penal).

## 6.7 Disposições Finais

***Art. 34.*** *A instituição dos Juizados de Violência Doméstica e Familiar contra a Mulher poderá ser acompanhada pela implantação das curadorias necessárias e do serviço de assistência judiciária.*

***Art. 35.*** *A União, o Distrito Federal, os Estados e os Municípios poderão criar e promover, no limite das respectivas competências:*

***I.*** *centros de atendimento integral e multidisciplinar para mulheres e respectivos dependentes em situação de violência doméstica e familiar;*

***II.*** *casas-abrigos para mulheres e respectivos dependentes menores em situação de violência doméstica e familiar;*

***III.*** *delegacias, núcleos de defensoria pública, serviços de saúde e centros de perícia médico-legal especializados no atendimento à mulher em situação de violência doméstica e familiar;*

***IV.*** *programas e campanhas de enfrentamento da violência doméstica e familiar;*

***V.*** *centros de educação e de reabilitação para os agressores.*

***Art. 36.*** *A União, os Estados, o Distrito Federal e os Municípios promoverão a adaptação de seus órgãos e de seus programas às diretrizes e aos princípios desta Lei.*

***Art. 37.*** *A defesa dos interesses e direitos transindividuais previstos nesta Lei poderá ser exercida, concorrentemente, pelo Ministério Público e por associação de atuação na área, regularmente constituída há pelo menos um ano, nos termos da legislação civil.*

***Parágrafo único.*** *O requisito da pré-constituição poderá ser dispensado pelo juiz quando entender que não há outra entidade com representatividade adequada para o ajuizamento da demanda coletiva.*

***Art. 38.*** *As estatísticas sobre a violência doméstica e familiar contra a mulher serão incluídas nas bases de dados dos órgãos oficiais do Sistema de Justiça e Segurança a fim de subsidiar o sistema nacional de dados e informações relativo às mulheres.*

***Parágrafo único.*** *As Secretarias de Segurança Pública dos Estados e do Distrito Federal poderão remeter suas informações criminais para a base de dados do Ministério da Justiça.*

***Art. 38-A.*** *O juiz competente providenciará o registro da medida protetiva de urgência. (Artigo acrescido pela Lei nº 13.827, de 13/5/2019)*

***Parágrafo único.*** *As medidas protetivas de urgência serão registradas em banco de dados mantido e regulamentado pelo Conselho Nacional de Justiça, garantido o acesso do Ministério Público, da Defensoria Pública e dos órgãos de segurança pública e de assistência social, com vistas à fiscalização e à efetividade das medidas protetivas.*

***Art. 39.*** *A União, os Estados, o Distrito Federal e os Municípios, no limite de suas competências e nos termos das respectivas leis de diretrizes orçamentárias, poderão estabelecer dotações orçamentárias específicas, em cada exercício financeiro, para a implementação das medidas estabelecidas nesta Lei.*

***Art. 40.*** *As obrigações previstas nesta Lei não excluem outras decorrentes dos princípios por ela adotados.*

***Art. 41.*** *Aos crimes praticados com violência doméstica e familiar contra a mulher, independentemente da pena prevista, não se aplica a Lei nº 9.099, de 26 de setembro de 1995 (Lei dos Juizados Especiais Cíveis e Criminais).*

Não se aplica a **Lei nº 9.099/95** (JECrim) à violência doméstica e familiar contra a mulher, em todos os sentidos: *sursis* processual (suspensão condicional do processo), transação penal, reparação dos danos, entre outros dispositivos.

***Súmula nº 536, STJ:*** *A suspensão condicional do processo e a transação penal não se aplicam na hipótese de delitos sujeitos ao rito da Lei Maria da Penha.*

### Lesão corporal leve e culposa

***Súmula nº 542, STJ:*** *A ação penal relativa ao crime de lesão corporal resultante de violência doméstica contra a mulher é pública incondicionada.*

Na violência doméstica e familiar contra a mulher que gere lesão corporal leve ou culposa, a **ação penal é pública incondicionada.**

Os demais crimes de ação penal pública condicionada à representação **continuarão** com a mesma regra do Código Penal ou outras Leis Penais Especiais, o que não se aplica à Lei Maria da Penha é a Lei nº 9.099/95 (JECrim)[22]. Por exemplo: o **crime de ameaça** contra a mulher em situação de violência domés-

22 **Art. 88, Lei nº 9.099/95:** "Além das hipóteses do Código Penal e da legislação especial, dependerá de representação a ação penal relativa aos crimes de lesões corporais leves e lesões culposas.". **(DISPOSITIVO NÃO APLICÁVEL À VIOLÊNCIA DOMÉSTICA E FAMILIAR CONTRA A MULHER)**

tica e familiar, continua a ser de **ação penal pública condicionada** à representação da vítima, conforme dispõe o art. 147, parágrafo único, do Código Penal.

> **STJ:** *O crime de lesão corporal, ainda que leve ou culposo, praticado contra a mulher no âmbito das relações domésticas e familiares, deve ser processado mediante ação penal pública incondicionada.*[23]

## 6.8 Alterações Legislativas

> ***Art. 42.*** *O art. 313 do Decreto-Lei nº 3.689, de 3 de outubro de 1941 (Código de Processo Penal), passa a vigorar acrescido do seguinte inciso IV:*
>
> *"Art. 313. ......................................................................................*
>
> *IV. se o crime envolver violência doméstica e familiar contra a mulher, nos termos da lei específica, para garantir a execução das medidas protetivas de urgência."*
>
> ***Art. 43.*** *A alínea "f" do inciso II do art. 61 do Decreto-Lei nº 2.848, de 7 de dezembro de 1940 (Código Penal), passa a vigorar com a seguinte redação:*
>
> *"Art. 61. ......................................................................................*
>
> *I - ..............................................................................................*
>
> *f) com abuso de autoridade ou prevalecendo-se de relações domésticas, de coabitação ou de hospitalidade, ou com violência contra a mulher na forma da lei específica;"*
>
> ***Art. 44.*** *O art. 129 do Decreto-Lei nº 2.848, de 7 de dezembro de 1940 (Código Penal), passa a vigorar com as seguintes alterações:*
>
> *"Art. 129. ......................................................................................*
>
> ***§9º.*** *Se a lesão for praticada contra ascendente, descendente, irmão, cônjuge ou companheiro, ou com quem conviva ou tenha convivido, ou, ainda, prevalecendo-se o agente das relações domésticas, de coabitação ou de hospitalidade:*
>
> ***Pena*** *– detenção, de 3 (três) meses a 3 (três) anos.*
>
> ***§11.*** *Na hipótese do §9º deste artigo, a pena será aumentada de um terço se o crime for cometido contra pessoa portadora de deficiência. ......................................................................................"*
>
> ***Art. 45.*** *O art. 152 da Lei nº 7.210, de 11 de julho de 1984 (Lei de Execução Penal), passa a vigorar com a seguinte redação:*
>
> *"Art. 152. ......................................................................................*
>
> *Parágrafo único. Nos casos de violência doméstica contra a mulher, o juiz poderá determinar o comparecimento obrigatório do agressor a programas de recuperação e reeducação.*

23 **STJ, Jurisprudência em Teses nº 41.** Precedentes: REsp 1.537.749/DF; AgRg no REsp 1.442.015/MG; RHC 42.228/SP; AgRg no REsp 1.358.215/MG; RHC 45.444/MG; AgRg no REsp 1.428.577/DF; AgRg no HC 213.597/MT; HC 184.923/DF; RHC 33.881/MG; HC 242.458/DF (Vide Inf. 509).

# 7. DOS CRIMES CONTRA A PESSOA

Os direitos e garantias individuais não têm caráter absoluto, por esse motivo, o direito à vida é relativo.

**Ex.:** Pena de morte em caso de guerra externa. (art. 5º, XLVII, "a", CF/88). O crime de homicídio, capitulado nos crimes contra a vida, está descrito no art. 121 do Código Penal, e versa sobre a eliminação da vida humana extrauterina.

Vejamos no quadro abaixo quais são os crimes dolosos contra a vida, e suas principais peculiaridades:

| Crimes Contra a Vida | |
|---|---|
| Homicídio (art. 121, CP) | São todos crimes processados mediante ação penal pública incondicionada.<br>São Julgados pelo tribunal do Júri.<br>**Obs.:** O homicídio culposo é julgado pelo juízo singular (vara criminal). |
| Participação em Suicídio (art. 122, CP) | |
| Infanticídio (art. 123, CP) | |
| Aborto (Arts. 124 a 126, CP) | |

Dos crimes culposos contra a vida, só há o homicídio. Os demais não comportam a modalidade culposa, o aborto culposo pode ser resultado qualificado, mas crime autônomo ele não é. Não há infanticídio culposo também. Só o homicídio admite a forma culposa.

## 7.1 Dos Crimes Contra a Vida

### Homicídio

***Art. 121.*** *Matar alguém:*

***Pena*** *- reclusão, de seis a vinte anos*

*Caso de diminuição de pena*

***§ 1º*** *Se o agente comete o crime impelido por motivo de relevante valor social ou moral, ou sob o domínio de violenta emoção, logo em seguida a injusta provocação da vítima, o juiz pode reduzir a pena de um sexto a um terço.*

*Homicídio qualificado*

***§ 2°*** *Se o homicídio é cometido:*

***I.*** *mediante paga ou promessa de recompensa, ou por outro motivo torpe;*

***II.*** *por motivo futil;*

***III.*** *com emprego de veneno, fogo, explosivo, asfixia, tortura ou outro meio insidioso ou cruel, ou de que possa resultar perigo comum;*

***IV.*** *à traição, de emboscada, ou mediante dissimulação ou outro recurso que dificulte ou torne impossivel a defesa do ofendido;*

***V.*** *para assegurar a execução, a ocultação, a impunidade ou vantagem de outro crime:*

***Pena*** *- reclusão, de doze a trinta anos.*

*Feminicídio (Incluído pela Lei nº 13.104, de 2015)*

***VI.*** *contra a mulher por razões da condição de sexo feminino: (Incluído pela Lei nº 13.104, de 2015)*

***VII.*** *contra autoridade ou agente descrito nos arts. 142 e 144 da Constituição Federal, integrantes do sistema prisional e da Força Nacional de Segurança Pública, no exercício da função ou em decorrência dela, ou contra seu cônjuge, companheiro ou parente consanguíneo até terceiro grau, em razão dessa condição: (Incluído pela Lei nº 13.142, de 2015)*

***VIII.*** *com emprego de arma de fogo de uso restrito ou proibido: (Incluído pela Lei nº 13.964, de 2019).*

***Pena*** *- reclusão, de doze a trinta anos.*

***§ 2º-A*** *Considera-se que há razões de condição de sexo feminino quando o crime envolve: (Incluído pela Lei nº 13.104, de 2015)*

***I.*** *violência doméstica e familiar; (Incluído pela Lei nº 13.104, de 2015)*

***II.*** *menosprezo ou discriminação à condição de mulher. (Incluído pela Lei nº 13.104, de 2015)*

*Homicídio culposo*

***§ 3º*** *Se o homicídio é culposo: (Vide Lei nº 4.611, de 1965)*

***Pena*** *- detenção, de um a três anos.*

*Aumento de pena*

***§ 4º*** *No homicídio culposo, a pena é aumentada de 1/3 (um terço), se o crime resulta de inobservância de regra técnica de profissão, arte ou ofício, ou se o agente deixa de prestar imediato socorro à vítima, não procura diminuir as conseqüências do seu ato, ou foge para evitar prisão em flagrante. Sendo doloso o homicídio, a pena é aumentada de 1/3 (um terço) se o crime é praticado contra pessoa menor de 14 (quatorze) ou maior de 60 (sessenta) anos. (Redação dada pela Lei nº 10.741, de 2003)*

***§ 5º*** *Na hipótese de homicídio culposo, o juiz poderá deixar de aplicar a pena, se as conseqüências da infração atingirem o próprio agente de forma tão grave que a sanção penal se torne desnecessária. (Incluído pela Lei nº 6.416, de 24.5.1977)*

***§ 6º*** *A pena é aumentada de 1/3 (um terço) até a metade se o crime for praticado por milícia privada, sob o pretexto de prestação de serviço de segurança, ou por grupo de extermínio. (Incluído pela Lei nº 12.720, de 2012)*

***§ 7º*** *A pena do feminicídio é aumentada de 1/3 (um terço) até a metade se o crime for praticado: (Incluído pela Lei nº 13.104, de 2015)*

***I.*** *durante a gestação ou nos 3 (três) meses posteriores ao parto; (Incluído pela Lei nº 13.104, de 2015)*

***II.*** *contra pessoa menor de 14 (catorze) anos, maior de 60 (sessenta) anos, com deficiência ou portadora de doenças degenerativas que acarretem condição limitante ou de vulnerabilidade física ou mental; (Redação dada pela Lei nº 13.771, de 2018)*

***III.*** *na presença física ou virtual de descendente ou de ascendente da vítima; (Redação dada pela Lei nº 13.771, de 2018)*

***IV.*** *em descumprimento das medidas protetivas de urgência previstas nos incisos I, II e III do caput do art. 22 da Lei nº 11.340, de 7 de agosto de 2006. (Incluído pela Lei nº 13.771, de 2018)*

*Homicídio Simples*

***Art. 121.*** *Matar alguém:*

***Pena*** *- reclusão, de seis a vinte anos.*

*Caso de Diminuição de Pena*

***§ 1º*** *Se o agente comete o crime impelido por motivo de relevante valor social ou moral, ou sob o domínio de violenta emoção, logo em seguida a injusta provocação da vítima, ou juiz pode reduzir a pena de um sexto a um terço.*

*Homicídio Qualificado*

***§ 2º*** *Se o homicídio é cometido:*

***I.*** *Mediante paga ou promessa de recompensa, ou por outro motivo torpe;*

***II.*** *Por motivo fútil;*

***III.*** *Com emprego de veneno, fogo, explosivo, asfixia, tortura ou outro meio insidioso ou cruel, ou de que possa resultar perigo comum;*

***IV.*** *À traição, de emboscada, ou mediante dissimulação ou outro recurso que dificulte ou torne impossível a defesa do ofendido;*

***V.*** *Para assegurar a execução, a ocultação, a impunidade ou vantagem de outro crime:*

***Pena*** *- reclusão, de doze a trinta anos.*

*Homicídio Culposo*

***§ 3º****. Se o homicídio é culposo:*

***Pena*** *- detenção, de um a três anos.*

***Aumento de pena***

***§ 4º****. No homicídio culposo, a pena é aumentada de 1/3 (um terço), se o crime resulta de inobservância de regra técnica de profissão, arte ou ofício, ou se o agente deixa de prestar imediato socorro à vítima, não procura diminuir as consequências do seu ato, ou foge para evitar prisão em flagrante. Sendo doloso o homicídio, a pena é aumentada de 1/3 (um terço) se o crime é praticado contra pessoa menor de 14 (quatorze) ou maior de 60 (sessenta) anos.*

***§ 5º****. Na hipótese de homicídio culposo, o juiz poderá deixar de aplicar a pena, se as consequências da infração atingirem o próprio agente de forma tão grave que a sanção penal se torne desnecessária.*

O homicídio é a morte injusta de uma pessoa praticada por outrem. De acordo com Nelson Hungria é o crime por excelência.

No art. 121, *caput* tem-se o chamado Homicídio Doloso Simples. No art. 121, §1º, tem-se o chamado Homicídio Doloso Privilegiado (causa de diminuição de pena). O art. 121, §2º, traz o Homicídio Doloso qualificado. O Art.121, §3º, prevê o Homicídio Culposo. O art. 121, §4º, do CP estabelece hipóteses de causa de aumento (majorantes) de pena no homicídio culposo. o §5º traz o Perdão Judicial.

E o homicídio preterdoloso? Está previsto no art. 129, §3º do CP: é a lesão corporal seguida de morte.

Homicídio não é genocídio, são dois crimes distintos. Nem todo homicídio em massa será considerado genocídio. Para ser genocídio , a conduta deve se enquadrar na Lei n° 2.889/1956, o agente deve ter a vontade/propósito de exterminar total ou parcialmente um grupo étnico, social ou religioso. Se o objetivo não for esse, não há se falar em genocídio. Pode ser genocídio segregando membros de um grupo, impedindo o nascimento no seio de um grupo. Foi o que Saddam Hussein fez com os Curdos no Iraque, por exemplo.

## Homicídio simples

***Art. 121.*** *Matar alguém:*

**Sujeito Ativo:** é crime comum, pode ser praticado por qualquer pessoa.

**Sujeito Passivo:** da mesma forma, pode ser qualquer pessoa. Magalhães Noronha entende que o Estado também figura como vítima do homicídio, justificando existir um interesse do ente político na conservação da vida humana, sua condição de existência.

Alguns autores apontam que, quando a vítima for o Presidente da República, do Senado Federal ou da Câmara dos Deputados, o crime pode ser contra a Segurança Nacional. A conduta pode ser tipificada no art. 121 do CP ou no art. 29 da Lei nº 7.170/83, consistindo em matar alguém com motivação política. Caso isso ocorra, tem-se a aplicação do Princípio da Especialidade.

## Conduta punida

A conduta punível nesse tipo penal nada mais é que tirar a vida de alguém. Atente-se para a diferença:

- **Vida intrauterina**: abortamento – aborto.
- **Vida extrauterina**: homicídio ou infanticídio.

Quanto ao início do parto, existem três correntes:

- 1ª Corrente: dá-se com o completo e total desprendimento do feto das entranhas maternas;
- 2ª Corrente: ocorre desde as dores do parto;
- 3ª Corrente: ocorre com a dilatação do colo do útero.

**Forma de execução:** trata-se de delito de execução livre, podendo ser praticado por ação ou omissão, meios de execução diretos ou indiretos.

**Tipo Subjetivo:** o art. 121, *caput* é punido a título de dolo direto ou dolo eventual.

> A finalidade do agente pode servir como privilégio ou como qualificadora.

Verifica-se o dolo eventual quando o agente assumiu o risco de praticar a conduta delituosa. Atualmente os tribunais entendem que quando o agente, embriagado, pratica homicídio de trânsito, pode ser condenado pelo homicídio do art. 121 do CP, tendo em vista que, ao ingerir bebida alcoólica e tomar a direção de um veículo, assumiu o risco de produzir o evento danoso.

## Consumação e tentativa

Trata-se de delito material ou de resultado, ou seja, o delito consuma-se com a morte. A morte dá-se com a cessação da atividade encefálica. Cessando a atividade encefálica, o agente será considerado morto, conforme se extrai da Lei nº 9.434/97 – Lei de Transplantes. A tentativa é possível, considerando que o homicídio se trata de crime plurissubsistente, permitindo-se o fracionamento da execução.

O homicídio simples pode ser considerado crime hediondo quando praticado em atividade típica de grupo de extermínio, conforme prevê o art. 1° da Lei n°8.072/1990 (Lei dos Crimes Hediondos). É o chamado homicídio condicionado. O homicídio também pode ser praticado através de relações sexuais ou atos libidinosos.

**Ex.:** "A", portador do vírus HIV (AIDS) e sabedor desta condição, com a intenção de matar, tem relação sexual com "B", com o fim de transmitir voluntária e dolosamente o vírus a este último. Nesta situação, após a transmissão, enquanto "B" não morrer, "A" responderá por tentativa de homicídio, após a morte de "B", "A" responderá por homicídio consumado.

## Homicídio privilegiado

***Art. 121****, § 1º. Se o agente comete o crime impelido por motivo de relevante valor social ou moral, ou sob o domínio de violenta emoção, logo em seguida a injusta provocação da vítima, ou juiz pode reduzir a pena de um sexto a um terço.*

O Homicídio Privilegiado é causa de diminuição de pena, havendo a redução de 1/6 a 1/3. Essa diminuição de pena é direito subjetivo do réu, sendo que, presentes os requisitos, o juiz deve reduzir a pena.

### Hipóteses privilegiadoras

**Se o agente comete o crime por motivo de relevante valor social**

No valor social, o agente mata para atender os interesses de toda coletividade.

**Ex.:** Matar estuprador do bairro; matar um assassino que aterroriza a cidade.

**Se o agente comete o crime por relevante valor moral: o agente mata para atender interesses particulares, diferente do valor social**

Esses interesses morais são ligados aos sentimentos de compaixão, misericórdia ou piedade.

**Ex.:** Eutanásia; A mata B porque este matou seu filho.

Alguns autores salientam que o entendimento doutrinário mais recente, é no sentido de que a ortotanásia não seja crime, mas essa questão, indagada em concurso do MP de SC, foi considerada tão crime como a eutanásia.

**Se o agente comete o crime sob o domínio de violenta emoção, logo em seguida a injusta provocação da vítima - Homicídio Emocional**

Atente-se que domínio não se confunde com mera influência. A mera influência é uma atenuante de pena prevista no art. 65 do CP.

É necessário observar que o homicídio deve ocorrer logo após a injusta provocação da vítima, ou seja, deve haver imediatidade da reação (reação sem intervalo temporal). Entende a jurisprudência que, enquanto perdurar o domínio da violenta emoção, a reação será considerada imediata.

Observa-se ainda que a provocação da vítima deve ser injusta, e isso não traduz, necessariamente, um fato típico. Pode haver injusta provocação sem configurar fato típico, mas serve para configurar o homicídio emocional.

**Ex.:** Adultério.

Se for injusta a agressão da vítima, será caso de legitima defesa.

O privilégio é sempre circunstância do crime. Sendo que as circunstâncias subjetivas são incomunicáveis, nos termos do art. 30 do CP. Já as circunstâncias objetivas são comunicáveis, nos termos do art. 30, in fine.

| Circunstâncias Subjetivas | Circunstâncias Objetivas |
|---|---|
| Não se comunicam. | Comunicam-se. |
| Ligam-se ao motivo ou estado anímico do agente | Ligam-se ao meio / modo de execução |
| Como as privilegiadoras aqui citadas são subjetivas, não haverá comunicabilidade em relação aos demais autores do crime, logo não se aplica ao **coautor** se não restarem comprovados os mesmos requisitos. | |

## Homicídio qualificado

Posição Majoritária – 6ª Turma do STJ (HC 78.643/PR), Nelson Hungria, Raúl Eugênio Zaffaroni e Alexandre Araripe Marinho – As qualificadoras não são, a rigor, circunstâncias, mas sim elementares do Tipo Derivado, porque dão pena abstrata nova, ou seja, podem ser identificadas antes mesmo da fixação da pena-base. Então sempre se comunicam.

O homicídio qualificado é sempre crime hediondo.

*Homicídio Qualificado*

***§ 2º.*** *Se o homicídio é cometido:*

***I.*** *Mediante paga ou promessa de recompensa, ou por outro motivo torpe;*

***II.*** *Por motivo fútil;*

***III.*** *Com emprego de veneno, fogo, explosivo, asfixia, tortura ou outro meio insidioso ou cruel, ou de que possa resultar perigo comum;*

***IV.*** *À traição, de emboscada, ou mediante dissimulação ou outro recurso que dificulte ou torne impossível a defesa do ofendido;*

***V.*** *Para assegurar a execução, a ocultação, a impunidade ou vantagem de outro crime:*

***Pena*** *- reclusão, de doze a trinta anos.*

## Motivo torpe

É o motivo abjeto, ignóbil, vil, espelhando ganância.

É indagado se a qualificadora da torpeza se aplica também ao mandante, ou apenas para o executor.

Alguns autores dizem que a resposta depende se a qualificadora for compreendida como elementar ou circunstância. Entendendo que se trata de circunstância, somente o executor responde pelo homicídio qualificado já que a circunstância subjetiva não se comunica. Por outro lado, entendendo-se que se trata de elementar subjetiva do crime, haverá comunicabilidade, estendendo-se a qualificadora ao mandante (ambos respondem pela qualificadora – mandante e executor).

Atualmente, prevalece a segunda hipótese, ou seja, que se trata de elementar subjetiva do crime, respondendo o mandante e o executor pelo crime qualificado.

## Mediante paga ou promessa de recompensa

No caso de o agente matar mediante paga ou promessa de recompensa de natureza diversa da econômica, por exemplo, sexual, continua se tratando de motivo torpe, pois não deixa de se ajustar ao encerramento genérico, somente não configurando o exemplo dado no início do inciso. É o chamado homicídio mercenário.

O homicídio mercenário que nada mais é que um exemplo de torpeza. O executor é chamado de matador de aluguel.

O crime, mediante paga ou promessa, é crime de concurso necessário (plurisubsistente – plurilateral – plurisubjetivo), exigindo-se pelo menos duas pessoas (mandante e executor).

Neste caso, necessariamente a natureza é econômica, logo se a vantagem era promessa sexual, entre outras, não incidirá a qualificadora.

No inciso I o legislador encerrou de forma genérica, o que permite a interpretação analógica, ou seja, permite ao juiz a análise de outras situações que aqui podem se enquadrar.

CIÚME não é considerado motivo torpe.
AUSÊNCIA de motivo não é considerado motivo fútil.
Um motivo não pode ser FÚTIL e TORPE ao mesmo tempo, pois um exclui o outro.

## Por motivo fútil

Segundo alguns autores é aquele que ocorre quando o móvel apresenta real desproporção entre o delito e a sua causa moral. Tem-se a pequeneza do motivo (matar por pouca coisa).

**Ex.:** Briga de trânsito.

Tem caráter SUBJETIVO, pois se refere à motivação do agente para cometer o crime.

É um motivo insignificante, de pouca importância, completamente desproporcional à natureza do crime praticado.

Atente-se que, motivo fútil não se confunde com motivo injusto, uma vez que a injustiça é característica de todo e qualquer crime - injusto penal.

Se não há motivo comprovado nos autos, poderá ser denunciado por homicídio qualificado pelo motivo fútil? Aqui há duas correntes:

**1ª Corrente:** a ausência de motivos equipara-se ao motivo fútil, pois seria um contrassenso conceber que o legislador punisse com pena mais grave quem mata por futilidade, permitindo que o que age sem qualquer motivo receba sanção mais branda. (MAJORITÁRIA)

**2ª Corrente:** a ausência de motivos não pode ser equiparada ao motivo fútil, sob pena de se ofender o princípio da reserva legal. É o que entende Cezar Roberto Bitencourt – para ele o legislador que deve incluir a ausência de motivo no rol das qualificadoras.

**Com emprego de veneno, fogo, explosivo, asfixia, tortura ou outro meio insidioso ou cruel, ou de que possa resultar perigo comum**

No inciso III, novamente é possível a interpretação analógica, tendo como exemplos o emprego de veneno, fogo, explosivo, asfixia ou tortura.

Tem caráter objetivo, pois se refere aos meios empregados pelo agente para o cometimento do homicídio.

No caso do emprego de veneno, é imprescindível que a vítima desconheça estar ingerindo a substância letal.

No caso de tortura, o agente emprega crueldade na conduta, provocando na vítima sofrimento desnecessário antes da morte.

| Homicídio qualificado pela tortura (art. 121, § 2º, III, CP) | Tortura com resultado morte (art. 1º, § 3º, Lei nº 9.455/97) |
|---|---|
| Morte DOLOSA. | Morte PRETERDOLOSA. |
| O agente utiliza a tortura para provocar a morte da vítima. | O agente tem o dolo de torturar a vítima, e da tortura resulta culposamente sua morte. |
| Competência do Tribunal do Júri. | Competência do Juízo Singular (vara criminal). |
| A tortura foi o meio utilizado para a morte. | A tortura foi o fim desejado, mas a morte foi culposa. |

**A traição, de emboscada, ou mediante dissimulação ou outro recurso que dificulte ou torne impossível a defesa do ofendido**

No inciso IV legislador prevê como exemplos a traição, emboscada ou dissimulação, finalizando de maneira genérica o que também permite a interpretação analógica.

Tem caráter objetivo (modo de execução do crime).

Traição: ataque desleal, quebra de confiança.

Emboscada: aquele que ataca a vítima com surpresa. Ele se oculta para surpreender a vítima.

Dissimulação: significa fingimento, disfarçando o agente a sua intenção hostil.

**Ex.:** Aquele que convida para ir à casa de outrem e, lá chegando, mata o convidado.

**Para assegurar a execução, ocultação, a impunidade ou vantagem de outro crime**

O inciso V possui caráter subjetivo (refere-se aos motivos do crime). Trata das hipóteses de conexão teleológica e consequencial.

→ Quando se comete o crime para assegurar a execução, classifica-se o homicídio como qualificado teleológico.

**Ex.:** "A" pretendendo cometer um crime de extorsão mediante sequestro contra uma pessoa muito importante e para assegurar a execução mata o segurança do empresário.

→ Já no homicídio consequencial são as seguintes hipóteses:

| Conexão Consequencial | |
|---|---|
| Ocultação | Quer evitar a descoberta do crime cometido pelo agente. **Ex.:** Ocultar o cadáver após o homicídio. |
| Impunidade | O criminoso procura evitar que se descubra que ele foi o autor do crime. **Ex.:** Matar a testemunha ocular de um crime. |
| Vantagem | O agente quer usufruir a vantagem decorrente da prática de outro crime. **Ex.:** Um ladrão mata o outro para ficar com todo o dinheiro do roubo praticado por ambos. |

O STF tem admitido a coexistência do privilégio (caráter subjetivo) com as qualificadoras de caráter objetivo (chamado homicídio privilegiado-qualificado).

**Ex.:** "A" matou "B" envenenado porque este estuprou a filha daquele.

O homicídio privilegiado-qualificado não é considerado hediondo (pois a existência do privilégio afasta a hediondez do homicídio qualificado).

Matar por ocasião de outro crime, sem vínculo finalístico, não qualifica o crime.

O crime futuro deve ocorrer para gerar a conexão teleológica? O crime futuro não precisa ocorrer para gerar esta qualificadora, bastando matar para essa finalidade.

> Matar para assegurar uma contravenção penal não qualifica o crime nesta modalidade, mas pode qualificá-lo pelo motivo fútil.

Há possibilidades do homicídio qualificado ser privilegiado? Sim. Há essa possibilidade, quando as qualificadoras são objetivas.

Ou seja, uma das privilegiadoras, e uma das qualificadoras do meio cruel ou da torpeza (objetivas).

Para a maioria da doutrina, o homicídio qualificado quando também for privilegiado não será hediondo, uma vez que o privilégio é preponderante.

## Feminicídio

> ***VI.*** *Contra a mulher por razões da condição de sexo feminino:*
>
> ***Pena*** *- reclusão, de doze a trinta anos.*
>
> ***§ 2º-A.*** *Considera-se que há razões de condição de sexo feminino quando o crime envolve:*
>
> ***I.*** *Violência doméstica e familiar;*
>
> ***II.*** *Menosprezo ou discriminação à condição de mulher.*

***§ 7º** A Pena do feminicídio é aumentada de 1/3 (um terço) até a metade se o crime for praticado:*

***I.** Durante a gestação ou nos 3 (três) meses posteriores ao parto;*

***II.** Contra pessoa menor de 14 (catorze) anos, maior de 60 (sessenta) anos ou com deficiência;*

***III.** Na presença de descendente ou de ascendente da vítima.*

***Pena** - reclusão, de doze a trinta anos.*

A Lei nº 13.104/2015 introduziu no Código penal uma nova figura típica: o feminicídio. A pena para o homicídio qualificado é de 12 a 30 anos de prisão, e será aumentada em um terço se o crime acontecer durante a gestação ou nos três meses posteriores ao parto; se for contra adolescente menor de 14 anos ou adulto acima de 60 anos ou ainda pessoa com deficiência. Também se o assassinato for cometido na presença de descendente ou ascendente da vítima.

Pode-se definir como uma qualificadora do crime de homicídio motivada pelo ódio contra as mulheres, tendo como motivador as circunstâncias específicas em que o pertencimento da mulher ao sexo feminino é central na prática do delito. Entre essas circunstâncias estão incluídos: os assassinatos em contexto de violência doméstica ou familiar e o menosprezo ou discriminação à condição de mulher.

O feminicídio é qualificadora conhecida como crime fétido.

### Razões de Gênero

A qualificadora do feminicídio não poderá ser provada por um laudo pericial ou exame cadavérico, porque nem sempre um assassinado de uma mulher será considerado "feminicídio". Assim, para ser configurada a qualificadora do feminicídio, a acusação tem que provar que o crime foi cometido contra a mulher por razões da condição de sexo feminino.

O § 2°-A foi acrescentado como norma explicativa, para esclarecer as situações em que a morte da mulher ocorreu em razão da condição de sexo feminino, podendo se dar em duas situações:

- Violência doméstica e familiar;
- Menosprezo ou discriminação à condição de mulher;

O § 7º do art. 121 do CP estabelece causas de aumento de pena para o crime de feminicídio.

A pena será aumentada de 1/3 até a metade se for praticado:

- Durante a gravidez ou nos 3 meses posteriores ao parto;
- Contra pessoa menor de 14 anos, maior de 60 anos ou com deficiência;
- Na presença de ascendente ou descendente da vítima.

***Art. 1º.** São considerados hediondos os seguintes crimes, todos tipificados no Decreto-Lei nº 2.848, de 7 de dezembro de 1940 - Código Penal, consumados ou tentados:*

***I.** homicídio (art. 121), quando praticado em atividade típica de grupo de extermínio, ainda que cometido por um só agente, e homicídio qualificado (art. 121, § 2º, incisos I, II, III, IV, V, VI e VII e VIII);*

Como todo homicídio qualificado, o feminicídio também é considerado hediondo de acordo com o art. 1º da Lei nº 8.072/90 (Lei de Crimes Hediondos).

## Homicídio funcional

Essa qualificadora foi inserida pela Lei nº 13.142/2015, que acrescentou objetivamente essa conduta no rol dos crimes hediondos (art. 1º, I e I-A, da Lei nº 8.072/1990) e também aumentou a pena de 1/3 a 2/3 no art. 129, § 12 (lesão corporal).

***VII.** Contra autoridade ou agente descrito nos Arts. 142 e 144 da Constituição Federal, integrantes do sistema prisional e da Força Nacional de Segurança Pública, no exercício da função ou em decorrência dela, ou contra seu cônjuge, companheiro ou parente consanguíneo até terceiro grau, em razão dessa condição:*

**São autoridades previstas no art. 142 da CF/88**

***Art. 142.** As Forças Armadas, constituídas pela Marinha, pelo Exército e pela Aeronáutica, são instituições nacionais permanentes e regulares, organizadas com base na hierarquia e na disciplina, sob a autoridade suprema do Presidente da República, e destinam-se à defesa da Pátria, à garantia dos poderes constitucionais e, por iniciativa de qualquer destes, da lei e da ordem.*

**São autoridades do art. 144 da CF/88:**

***Art. 144.** A segurança pública, dever do Estado, direito e responsabilidade de todos, é exercida para a preservação da ordem pública e da incolumidade das pessoas e do patrimônio, através dos seguintes órgãos:*

***I.** Polícia federal;*

***II.** Polícia rodoviária federal;*

***III.** Polícia ferroviária federal;*

***IV.** Polícias civis;*

***V.** Polícias militares e corpos de bombeiros militares.*

***VI.** polícias penais federal, estaduais e distrital (EC nº 104/20190).*

A qualificadora do inciso VII objetiva prevenir ou reduzir crimes contra pessoas que atuam na área de segurança pública, no combate à criminalidade. É norma penal em branco, pois precisa ser complementada pelos arts. 142 e 144 da CF, acima mencionados.

### Homicídio com emprego de arma de fogo de uso restrito ou proibido.

O inciso VII foi acrescentado pela Lei n°13.964/2019 - Pacote Antricrime. Foi objeto de veto pelo Presidente da República, mas em 19/04/2021 foi afastado pelo Congresso Nacional (em vigência).

Trata-se de qualificadora objetiva, ou seja, refere-se ao meio de execução utilizado pelo agente (arma de fogo de uso restrito/proibido).

É norma penal em branco ao quadrado: necessita de complemento normativo, a fim de definir quais armas são de uso restrito/proibido. No caso, a definição é extraída do art. 3°, parágrafo único, do Anexo I do Decreto n°10.030/2019.

Trata-se de qualificadora com natureza de crime hediondo, por força do art. 1°, I, da Lei n° 8.072/1990.

## Homicídio culposo

***§ 3º.** Se o homicídio é culposo:*

***Pena** - detenção, de um a três anos.*

Ocorre o homicídio culposo quando o agente realiza uma conduta voluntária, com violação de dever objetivo de cuidado imposto a todos, por negligência, imprudência ou imperícia, produzindo, por consequência, um resultado (morte) involuntário, não previsto e nem querido, mas objetivamente previsível, que podia ter sido evitado caso observasse a devida atenção.

NÃO incide aumento quando o agente foge em razão de sérias ameaças de linchamento.

| Modalidades de Culpa | |
|---|---|
| Negligência | Culpa negativa. O agente deixa de fazer aquilo que a cautela manda.<br>**Ex.:** Viajar de carro com os freios danificados. |
| Imprudência | Culpa positiva. O agente pratica um ato perigoso.<br>**Ex.:** Trafegar com veículo no centro da cidade a 180 km/h. |
| Imperícia | Culpa profissional. É a falta de aptidão para o exercício de arte, profissão ou ofício para a qual o agente, apesar de autorizado a exercê-la, não possui conhecimentos teóricos ou práticos para tanto.<br>**Ex.:** Médico ginecologista que começa a realizar cirurgias plásticas sem especialização para tanto. |

Por se tratar de infração de médio potencial ofensivo (já que a pena mínima é de um ano) há possibilidade de suspensão condicional do processo.

Já quando ocorre o delito previsto no art. 302 do CTB – homicídio culposo na condução de veículo automotor – a pena é detenção de dois a quatro anos + a suspensão ou proibição da permissão de conduzir veículo.

| Art. 121, §3º, CP | Art. 302, CTB |
|---|---|
| Norma geral | Norma especial: na direção de veículo automotor. |
| Pena varia de 01 a 03 anos – infração penal de médio potencial ofensivo. | A pena é de 02 a quatro anos à infração penal de grande potencial ofensivo. |
| Admite a suspensão do processo. | Não admite suspensão condicional do processo. |

## Aumento de pena

> ***§ 4º.*** *No homicídio culposo, a pena é aumentada de 1/3 (um terço), se o crime resulta de inobservância de regra técnica de profissão, arte ou ofício, ou se o agente deixa de prestar imediato socorro à vítima, não procura diminuir as consequências do seu ato, ou foge para evitar prisão em flagrante. Sendo doloso o homicídio, a pena é aumentada de 1/3 (um terço) se o crime é praticado contra pessoa menor de 14 (quatorze) ou maior de 60 (sessenta) anos.*

Aqui se tem o rol das majorantes do homicídio doloso e o rol das majorantes do homicídio culposo.

### Aumento de pena de 1/3

Se o crime resulta de inobservância de regra técnica de profissão, arte ou ofício: neste caso, apesar do agente dominar a técnica, não observa o caso concreto. É diferente da imperícia, pois nessa hipótese, o agente não domina a técnica.

Se o agente deixa de prestar imediato socorro à vítima: neste caso, é necessário para a incidência da majorante que o socorro seja possível, e que o agente não tenha risco pessoal na conduta.

Não incide aumento quando terceiros prestarem socorro ou morte instantânea incontestável.

Neste caso, não incide também o art. 135 do CP (omissão de socorro), para evitar o *bis in idem*.

De acordo com o STF, se o autor do crime, apesar de reunir condições de socorrer a vítima não o faz, concluindo pela inutilidade da ajuda em face da gravidade da lesão, sofre a majorante do art. 121, §4º, do CP:

Se não procura diminuir as consequências do seu ato;

Se foge para evitar prisão em flagrante: para a maioria da doutrina esta majorante é aplicável, pois o agente demonstra, ao fugir do flagrante, ausência de escrúpulo e diminuta responsabilidade moral, lembrando que prejudica as investigações.

Para a doutrina moderna, essa majorante não deveria incidir, pois a pessoa estaria obrigada, nessa hipótese, a produzir prova contra si mesma, o que vai de encontro ao instituto de liberdade, e já que a fuga sem violência não é crime e daí que não poderia também incidir essa majorante. (Defensoria Pública).

No homicídio doloso a pena é aumentada de 1/3 se o crime é praticado contra:

- Menor de 14 anos;
- Maior de 60 anos (não abrange aquele que tem idade igual a 60 anos).

A idade da vítima deve ser conhecida pelo agente.

E se, quando do disparo de arma de fogo, a vítima tenha menos de 14 anos, e quando falece já é maior de 14, incide a majorante? SIM, neste caso analisa-se se na ocasião da ação a vítima era menor de 14 anos (teoria da atividade).

### Perdão Judicial

> ***§ 5º.*** *Na hipótese de homicídio culposo, o juiz poderá deixar de aplicar a pena, se as consequências da infração atingirem o próprio agente de forma tão grave que a sanção penal se torne desnecessária.*

Conceito: segundo alguns autores, perdão judicial é o instituto pelo qual o Juiz, não obstante a prática de um fato típico e ilícito, por um agente comprovadamente culpado, deixa de lhe aplicar, nas hipóteses taxativamente previstas em lei, o preceito sancionador cabível, levando em consideração determinadas circunstâncias que concorrem para o evento.

O perdão judicial somente é concedido após a sentença.

O perdão judicial é uma causa extintiva da punibilidade. E caso seja indagado pelo examinador acerca da diferença do perdão judicial para o perdão do ofendido, é necessário observar que:

| Perdão Judicial | Perdão do Ofendido |
|---|---|
| É ato unilateral (não precisa ser aceito pelo agente). | É ato bilateral (precisa ser aceito pelo agente). |
| Homicídio culposo ou lesão corporal culposa. | Somente na ação penal privada. |

O perdão judicial somente ocorre no homicídio culposo, se as circunstâncias da infração atingirem o agente de forma tão grave que a sanção penal se torne desnecessária.

**Ex.:** Pai culposamente atropela filho na garagem de casa.

Natureza jurídica da sentença concessiva de perdão judicial: De acordo com a Súmula 18 do STJ: A sentença concessiva do perdão judicial é declaratória da extinção da punibilidade, não subsistindo qualquer efeito condenatório.

Perdão Judicial e Código de Trânsito Brasileiro: O perdão judicial no CTB estava previsto no art. 300, mas este foi vetado.

O art. 120 do CP, prevê que a sentença que conceder perdão judicial não será considerada para efeitos de reincidência.

*Causa Específica de Aumento de Pena*

***§ 6º.*** *A pena é aumentada de 1/3 (um terço) até a metade se o crime for praticado por milícia privada, sob o pretexto de prestação de serviço de segurança, ou por grupo de extermínio.*

Esse parágrafo foi introduzido no Código Penal pela Lei nº 12.720 de 27 de setembro de 2012, juntamente com a mudança no §7º do crime de lesão corporal (art. 129 do CP) e o novo crime de constituição de milícia privada (art. 288-A do CP).

É uma majorante de concurso necessário, visto que um grupo não pode ser constituído por uma ou duas pessoas.

O legislador omitiu qual o número mínimo exigido para a configuração desses grupos de extermínio ou milícias, mas a interpretação que predomina é de no mínimo 03 pessoas.

Para que ocorra essa causa especial de aumento de pena, se faz necessário um especial fim de agir do grupo de milícia privada (pretexto de prestação de serviço de segurança). Essa majorante também é aplicada se for cometida por somente um integrante do grupo, somente se o referido homicídio já teria sido planejado pela milícia anteriormente.

**Ex.:** O que ocorre nas favelas do Rio de Janeiro.

## Induzimento, instigação ou auxílio ao suicídio

*Induzimento, instigação ou auxílio a suicídio ou a automutilação*

***Art. 122.*** *Induzir ou instigar alguém a suicidar-se ou a praticar automutilação ou prestar-lhe auxílio material para que o faça: (Redação dada pela Lei nº 13.968, de 2019)*

***Pena*** *- reclusão, de 6 (seis) meses a 2 (dois) anos. (Redação dada pela Lei nº 13.968, de 2019)*

***§ 1º*** *Se da automutilação ou da tentativa de suicídio resulta lesão corporal de natureza grave ou gravíssima, nos termos dos §§ 1º e 2º do art. 129 deste Código: (Incluído pela Lei nº 13.968, de 2019)*

***Pena*** *- reclusão, de 1 (um) a 3 (três) anos. (Incluído pela Lei nº 13.968, de 2019)*

***§ 2º*** *Se o suicídio se consuma ou se da automutilação resulta morte: (Incluído pela Lei nº 13.968, de 2019)*

***Pena*** *- reclusão, de 2 (dois) a 6 (seis) anos. (Incluído pela Lei nº 13.968, de 2019)*

***§ 3º*** *A pena é duplicada: (Incluído pela Lei nº 13.968, de 2019)*

***I.*** *se o crime é praticado por motivo egoístico, torpe ou fútil; (Incluído pela Lei nº 13.968, de 2019)*

***II.*** *se a vítima é menor ou tem diminuída, por qualquer causa, a capacidade de resistência. (Incluído pela Lei nº 13.968, de 2019)*

***§ 4º*** *A pena é aumentada até o dobro se a conduta é realizada por meio da rede de computadores, de rede social ou transmitida em tempo real. (Incluído pela Lei nº 13.968, de 2019)*

***§ 5º*** *Aumenta-se a pena em metade se o agente é líder ou coordenador de grupo ou de rede virtual. (Incluído pela Lei nº 13.968, de 2019)*

***§ 6º*** *Se o crime de que trata o § 1º deste artigo resulta em lesão corporal de natureza gravíssima e é cometido contra menor de 14 (quatorze) anos ou contra quem, por enfermidade ou deficiência mental, não tem o necessário discernimento para a prática do ato, ou que, por qualquer outra causa, não pode oferecer resistência, responde o agente pelo crime descrito no § 2º do art. 129 deste Código. (Incluído pela Lei nº 13.968, de 2019)*

***§ 7º*** *Se o crime de que trata o § 2º deste artigo é cometido contra menor de 14 (quatorze) anos ou contra quem não tem o necessário discernimento para a prática do ato, ou que, por qualquer outra causa, não pode oferecer resistência, responde o agente pelo crime de homicídio, nos termos do art. 121 deste Código. (Incluído pela Lei nº 13.968, de 2019)*

Para o Direito Penal Brasileiro, não é passível de punição a conduta do agente que tem como objetivo o extermínio da sua própria vida, ou seja, aquele que comete o suicídio (autocídio/autoquíria), bem como a possível lesão que o sujeito venha a sofrer caso sua tentativa não obtenha sucesso, devido à falta de previsão legal para tal conduta.

Contudo, o objetivo da norma penal ao tipificar essa conduta é punir o agente que participa na ocorrência do crime, auxiliando, induzindo ou instigando alguém a cometer o suicídio.

### Classificação

É crime simples, comum, e formal, pois sua consumação independe de resultado resultado. É crime de forma livre. Pode ser praticado por ação ou por omissão IMPRÓPRIA, quando presente o dever de agir. (art. 13, § 2º, CP)

Condutas acessórias à prática do suicídio:

> Induzir: Implantar a ideia.

> Instigar: Reforçar a ideia preexistente.

> Auxiliar: Intromissão no processo físico de causação.

### Sujeitos

Sujeito Ativo: crime comum, pode ser praticado por qualquer um.

Sujeito Passivo: alguém que tenha capacidade para agir, pois caso contrário será crime de homicídio. Se ela tiver relativa capacidade (de 14 até fazer 18 anos – art. 224, "a" e 217-A, CP), incorrerá na pena do art. 122, § 3º, II, CP.

O crime previsto no art. 122, CP é um crime condicionado ao resultado (morte ou lesão), pois se não se consumar, não terá relevância penal alguma e, portanto, não admite tentativa.

Natureza Jurídica do art. 122, CP: Nelson Hungria, Luiz Regis Prado, Aníbal Bruno e Rogério Greco – Condição Objetiva de Punibilidade, porque o crime se perfaz quando se instiga, induz ou auxilia. Entretanto, cabe destacar que a nova redação do art. 122 não mais condiciona a existência do crime ao resultado lesão grave ou morte. Assim, a prática de umas condutas de induzir, instigar ou auxiliar o suicídio ou à automutilação já é suficiente para configurar o crime, com ou sem resultado.

***Art. 13,*** *§ 2º, CP. A omissão é penalmente relevante quando o omitente devia e podia agir para evitar o resultado. O dever de agir incumbe a quem:*

***a)*** *Tenha por lei obrigação de cuidado, proteção ou vigilância;*

*b) De outra forma, assumiu a responsabilidade de impedir o resultado;*

*c) Com seu comportamento anterior, criou o risco da ocorrência do resultado.*

A conduta só é punida na forma dolosa (o agente que participa), NÃO existindo previsão para modalidade culposa.

Descrição do crime: é conhecido também como o crime de participação em suicídio. Ademais, a participação deve dirigir-se a pessoa(as) determinada (as), pois NÃO é punível a participação genérica (um filme, livro, que estimule o pensamento suicida).

Sendo a conduta criminosa composta de vários verbos (induzir, instigar, auxiliar), ainda que o agente realize as três condutas, o crime será único, respondendo desta forma, apenas pelo art. 122 do CP.

Na participação material, o auxílio deve ser acessório, pois, caso seja direto e imediato, o crime será o de homicídio, visto que o sujeito não pode, em hipótese alguma, realizar uma conduta apta a eliminar a vida da vítima.

**Ex.:** "A" empresta sua arma de fogo para "B", contudo, "B" solicita para que esse ("A") efetue o disparo em sua cabeça.

O auxílio deve ser eficaz, ou seja, precisa contribuir efetivamente para o suicídio. Desse modo, se "A" empresta uma arma de fogo para "B" se matar, mas este acabe utilizando uma corda (enforcamento), nesse caso, a conduta de "A" será atípica.

Exige-se que o agente imprima seriedade em sua conduta, querendo que a vítima efetivamente se suicide (dolo).

Não há crime se o agente fala, por brincadeira, para a vítima se matar e esta realmente se mata.

Não caracteriza constrangimento ilegal a coação (força) exercida para impedir o suicídio (art. 146, §3º, II, CP).

**Ex.:** "A" induz "B" a suicidar-se e "C" empresta a arma de fogo. "B" se mata. "A" e "C" responderão como autores do crime previsto no art. 122, CP.

**Pacto de Morte ou Suicídio a Dois**

| Duas pessoas resolvem se suicidar conjuntamente. Ex.: câmara de gás. Podem ocorrer as seguintes situações: | | |
|---|---|---|
| "A" e "B" sobreviveram e não ocorreu lesão corporal grave (ou gravíssima). | Os dois abriram a torneira de gás. | Os dois responderão por tentativa de homicídio. |
| "A" e "B" sobreviveram e não ocorreu lesão corporal grave (ou gravíssima). | "A" abriu a torneira. | "A" responderá por tentativa de homicídio e "B" não responderá por nada (Fato Atípico). |
| "A" e "B" sobreviveram, mas "B" ficou com lesão corporal grave (ou gravíssima). | "A" abriu a torneira. | "A" responderá por tentativa de homicídio e "B" responderá por participação em suicídio (art. 122). |
| "A" morreu e "B" sobreviveu. | "A" abriu a torneira. | "B" responderá por participação em suicídio (art. 122). |
| "A" morreu e "B" sobreviveu. | "B" abriu a torneira. | "B" responderá por homicídio. |

**Roleta-Russa e Duelo Americano**

| Os Sobreviventes Responderão pelo Crime: | |
|---|---|
| Roleta-russa | A arma de fogo (revólver) é municiada com um único projétil, sendo o gatilho acionado por ambos os participantes – conforme sua ordem – girando o "tambor" da arma a cada nova tentativa. "A" gira o tambor, mira em sua cabeça, e aciona o gatilho. |
| Duelo-Americano | Existem duas armas, sendo que apenas uma está municiada, cada um escolhe a sua e efetiva o disparo contra si mesmo, desconhecendo qual efetivamente está carregada. |

## Formas qualificadas

Portanto verificar o aluno que com as modificações introduzidas no referido crime, tem-se agora as qualificadoras de lesão grave ou gravíssima (que antes tornava atípico o crime) e morte, em que ambas eram apenas consideradas como condição para a tipificação do crime:

a) Se da automutilação ou da tentativa de suicídio resulta lesão corporal de natureza grave ou gravíssima, nos termos dos §§ 1º e 2º do art. 129 deste Código – pena de 1 a 3 anos

b) Se o suicídio se consuma ou se da automutilação resulta morte – pena de 2 a 6 anos

## Formas majoradas

a) A pena é duplicada (aqui o aumento será aplicado em dobro, o que não é até o dobro, mas sim em dobro)

> se o crime é praticado por motivo egoístico, torpe ou fútil;

> se a vítima é menor ou tem diminuída, por qualquer causa, a capacidade de resistência.

b) A pena é aumentada até o dobro se a conduta é realizada por meio da rede de computadores, de rede social ou transmitida em tempo real.

Portanto, perceba que não havia essa previsão na redação anterior. Através da evolução comportamental da sociedade, uma maior punição agora se impõe aos que, através dos novos meios de comunicação em massa – internet e redes sociais.

c) Aumenta-se a pena em metade se o agente é líder ou coordenador de grupo ou de rede virtual

O que antes também não era previsto, agora se tem uma maior punição dos líderes/administradores/fundadores de grupos de comunicação, devido ao seu imenso poder de persuasão sobre seus "seguidores".

## Infanticídio

***Art. 123.*** *Matar, sob a influência do estado puerperal, o próprio filho, durante o parto ou logo após:*

***Pena*** *- detenção, de dois a seis anos.*

O art. 123 do CP é um homicídio especial, dotado de especializastes, possuindo pena menor, o que implica o fato de ser considerado Homicídio Privilegiado.

## Requisitos

> Praticado pela própria mãe contra seu filho;
> Durante ou logo após o parto;
> Contra recém-nascido (neonato);
> Sob influência de estado puerpério (lapso temporal até que a mulher volte ao ciclo menstrual normal).

Trata-se de crime próprio (praticado pela própria mãe).

É um crime comissivo (ação) ou omissivo (omissão imprópria), sendo também um crime material, consuma-se, efetivamente, com a morte da vítima.

## Sujeitos

Sujeito Ativo: o sujeito ativo aqui é a mãe, sob influência do estado puerperal.

Indaga-se se o crime em questão admite concurso de pessoas (coautoria e participação)?

Sobre essa pergunta existem duas correntes:

1ª Corrente: o estado puerperal é condição personalíssima incomunicável, logo, não admite concurso de pessoas. Mas atente-se que o CP não reconhece essa condição personalíssima – não tem previsão do art. 30 do CP.

2ª Corrente: o estado puerperal é condição pessoal comunicável, pelo que é admitido o concurso de agentes. (Majoritária)

→ Alguns autores dividem dessa forma:

1ª Situação: parturiente e médico matam o nascente ou neonato. Parturiente responde pelo art. 123 e o médico também responde pelo art. 123 em coautoria.

2ª Situação: parturiente, auxiliada pelo médico, mata nascente ou neonato. A parturiente responde pelo art. 123 e o médico também, como partícipe.

3ª Situação: médico, auxiliado pela parturiente, mata nascente ou neonato. O médico responderá pelo crime de homicídio e a parturiente, também responderia pelo art. 121 do CP na qualidade de partícipe. Mas aqui surgem duas correntes em face da injustiça existente:

Corrente Majoritária: o médico responde pelo art. 121 do CP e a parturiente responde pelo art. 123 para sanar a injustiça existente.

Sujeito Passivo: é o próprio filho, ou seja, somente aquele que é o nascente (durante o parto) ou neonato (logo após o parto).

Diante da especialidade, tanto do sujeito ativo como do sujeito passivo, o crime é considerado bipróprio.

Supondo que a mãe mate aquele que supõe ser seu filho, mas na verdade é filho de outrem. Nesse caso continuará respondendo pelo crime de infanticídio, diante da aplicação do art. 20, § 3°, do CP (erro quanto à pessoa) que determina a consideração das qualidades da vítima virtual.

## Conduta

A conduta punível é tirar a vida extrauterina do próprio filho, durante ou logo após o parto.

→ Tem-se o matar + as seguintes especializantes:

Elemento temporal constitutivo do tipo: durante ou logo após o parto. Se for antes do parto, o crime é de aborto. Se, após o parto, o crime é de homicídio.

Influência do estado puerperal: a doutrina afirma que, o logo após perdura enquanto presente a influência do estado puerperal. Enquanto a gestante estiver sob a influência do estado puerperal, o elemento temporal constitutivo estará presente. Estado puerperal é um desequilíbrio fisio-psíquico.

Estado puerperal: Conforme Sanches, é o estado que envolve a parturiente durante a expulsão da criança do ventre materno, produzindo profundas alterações psíquicas e físicas.

Puerpério é o período que se estende do início do parto até a volta da mulher às condições pré-gravidez.

É preciso, também, que haja uma relação de causa e efeito entre o estado puerperal e o crime, pois nem sempre ele produz perturbações psíquicas na parturiente. Esse alerta se encontra na exposição de motivos do CP.

Dependendo do grau do estado puerperal é possível que a parturiente seja tratada como inimputável ou semi-imputável? Sim. Dependendo do grau de desequilíbrio fisio-psíquico, a parturiente pode sofrer o mesmo tratamento do inimputável ou semi-imputável. Essa é a posição de Mirabete.

## Tipo subjetivo

O crime descrito no art. 123 é punido a título de dolo, não havendo possibilidade de punição na modalidade culposa.

**Consumação e tentativa:**

O crime se consuma com a morte, sendo perfeitamente possível a tentativa.

# Aborto provocado pela gestante ou com seu consentimento

***Art. 124.*** *Provocar aborto em si mesma ou consentir que outrem lhe provoque:*

***Pena*** *- detenção, de um a três anos.*

O crime de aborto ocorre quando há a interrupção da gravidez, ocasionando a morte do produto da geração, procriação, concepção, ou seja, é a eliminação da vida intrauterina.

Sob o aspecto jurídico, a gravidez tem início com a nidação (implantação do óvulo fecundado no útero – parede uterina).

Portanto, não há crime de aborto quando da utilização de meios que inibem a fixação do ovo na parede uterina. É o que ocorre com o DIU (diafragma intrauterino).

**Espécies de Aborto**

| | |
|---|---|
| **Criminoso** | Interrupção dolosa da gravidez (Arts. 124 a 127, CP). |
| **Legal ou Permitido** | Não há crime por expressa previsão legal. art. 128, CP:<br>I) Quando não há outro meio para salvar a vida da gestante (aborto necessário ou terapêutico);<br>II) Quando a gravidez resulta de estupro (aborto sentimental ou humanitário). |
| **Natural** | Interrupção espontânea da gravidez. Não há crime. |
| **Acidental** | A gestante sofre um acidente qualquer e perde o bebê. Não é crime, por ausência de dolo. |

| Eugênico ou Eugenésico | Interrupção da gravidez quando há anomalia ou algum defeito genético. É crime, exceto o aborto de anencéfalo. |
|---|---|
| Econômico ou Social | Interrupção da gravidez para não agravar a situação de miséria enfrentada pela mãe ou por sua família. É crime. |

## Objetividade jurídica

Vida humana. No aborto provocado por terceiro SEM o consentimento da gestante (art. 125), protege-se também a integridade física e psíquica da gestante.

## Objeto material

O produto da concepção (óvulo fecundado, embrião ou feto).

Deve haver prova da gravidez, pois se a mulher não está grávida, ou se o feto já havia morrido por outro motivo qualquer, será crime impossível por absoluta impropriedade do objeto (art. 17, CP).

O feto deve estar alojado no útero materno. Desse modo, se ocorrer a destruição de um tubo de ensaio que contém um óvulo fertilizado *in vitro* não haverá aborto.

O feto não necessita ter viabilidade. Basta que esteja vivo antes do crime.

## Sujeitos do crime

Sujeito Ativo: Os crimes do art. 124, CP são de mão própria, pois somente a gestante pode provocar aborto em si mesma ou consentir que um terceiro lhe provoque. Não admitem coautoria, mas admite participação. É crime comum nos demais casos.

Sujeito Passivo: é o feto. No aborto provocado por terceiro SEM o consentimento da gestante (art. 125) as vítimas são o feto e a gestante.

É crime de forma livre. Pode ser praticado de forma comissiva ou omissiva (Ex.: deixar dolosamente de ingerir medicamentos necessários para a preservação da gravidez). Se, contudo, o meio de execução for absolutamente ineficaz será crime impossível (Ex.: despachos, rezas e simpatias).

## Elemento subjetivo

É o dolo, direto ou eventual.

**Não existe o crime de aborto culposo**

Se a própria gestante agir culposamente e ensejar o aborto, o fato será atípico. Já o terceiro que provoca aborto por culpa responde por lesão corporal culposa contra a gestante.

## Consumação e tentativa

Ocorre com a morte do feto. É dispensável a expulsão do produto da concepção.

É admitida a tentativa.

**Ex.:** Realizou manobras abortivas e o feto foi expulso com vida: tentativa de aborto.

O agente quer ferir a gestante e realiza manobras abortivas e o feto é expulso com vida: lesão corporal grave (aceleração de parto – art. 129, § 1º, IV, CP).

Realizou manobras abortivas e o feto foi expulso com vida. Logo em seguida o agente mata o feto: tentativa de aborto e homicídio em concurso material.

Realizou manobras abortivas e o feto foi expulso com vida, mas morreu alguns dias depois em razão da manobra realizada: aborto consumado.

## Classificação doutrinária

O aborto é crime: material, próprio e de mão própria ou comum, instantâneo, comissivo ou omissivo, de dano, unissubjetivo, unilateral ou de concurso eventual, plurissubjetivo ou de concurso necessário, plurissubsistente, de forma livre, progressivo.

O art. 20 da LCP diz que constitui contravenção penal a conduta de anunciar processo, substância ou objeto destinado a provocar aborto.

## Análise do tipo penal

**1ª parte:** provocar aborto em si.

É o autoaborto, um crime próprio e de mão própria.

Admite participação:

**Ex.:** Mulher gestante ingere medicamento abortivo que lhe foi dado por seu namorado e provoca o aborto. Nesta situação a gestante é autora de autoaborto e seu namorado é partícipe (induzir, instigar ou auxiliar) deste crime. Todavia, se o namorado tivesse executado qualquer ato de provocação do aborto seria autor do crime previsto no art. 126, CP (aborto com o consentimento da gestante).

O partícipe do autoaborto, além de responder por este crime, pratica ainda homicídio culposo ou lesão corporal culposa se ocorrer morte ou lesão corporal grave em relação à gestante, pois o disposto no art. 127 não se aplica ao crime do art. 124.

Quanto à gestante que provoca aborto em si mesma, o aborto legal ou permitido, duas situações podem ocorrer:

- Se for aborto necessário ou terapêutico: não há crime (estado de necessidade);
- Se for aborto sentimental ou humanitário: há crime, pois nesta modalidade somente é autorizado no aborto praticado pelo médico.

**2ª parte:** consentir para que 3º lhe provoque o aborto.

O legislador criou uma exceção à teoria monista ou unitária no concurso de pessoas (art. 29, *Caput*, CP) e criou crimes distintos: a gestante responde pelo art. 124, 2ª parte, CP e o terceiro que provoca o aborto responde pelo art. 126, CP.

Esse crime é de mão própria, pois somente a gestante pode prestar o consentimento. Não admite coautoria, mas admite participação.

A gestante dever ter capacidade e discernimento para consentir (ser maior de 14 anos e ter integridade mental). E o consentimento deve ser válido (isento de fraude e não tenha sido obtido por meio de violência ou grave ameaça).

## Aborto provocado por terceiro

> ***Art. 125.*** *Provocar aborto, sem o consentimento da gestante:*
> ***Pena*** *- reclusão, de três a dez anos.*

Sujeito ativo: qualquer pessoa

Sujeito passivo: produto da concepção feto e a gestante.

Trata-se da forma mais grave do crime de aborto, pois é cometido sem o consentimento da gestante.

De acordo com a jurisprudência, aquele que desfere chute no ventre de mulher, sabendo de sua gravidez, responde pelo crime de aborto (art. 127, CP).

> **Art. 126.** *Provocar aborto com o consentimento da gestante:*
> **Pena** - *reclusão, de um a quatro anos.*
> **Parágrafo único.** *Aplica-se a pena do artigo anterior, se a gestante não é maior de quatorze anos, ou é alienada ou débil mental, ou se o consentimento é obtido mediante fraude, grave ameaça ou violência.*

## Considerações

É crime de concurso necessário.

O legislador criou uma exceção à teoria monista ou unitária no concurso de pessoas (art. 29, *Caput*, CP) e criou crimes distintos: a gestante responde pelo art. 124, 2ª parte, CP e o terceiro que provoca o aborto responde pelo art. 126, CP.

O consentimento da gestante (expresso ou tácito) deve subsistir até a consumação do aborto. Se durante a prática do crime ela se arrepender e solicitar ao terceiro a paralisação das manobras letais, mas não for obedecida, para ela o fato será atípico, e o terceiro responderá pelo crime do art. 125, CP.

Se três ou mais pessoas associarem-se para o fim de praticarem abortos, responderão pelo crime de Associação Criminosa (art. 288, CP) em concurso material com os abortos efetivamente realizados.

Se não tiver o consentimento da gestante responde pelo art. 125 do CP.

Caso a gestante consentir, mas seu consentimento não seja válido, por se enquadrar em alguma das hipóteses do parágrafo único do art. 126 (gestante não maior de 14 anos ou alienada mental ou consentimento obtido através de fraude, grave ameaça ou violência), os agentes responderão pelo crime do art. 125 do CP.

## Forma qualificada

> **Art. 127.** *As penas cominadas nos dois artigos anteriores são aumentadas de um terço, se, em consequência do aborto ou dos meios empregados para provocá-lo, a gestante sofre lesão corporal de natureza grave; e são duplicadas, se, por qualquer dessas causas, lhe sobrevém a morte.*

Esses resultados são preterdolosos advindos da prática abortiva, ou seja, são resultados que só poderão ser imputados a título de culpa. Se houver dolo em relação a esses resultados haverá concurso.

O aborto de feto anencefálico é uma espécie de aborto eugênico.

## Aborto necessário

> **Art. 128.** *Não se pune o aborto praticado por médico:*

Se não há outro meio de salvar a vida da gestante;

Depende de dois requisitos:

- Que a vida da gestante corra perigo em razão da gravidez;
- Que não exista outro meio de salvar sua vida. (Desse modo, há crime de aborto quando interrompida a gravidez para preservar a saúde da gestante).

O risco para a vida da gestante não precisa ser atual. Basta que exista, isto é, que no futuro possa colocar em perigo a vida da mulher.

Não necessita do consentimento da gestante e não haverá crime quando a gestante se recusa a fazê-lo e o médico provoca o aborto necessário.

Se o aborto necessário for realizado por ENFERMEIRA, ou por qualquer pessoa que não o médico, duas situações podem ocorrer:

- Há perigo atual para a gestante: estado de necessidade (art. 24, CP);
- Não há perigo atual: há crime de aborto.

## Aborto no caso de gravidez resultante de estupro

> ***II.*** *Se a gravidez resulta de estupro e o aborto é precedido de consentimento da gestante ou quando incapaz, de seu representante legal.*

Necessita de três requisitos:

- Ser praticado por médico;
- Consentimento válido da gestante ou de seu representante legal (se for incapaz);
- Gravidez resultante de estupro.

Nesta hipótese, como não há perigo atual para a vida da gestante, haverá o crime de aborto se praticado por qualquer pessoa que não seja o médico.

O aborto será permitido mesmo que a gravidez resulte de ato libidinoso diverso da conjunção carnal (Ex.: sexo anal, estupro de vulnerável) em razão da mobilidade dos espermatozoides. É considerada uma hipótese de analogia *in bonam partem*.

Não se exige autorização judicial para a realização desta espécie de aborto permitido.

São causas especiais de exclusão da ilicitude. Embora o aborto praticado em tais situações seja fato típico, não há crime pelo fato de serem hipóteses admitidas pelo ordenamento jurídico.

Ambos devem ser praticados por médico (este não precisa de autorização judicial para realizar estas espécies de aborto).

Aborto sentimental também é autorizado quando a gravidez decorrer de estupro de vulnerável (analogia *in bonam partem*).

Aborto Econômico: não está previsto no ordenamento jurídico. Se praticado será crime de aborto.

De acordo com o Código Penal, existem apenas duas modalidades permissivas de aborto previstas no art. 128 do CP (aborto necessário e aborto sentimental).

No entanto, em abril de 2012, o STF no julgamento da ADPF 54 passou a admitir uma terceira modalidade: o aborto de feto anencefálico (malformação fetal que leva à ausência de cérebro e à impossibilidade de vida).

Para tanto, não há necessidade de autorização judicial. Basta um laudo formal do médico atestando a anencefalia e a inviabilidade de vida.

# 7.2 Das Lesões Corporais

> **Art. 129.** *Ofender a integridade corporal ou a saúde de outrem:*
> **Pena** - *detenção, de três meses a um ano.*

*Lesão Corporal de Natureza Grave*

***§ 1º**. Se resulta:*

***I.** Incapacidade para as ocupações habituais, por mais de trinta dias;*

***II.** Perigo de vida;*

***III.** Debilidade permanente de membro, sentido ou função;*

***IV.** Aceleração de parto:*

***Pena** - reclusão, de um a cinco anos.*

***§ 2º**. Se resulta:*

***I.** Incapacidade permanente para o trabalho;*

***II.** Enfermidade incurável;*

***III.** Perda ou inutilização do membro, sentido ou função;*

***IV.** Deformidade permanente;*

***V.** Aborto:*

*Pena - reclusão, de dois a oito anos.*

*Lesão Corporal Seguida de Morte*

***§ 3º**. Se resulta morte e as circunstâncias evidenciam que o agente não quis o resultado, nem assumiu o risco de produzi-lo:*

***Pena** - reclusão, de quatro a doze anos.*

*Diminuição de Pena:*

***§ 4º**. Se o agente comete o crime impelido por motivo de relevante valor social ou moral ou sob o domínio de violenta emoção, logo em seguida a injusta provocação da vítima, o juiz pode reduzir a pena de um sexto a um terço.*

*Substituição da Pena:*

***§ 5º**. O juiz, não sendo graves as lesões, pode ainda substituir a pena de detenção pela de multa, de duzentos mil réis a dois contos de réis:*

***I.** Se ocorre qualquer das hipóteses do parágrafo anterior;*

***II.** Se as lesões são recíprocas.*

*Lesão Corporal Culposa*

***§ 6º**. Se a lesão é culposa:*

***Pena** - detenção, de dois meses a um ano.*

*Aumento de Pena*

***§ 7º**. Aumenta-se a pena de 1/3 (um terço) se ocorrer qualquer das hipóteses dos §§ 4º e 6º do art. 121 deste Código.*

***§ 8º**. Aplica-se à lesão culposa o disposto no § 5º do art. 121.*

*Violência Doméstica*

***§ 9º**. Se a lesão for praticada contra ascendente, descendente, irmão, cônjuge ou companheiro, ou com quem conviva ou tenha convivido, ou, ainda, prevalecendo-se o agente das relações domésticas, de coabitação ou de hospitalidade.*

***Pena** - detenção, de 3 (três) meses a 3 (três) anos.*

***§ 10**. Nos casos previstos nos §§ 1º a 3º deste artigo, se as circunstâncias são as indicadas no § 9º deste artigo, aumenta-se a pena em 1/3 (um terço).*

***§ 11**. Na hipótese do § 9º deste artigo, a pena será aumentada de um terço se o crime for cometido contra pessoa portadora de deficiência.*

***§ 12**. Se a lesão for praticada contra autoridade ou agente descrito nos Arts. 142 e 144 da Constituição Federal, integrantes do sistema prisional e da Força Nacional de Segurança Pública, no exercício da função ou em decorrência dela, ou contra seu cônjuge, companheiro ou parente consanguíneo até terceiro grau, em razão dessa condição, a pena é aumentada de um a dois terços.*

Essa qualificadora foi inserida pela Lei nº 13.142/2015.

São autoridades previstas no art. 142 da CF/88:

***Art. 142.** As Forças Armadas, constituídas pela Marinha, pelo Exército e pela Aeronáutica, são instituições nacionais permanentes e regulares, organizadas com base na hierarquia e na disciplina, sob a autoridade suprema do Presidente da República, e destinam-se à defesa da Pátria, à garantia dos poderes constitucionais e, por iniciativa de qualquer destes, da lei e da ordem.*

São autoridades do art. 144 da CF/88:

***Art. 144.** A segurança pública, dever do Estado, direito e responsabilidade de todos, é exercida para a preservação da ordem pública e da incolumidade das pessoas e do patrimônio, através dos seguintes órgãos:*

***I.** Polícia federal;*

***II.** Polícia rodoviária federal;*

***III.** Polícia ferroviária federal;*

***IV.** Polícias civis;*

***V.** Polícias militares e corpos de bombeiros militares;*

***VI** - polícias penais federal, estaduais e distrital. (EC nº 104/2019).*

***§8º**. Guardas municipais.*

***§ 13.** Se a lesão for praticada contra a mulher, por razões da condição do sexo feminino, nos termos do § 2º-A do art. 121 deste Código: **(Incluído pela Lei nº 14.188, de 2021)***

***Pena** - reclusão, de 1 (um) a 4 (quatro anos). (Incluído pela Lei nº 14.188, de 2021)*

Lesão corporal é a ofensa humana direcionada à integridade corporal ou à saúde de outra pessoa, quer do ponto de vista anatômico, quer do ponto de vista fisiológico ou mental. A dor, por si só, não caracteriza lesão corporal.

No crime de lesão corporal, protege-se a incolumidade física em sentido amplo: Saúde física ou corporal; Saúde fisiológica (correto funcionamento do organismo) e Saúde mental (psicológica).

| Topografia do art. 129 | |
|---|---|
| Art. 129, *caput* | Lesão dolosa leve. |
| Art. 129, §1º | Lesão dolosa grave - Atenção! O § 1º não traz somente a lesão dolosa grave. Ele também tem lesão preterdolosa grave. |
| Art. 129, §2º | Lesão dolosa gravíssima - também no § 2º tem preterdolo. |
| Art. 129, §3º | Lesão seguida de morte (está genuinamente preterdolosa). |
| Art. 129, §4º | Lesão dolosa privilegiada. |
| Art. 129, §5º | Lesão culposa. |
| Art. 129, §6º | Majorantes. |
| Art. 129, §7º | Perdão judicial. |
| Art. 129, §§ 9, 10 e 11 | Violência doméstica e familiar (aqui não é só contra mulher). |
| Art. 129, § 12 | Praticada contra autoridade policial. |

## Classificação

Pode ser praticado por ação ou omissão, quando presente o dever de agir para evitar o resultado, art. 13, §2º, CP.

**Ex.:** A mãe que deixa o filho pequeno sozinho na cama, desejando que ele caísse e se machucasse.

É crime de forma livre. Pode ser praticado por ação ou omissão. Pratica lesão quem cria ferimento ou quem agrava o ferimento que já existe.

Elemento subjetivo é o dolo (direto ou eventual) conhecido como *animus laedendi*, mas há também a culpa no §6º (lesão corporal culposa) e o preterdolo no §3º (lesão corporal seguida de morte).

Qual crime é praticado, pelo policial militar que agride uma pessoa? Abuso de autoridade e lesão corporal.

## Sujeitos do crime

Sujeito Ativo: é crime comum, podendo ser praticado por qualquer pessoa.

Sujeito Passivo: em regra, qualquer pessoa.

Exceções: art. 129, §1º, IV (aceleração de parto) e art. 129, §2º, V (lesão que resulta aborto). Nestas duas hipóteses as vítimas são, necessariamente, gestantes. Também na lesão qualificada pela violência doméstica a vítima precisa ser ascendente, descendente, irmã, cônjuge ou companheira do agressor. No § 13 (Lei nº14.188/2021) a vítima, necessariamente, é mulher.

Exceções:

> Art. 129, §1º, IV (aceleração de parto).

> Art. 129, §2º, V (lesão que resulta aborto).

Nestas duas hipóteses as vitimas são, necessariamente, gestantes.

> Contra ascendente, descendente, irmã, cônjuge ou companheira do agressor.

> Agentes de Segurança descritos no art. 129, §12º, assim com parente consanguíneo até terceiro grau.

> Contra mulher, por razões da condição de sexo feminino.

## Consumação e tentativa

Por ser crime material se consuma com a efetiva lesão da vítima. A pluralidade de lesões contra a mesma vítima e no mesmo contexto temporal caracteriza crime único, mas deve influenciar na dosimetria da pena-base (art. 59, CP).

A tentativa só é cabível nas modalidades dolosas. Não cabe tentativa na lesão culposa e na lesão corporal seguida de morte.

| Lesão corporal (art. 29, CP) | Contravenção penal de vias de fato (art. 21, LCP) |
|---|---|
| Lesionar a vítima. | Agredir a vítima, sem lesioná-la Ex.: empurrão, puxão de cabelo. |

## Lesão corporal leve

A ação penal é pública condicionada à representação da vítima, de competência dos Juizados Especiais Criminais (art. 88 da Lei nº 9.099/95).

O conceito de Lesão Leve é considerado por exclusão: será de natureza leve se não for a lesão de natureza grave ou gravíssima.

Há jurisprudência admitindo o princípio da insignificância na lesão corporal, quanto às lesões levíssimas. Na doutrina, esse posicionamento é adotado por José Henrique Pierangeli

## Lesão corporal de natureza grave

***§ 1º.*** *Se resulta*

***I.*** *Incapacidade para as ocupações habituais, por mais de trinta dias;*

***II.*** *Perigo de vida;*

***III.*** *Debilidade permanente de membro, sentido ou função;*

***IV.*** *Aceleração de parto:*

***Pena*** *- reclusão, de um a cinco anos.*

Trata-se de infração de médio potencial ofensivo, considerando que a pena mínima é de um ano.

A ação penal é pública incondicionada.

## Incapacidade para as ocupações habituais por mais de trinta dias.

As ocupações habituais são aquelas rotineiras, física ou mental, do cotidiano do ofendido e não apenas seu trabalho. É suficiente tratar-se de ocupação concreta, pouco importando se lucrativa ou não.

A atividade deve ser lícita, sendo indiferente se moral ou imoral.

Prostituta pode. Ladrão não pode.

Um bebê de tenra idade pode ser vítima dessa lesão? A resposta é afirmativa e há jurisprudência nesse sentido, trazendo como exemplo a hipótese em que o bebê, em razão da agressão não pode ser alimentado, pelo prazo de 30 dias.

É irrelevante a idade da vítima (pode ser idosa ou criança).

São exigidos dois exames periciais: um inicial realizado logo após o crime; e um exame complementar realizado logo que decorra o prazo de 30 dias da data do crime.

Supondo que a vítima sofra uma lesão ficando com um hematoma no olho, e, por vergonha não saiu de casa pelo prazo superior a trinta dias, nessa hipótese, restou configurado o delito de lesões corporais graves? Ensina a doutrina, seguida pela jurisprudência, que a relutância por vergonha de praticar as ocupações habituais não agrava o crime. É a lesão que deve incapacitar o agente e não a vergonha da lesão.

## Perigo de vida

Perigo de vida é a possibilidade grave, concreta e imediata de a vítima morrer em consequência das lesões sofridas. Trata-se de perigo concreto, comprovado por perícia médica, que deve indicar, de modo preciso e fundamentado, no que consistiu o perigo de vida proporcionado à vítima.

Nesta hipótese, é crime tipicamente PRETERDOLOSO, pois o resultado agravador deve resultar de culpa do agente.

Se o agente, ao praticar a lesão, quis o resultado ou assumiu o risco de produzi-lo, responderá por tentativa de homicídio.

O crime preterdoloso não está apenas na lesão corporal seguida de morte. O perigo de vida é um resultado necessariamente preterdoloso. O inciso II ora discutido nada mais é que um crime preterdoloso, isto é, dolo na lesão e culpa no perigo de vida. Está-se, pois, diante de um crime necessariamente preterdoloso.

## Debilidade permanente de membro, sentido ou função.

Debilidade é a diminuição ou o enfraquecimento da capacidade funcional. Há de ser permanente, isto é, duradoura e de recuperação incerta. Não se exige perpetuidade.

**Ex.:** O agente não fica cego, mas tem reduzida a capacidade visual.

| | |
|---|---|
| Membros | São os braços, pernas, mãos e pés. |
| Sentidos | São os mecanismos sensoriais por meio dos quais percebemos o mundo externo: visão, audição, tato, olfato e paladar. |
| Função | É a atividade inerente a um órgão ou aparelho do corpo humano: respiratória, circulatória, digestiva etc. |

A perda ou inutilização de membro sentido ou função é lesão corporal gravíssima (art. 129, §2º, III, CP).

Órgãos duplos: (Ex.: Rins, olhos, pulmões) a perda de um deles caracteriza lesão grave pela debilidade permanente. Já a perda de ambos configura lesão corporal gravíssima pela perda ou inutilização.

A recuperação do membro, sentido ou função por meio cirúrgico ou ortopédico não exclui a qualificadora, pois a vítima não é obrigada a submeter-se a tais procedimentos.

## Aceleração de parto

É a antecipação do parto, o parto prematuro. A criança nasce com vida e continua a viver.

Para incidir essa qualificadora do inciso IV, é imprescindível que o agente saiba ou pudesse saber que a vítima da lesão era gestante, sob pena de restar caracterizada a responsabilidade penal objetiva, vedada pelo ordenamento jurídico. É necessário observar ainda que, em nenhuma dessas hipóteses o agente aceita ou quer o abortamento.

Se em consequência da lesão o feto for expulso morto do ventre materno, o crime será de lesão corporal gravíssima em razão do aborto (art. 129, §2º, V, CP).

## Lesão corporal dolosa gravíssima

> ***§ 2º.*** *Se resulta*
>
> ***I.*** *Incapacidade permanente para o trabalho;*
>
> ***II.*** *Enfermidade incurável;*
>
> ***III.*** *Perda ou inutilização do membro, sentido ou função;*
>
> ***IV.*** *Deformidade permanente;*
>
> ***V.*** *Aborto:*
>
> ***Pena*** *- reclusão, de dois a oito anos.*

Em concurso, restou indagado se a expressão gravíssima era criação da lei, doutrina ou jurisprudência. Referida expressão é criação da doutrina que foi seguida pela jurisprudência.

A Lei nº 9.455/97, que é a lei de tortura, adotou a expressão doutrinária gravíssima. Na lei de tortura, no art. 1º, §3º, há expressa menção à lesão grave ou gravíssima.

## Incapacidade permanente para o trabalho

Deve tratar-se de incapacidade genérica para o trabalho, ou seja, a vítima fica impossibilitada de exercer qualquer tipo de atividade laborativa remunerada.

A incapacidade não significa perpetuidade, basta que seja uma incapacidade duradoura, dilatada no tempo.

## Enfermidade incurável.

É a alteração prejudicial da saúde por processo patológico, físico ou psíquico, que não pode ser eficazmente combatida com os recursos da medicina à época do crime. Deve ser provada por exame pericial.

Também é considerada incurável a enfermidade que somente pode ser enfrentada por procedimento cirúrgico complexo ou mediante tratamentos experimentais ou penosos, pois a vítima não pode ser obrigada a enfrentar tais situações.

A transmissão intencional do vírus da AIDS no Brasil é tida como de natureza letal, pelo que é considerada tentativa de homicídio. O certo seria a criação de tipo penal específico sobre a transmissão intencional do vírus da AIDS.

Em recente julgado o STF afastou essa ideia. Entendeu a Corte Suprema, recentemente, que não se trata de tentativa de homicídio a transmissão intencional do vírus da AIDS.

## Perda ou inutilização de membro, sentido ou função

Perda: é a amputação, a destruição ou privação de membro (ex.: arrancar um braço), sentido (ex.: perda da audição), função (ex.: ablação do pênis que extingue a função reprodutora). Pode concretizar-se por meio de mutilação (o membro, sentido ou função é eliminado diretamente pela conduta do agressor) ou amputação (resulta da intervenção médico-cirúrgica realizada para salvar a vida do ofendido).

Inutilização: falta de aptidão do órgão para desempenhar sua função específica. O membro ou órgão continua ligado ao corpo da vítima, mas incapacitado para desempenhar as atividades que lhe são próprias.

**Ex.:** A vítima ficou paraplégica.

A correção corporal da vítima por meios ortopédicos ou próteses não afasta a qualificadora, ao contrário do reimplante realizado com êxito.

A perda de parte do movimento de um membro (braço, perna, mão ou pé) configura lesão grave pela debilidade permanente. Todavia, a perda de todo o movimento caracteriza lesão corporal gravíssima pela inutilização.

## Deformidade permanente

Segundo doutrina a jurisprudência majoritária, esta qualificadora está intimamente relacionada a questões estéticas. Desse modo, precisa ser visível, mas não necessariamente na face, e capaz de causar impressão vexatória em quem olha a vítima.

A vítima não é obrigada a se submeter a intervenção cirúrgica para a reparação da deformidade. Caso, no entanto, se submeta, e a deformidade seja corrigida, desaparecerá a qualificadora, sendo cabível, inclusive, a revisão criminal. A correção da deformidade com o uso de prótese (ex.: olho de vidro, orelha de borracha ou aparelho ortopédico) não exclui a qualificadora.

**Aborto.**

Essa qualificadora é necessariamente preterdolosa. Há dolo na lesão e culpa no aborto. Se o agente quer, ou assume o risco do aborto haverá concurso de crimes.

A interrupção da gravidez, com a consequente morte do produto da concepção, deve ter sido provocada culposamente, pois se trata de crime preterdoloso.

Se a morte do feto foi proposital, o sujeito responderá por dois crimes: lesão corporal em concurso formal impróprio com aborto sem o consentimento da gestante (art. 125). É obrigatório o conhecimento da gravidez por parte do agressor.

## Lesão corporal seguida de morte

> ***§ 3º**. Se resulta morte e as circunstâncias evidenciam que o agente não quis o resultado, nem assumiu o risco de produzi-lo.*
>
> ***Pena** - reclusão, de quatro a doze anos.*

É crime exclusivamente preterdoloso (dolo no antecedente – lesão - e culpa no consequente – morte). Esse crime não vai a júri, considerando que não há dolo na morte.

A morte foi ocasionada a título culposo – temos o típico caso de crime preterdoloso (dolo na conduta antecedente e culpa na posterior).

Se presente o dolo direto ou dolo eventual quanto ao resultado morte, o sujeito responderá por homicídio doloso.

Essa modalidade de lesão corporal não admite tentativa.

## Lesão corporal privilegiada

> *Diminuição de Pena*
>
> ***§ 4º**. Se o agente comete o crime impelido por motivo de relevante valor social ou moral ou sob o domínio de violenta emoção, logo em seguida a injusta provocação da vítima, o juiz pode reduzir a pena de um sexto a um terço.*

Esse privilégio se aplica a todos os tipos de lesão dolosa, contudo, é incabível nas lesões culposas.

Mesmas características do homicídio privilegiado (art. 121, §1º, do CP).

> *Substituição da Pena*
>
> ***§ 5º**. O juiz, não sendo graves as lesões, pode ainda substituir a pena de detenção pela de multa:*
>
> ***I.** Se ocorre qualquer das hipóteses do parágrafo anterior;*
>
> ***II.** Se as lesões são recíprocas.*

A situação da substituição de penas somente se aplica ao *caput*, considerando que exige que as lesões corporais não sejam graves. A possibilidade de substituição, assim, somente se dá com a hipótese de lesões leves.

**Quando a Lesão Corporal Leve for Privilegiada**

Desse modo, caso as lesões sejam leves, o juiz terá duas opções: reduzir a pena de 1/6 a 1/3 (§4º) ou substituí-la por multa (§5º).

**Se as Lesões Leves Forem Recíprocas**

Uma pessoa agride outra e, cessada essa primeira agressão, ocorrer uma outra lesão pela primeira vítima.

## Lesão corporal culposa

> ***§ 6º**. Se a lesão é culposa:*
>
> ***Pena** - detenção, de dois meses a um ano.*

Ocorre lesão corporal culposa quando o agente faltou com seu dever de cuidado objetivo por meio de imprudência, negligência ou imperícia. Desse modo, as consequências, embora previsíveis, não foram previstas pelo agente, ou se foram, ele não assumiu o risco de produzir o resultado.

Essa espécie de lesão depende de representação da vítima ou de seu representante legal (art. 88, Lei nº 9.099/95), pois é crime de ação penal pública condicionada a representação e infração penal de menor potencial ofensivo (pena máxima menor que dois anos).

Diferentemente do que ocorre com as lesões dolosas (que podem ser leves, graves ou gravíssimas) o CP não fez distinção com relação às lesões culposas. Desse modo, qualquer que seja a intensidade da lesão, o agente responderá por lesão corporal CULPOSA. A gravidade da lesão será levada em consideração na fixação da pena-base (art. 59).

## Aumento de pena

> ***§ 7º**. Aumenta-se a pena de um terço, se ocorrer qualquer das hipóteses do art. 121, §§ 4º e 6º.*
>
> ***Art. 121**, §4º, CP. No homicídio culposo, a pena é aumentada de 1/3 (um terço), se o crime resulta de inobservância de regra técnica de profissão, arte ou ofício, ou se o agente deixa de prestar imediato socorro à vítima, não procura diminuir as consequências do seu ato, ou foge para evitar prisão em flagrante. Sendo DOLOSO o homicídio, a pena é aumentada de 1/3 (um terço) se o crime é praticado contra pessoa menor de 14 (quatorze) ou maior de 60 (sessenta) anos.*
>
> ***Art. 121**, §4º, CP. A pena é aumentada de 1/3 (um terço) até a metade se o crime for praticado por milícia privada, sob o pretexto de prestação de serviço de segurança, ou por grupo de extermínio.*
>
> ***§ 8º**. Aplica-se à lesão culposa o disposto no § 5º do art. 121.*
>
> ***Art. 121**, § 5º, CP. Na hipótese de homicídio CULPOSO, o juiz poderá deixar de aplicar a pena, se as consequências da infração atingirem o próprio agente de forma tão grave que a sanção penal se torne desnecessária.*
>
> *Violência Doméstica*
>
> ***§ 9º**. Se a lesão for praticada contra ascendente, descendente, irmão, cônjuge ou companheiro, ou com quem conviva ou tenha convivido, ou, ainda, prevalecendo-se o agente das relações domésticas, de coabitação ou de hospitalidade:*
>
> ***Pena** - detenção, de 3 (três) meses a 3 (três) anos.*
>
> ***§ 10**. Nos casos previstos nos §§ 1º a 3º deste artigo, se as circunstâncias são as indicadas no § 9º deste artigo, aumenta-se a pena em 1/3 (um terço).*
>
> ***§ 11**. Na hipótese do § 9º deste artigo, a pena será aumentada de um terço se o crime for cometido contra pessoa portadora de deficiência.*

A forma qualificada do §9º só se aplica à lesão corporal LEVE.

> ***§ 13**. Se a lesão for praticada contra a mulher, por razões da condição do sexo feminino, nos termos do § 2º-A do art. 121 deste Código:*
>
> ***Pena** - reclusão, de 1 (um) a 4 (quatro anos).*
>
> *A Lei nº 14.188 de 2021 acrescentou o § 13 ao artigo 129. Trata-se de nova qualificadora para a lesão corporal simples (leve) cometida contra a mulher por razões da condição do sexo feminino.*
>
> *Assim, se a lesão for praticada contra a mulher, por razões da condição do sexo feminino, a conduta se enquadra no § 13 do artigo129.*
>
> *Nos demais casos (ex: vítima homem) a conduta continua sendo tipificada no § 9º do art. 129 do CP.*
>
> *Se a lesão for grave, gravíssima ou seguida de morte, aplica-se o § 1º (grave), § 2º (gravíssima) ou o § 3º (lesão seguida de morte) cumulada com a causa de aumento de pena do § 10.*

Pode ser causa supralegal de exclusão da ilicitude (somente na lesão corporal leve), desde que presentes os seguintes requisitos, cumulativos:

> Deve ser expresso;
> Livre (não pode ter sido concedido em razão de coação ou ameaça);
> Ser moral e respeitar os bons costumes;
> Deve ser prévio à consumação da lesão;
> O ofendido deve ser capaz para consentir (maior de 18 anos e mentalmente capaz).

Durante a relação sexual, a mulher pede ao seu parceiro que a bata com força.

É irrelevante o consentimento do ofendido nos crimes de lesão corporal grave, gravíssima e seguida de morte, pois o bem jurídico protegido nestas hipóteses é indisponível.

Autolesão: em razão do princípio da alteridade, não se pune a autolesão. Todavia, pode caracterizar o crime descrito no art. 171, §2º, V, CP (Fraude para recebimento de indenização ou valor de seguro).

**Ex.:** Jogador de golfe quebra o próprio braço para receber o valor do seguro.

Lesões em atividades esportivas: há a exclusão da ilicitude em razão do exercício regular do direito.

Cirurgias emergenciais: se há risco de morte do paciente, o médico que atua sem o consentimento do operado estará amparado pelo estado de necessidade de terceiro. Se não há risco de morte, a cirurgia depende de consentimento da vítima ou de seu representante legal para afastar o crime pelo exercício regular do direito.

Cirurgia de mudança de sexo: não há crime de lesão corporal gravíssima por ausência de dolo de lesionar a integridade corporal ou a saúde do paciente. Atualmente é permitida a realização dessa cirurgia – redesignação sexual – inclusive na rede pública de saúde (Portaria do Ministério da Saúde nº 1.707 de 19/08/08). Desse modo, o médico que realiza este procedimento não comete crime por estar acobertado pelo exercício regular de direito.

Cirurgia de esterilização sexual: não há crime na conduta do médico que realiza esta cirurgia (vasectomia, ligadura de trompas etc.) com a autorização do paciente, apesar da eliminação da função reprodutora. Exercício regular de direito.

## 7.3 Da Periclitação da Vida e da Saúde

### Perigo de contágio venéreo

> ***Art. 130.*** *Expor alguém, por meio de relações sexuais ou qualquer ato libidinoso, a contágio de moléstia venérea, de que sabe ou deve saber que está contaminado:*
> ***Pena*** *- detenção, de três meses a um ano, ou multa.*
> ***§ 1º.*** *Se é intenção do agente transmitir a moléstia:*
> ***Pena*** *- reclusão, de um a quatro anos, e multa.*
> ***§ 2º.*** *Somente se procede mediante representação.*

Esse crime configura-se quando o agente transmite ou expõe a perigo de contágio de uma doença venérea (sífilis, gonorreia etc.), bem como, caso ele a desconheça, venha a infectar uma possível vítima.

A forma de transmitir a doença pode ser por meio de relações sexuais (conjunção carnal), ou por qualquer outro ato libidinoso (ação que satisfaça a libido do agente, beijo lascivo, sexo oral, sexo anal, masturbação, etc.).

Se a intenção do agente é transmitir a doença, por tratar-se de crime formal, não é necessário o contágio.

O §1º traz a forma qualificada do crime, ou seja, quando o agente tem a intenção (dolo) de transmitir a doença.

> A AIDS não é considerada uma moléstia venérea, visto que pode ser contraída ou transmitida de diversas formas, além do contato sexual.

### Perigo de contágio de moléstia grave

> ***Art. 131.*** *Praticar, com o fim de transmitir a outrem moléstia grave de que está contaminado, ato capaz de produzir o contágio:*
> ***Pena*** *- reclusão, de um a quatro anos, e multa.*

Trata-se de crime de dano (caso exponha a perigo sem querer ou assumir o risco será hipótese do art. 132, CP), Formal (não precisa transmitir) e de Forma Livre.

Nesse delito, o agente tem o fim especial de agir, ou seja, pratica um ato (diverso do contato sexual) com a intenção de transmitir uma moléstia grave (qualquer doença que acarrete em prejuízo a saúde da vítima – não sendo venérea), por exemplo, sarampo, tuberculose etc.

Ademais, em relação à AIDS, visto seu grau letal, é considerado como tentativa de homicídio (art. 121 do CP), não há possibilidade alguma de enquadrá-la como moléstia grave.

### Perigo para vida ou saúde de outrem

> ***Art. 132.*** *Expor a vida ou a saúde de outrem a perigo direto e iminente:*
> ***Pena*** *- detenção, de três meses a um ano, se o fato não constitui crime mais grave.*
> ***Parágrafo único.*** *A pena é aumentada de um sexto a um terço se a exposição da vida ou da saúde de outrem a perigo decorre do transporte de pessoas para a prestação de serviços em estabelecimentos de qualquer natureza, em desacordo com as normas legais.*

Estará configurado o crime quando o agente, de qualquer forma, expõe ao perigo a vida de uma pessoa determinada. Tal ação pode ser praticada de forma livre, ou seja, não exige uma conduta específica.

Soltar uma pedra do alto de um viaduto sobre um carro que passa pela rodovia com intenção de causar um acidente.

Caso a conduta do agente não seja contra uma pessoa determinada, restará configurado crime diverso que será avaliado de acordo com a situação (Arts. 250 a 259 do CP).

### Abandono de incapaz

> ***Art. 133.*** *Abandonar pessoa que está sob seu cuidado, guarda, vigilância ou autoridade, e, por qualquer motivo, incapaz de defender-se dos riscos resultantes do abandono:*
> ***Pena*** *- detenção, de seis meses a três anos.*
> ***§ 1º.*** *Se do abandono resulta lesão corporal de natureza grave:*
> ***Pena*** *- reclusão, de um a cinco anos.*
> ***§ 2º.*** *Se resulta a morte:*
> ***Pena*** *- reclusão, de quatro a doze anos.*

*Aumento de Pena*

***§ 3º.*** *As penas cominadas neste artigo aumentam-se de um terço:*

***I.*** *Se o abandono ocorre em lugar ermo;*

***II.*** *Se o agente é ascendente ou descendente, cônjuge, irmão, tutor ou curador da vítima.*

***III.*** *Se a vítima é maior de 60 (sessenta) anos.*

Trata-se crime próprio. O tipo penal incrimina a conduta do agente, que tendo o dever de cuidado, guarda, vigilância ou autoridade abandona, desampara, deixa de prestar o devido cuidado com aquele que seja incapaz de se proteger (defender). O agente possui a condição de garantidor - dever de agir.

**Ex.:** A mãe deixa o filho em um parque central enquanto percorre lojas realizando compras, ou então, deixa-o dentro do veículo enquanto está no interior de um supermercado. Uma babá, que deixa a criança sozinha dentro de casa enquanto vai à feira.

O incapaz não precisa ser necessariamente uma criança. Por exemplo, uma instrutora de escola de natação que deixa os alunos sozinhos na piscina enquanto vai ao banheiro.

Se o abandono se dá em uma situação em que não há risco, não haverá crime. Para a existência do delito deve haver o dolo de perigo.

Ademais, os parágrafos primeiro e segundo qualificam o crime quando do abandono resultar lesão corporal de natureza grave, ou a morte do incapaz. Por conseguinte, a pena será aumentada (majorante) quando o abandono ocorrer em local ermo, se o incapaz for ascendente, descendente, cônjuge, irmão, tutor, curador, ou se a vítima for maior de 60 anos, conforme o § 3° do referido artigo.

## Exposição ou abandono de recém-nascido

***Art. 134.*** *Expor ou abandonar recém-nascido, para ocultar desonra própria:*

***Pena*** *- detenção, de seis meses a dois anos.*

***§ 1º.*** *Se do fato resulta lesão corporal de natureza grave:*

***Pena*** *- detenção, de um a três anos.*

***§ 2º.*** *Se resulta a morte:*

***Pena*** *- detenção, de dois a seis anos.*

Esse delito é considerado uma forma privilegiada do crime de abandono de incapaz, artigo anterior, no entanto, nesse caso, a vítima é determinada - o recém-nascido - ademais, tal conduta visa a proteção da honra do agente.

Pode-se citar o exemplo de uma jovem de 18 anos, mãe solteira, que abandona seu filho recém-nascido para preservar sua imagem perante a família.

Por conseguinte, também existe a forma qualificada do crime, expressa nos parágrafos primeiro e segundo, no caso de a ação resultar em lesão corporal de natureza grave ou a morte do recém-nascido.

## Omissão de socorro

***Art. 135.*** *Deixar de prestar assistência, quando possível fazê-lo sem risco pessoal, à criança abandonada ou extraviada, ou à pessoa inválida ou ferida, ao desamparo ou em grave e iminente perigo; ou não pedir, nesses casos, o socorro da autoridade pública:*

***Pena*** *- detenção, de um a seis meses, ou multa.*

***Parágrafo único.*** *A pena é aumentada de metade, se da omissão resulta lesão corporal de natureza grave, e triplicada, se resulta a morte.*

Essa norma penal tipifica a conduta omissa do agente que não presta auxílio - desde que tal prestação não incorra em risco pessoal - ou, quando não puder fazê-lo, deixa de pedir o socorro da autoridade pública.

### Classificação

É considerado um crime COMUM, visto que pode ser praticado por qualquer pessoa.

É um crime OMISSIVO PRÓPRIO ou PURO, pois a conduta omissiva está prevista no artigo análise, ocorrendo quando o agente deixa de fazer o que lhe é imposto por lei - prestar socorro.

Comumente é praticado apenas por uma pessoa, sendo que é perfeitamente possível que haja o concurso de agentes, art. 29 do CP.

### Sujeitos do crime

Sendo crime comum, o sujeito ativo pode ser qualquer pessoa, enquanto o sujeito passivo são as pessoas elencadas no *caput* do próprio artigo: criança abandonada ou extraviada (perigo abstrato). Pessoa ferida ou inválida com sérias dificuldades de movimentação (perigo abstrato). Ao desamparo ou em grave e eminente perigo (perigo concreto).

### Consumação e tentativa

O crime se consuma no momento da omissão. Ademais, não configura-se o crime quando a vítima ofereça resistência que torne impossível a prestação de auxílio, ou então, caso ela esteja manifestamente em óbito.

Não admite tentativa.

### Descrição do crime

O crime pode ser cometido de duas formas distintas:

Falta de assistência imediata: o agente pode prestar socorro, sem risco pessoal, mas deliberadamente não o faz.

Falta de assistência mediata: o agente não pode prestar pessoalmente o socorro, mas também não solicita o auxílio da autoridade pública.

A simples condição de médico não o coloca como garantidor.

Pessoa inválida e pessoa ferida: é imprescindível que se encontrem ao desamparo no momento da omissão.

Se apenas uma pessoa presta o socorro, quando diversas poderiam tê-lo feito sem risco pessoal, não há crime para ninguém.

Omissão de socorro a pessoa idosa (igual ou superior a 60 anos), responde conforme o art. 97, da Lei nº 10.741/03 - Estatuto do Idoso (princípio da especialidade).

***Parágrafo único.*** *A pena é aumentada de metade, se da omissão resulta lesão corporal de natureza grave, e triplicada, se resulta a morte.*

A causa de aumento de pena é exclusivamente preterdolosa, o agente tem o dolo de se omitir (não presta o socorro) e disto, acaba resultando uma consequência não desejada pelo omitente.

## Condicionamento de atendimento médico-hospitalar emergencial

> ***Art. 135-A.*** *Exigir cheque-caução, nota promissória ou qualquer garantia, bem como o preenchimento prévio de formulários administrativos, como condição para o atendimento médico-hospitalar emergencial:*
>
> ***Pena*** *- detenção, de 3 (três) meses a 1 (um) ano, e multa.*
>
> ***Parágrafo único.*** *A pena é aumentada até o dobro se da negativa de atendimento resulta lesão corporal de natureza grave, e até o triplo se resulta a morte.*

Esse delito tipifica a conduta do estabelecimento que presta atendimento médico-hospitalar emergencial e venha a exigir cheque, nota promissória ou qualquer garantia, como também, que sejam preenchidos formulários como condição necessária para que o socorro – atendimento médico seja prestado.

Existe ainda o aumento de pena, tratado no parágrafo único, que incide quando a conduta negativa resulta em lesão corporal grave ou morte.

Inserido no Código Penal pela Lei nº 12.653/12, a fim de coibir uma prática que era comum em estabelecimentos médico-hospitalares particulares.

## Maus-tratos

> ***Art. 136.*** *Expor a perigo a vida ou a saúde de pessoa sob sua autoridade, guarda ou vigilância, para fim de educação, ensino, tratamento ou custódia, quer privando-a de alimentação ou cuidados indispensáveis, quer sujeitando-a a trabalho excessivo ou inadequado, quer abusando de meios de correção ou disciplina:*
>
> ***Pena*** *- detenção, de dois meses a um ano, ou multa.*
>
> ***§ 1º.*** *Se do fato resulta lesão corporal de natureza grave:*
>
> ***Pena*** *- reclusão, de um a quatro anos.*
>
> ***§ 2º.*** *Se resulta a morte:*
>
> ***Pena*** *- reclusão, de quatro a doze anos.*
>
> ***§ 3º.*** *Aumenta-se a pena de um terço, se o crime é praticado contra pessoa menor de 14 (catorze) anos.*

Esse artigo tipifica a conduta do agente que pratica, sob a pessoa que esteja subordinada à sua autoridade, guarda ou vigilância, atos não condizentes como forma ou a pretexto de educá-la, ensiná-la, tratá-la ou reprimi-la.

### Classificação

Trata-se de crime PRÓPRIO, ou seja, o sujeito ativo deve ser superior hierárquico do sujeito passivo.

É um crime comissivo ou omissivo, porém suas condutas são vinculadas, ou seja, o artigo traz, expressamente, a forma como a conduta do agente deve ocorrer.

Haverá crime único desde que as condutas sejam praticadas contra a mesma vítima e no mesmo contexto fático.

### Sujeitos do crime

Sujeito Ativo: é um crime próprio, ou seja, somente aquele que tem o sujeito passivo sob sua autoridade, guarda ou vigilância, para fins de educação, ensino, tratamento ou custódia.

Sujeito Passivo: é aquele que se encontra sob a autoridade, guarda ou vigilância de outra pessoa, para fins de educação, ensino, tratamento ou custódia.

### Consumação e tentativa

O crime consuma-se com a exposição da vítima ao perigo. Não se exige o dano efetivo.

A conduta de privação de alimentos ou cuidados indispensáveis (modalidade omissiva) não admite tentativa. Contudo, as demais condutas admitem a tentativa.

### Descrição do crime

Apenas pode ser executado pelos meios/condutas indicados no tipo penal, sendo as seguintes:

- Privar a vítima de alimentos ou cuidados indispensáveis: caso a intenção do agente, ao privar a vitima de alimentos, seja matá-la, responderá pelo crime de homicídio (tentado ou consumado);
- Sujeitar a vítima a trabalhos excessivos ou inadequados;
- Abusar dos meios de disciplina ou correção.

As formas qualificadas do crime de maus-tratos (lesão corporal de natureza grave e morte) são exclusivamente preterdolosas – conduta dolosa no antecedente e culpa no consequente.

Aumenta-se a pena de 1/3 se o crime é praticado contra pessoa menor de 14 anos.

A esposa não pode ser vítima de maus-tratos pelo marido, visto que não se encontra sob sua autoridade, guarda ou vigilância. Desse modo, o marido poderá responder pelo crime de lesão corporal (art. 129 do CP).

Tratando-se de criança ou adolescente sujeita à autoridade, guarda ou vigilância de alguém e submetida a vexame ou constrangimento, aplica-se o art. 232 da Lei nº 8.069/90 (ECA): submeter criança ou adolescente sob sua autoridade, guarda ou vigilância a vexame ou a constrangimento: pena – detenção de seis meses a dois anos.

A diferença entre o crime de maus-tratos e o crime de Tortura (Lei nº 9.455/97), reside no fato de que nesta a vítima é submetida a intenso sofrimento físico ou mental como forma de aplicar castigo pessoal ou medida de caráter preventivo (art. 1º, II, Lei nº 9.455/97).

Caso a vítima seja idosa, incide o crime previsto no art. 99 da Lei nº 10.741/2003 - Estatuto do Idoso.

# 7.4 Da Rixa

> ***Art. 137.*** *Participar de rixa, salvo para separar os contendores:*
>
> ***Pena*** *- detenção, de quinze dias a dois meses, ou multa.*
>
> ***Parágrafo único.*** *Se ocorre morte ou lesão corporal de natureza grave, aplica-se, pelo fato da participação na rixa, a pena de detenção, de seis meses a dois anos.*

A rixa é um conflito tumultuoso que ocorre entre três ou mais pessoas, acompanhada de vias de fato (luta, briga), em que os participantes desferem violências recíprocas, não sendo possível identificar dois grupos distintos.

Trata-se de crime comum, pois pode ser praticado por qualquer pessoa.

Ainda, enquadra-se em um delito plurissubjetivo, plurilateral ou de concurso necessário, visto que, para configurar o crime, devem existir no mínimo três pessoas. Por conseguinte, basta que apenas um dos participantes seja imputável (dois menores e um maior de 18 anos).

Também é considerado um crime de condutas contrapostas, ou seja, todos os participantes trocam agressões entre si, ora apanha, ora bate.

## Sujeitos do crime

No crime de rixa, ao mesmo tempo em que o agente é sujeito ativo, ele também é sujeito passivo, pois assim como agride também sofre agressão - reciprocidade.

## Consumação e tentativa

A consumação ocorre no momento em que os participantes iniciam as vias de fato ou ainda as violências recíprocas.

Admite a tentativa, quando ocorre, por exemplo, a intervenção policial no momento em que iriam se iniciar as agressões.

## Descrição do crime

Os três ou mais rixosos devem combater entre si, pois participa da rixa quem nela pratica, agressivamente, atos de violência material.

Não há rixa quando lutam entre si dois ou mais grupos contrários, perfeitamente definidos. Nesse caso, os membros de cada grupo devem ser responsabilizados pelos ferimentos produzidos nos membros do grupo contrário.

O crime pode ser praticado de forma comissiva (o agente participa efetivamente da rixa), ou omissiva (quando o omitente podia e devia agir para evitar o resultado).

**Ex.:** O policial que assiste a três pessoas brigando entre si e nada faz para impedir o resultado.

Não há crime na conduta de quem ingressou no tumulto somente para separar os contendores.

Sendo considerado um crime de perigo abstrato, para que se configure o delito não há necessidade de que os participantes sofram lesões, o simples fato de participar da rixa já configura o em crime.

O contato físico é dispensável, sendo perfeitamente possível a rixa a distância com o arremesso de objetos, tiros, etc.

Na possibilidade em que ocorrer lesão corporal de natureza leve em algum dos participantes e o agente que a causou possa ser identificado, nessa hipótese, ele responderá pelo crime de rixa em concurso material com o crime de lesão, se resulta em lesão corporal grave/gravíssima ou a morte, estará configurado o crime de rixa qualificada.

A briga entre torcidas não configura rixa, mas sim o tipo penal descrito no art. 41-B da Lei nº 10.671/2003 – Estatuto do Torcedor. Trata-se de um tipo penal específico incluído pela Lei nº 12.299/2010.

Rixa qualificada – também é conhecida como rixa complexa.

> ***Parágrafo único.*** *Se ocorre morte ou lesão corporal de natureza grave, aplica-se, pelo fato da participação na rixa, a pena de detenção, de seis meses a dois anos.*

Trata-se de um dos últimos resíduos da responsabilidade penal objetiva - antigamente adotada pelo ordenamento jurídico brasileiro - pois, nesta hipótese, independe qual dos rixosos foi o responsável pela produção do resultado agravador – lesão corporal grave ou morte - todos aqueles que participaram responderão na modalidade qualificada.

Ainda, não importa se a morte ou a lesão corporal grave seja produzida em um dos rixosos ou então em uma terceira pessoa, alheia à rixa (apaziguador ou mero transeunte).

Há aqui três sistemas de punição:

Sistema da solidariedade absoluta: se da rixa resultar lesão grave ou morte, todos os participantes respondem pelo evento (lesão grave ou homicídio), independentemente de se apurar quem foi o seu real autor.

Sistema da cumplicidade correspectiva: havendo lesão grave ou morte, e não sendo apurado seu autor, todos os participantes respondem por esse resultado, sofrendo, entretanto, sanção intermediária à de um autor e de um partícipe.

Sistema da autonomia: a rixa é punida por si mesma, independentemente do resultado morte ou lesão grave, o qual, se ocorrer, somente qualificará o delito. Apenas o causador da lesão grave ou morte, se identificado, é que responderá também pelos delitos dos Arts. 121 e 129 do CP.

O CP adotou o princípio ou sistema da autonomia, nos termos do art. 137, parágrafo único:

> ***Parágrafo único.*** *Se ocorre morte ou lesão corporal de natureza grave, aplica-se, pelo fato da participação na rixa, a pena de detenção, de seis meses a dois anos.*

Até mesmo o rixoso que sofreu lesão corporal grave responde pela rixa qualificada (todos os que se envolvem no tumulto, daí sobrevindo lesão corporal grave ou morte respondem pela rixa qualificada).

O resultado agravador (lesão corporal grave ou a morte) pode ser doloso ou culposo, não se tratando de crime essencialmente preterdoloso.

Caso o resultado seja lesões leves ou ocorra uma tentativa de homicídio, não é capaz de qualificar a rixa.

**Ex.:** "A" participou da rixa, mas abandonou ANTES da produção do resultado agravador (lesão corporal grave ou morte): "A" responde por rixa qualificada, pois concorreu com o seu comportamento anterior para a produção do resultado.

"A" ingressou na rixa DEPOIS da produção do resultado agravador (lesão corporal grave ou morte): "A" responde por rixa simples.

RIXA versus LEGÍTIMA DEFESA – Durante uma rixa um dos participantes, "A", empunha uma arma para matar "B", este, em sua defesa, consegue defender-se, toma a arma de "A" e o mata. Nessa situação, caso "A" conseguisse matar "B", deveria responder pelo crime de rixa qualificada (resultando morte de um dos participantes) em concurso material com o crime de homicídio. Contudo, como "B" conseguiu reagir, em relação ao crime de homicídio que "A" tentara contra ele, caberá à exclusão de ilicitude – legítima defesa – em relação ao crime de homicídio (morte de "A"), porém, ainda assim, "B" e "C" responderão por rixa qualificada, pois a legítima defesa não é relevante para excluir a qualificação do crime de rixa.

## 7.5 Dos Crimes Contra Honra

| Crime | Conduta | Honra ofendida |
|---|---|---|
| Calúnia: art. 138, CP | Imputar fato criminoso sabidamente falso. | Há ofensa da honra objetiva. Ofende-se a reputação, diz respeito ao conceito perante terceiros. |
| Difamação: art. 139, CP | Imputar fato desonroso, em regra não importando se verdadeiro ou falso. | Ofende-se a honra objetiva. |
| Injúria: Art. 140, CP | É a atribuição de qualidade negativa. | Ofende-se a honra subjetiva, a autoestima, ou seja, o que a vítima pensa dela mesma. |

### Calúnia

***Art. 138.*** *Caluniar alguém, imputando-lhe falsamente fato definido como crime:*

***Pena*** *- detenção, de seis meses a dois anos, e multa.*

***§ 1º.*** *Na mesma pena incorre quem, sabendo falsa a imputação, a propala ou divulga.*

***§ 2º.*** *É punível a calúnia contra os mortos.*

*Exceção da Verdade*

***§ 3º.*** *Admite-se a prova da verdade, salvo:*

***I.*** *Se, constituindo o fato imputado crime de ação privada, o ofendido não foi condenado por sentença irrecorrível;*

***II.*** *Se o fato é imputado a qualquer das pessoas indicadas no nº I do art. 141;*

***III.*** *Se do crime imputado, embora de ação pública, o ofendido foi absolvido por sentença irrecorrível.*

Honra objetiva (o que os outros pensam do indivíduo).

### Sujeitos do crime

Sujeito Ativo/Passivo: qualquer pessoa (crime comum).

Os mortos também podem ser caluniados, mas seus parentes é que serão os sujeitos passivos do crime. Não há regra semelhante no tocante aos demais crimes contra a honra.

Podem, ainda, ser vítimas os menores e os loucos.

A pessoa jurídica também pode ser sujeito passivo do crime de calúnia, pois pode cometer crimes ambientais (Lei nº 9.605/98).

Mas, observe-se que não podem praticar tal crime pessoas que desfrutam de inviolabilidade funcional.

**Ex.:** Parlamentares.

Aqui se indaga se advogados são imunes à prática do crime de calúnia. A resposta é que os causídicos não possuem imunidade profissional na calúnia, possuindo a imunidade somente no que tange à difamação e à injúria.

### Objeto material

É a pessoa que tem sua honra objetiva ofendida.

### Núcleo do tipo

A conduta típica consiste em caluniar alguém (imputar falsamente um fato definido como crime).

*A imputação de fato definido como Contravenção Penal (Decreto-Lei nº 3.688/41) não constitui calúnia, pois não é crime, mas poderá caracterizar difamação.*

Atribuir falsamente a alguém a prática de um fato atípico não constitui crime de calúnia, mas poderá configurar outro crime contra a honra.

**Ex.:** dano culposo.

### Fato determinado

É imprescindível a imputação da prática de um fato determinado, ou seja, de uma situação concreta, contendo autor, objeto e suas circunstâncias.

### Pessoa certa e determinada

A ofensa deve se dirigir a pessoa certa e determinada.

**Ex.:** Dizer que no dia 25 de dezembro, por volta de 20h00min, Roberto se fantasiou de papai noel e praticou um furto na casa de Pedro, o qual reside no centro da cidade de Cascavel/PR.

### Falsidade da imputação

Deve ser falsa a imputação do fato definido como crime. Essa falsidade pode recair sobre o fato (o crime imputado à vitima não ocorreu) ou sobre o envolvimento no fato (o crime ocorreu, mas a vítima não praticou tal delito).

Quando o ofensor, agindo de boa-fé, supõe erroneamente ser verdadeira a afirmação, incidirá em Erro de Tipo. Desse modo, o fato será atípico, pois excluirá o dolo do fato típico.

### Consumação

O crime de calúnia se consuma quando terceira pessoa toma conhecimento do fato imputado. Não é necessário que a vítima tome conhecimento da ofensa.

**Calúnia X Denunciação Caluniosa**

| Calúnia (art. 138, CP) | Denunciação Caluniosa (art. 339, CP) |
|---|---|
| Caluniar alguém, imputando-lhe falsamente fato definido como crime. | Dar causa à instauração de inquérito policial, de procedimento investigatório criminal, de processo judicial, de processo administrativo disciplinar, de inquérito civil ou de ação de improbidade administrativa contra alguém, imputando-lhe crime, infração ético-disciplinar ou ato ímprobo de que o sabe inocente. |
| É crime contra honra. | É crime contra a Administração da Justiça. |
| Regra: Ação Penal Privada. | Ação Penal Pública Incondicionada. |
| Não admite a imputação falsa de contravenção. | Admite (é circunstância que importa na diminuição da pena pela metade (art. 339 §2º, CP). |

***§ 1º.*** *Na mesma pena incorre quem, sabendo falsa a imputação, a propala ou divulga.*

> Propalar: relatar verbalmente.

> Divulgar: relatar por qualquer outro meio (panfletos, outdoors, gestos etc).

Observa-se que também é punível a conduta daquele que propaga e divulga a calúnia criada por outrem.

Responde pelo *caput* quem cria a falsidade e responde pelo §1º do CP a pessoa que divulga (diversa da pessoa que criou – se for a mesma pessoa, o §1º configura *post factum* impunível).

Exclui-se o crime quando o agente age:

> Com *animus jocandi*: intenção de brincar.
> Com *animus consulendi*: intenção de aconselhar.
> Com *animus narrandi*: intenção de narrar (é o animus da testemunha).
> Com *animus corrigendi*: intenção de corrigir.
> Com *animus defendendi*: intenção de defender direito

## Exceção da verdade

> ***§ 3º***. *Admite-se a prova da verdade, salvo:*
>
> ***I.*** *Se, constituindo o fato imputado crime de ação privada, o ofendido não foi condenado por sentença irrecorrível;*
>
> ***II.*** *Se o fato é imputado a qualquer das pessoas indicadas no nº I do art. 141;*
>
> ***III.*** *Se do crime imputado, embora de ação pública, o ofendido foi absolvido por sentença irrecorrível.*

Trata-se de incidente processual, forma de defesa indireta, por meio da qual o acusado de ter praticado a calúnia pretende provar a veracidade do que alegou.

Somente haverá o crime de calúnia quando o fato for falso. Desse modo, se a imputação é verdadeira o fato é atípico.

A exceção da verdade é o instrumento adequado para se provar a veracidade do fato imputado a outrem.

A regra é a admissibilidade da exceção da verdade. Todavia, em três situações previstas pelo CP não será admitida a sua utilização:

> ***I.*** *Se, constituindo o fato imputado crime de ação privada, o ofendido não foi condenado por sentença irrecorrível;*
>
> ***II.*** *Se o fato é imputado a qualquer das pessoas indicadas no inciso I do art. 141;*
>
> *(Presidente da República ou chefe de governo estrangeiro).*
>
> ***III.*** *Se do crime imputado, embora de ação pública, o ofendido foi absolvido por sentença irrecorrível.*

# Difamação

> ***Art. 139.*** *Difamar alguém, imputando-lhe fato ofensivo à sua reputação:*
>
> ***Pena*** *- detenção, de três meses a um ano, e multa.*

Difamar é imputar a alguém um fato ofensivo à sua reputação.

Subsiste o crime de difamação ainda que seja verdadeira a imputação (salvo quando o ofendido é funcionário público e a ofensa é relativa ao exercício de suas funções), desde que dirigida a ofender a honra alheia.

## Objetividade jurídica

Honra objetiva (o que os outros pensam do indivíduo).

O fato pode ser: Verdadeiro ou Falso / Criminoso ou não criminoso / Contravenção penal;

O fato deve ser Determinado.

## Objeto material

É a pessoa que tem sua honra objetiva ofendida.

## Espécie de honra ofendida

A difamação ofende a honra objetiva.

## Consumação e tentativa

Se consuma no momento em que um terceiro toma conhecimento da ofensa.

Morto não pode ser vítima de difamação.

Tendo em vista que pessoa jurídica tem reputação, então pode ser vítima de difamação.

O crime é punido a título de dolo, sendo imprescindível a vontade de ofender a reputação, a intenção de ofender a honra.

Em regra, admite tentativa. No caso de difamação verbal, não se admite a tentativa.

## Exceção da verdade

> ***Parágrafo único.*** *A exceção da verdade somente se admite se o ofendido é funcionário público e a ofensa é relativa ao exercício de suas funções.*

Na difamação, a exceção da verdade somente é admitida se o ofendido é funcionário público e a ofensa é relativa ao exercício de suas funções. É indispensável a relação de causalidade entre a imputação e o exercício da função pública.

Na difamação, a consequência da exceção da verdade, ao contrário da calúnia, atinge a ilicitude, e não a atipicidade da conduta, pois é uma hipótese especial de exercício regular do direito.

A procedência da exceção da verdade na difamação gera a absolvição, sendo uma forma especial de exercício regular de direito.

| Art. 138 | Art. 139 |
|---|---|
| Admite prova da verdade. | A regra é não admitir a prova da verdade. |
| Exceções: art. 138, § 3º I, II e III. | Exceção: art. 139, Parágrafo único. Ofendido funcionário público mais ofensa funcional. |
| Procedência gera a absolvição sob o fundamento da atipicidade. | Procedência gera a absolvição, pois se trata de hipótese de exercício regular de direito. Descriminante especial. |
| Admite exceção de notoriedade. | Também. |

# Injúria

> ***Art. 140.*** *Injuriar alguém, ofendendo-lhe a dignidade ou o decoro:*
>
> ***Pena*** *- detenção, de um a seis meses, ou multa.*
>
> ***§ 1º***. *O juiz pode deixar de aplicar a pena:*
>
> ***I.*** *Quando o ofendido, de forma reprovável, provocou diretamente a injúria;*
>
> ***II.*** *No caso de retorsão imediata, que consista em outra injúria.*
>
> ***§ 2º***. *Se a injúria consiste em violência ou vias de fato, que, por sua natureza ou pelo meio empregado, se considerem aviltantes:*
>
> ***Pena*** *- detenção, de três meses a um ano, e multa, além da pena correspondente à violência.*
>
> ***§ 3º***. *Se a injúria consiste na utilização de elementos referentes a raça, cor, etnia, religião, origem ou a condição de pessoa idosa ou portadora de deficiência:*
>
> ***Pena*** *- reclusão de um a três anos e multa.*

Injuriar é atribuir qualidade negativa à alguém.

## Espécie de honra ofendida

Ofende a honra subjetiva da pessoa (o que a pessoa acha de si própria). A consumação ocorre quando a ofensa chega ao conhecimento da vítima.

Ofende a dignidade ou o decoro da vítima:

Na injúria, é irrelevante o fato de a qualidade negativa atribuída à vítima ser ou não verdadeira. Desse modo, se o agente chama uma pessoa de gorda, com a intenção de injuriar, estará configurado o crime de injúria, mesmo que a vítima seja mesmo gorda ou obesa.

> Dignidade: ofende as qualidades morais da pessoa.

**Ex.:** Chamar alguém de vagabundo.

> Decoro: ofende as qualidades físicas.

**Exs.:** Chamar alguém de monstro, retardado ou idiota.

## Queixa-crime ou denúncia

A queixa-crime ou denúncia oferecida pelo crime de injúria deve descrever, minuciosamente sob pena de inépcia, quais foram as ofensas proferidas contra a vítima, por mais baixas e repudiáveis que possam ser.

## Formas de execução

Pode ser praticado por ação ou omissão.

**Ex.:** "A" estende a mão para cumprimentar "B" e este recusa o cumprimento.

## Consumação e tentativa

É crime de execução livre: pode ser praticado por meio de palavras, gestos, escritos etc. Aliás, pode ser praticado por ação ou omissão (o único exemplo dado pela doutrina de injúria por omissão é ignorar ou não retribuir um cumprimento, como forma de humilhar a pessoa na frente de outras).

Como a injúria protege a honra subjetiva, o crime se consuma quando a vítima toma conhecimento da injúria, dispensando-se o efetivo dano à sua honra (é crime formal). Consuma no momento em que o fato chega ao conhecimento da vítima, dispensando efetivo dano a sua dignidade ou decoro.

A tentativa é possível somente na forma escrita. A injúria realizada verbalmente não admite tentativa.

Exceção da verdade: a injúria não admite exceção da verdade, pois o ofensor atribui uma qualidade negativa à vítima e não um fato.

## Elemento subjetivo

É o dolo (direto ou eventual). Não admite a modalidade culposa de injúria.

**Injúria Contra Funcionário Público X Desacato**

| Injúria contra funcionário público | Desacato (art. 331, CP) |
|---|---|
| Atribuir qualidade negativa ao funcionário público durante sua ausência. | A ofensa é realizada na presença do funcionário público no exercício da função ou em razão dela. |
| É crime contra a honra. | É crime contra a Administração Pública. |
| Ação Penal Privada (Regra). | Ação Penal Pública Incondicionada. |
| Ex.: "A" Fala a seus vizinhos que o Promotor da cidade é bandido. | Ex.: "A" Durante uma audiência judicial chama o Juiz de corrupto. |

Atenção às imunidades! Quem detém imunidade por palavras, opiniões e votos não pratica calúnia, injúria ou difamação. São eles: senadores, deputados federais, deputados estaduais/distritais, vereadores no limite da vereança, advogado (que tem imunidade profissional na injúria - art. 7º, §2º, do EOAB - a calúnia foi afastada pelo STF).

Pessoa jurídica pode ser vítima de injúria? Não, vez que não possui honra subjetiva, não tem dignidade, decoro. Quanto a isso não há divergência.

Mirabete entende que pessoa jurídica não pode ser vítima de nenhum crime contra a honra, pois esse capítulo se aplicaria apenas às pessoas físicas.

## Perdão judicial

> ***§ 1º.*** *O juiz pode deixar de aplicar a pena:*
>
> ***I.*** *Quando o ofendido, de forma reprovável, provocou diretamente a injúria;*
>
> ***II.*** *No caso de retorsão imediata, que consista em outra injúria.*

O perdão judicial é causa de extinção da punibilidade (art. 107, IX, CP). A sentença que concede o perdão judicial é declaratória da extinção da punibilidade (Súmula 18, STJ).

Só o perdão do ofendido tem que ser aceito, o perdão do juiz não é oferecido, mas sim imposto.

Trata-se de um direito subjetivo do acusado, e não uma faculdade do juiz. Preenchidos os requisitos, o juiz deve perdoar.

> Quando o ofendido, de forma reprovável, provocou diretamente a injúria;

A provocação tem que ser reprovável e direta.

> No caso de retorsão imediata, que consista em outra injúria.

Retorsão é o revide. Deve ser imediata. É modalidade anômala de legítima defesa. Não há retorsão contra ofensa passada. Existe apenas retorsão imediata no crime de injúria.

## Injúria real

> ***§ 2º.*** *Se a injúria consiste em violência ou vias de fato, que, por sua natureza ou pelo meio empregado, se considerem aviltantes:*
>
> ***Pena*** *- detenção, de três meses a um ano, e multa, além da pena correspondente à violência.*

É a injúria praticada com meio de execução especial: mediante violência ou vias de fato. Aqui a violência ou as vias de fato são o meio e a injúria é o fim. O agente usa da violência para injuriar.

Jogar ovos em um cantor, cuspir na cara, dar tapa no rosto.

Aviltantes: humilhantes.

O meio de execução é a violência ou então as vias de fato. Se a injúria real for praticada com vias de fato, esta é absorvida.

A lei impõe o concurso material obrigatório entre as penas de injúria real e do resultado da violência (homicídio, lesão corporal etc.).

> Não pode-se confundir a injúria preconceito (art. 140, §3º, CP) com o crime de racismo (Lei nº 7.716/89). Na injúria, ocorre a atribuição de qualidade negativa. Já no racismo, ocorre a segregação da vítima do convívio social.

## Injúria qualificada

***§ 3º**. Se a injúria consiste na utilização de elementos referentes a raça, cor, etnia, religião, origem ou a condição de pessoa idosa ou portadora de deficiência:*

***Pena** - reclusão de um a três anos e multa.*

Assim como nos demais crimes contra a honra, a ofensa deve ser dirigida a pessoa ou pessoas determinadas.

**Injúria Qualificada X Crime de Racismo**

| Injúria Qualificada (art. 140, § 3º, CP) | Crime de Racismo (Lei nº 7.716/89) |
|---|---|
| É crime afiançável. | É crime inafiançável. |
| Ação Penal Pública Condicionada a Representação. | Ação Pública Incondicionada. |
| Prescritível. | Imprescritível. |
| Atribuir a alguém qualidade negativa. | Manifestações preconceituosas generalizadas ou segregação racial. |
| Ex.: Chamar uma pessoa negra de macaco. | Ex.: Hotel que proíbe a hospedagem de pessoas negras.<br>Ex.: Empresa que não contrata pessoas da religião evangélica. |

Prevalece na doutrina, que a injúria preconceito não admite o perdão judicial do art. 140, § 1º, tratando-se de violação mais séria à honra da vítima, ferindo uma das fundamentos do Estado Democrático de Direito, qual seja, a dignidade da pessoa humana.

## Disposições comuns

***Art. 141** - As penas cominadas neste Capítulo aumentam-se de um terço, se qualquer dos crimes é cometido:*

***I.** contra o Presidente da República, ou contra chefe de governo estrangeiro;*

***II.** contra funcionário público, em razão de suas funções;*

***III.** na presença de várias pessoas, ou por meio que facilite a divulgação da calúnia, da difamação ou da injúria.*

***IV.** contra pessoa maior de 60 (sessenta) anos ou portadora de deficiência, exceto no caso de injúria. (Incluído pela Lei nº 10.741, de 2003)*

***§ 1º** - Se o crime é cometido mediante paga ou promessa de recompensa, aplica-se a pena em dobro. (Redação dada pela Lei nº 13.964, de 2019) **Vigência***

***§ 2º** - Se o crime é cometido ou divulgado em quaisquer modalidades das redes sociais da rede mundial de computadores, aplica-se em triplo a pena. (Incluído pela Lei nº 13.964, de 2019)*

Este artigo não traz qualificadoras, mas sim causas de aumento de pena, majorantes (a serem consideradas pelo juiz na terceira fase de aplicação da pena).

É uma majorante aplicada a todos os crimes do capítulo – injúria, difamação e calúnia. Nenhum desses crimes escapa do aumento quando preenchidos os requisitos.

Aumentam-se de um terço, se qualquer dos crimes é cometido:

***I.** Contra o Presidente da República, ou contra chefe de governo estrangeiro;*

A pena é aumentada de 1/3, em razão da importância das funções desempenhadas pelo Presidente da República e pelo chefe de governo estrangeiro. A conduta criminosa, além de atentar contra a honra de uma pessoa, ofende também os interesses de toda a nação que ela representa.

***II.** Contra funcionário público, em razão de suas funções.*

Esse aumento de pena não se aplica quando a conduta se refere à vida privada do funcionário público.

É necessário o nexo de causalidade entre a ofensa e o exercício da função pública.

***III.** Na presença de várias pessoas, ou por meio que facilite a divulgação da calúnia, da difamação ou da injúria.*

A expressão "várias pessoas" se refere a no mínimo três pessoas. Não se incluindo neste número o ofensor, a vítima e eventuais coautores e partícipes.

O STF, após o julgamento da ADPF nº 130-7/DF decidiu que a Lei de Imprensa (Lei nº 5.250/67) não foi recepcionada pela CF/88. Desse modo, aos crimes contra a honra praticados por meio da imprensa (oral ou escrita) serão aplicadas as disposições do Código Penal (Arts. 138 a 145).

***IV.** Contra pessoa maior de 60 (sessenta) anos ou portadora de deficiência, exceto no caso de injúria.*

Esse inciso foi inserido no CP pela Lei nº 10.741/03 (Estatuto do Idoso). O ofensor tem que ter conhecimento da idade da vítima no momento do crime.

Não se aplica este inciso no caso de injúria, pois neste crime já existe a figura da injúria qualificada (art. 140, §3º, CP) razão pela qual evita-se o bis in idem desta forma.

***§ 1º**. Se o crime é cometido mediante paga ou promessa de recompensa, aplica-se a pena em dobro.*

Hipótese de crime plurissubjetivo ou de concurso necessário. O pagamento, em ambos os casos, pode ser em dinheiro ou qualquer outro bem e a vantagem não precisa ser necessariamente econômica.

**Ex.:** Promessa de emprego, de casamento, de favores sexuais.

Essa majorante não se aplica ao mandante, apenas ao executor.

***§ 2º** Se o crime é cometido ou divulgado em quaisquer modalidades das redes sociais da rede mundial de computadores, aplica-se em triplo a pena.*

A majorante havia sido vetada pelo Presidente da República, contudo, em abril de 2021 o veto foi derrubado pelo Congresso Nacional. Assim, o crime contra honra cometido por meio das redes sociais – Facebook, Twitter, Instagram, YouTube, LinkedIn, etc... – terá a incidência da referida causa de aumento.

## Exclusão do crime

*Art. 142. Não constituem injúria ou difamação punível:*

*I. A ofensa irrogada em juízo, na discussão da causa, pela parte ou por seu procurador;*

*II. A opinião desfavorável da crítica literária, artística ou científica, salvo quando inequívoca a intenção de injuriar ou difamar;*

*III. O conceito desfavorável emitido por funcionário público, em apreciação ou informação que preste no cumprimento de dever do ofício.*

*Parágrafo único. Nos casos dos ns. I e III, responde pela injúria ou pela difamação quem lhe dá publicidade.*

Esse dispositivo não se aplica ao crime de calúnia, pois há neste crime o interesse do Estado e da sociedade em realizar a sua apuração.

Ex: advogado diz que o promotor foi subornado pelo réu para pedir sua absolvição.

A imunidade é relativa: para a maioria, a ressalva exarada pela expressão salvo quando se tem intenção de injuriar ou difamar se aplica não apenas ao inciso II, como também aos incisos I e III. Esse é o entendimento da maioria.

Nas hipóteses dos incisos I e III responde pela injúria ou difamação aquele que dá publicidade ao fato. É imprescindível, para tanto, o *animus* em ofender a vítima.

*I. A ofensa irrogada em juízo, na discussão da causa, pela parte ou por seu procurador;*

Esta excludente de ilicitude não se aplica quando a ofensa é dirigida ao juiz (magistrado), pois este não é parte na causa.

Para o advogado, de acordo com o art. 7º, §2º, da Lei nº 8.906/94 (Estatuto da OAB): O advogado tem imunidade profissional, não constituindo injúria, difamação ou desacato puníveis em qualquer manifestação de sua parte, no exercício de sua atividade, em juízo ou fora dele, sem prejuízo das sanções disciplinares perante a OAB, pelos excessos que cometer.

A expressão desacato foi declarada inconstitucional pelo STF, nos autos da ADIN 1.127-8. Desse modo, o advogado pode praticar o crime de desacato.

*II. A opinião desfavorável da crítica literária, artística ou científica, salvo quando inequívoca a intenção de injuriar ou difamar;*

*III. O conceito desfavorável emitido por funcionário público, em apreciação ou informação que preste no cumprimento de dever do ofício.*

Cuida-se de modalidade especial de estrito cumprimento do dever legal.

**Ex.:** Delegado de Polícia que, ao relatar o inquérito policial, refere-se ao indiciado como pessoa de alta periculosidade, covarde e impiedoso.

## Retratação

*Art. 143. O querelado que, antes da sentença, se retrata cabalmente da calúnia ou da difamação, fica isento de pena.*

*Parágrafo único. Nos casos em que o querelado tenha praticado a calúnia ou a difamação utilizando-se de meios de comunicação, a retratação dar-se-á, se assim desejar o ofendido, pelos mesmos meios em que se praticou a ofensa.*

É necessário observar que, retratação não se confunde com confissão da calúnia ou da difamação. Retratar-se é escusar-se, retirar o que disse, trazer a verdade novamente à tona. Trata-se de causa extintiva da punibilidade.

Se o querelado se retrata, há exclusão do crime, mas isso não importa em exclusão de indenização na seara cível.

Atente-se que, somente em relação a calúnia e a difamação há possibilidade de retratação, não abrangendo a injúria. Atente-se que, na lei de imprensa, havia previsão relativa a injúria, mas esta não foi recepcionada pela CF, nos termos de decisão proferida pelo STF.

Na retratação não se exige a concordância do ofendido.

A retratação deve ser total e incondicional. Deve ainda, abranger tudo o que foi dito pelo ofensor.

> É possível retratação extintiva da punibilidade no crime contra a honra de funcionário público no exercício da função? Em regra, não, pois não haverá querelado (a ação penal é pública).

## Pedido de explicações

*Art. 144. Se, de referências, alusões ou frases, se infere calúnia, difamação ou injúria, quem se julga ofendido pode pedir explicações em juízo. Aquele que se recusa a dá-las ou, a critério do juiz, não as dá satisfatórias, responde pela ofensa.*

Possui as seguintes características:

- É medida facultativa, pois a vítima não precisa dele se valer para o oferecimento da ação penal.
- Somente pode ser utilizado antes do ajuizamento da ação penal.
- Não possui procedimento específico.
- Não interrompe ou suspende o prazo decadencial.

O requerido não pode ser compelido a prestar as informações solicitadas. Desse modo, caso se omita, não poderá sofrer qualquer espécie de sanção.

## Ação penal

*Art. 145. Nos crimes previstos neste Capítulo somente se procede mediante queixa, salvo quando, no caso do art. 140, § 2º, da violência resulta lesão corporal.*

*Parágrafo único. Procede-se mediante requisição do Ministro da Justiça, no caso do inciso I do caput do art. 141 deste Código, e mediante representação do ofendido, no caso do inciso II do mesmo artigo, bem como no caso do § 3º do art. 140 deste Código. (Redação dada pela Lei nº 12.033, de 2009).*

## Espécies de ação penal

A regra geral é que os crimes contra a honra (Calúnia/Difamação/Injúria) são de Ação Penal privada.

→ Todavia, há três exceções:

- Pública Condicionada a requisição do Ministro da Justiça (crime contra o Presidente da República ou chefe de governo estrangeiro);

> Pública Condicionada a representação do ofendido (crime contra funcionário público em razão de suas funções ou crime de injúria qualificada – discriminação);

> Pública incondicionada: injúria real se resulta lesão corporal.

Crime contra a honra de funcionário público: Tratando-se de ofensa em razão da função, a ação penal é pública condicionada a representação.

Tratando-se de ofensa sem vínculo com a função pública, a ação penal é privada.

*Súm. 714, STF. É concorrente a legitimidade do ofendido mediante queixa e do MP condicionada a representação do ofendido, para a ação penal por crime contra a honra de servidor público em razão do exercício de suas funções.*

Caso a injúria preconceito tenha sido praticada antes da Lei nº 12.033/09 quando tal crime dependia de queixa e ao ingressar com a inicial já está em vigor tal lei. Será cabível queixa ou deverá ser oferecida representação para que o MP denuncie? Essa é uma alteração irretroativa pela qual a ação penal continuará sendo privada, nessa hipótese.

## 7.6 Dos Crimes contra Liberdade Individual

### Dos crimes contra a liberdade pessoal

***Constrangimento ilegal***

***Art. 146.*** *Constranger alguém, mediante violência ou grave ameaça, ou depois de lhe haver reduzido, por qualquer outro meio, a capacidade de resistência, a não fazer o que a lei permite, ou a fazer o que ela não manda:*

***Pena*** *- detenção, de três meses a um ano, ou multa.*

*Aumento de Pena*

***§ 1º.*** *As penas aplicam-se cumulativamente e em dobro, quando, para a execução do crime, se reúnem mais de três pessoas, ou há emprego de armas.*

***§ 2º.*** *Além das penas cominadas, aplicam-se as correspondentes à violência.*

***§ 3º.*** *Não se compreendem na disposição deste artigo:*

***I.*** *A intervenção médica ou cirúrgica, sem o consentimento do paciente ou de seu representante legal, se justificada por iminente perigo de vida;*

***II.*** *A coação exercida para impedir suicídio.*

***Ameaça***

***Art. 147.*** *Ameaçar alguém, por palavra, escrito ou gesto, ou qualquer outro meio simbólico, de causar-lhe mal injusto e grave:*

***Pena*** *- detenção, de um a seis meses, ou multa.*

***Parágrafo único.*** *Somente se procede mediante representação.*

***Perseguição***

***Art. 147-A.*** *Perseguir alguém, reiteradamente e por qualquer meio, ameaçando-lhe a integridade física ou psicológica, restringindo-lhe a capacidade de locomoção ou, de qualquer forma, invadindo ou perturbando sua esfera de liberdade ou privacidade. (Incluído pela Lei nº 14.132, de 2021)*

***Pena*** *– reclusão, de 6 (seis) meses a 2 (dois) anos, e multa. (Incluído pela Lei nº 14.132, de 2021)*

***§ 1º.*** *A pena é aumentada de metade se o crime é cometido:*

*I – contra criança, adolescente ou idoso;*

*II – contra mulher por razões da condição de sexo feminino, nos termos do § 2º-A do art. 121 deste Código;*

*III – mediante concurso de 2 (duas) ou mais pessoas ou com o emprego de arma.*

***§ 2º.*** *As penas deste artigo são aplicáveis sem prejuízo das correspondentes à violência.*

***§ 3º.*** *Somente se procede mediante representação.*

A Lei nº 14.132/2021 acrescentou o art. 147-A ao CP, para tipificar o crime de perseguição, também chamado de "stalking".

A perseguição ou stalking é uma forma de violência na qual o agente invade a esfera de privacidade da vítima, praticando reiteradamente a mesma ação por maneiras e atos variados. O sujeito utiliza-se de chamadas por telefone, mensagens amorosas, telegramas, ramalhetes de flores, presentes não solicitados, mensagens em faixas afixadas na rua, permanência na saída do trabalho, frequência no mesmo local de lazer da vítima, etc.

O novo tipo objetiva coibir e punir a conduta de pessoas que praticam esse tipo de perseguição – stalking, conduta bastante comum.

**Sujeito ativo:** pode ser qualquer pessoa (crime comum).

**Sujeito passivo:** é qualquer pessoa que (homem ou mulher).

O § 1º prevê as circunstâncias que aumentam a pena (majorantes): quando o crime é praticado contra criança, adolescente ou idoso ou mulher por razões da condição de sexo feminino.

Trata-se de crime de ação penal pública condicionada. A consumação do delito exige a perseguição reiterada. Trata-se de crime habitual. Não se exige produção de resultado naturalístico. É crime formal.

***Violência psicológica contra a mulher***

***Art. 147-B.*** *Causar dano emocional à mulher que a prejudique e perturbe seu pleno desenvolvimento ou que vise a degradar ou a controlar suas ações, comportamentos, crenças e decisões, mediante ameaça, constrangimento, humilhação, manipulação, isolamento, chantagem, ridicularização, limitação do direito de ir e vir ou qualquer outro meio que cause prejuízo à sua saúde psicológica e autodeterminação: (Incluído pela Lei nº 14.188, de 2021)*

***Pena*** *- reclusão, de 6 (seis) meses a 2 (dois) anos, e multa, se a conduta não constitui crime mais grave.*

A Lei Maria da Penha – Lei nº 11.340/2006, prevê que a violência doméstica também pode ser violência psicológica. Contudo, não havia um tipo penal específico para punir o agente que cometesse violência psicológica contra a mulher.

Assim, o art. 147-B foi acrescentado para suprir essa lacuna, pois até então, isso gerava uma proteção deficiente para a mulher.

A violência psicológica pode ser praticada, por exemplo, por meio de: ameaça; constrangimento; humilhação; manipulação; isolamento; chantagem; ridicularização; limitação do direito de ir e vir; etc...

**Sujeito ativo:** trata-se de crime comum, pode ser praticado por qualquer pessoa (homem ou mulher).

**Sujeito passivo:** é crime próprio, pois a vítima deve ser mulher (criança, adulta, idosa, desde que do sexo feminino).

O crime é punido a título de dolo, não prevê a modalidade culposa. O delito se consuma com a provocação do dano emocional à vítima. Admite tentativa.

É processado mediante ação penal pública incondicionada.

***Sequestro e Cárcere Privado***

***Art. 148.*** *Privar alguém de sua liberdade, mediante sequestro ou cárcere privado:*

***Pena*** *- reclusão, de um a três anos.*

*§ 1º. A pena é de reclusão, de dois a cinco anos:*

***I.*** *Se a vítima é ascendente, descendente, cônjuge ou companheiro do agente ou maior de 60 (sessenta) anos;*

***II.*** *Se o crime é praticado mediante internação da vítima em casa de saúde ou hospital;*

***III.*** *Se a privação da liberdade dura mais de quinze dias.*

***IV.*** *Se o crime é praticado contra menor de 18 (dezoito) anos;*

***V.*** *Se o crime é praticado com fins libidinosos.*

***§ 2º.*** *Se resulta à vítima, em razão de maus-tratos ou da natureza da detenção, grave sofrimento físico ou moral:*

***Pena*** *- reclusão, de dois a oito anos.*

Trata-se de infração de médio potencial ofensivo, admitindo-se a suspensão condicional do processo.

As pessoas que são impossibilitadas de se locomover podem ser vítimas do delito? A liberdade de movimento não deixa de existir quando se exerce à custa de aparelhos ou com o auxílio de outrem.

Essa é a posição que prevalece no Brasil. Há doutrinadores estrangeiros que afirmam que não seria esse o delito, mas sim o de constrangimento ilegal em se tratando de pessoas que não podem se locomover.

Caso a vítima seja Presidente da República, do SF, CD e STF, e, havendo motivação política, o delito pode ser considerado crime contra a Segurança Nacional (art. 28 da Lei nº 7.170/83).

→ Conduta: é a privação da liberdade. Pode ser executada mediante:

> Sequestro: é privação da liberdade sem confinamento.

**Ex.:** Sítio, casa.

> Cárcere Privado: é a privação da liberdade com confinamento.

**Ex.:** Porão.

Quando o crime for praticado mediante cárcere privado, deve fixar esse meio mais gravoso na fixação da pena.

O crime pode ser praticado por ação ou omissão.

Médico que não concede alta para paciente já curado.

→ Tipo subjetivo: O dolo é a finalidade especial do crime.

Se a finalidade for obter vantagem econômica, o delito será o previsto no art. 159 do CP. Se o fim for satisfazer pretensão, deixa de ser o delito do art. 148 e passa a ser o delito previsto no art. 345 (exercício arbitrário das próprias razões). Ex.: médico que não concede alta para paciente com a finalidade de satisfazer pretensão tida como legítima – pagamento do tratamento – o delito será de exercício arbitrário das próprias razões.

Na hipótese em que a finalidade é causar sofrimento físico ou mental, o delito será o de tortura.

→ Consumação e tentativa: Trata-se de delito permanente, e sua consumação se protrai no tempo. Consuma-se com a efetiva privação da liberdade ou locomoção da vítima.

A tentativa é perfeitamente difícil já que a privação da liberdade pode ser antecedida de violência e se o agente age de forma violenta, mas não consegue privar sua liberdade por circunstâncias alheias a sua vontade, terá havido tentativa.

→ Qualificadoras: art. 148, §1º:

***I.*** *Ascendente, descendente, cônjuge ou companheiro do agente ou maior de 60 anos.*

Neste caso, para qualificar não abrange o parentesco colateral, por afinidade, padrasto, ou madrasta do agente.

O idoso deve ter MAIS de 60 anos quando de sua libertação, não importando se quando da privação da liberdade tinha menos de 60 anos.

***II.*** *Se o crime é praticado mediante internação da vítima em casa de saúde ou hospital: Neste caso, tem que ser internação simulada ou fraudulenta.*

***III.*** *Se a privação da liberdade dura mais de quinze dias: Este prazo inicia-se no momento da privação da vítima, até sua libertação.*

***IV.*** *Crime praticado contra menor de 18 anos: neste inciso basta que a vítima seja maior de 18 anos ao final do sequestro, pouco importando se tinha menos que 18 anos no início do cárcere.*

***V.*** *Se praticado com fins libidinosos: trata-se de ação penal pública incondicionada (e não ação privada, como era anterior a 2005).*

*Redução a Condição Análoga à de Escravo*

***Art. 149.*** *Reduzir alguém a condição análoga à de escravo, quer submetendo-o a trabalhos forçados ou a jornada exaustiva, quer sujeitando-o a condições degradantes de trabalho, quer restringindo, por qualquer meio, sua locomoção em razão de dívida contraída com o empregador ou preposto:*

***Pena*** *- reclusão, de dois a oito anos, e multa, além da pena correspondente à violência.*

***§ 1º.*** *Nas mesmas penas incorre quem:*

***I.*** *Cerceia o uso de qualquer meio de transporte por parte do trabalhador, com o fim de retê-lo no local de trabalho;*

***II.*** *Mantém vigilância ostensiva no local de trabalho ou se apodera de documentos ou objetos pessoais do trabalhador, com o fim de retê-lo no local de trabalho.*

***§ 2º.*** *A pena é aumentada de metade, se o crime é cometido:*

***I.*** *Contra criança ou adolescente;*

***II.*** *Por motivo de preconceito de raça, cor, etnia, religião ou origem.*

*Tráfico de Pessoas*

***Art. 149-A.*** *Agenciar, aliciar, recrutar, transportar, transferir, comprar, alojar ou acolher pessoa, mediante grave ameaça, violência, coação, fraude ou abuso, com a finalidade de: (Incluído pela Lei nº 13.344, de 2016)*

***I.*** *remover-lhe órgãos, tecidos ou partes do corpo; (Incluído pela Lei nº 13.344, de 2016)*

***II.*** *submetê-la a trabalho em condições análogas à de escravo; (Incluído pela Lei nº 13.344, de 2016)*

***III.*** *submetê-la a qualquer tipo de servidão; (Incluído pela Lei nº 13.344, de 2016)*

***IV.*** *adoção ilegal; ou (Incluído pela Lei nº 13.344, de 2016)*

***V.*** *exploração sexual. (Incluído pela Lei nº 13.344, de 2016)*

*Pena. reclusão, de 4 (quatro) a 8 (oito) anos, e multa. (Incluído pela Lei nº 13.344, de 2016)*

***§ 1º.*** *A pena é aumentada de um terço até a metade se: (Incluído pela Lei nº 13.344, de 2016)*

***I.*** *o crime for cometido por funcionário público no exercício de suas funções ou a pretexto de exercê-las; (Incluído pela Lei nº 13.344, de 2016)*

***II.*** *o crime for cometido contra criança, adolescente ou pessoa idosa ou com deficiência; (Incluído pela Lei nº 13.344, de 2016)*

***III.*** *o agente se prevalecer de relações de parentesco, domésticas, de coabitação, de hospitalidade, de dependência econômica, de autoridade ou de superioridade hierárquica inerente ao exercício de emprego, cargo ou função; ou (Incluído pela Lei nº 13.344, de 2016)*

***IV.*** *a vítima do tráfico de pessoas for retirada do território nacional. (Incluído pela Lei nº 13.344, de 2016)*

*§ 2º. A pena é reduzida de um a dois terços se o agente for primário e não integrar organização criminosa. (Incluído pela Lei nº 13.344, de 2016)*

## Dos crimes contra a inviolabilidade do domicílio

*Violação de Domicílio*

***Art. 150** - Entrar ou permanecer, clandestina ou astuciosamente, ou contra a vontade expressa ou tácita de quem de direito, em casa alheia ou em suas dependências:*

***Pena** - detenção, de um a três meses, ou multa.*

***§ 1º** - Se o crime é cometido durante a noite, ou em lugar ermo, ou com o emprego de violência ou de arma, ou por duas ou mais pessoas:*

***Pena** - detenção, de seis meses a dois anos, além da pena correspondente à violência.*

***§ 2º** - (Revogado pela Lei nº 13.869, de 2019)*

***§ 3º** - Não constitui crime a entrada ou permanência em casa alheia ou em suas dependências:*

***I.** durante o dia, com observância das formalidades legais, para efetuar prisão ou outra diligência;*

***II.** a qualquer hora do dia ou da noite, quando algum crime está sendo ali praticado ou na iminência de o ser.*

***§ 4º** - A expressão "casa" compreende:*

***I.** qualquer compartimento habitado;*

***II.** aposento ocupado de habitação coletiva;*

***III.** compartimento não aberto ao público, onde alguém exerce profissão ou atividade.*

***§ 5º** - Não se compreendem na expressão "casa":*

***I.** hospedaria, estalagem ou qualquer outra habitação coletiva, enquanto aberta, salvo a restrição do n.º II do parágrafo anterior;*

***II.** taverna, casa de jogo e outras do mesmo gênero*

## Dos crimes contra a inviolabilidade de correspondência

*Violação de Correspondência*

***Art. 151.** Devassar indevidamente o conteúdo de correspondência fechada, dirigida a outrem:*

***Pena** - detenção, de um a seis meses, ou multa.*

*Sonegação ou Destruição de Correspondência*

***§ 1º.** Na mesma pena incorre:*

***I.** Quem se apossa indevidamente de correspondência alheia, embora não fechada e, no todo ou em parte, a sonega ou destrói;*

*Violação de Comunicação Telegráfica, Radioelétrica ou Telefônica*

***II.** Quem indevidamente divulga, transmite a outrem ou utiliza abusivamente comunicação telegráfica ou radioelétrica dirigida a terceiro, ou conversação telefônica entre outras pessoas;*

***III.** Quem impede a comunicação ou a conversação referidas no número anterior;*

***IV.** Quem instala ou utiliza estação ou aparelho radioelétrico, sem observância de disposição legal.*

***§ 2º.** As penas aumentam-se de metade, se há dano para outrem.*

***§ 3º.** Se o agente comete o crime, com abuso de função em serviço postal, telegráfico, radioelétrico ou telefônico:*

***Pena** - detenção, de um a três anos.*

***§ 4º.** Somente se procede mediante representação, salvo nos casos do § 1º, IV, e do § 3º.*

*Correspondência Comercial*

***Art. 152.** Abusar da condição de sócio ou empregado de estabelecimento comercial ou industrial para, no todo ou em parte, desviar, sonegar, subtrair ou suprimir correspondência, ou revelar a estranho seu conteúdo:*

***Pena** - detenção, de três meses a dois anos.*

***Parágrafo único.** Somente se procede mediante representação.*

*Dos Crimes contra a Inviolabilidade dos Segredos*

*Divulgação de Segredo*

***Art. 153.** Divulgar alguém, sem justa causa, conteúdo de documento particular ou de correspondência confidencial, de que é destinatário ou detentor, e cuja divulgação possa produzir dano a outrem:*

***Pena** - detenção, de um a seis meses, ou multa.*

***§ 1º.** Somente se procede mediante representação.*

***§ 1º-A.** Divulgar, sem justa causa, informações sigilosas ou reservadas, assim definidas em lei, contidas ou não nos sistemas de informações ou banco de dados da Administração Pública:*

***Pena** - detenção, de 1 (um) a 4 (quatro) anos, e multa.*

***§ 2º.** Quando resultar prejuízo para a Administração Pública, a ação penal será incondicionada.*

***Violação do Segredo Profissional***

***Art. 154.** Revelar alguém, sem justa causa, segredo, de que tem ciência em razão de função, ministério, ofício ou profissão, e cuja revelação possa produzir dano a outrem:*

***Pena** - detenção, de três meses a um ano, ou multa.*

***Parágrafo único.** Somente se procede mediante representação.*

*Invasão de dispositivo informático*

***Art. 154-A.** Invadir dispositivo informático de uso alheio, conectado ou não à rede de computadores, com o fim de obter, adulterar ou destruir dados ou informações sem autorização expressa ou tácita do usuário do dispositivo ou de instalar vulnerabilidades para obter vantagem ilícita: (Redação dada pela Lei nº 14.155, de 2021)*

***Pena** – reclusão, de 1 (um) a 4 (quatro) anos, e multa*

***§ 1º** Na mesma pena incorre quem produz, oferece, distribui, vende ou difunde dispositivo ou programa de computador com o intuito de permitir a prática da conduta definida no caput. (Incluído pela Lei nº 12.737, de 2012)*

***§ 2º.** Aumenta-se a pena de 1/3 (um terço) a 2/3 (dois terços) se da invasão resulta prejuízo econômico. (Redação dada pela Lei nº 14.155, de 2021)*

***§ 3º** Se da invasão resultar a obtenção de conteúdo de comunicações eletrônicas privadas, segredos comerciais ou industriais, informações sigilosas, assim definidas em lei, ou o controle remoto não autorizado do dispositivo invadido: (Incluído pela Lei nº 12.737, de 2012)*

***Pena** - reclusão, de 2 (dois) a 5 (cinco) anos, e multa. (Redação dada pela Lei nº 14.155, de 2021)*

***§ 4º** Na hipótese do § 3o, aumenta-se a pena de um a dois terços se houver divulgação, comercialização ou transmissão a terceiro, a qualquer título, dos dados ou informações obtidos. (Incluído pela Lei nº 12.737, de 2012)*

***§ 5º** Aumenta-se a pena de um terço à metade se o crime for praticado contra: (Incluído pela Lei nº 12.737, de 2012)*

***I.** Presidente da República, governadores e prefeitos; (Incluído pela Lei nº 12.737, de 2012)*

***II.** Presidente do Supremo Tribunal Federal; (Incluído pela Lei nº 12.737, de 2012)*

***III.** Presidente da Câmara dos Deputados, do Senado Federal, de Assembleia Legislativa de Estado, da Câmara Legislativa do Distrito Federal ou de Câmara Municipal; ou (Incluído pela Lei nº 12.737, de 2012)*

***IV.** dirigente máximo da administração direta e indireta federal, estadual, municipal ou do Distrito Federal. (Incluído pela Lei nº 12.737, de 2012)*

*Ação penal*

*(Incluído pela Lei nº 12.737, de 2012)*

***Art. 154-B.** Nos crimes definidos no art. 154-A, somente se procede mediante representação, salvo se o crime é cometido contra a administração pública direta ou indireta de qualquer dos Poderes da União, Estados, Distrito Federal ou Municípios ou contra empresas concessionárias de serviços públicos. (Incluído pela Lei nº 12.737, de 2012)*

# DIREITO CONSTITUCIONAL

# 1. INTRODUÇÃO AO DIREITO CONSTITUCIONAL

## 1.1 Noções Gerais

Para iniciarmos o estudo do Direito Constitucional, alguns conceitos precisam ser esclarecidos, principalmente para aqueles que nunca tiveram contato com a matéria.

Primeiramente, faz-se necessário conhecer qual será o objeto de estudo desta disciplina jurídica: **Constituição Federal**.

A Constituição Federal é simplesmente a norma mais importante de todo o ordenamento jurídico brasileiro. Ela é a norma principal, a norma fundamental.

Se pudéssemos posicionar as espécies normativas na forma de uma pirâmide hierárquica, a Constituição Federal apareceria no topo desta pirâmide, ao passo que as outras espécies normativas estariam todas abaixo dela, como na ilustração:

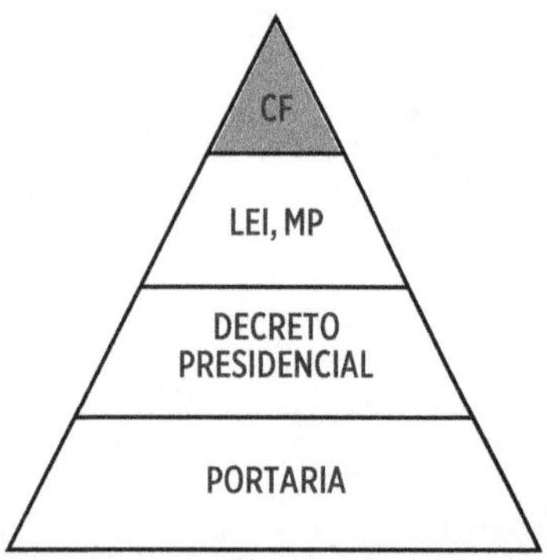


Para que sua preparação seja adequada, é necessário que se tenha em vista uma Constituição atualizada. Isso por conta de que a Constituição Federal foi promulgada em 1988, mas já foi alterada várias vezes. Significa dizer, numa linguagem mais jurídica, que ela foi **emendada**.

As Emendas Constitucionais são a única forma de alteração do Texto Constitucional. Portanto, jamais uma lei, ou outra espécie normativa hierarquicamente inferior à Constituição, poderá alterar o seu texto.

Neste ponto caberia a pergunta: o que torna a Constituição Federal a norma mais importante do Direito Brasileiro? A resposta é muito simples: a Constituição possui alguns elementos que a distinguem das outras espécies normativas, por exemplo:

**Os Princípios Constitucionais;**

**Os Direitos Fundamentais;**

**A Organização do Estado;**

**A Organização dos Poderes.**

De nada adiantaria possuir uma Constituição Federal com tantos elementos essenciais ao Estado se não existisse alguém para protegê-la. O próprio texto constitucional previu um Guardião para a Constituição, o **Supremo Tribunal Federal (STF)**.

O STF é o órgão de cúpula do Poder Judiciário e possui como atribuição principal a guarda da Constituição. Ele é tão poderoso que se alguém editar uma norma que contrarie o disposto no texto constitucional, o Supremo a declarará inconstitucional. Uma norma declarada inconstitucional pelo STF não produzirá efeitos na sociedade.

Além de Guardião da Constituição, o STF possui outra atribuição Constitucional, qual seja, a de intérprete do texto fundamental. É o Supremo quem define a melhor interpretação para esta ou aquela norma Constitucional. Quando um Tribunal manifesta sua interpretação, dizemos que ele revelou sua **jurisprudência** (o pensamento dos tribunais), sendo a do STF a que mais interessa para o estudo do Direito Constitucional. E é exatamente neste ponto que se encontra a maior importância do STF para o objetivo que aqui se tem em vista: é essencial conhecer sua jurisprudência, pois costuma cair em prova. Para se ter ideia da importância dessa matéria, é possível que alguma jurisprudência do STF seja contrária ao próprio texto constitucional. Dessa forma, o aluno precisa ter uma dupla percepção: conhecer o texto da Constituição e conhecer a jurisprudência do STF.

Contudo, ainda existe outra fonte de conhecimento essencial para o aprendizado em Direito Constitucional: a **doutrina**.

A doutrina é o pensamento produzido pelos estudiosos do Direito Constitucional. Conhecer a doutrina também faz parte de sua preparação.

Em suma, para estudar Direito Constitucional é necessário estudar:

**A Constituição Federal;**

**A Jurisprudência do STF;**

**Doutrina de Direito Constitucional.**

Neste estudo apresentar-se-á o conteúdo de Direito Constitucional atualizado, objetivo e necessário para prova de forma que se tenha à mão um material suficiente ao estudo para concurso público.

**Metodologia de Estudo**

Aproveitam-se essas considerações iniciais para passar uma dica de estudo que pode ser útil na preparação para concurso público. A preparação em Direito Constitucional precisa observar três passos:

**Leitura da Constituição Federal;**

**Leitura da apostila;**

**Resolução de exercícios.**

O aluno que seguir esses passos certamente chegará à aprovação em concurso público. Essa é a melhor orientação para quem está iniciando os estudos.

## 1.2 Classificações

A partir de algumas **características** que possuem as Constituições, é possível classificá-las, agrupá-las. As classificações abaixo não são as únicas possíveis, realçando apenas aqueles elementos mais comumente cobrados nos concursos públicos.

Quanto à **origem**, a Constituição pode ser Promulgada ou Outorgada. A **Constituição Promulgada** é aquela decorrente de um verdadeiro processo democrático para a sua elaboração, fruto de uma Assembleia Nacional Constituinte. A **Outorgada** é aquela imposta, unilateralmente, por um governante ou por um grupo de pessoas, ao povo.

Quanto à **possibilidade** de **alteração, mutação**, podem ser **Flexíveis, Rígidas** ou **Semirrígidas**. As Constituições Flexíveis não exigem, para a sua alteração, qualquer processo legislativo especial. As Rígidas, contudo, dependem de um processo legislativo de alteração mais difícil do que aquele utilizado para as normas ordinárias. As Constituições Semirrígidas são aquelas cuja parte de seu texto só pode ser alterada por um processo mais difícil, sendo que outra parte pode ser mudada sem qualquer processo especial.

Quanto **à forma** adotada, as Constituições podem ser: **Escritas ou Dogmáticas** e **Costumeiras**. A Constituição Dogmática é aquela que apresenta um único texto, no qual encontramos sistematizadas e organizadas todas as disposições essenciais do Estado. A Constituição Costumeira é aquela formada pela reunião de diversos textos esparsos, reconhecidos pelo povo como fundamentais, essenciais.

Quanto à **extensão**, podem ser: **Sintéticas** ou **Analíticas**. A Constituição Sintética é aquela concisa, enxuta e que só traz as disposições políticas essenciais a respeito da forma, organização, fundamentos e objetivos do Estado. A Constituição Analítica é aquela que aborda diversos assuntos, não necessariamente relacionados com a organização do Estado e dos poderes. Ela desce a minúcias que poderiam figurar em uma lei ordinária, não precisando constar do texto constitucional.

A partir das classificações apresentadas acima, temos que a Constituição Federal de 1988 pode ser considerada por **Promulgada, Rígida, Escrita** e **Analítica**.

# 2. PRINCÍPIOS FUNDAMENTAIS

Os Princípios Fundamentais, também chamados de Princípios Constitucionais, formam a base de toda a organização do Estado Brasileiro. Como bem citado pelo Professor José Afonso da Silva, "os Princípios Fundamentais visam essencialmente definir e caracterizar a coletividade política e o Estado e enumerar as principais opções político-constitucionais[1]".

Exatamente em razão de sua importância, a Constituição Federal os colocou logo no início, pois eles são a base de todo o texto. O que se segue a partir desses princípios é mero desdobramento de seu conteúdo.

Quem se prepara para concurso público deve saber que, quando esse tema é abordado, costuma-se trabalhar questões com o conteúdo previsto nos Arts. 1º ao 4º do texto constitucional. Geralmente, aparece apenas texto constitucional puro, mas, dependendo do concurso, as bancas costumam cobrar questões doutrinárias mais difíceis.

Quais princípios serão abordados?

- Princípio da Tripartição dos Poderes;
- Princípio Federativo;
- Princípio Republicano;
- Presidencialismo;
- Princípio Democrático;
- Fundamentos da República Federativa do Brasil;
- Objetivos Fundamentais da República Federativa do Brasil;
- Princípios que Regem as Relações Internacionais do Brasil.

## 2.1 Princípio da Tripartição dos Poderes

Esse princípio, também chamado de Princípio da Separação dos Poderes, originou-se, historicamente, numa tentativa de limitar os poderes do Estado. Alguns filósofos perceberam que, se o Poder do Estado estivesse dividido entre três entidades diferentes, seria possível que a sociedade exercesse um maior controle de sua utilização.

Na verdade, a divisão não é do Poder Estatal, haja vista ser ele uno, indivisível e indelegável, mas apenas uma divisão das suas funções. Nos dizeres de José Afonso da Silva: "O poder político, uno, indivisível e indelegável, se desdobra e se compõe de várias funções, fato que permite falar em distinções das funções, que fundamentalmente são três: a legislativa, a executiva e a jurisdicional"[2].

A previsão constitucional desse princípio encontra-se no Art. 2º, que diz:

> ***Art. 2º.*** *São Poderes da União, independentes e harmônicos entre si, o Legislativo, o Executivo e o Judiciário.*

Esses são os três poderes, cada qual responsável pelo desenvolvimento de uma função principal do Estado:

**Poder Executivo**

Função principal (típica) de administrar o Estado;

**Poder Legislativo**

Função principal (típica) de legislar e fiscalizar as contas públicas;

**Poder Judiciário**

Função principal (típica) jurisdicional.

Além da sua própria função, a Constituição criou uma sistemática que permite a cada um dos poderes o exercício da função do outro poder. Essa função acessória chamamos de **função atípica:**

**Poder Executivo**

Função atípica de legislar e julgar;

**Poder Legislativo**

Função atípica de administrar e julgar;

**Poder Judiciário**

Função atípica de administrar e legislar.

Dessa forma, pode-se dizer que além da própria função, cada poder exerce de forma acessória a função do outro poder.

Uma pergunta sempre surge na cabeça dos candidatos: qual dos três poderes é mais importante?

A única resposta possível é a inexistência de poder mais importante. Cada poder possui sua própria função de forma que não se pode afirmar que exista hierarquia entre os poderes do Estado.

Eles são independentes e harmônicos entre si, e para se garantir essa harmonia, a doutrina norte-americana desenvolveu um sistema que mantém a igualdade entre os poderes: **Sistema de Freios e Contrapesos** (*checks and balances*)**.**

O sistema de freios e contrapesos adotado pela nossa Constituição, revela-se nas inúmeras medidas previstas no texto constitucional que condicionam a competência de um poder à apreciação de outro poder de forma a garantir o equilíbrio entre os três poderes. Abaixo estão alguns exemplos delas:

**Exs.:**

**A necessidade de sanção do Chefe do Poder Executivo** para que um Projeto de Lei aprovado pelo Poder Legislativo possa entrar em vigor;

O **processo do Chefe do Poder Executivo** por crime de responsabilidade a ser realizado no Senado Federal, cuja sessão de julgamento é presidida pelo Presidente do STF;

A **necessidade de apreciação** pelo Poder Legislativo das Medidas Provisórias editadas pelo Chefe do Poder Executivo;

A **nomeação dos ministros** do STF é feita pelo Presidente da República depois de aprovada pelo Senado Federal.

Em todas as hipóteses acima apresentadas, faz-se necessária a participação de mais de um Poder para a consecução de um ato administrativo. Isso cria uma verdadeira relação de interdependência entre os poderes, o que garante o equilíbrio entre eles.

Por último, não se pode esquecer que a separação dos poderes é uma das cláusulas pétreas por força do Art. 60, § 4º, III, da Constituição Federal.

1 CANOTILHO, J. J. Gomes, e MOREIRA, Vital. Fundamentos da Constituição. In: SILVA, José Afonso da. Curso de Direito Constitucional Positivo. 33ª Ed. São Paulo: Malheiros, 2010. p. 94.

2 SILVA, José Afonso da. Curso de Direito Constitucional Positivo. 33ª Ed. São Paulo: Malheiros, 2010. p. 108.

Significa dizer que a separação dos poderes não pode ser abolida do texto constitucional por meio de emenda:

> ***Art. 60, § 4º.*** *Não será objeto de deliberação a proposta de emenda tendente a abolir:*
>
> ***III.*** *A separação dos Poderes.*

## 2.2 Princípio Federativo

Esse princípio apresenta a Forma de Estado adotada no Brasil: federação. A forma de Estado reflete o modo de exercício do poder político em função do território. É uma forma composta ou complexa3, visto que prevalece a pluralidade de poderes políticos internos. Está baseada na descentralização política do Estado, cuja representação se dá por meio de quatro entes federativos:

**União;**

**Estados;**

**Distrito Federal;**

**Municípios.**

Cada ente federativo possui sua **própria autonomia política**, o que **não** pode ser confundido com o atributo da soberania, pertencente ao Estado Federal.

A autonomia de cada ente confere-lhe a capacidade política de, inclusive, criar sua própria Constituição. Apesar de cada ente federativo possuir essa independência, não se pode esquecer que a existência do pacto federativo pressupõe a existência de uma Constituição Federal e da impossibilidade de separação (Princípio da Indissolubilidade do Vínculo Federativo). Havendo quebra do pacto federativo, a Constituição Federal prevê como instrumento de manutenção da forma de Estado a chamada Intervenção Federal, a qual será estudada em momento oportuno.

Não existe hierarquia entre os entes federativos. O que os distingue é a competência que cada um recebeu da Constituição Federal. Deve-se ressaltar que os estados e o Distrito Federal possuem direito de participação na formação da vontade nacional ao possuírem representantes no Senado Federal. Os municípios não possuem representantes no Senado Federal. Caracteriza-se, ainda, pela existência de um guardião da Constituição Federal, o Supremo Tribunal Federal. A doutrina tem apontado para algumas características da forma federativa brasileira:

**Tricotômica**

Federação constituída em três níveis: federal, estadual e municipal. O Distrito Federal não é considerado nessa classificação, haja vista possuir competência híbrida, ou seja, ora age como estado ora como município.

**Centrífuga**

Essa característica reflete a formação da federação brasileira. É a formação "de dentro para fora". O movimento é de centrifugadora. A força de criação do estado federal brasileiro surgiu a partir de um Estado Unitário para a criação de um estado federado, ou seja, o poder centralizado que se torna descentralizado. O poder político era concentrado nas mãos de um só ente e, depois, passa a fazer parte de vários entes federativos.

3 A doutrina classifica as formas de Estado em Compostas ou Unitárias. Os Estados Compostos ou Complexos possuem como base a descentralização política enquanto que os Estados Unitários ou simples possuem uma única entidade política a qual exerce de forma centralizada o poder político (CUNHA, 2011, p. 872). Estado Federal é espécie de Estado Composto, portanto, não se confunde com Estado Unitário.

**Por Desagregação**

Ocorre quando um estado unitário resolve se descentralizar politicamente, desagregando o poder central em favor de vários entes titulares de poder político.

Como última observação, não menos importante, a **Forma Federativa de Estado** também é uma cláusula **pétrea.**

Depois de estudar os Princípios da Tripartição dos Poderes e o Federativo, passa-se a ver como eles estão estruturados dentro da República Federativa do Brasil. Uma informação importante antes disso: a autonomia política existente em cada ente federativo pode ser percebida por meio de existência dos poderes em cada um.

## 2.3 Princípio Republicano

O princípio Republicano representa a **Forma de Governo** adotada no Brasil. A forma de governo reflete o modo de aquisição e exercício do poder político, além de medir a relação existente entre o governante e o governado.

A melhor forma de entender esse instituto é conhecendo suas características. A primeira característica decorre da análise etimológica da expressão *res publica*. Essa expressão, que dá origem ao Princípio ora estudado, significa coisa pública, ou seja, em um Estado Republicano o governante cuida da coisa pública, governa para o povo.

Outra característica importante é a Temporariedade. Esse atributo revela o caráter temporário do exercício do poder político. Por causa desse princípio, em nosso Estado, o governante permanece no poder por tempo determinado.

Em uma República, o governante é escolhido pelo povo. Essa é a chamada Eletividade. O poder político é adquirido pelas eleições, sendo que a vontade popular se concretiza nas urnas.

Por fim, em um Estado Republicano o governante pode ser responsabilizado por seus atos.

A forma de governo republicana se contrapõe à monarquia, cujas características são opostas às estudadas aqui.

É importante destacar que o princípio republicano não é uma cláusula pétrea, pois esse princípio não se encontra listado no rol das cláusulas pétreas do Art. 60, § 4o, da Constituição Federal. Apesar disso, a Constituição o considerou como princípio sensível. Princípios sensíveis são aqueles que, se tocados, ensejarão a chamada Intervenção Federal, conforme previsto no Art. 34, VII, da Constituição:

> ***Art. 34.*** *A União não intervirá nos Estados nem no Distrito Federal, exceto para:*
>
> ***VII.*** *assegurar a observância dos seguintes princípios constitucionais:*
>
> ***a)*** *forma republicana, sistema representativo e regime democrático.*

## 2.4 Presidencialismo

O Presidencialismo é o sistema de governo adotado no Brasil. O sistema de governo rege a relação entre o Poder Executivo e o Legislativo medindo o grau de dependência entre eles. No Presidencialismo, prevalece a separação entre os Poderes Executivo e Legislativo, os quais são independentes e harmônicos entre si.

A Constituição declara, em seu Art. 76, que:

> *O Poder Executivo é exercido pelo Presidente da República, auxiliado pelos Ministros de Estado.*

O Presidencialismo possui uma característica muito importante, que é a concentração das funções executivas em uma só pessoa, o Presidente, o qual é eleito pelo povo, e exerce ao mesmo tempo três funções: Chefe de Estado, Chefe de Governo, e Chefe da Administração Pública.

A função de Chefe de Estado diz respeito a todas as atribuições do Presidente nas relações externas do País. Como Chefe de Governo, o Presidente possui inúmeras atribuições internas no que tange à governabilidade do país. Já como Chefe da Administração Pública, o Presidente exercerá as funções relacionadas com a chefia da Administração Pública Federal.

## 2.5 Democracia

Este princípio revela o Regime de Governo adotado no Brasil. Caracteriza-se pela existência do Estado Democrático de Direito e pela preservação da dignidade da pessoa humana.

A democracia significa o governo do povo, pelo povo e para o povo. É a chamada soberania popular. Sua fundamentação constitucional encontra-se no Art. 1º da CF:

> ***Art. 1º, Parágrafo único.*** *Todo o poder emana do povo, que o exerce por meio de representantes eleitos ou diretamente, nos termos desta Constituição.*

Esse princípio também é conhecido como princípio sensível e, no Brasil, caracteriza-se por seu exercício se dar de forma direta e indireta. Por esse motivo, a democracia brasileira é conhecida como semidireta ou participativa. Esse tema, porém, será abordado na seção sobre **Direitos Políticos**.

| | | |
|---|---|---|
| FORMA DE ESTADO | → | FEDERATIVA |
| FORMA DE GOVERNO | → | REPUBLICANA |
| SISTEMA DE ESTADO | → | PRESIDENCIALISTA |
| REGIME DE ESTADO | → | DEMOCRÁTICO |

## 2.6 Fundamentos da República Federativa do Brasil

Entre os Princípios Constitucionais mais importantes, destacam-se os Fundamentos da República Federativa do Brasil, os quais estão elencados no Art. 1º da Constituição Federal:

> ***Art. 1º.*** *A República Federativa do Brasil, formada pela união indissolúvel dos Estados e Municípios e do Distrito Federal, constitui-se em Estado Democrático de Direito e tem como fundamentos:*
>
> ***I.*** *A soberania;*
>
> ***II.*** *A cidadania;*
>
> ***III.*** *A dignidade da pessoa humana;*
>
> ***IV.*** *Os valores sociais do trabalho e da livre iniciativa;*
>
> ***V.*** *O pluralismo político.*

**A soberania** é um fundamento que possui estreita relação com o Poder do Estado. É a capacidade que o Estado tem de impor sua vontade. Esse princípio possui uma dupla acepção: soberania interna e externa.

**A soberania interna** é a capacidade de impor o poder estatal no âmbito interno, perante os administrados, sem se sujeitar a qualquer outro poder.

**A soberania externa** é percebida pelo reconhecimento dos outros Estados soberanos de que o Estado Brasileiro possui sua própria autonomia no âmbito internacional.

**A cidadania** como princípio revela a condição jurídica de quem é titular de Direitos Políticos. Ela permite ao indivíduo que possui vínculo jurídico com o Estado participar de suas decisões e escolher seus representantes. O exercício da cidadania guarda estreita relação com a Democracia, pois essa autoriza a participação popular na formação da vontade estatal.

**A dignidade da pessoa humana** é considerada o princípio com maior hierarquia axiológica da Constituição. Sua importância se traduz na medida em que deve ser assegurada, primordialmente, pelo Estado, mas também deve ser observada nas relações particulares. Como fundamento, embasa toda a gama de direitos fundamentais, os quais estão ligados em sua origem a esse princípio. A dignidade da pessoa humana representa o núcleo mínimo de direitos e garantias que devem ser assegurados aos seres humanos.

**O valor social do trabalho e da livre iniciativa** revela a adoção de uma economia capitalista ao mesmo tempo em que elege o trabalho como elemento responsável pela valorização social. Ao mesmo tempo em que a Constituição garante uma liberdade econômica, protege o trabalho como elemento relacionado à dignidade do indivíduo como membro da sociedade.

**O Pluralismo Político**, ao contrário do que parece, não está relacionado apenas com a pluralidade de partidos políticos, devendo ser entendido sob um sentido mais amplo, pois revela uma sociedade em que pluralidade de ideias se torna um ideal a ser preservado. Liberdades, como de expressão, religiosa ou política estão entre as formas de manifestação desse princípio.

Geralmente, quando esse tema é cobrado em prova, costuma ser questionado apenas o texto constitucional.

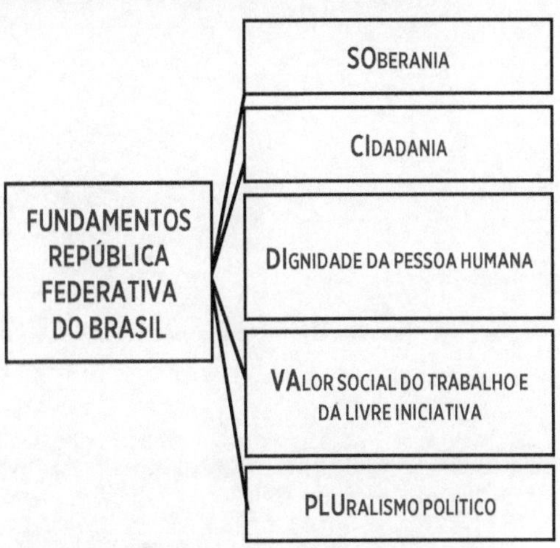


## 2.7 Objetivos Fundamentais da República Federativa do Brasil

Outro grupo de Princípios Constitucionais que costuma ser cobrado em prova é o dos Objetivos da República Federativa do Brasil, os quais estão previstos em um rol exemplificativo no Art. 3º da Constituição Federal:

> ***Art. 3º.*** *Constituem objetivos fundamentais da República Federativa do Brasil:*
>
> ***I.*** *Construir uma sociedade livre, justa e solidária;*
>
> ***II.*** *Garantir o desenvolvimento nacional;*
>
> ***III.*** *Erradicar a pobreza e a marginalização e reduzir as desigualdades sociais e regionais;*
>
> ***IV.*** *Promover o bem de todos, sem preconceitos de origem, raça, sexo, cor, idade e quaisquer outras formas de discriminação.*

Os objetivos são verdadeiras metas a serem perseguidas pelo Estado com o fim de garantir os ditames constitucionais. Deve-se ter muita atenção em relação a esses dispositivos, pois eles costumam ser cobrados em prova fazendo-se alterações dos termos constitucionais.

Outra característica que distingue os fundamentos dos objetivos é o fato de os fundamentos serem nominados com substantivos ao passo que os objetivos se iniciam com verbos. Essa diferença pode ajudar a perceber qual a resposta correta na prova.

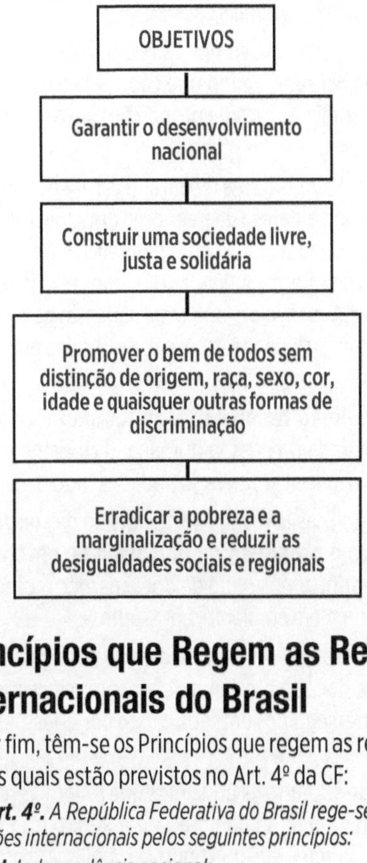


## 2.8 Princípios que Regem as Relações Internacionais do Brasil

E, por fim, têm-se os Princípios que regem as relações internacionais, os quais estão previstos no Art. 4º da CF:

> ***Art. 4º.*** *A República Federativa do Brasil rege-se nas suas relações internacionais pelos seguintes princípios:*
>
> ***I.*** *Independência nacional;*
>
> ***II.*** *Prevalência dos direitos humanos;*
>
> ***III.*** *Autodeterminação dos povos;*
>
> ***IV.*** *Não intervenção;*
>
> ***V.*** *Igualdade entre os Estados;*
>
> ***VI.*** *Defesa da paz;*
>
> ***VII.*** *Solução pacífica dos conflitos;*
>
> ***VIII.*** *Repúdio ao terrorismo e ao racismo;*
>
> ***IX.*** *Cooperação entre os povos para o progresso da humanidade;*
>
> ***X.*** *Concessão de asilo político.*
>
> ***Parágrafo único.*** *A República Federativa do Brasil buscará a integração econômica, política, social e cultural dos povos da América Latina, visando à formação de uma comunidade latino-americana de nações.*

Esses princípios revelam características muito interessantes do Brasil, ressaltando sua soberania e independência em relação aos outros Estados do mundo.

A independência nacional destaca, no âmbito da soberania externa, a relação do país com os demais estados, uma relação de igualdade, sem estar subjugado a outro Estado.

A prevalência dos direitos humanos vai ao encontro do fundamento da dignidade da pessoa humana, característica muito importante que se revela por meio do grande rol de direitos e garantias fundamentais previstos na Constituição Federal.

O Brasil **defende a autodeterminação dos povos.** Por esse princípio, respeitam-se as decisões e escolhas de cada povo. Entende-se que cada povo é capaz de escolher o seu próprio caminho político e de resolver suas crises internas sem necessidade de intervenção externa de outros países. Esse princípio se completa ao da **não intervenção** no mesmo sentido de preservação e respeito à soberania dos demais Estados.

Esses princípios se completam juntamente com o da **igualdade entre os Estados,** sendo que cada país é reconhecido como titular de soberania na mesma proporção que os demais, sem hierarquia entre eles.

Com uma ampla gama de garantias constitucionais, não poderia ficar de lado a **defesa da paz** como princípio fundamental, ao mesmo tempo que funciona como bandeira defendida pelo Brasil em suas relações internacionais. No mesmo sentido, **a solução pacífica dos conflitos** revela o lado conciliador do governo brasileiro, que por vezes intermedeia relações conturbadas entre outros chefes de estado.

**O repúdio ao terrorismo e ao racismo** é princípio decorrente da dignidade da pessoa humana; terrorismo e racismo são tomados como inaceitáveis em sociedades modernas.

O Estado Brasileiro tem-se destacado na **cooperação entre os povos para o progresso da humanidade**, envolvendo-se em pesquisas científicas para cura de doenças, bem como na defesa e preservação do meio ambiente, entre outros.

**A concessão de asilo político** como princípio constitucional fundamenta a decisão brasileira de amparar estrangeiros que estejam sendo perseguidos em seus países por questões políticas ou de opinião.

Destaca-se, entre os princípios que regem as relações internacionais, um mandamento para que a República Federativa do Brasil busque a integração econômica, política, social e cultural dos povos da América Latina, visando à formação de uma comunidade latino-americana de nações. Repare que o texto constitucional mencionou América Latina, não América do Sul. Parece não haver muita diferença, mas esse tema já foi cobrado em prova e a troca dos termos é considerada errada.

# 3. DIREITOS FUNDAMENTAIS - REGRAS GERAIS

Os direitos e garantias fundamentais estão entre os temas mais cobrados em provas. Além de questões envolvendo a literalidade do texto constitucional, encontramos aqui muitas discussões doutrinárias e jurisprudências que tornam essa matéria uma fonte inesgotável de questões.

Procura-se nas próximas páginas apresentar as principais questões levantadas na doutrina e nos tribunais, sempre privilegiando as posições adotadas pelas bancas organizadoras de concurso público.

Inicia-se o estudo pelas Regras Gerais aplicáveis aos direitos fundamentais, tema que tem sido priorizado pelas maiores organizadoras de concursos do país.

## 3.1 Conceito

Os direitos e garantias fundamentais são institutos jurídicos que foram criados no decorrer do desenvolvimento da humanidade e se constituem de normas protetivas que formam um núcleo mínimo de prerrogativas inerentes à condição humana.

## 3.2 Amplitude Horizontal e Vertical

Possuem como objetivo principal a proteção do indivíduo diante do poder do Estado. Mas não só do Estado. Os direitos e garantias fundamentais também constituem normas de proteção do indivíduo em relação aos outros indivíduos da sociedade.

E é exatamente nesse ponto que surgem os conceitos de **Amplitude Horizontal e Amplitude Vertical.** Amplitude vertical é o efeito protetor que as normas definidoras de direitos e garantias fundamentais produzem para um indivíduo diante do Estado. Já a amplitude horizontal é o efeito protetor que as normas definidoras de direitos e garantias fundamentais produzem para um indivíduo diante dos outros indivíduos.

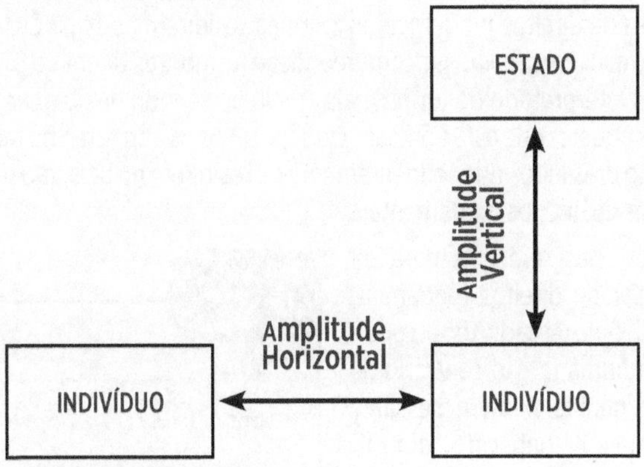


## 3.3 Classificação

A Constituição Federal, quando se refere aos direitos fundamentais, classifica-os em cinco grupos:

> Direitos e Deveres Individuais e Coletivos;
> Direitos Sociais;
> Direitos de Nacionalidade;
> Direitos Políticos;
> Partidos Políticos.

Essa classificação encontra-se distribuída entre os Arts. 5º e 17 do texto constitucional e é normalmente chamada pela doutrina de Conceito Formal dos Direitos Fundamentais. O Conceito Formal é o que a Constituição Federal resolveu classificar como sendo Direito Fundamental. É o rol de direitos fundamentais previstos expressamente no texto constitucional.

Costuma-se perguntar nas provas: "O rol de direitos fundamentais é um rol exaustivo? Ou melhor, taxativo?" O que se quer saber é se o rol de direitos fundamentais é só aquele que está expresso na Constituição ou não.

Responde-se a essa questão com o § 2º do Art. 5º, que diz:

> ***§ 2º** - Os direitos e garantias expressos nesta Constituição não excluem outros decorrentes do regime e dos princípios por ela adotados, ou dos tratados internacionais em que a República Federativa do Brasil seja parte.*

Isso significa que o rol não é taxativo, mas exemplificativo. A doutrina costuma chamar esse parágrafo de Cláusula de Abertura Material, que é exatamente a possibilidade de existirem outros direitos fundamentais, ainda que fora do texto constitucional. Esse seria o Conceito Material dos direitos fundamentais, ou seja, todos os direitos fundamentais que possuem a essência fundamental, ainda que não estejam expressos no texto constitucional.

## 3.4 Características

O elemento jurídico acima abordado, além de explicar a possibilidade de se inserirem novos direitos fundamentais no rol dos que já existem expressamente na Constituição Federal, também constitui uma das características que serão abordadas a seguir:

**Historicidade**

Essa característica revela que os Direitos Fundamentais são frutos da evolução histórica da humanidade. Significa que eles evoluem com o passar do tempo.

**Inalienabilidade**

Os direitos fundamentais não podem ser alienados, não podem ser negociados, não podem ser transigidos.

**Irrenunciabilidade**

Os direitos fundamentais não podem ser renunciados.

**Imprescritibilidade**

Os direitos fundamentais não se sujeitam aos prazos prescricionais. Não se perde um direito fundamental pelo decorrer do tempo.

**Universalidade**

Os direitos fundamentais pertencem a todas as pessoas, independentemente da sua condição.

**Máxima Efetividade**

Essa característica é mais uma imposição ao Estado, que está coagido a garantir a máxima efetividade dos direitos fundamentais. Esses direitos não podem ser ofertados de qualquer forma. É necessário que eles sejam garantidos da melhor forma possível.

**Concorrência**

Os direitos fundamentais podem ser utilizados em conjunto com outros direitos. Não é necessário abandonar um para usufruir outro direito.

**Complementariedade**

Um direito fundamental não pode ser interpretado sozinho. Cada direito deve ser analisado juntamente com outros direitos fundamentais, bem como com outros institutos jurídicos.

**Proibição do Retrocesso**

Essa característica proíbe que os direitos já conquistados sejam perdidos.

**Limitabilidade**

Não existe direito fundamental absoluto. São direitos relativos.

**Não Taxatividade**

Essa característica, já tratada anteriormente, diz que o rol de direitos fundamentais é apenas exemplificativo, tendo em vista a possibilidade de inserção de novos direitos.

Veja como esse tema costuma ser abordado em prova:

Os atos de improbidade administrativa estão taxativamente previstos em lei, não sendo possível compreender que sua enumeração seja meramente exemplificativa. ERRADO.

## 3.5 Dimensões dos Direitos Fundamentais

As dimensões, também conhecidas por Gerações de direitos fundamentais, são uma classificação adotada pela doutrina que leva em conta a ordem cronológica de reconhecimento desses direitos. São cinco as dimensões atualmente reconhecidas:

**1ª Dimensão –** foram os primeiros direitos conquistados pela humanidade. São direitos relacionados à liberdade, em todas as suas formas. Possuem um caráter negativo diante do Estado, tendo em vista ser utilizado como uma verdadeira limitação ao poder estatal, ou seja, o Estado, diante dos direitos de primeira dimensão, fica impedido de agir ou interferir na sociedade. São verdadeiros direitos de defesa com caráter individual. Estão entre estes direitos as liberdades públicas, civis e políticas.

**2ª Dimensão –** estes direitos surgem na tentativa de reduzirem as desigualdades sociais provocadas pela primeira dimensão. Por isso, são conhecidos como direitos de igualdade. Para reduzir as diferenças sociais, o Estado precisa interferir na sociedade: essa interferência reflete a conduta positiva adotada por meio de prestações sociais. São exemplos de direitos de segunda dimensão: os direitos sociais, econômicos e culturais.

**3ª Dimensão –** aqui estão os conhecidos direitos de fraternidade. São direitos que refletem um sentimento de solidariedade entre os povos na tentativa de preservarem os direitos de toda a coletividade. São de terceira geração o direito ao meio ambiente saudável, o direito ao progresso da humanidade, ao patrimônio comum, entre outros.

**4ª Dimensão –** esses direitos ainda não possuem um posicionamento pacífico na doutrina, mas costuma-se dizer que nesta dimensão ocorre a chamada globalização dos direitos fundamentais. São direitos que rompem com as fronteiras entre os Estados. São direitos de todos os seres humanos, independentemente de sua condição, como o direito à democracia, ao pluralismo político. São também considerados direitos de 4ª geração os direitos mais novos, que estão em construção, como o direito genético ou espacial.

**5ª Dimensão –** essa é a mais nova dimensão defendida por alguns doutrinadores. É formado basicamente pelo direito à paz. Esse seria o direito mais almejado pelo homem e que consubstancia a reunião de todos os outros direitos.

Deve-se ressaltar que esses direitos, à medida que foram sendo conquistados, complementavam os direitos anteriores, de forma que não se pode falar em substituição ou superação de uma geração sobre a outra, mas em cumulação, de forma que hoje podemos usufruir de todos os direitos pertencentes a todas as dimensões.

Para não se esquecer das três primeiras dimensões é só lembrar-se do Lema da Revolução Francesa: Liberdade, Igualdade e Fraternidade.

| 1ª DIMENSÃO | 2ª DIMENSÃO | 3ª DIMENSÃO |
|---|---|---|
| LIBERDADE | IGUALDADE | FRATERNIDADE |

## 3.6 Titulares dos Direitos Fundamentais

**Quem são os Titulares dos Direitos Fundamentais?**

A própria Constituição Federal responde a essa pergunta quando diz no *caput* do Art. 5º que são titulares "os brasileiros e estrangeiros residentes no país". Mas será que é necessário residir no país para que o estrangeiro tenha direitos fundamentais?

Imaginemos um avião cheio de alemães que está fazendo uma escala no Aeroporto Municipal de Cascavel-PR.

Nenhum dos alemães reside no país. Seria possível entrar no avião e matar todas aquelas pessoas, haja vista não serem titulares de direitos fundamentais por não residirem no país? É claro que não. Para melhor se compreender o termo "residente", o STF o tem interpretado de forma mais ampla no sentido de abarcar todos aqueles que estão no país. Ou seja, todos os que estão no território brasileiro, independentemente de residirem no país, são titulares de direitos fundamentais.

Mas será que, para ser titular de direitos fundamentais, é necessário ter a condição humana? Ao contrário do que parece, não é necessário. Tem-se reconhecido como titulares de direitos fundamentais as pessoas jurídicas. Ressalta-se que não só as pessoas jurídicas de direito privado, mas também as pessoas jurídicas de direito público.

> O STF já se pronunciou sobre a "briga de galo" e a "farra do boi", declarando-as inconstitucionais. Quanto à "vaquejada", o Supremo se manifestou acerca da admissibilidade parcial, desde que não figure flagelação do animal. Por fim, o tema de "rodeios" ainda não foi pleiteado.

Os animais não são considerados titulares de direitos fundamentais, mas isso não significa que seja possível maltratá-los. Na prática, a CF/88 protege-os contra situações de maus-tratos. De outro lado, mortos podem ser titulares de direitos fundamentais, desde que o direito seja compatível (ex.: honra).

## 3.7 Cláusulas Pétreas e os Direitos Fundamentais

O Art. 60, § 4º da Constituição Federal, traz o rol das chamadas **Cláusulas Pétreas:**

> ***§ 4º*** *- Não será objeto de deliberação a proposta de emenda tendente a abolir:*
>
> ***I.*** *A forma federativa de Estado;*
>
> ***II.*** *O voto direto, secreto, universal e periódico;*
>
> ***III.*** *A separação dos Poderes;*
>
> ***IV.*** *Os direitos e garantias individuais.*

As Cláusulas Pétreas são núcleos temáticos formados por institutos jurídicos de grande importância, os quais não podem ser retirados da Constituição. Observe-se que o texto proíbe a abolição desses princípios, mas não impede que os mesmos sejam modificados, no caso, para melhor. Isso já foi cobrado em prova. É importante notar que o texto constitucional prevê no inciso IV como sendo Cláusulas Pétreas apenas os direitos e garantias individuais. Pela literalidade da Constituição, não são todos os direitos fundamentais que são protegidos por esse instituto, mas apenas os de caráter individual. Parte da doutrina e da jurisprudência entende que essa proteção deve ser ampliada, abrangendo os demais direitos fundamentais. Deve-se ter atenção com esse tema em prova, pois já foram cobrados os dois posicionamentos.

## 3.8 Eficácia dos Direitos Fundamentais

O § 1º do Art. 5º da Constituição Federal prevê que:

> ***§ 1º*** *- As normas definidoras dos direitos e garantias fundamentais têm aplicação imediata.*

Quando a Constituição Federal se refere à aplicação de uma norma, na verdade está falando da sua eficácia.

Esse tema é sempre cobrado em provas de concurso. Com o intuito de obter uma melhor compreensão, é necessário conceituar, classificar e diferenciar os vários níveis de eficácia das normas constitucionais.

Para que uma norma constitucional seja aplicada é indispensável que a ela possua eficácia, a qual é *a capacidade que uma norma jurídica tem de produzir efeitos.*

Se os efeitos produzidos se restringem ao âmbito normativo, tem-se a chamada **eficácia jurídica**, ao passo que, se os efeitos são concretos, reais, tem-se a chamada **eficácia social.** Eficácia jurídica, portanto, é a capacidade que uma norma constitucional tem de revogar todas as outras normas que com ela apresentem divergência. Já a eficácia social, também conhecida como efetividade, é a aplicabilidade na prática, concreta, da norma. Todas as normas constitucionais possuem eficácia jurídica, mas nem todas possuem eficácia social. Logo, é possível afirmar que todas as normas constitucionais possuem eficácia. O problema surge quando uma norma constitucional não pode ser aplicada na prática, ou seja, não possui eficácia social.

Para explicar esse fenômeno, foram desenvolvidas várias classificações acerca do grau de eficácia de uma norma constitucional. A classificação mais adotada pela doutrina e mais cobrada em prova é a adotada pelo professor José Afonso da Silva[1]. Para esse estudioso, a eficácia social se classifica em:

- **Eficácia Plena;**
- **Eficácia Contida;**
- **Eficácia Limitada.**

As normas de **eficácia plena** são aquelas **autoaplicáveis.** São normas que possuem aplicabilidade direta, imediata e integral. Seus efeitos práticos são plenos. É uma norma que não depende de complementação legislativa para produzir efeitos. Veja os exemplos:

> Art. 1º; Art. 5º, *caput* e incisos XXXV e XXXVI; Art. 19; Art. 21; Art. 53; Art. 60, § 1º e 4º; Art. 69; Art. 128, § 5º, I e II; Art. 145, § 2º; entre outros.

As normas de **eficácia contida** também são **autoaplicáveis.** Assim como as normas de eficácia plena, elas possuem **aplicabilidade direta e imediata**. Contudo, sua aplicação não é integral. É neste ponto que a eficácia contida se diferencia da eficácia plena. A norma de eficácia contida nasce plena, mas pode ser restringida por outra norma.

Daí a doutrina chamá-la de norma contível, restringível ou redutível. Essas espécies permitem que outra norma reduza a sua aplicabilidade. São normas que produzem efeitos imediatos, mas esses efeitos podem ser restringidos. Ex:

> Art. 5º, VII, XII, XIII, XV, XXVII, XXXIII; Art. 9º; Art. 37, I; Art. 170, parágrafo único; entre outros.

Já as normas de **eficácia limitada** são desprovidas de eficácia social. Diz-se que as normas de eficácia limitada não são autoaplicáveis, possuem aplicabilidade indireta, mediata e reduzida ou diferida.

São normas que dependem de outra para produzirem efeitos. O que as difere das normas de eficácia contida é a dependência de outra norma para que produza efeitos sociais. Enquanto as de eficácia contida produzem efeitos imediatos, os quais poderão ser restringidos posteriormente, as de eficácia limitada dependem de outra norma para produzirem efeitos. Deve-se ter cuidado para não pensar que essas espécies normativas não possuem eficácia. Como se afirmou anteriormente, elas possuem eficácia jurídica, mas não possuem eficácia social. As normas de eficácia limitada são classificadas, ainda, em:

- Normas de eficácia limitada de princípio institutivo (organizativo ou organizatório);
- Normas de eficácia limitada de princípio programático.

As normas de eficácia limitada de **princípio institutivo** são aquelas que dependem de outra norma para organizar ou instituir estruturas, entidades ou órgãos.

> Art. 18, § 2º; Art. 22, Parágrafo único; Art. 25, § 3º; Art. 33; Art. 88; Art. 90, §2º; Art. 102, §1º; Art. 107, §1º; Art. 113; Art. 121; Art. 125, §3º; 128, §5º; Art. 131; entre outros.

1 Silva, José Afonso da. "Curso de Direito Constitucional Positivo". 27ª edição. São Paulo: Malheiros, 2005.

As normas de eficácia limitada de **princípio programático** são aquelas que apresentam verdadeiros objetivos a serem perseguidos pelo Estado, programas a serem implementados. Em regra, possuem fins sociais.

Art. 7º, XI, XX, XXVII; Art. 173, §4º; Art. 196; Art. 205; Art. 215; Art. 218; Art. 227; entre outros.

O Supremo Tribunal Federal (STF) possui algumas decisões que conferiram o grau de eficácia limitada aos seguintes dispositivos:

Art. 5º, LI; Art. 37, I; Art. 37, VII; Art. 40, § 4º; Art. 18, §4º.

Feitas as considerações iniciais sobre esse tema, resta saber o que o § 1º do Art. 5º da CF quis dizer com "aplicação imediata". Para traduzir essa expressão, basta analisar a explicação apresentada anteriormente. Segundo a doutrina, as normas que possuem aplicação imediata ou são de eficácia plena ou contida. Ao que parece, o texto constitucional quis restringir a eficácia dos direitos fundamentais em plena ou contida, não existindo, em regra, normas definidoras de direitos fundamentais com eficácia limitada. Entretanto, pelos próprios exemplos aqui apresentados, não é essa a realidade do texto constitucional. Certamente, existem normas de eficácia limitada entre os direitos fundamentais (7º, XI, XX, XXVII). A dúvida que surge então é: como responder na prova?

A doutrina e o STF têm entendido que, apesar do texto expresso na Constituição Federal, existem normas definidoras de direitos fundamentais que não possuem aplicabilidade imediata, as quais são de eficácia limitada. Diante dessa contradição, a doutrina tem orientado no sentido de se conferir a maior eficácia possível aos direitos fundamentais. Em prova, pode ser cobrada tanto uma questão abordando o texto puro da Constituição Federal quanto o posicionamento da doutrina. Deve-se responder conforme for perguntado.

A Constituição previu dois instrumentos para garantir a efetividade das normas de eficácia limitada: **Ação Direta de Inconstitucionalidade** por omissão e o **Mandado de Injunção.**

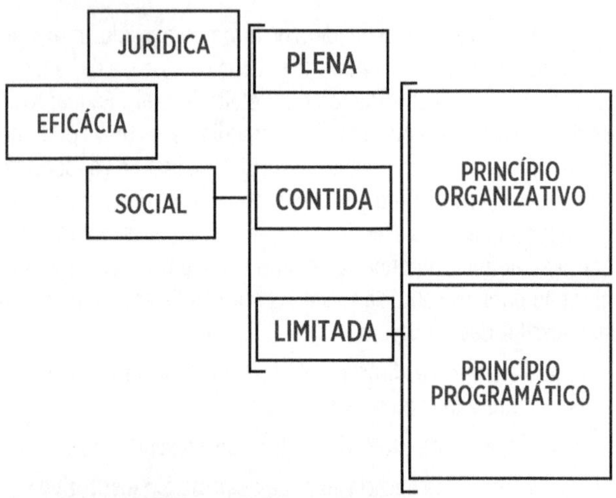


## 3.9 Força Normativa dos Tratados Internacionais

Uma regra muito importante para a prova é a que está prevista no § 3º do Art. 5º:

> ***§3º*** *- Os tratados e convenções internacionais sobre direitos humanos que forem aprovados, em cada Casa do Congresso Nacional, em dois turnos, por três quintos dos votos dos respectivos membros, serão equivalentes às emendas constitucionais.*

Esse dispositivo constitucional apresenta a chamada Força Normativa dos Tratados Internacionais.

Segundo o texto constitucional, é possível que um tratado internacional possua força normativa de emenda constitucional, desde que preencha os seguintes requisitos:

> Tem que falar de direitos humanos;

> Tem que ser aprovado nas duas casas legislativas do Congresso Nacional, ou seja, na Câmara dos Deputados e no Senado Federal;

> Tem que ser aprovado em dois turnos em cada casa;

> Tem que ser aprovado por 3/5 dos membros em cada turno de votação, em cada casa.

Preenchidos esses requisitos, o Tratado Internacional terá força normativa de **Emenda à Constituição.**

Mas surge a seguinte questão: e se o Tratado Internacional for de Direitos Humanos e não preencher os requisitos constitucionais previstos no § 3º do Art. 5º da Constituição? Qual será sua força normativa? Segundo o STF, caso o Tratado Internacional fale de direitos humanos, mas não preencha os requisitos do § 3º do Art. 5º da CF, ele terá força normativa de **Norma Supralegal.**

Ainda há os tratados internacionais que não falam de direitos humanos. São tratados que falam de outros temas, por exemplo, o comércio. Esses tratados possuem força normativa de **Lei Ordinária.**

Em suma, são três as forças normativas dos Tratados Internacionais:

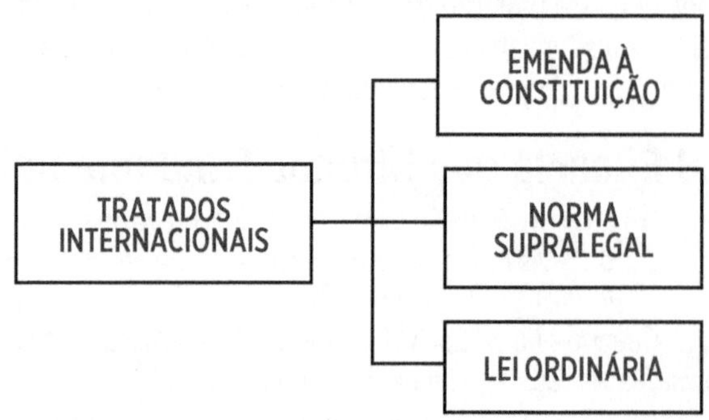


## 3.10 Tribunal Penal Internacional - TPI

Há outra regra muito interessante prevista no § 4º do Art. 5º da Constituição:

> ***§ 4º*** *- O Brasil se submete à jurisdição de Tribunal Penal Internacional a cuja criação tenha manifestado adesão.*

É o chamado **Tribunal Penal Internacional**. Mas o que é o Tribunal Penal Internacional? É uma corte permanente, localizada em Haia, na Holanda, com competência de julgamento dos crimes contra a humanidade.

É um Tribunal, pois tem função jurisdicional; é Penal porque só julga crimes; é Internacional, haja vista sua competência não estar restrita à fronteira de um só Estado.

Mas uma coisa deve ser esclarecida. O TPI não julga qualquer tipo de crime. Só os crimes que tenham repercussão para toda a humanidade. Geralmente, são crimes de guerra, agressão estrangeira, genocídio, dentre outros.

Apesar de ser um tribunal com atribuições jurisdicionais, o TPI não faz parte do Poder Judiciário brasileiro. Sua competência é complementar à jurisdição nacional, não ofendendo, portanto, a soberania do Estado brasileiro. Isso significa que o TPI só age quando a Justiça Brasileira se omite ou é ineficaz.

## 3.11 Direitos X Garantias

Muitos questionam se direitos e garantias são a mesma coisa, mas a melhor doutrina tem diferenciado esses dois institutos.

Os direitos são os próprios direitos previstos na Constituição Federal. São os bens jurídicos tutelados pela Constituição. Eles representam por si só esses bens.

As garantias são instrumentos de proteção dos direitos. São ferramentas disponibilizadas pela Constituição para a fruição dos direitos.

Apesar da diferença entre os dois institutos é possível afirmar que **toda garantia é um direito.**

# 4. DIREITOS FUNDAMENTAIS - DIREITOS E DEVERES INDIVIDUAIS E COLETIVOS

A Constituição Federal, ao disciplinar os direitos individuais, os coloca basicamente no Art. 5º. Logo no *caput* desse artigo, já aparece uma classificação didática dos direitos ali previstos:

> ***Art. 5º.*** *Todos são iguais perante a lei, sem distinção de qualquer natureza, garantindo-se aos brasileiros e aos estrangeiros residentes no País a inviolabilidade do direito à vida, à liberdade, à igualdade, à segurança e à propriedade, nos termos seguintes:*

Para estudarmos os direitos individuais, utilizaremos os cinco grupos de direitos previstos no *caput* do Art. 5º:

> **Direito à vida;**
> **Direito à igualdade;**
> **Direito à liberdade;**
> **Direito à propriedade;**
> **Direito à segurança.**

Percebe-se que os 78 incisos do Art. 5º, de certa forma, decorrem de um desses direitos que podem ser chamados de **"direitos raízes"**. Utilizando essa divisão, a seguir serão abordados os incisos mais importantes desse artigo, tendo em vista a preparação para a prova. Logicamente, não conseguiremos abordar todos os incisos, o que não tira a responsabilidade de lê-los.

## 4.1 Direito à Vida

Ao falar desse direito, que é considerado pela doutrina como o **direito mais fundamental de todos**, por ser um pressuposto para o exercício dos demais direitos, enfrenta-se um primeiro dEsafio: esse direito é absoluto?

Assim como os demais direitos, o direito à vida não é absoluto. São várias as justificativas existentes para considerá-lo um direito passível de flexibilização:

### Pena de morte

Uma que já apareceu em prova: existe pena de morte no Brasil?

A sua resposta tem que ser "SIM". A alínea "a" do inciso XLVII do Art. 5º traz essa previsão expressamente:

> ***XLVII.*** *Não haverá penas:*
> ***a)*** *de morte, salvo em caso de guerra declarada, nos termos do Art. 84, XIX;*

Todas as vezes que a Constituição traz uma negação acompanhada de uma exceção, estamos diante de uma possibilidade.

### Aborto

A prática de aborto no Brasil é permitida? O Art. 128 do Código Penal Brasileiro apresenta duas possibilidades de prática de aborto que são verdadeiras excludentes de ilicitude:

> ***Art. 128.*** *Não se pune o aborto praticado por médico:*

***Aborto necessário***

> ***I.*** *Se não há outro meio de salvar a vida da gestante;*

***Aborto sentimental***

> ***II.*** *Se a gravidez resulta de estupro e o aborto é precedido de consentimento da gestante ou, quando incapaz, de seu representante legal.*

São os **abortos necessário** e **sentimental**. Aborto necessário é aquele praticado para salvar a vida da gestante e o aborto sentimental é utilizado nos casos de estupro. Essas duas exceções à prática do crime de aborto são hipóteses em que se permite a sua prática no direito brasileiro. Além dessas duas hipóteses previstas expressamente na legislação brasileira, o STF também reconhece a possibilidade da prática de aborto do feto anencéfalo (feto sem cérebro)[1]. Mais uma vez, o direito à vida encontra-se flexibilizado.

### Legítima defesa e estado de necessidade

Esses dois institutos, também excludentes de ilicitude do crime, são outras possibilidades de limitação do direito a vida, conforme disposto no Art. 23 do Código Penal Brasileiro:

> ***Art. 23.*** *Não há crime quando o agente pratica o fato:*
> ***I.*** *Em estado de necessidade;*
> ***II.*** *Em legítima defesa;*

Em linhas gerais e de forma exemplificativa, o estado de necessidade permite que, diante de uma situação de perigo, uma pessoa possa, para salvar uma vida, tirar a vida de outra pessoa. Na legítima defesa, caso sua vida seja ameaçada por alguém, existe legitimidade em retirar a vida de quem o ameaçou.

Outro ponto que deve ser ressaltado é que o direito à vida não está adstrito apenas ao fato de se estar vivo. Quando a constituição protege o direito à vida, a faz em suas diversas acepções. Existem dispositivos constitucionais que protegem o direito à vida no que tange a sua preservação da integridade física e moral (Art. 5º, III, V, XLVII, XLIX; Art. 199, §4º. A Constituição também protege o direito à vida no que tange à garantia de uma vida com qualidade (Arts. 6º; 7º, IV; 196; 205; 215).

## 4.2 Direito à Igualdade

### Igualdade formal x igualdade material

Possui como sinônimo o termo Isonomia. A doutrina classifica esse direito em:

**Igualdade Formal**

Traduz-se no termo "todos são iguais perante a lei, sem distinção de qualquer natureza". É o previsto no *caput* do Art. 5º. É uma igualdade jurídica, que não se preocupa com a realidade, mas apenas evita que alguém seja tratado de forma discriminatória.

**Igualdade Material**

Também chamada de igualdade efetiva ou substancial. É a igualdade que se preocupa com a realidade. Traduz-se na seguinte expressão: "tratar os iguais com igualdade e os desiguais com

1 O Tribunal, por maioria e nos termos do voto do Relator, julgou procedente a ação para declarar a inconstitucionalidade da interpretação segundo a qual a interrupção da gravidez de feto anencéfalo é conduta tipificada nos artigos 124, 126, 128, incisos I e II, todos do Código Penal, contra os votos dos Senhores Ministros Gilmar Mendes e Celso de Mello que, julgando-a procedente, acrescentavam condições de diagnóstico de anencefalia especificadas pelo Ministro Celso de Mello; e contra os votos dos Senhores Ministros Ricardo Lewandowski e Cezar Peluso (Presidente), que a julgavam improcedente. Impedido o Senhor Ministro Dias Toffoli. Plenário, 12.04.2012. ADPF 54 – Relator Min. Marco Aurélio.

desigualdade, na medida das suas desigualdades". Esse tipo de igualdade confere um tratamento com justiça para aqueles que não a possuem.

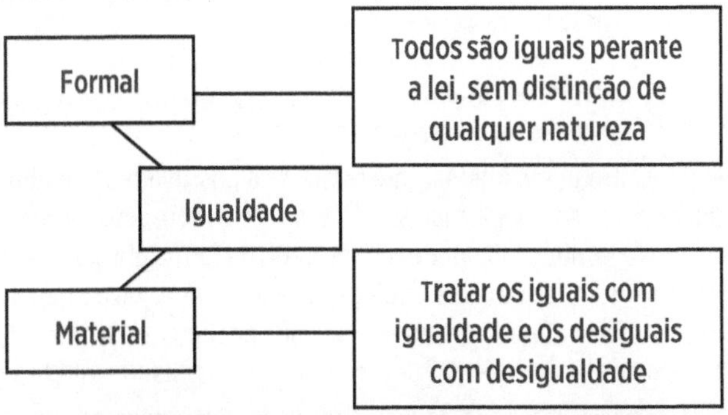


A igualdade formal é a regra utilizada pelo Estado para conferir um tratamento isonômico entre as pessoas. Contudo, por diversas vezes, um tratamento igualitário não consegue atender a todas as necessidades práticas. Faz-se necessária a utilização da igualdade em seu aspecto material para que se consiga produzir um verdadeiro tratamento isonômico.

Imaginemos as relações entre homens e mulheres. A regra é que homem e mulher são tratados da mesma forma conforme previsto no inciso I do Art. 5º:

> *I. Homens e mulheres são iguais em direitos e obrigações, nos termos desta Constituição;*

Contudo, em diversas situações, homens e mulheres serão tratados de forma diferente:

**Licença-maternidade**

Tem duração de 120 dias para a mulher. Para o homem, apenas 5 dias de licença-paternidade;

**Aposentadoria**

A mulher se aposenta 5 anos mais cedo que o homem;

**Serviço Militar Obrigatório**

Só o homem está obrigado.

Essas são algumas das situações em que são permitidos tratamentos desiguais entre as pessoas. As razões que justificam essa discriminação são as diferenças efetivas que existem entre os homens e as mulheres em cada uma das hipóteses. Exemplificando, a mulher tem mais tempo para se recuperar em razão da nítida distinção do desgaste feminino para o masculino no que tange ao parto. É indiscutível que, por mais desgastante que seja o nascimento de um filho para o pai, nada se compara ao sofrimento suportado pela mãe. Por essa razão, a licença-maternidade é maior que a licença-paternidade.

## Igualdade nos concursos públicos

O tema diz respeito à igualdade nos concursos públicos. Seria possível restringir o acesso a um cargo público em razão do sexo de uma pessoa? Ou por causa de sua altura? Ou ainda, pela idade que possui?

Essas questões encontram a mesma resposta: sim! É possível, desde que os critérios discriminatórios preencham alguns requisitos:

**Deve ser Fixado em Lei**

Não basta que os critérios estejam previstos no edital, precisam estar previstos em lei, no seu sentido formal.

**Deve ser Necessário ao Exercício do Cargo**

O critério discriminatório deve ser necessário ao exercício do cargo. A título de exemplo: seria razoável exigir para um cargo de policial militar, altura mínima ou mesmo, idade máxima, que representam vigor físico, tendo em vista a natureza do cargo que exige tal condição. As mesmas condições não poderiam ser exigidas para um cargo de técnico judiciário, por não serem necessárias ao exercício do cargo.

Em suma, podem ser exigidos critérios discriminatórios desde que previstos em lei e que sejam necessários ao exercício do cargo, observados os critérios de proporcionalidade e razoabilidade.

Esse tema sempre tem sido alvo de questões em prova, principalmente sob o aspecto jurisprudencial. Veja este exemplo de questão:

No ato da posse o servidor apresentará, se entender necessário, declaração de bens e valores que constituem o seu patrimônio e, obrigatoriamente, declaração quanto ao exercício ou não de outro cargo, emprego ou função pública. ERRADO.

## Ações afirmativas

Como formas de concretização da igualdade material foram desenvolvidas políticas públicas de compensação dirigidas às minorias sociais chamadas de **Ações Afirmativas ou Discriminações Positivas**. São verdadeiras ações de cunho social que visam a compensar possíveis perdas que determinados grupos sociais tiveram ao longo da história de suas vidas. Quem nunca ouviu falar nas "quotas para os pobres nas Universidades" ou ainda, "reserva de vagas para deficientes em concursos públicos"? Essas são algumas das espécies de ações afirmativas desenvolvidas no Brasil.

Mas por que reservar vagas para deficientes em concursos públicos? Ora, é óbvio que o deficiente, qualquer que seja sua deficiência, quando se prepara para um concurso público possui muito mais dificuldade que uma pessoa que tem a plenitude de seu vigor físico. Em razão dessa diferença, o Estado, na tentativa de reduzir a desigualdade existente entre os concorrentes, resolveu compensar a limitação de um portador de necessidades especiais reservando-lhe vagas especiais.

Perceba que, ao contrário do que parece, quando se reservam vagas num concurso público para deficientes estamos diante de um nítido tratamento discriminatório, que nesse caso é justificável pelas diferenças naturais entre o concorrente sadio e o concorrente deficiente. Lembre-se de que igualdade material é tratar iguais com igualdade e desiguais com desigualdade. O que se faz por meio dessas políticas de compensação é tratar os desiguais com desigualdade, na medida de suas desigualdades. Só dessa forma é possível alcançar um verdadeiro tratamento isonômico entre os candidatos.

Por fim, destaca-se o fato de o STF ter declarado constitucional a política de cotas étnico-raciais para seleção de estudantes em universidades públicas pacificando uma discussão antiga sobre esse tipo de ação afirmativa.

## 4.3 Direito à Liberdade

O direito à liberdade pertence à primeira geração de direitos fundamentais por expressarem os direitos mais ansiados pelos indivíduos como forma de defesa diante do Estado. O que se verá a seguir são algumas das acepções desse direito que podem ser cobradas em prova.

### Liberdade de ação

O inciso II do Art. 5º apresenta aquilo que a doutrina chama de liberdade de ação:

> ***II.*** *Ninguém será obrigado a fazer ou deixar de fazer alguma coisa senão em virtude de lei;*

Essa é a liberdade por excelência. Segundo o texto constitucional, a liberdade só pode ser restringida por lei. Por isso, dizemos que esse inciso também apresenta o **Princípio da Legalidade.**

A liberdade pode ser entendida de duas formas, a depender do destinatário da mensagem:

**Para o particular**

Para o particular, liberdade significa "fazer tudo que não for proibido".

**Para o agente público**

Para o agente público, liberdade significa "poder fazer tudo o que for determinado ou permitido pela lei".

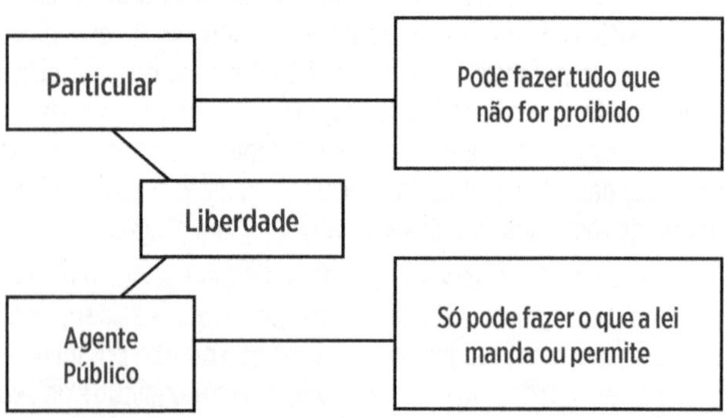


### Liberdade de locomoção

Uma das liberdades mais almejadas pelos indivíduos durante as lutas sociais é o grande carro-chefe na limitação dos poderes do Estado. O inciso XV do Art. 5º já diz:

> ***XV.*** *É livre a locomoção no território nacional em tempo de paz, podendo qualquer pessoa, nos termos da lei, nele entrar, permanecer ou dele sair com seus bens;*

Perceba-se que o direito explanado nesse inciso não possui caráter absoluto, haja vista ter sido garantido em tempo de paz. Isso significa que em momentos sem paz seriam possíveis restrições às liberdades de locomoção. Destaca-se o Estado de Sítio que pode ser decretado nos casos previstos no Art. 137 da Constituição Federal. Nessas circunstâncias, seriam possíveis maiores restrições à chamada liberdade de locomoção por meio de medidas autorizadas pela própria Constituição Federal:

> ***Art. 137.*** *O Presidente da República pode, ouvidos o Conselho da República e o Conselho de Defesa Nacional, solicitar ao Congresso Nacional autorização para decretar o estado de sítio nos casos de:*
>
> ***I.*** *Comoção grave de repercussão nacional ou ocorrência de fatos que comprovem a ineficácia de medida tomada durante o estado de defesa;*
>
> ***II.*** *Declaração de estado de guerra ou resposta a agressão armada estrangeira.*
>
> ***Art. 139.*** *Na vigência do estado de sítio decretado com fundamento no Art. 137, I, só poderão ser tomadas contra as pessoas as seguintes medidas:*
>
> ***I.*** *Obrigação de permanência em localidade determinada;*
>
> ***II.*** *Detenção em edifício não destinado a acusados ou condenados por crimes comuns;*

Outro ponto interessante refere-se à possibilidade de qualquer pessoa entrar, permanecer ou sair do país com seus bens. Esse direito também não pode ser encarado de forma absoluta, haja vista a possibilidade de se exigir declaração de bens ou pagamento de imposto quando da entrada no país com bens. Nesse caso, liberdade de locomoção não se confunde com imunidade tributária.

Caso a liberdade de locomoção seja restringida por ilegalidade ou abuso de poder, a Constituição reservou um poderoso instrumento garantidor, o chamado ***Habeas Corpus.***

> ***Art. 5º****, LXVIII. conceder-se-á "Habeas Corpus" sempre que alguém sofrer ou se achar ameaçado de sofrer violência ou coação em sua liberdade de locomoção, por ilegalidade ou abuso de poder;*

### Liberdade de pensamento

Essa liberdade serve de amparo para uma série de possibilidades no que tange ao pensamento. Assim como os demais direitos fundamentais, a manifestação do pensamento não possui caráter absoluto, sendo restringido pela própria Constituição Federal, que proíbe seu exercício de forma anônima:

> ***Art. 5º****, IV. É livre a manifestação do pensamento, sendo vedado o anonimato;*

A vedação ao anonimato, além de ser uma garantia ao exercício da manifestação do pensamento, possibilita o exercício do direito de resposta caso alguém seja ofendido.

Sobre Denúncia Anônima, é importante fazer uma observação. Diante da vedação constitucional ao anonimato, poder-se-ia imaginar que essa ferramenta de combate ao crime fosse considerada inconstitucional. Contudo, não tem sido esse o entendimento do STF. A denúncia anônima pode até ser utilizada como ferramenta de comunicação do crime, mas não pode servir como amparo para a instauração do Inquérito Policial, muito menos como fundamento para condenação de quem quer que seja.

### Liberdade de consciência e crença religiosa

Uma primeira pergunta deve ser feita acerca da liberdade religiosa em nosso país: qual a religião oficial do Brasil? A única resposta possível: é nenhuma. A liberdade religiosa do Estado brasileiro é incompatível com a existência de uma religião oficial. É o que apresenta o inciso VI do Art. 5º:

> ***VI.*** *É inviolável a liberdade de consciência e de crença, sendo assegurado o livre exercício dos cultos religiosos e garantida, na forma da lei, a proteção aos locais de culto e a suas liturgias;*

Esse inciso marca a liberdade religiosa existente no Brasil. Por esse motivo, dizemos que o Brasil é um Estado laico, leigo ou não confessional. Isso significa, basicamente, que no Brasil existe uma relação de separação entre Estado e Igreja. Essa relação entre o Estado e a Igreja encontra, inclusive, vedação expressa no texto constitucional:

***Art. 19.*** *É vedado à União, aos Estados, ao Distrito Federal e aos Municípios:*

***I.*** *Estabelecer cultos religiosos ou igrejas, subvencioná-los, embaraçar-lhes o funcionamento ou manter com eles ou seus representantes relações de dependência ou aliança, ressalvada, na forma da lei, a colaboração de interesse público;*

Por causa da liberdade religiosa, é possível exercer qualquer tipo de crença no país. É possível ser católico, protestante, mulçumano, ateu ou satanista. Isso é liberdade de crença ou consciência. Liberdade de crer ou não crer. Perceba que o inciso VI, além de proteger as crenças e cultos, também protege as suas liturgias. Apesar do amparo constitucional, não se pode utilizar esse direito para praticar atos contrários às demais normas do direito brasileiro como, por exemplo, sacrificar seres humanos como forma de prestar culto a determinada divindade. Isso a liberdade religiosa não ampara.

Outro dispositivo importante é o previsto no inciso VII:

***VII.*** *É assegurada, nos termos da lei, a prestação de assistência religiosa nas entidades civis e militares de internação coletiva;*

Nese inciso, a Constituição Federal garantiu a assistência religiosa nas entidades de internação coletivas, sejam elas civis ou militares. Entidades de internação coletivas são quartéis, hospitais ou hospícios. Em razão dessa garantia constitucional, é comum encontrarmos nesses estabelecimentos capelas para que o direito seja exercido.

Apesar da importância dos dispositivos analisados anteriormente, nenhum é mais cobrado em prova que o inciso VIII:

***VIII.*** *Ninguém será privado de direitos por motivo de crença religiosa ou de convicção filosófica ou política, salvo se as invocar para eximir-se de obrigação legal a todos imposta e recusar-se a cumprir prestação alternativa, fixada em lei;*

Estamos diante do instituto da ***Escusa de Consciência.*** Esse direito permite a qualquer pessoa que, em razão de sua crença ou consciência, deixe de cumprir uma obrigação imposta sem que com isso sofra alguma consequência em seus direitos. Tal permissivo constitucional encontra uma limitação prevista expressamente no texto em análise. No caso de uma obrigação imposta a todos, se o indivíduo recusar-se ao seu cumprimento, ser-lhe-á oferecida uma prestação alternativa. Não a cumprindo também, a Constituição permite que direitos sejam restringidos. O Art. 15 prescreve que os direitos restringidos serão os direitos políticos:

***Art. 15.*** *É vedada a cassação de direitos políticos, cuja perda ou suspensão só se dará nos casos de:*

***IV.*** *Recusa de cumprir obrigação a todos imposta ou prestação alternativa, nos termos do Art. 5º, VIII;*

## Liberdade de reunião

Acerca dessa liberdade, é importante ressaltar as condições estabelecidas pelo texto constitucional:

***XVI.*** *Todos podem reunir-se pacificamente, sem armas, em locais abertos ao público, independentemente de autorização, desde que não frustrem outra reunião anteriormente convocada para o mesmo local, sendo apenas exigido prévio aviso à autoridade competente;*

Enumerando-as, de forma a facilitar o estudo, tem-se que as condições estabelecidas para o exercício do direito à reunião são:

**Reunião Pacífica**

Não se legitima uma reunião que tenha fins não pacíficos;

**Sem Armas**

Para evitar a violência ou coação por meio de armas;

**Locais Abertos ao Público**

Encontra-se subentendida a reunião em local fechado;

**Independente de Autorização**

Não precisa de autorização;

**Necessidade de Prévio Aviso**

Precisa de prévio aviso;

**Não Frustrar outra Reunião convocada Anteriormente para o Mesmo Local**

Garantia de isonomia no exercício do direito prevalecendo o de quem exerceu primeiro.

Sobre o exercício da liberdade de reunião é importante saber que ele não depende de autorização, mas necessita de prévio aviso.

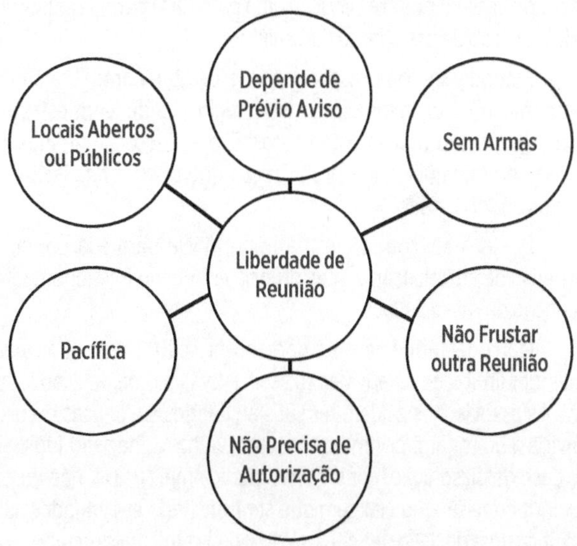


Outro ponto que já foi alvo de questão de prova é a possibilidade de restrição desse direito no Estado de Sítio e no Estado de Defesa. O problema está na distinção entre as limitações que podem ser adotadas em cada uma das medidas:

***Art. 136,*** *§ 1º - O decreto que instituir o estado de defesa determinará o tempo de sua duração, especificará as áreas a serem abrangidas e indicará, nos termos e limites da lei, as medidas coercitivas a vigorarem, dentre as seguintes:*

***I.*** *Restrições aos direitos de:*

***a)*** *reunião, ainda que exercida no seio das associações;*

***Art. 139.*** *Na vigência do estado de sítio decretado com fundamento no Art. 137, I, só poderão ser tomadas contra as pessoas as seguintes medidas:*

***IV.*** *Suspensão da liberdade de reunião;*

Ao passo que no Estado de Defesa ocorrerão restrições ao direito de reunião, no Estado de Sítio ocorrerá a suspensão desse direito.

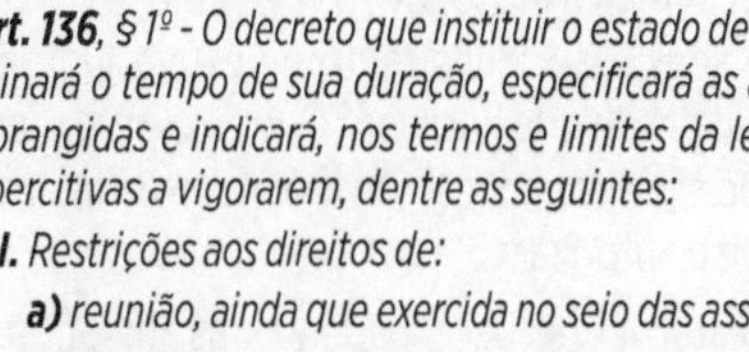

## Liberdade de associação

São vários os dispositivos constitucionais que regulam a liberdade de associação:

> ***XVII.*** *É plena a liberdade de associação para fins lícitos, vedada a de caráter paramilitar;*
>
> ***XVIII.*** *A criação de associações e, na forma da lei, a de cooperativas independem de autorização, sendo vedada a interferência estatal em seu funcionamento;*
>
> ***XIX.*** *As associações só poderão ser compulsoriamente dissolvidas ou ter suas atividades suspensas por decisão judicial, exigindo-se, no primeiro caso, o trânsito em julgado;*
>
> ***XX.*** *Ninguém poderá ser compelido a associar-se ou a permanecer associado;*
>
> ***XXI.*** *As entidades associativas, quando expressamente autorizadas, têm legitimidade para representar seus filiados judicial ou extrajudicialmente;*

O primeiro ponto que dever ser lembrado é que a liberdade de associação só poderá ser usufruída para fins lícitos sendo proibida a criação de associação paramilitar.

Entende-se como associação de caráter paramilitar toda organização paralela ao Estado, sem legitimidade, com estrutura e organização tipicamente militar. São as facções criminosas, milícias ou qualquer outra organização que possua fins ilícitos e alheios aos do Estado.

Destaca-se, com a mesma importância para sua prova, a dispensa de autorização e interferência estatal no funcionamento e criação das associações.

Maior destaque deve ser dado ao inciso XIX, que condiciona qualquer limitação às atividades associativas a uma decisão judicial. As associações podem ter suas atividades suspensas ou dissolvidas. Em qualquer um dos casos deve haver decisão judicial. No caso da dissolução, por ser uma medida mais grave, não basta qualquer decisão judicial, tem que ser transitada em julgado. Isso significa uma decisão definitiva, à qual não caiba mais recurso.

O inciso XX tutela a chamada Liberdade Associativa, pela qual ninguém será obrigado a se associar ou mesmo a permanecer associado a qualquer entidade associativa.

Por fim, temos o inciso XXI, que permite às associações que representem seus associados tanto na esfera judicial quanto na administrativa desde que possuam expressa autorização. Expressa autorização significa por escrito, por meio de instrumento legal que comprove a autorização.

Vale destacar que, para suspender as atividades de uma associação, basta qualquer decisão judicial; para dissolver, tem que haver decisão judicial transitada em julgado.

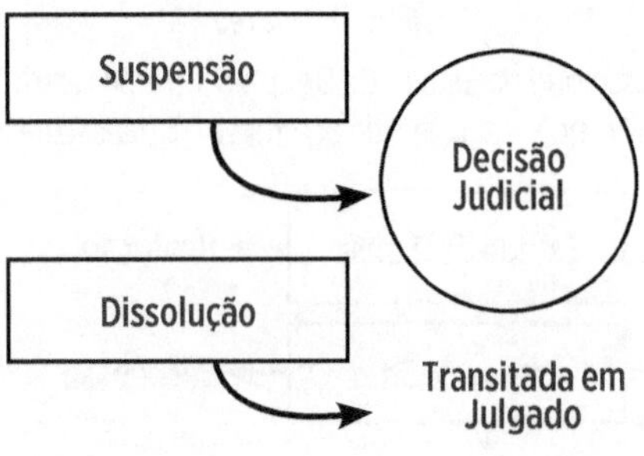

# 5. DIREITOS FUNDAMENTAIS - DIREITOS E DEVERES INDIVIDUAIS E COLETIVOS

## 5.1 Direito à Propriedade

Quando se fala em direito à propriedade, alguns atributos que lhe são inerentes aparecem imediatamente. Propriedade é a faculdade que uma pessoa tem de usar, gozar dispor de um bem. O texto constitucional garante esse direito de forma expressa:

> ***Art. 5º**, XXII. É garantido o direito de propriedade.*

Apesar de esse direito aparentar possuir um caráter absoluto, quando se investiga mais a fundo esse tema, percebe-se que ele possui vários limitadores no próprio texto constitucional. E é isso que se passa a analisar agora.

### Limitações

Dentre as limitações existentes na Constituição, estão:

### Função social

A Constituição exige em seu Art. 5º que a propriedade atenda a sua função social:

> ***XXIII.** A propriedade atenderá a sua função social;*

Isso significa que a propriedade não é tão individual quanto pensamos. A necessidade de observância da função social demonstra que a propriedade é muito mais que uma titularidade privada. Esse direito possui reflexos em toda a sociedade. É só imaginar uma propriedade imóvel, um terreno urbano, que, apesar de possuir um proprietário, fica abandonado. Cresce o mato, as pessoas começam a jogar lixo naquele lugar, alguns criminosos começam a utilizar aquele ambiente para prática de atividades ilícitas. Veja quantas coisas podem acontecer numa propriedade e que importarão em consequências gravosas para o meio social mais próximo. É por isso que a propriedade tem que atender a sua função social.

### Requisição administrativa

Consta no inciso XXV do Art. 5º:

> ***XXV.** No caso de iminente perigo público, a autoridade competente poderá usar de propriedade particular, assegurada ao proprietário indenização ulterior, se houver dano;*

Essa é a chamada Requisição Administrativa. Esse instituto permite que a propriedade seja limitada pela necessidade de se solucionar situação de perigo público. Não se trata de uma forma de desapropriação, pois o dono da propriedade requisitada não a perde, apenas a empresta para uso público, sendo garantido, posteriormente, havendo dano, direito a indenização. Esse instituto limita o caráter absoluto da propriedade.

### Desapropriação

É a perda da propriedade. Esse é o limitador por excelência do direito, restringindo o caráter perpétuo da propriedade. A seguir, estão exemplificadas as três modalidades de desapropriação:

#### Desapropriação pelo Mero Interesse Público

Essa modalidade é utilizada pelo Estado quando o interesse social ou a utilidade pública prevalecem sobre o direito individual. Nesse tipo de desapropriação, destaca-se que o proprietário nada fez para merecê-la, contudo, o interesse público exige que determinada área seja desapropriada. É o caso de construção de uma rodovia que exige a desapropriação de várias propriedades para o asfaltamento da via. Conforme o texto da Constituição:

> ***XXIV.** A lei estabelecerá o procedimento para desapropriação por necessidade ou utilidade pública, ou por interesse social, mediante justa e prévia indenização em dinheiro, ressalvados os casos previstos nesta Constituição;*

Deve ser destacado que essa modalidade de desapropriação gera direito à indenização, que deve ser paga em dinheiro, previamente e com valor justo.

#### Desapropriação-Sanção

Nesta modalidade, o proprietário, por algum motivo, não observou a função social da propriedade. Por esse motivo, é chamada de Desapropriação-sanção, haja vista ser uma verdadeira punição. Segundo a CF, essa desapropriação gera direito à indenização, que deverá ser paga em títulos da dívida pública ou agrária. Segundo os Art. 182, § 4º, III e 184 da Constituição:

> ***Art. 182**, § 4º - É facultado ao Poder Público municipal, mediante lei específica para área incluída no plano diretor, exigir, nos termos da lei federal, do proprietário do solo urbano não edificado, subutilizado ou não utilizado, que promova seu adequado aproveitamento, sob pena, sucessivamente, de:*
>
> ***I.** Parcelamento ou edificação compulsórios;*
>
> ***II.** Imposto sobre a propriedade predial e territorial urbana progressivo no tempo;*
>
> ***III.** Desapropriação com pagamento mediante títulos da dívida pública de emissão previamente aprovada pelo Senado Federal, com prazo de resgate de até dez anos, em parcelas anuais, iguais e sucessivas, assegurados o valor real da indenização e os juros legais.*
>
> ***Art. 184.** Compete à União desapropriar por interesse social, para fins de reforma agrária, o imóvel rural que não esteja cumprindo sua função social, mediante prévia e justa indenização em títulos da dívida agrária, com cláusula de preservação do valor real, resgatáveis no prazo de até vinte anos, a partir do segundo ano de sua emissão, e cuja utilização será definida em lei.*

#### *Desapropriação Confiscatória*

Por último, tem-se essa modalidade prevista no Art. 243 da Constituição:

> ***Art. 243.** As propriedades rurais e urbanas de qualquer região do País onde forem localizadas culturas ilegais de plantas psicotrópicas ou a exploração de trabalho escravo na forma da lei serão expropriadas e destinadas à reforma agrária e a programas de habitação popular, sem qualquer indenização ao proprietário e sem prejuízo de outras sanções previstas em lei, observado, no que couber, o disposto no Art. 5º. (Redação dada pela Emenda Constitucional nº 81, de 2014)*
>
> ***Parágrafo único.** Todo e qualquer bem de valor econômico apreendido em decorrência do tráfico ilícito de entorpecentes e drogas afins e da exploração de trabalho escravo será confiscado e reverterá a fundo especial com destinação específica, na forma da lei. (Redação dada pela Emenda Constitucional nº 81, de 2014)*

É a desapropriação que ocorre com a propriedade utilizada para cultivo de plantas psicotrópicas. Nesse caso, não haverá indenização, mas o proprietário poderá ser processado pela prática de ilícito penal.

| | | |
|---|---|---|
| Desapropriação por Interesse Público | → | Indenizada em Dinheiro |
| Desapropriação--Sanção | — | Indenizada em títulos da Dívida Pública |
| Desapropriação Confiscatória | → | Não tem Direito à Indenização |

## Bem de família

A Constituição consagra uma forma de proteção às pequenas propriedades rurais chamada de Bem de Família:

> ***XXVI.*** *A pequena propriedade rural, assim definida em lei, desde que trabalhada pela família, não será objeto de penhora para pagamento de débitos decorrentes de sua atividade produtiva, dispondo a lei sobre os meios de financiar o seu desenvolvimento;*

O mais importante para prova é atentar para os requisitos estabelecidos no inciso, quais sejam:

**Pequena Propriedade Rural**

Não se trata de qualquer propriedade.

**Definida em Lei**

Não em outra espécie normativa.

**Trabalhada pela Família**

Não por qualquer pessoa.

**Débitos Decorrentes da Atividade Produtiva**

Não por qualquer débito.

## Propriedade imaterial

Além das propriedades sobre bens materiais, a Constituição também consagra normas de proteção sobre a propriedade de bens imateriais. São duas as propriedades consagradas: autoral e industrial.

A propriedade autoral encontra-se protegida nos incisos XXVII e XXVIII do Art. 5º:

> ***XXVII.*** *Aos autores pertence o direito exclusivo de utilização, publicação ou reprodução de suas obras, transmissível aos herdeiros pelo tempo que a lei fixar;*
>
> ***XXVIII.*** *São assegurados, nos termos da lei:*
>
> ***a)*** *a proteção às participações individuais em obras coletivas e à reprodução da imagem e voz humanas, inclusive nas atividades desportivas;*
>
> ***b)*** *o direito de fiscalização do aproveitamento econômico das obras que criarem ou de que participarem aos criadores, aos intérpretes e às respectivas representações sindicais e associativas;*

Já a propriedade industrial encontra-se protegida no inciso XXIX:

> ***XXIX.*** *A lei assegurará aos autores de inventos industriais privilégio temporário para sua utilização, bem como proteção às criações industriais, à propriedade das marcas, aos nomes de empresas e a outros signos distintivos, tendo em vista o interesse social e o desenvolvimento tecnológico e econômico do País;*

Uma relação muito interessante entre a propriedade autoral e a industrial está no tempo de proteção previsto na Constituição. Observe-se que na propriedade autoral o direito do autor é vitalício, tendo em vista a previsão de possibilidade de transmissão desses direitos aos herdeiros. Contudo, quando nas mãos dos sucessores, a proteção será pelo tempo que a lei fixar, ou seja, temporário.

Já na propriedade industrial, a proteção do próprio autor já possui caráter temporário.

| Autor | |
|---|---|
| Propriedade Industrial | Propriedade Autoral |
| Privilégio Temporário | Privilégio Vitalício |

## Direito à herança

De nada adiantaria tanta proteção à propriedade se esse bem jurídico não pudesse ser transmitido por meio da sucessão de bens aos herdeiros após a morte. O direito à herança, consagrado expressamente na Constituição, traduz-se no coroamento do direito de propriedade. É a grande força motriz desse direito. Só faz sentido ter direito à propriedade se esse direito possa ser transferido aos herdeiros.

> ***XXX.*** *É garantido o direito de herança;*
>
> ***XXXI.*** *A sucessão de bens de estrangeiros situados no País será regulada pela lei brasileira em benefício do cônjuge ou dos filhos brasileiros, sempre que não lhes seja mais favorável a lei pessoal do de cujus;*

Destaque especial deve ser dado ao inciso XXXI, que prevê a possibilidade de aplicação de lei estrangeira no país em casos de sucessão de bens de pessoa estrangeira desde que esses bens estejam situados no Brasil. A Constituição Federal permite que seja aplicada a legislação mais favorável aos herdeiros, quer seja a lei brasileira, quer seja a lei estrangeira.

# 5.2 Direito à Segurança

Ao se referir à segurança como direito individual, o Art. 5º pretende significar "segurança jurídica"que trata de normas de pacificação social e que produzem uma maior segurança nas relações sociais. Esse é o ponto alto dos direitos individuais. Sem dúvida, aqui está a maior quantidade de questões cobradas em prova.

## Princípio da segurança nas relações jurídicas

Este princípio tem como objetivo garantir a estabilidade das relações jurídicas. Veja o que diz a Constituição:

> ***XXXVI.*** *A lei não prejudicará o direito adquirido, o ato jurídico perfeito e a coisa julgada;*

Os três institutos aqui protegidos encontram seu conceito formalizado na ***Lei de Introdução às normas do Direito Brasileiro.***

> ***Art. 6º***, *§ 1º - Reputa-se ato jurídico perfeito o já consumado segundo a lei vigente ao tempo em que se efetuou.*

> *§ 2º - Consideram-se adquiridos assim os direitos que o seu titular, ou alguém por ele, possa exercer, como aqueles cujo começo do exercício tenha termo pré-fixo, ou condição pré-estabelecida inalterável, a arbítrio de outrem.*
>
> *§ 3º - Chama-se coisa julgada ou caso julgado a decisão judicial de que já não caiba recurso.*

Em linhas gerais, pode-se assim conceituá-los:

**Direito Adquirido**

Direito já incorporado ao patrimônio do titular;

**Ato Jurídico Perfeito**

Ato jurídico que já atingiu seu fim. Ato jurídico acabado, aperfeiçoado, consumado;

**Coisa Julgada**

Sentença judicial transitada em julgado. Aquela sentença em relação à qual não cabe mais recurso.

De uma coisa não se pode esquecer: a proibição de retroatividade da lei nos casos aqui estudados não se aplica às leis mais benéficas, ou seja, uma lei mais benéfica poderá produzir efeitos em relação ao direito adquirido, ao ato jurídico perfeito e à coisa julgada.

## Devido processo legal

O devido processo legal possui como objetivo principal limitar o poder do Estado. Esse princípio condiciona a restrição da liberdade ou dos bens de um indivíduo à existência de um procedimento estatal que respeite todos os direitos e garantias processuais previstos na lei. É o que diz o inciso LIV do Art. 5º:

> ***LIV.*** *Ninguém será privado da liberdade ou de seus bens sem o devido processo legal;*

A exigência constitucional de existência de processo aplica-se tanto aos processos judiciais quanto aos procedimentos administrativos.

Desse princípio, surge a garantia constitucional à **proporcionalidade** e **razoabilidade.** Da mesma forma, é durante o devido processo legal que poderão ser exercidos os direitos ao contraditório e à ampla defesa, que serão analisados a seguir.

## Contraditório e ampla defesa

Essas garantias constitucionais, conforme já salientado, decorrem do Devido Processo Legal. São utilizadas como ferramenta de defesa diante das acusações impostas pelo Estado ou por um particular nos processos judiciais e administrativos:

> ***LV.*** *Aos litigantes, em processo judicial ou administrativo, e aos acusados em geral são assegurados o contraditório e ampla defesa, com os meios e recursos a ela inerentes;*

Mas o que significam o contraditório e a ampla defesa?

Contraditório é o direito de contradizer, contrariar, contraditar. Se alguém diz que você é ou fez alguma coisa, o contraditório lhe permite dizer que não é e que não fez o que lhe foi imputado. É simplesmente o direito de contrariar. Já a ampla defesa é a possibilidade de utilização de todos os meios admitidos em direito para se defender de uma acusação.

Em regra, o contraditório e a ampla defesa são garantidos em todos os processos judiciais ou administrativos, contudo, a legislação brasileira previu alguns procedimentos administrativos incompatíveis com o exercício desse direito:

- Inquérito Policial;
- Sindicância Investigativa;
- Inquérito Civil.

Em suma, nos procedimentos investigatórios que não possuem o condão de punir o investigado não serão garantidos o contraditório e a ampla defesa.

Observem-se as Súmulas Vinculantes do Supremo Tribunal Federal que versam sobre esse tema:

> ***SV 3.*** *Nos processos perante o Tribunal de Contas da União asseguram-se o contraditório e a ampla defesa quando da decisão puder resultar anulação ou revogação de ato administrativo que beneficie o interessado, excetuada a apreciação da legalidade do ato de concessão inicial de aposentadoria, reforma e pensão.*
>
> ***SV 5.*** *A falta de defesa técnica por advogado no processo administrativo disciplinar não ofende a Constituição.*
>
> ***SV 14.*** *É direito do defensor, no interesse do representado, ter acesso amplo aos elementos de prova que, já documentados em procedimento investigatório realizado por órgão com competência de polícia judiciária, digam respeito ao exercício do direito de defesa.*
>
> ***SV 21.*** *É inconstitucional a exigência de depósito ou arrolamento prévios de dinheiro ou bens para admissibilidade de recurso administrativo.*

## Proporcionalidade e razoabilidade

Eis uma garantia fundamental que não está expressa no texto constitucional apesar de ser um dos institutos mais utilizados pelo Supremo em suas decisões atuais. Trata-se de um princípio implícito, cuja fonte é o Princípio do Devido Processo Legal. Esses dois institutos jurídicos são utilizados como parâmetro de ponderação quando adotadas medidas pelo Estado, principalmente no que tange à restrição de bens e direitos dos indivíduos. Duas palavras esclarecem o sentido dessas garantias: necessidade e adequação.

Para saber se um ato administrativo observou os critérios de proporcionalidade e razoabilidade, deve-se questionar se o ato foi necessário e se foi adequado à situação.

Para exemplificar, imaginemos que um determinado fiscal sanitário, ao inspecionar um supermercado, depara-se com um pote de iogurte com a data de validade vencida há um dia. Imediatamente, ele prende o dono do mercado, dá dois tiros para cima, realiza revista manual em todos os clientes e funcionários do mercado e aplica uma multa de dois bilhões de reais. Pergunta-se: será que a medida adotada pelo fiscal foi necessária? Foi adequada? Certamente que não. Logo, a medida não observou os princípios da razoabilidade e proporcionalidade.

É importante deixar claro que os princípios da proporcionalidade e da razoabilidade estão implícitos no texto constitucional, ou seja, não estão previstos expressamente.

## Inadmissibilidade das provas ilícitas

Uma das garantias mais importantes do direito brasileiro é a inadmissibilidade das provas ilícitas. Encontra-se previsto expressamente no inciso LVI do Art. 5º:

> ***LVI.*** *São inadmissíveis, no processo, as provas obtidas por meios ilícitos.*

Em razão dessa garantia, é proibida a produção de provas ilícitas num processo sob pena de nulidade processual. Em regra, a prova ilícita produz nulidade de tudo o que a ela estiver relacionado. Esse efeito decorre da chamada Teoria dos Frutos da Árvore Envenenada. Segundo a teoria, se a árvore está envenenada, os frutos também o serão. Se uma prova foi produzida de forma ilícita, as demais provas dela decorrentes também serão ilícitas (ilicitude por derivação). Contudo, deve-se ressaltar que essa teoria é aplicada de forma restrita no direito brasileiro, ou seja, encontrada uma prova ilícita num processo, não significa que todo o processo será anulado, mas apenas os atos e demais provas que decorreram direta ou indiretamente daquela produzida de forma ilícita.

Caso existam provas autônomas produzidas em conformidade com a lei, o processo deve prosseguir ainda que tenham sido encontradas e retiradas as provas ilícitas. Logo, é possível afirmar que a existência de uma prova ilícita no processo não anula de pronto todo o processo.

Deve-se destacar, ainda, a única possibilidade já admitida de prova ilícita nos tribunais brasileiros: a produzida em legítima defesa.

## Inviolabilidade domiciliar

Essa garantia protege o indivíduo em seu recinto mais íntimo: a casa. A Constituição diz:

> ***XI.*** *A casa é asilo inviolável do indivíduo, ninguém nela podendo penetrar sem consentimento do morador, salvo em caso de flagrante delito ou desastre, ou para prestar socorro, ou, durante o dia, por determinação judicial.*

Como regra, só se pode entrar na casa de uma pessoa com o seu consentimento. Excepcionalmente, a Constituição Federal admite a entrada sem consentimento do morador nos casos de:

- Flagrante delito;
- Desastre;
- Prestar socorro ;
- Determinação Judicial – só durante o dia.

No caso de determinação judicial, a entrada se dará apenas durante o dia. Nos demais casos, a entrada será permitida a qualquer hora.

Alguns conceitos importantes: o que é casa? O que pode ser entendido como casa para efeito de inviolabilidade? A jurisprudência tem interpretado o conceito de casa de forma ampla, em consonância com o disposto nos Arts. 245 e 246 do Código de Processo Penal:

> ***Art. 245.*** *As buscas domiciliares serão executadas de dia, salvo se o morador consentir que se realizem à noite, e, antes de penetrarem na casa, os executores mostrarão e lerão o mandado ao morador, ou a quem o represente, intimando-o, em seguida, a abrir a porta.*
>
> ***Art. 246.*** *Aplicar-se-á também o disposto no artigo anterior, quando se tiver de proceder a busca em compartimento habitado ou em aposento ocupado de habitação coletiva ou em compartimento não aberto ao público, onde alguém exercer profissão ou atividade.*

O STF já considerou como casa, para efeitos de inviolabilidade, oficina mecânica, quarto de hotel ou escritório profissional.

Outra questão relevante é saber o que é dia? Dois são os posicionamentos adotados na doutrina:

Das 6h às 18h;

Da aurora ao crepúsculo.

Segundo a jurisprudência, isso deve ser resolvido no caso concreto, tendo em vista variação de fusos horários existentes em nosso país, bem como a ocorrência do "Horário de Verão". Na prática, é possível entrar na casa independentemente do horário, desde que seja durante o dia.

Veja esta questão da FCC sobre o tema:

A casa é asilo inviolável do indivíduo, podendo-se nela entrar, sem permissão do morador, EXCETO

A em caso de desastre.

B em caso de flagrante delito.

C para prestar socorro.

D por determinação judicial, a qualquer hora. Gabarito: D.

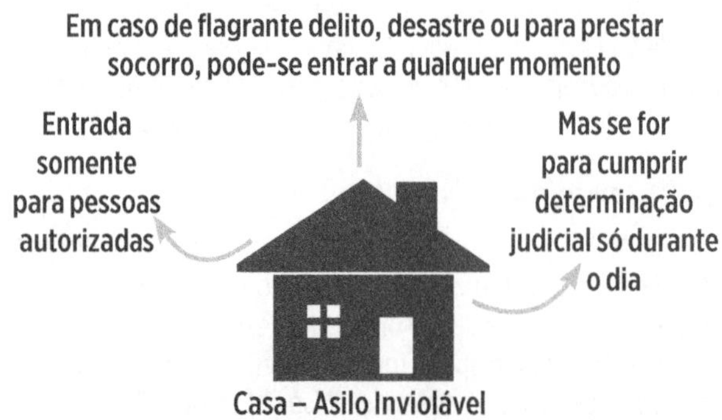


## Princípio da inafastabilidade da jurisdição

Esse princípio, também conhecido como Princípio do Livre Acesso ao Poder Judiciário ou Direito de Ação, garante, nos casos de necessidade, o acesso direto ao poder judiciário. Também, decorre desse princípio a ideia de que não é necessário o esgotamento das vias administrativas para ingressar com uma demanda no Poder Judiciário. Assim prevê a Constituição Federal:

> ***XXXV.*** *A lei não excluirá da apreciação do Poder Judiciário lesão ou ameaça a direito;*

Perceba que a proteção possui sentido duplo: lesão ou ameaça à lesão. Significa dizer que a garantia pode ser utilizada tanto de forma preventiva como de forma repressiva. Tanto para prevenir a ofensa a direito como para reprimir a ofensa já cometida.

Quanto ao acesso ao Judiciário independentemente do esgotamento das vias administrativas, há algumas peculiaridades previstas na legislação brasileira:

**Justiça Desportiva**

A Constituição Federal prevê no Art. 217:

> ***Art. 217****, § 1º - O Poder Judiciário só admitirá ações relativas à disciplina e às competições desportivas após esgotarem-se as instâncias da justiça desportiva, regulada em lei.*

Ou seja, o acesso ao Poder Judiciário está condicionado ao esgotamento das vias administrativas.

**Compromisso Arbitral**

A Lei nº 9.307/96 prevê que as partes, quando em discussão patrimonial, poderão optar pela arbitragem como forma de resolução de conflito.

Não se trata de uma instância administrativa de curso forçado, mas de uma opção facultada às partes.

**Habeas Data**

O Art. 8º da Lei nº 9.507/97 exige, para impetração do Habeas Data, a comprovação da recusa ao acesso a informação. Parte da doutrina não considera isso como exigência de prévio esgotamento da via administrativa, mas condição da ação. Veja-se a súmula nº 2 do STJ:

> ***Súm. 2.*** *Não cabe "Habeas Data" se não houve recusa de informações por parte da autoridade administrativa.*

**Reclamação Constitucional**

O Art. 7º, § 1º da Lei nº 11.417/2006, que regula a edição de Súmulas Vinculantes, prevê que só será possível a Reclamação Constitucional nos casos de omissão ou ato da administração pública que contrarie ou negue vigência à Súmula Vinculante, após o esgotamento das vias administrativas.

## Gratuidade das certidões de nascimento e de óbito

A Constituição traz expressamente que:

> ***LXXVI.*** *São gratuitos para os reconhecidamente pobres, na forma da lei:*
>
> ***a)*** *o registro civil de nascimento;*
>
> ***b)*** *a certidão de óbito;*

Observe-se que o texto Constitucional condiciona o benefício da gratuidade do registro de nascimento e da certidão de óbito apenas para os reconhecidamente pobres. Entretanto, a Lei nº 6.015/73 prevê que:

> ***Art. 30.*** *Não serão cobrados emolumentos pelo registro civil de nascimento e pelo assento de óbito, bem como pela primeira certidão respectiva.*
>
> ***§ 1º*** *- Os reconhecidamente pobres estão isentos de pagamento de emolumentos pelas demais certidões extraídas pelo cartório de registro civil.*

Perceba que essa lei amplia o benefício garantido na Constituição para todas as pessoas no que tange ao registro e à aquisição da primeira certidão de nascimento e de óbito. Quanto às demais vias, só serão garantidas aos reconhecidamente pobres. Deve-se ter cuidado com essa questão em prova, pois deve ser levado em conta se a pergunta tem como referência a Constituição ou não.

## Celeridade processual

Traz o texto constitucional:

> ***LXXVIII.*** *A todos, no âmbito judicial e administrativo, são assegurados a razoável duração do processo e os meios que garantam a celeridade de sua tramitação.*

Essa é a garantia da celeridade processual. Decorre do Princípio da Eficiência que obriga o Estado a prestar assistência em tempo razoável. Celeridade quer dizer rapidez, mas uma rapidez com qualidade. Esse princípio é aplicável nos processos judiciais e administrativos, visa dar maior efetividade a prestação estatal. Deve-se garantir o direito antes que o seu beneficiário deixe de precisar. Após a inclusão desse dispositivo entre os direitos fundamentais, várias medidas para acelerar a prestação jurisdicional foram adotadas, dentre as quais destacam-se:

> Juizados Especiais;

> Súmula Vinculante;

> Realização de Inventários e Partilhas por Vias Administrativas;

> Informatização do Processo.

Essas são algumas das medidas que foram adotadas para trazer mais celeridade ao processo.

## Erro judiciário

Dispositivo de grande utilidade social que funciona como limitador da arbitrariedade estatal. O Estado, no que tange à liberdade do indivíduo, não pode cometer erros sob pena de ter que indenizar o injustiçado. Isso é o que prevê o inciso LXXV do Art. 5º:

> ***LXXV.*** *O Estado indenizará o condenado por erro judiciário, assim como o que ficar preso além do tempo fixado na sentença;*

## Publicidade dos atos processuais

Em regra, os atos processuais são públicos. Essa publicidade visa a garantir maior transparência aos atos administrativos bem como permite a fiscalização popular. Além disso, atos públicos possibilitam um exercício efetivo do contraditório e da ampla defesa. Entretanto, essa publicidade comporta algumas exceções:

> ***LX.*** *A lei só poderá restringir a publicidade dos atos processuais quando a defesa da intimidade ou o interesse social o exigirem;*

Nos casos em que a intimidade ou o interesse social exigirem, a publicidade poderá ser restringida apenas aos interessados. Imaginemos uma audiência em que estejam envolvidas crianças; nesse caso, como forma de preservação da intimidade, o juiz poderá restringir a participação na audiência apenas aos membros da família e demais interessados.

## Sigilo das comunicações

Uma das normas mais importantes da Constituição Federal que versa sobre segurança jurídica é esta:

> ***XII.*** *É inviolável o sigilo da correspondência e das comunicações telegráficas, de dados e das comunicações telefônicas, salvo, no último caso, por ordem judicial, nas hipóteses e na forma que a lei estabelecer para fins de investigação criminal ou instrução processual penal;*

Esse dispositivo prevê quatro formas de comunicação que possuem proteção constitucional:

> Sigilo da Correspondência;

> Comunicação Telegráfica;

> Comunicação de Dados;

> Comunicações Telefônicas.

Dessas quatro formas de comunicação, apenas uma obteve autorização de violação do sigilo pelo texto constitucional: as comunicações telefônicas. Deve-se tomar cuidado com esse tema em prova. Segundo o texto expresso, só as comunicações telefônicas poderão ter o seu sigilo violado. E mais, só o juiz poderá fazê-lo, com fins definidos também pela Constituição, os quais são para investigação criminal e instrução processual penal.

Entretanto, considerando a inexistência de direito fundamental absoluto, a jurisprudência tem considerado a possibilidade de quebra dos demais sigilos, desde que seja determinada por ordem judicial.

No que tange ao sigilo dos dados bancários, fiscais, informáticos e telefônicos, a jurisprudência tem permitido sua quebra por determinação judicial, determinação de Comissão Parlamentar de Inquérito, requisição do Ministério Público, solicitação da autoridade fazendária.

## Tribunal do júri

O Tribunal do Júri é uma instituição pertencente ao poder judiciário, que possui competência específica para julgar determinados tipos de crime. O Júri é formado pelo Conselho de Sentença, que é presidido por um Juiz Togado e por sete jurados que efetivamente farão o julgamento do acusado. A ideia do Tribunal do Júri é que o acusado seja julgado por seus pares.

A Constituição Federal apresenta alguns princípios que regem esse tribunal:

> ***Art. 5º**, XXXVIII. É reconhecida a instituição do júri, com a organização que lhe der a lei, assegurados:*
>
> ***a)** a plenitude de defesa;*
>
> ***b)** o sigilo das votações;*
>
> ***c)** a soberania dos veredictos;*
>
> ***d)** a competência para o julgamento dos crimes dolosos contra a vida.*

Segundo esse texto, o Tribunal do Júri é regido pelos seguintes princípios:

**Plenitude de Defesa**

Esse princípio permite que no júri sejam utilizadas todas as provas permitidas em direito. Aqui, o momento probatório é bastante explorado haja vista a necessidade de se convencer os jurados que são pessoas comuns da sociedade.

**Sigilo das Votações**

O voto é sigiloso. Durante o julgamento não é permitido que um jurado converse com o outro sobre o julgamento sob pena de nulidade;

**Soberania dos Veredictos**

O que for decidido pelos jurados será considerado soberano. Nem o Juiz presidente poderá modificar o julgamento. Aqui quem decide são os jurados;

**Competência para Julgar os Crimes Dolosos Contra a Vida**

O júri não julga qualquer tipo de crime, mas apenas os dolosos contra a vida. Crimes dolosos, em simples palavras, são aqueles praticados com intenção, com vontade. São diferentes dos crimes culposos, os quais são praticados sem intenção.

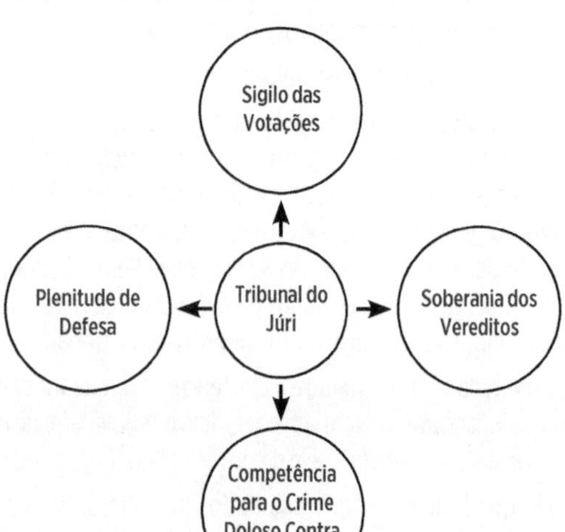


## Princípio da anterioridade

O inciso XXXIX do Art. 5º da CF apresenta o chamado Princípio da Anterioridade Penal:

> ***XXXIX.** Não há crime sem lei anterior que o defina, nem pena sem prévia cominação legal.*

Esse princípio decorre na necessidade de se prever antes da aplicação da pena, a conduta que é considerada como crime e a pena que deverá ser cominada. Mais uma regra de segurança jurídica.

## Princípio da irretroatividade

Esse princípio também possui sua importância ao prever que a lei penal não poderá retroagir, salvo se for para beneficiar o réu.

> ***Art. 5º**, XL. A lei penal não retroagirá, salvo para beneficiar o réu.*

## Crimes imprescritíveis, inafiançáveis e insuscetíveis de graça e anistia

Os dispositivos a seguir estão entre os mais cobrados em prova. O ideal é que sejam memorizados na ordem proposta no quadro abaixo:

> ***Art. 5º**, XLII. A prática do racismo constitui crime inafiançável e imprescritível, sujeito à pena de reclusão, nos termos da lei;*
>
> ***Art. 5º**, XLIII. A lei considerará crimes inafiançáveis e insuscetíveis de graça ou anistia a prática da tortura, o tráfico ilícito de entorpecentes e drogas afins, o terrorismo e os definidos como crimes hediondos, por eles respondendo os mandantes, os executores e os que, podendo evitá-los, se omitirem;*
>
> ***Art. 5º**, XLIV. Constitui crime inafiançável e imprescritível a ação de grupos armados, civis ou militares, contra a ordem constitucional e o Estado Democrático.*

| Crimes Imprescritíveis | Crimes Inafiançáveis | Crimes Insuscetíveis de Graça e Anistia |
|---|---|---|
| Racismo | Racismo | Tráfico |
| Ação de Grupos Armados | Ação de Grupos Armados | Terrorismo |
| | Tráfico | Tortura |
| | Terrorismo | Crimes Hediondos |
| | Tortura | |
| | Crimes Hediondos | |

Os crimes inafiançáveis englobam todos os crimes previstos nos incisos XLII, XLIII e XLIV.

Os crimes que são insuscetíveis de graça e anistia não são imprescritíveis, e vice e versa. Dessa forma, nunca pode existir, na prova, uma questão que trabalhe com as duas classificações ao mesmo tempo.

Nunca, na prova, pode haver uma questão em que se apresentem as três classificações ao mesmo tempo.

## Princípio da personalidade da pena

Assim diz o inciso XLV, do Art. 5º da CF:

> ***XLV.** Nenhuma pena passará da pessoa do condenado, podendo a obrigação de reparar o dano e a decretação do perdimento de bens ser, nos termos da lei, estendidas aos sucessores e contra eles executadas, até o limite do valor do patrimônio transferido.*

Esse inciso diz que a pena é pessoal, quem comete o crime responde pelo crime, de forma que não é possível que uma pessoa cometa um crime e outra responda pelo crime em seu lugar; pode até ocorrer, mas seria algum erro, não como regra, porque a pena é pessoal.

É necessário prestar atenção ao tema, pois já apareceu em prova tanto na forma de um problema quanto com a modificação do próprio texto constitucional. Esse princípio da personalidade da pena diz que a pena é pessoal, isto é, a pena não pode passar para outra pessoa, mas permite que a responsabilidade pelos danos civis possa passar para seus herdeiros. Para exemplificar, imaginemos que uma determinada pessoa assalta uma padaria e consegue roubar uns R$ 50.000,00.

Em seguida, a polícia prende o ladrão por ter roubado a padaria. Em regra, todo crime cometido gera uma responsabilidade penal prevista no Código Penal brasileiro. Ainda, deve-se ressarcir os danos causados à vítima. Se ele roubou R$50.000,00, tem que devolver, no mínimo, esse valor à vítima.

É muito difícil conseguir o montante voluntariamente, por isso, é necessário entrar com uma ação civil ex delicto para reaver o dinheiro referente ao crime cometido. O dono da padaria entra com a ação contra o bandido pedindo os R$50.000,00 acrescidos juros e danos morais. Enquanto ele cumpre a pena, a ação está tramitando. Ocorre que o preso se envolve numa confusão dentro da penitenciária e acaba morrendo.

O preso possui alguns filhos, os quais são seus herdeiros. Quando os bens passam aos herdeiros, chamamos isso de sucessão. Quando foram contabilizar os bens que o bandido tinha, perceberam que sobraram apenas R$30.000,00, valor que deve ser divido entre os herdeiros. Pergunta:

01. O homem que cometeu o crime estava cumprindo pena, mas ele morreu. Qual filho assume o lugar dele? O mais velho ou o mais novo?

Nenhum dos dois, porque a pena é personalíssima. Só cumpre a pena quem praticou o crime.

02. É possível que a responsabilidade de reparar os danos materiais exigidos pelo dono da padaria recaia sobre seus herdeiros?

Sim. A Constituição diz que os herdeiros respondem com o valor do montante recebido, até o limite da herança recebida.

03. O dono da padaria pediu R$50.000,00, mas só sobraram R$30.000,00. Os filhos terão que inteirar esse valor até completar os R$50.000,00?

Não, pois a Constituição diz que os sucessores respondem até o limite do patrimônio transferido. Ou seja, se só são transferidos R$30.000,00, então os herdeiros só vão responder pela indenização com esses R$30.000,00. E o os outros R$20.000,00, quem vai pagar? Ninguém. O dono da padaria fica com esse prejuízo.

## Penas proibidas e permitidas

Vejamos agora dois incisos do Art. 5º da CF, que sempre caem em prova juntos: incisos XLVI e XLVII. Há no inciso XLVI as penas permitidas e no XLVII as penas proibidas. Mas como isso cai em prova? O examinador pega uma pena permitida e diz que é proibida ou pega uma proibida e diz que é permitida. Conforme os incisos:

> ***XLVI.*** *A lei regulará a individualização da pena e adotará, entre outras, as seguintes:*
> ***a)*** *privação ou restrição da liberdade;*
> ***b)*** *perda de bens;*
> ***c)*** *multa;*
> ***d)*** *prestação social alternativa;*
> ***e)*** *suspensão ou interdição de direitos.*

Aqui há o rol de penas permitidas. Memorize essa lista para lembrar quais são as penas permitidas. Atenção para uma pena que é pouco comum e que geralmente em prova é colocada como pena proibida, que é a pena de perda de bens.

Veja o próximo inciso com o rol de penas proibidas:

> ***XLVII.*** *Não haverá penas:*
> ***a)*** *de morte, salvo em caso de guerra declarada, nos termos do Art. 84, XIX;*
> ***b)*** *de caráter perpétuo;*
> ***c)*** *de trabalhos forçados;*
> ***d)*** *de banimento;*
> ***e)*** *cruéis.*

Essas são as penas que não podem ser aplicadas no Brasil. E, na prova, é cobrado da seguinte forma: existe pena de morte no Brasil? Deve-se ter muita atenção com esse tema, pois apesar de a Constituição ter dito que é proibida, existe uma exceção no caso de guerra declarada. Essa exceção é uma verdadeira possibilidade, de forma que deve-se afirmar que existe pena de morte no Brasil. Apesar de a regra ser a proibição, existe a possibilidade de sua aplicação. Só como curiosidade, a pena de morte no Brasil é regulada pelo Código Penal Militar, a qual será executada por meio de fuzilamento.

A próxima pena proibida é a de caráter perpétuo. Não existe esse tipo de pena no Brasil, pois as penas aqui são temporárias. No Brasil, uma pessoa só fica presa até, no máximo, 30 anos.

A outra pena é a de trabalhos forçados. É aquela pena em que o sujeito é obrigado a trabalhar de forma a denegrir a sua condição como ser humano. Esse tipo de pena não é permitida no Brasil.

Há ainda a pena de banimento, que é a expulsão do brasileiro, tanto nato como naturalizado.

Por fim, a Constituição veda a aplicação de penas cruéis. Pena cruel é aquela que denigre a condição humana, expõe o indivíduo a situações desumanas, vexatórias, que provoquem intenso sofrimento.

## Princípio da individualização da pena

Nos termos do Art. 5º, inciso XLVIII, da CF:

> ***XLVIII.*** *A pena será cumprida em estabelecimentos distintos, de acordo com a natureza do delito, a idade e o sexo do apenado;*

Esse dispositivo traz uma regra muito interessante, o princípio da individualização da pena. Significa que a pessoa quando cumprir sua pena deve cumpri-la em estabelecimento e condições compatíveis com a sua situação. Se mulher, deve cumprir com mulheres; se homem, cumprirá com homens; se reincidente, com reincidentes; se réu primário, com réus primários; e assim por diante. O ideal é que cada situação possua um cumprimento de pena adequado que propicie um melhor acompanhamento do poder público e melhores condições para a ressocialização.

## Regras sobre prisões

São vários os dispositivos constitucionais previstos no Art. 5º, da CF, que se referem às prisões:

> ***LXI.*** *Ninguém será preso senão em flagrante delito ou por ordem escrita e fundamentada de autoridade judiciária competente, salvo nos casos de transgressão militar ou crime propriamente militar, definidos em lei;*
>
> ***LXII.*** *A prisão de qualquer pessoa e o local onde se encontre serão comunicados imediatamente ao juiz competente e à família do preso ou à pessoa por ele indicada;*
>
> ***LXIII.*** *O preso será informado de seus direitos, entre os quais o de permanecer calado, sendo-lhe assegurada a assistência da família e de advogado;*
>
> ***LXIV.*** *O preso tem direito à identificação dos responsáveis por sua prisão ou por seu interrogatório policial;*
>
> ***LXV.*** *A prisão ilegal será imediatamente relaxada pela autoridade judiciária;*
>
> ***LXVI.*** *Ninguém será levado à prisão ou nela mantido, quando a lei admitir a liberdade provisória, com ou sem fiança;*
>
> ***LXVII.*** *Não haverá prisão civil por dívida, salvo a do responsável pelo inadimplemento voluntário e inescusável de obrigação alimentícia e a do depositário infiel.*

Como destaque para prova, é importante enfatizar o disposto no inciso LXVII, o qual prevê duas formas de prisão civil por dívida:

**Devedor de Pensão Alimentícia;**

**Depositário Infiel.**

Apesar de a Constituição Federal apresentar essas duas possibilidades de prisão civil por dívida, o STF tem entendido que só existe uma: a prisão do devedor de pensão alimentícia. Isso significa que o depositário infiel não poderá ser preso. Essa é a inteligência da Súmula Vinculante nº 25:

> *Súmula Vinculante 25. É ilícita a prisão civil de depositário infiel, qualquer que seja a modalidade do depósito.*

Em relação a esse assunto, deve-se ter muita atenção ao resolver a questão. Se a Banca perguntar conforme a Constituição Federal, responde-se segundo a Constituição Federal. Mas se perguntar à luz da jurisprudência, responde-se conforme o entendimento do STF. Vejamos como o Cespe abordou o tema utilizando o posicionamento jurisprudencial:

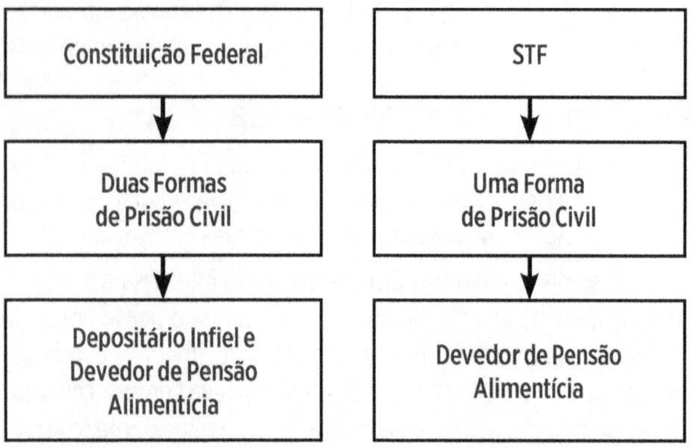


## Extradição

Fruto de acordo internacional de cooperação, a extradição permite que determinada pessoa seja entregue a outro país para que seja responsabilizada pelo cometimento de algum crime. Existem duas formas de extradição:

**Extradição Ativa**

Quando o Brasil pede para outro país a extradição de alguém.

**Extradição Passiva**

Quando algum país pede para o Brasil a extradição de alguém.

A Constituição Federal preocupou-se em regular apenas a extradição passiva por meios dos incisos LI e LII do Art. 5º:

> ***LI.*** *Nenhum brasileiro será extraditado, salvo o naturalizado, em caso de crime comum, praticado antes da naturalização, ou de comprovado envolvimento em tráfico ilícito de entorpecentes e drogas afins, na forma da lei;*
>
> ***LII.*** *Não será concedida extradição de estrangeiro por crime político ou de opinião.*

De acordo com a inteligência desses dispositivos, três regras podem ser adotadas em relação à extradição passiva:

**Brasileiro Nato**

Nunca será extraditado.

**Brasileiro Naturalizado**

Será extraditado em duas hipóteses: crime comum cometido antes da naturalização comprovado envolvimento com o tráfico ilícito de drogas, antes ou depois da naturalização.

**Estrangeiro**

Poderá ser extraditado salvo em dois casos:

> **Crime Político;**

> **Crime de Opinião.**

E na extradição ativa, quem poderá ser extraditado?

Qualquer pessoa pode ser extraditada na extradição ativa, inclusive o brasileiro nato. Deve-se ter muito cuidado com essa questão em prova. Lembre-se que a extradição ativa ocorre quando o Brasil pede a extradição de um criminoso para outro país. Isso pode ser feito pedindo a extradição de qualquer pessoa que o Brasil queira punir.

## Princípios que regem a extradição no país

**Princípio da Reciprocidade**

O Brasil só extradita ao país que extradita para o Brasil. Deve haver acordo ou tratado de extradição entre os país requerente e o Brasil.

**Princípio da Especialidade**

O extraditando só poderá ser processado e julgado pelo crime informado no pedido de extradição.

**Comutação da Pena**

O país requerente deverá firmar um compromisso de comutar a pena prevista em seu país quando a pena a ser aplicada for proibida no Brasil.

**Dupla Tipicidade ou Dupla Incriminação**

Só se extradita se a conduta praticada for considerada crime no Brasil e no país requerente.

Deve-se ter muito cuidado para não confundir extradição com entrega, deportação, expulsão ou banimento. A extradição, como se viu, é instituto de cooperação internacional entre países soberanos para a punição de criminosos.

Pela extradição, um país entrega o criminoso a outro país para que ele seja punido pelo crime praticado.

A entrega é o ato por meio do qual o país entrega uma pessoa para ser julgada no Tribunal Penal Internacional.

Deportação é a retirada do estrangeiro que tenha entrado de forma irregular no território nacional.

Expulsão é a retirada do estrangeiro que tenha praticado um ato ofensivo ao interesse nacional conforme as regras estabelecidas no Estatuto do Estrangeiro (Art. 65, Lei nº 6.815/80).

Banimento é uma das penas proibidas no direito brasileiro que consiste na expulsão de brasileiros para fora do território nacional.

## Princípio da presunção da inocência

Também conhecido como princípio da não culpabilidade, essa regra de segurança jurídica garante que ninguém poderá ser condenado sem antes haver uma sentença penal condenatória transitada em julgado. Ou seja, uma sentença judicial condenatória definitiva:

> ***Art. 5º**, LVII. Ninguém será considerado culpado até o trânsito em julgado de sentença penal condenatória.*

## Identificação criminal

> ***Art. 5º**, LVIII. O civilmente identificado não será submetido a identificação criminal, salvo nas hipóteses previstas em lei.*

A Constituição garante que não será identificado criminalmente quem possuir identificação pública capaz de identificá-lo. Contudo, a Lei 12.037/2009 prevê hipóteses nas quais será possível a identificação criminal mesmo de quem apresentar outra identificação:

> ***Art. 3º.** Embora apresentado documento de identificação, poderá ocorrer identificação criminal quando:*
>
> ***I.** O documento apresentar rasura ou tiver indício de falsificação;*
>
> ***II.** O documento apresentado for insuficiente para identificar cabalmente o indiciado;*
>
> ***III.** O indiciado portar documentos de identidade distintos, com informações conflitantes entre si;*
>
> ***IV.** A identificação criminal for essencial às investigações policiais, segundo despacho da autoridade judiciária competente, que decidirá de ofício ou mediante representação da autoridade policial, do Ministério Público ou da defesa;*
>
> ***V.** Constar de registros policiais o uso de outros nomes ou diferentes qualificações;*
>
> ***VI.** O estado de conservação ou a distância temporal ou da localidade da expedição do documento apresentado impossibilite a completa identificação dos caracteres essenciais.*

## Ação penal privada subsidiária da pública

> ***Art. 5º** LIX. Será admitida ação privada nos crimes de ação pública, se esta não for intentada no prazo legal.*

Em regra, nos crimes de ação penal pública, o titular da ação penal é o Ministério Público. Contudo, havendo omissão ou mesmo desídia por parte do órgão ministerial, o ofendido poderá promover a chamada Ação Penal Privada Subsidiária da Pública. Esse tema encontra-se disciplinado no Art. 29 do Código de Processo Penal:

> ***Art. 29.** Será admitida ação privada nos crimes de ação pública, se esta não for intentada no prazo legal, cabendo ao Ministério Público aditar a queixa, repudiá-la e oferecer denúncia substitutiva, intervir em todos os termos do processo, fornecer elementos de prova, interpor recurso e, a todo tempo, no caso de negligência do querelante, retomar a ação como parte principal.*

# 5.3 Remédios Constitucionais

Inicia-se agora o estudo dos chamados Remédios Constitucionais, tema muito cobrado em prova de concurso. Os remédios constitucionais são espécies de garantias constitucionais que visam a proteger determinados direitos e até outras garantias fundamentais. São poderosas ações constitucionais que estão disciplinadas no texto da Constituição.

## *Habeas corpus*

Sem dúvida, esse remédio constitucional é o mais importante para prova, haja vista a sua utilização para proteger um dos direitos mais ameaçados do indivíduo: a liberdade de locomoção. Vejamos o que diz o texto constitucional:

> ***Art. 5º LXVIII.** Conceder-se-á "Habeas Corpus" sempre que alguém sofrer ou se achar ameaçado de sofrer violência ou coação em sua liberdade de locomoção, por ilegalidade ou abuso de poder.*

É essencial, conhecer os elementos necessários para a utilização dessa ferramenta.

Deve-se compreender que o *Habeas Corpus* é utilizado para proteger a liberdade de locomoção. Em relação a isso, é preciso estar atento, pois ele não tutela qualquer liberdade, mas apenas a liberdade de locomoção.

Outro ponto fundamental é que ele poderá ser utilizado tanto de forma preventiva quanto de forma repressiva. *Habeas Corpus* preventivo é aquele utilizado para prevenir a violência ou coação à liberdade de locomoção. *Habeas Corpus* repressivo é utilizado para reprimir à violência ou coação a liberdade de locomoção, ou seja, é utilizado quando a restrição da liberdade de locomoção já ocorreu.

Percebe-se que não é a qualquer tipo de restrição à liberdade de locomoção que caberá o remédio, mas apenas àquelas cometidas com ilegalidade ou abuso de poder.

Nas relações processuais que envolvem a utilização do *Habeas Corpus*, é possível identificar a participação de três figurantes:

## Impetrante

O impetrante é a pessoa que impetra a ação. Quem entra com a ação. A titularidade dessa ferramenta é Universal, pois qualquer pessoa pode impetrar o HC. Não precisa sequer de advogado. Sua possibilidade é tão ampla que não precisa possuir capacidade civil ou mesmo qualquer formalidade. Esse remédio é desprovido de condições que impeçam sua utilização da forma mais ampla possível. Poderá impetrar essa ação tanto uma pessoa física quanto jurídica.

### Paciente

O paciente é quem teve a liberdade de locomoção restringida. Ele será o beneficiário do *Habeas Corpus*. Pessoa jurídica não pode ser paciente de Habeas Corpus, pois a liberdade de locomoção é um direito incompatível com sua natureza jurídica.

### Autoridade coatora

É quem restringiu a liberdade de locomoção com ilegalidade ou abuso de poder. Poderá ser tanto uma autoridade privada quanto uma autoridade pública.

Outra questão interessante que está prevista na Constituição é a gratuidade dessa ação:

> ***Art. 5º*** *LXXVII. São gratuitas as ações de Habeas Corpus e Habeas Data, e, na forma da lei, os atos necessários ao exercício da cidadania.*

A Constituição proíbe a utilização desse remédio constitucional em relação às punições disciplinares militares. É o que prevê o Art. 142, § 2º:

> ***§ 2º*** *- Não caberá "Habeas Corpus" em relação a punições disciplinares militares.*

Contudo, o STF tem admitido o remédio quando impetrado por razões de ilegalidade da prisão militar. Quanto ao mérito da prisão, deve-se aceitar a vedação Constitucional, mas em relação às legalidade da prisão, prevalece o entendimento de que o remédio seria possível.

Também não cabe *Habeas Corpus* em relação às penas pecuniárias, multas, advertências ou, ainda, nos processos administrativos disciplinares e no processo de *Impeachment*. Nesses casos, o não cabimento deve-se ao fato de que as medidas não visam restringir a liberdade de locomoção.

Por outro lado, a jurisprudência tem admitido o cabimento para impugnar inserção de provas ilícitas no processo ou quando houver excesso de prazo na instrução processual penal.

Por último, cabe ressaltar que o magistrado poderá concedê-lo de ofício.

## *Habeas data*

O *Habeas Data* cuja previsão está no inciso LXXII do Art. 5º tem como objetivo proteger a liberdade de informação:

> ***LXXII.*** *conceder-se-á "Habeas Data":*
>
> ***a)*** *para assegurar o conhecimento de informações relativas à pessoa do impetrante, constantes de registros ou bancos de dados de entidades governamentais ou de caráter público;*
>
> ***b)*** *para a retificação de dados, quando não se prefira fazê-lo por processo sigiloso, judicial ou administrativo.*

Duas são as formas previstas na Constituição para utilização desse remédio:

> **Para Conhecer a Informação.**
> **Para Retificar a Informação.**

É importante ressaltar que só caberá o remédio em relação às informações do próprio impetrante.

As informações precisam estar em um banco de dados governamental ou de caráter público, o que significa que seria possível entrar com um *Habeas Data* contra um banco de dados privado desde que tenha caráter público.

Da mesma forma que o *Habeas Corpus*, o *Habeas Data* também é gratuito:

> ***Art. 5º***, *LXXVII. São gratuitas as ações de "Habeas Corpus" e "Habeas Data", e, na forma da lei, os atos necessários ao exercício da cidadania.*

## Mandado de segurança

O mandado de segurança é um remédio muito cobrado em prova em razão dos seus requisitos:

> ***Art. 5º***, *LXIX. Conceder-se-á mandado de segurança para proteger direito líquido e certo, não amparado por "Habeas Corpus" ou "Habeas Data", quando o responsável pela ilegalidade ou abuso de poder for autoridade pública ou agente de pessoa jurídica no exercício de atribuições do Poder Público.*

Como se pode ver, o mandado de segurança será cabível proteger direito líquido e certo desde que não amparado por Habeas Corpus ou Habeas Data. O que significa dizer que será cabível desde que não seja para proteger a liberdade de locomoção e a liberdade de informação. Esse é o chamado caráter subsidiário do mandado de segurança.

O texto constitucional exigiu também para a utilização dessa ferramenta a ilegalidade e o abuso de poder praticado por autoridade pública ou privada, desde que esteja no exercício de atribuições do poder público.

O mandado de segurança possui prazo decadencial para ser utilizado: 120 dias.

Existe também o mandado de segurança coletivo:

> ***Art. 5º***, *LXX. O mandado de segurança coletivo pode ser impetrado por:*
>
> ***a)*** *partido político com representação no Congresso Nacional;*
>
> ***b)*** *organização sindical, entidade de classe ou associação legalmente constituída e em funcionamento há pelo menos um ano, em defesa dos interesses de seus membros ou associados.*

Observadas as regras do mandado de segurança individual, o mandado de segurança coletivo possui alguns requisitos que lhe são peculiares: os legitimados para propositura.

São legitimados para propor o mandado de segurança coletivo:

> **Partidos políticos com representação no Congresso Nacional.**

Para se ter representação no Congresso Nacional, basta um membro em qualquer uma das casas.

> **Organização Sindical.**
> **Entidade de Classe.**
> **Associação.**

Desde que legalmente constituída e em funcionamento há, pelo menos, um ano. Segundo o STF, a necessidade de estar constituída e em funcionamento há pelo menos um ano só se aplica às associações. A Banca FCC entende que esse requisito se aplica a todas as entidades.

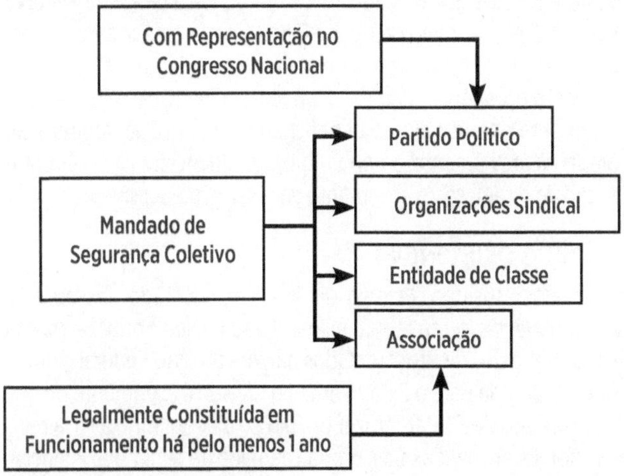


## Mandado de injunção

O mandado de injunção é uma ferramenta mais complexa para se entender. Vejamos o que diz a Constituição:

> ***Art. 5º**, LXXI. Conceder-se-á mandado de injunção sempre que a falta de norma regulamentadora torne inviável o exercício dos direitos e liberdades constitucionais e das prerrogativas inerentes à nacionalidade, à soberania e à cidadania.*

O seu objetivo é suprir a omissão legislativa que impede o exercício de direitos fundamentais. Algumas normas constitucionais para que produzam efeitos dependem da edição de outras normas infraconstitucionais. Essas normas são conhecidas por sua eficácia como normas de eficácia limitada. O mandado de injunção visa a corrigir a ineficácia das normas com eficácia limitada.

Todas as vezes que um direito deixar de ser exercido pela ausência de norma regulamentadora, será cabível esse remédio.

No que tange à efetividade da decisão, deve-se esclarecer a possibilidade de adoção por parte do STF de duas correntes doutrinárias:

**Teoria Concretista Geral**

O Poder Judiciário concretiza o direito no caso concreto aplicando seu dispositivo com efeito *erga omnes*, para todos os casos iguais;

**Teoria Concretista Individual**

O Poder Judiciário concretiza o direito no caso concreto aplicando seu dispositivo com efeito inter partes, ou seja, apenas com efeito entre as partes.

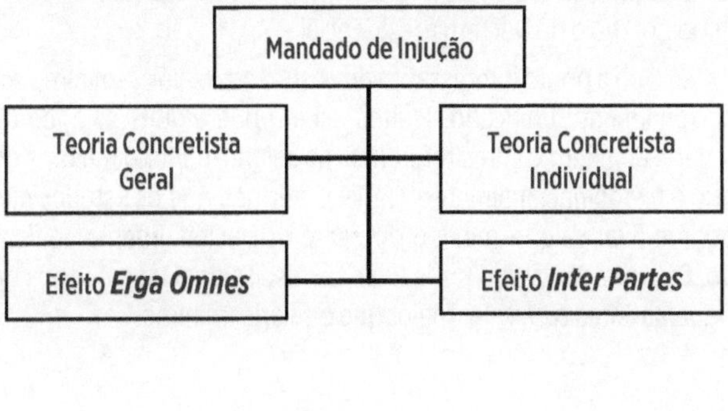


## Ação popular

A ação popular é uma ferramenta fiscalizadora utilizada como espécie de exercício direto dos direitos políticos. Por isso, só poderá ser utilizada por cidadãos. Segundo o inciso LXXIII do Art. 5º:

> ***LXXIII.** Qualquer cidadão é parte legítima para propor ação popular que vise a anular ato lesivo ao patrimônio público ou de entidade de que o Estado participe, à moralidade administrativa, ao meio ambiente e ao patrimônio histórico e cultural, ficando o autor, salvo comprovada má-fé, isento de custas judiciais e do ônus da sucumbência.*

Além da previsão constitucional, essa ação encontra-se regulamentada pela Lei nº 4.717/65. Percebe-se que seu objetivo consiste em proteger o patrimônio público, a moralidade administrativa, o meio ambiente e o patrimônio histórico e cultural.

O autor não precisa pagar custas judiciais ou ônus da sucumbência, salvo se houver má-fé.

# 6. DIREITOS FUNDAMENTAIS - DIREITOS SOCIAIS E NACIONALIDADE

## 6.1 Direitos Sociais

### Prestações positivas

Os direitos sociais encontram-se previstos a partir do Art. 6º até o Art. 11 da Constituição Federal. São normas que se concretizam por meio de prestações positivas por parte do Estado, haja vista objetivarem reduzir as desigualdades sociais.

Deve-se dar destaque para o Art. 6º, que foi alterado pela EC 64/2010 e que possivelmente será objeto de questionamento em concurso público:

> ***Art. 6º.*** *São direitos sociais a educação, a saúde, a alimentação, o trabalho, a moradia, o transporte, o lazer, a segurança, a previdência social, a proteção à maternidade e à infância, a assistência aos desamparados, na forma desta Constituição. (Redação dada pela Emenda Constitucional nº 90, de 2015)*

Boa parte dos direitos aqui previstos necessita de recursos financeiros para serem implementados, o que acaba por dificultar sua plena eficácia.

Mas, antes de avançar nessa parte do conteúdo, faz-se necessário dizer que costumam ser cobradas questões de provas que abordam apenas o texto puro da Constituição Federal. A principal orientação, portanto, é que se dedique tempo à leitura da Constituição Federal, mais precisamente, do Art. 7º, que possui vários dispositivos que podem ser trabalhados em prova.

### Reserva do possível

Seria possível exigir do Estado a concessão de um direito social quando tal direito não fosse assegurado de forma condizente com sua previsão constitucional? A título de exemplo, veremos um dispositivo dos direitos sociais dos trabalhadores:

> ***IV.*** *Salário-mínimo, fixado em lei, nacionalmente unificado, capaz de atender a suas necessidades vitais básicas e às de sua família com moradia, alimentação, educação, saúde, lazer, vestuário, higiene, transporte e previdência social, com reajustes periódicos que lhe preservem o poder aquisitivo, sendo vedada sua vinculação para qualquer fim.*

Observe-se que a Constituição garante que o salário-mínimo deve atender às necessidades vitais básicas do trabalhador e de sua família com moradia, alimentação, educação, saúde, lazer, vestuário, higiene, transporte e previdência social. Entendendo que os direitos sociais são espécies de direitos fundamentais e, analisando-os sob o dispositivo previsto no § 1º do Art. 5º, segundo o qual "as normas definidoras de direitos e garantias fundamentais têm aplicação imediata", pergunta-se: seria possível entrar com uma ação visando a garantir o disposto no inciso IV, que está sendo analisado?

Certamente não. Para se garantir tudo o que está previsto no referido inciso, seria necessário que o salário-mínimo valesse, em média, por volta de R$ 3.000,00. Agora, imagine se algum trabalhador conseguisse esse benefício por meio de uma decisão judicial, o que não fariam todos os demais trabalhadores do país.

Se o Estado fosse obrigado a pagar esse valor para todos os trabalhadores, os cofres públicos rapidamente quebrariam. Para se garantir essa estabilidade, foi desenvolvida a teoria da **Reserva do Possível**, por meio da qual o Estado pode alegar essa impossibilidade financeira para atender algumas demandas, como o aumento do salário-mínimo. Quando o poder público for demandado para garantir algum benefício de ordem social, poderá ser alegada, previamente, a impossibilidade financeira para concretização do direito sob o argumento da reserva do possível.

### Mínimo existencial

Por causa da Reserva do Possível, o Estado passou a se esconder atrás dessa teoria, eximindo-se da sua obrigação social de garantia dos direitos tutelados na Constituição Federal. Tudo o que era pedido para o Estado era negado sob o argumento de que "não era possível". Para trazer um pouco de equilíbrio a essa relação, foi desenvolvida outra teoria chamada de Mínimo Existencial. Essa teoria permite que os poderes públicos deixem de atender algumas demandas em razão da reserva do possível, mas exige que seja garantido o Mínimo Existencial.

### Princípio da proibição ou retrocesso ou efeito cliquet

Uma regra que funciona com caráter de segurança jurídica é a Proibição do Retrocesso. Esse dispositivo proíbe que os direitos sociais já conquistados sejam esvaziados ou perdidos sob pena de desestruturação social do País.

### Salário-mínimo

Feitas algumas considerações iniciais sobre a doutrina social, segue-se à análise de alguns dispositivos constitucionais que se encontram no Art. 7º:

> ***IV.*** *Salário-mínimo, fixado em lei, nacionalmente unificado, capaz de atender a suas necessidades vitais básicas e às de sua família com moradia, alimentação, educação, saúde, lazer, vestuário, higiene, transporte e previdência social, com reajustes periódicos que lhe preservem o poder aquisitivo, sendo vedada sua vinculação para qualquer fim.*

Vários pontos são relevantes nesse inciso. Primeiramente, é importante comentar o trecho "fixado em lei". Segundo o texto constitucional, o salário-mínimo só poderá ser fixado em Lei; entretanto, no dia 25 de fevereiro de 2011 foi publicada a Lei nº 12.382, que prevê a possibilidade de fixação do salário-mínimo por meio de Decreto do Poder Executivo. Questionado no STF[1], o guardião da Constituição considerou constitucional a fixação de salário-mínimo por meio de Decreto Presidencial.

Outro ponto interessante diz respeito ao salário-mínimo ser nacionalmente unificado. Muitos acham que alguns estados da federação fixam valores referentes ao salário-mínimo maiores do que o fixado nacionalmente. O STF já afirmou que os Estados não podem fixar salário-mínimo diferente do nacionalmente unificado. O que cada Estado pode fixar é o piso salarial da categoria de trabalhadores com valor maior que o salário-mínimo.

1 Ver no STF, ADI 4.568, Rel. Min. Cármen Lúcia, julgamento em 3-11-2011, Plenário, Informativo 646.

Temos ainda a proibição de vinculação do salário-mínimo para qualquer fim. Em fevereiro de 2011, esse tema foi enfrentado pelo STF, que determinou a desvinculação do salários dos técnicos em radiologia do salário-mínimo, como estava previsto na Lei nº 7.394/85.

Algumas Súmulas Vinculantes do STF são importantes, pois se referem ao salário-mínimo:

> **Súmula Vinculante 4:** *Salvo nos casos previstos na Constituição, o salário-mínimo não pode ser usado como indexador de base de cálculo de vantagem de servidor público ou de empregado, nem ser substituído por decisão judicial.*
>
> **Súmula Vinculante 6:** *Não viola a Constituição o estabelecimento de remuneração inferior ao salário-mínimo para as praças prestadoras de serviço militar inicial.*
>
> **Súmula Vinculante 15:** *O cálculo de gratificações e outras vantagens do servidor público não incide sobre o abono utilizado para se atingir o salário-mínimo.*
>
> **Súmula Vinculante 16:** *Os Arts. 7º, IV, e 39, § 3º (redação da EC 19/98) da Constituição referem-se ao total da remuneração percebida pelo servidor público.*

## Prescrição trabalhista

Um dos dispositivos previstos no Art. 7º mais cobrados em prova é o inciso XXIX:

> ***XXIX.*** *Ação, quanto aos créditos resultantes das relações de trabalho, com prazo prescricional de cinco anos para os trabalhadores urbanos e rurais, até o limite de dois anos após a extinção do contrato de trabalho.*

Imaginemos, por exemplo, uma pessoa que tenha exercido sua função no período noturno, em uma empresa, durante 20 anos. Contudo, em todos esses anos de trabalho, ela não recebeu nenhum adicional noturno. Ora, ao ter seu contrato de trabalho rescindido, ela poderá ingressar em juízo pleiteando as verbas trabalhistas não pagas. Tendo em vista a existência de prazo prescricional para reaver seus direitos, o trabalhador terá o prazo de 2 anos para entrar com a ação, e só terá direito aos últimos 5 anos de adicional noturno.

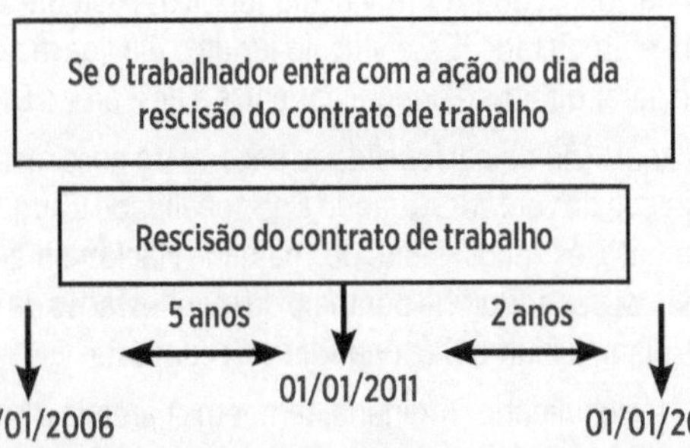


Ressalta-se que esses 5 anos contam-se a partir do dia em que entrou com a ação. Se ele entrar com a ação no último dia do prazo de 2 anos, só terá direito a 3 anos de adicional noturno.

Nesse exemplo, se o trabalhador entrar com a ação no dia 01/01/2011, receberá os últimos 5 anos de adicional noturno, ou seja, até o dia 01/01/2006. Mas se o trabalhador entrar com a ação no dia 01/01/2013, último dia do prazo prescricional de 2 anos, ele terá direito aos últimos 5 anos de adicional noturno a contar do dia em que entrou com a ação. Isso significa que se depare o adicional noturno até o dia 01/01/2008. Perceba que, se o trabalhador demorar a entrar com a ação, ele perde os direitos trabalhistas anteriores ao prazo dos últimos 5 anos.

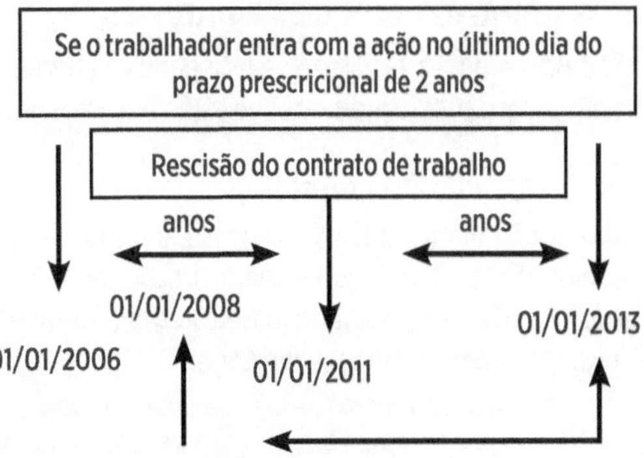


## Proibição do trabalho noturno, perigoso e insalubre

Este inciso também é muito cotado para ser cobrado em prova. É importante lê-lo para que, em seguida, se possa responder a uma pergunta que fará entender o motivo de ele ser tão abordado em testes:

> ***Art. 7º**, XXXIII. Proibição de trabalho noturno, perigoso ou insalubre a menores de dezoito e de qualquer trabalho a menores de dezesseis anos, salvo na condição de aprendiz, a partir de quatorze anos.*

A pergunta é muito simples: a partir de qual idade pode se trabalhar no Brasil? Você deve estar em dúvida: entre 16 e 14 anos. Isso é o que acontece com a maioria dos candidatos. Por isso, nunca esqueça: se temos uma regra e essa regra está acompanhada de uma exceção; temos, então, uma possibilidade.

Ora, se a Constituição diz que é proibido o trabalho para os menores de 16 e, em seguida, excepciona essa regra dizendo que é possível a partir dos 14, na condição de aprendiz, ela quis dizer que o trabalho no Brasil se inicia aos 14 anos. Esse entendimento se fortalece à luz do Art. 227, § 3º, I:

> ***Art. 227**, § 3º - O direito a proteção especial abrangerá os seguintes aspectos:*
>
> ***I.** Idade mínima de quatorze anos para admissão ao trabalho, observado o disposto no Art. 7º, XXXIII.*

## Direitos dos empregados domésticos

O parágrafo único, do Art. 7º, da CF assegurava ao trabalhador doméstico um número reduzido de direitos, se comparado com os demais empregados, urbanos ou rurais.

Nos termos daquele dispositivo, seriam garantidos à categoria dos trabalhadores domésticos apenas os direitos previstos nos incisos IV, VI, VIII, XV, XVII, XVIII, XIX, XXI e XXIV, do Art. 7º, bem como a sua integração à previdência social.

Com a promulgação da EC nº 72, de 2 de abril de 2013, aquele parágrafo foi alterado para estender aos empregados domésticos praticamente todos os demais direitos constantes nos incisos, do Art. 7º, da CF.

A nova redação do parágrafo único, do Art. 7º, da CF dispõe:

> ***Art. 7º**, Parágrafo único. São assegurados à categoria dos trabalhadores domésticos os direitos previstos nos incisos IV, VI, VII, VIII, X, XIII, XV, XVI, XVII, XVIII, XIX, XXI, XXII, XXIV, XXVI, XXX, XXXI e XXXIII e, atendidas as condições estabelecidas em lei e observada a simplificação do cumprimento das obrigações tributárias, principais e acessórias, decorrentes da relação de trabalho e suas peculiaridades, os previstos nos incisos I, II, III, IX, XII, XXV e XXVIII, bem como a sua integração à previdência social.*

## Direitos coletivos dos trabalhadores

São basicamente os direitos relacionados à criação e organização das associações e sindicatos que estão previstos no Art. 8º.

## Princípio da unicidade sindical

O primeiro direito coletivo refere-se ao princípio da unicidade sindical. Esse dispositivo proíbe a criação de mais de uma organização sindical, representativa de categoria profissional ou econômica, em uma mesma base territorial:

> ***II.*** *É vedada a criação de mais de uma organização sindical, em qualquer grau, representativa de categoria profissional ou econômica, na mesma base territorial, que será definida pelos trabalhadores ou empregadores interessados, não podendo ser inferior à área de um Município.*

Em cada base territorial (federal, estadual, municipal ou distrital) só pode existir um sindicato representante da mesma categoria, lembrando que a base territorial mínima refere-se à área de um município.

Exemplificando: só pode existir **um** sindicato municipal de pescadores no município de Cascavel. Só pode existir **um** sindicato estadual de pescadores no estado do Paraná. Só pode existir **um** sindicato federal de pescadores no Brasil. Contudo, é possível existirem vários sindicatos municipais de pescadores no Estado do Paraná.

## Contribuição confederativa e sindical

Essa questão costuma enganar até mesmo os mais preparados. Vejamos o que diz a Constituição Federal no Art. 8º, IV:

> ***IV.*** *A assembleia geral fixará a contribuição que, em se tratando de categoria profissional, será descontada em folha, para custeio do sistema confederativo da representação sindical respectiva, independentemente da contribuição prevista em lei.*

A primeira coisa que se deve perceber é a existência de duas contribuições nesse inciso. Uma chamada de Contribuição Confederativa a outra de Contribuição Sindical.

A Contribuição Confederativa é a prevista nesse inciso, fixada pela assembleia geral, descontada em folha para custear o sistema confederativo. Essa contribuição é aquela paga às organizações sindicais e que só é obrigada aos filiados e aos sindicatos. Não possui natureza tributária, por isso obriga apenas as pessoas que voluntariamente se filiam a uma entidade sindical.

A Contribuição Sindical, que é a contribuição prevista em lei, mais precisamente na Consolidação das Leis Trabalhistas (Decreto-Lei nº 5.452/43), deve ser paga por todos os trabalhadores ainda que profissionais liberais. Sua natureza é tributária, não possuindo caráter facultativo.

| Contribuição | |
|---|---|
| Confederativa | Sindical |
| Fixada pela Assembleia | Fixada pela CLT |
| Natureza não tributária | Natureza tributária |
| Obrigada apenas aos filiados a sindicatos | Obrigada a todos os trabalhadores |

## Liberdade de associação

Esse inciso costuma ser cobrado em prova devido às inúmeras possibilidades de se modificar o seu texto:

> ***V.*** *Ninguém será obrigado a filiar-se ou a manter-se filiado a sindicato.*

É a liberdade de associação que permite aos trabalhadores escolherem se desejam ou não se filiar a um determinado sindicato. Ninguém será obrigado a filiar-se ou a manter-se filiado.

## Participação do aposentado no sindicato

Esse inciso também possui aplicação semelhante ao anterior, portanto deve haver uma leitura atenta aos detalhes que podem ser modificados em prova:

> ***VII.*** *O aposentado filiado tem direito a votar e ser votado nas organizações sindicais.*

## Estabilidade sindical

A estabilidade sindical constitui norma de proteção aos dirigentes sindicais que possui grande utilidade ao evitar o cometimento de arbitrariedades por partes das empresas em retaliação aos representantes dos empregados:

> ***VIII.*** *É vedada a dispensa do empregado sindicalizado a partir do registro da candidatura a cargo de direção ou representação sindical e, se eleito, ainda que suplente, até um ano após o final do mandato, salvo se cometer falta grave nos termos da lei.*

O importante aqui é entender o período de proteção que a Constituição garantiu aos dirigentes sindicais. A estabilidade se inicia com o registro da candidatura e permanece, com o candidato eleito, até um ano após o término do seu mandato. Ressalte-se que essa proteção contra despedida arbitrária não prospera diante do cometimento de falta grave.

# 6.2 Direitos de Nacionalidade

A nacionalidade é um vínculo jurídico existente entre um indivíduo e um Estado. Esse vínculo jurídico é a ligação existente capaz de gerar direitos e obrigações entre a pessoa e o Estado.

A aquisição da nacionalidade decorre do nascimento ou da manifestação de vontade. Quando a nacionalidade é adquirida pelo nascimento, estamos diante da chamada **Nacionalidade Originária.** Mas, se for adquirida por meio da manifestação de vontade, estamos diante de uma **Nacionalidade Secundária.**

A Nacionalidade Originária, também chamada de aquisição de nacionalidade primária, é aquela involuntária. Decorre do nascimento desde que preenchidos os requisitos previstos na legislação. Um brasileiro que adquire nacionalidade originária é chamado de nato.

Dois critérios foram utilizados em nossa Constituição para se conferir a nacionalidade originária:

### *Jus Solis*

Esse é critério do solo, critério territorial. Serão considerados brasileiros natos as pessoas que nascerem no território nacional. Esse é o critério adotado como regra no texto constitucional.

### *Jus Sanguinis*

Esse é o critério do sangue. Serão considerados brasileiros natos os descendentes de brasileiros, ou seja, aqueles que possuem o sangue brasileiro.

A nacionalidade secundária ou adquirida é a aquisição que depende de uma manifestação de vontade. É voluntária e, quem a adquire, possui a qualificação de naturalizado.

## Conflito de nacionalidade

Alguns países adotavam apenas o critério *jus sanguinis*, outros somente o critério *jus solis*, e isso gerou alguns problemas que a doutrina nominou de Conflito de Nacionalidade. O Conflito de Nacionalidade pode ser de duas formas:

### Conflito Positivo

Ocorre quando o indivíduo adquire várias nacionalidades. Ele será chamado de polipátrida.

### Conflito Negativo

Ocorre quando o indivíduo não adquire qualquer nacionalidade. Esse será chamado de apátrida (*heimatlos*).

Para evitar a ocorrência desses tipos de conflito, os países têm adotado critérios mistos de aquisição de nacionalidade originária, a exemplo do próprio Brasil.

A seguir, serão analisadas várias hipóteses previstas no Art. 12 da Constituição Federal de aquisição de nacionalidade tanto originária quanto secundária.

## Nacionalidade originária

As hipóteses de aquisição da nacionalidade originária estão previstas no Art. 12, I da Constituição Federal, e são:

> ***Art. 12.*** *São brasileiros:*
>
> ***I.*** *Natos:*
>
> ***a)*** *os nascidos na República Federativa do Brasil, ainda que de pais estrangeiros, desde que estes não estejam a serviço de seu país;*
>
> ***b)*** *os nascidos no estrangeiro, de pai brasileiro ou mãe brasileira, desde que qualquer deles esteja a serviço da República Federativa do Brasil;*
>
> ***c)*** *os nascidos no estrangeiro de pai brasileiro ou de mãe brasileira, desde que sejam registrados em repartição brasileira competente ou venham a residir na República Federativa do Brasil e optem, em qualquer tempo, depois de atingida a maioridade, pela nacionalidade brasileira.*

A primeira hipótese, prevista na alínea "a", adotou para aquisição o critério *jus solis*, ou seja, serão considerados brasileiros natos aqueles que nascerem no país ainda que de pais estrangeiros, desde que, os pais não estejam a serviço do seu país. Para que os filhos de pais estrangeiros fiquem impedidos de adquirirem a nacionalidade brasileira, é preciso que ambos os pais sejam estrangeiros, mas basta que apenas um deles esteja a serviço do seu país. Se os pais estrangeiros estiverem a serviço de outro país, a doutrina tem entendido que não se aplicará a vedação.

Já a segunda hipótese, adotada na alínea "b", utilizou o critério *jus sanguinis* para fixação da nacionalidade originária. Serão brasileiros natos os nascidos fora do país, filho de pai ou mãe brasileira, desde que qualquer deles esteja a serviço da República Federativa do Brasil. Estar a serviço do país significa estar a serviço de qualquer ente federativo (União, Estados, Distrito Federal ou Município) incluídos os órgãos e entidades da administração indireta (fundações, autarquias, empresas públicas e sociedades de economia mista).

A terceira hipótese, prevista na alínea "c", apresenta, na verdade, duas possibilidades: uma depende do registro a outra depende da opção confirmativa.

Primeiro, temos a regra aplicada aos nascidos no estrangeiro, filho de pai brasileiro ou mãe brasileira, condicionada à aquisição da nacionalidade ao registro em repartição brasileira competente. Nessa hipótese, adota-se o critério *jus sanguinis* acompanhado do registro em repartição brasileira.

Em seguida, temos a segunda possibilidade destinada aos nascidos no estrangeiro de pai brasileiro ou de mãe brasileira, que venham a residir na República Federativa do Brasil e optem (opção confirmativa), em qualquer tempo, depois de atingida a maioridade, pela nacionalidade brasileira.

Essa é a chamada nacionalidade protestativa, pois depende da manifestação de vontade por parte do interessado. Deve-se ter cuidado com a condição para a manifestação da vontade que só poder ser exercida depois de atingida a maioridade, apesar de não existir tempo limite para o exercício desse direito.

## Nacionalidade secundária

A seguir, serão apresentadas as hipóteses de aquisição de nacionalidade secundária:

> ***Art. 12****, II. Naturalizados:*
>
> ***a)*** *Os que, na forma da lei, adquiram a nacionalidade brasileira, exigidas aos originários de países de língua portuguesa apenas residência por um ano ininterrupto e idoneidade moral;*
>
> ***b)*** *os estrangeiros de qualquer nacionalidade, residentes na República Federativa do Brasil há mais de quinze anos ininterruptos e sem condenação penal, desde que requeiram a nacionalidade brasileira.*

A primeira hipótese de naturalização, prevista na alínea "a" do inciso II, é a chamada naturalização ordinária. Essa naturalização apresenta uma forma de aquisição prevista em lei. Esta Lei é a nº 6.815/80, que traz algumas regras para aquisição de nacionalidade, as quais não serão estudadas neste momento. O que interessa agora para a prova é a segunda parte da alínea, que confere um tratamento diferenciado para os originários de países de língua portuguesa, para quem será exigida apenas residência por um ano ininterrupto e idoneidade moral. Entende-se país de língua portuguesa qualquer país que possua a língua portuguesa como língua oficial (Angola, Portugal, Timor Leste, entre outros). Essa forma de naturalização não gera direito subjetivo ao estrangeiro, o que significa que ele poderá pleitear sua naturalização e essa poderá ser indeferida pelo Chefe do Poder Executivo, haja vista se tratar de um ato discricionário.

A alínea "b" do inciso II apresenta a chamada naturalização extraordinária ou quinzenária. Essa hipótese é destinada a qualquer estrangeiro e será exigida residência ininterrupta pelo prazo de 15 anos e não existência de condenação penal. Nessa espécie, não há discricionariedade em conceder a naturalização, pois ela gera direito subjetivo ao estrangeiro que tenha preenchido os requisitos.

O melhor é não esquecer que a ausência temporária da residência não quebra o vínculo ininterrupto exigido para a naturalização no país. Também deve ser ressaltado que não existe naturalização tácita ou automática, sendo exigido requerimento de quem desejar se naturalizar no Brasil.

## Português equiparado

> ***Art. 12.*** *§ 1º. Aos portugueses com residência permanente no País, se houver reciprocidade em favor de brasileiros, serão atribuídos os direitos inerentes ao brasileiro, salvo os casos previstos nesta Constituição.*

Trata-se do chamado português equiparado ou quase nacional. Segundo o dispositivo, a Constituição assegura aos portugueses tratamento diferenciado, como se fossem brasileiros. Não se trata de uma hipótese de naturalização, nesse caso são atribuídos os mesmos direitos inerentes ao brasileiro.

Essa condição depende de reciprocidade por parte de Portugal. O Brasil possui um acordo internacional com Portugal por meio do Decreto nº 3.927/2001 que promulgou o Tratado de Cooperação, Amizade e Consulta Brasil/Portugal. Havendo o mesmo tratamento a um brasileiro quando estiver no país português, serão garantidos tratamentos diferenciados aos portugueses que aqui estiverem desde que manifestem interesse no recebimento desse tratamento diferenciado. Ressalta-se que para requerer esse tipo de tratamento será necessária, além do requerimento, a constituição de residência permanente no Brasil.

Por fim, não se pode esquecer de que o tratamento dado aos portugueses os equipara aos brasileiros naturalizados.

## Tratamento diferenciado entre brasileiros

O § 2º do Art. 12 proíbe o tratamento diferençado entre brasileiros natos e naturalizados:

> ***§ 2º*** *- A lei não poderá estabelecer distinção entre brasileiros natos e naturalizados, salvo nos casos previstos nesta Constituição.*

O próprio dispositivo excepciona a regra permitindo que a Constituição Federal estabeleça tratamento diferenciado entre brasileiros natos e naturalizados. São quatro os tratamentos diferenciados estabelecidos pelo texto constitucional:

> **Cargos privativos de brasileiros natos;**
> **Funções privativas de brasileiros natos;**
> **Regras de extradição;**
> **Propriedade de empresas de jornalística ou de radiodifusão.**

O § 3º apresenta a primeira hipótese de distinção dentre brasileiros natos e naturalizados:

> ***§ 3º*** *- São privativos de brasileiro nato os cargos:*
> ***I.*** *De Presidente e Vice-Presidente da República;*
> ***II.*** *De Presidente da Câmara dos Deputados;*
> ***III.*** *De Presidente do Senado Federal;*
> ***IV.*** *De Ministro do Supremo Tribunal Federal;*
> ***V.*** *Da carreira diplomática;*
> ***VI.*** *de oficial das Forças Armadas;*
> ***VII.*** *De Ministro de Estado da Defesa.*

Os cargos privativos aos brasileiros natos são muito incidentes em provas. Por esse motivo, sugere-se que sejam memorizados. Dois critérios foram utilizados para escolha desses cargos. O primeiro está relacionado com os cargos que sucedem o Presidente da República (Presidente e Vice-Presidente da República, Presidente da Câmara dos Deputados, Presidente do Senado Federal e Ministro do Supremo Tribunal Federal). O segundo critério diz respeito à segurança nacional (carreira diplomática, oficial das forças armadas e Ministro do Estado da Defesa).

As funções privativas de brasileiros natos estão prevista no Art. 89, VII da Constituição:

> ***Art. 89.*** *O Conselho da República é órgão superior de consulta do Presidente da República, e dele participam:*
> ***I.*** *O Vice-Presidente da República;*
> ***II.*** *O Presidente da Câmara dos Deputados;*
> ***III.*** *O Presidente do Senado Federal;*
> ***IV.*** *Os líderes da maioria e da minoria na Câmara dos Deputados;*
> ***V.*** *Os líderes da maioria e da minoria no Senado Federal;*
> ***VI.*** *O Ministro da Justiça;*
> ***VII.*** *Seis cidadãos brasileiros natos, com mais de trinta e cinco anos de idade, sendo dois nomeados pelo Presidente da República, dois eleitos pelo Senado Federal e dois eleitos pela Câmara dos Deputados, todos com mandato de três anos, vedada a recondução.*

A terceira possibilidade de tratamento diferenciado diz respeito às regras de extradição previstas no inciso LI do Art. 5º:

> ***LI.*** *Nenhum brasileiro será extraditado, salvo o naturalizado, em caso de crime comum, praticado antes da naturalização, ou de comprovado envolvimento em tráfico ilícito de entorpecentes e drogas afins, na forma da lei.*

A quarta previsão está no Art. 222 da Constituição:

> ***Art. 222.*** *A propriedade de empresa jornalística e de radiodifusão sonora e de sons e imagens é privativa de brasileiros natos ou naturalizados há mais de dez anos, ou de pessoas jurídicas constituídas sob as leis brasileiras e que tenham sede no País.*

## Perda da nacionalidade

A seguir serão trabalhadas as hipóteses de perda da nacionalidade. Uma pergunta: brasileiro nato pode perder a nacionalidade?

Vejamos o que diz a Constituição Federal:

> ***§ 4º*** *- Será declarada a perda da nacionalidade do brasileiro que:*
> ***I.*** *Tiver cancelada sua naturalização, por sentença judicial, em virtude de atividade nociva ao interesse nacional;*
> ***II.*** *Adquirir outra nacionalidade, salvo no casos:*
> ***a)*** *de reconhecimento de nacionalidade originária pela lei estrangeira;*
> ***b)*** *de imposição de naturalização, pela norma estrangeira, ao brasileiro residente em estado estrangeiro, como condição para permanência em seu território ou para o exercício de direitos civis.*

Ao se analisar o dispositivo do *caput* desse parágrafo, é possível concluir que as regras são para os brasileiros natos ou naturalizados.

Mas vale a pena verificar cada hipótese:

O inciso I deixa claro que é uma hipótese aplicada apenas aos brasileiros naturalizados (cancelamento de naturalização). Se o indivíduo tem seu vínculo com o Estado cancelado por decisão judicial, não há que se falar em permanência da nacionalidade brasileira;

O inciso II já não permite a mesma conclusão, haja vista ter considerado qualquer brasileiro. Logo, ao brasileiro, seja ele nato ou naturalizado, que adquirir outra nacionalidade, será declarada a perda da nacionalidade, pelo menos em regra. Essa regra possui duas exceções: nos casos de reconhecimento de nacionalidade originária estrangeira ou de imposição de naturalização, não será declarada a perda da nacionalidade brasileira. É nestas hipóteses que se encontram permitidas as situações de dupla nacionalidade que conhecemos.

Uma questão interessante surge: seria possível a reaquisição da nacionalidade brasileira?

Uma vez perdida a nacionalidade, tem-se entendido que é possível a sua reaquisição dependo da forma que foi perdida.

Se o indivíduo perde a nacionalidade com fundamento no inciso I, por cancelamento de naturalização, só seria possível a reaquisição por meio de ação rescisória.

Caso o indivíduo perca a nacionalidade por ter adquirido outra, que revela a hipótese do inciso II, também será possível a reaquisição por decreto presidencial (Art. 36, Lei nº 818/49).

Apesar da divergência doutrinária, prevalece o entendimento de que o brasileiro, após a reaquisição, volta à condição anterior, ou seja, se era brasileiro nato, volta a ser nato, se era naturalizado, volta como naturalizado.

# 7. DIREITOS FUNDAMENTAIS – DIREITOS POLÍTICOS E PARTIDOS POLÍTICOS

## 7.1 Direitos Políticos

Os direitos políticos são um conjunto de direitos fundamentais que permitem ao indivíduo participar da vontade política do Estado. Para se falar de direitos políticos, alguns conceitos são indispensáveis.

### Cidadania, democracia e soberania popular

A Cidadania é a condição conferida ao indivíduo que possui direito político. É o exercício desse direito. Essa condição só é possível em nosso país por causa do regime de governo adotado, a Democracia. A democracia parte do pressuposto de que o poder do Estado decorre da vontade popular, da Soberania Popular. Conforme o parágrafo único do Art. 1º da Constituição:

> ***Art. 1º****, Parágrafo único. Todo o poder emana do povo, que o exerce por meio de representantes eleitos ou diretamente, nos termos desta Constituição.*

A democracia brasileira é classificada como semidireta ou participativa, haja vista poder ser exercida tanto de forma direta como de forma indireta. Como forma de exercício direto temos o previsto no Art. 14 da CF:

> ***Art. 14.*** *A soberania popular será exercida pelo sufrágio universal e pelo voto direto e secreto, com valor igual para todos, e, nos termos da lei, mediante:*
>
> ***I.*** *Plebiscito;*
>
> ***II.*** *Referendo;*
>
> ***III.*** *Iniciativa popular.*

Mas ainda há a ação popular que também é forma de exercício direto dos direitos políticos:

> ***Art. 5º****, LXXIII. Qualquer cidadão é parte legítima para propor ação popular que vise a anular ato lesivo ao patrimônio público ou de entidade de que o Estado participe, à moralidade administrativa, ao meio ambiente e ao patrimônio histórico e cultural, ficando o autor, salvo comprovada má-fé, isento de custas judiciais e do ônus da sucumbência.*

Entendamos o que significa cada uma das formas de exercício direto dos direitos políticos:

### Plebiscito

Consulta popular realizada antes da tomada de decisão. O representante do poder público quer tomar uma decisão, mas, antes de tomá-la, ele pergunta para os cidadãos quem concorda. O que os cidadãos decidirem será feito.

### Referendo

Consulta popular realizada depois da tomada de decisão. O representante do poder público toma uma decisão e depois pergunta o que os cidadãos acharam.

### Iniciativa popular

Essa é uma das formas de se iniciar o processo legislativo no Brasil. A legitimidade para propor criação de lei pelo eleitorado encontra amparo no Art. 61, § 2º da CF:

> ***Art. 61, § 2º*** *- A iniciativa popular pode ser exercida pela apresentação à Câmara dos Deputados de projeto de lei subscrito por, no mínimo, um por cento do eleitorado nacional, distribuído pelo menos por cinco Estados, com não menos de três décimos por cento dos eleitores de cada um deles.*

### Ação popular

Remédio constitucional previsto no inciso LXXIII que funciona como instrumento de fiscalização dos poderes públicos nos termos do inciso citado.

Quando se fala em exercício indireto, significa exercício por meio dos representantes eleitos que representarão a vontade popular.

Todas essas ferramentas disponibilizadas acima constituem formas de exercício dos direitos políticos no Brasil.

A doutrina costuma classificar os direitos políticos em:

> **Direitos políticos positivos.**

> **Direitos políticos negativos.**

### Direitos políticos positivos

Os direitos políticos positivos se mostram pela possibilidade de participação na vontade política do Estado. Esses direitos políticos se materializam por meio da Capacidade Eleitoral Ativa e da Capacidade Eleitoral Passiva. O primeiro é a possibilidade de votar. O segundo, de ser votado.

Para que se possa exercer a capacidade eleitoral ativa, faz-se necessário o chamado alistamento eleitoral. É, simplesmente, inscrever-se como eleitor, o que acontece quando obtemos o título de eleitor. A Constituição apresenta três regras para o alistamento e o voto:

**Voto Obrigatório**

Maiores de 18 anos;

**Voto Facultativo**

Maiores de 16 e menores de 18; analfabetos e maiores de 70 anos;

**Voto Proibido**

Estrangeiros e conscritos.

Vejamos estas regras previstas no texto constitucional:

> ***Art. 14****, § 1º. O alistamento eleitoral e o voto são:*
>
> ***I.*** *Obrigatórios para os maiores de dezoito anos;*
>
> ***II.*** *Facultativos para:*
>
> ***a)*** *os analfabetos;*
>
> ***b)*** *os maiores de setenta anos;*
>
> ***c)*** *os maiores de dezesseis e menores de dezoito anos.*
>
> ***§ 2º*** *- Não podem alistar-se como eleitores os estrangeiros e, durante o período do serviço militar obrigatório, os conscritos.*

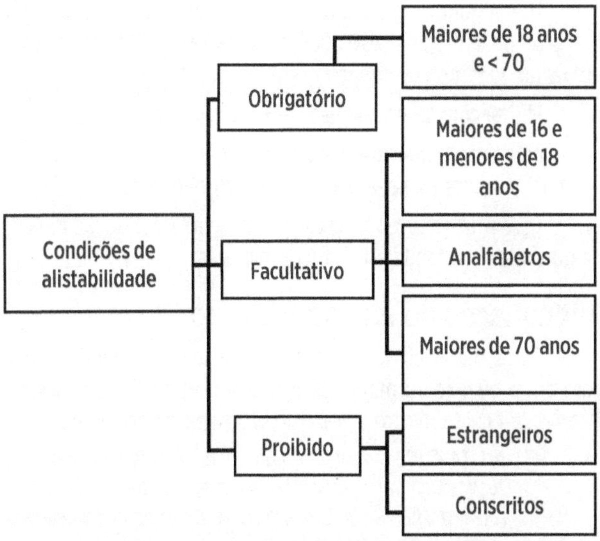


A **capacidade eleitoral passiva** é a capacidade de ser eleito. É uma das formas de participação política em que o cidadão aceita a incumbência de representar os interesses dos seus eleitores. Para que alguém possa ser eleito se faz necessário o preenchimento das Condições de Elegibilidade. São condições de elegibilidade as previstas no Art. 14, § 3º da Constituição:

> ***Art. 14, § 3º*** *- São condições de elegibilidade, na forma da lei:*
>
> ***I.*** *a nacionalidade brasileira;*
>
> ***II.*** *o pleno exercício dos direitos políticos;*
>
> ***III.*** *o alistamento eleitoral;*
>
> ***IV.*** *o domicílio eleitoral na circunscrição;*
>
> ***V.*** *a filiação partidária;*
>
> ***VI.*** *a idade mínima de:*
>
> ***a)*** *trinta e cinco anos para Presidente e Vice-Presidente da República e Senador;*
>
> ***b)*** *trinta anos para Governador e Vice-Governador de Estado e do Distrito Federal;*
>
> ***c)*** *vinte e um anos para Deputado Federal, Deputado Estadual ou Distrital, Prefeito, Vice-Prefeito e juiz de paz;*
>
> ***d)*** *dezoito anos para Vereador.*

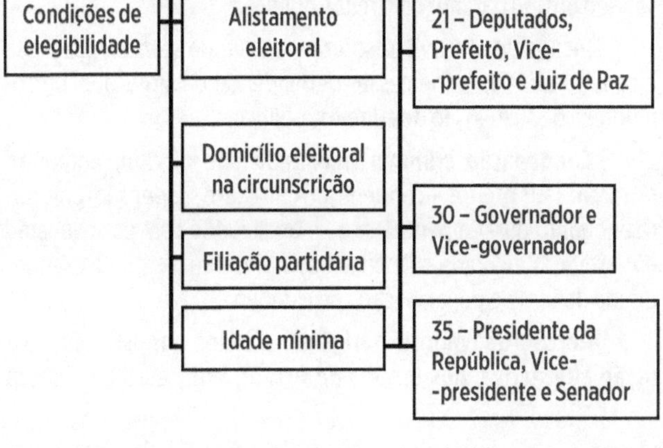


## Direitos políticos negativos

Os direitos políticos negativos são verdadeiras vedações ao exercício da cidadania. São inelegibilidades, hipóteses de perda ou suspensão dos direitos políticos que se encontram previstos expressamente no texto constitucional. Só não se pode esquecer a possibilidade prevista no § 9º do Art. 14 da Constituição, que admite que sejam criadas outras inelegibilidades por Lei Complementar, desde possuam caráter relativo. Inelegibilidade absoluta, segundo a doutrina, só na Constituição Federal.

A primeira inelegibilidade está prevista no Art. 14, § 4º:

> ***Art. 14, § 4º*** *- São inelegíveis os inalistáveis e os analfabetos.*

Trata-se de uma inelegibilidade absoluta que impede os inalistáveis e analfabetos a concorrerem a qualquer cargo eletivo. Nota-se primeiramente que a Constituição se refere aos inalistáveis como "inelegíveis". Todas as vezes que se encontrar o termo inalistável, deve-se pensar automaticamente em estrangeiros e conscritos. Logo, são inelegíveis os estrangeiros, conscritos e analfabetos.

Quanto aos analfabetos, uma questão merece atenção: os analfabetos podem votar, mas não podem receber votos.

Em seguida, tem-se o § 5º, que traz a chamada regra da Reeleição. Trata-se de uma espécie de inelegibilidade relativa por meio do qual alguns titulares de cargos políticos ficam impedidos de se reelegerem por mais de duas eleições consecutivas, ou seja, é permitida apenas uma reeleição:

> ***Art. 14, § 5º*** *- O Presidente da República, os Governadores de Estado e do Distrito Federal, os Prefeitos e quem os houver sucedido, ou substituído no curso dos mandatos poderão ser reeleitos para um único período subsequente.*

O primeiro ponto interessante desse parágrafo está na restrição que só ocorre para os membros do poder executivo (Presidente, Governador e Prefeito). Logo, um membro do Poder Legislativo poderá se reeleger quantas vezes ele quiser, enquanto o membro do Poder Executivo só poderá se reeleger uma única vez. Ressalte-se que o impedimento se aplica também a quem suceder ou substituir o titular dos cargos supracitados.

Mais uma regra de inelegibilidade relativa encontra-se no § 6º:

> ***Art. 14, § 6º*** *- Para concorrerem a outros cargos, o Presidente da República, os Governadores de Estado e do Distrito Federal e os Prefeitos devem renunciar aos respectivos mandatos até seis meses antes do pleito.*

Estamos diante da chamada regra de **Desincompatibilização**. Da mesma forma que o dispositivo anterior só se aplica aos membros do Poder Executivo, e essa norma exige que os representantes desse Poder, para que possam concorrer a outro cargo, devem renunciar os respectivos mandatos até seis meses antes do pleito.

Ainda há a chamada Inelegibilidade Reflexa, ou em razão do parentesco. Essa hipótese gera um impedimento, não ao titular do cargo político, mas aos seus parentes até segundo grau. Também se aplica apenas aos membros do Poder Executivo:

> ***Art. 14, § 7º*** *- São inelegíveis, no território de jurisdição do titular, o cônjuge e os parentes consanguíneos ou afins, até o segundo grau ou por adoção, do Presidente da República, de Governador de Estado ou Território, do Distrito Federal, de Prefeito ou de quem os haja substituído dentro dos seis meses anteriores ao pleito, salvo se já titular de mandato eletivo e candidato à reeleição.*

**O impedimento gerado está relacionado ao território de jurisdição do titular da seguinte forma:**

> O Prefeito gera inelegibilidade aos cargos de Prefeito e Vereador do mesmo município;

> O Governador gera inelegibilidade aos cargos de Prefeito, Vereador, Deputado Estadual, Deputado Federal, Senador da República e Governador do mesmo Estado Federativo;

> O Presidente gera inelegibilidade a todos os cargos eletivos do país.

São parentes de 1º grau: pai, mãe, filho, sogro. São parentes de 2º grau: avô, irmão, neto, cunhado.

O STF editou a Súmula Vinculante nº 18, que diz:

> ***Súmula Vinculante nº 18.*** *A dissolução da sociedade ou do vínculo conjugal, no curso do mandato, não afasta a inelegibilidade prevista no § 7º do Art. 14 da Constituição Federal.*

Lei complementar pode estabelecer novas hipóteses de inelegibilidade relativa. É o que dispõe o § 9º do Art. 14:

> ***Art. 14, § 9º*** *- Lei complementar estabelecerá outros casos de inelegibilidade e os prazos de sua cessação, a fim de proteger a probidade administrativa, a moralidade para exercício de mandato considerada vida pregressa do candidato, e a normalidade e legitimidade das eleições contra a influência do poder econômico ou o abuso do exercício de função, cargo ou emprego na administração direta ou indireta.*

Com base no texto, é possível concluir que o rol de inelegibilidades relativas previstas na Constituição Federal é meramente exemplificativo. Há ainda a Lei Complementar nº 64/90 que traz várias hipóteses de inelegibilidade.

## Condições para eleição do militar

O militar pode se candidatar a cargo político eletivo desde que observadas as regras estabelecidas no § 8º do Art. 14:

> ***Art. 14, § 8º*** *- O militar alistável é elegível, atendidas as seguintes condições:*
>
> ***I.*** *se contar menos de dez anos de serviço, deverá afastar-se da atividade;*
>
> ***II.*** *se contar mais de dez anos de serviço, será agregado pela autoridade superior e, se eleito, passará automaticamente, no ato da diplomação, para a inatividade.*

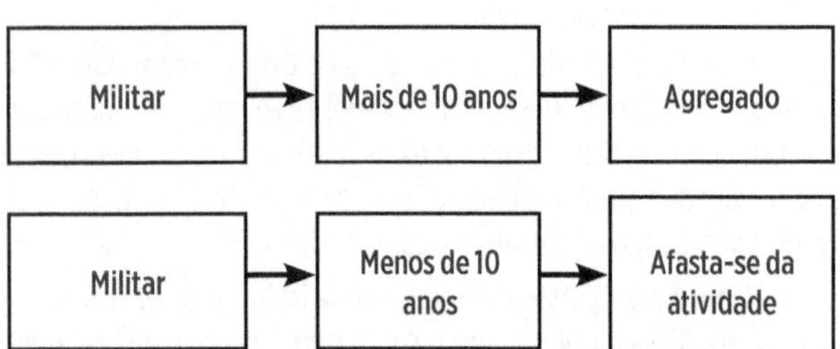


Primeiramente, deve-se ressaltar que a Constituição veda a filiação partidária aos militares:

> ***Art. 142, § 3º, V.*** *O militar, enquanto em serviço ativo, não pode estar filiado a partidos políticos.*

Recordando as condições de elegibilidade, tem-se que é necessária a filiação partidária para ser elegível, contudo, no caso do militar, o TSE tem entendido que o registro da candidatura supre a falta de prévia filiação partidária.

Um segundo ponto interessante decorre da própria interpretação do § 8º, que prevê duas regras para eleição dos militares em razão do tempo de serviço:

**Militar com menos de dez anos:** deve se afastar da atividade;

**Militar com mais de dez anos:** deve ficar agregado pela autoridade superior e se eleito, passado para inatividade.

Esse prazo de dez anos escolhido pela Constituição decorre da garantia de estabilidade para os militares.

## Impugnação de mandato eletivo

Estes parágrafos dispensam explicação e, quando aparecem em prova, costumam cobrar o próprio texto constitucional. Deve-se ter cuidado com o prazo de 15 dias para impugnação:

> ***Art. 14, § 10*** *- O mandato eletivo poderá ser impugnado ante a Justiça Eleitoral no prazo de quinze dias contados da diplomação, instruída a ação com provas de abuso do poder econômico, corrupção ou fraude.*
>
> ***§ 11*** *- A ação de impugnação de mandato tramitará em segredo de justiça, respondendo o autor, na forma da lei, se temerária ou de manifesta má-fé.*

## Cassação, suspensão e perda dos direitos políticos

Uma coisa é certa: não existe cassação de direitos políticos no Brasil. Isso não pode ser esquecido, pois sempre é cobrado em prova. Apesar dessa norma protetiva, são permitidas a perda e a suspensão desses direitos, conforme disposto no Art. 15 da Constituição:

> ***Art. 15.*** *É vedada a cassação de direitos políticos, cuja perda ou suspensão só se dará nos casos de:*
>
> ***I.*** *Cancelamento da naturalização por sentença transitada em julgado;*
>
> ***II.*** *Incapacidade civil absoluta;*
>
> ***III.*** *Condenação criminal transitada em julgado, enquanto durarem seus efeitos;*
>
> ***IV.*** *Recusa de cumprir obrigação a todos imposta ou prestação alternativa, nos termos do Art. 5º, VIII;*
>
> ***V.*** *Improbidade administrativa, nos termos do Art. 37, § 4º.*

Observe-se que o texto constitucional não esclareceu muito bem quais são as hipóteses de perda ou suspensão, trabalho esse que ficou a cargo da doutrina fazer. Seguem abaixo as hipóteses de perda ou suspensão:

**Cancelamento da naturalização por sentença transitada em julgado** – trata-se de perda dos direitos políticos. Ora, se o indivíduo teve cancelado seu vínculo com o Estado Brasileiro, não há sentido em lhe garantir os direitos políticos;

**Incapacidade civil absoluta** – apesar de ser absoluta, essa incapacidade civil pode cessar dependendo da situação. Logo, é hipótese de suspensão dos direitos políticos;

**Condenação criminal transitada em julgado, enquanto durarem seus efeitos** – condenação criminal é suspensão, pois dura enquanto durar a pena. Deve-se ter cuidado com essa questão em prova. O efeito da suspensão sobre os direitos políticos independe do tipo de pena aplicada ao cidadão.

**Recusa de cumprir obrigação a todos imposta ou prestação alternativa, nos termos do Art. 5º, VIII** - essa é a famosa hipótese da escusa de consciência. Em relação a esse tema, existe divergência na doutrina. Parte da doutrina Constitucional entende que é hipótese de perda, outra parte da doutrina, principalmente eleitoral, entende que seja hipótese de suspensão.

**Improbidade administrativa, nos termos do Art. 37, § 4º** - essa é mais uma hipótese de suspensão dos direitos políticos.

## Princípio da anterioridade eleitoral

Este princípio exige o prazo de um ano para aplicação de lei que altere processo eleitoral. Isso visa a evitar que os candidatos sejam pegos de surpresa com as regras eleitorais. O Art. 16 diz:

> ***Art. 16.*** *A lei que alterar o processo eleitoral entrará em vigor na data de sua publicação, não se aplicando à eleição que ocorra até um ano da data de sua vigência.*

O STF decidiu que essa lei não se aplica às eleições de 2010 por não ter respeitado esse princípio que requer o prazo de 1 ano para aplicação da lei que alterar o processo eleitoral.

A lei havia sido publicada em junho de 2010 e queriam que valesse para as eleições do mesmo ano. O STF disse que sua aplicação para 2010 era inconstitucional.

# 7.2 Partidos Políticos

## Natureza jurídica dos partidos políticos

Os partidos políticos, segundo previsão expressa da Constituição, possuem natureza jurídica de direito privado. Segundo o disposto no Art. 17, § 2º:

> ***§ 2º*** *- Os partidos políticos, após adquirirem personalidade jurídica, na forma da lei civil, registrarão seus estatutos no Tribunal Superior Eleitoral.*

Quando a Constituição determina que os partidos devem adquirir sua personalidade jurídica na forma da lei civil, praticamente, afirma que é uma pessoa jurídica de direito privado apesar de ser exigido seu registro no TSE.

## Direitos dos partidos

Os partidos possuem vários direitos previstos expressamente na Constituição, dentre os quais destacam-se:

**Recursos do fundo partidário;**

**Acesso gratuito ao rádio e à televisão (Lei nº 9.096/95).**

## Limitações aos partidos

Apesar da liberdade estampada no *caput* do Art. 17, é possível perceber que a criação dos partidos políticos possui algumas limitações:

> ***Art. 17.*** *É livre a criação, fusão, incorporação e extinção de partidos políticos, resguardados a soberania nacional, o regime democrático, o pluripartidarismo, os direitos fundamentais da pessoa humana e observados os seguintes preceitos:*
>
> ***I.*** *Caráter nacional;*
>
> ***II.*** *Proibição de recebimento de recursos financeiros de entidade ou governo estrangeiros ou de subordinação a estes;*
>
> ***III.*** *Prestação de contas à Justiça Eleitoral;*
>
> ***IV.*** *Funcionamento parlamentar de acordo com a lei.*
>
> ***§ 4º*** *- É vedada a utilização pelos partidos políticos de organização paramilitar.*

## Verticalização

Antes da Emenda Constitucional nº 52/2006, era utilizada a chamada Verticalização, que significava a necessidade de vinculação das candidaturas do nível nacional, estadual, distrital ou municipal. Vejamos como está escrito agora:

> ***§ 1º*** *- É assegurada aos partidos políticos autonomia para definir sua estrutura interna, organização e funcionamento e para adotar os critérios de escolha e o regime de suas coligações eleitorais, sem obrigatoriedade de vinculação entre as candidaturas em âmbito nacional, estadual, distrital ou municipal, devendo seus estatutos estabelecer normas de disciplina e fidelidade partidária.*

Significa dizer que não é mais preciso haver vinculação das candidaturas nos diversos níveis federativos (União, Estados, Distrito Federal e Municípios).

# 8. DA ORGANIZAÇÃO POLÍTICO-ADMINISTRATIVA

Para que se possa compreender a Organização Político-Administrativa do Estado Brasileiro, faz-se necessário, primeiramente, entender como se deu essa formação. Para isso, será abordado o Princípio Federativo.

## 8.1 Princípio Federativo

A Forma de Estado adotada no Brasil é a Federativa. Quando se afirma que o nosso Estado é uma Federação, quer-se dizer como se dá o exercício do poder político em função do território. Em um Estado Federal, existe pluralidade de poderes políticos internos, os quais se organizam de forma descentralizada. No Brasil, são quatro poderes políticos, também chamados de entes federativos:

**União;**

**Estados;**

**Distrito Federal;**

**Municípios.**

Essa organização é baseada na autonomia política de cada ente federativo. Deve-se estar atento a esse tema em prova, pois as bancas gostam de trocar autonomia por soberania. Cada ente possui sua própria autonomia, enquanto que o Estado Federal possui a soberania. A autonomia de cada ente federativo se dá no âmbito político, financeiro, orçamentário, administrativo e em qualquer outra área permitida pela Constituição Federal:

> ***Art. 18.*** *A organização político-administrativa da República Federativa do Brasil compreende a União, os Estados, o Distrito Federal e os Municípios, todos autônomos, nos termos desta Constituição.*

Deve-se destacar, inclusive, que o pacto federativo sobrevive em torno da Constituição Federal, que impede sua dissolução sob pena de se decretar Intervenção Federal:

> ***Art. 34.*** *A União não intervirá nos Estados nem no Distrito Federal, exceto para:*
>
> ***I.*** *Manter a integridade nacional.*

A proibição de secessão, que impede a separação de um ente federativo, também é conhecida como Princípio da Indissolubilidade.

Outro ponto muito cobrado em prova diz respeito à inexistência de hierarquia entre os entes federativos. O que distingue um ente federativo do outro não é a superioridade, mas a distribuição de competências feita pela própria Constituição Federal. Não se deve esquecer também que as Unidades da Federação possuem representação junto ao Poder Legislativo da União, mais precisamente, no Senado Federal.

Em razão dessa organização completamente diferenciada, a doutrina classifica a federação brasileira de várias formas:

**Tricotômica**

Federação constituída em três níveis: federal, estadual e municipal. O Distrito Federal não é considerado nessa classificação, haja vista possuir competência híbrida, agindo tanto como um Estado quanto como Município;

**Centrífuga**

Característica que reflete a formação da federação brasileira. É a formação "de dentro para fora". O movimento é de centrifugadora. A força de criação do estado federal brasileiro surgiu a partir de um Estado Unitário para a criação de um estado federado, ou seja, o poder centralizado que se torna descentralizado. O poder político era concentrado nas mãos de um só ente e depois passa a fazer parte de vários entes federativos;

**Por Desagregação**

Ocorre quando um Estado Unitário resolve se descentralizar politicamente, desagregando o poder central em favor de vários entes titulares de poder político.

Mais uma característica que não pode ser ignorada em prova: a Forma Federativa de Estado é uma cláusula pétrea, conforme dispõe o Art. 60, § 4º, I:

> ***Art. 60, § 4º*** *- Não será objeto de deliberação a proposta de emenda tendente a abolir:*
>
> ***I.*** *A forma federativa de Estado.*

Cumpre lembrar de que a Capital do Brasil é Brasília. Deve-se ter cuidado: há questão de prova que diz que a Capital é o Distrito Federal. O Distrito Federal é um ente federativo, ao passo que Brasília é uma Região Administrativa dentro do Distrito Federal:

> ***Art. 18, § 1º*** *- Brasília é a Capital Federal.*

Outra coisa com a qual se deve ter cuidado diz respeito aos Territórios Federais:

> ***§ 2º*** *- Os Territórios Federais integram a União, e sua criação, transformação em Estado ou reintegração ao Estado de origem serão reguladas em lei complementar.*

Esses não são entes federativos, pois não possuem autonomia política. São pessoas jurídicas de direito público que possuem apenas capacidade administrativa. Sua natureza jurídica é de autarquia federal e só podem ser criados por lei federal. Para sua criação se faz necessária a aprovação das populações diretamente envolvidas, por meio de plebiscito, parecer da Assembleia Legislativa e lei complementar federal. Os territórios são administrados por governadores escolhidos pelo Presidente da República e podem ser divididos em municípios. Cada território elegerá quatro deputados federais, mas não poderá eleger Senador da República. Seguem abaixo vários dispositivos constitucionais que regulamentam os Territórios:

> ***Art. 18, § 3º*** *- Os Estados podem incorporar-se entre si, subdividir-se ou desmembrar-se para se anexarem a outros, ou formarem novos Estados ou Territórios Federais, mediante aprovação da população diretamente interessada, através de plebiscito, e do Congresso Nacional, por lei complementar.*
>
> ***Art. 45, § 2º*** *- Cada Território elegerá quatro Deputados.*
>
> ***Art. 48.*** *Cabe ao Congresso Nacional, com a sanção do Presidente da República, não exigida esta para o especificado nos Arts. 49, 51 e 52, dispor sobre todas as matérias de competência da União, especialmente sobre:*
>
> ***VI.*** *Incorporação, subdivisão ou desmembramento de áreas de Territórios ou Estados, ouvidas as respectivas Assembleias Legislativas.*

> ***Art. 84.*** *Compete privativamente ao Presidente da República:*
>
> ***XIV.*** *Nomear, após aprovação pelo Senado Federal, os Ministros do Supremo Tribunal Federal e dos Tribunais Superiores, os Governadores de Territórios, o Procurador-Geral da República, o presidente e os diretores do banco central e outros servidores, quando determinado em lei.*

A Constituição Federal autoriza a divisão dos Territórios em Municípios. Os Territórios com mais de 100.000 habitantes possuirão Poder Judiciário próprio, bem como membros do Ministério Público e Defensores Públicos Federais. Poderão ainda eleger membros para Câmara Territorial:

> ***Art. 33, § 1º*** *- Os Territórios poderão ser divididos em Municípios, aos quais se aplicará, no que couber, o disposto no Capítulo IV deste Título.*
>
> ***§ 3º*** *- Nos Territórios Federais com mais de cem mil habitantes, além do Governador nomeado na forma desta Constituição, haverá órgãos judiciários de primeira e segunda instância, membros do Ministério Público e defensores públicos federais; a lei disporá sobre as eleições para a Câmara Territorial e sua competência deliberativa.*

## 8.2 Vedações Constitucionais

A Constituição Federal fez questão de estabelecer algumas vedações expressas aos entes federativos, as quais estão previstas no Art. 19:

> ***Art. 19.*** *É vedado à União, aos Estados, ao Distrito Federal e aos Municípios:*
>
> ***I.*** *Estabelecer cultos religiosos ou igrejas, subvencioná-los, embaraçar-lhes o funcionamento ou manter com eles ou seus representantes relações de dependência ou aliança, ressalvada, na forma da lei, a colaboração de interesse público;*
>
> ***II.*** *Recusar fé aos documentos públicos;*
>
> ***III.*** *Criar distinções entre brasileiros ou preferências entre si.*

A primeira vedação decorre da laicidade do Estado brasileiro, ou seja, não possuímos religião oficial no Brasil, em razão da situação de separação entre Estado e Igreja. A segunda vedação decorre da presunção de veracidade dos documentos públicos. E, por último, contemplando o Princípio da Isonomia, o qual será tratado em momento oportuno, fica vedado estabelecer distinções entre brasileiros ou preferências entre si. Atente-se a esta questão.

## 8.3 Características dos Entes Federativos

### União

Muitos sentem dificuldade em visualizar a União, tendo em vista ser um ente meio abstrato. O que se precisa saber é que a União é uma pessoa jurídica de direito público interno ao mesmo tempo em que é pessoa jurídica de direito público externo. É o Poder Central responsável por assuntos de interesse geral do Estado e que representa os demais entes federativos. Apesar de não possuir o atributo Soberania, a União exerce essa soberania em nome do Estado Federal. É só pensar na representação internacional do Estado. Quem celebra tratados internacionais? É o Chefe do Executivo da União, o Presidente da República.

Um dos temas mais cobrados em prova são os Bens da União. Os Bens da União estão previstos no Art. 20 da Constituição Federal:

> ***Art. 20.*** *São bens da União:*
>
> ***I.*** *Os que atualmente lhe pertencem e os que lhe vierem a ser atribuídos;*
>
> ***II.*** *As terras devolutas indispensáveis à defesa das fronteiras, das fortificações e construções militares, das vias federais de comunicação e à preservação ambiental, definidas em lei;*
>
> ***III.*** *Os lagos, rios e quaisquer correntes de água em terrenos de seu domínio, ou que banhem mais de um Estado, sirvam de limites com outros países, ou se estendam a território estrangeiro ou dele provenham, bem como os terrenos marginais e as praias fluviais;*
>
> ***IV.*** *As ilhas fluviais e lacustres nas zonas limítrofes com outros países; as praias marítimas; as ilhas oceânicas e as costeiras, excluídas, destas, as que contenham a sede de Municípios, exceto aquelas áreas afetadas ao serviço público e a unidade ambiental federal, e as referidas no art. 26, II;*
>
> ***V.*** *Os recursos naturais da plataforma continental e da zona econômica exclusiva;*
>
> ***VI.*** *O mar territorial;*
>
> ***VII.*** *Os terrenos de marinha e seus acrescidos;*
>
> ***VIII.*** *os potenciais de energia hidráulica;*
>
> ***IX.*** *Os recursos minerais, inclusive os do subsolo;*
>
> ***X.*** *As cavidades naturais subterrâneas e os sítios arqueológicos e pré-históricos;*
>
> ***XI.*** *As terras tradicionalmente ocupadas pelos índios.*
>
> ***§ 1º*** *É assegurada, nos termos da lei, à União, aos Estados, ao Distrito Federal e aos Municípios a participação no resultado da exploração de petróleo ou gás natural, de recursos hídricos para fins de geração de energia elétrica a e de outros recursos minerais no respectivo território, plataforma continental, mar territorial ou zona econômica exclusiva, ou compensação financeira por essa exploração.*
>
> ***§ 2º*** *- A faixa de até cento e cinquenta quilômetros de largura, ao longo das fronteiras terrestres, designada como faixa de fronteira, é considerada fundamental para defesa do território nacional, e sua ocupação e utilização serão reguladas em lei.*

Esse artigo, quando cobrado em prova, costuma ser trabalhado apenas com o texto literal da Constituição. A dica de estudo é a memorização dos bens que são considerados da União. Contudo, alguns bens necessitam de uma explicação maior para que sejam compreendidos.

### Terras devolutas

O inciso II fala das chamadas terras devolutas, mas o que significa terras devolutas? São terras que estão sob o domínio da União sem qualquer destinação, nem pública nem privada. Serão da União apenas as terras devolutas indispensáveis à defesa das fronteiras, das fortificações e construções militares, das vias federais de comunicação e à preservação ambiental, conforme definição em lei. As demais terras devolutas serão de propriedade dos Estados Membros nos termos do Art. 26, IV:

***Art. 26.*** *Incluem-se entre os bens dos Estados:*

***IV.*** *As terras devolutas não compreendidas entre as da União.*

## Mar territorial, plataforma continental e zona econômica exclusiva

Os incisos IV e V apresentam três bens que são muito interessantes e que se confundem nas cabeças dos alunos: mar territorial, plataforma continental e Zona Econômica Exclusiva. A Lei 8.617/93 esclarece as diferenças entre esses institutos.

O mar territorial é formado por uma faixa de água marítima ao longo da costa brasileira, com uma dimensão de 12 milhas marítimas, contadas a partir da linha base. A plataforma continental é o prolongamento natural do território terrestre, compreendidos o leito e o subsolo do mar até a distância de 200 milhas marítimas ou até o bordo exterior da margem continental.

A zona econômica exclusiva é a extensão situada além do mar territorial até o limite das 200 milhas marítimas.

Acerca desse tema sempre há confusão. O mar territorial é extensão do território nacional sobre qual o Estado exerce sua soberania. Já a plataforma continental e a zona econômica exclusiva são águas internacionais onde o direito à soberania do Estado se limita à exploração e ao aproveitamento, à conservação e a gestão dos recursos naturais, vivos ou não vivos, das águas sobrejacentes ao leito do mar, do leito do mar e seu subsolo, e no que se refere a outras atividades com vistas à exploração e ao aproveitamento da zona para fins econômicos.

## Estados

Os Estados são pessoas jurídicas de direito público interno, entes federativos detentores de autonomia própria. Essa autonomia se percebe pela sua capacidade de auto-organização, autogoverno, autoadministração. Destaca-se, ainda, o seu poder de criação da própria Constituição Estadual, bem como das demais normas de sua competência:

***Art. 25.*** *Os Estados organizam-se e regem-se pelas Constituições e leis que adotarem, observados os princípios desta Constituição.*

Percebe-se, ainda, o seu autogoverno à medida que cada Estado organiza seus próprios Poderes: Poder Legislativo (Assembleia Legislativa), Poder Executivo (Governador) e Poder Judiciário (Tribunal de Justiça). Destacam-se também suas autonomias administrativa, tributária e financeira.

Segundo o Art. 18, § 3º:

***Art. 18, § 3º -*** *Os Estados podem incorporar-se entre si, subdividir-se ou desmembrar-se para se anexarem a outros, ou formarem novos Estados ou Territórios Federais, mediante aprovação da população diretamente interessada, através de plebiscito, e do Congresso Nacional, por lei complementar.*

O que se precisa lembrar para a prova é que, para se criar outro Estado, faz-se necessária a aprovação da população diretamente interessada por meio de plebiscito e que essa criação depende de lei complementar federal. A Constituição prevê ainda a oitiva das Assembleias Legislativas envolvidas na modificação:

***Art. 48.*** *Cabe ao Congresso Nacional, com a sanção do Presidente da República, não exigida esta para o especificado nos Arts. 49, 51 e 52, dispor sobre todas as matérias de competência da União, especialmente sobre:*

***IV.*** *Incorporação, subdivisão ou desmembramento de áreas de Territórios ou Estados, ouvidas as respectivas Assembleias Legislativas.*

Em razão de sua autonomia, a Constituição apresentou um rol de bens que pertencem aos Estados:

***Art. 26.*** *Incluem-se entre os bens dos Estados:*

***I.*** *As águas superficiais ou subterrâneas, fluentes, emergentes e em depósito, ressalvadas, neste caso, na forma da lei, as decorrentes de obras da União;*

***II.*** *As áreas, nas ilhas oceânicas e costeiras, que estiverem no seu domínio, excluídas aquelas sob domínio da União, Municípios ou terceiros;*

***III.*** *As ilhas fluviais e lacustres não pertencentes à União;*

***IV.*** *As terras devolutas não compreendidas entre as da União.*

Algumas regras em relação à Organização dos Poderes Legislativo e Executivo no âmbito dos Estados também aparecem na Constituição Federal. Quando cobradas em prova, a leitura e memorização dos artigos abaixo se tornam essenciais:

***Art. 27.*** *O número de Deputados à Assembleia Legislativa corresponderá ao triplo da representação do Estado na Câmara dos Deputados e, atingido o número de trinta e seis, será acrescido de tantos quantos forem os Deputados Federais acima de doze.*

***§ 1º -*** *Será de quatro anos o mandato dos Deputados Estaduais, aplicando-se-lhes as regras desta Constituição sobre sistema eleitoral, inviolabilidade, imunidades, remuneração, perda de mandato, licença, impedimentos e incorporação às Forças Armadas.*

***§ 2º -*** *O subsídio dos Deputados Estaduais será fixado por lei de iniciativa da Assembleia Legislativa, na razão de, no máximo, setenta e cinco por cento daquele estabelecido, em espécie, para os Deputados Federais, observado o que dispõem os Arts. 39, § 4º, 57, § 7º, 150, II, 153, III, e 153, § 2º, I.*

***§ 3º -*** *Compete às Assembleias Legislativas dispor sobre seu regimento interno, polícia e serviços administrativos de sua secretaria, e prover os respectivos cargos.*

***§ 4º -*** *A lei disporá sobre a iniciativa popular no processo legislativo estadual.*

***Art. 28.*** *A eleição do Governador e do Vice-Governador de Estado, para mandato de quatro anos, realizar-se-á no primeiro domingo de outubro, em primeiro turno, e no último domingo de outubro, em segundo turno, se houver, do ano anterior ao do término do mandato de seus antecessores, e a posse ocorrerá em primeiro de janeiro do ano subsequente, observado, quanto ao mais, o disposto no Art. 77.*

***§ 1º -*** *Perderá o mandato o Governador que assumir outro cargo ou função na administração pública direta ou indireta, ressalvada a posse em virtude de concurso público e observado o disposto no Art. 38, I, IV e V.*

***§ 2º -*** *Os subsídios do Governador, do Vice-Governador e dos Secretários de Estado serão fixados por lei de iniciativa da Assembleia Legislativa, observado o que dispõem os Arts. 37, XI, 39, § 4º, 150, II, 153, III, e 153, § 2º, I.*

## Municípios

Os municípios são elencados pela Constituição Federal como entes federativos dotados de autonomia, a qual se percebe pela sua capacidade de auto-organização, autogoverno e autoadministração. São regidos por Lei Orgânica e possui Executivo e Legislativo próprio, os quais são representados, respectivamente, pela Prefeitura e pela Câmara Municipal e que são regulamentados pelos Arts. 29 e 29-A da Constituição. O examinador pode explorar, em prova de concurso público, questões que requeiram a memorização desses artigos. Para entender por que ele faria isso, recomenda-se a leitura:

> ***Art. 29.*** *O Município reger-se-á por lei orgânica, votada em dois turnos, com o interstício mínimo de dez dias, e aprovada por dois terços dos membros da Câmara Municipal, que a promulgará, atendidos os princípios estabelecidos nesta Constituição, na Constituição do respectivo Estado e os seguintes preceitos:*
>
> ***I.*** *Eleição do Prefeito, do Vice-Prefeito e dos Vereadores, para mandato de quatro anos, mediante pleito direto e simultâneo realizado em todo o País;*
>
> ***II.*** *Eleição do Prefeito e do Vice-Prefeito realizada no primeiro domingo de outubro do ano anterior ao término do mandato dos que devam suceder, aplicadas as regras do Art. 77, no caso de Municípios com mais de duzentos mil eleitores;*
>
> ***III.*** *Posse do Prefeito e do Vice-Prefeito no dia 1º de janeiro do ano subsequente ao da eleição;*
>
> ***IV.*** *Para a composição das Câmaras Municipais, será observado o limite máximo de:*
>
> ***a)*** *9 (nove) Vereadores, nos Municípios de até 15.000 (quinze mil) habitantes;*
>
> ***b)*** *11 (onze) Vereadores, nos Municípios de mais de 15.000 (quinze mil) habitantes e de até 30.000 (trinta mil) habitantes;*
>
> ***c)*** *13 (treze) Vereadores, nos Municípios com mais de 30.000 (trinta mil) habitantes e de até 50.000 (cinquenta mil) habitantes;*
>
> ***d)*** *15 (quinze) Vereadores, nos Municípios de mais de 50.000 (cinquenta mil) habitantes e de até 80.000 (oitenta mil) habitantes;*
>
> ***e)*** *17 (dezessete) Vereadores, nos Municípios de mais de 80.000 (oitenta mil) habitantes e de até 120.000 (cento e vinte mil) habitantes;*
>
> ***f)*** *19 (dezenove) Vereadores, nos Municípios de mais de 120.000 (cento e vinte mil) habitantes e de até 160.000 (cento sessenta mil) habitantes;*
>
> ***g)*** *21 (vinte e um) Vereadores, nos Municípios de mais de 160.000 (cento e sessenta mil) habitantes e de até 300.000 (trezentos mil) habitantes;*
>
> ***h)*** *23 (vinte e três) Vereadores, nos Municípios de mais de 300.000 (trezentos mil) habitantes e de até 450.000 (quatrocentos e cinquenta mil) habitantes;*
>
> ***i)*** *25 (vinte e cinco) Vereadores, nos Municípios de mais de 450.000 (quatrocentos e cinquenta mil) habitantes e de até 600.000 (seiscentos mil) habitantes;*
>
> ***j)*** *27 (vinte e sete) Vereadores, nos Municípios de mais de 600.000 (seiscentos mil) habitantes e de até 750.000 (setecentos cinquenta mil) habitantes;*
>
> ***k)*** *29 (vinte e nove) Vereadores, nos Municípios de mais de 750.000 (setecentos e cinquenta mil) habitantes e de até 900.000 (novecentos mil) habitantes;*
>
> ***l)*** *31 (trinta e um) Vereadores, nos Municípios de mais de 900.000 (novecentos mil) habitantes e de até 1.050.000 (um milhão e cinquenta mil) habitantes;*
>
> ***m)*** *33 (trinta e três) Vereadores, nos Municípios de mais de 1.050.000 (um milhão e cinquenta mil) habitantes e de até 1.200.000 (um milhão e duzentos mil) habitantes;*
>
> ***n)*** *35 (trinta e cinco) Vereadores, nos Municípios de mais de 1.200.000 (um milhão e duzentos mil) habitantes e de até 1.350.000 (um milhão e trezentos e cinquenta mil) habitantes;*
>
> ***o)*** *37 (trinta e sete) Vereadores, nos Municípios de 1.350.000 (um milhão e trezentos e cinquenta mil) habitantes e de até 1.500.000 (um milhão e quinhentos mil) habitantes;*
>
> ***p)*** *39 (trinta e nove) Vereadores, nos Municípios de mais de 1.500.000 (um milhão e quinhentos mil) habitantes e de até 1.800.000 (um milhão e oitocentos mil) habitantes;*
>
> ***q)*** *41 (quarenta e um) Vereadores, nos Municípios de mais de 1.800.000 (um milhão e oitocentos mil) habitantes e de até 2.400.000 (dois milhões e quatrocentos mil) habitantes;*
>
> ***r)*** *43 (quarenta e três) Vereadores, nos Municípios de mais de 2.400.000 (dois milhões e quatrocentos mil) habitantes e de até 3.000.000 (três milhões) de habitantes;*
>
> ***s)*** *45 (quarenta e cinco) Vereadores, nos Municípios de mais de 3.000.000 (três milhões) de habitantes e de até 4.000.000 (quatro milhões) de habitantes;*
>
> ***t)*** *47 (quarenta e sete) Vereadores, nos Municípios de mais de 4.000.000 (quatro milhões) de habitantes e de até 5.000.000 (cinco milhões) de habitantes;*
>
> ***u)*** *49 (quarenta e nove) Vereadores, nos Municípios de mais de 5.000.000 (cinco milhões) de habitantes e de até 6.000.000 (seis milhões) de habitantes;*
>
> ***v)*** *51 (cinquenta e um) Vereadores, nos Municípios de mais de 6.000.000 (seis milhões) de habitantes e de até 7.000.000 (sete milhões) de habitantes;*
>
> ***w)*** *53 (cinquenta e três) Vereadores, nos Municípios de mais de 7.000.000 (sete milhões) de habitantes e de até 8.000.000 (oito milhões) de habitantes; e*
>
> ***x)*** *55 (cinquenta e cinco) Vereadores, nos Municípios de mais de 8.000.000 (oito milhões) de habitantes;*
>
> ***V.*** *Subsídios do Prefeito, do Vice-Prefeito e dos Secretários Municipais fixados por lei de iniciativa da Câmara Municipal, observado o que dispõem os Arts. 37, XI, 39, § 4º, 150, II, 153, III, e 153, § 2º, I;*
>
> ***VI.*** *O subsídio dos Vereadores será fixado pelas respectivas Câmaras Municipais em cada legislatura para a subsequente, observado o que dispõe esta Constituição, observados os critérios estabelecidos na respectiva Lei Orgânica e os seguintes limites máximos:*
>
> ***a)*** *em Municípios de até dez mil habitantes, o subsídio máximo dos Vereadores corresponderá a vinte por cento do subsídio dos Deputados Estaduais;*
>
> ***b)*** *em Municípios de dez mil e um a cinquenta mil habitantes, o subsídio máximo dos Vereadores corresponderá a trinta por cento do subsídio dos Deputados Estaduais;*
>
> ***c)*** *em Municípios de cinquenta mil e um a cem mil habitantes, o subsídio máximo dos Vereadores corresponderá a quarenta por cento do subsídio dos Deputados Estaduais;*
>
> ***d)*** *em Municípios de cem mil e um a trezentos mil habitantes, o subsídio máximo dos Vereadores corresponderá a cinquenta por cento do subsídio dos Deputados Estaduais;*
>
> ***e)*** *em Municípios de trezentos mil e um a quinhentos mil habitantes, o subsídio máximo dos Vereadores corresponderá a sessenta por cento do subsídio dos Deputados Estaduais;*
>
> ***f)*** *em Municípios de mais de quinhentos mil habitantes, o subsídio máximo dos Vereadores corresponderá a setenta e cinco por cento do subsídio dos Deputados Estaduais;*

***VII.*** *O total da despesa com a remuneração dos Vereadores não poderá ultrapassar o montante de cinco por cento da receita do Município;*

***VIII.*** *Inviolabilidade dos Vereadores por suas opiniões, palavras e votos no exercício do mandato e na circunscrição do Município;*

***IX.*** *Proibições e incompatibilidades, no exercício da vereança, similares, no que couber, ao disposto nesta Constituição para os membros do Congresso Nacional e na Constituição do respectivo Estado para os membros da Assembleia Legislativa;*

***X.*** *Julgamento do Prefeito perante o Tribunal de Justiça;*

***XI.*** *Organização das funções legislativas e fiscalizadoras da Câmara Municipal;*

***XII.*** *Cooperação das associações representativas no planejamento municipal;*

***XIII.*** *Iniciativa popular de projetos de lei de interesse específico do Município, da cidade ou de bairros, através de manifestação de, pelo menos, cinco por cento do eleitorado;*

***XIV.*** *Perda do mandato do Prefeito, nos termos do Art. 28, parágrafo único.*

***Art. 29-A.*** *O total da despesa do Poder Legislativo Municipal, incluídos os subsídios dos Vereadores e excluídos os gastos com inativos, não poderá ultrapassar os seguintes percentuais, relativos ao somatório da receita tributária e das transferências previstas no § 5º do Art. 153 e nos Arts. 158 e 159, efetivamente realizado no exercício anterior:*

***IX.*** *7% (sete por cento) para Municípios com população de até 100.000 (cem mil) habitantes;*

***X.*** *6% (seis por cento) para Municípios com população entre 100.000 (cem mil) e 300.000 (trezentos mil) habitantes;*

***XI.*** *5% (cinco por cento) para Municípios com população entre 300.001 (trezentos mil e um) e 500.000 (quinhentos mil) habitantes;*

***XII.*** *4,5% (quatro inteiros e cinco décimos por cento) para Municípios com população entre 500.001 (quinhentos mil e um) e 3.000.000 (três milhões) de habitantes;*

***XIII.*** *4% (quatro por cento) para Municípios com população entre 3.000.001 (três milhões e um) e 8.000.000 (oito milhões) de habitantes;*

***XIV.*** *3,5% (três inteiros e cinco décimos por cento) para Municípios com população acima de 8.000.001 (oito milhões e um) habitantes.*

***§1º*** *- A Câmara Municipal não gastará mais de setenta por cento de sua receita com folha de pagamento, incluído o gasto com o subsídio de seus Vereadores.*

***§2º*** *- Constitui crime de responsabilidade do Prefeito Municipal:*

***I.*** *Efetuar repasse que supere os limites definidos neste artigo;*

***II.*** *Não enviar o repasse até o dia vinte de cada mês; ou*

***III.*** *Enviá-lo a menor em relação à proporção fixada na Lei Orçamentária.*

***§3º*** *- Constitui crime de responsabilidade do Presidente da Câmara Municipal o desrespeito ao § 1º deste artigo.*

Mesmo sendo dotada de autonomia federativa, sua organização possui algumas limitações impostas pela própria Constituição. Entre essas limitações, deve-se destacar a ausência de Poder Judiciário no âmbito municipal, cuja função jurisdicional é exercida pelos órgãos do Judiciário Federal e Estadual. É importante lembrar que não existe representante municipal no Congresso Nacional.

A Constituição permite que sejam criados novos municípios, conforme as regras estabelecidas no Art. 18, § 4º:

***Art. 18,*** *§ 4º - A criação, a incorporação, a fusão e o desmembramento de Municípios, far-se-ão por lei estadual, dentro do período determinado por Lei Complementar Federal, e dependerão de consulta prévia, mediante plebiscito, às populações dos Municípios envolvidos, após divulgação dos Estudos de Viabilidade Municipal, apresentados e publicados na forma da lei.*

Perceba que as regras são um pouco diferentes das necessárias para a criação de Estados. A primeira coisa que deve ser lembrada é que a criação será por Lei Ordinária Estadual, desde que haja autorização emanada de Lei Complementar Federal. As populações diretamente envolvidas na modificação devem ser consultadas por meio de plebiscito. E, por último, não se pode esquecer a exigência de Estudo de Viabilidade Municipal. Para prova, memorize essas condições.

Um fato curioso é que apesar de não existir ainda uma Lei Complementar Federal autorizando o período de criação de Municípios, vários Municípios foram criados na vigência de Constituição Federal, o que obrigou o Congresso Nacional a aprovar a Emenda Constitucional nº 57/2008, que acrescentou o Art. 96 ao Ato das Disposições Constitucionais Transitórias (ADCT), convalidando a criação dos Municípios até 31 de dezembro de 2006:

***Art. 96.*** *Ficam convalidados os atos de criação, fusão, incorporação e desmembramento de Municípios, cuja lei tenha sido publicada até 31 de dezembro de 2006, atendidos os requisitos estabelecidos na legislação do respectivo Estado à época de sua criação.*

## Distrito federal

Se questionarem se o Distrito Federal é um Estado ou é um Município, a resposta será: "O Distrito Federal não é Estado nem Município, é Distrito Federal."

A Constituição Federal afirma que o Distrito Federal é ente federativo assim como a União, os Estados e os Municípios. Esse ente federativo é conhecido pela sua autonomia e por sua competência híbrida. Quando se fala em competência híbrida, quer-se dizer que o DF pode exercer competências tanto de Estado quanto de Município:

***Art. 32, § 1º*** *- Ao Distrito Federal são atribuídas as competências legislativas reservadas aos Estados e Municípios.*

Caracteriza a sua autonomia o fato de poder criar a sua própria Lei Orgânica, bem como a existência do Poder Executivo (Governador), Legislativo (Câmara Legislativa) e Judiciário (Tribunal de Justiça do Distrito Federal e Territórios):

***Art. 32.*** *O Distrito Federal, vedada sua divisão em Municípios, reger-se-á por lei orgânica, votada em dois turnos com interstício mínimo de dez dias, e aprovada por dois terços da Câmara Legislativa, que a promulgará, atendidos os princípios estabelecidos nesta Constituição.*

***§ 2º*** *- A eleição do Governador e do Vice-Governador, observadas as regras do Art. 77, e dos Deputados Distritais coincidirá com a dos Governadores e Deputados Estaduais, para mandato de igual duração.*

***§ 3º*** *- Aos Deputados Distritais e à Câmara Legislativa aplica-se o disposto no Art. 27.*

Como se pode depreender da leitura do artigo, a autonomia do DF possui algumas limitações, por exemplo, a vedação da sua divisão em Municípios. Nesse mesmo sentido, deve-se lembrar que o DF não possui competência para organizar e manter as Polícias Civil e Militar, o Corpo de Bombeiros Militar, o Poder Judiciário, o Ministério Público e a Defensoria Pública. Nesses casos, a competência foi conferida à União:

> ***Art. 32, § 4º*** *- Lei federal disporá sobre a utilização, pelo Governo do Distrito Federal, da polícia civil, da polícia penal, da polícia militar e do corpo de bombeiros militar.*
>
> ***Art. 21.*** *Compete à União:*
>
> ***XIII*** *- organizar e manter o Poder Judiciário, o Ministério Público do Distrito Federal e dos Territórios e a Defensoria Pública dos Territórios;*
>
> ***XIV*** *- organizar e manter a polícia civil, a polícia penal, a polícia militar e o corpo de bombeiros militar do Distrito Federal, bem como prestar assistência financeira ao Distrito Federal para a execução de serviços públicos, por meio de fundo próprio;*

Por fim, é importante lembrar que o Distrito Federal não se confunde com Brasília. Isso é facilmente percebido pela leitura do Art. 18:

> ***Art. 18.*** *A organização político-administrativa da República Federativa do Brasil compreende a União, os Estados, o Distrito Federal e os Municípios, todos autônomos, nos termos desta Constituição.*
>
> ***§ 1º*** *- Brasília é a Capital Federal.*

O Distrito Federal é ente federativo, ao passo que Brasília é a Capital Federal. Sob a ótica da organização administrativa do DF, pode-se afirmar que Brasília é uma das Regiões Administrativas do Distrito Federal, haja vista não poder o DF ser dividido em municípios.

## 8.4 Competências dos Entes Federativos

Como já foi visto, entre os entes federativos não existe hierarquia. Mas o que diferencia um ente federativo do outro? A diferença está na distribuição das competências pela Constituição. Cada ente federativo possui sua parcela de responsabilidades estabelecidas dentro da Constituição Federal.

Para a fixação dessas competências, a Constituição fez uso do Princípio da Predominância de Interesse. Esse princípio define a abrangência das competências de cada ente com base na predominância de interesse. Para a União, em regra, foram previstas competências de interesse geral, de toda a coletividade. Para os Estados, a Constituição reservou competências de interesse regional. Aos Municípios, competências de interesse local. E, por fim, ao Distrito Federal, foram reservadas competências de interesse local e regional, razão pela qual a doutrina chama de competência híbrida.

As competências são classificadas em dois tipos:

**Competências Materiais ou Administrativas;**

**Competências Legislativas.**

As competências materiais ou administrativas são aquelas que preveem ações a serem desempenhadas pelos entes federativos.

As competências legislativas estão relacionadas com a capacidade que um ente federativo possui de criar leis, inovar o ordenamento jurídico. Primeiramente, serão analisadas as competências administrativas de todos os entes federativos. De início, será abordada a União.

### Competências administrativas

A União possui duas formas de competências materiais: Exclusiva e Comum. As competências exclusivas estão previstas no Art. 21 da Constituição Federal:

> ***Art. 21.*** *Compete à União:*
>
> ***I.*** *Manter relações com Estados estrangeiros e participar de organizações internacionais;*
>
> ***II.*** *Declarar a guerra e celebrar a paz;*
>
> ***III.*** *Assegurar a defesa nacional;*
>
> ***IV.*** *Permitir, nos casos previstos em lei complementar, que forças estrangeiras transitem pelo território nacional ou nele permaneçam temporariamente;*
>
> ***V.*** *Decretar o estado de sítio, o estado de defesa e a intervenção federal;*
>
> ***VI.*** *Autorizar e fiscalizar a produção e o comércio de material bélico;*
>
> ***VII.*** *Emitir moeda;*
>
> ***VIII.*** *Administrar as reservas cambiais do País e fiscalizar as operações de natureza financeira, especialmente as de crédito, câmbio e capitalização, bem como as de seguros e de previdência privada;*
>
> ***IX.*** *Elaborar e executar planos nacionais e regionais de ordenação do território e de desenvolvimento econômico e social;*
>
> ***X.*** *Manter o serviço postal e o correio aéreo nacional;*
>
> ***XI.*** *Explorar, diretamente ou mediante autorização, concessão ou permissão, os serviços de telecomunicações, nos termos da lei, que disporá sobre a organização dos serviços, a criação de um órgão regulador e outros aspectos institucionais;*
>
> ***XII.*** *Explorar, diretamente ou mediante autorização, concessão ou permissão:*
>
> ***a)*** *os serviços de radiodifusão sonora, e de sons e imagens;*
>
> ***b)*** *os serviços e instalações de energia elétrica e o aproveitamento energético dos cursos de água, em articulação com os Estados onde se situam os potenciais hidroenergéticos;*
>
> ***c)*** *a navegação aérea, aeroespacial e a infraestrutura aeroportuária;*
>
> ***d)*** *os serviços de transporte ferroviário e aquaviário entre portos brasileiros e fronteiras nacionais, ou que transponham os limites de Estado ou Território;*
>
> ***e)*** *os serviços de transporte rodoviário interestadual e internacional de passageiros;*
>
> ***f)*** *os portos marítimos, fluviais e lacustres;*
>
> ***XIII.*** *organizar e manter o Poder Judiciário, o Ministério Público do Distrito Federal e dos Territórios e a Defensoria Pública dos Territórios;*
>
> ***XIV.*** *organizar e manter a polícia civil, a polícia penal, a polícia militar e o corpo de bombeiros militar do Distrito Federal, bem como prestar assistência financeira ao Distrito Federal para a execução de serviços públicos, por meio de fundo próprio;*

*XV. Organizar e manter os serviços oficiais de estatística, geografia, geologia e cartografia de âmbito nacional;*

*XVI. Exercer a classificação, para efeito indicativo, de diversões públicas e de programas de rádio e televisão;*

*XVII. Conceder anistia;*

*XVIII. Planejar e promover a defesa permanente contra as calamidades públicas, especialmente as secas e as inundações;*

*XIX. Instituir sistema nacional de gerenciamento de recursos hídricos e definir critérios de outorga de direitos de seu uso;*

*XX. Instituir diretrizes para o desenvolvimento urbano, inclusive habitação, saneamento básico e transportes urbanos;*

*XXI. Estabelecer princípios e diretrizes para o sistema nacional de viação;*

*XXII. Executar os serviços de polícia marítima, aeroportuária e de fronteiras;*

*XXIII. Explorar os serviços e instalações nucleares de qualquer natureza e exercer monopólio estatal sobre a pesquisa, a lavra, o enriquecimento e reprocessamento, a industrialização e o comércio de minérios nucleares e seus derivados, atendidos os seguintes princípios e condições:*

Essas competências são exclusivas, pois a União exclui a possibilidade de outro ente federativo realizá-la. Por isso, diz-se que são indelegáveis. Só a União pode fazer.

A outra competência material da União é a comum. Ela é comum a todos os entes federativos, União, Estados, Distrito Federal e Municípios. Vejamos o que diz o Art. 23:

***Art. 23.*** *É competência comum da União, dos Estados, do Distrito Federal e dos Municípios:*

*I. Zelar pela guarda da Constituição, das leis e das instituições democráticas e conservar o patrimônio público;*

*II. Cuidar da saúde e assistência pública, da proteção e garantia das pessoas portadoras de deficiência;*

*III. Proteger os documentos, as obras e outros bens de valor histórico, artístico e cultural, os monumentos, as paisagens naturais notáveis e os sítios arqueológicos;*

*IV. Impedir a evasão, a destruição e a descaracterização de obras de arte e de outros bens de valor histórico, artístico ou cultural;*

*V. Proporcionar os meios de acesso à cultura, à educação, à ciência, à tecnologia, à pesquisa e à inovação; (Redação dada pela Emenda Constitucional nº 85, de 2015)*

*VI. Proteger o meio ambiente e combater a poluição em qualquer de suas formas;*

*VII. Preservar as florestas, a fauna e a flora;*

*VIII. Fomentar a produção agropecuária e organizar o abastecimento alimentar;*

*IX. Promover programas de construção de moradias e a melhoria das condições habitacionais e de saneamento básico;*

*X. Combater as causas da pobreza e os fatores de marginalização, promovendo a integração social dos setores desfavorecidos;*

*XI. Registrar, acompanhar e fiscalizar as concessões de direitos de pesquisa e exploração de recursos hídricos e minerais em seus territórios;*

*XII. Estabelecer e implantar política de educação para a segurança do trânsito.*

***Parágrafo único.*** *Leis complementares fixarão normas para a cooperação entre a União e os Estados, o Distrito Federal e os Municípios, tendo em vista o equilíbrio do desenvolvimento e do bem-estar em âmbito nacional.*

Agora vejamos as competências materiais dos Estados. A primeira de que já se falou, é a competência comum prevista no Art. 23, analisada anteriormente.

Os Estados também possuem a chamada competência residual, reservada ou remanescente. Está prevista no Art. 25, § 1º, o qual cita que estão reservadas aos Estados as competências que não lhe sejam vedadas pela Constituição. Significa dizer que os Estados poderão fazer tudo aquilo que não for competência da União ou do Município:

***Art. 25, § 1º -*** *São reservadas aos Estados as competências que não lhes sejam vedadas por esta Constituição.*

Em relação às competências administrativas dos Municípios, a Constituição previu duas espécies: Comum e Exclusiva. A competência comum está prevista no Art. 23 e já foi vista anteriormente. A competência exclusiva está no Art. 30, III a IX da Constituição:

***Art. 30.*** *Compete aos Municípios:*

*III. Instituir e arrecadar os tributos de sua competência, bem como aplicar suas rendas, sem prejuízo da obrigatoriedade de prestar contas e publicar balancetes nos prazos fixados em lei;*

*IV. Criar, organizar e suprimir distritos, observada a legislação estadual;*

*V. Organizar e prestar, diretamente ou sob regime de concessão ou permissão, os serviços públicos de interesse local, incluído o de transporte coletivo, que tem caráter essencial;*

*VI. Manter, com a cooperação técnica e financeira da União e do Estado, programas de educação infantil e de ensino fundamental;*

*VII. Prestar, com a cooperação técnica e financeira da União e do Estado, serviços de atendimento à saúde da população;*

*VIII. Promover, no que couber, adequado ordenamento territorial, mediante planejamento e controle do uso, do parcelamento e da ocupação do solo urbano;*

*IX. Promover a proteção do patrimônio histórico-cultural local, observada a legislação e a ação fiscalizadora federal e estadual.*

No âmbito das competências administrativas, temos as competências do Distrito Federal que são chamadas de híbridas. O DF pode fazer tudo o que for de competência dos Estados ou dos Municípios.

## Competências legislativas

Vejamos agora as competências legislativas de cada ente federativo. Primeiramente, no que diz respeito às competências legislativas da União, elas podem ser privativas ou concorrentes.

As competências privativas da União estão previstas no Art. 22 da Constituição Federal e possuem como característica principal a possibilidade de delegação mediante Lei Complementar aos Estados:

***Art. 22.*** *Compete privativamente à União legislar sobre:*

*I. Direito civil, comercial, penal, processual, eleitoral, agrário, marítimo, aeronáutico, espacial e do trabalho;*

*II. Desapropriação;*

*III. Requisições civis e militares, em caso de iminente perigo e em tempo de guerra;*

*IV. Águas, energia, informática, telecomunicações e radiodifusão;*

*V. Serviço postal;*

*VI. Sistema monetário e de medidas, títulos e garantias dos metais;*

*VII. Política de crédito, câmbio, seguros e transferência de valores;*

*VIII. Comércio exterior e interestadual;*

*IX. Diretrizes da política nacional de transportes;*

*X. Regime dos portos, navegação lacustre, fluvial, marítima, aérea e aeroespacial;*

*XI. Trânsito e transporte;*

*XII. Jazidas, minas, outros recursos minerais e metalurgia;*

*XIII. Nacionalidade, cidadania e naturalização;*

*XIV. Populações indígenas;*

*XV. Emigração e imigração, entrada, extradição e expulsão de estrangeiros;*

*XVI. Organização do sistema nacional de emprego e condições para o exercício de profissões;*

*XVII. Organização judiciária, do Ministério Público do Distrito Federal e dos Territórios e da Defensoria Pública dos Territórios, bem como organização administrativa destes;*

*XVIII. Sistema estatístico, sistema cartográfico e de geologia nacionais;*

*XIX. Sistemas de poupança, captação e garantia da poupança popular;*

*XX. Sistemas de consórcios e sorteios;*

*XXI. Normas gerais de organização, efetivos, material bélico, garantias, convocação e mobilização das polícias militares e corpos de bombeiros militares;*

*XXII. Competência da polícia federal e das polícias rodoviária e ferroviária federais;*

*XXIII. Seguridade social;*

*XXIV. Diretrizes e bases da educação nacional;*

*XXV. Registros públicos;*

*XXVI. Atividades nucleares de qualquer natureza;*

*XXVII. Normas gerais de licitação e contratação, em todas as modalidades, para as administrações públicas diretas, autárquicas e fundacionais da União, Estados, Distrito Federal e Municípios, obedecido o disposto no Art. 37, XXI, e para as empresas públicas e sociedades de economia mista, nos termos do Art. 173, § 1º, III;*

*XXVIII. Defesa territorial, defesa aeroespacial, defesa marítima, defesa civil e mobilização nacional;*

*XXIX. Propaganda comercial.*

***Parágrafo único.** Lei complementar poderá autorizar os Estados a legislar sobre questões específicas das matérias relacionadas neste artigo.*

As competências concorrentes, previstas no Art. 24 da Constituição, podem ser exercidas de forma concorrentes pela União, pelos Estados e pelo Distrito Federal. Atenção: Município não possui competência concorrente. Vejamos o que diz o citado artigo:

***Art. 24.** Compete à União, aos Estados e ao Distrito Federal legislar concorrentemente sobre:*

*I. Direito tributário, financeiro, penitenciário, econômico e urbanístico;*

*II. Orçamento;*

*III. Juntas comerciais;*

*IV. Custas dos serviços forenses;*

*V. Produção e consumo;*

*VI. Florestas, caça, pesca, fauna, conservação da natureza, defesa do solo e dos recursos naturais, proteção do meio ambiente e controle da poluição;*

*VII. Proteção ao patrimônio histórico, cultural, artístico, turístico e paisagístico;*

*VIII. Responsabilidade por dano ao meio ambiente, ao consumidor, a bens e direitos de valor artístico, estético, histórico, turístico e paisagístico;*

*IX. Educação, cultura, ensino, desporto, ciência, tecnologia, pesquisa, desenvolvimento e inovação; (Redação dada pela Emenda Constitucional nº 85, de 2015)*

*X. Criação, funcionamento e processo do juizado de pequenas causas;*

*XI. Procedimentos em matéria processual;*

*XII. Previdência social, proteção e defesa da saúde;*

*XIII. Assistência jurídica e Defensoria pública;*

*XIV. Proteção e integração social das pessoas portadoras de deficiência;*

*XV. Proteção à infância e à juventude;*

*XVI. Organização, garantias, direitos e deveres das polícias civis.*

***§ 1º** - No âmbito da legislação concorrente, a competência da União limitar-se-á a estabelecer normas gerais.*

***§ 2º** - A competência da União para legislar sobre normas gerais não exclui a competência suplementar dos Estados.*

***§ 3º** - Inexistindo lei federal sobre normas gerais, os Estados exercerão a competência legislativa plena, para atender a suas peculiaridades.*

***§ 4º** - A superveniência de lei federal sobre normas gerais suspende a eficácia da lei estadual, no que lhe for contrário.*

No âmbito das competências concorrentes, algumas regras são fundamentais para a prova. Aqui, a participação da União é no sentido de fixar normas gerais, ficando os Estados com a competência de suplementar a legislação federal. Caso a União não legisle sobre determinada matéria de competência concorrente, nasce para o Estado o direito de legislar de forma plena sobre a matéria. Contudo, resolvendo a União legislar sobre matéria já regulada pelo Estado, a lei estadual ficará com sua eficácia suspensa pela lei federal nos pontos discordantes. Deve-se ter cuidado com esse último ponto. Não ocorre revogação da lei estadual pela lei federal, haja vista não existir hierarquia entre leis de entes federativos distintos. O que ocorre, como bem explicitou a Constituição Federal, é a suspensão da eficácia.

Quanto às competências dos Estados, há as seguintes espécies: residual, por delegação da União, concorrente suplementar e expressa.

A competência residual dos Estados é também chamada de competência remanescente ou reservada. Está prevista no Art. 25, § 1º, o qual prevê que aos Estados serão reservadas todas as competências que não sejam previstas a União ou aos Municípios. Deve-se lembrar que esse dispositivo fundamenta tanto as competências materiais quanto as legislativas:

***Art. 25,** § 1º - São reservadas aos Estados as competências que não lhes sejam vedadas por esta Constituição.*

Outra competência dos Estados é a por delegação da União, que decorre da possibilidade de serem delegadas as competências privativas da União mediante Lei Complementar. Encontra-se prevista no Art. 22, parágrafo único:

> ***Art. 22**, Parágrafo único. Lei complementar poderá autorizar os Estados a legislar sobre questões específicas das matérias relacionadas neste artigo.*

Temos ainda as competências concorrentes suplementares previstas no Art. 24, § 2º da CF. Essas suplementam a competência legislativa da União no âmbito das competências concorrentes permitindo, inclusive, que os Estados legislem de forma plena quando não existir lei federal sobre o assunto:

> ***Art. 24, § 2º** - A competência da União para legislar sobre normas gerais não exclui a competência suplementar dos Estados.*
>
> ***§ 3º** - Inexistindo lei federal sobre normas gerais, os Estados exercerão a competência legislativa plena, para atender a suas peculiaridades.*

Há também as competências expressas dos Estados, as quais podem ser encontradas nos Art. 18, § 4º e 25, §§ 2º e 3º da Constituição Federal:

> ***Art. 18, § 4º** - A criação, a incorporação, a fusão e o desmembramento de Municípios, far-se-ão por lei estadual, dentro do período determinado por Lei Complementar Federal, e dependerão de consulta prévia, mediante plebiscito, às populações dos Municípios envolvidos, após divulgação dos Estudos de Viabilidade Municipal, apresentados e publicados na forma da lei.*
>
> ***Art. 25, § 2º** - Cabe aos Estados explorar diretamente, ou mediante concessão, os serviços locais de gás canalizado, na forma da lei, vedada a edição de medida provisória para a sua regulamentação.*
>
> ***§ 3º** - Os Estados poderão, mediante lei complementar, instituir regiões metropolitanas, aglomerações urbanas e microrregiões, constituídas por agrupamentos de municípios limítrofes, para integrar a organização, o planejamento e a execução de funções públicas de interesse comum.*

Para os Municípios, a Constituição previu dois tipos de competência legislativa: exclusiva e suplementar. A legislativa exclusiva dos Municípios está prevista no Art. 30, I, o qual menciona que os Municípios possuem competência para legislar sobre assuntos de interesse local:

> ***Art. 30.** Compete aos Municípios:*
>
> ***I.** Legislar sobre assuntos de interesse local.*

A competência legislativa suplementar está prevista no Art. 30, II, o qual permite aos Municípios legislar de forma suplementar a Legislação Federal e Estadual:

> ***Art. 30.** Compete aos Municípios:*
>
> ***II.** Suplementar a legislação federal e a estadual no que couber.*

Por fim, nós há a competência legislativa do Distrito Federal que, conforme já dito, é híbrida, permitindo ao DF legislar sobre as matérias de competência dos Estados e dos Municípios. Apesar dessa competência ampla, a Constituição resolveu estabelecer algumas limitações a sua autonomia legislativa excluindo algumas matérias de sua competência. Segundo o Art. 21, XIII e XIV da CF, o Distrito Federal não possui competência para organizar e legislar sobre alguns dos seus órgãos: Poder Judiciário, Polícia Militar, Corpo de Bombeiros Militar e Polícia Civil.

> ***Art. 21.** Compete à União:*
>
> ***XIII.** Organizar e manter o Poder Judiciário, o Ministério Público do Distrito Federal e dos Territórios e a Defensoria Pública dos Territórios.*
>
> ***XIV.** Organizar e manter a polícia civil, a polícia militar e o corpo de bombeiros militar do Distrito Federal, bem como prestar assistência financeira ao Distrito Federal para a execução de serviços públicos, por meio de fundo próprio;*

Diante deste estudo, algumas conclusões são muito úteis para a prova:

Não se deve confundir as competências exclusivas com as privativas da União. Competência exclusiva é administrativa e indelegável. Competência privativa é legislativa e delegável.

Não se deve confundir as competências comuns com as concorrentes. Competência comum é comum a todos os entes e é administrativa. Competência concorrente é só para União, Estados e o DF além de ser legislativa. Município tem competência comum, mas não tem concorrente.

| **Competências Administrativas (Materiais)** |
|---|
| **União** |
| Exclusiva (Art. 21)<br>Comum (Art. 23) |
| **Estados** |
| Comum (Art. 23)<br>Residual, reservada, remanescente (Art. 25 § 1º) |
| **Municípios** |
| Comum (Art. 23)<br>Exclusiva (Art. 30, III-IX) |
| **Distrito Federal** |
| Competência híbrida |
| **Competências Legislativas** |
| **União** |
| Privativa (Art. 22)<br>Concorrente (Art. 24) |
| **Estados** |
| Concorrente suplementar (Art. 24)<br>Residual, reservada, remanescente (Art. 25, § 1º)<br>Por delegação da União (Art. 22, Parágrafo Único)<br>Expressos (Art. 25, § 2º e 3º) |
| **Municípios** |
| Exclusiva (Art. 30, I)<br>Suplementar ao Estado (Art. 30, II) |
| **Distrito Federal** |
| Competência híbrida (Estados e Municípios) |

## 8.5 Intervenção

A Constituição Federal está assentada no princípio federativo como forma de Estado adotada no Brasil. O fato de sermos uma federação reflete inúmeras características, dentre as quais se destaca a autonomia de cada ente federativo. A autonomia é atributo inerente aos entes federativos que exclui a possibilidade de hierarquia entre os mesmos bem como a possibilidade de intervenção de um ente federativo no outro.

A regra constitucional é a da não intervenção. Contudo, excepcionalmente, a Constituição Federal previu hipóteses taxativas que permitem a um ente federativo intervir em outro ente em situações que visem à preservação da unidade do pacto federativo, a garantia da soberania nacional e de princípios fundamentais.

A União poderá intervir nos Estados e no Distrito Federal e os Estados poderão intervir em seus Municípios. A União não pode intervir em município, salvo se for um município pertencente a Território Federal. Destaca-se, novamente, que a possibilidade de intervenção é uma exceção e só poderá ocorrer nas hipóteses taxativamente elencadas na Constituição Federal.

Outra regra comum às intervenções é que a competência para decretá-las é exclusiva do Chefe do Poder Executivo. Se a intervenção é federal, a competência para decretar é do Presidente da República. Se a intervenção é estadual, a competência é do Governador de Estado.

A seguir serão abordados as espécies de intervenção.

## Intervenção federal

A intervenção federal é a intervenção da União nos Estados ou nos Municípios pertencentes aos Territórios Federais e será decretada pelo Presidente da República.

Como dito anteriormente, a possibilidade de intervenção federal constitui exceção prevista em rol taxativo, conforme disposto no Art. 34:

> ***Art. 34.*** *A União não intervirá nos Estados nem no Distrito Federal, exceto para:*
>
> ***I.*** *Manter a integridade nacional;*
>
> ***II.*** *Repelir invasão estrangeira ou de uma unidade da Federação em outra;*
>
> ***III.*** *Pôr termo a grave comprometimento da ordem pública;*
>
> ***IV.*** *Garantir o livre exercício de qualquer dos Poderes nas unidades da Federação;*
>
> ***V.*** *Reorganizar as finanças da unidade da Federação que:*
>
> ***a)*** *suspender o pagamento da dívida fundada por mais de dois anos consecutivos, salvo motivo de força maior;*
>
> ***b)*** *deixar de entregar aos Municípios receitas tributárias fixadas nesta Constituição, dentro dos prazos estabelecidos em lei;*
>
> ***VI.*** *Prover a execução de lei federal, ordem ou decisão judicial;*
>
> ***VII.*** *Assegurar a observância dos seguintes princípios constitucionais:*
>
> ***a)*** *forma republicana, sistema representativo e regime democrático;*
>
> ***b)*** *direitos da pessoa humana;*
>
> ***c)*** *autonomia municipal;*
>
> ***d)*** *prestação de contas da administração pública, direta e indireta;*
>
> ***e)*** *aplicação do mínimo exigido da receita resultante de impostos estaduais, compreendida a proveniente de transferências, na manutenção e desenvolvimento do ensino e nas ações e serviços públicos de saúde.*

A partir desse artigo, a doutrina classificou a intervenção federal em dois tipos:

**Intervenção Federal Espontânea;**

**Intervenção Federal Provocada.**

A intervenção Federal espontânea, ou de ofício, é aquela em que o Chefe do Poder Executivo, de forma discricionária, decreta a intervenção independentemente de provocação de outros órgãos. A decretação de ofício ocorrerá nas hipóteses previstas nos incisos I, II, III e do Art. 34:

> ***Art. 34.*** *A União não intervirá nos Estados nem no Distrito Federal, exceto para:*
>
> ***I.*** *Manter a integridade nacional;*
>
> ***II.*** *Repelir invasão estrangeira ou de uma unidade da Federação em outra;*
>
> ***III.*** *Pôr termo a grave comprometimento da ordem pública.*

A intervenção federal provocada é aquela que depende da provocação dos órgãos legitimados pela Constituição Federal, conforme o Art. 36:

> ***Art. 36.*** *A decretação da intervenção dependerá:*
>
> ***I.*** *No caso do Art. 34, IV, de solicitação do Poder Legislativo ou do Poder Executivo coacto ou impedido, ou de requisição do Supremo Tribunal Federal, se a coação for exercida contra o Poder Judiciário;*
>
> ***II.*** *No caso de desobediência a ordem ou decisão judiciária, de requisição do Supremo Tribunal Federal, do Superior Tribunal de Justiça ou do Tribunal Superior Eleitoral;*
>
> ***III.*** *De provimento, pelo Supremo Tribunal Federal, de representação do Procurador-Geral da República, na hipótese do Art. 34, VII, e no caso de recusa à execução de lei federal.*

A provocação se dá por meio de solicitação ou requisição. A solicitação não obriga o Presidente da República a decretar a medida, ao contrário da requisição, que está revestida de obrigatoriedade na qual caberá ao Presidente apenas executá-la.

A decretação de intervenção federal por solicitação ocorrerá na hipótese do Art. 34, IV, a qual compete ao Poder Executivo ou Legislativo das Unidades da Federação solicitar a execução da medida quando se acharem coagidos ou impedidos de executarem suas atribuições constitucionais.

A decretação de intervenção federal por requisição ocorrerá nas hipóteses previstas no Art. 34, IV, VI e VII. No inciso IV, a requisição caberá ao Supremo Tribunal Federal quando a coação for exercida contra o Poder Judiciário. No inciso VI, a requisição virá do STF, STJ ou do TSE quando houver desobediência de ordem judicial. E no inciso VI e VII a requisição será do Supremo quando houver representação interventiva feita pelo Procurador Geral da República nos casos de recusa de execução de lei federal ou ofensa aos princípios sensíveis.

O decreto interventivo especificará todas as condições em que ocorrerá a medida e terá eficácia imediata após a sua decretação pelo Presidente da República. Após sua decretação, a medida será submetida a apreciação do Congresso Nacional no prazo de 24 horas:

> ***Art. 36, § 1º** - O decreto de intervenção, que especificará a amplitude, o prazo e as condições de execução e que, se couber, nomeará o interventor, será submetido à apreciação do Congresso Nacional ou da Assembleia Legislativa do Estado, no prazo de vinte e quatro horas.*
>
> ***§ 2º** - Se não estiver funcionando o Congresso Nacional ou a Assembleia Legislativa, far-se-á convocação extraordinária, no mesmo prazo de vinte e quatro horas.*

Caberá ao Congresso Nacional aprovar ou suspender a execução da Intervenção:

> ***Art. 49.** É da competência exclusiva do Congresso Nacional:*
>
> ***IV.** Aprovar o estado de defesa e a intervenção federal, autorizar o estado de sítio, ou suspender qualquer uma dessas medidas.*

Nas hipóteses de intervenção decretada por requisição do Poder Judiciário previstas no Art. 34, VI e VII, a Constituição dispensou a necessidade e apreciação do Congresso Nacional, destacando que, nesses casos, o decreto limitar-se-á a suspensão do ato impugnado, caso essa medida seja suficiente para conter a crise. Se a mera suspensão do ato não restabelecer a normalidade, poderão ser adotadas outras medidas com o mesmo objetivo:

> ***Art. 36, § 3º** - Nos casos do Art. 34, VI e VII, ou do Art. 35, IV, dispensada a apreciação pelo Congresso Nacional ou pela Assembleia Legislativa, o decreto limitar-se-á a suspender a execução do ato impugnado, se essa medida bastar ao restabelecimento da normalidade.*

Não podemos esquecer que nos casos de intervenção espontânea ou provocada por solicitação, o Presidente deverá consultar, antes da decretação, o Conselho da República e o Conselho da Defesa Nacional que emitirão parecer opinativo sobre a situação:

> ***Art. 90.** Compete ao Conselho da República pronunciar-se sobre:*
>
> ***V.** Intervenção federal, estado de defesa e estado de sítio;*
>
> ***Art. 91**, § 1º - Compete ao Conselho de Defesa Nacional:*
>
> ***II.** Opinar sobre a decretação do estado de defesa, do estado de sítio e da intervenção federal.*

Cessando a crise, a ordem será restabelecida, inclusive com o retorno das autoridades públicas afastadas, caso não possuam outra incompatibilidade:

> ***§ 4º** - Cessados os motivos da intervenção, as autoridades afastadas de seus cargos a estes voltarão, salvo impedimento legal.*

Apesar de a Constituição Federal não mencionar sobre a possibilidade de controle judicial da Intervenção, seria possível que ocorresse este controle caso os limites constitucionais estabelecidos fossem desrespeitados. Ressalta-se que contra a Intervenção em si não cabe atuação do Poder Judiciário, considerando ser essa uma medida de natureza política.

## Intervenção estadual

A intervenção estadual poderá ocorrer nos Municípios localizados em seu território mediante decreto do Governador do Estado nas hipóteses previstas no Art. 35:

> ***Art. 35.** O Estado não intervirá em seus Municípios, nem a União nos Municípios localizados em Território Federal, exceto quando:*
>
> ***I.** Deixar de ser paga, sem motivo de força maior, por dois anos consecutivos, a dívida fundada;*
>
> ***II.** Não forem prestadas contas devidas, na forma da lei;*
>
> ***III.** Não tiver sido aplicado o mínimo exigido da receita municipal na manutenção e desenvolvimento do ensino e nas ações e serviços públicos de saúde;*
>
> ***IV.** O Tribunal de Justiça der provimento a representação para assegurar a observância de princípios indicados na Constituição Estadual, ou para prover a execução de lei, de ordem ou de decisão judicial.*

Devem ser atendidos os mesmos requisitos da Intervenção Federal: temporariedade, controle político pelo legislativo e decreto do Chefe do Executivo.

Na hipótese do inciso IV, a intervenção dependerá de representação interventiva do Procurador-Geral de Justiça, sendo dispensada a apreciação da Assembleia Legislativa. Segundo o STF, essa decisão do Tribunal de Justiça que autoriza a intervenção do Estado no Município possui natureza político-administrativa e tem caráter definitivo, sendo insuscetível de recurso extraordinário para o STF[1].

1 Súmula 637 do STF: não cabe recurso extraordinário contra acórdão de Tribunal de Justiça que defere pedido de intervenção estadual em Município.

# 9. ADMINISTRAÇÃO PÚBLICA

Antes de iniciar este estudo sobre a Administração Pública, definida nos Art. 37 ao 43 da Constituição Federal, é importante esclarecer que o tema analisado aqui é devidamente estudado de forma mais aprofundada na disciplina de Direito Administrativo. A missão deste estudo é apresentar os mais importantes temas acerca da Administração Pública, sob a ótica do texto constitucional.

## 9.1 Conceito

Primeiramente, faz-se necessário conceituar a Administração Pública, remetendo ao *caput* do Art. 37, CF.

> ***Art. 37.*** *A administração pública direta e indireta de qualquer dos Poderes da União, dos Estados, do Distrito Federal e dos Municípios obedecerá aos princípios de legalidade, impessoalidade, moralidade, publicidade e eficiência e, também, ao seguinte:*

Neste primeiro momento, deve-se entender que alguns termos que aparecem no Art. 37. O conceito da Administração Pública deve ser visto sob dois aspectos. Sob a perspectiva objetiva, a Administração Pública constitui a atividade desenvolvida pelo poder público, que tem como função a satisfação do interesse público. Sob a perspectiva subjetiva, Administração Pública é o conjunto de órgãos e pessoas jurídicas que desempenham a atividade administrativa. Interessa aqui conhecer a Administração Pública sob essa última perspectiva, a qual se classifica em Administração Direta e Indireta.

A Administração Pública Direta é formada por pessoas jurídicas de direito público, ou pessoas políticas, entes que possuem personalidade jurídica e autonomia própria. São entes da Administração Pública Direta a União, os Estados, o Distrito Federal e os Municípios. Esses entes são pessoas jurídicas de Direito Público que exercem as atividades administrativas por meio dos órgãos e agentes pertencentes aos Poderes Executivo, Legislativo e Judiciário. Os órgãos não são dotados de personalidade jurídica própria, pois agem em nome da pessoa jurídica a qual estão vinculados.

A Administração Pública Indireta é formada por pessoas jurídicas próprias, de direito público ou privado, que executam atividades do Estado por meio da descentralização administrativa. São os entes da Administração Indireta as Autarquias, Fundações Públicas, Sociedades de Economia Mista e Empresas Públicas.

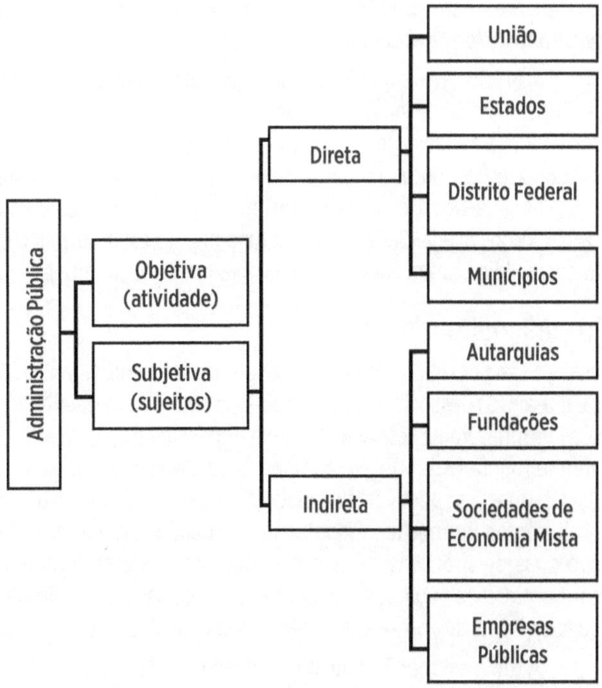


Segundo a Constituição Federal, a Administração Pública, seja ela direta ou indireta, pertencente a qualquer dos Poderes, deverá obedecer aos princípios da Legalidade, Impessoalidade, Moralidade, Publicidade e Eficiência, os quais serão estudados agora.

## 9.2 Princípios Expressos da Administração Pública

Os princípios que regem a Administração Pública são verdadeiros parâmetros que orientam o desenvolvimento da atividade administrativa, os quais são de observância obrigatória. A Administração é regida por princípios expressos e princípios implícitos. Primeiramente vamos analisar os princípios expressos no texto constitucional, que são: Legalidade, Impessoalidade, Moralidade, Publicidade e Eficiência.

### Legalidade

Esse é o primeiro princípio expresso na Constituição Federal para a Administração Pública. Para se entender o Princípio da Legalidade, é preciso analisar suas duas acepções: a legalidade em relação aos particulares e a legalidade em relação à Administração Pública.

Para os particulares, a legalidade remete ao Art. 5º da Constituição: significa que ele poderá fazer tudo o que não for proibido por lei, conforme já previa o Art. 5º, II da Constituição Federal:

> ***II.*** *ninguém será obrigado a fazer ou deixar de fazer alguma coisa senão em virtude de lei.*

Já em relação à Administração Pública, a legalidade impõe uma conduta mais rigorosa exigindo que se faça apenas o que estiver determinado por lei ou que seja permitido pela lei: quando se fala em lei, trata-se daquela em sentido estrito, ou em sentido formal, porque há exceções à aplicação do Princípio da Legalidade que já apareceram em prova, como a Medida Provisória, o Estado de Defesa e o Estado de Sítio; por isso, esse princípio não deve ser encarado de forma absoluta.

A Medida Provisória é exceção, pois é ato emitido pelo chefe do Poder Executivo, porque com sua publicação já produz efeitos na sociedade; em seguida, temos os sistemas constitucionais de crises, sendo exceções, porque o decreto que rege essas medidas prevê algumas situações excepcionais, com amparo constitucional, então são exceções à legalidade, mas com fundamento constitucional. O agente público, ao agir, deverá pautar sua conduta segundo a lei.

## Impessoalidade

Esse princípio exige do administrador uma postura isenta de interesses pessoais. Ele não poderá agir com o fim de atender suas próprias vontades. Agir de forma impessoal é agir visando a atender o interesse público. A impessoalidade deve ser enxergada sob duas perspectivas: finalidade da atuação administrativa e proibição da promoção pessoal. A impessoalidade deve ser vista sob duas perspectivas: primeiro, a impessoalidade se confunde com o interesse público; segundo, a impessoalidade é a proibição da autopromoção, ou seja, vedação à promoção pessoal.

A título exemplificativo, para a finalidade da atuação administrativa, que será sempre a satisfação do interesse público em benefício da coletividade, é que se realizam os concursos públicos para contratação de pessoal e licitação para contratação dos serviços pela Administração Pública, são formas exigidas por lei que garantem o referido princípio. Isso impede que o administrador atue satisfazendo seus interesses pessoais.

Nesse sentido, fica proibida a vinculação da imagem do administrador a obras e propagandas não se permitindo também a vinculação da sigla do partido. Ressalte-se ainda o teor da Súmula Vinculante nº 13 do STF, que veda a prática de nepotismo:

> ***Súmula Vinculante 13.*** *A nomeação de cônjuge, companheiro ou parente em linha reta, colateral ou por afinidade, até o terceiro grau, inclusive, da autoridade nomeante ou de servidor da mesma pessoa jurídica, investido em cargo de direção, chefia ou assessoramento, para o exercício de cargo em comissão ou de confiança, ou, ainda, de função gratificada na Administração Pública direta e indireta, em qualquer dos Poderes da União, dos Estados, do Distrito Federal e dos municípios, compreendido o ajuste mediante designações recíprocas, viola a Constituição Federal.*

A impessoalidade também proíbe a promoção pessoal. O administrador público não poderá se utilizar da máquina administrativa para promover sua própria imagem. Veja o que diz o Art. 37, § 1º diz:

> ***§1º*** *- A publicidade dos atos, programas, obras, serviços e campanhas dos órgãos públicos deverá ter caráter educativo, informativo ou de orientação social, dela não podendo constar nomes, símbolos ou imagens que caracterizem promoção pessoal de autoridades ou servidores públicos.*

Notemos que esse parágrafo tem como objetivo trazer de forma expressa a proibição da vinculação da imagem do agente público com as obras e serviços realizadas durante seu mandato, nesse sentido, já existe proibição da utilização inclusive da sigla do partido.

## Moralidade

Não é possível se definir o que é, mas é possível compreender por meio da interpretação das normas. Esse princípio prevê que o administrador deve agir conforme os fins públicos. Por esse princípio, ao administrador não basta fazer tudo conforme a lei. É importante o faça de boa-fé, respeitando os preceitos éticos, com probidade e justiça. E aqui não se fala em moral comum, mas em uma moral jurídica ou política.

A não observância do referido princípio poderá ser combatida por meio da Ação Popular, conforme prevê o Art. 5º, LXXIII da CF:

> ***LXXIII.*** *Qualquer cidadão é parte legítima para propor ação popular que vise a anular ato lesivo ao patrimônio público ou de entidade de que o Estado participe, à moralidade administrativa, ao meio ambiente e ao patrimônio histórico e cultural, ficando o autor, salvo comprovada má-fé, isento de custas judiciais e do ônus da sucumbência.*

Ressalte-se também que, se o agente público agir em desconformidade com o princípio de moralidade, sua conduta poderá ensejar a ação de improbidade administrativa, a qual é punida nos termos do Art. 37, § 4º:

> ***§ 4º*** *- Os atos de improbidade administrativa importarão a suspensão dos direitos políticos, a perda da função pública, a indisponibilidade dos bens e o ressarcimento ao erário, na forma e gradação previstas em lei, sem prejuízo da ação penal cabível.*

## Publicidade

A publicidade como princípio também poderá ser analisada sob duas acepções: a primeira delas é a publicidade como condição de eficácia do ato administrativo; a segunda, como forma de se garantir a transparência destes mesmos atos.

Como condição de eficácia do ato administrativo, a publicidade muito aparece em prova; o examinador costuma dizer que a publicidade é requisito de validade do ato administrativo, mas isso é errado, porque validade e eficácia são diferentes. A publicidade é necessária, pois é a forma de tornar conhecido o conteúdo do ato, principalmente se esse ato for capaz de produzir efeitos externos ou que ensejem ônus para o patrimônio público. Em regra, a publicidade se dá pelos meios de comunicação oficiais, como o Diário Oficial da União.

A publicidade também tem a função de garantir a transparência do ato administrativo. É uma forma dos administrados fiscalizarem a atuação do poder público. Apesar de sua importância, nesse aspecto a publicidade encontra limitação na própria Constituição que prevê a possibilidade de sigilo dos atos administrativos todas as vezes que for necessário para preservar a segurança da sociedade e do Estado:

> ***XXXIII.*** *Todos têm direito a receber dos órgãos públicos informações de seu interesse particular, ou de interesse coletivo ou geral, que serão prestadas no prazo da lei, sob pena de responsabilidade, ressalvadas aquelas cujo sigilo seja imprescindível à segurança da sociedade e do Estado.*

## Eficiência

O Princípio da Eficiência foi o último incluído no rol dos princípios, em razão da reforma administrativa promovida pela Emenda Constitucional nº 19/98. A sua inserção como princípio expresso está relacionada a necessidade de produção de resultados satisfatórios a sociedade. A Administração Pública deve ter produtividade em suas atividades como se fosse iniciativa privada.

Como forma de garantir uma nova postura na prestação dos seus serviços, esse princípio exige que as ações sejam praticadas com celeridade, perfeição, visando a atingir ótimos resultados, sempre tendo como destinatário o bem-estar do administrado. A celeridade dos processos encontra-se prevista no Art. 5º, LXXVIII da CF:

> ***LXXVIII.*** *A todos, no âmbito judicial e administrativo, são assegurados a razoável duração do processo e os meios que garantam a celeridade de sua tramitação.*

Em respeito ao princípio da eficiência, a Constituição Federal previu formas de participação do administrado como fiscal da Administração Pública:

> ***Art. 37,*** *§ 3º - A lei disciplinará as formas de participação do usuário na administração pública direta e indireta, regulando especialmente:*
>
> ***I.*** *As reclamações relativas à prestação dos serviços públicos em geral, asseguradas a manutenção de serviços de atendimento ao usuário e a avaliação periódica, externa e interna, da qualidade dos serviços;*
>
> ***II.*** *O acesso dos usuários a registros administrativos e a informações sobre atos de governo, observado o disposto no Art. 5º, X e XXXIII;*
>
> ***III.*** *A disciplina da representação contra o exercício negligente ou abusivo de cargo, emprego ou função na administração pública.*

Decorre desse princípio, ainda, a necessidade de avaliação de desempenho para concessão da estabilidade ao servidor público em estágio probatório, bem como a existência da avaliação periódica de desempenho como uma das condições para perda do cargo nos termos do Art. 41 da CF:

> ***Art. 41.*** *São estáveis após três anos de efetivo exercício os servidores nomeados para cargo de provimento efetivo em virtude de concurso público.*
>
> ***§ 1º*** *- O servidor público estável só perderá o cargo:*
>
> ***I.*** *Em virtude de sentença judicial transitada em julgado;*
>
> ***II.*** *Mediante processo administrativo em que lhe seja assegurada ampla defesa;*
>
> ***III.*** *Mediante procedimento de avaliação periódica de desempenho, na forma de lei complementar, assegurada ampla defesa.*
>
> ***§ 2º*** *- Invalidada por sentença judicial a demissão do servidor estável, será ele reintegrado, e o eventual ocupante da vaga, se estável, reconduzido ao cargo de origem, sem direito a indenização, aproveitado em outro cargo ou posto em disponibilidade com remuneração proporcional ao tempo de serviço.*
>
> ***§ 3º*** *- Extinto o cargo ou declarada a sua desnecessidade, o servidor estável ficará em disponibilidade, com remuneração proporcional ao tempo de serviço, até seu adequado aproveitamento em outro cargo.*
>
> ***§ 4º*** *- Como condição para a aquisição da estabilidade, é obrigatória a avaliação especial de desempenho por comissão instituída para essa finalidade.*

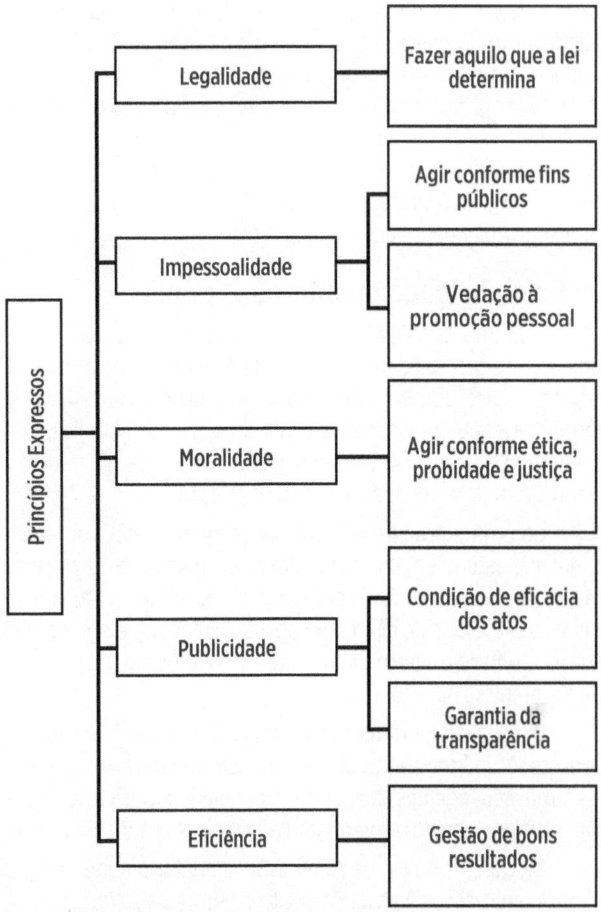


## 9.3 Princípios Implícitos da Administração Pública

Além dos princípios expressamente previstos no *caput* do Art. 37 da Constituição Federal (Legalidade, Impessoalidade, Moralidade, Publicidade e Eficiência), a doutrina elenca outros como princípios gerais de direito que decorrem da interpretação constitucional:

### Supremacia do interesse público

Esse princípio é tido pela doutrina como um dos pilares do regime jurídico administrativo. Nesse sentido, o Estado representa o interesse público ou da coletividade, e a coletividade, em regra, deve prevalecer sobre o interesse privado. A Administração Pública, em sua relação com os administrados tem prevalência sobre o interesse privado.

O Regime Democrático adotado no Estado brasileiro confere à Administração Pública o poder de representar os interesses da sociedade, é nessa relação que vamos desenvolver a supremacia do interesse público, que decorre da relação de verticalidade entre o Estado e os particulares.

Esse princípio não goza de caráter absoluto, pois o Estado também age como se fosse particular em suas relações jurídicas, geralmente econômicas, por exemplo, o Estado não pode abusar da autoridade estatal sobre os direitos e princípios fundamentais dos administrados, já que esses são os limites da supremacia do interesse público.

Decorre desse princípio o poder de império exercido pela Administração Pública, a qual poderá impor sua vontade ao particular de forma coercitiva, podendo inclusive restringir seus direitos e impor obrigações, como ocorre no caso da desapropriação e requisição administrativa. Logicamente, esse princípio não goza de caráter absoluto, não tendo aplicabilidade nos atos praticados de mera gestão administrativa ou quando o poder público atua como particular nas relações econômicas.

## Indisponibilidade do interesse público

Juntamente com a Supremacia do Interesse Público, o princípio da Indisponibilidade do Interesse Público forma a base do regime jurídico-administrativo. Por esse princípio, a Administração Pública não pode ser vista como dona da coisa pública, mas apenas gestora. A coisa pública pertence ao povo, e o Estado é o responsável pelo cuidado ou gestão da coisa pública.

Como limitação a esse princípio, existe o princípio da legalidade, que determina os passos e em que condições a Administração Pública pode se utilizar dos bens públicos, sempre respeitando a indisponibilidade do interesse público. Destaca-se ainda o papel que esse princípio exerce como limitador do princípio da supremacia do interesse público.

Um ponto importante a respeito desse princípio é que os bens públicos são indisponíveis, não pertencendo aos seus administradores ou aos seus agentes os quais estão proibidos, inclusive de renunciar a qualquer direito ou prerrogativa inerente ao Poder Público.

Na desapropriação, a Administração Pública pode retirar o bem de uma pessoa pelo fundamento da Supremacia do interesse público, por outro lado, em razão da Indisponibilidade do interesse público, há vedação à Administração Pública no sentido de não se apropriar de tal bem sem que o particular seja indenizado.

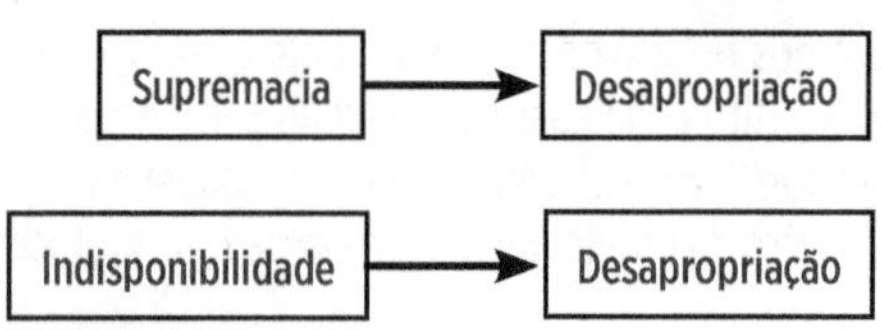


## Razoabilidade e proporcionalidade

Esses princípios são, por vezes, vistos em separado pela doutrina; eles servem para a limitação da atuação administrativa, e devem ser vistos em conjunto, como unidade. A Razoabilidade e a Proporcionalidade decorrem do princípio do devido processo legal e são utilizados, principalmente, como limitador da discricionariedade administrativa, ainda mais quando o ato limitado restringe os direitos do administrado. Trata-se, portanto, de uma ferramenta para controle de legalidade que pode gerar a nulidade do ato administrativo. Ao pensar em Razoabilidade e Proporcionalidade, deve-se pensar em dois elementos que os identificam: adequação e necessidade.

A melhor forma de verificar a sua utilização prática é no caso concreto. Imagine uma fiscalização sanitária realizada pelo poder público em que o administrado é flagrado cometendo um ilícito sanitário, ou seja, encontra um produto com o prazo de validade vencido. Dependendo da infração cometida, será aplicada uma penalidade administrativa maior ou não. Com a aplicação dos princípios em tela, a penalidade deve ser necessária, adequada e equivalente à infração cometida. Os princípios garantem que a sanção aplicada não seja maior que a necessária para atingir o fim proposto pelo poder público. O que se busca é uma adequação entre os meios e os fins necessários, proibindo o excesso na aplicação das medidas.

Sem dúvida, esses princípios gerais de direito estão entre os mais utilizados atualmente nas decisões do Supremo Tribunal Federal, pois esses princípios são utilizados nas decisões para se adequar a lei ao caso concreto.

Em suma, esses princípios são a adequação dos meios com a finalidade proposta pela Administração Pública, com o fim de evitar os excessos cometidos pelo agente público. Em razão disso, também são conhecidos como a proibição do excesso, por isso trabalhar a razoabilidade e a proporcionalidade como unidade.

## Continuidade dos serviços públicos

Esse princípio se traduz pelo próprio nome. Ele exige que a atividade administrativa seja contínua, não sofra interrupções e seja adequada, com qualidade, para que não ocorram prejuízos tanto para a Administração quanto para os administrados. Apesar disso, há situações excepcionais, em que se permite a interrupção do serviço público. Existem limitações a esse princípio, tanto para a Administração, quanto para o particular que está incumbido de executar o serviço público, e sua atuação pode ser percebida no próprio direito de greve do servidor público que se encontra condicionado à observância da lei para ser exercido.

O poder de vinculação desse princípio é tão grande que o particular, ao prestar o serviço público por delegação, não poderá interrompê-lo ainda que a administração pública não cumpra sua parte no contrato. Significa dizer que o particular prejudicado no contrato administrativo **não poderá opor a exceção do contrato não cumprido,** ficando desobrigado apenas por decisão judicial transitada em julgado, ou seja, o particular não pode deixar de cumprir sua obrigação pelo não cumprimento por parte da administração, mas o particular pode deixar de prestar o serviço público quando determinado por decisão judicial.

O responsável pela prestação do serviço público só ficaria desobrigado da sua prestação em caso de emergência e desde que haja aviso prévio em situações de **segurança**, de **ordem técnica** ou mesmo por **inadimplência do usuário**.

## Autotutela

Esse princípio permite que a Administração avalie e reveja seus próprios atos, tanto em relação à legalidade do ato, quanto ao aspecto do mérito. Essa possibilidade não impede o ato de ser apreciado pelo Poder Judiciário, limitando a verificação da legalidade, nunca o mérito. Quando o ato for revisto em razão de vício de legalidade, ocorre a anulação do ato, se a questão é de mérito (discricionariedade e oportunidade), a administração revoga seus atos.

Este princípio foi consagrado pelo Supremo por meio da Súmula 473:

> ***Súm. 473, STF.*** *A administração pode anular seus próprios atos, quando eivados de vícios que os tornam ilegais, porque deles não se originam direitos; ou revogá-los, por motivo de conveniência ou oportunidade, respeitados os direitos adquiridos, e ressalvada, em todos os casos, a apreciação judicial.*

A autotutela dos atos administrativos não depende de provocação, podendo a administração analisar de ofício seus próprios atos. Essa é a ideia primordial da autotutela.

### Segurança jurídica

Esse princípio tem fundamento inicial já no Art. 5º da CF, que decorre da própria garantia fundamental à Segurança Jurídica; no que tange a sua aplicabilidade na Administração Pública, esse princípio evoca a impossibilidade da lei nova prejudicar o direito adquirido, o ato jurídico perfeito e a coisa julgada, ou seja, esse princípio veda a aplicação retroativa de nova interpretação da norma administrativa, para que o administrado não seja surpreendido com inovações jurídicas.

Por se tratar de um direito fundamental, a administração pública fica obrigada a assegurar o seu cumprimento sob pena de ser responsabilizada.

## 9.4 Regras Aplicáveis aos Servidores Públicos

Passamos agora a analisar as regras aplicáveis aos servidores públicos, as quais estão previstas nos Arts. 37 a 41 da Constituição Federal.

### Cargos, empregos e funções

Os primeiros dispositivos relacionados aos servidores públicos e que foram apresentados pela Constituição Federal regulamentam o acesso a cargos, empregos e funções públicas. Vejamos o que diz o Art. 37, I e II da CF:

> ***I.*** *Os cargos, empregos e funções públicas são acessíveis aos brasileiros que preencham os requisitos estabelecidos em lei, assim como aos estrangeiros, na forma da lei;*
>
> ***II.*** *A investidura em cargo ou emprego público depende de aprovação prévia em concurso público de provas ou de provas e títulos, de acordo com a natureza e a complexidade do cargo ou emprego, na forma prevista em lei, ressalvadas as nomeações para cargo em comissão declarado em lei de livre nomeação e exoneração.*

Ao iniciarmos este estudo, uma distinção se faz necessária antes de tudo: qual a diferença entre cargo, emprego e função pública?

**Cargo público** é a unidade de competência ofertada por uma pessoa jurídica de direito público e ocupada por um agente público que tenha sido criado por lei com denominação específica e quantidade certa. Quem ocupa um cargo público fez concurso público e é submetido a um regime estatutário e pode ser de provimento efetivo ou em comissão.

**Emprego público**, por sua vez, seria a unidade de competência desempenhada por agentes contratados sob regime celetista, ou seja, quem ocupa um emprego público possui uma relação trabalhista com a Administração Pública.

**Função pública** é a atribuição ocupada por quem não possui cargo ou emprego público. Ocorre em duas situações: nas contratações temporárias e nas atividades de confiança.

Os cargos, empregos e funções são acessíveis a todos os brasileiros e estrangeiros que preencherem os requisitos previstos em lei. Aos estrangeiros, o acesso é limitado, essa é norma de eficácia limitada, pois depende de regulamentação, como professores ou pesquisadores em universidades e instituições de pesquisa científica e tecnológica. Destaca-se ainda que existem cargos privativos de brasileiros natos, os quais estão previstos no Art. 12, § 3º da CF: Presidente e Vice-Presidente da República, Presidente da Câmara dos Deputados, Presidente do Senado Federal, Ministro do STF, oficial das forças armadas, carreira diplomática e Ministro do Estado da Defesa.

O acesso aos cargos e empregos públicos depende de aprovação em concurso público de provas ou de provas e títulos dependendo do cargo a ser ocupado. A realização do concurso não será necessária para o preenchimento de cargos em comissão, haja vista serem de livre nomeação e exoneração. Estão obrigados a contratar por meio de concurso toda a Administração Pública direta e indireta, seja do Poder Executivo, Legislativo, ou Judiciário, seja da União, Estados, Distrito Federal e Municípios.

É importante ressaltar, neste momento, que a função pública aqui tratada não pode ser confundida com a função que todo agente da Administração Pública detém, que é aquele conjunto de atribuições inerentes ao cargo ou emprego; neste momento a função pública foi tratada como diferenciação do cargo e do emprego públicos. Em seguida, é necessário ressaltar que os cargos em comissão dispensam o concurso público, que é meio exigido para que se ocupe um cargo ou emprego públicos.

### Validade do concurso público

A Constituição Federal previu prazo de validade para os concursos públicos. Vejamos o que diz o Art. 37, III e IV:

> ***Art. 37,*** *III. O prazo de validade do concurso público será de até dois anos, prorrogável uma vez, por igual período;*
>
> ***IV.*** *Durante o prazo improrrogável previsto no edital de convocação, aquele aprovado em concurso público de provas ou de provas e títulos será convocado com prioridade sobre novos concursados para assumir cargo ou emprego, na carreira.*

O prazo de validade será de **até 2 anos,** podendo ser prorrogado apenas uma vez, por igual período. O prazo de validade passa a ser contado a partir da homologação do resultado. Este é o prazo que a Administração Pública terá para contratar ou nomear os aprovados para o preenchimento do emprego ou do cargo público, respectivamente.

Segundo posicionamento do STF, quem é aprovado dentro do número de vagas previstas no edital possui direito subjetivo à nomeação durante o prazo de validade do concurso. Uma forma de burlar esse sistema encontrado pela Administração Pública tem sido a publicação de edital com cadastro de reserva, que gera apenas uma expectativa de direito para quem foi classificado no concurso público.

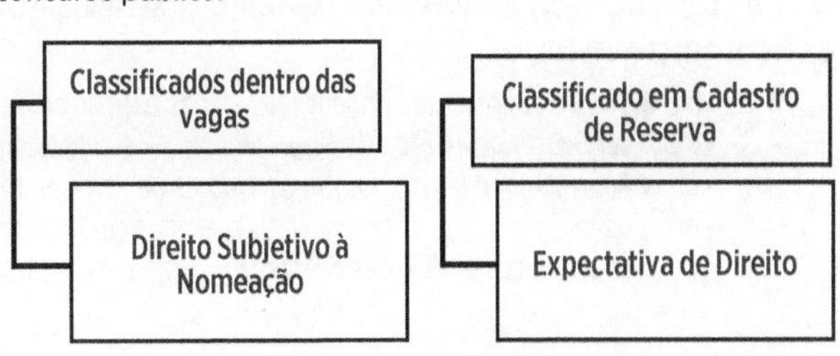

Segundo a Constituição, durante o prazo improrrogável do concurso, os aprovados terão prioridade na convocação diante dos novos concursados, o que não impede a abertura de novos certames apesar de a Lei nº 8.112/90 proibir a abertura de novo concurso enquanto houver candidato aprovado no concurso anterior e desde que esteja dentro do prazo de validade. Na prova, deve-se responder conforme for perguntado. Se for segundo a Constituição Federal, não há proibição de realização de novo concurso enquanto existir outro com prazo de validade aberto. Se perguntar segundo a Lei nº 8.112/90, não se abrirá novo concurso enquanto houver candidato aprovado em concurso anterior com prazo de validade não expirado.

### Reserva de vaga para deficiente

Essa regra sobre concurso público é uma das mais importantes de inclusão social previstas no texto constitucional; é regra de ação afirmativa que visa à inserção social dos portadores de necessidades especiais, e compensar a perda social que alguns grupos têm. Possuindo valor social relevante, diz respeito à reserva de vagas para pessoas com necessidades especiais, que não podem ser tratados da mesma forma que as pessoas que estão em pleno vigor físico. Aqui, a isonomia deve ser material observando a nítida diferença entre os deficientes e os que não são. Vejamos o que dispõe a Constituição a respeito desse tema:

> ***Art. 37, VIII.*** *A lei reservará percentual dos cargos e empregos públicos para as pessoas portadoras de deficiência e definirá os critérios de sua admissão.*

Por se tratar de norma de eficácia limitada, a Constituição exigiu regulamentação para este dispositivo o que foi feito, no âmbito federal, pela Lei nº 8.112/90:

> ***Art. 5, § 2º*** *- Às pessoas portadoras de deficiência é assegurado o direito de se inscrever em concurso público para provimento de cargo cujas atribuições sejam compatíveis com a deficiência de que são portadoras; para tais pessoas serão reservadas até 20% (vinte por cento) das vagas oferecidas no concurso.*

Esse dispositivo garante a reserva de até 20% das vagas oferecidas no concurso para os deficientes. Complementando esta norma, foi publicado o Decreto Federal nº 3.298/99 que fixou o mínimo de 5% das vagas para deficientes, exigindo nos casos em que esse percentual gerasse número fracionado, que fosse arredondado para o próximo número inteiro. Essa proteção gerou um inconveniente nos concursos com poucas vagas, fazendo com que o STF interviesse e decidisse no sentido de que se a observância do mínimo de 5% ultrapassar o máximo de 20% não será necessário fazer a reserva da vaga. Isso é perfeitamente visível em concursos com duas vagas. Se fosse reservado o mínimo, ter-se-ia pelo menos 1 vaga para deficiente, o que corresponderia a 50% das vagas, ultrapassando assim o limite de 20% estabelecido em lei.

### Funções de confiança e cargos em comissão

A Constituição prevê a existência das funções de confiança e os cargos em comissão:

> ***Art. 37, V.*** *As funções de confiança, exercidas exclusivamente por servidores ocupantes de cargo efetivo, e os cargos em comissão, a serem preenchidos por servidores de carreira nos casos, condições e percentuais mínimos previstos em lei, destinam-se apenas às atribuições de direção, chefia e assessoramento.*

Existem algumas peculiaridades entre esses dois institutos que sempre são cobrados em prova. As funções de confiança são privativas de ocupantes de cargo efetivo, ou seja, para aquele que fez concurso público; já os cargos em comissão podem ser ocupados por qualquer pessoa, apesar de a Constituição estabelecer que deve se reservar um percentual mínimo para os ocupantes de cargo efetivo. Tanto as funções de confiança como os cargos em comissão destinam-se às atribuições de **direção, chefia** e **assessoramento**.

**As funções de confiança** – livre designação e livre dispensa – são apenas para servidores públicos ocupantes de cargos efetivos, os quais serão designados para seu exercício podendo ser dispensados a critério da administração pública. Já os **cargos em comissão** são de livre nomeação e livre exoneração, podendo ser ocupados por qualquer pessoa, servidor público ou não. A ocupação de um cargo em comissão por pessoa não detentora de cargo de provimento efetivo não gera direito de ser efetivado, muito menos de adquirir a estabilidade.

### Contratação por tempo determinado

Outra forma de ingresso no serviço público é por meio de contratação por tempo determinado. A Constituição prevê:

> ***Art. 37, IX.*** *A lei estabelecerá os casos de contratação por tempo determinado para atender a necessidade temporária de excepcional interesse público.*

Nesse caso, temos uma norma de eficácia limitada, pois a Constituição não regulamenta, apenas prevê que uma lei vai regulamentar. Na contratação por tempo determinado, o contratado não ocupa cargo público nem possui vínculo trabalhista. Ele exercerá função pública de caráter temporário. Essa contratação tem que ser embasada em excepcional interesse público, questão emergencial. Em regra, faz-se o Processo Seletivo Simplificado, podendo ser feito por meio de provas, entrevista ou até mesmo entrega de currículo; esse processo simplificado não pode ser confundido com o concurso público.

O seu contrato com a Administração Pública é regido por norma específica de regime especial que, no caso da esfera federal, será a Lei nº 8.745/93. A referida lei traz várias hipóteses de contratação temporária para atender a essa necessidade excepcional.

### Direitos sociais dos servidores públicos

Quando se fala em direitos sociais aplicáveis aos servidores públicos, significa dizer uma parcela dos direitos de natureza trabalhista prevista no Art. 7º da Constituição Federal. Vejamos quais direitos sociais trabalhistas foram destinados a esses trabalhadores ocupantes de cargos públicos.

## 9.5 Direitos Trabalhistas

A Constituição Federal não concedeu todos os direitos trabalhistas aos servidores públicos, mas apenas os previstos expressamente no texto constitucional no Art. 39, § 3º:

> ***Art. 39, § 3º*** *- Aplica-se aos servidores ocupantes de cargo público o disposto no Art. 7º, IV, VII, VIII, IX, XII, XIII, XV, XVI, XVII, XVIII, XIX, XX, XXII e XXX, podendo a lei estabelecer requisitos diferenciados de admissão quando a natureza do cargo o exigir.*

Segundo esse dispositivo, foram garantidos os seguintes direitos sociais aos servidores públicos:

> ***VI.*** *Salário-mínimo , fixado em lei, nacionalmente unificado, capaz de atender a suas necessidades vitais básicas e às de sua família com moradia, alimentação, educação, saúde, lazer, vestuário, higiene, transporte e previdência social, com reajustes periódicos que lhe preservem o poder aquisitivo, sendo vedada sua vinculação para qualquer fim;*
>
> ***VII.*** *Garantia de salário, nunca inferior ao mínimo, para os que percebem remuneração variável;*
>
> ***VIII.*** *Décimo terceiro salário com base na remuneração integral ou no valor da aposentadoria;*
>
> ***IX.*** *Remuneração do trabalho noturno superior à do diurno;*
>
> ***XII.*** *Salário-família pago em razão do dependente do trabalhador de baixa renda nos termos da lei;*
>
> ***XIII.*** *Duração do trabalho normal não superior a oito horas diárias e quarenta e quatro semanais, facultada a compensação de horários e a redução da jornada, mediante acordo ou convenção coletiva de trabalho;*
>
> ***XV.*** *Repouso semanal remunerado, preferencialmente aos domingos;*
>
> ***XVI.*** *Remuneração do serviço extraordinário superior, no mínimo, em cinquenta por cento à do normal;*
>
> ***XVII.*** *Gozo de férias anuais remuneradas com, pelo menos, um terço a mais do que o salário normal;*
>
> ***XVIII.*** *Licença à gestante, sem prejuízo do emprego e do salário, com a duração de cento e vinte dias;*
>
> ***XIX.*** *Licença-paternidade, nos termos fixados em lei;*
>
> ***XX.*** *Proteção do mercado de trabalho da mulher, mediante incentivos específicos, nos termos da lei;*
>
> ***XXII.*** *Redução dos riscos inerentes ao trabalho, por meio de normas de saúde, higiene e segurança;*
>
> ***XXX.*** *Proibição de diferença de salários, de exercício de funções e de critério de admissão por motivo de sexo, idade, cor ou estado civil.*

A experiência de ler os incisos destinados aos servidores públicos é muito importante para que você acerte em prova. O fato de outros direitos trabalhistas do Art. 7º não terem sido previstos no Art. 39 não significa que tais direitos não sejam concedidos aos servidores públicos. Ocorre que alguns direitos trabalhistas conferidos aos servidores públicos estão disciplinados em outros lugares na própria Constituição ou em leis esparsas. A título de exemplo, pode-se citar o direito à aposentadoria, que apesar de não ter sido referido no Art. 39, § 3º, encontra-se previsto expressamente no Art. 40 da Constituição Federal.

## 9.6 Liberdade de Associação Sindical

A Constituição Federal garante aos servidores públicos o direito à associação sindical:

> ***VI.*** *É garantido ao servidor público civil o direito à livre associação sindical.*

A Constituição concede ao servidor público civil o direito à associação sindical. Dessa forma, a livre associação profissional ou sindical não é garantida aos militares em razão da peculiaridade do seu regime jurídico, cuja vedação está prevista na própria Constituição Federal:

> ***Art. 142, IV.*** *Ao militar são proibidas a sindicalização e a greve.*

Segundo a doutrina, trata-se de uma norma autoaplicável, a qual não depende de regulamentação para ser exercida, pois o servidor pode prontamente usufruir desse direito.

### Direito de greve

Segundo o Art. 37, VII:

> ***VII.*** *O direito de greve será exercido nos termos e nos limites definidos em lei específica;*

O direito de greve, previsto na Constituição Federal aos servidores públicos, condiciona o seu exercício a uma norma regulamentadora, por isso é uma norma de eficácia limitada.

Como até o presente momento a necessária lei não foi publicada, o Supremo Tribunal Federal adotou a Teoria Concretista Geral, a partir da análise do Mandado de Injunção, e fez com que o direito de greve tivesse efetividade e conferiu efeito erga omnes à decisão, ou seja, os seus efeitos atingem todos os servidores públicos, ainda que aquele não tenha ingressado com ação judicial para exercer seu direito de greve.

A partir disso, segundo o STF, os servidores públicos de todo o país poderão se utilizar do seu direito de greve nos termos da Lei nº 7.783/89, a qual regulamenta o direito de greve dos trabalhadores da iniciativa privada.

Ressalte-se que o direito de greve, juntamente com o de associação sindical, não se aplica aos militares pelos mesmos motivos já apresentados ao analisarmos o direito de liberdade de associação sindical.

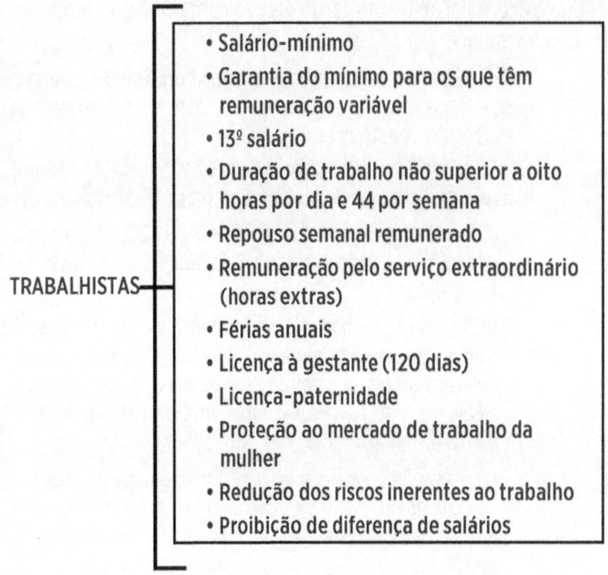

## Vedação à acumulação de cargos, empregos e funções públicos

A Constituição achou por bem regular a acumulação de cargos públicos no Art. 37, XVI e XVII:

> ***XVI.*** *É vedada a acumulação remunerada de cargos públicos, exceto, quando houver compatibilidade de horários, observado em qualquer caso o disposto no inciso XI:*
>
> ***a)*** *a de dois cargos de professor;*
>
> ***b)*** *a de um cargo de professor com outro técnico ou científico;*
>
> ***c)*** *a de dois cargos ou empregos privativos de profissionais de saúde, com profissões regulamentadas;*
>
> ***XVII.*** *A proibição de acumular estende-se a empregos e funções e abrange autarquias, fundações, empresas públicas, sociedades de economia mista, suas subsidiárias, e sociedades controladas, direta ou indiretamente, pelo poder público;*

Segundo o texto constitucional, em regra, é vedada a acumulação de cargos públicos, ressalvadas as hipóteses previstas na própria Constituição Federal e quando houver compatibilidade de horário.

Além dessas hipóteses, a Constituição Federal também previu a acumulação lícita em outros casos, observemos:

**Magistrado + Magistério** – é permitida a acumulação de um cargo de juiz com um de professor:

> ***Art. 95****, Parágrafo único. Aos juízes é vedado:*
>
> ***I.*** *Exercer, ainda que em disponibilidade, outro cargo ou função, salvo uma de magistério.*

**Membro do Ministério Público + Magistério** – é permitida a acumulação de um cargo de Membro do Ministério Público com um de professor:

> ***Art. 128, § 5º.*** *Leis complementares da União e dos Estados, cuja iniciativa é facultada aos respectivos Procuradores-Gerais, estabelecerão a organização, as atribuições e o estatuto de cada Ministério Público, observadas, relativamente a seus membros:*
>
> ***II.*** *As seguintes vedações:*
>
> ***d)*** *exercer, ainda que em disponibilidade, qualquer outra função pública, salvo uma de magistério.*

**Cargo Eletivo + cargo, emprego ou função pública** – é permitida a acumulação de um cargo eletivo com um cargo emprego ou função pública:

> ***Art. 38.*** *Ao servidor público da administração direta, autárquica e fundacional, no exercício de mandato eletivo, aplicam-se as seguintes disposições:*
>
> ***I.*** *Tratando-se de mandato eletivo federal, estadual ou distrital, ficará afastado de seu cargo, emprego ou função;*
>
> ***II.*** *Investido no mandato de Prefeito, será afastado do cargo, emprego ou função, sendo-lhe facultado optar pela sua remuneração;*
>
> ***III.*** *Investido no mandato de Vereador, havendo compatibilidade de horários, perceberá as vantagens de seu cargo, emprego ou função, sem prejuízo da remuneração do cargo eletivo, e, não havendo compatibilidade, será aplicada a norma do inciso anterior;*
>
> ***IV.*** *Em qualquer caso que exija o afastamento para o exercício de mandato eletivo, seu tempo de serviço será contado para todos os efeitos legais, exceto para promoção por merecimento;*
>
> ***V.*** *Para efeito de benefício previdenciário, no caso de afastamento, os valores serão determinados como se no exercício estivesse.*

A proibição de acumular se estende à percepção de remuneração e aposentadoria. Vejamos o que diz o §10º do Art. 37:

> ***§ 10*** *- É vedada a percepção simultânea de proventos de aposentadoria decorrentes do Art. 40 ou dos Arts. 42 e 142 com a remuneração de cargo, emprego ou função pública, ressalvados os cargos acumuláveis na forma desta Constituição, os cargos eletivos e os cargos em comissão declarados em lei de livre nomeação e exoneração.*

Aqui a acumulação dos proventos da aposentadoria com a remuneração será permitida nos casos em que são autorizadas a acumulação dos cargos, ou, ainda, quando acumular com cargo em comissão e cargo eletivo. Significa dizer ser possível a acumulação dos proventos da aposentadoria de um cargo, emprego ou função pública com a remuneração de cargo, emprego ou função pública.

A Constituição também vedou a percepção de mais de uma aposentadoria, ressalvados os casos de acumulação de cargos permitida, ou seja, o indivíduo pode acumular as aposentadorias dos cargos que podem ser acumulados:

> ***Art. 40****, § 6º - Ressalvadas as aposentadorias decorrentes dos cargos acumuláveis na forma desta Constituição, é vedada a percepção de mais de uma aposentadoria à conta do regime de previdência previsto neste artigo.*

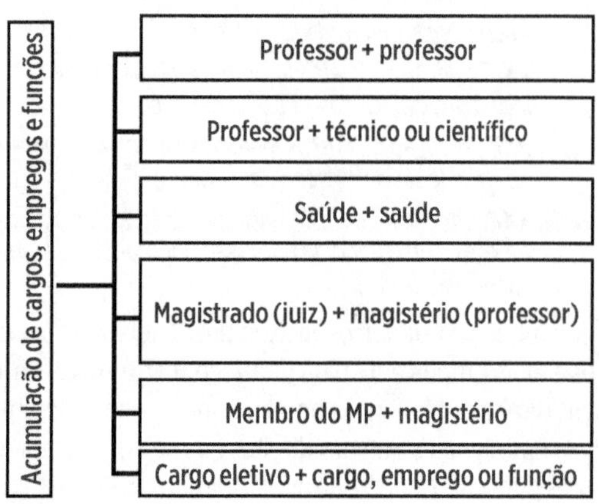


## Estabilidade

Um dos maiores desejos de quem faz concurso público é alcançar a Estabilidade. Essa é a garantia que se dá aos titulares de cargo público, ou seja, ao servidor público. Essa garantia faz que o servidor tenha certa tranquilidade para usufruir do seu cargo com maior tranquilidade; o servidor passa exercer suas atividades sem a preocupação de perder seu cargo por qualquer simples motivo. Vejamos o que diz a Constituição Federal:

> ***Art. 41.*** *São estáveis após três anos de efetivo exercício os servidores nomeados para cargo de provimento efetivo em virtude de concurso público.*
>
> ***§ 1º*** *- O servidor público estável só perderá o cargo:*
>
> ***I.*** *Em virtude de sentença judicial transitada em julgado;*
>
> ***II.*** *Mediante processo administrativo em que lhe seja assegurada ampla defesa;*
>
> ***III.*** *Mediante procedimento de avaliação periódica de desempenho, na forma de lei complementar, assegurada ampla defesa.*

*§ 2º - Invalidada por sentença judicial a demissão do servidor estável, será ele reintegrado, e o eventual ocupante da vaga, se estável, reconduzido ao cargo de origem, sem direito a indenização, aproveitado em outro cargo ou posto em disponibilidade com remuneração proporcional ao tempo de serviço.*

*§ 3º - Extinto o cargo ou declarada a sua desnecessidade, o servidor estável ficará em disponibilidade, com remuneração proporcional ao tempo de serviço, até seu adequado aproveitamento em outro cargo.*

*§ 4º - Como condição para a aquisição da estabilidade, é obrigatória a avaliação especial de desempenho por comissão instituída para essa finalidade.*

O primeiro ponto relevante é que a estabilidade se adquire após três anos de efetivo exercício. Só adquire estabilidade quem ocupa um cargo público de provimento efetivo, após a aprovação em concurso público. Essa garantia não se estende aos titulares de emprego público nem aos que ocupam cargos em comissão de livre nomeação e exoneração.

Não confunda a estabilidade com estágio probatório. Esse é o período de avaliação inicial dentro do novo cargo a que o servidor concursado se sujeita antes de adquirir sua estabilidade. A Constituição não fala nada de estágio probatório, mas, para os servidores públicos federais, aplica-se o prazo previsto na Lei 8.112/90. Aqui temos um problema. O referido estatuto dos servidores públicos federais prevê o prazo de 24 meses para o estágio probatório.

Contudo, tem prevalecido, na doutrina e na jurisprudência, o entendimento de que não tem como se dissociar o prazo do estágio probatório da aquisição da estabilidade, de forma que até o próprio STF e o STJ reconhecem que o prazo do estágio probatório foi revogado tacitamente pela EC 19/98 que alterou o prazo de aquisição da estabilidade para 3 anos. Reforça esse entendimento o fato de que a Advocacia-Geral da União já emitiu parecer vinculante determinando a aplicação do prazo de **3 anos para o estágio probatório** em todo o Poder Executivo Federal, o que de fato acontece. Dessa forma, para prova o prazo do estágio probatório é de 3 anos.

Segundo o texto constitucional, é condição para a aquisição da estabilidade a avaliação especial de desempenhos aplicada por comissão instituída para essa finalidade.

O servidor estável só perderá o cargo nas hipóteses previstas na Constituição, as quais são:

> **Sentença judicial transitada em julgado;**
> **Procedimento Administrativo Disciplinar;**
> **Insuficiência de desempenho comprovada na Avaliação Periódica;**
> **Excesso de despesas com pessoal nos termos do Art. 169, § 3º.**

## Servidores em exercício de mandato eletivo

Para os servidores públicos que estão no exercício de mandato eletivo, aplicam-se as seguintes regras:

***Art. 38.** Ao servidor público da administração direta, autárquica e fundacional, no exercício de mandato eletivo, aplicam-se as seguintes disposições:*

***I.** Tratando-se de mandato eletivo federal, estadual ou distrital, ficará afastado de seu cargo, emprego ou função;*

***II.** Investido no mandato de Prefeito, será afastado do cargo, emprego ou função, sendo-lhe facultado optar pela sua remuneração;*

***III.** Investido no mandato de Vereador, havendo compatibilidade de horários, perceberá as vantagens de seu cargo, emprego ou função, sem prejuízo da remuneração do cargo eletivo, e, não havendo compatibilidade, será aplicada a norma do inciso anterior;*

***IV.** Em qualquer caso que exija o afastamento para o exercício de mandato eletivo, seu tempo de serviço será contado para todos os efeitos legais, exceto para promoção por merecimento;*

***V.** Para efeito de benefício previdenciário, no caso de afastamento, os valores serão determinados como se no exercício estivesse.*

Em suma:

**Mandato Eletivo Federal, Estadual ou Distrital:** afasta-se do cargo, emprego ou função;

**Mandato Eletivo Municipal:**

**Prefeito:** Afasta-se do cargo, mas pode optar pela remuneração;

**Vereador:** Havendo compatibilidade de horário, pode exercer os dois cargos e cumular as duas remunerações respeitando os limites legais. Não havendo compatibilidade de horário, deverá afastar-se do cargo podendo optar pela remuneração de um dos dois.

Havendo o afastamento, a Constituição determinou ainda que esse período seja contabilizado como tempo de serviço gerando todos seus efeitos legais, com exceção da promoção de merecimento, além de ser contabilizado para efeito de benefício previdenciário.

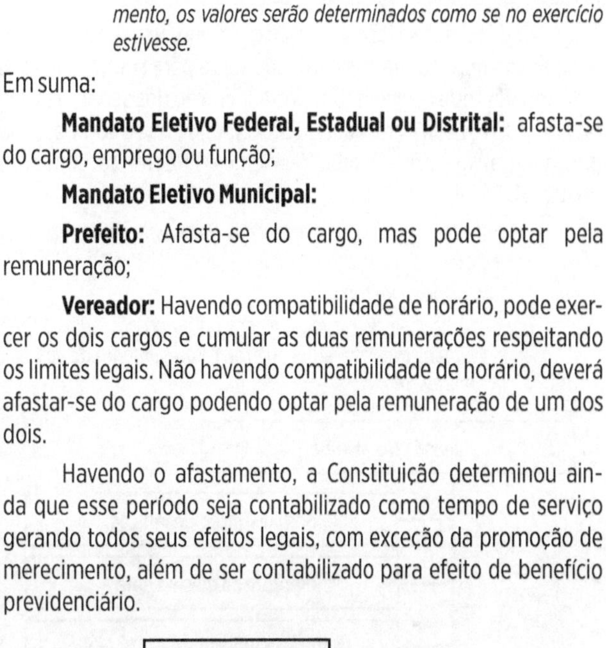


**Regras de Remuneração dos Servidores Públicos**

A Constituição Federal previu várias regras referentes a remuneração dos servidores públicos, que consta no Art. 37, da CF, as quais são bem interessantes para serem cobradas em sua prova:

> ***X.** A remuneração dos servidores públicos e o subsídio de que trata o § 4º do Art. 39 somente poderão ser fixados ou alterados por lei específica, observada a iniciativa privativa em cada caso, assegurada revisão geral anual, sempre na mesma data e sem distinção de índices;*

O primeiro ponto importante sobre a remuneração dos servidores é que ela só pode ser fixada por meio de lei específica, se a Constituição não estabelece qualquer outro critério, essa lei é ordinária. Além disso, a iniciativa da lei também é específica, ou seja, cada poder tem competência para propor a lei que altere o quadro remuneratório dos seus servidores. Por exemplo, no âmbito do Poder Executivo Federal o Presidente da República é quem tem a iniciativa para propor o projeto de lei.

Ainda há que se fazer a revisão geral anual, sem distinção de índices e sempre na mesma data, que serve para suprir as perdas inflacionárias que ocorrem com a remuneração dos servidores. No que tange à revisão geral anual, o STF entende que a competência para a iniciativa é privativa do Presidente da República, com base no Art. 61, § 1º, II, "a" da CF:

> ***§ 1º** - São de iniciativa privativa do Presidente da República as leis que:*
>
> ***II.** Disponham sobre:*
>
> ***a)** criação de cargos, funções ou empregos públicos na administração direta e autárquica ou aumento de sua remuneração.*

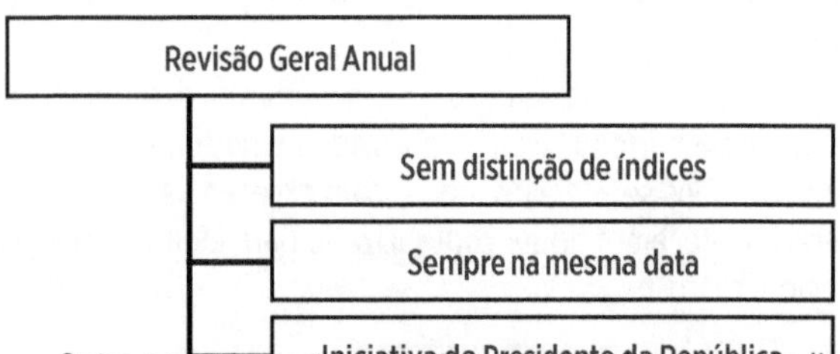


Outro ponto importante é o teto constitucional, que é o limite imposto para fixação das tabelas remuneratórias dos servidores; conforme o inciso XI do Art. 37, CF:

> ***XI.** A remuneração e o subsídio dos ocupantes de cargos, funções e empregos públicos da administração direta, autárquica e fundacional, dos membros de qualquer dos Poderes da União, dos Estados, do Distrito Federal e dos Municípios, dos detentores de mandato eletivo e dos demais agentes políticos e os proventos, pensões ou outra espécie remuneratória, percebidos cumulativamente ou não, incluídas as vantagens pessoais ou de qualquer outra natureza, não poderão exceder o subsídio mensal, em espécie, dos Ministros do Supremo Tribunal Federal, aplicando-se como limite, nos Municípios, o subsídio do Prefeito, e nos Estados e no Distrito Federal, o subsídio mensal do Governador no âmbito do Poder Executivo, o subsídio dos Deputados Estaduais e Distritais no âmbito do Poder Legislativo e o subsídio dos Desembargadores do Tribunal de Justiça, limitado a noventa inteiros e vinte e cinco centésimos por cento do subsídio mensal, em espécie, dos Ministros do Supremo Tribunal Federal, no âmbito do Poder Judiciário, aplicável este limite aos membros do Ministério Público, aos Procuradores e aos Defensores Públicos.*

Vamos entender essa regra, analisando os diversos tipos de limites previstos no texto constitucional.

O primeiro limite é o Teto Geral, que, segundo a Constituição, corresponde ao subsídio do Ministro do Supremo Tribunal Federal. Isso significa que nenhum servidor público no Brasil pode receber remuneração maior que o subsídio do Ministro do Supremo Tribunal Federal. Esse limite se aplica a todos os poderes em todos os entes federativos. Ressalte-se que a iniciativa de proposta legislativa para fixação da remuneração dos Ministros pertence aos próprios membros do STF.

Em seguida, nós temos os subtetos, que são limites aplicáveis a cada poder e em cada ente federativo. Vejamos de forma sistematizada as regras previstas na Constituição Federal:

## Estados e df

**Poder Executivo:** subsídio do Governador.

**Poder Legislativo:** subsídio do Deputado Estadual ou Distrital.

**Poder Judiciário:** subsídio do Desembargador do Tribunal de Justiça. Aplica-se este limite aos membros do Ministério Público e da Defensoria Pública dos Estados e Distrito Federal.

## Municípios

**Poder Executivo:** subsídio do Prefeito.

A Constituição permite que os Estados e o Distrito Federal poderão, por iniciativa do governador, adotar limite único nos termos do Art. 37, § 12, mediante emenda a Constituição Estadual ou a Lei Orgânica do DF, o qual não poderá ultrapassar 90,25% do subsídio do ministro do STF. Ressalte-se que se porventura for criado este limite único ele não será aplicado a alguns membros do Poder Legislativo, como aos Deputados Distritais e Vereadores.

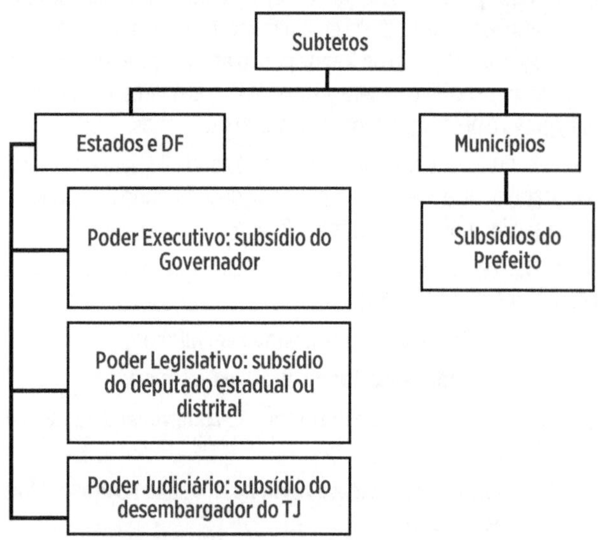


A seguir, são abordados alguns limites específicos que também estão previstos no texto constitucional, mas em outros artigos, pois são determinados a algumas autoridades:

**Governador e Prefeito:** subsídio do ministro do STF;

**Deputado Estadual e Distrital**[1]**:** 75% do subsídio do Deputado Federal;

**Vereador:** 75% do subsídio do Deputado Estadual para os municípios com mais de 500.000 habitantes. Nos municípios com

1 Arts. 27, §2º e 32, §3º da Constituição Federal

menos habitantes, aplica-se a regra proporcional a população conforme o Art. 29, VI da Constituição Federal[2].

**Magistrados dos Tribunais Superiores:** 95% do subsídio dos ministros do STF. Dos demais magistrados, o subteto é 95% do subsídio dos ministros dos Tribunais Superiores.

> ***Art. 93**, V. O subsídio dos Ministros dos Tribunais Superiores corresponderá a noventa e cinco por cento do subsídio mensal fixado para os Ministros do Supremo Tribunal Federal e os subsídios dos demais magistrados serão fixados em lei e escalonados, em nível federal e estadual, conforme as respectivas categorias da estrutura judiciária nacional, não podendo a diferença entre uma e outra ser superior a dez por cento ou inferior a cinco por cento, nem exceder a noventa e cinco por cento do subsídio mensal dos Ministros dos Tribunais Superiores, obedecido, em qualquer caso, o disposto nos Arts. 37, XI, e 39, § 4º.*

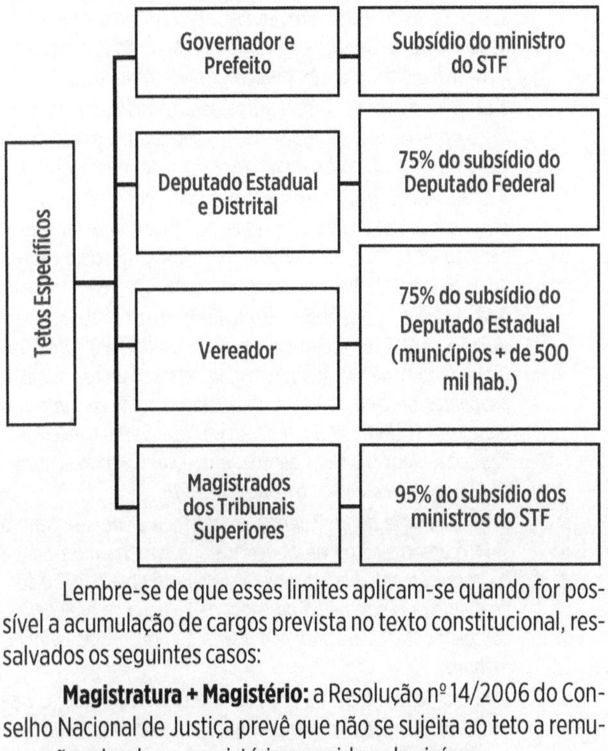


Lembre-se de que esses limites aplicam-se quando for possível a acumulação de cargos prevista no texto constitucional, ressalvados os seguintes casos:

**Magistratura + Magistério:** a Resolução nº 14/2006 do Conselho Nacional de Justiça prevê que não se sujeita ao teto a remuneração oriunda no magistério exercido pelos juízes;

Exercício cumulativo de funções no Supremo Tribunal Federal e Tribunal Superior Eleitoral.

**Casos em que se pode ultrapassar o teto constitucional**

Os limites aplicam-se as empresas públicas e sociedades de economia mista desde que recebam recursos da União dos Estados e do Distrito Federal para pagamento do pessoal e custeio em geral:

> ***§ 9º** - O disposto no inciso XI aplica-se às empresas públicas e às sociedades de economia mista, e suas subsidiárias, que receberem recursos da União, dos Estados, do Distrito Federal ou dos Municípios para pagamento de despesas de pessoal ou de custeio em geral.*

A Constituição Federal também trouxe previsão expressa vedando qualquer equiparação ou vinculação de remuneração de servidor público:

> ***XIII.** É vedada a vinculação ou equiparação de quaisquer espécies remuneratórias para o efeito de remuneração de pessoal do serviço público.*

Antes da EC 19/1998, muitos servidores incorporavam vantagens pecuniárias calculadas sobre outras vantagens, gerando aumento desproporcional da remuneração. Isso acabou com a alteração do texto constitucional:

> ***XIV.** Os acréscimos pecuniários percebidos por servidor público não serão computados nem acumulados para fins de concessão de acréscimos ulteriores.*

Destaque-se, ainda, a regra constitucional que prevê a irredutibilidade da remuneração dos servidores públicos:

> ***XV.** O subsídio e os vencimentos dos ocupantes de cargos e empregos públicos são irredutíveis, ressalvado o disposto nos incisos XI e XIV deste artigo e nos Arts. 39, § 4º, 150, II, 153, III, e 153, § 2º, I.*

A irredutibilidade aqui é meramente nominal, não existindo direito à preservação do valor real em proteção a perda do poder aquisitivo. A irredutibilidade também não impede a alteração da composição remuneratória; significa dizer que podem ser retiradas as gratificações, mantendo-se o valor nominal da remuneração, nem mesmo a supressão de parcelas ou gratificações; é preciso considerar que o STF entende não haver direito adquirido a regime jurídico.

## Regras de aposentadoria

Esse tema costuma ser trabalhado em Direito Previdenciário devido às inúmeras regras de transição que foram editadas, além das previstas no texto constitucional. Para as provas de Direito Constitucional, é importante a leitura atenta dos dispositivos abaixo:

> ***Art. 40.** O regime próprio de previdência social dos servidores titulares de cargos efetivos terá caráter contributivo e solidário, mediante contribuição do respectivo ente federativo, de servidores ativos, de aposentados e de pensionistas, observados critérios que preservem o equilíbrio financeiro e atuarial.*
>
> ***§ 1º** O servidor abrangido por regime próprio de previdência social será aposentado:*

2 Art. 29, VI . O subsídio dos Vereadores será fixado pelas respectivas Câmaras Municipais em cada legislatura para a subsequente, observado o que dispõe esta Constituição, observados os critérios estabelecidos na respectiva Lei Orgânica e os seguintes limites máximos: a) em Municípios de até dez mil habitantes, o subsídio máximo dos Vereadores corresponderá a vinte por cento do subsídio dos Deputados Estaduais; b) em Municípios de dez mil e um a cinquenta mil habitantes, o subsídio máximo dos Vereadores corresponderá a trinta por cento do subsídio dos Deputados Estaduais; c) em Municípios de cinquenta mil e um a cem mil habitantes, o subsídio máximo dos Vereadores corresponderá a quarenta por cento do subsídio dos Deputados Estaduais; d) em Municípios de cem mil e um a trezentos mil habitantes, o subsídio máximo dos Vereadores corresponderá a cinquenta por cento do subsídio dos Deputados Estaduais; e) em Municípios de trezentos mil e um a quinhentos mil habitantes, o subsídio máximo dos Vereadores corresponderá a sessenta por cento do subsídio dos Deputados Estaduais; f) em Municípios de mais de quinhentos mil habitantes, o subsídio máximo dos Vereadores corresponderá a setenta e cinco por cento do subsídio dos Deputados Estaduais;

***I.*** *por incapacidade permanente para o trabalho, no cargo em que estiver investido, quando insuscetível de readaptação, hipótese em que será obrigatória a realização de avaliações periódicas para verificação da continuidade das condições que ensejaram a concessão da aposentadoria, na forma de lei do respectivo ente federativo;*

***II.*** *compulsoriamente, com proventos proporcionais ao tempo de contribuição, aos 70 (setenta) anos de idade, ou aos 75 (setenta e cinco) anos de idade, na forma de lei complementar;*

***III.*** *no âmbito da União, aos 62 (sessenta e dois) anos de idade, se mulher, e aos 65 (sessenta e cinco) anos de idade, se homem, e, no âmbito dos Estados, do Distrito Federal e dos Municípios, na idade mínima estabelecida mediante emenda às respectivas Constituições e Leis Orgânicas, observados o tempo de contribuição e os demais requisitos estabelecidos em lei complementar do respectivo ente federativo.*

***§ 2º*** *Os proventos de aposentadoria não poderão ser inferiores ao valor mínimo a que se refere o § 2º do art. 201 ou superiores ao limite máximo estabelecido para o Regime Geral de Previdência Social, observado o disposto nos §§ 14 a 16.*

***§ 3º*** *As regras para cálculo de proventos de aposentadoria serão disciplinadas em lei do respectivo ente federativo.*

***§ 4º*** *É vedada a adoção de requisitos ou critérios diferenciados para concessão de benefícios em regime próprio de previdência social, ressalvado o disposto nos §§ 4º-A, 4º-B, 4º-C e 5º. (Redação dada pela Emenda Constitucional nº 103, de 2019)*

***§ 4º-A.*** *Poderão ser estabelecidos por lei complementar do respectivo ente federativo idade e tempo de contribuição diferenciados para aposentadoria de servidores com deficiência, previamente submetidos a avaliação biopsicossocial realizada por equipe multiprofissional e interdisciplinar.*

***§ 4º-B.*** *Poderão ser estabelecidos por lei complementar do respectivo ente federativo idade e tempo de contribuição diferenciados para aposentadoria de ocupantes do cargo de agente penitenciário, de agente socioeducativo ou de policial dos órgãos de que tratam o inciso IV do caput do art. 51, o inciso XIII do caput do art. 52 e os incisos I a IV do caput do art. 144.*

***§ 4º-C.*** *Poderão ser estabelecidos por lei complementar do respectivo ente federativo idade e tempo de contribuição diferenciados para aposentadoria de servidores cujas atividades sejam exercidas com efetiva exposição a agentes químicos, físicos e biológicos prejudiciais à saúde, ou associação desses agentes, vedada a caracterização por categoria profissional ou ocupação.*

***§ 5º*** *Os ocupantes do cargo de professor terão idade mínima reduzida em 5 (cinco) anos em relação às idades decorrentes da aplicação do disposto no inciso III do § 1º, desde que comprovem tempo de efetivo exercício das funções de magistério na educação infantil e no ensino fundamental e médio fixado em lei complementar do respectivo ente federativo.*

***§ 6º*** *Ressalvadas as aposentadorias decorrentes dos cargos acumuláveis na forma desta Constituição, é vedada a percepção de mais de uma aposentadoria à conta de regime próprio de previdência social, aplicando-se outras vedações, regras e condições para a acumulação de benefícios previdenciários estabelecidas no Regime Geral de Previdência Social.*

***§ 7º*** *Observado o disposto no § 2º do art. 201, quando se tratar da única fonte de renda formal auferida pelo dependente, o benefício de pensão por morte será concedido nos termos de lei do respectivo ente federativo, a qual tratará de forma diferenciada a hipótese de morte dos servidores de que trata o § 4º-B decorrente de agressão sofrida no exercício ou em razão da função.*

***§ 8º*** *É assegurado o reajustamento dos benefícios para preservar-lhes, em caráter permanente, o valor real, conforme critérios estabelecidos em lei.*

***§ 9º*** *O tempo de contribuição federal, estadual, distrital ou municipal será contado para fins de aposentadoria, observado o disposto nos §§ 9º e 9º-A do art. 201, e o tempo de serviço correspondente será contado para fins de disponibilidade.*

***§ 10.*** *A lei não poderá estabelecer qualquer forma de contagem de tempo de contribuição fictício.*

***§ 11.*** *Aplica-se o limite fixado no art. 37, XI, à soma total dos proventos de inatividade, inclusive quando decorrentes da acumulação de cargos ou empregos públicos, bem como de outras atividades sujeitas a contribuição para o regime geral de previdência social, e ao montante resultante da adição de proventos de inatividade com remuneração de cargo acumulável na forma desta Constituição, cargo em comissão declarado em lei de livre nomeação e exoneração, e de cargo eletivo.*

***§ 12.*** *Além do disposto neste artigo, serão observados, em regime próprio de previdência social, no que couber, os requisitos e critérios fixados para o Regime Geral de Previdência Social.*

***§ 13.*** *Aplica-se ao agente público ocupante, exclusivamente, de cargo em comissão declarado em lei de livre nomeação e exoneração, de outro cargo temporário, inclusive mandato eletivo, ou de emprego público, o Regime Geral de Previdência Social.*

***§ 14.*** *A União, os Estados, o Distrito Federal e os Municípios instituirão, por lei de iniciativa do respectivo Poder Executivo, regime de previdência complementar para servidores públicos ocupantes de cargo efetivo, observado o limite máximo dos benefícios do Regime Geral de Previdência Social para o valor das aposentadorias e das pensões em regime próprio de previdência social, ressalvado o disposto no § 16.*

***§ 15.*** *O regime de previdência complementar de que trata o § 14 oferecerá plano de benefícios somente na modalidade contribuição definida, observará o disposto no art. 202 e será efetivado por intermédio de entidade fechada de previdência complementar ou de entidade aberta de previdência complementar.*

***§ 16.*** *Somente mediante sua prévia e expressa opção, o disposto nos § § 14 e 15 poderá ser aplicado ao servidor que tiver ingressado no serviço público até a data da publicação do ato de instituição do correspondente regime de previdência complementar.*

***§ 17.*** *Todos os valores de remuneração considerados para o cálculo do benefício previsto no § 3º serão devidamente atualizados, na forma da lei.*

***§ 18.*** *Incidirá contribuição sobre os proventos de aposentadorias e pensões concedidas pelo regime de que trata este artigo que superem o limite máximo estabelecido para os benefícios do regime geral de previdência social de que trata o art. 201, com percentual igual ao estabelecido para os servidores titulares de cargos efetivos.*

***§ 19.*** *Observados critérios a serem estabelecidos em lei do respectivo ente federativo, o servidor titular de cargo efetivo que tenha completado as exigências para a aposentadoria voluntária e que opte por permanecer em atividade poderá fazer jus a um abono de permanência equivalente, no máximo, ao valor da sua contribuição previdenciária, até completar a idade para aposentadoria compulsória.*

***§ 20.*** *É vedada a existência de mais de um regime próprio de previdência social e de mais de um órgão ou entidade gestora desse regime em cada ente federativo, abrangidos todos os poderes, órgãos e entidades autárquicas e fundacionais, que serão responsáveis pelo seu financiamento, observados os critérios, os parâmetros e a natureza jurídica definidos na lei complementar de que trata o § 22.*

***§ 21.*** *A contribuição prevista no § 18 deste artigo incidirá apenas sobre as parcelas de proventos de aposentadoria e de pensão que superem o dobro do limite máximo estabelecido para os benefícios do regime geral de previdência social de que trata o art. 201 desta Constituição, quando o beneficiário, na forma da lei, for portador de doença incapacitante.*

***§ 22.*** *Vedada a instituição de novos regimes próprios de previdência social, lei complementar federal estabelecerá, para os que já existam, normas gerais de organização, de funcionamento e de responsabilidade em sua gestão, dispondo, entre outros aspectos, sobre:*

***I.*** *requisitos para sua extinção e consequente migração para o Regime Geral de Previdência Social;*

***II.*** *modelo de arrecadação, de aplicação e de utilização dos recursos;*

***III.*** *fiscalização pela União e controle externo e social;*

***IV.*** *definição de equilíbrio financeiro e atuarial;*

***V.*** *condições para instituição do fundo com finalidade previdenciária de que trata o art. 249 e para vinculação a ele dos recursos provenientes de contribuições e dos bens, direitos e ativos de qualquer natureza;*

***VI.*** *mecanismos de equacionamento do déficit atuarial;*

***VII.*** *estruturação do órgão ou entidade gestora do regime, observados os princípios relacionados com governança, controle interno e transparência;*

***VIII.*** *condições e hipóteses para responsabilização daqueles que desempenhem atribuições relacionadas, direta ou indiretamente, com a gestão do regime;*

***IX.*** *condições para adesão a consórcio público;*

***X.*** *parâmetros para apuração da base de cálculo e definição de alíquota de contribuições ordinárias e extraordinárias.*

## Dos militares dos estados, do distrito federal e dos territórios

A Constituição Federal distingue duas espécies de servidores, os civis e os militares, sendo que a estes reserva um regime jurídico diferenciado, previsto especialmente no Art. 42 (Polícias Militares e Corpos de Bombeiros Militares) e no Art. 142, § 3º (Forças Armadas – Exército, Marinha e Aeronáutica).

As Polícias Militares, os Corpos de Bombeiros Militares e as Forças Armadas são instituições organizadas com base na **hierarquia** e na **disciplina**.

Tomando de empréstimo o conceito constante do Art. 14, § 1º e 2º, da Lei nº 6.880, de 1980 (Estatuto dos Militares das Forças Armadas), temos que a **hierarquia** militar é a ordenação da autoridade, em níveis diferentes, dentro da estrutura militar e a **disciplina** é a rigorosa observância e o acatamento integral das leis, regulamentos, normas e disposições que fundamentam o organismo militar e coordenam seu funcionamento regular e harmônico, traduzindo-se pelo perfeito cumprimento do dever por parte de todos e de cada um dos componentes desses organismos.

É claro que a hierarquia e a disciplina estão presentes em todo o serviço público. No entanto, no seio militar, elas são muito mais rígidas, objetivando garantir pronta e irrestrita obediência de seus membros, o que é imprescindível para o exercício das suas atividades.

As Polícias Militares e os Corpos de Bombeiros Militares são **órgãos de Segurança Pública** (Art. 144, da CF), organizados e mantidos pelos Estados.

Às Polícias Militares cabem as atribuições de polícia administrativa, ostensiva e a preservação da ordem pública. Aos Corpos de Bombeiros Militares cabe, além das atribuições definidas em lei (atividades de combate a incêndio, busca e resgate de pessoas etc.), a execução de atividades de defesa civil (Art. 144, § 5º, da CF).

Segundo o § 6º, do Art. 144, da CF, as Polícias Militares e os Corpos de Bombeiros Militares são forças auxiliares e reserva do Exército e subordinam-se aos Governadores dos Estados, do Distrito Federal e dos Territórios.

Apesar de estarem subordinadas ao Governador do Distrito Federal, a organização e a manutenção da Polícia Militar e do Corpo de Bombeiros Militares do Distrito Federal são de competência da União (Art. 21, inciso XIV, da CF).

No Art. 42, a Constituição Federal estende aos policiais militares e aos bombeiros militares praticamente as mesmas **disposições** aplicáveis aos integrantes das Forças Armadas, militares da União, previstas no Art. 142, § 2º e 3º, da CF. Assim, entre outros:

- **O militar que seja alistável é elegível.** No entanto, se contar menos de dez anos de serviço, deverá afastar-se da atividade; se contar mais de dez anos de serviço será agregado pela autoridade superior e, se eleito, passará automaticamente, no ato da diplomação, para a inatividade;
- **Não cabe Habeas** Corpus em relação a punições disciplinares militares;
- **Ao militar são proibidas** a sindicalização e a greve;
- O militar, **enquanto em serviço ativo**, não pode estar filiado a partidos políticos.

# 10. PODER LEGISLATIVO

Com o objetivo de limitar o poder do Estado, alguns filósofos desenvolveram a tese de que, se o poder estivesse nas mãos de várias pessoas, seria possível controlá-lo de uma forma melhor. Essa necessidade se deu em razão dos grandes abusos cometidos pelos imperadores que agiam arbitrariamente com seus súditos. A partir de então, surgiu a teoria da **Separação dos Poderes**, também chamada de Tripartição dos Poderes. Antes de analisar cada um dos Poderes do Estado, são explorados a seguir dois princípios constitucionais essenciais para entender essa organização: Tripartição dos Poderes e Federativo.

## 10.1 Princípios

### Princípio da tripartição dos poderes

O primeiro princípio constitucional importante para o estudo da Organização dos Poderes é o Princípio da Tripartição dos Poderes, também chamado de Princípio da Separação dos Poderes. Sua origem histórica tem como fundamento a necessidade de se limitar os poderes do Estado. Alguns filósofos perceberam que se o Poder do Estado estivesse dividido entre três entidades diferentes, seria possível que a sociedade exercesse um maior controle sobre sua utilização.

Foi aí que surgiu a ideia de se dividir o Poder do Estado em três poderes, cada qual responsável pelo desenvolvimento de uma função principal do Estado:

**Poder Executivo**

Função principal (típica) de administrar o Estado;

**Poder Legislativo**

Função principal (típica) de legislar e fiscalizar as contas públicas;

**Poder Judiciário**

Função principal (típica) jurisdicional.

Além da sua própria função, a Constituição criou uma sistemática que permite a cada um dos poderes o exercício da função do outro poder. É a função atípica:

**Poder Executivo**

Função atípica de legislar e julgar;

**Poder Legislativo**

Função atípica de administrar e julgar;

**Poder Judiciário**

Função atípica de administrar e legislar.

Dessa forma, pode-se dizer que além da própria função, cada poder exercerá de forma acessória a função do outro poder.

Uma pergunta sempre surge na cabeça dos estudantes e poderá aparecer em prova: qual dos três poderes é mais importante?

A única resposta possível é a inexistência de poder mais importante. Cada poder possui sua própria função de forma que não se pode afirmar que exista hierarquia entre os poderes do Estado. Como diz a Constituição no Art. 2º:

> ***Art. 2º.*** *São Poderes da União, independentes e harmônicos entre si, o Legislativo, o Executivo e o Judiciário.*

A seguir, será tratado de outro princípio que, juntamente com a Separação dos Poderes, é responsável pela organização do Estado: Princípio Federativo.

### Princípio federativo

Quando se fala em Federação, está-se falando da Forma de Estado adotada no Brasil. A forma de Estado reflete o modo de exercício do poder político em função do território, ou seja, como o poder político está distribuído dentro do território. Para compreender esta forma de Estado precisa-se ter em mente sua principal característica: descentralização política. Dizemos então que, numa federação, o poder político está distribuído entre os vários entes federativos, ou melhor, entre quatro entes federativos:

**União;**

**Estados;**

**Distrito Federal;**

**Municípios.**

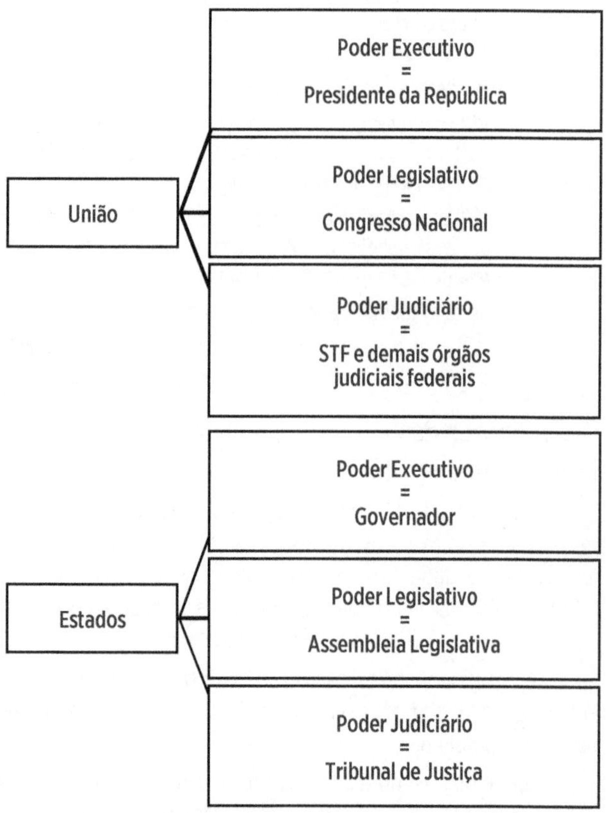

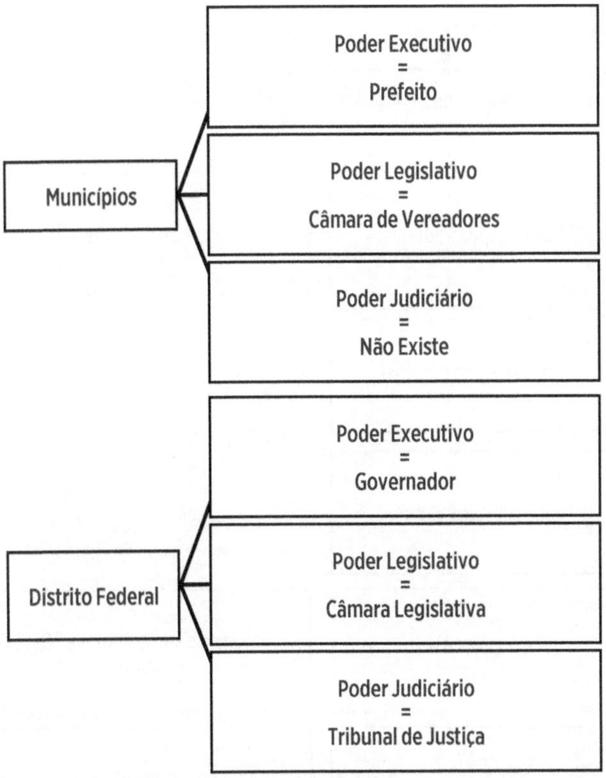


Cada um dos entes federativos possui sua própria autonomia política, a qual pode ser percebida pela capacidade de auto-organização, de criação de leis e, inclusive, de criação da sua própria Constituição. Apesar de cada ente federativo possuir essa independência, não se pode esquecer que a existência do pacto federativo pressupõe a existência de uma Constituição Federal e da impossibilidade de separação.

Uma coisa deve ficar bem clara: não existe hierarquia entre os entes federativos. O que os diferencia é a competência que cada um recebeu da Constituição Federal.

Após analisar estes dois princípios constitucionais, será feita a junção entre eles para se ver como se estruturam dentro da República Federativa do Brasil. Dessa forma, foi visto na imagem anterior.

Agora que ficou esclarecido como o Estado Brasileiro está organizado, serão estudados os três Poderes em espécie. Começaremos pelo Poder Legislativo, sempre muito cobrado em prova.

# 10.2 Poder Legislativo

## Funções típicas e atípicas

Esse Poder possui como função típica duas atribuições: legislar e fiscalizar.

Legislar significa criar leis, inovar o ordenamento jurídico. A função fiscalizatória diz respeito ao controle externo das contas públicas. É a fiscalização financeira, contábil e orçamentária.

## Informações gerais

O Poder Legislativo da União é representado pelo Congresso Nacional, cuja estrutura é bicameral, ou seja, é formado pela Câmara dos Deputados e pelo Senado Federal. Essa previsão encontra-se na Constituição Federal:

> ***Art. 44.*** *O Poder Legislativo é exercido pelo Congresso Nacional, que se compõe da Câmara dos Deputados e do Senado Federal.*

A **Câmara dos Deputados** é composta pelos Deputados Federais que são **representantes do povo** eleitos segundo o **sistema proporcional,** devendo cada ente (Estado e Distrito Federal) eleger no mínimo 8 e no máximo 70 Deputados Federais. A proporcionalidade está relacionada com a quantidade da população dos entes federativos. Quanto maior for a população, mais deputados serão eleitos. Os territórios podem eleger quatro deputados. O mandato do Deputado é de quatro anos. Atualmente, existem na Câmara 513 membros. Sua organização é assim expressa na Constituição:

> ***Art. 45.*** *A Câmara dos Deputados compõe-se de representantes do povo, eleitos, pelo sistema proporcional, em cada Estado, em cada Território e no Distrito Federal.*
>
> ***§ 1º*** *- O número total de Deputados, bem como a representação por Estado e pelo Distrito Federal, será estabelecido por lei complementar, proporcionalmente à população, procedendo-se aos ajustes necessários, no ano anterior às eleições, para que nenhuma daquelas unidades da Federação tenha menos de oito ou mais de setenta Deputados.*
>
> ***§ 2º****. Cada Território elegerá quatro Deputados.*

O **Senado Federal** é composto por Senadores da República que são **representantes dos Estados e do Distrito Federal** eleitos segundo o **sistema majoritário simples ou puro**, devendo cada ente eleger três senadores. Aqui o sistema é majoritário, haja vista serem eleitos os candidatos mais votados.

O mandato do Senador é de oito anos cuja eleição de quatro em quatro anos ocorre de forma alternada. Numa eleição, elegem-se 2 e na outra 1. Cada Senador será eleito com dois suplentes. Atualmente, existem 81 Senadores. Conforme o Art. 46 do texto constitucional:

> ***Art. 46.*** *O Senado Federal compõe-se de representantes dos Estados e do Distrito Federal, eleitos segundo o princípio majoritário.*
>
> ***§ 1º*** *- Cada Estado e o Distrito Federal elegerão três Senadores, com mandato de oito anos.*
>
> ***§ 2º*** *- A representação de cada Estado e do Distrito Federal será renovada de quatro em quatro anos, alternadamente, por um e dois terços.*
>
> ***§ 3º*** *- Cada Senador será eleito com dois suplentes.*

## Competências

Este é um dos temas mais cobrados em prova, razão pela qual precisa ser estudado com estratégia para que no momento em que o candidato enfrentar a questão, consiga resolvê-la. A melhor forma de acertar essas questões é memorizando os artigos sobre as competências, pois é dessa forma que será cobrado em prova. Uma sugestão para facilitar a memorização é fazer muitos exercícios sobre o tema.

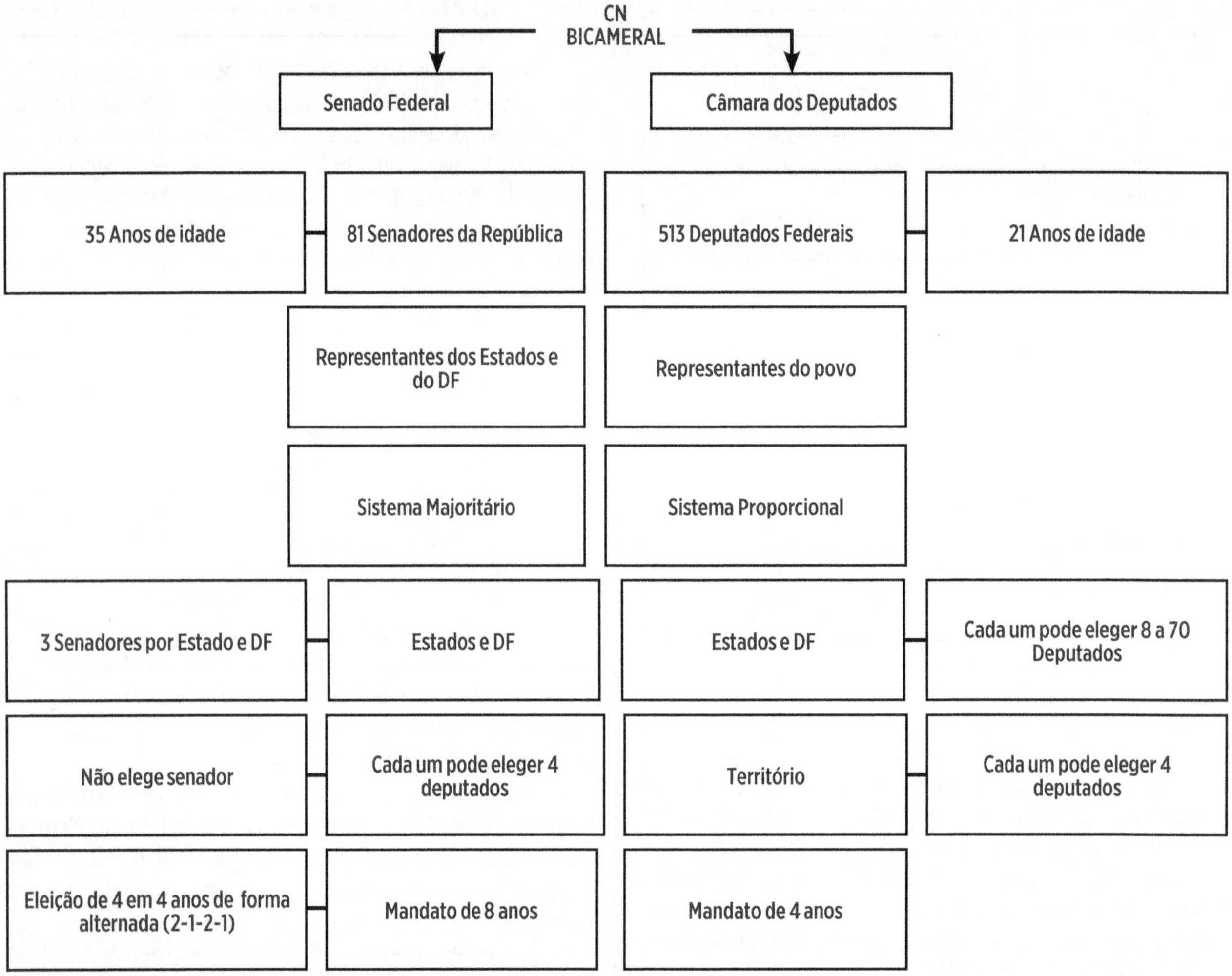


A seguir apresentam-se as competências de cada órgão.

## Competência do congresso nacional

Uma coisa que se deve entender é que o Congresso Nacional, apesar de ser formado pela Câmara e pelo Senado, possui suas próprias competências, as quais estão previstas nos Arts. 48 e 49. Um detalhe que sempre cai em prova diz respeito à diferença entre as competências desses dois artigos.

No Art. 48, encontram-se as competências do Congresso que dependem de sanção presidencial, as quais serão desempenhadas mediante lei (lei ordinária ou complementar) que disponham sobre matérias de competência da União. Segue abaixo o rol dessas competências:

> ***Art. 48.*** *Cabe ao Congresso Nacional, com a sanção do Presidente da República, não exigida esta para o especificado nos Arts. 49, 51 e 52, dispor sobre todas as matérias de competência da União, especialmente sobre:*
>
> ***I.*** *Sistema tributário, arrecadação e distribuição de rendas;*
>
> ***II.*** *Plano plurianual, diretrizes orçamentárias, orçamento anual, operações de crédito, dívida pública e emissões de curso forçado;*
>
> ***III.*** *Fixação e modificação do efetivo das Forças Armadas;*
>
> ***IV.*** *Planos e programas nacionais, regionais e setoriais de desenvolvimento;*
>
> ***V.*** *Limites do território nacional, espaço aéreo e marítimo e bens do domínio da União;*
>
> ***VI.*** *Incorporação, subdivisão ou desmembramento de áreas de Territórios ou Estados, ouvidas as respectivas Assembleias Legislativas;*
>
> ***VII.*** *Transferência temporária da sede do Governo Federal;*
>
> ***VIII.*** *Concessão de anistia;*
>
> ***IX.*** *organização administrativa, judiciária, do Ministério Público e da Defensoria Pública da União e dos Territórios e organização judiciária e do Ministério Público do Distrito Federal;*
>
> ***X.*** *Criação, transformação e extinção de cargos, empregos e funções públicas, observado o que estabelece o Art. 84, VI, b;*
>
> ***XI.*** *Criação e extinção de Ministérios e órgãos da administração pública;*
>
> ***XII.*** *Telecomunicações e radiodifusão;*

*XIII. Matéria financeira, cambial e monetária, instituições financeiras e suas operações;*

*XIV. Moeda, seus limites de emissão, e montante da dívida mobiliária federal;*

*XV. Fixação do subsídio dos Ministros do Supremo Tribunal Federal, observado o que dispõem os Arts. 39, § 4º; 150, II; 153, III; e 153, § 2º, I.*

No Art. 49, têm-se as Competências Exclusivas do Congresso Nacional. Essas não dependem de sanção presidencial e serão formalizadas por meio de Decreto Legislativo:

***Art. 49.** É da competência exclusiva do Congresso Nacional:*

***I.** Resolver definitivamente sobre tratados, acordos ou atos internacionais que acarretem encargos ou compromissos gravosos ao patrimônio nacional;*

***II.** Autorizar o Presidente da República a declarar guerra, a celebrar a paz, a permitir que forças estrangeiras transitem pelo território nacional ou nele permaneçam temporariamente, ressalvados os casos previstos em lei complementar;*

***III.** Autorizar o Presidente e o Vice-Presidente da República a se ausentarem do País, quando a ausência exceder a quinze dias;*

***IV.** Aprovar o estado de defesa e a intervenção federal, autorizar o estado de sítio, ou suspender qualquer uma dessas medidas;*

***V.** Sustar os atos normativos do Poder Executivo que exorbitem do poder regulamentar ou dos limites de delegação legislativa;*

***VI.** Mudar temporariamente sua sede;*

***VII.** Fixar idêntico subsídio para os Deputados Federais e os Senadores, observado o que dispõem os Arts. 37, XI, 39, § 4º, 150, II, 153, III, e 153, § 2º, I;*

***VIII.** Fixar os subsídios do Presidente e do Vice-Presidente da República e dos Ministros de Estado, observado o que dispõem os Arts. 37, XI, 39, § 4º, 150, II, 153, III, e 153, § 2º, I;*

***IX.** Julgar anualmente as contas prestadas pelo Presidente da República e apreciar os relatórios sobre a execução dos planos de governo;*

***X.** Fiscalizar e controlar, diretamente, ou por qualquer de suas Casas, os atos do Poder Executivo, incluídos os da administração indireta;*

***XI.** Zelar pela preservação de sua competência legislativa em face da atribuição normativa dos outros Poderes;*

***XII.** Apreciar os atos de concessão e renovação de concessão de emissoras de rádio e televisão;*

***XIII.** Escolher dois terços dos membros do Tribunal de Contas da União;*

***XIV.** Aprovar iniciativas do Poder Executivo referentes a atividades nucleares;*

***XV.** Autorizar referendo e convocar plebiscito;*

***XVI.** Autorizar, em terras indígenas, a exploração e o aproveitamento de recursos hídricos e a pesquisa e lavra de riquezas minerais;*

***XVII.** Aprovar, previamente, a alienação ou concessão de terras públicas com área superior a dois mil e quinhentos hectares.*

## Competência da câmara de deputados

As competências da Câmara dos Deputados estão previstas no Art. 51, as quais serão exercidas, em regra, por meio de Resolução da Câmara. Apesar de o texto constitucional prever essas competências como privativas, elas não podem ser delegadas:

***Art. 51.** Compete privativamente à Câmara dos Deputados:*

***I.** Autorizar, por dois terços de seus membros, a instauração de processo contra o Presidente e o Vice-Presidente da República e os Ministros de Estado;*

***II.** Proceder à tomada de contas do Presidente da República, quando não apresentadas ao Congresso Nacional dentro de sessenta dias após a abertura da sessão legislativa;*

***III.** Elaborar seu regimento interno;*

***IV.** Dispor sobre sua organização, funcionamento, polícia, criação, transformação ou extinção dos cargos, empregos e funções de seus serviços, e a iniciativa de lei para fixação da respectiva remuneração, observados os parâmetros estabelecidos na lei de diretrizes orçamentárias;*

***V.** Eleger membros do Conselho da República, nos termos do Art. 89, VII.*

## Competência do senado federal

As competências do Senado Federal estão previstas no Art. 52, as quais serão exercidas, em regra, por meio de Resolução do Senado. Apesar de o texto constitucional prever essas competências como privativas, elas não podem ser delegadas:

***Art. 52.** Compete privativamente ao Senado Federal:*

***I.** Processar e julgar o Presidente e o Vice-Presidente da República nos crimes de responsabilidade, bem como os Ministros de Estado e os Comandantes da Marinha, do Exército e da Aeronáutica nos crimes da mesma natureza conexos com aqueles;*

***II.** Processar e julgar os Ministros do Supremo Tribunal Federal, os membros do Conselho Nacional de Justiça e do Conselho Nacional do Ministério Público, o Procurador-Geral da República e o Advogado-Geral da União nos crimes de responsabilidade;*

***III.** Aprovar previamente, por voto secreto, após arguição pública, a escolha de:*

***a)** Magistrados, nos casos estabelecidos nesta Constituição;*

***b)** Ministros do Tribunal de Contas da União indicados pelo Presidente da República;*

***c)** Governador de Território;*

***d)** Presidente e diretores do banco central;*

***e)** Procurador-Geral da República;*

***f)** Titulares de outros cargos que a lei determinar;*

***IV.** Aprovar previamente, por voto secreto, após arguição em sessão secreta, a escolha dos chefes de missão diplomática de caráter permanente;*

***V.** Autorizar operações externas de natureza financeira, de interesse da União, dos Estados, do Distrito Federal, dos Territórios e dos Municípios;*

***VI.** Fixar, por proposta do Presidente da República, limites globais para o montante da dívida consolidada da União, dos Estados, do Distrito Federal e dos Municípios;*

***VII.** Dispor sobre limites globais e condições para as operações de crédito externo e interno da União, dos Estados, do Distrito Federal e dos Municípios, de suas autarquias e demais entidades controladas pelo Poder Público federal;*

***VIII.** Dispor sobre limites e condições para a concessão de garantia da União em operações de crédito externo e interno;*

***IX.** Estabelecer limites globais e condições para o montante da dívida mobiliária dos Estados, do Distrito Federal e dos Municípios;*

***X.** Suspender a execução, no todo ou em parte, de lei declarada inconstitucional por decisão definitiva do Supremo Tribunal Federal;*

***XI.** Aprovar, por maioria absoluta e por voto secreto, a exoneração, de ofício, do Procurador-Geral da República antes do término de seu mandato;*

***XII.** Elaborar seu regimento interno;*

*XIII. Dispor sobre sua organização, funcionamento, polícia, criação, transformação ou extinção dos cargos, empregos e funções de seus serviços, e a iniciativa de lei para fixação da respectiva remuneração, observados os parâmetros estabelecidos na lei de diretrizes orçamentárias;*

*XIV. Eleger membros do Conselho da República, nos termos do Art. 89, VII;*

*XV. Avaliar periodicamente a funcionalidade do Sistema Tributário Nacional, em sua estrutura e seus componentes, e o desempenho das administrações tributárias da União, dos Estados e do Distrito Federal e dos Municípios.*

***Parágrafo único.** Nos casos previstos nos incisos I e II, funcionará como Presidente o do Supremo Tribunal Federal, limitando-se a condenação, que somente será proferida por dois terços dos votos do Senado Federal, à perda do cargo, com inabilitação, por oito anos, para o exercício de função pública, sem prejuízo das demais sanções judiciais cabíveis.*

As questões sobre as competências dos órgãos parlamentares são muito cobradas em prova e exigem do candidato uma nítida capacidade de memorização. Às vezes, é possível encontrar uma questão que trabalhe a competência associada com questões doutrinárias ou mesmo jurisprudencial. Vejamos o exemplo:

## Imunidade parlamentar

Os parlamentares, por ocuparem uma função essencial na organização política do Estado, possuem Imunidades. As imunidades são prerrogativas inerentes à sua função que têm como objetivo garantir a sua independência durante o exercício do seu mandato. Um ponto que deve ser lembrado é que a imunidade não pertence à pessoa, e sim ao cargo, motivo pelo qual é irrenunciável. Isso significa que o parlamentar só a detém enquanto estiver no exercício de sua função.

São dois os tipos de imunidade:

**Imunidade material;**

**Imunidade formal.**

A imunidade material é uma verdadeira irresponsabilidade absoluta. Também conhecida como inviolabilidade parlamentar, ela isenta o seu titular de qualquer responsabilidade civil, penal, administrativa ou mesmo política, no que tange às suas opiniões, palavras e votos. Vejamos o que diz o *caput* do Art. 53:

***Art. 53.** Os Deputados e Senadores são invioláveis, civil e penalmente, por quaisquer de suas opiniões, palavras e votos.*

Mas deve-se ter atenção: essa prerrogativa diz respeito apenas às opiniões, palavras e votos proferidos no exercício da função parlamentar durante o seu mandato, ainda que a busca pela responsabilização ocorra após o término do seu mandato. Não importa se está dentro do recinto parlamentar ou fora dele. O que importa é que seja praticado na função ou em razão da função parlamentar.

As imunidades formais são prerrogativas de ordem processual e ocorrem em relação:

**Ao foro de julgamento;**

**À prisão;**

**Ao processo.**

A **prerrogativa de foro** decorre do previsto no Art. 53, § 1º da CF, que prevê:

***§ 1º** - Os Deputados e Senadores, desde a expedição do diploma, serão submetidos a julgamento perante o Supremo Tribunal Federal.*

Como pode se depreender do texto constitucional, a partir da expedição do diploma o parlamentar será julgado perante o STF nas ações de natureza penal sem necessidade de autorização da Casa legislativa à qual pertence. Ressalte-se que o parlamentar será julgado no STF por infrações cometidas antes ou depois da diplomação, contudo, finalizado o seu mandato, perde-se com ele a imunidade, fazendo com que os seus processos saiam da competência do STF e passem para os demais órgãos do Judiciário, a depender da matéria em questão. Não estão incluídas nessa prerrogativa as ações de natureza cível.

Em relação **à prisão**, o parlamentar só poderá ser preso em flagrante delito de crime inafiançável conforme previsão do § 2º do Art. 53:

***§ 2º** - Desde a expedição do diploma, os membros do Congresso Nacional não poderão ser presos, salvo em flagrante de crime inafiançável. Nesse caso, os autos serão remetidos dentro de vinte e quatro horas à Casa respectiva, para que, pelo voto da maioria de seus membros, resolva sobre a prisão.*

Essa prerrogativa inicia sua abrangência a partir da diplomação e alcança qualquer forma de prisão, seja de natureza penal ou civil. A manutenção dessa prisão depende de manifestação da maioria absoluta dos membros da Casa.

Apesar de o texto constitucional não prever, interpreta-se de forma lógica que o Parlamentar será preso no caso de uma sentença penal condenatória transitada em julgado.

Há também a imunidade em relação ao processo prevista no Art. 53, §§ 3º ao 5º:

***§ 3º** - Recebida a denúncia contra o Senador ou Deputado, por crime ocorrido após a diplomação, o Supremo Tribunal Federal dará ciência à Casa respectiva, que, por iniciativa de partido político nela representado e pelo voto da maioria de seus membros, poderá, até a decisão final, sustar o andamento da ação.*

***§ 4º** - O pedido de sustação será apreciado pela Casa respectiva no prazo improrrogável de quarenta e cinco dias do seu recebimento pela Mesa Diretora.*

***§ 5º** - A sustação do processo suspende a prescrição, enquanto durar o mandato.*

A imunidade em relação ao processo prevista na Constituição possibilita a Casa a qual pertence o parlamentar, pelo voto da maioria absoluta, sustar o andamento da ação penal desde que a faça antes da decisão definitiva e desde que seja em relação aos crimes cometidos após a diplomação. Não é necessária autorização da respectiva casa para processar o parlamentar.

A Casa Legislativa possui 45 dias para apreciar o pedido que, se aprovado, suspenderá o prazo prescricional da infração até o final do mandato.

## Função fiscalizadora

Essa é a segunda função típica do Poder Legislativo. Além de criar normas, o Congresso Nacional também possui como função principal a fiscalização contábil, financeira e orçamentária da União e de suas Entidades da Administração direta e Indireta. Vejamos o Art. 70 da Constituição:

***Art. 70.** A fiscalização contábil, financeira, orçamentária, operacional e patrimonial da União e das entidades da administração direta e indireta, quanto à legalidade, legitimidade, economicidade, aplicação das subvenções e renúncia de receitas, será exercida pelo Congresso Nacional, mediante controle externo, e pelo sistema de controle interno de cada Poder.*

***Parágrafo único.*** *Prestará contas qualquer pessoa física ou jurídica, pública ou privada, que utilize, arrecade, guarde, gerencie ou administre dinheiros, bens e valores públicos ou pelos quais a União responda, ou que, em nome desta, assuma obrigações de natureza pecuniária.*

Veja que o Art. 70 fala em Controle Externo e Controle Interno. São as duas formas de fiscalização vislumbrada pelo texto constitucional. O Controle Interno é aquele realizado por cada Poder. Cada um fiscaliza suas próprias contas. Já o Controle Externo é o realizado pelo Congresso Nacional, com apoio do Tribunal de Contas da União.

O Art. 71 ainda apresenta as atribuições do Tribunal de Contas da União no que tange à fiscalização exercida:

> ***Art. 71.*** *O controle externo, a cargo do Congresso Nacional, será exercido com o auxílio do Tribunal de Contas da União, ao qual compete:*
>
> ***I.*** *Apreciar as contas prestadas anualmente pelo Presidente da República, mediante parecer prévio que deverá ser elaborado em sessenta dias a contar de seu recebimento;*
>
> ***II.*** *Julgar as contas dos administradores e demais responsáveis por dinheiros, bens e valores públicos da administração direta e indireta, incluídas as fundações e sociedades instituídas e mantidas pelo Poder Público federal, e as contas daqueles que derem causa a perda, extravio ou outra irregularidade de que resulte prejuízo ao erário público;*
>
> ***III.*** *Apreciar, para fins de registro, a legalidade dos atos de admissão de pessoal, a qualquer título, na administração direta e indireta, incluídas as fundações instituídas e mantidas pelo Poder Público, excetuadas as nomeações para cargo de provimento em comissão, bem como a das concessões de aposentadorias, reformas e pensões, ressalvadas as melhorias posteriores que não alterem o fundamento legal do ato concessório;*
>
> ***IV.*** *Realizar, por iniciativa própria, da Câmara dos Deputados, do Senado Federal, de Comissão técnica ou de inquérito, inspeções e auditorias de natureza contábil, financeira, orçamentária, operacional e patrimonial, nas unidades administrativas dos Poderes Legislativo, Executivo e Judiciário, e demais entidades referidas no inciso II;*
>
> ***V.*** *Fiscalizar as contas nacionais das empresas supranacionais de cujo capital social a União participe, de forma direta ou indireta, nos termos do tratado constitutivo;*
>
> ***VI.*** *Fiscalizar a aplicação de quaisquer recursos repassados pela União mediante convênio, acordo, ajuste ou outros instrumentos congêneres, a Estado, ao Distrito Federal ou a Município;*
>
> ***VII.*** *Prestar as informações solicitadas pelo Congresso Nacional, por qualquer de suas Casas, ou por qualquer das respectivas Comissões, sobre a fiscalização contábil, financeira, orçamentária, operacional e patrimonial e sobre resultados de auditorias e inspeções realizadas;*
>
> ***VIII.*** *Aplicar aos responsáveis, em caso de ilegalidade de despesa ou irregularidade de contas, as sanções previstas em lei, que estabelecerá, entre outras cominações, multa proporcional ao dano causado ao erário;*
>
> ***IX.*** *Assinar prazo para que o órgão ou entidade adote as providências necessárias ao exato cumprimento da lei, se verificada ilegalidade;*
>
> ***X.*** *Sustar, se não atendido, a execução do ato impugnado, comunicando a decisão à Câmara dos Deputados e ao Senado Federal;*
>
> ***XI.*** *Representar ao Poder competente sobre irregularidades ou abusos apurados.*

Uma questão sempre cobrada em prova diz respeito às regras do Tribunal de Contas da União. A primeira coisa a ser estabelecida é a situação jurídica do TCU. A qual dos três poderes pertence o TCU?

A única reposta possível: o TCU não está subordinado a nenhum Poder. Ele é um órgão autônomo que está vinculado funcionalmente ao Poder Legislativo. Não se trata de subordinação, mas de ligação funcional. Apesar da previsão de função jurisdicional, o TCU também não pertence ao Poder Judiciário. O termo utilizado no Art. 73 é equivocado quando comparado à natureza do órgão:

> ***Art. 73.*** *O Tribunal de Contas da União, integrado por nove Ministros, tem sede no Distrito Federal, quadro próprio de pessoal e jurisdição em todo o território nacional, exercendo, no que couber, as atribuições previstas no Art. 96.*

Apesar de ser chamado de "tribunal" e de a Constituição Federal ter dito que possuía "jurisdição", o TCU não é órgão do Poder Judiciário. As suas ações possuem natureza meramente administrativa.

Vencido esse tema, passa-se à análise da composição do TCU:

> ***§ 1º*** *- Os Ministros do Tribunal de Contas da União serão nomeados dentre brasileiros que satisfaçam os seguintes requisitos:*
>
> ***I.*** *Mais de trinta e cinco e menos de sessenta e cinco anos de idade;*
>
> ***II.*** *Idoneidade moral e reputação ilibada;*
>
> ***III.*** *Notórios conhecimentos jurídicos, contábeis, econômicos e financeiros ou de administração pública;*
>
> ***IV.*** *Mais de dez anos de exercício de função ou de efetiva atividade profissional que exija os conhecimentos mencionados no inciso anterior.*
>
> ***§ 2º*** *- Os Ministros do Tribunal de Contas da União serão escolhidos:*
>
> ***I.*** *Um terço pelo Presidente da República, com aprovação do Senado Federal, sendo dois alternadamente dentre auditores e membros do Ministério Público junto ao Tribunal, indicados em lista tríplice pelo Tribunal, segundo os critérios de antiguidade e merecimento;*
>
> ***II.*** *Dois terços pelo Congresso Nacional.*

Como se pode perceber, ser Ministro do TCU não é para qualquer pessoa. Faz-se necessário o preenchimento dos seguintes requisitos:

- Ser brasileiro;
- Possuir mais de trinta e cinco e menos de sessenta e cinco anos de idade;
- Possuir idoneidade moral e reputação ilibada;
- Possuir notórios conhecimentos jurídicos, contábeis, econômicos e financeiros ou de administração pública;
- Ter mais de dez anos de exercício de função ou de efetiva atividade profissional que exija os conhecimentos mencionados no inciso anterior.

A Constituição também regulou a forma de escolha desses membros por meio das seguintes regras:

> Um terço será escolhido pelo Presidente da República, com aprovação do Senado Federal, sendo dois alternadamente dentre auditores e membros do Ministério Público junto ao Tribunal, indicados em lista tríplice pelo Tribunal, segundo os critérios de antiguidade e merecimento;

> Dois terços pelo Congresso Nacional.

Quanto à escolha feita pelo Presidente uma observação é pertinente. Dos três membros que poderão ser escolhidos pelo Presidente dois serão, obrigatoriamente, auditores e membros do Ministério Público junto ao Tribunal de Contas da União. Já o terceiro membro escolhido pelo Presidente, será de sua livre escolha desde que preenchidos os demais requisitos já mencionados.

Outra observação importantíssima e sempre cobrada em prova: a Constituição equipara os Ministros do TCU aos Ministros do STJ ao passo que os auditores estão equiparados aos Juízes do TRF. Logicamente, se o auditor estiver substituindo o Ministro, a ele serão asseguradas as garantias próprias dos Ministros. Esta é a leitura dos § 3º e 4º:

> ***§ 3º*** *- Os Ministros do Tribunal de Contas da União terão as mesmas garantias, prerrogativas, impedimentos, vencimentos e vantagens dos Ministros do Superior Tribunal de Justiça, aplicando-se-lhes, quanto à aposentadoria e pensão, as normas constantes do Art. 40.*
>
> ***§ 4º*** *- O auditor, quando em substituição a Ministro, terá as mesmas garantias e impedimentos do titular e, quando no exercício das demais atribuições da judicatura, as de juiz de Tribunal Regional Federal.*

## Processo legislativo

Agora será estudada outra função típica do Poder Legislativo: o Processo Legislativo. O Processo Legislativo é um conjunto de procedimentos necessários para criação das normas. A Constituição, no Art. 59, apresenta algumas normas que podem ser criadas segundo essas regras:

> ***Art. 59.*** *O processo legislativo compreende a elaboração de:*
>
> ***I.*** *Emendas à Constituição;*
>
> ***II.*** *Leis complementares;*
>
> ***III.*** *Leis ordinárias;*
>
> ***IV.*** *Leis delegadas;*
>
> ***V.*** *Medidas provisórias;*
>
> ***VI.*** *Decretos legislativos;*
>
> ***VII.*** *Resoluções.*
>
> ***Parágrafo único.*** *Lei complementar disporá sobre a elaboração, redação, alteração e consolidação das leis.*

Essas são as chamadas normas primárias, pois a sua fonte de validade é a própria constituição. Nem de longe são as únicas normas existentes no direito brasileiro. O candidato deve ter ouvido falar em uma portaria ou instrução normativa. Essas outras normas que não estão no Art. 59, mas que também regulam nossas vidas, são chamadas de normas secundárias as quais, retiram a validade das normas primárias.

Uma pergunta que sempre é feita em prova: existe hierarquia entre as normas primárias previstas no Art. 59?

Em um primeiro momento, é possível verificar hierarquia entre essas normas, haja vista as emendas constitucionais possuírem o mesmo *status* da Constituição Federal. Fora as emendas que são hierarquicamente superiores às demais, pode-se afirmar, com amparo no próprio STF, que não existe hierarquia entre demais normas primárias. Isso significa dizer que as leis complementares, leis ordinárias, leis delegadas, medidas provisórias, decretos legislativos e resoluções estão na mesma posição jurídica. O que as distingue é a competência para edição e para a utilização. Cada uma dessas normas possui uma utilização específica prevista na própria Constituição e é isso que será estudado a partir de agora. Inicia-se com o chamado Processo Legislativo Ordinário.

## Processo legislativo ordinário

Esse é o processo legislativo destinado a elaboração das leis ordinárias e complementares. É composto por três fases: **introdutória**, **constitutiva** e **complementar.**

### Fase introdutória

A fase introdutória é composta basicamente pela iniciativa, ou seja, pela deflagração do processo de criação de uma lei.

Mas quem pode iniciar esse processo legislativo?

Qualquer membro ou comissão do Congresso Nacional, da Câmara ou do Senado; o Presidente da República; o Supremo Tribunal Federal; os Tribunais Superiores; o Procurador-Geral da República; e os cidadãos. Isso está previsto no *caput* do Art. 61:

> ***Art. 61.*** *A iniciativa das leis complementares e ordinárias cabe a qualquer membro ou Comissão da Câmara dos Deputados, do Senado Federal ou do Congresso Nacional, ao Presidente da República, ao Supremo Tribunal Federal, aos Tribunais Superiores, ao Procurador-Geral da República e aos cidadãos, na forma e nos casos previstos nesta Constituição.*

Algumas considerações precisam ser feitas acerca da iniciativa. Primeiramente, no que tange à iniciativa do Presidente da República: existem algumas matérias em que a iniciativa da lei é privativa do Presidente, as quais estão previstas no § 1º do Art. 61:

> ***§ 1º*** *- São de iniciativa privativa do Presidente da República as leis que:*
>
> ***I.*** *Fixem ou modifiquem os efetivos das Forças Armadas;*
>
> ***II.*** *Disponham sobre:*
>
> ***a)*** *criação de cargos, funções ou empregos públicos na administração direta e autárquica ou aumento de sua remuneração;*
>
> ***b)*** *organização administrativa e judiciária, matéria tributária e orçamentária, serviços públicos e pessoal da administração dos Territórios;*
>
> ***c)*** *servidores públicos da União e Territórios, seu regime jurídico, provimento de cargos, estabilidade e aposentadoria;*
>
> ***d)*** *organização do Ministério Público e da Defensoria Pública da União, bem como normas gerais para a organização do Ministério Público e da Defensoria Pública dos Estados, do Distrito Federal e dos Territórios;*
>
> ***e)*** *criação e extinção de Ministérios e órgãos da administração pública, observado o disposto no Art. 84, VI;*
>
> ***f)*** *militares das Forças Armadas, seu regime jurídico, provimento de cargos, promoções, estabilidade, remuneração, reforma e transferência para a reserva.*

Quer dizer que só o Presidente da República tem iniciativa para propor projetos de lei sobre esses temas.

Outra consideração importante se refere à iniciativa popular, ou seja, os projetos de lei propostos por cidadãos. A Constituição no § 2º do Art. 61 condiciona o exercício desta iniciativa ao preenchimento de alguns requisitos:

> ***§ 2º** - A iniciativa popular pode ser exercida pela apresentação à Câmara dos Deputados de projeto de lei subscrito por, no mínimo, um por cento do eleitorado nacional, distribuído pelo menos por cinco Estados, com não menos de três décimos por cento dos eleitores de cada um deles.*

Também é relevante anotar a competência do STF e dos Tribunais Superiores que estão previstos no Art. 93 e 96, II:

> ***Art. 93.** Lei complementar, de iniciativa do Supremo Tribunal Federal, disporá sobre o Estatuto da Magistratura, observados os seguintes princípios.*
>
> ***Art. 96.** Compete privativamente:*
>
> ***II.** Ao Supremo Tribunal Federal, aos Tribunais Superiores e aos Tribunais de Justiça propor ao Poder Legislativo respectivo, observado o disposto no Art. 169.*

E ainda há a iniciativa do Procurador Geral da República, chefe do Ministério Público da União, e que está prevista no Art. 127, § 2º:

> ***Art. 127**, § 2º - Ao Ministério Público é assegurada autonomia funcional e administrativa, podendo, observado o disposto no Art. 169, propor ao Poder Legislativo a criação e extinção de seus cargos e serviços auxiliares, provendo-os por concurso público de provas ou de provas e títulos, a política remuneratória e os planos de carreira; a lei disporá sobre sua organização e funcionamento.*

Todo Processo Legislativo precisa ser iniciado em uma das Casas do Poder Legislativo da União, as quais possuem atribuição principal para legislar. A Casa Legislativa, onde o projeto de lei é apresentado inicialmente, é chamada de Casa Iniciadora. Sempre o projeto se inicia em uma Casa, enquanto a outra fica responsável pela revisão. Quem revisa é chamada de Casa Revisora. Se o projeto se iniciar na Câmara dos Deputados, essa será a Casa Iniciadora, enquanto o Senado Federal será a Casa Revisora. Se ao contrário, o projeto se inicia no Senado, a Câmara será a Casa Revisora.

Em regra, a Casa Iniciadora será a Câmara dos Deputados, ou seja, é nessa casa que os processos legislativos costumam ser iniciados. Excepcionalmente, o Processo Legislativo se iniciará no Senado Federal. O Senado só será Casa Iniciadora quando a iniciativa for de um membro ou de uma comissão do Senado bem como nos casos em que for proposta por comissão mista do Congresso Nacional. No último caso, o processo iniciar-se-á alternadamente em cada casa, iniciando-se uma vez na Câmara outra vez no Senado[1].

## Fase constitutiva

Apresentado o projeto de lei à Casa Iniciadora, iniciar-se-á a Fase Constitutiva. Essa fase é formada por três momentos: discussão, votação e sanção.

### Discussão

A discussão, também chamada de debate, é o momento destinado à discussão dos projetos de lei. A discussão ocorre em três locais: na Comissão de Constituição e Justiça (CCJ), nas Comissões Temáticas (CT) e no Plenário.

A CCJ realiza uma análise formal do projeto e emite um parecer terminativo quanto à constitucionalidade. Isso significa dizer que aquilo que for decidido por essa comissão definirá o rumo do projeto de lei analisado.

Já as Comissões Temáticas realizam um exame material e emitem pareceres meramente opinativos, ou seja, essas comissões emitem apenas uma opinião que poderá ser seguida ou não.

Após o debate nas comissões, o projeto de lei é enviado ao plenário, onde ocorre a votação.

### Votação

Neste momento se faz necessário compreender os quóruns necessários para votação. Existem três tipos de quórum:

**Quórum para deliberação:**

Para a deliberação em plenário de qualquer projeto de lei é necessária a presença da maioria absoluta dos membros, conforme disposto no Art. 47:

> ***Art. 47.** Salvo disposição constitucional em contrário, as deliberações de cada Casa e de suas Comissões serão tomadas por maioria dos votos, presente a maioria absoluta de seus membros.*

**Quórum para aprovação de lei ordinária:**

Para aprovação de lei ordinária, é necessário o voto de maioria simples ou relativa dos presentes com fundamento no Art. 47 acima apresentado.

**Quórum para aprovação de lei complementar:**

Para aprovação de lei complementar é necessário o voto da maioria absoluta dos membros. Vejamos o Art. 69 da Constituição:

> ***Art. 69.** As leis complementares serão aprovadas por maioria absoluta.,*

Mas o que é **maioria absoluta?** Calcula-se a maioria absoluta de forma muito simples. É o primeiro número inteiro após a metade.

**Ex.:** No caso do Senado Federal, que possui 81 membros, para se calcular a maioria absoluta primeiramente se busca a metade, que é 40,5. O primeiro número inteiro após a metade é 41. Logo, esse número representa a maioria absoluta do Senado. Esse raciocínio deve ser feito também com a Câmara para se chegar a sua maioria absoluta, que é 257. Lembre-se de que a maioria absoluta é um número fixo. Sempre será a mesma quantidade. Lembre-se também de que esse quórum serve tanto para iniciar as deliberações nas Casas quanto para aprovar a lei complementar.

A **maioria relativa** é a maioria dos presentes. Sua lógica é parecida com a utilizada para descobrir a maioria absoluta, com apenas uma distinção: o parâmetro aqui é a quantidade de presentes. Logo, para se calcular a maioria relativa, deve-se contar os presentes, descobrir quanto é a metade e chegar ao primeiro número inteiro após a metade. Supondo que estejam presentes 41 Senadores, o que já bastaria para se iniciar qualquer deliberação, a maioria relativa dos presentes estaria representada por 21 membros. Essa quantidade já seria suficiente para aprovar uma lei ordinária.

Entendidos esses *quóruns*, pode-se votar o projeto de lei. Duas são as consequências possíveis de um projeto de lei na Casa Iniciadora:

**Rejeição**

Projeto de lei rejeitado deve ser arquivado;

**Aprovação**

Projeto de lei aprovado segue para Casa Revisora.

1 Regimento Comum: Resolução nº 1, de 1970-CN, (texto consolidado até 2010) e normas conexas. Brasília: Congresso Nacional, 2011, Art. 142: Os projetos elaborados por Comissão Mista serão encaminhados, alternadamente, ao Senado e à Câmara dos Deputados.

Após a aprovação do projeto de lei na Casa Iniciadora, o projeto será encaminhado para a Casa Revisora conforme disposição do Art. 65:

> ***Art. 65.*** *O projeto de lei aprovado por uma Casa será revisto pela outra, em um só turno de discussão e votação, e enviado à sanção ou promulgação, se a Casa revisora o aprovar, ou arquivado, se o rejeitar.*
>
> ***Parágrafo único.*** *Sendo o projeto emendado, voltará à Casa iniciadora.*

Na Casa Revisora o projeto também precisa passar pelas mesmas comissões que passou na Casa Iniciadora até chegar ao plenário. A partir da votação, o projeto pode ter três destinos:

**Rejeição**

Caso o projeto seja rejeitado, o mesmo será arquivado;

**Aprovação sem emenda**

Se aprovado sem emendas, o projeto segue para o Presidente da República sancionar ou vetar;

**Aprovação com emendas**

Se aprovado com emendas, o projeto retorna à Casa Iniciadora, que analisará as emendas. Caso aprove as emendas, encaminhará o projeto para sanção do Presidente. Se as emendas não forem aprovadas, a Casa Iniciadora retira as emendas e, do mesmo jeito, encaminha o Projeto de Lei para sanção. Essa situação revela uma nítida prevalência da Casa Iniciadora sobre a Casa Revisora.

Uma observação deve ser feita nos casos dos Projetos de Lei rejeitados: segundo o Art. 67, projeto de lei rejeitado só poderá ser apresentado novamente na mesma sessão legislativa se for apresentado pelo voto de maioria absoluta dos membros de qualquer das casas **(Princípio da Irrepetibilidade Relativa):**

> ***Art. 67.*** *A matéria constante de projeto de lei rejeitado somente poderá constituir objeto de novo projeto, na mesma sessão legislativa, mediante proposta da maioria absoluta dos membros de qualquer das Casas do Congresso Nacional.*

Esse tema sempre é cobrado em prova, bem como os aspectos relacionados aos *quóruns* exigidos para as deliberações no parlamento. Memorize as regras e tenha cuidado para não confundi-las.

**Sanção ou veto**

Inicia-se agora a tratar do terceiro momento da fase constitutiva: a sanção ou veto. A sanção é a concordância do Presidente com o projeto de lei, enquanto o veto é a sua discordância. Tanto a sanção quanto o veto estão regulados no Art. 66:

> ***Art. 66.*** *A Casa na qual tenha sido concluída a votação enviará o projeto de lei ao Presidente da República, que, aquiescendo, o sancionará.*
>
> ***§ 1º*** *- Se o Presidente da República considerar o projeto, no todo ou em parte, inconstitucional ou contrário ao interesse público, vetá-lo-á total ou parcialmente, no prazo de quinze dias úteis, contados da data do recebimento, e comunicará, dentro de quarenta e oito horas, ao Presidente do Senado Federal os motivos do veto.*

Primeiramente, serão analisados alguns aspectos importantes da sanção. O § 1º do Art. 66 afirma que o Presidente possui 15 dias úteis para manifestar-se sobre o projeto de lei. Esse parágrafo apresenta a modalidade de Sanção Expressa. Sanção Expressa é aquela em que o Presidente expressamente manifesta sua concordância com o projeto de lei. Ele deixa clara sua opinião a favor do projeto de lei.

Outra forma de sanção é a chamada Sanção Tácita. Vejamos o § 3º do mesmo artigo:

> ***Art. 66, § 3º*** *- Decorrido o prazo de quinze dias, o silêncio do Presidente da República importará sanção.*

A Sanção Tácita ocorre quando o Presidente, durante o prazo que possui de 15 dias, não manifesta sua vontade quanto ao projeto de lei. Simplesmente fica em silêncio.

O silêncio do Presidente significa concordância com o projeto de lei. Note que com a sanção o projeto de lei se transforma em lei.

Quanto ao veto, algumas considerações também precisam ser feitas. Utilizando a mesma fundamentação do Art. 66, pode-se afirmar que o Presidente possui o prazo de 15 dias úteis para concordar ou discordar do projeto de lei. Agora, havendo discordância de forma expressa tem-se o chamado Veto Expresso. Uma pergunta surge diante dessa afirmação: será que existe veto tácito?

Ora, se durante o prazo de 15 dias úteis, o Presidente não falar nada, tem-se a Sanção Tácita. Seria possível o silêncio do Presidente provocar duas consequências jurídicas diferentes? Não. Logo, pode-se afirmar que não existe Veto Tácito. O veto será sempre expresso.

O veto pode ser jurídico ou político. O Veto Jurídico ocorre quando o Presidente considera o projeto de lei inconstitucional. É uma espécie de controle de constitucionalidade prévio, pois ocorre antes da criação da lei. Já o Veto Político ocorre quando o Presidente veta o projeto de lei por considerá-lo contrário ao interesse público.

A doutrina afirma ainda que o veto poderá ser total ou parcial. O Veto Total ocorre quando o Presidente veta todo o projeto de lei. O Veto Parcial é aquele em que o Presidente veta parte do projeto de lei. No que tange ao veto parcial, a Constituição estabeleceu alguns limites no § 2º:

> ***Art. 66, § 2º*** *- O veto parcial somente abrangerá texto integral de artigo, de parágrafo, de inciso ou de alínea.*

Ou seja, não existe veto de palavras ou letras isoladas. O veto só pode abranger o texto integral de um artigo, parágrafo, inciso ou de alínea.

O veto tem que ser motivado, pois, conforme prevê o § 1º do Art. 61 o Presidente deverá informar a sua justificativa ao Presidente do Senado Federal em 48 horas. Isso se faz necessário em razão do veto ser superável, ou seja, o Congresso, em 30 dias, analisará o veto e poderá, pelo voto de maioria absoluta dos Deputados e Senadores, rejeitá-lo. É o que dispõe o § 4º do Art. 66:

> ***§ 4º*** *- O veto será apreciado em sessão conjunta, dentro de trinta dias a contar de seu recebimento, só podendo ser rejeitado pelo voto da maioria absoluta dos Deputados e Senadores. (Redação dada pela Emenda Constitucional nº 76, de 2013)*

Derrubado o veto, o projeto será enviado ao Presidente da República para que o promulgue:

> ***§ 5º*** *- Se o veto não for mantido, será o projeto enviado, para promulgação, ao Presidente da República.*

Finalizado o terceiro momento da fase constitutiva, inicia-se agora a fase complementar.

## Fase complementar

A fase complementar consiste em dois momentos: a promulgação e a publicação.

A promulgação é um atestado de que a lei existe. Em regra, é feita pelo Presidente da República; contudo, nos casos de sanção tácita ou rejeição do veto, em que o Presidente não promulgue a lei em 48 horas, a competência para fazê-la será do Presidente do Senado Federal e, se esse não a fizer, será competente o Vice-Presidente do Senado. A publicação marca o início da exigência da lei.

> ***§ 7º** - Se a lei não for promulgada dentro de quarenta e oito horas pelo Presidente da República, nos casos dos § 3º e § 5º, o Presidente do Senado a promulgará, e, se este não o fizer em igual prazo, caberá ao Vice-Presidente do Senado fazê-lo.*

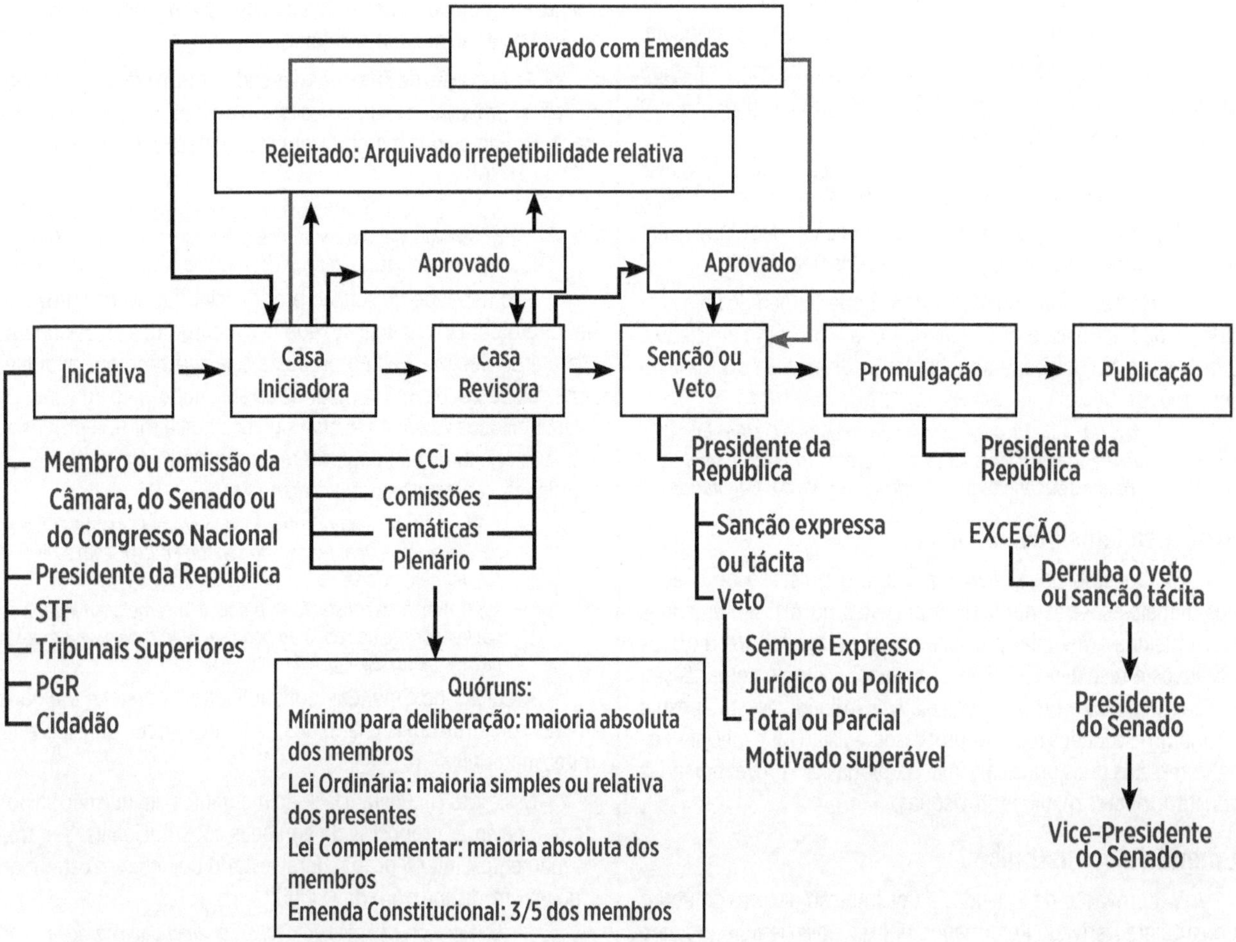


Após a promulgação, há a **publicação**. A publicação marca o momento em que a norma se torna conhecida da sociedade, pois passa a ser pública. Essa publicidade é feita em jornais oficiais como o Diário Oficial da União. A partir da publicação, se não houver outro prazo para o início da vigência, a lei poderá ser exigida.

Esse é o Processo Legislativo das leis ordinárias e complementares. A diferença entre o Processo Legislativo das leis ordinárias e o das leis complementares está no quórum de aprovação. Além dessa diferença, a doutrina tem salientado que, para uma matéria ser regulada por lei complementar, deve haver exigência expressa do texto constitucional.

Passa-se para outra espécie de processo legislativo: o Processo Legislativo Sumário.

## Processo legislativo sumário

O Processo Legislativo Sumário é o Processo Legislativo Ordinário com prazo. Regulado no Art. 64, o Processo Legislativo Sumário é caracterizado pelo pedido de urgência solicitado pelo Presidente da República nos projetos de Lei de sua iniciativa, ainda que não seja de iniciativa privativa.

> ***Art. 64**, § 1º - O Presidente da República poderá solicitar urgência para apreciação de projetos de sua iniciativa.*

Pedida a urgência, o Congresso Nacional deverá analisar o projeto de lei no prazo de 100 dias os quais são destinados:

**45 dias para análise da Câmara dos Deputados (Casa Iniciadora);**

**45 dias para análise do Senado (Casa Revisora);**

**10 dias para a Casa Iniciadora analisar as emendas se existirem.**

Esta é a leitura dos § 2º e 3º do Art. 64:

> ***§ 2º** - Se, no caso do § 1º, a Câmara dos Deputados e o Senado Federal não se manifestarem sobre a proposição, cada qual sucessivamente, em até quarenta e cinco dias, sobrestar-se-ão todas as demais deliberações legislativas da respectiva Casa, com exceção das que tenham prazo constitucional determinado, até que se ultime a votação.*

> ***§ 3º** - A apreciação das emendas do Senado Federal pela Câmara dos Deputados far-se-á no prazo de dez dias, observado quanto ao mais o disposto no parágrafo anterior.*

O § 2º apresentado também prevê que se qualquer uma das Casas Legislativas não votar o Projeto de Lei no prazo de 45 dias, a votação das demais proposituras ficará sobrestada até que se realize a votação. É o chamado sobrestamento ou trancamento de pauta.

A Constituição também deixou clara sua vedação de pedido de urgência para projetos de códigos bem como a suspensão do prazo nos recessos parlamentares:

> ***§ 4º** - Os prazos do § 2º não correm nos períodos de recesso do Congresso Nacional, nem se aplicam aos projetos de código.*

É possível afirmar que todos os processos legislativos em regime de urgência se iniciam na Câmara dos Deputados?

Certamente que sim, visto que só pode ser pedido pelo Presidente da República e este, quando inicia o processo legislativo, o faz na Câmara dos Deputados conforme disposição expressa no *caput* do Art. 64:

> ***Art. 64.** A discussão e votação dos projetos de lei de iniciativa do Presidente da República, do Supremo Tribunal Federal e dos Tribunais Superiores terão início na Câmara dos Deputados.*

## Processo legislativo especial

O Processo Legislativo Especial é o processo de criação das demais espécies normativas previstas no Art. 59: emendas constitucionais, medidas provisórias, leis delegadas, decretos legislativos e resoluções. As leis ordinárias e complementares são criadas segundo o Processo Legislativo Ordinário. Nesta apostila não serão estudados todos os processos legislativos especiais. Focalizam-se as duas principais, mais cobradas em prova: emendas constitucionais e medidas provisórias.

## Emendas à constituição

A aprovação de Emendas à Constituição decorre do Poder Constituinte Derivado Reformador, que é o único legitimado para alterar o texto constitucional. As emendas são as únicas espécies normativas responsáveis pela alteração da Constituição Federal.

O Processo Legislativo das Emendas é diferenciado, tendo em vista seu poder normativo ser muito grande, pois é o da própria Constituição. Logo, é um processo mais dificultado, mais rigoroso. A Constituição Federal regula esse processo no seu Art. 60.

Primeiramente, será analisada a iniciativa, que é o rol de legitimados para propor a alteração do Texto Constitucional. Vejamos o *caput* do Art. 60, que possui um rol de legitimados para propor emendas, o qual é diferente do rol de legitimados para propor projetos de lei:

> ***Art. 60.** A Constituição poderá ser emendada mediante proposta:*
>
> ***I.** De um terço, no mínimo, dos membros da Câmara dos Deputados ou do Senado Federal;*
>
> ***II.** Do Presidente da República;*
>
> ***III.** De mais da metade das Assembleias Legislativas das unidades da Federação, manifestando-se, cada uma delas, pela maioria relativa de seus membros.*

Atente-se para alguns detalhes que são muito importantes. Um deputado ou senador não pode propor emenda à Constituição, só se estiverem representados por 1/3, no mínimo, dos membros. Outro ponto relevante é saber que o Presidente da República é legitimado para propor tanto lei quanto emenda. E, por último, deve-se ter cuidado com o último legitimado, que é um pouco diferente: mais da metade das Assembleias legislativas das unidades da federação, manifestando-se, cada uma delas, pela maioria relativa de seus membros. Deve-se ter muito cuidado, principalmente, com o *quórum* exigido aqui, que é a maioria relativa dos membros, e não maioria absoluta.

A aprovação de Emendas depende de um *quórum* bem qualificado: aprovação nas duas Casas, em dois turnos em cada Casa, por três quintos dos membros em cada votação. É o que prevê o § 2º do Art. 60:

> ***§ 2º** - A proposta será discutida e votada em cada Casa do Congresso Nacional, em dois turnos, considerando-se aprovada se obtiver, em ambos, três quintos dos votos dos respectivos membros.*

Não depende de sanção presidencial que, após aprovada, vai direto para promulgação, que fica a cargo das Mesas da Câmara e do Senado. Caso a proposta seja rejeitada por qualquer uma das Casas, deverá ser arquivada aplicando-se o Princípio da Irrepetibilidade Absoluta, o qual significa que a mesma proposta, uma vez rejeitada, não pode ser reapresentada na mesma sessão legislativa, conforme estabelecido no Art. 60:

> ***§ 3º** - A emenda à Constituição será promulgada pelas Mesas da Câmara dos Deputados e do Senado Federal, com o respectivo número de ordem.*
>
> ***§ 5º** - A matéria constante de proposta de emenda rejeitada ou havida por prejudicada não pode ser objeto de nova proposta na mesma sessão legislativa.*

A edição de Emendas Constitucionais obedece a alguns limites constitucionais chamados de limites circunstanciais e limites materiais.

Os limites circunstanciais são momentos em que não se podem apresentar propostas de emendas constitucionais. São três os momentos: intervenção federal, estado de defesa e estado de sítio. Assim, dispõe o § 1º do Art. 60:

> ***§ 1º** - A Constituição não poderá ser emendada na vigência de intervenção federal, de estado de defesa ou de estado de sítio.*

Os **limites materiais** são temas que não podem ser retirados da Constituição Federal, pois compõem seu núcleo imutável. São as chamadas cláusulas pétreas previstas no § 4º do Art. 60:

> ***§ 4º** - Não será objeto de deliberação a proposta de emenda tendente a abolir:*
>
> ***I.** A forma federativa de Estado;*
>
> ***II.** O voto direto, secreto, universal e periódico;*
>
> ***III.** A separação dos Poderes;*
>
> ***IV.** Os direitos e garantias individuais.*

## Medidas provisórias

O Art. 62 é destinado à regulação das Medidas Provisórias. A edição dessa espécie normativa é de competência privativa do Presidente da República e só pode ser elaborada em situação de relevância e urgência. É uma função atípica desempenhada pelo Chefe do Executivo. Veja o *caput* do Art. 62:

> ***Art. 62.** Em caso de relevância e urgência, o Presidente da República poderá adotar medidas provisórias, com força de lei, devendo submetê-las de imediato ao Congresso Nacional.*

A Medida Provisória não é uma lei, mas tem força de lei. Depois de editada, produz efeitos imediatos, mas precisa ser submetida à apreciação do Congresso Nacional.

Primeiramente, passa por uma comissão mista do Congresso para verificação dos requisitos constitucionais, seguindo posteriormente para o plenário de cada Casa Legislativa. A Casa Iniciadora obrigatória é a Câmara dos Deputados, tendo em vista a competência ser do Presidente da República:

> ***§ 5º*** *- A deliberação de cada uma das Casas do Congresso Nacional sobre o mérito das medidas provisórias dependerá de juízo prévio sobre o atendimento de seus pressupostos constitucionais.*
>
> ***§ 8º*** *- As medidas provisórias terão sua votação iniciada na Câmara dos Deputados.*
>
> ***§ 9º*** *- Caberá à comissão mista de Deputados e Senadores examinar as medidas provisórias e sobre elas emitir parecer, antes de serem apreciadas, em sessão separada, pelo plenário de cada uma das Casas do Congresso Nacional.*

O Congresso tem um prazo de 60 dias para manifestar-se sobre a Medida Provisória, o qual poderá ser prorrogado por mais 60 dias se necessário. Esse prazo ficará suspenso durante os recessos parlamentares. Se, por ventura, nos primeiros 45 dias a MP não for analisada, a pauta da Casa onde se encontrar entrará em regime de urgência sobrestando as demais deliberações. O sobrestamento da pauta, também conhecido como trancamento de pauta, impede a Casa Legislativa de votar outra proposição que não possua prazo enquanto a Medida Provisória não for votada:

> ***§ 3º*** *- As medidas provisórias, ressalvado o disposto nos §§ 11 e 12 perderão eficácia, desde a edição, se não forem convertidas em lei no prazo de sessenta dias, prorrogável, nos termos do § 7º, uma vez por igual período, devendo o Congresso Nacional disciplinar, por decreto legislativo, as relações jurídicas delas decorrentes.*
>
> ***§ 4º*** *- O prazo a que se refere o § 3º contar-se-á da publicação da medida provisória, suspendendo-se durante os períodos de recesso do Congresso Nacional.*
>
> ***§ 6º*** *- Se a medida provisória não for apreciada em até quarenta e cinco dias contados de sua publicação, entrará em regime de urgência, subsequentemente, em cada uma das Casas do Congresso Nacional, ficando sobrestadas, até que se ultime a votação, todas as demais deliberações legislativas da Casa em que estiver tramitando.*
>
> ***§ 7º*** *- Prorrogar-se-á uma única vez por igual período a vigência de medida provisória que, no prazo de sessenta dias, contado de sua publicação, não tiver a sua votação encerrada nas duas Casas do Congresso Nacional.*

A apreciação da Medida Provisória pelo Congresso Nacional pode gerar três consequências:

**Conversão em lei sem emendas**

Havendo conversão integral da MP em lei, ela seguirá para promulgação pelo Presidente da Mesa do Congresso Nacional.

**Conversão em lei com emendas**

Havendo conversão parcial a MP se transformará em Projeto de Lei, seguindo todos os trâmites normais, inclusive em relação a sanção presidencial:

> ***§ 12*** *- Aprovado projeto de lei de conversão alterando o texto original da medida provisória, esta manter-se-á integralmente em vigor até que seja sancionado ou vetado o projeto.*

## Rejeição

A rejeição pode ser tácita ou expressa. Em ambos os casos, se rejeitada, a MP perde sua eficácia desde a origem (ex tunc). Nesse caso o Congresso Nacional terá 60 dias para disciplinar as relações jurídicas decorrentes do período em que estava em vigor mediante Decreto Legislativo. Caso não o faça, os atos praticados durante a vigência da MP permanecerão regulados pela própria Medida Provisória:

> ***§ 11*** *- Não editado o decreto legislativo a que se refere o § 3º até sessenta dias após a rejeição ou perda de eficácia de medida provisória, as relações jurídicas constituídas e decorrentes de atos praticados durante sua vigência conservar-se-ão por ela regidas.*

A Medida Provisória rejeitada ou que tenha perdido a eficácia não poderá ser reeditada na mesma Sessão Legislativa aplicando-se nesse caso o Princípio da Irrepetibilidade Absoluta:

> ***§ 10*** *- É vedada a reedição, na mesma sessão legislativa, de medida provisória que tenha sido rejeitada ou que tenha perdido sua eficácia por decurso de prazo.*

Não poderão ser editadas Medidas Provisórias que versem sobre os limites materiais estabelecidos no Art. 62, § 1º e no Art. 25, § 2º da Constituição Federal:

> ***§ 1º*** *- É vedada a edição de medidas provisórias sobre matéria:*
>
> ***I.*** *Relativa a:*
>
> ***a)*** *nacionalidade, cidadania, direitos políticos, partidos políticos e direito eleitoral;*
>
> ***b)*** *direito penal, processual penal e processual civil;*
>
> ***c)*** *organização do Poder Judiciário e do Ministério Público, a carreira e a garantia de seus membros;*
>
> ***d)*** *planos plurianuais, diretrizes orçamentárias, orçamento e créditos adicionais e suplementares, ressalvado o previsto no Art. 167, § 3º;*
>
> ***I.*** *Que vise a detenção ou sequestro de bens, de poupança popular ou qualquer outro ativo financeiro;*
>
> ***II.*** *Reservada a lei complementar;*
>
> ***III.*** *Já disciplinada em projeto de lei aprovado pelo Congresso Nacional e pendente de sanção ou veto do Presidente da República.*
>
> ***Art. 25.*** *Os Estados organizam-se e regem-se pelas Constituições e leis que adotarem, observados os princípios desta Constituição.*
>
> ***§ 2º*** *- Cabe aos Estados explorar diretamente, ou mediante concessão, os serviços locais de gás canalizado, na forma da lei, vedada a edição de medida provisória para a sua regulamentação.*

# 11. PODER EXECUTIVO

O Poder Executivo, tem como função principal administrar o Estado. Para entender como o Poder Executivo Brasileiro está organizado, a seguir serão analisados alguns princípios constitucionais que o influenciam.

## 11.1 Princípios

### Princípio republicano

O primeiro princípio que será estudo é o Republicano que representa a Forma de Governo adotada no Brasil. A forma de governo reflete o modo de aquisição e exercício do poder político, além de medir a relação existente entre o governante e o governado.

A melhor forma de entender esse instituto é conhecendo suas características. A primeira característica decorre da análise etimológica da expressão res publica. Essa expressão, que dá origem ao princípio ora estudado, significa coisa pública, ou seja, em um Estado republicano o governante governa a coisa pública, governa para o povo.

Na república, o governante é escolhido pelo povo. Essa é a chamada eletividade. O poder político é adquirido pelas eleições, cuja vontade popular se concretiza nas urnas.

Outra característica importante é a Temporariedade. Esse atributo revela o caráter temporário do exercício do poder político. Por causa desse princípio, em nosso Estado, o governante permanece por quatro anos no poder, sendo permitida apenas uma reeleição.

Por fim, num Estado Republicano o governante pode ser responsabilizado por seus atos.

Quando se fala dessas características da forma de governo republicana, remete-se imediatamente ao regime político adotado no Brasil, que permite a participação popular nas decisões estatais: **democracia.**

### Princípio democrático

Esse princípio revela o **Regime de Governo** adotado no Brasil, também chamado de **Regime Político**. Caracteriza-se por um governo do povo, pelo povo e para o povo.

### Presidencialismo

O Presidencialismo é o **Sistema de Governo** adotado no Brasil. O sistema de governo rege a relação entre o Poder Executivo e o Legislativo, medindo o grau de dependência entre eles. No Presidencialismo, prevalece a separação entre os Poderes Executivo e Legislativo os quais são independentes e harmônicos entre si.

A Constituição declara que o Poder Executivo da União é exercido pelo Presidente da República, auxiliado por seus Ministros de Estado:

> ***Art. 76.*** *O Poder Executivo é exercido pelo Presidente da República, auxiliado pelos Ministros de Estado.*

O Presidencialismo possui uma característica muito importante para prova: o presidente, que é eleito pelo povo, exerce ao mesmo tempo três funções: Chefe de Estado, Chefe de Governo e Chefe da Administração Pública.

A função de Chefe de Estado diz respeito a todas as atribuições do Presidente nas relações externas do País. Como Chefe de Governo, o Presidente possui inúmeras atribuições internas, no que tange à governabilidade do país. Já como Chefe da Administração Pública, o Presidente exercerá as funções relacionadas com a chefia da Administração Pública Federal, ou seja, apenas da União.

Esses princípios que regem o Poder Executivo costumam ser cobrados em prova. Vejamos esta questão sobre o princípio republicano:

Partindo de discussões sobre o presidencialismo, que caracteriza as funções exercidas pelo Presidente da República, a seguir serão estudados suas atribuições, que aparecem praticamente em todos os editais que contêm Poder Executivo.

### Atribuições do presidente

As atribuições do Presidente da República encontram-se arroladas no Art. 84 da Constituição Federal:

> ***Art. 84.*** *Compete privativamente ao Presidente da República:*
>
> ***I.*** *Nomear e exonerar os Ministros de Estado;*
>
> ***II.*** *Exercer, com o auxílio dos Ministros de Estado, a direção superior da administração federal;*
>
> ***III.*** *Iniciar o processo legislativo, na forma e nos casos previstos nesta Constituição;*
>
> ***IV.*** *Sancionar, promulgar e fazer publicar as leis, bem como expedir decretos e regulamentos para sua fiel execução;*
>
> ***V.*** *Vetar projetos de lei, total ou parcialmente;*
>
> ***VI.*** *Dispor, mediante decreto, sobre:*
>
> ***a)*** *Organização e funcionamento da administração federal, quando não implicar aumento de despesa nem criação ou extinção de órgãos públicos;*
>
> ***b)*** *Extinção de funções ou cargos públicos, quando vagos;*
>
> ***VII.*** *Manter relações com Estados estrangeiros e acreditar seus representantes diplomáticos;*
>
> ***VIII.*** *Celebrar tratados, convenções e atos internacionais, sujeitos a referendo do Congresso Nacional;*
>
> ***IX.*** *Decretar o estado de defesa e o estado de sítio;*
>
> ***X.*** *Decretar e executar a intervenção federal;*
>
> ***XI.*** *Remeter mensagem e plano de governo ao Congresso Nacional por ocasião da abertura da sessão legislativa, expondo a situação do País e solicitando as providências que julgar necessárias;*

***XII.*** *Conceder indulto e comutar penas, com audiência, se necessário, dos órgãos instituídos em lei;*

***XIII.*** *Exercer o comando supremo das Forças Armadas, nomear os Comandantes da Marinha, do Exército e da Aeronáutica, promover seus oficiais-generais e nomeá-los para os cargos que lhes são privativos;*

***XIV.*** *Nomear, após aprovação pelo Senado Federal, os Ministros do Supremo Tribunal Federal e dos Tribunais Superiores, os Governadores de Territórios, o Procurador-Geral da República, o presidente e os diretores do banco central e outros servidores, quando determinado em lei;*

***XV.*** *Nomear, observado o disposto no Art. 73, os Ministros do Tribunal de Contas da União;*

***XVI.*** *Nomear os magistrados, nos casos previstos nesta Constituição, e o Advogado-Geral da União;*

***XVII.*** *Nomear membros do Conselho da República, nos termos do Art. 89, VII;*

***XVIII.*** *Convocar e presidir o Conselho da República e o Conselho de Defesa Nacional;*

***XIX.*** *Declarar guerra, no caso de agressão estrangeira, autorizado pelo Congresso Nacional ou referendado por ele, quando ocorrida no intervalo das sessões legislativas, e, nas mesmas condições, decretar, total ou parcialmente, a mobilização nacional;*

***XX.*** *Celebrar a paz, autorizado ou com o referendo do Congresso Nacional;*

***XXI.*** *Conferir condecorações e distinções honoríficas;*

***XXII.*** *Permitir, nos casos previstos em lei complementar, que forças estrangeiras transitem pelo território nacional ou nele permaneçam temporariamente;*

***XXIII.*** *Enviar ao Congresso Nacional o plano plurianual, o projeto de lei de diretrizes orçamentárias e as propostas de orçamento previstos nesta Constituição;*

***XXIV.*** *Prestar, anualmente, ao Congresso Nacional, dentro de sessenta dias após a abertura da sessão legislativa, as contas referentes ao exercício anterior;*

***XXV.*** *Prover e extinguir os cargos públicos federais, na forma da lei;*

***XXVI.*** *Editar medidas provisórias com força de lei, nos termos do Art. 62;*

***XXVII.*** *Exercer outras atribuições previstas nesta Constituição.*

*Parágrafo único: O Presidente da República poderá delegar as atribuições mencionadas nos incisos VI, XII e XXV, primeira parte, aos Ministros de Estado, ao Procurador-Geral da República ou ao Advogado-Geral da União, que observarão os limites traçados nas respectivas delegações.*

Esse tema, quando cobrado em prova, costuma trabalhar com a memorização do texto constitucional. A dica é memorizar o Art. 84 da Constituição. Ele sempre está contemplado em prova.

Como já se falou na análise do Presidencialismo, as atribuições do Presidente são de Chefe de Estado, Chefe de Governo ou Chefe da Administração Pública. Procurou-se, abaixo, adequar, conforme a melhor doutrina, as atribuições do Art. 84 às funções desenvolvidas pelo Presidente no exercício de seu mandato:

Como **Chefe de Estado:**

O Presidente representa o Estado nas suas relações internacionais. São funções de Chefe de Estado as previstas nos incisos VII, VIII, XIX, XX, XXII e XXVII do Art. 84;

Como **Chefe de Governo:**

O Presidente exerce sua liderança política representando e gerindo os negócios internos nacionais. São funções de Chefe de Governo as previstas nos incisos I, III, IV, V, IX, X, XI, XII, XIII, XIV, XV, XVI, XVII, XVIII, XXI, XXIII, XXIV, XXVI e XXVII;

Como **Chefe da Administração Pública:**

O Presidente gerencia os negócios internos administrativos da administração pública federal. São funções de Chefe da Administração Pública as previstas nos incisos II, VI, XXV e XXVII.

Uma característica interessante é que esse rol de competências é meramente exemplificativo, por força do inciso XXVII, que abre a possibilidade de o Presidente exercer outras atribuições além das previstas expressamente no texto constitucional.

Outra questão amplamente trabalhada em prova é a possibilidade de delegação de algumas de suas atribuições, conforme prescrição do parágrafo único do Art. 84. Nem todas as atribuições do Presidente são delegáveis, apenas as previstas nos incisos **VI, XII e XXV, primeira parte:**

> ***VI.*** *Dispor, mediante decreto, sobre:*
>
> ***a)*** *Organização e funcionamento da administração federal, quando não implicar aumento de despesa nem criação ou extinção de órgãos públicos;*
>
> ***b)*** *Extinção de funções ou cargos públicos, quando vagos;*
>
> ***XII.*** *Conceder indulto e comutar penas, com audiência, se necessário, dos órgãos instituídos em lei;*
>
> ***XXV.*** *Prover os cargos públicos federais, na forma da lei.*

São três competências que podem ser delegadas para três pessoas: Ministro de Estado, Procurador-Geral da República e Advogado-Geral da União.

Ministro de Estado é qualquer ministro que auxilie o Presidente da República na administração do Estado. São exemplos: Ministro da Justiça, Ministro da Fazenda e Ministro da Agricultura.

## Processo eleitoral

O processo de eleição do Presidente da República também encontra regulação expressa no texto constitucional:

> ***Art. 77.*** *A eleição do Presidente e do Vice-Presidente da República realizar-se-á, simultaneamente, no primeiro domingo de outubro, em primeiro turno, e no último domingo de outubro, em segundo turno, se houver, do ano anterior ao do término do mandato presidencial vigente.*
>
> ***§ 1º*** *- A eleição do Presidente da República importará a do Vice-Presidente com ele registrado.*
>
> ***§ 2º*** *- Será considerado eleito Presidente o candidato que, registrado por partido político, obtiver a maioria absoluta de votos, não computados os em branco e os nulos.*
>
> ***§ 3º*** *- Se nenhum candidato alcançar maioria absoluta na primeira votação, far-se-á nova eleição em até vinte dias após a proclamação do resultado, concorrendo os dois candidatos mais votados e considerando-se eleito aquele que obtiver a maioria dos votos válidos.*
>
> ***§ 4º*** *- Se, antes de realizado o segundo turno, ocorrer morte, desistência ou impedimento legal de candidato, convocar-se-á, dentre os remanescentes, o de maior votação.*
>
> ***§ 5º*** *- Se, na hipótese dos parágrafos anteriores, remanescer, em segundo lugar, mais de um candidato com a mesma votação, qualificar-se-á o mais idoso.*

Algumas considerações são importantes acerca desse tema. Primeiramente, deve-se registrar que a Constituição regulou até o dia em que deve ocorrer a eleição:

Primeiro Turno:

**Primeiro Domingo de Outubro;**

Segundo Turno:

**Último Domingo de Outubro.**

Uma coisa chama a atenção no *caput* do Art. 77. É que a Constituição diz que as eleições ocorrem no ano anterior ao do término do mandato presidencial vigente. Pergunta-se: será que essa regra é aplicável no direito brasileiro?

É claro que esse dispositivo é aplicado nos dias de hoje. A eleição ocorre no ano anterior ao do término do mandato presidencial vigente, pois o mandato acaba no dia 1º de janeiro, conforme dispõe o Art. 82:

> ***Art. 82.*** *O mandato do Presidente da República é de quatro anos e terá início em primeiro de janeiro do ano seguinte ao da sua eleição.*

Ora, se o novo mandato tem início em primeiro de janeiro, significa que o mandato antigo acaba no dia primeiro de janeiro. Logo, está corretíssimo afirmar que as eleições ocorrem no ano anterior ao do término do mandato presidencial vigente.

Quando votamos para Presidente, só votamos no Presidente. O Vice é eleito como consequência da eleição do Presidente. Esse será eleito se tiver a maioria absoluta dos votos, não computados os votos brancos e nulos, ou seja, será eleito aquele que possuir a maioria absoluta dos votos válidos. Maioria absoluta dos votos significa dizer que o eleito obteve o primeiro número inteiro após a metade dos votos válidos. Se ninguém obtiver maioria absoluta, deve-se convocar nova eleição – segundo turno. Para o segundo turno, são chamados os dois candidatos mais votados. Se, porventura, ocorrer empate no segundo lugar, a Constituição determina que seja convocado o mais idoso.

O critério de idade é para a situação de desempate. Ocorrendo morte, desistência ou impedimento de algum candidato do segundo turno, deverá ser convocado o próximo mais votado.

Finalizada a eleição, o Presidente e o Vice terão prazo de dez dias a contar da posse, para assumir o cargo. Caso não seja assumido, o cargo será declarado vago. Se o Presidente assume e o Vice não, o cargo do Vice é declarado vago, ficando o Presidente sem Vice até o fim do mandato. Caso o Vice assuma e o Presidente não, o cargo de Presidente será declarado vago, assumindo o Vice a função de Presidente e permanecendo durante o seu mandato sem Vice.

> ***Art. 78.*** *O Presidente e o Vice-Presidente da República tomarão posse em sessão do Congresso Nacional, prestando o compromisso de manter, defender e cumprir a Constituição, observar as leis, promover o bem geral do povo brasileiro, sustentar a união, a integridade e a independência do Brasil.*
>
> ***Parágrafo único.*** *Se, decorridos dez dias da data fixada para a posse, o Presidente ou o Vice-Presidente, salvo motivo de força maior, não tiver assumido o cargo, este será declarado vago.*

## Impedimento e vacância

O Impedimento e a Vacância são espécies de ausência do Presidente da República. São circunstâncias em que o Presidente não está no exercício de sua função. A diferença entre os dois institutos está no fato de que, na vacância a ausência é definitiva, enquanto no impedimento a ausência é temporária. São exemplos de vacância: morte, perda do cargo, renúncia. São exemplos de impedimento: doença, viagem, férias. Na vacância, ocorre sucessão; no impedimento, ocorre substituição. Tanto no caso de impedimento como no de vacância, a Constituição Federal determina que o Vice-Presidente ficará no lugar do Presidente, pois essa é a sua função precípua:

> ***Art. 79.*** *Substituirá o Presidente, no caso de impedimento, e suceder-lhe-á, no de vaga, o Vice-Presidente.*
>
> ***Parágrafo único.*** *O Vice-Presidente da República, além de outras atribuições que lhe forem conferidas por lei complementar, auxiliará o Presidente, sempre que por ele convocado para missões especiais.*

O problema maior surge quando o Presidente e o Vice se ausentam ao mesmo tempo. Nesse caso, a Constituição determina que se convoquem outros sucessores: Presidente da Câmara dos Deputados, Presidente do Senado Federal e Presidente do Supremo Tribunal Federal. Esses são os legitimados a sucederem o Presidente da República e o Vice-Presidente de forma sucessiva e temporária quando ocorrer a ausência dos dois ao mesmo tempo:

> ***Art. 80.*** *Em caso de impedimento do Presidente e do Vice-Presidente, ou vacância dos respectivos cargos, serão sucessivamente chamados ao exercício da Presidência o Presidente da Câmara dos Deputados, o do Senado Federal e o do Supremo Tribunal Federal.*

Uma coisa deve ser observada: o Vice-Presidente é o único legitimado a suceder o Presidente de forma definitiva. O Presidente da Câmara, do Senado e do STF só substituem o Presidente em caráter temporário. Isso significa que, se o Presidente morrer, quem assume o cargo é o Vice.

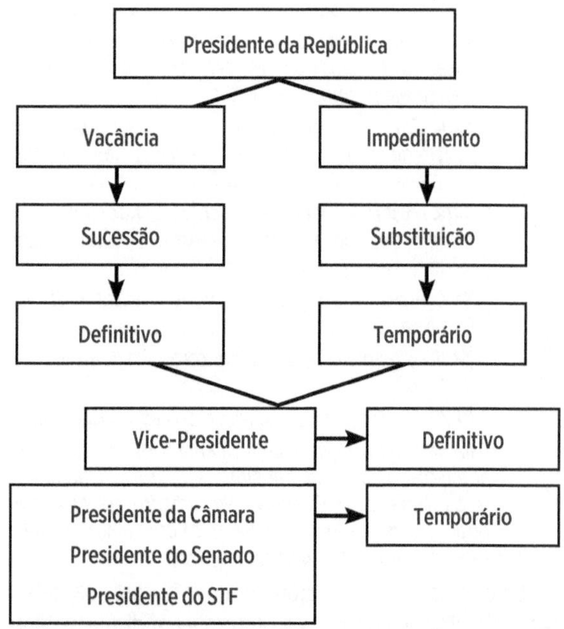


Agora, se ocorrer vacância dos cargos de Presidente e de Vice ao mesmo tempo, a Constituição determina que sejam realizadas novas eleições:

> ***Art. 81.*** *Vagando os cargos de Presidente e Vice-Presidente da República, far-se-á eleição noventa dias depois de aberta a última vaga.*
>
> ***§ 1º*** *- Ocorrendo a vacância nos últimos dois anos do período presidencial, a eleição para ambos os cargos será feita trinta dias depois da última vaga, pelo Congresso Nacional, na forma da lei.*
>
> ***§ 2º*** *- Em qualquer dos casos, os eleitos deverão completar o período de seus antecessores.*

Caso a vacância se dê nos dois primeiros anos de mandato, a eleição será direta, ou seja, com a participação do povo e deverá ocorrer no prazo de 90 dias a contar da última vacância. Mas, se a vacância se der nos dois últimos anos do mandato, a eleição será indireta (realizada pelo Congresso Nacional) no prazo de 30 dias a contar da última vacância. Quem for eleito permanecerá no cargo até o fim do mandato de quem ele sucedeu. Não se inicia um novo mandato. Esse mandato é chamado pela doutrina de Mandato-Tampão.

Em qualquer uma das duas situações, enquanto não forem eleitos os novos Presidente e Vice-Presidente, quem permanece no cargo é um dos sucessores temporários: Presidente da Câmara, do Senado ou do STF.

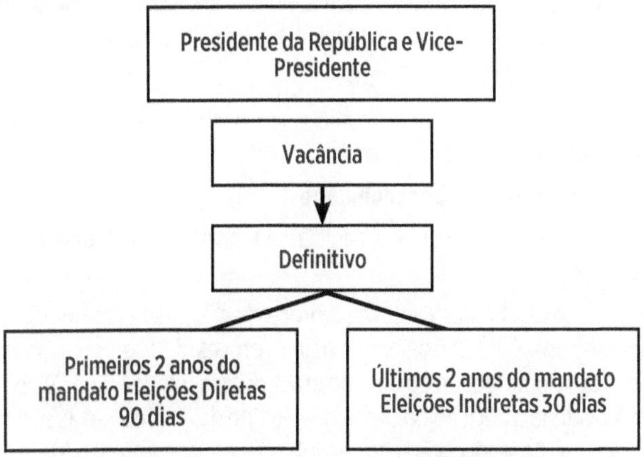


## Perda do cargo no caso de saída do país sem autorização do congresso nacional

Esse artigo prevê a possibilidade de perda do cargo do Presidente e Vice-Presidente nos casos de ausência do País por período superior a 15 dias sem licença do Congresso Nacional:

> ***Art. 83.*** *O Presidente e o Vice-Presidente da República não poderão, sem licença do Congresso Nacional, ausentar-se do País por período superior a quinze dias, sob pena de perda do cargo.*

Vejamos que a Constituição não proíbe que o Presidente ou o Vice se ausentem do país sem licença do Congresso Nacional. Mas se a ausência se der por mais de 15 dias, nesse caso será indispensável a autorização da Casa Legislativa.

## Órgãos auxiliares do presidente da república

A Constituição nos apresenta três órgãos auxiliares do Presidente da República: Ministros de Estado, Conselho da República e Conselho de Defesa Nacional. Os Ministros de Estados são os auxiliares diretos do Presidente da República. Os Arts. 87 e 88 trazem várias regras que podem ser trabalhadas em prova:

> ***Art. 87.*** *Os Ministros de Estado serão escolhidos dentre brasileiros maiores de vinte e um anos e no exercício dos direitos políticos.*
>
> ***Parágrafo único.*** *Compete ao Ministro de Estado, além de outras atribuições estabelecidas nesta Constituição e na lei:*
>
> ***I.*** *Exercer a orientação, coordenação e supervisão dos órgãos e entidades da administração federal na área de sua competência e referendar os atos e decretos assinados pelo Presidente da República;*
>
> ***II.*** *Expedir instruções para a execução das leis, decretos e regulamentos;*
>
> ***III.*** *Apresentar ao Presidente da República relatório anual de sua gestão no Ministério;*
>
> ***IV.*** *Praticar os atos pertinentes às atribuições que lhe forem outorgadas ou delegadas pelo Presidente da República.*
>
> ***Art. 88.*** *A lei disporá sobre a criação e extinção de Ministérios e órgãos da administração pública.*

O Conselho da República e o Conselho de Defesa Nacional também são órgãos auxiliares do Presidente da República, mas que possuem atribuição consultiva. Em situações determinadas pela Constituição, o Presidente, antes de tomar alguma decisão, precisa consultar esses dois órgãos.

Abaixo, seguem os Arts. 89, 90 e 91, cujas regras também podem ser cobradas em prova. Destacam-se as composições e as competências desses órgãos:

> ***Art. 89.*** *O Conselho da República é órgão superior de consulta do Presidente da República, e dele participam:*
>
> ***I.*** *O Vice-Presidente da República;*
>
> ***II.*** *O Presidente da Câmara dos Deputados;*
>
> ***III.*** *O Presidente do Senado Federal;*
>
> ***IV.*** *Os líderes da maioria e da minoria na Câmara dos Deputados;*
>
> ***V.*** *Os líderes da maioria e da minoria no Senado Federal;*
>
> ***VI.*** *O Ministro da Justiça;*
>
> ***VII.*** *Seis cidadãos brasileiros natos, com mais de trinta e cinco anos de idade, sendo dois nomeados pelo Presidente da República, dois eleitos pelo Senado Federal e dois eleitos pela Câmara dos Deputados, todos com mandato de três anos, vedada a recondução.*
>
> ***Art. 90.*** *Compete ao Conselho da República pronunciar-se sobre:*
>
> ***I.*** *Intervenção federal, estado de defesa e estado de sítio;*
>
> ***II.*** *As questões relevantes para a estabilidade das instituições democráticas.*
>
> ***§ 1º*** *- O Presidente da República poderá convocar Ministro de Estado para participar da reunião do Conselho, quando constar da pauta questão relacionada com o respectivo Ministério.*
>
> ***§ 2º*** *- A lei regulará a organização e o funcionamento do Conselho da República.*
>
> ***Art. 91.*** *O Conselho de Defesa Nacional é órgão de consulta do Presidente da República nos assuntos relacionados com a soberania nacional e a defesa do Estado democrático, e dele participam como membros natos:*
>
> ***I.*** *O Vice-Presidente da República;*
>
> ***II.*** *O Presidente da Câmara dos Deputados;*
>
> ***III.*** *O Presidente do Senado Federal;*
>
> ***IV.*** *Ministro da Justiça;*
>
> ***V.*** *O Ministro de Estado da Defesa;*
>
> ***VI.*** *O Ministro das Relações Exteriores;*
>
> ***VII.*** *O Ministro do Planejamento;*
>
> ***VIII.*** *Os Comandantes da Marinha, do Exército e da Aeronáutica.*
>
> ***§ 1º*** *- Compete ao Conselho de Defesa Nacional:*
>
> ***I.*** *Opinar nas hipóteses de declaração de guerra e de celebração da paz, nos termos desta Constituição;*
>
> ***II.*** *Opinar sobre a decretação do estado de defesa, do estado de sítio e da intervenção federal;*
>
> ***III.*** *Propor os critérios e condições de utilização de áreas indispensáveis à segurança do território nacional e opinar sobre seu efetivo uso, especialmente na faixa de fronteira e nas relacionadas com a preservação e a exploração dos recursos naturais de qualquer tipo;*
>
> ***IV.*** *Estudar, propor e acompanhar o desenvolvimento de iniciativas necessárias a garantir a independência nacional e a defesa do Estado democrático.*
>
> ***§ 2º*** *- A lei regulará a organização e o funcionamento do Conselho de Defesa Nacional.*

## Responsabilidades

A forma de governo adotada no País é a República e, por essa razão, é possível responsabilizar o Presidente da República por seus atos. A Constituição tratou de regular a responsabilização por Crime de Responsabilidade e por Infrações Penais Comuns.

Antes de trabalhar com cada uma das responsabilidades, serão analisadas as chamadas Imunidades.

Imunidades são prerrogativas inerentes aos cargos mais importantes do Estado. Cargos que são estratégicos e essenciais à manutenção da ordem constitucional. Entre vários, se destaca o de Presidente da República.

**A imunidade pode ser:**

**Material**

É a conhecida irresponsabilidade penal absoluta. Essa imunidade protege o titular contra a responsabilização penal.

**Formal**

## São prerrogativas de cunho processual

Um primeiro ponto essencial que precisa ser estabelecido: o Presidente não possui imunidade material, contudo, em razão da importância do seu cargo, possui imunidades formais. Apesar de o Presidente não possuir imunidade material, outros cargos a possuem, por exemplo, os Parlamentares.

Ao todo, pode-se elencar **quatro prerrogativas processuais** garantidas pela Constituição Federal ao Chefe do Executivo da União:

### Processo

A Constituição exige juízo de admissibilidade emitido pela Câmara para que o Presidente possa ser processado durante o seu mandato. Isso significa que o Presidente da República só poderá ser processado se a Câmara dos Deputados autorizar pelo voto de 2/3 dos membros:

> ***Art. 86.*** *Admitida a acusação contra o Presidente da República, por dois terços da Câmara dos Deputados, será ele submetido a julgamento perante o Supremo Tribunal Federal, nas infrações penais comuns, ou perante o Senado Federal, nos crimes de responsabilidade.*

## Prerrogativa de foro

O Presidente não pode ser julgado por qualquer juiz, haja vista a importância da função que exerce no Estado.

Diante disso, a Constituição estabeleceu dois foros competentes para julgar o Presidente:

**Supremo Tribunal Federal**

Será julgado pelas infrações penais comuns;

**Senado Federal**

Será julgado pelos Crimes de Responsabilidade.

Analisando essas duas primeiras prerrogativas, não se pode esquecer o previsto no Art. 86, § 1º:

> ***§ 1º*** *- O Presidente ficará suspenso de suas funções:*
>
> ***I.*** *Nas infrações penais comuns, se recebida a denúncia ou queixa-crime pelo Supremo Tribunal Federal;*
>
> ***II.*** *Nos crimes de responsabilidade, após a instauração do processo pelo Senado Federal.*
>
> ***§ 2º*** *- Se, decorrido o prazo de cento e oitenta dias, o julgamento não estiver concluído, cessará o afastamento do Presidente, sem prejuízo do regular prosseguimento do processo.*

A Constituição determina que, após iniciado o processo, tanto por infração penal comum quanto por crime de responsabilidade, o Presidente fique suspenso de suas funções pelo prazo de 180 dias, tempo necessário para que se finalize o processo. Caso o Presidente não seja julgado nesse período, ele poderá retornar ao exercício de suas funções sem prejuízo de continuidade do processo. Deve-se ter muito cuidado em prova com o início do prazo de suspensão:

**Infração Penal Comum**

O prazo de suspensão inicia-se **a partir do recebimento da denúncia ou queixa**;

**Crime de Responsabilidade**

O prazo de suspensão inicia-se **a partir da instauração do processo**.

Caso a Câmara autorize o processo do Presidente por crime de responsabilidade, o Senado deverá processá-lo, pois não assiste discricionariedade ao Senado em processar ou não. Sua decisão é vinculada à decisão da Câmara, pelo fato de as duas Casas serem políticas. Contudo, nos casos de infração penal comum, o STF não está obrigado a processar o Presidente em respeito à Separação dos Poderes.

Vamos aproveitar o momento para entender o que são infração penal comum e crime de responsabilidade.

**Infração Penal Comum:**

É qualquer crime ou contravenção penal cometida pelo Presidente da República na função ou em razão da sua função de Presidente. Seu processamento se dará no Supremo Tribunal Federal.

**Crime de Responsabilidade:**

A primeira coisa que se precisa saber sobre o crime de responsabilidade é que ele não é um crime. O crime de responsabilidade é uma infração de natureza **político-administrativa.** O nome crime é impróprio para esse instituto. O processo que visa a esse tipo de responsabilização é o ***Impeachment.***

O Presidente responderá por esse tipo de infração caso sua conduta se amolde ao previsto no Art. 85 da Constituição Federal:

> ***Art. 85.*** *São crimes de responsabilidade os atos do Presidente da República que atentem contra a Constituição Federal e, especialmente, contra:*
>
> ***I.*** *A existência da União;*
>
> ***II.*** *O livre exercício do Poder Legislativo, do Poder Judiciário, do Ministério Público e dos Poderes constitucionais das unidades da Federação;*
>
> ***III.*** *O exercício dos direitos políticos, individuais e sociais;*
>
> ***IV.*** *A segurança interna do País;*
>
> ***V.*** *A probidade na administração;*
>
> ***VI.*** *A lei orçamentária;*
>
> ***VII.*** *O cumprimento das leis e das decisões judiciais.*
>
> ***Parágrafo único.*** *Esses crimes serão definidos em lei especial, que estabelecerá as normas de processo e julgamento.*

Esse rol de condutas, consideradas como Crime de Responsabilidade estabelecido na Constituição, é meramente exemplificativo, já que é a Lei 1.079/50 o dispositivo regulador do Crime de Resposabilidade. Deve-se destacar sua relevância na fixação de outras autoridades que respondem por esse crime, novos crimes além dos procedimentos adotados nesse processo, principalmente na competência exclusiva do cidadão para denunciar o Presidente. Destaca-se ainda que, para haver condenação, o Senado deve proferi-la pelo voto de 2/3 dos seus membros.

Considerando que não se trata de um crime, essa infração não pode resultar numa pena privativa de liberdade. Quem pratica crime de responsabilidade não pode ser preso. A consequência estabelecida no Art. 52, parágrafo único, é a perda do cargo e a inabilitação para o exercício de qualquer função pública pelo prazo de oito anos:

> ***Art. 52**, Parágrafo único. Nos casos previstos nos incisos I e II, funcionará como Presidente o do Supremo Tribunal Federal, limitando-se a condenação, que somente será proferida por dois terços dos votos do Senado Federal, à perda do cargo, com inabilitação, por oito anos, para o exercício de função pública, sem prejuízo das demais sanções judiciais cabíveis.*

## Prisão

O Presidente só pode ser preso pela prática de infração penal comum e somente se sobrevier sentença condenatória:

> ***Art. 86**, § 3º - Enquanto não sobrevier sentença condenatória, nas infrações comuns, o Presidente da República não estará sujeito a prisão.*

## Irresponsabilidade penal relativa

Também conhecida na doutrina como Imunidade Formal Temporária, essa prerrogativa afirma que o Presidente não poderá ser responsabilizado por atos alheios aos exercícios de suas funções:

> ***§ 4º** - O Presidente da República, na vigência de seu mandato, não pode ser responsabilizado por atos estranhos ao exercício de suas funções.*

Para melhor compreender as imunidades conferidas ao Presidente da República, analisemos as seguintes situações hipotéticas:

01. Suponhamos que o Presidente da República seja flagrado após ter cometido o assassinado de duas pessoas por motivos particulares.

    a) Poderia ele, no momento em que é flagrado, ser preso pelo crime?

Não. O Presidente só pode ser preso se tiver uma sentença condenatória.

Poderia o Presidente ser processado pelo crime de duplo homicídio durante o se mandato?

O Presidente não pode ser responsabilizado por atos alheios aos exercícios de suas funções. Ao matar duas pessoas, ele não comete o crime na condição de Presidente, ou seja, esse crime não possui relação com sua função de Presidente. Por esse motivo, ele não pode ser processado durante o seu mandato. Não significa que ficará impune pelo crime cometido, apenas será responsabilizado normalmente após o mandato, nesse caso, sem nenhuma prerrogativa. Apesar de não haver previsão legal, a jurisprudência entende que o prazo prescricional, nesse caso, ficará suspenso, não prejudicando a responsabilização do Presidente.

02. Suponhamos agora que, em reunião com os Ministros, o Presidente tenha discutido com um deles. Em meio à confusão, o Presidente mata o Ministro.

    a) Poderia ele ser preso por esse crime?

O Presidente não pode ser preso enquanto não sobrevier sentença condenatória. É a imunidade em relação às prisões.

    b) O Presidente poderá ser processado por esse crime enquanto estiver no seu mandato?

Nesse caso sim. Perceba que o crime cometido foi em razão da função de Presidente, visto que não estaria na reunião com Ministros se não fosse o Presidente da República. Dessa forma, ele será processado por essa infração penal comum no Supremo Tribunal Federal, caso a Câmara dos Deputados autorize o processo. Havendo sentença condenatória, ele poderá ser preso. A possibilidade de responsabilização do Presidente da República por infração penal comum só ocorre se o crime cometido estiver ligado à sua função de Presidente.

Já em relação a outras esferas do direito, como cíveis, administrativas, trabalhistas ou qualquer outra área, o presidente não possui prerrogativa. Isso significa que o Presidente responderá normalmente, sem nenhum privilégio, nas outras esferas do Direito. O tema das Responsabilidades do Presidente tem sido alvo de inúmeras questões de prova. As questões podem ser trabalhadas a partir da literalidade do texto constitucional ou mesmo invocando caso concreto para verificação das regras e prerrogativas do Presidente.

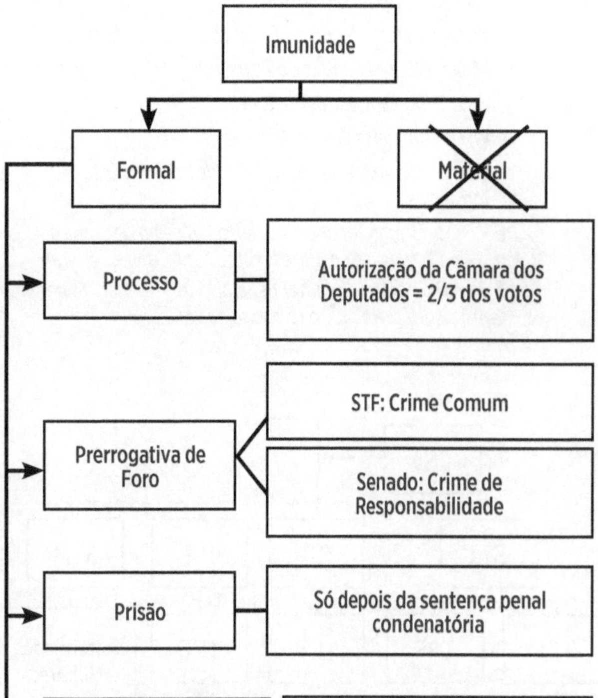

# 12. PODER JUDICIÁRIO

## 12.1 Disposições Gerais

### Organograma

O Poder Judiciário é o titular da chamada função jurisdicional. Ele possui a atribuição principal de "dizer o direito", "aplicar o direito ao caso concreto". Além de desempenhar esta função típica, o Judiciário também exerce de forma atípica a função dos demais poderes. Quando realiza concursos públicos ou contrata uma empresa prestadora de serviços, ele o faz no exercício da função administrativa (Poder Executivo). O Judiciário também exerce de forma atípica a função do Poder Legislativo quando edita instrumentos normativos que regulam as atividades dos tribunais.

Para desempenhar suas funções, o Poder Judiciário se utiliza de diversos órgãos os quais estão previstos no Art. 92:

> ***Art. 92.*** *São órgãos do Poder Judiciário:*
>
> ***I.*** *O Supremo Tribunal Federal;*
>
> ***I-A.*** *O Conselho Nacional de Justiça;*
>
> ***II.*** *O Superior Tribunal de Justiça;*
>
> ***II-A.*** *O Tribunal Superior do Trabalho; (Incluído pela Emenda Constitucional nº 92, de 2016)*
>
> ***III.*** *Os Tribunais Regionais Federais e Juízes Federais;*
>
> ***IV.*** *Os Tribunais e Juízes do Trabalho;*
>
> ***V.*** *Os Tribunais e Juízes Eleitorais;*
>
> ***VI.*** *Os Tribunais e Juízes Militares;*
>
> ***VII.*** *Os Tribunais e Juízes dos Estados e do Distrito Federal e Territórios.*
>
> ***§ 1º*** *- O Supremo Tribunal Federal, o Conselho Nacional de Justiça e os Tribunais Superiores têm sede na Capital Federal.*
>
> ***§ 2º*** *- O Supremo Tribunal Federal e os Tribunais Superiores têm jurisdição em todo o território nacional.*

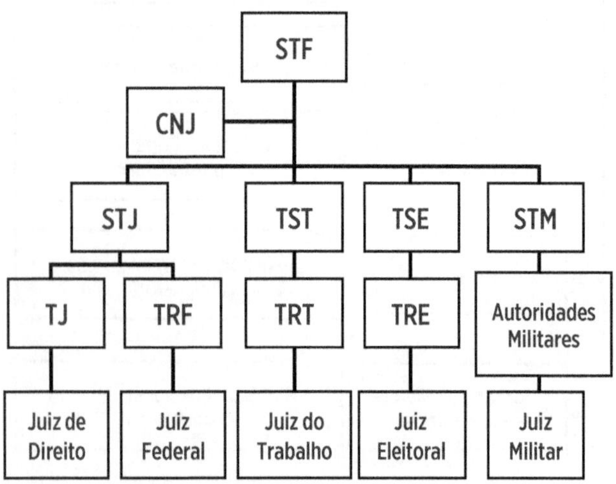


### Critérios para ingresso na carreira

Conforme o que diz o Art. 93, I, da Constituição Federal:

> ***Art. 93.*** *Lei complementar, de iniciativa do Supremo Tribunal Federal, disporá sobre o Estatuto da Magistratura, observados os seguintes princípios:*
>
> ***I.*** *Ingresso na carreira, cujo cargo inicial será o de juiz substituto, mediante concurso público de provas e títulos, com a participação da Ordem dos Advogados do Brasil em todas as fases, exigindo-se do bacharel em direito, no mínimo, três anos de atividade jurídica e obedecendo-se, nas nomeações, à ordem de classificação.*

Esse inciso apresenta regras para o ingresso na carreira da Magistratura. O ingresso dar-se-á no cargo de juiz substituto e depende de aprovação em concurso público de provas e títulos.

Como foi possível perceber, é um tipo de concurso que é bem seletivo, sendo que aprovação depende de intensa dedicação do candidato. Além de a prova ser dificílima, o candidato precisa comprovar no mínimo três anos de atividade jurídica, que só pode ser realizada após a conclusão do curso. Deve-se estar atento a esse prazo de atividade jurídica exigido, as bancas costumam trocar o três por outro numeral.

O conceito de atividade jurídica é definido na Resolução nº 75/2009 do Conselho Nacional de Justiça que prevê, entre outros, o exercício da advocacia ou de cargo público privativo de bacharel em direito como forma de se comprovar o tempo exigido.

### Quinto constitucional

O quinto permite que uma pessoa se torne magistrado sem necessidade de realização de concurso público para a magistratura. É uma porta de entrada destinada a quem não é membro do Poder Judiciário. A regra do quinto decorre do fato de que 1/5 das vagas em alguns tribunais são destinadas aos membros do Ministério Público ou da Advocacia. Vejamos o que dispõe o Art. 94 da Constituição Federal:

> ***Art. 94.*** *Um quinto dos lugares dos Tribunais Regionais Federais, dos Tribunais dos Estados, e do Distrito Federal e Territórios será composto de membros, do Ministério Público, com mais de dez anos de carreira, e de advogados de notório saber jurídico e de reputação ilibada, com mais de dez anos de efetiva atividade profissional, indicados em lista sêxtupla pelos órgãos de representação das respectivas classes.*
>
> ***Parágrafo único.*** *Recebidas as indicações, o tribunal formará lista tríplice, enviando-a ao Poder Executivo, que, nos vinte dias subsequentes, escolherá um de seus integrantes para nomeação.*

Um detalhe que não pode ser esquecido é: para concorrer às vagas pelo quinto constitucional, faz-se necessário que os membros do Ministério Público e da Advocacia possuam mais de dez anos de experiência.

Outra questão muito importante é saber quais são os tribunais que permitem o ingresso pelo quinto. Segundo o Art. 94, podem ingressar pelo quinto os membros dos Tribunais Regionais Federais, dos Tribunais dos Estados, e do Distrito Federal e Territórios.

Ainda possuem um quinto das vagas para os Membros do MP e da Advocacia os Tribunais Regionais do Trabalho e o Tribunal Superior do Trabalho. Assim preveem os Arts. 111-A e 115 da Constituição:

> ***Art. 111-A.*** *O Tribunal Superior do Trabalho compor-se-á de vinte e sete Ministros, escolhidos dentre brasileiros com mais de trinta e cinco anos e menos de sessenta e cinco anos, de notável saber jurídico e reputação ilibada, nomeados pelo Presidente da República após aprovação pela maioria absoluta do Senado Federal, sendo: (Redação dada pela Emenda Constitucional nº 92, de 2016)*

*I. Um quinto dentre advogados com mais de dez anos de efetiva atividade profissional e membros do Ministério Público do Trabalho com mais de dez anos de efetivo exercício, observado o disposto no Art. 94.*

***Art. 115.*** *Os Tribunais Regionais do Trabalho compõem-se de, no mínimo, sete juízes, recrutados, quando possível, na respectiva região, e nomeados pelo Presidente da República dentre brasileiros com mais de trinta e menos de sessenta e cinco anos, sendo:*

*I. Um quinto dentre advogados com mais de dez anos de efetiva atividade profissional e membros do Ministério Público do Trabalho com mais de dez anos de efetivo exercício, observado o disposto no Art. 94.*

O Superior Tribunal de Justiça também permite que membros do Ministério Público ou da Advocacia nele ingressem, contudo não são destinadas 1/5 das vagas, mas 1/3 das vagas:

***Art. 104.*** *O Superior Tribunal de Justiça compõe-se de, no mínimo, trinta e três Ministros.*

***Parágrafo único.*** *Os Ministros do Superior Tribunal de Justiça serão nomeados pelo Presidente da República, dentre brasileiros com mais de trinta e cinco e menos de sessenta e cinco anos, de notável saber jurídico e reputação ilibada, depois de aprovada a escolha pela maioria absoluta do Senado Federal, sendo:*

*I. Um terço dentre juízes dos Tribunais Regionais Federais e um terço dentre desembargadores dos Tribunais de Justiça, indicados em lista tríplice elaborada pelo próprio Tribunal;*

*II. Um terço, em partes iguais, dentre advogados e membros do Ministério Público Federal, Estadual, do Distrito Federal e Territórios, alternadamente, indicados na forma do Art. 94.*

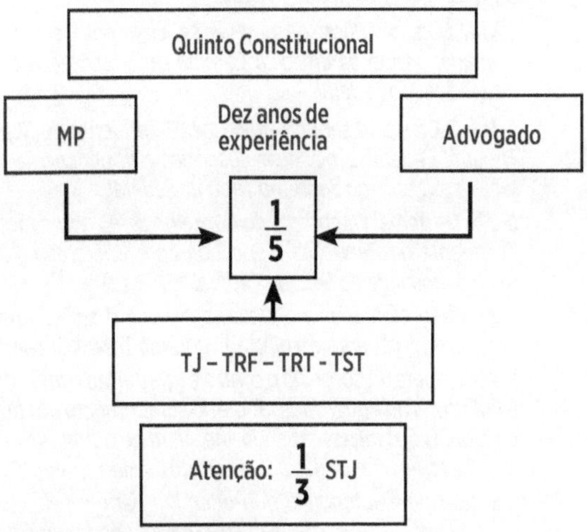


## Garantias dos membros

As garantias são um conjunto de proteções que os membros do Poder Judiciário possuem e que são inerentes ao exercício de suas funções. Uma observação se faz necessária: quando se fala "membro do poder judiciário", refere-se ao titular da Função Jurisdicional, ou seja, ao magistrado, ao juiz. Os demais servidores auxiliares do Poder Judiciário não possuem as mesmas garantias dos juízes.

A doutrina classifica as garantias dos magistrados em duas espécies:

> **Garantias de Independência;**

> **Garantias de Imparcialidade.**

As Garantias de Independência são proteções que garantem ao magistrado uma maior tranquilidade para desempenhar suas funções. O objetivo é permitir ao juiz segurança no desempenhar de suas funções. Elas estão previstas no Art. 95, as quais são:

***Art. 95.*** *Os juízes gozam das seguintes garantias:*

*I. Vitaliciedade, que, no primeiro grau, só será adquirida após dois anos de exercício, dependendo a perda do cargo, nesse período, de deliberação do tribunal a que o juiz estiver vinculado, e, nos demais casos, de sentença judicial transitada em julgado;*

*II. Inamovibilidade, salvo por motivo de interesse público, na forma do Art. 93, VIII;*

*III. Irredutibilidade de subsídio, ressalvado o disposto nos Arts. 37, X e XI, 39, § 4º, 150, II, 153, III, e 153, § 2º, I.*

A **vitaliciedade** é como se fosse a estabilidade do servidor público, com uma diferença: ela é bem mais vantajosa que a simples estabilidade. A vitaliciedade garante ao magistrado perder o seu cargo apenas por sentença judicial transitada em julgado. Como se pode ver, é bem mais vantajosa que a estabilidade. Atente-se para alguns detalhes: a vitaliciedade só será adquirida após dois anos de exercício no cargo; durante o estágio probatório do juiz, que dura dois anos, ele poderá perder o cargo por deliberação do próprio tribunal do qual faz parte.

Um detalhe quase nunca percebido é que a exigência dos dois anos de exercício para se adquirir a vitaliciedade só se aplica aos juízes do primeiro grau, ou seja, aos juízes que ingressaram na carreira por meio de concurso público. Os juízes que ingressam diretamente no Tribunal, por meio do Quinto Constitucional, ou mesmo no STJ pelo 1/3 das vagas, não precisam esperar os dois anos para adquirir a garantia. Para estes, a vitaliciedade é imediata, sendo adquirida no momento em que ele pisa no Tribunal.

A **inamovibilidade** prevê que o magistrado não poderá ser removido do local onde exerce a sua função sem sua vontade. Ele poderá julgar qualquer pessoa, conforme sua convicção, sem medo de ser obrigado a deixar o local onde exerce sua jurisdição. Essa garantia não é absoluta, pois poderá ser removido de ofício por interesse público conforme preleciona o Art. 93, VIII:

***Art. 93****, VIII. O ato de remoção, disponibilidade e aposentadoria do magistrado, por interesse público, fundar-se-á em decisão por voto da maioria absoluta do respectivo tribunal ou do Conselho Nacional de Justiça, assegurada ampla defesa.*

A **irredutibilidade dos subsídios** representa a garantia de que o magistrado não poderá ter redução em sua remuneração. A forma de retribuição pecuniária do magistrado é por meio de subsídio, que equivale a uma parcela única. Por isso, fala-se em irredutibilidade dos subsídios.

O parágrafo único do mesmo artigo apresenta o rol de **garantias de imparcialidade.** Essas normas são verdadeiras vedações aplicadas aos magistrados. São impedimentos que visam a garantir um julgamento imparcial, sem vícios ou privilégios. Por isso, são chamadas de garantias de imparcialidade. São elas:

***Art. 95****, Parágrafo único. Aos juízes é vedado:*

*I. Exercer, ainda que em disponibilidade, outro cargo ou função, salvo uma de magistério;*

*II. Receber, a qualquer título ou pretexto, custas ou participação em processo;*

*III. Dedicar-se à atividade político-partidária.*

*IV. Receber, a qualquer título ou pretexto, auxílios ou contribuições de pessoas físicas, entidades públicas ou privadas, ressalvadas as exceções previstas em lei;*

*V. Exercer a advocacia no juízo ou tribunal do qual se afastou, antes de decorridos três anos do afastamento do cargo por aposentadoria ou exoneração.*

Geralmente as bancas cobram a memorização dessas vedações. O **inciso I** é bem cobrado em razão da exceção prevista na Constituição para a acumulação de cargos ou funções. Segundo esse inciso, o magistrado, além de exercer sua função de juiz, também pode exercer uma função no magistério.

O **inciso II** proíbe o magistrado de receber custas ou participação em processos. O juiz já recebe sua remuneração para desempenhar sua função independente dos valores que estão em jogo nos processos.

O **inciso III** proíbe o juiz de se dedicar à atividade político-partidária exatamente para evitar que seus julgamentos sejam influenciados por correntes políticas ou convicções partidárias. O juiz precisa ficar alheio a tais situações.

O **inciso IV** proíbe o magistrado de receber ajudas financeiras de terceiros ressalvados os casos previstos em lei. Por exemplo, um juiz não pode receber um carro como agradecimento por um julgamento favorável, mas poderia receber os valores decorrentes da venda de livros que tenha escrito ou mesmo, receber valores pela ministração de palestras.

## 12.2 Composição dos Órgãos do Poder Judiciário

A composição dos tribunais é tema recorrente em prova e requer um alto poder de memorização do candidato, principalmente pela composição diferenciada entre um e outro tribunal. A seguir descreve-se, então, a composição de cada um dos órgãos do Poder Judiciário.

### Supremo tribunal federal

***Art. 101.*** *O Supremo Tribunal Federal compõe-se de onze Ministros, escolhidos dentre cidadãos com mais de trinta e cinco e menos de sessenta e cinco anos de idade, de notável saber jurídico e reputação.*

***Parágrafo único.*** *Os Ministros do Supremo Tribunal Federal serão nomeados pelo Presidente da República, depois de aprovada a escolha pela maioria absoluta do Senado Federal.*

O Supremo Tribunal Federal é o órgão de cúpula do Poder Judiciário e é formado por 11 ministros escolhidos pelo Presidente da República depois de aprovada a escolha pela maioria absoluta do Senado Federal, dentre os cidadãos com mais de trinta e cinco e menos de sessenta e cinco anos de idade, de notável saber jurídico e reputação ilibada.

Existe mais um requisito que não está escrito nesse artigo, mas está previsto no Art. 12, § 3º, IV, da Constituição. Para ser Ministro do STF deve ser brasileiro nato:

***Art. 12****, § 3º - São privativos de brasileiro nato os cargos:*

***IV.*** *De Ministro do Supremo Tribunal Federal.*

A Constituição não exige do candidato a Ministro do STF que tenha formação superior em Direito, apesar de exigir notório saber jurídico.

### Conselho nacional de justiça

Vejamos agora a composição do Conselho Nacional de Justiça:

***Art. 103-B.*** *O Conselho Nacional de Justiça compõe-se de 15 (quinze) membros com mandato de 2 (dois) anos, admitida 1 (uma) recondução, sendo:*

***I.*** *O Presidente do Supremo Tribunal Federal;*

***II.*** *Um Ministro do Superior Tribunal de Justiça, indicado pelo respectivo tribunal;*

***III.*** *Um Ministro do Tribunal Superior do Trabalho, indicado pelo respectivo tribunal;*

***IV.*** *Um desembargador de Tribunal de Justiça, indicado pelo Supremo Tribunal Federal;*

***V.*** *Um juiz estadual, indicado pelo Supremo Tribunal Federal;*

***VI.*** *Um juiz de Tribunal Regional Federal, indicado pelo Superior Tribunal de Justiça;*

***VII.*** *Um juiz federal, indicado pelo Superior Tribunal de Justiça;*

***VIII.*** *Um juiz de Tribunal Regional do Trabalho, indicado pelo Tribunal Superior do Trabalho;*

***IX.*** *Um juiz do trabalho, indicado pelo Tribunal Superior do Trabalho;*

***X.*** *Um membro do Ministério Público da União, indicado pelo Procurador-Geral da República;*

***XI.*** *Um membro do Ministério Público estadual, escolhido pelo Procurador-Geral da República dentre os nomes indicados pelo órgão competente de cada instituição estadual;*

***XII.*** *Dois advogados, indicados pelo Conselho Federal da Ordem dos Advogados do Brasil;*

***XIII.*** *Dois cidadãos, de notável saber jurídico e reputação ilibada, indicados um pela Câmara dos Deputados e outro pelo Senado Federal.*

***§ 1º*** *- O Conselho será presidido pelo Presidente do Supremo Tribunal Federal e, nas suas ausências e impedimentos, pelo Vice-Presidente do Supremo Tribunal Federal.*

***§ 2º*** *- Os demais membros do Conselho serão nomeados pelo Presidente da República, depois de aprovada a escolha pela maioria absoluta do Senado Federal.*

***§ 3º*** *- Não efetuadas, no prazo legal, as indicações previstas neste artigo, caberá a escolha ao Supremo Tribunal Federal.*

***§ 4º*** *Compete ao Conselho o controle da atuação administrativa e financeira do Poder Judiciário e do cumprimento dos deveres funcionais dos juízes, cabendo-lhe, além de outras atribuições que lhe forem conferidas pelo Estatuto da Magistratura:*

***I.*** *zelar pela autonomia do Poder Judiciário e pelo cumprimento do Estatuto da Magistratura, podendo expedir atos regulamentares, no âmbito de sua competência, ou recomendar providências;*

***II.*** *zelar pela observância do art. 37 e apreciar, de ofício ou mediante provocação, a legalidade dos atos administrativos praticados por membros ou órgãos do Poder Judiciário, podendo desconstituí-los, revê-los ou fixar prazo para que se adotem as providências necessárias ao exato cumprimento da lei, sem prejuízo da competência do Tribunal de Contas da União;*

***III.*** *receber e conhecer das reclamações contra membros ou órgãos do Poder Judiciário, inclusive contra seus serviços auxiliares, serventias e órgãos prestadores de serviços notariais e de registro que atuem por delegação do poder público ou oficializados, sem prejuízo da competência disciplinar e correicional dos tribunais, podendo avocar processos disciplinares em curso, determinar a remoção ou a disponibilidade e aplicar outras sanções administrativas, assegurada ampla defesa;*

*IV. representar ao Ministério Público, no caso de crime contra a administração pública ou de abuso de autoridade;*

*V. rever, de ofício ou mediante provocação, os processos disciplinares de juízes e membros de tribunais julgados há menos de um ano;*

*VI. elaborar semestralmente relatório estatístico sobre processos e sentenças prolatadas, por unidade da Federação, nos diferentes órgãos do Poder Judiciário;*

*VII. elaborar relatório anual, propondo as providências que julgar necessárias, sobre a situação do Poder Judiciário no País e as atividades do Conselho, o qual deve integrar mensagem do Presidente do Supremo Tribunal Federal a ser remetida ao Congresso Nacional, por ocasião da abertura da sessão legislativa.*

A composição do CNJ possui uma dificuldade peculiar para a memorização. Perceba na leitura do artigo, que os membros do Conselho são indicados por algum órgão. Além de memorizar os membros, o candidato tem de memorizar o órgão que indicou o membro. Para isso, deve-se fazer uma análise lógica na construção dessa composição:

A primeira coisa que se tem que fazer é identificar os órgãos que escolhem:

**STF;**
**STJ;**
**TST;**
**PGR;**
**CFOAB;**
**Câmara dos Deputados;**
**Senado Federal.**

A partir dessa primeira análise, parte-se para a identificação dos membros que são indicados por cada um dos órgãos, que deve ser construída de forma lógica.

Entre os membros do CNJ existem dois advogados: quem poderia indicar dois advogados? O STF, o STJ, o TST ou o **Conselho Federal dos Advogados do Brasil**? Que quem indica os dois advogados é o CFOAB. Entre os membros do CNJ, existe um membro do Ministério Público da União e um membro do Ministério Público estadual. Quem indica esses dois membros do Ministério Público? Será o STF? Ou seria o STJ? Não é mais lógico que a escolha dos membros do Ministério Público seja do **Procurador Geral da República,** que é o chefe do Ministério Público da União? Certamente.

Com base nessa lógica, fica fácil identificar os membros do CNJ. Continuemos a análise. Agora existem membros da justiça trabalhista: um Ministro do TST, um Juiz do TRT e um Juiz do Trabalho. Quem escolhe esses juízes? STF, STJ ou TST? Mais uma resposta bem lógica. Só pode ser o **Tribunal Superior do Trabalho** o responsável pela escolha desses três membros pertencentes à justiça trabalhista.

Ainda há alguns membros a serem escolhidos. Quem escolhe os membros da Justiça Federal (Juiz do TRF e Juiz Federal)? Tem de ser o Tribunal guardião da Legislação Federal: **Superior Tribunal de Justiça**. Ele também escolherá um membro do seu próprio tribunal para fazer parte do CNJ.

Ao **Supremo Tribunal Federal** fica a responsabilidade pela escolha dos membros da Justiça Estadual, ou seja, um Juiz Estadual e um Desembargador de Tribunal de Justiça. Aqui cabe uma observação importantíssima. O STF não escolhe um de seus ministros para fazer parte do CNJ, pois o Presidente do STF é membro nato. Ele não é escolhido, ele faz parte do CNJ desde sua nomeação como Presidente do STF. Ao mesmo tempo em que é indicado como Presidente do STF, ele também cumulará a função de Presidente do CNJ.

Por último, resta saber quem o **Senado Federal** e a **Câmara dos Deputados** indicará para ser membro do CNJ. Cada um deles indicará um cidadão de notável saber jurídico e reputação ilibada.

Como se pode perceber, nem todos os membros do Conselho Nacional de Justiça são membros do Poder Judiciário. Essa é uma característica já cobrada em prova, com exceção do Presidente do STF, que é membro nato do CNJ; os demais serão nomeados pelo Presidente da República depois de aprovada a escolha pela maioria do Senado Federal. Caso as indicações acima listadas não sejam efetuadas, caberá ao Supremo Tribunal Federal fazê-las. Lembre-se de que os membros do CNJ exercem um mandato de dois anos, sendo admitida uma recondução.

Abaixo, segue um esquema de memorização para a composição desse órgão do poder judiciário.

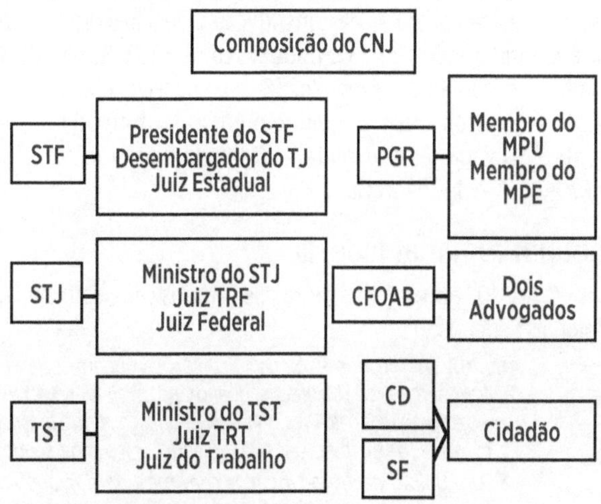


## Superior tribunal de justiça

O texto constitucional prevê no Art. 104:

***Art. 104.*** *O Superior Tribunal de Justiça compõe-se de, no mínimo, trinta e três Ministros.*

***Parágrafo único.*** *Os Ministros do Superior Tribunal de Justiça serão nomeados pelo Presidente da República, dentre brasileiros com mais de trinta e cinco e menos de sessenta e cinco anos, de notável saber jurídico e reputação ilibada, depois de aprovada a escolha pela maioria absoluta do Senado Federal, sendo:*

*I. Um terço dentre juízes dos Tribunais Regionais Federais e um terço dentre desembargadores dos Tribunais de Justiça, indicados em lista tríplice elaborada pelo próprio Tribunal;*

*II. Um terço, em partes iguais, dentre advogados e membros do Ministério Público Federal, Estadual, do Distrito Federal e Territórios, alternadamente, indicados na forma do Art. 94.*

O Superior Tribunal de Justiça é composto por, no mínimo, 33 ministros. Deve-se ter cuidado com isso em prova: não são 33, mas, no mínimo 33. Esse dispositivo permite que o Tribunal possua mais de 33 membros.

Seus membros serão nomeados pelo Presidente da República depois de aprovada a escolha pelo Senado Federal. Aqui se aplica uma regra comum nos tribunais superiores: nomeação pelo

Presidente mediante aprovação do Senado. Outro requisito é a idade: no mínimo 35 e no máximo 65 anos.

Questão sempre cobrada em prova é a composição. A escolha dos Ministros não é livre, estando vinculada ao texto constitucional que prevê:

> 1/3 das vagas para os membros dos Tribunais Regionais Federais;

> 1/3 das vagas para os Desembargadores dos Tribunais de Justiça;

> 1/3 das vagas, dividida em partes iguais, para membros do Ministério Público Federal, Estadual e do Distrito Federal e advogados com mais de 10 anos de experiência.

No que tange às vagas para os membros do Ministério Público e advogados, uma coisa chama a atenção: a divisão em partes iguais. Se houver isso em uma prova, é muito provável que o candidato marque essa afirmação como sendo incorreta, tendo em vista 1/3 de 33 ser igual a 11, valor esse impossível de se dividir em partes iguais, quando a divisão se trata de pessoas. Contudo, essa é a previsão expressa da Constituição, que não é de toda absurda. Considerando que o STJ pode ser composto por mais de 33 membros, havendo, por exemplo, 36, seria possível efetivar essa divisão em partes iguais. Enquanto o órgão for formado por 33 membros, a vaga remanescente é alternada entre membros do MPF e MPDFT e da advocacia.

## Tribunal regional federal

O Art. 107 apresenta as regras de composição dos Tribunais Regionais Federais:

> ***Art. 107.*** *Os Tribunais Regionais Federais compõem-se de, no mínimo, sete juízes, recrutados, quando possível, na respectiva região e nomeados pelo Presidente da República dentre brasileiros com mais de trinta e menos de sessenta e cinco anos, sendo:*
>
> ***I.*** *Um quinto dentre advogados com mais de dez anos de efetiva atividade profissional e membros do Ministério Público Federal com mais de dez anos de carreira;*
>
> ***II.*** *Os demais, mediante promoção de juízes federais com mais de cinco anos de exercício, por antiguidade e merecimento, alternadamente.*

Os TRFs possuem a mesma peculiaridade do STJ no que diz respeito à composição baseada em um mínimo, sendo, nesse caso, no mínimo sete juízes, recrutados, quando possível, na respectiva região. Atualmente, são cinco regiões jurisdicionais, cada uma sob a responsabilidade de um TRF.

Para fazer parte dos TRFs o juiz precisa ter no mínimo 30 e no máximo 65 anos de idade. Quando comparada aos Tribunais Superiores, a idade mínima sofre uma atenuação de 35 para 30 anos; deve-se ter atenção em relação a isso.

Os membros dos TRFs são nomeados pelo Presidente da República sem necessidade de aprovação do Senado Federal. Essa é outra distinção importante.

Nos TRFs adota-se a regra do Quinto Constitucional, por meio do qual, 1/5 das vagas são destinadas a advogados e membros do Ministério Público Federal com mais de 10 anos de experiência. As demais vagas são destinadas a promoção de juízes federais com mais de cinco anos de exercício, que pode ocorrer ou por merecimento ou por antiguidade, de forma alternada.

## Justiça do trabalho

A Justiça do Trabalho encontra-se prevista no Art. 111 da Constituição, sendo competente para julgar as causas cuja matéria possua natureza trabalhista. São órgãos da Justiça do Trabalho:

> ***Art. 111.*** *São órgãos da Justiça do Trabalho:*
>
> ***I.*** *O Tribunal Superior do Trabalho;*
>
> ***II.*** *Os Tribunais Regionais do Trabalho;*
>
> ***III.*** *Juízes do Trabalho.*

§ 1º a 3º - Vejamos a composição dos órgãos da Justiça trabalhista.

## Tribunal superior de trabalho

O Tribunal Superior do Trabalho é o órgão de cúpula da Justiça do Trabalho. Segundo a Constituição Federal, o TST é composto por 27 membros, conforme previsão do Art. 111-A:

> ***Art. 111-A.*** *O Tribunal Superior do Trabalho compor-se-á de vinte e sete Ministros, escolhidos dentre brasileiros com mais de trinta e cinco anos e menos de sessenta e cinco anos, de notável saber jurídico e reputação ilibada, nomeados pelo Presidente da República após aprovação pela maioria absoluta do Senado Federal, sendo: (Redação dada pela Emenda Constitucional nº 92, de 2016)*
>
> ***I.*** *Um quinto dentre advogados com mais de dez anos de efetiva atividade profissional e membros do Ministério Público do Trabalho com mais de dez anos de efetivo exercício, observado o disposto no Art. 94;*
>
> ***II.*** *Os demais dentre juízes dos Tribunais Regionais do Trabalho, oriundos da magistratura da carreira, indicados pelo próprio Tribunal Superior.*

O Texto Constitucional exige para ser Ministro do TST a condição de brasileiro, maior de 35 anos e menor de 65 anos. A nomeação dos Ministros se dá por ato do Presidente da República após a aprovação do Senado Federal pelo voto da maioria absoluta dos seus membros. Os 27 ministros são divididos da seguinte forma:

> 1/5: advogados com mais de dez anos de efetiva atividade profissional e membros do Ministério Público do Trabalho com mais de dez anos de efetivo exercício;

> 4/5: juízes dos TRT's, oriundos da magistratura de carreira, indicados pelo próprio tribunal.

Como se pode perceber, no TST adota-se o critério de ingresso pela regra do Quinto Constitucional. Além disso, é importante ressaltar a exigência de que juiz do TRT que deseje concorrer a uma vaga no TST seja membro do Poder Judiciário de carreira, isto é, que tenha ingressado nos quadros do tribunal por meio de concurso público nos termos do Art. 93, I da CF. Essa última regra exclui a possibilidade daqueles que são oriundos do quinto constitucional nos TRTs de ingressarem no TST na vaga destinada aos membros da magistratura trabalhista (4/5 das vagas).

A Constituição prevê, ainda, o funcionamento junto ao TST da Escola Nacional de Formação e Aperfeiçoamento de Magistrados do Trabalho e o Conselho Superior da Justiça do Trabalho, conforme o Art. 111-A, § 2º:

> ***Art. 111-A, § 2º*** *- Funcionarão junto ao Tribunal Superior do Trabalho:*
>
> ***I.*** *A Escola Nacional de Formação e Aperfeiçoamento de Magistrados do Trabalho, cabendo-lhe, dentre outras funções, regulamentar os cursos oficiais para o ingresso e promoção na carreira;*

***II.** O Conselho Superior da Justiça do Trabalho, cabendo-lhe exercer, na forma da lei, a supervisão administrativa, orçamentária, financeira e patrimonial da Justiça do Trabalho de primeiro e segundo graus, como órgão central do sistema, cujas decisões terão efeito vinculante.*

***§ 3º** Compete ao Tribunal Superior do Trabalho processar e julgar, originariamente, a reclamação para a preservação de sua competência e garantia da autoridade de suas decisões. (Incluído pela Emenda Constitucional nº 92, de 2016)*

## Tribunal regional do trabalho

O ingresso no Tribunal Regional do Trabalho se dá conforme as regras previstas no Art. 115 da CF:

***Art. 115.** Os Tribunais Regionais do Trabalho compõem-se de, no mínimo, sete juízes, recrutados, quando possível, na respectiva região, e nomeados pelo Presidente da República dentre brasileiros com mais de trinta e menos de sessenta e cinco anos, sendo:*

***I.** Um quinto dentre advogados com mais de dez anos de efetiva atividade profissional e membros do Ministério Público do Trabalho com mais de dez anos de efetivo exercício, observado o disposto no Art. 94;*

***II.** Os demais, mediante promoção de juízes do trabalho por antiguidade e merecimento, alternadamente.*

***§ 1º** - Os Tribunais Regionais do Trabalho instalarão a justiça itinerante, com a realização de audiências e demais funções de atividade jurisdicional, nos limites territoriais da respectiva jurisdição, servindo-se de equipamentos públicos e comunitários.*

***§ 2º** - Os Tribunais Regionais do Trabalho poderão funcionar descentralizadamente, constituindo Câmaras regionais, a fim de assegurar o pleno acesso do jurisdicionado à justiça em todas as fases do processo.*

***Art. 116.** Nas Varas do Trabalho, a jurisdição será exercida por um juiz singular.*

São no mínimo sete juízes recrutados, quando possível, na respectiva região os quais serão nomeados pelo Presidente da República entre brasileiros com mais de 30 e menos de 65 anos de idade. Para ser um juiz do TRT, é necessária a observação dos seguintes critérios:

- 1/5 – advogados com mais de 10 anos de efetiva atividade profissional e membros do Ministério Público do Trabalho com mais de 10 anos de efetivo exercício;
- 4/5 – juízes do trabalho promovidos por antiguidade e merecimento, alternadamente.

A Constituição prevê, dentro da estrutura dos TRTs, como forma de democratizar o acesso à Justiça do Trabalho, a possibilidade de instalação da justiça itinerante, com a realização de audiências e demais funções de atividade jurisdicional, nos limites territoriais da respectiva jurisdição, servindo-se de equipamentos públicos e comunitários. Não se deve esquecer de que os TRTs poderão funcionar descentralizadamente, constituindo Câmaras regionais, a fim de assegurar o pleno acesso do jurisdicionado à justiça em todas as fases do processo, garantindo-se, dessa forma, uma maior celeridade processual. Ainda dentro da estrutura da Justiça do Trabalho, a Constituição prevê a possibilidade de juízes de direito exercerem as atribuições da jurisdição trabalhista nas comarcas não abrangidas pela Justiça do Trabalho, garantindo-se, nesse caso, recurso para o TRT:

***Art. 112.** A lei criará varas da Justiça do Trabalho, podendo, nas comarcas não abrangidas por sua jurisdição, atribuí-la aos juízes de direito, com recurso para o respectivo Tribunal Regional do Trabalho.*

Por fim, a Constituição determinou que a jurisdição nas Varas do Trabalho seja exercida por um juiz singular:

***Art. 116.** Nas Varas do Trabalho, a jurisdição será exercida por um juiz singular.*

## Competências

Quanto às competências da Justiça do Trabalho, a Constituição encarregou-se de defini-las expressamente no Art. 114:

***Art. 114.** Compete à Justiça do Trabalho processar e julgar:*

***I.** As ações oriundas da relação de trabalho, abrangidos os entes de direito público externo e da administração pública direta e indireta da União, dos Estados, do Distrito Federal e dos Municípios;*

***II.** As ações que envolvam exercício do direito de greve;*

***III.** As ações sobre representação sindical, entre sindicatos, entre sindicatos e trabalhadores, e entre sindicatos e empregadores;*

***IV.** Os mandados de segurança, "Habeas Corpus" e "Habeas Ddata", quando o ato questionado envolver matéria sujeita à sua jurisdição;*

***V.** Os conflitos de competência entre órgãos com jurisdição trabalhista, ressalvado o disposto no Art. 102, I, o;*

***VI.** As ações de indenização por dano moral ou patrimonial, decorrentes da relação de trabalho;*

***VII.** As ações relativas às penalidades administrativas impostas aos empregadores pelos órgãos de fiscalização das relações de trabalho;*

***VIII.** A execução, de ofício, das contribuições sociais previstas no Art. 195, I, a, e II, e seus acréscimos legais, decorrentes das sentenças que proferir;*

***IX.** Outras controvérsias decorrentes da relação de trabalho, na forma da lei.*

***§ 1º** - Frustrada a negociação coletiva, as partes poderão eleger árbitros.*

***§ 2º** - Recusando-se qualquer das partes à negociação coletiva ou à arbitragem, é facultado às mesmas, de comum acordo, ajuizar dissídio coletivo de natureza econômica, podendo a Justiça do Trabalho decidir o conflito, respeitadas as disposições mínimas legais de proteção ao trabalho, bem como as convencionadas anteriormente.*

***§ 3º** - Em caso de greve em atividade essencial, com possibilidade de lesão do interesse público, o Ministério Público do Trabalho poderá ajuizar dissídio coletivo, competindo à Justiça do Trabalho decidir o conflito.*

## Justiça eleitoral

A Justiça Eleitoral é a justiça especializada em questões de natureza eleitoral. Seus órgãos estão previstos no Art. 118 da Constituição:

***Art. 118.** São órgãos da Justiça Eleitoral:*

***I.** O Tribunal Superior Eleitoral;*

***II.** Os Tribunais Regionais Eleitorais;*

***III.** Os Juízes Eleitorais;*

***IV.** As Juntas Eleitorais.*

Uma peculiaridade distingue os órgãos da Justiça Eleitoral dos demais órgãos do Poder Judiciário. Apesar de seus membros possuírem as mesmas garantias dos demais membros do Poder

Judiciário, eles não possuem a vitaliciedade, haja vista serem eleitos para um mandato de dois anos, no mínimo, não podendo exercê-lo por mais de dois biênios consecutivos:

> ***Art. 121.*** *Lei complementar disporá sobre a organização e competência dos tribunais, dos juízes de direito e das juntas eleitorais.*
>
> ***§ 1º*** *- Os membros dos tribunais, os juízes de direito e os integrantes das juntas eleitorais, no exercício de suas funções, e no que lhes for aplicável, gozarão de plenas garantias e serão inamovíveis.*
>
> ***§ 2º*** *- Os juízes dos tribunais eleitorais, salvo motivo justificado, servirão por dois anos, no mínimo, e nunca por mais de dois biênios consecutivos, sendo os substitutos escolhidos na mesma ocasião e pelo mesmo processo, em número igual para cada categoria.*

Analisa-se, a seguir, a composição de cada um dos órgãos da Justiça Eleitoral:

## Tribunal superior eleitoral

O Tribunal Superior Eleitoral é o tribunal superior da Justiça Eleitoral. Sua composição está prevista no Art. 119 da Constituição Federal:

> ***Art. 119.*** *O Tribunal Superior Eleitoral compor-se-á, no mínimo, de sete membros, escolhidos:*
>
> ***I.*** *Mediante eleição, pelo voto secreto:*
>
> ***a)*** *Três juízes dentre os Ministros do Supremo Tribunal Federal;*
>
> ***b)*** *Dois juízes dentre os Ministros do Superior Tribunal de Justiça;*
>
> ***II.*** *Por nomeação do Presidente da República, dois juízes dentre seis advogados de notável saber jurídico e idoneidade moral, indicados pelo Supremo Tribunal Federal.*
>
> ***Parágrafo único.*** *O Tribunal Superior Eleitoral elegerá seu Presidente e o Vice-Presidente dentre os Ministros do Supremo Tribunal Federal, e o Corregedor Eleitoral dentre os Ministros do Superior Tribunal de Justiça.*

Como se pode depreender do texto constitucional, o TSE é composto de no mínimo sete membros os quais serão eleitos ou nomeados segundo as seguintes regras:

Escolhidos mediante eleição: **três** juízes dentre os Ministros STF e **dois** juízes dentre os Ministros do STJ;

Por nomeação do Presidente da República: dois juízes dentre seis **advogados** de notável saber jurídico e idoneidade moral, indicados pelo Supremo Tribunal Federal.

O Presidente e o Vice-Presidente do TSE serão escolhidos dentre os Ministros do STF e o Corregedor Eleitoral será escolhido dentre os Ministros do STJ.

## Tribunal regional eleitoral

Os Tribunais Regionais Eleitorais serão distribuídos em todo território nacional sendo um em cada Capital de cada Estado e no Distrito Federal os quais se comporão de **sete membros**, conforme dispõe o Art. 120 da Constituição Federal:

> ***Art. 120.*** *Haverá um Tribunal Regional Eleitoral na Capital de cada Estado e no Distrito Federal.*
>
> ***§ 1º*** *- Os Tribunais Regionais Eleitorais compor-se-ão:*
>
> ***I.*** *Mediante eleição, pelo voto secreto:*
>
> ***a)*** *De dois juízes dentre os desembargadores do Tribunal de Justiça;*
>
> ***b)*** *De dois juízes, dentre juízes de direito, escolhidos pelo Tribunal de Justiça;*
>
> ***II.*** *De um juiz do Tribunal Regional Federal com sede na Capital do Estado ou no Distrito Federal, ou, não havendo, de juiz federal, escolhido, em qualquer caso, pelo Tribunal Regional Federal respectivo;*
>
> ***III.*** *Por nomeação, pelo Presidente da República, de dois juízes dentre seis advogados de notável saber jurídico e idoneidade moral, indicados pelo Tribunal de Justiça.*
>
> ***§ 2º*** *- O Tribunal Regional Eleitoral elegerá seu Presidente e o Vice-Presidente dentre os desembargadores.*

Os membros do TRE serão escolhidos conforme os seguintes critérios:

**Mediante eleição: dois** juízes dentre os desembargadores do Tribunal de Justiça e **dois** juízes, dentre juízes de direito, escolhidos pelo Tribunal de Justiça.

**Por nomeação do Presidente da República:** de**dois** juízes dentre seis advogados de notável saber jurídico e idoneidade moral, indicados pelo Tribunal de Justiça.

Cada TRE elegerá seu Presidente e o Vice-Presidente entre os seus desembargadores.

## Juízes e juntas eleitorais

No que tange aos juízes e juntas eleitorais previstos no Art. 121 da Constituição, sua regulação está prevista no Código Eleitoral entre os Arts. 32 e 41, a qual deve ser analisada em disciplina oportuna. Isto é o que prevê o texto constitucional:

> ***Art. 121.*** *Lei complementar disporá sobre a organização e competência dos tribunais, dos juízes de direito e das juntas eleitorais.*
>
> ***§ 1º*** *- Os membros dos tribunais, os juízes de direito e os integrantes das juntas eleitorais, no exercício de suas funções, e no que lhes for aplicável, gozarão de plenas garantias e serão inamovíveis.*

### Competência

Quanto às atribuições da Justiça Eleitoral, não existe dúvida sobre a sua competência especializada em matéria eleitoral. O Art. 121, em seu § 3º, estabelece algumas regras que podem ser cobradas em prova:

> ***Art. 121, § 3º*** *- São irrecorríveis as decisões do Tribunal Superior Eleitoral, salvo as que contrariarem esta Constituição e as denegatórias de Habeas Corpus ou mandado de segurança.*
>
> ***§ 4º*** *- Das decisões dos Tribunais Regionais Eleitorais somente caberá recurso quando:*
>
> ***I.*** *Forem proferidas contra disposição expressa desta Constituição ou de lei;*
>
> ***II.*** *Ocorrer divergência na interpretação de lei entre dois ou mais tribunais eleitorais;*
>
> ***III.*** *Versarem sobre inelegibilidade ou expedição de diplomas nas eleições federais ou estaduais;*
>
> ***IV.*** *Anularem diplomas ou decretarem a perda de mandatos eletivos federais ou estaduais;*
>
> ***V.*** *Denegarem Habeas Corpus, mandado de segurança, Habeas Data ou mandado de injunção.*

## Justiça militar

A Justiça Militar compõe a chamada justiça especializada, nesse caso, em direito militar. A sua existência se deve à subordinação dos militares a um regime especial com direitos e deveres distintos quando comparados aos servidores civis.

A Constituição Federal definiu como órgãos da Justiça Militar os seguintes:

> ***Art. 122.*** *São órgãos da Justiça Militar:*
>
> ***I.*** *O Superior Tribunal Militar;*
>
> ***II.*** *Os Tribunais e Juízes Militares instituídos por lei.*

Na sequência, pode-se ver a composição de cada um dos órgãos:

## Superior tribunal militar

O Superior Tribunal Militar é o órgão de cúpula da Justiça Militar, o qual é composto segundo as regras estabelecidas no Art. 123 da CF:

> ***Art. 123.*** *O Superior Tribunal Militar compor-se-á de quinze Ministros vitalícios, nomeados pelo Presidente da República, depois de aprovada a indicação pelo Senado Federal, sendo três dentre oficiais-generais da Marinha, quatro dentre oficiais-generais do Exército, três dentre oficiais-generais da Aeronáutica, todos da ativa e do posto mais elevado da carreira, e cinco dentre civis.*
>
> ***Parágrafo único.*** *Os Ministros civis serão escolhidos pelo Presidente da República dentre brasileiros maiores de trinta e cinco anos, sendo:*
>
> ***I.*** *Três dentre advogados de notório saber jurídico e conduta ilibada, com mais de dez anos de efetiva atividade profissional;*
>
> ***II.*** *Dois, por escolha paritária, dentre juízes auditores e membros do Ministério Público da Justiça Militar.*

O STM é composto por quinze ministros nomeados pelo Presidente da República, depois de aprovada a indicação pelo Senado Federal. Esses ministros ocuparão os cargos de forma vitalícia e serão escolhidos entre militares da ativa e do posto mais elevado da carreira, bem como entre civis escolhidos pelo Presidente da República com mais de 35 anos de idade, observadas as seguintes regras:

**10 Militares**

**Três** – oficiais-generais da Marinha;

**Quatro** – oficiais-generais do Exército;

**Três** – oficiais-generais da Aeronáutica;

**5 Civis**

**Três** – civis entre advogados de notório saber jurídico e conduta ilibada, com mais de dez anos de efetiva atividade profissional;

**Dois** – civis escolhidos de forma paritária, entre juízes auditores e membros do Ministério Público da Justiça Militar.

### Competências

Segundo a Constituição Federal, a Justiça Militar é competente para processar e julgar os crimes militares definidos em lei:

> ***Art. 124.*** *À Justiça Militar compete processar e julgar os crimes militares definidos em lei.*
>
> ***Parágrafo único.*** *A lei disporá sobre a organização, o funcionamento e a competência da Justiça Militar.*

É importante lembrar que essa competência é da Justiça Militar da União, a qual só julgará crimes militares praticados por militares das Forças Armadas. A Constituição também previu a criação da Justiça Militar nos Estados com competência para julgar os militares dos estados (policiais e bombeiros militares) em seu Art. 125, § 3º ao 5º:

> ***Art. 125.*** *Os Estados organizarão sua Justiça, observados os princípios estabelecidos nesta Constituição.*
>
> ***§ 3º*** *- A lei estadual poderá criar, mediante proposta do Tribunal de Justiça, a Justiça Militar estadual, constituída, em primeiro grau, pelos juízes de direito e pelos Conselhos de Justiça e, em segundo grau, pelo próprio Tribunal de Justiça, ou por Tribunal de Justiça Militar nos Estados em que o efetivo militar seja superior a vinte mil integrantes.*
>
> ***§ 4º*** *- Compete à Justiça Militar estadual processar e julgar os militares dos Estados, nos crimes militares definidos em lei e as ações judiciais contra atos disciplinares militares, ressalvada a competência do júri quando a vítima for civil, cabendo ao tribunal competente decidir sobre a perda do posto e da patente dos oficiais e da graduação das praças.*
>
> ***§ 5º*** *- Compete aos juízes de direito do juízo militar processar e julgar, singularmente, os crimes militares cometidos contra civis e as ações judiciais contra atos disciplinares militares, cabendo ao Conselho de Justiça, sob a presidência de juiz de direito, processar e julgar os demais crimes militares.*

## Tribunais e juízes estaduais

Em relação aos Tribunais e Juízes estaduais, a Constituição Federal fixou regras gerais e deixou a cargo de cada Estado organizar a sua justiça, observados os princípios estabelecidos na Constituição Federal:

> ***Art. 125.*** *Os Estados organizarão sua Justiça, observados os princípios estabelecidos nesta Constituição.*
>
> ***§ 1º*** *- A competência dos tribunais será definida na Constituição do Estado, sendo a lei de organização judiciária de iniciativa do Tribunal de Justiça.*
>
> ***§ 2º*** *- Cabe aos Estados a instituição de representação de inconstitucionalidade de leis ou atos normativos estaduais ou municipais em face da Constituição Estadual, vedada a atribuição da legitimação para agir a um único órgão.*
>
> ***§ 3º*** *- A lei estadual poderá criar, mediante proposta do Tribunal de Justiça, a Justiça Militar estadual, constituída, em primeiro grau, pelos juízes de direito e pelos Conselhos de Justiça e, em segundo grau, pelo próprio Tribunal de Justiça, ou por Tribunal de Justiça Militar nos Estados em que o efetivo militar seja superior a vinte mil integrantes.*
>
> ***§ 4º*** *- Compete à Justiça Militar estadual processar e julgar os militares dos Estados, nos crimes militares definidos em lei e as ações judiciais contra atos disciplinares militares, ressalvada a competência do júri quando a vítima for civil, cabendo ao tribunal competente decidir sobre a perda do posto e da patente dos oficiais e da graduação das praças.*
>
> ***§ 5º*** *- Compete aos juízes de direito do juízo militar processar e julgar, singularmente, os crimes militares cometidos contra civis e as ações judiciais contra atos disciplinares militares, cabendo ao Conselho de Justiça, sob a presidência de juiz de direito, processar e julgar os demais crimes militares.*
>
> ***§ 6º*** *- O Tribunal de Justiça poderá funcionar descentralizadamente, constituindo Câmaras regionais, a fim de assegurar o pleno acesso do jurisdicionado à justiça em todas as fases do processo.*
>
> ***§ 7º*** *- O Tribunal de Justiça instalará a justiça itinerante, com a realização de audiências e demais funções da atividade jurisdicional, nos limites territoriais da respectiva jurisdição, servindo-se de equipamentos públicos e comunitários.*
>
> ***Art. 126.*** *Para dirimir conflitos fundiários, o Tribunal de Justiça proporá a criação de varas especializadas, com competência exclusiva para questões agrárias.*
>
> ***Parágrafo único.*** *Sempre que necessário à eficiente prestação jurisdicional, o juiz far-se-á presente no local do litígio.*

| ÓRGÃO | MEMBROS | IDADE |
|---|---|---|
| STF | 11 | 35 - 65 |
| COMPOSIÇÃO | | |
| Brasileiros natos.<br>Notável saber jurídico e reputação ilibada.<br>Nomeado pelo Presidente da República mediante aprovação do Senado pela maioria absoluta. | | |
| **ÓRGÃO** | **MEMBROS** | **IDADE** |
| CNJ | 15 | |
| COMPOSIÇÃO | | |
| Presidente do STF.<br>Indicados pelo STF: 1 desembargador do TJ, 1 juiz estadual.<br>Indicados pelo STJ: 1 ministro do STJ, 1 juiz do TRF, 1 juiz federal.<br>Indicados pelo TST: 1 ministro do TST, 1 juiz do TRT, 1 juiz do trabalho.<br>Indicados pelo PGR: 1 membro do MPE, 1 membro do MPU.<br>Indicados pelo CFOAB: 2 advogados.<br>Indicado pela Câmara: 1 cidadão.<br>Indicado pelo Senado: 1 cidadão. | | |
| **ÓRGÃO** | **MEMBROS** | **IDADE** |
| STJ | Mínimo de 33 | 35-65 |
| COMPOSIÇÃO | | |
| Brasileiro.<br>Notável saber jurídico e reputação ilibada.<br>Nomeado pelo Presidente da República mediante aprovação do Senado.<br>1/3 juízes do TRF.<br>1/3 desembargadores do TJ.<br>1/3 advogados e membros do MPF, MPE e MPDFT. | | |
| **ÓRGÃO** | **MEMBROS** | **IDADE** |
| TRF | Mínimo de 7 | 30-65 |
| COMPOSIÇÃO | | |
| Nomeados pelo Presidente da República.<br>1/5 advogados e membros do MPF (os advogados e membros do Ministério Público quando são nomeados para algum cargo do Poder Judiciário pelo Quinto Constitucional precisam comprovar 10 anos de experiência).<br>4/5 juízes federais. | | |
| **ÓRGÃO** | **MEMBROS** | **IDADE** |
| TST | 27 | 35-65 |
| COMPOSIÇÃO | | |
| Nomeado pelo Presidente da República mediante aprovação do Senado.<br>1/5 advogados e membros do MPT.<br>4/5 juízes do TRT da magistratura de carreira. | | |
| **ÓRGÃO** | **MEMBROS** | **IDADE** |
| TRT | Mínimo de 7 | 30-65 |
| COMPOSIÇÃO | | |
| Nomeados pelo Presidente da República.<br>1/5 advogados e membros do MPT.<br>4/5 juízes do trabalho. | | |
| **ÓRGÃO** | **MEMBROS** | **IDADE** |
| TSE | Mínimo de 7 | |
| COMPOSIÇÃO | | |
| Eleição: 3 ministros do STF; 2 ministros do STJ.<br>Nomeação pelo Presidente da República: 2 advogados de notável saber jurídico e idoneidade moral indicados pelo STF. | | |
| **ÓRGÃO** | **MEMBROS** | **IDADE** |
| TRE | 7 | |
| COMPOSIÇÃO | | |
| Eleição: 2 desembargadores do TJ, 2 juízes de direito do TJ.<br>1 juiz do TRF ou juiz federal.<br>Nomeação pelo Presidente da República: 2 advogados de notável saber jurídico e idoneidade moral indicados pelo TJ. | | |
| **ÓRGÃO** | **MEMBROS** | **IDADE** |
| STM | 15 | |
| COMPOSIÇÃO | | |
| Ministros vitalícios.<br>Nomeados pelo Presidente da República mediante aprovação do Senado.<br>3 oficiais-generais da Marinha.<br>4 oficiais-generais do Exército.<br>3 oficiais-generais da Aeronáutica.<br>5 civis escolhidos pelo Presidente entre brasileiros com mais de trinta e cinco anos sendo três dentre advogados com mais de dez anos de efetiva atividade profissional e dois entre juízes auditores e membros do MPJM. | | |

## 12.3 Análise das Competências dos Órgãos do Poder Judiciário

O sucesso nesta parte da matéria depende de intensa leitura e memorização das competências que serão cobradas em prova. As mais cobradas são, sem dúvida, as do STF e do STJ. Também há grande ocorrência de questões sobre o CNJ. Passa-se à análise de cada um dos órgãos do Poder Judiciário.

### Supremo tribunal federal

O Supremo Tribunal Federal é o órgão de cúpula do Poder Judiciário. Também é conhecido como Tribunal Constitucional, pois possui como atribuição precípua a guarda da Constituição Federal. Como protetor do texto constitucional, ele realiza o chamado Controle de Constitucionalidade Concentrado. Nota-se que as competências do STF compõem um rol taxativo e estão distribuídas em três espécies: originária, recursal ordinária e recursal extraordinária.

**Originárias** – as causas previstas no inciso I do Art. 102 têm início no próprio STF, a quem compete julgar originariamente.

> ***Art. 102.*** *Compete ao Supremo Tribunal Federal, precipuamente, a guarda da Constituição, cabendo-lhe:*
>
> ***I.*** *Processar e julgar, originariamente:*
>
> ***a)*** *A ação direta de inconstitucionalidade de lei ou ato normativo federal ou estadual e a ação declaratória de constitucionalidade de lei ou ato normativo federal;*
>
> ***b)*** *Nas infrações penais comuns, o Presidente da República, o Vice-Presidente, os membros do Congresso Nacional, seus próprios Ministros e o Procurador-Geral da República;*
>
> ***c)*** *Nas infrações penais comuns e nos crimes de responsabilidade, os Ministros de Estado e os Comandantes da Marinha, do Exército e da Aeronáutica, ressalvado o disposto no Art. 52, I, os membros dos Tribunais Superiores, os do Tribunal de Contas da União e os chefes de missão diplomática de caráter permanente;*
>
> ***d)*** *O Habeas Corpus, sendo paciente qualquer das pessoas referidas nas alíneas anteriores; o mandado de segurança e o Habeas Data contra atos do Presidente da República, das Mesas da Câmara dos Deputados e do Senado Federal, do Tribunal de Contas da União, do Procurador-Geral da República e do próprio Supremo Tribunal Federal;*

*e) O litígio entre Estado estrangeiro ou organismo internacional e a União, o Estado, o Distrito Federal ou o Território;*

*f) As causas e os conflitos entre a União e os Estados, a União e o Distrito Federal, ou entre uns e outros, inclusive as respectivas entidades da administração indireta;*

*g) A extradição solicitada por Estado estrangeiro;*

*h) (Revogado Emenda Constitucional nº 45, de 2004);*

*i) O Habeas Corpus, quando o coator for Tribunal Superior ou quando o coator ou o paciente for autoridade ou funcionário cujos atos estejam sujeitos diretamente à jurisdição do Supremo Tribunal Federal, ou se trate de crime sujeito à mesma jurisdição em uma única instância;*

*j) A revisão criminal e a ação rescisória de seus julgados;*

*l) A reclamação para a preservação de sua competência e garantia da autoridade de suas decisões;*

*m) A execução de sentença nas causas de sua competência originária, facultada a delegação de atribuições para a prática de atos processuais;*

*n) A ação em que todos os membros da magistratura sejam direta ou indiretamente interessados, e aquela em que mais da metade dos membros do tribunal de origem estejam impedidos ou sejam direta ou indiretamente interessados;*

*o) Os conflitos de competência entre o Superior Tribunal de Justiça e quaisquer tribunais, entre Tribunais Superiores, ou entre estes e qualquer outro tribunal;*

*p) O pedido de medida cautelar das ações diretas de inconstitucionalidade;*

*q) O mandado de injunção, quando a elaboração da norma regulamentadora for atribuição do Presidente da República, do Congresso Nacional, da Câmara dos Deputados, do Senado Federal, das Mesas de uma dessas Casas Legislativas, do Tribunal de Contas da União, de um dos Tribunais Superiores, ou do próprio Supremo Tribunal Federal;*

*r) As ações contra o Conselho Nacional de Justiça e contra o Conselho Nacional do Ministério Público.*

## Recurso ordinário

Analisa matéria já debatida em instância anterior atuando como tribunal de 2º grau de jurisdição. O Art. 102, II prevê como competência em sede de recurso ordinário:

*II. Julgar, em recurso ordinário:*

*a) O Habeas Corpus, o mandado de segurança, o Habeas Data e o mandado de injunção decididos em única instância pelos Tribunais Superiores, se denegatória a decisão;*

*b) O crime político.*

## Recurso extraordinário

Atua na defesa da norma constitucional. O Art. 102, III, prevê que compete ao STF o julgamento das causas decididas em única ou última instância quando a decisão recorrida:

*III. Julgar, mediante recurso extraordinário, as causas decididas em única ou última instância, quando a decisão recorrida:*

*a) Contrariar dispositivo desta Constituição;*

*b) Declarar a inconstitucionalidade de tratado ou lei federal;*

*c) Julgar válida lei ou ato de governo local contestado em face desta Constituição.*

*d) Julgar válida lei local contestada em face de lei federal.*

As questões sobre competências costumam ser bem complicadas, pois exigem do candidato a memorização de vários dispositivos, sem contar que se costuma complicar colocando a competência de um tribunal como se fosse de outro tribunal. Vejamos este exemplo:

## Controle de constitucionalidade

O STF, em sede de controle de constitucionalidade concentrado, tem competência para apreciar originariamente a Ação Direta de Inconstitucionalidade e a Ação Declaratória de Constitucionalidade. Essas ações têm como objetivo questionar a constitucionalidade de uma lei ou ato normativo diante da Constituição. Quando esse questionamento se dá diretamente no STF, é necessário que seja apresentado por um dos legitimados que estão previstos no Art. 103:

***Art. 103.*** *Podem propor a ação direta de inconstitucionalidade e a ação declaratória de constitucionalidade:*

*I. O Presidente da República;*

*II. A Mesa do Senado Federal;*

*III. A Mesa da Câmara dos Deputados;*

*IV. A Mesa de Assembleia Legislativa ou da Câmara Legislativa do Distrito Federal;*

*V. O Governador de Estado ou do Distrito Federal;*

*VI. O Procurador-Geral da República;*

*VII. O Conselho Federal da Ordem dos Advogados do Brasil;*

*VIII. Partido político com representação no Congresso Nacional;*

*IX. Confederação sindical ou entidade de classe de âmbito nacional.*

*§1º - O Procurador-Geral da República deverá ser previamente ouvido nas ações de inconstitucionalidade e em todos os processos de competência do Supremo Tribunal Federal.*

*§2º - Declarada a inconstitucionalidade por omissão de medida para tornar efetiva norma constitucional, será dada ciência ao Poder competente para a adoção das providências necessárias e, em se tratando de órgão administrativo, para fazê-lo em trinta dias.*

*§ 3º - Quando o Supremo Tribunal Federal apreciar a inconstitucionalidade, em tese, de norma legal ou ato normativo, citará, previamente, o Advogado-Geral da União, que defenderá o ato ou texto impugnado.*

Deve-se memorizar o rol de legitimados. Observe que os membros do Poder Executivo e Legislativo da União, dos Estados e do Distrito Federal possuem legitimidade para ingressar com essas ações de Controle de Constitucionalidade, contudo as mesmas autoridades no âmbito dos Municípios não possuem tal poder, e isso aparece muito em prova. Prefeito e Mesa da Câmara de Vereadores não possuem legitimidade para propor as ações de controle de constitucionalidade citadas acima.

Observam-se também outros detalhes. No que tange às Casas Legislativas, a competência é da Mesa e não do membro. Mesa da Câmara ou da Assembleia é órgão de direção em que encontram o Presidente da Casa, os Secretários e demais membros de direção.

Quanto aos partidos políticos, não é qualquer partido político que tem legitimidade; tem de ser partido com representação no Congresso Nacional. E representação no Congresso Nacional significa pelo menos um membro em qualquer uma das Casas.

Em relação à confederação sindical ou entidade de classe, não será qualquer uma que possui legitimidade. Deve ser de âmbito nacional.

## Súmulas vinculantes

As súmulas vinculantes são ferramentas jurídicas criadas para garantir maior efetividade ao inciso LXXVIII do Art. 5º da

Constituição Federal de 1988 (celeridade processual). Introduzida no direito brasileiro por meio da Emenda Constitucional nº 45/2004, essas súmulas refletem o pensamento do Supremo Tribunal Federal acerca da validade, interpretação e eficácia de algumas normas que já foram analisadas em reiteradas decisões.

A competência para edição dessas súmulas é exclusiva do STF. Após a edição da súmula, ela produz efeitos vinculantes para todos os órgãos do Poder Judiciário e para a Administração Pública direta e indireta, nas esferas federal, estadual e municipal. É importante ressaltar que os efeitos das súmulas vinculantes não atingem o STF nem o Poder Legislativo: o STF, por poder rever ou cancelar a súmula conforme a evolução jurisprudencial; e o Legislativo, por ser o Poder responsável pela inovação legislativa no Brasil.

O seu principal objetivo é diminuir a quantidade de processos com temas idênticos que se acumulam nas diversas instâncias do Judiciário. Ao editar uma súmula vinculante, o STF produz segurança jurídica e evita a multiplicação de processos sobre as questões sumuladas. Esse tema está regulado pelo Art. 103-A da Constituição Federal e a Lei 11.417/2006.

> ***Art. 103-A.*** *O Supremo Tribunal Federal poderá, de ofício ou por provocação, mediante decisão de dois terços dos seus membros, após reiteradas decisões sobre matéria constitucional, aprovar súmula que, a partir de sua publicação na imprensa oficial, terá efeito vinculante em relação aos demais órgãos do Poder Judiciário e à administração pública direta e indireta, nas esferas federal, estadual e municipal, bem como proceder à sua revisão ou cancelamento, na forma estabelecida em lei.*
>
> ***§ 1º*** *- A súmula terá por objetivo a validade, a interpretação e a eficácia de normas determinadas, acerca das quais haja controvérsia atual entre órgãos judiciários ou entre esses e a administração pública que acarrete grave insegurança jurídica e relevante multiplicação de processos sobre questão idêntica.*
>
> ***§ 2º*** *- Sem prejuízo do que vier a ser estabelecido em lei, a aprovação, revisão ou cancelamento de súmula poderá ser provocada por aqueles que podem propor a ação direta de inconstitucionalidade.*
>
> ***§ 3º*** *- Do ato administrativo ou decisão judicial que contrariar a súmula aplicável ou que indevidamente a aplicar, caberá reclamação ao Supremo Tribunal Federal que, julgando-a procedente, anulará o ato administrativo ou cassará a decisão judicial reclamada, e determinará que outra seja proferida com ou sem a aplicação da súmula, conforme o caso.*

## Superior tribunal de justiça

O Superior Tribunal de Justiça é o conhecido protetor da legislação federal. Suas competências estão arroladas no Art. 105 da Constituição e estão divididas em: originária, recursal ordinária e recursal especial.

### Originária

As causas previstas no inciso I do Art. 105 têm início no próprio STJ, a quem compete julgar originariamente:

> ***a)*** *Nos crimes comuns, os Governadores dos Estados e do Distrito Federal, e, nestes e nos de responsabilidade, os desembargadores dos Tribunais de Justiça dos Estados e do Distrito Federal, os membros dos Tribunais de Contas dos Estados e do Distrito Federal, os dos Tribunais Regionais Federais, dos Tribunais Regionais Eleitorais e do Trabalho, os membros dos Conselhos ou Tribunais de Contas dos Municípios e os do Ministério Público da União que oficiem perante tribunais;*
>
> ***b)*** *Os mandados de segurança e os Habeas Data contra ato de Ministro de Estado, dos Comandantes da Marinha, do Exército e da Aeronáutica ou do próprio Tribunal;*
>
> ***c)*** *Os Habeas Corpus, quando o coator ou paciente for qualquer das pessoas mencionadas na alínea "a", ou quando o coator for tribunal sujeito à sua jurisdição, Ministro de Estado ou Comandante da Marinha, do Exército ou da Aeronáutica, ressalvada a competência da Justiça Eleitoral;*
>
> ***d)*** *Os conflitos de competência entre quaisquer tribunais, ressalvado o disposto no Art. 102, I, "o", bem como entre tribunal e juízes a ele não vinculados e entre juízes vinculados a tribunais diversos;*
>
> ***e)*** *As revisões criminais e as ações rescisórias de seus julgados;*
>
> ***f)*** *A reclamação para a preservação de sua competência e garantia da autoridade de suas decisões;*
>
> ***g)*** *Os conflitos de atribuições entre autoridades administrativas e judiciárias da União, ou entre autoridades judiciárias de um Estado e administrativas de outro ou do Distrito Federal, ou entre as deste e da União;*
>
> ***h)*** *O mandado de injunção, quando a elaboração da norma regulamentadora for atribuição de órgão, entidade ou autoridade federal, da administração direta ou indireta, excetuados os casos de competência do Supremo Tribunal Federal e dos órgãos da Justiça Militar, da Justiça Eleitoral, da Justiça do Trabalho e da Justiça Federal;*
>
> ***i)*** *A homologação de sentenças estrangeiras e a concessão de exequatur às cartas rogatórias.*

### Recurso Ordinário

Analisa matéria já debatida em instância anterior atuando como tribunal de 2º grau de jurisdição. O Art. 105, II prevê como competência em sede de recurso ordinário:

> ***a)*** *Os "Habeas Corpus" decididos em única ou última instância pelos Tribunais Regionais Federais ou pelos tribunais dos Estados, do Distrito Federal e Territórios, quando a decisão for denegatória;*
>
> ***b)*** *Os mandados de segurança decididos em única instância pelos Tribunais Regionais Federais ou pelos tribunais dos Estados, do Distrito Federal e Territórios, quando denegatória a decisão;*
>
> ***c)*** *As causas em que forem partes Estado estrangeiro ou organismo internacional, de um lado, e, do outro, Município ou pessoa residente ou domiciliada no País.*

### Recurso Especial

Atua na defesa das normas infraconstitucionais federais. O Art. 105, III prevê que compete ao STJ o julgamento das causas decididas em única ou última instância pelos TRFs e TJs que:

> ***a)*** *Contrariar tratado ou lei federal, ou negar-lhe vigência;*
>
> ***b)*** *Julgar válido ato de governo local contestado em face de lei federal;*
>
> ***c)*** *Der a lei federal interpretação divergente da que lhe haja atribuído outro tribunal.*

## Conselho nacional de justiça

O Conselho Nacional de Justiça é órgão do poder judiciário, mas não possui função jurisdicional. Sua função é de caráter administrativo.

O CNJ é responsável pela fiscalização administrativa e financeira do Poder Judiciário. Possui também atribuição para fiscalizar os seus membros quanto a observância dos deveres funcionais.

Por fim, deve-se lembrar que o CNJ não possui competência sobre o STF, haja vista este ser o órgão de cúpula de todo o poder judiciário.

***§ 4º** - Compete ao Conselho o controle da atuação administrativa e financeira do Poder Judiciário e do cumprimento dos deveres funcionais dos juízes, cabendo-lhe, além de outras atribuições que lhe forem conferidas pelo Estatuto da Magistratura:*

***I.** Zelar pela autonomia do Poder Judiciário e pelo cumprimento do Estatuto da Magistratura, podendo expedir atos regulamentares, no âmbito de sua competência, ou recomendar providências;*

***II.** Zelar pela observância do Art. 37 e apreciar, de ofício ou mediante provocação, a legalidade dos atos administrativos praticados por membros ou órgãos do Poder Judiciário, podendo desconstituí-los, revê-los ou fixar prazo para que se adotem as providências necessárias ao exato cumprimento da lei, sem prejuízo da competência do Tribunal de Contas da União;*

***III.** Receber e conhecer das reclamações contra membros ou órgãos do Poder Judiciário, inclusive contra seus serviços auxiliares, serventias e órgãos prestadores de serviços notariais e de registro que atuem por delegação do poder público ou oficializados, sem prejuízo da competência disciplinar e correicional dos tribunais, podendo avocar processos disciplinares em curso e determinar a remoção, a disponibilidade ou a aposentadoria com subsídios ou proventos proporcionais ao tempo de serviço e aplicar outras sanções administrativas, assegurada ampla defesa;*

***IV.** Representar ao Ministério Público, no caso de crime contra a administração pública ou de abuso de autoridade;*

***V.** Rever, de ofício ou mediante provocação, os processos disciplinares de juízes e membros de tribunais julgados há menos de um ano;*

***VI.** Elaborar semestralmente relatório estatístico sobre processos e sentenças prolatadas, por unidade da Federação, nos diferentes órgãos do Poder Judiciário;*

***VII.** Elaborar relatório anual, propondo as providências que julgar necessárias, sobre a situação do Poder Judiciário no País e as atividades do Conselho, o qual deve integrar mensagem do Presidente do Supremo Tribunal Federal a ser remetida ao Congresso Nacional, por ocasião da abertura da sessão legislativa.*

***§ 5º** - O Ministro do Superior Tribunal de Justiça exercerá a função de Ministro-Corregedor e ficará excluído da distribuição de processos no Tribunal, competindo-lhe, além das atribuições que lhe forem conferidas pelo Estatuto da Magistratura, as seguintes:*

***I.** Receber as reclamações e denúncias, de qualquer interessado, relativas aos magistrados e aos serviços judiciários;*

***II.** Exercer funções executivas do Conselho, de inspeção e de correição geral;*

***III.** Requisitar e designar magistrados, delegando-lhes atribuições, e requisitar servidores de juízos ou tribunais, inclusive nos Estados, Distrito Federal e Territórios.*

***§ 6º** - Junto ao Conselho oficiarão o Procurador-Geral da República e o Presidente do Conselho Federal da Ordem dos Advogados do Brasil.*

***§ 7º** - A União, inclusive no Distrito Federal e nos Territórios, criará ouvidorias de justiça, competentes para receber reclamações e denúncias de qualquer interessado contra membros ou órgãos do Poder Judiciário, ou contra seus serviços auxiliares, representando diretamente ao Conselho Nacional de Justiça.*

## Justiça federal

**Estes são os órgãos da chamada Justiça Federal:**

***Art. 106.** São órgãos da Justiça Federal:*

***I.** Os Tribunais Regionais Federais;*

***II.** Os Juízes Federais.*

## Tribunal regional federal e juízes federais

As competências da Justiça Federal, em regra, estão relacionadas com causas de interesse da União. Atente para esse tema, pois há competências que são dos Tribunais Regionais Federais e outras que são dos Juízes Federais. As provas costumam trocar essas competências umas pelas outras. As primeiras encontram-se definidas no Art. 108 e as dos Juízes Federais estão previstas no Art. 109:

***Art. 108.** Compete aos Tribunais Regionais Federais:*

***I.** Processar e julgar, originariamente:*

***a)** Os juízes federais da área de sua jurisdição, incluídos os da Justiça Militar e da Justiça do Trabalho, nos crimes comuns e de responsabilidade, e os membros do Ministério Público da União, ressalvada a competência da Justiça Eleitoral;*

***b)** As revisões criminais e as ações rescisórias de julgados seus ou dos juízes federais da região;*

***c)** Os mandados de segurança e os Habeas Data contra ato do próprio Tribunal ou de juiz federal;*

***d)** Os Habeas Corpus, quando a autoridade coatora for juiz federal;*

***e)** Os conflitos de competência entre juízes federais vinculados ao Tribunal;*

***II.** Julgar, em grau de recurso, as causas decididas pelos juízes federais e pelos juízes estaduais no exercício da competência federal da área de sua jurisdição.*

***Art. 109.** Aos juízes federais compete processar e julgar:*

***I.** As causas em que a União, entidade autárquica ou empresa pública federal forem interessadas na condição de autoras, rés, assistentes ou oponentes, exceto as de falência, as de acidentes de trabalho e as sujeitas à Justiça Eleitoral e à Justiça do Trabalho;*

***II.** As causas entre Estado estrangeiro ou organismo internacional e Município ou pessoa domiciliada ou residente no País;*

***III.** As causas fundadas em tratado ou contrato da União com Estado estrangeiro ou organismo internacional;*

***IV.** Os crimes políticos e as infrações penais praticadas em detrimento de bens, serviços ou interesse da União ou de suas entidades autárquicas ou empresas públicas, excluídas as contravenções e ressalvada a competência da Justiça Militar e da Justiça Eleitoral;*

***V.** Os crimes previstos em tratado ou convenção internacional, quando, iniciada a execução no País, o resultado tenha ou devesse ter ocorrido no estrangeiro, ou reciprocamente;*

***V-A.** As causas relativas a direitos humanos a que se refere o § 5º deste artigo;*

***VI.** Os crimes contra a organização do trabalho e, nos casos determinados por lei, contra o sistema financeiro e a ordem econômico-financeira;*

***VII.** Os Habeas Corpus, em matéria criminal de sua competência ou quando o constrangimento provier de autoridade cujos atos não estejam diretamente sujeitos a outra jurisdição;*

***VIII.** Os mandados de segurança e os Habeas Data contra ato de autoridade federal, excetuados os casos de competência dos tribunais federais;*

***IX.** Os crimes cometidos a bordo de navios ou aeronaves, ressalvada a competência da Justiça Militar;*

***X.** Os crimes de ingresso ou permanência irregular de estrangeiro, a execução de carta rogatória, após o "exequatur", e de sentença estrangeira, após a homologação, as causas referentes à nacionalidade, inclusive a respectiva opção, e à naturalização;*

***XI.** A disputa sobre direitos indígenas.*

# 13. FUNÇÕES ESSENCIAIS À JUSTIÇA

As funções essenciais à justiça estão previstas expressamente do Art. 127 ao 135 da Constituição Federal, elas são representadas pelas seguintes instituições:

**Ministério Público;**

**Advocacia Pública;**

**Defensoria Pública;**

**Advocacia.**

Ao contrário do que muitos pensam, essas instituições não fazem parte do Poder Judiciário, mas desempenham suas funções junto a esse poder. Sua atuação é essencial ao exercício jurisdicional, razão pela qual foram classificadas como funções essenciais. Essa necessidade se justifica em razão da impossibilidade de o Judiciário agir de ofício, ou seja, toda a atuação jurisdicional demanda provocação, a qual será titularizada por uma dessas instituições.

Esses organismos são representados por agentes públicos ou privados cuja função principal é provocar a atuação do Poder Judiciário, o qual se mantém inerte e imparcial, aguardando o momento certo para agir. São em sua essência "advogados".

O Ministério Público é o advogado da Sociedade, pois, conforme prevê o *caput* do Art. 127, incumbe-lhe a tarefa de defender a ordem jurídica, o regime democrático e os interesses sociais e individuais indisponíveis:

> ***Art. 127.*** *O Ministério Público é instituição permanente, essencial à função jurisdicional do Estado, incumbindo-lhe a defesa da ordem jurídica, do regime democrático e dos interesses sociais e individuais indisponíveis.*

A Advocacia Pública advoga para o Estado representando os entes públicos judicial e extrajudicialmente ou mesmo desempenhando atividades de assessoria e consultoria jurídica.

A Defensoria Pública tem como atribuição principal advogar para os necessitados. São os defensores públicos responsáveis pela defesa dos hipossuficientes, aqueles que não possuem recursos financeiros para contratarem advogados privados.

E, por último, há a Advocacia, que, pela lógica, é privada, formada por advogados particulares, os quais são inscritos na Ordem dos Advogados do Brasil e atuam de forma autônoma e independente dentro dos limites estabelecidos em lei.

O objetivo desta breve introdução é apresentar a diferença funcional básica entre as instituições de forma a facilitar o estudo que, a partir de agora, será mais aprofundado, visando a possíveis questões em provas de concursos públicos. Então, analisaremos, a partir de agora, as Funções Essenciais à Justiça.

## 13.1 Ministério Público

A compreensão dessa instituição inicia-se pela leitura do próprio texto constitucional, que prevê:

O Ministério Público é uma instituição permanente, de natureza política, cujas atribuições possuem natureza administrativa, sem que com isso esteja subordinada ao Poder Executivo.

Fala-se em uma instituição independente e autônoma aos demais Poderes, motivo pelo qual está posicionada constitucionalmente em capítulo à parte na organização dos poderes como uma função essencial à justiça. Como função essencial à justiça, o Ministério Público é responsável pela provocação do Poder Judiciário em defesa da sociedade, quando se tratar de direitos sociais e individuais indisponíveis.

O Ministério Público no Brasil, além de obedecer às regras constitucionais, também é regido por duas normas: Lei Complementar nº 75/93 e a Lei nº 8.625/93. Essa regula o Ministério Público Nacional e é aplicável aos Ministérios Públicos dos Estados. Aquela é específica para o Ministério Público da União. Cada Estado da Federação poderá organizar o seu órgão ministerial editando sua própria Lei Orgânica Estadual.

A seguir, será feita uma leitura da instituição sob a ótica constitucional sem aprofundar nas estruturas lançadas nas referidas leis orgânicas, o que será feito em momento oportuno.

### Estrutura orgânica

Para viabilizar o exercício de suas funções, a Constituição Federal organizou o Ministério Público no Art. 128:

> ***Art. 128.*** *O Ministério Público abrange:*
>
> ***I.*** *o Ministério Público da União, que compreende:*
>
> ***a)*** *o Ministério Público Federal;*
>
> ***b)*** *o Ministério Público do Trabalho;*
>
> ***c)*** *o Ministério Público Militar;*
>
> ***d)*** *o Ministério Público do Distrito Federal e Territórios;*
>
> ***II.*** *os Ministérios Públicos dos Estados.*

Fique atento a essa classificação, pois o rol é taxativo e, em prova, os examinadores costumam mencionar a existência de um "Ministério Público Eleitoral" ao se fazer comparativo com a estrutura do Poder Judiciário. Na organização do MPU, não foi prevista a existência de Ministério Público com atribuição Eleitoral, função essa de competência do Ministério Público Federal e do Ministério Público Estadual, conforme prevê a Lei Complementar nº 75/93 (Arts. 72 a 80 da LC nº 75/93).

Como se pode perceber, o Ministério Público está dividido em Ministério Público da União e Ministério Público dos Estados, cada um com sua própria autonomia organizacional e chefia própria. O Ministério Público da União, por sua vez, abrange:

- Ministério Público Federal;
- Ministério Público do Trabalho;
- Ministério Público Militar;
- Ministério Público do Distrito Federal e Territórios.

Existe ainda o Ministério Público junto ao Tribunal de Contas, o qual possui natureza diversa do Ministério Público aqui estudado. Sua organização está atrelada ao Tribunal de Contas do qual faz parte, mas aos seus membros são estendidas as disposições aplicáveis aos Membros do Ministério Público:

> ***Art. 130.*** *Aos membros do Ministério Público junto aos Tribunais de Contas aplicam-se as disposições desta seção pertinentes a direitos, vedações e forma de investidura.*

### Atribuições

Suas atribuições se apoiam na defesa da ordem jurídica, do regime democrático e dos interesses sociais e individuais indisponíveis. É um verdadeiro defensor da sociedade e fiscal dos poderes públicos. Em rol meramente exemplificativo, a Constituição previu como funções institucionais o Art. 129:

> ***Art. 129.*** *São funções institucionais do Ministério Público:*
>
> ***I.*** *promover, privativamente, a ação penal pública, na forma da lei;*
>
> ***II.*** *zelar pelo efetivo respeito dos Poderes Públicos e dos serviços de relevância pública aos direitos assegurados nesta Constituição, promovendo as medidas necessárias a sua garantia;*
>
> ***III.*** *promover o inquérito civil e a ação civil pública, para a proteção do patrimônio público e social, do meio ambiente e de outros interesses difusos e coletivos;*
>
> ***IV.*** *promover a ação de inconstitucionalidade ou representação para fins de intervenção da União e dos Estados, nos casos previstos nesta Constituição;*
>
> ***V.*** *defender judicialmente os direitos e interesses das populações indígenas;*
>
> ***VI.*** *expedir notificações nos procedimentos administrativos de sua competência, requisitando informações e documentos para instruí-los, na forma da lei complementar respectiva;*
>
> ***VII.*** *exercer o controle externo da atividade policial, na forma da lei complementar mencionada no artigo anterior;*
>
> ***VIII.*** *requisitar diligências investigatórias e a instauração de inquérito policial, indicados os fundamentos jurídicos de suas manifestações processuais;*
>
> ***IX.*** *exercer outras funções que lhe forem conferidas, desde que compatíveis com sua finalidade, sendo-lhe vedada a representação judicial e a consultoria jurídica de entidades públicas.*
>
> ***§ 1º.*** *A legitimação do Ministério Público para as ações civis previstas neste artigo não impede a de terceiros, nas mesmas hipóteses, segundo o disposto nesta Constituição e na lei.*
>
> ***§ 2º.*** *As funções do Ministério Público só podem ser exercidas por integrantes da carreira, que deverão residir na comarca da respectiva lotação, salvo autorização do chefe da instituição (Redação dada pela Emenda Constitucional nº 45, de 2004).*
>
> ***§ 3º.*** *O ingresso na carreira do Ministério Público far-se-á mediante concurso público de provas e títulos, assegurada a participação da Ordem dos Advogados do Brasil em sua realização, exigindo-se do bacharel em direito, no mínimo, três anos de atividade jurídica e observando-se, nas nomeações, a ordem de classificação (Redação dada pela Emenda Constitucional nº 45, de 2004).*
>
> ***§ 4º.*** *Aplica-se ao Ministério Público, no que couber, o disposto no Art. 93 (Redação dada pela Emenda Constitucional nº 45, de 2004).*
>
> ***§ 5º.*** *A distribuição de processos no Ministério Público será imediata (Incluído pela Emenda Constitucional nº 45, de 2004).*

No desempenho das suas funções institucionais, algumas características foram previstas pela Constituição, as quais são muito importantes para a prova.

Os § 2º e § 3º afirmam que as funções do Ministério Púbico só podem ser exercidas por integrantes da carreira, ou seja, por Membros aprovados em concurso público de provas e títulos, assegurada a participação da OAB durante a sua realização, entre os quais são exigidos os seguintes requisitos:

> ser bacharel em direito;
> possuir, no mínimo, três anos de atividade jurídica.

Em relação à atividade jurídica, deve-se salientar a regulamentação feita pela Resolução nº 40 do Conselho Nacional do Ministério Público, a qual prevê, entre outras atividades, o exercício da advocacia ou de cargo, função e emprego que exija a utilização preponderante de conhecimentos jurídicos, ou até mesmo a realização de cursos de pós-graduação dentro dos parâmetros estabelecidos pela referida resolução. É importante lembrar que esse requisito deverá ser comprovado no momento da investidura no cargo, ou seja, na posse[1], depois de finalizadas todas as fases do concurso.

A Constituição exige ainda que o Membro do Ministério Público resida na comarca de lotação, salvo quando houver autorização do chefe da Instituição. Em razão da semelhança e importância com a carreira da magistratura, a Constituição previu expressamente a aplicação do Art. 93 aos membros do Ministério Público, no que for compatível com a carreira. E, por fim, determina que a distribuição dos processos aos órgãos ministeriais seja feita de forma imediata.

No âmbito de suas atribuições, algumas funções merecem destaque:

## Titular da ação penal pública

Segundo o inciso I do Art. 129, compete ao Ministério Público promover, privativamente, a ação penal pública, na forma da lei. A doutrina classifica esse dispositivo como espécie de norma de eficácia contida possuindo aplicabilidade direta e imediata, permitida a regulamentação por lei.

Essa competência é corroborada pela possibilidade de requisição de diligências investigatórias e da instauração de inquérito policial, para que o órgão ministerial formule sua convicção sobre o ilícito penal, o que está previsto no inciso VIII do Art. 129.

Essa exclusividade conferida pela Constituição Federal encontra limitação no próprio texto constitucional, ao permitir o cabimento de ação penal privada subsidiária da pública nos casos em que o Ministério Público fique inerte e não cumpra com sua obrigação[2].

Dessa competência decorre o poder de investigação do Ministério Público, o qual tem sido alvo de muita discussão nos tribunais. Quem não concorda com esse poder sustenta ser a atividade de investigação criminal uma atividade exclusiva da autoridade policial nos termos do Art. 144 da CF.

O posicionamento que tem prevalecido na doutrina e na jurisprudência é no sentido de que o Ministério Público tem legitimidade para promover a investigação criminal, haja vista ser ele o destinatário das informações sobre o fato delituoso produzido no inquérito policial. Ademais, por ter caráter administrativo, o inquérito policial é dispensável, não dependendo o MP da sua existência para promover a persecução penal.

Para a solução desse caso, tem-se aplicado a Teoria dos Poderes Implícitos. Segundo a teoria, as competências expressamente previstas no texto constitucional carregam consigo os meios necessários para sua execução, ou seja, a existência de uma competência explícita implica existência de competências implicitamente previstas e necessárias para execução da atribuição principal. Em suma, se ao Ministério Público compete o oferecimento exclusivo da Ação Penal Pública, por consequência da aplicação dessa teoria, compete também a execução das atividades necessárias à formação da sua opinião sobre o delito. Significa dizer que o poder de investigação criminal está implicitamente previsto no poder de oferecimento da ação penal pública.

1 Resolução do CNMP nº 87, de 27 de junho de 2012.

2 Ações Diretas de Inconstitucionalidade, Ações Declaratórias de Constitucionalidade, Arguição de Descumprimento de Preceito Fundamental.

## Legitimidade para promover o inquérito civil e a ação civil pública

O Ministério Público também é competente para promover o inquérito civil e a ação civil pública nos termos do inciso III do Art. 129. Essas ferramentas são utilizadas para a proteção do patrimônio público e social, do meio ambiente e de outros interesses difusos e coletivos.

Entendem-se como interesses difusos aqueles de natureza indivisível, cujos titulares não se podem determinar apesar de estarem ligados uns aos outros pelas circunstâncias fáticas. Interesses coletivos se diferenciam dos difusos na medida em que é possível determinar quem são os titulares do direito.

Segundo a Constituição Federal, a ação civil pública não é medida exclusiva a ser adotada pelo Ministério Público:

> ***Art. 129**, § 1º. A legitimação do Ministério Público para as ações civis previstas neste artigo não impede a de terceiros, nas mesmas hipóteses, segundo o disposto nesta Constituição e na lei.*

A lei de Ação Civil Pública (Lei nº 7.347/85) prevê que são legitimados para propor tal ação, além do MP:

**A Defensoria Pública;**

**A União, os Estados, o Distrito Federal e os Municípios;**

**A autarquia, empresa pública, fundação ou sociedade de economia mista;**

**A associação que concomitantemente esteja constituída há pelo menos 1 (um) ano nos termos da lei civil e inclua entre suas finalidades institucionais a proteção ao meio ambiente, ao consumidor, à ordem econômica, à livre concorrência ou ao patrimônio artístico, estético, histórico, turístico e paisagístico.**

Já o inquérito civil é procedimento investigatório de caráter administrativo, que poderá ser instaurado pelo Ministério Público com o fim de colher os elementos de prova necessários para a sua convicção sobre o ilícito e, posteriormente, instrução da Ação Civil Pública.

## Controle de constitucionalidade

Função das mais relevantes desempenhada pelos órgãos ministeriais ocorre no Controle da Constitucionalidade das leis e atos normativos. Essa atribuição é inerente à sua função de guardião da ordem jurídica. Como protetor da ordem jurídica, compete ao Ministério Público oferecer as ações de controle abstrato de constitucionalidade[3], bem como a Representação Interventiva para fins de intervenção da União e dos Estados nas hipóteses previstas na Constituição Federal.

## Controle externo da atividade policial

A Constituição Federal determina que o Ministério Público realize o controle externo da atividade policial. Fala-se em controle externo haja vista o Ministério Público não pertencer à mesma estrutura das forças policiais. É uma instituição totalmente autônoma a qualquer órgão policial, razão pela qual não se pode falar em subordinação dos organismos policiais ao Parquet. A justificativa para essa atribuição decorre do fato de ser ele o destinatário final da atividade policial.

Se, por um lado, o controle externo objetiva a fiscalização das atividades policiais para que elas não sejam desenvolvidas além dos limites legais, preservando os direitos e garantias fundamentais dos investigados, por outro, garante o seu perfeito desenvolvimento, prevenindo e corrigindo a produção probatória, visando ao adequado oferecimento da ação penal.

O controle externo da atividade policial desenvolvido pelo Ministério Público, além de regulamentado nas respectivas leis orgânicas, está normatizado na Resolução nº 20 do CNMP. Ressalte-se que o controle externo não exime a instituição policial de realizar o seu próprio controle interno por meio das corregedorias e órgãos de fiscalização.

Sujeitam-se ao citado controle externo todas as instituições previstas no Art. 144 da Constituição Federal[4], bem como as demais instituições que possuam parcela do poder de polícia desde que estejam relacionadas com a segurança pública e a persecução criminal.

## Conselho nacional do ministério público

O Conselho Nacional do Ministério Público, a exemplo do Conselho Nacional de Justiça, foi criado pela Emenda Constitucional nº 45/2004 com o objetivo de efetuar a fiscalização administrativa e financeira do Ministério Público, bem como o cumprimento dos deveres funcionais de seus membros.

### Composição

Segundo o texto constitucional, o CNMP é composto de 14 membros, nomeados pelo Presidente da República, depois de aprovada a escolha pela maioria absoluta do Senado Federal, para um mandato de dois anos, sendo permitida apenas uma recondução. Veja-se a composição prevista pela Constituição Federal no Art. 130-A:

> ***Art. 130-A.** O Conselho Nacional do Ministério Público compõe-se de quatorze membros nomeados pelo Presidente da República, depois de aprovada a escolha pela maioria absoluta do Senado Federal, para um mandato de dois anos, admitida uma recondução, sendo:*
>
> ***I.** o Procurador-Geral da República, que o preside;*
>
> ***II.** quatro membros do Ministério Público da União, assegurada a representação de cada uma de suas carreiras;*
>
> ***III.** três membros do Ministério Público dos Estados;*
>
> ***IV.** dois juízes, indicados um pelo Supremo Tribunal Federal e outro pelo Superior Tribunal de Justiça;*
>
> ***V.** dois advogados, indicados pelo Conselho Federal da Ordem dos Advogados do Brasil;*
>
> ***VI.** dois cidadãos de notável saber jurídico e reputação ilibada, indicados um pela Câmara dos Deputados e outro pelo Senado Federal.*
>
> ***§ 1º.** Os membros do Conselho oriundos do Ministério Público serão indicados pelos respectivos Ministérios Públicos, na forma da lei.*

### Atribuições

Vejamos as atribuições previstas constitucionalmente para o CNMP:

3 Art. 5º, LIX, da CF. *Será admitida ação privada nos crimes de ação pública, se esta não for intentada no prazo legal.*

4 Art. 144. *A segurança pública, dever do Estado, direito e responsabilidade de todos, é exercida para a preservação da ordem pública e da incolumidade das pessoas e do patrimônio, através dos seguintes órgãos: I - polícia federal; II - polícia rodoviária federal; III - polícia ferroviária federal; IV - polícias civis; V - polícias militares e corpos de bombeiros militares.*

***§ 2º****. Compete ao Conselho Nacional do Ministério Público o controle da atuação administrativa e financeira do Ministério Público e do cumprimento dos deveres funcionais de seus membros, cabendo-lhe:*

***I.*** *zelar pela autonomia funcional e administrativa do Ministério Público, podendo expedir atos regulamentares, no âmbito de sua competência, ou recomendar providências;*

***II.*** *zelar pela observância do Art. 37 e apreciar, de ofício ou mediante provocação, a legalidade dos atos administrativos praticados por membros ou órgãos do Ministério Público da União e dos Estados, podendo desconstituí-los, revê-los ou fixar prazo para que se adotem as providências necessárias ao exato cumprimento da lei, sem prejuízo da competência dos Tribunais de Contas;*

***III.*** *receber e conhecer das reclamações contra membros ou órgãos do Ministério Público da União ou dos Estados, inclusive contra seus serviços auxiliares, sem prejuízo da competência disciplinar e correicional da instituição, podendo avocar processos disciplinares em curso, determinar a remoção, a disponibilidade ou a aposentadoria com subsídios ou proventos proporcionais ao tempo de serviço e aplicar outras sanções administrativas, assegurada ampla defesa;*

***IV.*** *rever, de ofício ou mediante provocação, os processos disciplinares de membros do Ministério Público da União ou dos Estados julgados há menos de um ano;*

***V.*** *elaborar relatório anual, propondo as providências que julgar necessárias sobre a situação do Ministério Público no País e as atividades do Conselho, o qual deve integrar a mensagem prevista no Art. 84, XI.*

***§ 3º****. O Conselho escolherá, em votação secreta, um Corregedor nacional, dentre os membros do Ministério Público que o integram, vedada a recondução, competindo-lhe, além das atribuições que lhe forem conferidas pela lei, as seguintes:*

***I.*** *receber reclamações e denúncias, de qualquer interessado, relativas aos membros do Ministério Público e dos seus serviços auxiliares;*

***II.*** *exercer funções executivas do Conselho, de inspeção e correição geral;*

***III.*** *requisitar e designar membros do Ministério Público, delegando-lhes atribuições, e requisitar servidores de órgãos do Ministério Público.*

***§ 4º****. O Presidente do Conselho Federal da Ordem dos Advogados do Brasil oficiará junto ao Conselho.*

***§ 5º****. Leis da União e dos Estados criarão ouvidorias do Ministério Público, competentes para receber reclamações e denúncias de qualquer interessado contra membros ou órgãos do Ministério Público, inclusive contra seus serviços auxiliares, representando diretamente ao Conselho Nacional do Ministério Público.*

## Princípios institucionais

A Constituição Federal prevê expressamente no § 1º do Art. 127 os chamados Princípios Institucionais, os quais norteiam o desenvolvimento das atividades dos Órgãos Ministeriais:

> ***§ 1º****. São princípios institucionais do Ministério Público a unidade, a indivisibilidade e a independência funcional.*

O **Princípio da Unidade** revela que os membros do Ministério Público integram um órgão único chefiado por um Procurador-Geral. Essa unidade é percebida dentro de cada ramo do Ministério Público, não existindo unidade entre o Ministério Público estadual e da União, ou entre os diversos Ministérios Públicos estaduais, ou ainda entre os ramos do Ministério Público da União. Qualquer divisão que exista dentro de um dos Órgãos Ministeriais possui caráter meramente funcional.

Já o **Princípio da Indivisibilidade**, que decorre do Princípio da Unidade, revela a possibilidade de os membros se substituírem sem qualquer prejuízo ao processo, pois o Ministério Público é uno e indivisível. Os membros agem em nome da instituição e nunca em nome próprio, pois pertencem a um só corpo. Esse princípio veda a vinculação de um membro a um processo permitindo, inclusive, a delegação da denúncia a outro membro. Ressalte-se que, como no Princípio da Unidade, a Indivisibilidade só ocorre dentro de um mesmo ramo do Ministério Público.

E, por fim, há o **Princípio da Independência Funcional,** com uma dupla acepção: em relação aos membros e em relação à instituição. No que tange aos membros, o referido Princípio garante uma atuação independente no exercício das suas atribuições sujeitando-se apenas às determinações constitucionais, legais e de sua consciência jurídica, não havendo qualquer hierarquia ou subordinação intelectual entre os membros. Sob a perspectiva da instituição, o Princípio da Independência Funcional elimina qualquer subordinação do Ministério Público a outro Poder. Apesar da Independência Funcional, verifica-se a existência de uma mera hierarquia administrativa.

Além desses princípios expressos na Constituição Federal, a doutrina e a Jurisprudência reconhecem a existência de um princípio implícito no texto constitucional: **Princípio do Promotor Natural**. Esse princípio decorre da interpretação do Art. 129, § 2º, da Constituição, que afirma:

> ***§ 2º****. As funções do Ministério Público só podem ser exercidas por integrantes da carreira, que deverão residir na comarca da respectiva lotação, salvo autorização do chefe da instituição.*

O Princípio do Promotor Natural veda a designação de membros do Ministério Público fora das hipóteses constitucionais e legais, exigindo que sua atuação seja predeterminada por critérios objetivos aplicáveis a todos os membros da carreira, evitando, assim, que haja designações arbitrárias. O princípio também impede a nomeação de promotor *ad hoc* ou de exceção considerando que as funções do Ministério Público só podem ser desempenhadas por membros da carreira.

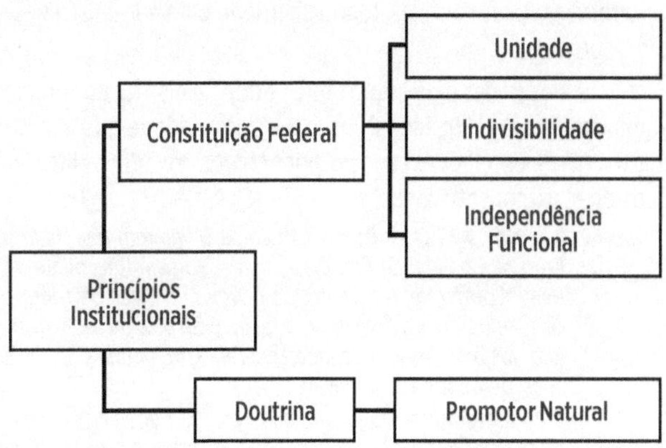


## Garantias

O Ministério Público, em razão da importância de sua função, recebeu da Constituição Federal algumas garantias que lhe asseguram a independência necessária para bem desempenhar suas atribuições. E não é só a instituição que possui garantias, mas os membros também. Vejamos o que diz a Constituição sobre as garantias institucionais e dos membros:

> ***Art. 127, § 2º.*** *Ao Ministério Público é assegurada autonomia funcional e administrativa, podendo, observado o disposto no Art. 169, propor ao Poder Legislativo a criação e extinção de seus cargos e serviços auxiliares, provendo-os por concurso público de provas ou de provas e títulos, a política remuneratória e os planos de carreira; a lei disporá sobre sua organização e funcionamento.*
>
> ***§ 3º.*** *O Ministério Público elaborará sua proposta orçamentária dentro dos limites estabelecidos na lei de diretrizes orçamentárias.*
>
> ***§ 4º*** *Se o Ministério Público não encaminhar a respectiva proposta orçamentária dentro do prazo estabelecido na lei de diretrizes orçamentárias, o Poder Executivo considerará, para fins de consolidação da proposta orçamentária anual, os valores aprovados na lei orçamentária vigente, ajustados de acordo com os limites estipulados na forma do § 3º.*
>
> ***§ 5º.*** *Se a proposta orçamentária de que trata este artigo for encaminhada em desacordo com os limites estipulados na forma do § 3º, o Poder Executivo procederá aos ajustes necessários para fins de consolidação da proposta orçamentária anual.*
>
> ***§ 6º.*** *Durante a execução orçamentária do exercício, não poderá haver a realização de despesas ou a assunção de obrigações que extrapolem os limites estabelecidos na lei de diretrizes orçamentárias, exceto se previamente autorizadas, mediante a abertura de créditos suplementares ou especiais.*

O Art. 127, § 2º a § 6º, trata das chamadas **Garantias Institucionais.** Essas garantias visam a conceder maior autonomia à instituição, além de proteger sua independência no exercício de suas atribuições constitucionais. As Garantias Institucionais são de três espécies:

**Autonomia funcional**: ao desempenhar sua função, o Ministério Público não se subordina a qualquer outra autoridade ou poder, sujeitando-se apenas às determinações constitucionais, legais e de sua consciência jurídica.

**Autonomia administrativa**: é a capacidade de autogestão, autoadministração e autogoverno. O Ministério Público tem competência para propor ao Legislativo a criação, extinção e organização de seus cargos e carreiras bem como demais atos de gestão.

**Autonomia financeira:** o Ministério Público pode elaborar sua proposta orçamentária dentro dos limites estabelecidos na Lei de Diretrizes Orçamentárias, tendo liberdade para administrar esses recursos.

Um dos temas mais importantes e que revelam a autonomia administrativa do Ministério Público é a possibilidade que a instituição tem de escolher os seus próprios chefes. Vejamos a literalidade do texto constitucional:

> ***Art. 128, § 1º.*** *O Ministério Público da União tem por chefe o Procurador-Geral da República, nomeado pelo Presidente da República dentre integrantes da carreira, maiores de trinta e cinco anos, após a aprovação de seu nome pela maioria absoluta dos membros do Senado Federal, para mandato de dois anos, permitida a recondução.*
>
> ***§ 2º.*** *A destituição do Procurador-Geral da República, por iniciativa do Presidente da República, deverá ser precedida de autorização da maioria absoluta do Senado Federal.*

No âmbito dessa autonomia, a Constituição previu expressamente que o Procurador-Geral será escolhido pela própria instituição dentre os membros da carreira. No caso do Ministério Público da União, a chefia ficará a cargo do Procurador-Geral da República, o qual será nomeado pelo Presidente da República dentre os membros da carreira com mais de 35 anos de idade, desde que sua escolha seja aprovada pelo voto da maioria absoluta do Senado Federal. O Procurador-Geral da República exercerá seu mandato por dois anos, permitida a recondução. Ao permitir a recondução, a Constituição não estabeleceu limites, de forma que o Procurador-Geral da República poderá ser reconduzido por quantas vezes o Presidente considerar conveniente. Se o Presidente pode nomear o Chefe do MPU, ele também poderá destituí-lo do cargo, desde que autorizado pelo Senado pela mesma quantidade de votos, qual seja, maioria absoluta.

Já em relação à Chefia dos Ministérios Públicos dos Estados e do Distrito Federal e Territórios a regra é um pouco diferente:

> ***Art. 128, § 3º.*** *Os Ministérios Públicos dos Estados e o do Distrito Federal e Territórios formarão lista tríplice dentre integrantes da carreira, na forma da lei respectiva, para escolha de seu Procurador-Geral, que será nomeado pelo Chefe do Poder Executivo, para mandato de dois anos, permitida uma recondução.*
>
> ***§ 4º.*** *Os Procuradores-Gerais nos Estados e no Distrito Federal e Territórios poderão ser destituídos por deliberação da maioria absoluta do Poder Legislativo, na forma da lei complementar respectiva.*

A escolha dos Procuradores-Gerais de Justiça dependerá de nomeação pelo Chefe do Poder Executivo[5], com base em lista tríplice formada dentre os integrantes da carreira, sendo permitida uma recondução. Diferentemente do Procurador-Geral da República, que poderá ser reconduzido várias vezes, o Procurador-Geral de Justiça só poderá ser reconduzido uma única vez. A destituição desses Procuradores-Gerais dependerá da deliberação da maioria absoluta do Poder Legislativo.

Já o Art. 128, § 5º, apresenta as **Garantias dos Membros.**

> ***Art. 128, § 5º.*** *Leis complementares da União e dos Estados, cuja iniciativa é facultada aos respectivos Procuradores-Gerais, estabelecerão a organização, as atribuições e o estatuto de cada Ministério Público, observadas, relativamente a seus membros:*
>
> ***I.*** *as seguintes garantias:*
>
> ***a)*** *vitaliciedade, após dois anos de exercício, não podendo perder o cargo senão por sentença judicial transitada em julgado;*
>
> ***b)*** *inamovibilidade, salvo por motivo de interesse público, mediante decisão do órgão colegiado competente do Ministério Público, pelo voto da maioria absoluta de seus membros, assegurada ampla defesa;*
>
> ***c)*** *irredutibilidade de subsídio, fixado na forma do Art. 39, § 4º, e ressalvado o disposto nos Arts. 37, X e XI, 150, II, 153, III, 153, § 2º, I;*

São duas espécies de garantias dos membros: **Garantias de Independência e Garantias de Imparcialidade.**

As **Garantias de Independência** são prerrogativas inerentes ao cargo e estão previstas no inciso I do referido artigo, as quais visam a garantir aos membros maior liberdade, independência e autonomia no exercício de sua função ministerial. Tais garantias são indisponíveis, proibindo o titular do cargo de dispensar qualquer das prerrogativas. São as garantias da vitaliciedade, inamovibilidade e irredutibilidade dos subsídios.

A **Vitaliciedade** é como se fosse uma estabilidade só que muito mais vantajosa. O membro, ao ingressar na carreira mediante concurso público, torna-se vitalício após o efetivo exercício no cargo pelo prazo de dois anos. Uma vez vitalício só perderá o cargo

5 No caso do Ministério Público do Distrito Federal e Territórios, a nomeação do seu chefe será feita pelo Presidente da República e sua destituição dependerá do voto da maioria absoluta do Senado Federal mediante provocação do Presidente da República.

por sentença judicial transitada em julgado. Após passar pelo estágio probatório de dois anos, um Membro do Ministério Público só perderá o cargo por sentença judicial transitada em julgado.

A **Inamovibilidade** impede a movimentação do membro *ex-ofício* contra a sua vontade. Em regra, o Membro do Ministério Público só poderá ser removido ou promovido por sua própria iniciativa, ressalvados os casos em que houver interesse público. E mesmo quando o interesse público exigir, a remoção dependerá de decisão do órgão colegiado competente pelo voto da maioria absoluta de seus membros, assegurando-se o direito à ampla defesa.

A **Irredutibilidade dos Subsídios** diz respeito à proteção da remuneração do membro ministerial. Subsídio é a forma de retribuição pecuniária paga ao membro do Ministério Público a qual se caracteriza por ser uma parcela única. Com essa garantia, o Membro do Ministério Público poderá trabalhar sem medo de perder sua remuneração.

Ressalta-se que o Supremo Tribunal Federal já entendeu tratar-se esta irredutibilidade como meramente nominal, não protegendo o subsídio da desvalorização provocada por perdas inflacionárias. Lembre-se também de que essa garantia não é absoluta, pois comporta exceções previstas nos Arts. 37, X e XI, 150, II, 153, III, e 153, § 2º, I, da Constituição Federal. Em suma, a irredutibilidade não impedirá a redução do subsídio quando ultrapassar o teto constitucional ou em razão da cobrança do imposto de renda.

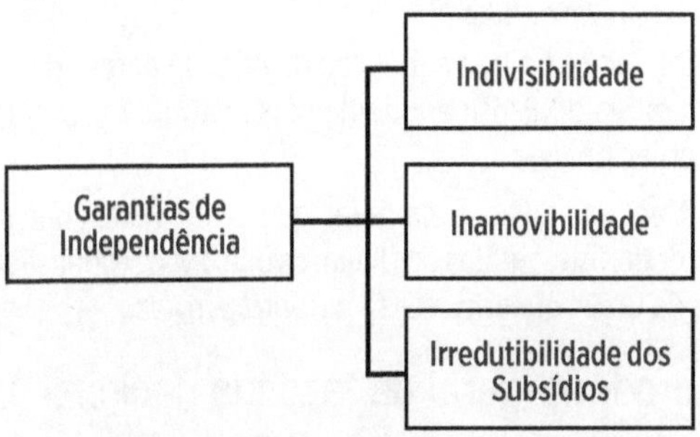


As **Garantias de Imparcialidade** são verdadeiras vedações e visam a garantir uma atuação isenta de qualquer interferência política ou pessoal.

> ***Art. 128, § 5º, II.*** *as seguintes vedações:*
>
> ***a)*** *receber, a qualquer título e sob qualquer pretexto, honorários, percentagens ou custas processuais;*
>
> ***b)*** *exercer a advocacia;*
>
> ***c)*** *participar de sociedade comercial, na forma da lei;*
>
> ***d)*** *exercer, ainda que em disponibilidade, qualquer outra função pública, salvo uma de magistério;*
>
> ***e)*** *exercer atividade político-partidária (Redação dada pela Emenda Constitucional nº 45, de 2004);*
>
> ***f)*** *receber, a qualquer título ou pretexto, auxílios ou contribuições de pessoas físicas, entidades públicas ou privadas, ressalvadas as exceções previstas em lei (Incluída pela Emenda Constitucional nº 45, de 2004).*
>
> ***§ 6º.*** *Aplica-se aos membros do Ministério Público o disposto no Art. 95, parágrafo único, V (Incluído pela Emenda Constitucional nº 45, de 2004).*

Antes de explorar essas regras, faz-se necessária a menção ao Art. 29, § 3º, da ADCT:

> ***§ 3º.*** *Poderá optar pelo regime anterior, no que respeita às garantias e vantagens, o membro do Ministério Público admitido antes da promulgação da Constituição, observando-se, quanto às vedações, a situação jurídica na data desta.*

Esse dispositivo retrata uma peculiaridade interessante a respeito dos Membros do Ministério Público. Antes da promulgação da Constituição Federal de 1988, o regime jurídico a que estavam sujeitos era diferente. A ADCT permitiu aos membros que ingressaram antes de 1988 a escolha do regime jurídico a que estariam sujeitos a partir de então. Os membros que ingressaram na carreira antes de 1988 e que possuíam inscrição na OAB podem advogar desde que tenham optado pelo regime jurídico anterior a 1988. Para os membros que ingressaram na carreira depois da promulgação da Constituição Federal, essa escolha não é permitida, pois estão sujeitos apenas ao regime constitucional atual. Feita essa consideração, passa-se à análise das garantias vigentes.

Deve-se compreender a abrangência das vedações do inciso II do § 5º do Art. 128 da Constituição Federal.

É vedado aos membros do Ministério Público receber, a qualquer título e sob qualquer pretexto, honorários, percentagens ou custas processuais, bem como receber auxílios ou contribuições de pessoas físicas, entidades públicas ou privadas, ressalvadas as exceções previstas em lei. Tais vedações visam a impedir que membros sejam motivados indevidamente a exercer suas funções sob a expectativa de receberem maiores valores pela sua atuação. Percebe-se que a vedação encontra exceção quando a contribuição está prevista em lei. Dessa forma, não ofende a Constituição Federal o recebimento de valores em razão da venda de livros, do exercício do magistério ou mesmo da ministração de palestra.

Outra vedação aplicável aos membros do Parquet é em relação ao exercício da advocacia. Acerca desse impedimento, deve-se ressaltar a situação dos membros do Ministério Público da União que ingressaram na carreira antes de 1988 e que tenham optado pelo regime jurídico anterior, nos termos do § 3º do Art. 29 da ADCT, os quais poderão exercer a advocacia nos termos da Resolução nº 8 do CNMP, com a nova redação dada pela Resolução nº 16.

Ademais, o texto constitucional estendeu aos Membros do Ministério Público a mesma vedação aplicável aos Magistrados no Art. 95, parágrafo único, V, qual seja, a de exercer a advocacia no juízo ou tribunal do qual se afastou, antes de decorridos três anos do afastamento do cargo por aposentadoria ou exoneração. A doutrina tem chamado essa vedação de quarentena.

Os membros do Ministério Público não podem participar de sociedade comercial, na forma da lei. Essa vedação encontra regulamentação na Lei nº 8.625/93, a qual prevê a possibilidade de participação como cotista ou acionista[6].

Também não podem exercer, ainda que em disponibilidade, qualquer outra função pública, salvo uma de magistério. Ressalta-se que o CNMP regulamentou o exercício do magistério, que poderá ser público ou privado, por no máximo 20 horas aula por semana, desde que o horário seja compatível com as atribuições ministeriais e o seu exercício se dê inteiramente em sala de aula[7].

Para evitar que sua atuação seja influenciada por pressões políticas, a Constituição vedou o exercício de atividade político-partidária aos Membros do Ministério Público. Isso significa que, se um membro quiser se filiar ou mesmo exercer um cargo político, deverá se afastar do cargo no Ministério Público. Essa vedação tem caráter absoluto desde a Emenda Constitucional nº 45/2004, a qual foi

6 Lei Orgânica Nacional do Ministério Público, Lei nº 8.625/93, Art. 44, III.

7 Resolução nº 3/2005 – CNMP.

regulamentada pelo Conselho Nacional do Ministério Público, que determinou a aplicação da vedação apenas aos membros que tenham ingressado na carreira após a promulgação da emenda[8].

## 13.2 Advocacia Pública

A Advocacia Pública é a função essencial à justiça responsável pela defesa dos interesses dos entes estatais, tanto judicialmente quanto extrajudicialmente, bem como as atividades de consultoria e assessoramento jurídico do Poder Executivo.

No âmbito da União, essa atividade é exercida pela Advocacia-Geral da União, enquanto nos Estados, Distrito Federal e nos Municípios, a Advocacia Pública será exercida pelas Procuradorias.

Apesar de não haver previsão constitucional para as Procuradorias Municipais, elas são perfeitamente possíveis desde que previstas na Lei Orgânica do Município ou permitidas sua criação pela Constituição Estadual.

São vistas, a seguir, quais instituições compõem a Advocacia Pública no Brasil.

### Advocacia-geral da união (agu)

A AGU é responsável pela assistência jurídica da União, conforme prevê o texto constitucional:

> ***Art. 131.*** *A Advocacia-Geral da União é a instituição que, diretamente ou através de órgão vinculado, representa a União, judicial e extrajudicialmente, cabendo-lhe, nos termos da lei complementar que dispuser sobre sua organização e funcionamento, as atividades de consultoria e assessoramento jurídico do Poder Executivo.*
>
> ***§ 1º.*** *A Advocacia-Geral da União tem por chefe o Advogado-Geral da União, de livre nomeação pelo Presidente da República dentre cidadãos maiores de trinta e cinco anos, de notável saber jurídico e reputação ilibada.*

A chefia desse órgão fica a cargo do Advogado-Geral da União, o qual é nomeado livremente pelo Presidente da República, entre os cidadãos maiores de trinta e cinco anos, com notável saber jurídico e reputação ilibada. Segundo a Lei nº 10.683/03, em seu Art. 25, o Advogado-Geral da União é considerado Ministro de Estado, sendo-lhe aplicadas todas as prerrogativas inerentes ao *status*. Atente-se para isso em prova, visto que, para ser o Chefe dessa Instituição, não é necessário ser membro da carreira nem depende de aprovação do Senado Federal. É um cargo de livre nomeação e exoneração cuja confiança do Presidente da República se torna o principal critério para a escolha do seu titular.

Um detalhe muito importante e que pode ser cobrado em prova é que a Constituição Federal, ao apontar as competências dessa instituição, afirmou que a AGU representa judicial e extrajudicialmente a União e em relação a consultoria e assessoramento jurídico apenas ao Poder Executivo. Essas competências foram confirmadas na Lei Orgânica da Advocacia-Geral da União (Lei Complementar nº 73/93):

> ***Art. 1º.*** *A Advocacia-Geral da União é a instituição que representa a União judicial e extrajudicialmente.*
>
> ***Parágrafo único.*** *À Advocacia-Geral da União cabem as atividades de consultoria e assessoramento jurídicos ao Poder Executivo, nos termos desta Lei Complementar.*

8 Resolução nº 5/2006 – CNMP.

Enquanto a atividade de consultoria e assessoramento jurídico restringe-se apenas ao Poder Executivo, a representação judicial e extrajudicial abrangerá todos os Poderes da União (Executivo, Legislativo e Judiciário), bem como suas autarquias e fundações públicas, conforme esclarece a Lei nº 9.028/95:

> ***Art. 22.*** *A Advocacia-Geral da União e os seus órgãos vinculados, nas respectivas áreas de atuação, ficam autorizados a representar judicialmente os titulares e os membros dos Poderes da República, das Instituições Federais referidas no Título IV, Capítulo IV, da Constituição, bem como os titulares dos Ministérios e demais órgãos da Presidência da República, de autarquias e fundações públicas federais, e de cargos de natureza especial, de direção e assessoramento superiores e daqueles efetivos, inclusive promovendo ação penal privada ou representando perante o Ministério Público, quando vítimas de crime, quanto a atos praticados no exercício de suas atribuições constitucionais, legais ou regulamentares, no interesse público, especialmente da União, suas respectivas autarquias e fundações, ou das Instituições mencionadas, podendo, ainda, quanto aos mesmos atos, impetrar Habeas Corpus e mandado de segurança em defesa dos agentes públicos de que trata este artigo.*

É importante lembrar também que o ingresso na carreira da AGU depende de aprovação em concurso público de provas e títulos nos termos do Art. 131, § 2º:

> ***§ 2º.*** *O ingresso nas classes iniciais das carreiras da instituição de que trata este artigo far-se-á mediante concurso público de provas e títulos.*

Destaca-se ainda a atuação da AGU na defesa da República Federativa do Brasil em demandas instauradas perante Cortes Internacionais.

Além das diversas carreiras que serão vistas, não se pode esquecer dos Advogados da União, os quais são responsáveis pela defesa da União quando esta se encontra em juízo.

### Procuradoria-geral da fazenda nacional (pgfn)

A PGFN é órgão vinculado a AGU responsável pelas ações de natureza tributária, cujo objetivo principal é garantir o recebimento de recursos de origem fiscal. A Constituição assim define sua competência no Art. 131:

> ***Art. 131, § 3º.*** *Na execução da dívida ativa de natureza tributária, a representação da União cabe à Procuradoria-Geral da Fazenda Nacional, observado o disposto em lei.*

### Procuradoria-geral federal

A Procuradoria-Geral Federal, órgão vinculado à AGU, é responsável pela representação judicial e extrajudicial das autarquias e fundações públicas da União por meio dos Procuradores Federais. Sua previsão não é constitucional, mas está descrita na Lei nº 10.480/2002:

> ***Art. 10.*** *À Procuradoria-Geral Federal compete a representação judicial e extrajudicial das autarquias e fundações públicas federais, as respectivas atividades de consultoria e assessoramento jurídicos, a apuração da liquidez e certeza dos créditos, de qualquer natureza, inerentes às suas atividades, inscrevendo-os em dívida ativa, para fins de cobrança amigável ou judicial.*

Em relação ao Banco Central, autarquia vinculada a União, foi prevista carreira própria regulamentada na Lei nº 9.650/98, a qual localizou o Procurador do Banco Central como membro de carreira da própria instituição. Apesar disso, o Procurador do Banco Central está vinculado à AGU.

## Procuradoria-geral dos estados e do distrito federal

No âmbito dos Estados e do Distrito Federal, a consultoria jurídica e a representação judicial serão realizadas pelos Procuradores dos Estados e do Distrito Federal, conforme preleciona o Art. 132 da Constituição Federal:

> ***Art. 132.*** *Os Procuradores dos Estados e do Distrito Federal, organizados em carreira, na qual o ingresso dependerá de concurso público de provas e títulos, com a participação da Ordem dos Advogados do Brasil em todas as suas fases, exercerão a representação judicial e a consultoria jurídica das respectivas unidades federadas.*
>
> ***Parágrafo único.*** *Aos procuradores referidos neste artigo é assegurada estabilidade após três anos de efetivo exercício, mediante avaliação de desempenho perante os órgãos próprios, após relatório circunstanciado das corregedorias.*

Segundo a Constituição, o ingresso na carreira depende de concurso público de provas e títulos, cuja participação da OAB é obrigatória em todas as suas fases, não sendo admitido, portanto, que as atividades de representação judicial e de consultoria jurídica sejam realizadas por ocupantes de cargos em comissão.

Apesar de não haver previsão constitucional, o STF já decidiu que devem ser aplicadas simetricamente as mesmas regras da União para a nomeação do Procurador-Geral das Unidades Federadas. Dessa forma, o Governador detém a competência de nomear e exonerar livremente o chefe da Instituição, não se exigindo que o titular do referido cargo seja membro da carreira.

Por fim, a Constituição Federal garantiu aos procuradores estaduais e do Distrito Federal, estabilidade após três anos de efetivo exercício mediante avaliação de desempenho perante os órgãos próprios, após relatório circunstanciado das corregedorias.

## Procuradoria dos municípios

Conforme já estudado, não existe previsão constitucional para a criação das procuradorias municipais, não havendo da mesma forma qualquer impedimento para sua criação. Logo, cada município poderá criar sua própria procuradoria, desde que prevista essa possibilidade na Constituição Estadual ou na Lei Orgânica do Município.

# 13.3 Defensoria Pública

Como instituição essencial ao funcionamento da Justiça, a Defensoria Pública é responsável, em primeiro plano, pela assistência jurídica e gratuita dos hipossuficientes, os quais não possuem recursos financeiros para contratar um advogado. Essa função tipicamente realizada pela Defensoria concretiza o direito fundamental expresso no Art. 5º, LXXIV, da Constituição:

> ***Art. 5º**, LXXIV. O Estado prestará assistência jurídica integral e gratuita aos que comprovarem insuficiência de recursos.*

Complementando esse dispositivo, a Constituição previu no Art. 134 algumas regras sobre a Defensoria:

> ***Art. 134.*** *A Defensoria Pública é instituição permanente, essencial à função jurisdicional do Estado, incumbindo-lhe, como expressão e instrumento do regime democrático, fundamentalmente, a orientação jurídica, a promoção dos direitos humanos e a defesa, em todos os graus, judicial e extrajudicial, dos direitos individuais e coletivos, de forma integral e gratuita, aos necessitados, na forma do inciso LXXIV do Art. 5º desta Constituição Federal. (Redação dada pela Emenda Constitucional nº 80, de 2014)*
>
> ***§ 1º.*** *Lei complementar organizará a Defensoria Pública da União e do Distrito Federal e dos Territórios e prescreverá normas gerais para sua organização nos Estados, em cargos de carreira, providos, na classe inicial, mediante concurso público de provas e títulos, assegurada a seus integrantes a garantia da inamovibilidade e vedado o exercício da advocacia fora das atribuições institucionais.*
>
> ***§ 2º.*** *Às Defensorias Públicas Estaduais são asseguradas autonomia funcional e administrativa e a iniciativa de sua proposta orçamentária dentro dos limites estabelecidos na lei de diretrizes orçamentárias e subordinação ao disposto no Art. 99, § 2º.*
>
> ***§ 3º*** *Aplica-se o disposto no § 2º às Defensorias Públicas da União e do Distrito Federal. (Incluído pela Emenda Constitucional nº 74, de 2013)*
>
> ***§ 4º*** *São princípios institucionais da Defensoria Pública a unidade, a indivisibilidade e a independência funcional, aplicando-se também, no que couber, o disposto no Art. 93 e no inciso II do Art. 96 desta Constituição Federal. (Incluído pela Emenda Constitucional nº 80, de 2014)*

Atualmente, cada Unidade Federativa é responsável pela organização da sua Defensoria Pública, havendo ainda uma Defensoria no âmbito da União e no Distrito Federal.

As Defensorias Estaduais possuem autonomia funcional e administrativa não se admitindo sua subordinação a nenhum dos poderes. Sua autonomia avança ainda nas questões orçamentárias permitindo que tenha iniciativa própria para apresentação de proposta orçamentária dentro dos limites estabelecidos na lei de diretrizes orçamentárias.

A Emenda Constitucional nº 74, de 06 de agosto de 2013, introduziu o § 3º ao Art. 134, da CF para conferir autonomia funcional e administrativa e a iniciativa de proposta orçamentária também às Defensorias Públicas da União e do Distrito Federal.

Segundo a Lei Complementar nº 80/94 que organiza a Defensoria Pública:

> ***Art. 2º.*** *A Defensoria Pública abrange:*
>
> ***I.*** *a Defensoria Pública da União;*
>
> ***II.*** *a Defensoria Pública do Distrito Federal e dos Territórios;*
>
> ***III.*** *as Defensorias Públicas dos Estados.*

Cabe aos Defensores Públicos a assistência jurídica integral dos hipossuficientes, não se limitando apenas à defesa judicial. A Lei Complementar nº 80/94 traz extenso rol de atribuições:

> ***Art. 4º.*** *São funções institucionais da Defensoria Pública, dentre outras:*
>
> ***I.*** *prestar orientação jurídica e exercer a defesa dos necessitados, em todos os graus (Redação dada pela Lei Complementar nº 132, de 2009);*
>
> ***II.*** *promover, prioritariamente, a solução extrajudicial dos litígios, visando à composição entre as pessoas em conflito de interesses, por meio de mediação, conciliação, arbitragem e demais técnicas de composição e administração de conflitos;*
>
> ***III.*** *promover a difusão e a conscientização dos direitos humanos, da cidadania e do ordenamento jurídico;*
>
> ***IV.*** *prestar atendimento interdisciplinar, por meio de órgãos ou de servidores de suas Carreiras de apoio para o exercício de suas atribuições;*
>
> ***V.*** *exercer, mediante o recebimento dos autos com vista, a ampla defesa e o contraditório em favor de pessoas naturais e jurídicas, em processos administrativos e judiciais, perante todos os órgãos e em todas as instâncias, ordinárias ou extraordinárias, utilizando todas as medidas capazes de propiciar a adequada e efetiva defesa de seus interesses;*

***VI.*** *representar aos sistemas internacionais de proteção dos direitos humanos, postulando perante seus órgãos;*

***VII.*** *promover ação civil pública e todas as espécies de ações capazes de propiciar a adequada tutela dos direitos difusos, coletivos ou individuais homogêneos quando o resultado da demanda puder beneficiar grupo de pessoas hipossuficientes;*

***VIII.*** *exercer a defesa dos direitos e interesses individuais, difusos, coletivos e individuais homogêneos e dos direitos do consumidor, na forma do inciso LXXIV do Art. 5º da Constituição Federal;*

***IX.*** *impetrar Habeas Corpus, mandado de injunção, Habeas Data e mandado de segurança ou qualquer outra ação em defesa das funções institucionais e prerrogativas de seus órgãos de execução;*

***X.*** *promover a mais ampla defesa dos direitos fundamentais dos necessitados, abrangendo seus direitos individuais, coletivos, sociais, econômicos, culturais e ambientais, sendo admissíveis todas as espécies de ações capazes de propiciar sua adequada e efetiva tutela;*

***XI.*** *exercer a defesa dos interesses individuais e coletivos da criança e do adolescente, do idoso, da pessoa portadora de necessidades especiais, da mulher vítima de violência doméstica e familiar e de outros grupos sociais vulneráveis que mereçam proteção especial do Estado;*

***XIV.*** *acompanhar inquérito policial, inclusive com a comunicação imediata da prisão em flagrante pela autoridade policial, quando o preso não constituir advogado (Incluído pela Lei Complementar nº 132, de 2009);*

***XV.*** *patrocinar ação penal privada e a subsidiária da pública (Incluído pela Lei Complementar nº 132, de 2009);*

***XVI.*** *exercer a curadoria especial nos casos previstos em lei (Incluído pela Lei Complementar nº 132, de 2009);*

***XVII.*** *atuar nos estabelecimentos policiais, penitenciários e de internação de adolescentes, visando a assegurar às pessoas, sob quaisquer circunstâncias, o exercício pleno de seus direitos e garantias fundamentais (Incluído pela Lei Complementar nº 132, de 2009);*

***XVIII.*** *atuar na preservação e reparação dos direitos de pessoas vítimas de tortura, abusos sexuais, discriminação ou qualquer outra forma de opressão ou violência, propiciando o acompanhamento e o atendimento interdisciplinar das vítimas (Incluído pela Lei Complementar nº 132, de 2009);*

***XIX.*** *atuar nos Juizados Especiais (Incluído pela Lei Complementar nº 132, de 2009);*

***XX.*** *participar, quando tiver assento, dos conselhos federais, estaduais e municipais afetos às funções institucionais da Defensoria Pública, respeitadas as atribuições de seus ramos (Incluído pela Lei Complementar nº 132, de 2009);*

***XXI.*** *executar e receber as verbas sucumbenciais decorrentes de sua atuação, inclusive quando devidas por quaisquer entes públicos, destinando-as a fundos geridos pela Defensoria Pública e destinados, exclusivamente, ao aparelhamento da Defensoria Pública e à capacitação profissional de seus membros e servidores(Incluído pela Lei Complementar nº 132, de 2009);*

***XXII.*** *convocar audiências públicas para discutir matérias relacionadas às suas funções institucionais(Incluído pela Lei Complementar nº 132, de 2009).*

Por fim, cabe destacar que, assim como os Advogados Públicos, os Defensores Públicos são remunerados por meio de subsídio:

> ***Art. 135.*** *Os servidores integrantes das carreiras disciplinadas nas Seções II e III deste Capítulo serão remunerados na forma do Art. 39, § 4º.*

## 13.4 Advocacia

Quando a Constituição Federal se refere à Advocacia, fala-se do advogado privado, profissional autônomo, indispensável à função jurisdicional. Os advogados estão vinculados à Ordem dos Advogados do Brasil, entidade de classe de natureza especial, não vinculada aos Poderes do Estado e que tem como atribuições controlar, fiscalizar e selecionar novos profissionais para o exercício da Carreira.

**Segundo a Constituição Federal:**

> ***Art. 133.*** *O advogado é indispensável à administração da justiça, sendo inviolável por seus atos e manifestações no exercício da profissão, nos limites da lei.*

Esse dispositivo revela dois princípios que regem a advocacia no Brasil: o princípio da indispensabilidade e o da inviolabilidade.

Segundo o princípio da indispensabilidade, o advogado é indispensável à administração da Justiça, pois só ele possui a chamada capacidade postulatória. Logicamente, esse princípio não goza de caráter absoluto, sendo permitida a capacidade de postular ao próprio interessado em situações expressamente previstas na Constituição Federal como no *Habeas Corpus* e nos juizados especiais.

Destaca-se ainda que nos processos administrativos disciplinares a ausência de defesa técnica por meio de advogado não gera nulidade ao procedimento[9].

Já o princípio da inviolabilidade constitui norma que visa a garantir ao advogado o exercício das suas atribuições de forma independente e autônoma às demais instituições do Estado. Da mesma forma, esse princípio não goza de caráter absoluto, sendo possível a limitação quando seus atos e atribuições não estiverem ligados ao exercício da profissão nos termos do Estatuto da Advocacia[10].

Como condição para o exercício dessa profissão, o STF já declarou que é constitucional a necessidade de aprovação do Exame de Ordem aplicado pela OAB aos bacharéis em direito.

A amplitude desse tema requer análise aprofundada, a qual é feita em disciplina própria. Aqui foi feita uma breve análise constitucional do instituto.

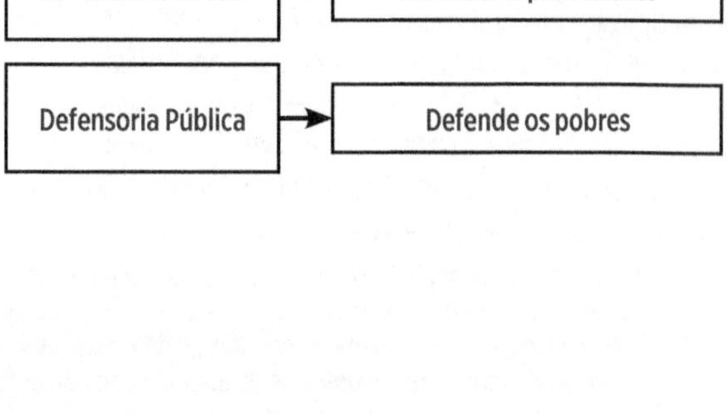


9 Súmula Vinculante nº 5: *A falta de defesa técnica por advogado no processo administrativo disciplinar não ofende a Constituição.*

10 Lei nº 8.906/94.

# 14. DEFESA DO ESTADO E DAS INSTITUIÇÕES DEMOCRÁTICAS

No título V, Arts. 136 a 144, a Constituição Federal apresenta instrumentos eficazes na proteção do Estado e de toda estrutura democrática. Os instrumentos disponibilizados são o Sistema Constitucional de Crises que compreende o Estado de Defesa e o Estado de Sítio, Forças Armadas e Segurança Pública, os quais serão analisados a partir de agora.

## 14.1 Sistema Constitucional de Crises

O Sistema Constitucional de Crises é um conjunto de medidas criadas pela Constituição Federal para restabelecer a ordem constitucional em momentos de crises político-institucionais. Antes de tratar das espécies em si, deve-se ressaltar algumas características essenciais desses institutos.

É necessário partir do pressuposto de que o **Estado de sítio é mais grave que o estado de defesa.** Essa compreensão permite entender que as medidas adotadas no Estado de Sítio serão mais gravosas que no Estado de Defesa.

Outro ponto interessante são os princípios que regem o Sistema Constitucional de Crises. As duas medidas devem observar os seguintes princípios:

**Necessidade**

Só podem ser decretadas em último caso.

**Proporcionalidade**

As medidas adotadas devem ser proporcionais aos problemas existentes.

**Temporariedade**

As medidas do Sistema Constitucional de Crises devem ser temporárias. Devem durar apenas o tempo necessário para resolver a crise.

**Legalidade**

As medidas devem guardar respeito à lei. E aqui é possível vislumbrar duas perspectivas acerca da legalidade:

***Stricto sensu:*** As medidas devem respeitar os limites estabelecidos nos Decretos Presidenciais que autorizam a execução. É uma perspectiva mais restrita da legalidade;

***Lato sensu:*** As medidas precisam respeitar a lei em sentido amplo, ou seja, toda a legislação brasileira, incluindo a Constituição Federal.

Trabalhados esses conceitos iniciais, agora será abordado cada um dos institutos do Sistema Constitucional de Crises em espécie. Inicia-se pelo Estado de Defesa.

### Estado de defesa

O Estado de Defesa está regulamentado no Art. 136 da Constituição e o seu *caput* apresenta algumas informações importantíssimas:

> ***Art. 136.*** *O Presidente da República pode, ouvidos o Conselho da República e o Conselho de Defesa Nacional, decretar estado de defesa para preservar ou prontamente restabelecer, em locais restritos e determinados, a ordem pública ou a paz social ameaçadas por grave e iminente instabilidade institucional ou atingidas por calamidades de grandes proporções na natureza.*

Esse dispositivo enumera as **hipóteses de cabimento da medida ou quais são os seus objetivos**: preservar ou prontamente restabelecer a ordem pública ou a paz social ameaçadas por grave e iminente instabilidade institucional ou atingidas por calamidades de grandes proporções na natureza. Qualquer circunstância dessas autoriza a decretação de Estado de Defesa. Lembre-se de que esse rol é taxativo. Só essas situações podem autorizar a medida.

Um detalhe interessante e que pode funcionar como ponto de distinção entre o Estado de Sítio e de Defesa é a área abrangida. O texto constitucional apresentado determina que as áreas abrangidas pela medida sejam locais restritos e determinados.

Outro ponto importante e que é frequente cobrado em prova diz respeito ao tempo de duração do Estado de Defesa. Segundo Art. 136, § 2º, essa medida de contenção de crises poderá durar 30 dias, podendo prorrogar mais uma vez por igual período:

> ***§ 2º.*** *O tempo de duração do estado de defesa não será superior a trinta dias, podendo ser prorrogado uma vez, por igual período, se persistirem as razões que justificaram a sua decretação.*

Não se esqueça de que o prazo só poderá ser prorrogado uma única vez.

Como característica principal da execução do Estado de Defesa está a possibilidade de se restringirem alguns direitos, os quais estão previamente definidos nos §§ 1º a 3º do Art. 136:

> ***§ 1º.*** *O decreto que instituir o estado de defesa determinará o tempo de sua duração, especificará as áreas a serem abrangidas e indicará, nos termos e limites da lei, as medidas coercitivas a vigorarem, dentre as seguintes:*
>
> ***I.*** *restrições aos direitos de:*
>
> ***a)*** *reunião, ainda que exercida no seio das associações;*
>
> ***b)*** *sigilo de correspondência;*
>
> ***c)*** *sigilo de comunicação telegráfica e telefônica;*
>
> ***II.*** *ocupação e uso temporário de bens e serviços públicos, na hipótese de calamidade pública, respondendo a União pelos danos e custos decorrentes.*
>
> ***§ 3º.*** *Na vigência do estado de defesa:*
>
> ***I.*** *a prisão por crime contra o Estado, determinada pelo executor da medida, será por este comunicada imediatamente ao juiz competente, que a relaxará, se não for legal, facultado ao preso requerer exame de corpo de delito à autoridade policial;*
>
> ***II.*** *a comunicação será acompanhada de declaração, pela autoridade, do estado físico e mental do detido no momento de sua autuação;*
>
> ***III.*** *a prisão ou detenção de qualquer pessoa não poderá ser superior a dez dias, salvo quando autorizada pelo Poder Judiciário;*
>
> ***IV.*** *é vedada a incomunicabilidade do preso.*

Alguns pontos merecem um destaque especial. Devido à gravidade da situação e à excepcionalidade das medidas, a Constituição autoriza a restrição de vários direitos fundamentais, por exemplo, o direito de reunião, o sigilo das correspondências, das comunicações telegráficas e telefônicas.

Essas medidas restritivas dispensam autorização judicial, inclusive a decretação de prisão que será determinada pela própria autoridade executora do Estado de Defesa e poderá durar até dez dias. A prisão deverá ser comunicada imediatamente ao juiz o qual poderá prorrogá-la por período superior.

Não se deve esquecer que, mesmo em um momento de crise, como esse em que muitos direitos constitucionais são flexibilizados, é vedada pela Constituição Federal a incomunicabilidade do preso. A ele deverá ser garantido o direito de falar com seu familiar ou advogado, além do direito de ter preservada sua integridade.

Para que seja decretado o Estado de Defesa, a Constituição previu alguns procedimentos. Primeiramente, deve-se lembrar que a decretação é competência do Presidente da República. Antes de executar a medida, ele deverá consultar o Conselho de Defesa Nacional e o Conselho da República os quais emitirão um parecer acerca da situação. Apesar da obrigatoriedade em ouvir os Conselhos, o Presidente não está vinculado ao seus pareceres. Significa dizer que os pareceres emitidos pelos conselhos são meramente opinativos.

Ouvidos os Conselhos, o Presidente decreta a medida e imediatamente submete o decreto ao Congresso Nacional para aprovação. A decisão do Congresso Nacional é definitiva. Caso o decreto seja rejeitado, o Estado de Defesa cessa imediatamente.

> ***§ 4º***. *Decretado o estado de defesa ou sua prorrogação, o Presidente da República, dentro de vinte e quatro horas, submeterá o ato com a respectiva justificação ao Congresso Nacional, que decidirá por maioria absoluta.*
>
> ***§ 5º***. *Se o Congresso Nacional estiver em recesso, será convocado, extraordinariamente, no prazo de cinco dias.*
>
> ***§ 6º***. *O Congresso Nacional apreciará o decreto dentro de dez dias contados de seu recebimento, devendo continuar funcionando enquanto vigorar o estado de defesa.*
>
> ***§ 7º***. *Rejeitado o decreto, cessa imediatamente o estado de defesa.*

Apesar de ser caracterizado por medidas excepcionais, que restringem sobremaneira os direitos e garantias fundamentais, o Controle Constitucional de Crises não está imune à fiscalização por parte dos poderes públicos. Havendo excessos nas medidas adotadas, a Constituição prevê a possibilidade de responsabilização dos agentes por seus atos. A doutrina constitucional prevê duas formas de controle: Controle Político e Controle Jurisdicional.

O Controle Político é realizado basicamente pelo Congresso Nacional, que o efetuará de três formas:

**Imediato**: ocorre logo após a decretação da medida conforme o § 4º do Art. 136.

**Concomitante**: ocorre durante a execução do Estado de Defesa conforme § 6º do Art. 136 e Art. 140.

> ***Art. 140.*** *A Mesa do Congresso Nacional, ouvidos os líderes partidários, designará Comissão composta de cinco de seus membros para acompanhar e fiscalizar a execução das medidas referentes ao estado de defesa e ao estado de sítio.*

**Sucessivo (posterior)**: ocorre após a execução da medida nos termos do Art. 141:

> ***Art. 141.*** *Cessado o estado de defesa ou o estado de sítio, cessarão também seus efeitos, sem prejuízo da responsabilidade pelos ilícitos cometidos por seus executores ou agentes.*
>
> ***Parágrafo único.*** *Logo que cesse o estado de defesa ou o estado de sítio, as medidas aplicadas em sua vigência serão relatadas pelo Presidente da República, em mensagem ao Congresso Nacional, com especificação e justificação das providências adotadas, com relação nominal dos atingidos e indicação das restrições aplicadas.*

O Controle Jurisdicional é o realizado pelo Poder Judiciário, e ocorrerá de duas formas:

**Concomitante:** durante a execução da medida. Veja-se o disposto no Art. 136, § 3º;

**Sucessivo (Posterior):** após a execução da medida nos termos do Art. 141.

## Estado de sítio

O Estado de Sítio é mais gravoso que o Estado de Defesa. Por consequência, as medidas adotadas nesse caso terão maior efeito restritivo aos direitos fundamentais.

Primeiramente são abordadas às hipóteses de cabimento do Estado de Sítio, que estão previstas no Art. 137, I e II:

> ***I.*** *comoção grave de repercussão nacional ou ocorrência de fatos que comprovem a ineficácia de medida tomada durante o estado de defesa;*
>
> ***II.*** *declaração de estado de guerra ou resposta a agressão armada estrangeira.*

A doutrina faz uma distinção interessante entre os dois incisos, classificando-os em Repressivo e Defensivo. O Estado de Sítio Repressivo está previsto no inciso I, haja vista ser necessária a atuação dos poderes públicos para conter a situação de crise. Já o inciso II, é chamado de Estado de Sítio Defensivo, pois o poder público utiliza a medida como forma de se defender de agressões externas.

Um ponto distintivo entre o Estado de Defesa e o Estado de Sítio, muito cobrado em prova, refere-se à área abrangida. Segundo o inciso I do Art. 137, será decretada a medida quando a crise tiver repercussão nacional. Quando o candidato encontrar na prova o termo "repercussão nacional", deve associar com o Estado de Sítio. Diferentemente, se estiver escrito "local restrito e determinado", relacionar o dispositivo com Estado de Defesa.

Um tema muito cobrado em prova é o tempo de duração do Estado de Sítio. Vejamos o que diz o §1º do Art. 137:

> ***§ 1º***. *O estado de sítio, no caso do Art. 137, I, não poderá ser decretado por mais de trinta dias, nem prorrogado, de cada vez, por prazo superior; no do inciso II, poderá ser decretado por todo o tempo que perdurar a guerra ou a agressão armada estrangeira.*

Qual o prazo de duração do Estado de Sítio? Depende da hipótese de cabimento.

Segundo o § 1º, se a hipótese for a do inciso I do Art. 137, o prazo será de 30 dias prorrogáveis por mais 30 dias enquanto for necessário para conter a situação. Cuidado com este prazo, pois a Constituição deixou transparecer que ele não pode ser prorrogado, contudo, o que ela quis dizer é que não pode ser prorrogado por mais de 30 dias todas as vezes que for prorrogado. Dessa forma, ele poderá ser prorrogado indefinidamente, enquanto for necessário.

Já no caso do inciso II, a Constituição regula o Estado de Sítio em caso de guerra ou agressão estrangeira e prevê que a medida durará enquanto for necessária para repelir a agressão estrangeira ou acabar com a guerra. Logo, o Estado de Sítio nestes casos não possuem prazo certo para terminar.

No que tange às medidas coercitivas que podem ser adotadas no Estado de Sítio, a Constituição prevê no Art. 139:

> ***Art. 139.*** *Na vigência do estado de sítio decretado com fundamento no Art. 137, I, só poderão ser tomadas contra as pessoas as seguintes medidas:*
>
> ***I.*** *obrigação de permanência em localidade determinada;*

> ***II.*** *detenção em edifício não destinado a acusados ou condenados por crimes comuns;*
>
> ***III.*** *restrições relativas à inviolabilidade da correspondência, ao sigilo das comunicações, à prestação de informações e à liberdade de imprensa, radiodifusão e televisão, na forma da lei;*
>
> ***IV.*** *suspensão da liberdade de reunião;*
>
> ***V.*** *busca e apreensão em domicílio;*
>
> ***VI.*** *intervenção nas empresas de serviços públicos;*
>
> ***VII.*** *requisição de bens.*
>
> ***Parágrafo único.*** *Não se inclui nas restrições do inciso III a difusão de pronunciamentos de parlamentares efetuados em suas Casas Legislativas, desde que liberada pela respectiva Mesa.*

O dispositivo só regulamentou as restrições adotadas na hipótese do inciso I do Art. 137, qual seja: comoção grave de repercussão nacional ou ocorrência de fatos que comprovem a ineficácia de medida tomada durante o Estado de Defesa. Esse rol de medidas é taxativo, restringindo a atuação do poder público durante sua aplicação. No caso do Art. 137, II, a Constituição nada disse, o que levou a doutrina a concluir a possibilidade de adoção de qualquer medida necessária para conter a situação, desde que compatíveis com a Ordem Constitucional e com as leis brasileiras.

Como se pode perceber, as medidas aqui são mais gravosas que as adotadas no Estado de Defesa, e isso pode ser muito bem notado pela distinção feita entre o Estado de Defesa e de Sítio no que se refere à liberdade de reunião. Enquanto no Estado de Defesa a liberdade de reunião sofre restrições, aqui ela será suspensa.

Outro dispositivo importante é o previsto no parágrafo único, que isenta os pronunciamentos dos parlamentares efetuados em suas Casas das restrições impostas no inciso III do artigo em análise, desde que liberadas pelas respectivas Mesas. As demais restrições devem ser lidas e memorizadas, pois podem ser cobradas em prova.

Vejamos agora como é o procedimento de decretação do Estado de Sítio:

> ***Art. 137.*** *O Presidente da República pode, ouvidos o Conselho da República e o Conselho de Defesa Nacional, solicitar ao Congresso Nacional autorização para decretar o estado de sítio nos casos de:*
>
> ***Parágrafo único.*** *O Presidente da República, ao solicitar autorização para decretar o estado de sítio ou sua prorrogação, relatará os motivos determinantes do pedido, devendo o Congresso Nacional decidir por maioria absoluta.*
>
> ***Art. 138.*** *O decreto do estado de sítio indicará sua duração, as normas necessárias a sua execução e as garantias constitucionais que ficarão suspensas, e, depois de publicado, o Presidente da República designará o executor das medidas específicas e as áreas abrangidas.*
>
> ***§ 2º.*** *Solicitada autorização para decretar o estado de sítio durante o recesso parlamentar, o Presidente do Senado Federal, de imediato, convocará extraordinariamente o Congresso Nacional para se reunir dentro de cinco dias, a fim de apreciar o ato.*
>
> ***§ 3º.*** *O Congresso Nacional permanecerá em funcionamento até o término das medidas coercitivas.*

Conforme estudado no Estado de Defesa, a decretação do Estado de Sítio fica a cargo do Presidente da República após ouvir o Conselho da República e o Conselho de Defesa Nacional. A consulta é obrigatória, mas os pareceres dos Conselhos não vinculam o Presidente. Apesar da similaridade de procedimentos, aqui o Presidente tem que solicitar autorização do Congresso Nacional antes de decretar o Estado de Sítio. Essa diferença é bastante cobrada em prova.

Ao passo que no Estado de Defesa o Presidente Decreta a medida e depois apresenta para o Congresso avaliar. No Estado de Sítio, antes de decretar, o Presidente deve sujeitar a medida à apreciação do Congresso Nacional.

Essa característica demonstra que, assim como no Estado de Defesa, a medida está sujeita a controle dos outros Poderes. Sendo assim, verifica-se que a fiscalização será feita tanto pelos órgãos políticos quanto pelos órgãos jurisdicionais.

**Tem-se controle político quando realizado pelo Congresso Nacional, o qual se dará de forma:**

**Prévio:** ocorre quando o Congresso Nacional autoriza a execução da medida;

**Concomitante:** ocorre durante a execução da medida;

> ***Art. 140.*** *A Mesa do Congresso Nacional, ouvidos os líderes partidários, designará Comissão composta de cinco de seus membros para acompanhar e fiscalizar a execução das medidas referentes ao estado de defesa e ao estado de sítio.*

**Sucessivo (posterior):** ocorre após a execução da medida;

> ***Art. 141.*** *Cessado o estado de defesa ou o estado de sítio, cessarão também seus efeitos, sem prejuízo da responsabilidade pelos ilícitos cometidos por seus executores ou agentes.*
>
> ***Parágrafo único.*** *Logo que cesse o estado de defesa ou o estado de sítio, as medidas aplicadas em sua vigência serão relatadas pelo Presidente da República, em mensagem ao Congresso Nacional, com especificação e justificação das providências adotadas, com relação nominal dos atingidos e indicação das restrições aplicadas.*

Também existe o controle Jurisdicional executado pelos órgãos do Poder Judiciário, o qual se dará de forma:

**Concomitante**: durante a execução da medida. Apesar de não haver previsão constitucional expressa, qualquer lesão ou ameaça a direito poderá ser apreciada pelo Poder Judiciário;

**Sucessivo (Posterior):** após a execução da medida nos termos do Art. 141.

## 14.2 Forças Armadas

### Instituições

As Forças Armadas são formadas por instituições que compõem a estrutura de defesa do Estado, a Marinha, o Exército e a Aeronáutica. Possuem como funções principais a defesa da pátria, a garantia dos poderes constitucionais, da lei e da ordem. Apesar de sua vinculação à União, suas atribuições têm caráter nacional e podem ser exercidas em todo o território brasileiro:

> ***Art. 142.*** *As Forças Armadas, constituídas pela Marinha, pelo Exército e pela Aeronáutica, são instituições nacionais permanentes e regulares, organizadas com base na hierarquia e na disciplina, sob a autoridade suprema do Presidente da República, e destinam-se à defesa da Pátria, à garantia dos poderes constitucionais e, por iniciativa de qualquer destes, da lei e da ordem.*

Segundo o *caput* do Art. 142, são classificadas como instituições permanentes e regulares. Estão sempre prontas para agir. São regulares, pois desempenham funções sistemáticas e dependem de um efetivo de servidores para realizá-las.

Ainda, destaca-se a base de sua organização na hierarquia e na disciplina. Esses atributos típicos da Administração Pública são ressaltados nessas instituições devido ao caráter militar que possuem. As Forças Armadas valorizam demasiadamente essa estrutura hierárquica, com regulamentos que garantem uma distribuição do efetivo em diversos níveis de escalonamento, cujo comando supremo está nas mãos do Presidente da República.

Em linhas gerais, a Constituição previu algumas regras para o funcionamento das instituições militares:

> ***§ 1º.*** *Lei complementar estabelecerá as normas gerais a serem adotadas na organização, no preparo e no emprego das Forças Armadas.*
>
> ***§ 3º.*** *Os membros das Forças Armadas são denominados militares, aplicando-se-lhes, além das que vierem a ser fixadas em lei, as seguintes disposições:*
>
> ***I.*** *as patentes, com prerrogativas, direitos e deveres a elas inerentes, são conferidas pelo Presidente da República e asseguradas em plenitude aos oficiais da ativa, da reserva ou reformados, sendo-lhes privativos os títulos e postos militares e, juntamente com os demais membros, o uso dos uniformes das Forças Armadas;*
>
> ***II.*** *o militar em atividade que tomar posse em cargo ou emprego público civil permanente, ressalvada a hipótese prevista no Art. 37, inciso XVI, alínea "c", será transferido para a reserva, nos termos da lei; (Redação dada pela Emenda Constitucional nº 77, de 2014)*
>
> ***III.*** *o militar da ativa que, de acordo com a lei, tomar posse em cargo, emprego ou função pública civil temporária, não eletiva, ainda que da administração indireta, ressalvada a hipótese prevista no art. 37, inciso XVI, alínea "c", ficará agregado ao respectivo quadro e somente poderá, enquanto permanecer nessa situação, ser promovido por antiguidade, contando-se-lhe o tempo de serviço apenas para aquela promoção e transferência para a reserva, sendo depois de dois anos de afastamento, contínuos ou não, transferido para a reserva, nos termos da lei; (Redação dada pela Emenda Constitucional nº 77, de 2014);*
>
> ***IV.*** *ao militar são proibidas a sindicalização e a greve;*
>
> ***V.*** *o militar, enquanto em serviço ativo, não pode estar filiado a partidos políticos;*
>
> ***VI.*** *o oficial só perderá o posto e a patente se for julgado indigno do oficialato ou com ele incompatível, por decisão de tribunal militar de caráter permanente, em tempo de paz, ou de tribunal especial, em tempo de guerra;*
>
> ***VII.*** *o oficial condenado na justiça comum ou militar a pena privativa de liberdade superior a dois anos, por sentença transitada em julgado, será submetido ao julgamento previsto no inciso anterior;*
>
> ***VIII.*** *aplica-se aos militares o disposto no art. 7º, incisos VIII, XII, XVII, XVIII, XIX e XXV, e no Art. 37, incisos XI, XIII, XIV e XV, bem como, na forma da lei e com prevalência da atividade militar, no Art. 37, inciso XVI, alínea "c"; (Redação dada pela Emenda Constitucional nº 77, de 2014)*
>
> ***IX.*** *(Revogado pela Emenda Constitucional nº 41, de 19.12.2003).*
>
> ***X.*** *a lei disporá sobre o ingresso nas Forças Armadas, os limites de idade, a estabilidade e outras condições de transferência do militar para a inatividade, os direitos, os deveres, a remuneração, as prerrogativas e outras situações especiais dos militares, consideradas as peculiaridades de suas atividades, inclusive aquelas cumpridas por força de compromissos internacionais e de guerra.*

## *Habeas corpus*

A Constituição declarou expressamente o não cabimento de *Habeas Corpus* nas punições disciplinares militares:

> ***§ 2º.*** *Não caberá Habeas Corpus em relação a punições disciplinares militares.*

Essa vedação decorre do regime constritivo rigoroso existente nas instituições castrenses, o qual permite como sanção administrativa a prisão. Deve-se ter muito cuidado com isso em prova. Segundo o STF, se o *Habeas Corpus* versar sobre a ilegalidade da prisão, ele será admitido, ficando a vedação adstrita apenas ao seu mérito.

## Vedações

Como foi dito anteriormente, o regime militar é bem rigoroso e a Constituição apresentou algumas vedações que sempre caem em prova:

> ***IV.*** *ao militar são proibidas a sindicalização e a greve;*
>
> ***V.*** *o militar, enquanto em serviço ativo, não pode estar filiado a partidos políticos;*

A sindicalização e a greve são medidas que dificultam o trabalho do militar, pois o influencia a questionar as ordens recebidas de seus superiores. As atribuições dos militares dependem de uma obediência irrestrita, por essa razão a Constituição os impediu de se organizarem em sindicatos e de realizarem movimentos paredistas.

Quanto à vedação de filiação a partido político, deve-se destacar que o militar, para que desenvolva suas atividades com eficiência, não pode se sujeitar às correntes político-partidárias. O militar deve obedecer apenas à Constituição Federal e executar suas atividades com determinação. Essa vedação não o impede de se candidatar a cargo eletivo, desde que não seja conscrito. Aqui cabe citar o Art. 14, § 8º da CF:

> ***§ 8º.*** *O militar alistável é elegível, atendidas as seguintes condições:*
>
> ***I.*** *se contar menos de dez anos de serviço, deverá afastar-se da atividade;*
>
> ***II.*** *se contar mais de dez anos de serviço, será agregado pela autoridade superior e, se eleito, passará automaticamente, no ato da diplomação, para a inatividade.*

## Serviço militar obrigatório

Outro tema importante acerca das Forças Armadas é a existência do serviço militar obrigatório, previsto no Art. 143:

> ***Art. 143.*** *O serviço militar é obrigatório nos termos da lei.*
>
> ***§ 1º.*** *Às Forças Armadas compete, na forma da lei, atribuir serviço alternativo aos que, em tempo de paz, após alistados, alegarem imperativo de consciência, entendendo-se como tal o decorrente de crença religiosa e de convicção filosófica ou política, para se eximirem de atividades de caráter essencialmente militar.*
>
> ***§ 2º.*** *as mulheres e os eclesiásticos ficam isentos do serviço militar obrigatório em tempo de paz, sujeitos, porém, a outros encargos que a lei lhes atribuir.*

A Lei que regula o serviço militar obrigatório é a 4.375/64, a qual obriga todos os brasileiros a se alistarem. Destaca-se que essa obrigatoriedade não se aplica aos eclesiásticos (líderes religiosos) e às mulheres, em tempos de paz, o que nos conduz à conclusão de que eles poderiam ser convocados em momentos de guerra ou mobilização nacional.

O § 1º apresenta um tema que já foi cobrado em prova: a dispensa do serviço obrigatório pela escusa de consciência. Isso ocorre quando o indivíduo se recusa a cumprir a obrigação essencialmente militar que é imposta pela Constituição Federal em razão da sua convicção filosófica, religiosa ou política. O referido parágrafo, em consonância com o inciso VIII do Art. 5º, permite que nesses casos o interessado tenha respeitado o seu direito de escolha e de livre consciência desde que cumpra a prestação alternativa regulamentada na Lei 8.239/91, a qual consiste no desempenho de atribuições de caráter administrativo, assistencial, filantrópico ou produtivo, em substituição às atividades de caráter essencialmente militar. Não havendo o cumprimento da atividade obrigatória ou da prestação alternativa fixada em lei, o Art. 15 prevê como consequência a restrição dos direitos políticos:

> ***Art. 15.*** *É vedada a cassação de direitos políticos, cuja perda ou suspensão só se dará nos casos de:*
>
> ***IV.*** *recusa de cumprir obrigação a todos imposta ou prestação alternativa, nos termos do Art. 5º, VIII.*

Acerca desse tema, um problema surge na doutrina. A Constituição não estabelece de forma clara qual consequência deverá ser aplicada ao indivíduo que se recusa a cumprir a obrigação ou a prestação alternativa. A Lei 8.239/91, que regula a prestação alternativa ao serviço militar obrigatório, prevê que será declarada a suspensão dos direitos políticos de quem se recusar a cumprir a obrigação e a prestação alternativa. A doutrina tem se dividido entre as duas possibilidades: perda ou suspensão dos direitos políticos.

Em tese, esse tema não deveria ser cobrado em prova de concurso, considerando sua divergência doutrinária; entretanto, recentemente, para o concurso de juiz do TRF da 5ª região, a banca CESPE trouxe essa questão e sustentou em seu gabarito definitivo a posição de perda dos direitos políticos. Diante desse último posicionamento da CESPE, caso o candidato faça alguma prova desta banca, em que seja cobrada esse conteúdo, deve-se responder perda. O mesmo se aplica para FCC, que também entende que ocorre perda dos direitos políticos.

## 14.3 Segurança Pública

### Órgãos

Conforme prescrito no *caput* do Art. 144, a Segurança Pública é dever do Estado e tem como objetivo a preservação da ordem pública e da incolumidade das pessoas e do patrimônio. Esse tema é certo em concursos públicos da área de Segurança Pública e deve ser estudado com o foco na memorização de todo o artigo. Um dos pontos mais importantes está na definição de quais órgãos compõem a chamada segurança pública, os quais estão listados de forma taxativa no Art. 144:

> ***Art. 144.*** *A segurança pública, dever do Estado, direito e responsabilidade de todos, é exercida para a preservação da ordem pública e da incolumidade das pessoas e do patrimônio, através dos seguintes órgãos:*
>
> ***I.*** *polícia federal;*
>
> ***II.*** *polícia rodoviária federal;*
>
> ***III.*** *polícia ferroviária federal;*
>
> ***IV.*** *polícias civis;*
>
> ***V.*** *polícias militares e corpos de bombeiros militares.*
>
> ***VI.*** *polícias penais federal, estaduais e distrital.*

O STF já decidiu que esse rol é taxativo e que os demais entes federativos estão vinculados à classificação proposta pela Constituição. Diante disso, conclui-se que os Estados, Distrito Federal e Municípios estão proibidos de criar outros órgãos de segurança pública diferentes dos estabelecidos na Constituição Federal. Vejamos esta questão de prova:

Ainda, como fruto dessa taxatividade, deve-se afirmar que nenhum outro órgão além dos estabelecidos nesse artigo poderá ser considerado como sendo de Segurança Pública. Isso se aplica às Guardas Municipais, aos Agentes Penitenciários, aos Agentes de Trânsito e aos Seguranças Privados.

Há ainda a chamada Força Nacional de Segurança, instituição criada como fruto de um acordo de cooperação entre os Estados e o Distrito Federal que possui o objetivo de apoiar ações de segurança pública nesses locais. Apesar de ser formado por membros dos órgãos de segurança pública de todo o país, não se pode afirmar, principalmente numa prova de concurso, que essa instituição faça parte dos Órgãos de Segurança Pública.

Não se pode esquecer das Polícias Legislativas criadas no âmbito da Câmara dos Deputados e do Senado Federal, previstas nos Arts. 51, IV e 52, XIII. Também não entram na classificação de Órgãos de Segurança Pública para a prova, pois não estão no rol do Art. 144:

> ***Art. 51.*** *Compete privativamente à Câmara dos Deputados:*
>
> ***IV.*** *dispor sobre sua organização, funcionamento, polícia, criação, transformação ou extinção dos cargos, empregos e funções de seus serviços, e a iniciativa de lei para fixação da respectiva remuneração, observados os parâmetros estabelecidos na lei de diretrizes orçamentárias.*
>
> ***Art. 52.*** *Compete privativamente ao Senado Federal:*
>
> ***XIII.*** *dispor sobre sua organização, funcionamento, polícia, criação, transformação ou extinção dos cargos, empregos e funções de seus serviços, e a iniciativa de lei para fixação da respectiva remuneração, observados os parâmetros estabelecidos na lei de diretrizes orçamentárias.*

Cada um dos órgãos será organizado em estatuto próprio, conforme preleciona o § 7º do Art. 144:

> ***§ 7º.*** *A lei disciplinará a organização e o funcionamento dos órgãos responsáveis pela segurança pública, de maneira a garantir a eficiência de suas atividades.*

### Polícia administrativa x polícia judiciária

Antes de iniciar uma análise mais detida do artigo em questão, uma importante distinção doutrinária deve ser feita em relação às polícias de segurança pública: Polícia Administrativa e Polícia Judiciária.

**Polícia Administrativa** é a polícia preventiva. Sua atividade ocorre antes do cometimento da infração penal com o intuito de impedir a sua ocorrência. Sua atuação é ostensiva, ou seja, visível pelos membros da sociedade. É aquela polícia a que recorremos quando temos um problema. Uma característica marcante das polícias ostensivas é o seu uniforme. É a vestimenta que identifica um policial ostensivo. O maior exemplo de polícia administrativa é a Polícia Militar. Também são consideradas como polícia preventiva: Polícia Federal (em situações específicas), Polícia Rodoviária Federal, Polícia Ferroviária Federal e Corpo de Bombeiros Militar.

**Polícia Judiciária** é a polícia repressiva. Sua atividade ocorre após o cometimento da infração penal, quando a atuação da polícia preventiva não surtiu efeito. Sua atividade é investigativa com o fim de encontrar os elementos comprobatórios do ilícito penal cometido. O resultado do trabalho das polícias judiciárias é utilizado posteriormente pelo Ministério Público para subsidiar sua atuação junto ao Poder Judiciário. Daí a razão do nome ser Polícia Judiciária. O resultado de seu trabalho é utilizado pelo Poder Judiciário em seus julgamentos. Atente-se para a seguinte diferença, pois já caiu em prova de concurso: a Polícia Judiciária não faz parte do Poder Judiciário, mas do Poder Executivo. São consideradas como Polícia Judiciária a Polícia Civil e a Polícia Federal. A Polícia Militar também possui atribuições repressivas quando atua na investigação de crimes cometidos por policiais militares.

Além dessa classificação, pode-se distinguir os órgãos do Art. 144 em federais e estaduais, a depender da sua vinculação federativa:

**Federais**

Polícia Federal, Polícia Rodoviária Federal e Polícia Ferroviária Federal;

**Estaduais**

Polícia Civil, Polícia Militar e Corpo de Bombeiro Militar.

Feitas essas considerações iniciais, prossegue-se agora com a análise de cada um dos órgãos de segurança pública do Art. 144.

## Polícia federal

A Polícia Federal é o órgão de segurança pública com maior quantidade de atribuições previstas na Constituição Federal, razão pela qual é a mais cobrada em prova:

> ***§ 1º.*** *A polícia federal, instituída por lei como órgão permanente, organizado e mantido pela União e estruturado em carreira, destina-se a:*
>
> ***I.*** *apurar infrações penais contra a ordem política e social ou em detrimento de bens, serviços e interesses da União ou de suas entidades autárquicas e empresas públicas, assim como outras infrações cuja prática tenha repercussão interestadual ou internacional e exija repressão uniforme, segundo se dispuser em lei;*
>
> ***II.*** *prevenir e reprimir o tráfico ilícito de entorpecentes e drogas afins, o contrabando e o descaminho, sem prejuízo da ação fazendária e de outros órgãos públicos nas respectivas áreas de competência;*
>
> ***III.*** *exercer as funções de polícia marítima, aeroportuária e de fronteiras;*
>
> ***IV.*** *exercer, com exclusividade, as funções de polícia judiciária da União.*

Deve-se destacar, como característica principal, a sua atuação como Polícia Judiciária exclusiva da União. É ela quem atuará na repressão dos crimes cometidos contra a União e suas entidades autárquicas e empresas públicas. Apesar de mencionar algumas entidades da administração indireta, não se mencionou as Sociedades de Economia Mista. Isso força uma conclusão de que a Polícia Federal não tem atribuição nos crimes que envolvam interesses de Sociedades de Economia Mista.

As demais atribuições serão exercidas concomitantemente com outros órgãos, limitando a exclusividade de sua atuação apenas à função investigativa no âmbito da União.

## Polícia rodoviária federal

A Polícia Rodoviária Federal é órgão da União responsável pelo patrulhamento das rodovias federais:

> ***§ 2º.*** *A polícia rodoviária federal, órgão permanente, organizado e mantido pela União e estruturado em carreira, destina-se, na forma da lei, ao patrulhamento ostensivo das rodovias federais.*

Eventualmente, sua atuação se estenderá às rodovias estaduais ou distritais mediante convênio firmado entre os entes federativos. Não havendo esse convênio, o patrulhamento das rodovias estaduais e distritais fica a cargo das Polícias Militares. É comum no âmbito das Polícias Militares a criação de batalhões ou companhias com essa atribuição específica, as chamadas Polícias Rodoviárias.

## Polícia ferroviária federal

A Polícia Ferroviária Federal é o órgão da União responsável pelo patrulhamento das ferrovias federais:

> ***§ 3º.*** *A polícia ferroviária federal, órgão permanente, organizado e mantido pela União e estruturado em carreira, destina-se, na forma da lei, ao patrulhamento ostensivo das ferrovias federais.*

Diante da pouca relevância das ferrovias no Brasil, esse órgão ficou no esquecimento durante vários anos. No dia 5 agosto de 2011, a Presidente Dilma sancionou a Lei 12.462, que cria no âmbito do Ministério da Justiça a Polícia Ferroviária Federal. O efetivo que comporá essa nova estrutura se originará das instituições que anteriormente cuidavam das ferrovias:

> ***Art. 48.*** *A Lei nº 10.683, de 28 de maio de 2003, passa a vigorar com as seguintes alterações:*
>
> ***Art. 29****, XIV. Do Ministério da Justiça: o Conselho Nacional de Política Criminal e Penitenciária, o Conselho Nacional de Segurança Pública, o Conselho Federal Gestor do Fundo de Defesa dos Direitos Difusos, o Conselho Nacional de Combate à Pirataria e Delitos contra a Propriedade Intelectual, o Conselho Nacional de Arquivos, o Conselho Nacional de Políticas sobre Drogas, o Departamento de Polícia Federal, o Departamento de Polícia Rodoviária Federal, o Departamento de Polícia Ferroviária Federal, a Defensoria Pública da União, o Arquivo Nacional e até 6 (seis) Secretarias;*
>
> ***§ 8º.*** *Os profissionais da Segurança Pública Ferroviária oriundos do grupo Rede, Rede Ferroviária Federal (RFFSA), da Companhia Brasileira de Trens Urbanos (CBTU) e da Empresa de Trens Urbanos de Porto Alegre (Trensurb) que estavam em exercício em 11 de dezembro de 1990, passam a integrar o Departamento de Polícia Ferroviária Federal do Ministério da Justiça (NR).*

## Polícia civil

Essa é a Polícia Judiciária no âmbito dos Estados e do Distrito Federal. É dirigida por delegados de polícia de carreira e possui atribuição subsidiária à da Polícia Federal e à da Polícia Militar. Significa dizer que o que não for atribuição da Polícia Federal ou da Polícia Militar será da Polícia Civil:

> ***§ 4º*** *- às polícias civis, dirigidas por delegados de polícia de carreira, incumbem, ressalvada a competência da União, as funções de polícia judiciária e a apuração de infrações penais, exceto as militares.*

## Polícia militar e corpo de bombeiros militar

Essas duas instituições possuem caráter essencialmente ostensivo dentro das atribuições próprias. A Polícia Militar é responsável pelo policiamento ostensivo e preservação da ordem pública.

É a PM quem exerce a função principal de prevenção do crime. Quando se pensa em polícia, certamente é a primeira que vem à mente, pois é vista pela sociedade. Já o Corpo de Bombeiros Militar, apesar de não ser órgão policial, possui atribuição de segurança pública à medida que executa atividades de defesa civil. São responsáveis por uma atuação voltada para a proteção da sociedade, prestação de socorro, atuação em incêndios e acidentes. Destaca-se pela agilidade no atendimento, o que muitas vezes acaba por coibir maiores tragédias:

> ***§ 5º.*** *às polícias militares cabem a polícia ostensiva e a preservação da ordem pública; aos corpos de bombeiros militares, além das atribuições definidas em lei, incumbe a execução de atividades de defesa civil.*
>
> ***§ 6º.*** *As polícias militares e corpos de bombeiros militares, forças auxiliares e reserva do Exército, subordinam-se, juntamente com as polícias civis, aos Governadores dos Estados, do Distrito Federal e dos Territórios.*

Por serem corporações militares, a eles se aplicam as mesmas regras que são aplicadas às Forças Armadas, como a proibição de greve, filiação partidária e sindicalização.

São ainda consideradas forças auxiliares e reserva do Exército. Significa que num momento de necessidade de efetivo seria possível a convocação de Policiais e Bombeiros Militares como força reserva e de apoio.

Estão subordinados aos Governadores dos Estados, a Distrito Federal e dos Territórios a quem compete a gestão da Segurança Pública em cada ente federativo.

No que tange à Polícia Militar, ao Corpo de Bombeiros Militares e à Polícia Civil do Distrito Federal, há um detalhe que não pode ser esquecido, pois já foi cobrado em prova. Apesar da subordinação destas forças ao Governador do Distrito Federal, a competência para legislar e manter estas corporações é da União.

Aqui há uma exceção na autonomia federativa do Distrito Federal, que está prevista expressamente na Constituição no Art. 21, XIV:

> ***Art. 21.*** *Compete à União:*
>
> ***XIV.*** *organizar e manter a polícia civil, a polícia militar e o corpo de bombeiros militar do Distrito Federal, bem como prestar assistência financeira ao Distrito Federal para a execução de serviços públicos, por meio de fundo próprio.*

## Polícias penais

A Emenda Constitucional 104/2019 introduziu no rol de entidades de segurança pública as chamadas penais.

De acordo com o art. 144, §5º-A da Constituição, cabe às polícias penais, vinculadas ao órgão administrador do sistema penal da unidade federativa a que pertencem, a segurança dos estabelecimentos penais.

# DIREITO ADMINISTRATIVO

# 1. INTRODUÇÃO AO DIREITO ADMINISTRATIVO

Neste capítulo, vamos conhecer algumas características do Direito Administrativo, seu conceito, sua finalidade, seu regime jurídico peculiar que orienta toda a sua atividade administrativa, seja ela exercida pelo próprio Estado-administrador, ou por particular. Para entendermos melhor tudo isso, é preciso dar início ao nosso estudo pela compreensão adequada do papel do Direito na vida social.

O Direito é um conjunto de normas (regras e princípios) impostas coativamente pelo Estado que regularão a vida em sociedade, possibilitando a coexistência pacífica das pessoas.

## 1.1 Ramos do Direito

O Direito é historicamente dividido em dois grandes ramos: o Direito Público e o Direito Privado. Em relação ao Direito Privado, vale o princípio da igualdade (isonomia) entre as partes; aqui não há que se falar em superioridade de uma parte sobre a outra. Por esse motivo, dizemos que estamos em uma relação jurídica horizontal ou uma horizontalidade nas relações jurídicas.

O Direito Privado é regulado pelo princípio da autonomia da vontade, o que traduz a regra a qual diz que o particular pode fazer tudo que não é proibido (Art. 5º, II, da Constituição Federal).

No Direito Público, temos o Estado em um dos polos, representando os interesses da coletividade, e um particular desempenhando seus próprios interesses. Sendo assim, o Estado é tratado com superioridade ante ao particular, pois o Estado é o procurador da vontade da coletividade e, representada pelo próprio Estado, deve ser tratada de forma prevalente ante a vontade do particular.

O fundamento dessa relação jurídica vertical é encontrado no Princípio da Supremacia do Interesse Público, que estudaremos com mais detalhes no tópico referente aos princípios. Mas já podemos adiantar que, como o próprio nome o interesse público é supremo. Desse modo, são disponibilizadas ao Estado prerrogativas especiais para que possa atingir os seus objetivos. Essas prerrogativas são os poderes da administração pública.

**Esquema da Divisão do Direito**

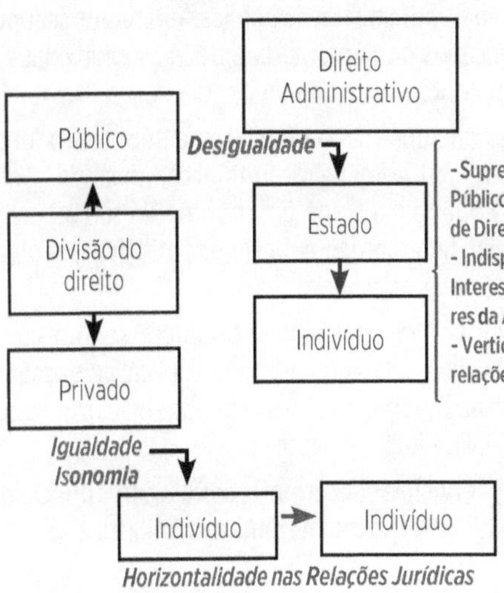


Os dois princípios norteadores do Direito Administrativo são: Supremacia do Interesse Público (gera os poderes) e Indisponibilidade do Interesse Público (gera os deveres da administração).

## 1.2 Conceito de Direito Administrativo

Vários são os conceitos que podem ser encontrados na doutrina para o Direito Administrativo. Descreveremos dois deles trazidos pela doutrina contemporânea e citados a seguir:

O Direito Administrativo é o ramo do direito público que tem por objeto órgãos, agentes e pessoas jurídicas administrativas que integram a Administração Pública. A atividade jurídica não contenciosa que exerce e os bens que se utiliza para a consecução de seus fins de natureza pública[1].

O Direito Administrativo é o conjunto harmônico de princípios jurídicos que regem órgãos, agentes e atividades públicas que tendem a realizar concreta, direta e imediatamente os fins desejados pelo Estado[2].

## 1.3 Objeto do Direito Administrativo

Os conceitos de Direito Administrativo foram desenvolvidos de forma que se desdobram em uma sequência natural de tópicos que devem ser estudados ponto a ponto para que a matéria seja corretamente entendida.

Por meio desses conceitos, podemos constatar que o objeto do Direito Administrativo são as relações da administração pública, sejam elas de natureza interna entre as entidades que a compõe, seus órgãos e agentes, ou de natureza externa entre a administração e os administrados.

Além de ter por objeto a atuação da administração pública, também é foco do Direito Administrativo o desempenho das atividades públicas quando exercidas por algum particular, como no caso das concessões, permissões e autorizações de serviços públicos.

Resumidamente, podemos dizer que o Direito Administrativo tem por objeto a administração pública e também as atividades administrativas, independentemente de quem as exerçam.

## 1.4 Fontes do Direito Administrativo

É o lugar de onde provém algo, no nosso caso, no qual emanam as regras do Direito Administrativo. Esse não está codificado em um único livro. Dessa forma, para o estudarmos de maneira completa, temos que recorrer às fontes, ou seja, a institutos esparsos. Por esse motivo, dizemos que o Direito Administrativo está tipificado (escrito), mas não está codificado em um único instituto.

**Lei**: fonte principal do Direito Administrativo. A lei deve ser compreendida em seu sentido amplo, o que inclui a Constituição Federal, as normas supra legais, as leis e também os atos normativos da própria administração pública. Temos como exemplo os Arts. 37 ao 41 da Constituição Federal, a Lei nº 8.666/93, a Lei nº 8.112/90, a Lei de Improbidade Administrativa (Lei nº 8.429/92), Processo Administrativo Federal (Lei nº 9.784/99), etc.

**Jurisprudência**: gênero que se divide entre jurisprudência e doutrina. Jurisprudência são decisões quais são editadas pelos tribunais e não possuem efeito vinculante; são resumos numerados

1 Direito Administrativo, Maria Sylvia Zanella di Pietro, 23ª edição.
2 Conceito de Direito Administrativo do professor Hely Lopes Meirelles.

que servem de fonte de pesquisa do direito materializados em livros, artigos e pareceres.

**Doutrina** tem a finalidade de tentar sistematizar e melhor explicar o conteúdo das normas de Direito Administrativo; doutrina pode ser utilizada como critério de interpretação de normas, bem como auxiliar a produção normativa.

**Costumes**: conjunto de regras não escritas, porém, observadas de maneira uniforme, as quais suprem a omissão legislativa acerca de regras internas da Administração Pública.

Segundo o doutrinador do Direito Administrativo, Hely Lopes Meirelles, em razão da deficiência da legislação, a prática administrativa vem suprindo o texto escrito e, sedimentada na consciência dos administradores e administrados, a praxe burocrática passa a saciar a lei e atuar como elemento informativo da doutrina.

Lei e Súmulas Vinculantes são consideradas fontes principais do Direito Administrativo. Jurisprudência, súmulas, doutrina e costumes são considerados fontes secundárias.

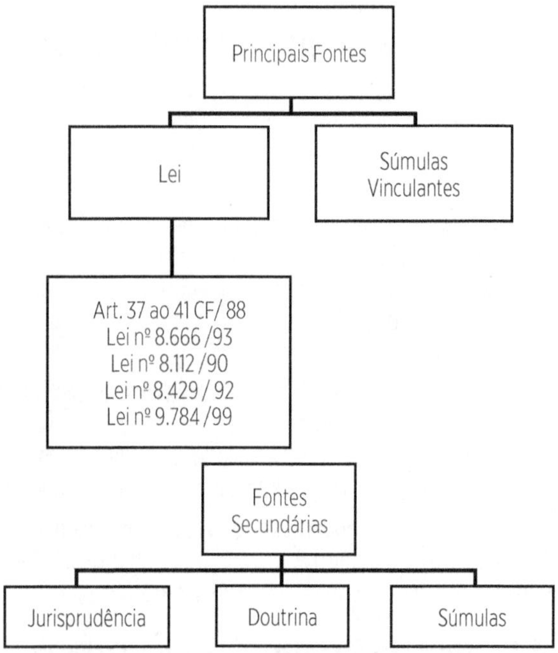


## 1.5 Sistemas Administrativos

É o regime que o Estado adota para o controle dos atos administrativos ilegais praticados pelo poder público nas diversas esferas e em todos os poderes. Existem dois sistemas que são globalmente utilizados.

**O Sistema Francês** (do contencioso administrativo), não utilizado no Brasil, determina que as lides administrativas podem transitar em julgado, ou seja, as decisões administrativas têm força de definibilidade. Nesse sentido, falamos em dualidade de jurisdição, já que existem tribunais administrativos e judiciais, cada qual com suas competências.

**O Sistema Inglês,** também chamado de jurisdicional único ou unicidade da jurisdição, é o sistema que atribui somente ao poder judiciário a capacidade de tomar decisões sobre a legalidade administrativa com caráter de coisa julgada ou definitividade.

O Direito Administrativo, no nosso sistema, não pode fazer coisa julgada e todas as decisões administrativas podem ser revistas pelo poder judiciário, pois somente ele pode dar resolução em caráter definitivo. Ou seja, não cabem mais recursos, por isso, falamos em trânsito em julgado das decisões judiciais e nunca das decisões administrativas.

> A Constituição Federal de 1988 adotou o sistema Inglês ou, o do não contencioso administrativo.

### Via administrativa de curso forçado

São situações em que o particular é obrigado a seguir todas as vias administrativas até o fim, antes de socorrer ao poder judiciário. Isso é exceção, pois a regra é que, ao particular, é facultado socorrer ao poder judiciário, por força do Art. 5º, XXXV, da Constituição Federal.

> ***XXXV.*** *A lei não excluirá da apreciação do Poder Judiciário lesão ou ameaça a direito.*

Exemplos de via administrativa de curso forçado:

Aqui, o indivíduo deve esgotar as esferas administrativas obrigatoriamente antes de ingressar com ação no poder judiciário.

**Justiça Desportiva**: só são admitidas pelo poder judiciário ações relativas à disciplina e as competições desportivas depois de esgotadas as instâncias da Justiça Desportiva. Art. 217, § 1º, CF.

**Ato Administrativo ou a Omissão da Administração Pública que contrarie Súmula Vinculante**: só pode ser alvo de reclamação ao STF depois de esgotadas as vias administrativas. Lei nº 11.417/2006, Art. 7º, §1º.

***Habeas Data*:** é indispensável para caracterizar o interesse de agir no *Habeas Data* a prova anterior do indeferimento do pedido de informação de dados pessoais ou da omissão em atendê-lo sem que se confirme situação prévia de pretensão. *STF, HD, 22-DF Min. Celso de Mello.*

## 1.6 Regime Jurídico Administrativo

É o conjunto de normas e princípios de direito público que regulam a atuação da administração pública. Tais regras se fundamentam nos princípios da Supremacia e da Indisponibilidade do Interesse Público, conforme estudaremos adiante.

O Princípio da Supremacia do Interesse Público é o fundamento dos poderes da Administração Pública, afinal de contas, qualquer pessoa que tenha como fim máximo da sua atuação o interesse da coletividade, somente conseguirá atingir esses objetivos se dotadas de poderes especiais.

O Princípio da Indisponibilidade do Interesse Público é o fundamento dos deveres da Administração Pública, pois essa tem o dever de nunca abandonar o interesse público e de usar os seus poderes com a finalidade de satisfazê-lo.

Desses dois princípios decorrem todos os outros princípios e regras que se desdobram no regime jurídico administrativo.

## 1.7 Noções de Estado

### Conceito de estado

Estado é a pessoa jurídica territorial soberana.

**Pessoa**: capacidade para contrair direitos e obrigações.

**Jurídica**: é constituída por meio de uma formalidade documental e não por uma mulher, tal como a pessoa física.

**Territorial soberana**: quer dizer que, dentro do território do Estado, esse detém a soberania, ou seja, sua vontade prevalece ante a das demais pessoas (sejam elas físicas ou jurídicas). Podemos definir soberania da seguinte forma: soberania é a independência na ordem internacional (lá fora ninguém manda no Estado) e supremacia na ordem interna (aqui dentro quem manda é o Estado).

### Elementos do estado

**Território**: é a base fixa do Estado (solo, subsolo, mar, espaço aéreo).

**Povo**: é o componente humano do Estado.

**Governo Soberano**: é o responsável pela condução do Estado. Por ser tal governo soberano, ele não se submete a nenhuma vontade externa, pois, relembrando, lá fora o Estado é independente e aqui dentro sua vontade é suprema, afinal, a vontade do Estado é a vontade do povo.

### Formas de estado

Temos duas formas de Estado:

**Estado Unitário**: é caracterizado pela centralização política; não existe divisão em estados membros ou municípios, há somente uma esfera política central que emana sua vontade para todo o país. É o caso do Uruguai.

**Estado Federado**: caracteriza-se pela descentralização política; existem diferentes entidades políticas autônomas que são distribuídas regionalmente e cada uma exerce o poder político dentro de sua área de competência. É o caso do Brasil.

### Poderes do estado

Os poderes do Estado estão previstos no texto Constitucional.

> ***Art. 2º.*** *São Poderes da União, independentes e harmônicos entre si, o Legislativo, o Executivo e o Judiciário.*

Os poderes podem exercer as funções para que foram investidos pela Constituição Federal (funções típicas) ou executar cargos diversas das suas competências constitucionais (funções atípicas). Por esse motivo, não há uma divisão absoluta entre os poderes, e sim relativa, pois o poder Executivo pode executar suas funções típicas (administrar) e pode também iniciar o processo legislativo em alguns casos (pedido de vagas para novos cargos). Além disso, é possível até mesmo legislar no caso de medidas provisórias com força de lei.

| Poderes | Funções Típicas | Funções Atípicas |
|---|---|---|
| Legislativo | Criar Leis<br>Fiscalizar (Tribunal de Contas) | Administrar<br>Julgar Conflitos |
| Executivo | Administrar | Criar Leis<br>Julgar Conflitos |
| Judiciário | Julgar Conflitos | Administrar<br>Criar Leis |

É importante notar que a atividade administrativa está presente nos três poderes, por isso, o Direito Administrativo, por ser um dos ramos do Direito Público, disciplina não somente a atividade administrativa do Poder Executivo, mas também a do Poder Legislativo e do Judiciário.

## 1.8 Noções de Governo

O governo é atividade política e discricionária, tendo conduta independente. Governar está relacionado com a função política do Estado, a de comandar, de coordenar, de direcionar e de fixar planos e diretrizes de atuação do Estado. O governo é o conjunto de Poderes e órgãos constitucionais responsáveis pela função política do Estado.

O governo está diretamente ligado com as decisões tomadas pelo Estado. Exerce a direção suprema e geral, ao fazer uma analogia, podemos dizer que o governo é o cérebro do Estado.

### Função de governo e função administrativa

É comum aparecer em provas de concursos públicos questões que confundem as ideias de governo e de administração pública. Para evitar esse erro, analisaremos as diferenças entre as expressões:

Segundo o jurista brasileiro, Hely Lopes Meirelles, o governo é uma atividade política e discricionária e tem conduta independente.

De acordo com ele, a administração é uma atividade neutra, normalmente vinculada à lei ou à norma técnica, e exercida mediante conduta hierarquizada.

Não podemos confundir Governo com Administração Pública, pois governo se encarrega de definir os objetivos do Estado e definir as políticas para o alcance desses objetivos; a Administração Pública se encarrega simplesmente em atingir os objetivos traçados pelo governo.

O governo atua mediante atos de soberania ou, pelo menos, de autonomia política na condução dos negócios públicos. A Administração é atividade neutra, normalmente vinculada à lei ou à norma técnica. Governo é conduta independente, enquanto a Administração é hierarquizada.

O Governo deve comandar com responsabilidade constitucional e política, mas sem responsabilidade técnica e legal pela execução. A administração age sem responsabilidade política, mas com responsabilidade técnica e legal pela execução dos serviços públicos.

### Sistemas de governo

Sistema de governo se refere ao grau de dependência entre o poder legislativo e executivo.

#### Parlamentarismo

É caracterizado por uma grande relação de dependência entre o poder legislativo e o executivo.

A chefia do Estado e a do Governo são desempenhadas por pessoas distintas.

**Chefe de Estado:** responsável pelas relações internacionais.

**Chefe de Governo:** responsável pelas relações internas, o chefe de governo é o da Administração pública.

### Presidencialismo

É caracterizado por não existir dependência, ou quase nenhuma, entre o Poder Legislativo e o Executivo.

A chefia do Estado e a do Governo são representadas pela mesma pessoa.

O Brasil adota o presidencialismo.

## Formas de governo

Conforme Hely Meirelles, a forma de governo se refere à relação entre governantes e governados.

### Monarquia

**Hereditariedade**: o poder é passado de pai para filho.

**Vitaliciedade**: o detentor do poder fica no cargo até a morte.

Ausência de prestação de contas.

### República

**Eletividade**: o governante precisa ser eleito para chegar ao poder.

**Temporalidade**: ao chegar ao poder, o governante ficará no cargo por tempo determinado.

Dever de prestar contas.

O Brasil adota a república como forma de governo.

# 2. ADMINISTRAÇÃO PÚBLICA

Antes de fazermos qualquer conceituação doutrinária sobre Administração Pública, podemos entendê-la como a ferramenta utilizada pelo Estado para atingir os seus objetivos. O Estado possui objetivos, e quem escolhe quais são eles é o seu governo, pois a esse é que cabe a função política (atividade eminentemente discricionária) do Estado e que determina as suas vontades, ou seja, o Governo é o cérebro do Estado. Para poder atingir esses objetivos, o Estado precisa fazer algo, e o faz por meio de sua Administração Pública. Sendo assim, essa é a responsável pelo exercício das atividades públicas do Estado.

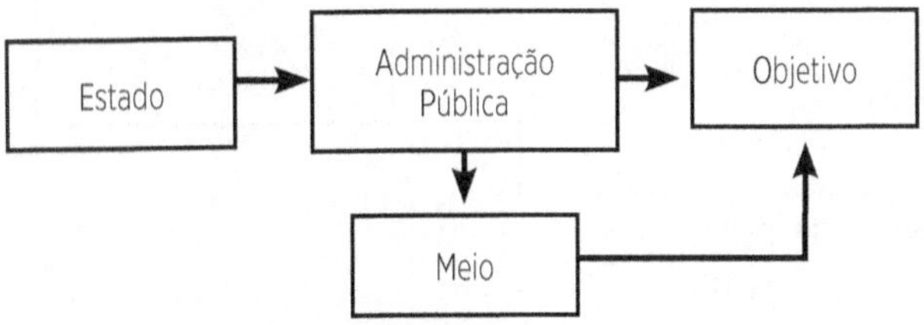


## 2.1 Classificação de Administração Pública

### Sentido material/objetivo

Em sentido material ou objetivo, a Administração Pública compreende o exercício de atividades pelas quais se manifesta a função administrativa do Estado.

Compõe a Administração Pública material qualquer pessoa jurídica, seus órgãos e agentes que exercem as **atividades** administrativas do Estado. Como exemplo de tais atividades, há a prestação de serviços públicos, o exercício do poder de polícia, o fomento, a intervenção e as atividades da Administração Pública.

Essas são as chamadas atividades típicas do Estado e, pelo critério formal, qualquer pessoa que exerce alguma dessas é Administração Pública, não importa quem seja. Por esse critério, teríamos, por exemplo, as seguintes pessoas na Administração Pública:

> União, Estados, Municípios, DF, Autarquias, Fundações Públicas prestadoras de serviços públicos, Empresa Pública prestadora de serviço público, Sociedade de Economia Mista prestadora de serviços públicos e, ainda, as concessionárias, autorizatárias e permissionárias de serviço público.

Esse critério não é o adotado pelo Brasil. Assim sendo, a classificação feita acima não descreve a Administração Pública Brasileira, que, conforme veremos a seguir, adota o modelo formal de classificação.

### Sentido formal/subjetivo

Em sentido formal ou subjetivo, a Administração Pública compreende o conjunto de órgãos e pessoas jurídicas encarregadas, por determinação legal, do exercício da função administrativa do Estado.

Pelo modelo formal, segundo Meirelles, a Administração Pública é o conjunto de entidades (pessoas jurídicas, seus órgãos e agentes) que o nosso ordenamento jurídico identifica como Administração Pública, pouco interessa a sua área de atuação, ou seja, pouco importa a atividade mas, sim, quem a desempenha.

A Administração Pública Brasileira que adota o modelo formal é classificada em Administração Direta e Indireta.

## 2.2 Organização da Administração

A Administração Pública foi definida pela Constituição Federal no Art. 37.

> ***Art. 37.*** *A Administração Pública direta e indireta de qualquer dos Poderes da União, dos Estados, do Distrito Federal e dos Municípios obedecerá aos princípios de legalidade, impessoalidade, moralidade, publicidade e eficiência e, também, ao seguinte:*

O Decreto-Lei nº 200/67 determina quem é Administração Pública Direta e Indireta.

> ***Art. 4º.*** *A Administração Federal compreende:*
>
> ***I.*** *A Administração Direta, que se constitui dos serviços integrados na estrutura administrativa da Presidência da República e dos Ministérios.*
>
> ***II.*** *A Administração Indireta, que compreende as seguintes categorias de entidades, dotadas de personalidade jurídica própria:*
>
> ***a)*** *Autarquias;*
>
> ***b)*** *Empresas Públicas;*
>
> ***c)*** *Sociedades de Economia Mista.*
>
> ***d)*** *Fundações públicas.*

Dessa forma, temos somente quatro pessoas que representam a Administração Direta e nenhuma outra. São consideradas pessoas jurídicas de direito público e possuem várias características. As pessoas da Administração Direta recebem o nome de pessoas políticas do estado.

A Administração Indireta também representa um rol taxativo e não cabe ampliação. Existem quatro pessoas da Administração Indireta e nenhuma outra; elas possuem características marcantes. Contudo, não possuem a mais importante e que diferencia das pessoas políticas do Estado, ou seja, a capacidade de legislar (capacidade política).

## 2.3 Administração Direta

A Administração Direta é representada pelas entidades políticas. São elas: União, Estados, DF e os Municípios.

A definição no Brasil foi feita pelo Decreto-Lei nº 200/67, que dispõe sobre a organização da Administração Federal e estabelece diretrizes para a Reforma Administrativa.

É importante observar que esse decreto dispõe somente sobre a Administração Pública Federal, todavia, pela aplicação do princípio da simetria, tal regra é aplicada uniformemente por todo o território nacional. Assim sendo, tal classificação utilizada nesse decreto define expressamente a Administração Pública Federal e também, implicitamente, a Administração Pública dos demais entes da federação.

Os entes políticos possuem autonomia política (capacidade de legislar), administrativa (capacidade de auto-organizar-se) e capacidade financeira (capacidade de julgar as próprias contas). Não podemos falar aqui em hierarquia entre os entes, mas sim em cooperação, pois um não dá ordens aos outros, visto que eles são autônomos.

## Características

São pessoas jurídicas de direito público interno – tem autonomia.

- Unidas formam a República Federativa do Brasil: pessoa jurídica de direito público externo –tem soberania (independência na ordem externa e supremacia na interna).
- Regime jurídico de direito público.
- Autonomia Política: Administrativa e Financeira.
- Sem subordinação: atuam por cooperação.
- Competências: hauridas da CF.
- Responsabilidade civil - regra - objetiva.
- Bens: públicos, não pode ser objeto de sequestro, arresto, penhora etc.
- Débitos judiciais: são pagos por precatórios.
- Regime de pessoal: regime jurídico único.
- Competência para julgamento de ações judiciais.
    - União = Justiça Federal.
    - Demais Entes Políticos = Justiça Estadual.

# 2.4 Noção de Centralização, Descentralização e Desconcentração

**Centralização Administrativa**: órgãos e agentes trabalhando para a Administração Direta.

**Descentralização Administrativa**: técnica administrativa em que a Administração direta passa a atividade administrativa, serviço ou obra pública para outras pessoas jurídicas ou físicas (para pessoa física somente por delegação por colaboração). A descentralização pode ser feita por outorga legal (titularidade + execução) ou diante delegação por colaboração (somente execução). A outorga legal cria as pessoas da Administração Indireta. A Delegação por colaboração gera os concessionários, permissionários e Autorizatários de serviços públicos:

- **Descentralização por Outorga Legal** (também chamada de descentralização técnica, por serviços, ou funcional): é feita por lei e transfere a titularidade e a execução da atividade administrativa por prazo indeterminado para uma pessoa jurídica integrante da administração indireta.
- **Descentralização por Delegação** (também chamada de descentralização por colaboração): é feita em regra por um contrato administrativo e, nesses casos, depende de licitação; também pode acontecer descentralização por delegação por meio de um ato administrativo. Transfere somente a execução da atividade administrativa, e não a sua titularidade, por prazo determinado para um particular, pessoa física ou jurídica.

**Outorga Legal**

- Feita por lei;
- Transfere a titularidade e a execução do serviço público;
- Não tem prazo.

**Delegação**

- Feita por contrato, exceto as autorizações;
- Os contratos dependem de licitação;
- Transfere somente a execução do serviço público e não a titularidade;
- Há fiscalização do Poder Público. Tal fiscalização decorre do exercício do poder disciplinar;
- Tem prazo.
- **Desconcentração administrativa**: técnica de subdivisão de órgãos públicos para que melhor desempenhem o serviço público ou atividade administrativa. Em outras palavras, na desconcentração, a Pessoa Jurídica distribui competências no âmbito de sua própria estrutura. É a distribuição de competências entre os diversos órgãos integrantes da estrutura de uma pessoa jurídica da Administração Pública. Somente ocorre na Administração Direta ou Indireta, jamais para particulares, uma vez que não existem órgãos públicos entre particulares.

# 2.5 Administração Indireta

Pessoas / Entes / Entidades Administrativas

- **F**undações Públicas;
- **A**utarquias;
- **S**ociedades de Economia Mista;
- **E**mpresas Públicas.

## Características

- Tem personalidade jurídica própria;
- Tem patrimônio e receita próprios;
- Tem autonomia:
    - Administrativa;
    - Técnica;
    - Financeira.

**Obs.:**

- Não tem autonomia política;.
- Finalidade definida em lei;
- Controle do Estado.

Não há subordinação nem hierarquia entre os entes da administração direta e indireta, mas sim, vinculação que se manifesta por meio da **supervisão ministerial** realizada pelo ministério ou secretaria da pessoa política responsável pela área de atuação da entidade administrativa. Tal supervisão tem por finalidade o exercício do denominado **controle finalístico** ou **poder de tutela**.

Em alguns casos, a entidade administrativa pode estar diretamente vinculada à chefia do poder executivo e, nesse contexto, caberá a essa chefia o exercício do controle finalístico de tal entidade.

- São frutos da descentralização por outorga legal.
- Nomeação de Dirigentes.

Os dirigentes das entidades administrativas são nomeados pelo chefe do poder a que está vinculada a respectiva entidade, ou seja, as entidades administrativas ligadas ao poder executivo federal têm seus dirigentes nomeados pelo chefe de tal poder, que, nesse caso, é o(a) Presidente(a) da República.

É válido lembrar que, em todos os poderes, existe a função administrativa no executivo, de forma típica, e nos demais poderes, de forma atípica. Além disso, a função administrativa de todos os poderes é exercida pela sua Administração Pública (Administração Direta e Indireta), assim sendo, existe Administração Pública Direta e Indireta nos três poderes e, caso uma entidade administrativa seja vinculada ao Poder Legislativo ou Judiciário, caberá ao chefe do respectivo poder a nomeação de tal dirigente.

Excepcionalmente, a nomeação de um dirigente pode depender ainda de aprovação do Poder Legislativo. Na esfera federal, temos como exemplo a nomeação dos dirigentes das agências reguladoras. Tais nomeações são feitas pelo Presidente da República e, para terem efeito, dependem de aprovação do Senado Federal.

Via de regra, lembraremos que a nomeação do dirigente de uma entidade administrativa é feita pelo chefe do Poder Executivo, sendo que, em alguns casos, é necessária a prévia aprovação de outro poder. Excepcionalmente, o Judiciário e o Legislativo poderão nomear dirigentes para essas entidades, desde que vinculadas ao respectivo poder.

### Criação dos entes da administração indireta

A instituição das entidades administrativas depende sempre de uma lei ordinária específica. Essa lei pode criar a entidade administrativa. Nesse caso, nasce uma pessoa jurídica de direito público, as autarquias. A lei também pode autorizar a criação das entidades administrativas. Nessa circunstância, nascem as demais entidades da administração indireta: fundações públicas, empresas públicas e sociedades de economia mista. Pelo fato dessas entidades serem autorizadas por lei, elas são pessoas jurídicas de Direito Privado.

A lei que cria ou que autoriza a criação de uma entidade administrativa é uma **lei ordinária específica.**

Quando a lei autoriza a criação de uma entidade da Administração Indireta, a sua construção será consumada após o registro na serventia registral pertinente (cartório ou junta comercial, conforme o caso).

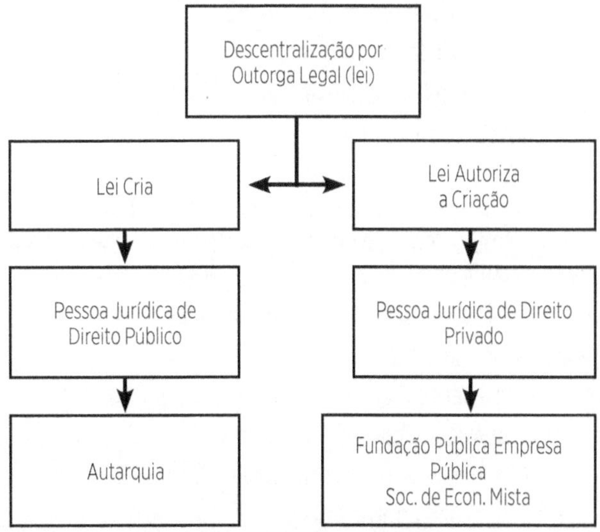


Extinção dos entes da administração indireta:

- Só lei revoga lei.
- Se a lei cria, a lei extingue.
- Se a lei autoriza a criação, autoriza também a extinção.

### Relação da administração pública direta com a indireta

As entidades compreendidas na Administração Indireta vinculam-se ao Ministério em cuja área de competência estiver enquadrada sua principal atividade. Dessa forma, não há que se falar em hierarquia ou subordinação, mas, sim vinculação.

A vinculação entre a Administração Direta e a Administração Indireta gera o chamado controle finalístico ou supervisão ministerial. Assim, a Administração Direta não pode intervir nas decisões da Indireta, salvo se ocorrer a chamada fuga de finalidade.

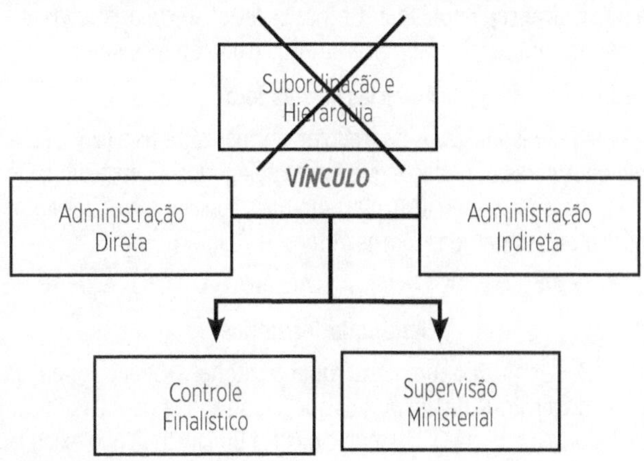


### Autarquias

Autarquia é a pessoa jurídica de direito público, criada por lei, com capacidade de autoadministração, para o desempenho de serviço público descentralizado (atividade típica do Estado). É o próprio serviço público personificado.

Vejamos a seguir as suas características:

Personalidade Jurídica: Direito Público.

- Recebem todas as prerrogativas do Direito Público.

Finalidade: atividade típica do Estado.

Regime Jurídico: público.

Responsabilidade Civil: objetiva.

Bens: públicos (não podem ser objeto de penhora, arresto, sequestro).

> Ao serem constituídas, recebem patrimônio do Ente Instituidor e, a partir desse momento, seguem com sua autonomia.

Débitos Judiciais: pagamento por precatórios.

Regime de Pessoal: regime jurídico único.

Competência para o julgamento de suas ações judiciais:

> Autarquia Federal = Justiça Federal.
> Outras Esferas = Justiça Estadual.

**Ex.:** INSS, Banco Central do Brasil.

## Espécies de autarquias

### Comum ou Ordinária (de Acordo com Decreto-Lei nº 200/67)

São as autarquias que recebem as características principais, ou seja, criadas diretamente por lei, pessoas jurídicas de direito público e que desempenham um serviço público especializado; seu ato constitutivo é a própria lei.

### Sob Regime Especial

As autarquias em regime especial são submetidas a um regime jurídico peculiar, diferente do jurídico relativo às autarquias comuns.

Por autarquia comum deve-se entender as ordinárias, aquelas que se submetem a regime jurídico comum das autarquias. Na esfera federal, o regime jurídico comum das autarquias é o Decreto-Lei nº 200/67.

Se a autarquia além das regras do regime jurídico comum ainda é alcançada por alguma regra especial, peculiar às suas atividades, será considerada uma autarquia em regime especial.

### Agências Reguladoras

São responsáveis por regular, normatizar e fiscalizar determinados serviços públicos que foram delegados ao particular. Em razão dessa característica, elas têm mais liberdade e maior autonomia, se comparadas com as Autarquias comuns.

**Ex.:** ANCINE, ANA, ANAC, ANTAQ, ANATEL, ANEEL, ANP, ANTT.

### Autarquia Territorial

É classificado como Autarquia Territorial, o espaço que faça parte do território da União, mas que não se enquadre na definição de Estado membro, DF ou município. No Brasil atual, não existem exemplos de Autarquias Territoriais, mas elas podem vir a ser criadas. Nesse caso, esses Territórios fazem parte da Administração Direta e são Autarquias Territoriais, pois são criados por lei e assumem personalidade jurídica de direito público.

### Associações Públicas (Autarquias Interfederativas ou Multifederativas)

Também chamada de consórcio público de Direito Público.

O consórcio público é a pessoa jurídica formada exclusivamente por entes da Federação, na forma da Lei nº 11.107, de 2005, para estabelecer relações de cooperação federativa, inclusive a realização de objetivos de interesse comum, constituída como associação pública, com personalidade jurídica de direito público e natureza autárquica, ou como pessoa jurídica de direito privado, sem fins econômicos.

Sendo assim, não é todo consórcio público que representa uma Autarquia Interfederativa, mas somente os públicos de Direito Público.

### Autarquia Fundacional ou Fundação Autárquica

As Fundações Públicas de Direito Público (exceção) são consideradas, na verdade, uma espécie de autarquia.

Agências Executivas

As agências executivas não se configuram como pessoas jurídicas, menos ainda outra classificação qualquer. Representam, na prática, um título que é dado às autarquias e fundações públicas que assinam contrato de gestão com a Administração Pública. Art. 37, §8º.

Conselhos fiscalizadores de profissões são considerados autarquias. Contudo, comportam uma exceção muito importante:

ADI 3.026-DF Min. Eros Graus. 08/06/2006. OAB: Considerada entidade sui generis, um serviço independente não sujeita ao controle finalístico da Administração Direta.

## Fundação pública

A Fundação Pública é a entidade dotada de personalidade jurídica de Direito Privado, sem fins lucrativos, criada em virtude de autorização legislativa, para o desenvolvimento de atividades que não exijam execução por órgãos ou entidades de direito público, com autonomia administrativa, patrimônio próprio gerido pelos respectivos órgãos de direção e funcionamento custeado por recursos da União e de outras fontes.

### Regra

> Autorizada por lei;
> Pessoa jurídica de Direito Privado;
> Depende de registro dos atos constitutivos na junta comercial;
> Depende de lei complementar que especifique o campo de atuação.

### Exceção

> Criada diretamente por lei;
> Pessoa jurídica de direito público;
> Possui um capital personalizado (diferença meramente conceitual);
> Considerada pela doutrina como autarquia fundacional.

As fundações públicas de Direito Público, são espécie de autarquia, sendo chamadas pela doutrina como autarquias fundacionais.

### Características

> **Personalidade Jurídica:** Direito Privado.

> **Finalidade:** lei complementar definirá – Sem fins lucrativos.

> **Regime Jurídico:** Híbrido (regras de Direito Público + Direito Privado) incontroverso.

> **Responsabilidade Civil:** se for prestadora de serviço público é objetiva, caso contrário é subjetiva.

> **Bens Privados, com exceção:** bens diretamente ligados à prestação de serviço público são bens públicos.

> **Débitos Judiciais:** são pagos por meio do seu patrimônio, com exceção dos bens diretamente ligados à prestação de serviços públicos, que são bens públicos e não se submetem a pagamento de débitos judiciais.

> **Regime de Pessoal:** Regime Jurídico **Único.**

**Competência para o julgamento de suas ações judiciais:**

» Justiça Federal.

» Outras esferas = Justiça Estadual.

» IBGE, Biblioteca Nacional, FUNAI.

## Empresas públicas e sociedades de economia mista

São pessoas jurídicas de Direito Privado, criadas pela Administração Direta por meio de autorização da lei, com o respectivo registro, para a prestação de serviços públicos ou a exploração da atividade econômica.

A Lei 13.303/16 dispõe sobre o estatuto jurídico da empresa pública, da sociedade de economia mista e de suas subsidiárias, no âmbito da União, dos Estados, do Distrito Federal e dos Municípios.

A referida lei apresenta os seguintes conceitos:

***Art. 3º*** *Empresa pública é a entidade dotada de personalidade jurídica de direito privado, com criação autorizada por lei e com patrimônio próprio, cujo capital social é integralmente detido pela União, pelos Estados, pelo Distrito Federal ou pelos Municípios.*

***Art. 4º*** *Sociedade de economia mista é a entidade dotada de personalidade jurídica de direito privado, com criação autorizada por lei, sob a forma de sociedade anônima, cujas ações com direito a voto pertençam em sua maioria à União, aos Estados, ao Distrito Federal, aos Municípios ou a entidade da administração indireta.*

## Empresas públicas e sociedades de economia mista exploradoras da atividade econômica

**Segundo o Art. 173 da Constituição Federal:**

***Art. 173.*** *Ressalvados os casos previstos nesta Constituição, a exploração direta de atividade econômica pelo Estado só será permitida quando necessária aos imperativos da segurança nacional ou a relevante interesse coletivo, conforme definidos em lei.*

***§ 1º*** *- A lei estabelecerá o estatuto jurídico da Empresa Pública, da sociedade de economia mista e de suas subsidiárias que explorem atividade econômica de produção ou comercialização de bens ou de prestação de serviços, dispondo sobre:*

***I.*** *Sua função social e formas de fiscalização pelo Estado e pela sociedade;*

***II.*** *A sujeição ao regime jurídico próprio das empresas privadas, inclusive quanto aos direitos e obrigações civis, comerciais, trabalhistas e tributários;*

***III.*** *Licitação e contratação de obras, serviços, compras e alienações, observados os princípios da Administração Pública;*

***IV.*** *A constituição e o funcionamento dos conselhos de administração e fiscal, com a participação de acionistas minoritários;*

***V.*** *Os mandatos, a avaliação de desempenho e a responsabilidade dos administradores.*

***§ 2º*** *- As empresas públicas e as sociedades de economia mista não poderão gozar de privilégios fiscais não extensivos às do setor privado.*

***§ 3º*** *- A lei regulamentará as relações da Empresa Pública com o Estado e a sociedade.*

***§ 4º*** *- A lei reprimirá o abuso do poder econômico que vise à dominação dos mercados, à eliminação da concorrência e ao aumento arbitrário dos lucros.*

***§ 5º*** *- A lei, sem prejuízo da responsabilidade individual dos dirigentes da pessoa jurídica, estabelecerá a responsabilidade desta, sujeitando-a as punições compatíveis com sua natureza, nos atos praticados contra a ordem econômica e financeira e contra a economia popular.*

## Empresas públicas e sociedades de economia mista prestadoras de serviço público

Essas entidades são criadas para a exploração da atividade econômica em sentido amplo, o que inclui o exercício delas em sentido estrito e também a prestação de serviços públicos que podem ser explorados com o intuito de lucro.

Segundo o Art. 175 da Constituição Federal:

***Art. 175.*** *Incumbe ao Poder Público, na forma da lei, diretamente ou sob regime de concessão ou permissão, sempre através de licitação, a prestação de serviços públicos.*

***Parágrafo único.*** *A lei disporá sobre:*

***I.*** *O regime das empresas concessionárias e permissionárias de serviços públicos, o caráter especial de seu contrato e de sua prorrogação, bem como as condições de caducidade, fiscalização e rescisão da concessão ou permissão;*

***II.*** *Os direitos dos usuários;*

***III.*** *Política tarifária;*

***IV.*** *A obrigação de manter serviço adequado.*

Não se inclui nessa categoria os serviços públicos relativos aos direitos sociais, pois esses não podem ser prestados com o intuito de lucro pelo Estado e, também, não são de titularidade exclusiva do Estado, podendo ser livremente explorados por particulares.

## Características comuns das empresas públicas e sociedades de economia mista

**Personalidade Jurídica:** Direito Privado.

**Finalidade:** prestação de serviço público ou a exploração da atividade econômica.

**Regime Jurídico Híbrido:** se for prestadora de serviço público, o regime jurídico é mais público; se for exploradora da atividade econômica, o regime jurídico é mais privado.

**Responsabilidade Civil:** se for prestadora de serviço público, a responsabilidade civil é objetiva, se for exploradora da atividade econômica, a civil é subjetiva.

**Bens Privados, com exceção:** bens diretamente ligados à prestação de serviço público são bens públicos.

**Débitos Judiciais:** são pagos por meio do seu patrimônio, com exceção dos bens diretamente ligados à prestação de serviços públicos, que são bens públicos e não se submetem a pagamento de débitos judiciais.

**Regime de Pessoal:** CLT – Emprego Público.

Exemplo de Empresa Pública: Caixa Econômica Federal, Correios.

**Exemplo de Sociedade de Economia Mista:** Banco do Brasil e Petrobras.

### Sociedade de economia mista

A Sociedade de Economia Mista é uma entidade dotada de personalidade jurídica de Direito Privado, autorizada por lei para a exploração de atividade econômica, sob a forma de sociedade anônima, cujas ações com direito a voto pertençam em sua maioria à União ou a entidade da Administração Indireta:

> Autorizada por lei;
> Pessoa jurídica de Direito Privado;
> Capital 50% + 1 ação no controle da Administração Pública;
> Constituição obrigatória por Sociedade Anônima (S.A.);
> Competência da Justiça Estadual.

## Empresa pública

Entidade dotada de personalidade jurídica de Direito Privado, com patrimônio próprio e capital exclusivo da União, autorizado por lei para a exploração de atividade econômica que o Governo seja levado a exercer por força de contingência ou de conveniência administrativa, podendo revestir-se de qualquer das formas admitidas em direito.

> Autorizado por lei;
> Pessoa jurídica de Direito Privado;
> 100% na constituição de capital público;
> Constituído de qualquer forma admitido em direito;
> Competência da Justiça Federal.

Esse quadro foi desenvolvido para memorização das características mais importantes das pessoas da Administração Pública indireta.

**Tabela Comparativa das Características dos Entes da Administração Pública**

| CARACTERÍSTICA | ENTIDADES POLÍTICAS | AUTARQUIA | FUNDAÇÃO PÚBLICA | EMPRESA PÚBLICA | SOCIEDADE DE ECONOMIA MISTA |
|---|---|---|---|---|---|
| PERSONALIDADE JURÍDICA | Direito Público | Direito Público | Direito Privado | Direito Privado | Direito Privado |
| FINALIDADE | Competências constitucionais | Atividade típica do Estado | Lei Complementar definirá | Exploração da atividade econômica OU prestação de serviço público | Exploração da atividade econômica OU prestação de serviço público |
| REGIME JURÍDICO | Direito Público | Direito Público | Híbrido: se PSP + público. Caso desenvolva outra atividade, mais privado. | Híbrido: se EAE + privado; se PSP + público | Híbrido: se EAE + privado; se PSP + público |
| RESPONSABILIDADE CIVIL | Objetiva: ação Subjetiva: omissão | Objetiva: ação Subjetiva: omissão | PSP = Objetiva, nos demais casos, subjetiva | PSP = Objetiva, EAE = Subjetiva | PSP = Objetiva, EAE = Subjetiva |
| BENS | Públicos | Públicos | Privados, exceção: bens diretamente ligados à prestação de serviços públicos são bens públicos. | Privados, exceção: bens diretamente ligados à prestação de serviços públicos são bens públicos. | Privados, exceção: bens diretamente ligados à prestação de serviços públicos são bens públicos. |
| DÉBITOS JUDICIAIS | Precatórios | Precatórios | Patrimônio | Patrimônio | Patrimônio |
| REGIME DE PESSOAL | Regime Jurídico Único | Regime Jurídico Único | Regime Jurídico Único | CLT | CLT |
| COMPETÊNCIA PARA JULGAMENTO | União: Justiça Federal; Demais: Justiça Estadual. | Federal: Justiça Federal; Demais: Justiça Estadual. | Federal: Justiça Federal; Demais: justiça Estadual. | Federal: Justiça Federal; Demais: justiça Estadual. | Todas: Justiça Estadual. |

* EAE: Exploração da Atividade Econômica.
* PSP: Prestação de Serviço Público.

# 3. ÓRGÃO PÚBLICO

Neste capítulo, aprenderemos a respeito dos órgãos públicos, sua finalidade, seu papel na estrutura da Administração Pública, bem como as diversas teorias e classificações relativas ao tema. Começaremos a partir das teorias que buscam explicar o que é o órgão público.

## 3.1 Teorias

São três as teorias criadas para caracterizar e conceituar a ideia de órgão público: a Teoria do Mandato, Teoria da Representação e Teoria Geral do Órgão.

### Teoria do mandato

Essa teoria preceitua que o agente, pessoa física, funcionaria como o mandatário da pessoa jurídica, agindo sob seu nome e com a responsabilidade dela, em razão de outorga específica de poderes (não adotado).

### Teoria da representação

O agente funcionaria como um tutor ou curador do Estado, que representaria nos atos que necessita participar (não adotado).

### Teoria geral do órgão

Tem-se presunção de que a pessoa jurídica exteriora sua vontade por meio dos órgãos, os quais são parte integrante da própria estrutura da pessoa jurídica, de tal modo que, quando os agentes que atuam nesses órgãos manifestam sua vontade, considera-se que essa foi manifestada pelo próprio Estado. Falamos em imputação da atuação do agente, pessoa natural, à pessoa jurídica (adotado pela CF/88).

Alguns órgãos possuem uma pequena capacidade, que é impetrar mandado de segurança para garantir prerrogativas próprias. Contudo, somente os órgãos independentes e autônomos têm essa capacidade.

Segundo o doutrinador Hely Lopes Meirelles, os órgãos não possuem personalidade jurídica, tampouco vontade própria, agem em nome da entidade a que pertencem, mantendo relações entre si e com terceiros, e não possuem patrimônio próprio. Os órgãos manifestam a vontade da Pessoa Jurídica à qual pertencem; os agentes, quando atuam para o Estado, dizemos que estão em imputação à pessoa jurídica a qual estão efetivamente ligados. Assim, falamos em imputação à pessoa jurídica.

Constatamos que órgãos são meros centros de competência, e os agentes que trabalham nesses órgãos estão em imputação à pessoa jurídica a que estão ligados; suas ações são imputadas ao ente federativo. Assim, quando um servidor público federal atua, suas ações são imputadas (como se o próprio Estado estivesse agindo) à União, pois o agente é ligado a um órgão que pertence a esse ente.

> **Ex.:** Quando um Policial Federal está trabalhando, ele é um agente público que atua dentro de um órgão (Departamento de Polícia Federal) e suas ações, quando feitas, são consideradas como se a União estivesse agindo. Por esse motivo, os atos que gerem prejuízo a terceiros são imputados a União, ou seja, é a União que paga o prejuízo e, depois, entra com ação regressiva contra o agente público.

## 3.2 Características

### Não possui personalidade jurídica

Muitas pessoas se assustam com essa regra devido ao fato de o órgão público ter CNPJ, realizar licitações e também por celebrar contratos públicos. Todavia, essas situações não devem ser levadas em consideração nesse momento.

O CNPJ não é suficiente para conferir personalidade jurídica para o órgão público, a sua instituição está ligada ao direito tributário, e realmente o órgão faz licitação, celebra contratos, mas ele não possui direitos, não é responsável pela conduta dos seus agentes e tudo isso por que ele não possui personalidade jurídica, órgão público não é pessoa.

### Integram a estrutura da pessoa jurídica que pertencem

O órgão público é simplesmente o integrante da estrutura corporal (orgânica) da pessoa jurídica a que está ligado. O órgão público é para a pessoa jurídica a que está ligado, o que o coração, os rins, o fígado, o estômago e o pulmão, dentre tantos outros órgãos do corpo humano são para nós, essenciais.

- Não possui capacidade processual, salvo os órgãos independentes e autônomos que podem impetrar Mandado de Segurança em defesa de suas prerrogativas constitucionais, quando violadas por outro órgão.
- Não possui patrimônio próprio.
- São hierarquizados.
- São frutos da desconcentração.
- Estão presentes na Administração Direta e Indireta.
- Criação e extinção: por meio de Lei.
- Estruturação: pode ser feita por meio de decreto autônomo, desde que não impliquem em aumento de despesas.
- Os agentes que trabalham nos órgãos estão em imputação à pessoa jurídica que estão ligados.

## 3.3 Classificação

Dentre as diversas classificações pertinentes ao tema, a partir de agora, abordaremos as classificações quanto à posição estatal que leva em consideração a relação de subordinação e hierarquia, a estrutura que se relaciona com a desconcentração e a composição ou atuação funcional que se relaciona com a quantidade de agentes que agem e manifestam vontade em nome do órgão.

### Posição estatal

Quanto à posição estatal, os órgãos são classificados em independentes, autônomos, superiores e subalternos:

### Órgãos independentes

- São considerados o mais alto escalão do Governo.
- Não exercem subordinação.
- Seus agentes são inseridos por eleição.

> Têm suas competências determinadas pelo texto constitucional.
> Possuem alguma capacidade processual.

## Órgãos autônomos

> São classificados como órgãos diretivos.
> Possuem capacidade administrativa, financeira e técnica.
> São exemplos os Ministérios e as Secretarias.
> Possuem alguma capacidade processual.

## Órgãos superiores

> São órgãos de direção, controle e decisão.
> Não possuem autonomia administrativa ou financeira.
> Exemplos são as coordenadorias, gabinetes, etc.

## Subalternos

> Exercem atribuições de mera execução.
> Exercem reduzido poder decisório.
> São exemplos as seções de expediente ou de materiais.

## Estrutura

A classificação quanto à estrutura leva em consideração, a partir do órgão analisado, se existe ou não um processo de desconcentração, se há ramificações que levam a órgãos subordinados ao órgão analisado.

Simples: são aqueles que representam um só centro de competências, sem ramificações, independentemente do número de cargos.

**Composto:** são aqueles que reúnem em sua estrutura diversos órgãos, ou seja, existem ramificações.

A Presidência da República é um órgão composto, pois dela se origina outros órgãos de menor hierarquia, dentre esses o Ministério da Justiça, por exemplo, que também é órgão composto, pois, a partir dele, tem-se novas ramificações, tais como o Departamento Penitenciário Nacional, o Departamento de Polícia Federal, entre outros.

A partir da Presidência da República, tem-se também um órgão chamado de gabinete, e esse é considerado simples, pois a partir dele não há novos órgãos, ou seja, não nasce nenhuma ramificação a partir do gabinete da Presidência da República.

## Atuação funcional/composição

Os órgãos públicos podem ser classificados em singulares ou colegiados:

**Órgãos Singulares ou Unipessoais**: a sua atuação ou decisões são atribuições de um único agente.

**Ex.:** Presidência da República.

**Órgão Colegiado ou Pluripessoal**: a atuação e as decisões dos órgãos colegiados acontecem mediante obrigatória manifestação conjunta de seus membros.

**Ex.:** Congresso Nacional, Tribunais de Justiça.

# 3.4 As Paraestatais

A expressão "paraestatais" gera divergência em nosso ordenamento jurídico, sendo que podemos mencionar três posicionamentos:

**As Paraestatais são as Autarquias** - posição de José Cretella Júnior – entendimento ultrapassado.

**As Paraestatais são: as Fundações Públicas, Empresas Públicas, Sociedades de Economia Mista e os Serviços Sociais Autônomos** – posição de Hely Lopes Meirelles - corrente minoritária.

**As Paraestatais são os serviços sociais autônomos, as fundações de apoio, as organizações sociais – OS, as organizações da sociedade civil de interesse público – OSCIP'S e as organizações da sociedade civil – OSCs** – posição de Maria Silvia Zanella di Pietro, entre outros - é o entendimento majoritário.

Obs.: nesse terceiro sentido, as paraestatais equivalem ao chamado terceiro setor. O primeiro setor é o Estado e o segundo setor é o mercado (iniciativa privada que visa ao lucro).

**Serviços Sociais Autônomos** – são pessoas jurídicas de direito privado sem fins lucrativos, instituídas por lei e vinculadas a categorias profissionais, sendo mantidas por dotações orçamentárias ou contribuições parafiscais. É o chamado sistema "S".

**Ex.:** SESI, SESC, SENAI, SENAC, SEBRAE etc. Não integram a Administração Pública nem direta e nem indireta.

**Fundações de Apoio** - segundo a professora Odete Medauar, são pessoas jurídicas de direito privado que se destinam a colaborar com instituições de ensino e pesquisa, sendo instituídas por professores, pesquisadores ou universitários (ver Lei 8.958/94). Exemplos: FUVEST, FIPE, CNPQ etc.

**Organizações Sociais e Organizações da Sociedade Civil de Interesse Público** – são pessoas jurídicas de direito privado sem fins lucrativos, instituídas por particulares que desempenham serviços não exclusivos de Estado, como a saúde, cultura, preservação do meio ambiente, etc.

→ **Características comuns entre as Organizações Sociais (Lei 9.637/98) e as Organizações da Sociedade Civil de Interesse Público (Lei 9.790/99).**

> São pessoas jurídicas de direito privado.
> Sem fins lucrativos.
> Instituídas por particulares.
> Desempenham serviços não exclusivos de Estado.
> Não integram a Administração Pública (seja direta ou indireta).
> Ambas integram o chamado terceiro setor.
> Sujeitam-se ao controle da Administração Pública e do Tribunal de Contas.
> Gozam de imunidade tributária, desde que atendidos os requisitos legais, conforme prevê o Art. 150, VI, "c", da CF/88.

**Principais diferenças entre OS e OSCIPs**

| Organizações Sociais | Organizações da Sociedade Civil de Interesse Público |
|---|---|
| - o vínculo com o Estado se dá por Contrato de Gestão; | - o vínculo com o Estado se dá por Termo de Parceria; |

| - o ato de qualificação é discricionário, dado pelo Ministro da pasta competente; | - o ato de qualificação é vinculado, dado pelo Ministro da Justiça; |
|---|---|
| - pode ser contratada pela Administração com dispensa de licitação (hipótese de licitação dispensável); | - não há essa previsão; |
| - o Conselho deve ser formado por representantes do Poder Público; | - não há essa exigência; |
| - regulada pela Lei n.º 9.637/98 ; | - regulada pela Lei n.º 9.790/99 ; |
| - Ex.: Associação Roquette Pinto, IMPA (Instituto Nacional de Matemática Pura e Aplicada). | - Ex.: AMI (Amigo do Índio), AMAR (Associação de Amparo às Mães de Alto Risco). |

→ **Observações sobre as Organizações Sociais:**

> O poder público pode destinar para as OSs recursos orçamentários e bens necessários ao cumprimento do contrato de gestão, mediante permissão de uso.

> O poder público pode ceder servidores públicos para as OSs com ônus para a origem.

> A Administração poderá dispensar a licitação nos contratos de prestação de serviços celebrados com as OSs (Art. 24, XXIV da Lei 8.666/93).

**Organizações da Sociedade Civil – OSC** - As Organizações da Sociedade Civil (OSCs) são entidades do terceiro setor criadas com a finalidade de atuar junto ao Poder Público, em regime de mútua cooperação, na execução de serviços públicos e tem o seu regime jurídico regulado pela Lei n. 13.019/2014.

Essas entidades atuam na prestação de serviço público não exclusivo do Estado e têm vínculo com a Administração Pública, de modo que essa conexão se dá mediante celebração de Termo de Fomento, Termo de Colaboração e Acordo de Cooperação. Vejamos tais conceitos:

**Termo de Colaboração (Art. 2º, VII e Art. 16):** instrumento por meio do qual são formalizadas as parcerias estabelecidas pela Administração Pública com organizações da sociedade civil para a consecução de finalidades de interesse público e recíproco propostas pela Administração Pública que envolvam a transferência de recursos financeiros. Assim, o Termo de Colaboração é utilizado para a execução de políticas públicas nas mais diversas áreas, para consecução de **planos de trabalho de iniciativa da própria Administração**, nos casos em que esta já tem parâmetros consolidados, com indicadores e formas de avaliação conhecidos, abarcando, reitere-se, o **repasse de valores por parte do erário**;

**Termo de Fomento (Art. 2º, VIII e Art. 17):** instrumento por meio do qual são formalizadas as parcerias estabelecidas pela Administração Pública com organizações da sociedade civil para a consecução de finalidades de interesse público e recíproco propostas pelas organizações da sociedade civil, que envolvam a transferência de recursos financeiros. Note-se, portanto, que o Termo de Fomento, ao contrário do Termo de Colaboração, tem como objetivo **incentivar iniciativas das próprias OSCs, para consecução de planos de trabalho por elas propostos**, buscando albergar nas políticas públicas tecnologias sociais inovadoras, promover projetos e eventos nas mais diversas áreas e expandir o alcance das ações desenvolvidas pelas organizações. Assim como no Termo de Colaboração, o Termo de Fomento também enseja a transferência de recursos financeiros por parte da Administração Pública;

**Acordo de Cooperação (Art. 2º, VIII-A):** instrumento por meio do qual são formalizadas as parcerias estabelecidas pela Administração Pública com organizações da sociedade civil para a consecução de finalidades de interesse público e recíproco que não envolvam a transferência de recursos financeiros. Portanto, o grande diferencial do Acordo de Cooperação com os demais é justamente a **ausência de repasse de valores financeiros**. O Acordo, como regra, também não exige prévia realização de chamamento público como ocorre no caso do Termo de Fomento e do Termo de Colaboração, o que será abordado mais adiante, salvo quando envolver alguma forma de compartilhamento de recurso patrimonial (comodato, doação de bens etc.).

**Para facilitar, segue tabela comparativa:**

| | **Iniciativa de plano de trabalho** | **Transferência de recursos públicos** | **Previsão na Lei 13.019/14** |
|---|---|---|---|
| Termo de Colaboração | Administração | Sim | Art. 2º, VII e Art. 16 |
| Termo de fomento | OSC | Sim | Art. 2º, VIII e Art. 17 |
| Acordo de cooperação | Administração ou OSC | Não | Art. 2º, VIII-A |

**Chamamento Público**: trata-se do procedimento que o poder público deverá realizar obrigatoriamente na prospecção de organizações. É a partir desse chamamento que serão avaliadas diferentes propostas para escolher a OSC mais adequada à parceria, ou ainda um grupo de OSCs trabalhando em rede, a fim de tornar mais eficaz a execução do objeto. Tal procedimento deverá adotar procedimentos claros, objetivos e simplificados que orientem os interessados e facilitem o acesso direto aos órgãos e às instâncias decisórias.

Obs.: não se aplicará a Lei 8.666/93 às relações de parceria com as OSCs (Art. 84, Lei 13.019/14), uma vez que agora há lei própria.

Organizações não governamentais (ONGs)

A ONG é uma entidade civil sem fins lucrativos, formada por pessoas interessadas em determinado tema, o qual se constitui em seu objetivo e interesse principal. (Ex.: IDEC – Instituto Brasileiro de Defesa do Consumidor).

Normalmente são iniciativas de pessoas ou grupos que visam colaborar na solução de problemas da comunidade, como mobilizações, educação, conscientização e organização de serviços ou programas para o atendimento de suas necessidades.

Do ponto de vista jurídico, o termo ONG não se aplica. Nosso Código Civil prevê apenas dois formatos institucionais para entidades civis sem fins lucrativos, sendo a Associação Civil (Art. 44, I e Art. 53 ambos do Código Civil) e a Fundação Privada (Art. 44, III e 62, ambos do Código Civil).

# 4. PODERES E DEVERES ADMINISTRATIVOS

Para um desempenho adequado do papel que compete à administração pública, o ordenamento jurídico confere a ela poderes e deveres especiais. Nesse capítulo, conheceremos seus deveres e poderes de modo a diferenciar a aplicabilidade de um ou de outro poder ou dever na análise de casos concretos, bem como apresentado nas questões de concurso público.

## 4.1 Deveres

Os deveres da administração pública são um conjunto de obrigações de direito público que a ordem jurídica confere aos agentes públicos com o objetivo de permitir que o Estado alcance seus fins.

O fundamento desses deveres é o Princípio da Indisponibilidade do Interesse Público, pois, como a administração pública é uma ferramenta do Estado para alcançar seus objetivos, não é permitido ao agente público usar dos seus poderes para satisfazer interesses pessoais ou de terceiros. Com base nessa regra, concluímos que esses agentes não podem dispor do interesse público, por não ser o seu proprietário, e sim o povo. A ele cabe a gestão da administração pública em prol da coletividade.

A doutrina, de um modo geral, enumera, como alguns dos principais deveres impostos aos agentes administrativos pelo ordenamento jurídico, quatro obrigações administrativas, a saber:

> Poder-Dever de Agir;

> Dever de Eficiência;

> Dever de Probidade;

> Dever de Prestar Contas.

### Poder-dever de agir

O poder-dever de agir determina que toda a Administração Pública tem que agir em caso de determinação legal. Contudo, essa é temperada, uma vez que o administrador precisa ter possibilidade real de atuar.

> ***Art. 37**, § 6º, CF. Policiais em serviço que presenciam um cidadão ser assaltado e morto e nada fazem. Nessa situação, além do dever imposto por lei, havia a possibilidade de agir. Nesse caso concreto, gera-se a possibilidade de indenização por parte do Estado, com base na responsabilidade civil do Estado.*

Enquanto no direito privado agir é uma faculdade do administrador, no direito público, agir é um dever legal do agente público.

Em decorrência dessa regra temos que os **poderes** administrativos são **irrenunciáveis**, devendo ser **obrigatoriamente exercidos** por seus titulares nas situações cabíveis.

A inércia do agente público acarreta responsabilização a ela por abuso de poder na modalidade omissão. A Administração Pública também responderá pelos danos patrimoniais ou morais decorrentes da omissão na esfera cível.

### Dever de eficiência

A Constituição implementou o dever de eficiência com a introdução da Emenda Constitucional nº 19 de 1998, a chamada reforma administrativa. Esse novo modelo instituiu a denominada "administração gerencial", tendo vários exemplos dispostos no corpo do texto constitucional, como:

> Possibilidade de perda do cargo de servidor estável em razão de insuficiência de desempenho (Art. 41, § 1º, III);

> O estabelecimento como condição para o ganho da estabilidade de avaliação de desempenho (Art. 41, § 4º);

> A possibilidade da celebração de contratos de gestão ( Art. 37, § 8º);

> A exigência de participação do servidor público em cursos de aperfeiçoamento profissional como um dos requisitos para a promoção na carreira (Art. 39, § 2º).

### Dever de probidade

O dever de probidade determina que todo administrador público, no desempenho de suas atividades, atue sempre com ética, honestidade e boa-fé, em consonância com o Princípio da Moralidade Administrativa.

> ***Art. 37, § 4º, CF.** Os atos de improbidade administrativa importarão a suspensão dos direitos políticos, a perda da função pública, a indisponibilidade dos bens e o ressarcimento ao erário, na forma e gradação previstas em lei, sem prejuízo da ação penal cabível.*

**Efeitos**:

> A suspensão dos direitos políticos;

> Perda da função pública;

> Ressarcimento ao erário;

> Indisponibilidade dos bens.

### Dever de prestar contas

O dever de prestar contas decorre diretamente do Princípio da Indisponibilidade do Interesse Público, sendo pertinente à função do agente público, que é simples gestão da coisa pública.

> ***Art.70, Parágrafo único, CF.** Prestará contas qualquer pessoa física ou jurídica, pública ou privada, que utilize, arrecade, guarde, gerencie ou administre dinheiros, bens e valores públicos ou pelos quais a União responda, ou que, em nome dessa, assuma obrigações de natureza pecuniária.*

## 4.2 Poderes Administrativos

São mecanismos que, utilizados isoladamente ou em conjunto, permitem que a administração pública possa cumprir suas finalidades. Dessa forma, os poderes administrativos representam um conjunto de prerrogativas de direito Público que a ordem jurídica confere aos agentes administrativos para o fim de permitir que o Estado alcance os seus fins, assim leciona o professor José dos Santos Carvalho Filho.

O fundamento desses poderes é o princípio da supremacia do interesse público, pois, como a administração pública é uma ferramenta do Estado para alcançar seus objetivos, e tais objetivos são de interesse de toda coletividade, é necessário que o Estado possa ter prerrogativas especiais na busca de seus objetivos. Como exemplo, podemos citar a aplicação de uma multa de trânsito. Imagine que a lei fale que ultrapassar o sinal vermelho é errado, mas que o Estado não tenha o poder de aplicar a multa. De nada vale a previsão da infração na lei.

São Poderes Administrativos descritos pela doutrina pátria:

> Poder Vinculado;
> Poder Discricionário;
> Poder Hierárquico;
> Poder Disciplinar;
> Poder Regulamentar;
> Poder de Polícia.

## Poder vinculado

O poder vinculado determina que o administrador somente pode fazer o que a lei determina; aqui não se gera poder de escolha, ou seja, está o administrador preso (vinculado) aos ditames da lei.

O agente público não pode fazer considerações de conveniência e oportunidade. Caso descumpra a única hipótese prevista na lei para orientar a sua conduta, praticará um ato ilegal, sendo assim, deve o ato ser anulado.

## Poder discricionário

O poder discricionário gera a margem de escolha, que é a conveniência e a oportunidade, o mérito administrativo. Diz-se que o agente público pode agir com liberdade de escolha, mas sempre respeitando os parâmetros da lei.

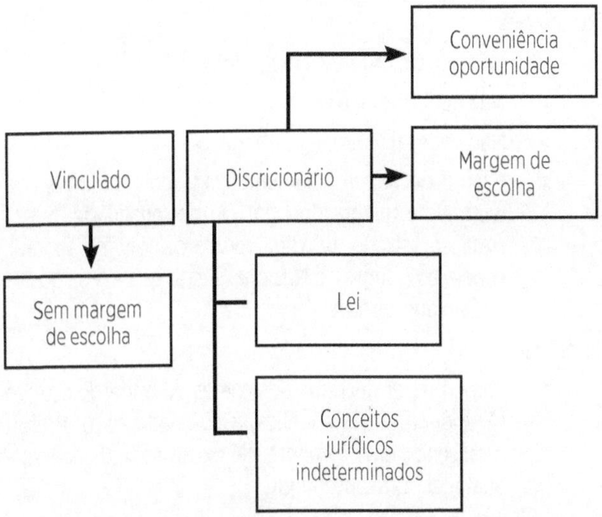


Duas são as vertentes que autorizam o poder discricionário: a lei e os conceitos jurídicos indeterminados. Esses últimos são determinações da própria lei, por exemplo: quando a Lei prevê a boa-fé, quem decide se o administrado está de boa ou má-fé é o agente público, sempre sendo razoável e proporcional.

## Poder hierárquico

Manifesta a noção de um escalonamento vertical da Administração Pública, já que temos a subordinação entre órgãos e agentes, sempre no âmbito de uma mesma pessoa jurídica.

**Observação**

Não há subordinação nem hierarquia:

> Entre pessoas distintas;
> Entre os poderes da república;
> Entre a administração e o administrado.

## Prerrogativas

**Dar ordens**: cabe ao subordinado o dever de obediência, salvo nos casos de ordens manifestamente ilegais.

**Fiscalizar** a atuação dos subordinados.

**Revisar** os atos dos subordinados e, nessa atribuição:

> Manter os atos vinculados legais e os atos discricionários legais convenientes e oportunos.
> Convalidar os atos com defeitos sanáveis.
> Anular os atos ilegais.
> Revogar os atos discricionários legais inconvenientes e inoportunos.

A caraterística marcante é o grau de subordinação entre órgãos e agentes, sempre dentro da estrutura da mesma pessoa jurídica. O controle hierárquico permite que o superior aprecie todos os aspectos dos atos de seus subordinados (quanto à legalidade e quanto ao mérito administrativo) e pode ocorrer de ofício ou a pedido, quando for interesse de terceiros, por meio de recurso hierárquico.

**Aplicar sanções** aos servidores que praticarem infrações funcionais.

## Delegar competência

**Delegação** é o ato discricionário, revogável a qualquer tempo, mediante o qual o superior hierárquico confere o exercício temporário de algumas de suas atribuições, originariamente pertencentes ao seu cargo, a um subordinado.

É importante alertar que, excepcionalmente, a lei admite a delegação para outro órgão que não seja hierarquicamente subordinado ao delegante, conforme podemos constatar da redação do Art. 12 da Lei nº 9.784/99:

> ***Art. 12.*** *Um órgão administrativo e seu titular poderão, se não houver impedimento legal, delegar parte da sua competência a outros órgãos ou titulares, ainda que estes não lhe sejam hierarquicamente subordinados, quando for conveniente, em razão de circunstâncias de índole técnica, social, econômica, jurídica ou territorial.*

## Características da delegação

**Não podem ser Delegados**

> Edição de atos de caráter normativo;
> A decisão de recursos administrativos;
> As matérias de competência exclusiva do órgão ou autoridade.

**Consequências**

> Não acarreta renúncia de competências;
> Transfere o exercício da atribuição e não a titularidade, pois pode ser revogada a delegação a qualquer tempo pela autoridade delegante;
> O ato de delegação e sua revogação deverão ser publicados em meio oficial.

**Avocação Competência**

Avocar é o ato discricionário mediante o qual o superior hierárquico traz para si o exercício temporário de determinada competência, atribuída por lei a um subordinado.

**Cabimento**: é uma medida excepcional e deve ser fundamentada.

**Restrições**: não podem ser avocadas competências exclusivas do subordinado.

**Consequências**: desonera o agente de qualquer responsabilidade relativa ao ato praticado pelo superior hierárquico.

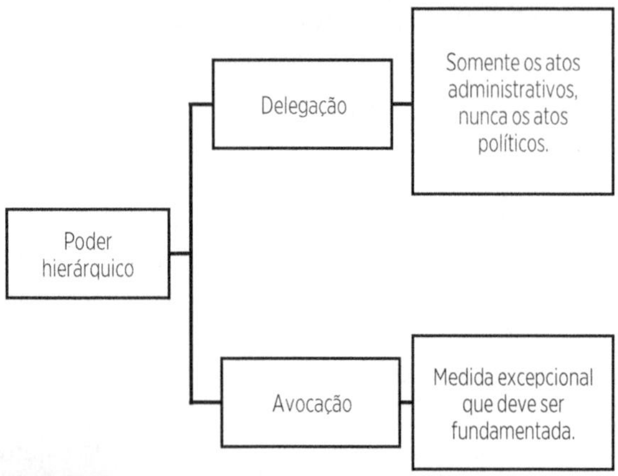


Segundo a Lei nº 9.784/99, que trata do processo administrativo federal:

*Art. 13. Não podem ser objeto de delegação:*

*I. a edição de atos de caráter normativo;*

*II. a decisão de recursos administrativos;*

*III. as matérias de competência exclusiva do órgão ou autoridade.*

## Poder disciplinar

O poder disciplinar é uma espécie de poder-dever de agir da Administração Pública. Dessa forma, o administrador público atua de forma a punir internamente as infrações cometidas por seus agentes e, em exceção, atua de forma a, punir particulares que mantenham um vínculo jurídico específico com a Administração.

O poder disciplinar não pode ser confundido com o *jus puniendi* do Estado, ou seja, com o poder do Estado de aplicar a lei penal a quem comete uma infração penal.

Em regra, o poder disciplinar é discricionário, algumas vezes, é vinculado. Essa discricionariedade se encontra na escolha da quantidade de sanção a ser aplicada dentro das hipóteses previstas na lei, e não na faculdade de punir ou não o infrator, pois puni-lo é um dever, sendo assim, a punição não é discricionária, quantidade de punição que em regra é. Porém, é importante lembrar que, quando a lei apontar precisamente a penalidade ou a quantidade dela que deve ser aplicada para determinada infração, o poder disciplinar será vinculado.

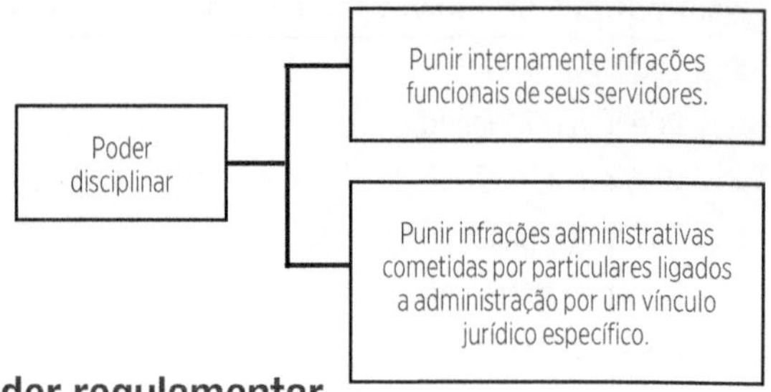


## Poder regulamentar

Quando a Administração atua punindo particulares (comuns) que cometeram falta, ela está usando o poder de polícia. Contudo, quando atua penalizando particulares que mantenham um vínculo jurídico específico (plus), estará utilizando o poder disciplinar.

Existem duas formas de manifestação do poder regulamentar: o decreto regulamentar e o autônomo, sendo que o primeiro é a regra e o segundo é a exceção.

## Decreto regulamentar

Também denominado decreto executivo ou regulamento executivo.

O decreto regulamentar é uma prerrogativa dos chefes do poder executivo de regulamentar a lei para garantir a sua fiel aplicação.

**Restrições**

- Não inova o ordenamento jurídico;
- Não pode alterar a lei;
- Não pode criar direitos e obrigações;
- Caso o decreto regulamentar extrapole os limites da lei, haverá quebra do princípio da legalidade. Nessa situação, se do decreto regulamentar for federal, caberá ao Congresso Nacional sustar os seus dispositivos violadores da lei.

**Exercício**

- Somente por decretos dos chefes do poder Executivo (Presidente da República, Governadores e Prefeitos), sendo uma competência exclusiva, indelegável a qualquer outra autoridade.

**Natureza**

- **Decreto:** natureza secundária ou derivada;
- **Lei:** natureza primária ou originária.

**Prazo para Regulamentação**

- A lei a ser regulamentada deve apontar;
- A ausência do prazo é inconstitucional;
- Enquanto não regulamentada, a lei é inexequível (não pode ser executada);
- Se o chefe do executivo descumprir o prazo, a lei se torna exequível (pode ser executada);
- A competência para editar decreto regulamentar não pode ser objeto de delegação.

## Decreto autônomo

A Emenda Constitucional nº 32, alterou o Art. 84 da Constituição Federal e deu ao seu inciso VI a seguinte redação:

> ***Art. 84.*** *Compete privativamente ao Presidente da República:*
>
> ***VI.*** *dispor, mediante decreto, sobre:*
>
> ***a)*** *organização e funcionamento da administração federal, quando não implicar aumento de despesa nem criação ou extinção de órgãos públicos;*
>
> ***b)*** *extinção de funções ou cargos públicos, quando vagos;*

Essa previsão se refere ao que a doutrina chama de decreto autônomo, pois se refere à predição para o presidente da república tratar mediante decreto de determinados assuntos, sem lei anterior, balizando a sua atuação, pois a baliza foi a própria Constituição Federal. O decreto é autônomo porque não depende de lei.

### Características

- Inova o ordenamento jurídico.
- O decreto autônomo tem natureza primária ou originária.
- Somente pode tratar das matérias descritas no Art. 84, VI, da Constituição Federal.
- O Presidente da República poderá delegar as atribuições mencionadas para edição de decretos autônomos aos Ministros de Estado, ao Procurador-Geral da República ou ao Advogado-Geral da União, que observarão os limites traçados nas respectivas delegações, conforme prevê o inciso único do Art. 84.

As regras relativas às competências do Presidente da República no uso do decreto regulamentar e do autônomo são estendidas aos demais chefes do executivo nacional dentro das suas respectivas administrações públicas. Sendo assim, governadores e prefeitos podem tratar, mediante decreto autônomo, dos temas estaduais e municipais de suas respectivas administrações que o Presidente da República pode resolver, mediante decreto autônomo, na esfera da administração pública federal.

| DECRETO DE EXECUÇÃO |
|---|
| É a regra. |
| Pode ser editado pelos chefes do Executivo. |
| Não inova o ordenamento jurídico e necessita de amparo de uma lei. |
| É de competência exclusiva, não pode ser delegável. |
| **DECRETO AUTÔNOMO** |
| É a exceção. |
| Somente pode ser editado pelo Presidente da República. |
| Inova lei nos casos do Art. 84, IV, a e b do texto constitucional. |
| É de competência privativa e pode ser delegável de acordo com o Art. 84, parágrafo único. |

## Poder de polícia

O Código Tributário Nacional, em seu Art. 78, ao tratar dos fatos geradores das taxas, assim conceitua poder de polícia:

> ***Art. 78.*** *Considera-se poder de polícia atividade da Administração Pública que, limitando ou disciplinando direito, interesse ou liberdade, regula a prática de ato ou abstenção de fato, em razão de interesse público concernente à segurança, à higiene, à ordem, aos costumes, à disciplina da produção e do mercado, ao exercício de atividades econômicas dependentes de concessão ou autorização do Poder Público, à tranquilidade pública ou ao respeito à propriedade e aos direitos individuais ou coletivos.*

Hely Lopes Meirelles conceitua poder de polícia como a faculdade que dispõe a Administração Pública para condicionar, restringir o uso, o gozo de bens, atividades e direitos individuais, em benefício da coletividade ou do próprio Estado.

É competente para exercer o poder de polícia administrativa sobre uma dada atividade o ente federado, ao qual a Constituição da República atribui competência para legislar sobre essa mesma atividade, para regular a prática dessa.

Assim, podemos dizer que o poder de polícia é discricionário em regra, podendo ser vinculado nos casos em que a lei determinar. Ele dispõe que toda a Administração Pública pode condicionar ou restringir os direitos dos administrados em caso de não cumprimento das determinações legais.

O poder de polícia **fundamenta-se** no de **império** do Estado (Poder **Extroverso**), que decorre do Princípio da Supremacia do Interesse Público, pois, por meio de imposições limitando ou restringindo a esfera jurídica dos administrados, visa à Administração Pública à defesa de um bem maior, que é proteção dos direitos da coletividade, pois o interesse público prevalece sobre os particulares.

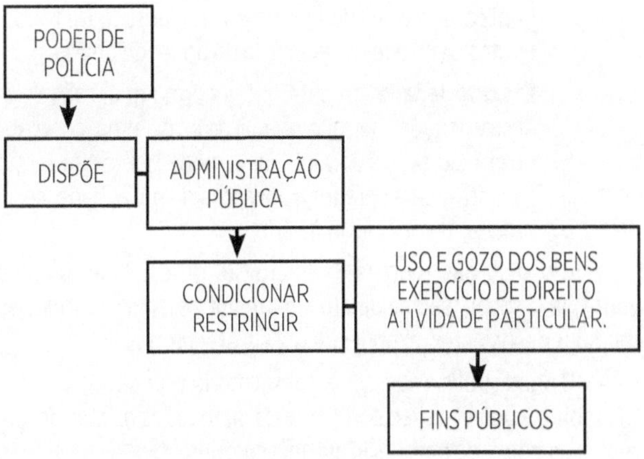


## Atributos do poder de polícia

**Discricionariedade**: o poder de polícia, em regra, é discricionário, pois dá margem de liberdade dentro dos parâmetros legais ao administrador público para agir; contudo, se a lei exigir, tal poder pode ser vinculado.

O Estado escolhe as atividades que sofrerão as fiscalizações da polícia administrativa. Essa escolha é manifestação da discricionariedade do poder de polícia do Estado. Também é manifestação da discricionariedade do poder de polícia a majoração da quantidade de pena aplicada a quem cometer uma infração sujeita à disciplina do poder de polícia.

Nos casos em que a lei prever uma pena que tenha duração no tempo e não fixar exatamente a quantidade, dando uma margem de escolha de quantidade ao julgador, temos o exercício do poder discricionário na atuação de polícia e, como limite desse poder de punir, temos a própria lei que traz a ordem de polícia e ainda os princípios da razoabilidade e da proporcionalidade que vedam a aplicação da pena em proporção superior à gravidade do fato ilícito praticado.

**Autoexecutoriedade**: é a prerrogativa da Administração Pública de executar diretamente as decisões decorrentes do poder de polícia, por seus próprios meios, sem precisar recorrer ao judiciário.

## Cabimento

> Autorização da Lei;

> Medida Urgente.

A **Autoexecutoriedade** no uso do poder de polícia não é absoluta, tendo natureza relativa, ou seja, não são todos os atos decorrentes do poder de polícia que são autoexecutórios. Para que um ato assim ocorra, é necessário que ele seja exigível e executório ao mesmo tempo:

> **Exigibilidade**: exigível é aquela conduta prevista na norma que, caso seja infringida, pode ser aplicada uma **coerção indireta**, ou seja, caso a pessoa venha a sofrer uma penalidade e se recuse a aceitar a aplicação da sanção, a aplicação dessa somente poderá ser executada por decisão judicial. É o caso das multas, por exemplo, que podem ser lançadas a quem comete uma infração de trânsito, a administração não pode receber o valor devido por meio da coerção, caso a pessoa penalizada se recuse a pagar a multa, o seu recebimento dependerá de execução judicial pela Administração Pública. A exigibilidade é uma característica de todos os atos praticados no exercício do poder de polícia.

> **Executoriedade**: executória é a norma que, caso seja desrespeitada, permite a aplicação de uma **coerção direta**, ou seja, a administração pode utilizar da força coercitiva para garantir a aplicação da penalidade, sem precisar recorrer ao judiciário.

É o caso das sanções de interdição de estabelecimentos comerciais, suspensão de direitos, entre outras. Não são todas as medidas decorrentes do poder de polícia executórias.

O ato de polícia para ser autoexecutório precisa ser ao mesmo tempo exigível e executório, ou seja, nem todos os atos decorrentes do poder de polícia são autoexecutórios.

> **Coercibilidade**: esse atributo informa que as determinações da Administração podem ser impostas coercitivamente ao administrado, ou seja, o particular é obrigado a observar os ditames da administração. Caso ocorra resistência por parte desse, a administração pública estará autorizada a usar força, independentemente de autorização judicial, para fazer com que seja cumprida a regra de polícia. Todavia, os meios utilizados pela administração devem ser legítimos, humanos e compatíveis com a urgência e a necessidade da medida adotada.

## Classificação

O poder de polícia pode ser originário, no caso da Administração Pública direta e derivada. Quando diz respeito as autarquias, a doutrina orienta que fundações públicas, sociedade de economia mista e empresas públicas não possuem o poder de polícia em suas ações. Classificação:

**Poder de Polícia Originário**:

> Dado à Administração Pública Direta.

**Poder de Polícia Delegado:**

> Dado às pessoas da Administração Pública Indireta que possuem personalidade jurídica de direito público. Esse poder somente é proporcionado para as autarquias ligadas à Administração Indireta.

O poder de polícia não pode ser exercido por particulares ou por pessoas jurídicas de direito privado da administração indireta, entretanto, o STJ em uma recente decisão entendeu que os atos de consentimento de polícia e de fiscalização dessa, que por si só não têm natureza coercitiva, podem ser delegados às pessoas jurídicas de direito privado da Administração Indireta.

## Meios de atuação

O poder de polícia pode ser exercido tanto preventivamente quanto repressivamente.

**Prevenção**: manifesta-se por meio da edição de atos normativos de alcance geral, tais como leis, decretos, resoluções, entre outros, e também por meio de várias medidas administrativas, tais como a fiscalização, a vistoria, a notificação, a licença, a autorização, entre outros.

**Repressão**: manifesta-se por meio da aplicação de punições, tais como multas, interdição de direitos, destruição de mercadorias etc.

## Ciclo de polícia

O ciclo de polícia se refere às fases de atuação desse poder, ordem de polícia, consentimento, fiscalização e sanção de polícia, sendo assim, esse ciclo, para se completar, pode passar por quatro fases distintas:

**Ordem de Polícia**: é a Lei inovadora que tem trazido limites ou condições ao exercício de atividades privadas ou uso de bens.

**Consentimento**: é a autorização prévia fornecida pela Administração para a prática de determinada atividade privada ou para usar um bem.

**Fiscalização**: é a verificação, por parte da administração pública, para certificar-se de que o administrado está cumprindo as exigências contidas na ordem de polícia para a prática de determinada atividade privada ou uso de bem.

**Sanção de Polícia**: é a coerção imposta pela administração ao particular que pratica alguma atividade regulada por ordem de polícia em descumprimento com as exigências contidas.

É importante destacar que o ciclo de polícia não precisa necessariamente comportar essas quatro fases, pois as de ordem e fiscalização devem sempre estar presentes em qualquer atuação de polícia administrativa, todavia, as fases de consentimento e de sanção não estarão presentes em todos os ciclos de polícia.

## Prescrição

**O Prazo de Prescrição** das ações punitivas decorrentes do exercício do poder de polícia é de **5 anos** para a esfera federal, conforme constata-se na redação do Art. 1º da Lei nº 9.873/99:

> ***Art. 1º.*** *Prescreve em cinco anos a ação punitiva da Administração Pública Federal, direta e indireta, no exercício do poder de polícia, objetivando apurar infração a legislação em vigor, contados da data da prática do ato ou, no caso de infração permanente ou continuada, do dia em que tiver cessado.*

## Polícia administrativa x polícia judiciária

**Polícia Administrativa**: atua visando evitar a prática de infrações administrativas, tem natureza preventiva, entretanto, em alguns casos ela pode ser repressiva. A polícia administrativa atua sobre atividades privadas, bens ou direitos.

**Polícia Judiciária**: atua com o objetivo de reprimir a infração criminal, tem natureza repressiva, mas, em alguns casos, pode ser preventiva. Ao contrário da polícia administrativa que atua sobre atividades privadas, bens ou direitos, a atuação da judiciária recai sobre as pessoas.

## Poder de polícia x prestação de serviços públicos

Não podemos confundir toda atuação estatal com a prestação de serviços públicos, pois, dentre as diversas atividades desempenhadas pela Administração Pública, temos, além da prestação de serviços públicos, o exercício do poder de polícia, o fomento, a intervenção na propriedade privada, entre outras.

Distingue-se o poder de polícia da prestação de serviços públicos, pois essa é uma atividade positiva, que se manifesta numa obrigação de fazer.

**Poder de Polícia**: atividade negativa, que traz a noção de não fazer, proibição, excepcionalmente pode trazer uma obrigação de fazer. Seu exercício sofre tributação mediante taxa e é indelegável a particulares.

**Serviço Público**: atividade positiva, que traz a noção de fazer algo. A sua remuneração se dá por meio da tarifa, que não é um tributo, mas sim, uma espécie de preço público, e o serviço público, mesmo sendo de titularidade exclusiva do Estado, é delegável a particulares.

# 4.3 Abuso de Poder

O administrador público tem que agir obrigatoriamente em obediência aos princípios constitucionais, do contrário, sua ação pode ser arbitrária e, consequentemente, ilegal, o que gerará o chamado abuso de poder.

**Excesso de Poder**: quando o agente público atua fora dos limites de sua esfera de competência.

**Desvio de Poder:** quando a atuação do agente, embora dentro de sua órbita de competência, contraria a finalidade explícita ou implícita na lei que determinou ou autorizou a sua atuação, tanto é desvio de poder a conduta contrária à finalidade geral (ou mediata) do ato – o interesse público –, quanto a que discrepe de sua finalidade específica (ou imediata).

> Todos os atos que forem praticados com abuso de poder são ilegais e devem ser anulados; essa anulação pode acontecer tanto pela via administrativa quanto pela via judicial.
> O remédio constitucional para combater o abuso de poder é o Mandado de Segurança.

**Omissão de Poder**: ocorre quando o agente público fica inerte diante de uma situação em que a lei impõe o uso do poder.

# 5. ATO ADMINISTRATIVO

## 5.1 Conceito de Ato Administrativo

Ato administrativo é toda manifestação unilateral de vontade da Administração Pública que, agindo nessa qualidade, tenha por fim imediato adquirir, resguardar, transferir, modificar, extinguir e declarar direitos, ou impor obrigações aos administrados ou a si própria.

Da prática dos atos administrativos gera-se:

> Superioridade
> Efeitos jurídicos

## 5.2 Elementos de Validade do Ato

### Competência

Poderes que a lei confere aos agentes públicos para exercer funções com o mínimo de eficácia. A competência tem caráter instrumental, ou seja, é um instrumento outorgado para satisfazer interesses públicos – finalidade pública.

**Características da Competência:**

> Obrigatoriedade: ela é obrigatória para todos os agentes e órgãos públicos.
> Irrenunciabilidade: a competência é um poder-dever de agir e não pode ser renunciada pelo detentor do poder-dever. Contudo, tem caráter relativo uma vez que a competência pode ser delegada ou pode ocorrer a avocação.
> Intransferível: mesmo após a delegação, a competência pode ser retomada a qualquer tempo pelo titular do poder-dever, por meio da figura da revogação.
> Imodificável: pela vontade do agente, pois somente a lei determina competências.
> Imprescritível: a competência pode ser executada a qualquer tempo. Somente a lei pode exercer a função de determinar prazos prescricionais. **Ex.:** *o Art. 54 da Lei nº 9.784/99 determina o prazo decadência de cinco anos para anular atos benéficos para o administrado de boa-fé.*

### Finalidade

Visa sempre ao interesse público e à finalidade específica prevista em lei. **Ex.:** *remoção de ofício.*

A Lei nº 9.784/99, que trata dos processos administrativos no âmbito da União, reza pelo Princípio do Informalismo, admitindo que existam atos verbais ou por meio de sinais (de acordo com o contexto).

### Forma

O ato administrativo é, em regra, formal e escrito.

### Motivo

O motivo é a causa imediata do ato administrativo. É a situação de fato e de direito que determina ou autoriza a prática do ato, ou, em outras palavras, o pressuposto fático e jurídico (ou normativo) que enseja a prática do ato.

**Art. 40, § 1º, II, "a", CF.** Trata da aposentadoria por tempo de contribuição.

### Objeto

É o ato em si, ou seja, no caso da remoção o ato administrativo é o próprio instituto da remoção.

**Ex.: Demissão**: quanto ao ato de demissão deve ter o agente competente para determiná-lo (competência), depois disso, deve ser revertido de forma escrita (forma), a finalidade deve ser o interesse público (finalidade), o motivo deve ser embasado em lei, ou seja, os casos do Art. 132 da Lei nº 8.112/90, o objeto é o próprio instituto da demissão que está prescrito em lei.

## 5.3 Motivação

É a exteriorização por escrito dos motivos que levaram a produção do ato.

> Faz parte do elemento forma e não do motivo.
> Teoria dos Motivos Determinantes.

A motivação é elemento de controle de validade dos atos administrativos. Se ela for falsa, o ato é ilegal, independentemente da sua qualidade (discricionário ou vinculado).

Devem ser motivados:

> Todos os atos administrativos vinculados;
> Alguns atos administrativos discricionários (atos punitivos, que geram despesas, dentre outros).

A Lei nº 9.784/99, em seu Art. 50, traz um rol dos atos que devem ser motivados. Veja a seguir:

> ***Art. 50.*** *Os atos administrativos deverão ser motivados, com indicação dos fatos e dos fundamentos jurídicos, quando:*
> ***I.*** *Neguem, limitem ou afetem direitos ou interesses;*
> ***II.*** *Imponham ou agravem deveres, encargos ou sanções;*
> ***III.*** *Decidam processos administrativos de concurso ou seleção pública;*
> ***IV.*** *Dispensem ou declarem a inexigibilidade de processo licitatório;*
> ***V.*** *Decidam recursos administrativos;*
> ***VI.*** *Decorram de reexame de ofício;*
> ***VII.*** *Deixem de aplicar jurisprudência firmada sobre a questão ou discrepem de pareceres, laudos, propostas e relatórios oficiais;*
> ***VIII.*** *Importem anulação, revogação, suspensão ou convalidação de ato administrativo.*
> ***§ 1º*** *- A motivação deve ser explícita, clara e congruente, podendo consistir em declaração de concordância com fundamentos de anteriores pareceres, informações, decisões ou propostas, que, nesse caso, serão parte integrante do ato.*
> ***§ 2º*** *- Na solução de vários assuntos da mesma natureza, pode ser utilizado meio mecânico que reproduza os fundamentos das decisões, desde que não prejudique direito ou garantia dos interessados.*
> ***§ 3º*** *- A motivação das decisões de órgãos colegiados e comissões ou de decisões orais constará da respectiva ata ou de termo escrito.*

## 5.4 Atributos do Ato

Qualidades especiais dos atos administrativos que lhes asseguram uma qualidade jurídica superior a dos atos de direito privado.

## Presunção de legitimidade e veracidade

Presume-se, em caráter relativo, que os atos da administração foram produzidos em conformidade com a lei e os fatos deles. Para os administrados são obrigatórios. Ocorre aqui, a inversão do ônus da prova (cabe ao administrado provar que o ato é vicioso).

**Consequências**

Imediata executoriedade do ato administrativo, mesmo impugnado pelo administrado. Até decisão que reconhece o vício ou susta os efeitos do ato.

Impossibilidade de o Poder Judiciário analisar, de ofício, elementos de validade do ato não expressamente impugnados pelo administrado.

## Imperatividade

Imperativo, ou seja, é impositivo e independe da anuência do administrado.

**Exceção**

**Atos negociais**: a Administração concorda com uma pretensão do Administrado ou reconhece que ela satisfaz os requisitos para o exercício de certo direito (autorização e permissão - discricionário; licença - vinculado).

> *Relacionado ao poder extroverso do Estado (expressão italiana do autor Renato Aless), esse poder é usado como sinônimo para imperatividade nas provas de concurso.*

**Atos enunciativos**: declaram um fato ou emitem uma opinião sem que tal manifestação produza por si só efeitos jurídicos.

## Autoexecutoriedade

O ato administrativo, uma vez produzido pela Administração, é passível de execução imediata, independentemente de manifestação do Poder Judiciário.

Para Hely Lopes Meirelles, deve haver previsão legal, a exceção existe em casos de emergência. Esse atributo incide em todos os atos, com exceção dos enunciativos e negociais. A administração não goza de autoexecutoriedade na cobrança de débito, quando o administrado resiste ao pagamento.

## Tipicidade

O ato deve observar a forma e o tipo previsto em lei para sua produção.

# 5.5 Classificação dos Atos Administrativos

**Atos Vinculados**: são os que a Administração pratica sem margem alguma de liberdade de decisão, pois a lei previamente determinou o único comportamento possível a ser obrigatoriamente adotado sempre que se configure a situação objetiva descrita na lei. Não cabe ao agente público apreciar a situação objetiva descrita nela.

**Atos Discricionários**: a Administração pode praticar, com certa liberdade de escolha, nos termos e limites da lei, quanto ao seu conteúdo, seu modo de realização, sua oportunidade e sua conveniência administrativa.

**Atos Gerais:** caracterizam-se por não possuir destinatários determinados. Os Atos Gerais são sempre determinados e prevalecem sobre os individuais. Podem ser revogados a qualquer tempo. Ex.: são os decretos regulamentares. Esses atos necessitam ser publicados em meio oficial.

**Atos Individuais:** são aqueles que possuem destinatários certos (determinados), produzindo diretamente efeitos concretos, constituindo ou declarando situação jurídicas subjetivas. **Ex.:** nomeação em concurso público e exoneração. Os atos podem ser discricionários ou vinculados e sua revogação somente é passível caso não tenha gerado direito adquirido.

**Atos Simples:** decorrem de uma única manifestação de vontade, de um único órgão.

**Atos Complexos:** necessitam, para formação de seu conteúdo, da manifestação de vontade de dois ou mais órgãos.

**Atos Compostos:** o seu conteúdo depende de manifestação de vontade de um único órgão, contudo, para funcionar, necessita de outro ato que o aprove.

**Diferenças entre ato complexo e ato composto:**

| Ato Complexo | Ato Composto |
|---|---|
| 1 ato | 2 atos |
| 2 vontades | 2 vontades |
| 2 ou + órgãos | 1 órgão com a aprovação de outro |

# 5.6 Espécies de Atos Administrativos

**N**ormativo;

**O**rdinatórios;

**N**egociais;

**E**nunciativos;

**P**unitivos.

## Atos normativos

São atos caracterizados pela generalidade e pela abstração, isto é, um ato normativo não é prescrito para uma situação determinada, mas para todos os eventos assemelhados; a abstração deriva do fato desse ato não representar um caso concreto, determinado, mas, sim, um caso abstrato, descrito na norma e possível de acontecer no mundo real. A regra abstrata deve ser aplicada no caso concreto.

**Finalidade**: regulamentar as leis e uniformizar procedimentos administrativos.

**Características:**

> Não possuem destinatários determinados;

> Correspondem aos atos gerais;

> Não pode inovar o ordenamento jurídico;

> Controle.

**Regra:** os atos administrativos normativos não podem ser atacados mediante recursos administrativos ou judiciais.

**Exceção:** atos normativos que gerarem efeitos concretos para determinado destinatário podem ser impugnados pelo administrado na via judicial ou administrativa.

Decretos regulamentares, instruções normativas, atos declaratórios normativos.

## Atos ordinatórios

São atos administrativos endereçados aos servidores públicos em geral.

**Finalidade:** divulgar determinações aplicáveis ao adequado desempenho de suas funções.

**Características:**

> Atos internos;
> Decorrem do exercício do poder hierárquico;
> Vinculam os servidores subordinados ao órgão que o expediu;
> Não atingem os administrados;
> Estão hierarquicamente abaixo dos atos normativos;
> Devem obediência aos atos normativos que tratem da mesma matéria relacionada ao ato ordinatório.

**Exs.:** Instruções, circulares internas, portarias, ordens de serviço.

## Atos negociais

São atos administrativos editados quando o ordenamento jurídico exige que o particular obtenha anuência prévia da Administração para realizar determinada atividade de interesse dele ou exercer determinado direito.

**Finalidade**: satisfação do interesse público, ainda que essa possa coincidir com o interesse do particular que requereu o ato.

**Características:**

> Os atos negociais não são imperativos, coercitivos e autoexecutórios;
> Os atos negociais não podem ser confundidos com contratos, pois, nesses existe manifestação de vontade bilateral e, nos atos negociais, nós temos uma manifestação de vontade unilateral da Administração Pública, que é provocada mediante requerimento do particular;
> Podem ser vinculados, discricionários, definitivos e precários.

**Atos Negociais Vinculados:** reconhecem um direito subjetivo do particular, mediante um requerimento, desse particular, comprovando preencher os requisitos que a lei exige para a anuência do direito, a Administração obrigatoriamente deve praticar o ato.

**Atos Negociais Discricionários**: não reconhecem um direito subjetivo do particular, pois, mesmo que esse atenda às exigências necessárias para a obtenção do ato, a Administração poderá não praticá-lo, decidindo se executa ou não o ato por juízo de conveniência e oportunidade.

**Atos Negociais Definitivos:** não comportam revogação, são atos vinculados, mas podem ser anulados ou cassados. Sendo assim, esses atos geram, ao particular, apenas uma expectativa de definitividade.

**Atos Negociais Precários**: podem ser revogados a qualquer tempo, são atos discricionários; via de regra, a revogação do ato negocial não gera direito de indenização ao particular.

### Espécies de atos negociais

**Licença:** fundamenta-se no poder de polícia da Administração. É ato vinculado e definitivo, pois reconhece um direito subjetivo do particular, mediante um requerimento desse, comprovando preencher os requisitos que a lei exige. Para a anuência do direito, a Administração, obrigatoriamente, deve praticar o ato. A licença não comporta revogação, mas ela pode ser anulada ou cassada, sendo assim, esses atos geram, ao particular, apenas uma expectativa de definitividade.

**Ex.:** Alvará para a realização de uma obra, alvará para o funcionamento de um estabelecimento comercial, licença para dirigir, licença para exercer uma profissão.

**Admissão**: é o ato unilateral e vinculado pelo qual a Administração faculta a alguém a inclusão em estabelecimento governamental para o gozo de um serviço público. O ato de admissão não pode ser negado aos que preencham as condições normativas requeridas.

**Ex.:** Ingresso em estabelecimento oficial de ensino na qualidade de aluno; o desfrute dos serviços de uma biblioteca pública como inscrito entre seus usuários.

**Aprovação**: é o ato unilateral e discricionário pelo qual a Administração faculta a prática de ato jurídico (aprovação prévia) ou manifesta sua concordância com ato jurídico já praticado (aprovação a posteriori).

**Homologação**: é o ato unilateral e vinculado de controle pelo qual a Administração concorda com um ato jurídico ou série de atos (procedimento) já praticados, verificando a consonância deles com os requisitos legais condicionadores de sua válida emissão.

**Autorização:** na maior parte das vezes em que é praticado, fundamenta-se no poder de polícia do Estado quando a lei exige a autorização como condicionante para prática de uma determinada atividade privada ou para o uso de bem público. Todavia, a autorização também pode representar uma forma de descentralizar, por delegação, serviços públicos para o particular.

A autorização é caracterizada por uma predominância do interesse do particular que solicita o ato, todavia, também existe interesse público na prática desse ato.

É um ato discricionário, pois não reconhece um direito subjetivo do particular; mesmo que esse atenda às exigências necessárias para a obtenção do ato, a Administração poderá não praticá-lo, decidindo se desempenha ou não o ato por juízo de conveniência e oportunidade.

É um ato precário, pois pode ser revogado a qualquer tempo. Via de regra, a revogação da autorização não gera direito de indenização ao particular, mas, caso a autorização tenha sido concedida por prazo certo, pode haver o direito de indenização para o particular.

Prazo: a autorização é concedida sem prazo determinado, todavia, pode havê-la outorgada por prazo certo.

**Exs.:**

> Atividades potencialmente perigosas e que podem colocar em risco a coletividade, por isso, a necessidade de regulação do Estado;

- Autorização para porte de arma de fogo;
- Autorização para a prestação de serviços privados de educação e saúde;
- Autorização de uso de bem público;
- Autorização de serviço público: prestação de serviço de táxi.

**Permissão**: é o ato administrativo discricionário e precário, pelo qual a Administração Pública consente ao particular o exercício de uma atividade de interesse predominantemente da coletividade.

**Características:**

- Pode ser concedida por prazo certo;
- Pode ser imposta condições ao particular.

A Permissão é um ato precário, pois pode ser revogada a qualquer tempo. Via de regra, a revogação da permissão não gera direito de indenização ao particular, mas, caso a autorização tenha sido concedida por prazo certo ou sob condições, pode haver o direito de indenização para o particular.

A permissão concedida ao particular, por meio de um ato administrativo, não se confunde com a permissão para a prestação de serviços públicos. Nesse último caso, representa uma espécie de descentralização por delegação realizada por meio de contrato.

**Ex.:** Permissão de uso de bem público.

## Atos enunciativos

São atos administrativos enunciativos aqueles que têm por finalidade declarar um juízo de valor, uma opinião ou um fato.

**Características:**

- Não produzem efeitos jurídicos por si só;
- Não contêm uma manifestação de vontade da administração.

Certidão, atestado, parecer e apostila.

**Certidão:** é uma cópia de informações registradas em banco de dados da Administração. Geralmente, é concedida ao particular mediante requerimento da informação registrada pela Administração.

**Atestado**: declara uma situação de que a Administração tomou conhecimento em virtude da atuação de seus agentes. O atestado não se assemelha à certidão, pois essa declara uma informação constante em banco de dados e aquele declara um fato que não corresponde a um registro de um arquivo da Administração.

**Parecer**: é um documento técnico, confeccionado por órgão especializado na respectiva matéria tema do parecer, em que o órgão emite sua opinião relativa ao assunto.

**Apostila**: apostilar significa corrigir, emendar, complementar um documento. É o aditamento de um contrato administrativo ou de um ato administrativo. É um ato de natureza aditiva, pois sua finalidade é adicionar informações a um registro já existente.

**Ex.:** Anotar alterações na situação funcional de um servidor.

## Atos punitivos

São os atos administrativos por meio dos quais a Administração Pública impõe sanções a seus servidores ou aos administrados.

**Fundamento**

- **Poder Disciplinar:** quando o ato punitivo atinge servidores públicos e particulares ligados à Administração por algum vínculo jurídico específico.
- **Poder de Polícia:** quando o ato punitivo atinge a particulares não ligados à Administração Pública por um vínculo jurídico específico.

Os atos punitivos podem ser internos e externos:

- **Atos Punitivos Internos:** têm como destinatários os servidores públicos e aplicam penalidades disciplinares, ou seja, os atos punitivos internos decorrem sempre do poder disciplinar.
- **Atos Punitivos Externos**: têm como destinatários os particulares. Podem ter fundamento decorrente do poder disciplinar, quando punem particulares sujeitos à disciplina administrativa, ou podem ter fundamento no poder de polícia, quando punem particulares não ligados à Administração Pública.

Todo ato punitivo interno decorre do poder disciplinar, mas nem todo ato que decorre do poder punitivo que surge do poder disciplinar é um ato punitivo interno, pois, quando a Administração aplica punição aos particulares ligados a administração, essa punição decorre do poder disciplinar, mas também representa um ato punitivo externo.

Todo ato punitivo decorrente do poder de polícia é um ato punitivo externo, pois, nesse caso, temos a Administração punindo sempre o particular.

# 5.7 Extinção dos Atos Administrativos

## Anulação ou controle de legalidade

É o desfazimento do ato administrativo que decorre de vício de legalidade ou de legitimidade na prática do ato.

**Cabimento**

- Ato discricionário;
- Ato vinculado.

**Competência para Anular**

- Entidade da Administração Pública que praticou o ato: pode anular o ato a pedido do interessado ou de ofício em razão do princípio da autotutela.
- Poder Judiciário: pode anular somente por provocação do interessado.

**Efeitos da Anulação:** *ex tunc*, retroagem desde a data da prática do ato, impugnando a validade do ato.

**Prazo:** 5 (cinco) anos

- Contagem;
- Prática do ato.

No caso de efeitos patrimoniais contínuos, a partir do primeiro pagamento.

## Revogação ou controle de mérito

É o desfazimento do ato administrativo por motivos de conveniência e oportunidade.

**Cabimento**

> Ato discricionário legal, inconveniente e inoportuno;
> Não é cabível a revogação de ato vinculado.

**Competência para Revogar**

Apenas a entidade da Administração Pública que praticou o ato.

Não pode o controle de mérito ser feito pelo Poder Judiciário na sua função típica de julgar. Todavia, a Administração Pública está presente nos três poderes da União e, caso uma entidade dos Poderes Judiciário, Legislativo ou Executivo pratique um ato discricionário legal, que com o passar do tempo, se mostre inconveniente e inoportuno, somente a entidade que criou o ato tem competência para revogá-lo.

Assim, o poder judiciário não tem competência para exercer o controle de mérito dos atos da Administração Pública, mas a essa do Poder Judiciário pratica atos administrativos e cabe somente a ela a revogação dos atos praticados por ela mesma.

**Efeitos da revogação:** *ex nunc*, não retroagem, ou seja, a revogação gera efeitos prospectivos, para frente.

## Cassação

É o desfazimento do ato administrativo decorrente do descumprimento dos requisitos que permitem a manutenção do ato. Na maioria das vezes, a cassação representa uma sanção aplicada ao particular que deixou de atender às condições exigidas para a manutenção do ato.

Como exemplo, temos a cassação da carteira de motorista, que nada mais é do que a cassação de um ato administrativo classificado como licença. A cassação da licença para dirigir decorre da prática de infrações de trânsito praticadas pelo particular, sendo assim, nesse caso, essa cassação é uma punição.

# 5.8 Convalidação

Convalidação é a correção com efeitos retroativos do ato administrativo com defeito sanável, o qual pode ser considerado:

**Vício de Competência relativo à Pessoa**

**Exceção:** competência exclusiva (não cabe convalidação).

O vício de competência relativo à matéria não é considerado um defeito sanável e também não cabe convalidação.

**Vício de Forma**

**Exceção:** a lei determina que a forma seja elemento essencial de validade de determinado ato (também não cabe convalidação).

**Convalidação Tácita**

O Art. 54 da Lei nº 9.784/99 prevê que a Administração tem o direito de anular os atos administrativos de que decorram efeitos favoráveis para os destinatários. O prazo é de cinco anos, contados da data em que forem praticados, salvo comprovada má-fé. Transcorrido esse prazo, o ato foi convalidado, pois não pode ser mais anulado pela Administração.

**Convalidação Expressa**

> ***Art. 55, Lei nº 9.784/99.*** *Em decisão na qual se evidencie não acarretarem lesão ao interesse público nem prejuízo a terceiros, os atos que apresentarem defeitos sanáveis poderão ser convalidados pela própria Administração.*

# 6. AGENTES PÚBLICOS

Neste capítulo estudaremos a respeito dos agentes públicos, sua finalidade, seu papel na estrutura da administração pública, bem como as diversas classificações relativas ao tema.

## 6.1 Conceito

Considera-se agente público toda pessoa física que exerça, ainda que transitoriamente ou sem remuneração, por eleição, nomeação, designação, contratação ou qualquer outra forma de investidura ou vínculo, mandato, cargo, emprego ou função pública.

## 6.2 Classificação

> Agentes políticos.

> Agentes administrativos.

> Particulares em colaboração com o poder público.

### Agentes políticos

Estão nos mais altos escalões do Poder Público. São responsáveis pela elaboração das diretrizes governamentais e pelas funções de direção, orientação e supervisão geral da Administração Pública.

### Características

> Sua competência é haurida da Constituição Federal.

> Não se sujeitam às regras comuns aplicáveis aos servidores públicos em geral.

> Normalmente são investidos em seus cargos por meio de eleição, nomeação ou designação.

> Não são hierarquizados, subordinando-se tão somente à Constituição Federal.

**Exceção:** auxiliares imediatos dos chefes do Executivo são, hierarquizados, pois se subordinam ao líder desse poder.

**Ex.:** Ministros de Estado; Secretários estaduais e municipais.

| Poder | Federal | Estadual | Municipal |
|---|---|---|---|
| Executivo | Presidente da República; Ministros de Estados. | Governadores; Secretários Estaduais. | Prefeitos; Secretários Municipais. |
| Legislativo | Deputados Federais; Senadores. | Deputados Estaduais. | Vereadores |
| Judiciário | Membros do Poder Judiciário Federal. | Membros do Poder Judiciário Estadual. | Não há |
| Ministério Público | Membros do Ministério Público Federal. | Membros do Ministério Público Estadual. | Não há |

### Agentes administrativos

São as pessoas que exercem atividade pública de natureza profissional, permanente e remunerada, estão sujeitos à hierarquia funcional e ao regime jurídico estabelecido pelo ente ao qual pertencem. O vínculo entre esses agentes e o ente ao qual estão ligados é um vínculo de natureza permanente.

**Servidores Públicos (Estrito):** são os titulares de cargos públicos[1] (efetivos e comissionados), são vinculados ao seu cargo por meio de um estatuto estabelecido pelo ente contratante.

**Empregados Públicos:** são os ocupantes de Emprego Público[2]; são vinculados ao seu emprego por meio da CLT (Consolidação das Leis do Trabalho).

**Temporários:** são contratados por tempo determinado para atender necessidade temporária de excepcional interesse público. Exercem função pública temporária e remunerada, estão vinculados à administração pública por meio de um contrato de direito público e não de natureza trabalhista. O meio utilizado pelo Estado para selecionar os temporários é o processo seletivo simplificado e não o concurso público.

Algumas doutrinas dividem a classificação dos servidores públicos em sentido amplo e em estrito. Nesse último caso, servidor público é o que consta acima, ou seja, somente os titulares de cargos públicos; já em sentido amplo, adota-se a seguinte regra: servidor público é um gênero que comporta três espécies: os servidores estatutários, os empregados públicos e os servidores temporários. Então, caso se adote o conceito de servidor público em sentido amplo, este será sinônimo de agente administrativo.

**Servidor Público (Amplo):**

> Servidor Estatutário = servidor público (estrito)

> Empregado Público = empregado público

> Servidor Temporário = temporário

### Particulares em colaboração com o poder público

**Agentes Honoríficos**: são cidadãos que transitoriamente são requisitados ou designados para prestar certos serviços públicos específicos em razão da sua honra, da sua conduta cívica ou de sua notória capacidade profissional. Geralmente atuam sem remuneração. São os mesários, jurados, entre outros.

**Agentes Delegados**: são particulares que recebem a incumbência de exercer determinada atividade, obra ou serviço, por sua conta e risco e em nome próprio, sob permanente fiscalização do poder contratante, ou seja, são aquelas pessoas que recebem a incumbência de prestar certas atividades do Estado por meio da descentralização por delegação. São elas:

> Autorizatárias de serviços públicos;

> Concessionárias de serviços públicos;

> Permissionárias de serviços públicos.

**Agentes Credenciados**: são os particulares que recebem a incumbência de representar a administração em determinado ato ou praticar certa atividade específica, mediante remuneração do Poder Público credenciante.

1 Os cargos públicos estão presentes na Administração Direta da União, dos Estados, do DF e dos Municípios, e também nas suas autarquias e fundações públicas.

2 Os empregos públicos estão presentes nas empresas públicas e sociedades de economia mista.

# DIREITO PENAL MILITAR

# 1. CRIMES MILITARES EM TEMPO DE PAZ

Estão previstos na parte especial, Livro I, dos artigos 136 a 354, divididos em 8 títulos:

*I. Dos crimes contra a segurança externa do país;*
*II. Dos crimes contra a autoridade ou disciplina militar;*
*III. Dos crimes contra o serviço militar e o dever militar;*
*IV. Dos crimes contra a pessoa;*
*V. Dos crimes contra o patrimônio;*
*VI. Dos crimes contra a incolumidade pública;*
*VII. Dos crimes contra a administração militar;*
*VIII. Dos crimes contra a administração da justiça;*

Podem-se dividir em crimes propriamente e impropriamente militares, ou seja, cometidos somente por miliares ou por militares e civis. Vale ainda a ressalva de que os crimes que podem ser praticados por civil somente se aplicam no que se refere ao âmbito federal, pois, pelo que dispõe a Constituição Federal, no Art. 125, § 4º, a Justiça Militar Estadual não julga civis.

Na análise dos crimes da parte especial do CPM, serão analisadas, em cada um dos crimes, as questões mais relevantes para provas e concursos, de modo a facilitar o entendimento dos crimes. Há diversos crimes que são semelhantes aos crimes previstos no Código Penal Comum. Nestes, os comentários trazem como enfoque principalmente as diferenças entre os crimes praticados por qualquer pessoa e os crimes praticados somente por militares.

Convém notar que a doutrina costuma dividir a análise de cada crime em partes, que se repetem. Essas partes dizem respeito ao bem jurídico tutelado pelo crime, isto é, o bem ou interesse a que o legislador visou proteger quando da criação daquele tipo de ilícito. A parte especial do Código Penal Militar já nos adianta os bens jurídicos dos delitos ao estabelecer seus títulos. Assim, verifica-se o crime de hostilidade contra país estrangeiro (Art. 136 do CPM), por exemplo, busca tutelar a segurança externa do país, assim como os demais delitos desse título.

Após o bem jurídico, o que chama atenção nos delitos é a conduta típica, no seu aspecto objetivo e subjetivo. No que toca ao aspecto objetivo, o que se analisa é o aspecto externo, visível do agir humano (praticar ato de hostilidade contra país estrangeiro, para manter o exemplo no primeiro crime definido no CPM). Quando a análise recai sobre o elemento subjetivo, fala-se em dolo ou culpa, isto é, a ligação do agente com sua conduta, se o agente quis o resultado ou assumiu o risco de produzi-lo, estaremos diante do dolo; de outro lado, caso o agente, deixando de empregar a cautela, atenção, ou diligência ordinária, ou especial, a que estava obrigado em face das circunstâncias, não prevê o resultado que podia prever ou, prevendo-o, supõe levianamente que não se realizaria ou que poderia evitá-lo, fala-se em crime culposo. É importante sempre lembrar que a regra dos crimes militares é a prática mediante dolo. Para que alguém seja punido por culpa, deverá haver previsão expressa, isto é, deve vir taxativamente prevista a referência à modalidade culposa.

Outro aspecto importante é a questão relativa aos atores do crime, isto é: o agente, o autor do delito, e a vítima, ofendida pela conduta. Há diversos crimes que só podem ser praticados por militares, enquanto outros só por militares da ativa. Esses aspectos serão ressaltados no decorrer do texto.

Há, por fim, alguns outros aspectos que podem ser importantes em cada um dos delitos, que serão analisados individualmente na sequência, como uma causa de aumento de pena importante, por exemplo.[1]

Conforme determina o Art. 121 do Código Penal Militar, a ação penal somente pode ser promovida por denúncia do Ministério Público da Justiça Militar, ou seja, a ação penal nos crimes militares será pública e, em regra, incondicionada. Dependerá, contudo, de requisição do Comando Militar1 a que o agente esteja subordinado (Exército, Marinha ou Aeronáutica), nos crimes previstos nos Arts. 136 a 141, sendo que, no caso do Art. 141, quando o agente for civil e não houver coautor militar, a requisição será prerrogativa do Ministro da Justiça.

## 1.1 Dos Crimes Contra a Segurança Externa do País

### Hostilidade contra país estrangeiro

***Art. 136.*** *Praticar o militar ato de hostilidade contra país estrangeiro, expondo o Brasil a perigo de guerra:*
***Pena*** *- reclusão, de oito a quinze anos.*

### Resultado mais grave

***§ 1º*** *Se resulta ruptura de relações diplomáticas, represália ou retorsão:*
***Pena*** *- reclusão, de dez a vinte e quatro anos.*
***§ 2º*** *Se resulta guerra:*
***Pena*** *- reclusão, de doze a trinta anos.*

A conduta consiste na ação do militar que pratica contra país estrangeiro ato de hostilidade, ou seja, age de forma agressiva, expondo o país a perigo guerra. O crime só é punido a título de dolo, não havendo previsão de modalidade culposa (com infração de um dever de cuidado). O crime ainda pode ser qualificado pelo resultado, isto é, se de fato o perigo gerado se concretiza com a ruptura (rompimento) das relações diplomáticas do país com o Brasil, ou ainda caso o Brasil sofra represália ou retorsão (consequências desse ato), ou na modalidade mais grave, se do ato do sujeito ativo resultar a guerra do Brasil com o país.

### Provocação a país estrangeiro

***Art. 137.*** *Provocar o militar, diretamente, país estrangeiro a declarar guerra ou mover hostilidade contra o Brasil ou a intervir em questão que respeite à soberania nacional:*
***Pena*** *- reclusão, de doze a trinta anos.*

O sujeito ativo desse delito é o militar que, por seu ato, provoca o país estrangeiro a declarar guerra ou mover hostilidade contra o país, ou ainda na intervenção de questão que respeite a soberania nacional. Esse delito praticamente repete o anterior, de uma maneira mais genérica, abrangendo qualquer tipo de ato, e não só a prática de hostilidade. A principal diferença consiste no tipo de dolo, isto é, para a prática do Art. 136 do CPM, basta do risco; enquanto no Art. 137 se faz necessária a efetiva realização do resultado (provocar a guerra, p.ex.).

1 Embora a lei fale em Ministério Militar, eles foram substituídos pelos Comandos Militares.

## Ato de jurisdição indevida

***Art. 138.*** *Praticar o militar, indevidamente, no território nacional, ato de jurisdição de país estrangeiro, ou favorecer a prática de ato dessa natureza:*

***Pena*** *- reclusão, de cinco a quinze anos.*

Consiste na conduta do militar que, dentro do território nacional, pratica ato de jurisdição de país estrangeiro ou favor desse país. Jurisdição é ato típico do Poder Judiciário. No sistema brasileiro, para que se cumpra uma decisão estrangeira, há necessidade de um controle pelo Poder Judiciário Brasileiro, para que seja verificada a legalidade da decisão proferida por Judiciário de outro país. Essa competência, a propósito, de acordo com o Art. 105 da Constituição da República, é do Superior Tribunal de Justiça2.

## Violação de território estrangeiro

***Art. 139.*** *Violar o militar território estrangeiro, com o fim de praticar ato de jurisdição em nome do Brasil:*

***Pena*** *- reclusão, de dois a seis anos.*

O militar, nesse delito, viola o território estrangeiro, com o intuito de praticar ato de jurisdição em nome do Brasil. A ideia do crime é a transgressão do território estrangeiro para o cumprimento de uma decisão brasileira, punindo justamente o inverso do crime do Art. 138 do CPM, até para evitar os efeitos que tal ato pode causar no âmbito externo ao Brasil.

## Entendimento para empenhar o brasil à neutralidade ou à guerra

***Art. 140.*** *Entrar ou tentar entrar o militar em entendimento com país estrangeiro, para empenhar o Brasil à neutralidade ou à guerra:*

***Pena*** *- reclusão, de seis a doze anos.*

O delito pune de maneira igual a consumação do crime (entrar em entendimento) ou a tentativa de fazê-lo. Trata-se do chamado crime de atentado, em que se punem da mesma forma o crime consumado ou tentado. O crime é cometido pelo militar que visa se unir ao país estrangeiro (entrar em entendimento) com o intuito de levar o Brasil a guerra ou a posição de neutralidade.

## Entendimento para gerar conflito ou divergência com o brasil

***Art. 141.*** *Entrar em entendimento com país estrangeiro, ou organização nele existente, para gerar conflito ou divergência de caráter internacional entre o Brasil e qualquer outro país, ou para lhes perturbar as relações diplomáticas:*

***Pena*** *- reclusão, de quatro a oito anos.*

## Resultado mais grave

***§ 1º*** *Se resulta ruptura de relações diplomáticas:*

***Pena*** *- reclusão, de seis a dezoito anos.*

***§ 2º*** *Se resulta guerra:*

***Pena*** *- reclusão, de dez a vinte e quatro anos.*

O agente pratica um ato que gere conflito de caráter nacional que pode perturbar as relações diplomáticas. De acordo com o modelo constitucional brasileiro, não cabe aos militares (mesmo aos oficiais) a realização de entendimento com países ou organizações estrangeiras, cabendo privativamente ao Presidente da República, entre outros, manter relações com os Estados estrangeiros (Art. 84, VII, da Constituição) e declarar guerra (Art. 84, XIX, da CF). Caso esse entendimento entre o militar e o país ou organização estrangeiros resulte ruptura de relações diplomáticas (§ 6º) ou guerra (§ 7º), haverá crime qualificado pelo resultado. Quando esse delito for praticado por civil, será configurado o delito do Art. 8º da Lei 7.170/1983 (Lei de Segurança Nacional).

## Tentativa contra a soberania do brasil

***Art. 142.*** *Tentar:*

***I.*** *submeter o território nacional, ou parte dele, à soberania de país estrangeiro;*

***II.*** *desmembrar, por meio de movimento armado ou tumultos planejados, o território nacional, desde que o fato atente contra a segurança externa do Brasil ou a sua soberania;*

***III.*** *internacionalizar, por qualquer meio, região ou parte do território nacional:*

***Pena*** *- reclusão, de quinze a trinta anos, para os cabeças; de dez a vinte anos, para os demais agentes.*

O sujeito passivo atenta contra a soberania do Brasil, tentando de algum modo submeter o país, em todo ou em parte à soberania estrangeira (domínio de um país estrangeiro). Os demais incisos (II e III), na verdade, trazem exemplos do inciso I, isto é, constituem formas que a lei já antecipa a tentativa de submeter o território nacional ou ao menos uma parte ao poder de país estrangeiro, seja por meio do desmembramento ou da internacionalização de região ou parte do território nacional. Pensemos, por exemplo, em um militar (ou muitos, na verdade) que busque efetivar o desmembramento de parte do Sul do país para que se submeta ao poder argentino. Trata-se de crime de atentado, em que a tentativa e a consumação têm a mesma punição. Caso seja praticado por civil, há previsão semelhante na Lei de Segurança Nacional (Art. 9º da Lei 7.170/1983).

Registra-se que esse crime prevê penas diferentes de acordo com o agente que o pratica, estabelecendo limites punitivos maiores para os cabeças, isto é, para os comandantes das ações dos demais.

## Consecução de notícia, informação ou documento para fim de espionagem

***Art. 143.*** *Conseguir, para o fim de espionagem militar, notícia, informação ou documento, cujo sigilo seja de interesse da segurança externa do Brasil:*

***Pena*** *- reclusão, de quatro a doze anos.*

***§ 1º*** *A pena é de reclusão de dez a vinte anos:*

***I.*** *se o fato compromete a preparação ou eficiência bélica do Brasil, ou o agente transmite ou fornece, por qualquer meio, mesmo sem remuneração, a notícia, informação ou documento, a autoridade ou pessoa estrangeira;*

***II.*** *se o agente, em detrimento da segurança externa do Brasil, promove ou mantém no território nacional atividade ou serviço destinado à espionagem;*

***III.*** *se o agente se utiliza, ou contribui para que outrem se utilize, de meio de comunicação, para dar indicação que ponha ou possa pôr em perigo a segurança externa do Brasil.*

## Modalidade culposa

***§ 2º*** *Contribuir culposamente para a execução do crime:*

***Pena*** *- detenção, de seis meses a dois anos, no caso do artigo; ou até quatro anos, no caso do § 1º, nº I.*

2 *I - processar e julgar, originariamente: (...) i) a homologação de sentenças estrangeiras e a concessão de exequatur às cartas rogatórias.*

O sujeito ativo pode ser qualquer pessoa, a conduta prevê a obtenção de qualquer informe, escrito ou verbal secreto, de interesse da segurança externa brasileira. O crime possui finalidade de espionagem no campo militar. Para a consumação desse delito, não há necessidade de efetivo prejuízo militar ao Brasil, bastando que seja fornecida a título de espionagem a informação sigilosa brasileira. O delito prevê modalidades qualificadas nas hipóteses em que a informação comprometa a preparação ou eficiência bélica brasileira, ou ainda que a informação efetivamente seja transmitida a autoridade ou pessoa estrangeira. Também há punição mais grave caso o agente tenha no território nacional atividade ou serviço especialmente destinado à prática da espionagem ou mesmo se utilizar ou contribuir para que alguém utilize meio de comunicação para transmitir as informações sigilosas. Todas essas condutas são punidas a título doloso. Há, contudo, a modalidade culposa, prevista no § 2º, segundo a qual praticará crime aquele que, mesmo culposamente (quando o agente, sem intenção, mas deixando de empregar a cautela, atenção, ou diligência ordinária), contribuir para a prática do delito.

## Revelação de notícia, informação ou documento

***Art. 144.*** *Revelar notícia, informação ou documento, cujo sigilo seja de interesse da segurança externa do Brasil:*

***Pena*** *- reclusão, de três a oito anos.*

## Fim da espionagem militar

***§ 1º*** *Se o fato é cometido com o fim de espionagem militar:*

***Pena*** *- reclusão, de seis a doze anos.*

## Resultado mais grave

***§ 2º*** *Se o fato compromete a preparação ou a eficiência bélica do país:*

***Pena*** *- reclusão, de dez a vinte anos.*

## Modalidade culposa

***§ 3º*** *Se a revelação é culposa:*

***Pena*** *- detenção, de seis meses a dois anos, no caso do artigo; ou até quatro anos, nos casos dos §§ 1º e 2.*

O sujeito ativo pode ser qualquer pessoa (civil ou militar). O crime diz respeito a revelar informação sigilosa que pode comprometer a segurança externa do país. Ele se diferencia daquele previsto no Art. 143 do CPM por não haver um fim específico de espionagem na revelação do sigilo, sendo indiferente para a caracterização do crime a fonte da informação sigilosa. Caso, contudo, a informação seja revelada para fins de espionagem militar ou se o fato comprometer a preparação ou a eficácia bélica brasileira, estaremos diante de figuras mais graves, qualificadas do delito. Há, por fim, modalidade culposa, daquele agente que, sem intenção, mas deixando de empregar a cautela, atenção, ou diligência ordinária, ou especial, quando estava obrigado em face das circunstâncias, não prevê o resultado que podia prever ou, prevendo-o, supõe levianamente que não se realizaria ou que poderia evitá-lo.

## Turbação de objeto ou documento

***Art. 145.*** *Suprimir, subtrair, deturpar, alterar, desviar, ainda que temporariamente, objeto ou documento concernente à segurança externa do Brasil:*

***Pena*** *- reclusão, de três a oito anos.*

## Resultado mais grave

***§ 1º*** *Se o fato compromete a segurança ou a eficiência bélica do país:*

***Pena*** *- Reclusão, de dez a vinte anos.*

## Modalidade culposa

***§ 2º*** *Contribuir culposamente para o fato:*

***Pena*** *- detenção, de seis meses a dois anos.*

Para entender a ideia da turbação, basta acrescentar a expressão per, obtendo a ideia de perturbação. No caso, o legislador previu diversas formas pelas quais o documento ou objetivo podem ser "perturbados", seja por supressão (destruição), subtração, deturpação (desfigurar), por alteração, ou ainda desvio do objeto ou documento. É necessário lembrar que, embora o crime possa ser cometido por diversas condutas, o agente que pratica mais de uma das descritas no tipo penal militar só comete um crime, desde que o tenha feito contra o mesmo objeto, desde que esse objeto ou documento seja importante à segurança externa do país. O sujeito ativo pode ser qualquer pessoa. Esse crime prevê a modalidade culposa daquele agente que, sem intenção, mas deixando de empregar a cautela, atenção, ou diligência ordinária, ou especial, quando estava obrigado em face das circunstâncias, não prevê o resultado que podia prever ou, prevendo-o, supõe levianamente que não se realizaria ou que poderia evitá-lo.

## Penetração com o fim de espionagem

***Art. 146.*** *Penetrar, sem licença, ou introduzir-se clandestinamente ou sob falso pretexto, em lugar sujeito à administração militar, ou centro industrial a serviço de construção ou fabricação sob fiscalização militar, para colher informação destinada a país estrangeiro ou agente seu:*

***Pena*** *- reclusão, de três a oito anos.*

***Parágrafo único.*** *Entrar, em local referido no artigo, sem licença de autoridade competente, munido de máquina fotográfica ou qualquer outro meio hábil para a prática de espionagem:*

***Pena*** *- reclusão, até três anos.*

O sujeito ativo desse crime pode ser qualquer pessoa. Por meio dessa previsão, o legislador busca punir quem ingressa, seja de que forma for, mas desde que sem autorização, em local sujeito à Administração Militar ou em centro industrial de interesse militar. A conduta deve ter como fim obter informação destinada a agente ou a país estrangeiro. O delito prevê, ainda, modalidade privilegiada, isto é, com limite penal inferior, na hipótese do agente ingressar em local sujeito à Administração Militar, sem autorização, com uma máquina fotográfica ou qualquer meio que possa praticar espionagem.

## Desenho ou levantamento de plano ou planta de local militar ou de engenho de guerra

***Art. 147.*** *Fazer desenho ou levantar plano ou planta de fortificação, quartel, fábrica, arsenal, hangar ou aeródromo, ou de navio, aeronave ou engenho de guerra motomecanizado, utilizados ou em construção sob administração ou fiscalização militar, ou fotografá-los ou filmá-los:*

***Pena*** *- reclusão, até quatro anos, se o fato não constitui crime mais grave.*

## Sobrevoo em local interdito

***Art. 148.*** *Sobrevoar local declarado interdito:*

***Pena*** *- reclusão, até três anos.*

Os dois crimes analisados em conjunto visam proteger locais de importância militar. A ideia do legislador é tutelar os planos ou plantas de locais ou veículos de uso militar, que não podem ser desenhados, conhecidos, fotografados, filmados ou mesmo sobrevoados, para proteger as estruturas militares brasileiras contra a espionagem. Esse delito, assim, coroa os anteriores, como forma de punir qualquer tentativa de obtenção de dados sobre a estrutura militar brasileira para fins de espionagem, bastando, aqui, para a consumação, o mero sobrevoo, filmagem, desenho ou simplesmente o levantamento do plano ou planta do local.

## 1.2 Dos Crimes Contra a Autoridade ou Disciplina Militar

### Do motim e da revolta

#### Motim

> ***Art. 149.*** *Reunirem-se militares ou assemelhados:*
>
> ***I.*** *agindo contra a ordem recebida de superior, ou negando-se a cumpri-la;*
>
> ***II.*** *recusando obediência a superior, quando estejam agindo sem ordem ou praticando violência;*
>
> ***III.*** *assentindo em recusa conjunta de obediência, ou em resistência ou violência, em comum, contra superior;*
>
> ***IV.*** *ocupando quartel, fortaleza, arsenal, fábrica ou estabelecimento militar, ou dependência de qualquer deles, hangar, aeródromo ou aeronave, navio ou viatura militar, ou utilizando-se de qualquer daqueles locais ou meios de transporte, para ação militar, ou prática de violência, em desobediência a ordem superior ou em detrimento da ordem ou da disciplina militar:*
>
> ***Pena*** *- reclusão, de quatro a oito anos, com aumento de um terço para os cabeças.*

#### Revolta

> ***Parágrafo único.*** *Se os agentes estavam armados:*
>
> ***Pena*** *- reclusão, de oito a vinte anos, com aumento de um terço para os cabeças.*

Motim é uma rebelião sem uso de armas. Convém notar que todos os incisos desse artigo mencionam apenas formas de resistência e desobediência ao cumprimento de ordem superior. Ambos os crimes necessitam da ação de duas ou mais pessoas para sua tipificação, é que chamamos de concurso de agentes necessários. Os sujeitos ativos do crime são os militares em atividade. Pode ocorrer de militar inativo ou civil cometer o crime na condição de partícipe ou coautor, desde haja pelo menos dois militares da ativa envolvidos, nesse caso como ser militar da ativa é elemento do crime, ela se comunica aos coautores e partícipes, nos termos do Art. 53, § 1º do CPM.

A revolta compreende as mesmas hipóteses do motim, com uma diferença importante: no crime de revolta os agentes estão armados.

Violência, no que diz respeito à revolta ou ao motim, significa meios de coação, físicos ou morais, que visam impedir o cumprimento de ordens recebidas dos superiores.

### Organização de grupo para a prática de violência

> ***Art. 150.*** *Reunirem-se dois ou mais militares ou assemelhados, com armamento ou material bélico, de propriedade militar, praticando violência à pessoa ou à coisa pública ou particular em lugar sujeito ou não à administração militar:*
>
> ***Pena*** *- reclusão, de quatro a oito anos.*

Assim como o crime do Art. 149 do CPM, esta infração não pode ser praticada individualmente, sendo necessário para a própria existência do delito o concurso de agentes. O porte de armamento ou material bélico também constitui elemento essencial do tipo, sem ele o crime não ocorre.

Não há necessidade de que todos os agentes portem o armamento, basta um, desde que os demais conheçam dessa condição, hipótese em que todos respondem pelo mesmo crime. Sua consumação só ocorre com a prática da violência. Como o próprio artigo deixa claro, o sujeito ativo desse crime é o militar.

### Omissão de lealdade militar

> ***Art. 151.*** *Deixar o militar ou assemelhado de levar ao conhecimento do superior o motim ou revolta de cuja preparação teve notícia, ou, estando presente ao ato criminoso, não usar de todos os meios ao seu alcance para impedi-lo:*
>
> ***Pena*** *- reclusão, de três a cinco anos.*

O sujeito ativo somente pode ser o militar da ativa, é um crime que não exige mais de um agente para tipificação. O crime é constituído de duas condutas omissivas: ou o militar toma conhecimento de que está sendo planejado um motim ou revolta e não leva a informação ao superior; ou, ele não tem conhecimento prévio, porém está presente no momento em que esses crimes estão acontecendo, e não usa de todos os meios para impedir os atos.

### Conspiração

> ***Art. 152.*** *Concertarem-se militares ou assemelhados para a prática do crime previsto no artigo 149:*
>
> ***Pena*** *- reclusão, de três a cinco anos.*

É um crime de concurso necessário, sendo necessário mais de um agente para a tipificação, devendo o sujeito ativo ser um militar da ativa.

O termo "concertam-se" significa acordar, assim o crime diz respeito aos atos preparatórios para o motim ou para a revolta, trata-se do ato de planejar tais crimes. De modo que ao se reunirem, conscientemente, para o planejamento do motim ou da revolta, o crime de conspiração estará consumado.

### Isenção de pena

> ***Parágrafo único.*** *É isento de pena aquele que, antes da execução do crime e quando era ainda possível evitar-lhe as consequências, denuncia o ajuste de que participou.*

Será isento de pena aquele que denuncia (delata) o planejamento, ainda que tenha participado dele, desde que o faça quando ainda é possível evitar sua consumação.

### Cumulação de penas

> ***Art. 153.*** *As penas dos arts. 149 e 150 são aplicáveis sem prejuízo das correspondentes à violência.*

O Art. 153 do CPM prevê, assim, expressamente, que além das penas relativas ao motim, à revolta e à organização de grupo para a prática de violência aqueles agentes que participarem das infrações, também receberão as penas correspondentes ao emprego de violência (uma eventual lesão corporal, por exemplo).

## Da aliciação e do incitamento

### Aliciação para motim ou revolta

> ***Art. 154.*** *Aliciar militar ou assemelhado para a prática de qualquer dos crimes previstos no capítulo anterior:*
>
> ***Pena*** *- reclusão, de dois a quatro anos.*

Trata-se de um crime impropriamente militar, pois nada impede o aliciamento de civil para a prática dos crimes mencionados.

O agente delituoso convence o militar a praticar os crimes contra a disciplina ou autoridade militar, só se consumando o crime quando o militar efetivamente se deixa seduzir e concorda em participar.

### Incitamento

> ***Art. 155.*** *Incitar à desobediência, à indisciplina ou à prática de crime militar:*
>
> ***Pena*** *- reclusão, de dois a quatro anos.*
>
> ***Parágrafo único.*** *Na mesma pena incorre quem introduz, afixa ou distribui, em lugar sujeito à administração militar, impressos, manuscritos ou material mimeografado, fotocopiado ou gravado, em que se contenha incitamento à prática dos atos previstos no artigo.*

O sujeito ativo pode ser tanto o militar quanto o civil. Incitar quer dizer estimular, ou seja, incorre nesse crime o agente que estimula outro à desobediência, indisciplina ou à prática de crime militar. O parágrafo único descreve outras formas pelas quais o incitamento possa ser praticado, como a distribuição de impressos visando à indisciplina, por exemplo.

### Apologia de fato criminoso ou do seu autor

> ***Art. 156.*** *Fazer apologia de fato que a lei militar considera crime, ou do autor do mesmo, em lugar sujeito à administração militar:*
>
> ***Pena*** *- detenção, de seis meses a um ano.*

O sujeito ativo pode ser qualquer pessoa, civil ou militar. Fazer apologia significa elogiar uma conduta tipificada como crime militar, podendo assim levar alguém a cometer tal infração. A apologia ainda pode ser feita ao autor do crime militar, desde que seja ele exaltado em razão do crime cometido.

O crime só será militar e feito em local sob Administração Militar.

## Da violência contra superior ou militar de serviço

### Violência contra ssperior

> ***Art. 157.*** *Praticar violência contra superior:*
>
> ***Pena*** *- detenção, de três meses a dois anos.*

### Formas qualificadas

> ***§ 1º*** *Se o superior é comandante da unidade a que pertence o agente, ou oficial general:*
>
> ***Pena*** *- reclusão, de três a nove anos.*
>
> ***§ 2º*** *Se a violência é praticada com arma, a pena é aumentada de um terço.*
>
> ***§ 3º*** *Se da violência resulta lesão corporal, aplica-se, além da pena da violência, a do crime contra a pessoa.*
>
> ***§ 4º*** *Se da violência resulta morte:*
>
> ***Pena*** *- reclusão, de doze a trinta anos.*
>
> ***§ 5º*** *A pena é aumentada da sexta parte, se o crime ocorre em serviço.*

O sujeito ativo é o militar da ativa, e o agente é inferior hierárquico em relação à vítima. O crime somente se consuma se houver violência contra o superior.

O comandante goza de proteção especial; assim, se o agredido ocupar este cargo, o crime será qualificado.

Caso haja o efetivo uso de arma, será esta uma circunstância agravante do crime, que elevará sua pena em um terço.

A pena ainda será qualificada se a violência resultar morte. Caso da violência advenha lesão corporal, a pena desse crime será aplicada juntamente à pena do crime previsto no Art. 157 do CPM.

E, por fim, se o crime é praticado em serviço, ou seja, estar no desempenho de suas funções será causa de aumento de pena. Vale lembrar que tanto faz se era o autor ou a vítima que estavam em serviço.

### Violência contra militar de serviço

> ***Art. 158.*** *Praticar violência contra oficial de dia, de serviço, ou de quarto, ou contra sentinela, vigia ou plantão:*
>
> ***Pena*** *- reclusão, de três a oito anos.*

### Formas qualificadas

> ***§ 1º*** *Se a violência é praticada com arma, a pena é aumentada de um terço.*
>
> ***§ 2º*** *Se da violência resulta lesão corporal, aplica-se, além da pena da violência, a do crime contra a pessoa.*
>
> ***§ 3º*** *Se da violência resulta morte:*
>
> ***Pena*** *- reclusão, de doze a trinta anos.*

O sujeito ativo pode ser tanto o militar quanto o civil, a violência é direcionada ao Oficial de Dia, de Serviço, ou de Quarto, ou contra Sentinela, Vigia ou Plantão. Trata-se de crime impropriamente militar. O Oficial de Dia é aquele que desempenha função de gerenciamento de uma unidade militar.

Em determinadas circunstâncias a função de Oficial de Dia poderá ser executada pelo Praça, e neste caso ele exercerá todas as atribuições decorrentes da função, e a violência contra ele praticada configurará o crime de violência contra militar de serviço.

O Oficial de Serviço tem atribuições específicas que são conferidas aos oficiais, enquanto que o Oficial de Quarto é o militar que está desempenhando a função de vigilância ou sentinela.

Algumas funções mencionadas são exercidas pela Praça: Sentinela é o militar que guarda determinado local, em posto fixo ou móvel, com ou sem arma. O Vigia também exerce função de proteção de uma situação, evento ou pessoa.

Haverá aumento de pena se houver uso de arma; haverá concurso de crimes no caso de a lesão corporal resultar da violência, exigindo ainda a cumulação de penas. E ainda, será qualificado o crime quando resultar na morte do ofendido.

### Ausência de dolo no resultado

> ***Art. 159.*** *Quando da violência resulta morte ou lesão corporal e as circunstâncias evidenciam que o agente não quis o resultado nem assumiu o risco de produzi-lo, a pena do crime contra a pessoa é diminuída de metade.*

Caso verificado que o agente não tinha a intenção de produzir o resultado morte ou a lesão corporal, a pena será diminuída na metade.

## Do desrespeito a superior e a símbolo nacional ou a farda

### Desrespeito a superior

**Art. 160.** *Desrespeitar superior diante de outro militar:*

**Pena** - *detenção, de três meses a um ano, se o fato não constitui crime mais grave.*

### Desrespeito a comandante, oficial general ou oficial de serviço

**Parágrafo único.** *Se o fato é praticado contra o comandante da unidade a que pertence o agente, oficial-general, oficial de dia, de serviço ou de quarto, a pena é aumentada da metade.*

Apenas o militar pode ser sujeito ativo, sendo que o agente que pratica esse delito deve ser nível hierárquico inferior ao da vítima. Desrespeitar significa desacatar, ou faltar com consideração, podendo essa conduta ser praticada de diversas formas. O desrespeito para configurar tal crime deve ter sido cometido na presença de outro militar.

É um crime subsidiário, pois se houver outro dispositivo que considerar o fato como crime mais grave ele é quem será aplicado.

Além disso, se o crime for cometido contra comandante da unidade à qual o agente pertence, será esta causa de aumento de pena.

### Desrespeito a símbolo nacional

**Art. 161.** *Praticar o militar diante da tropa, ou em lugar sujeito à administração militar, ato que se traduza em ultraje a símbolo nacional:*

**Pena** - *detenção, de um a dois anos.*

O sujeito ativo é o militar em atividade que insulta (ofenda, fazendo uma piada, por exemplo), por meio de seu ato, símbolo nacional. É necessário, para a configuração do crime, que este seja praticado em lugar sujeito à Administração Militar.

### Despojamento desprezível

**Art. 162.** *Despojar-se de uniforme, condecoração militar, insígnia ou distintivo, por menosprezo ou vilipêndio:*

**Pena** - *detenção, de seis meses a um ano.*

**Parágrafo único.** *A pena é aumentada da metade, se o fato é praticado diante da tropa, ou em público.*

O sujeito ativo é o militar, ativo ou inativo, que retira seu uniforme, condecoração, insígnia ou distintivo por menosprezo. A conduta precisa ser praticada pelo próprio militar contra ele mesmo, se um militar tira o distintivo de outro, este fato não configura essa hipótese de crime. A pena será majorada se a conduta ocorrer na presença de tropa ou em local público.

## Da insubordinação

### Recusa de obediência

**Art. 163.** *Recusar obedecer a ordem do superior sobre assunto ou matéria de serviço, ou relativamente a dever imposto em lei, regulamento ou instrução:*

**Pena** - *detenção, de um a dois anos, se o fato não constitui crime mais grave.*

O sujeito ativo é o militar em posição hierárquica inferior. Trata-se de crime que não admite coautoria. A essência da conduta é a recusa de cumprir a ordem de superior, sendo possível a conduta omissiva ou comissiva.

Na omissiva, o desobediente permanece inerte diante da ordem, já na comissiva ele age de forma contrária a ela.

É um crime subsidiário, existindo tipificação que constitua crime mais grave, ela então será a aplicável ao caso.

### Oposição à ordem de sentinela

**Art. 164.** *Opor-se às ordens da sentinela:*

**Pena** - *detenção, de seis meses a um ano, se o fato não constitui crime mais grave.*

O sujeito ativo pode ser militar ou civil. As sentinelas apenas transmitem as ordens, criadas geralmente pelo próprio comandante militar. A oposição pode ocorrer de forma omissiva ou comissiva, na primeira o agente fica inerte, na segunda o agente age em contrariedade à ordem imposta. Trata-se de crime subsidiário.

### Reunião ilícita

**Art. 165.** *Promover a reunião de militares, ou nela tomar parte, para discussão de ato de superior ou assunto atinente à disciplina militar:*

**Pena** - *detenção, de seis meses a um ano a quem promove a reunião; de dois a seis meses a quem dela participa, se o fato não constitui crime mais grave.*

O sujeito ativo é o militar ou o civil. A reunião necessariamente deve ter sido promovida com o intuito de se discutir ato de superior ou de assunto atinente à disciplina militar.

Promover significa organizar e convocar demais pessoas para a discussão. Assim, a reunião se configura apenas se estiverem presentes pelo menos dois militares.

### Publicação ou crítica indevida

**Art. 166.** *Publicar o militar ou assemelhado, sem licença, ato ou documento oficial, ou criticar publicamente ato de seu superior ou assunto atinente à disciplina militar, ou a qualquer resolução do Governo:*

**Pena** - *detenção, de dois meses a um ano, se o fato não constitui crime mais grave.*

O sujeito ativo do crime é o militar em atividade. O tipo descreve duas condutas: na primeira, o militar leva a conhecimento público, sem permissão, ato ou documento oficial, não importando o alcance do meio utilizado. A segunda conduta é a de criticar publicamente o ato de superior ou assunto atinente à disciplina militar, ou qualquer resolução do governo.

Trata-se de hipótese de crime subsidiário, punível somente se não caracterizar crime mais grave.

## Da usurpação e do excesso ou abuso de autoridade

### Assunção de comando sem ordem ou autorização

**Art. 167.** *Assumir o militar, sem ordem ou autorização, salvo se em grave emergência, qualquer comando, ou a direção de estabelecimento militar:*

**Pena** - *reclusão, de dois a quatro anos, se o fato não constitui crime mais grave.*

O sujeito ativo é o militar que assume ilegalmente comando ou direção de estabelecimento militar. Ambos os atos dizem respeito a atos próprios de comandantes, sendo necessária, para a configuração do crime, a prática de atos decisórios.

Há situações em que a assunção de comando é permitida, nos casos emergenciais ou mediante autorização. Além disso, este crime é subsidiário.

## Conservação ilegal de comando

***Art. 168.*** *Conservar comando ou função legitimamente assumida, depois de receber ordem de seu superior para deixá-los ou transmiti-los a outrem:*

***Pena*** *- detenção, de um a três anos.*

Nessa hipótese, o militar assume o comando ou função ilicitamente, e mesmo após receber a ordem de superior para deixá-lo ou transmitir a outro, ele não o faz.

## Operação militar sem ordem superior

***Art. 169.*** *Determinar o comandante, sem ordem superior e fora dos casos em que essa se dispensa, movimento de tropa ou ação militar:*

***Pena*** *- reclusão, de três a cinco anos.*

## Forma qualificada

***Parágrafo único.*** *Se o movimento da tropa ou ação militar é em território estrangeiro ou contra força, navio ou aeronave de país estrangeiro:*

***Pena*** *- reclusão, de quatro a oito anos, se o fato não constitui crime mais grave.*

Nesse caso, o sujeito ativo não basta ser apenas militar, deve ainda ser comandante. Nessa hipótese, a determinação do comandante pode ser de maneira verbal ou escrita, de forma direita ou por terceiro. A ilegalidade está na ordem emitida de movimento de tropa ou de ação militar.

Movimento de tropa é o deslocamento de um lugar para o outro; já ação militar é o emprego da tropa com execução e finalidades definidas.

A forma qualificadora diz respeito a tropas ou ações dentro do território estrangeiro, ou ainda se a movimentação se dá em contrariedade com força, navio ou aeronave do país estrangeiro.

## Ordem arbitrária de invasão

***Art. 170.*** *Ordenar, arbitrariamente, o comandante de força, navio, aeronave ou engenho de guerra motomecanizado a entrada de comandados seus em águas ou território estrangeiro, ou sobrevoá-los:*

***Pena*** *- suspensão do exercício do posto, de um a três anos, ou reforma.*

O sujeito ativo é o comandante de força, navio, aeronave ou engenho de guerra, que ordena arbitrariamente que seus comandados entrem em águas, territórios estrangeiros ou o sobrevoem.

Pela descrição da pena cominada, o crime só pode ser cometido por oficial, pois somente eles é que têm posto.

## Uso indevido por militar de uniforme, distintivo ou insígnia

***Art. 171.*** *Usar o militar ou assemelhado, indevidamente, uniforme, distintivo ou insígnia de posto ou graduação superior:*

***Pena*** *- detenção, de seis meses a um ano, se o fato não constitui crime mais grave.*

Para que o fato seja considerado consumado, é necessária a aparição pública, pois o militar que se veste com o uniforme de superior só para ver como fica não causa nenhum prejuízo. E, ainda, deve o uso decorrer de uniforme, distintivo ou insígnia de posto ou graduação de superior.

## Uso indevido de uniforme, distintivo ou insígnia militar por qualquer pessoa

***Art. 172.*** *Usar, indevidamente, uniforme, distintivo ou insígnia militar a que não tenha direito:*

***Pena*** *- detenção, até seis meses.*

O sujeito ativo pode ser tanto o militar quanto o civil, como menciona o próprio texto normativo. A conduta é a mesma que a do artigo 171 do CPM, exceto pelo fato de que aqui se trata de uso indevido uniforme, distintivo ou insígnia genérica, não mencionando de qual função.

## Abuso de requisição militar

***Art. 173.*** *Abusar do direito de requisição militar, excedendo os poderes conferidos ou recusando cumprir dever imposto em lei:*

***Pena*** *- detenção, de um a dois anos.*

O sujeito ativo é o militar ativo, pois somente ele pode exceder esse direito e, consequentemente, cometer abusos puníveis.

Requisição é um ato administrativo para intervir na propriedade em casos de extrema necessidade. De acordo com o Decreto-Lei 4.812/1945, será permitida a requisição do que for indispensável ao aprestamento, aprovisionamento e transporte das Forças Armadas de terra, mar e ar, quando empenhadas em operações de guerra ou de defesa da segurança nacional, sendo também possível requisitar a ocupação e utilização de instituições de fins econômicos ou não que, no interesse da defesa nacional e da salvaguarda do Estado, tornarem-se necessários à mobilização do país. O citado decreto ainda estabelece a necessidade de limitar a requisição aos bens extremamente necessários a atendimento da situação emergencial, bem como sobre a competência e a forma para o exercício da requisição. Nesse contexto, abusar, significa exceder o direito de requisição.

## Rigor excessivo

***Art. 174.*** *Exceder a faculdade de punir o subordinado, fazendo-o com rigor não permitido, ou ofendendo-o por palavra, ato ou escrito:*

***Pena*** *- suspensão do exercício do posto, por dois a seis meses, se o fato não constitui crime mais grave.*

O sujeito ativo é o militar em atividade. O excesso ocorrerá quando houver imposição de uma sanção não prevista. É um crime subsidiário, se ocorrer crime mais grave, é ele que será aplicado.

## Violência contra inferior

***Art. 175.*** *Praticar violência contra inferior:*

***Pena*** *- detenção, de três meses a um ano.*

## Resultado mais grave

***Parágrafo único.*** *Se da violência resulta lesão corporal ou morte é também aplicada a pena do crime contra a pessoa, atendendo-se, quando for o caso, ao disposto no art. 159.*

O sujeito ativo não precisa ser apenas militar, mas também superior do ofendido. Violência, para fins penais militares, só se considera a física. Assim, se resultar em lesão corporal ou morte, será aplicada também a pena do crime contra a pessoa.

### Ofensa aviltante a inferior

*Art. 176. Ofender inferior, mediante ato de violência que, por natureza ou pelo meio empregado, se considere aviltante:*

*Pena - detenção, de seis meses a dois anos.*

*Parágrafo único. Aplica-se o disposto no parágrafo único do artigo anterior.*

A conduta é idêntica ao crime anterior, a única diferença é que aqui a agressão ocorre contra a honra e a dignidade, além da integridade física. Caso haja lesão corporal ou morte, aplica-se a mesma norma prevista para a violência contra inferior (hipótese de cúmulo material das penas).

É necessária a demonstração de que o ofensor tinha intenção de humilhar moralmente o ofendido.

## Da resistência

### Resistência mediante ameaça ou violência

*Art. 177. Opor-se à execução de ato legal, mediante ameaça ou violência ao executor, ou a quem esteja prestando auxílio:*

*Pena - detenção, de seis meses a dois anos.*

### Forma qualificada

*§ 1º Se o ato não se executa em razão da resistência:*

*Pena - reclusão de dois a quatro anos.*

### Cumulação de penas

*§ 2º As penas deste artigo são aplicáveis sem prejuízo das correspondentes à violência, ou ao fato que constitua crime mais grave.*

O sujeito ativo pode ser tanto militar quanto o civil. Opor-se à execução é o meio pelo qual visa impedir a realização do ato legal, no caso é necessário que seja feito mediante violência ou ameaça ao executor ou a quem o auxilie.

Haverá ainda o cúmulo material de penas de resistência com a de eventual delito resultante da violência. Aqui não há subsidiariedade, mas sim a soma da pena de resistência com a de uma eventual violência.

## Da fuga, evasão, arrebatamento e amotinamento de presos

### Fuga de preso ou internado

*Art. 178. Promover ou facilitar a fuga de pessoa legalmente presa ou submetida a medida de segurança detentiva:*

*Pena - detenção, de seis meses a dois anos.*

### Formas qualificadas

*§ 1º Se o crime é praticado a mão armada ou por mais de uma pessoa, ou mediante arrombamento:*

*Pena - reclusão, de dois a seis anos.*

*§ 2º Se há emprego de violência contra pessoa, aplica-se também a pena correspondente à violência.*

*§ 3º Se o crime é praticado por pessoa sob cuja guarda, custódia ou condução está o preso ou internado:*

*Pena - reclusão, até quatro anos.*

### Modalidade culposa

*Art. 179. Deixar, por culpa, fugir pessoa legalmente presa, confiada à sua guarda ou condução:*

*Pena - detenção, de três meses a um ano.*

Os dois crimes serão estudados juntos. Ambos têm como sujeito ativo tanto o militar quanto o civil. No primeiro, a conduta é promover ou facilitar a fuga do preso ou do internado. Promover é o ato de iniciar a fuga, e facilitar significa tomar parte do plano de fuga, mas sem desencadear.

No caso de fuga de estabelecimentos prisionais, somente haverá o crime mencionado quando o fato for praticado em estabelecimento militar, ou seja, em presídios militares ou outras unidades com instalações prisionais.

Súmula 75 do Superior Tribunal de Justiça: Compete à Justiça Comum Estadual processar e julgar o policial militar por crime de promover ou facilitar a fuga de preso de Estabelecimento Penal.

A utilização de arma qualifica o crime, bem como se praticado por mais de uma pessoa ou se mediante arrombamento de instalação. Se a pessoa que tem responsabilidade pela guarda, custódia ou condução do preso pratica este crime, também estaremos diante de uma forma qualificada.

A regra do § 2º impõe o cúmulo das penas aplicadas ao crime referido e o da violência.

Para que um civil pratique um crime militar, deve haver a intenção de ofender as instituições militares. Portanto, na modalidade culposa, não é possível que o civil pratique o delito, somente militar. É importante destacar que a modalidade culposa só diz respeito à fuga do preso, e não da pessoa submetida à medida de segurança.

### Evasão de preso ou internado

*Art. 180. Evadir-se, ou tentar evadir-se o preso ou internado, usando de violência contra a pessoa:*

*Pena - detenção, de um a dois anos, além da correspondente à violência.*

*§ 1º Se a evasão ou a tentativa ocorre mediante arrombamento da prisão militar:*

*Pena - detenção, de seis meses a um ano.*

### Cumulação de penas

*§ 2º Se ao fato sucede deserção, aplicam-se cumulativamente as penas correspondentes.*

O sujeito ativo pode ser tanto civil quanto o militar, desde que preso em estabelecimento militar ou submetido à guarda militar. Não importa nesse caso se o agente conseguiu ou não escapar, a tentativa já caracteriza consumação do delito; o que importa é o uso da violência contra a pessoa, pois se não houver a violação física, não há o crime mencionado. Há cumulação da pena do crime e da pena da violência praticada.

Tendo o militar fugido, começa a contagem do tempo para que se configure o crime de deserção. Caso ele não se apresente em oito dias, incorrerá em outro crime, cuja pena, nos termos do §2º, deve ser cumulada com a da evasão de preso ou internado.

### arrebatamento de preso ou internado

*Art. 181. Arrebatar preso ou internado, a fim de maltratá-lo, do poder de quem o tenha sob guarda ou custódia militar:*

*Pena - reclusão, até quatro anos, além da correspondente à violência.*

O sujeito ativo pode ser tanto o militar quanto o civil que toma à força o preso ou internado sob autoridade, com o intuito de maltratá-lo. A pena do crime é cumulativa com a correspondente à violência.

## Amotinamento

***Art. 182.*** *Amotinarem-se presos, ou internados, perturbando a disciplina do recinto de prisão militar:*

***Pena*** *- reclusão, até três anos, aos cabeças; aos demais, detenção de um a dois anos.*

## Responsabilidade de partícipe ou de oficial

***Parágrafo único.*** *Na mesma pena incorre quem participa do amotinamento ou, sendo oficial e estando presente, não usa os meios ao seu alcance para debelar o amotinamento ou evitar-lhe as consequências.*

É um crime no qual o concurso de agentes é necessário, podendo ser o sujeito ativo tanto civil quanto o militar. Amotinar-se significa revoltar-se, de alguma forma juntar-se para perturbar a ordem. Desse modo, incorrem no tipo os presos ou internados que perturbam a disciplina do recinto militar. O tempo de pena difere para o cabeça e para os demais participantes.

# 2. CRIMES MILITARES EM TEMPO DE PAZ

## 2.1 Título III - Dos Crimes Contra o Serviço Militar e o Dever Militar

### Da insubmissão

#### Insubmissão

***Art. 183.*** *Deixar de apresentar-se o convocado à incorporação, dentro do prazo que lhe foi marcado, ou, apresentando-se, ausentar-se antes do ato oficial de incorporação:*

***Pena*** *- impedimento, de três meses a um ano.*

#### Caso assimilado

***§ 1º*** *Na mesma pena incorre quem, dispensado temporariamente da incorporação, deixa de se apresentar, decorrido o prazo de licenciamento.*

#### Diminuição da pena

***§ 2º*** *A pena é diminuída de um terço:*

***a)*** *pela ignorância ou a errada compreensão dos atos da convocação militar, quando escusáveis;*

***b)*** *pela apresentação voluntária dentro do prazo de um ano, contado do último dia marcado para a apresentação.*

O sujeito ativo é o civil convocado para prestar serviço militar obrigatório. O cidadão que tenha participado da seleção e sido designado para a incorporação ou matrícula em organização Militar, passa à condição de convocado, e comete o delito de insubmissão, caso não se apresente para incorporação.

O tipo apresenta duas condutas: a primeira ocorre quando o autor, diante da convocação, deixa de apresentar-se no prazo determinado; na segunda, ele se apresenta, mas logo após se ausenta, antes de ato oficial de incorporação.

O §1º diz respeito sobre o convocado a quem foi concedida a dispensa temporária de incorporação, e o §2º prevê a diminuição de pena para os casos em que o convocado não tinha perfeita compreensão acerca dos atos de convocação e dos prazos a que estava submetido. Nessa hipótese há um prazo limite de um ano entre a data em que ele deveria ter-se apresentado e aquela em que o fez voluntariamente.

De acordo com a Súmula 7 do Superior Tribunal Militar: O crime de insubmissão, capitulado no art. 183 do CPM, caracteriza-se quando provado de maneira inconteste o conhecimento pelo conscrito da data e local de sua apresentação para incorporação, através de documento hábil constante dos autos. A confissão do indigitado insubmisso deverá ser considerada no quadro do conjunto probatório.É importante, ademais, anotar que de acordo com a Súmula 3 do Superior Tribunal Militar: Não constituem excludentes de culpabilidade, nos crimes de deserção e insubmissão, alegações de ordem particular ou familiar desacompanhadas de provas.

#### Criação ou simulação de incapacidade física

***Art. 184.*** *Criar ou simular incapacidade física, que inabilite o convocado para o serviço militar:*

***Pena*** *- detenção, de seis meses a dois anos.*

O sujeito ativo pode ser qualquer pessoa que possa simular incapacidade para escapar do serviço militar. Criar significa gerar uma incapacidade (automutilar-se para fugir ao serviço, por exemplo), enquanto simular é o fingimento sobre uma incapacidade com intuito de enganar o selecionador.

De acordo com a Súmula 8 do Superior Tribunal Militar: O desertor sem estabilidade e o insubmisso que, por apresentação voluntária ou em razão de captura, forem julgados em inspeção de saúde, para fins de reinclusão ou incorporação, incapazes para o Serviço Militar, podem ser isentos do processo, após o pronunciamento do representante do Ministério Público.

#### Substituição de convocado

***Art. 185.*** *Substituir-se o convocado por outrem na apresentação ou na inspeção de saúde.*

***Pena*** *- detenção, de seis meses a dois anos.*

***Parágrafo único.*** *Na mesma pena incorre quem substitui o convocado.*

O sujeito ativo somente pode ser o convocado ou ainda aquele que o substitui. Não é necessário que convocado e seu substituto consigam enganar Administração Militar para que a conduta seja consumada, só o fato de fazer a substituição já configura o crime.

#### Favorecimento a convocado

***Art. 186.*** *Dar asilo a convocado, ou tomá-lo a seu serviço, ou proporcionar-lhe ou facilitar-lhe transporte ou meio que obste ou dificulte a incorporação, sabendo ou tendo razão para saber que cometeu qualquer dos crimes previstos neste capítulo:*

***Pena*** *- detenção, de três meses a um ano.*

#### Isenção de pena

***Parágrafo único.*** *Se o favorecedor é ascendente, descendente, cônjuge ou irmão do criminoso, fica isento de pena.*

O sujeito ativo deste crime pode ser qualquer pessoa, seja civil ou militar. A conduta típica é a de dar abrigo a convocado para que esse possa fugir da incorporação. Outra modalidade da conduta é facilitar o transporte ou proporcionar meio que impeça ou atrapalhe a incorporação. Apenas pratica conduta o agente que tem conhecimento da condição de convocado daquele a que presta auxílio.

A pena não será aplicada ao sujeito ativo se o convocado for seu ascendente, descendente, cônjuge ou irmão.

### Da deserção

#### Deserção

***Art. 187.*** *Ausentar-se o militar, sem licença, da unidade em que serve, ou do lugar em que deve permanecer, por mais de oito dias:*

***Pena*** *- detenção, de seis meses a dois anos; se oficial, a pena é agravada.*

Somente pode ser sujeito ativo deste crime o militar em atividade. A deserção só ocorre após o militar ser incorporado às Forças Armadas, e a conduta consiste em se ausentar da unidade em que serve ou de outro lugar em que deva permanecer, por mais de oito dias, por ausência injustificada.

Durante os oito primeiros dias, o militar não comete crime, ele somente pratica infrações disciplinares. A deserção é um crime permanente, e sua consumação perdura no tempo, ou seja, desde o dia em que o crime se consumou, o desertor está sujeito à prisão.

Súmula 3 do Superior Tribunal Militar: Não constituem excludentes de culpabilidade, nos crimes de deserção e insubmissão, alegações de ordem particular ou familiar desacompanhadas de provas.

## Casos assimilados

***Art. 188.*** *Na mesma pena incorre o militar que:*

*I - não se apresenta no lugar designado, dentro de oito dias, findo o prazo de trânsito ou férias;*

*II - deixa de se apresentar a autoridade competente, dentro do prazo de oito dias, contados daquele em que termina ou é cassada a licença ou agregação ou em que é declarado o estado de sítio ou de guerra;*

*III - tendo cumprido a pena, deixa de se apresentar, dentro do prazo de oito dias;*

*IV - consegue exclusão do serviço ativo ou situação de inatividade, criando ou simulando incapacidade.*

O sujeito ativo desse crime é o militar e, nessa hipótese, a deserção ocorre com o não retorno do militar que estava regularmente afastado.

***Art. 189.*** *Nos crimes dos Arts. 187 e 188, ns. I, II e III:*

## Atenuante especial

*I - se o agente se apresenta voluntariamente dentro em oito dias após a consumação do crime, a pena é diminuída de metade; e de um terço, se de mais de oito dias e até sessenta;*

A atenuante será aplicada ao desertor que se apresenta de forma voluntária, seja dentro do prazo de graça ou após este, desde que ate 70 dias.

## Agravante especial

*II - se a deserção ocorre em unidade estacionada em fronteira ou país estrangeiro, a pena é agravada de um terço.*

A agravante de pena será aplicada para deserção que ocorrer em unidade de fronteira ou país estrangeiro.

## Deserção especial

***Art. 190.*** *Deixar o militar de apresentar-se no momento da partida do navio ou aeronave, de que é tripulante, ou do deslocamento da unidade ou força em que serve:*

***Pena*** *- detenção, até três meses, se após a partida ou deslocamento se apresentar, dentro de vinte e quatro horas, à autoridade militar do lugar, ou, na falta desta, à autoridade policial, para ser comunicada a apresentação ao comando militar competente.*

***§ 1º*** *Se a apresentação se der dentro de prazo superior a vinte e quatro horas e não excedente a cinco dias:*

***Pena*** *- detenção, de dois a oito meses.*

***§ 2º*** *Se superior a cinco dias e não excedente a oito dias:*

***Pena*** *- detenção, de três meses a um ano.*

***§ 2º****-A. Se superior a oito dias*

***Pena*** *- detenção, de seis meses a dois anos.*

## Aumento de pena

***§ 3º*** *A pena é aumentada de um terço, se se tratar de sargento, subtenente ou suboficial, e de metade, se oficial.*

Na hipótese de deserção especial, não importa o período de oito dias para que o crime seja considerado consumado. Basta que o militar deixe de se apresentar para partir com a sua força, e ele já será considerado desertor. Caso, ainda, seja o desertor sargento, subtenente ou suboficial, será a pena aumentada de 1/3 e se oficial na metade, pois o prejuízo para a tropa é maior se essas pessoas não se apresentarem, visto que todas exercem funções relacionadas ao comando.

## Concerto para deserção

***Art. 191.*** *Concertarem-se militares para a prática da deserção:*

*I - se a deserção não chega a consumar-se:*

***Pena*** *- detenção, de três meses a um ano.*

## Modalidade complexa

*II - se consumada a deserção:*

***Pena*** *- reclusão, de dois a quatro anos.*

Trata-se de um de um crime de concurso de pessoas necessário. Nessa hipótese, os militares organizam uma deserção coletiva. A pena cominada ao crime vai se dividir nas duas possibilidades: se a deserção se consuma e se a deserção não se consuma.

Se consumada, haverá dois crimes: o de concerto para o deserção e deserção, devendo o agente responder em concurso de crimes por ambos.

## Deserção por evasão ou fuga

***Art. 192.*** *Evadir-se o militar do poder da escolta, ou de recinto de detenção ou de prisão, ou fugir em seguida à prática de crime para evitar prisão, permanecendo ausente por mais de oito dias:*

***Pena*** *- detenção, de seis meses a dois anos.*

O sujeito ativo desse crime é o militar. Nessa hipótese o militar visa fugir logo após a prática de um crime para evitar ser preso, permanecendo como ausente por mais de oito dias.

## Favorecimento a desertor

***Art. 193.*** *Dar asilo a desertor, ou tomá-lo a seu serviço, ou proporcionar-lhe ou facilitar-lhe transporte ou meio de ocultação, sabendo ou tendo razão para saber que cometeu qualquer dos crimes previstos neste capítulo:*

***Pena*** *- detenção, de quatro meses a um ano.*

## Isenção de pena

***Parágrafo único.*** *Se o favorecedor é ascendente, descendente, cônjuge ou irmão do criminoso, fica isento de pena.*

O sujeito ativo desse crime pode ser tanto civil quanto militar, desde que proporcione abrigo ao desertor, ou tome seu serviço, ou ainda proporcione ou facilite transporte ou meio de ocultação. Para que o crime se configure, o agente precisava ter conhecimento da condição criminosa do desertor.

## Omissão de oficial

***Art. 194.*** *Deixar o oficial de proceder contra desertor, sabendo, ou devendo saber encontrar-se entre os seus comandados:*

***Pena*** *- detenção, de seis meses a um ano.*

O sujeito ativo desse crime, além de ser militar, tem que ocupar a posição do oficial. Nessa hipótese, o desertor está sob o comando do oficial, e o oficial, ao tomar toma ciência de que há um desertor entre seus comandados, não toma nenhuma providência.

De acordo com a Súmula 12 do Superior Tribunal Militar: A praça sem estabilidade não pode ser denunciada por deserção sem ter readquirido o status de militar, condição de procedibilidade para a persecutio criminis, através da reinclusão. Para a praça estável, a condição de procedibilidade é a reversão ao serviço ativo.

## Do abandono de posto e de outros crimes em serviço

### Abandono de posto

***Art. 195.*** *Abandonar, sem ordem superior, o posto ou lugar de serviço que lhe tenha sido designado, ou o serviço que lhe cumpria, antes de terminá-lo:*

***Pena*** *- detenção, de três meses a um ano.*

O sujeito ativo desse crime tem que ser militar da ativa que esteja de serviço em posto ou em lugar delimitado ou então em execução de tarefas específicas. Para que se configure o crime, é necessário que o abandono ocorra sem autorização ou sem ordem de superior. Não há necessidade de contagem temporal, não importa se o sujeito abandonou posto por um minuto, uma hora ou por um dia, o crime vai estar consumado de mesmo modo.

### Descumprimento de missão

***Art. 196.*** *Deixar o militar de desempenhar a missão que lhe foi confiada:*

***Pena*** *- detenção, de seis meses a dois anos, se o fato não constitui crime mais grave.*

***§ 1º*** *Se é oficial o agente, a pena é aumentada de um terço.*

***§ 2º*** *Se o agente exercia função de comando, a pena é aumentada de metade.*

### Modalidade culposa

***§ 3º*** *Se a abstenção é culposa:*

***Pena*** *- detenção, de três meses a um ano.*

O sujeito ativo pode ser apenas militar da ativa. É a hipótese de um crime omissivo, no qual o agente vai deixar de cumprir a missão que a ele foi atribuída.

Se o agente é oficial ou exerce função de comando, haverá causa de aumento de pena.

### Retenção indevida

***Art. 197.*** *Deixar o oficial de restituir, por ocasião da passagem de função, ou quando lhe é exigido, objeto, plano, carta, cifra, código ou documento que lhe haja sido confiado:*

***Pena*** *- suspensão do exercício do posto, de três a seis meses, se o fato não constitui crime mais grave.*

***Parágrafo único.*** *Se o objeto, plano, carta, cifra, código, ou documento envolve ou constitui segredo relativo à segurança nacional:*

***Pena*** *- detenção, de três meses a um ano, se o fato não constitui crime mais grave.*

O sujeito ativo desse crime é o militar com a função de oficial. A infração se caracteriza quando o oficial deixa de devolver qualquer material vinculado à atividade que está sendo transmitida àquele que vai substituí-lo. Se o material diz respeito a segredo relativo à segurança nacional, o crime estará configurado na sua forma qualificada.

### Omissão de eficiência da força

***Art. 198.*** *Deixar o comandante de manter a força sob seu comando em estado de eficiência:*

***Pena*** *- suspensão do exercício do posto, de três meses a um ano.*

O sujeito ativo, além de ser militar, deve ser comandante. Sua conduta consiste na omissão de tomar providências para manter seus subordinados treinados para ação necessária ao desempenho das suas funções.

### Omissão de providências para evitar danos

***Art. 199.*** *Deixar o comandante de empregar todos os meios ao seu alcance para evitar perda, destruição ou inutilização de instalações militares, navio, aeronave ou engenho de guerra motomecanizado em perigo:*

***Pena*** *- reclusão, de dois a oito anos.*

### Modalidade culposa

***Parágrafo único.*** *Se a abstenção é culposa:*

***Pena*** *- detenção, de três meses a um ano.*

O sujeito ativo é o militar investido na função de comandante de navio, aeronave, engenho de guerra ou de instalação militar. Nesse crime, o comandante não se dedica a salvar os materiais ou instalações que estão sob seu comando.

### Omissão de providências para salvar comandados

***Art. 200.*** *Deixar o comandante, em ocasião de incêndio, naufrágio, encalhe, colisão, ou outro perigo semelhante, de tomar todas as providências adequadas para salvar os seus comandados e minorar as consequências do sinistro, não sendo o último a sair de bordo ou a deixar a aeronave ou o quartel ou sede militar sob seu comando:*

***Pena*** *- reclusão, de dois a seis anos.*

### Modalidade culposa

***Parágrafo único.*** *Se a abstenção é culposa:*

***Pena*** *- detenção, de seis meses a dois anos.*

O sujeito ativo nesse crime é o militar em função de comandante. Como comandante, este tem o dever de proteção com as pessoas que compõem a sua tropa e, por isso, deve-se empenhar para assegurar o bem-estar de todos, especialmente quando diante de situações de perigo.

### Omissão de socorro

***Art. 201.*** *Deixar o comandante de socorrer, sem justa causa, navio de guerra ou mercante, nacional ou estrangeiro, ou aeronave, em perigo, ou náufragos que hajam pedido socorro:*

***Pena*** *- suspensão do exercício do posto, de um a três anos ou reforma.*

O sujeito ativo é o comandante, porém a cominação de pena indica que ele deve ser oficial, pois apenas os oficiais ocupam posto. Nesse caso, o comandante toma conhecimento de que o navio ou aeronave está em perigo, ou que há náufragos, e não presta socorro. É um crime omissivo, pois o comandante deixa de fazer algo para prestar socorro, sem justa causa.

### Embriaguez em serviço

***Art. 202.*** *Embriagar-se o militar, quando em serviço, ou apresentar-se embriagado para prestá-lo:*

***Pena*** *- detenção, de seis meses a dois anos.*

O sujeito ativo é o militar e vai concorrer nesse crime aquele que se embriaga em serviço ou que já se apresenta nessa condição. Trata-se de embriaguez voluntária e a sua constatação se dará, em regra, por exames feitos por peritos médicos, sendo irrelevante o tipo de droga utilizada pelo embriagado, sendo possível o crime de embriaguez em serviço até mesmo pelo uso de substância entorpecente.

## Dormir em serviço

*Art. 203. Dormir o militar, quando em serviço, como oficial de quarto ou de ronda, ou em situação equivalente, ou, não sendo oficial, em serviço de sentinela, vigia, plantão às máquinas, ao leme, de ronda ou em qualquer serviço de natureza semelhante:*

***Pena** - detenção, de três meses a um ano.*

O sujeito ativo do crime é o militar. Sua conduta consiste em se entregar ao sono, mesmo que por pouco tempo, durante o serviço. É necessário que o militar durma quando estiver exercendo funções específicas e que tenha relação com as tarefas de vigias. Vale anotar que o sono é um processo natural do ser humano e o crime somente se caracteriza se o agente praticá-lo de maneira dolosa, isto é, quando o agente quis o resultado ou assumiu o risco de produzi-lo. Caso seja decorrente de culpa, ou seja, quando o agente deixou de empregar a cautela, atenção, ou diligência ordinária, ou especial, a que estava obrigado em face das circunstâncias, não prevê o resultado que podia prever ou, prevendo-o, supõe levianamente que não se realizaria ou que poderia evitá-lo, não estará caracterizada a infração criminal.

## Do exercício de comércio

## Exercício de comércio por oficial

*Art. 204. Comerciar o oficial da ativa, ou tomar parte na administração ou gerência de sociedade comercial, ou dela ser sócio ou participar, exceto como acionista ou cotista em sociedade anônima, ou por cotas de responsabilidade limitada:*

***Pena** - suspensão do exercício do posto, de seis meses a dois anos, ou reforma.*

O sujeito ativo é oficial da ativa, que pratica o crime ao comercializar, ou tomar parte em administração ou gerência de sociedade comercial, ou assumir a condição de sócio.

# 3. CRIMES MILITARES EM TEMPO DE PAZ

## 3.1 Dos Crimes Contra a Pessoa

### Do homicídio

#### Homicídio simples

***Art. 205.** Matar alguém:*

***Pena** - reclusão, de seis a vinte anos.*

#### Minoração facultativa da pena

***§ 1º** Se o agente comete o crime impelido por motivo de relevante valor social ou moral, ou sob o domínio de violenta emoção, logo em seguida a injusta provocação da vítima, o juiz pode reduzir a pena, de um sexto a um terço.*

#### Homicídio qualificado

***§ 2º** Se o homicídio é cometido:*

***I.** por motivo fútil;*

***II.** mediante paga ou promessa de recompensa, por cupidez, para excitar ou saciar desejos sexuais, ou por outro motivo torpe;*

***III.** com emprego de veneno, asfixia, tortura, fogo, explosivo, ou qualquer outro meio dissimulado ou cruel, ou de que possa resultar perigo comum;*

***IV.** à traição, de emboscada, com surpresa ou mediante outro recurso insidioso, que dificultou ou tornou impossível a defesa da vítima;*

***V.** para assegurar a execução, a ocultação, a impunidade ou vantagem de outro crime;*

***VI.** prevalecendo-se o agente da situação de serviço:*

***Pena** - reclusão, de doze a trinta anos.*

#### Homicídio culposo

***Art. 206.** Se o homicídio é culposo:*

***Pena** - detenção, de um a quatro anos.*

***§ 1º** A pena pode ser agravada se o crime resulta de inobservância de regra técnica de profissão, arte ou ofício, ou se o agente deixa de prestar imediato socorro à vítima.*

#### Multiplicidade de vítimas

***§ 2º** Se, em consequência de uma só ação ou omissão culposa, ocorre morte de mais de uma pessoa ou também lesões corporais em outras pessoas, a pena é aumentada de um sexto até metade.*

O sujeito ativo pode ser qualquer pessoa, a consumação do crime se dá com a cessação das funções vitais do ser humano, considerada mediante diagnóstico da morte encefálica, na forma prevista pelo Art. 3º da Lei 9.434/1997. Difere do homicídio previsto no Código Penal Comum, especialmente pela hipótese qualificadora quando o homicídio for praticado pelo agente da situação de serviço. Também há uma pena mais grave para o homicídio culposo em relação àquele previsto no Direito Penal comum.

Os crimes dolosos contra a vida praticados por militar contra civil terão a competência definida de maneiras diferentes se o delito for praticado com militar das Forças Armadas ou policiais militares. No primeiro caso (homicídio praticado por militar das Forças Armadas), em razão da edição da Lei 13.491/2017, a competência para julgamento será da Justiça Militar. No segundo, de acordo com o Art. 125, § 4º, da Constituição Federal, caberá ao Tribunal do Júri o julgamento, pois de acordo com esse dispositivo: Compete à Justiça Militar estadual processar e julgar os militares dos Estados, nos crimes militares definidos em lei e as ações judiciais contra atos disciplinares militares, ressalvada a competência do júri quando a vítima for civil, cabendo ao tribunal competente decidir sobre a perda do posto e da patente dos oficiais e da graduação das praças.

#### Provocação direta ou auxílio a suicídio

***Art. 207.** Instigar ou induzir alguém a suicidar-se, ou prestar-lhe auxílio para que o faça, vindo o suicídio consumar-se:*

***Pena** - reclusão, de dois a seis anos.*

#### Agravação de pena

***§ 1º** Se o crime é praticado por motivo egoístico, ou a vítima é menor ou tem diminuída, por qualquer motivo, a resistência moral, a pena é agravada.*

#### Provocação indireta ao suicídio

***§ 2º** Com detenção de um a três anos, será punido quem, desumana e reiteradamente, inflige maus-tratos a alguém, sob sua autoridade ou dependência, levando-o, em razão disso, à prática de suicídio.*

#### Redução de pena

***§ 3º** Se o suicídio é apenas tentado, e da tentativa resulta lesão grave, a pena é reduzida de um a dois terços.*

No suicídio, a morte é voluntária, e não se pune o autor do crime, ou seja, quem atentou contra a própria vida. Pune-se, entretanto quem de algum modo levou outra pessoa a cometer o suicídio de maneira dolosa. Cuidado com questões capciosas: a participação no suicídio somente é punível se o suicídio se consuma com a morte da vítima ou, ao menos, esta tenta se matar e sofre lesão corporal grave. O sujeito ativo da conduta pode ser qualquer pessoa.

### Do genocídio

#### Genocídio

***Art. 208.** Matar membros de um grupo nacional, étnico, religioso ou pertencente a determinada raça, com o fim de destruição total ou parcial desse grupo:*

***Pena** - reclusão, de quinze a trinta anos.*

#### Casos assimilados

***Parágrafo único.** Será punido com reclusão, de quatro a quinze anos, quem, com o mesmo fim:*

***I.** inflige lesões graves a membros do grupo;*

***II.** submete o grupo a condições de existência, físicas ou morais, capazes de ocasionar a eliminação de todos os seus membros ou parte deles;*

***III.** força o grupo à sua dispersão;*

***IV.** impõe medidas destinadas a impedir os nascimentos no seio do grupo;*

***V.** efetua coativamente a transferência de crianças do grupo para outro grupo.*

O genocídio é um crime contra a humanidade, podendo ser praticado por diversas condutas, porém a essência da infração se concentra na vontade do agente, ainda que parcial, de atingir grupo nacional, étnico, racial ou religioso. Atualmente, podem-se levar em conta também os que visam ofender determinadas orientações sexuais e filosóficas. A importância da punição do genocídio é tamanha que, além de ser punido por meio de lei especial quando praticado fora do contexto militar (Lei 2.889/1956), é um dos crimes da competência do Tribunal Penal Internacional (cf. Art. 6º do Decreto 4.388/2002)

## Da lesão corporal e da rixa

### Lesão leve

***Art. 209.*** *Ofender a integridade corporal ou a saúde de outrem:*

***Pena*** *- detenção, de três meses a um ano.*

### Lesão grave

***§ 1º*** *Se se produz, dolosamente, perigo de vida, debilidade permanente de membro, sentido ou função, ou incapacidade para as ocupações habituais, por mais de trinta dias:*

***Pena*** *- reclusão, até cinco anos.*

***§ 2º*** *Se se produz, dolosamente, enfermidade incurável, perda ou inutilização de membro, sentido ou função, incapacidade permanente para o trabalho, ou deformidade duradoura:*

***Pena*** *- reclusão, de dois a oito anos.*

### Lesões qualificadas pelo resultado

***§ 3º*** *Se os resultados previstos nos §§ 1º e 2º forem causados culposamente, a pena será de detenção, de um a quatro anos; se da lesão resultar morte e as circunstâncias evidenciarem que o agente não quis o resultado, nem assumiu o risco de produzi-lo, a pena será de reclusão, até oito anos.*

### Minoração facultativa da pena

***§ 4º*** *Se o agente comete o crime impelido por motivo de relevante valor moral ou social ou sob o domínio de violenta emoção, logo em seguida a injusta provocação da vítima, o juiz pode reduzir a pena, de um sexto a um terço.*

***§ 5º*** *No caso de lesões leves, se estas são recíprocas, não se sabendo qual dos contendores atacou primeiro, ou quando ocorre qualquer das hipóteses do parágrafo anterior, o juiz pode diminuir a pena de um a dois terços.*

### Lesão levíssima

***§ 6º*** *No caso de lesões levíssimas, o juiz pode considerar a infração como disciplinar.*

Lesão corporal é uma ofensa física que atinge a integridade ou a saúde do corpo humano; é necessário que a vítima sofra algum dano em seu corpo, que possa prejudicar sua saúde. Pode ser cometida tanto pelo militar quanto pelo civil. O crime se consuma no momento em que o agente lesiona um terceiro.

### Lesão culposa

***Art. 210.*** *Se a lesão é culposa:*

***Pena*** *- detenção, de dois meses a um ano.*

***§ 1º*** *A pena pode ser agravada se o crime resulta de inobservância de regra técnica de profissão, arte ou ofício, ou se o agente deixa de prestar imediato socorro à vítima.*

### Aumento de pena

***§ 2º*** *Se, em consequência de uma só ação ou omissão culposa, ocorrem lesões em várias pessoas, a pena é aumentada de um sexto até metade.*

Assim como o crime anterior, ofende-se a integridade física da vítima; porém, aqui o agente não tinha intenção de fazê-lo. O agente, deixando de empregar a cautela, atenção, ou diligência ordinária ou especial, a que estava obrigado em face das circunstâncias, não prevê o resultado que podia prever ou, prevendo-o, supõe levianamente que não se realizaria ou que poderia evitá-lo, respondendo assim com uma pena maior a depender das circunstâncias, isto é, se causou o resultado não respeitando regra profissional ou se deixa de prestar socorro à vítima, quando poderia fazê-lo.

### Participação em rixa

***Art. 211.*** *Participar de rixa, salvo para separar os contendores:*

***Pena*** *- detenção, até dois meses.*

***Parágrafo único.*** *Se ocorre morte ou lesão grave, aplica-se, pelo fato de participação na rixa, a pena de detenção, de seis meses a dois anos.*

O sujeito ativo pode ser qualquer pessoa, embora nesse crime todos são agentes e vítimas ao mesmo tempo. Exige-se vontade de tomar parte da rixa. Desse modo, não se admite a modalidade culposa.

## Da periclitação da vida ou da saúde

### Abandono de pessoa

***Art. 212.*** *Abandonar o militar pessoa que está sob seu cuidado, guarda, vigilância ou autoridade e, por qualquer motivo, incapaz de defender-se dos riscos resultantes do abandono:*

***Pena*** *- detenção, de seis meses a três anos.*

### Formas qualificadas pelo resultado

***§ 1º*** *Se do abandono resulta lesão grave:*

***Pena*** *- reclusão, até cinco anos.*

***§ 2º*** *Se resulta morte:*

***Pena*** *- reclusão, de quatro a doze anos.*

O sujeito ativo é o militar que foi designado para garantir segurança à vítima incapaz, colocada sob seu cuidado. O abandono nessa hipótese é físico, ou seja, deve haver risco de perigo.

### Maus-tratos

***Art. 213.*** *Expor a perigo a vida ou saúde, em lugar sujeito à administração militar ou no exercício de função militar, de pessoa sob sua autoridade, guarda ou vigilância, para o fim de educação, instrução, tratamento ou custódia, quer privando-a de alimentação ou cuidados indispensáveis, quer sujeitando-a a trabalhos excessivos ou inadequados, quer abusando de meios de correção ou disciplina:*

***Pena*** *- detenção, de dois meses a um ano.*

### Formas qualificadas pelo resultado

***§ 1º*** *Se do fato resulta lesão grave:*

***Pena*** *- reclusão, até quatro anos.*

***§ 2º*** *Se resulta morte:*

***Pena*** *- reclusão, de dois a dez anos.*

O sujeito ativo é o militar que esteja responsável por outra sob sua autoridade, guarda, vigilância, de acordo com a determinação legal. O agente expõe a vítima a uma situação de risco, sujeitando esta a uma situação forçada sob pena de sofrer um mal. É necessário apenas que a conduta de maus-tratos ocorra em local sujeito à Administração Militar ou no exercício de função militar.

## Dos crimes contra a honra

### Calúnia

***Art. 214.*** *Caluniar alguém, imputando-lhe falsamente fato definido como crime:*

***Pena*** *- detenção, de seis meses a dois anos.*

***§ 1º*** *Na mesma pena incorre quem, sabendo falsa a imputação, a propala ou divulga.*

### Exceção da verdade

***§ 2º*** *A prova da verdade do fato imputado exclui o crime, mas não é admitida:*

***I.*** *se, constituindo o fato imputado crime de ação privada, o ofendido não foi condenado por sentença irrecorrível;*

***II.*** *se o fato é imputado a qualquer das pessoas indicadas no nº I do art. 218;*

***III.*** *se do crime imputado, embora de ação pública, o ofendido foi absolvido por sentença irrecorrível.*

O sujeito ativo pode ser qualquer pessoa, seja militar ou civil. Caluniar significa acusar falsamente uma pessoa de cometer um fato definido como crime, tirando sua credibilidade social. É necessário, para a configuração desse crime, que a imputação feita seja falsa. Convém notar que não se pune por esse crime **dizer que a pessoa é criminosa**, mas sim dizer que **praticou um fato que seja considerado crime**. É exigível a descrição do fato criminoso praticado pelo agente, ainda que sem maiores detalhes.

### Difamação

***Art. 215.*** *Difamar alguém, imputando-lhe fato ofensivo à sua reputação:*

***Pena*** *- detenção, de três meses a um ano.*

***Parágrafo único.*** *A exceção da verdade somente se admite se a ofensa é relativa ao exercício da função pública, militar ou civil, do ofendido.*

O sujeito ativo pode ser qualquer pessoa, militar ou civil. O crime de difamação consiste em atribuir a alguém um fato desonroso, mas não descrito na lei como crime. Para a consumação da difamação, deve-se haver a divulgação para mais pessoas.

### Injúria

***Art. 216.*** *Injuriar alguém, ofendendo-lhe a dignidade ou o decoro:*

***Pena*** *- detenção, até seis meses.*

O sujeito ativo pode ser qualquer pessoa. O crime só será punido quando o agente agir dolosamente. A injúria consiste em atacar de forma direta atributos pessoais da vítima, atribuir a ela adjetivos pejorativos.

### Injúria real

***Art. 217.*** *Se a injúria consiste em violência, ou outro ato que atinja a pessoa, e, por sua natureza ou pelo meio empregado, se considera aviltante:*

***Pena*** *- detenção, de três meses a um ano, além da pena correspondente à violência.*

Nessa hipótese, a injúria consiste em violência física ou outro meio que atinja a vítima de maneira desonrosa.

## Disposições comuns

***Art. 218.*** *As penas cominadas nos antecedentes artigos deste capítulo aumentam-se de um terço, se qualquer dos crimes é cometido:*

***I.*** *contra o Presidente da República ou chefe de governo estrangeiro;*

***II.*** *contra superior;*

***III.*** *contra militar, ou funcionário público civil, em razão das suas funções;*

***IV.*** *na presença de duas ou mais pessoas, ou de inferior do ofendido, ou por meio que facilite a divulgação da calúnia, da difamação ou da injúria.*

***Parágrafo único.*** *Se o crime é cometido mediante paga ou promessa de recompensa, aplica-se a pena em dobro, se o fato não constitui crime mais grave.*

São hipóteses que tornam mais grave o crime cometido contra a honra, obrigando o juiz a aumentar em um terço a pena fixada ao réu.

## Ofensa às forças armadas

***Art. 219.*** *Propalar fatos, que sabe inverídicos, capazes de ofender a dignidade ou abalar o crédito das forças armadas ou a confiança que estas merecem do público:*

***Pena*** *- detenção, de seis meses a um ano.*

***Parágrafo único.*** *A pena será aumentada de um terço, se o crime é cometido pela imprensa, rádio ou televisão.*

O sujeito ativo pode ser qualquer pessoa, seja militar ou civil. Esse crime visa ofender as Forças Armadas, imputando a ela autoria por fato que sabe ser falso, que é capaz de ofender a dignidade, abalar sua credibilidade ou confiança do público.

## Exclusão de pena

***Art. 220.*** *Não constitui ofensa punível, salvo quando inequívoca a intenção de injuriar, difamar ou caluniar:*

***I.*** *a irrogada em juízo, na discussão da causa, por uma das partes ou seu procurador contra a outra parte ou seu procurador;*

***II.*** *a opinião desfavorável da crítica literária, artística ou científica;*

***III.*** *a apreciação crítica às instituições militares, salvo quando inequívoca a intenção de ofender;*

***IV.*** *o conceito desfavorável em apreciação ou informação prestada no cumprimento do dever de ofício.*

***Parágrafo único.*** *Nos casos dos ns. I e IV, responde pela ofensa quem lhe dá publicidade.*

A exclusão da pena se refere a uma excludente de delito, pois das hipóteses mencionadas há ausência de ilicitude. O agente se torna imune e a conduta se torna lícita por parte de quem a pratica.

## Equivocidade da ofensa

***Art. 221.*** *Se a ofensa é irrogada de forma imprecisa ou equívoca, quem se julga atingido pode pedir explicações em juízo. Se o interpelado se recusa a dá-las ou, a critério do juiz, não as dá satisfatórias, responde pela ofensa.*

Ocorre quando alguém profere uma frase com duplo sentido que, por dedução, a vítima chega à conclusão de que se trata de uma ofensa. Trata-se de mera dedução, não se tem certeza da intenção ofensiva, pois os meios utilizados são disfarçados.

# Dos crimes contra a liberdade

## Dos crimes contra a liberdade individual

### Constrangimento ilegal

***Art. 222.*** *Constranger alguém, mediante violência ou grave ameaça, ou depois de lhe haver reduzido, por qualquer outro meio, a capacidade de resistência, a não fazer o que a lei permite, ou a fazer ou a tolerar que se faça, o que ela não manda:*

***Pena*** *- detenção, até um ano, se o fato não constitui crime mais grave.*

### Aumento de pena

***§ 1º*** *A pena aplica-se em dobro, quando, para a execução do crime, se reúnem mais de três pessoas, ou há emprego de arma, ou quando o constrangimento é exercido com abuso de autoridade, para obter de alguém confissão de autoria de crime ou declaração como testemunha.*

***§ 2º*** *Além da pena cominada, aplica-se a correspondente à violência.*

### Exclusão de crime

***§ 3º*** *Não constitui crime:*

***I.*** *Salvo o caso de transplante de órgãos, a intervenção médica ou cirúrgica, sem o consentimento do paciente ou de seu representante legal, se justificada para conjurar iminente perigo de vida ou de grave dano ao corpo ou à saúde;*

***II.*** *a coação exercida para impedir suicídio.*

O sujeito ativo pode ser qualquer pessoa, militar ou civil. A violência e a grave ameaça são os primeiros meios de se cometer o delito de constrangimento ilegal.

O uso de violência se refere à física, enquanto que a grave ameaça pode-se constituir por meio da intimidação. Essa intimidação deve conter promessa de promover contra pessoa um mal futuro.

### Ameaça

***Art. 223.*** *Ameaçar alguém, por palavra, escrito ou gesto, ou qualquer outro meio simbólico, de lhe causar mal injusto e grave:*

***Pena*** *- detenção, até seis meses, se o fato não constitui crime mais grave.*

***Parágrafo único.*** *Se a ameaça é motivada por fato referente a serviço de natureza militar, a pena é aumentada de um terço.*

Qualquer pessoa pode cometer o crime de ameaça, podendo ser civil ou militar. Só se exige que o sujeito passivo tenha capacidade de compreender que uma ameaça contra ele está sendo realizada.

O ato de ameaçar é o mesmo que intimidar alguém, anunciando a ele um mal futuro que pode vir a acontecer.

### Desafio para duelo

***Art. 224.*** *Desafiar outro militar para duelo ou aceitar-lhe o desafio, embora o duelo não se realize:*

***Pena*** *- detenção, até três meses, se o fato não constitui crime mais grave.*

É uma figura típica exclusiva do Código Penal Militar. Esse crime ocorre quando há um duelo entre militares, afinal entre os militares há disciplina e rigor no que diz respeito à sua imagem e fácil manipulação de armas, então qualquer desafio de força pode levar a algo mais sério.

Nesse sentido, se o duelo se realiza e, como resultado, causa lesão ou morte, a conduta típica será regulamentada pelo artigo que representa a violência, visto que o crime de duelo é subsidiário.

### Sequestro ou cárcere privado

***Art. 225.*** *Privar alguém de sua liberdade, mediante sequestro ou cárcere privado:*

***Pena*** *- reclusão, até três anos.*

### Aumento de pena

***§ 1º*** *A pena é aumentada de metade:*

***I.*** *se a vítima é ascendente, descendente ou cônjuge do agente;*

***II.*** *se o crime é praticado mediante internação da vítima em casa de saúde ou hospital;*

***III.*** *se a privação de liberdade dura mais de quinze dias.*

### Formas qualificadas pelo resultado

***§ 2º*** *Se resulta à vítima, em razão de maus-tratos ou da natureza da detenção, grave sofrimento físico ou moral:*

***Pena*** *- reclusão, de dois a oito anos.*

***§ 3º*** *Se, pela razão do parágrafo anterior, resulta morte:*

***Pena*** *- reclusão, de doze a trinta anos.*

O sujeito ativo pode ser qualquer pessoa, militar ou civil, a essência do tipo diz respeito à conduta de restringir a liberdade de alguém, entendida esta como seu direito de ir e vir.

É hipótese de crime permanente, com isso sua consumação se prolonga no tempo. Não é necessário determinado lapso de tempo para caracterizar o crime, basta a intenção do agente em permanecer por certo tempo com a vítima para que o crime seja consumado.

## Do crime contra a inviolabilidade do domicílio

### Violação de domicílio

***Art. 226.*** *Entrar ou permanecer, clandestina ou astuciosamente, ou contra a vontade expressa ou tácita de quem de direito, em casa alheia ou em suas dependências:*

***Pena*** *- detenção, até três meses.*

### Forma qualificada

***§ 1º*** *Se o crime é cometido durante o repouso noturno, ou com emprego de violência ou de arma, ou mediante arrombamento, ou por duas ou mais pessoas:*

***Pena*** *- detenção, de seis meses a dois anos, além da pena correspondente à violência.*

## Agravação de pena

*§ 2º Aumenta-se a pena de um terço, se o fato é cometido por militar em serviço ou por funcionário público civil, fora dos casos legais, ou com inobservância das formalidades prescritas em lei, ou com abuso de poder.*

## Exclusão de crime

*§ 3º Não constitui crime a entrada ou permanência em casa alheia ou em suas dependências:*

*I. durante o dia, com observância das formalidades legais, para efetuar prisão ou outra diligência em cumprimento de lei ou regulamento militar;*

*II. a qualquer hora do dia ou da noite para acudir vítima de desastre ou quando alguma infração penal está sendo ali praticada ou na iminência de o ser.*

## Compreensão do termo "casa"

*§ 4º O termo casa compreende:*

*I. qualquer compartimento habitado;*

*II. aposento ocupado de habitação coletiva;*

*III. compartimento não aberto ao público, onde alguém exerce profissão ou atividade.*

*§ 5º Não se compreende no termo casa:*

*I. hotel, hospedaria, ou qualquer outra habitação coletiva, enquanto aberta, salvo a restrição do nº II do parágrafo anterior;*

*II. taverna, boate, casa de jogo e outras do mesmo gênero.*

A casa é um bem jurídico protegido diretamente pela Constituição Federal, que, no Art. 5º, inciso XI, prevê que ela é asilo inviolável do indivíduo, ninguém nela podendo penetrar sem consentimento do morador, salvo em caso de flagrante delito ou desastre, ou para prestar socorro, ou, durante o dia, por determinação judicial. Assim, qualquer violência praticada contra sua inviolabilidade deve ser reprimida pelo Estado. Na hipótese em análise, o sujeito ativo pode ser qualquer pessoa, seja civil ou militar, a vítima é a pessoa que tem o poder legal de controlar a entrada e saída de seu domicílio.

O tipo penal apresenta algumas modalidades de invasão de domicílio:

> quando o agente invade o domicílio de maneira clandestina, sem se deixar notar, pressupõe que seja contra vontade quem tem direito;

> Invadir domicílio de modo astucioso, o agente se utiliza de um pretexto, agindo de má-fé, para ingressar no domicílio, pressupondo também ausência de consentimento.

É importante anotar que a ideia de que a conduta deve ser contra vontade de quem de direito significa que a invasão, seja ela às claras (à vista do morador) ou de maneira clandestina, deve ser contrária à vontade do morador.

A forma qualificada ocorre na hipótese em que o agente, para invadir, utiliza-se de violência física ou uso arma de fogo.

## Dos crimes contra a inviolabilidade de correspondência ou comunicação

## Violação de correspondência

***Art. 227.*** *Devassar indevidamente o conteúdo de correspondência privada dirigida a outrem:*

***Pena*** *- detenção, até seis meses.*

*§ 1º Nas mesmas penas incorre:*

*I. quem se apossa de correspondência alheia, fechada ou aberta, e, no todo ou em parte, a sonega ou destrói;*

*II. quem indevidamente divulga, transmite a outrem ou utiliza, abusivamente, comunicação telegráfica ou radioelétrica dirigida a terceiro, ou conversação telefônica entre outras pessoas;*

*III. quem impede a comunicação ou a conversação referida no número anterior.*

## Aumento de pena

*§ 2º A pena aumenta-se de metade, se há dano para outrem.*

*§ 3º Se o agente comete o crime com abuso de função, em serviço postal, telegráfico, radioelétrico ou telefônico:*

***Pena*** *- detenção, de um a três anos.*

## Natureza militar do crime

*§ 4º Salvo o disposto no parágrafo anterior, qualquer dos crimes previstos neste artigo só é considerado militar no caso do art. 9º, nº II, letra a.*

O sujeito ativo pode ser qualquer pessoa, militar ou civil, o sujeito passivo pode ser tanto o remetente quanto o destinatário da correspondência.

Nesse crime, o agente toma conhecimento de conteúdo de correspondência que não foi autorizado a abrir. A conduta caracteriza uma violação a direito constitucional (Art. 5º, XII, da CF), e não somente penal.

## Dos crimes contra a inviolabilidade dos segredos de caráter particular

## Divulgação de segredo

***Art. 228.*** *Divulgar, sem justa causa, conteúdo de documento particular sigiloso ou de correspondência confidencial, de que é detentor ou destinatário, desde que da divulgação possa resultar dano a outrem:*

***Pena*** *- detenção, até seis meses.*

O sujeito ativo pode ser tanto o militar quanto o civil, sendo ele o detentor ou destinatário de documento sigiloso ou de correspondência confidencial. A divulgação é o ato de tornar a informação de conhecimento geral. Esse crime só se configura se esta divulgação resultar em dano a outrem.

## Violação de recato

***Art. 229.*** *Violar, mediante processo técnico o direito ao recato pessoal ou o direito ao resguardo das palavras que não forem pronunciadas publicamente:*

***Pena*** *- detenção, até um ano.*

***Parágrafo único.*** *Na mesma pena incorre quem divulga os fatos captados.*

O sujeito ativo é o militar na ativa, que com sua conduta viola direito ao recato pessoal, ou seja, a intimidade, ou ao resguardo das palavras que não forem pronunciadas publicamente, ou seja, o sigilo das comunicações privadas. O agente se utiliza de processo técnico para cometer tal violação.

## Violação de segredo profissional

*Art. 230. Revelar, sem justa causa, segredo de que tem ciência, em razão de função ou profissão, exercida em local sob administração militar, desde que da revelação possa resultar dano a outrem:*

*Pena - detenção, de três meses a um ano.*

O sujeito ativo é aquele que exerce função ou profissão em local sob Administração Militar, e em razão dela toma ciência de um segredo, o qual deveria guardar.

O agente revela esse fato para terceiro, sem motivo justificado, consumindo assim o crime referido.

## Natureza militar do crime

*Art. 231. Os crimes previstos nos arts. 228 e 229 somente são considerados militares no caso do art. 9º, nº II, letra a.*

Isso quer dizer que esses dois crimes somente serão militares se praticados por militar em situação de atividade ou assemelhado, contra militar, na mesma situação ou assemelhado.

# Dos crimes sexuais

## Estupro

*Art. 232. Constranger mulher a conjunção carnal, mediante violência ou grave ameaça:*

*Pena - reclusão, de três a oito anos, sem prejuízo da correspondente à violência.*

O sujeito ativo só pode ser homem, e o passivo, mulher.

A conduta descreve que, mediante violência ou grave ameaça, o agente força mulher a conjunção carnal (copula pênis-vagina).

## Atentado violento ao pudor

*Art. 233. Constranger alguém, mediante violência ou grave ameaça, a presenciar, a praticar ou permitir que com ele pratique ato libidinoso diverso da conjunção carnal:*

*Pena - reclusão, de dois a seis anos, sem prejuízo da correspondente à violência.*

O sujeito ativo pode ser tanto o militar quanto o civil, que visa obter, de maneira forçosa, presenciar prática ou permitir que com ele se pratique ato libidinoso, que não seja a conjunção carnal. Ato libidinoso é qualquer ato que vise a satisfazer ou causar prazer sexual no agente.

> Embora no Código Penal Comum as condutas de estupro e atentado violento ao pudor tenham se unido em uma única, para o Código Penal Militar continuam tipos autônomos, possuindo, inclusive, penas diferentes.

## Corrupção de menores

*Art. 234. Corromper ou facilitar a corrupção de pessoa menor de dezoito e maior de quatorze anos, com ela praticando ato de libidinagem, ou induzindo-a a praticá-lo ou presenciá-lo:*

*Pena - reclusão, até três anos.*

O sujeito ativo pode ser qualquer pessoa, já o passivo dever ser o menor de 18 anos e maior de 14 anos, corrompendo estes ou facilitando sua corrupção, pela prática de ato libidinoso ou induzindo à prática ou a presenciá-la.

O ato deve ser tão intenso a ponto de perverter a vítima, e assim efetivamente corrompê-la. Para sua consumação, basta o ato libidinoso com o ofendido; o agente tem como objetivo a satisfação da sua lascívia.

## Pederastia ou outro ato de libidinagem

*Art. 235. Praticar, ou permitir o militar que com ele se pratique ato libidinoso, homossexual ou não, em lugar sujeito à administração militar:*

*Pena - detenção, de seis meses a um ano.*

O sujeito ativo é militar. Esse crime traz hipótese de desrespeito ao local sujeito à Administração Militar, que é regido por uma disciplina rigorosa, não havendo espaço para qualquer tipo de relacionamento sexual. Apesar de o crime começar com a ideia da pederastia, que significa a prática de ato sexual entre um homem e um jovem, a conduta proibida consiste na prática de qualquer ato sexual em local sujeito à Administração Militar, e não só a ideia limitada ao ato homossexual.

## Presunção de violência

*Art. 236. Presume-se a violência, se a vítima:*

*I. não é maior de quatorze anos, salvo fundada suposição contrária do agente;*

*II. é doente ou deficiente mental, e o agente conhecia esta circunstância;*

*III. não pode, por qualquer outra causa, oferecer resistência.*

Essa hipótese visa estabelecer como critério para o consentimento sexual a plena capacidade de entender o fato, assim: ser maior de 14 nos, estar em pleno gozo de suas faculdades mentais, estar em condições em que possa resistir à investida sexual de terceiro. O artigo, assim, fixa como presunção de violência as hipóteses em que se considera a vítima como incapaz em consentir qualquer ato sexual.

## Aumento de pena

*Art. 237. Nos crimes previstos neste capítulo, a pena é agravada, se o fato é praticado:*

*I. com o concurso de duas ou mais pessoas;*

*II. por oficial, ou por militar em serviço.*

O artigo fixa agravantes aos crimes sexuais, sendo a pena agravada quando há concurso de agentes (pluralidade de autores), ou ainda se praticado por oficial ou militar em serviço. A conduta já é grave, mas se o sujeito ativo é oficial ou militar, o legislador entende ser necessária maior repressão penal, pois estes deveriam representar segurança pública.

# Do ultraje público ao pudor

## Ato obsceno

*Art. 238. Praticar ato obsceno em lugar sujeito à administração militar:*

*Pena - detenção de três meses a um ano.*

***Parágrafo único.*** *A pena é agravada, se o fato é praticado por militar em serviço ou por oficial.*

O sujeito ativo pode ser qualquer pessoa, sendo necessário que outra pessoa veja o ato praticado por ele. Basta haver uma conotação sexual no ato em questão para que se configure um ato obsceno.

## Escrito ou objeto obsceno

> ***Art. 239.*** *Produzir, distribuir, vender, expor à venda, exibir, adquirir ou ter em depósito para o fim de venda, distribuição ou exibição, livros, jornais, revistas, escritos, pinturas, gravuras, estampas, imagens, desenhos ou qualquer outro objeto de caráter obsceno, em lugar sujeito à administração militar, ou durante o período de exercício ou manobras:*
>
> ***Pena*** *- detenção, de seis meses a dois anos.*
>
> ***Parágrafo único.*** *Na mesma pena incorre quem distribui, vende, oferece à venda ou exibe a militares em serviço objeto de caráter obsceno.*

O sujeito ativo pode ser qualquer pessoa, as condutas são alternativas, ou seja, a prática de uma delas, ou de mais de uma, representa um só delito. O objeto do crime pode ser qualquer um que contenha em si ou tenha caráter de obscenidade, ainda exige que as condutas sejam realizadas em local sujeito à Administração Militar ou durante o exercício de manobras.

# 4. CRIMES MILITARES EM TEMPO DE PAZ

## 4.1 Dos Crimes Contra o Patrimônio

### Do furto

#### Furto simples

> ***Art. 240.*** *Subtrair, para si ou para outrem, coisa alheia móvel:*
>
> ***Pena*** *- reclusão, até seis anos.*

#### Furto atenuado

> ***§ 1º*** *Se o agente é primário e é de pequeno valor a coisa furtada, o juiz pode substituir a pena de reclusão pela de detenção, diminuí-la de um a dois terços, ou considerar a infração como disciplinar. Entende-se pequeno o valor que não exceda a um décimo da quantia mensal do mais alto salário-mínimo do país.*
>
> ***§ 2º*** *A atenuação do parágrafo anterior é igualmente aplicável no caso em que o criminoso, sendo primário, restitui a coisa ao seu dono ou repara o dano causado, antes de instaurada a ação penal.*

#### Energia de valor econômico

> ***§ 3º*** *Equipara-se à coisa móvel a energia elétrica ou qualquer outra que tenha valor econômico.*

#### Furto qualificado

> ***§ 4º*** *Se o furto é praticado durante a noite:*
>
> ***Pena*** *reclusão, de dois a oito anos.*
>
> ***§ 5º*** *Se a coisa furtada pertence à Fazenda Nacional:*
>
> ***Pena*** *- reclusão, de dois a seis anos.*
>
> ***§ 6º*** *Se o furto é praticado:*
>
> ***I.*** *com destruição ou rompimento de obstáculo à subtração da coisa;*
>
> ***II.*** *com abuso de confiança ou mediante fraude, escalada ou destreza;*
>
> ***III.*** *com emprego de chave falsa;*
>
> ***IV.*** *mediante concurso de duas ou mais pessoas:*
>
> ***Pena*** *- reclusão, de três a dez anos.*
>
> ***§ 7º*** *Aos casos previstos nos §§ 4º e 5º são aplicáveis as atenuações a que se referem os §§ 1º e 2º. Aos previstos no § 6º é aplicável a atenuação referida no § 2º.*

O sujeito ativo pode ser qualquer pessoa, civil ou militar. A previsão do crime de furto visa proteger o patrimônio.

O crime se consuma no momento em que o objeto sai da esfera de proteção e disponibilidade da vítima e passar a estar à disposição do agente.

#### Furto de uso

> ***Art. 241.*** *Se a coisa é subtraída para o fim de uso momentâneo e, a seguir, vem a ser imediatamente restituída ou reposta no lugar onde se achava:*
>
> ***Pena*** *- detenção, até seis meses.*
>
> ***Parágrafo único.*** *A pena é aumentada de metade, se a coisa usada é veículo motorizado; e de um terço, se é animal de sela ou de tiro.*

O crime de furto de uso ocorre quando o agente subtrai a coisa para uso momentâneo e logo após o devolve. Nesse caso a gente não tem a intenção de ter a posse definitiva; antes de a vítima tomar conhecimento do fato, o objeto já volta a seu lugar; o objeto é devolvido inteiro e sem lesão.

### Do roubo e da extorsão

#### Roubo simples

> ***Art. 242.*** *Subtrair coisa alheia móvel, para si ou para outrem, mediante emprego ou ameaça de emprego de violência contra pessoa, ou depois de havê-la, por qualquer modo, reduzido à impossibilidade de resistência:*
>
> ***Pena*** *- reclusão, de quatro a quinze anos.*
>
> ***§ 1º*** *Na mesma pena incorre quem, em seguida à subtração da coisa, emprega ou ameaça empregar violência contra pessoa, a fim de assegurar a impunidade do crime ou a detenção da coisa para si ou para outrem.*

#### Roubo qualificado

> ***§ 2º*** *A pena aumenta-se de um terço até metade:*
>
> ***I.*** *se a violência ou ameaça é exercida com emprego de arma;*
>
> ***II.*** *se há concurso de duas ou mais pessoas;*
>
> ***III.*** *se a vítima está em serviço de transporte de valores, e o agente conhece tal circunstância;*
>
> ***IV.*** *se a vítima está em serviço de natureza militar;*
>
> ***V.*** *se é dolosamente causada lesão grave;*
>
> ***VI.*** *se resulta morte e as circunstâncias evidenciam que o agente não quis esse resultado, nem assumiu o risco de produzi-lo.*

#### Latrocínio

> ***§ 3º*** *Se, para praticar o roubo, ou assegurar a impunidade do crime, ou a detenção da coisa, o agente ocasiona dolosamente a morte de alguém, a pena será de reclusão, de quinze a trinta anos, sendo irrelevante se a lesão patrimonial deixa de consumar-se. Se há mais de uma vítima dessa violência à pessoa, aplica-se o disposto no art. 79.*

O sujeito ativo desse crime pode ser qualquer pessoa, seja ela civil ou militar. O crime consiste em subtrair coisa alheia, porém com emprego de violência ou ameaça de violência. Para a configuração do roubo, portanto, a violência é elemento necessário.

No Direito Militar existem duas formas de o roubo ter como consequência a morte: uma descrita como causa de aumento de pena, quando o roubo resulta em morte da vítima, e o agente não queria o resultado nem assumiu o risco, ou seja, quando o agente não tinha a intenção de produzi-la; outra corresponde à hipótese do latrocínio, quando o agente tem a intenção de provocar a morte para garantir o roubo, ou a posse da coisa ou a impunidade do crime, sendo a morte uma consequência do crime, ainda que o agente não consiga subtrair o patrimônio.

Cumpre lembrar que o agente só pode ser punido pelas suas intenções ou descuidos, seja por dolo ou culpa. Se a intenção é roubar e, no meio da execução, ocorre a morte, deve-se verificar se houve ou não intenção.

## Extorsão simples

***Art. 243.*** *Obter para si ou para outrem indevida vantagem econômica, constrangendo alguém, mediante violência ou grave ameaça:*

***a)*** *a praticar ou tolerar que se pratique ato lesivo do seu patrimônio, ou de terceiro;*

***b)*** *a omitir ato de interesse do seu patrimônio, ou de terceiro:*

***Pena*** *- reclusão, de quatro a quinze anos.*

## Formas qualificadas

***§ 1º*** *Aplica-se à extorsão o disposto no § 2º do art. 242.*

***§ 2º*** *Aplica-se à extorsão, praticada mediante violência, o disposto no § 3º do art. 242.*

O sujeito ativo pode ser qualquer pessoa, civil ou militar, o agente visa conseguir vantagem econômica indevida. O crime se configura no momento em que o agente exerce o constrangimento. A partir desse momento, o crime já começa a ser executado, ainda que não se consiga a vantagem econômica. Esse crime é diferente do roubo por ser necessária uma ação da vítima para sua configuração. É o caso, por exemplo, da obtenção de uma senha bancária: o agente somente terá a senha com a colaboração da vítima, então a hipótese será de extorsão. Agora, caso a vantagem possa ser obtida diretamente pelo criminoso, tirando o celular da mão da vítima, por exemplo, estaremos diante da hipótese de roubo, e não de extorsão, ainda que a vítima em razão de ameaça entregue o bem.

## Extorsão mediante sequestro

***Art. 244.*** *Extorquir ou tentar extorquir para si ou para outrem, mediante sequestro de pessoa, indevida vantagem econômica:*

***Pena*** *- reclusão, de seis a quinze anos.*

## Formas qualificadas

***§ 1º*** *Se o sequestro dura mais de vinte e quatro horas, ou se o sequestrado é menor de dezesseis ou maior de sessenta anos, ou se o crime é cometido por mais de duas pessoas, a pena é de reclusão de oito a vinte anos.*

***§ 2º*** *Se à pessoa sequestrada, em razão de maus-tratos ou da natureza do sequestro, resulta grave sofrimento físico ou moral, a pena de reclusão é aumentada de um terço.*

***§ 3º*** *Se o agente vem a empregar violência contra a pessoa sequestrada, aplicam-se, correspondentemente, as disposições do art. 242, § 2º, ns. V e VI, e § 3º.*

O sujeito ativo pode ser qualquer pessoa, seja ela civil ou militar. O crime consiste no sequestro de pessoa com a finalidade de obter vantagem econômica indevida. Sequestro é a privação da liberdade contra a vontade do indivíduo.

## Chantagem

***Art. 245.*** *Obter ou tentar obter de alguém, para si ou para outrem, indevida vantagem econômica, mediante a ameaça de revelar fato, cuja divulgação pode lesar a sua reputação ou de pessoa que lhe seja particularmente cara:*

***Pena*** *- reclusão, de três a dez anos.*

***Parágrafo único.*** *Se a ameaça é de divulgação pela imprensa, radiodifusão ou televisão, a pena é agravada.*

O sujeito ativo pode ser qualquer pessoa; nesse crime o agente tenta obter vantagem econômica em troca de não revelar fato que possa prejudicar a reputação da vítima ou de alguém próximo a ela.

## Extorsão indireta

***Art. 246.*** *Obter de alguém, como garantia de dívida, abusando de sua premente necessidade, documento que pode dar causa a procedimento penal contra o devedor ou contra terceiro:*

***Pena*** *- reclusão, até três anos.*

O sujeito ativo pode ser qualquer pessoa, civil ou militar, desde que credor de uma dívida. A vítima, por necessidade, entrega documento que pode dar causa a procedimento penal contra si mesmo ou terceiro, o agente abusa do seu desespero ao aceitar tal obtenção como forma de garantia do pagamento.

## Aumento de pena

***Art. 247.*** *Nos crimes previstos neste capítulo, a pena é agravada, se a violência é contra superior, ou militar de serviço.*

O crime é praticado contra superior, seja hierárquico ou funcional, ou militar de serviço.

# Da apropriação indébita

## Apropriação indébita simples

***Art. 248.*** *Apropriar-se de coisa alheia móvel, de que tem a posse ou detenção:*

***Pena*** *- reclusão, até seis anos.*

## Agravação de pena

***Parágrafo único.*** *A pena é agravada, se o valor da coisa excede vinte vezes o maior salário-mínimo, ou se o agente recebeu a coisa:*

***I.*** *em depósito necessário;*

***II.*** *em razão de ofício, emprego ou profissão.*

O sujeito ativo pode ser qualquer pessoa, desde que tenha a posse ou detenção do objeto.

O proprietário da coisa confiou ao agente um bem seu, para que este o guardasse ou o utilizasse. No momento em que deveria fazer a devolução, houve a negativa do agente, invertendo, com isso, a posse e consumando o delito.

## Apropriação de coisa havida acidentalmente

***Art. 249.*** *Apropriar-se alguém de coisa alheia vinda ao seu poder por erro, caso fortuito ou força da natureza:*

***Pena*** *- detenção, até um ano.*

## Apropriação de coisa achada

***Parágrafo único.*** *Na mesma pena incorre quem acha coisa alheia perdida e dela se apropria, total ou parcialmente, deixando de restituí-la ao dono ou legítimo possuidor, ou de entregá-la à autoridade competente, dentro do prazo de quinze dias.*

O sujeito ativo pode ser qualquer pessoa, civil ou militar. A diferença dessas espécies de apropriação é que, no caso de coisa havida acidentalmente, a coisa alheia chega ao poder de agente por evento estranho à sua vontade; é uma falsa percepção da realidade, que leva uma pessoa a entregar coisa que pertence a outro ao agente; a apropriação por coisa achada, assim como esta, depende de um evento alheio à vontade do agente, o qual encontra um bem perdido e o toma para si.

*Art. 250. Nos crimes previstos neste capítulo, aplica-se o disposto nos §§ 1º e 2º do art. 240.*

Trata-se das figuras privilegiadas previstas no crime de furto.

## Do estelionato e outras fraudes

### Estelionato

***Art. 251.** Obter, para si ou para outrem, vantagem ilícita, em prejuízo alheio, induzindo ou mantendo alguém em erro, mediante artifício, ardil ou qualquer outro meio fraudulento:*

***Pena** - reclusão, de dois a sete anos.*

***§ 1º** Nas mesmas penas incorre quem:*

### Disposição de coisa alheia como própria

***I.** vende, permuta, dá em pagamento, em locação ou em garantia, coisa alheia como própria;*

### Alienação ou oneração fraudulenta de coisa própria

***II.** vende, permuta, dá em pagamento ou em garantia coisa própria inalienável, gravada de ônus ou litigiosa, ou imóvel que prometeu vender a terceiro, mediante pagamento em prestações, silenciando sobre qualquer dessas circunstâncias;*

### Defraudação de penhor

***III.** defrauda, mediante alienação não consentida pelo credor ou por outro modo, a garantia pignoratícia, quando tem a posse do objeto empenhado;*

### Fraude na entrega de coisa

***IV.** defrauda substância, qualidade ou quantidade de coisa que entrega a adquirente;*

### Fraude no pagamento de cheque

***V.** defrauda de qualquer modo o pagamento de cheque que emitiu a favor de alguém.*

***§ 2º** Os crimes previstos nos ns. I a V do parágrafo anterior são considerados militares sòmente nos casos do art. 9º, nº II, letras a e e.*

### Agravação de pena

***§ 3º** A pena é agravada, se o crime é cometido em detrimento da administração militar.*

O sujeito ativo pode ser qualquer pessoa, militar ou civil. A conduta é dupla: o agente, ao visar obter vantagem indevida, induz ou mantem alguém em erro. A vantagem ilícita pode ser de qualquer natureza, não necessariamente econômica, é qualquer benefício que o agente vise conseguir. O agente se utiliza de meios fraudulentos para manter a vítima em erro.

O § 2º determina que, nas hipóteses do inciso I ao V, os crimes que serão considerados militares são os que forem praticados por militar em situação de atividade ou assemelhado, contra militar na mesma situação ou assemelhado; ou por militar em situação de atividade, ou assemelhado, contra o patrimônio sob a Administração Militar, ou a ordem administrativa militar.

### Abuso de pessoa

***Art. 252.** Abusar, em proveito próprio ou alheio, no exercício de função, em unidade, repartição ou estabelecimento militar, da necessidade, paixão ou inexperiência, ou da doença ou deficiência mental de outrem, induzindo-o à prática de ato que produza efeito jurídico, em prejuízo próprio ou de terceiro, ou em detrimento da administração militar:*

***Pena** - reclusão, de dois a seis anos.*

O sujeito ativo pode ser qualquer pessoa, civil ou militar, desde que no exercício de função em unidade, repartição ou estabelecimento militar, o sujeito ativo é a pessoa apaixonada, necessitada ou inexperiente ou com enfermidade mental que esta suscetível a praticar atos que produzam efeitos jurídicos que lhe possam gerar danos para si ou para terceiros.

***Art. 253.** Nos crimes previstos neste capítulo, aplica-se o disposto nos §§ 1º e 2º do art. 240.*

Consiste na aplicação dos benefícios concedidos ao furto privilegiado.

## Da receptação

### Receptação

***Art. 254.** Adquirir, receber ou ocultar em proveito próprio ou alheio, coisa proveniente de crime, ou influir para que terceiro, de boa-fé, a adquira, receba ou oculte:*

***Pena** - reclusão, até cinco anos.*

***Parágrafo único.** São aplicáveis os §§ 1º e 2º do art. 240.*

O sujeito ativo pode ser qualquer pessoa. É um crime simples, constituído de quatro condutas autônomas possíveis. São elas:

- adquirir: obter ou comprar objeto derivado de crime;
- receber: aceitar, seja como pagamento, presente, etc., objeto derivado de crime;
- ocultar: encobrir objeto derivado de crime;
- influir: inspirar, convencer que terceiro de boa-fé, adquira, receba ou oculte objeto derivado de crime.

### Receptação culposa

***Art. 255.** Adquirir ou receber coisa que, por sua natureza ou pela manifesta desproporção entre o valor e o preço, ou pela condição de quem a oferece, deve presumir-se obtida por meio criminoso:*

***Pena** - detenção, até um ano.*

***Parágrafo único.** Se o agente é primário e o valor da coisa não é superior a um décimo do salário-mínimo, o juiz pode deixar de aplicar a pena.*

O sujeito ativo pode ser qualquer pessoa, seja ele militar ou civil. Configura o crime quando o agente deveria presumir que o objeto foi obtido de forma criminosa, o agente age com imprudência adquirindo ou recebendo algo que poderia deduzir ser fruto de ato ilícito.

Punibilidade da receptação

***Art. 256.** A receptação é punível ainda que desconhecido ou isento de pena o autor do crime de que proveio a coisa.*

A receptação é um crime independente, ainda que o autor do crime tenha extinta sua punibilidade ou que seja ele desconhecido, a conduta será punível. Pouco importa o crime que antecede a receptação; havendo um crime anterior, o crime de receptação será punível.

## Da usurpação

### Alteração de limites

***Art. 257.*** *Suprimir ou deslocar tapume, marco ou qualquer outro sinal indicativo de linha divisória, para apropriar-se, no todo ou em parte, de coisa imóvel sob administração militar:*

***Pena*** *- detenção, até seis meses.*

***§ 1º*** *Na mesma pena incorre quem:*

### Usurpação de águas

***I.*** *desvia ou represa, em proveito próprio ou de outrem, águas sob administração militar;*

### Invasão de propriedade

***II.*** *invade, com violência à pessoa ou à coisa, ou com grave ameaça, ou mediante concurso de duas ou mais pessoas, terreno ou edifício sob administração militar.*

### Pena correspondente à violência

***§ 2º*** *Quando há emprego de violência, fica ressalvada a pena a esta correspondente.*

O sujeito ativo pode ser qualquer pessoa, civil ou militar, desde que dono do imóvel ao lado daquele que terá seus limites alterados.

Suprimir é o mesmo que eliminar, e deslocar o mesmo que mover. O agente que elimina ou move qualquer sinal que indique a limitação do imóvel, com o intuito de se apropriar dele, pratica a figura típica.

O elemento essencial é que o imóvel que teve sua limitação alterada esteja sob Administração Militar.

### Aposição, supressão ou alteração de marca

***Art. 258.*** *Apor, suprimir ou alterar, indevidamente, em gado ou rebanho alheio, sob guarda ou administração militar, marca ou sinal indicativo de propriedade:*

***Pena*** *- detenção, de seis meses a três anos.*

O sujeito ativo pode ser tanto civil quanto militar, o agente sobrepõe, elimina ou modifica, em gado ou rebanho alheio, que esteja sob seu cuidado, ou sob Administração Militar, marca ou sinal que indica sua propriedade.

## Do dano

### Dano simples

***Art. 259.*** *Destruir, inutilizar, deteriorar ou fazer desaparecer coisa alheia:*

***Pena*** *- detenção, até seis meses.*

***Parágrafo único.*** *Se se trata de bem público:*

***Pena*** *- detenção, de seis meses a três anos.*

O sujeito ativo pode ser qualquer pessoa, civil ou militar. O crime é simples e de fácil compreensão: com seu ato o agente visa danificar bem alheio, seja destruindo-o, seja tirando sua utilidade, deteriorando-o ou fazendo com que desapareça.

### Dano atenuado

***Art. 260.*** *Nos casos do artigo anterior, se o criminoso é primário e a coisa é de valor não excedente a um décimo do salário-mínimo, o juiz pode atenuar a pena, ou considerar a infração como disciplinar.*

***Parágrafo único.*** *O benefício previsto no artigo é igualmente aplicável, se, dentro das condições nele estabelecidas, o criminoso repara o dano causado antes de instaurada a ação penal.*

Desde que respeitados os requisitos estabelecidos, pode o agente ter sua pena reduzida ou o crime desclassificado.

Se o agente que repara o dano antes da instauração criminal for primário e a coisa for de valor não excedente a um décimo do salário-mínimo, o juiz poderá atenuar a pena ou considerar a infração somente como administrativo-disciplinar, e não como crime.

### Dano qualificado

***Art. 261.*** *Se o dano é cometido:*

***I.*** *com violência à pessoa ou grave ameaça;*

***II.*** *com emprego de substância inflamável ou explosiva, se o fato não constitui crime mais grave;*

***III.*** *por motivo egoístico ou com prejuízo considerável:*

***Pena*** *- reclusão, até quatro anos, além da pena correspondente à violência.*

São hipóteses em que o crime de dano terá limites punitivos maiores, tratando-se de hipóteses de crime qualificado.

### Dano em material ou aparelhamento de guerra

***Art. 262.*** *Praticar dano em material ou aparelhamento de guerra ou de utilidade militar, ainda que em construção ou fabricação, ou em efeitos recolhidos a depósito, pertencentes ou não às forças armadas:*

***Pena*** *- reclusão, até seis anos.*

O sujeito ativo pode ser qualquer pessoa, seja ela civil ou militar, o agente destrói, inutiliza, deteriora ou faz desaparecer objetos em geral que servem às Forças Armadas.

### Dano em navio de guerra ou mercante em serviço militar

***Art. 263.*** *Causar a perda, destruição, inutilização, encalhe, colisão ou alagamento de navio de guerra ou de navio mercante em serviço militar, ou nele causar avaria:*

***Pena*** *- reclusão, de três a dez anos.*

***§ 1º*** *Se resulta lesão grave, a pena correspondente é aumentada da metade; se resulta a morte, é aplicada em dobro.*

***§ 2º*** *Se, para a prática do dano previsto no artigo, usou o agente de violência contra a pessoa, ser-lhe-á aplicada igualmente a pena a ela correspondente.*

O sujeito ativo pode ser qualquer pessoa, civil ou militar. O agente, com sua conduta, visa provocar qualquer tipo de estrago em navio de guerra ou mercante em serviço militar.

## Dano em aparelhos e instalações de aviação e navais, e em estabelecimentos militares

*Art. 264. Praticar dano:*

*I. em aeronave, hangar, depósito, pista ou instalações de campo de aviação, engenho de guerra motomecanizado, viatura em comboio militar, arsenal, dique, doca, armazém, quartel, alojamento ou em qualquer outra instalação militar;*

*II. em estabelecimento militar sob regime industrial, ou centro industrial a serviço de construção ou fabricação militar:*

***Pena** - reclusão, de dois a dez anos.*

***Parágrafo único.** Aplica-se o disposto nos parágrafos do artigo anterior.*

O sujeito ativo pode ser qualquer pessoa, civil ou militar, que vise danificar quaisquer dos bens descritos nos seus incisos.

## Desaparecimento, consunção ou extravio

*Art. 265. Fazer desaparecer, consumir ou extraviar combustível, armamento, munição, peças de equipamento de navio ou de aeronave ou de engenho de guerra motomecanizado:*

***Pena** - reclusão, até três anos, se o fato não constitui crime mais grave.*

O sujeito ativo pode ser qualquer pessoa, civil ou militar, é um crime subsidiário cuja conduta só será punida se não constituir um crime mais grave.

## Modalidades culposas

*Art. 266. Se o crime dos arts. 262, 263, 264 e 265 é culposo, a pena é de detenção de seis meses a dois anos; ou, se o agente é oficial, suspensão do exercício do posto de um a três anos, ou reforma; se resulta lesão corporal ou morte, aplica-se também a pena cominada ao crime culposo contra a pessoa, podendo ainda, se o agente é oficial, ser imposta a pena de reforma.*

O crime culposo é aquele que o agente por deixar de empregar cautela, atenção, ou diligência ordinária, ou especial, a que estava obrigado em face das circunstâncias, não prevê o resultado que podia prever ou, prevendo-o, supõe levianamente que não se realizaria ou que poderia evitá-lo, sendo possível a modalidade culposa nos crimes de dano em material ou aparelhamento de guerra; dano em navio de guerra ou mercante em serviço militar; dano em aparelhos e instalações de aviação e navais, e em estabelecimentos militares; desaparecimento, consunção ou extravio.

# Da usura

## Usura pecuniária

*Art. 267. Obter ou estipular, para si ou para outrem, no contrato de mútuo de dinheiro, abusando da premente necessidade, inexperiência ou leviandade do mutuário, juro que excede a taxa fixada em lei, regulamento ou ato oficial:*

***Pena** - detenção, de seis meses a dois anos.*

## Casos assimilados

*§ 1º Na mesma pena incorre quem, em repartição ou local sob administração militar, recebe vencimento ou provento de outrem, ou permite que estes sejam recebidos, auferindo ou permitindo que outrem aufira proveito cujo valor excede a taxa de três por cento.*

## Agravação de pena

*2º A pena é agravada, se o crime é cometido por superior ou por funcionário em razão da função.*

Usura consiste na obtenção de renda sobre um capital. No caso do crime de usura pecuniária, o sujeito ativo pode ser qualquer pessoa, seja civil ou militar. O agente visa obter ou estipular juros que excedem a taxa legal ou regulamento ou ato oficial, em contrato de mútuo, e para tanto se aproveita da necessidade, inexperiência ou leviandade de terceiro. O agente que recebe vencimento ou provento de outrem, ou permite que estes sejam recebidos, ultrapassando o limite permitido de provento, incorre na mesma pena. E se o crime é praticado por superior, funcional ou hierárquico ou por funcionário em razão de sua função, a pena será agravada.

# DIREITOS HUMANOS

# 1. DECLARAÇÃO UNIVERSAL DOS DIREITOS HUMANOS (DUDH)

O período que sucedeu a Segunda Guerra Mundial carregou consigo a memória viva das grandes atrocidades experimentadas em um conflito sangrento e de proporções alarmantes. A barbárie imposta pelos nazistas, consolidada sobre a lógica da "supremacia racial", fez com que o mundo se colocasse diante de situações de absoluta desumanidade em que os direitos mais básicos do ser humano eram negados, restando-lhe a fome, a falta de liberdade, o trabalho forçado, o sofrimento e a morte. Contudo, a consolidação das potências bélicas, vitoriosas da grande guerra, resultou no encabeçamento de um movimento que traria respeito e segurança aos direitos humanos, garantindo-lhes proteção em qualquer tempo e lugar.

A Organização das Nações Unidas (ONU), constituída por 58 Estados-membros em sua origem, entre eles o Brasil, em 10 de dezembro de 1948 instituiu, por meio da resolução 217 A (III), a Declaração Universal dos Direitos Humanos (DUDH). Quando foi editada a Resolução, ela era apenas uma recomendação, não possuía força vinculante. Este posicionamento não é mais adequado porque décadas após a Resolução que criou a DUDH, os Tribunais Internacionais consideram que essa Resolução pode ser vista como espelho do costume internacional de Proteção dos Direitos Humanos.

Constituída por 30 artigos, o documento traz a defesa dos direitos básicos para a promoção da dignidade humana. Sem distinção de cor, nacionalidade, orientação sexual, política ou religiosa, a resolução visa impedir as arbitrariedades dos indivíduos e dos Estados que firam os Direitos Humanos.

Considerando que o reconhecimento da dignidade inerente a todos os membros da família humana e de seus direitos iguais e inalienáveis é o fundamento da liberdade, da justiça e da paz no mundo,

Considerando que o desprezo e o desrespeito pelos direitos humanos resultam em atos bárbaros que ultrajam a consciência da humanidade e que o advento de um mundo em que os homens gozem de liberdade de palavra, descrença e da liberdade de viverem a salvo do temor e da necessidade foi proclamado como a mais alta aspiração do homem comum, (...)

Considerando que os povos das Nações Unidas reafirmaram, na Carta, sua fé nos direitos humanos fundamentais, na dignidade e no valor da pessoa humana e na igualdade de direitos dos homens e das mulheres, e que decidiram promover o progresso social e melhores condições de vida em uma liberdade mais ampla,

Considerando que uma compreensão comum desses direitos e liberdades é da mais alta importância para o pleno cumprimento desse compromisso.

Trechos retirados do Preâmbulo da DUDH, 1948.

Vejamos alguns trechos da DUDH:

| | |
|---|---|
| *A presente Declaração Universal dos Direitos Humanos como o ideal comum a ser atingido por todos os povos e todas as nações, com o objetivo de que cada indivíduo e cada órgão da sociedade, tendo sempre em mente esta Declaração, se esforce, através do ensino e da educação, por promover o respeito a esses direitos e liberdades, e, pela adoção de medidas progressivas de caráter nacional e internacional, por assegurar o seu reconhecimento e a sua observância universal e efetiva, tanto entre os povos dos próprios Estados-Membros, quanto entre os povos dos territórios sob sua jurisdição.* | **OBJETIVO** |

Medidas progressivas: não é intenção da Declaração Universal dos Direitos Humanos que suas medidas sejam compreendidas e estabelecidas de maneira absoluta.

Artigo 1

| | |
|---|---|
| *Todos os seres humanos nascem livres e iguais em dignidade e direitos. São dotados de razão e consciência e devem agir em relação uns aos outros com espírito de fraternidade.* | **Declaração dos Direitos do Homem e do Cidadão, 1789.** |

Artigo 2

| | |
|---|---|
| *Toda pessoa tem capacidade para gozar os direitos e as liberdades estabelecidas nesta Declaração, sem distinção de qualquer espécie, seja de raça, cor, sexo, língua, religião, opinião política ou de outra natureza, origem nacional ou social, riqueza, nascimento, ou qualquer outra condição. Não será tampouco feita qualquer distinção fundada na condição política, jurídica ou internacional do país ou território a que pertença uma pessoa, quer se trate de um território independente, sob tutela, sem governo próprio, quer sujeito a qualquer outra limitação de soberania.* | **Nenhum pré-requisito é motivo de distinção entre cidadãos em relação ao direito.** |

Artigo 3

| | |
|---|---|
| *Toda pessoa tem direito à vida, à liberdade e à segurança pessoal. Exceção: Em caso de Guerra Declarada.* | **Não podemos encarar de forma absoluta.** |

Artigo 4

| | |
|---|---|
| *Ninguém será mantido em escravidão ou servidão; a escravidão e o tráfico de escravos serão proibidos em todas as suas formas.* | **Vedação à escravidão, para alguns autores temos um direito que se reveste de caráter absoluto.** |

Artigo 8

| | |
|---|---|
| *Todo ser humano tem direito a receber dos tribunais nacionais competentes remédio efetivo para os atos que violem os direitos fundamentais que lhe sejam reconhecidos pela constituição ou pela lei.* | **Base para os remédios constitucionais.** |

Artigo 11.

| | |
|---|---|
| *1. Todo ser humano acusado de um ato delituoso tem o direito de ser presumido inocente até que a sua culpabilidade tenha sido provada de acordo com a lei, em julgamento público no qual lhe tenham sido asseguradas todas as garantias necessárias à sua defesa.* | **Presunção de inocência.** |
| *2. Ninguém poderá ser culpado por qualquer ação ou omissão que, no momento, não constituíam delito perante o direito nacional ou internacional. Também não será imposta pena mais forte do que aquela que, no momento da prática, era aplicável ao ato delituoso.* | **Reserva Legal.** |

Artigo 5

*Ninguém será submetido à tortura nem a tratamento ou castigo cruel, desumano ou degradante.*

Artigo 6

*Todo ser humano tem o direito de ser, em todos os lugares, reconhecido como pessoa perante a lei.*

Artigo 7

*Todos são iguais perante a lei e têm direito, sem qualquer distinção, a igual proteção da lei. Todos têm direito a igual proteção contra qualquer discriminação que viole a presente Declaração e contra qualquer incitamento a tal discriminação.*

Artigo 13

*1. Todo ser humano tem direito à liberdade de locomoção e residência dentro das fronteiras de cada Estado.*

*2. Todo ser humano tem o direito de deixar qualquer país, inclusive o próprio, e a este regressar.*

Artigo 14

*1. Toda pessoa, vítima de perseguição, tem o direito de procurar e de gozar asilo em outros países.*

*2. Este direito não pode ser invocado em caso de perseguição legitimamente motivada por crimes de direito comum ou por atos contrários aos objetivos e princípios das Nações Unidas.*

Artigo 15

*1. Todo ser humano tem direito a uma nacionalidade.*

*2. Ninguém será arbitrariamente privado de sua nacionalidade, nem do direito de mudar de nacionalidade.*

Artigo 16

*1. Os homens e mulheres de maior idade, sem qualquer restrição de raça, nacionalidade ou religião, têm o direito de contrair matrimônio e fundar uma família. Gozam de iguais direitos em relação ao casamento, sua duração e sua dissolução.*

*2. O casamento não será válido senão com o livre e pleno consentimento dos nubentes.*

*3. A família é o núcleo natural e fundamental da sociedade e tem direito à proteção da sociedade e do Estado.*

Artigo 17

*1. Todo ser humano tem direito à propriedade, só ou em sociedade com outros.*

*2. Ninguém será arbitrariamente privado de sua propriedade.*

Artigo 20

*1. Todo ser humano tem direito à liberdade de reunião e associação pacífica.*

*2. Ninguém pode ser obrigado a fazer parte de uma associação.*

Artigo 21

*1. Todo ser humano tem o direito de tomar parte no governo de seu país diretamente ou por intermédio de representantes livremente escolhidos.*

*2. Todo ser humano tem igual direito de acesso ao serviço público do seu país.*

*3. A vontade do povo será a base da autoridade do governo; esta vontade será expressa em eleições periódicas e legítimas, por sufrágio universal, por voto secreto ou processo equivalente que assegure a liberdade de voto.*

Artigo 26

*1. Todo ser humano tem direito à instrução. A instrução será gratuita, pelo menos nos graus elementares e fundamentais. A instrução elementar será obrigatória. A instrução técnico-profissional será acessível a todos, bem como a instrução superior, está baseada no mérito.*

*2. A instrução será orientada no sentido do pleno desenvolvimento da personalidade humana e do fortalecimento do respeito pelos direitos humanos e pelas liberdades fundamentais. A instrução promoverá a compreensão, a tolerância e a amizade entre todas as nações e grupos raciais ou religiosos, e coadjuvará as atividades das Nações Unidas em prol da manutenção da paz.*

## 1.1 Breves Considerações sobre a Declaração Universal dos Direitos Humanos.

> Quando a Declaração Universal dos Direitos Humanos começou a ser pensada, o mundo ainda sentia os efeitos da Segunda Guerra Mundial, encerrada em 1945.

> Outros documentos já haviam sido redigidos em reação a tratamentos desumanos e injustiças, como a Declaração de Direitos Inglesa (elaborada em 1689, após as Guerras Civis Inglesas, para pregar a democracia) e a Declaração dos Direitos do Homem e do Cidadão (redigida em 1789, após a Revolução Francesa, a fim de proclamar a igualdade para todos).

> Depois da Segunda Guerra e da criação da Organização das Nações Unidas (também em 1945), líderes mundiais decidiram complementar a promessa da comunidade internacional de nunca mais permitir atrocidades como as que haviam sido vistas na guerra. Assim, elaboraram um guia para garantir os direitos de todas as pessoas e em todos os lugares do globo.

> O documento foi apresentado na primeira Assembleia Geral da ONU em 1946 e repassado à Comissão de Direitos Humanos para que fosse usado na preparação de uma declaração internacional de direitos. Na primeira sessão da comissão em 1947, seus membros foram autorizados a elaborar o que foi chamado de "esboço preliminar da Declaração Internacional dos Direitos Humanos".

- Um comitê formado por membros de oito países recebeu a declaração e se reuniu pela primeira vez em 1947. Ele foi presidido por Eleanor Roosevelt, viúva do presidente americano Franklin D. Roosevelt. O responsável pelo primeiro esboço da declaração, o francês René Cassin, também participou.
- O primeiro rascunho da Declaração Universal dos Direitos Humanos, que contou com a participação de mais de 50 países na redação, foi apresentado em setembro de 1948 e teve seu texto final redigido em menos de dois anos.

## 1.2 Direitos Humanos e Legislação Brasileira

- Podemos afirmar uma clara violação dos direitos humanos durante 21 anos (1964 a 1985).
- Temos uma violação desigual atingindo a Sociedade em diferentes níveis.
- A Emenda Constitucional nº 1, de 1969, alterou o Texto Constitucional, formando na prática uma nova Constituição (referente a Constituição de 1967).
- Em 1984, como resposta à repressão imposta pela Constituição de 1967 aos Direitos Políticos, surgiu o movimento das "Diretas Já", que reivindicava a volta das eleições diretas no Brasil para eleger o Presidente da República. No primeiro momento, o movimento não logrou êxito plenamente, pois a primeira eleição após o regime militar foi indireta, realizada pelo Congresso. Entretanto, conseguiu um bom resultado quando, nestas eleições, conseguiu devolver o governo à sociedade civil.
- A Constituição de 1988, conhecida como "Constituição Cidadã", é a que melhor representa a harmonia do Brasil com os Direitos Humanos nos dias atuais, pelo menos em tese. Pela própria estrutura da Constituição, como ela é escrita e como seus artigos estão organizados, percebemos que há um maior destaque para os Direitos Humanos: estes aparecem logo nas primeiras linhas do texto constitucional, sendo uma forma de demonstrar que o constituinte quis garanti-los e fazer deles a base para a nova sociedade que nascia a partir daquele momento.
- Logo no primeiro artigo, encontramos como fundamento da República Federativa do Brasil a "dignidade da pessoa humana", os "valores sociais do trabalho e da livre iniciativa" e o "pluralismo político". Isto prova que a nova ordem social, acolhida e inaugurada pela nova Constituição, rompia com aquela criada em 1967, e valorizava os Direitos Sociais, Trabalhistas e Políticos. É, porém, no Art. 5º da Carta de 1988, que encontramos o maior leque de direitos garantidos; vão desde direitos individuais e coletivos, passando por direitos civis, até instrumentos de controle judiciário da vida social e de limitações ao direito estatal de punir. É um grande avanço comparado à constituição anterior.

# 2. CONVENÇÃO AMERICANA DE DIREITOS HUMANOS (PACTO DE SÃO JOSÉ DA COSTA RICA)

> Tratado Internacional entre os países membros da Organização dos Estados Americanos (OEA) firmado durante a Conferência Interamericana Especializada de Direitos Humanos em 22 de novembro de 1969 na cidade de San José da Costa Rica (país).

> Número de Artigos: 82, incluindo as disposições transitórias, que estabelecem os direitos fundamentais da pessoa humana, como o direito à vida, à liberdade, à dignidade, à integridade pessoal e moral, à educação, entre outros.

> Objetivo: promover a garantia dos direitos fundamentais da pessoa humana: direito à liberdade, à vida, à dignidade, à integridade pessoal. Proibir a escravidão e a servidão humana, afirmar a liberdade de consciência e liberdade de orientação religiosa, além de garantir os direitos e proteção da família.

Este Tratado busca afirmar que os direitos essenciais da dignidade humana resultam da condição humana e não de sua nacionalidade.

Brasil: o Governo brasileiro depositou a carta de adesão a essa convenção em 25 de setembro de 1992. Portanto, a Convenção Americana sobre Direitos Humanos (Pacto de São José da Costa Rica) entrou em vigor, para o Brasil, em 25 de setembro de 1992, de conformidade com o disposto no segundo parágrafo de seu Art. 74. A promulgação veio com o Decreto 678 de 06 de novembro de 1992.

*Artigo 74, 2. A ratificação desta Convenção ou a adesão a ela efetuar-se-á mediante depósito de um instrumento de ratificação ou de adesão na Secretaria-Geral da Organização dos Estados Americanos. Esta Convenção entrará em vigor logo que onze Estados houverem depositado os seus respectivos instrumentos de ratificação ou de adesão. Com referência a qualquer outro Estado que a ratificar ou que a ela aderir ulteriormente, a Convenção entrará em vigor na data do depósito do seu instrumento de ratificação ou de adesão. (Grifo nosso).*

Observação: segundo a Emenda Constitucional número 45 de 2004, sobre a reforma no judiciário, os tratados referentes aos direitos humanos passam a vigorar imediatamente e tornam-se equiparados às normas constitucionais. Modo de aprovação = três quintos dos votos na Câmara dos Deputados e no Senado, em dois turnos em cada casa. Vale lembrar que o Pacto de São José da Costa Rica é anterior à referida emenda.

| PARTE I - DEVERES DOS ESTADOS E DIREITOS PROTEGIDOS |
|---|
| Capítulo I: Enumeração de Deveres |
| **Art. 1:** *Obrigação de Respeitar os Direitos.*<br>*Art.2: Dever de adotar disposições de direito interno.* |
| Capítulo II: Direitos Civis e Políticos. |
| **Art. 3:** *Direito ao reconhecimento da Personalidade jurídica.*<br>**Art. 4:** *Direito à Vida.*<br>**Art. 5:** *Direito à Integridade Pessoal.*<br>**Art. 6:** *Proibição da Escravidão e da Servidão.*<br>**Art. 7:** *Direito à Liberdade pessoal.*<br>**Art. 8:** *Garantias Judiciais.*<br>**Art. 9:** *Princípios da legalidade e da retroatividade.*<br>**Art. 10:** *Direito à Indenização.*<br>**Art. 11:** *Proteção da honra e dignidade.*<br>**Art. 12:** *Liberdade de consciência e religião.*<br>**Art. 13:** *Liberdade de Pensamento e de Expressão.*<br>**Art. 14:** *Direito da retificação ou resposta.*<br>**Art. 15:** *Direito à Reunião.*<br>**Art. 16:** *Liberdade de Associação.*<br>**Art. 17:** *Proteção da Família.*<br>**Art. 18:** *Direito ao Nome.*<br>**Art. 19:** *Direitos da Criança.*<br>**Art. 20:** *Direito à Nacionalidade.*<br>**Art. 21:** *Direito à propriedade privada.*<br>**Art. 22:** *Direito de circulação e de residência.*<br>**Art. 23:** *Direitos Políticos.*<br>**Art. 24:** *Igualdade perante a Lei.*<br>**Art. 25:** *Proteção judicial.* |
| **Capítulo III: Direitos Econômicos, Sociais e Culturais.** |
| **Art. 26:** *Desenvolvimento progressivo.* |
| Capítulo IV: Suspensão de Garantias, garantias e aplicação. |
| **Art. 27:** *Suspensão de Garantias.*<br>**Art. 28:** *Cláusula Federal.*<br>**Art. 29:** *Normas de Interpretação.*<br>**Art. 30:** *Alcance das restrições.*<br>**Art. 31:** *Reconhecimento de outros direitos.* |
| Capítulo V: Deveres das Pessoas. |
| **Art. 32:** *Correlação entre deveres e direitos.* |

| PARTE II - MEIOS DA PROTEÇÃO |
|---|
| Capítulo VI: Órgãos Competentes |
| **Art. 33:** *São competentes para conhecer dos assuntos relacionados com o cumprimento dos compromissos assumidos pelos Estados-Partes dessa convenção.* |

| Capítulo VII: Comissão Interamericana de Direitos Humanos (CIDH) |
|---|
| ***Art. 34:*** *Os componentes da CIDH serão pessoas de alta autoridade moral e conhecimento sobre os Direitos Humanos.* |
| ***Art. 35:*** *A Comissão representa todos os membros da Organização dos Estados Americanos.* |
| ***Art. 36:*** *Dos membros da comissão.* |
| ***Art. 37:*** *Da Eleição dos membros da comissão e do tempo de mandato.* |
| ***Art. 38:*** *Das Vagas.* |
| ***Art. 39:*** *Do Estatuto da Comissão.* |
| ***Art. 40:*** *Dos servidores de secretaria da Comissão.* |
| ***Art. 41:*** *Da principal função da Comissão.* |
| ***Art. 42:*** *Dos relatórios dos Estados-Partes.* |
| ***Art. 43:*** *Das informações dos Estados-Partes.* |
| ***Art. 44:*** *Dos órgãos não governamentais.* |
| ***Art. 45:*** *Do reconhecimento da Comissão como representante dos Estados-Partes.* |
| ***Art. 46:*** *Dos requisitos para apresentação de petição à Comissão.* |
| ***Art. 47:*** *Da inadmissibilidade das petições apresentadas à Comissão.* |
| ***Art. 48:*** *Dos procedimentos após aceitação de petição pela Comissão.* |
| ***Art. 49:*** *Do procedimento (fim amistoso) pós-resolução de problemas pela Comissão.* |
| ***Art. 50:*** *Do procedimento (fim não amistoso) pós-resolução de problemas pela Comissão.* |
| ***Art. 51:*** *Dos procedimentos e limites temporais estabelecidos aos Estados pela Comissão.* |
| **Capítulo VIII: Corte Interamericana de Direitos Humanos.** |
| ***Art. 52:*** *Da composição da Corte.* |
| ***Art. 53:*** *Da eleição para juízes da Corte.* |
| ***Art. 54:*** *Do tempo de mandato dos juízes da corte.* |
| ***Art. 55:*** *Da Nacionalidade dos Juízes.* |
| ***Art. 56:*** *da formação de quórum pelos juízes.* |
| ***Art. 57:*** *Da Comissão e da Corte.* |
| ***Art. 58:*** *Da Sede da Corte.* |
| ***Art. 59:*** *Da Secretaria da Corte.* |
| ***Art. 60:*** *Da elaboração do Estatuto pela Corte.* |
| ***Art. 61:*** *Do direito de submeter decisões à Corte.* |
| ***Art. 62:*** *Do reconhecimento da competência da Corte pelos Estados--Partes.* |
| ***Art. 63:*** *Das Garantias da Corte aos Estados-Partes.* |
| ***Art. 64:*** *Da relação entre Estados-Partes e a Corte.* |
| ***Art. 65:*** *Do relatório sobre as atividades da Corte.* |
| ***Art. 66:*** *Dos fundamentos de um processo na Corte.* |
| ***Art. 67:*** *Da Sentença da Corte.* |
| ***Art. 68:*** *Do Comprometimento com a Corte por parte dos Estados--Partes.* |
| ***Art. 69:*** *Das Sentenças da Corte.* |
| Capítulo IX: Disposições Comuns |
| ***Art. 70:*** *Das Condições de Juízes e da Corte.* |
| ***Art. 71:*** *Da incompatibilidade das atividades dos juízes com outras atividades.* |
| ***Art. 72:*** *Dos Gastos com Juízes e membros da Corte.* |
| ***Art. 73:*** *Das Sanções à Corte ou aos Juízes.* |

| PARTE III - DISPOSIÇÕES GERAIS E TRANSITÓRIAS. |
|---|
| Capítulo X: Assinatura, Ratificação, Reserva, Emenda, Protocolo e Denúncia. |
| ***Art. 74:*** *Da adesão e da Ratificação à Convenção.* |
| ***Art. 75:*** *Da Condição de objeto de reserva.* |
| ***Art. 76:*** *Das propostas de emenda à Convenção.* |
| ***Art. 77:*** *Dos projetos de protocolo por parte dos Estados-Partes.* |
| ***Art. 78:*** *Da Denúncia pelos Estados-Partes.* |
| Capítulo XI: Disposições Transitórias |
| ***Art. 79:*** *da apresentação dos membros dos Estados-Partes à convenção* |
| ***Art. 80:*** *Da eleição dos membros da comissão.* |
| ***Art. 81:*** *Da apresentação dos Estados-Partes.* |
| ***Art. 82:*** *Das eleições dos juízes da corte.* |

- > Os Estados signatários da convenção de São José da Costa Rica se comprometem a respeitar os direitos e liberdades reconhecidas pela convenção.
- > Os Estados Membros estão dispostos a tomar atitudes legais para que direitos acordados no Tratado sejam respeitados por todos os componentes.
- > A convenção ainda estabelece um desenvolvimento progressivo dos direitos econômicos, sociais e culturais de acordo com os recursos disponíveis.
- > O cumprimento e a proteção dos direitos humanos ficam sob a tutela de dois órgãos criados pela convenção:
- > Comissão Interamericana dos Direitos Humanos.
- > Corte Interamericana dos Direitos Humanos.

## 2.1 Comissão Interamericana de Direitos Humanos (Arts. 34 a 51)

A Comissão é o órgão principal da OEA, cuja função primordial é promover a observância e a defesa dos direitos humanos, além de servir como órgão consultivo nessa matéria, incorporando a sua estrutura básica por meio da sua inclusão na Carta da Organização. Compõe-se de sete membros, que deverão ser pessoas de alta autoridade moral e de reconhecido saber em matéria de direitos humanos. Os membros da Comissão são eleitos a título pessoal, pela Assembléia Geral da Organização, de uma lista de candidatos propostos pelos governos dos Estados membros. Cada um dos referidos governos pode propor até três candidatos, nacionais do Estado que os propuser ou de qualquer outro Estado membro da Organização dos Estados Americanos. Quando for proposta uma lista de três candidatos, pelo menos um deles deverá ser nacional de Estado diferente do proponente.

Os membros da Comissão são eleitos por quatro anos e só poderão ser reeleitos uma vez. Não pode fazer parte da Comissão mais de um nacional de um mesmo Estado. A Comissão tem a função principal de promover a observância e a defesa dos direitos humanos e, no exercício do seu mandato, tem as seguintes funções e atribuições:

Estimular a consciência dos direitos humanos nos povos da América.

> Formular recomendações aos governos dos Estados membros, quando o considerar conveniente, no sentido de que adotem medidas progressivas em prol dos direitos humanos no âmbito de suas leis internas e seus preceitos constitucionais, bem como disposições apropriadas para promover o devido respeito a esses direitos.

> Preparar os estudos ou relatórios que considerar convenientes para o desempenho de suas funções.

> Solicitar aos governos dos Estados membros que lhe proporcionem informações sobre as medidas que adotarem em matéria de direitos humanos.

> Atender às consultas que, por meio da Secretaria-Geral da Organização dos Estados Americanos, lhe formularem os Estados membros sobre questões relacionadas com os direitos humanos e, dentro de suas possibilidades, prestar-lhes o assessoramento que eles lhe solicitarem.

> Atuar com respeito às petições e outras comunicações, no exercício de sua autoridade, de conformidade com o disposto nos Arts. 44 a 51 da Convenção Americana de Direitos Humanos.

> Apresentar um relatório anual à Assembléia Geral da Organização dos Estados Americanos.

Qualquer pessoa ou grupo de pessoas, ou entidade não governamental legalmente reconhecida em um ou mais Estados membros da Organização, pode apresentar à Comissão petições que contenham denúncias ou queixas de violação desta Convenção por um Estado Parte.

## 2.2 Corte Interamericana de Direitos Humanos (Arts. 52 a 73)

A Corte é um órgão de caráter jurisdicional que foi criado pela Convenção com o objetivo de supervisionar o seu cumprimento, com uma função complementar àquela conferida pela mesma Convenção à Comissão. A Corte tem sede em São José, capital da Costa Rica, e faz parte do Sistema Interamericano de Direitos Humanos. Ela é um dos três Tribunais regionais de proteção dos Direitos Humanos, ao lado do Tribunal Europeu de Direitos Humanos e a Corte Africana de Direitos Humanos e dos Povos. Sua primeira reunião foi realizada em 1979 na sede da Organização dos Estados Americanos (OEA), em Washington, EUA.

A Corte é composta de sete juízes, nacionais dos Estados membros da Organização, eleitos a título pessoal dentre juristas da mais alta autoridade moral, de reconhecida competência em matéria de direitos humanos, que reúnam as condições requeridas para o exercício das mais elevadas funções judiciais, de acordo com a lei do Estado do qual sejam nacionais, ou do Estado que os propuser como candidatos. Não deve haver dois juízes da mesma nacionalidade.

Os juízes da Corte são eleitos, em votação secreta e pelo voto da maioria absoluta dos Estados Partes na Convenção, na Assembleia Geral da Organização, de uma lista de candidatos propostos pelos mesmos Estados. Cada um dos Estados Partes pode propor até três candidatos, nacionais do Estado que os propuser ou de qualquer outro Estado membro da Organização dos Estados Americanos. Quando se propuser uma lista de três candidatos, pelo menos um deles deverá ser nacional de Estado diferente do proponente. Os juízes da Corte serão eleitos por um período de seis anos e só poderão ser reeleitos uma vez. Somente os Estados Partes e a Comissão têm direito de submeter caso à decisão da Corte.

A Corte tem competência para conhecer de qualquer caso relativo à interpretação e aplicação das disposições da Convenção Americana de Direitos Humanos que lhe seja submetido, desde que os Estados Partes no caso tenham reconhecido ou reconheçam a referida competência. Quando decidir que houve violação de um direito ou liberdade protegidos nesta Convenção, a Corte determinará que se assegure ao prejudicado o gozo do seu direito ou liberdade violados. Determinará, também, se isso for procedente, que sejam reparadas as consequências da medida ou situação que haja configurado a violação desses direitos, bem como o pagamento de indenização justa à parte lesada.

Em casos de extrema gravidade e urgência, e quando se fizer necessário evitar danos irreparáveis às pessoas, a Corte, nos assuntos de que estiver conhecendo, poderá tomar as medidas provisórias que considerar pertinentes. Se se tratar de assuntos que ainda não estiverem submetidos ao seu conhecimento, poderá atuar a pedido da Comissão.

# 3. SISTEMA INTERNACIONAL DE PROTEÇÃO DOS DIREITOS HUMANOS – SISTEMA GLOBAL

Considerando que, tecnicamente, a DUDH teria efeito apenas de recomendação, sem gerar obrigações por Parte dos Estados, uma vez que não se trata de um Tratado Internacional, decidiu a ONU realizar dois pactos diversos: um tratando de direitos civis e políticos; e outro tratando de direitos sociais, econômicos e culturais.

## 3.1 Pacto Internacional Sobre Direitos Civis e Políticos

01. É **Tratado Internacional**

    Assinado em 16/12/1966

    Brasil ratificou através do Decreto 592, em 06/07/1992.

02. **Objetivo:** *incorporar as disposições da DUDH com força vinculante.*
03. **Direitos Voltados Para o Indivíduo**
04. **Aumentou o Número de Direitos - Normas Autoaplicáveis** *- não são programas.*
05. **Criou para os Estados:** *obrigações legais e responsabilizações na hipótese de descumprimento dos DH.*

> Determinou aos Estados dois tipos de obrigações:

» **Negativas:** no sentido de que o Estado não deve violar os direitos ali previstos;

» **Positivas:** obrigando os Estados a criarem um sistema legal de proteção e resposta no caso de violação dos direitos Humanos.

> **Não Menciona** os Seguintes Direitos Previstos na **DUDH**:

» Direito de Propriedade.

» Direito de Asilo na hipótese de perseguição.

## Direitos novos – principais

### Autodeterminação dos Povos

***Art. 1º***

*1. Todos os povos têm direito à autodeterminação. Em virtude desse direito, determinam livremente seu estatuto político e asseguram livremente seu desenvolvimento econômico, social e cultural.*

*2. Para a consecução de seus objetivos, todos os povos podem dispor livremente se suas riquezas e de seus recursos naturais, sem prejuízo das obrigações decorrentes da cooperação econômica internacional, baseada no princípio do proveito mútuo, e do Direito Internacional. Em caso algum, poderá um povo ser privado de seus meios de subsistência.*

*3. Os Estados-Partes do presente Pacto, inclusive aqueles que tenham a responsabilidade de administrar territórios não autônomos e territórios sob tutela, deverão promover o exercício do direito à autodeterminação e respeitar esse direito, em conformidade com as disposições da Carta das Nações Unidas.*

### Proibição de Prisão por Obrigação Contratual

***Art. 11º***

*Ninguém poderá ser preso apenas por não poder cumprir com uma obrigação contratual.*

### Proibição da Propaganda e Incitação a Guerra

***Art. 20º***

*1. Será proibida por lei qualquer propaganda em favor da guerra.*

*2. Será proibida por lei qualquer apologia do ódio nacional, racial ou religioso que constitua incita- mento à discriminação, à hostilidade ou à violência.*

### Direitos Da Criança

***Art. 24º***

*1. Toda criança terá direito, sem discriminação alguma, por motivo de cor, sexo, língua, religião, origem nacional ou social, situação econômica ou nascimento, às medidas de proteção que a sua condição de menor requerer por Parte de sua família, da sociedade e do Estado.*

*2. Toda criança deverá ser registrada imediatamente após seu nascimento e deverá receber um nome.*

*3. Toda criança terá o direito de adquirir uma nacionalidade.*

### Direito Das Minorias

***Art. 27º***

*Nos Estados em que haja minorias étnicas, religiosas ou lingüísticas, as pessoas pertencentes a essas minorias não poderão ser privadas do direito de ter, conjuntamente com outros membros de seu grupo, sua própria vida cultural, de professar e praticar sua própria religião e usar sua própria língua.*

## Direitos com possibilidade de restrição

> O direito de Reunião e de Associação está previsto também na Declaração Universal de Direitos Humanos. A diferença principal é que, no Pacto, há possibilidade de se estabelecer restrições ao exercício desses direitos, por três motivos:

» Segurança Nacional.

» Segurança.

» Ordem Pública.

*Artigo 21*

*O direito de reunião pacífica será reconhecido. O exercício desse direito estará sujeito apenas às restrições previstas em lei e que se façam necessárias, em uma sociedade democrática, no interesse da segurança nacional, da segurança ou da ordem pública, ou para proteger a saúde ou a moral pública ou os direitos e as liberdades das demais pessoas.*

*Artigo 22*

*1. Toda pessoa terá o direito de associar-se livremente a outras, inclusive o direito de construir sindicatos e de a eles filiar-se, para a proteção de seus interesses.*

*2. O exercício desse direito estará sujeito apenas às restrições previstas em lei e que se façam necessárias, em uma sociedade democrática, no interesse da segurança nacional, da segurança e da ordem públicas, ou para proteger a saúde ou a moral públicas ou os direitos e liberdades das demais pessoas. O presente artigo não impedirá que se submeta a restrições legais o exercício desse direito por membros das forças armadas e da polícia.*

*3. Nenhuma das disposições do presente artigo permitirá que Estados-Partes da Convenção de 1948 da Organização Internacional do Trabalho, relativa à liberdade sindical e à proteção do direito sindical, venham a adotar medidas legislativas que restrinjam ou aplicar a lei de maneira a restringir as garantias previstas na referida Convenção.*

## Pena de morte

***Art. 6º***

*1. O direito à vida é inerente à pessoa humana. Esse direito deverá ser protegido pela lei. Ninguém poderá ser arbitrariamente privado de sua vida.*

*2. Nos países em que a pena de morte não tenha sido abolida, esta poderá ser imposta apenas nos*

*casos de CRIMES MAIS GRAVES, em conformidade com legislação vigente na época em que o crime foi cometido e que não esteja em conflito com as disposições do presente Pacto, nem com a Convenção sobra a Prevenção e a Punição do Crime de Genocídio. Poder-se-á aplicar essa pena apenas em decorrência de uma sentença transitada em julgado e proferida por tribunal competente.*

*3. Quando a privação da vida constituir crime de genocídio, entende-se que nenhuma disposição do presente artigo autorizará qualquer Estado Parte do presente Pacto a eximir-se, de modo algum, do cumprimento de qualquer das obrigações que tenham assumido em virtude das disposições da Con- venção sobre a Prevenção e a Punição do Crime de Genocídio.*

*4. Qualquer condenado à morte terá o direito de pedir indulto ou comutação da pena. A anistia, o indulto ou a comutação da pena poderá ser concedido em todos os casos.*

*5. A pena de morte não deverá ser imposta em casos de crimes cometidos por pessoas menores de 18 anos, nem aplicada a mulheres em estado de gravidez.*

*6. Não se poderá invocar disposição alguma do presente artigo para retardar ou impedir a abolição da pena de morte por um Estado-Parte do presente Pacto.*

## Mecanismos de controle e monitoramento

*1.* **Relatórios***: informar as medidas que estão sendo tomadas na implementação dos Direitos Humanos no seu território, bem como informar o seu progresso.*

*2.* **Comunicações Interestatais***: um Estado-Parte comunica o descumprimento ou violação de alguma disposição dos direitos humanos por outro Estado-Parte.*

*3.* **Petições Individuais***: pedidos das vítimas de violação dos Direitos Humanos diretamente ao Comitê de Direitos Humanos. (Inserido pelo Protocolo Facultativo)*

## Comitê de direitos humanos – art. 28

Órgão criado pelo Pacto para Monitoramento e Controle dos Estados na Implementação dos DH.

*1.Constituir-se-á um Comitê de Diretores Humanos (doravante denominado o "Comitê", no presente Pacto). O Comitê será composto de dezoito membros e desempenhará as funções descritas adiante.*

*2 O Comitê será integrado por nacionais dos Estados-Partes do presente Pacto, os quais deverão ser pessoas de elevada reputação moral e reconhecida competência em matéria de direito humanos, levando-se em consideração a utilidade da participação de algumas pessoas com experiências jurídicas.*

*3 Os membros do Comitê serão eleitos e exercerão suas funções a título pessoal.*

## 3.2 Pacto Internacional dos Direitos Econômicos, Sociais e Culturais

*1. Consiste em Um Tratado Internacional*

Assinado em 19/12/1966

BRASIL ratificou através do Decreto 591, em 06/07/1992.

*2. Objetivo: Incorporar as disposições da DUDH com força vinculante.*

*3. Estabelece -Deveres aos Estados.*

Assim, os Estados reconhecem e implementam os Direitos previstos neste pacto de forma Progressiva.

### Princípio da Proibição do Retrocesso

*1. Não são chamadas de* **Autoaplicáveis***, justamente porque a sua implementação deve ser progressiva, o que não significa que o Estado deve ficar inerte.*

*2.* **Criou** *para os Estados: obrigações legais e responsabilizações na hipótese de descumprimento dos DH.*

## Mecanismos de controle e monitoramento

*1.* **Relatórios***: informar as medidas que estão sendo tomadas na implementação dos Direitos Humanos no seu território, bem como informar o seu progresso.*

*2.* **Comunicações** *Interestatais: um Estado-Parte comunica o descumprimento ou violação de alguma disposição dos direitos humanos por outro Estado-Parte.*

*3.* **Petições Individuais***: pedidos das vítimas de violação dos Direitos Humanos encaminhadas ao Secretario Geral da ONU que encaminha para o Conselho Econômico e Social, que por sua vez possui um Comitê criado para realizar esse monitoramento.*

Foram Inseridas pelo Protocolo Facultativo, até 2008 não existiam para os direitos do PIDESC.